lonely planet

Australien

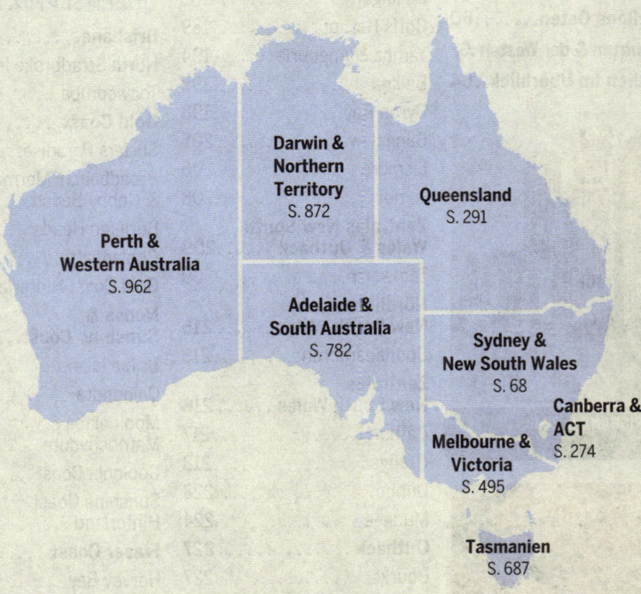

Brett Atkinson, Anthony Ham, Paul Harding, Kate Morgan, Charles Rawlings-Way,
Andy Symington, Kate Armstrong, Carolyn Bain, Cristian Bonetto,
Peter Dragicevich, Trent Holden, Virginia Maxwell, Tamara Sheward, Tom Spurling,
Benedict Walker, Steve Waters, Donna Wheeler

REISEPLANUNG

PATRICKOBEREM / GETTY IMAGES ©

BRISBANE S. 294

MARVIN MINDER / SHUTTERSTOCK ©

KINGS CANYON, WATARRKA NATIONAL PARK S. 951

REISEZIELE IN AUSTRALIEN

Inhalt

REISEZIELE IN AUSTRALIEN

NICKICHEN / SHUTTERSTOCK ©
NGILGI CAVE S. 1023

ADELAIDE & SOUTH AUSTRALIA . 782

DARWIN & NORTHERN TERRITORY 872

Inhalt

Willkommen in Australien

Australien ist ein wilder, schöner Ort und ein Land voller Farbenspiele – sei es der rote Sand des Outbacks oder die Pracht der Riffe –, das zudem mit weltgewandten Städten und den seelenvollen Geschichten seiner indigenen Bevölkerung beeindruckt.

Hippe Städte

Die meisten Australier leben an der Küste (89 %, um genau zu sein), und die Mehrzahl davon in den großen Städten. Klar, dass die Städte hier viel bieten! Sydney ist das glamouröse Aushängeschild mit den besten Stränden. Melbourne steht für Kunst, hübsche Gassen und Sterneküche. Das subtropische Brisbane ist im Aufschwung, Adelaide zeigt Anmut und Nonchalance. Perth atmet Westküsten-Optimismus und Canberra birgt kulturelle Schätze. Das tropische Darwin im Norden und das relaxte Hobart im Süden könnten verschiedener nicht sein.

Wildes Land & Wilde Tiere

Australien ist ein wunderschöner Ort, reich an Regenwald (von Queensland ganz im Norden bis ins tief im Süden gelegene Tasmanien) und geologischen Wundern wie dem Uluru, dem Kakadu und den Kimberleys. Die Küstenlinie – mit Inseln und einsamen Ufern – ist nicht weniger wild und wunderbar. Diese Pracht steckt voller Wildtiere, ein Ort der Kängurus und Krokodile, der Wombats und Wallabies, der Schnabeltiere, Dingos und anderer Tiere. Diesen Reichtum zu erkunden – wie auch Australiens mehr als 700 Vogelarten – entfesselt wohl in jedem den inneren David Attenborough.

Gaumenfreuden

Restaurants servieren Multikultiküche (Mod Oz – modern-australisch), zubereitet mit europäischen Techniken und Zutaten aus der Pacific-Rim-Region. Meeresfrüchte spielen eine Hauptrolle: Von den saftigen Bärenkrebsen der Moreton Bay bis hin zum köstlichen King George Whiting (ein Barsch) hat das Meer allerlei im Angebot. Natürlich gibt's beim Aussie-Barbecue zum leckeren Bier auch Rind, Lamm und Geflügel. Lieber kein Bier? Australische Weine haben Weltklasse: Da wären z. B. Shiraz aus dem Barossa Valley, Semillon aus dem Hunter Valley und Sauvignon aus dem kühlen Tasmanien. Koffeinjunkies werden fast überall fündig.

Unendliche Weiten

Der große braune Kontinent ist mit viel Asphalt überzogen. Ob von Margaret River nach Cooktown oder von Jabiru nach Dover: Der beste Weg, Australien zu würdigen, führt über die Straße. Mietwagen sind erschwinglich, der Zustand der Straßen ist meist gut, und außerhalb der Städte gibt's wenig Verkehr. Wer mit dem Wohnmobil unterwegs ist, findet vielerorts Stellplätze. Und Abenteuerlustige fahren mit dem Geländewagen querfeldein oder entlang der klassischen Wüstenstraßen: Australiens Nationalparks sind wie geschaffen für solche Touren.

Warum ich Australien liebe

von Anthony Ham, Autor

Gott, ich liebe diesen Ort. Die wilden Weiten des Outbacks schlagen mich auf eine Art und Weise in ihren Bann, die ich nur teilweise verstehe. Es mag mich auf dem einsamen Carpentaria Hwy packen, oder unten am Victoria River in der Nähe von Timber Creek, oder wenn ich Schnabeltiere auf dem Bombala River beobachte. Allein der Gedanke, ich könne jederzeit wunderbare Tiere entdecken, selbst wenn es nicht geschieht, reicht völlig. In anderen Worten: Australien ist ein Bild von einem wilden Land, dessen Geschichte – die seiner Natur und die seiner Menschen – auf einer unfassbar schönen Leinwand aufgetragen und verewigt ist.

Mehr über unsere Autoren gibt's auf S. 1217

Oben: Kings Canyon (S. 951), Watarrka National Park

Australien

INDONESIEN
SAWU-SEE
OST-TIMOR
TIMOR-SEE
Melville Island
Cobourg Peninsula
Bathurst Island
Darwin
Jabiru
Kakadu National Park
Kakadu National Park
Alte Kultur und tropische Wildnis (S. 899)
Cape Londonderry
Joseph Bonaparte Gulf
Victoria River
Katherine
Mataranka
INDISCHER OZEAN
Wyndham
Kununurra
Daly Waters
Cape Leveque
The Kimberley
Derby
Fitzroy Crossing
Fitzroy River
Broome
Halls Creek
Broome & Kimberley
Bezaubernde Farbenpracht in Meer und Wüste (S. 1088)
Tennant Creek
NORTHERN TERRITORY
Port Hedland
Dampier
Karratha
North West Cape
Exmouth
The Pilbara
Uluru-Kata Tjuta NP
Wahrhaft riesige, wunderschöne Felsen (S. 955)
Gibson Desert
MacDonnell Ranges
Alice Springs
Newman
Little Sandy Desert
WESTERN AUSTRALIA
Yulara
Uluru-Kata Tjuta National Park
Carnarvon
Shark Bay
Great Victoria Desert
Marla
SOUTH AUSTRALIA
Südaustralische Weinregionen
Spitzenweine im Süden (S. 814)
Mt Magnet
Coober Pedy
NDISCHER OZEAN
Geraldton
Nullarbor Plain
Kalgoorlie–Boulder
Eucla
Ceduna
Norseman
Perth
Fremantle
Great Australian Bight
Bunbury
Wagin
Busselton
Esperance
Margaret River
Cape Leeuwin
Albany
Melbourne
Hipster, Kunst und der beste Kaffee des Landes (S. 498)
Great Ocean Road
Weltklasse Roadtrips und prima Surfoptionen (S. 588)
Höhenstufen
2000 m
1500 m
1000 m
750 m
500 m
250 m
0
Margaret River Region
Edle Tropfen und wilde Küste (S. 1021)
SÜDPOLARMEER
Cradle Mountain
Tolle Ausblicke von Tassies berühmtem Gipfel (S. 776)
MONA
Einzigartige, fesselnde, faszinierende Kunst (S. 698)
10°S
15°S
20°S
25°S
30°S
35°S
40°S
110°E
115°E
120°E
125°E
130°E
135°E

0 500 km
ARAFURA-SEE
Torres Strait
Port Moresby
Thursday Island
Cape York
PAPUA-NEUGUINEA
SALOMONEN
Nhulunbuy
Arnhem Land
Weipa
Groote Eylandt
Cape York Peninsula
Cape Melville
KORALLEN-MEER
Daintree Rainforest
Schmetterlinge, Strände und tropischer Urwald (S. 462)
Golf von Carpentaria
Great Barrier Reef
Cooktown
Port Douglas
Cairns
Whitsundays
Türkisfarbenes Wasser und Inselparadiese (S. 402)
Normanton
Innisfail
Ingham
Townsville
Charters Towers
Great Barrier Reef
Schnorchelrevier mit unzähligen bunten Korallen (S. 433)
Mt Isa
Cloncurry
Bowen
Airlie Beach
Flinders River
Whitsunday Islands
Mackay
Winton
Longreach
Barcaldine
Rockhampton
Great Barrier Reef Marine Park
Gladstone
Südlicher Wendekreis
Simpson Desert
Birdsville
QUEENSLAND
Great Dividing Range
Bundaberg
Hervey Bay
Fraser Island
Charleville
Lake Eyre North
Canberras Museen & Galerien
Hochburg der Kulturschätze (S. 276)
Noosa
Maroochydore
Brisbane
St George
Toowoomba
Surfers Paradise
Coolangatta
Lake Eyre South
Tweed Heads
Byron Bay
Barwon River
SÜD-PAZIFIK
Flinders Ranges
Bourke
Grafton
Broken Hill
Darling River
Armidale
Coffs Harbour
Port Augusta
Nyngan
Tamworth
NEW SOUTH WALES
Port Macquarie
Whyalla
Dubbo
Eyre Peninsula
Bathurst
Newcastle
Lord Howe Island (NSW)
Mildura
Griffith
Cowra
Katoomba
Adelaide
Port Lincoln
Hay
Sydney
Murray Bridge
Swan Hill
Wagga Wagga
Goulburn
Wollongong
Kangaroo Island
VICTORIA
Murray River
CANBERRA
Byron Bay
Hippies, Surfer und Musikfestivals (S. 198)
Horsham
Albury
Batemans Bay
Shepparton
Wodonga
Mt Gambier
TASMAN-SEE
Ballarat
Melbourne
Warrnambool
Geelong
Cape Otway
Wilsons Promontory
King Island
Bass Strait
Flinders Island
Sydney
Unglaubliche Ausblicke, Architektur und Strände (S. 69)
Devonport
Launceston
TASMANIEN
Queenstown
140°E
150°E
155°E
160°E
Hobart

Australiens Top 25

1

Sydney

1 Sydneys (S. 68) Auswahl an Top-Sehenswürdigkeiten ist vielfältig – das Sydney Opera House, The Rocks und die Sydney Harbour Bridge stehen bei den meisten Besuchern ganz oben auf dem Zettel. Wer aber das wahre Lebensgefühl dieser Stadt erleben will, der muss einen Tag am Strand verbringen, zum Beispiel am Bondi Beach. Plätzchen suchen, Sonnenschutz auftragen und dann ab in die Brandung. Oder mit der Hafenfähre vom Circular Quay nach Manly zum Schwimmen, Surfen oder für einen Spaziergang entlang der Seepromenade zum Shelly Beach. Was ist das Leben doch schön!

Unten links: Bondi Beach (S. 97)

Great Barrier Reef

2 Das Great Barrier Reef (S. 433) – von Sir David Attenborough als einer der schönsten Orte auf diesem Planeten beschrieben – ist, so fragil es auch sein mag, wunderschön. Es erstreckt sich über mehr als 2000 km an der Küste vor Queensland und ist ein komplexes Ökosystem mit wundervollen Korallen, trägen Meeresschildkröten, dahinschwebenden Rochen, scheuen Riffhaien und bunten Tropenfischen aller Art und Größe. Ob man sich fürs Tauchen, Schnorcheln, einen Rundflug oder einen Trip mit Glasbodenboot entscheidet – das Unterwasserreich und die korallengesäumten Inseln sind unvergesslich.

Uluru-Kata Tjuta National Park

3 Australiens bekanntestes Naturwunder, der Uluru (S. 959), zieht Pilger aus der ganzen Welt an wie eine Flamme die Motten. Egal, wie oft man ihn schon auf Postkarten gesehen hat: Nichts kann einen auf den Anblick und die spirituelle Präsenz des Uluru (Ayers Rock) am Horizont des Outbacks vorbereiten. Unweit davon liegen die Felsen der Kata Tjuta (Olgas). Von Schluchten durchzogen und mit Vegetation verziert, erröten die 36 rosaroten, majestätischen Kuppeln bei Sonnenuntergang.

MONA

4 Einen Fährtrip von Hobarts Hafen entfernt steht das innovative Museum of Old & New Art (S. 689) am Flussufer. Es gehört dem einheimischen Philanthropen David Walsh, der das Museum von Weltrang als „subversives Disneyland für Erwachsene" bezeichnete. Die unterirdischen Galerien zeigen auf drei Ebenen über 400 Kunstwerke – viele kontrovers und nicht jedermanns Sache. Wer hier einmal Kunst genossen hat, wird aber garantiert intensive Diskussionen und Gespräche führen.

Melbourne

5 Warum diese Schlange? Ach, weil alle das neueste Restaurant (S. 498) ausprobieren wollen, für das man nicht reservieren kann! Die besten Lokale/Köche/Cafés/Baristas/Imbissbuden sind Stadtgespräch – aber es gibt Dinge, die den Melbournern noch wichtiger sind: die Parks und Gärten der Innenstadt, die Straßenbahnen, die die Leute nach St. Kilda ans Meer bringen, und ihre für sportverrückte Städte typische Fantreue. Die berühmte Straßenkunstszene spiegelt Ängste, Frust und Freuden der Melbourner wider.

Great Ocean Road

6 Die Twelve Apostles – Felsformationen im rauen Ozean – zählen zu Victorias Highlights. Eine möglichst geruhsame Anfahrt macht das Erlebnis noch toller: Die Route führt an den Stränden der Bass Strait vorbei und durchquert landeinwärts Regenwälder mit vielen kleinen Orten und Bäumen. Später warten entlang der Great Ocean Road (S. 588) noch mehr Geheimnisse, z. B. das maritime Juwel Port Fairy oder das versteckte Cape Bridgewater. Entspannt geht es dann auf dem Great Ocean Walk von der Apollo Bay zu den Apostles.

Byron Bay

7 Mit all den Kängurus und den typisch australischen Akubra-Hüten ist das freundliche Byron Bay (S. 198) – auch nur Byron genannt – eines der beständigsten Symbole der australischen Kultur. Die Bucht lockt mit fabelhaften Restaurants, entspanntem Flair, endlosen Stränden und unzähligen Aktivitätsangeboten urlaubende Familien, Surfer und Sonnenanbeter aus der ganzen Welt an, die sich bei Sonnenuntergang an der Küste versammeln. Kurz: Dies ist einfach einer der schönsten Küstenabschnitte des ganzen Landes.

Die Whitsundays

8 Man kann sein Leben lang tropische Inseln erkunden und findet doch nirgendwo eine so reine Schönheit wie die auf den Whitsundays (S. 402). Gut betuchte Traveller legen mit ihren Jachten in Airlie Beach ab und schippern langsam zwischen den üppig grünen Inselchen umher, um ihr eigenes Paradies zu finden (und das ist sicher an mehr als nur einer Stelle). Der Whitehaven Beach (S. 407) ist ein Muss – der Strand zählt zu den schönsten Australiens (und der ganzen Welt). Na, schon verzaubert?

7

8

Australiens Tierwelt

9 Australiens Tierreich (S. 1139) füllt die wilden Weiten des Landes mit einzigartigem Leben. Ein Känguru im Outback oder ein Wombat, das im Busch auftaucht, sind unvergessliche Momente. Und es gibt noch mehr zu entdecken: Krokodile im Kakadu National Park, Wale vor den Küsten von Western Australia, Meeresschildkröten auf den Stränden von Queensland und Pinguine und Seebären auf Victorias Phillip Island – und Dingos, Wallabys, Schnabeltiere, Warane und vieles mehr! Bei über 700 Vogelarten sollte man immer sein Fernglas dabei haben.

Daintree Rainforest

10 Fächerpalmen, Farne und Mangroven prägen den üppig-grünen, uralten, zum Weltnaturerbe zählenden Daintree Rainforest (S. 462) vor weißem Strand. Umgeben von Vogelgezwitscher, Froschquaken und Insektengeschwirr erkundet man ihn bei nächtlichen Tierbeobachtungstouren, Wanderungen, auf Promenaden, Hochwegen, bei Jeep-Trips, Ausritten, Kajak- und Krokodilstouren oder einer Führung durch Tropenfruchtplantagen. Wer Glück hat, sichtet einen der superscheuen Kasuare!

Kakadu National Park

11 Das Naturschutzgebiet Kakadu (S. 899) ähnelt einer Abenteuerreise in eine einmalige Natur- und Kulturlandschaft. Die Sandsteinwälle von Kakadu und dem Arnhem Land haben seit Ewigkeiten Menschen Schutz geboten und ungewöhnliche Felskunst bewahrt. Zu sehen sind Dreaming-Figuren, Jagdgeschichten, zoologische Diagramme und „Kontaktkunst" – Aufzeichnungen von europäischen Kolonisten und Besuchern aus Indonesien. Die zum UNESCO-Weltkulturerbe gehörenden Kunstgalerien in Ubirr und Nourlangie sind für alle zugänglich. Unten rechts: Jim Jim Falls (S. 906)

12

13

Südaustralische Weinregionen

12 Adelaide feiert seine drei berühmten Weinbauregionen, die alle nur zwei Stunden entfernt liegen: Das Barossa Valley (S. 831) im Norden bietet vollmundige Rote und deutsches Knowhow. Meer und Syrah geben dem McLaren Vale (S. 813) im Süden sein mediterranes Gesicht. Das Clare Valley (S. 836) steht für Riesling und Fahrradtouren (in dieser Reihenfolge). Geheimtipps sind die Tropfen der Adelaide Hills und der Country Cabernet Sauvignon aus Coonawarra. Oben: Barossa Valley

Canberras Museen & Galerien

13 Canberra ist zwar erst 100 Jahre alt, aber die Hauptstadt Australiens steckt voller Geschichte. Ihr größter Reiz sind die reichlich ausgestatteten Museen und Galerien, in denen sich das Selbstverständnis des Landes spiegelt. Institutionen wie die National Gallery of Australia (S. 276), das National Museum of Australia (S. 279), die National Portrait Gallery (S. 276) und das Australian War Memorial (S. 277) geben Einblicke in Geschichte und Kultur.

Cradle Mountain

14 Geformt in Jahrtausenden von Eis und Wind: Der halbmondförmige Cradle Mountain (S. 776) ist Tasmaniens markantester Berg. Die ganztägige Rundwanderung bzw. Klettertour zum Gipfel wird mit einem grandiosen Blick auf Tasmaniens Herz belohnt. Alternativ lässt sich der Cradle Mountain von unten bestaunen und quer über den Dove Lake hinüber fotografieren. Ist der Gipfel in Nebel oder Wolken gehüllt? Dann am Kamin einer Lodge aufwärmen und am nächsten Tag wiederkommen! Oben: Dove Lake

Broome & Kimberley

15 Der äußerste Nordwesten Australiens hält mit die schönsten Ecken des Kontinents bereit. Vor Broomes (S. 1088) unendlich wirkenden Stränden versinkt abends die purpurne Sonne im Türkis des Indischen Ozean. Die Dampier Peninsula bietet außergewöhnliche Klippen, indigene Kultur, Outdoor-Abenteuer und Luxus-Camping. Und dann gibt's noch Kimberley, eine Welt blutroter Felsformationen, abgelegener Pfade und unnachgiebiger Schönheit; vom geheimnisvollen Outback ganz zu schweigen. Unten: Cable Beach (S. 1088)

GERARD SOURY / GETTY IMAGES ©

Ningaloo Reef

16 Der Park liegt vor dem North West Cape an Western Australias Coral Coast. Hier kann man neben Walhaien, den sanften Giganten, schwimmen, entlang von Korallen schnorcheln, abseits einsamer Riffe surfen und tauchen – schließlich gehört der Park (S. 1076) zum Weltnaturerbe und ist ebenso schön wie das Great Barrier Reef. Ningaloo bietet viele Wunder, z. B. türkisblaue Lagunen, wo man schnorcheln kann. Die touristisch kaum erschlossene Gegend erkundet man beim Camping oder bei Ausflügen ab Exmouth oder Coral Bay.

Oben links: Walhai

Outback & Broken Hill

17 Ob mit einem Kombi auf dem Oodnadatta Track in South Australia oder mit einem Geländewagen auf dem Birdsville Track in Queensland – das Outback besucht man nicht, man wird ein Teil von ihm. Hier ist der Himmel blauer und der Staub roter. Die Tage teilt man in Einheiten von Kilometern, Spinifex-Gräsern und Reifenpannen ein. Nachts träumt man unter Sternen. Ist man zeitlich eingeschränkt, wird man's von der Küste aus kaum tiefer ins Outback schaffen als bis in die Bergarbeiterstadt Broken Hill (S. 228).

Oben rechts: Broken Hill

Indigene Kunst

18 Die indigene Kunst ist von der Traumzeit geprägt, einem Urahnenmythos. Sie verbindet Vergangenheit und Gegenwart, Menschen und Land. Schön sind die Punktmalereien in Central Australia (S. 1134), die Schnitzereien und Stoffe der Tiwi-Insulaner, die Rindenwerke aus Arnhem Land und die Drucke, Web- und Schnitzkunst der Torres-Strait-Insulaner sowie Arbeiten von Kunstkooperativen der Region Kimberley. Erstehen kann man die Werke in Galerien – oder (noch besser) direkt bei Aborigines.

Unten rechts: Kunst der Aborigines im Northern Territory

Nitmiluk (Katherine Gorge) National Park

19 Während man mit dem Kanu stromaufwärts durch eine Schlucht nach der anderen paddelt, erlebt man die Stille der hohen Klippen, durch die das Wasser des Katherine River (S. 916) fließt. Unterwegs hält man vielleicht an einem Sandstrand, wandert zu einem Aussichtspunkt oder gönnt sich einen Helikopterflug. Inmitten des Nitmiluk National Park gibt es viel zu entdecken, so auch den Jatbula Trail, einer fünftägigen Wanderung zum wunderschönen Leliyn (Edith Falls).

Pinnacles Desert

20 Man wähnt sich auf dem Mars – zwischen den Dünen des Nambung National Park (S. 1011) erheben sich unzählige Kalksteinsäulen wie eine versteinerte Armee aus einer anderen Welt. Diese bizarre Landschaft zieht jährlich Tausende von Besuchern an. Obwohl ein Tagesausflug von Perth aus problemlos ist, kann man auch in Cervantes übernachten und bei mehreren Besuchen die Farbveränderungen bei Sonnenaufgang, Sonnenuntergang und Vollmond erleben – vor allem wenn die meisten Besucher in den Hotels sind.

19

20

Margaret River Region

21 Tolle Touren über die Weingüter auf von Eukalyptusbäumen gesäumten Landstraßen sind nur einige Freuden im Südwesten von Western Australia: Man kann auch Höhlen und historische Städte erkunden, Wildblumen bewundern oder die Weltklasse- rund um Margaret River (S. 1026) reiten. Und manch weißer Strand ist menschenleer! Wer am Ende des Winters aufs Meer blickt, sieht vielleicht Wale, die dem „Humpback Highway" folgen.

Arnhem Land

22 Bei einem Besuch in Arnhem Land (S. 908) im Top End entkommt man super den Massen. Das Injalak Arts & Crafts Center in Gunbalanya ist ein toller Ausgangspunkt, während die Cobourg Peninsula einen Hauch von Anbeginn-der-Zeit umweht. Die Strände sind unberührt (und oft verlassen), und die Tierwelt auf dem Land sowie im Meer ist reicher als an den meisten Orten im Northern Territory. Als Bonus gibt's das berauschende Gefühl, weit entfernt von der nächsten festen Straße zu sein. Unten: Injalak Hill Rock Art (S. 909)

ODAIR FALEÇO / 500PX ©

THE SYDNEY MORNING HERALD / GETTY IMAGES ©

Wilsons Promontory

23 Wilsons Promontory (S. 640; auch „Wilsons Prom"), Victorias südlichster Punkt und feinster Küsten-Nationalpark, ist ein Paradies für Buschwanderer, Naturbeobachter und Surfer. Das Buschland und die Küste scheinen wie von einem anderen Planeten; selbst kurze Spaziergänge vom Ausgangspunkt bei Tidal River führen zu schönen Stränden und Buchten. Mit über 80 km Wanderwegen durch Wälder, Sümpfe und Tälern mit Baumfarnen, über Berge und Sandstrände vor Dünen am Meer verlangt das Beste vom Prom dem Besucher einiges ab.

Oben links: Tidal River

Fraser Island

24 Fraser Island (S. 376) ist die größte Sandinsel der Welt. Hier findet man Dingos, Wracks und alle möglichen Vögel. Geländewagen – normale Autos sind verboten – tuckern um die idyllischen Campingorte herum und an langen weißen Stränden entlang. An der wilden Küste kann man zwischen Bächen und Süßwasserseen umherstreifen. Das Zelten am Strand unter den Sternen bringt einen zurück zur Natur. Nur eine kurze Fährfahrt entfernt liegt Hervey Bay, wo sich im Winter und Frühjahr vor der Küste Buckelwale zeigen.

Oben rechts: Maheno Schiffswrack (S. 377)

The Ghan

25 Der legendäre *Ghan* (S.46) – der Name leitet sich von den afghanischen Führern der Kamelkarawanen ab – gehört zu den großen Eisenbahnerlebnissen der Welt. Die alte Strecke von Marree nach Alice Springs aus dem Jahre 1877 wurde von Unterspülungen und Baumängeln geplagt, weswegen 1980 eine neue gebaut wurde. Der Abschnitt Alice–Darwin folgte 2004: Jetzt gibt es zwischen Adelaide und Darwin 2979 km bzw. 42 Stunden Schienenzauber. Der *Ghan* ist weder billig noch schnell, aber durch die flache Weite der zentralaustralischen Wüsten zu rollen, ist eine unvergessliche Erfahrung.

Gut zu wissen

Weitere Infos gibt's im Abschnitt „Praktische Informationen" (S. 1159)

Währung
Australischer Dollar (AU$)

Sprache
Englisch

Visa
Alle Besucher brauchen ein Visum. Das drei Monate gültige eVisitor-Visum kann man online beantragen: www.border.gov.au.

Geld
Geldautomaten gibt's nahezu überall. Kreditkarten werden in Hotels, Restaurants, Verkehrsmitteln und bei Buchungen weithin akzeptiert.

Handys
Europäische Handys sind mit dem australischen Netz kompatibel. Optionen sind (mitunter teures) Roaming oder eine australische (Prepaid-) SIM-Karte.

Zeit
Drei Hauptzeitzonen: Australian Eastern, Central und Western Standard Time. In Sydney ist die AEST gültig: MEZ + 9 Std.

Reisezeit

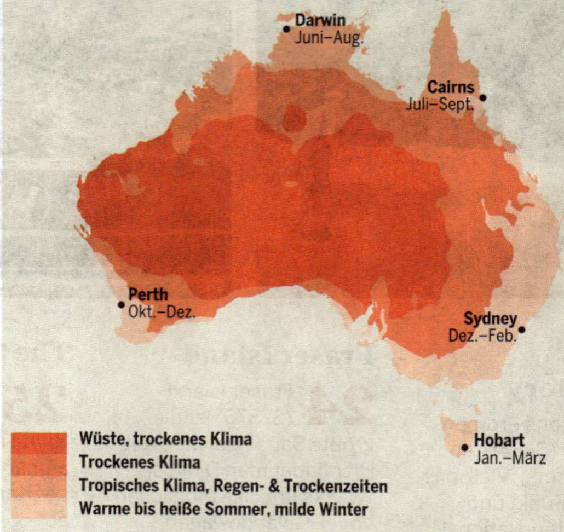

Hauptsaison (Dez.–Feb.)

- Sommer: Ferien, volle Strände und Kricket; Regenzeit im hohen Norden.
- In großen Städten steigen die Übernachtungspreise um 25 %.
- Überall gibt es Open-Air-Rockkonzerte, Filmvorführungen und kulinarische Festivals.

Zwischensaison (März–Mai & Sept.–Nov.)

- Warm und sonnig, klar, kürzere Warteschlangen.
- An Ostern (Ende März oder Anfang April) sind viele australische Familien auf Achse.
- In Victoria, auf Tasmanien und in South Australia färben sich die Blätter.

Nebensaison (Juni–Aug.)

- Kühl und regnerisch im Süden; mild und sonnig im Norden.
- Wenige Touristen; Sehenswürdigkeiten haben etwas kürzer geöffnet.
- Super, wenn man die Wüste oder den tropischen Norden besuchen bzw. Schnee sehen will.

Infos im Internet

Lonely Planet (www.lonelyplanet.de/reiseziele/australien/) Reiseinfos, Hotelbuchungen, Traveller-Forum und mehr.

Tourism Australia (www.australia.com) Staatliche-Hochglanz-Tourismuswebsite mit Besucherinfos.

Bureau of Meteorology (www.bom.gov.au) Wettervorhersagen für ganz Australien.

Guardian Australia (www.theguardian.com/au) Online-Ausgabe des Guardian mit landesweiten Nachrichten.

Parks Australia (www.environment.gov.au/topics/national-parks) Infos zu Nationalparks und Naturschutzgebieten.

Wichtige Telefonnummern

Australische Telefonnummern beginnen mit einer zweistelligen Vorwahl, gefolgt von einer achtstelligen Nummer. Wer aus dem Ausland anruft, muss bei der Ortsvorwahl die Null weglassen.

Landesvorwahl	☎61
Vorwahl für internationale Gespräche	☎0011
Notfall (Krankenwagen, Feuerwehr, Polizei)	☎000
Telefonauskunft	☎1223

Wechselkurse

Eurozone	1 €	1,52 AU$
	1 AU$	0,66 €
Schweiz	1 SFr	1,31 AU$
	1 AU$	0,76 SFr

Aktuelle Wechselkurse sind unter www.xe.com abrufbar.

Tagesbudget

Günstig – weniger als 150 AU$

- B im Hostel: 28–40 AU$/Nacht
- DZ in einfachem Motel: ab 80 AU$
- Einfache Mahlzeit: 10–15 AU$
- Kurze Bus- oder Straßenbahnfahrt: 4 AU$

Mittelteuer – 150–300 AU$

- DZ im Motel, B&B oder Hotel: 130–250 AU$
- Brunch in einem guten Café: 25–40 AU$
- Eintritt bei einem Konzert: 10–20 AU$
- Kurze Taxifahrt: 25 AU$

Teuer – mehr als 350 AU$

- DZ im Spitzenklassehotel: ab 250 AU$
- 3-Gänge-Menü im Gourmetrestaurant: 100 AU$/Pers.
- Theater: ab 50 AU$/Pers.
- Inlandsflug zwischen zwei Metropolen: ab 100 AU$

Öffnungszeiten

Die Öffnungszeiten variieren von Bundesstaat zu Bundesstaat; hier allgemeine Richtlinien:

Banken Mo–Do 9.30–16, Fr bis 17 Uhr

Cafés 7–17 Uhr

Geschäfte Mo–Sa 9–17 Uhr

Kneipen 11–24 Uhr, Bars 16 Uhr–open end

Restaurants 12–14.30 Uhr & 18–21 Uhr

Supermärkte 7–20 Uhr; manche 24 Std.

Tankstellen 7–22 Uhr; manche 24 Std.

Ankunft am ...

Sydney Airport (S. 1176) AirportLink-Züge fahren zwischen ca. 5 und 1 Uhr alle zehn Minuten (20 Min.) ins Zentrum. Vorbuchbare Shuttle-Busse fahren zu den Stadthotels. Eine Taxifahrt ins Zentrum kostet ca. 55 AU$ (30 Min.).

Melbourne Airport (S. 1176) SkyBus (24 Std.) bedient das Stadtzentrum (20 Min.) und fährt alle zehn bis 30 Minuten. Ein Taxi in die Stadt kostet rund 40 AU$ (25 Min.).

Brisbane Airport (S. 1176) Airtrain-Züge fahren zwischen 5 (Sa & So 6) und 22 Uhr alle 15 bis 30 Minuten ins Zentrum (20 Min.). Vorbuchbare Shuttle-Busse steuern die Stadthotels an. Ein Taxi in die Stadt kostet 35 bis 45 AU$ (25 Min.).

Unterwegs vor Ort

Australien ist das sechstgrößte Land der Welt – klar, dass es da ein wenig Planung erfordert, um von A nach B zu kommen.

Auto Man kann sein Reisetempo selbst bestimmen, abgelegene Gebiete erkunden und Regionen ohne Nahverkehr besuchen. Mietwagen gibt's in größeren Städten; es wird links gefahren.

Flugzeug Reisewege lassen sich durch die günstigen, regelmäßigen und schnellen Flugverbindungen zwischen großen Zentren abkürzen. Fürs grüne Gewissen zahlt man die Klimakompensation.

Bus Verlässliche, regelmäßige Fernverbindungen; nicht zwingend billiger als Fliegen.

Zug Langsam, teuer und unregelmäßig – aber die Landschaft ist toll! Schlafwagen sind bequemer als Overnighter Seats.

Mehr zum Thema **Unterwegs vor Ort** gibt's auf S. 1176.

Was gibt's Neues?

Farm Camping
Eine Reihe neuer australischer Websites ermöglichen es Travellern, eine Nacht auf ländlich gelegenen Anwesen zu buchen, um dort zu campen oder in einer kleinen Hütte zu übernachten. Einfach unter youcamp.com und unyoked.co nachschauen!

Barangaroo Reserve
In Sydney Harbour wurde zwischen Darling Harbour und The Rocks ein ehemaliges Industriehafengebiet in einen brandneuen Park mit Sandsteinblöcken, schönen Bäumen und toller Aussicht auf den Hafen verwandelt. (S. 74)

Brauereien entlang der Great Ocean Road
Australiens Obsession in Sachen Craft-Biere breitet sich inzwischen auch entlang der GOR aus. Zu den neuen Brauereien gehören Prickly Moses in Apollo Bay (S. 608) und Queenscliff (S. 598), Rogue Wave Brewing (S. 603) bei Aireys Inlet und Blackman's Brewery (S. 600) in Torquay.

Parramatta
In Sydneys Herzen sind aufregende Zeiten angebrochen. Der Plan ist, Parramatta in eine zweite Stadtmitte der Metropole zu verwandeln. Hier gibt's viel zu entdecken. (S. 102)

Royal Flying Doctor Service
Darwins bestes neues Museum ist eine würdige High-Tech-Hommage an diese Outback-Institution. (S. 877)

Djakanimba Pavilions
Beswicks Ghunmarn Culture Centre war schon immer klasse, aber jetzt man hier auch über Nacht bleiben. (S. 924)

The Ghan
Er mag vielleicht nicht jedermanns Sache sein, aber *The Ghan*, der legendäre Zug, der die australische Wüste von Nord nach Süd durchquert, hat sich vornehm herausgeputzt und sorgt für ein wahrhaft exklusives Erlebnis. (S. 46)

Elizabeth Quay
Perths Riverfront wurde mit neuen öffentlichen Bereichen, Cafés, Restaurants und Hotels zwischen dem Swan River und dem CBD belebt. (S. 966)

Albanys spektakuläre neue Aussichtsplattform
Der Blick auf das Meer von dieser schwindelerregenden Aussichtsplattform im Torndirrup National Park bei Albany ist einfach unglaublich. (S. 1043)

Kalbarri National Park
Seit Ende 2017 gibt's hier eine feste Straße zum Nature's Window und zum Z-Bend, neue Wanderwege, einen neuen „Skywalk" und neue Beschilderung. (S. 1058)

Adelaide Oval
Die Arbeiten an diesem kultigen Stadion sorgen dafür, dass das Oval auch in Zukunft eine der Top-Sportstätten Australiens bleibt – wie es sich für etwas so Wunderschönes gehört. (S. 787)

Weitere Empfehlungen und Kritiken gibt's unter lonelyplanet.com/australia (englisch)

Wie wär's mit ...

Strände

Bondi Beach Ein unverzichtbares Sydney-Erlebnis: in der Brandung planschen oder am Strand umherschlendern und Leute beobachten! (S. 97)

Wineglass Bay Es lohnt sich, hier bergauf zu klettern und in den prächtigen Kessel voller tasmanischem Sand hinunterzusteigen. (S. 735)

Whitehaven Beach Die Perle unter den Whitsunday Islands Queenslands lockt mit weißem Sandstrand und klarem Wasser. (S. 407)

Bells Beach Der bekannteste Surfstrand liegt in der Nähe Torquays an der Great Ocean Rd in Victoria. (S. 599)

Hellfire Bay Die Bucht mit pudrigem Sand liegt im Cape Le Grand National Park in Western Australia, also mitten im Nichts. (S. 1050)

Avalon Dies ist der malerischste der prächtigen Northern Beaches in Sydney. (S. 102)

Fraser Island Die weltgrößte Sandinsel ist eigentlich ein einziger großer Strand. (S. 376)

Cape Tribulation Der Regenwald erstreckt sich bis hinunter zum Riff und den leeren Sandstränden. (S. 465)

Shark Bay Rund 1500 km abgelegener Strände und hoher Kalksteinklippen. (S. 1058)

Cable Beach Auch dank seiner Kamele sicherlich der berühmteste bei Sonnenuntergang fotografierte Strand in WA. (S. 1088)

Inseln

Kangaroo Island Toll, um Wildtiere zu beobachten und frische Meeresfrüchte zu genießen. (S. 821)

Bruny Island Das windige, dünn besiedelte Refugium südlich von Hobart hat eine bezaubernde Küstenlandschaft. (S. 715)

Fraser Island Die größte Sandinsel der Welt besitzt gewaltige Dünen, Süßwasserseen und eine reiche Fauna. (S. 376)

Whitsundays Man mietet sich in einem Resort ein oder segelt rund um den unberührten Archipel. (S. 402)

North Stradbroke Island Brisbanes Spielwiese: Surfstrände und Walbeobachtung. (S. 329)

Rottnest Island Eine Fährfahrt von Fremantle (Western Australia) entfernt liegt dieses geschichtsträchtige Atoll mit niedlichen Quokkas. (S. 998)

Lizard Island Refugium im Norden Queenslands. Man wohnt in einem Resort oder zeltet einfach. (S. 467)

Lady Elliot Island Auf der vom Great Barrier Reef umgebenen Insel kann man prima Robinson spielen. (S. 386)

Wildnis

Blue Mountains National Park Das Sydney am nächsten gelegene Stück unberührter Natur lockt mit spektakulären Canyons, Klippen und dichten Eukalyptuswäldern. (S. 160)

Flinders Ranges National Park Die alten, schroff-schönen Felsen am Ikara (Wilpena Pound) in South Australia sind toll. (S. 863)

Limmen National Park Abgelegener Park mit zwei „Lost Cities" – bizarren, wunderschönen Gesteinsformationen. (S. 924)

Cobourg Peninsula Meeresschildkröten und Wale (und Krokodile) warten in dem entlegenen Paradies auf Besucher. (S. 910)

Nitmiluk (Katherine Gorge) National Park Der fünftägige Jatbula Trail in der Wildnis des Northern Territory führt an vielen Badestellen vorbei. (S. 916)

Cradle Mountain-Lake St. Clair National Park Hier taucht man in die teilweise unwirtliche, aber malerische Landschaft Tasmaniens ein. (S. 776)

Kimberley In Kimberley (nördl. Western Australia) wollen tosende Wasserfälle, spektakuläre Schluchten, schroffe Gipfel und eine einsame Küste besucht werden. (S. 1088)

Daintree Rainforest Der Regenwald im Norden Queenslands hält für die wenigen Traveller viele Aktivitäten bereit. (S. 462)

Weinregionen

Barossa Valley In dem Gebiet mit mehr als 80 Weingütern rund um einst deutsche Dörfer reifen Top-Rotweine. (South Australia; S. 831)

McLaren Vale Das mediterran anmutende Gebiet eine Stunde südlich von Adelaide ist ein Shiraz-Paradies. (S. 813)

Tamar Valley Das Tal gehört zu den wichtigsten kühlen Weinbaugebieten Tasmaniens und ist nur ein kurzes Stück von Launceston entfernt. (S. 750)

Clare Valley Aus dem Clare Valley in South Australia kommt toller Riesling. (S. 836)

Yarra Valley Das Yarra Valley eine Stunde außerhalb Melbournes ist *die* Adresse für süße Weiße und Cabernets. (S. 573)

Hunter Valley In der ältesten hiesigen Weinregion wird schon seit den 1820ern Wein angebaut – der Sémillon ist top! (S. 160)

Granite Belt Dieses hoch gelegene Weinbaugebiet in Queensland bringt einige überraschend gute Weine hervor. (S. 334)

Mornington Peninsula Diese wunderschöne Weinregion liegt südöstlich von Melbourne und um Red Hill. (S. 581)

Margaret River Bekannt für typische Bordeaux-Rebsorten, Chardonnay und Sauvignon Blanc sowie für die wachsende Zahl an Craft-Bier-Brauereien. (S. 1021)

Pubs & Livemusik

Venue 505 Sydneys beste kleine Jazz-Bar bietet erstklassige Künstler in ausgefallenem Ambiente. (S. 142)

Governor Hindmarsh Hotel Der alte Rock-Schuppen in Adelaide hat ordentliches Kneipenessen und Livemusik. (S. 803)

Oben: Ikara (Wilpena Pound), Flinders Ranges National Park (S. 863)
Unten: Clare Valley (S. 836)

Palace Hotel Die extravagante Kneipe in Broken Hill erlebt ein Revival. (S. 231)

The Tote Das ramponierte Tote bleibt Melbournes unverzichtbarer Rock-Laden. (S. 556)

Corner Legendärer Livemusik-Pub in Richmond, Melbourne. (S. 557)

Zoo Schäbig, alternativ, originell: der beste Ort in Brisbane für aufstrebende Rockbands. (S. 323)

Courthouse Hotel Unkonventionelle Kneipe in Sydneys unkonventionellem Newtown. (S. 138)

Apollonian Hotel Historischer Pub, der wieder in Boreen Point ist, komplett mit üppigem Garten und einem legendären Sonntagsspießbraten. (S. 365)

Kunstgalerien

National Gallery of Australia Das Museum in Canberra besitzt mehr als 7500 Werke von Aborigines oder Torres-Strait-Insulanern. (S. 276)

MONA Australiens avantgardistischstes Kunstmuseum ist in Hobart Stadtgespräch. (S. 698)

National Gallery of Victoria International Sonderausstellungen von Weltrang (Monet, Dalí, Caravaggio) machen hier Station – wer sie sehen will, muss sich in die Schlange der Melbourner einreihen. (S. 508)

Art Gallery of NSW Mit wechselnden Ausstellungen bleibt die altgediente Institution am Ball. Für Spannung und Kontroversen sorgt die Verleihung des Archibald Prize für Porträtmalerei. (S. 79)

Art Gallery of South Australia An der North Terrace in Adelaide setzt diese Kunstgalerie progressive Akzente. (S. 783)

Art Gallery of Ballarat Australiens älteste und größte regionale Kunstgalerie zeigt viele Werke bekannter australischer Künstler. (S. 619)

Museum & Art Gallery of the Northern Territory Darwins Galerie zeigt erstrangige Werke indigener Künstler. (S. 877)

Ghunmarn Culture Centre Das beste im Northern Territory, mit einer außergewöhnlichen Sammlung von Kunst und Kultur des West Arnhem Land. (S. 924)

Pro Hart Gallery In Broken Hill, New South Wales, werden hier Werke des Bergarbeiters präsentiert, der zu einem weltberühmten Künstler wurde. (S. 228)

Indigene Kultur

Kuku-Yalanji Dreamtime Walks Wanderungen mit indigenen Führern durch die Mossman Gorge in Queensland. (S. 462)

Uluru-Kata Tjuta Cultural Centre Zu Füßen des Uluru informiert das Zentrum über Gesetze, Bräuche und Religion der örtlichen Aborigines. Hier bucht man am besten einen indigenen Führer. (S. 959)

Ngurrangga Tours Kulturexkursionen von Karratha in Western Australia zu nahe gelegenen Felszeichnungen und Wasserlöchern. (S. 1081)

Dampier Peninsula Auf der Halbinsel in Western Australia kommt man mit indigenen Gemeinden in Kontakt, kann mit dem Speer fischen und Krabben fangen. (S. 1098)

Kakadu Animal Tracks Bietet Touren zu Kakadus berühmter Felskunst der Aborigines und in die Feuchtgebiete; von Darwin oder Jabiru aus. (S. 902)

Barunga Festival Indigenes Kultur- und Sport-Festival nahe Katherine. Musik, Tanz, Kunst, Geschichtenerzählen, Handwerk, Fußball und Speerwurf. (S. 916)

Injalak Arts & Crafts Centre Großartige Galerie mit Shop; man kann den Künstlern beim Arbeiten zuschauen. (S. 909)

Garma Festival Eines der besten Festivals indigener Kultur; im östlichen Arnhem Land. (S. 911)

Uptuyu Individuelle Kulturtouren, bei denen Feuchtgebiete, Felskunststätten sowie indigene Gemeinden in Kimberley besucht werden; mit Angeln. (S. 1102)

Outback-Abenteuer

Mit dem Geländewagen nach Cape York Ein großes Abenteuer ist die Tour abseits der Straßen zur Nordspitze Australiens. Man schließt sich einer Tour an oder wagt sich allein los.(S. 471)

Red Centre Bei Touren ab Alice Springs erkundet man die Wüste Australiens mit den Uluru-Gipfeln und der Kata Tjuta. (S. 955)

Karijini National Park Bei der Abenteuertour im abgelegenen Park klettert, hangelt, schlittert und taucht man durch Schluchten. (Western Australia; S. 1084)

Oodnadatta Track Die Tour, auf der man Emus, Eidechsen, den Kati Thanda (Lake Eyre) und einsame Pubs sieht, folgt einer historischen Bahnstrecke durch South Australia. (S. 869)

Mungo National Park Das wunderbare Ziel im Outback von New South Wales lockt mit erstaunlichen Landformationen, Tieren und Touren zur Kultur der Aborigines. (S. 231)

Arnhem Land Vom Kakadu National Park im Northern Territory kann man eine Tour ins entlegene Arnhem Land machen. (S. 908)

Purnululu National Park Der Nationalpark in Western Australia bezaubert mit uralten erodierten Felskuppeln, die an Bienenkörbe erinnern. (S. 1112)

Monat für Monat

TOP-EVENTS

Adelaide Fringe, Februar

Sydney Gay & Lesbian Mardi Gras, Februar

Byron Bay Bluesfest, April

Australian Open, Januar

Laura Aboriginal Dance Festival, Juni

Januar

Der Januar kommt in Fahrt, Australien erholt sich vom Weihnachtstrubel, und die Festival-Saison beginnt mit Musik-Events im Freien. Melbourne richtet die Australian Open aus und im Top End ist Regenzeit.

Sydney Festival

„It's big", sagt die Werbung. Tatsächlich sind die drei tollen Sommerwochen mit Musik, Tanz, Diskussionsrunden, Theater und bildender Kunst (alles meist gratis und familienfreundlich) ein echtes Kunstevent. (S. 111)

MONA FOMA

Brian Ritchie (Bassist der Violent Femmes) fungiert als Kurator, wenn im MONA in Hobart das Festival of Music & Art zelebriert wird. Es ist so aufregend, fortschrittlich und überraschend wie das Museum selbst. (S. 703)

Australia Day

Australiens „Geburtstag" wird am 26. Januar, dem Tag, an dem 1788 die First Fleet anlegte, mit Barbecues, Feuerwerk, Fahnen, Alkohol und Imponiergehabe gefeiert. Wenig Partystimmung herrscht dagegen bei indigenen Australiern, die den Tag als Invasion Day oder Survival Day bezeichnen.

Australian Open

Ende Januar ziehen die Australian Open Tennisfans aus aller Welt in den Melbourne Park, wo sich bei größter Hitze die Topspieler auf dem Platz messen. (S. 1153)

Februar

Der Februar ist der heißeste Monat. Im Norden herrschen Regen und Hitze. In Tasmanien und Victoria ist tolles Wetter. Für die Einheimischen geht's zurück zur Arbeit oder zum Strand.

Adelaide Fringe

Das einmonatige Fringe rangiert direkt hinter jenem in Edinburgh. Hierher kommen Künstler, die es nicht auf das hochintellektuelle Adelaide Festival schaffen (oder schaffen wollen). Zentrum des Gemischs aus Comedy, Musik und Artistik ist der Garden of Unearthly Delights auf dem Parkgelände. (S. 792)

Sydney Gay & Lesbian Mardi Gras

Das einmonatige Kunstfestival endet spät im März mit einem Umzug auf der Oxford Street in Sydney, den 300 000 Leute verfolgen. Fitnessstudios leeren sich und Enthaarungsstudios haben Hochkonjunktur. Tickets für Aftershow-Partys sind begehrt. (S. 1168)

Tropfest

Das weltgrößte Kurzfilm-Festival findet im Februar in Parramatta statt, mit Anbindung zu Veranstaltungsorten in Melbourne, Canberra und Surfers Paradise. Alle Beiträge müssen ein bestimmtes Element enthalten – z. B. einen Kuss, ein Niesen oder Ballons. (S. 111)

März

Im März findet in Australien die Weinlese statt, wo-

bei es in den vergangenen Jahren fast so heiß war wie im Januar und Februar. Auf Melbournes Straßen hält der Formel-1-Zirkus Einzug.

☆ WOMADelaide

Das jährlich stattfindende Festival bietet an vier Tagen Weltmusik, Kunst, Essen und Tanz in Adelaides Botanic Park und lockt Menschen aus ganz Australien an. Auf acht Bühnen spielen Hunderte Künstler. Kaltes Bier kriegt man hier auch. (S. 792)

☆ Australian Formula 1 Grand Prix

An vier Tagen Ende März haben die dröhnenden Motoren der Formel-1 den ansonsten ruhigen Albert Park in Melbourne voll im Griff. Der 5,3 km lange Parcours um den Albert Park Lake ist für seinen glatten Belag bekannt. (S. 524)

Adelaide Festival

Erstklassiges Festival für Kulturbegeisterte mit Tanz, Theater, Oper, Literatur und Performances aus dem In- und Ausland. Es ist Australiens größtes, jährliches Event dieser Art (S. 792)

April

Laubwälder, die sich golden verfärben, schmücken Melbourne und die Adelaide Hills. Im Norden lässt der Regen nach, und in der Wüste werden die Temperaturen erträglich. An Ostern steigen überall die Preise für Unterkünfte.

☆ Byron Bay Bluesfest

An Ostern füllt sich Byron Bay mit 20000 Musikliebhabern, die hier Blues-and-Roots-Bands aus aller Welt erleben wollen (Ben Harper, Neil Young, Bonnie Raitt). Veranstaltungsort ist die Tyagarah Tea Tree Farm, 11 km nördlich von Byron. Manche der Besucher campen hier auch. (S. 199)

Tjungu Festival

Üblicherweise ist der April im Red Centre ein eher ruhiger Monat – abgesehen vom Tjungu Festival in Yulara, bei dem die lokale Kultur der Aborigines im Zentrum steht. (S. 956)

Mai

Die Trockenzeit beendet im Northern Territory (NT), im nördlichen Western Australia (WA) und in Far North Queensland den Regen. Perfekt, um den Uluru (Ayers Rock) zu besichtigen!

Walbeobachtung

Südkaper und Buckelwale kommen zwischen Mai und Oktober, um zu fressen und sich fortzupflanzen. Zu sehen sind sie vor Hervey Bay (NSW), Warrnambool (Victoria), Victor Harbor (SA), Albany (WA) und North Stradbroke Island (Queensland). (S. 1144)

Noosa Food & Wine

Eines der besten kulinarischen Feste Australiens, bei dem an drei Tagen Mitte Mai mit Kochshows, Käse- und Weinproben, Gourmet-Essen und abendlichen Live-Konzerten genossen und gefeiert wird. (S. 351)

☆ Alice Springs Cup Carnival

Fünf Tage voller Rennsport und gesellschaftlicher Aktivitäten sind der willkommene Anlass, den alten Anzug (bzw. das alte Kleid) rauszuholen und sich unter einem schattigen Zeltdach ein paar Kaltgetränke zu genehmigen, während die Pferde ihr Ding machen. (S. 936)

Juni

Winter: In den Skiorten der Southern Alps gibt's Schnee, und zur Football-Saison füllen sich die Stadien. Im Norden ist Hauptsaison: Wasserfälle und Outback-Routen sind zugänglich, die Preise hoch.

Laura Aboriginal Dance Festival

Im verschlafenen Laura, 330 km nördlich von Cairns auf der Cape York Peninsula in Far North Queensland, findet Australiens größte Zusammenkunft von Aborigines statt. Gemeinschaften aus der Region versammeln sich zu Gesang, Tanz und Zeremonien. Am folgenden Wochenende werden die Laura Races and Rodeo ausgerichtet. (S. 474)

Skisaison

Mit dem Wintereinbruch (Juni bis August) heißt es für alle Schneehasen Ski und Snowboards schnappen und auf in die Berge! In Victoria und New South Wales gibt's die bedeutendsten Skiorte, in Tasmanien einige kleinere. Siehe auch www.ski.com.au (S. 57)

Juli

Kneipen mit Kaminfeuer und gemütliche Cafés

haben im Süden Hochkonjunktur; die Strände sind leer. Im Norden herrscht Andrang auf Märkte, Touren und Unterkünfte. Südlich von Alice Springs wird es kühl; das MIFF ist Pflicht.

Beer Can Regatta

Der Festivalkalender des NT strotzt vor schrägen Events. Bei diesem liefern sich Hunderte „Boote" aus Bierdosen ein Rennen auf dem flachen Wasser am Mindil Beach (Darwin). Bechern und Lachen sind dabei wichtiger als nicht unterzugehen. (S. 880)

Melbourne International Film Festival

Zahllose Kurz-, Spiel- und Dokumentarfilme flimmern von Ende Juli bis Anfang August über Leinwände in der ganzen Stadt: Das MIFF muss sich vor Toronto und Cannes nicht verstecken. Seit 1952 wird es ausgerichtet und es ist sehr beliebt.

August

Im August fliehen die Bewohner Südaustraliens vor der winterlichen Tristesse ins sonnigere Queensland. Die letzte Chance für Touren ins tropische Top End sowie ins Outback, bevor's dort heiß und feucht wird.

Cairns Festival

Von Ende August bis Anfang September wird beim dreiwöchigen Kunst- und Kulturfestival ein Programm mit Musik, Theater, Tanz, Comedy, Filmen, Aborigine-Kunst und Ausstellungen gezeigt. Bei Open-Air-Events auf Plätzen und in Parks kommt Cairns tropische Kulisse zur Geltung. (S. 440)

September

Der Frühling überzieht das Outback in WA und SA mit Wildblumen, Orte wie Canberra und Toowoomba richten Blumenfeste aus. Die Football-Saison endet, der Pferderennzirkus beginnt.

Brisbane Festival

Das Kunstfestival gehört zu den größten und vielfältigsten Australiens. An 22 Tagen im September wird in der Stadt ein tolles Programm mit Konzerten, Theaterstücken, Tanz und anderem geboten. Beendet wird das Ganze mit dem „Riverfire", einem eindrucksvollen Feuerwerk über dem Fluss. (S. 305)

AFL Grand Final

Höhepunkt der Australian Football League (AFL) ist dieses Spektakel, das Millionen begeisterter Aussies (im TV) verfolgen. Tickets für das Spiel in Melbourne sind sehr schwer zu kriegen. Viele Fans treffen sich aber zum Grillen nebst Halbzeit-Amateurkick im örtlichen Park. (S. 1152)

Oktober

Das Klima präsentiert sich gemäßigt und ist prima zum Campen oder Abhängen auf regionalen Weingütern (irgendjemand muss sich ja dieser Aufgabe widmen ...). Im Top End kündigt sich mit großer Schwüle die Regenzeit an.

Melbourne Festival

Dieses jährliche Kunstfestival glänzt von Anfang Oktober bis Anfang November mit Oper, Theater, Tanz und bildender Kunst aus dem In- und Ausland.

November

Einige Strände des nördlichen Queensland, NT und WA sind wegen der Würfelquallen im Flachwasser gesperrt. Outdoor-Events haben Hochkonjunktur: An allen Küsten lassen Rettungsschwimmer die Muskeln spielen.

Margaret River Gourmet Escape

Die Schwergewichte der kulinarischen Welt beehren Margaret River vier Tage lang mit Gastro-Inspirationen; Nigella Lawson und Rick Stein waren 2016 die Stars dieser Veranstaltung. Australiens wachsende Zahl an Promi-Köchen nimmt meist auch teil. (S. 1021)

Melbourne Cup

Am ersten Novemberdienstag wird beim landesweit (wenn nicht gar weltweit) wichtigsten Pferderennen in Melbourne der Rasen aufgerissen (www.melbournecup.com). Provinzstädte richten ihre eigenen Derbys nach diesem Event aus, das von ganz Australien verfolgt wird und so die Nation lahmlegt. (S. 525)

Sculpture by the Sea

Von Ende Oktober bis Anfang November verwandeln australische wie internationale Künstler den Klippenpfad zwischen Bondi Beach und Tamarama (Sydney) in einen tollen Skulpturengarten. Die kreativsten, ausgefallensten oder komischsten Werke

Oben: Ein AFL-Spiel im Melbourne Cricket Ground (S. 510)
Unten: Silversterfeuerwerk über dem Hafen von Sydney

erhalten hohe Preisgelder. (S. 111)

Fremantle Festival

Zehn Tage voller Paraden, Musik, Tanz, Komödie, bildender Kunst, Straßentheater und Workshops. Das 1905 gegründete Festival ist Australiens ältestes. Highlights sind die Kite Extravaganza und das Wardarnji Indigenous Festival. (S. 993)

Dezember

Hurra, die Schule ist aus! Zwei Wochen vor Weihnachten beginnen die Ferien, in den Städten ist Power-Shopping angesagt, und das Klima ist warm. Im Norden kündigt sich die Monsunsaison an: Nachmittägliche Stürme bringen Platzregen mit sich.

Sydney to Hobart Yacht Race

Am Boxing Day (2. Weihnachtsfeiertag, 26. Dez.) startet in Sydneys Hafen die weltweit anspruchsvollste Jacht-Regatta auf offenem Meer. Der Start lässt sich gut von den Ufern der Stadt aus beobachten (was man wunderbar mit einem Picknick verbinden kann). (S. 112)

Silvesterfeuerwerk in Sydney

Großartiger lässt sich das neue Jahr kaum einläuten: Gemeinsam mit unzähligen Feierwütigen rund um den Hafen, während das Feuerwerk den Nachthimmel erleuchtet. Um 21 Uhr gibt's ein Feuerwerk für Familien; um Mitternacht steigt dann die ganz große Nummer. (S. 112)

Reiserouten

2 WOCHEN Höhepunkte Australiens

Zwar werden zwei Wochen niemals ausreichen, um eines der größten Länder der Welt zu erkunden, aber mit sorgfältiger Planung – und wenn man kein Problem damit hat, das Flugzeug zu benutzen – lassen sich Australiens größten Hits durchaus erleben.

Mit dem Flugzeug geht's nach **Sydney**. Zur Erkundung einer der charismatischsten Städte der Welt gehört ein Spaziergang entlang der ausgedehnten und schönen Uferpromenade, eine Besichtigung des Sydney Opera House und eine Fahrt mit der Fähre nach Manly. Und dann sind da ja auch noch die hervorragenden Museen und großartigen Restaurants. Nach einem Aufenthalt von mindestens drei Nächten geht's weiter mit dem Flugzeug nach Yulara. Hier warten vier Tage **Uluru-Kata Tjuta National Park**. Wobei sowohl Uluru als auch Kata Tjuta (Olgas) so viel Zeit verdienen, wie man erübrigen kann (inklusive einer Nacht im **Watarrka (Kings Canyon) National Park**).

Eine Woche bleibt noch, also auf ins Top End. Nach der Landung in **Darwin** geht's direkt zum **Kakadu National Park**. Für Felsenkunst, Flusskreuzfahrten und die sagenhafte Tierwelt sollten mindestens drei Tage veranschlagt werden. Anschließend wird von Darwin nach **Cairns** geflogen, wo die verbleibenden Tage fürs Tauchen oder Schnorcheln am **Great Barrier Reef** reserviert sind.

4 WOCHEN Die große Runde

Von Sydney ins Outback, ganz nach Westen und wieder zurück – diese Route gleicht einem Epos und in einem aufregenden Monats erlebt man viele Höhepunkte des Landes.

Nach einem zärtlichen *goodbye* an **Sydney** fliegt man nach **Alice Springs** im heißen Central Australia. Hier besucht man den Alice Springs Desert Park und nimmt an einer Tour zum **Uluru-Kata Tjuta National Park** weiter südlich teil. Der Uluru kassiert die Lorbeeren, aber die Kata-Tjuta-Felsen sind ebenso beeindruckend (und weniger überfüllt).

Zurück in Alice geht's mit einem Leihwagen gen Norden auf dem Stuart Hwy ins aufstrebende, raue **Darwin**. Unterwegs kann man im **Nitmiluk (Katherine Gorge) National Park** ein bisschen Kanu fahren oder eine Rundfahrt machen sowie im **Kakadu National Park** Krokodile beobachten und Felskunst der Aborigines bewundern.

Ab Darwin fliegt man nach **Perth** und zur nicht weit entfernt liegenden hübschen Hafenstadt **Fremantle**. Weiter südwärts kann man am **Margaret River** bei einem Wein Kräfte sammeln, bevor man die Weiten der **Nullarbor Plain** in Angriff nimmt. Wer keine Lust auf die lange Autofahrt zum feierfreudigen **Adelaide** hat, kann den *Indian Pacific* nehmen – die Bahnfahrt ist unvergesslich.

Rund um Adelaide locken erstklassige Weinbaugebiete (das **Barossa Valley** und das **McLaren Vale** sind beide nur eine Stunde entfernt). Die malerische **Great Ocean Road** führt ins sportbesessene **Melbourne**, wo man sich ein Australian-Rules-Football- oder ein Kricketspiel im Hexenkessel des Melbourne Cricket Ground anschauen sollte.

Wer noch Zeit hat, nimmt die Fähre nach **Tasmanien**. Der Inselstaat beherbergt ein paar der ältesten Wälder des Landes und Gebirgsketten, die zum Weltnaturerbe gehören, wie den traumhaften **Cradle Mountain-Lake St. Clair National Park**.

Zurück in Melbourne geht's weiter die Küste Victorias entlang zu den Pinguinen und Koalas auf **Phillip Island** und dem weißen Sand des **Wilsons Promontory National Park**. Nach einigen Tagen am **Ninety Mile Beach** kurvt man die NSW-Küste hinauf zur **Jervis Bay**. Zurück in **Sydney** findet man an einem Strand sicher ein ruhiges Plätzchen.

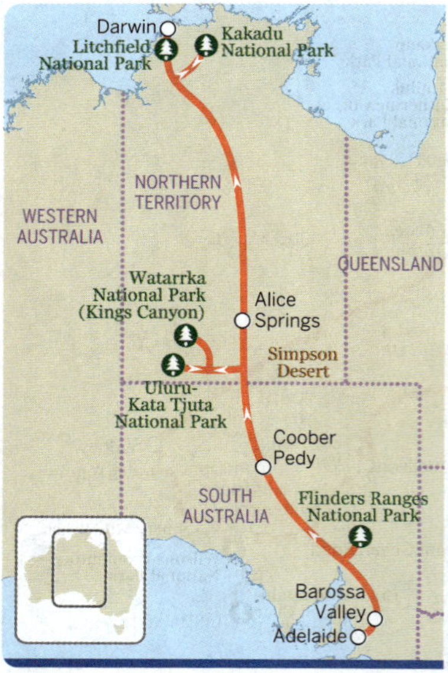

2 WOCHEN Von Adelaide nach Darwin

Die 3000 km lange Route auf dem Stuart Hwy führt ins Herz der Wüste.

Von **Adelaides** alten Pubs geht's nordwärts zum **Barossa Valley** mit seinen Weltklasse-Rotweinen. Nächster Halt ist der rostfarbene **Flinders Ranges National Park**, wo sich der Ikara (Wilpena Pound) aus der Halbwüste erhebt.

Abseits des Stuart Hwy liegen die Wohnhöhlen von **Coober Pedy**. Es geht weiter nach Norden in die Wüste. Der Lasseter Hwy führt zum **Uluru-Kata Tjuta National Park**. Die Wüstenschlucht des **Watarrka National Park (Kings Canyon)** liegt 300 km nördlich.

Nach der Übernachtung in der Wüstenoase **Alice Springs** geht's nach Norden (Fliegen ist auch eine Option) zu den Sümpfen und Felsen des **Kakadu National Park**, der zum Weltnaturerbe gehört, und zu den grandiosen Wasserfällen und Becken des **Litchfield National Park**.

Darwin ist längst mehr als eine raue Grenzstadt. Heute ist es so multikulturell wie ihr Mindil Beach Sunset Market. Das Deckchair Cinema und das Museum & Art Gallery of the Northern Territory besuchen!

3–4 WOCHEN Von Perth nach Kimberley

Lust auf Abenteuer? Von Perth aus geht's im Geländewagen bis nach ... Darwin!

Nach der Erkundung von **Perth** ist der schöne **Nambung National Park** erstes Ziel. Weiter geht's zum **Kalbarri National Park** mit seinen tollen Schluchten und Klippen. Auf Delfine trifft man am Strand von **Monkey Mia**, danach kann man am **Ningaloo Reef** schnorcheln.

Im Landesinneren liegt Pilbara. Abkühlen kann man sich im **Millstream-Chichester National Park**, dann geht's in den **Karijini National Park**. Ein Bier in der **Marble Bar**, dann folgt man der Küste bis nördlich von **Broome** das Nichts kommt. Bei Sonnenuntergang blickt man den Kamelen am Cable Beach nach. Die **Dampier Peninsula** lockt mit Traumstränden und Camping. Ostwärts geht's auf der **Gibb River Road** ins Herz Kimberleys.

In **Kununurra** werden die Vorräte aufgestockt, dann geht's ab nach Süden zum **Purnululu National Park** mit den Sandstein-Highlights. Auf der **Duncan Rd** fährt man ins Northern Territory – sobald man Asphalt unter sich hat, ist **Darwin** nicht mehr weit.

ANDREW WATSON / GETTY IMAGES ©

AMOPHOTO_AU / SHUTTERSTOCK ©

Oben: Brisbane (S. 294)

Unten: Henley Beach, Adelaide (S. 783)

1 WOCHE Von Sydney nach Melbourne

Die meisten Traveller fliegen nach Sydney, doch auch Melbourne, etwa 1000 km südlich, sollte man sich nicht entgehen lassen.

Am Hafen zeigt sich **Sydney** von seiner schönsten Seite: Das Sydney Opera House und die Sydney Harbour Bridge sind nicht zu übersehen. Der Bondi Beach ist ein Muss, dank Rucksacktouristen, Strandpausen und Bikinis wird hier die Quintessenz Australiens erlebbar.

Gen Süden geht's durch den **Royal National Park** zum **Grand Pacific Drive** und weiter nach **Wollongong** zur bezaubernden Küstenstadt **Kiama**. In der Nähe führt der Illawarra Fly Tree Top Walk durch die Baumkronen des Regenwalds.

Weiter geht es nach Süden durch **Ulladulla**, **Narooma** und das treffend benannte **Eden** an der Grenze zu Victoria. Die Straße von hier nach Melbourne ist wenig interessant. Für Abwechslung sorgen Buschwanderungen und die Strände im **Wilsons Promontory National Park**.

Melbourne ist bekannt für Kunst, den Australian Rules Football und Kaffee. Am besten geht man durch die Gassen, besucht Galerien und hört Livemusik in einer Bar.

4 WOCHEN Von Sydney nach Cairns

Die 2864 km lange Route an der Ostküste zwischen Sydney und Cairns ist die beliebteste in Australien.

Die ersten Tage lässt man sich von den Lichtern **Sydneys** verzaubern, bevor die Reise nach Norden über den Pacific Hwy durchs zentrale und nördliche New South Wales geht. Im **Hunter Valley** lässt man es bei gutem Wein langsamer angehen, und auch baden muss drin sein – und zwar in **Port Stephens** und in **Coffs Harbour**, wo die „Big Banana" steht. Dann geht's nach **Byron Bay**, wo man sich vom New Age erwecken lässt und die tollen Strände genießt. Die Fahrt führt weiter nach Queensland an die **Gold Coast**. Nach einer Pause in **Brisbane** macht man sich durch die **Glasshouse Mountains** und die Hippie-Stadt **Eumundi** auf den Weg zum reichen **Noosa** an der Sunshine Coast.

Der Bruce Hwy windet sich an der Küste entlang in den äußersten Norden von Queensland. Vor der Küste von **Hervey Bay** kann man Wale sichten, dann dringt man weiter nach Norden vor zum himmlischen **Whitsundays Archipel**, den Korallen des **Great Barrier Reef** und dem Mekka der Sporttaucher, **Cairns**.

Reiseplanung

Trips zum Great Barrier Reef

Das Great Barrier Reef erstreckt sich über 2000 km vom südlichen Wendekreis nahe Gladstone in Queensland bis südlich von Papua-Neuguinea und ist das größte Korallenriff der Welt. Es gibt zahlreiche Möglichkeiten, es kennenzulernen. Beim Tauchen und Schnorcheln kommt man den Bewohnern des Meeres und den schillernden Korallen am nächsten. Man kann sich aber auch mitTropenfischen umgeben, ohne nass zu werden, etwa in einem Halbtaucher- oder Glasbodenboot, oder das Riff bei einem Rundflug bestaunen.

Reisezeit

Die Hauptsaison geht von Juni bis Dezember. Zwischen August und Januar ist die Unterwassersicht top. **Nord-Queensland** (nördl. von Townsville) erlebt von Dezember bis März eine Regenperiode mit drückender Hitze und viel Niederschlag. Trockener und kühler wird's von Juli bis September.

Zwischen November und Mai wimmelt es von Würfelquallen. Die meisten Betreiber für Riffausflüge halten spezielle Anzüge für Schnorchler und Taucher bereit, sofern man nicht seinen eigenen dabei hat.

Die **Whitsundays** sind ganzjährig ein prima Ziel. Im Winter (Juni–Aug.) kann es schön warm sein, gelegentlich braucht man einen Pulli. Im restlichen Queensland sind die Sommer (Dez.–März) heiß und feucht.

Der Winter (Juni–Aug.) in **Süd- und Zentral-Queensland** ist mild genug zum Tauchen und Schnorcheln in Neopren.

Highlights

Tierbeobachtung

Auf Lady Elliot oder Heron Island lassen sich Schildkröten beobachten.

Vor Green Island kann man beim Kajakfahren nach Riffhaien und Rochen Ausschau halten.

Auf Magnetic Island lassen sich wild lebende Koalas blicken.

Schnorcheln

Knuckle Reef, Hardy Reef und Fitzroy Reef sind Top-Spots.

Die den Whitsunday Islands und Magnetic Island vorgelagerten Riffe wimmeln vor Leben.

Vogelperspektive

Panoramaflüge ab Cairns oder den Whitsundays.

Fallschirmspringen über Airlie Beach.

Segeln

Von Airlie Beach zu den Whitsunday Islands

Von Port Douglas zum Agincourt Reef.

Reiseziele

Es gibt unzählige beliebte und außergewöhnliche Ausgangspunkte, von denen aus man zum „GBR“ gelangt. Achtung: Das Wetter oder neue Schäden am Riff können zu veränderten Bedingungen an einzelnen Stellen führen.

Zugang vom Festland

Die Zugänge zum Great Barrier Reef vom Festland aus ermöglichen jeweils leicht unterschiedliche Erlebnisse und Aktivitäten. Hier eine kurze Übersicht in Süd-Nord-Richtung.

Agnes Water & Town of 1770 Kleine Orte sind eine gute Wahl für alle, die den Menschenmassen entfliehen wollen. Es führen Touren zur Fitzroy Reef Lagoon, die dank bislang beschränkter Besucherzahl zu den am wenigsten durch Infrastruktur beeinflussten Bereichen des Riffs zählt. Die ruhige Lagune eignet sich perfekt zum Schnorcheln und sorgt auch vom Boot aus für ein beeindruckendes Erlebnis.

Gladstone Eine etwas größere Stadt, aber immer noch recht klein. Gladstone ist der nächstgelegene Zugang zu den südlichen Riffinseln und zahllosen Atollen, darunter Lady Elliot Island, und ideal für Taucher und Schnorchler.

Airlie Beach Eine Kleinstadt mit vielen Segelausrüstern. Die Hauptattraktion sind mehrtägige Bootstrips zu einigen der Korallen-Saumriffe der Whitsunday Islands. Egal ob die Finanzen null oder fünf Sterne zulassen, in Airlie gibt's für jeden Geldbeutel die passende Tour.

Townsville Berühmter Ausgangspunkt für Trips für Taucher und Tauchanfänger. Im Angebot sind Abstecher zu den vielen Inseln und Winkeln des Riffs mit vier oder fünf Übernachtungen an Bord. Das Kelso Reef und das Wrack der *SS Yongala* sind besonders artenreich. Alternativ finden diverse Tagesausflüge mit Glasbodenbooten statt. Hier ist auch das Reef HQ, eine Aquariumsversion des Great Barrier Reef.

Mission Beach Näher am Riff als alle anderen Ausgangspunkte. Von dieser Kleinstadt führen einige Boots- und Tauchausflüge zu Abschnitten des Außenriffs. Das Angebot ist so überschaubar wie die Besucherzahl.

Cairns Der Hauptausgangspunkt für Touren zum Great Barrier Reef mit jeder Menge Anbietern. Hier ist alles zu haben, von günstigen Tagesausflügen auf großen Booten bis hin zu luxuriösen fünftägigen Charterfahrten in lauschiger Atmosphäre. Das Spektrum deckt einen großen Teil des Riffs ab. Manche Veranstalter schippern nordwärts bis nach Lizard Island. Günstige Trips gehen eher zu Innenriffen, die oft stärker beschädigt sind. In Cairns starten auch Panoramaflüge.

Port Douglas Ein schicker Ferienort und Zugangspunkt zu den Low Isles und zum Agincourt Reef, einem äußeren Barriereriff mit kristallklarem Wasser und atemberaubenden Korallen. Tauch-, Schnorchel- oder Bootstrips sind hier vornehmer, teurer und weniger Massenabfertigung als in Cairns. Vor Ort beginnen auch Panoramaflüge.

Cooktown In der Nähe von Lizard Island; während der Regenperiode zwischen November und Mai machen Tourveranstalter den Laden dicht.

Inseln

Über das ganze Riff verteilt liegen zahlreiche Inseln und Atolle, die sofortigen Zugang zu den Wundern unter Wasser bieten. Die Übersicht nennt die besten Eilande von Süden nach Norden.

Lady Elliot Island Ein Korallenatoll, das mit ca. 57 Vogelarten ein Paradies für Fans der Piepmätze ist. Auch Meeresschildkröten legen hier ihre Eier ab, und Lady Elliot ist wohl obendrein der beste Ort des Riffs, um Mantarochen zu beobachten. Die Insel ist zudem ein berühmtes Tauchrevier. Es gibt ein Resort hier, man kann aber auch einen Tagesausflug von Bundaberg aus unternehmen.

Heron Island Ein winziges Korallenatoll inmitten eines riesigen Riffbereichs. Dieses Tauchermekka ermöglicht Riffwanderungen und Schnorcheleinheiten. Heron ist ein Nistplatz von Grünen Meeresschildkröten und Unechten Karettschildkröten und außerdem die Heimat von etwa 30 Vogelarten. Die Insel hat nur ein Resort mit entsprechenden Preisen.

Hamilton Island Der „Boss“ unter den Whitsundays hat ein weitläufiges, familienfreundliches Resort mit guter Infrastruktur. Die Atmosphäre ist nicht gerade lauschig, aber hier beginnen viele

INFOS IM INTERNET ZUM GREAT BARRIER REEF

Dive Queensland www.dive-queensland.com.au

Tourism Queensland www.queenslandholidays.com.au

Great Barrier Reef Marine Park Authority www.gbrmpa.gov.au

Department of National Parks, Sport & Racing www.nprsr.qld.gov.au

Australian Bureau of Meteorology www.bom.gov.au

Riff-Highlights

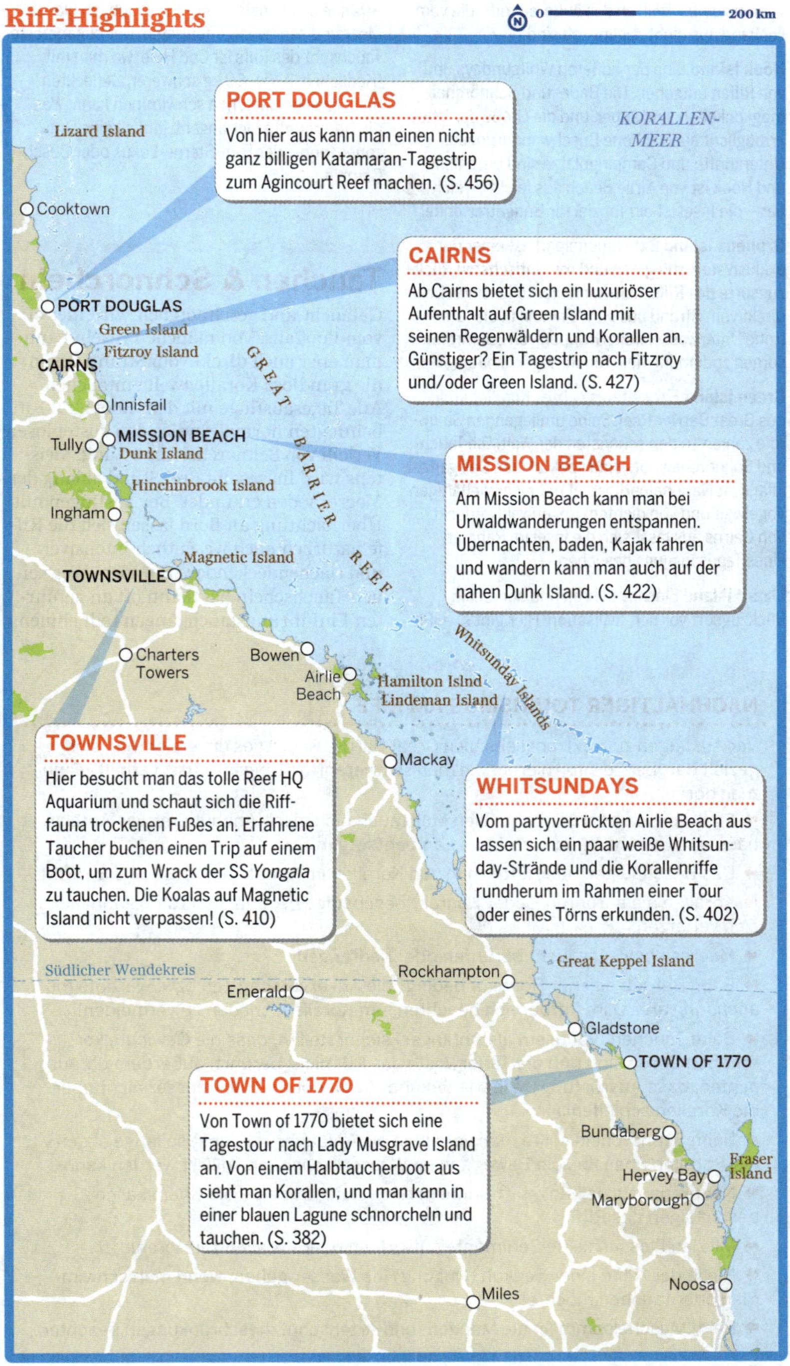

Touren zu Abschnitten des äußeren Riffs, die vom Festland aus nicht zugänglich sind.

Hook Island Eine der äußeren Whitsundays und von Riffen umgeben. Die Bade- und Schnorchelmöglichkeiten sind super, und die Größe der Insel ermöglicht auch schöne Buschwanderungen. Unterkünfte und Campingplätze sind bezahlbar, und Hook ist von Airlie Beach aus leicht erreichbar – die Insel ist ein Topziel für Budgetreisende.

Orpheus Island Der Nationalpark ist einer der exklusivsten, ruhigsten und romantischsten Rückzugsorte des Riffs. Man kann hier toll schnorcheln: direkt vom Strand aus geht's hinein in die farbenfrohe Unterwasserwelt. Gruppen von Saumriffen sorgen zudem für viele Tauchmöglichkeiten.

Green Island Ein weiteres echtes Korallenatoll des Great Barrier Reef. Seine umliegenden Saumriffe zählen zu den schönsten der Welt. Die Tauch- und Schnorchelspots sind spektakulär. Das ganze Eiland ist Nationalparkgebiet mit einer vielfältigen Vogelwelt und von dichtem Regenwald bedeckt. Von Cairns aus lässt sich die Insel im Rahmen eines Tagesausflugs besuchen.

Lizard Island Einsam, schroff und der ideale Rückzugsort vor der Zivilisation. Hier gibt's weiße Strände aus feinstem Sand, unglaublich blaues Meer und sehr wenige Touristen. Der bekannteste Tauchspot des Riffs ist Cod Hole, wo man mit friedlichen, bis zu 60 kg schweren Gefleckten Riesenzackenbarschen schwimmen kann. Was die Unterkünfte hier angeht, gibt's keine Grauzonen: entweder Fünf-Sterne-Luxus oder Busch-Camping.

Tauchen & Schnorcheln

Getaucht und geschnorchelt wird hier oft vom Boot aus. Von manchen Inseln kann man aber auch direkt vom Strand aus in die grandiose Korallenwelt eintauchen. Alle Tagesausflüge mit dem Boot zum Riff beinhalten normalerweise den kostenlosen Verleih von Schnorchelausrüstung. Meistens wird insgesamt drei Stunden lang der Meeresboden erkundet. Bei Ausflügen mit Übernachtung an Bord lassen sich die Riffe natürlich noch wesentlich intensiver und flächendeckender erkunden. Wer keinen Tauchschein hat, kann oft an geführten Einführungstauchgängen teilnehmen.

NACHHALTIGER TOURISMUS AM RIFF

Vor Ausflügen zum extrem sensiblen Great Barrier Reef ist es unverzichtbar, sich gezielt darüber zu informieren, wie man sich verantwortungsbewusst verhält, wenn man dort ist.

- Egal wo man auch hingeht, allen Müll (auch biologisch Abbaubares wie Apfelgehäuse) mitnehmen und korrekt an Land entsorgen!
- Das Beschädigen oder Entfernen von Korallen im Schutzgebiet ist eine Straftat.
- Korallen nie berühren: Jeder Kontakt beschädigt sie, und außerdem kann man sich verletzen.
- Meereslebewesen nicht berühren oder bedrängen!
- Beim Betrieb eigener Boote unbedingt die Ankervorschriften bzw. -verbote *(no anchoring areas)* im Riffbereich beachten, um Korallenschäden zu vermeiden!
- Beim Tauchen (vor allem als Anfänger) sicherstellen, dass die Gewichte korrekt bemessen sind und die Tarierweste das Riff nicht berührt; außerdem darauf achten, dass Ausrüstungsteile wie Sekundärregler oder Druckmesser nicht über die Korallen schleifen!
- Beim Schnorcheln sollte man vor allem als Anfänger zunächst so lange abseits der Korallen üben, bis die Bewegung im Wasser sicher kontrolliert werden kann.
- Neoprenanzug leihen, statt Sonnencreme aufzutragen – die Chemikalien beschädigen das Riff!
- Mit den Flossen keine Sedimente aufwirbeln oder Korallen zerstören!
- Nie in der Nähe einer Seekuh (Dugong) ins Wasser gehen, wenn man schwimmen oder tauchen möchte!
- Beim Muschelsammeln die Mengen- und Artenschutzbeschränkungen beachten.

PANORAMIC IMAGES / GETTY IMAGES ©

Oben: Schnorcheln am Great Barrier Reef (S. 433)

Unten: Port Douglas (S. 456)

TOP-SCHNORCHELSPOTS

Nichttaucher könnten sich fragen, ob es sich lohnt, das Great Barrier Reef „nur zum Schnorcheln" zu besuchen. Die Antwort ist ein eindeutiges Ja! Viele der üppigen bunten Korallen sind leicht zu entdecken beim Schnorcheln – sie wachsen recht dicht unter der Wasseroberfläche, da sie zum Gedeihen das helle Sonnenlicht brauchen. Die besten Schnorchelspots auf einen Blick gibt's im Folgenden:

- Fitzroy Reef Lagoon (Town of 1770)
- Heron Island (Capricorn Coast)
- Keppel Island (Capricorn Coast)
- Lady Elliot Island (Capricorn Coast)
- Lady Musgrave Island (Capricorn Coast)
- Hook Island (Whitsundays)
- Hayman Island (Whitsundays)
- Border Island (Whitsundays)
- Lizard Island (Cairns)
- Hardy Reef (Whitsundays)
- Knuckle Reef (Whitsundays)
- Michaelmas Reef (Cairns)
- Hastings Reef (Cairns)
- Norman Reef (Cairns)
- Saxon Reef (Cairns)
- Opal Reef (Port Douglas)
- Agincourt Reef (Port Douglas)
- Mackay Reef (Port Douglas)

Diese Unterwassertouren werden von erfahrenen Tauchern geleitet. Vorab gibt's eine Belehrung in Sachen Sicherheit und Ablauf. Ein Fünftageskurs der PADI (Professional Association of Diving Instructors) oder ein „Buddy" sind nicht vonnöten.

Wichtige Tauchhinweise

Um das Risiko zu minimieren, durch Reststickstoff im Blut Dekompressionserscheinungen zu entwickeln, sollte der letzte Tauchgang spätestens 24 Stunden vor Flügen beendet sein - auch vor solchen per Ballon oder zu Fallschirmsprüngen. Ein Tauchgang gleich nach der Ankunft per Flieger ist hingegen kein Problem.

Man sollte ermitteln ob die eigene Versicherungspolice Tauchen als gefährliche Sportart einstuft und nicht abdeckt. Gegen einen Jahresbeitrag bietet das Divers Alert Network (DAN; www.diversalertnetwork.org. Notfallhotline: ☎+1 919 684 9111) eine Versicherung an, die Evakuierungs- und Behandlungskosten nach Tauchunfällen übernimmt.

Die Sicht unter Wasser reicht in Küstengewässern 1 bis 3 m, mehrere Kilometer vor der Küste 8 bis 15 m. Am Außenrand des Great Barrier Reef beträgt sie 20 bis 35 m und im Korallenmeer 50 m und mehr.

Im Norden liegt die Wassertemperatur ganzjährig bei 24 bis 30 °C. Gen Süden fällt sie allmählich ab und sinkt im Winter auf 20 °C.

Top-Tauchspots am Riff

Das Great Barrier Reef verfügt über einige der besten Tauchstellen der Welt. Hier sind ein paar Top-Spots für den Anfang:

SS Yongala Ein versunkenes Schiffswrack, das seit mehr als 90 Jahren eine wimmelnde Gemeinschaft von Meeresbewohnern beheimatet.

Cod Hole Mit Gefleckten Riesenzackenbarschen.

Heron Island Farbenfrohe Fischschwärme direkt vor dem Strand.

Lady Elliot Island Mit 19 berühmten Tauchspots.

Pixie Bommie Nachttauchgänge offenbaren die „dunkle Seite des Riffs".

Wheeler Reef Beeindruckende Vielfalt von maritimen Lebewesen und eine gute Stelle für Nachttauchgänge.

Bootsausflüge

Wer nicht auf einer Insel mitten im Great Barrier Reef urlaubt, muss dessen Schönheit im Rahmen eines Bootsausflugs kennenlernen. Tagestrips beginnen in vielen Orten an der Küste und an Inselresorts. Sie beinhalten meist das Benutzen von Schnorchelausrüstung, Snacks, ein Mittagsbüfett und Tauchen als Extra. Manchmal halten auch Naturkundler oder Meeresbiologen einen Vortrag zur Riffökologie.

Bootsausflüge unterscheiden sich sehr in puncto Passagierzahl, Schiffstyp und Qualität, was sich im Preis niederschlägt. Vor der Entscheidung sollte man also möglichst alle Details ermitteln. Auswahlkriterien wären z. B. Bootstyp (Motorkatamaran oder Segelboot), Passagierzahl (6–400) und welche Extras angeboten werden. Auch das Ziel ist wichtig: Die Außenriffe sind in der Regel weniger berührt, Innenriffe oft durch Menschenhand, Korallenbleiche (vor allem im weiter nördlich gelegenen Teil des Riffs ein echtes Problem) oder korallenfressende Dornenkronenseesterne beschädigt.

Viele Crews verleihen Unterwasserkameras, die jedoch an Land eigentlich günstiger auszuleihen sind. Natürlich kann man auch seine eigene Unterwasserkamera bzw. ein wasserdichtes Gehäuse benutzen. Teilweise sind auch Profifotografen mit an Bord, die Taucher begleiten und sie mit hoher Qualität ablichten.

Übernachten an Bord

Wer viel tauchen will, sollte *live-aboards* wählen. Man kann drei Tauchgänge bei Tageslicht durchführen und bei Gelegenheit nachts tauchen. Solche Exkursionen führen oft zu entlegeneren Bereichen des Riffs und beinhalten ein bis zwölf Übernachtungen. Zu den am häufigsten angebotenen Touren gehören dreitägige Trips mit drei Übernachtungen und bis zu elf Tauchgängen (neun tagsüber und zwei nachts).

Ein genauer Check der Optionen lohnt sich: Einige Boote stimmen ihre Fahrten auf bestimmte Meereslebewesen (z. B. die Walwanderung) oder die Korallenblüte ab. Andere besuchen entlegenere Reviere wie die Riffe im äußersten Norden, den Pompey Complex oder das Korallenmeer und die Swain Reefs.

Die Anbieter sollten zu Dive Queensland gehören, was einen Mindeststandard garantiert; auf www.dive-queensland.com.au gibt es eine Liste. Am besten können sie auch ein Zertifikat von Ecotourism Australia (www.ecotourism.org.au) vorweisen.

Beliebte Startpunkte von Übernachttrips inklusive Zielen, die besucht werden:

Bundaberg Bunker Island Group mit den Inseln Lady Musgrave und Lady Elliot, manchmal Fitzroy Reef, Llewellyn Reef und dem kaum besuchten Boult Reef oder zur Hoskyn und zur Fairfax Island.

Town of 1770 Bunker Island Group.

Gladstone Swain Reefs und Bunker Island Group.

Mackay Lihou Reef und Korallenmeer.

Airlie Beach Whitsundays, Knuckle und Hardy Reef.

Townsville Wrack der *Yongala* plus Canyons von Wheeler und Keeper Reef.

Cairns Cod Hole, Ribbon Reefs, Korallenmeer und möglicherweise Riffe im äußersten Norden.

Port Douglas Osprey Reef, Cod Hole, Ribbon Reefs, Korallenmeer und möglicherweise Riffe im äußersten Norden.

Tauchkurse

In Queensland kann man vielerorts tauchen lernen, Auffrischungskurse belegen oder seine Fähigkeiten ausbauen. Örtliche Kurse haben hohe Standards. Alle Schulen vergeben Zertifikate der PADI (Professional Association of Diving Instructors) oder der SSI (Scuba Schools International). Wesentlich wichtiger als die Wahl des jeweiligen Zertifikats ist jedoch ein guter Tauchlehrer. Somit heißt's vor der Entscheidung für einen bestimmten Kurs unbedingt Empfehlungen einholen und den Tauchlehrer kennenlernen!

Cairns zählt zu den beliebtesten Orten für Tauchkurse. Dort gibt's z. B. günstige Varianten (4 Tage kosten zwischen 520–765 AU$), die Pooltraining und Rifftauchen kombinieren. Am anderen Ende der Skala stehen intensivere Optionen mit Rifftauchen und Übernachtung (5 Kurstage inkl. 3 Tagen/2 Nächten an Bord kosten zwischen 800–1000 AU$).

Auch hier geht's nach dem Tauchunterricht hinaus zum Great Barrier Reef: nach Bundaberg, Mission Beach, Townsville,

Airlie Beach, Hamilton Island, Magnetic Island, und Port Douglas.

Camping am Riff

Ein Zelt auf einer tropischen Insel aufzuschlagen, ist eine einzigartige und günstige Methode, das Great Barrier Reef kennenzulernen. Man erlebt so Tropenidylle zum Bruchteil des Preises eines Fünf-Sterne-Inselresorts, das eventuell direkt neben dem Campingplatz liegt. Dessen Ausstattung kann von praktisch nicht vorhanden (ein sandiger Fleck im Schatten) bis zu Duschen, WCs, Infotafeln und Picknicktischen reichen. Die Abgeschiedenheit der meisten Inseln macht eine gute Vorbereitung auf allgemeine und medizinische Notfälle unerlässlich.

Unabhängig vom Ziel muss man eigene Nahrungsmittel und Wasser mitbringen (5 l/Tag & Pers.). Da sich Abholtermine oft wetterbedingt verschieben, sind Zusatzvorräte für mehrere weitere Tage sehr empfehlenswert.

Man darf nur an ausgewiesenen Stellen campen, nur markierte Wege benutzen und muss alles Mitgebrachte wieder mitnehmen. Wegen des Feuerverbots ist ein Gas- oder ein anderer Campingkocher nötig. Campinggenehmigungen für Nationalparks muss man im Voraus buchen, online oder telefonisch beim Queensland Department of National Parks, Sport & Racing (www.nprsr.qld.gov.au).

Unsere Favoriten:

Whitsunday Islands Über Hook, die Whitsundays und Henning Island verteilen sich fast ein Dutzend herrlich gelegener Campingplätze.

Capricornia Cays Stellplätze auf den Atollen Masthead Island, North West Island und der fantastischen, unbewohnten Lady Musgrave Island für maximal 40 Camper.

Dunk Island Einfach zu erreichen, mit prima Bade-, Kajak- und Wandermöglichkeiten.

Fitzroy Island Resort plus Nationalpark mit kurzen Buschwanderpfaden und Korallen vorm Strand.

Frankland Islands Inselgruppe vor Cairns mit Korallen-Saumriffen und weißen Sandstränden.

Lizard Island Wunderbare Strände, Korallen und Tierwelt. Die meisten Besucher kommen mit dem Flieger.

Reiseplanung

Outback-Trip

Australiens Outback beginnt irgendwo im Nirgendwo – wo genau, ist geografisch kaum festzumachen. Man erkennt es aber, wenn man angekommen ist: Der Himmel scheint weiter zu werden, der Horizont ist erschreckend leer, und die wenigen Einheimischen, denen man begegnet, sind unvergleichlich robust und sehr australisch. Abenteuerlustige von heute treffen hier auf zeitlos wirkende indigene Kultur, einmalige Natur und hinreißende Landschaften.

Über das Outback

Das weite Outback erstreckt sich über die Mitte des Kontinents. Auch wenn die meisten Australier an der Küste leben – dieser schmale grüne Ring ist eher untypisch in Bezug auf die enorme Landmasse. Australien hat also ein Wüstenherz.

Die Wetterlage variiert von Region zu Region – es gibt sandige, trockene Wüste, halbtrockenen Busch und tropische Savanne –, aber meist sind die Tage heiß und sonnig und die Nächte klar. Der Horizont erstreckt sich kilometerweit.

Reisezeit

Beste Reisezeit

Winter Von Juni bis Ende August schnieft sich der Südosten Australiens (wo der Großteil der Bevölkerung lebt) durch regnerische Wintertage, aber das Outback ist voll in Form. Regen ist hier zwar nicht unbekannt – in den vergangenen Jahren gab es ziemlich viel, u. a. im Dezember 2016, als den Uluru-Kata Tjuta National Park kurzzeitig für Besucher geschlossen war und mehrere Gemeinden im Outback überflutet wurden. Meist jedoch darf man mit wolkenlosem Himmel, moderaten Tagestemperaturen, kalten Nächten und guten Straßenverhältnissen rechnen. Der Winter ist auch die beste Zeit, um das tropische Top End zu besuchen: Die Luftfeuchtigkeit ist gering, die Tage sind trocken und die Temperaturen mild.

Highlights

Indigene Kultur

Der Kakadu National Park in der tropischen Wildnis des Top End lockt mit uralter Felskunst und Kulturtouren mit indigenen Führern.

Outback National Park

Den berühmten Uluru im Uluru-Kata Tjuta National Park muss man gesehen haben – aber die nahen Kata Tjuta sind genauso eindrucksvoll.

Outback-Route

Oodnadatta Track: 620 km roter Staub, Emus, Eidechsen, Salzseen und historische Bahnstrecken.

Outback-Roadtrip

Eine Fahrt auf dem Stuart Hwy von Darwin nach Port Augusta ist eine epische Reise vom tropischen Norden durch die Wüsten.

Beste Reisezeit

Von Juni bis Oktober ist es mild und zu Beginn dieser Saison zumeist trocken. Im Frühjahr erblühen die Wildblumen.

Gepäckstücke

Sonnenmilch, Sonnenbrille, Hut, Insektenschutzmittel, viel Trinkwasser und gute Musik für die Autofahrt.

Frühling Im September und Oktober ist Frühling. Auch diese Monate sind sehr gut für einen Trip ins Outback geeignet, vor allem wenn man auf Wildblumen steht. Ein Meer bunter Blüten bedeckt die MacDonnell Ranges in der Nähe von Alice Springs und die Flinders Ranges im nördlichen South Australia – ein toller Kontrast zum roten Wüstensand!

Bloß nicht!

Sommer Central Australia heizt sich im Sommer (Dez.–Ende Feb.) unglaublich auf – in manchen Wüstenorten wurden schon fast 50 °C gemessen –, aber das ist noch nicht alles: Zu der Hitze kommen noch staubige Straßen, aufgeheizte Autos, erschöpfte Fahrer, lästige Fliegen und die Notwendigkeit hinzu, überall jede Menge Wasser mitschleppen zu müssen. Im Top End ist das Vorspiel zur Regenzeit meist unangenehm feucht. Durch den Monsunregen werden viele Straßen urplötzlich abgeschnitten, und die unbefestigten Pisten können sogar wochenlang nicht passierbar sein.

Auto, Flugzeug oder Zug

Auto Man kann durch das Red Centre von Darwin nach Adelaide fahren und dabei Abstecher zum

Auf dem Oodnadatta Track (S. 869)

Uluru und zum Kakadu National Park unternehmen, ohne je den Asphalt verlassen zu müssen. Wenn man das Outback aber wirklich kennenlernen möchte, finden sich unzählige Landstraßen, die der Floskel „abseits ausgetretener Pfade" eine neue Dimension verleihen (man braucht einen Geländewagen). Eine Fahrt durchs Outback steckt voller Herausforderungen – riesige Entfernungen, bisweilen schwieriges Terrain –, aber sie ist definitiv die beste Art, Australiens „totes Herz" (das doch voller Leben ist) zu erleben.

Flugzeug Wer das Outback ohne lange Fahrt erkunden möchte, kann mit einer der großen Fluglinien von Perth, Adelaide oder den größeren Städten an der Ostküste nach Alice Springs und Yulara (Richtung zentrale Wüsten) und Darwin (gen Top End) fliegen. In Darwin oder Alice kann man sich einer geführten Tour anschließen oder einen Geländewagen mieten, und schon kann's losgehen.

Zug In Australien sind Zugreisen weder erschwinglich noch sinnvoll. Zugfahrten sind etwas, das man zu einem besonderen Anlass oder wegen der Romantik unternimmt, aber ungeeignet, wenn man schnell irgendwohin möchte. Und doch: Auf einer Fahrt mit dem *Indian Pacific* zwischen Perth und Sydney oder dem legendären *The Ghan* zwischen Adelaide und Darwin reist man durch Teile

RADFAHREN IM OUTBACK

Eine Radtour durch das Outback ist bestimmt kein Vorhaben, das man auf die leichte Schulter nehmen sollte – und ganz sicher sollte man es nicht im Sommer angehen. Trotzdem sieht man hin und wieder einsame, drahtige, sonnengebräunte Menschen, die sich auf dem Stuart Hwy zwischen Adelaide und Darwin mit vollen Satteltaschen abmühen. Es kann ein Problem sein, an Trinkwasser zu kommen: Einzelne Wasserquellen (Bohrlöcher, Becken, Bäche usw.), die auf Karten verzeichnet sind, können ausgetrocknet oder das Wasser ungenießbar sein. Man sollte auf jeden Fall die notwendigen Ersatzteile dabeihaben und wissen, wie man einen Reifen repariert. Wer sich in abgelegene Gegenden aufmacht, sollte sich vorab bei den Einheimischen informieren und immer jemandem sagen, wohin die Reise geht. Wer die Tour gemeistert hat, kann versuchen, seine Geschichte zu verkaufen – das ist der Stoff, aus dem Abenteuerbücher sind.

ROAD TRAINS

Auf vielen Highways im Outback sieht man riesige Trucks – eine Zugmaschine mit zwei bis vier Anhängern – von bis zu 50 m Länge. Sie fahren nie links ran, und man kommt sich vor wie in einer Szene aus *Mad Max*, wenn man einen bei 120 km/h auf sich zurauschen sieht.

Ein paar Tipps: Wenn sich auf einer schmalen Straße ein Lastzug nähert, sollte man bremsen und Platz machen – wenn der Truck ein Stück von der Straße runter muss, damit er vorbeikommt, zertrümmert einem das anschließende Sperrfeuer aus Kieselsteinen die Scheibe. Bei einem Überholversuch sollte man die Strecke großzügig bemessen (etwa 1 km), um das Manöver sicher abzuschließen. Auf nicht asphaltierten Straßen wirbeln Lastzüge eine Menge Staub auf, deshalb fährt man am besten links ran und wartet, bis sie vorbei sind.

Wenn man über Outback-Straßen fährt, darf man bei entgegenkommenden Fahrzeugen nie den „Buschgruß" vergessen – den Zeigefinger vom Lenkrad nehmen und dem anderen Fahrer so zeigen, dass man ihn gesehen hat!

des Landes, die man sonst nie sähe – einen relaxten Urlaub verbringt man so allemal. Im Zug kann man auch gut der Hitze entkommen. Wer Zeit hat und es sich leisten kann, sollte es versuchen.

Nicht versäumen!

Das Red Centre: Alice Springs, Uluru & Kings Canyon

Alice ist eine erstaunliche Oase: groß genug, um ein paar gute Restaurants und Unterkünfte zu haben – und auch soziale Probleme. Östlich und westlich von Alice Springs präsentieren sich die MacDonnell Ranges als klassisches Outback: rote Felsen, dramatische Canyons und viele Wildtiere. Palm Valley im Finke National Park ist eines der am wenigsten bekannten Juwelen des Outbacks. Der Uluru ist für Traveller, was eine halbe Wassermelone beim Picknick für Ameisen ist: Zu jeder Tages- und Nachtzeit wimmelt es rund um den Berg von Menschen aus aller Welt. Trotzdem ist er eine Sensation. Der hiesige Stamm der Anangu sieht es nicht gern, wenn der Berg erklommen wird. Etwa 300 km nördlich des Uluru hat sich der spektakuläre Watarrka (Kings Canyon) tief in die zerklüftete Landschaft gegraben.

Der Stuart Highway: von Adelaide nach Darwin

Ob von Norden oder Süden – der befestigte Stuart Highway ist einer der tollsten Roadtrips: 2834 km rote Wüste, Busch und Emus am Straßenrand… Auf dem Weg nach Norden unbedingt einen Stopp im pockennarbigen Coober Pedy einplanen, der Opalhauptstadt der Welt, und auf dem Weg nach Alice einen Abstecher zum Uluru machen! Der Nitmiluk (Katherine Gorge) National Park liegt ebenfalls auf dem Weg: Hier gibt's fotogene karge Klippen und Wasserlöcher. Etwas weiter kommt dann der Kakadu National Park, dessen Feuchtgebiete zum Welterbe gehören. In Darwin kann man sich dann mit einem Bier belohnen und ins turbulente Nachtleben der Mitchell St stürzen.

Die Tropen: Darwin, Kakadu & Katherine

Das Outback im tropischen Top End verspricht ganz andere Erfahrungen als die Wüsten weiter südlich. Hier bestimmen die Regen- bzw. Trockenzeit, wie leicht es ist, von A nach B zu kommen. Während der Regenzeit werden die Straßen mitunter unpassierbar, und Krokodile bewegen sich frei durch die Feuchtgebiete. Nicht aufgeben: Dies ist auch eine Phase des Überflusses und der grandiosen Natur in den Parks – und die Kakadu-Resorts sind billiger! Darwin ist genau genommen gar keine richtige Outback-Stadt mehr, aber es fühlt sich noch immer nach einer Siedlerstadt an, vor allem wenn Backpacker aus aller Welt während der Trockenzeit die Bars und den Mindil Beach belagern. Katherine, drei Stunden weiter südlich, ist viel „ländlicher" und das Tor zum unglaublichen Nitmiluk (Katherine Gorge) National Park.

Outback-Trip: Abseits der üblichen Pfade

TIWI ISLANDS

Ohne Auto geht's übers Wasser nach Bathurst Island, wo man die Tiwi-Island-Kultur mit ihrer faszinierenden Geschichte und einzigartigen Kunst erleben kann. (S. 889)

KEEP RIVER NATIONAL PARK

Ein wenig bekannter, aber lohnender Abstecher auf dem Weg ins nördliche WA: Im Keep River National Park gibt's Aborigine-Kunst, Tiere, Pflanzen, kurze Wege und tolle Sandsteinformationen. (S. 922)

REGION VICTORIA RIVER

Abstecher vom Highway ins isolierte Sandsteinareal des Judbarra/Gregory National Park ermöglichen Fahrten auf unbefestigten Pisten und und Camping unterm Sternenzelt. (S. 920)

KAKADU & ARNHEM LAND

In den Kakadu National Park kann man mit einem normalen Fahrzeug hineinfahren, weiter kommt man aber nur mit einem Jeep, ob zu den Jim Jim Falls oder entlang einsamer Trails in Arnhem Land und zur Cobourg Peninsula; wer allein fährt, muss sich für Arnhem Land eine Genehmigung besorgen, Touren gibt's auch. (S. 899)

GOLFKÜSTE & LIMMEN NATIONAL PARK

Der kaum bekannte Limmen National Park, erreichbar über Roper Bar oder Borroloola, lockt mit fantastischen Gesteinsformationen, Angelmöglichkeiten und Abenteuern fernab der Zivilisation. (S. 924)

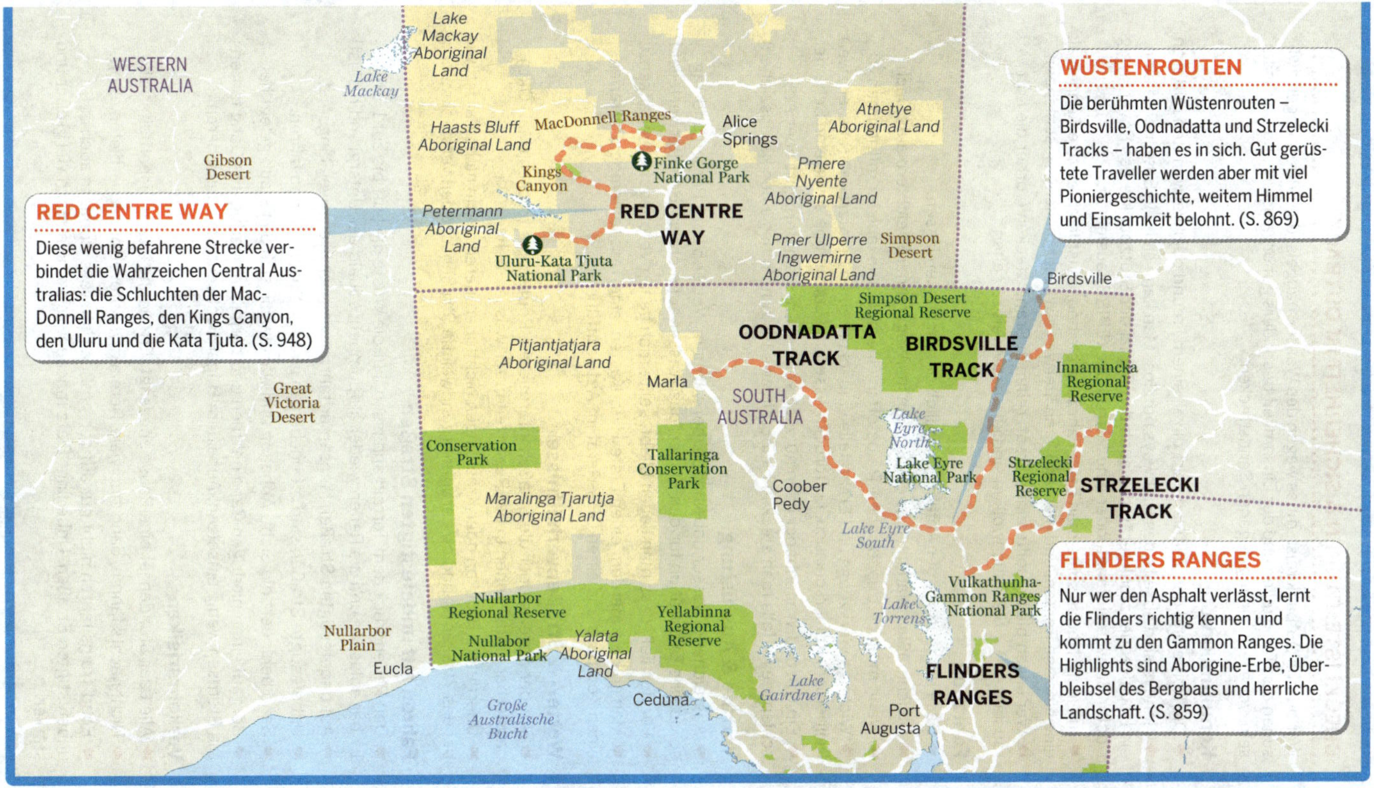

RED CENTRE WAY

Diese wenig befahrene Strecke verbindet die Wahrzeichen Central Australias: die Schluchten der MacDonnell Ranges, den Kings Canyon, den Uluru und die Kata Tjuta. (S. 948)

WÜSTENROUTEN

Die berühmten Wüstenrouten – Birdsville, Oodnadatta und Strzelecki Tracks – haben es in sich. Gut gerüstete Traveller werden aber mit viel Pioniergeschichte, weitem Himmel und Einsamkeit belohnt. (S. 869)

FLINDERS RANGES

Nur wer den Asphalt verlässt, lernt die Flinders richtig kennen und kommt zu den Gammon Ranges. Die Highlights sind Aborigine-Erbe, Überbleibsel des Bergbaus und herrliche Landschaft. (S. 859)

CHECKLISTE: FAHREN & SICHERHEIT IM OUTBACK

Wer durchs Outback reist, muss wegen des Wassermangels, der Entfernungen zwischen den Tankstellen und der Einsamkeit besonders gut organisiert und wachsam sein, vor allem auf abgelegenen Sandstrecken.

Kommunikation

- Die Route und den Zeitplan der Polizei, einem Freund oder Verwandten mitteilen.
- Handys sind abseits des Highways nutzlos. Man kann sich ein Satellitentelefon, ein Hochfrequenzfunkgerät, das auch das Signal der Stützpunkte des Royal Flying Doctor Service einfängt, oder eine Notrufbake (EPIRB) ausleihen.
- In einem Notfall sollte man beim Fahrzeug bleiben; es ist leichter zu erkennen als eine einzelne Person, und niemand kann literweise Wasser meilenweit schleppen.
- Wer liegen bleibt, sollte einen Ersatzreifen in Brand stecken (vorher die Luft rauslassen!) – die Rauchwolken sind kilometerweit zu sehen.

Fahrzeug

- Das Fahrzeug vor der Abfahrt gründlich durchchecken lassen.
- Gleichmäßig beladen: schwere Sachen ins Wageninnere, leichtere aufs Dach.
- Wenn möglich, zusätzlichen Treibstoff in einem Benzinkanister mitnehmen.
- Wichtige Werkzeuge und Ersatzteile einpacken: einen Ersatzreifen (besser zwei), Keilriemen, Kühlerschlauch, Luftdruckmesser und Luftpumpe sowie eine Schaufel.
- Ein Offroad-Wagenheber kann nützlich sein, ebenso ein Berggurt oder Abschleppseil – falls man stecken bleibt (ein zweites Auto muss einen herausziehen).

Vorräte & Ausrüstung

- Ausreichend Wasser dabeihaben: bei warmem Wetter 5 l pro Person und Tag sowie eine Extraration für den Kühler; das Wasser auf mehrere Behälter verteilen!
- Für den Fall, dass man liegen bleibt, sollte man genug Verpflegung einpacken.
- Man sollte außerdem einen Erste-Hilfe-Kasten, eine Taschenlampe, Batterien, einen Kompass und einen GPS-Gerät im Auto mitführen.

Wetter- & Straßenverhältnisse

- Vor der Abreise über die Straßen informieren: Routen, die trocken (Mai–Okt.) passierbar sind, können in der Regenzeit unter Wasser stehen.
- Überflutete Brücken oder Kreuzungen nicht überqueren, wenn nicht klar ist, wie tief das Wasser ist und ob darunter irgendwelche Straßenschäden versteckt sind.

Fahren auf unbefestigten Straßen

- Den Reifendruck dem Terrain anpassen. Für die Wüste die Luft bis auf 1,3 bis 1,7 bar ablassen und die Reifen wieder aufpumpen, sobald der Untergrund fest ist!
- Auf unbefestigten Straßen langsamer fahren, weil der Bremsweg länger ist.
- Unbefestigte Straßen sind oft uneben; in gleichmäßigem Tempo fahren.
- Sand behindert die Sicht. Anhalten und warten, bis sich der Staub gelegt hat.
- Bergauf einen niedrigen Gang nehmen und bergab im niedrigsten Gang fahren. Die Bremsen wenig einsetzen. Auf einem Hügel nicht seitwärts ausscheren.

Verkehrsrisiken

- Alle paar Stunden ist eine Pause angesagt: Ermüdung ist ein Sicherheitsrisiko.
- Nicht nachts fahren, dann sind viele Tiere aktiv! Autovermieter verbieten es oft.
- Road Trains fahren nicht nur auf den großen Highways, sondern auch auf unbefestigten Straßen. Unbedingt Platz machen – sie sind einfach viel größer und stärker!

Straßenschilder im Outback

Der Victoria Highway: von Katherine nach Kimberley

Der Victoria Highway ist ein wichtiges Teilstück des langen, von Cairns nach Broome führenden Savannah Way, der klassischen Route quer durch den australischen Norden. Hinter Katherine windet sich die Straße durch typisches Weideland – hier sind manche Farmen so groß wie kleinere europäische Länder. Bei Victoria River Crossing kommt man an hübschen Flusslandschaften und tollen Klippen vorbei, und man kann Geländewagen- und Wandertouren unternehmen, Campingplätze im Outback nutzen, Felskunst bewundern und Nationalparks, Schluchten und Krokodile sehen. In der Region liegen auch einige der besten Stellen zum Barramundi-Fischen im Top End. Den riesigen Gregory National Park, eine ehemalige Rinderfarm, erkundet man am besten im Geländewagen (in der Trockenzeit kommt man auf manchen Straßen eventuell auch mit einem normalen Auto vorwärts). Der Keep River National Park ist ebenfalls einen Besuch wert. Die Erkundung des Kimberley erfordert Allradantrieb, anders lassen sich Routen wie die über die epische Gibb River Road nicht bewältigen.

Service-Einrichtungen

Outback-Raststätten tauchen überraschend regelmäßig aus dem Dunst der Wüstenhitze auf. Es empfiehlt sich, die Entfernung bis zur nächsten Tankstelle genau zu berechnen, doch selbst auf dem abgelegenen Oodnadatta Track und der Tanami Road bekommt man alle paar Hundert Kilometer Benzin und ein Bier. Die meisten Rasthöfe (viele rund um die Uhr geöffnet) verkaufen Benzin und haben ein Restaurant, in dem man ein ordentliches Steak oder ein Pfannengericht bekommt, auch wenn man hier keine *haute cuisine* erwarten darf. Für Müde gibt's oft auch Unterkunft in Form von Stellplätzen, klimatisierten Motelzimmern, oft mit Gemeinschaftsbädern, und/oder einfachen Hütten.

Infos im Internet

Department of Environment, Water & Natural Resources (www.environment.sa.gov.au/parks/Home) Infos über die Nationalparks in SA.

Bureau of Meteorology (www.bom.gov.au) Wetterinformationen.

Parks & Wildlife (www.nt.gov.au/leisure/parks-reserves) Infos zu den Nationalparks im NT. Auf der Website gibt's für jeden Park ein ausführliches PDF zum Download. Man muss aber ein bisschen rumklicken.

Parks Australia (www.environment.gov.au/topics/national-parks) Ausführliche Informationen über die von der Bundesregierung verwalteten Nationalparks Kakadu und Uluru-Kata Tjuta.

South Australian Tourism Commission (www.southaustralia.com) Unterkunft, Aktivitäten, Veranstaltungen, Touren und Transport.

Travel NT (www.northernterritory.com) Exzellenter NT-Reiseführer mit spitzenmäßigen Infos.

Organisierte Touren

Wer keine Lust auf die ganze Planung und Fahrerei hat, kann sich einer geführten Tour anschließen und so das australische Outback erkunden. Es gibt bierselige und feuchtfröhliche Backpacker-Trips, die von einer Kneipe zur nächsten führen, aber auch kulturlastige Aborigine-Touren. Sogar mehrtägige Buschwanderungen sind im Programm.

Outback-Tracks

Das australische Outback wird zwar kreuz und quer von asphaltierten Highways durchzogen, aber interessanter fährt es sich von A nach B, wenn man Abstecher über historische Strecken macht, auf denen einst Vieh getrieben wurde, oder entlang alter Bahnstrecken fährt. Für manche dieser Straßen braucht man zwar nicht unbedingt einen Geländewagen, doch ist man in so einem robusten Gefährt allemal viel bequemer unterwegs. In jedem Fall muss man gut auf die lange Einsamkeit und die fehlenden Service-Einrichtungen vorbereitet sein.

Während der heißen Jahreszeit (Dez.–Ende Feb.) sollte man die raueren Routen meiden – neben einem Hitzschlag können hier auch einfache Pannen tödlich enden. Kurz nach sintflutartigen Regenfällen auf unbefestigten Straßen ins Outback aufzubrechen, ist mit Sicherheit eine sehr schlechte Idee.

Unbefestigte Pisten

Von einigen Abschnitten hier und da abgesehen, sind die meisten Straßen durchs Outback nicht asphaltiert.

Mereenie Loop Road

Die vielbefahrene Route beginnt in Alice Springs und ist eine gute Alternative, um zu den großen Attraktionen im Red Centre zu gelangen. Die Route folgt anfangs dem Larapinta und dem Namatjira Dr (beide asphaltiert) vorbei an den prächtigen MacDonnell Ranges bis zur Glen Helen Gorge. Dahinter trifft sie auf die Mereenie Loop Rd, wo die Fahrt dann spannend wird. Für die Mereenie Loop Rd braucht man eine Genehmigung (5 AU$). Die Straße ist meistens so uneben, dass ein normales Auto durchgerüttelt wird, bis dessen Schwachpunkt gefunden ist. Sie ist eine raue Abkürzung zum Watarrka (Kings Canyon) National Park. Vom Watarrka hat man über die asphaltierte Luritja Rd Anschluss zum Lasseter Hwy und zum Uluru-Kata Tjuta National Park. Es wird bereits seit Jahren diskutiert, diesen Weg abzusperren, aber bis jetzt blieb es nur bei den Diskussionen.

Oodnadatta Track

Der Großteil verläuft parallel zur alten *Ghan*-Bahnlinie durch das Outback von South Australia – die legendäre Strecke schließt an den westlich davon verlaufenden asphaltieren Stuart Hwy an. Auf dem Track sind es 429 km von Marree in der nördlichen Flinderskette nach Oodnadatta, dann weitere 216 km bis zum Stuart Hwy in Marla. Solange es nicht regnet und der fahrbare Untersatz gut in Schuss ist, sollte man diese faszinierende Route mit jedem normalen Fahrzeug meistern können – mit einem Geländewagen fährt man aber definitiv um einiges komfortabler.

Birdsville Track

Die Route erstreckt sich über 517 km von Marree in South Australia bis nach Birdsville gleich hinter der Grenze von Queensland. Dieser alte Viehtreiber-Track ist eine der bekanntesten Routen durch das australische Outback – allerdings ist die Landschaft nicht besonders spektakulär oder abwechslungsreich. In einem gut vorbereiteten normalen Auto kann man die Route fahren, dennoch ist ein Geländewagen zu empfehlen.

Strzelecki Track

Dieser Track führt größtenteils durch dasselbe Gebiet in South Australia wie der Birdsville Track. Er beginnt südlich von Marree in Lyndhurst und erreicht nach 460 km Innamincka im Nordosten, nahe der Grenze zu Queensland. Innamincka ist auch der Ort, an dem die unglücklichen Entdecker Burke und Willis starben. Mit einem Geländewagen reist man am sichersten, aber dank der Arbeiten auf den Gasfeldern in Moomba hat sich der Zustand der Straße inzwischen verbessert.

Nathan River Road

Die Straße, die teilweise eher an einen Feldweg erinnert, ist ein malerischer Abschnitt des Savannah Way, jener zusammengeflickten Route, die sich von Cairns bis nach Broome erstreckt. Dieser bestimmte Abschnitt führt durch abgelegene Gebiete am Westrand des Golfs von Carpentaria zwischen Roper Bar und Borroloola, von denen viele zum Limmen National Park gehören. Nur Geländewagen mit großer Bodenfreiheit können diese Route befahren. Wegen der vielen scharfkantigen Felsbrocken empfiehlt es sich, zwei Ersatzreifen mitzunehmen. Hauptattraktion sind die ausgezeichneten Campingmöglichkeiten neben Wasserläufen und Wasserlöchern, in denen sich Barramundis und Krokodile tummeln.

Tanami Track

Diese 1055 km lange Route zweigt gleich nördlich von Alice Springs vom Stuart Hwy ab und führt Richtung Nordwesten durch die Tanami Desert nach Halls Creek in Western Australia. Dank Straßensanierungsarbeiten kommt man hier auch mit einem normalen Fahrzeug in der Regel gut zurecht, auf dem Abschnitt in WA gibt's jedoch ein paar sandige Streckenteile, die ziemlich holprig sein können, wenn die Straße länger nicht eingeebnet wurde. In Alice Springs kann man sich über den aktuellen Streckenzustand informieren.

Plenty & Sandover Highways

Diese abgelegenen Routen zweigen nördlich von Alice Springs vom Stuart Hwy in östlicher Richtung nach Boulia oder Mt. Isa in Queensland ab. Der Plenty Hwy verläuft am nördlichen Rand der Simpson Desert und bietet die Gelegenheit, in der Harts Range nach Edelsteinen zu suchen. Der Sandover Hwy verspricht eine denkwürdige, wenn auch eintönige Fahrt durch die Einöde – einem anderen Fahrzeug zu begegnen, ist hier fast schon eine Sensation. Beide Straßen sind nicht ganz ohne: Sie sind oft sehr holperig, man kommt kaum an Wasser, und viele Abschnitte sind sehr einsam. Siedlungen sind rar, und entsprechend groß sind die Abstände zwischen den Service-Einrichtungen.

Finke & Old Andado Track

Der Finke Track (dessen erster Abschnitt die Old South Rd ist) folgt der Route der (längst abgebauten) alten *Ghan*-Eisenbahn, die einst Alice Springs mit der Aborigine-Siedlung Finke (Aputula) verband. Unterwegs kann man im Chambers Pillar Historical Reserve den farbenprächtigen Sandsteinturm bestaunen. Von Finke wendet sich die Straße nach Osten und folgt dem Verlauf des Goyder Creek, eines Nebenflusses des Finke River, bevor sie nach Norden zur Andado Station und dem 18 km weiter gelegenen Gehöft abbiegt. Ab Old Andado führt die Route geradewegs nach Norden zum 321 km entfernten Alice Springs. Der Old Andado Track bahnt sich den Weg durch die Simpson Desert und verbindet das Homestead mit Alice Springs. Unterwegs passiert man das Mac Clark Conservation Reserve, das einen Hain einer seltenen Akazienart *(acacia Peuce)* schützt. Für die Fahrt braucht man

GENEHMIGUNGEN FÜR ABORIGINE-LAND

➡ Wer im Outback über Weideland und durch das Gebiet der Aborigines fahren will, muss sich in den meisten Fällen eine Genehmigung besorgen. Dieses Vorgehen dient der eigenen Sicherheit: Viele haben sich schon allein an dieser rauen Landschaft versucht und konnten nur knapp gerettet werden, nachdem sie sich verfahren hatten oder ihr Wagen liegen geblieben war.

➡ Genehmigungen werden von den Behörden ausgegeben, die für die Verwaltung des Aboriginal Land zuständig sind. Die Bearbeitung des Antrags kann von ein paar Minuten bis zu mehreren Tagen dauern.

auf jeden Fall einen Geländewagen mit jeder Menge Bodenfreiheit. Außerdem ist es unbedingt ratsam, ein Kurzwellen-Funkgerät oder eine Notfunkbake (EPIRB) dabei zu haben.

Simpson Desert

Die Route, die von Mt. Dare in der Nähe von Finke durch die Simpson Desert nach Birdsville führt, ist eine echte Herausforderung für Fahrer und Fahrzeug. Für die Fahrt über die nicht instand gesetzte Piste braucht man unbedingt einen Geländewagen. Man sollte in einer Gruppe mit mindestens zwei weiteren Fahrzeugen unterwegs sein und auf jeden Fall auch mit einem Satellitentelefon, einem Kurzwellen-Funkgerät und/oder einer Notfunkbake (EPIRB) ausgerüstet sein.

Asphaltierte Straßen

Stuart Highway

Eine Fahrt auf dem 2834 km langen Stuart Hwy von Darwin im Norden bis Port Augusta im Süden gehört zu den tollsten Erlebnissen überhaupt, zumindest für Autofahrer und Landschaftsbegeisterte. Der Highway ist durchgängig asphaltiert und gewährt Zugang zu den wichtigsten Attraktionen des Outbacks. Wie Outback-Opale an einer Kette kommen in regelmäßigen Abständen Rasthäuser in Sicht.

Lasseter Highway

Auf dem asphaltierten Stuart Hwy und später dann dem Lasseter Hwy gelangt man nach einer sechsstündigen Fahrt von Alice Springs zum Uluru-Kata Tjuta National Park. Die vom Lasseter Hwy bis zum Kings Canyon führende Luritja Rd ist ebenfalls asphaltiert.

Victoria Highway

Der Victoria Hwy verläuft von Katherine nach Kununurra (515 km). Er ist die einzige asphaltierte Straße, die das NT mit WA verbindet und unterwegs durch Victoria River und Timber Creek führt.

Reiseplanung

Outdoor-Aktivitäten

In Australien hat man zwar viele Ausreden, um sich einfach nur zurückzulehnen und den Blick über die grandiose Landschaft schweifen zu lassen, aber eben diese Landschaft bietet sich auch für endlos viele Outdoor-Aktivitäten an – ganz egal, ob man die Wanderwege und Berge oder die Wellen und Riffe anpeilt.

Zu Lande

Bushwalking ist in allen Bundesstaaten und Territorien Australiens ein Evergreen der Freizeitbeschäftigung. Auch mit dem Rad kann man prima die Gegend erkunden – trotz der gigantischen Entfernungen. Außerdem kann man in den Bergen Ski fahren und fast überall Tiere beobachten.

Bushwalking

Bushwalking ist in Australien äußerst beliebt – weite Gebiete mit unberührtem Busch und Wald geben reichlich Gelegenheit dazu. Die Wanderungen variieren von 20-minütigen Abstechern an der Straße entlang bis zu wochenlangen Märschen durch die Wildnis. Die beste Zeit für eine Wanderung hängt vom jeweiligen Bundesstaat ab. Generell gilt aber: Je weiter nach Norden man geht, desto tropischer und feuchter wird das Klima. Juni bis August sind die besten Wandermonate im Norden; unten im Süden eignen sich der Sommer und der Frühherbst (Dez.– März) besser.

Lohnende Wanderwege sind u.a. der Overland Track (S. 777), der South Coast Track (S. 722) in Tasmanien sowie der Australian Alps Walking Track, der Great Ocean Walk (S. 607) und der Great South West Walk (S. 617) in Victoria. Der Bibbulmun Track (S. 1041) in Western Australia (WA) und der Thorsborne Trail (S. 421) quer über

Reisezeit

September–Oktober

Im Frühling neigt sich die Footballsaison ihrem Ende zu. Das heißt, dass es auf den Stadionrängen ordentlich laut wird. Aktive freuen sich über wärmere, sonnigere Tage – perfekt zum Buschwandern, Klettern oder zur Tierbeobachtung.

Dezember–Februar

Im Sommer strömen die Australier an den Strand. Jetzt wird gesurft, gesegelt, geschwommen, geangelt, geschnorchelt, Fallschirm gesprungen, Gleitschirm geflogen …

März–Mai

Der Herbst ist in Australien eine nostalgische Zeit mit kühlen Nächten und Kaminfeuern. Das perfekte Wetter für einen Bushwalk oder eine Radtour – es ist nicht zu heiß und nicht zu kalt.

Juni–August

Wenn der Winter hereinbricht, heißt's schnurstracks auf ins Outback, das tropische Top End oder in den Schnee. Man schnappt sich ein Allradfahrzeug oder startet zu einer Wanderung bzw. einem Rundflug in der Wüste. Oder man packt sein Snowboard und genießt in den Bergen ein bisschen pulvrigen Spaß.

die Hinchinbrook-Inseln sind ebenfalls großartig, genau wie der Gold Coast Hinterland Great Walk in Queensland.

In New South Wales (NSW) kann man zwischen Sydney und Newcastle auf dem Great North Walk wandern oder den Coast Track im **Royal National Park** (☎02-9542 0648; www.nationalparks.nsw.gov.au; Fahrzeug 12 AU$, Fußgänger & Radfahrer Eintritt frei; ⏲Nebenstraßen 7–20.30 Uhr), den Six Foot Track in den Blue Mountains oder den höchsten Berg Australiens, den Mt. Kosciuszko (S. 262), in Angriff nehmen. In South Australia (SA) kann man sich an ein Stück des 1200 km langen Heysen Trail (S. 817) wagen, während im Northern Territory (NT) der majestätische, 233,5 km lange Larapinta Trail (S. 937) und abgeschiedene Wege im Kakadu National Park (S. 899) und im Nitmiluk (Katherine Gorge) National Park (S. 916) warten.

In den meisten Besucherzentren gibt es Infoblätter zu den örtlichen Nationalparks, die auch immer einen Überblick über die

BUSHWALKING IM EINKLANG MIT DER NATUR

Damit Natur und Schönheit Australiens erhalten bleiben, sollte man folgende Tipps bei Buschwanderungen beherzigen:

➡ Abfälle inklusive Damenbinden, Tampons, Kondome und Toilettenpapier nimmt man (verpackt) zur Entsorgung mit zurück in die Zivilisation. Niemals Müll vergraben! Boden und Grasnarbe könnten sonst zerstört und Erosion begünstigt werden. Zudem würde vergrabener Müll mit ziemlicher Sicherheit Tiere anlocken, die das Zeug wieder ausgraben und sich daran verletzen oder gar vergiften könnten.

➡ Wo es eine Toilette gibt, benutzt man sie! Wo es keine gibt, hebt man für entsprechende Erledigungen ein kleines Loch aus (etwa 15 cm tief und mindestens 100 m von jedem Wasserlauf entfernt). Anschließend wird das Ganze mit Erde und einem größeren Stein bedeckt. Im Schnee: bis zum Boden durchgraben!

➡ Keine Reinigungsmittel oder Zahnpasta in oder in der Nähe von Wasserläufen verwenden, auch wenn diese Hygieneartikel biologisch abbaubar sind!

➡ Körperhygiene erledigt man mit Wasser aus einem Kanister, mindestens 50 m vom nächsten Wasserlauf entfernt und am besten mit biologisch abbaubarer Seife. Abwasser großflächig verteilen, damit der Boden es auch vollständig filtern kann!

➡ Kochutensilien 50 m von Wasserläufen entfernt mit Topfreiniger, Sand oder Schnee statt mit Putzmitteln reinigen!

➡ Man sollte sich an vorhandene Wege halten und Abkürzungen durchs Gelände vermeiden. Um ein Schlammloch herumzulaufen, vergrößert es nur – also nicht zieren! Einfach mitten hindurch marschieren!

➡ Mit Kerosin, Alkohol oder Shellite (Campingbenzin) kochen – und auf jeden Fall auf Einweggasflaschen verzichten!

➡ In die Berge geht man nur mit ausreichend Kleidung, damit man auf Feuer als Wärmequelle verzichten kann.

➡ Vorhandene Feuerstellen nutzen, keine neuen anlegen! Lagerfeuer sollte man nicht mit Steinen umgeben und nur totes, herumliegendes Holz verwenden. In Hütten lässt man für die Nächsten Holz zurück.

➡ Keine Wildtiere füttern! Die Tiere könnten sich an Menschen gewöhnen und von ihnen abhängig werden, Populationen könnten sich unnatürlich vergrößern und die Tiere krank werden.

➡ Es ist empfehlenswert, sich mit den lokalen Gesetze, Vorschriften und dem Umgang mit der dortigen Tier- und Umwelt vertraut zu machen.

➡ Alle erforderlichen Track-Gebühren bezahlen und die entsprechenden Genehmigungen einholen!

➡ Bei Umweltorganisationen wie der **Wilderness Society** (www.wilderness.org.au), der **Australian Conservation Foundation** (www. acfonline.org.au) und **Planet Ark** (www.planet ark.org) kann man sich beraten lassen.

Buschwanderungen in der Gegend bieten – das vereinfacht die Planung. Die meisten dieser Infos sind bei den jeweilig zuständigen Nationalpark-Behörden auch online als PDFs erhältlich.

Bushwalking: Sicherheitstipps

Bevor man die Wanderschuhe schnürt, sollte man sich vergewissern, dass die Region und die Wanderwege auch den eigenen Fähigkeiten entsprechen und dass man einer längeren Wanderung gesundheitlich und konditionell gewachsen ist. Vor dem Aufbruch immer bei den Behörden vor Ort Infos zu Wetterlage und Zustand der Wege einholen! Achtung: Wetter und Gelände können von Region zu Region stark variieren, und jahreszeitlich bedingte Einflüsse können jeden Track sehr stark verändern.

BESTE BUSHWALKS

- **Thorsborne Trail** (S. 421), Queensland
- **Great Ocean Walk** (S. 607), Victoria
- **Overland Track** (S. 777), Tasmanien
- **Heysen Trail** (S. 817), Deep Creek Conservation Park, South Australia
- **Larapinta Trail** (S. 937), Northern Territory

Radfahren

Für Radfahrer gibt's in Australien jede Menge Wege, auf denen sie einige Tage, über ein Wochenende oder sogar mehrere Wochen lang kreuz und quer durchs ganze Land fahren können. Man kann sich aber auch nur für ein paar Stunden ein Fahrrad für eine Stadtrundfahrt leihen.

Zu den schönsten längeren Touren zählen der **Murray to the Mountains Rail Trail** (www.murraytomountains.com.au) und der **East Gippsland Rail Trail** (www.eastgippslandrailtrail.com.au) in Victoria. In WA hält der Munda Biddi Trail 900 km für Mountainbiker bereit. Der Mawson Trail in SA ist ungefähr genauso lang. Der 480 km lange Tasmanian Trail (S. 693) ist eine Nord-Süd-Mountainbike-Route, die sich über die gesamte Länge der Insel erstreckt.

Bei Fahrrad- und Mountainbike-Verleihern zahlt man ab 25/50 AU$ pro Stunde/Tag (zzgl. 50–250 AU$ Kaution, je nach Leihdauer). In den meisten Bundesstaaten warten Radclubs mit Karten und Tipps auf.

Tiere beobachten

Die Natur ist einer der größten Touristenmagneten Australiens – zu Recht. Am besten kann man die Tiere in den Nationalparks beobachten. Viele sind nachtaktiv, deshalb sollte man mit Taschenlampen umgehen können, um sie zu sehen. Camping in Nationalparks erhöht die Chancen, Interessantes zu sehen. Die einzigartigen und charismatischen Arten aufzuspüren, kann wie eine Schatzsuche sein – man muss nur wissen, wo. Hier fünf der Top-Tierbegegnungen in ganz Australien:

- **Wale** Hervey Bay, Queensland
- **Graue Riesenkängurus** Namadgi National Park, Australian Capital Territory
- **Pinguine** Phillip Island, Victoria
- **Tasmanische Teufel** Maria Island, Tasmanien
- **Wombats** Cradle Mountain–Lake St. Clair National Park, Tasmanien

Ski & Snowboard fahren

In Australien gibt's eine kleine, aber enthusiastische Skiszene; die Skigebiete erstrecken sich an der Grenze zwischen NSW und Victoria. Die Saison ist kurz: Sie dauert etwa von Mitte Juni bis Anfang September. Die Schneeverhältnisse sind ziemlich unvorhersehbar. Die besten Skiorte:

- **Thredbo, NSW** (S. 262)
- **Perisher Valley, NSW** (S. 262)
- **Mt. Buller, Victoria** (S. 655)
- **Falls Creek,Victoria** (S. 672)
- **Mt. Hotham, Victoria** (S. 674)

Zu Wasser

Wie Australiens Nationalhymne verkündet, ist das Land „von Meer umgeben". So sind Surfen, Angeln, Segeln, Tauchen und Schnorcheln hier Nationalsportarten. In den letzten Jahren erfreut sich auch das Beobachten von Meeressäugern wachsender Beliebtheit. Im Landesinneren bieten riesige Seen und lange Flüsse viele Gelegenheiten zum Rafting, Kanu- oder Kajakfahren sowie gute Angelmöglichkeiten.

Surfen

Bells Beach, Cactus, Margaret River, Superbank – nennt man einen dieser Namen in der richtigen Gesellschaft, hört man Surflegenden. Die Superbank und Bells Beach sind alljährlich Austragungsorte der Association of Surfing Professionals (ASP) World Tour, Bells ist sogar die dienstälteste ASP-Location. Cactus bietet geheimnisvolle Abgeschiedenheit, während bei Margaret River die größeren Wellen auflaufen.

Auch wenn diese Orte Top-Spots sind, sind sie doch nur einzelne Sandkörner an Australiens Traumstränden. Kein Wunder – die Küste grenzt an den Indischen, den Südlichen und den Südpazifischen Ozean. Bei so viel Potenzial, der komplexen Küstenarchitektur und den richtigen Bedingungen bekommt man hier Wellen von harmlos bis rau. Und das alles in der Nähe von sechs australischen Landeshauptstädten!

Nachfolgend eine Liste der zentralen Surforte im ganzen Land:

New South Wales

- Manly bis Avalon (alias Sydneys Nordstrände)
- Byron Bay, Lennox Head und Angourie Point, ganz oben an der Nordküste
- Nambucca Heads und Crescent Head in der Mitte der Nordküste
- Bei Jervis Bay und Ulladulla an der Südküste

Queensland

- Superbank (eine 2 km lange Sandbank von Snapper Rocks bis Kirra Point)
- Burleigh Heads bis Surfers Paradise, Gold Coast
- North Stradbroke Island in der Moreton Bay
- Caloundra, Alexandra Heads in der Nähe von Maroochydore und Noosa an der Sunshine Coast

South Australia

- Cactus Beach, westlich von Ceduna am Point Sinclair – international für zuverlässig gute Wellen bekannt
- Greenly Beach auf der Westseite der Eyre Peninsula
- Pennington Bay – die beständigste Brandung auf Kangaroo Island
- Pondalowie Bay und Stenhouse Bay auf der Yorke-Halbinsel, Teil des Innes National Park
- Victor Harbor, Port Elliot und Middleton Beach südlich von Adelaide

Tasmanien

- Marrawah an der ungeschützten Nordwestküste – oft mit riesigen Wellen
- St. Helens und Bicheno an der Ostküste
- Eaglehawk Neck auf der Tasman Peninsula. Das legendäre Shipstern Bluff ist nicht weit von hier entfernt – Australiens härteste Brandung
- In der Gegend von Hobart, Cremorne Point und Clifton Beach

Victoria

- Bells Beach – die spirituelle Heimat des australischen Surfens; wenn die Wellen stimmen, steht der Ort bei allen ganz oben auf der Liste, aber die Brandung ist leider unbeständig
- Smiths Beach auf Phillip Island
- Point Leo, Flinders, Gunnamatta, Rye und Portsea auf der Mornington Peninsula
- An der Südwestküste Barwon Heads, Point Lonsdale und Torquay sowie unzählige Spots entlang der Great Ocean Road

Western Australia

- Margaret River, Gracetown und Yallingup im Südwesten
- Trigg Point und Scarborough Beach, gleich nördlich von Perth
- Weiter nördlich in Geraldton und Kalbarri
- Im Süden in Denmark am Südlichen Ozean

Tauchen & Schnorcheln

Am Great Barrier Reef gibt's so viele tolle Tauch- und Schnorchelspots, dass einem schwindlig wird. Mit anderen Worten: das Great Barrier Reef ist einer der besten Plätze der Welt zum Tauchen und Schnorcheln.

Das Ningaloo Reef (S. 1076) in WA ist mindestens so interessant wie die Riffe an der Ostküste, aber hier gibt's viel weniger Touris. An den Wracks in Albany und Dunsborough sind künstliche Riffe entstanden.

Der Anleger an der Rapid Bay vor der Gulf-St.-Vincent-Küste (S. 816) in SA ist für seine Meeresfauna bekannt; auch die Bay of Fires (S. 739) und Eaglehawk Neck (S. 724) in Tasmanien sind beliebt. In NSW empfehlen sich die Jervis Bay (S. 244) und die Fish Rock Cave vor South West Rocks.

Angeln

Barramundi-Angeln ist im gesamten Top End äußerst beliebt. Die besten Angelspots im NT:

Buckelwal, Hervey Bay (S. 367)

- **Daly River** (S. 898)
- **Cobourg Peninsula** (S. 910)
- **Eastern Arnhem Land** (S. 911)
- **Mary River National Park** (S. 895)
- **Borroloola** (S. 925)

In Queensland, an der Küste des Golfs von Carpentaria, kann man es in Karumba (S. 481) und am Lake Tinaroo versuchen.

In Australien gelten strenge Grenzen bezüglich des Fangs und dessen Größe; viele Fischarten sind bedroht und geschützt. In Anglerläden oder bei den Behörden der Bundesstaaten kann man sich über die örtlichen Richtlinien informieren.

Wale, Delfine & andere Meerestiere beobachten

Südkaper und **Buckelwale** ziehen auf ihrer Wanderung zwischen den antarktischen und wärmeren Gewässern an Australiens Südküste vorbei. Die besten Orte für Touren sind Hervey Bay in Queensland, Eden im südlichen NSW, die zentrale Nordküste von NSW, Warrnambool in Victoria, Albany am Südwestkap von WA und zahlreiche Ecken in SA. Die Saison dauert etwa von Mai bis Oktober. **Walhaie** und **Mantarochen** kann man am besten im Ningaloo Marine Park in WA beobachten.

Delfine sieht man ganzjährig an der Ostküste in Jervis Bay, Port Stephens und Byron Bay in NSW, vor der Küste von WA in Bunbury und Rockingham, vor North Stradbroke Island in Queensland und vor der Küste von Sorrento in Victoria, wo man sogar mit ihnen schwimmen kann. **Zwergpinguine** leben auf Phillip Island in Victoria. In WA sichtet man auf Rottnest Island, in Esperance, Rockingham und Green Head **Pelzrobben** und **Seelöwen**, und in Monkey Mia leben alle möglichen Meerestiere (auch **Seekühe**!). Seelöwen besuchen gern die Seal Bay von Kangaroo Island in SA.

Infos im Internet

- **Bicycles Network Australia** (www.bicycles.net.au) Infos, News und Links.
- **Bushwalking Australia** (www.bushwalkingaustralia.org) Website mit Links zu Bushwalkingclubs und -organisationen.
- **Coastalwatch** (www.coastalwatch.com) Surfcams, Berichte und Wetter für Surfer.
- **Dive-Oz** (www.diveoz.com.au) Für Taucher.
- **Fishing Australia** (www.fishingaustralia.com.au) Alles Wichtige rund ums Angeln.
- **Ski Online** (www.ski.com.au) Deals, Wetter etc.

1. Sydney Harbour Bridge (S. 72) **2.** Degraves St, Melbourne (S. 509) **3.** Mossman River, Daintree National Park (S. 462) **4.** Noosa (S. 349)

JOON WEI OOI / 500PX ©

Australiens Osten

Die östlichen Bundesstaaten – Queensland, New South Wales, das Australian Capital Territory (ACT) und Victoria – warten mit malerischen Stränden, Regenwäldern, hippen Städten und dem Great Barrier Reef auf und sind toll für begeisterte Autofahrer.

Ab in die Wildnis

Auf mehr als 18 000 km wechseln sich an der Ostküste Strände und Wildnis ab. Vor der Küste bildet das 2000 km lange einzigartige Great Barrier Reef den Lebensraum für tropische Meeresfauna. Das Festland wird von Hunderten Inseln und tollen Stränden gesäumt, an die die besten Surfwellen Australiens schlagen. Im Inland gibt es bezaubernde Nationalparks mit Regenwäldern, gezackten Gipfeln und vielfältiger Tierwelt.

Stadtszenen

Die Ostküste ist seit Jahrtausenden Heimat der Aborigines. Die erste Siedlung der Europäer entstand, wo jetzt Sydney liegt. Die Stadt ist heute noch eine Versuchung für Vergnügungssüchtige. Die Sydneysider sind frech, ehrgeizig und unprätentiös. Südlicher liegt Melbourne, Australiens Kunst- und Kaffeehochburg. Das boomende Brisbane ist ein glamouröses Konglomerat aus Stadtvierteln. Und Australiens Hauptstadt Canberra bietet so viel mehr als nur Politik!

Fitness pur!

An der Ostküste zu reisen ist, nun ja, Sport. Die Sonne scheint, und die fitten Einheimischen sind draußen, laufen, schwimmen, surfen, radeln, rudern, schnorcheln und wandern. Los, mitmachen! Oder man macht es sich einfach am Strand gemütlich und lässt es sich gutgehen.

Essen, trinken & feiern

In den Städten entlang der Ostküste sammelt man kulinarische Erfahrungen – in Cafés, auf Märkten oder in Top-Lokalen. Abends geht man in Weinbars, Studentenkneipen und Pubs, in denen sich immer ein Anlass findet, das Glas zu erheben, ungesund zu essen und Fußball zu gucken.

DAVID KIRKLAND / TOURISM NT ©

1. Künstler, Injalak Arts & Crafts Centre (S. 909) 2. McLaren Vale (S. 813) 3. Kata Tjuta (Olgas; S. 961) 4. Perth (S. 963)

2

MILTON WORDLEY / GETTY IMAGES ©

4

Das Zentrum & der Westen

Willkommen in Australiens Mitte – South Australia und dem Northern Territory –, einem wilden und wunderschönem Landstrich und dem Herzen der indigenen Kultur. Weiter im Westen befindet sich (logisch!) Western Australia, ein weitläufiger Bundesstaat, der von einer 12 500 km langen, spektakulären Küste eingerahmt wird.

Wüste & Tropen

Dies ist der Inbegriff Australiens. Seit *Crocodile Dundee* den Kakadu National Park ins Scheinwerferlicht gerückt hat, sind das Outback und der Norden dank ihrer beeindruckenden Anzahl typischer Landschaftsformen im Bewusstsein der Traveller angekommen. Vom Uluru und den Kata Tjuta, die aus der Wüste emporragen, bis zur unberührten Küste des Arnhem Land drängt sich das Gefühl auf, dass das Land Teil der Ewigkeit ist.

Im Kontakt mit Aborigines

Im Northern Territory ist es relativ einfach, die kulturelle Grenze zu überschreiten und die indigene Bevölkerung Australiens in ihrem ursprünglichen Lebensraum zu treffen: bei einer Erkundung des Landes mit einem Aborigine-Guide, bei einem ruhigen Gespräch mit einem Künstler bei der Arbeit oder im Rahmen zeitloser Rituale eines Festes.

South Australia ist bereit

In South Australia liegen die besten Weinregionen Australiens: Barossa Valley, McLaren Vale, Clare Valley, Adelaide Hills und Coonawarra. Hier befinden sich zudem das wunderbare Kangaroo Island und das unterschätzte Adelaide, eine flippige Stadt mit tollen Festivals, einer wachsenden Kunstszene, vielen Pubs, Bars und einer Feinschmeckerkultur.

Wilder Westen

Wären die endlosen Weiten Western Australias (WA) eine eigene Nation, so wäre diese das zehntgrößte Land der Welt. Die meisten Einwohner leben an der Küste – Perth und das benachbarte Fremantle sind weltoffene Städte –, trotzdem kann man an einem Strand in WA entlangschlendern, ohne auch nur einen einzigen Fußabdruck zu sehen, sich der vielfältigen Fauna widmen oder in einem Nationalpark allein unter den Sternen campen.

Australien im Überblick

Sydney & New South Wales

Surfstrände
Essen
Wildnis

Bondi & Umgebung

Sydneys Surfstrände sind einfach unschlagbar. Da Bondi jedoch jeder kennt, kann es hier in den Wellen schnell recht eng zugehen. Wer etwas mehr Platz bevorzugt, fährt nach Süden nach Maroubra oder Cronulla oder in den Norden nach Manly.

Kulinarisches Sydney

Modern-australisch (auch Mod Oz) lautete hier die kulinarische Devise. Dabei handelt es sich um eine pan-pazifische Fusion verschiedener Stile mit jeder Menge Meeresfrüchte aus Sydney.

Sydneys Parks im Hinterland

In New South Wales (NSW) gibt es einige der besten Nationalparks Australiens. In der Nähe von Sydney liegen der Royal National Park mit schönen Wegen und Stränden, der Ku-ring-gai Chase National Park mit Wasserwegen und wilden Tiere und der Wollemi National Park in den Blue Mountains mit breiten Wegen und heimischen Wäldern.

S. 68

Canberra & ACT

Geschichte & Kultur
Weinregionen
Politik

Nationales Kulturgut

In Canberra gibt es die National Gallery of Australia mit Sammlungen australischer und asiatischer Kunst sowie der Kunst der Aborigines und der Torres-Strait-Insulaner. Ausstellungen, die einen Einblick in die Seele Australien gewähren, zeigt das National Museum of Australia. Außerdem stehen hier das Australian War Memorial und die National Portrait Gallery.

Weine der Hauptstadt

Canberras Weinsektor ist noch relativ jung, er gewinnt mit seinen konstant guten Weinen aus kühlem Klima aber immer mehr Bewunderer. Die Weingüter Canberras liegen an einer malerischen Straße, nicht weit vom Zentrum entfernt.

Die nationale Debatte

Es ist die Politik, die Canberra wirklich am Laufen hält. Dies kann jeder bestätigen, der als Zuschauer bei einer Fragerunde im Parliament House dabei ist. Oder man besucht das Old Parliament House und sieht sich das Museum of Australian Democracy an.

S. 274

Queensland

Tauchen & Schnorcheln
Strände & Inseln
Urbane Kultur

Great Barrier Reef

Queensland ist mit dem fischreichen Great Barrier Reef gesegnet und der Ort schlechthin für erstklassiges Tauchen und Schnorcheln. Man macht einen Tagesausflug, fährt mit dem Glasbodenboot oder paddelt einfach vom Strand aus zu einer der von einem Riff umgebenen Inseln.

Die Küste erkunden

An der Südküste Queenslands gibt's eine tolle Brandung und weiter im Norden Riffe und mit Regenwald überwucherte Inseln. Für Traumstrände mit türkisfarbenem Meer im Hintergrund sind aber die Whitsundays ein Muss: einfach an Bord einer Jacht gehen und sich treiben lassen.

Boomendes Brisbane

Sydney und Melbourne, nehmt euch in Acht: Brisbane ist im Kommen! Angesagte Bars, fabelhafte Restaurants, eine lebhafte Kunstszene und überall guter Kaffee. „Australiens Stadt der Neuen Welt" ist ein ehrgeiziger, trendiger und fortschrittlicher Ort.

S. 291

Melbourne & Victoria

Geschichte
Sport
Surfstrände

Die goldenen Tage

Die Straßen der Goldgräberstädtchen aus den 1850er-Jahren zeugen vom damaligen Boom. Mit ihren hübschen Gebäuden halten Melbourne, Bendigo und Ballarat die Erinnerung daran wach, wie gut es Victoria in jenen Tagen ging.

Football & Kricket

Melbourne ist die geistige Heimat des Australian Rules Football, bei dem man sich einfach ein paar Freunde schnappt und einen Ball in einem winterlichen Stadtpark durch die Gegend kickt. Der Sommer gehört dem Kricket: Die Kinder schauen Kricket im TV, diskutieren darüber oder spielen es auf der Straße.

Die Surfer-Küste

Der unablässige Wellengang des Südpolarmeers sorgt entlang Victorias Great Ocean Road für eine fantastische (wenn auch frostige) Brandung. Bells Beach hat den berühmtesten Break Australiens; hier findet jedes Jahr das Rip Curl Pro Surfercamp statt.

S. 495

Tasmanien

Essen
Wilde Tiere
Geschichte

Gourmet-Produkte

Tasmaniens Vorratskammern sind voll mit feinem Essen und Getränken. Chefkochs aus ganz Australien sind mehr und mehr von den Erzeugnissen Tasmaniens begeistert, darunter Lachs und Austern, Weine aus kühlem Klima, Craft-Biere und pralles Obst und Gemüse.

Heimische Tierarten

Bei Wanderungen durch den tasmanischen Busch wird man Wallabys, Possums, Rotbauchfilander, den ikonenhaften Tasmanischen Teufel und vielleicht sogar die eine oder andere Schlange erspähen. Entlang der Küste können auch Wale, Seehunde und Pinguine beobachtet werden.

Kolonialzeit

Tasmaniens düstere Kolonialvergangenheit wird in Port Arthur und am Heritage Hwy zum Leben erweckt und bekommt durch die dramatische Landschaft, die angesichts der kompakten Größe des Bundesstaats absolut überdimensioniert erscheint, eine noch beeindruckendere Wirkung.

S. 687

Adelaide & South Australia

Wein
Festivals
Nationalparks

Australiens beste Weine

Jeder, der South Australia besucht, wird irgendwann durch eine Weinregion kommen. Vom Barossa Valley, Clare Valley und dem McLaren Vale hat man vielleicht schon gehört, aber auch die unbekannten Regionen wie Langhorne Creek, Mt. Benson, Currency Creek oder die Adelaide Hills produzieren feine Tropfen.

Viel los im Sommer

Am Ende jedes Sommers ist Adelaide fest in der Hand diverser Festivals: bildende Künste, Weltmusik, Theater, Straßenmusik und die V8 Supercars. Bleibt nur eine Frage: Warum findet das alles gleichzeitig statt?

Von Coorong zu den Flinders Ranges

Die Dünen und Lagunen des Coorong National Park sind beeindruckend, schiere geologische Erhabenheit erlebt man jedoch im Ikara (Wilpena Pound), der Teil des rostroten Flinders Ranges National Park im Zentrum South Australias ist.

S. 782

Darwin & Northern Territory

Landschaften
Wilde Tiere
Indigene Kultur

Das Drama des Outbacks

Hier befinden sich viele der dramatischsten Landschaftsformen Australiens: Uluru, Kata Tjuta (Die Olgas), Kings Canyon, Nitmiluk (Katherine Gorge), Kakadu. Zudem begeistert das Outback selbst mit seiner Grenzenlosigkeit.

Säugetiere, Vögel & Krokodile

Das Outback des Northern Territory ist perfekt, um Tiere zu beobachten, von Kängurus und Wallabys bis hin zu Dingos und Emus, während der Kakadu National Park im Norden mit noch mehr Tieren (Krokodilen!) und zahllosen Vogelarten aufwartet.

Indigene Versammlungsstätten

Nirgendwo in Australien kommt man mit der indigenen Bevölkerung und ihrer Kultur so eng in Kontakt wie hier, von wunderbaren Gemeindekunstzentren bis hin zu Festen und Aborigine-Guides.

S. 872

Perth & Western Australia

Küstenlandschaften
Abenteuer
Wilde Tiere

Eine großartige Küste

An Western Australias 12 500 km langer Küste reiht sich ein Strand an den anderen. Wer sich ganz und gar dem sandigen Vergnügen hingeben möchte, der besucht die Strände, die hinunter zu den Lagunen und Riffen des als UNESCO-Welterbe gelisteten Ningaloo Marine Park führen.

Die Wildnis erkunden

Und los geht's! Eine unvergessliche Fahrt führt über die Gibb River Road zu den Mitchell Falls und ins abgelegene Kalumburu. Von dort geht's auf dem Schnellboot zu den Horizontal Waterfalls und dann steigt man ins Kanu und paddelt den Ord River hinunter.

Tiere in großer Zahl

An Western Australias zentraler Westküste lassen sich Haie, Rochen, Schildkröten und Wale beobachten, während im Landesinneren die Wasserlöcher des Millstream-Chichester National Park Vögel anlocken und sich Pythons und Felskängurus im Karijini National Park tummeln.

S. 962

Reiseziele in Australien

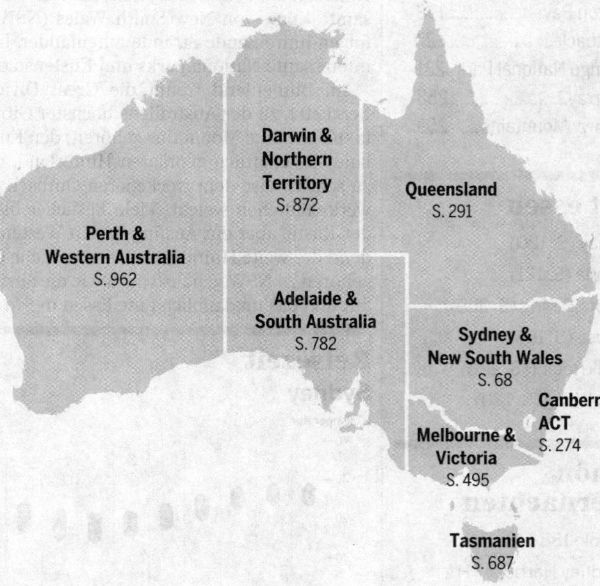

Sydney & New South Wales

7,7 MIO. EW. / ☎02

Inhalt ➡

Gut essen

- Quay (S. 120)
- Sepia (S. 121)
- Biota Dining (S. 259)
- Muse (S. 166)
- Lolli Redini (S. 220)
- Mr. Wong (S. 120)

Schön übernachten

- Ovolo 1888 (S. 114)
- Sydney Harbour YHA (S. 112)
- 28° Byron Bay (S. 202)
- ADGE Boutique Apartment Hotel (S. 116)
- Bannisters by the Sea (S. 247)

Auf nach Sydney & NSW!

Australiens bevölkerungsreichster Bundesstaat ist auch Sitz der größten Stadt des Landes: der schicken, lebenssprühenden und berauschenden Metropole Sydney, einer unvergesslichen Stadt in herrlicher Umgebung. Bondi Beach und der Hafen sind zu Recht berühmt, aber in Wahrheit ist die gesamte Küste von New South Wales (NSW) prächtig: Hier folgen hinreißende Strände aufeinander, hinter denen sich interessante Nationalparks und Küstenstädte erstrecken.

Im Binnenland trennt die Great Dividing Range (die Bergkette, zu der Australiens höchster Gipfel und die spektakulären Blue Mountains gehören) den Küstenstreifen vom landwirtschaftlich geprägten Hinterland, das nach Westen zu schrittweise dem trockeneren Outback mit seinen Bergwerksstädtchen weicht. Viele Besucher bleiben einfach an der Küste, aber ein Ausflug in den Westen lohnt durchaus, denn der weite Himmel und die ländliche Gastfreundschaft gehören zu NSW genauso dazu wie die Surferszene, die Vielfalt und das unglaublich gute Essen in Sydney.

Reisezeit

Sydney

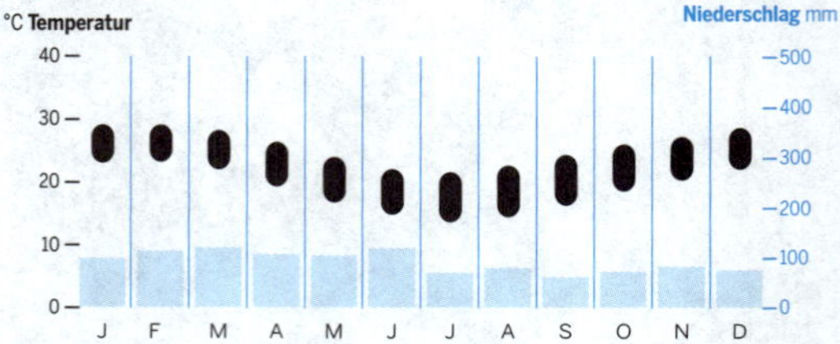

Feb. Tolles Wetter und weniger überlaufene Strände; Sydney dreht beim *Mardi Gras* so richtig auf.

Juni Erträgliche Temperaturen im Westen; kuschelige Skilodges und Pensionen in den Blue Mountains.

Okt. Ein großartiger Monat für Walbeobachtungen entlang der gesamten Ostküste.

ℹ Verkehrsmittel & -wege

Sydney besitzt Australiens verkehrsreichsten Flughafen, und Inlandsflüge, viele davon von **Regional Express** (REX; ☎ 13 17 13; www.rex.com.au), starten von hier zu zahlreichen Flughäfen in New South Wales (NSW).

Züge fahren zu vielen Ortschaften im nördlichen und zentralen NSW, und eine Bahnstrecke führt nach Westen über Broken Hill weiter ins Land.

Busverbindungen sind nicht besonders häufig, aber zuverlässig, und bedienen die meisten Orte, die mit dem Zug nicht erreichbar sind.

NSW TrainLink (☎ 13 22 32; www.nswtrainlink.info) verbindet Sydney mit dem nördlichen und dem ländlichen NSW sowie mit Melbourne, Brisbane und Canberra.

SYDNEY

5,1 MIO. EW. / ☎ 02

Australiens größte Siedlung ist entspannter, als man das von einer Metropole erwartet, und gehört zu den großen Städten der Welt. Sydney besitzt eine hinreißende natürliche Lage rund um den prächtigen Hafen, wundervolle Strände und herrliche Nationalparks und darüber hinaus noch drei der wichtigsten Wahrzeichen des Landes: die Harbour Bridge, das Opernhaus und den Bondi Beach.

Aber damit hören die Attraktionen noch lange nicht auf. Die sonnenverwöhnte, landesweit älteste und vielfältigste Stadt des Landes punktet mit ihrer wunderbaren Küche, ihrer hedonistischen Lebenseinstellung, ihrer faszinierenden Geschichte und dem draufgängerischen Charme ihrer Einwohner.

Geschichte

Der heutige Großraum Sydney war die angestammte Heimat von mindestens drei verschiedenen Aborigines-Völkern mit jeweils eigenen Sprachen. Ku-ring-gai wurde vor allem an der Nordküste gesprochen, Dharawal an der Küste südlich von Botany Bay und Dharug vom Hafengebiet bis zu den Blue Mountains. Die Küste rund um Sydney ist seit Urzeiten die Heimat der Eora (wörtl. „der Leute von hier"), die wiederum in Clans wie die Gadigal und die Wangal unterteilt waren.

Im Jahr 1770 ging Leutnant (später Kapitän) James Cook in Botany Bay vor Anker. Die Ankunft des Schiffes versetzte die örtliche Bevölkerung in Unruhe; Cook notierte in seinem Tagebuch: „Es schien, als wünschten sie sich nichts sehnlicher, als dass wir wieder verschwänden."

Die Briten kamen 1788 wieder – und blieben. Unter dem Kommando von Flottenkapitän Arthur Phillip brachte die „First Fleet" eine zusammengewürfelte Schar aus Sträflingen, Marinesoldaten und Nutzvieh mit. Bei Ankunft in Botany Bay war Phillip enttäuscht von dem, was er sah – vor allem, weil hier Süßwasserquellen fehlten –, und ordnete an, mit den Schiffen weiter gen Norden zu segeln. Dort fand er „den schönsten Hafen der Welt". Der Tag der Landung in der Bucht von Sydney war der 26. Januar, der heute jedes Jahr mit dem Australia Day (bei vielen Ureinwohnern „Invasion Day" genannt) gefeiert wird.

Indigene Krieger leisteten bewaffneten Widerstand unter der Führung von Männern wie Pemulwuy (ca. 1750–1802), einem Mitglied des Dharug-sprachigen Bidjigal-Clans aus der Gegend um Botany Bay, oder Musquito (ca. 1780–1825), einem Eora vom Nordufer Port Jacksons. Die Widerstandskämpfer wurden schließlich geschlagen, und die britische Kolonie gewann die Oberhand. Mit der Flotte kamen auch europäische Krankheiten wie die Pocken ins Land, die dann unter den Eora wüteten (vom Gadigal-Clan sollen nur drei Personen überlebt haben).

Die Anfänge der Ansiedlung waren sehr schwierig, und Hungersnot war ein ständiger Begleiter. Doch allmählich entstand ein lebhafter Hafen mit Steinhäusern, Lagerhäusern und Straßen. Das umliegende Buschland wurde Schritt für Schritt in Farmen, Gemüsefelder und Obstplantagen umgewandelt.

Phillip kehrte 1793 nach London zurück. Daraufhin übernahmen eigennützig handelnde Militäroffiziere die Kontrolle über das Government House. Bald darauf geriet die dynamische neue Gesellschaft, die der erste Gouverneur in harter Arbeit etabliert hatte, ins Wanken. Schließlich schritt London ein und ernannte einen neuen Gouverneur, Lachlan Macquarie, um Recht und Ordnung wiederherzustellen. Unter Macquaries Führung entstanden viele prächtige Gebäude (von denen die meisten auch heute noch stehen), die eine Vision von Sydney verkündeten, die die Stadt von ihren Anfängen als Gefangenenlager zu einem würdigen Vorposten des Britischen Empire machen sollte.

Highlights

1 **Sydney** (S. 69) Strand und Hafen dieser faszinierend vielfältigen Metropole genießen

2 **Blue Mountains** (S. 151) Über Sandsteinklippen hinunter auf die bläulichen Eukalyptuswälder blicken

3 **Hunter Valley** (S. 160) In Boutiqueweingütern Semillon schlürfen und genießen

4 **Lord Howe Island** (S. 270) Den Mount Gower besteigen, um den unvergesslichen Blick auf den Pazifik zu bestaunen

5 **Waterfall Way** (S. 187) Auf dieser Straße durch einige der bezauberndsten Landschaften der North Coast fahren

6 **Byron Bay** (S. 198) In der einmaligen Atmosphäre des berühmten Küstenorts ausspannen

7 Jervis Bay (S. 244) Den schneeweißen Sand und das funkelnde Wasser dieser großen, idyllischen Bucht bewundern

8 Kosciuszko National Park (S. 262) Auf den Wegen in diesem Hochlandpark in einer Landschaft von betörender Schönheit schwelgen

9 Montague Island (S. 250) Auf der prächtigen, unberührten Insel faszinierende Tiere wie Seebären, Pinguine, Delfine und Wale beobachten

10 Mungo National Park (S. 231) In diesem leicht erreichbaren Teil des Outback die fantastische Landschaft bestaunen und der spannenden Geschichte der Ureinwohner, der Aborigines, nachspüren

1813 drangen die Entdecker Blaxland, Lawson und Wentworth bis in die Blue Mountains vor und eröffneten der Kolonie damit den Weg zu den fruchtbaren Gebirgshängen und Ebenen im Westen. In den 1830er-Jahren waren auch die Flusssysteme des Lachlan, Macquarie, Murrumbidgee und Darling River erforscht, und die Kolonie NSW begann aufzublühen.

Im 20. Jh. strömten neue Zuwanderer aus Europa (vor allem nach dem Zweiten Weltkrieg), Asien und dem Nahen Osten herbei, die der Stadt eine neue Dynamik brachten: Sie breitete sich weiter nach Westen aus und wurde so zu der heutigen multikulturellen Metropole.

Sehenswertes

Circular Quay & The Rocks

Mehrere von Sydneys Hauptsehenswürdigkeiten konzentrieren sich in diesem Gebiet. Die über The Rocks verteilten Museen und ehrwürdigen Gebäude vermitteln einen Einblick in Australiens Kolonialzeit. Große Attraktionen wie das Museum of Contemporary Art und der Royal Botanic Garden verlangen viel Zeit Die unbestrittenen beiden Highlights sind das Sydney Opera House und die Sydney Harbour Bridge.

★ Sydney Harbour Bridge BRÜCKE

(Karte S. 82; Circular Quay) Die Einwohner Sydneys lieben ihren „Kleiderbügel". Die 1932 eröffnete majestätische Brücke überspannt den Hafen an einer seiner schmalsten Stellen. Am besten überquert man die Brücke zu Fuß, denn fährt man mit dem Zug oder Auto, sieht man nicht viel. An beiden Enden führen Treppen hoch zu dem Fußgängerweg, der der Länge nach an der Ostseite der Brücke verläuft. Man kann am südöstlichen Brückenpfeiler zum **Pylon Lookout** (Karte S. 82; 02-9240 1100; www.pylonlookout.com.au; Sydney Harbour Bridge; Erw./Kind 15/10 AU$; 10–17 Uhr; Circular Quay) hinaufsteigen oder mit dem extrem beliebten BridgeClimb (S. 110) auf den riesigen Bogen klettern.

★ Sydney Opera House GEBÄUDE

(Karte S. 82; 02-9250 7777; www.sydneyoperahouse.com; Bennelong Point; Führung Erw./Kind 37/20 AU$; Führungen 9–17 Uhr; Circular Quay) Das vom dänischen Architekten Jørn Utzon entworfene Opernhaus gehört zum Weltkulturerbe und ist Australiens berühmtestes Wahrzeichen. Die Oper ist optisch eine Anspielung auf die geblähten, weißen Segel einer in See stechenden Jacht und dominiert das Gelände am Hafen. Der Komplex umfasst fünf Säle für Ballett, Oper, Theater und Konzerte. Am besten erlebt man das Gebäude bei einer Aufführung, aber auch einstündige Führungen in mehreren Sprachen werden angeboten. Wegen einer Renovierung wird die Konzerthalle von 2017 bis 2019 geschlossen bleiben, auch Besichtigungen werden nur eingeschränkt möglich sein.

★ Royal Botanic Garden GÄRTEN

(Karte S. 82; 02-9231 8111; www.rbgsyd.nsw.gov.au; Mrs. Macquaries Rd; 7 Uhr–Sonnenuntergang; Circular Quay) GRATIS Der östlich vom Opernhaus an die Farm Cove angrenzende weitläufige Garten ist ein beliebtes Ziel zum Picknicken, Joggen und Schmusen. Er wurde 1816 gegründet und zeigt Pflanzen aus Australien und aller Welt. Innerhalb des Gartens befinden sich Gewächshäuser mit Palmen

ERMÄSSIGUNGEN

Sydney Museums Pass (www.sydneylivingmuseums.com.au; Erw./Kind 24/16 AU$) Erlaubt den einmaligen Eintritt in zwölf Museen in und um Sydney, u. a. das Museum of Sydney, die Hyde Park Barracks, das Justice & Police Museum und das Susannah Place. Er gilt einen Monat und ist in jedem der teilnehmenden Museen erhältlich. Er kostet das gleiche wie zwei Museumsbesuche zum Normalpreis.

Ultimate Sydney Pass (Erw./Kind 99/70 AU$) Gewährt Zugang zu den prominenten, kostspieligen Attraktionen des britischen Freizeitparkbetreibers Merlin Entertainments. Dazu gehören das Sydney Tower Eye (inkl. Skywalk), das Sydney Sea Life Aquarium, der Wild Life Sydney Zoo, das Madame Tussauds und das Manly Sea Life Sanctuary. Der Pass ist erhältlich in all diesen Attraktionen, aber oft ist der Kauf online erheblich günstiger (einfach auf der Website der jeweiligen Sehenswürdigkeit nachschauen). Wer nur ein paar dieser Attraktionen besuchen will, kann einen ermäßigten Sydney Attractions Pass kaufen, den es in jeder gewünschten Kombination gibt.

SYDNEY IN ...

... zwei Tagen

Der erste Tag beginnt mit einer Zugfahrt nach Milsons Point, von wo aus man über die **Harbour Bridge** zurück nach The Rocks marschiert. Anschließend erkundet man die engen Gassen dieses Viertels. Nun geht's am Hafen entlang vorbei am **Opera House** zum **Royal Botanic Garden** und zur **Art Gallery of NSW** (S. 79). Abends genießt man eine Veranstaltung im **Opera House** (S. 141) oder schaut sich das Treiben in Chinatown oder Darlinghurst an. Am nächsten Tag genießt man einige Zeit die Sonne und die Szene in **Bondi** (S. 97), wandert auf dem Klippenweg zum Coogee Beach und kehrt schließlich nach Bondi zurück zu einem Abendessen bei Sonnenuntergang im **Icebergs Dining Room** (S. 127).

... vier Tagen

Am dritten Tag geht's mit der Fähre durch den Hafen nach Manly, wo man am Strand baden oder dem **Manly Scenic Walkway** (S. 108) folgen kann. Am Abend speist man in Surry Hills und gönnt sich einen Drink. Am vierten Tag erfährt man im **Hyde Park Barracks Museum** (S. 79) von Sydneys Vergangenheit als Strafkolonie und geht dann am Nachmittag in Paddington oder Newtown auf Shoppingtour.

... einer Woche

Hat man eine Woche Zeit, kann man ein paar Tage für den Besuch der majestätischen **Blue Mountains** (S. 151) erübrigen und einen ganzen Tag lang im Busch wandern, bevor man sich abends mit einem Gourmet-Dinner belohnt. Wieder zurück in Sydney, erkundet man Watsons Bay, Darling Harbour und den **Taronga Zoo** (S. 99).

und Farnen sowie das Calyx (s. unten), eine hinreißende neue Ausstellungsfläche in einem kurvenförmigen Glashaus mit einer begrünten Wand und pflanzenbezogenen Wechselausstellungen. Einen Lageplan des Parks erhält man an den Haupteingängen.

Calyx GALERIE
(Karte S. 82; www.rbgsyd.nsw.gov.au; Royal Botanic Garden; ⌚10–16 Uhr; Ⓡ Martin Place) Zu dem auffälligen neuen Ausstellungspavillon im Botanischen Garten gehört ein cooles, kurvenförmiges Glashaus mit einer lebenden, begrünten Wand und vielen Pflanzen. Hier werden sehr gute Wechselausstellungen zu botanischen Themen gezeigt. Lustig ist die Formschnitthecke in Gestalt eines Klammeraffen vor dem Haus.

Mrs. Macquaries Point PARK
(Karte S. 76; Mrs. Macquaries Rd; Ⓡ Circular Quay) Der Park schließt direkt an die Royal Botanic Gardens an, gehört jedoch offiziell zur Domain und nimmt die nordöstliche Spitze von Farm Cove ein. Von dem Gelände aus hat man eine wunderbare Sicht über die Bucht auf das Opernhaus und die Skyline der Stadt. Benannt wurde das Gelände nach Elizabeth, der Frau von Gouverneur Macquarie, die 1810 einen Sitzplatz in den Felsen meißeln ließ, von dem aus sie den Blick auf den Hafen genießen konnte. Bis heute ist **Mrs. Macquarie's Chair** noch erhalten.

★ **Rocks Discovery Museum** MUSEUM
(Karte S. 82; ☎02-9240 8680; www.therocks.com; Kendall Lane; ⌚10–17 Uhr; Ⓡ Circular Quay) GRATIS Das kleine exzellente Museum in einer Gasse von The Rocks taucht mithilfe zahlloser Artefakte tief in die Geschichte des Viertels ein. Die Ausstellung ist chronologisch in vier Epochen untergliedert: Warrane (vor 1788), Kolonialzeit (1788–1820), Hafenstadt (1820–1900) und Umwandlung (1900–heute). Die Gadigal, die Ureinwohner der Gegend, werden einfühlsam berücksichtigt, und es gibt interessante Geschichten über Charaktere der frühen Kolonialzeit.

★ **Sydney Observatory** OBSERVATORIUM
(Karte S. 82; ☎02-9217 0111; http://maas.museum/sydney-observatory; 1003 Upper Fort St; ⌚10–17 Uhr; Ⓡ Circular Quay) GRATIS Das in den 1850er-Jahren im italienischen Stil aus Sandstein erbaute Observatorium Sydneys wird von einer Kuppel aus Kupfer gekrönt und thront auf dem hübschen **Observatory Hill** mit Blick auf den Hafen. Es beherbergt eine Sammlung alter Apparaturen, zu der auch Australiens ältestes funktionsfähiges Teleskop (1874) zählt, sowie Hintergrundmaterial zur australischen Astronomie und

Sydney Harbour

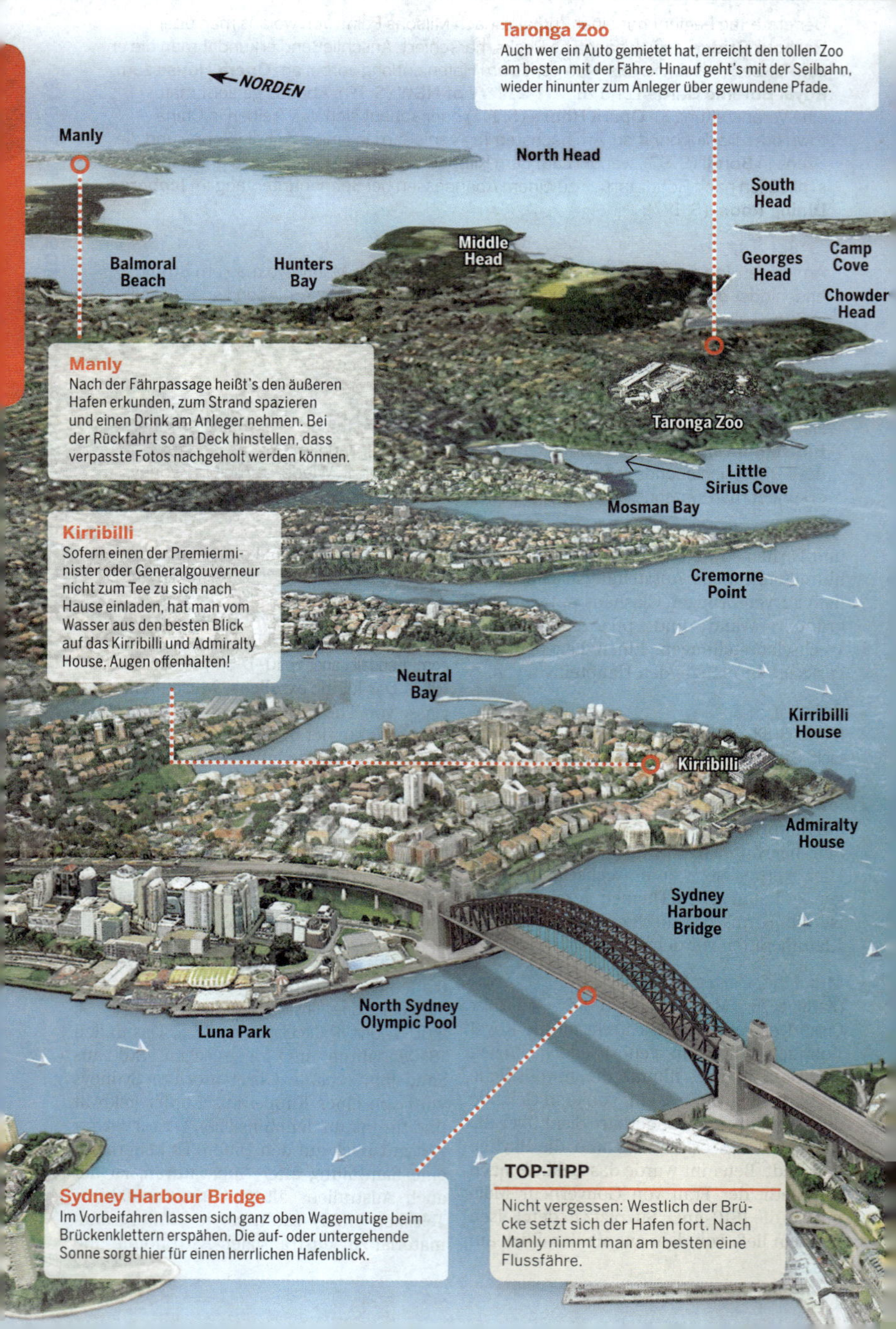

Taronga Zoo

Auch wer ein Auto gemietet hat, erreicht den tollen Zoo am besten mit der Fähre. Hinauf geht's mit der Seilbahn, wieder hinunter zum Anleger über gewundene Pfade.

Manly

Nach der Fährpassage heißt's den äußeren Hafen erkunden, zum Strand spazieren und einen Drink am Anleger nehmen. Bei der Rückfahrt so an Deck hinstellen, dass verpasste Fotos nachgeholt werden können.

Kirribilli

Sofern einen der Premierminister oder Generalgouverneur nicht zum Tee zu sich nach Hause einladen, hat man vom Wasser aus den besten Blick auf das Kirribilli und Admiralty House. Augen offenhalten!

Sydney Harbour Bridge

Im Vorbeifahren lassen sich ganz oben Wagemutige beim Brückenklettern erspähen. Die auf- oder untergehende Sonne sorgt hier für einen herrlichen Hafenblick.

TOP-TIPP

Nicht vergessen: Westlich der Brücke setzt sich der Hafen fort. Nach Manly nimmt man am besten eine Flussfähre.

Watsons Bay
Beim Anlegen am geschützten Kai mag man sich Watsons Bay als das einsame Fischerdorf von einst vorstellen! Und beim Schlendern über den South Head fällt der Blick auf den Hafen und meerumtoste Klippen.

Fort Denison
Die befestigte Insel (alias Pinchgut) war früher ein Ort grausiger Strafen. Zur Abschreckung wurden hier hingerichtete Häftlinge öffentlich hängen gelassen – sehr zum Entsetzen der Aborigines.

DINOZZAVER/SHUTTERSTOCK ©

Fähren
Der Circular Quay ist die Drehscheibe der staatlichen Sydney Fähren: Ab hier führen neun Linien zu insgesamt 38 Anlegern.

Sydney Opera House
Man kann es überall erklimmen und es komplett umrunden. Nichts schlägt jedoch den Anblick, wenn man mit der Fähre an seinen atemberaubenden Segeln vorbeigleitet – Kamera bereithalten!

Circular Quay
Seit die First Fleet hier ankerte (1788), steht der Circular Quay im Mittelpunkt des lokalen Lebens. Fährticket buchen, den richtigen Pier mithilfe der Anzeigetafel ermitteln und an Bord gehen!

Sydney

A
B
C
D
Lane Cove National Park
Ku-ring-gai Chase National Park (15 km)
CASTLE COVE
NORTH BALGOWLAH
CHATSWOOD
Chatswood
SEAFORTH
Manly Rd
CASTLECRAG
CLONTARF
28
Clontarf Beach
Middle Harbour
WILLOUGHBY
Artarmon
NORTHBRIDGE
Epping Rd
Gore Hill Fwy
LANE COVE
Pacific Hwy
NAREMBURN
Long Bay
Spit Rd
BALMORAL
Hunters Bay
CAMMERAY
5
RIVERVIEW
St. Leonards
CROWS NEST
CREMORNE
Military Rd
Falcon St
GREENWICH
Bradleys Head Rd
LONGUEVILLE
67
Wollstonecraft
NEUTRAL BAY
MOSMAN
Lane Cove River
54
45
64
73
Waverton
WOOLWICH
North Sydney
68
Chowder Bay
65
61
70
4 Taronga Zoo
Taylors Bay
Milsons Point
66
Mosman Bay
71
32
56
55
Balls Head
12
KIRRIBILLI
Cockatoo Island Visitor Centre
62
57
Robertsons Point
9
McMahons Point 1
63
35
60
Spectacle Island
Snails Bay
Bradleys Head
BIRCHGROVE
s. Karte Sydney Zentrum (S. 82)
41
52
53
Mrs. Macquaries Point
Sydney Harbour (Port Jackson)
BALMAIN
BALMAIN EAST
48
13
Clarke Island
22
40
s. Karte Darling Harbour & Pyrmont (S. 88)
58
POINT PIPER
Balmain Rd
PYRMONT
s. Karte Kings Cross, Darlinghurst & Woolloomooloo (S. 90)
27
76
Rozelle Bay
38
59
DOUBLE BAY
Lilyfield
Jubilee Park
34
s. Karte Haymarket & Chinatown (S. 86)
50
Glebe
Edgecliff
43
39
ULTIMO
46
ANNANDALE
GLEBE
44
s. Karte Newtown & Inner West (S. 102)
Bondi Junction
Blue Mountains (90 km)
s. Karte Surry Hills (S. 104)
s. Karte Paddington & Centennial Park (S. 98)
51
BONDI JUNCTION
Stanmore
WAVERLEY
54
Centennial Park
Queens Park
Bourke St
WATERLOO
Green Square
ZETLAND
49
Alison Rd
St. Peters
ALEXANDRIA
KENSINGTON
RANDWICK
ST PETERS
Sydenham
Botany Rd
COOGEE
47
Princes Hwy
Australian Golf Club
Anzac Pde
University of NSW
Coogee Bay Rd
TEMPE
ROSEBERY
KINGSFORD
33
MASCOT
Gardeners Rd
Mascot
66
Sydney (3 km)
Mahon Pool (2,4 km)

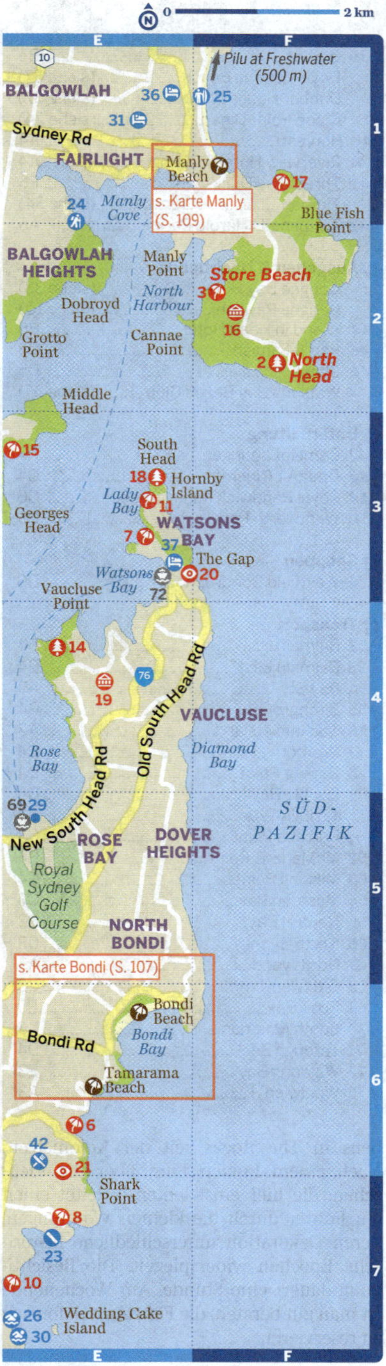

zum Venusdurchgang. Angeboten werden auch unterhaltsame Führungen (Erw./Kind 10/8 AU$), zu denen auch eine Vorführung im Planetarium zählt. Für die nächtlichen Sternenbeobachtungen (Mo–Sa, Erw./Kind 22/17 AU$) sowie für die Veranstaltungen mit den Himmelsgeschichten der Aborigines (Erw./Kind 18/12 AU$) muss man vorab reservieren. Alle Führungen eignen sich auch prima für Kinder.

★ Walsh Bay UFERGEBIET

(Karte S. 82; www.walshbaysydney.com.au; Hickson Rd; 🚌324, 325, 998, 🚆Wynyard) Der Uferabschnitt am Dawes Point war Sydneys geschäftigster vor dem Aufkommen der Containerschiffe und dem Bau der neuen Hafeneinrichtungen in Botany Bay. In den letzten zehn Jahren wurden die Kais aus der Federation Era in einem unglaublichen Ausmaß gentrifiziert und haben sich in Luxushotels, Apartments, Theater, Motorboothäfen, Cafés und Restaurants verwandelt. Die Gegend bietet sich zu einem malerischen Spaziergang an, bei dem man die Kais und den Blick auf den Hafen mit dem nahegelegenen Barangaroo Park kombinieren kann.

Barangaroo Reserve PARK

(Karte S. 82; www.barangaroo.com; Hickson Rd; ⏲24 Std.; 🚌324, 325, 🚆Circular Quay) Der Park gehört zu Barangaroo, einem großen Neuerschließungsprojekt eines ehemaligen Handelshafens. Er befindet sich auf einer Landzunge mit einem wunderbaren Blick auf den Hafen. Der Park wurde erst 2015 eröffnet und wirkt noch ein bisschen kahl, da die zwischen den Sandsteinblöcken gepflanzten einheimischen Bäume und Sträucher erst noch heranwachsen müssen. Ein Lift, der die drei Ebenen des Parks verbindet, tut müden Beinen wohl. Es gibt eine Tiefgarage; ein Kulturzentrum soll noch entstehen.

Museum of Contemporary Art GALERIE

(MCA; Karte S. 82; ☎02-9245 2400; www.mca.com.au; 140 George St; ⏲Fr–Mi 10–17, Do bis 21 Uhr; 🚆Circular Quay) GRATIS Das MCA am Hafen ist ein Schaufenster der australischen und internationalen zeitgenössischen Kunst mit einer Dauersammlung, aus der Teile im Wechsel gezeigt werden, und zusätzlichen Sonderausstellungen. Die Kunst der Indigenen spielt oft eine bedeutende Rolle. An das Art-déco-Gebäude im Gotham-Stil wurde eine moderne Galeriefläche angebaut, deren Highlight das Café auf dem Dach ist, von dem aus sich ein herrlicher Ausblick bietet.

Sydney

Highlights
1 McMahons Point ... B4
2 North Head ... F2
3 Store Beach ... F2
4 Taronga Zoo ... D3

Sehenswertes
5 Balmoral Beach ... D3
6 Bronte Beach ... E6
7 Camp Cove ... E3
8 Clovelly Beach ... E7
9 Cockatoo Island ... A4
10 Coogee Beach ... E7
11 Lady Bay ... E3
12 Luna Park ... C4
13 Mrs. Macquaries Point ... C4
14 Nielsen Park ... E4
15 Obelisk Beach ... E3
16 Quarantine Station ... F2
17 Shelly Beach ... F1
18 South Head ... E3
19 Vaucluse House ... E4
20 Watsons Bay ... E3
21 Waverley Cemetery ... E6

Aktivitäten, Kurse & Touren
22 Andrew (Boy) Charlton Pool ... C4
23 Gordons Bay Underwater Nature Trail ... E7
24 Manly Scenic Walkway ... E1
25 Manly Surf School ... F1
26 McIvers Baths ... E7
27 Murray Rose Pool ... D5
28 Sydney Harbour Kayaks ... D1
29 Sydney Seaplanes ... E5
30 Wylie's Baths ... E7

Schlafen
31 Cecil Street B&B ... E1
32 Cockatoo Island ... A4
33 Dive Hotel ... D7
34 Forsyth Bed & Breakfast ... B5
35 Glenferrie Lodge ... C4
36 Manly Bunkhouse ... E1
37 Watsons Bay Boutique Hotel ... E3

Essen
38 Boathouse on Blackwattle Bay ... B5
Boathouse Shelly Beach ... (siehe 17)
Catalina ... (siehe 29)
39 Darbar ... B5
Doyles on the Beach ... (siehe 37)
Dunbar House ... (siehe 37)
Glebe Point Diner ... (siehe 34)
40 Harvest ... A4
41 Riverview Hotel & Dining ... A4
42 Three Blue Ducks ... E6
Timbah ... (siehe 34)
43 Tramsheds Harold Park ... A5

Ausgehen & Nachtleben
Coogee Bay Hotel ... (siehe 33)
Coogee Pavilion ... (siehe 10)
44 Friend in Hand Hotel ... B5
45 Rag & Famish ... C3
46 Sheaf ... D5
Watsons Bay Beach Club ... (siehe 37)

Unterhaltung
47 Camelot Lounge ... A7
48 OpenAir Cinema ... C4
49 Royal Randwick Racecourse ... C6
50 Wentworth Park ... B5

Shoppen
51 Westfield Bondi Junction ... D6

Transport
52 Balmain ... B4
53 Balmain East ... B4
54 Bay St ... A3
55 Birchgrove ... B4
56 Cockatoo Island ... A3
57 Cremorne Point ... C4
58 Darling Point ... D4
59 Double Bay ... D5
60 Kirribilli ... C4
61 Kurraba Point ... C3
62 McMahons Point ... B4
63 Milsons Point ... C4
64 Mosman Bay ... C3
65 Neutral Bay ... C3
66 North Sydney ... C3
67 Northwood ... A3
68 Old Cremorne ... C3
69 Rose Bay ... E5
70 South Mosman ... C3
71 Taronga Zoo ... D4
72 Watsons Bay ... E3
73 Woolwich ... A3

Täglich gibt's kostenlose Führungen in mehreren Sprachen.

Susannah Place Museum MUSEUM

(Karte S. 82; ☎ 02-9241 1893; www.sydneylivingmuseums.com.au; 58–64 Gloucester St; Erw./Kind 12/8 AU$; ⏲ Führungen 14, 15 & 16 Uhr; Circular Quay) Die vier Reihenhäuser von 1844 und der Laden mit historischen Haushaltswaren sind eine faszinierende Zeitkapsel des Lebens in The Rocks seit der Kolonialzeit. Nach einem kurzen Film über die Menschen, die hier einst lebten, geleitet einen ein Führer durch die kleinen Wohnungen, deren Dekoration unterschiedliche historische Epochen widerspiegelt. Die Besichtigung dauert eine Stunde. Am Wochenende ist man gut beraten, die Führung telefonisch zu reservieren.

Zentrum & Haymarket

★ Art Gallery of NSW GALERIE

(Karte S. 90; ☎1800 679 278; www.artgallery.nsw.gov.au; Art Gallery Rd; ⊙Do–Di 10–17, Mi bis 22 Uhr; 🚌441; 🚉St. James) GRATIS Mit ihrer neoklassisch-griechischen Fassade und der modernen Rückseite spielt diese Institution eine wichtige Rolle in der hiesigen Gesellschaft. Große internationale Wanderausstellungen machen hier regelmäßig Station. Darüber hinaus zeigt das Haus eine bedeutende Dauerausstellung australischer Kunst mit einer großen indigenen Abteilung. Ein buntes Programm von Vorträgen, Konzerten, Filmvorführungen, Gesprächen mit Berühmtheiten und Aktivitäten für Kinder rundet das Angebot ab. Auskünfte zu den kostenlosen Führungen zu verschiedenen Themen und in verschiedenen Sprachen gibt's am Kartenschalter und auf der Website.

Hyde Park Barracks Museum MUSEUM

(Karte S. 82; ☎02-8239 2311; www.sydneylivingmuseums.com.au; Queens Sq, Macquarie St; Erw./Kind 12/8 AU$; ⊙10–17 Uhr; 🚉St. James) Der Architekt und Sträfling Francis Greenway entwarf dieses fast quadratische Gebäude (1819) im georgianischen Stil als Unterkunft für Strafgefangene. 30 Jahre lang kamen 50 000 Männer und Jungen nach ihrer Verurteilung hierher. Später fungierte das Gebäude als Einwandererlager, als Asyl für Frauen und als Gericht. Heute ist es ein faszinierendes, nachdenklich stimmendes Museum, das die Geschichte der Baracken und die archäologischen Anstrengungen zu seiner Erhaltung beleuchtet. Im Eintrittspreis ist ein guter Audioguide enthalten.

Museum of Sydney MUSEUM

(MoS; Karte S. 82; ☎02-9251 5988; www.sydneylivingmuseums.com.au; Ecke Phillip & Bridge St; Erw./Kind 12/8 AU$; ⊙10–17 Uhr; 🚉Circular Quay) Das an der Stätte von Sydneys erstem Government House erbaute MoS ist ein unterteiltes Museum, das die Geschichte der Stadt mittels Geschichten und Installationen erzählt. Die lange Zeit der indigenen Besiedlung wird genauso gewürdigt wie die interessante Epoche der ersten Kontakte zwischen den Gadigal und den europäischen Kolonisten. Auch Schlüsselfiguren der Planung der Stadt und der Sydneyer Architektur werden ins Rampenlicht gestellt. Und dann gibt es auch noch eine gute Abteilung zur First Fleet mit maßstabsgetreuen Modellen.

Martin Place PLATZ

(Karte S. 82; 🚉Wynyard, 🚉Martin Place) Der von imposanten Gebäuden gesäumte, lange, schmale Martin Place wurde 1971 für den Autoverkehr gesperrt und ist seither eine terrassierte Fußgängerzone mit Springbrunnen und öffentlichen Bereichen. Er kommt in Sydney einem Hauptplatz am nächsten.

Sydney Tower Eye TURM

(Karte S. 82; ☎1800 258 693; www.sydneytowereye.com.au; level 5, Westfield Sydney, 188 Pitt St; Erw./Kind 26,50/17 AU$, Skywalk 70/49 AU$; ⊙Mai–Sept. 9–21.30 Uhr, Okt.–April bis 22 Uhr; 🚉St. James) Der 309 m hohe, 1981 fertiggestellte und vielen Einwohnern immer noch als Centrepoint bekannte Sydney Tower bietet von seiner Aussichtsplattform in 250 m Höhe einen unschlagbaren Rundumblick. Noch schöner ist der Blick, den Wagemutige vom Skywalk auf dem Dach haben. Der Besuch beginnt mit der 4D Experience, einem ziemlich coolen, kurzen 3D-Film, der die Stadt, den Hafen und die Unterwasserwelt aus der Vogelperspektive (um genau zu sein, aus der Sicht eines Sittichs) zeigt – Sprühnebel und Blubberblasen inklusive.

Hyde Park PARK

(Karte S. 86; Elizabeth St; 🚉St. James, Museum) Der formal angelegte, gepflegte Hyde Park wird von den Einheimischen geliebt. Eine Baumallee zieht sich durch ihn, die bei Nacht, wenn sie von Lichterketten erhellt wird, besonders schön wirkt. Das Nordende des Parks markiert die symbolträchtige **Archibald Memorial Fountain** (Karte S. 82; 🚉St. James), während am anderen Parkende das Anzac Memorial steht.

Anzac Memorial DENKMAL

(Karte S. 86; ☎02-9267 7668; www.anzacmemorial.nsw.gov.au; Hyde Park; ⊙9–17 Uhr; 🚉Museum) GRATIS Das ehrwürdige Art-déco-Denkmal von 1934 hinter dem Pool of Remembrance erinnert an die Soldaten des Australia and New Zealand Army Corps (Anzacs) im Ersten Weltkrieg. Die Kuppel ist innen mit 120 000 Sternen besetzt – einen für jeden Einwohner und jede Einwohnerin von New South Wales, die in der Armee dienten. Sie funkeln über Rayner Hoffs eindrucksvoller Skulptur *Sacrifice*. Ein größeres Projekt ist der Bau einer neuen „Hall of Service", die die Namen und Bodenproben aller Orte aus New South Wales aufnehmen soll, aus denen Soldaten in den Ersten Weltkrieg zogen.

1

ALFONSO FERNANDEZ / SHUTTERSTOCK ©

2

4

VIVALAROCK / BUDGET TRAVEL ©

1. Queen Victoria Building (S. 83)
Shoppen mit Stil in diesem Meisterwerk der viktorianischen Gotik, das mittlerweile fast 200 Shops beherbergt.

2. Sydney Opera House (S. 72)
Man sollte Tickets für eine Tanz-, Musik- oder Theatervorstellung buchen, um dieses bemerkenswerte Gebäude hautnah zu erleben.

3. Bondi Icebergs Pool (S. 105)
Um in einem Pool mit natürlichem Meerwasser zu schwimmen, besucht man am besten diese Institution in Bondi.

4. Die Skyline von Sydney
Sydneys privilegierte Lage an der atemberaubenden Küste von New South Wales macht es zu Australiens am häufigsten fotografierter Stadt.

SUPERJOSEPH / SHUTTERSTOCK ©

Sydney Zentrum, Circular Quay & The Rocks

Sydney Zentrum, Circular Quay & The Rocks

Highlights
1 Australian Museum ... D7
2 Rocks Discovery Museum ... C2
3 Royal Botanic Garden ... D3
4 Sydney Observatory ... B3
5 Sydney Opera House ... D2
6 Walsh Bay ... B2

Sehenswertes
7 Archibald Memorial Fountain ... C6
8 Argyle Cut ... B3
9 Argyle Place ... B2
10 Barangaroo Reserve ... A2
11 Cadman's Cottage ... C2
12 Calyx ... D5
13 Campbell's Storehouses ... C2
14 Customs House ... C3
15 Foundation Park ... B2
16 Garrison Church ... B2
17 Hyde Park Barracks Museum ... D6
18 Martin Place ... B5
19 Museum of Contemporary Art ... C3
20 Museum of Sydney ... C4
21 Overseas Passenger Terminal ... C2
22 Pylon Lookout ... C1
23 Queen Victoria Building ... B6
24 Suez Canal ... B3
25 Susannah Place Museum ... B3
26 Sydney Harbour Bridge ... C1
27 Sydney Tower Eye ... C6
28 Sydney Writers Walk ... C3

Aktivitäten, Kurse & Touren
29 BlueBananas ... B7
Bonza Bike Tours ... (siehe 24)
30 BridgeClimb ... B2
31 Captain Cook Cruises ... C3
Sydney Bike Tours ... (siehe 2)
The Rocks Ghost Tours ... (siehe 24)
32 The Rocks Walking Tours ... B3

Schlafen
33 Establishment Hotel ... C4
34 Grace Hotel ... B6
Harbour Rocks ... (siehe 24)
35 Langham ... A3
36 Lord Nelson Brewery Hotel ... A2
37 Park Hyatt ... C1
38 Pullman Quay Grand Sydney Harbour ... D3
QT Sydney ... (siehe 72)
39 Sydney Harbour YHA ... B3

Essen
40 Aria ... D2
41 Ash St Cellar ... B5
42 Azuma ... C5
43 Central Baking Depot ... A5
44 Fine Food Store ... C2
Mercado ... (siehe 41)
45 Mr. Wong ... B4
46 Pablo & Rusty's ... C7
47 Quay ... C2
48 Restaurant Hubert ... C4
49 Rockpool Bar & Grill ... C5
50 Sepia ... A7

Ausgehen & Nachtleben
51 Argyle ... B2
52 Australian Hotel ... B3
53 Baxter Inn ... B6
54 Bulletin Place ... C4
55 Fortune of War ... B3
56 Frankie's Pizza ... C5
57 Glenmore ... B2
58 Grandma's ... B7
59 Hero of Waterloo ... B2
60 Hotel Palisade ... A2
61 Ivy ... B5
Lord Nelson Brewery Hotel ... (siehe 36)
62 Marble Bar ... B7
63 Mojo Record Bar ... B5
64 O Bar ... B4
65 Opera Bar ... D2
66 Uncle Ming's ... B5

Unterhaltung
67 Bangarra Dance Theatre ... B1
68 Basement ... C4
69 City Recital Hall ... B5
70 Dendy Opera Quays ... D3
71 Roslyn Packer Theatre ... B2
72 State Theatre ... B6
73 Sydney Dance Company ... B1
Sydney Opera House ... (siehe 5)
74 Sydney Theatre Company ... B1

Shoppen
75 Abbey's ... B7
76 Australian Wine Centre ... C3
77 David Jones ... C6
78 Gannon House Gallery ... C3
79 Opal Minded ... C2
Queen Victoria Building ... (siehe 23)
Red Eye Records ... (siehe 75)
80 Strand Arcade ... B6
81 The Rocks Markets ... C2
Westfield Sydney ... (siehe 27)

Praktisches
82 City Host Information Kiosk ... C3
83 Sydney Visitor Centre ... B3

Queen Victoria Building HISTORISCHES GEBÄUDE
(QVB; Karte S. 82; ☎ 02-9264 9209; www.qvb.com.au; 455 George St; Führung 15 AU$; ⏲ Mo–Mi, Fr & Sa 9–18, Do 9–21, So 11–17 Uhr; 🚆 Town Hall) Unglaublich, aber das hochviktorianische gotische Meisterwerk (1898) sollte mehrfach abgerissen werden, bevor es Mitte der

1980er-Jahre schließlich doch restauriert wurde. Das QVB nimmt einen ganzen Straßenblock an der Stelle der ersten Märkte der Stadt ein und ist ein Einkaufstempel im venezianisch-romanischen Stil.

★ Chinatown GEBIET

(Karte S. 86; www.sydney-chinatown.info; Paddy's Markets, Town Hall) Mit der misstönenden Kulisse aus plärrendem Canto-Pop bildet die Dixon St das Zentrum von Chinatown: eine enge, schattige Fußgängerpassage mit einer Reihe von Restaurants und stimmgewaltigen Marktschreiern. Die ornamentalen Drachentore an beiden Enden sind mit unechten Bambusziegeln gedeckt, mit goldenen chinesischen Schriftzeichen und zierlichen Löwen verziert, die böse Geister abwehren sollen. Die Chinatown ist ein fabelhaftes kulinarisches Viertel, das sich von hier aus mehrere Blocks nach Norden und Süden erstreckt und nach Osten in Koreatown und Thaitown übergeht.

Darling Harbour & Pyrmont

Das unverhohlen touristische Darling Harbour versucht alles, um Besucher mit Feuerwerk und viel Glanz und Glitzer in seine Bars und Restaurants am Ufer zu locken. An der Ostseite gibt's drei Zeilen mit Bars und Restaurants an der Cockle Bay, dem King Street Wharf und an der neuen South-Barangaroo-Erschließung. An der westlichen Flanke scheint Pyrmont zwar unter der Last der Kasinos und Hochstraßen zu versinken, wirkt aber an einigen Stellen noch historisch. Ein Bummel an den Kais am Hafen ist ein echtes Vergnügen.

★ Australian National Maritime Museum MUSEUM

(Karte S. 88; 02-9298 3777; www.anmm.gov.au; 2 Murray St; Dauersammlung Eintritt frei, Sonderausstellungen Erw./Kind 20 AU$/frei; 9.30–17 Uhr, Jan. bis 18 Uhr; ; Pyrmont Bay) GRATIS Unter dem geschwungenen Dach steht Australiens unauslöschliche Verbindung zur Schifffahrt in diesem Museum im Zentrum. Die Ausstellungsbereiche reichen von Aborigines-Kanus über die Surfkultur und die Einwanderung bis hin zur Kriegsmarine. Mit dem „großen Ticket“ (Erw./Kind 30/18 AU$) kann man auch an Bord einiger der Schiffe gehen, die draußen vor Anker liegen. Zu diesen gehören das U-Boot HMAS *Onslow* und der Zerstörer HMAS *Vampire*. Der aufwendig produzierte Kurzfilm *Action Stations*

Stadtspaziergang The Rocks & Circular Quay

START CADMAN'S COTTAGE
ZIEL ROYAL BOTANIC GARDEN
LÄNGE/DAUER 3,5 KM; 2 STD.

Der Spaziergang beginnt vor dem 1 **Cadman's Cottage**, dem ältesten Haus in der Innenstadt. Es wurde 1816 für den staatlichen Hafenmeister John Cadman erbaut. In den 1840er-Jahren waren hier Kriminelle interniert; später wurde es zum Wohnheim für pensionierte Schiffskapitäne.

Nordwärts geht es am Circular Quay West entlang vorbei am 2 **Overseas Passenger Terminal**, wo die Luxus-Kreuzfahrtschiffe anlegen. Die Aussichtsterrasse auf Ebene Vier des Türmchens am nördlichen Ende bietet einen genialen Ausblick.

Weiter am Kai folgen die 3 **Campbell's Storehouses**, 1839 von dem schottischen Handelsherrn Robert Campbell errichtet, um Tee-, Alkohol-, Zucker- und Tuchvorräte zu lagern. Der Bau der elf Lagerhäuser dauerte bis 1861, 1890 wurde noch ein Backsteingeschoss hinzugefügt. Derartige Gebäude waren im frühen 20. Jh. am Circular Quay ein vertrauter Anblick, doch wurden die meisten inzwischen abgerissen. Die noch erhaltenen beherbergen heute touristische Restaurants.

Wenn man eine Schleife um das 4 **Park Hyatt** (S. 112) dreht und in den kleinen Park am Ende von Dawes Point einbiegt, trifft man häufig auf Hochzeitsgesellschaften – für ein Foto vor der Kulisse des Opernhauses kommen Paare selbst aus China und Südkorea.

Geht man unter der Harbour Bridge hindurch, erblickt man am anderen Ufer den Luna Park. Man spaziert weiter vorbei an den gentrifizierten 5 **edwardianischen Kais** der Walsh Bay, überquert die Straße und nimmt die Treppe hinauf (Schild: „öffentliche Treppe zur Windmill St“) unmittelbar vor dem Roslyn Packer Theatre. Auf der winzigen Ferry Lane geht es weiter den Hügel hinauf. Nahe dem oberen Ende finden sich die Grundmauern von 6 **Arthur Paynes Haus**; er war das erste Opfer der Pestepidemie von 1900.

An der Kreuzung mit der Windmill St steht das 7 **Hero of Waterloo** (S. 131),

ein Anwärter auf den Titel des ältesten Pubs in Sydney. Nach rechts geht man über die Lower Fort St zum 8 **Argyle Place**, einem ruhigen, englisch anmutigen Dorfanger.

Auf der anderen Straßenseite steht die 9 **Garrison Church**. Man biegt scharf links in die Argyle St ein und spaziert durch den 10 **Argyle Cut**. Strafgefangene bauten diesen schluchtenartigen Straßenabschnitt quer durch den Sandsteinrücken, der The Rocks seinen Namen gab. Die Arbeiten begannen 1843 mit Hacke und Schaufel und wurden 1867 (mithilfe von Dynamit) fertiggestellt.

Hinter dem Cut erklimmt man die Treppe links und gelangt über den Gloucester Walk zum 11 **Foundation Park**. Man nimmt die Treppe hinter durch den Park, umrundet das Gebäude im Talgrund und verlässt den Park an der Playfair St mit historischen Reihenhäusern. Nun quert man die Argyle St zur Harrington St und biegt links in den 12 **Suez Canal** ein. Hügelabwärts verjüngt sich die in den 1840er-Jahren angelegte Gasse auf weniger als einen Meter Breite (daher der Name). Sie war einst als Rückzugsort der Rocks Push berüchtigt, einer Straßengang aus der zweiten Hälfte des 19. Jhs. An der Kreuzung mit dem Nurses Walk springt eine Winde aus dem Gebäude hervor, mit der man früher Güter in die oberen Stockwerke hievte.

Nun biegt man rechts in die George St und durchquert das 13 **Museum of Contemporary Art** (S. 77) mit hochkarätigen Ausstellungen. Man nimmt den Ausgang am Circular Quay und folgt dem Ufer vorbei an den Fähranlegestellen.

Durch die Bahnhofsunterführung geht's zum 14 **Customs House**. Wieder am Ufer schaut man sich die Plaketten am 15 **Sydney Writers Walk** an. Der Circular Quay punktet mit Zitaten prominenter australischer Autoren und einiger Gäste, darunter Mark Twain, Germaine Greer, Peter Carey, Umberto Eco und Clive James – es gibt auch ein Liedchen über einen Fleisch-Pie von Barry Humphries.

Der Spaziergang führt weiter vorbei am Apartment- und Entertainment-Komplex 16 **Opera Quays** (S. 141) am Circular Quay East, auch lästerlich „der Toaster" genannt.

Nun liegen die sich zum Himmel blähenden Segel des 17 **Sydney Opera House** (S. 72) direkt vor einem, gleich neben der Sydney Harbour Bridge zur Linken. Man geht rund um den Bennelong Point und weiter am Ufer entlang bis zu den Toren des 18 **Royal Botanic Garden** (S. 72).

Haymarket & Chinatown

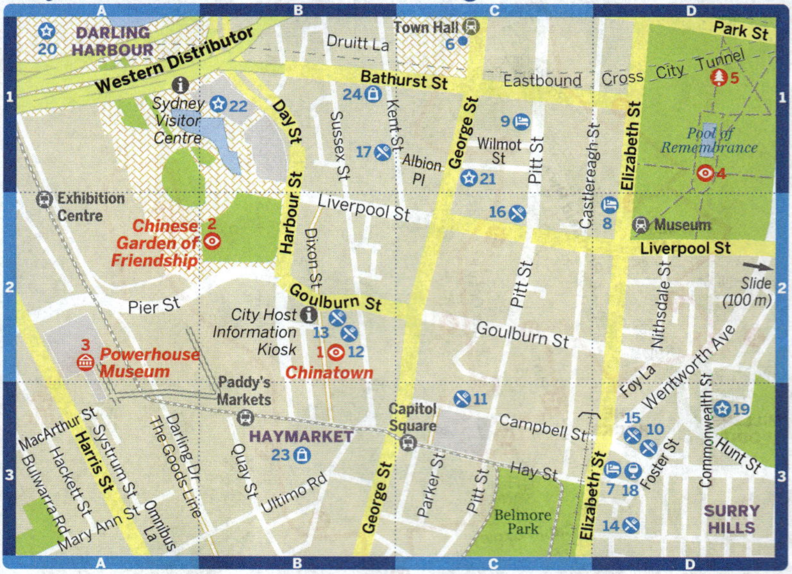

Haymarket & Chinatown

Highlights
1 Chinatown B2
2 Chinese Garden of Friendship B2
3 Powerhouse Museum A2

Sehenswertes
4 Anzac Memorial D1
5 Hyde Park D1

Aktivitäten, Kurse & Touren
6 I'm Free C1

Schlafen
7 Big Hostel D3
8 Hyde Park Inn D2
9 Primus Hotel Sydney C1

Essen
10 Bar H D3
11 Chat Thai C3
12 Golden Century B2
13 Mamak B2
14 Single O D3
15 Spice I Am D3
16 Sydney Madang C2
17 Tetsuya's B1

Ausgehen & Nachtleben
18 Wild Rover D3

Unterhaltung
19 Golden Age Cinema & Bar D3
20 ICC Sydney A1
21 Metro Theatre C1
22 Monkey Baa Theatre Company B1

Shoppen
23 Paddy's Markets B3
24 Utopia Records B1

stellt für jedes Schiff ein Ereignis aus seiner Dienstzeit nach. Ausgezeichnete kostenlose Führungen erläutern die Merkmale jedes einzelnen Schiffes.

★ **Chinese Garden of Friendship** GARTEN
(Karte S. 86; ☎02-9240 8888; www.chinesegarden.com.au; Harbour St; Erw./Kind 6/3 AU$; ⏲April–Sept. 9.30–17, Okt.–März 9.30–17.30 Uhr; 🚉Town Hall) Der nach taoistischen Prinzipien erbaute Chinesische Garten der Freundschaft ist normalerweise eine Oase der Ruhe – derzeit weht aber von Zeit zu Zeit der Baulärm vom Darling Harbour herüber. Der von Architekten aus Guangzhou (Sydneys Partnerstadt) anlässlich der 200-Jahr-Feier Australiens im Jahr 1988 entworfene Garten ist bestückt mit Pavillons, Wasserfällen, Teichen, Wegen und üppiger Bepflanzung. Es gibt auch ein Teehaus.

★ **Sydney Sea Life Aquarium** AQUARIUM
(Karte S. 88; ☎ 02-8251 7800; www.sydneyaquarium.com.au; Aquarium Pier; Erw./Kind 40/28 AU$; ⌚ Mo–Do 9.30–18, Fr–So & während der Schulferien bis 19 Uhr, letzter Eintritt eine Stunde vor Schließung; Ⓡ Town Hall) Neben den üblichen an die Wand montierten Becken und den Aquarien auf Bodenhöhe hat dieser eindrucksvolle Komplex zwei große Wasserbecken mit hindurchführenden begehbaren Tunneln aus sicherem Plexiglas, in denen man den Haien und Rochen gruselig nahe kommt. Weitere Highlights sind zwei Dugongs, die Clownfische, Schnabeltiere, Ohrenquallen (in einer Röhre mit Diskobeleuchtung), Fetzenfische und schließlich das mit 2 Mio. l Wasser gefüllte Great-Barrier-Reef-Becken.

Wild Life Sydney Zoo ZOO
(Karte S. 88; ☎ 02-9333 9245; www.wildlifesydney.com.au; Aquarium Pier; Erw./Kind 40/28 AU$; ⌚ April–Sept. 9.30–17, Okt.–März bis 19 Uhr, letzter Eintritt 1 Stunde vor Schließung; Ⓡ Town Hall) Der Zoo komplettiert seinen Nachbarn, das Sea Life. Der große Komplex beherbergt eine beeindruckende Menge in Australien heimischer Reptilien, Schmetterlinge, Spinnen, Schlangen und Säugetiere (darunter auch Kängurus und Koalas).
Besonders gut ist der Abschnitt mit nachtaktiven Tieren wie Beutelmardern, Kaninchenkängurus, Ameisenigeln und Possums. So interessant das Wild Life auch ist – mit dem Taronga Zoo ist es nicht zu vergleichen. Trotzdem lohnt sich ein Besuch, vor allem in Kombination mit dem Sea Life, oder wenn man nur wenig Zeit hat. Online sind die Eintrittskarten billiger.

The Star CASINO
(Karte S. 88; ☎ 02-9777 9000; www.star.com.au; 80 Pyrmont St, Pyrmont; ⌚ 24 Std.; 🚊 The Star) Zu Sydneys erstem Kasinokomplex gehören Hotels, renommierte Restaurants, Bars, ein Nachtclub, ein ausgezeichneter Foodcourt, ein Lightrail-Bahnhof und die Sorte teurer Läden, die – für den unwahrscheinlichen Fall, dass jemand eine Glückssträhne hat – garantieren, dass ein Großteil des Gewinns trotzdem im Hause bleibt.

★ **Sydney Fish Market** MARKT
(Karte S. 88; ☎ 02-9004 1108; www.sydneyfishmarket.com.au; Bank St; ⌚ 7–16 Uhr; 🚊 Fish Market) Auf Sydneys Fischmarkt an der Blackwattle Bay werden jährlich über 15 Mio. t Meeresfrüchte umgeschlagen. Hier gibt's Einzelhandelsgeschäfte, Restaurants, eine Sushibar, eine Austernbar und eine renommierte Kochschule. Bei den Fischauktionen werktags kämpfen ab 5.30 Uhr Köche, Einheimische und überfütterte Möwen um Schlammkrabben, Bärenkrebse, Hummer und Lachs. Einen guten Überblick über das Treiben bekommt man im Rahmen einer Führung hinter die Kulissen (Erw./Kind 35/10 AU$).

INSIDERWISSEN

KINGS CROSS IM WANDEL

Kings Cross ist ein bizarrer, dicht bevölkerter Widerspruch in sich: Striplokale, kitschige Touristenläden und Backpackerhostels prallen hier direkt auf Restaurants mit Klasse, gehobene Bars und prächtige Pensionen. Die hellen Lichter locken einen sehr breiten Querschnitt der Gesellschaft an: Straßenmusikanten, Bettler, Junkies, Touristen, Prostituierte, Zuhälter, herausgeputzte Metrosexuelle, Geschäftsmänner, die einen draufmachen wollen, und unterernährte Künstler treten hier das Pflaster. Aber die Dinge ändern sich mit der Sperrstundenverordnung, die Bars und Musiktreffs zwingt, spätestens um 1.30 bzw. um 3 Uhr zu schließen. Sie haben hier dem Nachtleben den Stecker gezogen, und Kings Cross' Schicksal, zu einer weiteren schicken Vorstadt zu werden, dürfte vorprogrammiert sein. Einstweilen ist die keinen ausschließende Boheme-Atmosphäre aber immer noch reizvoll spürbar.

Kings Cross & Potts Point

Sydneys einstiges schmuddeliges Rotlichtviertel hat sich im Lauf der letzten Jahre deutlich verändert. Sperrbezirksgesetze haben nach und nach die Nachtbars verdrängt und größere Bauvorhaben dazu beigetragen, die Gentrifizierung in diesem zentrumsnahen Viertel zu beschleunigen. Dennoch ist die bunte Mischung aus Backpackern und urigen Einheimischen in diesem Viertel noch immer aufregend genug, und die grünen Straßen und guten Lokale eignen sich tagsüber erstaunlich gut zum Herumschlendern. Unten am Wasser finden sich im alten Seeleuteviertel Woollomooloo schicke Kairestaurants und ein paar Pubs mit etwas Charakter.

Darling Harbour & Pyrmont

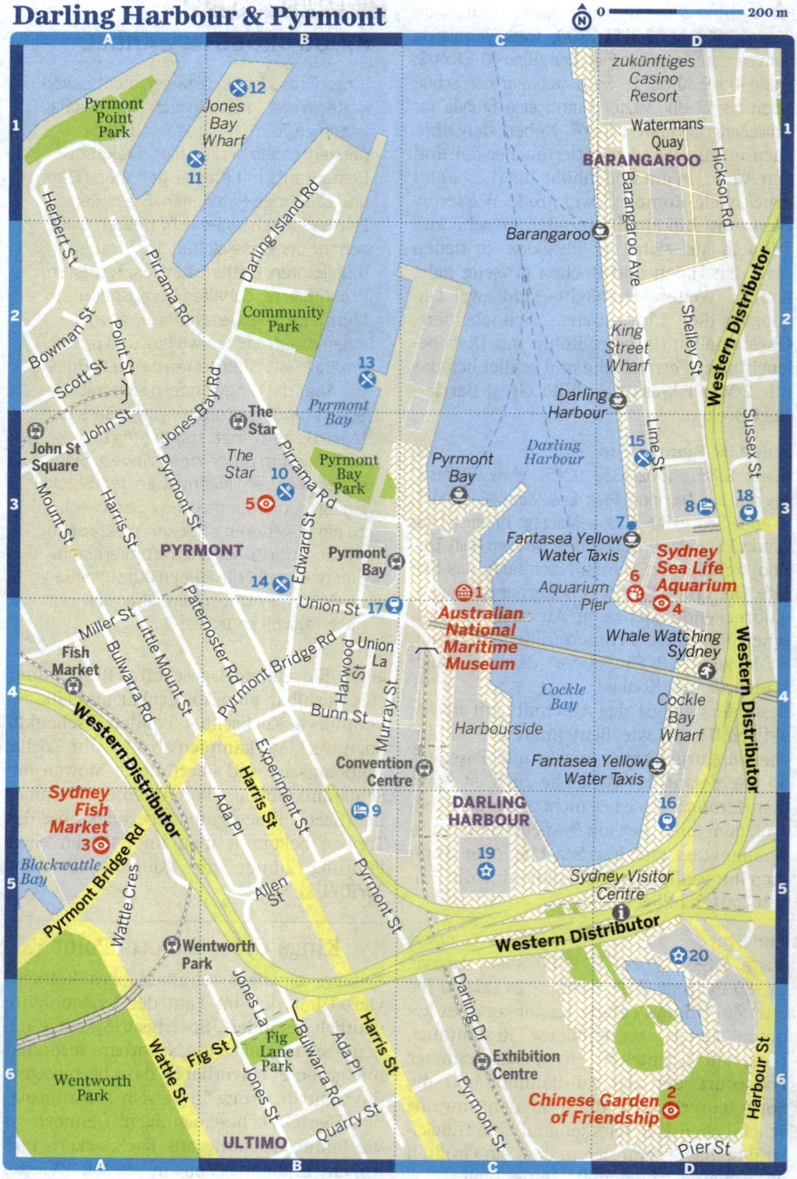

★ Elizabeth Bay House HISTORISCHES GEBÄUDE (Karte S. 90; ☎ 02-9356 3022; www.sydneylivingmuseums.com.au; 7 Onslow Ave, Elizabeth Bay; Erw./Kind 12/8 AU$; ⏲ Fr–So 11–16 Uhr; 🚉 Kings Cross) Die elegante klassizistische Villa von Kolonialminister Alexander Macleay liegt heute im Schatten von Apartmenthäusern aus dem 20. Jh., war aber bei ihrer Fertigstellung 1839 eines der schönsten Häuser der Kolonie. Das architektonische Highlight der Villa ist der prächtige ovale Salon mit seiner geschwungenen Freitreppe. Aus den Räumen im Obergeschoss hat man einen schönen Blick über den Hafen. Unten im

Darling Harbour & Pyrmont

Highlights
1 Australian National Maritime Museum ... C3
2 Chinese Garden of Friendship ... D6
3 Sydney Fish Market ... A5
4 Sydney Sea Life Aquarium ... D4

Sehenswertes
5 The Star ... B3
6 Wild Life Sydney Zoo ... D3

Aktivitäten, Kurse & Touren
7 Harbour Jet ... D3

Schlafen
8 Adina Apartment Hotel Sydney Harbourside ... D3
9 Ovolo 1888 ... B5

Essen
10 Adriano Zumbo ... B3
11 Cafe Morso ... A1
12 Flying Fish ... B1
13 LuMi ... B2
14 Sokyo ... B3
15 The Malaya ... D3

Ausgehen & Nachtleben
16 Home ... D5
17 Pyrmont Bridge Hotel ... B4
18 Slip Inn & Chinese Laundry ... D3

Unterhaltung
19 ICC Sydney ... C5
20 Monkey Baa Theatre Company ... D5

doppelgeschossigen Keller gibt's ein einführendes Video mit einem bizarren Anfang.

Woolloomooloo Wharf HISTORISCHES GEBÄUDE
(The Finger Wharf; Cowper Wharf Roadway, Woolloomooloo; 311, Kings Cross) Die schöne edwardianische Kaianlage, einst ein Verladeplatz für Wolle und andere Schiffsfracht, schlummerte Jahrzehnte vor sich hin, bevor ein zweieinhalbjähriger, von den Abbrucharbeitern getragener Streik Ende der 1980er-Jahre ihre Beseitigung verhinderte. In den späten 1990ern wurde sie herausgeputzt und ist heute eine der exklusivsten Adressen für Restaurants, Hotels und Jachtliegeplätze in Sydney.

Surry Hills & Darlinghurst

Sydneys hippstes und schwulstes Viertel ist auch Heimat der besten Restaurant- und Barszene. Die Platanen des hügeligen, immer schicker werdenden Surry Hills gehen in die Reihenhäuser des munteren Darlinghurst über. Diese netten, grünen Viertel liegen ansprechend nahe beim Stadtzentrum.

★ **Australian Museum** MUSEUM
(Karte S. 82; 02-9320 6000; www.australianmuseum.net.au; 6 College St, Darlinghurst; Erw./Kind 15 AU$/frei; 9.30–17 Uhr; Museum) Das Museum wurde nur 40 Jahre nach dem Zeitpunkt, an dem die First Fleet vor Anker ging, gegründet. Derzeit wird es brillant renoviert. Herausragend ist die Abteilung zu den indigenen Australiern, die sich mit der Geschichte und Spiritualität der Aborigines auseinandersetzt, von den Geschichten der Traumzeit bis zu den in Videos dokumentierten Demonstrationen gegen rassistische Benachteiligung in den 1960er-Jahren. Die ausgestopften Tiere in der naturkundlichen Abteilung sind auch interessant, und in der ausgezeichneten Dinosauriergalerie findet man den riesigen Jobaria, aber auch australische Kolosse wie den Muttaburrasaurus.

Es gibt außerdem interessante Ausstellungen zu ausgestorbener Megafauna (riesige, zugleich knuddelige und einschüchternde Wombats) und zu gegenwärtig existierenden australischen Tieren, eine Abteilung für Kinder und vieles mehr. Gespannt sein darf man auf die neue Ausstellung in der Long Gallery, die im Oktober 2017 eröffnet werden soll und 100 Objekte und 100 Schlüsselpersönlichkeiten aus der australischen Vergangenheit ins Rampenlicht stellen wird, sowie auf die neuen Ozeanien-Galerien mit einer vielfältigen Sammlung zu den Inseln des Pazifik.

Unbedingt sollte man auch oben dem Café einen Besuch abstatten, von dem aus sich ein herrlicher Blick auf die St. Mary's Cathedral und hinunter nach Woolloomooloo bietet.

★ **Brett Whiteley Studio** GALERIE
(Karte S. 104; 02-9225 1881; www.artgallery.nsw.gov.au/brett-whiteley-studio; 2 Raper St, Surry Hills; Fr–So 10–16 Uhr; Central) GRATIS Der gerühmte örtliche Künstler Brett Whiteley (1939–1992) lebte schnell und hemmungslos. Sein schlecht zu findendes Atelier (der Ausschilderung in der Devonshire St folgen!) wurde als eine Galerie mit einigen seiner besten Arbeiten erhalten. Das absolute

Kings Cross, Potts Point & Darlinghurst

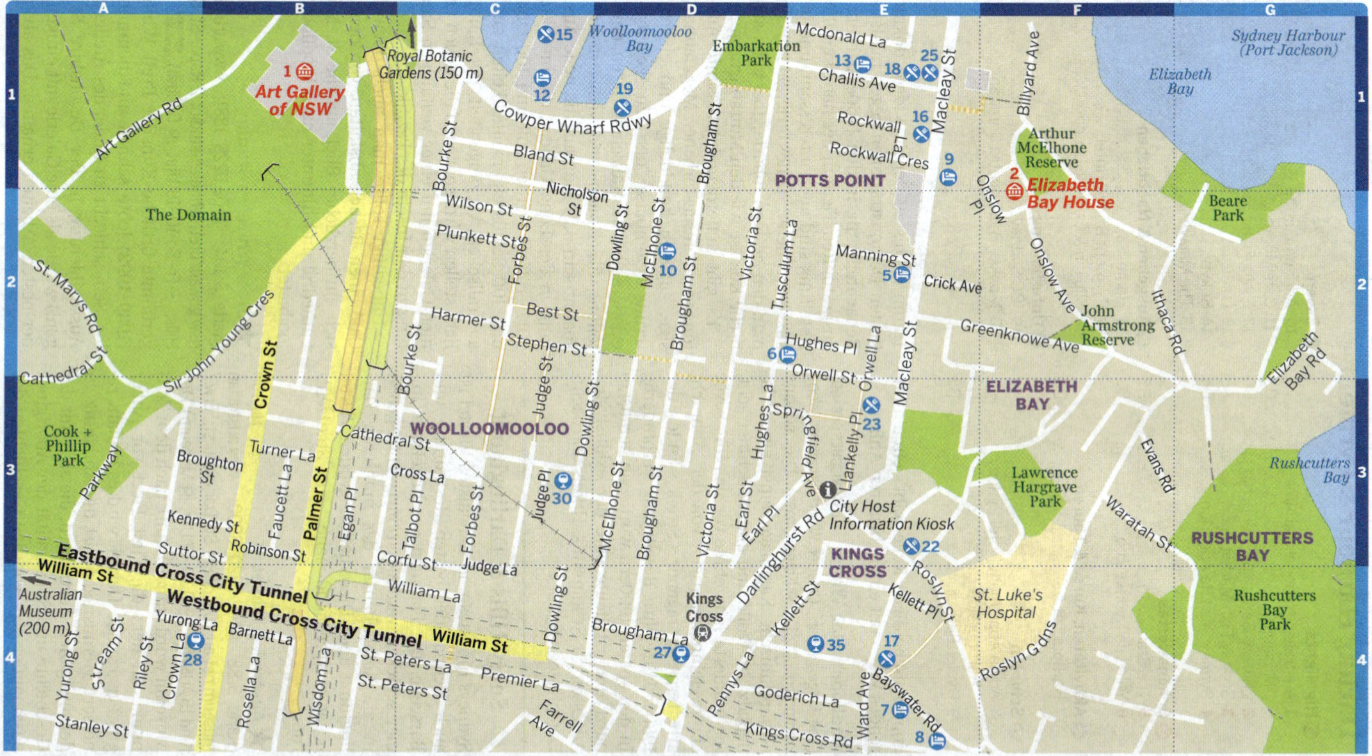

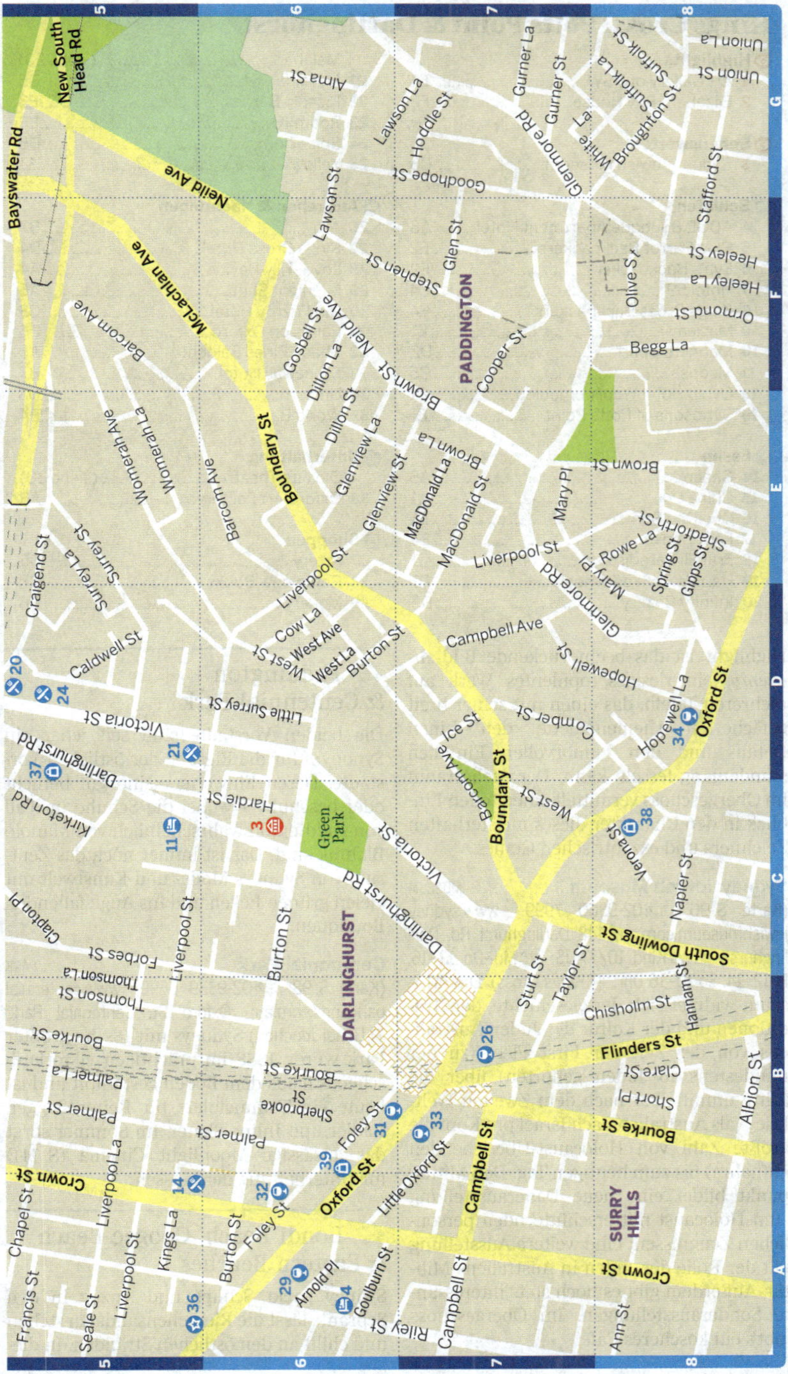
PADDINGTON
DARLINGHURST
SURRY HILLS
Green Park
New South Head Rd
Bayswater Rd
Neild Ave
Mclachlan Ave
Barcom Ave
Womerah Ave
Womerah La
Boundary St
Alma St
Lawson St
Lawson La
Hoddle St
Goodhope St
Stephen St
Glen St
Gosbell St
Dillon La
Dillon St
Brown St
Brown La
Glenview La
Glenview St
MacDonald La
MacDonald St
Cooper St
Gurner La
Gurner St
Glenmore Rd
White La
Broughton St
Suffolk La
Suffolk St
Union La
Union St
Stafford St
Heeley St
Heeley La
Olive St
Ormond St
Begg La
Mary Pl
Liverpool St
Rowe La
Spring St
Gipps St
Shadforth St
Campbell Ave
Hopewell St
Hopewell La
Oxford St
Comber St
Ice St
West St
Verona St
Napier St
South Dowling St
Sturt St
Taylor St
Chisholm St
Hannam St
Flinders St
Clare St
Short Pl
Bourke St
Albion St
Campbell St
Crown St
Ann St
Riley St
Goulburn St
Arnold Pl
Little Oxford St
Foley St
Burton St
Kings La
Liverpool La
Chapel St
Francis St
Seale St
Palmer St
Palmer La
Sherbrooke St
Thomson St
Thomson La
Forbes St
Clapton Pl
Kirketon Rd
Darlinghurst Rd
Victoria St
Hardie St
Little Surrey St
West St
West La
West Ave
Cow La
Burton St
Caldwell St
Surrey St
Surrey La
Craigend St
3
4
11
14
20
21
24
26
29
31
32
33
34
36
37
38
39
5
6
7
8
A
B
C
D
E
F
G

Kings Cross, Potts Point & Darlinghurst

Highlights
1 Art Gallery of NSW ... B1
2 Elizabeth Bay House ... F2

Sehenswertes
3 Sydney Jewish Museum ... C6

Schlafen
4 ADGE Boutique Apartment Hotel ... A6
5 Blue Parrot Backpackers ... E2
6 Eva's Backpackers ... E2
7 Hotel 59 ... E4
8 Kings Cross Backpackers ... E4
9 Macleay ... E1
10 Mariners Court ... D2
11 Medusa ... C5
12 Ovolo Hotel Woolloomooloo ... C1
13 Simpsons of Potts Point ... E1

Essen
14 Chaco ... A5
15 China Doll ... C1
16 Cho Cho San ... E1
17 Farmhouse ... E4
18 Fratelli Paradiso ... E1
19 Harry's Cafe de Wheels ... D1
20 Infinity Bakery ... D5
Malabar ... (siehe 20)
21 Messina ... D5
22 Piccolo Bar ... E3
23 Room 10 ... E3
24 Spice I Am ... D5
25 Yellow ... E1

Ausgehen & Nachtleben
26 Arq ... B7
27 Kings Cross Hotel ... D4
28 Love, Tilly Devine ... A4
29 Midnight Shift ... A6
30 Old Fitzroy Hotel ... C3
31 Palms on Oxford ... B6
32 Shady Pines Saloon ... A6
33 Stonewall Hotel ... B7
34 Unicorn ... D8
35 World Bar ... E4

Unterhaltung
Old Fitz Theatre ... (siehe 30)
36 Oxford Art Factory ... A5

Shoppen
37 Artery ... D5
38 Berkelouw Books ... C8
39 Makery ... B6

Highlight ist das beeindruckende Bild *Alchemy*, ein riesiges, opulentes Werk auf mehreren Tafeln, das einen mit seiner breit gefächerten Themenpalette, den feinen Details und den humorvollen Einfällen stundenlang fesseln kann. Der Atelierraum im Obergeschoss vermittelt einen tollen Einblick in den Charakter dieses meisterhaften Zeichners und exzentrischen Genies.

Sydney Jewish Museum MUSEUM
(Karte S. 90; ☎02-9360 7999; www.sydneyjewishmuseum.com.au; 148 Darlinghurst Rd, Darlinghurst; Erw./Kind 10/7 AU$; ⏲Mo–Do 13–16, Fr 12–14, So 10–16 Uhr; 🚉Kings Cross) Das Museum widmet sich der Geschichte, den Traditionen und der Kultur der Juden Australiens von der Zeit der First Fleet (zu der mindestens 16 Juden gehörten) über die Jahre unmittelbar nach dem Zweiten Weltkrieg (als Australien nach Israel pro Kopf die größte Zahl von Holocaust-Überlebenden aufnahm) bis zum heutigen Tag. Den Mittelpunkt bildet eine neue Dauerausstellung zum Holocaust mit erschütternden persönlichen Zeugnissen; eine weitere Ausstellung gilt der Rolle der Juden in Australiens Militär. Außerdem gibt es noch stets interessante Sonderausstellungen. Im Obergeschoss gibt's ein koscheres Café.

Paddington & Centennial Park

Die beiden Vorstädte sind seit jeher ein Synonym für die Eleganz der östlichen Vorstädte. Deren Einwohner sind gut betucht oder beschuht – wobei die Schuhe im Fall von Paddington wahrscheinlich von Manolo Blahnik sind. Das ist immer noch das Zentrum von Sydneys Mode- und Kunstwelt mit vielen grünen Ecken und ins Auge fallenden Boutiquen.

Centennial Park PARK
(Karte S. 98; ☎02-9339 6699; www.centennialparklands.com.au; Oxford St, Centennial Park; 🚉Bondi Junction) Sydneys mit 189 ha größter Park wurde 1888 im prächtigen viktorianischen Stil aus dem Boden gestampft und ist heute ein Tummelplatz für Reiter, Jogger, Radler und Inline-Skater. Im Sommer sorgt das ansässige Moonlight Cinema (S. 141) für Unterhaltung der Massen.

Bondi Beach, Coogee Beach & Eastern Beaches

Sydney packt Schlips und Anzug in den Schrank, lässt die Riemchensandalen stehen und chillt an den östlichen Stränden. In die-

AL YOSHI / GETTY IMAGES ©

Sydneys Strände

Ob man sich dem Aufmarsch der sonnengebräunten Schönen in Bondi anschließt oder einen einsamen Winkel im Sydney Harbour National Park aufsucht – der Strand bildet immer einen wesentlichen Teils des Lebens in Sydney. Selbst im Winter ist es beglückend, bei einem Spaziergang am Strand zuzuschauen, wie sich die Wellen am Ufer brechen. Sydneys Strände werden grob in die östlichen Strände südlich des Hafens, von Bondi an nach Süden, und in die nördlichen Strände nördlich des Hafens, beginnend mit Manly, unterteilt.

Inhalt

Oben Mahon Pool (S. 94)

1

Strandkultur

Mitte der 1990er-Jahre kaufte eine begeisterte Geschäftsfrau eine Konzession, um am Tamarama Beach Strandliegen zu vermieten und einen Kellnerservice anzubieten. Natürlich wurde nichts daraus. Selbst an dem Strand, der damals als Sydneys glamourösester galt, interessierte sich niemand für so einen Quatsch.

An den Strand zu gehen, bedeutet für Australier einfach, ohne viel Brimborium ein Handtuch auf dem Sand auszubreiten. Und sie sind auch nicht bereit, für dieses Privileg etwas zu bezahlen. Eiscremeverkäufer mit Sand zwischen den Zehen sind inzwischen akzeptiert, Martini-Boote nicht. Zu den ungewöhnlicheren Anblicken im Sommer gehören das kleine, die Lady Bay (und andere Hafenstrände) ansteuernde Eiscremeboot und die nackten Herren, die höflich eine Schlange bilden und warten, bis sie mit der Eisauswahl an der Reihe sind.

Rettungsschwimmer haben in dieser Kultur einen geheiligten Platz, und man tut gut daran, ihren Anweisungen zu folgen, zumal Letztere wahrscheinlich wirklich im eigenen Interesse sind. Es ist kein Zufall, dass der Auslöser für rassistische Unruhen, die vor ein paar Jahren in Cronulla ausbrachen, ein Angriff auf diese ach so australische Institution war!

Ozean-Pools

Wer Kinder hat oder sich sehr vor Haien fürchtet oder wer einfach das Baden in der Brandung nicht besonders mag, wird erfreut sein zu erfahren, dass Sydney die Küste hinauf und hinunter 40 künstlich angelegte Ozean-Pools besitzt, von denen die meisten kostenlos besucht werden können. Manche, wie der **Mahon Pool** (www.randwick.nsw.gov.au; Marine Pde, Maroubra; 🚌376-377) GRATIS, sind sogenannte „Bogey Holes" – natürlich aussehende Felsbecken, in denen man sicher planschen und schnorcheln kann, selbst wenn Brecher hereinrauschen. Andere gleichen eher Swimmingpools; der Bondi Icebergs Pool (S. 105) ist ein gutes Beispiel für diesen Typus. Nor-

MATTEO COLOMBO / GETTY IMAGES ©

BTRENKEL / GETTY IMAGES ©

1. Bondi Beach (S. 97)
2. Camp Cove
3. Tamarama Beach

RUGLIG / SHUTTERSTOCK ©

malerweise sind solche Pools einen Tag in der Woche geschlossen, damit sie vom eingeströmten Seetang gesäubert werden können.

Gut zu wissen

Wer das Baden an Meeresstränden nicht gewöhnt ist, ist möglicherweise auf die Gefahren nicht vorbereitet.

- An von Rettungsschwimmern überwachten Stränden sollte man sich immer im Bereich zwischen den rot-gelben Flaggen halten. Diese Bereiche liegen auch fern von gefährlichen Rückströmungen und Unterwasserlöchern. Außerdem ist die Wahrscheinlichkeit viel geringer, eine mit einem Surfbrett verpasst zu bekommen.
- Wer in Gefahr gerät, sollte die Hand heben, um so die Rettungsschwimmer zu Hilfe zu rufen.
- Niemals unter dem Einfluss von Alkohol oder anderen Drogen schwimmen!
- Wegen der Verschmutzung durch Regenkanäle sollte man nach starken Regenfällen das Schwimmen im Ozean einen Tag und das Baden im Hafenbereich drei Tage lang unterlassen. Und – ein ähnliches Thema – man sollte auch keine Abfälle, auch keine Zigarettenkippen, auf die Straße werfen, wenn man nicht beim nächsten Regen Lust hat, mit dem ganzen Dreck zusammen baden zu gehen.

Sydneys Strände

Sydney Harbour Versteckte Buchten; die besten liegen draußen nahe den Heads und bei Mosman.

Strände im Osten Hohe Klippen umschließen Surfstrände, an denen man nie weit von einem Kaffee oder Bier entfernt ist.

Strände im Norden Spektakuläre Surfstrände erstrecken sich über 30 km von Manly bis Palm Beach im Norden.

Bronte Baths am Bronte Beach (S. 97

Beste Schnorchel-Spots

- Gordons Bay (S. 107)
- North Bondi (S. 97)
- Camp Cove (Cliff St, Watsons Bay; Watsons Bay)
- Shelly Beach (S. 101)
- Clovelly Beach (S. 97)

Tipps von Lonely Planet: Top-Strände

Bondi Beach (S. 97) Australiens Ozeanstrand-Ikone.

Nielsen Park (S. 98) Der beste unter den Stränden am Sydney Harbour ist von einem schönen Nationalpark umgeben.

Bronte Beach (S. 97) Der familienfreundliche Strand vor einem Park ist ein Juwel unter den Eastern Beaches.

Whale Beach (S. 102) Pfirsichfarbener Sand und donnernde Wogen: In dieser herrlichen Oase unter den Northern Beaches hat man die Stadt wirklich hinter sich gelassen.

Murray Rose Pool (S. 105) Der der Stadt nächste Strand gehört zu den schönsten.

Strände & Pools im Harbour

Zu den schönsten Stränden im Sydney Harbour zählen Camp Cove und Lady Bay (größtenteils ein FKK-Strand für Schwule) nahe South Head, Shark Beach am Nielsen Park in Vaucluse und Balmoral Beach am Nordufer. Beliebt sind auch die mit Netzen geschützten Strände von Cremorne Point an der North Shore und der Murray Rose Pool nahe Double Bay. Verstreut gibt es noch viele kleine Sandstrände, die selbst Einheimische nur schwer finden – etwa Parsley Bay und der Milk Beach mitten im Wohnviertel Vaucluse.

sem schönen, entspannten und egalitären Teil der Stadt folgt ein goldener Sandstrand auf den anderen, nur unterbrochen von nackten Sandsteinklippen.

★ Bondi Beach STRAND
(Karte S. 107; Campbell Pde, Bondi Beach; 🚌333, 380–2) Bondi ist ein gutes Stück Sydney und definitiv einer der großartigsten Strände der Welt: Das Meer stößt auf das Land, der Pazifik wogt in gewaltigen, schaumigen Wellen heran, und der herrliche Sand macht alle Menschen gleich. Bondi ist 8 km vom Stadtzentrum entfernt und damit der nächstgelegene Meeresstrand. Er bietet durchgängig gute (allerdings von vielen Menschen genutzte) Wellen und eignet sich prima für eine athletische Schwimmpartie (die durchschnittliche Wassertemperatur liegt bei gemäßigten 21 °C). Bei stürmischer See kann man auf die kinderfreundlichen Meerwasserbecken zu beiden Enden des Strandes ausweichen.

Bronte Beach STRAND
(Karte S. 76; Bronte Rd, Bronte; 👪; 🚌378) Der einnehmende, für Familien geeignete Strand ist von Sandsteinklippen und einem grasbewachsenen Park eingerahmt. Er rühmt sich, den ältesten Rettungssurferclub der Welt (1903) zu besitzen. Anders als viele meinen, ist der Strand keineswegs nach den berühmten Schriftsteller-Schwestern benannt, sondern nach Lord Nelson, den der König von Neapel mit dem Herzogtum Bronte (auf Sizilien) belehnt hatte. Es gibt hier auch einen Kiosk und eine Umkleidekabine – angeschlossen an den Surfclub – sowie überdachte Picknicktische mit Grillplätzen im Hintergrund.

Waverley Cemetery FRIEDHOF
(Karte S. 76; ☎02-9083 8899; www.waverleycemetery.com; St. Thomas St, Bronte; ⏲Mai–Sept. 7–17 Uhr, Okt.–April 7–19 Uhr; 🚌378) Viele Sydneyer würden für diese Aussicht sterben – und anders ist sie auch nicht zu haben: Auf den Klippen zwischen dem Bronte und dem Clovelly Beach gleißen die weißen Marmorgrabsteine in der Sonne. Seit 1877 wurden hier 80 000 Personen beerdigt, darunter die Autoren Henry Lawson und Dorothea Mackellar und der Cricket-Star Victor Trumper. Die Erkundung ist fesselnd (und gar nicht gruselig); im Winter kann man vielleicht auch vor der Küste einen Wal erspähen. Der Bondi to Coogee Coastal Walk (S. 108) führt an dem Friedhof vorüber.

Clovelly Beach STRAND
(Karte S. 76; Clovelly Rd, Clovelly; 🚌339) Es mag seltsam klingen, aber der von Beton eingefasste Kanal ist tatsächlich ein toller Ort zum Schwimmen, Sonnenbaden und Schnorcheln. Er ist auch für Kinder sicher, und trotz der in den Meeresarm eindringenden Dünung ist die Sicht unter Wasser prima. Lange Jahre lebte hier ein beliebter, freundlich gesinnter Zackenbarsch, bis er von einem rücksichtslosen Touristen aufgespießt wurde. Taucherbrille ruhig mitbringen, aber bitte nichts mehr umbringen!

Coogee Beach STRAND
(Karte S. 76; Arden St, Coogee; 🚌372-373) Bondi ohne Flitter und Poser: Coogee (Tipp: ausgesprochen mit kurzem „u“) bietet einen weiten Sandstrand, historische Meerbäder und viel Grünfläche, auf der man grillen oder Frisbee spielen kann. In der Zwischenkriegszeit gab es in Coogee einen englischen Pier mit einem riesigen Theater mit 1400 Sitzplätzen und einem Ballsaal mit 600 Sitzplätzen – inzwischen hat jedoch das Meer den Pier verschlungen.

Sydney Harbour

Die Bucht Sydney Harbour erstreckt sich von den Landspitzen 20 km ins Binnenland, bis sie in den Parramatta River übergeht. Jahrtausendelang prägte sie das Erschei-

INSIDERWISSEN

DIE FAHRT MIT DEM BUS 389

Eine gute Einführung in Sydneys östliche Vorstädte ist die Fahrt mit dem Bus 389, der hauptsächlich die großen Hauptverkehrsstraßen zugunsten kleinerer Vorstadtstraßen vermeidet. Man steigt in der Nähe des Maritime Museum (S. 84) ein. Von dort geht's über das Ufer des Hafens von Pyrmont über Darling Harbour ins Stadtzentrum. Der Bus durchquert die Stadt von West nach Ost und bahnt sich seinen kurvenreichen Weg durch die stimmungsvollen Straßen von Darlinghurst und dann durch die schönsten Teile des eleganten Paddington. Nach einer Prise Scheußlichkeit am Busknotenpunkt Bondi Junction fährt er über interessante Nebenstraßen weiter nach Bondi Beach und endet in North Bondi, wo der Strand unten am Hügel direkt vor einem liegt.

Paddington & Centennial Park

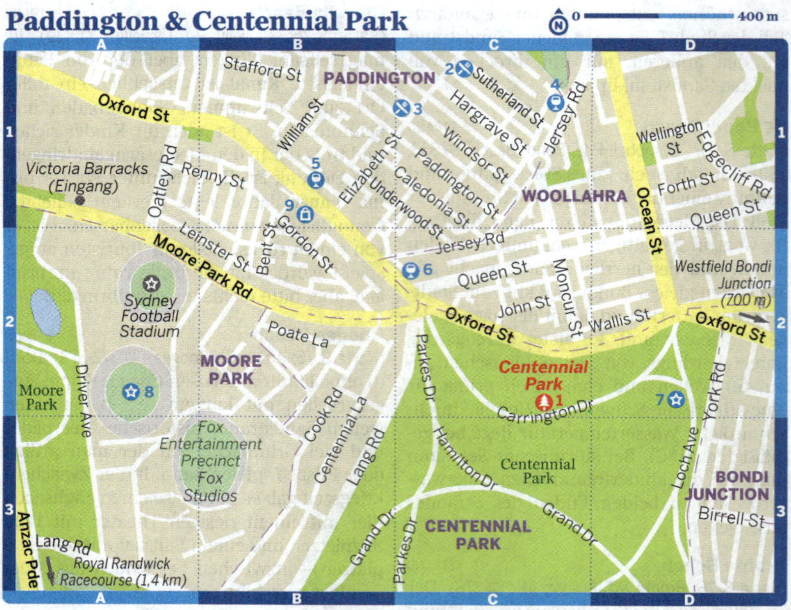

Paddington & Centennial Park

Highlights
1 Centennial Park C2

Essen
2 Four in Hand C1
3 Lucio's C1

Ausgehen & Nachtleben
4 Lord Dudley Hotel C1
5 Paddington B1
6 Wine Library C2

Unterhaltung
7 Moonlight Cinema D2
8 Sydney Cricket Ground A2

Shoppen
9 Paddington Markets B1

nungsbild der Gegend, und heute ist sie die glanzvolle Spielwiese der Stadt. Die Meeresarme, Strände, Inseln und Uferparks bieten unzählige Gelegenheiten zum Baden, Segeln, Picknicken und Wandern. Langweilig wird es hier nie.

Cockatoo Island INSEL

(Karte S. 76; ☎02-8969 2100; www.cockatooisland.gov.au; ⛴Cockatoo Island) Die mit fotogenen industriellen Überbleibseln, Straflagerbauten und Kunstinstallationen bestückte Cockatoo Island (Wareamah) ist seit 2007 für die Öffentlichkeit zugänglich und hat inzwischen auch regelmäßigen Fährverkehr. Darüber hinaus gibt es hier einen Campingplatz, Unterkünfte, ein Café und auch eine Bar. Infotafeln und Audioguides (5 AU$) erläutern die Geschichte der Insel als Straflager, Schiffswerft und Marinestützpunkt.

Vaucluse House HISTORISCHES GEBÄUDE

(Karte S. 76; ☎02-9388 7922; www.sydneylivingmuseums.com.au; Wentworth Rd, Vaucluse; Erw./Kind 12/8 AU$; ⏲Mi–So 10–16 Uhr; 🚌325) Der Bau des mit Türmchen bewehrten Beispiels australischer Neugotik in einem 10 ha großen Park begann 1805, zog sich aber bis in die 1860er-Jahre hin. Das mit europäischen Gegenständen der Entstehungszeit bestückte Haus bietet Besuchern einen seltenen Einblick in das Leben privilegierter früher Kolonisten. Die Geschichte der Wentworths, die das Haus bewohnten, ist faszinierend, wie man von den Führern erfährt. Auf dem Gelände gibt es auch eine beliebte Teestube.

Nielsen Park PARK, STRAND

(Karte S. 76; Vaucluse Rd, Vaucluse; ⏲Nationalpark-Areal 5–22 Uhr; 🚌325) Der prachtvolle Park am Hafen mit einem Sandstrand ist ein verstecktes Juwel und gehörte früher zu dem damals 206 ha großen Anwesen des Vaucluse House. Unter den Bäumen versteckt sich das Greycliffe House, ein schmucker gotischer Sandsteinbau von 1851 (für Besucher nicht zugänglich), in dem heute die Verwaltung des Sydney Harbour National Park residiert. Trotz seines unheilverheißenden Namens ist der **Shark Beach** ganz harmlos, denn ein Netz hält unwillkommene Gäste von den Besuchern fern.

Am besten kommt man werktags, wenn nicht so viel los ist. Dann sieht man hier nur Mütter mit Kindern, Rentner und ein paar Faulpelze, die mal einen Tag krankfeiern.

Watsons Bay — GEBIET

(Karte S. 76; Watsons Bay) Watsons Bay, östlich des Stadtzentrums und nördlich von Bondi, war früher ein kleines Fischerdorf, wovon die winzigen historischen Hütten, die die schmalen Straßen dieser Vorstadt säumen (und heute ein Vermögen kosten), zeugen. Die Tradition gebietet, im Biergarten des Watsons Bay Hotel zuzuschauen, wie die Sonne hinter der körperlos wirkenden Harbour Bridge, die sich über Bradleys Head emporschwingt, im Meer versinkt.

Auf der Meeresseite liegt **The Gap**, eine dramatische Klippe mit Aussichtspunkt, wo Heiratsanträge und Selbstmordversuche nicht selten sind.

South Head — NATIONALPARK

(Karte S. 76; www.nationalparks.nsw.gov.au; Cliff St, Watsons Bay; 5–22 Uhr; Watsons Bay) Am Nordende der Camp Cove beginnt der **South Head Heritage Trail**, der in einen Abschnitt des Sydney Harbour National Park führt, der sich durch eine schöne Aussicht und die donnernde Brandung auszeichnet. Der Weg führt an alten Befestigungsanlagen und dem Pfad hinunter zur **Lady Bay** (Karte S. 76; Cliff St) vorbei zum bunt gestreiften **Hornby Lighthouse** und zu den 1858 aus Sandstein erbauten **Lightkeepers' Cottages**. Zwischen April und November sollte man auf dem Meer nach dort versammelten Walbeobachtungsbooten Ausschau halten, denn in deren Nähe könnte man dann gut den einen oder anderen riesigen Meeressäuger erblicken.

★ McMahons Point — AUSSICHTSPUNKT

(Karte S. 76; McMahons Point) Von diesem Aussichtspunkt am Kai, eine kurze Fährfahrt nordwestlich vom Zentrum, hat man den schönsten Blick auf die Harbour Bridge und das Opernhaus. Die ganze Szenerie liegt vor einem, und der Sonnenuntergang ist hinreißend.

★ Taronga Zoo — ZOO

(Karte S. 76; 02-9969 2777; www.taronga.org.au; Bradleys Head Rd, Mosman; Erw./Kind 46/26 AU$; Sept.–April 9.30–17 Uhr, Mi–Aug. 9.30–16.30 Uhr; ; 247, Taronga Zoo) Eine 12-minütige Fährfahrt vom Circular Quay entfernt bietet der Taronga Zoo auf seinem buschbewachsenen, hügeligen Gelände am Hafen viel Platz für Kängurus, Koalas und weitere bepelzte Tiere aus Australien und aller Welt. Von dem unbezahlbaren Ausblick auf den Hafen scheinen die Zootiere allerdings keine Notiz zu nehmen. In Hinblick auf Pflege und Haltung der Tiere setzt der Zoo Maßstäbe. Besondere Höhepunkte sind das Nachtgehege der Schnabeltiere, die Abteilung zu den großen Südmeeren und die asiatischen Elefanten. Den ganzen Tag hindurch gibt es Fütterungen und Begegnungen mit Tieren. Dämmerungskonzerte sorgen im Sommer für zusätzliche Stimmung (s. www.twilightattaronga.org.au).

Zu den angebotenen Führungen zählt **Nura Diya** (www.taronga.org.au; 90-minütige Tour Erw./Kind 99/69 AU$; Mo, Mi & Fr 9.45 Uhr). **Roar & Snore** (02-9978 4791; www.taronga.org.au; Erw./Kind 335/215 AU$) ist ein Erlebnispaket für Familien mit Übernachtung.

Die Fahrt mit der Fähre gehört zu dem Spaß mit dazu. Von der Anlegestelle bringen die Seilbahn Sky Safari oder Busse die Besucher hinauf zum Haupteingang. Von dort aus kann man durch den Zoo hügelabwärts wieder zur Fähre zurückschlendern. Die Anlage ist gut behindertengerecht ausgebaut, selbst wenn man mit der Fähre ankommt.

Wer mit dem Auto kommt und etwas länger bleiben will, sollte seinen Wagen auf dem Zooparkplatz (18 AU$/Tag) abstellen, der viel billiger ist als die Parkplätze mit Automaten in den umliegenden Straßen (werktags/Wochenende 4,20/7 AU$/Std.). Am billigsten ist die Anfahrt mit dem Bus 247 ab Wynyard.

Luna Park — VERGNÜGUNGSPARK

(Karte S. 76; 02-9922 6644; www.lunaparksydney.com; 1 Olympic Dr, Milsons Point; Fr & Sa 11–22, So 10–18, Mo 11–16 Uhr; Milsons Point) GRATIS Ein riesiges, verschlagen schauendes Clownsgesicht mit Splitterzähnen bildet den Eingang zu diesem altmodischen Vergnügungspark mit Blick auf den Sydney Harbour. Das Gesicht ist eine von mehreren

Attraktionen aus den 1930er-Jahren, zu denen auch das Coney Island Funhouse, ein hübsches Karussell und ein seekrank machender Rotor gehören. Man kann einen Zwei-Rides-Pass (20 AU$) oder gleich einen nach Körpergröße gestaffelten Pass für alle Rides (Erw. 52 AU$, Kinder 22–45 AU$, Online-Kauf günstiger) kaufen. Die Öffnungszeiten sind unübersichtlich; an Feiertagen und während der Schulferien werden sie erweitert. Der Vergnügungspark dient auch als Konzertstätte.

Newtown & Inner West

Boheme-Atmosphäre und tolle Restaurants und Bars prägen die inneren Vorstädte im Westen. Die bekanntesten dieser eng bebauten Vorstädte sind Glebe mit seinen ruhigen Straßen und das grellere Newtown rund um die University of Sydney, aber auch Enmore, Marrickville, Summer Hill, Petersham und andere lohnen die Erkundung. Im inneren Westen gibt's alle wesentlichen Studententreffs – Buchläden, Cafés und Pubs –, aber für viele Sydneyer bedeutet dieses Gebiet mehr: einen bewusst gewählten Lebensstil.

★ Powerhouse Museum — MUSEUM

(Museum of Applied Arts & Sciences (MAAS); Karte S. 86; ☎02-9217 0111; www.powerhousemuseum.com; 500 Harris St, Ultimo; Erw./Kind 15/8 AU$; ⊙10–17 Uhr; 👪; 🚊Exhibition Centre) Einen kurzen Fußmarsch von Darling Harbour entfernt surrt das umfangreiche Museum für Wissenschaft und Design im ehemaligen Umspannwerk von Sydneys eingestelltem Straßenbahnnetz. Die Sammlungen und Wechselausstellungen decken alle möglichen Themen ab – von Robotern über die Frage nach Leben auf dem Mars, über Dampfzüge, den Klimawandel, das Atom bis hin zu Mode, Industriedesign und avantgardistischen Kunstinstallationen. Für Kinder aller Altersgruppen gibt es hier eine Menge zu entdecken, aber auch Erwachsene finden viel Faszinierendes. Drinnen holt man sich am besten einen Lageplan. Das Museum ist behindertengerecht ausgebaut.

Das Powerhouse soll in Parramatta ein neues Quartier beziehen, dessen Fertigstellung für 2022 geplant ist.

★ White Rabbit — GALERIE

(Karte S. 102; www.whiterabbitcollection.org; 30 Balfour St, Chippendale; ⊙Mi–So 10–17 Uhr, Feb. & Aug. geschl.; 🚊Redfern) GRATIS Wer ein Kunstfreund oder so ein bisschen ein verrückter Hutmacher ist, wird angesichts dieses besonderen Kaninchenbaus grinsen wie die Grinsekatze. Die Privatsammlung umfasst so viele avantgardistische zeitgenössische Kunstwerke aus China, dass immer nur ein Bruchteil ausgestellt werden kann. Wer hätte gedacht, dass aus der VR China so wagemutige, lustige, spannende und eigenwillige Kunst kommt? Wahrscheinlich Sydneys beste Galerie für zeitgenössische Kunst.

Central Park — GEBIET

(Karte S. 102; www.centralparksydney.com; Broadway; ⊙10–20 Uhr; 🚊Central) Der größere Wohn- und Einkaufskomplex an der Stelle einer alten Brauerei ist eine echte Sehenswürdigkeit. Am eindrucksvollsten ist Jean Nouvels preisgekrönter, mit einer begrünten Fassade versehener Turm **One Central Park**. Das Kragdach ist so gestaltet, dass das Sonnenlicht auf die Bepflanzung darunter reflektiert wird. In den unteren Geschossen gibt es viele kulinarische Angebote, Pingpong, Läden, einen Supermarkt sowie Galerieflächen und gleich nebenan in der Kensington St und der Spice Alley (S. 129) noch mehr Gastronomie. Ein „Duo" genannter, von Norman Foster entworfener Komplex aus zwei Apartmenttürmen, ist im Bau.

★ Nicholson Museum — MUSEUM

(Karte S. 102; ☎02-9351 2812; www.sydney.edu.au/museums; University Pl, University of Sydney; ⊙Mo–Fr 10–16.30, 1. Sa im Monat 12–16 Uhr; 🚌412, 413, 436, 438–40, 461, 480, 483, M10) GRATIS Das Museum auf dem Gelände der University of Sydney gehört zu den großen, aber zu wenig beachteten Attraktionen der Stadt. Das Museum verbindet neuartige Ideen mit antiken Artefakten aus Griechenland, Rom, Zypern, Ägypten und Vorderasien. Attische Gefäße und ägyptische Mumien finden sich neben thematischen, kulturübergreifenden Ausstellungen. Dazu gibt es einen sagenhaften Pompeji-Nachbau aus Legosteinen mit Togen tragenden Römern und einer Miniversion von Pink Floyd, die das Amphitheater rocken. Im Jahr 2019 soll das Museum Teil des neuen **Chau Chak Wing Museum** (Karte S. 102; ☎02-9351 2222; http://sydney.edu.au; University Pl, University of Sydney; 🚌412, 413, 436, 438-40, 461, 480, 483, M10) GRATIS werden.

Manly

Manly besitzt einen Hafen- und einen prächtigen Ozeanstrand und ist das einzige Fährziel in Sydney mit einer richtigen Brandung.

Der Ort schließt den Hafen mit ruppigem Charme ab; ein Besuch lohnt sich schon allein wegen der Fährfahrt. Die Brandung ist schön, es gibt ansprechende moderne Bars und Restaurants, und als Zugangspunkt zu den nördlichen Stränden ist Manly ein beliebtes Standquartier der Surfer.

★ Manly Beach STRAND
(Karte S.109; Manly) Sydneys zweitberühmtester Strand erstreckt sich mit goldenem Sand über fast 2 km und ist gesäumt von Norfolk-Tannen und lückenhafter, mittelhoher Wohnbebauung. Das südliche Ende des Strandes, das dem Corso am nächsten liegt, wird South Steyne genannt, der mittlere Abschnitt North Steyne und das nördliche Ende Queenscliff. Jeder Abschnitt hat seinen eigenen Rettungsschwimmerclub.

Shelly Beach STRAND
(Karte S.76; Manly) Die geschützte Meeresbucht im Norden ist zu Fuß gerade mal 1 km vom quirligen Manly Beach entfernt. Das ruhige Wasser bietet Meeresbewohnern ein geschütztes Refugium, sodass man hier prima schnorcheln kann.

Manly Sea Life Sanctuary AQUARIUM
(Karte S.109; 1800 199 742; www.manlysealifesanctuary.com.au; West Esplanade; Erw./Kind 25/17 AU$; 9.30–17 Uhr; Manly) Nicht gerade der richtige Ort, um sich auf einen Surfausflug am Manly Beach einzustimmen: Durch die Glastunnel unter Wasser kommt man hier 3 m langen Sandtigerhaien beunruhigend nahe. Ob sie wohl gerade Hunger haben? Mit **Shark Dive Xtreme** (Karte S.109; Tauchgang ab 299 AU$; Fr–Mi) kann man sogar in ihre Welt eintauchen. Oben haben die niedlichen Bewohner der Pinguinanlage viel Spaß.

★ Store Beach STRAND
(Karte S.76; Sonnenaufgang–Sonnenuntergang) Dieser zauberhafte Strand, ein verstecktes Juwel am North Head, ist nur per Kajak oder Boot erreichbar. Es handelt sich um einen Nistplatz von Zwergpinguinen, deswegen ist das Gebiet ab Sonnenuntergang, wenn die kleinen Kerlchen ans Ufer watscheln, für Besucher gesperrt.

★ North Head NATIONALPARK
(Karte S.76; North Head Scenic Dr, Manly; 135) Etwa 3 km südlich von Manly ist der spektakuläre North Head von dramatischen Klippen, Aussichtspunkten und tollem Blick auf den Ozean, den Hafen und die Stadt geprägt. Am besten leiht man sich ein Fahrrad und erkundet die Gegend.

North Head soll einst eine zeremoniell genutzte Stätte der Camaraigal gewesen sein. Heute gehört das Gebiet größtenteils zum Sydney Harbour National Park.

Der 9 km lange Manly Scenic Walkway (4 Std.; S. 108) dreht eine Runde durch den Park. Eine Broschüre erhält man im Visitor Centre. Hier befindet sich auch die historische Quarantine Station (Q Station; Karte S.76; 02-9466 1551; www.quarantinestation.com.au; 1 North Head Scenic Dr, Manly; Museum So–Do 10–16, Fr & Sa bis 20 Uhr; 135) GRATIS.

Northern Beaches

Die nördlichen Strände sind wilder und schwerer zu erreichen als Sydneys östliche Strände, aber unbedingt sehenswert und ganz besonders für Surfer interessant. Besucher kommen meist im Rahmen eines Tagesausflugs, gleichwohl sind die Strände ein richtiger Bestandteil der Stadt, deren Vorstädte sich bis ans Ufer vorschieben. Manche Viertel sind schicker als andere, aber alle sind sie zum Strand hin orientiert.

Palm Beach STRAND
(Ocean Rd, Palm Beach; L90, 190) Der lange, hübsche Palm Beach ist eine reine Wonne und berühmt als Schauplatz der australischen Seifenoper *Home & Away*. Der 1881 errichtete Barrenjoey Lighthouse steht auf der Nordspitze der Landzunge. Die Vorstadt Palm Beach hat auf der einen Seite den herrlichen Ozeanstrand und auf der anderen einen netten Uferstreifen am Pittwater, dessen ruhigere Badestrände sich gut für kleinere Kinder eignen. Von hier gelangt man mit Fähren zu anderen malerischen Orten am Pittwater.

Barrenjoey Lighthouse LEUCHTTURM
(02-9451 3479; www.nationalparks.nsw.gov.au; Palm Beach; L90, 190) Der historische Sandstein-Leuchtturm von 1881 steht auf der Nordspitze der Northern Beaches in einem Anhängsel des Ku-ring-gai Chase National Park. Für den steilen Marsch zur Spitze (keine Toiletten!) gibt es zwei Routen: eine kürzere Treppe oder einen kurvenreichen Weg; für den majestätischen Blick über das Pittwater und die Halbinsel lohnt sich die Anstrengung allemal. Sonntags gibt's kurze Führungen (11–15 Uhr, halbstündl., Buchung nicht erforderlich). Die Landspitze ist auch ein guter Ort, um nach Walen zu fahnden.

Newtown & Inner West

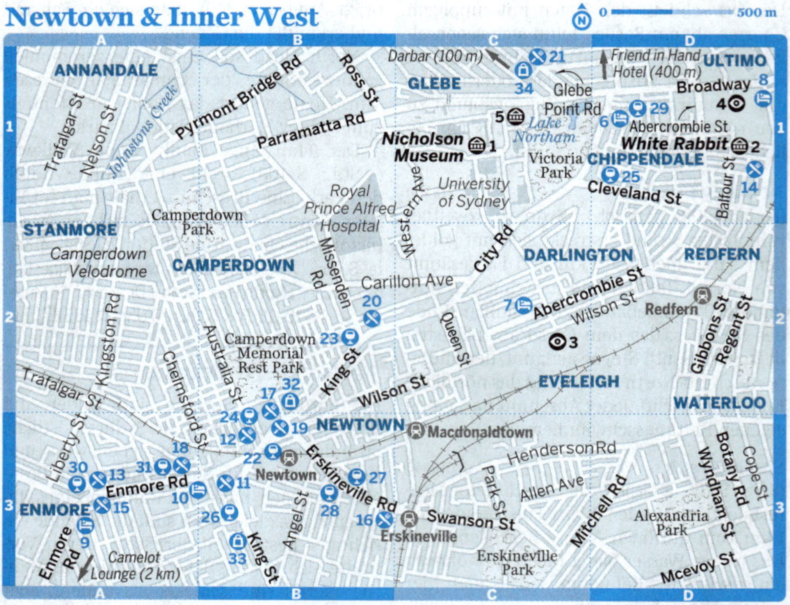

Whale Beach

STRAND

(Whale Beach Rd, Whale Beach; 🚌 L90, 190) Der paradiesische, verschlafene Whale Beach, 3 km südlich von Palm Beach, lohnt mit seinem weiten, von Steilklippen und Kiefern eingefassten orangefarbenen Sandstrand für Surfer und Familien einen Besuch. Am Südende befindet sich ein Meerwasserpool.

Avalon

STRAND

(Barrenjoey Rd, Avalon; 🚌 L88, L90, 188–190) Das an die 70er-Jahre erinnernde Avalon ist der mythische Strand, von dem man schon immer geträumt hat: herausfordernde Wellen und ein abschüssiger, orangefarbener Sandstrand vor der Kulisse einer malerischen Landzunge. Am südlichen Ende gibt es einen Meerwasserpool und an den Straßen hinter dem Strand gute, günstige Esslokale.

Parramatta

Gegründet wurde der Distrikt Parramatta, 23 km westlich von Sydneys Zentrum gelegen, 1788 von Gouverneur Phillip, der einen Ort brauchte, wo sich Getreide anbauen ließ, um die Kolonie zu versorgen. Die indigenen Darug nannten das Gebiet Burramatta wegen der vielen Aale, die heute noch das Symbol und der Spitzname des berühmten Rugby-League-Teams von Parramatta sind.

Der Distrikt Parramatta ist ein wichtiges Wirtschafts- und Verwaltungszentrum der Region mit einem durchaus ehrgeizigen Entwicklungsplan, der den Ort zu einer echten Alternative zum zentralen Geschäftsviertel machen soll. Die früher eigenständige Stadt liegt heutzutage ungefähr in der geografischen Mitte des ausgedehnten Großraums von Sydney.

Experiment Farm Cottage

HISTORISCHES GEBÄUDE

(☎ 02-9635 5655; www.nationaltrust.org.au; 9 Ruse St, Harris Park, Rosehill; Erw./Kind 12/8 AU$; 🕐 Mi–So 10–16 Uhr; 🚆 Harris Park) Der kolonialzeitliche Bungalow steht auf dem Gelände der ersten offiziellen Landzuweisung in Australien. 1789 wies Gouverneur Phillip dem freigelassenen Sträfling James Ruse 12 ha Land zu, um herauszufinden, wie schnell dieser sich von staatlicher Unterstützung unabhängig machen könnte. Dieser Versuch verlief erfolgreich, und Ruse wurde der erste private Farmer Australiens. Später verkaufte er das Land an den Wundarzt John Harris, der gegen 1835 das Haus erbaute, das heute mit Möbeln aus der frühen Kolonialzeit eingerichtet ist.

Besichtigt werden kann das Gebäude nur im Rahmen einer sehr informativen Führung; die letzte beginnt um 15 Uhr.

Newtown & Inner West

Highlights
1 Nicholson Museum C1
2 White Rabbit D1

Sehenswertes
3 Carriageworks C2
4 Central Park D1
5 Chau Chak Wing Museum C1

Schlafen
6 Mad Monkey Backpackers D1
7 Mandelbaum House C2
8 Old Clare Hotel D1
9 Tara Guest House A3
10 Urban Hotel A3

Essen
11 3 Olives B3
12 Black Star Pastry B3
13 Cow & the Moon A3
14 Ester D1
15 Faheem Fast Food A3
16 Maggie's B3
17 Mary's B2
Spice Alley .... (siehe 8)
18 Stinking Bishops A3
19 Thai Pothong B3
20 Thanh Binh B2
21 Wedge C1

Ausgehen & Nachtleben
22 Bank Hotel B3
23 Corridor B2
24 Courthouse Hotel B3
25 Duck Inn D1
26 Earl's Juke Joint B3
27 Erskineville Hotel B3
28 Imperial Hotel B3
29 Knox Street Bar D1
Marlborough Hotel .... (siehe 23)
30 Sly Fox A3
31 Young Henry's A3

Shoppen
32 Better Read Than Dead B2
Carriageworks Farmers Market .... (siehe 3)
33 Faster Pussycat B3
34 Glebe Markets C1
Gleebooks .... (siehe 21)
Revolve Records .... (siehe 16)

Elizabeth Farm HISTORISCHES GEBÄUDE
(☎02-9635 9488; www.sydneylivingmuseums.com.au; 70 Alice St; Erw./Kind 8/4 AU$; ⊙Sa & So 10.30–15.30 Uhr; Ⓡ Rosehill) Auf der Elizabeth Farm befinden sich Teile des ältesten noch erhaltenen europäischen Hauses Australiens, das 1793 von dem aufsässigen Schafzüchter und Rumhändler John Macarthur erbaut wurde. Macarthur, der als Begründer der Wollindustrie Australiens gilt, war ein rücksichtsloser Kapitalist, dessen politische Manöver ihn immens reich und zu einem Stachel im Fleisch einer Reihe aufeinanderfolgender Gouverneure machten. Das hübsche Gehöft ist heute ein interaktives Museum, in dem man sich auf den Reproduktionen der Originalmöbel ausstrecken und einen neugierigen Blick in Elizabeth Macarthurs Briefe werfen darf.

Old Government House HISTORISCHES GEBÄUDE
(☎02-9635 8149; www.nationaltrust.org.au; Parramatta Park, Parramatta; ⊙Di–So 10–16 Uhr; Ⓡ Parramatta) Das elegante georgianisch-palladianische Gebäude war der Landsitz der ersten Gouverneure und ist heute ein sorgsam unterhaltenes Museum mit Originalmöbeln aus der Kolonialzeit. Das Haus stammt von 1799 und ist somit das älteste noch erhaltene öffentliche Gebäude in Australien. Sonderausstellungen machen den Besuch noch interessanter, und im Hof gibt es ein mit Weinranken drapiertes Restaurant. Der umliegende Park ist wunderbar; ein hübscher, demokratisch anmutender Gemeinschaftsort am Fluss.

Äußeres Sydney

Lane Cove National Park NATIONALPARK
(www.nationalparks.nsw.gov.au; Lady Game Dr, Chatswood West; 8 AU$/Auto; ⊙9–18 Uhr; Ⓡ North Ryde) Der 601 ha große Park inmitten der Vorstädte an der North Shore ist ideal, um sich bei einer mittellangen Buschwanderung die Beine zu vertreten. Hier leben Dutzende Tiere, darunter ein paar gefährdete Eulen- und Krötenarten. Wer im Frühjahr herkommt, erlebt die Australischen Wasseragamen in ihrer Paarungszeit, während die heimischen Orchideen und Lilien in voller Blüte stehen.

Am Lane Cove River gibt's eine Bootshütte mit Ruderboot- und Kajakverleih. Baden im Fluss ist aber keine gute Idee! Man kann hier auch Rad fahren und campen. Einige Abschnitte sind rollstuhlgerecht ausgebaut.

Wet'n'Wild Sydney VERGNÜGUNGSPARK
(☎13 33 86; www.wetnwildsydney.com.au; 427 Reservoir Rd, Prospect; über/unter Körpergröße von 110 cm 80/70 AU$; ⊙Sept.–April, Öffnungszeiten variieren; 👪; Ⓑ Shuttle ab Bhf. Parramatta) Der

Surry Hills

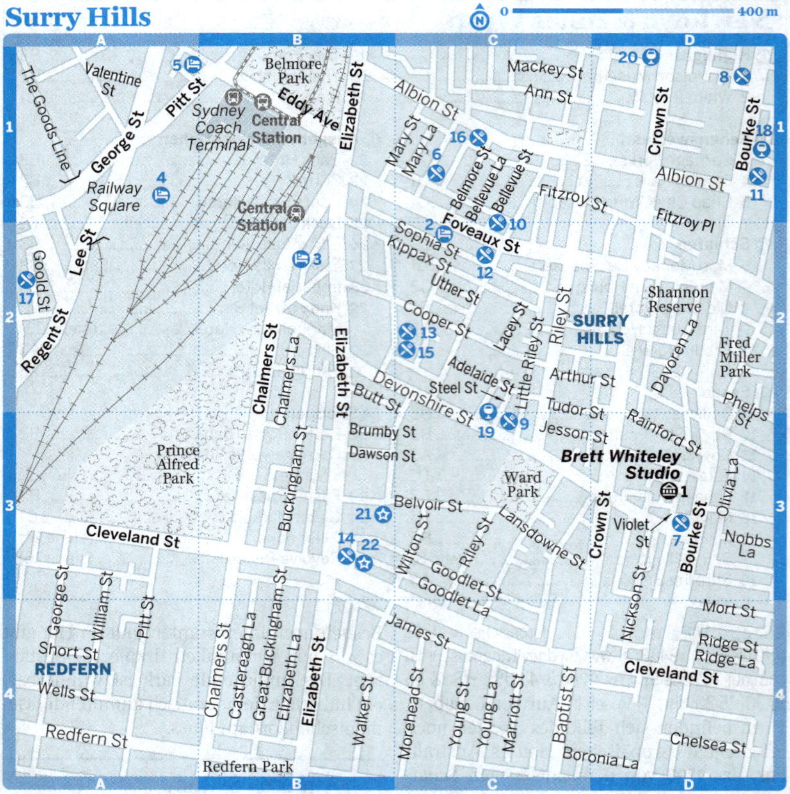

berühmte Gold-Coast-Themenpark bietet mehr als 40 Wasserrutschen, darunter eine 360°-Loopingrutsche, die für Geschwindigkeiten von bis zu 60 km/h sorgt. Im Zentrum des Parks befindet sich Australiens größtes Wellenbad.

Aktivitäten

Kajakfahren

Sydney Harbour Kayaks KAJAKFAHREN

(Karte S. 76; ☎ 02-9960 4590; www.sydneyharbourkayaks.com.au; Smiths Boat Shed, 81 Parriwi Rd, Mosman; ⌚ Mo–Fr 9–17, Sa & So 7.30–17 Uhr; 🚌 173-180) Vermietet Kajaks (ab 20 AU$/Std.) und Stehpaddelbretter (ab 25 AU$) und veranstaltet hervorragende vierstündige Ökotouren (125 AU$) mit Start nahe der Spit Bridge.

Manly Kayak Centre KAJAKFAHREN

(Karte S. 109; ☎ 02-9976 5057; www.manlykayakcentre.com.au; West Esplanade, Manly; 1/2/4/8 Std. ab 25/40/50/70 AU$; ⌚ 9–17 Uhr; ⛴ Manly) An diesem Stand nahe dem Manly Sea Life Sanctuary kann man sich ein Kajak oder ein Paddelbrett ausleihen und sich so richtig austoben. Weitere Stände gibt's nahe dem Manly Wharf Hotel und der Quarantine Station. Man bekommt eine Schwimmweste, Paddelanleitungen und Tipps, wo man einsame Strände findet. Eine vierstündige Kajaktour kostet 109 AU$.

Radfahren

Manly Bike Tours RADFAHREN

(Karte S. 109; ☎ 02-8005 7368; www.manlybiketours.com.au; Belgrave St, Manly; Fahrrad ab 16/33 AU$ pro Std./Tag; ⌚ Okt.–März 9–18 Uhr, April–Sept. 9–17 Uhr; ⛴ Manly) Vermietet Fahrräder und stellt Karten und Streckenvorschläge für selbst geführte Touren bereit. Der Laden direkt gegenüber der Fähranlegestelle hat eine große Auswahl unterschiedlicher Räder. Es gibt hier auch Schließfächer, in denen man Ausrüstung lagern kann, während man seine Tour unternimmt.

Surry Hills

Highlights
1 Brett Whiteley Studio ... D3

Schlafen
2 57 Hotel ... C2
3 Bounce ... B2
4 Railway Square YHA ... A1
5 Sydney Central YHA ... A1

Essen
6 Bodega ... C1
7 Bourke Street Bakery ... D3
8 Dead Ringer ... D1
9 Devonshire ... C3
10 El Loco ... C2
11 Gratia & Folonomo ... D1
12 Le Monde ... C2
13 Muum Maam ... C2
14 Nada's ... B3
15 Porteño ... C2
16 Reuben Hills ... C1
17 Spice Alley ... A2

Ausgehen & Nachtleben
121BC ... (siehe 15)
18 Beresford Hotel ... D1
19 Shakespeare Hotel ... C2
20 Winery ... D1

Unterhaltung
21 Belvoir St Theatre ... B3
22 Venue 505 ... B3

Sydney Bike Tours RADFAHREN
(Karte S. 82; 02-8005 5724; www.sydneybiketours.com.au; Shop 25, 12 Playfair St; Fahrrad ab 21/38 AU$ pro Std./Tag; Okt.–März 9–18 Uhr, April–Sept. bis 17 Uhr) Vermietet Stadt- und Straßenräder und stellt Karten und Streckenvorschläge für selbst geführte Touren bereit.

Schwimmen

Lust auf einen Sprung ins kühle Nass? Sydney hat geschützte Strände am Sydney Harbour, Felsbecken mit Meerwasser am Strand, mehr als 100 öffentliche Schwimmbäder und eine tolle Brandung. An von Rettungsschwimmern überwachten Stränden sollte man sich immer in dem von Flaggen markierten Bereich aufhalten. Nach schweren Regenfällen sollte man am nächsten Tag auf das Schwimmen im Ozean und drei Tage lang auf das Schwimmen im Harbour verzichten. Viele Freibäder schließen Ende April über die Wintermonate und öffnen wieder Anfang Oktober.

Bondi Icebergs Pool SCHWIMMEN
(Karte S. 107; 02-9130 4804; www.icebergs.com.au; 1 Notts Ave; Erw./Kind 6,50/4,50 AU$; Mo–Mi & Fr 6–18.30, Sa & So 6.30–18.30 Uhr; 333, 380) Sydneys berühmtester Pool bietet die schönste Aussicht in Bondi und verfügt über ein niedliches kleines Café. Es gibt einen Meerwasserpool, der regelmäßig von den größten Brechern erreicht wird. Für Kinder gibt es einen geschützteren Pool.

Andrew (Boy) Charlton Pool SCHWIMMEN
(Karte S. 76; 02-9358 6686; www.abcpool.org; 1c Mrs. Macquaries Rd; Erw./Kind 7,40/5,60 AU$; 6–20 Uhr; Martin Place) Sydneys bester Meerwasserpool liegt direkt am Hafen und ist bei Schwulen, Heteros, Eltern und Modebewussten gleichermaßen beliebt. Sportliche Rundenschwimmer dominieren im Pool, also hübsch in der Bahn bleiben! Der Pool ist auch für Rollstuhlfahrer zugänglich.

Wylie's Baths SCHWIMMEN
(Karte S. 76; 02-9665 2838; www.wylies.com.au; 4b Neptune St, Coogee; Erw./Kind 5/2,40 AU$; Okt.–März 7–19 Uhr, April–Sept. 7–17 Uhr; 372–374) Der ausgezeichnete Meerwasserpool (von 1907) an der Felsküste südlich von Coogee Beach ist mehr auf Schwimmer denn auf Planscher ausgerichtet. Nach der Schwimmrunde stehen ein Yoga-Kurs (18 AU$), eine Massage oder ein Kaffee am Kiosk mit prächtigem Ausblick zur Auswahl.

McIvers Baths SCHWIMMEN
(Karte S. 76; www.randwick.nsw.gov.au; Beach St, Coogee; Spende 0,20 AU$; Sonnenaufgang–Sonnenuntergang; 372-374) Schon vor 1876 waren die vor Einblicken von Passanten gut geschützten McIvers Baths an den Klippen südlich des Coogee Beach ein beliebter Badestrand für Frauen. Da hier Männer ausgeschlossen sind, findet sich hier eine unwahrscheinliche Badekoalition von Nonnen, Musliminnen und Lesben. Kleine Kinder beiderlei Geschlechts sind zugelassen.

Murray Rose Pool SCHWIMMEN
(Redleaf Pool; Karte S. 76; 536 New South Head Rd, Double Bay; 324–326, Double Bay) GRATIS Das (nach einer Olympiasiegerin im Schwimmen benannte) familienfreundliche Murray Rose ist gar kein Pool, sondern eine große, durch ein Haifischnetz geschützte Einfriedung und eine der besten Badestellen am Hafen. Der der Stadt am nächsten gelegene Badestrand lockt einen städtischen

Mix aus der ganzen östlichen Innenstadt an. Ein Plankenweg zieht sich oben auf dem Schutznetz hin, und es gibt auch zwei begehrte schwimmende Pontons.

Surfen

Sydney ist ein Synonym fürs Surfen, seit die Beach Boys in *Surfin' USA* von „Australia's Narrabeen" schwärmten – Narrabeen ist einer der nördlichen Strände von Sydney. Aktuelle Infos, wo welche Wellen zu erwarten sind, gibt's unter www.coastalwatch.com, www.surf-forecast.com, www.magicseaweed.com oder www.realsurf.com.

★ Let's Go Surfing SURFEN
(Karte S. 107; ☎ 02-9365 1800; www.letsgosurfing.com.au; 128 Ramsgate Ave, North Bondi; Verleih von Surfbrett & Neoprenanzug 25/30/50/200 AU$ pro 1/2 Std./Tag/Woche; ⏲ 9–17 Uhr; 🚌 380-2) North Bondi eignet sich super, um das Surfen zu erlernen. Diese gut etablierte Surfschule bietet Kurse für praktisch jeden. Es gibt Kurse für Jugendliche von 7 bis 16 Jahren (1½ Std., 49 AU$) und für Erwachsene (2 Std., 110 AU$; auch Kurse nur für Frauen) und darüber hinaus auch Privatunterricht (1½ Std., 195/284 AU$ für 1/2 Pers.). In der Nebensaison sind die Preise günstiger.

Manly Surf School SURFEN
(Karte S. 76; ☎ 02-9932 7000; www.manlysurfschool.com; North Steyne Surf Club, Manly; 🚌 139; ⛴ Manly) Die verlässliche, gut etablierte Surfschule bietet das ganze Jahr über Surfstunden (2 Std; Erw./Kind 70/55 AU$) und Privatunterricht. Viel günstiger wird es, wenn man mehrere Kurse als Paket bucht. Angeboten werden auch Surfsafaris zu den nördlichen Stränden (120 AU$), im Preis inbegriffen sind zwei Surfstunden, das Mittagessen, die Ausrüstung und die Abholung aus der Stadt.

Tauchen

Dive Centre Bondi TAUCHEN
(Karte S. 107; ☎ 02-9369 3855; www.divebondi.com.au; 198 Bondi Rd, Bondi; ⏲ Mo–Fr 9–18, Sa & So 8–18 Uhr; 🚌 333) Das freundliche und professionelle Zentrum bietet geführte Tauchgänge von der Küste (155 AU$/2 Tauchgänge) oder vom Boot (185 AU$/2 Tauchgänge)

NICHT VERSÄUMEN

KU-RING-GAI CHASE NATIONAL PARK

Der spektakuläre, 14 928 ha große **Ku-ring-gai Chase National Park** (☎ 02-9472 8949; www.nationalparks.nsw.gov.au; Bobbin Head Rd, North Turramurra; pro Auto & Tag 12 AU$, Landungsgebühr für Boote Erw./Kind 3/2 AU$; 🚉 Mt. Colah), 24 km vom Stadtzentrum entfernt, bildet Sydneys nördliche Grenze. Der Park präsentiert sich als ein klassischer Mix aus Sandstein, Buschland und Ausblicken aufs Wasser und erstreckt sich über eine mehr als 100 km lange Küste am Südrand der Broken Bay und der Mündung des Hawkesbury River.

Der Name Ku-ring-gai stammt von den hiesigen Ureinwohnern, den Guringai, die nach der gewaltsamen Kolonisierung durch Übergriffe britischer Siedler und durch eingeschleppte Krankheiten nahezu ausgelöscht wurden. In diesem Zusammenhang lohnt sich die Lektüre des für den Booker-Preis nominierten Romans *Der verborgene Fluss*, in dem Kate Grenville diese erschütternde Geschichte fesselnd veranschaulicht.

Überbleibsel der Aborigines-Kultur sind allerdings heute noch erkennbar – erhalten sind mehr als 800 Stätten, darunter Felsmalereien, Muschelhaufen und Höhlenmalereien. Wer mehr darüber erfahren will, sollte den Parkeingang am Mt. Colah benutzen und das **Kalkari Discovery Centre** (☎ 02-9472 9300; Ku-ring-gai Chase Rd, Mt. Colah; ⏲ 9–17 Uhr) besuchen, in dem Exponate und Videos zur australischen Fauna und zur Kultur der Aborigines zu sehen sind.

Von den höher liegenden Teilen des Parks hat man einen herrlichen Blick auf den Cowan Creek, die Broken Bay und das Pittwater. Besonders schön ist der Blick vom West Head über das Pittwater zum Barrenjoey Lighthouse. Dieser gesamte Parkabschnitt ist eine sagenhafte Wildnis mit einem sensationellen Ausblick in die Runde. Pfade führen hinunter zu bilderbuchschönen kleinen Buchten.

Mit dem Auto erreicht man den Park bei Mt. Colah über den Pacific Hwy, über die Bobbin Head Rd in North Turramurra oder – für den West Head, Cottage Point und das Pittwater umfassenden Abschnitt – über die McCarrs Creek Rd in Terrey Hills. Der letztgenannte Abschnitt ist auch per Fähre von Palm Beach aus erreichbar.

Bondi

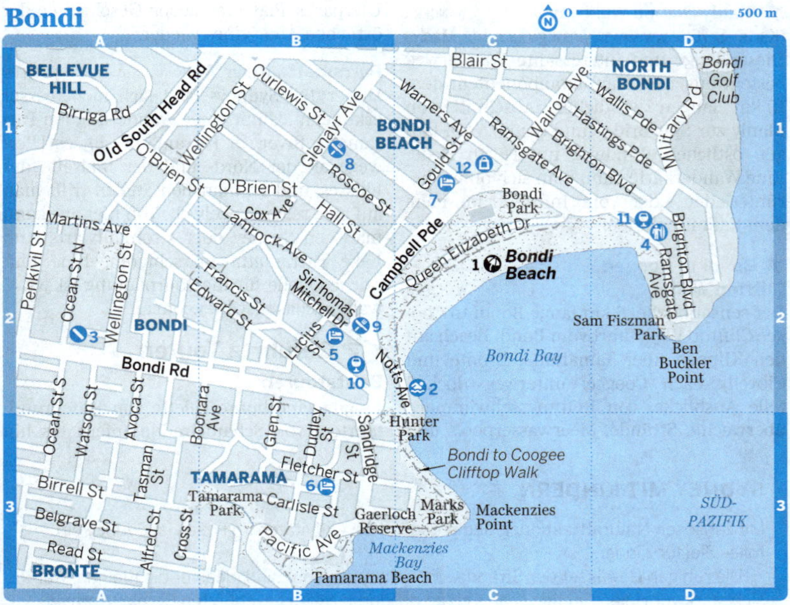

Bondi

Highlights
1 Bondi Beach C2

Aktivitäten, Kurse & Touren
2 Bondi Icebergs Pool C2
3 Dive Centre Bondi A2
4 Let's Go Surfing D2

Schlafen
5 Bondi Beach House B2
6 Bondi Beachhouse YHA B3
7 QT Bondi C1

Essen
Icebergs Dining Room .... (siehe 2)
8 Lox, Stock & Barrel B1
9 Trio B2

Ausgehen & Nachtleben
10 Anchor B2
11 North Bondi RSL D1

Shoppen
12 Bondi Markets C1

und verleiht Tauchausrüstung. Das Zentrum ist PADI-zertifiziert und bietet auch Tauchkurse an (z.B. 395 AU$ fürs Open-Water-Zertifikat, 495 AU$ für Fortgeschrittene).

Dive Centre Manly TAUCHEN
(Karte S. 109; ☎02-9977 4355; www.divesydney.com.au; 10 Belgrave St, Manly; ⌚8.30–18 Uhr; ⛴Manly) Bietet Schnorchelsafaris (50 AU$) sowie zweitägige PADI-Anfängerkurse (ab 495 AU$), geführte Tauchgänge am Strand (1/2 Tauchgänge 125/145 AU$) und Tauchgänge vom Boot (2 Tauchgänge 195 AU$) an.

Gordons Bay Underwater Nature Trail TAUCHEN
(Karte S. 76; www.gordonsbayscubadivingclub.com; Victory St, Clovelly; 🚌339) Die 500 m lange Kette im Wasser geleitet Taucher zu Riffen, Sandwatt und Kelpwäldern. Zu erreichen ist sie vom Parkplatz gleich südlich des Clovelly Beach.

Wandern

Die Erkundung des Hafens mit der Fähre ist ein Muss bei einem Besuch der Stadt, aber eine Uferwanderung ist ebenfalls ein Highlight, das man nicht auslassen sollte. Es gibt zahlreiche Routen, die aus ausgewiesenen Wegen am Hafen, Strandwegen und ruhigen Vorortstraßen bestehen. Für die Planung von Spaziergängen ist die Website www.walkingcoastalsydney.com.au prima geeignet; dort kann man auch Karten und Broschüren herunterladen.

★**Manly Scenic Walkway** WANDERN
(Karte S. 76; www.manly.nsw.gov.au; ⛴ Manly) Dieser lange und interessante Wanderweg besteht aus zwei Hauptkomponenten: dem 10 km langen westlichen Abschnitt von Manly zur Spit Bridge und dem 9,5 km langen östlichen Rundweg um North Head. Eine Wanderkarte kann man sich online herunterladen oder vom Infozentrum nahe dem Kai mitnehmen.

★**Bondi to Coogee Clifftop Walk** WANDERN
Der sensationelle, 6 km lange Bondi to Coogee Clifftop Walk führt vom Bondi Beach auf den Klippen über Tamarama, Bronte und Clovelly nach Coogee; unterwegs locken tolle Ausblicke, von Rettungsschwimmern überwachte Strände, Meerwasserpools und Uferparks. Plaketten geben Geschichten der örtlichen Aborigines wieder.

Parramatta River Walk WANDERN
Dieser Teil Sydneys lässt sich nicht besser erkunden als mit einer Wanderung am Parramatta River. In Parramatta gibt es Uferwege an der Nord- und der Südseite des Flusses, und an manchen Stellen trifft man auf eine reiche Vogelwelt. Von hier aus kann man gen Sydney oder stromaufwärts zum Lake Parramatta marschieren. Eine hilfreiche Quelle für die Tourplanung ist www.walkingcoastalsydney.com.au.

Geführte Touren

Bootstouren

Es gibt eine bunte Palette von Hafenrundfahrten, von Schaufelraddampfern bis hin

SYDNEY MIT KINDERN

Mit zahllosen Naturattraktionen und entspannten Aktivitäten im Freien ist Sydney ein tolles Ziel für Kinder.

Die ruhigen Gewässer der Strände am Sydney Harbour sind ideal für die Kleinen. Wer sich stark vor Haien fürchtet, hält sich an die durch Netze geschützten Bereiche am **Murray Rose Pool** (S. 105), **Nielsen Park** (S. 98), in **Balmoral** (Karte S. 76; The Esplanade, Balmoral; 🚌 238, 245, 257) und an der **Manly Cove** (Karte S. 109; ⛴ Manly). Die meisten Surfstrände Sydneys haben Meerwasserpools, so das spektakuläre **Bondi Icebergs** (S. 105) und die **McIvers Baths** (S. 105). Es gibt auch einige ausgezeichnete öffentliche Hallenbäder mit Wasserrutschen und anderen Attraktionen. Man kann auch einen Sommertag im **Wet'n'Wild** (S. 103) verbringen. Die meisten Surfschulen haben auch Angebote für Kinder und besondere Ferien-Pauschalpakete.

Die meisten Strände besitzen ausgezeichnete Spielplätze und mitten in der Stadt gibt's in Darling Harbour einen tollen Abenteuerpark mit Wasserspielen, Schaukeln, Rutschen und Seilrutschen. Nach dem Spielen kann man sich **Wild Life Sydney** (S. 87) und das **Sydney Aquarium** (S. 87) oder auch das faszinierende **Maritime Museum** (S. 84) mit seiner ausgezeichneten Sammlung von Booten und Schiffen anschauen. Die interessante Sammlung des **Powerhouse Museum** (S. 100) liegt (jetzt noch) auch ganz in der Nähe. In der Stadt sind Kinder vom **Australian Museum** (S. 89) begeistert, besonders von der spannenden Dinosaurier-Ausstellung.

Für Begeisterung sorgen auch die Fährfahrt zum ausgezeichneten **Taronga Zoo** (S. 99) oder die Verbindung eines Ausflugs nach Manly mit einem Besuch bei den Pinguinen im **Sea Life Sanctuary** (S. 101). Und vom Zentrum aus jenseits der Harbour Bridge versetzt der **Luna Park** (S. 98) Kinder schon seit mehr als 80 Jahren in Entzücken.

Wen die Vorstellung, seine Kinder durch eine Kunstausstellung zu schleppen, in Angst und Schrecken versetzt, wird von der kinderfreundlichen **Art Gallery of NSW** (S. 79) angenehm überrascht sein. Zu dem dynamischen Programm zählen kostenlose Vorführungen an den meisten Sonntagen, maßgeschneiderte „Entdeckungspfade" und selbst geführte, kindgerechte Audioguides. Regelmäßige Kunstsafaris und kreative Workshops gibt's auch im **Museum of Contemporary Art** (S. 77).

Auch das **Opera House** (S. 72) ist nicht nur für Erwachsene. Hier gibt's bestes internationales Kindertheater, Veranstaltungen in den Schulferien, kostenlose Kreativkurse und auch eine Version der beliebten Opernhausführung für die Junioren.

Kleine Astronomen können im sehr kinderfreundlichen **Sydney Observatory** (S. 73) in die Sterne schauen und zusehen, wenn der Time Ball fällt.

Manly

zu Maxi-Jachten ist alles vertreten. Pfennigfuchser nehmen einfach die Fähre nach Manly hin und zurück.

★ Whale Watching Sydney BOOTSFAHRT
(Karte S. 82; ☎02-9583 1199; www.whalewatchingsydney.com.au; ⏱Mitte Mai–Anf. Dez.) Buckelwale und Südkaper ziehen regelmäßig an Sydneys Küste vorbei und wagen sich manchmal auch in den Hafen. WWS veranstaltet dreistündige Touren (Erw./Kind 97/60 AU$) über die Spitze des Hafenbeckens hinaus. Schneller und aufregender ist die zweistündige Fahrt in einem Jetboot (65/45 AU$), bei der man noch näher an die Tiere herankommt. Abfahrt ist von Jetty 6 am Circular Quay oder vom Cockle Bay Wharf in Darling Harbour.

Captain Cook Cruises BOOTSFAHRT
(Karte S. 82; ☎02-9206 1111; www.captaincook.com.au; Wharf 6, Circular Quay; Circular Quay) Neben schicken Rundfahrten mit Mittag- oder Abendessen sowie spannenden Walbeobachtungstouren veranstaltet diese Crew auch eine Rundfahrt, bei der man beliebig oft zu- und wieder aussteigen kann, mit Zwischenstopps in Watsons Bay, am Taronga Zoo, in Fort Denison, Garden Island, Shark Island, Manly, am Circular Quay, am Luna Park und am Darling Harbour. Die Tour (mit

Manly

Highlights
1 Manly Beach C1

Sehenswertes
2 Manly Cove A2
3 Manly Sea Life Sanctuary A2

Aktivitäten, Kurse & Touren
4 Dive Centre Manly B1
5 Manly Bike Tours B2
6 Manly Kayak Centre A2
Shark Dive Xtreme .... (siehe 3)

Schlafen
7 101 Addison Road D3
8 Quest Manly B2

Essen
9 Jah Bar C1

Ausgehen & Nachtleben
10 Donny's B1
11 Hotel Steyne C1
12 Manly Wharf Hotel B2

etwas Kommentar) kostet 45/25 AU$ pro Erw./Kind.

Harbour Jet BOOTSFAHRT
(Karte S. 88; ☎1300 887 373; www.harbourjet.com; King Street Wharf 9; Erw./Kind ab 80/50 AU$;

Darling Harbour) Einer von mehreren Jetbootbetreibern (Sydney Jet, Oz Jet Boating, Thunder Jet sind die anderen). Die Jungs veranstalten eine 35- bis 50-minütige aufregende Fahrt mit Drehungen, Schlangenlinien und plötzlichen Stopps bei einer Geschwindigkeit von 75 km/Std., bei der einem leicht das Frühstück wieder hochkommt.

Radtouren

Bonza Bike Tours RADFAHREN

(Karte S. 82; 02-9247 8800; www.bonzabiketours.com; 30 Harrington St; Büro 9–17 Uhr; Circular Quay) Diese Fahrrad-Cracks veranstalten die 2½-stündige „Sydney Highlights"-Tour (Erw./Kind 79/99 AU$) und die vierstündige „Sydney Classic"-Tour (119/99 AU$). Andere Touren gelten der Harbour Bridge und Manly. Der Veranstalter vermietet auch Fahrräder (10/19/29/125 AU$ pro Std./halber/ganzer Tag/Woche).

BlueBananas RADFAHREN

(Karte S. 82; 0422 213 574; www.bluebananas.com.au; 281 Clarence St; Town Hall) Mit einer geführten Radtour auf einem Elektrorad kann man Kräfte sparen. Im Angebot sind die 1½-stündige Bike the Bridge Tour (59 AU$) und die 2½-stündige Sydney City Tour (99 AU$). Das Büro befindet sich in einer kleinen Einkaufspassage.

Bike Buffs RADFAHREN

(0414 960 332; www.bikebuffs.com.au; Erw./Kind 95/70 AU$; Circular Quay) Offeriert täglich vierstündige Radtouren zu den Highlights am Hafen mit Start am Argyle Place gegenüber der Garrison Church sowie weitere Touren und verleiht Fahrräder (35/60/295 AU$ pro halber/ganzer Tag/Woche).

Stadtspaziergänge

Sydney Architecture Walks STADTSPAZIERGANG

(0403 888 390; www.sydneyarchitecture.org; Erw. Spaziergang 49–59 AU$, Radtour inkl. Fahrrad 120 AU$) Die gescheiten jungen Architekturfans bieten zwei 3½-stündige Radtouren und fünf themenbezogene zweistündige Stadtspaziergänge (die City; Utzon und das Sydney Opera House; Hafengebiet; Kunst, Ort & Landschaft; Modernes Sydney) an. Die Prinzipien moderner Architektur und Stadtplanung werden ausgezeichnet erklärt. Die Touren sind vorab gebucht billiger.

Peek Tours STADTSPAZIERGANG

(0420 244 756; www.peektours.com.au; Circular Quay) Wer meint, dass die Lokalgeschichte mit einem kühlen Bier besser zu verdauen ist, kann sich diesem Team anschließen, das einen zu einer zweistündigen Tour durch The Rocks mitnimmt und unterwegs in historischen Pubs einkehrt (80 AU$ inkl. 1 Getränk in jedem Pub). Im Angebot sind auch ein dreistündiger Spaziergang durch Sydney und eine Auswahl von anderen Touren mit dem Schwerpunkt Bier.

The Rocks Walking Tours STADTSPAZIERGANG

(Karte S. 82; 02-9247 6678; www.rockswalkingtours.com.au; Shop 4a, Ecke Argyle & Harrington St; Erw./Kind/Fam. 28/12/68 AU$; 10.30 & 13.30 Uhr; Circular Quay) Die zweimal täglich stattfindenden 90-minütigen Touren führen durch das historische Rocks mit vielen Alltagsgeschichten und interessanten Einzelheiten. Das Büro liegt in einer Einkaufspassage; man kann auch online buchen.

The Rocks Ghost Tours STADTSPAZIERGANG

(Karte S. 82; 02-9241 1283; www.ghosttours.com.au; 28 Harrington St; Erw. 45 AU$; April–Sept. 18.45 Uhr, Okt.–März 19.45 Uhr; Circular Quay) Wer ein leichtes Gruseln spüren will (denn richtig furchteinflößend sind die Touren nicht), kann sich einem dieser Spaziergänge anschließen, die abends vor dem Cadman's Cottage bei jedem Wetter (bei Regen wird ein Poncho gestellt) starten; Buchung erforderlich.

I'm Free STADTSPAZIERGANG

(Karte S. 86; 0405 515 654; www.imfree.com.au; 483 George St; 10.30 & 14.30 & 18 Uhr; Town Hall) GRATIS Die zweimal täglich durchgeführten, sehr geschätzten dreistündigen Führungen vom Platz an der George St zwischen Town Hall und St. Andrew's Cathedral (keine Reservierung erforderlich, einfach aufkreuzen!) sind eigentlich kostenlos, werden aber von begeisterten jungen Guides geleitet, die ein Trinkgeld erwarten. Zum Ziel hat der Rundgang The Rocks, Circular Quay, Martin Place, Pitt St und Hyde Park.

Noch mehr Touren

★ BridgeClimb KLETTERN

(Karte S. 82; 02-8274 7777; www.bridgeclimb.com; 3 Cumberland St; Erw./Kind 248–383/168–273 AU$; Circular Quay) Mit Kopfgeschirr, Sicherheitsgurt und einem schrillen grauen Overall lässt man sich auf den aufregenden Aufstieg auf die Spitze von Sydneys berühmter Harbour Bridge ein. Bei Sonnenaufgang und -untergang ist die Kletterpartie am teuersten. Es gibt auch eine billigere, 90-minütige „Kostprobe" (bis zur Hälfte) und einen „Expressaufstieg“ zur Spitze über eine schnellere Route.

Sydney Seaplanes PANORAMAFLUG
(Karte S. 76; ☎1300 732 752; www.seaplanes.com.au; Seaplane Base, Lyne Park, Rose Bay; 15-/30-min. Flug 200/265 AU$ pro Pers.; ⛴Rose Bay) Das Unternehmen mit Sitz sehr nahe der Fähranlegestelle Rose Bay bietet Panoramaflüge rund um Sydney Harbour und Strände. Zum Flug kann man sich ein kulinarisches Erlebnis gönnen, wenn man das Wasserflugzeug zu einem abgelegenen Meeresfrüchterestaurant wie dem Berowra Waters Inn bucht. Wasserflugzeuge haben in Rose Bay eine lange Tradition – dies war Australiens erster internationaler Flughafen.

Feste & Events

★ Sydney Festival KULTUR
(www.sydneyfestival.org.au; ⏲Jan.) Sydneys wichtigstes Kunst- und Kulturfestival bringt drei Wochen lang Musik, Theater und bildende Kunst in die Stadt.

Chinesisches Neujahr KULTUR
(www.sydneychinesenewyear.com) Das 17-tägige Fest wird in Chinatown mit Essen, Feuerwerk, Drachentänzern und Drachenbootrennen gefeiert. Der genaue Termin variiert leicht (Ende Jan. und Anfang Feb.) und richtet sich nach dem Mondkalender.

★ Tropfest FILM
(www.tropfest.org.au) Das eintägige größte Kurzfilmfestival der Welt genießt man Anfang Februar bei einem Picknick im Parramatta Park.

St. Jerome's Laneway Festival MUSIK
(www.sydney.lanewayfestival.com.; ⏲Feb.) Dieses eintägige Musikfestival findet Anfang Februar am Sydney College of the Arts, Rozelle, statt und bringt die aktuellsten und neuesten Indie-Acts auf die Bühne (Top-Acts in der Vergangenheit waren z. B. Florence + The Machine, Lorde und St. Vincent).

★ Sydney Gay & Lesbian Mardi Gras SCHWULE & LESBEN
(www.mardigras.org.au; ⏲Feb.–März) Zum Höhepunkt des zweiwöchigen Kultur- und Unterhaltungsfestes gibt's am ersten Samstag im März den weltberühmten großen Umzug und eine Party.

Sydney Royal Easter Show JAHRMARKT
(www.eastershow.com.au) Eine wundervolle Tradition in Sydney: Die angebliche Landwirtschaftsausstellung ist eigentlich ein zweiwöchiges Fest mit vielen Fahrgeschäften, Showeinlagen für Kinder, Unmengen Süßkram und vielen Besuchern.

Biennale of Sydney KULTUR
(www.biennaleofsydney.com.au) Das hochkarätige Festival der Künste und Ideen wird in Jahren mit gerader Jahreszahl zwischen März und Juni gefeiert.

★ Sydney Writers' Festival LITERATUR
(www.swf.org.au; ⏲Mai) Das wichtigste Literaturfest des Landes findet im Mai eine Woche lang an verschiedenen prominenten Orten in der Innenstadt statt.

Vivid Sydney KULTUR
(www.vividsydney.com) Das 18-tägige Fest mit vielen Lichtinstallationen und Projektionen in der Stadt, Auftritten von Musikern aus dem In- und Ausland und öffentlichen Gesprächen und Diskussionen mit führenden kreativen Köpfen der Welt wird Ende Mai veranstaltet.

★ Sydney Film Festival FILM
(www.sff.org.au; ⏲Juni) Das ausgezeichnete, hoch angesehene Filmfestival zeigt künstlerisch anspruchsvolle Filme aus dem In- und Ausland überwiegend im prächtigen State Theatre (S. 144).

City2Surf SPORT
(www.city2surf.com.au) Am zweiten Sonntag im August laufen (oder gehen) mehr als 80 000 hochmotivierte Teilnehmer die 14 km lange Strecke vom Hyde Park zum Bondi Beach. Die schnellsten Läufer erreichen den Strand in etwas mehr als 40 Minuten. Familienaktivitäten, lustige Kostüme und leider auch einmal eine Herzattacke sind die Kontrapunkte zum sportlichen Ehrgeiz.

Good Food Month ESSEN & TRINKEN
(www.goodfoodmonth.com) Den ganzen Oktober lang stehen bei diesem Fest Essen und Wein im Mittelpunkt. Es gibt kulinarische Events, Kochkurse und nächtliche Nudelmärkte im Hyde Park.

Sculpture by the Sea KUNST
(www.sculpturebythesea.com) Ende Oktober verwandelt sich der Clifftop Trail von Bondi Beach bis Tamarama für 17 Tage in einen Skulpturengarten. Die Künstler aus dem In- und Ausland erwartet ein großes Preisgeld für die kreativste, seltsamste oder witzigste Skulptur.

Sydney to Hobart Yacht Race SPORT
(www.rolexsydneyhobart.com; ⌚ Dez.) Alljährlich am 26. Dezember verabschieden Hunderte Bootsleute im Sydney Harbour die Jachten, die an dem legendären Rennen teilnehmen.

★ **New Year's Eve** FEUERWERK
(www.sydneynewyearseve.com; ⌚ 31. Dez.) Pünktlich zu Silvester steigt die größte Party des Jahres mit einem mächtigen Feuerwerk am Hafen. Nach einem familienfreundlichen Vorgeschmack um 21 Uhr folgt um Mitternacht das Hauptereignis. Dazu werden noch verschiedene weitere Events im Hafen und drum herum veranstaltet. Es gibt eine Reihe von geregelten Bereichen, von denen aus man das Feuerwerk sehen kann. Für einige braucht man eine Eintrittskarte, in anderen ist Alkohol verboten.

Schlafen

Hotels verteilen sich über ganz Sydney, aber die internationalen Ketten mit ihrem Pomp und Trara konzentrieren sich am Circular Quay und im Stadtzentrum. In den Vorstädten und an den Stränden gibt es unterschiedliche Boutique-Refugien von denkmalgeschützten Reihenhäusern bis hin zu schicken Apartments und Strandbungalows.

Fast alle Hotels passen ihre Preise an die Nachfrage an, daher sollte man weit im Voraus buchen, um möglichst günstig zu übernachten.

Circular Quay & The Rocks

★ **Sydney Harbour YHA** HOSTEL $$
(Karte S. 82; ☎ 02-8272 0900; www.yha.com.au; 110 Cumberland St; B 55–75 AU$, DZ 200–240 AU$; ; Circular Quay) Alle Bedenken wegen der überdurchschnittlich hohen Preise verschwinden, wenn man von der Dachterrasse des weitläufigen, modernen Hostels auf den Circular Quay herunterblickt. Die geräumigen Zimmer, auch die Schlafsäle, verfügen über eigene Bäder. Darüber hinaus wird hier besonderer Wert auf Nachhaltigkeit gelegt.

Lord Nelson Brewery Hotel PUB $$
(Karte S. 82; ☎ 02-9251 4044; www.lordnelsonbrewery.com; 19 Kent St; Zi. 180–200 AU$; ; Circular Quay) Das im Jahr 1836 aus Sandstein erbaute stimmungsvolle Gasthaus bietet oben ordentliche Zimmer mit freiliegenden Steinwänden, Mansardenfenstern und Blick auf den Hafen. Die meisten der acht, mit viel Sonnenlicht erfüllten Zimmer haben angeschlossene Bäder, es gibt auch eines mit eigenem Bad auf dem Flur. Die Kleinbrauerei unten ist ideal für ein Bier und ein Essen. Das kontinentale Frühstück ist im Preis inbegriffen.

★ **Harbour Rocks** BOUTIQUEHOTEL $$$
(Karte S. 82; ☎ 02-8220 9999; www.harbourrocks.com.au; 34 Harrington Street; Zi. 300 bis 550 AU$; ; Circular Quay) Das luxuriöse Boutiquehotel an der Stelle von Sydneys erstem Krankenhaus hat eine schicke, einfühlsame Wandlung von einem kolonialen Lagerhaus mit Arbeiterhütten zu einem Komplex mit schicken Zimmern im New Yorker Loft-Stil mit hohen Decken, dunkelgrauen Ziegelwänden und eleganter Möblierung durchgemacht. Die Anlage mutet historisch an, der Service ist entspannt und persönlich, und es gibt eine großartige kleine, begrünte Balkonterrasse.

Pullman Quay Grand Sydney Harbour APARTMENTS $$$
(Karte S. 82; ☎ 02-9256 4000; www.pullmanquaygrandsydneyharbour.com; 61 Macquarie St; Apt. 450–800 AU$; ; Circular Quay) Mit dem Opernhaus als Nachbarn hat das Gebäude, das oft abschätzig als „der Toaster" bezeichnet wird, eine echt heiße Lage. Die gut gestalteten, topmodernen, großen und gut ausgestatteten Apartments liegen mitten im glitzernden Herzen Sydneys, umgeben von erstklassigen Restaurants, Cocktailbars und dem alle Blicke einfangenden Hafen. Die kleine Zahl der Zimmer und die Mischung aus Bewohnern und Besuchern sorgen für ein ruhiges Umfeld, abgesehen von der im Haus befindlichen, munteren Bar Hacienda.

Park Hyatt HOTEL $$$
(Karte S. 82; ☎ 02-9256 1234; www.sydney.park.hyatt.com; 7 Hickson Rd; Zi. 1150–1600 AU$; ; Circular Quay) In Sydneys teuerstem Hotel trifft makelloser Service auf luxuriöse Einrichtungen. Es blickt direkt über den Circular Quay, sodass man vom Bett, Balkon oder Bad aus das Geschehen unten beobachten kann. Am Pool auf der Dachterrasse hat man den Eindruck, man könnte fast die Harbour Bridge berühren. Und da alle Gäste rund um die Uhr von einem Butler bedient werden, will man gar nicht woanders sein.

Langham HOTEL $$$
(Karte S. 82; ☎ 02-9256 2222; www.langhamhotels.com; 89-113 Kent St; Zi. 500–700 AU$;

P ⊖ ❄ @ ≋ ☒ 🐾; 🚉 Wynyard) Das opulente Hotel vermeidet exzessiven Glamour zugunsten eines eleganten, altmodischen Flairs. Hier bekommt man einen echten Fünf-Sterne-Aufenthalt mit nachmittäglichem Zimmerservice, hauseigener Kuchenbäckerei, seitenlanger Kissenauswahl sowie einem extravaganten Pool mit Schönheitsfarmerlebnis, wo Gäste unter einer schimmernden Sternendecke baden können. Sorgfältig ausgewählte Kunstwerke schmücken das Gebäude, das sich deutlich von anderen Hotels im zentralen Geschäftsviertel unterscheidet.

Zentrum & Haymarket

★ Railway Square YHA HOSTEL $
(Karte S. 104; ☎ 02-9281 9666; www.yha.com.au; 8–10 Lee St; B 39–52 AU$, DZ ab 142 AU$, ohne Bad ab 132 AU$; ❄ @ ≋ ☒; 🚉 Central) Die hübsche Renovierung hat den ehemaligen Paketschuppen des Bahnhofs Central in ein wirklich ansprechendes Hostel in toller Lage, aber abseits des Trubels verwandelt. Die Schlafsäle mit Wellblechdächern und Bädern mit Unterbodenheizung sind makellos; einige sind sogar in umgebauten Bahnwaggons untergebracht. Es gibt ein Café und eine Waschküche mit Waschmaschinen; der Pool wurde zur Zeit unserer Recherche gerade modernisiert.

Sydney Central YHA HOSTEL $
(Karte S. 104; ☎ 02-9218 9000; www.yha.com.au; 11 Rawson Pl; B 44–55 AU$, DZ ab 150 AU$, ohne Bad ab 130 AU$; P ❄ @ ≋ ☒; 🚉 Central) 🍃 Der denkmalgeschützte Monolith von 1913 nahe der Central Station ist die Mutter aller Sydneyer YHA-Anlagen. Das renovierte Hostel hat alles – vom Reisebüro bis zum Kino. Die Zimmer sind bunt gestrichen, die Küchen prima. Das Highlight aber ist, dass man sich in der Sauna richtig ausschwitzen und dann zur Abkühlung in den Pool auf dem Dach steigen kann. Es gibt einen 10 % HI Rabatt.

Grace Hotel HOTEL $$
(Karte S. 82; ☎ 02-9272 6888; www.gracehotel.com.au; 77 York St; Zi. 200–300 AU$; P ⊖ ❄ ≋ ☒; 🚉 Wynyard) Mit seiner aufwendigen neugotischen Fassade ist das Gebäude aus den 1920er-Jahren ein Wahrzeichen Sydneys, und die stilvolle Art-déco-Gestaltung innen macht es noch reizvoller. Die Gästezimmer sind zwar vergleichsweise schmucklos, aber durchaus nett und geräumig, und die Einrichtungen sind ausgezeichnet. Am meisten Atmosphäre herrscht im Erdgeschoss, das mit einem ordentlichen irischen Pub, einer Piano-Lounge und gut besuchten Restaurants ein Mittelpunkt der Aktivität ist.

ℹ HOTELPREISE

Abgesehen von den kleinsten Häusern variieren heute alle Hotels ihre Preise nach Saison, besonderen Events, Wochentagen (am Wochenende wird's teurer) und, in erster Linie, nach der Auslastung. Wo die Preise stark fluktuieren, bezeichnen wir mit „ab" den Preis für das billigste Zimmer in der Hauptsaison (aber nicht unbedingt der Spitzensaison) bei einer vertretbar langen Buchung vorab. Wer bis zur letzten Minute wartet, wird im Zweifelsfall viel mehr zahlen müssen.

Die sommerliche Hauptsaison dauert von Dezember bis März, die absolute Spitzenzeit liegt zwischen Weihnachten und Neujahr (vor allem um den 31. Dezember). Im Vorfeld des Karnevals schießen die Preise Ende Februar/Anfang März noch einmal in die Höhe.

Hyde Park Inn HOTEL $$
(Karte S. 86; ☎ 02-9264 6001; www.hydeparkinn.com.au; 271 Elizabeth St; Zi. 198–286 AU$; P ⊖ ❄ ≋; 🚉 Museum) Direkt am Park gelegen bietet dieses entspannte Hotel Einzimmerapartments mit Kochnische, Deluxe-Zimmer mit Balkon und voll ausgestatteter Küche sowie ein paar Dreizimmerapartments. Alle haben Flachbildfernseher mit Kabelanschluss, manche auch Mikrowelle und Kochnischen. Frühstück und Parkgebühr sind im Preis inbegriffen, sodass sich ein für die Lage im Zentrum tolles Preis-Leistungs-Verhältnis ergibt.

★ QT Sydney BOUTIQUEHOTEL $$$
(Karte S. 82; ☎ 02-8262 0000; www.qtsydney.com.au; 49 Market St; Zi. 350–450 AU$; P ⊖ ❄ @ ≋; 🚉 Town Hall) Das ultra-theatralische, unangestrengt coole Hotel im historischen State Theatre ist lustig, sexy und total überkandidelt. Man kommt aus dem Staunen nicht heraus: Die exzentrische Art-déco-Aufmachung wird durch skurrile Extras in den Zimmern vervollständigt, die mit Stil und Flair alle unterschiedlich dekoriert sind. Es gibt auch ein luxuriöses Spa sowie eine Bar mit Grill, der von einem der angesagtesten Restaurateure der Stadt betrieben wird.

Establishment Hotel BOUTIQUEHOTEL $$$
(Karte S. 82; ☎ 02-9240 3100; www.merivale.com.au; 5 Bridge Lane; Zi. 350–500 AU$; ; Wynyard) In einer verschwiegenen Gasse erweckt dieses Design-Boutiquehotel in einem umgebauten Lagerhaus aus dem 19. Jh. mit seinem Weihrauchduft und den dunklen Holzbeschlägen einen asiatischen Eindruck. Die Zimmer haben zwei Stile: „hell" (ganz zeitgemäß in Weiß und Hellbraun) oder „dunkel" (schicker, mit Holzdielen und nächtlicher Anmutung). Das Aufgebot der gerühmten Bars und Restaurants des Unternehmens garantiert zudem einen dekadenten Abend.

Primus Hotel Sydney HOTEL $$$
(Karte S. 86; ☎ 02-8027 8000; www.primushotelsydney.com; 339 Pitt St; Zi. 290–380 AU$; ; Town Hall) Das Hotel im schick umgebauten ehemaligen Gebäude der Trinkwasserbehörde prunkt mit einer prächtigen, mit roten Säulen und schönen Art-déco-Details geschmückten Lobby. Mit seinen breiten Fluren und geräumigen Zimmern wirkt das Haus sehr großzügig. Der ausgezeichnete Service verdient jedes Lob. Der Pool ist zwar winzig, aber die Terrasse um ihn herum ist ein fabelhafter Ort, der vielleicht auch für Nichtgäste offensteht.

Darling Harbour & Pyrmont

★ **Ovolo 1888** BOUTIQUEHOTEL $$$
(Karte S. 88; ☎ 02-8586 1888; www.ovolohotels.com; 139 Murray St; Shoebox DZ 239–299 AU$, DZ 299–349 AU$; ; Convention Centre) Das schicke Hotel in einem denkmalgeschützten Wolllager kombiniert industriellen Minimalismus mit der Wärme von Eukalyptusholzbalken, luxuriöser Ausstattung und engagiertem Personal. Die Zimmer reichen von der winzigen „Schuhschachtel" bis hin zu luftigen Lofts und Dachsuiten mit Hafenblick. Die Minibar ist kostenlos; wer direkt bucht, bekommt bei der täglichen Happy Hour kostenlose Drinks und Canapés.

Adina Apartment Hotel Sydney Harbourside APARTMENTS $$$
(Karte S. 88; ☎ 02-9249 7000; www.adinahotels.com.au; 55 Shelley St; Apt. 229–500 AU$; ; Darling Harbour) Der Himmel muss ein schickes, großzügiges Apartment sein, wo andere Leute hinter einem aufräumen. Genauso ist es in dieser niedrig bebauten Anlage gleich abseits des King St Wharf. Alle Apartments haben Küchen, und alle bis auf die Einraumwohnungen haben auch eine Waschmaschine und einen Balkon. Die Apartments sind allesamt sehr geräumig, und es gibt einen tollen Pool im Atrium und einen Fitnessbereich.

DIE HOSTELSZENE

Sydneys Hostels rangieren zwischen prächtig und prächtig scheußlich. Ein paar Flashpacker-Unterkünfte rund um den Bahnhof Central haben mit Zimmern mit angeschlossenem Bad, Klimaanlagen, Dachterrassen und in einem Fall sogar einem Pool die Messlatte höher gelegt. Die Privatzimmer in solchen Hostels entsprechen qualitativ – und in vielen Fällen auch preislich – Mittelklassehotels. Kleinere, billigere Hostels finden sich in Kings Cross (immer noch die Backpacker-Zentrale). Viele Hostels haben auch Wochenpreise und besondere Bereiche für Langzeitgäste.

Kings Cross & Potts Point

★ **Blue Parrot Backpackers** HOSTEL $
(Karte S. 90; ☎ 02-9356 4888; www.blueparrot.com.au; 87 Macleay St, Potts Point; B 39–45 AU$; ; Kings Cross) Wenn Polly ein tolles Hostel suchen würde, wäre sie in diesem brillanten, farbenfrohen Haus, das zwei Schwestern mit echter Begeisterung führen, bestens aufgehoben. Man fühlt sich hier wie in einer Wohngemeinschaft, nur dass es viel sauberer ist. Es gibt einen tollen Hinterhof und Schlafsäle mit hohen Decken und guten Betten und Matratzen. Weitere Pluspunkte sind Filme, eine Playstation und der Grill. Nur für Gäste von 18 bis 35 Jahren.

Eva's Backpackers HOSTEL $
(Karte S. 90; ☎ 02-9358 2185; www.evasbackpackers.com.au; 6-8 Orwell St, Kings Cross; B 34 bis 40 AU$, DZ 97–107 AU$; ; Kings Cross) Das nette Eva's ist eine seit langer Zeit beliebte, sichere, saubere und einladende Bleibe in einem Gebäude mit einer faszinierend zwielichtigen Vergangenheit. Von der großartigen Dachterrasse bietet sich ein toller Blick auf die Skyline der Stadt. 2017 wird dort oben eine neue Gemeinschaftsküche gebaut. Das ist Teil einer umfangreichen Renovierung der Badezimmer und Schlafsäle, nach der das Hostel einen richtig frischen Eindruck machen sollte.

Kings Cross Backpackers HOSTEL $

(Karte S. 90; ☎02-8705 3761; www.kingscrossbackpackers.com.au; 79 Bayswater Rd, Kings Cross; B 35–43 AU$; 🚭❄@📶; 🚉Kings Cross) Das gut geführte Hostel in einem ruhigeren Teil von Kings Cross hat renovierte, saubere Schlafsäle für 4 bis 12 Gäste mit Klimaanlage, Schließfächern und Stauraum unter den Betten. Die Küche/Lounge im Erdgeschoss und die nette Dachterrasse sind gut zum Abhängen. Das Haus ist sicher, und der Preis ist fair. Das Frühstück ist inbegriffen, man bekommt es aber nicht im Haus, sondern ein paar Blocks weiter.

Macleay APARTMENT $$

(Karte S. 90; ☎02-9357 7755; www.themacleay.com; 28 Macleay St, Elizabeth Bay; Zi. 180–250 AU$; P🚭❄@📶🏊; 🚉Kings Cross) Das von fabelhaften Restaurants umgebene unaufdringliche Hotel befindet sich am noblen Ende von Kings Cross. Die Einzimmerapartments sind zwar ein bisschen verwohnt, haben aber kleine Kochnischen. Außerdem steht in jedem Stockwerk eine Waschküche zur Verfügung. Zusätzlich gibt es einen Pool und einen Fitnessbereich auf dem Dach. Das Personal ist nett und hilfsbereit. Am besten fragt man nach einem Zimmer mit Blick auf die Stadt und den Hafen in den oberen Stockwerken.

Hotel 59 B&B $$

(Karte S. 90; ☎02-9360 5900; www.hotel59.com.au; 59 Bayswater Rd, Kings Cross; EZ 105 AU$, DZ 135–145 AU$; 🚭❄📶; 🚉Kings Cross) Das familiengeführte B&B an einem ruhigen, immer noch sehr praktisch gelegenen Abschnitt der Bayswater Rd bietet mit nur neun schlichten, aber makellosen und komfortablen Zimmern viel fürs Geld. Die Inhaber sind äußerst hilfsbereit und aufmerksam; im Café im Erdgeschoss gibt's tolles warmes Frühstück (im Preis inbegriffen) gegen den mächtigen Kater, den man sich am Abend in Kings Cross vielleicht zugezogen hat.

Mariners Court HOTEL $$

(Karte S. 90; ☎02-9320 3888; www.marinerscourt.com.au; 44–50 McElhone St, Woolloomooloo; Zi. 110–160 AU$; P🚭❄@📶; 🚌311, 🚉Kings Cross) Das frühere Altersheim für Seeleute ist heute ein wenig beachtetes Hotel an einer ruhigen Straße. Es wurde nicht viel verändert, das Haus ist also nicht schick, aber solide und hat ein für die Lage ausgezeichnetes Preis-Leistungs-Verhältnis und komfortable, schlichte Zimmer mit Wasserkrug, Kühlschrank und entweder Balkon oder Hofzugang. Weitere Pluspunkte sind das kostenlose warme Frühstücksbüffet, ein Billardtisch und eine Sonnenterrasse. Das Hotel ist gut für Rollstuhlfahrer geeignet.

★ **Ovolo Hotel Woolloomooloo** HOTEL $$$

(Karte S. 90; ☎02-9331 9000; www.ovolohotels.com; 6 Cowper Wharf Roadway, Woolloomooloo; Zi. 400–700 AU$; P🚭❄@📶🏊; 🚌311, 🚉Kings Cross) Das empfehlenswerte, zwanglos schicke Hotel mit erstklassiger Lage am Woolloomooloo Wharf hat sehr freundliches, junges Personal und sehr schöne Einrichtungen. Die „Superoo"-Zimmer gehen überwiegend entweder auf die Straße oder empfangen Tageslicht nur über Oberlichter; die teureren „Deluxe"-Zimmer blicken nach Osten aufs Wasser oder nach Westen auf die Stadt. Mit den langen Korridoren, Industriemaschinen und ungewöhnlich zugeschnittenen, künstlerisch gestalteten Zimmern (einige auf zwei Ebenen) hat das Haus jede Menge Charakter und ist eine Spitzenunterkunft in Sydney.

Simpsons of Potts Point BOUTIQUEHOTEL $$$

(Karte S. 90; ☎02-9356 2199; www.simpsonshotel.com; 8 Challis Ave, Potts Point; Zi. 255–355 AU$; P🚭❄@📶; 🚉Kings Cross) Am ruhigen Ende eines geschäftigen Abschnitts voller Cafés befindet sich diese liebevoll nostalgisch-dekorativ restaurierte Villa von 1892. Kunstwerke, Eleganz und gemütlicher Luxus prägen die hübschen Gemeinschaftsbereiche und die zwölf Gästezimmer. Die Lounge unten ist perfekt für eine Schachpartie und den kostenlosen Sherry. Der Service ist aufmerksam und äußerst kompetent.

Surry Hills & Darlinghurst

★ **Bounce** HOSTEL $

(Karte S. 104; ☎02-9281 2222; www.bouncehotel.com.au; 28 Chalmers St, Surry Hills; B 40–48 AU$, DZ 149–159 AU$; 🚭❄@📶; 🚉Central) 🍃 Das direkt am Bahnhof Central gelegene Hostel bietet Budgetunterkunft in Boutique-Qualität. Die (unterschiedlich zugeschnittenen) Schlafsäle sind modern und sehr geräumig und bieten extragroße Schließfächer. Die Privatzimmer haben Hotelstandard und ein ausgezeichnetes Preis-Leistungs-Verhältnis. Das Hostel ist erstklassig geführt und berücksichtigt genauso die Bedürfnisse des Partyvolks wie jener, die sich einen ruhigeren Aufenthalt wünschen. Die sehr große Küche ist ein Pluspunkt und die fabelhafte Dachterrasse einfach wunderbar.

Big Hostel HOSTEL $
(Karte S. 86; ☎ 02-9281 6030; www.bighostel.com; 212 Elizabeth St, Surry Hills; B 32–36 AU$, EZ/DZ 89/110 AU$; ; Central) Ein tolles, schlichtes Hostel mit Dachterrasse und einem überfüllten, aber vernünftigen Gemeinschaftsbereich mit Küche. Die Schlafsäle haben Schließfächer, hohe Decken und ausreichend Platz, sind also insgesamt ordentlich. Jene mit vier Betten sind etwas teurer, haben aber ein Bad und einen kleinen Fernseher. Die Preise sind für die Lage im Zentrum gut. Ein kontinentales Frühstück ist im Preis inbegriffen. Kostenloses WLAN gibt's nur im Erdgeschoss.

57 Hotel HOTEL $$
(Karte S. 104; ☎ 02-9011 5757; www.57hotel.com.au; 57 Foveaux St, Surry Hills; EZ 219–299 AU$, DZ 229–449 AU$; ; Central) Das Hotel in einer umgebauten früheren Fachschule hat ein modisches Farbschema in Grau, Schwarz und Schokoladenbraun. Die Zimmer sind sehr unterschiedlich, von engen Zweibett-Schuhschachteln bis hin zu geräumigen, hellen Zimmern mit großen Doppelbetten an den Ecken des Gebäudes. Die Hündchen-Handtuchhalter sind niedlich. In der Lounge im Foyer gibt's kostenlosen Kaffee und morgens Gebäck.

Medusa BOUTIQUEHOTEL $$
(Karte S. 90; ☎ 02-9331 1000; www.medusa.com.au; 267 Darlinghurst Rd, Darlinghurst; Zi. 245–405 AU$; ; Kings Cross) Das auf zwei, sich die Rückseiten zuwendenden Reihenhäuser verteilte Medusa hat einen sonderbaren Grundriss und augenfällige Zimmer in drei Größen mit großen Betten, Art-déco-Merkmalen und herrschaftlicher Einrichtung; die besten blicken auf den Hof. Das sehr aufmerksame Personal garantiert einen sehr freundlichen, individuellen Service. Kleine Details wie Aesop-Toilettenartikel oder Lindt-Schokolade sind weitere Pluspunkte, nicht zu vergessen die wundervolle Lage.

★ ADGE Boutique Apartment Hotel APARTMENTS $$$
(Karte S. 90; ☎ 02-8093 9888; www.adgehotel.com.au; 222 Riley St, Surry Hills; Apt. 400–800 AU$; P; 333, 380) Das moderne, auffällige und kecke ADGE unterscheidet sich durch clevere, peppige Akzente von den üblichen Apartmenthotels. Die eigenwilligen, aber sehr komfortablen Apartments mit zwei Schlafzimmern überzeugen mit knallbunt gestreiften Teppichen, deckenhohen Fenstern, hochwertigen Küchen mit Smeg-Kühlschränken und ansprechenden Balkonen. Kleine Extras wie der Willkommensdrink oder der abendliche Zimmerservice sind weitere Pluspunkte dieser städtischen Unterkunft, die für zwei zusammen reisende Paare ideal ist.

Bondi Beach, Coogee Beach & Eastern Beaches

Bondi Beachouse YHA HOSTEL $
(Karte S. 107; ☎ 02-9365 2088; www.yha.com.au; 63 Fletcher St, Tamarama; B 33–37 AU$, 2BZ & DZ ohne Bad 90 AU$, DZ/FZ 110/180 AU$; ; 361) Das mit 95 Betten bestückte Art-déco-Hostel an einem Hügelhang zwischen Bondi Beach und Tamarama Beach ist das beste in Bondi. Die Schlafsäle für vier bis acht Personen punkten mit Holzböden und großen Schließfächern; einige private Zimmer haben Meerblick. Alle Zimmer sind sauber und gepflegt. Zu den Einrichtungen zählen ein Kinosaal, großzügige Gemeinschaftsbereiche, ein Grill im Hof und eine Dachterrasse mit herrlichem Ausblick.

Bondi Beach House PENSION $$
(Karte S. 107; ☎ 02-9300 0369; www.bondibeachhouse.com.au; 28 Sir Thomas Mitchell Rd, Bondi Beach; EZ 130 AU$, DZ 195–320 AU$; P; 380-2) Versteckt in einer ruhigen Ecke gleich hinter der Campbell Pde bietet diese charmante Unterkunft eine heimelige Atmosphäre mit rustikal-schicker Möblierung und gut ausgestatteter Gemeinschaftsküche. Die Pension ist zwar nur zwei Gehminuten vom Strand entfernt, aber man ist versucht, den ganzen Tag hierzubleiben, denn in dem Hof und auf der Terrasse kann man prima relaxen, und die großzügigen Designzimmer laden zum langen Ausschlafen ein.

Dive Hotel BOUTIQUEHOTEL $$
(Karte S. 76; ☎ 02-9665 5538; www.divehotel.com.au; 234 Arden St, Coogee; Zi. 210–380 AU$; P; 372–374) In herrlicher Lage gleich an der Strandstraße liegt dieses entspannte, von einer Familie geführte Hotel, das – anders als der Name vermuten lässt – gewiss keine schäbige Absteige ist. Die angenehm schlichten, zeitgemäßen Zimmer bieten Kühlschrank, Mikrowelle und kleine, stilvolle Bäder mit Mosaikfliesen und Edelstahlwaschbecken. Das gesellige Frühstücksbüffet in einem ansprechenden Innen- und Außenraum ist ein Highlight. Die Inhaber

sind überaus aufmerksam und ihre Hunde freundlich.

★ **QT Bondi** APARTMENTS $$$

(Karte S. 107; ☎ 02-8362 3900; www.qtbondi.com.au; 6 Beach Rd, Bondi Beach; Apt. 399–720 AU$; P ⊖ ❄ 📶 ≋; 🚌 333, 380–2) Das recht neue Apartmenthotel ist farbenfroh, schick, nur Schritte vom Strand entfernt und überzeugt mit einer sehr ansprechenden Mischung aus Einrichtungen, Lage und Flair. Alle Zimmer und Suiten sind sehr großzügig, luftig und mit hellen Möbeln eingerichtet. Die Zimmer ab der Kategorie „King Deluxe" haben Balkone, aber einen Blick aufs Meer gibt's nicht. Alle Apartments verfügen über Einbauküche, Badewanne und Waschmaschine.

Sydney Harbour

★ **Cockatoo Island** CAMPING $

(Karte S. 76; ☎ 02-8969 2111; www.cockatooisland.gov.au; Stellplatz ab 45 AU$, 2-Bett-Zelt 150–175 AU$, Apt. ab 250 AU$, Haus ab 595 AU$; 📶; ⛴ Cockatoo Island) Auf einer Insel mitten im Sydney Harbour aufzuwachen, ist ein einmaliges Sydney-Erlebnis. Man übernachtet im eigenen Zelt (oder auch nur im Schlafsack), wenn man sich nicht für die schickere Option eines am Ufer aufgestellten Zwei-Personen-Zelts mit Doppelbett entscheidet. Wer nicht campen will, kann in eleganten Häusern und Apartments wohnen. Für Selbstversorger gibt es eine gut ausgestattete Camp-Küche und für alle anderen zwei Cafés und Bars. Achtung: Die Mitnahme alkoholischer Getränke auf die Insel ist nur erlaubt, wenn man in einem der Häuser übernachtet!

Watsons Bay Boutique Hotel BOUTIQUEHOTEL $$

(Karte S. 76; ☎ 02-9337 5444; www.watsonsbayhotel.com.au; 10 Marine Pde, Watsons Bay; Zi. 259–559 AU$; P ⊖ ❄ 📶; ⛴ Watsons Bay) Bequemer geht es wirklich nicht: Die Fähre bringt einen direkt vor die Schwelle dieses von Hampton inspirierten schicken Hotels in einem bezaubernden Küstendorf. Hier erwarten einen Luxus in Form gestärkter Bettwäsche, trendiger Badezimmer-Accessoires und schicker, verglaster, angeschlossener Bäder. Der mehrstöckige Beach Club im Hotel ist am Wochenende sehr belebt, sodass Lärm trotz Doppelverglasung ins Zimmer eindringen kann. Das Frühstück ist im Preis inbegriffen.

Glenferrie Lodge PENSION $$

(Karte S. 76; ☎ 02-9955 1685; www.glenferrielodge.com; 12a Carabella St, Kirribilli; EZ/DZ ohne Bad 88/128 AU$, DZ 152 AU$; P ⊖ @ 📶 🐾) 🍃 Die Unterkunft in einem prächtigen Haus aus dem 19. Jh. hat eine friedliche Lage in Kirribilli, nahe bei der Fähre (oder nur einen netten Spaziergang über die Brücke von der Stadt entfernt). Die modernen Zimmer, von denen sich die meisten an Fitnessräume erinnernde Bäder teilen, haben für Sydney ein super Preis-Leistungs-Verhältnis. Zu dem großen, etwas chaotisch geführten Komplex gehören ein Küchen-Café-Bereich und ein Garten mit Spielplatz. Für Direktbucher ist das Frühstück im Preis inbegriffen.

Die Lage ist hübsch, und die Sydneyer Residenz des Premierministers befindet sich am Ende der Straße. Die Preise variieren stark von Tag zu Tag – einfach auf die Website gucken! Samstags ist die Übernachtung hier besonders teuer.

Newtown & Inner West

Mad Monkey Backpackers HOSTEL $

(Karte S. 102; ☎ 02-8705 3762; www.madmonkeybroadway.com.au; 20 City Rd, Chippendale; B 38–48 AU$; ⊖ ❄ 📶; 🚌 412, 413, 422, 423; 🚉 Central) Das freundliche, gut ausgestattete Hostel in Top-Lage ist sehr liebenswert. Die Schlafsäle sind eng, haben aber sehr ordentliche Matratzen, und die Badezimmer sind mit Föhnen und Haarglättern überdurchschnittlich ausgestattet. Mit Partybussen und freiem Eintritt zu größeren Nachtclubs am Samstag ist für Geselligkeit gesorgt; am nächsten Tag sichert kostenlose Hausmannskost die nötige Erholung. Das Frühstück und Netflix sind im Preis inbegriffen.

Mandelbaum House PENSION $

(Karte S. 102; ☎ 02-9692 5200; www.mandelbaum.usyd.edu.au; 385 Abercrombie St, Darlington; EZ/DZ ohne Bad 75/98 AU$, DZ/Apt. 135/170 AU$; ⏲ Ende Nov.–Mitte Feb.; P ⊖ ❄ @ 📶; 🚉 Redfern) 🍃 Das nette Haus, ein Wohnheim-College der University of Sydney, ist im Sommer eine tolle Unterkunft. Der kleine, freundliche Ort bietet einen einladenden Empfang, ein gemeinnütziges Ethos und komfortable Zimmer, von denen sich einige die schönen Badezimmer teilen. Die Lage ist prima zur Erkundung von Redfern und Newtown.

★ **Tara Guest House** B&B $$

(Karte S. 102; ☎ 02-9519 4809; www.taraguesthouse.com.au; 13 Edgeware Rd, Enmore; DZ mit/

ohne Bad 225/195 AU$; ; 426) Ein Paar, das sich ganz seinen Gästen widmet, hat in dem sehr stimmungsvollen Haus von 1880 ein wundervolles B&B geschaffen. Die wunderbaren Zimmer sind hell, haben hohe Decken und fabelhafte Details. Avantgarde-Kunst sorgt für zusätzlichen Charakter; weitere Pluspunkte sind der Hund Oscar, der kostenlose Flughafen-Transfer und das gemeinschaftliche Gourmet-Frühstück. Dank ihrer beispielhaften Gastlichkeit ist dies eine der besten Unterkünfte der Stadt.

★ Forsyth Bed & Breakfast B&B $$
(Karte S. 76; 02-9552 2110; www.forsythbnb.com; 3 Forsyth St, Glebe; DZ 195–235 AU$; ; 431; Glebe) Dieses kleine, feine Refugium in einem hübschen Teil von Glebe ist ein bezaubernder Ort mit nur zwei hinreißenden, modernen, unverstellten und mit gut ausgewählter Kunst geschmückten Designer-Zimmern. Das „Rozelle" hat einen schönen Balkon und ein geräumiges, angeschlossenes Bad, das asiatisch anmutende „Blackwattle" ein winziges Bad, dafür aber ein eigenes Wohnzimmer. Die Inhaber sorgen für makellose Gastlichkeit und haben überlegte Ratschläge auf Lager; das sehr gute Frühstück wird in dem japanisch inspirierten Garten serviert.

Urban Hotel BOUTIQUEHOTEL $$
(Karte S. 102; 02-8960 7800; www.theurbanhotel.com.au; 52-60 Enmore Rd, Newtown; Zi. 199–299 AU$; @; Newtown) Das zwanglose Hotel in einem ehemaligen Veteranenclub liegt ein paar Gehminuten vom Bahnhof Newtown entfernt in der Nähe toller Bars und Restaurants und bietet topmodern anmutende Einraum-Apartments mit Industrieschick. Das Urban zeichnet sich gegenüber der Konkurrenz durch ein paar Extras aus, z. B. kostenlose, australienweite Festnetzgespräche und sehr großzügige Ein- und Auscheck-Regelungen. In der Küche gibt's eine Kaffeepad-Maschine und Minibars, die mit örtlichem Kleinbrauereibier bestückt sind.

Das riesige Wandbild an der Fassade stammt von dem bekannten Straßenkünstler Fintan Magee und ist ein Kommentar zu den steigenden Wohnungskosten in der Metropole Sydney.

Old Clare Hotel BOUTIQUEHOTEL $$$
(Karte S. 102; 02-8277 8277; www.theoldclarehotel.com.au; 1 Kensington St, Chippendale; Zi. 300–600 AU$; P; Central) Das 62-Zimmer-Hotel in erstklassiger Chippendale-Lage residiert in einem umgebauten Brauerei-Verwaltungsgebäude. Die Zimmer sind vom lärmenden Broadway abgesetzt und punkten mit hohen Decken und einer ansprechenden Gestaltung mit maßgeschneiderten kunstvollen Details, z. B. aus alten Werkzeugteilen hergestellten Lampen. Die teureren Zimmer sind beträchtlich größer, aber noch die billigsten verfügen über große Doppelbetten, attraktive Annehmlichkeiten und ziemlich viel Platz.

Manly

Manly Bunkhouse HOSTEL $
(Karte S. 76; 02-9976 0472; www.bunkhouse.com.au; 35 Pine St, Manly; B 42 AU$, DZ 105 AU$; P@; 151, 158, 169; Manly) Das entspannte Hostel in einem netten alten Haus in kurzer Gehentfernung vom Strand hat ein ausgesprochenes Surfer-Flair. Die Schlafsäle mit hohen Decken, angeschlossenen Bädern und viel Bewegungsfreiheit und Stauraum sind bei Langzeitgästen beliebt. Die renovierten Privatzimmer haben eigene Bäder und ein gutes Preis-Leistungs-Verhältnis. Schrille Malereien schmücken die Wände, und es gibt einen tollen Hinterhof mit Grill.

101 Addison Road B&B $$
(Karte S. 109; 02-9977 6216; www.bb-manly.com; 101 Addison Rd, Manly; Zi. 165–200 AU$; P; Manly) Das üppig dekorierte Cottage aus den 1880er-Jahren liegt in einer ruhigen Straße nahe dem Strand und dem Fähranleger. Zur Vermietung stehen zwei Zimmer, die der freundliche Gastgeber aber nur zusammen vermietet (1–4 Pers.), sodass man die mit Antiquitäten ausstaffierte Unterkunft, zu der auch ein Wohnzimmer mit Klavier und offenem Kamin gehört, ganz für sich alleine hat.

Cecil Street B&B B&B $$
(Karte S. 76; 02-9977 8036; www.cecilstreetbb.com.au; 18 Cecil St, Fairlight; EZ 120–160 AU$, DZ 140–200 AU$; P; 142, Manly) Das entspannte B&B in einem hübschen Backsteinhaus im Federation-Stil liegt auf einem Hügel oberhalb von Manly. Die zwei einfachen, aber geschmackvoll dekorierten Zimmer machen das Beste aus den hohen Decken, Bleiglasfenstern und lackierten Holzböden. Die Zimmer teilen sich das moderne Bad und ein kleines Wohnzimmer. Der einzige Nachteil ist der steile Aufstieg, wenn man vom Strand zurückkommt.

Quest Manly APARTMENTS $$$
(Karte S. 109; ☎ 02-9976 4600; www.questmanly.com.au; 54a West Esplanade, Manly; Apt. 340–445 AU$; P ⊖ ❄ 📶; ⛴ Manly) Die smarten, in sich abgeschlossenen Apartments dieser Anlage haben eine erstklassige Lage in der Nähe aller Strand-Highlights von Manly und ganz nahe bei der Fähre (sodass man auch ganz schnell wieder in der Stadt ist). Es lohnt sich, etwas mehr für ein Apartment mit Blick auf den Hafen auszugeben.

Northern Beaches

Sydney Lakeside Holiday Park CAMPING $
(☎ 02-9913 7845; www.sydneylakeside.com.au; 38 Lake Park Rd, North Narrabeen; Stellplatz 47–102 AU$, DZ 140–170 AU$, Hütte 204–299 AU$; P ⊖ ❄ 📶 ≋; 🚌 L84, L87, L90, 184, 187, 188, 190) Der super ausgestattete Ferienpark hat eine große Palette an Hütten und mehrere Stellplatz-Optionen, darunter auch welche mit eigenem Bad. Der Platz ist prima für Kinder geeignet: Er liegt nahe dem Strand und dem See, und auf dem Gelände gibt es einen Wasserpark und Spiele.

Essen

Sydneys Küche kann es mit der aller Weltstädte aufnehmen. Die Stadt wird ihrer Lage am Pazifik voll gerecht: Hier verbinden sich die frischesten regionalen Zutaten mit den Aromen Asiens, Nord- und Lateinamerikas und natürlich auch der kolonialen Vergangenheit.

Sydneys Spitzenrestaurants haben zwar angemessen stolze Preise, aber auswärts zu essen muss hier nicht teuer sein. Es gibt viele Lokale mit Gastronomie diverser Länder, wo man sich eine billige, würzige Pizza oder eine Schale Nudeln bestellen kann. Cafés sind eine gute Wahl für eine solide, oft interessante und in der Regel preisgünstige Mahlzeit. Und die zahlreichen Restaurants, wo man sich seinen Wein selber mitbringt, sind in der Regel sehr günstig: Im Inner West gibt's jede Menge davon.

Circular Quay & The Rocks

In den stimmungsvollen Gassen von The Rocks finden sich sehr viele kleine Esslokale, von rund um die Uhr geöffneten Pfannkuchenläden bis zu Speisepalästen mit weißen Tischtüchern. In dem hufeisenförmigen Gebiet zwischen der Harbour Bridge und dem Opernhaus gibt's Dutzende eleganter Restaurants mit wundervollem Ausblick aufs Wasser. Dass dieses touristischste Viertel der Stadt auch die teuersten Lokale hat, versteht sich wohl von selbst. Aber zumindest an einem Abend sollte man sich, wenn man es sich irgendwie leisten kann, schon in Schale werfen, um hier die Verführungskunst Sydneys auf sich wirken zu lassen.

★ **Fine Food Store** CAFÉ $
(Karte S. 82; ☎ 02-9252 1196; www.finefoodstore.com; Ecke Mill Lane & Kendall Lane; kleine Gerichte 9–15 AU$; ⏰ Mo–Sa 7–16.30, So 7.30–16.30 Uhr;

FRÜHSTÜCK & BRUNCH IN SYDNEY

Vielleicht hat es mit den langen Partynächten zu tun, dass sich die Sydneyer Cafés besonders gut auf Frühstück und Brunch verstehen. Viele Einheimische machen Geschäftsabschlüsse lieber beim morgendlichen Latte als beim Lunch oder bei einem eleganten Abendessen, und Freunde starten oft gemeinsam mit Rührei, Karottensaft und Gelächter in den Tag. Die besten Adressen zum Frühstücken sind Potts Point, Surry Hills und die Strände, aber praktisch jedes Innenstadtviertel besitzt ordentliche Frühstückscafés. Eine sehr beliebte Wochenend-Brunch-Option ist auch ein Yum cha in Chinatown (wo man wahrscheinlich Schlange stehen muss).

In Sachen Kaffee zieht Sydney (wie die meisten Städte in Australasien) mit London und Los Angeles gleich: Labberiger Filterkaffee ist passé und Espresso die Regel. Die großen internationalen Ketten sind vertreten, gelten aber allgemein als letzte Bastion der Einfallslosigkeit. Besser setzt man sich in ein örtliches Café und bestellt einen „Flat White" (einen Espresso mit Milch, die ideal erwärmt, aber nicht aufgekocht wurde – eine Wissenschaft für sich), einen Caffè latte (ähnlich, aber mit mehr Milch, oft in einem Glas serviert), einen Cappuccino (Espresso mit Milchschaum und Schokoladenstreuseln oder Zimt), einen langen oder kurzen Schwarzen (Espresso ohne Milch mit mehr oder weniger Wasser), einen Macchiato (einen kurzen Schwarzen mit einem Spritzer Milch) oder einen Ristretto (einen sehr starken Espresso). Fast alle Cafés bieten auch Soja- oder entrahmte Milch.

; Circular Quay) Manchmal hat man den Eindruck, The Rocks bestehe nur aus Pubs – da freut man sich, dieses versteckte, moderne Café zu entdecken, das sich gut für eine Pause beim Sightseeing oder für ein besseres und günstigeres Frühstück als im Hotel eignet. Das Personal ist sehr herzlich, macht sehr anständigen Kaffee und bietet köstliche Panini, Sandwichs und andere Frühstücks- und Mittagsgerichte. Am besten sitzt man an den Tischen draußen in der schmalen Gasse.

★ Quay MODERN-AUSTRALISCH $$$

(Karte S. 82; 02-9251 5600; www.quay.com.au; L3, Overseas Passenger Terminal; 4-/8-Gänge-Menü 175/235 AU$; Mo–Do 18–21.30, Fr–So 12–13.30 & 18–21.30 Uhr; Circular Quay) Das Quay schert sich nicht um die Regel, dass guter Ausblick mit schlechtem Essen gepaart sein muss. Chefkoch Peter Gilmore ruht sich nicht auf seinen Lorbeeren aus, sondern liefert ständig meisterhaft zubereitete, erfindungsreiche Gerichte, mit denen das Quay auf die prestigeträchtige Liste der weltbesten Restaurants kam. Und die Aussicht? Die ist so, als würde man inmitten einer Ansichtskarte dinieren. Man sollte online weit im Voraus reservieren, es lohnt sich aber auch, einfach mal anzurufen und zu fragen, ob ein Tisch frei geworden ist.

Aria MODERN-AUSTRALISCH $$$

(Karte S. 82; 02-9240 2255; www.ariarestaurant.com; 1 Macquarie St; 2-/3-/4-Gänge-Menü 115/145/170 AU$, Verkostungsmenü 205 AU$; Mo–Fr 12–14.15 & 17.30–22.30, Sa 12–13.45 & 17–22.30, So 12–14.15 & 17.30-20.30 Uhr; Circular Quay) Das Aria ist ein Stern an Sydneys kulinarischem Himmel – dank der preisgekrönten Kombination aus den wundervollen Gerichten von Chefkoch Matt Moran, dem Blick aufs Opernhaus, einem stilvoll renovierten Interieur und makellosem Service. Vor und nach einem besonderen Theaterabend im Opernhaus gibt's hier als Auftakt oder Abschluss ein hervorragendes Menü à la carte (vor 19 & nach 22 Uhr; 1/2/3 Gänge 55/90/110 AU$).

Zentrum & Haymarket

Die Restaurants im Zentrum ohne Hafenblick sind meist diskrete, teure Orte – genau richtig für millionenschwere Geschäftsabschlüsse. Manche trotzen der Geografie, indem sie sich oben in Hochhaustürmen eingenistet haben. Chinatown ist die beste Adresse für eine billige, sättigende Mahlzeit, vor allem auch nach Mitternacht. Chinesische Gerichte stehen im Fokus, es gibt aber auch vietnamesische, malaysische, koreanische und thailändische Küche. Little Korea findet man an der Pitt St nahe der Liverpool St und Thaitown an der Campbell St.

Mamak MALAYSISCH $

(Karte S. 86; 02-9211 1668; www.mamak.com.au; 15 Goulburn St; Hauptgerichte 6–17 AU$; Mo–Do 11.30–14.30 & 17.30–22, Fr bis 1, Sa 11.30–1, So bis 22 Uhr; ; Town Hall) Wer einen Tisch haben will, ohne Schlange zu stehen, muss früh (ab 17.30 Uhr) herkommen, denn dieses malaysische Schnelllokal ist eine der beliebtesten Adressen für günstiges Essen. Die Satay-Spieße werden über Holzkohlenfeuer gegart und sind mit einem knusprig-goldenen Roti besonders köstlich.

Central Baking Depot BÄCKEREI $

(Karte S. 82; www.centralbakingdepot.com.au; 37–39 Erskine St; Stück 5–13 AU$; Mo–Fr 7–16, Sa 8–16 Uhr; ; Wynyard) Mitten im Herzen des CBD (Central Business District) macht das CBD hervorragende Backwaren. Es gibt herzhafte Snacks (Pies, Quiche, Hotdogs, Croissants, Pizza-Stücke und Sandwiches) sowie süßes Gebäck und natürlich Kaffee. Der Sitzbereich beschränkt sich auf ein paar schlichte Tische und eine Fensterbank.

★ Mr. Wong CHINESISCH $$

(Karte S. 82; 02-9240 3000; www.merivale.com.au/mrwong; 3 Bridge Lane; Hauptgerichte 26–38 AU$; Mo–Mi 12–15 & 17.30–23, Do & Fr 12–15 & 17.30–24, Sa 10.30–15 & 17.30–24, So 10.30–15 & 17.30–22 Uhr; ; Wynyard) Das noble, jedoch komfortable Restaurant residiert in einem sehr attraktiven, gedämpft beleuchteten Raum mit unverputzten Backsteinwänden und kolonialem Lagerhaus-Schick in einer Gasse im zentralen Geschäftsviertel. In der offenen Küche hängen die Enten, und ein großes Team ist eifrig bei der Arbeit. Mittags beim Dim Sum gibt's viele Aromen, und der Salat mit Hühnchen und Medusen schmeckt erfrischend. Hauptgerichte wie die knusprige Schweinshaxe sind lecker und schwer, und die Peking-Enten-Pfannkuchen sind legendär.

Weitere Pluspunkte sind die eindrucksvolle Weinkarte und der aufmerksame, muntere Service.

★ Restaurant Hubert FRANZÖSISCH $$

(Karte S. 82; 02-9232 0881; www.restauranthubert.com; 15 Bligh St; Gerichte 15–42 AU$;

Mo–Sa 17–1 Uhr; Martin Place) Das schicke, altmodische Ambiente versetzt einen aus dem Sydney der Anzugträger in einen Cocktail-Film der 1930er-Jahre. Die köstlichen französischen Gerichte werden in Portionen alter Schule serviert, z. B. Terrine, Blutwurst oder Ente, ergänzt um ein paar eher avantgardistische Kreationen. Man sitzt an Tischen im Kerzenschein oder an der langen Theke, hinter der Whiskyflaschen aufgereiht sind. Buchungen für kleine Gruppen werden nicht angenommen; man wartet an der Bar, bis man an die Reihe kommt. Dies ist eines der wenigen feinen Restaurants in der Stadt, wo man auch sehr spät noch essen kann. Auf der Treppe in das Kellerrestaurant kann man die große Sammlung von Miniaturflaschen bewundern.

★ Azuma JAPANISCH **$$**

(Karte S. 82; 02-9222 9960; www.azuma.com.au; Ebene 1, Chifley Plaza, Hunter St; Hauptgerichte 22–48 AU$; Mo–Fr 12–14.30 & 18–22, Sa 18–22 Uhr; Martin Place) Das Lokal im Obergeschoss des Chifley Plaza ist eines der feinsten japanischen Restaurants in Sydney. Sushi und Sashimi sind von Top-Qualität und fast zu schön angerichtet, um aufgegessen zu werden. Weitere Optionen sind Sukiyaki und am Tisch zubereitete Schmortopfgerichte sowie das hervorragende Verkostungsmenü (110 AU$/Pers.). Hier kann man sich mit feiner moderner japanischer Küche vertraut machen. Dazu gibt's in Karaffen servierten leckeren Sake.

★ Pablo & Rusty's CAFÉ **$$**

(Karte S. 82; 02-9283 9543; www.pabloandrustys.com.au; 161 Castlereagh St; kleine Gerichte 10–25 AU$; Mo–Fr 6.30–17, Sa 8–15 Uhr; ; Town Hall) Das stets gut ausgelastete Café ist eines der besten im Zentrum. In einem einladenden, von Holz und Backstein bestimmten Ambiente gibt's wirklich guten Kaffee (darunter täglich mehrere sortenreine Versionen) und eine Palette ansprechender Frühstücks- und Mittagsgerichte von Sandwichs bis zu gesunden, mediterran und asiatisch beeinflussten Kreationen wie Thunfisch-Poke mit braunem Reis oder Litschi- und Ingwer-Tapioka.

Ash St Cellar MODERN-AUSTRALISCH **$$**

(Karte S. 82; 02-9240 3000; www.merivale.com.au/ashstcellar; 1 Ash St; großer Teller 18–26 AU$; Mo–Fr 8.30–23 Uhr; ; Wynyard) Das Ash St Cellar ist eine der angesagten Weinbars im Ivy-Komplex. Es liegt in einer Seitengasse und punktet mit exzellenten Käse-, Wurst- und gemischten Platten. Wenn es nicht zu windig ist, sitzt man draußen und hat die Qual der Wahl mit der mehr als 200 Weine umfassenden Karte. Trotz der vielen Anzugträger herrscht hier eine entspannte, geruhsame Atmosphäre.

Chat Thai THAI **$$**

(Karte S. 86; 02-9211 1808; www.chatthai.com.au; 20 Campbell St; Hauptgerichte 10–20 AU$; 10–2 Uhr; ; Capitol Square) Viel cooler als das durchschnittliche Thai-Lokal ist dieses Herzstück von Thaitown. Es ist so beliebt, dass draußen eine Liste hängt, auf der man sich eintragen muss, wenn man auf einen Tisch warten will. Vor allem in Sydney lebende Thais strömen hierher, weil sie hier Gerichte bekommen, die es in den normalen thailändischen Restaurants nicht gibt – das gilt vor allem für die ungewöhnlichen Süßspeisen.

Sydney Madang KOREANISCH **$$**

(Karte S. 86; 02-9264 7010; 371a Pitt St; Hauptgerichte 13–23 AU$; 11.30–2 Uhr; Museum) Das kleine Schmuckstück – ein authentischer Grill mit wenig Ambiente, aber großen Portionen und hoher Qualität – liegt in einer winzigen Gasse in Little Korea. Das Lokal ist laut, eng und chaotisch, aber die Meeresfrüchtesuppe mit Chili sorgt dafür, dass die Gäste wiederkommen.

★ Sepia JAPANISCH, FUSION **$$$**

(Karte S. 82; 02-9283 1990; www.sepiarestaurant.com.au; 201 Sussex St; Verkostungsmenü 215 AU$, passende Weine 135 AU$; Fr & Sa 12–15, Di–Sa 18–22 Uhr; Town Hall) Die Karte dieses Restaurants, das manchmal als das beste Australiens bezeichnet wird, ist japanisch bestimmt, sprengt aber alle Grenzen, denn auch Molekulargastronomie und das Prinzip, frische saisonale Marktprodukte zu verwenden, spielen ihre Rolle bei der Kreation und Präsentation der hinreißenden Speisen. Die sensationellen Meeresfrüchte und exquisiten Aromen sind eine wahre Gaumenfreude. Das Ambiente ist edel, die Beleuchtung gedämpft und die Atmosphäre recht formell. Es gibt auch eine Weinbar.

★ Tetsuya's FRANZÖSISCH, JAPANISCH **$$$**

(Karte S. 86; 02-9267 2900; www.tetsuyas.com; 529 Kent St; Verkostungsmenü 230 AU$, passende Weine 110 AU$; Di–Fr 17.30–22, Sa 12–15 & 17.30–22 Uhr; Town Hall) Versteckt in einer Villa hinter einem historischen Cottage inmitten von Hochhäusern rechnet das außergewöhnliche Restaurant auf Gäste, die sich nicht einfach den Bauch vollschlagen, sondern eine kulinarische Reise unternehmen wollen. Man lässt sich zu den mehr als zehn Gängen mit französischem und japanischem Einschlag nieder, die der Kreativität des aus Japan stammenden Tetsuya Wakuda zu verdanken sind. Alle Gerichte sind wunderbar, aber am besten sind die Meeresfrüchte. Weit im Voraus reservieren!

★ Rockpool Bar & Grill STEAKHAUS $$$
(Karte S. 82; ☎ 02-8078 1900; www.rockpool.com; 66 Hunter St; Hauptgerichte 45–59 AU$; Bar Hauptgerichte 18–32 AU$; ⏰ Mo–Fr 12–15 & 18–23, Sa 18–23, So 17.30–22.30 Uhr; Ⓡ Martin Place) In dem schicken Restaurant im vom Art déco geprägten City Mutual Building fühlt man sich wie ein Manhattaner Börsenmakler in den 1930er-Jahren. Die Bar ist für ihre Burger mit abgehangenem Fleisch von reinrassigen Wagyū-Rindern berühmt (als Beilage sollte man unbedingt die von Hand geschnittenen, fettigen Pommes bestellen), aber es gibt auch saftige Steaks, Schmor- und Fischgerichte.

Golden Century CHINESISCH, MEERESFRÜCHTE $$$
(Karte S. 86; ☎ 02-9212 3901; www.goldencentury.com.au; 393–399 Sussex St; Hauptgerichte 28–44 AU$; ⏰ 12–4 Uhr; 🖉; Ⓡ Town Hall) Das Fischbecken in diesem hektischen kantonesischen Lokal, einem klassischen Chinatown-Restaurant, dient als Schaufenster und wimmelt von nervösen Fischen, Krabben, Hummern und Seeohren. Am besten gönnt man sich einen ganzen Hummer mit Ingwer und Schalotten – das Tier wandert vom Becken ins Netz, dann in die Küche und schließlich auf den Teller. Das Lokal ist die ganze Nacht geöffnet, aber am Wochenende auch zum Yum Cha beliebt.

Mercado MODERN-AUSTRALISCH $$$
(Karte S. 82; ☎ 02-9221 6444; www.mercadorestaurant.com; 4 Ash St; kleine Teller 21–32 AU$; ⏰ Mo–Do 12–14.30, Fr 12–14.30 & 17.30–22, Sa 17.30–22.30 Uhr; Ⓡ Wynyard) Das laute und geschäftige Lokal im Untergeschoss hält ein ausgezeichnetes Angebot spanisch beeinflusster Tapas und saftige Fleischgerichte vom Spieß bereit. Käse und Räucherfleisch werden vor Ort produziert, und Gerichte wie etwa die geräucherte Aubergine oder der Rogen-Dip „Fish and Chips" sind geschmacklich ganz hervorragend. Ein weiterer Pluspunkt ist die interessante Auswahl spanischer Weine.

Darling Harbour & Pyrmont

Reihen von Restaurants säumen Darling Harbour, von denen viele passend zum Blick aufs Meer Meeresfrüchte servieren. Bei den meisten handelt es sich um teure Touristenlokale von durchaus guter, aber keineswegs herausragender Qualität. The Star präsentiert sich als ein kulinarisches Mekka und hat auch viele begabte Gastronomen angelockt. Es gibt dort viele ausgezeichnete Restaurants, aber die Atmosphäre eines Einkaufszentrums ist nicht nach jedermanns Geschmack. An den Kais von Pyrmont gibt's ebenfalls ein paar hervorragende Restaurants.

Adriano Zumbo SÜSSSPEISEN $
(Karte S. 88; www.zumbo.com.au; The Star, 80 Pyrmont St; 6 Zumbarons 16,50 AU$; ⏰ Mo 11–22, Di–Do bis 23, Fr & Sa bis 24, So bis 21 Uhr; Ⓡ The Star) Der Mann, der die Macarons nach Sydney brachte, hat in diesem Laden im Star-Komplex, in dem die gebackenen Leckereien kunstvoll zur Schau gestellt sind, seine Willy-Wonka-Fantasien ausgelebt. Die Macarons (oder Zumbarons, wie sie hier heißen), Tartes, Backwaren und Kuchen schmecken genauso gut, wie sie aussehen. Der Laden befindet sich gleich vor dem Lyric Theatre.

The Malaya MALAYSISCH $$
(Karte S. 88; ☎ 02-9279 1170; www.themalaya.com.au; 39 Lime St; Hauptgerichte 24–36 AU$; ⏰ Mo–Fr 12–15 & 18–22, Sa 12–15 & 17.30–22, So 17.30–22 Uhr; 📶 🖉; ⛴ Darling Harbour) Gute malaysische Küche hat etwas Lebensbejahendes, und das gilt ganz gewiss auch für die Speisen, die man hier erhält. Die Gerichte voller Aromen und Gewürze sind sehr authentisch, und der fabelhafte Blick über den Darling Harbour (wo es am Samstagabend Feuerwerk gibt) sorgt für Romantik. Die Atmosphäre ist Sydney-typisch: eine Mischung aus Eleganz und Zwanglosigkeit. Die Gerichte von der Karte sind besser als das Menü.

Cafe Morso CAFÉ $$
(Karte S. 88; ☎ 02-9692 0111; www.cafemorso.com.au; Jones Bay Wharf; Hauptgerichte früh 12–20 AU$, mittags 18–25 AU$; ⏰ Mo–Fr 7–15.30, Sa 9–14.30, So 8–15.30 Uhr; 📶 🖉; Ⓡ The Star) Das Café am hübschen Jones Bay Wharf ist ein feiner Ort fürs Frühstück oder Mittagessen; es wird aber recht voll, sodass man vielleicht besser reserviert. Jacht-Skipper

und Mitarbeiter von Channel 7 machen das Publikum aus. Die kecken Frühstücksgerichte – zu empfehlen sind die Schinken-Gnocchi – gehen nahtlos in warme Mittagsgerichte über; man kann sich aber auch einfach für ein Sandwich entscheiden.

★ LuMi ITALIENISCH $$$
(Karte S. 88; 02-9571 1999; www.lumidining.com; 56 Pirrama Rd, Pyrmont; 8-Gänge-Menü 115 AU$, 3-/5-Gänge-Mittagsmenü Fr & Sa 55/75 AU$; Mi & Do 18.30–22.30, Fr & Sa 12–14.30 & 18–22.30, So 12–14.30 & 18.30–22.30 Uhr; ; Pyrmont Bay) Das Lokal befindet sich direkt am Kai neben den schaukelnden Booten, jedoch ist der Ausblick nicht umwerfend. Das Restaurant liegt etwas versteckt nur Schritte entfernt von Darling Harbour und The Star und bietet zwanglose Kompetenz und wunderbar innovative italienisch-japanische Fusionküche. Das Verkostungsmenü ist eine richtige Tour de Force mit hervorragenden Kreationen, zu denen auch außerordentliche Pastagerichte zählen. Die offene Küche ist unterhaltsam, der Service smart und die Wein- und Sake-Karte toll.

★ Sokyo JAPANISCH $$$
(Karte S. 88; 02-9657 9161; www.star.com.au/sokyo; the Star, 80 Pyrmont St; Frühstück 23 bis 39 AU$, Hauptgerichte 32–65 AU$; tgl. 7–10.30 & 17.30–22, Fr & Sa 12–14 Uhr; ; The Star) Das Sokyo bringt Tokio-Glamour an den Rand des Kasinokomplexes. Das Personal serviert gutes Sushi und Sashimi, delikate Tempura, leckere Robatayaki-Grillgerichte und raffinierte Hauptgerichte. Außerdem tischt es das beste japanische Frühstück in ganz Sydney auf. Wer allein kommt, schnappt sich einen Stuhl an der Theke neben der Sushi-Küche und kann das ganze Getümmel beobachten.

Flying Fish MEERESFRÜCHTE $$$
(Karte S. 88; 02-9518 6677; www.flyingfish.com.au; Jones Bay Wharf; Hauptgerichte 40–50 AU$; Mo 18–22.30, Di–Sa 12–14.30 & 18–22.30, So 12–14.30 Uhr; The Star) Das Lokal an einem hübschen Kai in Pyrmont ist genau so, wie ein Meeresfrüchterestaurant sein sollte: weiße Tischtücher, die man mit dem Saft der Krustentiere bekleckert, schimmernde Gläser und ein Ausblick aufs Wasser. Dies und die Lichter der Stadt sorgen für Romantik und das ausgezeichnete Essen sowie die ausführliche Cocktailkarte für die Gaumenfreuden. Das Lokal hat zudem die coolsten Toiletten der Stadt: Die durchsichtige Glasscheibe verwandelt sich in Milchglas, sobald man die Tür schließt.

Kings Cross & Potts Point

Room 10 CAFÉ $
(Karte S. 90; 02-8318 0454; www.facebook.com/room10espresso; 10 Llankelly Pl, Kings Cross; Hauptgerichte 8–14 AU$; Mo–Fr 7–16, Sa & So 8–16 Uhr; P ; Kings Cross) Das wirklich freundliche und einladende, winzige Café ist eines jener Lokale, in dem das Personal die Einheimischen mit ihrem Namen begrüßt. Der Kaffee ist prima, das Essen beschränkt sich auf Sandwichs, Salate und ähnliche schmackhafte, unkomplizierte Sachen. Man sitzt drinnen an den unmöglich kleinen Tischen oder beobachtet draußen in der netten Gasse die Leute.

Piccolo Bar CAFÉ $
(Karte S. 90; 02-9368 1356; www.piccolobar.com.au; 6 Roslyn St, Kings Cross; kleine Gerichte 5–10 AU$; Mo–Fr 8–14.30 Uhr; ; Kings Cross) Das winzige Café ist ein Überbleibsel des alten Boheme-Kings Cross und hat sich in mehr als 60 Jahren kaum verändert. Die Wände sind mit Fotos von Filmstars bedeckt, und Vittorio Bianchi versorgt seine Gäste wie seit mehr als 40 Jahren schon mit starkem Kaffee, Omelettes und jeder Menge rauem Charme.

Harry's Cafe de Wheels FASTFOOD $
(Karte S. 90; 02-9357 3074; www.harryscafedewheels.com.au; Cowper Wharf Roadway, Woolloomooloo; Pies 5–8 AU$; Mo & Di 8.30–2, Mi & Do 8.30–3, Fr 8.30–4, Sa 9–4, So 9–1 Uhr; 311; Kings Cross) Das Harry's gibt's schon seit 1938 (außer in den paar Jahren, in denen der Begründer Harry „der Tiger" Edwards bei der Armee war). Hier haben sich schon Promis von Pamela Anderson bis Frank Sinatra und Colonel Sanders mit Fleischpasteten verköstigt. Man darf aber keinesfalls gehen, ohne einen „Tiger" probiert zu haben – eine heiße Fleischpastete mit labbrigen Erbsen, Kartoffelbrei, Bratensaft und Tomatensauce.

★ Cho Cho San JAPANISCH $$
(Karte S. 90; 02-9331 6601; www.chochosan.com.au; 73 Macleay St, Potts Point; Hauptgerichte 18–38 AU$; Mo–Do 17.30–23, Fr–So 12–23 Uhr; Kings Cross) Man betritt das schicke japanische Restaurant durch die glänzende Schiebetür aus Messing und nimmt an dem Gemeinschaftstisch aus poliertem Beton und

hellem Holz Platz, der sich der Länge nach durch den Raum zieht. Das Essen ist so kunstvoll wie das Ambiente: Es gibt köstliche *izakaya*-Häppchen von der Rohkostbar und vom *hibachi*-Grill. Auch eine gute Sake-Auswahl ist erhältlich.

★ Yellow VEGETARISCH **$$**
(Karte S. 90; ☎ 02-9332 2344; www.yellowsydney.com.au; 57 Macleay St, Potts Point; Verkostungsmenü 70 AU$; ⏲ Mo–Fr 18–23, Sa & So 8–15 & 18–23 Uhr; 🌶; 🚉 Kings Cross) Die frühere Künstlerresidenz, ein sonnenblumengelbes Symbol der Boheme, ist heute ein erstklassiges, zeitgemäßes, vegetarisches Restaurant. Die Gerichte werden mit echtem Pfiff zubereitet und exquisit angerichtet. Die Verkostungsmenüs (darunter auch ein veganes) bringen die vegetarische Küche Sydneys auf ein neues Niveau. Weitere Highlights sind der Wochenend-Brunch und die Weinkarte.

Farmhouse MODERN-AUSTRALISCH **$$**
(Karte S. 90; ☎ 0448 413 791; www.farmhousekingscross.com.au; 4/40 Bayswater Rd, Kings Cross; Menü 60 AU$; ⏲ Mi–Sa 18.30 & 20.30, So 14 & 18.30 Uhr; 🚉 Kings Cross) Das enge Lokal, ein Zwischending aus Restaurant und Supper Club, hat eine winzige Küche und einen charmanten Wirt. Die Gäste sitzen an einem langen Tisch und erhalten ein Menü mit unkomplizierten, köstlichen Gerichten aus hochwertigen Lebensmitteln. Es gibt gute Weine und eine lebhafte, launige Stimmung. Reservierung erforderlich.

Fratelli Paradiso ITALIENISCH **$$**
(Karte S. 90; ☎ 02-9357 1744; www.fratelliparadiso.com; 12–16 Challis Ave, Potts Point; Frühstück 12–14 AU$, Hauptgerichte 22–38 AU$; ⏲ Mo–Sa 7–23, So bis 22 Uhr; 🚉 Kings Cross) In der schummrigen Trattoria drängt sich die Warteschlange an der Tür (vor allem an Wochenenden). In dem intimen Speisesaal gibt es saisonale italienische Gerichte, die mit mediterranem Pfiff zubereitet werden. Man sieht viele geschäftige, schwarz gekleidete Kellner und viele übergroße Sonnenbrillen und hört viel italienisches Geplauder. Keine Reservierung.

China Doll ASIATISCH **$$$**
(Karte S. 90; ☎ 02-9380 6744; www.chinadoll.com.au; 4/6 Cowper Wharf Roadway, Woolloomooloo; Hauptgerichte 35–54 AU$; ⏲ 12–15 & 18–22.30 Uhr; 🚌 311, 🚉 Kings Cross) Mit Blick auf die Woolloomooloo-Marina und die Skyline der Stadt genießt man hier die köstlichen, einfallsreichen Gerichte mit Einflüssen aus ganz Asien. Das Ambiente ist prima, und die Speisen können mit ihren köstlichen Texturen und Aromen damit bestens mithalten. Die Portionen sind groß gehalten, damit man sich einen Teller teilen kann. Wer allein ist, kann beim Kellner aber auch eine halbe Portion bestellen.

Otto Ristorante ITALIENISCH **$$$**
(☎ 02-9368 7488; www.ottoristorante.com.au; 8/6 Cowper Wharf Roadway, Woolloomooloo; Hauptgerichte 38–49 AU$; ⏲ 12–22.30 Uhr; 🚌 311, 🚉 Kings Cross) Mal abgesehen von der herrlichen Lage am Wasser und der erlesenen Kundschaft – das Otto ist schon deshalb einmalig, weil es mit Gerichten wie *strozzapreti con gamberi* (Pasta mit frischen Yamba-Garnelen, Tomaten, Chili und schwarzen Oliven) praktisch ganz alleine die italienische Küche Sydneys ins neue Jahrhundert geführt hat. Zu den Hauptessenszeiten ist das Reservieren unerlässlich, aber nachmittags kann man es riskieren, einfach so vorbeizukommen.

Surry Hills & Darlinghurst

Die Umwandlung des verwahrlosten Viertels Surry Hills zu einem Feinschmeckerparadies sorgt dafür, dass man ein sich ständig wandelndes Angebot wundervoller Lokale an überraschenden Standorten inmitten von Reihenhäusern und ehemaligen Lagergebäuden findet; ständig kommen neue Restaurants hinzu.

★ Bourke Street Bakery BÄCKEREI **$**
(Karte S. 104; ☎ 02-9699 1011; www.bourkestreetbakery.com.au; 633 Bourke St, Surry Hills; Stück 5–14 AU$; ⏲ Mo–Fr 7–18, Sa & So bis 17 Uhr; 🌶; 🚌 301, 🚉 Central) Die Schlange vor der winzigen Bäckerei ist typisch für Surry Hills. Der Laden hat eine verführerische Auswahl an Gebäck, Kuchen, Brot und Sandwiches sowie Hotdogs, die nahezu legendär in dieser Gegend sind. Drinnen stehen ein paar Tische, aber an schönen Tagen isst man besser draußen.

★ Le Monde CAFÉ **$**
(Karte S. 104; ☎ 02-9211 3568; www.lemondecafe.com.au; 83 Foveaux St, Surry Hills; Gerichte 10–16 AU$; ⏲ Mo–Fr 6.30–16, Sa 7–14 Uhr; 📶; 🚉 Central) Mit das beste Frühstück in Sydney bekommt man in diesem kleinen Straßencafé mit nüchtern-dunklen Holzwänden. Bei erstklassigem Kaffee und einer tollen Auswahl an Tees fühlt man sich der Welt gleich wieder gewachsen. Bei Gerichten wie po-

chierten Eiern mit Trüffeln oder Schweinebauch-Confit lohnt sich der Marsch auf den Hügel.

Reuben Hills CAFÉ $

(Karte S. 104; 02-9211 5556; www.reubenhills.com.au; 61 Albion St; Hauptgerichte 9–22 AU$; Mo–Sa 7–16, So 7.30–16 Uhr; ; Central) Industrielle Aufmachung und lateinamerikanische Gerichte erwarten einen in der Hipster-Zentrale Reuben Hills, die sich in einem Reihenhaus und dessen ehemaliger Garage eingerichtet hat. Der sortenreine Kaffee und die Brathähnchen sind fantastisch, aber die Eier, Tacos und *baleadas* (honduranische Tortillas) können sich ebenfalls sehen lassen.

Messina EISCREME $

(Karte S. 90; 02-9331 1588; www.gelatomessina.com; 241 Victoria St; 1/2/3 Kugeln 4,80/6,80/8,80 AU$; So–Do 12–23, Fr & Sa bis 23.30 Uhr; ; Kings Cross) An der Theke von Sydneys außerordentlichster Eisdiele drängen sich die Leute, als hätten sie noch nie Eis gegessen. Selbst die Schönen und Reichen können den schrillen Geschmacksrichtungen wie Feigen in Marsala und gesalzenem Karamell nicht widerstehen. Alles ist lecker, und es gibt auch Optionen ohne Milchprodukte. Die angeschlossene Dessert-Bar serviert Sundaes.

Infinity Bakery BÄCKEREI $

(Karte S. 90; 02-9380 4320; www.infinitybakery.com.au; 274 Victoria St, Darlinghurst; Brotlaib 4–9 AU$; Mo–Fr 5.30–21.30, Sa bis 22, So bis 21 Uhr; ; Kings Cross) Das Infinity ist eine der herausragenden Bäckereien der Stadt und punktet mit langen Öffnungszeiten, köstlichen Sauerteig- und türkischen Broten sowie mit Kaffee und einer kleinen Auswahl von Café-Gerichten wie Wraps, Pies und Croissants.

Spice I Am THAILÄNDISCH $

(Karte S. 86; 02-9280 0928; www.spiceiam.com; 90 Wentworth Ave, Surry Hills; Hauptgerichte 15–20 AU$; Di–So 11.30–15.30 & 17–22 Uhr; P ; Central) Einst war der kleine, scharfe Laden ein Reservat von Auslands-Thais, aber mittlerweile reicht die Schlange bis vor die Tür. Kein Wunder, denn alle der mehr als 70 zur Auswahl stehenden Gerichte sind superlecker und superscharf. Der Laden ist so erfolgreich, dass die Betreiber eine gehobenere Filiale in **Darlinghurst** (Karte S. 90; 02-9332 2445; 296-300 Victoria St, Darlinghurst; Hauptgerichte 19–22 AU$; Mo–Mi 17.30–22.30, Do–So 11.30–15.30 & 17.30–22.30 Uhr; ; Kings Cross) eröffnet haben. Das Schild ist so unauffällig, dass man es leicht übersieht – also genau hingucken!

Nada's LIBANESISCH $

(Karte S. 104; 02-9690 1289; 270 Cleveland St, Surry Hills; Gerichte 8–16 AU$; Mi–Mo 12–15 & 17.30–22, Di 17.30–22 Uhr; ; 372, Central) Es gibt zwar schickere libanesische Restaurants in der Gegend, aber in Sachen einfacher, leckerer Gerichte zu sehr fairen Preisen ist dieser alteingesessene Familienbetrieb nahezu unschlagbar. Das Tagesmenü zu 29 AU$ ist ein echtes Schnäppchen; man muss sich nur mit dem Brot und den Dips zurückhalten, sonst bekommt man die große Portion Lokum zum Abschluss nicht mehr hinunter.

★ **Porteño** ARGENTINISCH $$

(Karte S. 104; 02-8399 1440; www.porteno.com.au; 50 Holt St, Surry Hills; Teller zum Teilen 20–50 AU$; Di–Sa 18–24 Uhr; Central) Das elegante, zu Recht gerühmte argentinische Restaurant an einem neuen Standort ist eine ausgezeichnete Wahl. Das „Tier des Tages" wird acht Stunden langsam gegart, ehe das Lokal öffnet, und ist stets delikat. Weitere Highlights sind hausgemachte Chorizo und Morcilla, es gibt aber auch leichtere Speisen, sodass Fleisch nicht allein im Vordergrund steht, und eine ordentliche Karte mit argentinischen Weinen.

★ **Dead Ringer** TAPAS $$

(Karte S. 104; 02-9331 3560; http://deadringer.wtf; 413 Bourke St, Surry Hills; Gerichte 18–33 AU$; Mo–Fr 17–24, Sa & So 12–24 Uhr; ; 333, 380) Auf der dunkelgrauen Terrasse gibt's gute Speisen und Getränke in entspannter Atmosphäre. Man schnappt sich einen Hocker an der Bar oder einen Tisch draußen und wählt von der kurzen, sich täglich etwas ändernden Karte der Barsnacks, Tapas und Hauptgerichte. Die Gerichte sind nett angerichtet, aber bei den Speisen dreht es sich hier ganz um die Geschmackskombinationen und nicht um Firlefanz. Und interessante offene Weine sind auch stets im Angebot.

★ **Gratia & Folonomo** CAFÉ, FUSION $$

(Karte S. 104; 02-8034 3818; www.gratia.org.au; 370 Bourke St, Surry Hills; Café-Gerichte 12–21 AU$, Restaurant-Hauptgerichte 21–34 AU$; 8–15 & 18–22.30 Uhr; ; 374, 397, 399) Bei gemeinnützigen Lokalen ist der gute Zweck oft mehr zu loben als die Kochkunst, aber hier trifft beides zu. Das tolle Café Gratia hat sehr freundliches Personal und eine angenehm beschwingte Atmosphäre, Säfte und ein buntes Angebot von Brunch-Gerichten; das Restaurant Folonomo (von „for love not money") serviert brillante modern-australische Kost. Alle Gewinne gehen an Wohltätigkeitsorganisationen, an deren Auswahl sich die Gäste beteiligen können. Applaus! Im Oberschoss gibt's eine Galerie. Die Einrichtung hilft auch Flüchtlingen und bildet sie aus.

Chaco JAPANISCH $$

(Karte S. 90; ☎ 02-9007 8352; www.chacobar.com.au; 238 Crown St, Darlinghurst; Spieße 4–7 AU$; ⌚ Ramen Mo 17.30–21, Mi–So 12–14, Yakitori Di–Sa 18–22 Uhr; 🚆 Museum) Das kleine Lokal ist japanisch schlicht, cool und hat richtig leckeres Essen. Die Ramen sind gut, es gibt saftige Gyoza und köstliche Hackfleischstäbchen, die man in Ei stippt. Ein Highlight sind die sehr aromatischen Yakitori-Spieße (Di–Sa abends), bei denen man ruhig auch die ungewöhnlicheren probieren sollte.

Malabar SÜDINDISCH $$

(Karte S. 90; ☎ 02-9332 1755; www.malabarcuisine.com.au; 274 Victoria St, Darlinghurst; Hauptgerichte 22–26 AU$; ⌚ Mo & Di 17.30–22.30, Mi–So 12–14.30 & 17.30–22.30 Uhr; 🖉; 🚆 Kings Cross) Köstliche Dosas, pikante Goa-Currys und die weichen, verführerischen Aromen Südindiens machen dieses große, alteingesessene Restaurant in Darlinghurst zur festen Adresse. Die offene Küche und die dekorativen Schwarz-Weiß-Fotos an den Wänden sorgen für Atmosphäre. Inhaber und Personal sind sehr nett und helfen einem bei der Auswahl von der umfangreichen Karte. Wein darf man selber mitbringen.

Muum Maam THAILÄNDISCH $$

(Karte S. 104; ☎ 02-9318 0881; www.muummaam.com.au; 50 Holt St, Surry Hills; Hauptgerichte mittags 14–16 AU$, abends 24–32 AU$; ⌚ Mo–Fr 11.30–15 & 18–22, Sa 18–22 Uhr; 🖉; 🚆 Central) Das geschäftige Lokal bietet etwas für Auge und Geschmacksnerven und ist sehr beliebt bei den Kreativen, die in der Gegend arbeiten. Die doppelte Identität funktioniert: Mittags gibt's Tagesgerichte vom Wagen, abends werden in der offenen Küche aufwendig präsentierte thailändische Gerichte zubereitet. Es gibt einen großen Gemeinschaftstisch, man kann aber auch solo kommen.

Bar H ASIATISCH, FUSION $$

(Karte S. 86; ☎ 02-9280 1980; www.barhsurryhills.com; 80 Campbell St, Surry Hills; Gerichte 14–42 AU$; ⌚ Mo–Do 18–22, Fr & Sa bis 24 Uhr; 🚆 Central) Das verführerische, glänzende Ecklokal mit schwarzen Wänden vereint chinesische und japanische Gerichte mit für Australien typischen Busch-Zutaten, was es einzigartig und extrem eindrucksvoll macht. Die Gerichte variieren stark in der Menge und sind so konzipiert, dass man sie sich teilen kann – einfach den Kellner fragen, wie groß die Portionen ausfallen. Das Verkostungsmenü für 68 AU$ gibt einen guten Eindruck von Qualität und Vielfalt.

Single O CAFÉ $$

(Single Origin Roasters; Karte S. 86; ☎ 02-9211 0665; www.singleo.com.au; 60–64 Reservoir St, Surry Hills; Hauptgerichte 14–21 AU$; ⌚ Mo–Fr 6.30–16, Sa 7.30–15 Uhr; 📶🖉; 🚆 Central) 🍃 Mitten im tiefsten Backsteindickicht von Surry Hills drehen sich draußen an den Tischen unrasierte Grafiker ihre Zigaretten, während drinnen energiegeladene Koffeinsüchtige ihr Lieblingsgebräu mixen. Dazu gibt's eine Auswahl an leckeren Café-Gerichten. Das Lokal war vor ein paar Jahren der Trendsetter, aber der Kaffee ist immer noch so gut wie nur irgendwo sonst in Sydney. Es gibt auch einen Schalter für Kaffee und Essen zum Mitnehmen.

El Loco MEXIKANISCH $$

(Excelsior Hotel; Karte S. 104; ☎ 02-9240 3000; www.merivale.com.au/elloco; 64 Foveaux St, Surry Hills; Hauptgerichte 10–18 AU$; ⌚ Mo–Do 12–24, Fr & Sa bis 3, So bis 22 Uhr; 📶🖉; 🚆 Central) Auch wenn wir bedauern, dass es im Excelsior Hotel keinen Live-Rock mehr gibt, müssen wir doch zugeben, dass die hippe, bunte, mexikanische Cantina, die den Saal übernommen hat, echt cool ist. Das Essen ist lecker, einfallsreich und – bei Tacos zu 6 AU$ – absolut preiswert. Am Wochenende ist Party bis in die Morgenstunden angesagt, mit DJs und in geselliger, lockerer Atmosphäre.

Devonshire MODERN-EUROPÄISCH $$$

(Karte S. 104; ☎ 02-9698 9427; www.thedevonshire.com.au; 204 Devonshire St, Surry Hills; Verkostung 95 AU$, passende Weine 55 AU$, Hauptgerichte 37 AU$; ⌚ Fr 12–14.30, Di–Sa 18–22 Uhr; 🚆 Central) Es ist ein langer Weg von einem mit zwei Michelin-Sternen ausgezeichneten Restaurant in Mayfair bis zur schmuddeligen, alten Devonshire St, doch kulinarisch ist das für Chefkoch Jeremy Bentley nur ein Katzensprung, denn sein Essen ist einfach überragend: raffiniert, präzise angerichtet und voller Geschmack. Und auch wenn die Tische mit weißen Tischdecken bedeckt sind, ist die Atmosphäre kein bisschen steif.

Bodega TAPAS $$$
(Karte S. 104; ☎ 02-9212 7766; www.bodegatapas.com; 216 Commonwealth St; Tapas 12–24 AU$, Teller zum Teilen 22–30 AU$; ⏲ Fr 12–14, Di–Sa 18–22 Uhr; 🚉 Central) Das Bodega ist das coolste Produkt der Tapas-Restaurant-Explosion in Sydney. Es hat eine zwanglose Atmosphäre, gut aussehendes Personal und ein abgefahrenes Stierkampfgemälde an der Wand. Die Gerichte unterscheiden sich sehr nach Größe und Preis und sind eher lose an spanischer und mittelamerikanischer Küche orientiert. Dazu gibt's spanische und südamerikanische Weine, Sherry, Portwein oder Bier und jede Menge lateinamerikanisches Temperament.

Paddington & Centennial Park

Four in Hand MODERN-AUSTRALISCH $$
(Karte S. 98; ☎ 02-9326 2254; www.fourinhand.com.au; 105 Sutherland St, Paddington; Hauptgerichte 28–38 AU$; ⏲ Mo–Mi 17.30–21.30, Do–So 12–15 & 17.30–21.30 Uhr; 🚌 389) In Paddington stolpert man immer über einen schönen alten Pub mit tollem Essen. Dieser gehört zu den besten; hochwertiges Fleisch und Meeresfrüchte werden sorgsam zubereitet und exotisch garniert, wobei das Gastropub-Konzept immer im Blick ist. Nach einem schweren Mittagessen ist der Marsch zurück hügelauf zur Oxford St echt anstrengend.

Lucio's ITALIENISCH $$$
(Karte S. 98; ☎ 02-9380 5996; www.lucios.com.au; 47 Windsor St, Paddington; Hauptgerichte 39–48 AU$; ⏲ Di–Sa 12.30–15 & 18.30–22.30 Uhr; 🚌 389) Trotz vieler topaktueller italienischer Restaurants bleibt dieses teure, aber sehr einladende Nachbarschaftslokal im Viertel sehr beliebt. Besonders geschätzt dürfte es auch bei den Inhabern der Galerien in Paddington sein, von denen es seine ganze Dekoration bezogen zu haben scheint – an den Wänden ist fast kein Plätzchen mehr frei.

Bondi Beach, Coogee Beach & Eastern Beaches

Lox, Stock & Barrel CAFÉ, JÜDISCH $
(Karte S. 107; ☎ 02-9300 0368; www.loxstockandbarrel.com.au; 140 Glenayr Ave, Bondi Beach; Hauptgerichte früh & mittags 10–22 AU$, abends 18–29 AU$; ⏲ So–Di 7–15.30, Mi & Do 7–15.30 & 18–22, Fr & Sa 7–15.30 & 18–23 Uhr; 📶 ✎ 👪; 🚌 389) Man starrt auf den dampfend heißen Bagel hinunter und fragt sich: Reuben-Sandwich mit Wagyū-Cornedbeef oder doch lieber hausgemachte Pastrami mit russischem Krautsalat? Abends stehen Steak, Lammkarree und langsam gegrillte Auberginen auf der Karte. Das Café ist stets voll, sogar an einem verregneten Montag.

Three Blue Ducks CAFÉ $$
(Karte S. 76; ☎ 02-9389 0010; www.threeblueducks.com; 141–143 Macpherson St, Bronte; Frühstück 14–22 AU$, Mittagessen 24–38 AU$, Abendessen 28–32 AU$; ⏲ So–Di 6.30–14.30, Mi–Sa 6.30–14.30 & 17–23 Uhr; 📶 ✎; 🚌 378) 🌿 Die drei Enten müssten ein ganzes Stück zum Wasser watscheln, aber das verhindert nicht, dass sich zum Wochenend-Brunch, der auf zwei Ebenen stattfindet, lange Schlangen vor den mit Graffiti übersäten Mauern bilden. Die wagemutigen Betreiber setzen, wo immer möglich, auf örtliche Bioprodukte und Zutaten aus fairem Handel.

Trio CAFÉ $$
(Karte S. 107; ☎ 02-9365 6044; www.triocafe.com.au; 56 Campbell Pde, Bondi Beach; Gerichte 18–27 AU$; ⏲ Mo–Fr 7–15, Sa & So 7.30–15.30 Uhr; 📶 ✎; 🚌 333, 380-2) In Bondi zu brunchen, ist in Sydney seit einigen Jahren sehr angesagt, und dieses freundliche, unprätentiöse Café ist dafür besonders beliebt. Die Karte ist von Einflüssen aus aller Welt geprägt, von mexikanischen Chilaquiles über nahöstliche Shakshouka bis zu italienischer Bruschetta. Hier startet ein Tag am Meer richtig gut.

Icebergs Dining Room ITALIENISCH $$$
(Karte S. 107; ☎ 02-9365 9000; www.idrb.com; 1 Notts Ave, Bondi; Hauptgerichte 46–52 AU$; ⏲ Di–So 12–15 & 18.30–23 Uhr; 🚌 333, 380) 🌿 Über dem berühmten Icebergs Swimming Pool thront das Icebergs mit tollem Blick auf den halbmondförmigen Bondi Beach und das Meer. Drinnen servieren Kellner mit Fliege frische Meeresfrüchte aus nachhaltiger Bewirtschaftung und schwungvoll zubereitete Steaks. Es gibt auch eine elegante Cocktailbar. Im gleichen Gebäude findet sich im Icebergs Club ein Bistro mit Bar und schlichterer, billigerer Kost.

Sydney Harbour

Harvest VEGETARISCH $$
(Karte S. 76; ☎ 02-9818 4201; www.harvestvegetarianrestaurant.com; 71 Evans St, Rozelle; Hauptgerichte 22–26 AU$; ⏲ Di–Sa 18–22 Uhr; ✎; 🚌 441-5) Das Lokal ist seit fast einem halben Jahrhundert im Geschäft und bietet einfallsreiche, leckere, international inspirierte

ABSEITS DER ÜBLICHEN PFADE

MARRICKVILLE

Marrickville, der einst etwas altmodisch wirkende westliche Nachbar von Newtown und Enmore, ist eine Vorstadt, die nach und nach Bohemiens, Künstler, Studenten und Exzentriker anlockt, die sich die steigenden Mieten in Newtown nicht mehr leisten können. Neben vielen Pubs und Bars (von denen einige Livemusik bieten) gibt's inzwischen auch interessante Cafés im Viertel. Am besten schaut man sich selber einmal um. Dazu fährt man mit dem Zug zum Bahnhof Marrickville, wendet sich nach rechts und geht die Illawarra Rd hinauf.

vegetarische Kost in warmer, eleganter Atmosphäre. Es gibt auch mehrere vegane Gerichte. Alkoholische Getränke kann man selber mitbringen, sie werden aber auch ausgeschenkt.

Riverview Hotel & Dining MODERN-AUSTRALISCH $$
(Karte S. 76; ☎ 02-9810 1151; www.theriverviewhotel.com.au; 29 Birchgrove Rd, Balmain; Bar Hauptgerichte 20–32 AU$, Restaurant Hauptgerichte 36–52 AU$; ⏲ Bar Gerichte 12–21 Uhr, Restaurant Mo–Do 18–21, Fr–So 12–14.30 & 18–21 Uhr; 📶; ⛴ Balmain) Gourmets strömen hierher, um in dem eleganten Speiseraum im Obergeschoss ausgezeichnete Fisch- und Fleischgerichte, bei denen alles, von Kopf bis Schwanz, verarbeitet wird, zu probieren, während sich unten in der Bar die Einheimischen bei Pizza vergnügen. Mit den herunterhängenden Körben und dem stimmungsvollen Interieur ist der Pub als solcher liebenswert.

Dunbar House CAFÉ $$
(Karte S. 76; ☎ 02-9337 1226; www.dunbarhouse.com.au; 9 Marine Pde, Watsons Bay; Frühstück 12–18 AU$, Mittagessen 18–27 AU$; ⏲ 8–15.30 Uhr; ⛴ Watsons Bay) Das sorgsam restaurierte Herrenhaus aus den 1830er-Jahren ist ein prächtiger Ort für einen Brunch, insbesondere, wenn man einen Tisch mit Hafenblick auf der Veranda ergattert. An den Wochenenden sollte man reservieren. Das Restaurant ist nach einem berühmten Schiffbruch benannt, der sich im 19. Jh. hier in der Gegend ereignete.

Catalina MODERN-AUSTRALISCH $$$
(Karte S. 76; ☎ 02-9371 0555; www.catalinarosebay.com.au; Lyne Park, Rose Bay; Hauptgerichte 49–52 AU$; ⏲ Mo–Sa 12–15 & 18–22.30, So 12–15 Uhr; ⛴ Rose Bay) Das ausgezeichnete, nach den einst hier stationierten Flugbooten benannte Restaurant an der Rose Bay hat einen super Ausblick, eine muntere Vorstadtstimmung und eine spannende Weinkarte. Bei der Lage erwartet man Meeresfrüchte – und wird nicht enttäuscht. Die hochwertigen Produkte kommen aus dem ganzen Land, es gibt aber auch Fleischgerichte, unter denen Spanferkel eine Spezialität ist.

Doyles on the Beach MEERESFRÜCHTE $$$
(Karte S. 76; ☎ 02-9337 2007; www.doyles.com.au; 11 Marine Pde, Watsons Bay; Hauptgerichte 40–50 AU$; ⏲ Mo–Do 12–15 & 17.30–20.30, Fr bis 21, Sa 12–16 & 17.30–21, So 12–16 & 17.30–20.30 Uhr; ⛴ Watsons Bay) Anderswo mögen die Meeresfrüchte vielleicht besser sein, aber wenige Lokale können mit seiner Lage oder seiner Geschichte – das Restaurant wurde 1885 eröffnet – mithalten. Mit der Hafenfähre für ein Meeresfrüchte-Mittagessen nach Watsons Bay zu fahren, ist ein unverzichtbares Sydney-Erlebnis. Wem die hohen Preise nicht zusagen, der begnügt sich einfach mit Fish & Chips (13–20 AU$) vom Imbissschalter des Restaurants an der Fähranlegestelle.

Newtown & Inner West

Die King St und die Enmore Rd in Newtown gehören zu den ethnisch vielfältigsten Restaurantadressen in der Stadt. Hier finden sich thailändische, vietnamesische, griechische, libanesische und mexikanische Restaurants in trauter Eintracht, aber die gleiche Vielfalt in kleinerem Maßstab findet man in fast jeder inneren westlichen Vorstadt. Auch in Sachen Kaffee führen alle Straßen hierher.

Tramsheds Harold Park FOODCOURT
(Karte S. 76; ☎ 02-8398 5695; www.tramshedsharoldpark.com.au; Maxwell Rd, Glebe; ⏲ 7–22 Uhr; ❄📶; 🚊 Jubilee Park) Sydneys jüngster kulinarischer Treff ist das renovierte, hundert Jahre alte Backstein-Straßenbahndepot am nördlichen Ende von Glebe. In dem schön umgebauten Komplex residieren jetzt ein Supermarkt, Delikatessengeschäfte und eine Reihe moderner Lokale, von denen eines auf frische Pasta, ein anderes auf Bio-Fleisch und ein weiteres auf Fisch aus nachhaltiger Bewirtschaftung spezialisiert ist. Es gibt auch ein modern-nahöstliches Lokal, eine spanische Tapas-Bar, geführt vom Bodega-Team, und Eis von der Eisdiele Messina.

Wedge CAFÉ $

(Karte S. 102; ☎ 02-9660 3313; www.thewedgeglebe.com; Ecke Cowper St & Glebe Point Rd; kleine Gerichte 8–18 AU$; ⏲ Mo–Sa 7–16, So 8–15 Uhr; 📶 🖉; 🚉 Glebe) Ein zur Straße geöffneter Korridor an der Seite eines Gebäudes, ausstaffiert mit kunstvollem Industriedekor, ergibt das Wedge, das Glebe mit seinen köstlichen sortenreinen Espressos, kalten Getränken und leckeren, schön aufgemachten Frühstücksgerichten, Sandwichs und Mittagsmenüs umwirbt. Die Qualität und die Atmosphäre sind wirklich großartig, aber der Andrang ist groß.

Black Star Pastry BÄCKEREI $

(Karte S. 102; ☎ 02-9557 8656; www.blackstarpastry.com.au; 277 Australia St, Newtown; Snacks 4–10 AU$; ⏲ 7–17 Uhr; 🖉; 🚉 Newtown) Wer klug ist, folgt dem schwarzen Stern, denn dort gibt's exzellenten Kaffee, eine große Auswahl an süßen Sachen und ein paar sehr gute herzhafte Speisen (Gourmet-Pies und dergleichen). Das Lokal hat nur ein paar Tische; man holt sich hier eher einen Snack zum Mitnehmen oder für ein Picknick im Park. Höchstwahrscheinlich wird man einige Zeit anstehen müssen.

Cow & the Moon EISCREME $

(Karte S. 102; ☎ 02-9557 4255; 181 Enmore Rd; kleines Gelato 5,50 AU$; ⏲ So–Do 8.30–22.30, Fr & Sa 8.30–23.30 Uhr; 📶 🖉 👪; 🚉 Newtown) In diesem coolen Eck-Café wird man angesichts der verführerischen Trüffel und schmackhaften Torten seine Diätvorsätze glatt vergessen. Am besten aber stürzt man sich gleich auf das beste Gelato der Welt – denn diesen Titel hat die bescheidene kleine Eisdiele 2014 bei der Gelato World Tour in Rimini gewonnen. Es gibt auch ordentlichen Kaffee.

Faheem Fast Food PAKISTANISCH $

(Karte S. 102; ☎ 02-9550 4850; www.faheemfastfood.com.au; 194 Enmore Rd; Gerichte 12–14 AU$; ⏲ Mo–Fr 17–24, Sa & So 12–24 Uhr; 🖉; 🚌 426) Das altbewährte Lokal in der Enmore Rd ist absolut schlicht, aber hier gibt's bis in die Nacht sehr schmackhafte und authentische Currys und Tandur-Gerichte. Die Haleem-Linsen und das Rindfleisch-Curry sind denkwürdig, auch das *nihari* mit Schafshirn ist eine Spezialität, die besser schmeckt, als man vielleicht erwartet.

Spice Alley ASIATISCH $

(Karte S. 104; www.kensingtonstreet.com.au; Kensington St, Chippendale; Gerichte 8–16 AU$; ⏲ 11–21.30 Uhr; 🖉; 🚉 Central) Die kleine Gasse abseits der Kensington St am Central Park ist eine malerische Adresse, um auswärts zu essen, und bietet Straßenkost aus verschiedenen asiatischen Küchen. Man schnappt sich seine Portion Nudeln, Klöße oder Schweinebauch und kämpft um einen Hocker. Die Qualität ist nicht spektakulär, aber ordentlich, und zudem sind die Preise günstig und der Besuch macht Spaß. Hier wird nur bargeldlos bezahlt – entweder per Geldkarte oder mit einer Prepaid-Karte, die man am Getränkekiosk bekommt.

Mary's BURGER $

(Karte S. 102; www.facebook.com/marysnewtown; 6 Mary St, Newtown; Hauptgerichte 13–18 AU$; ⏲ Mo–Do 16–24, Fr & Sa 12–24, So 12–22 Uhr; 📶 🖉; 🚉 Newtown) Wer sich von dem schmuddeligen Anblick, dem ohrenbetäubenden Heavy Metal oder der Tatsache, dass in dem mit Graffiti übersäten Gebäude vorher eine Klinik für Sexualkrankheiten und eine Freimaurerloge untergebracht waren, nicht abschrecken lässt, der findet im Zwischengeschoss der schummrig beleuchteten Hipster-Bar ein paar der besten Burger und Brathähnchen der Stadt.

★ **Thanh Binh** VIETNAMESISCH $$

(Karte S. 102; ☎ 02-9557 1175; www.thanhbinh.com.au; 111 King St; Hauptgerichte 18–28 AU$; ⏲ Mo–Fr 17–23, Sa & So 12–23 Uhr; 🖉; 🚉 Macdonaldtown) Das früher beliebteste vietnamesische Restaurant liegt nicht mehr ganz oben im Trend, sollte das aber wegen der großen Palette beständig leckerer Gerichte. Highlights sind die Weichschalenkrabben auf Papayasalat oder der hervorragende Schweinebauch und die Wachteleier in Brühe. Bei den weiteren Gerichten wird viel gewickelt, gerollt, gedippt und zugelangt. Der Service ist immer freundlich.

Maggie's THAILÄNDISCH $$

(Karte S. 102; ☎ 02-9516 5270; 75 Erskineville Rd, Erskineville; Hauptgerichte 18–26 AU$; ⏲ 17–21 Uhr, Juni–Sept. Mo geschl.; 🖉; 🚉 Erskineville) Das kleine thailändische Nachbarschaftsrestaurant ist ein echtes Schmuckstück und lohnt den kleinen Anmarsch den Hügel hinunter aus Newtown, wenn man nicht gleich einen netten Abend im angenehmen Erskineville verbringen will. Auf der kleinen Karte und auf der Kreidetafel mit den Spezialitäten des Tages stehen geschmacksintensive, aromatische Gerichte, die in der offenen Küche schön angerichtet und mit einigen ungewöhnlichen Geschmacksnoten zubereitet werden. Man kann schön im Freien sitzen, und der intelligente Service berät einen gut.

3 Olives GRIECHISCH $$

(Karte S. 102; ☎ 02-9557 7754; 365 King St, Newtown; Hauptgerichte 24–27 AU$, Meze 13–16 AU$; ⏲ Mi–So 17.30–24 Uhr; Newtown) Ein gutes griechisches Restaurant hat etwas Lebensbejahendes, und diese von einer Familie geführte Schenke zieht da alle Register. Das Dekor zeigt olivfarbene Wände und ist zurückhaltend – umso weniger Bescheidenheit findet man dagegen glücklicherweise bei den Portionen und Aromen: Da gibt es Berge von perfekt gegrilltem Tintenfisch, große Stücke von Lamm *kleftiko*, die im Mund zergehen, warmes Fladenbrot, herzhafte Frikadellen und leckere Oliven – ein richtiges Fest traditioneller Esskultur.

Timbah TAPAS $$

(Karte S. 76; ☎ 02-9571 7005; www.timbahwinebar.com.au; 375 Glebe Point Rd, Eingang an der Forsyth St; Tapas 12–17 AU$; ⏲ Di–Do 17.30–21, Fr 17–21.30, Sa 16.30–21.30 Uhr; Glebe) Ein ganzes Stück die Glebe Point Rd hinunter findet man ein ausgezeichnetes, unabhängiges Spirituosengeschäft. Wer dort rechts abbiegt, stößt auf die gesellige Weinbar, die der Laden im Keller betreibt. Es gibt hier immer interessante offene Weine, und auf Nachfrage öffnen die Kellner auch eine andere Flasche. Beim schmackhaften Essen kommen einheimische australische Aromen und Kräuter zum Einsatz. Die Bar ist für Drinks ab 16 Uhr und auch sonntags geöffnet.

Thai Pothong THAILÄNDISCH $$

(Karte S. 102; ☎ 02-9550 6277; www.thaipothong.com.au; 294 King St, Newtown; Hauptgerichte 18–31 AU$; ⏲ tgl. 12–15 & Mo–Do 18–22.30, Fr & Sa 18–23, So 17.30–22 Uhr; ; Newtown) Auf der Karte dieses ungeheuer beliebten Restaurants stehen jede Menge altvertrauter Gerichte, aber die Leute stehen immer noch an. Die Kellnerarmee ist effizient und freundlich und das Essen allzeit ausgezeichnet. Am besten wählt man einen Fensterplatz, von dem aus man das muntere Treiben draußen auf der Straße beobachten kann. Bei Barzahlung gibt's einen Rabatt, der nur im örtlichen Geschenkeladen eingelöst werden kann.

Stinking Bishops KÄSE $$

(Karte S. 102; ☎ 02-9007 7754; www.thestinkingbishops.com; 63 Enmore Rd, Newtown; Platte mit 2/3/4 Käsesorten 21/29/37 AU$; ⏲ Di & Mi 17–22, Do–Sa 11–22, So 11–18 Uhr; ; Newtown) Ein Aufgebot aromatischer Käsesorten ist der Existenzgrund dieses Ladens mit Lokal. Man sucht sich die Sorten aus, die einem gefallen, und bestellt dazu einen Wein oder ein Kleinbrauereibier. Es gibt auch sehr schmackhafte Wurstplatten. Alle Produkte stammen von kleinen Produzenten und können auch im Laden gekauft werden.

Darbar INDISCH $$

(Karte S. 76; ☎ 02-9660 5666; www.darbar.com.au; 134 Glebe Point Rd; Hauptgerichte 18–25 AU$; ⏲ Mo & Di 17.30–22, Mi–So 12–14.30 & 17.30–22 Uhr; ; 431,433) Durch die Tore geht's aus Glebe hinaus in eine Backsteingrotte mit herrlichen Aromen und Gewürzen. Das Lokal hat viele treue Stammkunden und zeichnet sich durch Qualität, schöne Präsentation und ein gutes Preis-Leistungs-Verhältnis aus. Es gibt auch zahlreiche vegetarische Optionen.

★ Ester MODERN-AUSTRALISCH $$$

(Karte S. 102; ☎ 02-8068 8279; www.ester-restaurant.com.au; 46/52 Meagher St; Hauptgerichte 32–49 AU$; ⏲ Mo–Do 18–22, Fr 12–15 & 18–23, Sa 18–23, So 12–17 Uhr; ; Redfern) Das Ester bricht mit dem Trend, dass neue hippe Restaurants keine Reservierungen annehmen. Es ist beispielhaft für die moderne Restaurantszene Sydneys: lässig, aber nicht nachlässig, innovativ, aber nicht zu sehr auf Effekthascherei bedacht, hip, aber nicht zu bemüht. Die Küche ist von Einflüssen aus aller Welt geprägt, und die Gerichte sind so groß, dass man sie teilen kann. Wenn überhaupt möglich, Platz fürs Dessert lassen.

★ Boathouse on Blackwattle Bay MEERESFRÜCHTE $$$

(Karte S. 76; ☎ 02-9518 9011; www.boathouse.net.au; 123 Ferry Rd, Glebe; Hauptgerichte 42–48 AU$; ⏲ Di–Do 18–22, Fr–So 12–15 & 18–23 Uhr; Glebe) Das beste Restaurant in Glebe ist auch eines der besten Meeresfrüchterestaurants in ganz Sydney. Die Angebote reichen von Austern, die so frisch sind, als hätte man sie selber geknackt, bis hin zu einem Schnapper-Pie, der bestimmt ganz oben auf die Liste der eigenen Lieblingsgerichte kommt. Der Ausblick auf die Bucht und die Anzac Bridge ist hinreißend. Besonders eindrucksvoll ist die Anfahrt mit dem Wassertaxi.

Glebe Point Diner MODERN-AUSTRALISCH $$$

(Karte S. 76; ☎ 02-9660 2646; www.glebepointdiner.com.au; 407 Glebe Point Rd; Hauptgerichte

29–48 AU$; Mo & Di 18–22, Mi & Do 12–15 & 18–22, Fr & Sa 12–15 & 17.30–23, So 12–15 Uhr; Jubilee Park) Ein sensationeller Nachbarschafts-Diner, in dem nur die besten Produkte aus regionalem Anbau verwendet werden und alles – vom Brot bis zur Butter und dem Nougat zum Schluss – selbst gemacht wird. Das Essen ist einfallsreich und zugleich schlicht: eine seltene Kombination. Die Speisekarte und die Tagesgerichte wechseln regelmäßig.

Manly

Jah Bar TAPAS $$

(Karte S. 109; 02-9977 4449; www.jahbar.com.au; Shop 7, 9–15 Central Ave, Manly; Tapas 14–22 AU$; Di–Do 17–23, Fr & Sa 12–23, So 12–22 Uhr; ; Manly) Bei den wenigen Tischen drinnen um die große offene Küche und einem kleinen Sitzbereich im Hof lohnt es sich, hier vorab zu reservieren. Die bunte Palette der Tapas hat sich von den spanischen und mexikanischen Vorfahren emanzipiert und ist wirklich lecker – die knusprigen Tacos mit rohem Fisch haben ansprechenden Schwung, die Calamari sind äußerst würzig und die Muscheln mit geschmorter Schweinebacke sensationell. Der Service ist sehr engagiert.

Boathouse Shelly Beach CAFÉ $$

(Karte S. 76; 02-9934 9977; www.theboathousesb.com.au; 1 Marine Pde, Manly; Kiosk Hauptgerichte 12–19 AU$, Restaurant Hauptgerichte 18–29 AU$; Mo–Sa 7–16, So 7–20 Uhr;) Das nette kleine Lokal am malerischen Shelly Beach ist erstklassig für einen Saft zum Frühstück, einen Brunch, Fish & Chips, Austern und die Fischspezialitäten des Tages. Essen kann man im Restaurant, oder man holt sich seine Mahlzeit vom Kiosk.

★ **Pilu at Freshwater** SARDISCH $$$

(02-9938 3331; www.pilu.com.au; Moore Rd, Freshwater; 3-/5-/7-Gänge-Menü 95/110/125 AU$; Di–So 12–14.30 & Di–Sa 18–23 Uhr; 139) Das mehrfach preisgekrönte sardische Restaurant in einem denkmalgeschützten Strandhaus mit Blick auf den Ozean serviert Spezialitäten wie im Ofen gegartes Spanferkel und traditionelles Fladenbrot. Am besten bestellt man sich das üppige Verkostungsmenü (ab 105 AU$), sodass man auch keine neidischen Blicke auf das Essen der anderen Leute werfen muss. Es gibt hier auch ausgezeichnete Weine, die fachgerecht dekantiert und serviert werden.

Northern Beaches

Boathouse Palm Beach CAFÉ $$

(02-9974 5440; www.theboathousepb.com.au; Governor Phillip Park, Palm Beach; Hauptgerichte 17–29 AU$; 7–16 Uhr; ; L90, 190) Im beliebtesten Café von Palm Beach haben Gäste die Wahl zwischen einem Platz auf der großen Terrasse mit Blick auf Pittwater oder einem Tisch auf dem Rasen davor. Das Essen (unbedingt das sagenhafte Fish & Chips oder die tollen Salate probieren!) ist fast so eindrucksvoll wie die Aussicht – und das will etwas heißen!

★ **Jonah's** MODERN-AUSTRALISCH $$$

(02-9974 5599; www.jonahs.com.au; 69 Bynya Rd, Whale Beach; 2-/3-/4-Gänge-Menü 88/115/130 AU$; 7.30–9, 12–14.30 & 18.30–23 Uhr; ; L90, 190) Auf dem Hügel über dem Whale Beach bietet das luxuriöse Jonah's einen fabelhaften Blick auf den Ozean. Das Essen kann sich mit ausgezeichneten Fischgerichten und makelloser Präsentation ebenfalls sehen lassen. Wer richtig schwelgen will, nimmt von der Rose Bay aus ein Wasserflugzeug, bestellt die Meeresfrüchteplatte für zwei und übernachtet in einem der Zimmer mit Ozeanblick (499 AU$/Pers. inkl. Abendessen & Frühstück).

Ausgehen & Nachtleben

In einer Stadt, in der Rum einst die Hauptwährung war, spielt das Trinken natürlich eine große Rolle bei der Geselligkeit – von ein paar Dosen Bier am Strand über einen Drink nach der Arbeit bis zum Aufwärmen für einen Ausgehabend. Sydney hat viele Bars – von schick bis billig.

Circular Quay & The Rocks

★ **Glenmore** PUB

(Karte S. 82; 02-9247 4794; www.theglenmore.com.au; 96 Cumberland St; So–Do 10–24, Fr & Sa bis 1 Uhr; ; Circular Quay) Im Erdgeschoss befindet sich wie zu erwarten ein netter alter Pub, aber von der Dachterrasse aus hat man eine geniale Aussicht auf das Opernhaus (wenn kein Kreuzfahrtschiff andockt), den Hafen und die Skyline der Stadt. An den Wochenenden steigt hier die Party mit DJs, gutem Essen und viel offenen Weinen. Das Essen ist auch sonst ordentlich.

★ **Hero of Waterloo** PUB

(Karte S. 82; 02-9252 4553; www.heroofwaterloo.com.au; 81 Lower Fort St; Mo–Mi 10–23.30,

INSIDERWISSEN

KNOW-HOW DES NACHTLEBENS

Sydneys Türsteher sind oft strikt, launenhaft und Argumenten gegenüber unzugänglich. Die Leute arbeiten in der Regel für eigene Security-Firmen, sodass ihnen der Geschäftserfolg des Etablissements, das sie gerade bewachen, ziemlich egal ist. Jedes Mal befragt und durchsucht zu werden, wenn man nach 20 Uhr am Wochenende etwas trinken will, kann einem den Ausgehabend in Sydney ganz schön vermiesen.

➡ Betrunkenen Alkohol auszuschenken ist gesetzlich verboten. Man wird also abgewiesen, wenn man einen betrunkenen Eindruck macht. Sehr gerne wird gefragt, wie viel man an dem Abend schon getrunken hat – das interessiert natürlich nicht, wohl aber, ob man bei der Antwort lallt.

➡ Wenn das Sicherheitspersonal den Verdacht hat, man wäre unter 18 Jahre alt, fragt es nach einem Personaldokument mit Foto. Einige Bars scannen die Dokumente, bevor sie einen hineinlassen.

➡ In manche Schwulenbars kommt man mit „an den Zehen offenen Schuhen" nicht hinein. Angeblich dient das dem Schutz (Verletzung durch Glasscherben), in Wahrheit geht es aber vielfach darum, heterosexuellen Frauen keinen Einlass zu gewähren.

➡ Einige Pubs haben Raucherbereiche, in die man aber kein Essen mitnehmen darf – auch nicht, wenn man das gerne täte.

Do–Sa 10–24, So 10–22 Uhr; Circular Quay) In dem 1843 aus Feldsteinen erbauten Pub kann man Einheimische treffen, mit dem irischen Barpersonal plaudern und ein wenig Swing, Folk oder keltische Musik hören (Fr–So). In den Kerker unten wurden früher die Betrunkenen verfrachtet, bevor man sie durch einen direkt zum Hafen führenden Tunnel auf die Schiffe schanghaite.

★ Opera Bar — BAR

(Karte S. 82; 02-9247 1666; www.operabar.com.au; unteres Foyer, Sydney Opera House; So–Do 9–24, Fr & Sa 9–1 Uhr; Circular Quay) Direkt am Hafen mit dem Opernhaus zur einen und der Harbour Bridge zur anderen Seite hat diese Terrasse die ideale Lage für die Sydney-typische Mischung aus entspannt und raffiniert. Der Ort ist für Besucher und Einheimische gleichermaßen symbolträchtig. Es gibt ordentliches Essen (Gerichte 12–28 AU$) und an den meisten Abenden Livemusik oder DJs.

Hotel Palisade — PUB

(Karte S. 82; 02-9018 0123; www.hotelpalisade.com; 35 Bettington St; Mo–Fr 12–24, Sa & So 11–24 Uhr; ; Circular Quay) Der mit Hipster-Flair wiedereröffnete historische Millers-Point-Pub hat sich seine teebraunen Fliesen, ausgeblichenen Backsteine und die nostalgisch angehauchte Bar im Erdgeschoss bewahrt. Oben auf das altehrwürdige Gebäude wurde aber ein schicker neuer, verglaster Aufsatz mit erstklassigem Blick auf die Brücke, teuren Drinks und feinem Essen aufgestockt. Dort ist es oft voll oder ausgebucht, es gibt aber auch einen weniger schicken, bequemeren Ausblick von dem kleinen Balkon im 4. Stock.

Bulletin Place — COCKTAILBAR

(Karte S. 82; www.bulletinplace.com; 10 Bulletin Pl; Mo–Mi 16–24, Do–Sa 16–1, So 16–22 Uhr; Circular Quay) Der diskrete Eingang an der kleinen, von Cafés und Bars gesäumten Straße verbirgt die Treppe zu einer der meistbesprochenen Cocktailbars der Stadt. Freundliches, bodenständiges Personal mixt hier Cocktails, die aromatisch und frisch sind und auf Firlefanz verzichten. Man sollte früh kommen, denn die Bar ist klein. Ein Cocktail kostet rund 20 AU$.

Australian Hotel — PUB

(Karte S. 82; 02-9247 2229; www.australianheritagehotel.com; 100 Cumberland St; 11–24 Uhr; ; Circular Quay) Auf der breiten Veranda gibt es viele geschützte Plätze im Freien. Der hübsche Pub vom Anfang des 20. Jhs. ist ein bevorzugter Stopp auf ein Ale, denn hier gab es schon Kleinbrauereibier, bevor das zum Trend wurde, und die Auswahl ist groß. In der Küche werden diverse Gourmetpizzas (18–28 AU$) zubereitet, darunter die allzeit beliebten Versionen mit Känguru, Emu und Krokodil.

Lord Nelson Brewery Hotel — BRAUEREI

(Karte S. 82; 02-9251 4044; 19 Kent St; Mo–Sa 11–23, So 12–22 Uhr; Circular Quay) Das

1836 erbaute, stimmungsvolle Sandsteinhaus wurde 1841 in einen Pub umgebaut. Das ist einer von dreien, die von sich behaupten, der älteste in Sydney zu sein (alle gehen von verschiedenen Kriterien aus). Die Kleinbrauerei vor Ort braut ihre eigenen Ales aus natürlichen Zutaten (das Old Admiral probieren). Auch ein Humpen des dunklen, bitteren Nelson's Blood ist wirklich zu empfehlen.

Fortune of War
PUB

(Karte S. 82; ☎ 02-9247 2714; www.fortuneofwar.com.au; 137 George St; ⏲ So–Do 9–24, Fr & Sa bis 1 Uhr; 🚉 Circular Quay) Der seit 1828 an dieser Stelle existierende Pub wurde im frühen 20. Jh. neu aufgebaut und hat sich in seiner Bar viel vom Charme jener Epoche bewahrt. Die Gäste sind ein solider Mix aus Einheimischen und Touristen. Am Donnerstag-, Freitag- und Samstagabend sowie an den Wochenenden auch nachmittags spielen Coverbands klassische Aussie-Rock-Hits.

Argyle
BAR

(Karte S. 82; ☎ 02-9247 5500; www.theargylerocks.com; 18 Argyle St; ⏲ So–Mi 11–24, Do–Sa bis 3 Uhr; 🚉 Circular Quay) Das riesige Konglomerat aus fünf Bars verteilt sich über die historischen Sandsteingebäude der Argyle Stores, den mit Kopfsteinen gepflasterten Hof und die Keller, in denen die Beats der DJs dröhnen. Das Dekor ist ein bunter Mix aus Rokoko-Sofas, langen weißen Plastiktischen, schrägen Kronleuchtern und Stimmungsbeleuchtung. Tagsüber kann man auf dem Hof gut etwas trinken oder zu Mittag essen.

Zentrum & Haymarket

Sydneys Stadtzentrum ist seit Langem ein Ort für gehobene Bars für einen Drink nach der Arbeit, von denen keine gemütlich ist oder Lokalkolorit besitzt. Viel interessanter sind die vielen, an Flüsterkneipen erinnernden kleinen Trinkstuben, die sich in den unmöglichsten Seitengassen und Kellern verstecken.

Die meisten dieser kleinen Bars müssen aufgrund von Sperrbezirksregelungen um 24 Uhr schließen, aber zum Zeitpunkt unserer Recherche wurde gerade eine Öffnung bis 2 Uhr im Rahmen eines Feldversuchs eingeführt, deswegen können manche Lokale inzwischen durchaus länger geöffnet sein als hier angegeben.

★ Frankie's Pizza
BAR

(Karte S. 82; www.frankiespizzabytheslice.com; 50 Hunter St; ⏲ So–Do 16–3, Fr & Sa 12–3 Uhr; 📶; 🚉 Martin Place) Steigt man die Treppen hinunter, hat man den Eindruck, in einer Pizzeria der 1970er-Jahre mit Plastik-Weinreben, Schnappschüssen an den Wänden und leckeren Pizzastücken (6 AU$) angekommen zu sein. Aber öffnet man die unscheinbare Tür an der Ecke, offenbart sich ein Indie-Wunderland. Hier spielen an mindestens vier Abenden in der Woche Bands (dienstags kann man sie beim Karaoke live begleiten), und eine weitere Bar versteckt sich darunter.

★ Uncle Ming's
COCKTAILBAR

(Karte S. 82; www.unclemings.com.au; 55 York St; ⏲ Mo–Fr 12–24, Sa 16–24 Uhr; 🚉 Wynyard) Uns gefällt die schummrige, romantische Opiumhöhlen-Atmosphäre dieser kleinen Bar, die sich in einem Keller neben einem Hemdengeschäft versteckt. Das stimmungsvolle Lokal eignet sich für ein schnelles Bier, bevor man in den Zug steigt, genauso wie für eine entspannte Erkundung der Cocktailkarte. Es gibt auch ausgezeichnete Teigtaschen, und die Barleute sind in der Regel sehr freundlich.

SPERRSTUNDENVERORDNUNG

Um durch Trunkenheit verursachte Gewaltdelikte einzudämmen, wurde für einen großen Teil der Innenstadt eine strenge Sperrstundenverordnung erlassen. Das Gebiet wird von The Rocks, Circular Quay, Woolloomooloo, Kings Cross, Darlinghurst, Haymarket und dem östlichen Ufer des Darling Harbour begrenzt.

Innerhalb dieser Zone dürfen Gaststätten mit Schanklizenz nach 1.30 Uhr keine Gäste mehr einlassen. Drinnen kann der Ausschank bis 3 Uhr, oder bei Stätten mit Live-Unterhaltung bis 3.30 Uhr weitergehen; bei Letzteren ist letzter Einlass um 2 Uhr. Die Erleichterung für die letztgenannten Stätten wurde Ende 2016 eingeführt, da die Öffentlichkeit und die betroffenen Unternehmen Proteste angemeldet hatten. Für viele Einrichtungen waren die Erleichterungen allerdings zu gering und kamen zu spät; sie sind inzwischen geschlossen.

Grandma's COCKTAILBAR
(Karte S. 82; 02-9264 3004; www.grandmasbarsydney.com; basement, 275 Clarence St; Mo–Fr 15–24, Sa 17–1 Uhr; Town Hall) Die Bar preist sich selbst als „retrosexuellen Hafen kosmopolitischen Kitschs und verblichenen Oma-Glamours" an und trifft damit voll ins Schwarze. Ein Hirschgeweih empfängt den Besucher an der Treppe und geleitet einen in eine winzige unterirdische Welt mit Papageientapete und Schirmchencocktails. Für eine Bar im Zentrum ist diese sehr skurril und sehr entspannt und zwanglos. Getoastete Sandwichs sorgen für Stärkung. Die Bar liegt hinter dem Fender-Laden.

Baxter Inn BAR
(Karte S. 82; www.thebaxterinn.com; 152–156 Clarence St; Mo–Sa 16–1 Uhr; Town Hall) Ja, die Bar liegt wirklich an dieser dunklen Gasse, und hinein geht's durch diese unmarkierte Tür zur Rechten (auf dem Hof befinden sich noch zwei weitere, leicht zu erkennende Bars). Drinnen wird vor allem Whisky ausgeschenkt, und das freundliche Barpersonal kennt sich mit dem Zeug bestens aus. Es herrscht eine elegante Flüsterkneipen-Atmosphäre; hinter der Theke ist ein mächtiges Flaschensortiment aufgereiht.

O Bar COCKTAILBAR
(Karte S. 82; 02-9247 9777; www.obardining.com.au; Level 47, Australia Square, 264 George St; Sa–Do 17 Uhr–Open End, Fr 12 Uhr–Open End; ; Wynyard) Die Cocktails in dieser sich drehenden Bar im 47. Stock sind nicht billig, aber immer noch billiger als der Eintritt in den Sydney Tower – und dazu ist es hier sehr viel glamouröser. Die Aussicht ist echt wundervoll. Am besten kommt man kurz nach 17 Uhr und genießt entspannt den Sonnenuntergang.

Mojo Record Bar BAR
(Karte S. 82; 02-9262 4999; www.mojorecordbar.com; 73 York St; Mo–Mi 16–24, Do–Sa 16–1 Uhr; Wynyard) Die dunkle, aber dennoch freundliche Kellerbar ist sonderbarerweise mit einem Plattenladen verbunden: So kann man (wenn der Laden noch offen hat) mit einem Drink in der Hand in den Schallplatten stöbern. Gute Musik gibt's wahrscheinlich auch – bei unserem letzten Besuch vor allem Blues.

Ivy BAR, CLUB
(Karte S. 82; 02-9254 8100; www.merivale.com/ivy; L1, 330 George St; Mo–Fr 12 Uhr–Open End, Sa 18.30–3.30 Uhr; ; Wynyard) Versteckt in einer Gasse abseits der George St ist das Ivy die Zentrale der Merivale Group. Es handelt sich um einen modischen Komplex mit Bars, Restaurants und sogar einem Swimmingpool. Es ist auch der Treff, um den in Sydney am meisten Wirbel gemacht wird: Man sieht lange Schlangen von Vorstadt-Mädels auf unglaublich hohen High Heels, die bereitwillig darauf warten, samstags bis zu 40 AU$ für den Eintritt zu Sydneys heißester Clubnacht auszugeben.

Zu anderen Zeiten steht hier vor allem das Palings im Mittelpunkt, eine gute Bar und ein beliebtes Speiselokal mit thailändischer Straßenkost, Steaks, gegrilltem Fisch, Salaten und anderen gut zubereiteten Gerichten. Der muntere, offene Raum eignet sich gut für ein entspanntes, spätes Mittagessen, sobald gegen 14 Uhr die Masse der Büroangestellten wieder an den Schreibtisch zurückgekehrt ist.

Marble Bar BAR
(Karte S. 82; 02-9266 2000; www.marblebarsydney.com.au; UG, 488 George St; So–Do 16–24, Fr & Sa bis 2 Uhr; ; Town Hall) 1893 für unglaubliche 32 000 £ als Teil des Adams Hotel an der Pitt St erbaut, ist diese schmucke Kellerbar einer der besten Orte, um sich einmal so richtig in Schale zu werfen. Das überbordende viktorianische Dekor ist sehenswert und die Atmosphäre toll. Donnerstags bis samstags spielen Musiker alles von Jazz bis Funk.

Slip Inn & Chinese Laundry PUB, CLUB
(Karte S. 88; 02-8295 9999; www.merivale.com.au/chineselaundry; 111 Sussex St; Club 20–30 AU$; Mo–Fr 11 Uhr–Open End, Sa 16 Uhr–Open End, Chinese Laundry Fr & Sa 21–3 Uhr; ; Wynyard) In diesen unübersichtlichen Räumen am Rand von Darling Harbour kann man sich nach Herzenslust unter die Kids mischen. Es gibt Bars, Billardtische, einen Biergarten und mexikanische Gerichte des El Loco. Freitag- und Samstagnacht werden die Bässe im lange bestehenden Nachtclub Chinese Laundry (Eingang an der Slip St) mächtig aufgedreht.

Darling Harbour & Pyrmont

Home BAR, CLUB
(Karte S. 88; www.homesydney.com; 1 Wheat Rd, Cockle Bay Wharf; Club Do–Sa 21 Uhr–Open End; ; Town Hall) Der dreigeschossige, 2100 Plätze fassende „Schiffsbug" aus Holz und Glas bietet eine Tanzfläche, zahllose Bars,

Außenbalkone und eine Soundanlage, mit der verglichen andere Clubs wie Transistorradios wirken. Livemusik gibt's an den meisten Abenden in der angeschlossenen Tokio Hotel Bar im Erdgeschoss (www.tokiohotel live.com.au). Der Club, in dem oft angesagte DJs auflegen, ist normalerweise donnerstags bis samstags geöffnet.

Pyrmont Bridge Hotel PUB
(Karte S. 88; ☎ 02-9660 6996; www.pyrmont bridgehotel.com; 96 Union St; ⌚ 24 Std.; 📶; 🚆 Pyrmont Bay) Der solide, hundertjährige Pub hütet am Eingang zu Pyrmont die Tradition und ist eine Bastion der auf Schnickschnack verzichtenden Sydneyer Trinkkultur. Mit einer Barinsel und einer Dachterrasse hat der Pub viele hübsche Details, viel Charakter und regelmäßig Livemusik. Der größte Anreiz ist aber, dass der Laden rund um die Uhr geöffnet ist: Die Sperrzone des Stadtzentrums endet ein paar Meter vor der Tür.

Praktisch macht der Pub allerdings gegen 5 Uhr ein, zwei Stunden zu, um sauberzumachen. Aber dann geht's gleich weiter.

Kings Cross & Potts Point

Das traditionell wichtigste Partyviertel Sydneys wurde durch die das Stadtzentrum betreffenden Sperrverordnungen von 2014 praktisch trockengelegt. Die meisten Nachtclubs wurden geschlossen. Dafür sehen die Straßen in den Morgenstunden jetzt weniger aus wie ein Kriegsgebiet. In Woolloomooloo gibt's ein paar tolle alte Pubs in Ufernähe.

★ Old Fitzroy Hotel PUB
(Karte S. 90; ☎ 02-9356 3848; www.oldfitzroy.com.au; 129 Dowling St, Woolloomooloo; ⌚ Mo–Fr 11–24, Sa 12–24, So 15–22 Uhr; 📶; 🚆 Kings Cross) Islington trifft auf Melbourne in den Gassen von Woolloomooloo: Dieser total unprätentiöse **Theater-Pub** (Karte S. 90; www.old fitztheatre.com) ist zugleich eine ordentliche altmodische Kneipe mit einem großen Fassbier-Sortiment und einladender Stimmung. Man hockt sich an die Bar, setzt sich an einen Tisch auf dem Bürgersteig oder marschiert nach oben ins Bistro mit Sofas und Billardtisch.

Kings Cross Hotel PUB
(Karte S. 90; ☎ 02-9331 9900; www.kingscross hotel.com.au; 244–248 William St, Kings Cross; ⌚ So–Do 12–1, Fr & Sa bis 3 Uhr; 📶; 🚆 Kings Cross) Das prächtige alte Backsteingebäude bewacht den Eingang nach Kings Cross und ist einer der besten Pubs der Gegend mit bierseliger Unterhaltung auf mehreren Etagen. Die Bar auf dem Balkon ist ein sehr netter Platz für ein Mittagessen, während die abends an den Wochenenden geöffnete Dachterrasse mit einem prima Ausblick punktet. Am Samstagabend wird's munter, dann legen auf allen Etagen DJs auf.

World Bar BAR, CLUB
(Karte S. 90; ☎ 02-9357 7700; www.theworldbar.com; 24 Bayswater Rd, Kings Cross; ⌚ So & Mo 14–24, Di–Sa 14–3 Uhr; 📶; 🚆 Kings Cross) 🍃 Das ehemalige Bordell ist ein unprätentiöser, schmuddeliger Club auf drei Etagen, der Backpacker mit billigen Drinks anlockt. DJs legen jeden Abend Indie, Hiphop, Power-Pop und House auf. Die großen Partynächte sind mittwochs (The Wall) und samstags (Cakes). Am frühen Abend ist die grüne Veranda ein angenehmer Ort für einen ruhigen Drink.

Surry Hills & Darlinghurst

Einstmals war das Viertel für seine schmuddeligen Livemusik-Kneipen und eine aufgedrehte Schwulenszene bekannt. Viele der Musikschuppen sind jedoch inzwischen zu schicken Barrestaurants geworden, und auch in den Schwulenbars geht's jetzt deutlich ruhiger zu. Trotzdem finden sich in dem Gebiet immer noch einige der besten Nachtlokale der Stadt. Man muss sich nur etwas genauer umschauen, um sie zu entdecken. Auch der Trend der „kleinen Bars" hat die Gegend mittlerweile erreicht; viele der besten verstecken sich in den unwahrscheinlichsten Gassen.

★ Love, Tilly Devine WEINBAR
(Karte S. 90; ☎ 02-9326 9297; www.lovetillyde vine.com; 91 Crown Lane, Darlinghurst; ⌚ Mo–Sa 17–24, So 17–22 Uhr; 🚆 Museum) Die auf zwei Ebenen verteilte Bar in einer Gasse ist sehr klein, nicht aber ihre Weinkarte, die mit außerordentlich gut ausgewählten Weinen die Gäste dazu verführt, erprobte Wege zu verlassen und auf Entdeckungsreise zu gehen. Hier kann man gut mit einem Freund eine Flasche köpfen.

★ Wild Rover BAR
(Karte S. 86; ☎ 02-9280 2235; www.thewildro ver.com.au; 75 Campbell St, Surry Hills; ⌚ Mo–Sa 16–24 Uhr; 🚆 Central) Eine breite Tür ohne Schild führt in diese sehr coole Flüsterkneipe mit Backsteinwänden. Das große Arsenal von Kleinbrauereibieren wird in Chromkrü-

gen serviert, und Dschungeltiere blicken von den grünen Wänden freundlich auf die Zecher hinunter. In der Bar im Obergeschoss gibt's Kneipenquiz und Livebands.

★ Shakespeare Hotel PUB
(Karte S. 104; ☎ 02-9319 6883; www.shakespearehotel.com.au; 200 Devonshire St, Surry Hills; ⊙ Mo–Sa 10–24, So 11–22 Uhr; Ⓡ Central) Der klassische Pub (1879) hat geflieste Jugendstilwände, einen abgetretenen Teppich, Pferdesport im Fernsehen und billige Kneipenkost. Oben gibt's gemütliche Ecken, und viele Originale aus der Gegend hängen hier ab. Der gastliche, einladende Ort steht in deutlichem Gegensatz zu den schicken Bars, die in Surry Hills aufgemacht haben.

Beresford Hotel PUB
(Karte S. 104; ☎ 02-9240 3000; www.merivale.com.au/theberesfordhotel; 354 Bourke St, Surry Hills; ⊙ 12–1 Uhr; 🚌 374, 397, 399) Die polierten Fliesen drinnen und draußen sind ein schönes Detail dieses elegant renovierten historischen Pubs. An den Wochenenden trifft sich hier ein gehobenes, gemischtes Publikum vor dem Gang in die Clubs, aber unter der Woche geht es ruhiger zu. Die Bar vorne ist richtig hübsch, hinten befindet sich draußen einer der schönsten Biergärten in der Gegend und oben gibt's einen Club mit Livemusik.

Shady Pines Saloon BAR
(Karte S. 90; ☎ 0405 624 944; www.shadypinessaloon.com; Shop 4, 256 Crown St, Darlinghurst; ⊙ 16–24 Uhr; Ⓡ Museum) Der Eingang dieser Kellerbar ohne Schild oder Straßennamen, die bei der örtlichen Boheme-Szene beliebt ist, befindet sich in einer dunklen Nebenstraße – einfach nach einer weißen Tür vor dem Bikram Yoga in der Foley St Ausschau halten! Hier kann man inmitten von Wild-West-Memorabilia und ausgestopften Tieren mit Hipstern an Whisky nippen.

121BC WEINBAR
(Karte S. 104; ☎ 02-9699 1582; www.121bc.com.au; 4/50 Holt St; ⊙ Di–Sa 17–24 Uhr; 📶; Ⓡ Central) Die erste Herausforderung ist es, die Bar zu finden (der Eingang ist an der Gladstone St), und die zweite, sich hineinzudrängen. Danach ist alles einfach: Man quetscht sich an den Gemeinschaftstisch unter dem Lichterspiel und lässt sich vom Kellner wohlmundende, teure italienische Tropfen und Snacks empfehlen. Hier ist alles gut, sodass man bei der Bestellung nichts falsch machen kann.

Winery WEINBAR
(Karte S. 104; ☎ 02-9331 0833; www.thekeystonegroup.com.au; 285a Crown St, Surry Hills; ⊙ 12–24 Uhr; 📶; Ⓡ Central) Diese Bar besticht durch ihre schöne Lage – abgesetzt von der Straße auf dem grünen Gelände eines historischen Wasserturms – und verwöhnt das schicke Publikum von Surry Hills mit Dutzenden offener Weine. Wer hier eine Weile sitzt, entdeckt allerlei kitschige Details in der grünen Vegetation: Statuen ohne Köpfe, umgedreht hängende Sittiche und aus Eisen gefertigte Koalas. An Wochenend-Nachmittagen geht's laut und lustig zu.

Palms on Oxford SCHWULENCLUB
(Karte S. 90; ☎ 02-9357 4166; 124 Oxford St, Darlinghurst; ⊙ Do & So 20–24, Fr & Sa bis 3 Uhr; 🚌 333, 380) Keiner gibt zu, herzukommen, aber die langen Schlangen am Eingang beweisen das Gegenteil. In der unterirdischen Tanzbar sind die großen Tage von Stock Aitken Waterman nie zu Ende gegangen. Es mag uncool sein, aber wer nicht kreischt, wenn Kylie-Hits aufgelegt werden, ist hier ziemlich allein. Ansonsten kann man in dem friedlichen Laden viel Spaß haben.

Midnight Shift SCHWULENCLUB
(The Shift; Karte S. 90; ☎ 02-9358 3848; www.themidnightshift.com.au; 91 Oxford St, Darlinghurst; ⊙ So–Do 12–1, Fr & Sa bis 3 Uhr; Ⓡ Museum) Die wegen ihrer üppigen Drag-Shows bekannte Grand Dame der Schwulenszene der Oxford St wurde durch die Sperrgesetze zu einer Art Identitätswechsel gezwungen. Die Bar im Erdgeschoss wurde aufgemöbelt und eignet sich jetzt gut für einen Drink am frühen Abend, aber im Club im Obergeschoss, wo man an manchen Abenden Eintritt zahlen muss, geht's manchmal immer noch richtig wild zu.

Stonewall Hotel SCHWULENBAR
(Karte S. 90; ☎ 02-9360 1963; www.stonewallhotel.com; 175 Oxford St, Darlinghurst; ⊙ 12–3 Uhr; 🚌 333, 380) Der Club – von denen, die das Stonewall archaisch finden, auch spöttisch „Stonehenge" genannt – bietet drei Etagen mit Bars und Tanzflächen und lockt vor allem ein jüngeres Publikum an. Kabarett, Karaoke und Quizabende sorgen für Abwechslung; das Malebox am Mittwoch ist eine clevere Art, sich einen Kerl zu angeln.

Arq SCHWULENBAR
(Karte S. 90; ☎ 02-9380 8700; www.arqsydney.com.au; 16 Flinders St, Darlinghurst; ⊙ Do–So 21–3 Uhr; 🚌 333, 380) Wenn Noah seine Arche mit

schwulen Clubgängern hätte füllen sollen, wäre er hier mit großem Fischernetz und ein paar Tranquilizern angerückt. In dem schicken Megaclub gibt's eine Cocktailbar, einen Erholungsraum und zwei Tanzflächen mit elektrisierendem House, Dragshows und einer hyperaktiven Nebelmaschine.

Paddington & Centennial Park

Paddington BAR
(Karte S. 98; 02-9240 3000; www.merivale.com.au/thepaddington; 384 Oxford St, Paddington; Mo–Do 12–24, Fr & Sa bis 3, So bis 22 Uhr; ; 333, 380) Das Wochenend-Nachtleben hat in Paddington Fahrt aufgenommen, und dieses Barrestaurant spielt dabei eine Schlüsselrolle. Die Drinks und der Service sind ausgezeichnet, und die saftigen Grillhähnchen vom Drehspieß sorgen für schlichtes, aber sehr gutes Essen. Das Dekor besteht aus weißen Fliesen und etwas trübsinnigen Schwarz-Weiß-Fotos von Vorvätern, die mit Fleisch hantieren, was etwas zynisch wirkt, weil der Laden niemals eine Metzgerei war.

Unicorn PUB
(Karte S. 90; www.theunicornhotel.com.au; 106 Oxford St, Paddington; So 11–24, Mo & Di bis 1, Mi–Sa bis 3 Uhr; ; 333, 380) Der geräumige Art-déco-Pub ist ein zwanglos-unprätentiöser Ort, um ein paar Kleinbrauereibiere zu versenken, an australischen Weinen zu nippen oder den auf einem Perserteppich stehenden Billardtisch auszuprobieren. Die Burger sind das Highlight bei dem ganz ordentlichen Essen. Unten gibt's ein gemütliches Bistro und dahinter draußen einen kleinen Biergarten. Das Ganze ist hier mehr als die Summe seiner Teile.

Wine Library WEINBAR
(Karte S. 98; 02-9360 5686; www.wine-library.com.au; 18 Oxford St, Woollahra; Mo–Do 16–23.30, Fr & Sa 12–23.30, So 12–22 Uhr; ; 333, 380) Eine eindrucksvolle Auswahl an offenen Weinen, das smart-zwanglose Ambiente und die mediterran angehauchte Speisekarte machen den Laden zur beliebtesten „Bibliothek" der Stadt. Hinten gibt's Plätze im Hof, und die Kellner sind sehr hilfsbereit.

Lord Dudley Hotel PUB
(Karte S. 98; 02-9327 5399; www.lorddudley.com.au; 236 Jersey Rd, Paddington; So–Mi 11–23, Do–Sa bis 24 Uhr; ; 389) Das von reichen alten Knackern und klotzigen Rugby-Union-Typen bevölkerte Lord Dudley kommt einem englischen Country Pub so nahe, wie das in Sydney geht. Die Fassade ist mit Hängepflanzen geschmückt; drinnen gibt's zwischen dunklen Holzwänden 18 gute Biere vom Fass, die in Pints ausgeschenkt werden.

Bondi Beach, Coogee Beach & Eastern Beaches

★Coogee Pavilion BAR
(Karte S. 76; 02-9240 3000; www.merivale.com.au/coogeepavilion; 169 Dolphin St, Coogee; 7.30–24 Uhr; ; 372-374) Mit zahlreichen Bars drinnen und draußen, einem Spielbereich für Kinder und einer prächtigen, Erwachsenen vorbehaltenen Dachterrasse bringt der große Komplex einen Hauch innerstädtischen Glamours nach Coogee. Ursprünglich waren in dem 1887 errichteten Gebäude ein Aquarium und ein Schwimmbecken untergebracht. Jetzt sorgen große, lichte Räume mit hellem Holz für eine luftige Anmutung. Das tolle Essensangebot reicht von mediterran inspirierten Barsnacks über Fish & Chips bis zu Sashimi.

Anchor BAR
(Karte S. 107; 02-8084 3145; www.anchorbarbondi.com; 8 Campbell Pde, Bondi Beach; Di–Fr 17–24, Sa & So 12.30–24 Uhr; ; 333, 380–382) Surfer, Backpacker und Einheimische schlürfen in dieser geschäftigen Bar am Südende des Abschnitts eisige Margaritas. Der wie eine Seefahrerkneipe mit dunklem Holz ausstaffierte „Anker" ist auch ideal für einen späten Snack. Die zweistündige Happy Hour (werktags ab 17 Uhr) ist gut, um den Abend nach einem Tag in den Wellen zu beginnen.

North Bondi RSL BAR
(Karte S. 107; 02-9130 3152; www.northbondirsl.com.au; 120 Ramsgate Ave, North Bondi; Mo–Fr 12–22, Sa 10–24, So 10–22 Uhr; ; 380–382, 389) Diese Veteranenbar ist nicht schick, aber angesichts einer unbezahlbaren Aussicht und sehr leicht zu bezahlender Drinks ist das wirklich egal. Die Küche liefert gutes billiges Essen, und es gibt sogar eine Kinderkarte. Ausweis mitbringen, denn Nichtmitglieder müssen nachweisen, dass ihr Wohnsitz weiter als 5 km von der Einrichtung entfernt ist. Von einem Platz auf dem Balkon hat man die ideale Sicht auf den Strand.

Coogee Bay Hotel PUB
(Karte S. 76; 02-9665 0000; www.coogeebayhotel.com.au; 253 Coogee Bay Rd, Coogee;

Mo–Sa 7–4, So bis 24 Uhr; ; 372-374) In dem riesigen, ausgelassenen Komplex tummeln sich die Backpacker bei Livemusik, Open-Mike-Abenden, Comedy, Sportereignissen auf der Großleinwand im hübschen Biergarten, in der Sportbar und im Nachtclub Selina's. Man sitzt auf einem Barhocker am Fenster, nippt an seinem Bier und blickt auf den Strand.

Sydney Harbour

★ Sheaf PUB
(Golden Sheaf Hotel; Karte S. 76; 02-9327 5877; www.thesheaf.com.au; 429 New South Head Rd, Double Bay; Mo–Mi 10–1, Do–Sa bis 2, So bis 24 Uhr; ; 324–327, Double Bay, Edgecliff) Der knarrende Pub, in dem an den Wochenenden den ganzen Tag Hochbetrieb herrscht, ist ein echter Favorit der östlichen Vorstädte und hat durch die jüngst erfolgte Renovierung noch dazugewonnen. Der Biergarten gehört zu den schönsten in Sydney: Er ist groß, hat Heizpilze sowie Abendunterhaltung und punktet zudem mit guten Schankweinen und solidem Essen (Fr–So ganztägig). Es gibt viele andere Räume, und damit das Richtige für jeden.

★ Watsons Bay Beach Club PUB
(Karte S. 76; 02-9337 5444; www.watsonsbayhotel.com.au; 1 Military Rd, Watsons Bay; Mo–Sa 10–24, So bis 22 Uhr; Watsons Bay) Nach einem Tag am Strand gibt es nichts Besseres, als nur wenige Meter von der Fähranlegestelle entfernt in dem munteren Biergarten des Watsons Bay Hotel zu verweilen. An den Wochenenden geht hier die Post ab, alle amüsieren sich, und es gibt auch was zu essen. Man kann zuschauen, wie die Sonne hinter der Stadt versinkt.

Rag & Famish PUB
(Karte S. 76; 02-9955 1257; www.ragandfamish.com.au; 199 Miller St, North Sydney; Mo–Do 10–24, Fr & Sa bis 1, So bis 22 Uhr; ; North Sydney) Der klassische alte australische Pub stand einst ganz allein, und im Schatten der breiten Veranda genoss man den geruhsamen Tag nördlich des Hafens. Heute steht der Pub jedoch im Schatten hoher Bürogebäude aus Glas und Stahl und ist vom Verkehr umbrandet. Nach wie vor gibt's hier aber gutes Kleinbrauereibier und Kneipenkost von Pies bis zu mächtigen Burgern und Sandwichs. Man findet auch einen Biergarten, eine Lounge und einen schickeren Restaurantbereich im Obergeschoss.

Newtown & Inner West

★ Courthouse Hotel PUB
(Karte S. 102; 02-9519 8273; 202 Australia St; Mo–Sa 10–24, So bis 22 Uhr; Newtown) Nur einen Block entfernt vom Getümmel der King St liegt das 150 Jahre alte Courthouse, einer der besten Pubs von Newtown. Hier fühlen sich alle wohl, von Billard spielenden Goth-Lesben bis zu Beamten, und können gemütlich ihr Bier trinken. Bei den Spielen der Sydney Swans ist hier richtig was geboten. Der Biergarten ist einer von Sydneys schönsten: Er ist geräumig, geschützt und nett, und man bekommt auch ordentliche Kneipenkost.

★ Young Henry's BRAUEREI
(Karte S. 102; 02-9519 0048; www.younghenrys.com; 76 Wilford St, Newtown; Mo–Fr 12–19, Sa 10–19, So 11–19 Uhr; Newtown) Gastlichkeit wird in dieser Kleinbrauereibar großgeschrieben, und das Bier ist schön frisch. Wenn die Rolltür hochgeschoben wird, füllt sich der lagerhausartige Raum mit hohen Tischen, einer lauten Stereoanlage und der Biertheke schnell mit gut aufgelegten Einheimischen. Zu essen gibt's zwar nichts, aber an jedem Wochenende steht draußen ein anderer Foodtruck vor der Tür.

★ Earl's Juke Joint BAR
(Karte S. 102; www.facebook.com/earlsjukejoint; 407 King St, Newtown; 16–24 Uhr; Newtown) Die derzeit angesagteste Bar ist das swingende Earl's, wo dem hippen Newtown-Publikum Kleinbrauereibiere und hammermäßige Cocktails serviert werden. Die Bar versteckt sich hinter der Fassade einer ehemaligen Metzgerei. Drinnen fühlt man sich eher ins swingende New Orleans versetzt, denn die Theke erscheint so lang wie der Mississippi.

Duck Inn PUB
(Karte S. 102; 02-9319 4415; www.theduckinnpubandkitchen.com; 74 Rose St, Chippendale; Mo–Sa 11–23, So 12–22 Uhr; ; 422, 423, 426, Redfern) Trotz der Nähe zur Innenstadt herrscht in Chippendale echte Kiezatmosphäre. Der Pub in einer Nebenstraße nimmt Essen und Trinken sehr ernst, ist dabei aber absolut gesellig. Die Gäste plaudern munter, und es gibt einen freundlichen Biergarten. Die Auswahl an Fassbieren ist interessant und wechselt, dazu gibt's 18 offene Weine und ein nettes Angebot von Braten zum Teilen – zu empfehlen ist die Ente.

Erskineville Hotel PUB
(Karte S. 102; ☎ 02-9565 1608; www.theerko.com.au; 102 Erskineville Rd, Erskineville; ⏰ Mo–Sa 11–24, So 11–22 Uhr; 📶; 🚉 Erskineville) Das Erko zeichnet sich durch sehenswertes Art déco aus, ist aber auch einer der besten Pubs in der Gegend. Mit seinem holzverkleideten Biergarten, den Originalen aus der Nachbarschaft, der Palette netter Räume und der guten Kneipenkost in großzügigen Portionen ist der Pub ein echtes Schmuckstück der Gemeinde. Eher ungewöhnlich für Pubs in Sydney ist es, dass es sogar ein paar Tische draußen auf dem Bürgersteig gibt.

Knox Street Bar BAR
(Karte S. 102; ☎ 02-8970 6443; www.knoxstreetbar.com; Ecke Knox & Shepherd Sts, Chippendale; ⏰ Mo 18–22, Di–Do 16–22, Fr & Sa 16–24 Uhr; 🚉 Central) Mit dem seltsam anmutenden, halb unterirdischen Grundriss, dem ausgefallenen Dekor und dem ansprechend dekadenten Flair steht diese Bar bei manchen Bewohnern des Inneren Westens ganz oben auf der Favoritenliste. DJs halten die Masse locker und entspannt bei Laune, und auf der kleinen Veranstaltungsfläche an der einen Seite finden regelmäßig spannende Events statt. Hausgemachte Würstchen und Cocktails bringen die Hipster in Partylaune. Einfach das Rad drehen und Cocktail-Roulette spielen!

Corridor COCKTAILBAR
(Karte S. 102; ☎ 0405 671 002; www.corridorbar.com.au; 153a King St; ⏰ Mo 17–24, Di–Do 16–24, Fr & Sa 15–24, So 15–22 Uhr; 🚉 Macdonaldtown) Ganz so schmal wie ein Korridor ist die Bar dann doch nicht, aber es fehlt auch nicht viel. Im Erdgeschoss servieren die aufmerksamen Barkeeper altmodische Cocktails und ein paar aromatische, fruchtige Varianten – der Passionsfrucht-Mojito ist gaumenfreundlich – und außerdem eine gute Auswahl an Weinen. Im Obergeschoss finden sich interessante Kunst (kann man kaufen) und eine winzige Terrasse. An manchen Abenden gibt's Livemusik.

Bank Hotel PUB
(Karte S. 102; ☎ 02-8568 1900; www.bankhotel.com.au; 324 King St; ⏰ Mo–Mi 11–1, Do 11–2, Fr & Sa 11–4, So 11–24 Uhr; 📶; 🚉 Newtown) Das Bank hatte zwar nicht immer diese kunstvoll-altmodische Holzverkleidung, mit der es heute prunkt, war aber mit seiner zentralen Lage am Bahnhof schon immer ein Klassiker in Newtown. Der Biergarten hinten mit dem großen zurückziehbaren Dach ist genauso ein Highlight wie die Kleinbrauerei-Bierbar im Obergeschoss, in der es stets interessante Ales vom Fass gibt. Das Essen dreht sich um Grillgerichte mexikanischer Art.

Die Sperrstunde im Stadtzentrum hat den Andrang im Bank stark gesteigert, sodass man am Freitag- und Samstagabend darauf gefasst sein muss, Schlange zu stehen.

Imperial Hotel SCHWULE & LESBEN
(Karte S. 102; ☎ 02-9516 1766; www.imperialsydney.com.au; 35 Erskineville Rd, Erskineville; Eintritt frei–15 AU$; ⏰ So, Mi & Do 15–24, Fr & Sa bis 5 Uhr; 🚉 Erskineville) Das im Art-déco-Stil erbaute Imperial ist legendär als Ausgangspunkt von *The Adventures of Priscilla, Queen of the Desert*. In der belebten Bar vorne wird geflirtet und Billard gespielt, am späten Samstagabend verschiebt sich die Action in den Kellerclub. Das Erbe Priscillas lebt aber vor allem in der Kabarettbar weiter.

Sly Fox PUB
(Karte S. 102; ☎ 02-9557 2917; www.slyfox.sydney; 199 Enmore Rd, Enmore; ⏰ So & Di 14–24, Mi & Do 14–3, Fr & Sa 14–6 Uhr; 🚉 Newtown) Der „schlaue Fuchs" erlebt unter der Woche mehrere Inkarnationen – als Hipstertreff, Nachbarschaftskneipe und am Mittwochabend als Sydneys erste Lesbenbar. Am Wochenende mutiert der Laden dann zu einem Livemusiktreff, wo DJs die Regie führen, bis alle in den Morgen hinausstolpern.

Marlborough Hotel PUB
(Karte S. 102; ☎ 02-9519 1222; www.marlboroughhotel.com.au; 145 King St, Newtown; ⏰ Mo–Sa 10–4, So 10–24 Uhr; 🚉 Macdonaldtown) Das Marly ist einer von vielen großartigen alten Art-déco-Pubs in Newtown. Es hat vorne eine Sportbar, in der am Wochenende Livebands spielen, und einen schattigen Biergarten. Oben im Miss Peaches sind Soulfood und Rockabilly-Bands geboten, unten im Nachtclub Tokyo Sing Song gibt's am Freitag- und Samstagabend alle möglichen verrückten Veranstaltungen.

Friend in Hand Hotel PUB
(Karte S. 76; ☎ 02-9660 2326; www.friendinhand.com.au; 58 Cowper St, Glebe; ⏰ Mo–Sa 8–24, So 10–22 Uhr; 📶; 🚌 Glebe) Im Kern ist dies immer noch ein Arbeiter-Pub mit einem geschwätzigen Kakadu und ein paar knorrigen alten Stammgästen und Sonderlingen an der Bar. Daneben gibt's hier aber auch Livemusik, Zeichnen, Lesungen, Krabbenrennen und Comedy-Abende. Wer hätte das gedacht?

SCHWULEN- UND LESBENSZENE IN SYDNEY

Schwule und Lesben aus ganz Australien, Neuseeland und aus aller Welt zieht es in die verlockende Stadt; sie bereichern die sichtbare, lautstarke Gemeinde, die aus dem sozialen Gefüge der Stadt nicht wegzudenken ist. Teilweise wegen der guten Integration, teilweise wegen Smartphone-Apps, die die Kontaktaufnahme erleichtern, und teilweise auch wegen der Sperrstundenverordnung hat das schwule Nachtleben deutlich nachgelassen, aber Sydney ist dennoch zweifellos immer noch eine der großen schwul-lesbischen Städte der Welt.

Der berühmte **Sydney Gay & Lesbian Mardi Gras** (S. 111) ist heute die größte jährliche Touristenattraktion im australischen Event-Kalender. Während sich die Heteros vor allem auf den Umzug konzentrieren, stürzen sich die schwulen und lesbischen Gemeinden auf das gesamte Festival, vor allem auf die damit verbundenen frenetischen Partys. Für Schwule gibt es keine bessere Zeit, um Sydney zu besuchen, als die zwei Wochen vor dem Umzug und der Party am ersten Märzsamstag.

Darlinghurst und Newtown sind traditionell die Viertel mit dem höchsten Schwulenanteil, aber in allen inneren Vorstadtvierteln ist der Prozentsatz schwuler und lesbischer Einwohner überdurchschnittlich hoch. Die meisten Schwulentreffs finden sich in dem zu Darlinghurst gehörenden Abschnitt der Oxford St; klassische Treffs dort sind u.a. das **Stonewall** (S. 136), das **Midnight Shift** (S. 136), das **Palms** (S. 136) und um die Ecke das **Arq** (S. 136). Einige der besten Events finden aber in „gemischten" Pubs statt, etwa dem **Sly Fox** (S. 139) oder im **Beresford** (S. 136) mit seinen legendären Sonntagnachmittags-Sessions.

Zu den Schwulenstränden zählen das nördliche Ende des Bondi Beach, der unter dem South Head versteckte hübsche FKK-Strand **Lady Bay** (S. 99), außerdem der durch buschbewachsenes Hinterland geschützte FKK-Strand **Obelisk** (Karte S. 76; Chowder Bay Rd; 🚌244) und schließlich der **Murray Rose Pool** (S. 105), ein weiterer Strand am Hafen. Sehr beliebt bei Lesben sind die Frauen vorbehaltenen **McIvers Baths** (S. 105).

Zu den kostenlosen Medien für Schwule und Lesben zählen LOTL (www.lotl.com), der Star Observer (www.starobserver.com.au) und SX (www.gaynewsnetwork.com.au).

Manly

★ Manly Wharf Hotel PUB

(Karte S. 109; ☎02-9977 1266; www.manlywharfhotel.com.au; East Esplanade, Manly; ⏰Mo–Fr 11.30–24, Sa 11–24, So 11–22 Uhr; 📶👪; ⛴Manly) Von der Fähre aus gleich am Kai gelegen setzt dieser umgestaltete Pub mit viel Glas ganz auf Ausblick. Und es gibt so viele Plätze, dass man gute Chancen hat, den auch richtig zu genießen. Das Lokal ist ideal für ein Bier an einem sonnigen Nachmittag, und es gibt auch gute Kneipenkost (Hauptgerichte 18–26 AU$), z.B. Pizzas, Bratfisch und saftige Grillhähnchen.

Donny's COCKTAILBAR

(Karte S. 109; ☎02-9977 1887; www.donnys.com.au; 7 Market Pl, Manly; ⏰Mo 18–23, Di–Fr 16–24, Sa 12–24, So 12–22 Uhr; ⛴Manly) Das in einer Seitenstraße versteckte zweistöckige Barrestaurant ist ein guter Ort für einen tollen abendlichen Cocktail, falls man in der schummrigen Flüsterkneipen-Atmosphäre die Cocktailkarte entziffern kann. Süßmäuler wählen den Sticky Date Espresso mit viel Zucker und Kaffee. Der mit Gin angereicherte „Detox" schaut aus wie eine gesunde Tasse Tee, falls gerade der Fitnesstrainer vorbeikommen sollte. Es gibt auch ein paar smarte Fusiongerichte und regelmäßige Auftritte von Livebands.

Hotel Steyne PUB

(Karte S. 109; ☎02-9977 4977; www.hotelsteyne.com.au; 75 The Corso, Manly; ⏰Mo–Sa 9–2, So bis 24 Uhr; 📶; ⛴Manly) Das klassische Steyne bietet für jeden etwas und ist so groß, dass man sich darin verlieren kann – fast schon ein eigenes Dorf mit diversen Bars und Essbereichen rund um den zentralen Hof, wo es an den meisten Abenden laut und spät wird. Vom Balkon der Bar Moonshine, in der Rum im Mittelpunkt steht, blickt man auf den Strand.

Northern Beaches

Newport PUB

(Newport Arms Hotel; ☎02-9997 4900; www.merivale.com.au/thenewport; Ecke Beaconsfield & Kalinya St, Newport; ⏰Mo–Sa 11–24, So 11–23 Uhr;

; 187–190) Der legendäre Pub in Newport blickt nicht auf den Ozean, sondern auf die schaukelnden Boote und ruhigen Gestade des Pittwater. Auf dem riesigen Komplex gibt's hektarweise Sitzbereiche im Freien, mehrere Bars, gutes Essen, Tischtennis und alles Mögliche, kurz: ein toller, familienfreundlicher Ort, um einen sonnigen Nachmittag zu verleben.

★ Unterhaltung

Oberflächlich betrachtet könnte man die Bürger Sydneys leicht als flach und ein wenig narzisstisch einstufen – doch das wäre überaus unfair. Denn wer sich die Mühe macht, genauer hinzuschauen, entdeckt eine blühende, raffinierte und progressive Kunstszene – es ist wohl doch kein Zufall, dass das berühmteste Wahrzeichen der Stadt ein Opernhaus ist!

Kino

★ Golden Age Cinema & Bar KINO

(Karte S. 86; 02-9211 1556; www.ourgoldenage.com.au; 80 Commonwealth St, Surry Hills; Tickets 20 AU$; Mi–Fr 16–24, Sa & So 14.30–24 Uhr; Central) Im ehemaligen Sydneyer Hauptquartier von Paramount hat sich ein herzerwärmendes kleines Kino im früheren Vorführraum im Erdgeschoss eingenistet. Es zeigt alte Filmklassiker, anspruchsvolle Filme und ein paar ausgesuchte Filmjuwelen. Es gibt hier auch eine tolle kleine Bar; der richtige Ort für einen Ausgehabend. Das separate Café im Erdgeschoss ist zudem ein attraktiver Ort für eine Kaffeepause.

Moonlight Cinema KINO

(Karte S. 98; www.moonlight.com.au; Belvedere Amphitheatre, Ecke Loch & Broome Aves, Centennial Park; Erw./Kind 19/14,50 AU$; Dez.–März Sonnenuntergang; Bondi Junction) Mit einem gut gefüllten Picknickkorb im Gepäck kann man sich unter den Sternen im großartigen Centennial Park neue Blockbuster, Art-House-Filme oder Klassiker ansehen. Der Eingang befindet sich am Woollahra Gate in der Oxford St.

OpenAir Cinema KINO

(Karte S. 76; www.stgeorgeopenair.com.au; Mrs. Macquarie's Rd; Tickets 38 AU$; Jan. & Feb.; Circular Quay) Die imposante, drei Stockwerke hohe Großleinwand im Freien direkt am Hafen bietet Surround-Sound, Sonnenuntergang, die Skyline der Stadt und edle Gerichte samt Wein. Die meisten Tickets kommen in den Vorverkauf, aber eine begrenzte Zahl wird auch jeden Abend um 18.30 Uhr am Eingang angeboten; Details stehen auf der Website.

Dendy Opera Quays KINO

(Karte S. 82; 02-9247 3800; www.dendy.com.au; 2 Circular Quay East; Erw./Kind 20/14 AU$; Vorstellungen 9.30–21.30 Uhr; Circular Quay) Wem all der Glanz und die schreienden Möwen am Hafen zu viel werden, der folgt dem Geruch von Popcorn in die dunklen Reihen dieses vornehmen Kinos. Es zeigt Filmpremieren und internationale Independent-Produktionen. Freundliches Personal und eine Café-Bar sorgen dafür, dass man sich wohl fühlt.

Klassische Musik

★ Sydney Opera House DARSTELLENDE KUNST

(Karte S. 82; 02-9250 7777; www.sydneyoperahouse.com; Bennelong Point; Circular Quay) Das glänzende Juwel im Zentrum der australischen darstellenden Kunst ist das berühmte Opernhaus von Sydney mit fünf Hauptbühnen. Die Oper mag der Star hier sein, aber es gibt auch Theater, Ballett und klassische Konzerte, während Bands mit großem Namen manchmal im Vorhof auftreten. Wegen Renovierung bleibt die Konzerthalle bis 2019 geschlossen, und andere Veranstaltungen können kurzfristig auch betroffen sein.

★ City Recital Hall KLASSISCHE MUSIK

(Karte S. 82; 02-8256 2222; www.cityrecitalhall.com; 2 Angel Pl; Ticketschalter Mo–Fr 9–17 Uhr; Wynyard) Der nach dem Vorbild einer klassischen europäischen Konzerthalle aus dem 19. Jh. gestaltete Bau bietet Platz für 1200 musikbegeisterte Gäste und besticht durch eine fast perfekte Akustik. Auf dem Programm stehen erstklassige Ensembles wie Musica Viva, das Australian Brandenburg Orchestra und das Australian Chamber Orchestra.

EVENT-KALENDER

Sydney Morning Herald Die „Shortlist" erscheint freitags; sie gibt's auch online unter www.smh.com.au

What's On Sydney (www.whatsonsydney.com)

What's On City of Sydney (http://whatson.cityofsydney.nsw.gov.au)

Time Out Sydney (www.timeout.com/sydney)

BUCHUNGS-WEBSITES

Moshtix (☎1300 438 849; www.moshtix.com.au)

Ticketek (☎132 849; www.ticketek.com.au)

Ticketmaster (☎136 100; www.ticketmaster.com.au)

Livemusik

★ Metro Theatre LIVEMUSIK
(Karte S. 86; ☎02-9550 3666; www.metrotheatre.com.au; 624 George St; Town Hall) Das Metro ist die bei Weitem beste Adresse in Sydney, wenn man lokale und alternative internationale Bands im Komfort eines intimen, gut belüfteten Raumes mit bester Sicht erleben will. In diesem Theater gibt's daneben u.a. auch Comedy, Kabarett und Tanzpartys.

Oxford Art Factory LIVEMUSIK
(Karte S. 90; ☎02-9332 3711; www.oxfordartfactory.com; 38–46 Oxford St, Darlinghurst; Museum) Indie-Kids machen Party vor der künstlerischen Kulisse des zwei Räume umfassenden Mehrzwecktreffs nach dem Vorbild von Andy Warhols kreativem Standquartier in New York City. Es gibt hier eine Galerie, eine Bar und eine Bühne, auf der oft internationale Bands und DJs auftreten. Aktuelle Infos findet man auf der Website.

Venue 505 LIVEMUSIK
(Karte S. 104; ☎0419 294 755; www.venue505.com; 280 Cleveland St, Surry Hills; ⏲Mo–Sa ab 18 Uhr; 372, Central) Der kleine, entspannte Treff wird von Künstlern geführt und bietet ein ausgesuchtes Programm mit Jazz, Roots, Reggae, Funk, lateinamerikanischer und Musik der Sinti und Roma. Der Raum ist mit bequemen Sofas und Wandmalereien eines lokalen Künstlers ausstaffiert. Es gibt auch Pasta, Pizza und Teller zum Teilen, sodass man beim Musikhören nicht verhungert.

Basement LIVEMUSIK
(Karte S. 82; ☎02-9251 2797; www.thebasement.com.au; 7 Macquarie Pl; Tickets 5–80 AU$; ⏲12–1 Uhr; Circular Quay) Früher war dies ausschließlich ein Jazzkeller, doch inzwischen stehen hier internationale und lokale Musiker auf der Bühne, die verschiedenen Musikrichtungen entstammen. Mit dem „Dinner-and-Show“-Ticket bekommt man einen Tisch an der Bühne, sodass man eine deutlich bessere Sicht hat als von der Bar, wo es nur Stehplätze gibt.

In der Bar im Obergeschoss kann man gut ein Bier in der Menge der Angestellten trinken, die in den Feierabend starten.

Camelot Lounge LIVEMUSIK
(Karte S. 76; ☎02-9550 3777; www.camelotlounge.com; 19 Marrickville Rd, Marrickville; ⏲Do–So 18 Uhr–Open End sowie bei Veranstaltungen an anderen Abenden; Sydenham) Im immer hipper werdenden Marrickville bringt dieser kleine Treff eine bunte Mischung aus Jazz, Weltmusik, Blues, Folk, Comedy, Kabarett und allerlei abgedrehtem Zeug. Das Lokal liegt sehr nahe am Bahnhof Sydenham.

ICC Sydney LIVEMUSIK
(Karte S. 86; ☎02-8297 7600; www.iccsydney.com.au; Darling Dr; Convention Centre) In dem glänzenden neuen International Convention Centre in Darling Harbour gibt's drei Theatersäle, einer davon hat 8000 Plätze. Hier treten große Bands auf Tour auf; das Haus ersetzt das frühere Entertainment Centre.

Sport

★ Sydney Cricket Ground ZUSCHAUERSPORT
(SCG; Karte S. 98; ☎02-9360 6601; www.sydneycricketground.com.au; Driver Ave, Moore Park; 373–377) Während der Cricketsaison (Okt. bis März) finden im stattlichen SCG die Spiele zwischen den australischen Bundesstaaten (mit den NSW Blues) und die ausverkauften fünftägigen internationalen Testmatches, die One-Day-Matches und die Twenty20-Matches statt. Nach dem Ende der Cricketsaison beginnt die Saison des Australian Rules Football (AFL), und das Stadion füllt sich mit den rot-weiß gekleideten Fans der Sydney Swans (www.sydneyswans.com.au). Bei den internationalen Cricket-Testmatches und den Spielen der Swans herrscht mächtig Stimmung. Tickets bucht man über Ticketek.

Sydney Football Stadium ZUSCHAUERSPORT
(Allianz Stadium; Karte S. 98; ☎02-9360 6601; www.sydneycricketground.com.au; Moore Park Rd, Moore Park; 373–377) Die Arena trägt jetzt offiziell den Namen eines Versicherungsunternehmens, aber die Namensrechte werden periodisch neu vergeben, und deshalb halten wir uns bei diesem eleganten Stadion mit Platz für 45 500 Zuschauer an den sponsorfreien Namen. Hier sind die Helden des Rugby-League-Teams Sydney Roosters (www.roosters.com.au), des Rugby-Union-Teams NSW Waratahs (www.waratahs.com.au) und des Fußball-A-Ligisten Sydney FC (www.sydneyfc.com) zu Hause.

All diese Mannschaften haben leidenschaftliche Anhänger (am lautesten sind wohl die verrückten Fans im „Roosters' Chook Pen"), sodass ein Heimspiel viel Spaß verspricht. Tickets bucht man über Ticketek.

Royal Randwick Racecourse PFERDERENNEN (Karte S. 76; ☎02-9663 8400; www.australianturfclub.com.au; Alison Rd, Randwick; 🚌339) Auf der berühmtesten Pferderennbahn von Sydney herrscht im April bei mehreren hochdotierten Rennen, insbesondere bei den mit 4 Mio. AU$ dotierten Queen Elizabeth Stakes, besonders viel Trubel. Im Online-Veranstaltungskalender stehen die Renntage. Rennen gibt es meist an jedem zweiten Samstag. Das ist stets ein lustiger Ausflug, bei dem die Sydneyer Mode bewundert werden kann. An Renntagen starten besondere Shuttlebusse an der Chalmers St vor dem Bahnhof Central.

Wentworth Park WINDHUNDRENNEN (Karte S. 76; ☎02-9649 7166; www.wentworthpark.com.au; Wentworth Park Rd, Glebe; Eintritt 6 AU$; ⏰Mi & Sa 17.30–23 Uhr; 🚊Wentworth Park)

ABSTECHER

SPORTVERRÜCKTES SYDNEY

Die Sydneyer sind sportverrückt. Sich ein Spiel anzuschauen ist eine tolle Möglichkeit, etwas Lokalkultur und Atmosphäre zu schnuppern.

Rugby League Sydneys alles verschlingende Leidenschaft gilt Rugby League, einem superschnellen, testosteronschwangeren Spiel mit frenetischen Zuschauern. Die Meisterschaft der **National Rugby League** (NRL; www.nrl.com) wird von März bis Oktober ausgespielt und gipfelt in dem ausverkauften Finale im ANZ Stadium. In der Saison kann man Spiele an jedem Wochenende sehen, wenn die verschiedenen Sydneyer Clubs Heimspiele haben. Am leichtesten kommt man in das 45 500 Plätze fassende Sydney Football Stadium, die Heimat der Sydney Roosters. Tickets gibt's ab ca. 25 AU$ bei www.tickets.nrl.com.

Rugby Union Trotz der derben körperlichen Komponente hat Union (www.rugby.com.au) in Sydney ein gehobeneres Klientel und weniger fanatische Anhänger als Rugby League. Die jährliche Rugby Championship der südlichen Hemisphäre (das frühere Tri-Nations), die zwischen Australiens Wallabys, Neuseelands All Blacks, Südafrikas Springboks und Argentiniens Pumas ausgespielt wird, setzt viele Leidenschaften frei, insbesondere auch die Spiele gegen Neuseeland, bei denen es darum geht, wer das ultimative Symbol der transtasmanischen Rivalität, den Bledisloe Cup erhält – die Aussies haben ihn seit 2002 nicht mehr gewonnen. Bei der SuperRugby Competition schlagen sich die NSW Waratahs mit Teams aus anderen australischen Bundesländern, aus Neuseeland, Argentinien, Japan und Südafrika. Die meisten großen Spiele werden im **ANZ Stadium** (☎02-8765 2300; www.anzstadium.com.au; Olympic Blvd; Führung Erw./Kind 29/19 AU$; ⏰Führungen tgl. 11, 13 & 15 Uhr, Gantry Fr–Mi 9 Uhr; 🚊Olympic Park) ausgetragen.

Australian Football League (AFL) Die Sydney Swans laufen in rot-weißer Pracht von März bis September im Sydney Cricket Ground oder dem ANZ Stadium im Sydney Olympic Park ein. Sydneys andere Mannschaft, die Greater Western Sydney Giants, tragen ihre meisten Heimspiele in einem anderen Stadion im Komplex des Olympic Park aus. Tickets gibt's ab ca. 25 AU$ über www.afl.com.au.

Fußball Die A-League trotzt der Konvention, indem sie ihre Spiele von Ende August bis Februar und nicht mitten im Winter austrägt. Der Sydney FC (www.sydneyfc.com) gewann 2006 und 2010 die Meisterschaft. Die neueren Western Sydney Wanderers haben noch kein nationales Finale gewonnen, wohl aber 2014 einen noch größeren Preis, die Asian Champions League. Die W-League ist das Äquivalent im Frauenfußball, der schnell an Popularität gewinnt. Auch hier spielen dieselben beiden Sydneyer Clubs mit.

Cricket Die größeren internationalen Test-Matches, One-Day- und T20-Matches finden im Sommer im Sydney Cricket Ground statt. New South Wales trägt hier und in anderen Sydneyer Cricketstadien mit geringer Zuschauerunterstützung die viertägigen Sheffield-Shield-Matches aus, während das action-haltige **Big Bash** (www.bigbash.com.au) große Zuschauermassen anlockt.

Der Wentworth Park ist Australiens führende Stätte für Windhundrennen, wo die schnellen, schlanken Hunde auf der Bahn dem Zinnhasen nachjagen. Hunderennen gibt es hier seit 1932, und die Anlage hat eine nett altmodische Stimmung. 2016 verkündete die Regierung des Bundesstaats ein Verbot für Hunderennen, zog dies aber nach öffentlichen Protesten wieder zurück. Auf dem Gelände gibt's Bars und ein Bistro.

Tanz

Bangarra Dance Theatre TANZ
(Karte S. 82; ☎02-9251 5333; www.bangarra.com.au; Pier 4/5, 15 Hickson Rd; 🚌324, 325, 998, 🚆Circular Quay) Das Bangarra gilt als Australiens bestes Aborigines-Tanzensemble. Der Intendant Stephen Page sorgt für ein Programm mit zeitgenössischen Themen, indigenen Traditionen und westlichen Techniken. Wenn die Truppe nicht gerade auf Tournee im Ausland ist, tritt sie im Opernhaus oder auf ihrer eigenen kleinen Bühne in Walsh Bay auf.

Sydney Dance Company TANZ
(SDC; Karte S. 82; ☎02-9221 4811; www.sydneydancecompany.com; Pier 4/5, 15 Hickson Rd; 🚌324, 325, 998, 🚆Circular Quay) Australiens führende Kompanie für zeitgenössisches Tanztheater bringt seit fast 40 Jahren sehr moderne, sinnliche und manchmal auch schockierende Werke auf die Bühne. Die Aufführungen finden in der Regel gleich gegenüber im Roslyn Packer Theatre (s. rechte Spalte) oder im **Carriageworks** (Karte S. 102; ☎02-8571 9099; www.carriageworks.com.au; 245 Wilson St, Eveleigh; ⏲10–18 Uhr; 🚆Redfern) GRATIS statt.

Theater

★ **Belvoir St. Theatre** THEATER
(Karte S. 104; ☎02-9699 3444; www.belvoir.com.au; 25 Belvoir St, Surry Hills; 🚌372, 🚆Central) Die intime Spielstätte mit zwei kleinen Bühnen liegt in einer ruhigen Ecke von Surry Hills und ist die Heimstätte einer oft experimentellen, aber immer ausgezeichneten Theatertruppe, die sich auf anspruchsvolles australisches Theater spezialisiert hat. Das Theater gibt oft neue Werke in Auftrag und ist ein wichtiger Stützpfeiler der Sydneyer Theaterszene.

★ **State Theatre** THEATER
(Karte S. 82; ☎02-9373 6655; www.statetheatre.com.au; 49 Market St; 🚆Town Hall) Das wunderschöne State Theatre mit 2000 Sitzplätzen ist ein opulenter, üppig vergoldeter Palast mit klirrenden Kronleuchtern. Hier finden das Sydney Film Festival, Konzerte, Comedy, Opern, Musicals und hin und wieder Promikochshows statt.

Sydney Theatre Company THEATER
(STC; Karte S. 82; ☎02-9250 1777; www.sydneytheatre.com.au; Pier 4/5, 15 Hickson Rd; ⏲Theaterkasse Mo 9–19.30, Di–Fr 9–20.30, Sa 11–20.30 Uhr, So 2 Std. vor Vorstellungsbeginn; 🚌324, 325, 998, 🚆Circular Quay) Das 1978 gegründete STC ist in Sachen Theater Sydneys Zugpferd und spielte eine wichtige Rolle in der Karriere mancher australischer Schauspieler (vor allem bei Cate Blanchett, die dort 2008–13 stellvertretende Intendantin war). Führungen durch die ensembleeigenen Spielstätten Wharf Theatre und Roslyn Packer Theatre können gebucht werden (10 AU$). Vorstellungen gibt's auch im Opernhaus. Die Bar im Wharf Theatre ist toll; es lohnt sich, auch so dort vorbeizuschauen.

Roslyn Packer Theatre THEATER
(Karte S. 82; ☎02-9250 1999; www.roslynpackertheatre.com.au; 22 Hickson Rd; 🚌324, 325, 998, 🚆Circular Quay) Das 2004 eröffnete Haus war der wichtigste Theaterneubau in der Stadt seit dem Sydney Opera House. Die topmoderne Bühne hat 850 Plätze und wird von der Sydney Theatre Company verwaltet. Die Sydney Dance Company und eine Reihe weiterer Truppen treten hier ebenfalls auf.

Monkey Baa Theatre Company THEATER
(Karte S. 86; ☎02-8624 9340; www.monkeybaa.com.au; 1 Harbour St; Ticket ca. 25 AU$; 🚆Town Hall) Wer seine Kinder vom Spielplatz loseisen kann, sollte sie in dieses Theater locken, in dem australische Kinderbücher zum Leben erwachen. Das engagierte Ensemble produziert und zeigt eigene Adaptionen.

🔒 Shoppen

Sydneys Stadtzentrum quillt über von Warenhäusern, Einkaufsgalerien und Läden von Ketten und internationalen Modelabels – das Shoppen ist hier ein für australische Verhältnisse furioses Erlebnis. Paddington ist der Ort für Kunst und Mode, während die Boutiquen mit neuer und Secondhand-Mode rund um Newtown und Surry Hills auf ein hipperes, alternativeres Publikum ausgerichtet sind. Double Bay, Mosman und Balmain wenden sich an eher gesetzte Leute; Schnäppchenjäger halten sich an Chinatown oder die Fabrik-Outlets in Alexandria.

Den Löwenanteil der Buch- und Plattenläden findet man in Newtown und Glebe. In

Sachen Surfausrüstung wird man in Bondi oder Manly fündig. Woollahra, Newtown (rund um den Bahnhof St. Peters) sowie Surry Hills sind die besten Adressen für Antiquitäten. Nach Souvenirs – von exquisiten Opalen bis zu billigen T-Shirts – kann man sich in The Rocks, Circular Quay und Darling Harbour umschauen.

Artery KUNST

(Karte S. 90; ☎02-9380 8234; www.artery.com.au; 221 Darlinghurst Rd, Darlinghurst; ⊙Mo–Fr 10–18, Sa & So 10–16 Uhr; Kings Cross) In dieser kleinen, der Aborigines-Kunst gewidmeten Galerie taucht man in eine Welt der Punkte und Wirbel ein. Das Motto lautet: „ethisch, zeitgenössisch, erschwinglich". Während Bilder etablierterer Künstler Tausende Dollar kosten, bekommt man kleine, nicht eingerahmte Bilder schon ab rund 35 AU$.

Gannon House Gallery KUNST

(Karte S. 82; ☎02-9251 4474; www.gannonhousegallery.com; 45 Argyle St; ⊙10–18 Uhr; Circular Quay) Das auf zeitgenössische australische und Aborigines-Kunst spezialisierte Gannon House kauft die Werke direkt von den Künstlern und den Aborigines-Gemeinden. Hier findet man auch Arbeiten prominenter Künstler wie Gloria Petyarre, aber auch weniger bekannte Namen. Es gibt immer ein paar interessante, wunderschöne Werke zu bestaunen.

Makery KUNSTHANDWERK

(Karte S. 90; ☎0419 606 724; www.work-shop.com.au; 106 Oxford St, Darlinghurst; ⊙Di–Fr 10.30–18.30, Sa 10–17, So 11–16 Uhr; 333, 380) Der großzügige Eckraum ermöglicht es lokalen Kunsthandwerkern und Gestaltern, ihre Produkte auf einer einzigen Ausstellungsfläche anzubieten. So findet man hier eine ausgezeichnete Auswahl von Schmuck, Kerzen, Kleidung und vielem anderen; das Stöbern lohnt sich immer.

★ Abbey's BÜCHER

(Karte S. 82; ☎02-9264 3111; www.abbeys.com.au; 131 York St; ⊙Mo–Mi & Fr 8.30–18, Do 8.30–20, Sa 9–17, So 10–17 Uhr; Town Hall) Die bei Weitem beste Buchhandlung im Zentrum von Sydney hat viele Stärken. Sie hat eine gute Abteilung für Gesellschaftswissenschaften und eine ausgezeichnete Sprachenabteilung, in der man auch ein tolles Sortiment nicht englischsprachiger Filme auf DVD findet. Lohnend ist auch das große Sortiment an Science Fiction und Fantasy.

Gleebooks BÜCHER

(Karte S. 102; ☎02-9660 2333; www.gleebooks.com.au; 49 Glebe Point Rd, Glebe; ⊙So–Mi 9–19, Do–Sa bis 21 Uhr; Glebe) Gleebooks ist eine der besten Buchhandlungen Sydneys. Die Regale sind vollgestopft mit Titeln aus Politik, Kunst und Belletristik, und das Personal berät gut. Im Veranstaltungskalender gibt's Autorenlesungen und Buchvorstellungen.

Better Read Than Dead BÜCHER

(Karte S. 102; ☎02-9557 8700; www.betterread.com.au; 265 King St, Newtown; ⊙So–Do 9.30–21, Fr & Sa 9.30–22 Uhr; Newtown) Das ist unser Lieblingsbuchladen in Newtown – nicht nur wegen des Namens und der vielen vorrätigen Lonely Planet Titel. Niemand stört es hier, wenn man ewig in den Regalen stöbert, wo sich ambitionierte Werke ein Stelldichein mit anspruchslosem Lesefutter geben.

Berkelouw Books BÜCHER

(Karte S. 90; ☎02-9360 3200; www.berkelouw.com.au; 19 Oxford St, Paddington; ⊙So–Do 9.30–21, Fr & Sa bis 22 Uhr; 333, 380) Auf den muffigen Geruch antiquarischer Bücher muss man hier verzichten. Die Nase führt einen hinauf ins Café, und dann stöbert man auf drei Etagen in gebrauchten Büchern, Neuerscheinungen, antiken Landkarten und Australiens größter Sammlung seltener Bücher. Die Berkelouws sind seit sechs Generationen auf antiquarische Bücher und bibliophile Raritäten spezialisiert, seit sie 1812 in Holland ihren ersten Laden eröffneten.

Opal Minded SCHMUCK

(Karte S. 82; ☎02-9247 9885; www.opalminded.com; 55 George St; ⊙9–18.30 Uhr; Circular Quay) Dieser Laden in The Rocks ist einer von mehreren in der Gegend, wo man sich mit Opalen eindecken kann, den typisch australischen Halbedelsteinen. Hier sind Qualität und Service ausgezeichnet.

Faster Pussycat MODE & ACCESSOIRES

(Karte S. 102; ☎02-9519 1744; www.facebook.com/fasterpcat; 431a King St, Newtown; ⊙Di–Fr 11–18, Sa & So 11–17 Uhr; Newtown) Inspiriert von „trashiger Popkultur, Hotrods und Rock and Roll" setzt dieser coole Laden auf Retro-Klamotten und Accessoires mit Leopardenmuster für alle Geschlechter und Altersstufen – selbst Babysachen gibt es.

★ Carriageworks Farmers Market MARKT

(Karte S. 102; http://carriageworks.com.au; Carriageworks, 245 Wilson St, Eveleigh; ⊙Sa 8–13 Uhr;

(Redfern) Mehr als 70 feste Standinhaber verkaufen ihre Produkte auf Sydneys bestem Bauernmarkt, der in einer denkmalgeschützten Eisenbahn-Wartungshalle abgehalten wird. An den Imbiss- und Kaffeeständen herrscht großer Betrieb; Gemüse, Obst, Fleisch und Meeresfrüchte aus dem ganzen Bundesstaat werden in heiterer Atmosphäre an die Käufer gebracht.

Paddington Markets MARKT
(Karte S. 98; 02-9331 2923; www.paddingtonmarkets.com.au; 395 Oxford St, Paddington; Sa 10–16 Uhr; 333, 380) Der Markt entstand in den 1970er-Jahren und war damals ganz von Patschuliduft durchweht. Heute ist er freilich zum Mainstream geworden, lohnt aber immer noch einen Rundgang auf der Suche nach neuer und Secondhand-Kleidung, Kunsthandwerk und Schmuck. Auf Gedränge einstellen!

Glebe Markets MARKT
(Karte S. 102; www.glebemarkets.com.au; Glebe Public School, Ecke Glebe Point Rd & Derby Pl; Sa 10–16 Uhr; 431, 433, Glebe) Das Beste im Westen: Sydneys Sandalen und Rastalocken tragende Truppe marschiert geschlossen zu diesem überfüllten Hippie-Markt, wo man tolles Kunsthandwerk und Design sowie eine alle einschließende Gemeinschaftsatmosphäre findet.

The Rocks Markets MARKT
(Karte S. 82; www.therocks.com; George St; Fr 9–15, Sa & So 10–17 Uhr; Circular Quay) Die Stände unter dem langen Baldachin auf diesem großen Wochenendmarkt sind ein Touristenmarkt, auch wenn es hier gar nicht so viel Koala-Kitsch, sondern durchaus auch ausgezeichnetes Kunsthandwerk gibt. Hier kann man gut nach Geschenken für die Lieben zu Hause gucken. Der Markt nimmt das obere Ende der George St ein und zieht sich über die Argyle St hin, wo man auch etwas zu essen bekommt. Kulinarischer ausgerichtet ist der „Foodies Market“ am Freitag.

Bondi Markets MARKT
(Karte S. 107; www.bondimarkets.com.au; Bondi Beach Public School, Campbell Pde, Bondi Beach; Sa 9–13, So 10–16 Uhr; 380-382) Sonntags, wenn die Kinder am Strand sind, plündern Bondi-Originale in ihrer Schule die Stände mit gebatikten Secondhand-Klamotten, neuer Mode, Büchern, Glasperlen, Ohrringen, Aromatherapie-Ölen, Kerzen, alten Schallplatten und mehr. Samstags gibt's an gleicher Stelle einen Bauernmarkt.

Paddy's Markets MARKT
(Karte S. 86; www.paddysmarkets.com.au; 9–13 Hay St; Mi–So 10–18 Uhr; Paddy's Markets, Central) Der riesige Markt mit seinen 1000 Ständen ist Sydneys Gegenstück zu Istanbuls Großem Basar, aber statt Nargiles und Teppichen gibt's Handy-Hüllen, Eminem-T-Shirts und billige Turnschuhe. Man kauft irgendwas oder schlendert einfach nur durch die Gänge und staunt die kapitalistische Geschäftigkeit an.

Red Eye Records MUSIK
(Karte S. 82; 02-9267 7440; www.redeye.com.au; 143 York St; Mo–Mi, Fr & Sa 9–18, Do 9–21, So 10–17 Uhr; Town Hall) Wer mit einem Musikfreak verpartnert ist, sei gewarnt: Wenn der oder die Liebste erst einmal die Treppen zu diesem Laden hinuntergegangen ist, muss man sich auf langes Warten einstellen. Die Regale sind vollgestopft mit einem unwiderstehlichen Sortiment neuer, klassischer, seltener und gesuchter LPs und CDs, und dazu kommen noch krasse Rock-T-Shirts, Bücher, Poster und Musik-DVDs.

Utopia Records MUSIK
(Karte S. 86; 02-9571 6662; www.utopia.com.au; 511 Kent St; Mo–Mi, Fr & Sa 10–18, Do 10–20, So 12–16 Uhr; Town Hall) Der alteingesessene Laden ist Sydneys bester Musikladen für Metal aller Art und Hardrock. Der Eingang liegt an der Bathurst St.

Revolve Records MUSIK
(Karte S. 102; 02-9519 9978; www.revolverecords.com.au; 65 Erskineville Rd, Erskineville; Mo–Mi 12–18, Do & Fr 11.30–19, Sa & So 10–18 Uhr; Erskineville) Der Laden gleich über dem Bahnhof Erskineville ist eine Schatztruhe für Secondhand-Platten aller Art.

★ Queen Victoria Building EINKAUFSZENTRUM
(QVB; Karte S. 82; 02-9265 6800; www.qvb.com.au; 455 George St; Mo–Mi, Fr & Sa 9–18, Do 9–21, So 11–17 Uhr; Town Hall) Das prächtige QVB nimmt einen ganzen Straßenblock ein und bietet auf fünf Etagen fast 200 Läden. Das Meisterwerk viktorianischer Neugotik ist zweifellos Sydneys schönstes Einkaufszentrum.

★ Strand Arcade EINKAUFSZENTRUM
(Karte S. 82; www.strandarcade.com.au; 412 George St; Mo–Mi & Fr 9–17.30, Do 9–21, Sa 9–16, So 11–16 Uhr; Town Hall) Das 1891 erbaute Strand wetteifert mit dem QVB um den Titel des schönsten Einkaufszentrums der Stadt.

Die drei Etagen mit Designermode, für Australien typischen Artikeln und altmodischen Kaffeeläden machen aus einem kurzen Bummel einen längeren Aufenthalt. Einige von Australiens Spitzen-Designern haben hier ebenfalls Läden.

Westfield Sydney MALL
(Karte S. 82; www.westfield.com.au/sydney; 188 Pitt St Mall; Mo–Mi, Fr & Sa 9.30–18.30, Do 9.30–21, So 10–18 Uhr; ; St. James) Die glamouröseste Shopping-Mall der Stadt ist ein verwirrend großer Komplex, der den Sydney Tower und ein gutes Stück der Pitt St Mall vereinnahmt. Der Food-Court im 5. Stock gehört zu Sydneys besten.

David Jones WARENHAUS
(Karte S. 82; 02-9266 5544; www.davidjones.com.au; 86–108 Castlereagh St; So–Mi 9.30–19, Do & Fr 9.30–21, Sa 9–19 Uhr; St James) In zwei riesigen Gebäuden in der City residiert Sydneys wichtigstes Warenhaus. Im Haus an der Castlereagh St gibt es Damen- und Kinderbekleidung, in der Niederlassung an der Market St Herrenbekleidung, Elektroartikel und einen eleganten Food-Court. Das DJs nimmt auch einen beträchtlichen Teil der **Westfield Bondi Junction** (Karte S. 76; 02-9947 8000; www.westfield.com.au; 500 Oxford St, Bondi Junction; Mo–Mi & Sa 9–18, Do 9–21, Fr 9–19, So 10–18 Uhr; Bondi Junction) ein und wird demnächst auch in Barangaroo vertreten sein.

★ **Australian Wine Centre** WEIN
(Karte S. 82; 02-9247 2755; www.australianwinecentre.com; Goldfields House, 1 Alfred St; So & Mo 10–19, Di–Do & Sa 9.30–20, Fr 9.30–21 Uhr; Circular Quay) Der Kellerladen mit mehrsprachigen Angestellten ist vollgestopft mit guten australischen Weinen, Bieren und Spirituosen. Trotz der Lage ist das keine Touristenfalle: Kleinere Hersteller sind gut vertreten, und es gibt eine riesige Auswahl an prestigeträchtigen Penfolds-Grange-Weinen und edle, in der Flasche gereifte Tropfen. Auf Wunsch wird der Versand ins Ausland arrangiert.

Praktische Informationen

MEDIZINISCHE VERSORGUNG

000 ist die Rufnummer für Notfälle aller Art.

Kings Cross Clinic (02-9358 3066; www.kingscrossclinic.com.au; 13 Springfield Ave, Kings Cross; Mo–Fr 9–13 & 14.30–18, Sa 10–13 Uhr; Kings Cross) Allgemein- und Reisemedizin.

Royal Prince Alfred Hospital (RPA; 02-9515 6111; www.slhd.nsw.gov.au/rpa; Missenden Rd, Camperdown; 412)

St. Vincent's Hospital (02-8382 1111; www.svhs.org.au; 390 Victoria St, Darlinghurst; Kings Cross)

POST

Australia Post (13 76 78; www.auspost.com.au) Hat Filialen im gesamten Stadtgebiet.

TOURISTENINFORMATION

Sydney Visitor Centre (Karte S. 82; 02-8273 0000; www.sydney.com; Ecke Argyle & Playfair St; 9.30–17.30 Uhr; Circular Quay) Die Filiale im Zentrum von The Rocks hat viele Broschüren und bucht Unterkünfte, Touren und Attraktionen.

Sydney Visitor Centre (Karte S. 86; 02-8273 0000; www.sydney.com; Palm Grove, Darling Harbour; 9.30–17.30 Uhr; Town Hall) Das Büro unter der Autobahn-Überführung hat ein großes Sortiment an Broschüren und Event-Guides und bucht Unterkünfte, Touren und Attraktionen. Weil an der Stelle ein großes Bauvorhaben geplant ist, wird das Büro an einen zeitweiligen Standort irgendwo in der Nähe umziehen.

City Host Information Kiosk (Karte S. 82; www.cityofsydney.nsw.gov.au; Ecke Pitt & Alfred St; 9–17 Uhr; Circular Quay)

City Host Information Kiosk (Karte S. 86; www.cityofsydney.nsw.gov.au; Dixon St; 11–17 Uhr; Town Hall) Unter einem an eine Pagode erinnernden Dach im Zentrum von Chinatown.

City Host Information Kiosk (Karte S. 90; www.cityofsydney.nsw.gov.au; Ecke Darlinghurst Rd & Springfield Ave, Kings Cross; 9–17 Uhr; Kings Cross)

Hello Manly (Karte S. 109; 02-9976 1430; www.hellomanly.com.au; East Esplanade, Manly; Mo–Fr 9–17, Sa & So 10–16 Uhr; Manly) Das Besucherzentrum gleich vor der Fähranlegestelle und neben dem Umsteigebusbahnhof hat kostenlose Faltblätter zum **Manly Scenic Walkway** (S. 108) und zu anderen Sehenswürdigkeiten in Manly sowie jede Menge Infos zu Ortsbussen. Man kann diverse Touren buchen, darunter einen kurzen, 20-minütigen Spaziergang durch Manly (5 AU$).

Parramatta Heritage & Visitor Information Centre (02-8839 3311; www.discoverparramatta.com; 346a Church St, Parramatta; 9–17 Uhr; Parramatta) Das kundige Personal hilft mit vielen Broschüren und Faltblättern weiter, hat Infos über Zugangsmöglichkeiten für Besucher mit Behinderung und Details zu örtlichen kulturellen Stätten der Aborigines. Das Büro veranstaltet auch kostenlose Stadtspaziergänge (Di & Fr), die telefonisch gebucht werden können.

An- & Weiterreise

BUS

Fernbusse kommen am Sydney Coach Terminal unterhalb des Bahnhofs Central an. Von dort geht man entweder zu Fuß die Eddy Ave entlang zu den Vorortzügen oder wendet sich nach links in die Pitt St, um zu der großen Bushaltestelle am Railway Sq zu gelangen.

Sydney Coach Terminal (Karte S. 104; ☎ 02-9281 9366; www.sydneycoachterminal.com.au; Eddy Ave; ⊙8–18 Uhr, Sommer ab 6 Uhr; 🚉 Central) Hier gibt es einen Tourbuchungsschalter, Internet-Computer und eine Gepäckaufbewahrung (für Abholung noch am gleichen Tag).

Australia Wide Coaches (☎ 02-9516 1300; www.austwidecoaches.com.au) Busse nach Orange und Bathurst.

Firefly (☎ 1300 730 740; www.fireflyexpress.com.au) Fährt von Sydney nach Melbourne und weiter nach Adelaide.

Greyhound (☎ 1300 473 946; www.greyhound.com.au) Betreibt das umfangreichste Busnetz im Land.

Murrays (☎ 13 22 51; www.murrays.com.au) Fährt von Canberra nach Sydney und zur South Coast.

Port Stephens Coaches (☎ 02-4982 2940; www.pscoaches.com.au) Busse nach Newcastle und Nelson Bay.

Premier Motor Service (☎ 133 410; www.premierms.com.au) Fährt von Cairns über Brisbane, die Gold Coast und Sydney nach Eden.

FLUGZEUG

Die meisten Sydney-Besucher landen auf dem Sydney Airport 10 km südlich des Stadtzentrums. Zahlreiche Fluglinien fliegen von hier aus zu Zielen in ganz Australien sowie in Asien, Ozeanien, Europa (mit Zwischenstopp) und Nordamerika.

Der **Sydney Airport** (Kingsford Smith Airport; ☎ 02-9667 9111; www.sydneyairport.com.au; Airport Dr, Mascot) 10 km südlich des Stadtzentrums ist der am stärksten ausgelastete Flughafen des Landes. Er wickelt Flüge aus dem ganzen Land und aus aller Welt ab. Das internationale (T1) und die Inlandsterminals (T2 und T3) liegen 4 km voneinander entfernt zu beiden Seiten der Start- und Landebahnen.

Fluglinien

Virgin Australia (☎ 13 67 89; www.virginaustralia.com), **Qantas** (☎ 13 13 13; www.qantas.com.au), **Tigerair** (☎ 1300 174 266; https://tigerair.com.au) und Qantas' Budget-Alternative **Jetstar** (☎ 131 538; www.jetstar.com) bieten häufige Flüge von und zu anderen australischen Großstädten. **Regional Express** (REX; ☎ 13 17 13; www.rex.com.au), **AirLink** (☎ 02-6884 2435; www.airlinkairlines.com.au) und **FlyPelican** (☎ 02-4965 0111; www.flypelican.com.au) bedienen kleinere Zentren.

Details zu internationalen Fluglinien findet man unter www.sydneyairport.com.au (auf „Flight Information" clicken).

ZUG

Züge fahren von Sydneys Bahnhof Central gen Norden bis Brisbane (13½ Std.), gen Süden bis Melbourne (11½ Std.) und gen Westen sogar bis Perth (4 Tage!); Details s. unten bei NSW TrainLink und Indian Pacific.

NSW TrainLink (☎ 13 22 32; www.nswtrainlink.info) Das staatliche Zugnetz verbindet Sydney mit Canberra, Melbourne, Griffith, Broken Hill, Dubbo, Moree, Armidale und Brisbane.

Sydney Trains (☎ 13 15 00; www.sydneytrains.info) Verbindet Sydney mit den Blue Mountains, der South Coast und der Central Coast.

Indian Pacific (☎ 1800 703 357; www.greatsouthernrail.com.au) Der berühmte Zug durchquert auf der Fahrt von Perth nach Sydney den gesamten Kontinent.

Unterwegs vor Ort

AUTO & MOTORRAD

Wer kann, sollte im Zentrum von Sydney das Autofahren vermeiden: Hier existiert ein verwirrendes Einbahnstraßensystem, Parkplätze sind selten und teuer (sogar bei Hotels), und es gibt jede Menge Parkscheinkontrolleure, Mautstraßen und Abschleppzonen. Andererseits ist ein Auto praktisch, um Sydneys Außenbezirke (insbesondere die Strände) zu erreichen und Tagesausflüge zu unternehmen.

Autovermietung

Die Preise für Mietwagen variieren nach Saison und Nachfrage. Unbedingt das Kleingedruckte lesen, wo steht, welche Altersbeschränkungen bestehen, was die Versicherung abdeckt und wo man das Auto abholen kann!

Kleinwagen für ein paar Tage bekommt man ab ca. 25 AU$ pro Tag.

Die großen Autovermieter haben Schalter am Flughafen und Büros in der Stadt (meist um die William St in Darlinghurst). Örtliche Anbieter haben preislich und qualitativ konkurrenzfähige Angebote.

Motorräder vermietet **Bikescape** (☎ 02-8123 0917; www.bikescape.com.au; Ecke Parramatta Rd & Young St, Annandale; Touren ab 195 AU$; 🚉 Stanmore).

Autovermieter:

Ace Rentals (☎ 02-9222 2595; www.acerentalcars.com.au)

Avis (☎ 02-9246 4600; www.avis.com.au; 200 William St, Woolloomooloo; ⊙7.30–18 Uhr; 🚉 Kings Cross)

Bayswater Car Rental (☎ 02-9360 3622; www.bayswatercarrental.com.au; 180 William St, Woolloomooloo; ⏲ Mo–Fr 7–18.30, Sa 8–15.30, So 9–15.30 Uhr; 🚉 Kings Cross)

Budget (☎ 02-8255 9600; www.budget.com.au; 93 William St, Darlinghurst; ⏲ Mo–Fr 7.30–17.45, Sa & So bis 15.45 Uhr; 🚉 Kings Cross)

Europcar (☎ 02-8255 9050; www.europcar.com.au)

Hertz (☎ 02-9360 6621; www.hertz.com.au; 65 William St, Darlinghurst; ⏲ Mo–Fr 7.30–17.30, Sa & So 8–13 Uhr; 🚉 St. James)

Jucy Rentals (☎ 1800 150 850; www.jucy.com.au)

Thrifty (☎ 02-8374 6177; www.thrifty.com.au; 85 William St, Darlinghurst; ⏲ Mo–Fr 7.30 bis 17.30, Sa & So 7.30–11.30 Uhr; 🚉 Kings Cross)

Mautstraßen

Für die meisten Autobahnen und wichtigen Verbindungsstrecken (darunter die Harbour Bridge, der Harbour Tunnel, der Cross City Tunnel und der Eastern Distributor) werden gepfefferte Mautgebühren erhoben, die elektronisch eingezogen werden. Traveller müssen sich dafür eine elektronische Marke (eTag) oder einen Besucherpass über eine der folgenden Websites besorgen: www.roam.com.au, www.roamexpress.com.au, www.tollpay.com.au oder www.myetoll.com.au. Die meisten Autovermietungen stellen inzwischen auch eTags bereit.

Fahrzeugkauf

Sydney Travellers Car Market (☎ 02-9331 4361; www.sydneytravellerscarmarket.com.au; Ebene 2, Kings Cross Car Park, Ward Ave, Kings Cross; ⏲ Mo–Sa 10–17 Uhr; 🚉 Kings Cross) Das nützliche Forum für Traveller, die für eine Straßentour in Australien ein Auto kaufen und es danach wieder verkaufen wollen, hat seinen Sitz in einem Parkhaus.

VOM/ZUM FLUGHAFEN

Bus

Die Busverbindung zum Flughafen beschränkt sich auf die etwa alle 20 Minuten fahrende Linie 400 zwischen Burwood und Bondi Junction (55 Min.).

Shuttle

Airportshuttles fahren zu den Hotels und Hostels im Stadtzentrum, manche auch zu umliegenden Vor- und Strandorten. Zu den Anbietern zählen **KST Airporter** (☎ 02-8339 0155; www.kst.com.au; Flughafen–Stadtzentrum Erw./Kind 17/12 AU$), **Airport Shuttle North** (☎ 02-9997 7767; www.asntransfers.com; nach Manly 1/2/3 Pers. 41/51/61 AU$) und **Manly Express** (☎ 02-8068 8473; www.manlyexpress.com.au; nach Manly 1/2/3 Pers. 40/55/65 AU$).

Taxi

Eine Fahrt vom Flughafen zum Stadtzentrum kostet etwa 45–55 AU$, nach North Sydney 55–65 AU$ und nach Manly 90–100 AU$.

Zug

Airport Link (www.airportlink.com.au; Erw./Kind 13,40/12 AU$ plus normale Zugfahrkarte; ⏲ 5–23.45 Uhr, Fr & Sa auch Nachtzüge) betreibt von den Terminals für Auslands- und

OPAL CARD

Sydneys öffentlicher Nahverkehr verwendet jetzt das Smartcard-System Opal (www.opal.com.au).

Die Karte ist (kostenlos) in zahlreichen Zeitungsläden und Drogerien überall in Sydney erhältlich und kann dort auch aufgeladen werden (min. 10 AU$). Zu Beginn der Fahrt hält man die Karte an das elektronische Lesegerät. Diese Geräte befinden sich an den Eingangstoren der Bahnhöfe, in der Nähe der Türen der Busse und Light-Rail-Waggons bzw. an den Fähranlegestellen. Am Ende der Fahrt hält man die Karte wieder an das Lesegerät, welches den korrekten Fahrpreis von der Karte abbucht. Beim Umsteigen zwischen Linien bzw. Verkehrsmitteln erhält man einen Rabatt, wenn ein bestimmtes Minimum an Fahrten pro Woche überschritten ist. Der tägliche Höchstbetrag ist bei 15 AU$ (So 2,50 AU$) gedeckelt. Man kann die Opal Card auch an den Flughafen-Bahnhöfen einsetzen, doch gelten dort die genannten Boni nicht.

Einzelfahrscheine (Opal Single Trip Tickets) kann man immer noch an Automaten an den Bahnhöfen, Fähranlegestellen und Light-Rail-Stationen bzw. beim Busfahrer kaufen. Diese Fahrscheine sind aber teurer als die gleiche Fahrt mit Einsatz der Opal Card, sodass sich das nur lohnt, wenn man während seines Sydney-Aufenthalts weniger als 10 AU$ für die Benutzung öffentlicher Verkehrsmittel ausgeben wird.

Für Kinder und Jugendliche von 4 bis 15 Jahren ist eine Opal Card zum halben Preis im Angebot. Opal Cards mit Rabatt für Studenten und Rentner müssen online beantragt werden.

Inlandsflüge Züge mit Anschluss an das Hauptzugnetz. Die Züge fahren häufig (alle 10 Min.), sind schnell (13 Min. bis zur Central Station) und leicht zu benutzen, aber die Flughafentickets sind ziemlich überteuert. Wer zu mehreren unterwegs ist, fährt mit einem Taxi günstiger. Die billigste Alternative besteht darin, den Bus zum Bahnhof Rockdale (Linie 400, 12 Min.) zu nehmen und dort in den regulären Zug zum Bahnhof Central (15 Min.) umzusteigen.

ÖFFENTLICHER NAHVERKEHR

Die Einwohner Sydneys beklagen sich häufig über ihr öffentliches Verkehrswesen, doch als Besucher stellt man fest, dass man eigentlich leicht damit zurechtkommt. Rückgrat des öffentlichen Nahverkehrs ist das Bahnnetz, dessen Schienen von der Central Station aus strahlenförmig abgehen. Fähren fahren überall am Hafen und den Fluss hinauf bis Parramatta; die Light Rail ist nützlich für Pyrmont und Glebe, und die Busse bieten sich vor allem für Fahrten zu den Stränden an.

Transport NSW (☎131 500; www.transportnsw.info) ist für die Koordination aller bundesstaatlich betriebenen Busse, Fähren, Züge und Stadtbahnen (Light Rail) verantwortlich. Auf der Website gibt's einen nützlichen Fahrtenplaner.

Die App TripView ist sehr nützlich für aktuelle Verkehrsinfos und für die Reiseplanung.

Bus

- **Sydney Buses** (☎131 500; www.sydneybuses.info) betreibt das umfangreiche örtliche Busnetz. Die Linienbusse verkehren zwischen 5 und 24 Uhr, anschließend fahren weniger häufig die NightRide-Busse.
- Buslinien mit einem X vor der Nummer sind Expressbusse, die nur an ausgewählten Haltestellen halten, Busse mit einem L normale Busse, für die dasselbe gilt.
- Es gibt mehrere Busknotenpunkte im Stadtzentrum, darunter Wynyard Park am Bahnhof Wynyard, Railway Square am Bahnhof Central, das QVB nahe dem Bahnhof Town Hall sowie Circular Quay an der Fähranlegestelle und dem Bahnhof gleichen Namens.
- Bei Busfahrten nutzt man die Opal Card, die man beim Einsteigen an das Lesegerät hält. Nicht vergessen, dasselbe beim Aussteigen zu tun, sonst wird die Karte mit dem Höchstpreis belastet!

Fähre

- Die meisten Fähren von **Sydney Ferries** (Karte S. 82; ☎131 500; www.transportnsw.info) verkehren zwischen 6 und 24 Uhr. Der normale Opal-Card-Einzelfahrpreis beträgt für die meisten Ziele am Hafen 5,74 AU$; die Fähren nach Manly, Sydney Olympic Park und Parramatta kosten 7,18 AU$.
- Das Privatunternehmen **Manly Fast Ferry** (☎02-9583 1199; www.manlyfastferry.com.au; einfache Strecke Erw. Nicht-Spitzenzeit/Spitzenzeit 8,70/7,80 U$) düst in 18 Minuten vom Circular Quay nach Manly.

Light Rail

- Die Züge fahren zwischen dem Bahnhof Central und Dulwich Hill; sie halten unterwegs in Chinatown, Darling Harbour, am Casino The Star, am Sydney Fish Market, in Glebe und in Leichhardt.
- Der Fahrpreis mit Opal Card beträgt 2,10 AU$ für eine kürzere und 3,50 AU$ für eine längere Strecke.
- Eine zweite Light-Rail-Strecke ist im Bau und soll 2019 in Betrieb gehen. Sie wird vom Circular Quay über die dann vollkommen autofreie George St durch das Stadtzentrum zum Bahnhof Central und dann ostwärts durch Surry Hills vorbei am SCG und dem Sydney Football Stadium nach Kingsford führen; eine Zweigstrecke endet in Randwick.

Zug

Sydney Trains (S. 148) betreibt ein großes Netz von recht häufig fahrenden Vorortzügen, allerdings nicht zu den Stränden im Norden und Osten.

Die Züge fahren ungefähr zwischen 5 und 24 Uhr: den Fahrplan der gewünschten Linie konsultieren! Am Wochenende sind die Züge etwas länger im Einsatz. Während der Nacht fahren ersatzweise NightRide-Busse. Diese starten überwiegend von den Bahnhöfen Town Hall oder Central.

Die Zugfahrten sind während der Spitzenzeiten (Mo–Fr 7–9 & 16–18.30 Uhr) erheblich teurer.

Eine kurze, einfache Fahrt kostet mit Opal Card in der Spitzenzeit 3,38 AU$ und außerhalb 2,36 AU$.

TAXI

Taxis mit Taxameter kann man im Stadtzentrum und den inneren Vorstädten problemlos heranwinken, außer in der Zeit des Fahrerwechsels (15 und 3 Uhr).

Die Fahrpreise sind festgelegt und bei allen Taxiunternehmen gleich. Der Grundpreis beträgt 3,60 AU$; freitags und samstags von 22 bis 6 Uhr gilt ein Nachtzuschlag von 2,50 AU$ auf den Grundpreis. Pro km werden 2,19 AU$ fällig; nachts zwischen 22 und 6 Uhr gilt ein Aufschlag von 20 %. Bei Reservierung gilt ein Aufschlag von 2,50 AU$.

Die Fahrdienst-App Uber ist in Sydney sehr populär. Andere Apps wie GoCatch vermitteln Fahrdienst- und normale Taxis und sind an Abenden mit viel Verkehr sehr praktisch.

Weiteres zu Sydneys Taxis findet man unter www.nswtaxi.org.au.

Größere Taxiunternehmen:

Legion Cabs (☎13 14 51; www.legioncabs.com.au)

Premier Cabs (☎13 10 17; www.premiercabs.com.au)

RSL Cabs (☎02-9581 1111; www.rslcabs.com.au)

Silver Service (☎133 100; www.silverservice.com.au)

Taxis Combined (☎133 300; www.taxiscombined.com.au)

WASSERTAXI

Wassertaxis bringen einen schnell im Hafen herum (vom Circular Quay nach Watsons Bay in nur 15 Min.). Die Unternehmen laufen jeden beliebigen Punkt am Hafen und am Fluss an, auch private Anlegestellen, Inseln und andere Schiffe. Alle haben einen Preisanzeiger auf ihrer Website. Je mehr Leute mitfahren, umso billiger wird es.

Fantasea Yellow Water Taxis (Karte S. 88; ☎1800 326 822; www.yellowwatertaxis.com.au; Cockle Bay Wharf; ⏲7.30–22 Uhr, für Fahrten außerhalb dieser Zeiten Vorabbuchung erforderlich) Festpreis für bis zu 4 Personen, danach 10 AU$ für jeden weiteren Fahrgast. Ausgewählte Preise ab dem King Street Wharf: nach Manly 195 AU$, nach Cockatoo Island 100 AU$, nach Watsons Bay 135 AU$. Es gibt auch Sammel-Wassertaxis zu nähergelegenen Zielen, z. B. zum Taronga Zoo (30 AU$), zum Fish Market (25 AU$), zum Fort Denison (25 AU$) und zum Luna Park (15 AU$).

RUND UM SYDNEY

Blue Mountains

Die atemberaubend schönen Blue Mountains sind eine Welterbestätte und ein weiteres Highlight Australiens. Der schieferblaue Dunst, dem die Berge ihren Namen verdanken, stammt von dem feinen Ölnebel, den die riesigen Eukalyptusbäume ausscheiden. Diese bilden ein dichtes Blätterdach über einer Landschaft aus tiefen, oft unzugänglichen Tälern und klar umrissenen Sandsteinfelsen.

Die Gebirgsausläufer beginnen 65 km von Sydney entfernt im Binnenland. Sie steigen schließlich zu einem Sandsteinplateau auf 1100 m Höhe an, in das die Erosion im Lauf der Zeit diverse Täler gegraben hat. Zur Region gehören acht miteinander verbundene Naturschutzgebiete mit traumhafter Landschaft, tollen Buschwanderrouten, indigenen Felsreliefs, vielen Canyons und zahllosen Felsen.

Obwohl sich die Blue Mountains per Tagesausflug ab Sydney besuchen lassen, empfiehlt sich mindestens eine Übernachtung. So kann man ein paar der Ortschaften erkunden, wenigstens eine Buschwanderung unternehmen und in einigen der hervorragenden Restaurants speisen. Da die Hügel ganzjährig überraschend kühl sein können, ist warme Bekleidung im Gepäck anzuraten.

Aktivitäten & Geführte Touren

Die Blue Mountains sind bei Radfahrern sehr beliebt. Viele Besucher fahren mit ihren Drahteseln per Zug nach Woodford und pedalieren dann bergab nach Glenbrook (2–3 Std.). Routenkarten sind bei regionalen Visitor Centres erhältlich.

Blue Mountains Explorer Bus BUSTOUR
(☎1300 300 915; www.explorerbus.com.au; 283 Bathurst Rd; Erw./Kind 44/22 AU$; ⏲Abfahrt 9.45–16.45 Uhr) Diese Bustouren sind deutlich besser als großstädtische Standardversionen und zudem praktisch, um die beliebtesten Attraktionen der Blue Mountains abzuklappern. Darunter ist z. B. eine Rundfahrt von Katoomba nach Leura, bei der unterwegs beliebig aus- und zugestiegen werden kann. Ein anderer Trip führt zu den Wentworth Falls. Das Angebot umfasst auch Pauschalpakete mit Eintritt zu mehreren Sehenswürdigkeiten. Die Busse mit unterhaltsamem Live-Bordkommentar starten alle 30 bis 60 Minuten am Bahnhof Katoomba. Tickets gibt's beim dortigen Büro, direkt an Bord und bei diversen teilnehmenden Läden.

Trolley Tours BUSTOUR
(☎02-4782 7999; www.trolleytours.com.au; 76 Bathurst St; Erw./Kind 25/15 AU$) Gegenüber vom Bahnhof Katoomba werden hier u. a. Rundfahrten mit 29 Zwischenstationen in Katoomba und Leura offeriert. Die Busse sind vom Look her leicht auf Oldtimer-Straßenbahn (trolley) getrimmt und ermöglichen beliebiges Aus- bzw. Zusteigen. Die Firma bietet auch Ausflüge zu den Jenolan Caves (S. 162) und Pauschalpakete an.

Blue Mountains Adventure Company ABENTEUERTOUR
(☎02-4782 1271; www.bmac.com.au; 84a Bathurst Rd; Abseilen ab 150 AU$, Canyoning 230 AU$, Buschwandern ab 30 AU$) Ebenfalls gegenüber vom Bahnhof Katoomba sind hier Abseilen, Canyoning (auch kombiniert), Buschwandern und Klettern im Angebot.

Rund um Sydney

River Deep Mountain High ABENTEUERTOUR
(☎02-4782 6109; www.rdmh.com.au; Abseilen 165–230 AU$, Canyoning 230 AU$) Diese Profi-Firma achtet extrem auf Komfort und Sicherheit. Neben Abseilen und Canyoning (auch kombiniert) organisiert sie u. a. diverse Wander- und MTB-Touren.

Australian School of Mountaineering ABENTEUERTOUR
(☎02-4782 2014; http://climbingadventures.com.au; 166 Katoomba St) Die verlässliche Profi-Firma in einem Outdoorshop offeriert geführte Touren und Kurse für Abenteuersportler. Abgedeckt werden hierbei Klettern, Abseilen, Canyoning, Bergsteigen, Skilanglauf und Survival-Training.

Feste & Events

Yulefest WINTERFEST
(www.yulefest.com) An diesem Winterfest zwischen Juni und August beteiligen sich Hotels und Restaurants in der ganzen Region. Dabei geht's ziemlich weihnachtlich zu; auf Schnee und Rentiere muss man in diesem Teil Australiens allerdings verzichten.

Schlafen

In den Blue Mountains findet man gute Unterkünfte. Im Winter und fürs Wochenende sollten hiesige Zimmer jedoch rechtzeitig reserviert werden. Das grüne Leura hat den höchsten Romantikfaktor; Blackheath eignet sich gut für Wanderer. Katoomba ist vergleichsweise dichter besiedelt, hat aber hervorragende Hostels.

Die organisierten Campingplätze der Region werden durch (teils kostenlose) Zeltmöglichkeiten im Buschland der Parks ergänzt. Ein Gesamtverzeichnis ist bei den örtlichen Touristeninformationen erhältlich.

Praktische Informationen

Umfassende Infos zu den Nationalparks (inkl. Wandern, Camping) liefert das **NPWS Visitors**

Centre in **Blackheath** (S. 159), das ungefähr 2,5 km abseits des Great Western Hwy und etwa 10 km nördlich von Katoomba liegt.

Touristeninformationen am Great Western Hwy findet man in **Glenbrook** (☎1300 653 408; www.bluemountainscitytourism.com.au; Great Western Hwy; ⏲Mo–Sa 8.30–16, So 8.30–15 Uhr;) und beim Echo Point in **Katoomba** (S. 158). Die beiden Büros warten mit vielen nützlichen Infos plus Reservierungen für Unterkünfte, geführte Touren und Sehenswürdigkeiten auf.

An- & Weiterreise

Ab der Central Station in Sydney fahren **Züge** (☎13 15 00; www.sydneytrains.info) stündlich nach Katoomba (8,30 AU$ mit Opal Card, 2 Std.). Davor und dahinter passiert die Regionalstrecke weitere Ortschaften in den Blue Mountains.

Von Sydney aus folgen Selbstfahrer der Parramatta Rd und biegen dann bei Strathfield auf die mautfreie M4 ab. Diese wird westlich von Penrith zum Great Western Hwy, an dem alle Ortschaften der Blue Mountains liegen. Die Fahrt von Sydneys Zentrum nach Katoomba dauert etwa eineinhalb Stunden. Als malerische Alternative empfiehlt sich die Bells Line of Road (S. 156).

Unterwegs vor Ort

Blue Mountains Bus (☎02-4751 1077; www.bmbc.com.au) betreibt ein paar wenige Regionallinien. Von einer Ortschaft zur nächsten geht's aber oft am leichtesten per Zug. Katoombas und Leuras Hauptattraktionen lassen sich bequem mit Rundfahrtbussen (jeweils beliebiges Aus- und Zusteigen möglich) zweier konkurrierender Firmen besuchen. Den Großteil der dortigen Sehenswürdigkeiten kann man aber auch recht stressfrei zu Fuß abklappern.

Wentworth Falls

Wentworth Falls vermittelt den ersten echten Eindruck von der Landschaft der Blue Mountains: Von hier aus schweift der Blick gen Süden über das majestätische Jamison Valley hinweg. Im eigentlichen Ort lädt die Hauptstraße zu einem netten, kurzen Bummel ein.

Wentworth Falls Reserve WASSERFALL, PARK
(Falls Rd; Wentworth Falls) Die Gischt des namengebenden Wasserfalls stürzt 300 m tief über eine Steilkante zu Tal. Von hier aus führen mehrere Wanderwege in das herrliche Valley of the Waters mit seinen Wasserfällen, Schluchten und (Regen-)Wäldern hinein. Unbedingt auch zum Princes Rock laufen (hin & zurück 1 km): Dort wartet eine herrliche Aussicht auf die Wentworth Falls und das Jamison Valley. Vom Bahnhof Wentworth Falls auf der anderen Highwayseite sind es 2,5 km bis zum Schutzgebiet.

Nineteen23 MODERN-AUSTRALISCH $$$
(☎0488 361 923; www.nineteen23.com.au; 1 Lake St; Hauptgerichte 30–40 AU$; ⏲Do & Fr 18–22, Sa & So 12–15 & 18–22 Uhr;) Das elegante Restaurant stellt sein Ambiente aus den 1920er-Jahren selbstbewusst zur Schau. Viele glückliche Liebespaare starren sich hier bei einem ausgedehnten Essen gegenseitig in die Augen. Die Küche ist nicht sonderlich experimentell, das Essen aber prima zubereitet und sehr aromatisch. Zum Lokal gehören auch ein nobles B&B und Unterkünfte für Selbstversorger.

Leura

Die hübscheste Ortschaft der Blue Mountains prunkt mit gepflegten Gärten und breiten viktorianischen Veranden an hügeligen Straßen. Die von Bäumen gesäumte Hauptstraße namens Leura Mall empfängt den täglichen Touristenstrom mit ländlichen Kunsthandwerksläden und Cafés. Der Nachbarort Katoomba liegt etwas weiter oben in den Bergen.

Sehenswertes

★ **Sublime Point** AUSSICHTSPUNKT
(Sublime Point Rd) Der kantige, dreieckige Felsen südöstlich von Leura verschmälert sich zu einem spektakulären Aussichtspunkt am Rand senkrechter Steilwände. Hier geht's weitaus ruhiger zu als am berühmteren Echo Point in Katoomba. An Sonnentagen tanzen Wolkenschatten über das weite blaue Tal in der Tiefe.

Leuralla NSW Toy & Railway Museum MUSEUM, GARTEN
(☎02-4784 1169; www.toyandrailwaymuseum.com.au; 36 Olympian Pde; Erw./Kind 14/6 AU$, nur Garten 10/5 AU$; ⏲10–17 Uhr) Die beeindruckende Art-déco-Villa war einst der Wohnsitz von Herbert Vere „Doc" Evatt, dem dritten Präsidenten der UN-Generalversammlung. Das Haus ist vollgestopft mit einer unglaublichen Menge Sammlerstücke – von muffigen edwardianischen Babypuppen und *Dr. Who*-Figuren bis hin zu einem Satz seltenen Nazi-Propaganda-Spielzeugs. Im hübschen Garten steht verstreut Eisenbahnkrimskrams.

Blue Mountains

Schlafen

★ Greens of Leura B&B $$
(☎ 02-4784 3241; www.thegreensleura.com.au; 24–26 Grose St; Zi. 175–220 AU$; P ⊜ ᯤ) An einer ruhigen Parallelstraße zur Mall wartet dieses hübsche Haus (100 Jahre alt) in einem attraktiven Garten mit echter Gastfreundschaft auf. Die fünf Zimmer sind nach britischen Literaten benannt und individuell eingerichtet (teils mit Himmelbetten und eigenen Whirlpools). Der tolle Aufenthaltsbereich grenzt an einen Innenhof. Der Preis beinhaltet Frühstück plus Nachmittagstee mit Sekt und anderen Köstlichkeiten.

★ Broomelea B&B $$
(☎ 02-4784 2940; www.broomelea.com.au; 273 Leura Mall; Zi. 175–225 AU$; P ⊜ @ ᯤ) Das ungemein romantische B&B ist in einem schmucken edwardianischen Haus untergebracht. Die nette Unterkunft punktet mit einem fröhlichem Empfang, malerischen Himmelbetten, einem schönen Garten zum Relaxen, einer tollen Veranda, einem offenen Kamin, einem behaglichen Aufenthaltsbereich und vielen weiteren Extras. Hinzu kommt ein Selbstversorger-Cottage, das für Familien ideal ist. Wer am Wochenende kommen möchte, muss zwei Mindestübernachtungen buchen.

Blue Mountains

Essen & Ausgehen

Leura Garage MEDITERRAN $$

(☎ 02-4784 3391; www.leuragarage.com.au; 84 Railway Pde; Gerichte 15–29 AU$; ⏲ 12–mind. 21 Uhr; 📶) Auspufftöpfe und Altreifenstapel zeugen davon, dass die hippe Cafébar früher eine Autowerkstatt war. Abends gibt's hier rustikale Gemeinschaftsgerichte (u. a. leckere Pizzas) auf Holzbrettern.

Silk's Brasserie MODERN-AUSTRALISCH $$$

(☎ 02-4784 2534; www.silksleura.com; 128 Leura Mall; 2-/3-gängiges Abendmenü Mo–Fr 59/69 AU$, Sa & So 65/75 AU$; ⏲ 12–15 & 18–22 Uhr) Leuras alteingesessenes Spitzenrestaurant bereitet Gästen einen herzlichen Empfang. Trotz des modernen kulinarischen Ansatzes ist dies im Grunde eine Brasserie, die Herzhaftes in üppigen Portionen serviert. Das Ambiente wirkt komfortabel, einladend und recht zwanglos. Hierfür sorgen u. a. Bodenfliesen mit Schachbrettmuster und Wände in Pergamenttönen. Unbedingt auch eins der dekadenten Desserts bestellen!

Alexandra Hotel PUB

(☎ 02-4782 4422; www.alexandrahotel.com.au; 62 Great Western Hwy; ⏲ So–Do 10–22, Fr & Sa 10–24 Uhr; 📶) An der Hauptstraße wartet diese Perle von einem Oldtimer-Pub mit viel Charakter auf. Hier kann man Poolbillard mit Einheimischen spielen, DJs oder Livebands lauschen (Wochenende) und überdurchschnittlich gutes Kneipenessen vertilgen.

Katoomba

Außerirdisch anmutende Nebelschwaden, traumhafter Talblick und Art-déco-Gebäude an steilen Straßen. Dazu ein schräger Mix aus Restaurants, Straßenmusikern, Künstlern, urigen Pubs und vornehmen Hotels: All dies macht Katoomba gleichsam unkonventionell, bürgerlich, herzlich und kühl. Die größte Ortschaft der Blue Mountains hat zudem prima Unterkünfte und ist eine praktische Ausgangsbasis bzw. Zwischenstation – vor allem für Traveller, die einen kleinen Geldbeutel haben oder mit öffentlichen Verkehrsmitteln unterwegs sind.

Sehenswertes & Aktivitäten

★ **Echo Point** AUSSICHTSPUNKT

(Echo Point Rd) Die Aussichtsplattform oben auf einem Felsen bietet einen magischen

ABSTECHER

BELLS LINE OF ROAD

Der Straßenabschnitt zwischen North Richmond und Lithgow ist die malerischste Strecke durch die Blue Mountains und sehr zu empfehlen, wenn man mit eigenem Fahrzeug unterwegs ist. Auf der Straße geht es weit ruhiger zu als auf dem Highway, und man hat eine wunderbare Aussicht.

Bilpin am Fuß der Berge ist für seine Apfelplantagen bekannt. In der Bezirkshalle findet jeden Samstag von 10 bis 12 Uhr der Bilpin-Markt statt.

Auf halber Strecke zwischen Bilpin und Bell liegt der **Blue Mountains Botanic Garden Mount Tomah** (☎02-4567 3000; www.rbgsyd.nsw.gov.au; ⌚Mo–Fr 9–17.30, Sa & So 9.30–17.30 Uhr) GRATIS, eine Filiale des Royal Botanic Garden in Sydney für Pflanzen aus kühl-gemäßigtem Klima. Hier drängen sich einheimische und exotische Arten, darunter prachtvolle Rhododendren.

Aus dem Stadtzentrum von Sydney erreicht man die Bells Line über die Harbour Bridge und dann über die M2 und die M7 (beide mautpflichtig). Man nimmt die Ausfahrt zur Richmond Rd, die dann zur Blacktown Rd, zur Lennox Rd, nach einer kurzen, eng zulaufenden Kurve zur Kurrajong Rd und schließlich zur Bells Line of Road wird.

Blick auf die beliebteste Attraktion der Region: die Three Sisters. Interessenten sollten jedoch bedenken, dass hier schnatternde Riesenscharen von Touristen die Idylle trüben und Tourbusse im Leerlauf die Bergluft verpesten. Wer sich daran stört, besucht den Echo Point daher am besten frühmorgens oder spätabends. Zudem ist es ratsam, ein paar Straßen weiter weg zu parken, da die lokalen Parkplätze ziemlich teuer sind. Vor Ort gibt's auch eine Touristeninformation (S. 158).

➡ Three Sisters

Diese drei Felsnadeln sind die Hauptattraktion der Blue Mountains. Der Legende nach handelt es sich hierbei um drei Schwestern, die ein Zauberer einst in Felsen verwandelte, um sie vor den unerwünschten Nachstellungen dreier Jünglinge zu schützen. Doch der Zauberer starb, bevor er die Mädchen wieder zu Menschen machen konnte. Ein Pfad (500 m) führt hier zu weiteren Aussichtspunkten. Über eine Brücke kann man hinüber zur ersten Sister laufen.

Scenic World — SEILBAHN

(☎02-4780 0200; www.scenicworld.com.au; Ecke Violet St & Cliff Dr; Erw./Kind 39/21 AU$; ⌚9–17 Uhr) Die seit Langem beliebte Seilbahn mit sensationeller Aussicht ist die touristischste Attraktion der Blue Mountains. Per Skyway-Gondel mit Glasboden geht's zuerst quer über die Schlucht. Anschließend transportiert einen die Scenic Railway (angeblich die steilste Bergbahn der Welt) über Hänge mit 52° Neigung hinunter zum Boden des Jamison Valley. Dort kann man auf einem Bohlenweg (2,5 km) durch den Wald spazieren oder zur Felsformation Ruined Castle wandern (hin & zurück 12 km, 6 Std.). Zum Schluss geht's dann per Seilbahn wieder nach oben.

Bus 686 sowie alle Rundfahrtbusse halten am Echo Point und an der Scenic World. Alternativ führt vom Echo Point ein recht netter Fußmarsch (nur 2,5 km) hierher.

Waradah Aboriginal Centre — KULTURZENTRUM

(☎02-4782 1979; www.waradahaboriginalcentre.com.au; 33–37 Echo Point Rd; Vorstellung Erw./Kind 20/15 AU$; ⌚9–17 Uhr) Diese Galerie mit angeschlossenem Laden zeigt neben Touristenkram wie etwa angemalten Bumerangs auch ein paar außergewöhnliche Beispiele von Aborigines-Kunst. Die Hauptattraktion sind jedoch die ganztägig gezeigten 15-minütigen Vorstellungen, die eine interessante, humorvolle Einführung in die indigene Kultur vermitteln.

★ Golden Stairs Walk — WANDERN & TREKKEN

(Glenraphael Dr) Besucher mit eigenem Auto wandern am besten entlang des Golden Stairs Walk zur berühmten Felsformation Ruined Castle auf dem Talboden hinunter: Im Vergleich zur Route ab der Scenic World ist auf diesem steilen, aber malerischen Pfad (hin & zurück ca. 8 km, 5 Std.) weitaus weniger los. Unbedingt genügend Mineralwasser mitnehmen!

Anfahrt ab der Scenic World: Dem Cliff Dr weiter folgen (1 km), dann nach links in den Glenraphael Dr einbiegen (Achtung: Dieser wird schon bald zur unbefestigten Holperpiste!). Nach ein paar Kilometern kommen schließlich links die Wegweiser zum Anfang der Golden Stairs in Sicht.

Schlafen

No 14 HOSTEL $

(☎ 02-4782 7104; www.no14.com.au; 14 Lovel St; B 28 AU$, Zi. mit/ohne Bad 79/69 AU$;) Das kleine Hostel mit sehr freundlicher Atmosphäre, bunter Bettwäsche und hilfsbereitem Management ähnelt einem fröhlichen WG-Haus. Da es hier kein TV gibt, unterhalten sich die meisten Gäste wirklich miteinander. Auf der Veranda kann man prima relaxen. Der Preis beinhaltet auch ein einfaches Frühstück.

Flying Fox HOSTEL $

(☎ 02-4782 4226; www.theflyingfox.com.au; 190 Bathurst Rd; Stellplatz 21 AU$/Pers., B 32 AU$, Zi. 82–84 AU$; P) Dank der reisebegeisterten Inhaber wirkt dieses Hostel wie ein reizendes Zuhause in der Fremde. Statt Partys gibt's hier nur Glühwein und TimTams im Aufenthaltsbereich, Gratisfrühstück und einen wöchentlichen Nudelabend. Die geräumigen Schlafsäle mit hohen Decken werden durch nette Privatzimmer mit anständigem Preis-Leistungs-Verhältnis ergänzt. Im Garten mit schöner Aussicht kann man auch zelten.

★ **Blue Mountains YHA** HOSTEL $$

(☎ 02-4782 1416; www.yha.com.au; 207 Katoomba St; B 32–37 AU$, DZ mit/ohne Bad 134/119 AU$; P @) Hinter der nüchternen Backsteinfassade des beliebten Hostels (200 Betten) verbergen sich komfortable Schlafsäle und Familienzimmer, die mit viel Tageslicht und tadelloser Sauberkeit punkten. Unter den Einrichtungen sind ein Aufenthaltsbereich mit offenem Kamin, ein Pooltisch, eine super Gemeinschaftsküche und eine Freiluftterrasse mit Grill. Das Personal bucht Aktivitäten und geführte Touren. HI-Mitglieder erhalten Rabatt.

Lurline House B&B $$

(☎ 02-4782 4609; www.lurlinehouse.com.au; 122 Lurline St; Zi. 160–200 AU$; P) Das große und hervorragend geführte B&B im beeindruckenden Federation-Stil hat dazu passende Zimmer mit imposanten Himmelbetten und dunklen Holzmöbeln. Manche der großen und geräumigen Quartiere besitzen sogar einen eigenen Whirlpool. Im Aufenthaltsbereich stehen gratis Getränke und Obst bereit. Trotz der geschniegelten Zimmer herrscht im Lurline House eine fröhliche und entspannte Atmosphäre. Das eindrucksvolle Frühstück wird in einer offenen Küche serviert.

Shelton-Lea B&B $$

(☎ 02-4782 9883; www.sheltonlea.com; 159 Lurline St; Zi. 170–275 AU$; P) Die vier geräumigen Suiten des zauberhaften Bungalows haben eigene Eingänge und Wohnbereiche sowie teilweise auch Badewannen mit Whirlpool-Funktion. Drei davon verfügen zudem über eine Kochecke. Die Einrichtung mit vielen vornehmen Möbeln erinnert ein wenig an den Art-déco-Stil. Am Wochenende (zwei Mindestübernachtungen!) bekommen Gäste ein warmes Frühstück serviert. Unter der Woche gibt's dagegen ein europäisches Morgenmahl.

Lilianfels HOTEL $$$

(☎ 02-4780 1200; www.lilianfels.com.au; 5–19 Lilianfels Ave; Zi. 330–525 AU$; P @) In nächster Nähe zum Echo Point liegt dieses Luxusresort mit herrlicher Aussicht und dem besten Restaurant der Region (Darley's; dreigängiges Abendessen 125 AU$, Di–So). Vorhanden sind hier auch ein Spa, ein Schwimmbad mit beheizten Innen- und Außenbecken, ein Tennisplatz, ein Spielezimmer mit Billardtisch, eine Bibliothek und ein Fitnessraum. Von den 85 Zimmern mit verschiedenen Standards genießt man teils einen wirklich herrlichen Blick auf die Umgebung. Das Dekor ist klassisch-vornehm.

Essen

True to the Bean CAFÉ $

(☎ 0438 396 761; www.facebook.com/truetothebean; 123 Katoomba St; Waffeln 3–6 AU$; ⏲ Mo–Sa 6.30–16, So 8–16 Uhr;) In Form dieser winzigen Espressobar hat es Sydneys Faible für sortenreinen Kaffee nun auch nach Katoomba geschafft. An der Hauptstraße gibt's hier auch ein kleines, aber sehr feines Essensangebot (z.B. Birchermüsli, Bratkartoffeln, Waffeln) und traditionelle Milchshakes in ziemlich ungewöhnlichen Geschmacksrichtungen.

Station Bar & Woodfired Pizza PIZZA $$

(☎ 02-4782 4782; www.stationbar.com.au; 287 Bathurst Rd; Pizzas 18–26 AU$; ⏲ 12–24 Uhr;) Das fetzige, sehr sympathische Lokal direkt neben dem Bahnhof beglückt Einheimische und Touristen mit dreierlei Dingen: Regionalbier, Pizza und Livemusik. Auf der Karte stehen nur Pizzas und ein paar Salate. Erstere sind jedoch lecker mit unkonventionellen Zutaten belegt. Im kleinen Hof an den Gleisen kann man im Sommer ein Bierchen in netter Gesellschaft schlürfen.

NICHT VERSÄUMEN

BUSCHWANDERN IN DEN BLUE MOUNTAINS

Das Nationalparkzentrum in Blackheath (Blue Mountains Heritage Centre; S. 159) sowie die Touristeninformationen in Glenbrook (S. 153) und Katoomba (s. unten) geben Tipps zu Wanderungen für alle Erfahrungs- bzw. Fitnessstufen. Wanderer können dort jeweils auch diverse Broschüren, Karten und Bücher kaufen.

Achtung: Im dichten Buschland der Region kann man sich leicht verirren – es hat hier schon mehrere Todesopfer gegeben! Vor dem Start sollten Wanderer daher immer ihren Namen nebst Routenplan bei der Polizei in Katoomba oder beim Nationalparkzentrum angeben. Alle regionalen Polizeiwachen, Nationalparkzentren und Touristeninformationen verleihen kostenlos Notfunkbaken. Vor allem bei längeren Wanderungen unbedingt ein solches Gerät mitnehmen! Ebenfalls elementar sind sauberes Trinkwasser und Lebensmittel in ausreichender Menge.

Die beliebtesten Reviere zum Buschwandern sind das Jamison Valley (südlich von Katoomba) und das Grose Valley (nordöstlich von Katoomba bzw. östlich von Blackheath). Zu den besten Kurzrouten zählen der Golden Stairs Walk (S. 156) und der Grand Canyon Walk (s. unten).

Eine der schönsten Langstreckenoptionen ist der **Six Foot Track** (45 km, drei Tage) ab Katoomba. Dieser Wanderweg führt entlang des Megalong Valley zum Cox's River und dann weiter zu den Jenolan Caves, wobei er mehrere Campingplätze passiert.

Praktische Informationen

Echo Point Visitors Centre (☎1300 653 408; www.bluemountainscitytourism.com.au; Echo Point; ⏲9–17 Uhr) Großes Zentrum mit engagiertem Personal und Souvenirshop.

Blackheath

Rund 10 km nördlich von Katoomba liegt Blackheath, wo weitaus weniger Touristentrubel und Kommerz herrschen. Das hübsche und wunderschön gelegene Nest ist eine super Ausgangsbasis für Trips zum Grose oder Megalong Valley. In der Umgebung warten ein paar tolle Aussichtspunkte und Wanderrouten.

Sehenswertes & Aktivitäten

Evans Lookout AUSSICHTSPUNKT

(Evans Lookout Rd) Am Highway in Blackheath weisen Schilder den Weg zu diesem großartigen Aussichtspunkt (4 km), der zu den malerischsten in den Blue Mountains zählt: Sandsteinfelsen fallen hier steil zu einem Tal mit einer Schlucht ab. Am Evans Lookout beginnt auch die schöne Buschwanderung durch den majestätischen Grand Canyon (vielleicht die beste Halbtagsroute der ganzen Gegend).

Govetts Leap Lookout AUSSICHTSPUNKT

(Govetts Leap Rd) Viele Blackheath-Besucher zieht es auch zu diesem Aussichtspunkt mit schönem Blick auf das Flusstal des Grose River. Vor Ort erklärt eine interessante Infotafel die geologische Entstehungsgeschichte der eindrucksvollen Landschaft.

★ **Grand Canyon Walk** WANDERN & TREKKEN

(Evans Lookout Rd) Der spektakuläre Rundwanderweg (5 km, ca. 3 Std.) führt vom Evans Lookout steil hinunter ins Tal. Dort folgt er dem dramatischen „Grand Canyon" und erreicht schließlich 1,5 km vor dem Aussichtspunkt wieder die oben liegende Straße. Ab- und Aufstieg sind recht anstrengend; die Route zählt jedoch zu den schattigeren der Gegend.

Schlafen

Sports Bunkhouse HOSTEL $

(☎02-4787 6688; www.sportsbunkhouse.com.au; 60 Govetts Leap Rd; B/EZ/DZ/2BZ 35/60/75/80 AU$; P ⊖ ☎) Das zweckmäßige, moderne Hostel hinter dem Glenella Guesthouse zielt auf Wanderer und Radfahrer ab. Hier warten preiswerte Privatzimmer, ein sehr komfortabler Schlafsaal, eine Küche, eine tolle Veranda und eine Gartenterrasse. Bei mehreren Übernachtungen gibt's Rabatt.

★ **Glenella Guesthouse** PENSION $$

(☎02-4787 8352; www.glenella.com.au; 56 Govetts Leap Rd; Zi. 140–195 AU$, FZ 230–270 AU$; P ⊖ ❄ ☎) Das großartige Glenella ist seit 1912 eine Pension und wird heute sehr professionell von einem jungen britischen Paar geleitet. Dank dessen Engagement fühlt man sich hier gleich zu Hause. Neben sieben komfortablen Zimmern gibt's hier auch einen attraktiven Aufenthaltsbereich. Das hervorragende Frühstück (im Preis enthalten) wird in einem wunderbaren Speiseraum serviert. Die schmucke historische Einrichtung umfasst u. a. Deckenstuck und Bleilampen. Die Inhaber betreiben auch das Sports Bunkhouse hinter dem Haus.

Jemby-Rinjah Eco Lodge HÜTTEN **$$**
(☎ 02-4787 7622; www.jemby.com.au; 336 Evans Lookout Rd; Hütte 225–265 AU$; P ⊗ ≋) Die attraktiven, rustikalen Öko-Hütten mit Holzverschalung sind so tief zwischen Eukalyptusbäumen und Zylinderputzern versteckt, dass sich Gäste in einem extrem abgelegenen Buschgebiet wähnen: Nahe dem Evans Lookout hört man hier nur Blätterrauschen und Vogelgezwitscher. Die Quartiere haben jeweils ein oder zwei Schlafzimmer und eine Küche mit Geschirr. In der teuersten Variante gibt's einen japanischen Whirlpool.

Essen

Vesta BISTRO **$$$**
(☎ 02-4787 6899; www.vestablackheath.com.au; 33 Govetts Leap Rd; Hauptgerichte 29–38 AU$; ⊙ Mi–Fr 17–22, Sa & So 12.30–15 & 17–22 Uhr, Sommer Mi geschl.; ☎) In den Blue Mountains wird's mitunter ganz schön kalt. Zusammen mit gesprächigen Einheimischen kann man sich jedoch im Vesta prima aufwärmen: Im Hinterbereich knistert hier Brennholz in einem 100 Jahre alten Bäckereiofen. Auf der Karte stehen herzhafte Braten von einheimischen Freilandrindern, Gemeinschaftsteller mit selbst gemachten Fleischwaren und australische Flaschenweine.

Ashcrofts MODERN-AUSTRALISCH **$$$**
(☎ 02-4787 8297; www.ashcrofts.com; 18 Govetts Leap Rd; Hauptgerichte abends 37–40 AU$, mittags 20–23 AU$; ⊙ Do 18–22, Fr 11.30–14.30 & 18–22, Sa & So 8–14.30 & 18–22 Uhr) Das renommierte Restaurant mit seinem zauberhaft behaglichen Speiseraum ist bei den Besuchern der Blue Mountains seit Langem beliebt. Die saisonalen Köstlichkeiten auf der kleinen, aber wirklich feinen Karte paaren Einfallsreichtum mit reichhaltigen Aromen. Das Wochenendfrühstück ist ebenfalls überaus empfehlenswert.

Praktische Informationen

Blue Mountains Heritage Centre (☎ 02-4787 8877; www.nationalparks.nsw.gov.au; ⊙ 9–16.30 Uhr) Hilfreiches, offizielles NPWS-Infozentrum mit Details zu regionalen Nationalparks (inkl. Wanderrouten) und einer kleinen Galerie. Liegt nahe dem Aussichtspunkt Govetts Leap am Ende der Govetts Leap Rd.

NEWCASTLE & CENTRAL COAST

Central Coast

Die größte Stadt entlang der Küste zwischen Sydney und Newcastle ist das Verkehrs- und Dienstleistungszentrum **Gosford**. Ganz in der Nähe hat das entspannte **Avoca** einen hübschen Strand und ein schönes, altes Kino, während **Terrigal** mit einem herrlichen, halbmondförmigen Surfstrand, einem geschäftigen Stadtzentrum sowie erstklassigen Restaurants und Einkaufsmöglichkeiten aufwartet. Gleich mehrere Salzwasserseen erstrecken sich im Nordabschnitt der Küste zwischen Bateau Bay und Newcastle, darunter der tiefe, stille **Lake Macquarie**.

Sehenswertes

Bouddi National Park NATIONALPARK
(☎ 02-4320 4200; www.nationalparks.nsw.gov.au; 8 AU$/Fahrzeug) In dem spektakulären Park führen kurze Wanderwege zu einsamen Stränden und dramatischen Aussichtspunkten mit Blick auf die alljährlich vorbeiziehenden Wale (Juni–Nov.). Am Little, Putty und Tallow Beach gibt's jeweils Campingplätze (Stellplatz für 2 Pers. 24–33 AU$; Reservierung erforderl.). Sauberes Trinkwasser steht den Gästen aber nur am Putty Beach zur Verfügung.

Australian Reptile Park ZOO
(☎ 02-4340 1022; www.reptilepark.com.au; Pacific Hwy, Somersby; Erw./Kind 35/19 AU$; ⊙ 9–17 Uhr) Besucher bewundern hier Koalas und Pythons aus nächster Nähe, schauen beim Füttern einer Galapagos-Riesenschildkröte zu und beobachten, wie Australische Trichternetzspinnen zwecks Gewinnung von Gegengift „gemolken" werden. Am M1 Pacific Motorway weisen Schilder den Weg zum Zoo; alternativ kann man auch ein Taxi ab dem Bahnhof Gosford nehmen.

Brisbane Water National Park NATIONALPARK
(☎ 02-4320 4200; www.nationalparks.nsw.gov.au; Woy Woy Rd, Kariong; Zufahrt zu den Picknickplätzen an den Girrakool & Somersby Falls 8 AU$/Fahrzeug) Rund 9 km südwestlich von Gosford

NATIONALPARKS IN DEN BLUE MOUNTAINS

Der riesige **Blue Mountains National Park** (www.nationalparks.nsw.gov.au) mit seinem über 140 km langen Wanderwegenetz gehört zur Greater Blue Mountains World Heritage Area. Daran angrenzend erstreckt sich zwischen Katoomba und den Jenolan Caves der 680 km² große **Kanangra-Boyd National Park** (www.nationalparks.nsw.gov.au), dessen Plateau- und Talbereiche durch die berühmten Sandsteinfelsen der Region voneinander getrennt sind. Dort kann man mehrere Langstreckentreks unternehmen, sollte aber unbedingt alle erforderlichen Sicherheitsvorkehrungen treffen (s. S. 158). Ein paar kürzere Routen beginnen südlich der Jenolan Caves an den Kanangra Walls, die per Auto erreichbar sind.

erstreckt sich dieser Park am Hawkesbury River entlang. Trotz seines Namens ist er hauptsächlich von Sandsteinfelsen und Wäldern geprägt (das „Brisbane Water“ bezieht sich lediglich auf einen kurzen Uferbereich). Berühmt ist der Park wegen der vielen Wildblumen im Frühling und wegen der Felsreliefs der indigenen Guringai. Besonders eindrucksvoll wirkt dabei die Bulgandry Aboriginal Engraving Site, die 3 km südlich des Pacific Hwy an der Woy Woy Rd liegt. Das hübsche Dorf **Pearl Beach** am südöstlichen Parkrand ist bei Urlaubern aus Sydney sehr beliebt.

Schlafen

Entlang der ganzen Küste gibt's viele Ferienwohnungen, Hotels und Motels. Hinzu kommen rustikale Campingmöglichkeiten in Nationalparks.

Essen

Woy Woy Fishermen's Wharf SEAFOOD $$
(☎ 02-4341 1171; www.woywoyfishermenswharf.com.au; The Boulevarde, Woy Woy; Restaurant Hauptgerichte 18–30 AU$; ⏲ Takeaway So–Mi 11–16, Do–Sa 11–19 Uhr, Restaurant Mo–Mi 8–11 & 12–15, Do–Sa 8–11 & 12–20.30, So 12–15 Uhr) Die Familie Cregan serviert hervorragende Fish & Chips seit 1974 – auch zum Mitnehmen und Genießen im Park, wo die Pelikane täglich um 15 Uhr gefüttert werden. Alternativ speist man vor Ort im feschen Restaurant mit Uferterrasse und Blick auf die Mangroven. Ein paar Minuten vom Bahnhof entfernt gibt's hier auch einen wirklich guten Fischladen.

Pearls on the Beach MODERN-AUSTRALISCH $$$
(☎ 02-4342 4400; www.pearlsonthebeach.com.au; 1 Tourmaline Ave, Pearl Beach; Hauptgerichte 41 AU$; ⏲ Do–So 12–14.30 & 18–22 Uhr) Direkt im Sand des idyllischen kleinen Pearl Beach ist dieses renommierte Restaurant in einem weiß verputzten Cottage untergebracht. Im komfortablen Ambiente gibt's hier Gemeinschaftsteller mit schlichten, aromatischen Köstlichkeiten der modern-australischen Art. Unbedingt auch eins der verführerischen Desserts probieren! Das Lokal hat im Januar länger und im Winter vergleichsweise kürzer geöffnet.

Praktische Informationen

Central Coast Visitor Centre (☎ 02-4343 4444; www.visitcentralcoast.com.au; 52 The Avenue, Kariong; ⏲ Mo–Fr 9–17, Sa 9.30–15.30, So 10–14 Uhr)

An- & Weiterreise

Ab Sydney führt der M1 Pacific Motorway direkt nordwärts in Richtung Newcastle, wobei man über diverse Ausfahrten zur Central Coast gelangt. Die Alternative ist eine kurvige Fahrt entlang der Küste.

Entlang der Central Coast & Newcastle Line halten Züge ab Sydney und Newcastle regelmäßig in Gosford (jeweils Erw./Kind 8,30/4,15 AU$, 1½ Std.). Bedient werden zudem andere Bahnhöfe an der Central Coast (z. B. Woy Woy). Die Züge stoppen auch in Wondabyne im Brisbane Water National Park, sofern man die Lokführer per Sprechanlage informiert (immer nur im letzten Waggon möglich).

Zwischen den Küstenorten und Stränden pendeln Lokalbusse von **Busways** (☎ 02-4368 2277; www.busways.com.au) und **Redbus** (☎ 02-4332 8655; www.redbus.com.au).

Hunter Valley

Durch dieses grüne Tal zieht sich ein Netz aus schmalen Sträßchen. Doch die meisten Besucher haben keine nette Landpartie im Sinn, sondern pure Dekadenz. Denn „The Hunter“ ist ein einziges Schlemmerparadies: Hier warten Spitzenweine, Gourmetrestaurants, Boutique-Brauereien, Schokolade, Käse und Oliven – Bacchus würde jubeln.

Die örtlichen Weingüter sind erfrischend bodenständig und heißen auch önologische Laien willkommen. Fast alle Güter bieten kostenlose oder günstige Verkostungen in ihren Kellern an.

Das Hunter Valley ist im Sommer glühend heiß und daher – wie sein Syrah – in den kühleren Monaten am erbaulichsten.

Sehenswertes

Die meisten Attraktionen des Hunter Valley befinden sich in einem Gebiet, das im Norden vom New England Hwy und im Süden von der Wollombi/Maitland Rd begrenzt wird. Die meisten Weingüter und Lokale liegen im kleinen Pokolbin. Tolle Ausblicke und mehr Ruhe bieten die Weingüter im Nordwesten, rund um Broke und Singleton.

Lake's Folly WEINGUT
(☎02-4998 7507; www.lakesfolly.com.au; 2416 Broke Rd, Pokolbin; Weinprobe 5 AU$, verrechenbar; ⏰10–16 Uhr) Hier empfehlen sich vor allem die gefeierte Cuvée mit Cabernet und der Chardonnay (jeweils vor Ort kultiviert, gekeltert und abgefüllt). Die Weine werden nur in Kleinmengen produziert und sind deshalb oftmals recht schnell ausverkauft. Daher ist der Keller jedes Jahr vier bis sechs Monate lang geschlossen (meist ab Mitte Dez.). Vorher anrufen.

First Creek Wines WEINGUT
(☎02-4998 7293; www.firstcreekwines.com.au; 600 McDonalds Rd, Pokolbin; ⏰Mo–Sa 9.30–17, So 9.30–16 Uhr) Das interessante Weingut in zentraler Lage produziert elegante Tropfen, die sich für langjährige Lagerung eignen. Die hervorragend komponierten Weine haben ein super Preis-Leistungs-Verhältnis. Das ungemein freundliche Personal bietet auch kostenlose Verkostungen an.

Petersons WEINGUT
(☎02-4990 1704; www.petersonswines.com.au; 552 Mt. View Rd, Mt. View; ⏰Mo–Sa 9–17, So 10–17 Uhr) Der Keller von Petersons liegt droben in Pokolbin an der Hauptstraße. Doch die Anfahrt lohnt sich: Das Personal ist äußerst freundlich und hat vergleichsweise viel Zeit, um Besuchern die leckeren Hausweine im klassischen Stil bei einem netten Plausch zu präsentieren – ein sehr einladendes Erlebnis! Besonders schmackhaft ist der Syrah der Sorte „Back Block".

Small Winemakers Centre WEINGUT
(☎02-4998 7668; www.smallwinemakers.com.au; 426 McDonalds Rd, Pokolbin; Weinprobe 5 AU$, verrechenbar; ⏰10–17 Uhr) In zauberhafter Lage an einem kleinen Stausee punktet dieses Weingut mit ansprechender Atmosphäre und über 30 Weinen. Diese stammen von fünf tollen Kleinwinzereien, die teilweise keine eigenen Keller haben. Bei den Verkostungen werden die Gläser großzügig gefüllt.

Audrey Wilkinson Vineyard WEINGUT
(☎02-4998 1866; www.audreywilkinson.com.au; 750 DeBeyers Rd, Pokolbin; ⏰10–17 Uhr) Dieses Weingut pflanzte 1866 seine ersten Reben an und zählt so zu den ältesten im Tal. In herrlicher Lage auf einer Hügelspitze kann man sich hier eine interessante historische Ausstellung anschauen und mit weitem Blick auf die Umgebung picknicken. Bei den Weinproben lassen sich viele verschiedene Tropfen verkosten (je nach Kategorie gratis oder für 5 bzw. 10 AU$). Für Übernachtungswillige gibt's Cottages (Wochenende 500–850 AU$).

Piggs Peake Winery WEINGUT
(☎02-6574 7000; www.piggspeake.com; 697 Hermitage Rd, Pokolbin; ⏰10–17 Uhr) Piggs Peake sollte man zukünftig gut im Auge behalten: Die Winzerei ist stolz auf ihre alternativen Keltermethoden und mischt die Weinbauwelt mit ihren limitierten Abfüllungen (nicht im Eichenfass vergoren bzw. ausgebaut) schon jetzt kräftig auf. Die Namen der Weine sind scherzhafte Wortspiele mit Be-

ABSTECHER

DER HAWKESBURY RIVER

Weniger als eine Autostunde von Sydney entfernt wird der idyllische Hawkesbury River von bienenwabenfarbigen Felsen, historischen Ortschaften und kleinen Dörfern gesäumt. Er quert auf seinem Weg Nationalparks wie **Ku-ring-gai Chase** (S. 106) oder **Brisbane Water** (S. 159) und mündet schließlich in mehrere Meeresbuchten bzw. -arme.

Das per Zug erreichbare Uferstädtchen **Brooklyn** eignet sich prima, um Hausboote für die Erkundung des Flusses zu mieten. Weiter stromaufwärts fließt ein schmaler Nebenarm des Hawkesbury River durch dichte Wälder hinunter zum ruhigen Nest **Berowra Waters**. Vor ein paar Geschäften, Bootsschuppen und Wohnhäusern schippert dort rund um die Uhr eine Gratisfähre über den Berowra Creek.

zug zu Schweinen, was der Name „Piggs" nahelegt. Empfehlenswert sind z.B. der Prosciutto im Prosecco-Stil oder der günstige Swill für nur 10 AU$ pro Flasche.

Glandore Estate WEINGUT

(☎ 02-4998 7140; www.glandorewines.com; 1595 Broke Rd, Pokolbin; Weinprobe 5 AU$, verrechenbar; ⊙ 10–17 Uhr) Das zauberhafte Glandore mit fescher Probierstube und kompetentem Personal ist bislang noch eine Art Geheimtipp. Unter den leckeren Weiß- und Rotweinen ist auch eine ungewöhnliche Cuvée mit weißem Savagnin. Besonders zu empfehlen sind die Nachmittagsverkostungen mit Wein und dazu passenden Schokoladensorten.

Keith Tulloch Winery WEINGUT

(☎ 02-4998 7500; www.keithtullochwine.com.au; Ecke Hermitage & Deasys Rd, Pokolbin; Weinprobe 5 AU$; ⊙ 10–17 Uhr) In vierter Generation produziert Keith Tulloch limitierte Abfüllungen der absoluten Spitzenklasse. Die Probierstube in einem Obergeschoss bietet Aussicht auf die Weinberge und zählt zu den attraktivsten des ganzen Tals. Vor Ort findet man zudem eine schöne Ferienwohnung mit zwei Schlafzimmern (590–890 AU$/Übern.), einen Schokoladenshop und das hervorragende Restaurant Muse Kitchen (S. 166).

Tamburlaine WEINGUT

(☎ 02-4998 4200; www.tamburlaine.com.au; 358 McDonalds Rd, Pokolbin; ⊙ 9–17 Uhr) Australiens größtes Weingut mit Bio-Zertifikat hat einen Keller mit rustikalem Ambiente. Im Angebot sind viele weiße Sorten, leckere Cabernets und Syrahs sowie Dessertweine.

Moorebank Vineyard WEINGUT

(☎ 02-4998 7610; www.moorebankvineyard.com; 150 Palmers Lane, Pokolbin; ⊙ 10–17 Uhr) Moorebank paart nachhaltige Weinproduktion mit selbst gemachten Zusätzen. Unter den leckeren Ergebnissen ist z.B. ein interessanter Gewürztraminer.

Hunter Beer Co KLEINBRAUEREI

(Potters Resort; ☎ 02-4991 7922; www.hunterbeerco.com; Wine Country Dr, Nulkaba; Führung 10 AU$; ⊙ 10–17 Uhr, Führungen tgl. 16, Sa & So auch 12 Uhr) Nahe dem YHA-Hostel liegt die erste Kleinbrauerei des Tales unmittelbar am Nordrand von Cessnock. Bei den Führungen erfährt man alles über den Brauprozess und verkostet drei der zehn Fassbiersorten, die in der Probierstube zur Verfügung stehen. In der größeren Brauereikneipe laufen alle hauseigenen Produkte aus dem Zapfhahn.

Aktivitäten

Balloon Aloft BALLONFAHRT

(☎ 02-4990 9242; www.balloonaloft.com; Ballonfahrt 339 AU$/Pers.) Bei den etwa einstündigen Ballonfahrten gleitet man bei Sonnenaufgang über die Weinberge. Danach gibt's ein Champagnerfrühstück bei der Peterson House Winery.

Geführte Touren

Keine Panik, falls sich keiner findet, der freiwillig fahren und nüchtern bleiben will: Bei den vielen Weintouren zum Hunter Valley reicht die Palette von schlichten Shuttles per Minibus bis hin zu waschechten Gourmettrips mit Komplettprogramm. Einige Anbieter sammeln Kunden in Sydney oder Newcastle zu langen Tagesausflügen ein. Einen Gesamtüberblick gibt's unter www.winecountry.com.au.

★ **Two Fat Blokes** ESSEN, WEINTOUR

(☎ 0414 316 859; www.twofatblokes.com.au; 1616 Broke Rd, Pokolbin; Halbtagstour 69 AU$, Tagestour 165–249 AU$) Die tollen und fetzigen Gourmettouren erkunden die Region wirklich intensiv. Sie besuchen mehrere hervorragende Weingüter, bieten aber nebenbei noch einiges mehr: Käse, Bier, leckeres Mittagessen und viele unterhaltsame Hintergrundinfos. Ein absolut erstklassiger Mix aus Spaß und Gaumenfreuden in rauen Mengen!

ABSTECHER

DIE JENOLAN CAVES

Die **Jenolan Caves** (☎ 02-6359 3911; www.jenolancaves.org.au; Jenolan Caves Rd, Jenolan; Erw./Kind ab 35/24 AU$; ⊙ Führungen 9–17 Uhr) aus Kalkstein liegen weitab der anderen regionalen Attraktionen. Das riesige Höhlensystem zählt weltweit zu den größten, komplexesten und am besten zugänglichen seiner Art; bis heute ist es noch nicht ganz erforscht. Einige der Grotten können per Führung besichtigt werden. Dabei gibt's diverse Pauschalangebote und Rabatte (für Details s. Website).

Bei den indigenen Gundungurra trugen die 400 Mio. Jahre alten Höhlen den Namen Binoomea (dunkle Orte). Sie wurden 1813 erstmals von europäischen Forschern erkundet und stehen seit 1866 unter Schutz.

Hunter Valley

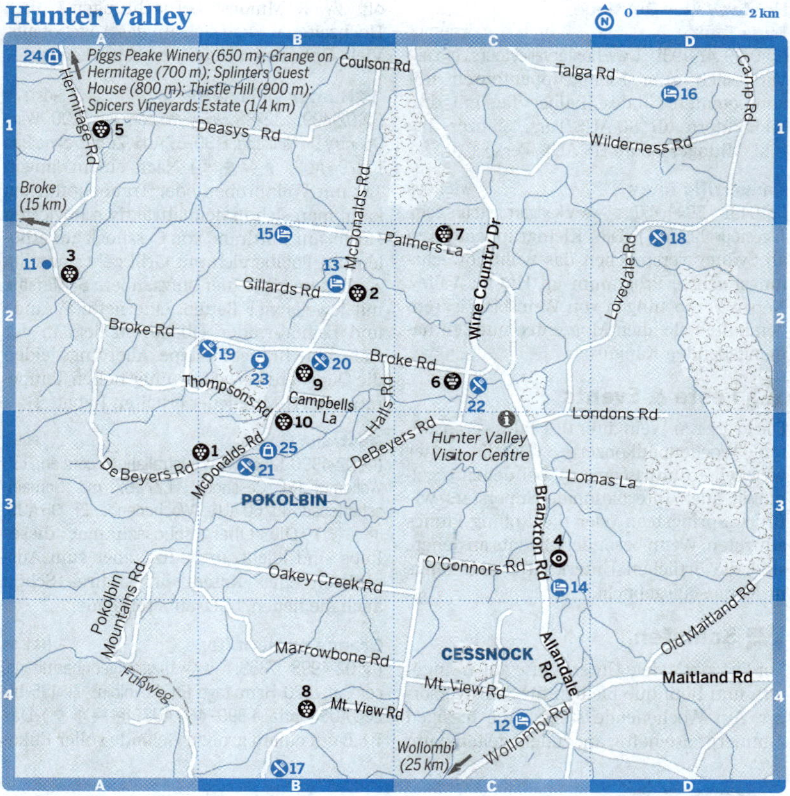

Hunter Valley

Sehenswertes

1 Audrey Wilkinson Vineyard B3
2 First Creek Wines B2
3 Glandore Estate A2
4 Hunter Beer Co C3
5 Keith Tulloch Winery A1
6 Lake's Folly C2
7 Moorebank Vineyard C2
8 Petersons B4
9 Small Winemakers Centre B2
10 Tamburlaine B3

Aktivitäten, Kurse & Touren

11 Two Fat Blokes A2

Schlafen

12 Australia Hotel C4
13 Hermitage Lodge B2
14 Hunter Valley YHA C3
15 Longhouse B2
16 Tonic D1

Essen

17 Bistro Molines B4
18 Emerson's Cafe & Restaurant D2
19 Enzo B2
EXP. .... (siehe 11)
20 Hunter Valley Smelly Cheese Shop B2
21 Hunters Quarter B3
Muse Kitchen .... (siehe 5)
22 Muse Restaurant C2

Ausgehen & Nachtleben

Goldfish Bar & Kitchen .... (siehe 20)
23 Harrigan's B2

Shoppen

24 Binnorie Dairy A1
25 Hunter Olive Centre B3

Hunter Valley Boutique Wine Tours WEINTOUR
(☎0419 419 931; www.huntervalleytours.com.au) Verlässlich gute Kleingruppentouren mit kompetenten Guides (halber Tag mit drei Weingütern ab 80 AU$/Pers., ganzer Tag inkl. Mittagessen ab 115 AU$/Pers.).

Kangarrific Tours WEINTOUR
(☎0431 894 471; www.kangarrifictours.com; Tagestour 129 AU$) Die Kleingruppentouren ab Sydney versprechen das wohl abwechslungsreichste Programm im Hunter Valley. Neben Verkostungen von Wein bis Eiskrem beinhalten sie auch Morgentee mit den namengebenden Kängurus.

Feste & Events

Die größeren Weingüter des Tales veranstalten Wochenendkonzerte (Details unter www.winecountry.com.au), bei denen regelmäßig auch internationale Superstars wie Bruce Springsteen oder die Rolling Stones auftreten. Wenn besondere Events anstehen, sind die örtlichen Unterkünfte stets lange im Voraus ausgebucht.

Schlafen

Vor Ort gibt's viele Unterkünfte auf Weingütern und Boutique-Bleiben für Selbstversorger. Am Wochenende steigen die hiesigen Zimmerpreise heftig an; zudem gelten dann oft zwei Mindestübernachtungen. Auch Hochzeiten wirken sich auf das Angebot aus. Viele Optionen akzeptieren keine Kinder.

★ **Hunter Valley YHA** HOSTEL $
(☎02-4991 3278; www.yha.com.au; 100 Wine Country Dr, Nulkaba; B 35–37 AU$, Zi. mit/ohne Bad 108/94 AU$; P ⊖ ≋) Nach einem langen Tag mit Weinproben oder Traubenpflücken kann man sich in dem attraktiv renovierten Hostel am Nordrand von Cessnock gut erholen: Im Poolbereich mit Grill geht's gesellig zu. Zudem gibt's hier blitzsaubere Schlafsäle mit jeweils vier Betten, eine nette Veranda und Leihfahrräder. Obendrein liegt in der Nähe eine Brauereikneipe. Allerdings leiden die Quartiere bisweilen unter hohen Temperaturen. HI-Mitglieder erhalten Rabatt.

Australia Hotel PUB $
(☎02-4990 1256; www.australiahotel.com.au; 136 Wollombi Rd, Cessnock; EZ/2BZ mit Gemeinschaftsbad 45/60 AU$, Wochenende Zi. 95 AU$; P ⊖) Die Obergeschosszimmer dieses Pubs sind leicht abgenutzt, aber zum Ausschlafen eines Katers einwandfrei. Schön auch die neuen, blitzsauberen Bäder.

Grange on Hermitage B&B $$
(☎02-4998 7388; www.thegrangeonhermitage.com.au; 820 Hermitage Rd, Pokolbin; Zi. 195 bis 260 AU$, Cottage 390–460 AU$; P ⊖ ❄) Das B&B auf einem großen Gelände voller Euka-

NICHT VERSÄUMEN

WEINTOUREN IM HUNTER VALLEY

Im Hunter Valley liegen ein paar von Australiens berühmtesten Winzereien und ältesten Weinbergen (teils aus den 1860er-Jahren). Das Tal ist vor allem für Sémillon und Syrah bekannt, macht aber zunehmend auch mit Chardonnay von sich reden.

Bei den rund 150 regional ansässigen Weingütern reicht das Spektrum von kleinen Familienbetrieben bis hin zu richtigen Großunternehmen. Die Verkostungen sind meist gratis; mancherorts wird dafür jedoch eine geringe Gebühr fällig (in der Regel mit Käufen verrechenbar).

Das **Visitor Centre** (S. 167) in Pokolbin verteilt kostenlos den *Hunter Valley Official Map & Touring Guide* mit einer praktischen Übersichtskarte. Alternativ sucht man einfach auf eigene Faust nach versteckten Kleinwinzereien.

Kistenkäufer sollten sich auf etwas Feilschen einrichten. Beim Erwerb von zwölf Kisten gibt's oft eine weitere umsonst mit dazu (oder sechs Flaschen eines älteren Jahrgangs). Bei Beitritt zu ihren Weinclubs gewähren die meisten Weingüter kräftige Rabatte. Allerdings ist dann im Folgejahr mindestens eine weitere Kiste abzunehmen.

Um unter der gesetzlichen Promillegrenze von 0.5 ‰ zu bleiben, sollten männliche Autofahrer laut DrinkWise Australia maximal zwei Standardgetränke in der ersten Stunde und höchstens ein weiteres Standardgetränk pro folgender Stunde zu sich nehmen. Da bei Frauen der Alkoholgehalt im Blut vergleichsweise schneller steigt, wird Damen nur ein Standardgetränk in der ersten Stunde empfohlen. Die Probiergläser der Weingüter haben zumeist einen Inhalt von 20 ml – fünf davon entsprechen einem Standardgetränk.

lypten und Schlingpflanzen verspricht einen sehr erholsamen Aufenthalt. Die riesigen Zimmer überzeugen mit modernen Annehmlichkeiten, Kochecken und eigenen Whirlpools. Alternativ stehen zwei Cottages für vier bis sechs Personen zur Verfügung. Die freundlichen Inhaber sorgen für viele liebevolle Extras wie frische Blumen oder Frühstücks-Muffins, die noch ofenwarm direkt aufs Zimmer gebracht werden.

Thistle Hill B&B $$
(☎ 02-6574 7217; www.thill.com.au; 591 Hermitage Rd, Pokolbin; Zi. 285 AU$; P ⊖ ❄ ≋ ≋) Zu dem idyllischen Anwesen (8 ha) gehören Rosengärten, Limettenplantage und Weinberg. Hinzu kommen ein Cottage für Selbstversorger (max. 5 Pers.) und ein luxuriöses Gästehaus mit sechs Doppelzimmern. Die atemberaubend attraktiven Quartiere und Aufenthaltsbereiche punkten mit subtiler Eleganz im französischen Landhausstil. Der Pool grenzt an eine tolle Lounge mit Terrasse. Der Preis beinhaltet Frühstück (Mo–Fr europäisch, Sa & So warm), Wein und Käse.

★ Tonic BOUTIQUEHOTEL $$$
(☎ 02-4930 9999; www.tonichotel.com.au; 251 Talga Rd, Lovedale; DZ inkl. Frühstück 270–350 AU$, Apt. 500–700 AU$; P ⊖ ❄ ≋ ≋ 🐾) Die polierten Betonböden und der urban anmutende Minimalismus des schicken Boutiquehotels wirken im lebendigen Licht des Hunter Valley besonders anziehend. Von den eindrucksvollen Zimmern und Apartments mit zwei Schlafzimmern schaut man über einen Stausee hinweg in die untergehende Sonne. In den Quartieren mit super Bädern und Betten steht Frühstücksproviant bereit. Zum außergewöhnlichen Erlebnis tragen auch der tolle Aufenthaltsbereich und die äußerst freundlichen Inhaber bei.

Keine Kinder unter 15 Jahren.

Longhouse APARTMENTS $$$
(☎ 0402 101 551; www.thelonghouse.com.au; 385 Palmers Lane, Pokolbin; Apt. 650–850 AU$; P ⊖ ❄ ≋) 🍃 Über 50 Architekturstudenten haben diese avantgardistische Bleibe nach dem Vorbild eines traditionellen australischen Wollschuppens gestaltet. Der schicke Bau aus Beton, Wellblech und Recyclingholz beherbergt drei riesige Apartments mit je zwei Betten. Die Terrasse misst stolze 48 m.

Splinters Guest House B&B $$$
(☎ 02-6574 7118; www.splinters.com.au; 617 Hermitage Rd, Pokolbin; Cottage 370–550 AU$; P ⊖ ❄ ≋ ≋) Die schicken Cottages mit attraktivem Dekor und Mobiliar zählen zu den besten Unterkünften des Hunter Valley. Die Inhaber verwöhnen ihre Gäste u. a. mit (Dessert-)Wein, Käse und einem Kühlschrank voller Frühstücksproviant. Die kleineren Varianten der Cottages (max. 6 Pers.) wurden Ende 2016 errichtet.

Hermitage Lodge LODGE $$$
(☎ 02-4998 7639; www.hermitagelodge.com.au; 609 McDonalds Rd, Pokolbin; Zi. 250–475 AU$; P ⊖ ❄ ≋ ≋) Diese gut geführte Lodge liegt in idealer Laufentfernung zu gleich mehreren Weinkellern. Neben recht einfachen Doppelzimmern im Motelstil gibt's hier auch helle, moderne und geräumige Wohnstudios bzw. Suiten. Deren Sonnenterrassen mit Blick auf einen Syrah-Weinberg punkten in zwei Fällen zusätzlich mit abgeschlossener Dachlage und eigenen Whirlpools. Die Lodge hat auch eine Waschküche für Gäste und ein gutes Hausrestaurant mit norditalienischer Küche.

Wie im übrigen Hunter Valley sind die Zimmer werktags deutlich günstiger.

Spicers Vineyards Estate RESORT $$$
(☎ 02-6574 7229; www.spicersretreats.com; 555 Hermitage Rd, Pokolbin; Suite 599–699 AU$; P ❄ ≋ ≋) 🍃 Inmitten von Buschland gibt's hier zwölf moderne Spitzenklasse-Suiten mit Whirlpools, Kingsize-Betten, gemütlichen Wohnbereichen und offenen Kaminen – perfekt fürs Syrah-Schlürfen im Winter. Die Luxusvarianten mit besonders attraktiven Bädern und Balkonen (in den meisten Fällen) sind den Aufpreis von 100 AU$ pro Übernachtung wert. Vor dem Essen im hervorragenden **Restaurant Botanica** (2/3 Gänge 69/79 AU$; ⏲ Mi–Fr 18–20.30, Sa & So 12–15 & 18–20.30 Uhr; ≋) 🍃 können Gäste im Day-Spa oder im Pool relaxen.

Das fröhliche Profi-Personal sorgt für nette Extras wie kostenlose Schampus-Flaschen im Zimmer. Keine Kinder.

Essen

Seinen Ruf als Feinschmeckerparadies verdankt das Hunter Valley auch diversen Spitzenrestaurants (u. a. auf zahlreichen Weingütern). Viele örtliche Lokale haben nur am Wochenende geöffnet. Reservierung ist stets ratsam.

Hunter Valley Smelly Cheese Shop FEINKOST $
(☎ 02-4998 6713; www.smellycheese.net.au; Roche Estate, 2144 Broke Rd, Pokolbin; Hauptgerichte

12–18 AU$; ⌚ So–Do 10–17, Fr & Sa 10–17.30 Uhr) Neben einer Käsetheke voller geruchsintensiver Köstlichkeiten gibt's hier auch Feinkostteller, Pizzas, Burger und Baguettes zum Mitnehmen. Hinzu kommen gute Tagesgerichte und eine Gefriertruhe mit super Eiskrem. Trotz der Kundeninvasion hat das Personal stets gute Laune. Im Pokolbin Village unterhält der Laden eine Filiale.

Enzo CAFÉ $$
(☎ 02-4998 7233; www.enzohuntervalley.com.au; Ecke Broke & Ekerts Rd, Pokolbin; Hauptgerichte morgens 16–31 AU$, mittags 23–37 AU$; ⌚ Mo–Fr 9–16, Sa & So 8.30–16 Uhr; 📶 ✍) Das beliebte Café mit nettem Ambiente hat einen offenen Kamin für den Winter und Gartentische für den Sommer. Die rustikalen Gerichte mit italienischem Touch sind verlässlich gut. Im Idealfall kombiniert man seinen Besuch mit einer Verkostung auf dem örtlichen Weingut David Hook.

★ Muse Restaurant MODERN-AUSTRALISCH $$$
(☎ 02-4998 6777; www.musedining.com.au; 1 Broke Rd, Pokolbin; 2/3 Gänge 75/95 AU$; ⌚ Sa & So 12–15, Mi–Sa 18.30–22 Uhr; ✍) Das renommierteste Restaurant der ganzen Gegend gehört zum spektakulären Komplex des Weinguts Hungerford Hill. In attraktiven, modernen Räumlichkeiten erwarten den Gast hier Spitzenservice und sensationelle Küche der modern-australischen Art. Das Essen ist exquisit angerichtet; dies gilt vor allem für das Probiermenü (Sa obligatorisch; ohne/mit Wein 125/185 AU$). Für Vegetarier gibt's eine separate Karte (2/3 Gänge 60/80 AU$).

★ Muse Kitchen EUROPÄISCH $$$
(☎ 02-4998 7899; www.musedining.com.au; Keith Tulloch Winery, Ecke Hermitage & Deasys Rd, Pokolbin; Hauptgerichte 34–36 AU$; ⌚ Mi–So 12–15, Sa auch 18–21 Uhr; 📶 ✍) Der zwanglose Ableger des Muse Restaurant empfiehlt sich für ein leckeres Mittagessen an Freilufttischen. Die saisonalen und superfrischen Zutaten (Obst, Gemüse, Kräuter) für die Bistro-Gerichte im europäischen Stil kommen aus einem Küchengarten etwas weiter oben an der Straße. Unbedingt auch eins der hervorragenden Desserts bestellen! Nebenan lädt der Weinkeller von Keith Tulloch (S. 162) zu Verkostungen ein.

Hunters Quarter MODERN-AUSTRALISCH $$$
(☎ 02-4998 7776; www.huntersquarter.com; Cockfighter's Ghost, 576 De Beyers Rd, Pokolbin; Hauptgerichte 36–44 AU$; ⌚ Mo 18–23, Do–Sa 12–15.30 & 18–23, So 12–15.30 Uhr; 📶) Durch die deckenhohen Fenster des belebten, aber dennoch lauschigen Lokals hat man einen schönen Blick auf die Rebenreihen. Selbst geräucherter Lachs ist das Highlight unter den aromatischen Gerichten aus hochwertigen Zutaten. Das gute Angebot an offenen Weinen gibt einen Überblick über die hauseigenen Tropfen und die Produkte benachbarter Winzereien. Montags ist „Einheimischenabend" (2/3 Gänge 60/75 AU$).

EXP. MODERN-AUSTRALISCH $$$
(☎ 02-4998 7264; www.exprestaurant.com.au; 1596 Broke Rd, Pokolbin; 5/8 Gänge 85/110 AU$; ⌚ Mi–Sa 12–14.30 & 18–21, So 12–14.30 Uhr) Frank Fawkner stammt aus dem Hunter Valley. Nach einer eindrucksvollen Karriere als Küchenchef in regionalen und anderen Lokalen entschloss er sich schließlich, ein eigenes Restaurant im Weingut Oakvale zu eröffnen. Seine raffinierten, frischen und reichhaltigen Probiermenüs begeistern Sydneys Gourmets aus gutem Grund. Reservierung erforderlich.

Emerson's Cafe & Restaurant MODERN-AUSTRALISCH $$$
(☎ 02-4930 7029; www.emersonsrestaurant.com.au; 492 Lovedale Rd, Lovedale; Hauptgerichte 35–42 AU$; ⌚ Mi 11–15, Do & Fr 11–15 & 18–22, Sa & So 8–15 & 18–22 Uhr; 📶) Der Küchenchef dieses Restaurants im Weingut Adina hat bereits eine bemerkenswerte Karriere im Hunter Valley hinter sich. Mit seinem herzhaften Wochenendfrühstück kann man sich prima für einen Weinprobentag stärken. Auch die Zutaten für die attraktiv präsentierten Mittags- und Abendgerichte kommen hauptsächlich aus der Region.

Margan MODERN-AUSTRALISCH $$$
(☎ 02-6579 1317; www.margan.com.au; 1238 Milbrodale Rd, Broke; 2/3/5 Gänge 65/80/100 AU$; ⌚ Fr & Sa 12–15 & 18–21.30, So 12–15 Uhr) 🍃 Dieses Restaurant mit Lehmziegelwänden kreiert seine verführerischen Gerichte größtenteils aus Zutaten, die von der hauseigenen Farm oder aus deren Küchengarten stammen (der Rest kommt von regionalen Produzenten). Die spitzenmäßigen Hausweine begleiten das leckere Essen auf wunderbare Weise. Über die Weinberge hinweg schauen Gäste auf die Brokenback Range.

Bistro Molines FRANZÖSISCH $$$
(☎ 02-4990 9553; www.bistromolines.com.au; Tallavera Grove, 749 Mt. View Rd, Mt. View; Hauptgerichte 38–44 AU$; ⌚ Do, So & Mo 12–15, Fr & Sa 12–15 &

19–21 Uhr) Das französische Lokal im Weingut Tallavera Grove wird vom legendärsten Küchenchef des Hunter Valley geleitet. Dessen saisonale und gewieft zubereitete Gerichte sind fast so eindrucksvoll wie die Aussicht auf die Weinberge. Zu dem eleganten Gebäude gehört auch ein gepflasterter Innenhof mit netten Freilufttischen. Tagesgerichte ergänzen die normale Karte.

Ausgehen & Nachtleben

Wollombi Tavern PUB
(☎ 02-4998 3261; www.wollombitavern.com.au; 2994 Great North Rd, Wollombi; ⏲ Mo–Do 10–22, Fr 10–24, Sa 9.30–24, So 9–22 Uhr) Der tolle kleine Pub an der Straßenkreuzung in Wollombi ist der Hersteller von Dr. Jurd's Jungle Juice (ein gefährlich starker Mix aus Portwein, Brandy und Wein). Am Wochenende legen Motorradclubs der harmlosen Sorte hier gerne einen Zwischenstopp ein. Auf dem Rasen kann man gratis zelten; Duschen gibt's jedoch nicht.

Goldfish Bar & Kitchen BAR
(www.thegoldfish.com.au; Roche Estate, Ecke Broke & McDonalds Rd, Pokolbin; ⏲ Mo–Do 12–23, Fr & Sa 12–1, So 12–22 Uhr; 📶) Die Nase voll von Wein? Dann nichts wie hin zu dieser beliebten Bar, die mit klassischen Cocktails und einer eindrucksvollen Auswahl an Spirituosen aufwartet. Eine Lounge und eine große Freiluftterrasse laden hier zum Abhängen ein. Weitere Pluspunkte sind das anständige Essen und die Livemusik (meist Sa abends).

Harrigan's PUB
(☎ 02-4998 4300; www.harrigansirishpub.com.au; 2090 Broke Rd, Pokolbin; ⏲ 9–mind. 22 Uhr, Bistro ab 7 Uhr; 📶) Der behagliche Irish Pub hat einen großen Biergarten und serviert Pies mit Rindfleisch-Guinness-Füllung. An den meisten Wochenenden spielen hier Livebands. Die gesellige Terrasse ist ein beliebter Lokaltreff.

Shoppen

Binnorie Dairy KÄSE
(☎ 02-4998 6660; www.binnorie.com.au; Ecke Hermitage Rd & Mistletoe Lane, Pokolbin; ⏲ Di–Sa 10–17, So 10–16 Uhr) Zusammen mit einem Weingut und einem Café ist dieser Laden in einem kleinen Komplex mit stilvoller Fassade untergebracht. Hier gibt's ein außergewöhnliches Angebot von handgemachten Weichkäsesorten mit cremiger Konsistenz. Besonders lecker sind die Rollen aus Ziegenkäse, der Labné und der eingelegte Feta.

Hunter Olive Centre FEINKOST
(☎ 02-4998 7524; www.pokolbinestate.com.au; 298 McDonalds Rd, Pokolbin; ⏲ 9–17 Uhr, Verkostungen 10–16 Uhr) Hinter dem Pokolbin Estate Vineyard versteckt sich dieses Steincottage mit zahllosen Feinkostwaren aus der Region (u.a. Öl, Tapenade, Chutney, Marmelade). Diese lassen sich auf kleinen Brotstückchen probieren: einfach eine Tüte davon kaufen (0,50 AU$) und dann selbst mit den angebotenen Kostproben bestreichen.

Praktische Informationen

Hunter Valley Visitor Centre (☎ 02-4993 6700; www.huntervalleyvisitorcentre.com.au; 455 Wine Country Dr, Pokolbin; ⏲ Mo–Sa 9–17, So 9–16 Uhr; 📶) Zahllose Broschüren plus Infos zu Unterkünften, Attraktionen und Restaurants im Tal.

An- & Weiterreise

Ab Sydney kann man einfach dem M1 Motorway gen Norden folgen und dann über die Ausfahrt bei Gosford zum Tal fahren. Diese malerische Route führt über Wollombi oben in den Bergen. Alternativ die Ausfahrt Cessnock oder den Hunter Expressway (beginnt nahe Newcastle) nehmen.

Busse von **Bus Rover Coaches** (☎ 02-4990 1699; www.rovercoaches.com.au) verkehren zwischen Newcastle und Cessnock (1¼ Std., Mo–Fr 5-mal tgl., Sa 2-mal tgl.). Busse nach Cessnock starten auch an den Bahnhöfen von Morisset (1 Std., 2-mal tgl.) und Maitland (50 Min., Mo–Sa mind. stündl., So 6-mal tgl.).

Züge von Sydney Trains fahren ab Newcastle (4,82 AU$, 50 Min.) durch das Hunter Valley. Der Bahnhof Branxton liegt am nächsten zu den Weingütern. Busanschluss nach Cessnock besteht aber nur in Maitland.

Unterwegs vor Ort

Ohne Auto lässt sich das Tal auf verschiedene Art erkunden: Leihfahrräder gibt's beim **YHA-Hostel** (S. 164) sowie bei **Grapemobile** (☎ 02-4998 7660; www.grapemobile.com.au; 307 Palmers Lane, Pokolbin; 45 AU$/8 Std.; ⏲ 10–18 Uhr) und **Hunter Valley Cycling** (☎ 0418 281 480; www.huntervalleycycling.com.au; 1/2 Tage 35/50 AU$). **Sutton Estate** (☎ 0448 600 288; www.suttonestateelectricbikehire.com; 381 Deasys Rd, Pokolbin; halber/ganzer Tag 50/65 AU$) vermietet E-Bikes. Weitere Alternativen sind geführte Touren (S. 162) oder Trips per **Taxi** (☎ 02-6572 1133; www.taxico.com.au). **Vineyard Shuttle** (☎ 02-4991 3655; www.vineyardshuttle.com.au; ⏲ Di–Sa 18–24 Uhr) bietet Direktshuttles zwischen Unterkünften und Restaurants in Pokolbin.

Newcastle

308 300 EW.

Newcastle ist zehnmal kleiner als Sydney, hat aber trotzdem sehr viel zu bieten. Ihren Reiz verdankt die Hafenstadt (Australiens zweitälteste Stadt) u. a. super Surferstränden, historischer Architektur und dem sonnigen Lokalklima. Auch hervorragende Restaurants, hippe Bars, schräge Boutiquen, eine vielfältige Kunstszene und die relaxte Atmosphäre machen Newcastle zu einem durchaus lohnenden Ziel für mehrtägige Aufenthalte.

Ein starkes Erdbeben sowie die Schließung von Stahlwerken und Werften stürzten die Stadt Ende des 20. Jhs. in eine Krise. Auch das Verschiffen von Kohle als dritter örtlicher Haupterwerbszweig sieht inzwischen einer sehr ungewissen Zukunft entgegen. Newcastles Einwohner begegnen den schweren Zeiten jedoch mit positiver Einstellung und kreativem Unternehmergeist.

Sehenswertes

Newcastles umtriebige Kleingalerieszene verändert sich ständig. Die Touristeninformation (S. 174) liefert Details zu aktuellen Neueröffnungen.

★ Newcastle Maritime Museum — MUSEUM

(☎ 02-4929 2588; www.maritimecentrenewcastle.org.au; Lee Wharf, 3 Honeysuckle Dr, Honeysuckle Precinct; Erw./Kind 10/5 AU$; ⌚ Di–So 10–16 Uhr) Das am Hafen gelegene Museum widmet sich der lokalen Seefahrts- und Stadtgeschichte. Die Ausstellung gibt Einblicke in Newcastles Seele; dabei beleuchtet sie auch den Niedergang der hiesigen Stahlwerke und Werften. Ansonsten erfahren Besucher z. B. etwas über Seenotrettung oder Schiffswracks wie das der *Pasha Bulker*, die 2007 auf Grund lief (dazu gibt's ein Video). Die kurze Einführung durch das Personal hilft bei der Orientierung.

★ Newcastle Art Gallery — KUNSTGALERIE

(☎ 02-4974 5100; www.nag.org.au; 1 Laman St; ⌚ Di–So 10–17 Uhr) GRATIS Die brutalistische Fassade einfach ignorieren: Diese bemerkenswerte Regionalgalerie zeigt ein paar wunderbare Werke. Sie hat keine Dauerausstellung, sondern präsentiert abwechselnd Kunst aus ihrer hervorragenden Sammlung. Einige der Werke stammen von William Dobell und John Olsen, die beide in Newcastle geboren wurden. Auch Brett Whiteley und die modernistische Malerin Grace Cossington Smith sind hier mit ein paar Arbeiten vertreten.

Vor allem Olsens Werke schenken der Galerie viel Lebendigkeit: Seine farbenprächtigen Aquarelle von australischen Landschaften wirken gleichzeitig dynamisch und organisch. Von ihm stammt auch das Deckengemälde im zentralen Treppenhaus. Besonders spektakulär ist das Bild *King Sun and the Hunter* (2016), das Olsen im Alter von 88 Jahren als Hommage an seine Heimatstadt malte.

★ Merewether Aquarium — ÖFFENTLICHES KUNSTWERK

(Henderson Pde, Merewether) Kein echtes Aquarium: Trevor Dickinson aus Newcastle hat diese Fußgängerunterführung mit einer zauberhaften Unterwasserwelt im Popart-Stil bemalt. Unter den vielen schrägen Details ist auch der Künstler selbst als Taucher verewigt. Bewundern kann man das Ganze gegenüber vom oberen Eingang des Surfhouse am Südende des Merewether Beach.

Newcastle Museum — MUSEUM

(☎ 02-4974 1400; www.newcastlemuseum.com.au; 6 Workshop Way; ⌚ Di–So 10–17 Uhr, Schulferien auch Mo; 👪) GRATIS Das attraktive Museum in den restaurierten Honeysuckle Rail Workshops erzählt die Stadtgeschichte ab den Zeiten der indigenen Awabakal, die einst hier lebten. Beleuchtet wird dabei auch Newcastles wilde Gesellschaftsgeschichte im Zeichen von Sträflingen, Gruben- und Stahlarbeitern. Die interaktiven und fesselnden Ausstellungen reichen von der regionalen Geologie bis hin zu örtlichen Ikonen (darunter die Band Silverchair und die Newcastle Knights). Kinder freuen sich über das Wissenschaftszentrum Supernova mit Exponaten zum Anfassen und über die stündliche Sound- und Lightshow zur Stahlherstellung. Vor Ort gibt's auch ein Café.

Fort Scratchley — FORT

(☎ 02-4974 5033; www.fortscratchley.com.au; Nobbys Rd; Tunnelführung Erw./Kind 12.50/6.50, Komplettführung Erw./Kind 16/8 AU$; ⌚ Mi–Mo 10–16 Uhr, letzte Führung 14.30 Uhr) GRATIS Das faszinierende Fort oberhalb des Newcastle Harbour wurde während des Krimkriegs errichtet, um die Stadt vor einer potenziellen russischen Invasion zu schützen. Im Zweiten Weltkrieg erwiderte die Besatzung das Geschützfeuer eines japanischen U-Boots, was die einzige aktive Kampfhandlung einer australischen Küstenbatterie während des

NICHT VERSÄUMEN

NEWCASTLES STRÄNDE

Viele Surfer und Schwimmer bevölkern den **Newcastle Beach** am östlichen Stadtrand. Eine Alternative ist das örtliche **Meerwasserfreibad** (www.newcastle.nsw.gov.au; Shortland Esplanade) GRATIS mit einem flachen Kinderbecken und einem schmucken Art-déco-Pavillon in bunten Farben – hier badet es sich ruhig vor einer Kulisse aus hohen Wellen und vorbeituckernden Frachtern. Für Surfer empfiehlt sich der **Nobby's Beach** gleich nördlich des Freibads: Am Nordende dieses Strandes wartet ein schneller Lefthand-Break namens The Wedge.

Südlich vom Newcastle Beach liegt unterhalb des King Edward Park das **Bogey Hole**, das einst von Sträflingen angelegt wurde und Australiens ältestes Meerwasserfreibad ist. Darin kann man schön herumplanschen, während die Brandung über den Rand hereinschwappt. Die beliebtesten Surfspots sind der **Bar Beach** und der **Merewether Beach**, die etwas weiter südlich die beiden Enden desselben Strandes markieren.

Am Merewether Beach steigt auch Newcastles berühmtes Surferfestival namens **Surfest** (www.surfest.com; Merewether Beach; ⏲ Feb.).

gesamten Konflikts war. Obwohl der Eintritt zur Anlage frei ist, lohnt es sich, das Gewirr der unterirdischen Tunnel per Führung zu besichtigen. Tickets dafür sowie Broschüren für Erkundungen auf eigene Faust gibt's beim örtlichen Laden.

Nobby's Head AUSSICHTSPUNKT
Mithilfe eines steinernen Wellenbrechers am Hafeneingang, den Sträflinge unter zahlreichen Opfern von 1818 bis 1848 errichten mussten, wurde die einstige Insel mit dem Festland verbunden. Beim „spritzigen" Spaziergang zum Leuchtturm und zur Wetterstation auf der Landspitze kann man die widrigen Umstände der Errichtung gut nachvollziehen.

King Edward Park PARK
(Reserve Rd) Der wunderbar gestaltete Park am Meer lädt mit vielen Rasenflächen und schattigen Plätzchen zum Relaxen ein. Vom **Obelisken** ganz oben ist die weite Aussicht am schönsten.

Aktivitäten

★ **Bathers Way** WANDERN & TREKKEN
(www.visitnewcastle.com.au) Zwischen Nobby's Beach und Glenrock Reserve schlängelt sich dieser malerische Küstenpfad (5 km) an Stränden und faszinierenden historischen Stätten wie Fort Scratchley oder Convict Lumber Yard vorbei. Unterwegs erläutern Infotafeln die regionale Natur sowie die Geschichte der hier heimischen Aborigines und örtlichen Sträflinge. Nördlich vom Bar Beach trifft die Route auf den kurvigen **Memorial Walk**, der hoch droben mit magischem Meerblick aufwartet.

Schlafen

Bei Newcastles guten Mittelklasseoptionen reicht die Palette von umgebauten Kneipenzimmern bis hin zu B&Bs und Businesshotels. Hostels und Campingplätze stehen hier ebenfalls zur Verfügung.

Newcastle Beach YHA HOSTEL $
(☎02-4925 3544; www.yha.com.au; 30 Pacific St; B/EZ/DZ 39/70/94 AU$;) Das große, stilvoll in einem denkmalgeschützten Backsteinbau untergebrachte Hostel wirkt zwar von außen wie ein prachtvolles Herrenhaus im britischen Stil, überrascht aber mit der relaxten Atmosphäre eines Strandbungalows. In nächster Nähe zum Meer empfängt es die Gäste mit tollen Gemeinschaftsbereichen und luftigen, komfortablen Schlafsälen. Zudem gibt's hier Bodyboards (gratis) und Surfbretter (gegen Gebühr) zum Ausleihen sowie Grillabende und kostenloses Kneipenessen (1-mal wöchentl.). HI-Mitglieder bekommen Rabatt.

Stockton Beach Holiday Park CAMPING $
(☎1800 778 562; www.stocktonbeach.com; 3 Pitt St, Stockton; Stellplatz ohne/mit Strom Feb.–Dez. 37/45 AU$, Jan. 51/65 AU$, Hütte 180–320 AU$;) Nur eine kurze Fährpassage (oder 20 Straßenkilometer) von Newcastle entfernt liegt Stockton, wo sich dieser Campingplatz hinter den Dünen versteckt. Hier hat man das Meeresrauschen und die Wellen unmittelbar vor der Haustür bzw. vor dem Zelteingang. Mit großzügigen Rasenstellplätzen, eigenen Bädern für Vans und modernen Villen verspricht das attraktive Gelände einen erholsamen Aufenthalt. Gleich nebenan befindet sich ein öffentliches Freibad.

Newcastle

0
400 m
Nobby's Head (1,2 km)
Nobby's Beach
8
9
3
Nobbys Rd
Parnell Pl
11
SÜD-PAZIFIK
Wharf Rd
Stevenson Pl
Scott St
23
Shortland Esp
6
Newcastle Beach
Bond St
Pacific St
Ocean St
20
14
15
Newcastle Bus Station
Früherer Bahnhof Newcastle
Hunter St
Stockton (500 m); Stockton Beach Holiday Park (1,5 km)
25
16
Watt St
Bolton St
Hunter St Mall
Newcomen St
Stockton Ferry
King St
Church St
Tyrrell St
Bar Beach (1,5 km); Merewether Surfhouse (3 km); Merewether Beach (3 km)
10
Bather's Way
Wharf Rd
19
26
Wolfe St
4
King Edward Park
5
Reserve Rd
Perkins St
Port Hunter
17
13
Brown St
18
High St
Hunter St
Kitchener Pde
22
Darby St
Merewether St
Newcastle Visitor Information Centre
1
Newcastle Art Gallery
Nesca Pde
Newcastle Harbour
Newcastle Maritime Museum
2
HONEYSUCKLE PRECINCT
7
Former Civic Station
Civic Park
King St
12
21
Brooks St
Lee Wharf
Lee Wharf Rd
Honeysuckle Dr
24
Subo (100 m); Lass O'Gowrie Hotel (1,5 km); Newcastle City Farmers and Makers Market (3,2 km)
Hunter St
Laman St
Council St
Edwards (800 m)
COOKS HILL
Bruce St
Bull St
Dawson St
Darby St
Junction Hotel (1 km)
Centennial Park
A
B
C
D
E
F
G
1
2
3
4

Newcastle

Highlights
1 Newcastle Art Gallery B2
2 Newcastle Maritime Museum B1

Sehenswertes
3 Fort Scratchley G1
4 King Edward Park D4
5 King Edward Park Obelisk D3
6 Newcastle Beach F2
7 Newcastle Museum B1
8 Nobby's Beach G1

Aktivitäten, Kurse & Touren
9 Bathers Way G1
10 Bogey Hole D4
11 Newcastle Ocean Baths G2

Schlafen
12 Crown on Darby B3
13 Lucky Hotel C2
14 Newcastle Beach YHA E2
15 Novotel Newcastle Beach E2

Essen
16 Bocados E2
17 Momo C2
18 Napoli Centrale C2
19 One Penny Black D1
20 Restaurant Mason E2
21 Three Monkeys B3

Ausgehen & Nachtleben
22 Coal & Cedar B1
23 Grain Store F2
24 Honeysuckle Hotel A1
Lucky Hotel .... (siehe 13)
25 Reserve Wine Bar E2

Shoppen
26 Emporium D2

★ Junction Hotel BOUTIQUEHOTEL **$$**
(☎ 02-4962 8888; www.junctionhotel.com.au; 204 Corlette St, The Junction; Zi. 139–189 AU$;) Die neun Zimmer über dem Pub in einem Vorort sind extravagant mit afrikanischen Tiermotiven und gewagten Farben gestaltet. Sie verfügen über sehr große Betten und schicke Badezimmer mit Diskolicht und wenig Privatsphäre. Das Hotel liegt inmitten der Geschäfte und Cafés von Junction, zum Strand sind es nur zehn Minuten zu Fuß.

★ Crown on Darby APARTMENTS **$$**
(☎ 02-4941 6777; www.crownondarby.com.au; 101 Darby St; Apt. Mo–Fr 176–205 AU$, Sa & So 194–286 AU$;) An Newcastles coolster Straße liegt dieser Komplex mit 38 modernen Ferienwohnungen in der Nähe von Cafés und Restaurants. Die ausreichend geräumigen Wohnstudios verfügen über Kochecken. Die Apartments mit separatem Schlafzimmer, Verbindungstüren, voll ausgestatteter Küche und riesigem Wohnbereich (teils mit Whirlpool) sind ihren Aufpreis wert. Gäste können zudem zwischen einem offenen oder geschlossenen Balkon wählen – einfach beim Buchen entsprechend nachfragen. Mit 15 AU$ ist das Parken recht erschwinglich.

★ Lucky Hotel BOUTIQUEHOTEL **$$**
(☎ 02-4925 8888; www.theluckyhotel.com.au; 237 Hunter St; Zi. 145–180 AU$;) Eine elegante, aber gelungene Renovierung hat den prächtigen alten Pub aus den 1880er-Jahren in ein fetziges, modernes Boutiquehotel verwandelt. Die 28 hellen Zimmer über dem Kneipenbereich sind klein, aber geschmackvoll eingerichtet. Unter den modernen Extras sind z. B. Bettwäsche und Körperpflegeprodukte von hoher Qualität. Und für den Fall der Fälle wird jedes Quartier von einem handgemalten Zitat über das Glück geziert. In den Fluren hängen Schwarz-Weiß-Fotos vom alten Newcastle.

Hamilton Heritage B&B B&B **$$**
(☎ 02-4961 1242; www.accommodationinnewcastle.com.au; 178 Denison St, Hamilton; Zi. 140–170 AU$;) Das charaktervolle B&B nahe den Cafés an der Beaumont St punktet mit behaglicher Gastlichkeit: Der Federation-Stil des alten Wohnhauses setzt sich auch innen mit einigen schmucken Originalelementen fort. Die drei Zimmer (darunter eine Familiensuite für sechs Personen) warten mit eigenen Bädern und Kaffeemaschinen bzw. Teekochern auf. Gäste können auch die Küche und die Hinterterrasse mit Blick auf einen schönen subtropischen Garten mitbenutzen.

Novotel Newcastle Beach HOTEL **$$$**
(☎ 02-4037 0000; www.novotelnewcastlebeach.com.au; 5 King St; Zi. 279–334 AU$;) Das luftige Hotel in perfekter Nähe zum Newcastle Beach verabschiedet am Freitagmorgen seine Businessgäste und heißt dann gleich nachmittags Familien willkommen. Die mittelgroßen Zimmer haben eine stilvolle Einrichtung. Die Superior-Varianten mit deckenhohen Fenstern und besserer Aussicht sind den Aufpreis wert. Aufenthalt und Frühstück sind für Kinder unter 16 Jahren kostenlos.

Essen

Newcastle hat eine florierende Gastro-Szene: Die Cafés, Pizzerien und asiatischen Lokale (z.B. thailändisch, vietnamesisch) an der Darby St sind bei Einheimischen sehr beliebt. Die vielen Hafenrestaurants der Stadt konzentrieren sich vor allem auf den Honeysuckle Precinct nahe der Touristeninformation. Die Beaumont St in Hamilton ist eine weitere Restaurantmeile. Und auch an den nahen Stränden gibt's allerlei Optionen.

One Penny Black CAFÉ $

(☎02-4929 3169; www.onepennyblack.com.au; 196 Hunter St; Hauptgerichte 14–18 AU$; ⏲6.30–16.30 Uhr; 📶🖉) In dem zu Recht beliebten Dauerbrenner steht man schon mal länger an, bis man endlich den ausgezeichneten Espresso oder den echten Filterkaffee genießen kann. Dazu serviert das kompetente Personal traumhafte *toasties* und ein fantastisches Frühstück.

★ Edwards MODERN-AUSTRALISCH $$

(☎02-4965 3845; www.theedwards.com.au; 148 Parry St; Frühstück & Mittagessen 14–21 AU$, Abendessen für 2 Pers. 41–60 AU$; ⏲Di–Sa 7–24, So 7–22 Uhr; 📶) Hätte das neue Newcastle ein schlagendes Herz, wäre dies wohl das belebte Edwards im West End. Der stilvolle Mix aus Bar, Café und Diner stellt seinen Lagerhaus-Chic an einer Straße mit ein paar kleinen Industriebetrieben zur Schau. Hier ist ganztägig etwas geboten: leckeres Frühstück mit Eiern, Mittagessen in zwangloser Atmosphäre, Barsnacks zu später Stunde, tolle offene Weine und saftige Braten aus dem Holzofen.

Mitinhaber ist Chris Joannou (Bassist von Silverchair). Das Ganze war einst eine Schnellwäscherei – bis heute kann man hier schmutzige Klamotten reinigen lassen oder selbst in Münzwaschmaschinen stopfen. Im selben Gebäude befinden sich auch eine Motorradwerkstatt und ein Musikladen.

Momo CAFÉ $$

(☎02-4926 3310; www.facebook.com/momowholefood.newcastle; 227 Hunter St; Gerichte 12–22 AU$; ⏲7.30–15 Uhr; 📶🖉) Das freundliche Momo befindet sich in einer schmucken früheren Bank mit hohen Decken, die für ein Café auf den ersten Blick zu groß erscheint. Der Schwerpunkt liegt hier auf Vollwertkost (hauptsächlich vegetarisch bzw. vegan). Textur, Farbe und Aroma der Gerichte wirken jeweils sehr appetitlich, wobei die Einflüsse vom Himalaja bis hin zu australischen Rezepten reichen. Zukünftig hat der Laden eventuell auch abends geöffnet.

Three Monkeys CAFÉ $$

(☎02-4926 3779; www.threemonkeyscafe.com.au; 131 Darby St, Cooks Hill; Gerichte 14–24 AU$; ⏲Mo & Di 7.30–15, Mi–Sa 7.30–22, So 7.30–17 Uhr; 📶🖉) Ein Highlight unter den generell guten Lokalen an der Darby St ist dieses Café mit hochwertigem Kaffee, kunterbunten Säften, kreativen Gerichten (Tipp: das Avocado-Püree mit Rote-Bete-Hummus), Straßentischen und einem kleinen Hinterhof.

Merewether Surfhouse CAFÉ, STEAK $$

(☎02-4918 0000; www.surfhouse.com.au; Henderson Pde, Merewether; Hauptgerichte Café 15–20 AU$, Bar 18–24 AU$, Restaurant 32–39 AU$; ⏲Café 7–16 Uhr, Pizzas Mo–Fr 16–23, Sa & So 11.30–23 Uhr, Restaurant Mi–Sa 11.30 Uhr–open end, So 11.30–16 Uhr) Von dem Komplex mit bemerkenswerter Architektur schaut man direkt auf die Action am Merewether Beach. Hier warten mehrere Optionen unter einem Dach: Das schicke Promenadencafé empfiehlt sich für Kaffee und ausgedehntes Frühstück. Ebenfalls im Erdgeschoss befindet sich eine Pizzeria, die auch Eiskrem auftischt. Das teure Restaurant im oberen Stockwerk hat deckenhohe Fenster und kredenzt surf (Seafood) plus turf (Fleisch). Die Bar ist super für Sundowner.

Napoli Centrale PIZZA $$

(☎02-4023 2339; www.napolicentrale.com.au; 173 King St; Pizzas 15–30 AU$; ⏲Mo–Do 17–22, Fr–So 11–15 & 17–22 Uhr; 🖉) Im dezent eingerichteten Napoli laben sich viele Einheimische an Pizza und Pasta aus dem Holzofen. Mehl aus Neapel und Tomaten aus San Marzano machen die knusprigen Pizzas mit dünnem Belag extrem authentisch. Ohne Reservierung geht hier gar nichts. Wer keinen Tisch bekommt, kann sich jedoch Strandproviant beim Takeaway-Fenster holen.

★ Subo MODERN-AUSTRALISCH $$$

(☎02-4023 4048; www.subo.com.au; 551d Hunter St; 5-Gänge-Menü 88 AU$; ⏲Mi–So 18–22 Uhr; 🖉) Das gerühmte, innovative Restaurant bietet moderne, sehr feine und leichte Küche mit französischem Einfluss. Es gibt immer nur ein saisonales Fünf-Gänge-Menü. Unbedingt reservieren, es gibt nur wenige Tische!

Restaurant Mason MODERN-AUSTRALISCH $$$

(☎02-4926 1014; www.restaurantmason.com; 3/35 Hunter St; Festpreismenüs 80–125 AU$, Hauptgerichte 46 AU$; ⏲Di & Mi 18–21, Do–Sa

12–15 & 18–22 Uhr;) Ein Spitzenrestaurant mit Sommeratmosphäre: Der offene Speiseraum grenzt an eine Freiluftterrasse unter Platanen. Französische und regionale Einflüsse (teils avantgardistisch umgesetzt) prägen die modernen Gerichte auf der Karte. Ein Highlight unter den frischen Zutaten sind Wildkräuter aus der Umgebung. Für Vegetarier gibt's separate Probiermenüs.

Bocados SPANISCH **$$$**

(02-4925 2801; www.bocados.com.au; 25 King St; Tapas 16–24 AU$, Raciones 25–35 AU$; Di–So 18–23 Uhr) Einen Block hinter dem Newcastle Beach serviert das Bocados (span. „Bissen") sehr authentische *tapas* (Häppchen) und *raciones* (größere Gerichte) nach Rezepten von der ganzen Iberischen Halbinsel. Auf der Karte stehen auch viele spanische Weine. Dienstags und mittwochs ist Alkohol selbst mitzubringen.

Ausgehen & Nachtleben

★ Coal & Cedar COCKTAILBAR

(0499 345 663; www.coalandcedar.com; 380–382 Hunter St; Mo–Sa 16–24, So 16–22 Uhr) Die versteckte Bar im Prohibitionsstil hat einen langen Holztresen und war anfangs so „geheim", dass die Inhaber nicht einmal die Adresse bekanntgaben. Damit ist es nun vorbei: Bis zum Abwinken kann man sich hier Newcastles beste Oldschool-Cocktails hinter die Binde kippen. Die Tür rechts von einer Treppe ist ein bisschen schwer zu finden und mitunter abgeschlossen – in diesem Fall einfach klopfen bzw. rufen.

Reserve Wine Bar WEINBAR

(02-4929 3393; www.reservewinebar.com.au; 102 Hunter St; Di 17–21, Mi–Fr 12–23 od. 24, Sa 15–24 Uhr;) Diese Bar in einer früheren Bank bezeichnet sich selbst als „Weinkaufhaus". Viele der über 350 verschiedenen Weine im hiesigen Gewölbekeller stammen aus dem nahen Hunter Valley. Zu den guten Tropfen gibt's dekadente Häppchen.

Lucky Hotel PUB

(02-4925 8888; www.theluckyhotel.com.au; 237 Hunter St; Mo–Do 11–23, Fr & Sa 11–1, So 11–22 Uhr;) Der charaktervolle Oldtimer-Pub hat eine gelungene Restaurierung hinter sich. Im feschen Inneren mit Holzeinrichtung und freiliegenden Backsteinwänden geht's sehr gesellig zu. Hier gibt's gute Drinks, eine anständige Auswahl an Rauchfleisch, nette hohe Freilufttische und ein Obergeschoss mit behaglichen Zimmern.

Grain Store BRAUEREI

(02-4023 2707; www.grainstorenewcastle.com.au; 64 Scott St; Di–Do 11–22, Fr & Sa 11–1, So 11–21.30 Uhr;) Das alte Getreide- und Fasslager der früheren Brauerei Tooheys beherbergt heute dieses stimmungsvolle Brauereicafé mit rustikalem Ambiente. Die Gäste erfrischen sich hier mit 21 regionalen Fassbiersorten aus ganz Australien. Dazu gibt's ganztägig warme Küche (vor allem Pizzas, Burger und Fleisch im US-Stil).

Honeysuckle Hotel PUB

(02-4929 1499; www.honeysucklehotel.com.au; Lee Wharf, Honeysuckle Dr, Honeysuckle Precinct; Mo–Do 10–23, Fr & Sa 10–24, So 10–22 Uhr;) Der coole Riesenpub residiert in wirklich schöner Lage in einem umgebauten Lagerhaus am Hafen. Die Terrasse mit Blick aufs Wasser ist super für Sundowner. Die Bar im Obergeschoss schenkt karibischen Rum unter freiliegenden Holzbalken aus (Fr & Sa). An den meisten Wochenenden gibt's hier auch Livemusik.

Unterhaltung

Newcastle Knights ZUSCHAUERSPORT

(02-4028 9100; www.newcastleknights.com.au; McDonald Jones Stadium, Turton Rd, New Lambton) Das Rugby-League-Team der Knights ist Newcastles ganzer Stolz. Obwohl ihr in der letzten Zeit relativ wenig Erfolg vergönnt war, hat die Mannschaft nach wie vor viele leidenschaftliche Fans. So ist jedes Spiel ein aufregendes Erlebnis. Im Sommer wird das Stadion von den A-League-Fußballprofis der Newcastle Jets benutzt.

Lass O'Gowrie Hotel LIVEMUSIK

(02-4962 1248; www.lassogowriehotel.com.au; 14 Railway St, Wickham;) Newcastles ältester Pub (erb. 1877) ist seit 15 Jahren das Zentrum der örtlichen Livemusikszene. Von Mittwoch- bis Sonntagabend spielen hier Lokalbands mit Eigenkompositionen. Der Pub liegt gleich nördlich vom neuen Hauptbahnhof in Wickham.

Shoppen

Emporium KUNST, MODE

(www.renewnewcastle.org; 185 Hunter St; Mi & Sa 10–16, Do & Fr 10–17 Uhr) Das Erdgeschoss des früheren Kaufhauses David Jones beherbergt heute spannende, zum Stöbern einladende Boutiquen und Galerien, die viele verschiedene Kunstwerke, Klamotten, Möbel und Designerwaren aus einheimischer Produktion verkaufen.

Newcastle City Farmers & Makers Market MARKT
(☎02-4934 3013; www.newcastlecityfarmersmarket.com.au; Newcastle Showground, Griffiths Rd; ⏲So 8–13 Uhr) Dieser Markt ist eine hervorragende Quelle für Feinkost aus dem Hunter Valley. Zudem gibt's hier internationale Köstlichkeiten wie tibetische Klöße oder französisches Buttergebäck.

ℹ Praktische Informationen

Newcastle Visitor Information Centre (☎02-4929 2588; www.visitnewcastle.com.au; Lee Wharf, 3 Honeysuckle Dr, Honeysuckle Precinct; ⏲Di–So 10–16 Uhr) Im Ufergebäude des Maritime Museum.

ℹ An- & Weiterreise

BUS

Fast alle Fernbusse benutzen momentan noch die **Newcastle Bus Station** am östlichen Stadtende. Die noch nicht fertiggestellte **Newcastle Interchange** in Wickham wird jedoch zukünftig auch als Hauptfernbusbahnhof dienen.

Busways (☎02-4983 1560; www.busways.com.au) Pro Tag mindestens zwei Busse nach Tea Gardens (20,50 AU$, 1½ Std.), Hawks Nest (20,90 AU$, 1¾ Std.), Bluey's Beach (28 AU$, 2 Std.), Forster (32 AU$, 3¼ Std.) und Taree (35 AU$,4 Std.).

Greyhound (☎1300 473 946; www.greyhound.com.au) Pro Tag zwei bis drei Reisebusse nach/ab Sydney (32–35 AU$, 2¾ Std.), Port Macquarie (57–62 AU$, 4 Std.), Coffs Harbour (79–86 AU$, 6–7 Std.), Byron Bay (140 AU$, 10½ Std.) und Brisbane (171 AU$, 13½–15 Std.).

Port Stephens Coaches (☎02-4982 2940; www.pscoaches.com.au) Linienbusse nach Anna Bay (1¼ Std.), Nelson Bay (1½ Std.), Shoal Bay (1½ Std.) und Fingal Bay (2 Std.).

Premier Motor Service (☎13 34 10; www.premierms.com.au) Täglich Reisebusse nach/ab Sydney (34 AU$, 3 Std.), Port Macquarie (47 AU$, 3¾ Std.), Coffs Harbour (58 AU$, 6 Std.), Byron Bay (71 AU$, 11 Std.) und Brisbane (76 AU$, 14½ Std.).

Rover Coaches (☎02-4990 1699; www.rovercoaches.com.au) Busse nach/ab Cessnock (1¼ Std., Mo–Fr 4-mal tgl., Sa 2-mal tgl.).

FLUGZEUG

Am **Flughafen** (NTL; ☎02-4928 9800; www.newcastleairport.com.au; 1 Williamtown Dr, Williamtown) halten Linienbusse von **Port Stephens Coaches** (S. 174), die zwischen Newcastle (40 Min.) und Nelson Bay (1 Std.) unterwegs sind. Ein Taxi vom Flughafen zum Stadtzentrum kostet etwa 60 AU$. **Fogg's** (☎0410 581 452; www.foggsshuttle.com.au), **Hunter Valley Day Tours** (☎02-4951 4574; www.huntervalleydaytours.com.au) und **Newcastle Airport Transfers** (☎02-4928 9822; www.newcastleairport.com.au; 1/2/4 Pers. 45/50/65 AU$) schicken Shuttlebusse nach Newcastle und zu Zielen in der Umgebung.

Jetstar (☎13 15 38; www.jetstar.com) Flüge nach/ab Melbourne und Brisbane plus Verbindung zur Gold Coast.

Qantas (☎13 13 13; www.qantas.com.au) Flüge nach/ab Brisbane.

Regional Express (REX; ☎13 17 13; www.rex.com.au) Flüge nach/ab Sydney und Taree.

Virgin Australia (☎13 67 89; www.virginaustralia.com) Flüge nach/ab Brisbane und Melbourne.

ZUG

Zukünftig werden Züge von **Sydney Trains** (S. 148) regelmäßig ab Gosford (8,30 AU$, 1½ Std.) und Sydney (8,30 AU$, 2¾ Std.) zur neuen Newcastle Interchange in Wickham (aktuell noch nicht fertiggestellt) rollen. Momentan muss man noch vom Bahnhof in Hamilton per Anschlussbus zum Zentrum fahren. Bahnverbindung besteht auch zum Hunter Valley, wobei Branxton (6,50 AU$, 50 Min.) am nächsten zu den Weingütern liegt.

ℹ Unterwegs vor Ort

BUS

In der Innenstadtzone von Newcastles großem **Stadtbusnetz** (☎13 15 00; www.newcastlebuses.info) sind Fahrten zwischen 7.30 und 18 Uhr kostenlos. Ansonsten müssen Passagiere den Beförderungspreis direkt beim Fahrer bezahlen oder elektronisch von ihrer Opal Card abbuchen lassen. Der Hauptbusbahnhof für Stadtbusse liegt neben dem altem Bahnhof im Osten der Stadt.

FAHRRAD

Swipe 'n' Ride (www.swipeandride.com.au; Leihfahrrad 1/4/24 Std. 11/22/33 AU$) Dieses Bikesharing-Programm besteht aus zwei nahe beieinanderliegenden Verleihstationen am Crowne Plaza Hotel und an der Touristeninformation. Die Bedienung ist simpel: Einfach die Kreditkarte durchziehen und losradeln. An beiden Stationen gibt's auch Schutzhelme und Schlösser.

SCHIFF/FÄHRE

Stockton Ferry (www.transportnsw.info; Erw./Kind 2,60/1,30 AU$) Zwischen der Queens Wharf und dem Vorort Stockton (5.15–ca. 23 Uhr, alle 30 Min.).

ZUG

Alle Züge nach Newcastle werden zukünftig an der noch nicht fertiggestellten Newcastle Interchange in Wickham halten. Dort wird dann

Busanschluss (Linie 110) und Stadtbahnverbindung zum Zentrum bestehen (jeweils über die alten Bahnhöfe Civic und Newcastle). Momentan stoppen alle Züge aber noch in Hamilton.

NORTH COAST

Entlang dieses von der Szenerie her großartigen Küstenabschnitts reihen sich überall zauberhaft verschlafene Strandorte und unberührte Nationalparks aneinander. Landeinwärts grenzt grünes Ackerland an uralte, üppige Regenwälder, die zum Weltnaturerbe gehören.

Die North Coast bildet eine Art Pufferzone zwischen dem pulsierenden Großraum Sydney im Süden und der Gold Coast drüben in Queensland. In diesem Teil von NSW ist der Lebensstil allgemein schlichter: Zu Farmern gesellen sich hier Großstadtflüchtlinge, Althippies und Alternativ-Typen. Die Region beglückt ihre Besucher u.a. mit leckeren Landwirtschaftsprodukten, sortenreinem Kaffee, Hellsehern und zahllosen tollen Surfspots.

Port Stephens

69 730 EW.

Eine Autostunde nördlich von Newcastle ist der geschützte Hafen von Port Stephens mit (fast) einsamen Stränden, spannenden Nationalparks und einem einzigartigem System von Sanddünen gesegnet. Der Hauptort Nelson Bay ist Sitz einer Fischereiflotte und eines Geschwaders von Touristenbooten, die sich den Status der Stadt als „Australiens Delfinhauptstadt" zunutze machen.

Sehenswertes

Worimi Conservation Lands NATURSCHUTZGEBIET

(www.worimiconservationlands.com; Zugangsgenehmigung 10 AU$/3 Tage) Bei Stockton Bight erstrecken sich hier die längsten Wanderdünen der Südhalbkugel (über 35 km). Die traditionellen Landeigentümer – die indigenen Worimi – gestatten Besuchern, den Strand zu Fuß oder mit dem Geländewagen zu erkunden. Achtung: Allradantrieb ist vorgeschrieben! Und immer vorher die aktuellen Bedingungen checken! Zugangs- bzw. Fahrzeuggenehmigungen gibt's beim Visitor Centre oder NPWS-Büro in Nelson Bay, bei der BP-Tankstelle in Anna Bay und bei der Metro-Tankstelle (24 Std. geöffnet) nahe dem Parkeingang an der Lavis Lane.

Tomaree National Park NATIONALPARK

(www.nationalparks.nsw.gov.au/tomaree-national-park) In dem wunderbar wilden Nationalpark wähnen sich Wanderer viel weiter weg von der Zivilisation, als dies tatsächlich der Fall ist. Die hiesigen Angophora-Wälder beheimaten einige bedrohte Arten (z.B. Riesenbeutelmarder und Riesenkäuze). Vor Ort können auch Felsen aus dem seltenen Vulkangestein Rhyodazit bewundert werden. Im Frühling führt der Pfad zum Morna Point durch üppige Wildblumenwiesen.

Aktivitäten

Gleich östlich der Nelson Bay liegt die etwas kleinere Shoal Bay mit ihrem langen Badestrand. Ein paar Autominuten weiter südlich findet man die Fingal Bay mit einem weiteren schönen Strand am Rand des Tomaree National Park. Diesen säumt in Richtung Westen der Samurai Beach, der bei Surfern und FKK-Fans beliebt ist. Noch weiter westlich begeistert der herrliche Halbmond des One Mile Beach mit superweichem Sand und ultrablauem Wasser.

Port Stephens Surf School SURFEN

(☎0411 419 576; www.portstephenssurfschool.com.au; Gruppenkurse Surfen 60 AU$/2 Std., Stehpaddeln 45 AU$/1 Std.) Die Einzel- und Gruppenkurse im Surfen oder Stehpaddeln finden am One Mile Beach und Fingal Beach statt. Kunden können auch Bretter ausleihen (1/2 Std. 20/30 AU$).

Geführte Touren

Port Stephens 4WD Tours GEFÜHRTE TOUR

(☎02-4984 4760; www.portstephens4wd.com.au; James Patterson St, Anna Bay) Diese Firma veranstaltet Strand- und Dünentouren (Erw./Kind 52/31 AU$, 1½ Std.), Ausflüge zum Wrack der *Sygna* (Erw./Kind 90/50 AU$, 3 Std.) und Trips mit Sandboarding (Erw./Kind 28/20 AU$) auf den herrlichen Dünen der Worimi Conservation Lands. Bei Letzteren gibt's kein Zeitlimit – Teilnehmer steigen einfach in den Shuttlebus, wenn sie nach Hause wollen.

Port Stephens Paddlesports KAJAKFAHREN

(☎0405 033 518; www.paddleportstephens.com.au; 35 Shoal Bay Rd, Shoal Bay; Leihgebühr Kajak/Stehpaddelbrett pro Std. 25/30 AU$; ⏲Sept.–Mai) Verleiht nicht nur Kajaks und Stehpaddelbretter, sondern organisiert auch geführte Trips – z.B. Entdeckertouren (Erw./Kind 50/40 AU$, 2½ Std.) oder Fahrten zum Sonnenuntergang (Erw./Kind 40/30 AU$, 1½).

Schlafen

Melaleuca Surfside Backpackers HOSTEL $
(☎ 02-4981 9422; www.melaleucabackpackers.com.au; 2 Koala Pl, One Mile Beach; Stellplatz 20 AU$, B 32–36 AU$, DZ Zelt/Hütte 70/100 AU$; @ 📶) Die Hütten des freundlichen, gut geführten Hostels wurden eigens von einem Architekten entworfen. Sie stehen auf einem herrlich ruhigen (da komplett autofreien) Stück Buschland, das von Koalas, Jägerliesten und Kurzkopfgleitbeutlern bevölkert wird. Ansonsten gibt's hier fest installierte Zelte mit Betten, Stellplätze für mitgebrachte Zelte und einen einladenden Aufenthaltsbereich mit Gästeküche. Die Inhaber organisieren Sandboarding-Trips und andere Ausflüge.

Marty's at Little Beach HOTEL $$
(☎ 02-4984 9100; www.martys.net.au; Ecke Gowrie Ave & Intrepid Close, Nelson Bay; Zi. 120 AU$, Apt. 200–260 AU$; ❄ 📶 🏊 🐾) Von dem beliebten Hotel mit ruhiger Atmosphäre sind's nur wenige Gehminuten bis zum Little Beach und zur Shoal Bay. Neben schlichten Zimmern im Strandhaus-Stil warten hier auch moderne Apartments für Selbstversorger. Familien mit Kindern jenseits des Babyalters werden ausschließlich in den Executive-Suiten mit zwei Schlafzimmern untergebracht.

O'Carrollyn's BUNGALOWS $$
(☎ 02-4982 2801; www.theoasisonemile.com.au; 5 Koala Pl; Bungalow 190–310 AU$; ❄ 📶 🏊) Über einen 2 ha großen Landschaftsgarten mit Billabong (Wasserloch) verteilen sich hier neun zweigeschossige und behindertengerechte Bungalows für Selbstversorger. Die Quartiere sind teilweise speziell auf die Bedürfnisse von Familien zugeschnitten und besitzen in zwei Fällen auch eigene Whirlpools. Gäste können im Garten grillen und an Freilufttischen essen. Im hauseigenen Spa mit Infrarot-Sauna kann man sich gegen Aufpreis von externen Wellness-Therapeuten behandeln lassen.

★ **Anchorage** RESORT $$$
(☎ 02-4984 2555; www.anchorageportstephens.com.au; Corlette Point Rd, Corlette; DZ 245–415 AU$; P ❄ 📶 🏊) Das Resort mit weitem Buchtblick liegt am Rand eines Jachthafens und ist die stilvollste Bleibe der Stadt. Die flotten Zimmer punkten mit extrem viel Komfort, maritimem Charme und beruhigender Farbgestaltung; alle haben entweder einen Balkon oder eine Terrasse. Für Familien oder Gäste mit mehr Platzbedarf gibt's hier auch größere Suiten und Apartments.

Zum entspannten Relaxen laden auch der tolle Poolbereich und das Spa Lucca mit BABOR-Pflegeprodukten ein. Das Hausrestaurant Galley Kitchen wird abends zum Wild Herring und serviert dann vor allem Seafood der Spitzenklasse. Von den gemütlichen Fensterplätzen der stimmungsvollen Hemingway's Bar im Obergeschoss schaut man hinaus aufs Wasser.

Bali at the Bay APARTMENTS $$$
(☎ 02-4981 5556; www.baliatthebay.com.au; 1 Achilles St, Shoal Bay; Apt. 250–300 AU$; ❄) Der Name ist Programm: Buddhafiguren mit Blumengirlanden und viele Holzschnitzereien zieren die beiden ruhigen Apartments für Selbstversorger. Wirklich außergewöhnlich sind jedoch die Extras – ultraluxuriöse Bäder, Nespresso-Maschinen und Kühlschränke, in denen man Sekt plus indonesisches Bintang-Bier (jeweils gratis) findet. Auf Wunsch gibt's auch Wellnessanwendungen.

Essen & Ausgehen

Red Ned's Gourmet Pie Bar PIES $
(www.redneds.com.au; 17–19 Stockton St, Nelson Bay; Pies 6 AU$; ⏲ 6.30–17 Uhr) Die wunderbaren Pies in über 50 Varianten haben teilweise ungewöhnliche Füllungen – darunter Krokodil und Pilze in Weißweinsauce oder thailändisches Hühner-Satay mit Macadamianüssen. Hier gibt's aber auch die traditionellen Klassiker mit pikantem Rinderhack oder gebratenem Lamm und Speck. Das Fleisch stammt u.a. von Freilandhühnern und Rindern aus dem nahegelegenen Stroud.

Little Beach Boathouse SEAFOOD $$
(☎ 02-4984 9420; www.littlebeachboathouse.com.au; Little Beach Marina, 4 Victoria Pde; Hauptgerichte 28–38 AU$; ⏲ Di–Sa 12–14 & 17.30–21, So 11.30–14.30 Uhr) Das luftig-lauschige Uferrestaurant serviert herrlich frische Salate, Platten mit regionalem Seafood und Parmesan-Pommes mit Trüffeln. Konzentrieren aufs Essen fällt jedoch schwer: Hier schaut man auf abtauchende Delfine und majestätische Pelikane, die zur Landung ansetzen.

Nice at Nelson Bay CAFÉ $$
(☎ 02-4981 3001; www.niceatnelsonbay.com.au; Nelson Towers Arcade, 71a Victoria Pde; Hauptgerichte morgens 18,80 AU$; ⏲ 8–14 Uhr) Das versteckte Café in einer ufernahen Passage ist ein echtes Frühstücksparadies: Zur Auswahl

stehen hier z.B. Eier Benedikt in stolzen sechs Varianten, mächtige Pfannkuchen und üppige Arme Ritter mit pikanten Beilagen.

★ **Wild Herring** MODERN-AUSTRALISCH $$$
(☎ 02-4984 2555; www.anchorageportstephens.com.au; Corlette Point Rd, Corlette Point; Hauptgerichte 40–46 AU$; ⌚ 18–22 Uhr) Das Galley Kitchen im Resort Anchorage wird abends zum Spitzenrestaurant Wild Herring. Die ruhige Urlaubsatmosphäre des schlichten Uferlokals bleibt dabei jedoch erhalten. Auf den Tisch kommt hier z.B. einfach zubereitete Königsmakrele mit Brokkoli und leckerer Krabbensülze. Für anspruchsvollere Gaumen gibt's u.a. Kaiserhummer und Jakobsmuscheln mit Seetangbutter. Das aufmerksame, aber entspannte Personal hilft auch bei der Auswahl aus dem hervorragenden Weinangebot.

Point SEAFOOD $$$
(☎ 02-4984 7111; www.thepointrestaurant.com.au; Ridgeway Ave, Soldiers Point; Hauptgerichte 26–40 AU$, Seafood-Platten 149 AU$; ⌚ Di–So 12–15, Di–Sa auch 18–21 Uhr) Die Einheimischen machen Heiratsanträge bevorzugt im romantischen, am Jachthafen gelegenen Point: Von Balkon und Speiseraum genießt man einen wunderbaren Blick aufs Wasser. Eine der vielen Seafood-Optionen sind z.B. Austern von der örtlichen Austernfarm Holberts. Auf der Karte stehen aber auch Steaks, Ente und vegetarische Gerichte.

★ **Swell** CAFÉ, BAR
(☎ 02-4982 1378; www.swellkiosks.com.au; 10a Hannah Pde, One Mile; ⌚ 6.30–23 Uhr) Jeder perfekte Strand braucht einen ganzjährig und -tägig geöffneten Treff zum Abhängen. Also genau so etwas wie das Swell: Surfer können sich hier frühmorgens mit leckerem Flat-White-Kaffee stärken. Mittags gibt's Milchshakes und Toastschnitten mit Käse. Abends kommen dann z.B. pikante, handgeschnittene Pommes plus Fassbier auf den Tisch. Besonders empfehlenswert sind die Baguettes mit Garnelen und der riesige Bloke's Burger (komplett ohne Salat oder anderes Gemüse). Am Sonntagnachmittag spielen in dem Laden sogar Livebands.

ℹ Praktische Informationen

Visitor Information Centre (☎ 1800 808 900; www.portstephens.org.au; 60 Victoria Pde, Nelson Bay; ⌚ 9–17 Uhr) Interessante Ausstellungen zum Meerespark, viele Infos und allerlei Souvenirs mit Aufschrift „PS I love you".

ℹ An- & Weiterreise

Port Stephens Coaches (☎ 02-4982 2940; www.pscoaches.com.au) fährt über die umliegenden Ortschaften nach Newcastle und zum Newcastle Airport (4,50 AU$, 50 Min.). Der tägliche Bus nach/ab Sydney (einfache Strecke/hin & zurück 39/61 AU$, 4 Std.) hält unterwegs in Anna, Nelson und Shoal Bay.

Die Fähren des **Port Stephens Ferry Service** (☎ 0412 682 117; www.portstephensferryservice.com.au; hin & zurück Erw./Kind 24/13 AU$) und die **MV Wallamba** (☎ 0408 494 262; www.teagardens.nsw.au/index_files/wally.htm; hin & zurück Erw./Kind 20/10 AU$) verbinden Nelson Bay zwei- bis dreimal täglich mit Tea Gardens (über Hawks Nest).

Myall Lakes National Park

In der wohltuenden Einsamkeit eines besonders schönen Küstenabschnitts erstreckt sich dieser große Nationalpark mit seinen Seen, Inseln, Stränden und dichten Regenwäldern am Meer. Im Buschland an der Sugarloaf Bay versteckt sich hier der kleine Ort **Seal Rocks**, der zu Australiens legendärsten Surferzielen zählt. An den Seen weiter südlich tummeln sich zahllose Vogelarten (darunter Laubenvögel sowie Weißbauch-Seeadler und Eulenschwalme). Durch den Küstenregenwald führen Feuerschneisen und Wanderpfade zu den Stranddünen von **Mungo Brush**, wo man wunderbar nach Wildblumen und Dingos Ausschau halten kann.

👁 Sehenswertes

Seal Rocks STRAND
(www.nationalparks.nsw.gov.au/myall-lakes-national-park; 8 AU$/Fahrzeug) Die bemerkenswert ursprüngliche Ortschaft und ihre einsamen, idyllischen Brandungsstrände gelten in der internationalen Surferszene schon lange als legendär. Doch auch für Nichtsurfer gibt's hier allerlei Attraktionen: Am Number One Beach mit zumeist ruhigem Wasser warten tolle Felsenbecken und super Sand. Ein kurzer Fußmarsch führt zum Sugarloaf Point Lighthouse mit sensationellem Meerblick. Dort empfiehlt sich zudem ein Abstecher zum abgeschiedenen Lighthouse Beach, der bei Wellenreitern sehr beliebt ist.

Broughton Island VOGELSCHUTZGEBIET
(www.nationalparks.nsw.gov.au/myall-lakes-national-park) Auf dieser Insel mit einsamen Stränden leben lediglich Dunkle Sturmtaucher und Zwergpinguine. In den umliegen-

den Gewässern mit zahllosen Fischarten kann man hervorragend tauchen.

Moonshadow (☎02-4984 9388; www.moonshadow.com.au; 35 Stockton St, Nelson Bay) organisiert eintägige Bootstrips von Nelson Bay zur Insel (Okt.–Ostern So, Sommer & Schulferien häufiger). Dabei sind auch Schnorcheln und Planschen im Hecknetz (Boom Net; Erw./Kind 95/55 AU$) möglich. Am Little Poverty Beach des Eilands unterhält der NSW National Parks & Wildlife Service ein paar einfache Zeltplätze ohne Strom und Wasser (Online-Reservierung erforderlich). Die Insel lässt sich auch mit einem eigenen Charterboot besuchen (für aktuelle Anbieter s. Nationalpark-Website), sofern man sich vorab bei der Seenotrettung in Port Stephens anmeldet.

Schlafen

★ Treachery Camp CAMPING $

(☎02-4997 6138; www.treacherycamp.com.au; 166 Thomas Rd, Seal Rocks; Stellplatz Erw. 17–22 AU$, Kind 10–13 AU$, Hütte 105–260 AU$) Im Schatten von Bäumen erstreckt sich dieser Campingplatz hinter den Dünen und Büschen am Treachery Beach. Das große Gebäude mit den Einrichtungen (u.a. Warmwasserduschen, Kochgelegenheiten) wird durch ein tolles Café ergänzt. Bei den Hütten (rechtzeitig reservieren!) reicht die Palette von schlichten, aber hübschen Varianten bis hin zu Versionen, die von einem Architekten entworfen wurden.

Seal Rocks Holiday Park CAMPING $

(☎02-4997 6164; www.sealrocksholidaypark.com.au; Kinka Rd, Seal Rocks; Stellplatz 45 AU$, Hütte 110–200 AU$;) Auf dem günstigen Campingplatz am Wasser gibt's neben Rasenstellplätzen für Zelte oder Wohnmobile auch 14 Hütten für jeweils sechs Personen (teils mit eigenen Bädern und Meerblick).

NPWS-Campingplätze CAMPING $

(☎1300 072 757; www.nationalparks.nsw.gov.au/myall-lakes-national-park; Stellplatz für 2 Pers. 25–35 AU$) Im Nationalpark gibt's insgesamt immerhin 19 einfache Campingplätze für naturverbundene Gäste (jeweils Online-Reservierung möglich). Allerdings warten nur ganz wenige dieser Optionen mit Trinkwasser und WCs auf.

★ Bombah Point Eco Cottages COTTAGES $$$

(☎02-4997 4401; www.bombah.com.au; 969 Bombah Point Rd, Bombah Point; Cottage 275–325 AU$;) Die von einem Architekten entworfenen Cottages mit Glasfront stehen mitten im Nationalpark und bieten jeweils Platz für sechs Personen. Ihre recht luxuriöse Einrichtung umfasst große Badewannen mit Whirlpool-Funktion und offene Kamine mit stilvollen Elementen aus Gusseisen. Die Anlage ist wirklich durch und durch „öko": Ein Bio-Reaktor klärt das Abwasser direkt vor Ort, während der Strom aus Solarzellen kommt. Das Trinkwasser in den Speichertanks ist gefiltertes Regenwasser.

Sugarloaf Point Lighthouse COTTAGES $$$

(☎02-4997 6590; www.sealrockslighthouseaccommodation.com.au; Cottage ab 340 AU$;) Von drei komplett renovierten Leuchtturmwärterhäuschen aus dem 19. Jh. schauen Selbstversorger hier auf die donnernde Brandung und umherstreifende Wildtiere. Die Cottages warten jeweils mit zwei oder drei Schlafzimmern, einem Grill, hohen Decken und angenehm schlichter Inneneinrichtung im historischen Stil auf. Die Lage ist natürlich absolut spitzenmäßig.

Essen

Nationalparkbesucher sind auf Selbstversorgung angewiesen, können hier aber beispielsweise frisches Seafood von ausgezeichneter Qualität kaufen. Wer in Restaurants essen will, muss hinunter nach Port Stephens, hinauf nach Pacific Palms oder landeinwärts fahren.

An- & Weiterreise

Von der Ortschaft Hawks Nest führt die malerische Mungo Brush Rd durch den Nationalpark nach Bombah Broadwater, wo die Fähre nach Bombah Point ablegt (6 AU$/Auto, 8–18 Uhr alle 30 Min., einfache Strecke 5 Min.). Von dort aus gelangt man über die Bombah Point Rd nordwärts zum Pacific Hwy, muss dabei aber bei Bulahdelah einen unbefestigten Abschnitt (10 km) meistern.

Port Macquarie

44 340 EW.

„Port" profitiert stark von seiner Rolle als Tor zur subtropischen Küste. Die Stadt ist heute zwar eine Art Mini-Metropole, aber bei Urlaubern immer noch ungemein beliebt. Ein paar Autominuten außerhalb vom Zentrum erstrecken sich auf beiden Seiten einige wunderschöne und selten überfüllte Strände. An den meisten davon kann man super schwimmen und surfen.

ABSTECHER

VON OLD BAR ZUM LAKE CATHIE

Das **Visitor Centre** (☎ 02-6554 8799; www.greatlakes.org.au; Little St, Forster; ⏲ 9–17 Uhr) des zunehmend urbanen Forster liefert Infos zur Gegend. Jenseits des Städtchens lädt die Küste mit stimmungsvollen Ortschaften, langen unberührten Stränden und dichten Wäldern zu tollen Erkundungen ein.

Das ländliche Taree (17 800 Ew.) nahe dem Pacific Hwy ist das Dienstleistungszentrum des fruchtbaren Manning Valley. Etwas westlich davon wartet das benachbarte Wingham mit raubeiniger Holzfällergeschichte plus Flair im Stil einer englischen Grafschaft auf.

Die regionalen Hauptattraktionen liegen jedoch am Meer: Old Bar säumt den südlichen Mündungsarm des Manning River und ist bei Surfern schon lange sehr beliebt. Zudem steht dort mit dem wunderbaren **Boogie Woogie Beach House** (☎ 02-6557 4224; www.boogiewoogiebeachhouse.com.au; 31 David St, Old Bar; DZ 189–280 AU$; P ❄ 📶) das eventuell erste Themenhotel der zentralen Küste.

Etwas weiter nördlich geht's entlang der Flussmündung gen Osten zum weitläufigen Strandort Harrington, wo sich Pelikane im Schutz eines spektakulären Wellenbrechers aus Felsbrocken tummeln.

Ein paar Autokilometer nordöstlich von Harrington erreicht man dann Crowdy Head am Rand des Crowdy Bay National Park. Der Leuchtturm des Fischer- und Surfernests bietet seit 1878 einen Traumblick auf menschenleere Strände und Wildnisgebiete. Der Crowdy Bay National Park hat ein paar herrlich abgeschiedene Campingplätze. Unmittelbar nördlich davon erstreckt sich am Ufer des Watson Taylor Lake der Little Dooragan National Park im Schatten des North Brother Mountain. Der Aussichtspunkt auf dessen Gipfel ist über eine Asphaltstraße erreichbar und punktet mit sensationellem Küstenpanorama. Weiter in Richtung Norden führt die Fahrt nun durch Laurieton. Wer hier links abbiegt, gelangt über eine Brücke zu einem perfekten Brandungsstrand namens North Haven. Noch weiter nördlich passiert die Straße schließlich den flachen Lake Cathie (*cat*-eye), in dem Kinder prima planschen können.

Sehenswertes

Koala Hospital TIERRESERVAT
(www.koalahospital.org.au; Lord St; Eintritt gegen Spende; ⏲ 8–16.30 Uhr) In Stadtnähe sind Chlamydien, Hundebisse und der Straßenverkehr die größten Gefahren für Koalas. So landen jedes Jahr rund 250 verletzte bzw. kranke Tiere in dieser Auffangstation. Besucher können die Freiluftgehege nach Belieben besichtigen und täglich um 15 Uhr an einer lehrreichen Führung teilnehmen. Schilder beleuchten die Schicksale von pelzigen Patienten, die hier länger verweilen müssen. Die Website informiert über Möglichkeiten für Freiwillige.

Sea Acres National Park NATIONALPARK
(☎ 02-6582 3355; www.nationalparks.nsw.gov.au/sea-acres-national-park; 159 Pacific Dr; Erw./Kind 8/4 AU$; ⏲ 9–16.30 Uhr) Dieser Nationalpark (72 ha) schützt das größte und artenreichste Stück Küstenregenwald in NSW. Hier tummeln sich u.a. Warane, Diamantpythons, Buschhühner und viele andere Vogelarten. Das Rainforest Centre hat ein super **Café** (☎ 02-6582 4444; www.rainforestcafe.com.au; Hauptgerichte morgens 10–15 AU$, mittags 12–22 AU$; ⏲ 9–16 Uhr; ☎) und informiert mit audiovisuellen Ausstellungen über die Birpai-Aborigines der Region. Highlight des Parks ist ein rollstuhlgerechter Bohlenweg (1,3 km) durch den Wald. In der Hauptsaison gibt's obendrein faszinierende Führungen (1 Std.) unter der Leitung von sachkundigen Freiwilligen.

Glasshouse Regional Gallery KUNSTGALERIE
(☎ 02-6581 8888; www.glasshouse.org.au/regional-gallery; Ecke Clarence & Hay St; ⏲ Di–So 10–16 Uhr) GRATIS Auf mehreren Stockwerken gibt die dynamische Galerie einen interessanten Überblick über die regionale Kunstszene. Zudem zeigt sie regelmäßig Wanderausstellungen mit Werken aus Australiens besten Kunstmuseen und -galerien.

Port Macquarie Historical Museum MUSEUM
(☎ 02-6583 1108; www.port-macquarie-historical-museum.org.au; 22 Clarence St; Erw./Kind 5/2 AU$; ⏲ Mo–Sa 9.30–16.30 Uhr) Ein umgebautes Haus aus dem Jahr 1836 beherbergt dieses kleine, aber überraschend interessan-

seum. Der Besucher erfährt hier zunächst sehr viel über die Geschichte der örtlichen Sträflinge und Aborigines. Danach wird's dann bunt und abwechslungsreich – etwa dank einer „Ladenstraße" und schöner alter Kleidungsstücke (darunter ein ganzer Ausstellungsbereich mit Unterwäsche).

Maritime Museum MUSEUM
(www.maritimemuseumcottages.org.au; 6 William St; Erw./Kind/Fam. 5/2/12 AU$; ⏲10–16 Uhr) Die alte Lotsenstation (erb. 1882) oberhalb des Town Beach ist heute ein kleines Seefahrtmuseum mit viel Charakter. Für das Besichtigen der faszinierenden Sammlung sollte man eine gute Stunde einplanen.

Aktivitäten

Besonders gut zum Surfen eignen sich der **Town**, **Flynn's** und **Lighthouse Beach**, wo im Sommer jeweils Rettungsschwimmer anwesend sind. Am **Shelly** und **Miners Beach** (Letzterer ist ein inoffizieller FKK-Strand) zieht sich der Regenwald bis hinunter zum Sand.

Während der Walsaison (Mai–Nov.) lassen sich die Meeressäuger von vielen lokalen Aussichtspunkten aus beobachten. Bei Bootstrips kommt man näher an die Tiere heran.

Von der **Town Wharf** kann man bis hinüber zum Lighthouse Beach laufen.

★Port Macquarie Coastal Walk WANDERN & TREKKEN
Ab dem Town-Green-Uferkomplex schlängelt sich dieser herrliche Küstenwanderweg (ca. 9 km) bis hinüber zum **Tracking Point Lighthouse** (Lighthouse Rd) im Sea Acres National Park. Unterwegs kann man an insgesamt acht Stränden schwimmen und bekommt oft auch Wale zu Gesicht (Mai–Nov.). Bei Bedarf lässt sich die Route in kürzere Einzelabschnitte (je 2 km) unterteilen.

Soul Surfing SURFEN
(☎02-6582 0114; www.soulsurfing.com.au; Surfkurse ab 50 AU$) Die familiengeführte Surfschule eignet sich besonders gut für nervöse Anfänger. Im Angebot sind hier u. a. Intensivkurse während der Schulferien und eintägige Workshops für Frauen, die den Unterricht im Wellenreiten mit Yoga, Entspannung und Essen kombinieren.

Schlafen

Port Macquarie Backpackers HOSTEL $
(☎02-6583 1791; www.portmacquariebackpackers.com.au; 2 Hastings River Dr; B/EZ/DZ ab 36/72/82 AU$; @📶🏊) Prägeblech und bunte Malereien zieren die Wände des denkmalgeschützten Hauses. Im grünen Hinterhof gibt's einen kleinen Pool. Die kostenlosen Extras (u. a. WLAN, Strandshuttles, Fahrräder, Bodyboards) und die entspannte Atmosphäre entschädigen vollauf für den teils starken Verkehrslärm.

Sundowner Breakwall Tourist Park HOSTEL $
(☎02-6583 2755; www.sundownerholidays.com; 1 Munster St; B 28 AU$, Stellplatz für 2 Pers. 38–45 AU$, Hütte 98–310 AU$) Das gute und geräumige Hostel an der Flussmündung empfängt Gäste mit vielen Einrichtungen. Darunter ist auch ein spezieller Backpacker-Bereich mit separater Wohnküche.

Flynns on Surf VILLEN $$
(☎02-6584 2244; www.flynns.com.au; 25 Surf St; Villa mit 1/2/3 Schlafzi. 180/240/300 AU$; P❄📶🏊) Die feschen Villen mit Komplettausstattung für Selbstversorger stehen jeweils auf einem eigenen kleinen Grundstück. Sie haben tolle Terrassen mit Blick auf das Buschland und punkten zudem mit komfortablen Extras (darunter Nespresso-Maschinen und iPod-Anschlüsse). Der Strand liegt 200 m entfernt; bis zur Stadt sind es nur drei Gehminuten.

Beachport B&B $$
(☎0423 072 669; www.beachportbnb.com.au; 155 Pacific Dr; DZ 70–200 AU$; ❄📶) Die beiden Erdgeschosszimmer dieser hervorragenden Unterkunft haben eigene Terrassen. Die oben befindliche Wohneinheit ist dafür vergleichsweise geräumiger. Gäste bekommen ein einfaches SB-Frühstück und kostenlosen Nachmittagstee bei der Ankunft. Gleich gegenüber liegt das Rainforest Café.

Essen

Social Grounds CAFÉ $
(151 Gordon St; Hauptgerichte 7–14 AU$; ⏲Mo–Fr 6–14.30, Sa 6–12, So 7–12 Uhr) Dieser hippe und äußerst stilvolle Einheimischentreff hat eine Terrasse mit Gemeinschaftstischen. Die an der Wand hängende Speisekarte reicht von Eiern, Bagels und herzhaften Salaten bis hin zu üppigen Reuben-Sandwiches. Der Kaffee ist verlässlich gut.

★Latin Loafer TAPAS $$
(☎02-6583 9481; www.latinloafer.com.au; 74 Clarence St; Gerichte 10–20 AU$; ⏲Di–Do 12–15 & 17–22, Fr–So 12–23 Uhr) Die wunderbar stimmungsvolle Tapas-Bar mit Flussblick ist auf

spanische und südamerikanische Weine spezialisiert. Als Vorspeise empfehlen sich die Kroketten mit Baccalà oder die Empanadas mit Rindfleisch. Danach sind dann z. B. die pikanten Kartoffeln à la Peru, die Ceviche mit Königsmakrele oder der gegrillte Tintenfisch eine gute Wahl.

★ Bill's Fishhouse MODERN-AUSTRALISCH **$$**
(☎02-6584 7228; www.billsfishhouse.com.au; 2/18–20 Clarence St; Hauptgerichte 22–32 AU$; ⏲Di–So 18–22, Fr–So auch 12–14.30 Uhr) In dem hübschen und sehr hellen Lokal kann man prima der Hitze entkommen. Auf der kurzen Karte stehen etwa Fish & Chips oder Lachs mit Roter Bete und Gemüse – aber ebenso leckeres Geflügel und Rindfleisch (z. B. Lende mit Béarner Sauce) aus der Region. Hinzu kommt fangfrisches Seafood, das der Küchenchef täglich selbst auf dem Fischmarkt auswählt. Die Weinauswahl ist recht klein, aber fein. Abends ist Reservierung ratsam.

★ Stunned Mullet MODERN-AUSTRALISCH **$$$**
(☎02-6584 7757; www.thestunnedmullet.com.au; 24 William St; Hauptgerichte 36–42 AU$; ⏲12–14.30 & 18–22 Uhr) Das peppige Uferrestaurant mit echter Spitzenküche ist das beste Lokal der Stadt. Unter den genialen Gerichten der modern-australischen Art sind Klassiker wie Entenconfit mit Trüffeln und exotische Optionen wie Schwarzer Seehecht vertreten. Der verwendete Fisch stammt stets aus Wildfängen. Die lange internationale Weinkarte passt perfekt zum Essen. Darauf stehen auch ein paar Premium-Weine, die glasweise und in 375-ml-Flaschen ausgeschenkt werden.

Fusion 7 FUSION **$$$**
(☎02-6584 1171; www.fusion7.com.au; 124 Horton St; Hauptgerichte 32–37 AU$; ⏲Di–Sa 18–21 Uhr) Inhaber und Küchenchef Lindsey Schwab arbeitete einst in London mit Peter Gordon (Erfinder der Fusion-Küche). Danach war er in ein paar von Sydneys besten Restaurants tätig. In seinem eigenen Lokal mit recht kurzer Karte kredenzt er heute innovative Gerichte aus hauptsächlich regionalen Zutaten. Besonders lecker sind die Desserts. Reservierung ist anzuraten und auch telefonisch möglich.

ℹ Praktische Informationen

Visitor Information Centre (☎02-6581 8000; www.portmacquarieinfo.com.au; Glasshouse, Ecke Hay & Clarence St; ⏲Mo–Fr 9–17.30, Sa & So 9–16 Uhr)

ℹ An- & Weiterreise

BUS

Regionalbusse benutzen das **Port Macquarie Coach Terminal** (Gordon St).

Busways (☎02-6583 2499; www.busways.com.au) Schickt Lokalbusse zum Port Macquarie Airport (5,50 AU$, 28 Min.) und nach Kempsey (18 AU$, 1 Std.).

Greyhound (☎1300 473 946; www.greyhound.com.au) Jeweils zweimal täglich Verbindung nach/ab Sydney (6½ Std.), Newcastle (4 Std.), Coffs Harbour (2½ Std.), Byron Bay (6 Std.) und Brisbane (10 Std.).

Premier (☎13 34 10; www.premierms.com.au) Jeweils einmal täglich Verbindung nach/ab Sydney (60 AU$, 6½ Std.), Newcastle (47 AU$, 3¾ Std.), Coffs Harbour (47 AU$, 2¼ Std.), Byron Bay (66 AU$, 7½ Std.) und Brisbane (67 AU$, 11 Std.).

FLUGZEUG

Der **Port Macquarie Airport** (☎02-6581 8111; www.portmacquarieairport.com.au; Oliver Dr) liegt 5 km vom Stadtzentrum entfernt (Taxi 20 AU$) und wird regelmäßig von Lokalbussen bedient. **Qantaslink** (☎13 13 13; www.qantas.com.au) und **Virgin** (☎13 67 89; www.virginaustralia.com) schicken Linienmaschinen nach Sydney und Brisbane. **JetGo** (☎1300 328 000; www.jetgo.com) fliegt zum Essendon Airport in Melbourne (4-mal wöchentl.).

ZUG

Der nächstgelegene Bahnhof liegt 18 km westlich von Port Macquarie in Wauchope. Anschlussbusse warten dort auf ankommende Züge.

Crescent Head

1070 EW.

Dieser kleine Küstenort hat einen von Australiens besten Righthander-Breaks. Viele Besucher kommen nur hierher, um die Longboard-Surfer auf den legendären Wellen der **Little Nobby's Junction** zu beobachten. Abseits der Plomer Rd gibt's zudem einen guten Shortboard-Spot. Der **Killick Beach** erstreckt sich ununterbrochen über 14 km in Richtung Norden.

Schlafen

Surfari HOSTEL, MOTEL **$**
(☎02-6566 0009; www.surfaris.com; 353 Loftus Rd; Stellplatz/B/DZ 20/40/150 AU$; @🛜≋) Surfari organisierte einst die ersten Surfertouren von Sydney nach Byron Bay. Heute ist die Firma in Crescent Head ansässig – weil hier Brandungsgarantie besteht, und das Tag für Tag. Eine Spezialität des Hauses

Port Macquarie

Port Macquarie

Highlights
1 Flynn's Beach ... F4

Sehenswertes
2 Glasshouse Regional Gallery ... C1
3 Koala Hospital ... E4
4 Maritime Museum ... E2
5 Port Macquarie Historical Museum ... C1
6 Town Beach ... E1

Aktivitäten, Kurse & Touren
7 Port Macquarie Coastal Walk ... D1

Schlafen
8 Flynns on Surf ... F4
9 Port Macquarie Backpackers ... A2
10 Sundowner Breakwall Tourist Park ... D1

Essen
11 Bill's Fishhouse ... C1
12 Fusion 7 ... C2
13 Latin Loafer ... B1
14 Social Grounds ... A2
15 Stunned Mullet ... E2

sind Pauschalangebote mit Surfen plus Wohnen in den sauberen und komfortablen Zimmern. Das Hostel liegt an der Straße nach Gladstone (dieser 3,5 km folgen).

Sun Worship Eco Apartments APARTMENTS $$$
(☎1300 664 757; www.sunworship.com.au; 9 Belmore St; Apt. 230–320 AU$;) Die fünf Öko-Luxusvillen schonen die Umwelt auf nachhaltige Weise. Dafür sind sie beispielsweise mit speziellen Lüftungsschlitzen in ihren Lehmziegelwänden ausgestattet. Die Warmwasseraufbereitung erfolgt mithilfe von Solarenergie. Auch die Einrichtung beinhaltet alle modernen Extras, allerdings kann das Dekor mit der tollen Architektur nicht ganz mithalten.

An- & Weiterreise

Busways (☎ 02-6562 4724; www.busways.com.au) Busverbindung nach/ab Kempsey (10,50 AU$, 25 Min., Mo–Sa 2- bis 3-mal tgl.).

Hat Head National Park

Der 74 km² große **Nationalpark** (8 AU$/Fahrzeug) schützt nahezu die ganze Küste zwischen Crescent Head und South West Rocks. Hier findet man Buschland, Sümpfe und ein paar herrliche Strände, die sich vor einem der größten Dünengebiete von NSW erstrecken.

In der Mitte des Parks liegt das abgeschiedene Stranddorf **Hat Head** (325 Ew.). Hinter dem Campingplatz an dessen Rand führt eine malerische Fußgängerbrücke aus Holz über die Mündung des Korogoro Creek. Dort flitzen Fische im glasklaren Wasser umher.

Wer Hunger hat, fährt entlang des Flusses (ca. 20 Min.) landeinwärts zum **Heritage Hotel** (www.heritagehotel.net.au; 21 Kinchela St, Gladstone; Hauptgerichte ab 16 AU$; ⌚Mo–Sa 10–24, So 10–21 Uhr) in Gladstone.

Die beste Aussicht bietet das **Smoky Cape Lighthouse** am Nordende des Parks. Dort lassen sich auch super Wale bei ihrer alljährlichen Wanderung beobachten.

Schlafen

NPWS-Campingplätze CAMPING $
(www.nationalparks.nsw.gov.au/hat-head-national-park; Stellplatz pro Erw./Kind 6/3,50 AU$) Rund 5 km südlich von Hat Head kann man hier bei Hungry Gate recht primitiv, dafür aber wunderschön zwischen Feigen- und Myrtenbäumen campen. Bei Ankunft nehmen Ranger die Gebühren für die reservierungsfreien Stellplätze entgegen. Vor Ort sind Grills und Plumpsklos vorhanden; Trinkwasser ist jedoch selbst mitzubringen. Kängurus sorgen für Unterhaltung.

South West Rocks

4810 EW.

South West Rocks ist einer der vielen hübschen Strandorte an diesem Küstenabschnitt. Neben spektakulären Sandstreifen sind hier noch genug andere Attraktionen für mindestens eintägige Aufenthalte mit Übernachtung geboten.

Östlich des Ortes erstreckt sich der schmucke Bogen der **Trial Bay** – benannt nach dem Boot *Trial,* das 1816 von ausgebrochenen Sträflingen in Sydney als Fluchtfahrzeug gestohlen wurde und dann hier während eines Sturmes sank. Die östliche Buchthälfte steht heute unter dem Schutz des **Arakoon National Park**, auf dessen zentraler Landzunge sich Kängurus, Jägerlieste und Camper tummeln. Auf der Ostseite schützt eine vorgelagerte Felsbarriere den schmalen Sandstreifen des **Little Bay Beach** vor der Brandung. Dieser Strand ist super zum Schwimmen und Ausgangspunkt für einige schöne Wanderungen.

Sehenswertes

Trial Bay Gaol MUSEUM
(☎ 02-6566 6168; www.nationalparks.nsw.gov.au/arakoon-national-park; Cardwell St; Erw./Kind 10/7 AU$; ⌚9–16.30 Uhr) Dieses Gefängnis (erb. 1877–86) auf der östlichen Landzunge der Trial Bay wurde einst eigens für Häftlinge errichtet, die vor Ort einen Wellenbrecher anlegen sollten. Nachdem dieser vom Meer zerstört worden war, wurde auch die impo-

sante Strafanstalt aus Sandstein nicht mehr genutzt – abgesehen von einem kurzen (und ziemlich tragischen) Intermezzo im Ersten Weltkrieg, als hier männliche Australier mit deutschen und österreichischen Wurzeln interniert waren. Ein Museum beleuchtet heute die ungewöhnliche Geschichte des Komplexes. Auch wenn man die eigentliche Anlage nicht besichtigen will, lohnt sich ein Abstecher wegen des tollen Meerblicks.

Dazu einfach von South West Rocks aus ganz gemütlich am Strand entlanglaufen (4 km).

Schlafen & Essen

Trial Bay Gaol Campground CAMPING $

(☎ 02-6566 6168; www.nationalparks.nsw.gov.au/arakoon-national-park; Cardwell St; Stellplatz 35 AU$, Sommer & Schulferien 60 AU$) Die meisten Stellplätze des großartigen NPWS-Geländes hinter dem Trial Bay Gaol bieten eine weite Aussicht auf den Strand. Zudem gibt's hier Kängurus (ständig anwesend), Trinkwasser und WCs sowie Warmwasserduschen und Gasgrills mit Münzeinwurf. Online-Reservierungen sind spätestens zwei Tage vor Ankunft vorzunehmen.

Smoky Cape Retreat B&B $$

(☎ 02-6566 7740; www.smokycaperetreat.com.au; 1 Cockatoo Pl, Arakoon; DZ 130–220 AU$;) Dieses gemütliche B&B versteckt sich im Buschland bei Arakoon. In einem großen Garten findet man hier einen Salzwasserpool, einen Tennisplatz und drei Suiten mit eigenen Whirlpools. Das warme Gratisfrühstück wird in einem zauberhaften Terrassencafé serviert.

★ Smoky Cape Lighthouse B&B B&B, COTTAGES $$$

(☎ 02-6566 6301; www.smokycapelighthouse.com; Lighthouse Rd; EZ/DZ 150/220 AU$, Cottage mit 3 Schlafzi. 500–580 AU$/2 Übern.; P) Im historischen Leuchtturmwärterhäuschen mit traditioneller Einrichtung kann man hier romantische Abende verbringen, während draußen der Wind bläst und Kängurus auf der Landzunge grasen. Der weite Meerblick ist vom Allerfeinsten. Höhere Preise am Wochenende.

★ Malt & Honey CAFÉ $

(☎ 02-6566 5200; 5–7 Livingstone St; Hauptgerichte 10–16 AU$; ⏲ Di–So 7.30–16 Uhr) Das belebte Café paart urbane Raffinesse mit herzlichem Strandort-Charme. Morgens bekommt man hier Latte (auch zum Mitnehmen) aus Kaffeebohnen von Toby's Estate. Dazu gibt's englische Crumpets mit Macadamia-Nusssplittern, selbst gemachtes Müsli und üppiges warmes Frühstück (Lammkoteletts, Chorizo, Eier, Speck). Auf der Mittagskarte stehen große Salate und andere gesunde, aber reichhaltige Gerichte.

Praktische Informationen

Visitor Information Centre (☎ 02-6566 7099; www.macleayvalleycoast.com.au; 1 Ocean Ave; ⏲ 9–16 Uhr)

An- & Weiterreise

Busways (☎ 02-6562 4724; www.busways.com.au) Busverbindung nach/ab Kempsey (Erw./Kind 13,60/6,80 AU$, 46 Min., Mo–Sa 2- bis 4-mal tgl.).

Nambucca Heads

6220 EW.

Das ruhige Nambucca Heads liegt auf einer dramatischen Landzunge mit vielen Buchten, zwischen denen die Mündungsarme des herrlichen Nambucca River ins Meer fließen. Die recht unglamouröse Atmosphäre erinnert an Strandferien in den 1970er- und 1980er-Jahren.

Sehenswertes

Yarriabini National Park NATIONALPARK

(www.nationalparks.nsw.gov.au/yarriabini-national-park) Das Highlight dieses Parks mit dichten Regenwäldern ist der spektakuläre Küstenblick, den man vom Gipfel des Mt. Yarriabini hat. Dorthin führt die malerische Way Way Creek Rd.

Captain Cook Lookout AUSSICHTSPUNKT

Von den zahlreichen Aussichtspunkten der Gegend eignet sich der Captain Cook Lookout auf einer hohen Klippe am besten, um die Strandlandschaft einmal im Ganzen zu bewundern und Wale während deren Wanderzeit zu beobachten. Von hier aus führt eine Straße hinunter zu den Gezeitenbecken am Shelly Beach.

V-Wall WELLENBRECHER

Seit Jahrzehnten verzieren Einheimische und Touristen den Wellenbrecher von Nambucca mit lebhafter Kunst. Unter den kunterbunten Bildern sind auch Botschaften an Geliebte, Angehörige und neue Freunde. Besucher dürfen gern ihr eigenes Sprüchlein auf die Felsbrocken malen, sofern sie dafür noch eine freie Stelle finden.

Aktivitäten

Nambucca Boatshed BOOTSVERLEIH
(Beachcomber Marine; 02-6568 6432; www.nambuccaboatshed.com.au/activities; Riverside Dr; Leihboot pro 2 Std./Tag 80/220 AU$, Leihkajak 25 AU$/Std.; Mo–Sa 7–16.45, So 7–15 Uhr) Die Motorboote, Kajaks und Stehpaddelbretter können online oder persönlich gebucht werden. Das freundliche Personal gibt auch Tipps zum Angeln vor Ort. Praktischerweise gibt's hier obendrein ein Hauscafé, bei dem man sich Mittagsproviant holen kann.

Schlafen & Essen

White Albatross Holiday Park CAMPING $
(02-6568 6468; www.whitealbatross.com.au; 52 Wellington Dr; Stellplatz 66 AU$, Hütte 145–215 AU$;) Nahe der Flussmündung säumt dieser große Campingplatz den Rand einer geschützten Lagune. Die blitzsauberen Hütten haben voll ausgestattete Küchen. Zum Gelände gehört auch eine Kneipe mit fröhlicher Atmosphäre und toller Terrasse.

Riverview Boutique Hotel PENSION $$
(02-6568 6386; www.riverviewlodgenambucca.com.au; 4 Wellington Dr; EZ 169 AU$, DZ 179–225 AU$; P) Der frühere Pub aus Holz (erb. 1887) ist heute eine charmante Pension mit zwei Stockwerken. Die acht attraktiven und sauberen Zimmer mit Balkon bieten teils auch eine schöne Aussicht.

★ **Taverna Six** GRIECHISCH $$
(02-6569 0000; www.facebook.com/TavernaSix; 405 Grassy Head Rd, Grassy Head; Hauptgerichte 22–28 AU$; Do–Sa 18.30–21, So mittags ab 11 Uhr) Hier relaxt man im Innenhof, während das freundliche Personal Mezze, Seafood, Lamm aus der Region oder Salate mit Kräuterdressing auftischt. Die herrlich authentischen Gerichte paaren appetitliche Zutaten von der hiesigen Küste mit ein paar leckeren Importwaren aus Griechenland (u.a. Bottarga vom Peloponnes). Auch die griechische Musik und das Brandungsdonnern auf der anderen Straßenseite machen das Lokal zur griechisch-australischen Traumlocation.

Matilda's SEAFOOD $$$
(02-6568 6024; 6 Wellington Dr; Hauptgerichte 35 AU$; Mo–Sa 18–21 Uhr) Der reizende Schuppen mit altmodischer Strandatmosphäre serviert vor allem Seafood (u.a. Austern). Zum Nachtisch bestellen Einheimische sehr gern den Käse- oder Baiserkuchen. Alkohol ist selbst mitzubringen (Entkorkungsgebühr 4 AU$).

Praktische Informationen

Nambucca Heads Visitor Information Centre
(1800 646 587; www.nambuccatourism.com.au; Ecke Riverside Dr & Pacific Hwy; 9–17 Uhr)

An- & Weiterreise

BUS

Die Fernbusse haben ihre Haltestelle am Visitor Centre.

Busways (02-6568 3012; www.busways.com.au) Werktags fahren sechs Busse von/nach Bellingen (9,70 AU$, 1¼ Std.) und Coffs Harbour (11,90 AU$, 1¼ Std.), samstags ein oder zwei.

Greyhound (1300 473 946; www.greyhound.com.au) Täglich gibt's Busse von/nach Sydney (100 AU$, 8 Std.), Port Macquarie (22 AU$, 1¾ Std.), Coffs Harbour (13 AU$, 45 Min.), Byron Bay (60 AU$, 4½ Std.) und Brisbane (106 AU$, 8¼ Std.).

Premier (13 34 10; www.premierms.com.au) Jeden Tag fahren Busse von bzw. nach Sydney (63 AU$, 8 Std.), Port Macquarie (38 AU$, 1¾ Std.), Coffs Harbour (34 AU$, 40 Min.), Byron Bay (58 AU$, 5¾ Std.) und auch von und nach Brisbane (63 AU$, 9¼ Std.).

ZUG

NSW TrainLink (13 22 32; www.nswtrainlink.info) Drei Züge verkehren täglich von/nach Sydney (66 AU$, 8 Std.), Wingham (25 AU$, 3 Std.), Kempsey (8 AU$, 1 Std.) und Coffs Harbour (5 AU$, 40 Min.). Außerdem fahren zwei Züge nach Brisbane (62 AU$, 6¼ Std.).

Bellingen

3040 EW

An einem dicht bewachsenen Hang oberhalb des Bellinger River tanzt das großartige Bellingen zu seinem eigenen Rhythmus. Die aufgeschlossenen Einwohner verleihen der Stadt etwas urbane Raffinesse und laben sich an zahlreichen Bioprodukten. Auch die Lage zwischen den spektakulären Regenwäldern des Dorrigo National Park und die zahllosen Strände machen „Bello" zu einem echten Juwel an der East Coast.

Zudem beginnt hier der kultige Waterfall Way, der sich jenseits von Dorrigo gen Westen nach Armidale schlängelt.

Sehenswertes

Bellingen Island NATURSCHUTZGEBIET
(www.bellingen.com/flyingfoxes) Die kleine Insel im Bellinger River ist zu Fuß erreichbar, sofern der Fluss kein Hochwasser führt: Von

der Red Ledge Lane am Nordufer führt ein steiler Pfad hinauf. Wer diesen meistert, kann sich die dort vorhandene Großkolonie von Graukopf-Flughunden aus der Nähe anschauen. Deren Jungtiere werden zwischen Oktober und Januar (beste Besuchszeit) geboren und gesäugt. Unbedingt lange Hosen tragen und Insektenspray mitnehmen: Das Eiland beheimatet auch Brennnesseln, Blutegel, Zecken und Moskitos.

In der Abenddämmerung starten die Flughunde zu Tausenden, um nach Nahrung zu suchen. Dieses eindrucksvolle Schauspiel bewundert man aber am besten von der Brücke im Stadtzentrum aus.

Feste & Events

Bellingen Readers & Writers Festival LITERATUR
(www.bellingenwritersfestival.com.au; Juni) Am langen Juniwochenende rund um den Geburtstag der britischen Königin bringt dieses Festival bekannte und aufstrebende Literaten zusammen. Auf dem Programm stehen Diskussionsrunden, Vorträge, Lesungen, Workshops und Poetry-Slams.

Bello Winter Music MUSIK
(www.bellowintermusic.com; Anfang Juli) Bei diesem Festival sind australische und internationale Musiker aus den Bereichen Folk, Country, Blues, Weltmusik, Hip-Hop und Pop zu hören (teils gratis). Entspannte Atmosphäre und super Essen.

Schlafen

Die meisten Bleiben in Bello sind kleine B&Bs und Cottages, die sich über die Hänge verteilen. Der Zimmerpreis beinhaltet hier sehr oft Frühstück.

Bellingen YHA HOSTEL $
(Belfry Guesthouse; 02-6655 1116; www.yha.com.au; 2 Short St; B 30 AU$, Zi. mit/ohne Bad 135/80 AU$;) In dem renovierten Haus mit Holzverschalung herrscht eine ruhige und heimelige Atmosphäre. Die breite Veranda punktet mit eindrucksvoller Aussicht. Bei telefonischer Voranmeldung können sich Gäste gelegentlich am Bahnhof oder Busbahnhof in Urunga abholen lassen.

Federal Hotel HOTEL $
(02-6655 1003; www.federalhotel.com.au; 77 Hyde St; DZ mit Gemeinschaftsbad 80 AU$;) Die renovierten Zimmer des schmucken alten Country-Pubs sind mit Holz vertäfelt und grenzen teilweise an einen Balkon mit Blick auf die Hauptstraße. Die große Kneipe im Untergeschoss wartet mit Essen und Livemusik auf.

Bellingen Riverside Cottages HÜTTEN $$
(02-6655 9866; www.bellingenriversidecottages.com.au; 224 North Bank Rd; Hütte 195–300 AU$;) Die eleganten Berghütten mit behaglicher Einrichtung im Landhausstil haben große Sonnenfenster und Holzbalkone mit Blick auf den Fluss, auf dem man gratis mit einem Leihkajak herumpaddeln kann. Der Preis beinhaltet einen großen SB-Frühstückskorb bei der ersten Übernachtung.

★ Lily Pily B&B $$$
(02-6655 0522; www.lilypily.com.au; 54 Sunny Corner Rd; DZ 280 AU$;) Fünf Autominuten vom Zentrum entfernt liegt dieses B&B mit schmuckem Architekturdesign auf einer Anhöhe. Die drei Schlafzimmer bieten Aussicht auf den Fluss. Die Gäste werden hier mit luxuriösem Mobiliar, Champagner und Knabberzeug bei Ankunft oder üppigem Frühstück bis 12 Uhr verwöhnt. Vom herrlichen Garten schaut man auf die Berge.

★ Promised Land Retreat HÜTTEN $$$
(02-6655 9578; www.promisedlandretreat.com.au; 934 Promised Land Rd, Gleniffer; Hütte 320 AU$; P) Zehn Autominuten außerhalb der Stadt stehen jenseits des Never Never River (welch klangvoller Name!) diese drei stilvollen Hütten mit viel Privatsphäre. Deren Wohnbereiche mit offenem Grundriss grenzen an Terrassen mit spektakulärem Blick auf das Dorrigo-Plateau. Unter den Extras sind ein Tennisplatz, ein Spielezimmer und gratis ausleihbare Mountainbikes.

Essen

Essen in Bellingen ist eine wahre Freude: Die Anzahl der (ohnehin schon zahlreichen) Cafés und zwanglosen Restaurants nimmt ständig zu. Die meisten Lokale verwenden regionale Bio-Produkte.

★ Hearthfire Bakery BÄCKEREI $
(02-6655 0767; www.hearthfire.com.au; 73 Hyde St; Hauptgerichte mittags 9–16 AU$; Mo–Fr 7–17, Sa & So 7–14 Uhr) Der Duft von frisch gebackenem Bio-Sauerteig aus dem Holzofen führt einen zu dieser großartigen Bäckerei mit Café. Probieren sollte man hier vor allem den berühmten Früchtestollen mit Macadamianüssen. Alternativ empfiehlt sich ein Kaffee mit einem der appetitlichen und pikanten Pies. Jeden Tag gibt's hier ein kom-

NICHT VERSÄUMEN

DER WATERFALL WAY

Der Waterfall Way (190 km) gilt als schönste Panoramastraße in NSW. Zwischen Coffs Harbour und Armidale verbindet diese Route mehrere herrliche Nationalparks miteinander. Dabei passiert sie unberührte subtropische Regenwälder, paradiesische Täler und natürlich spektakuläre Wasserfälle. Beim Erreichen der Tablelands wechselt die Landschaft dann zu grünen Grasflächen und weiten Ebenen. Bellingen ist der beste Ausgangspunkt für Autotouren. Doch bereits Kurztrips ab Dorrigo belohnen einen mit grandioser Aussicht. Beispiele für interessante Ziele entlang des Waterfall Way:

- Der **Guy Fawkes River National Park** (www.nationalparks.nsw.gov.au/guy-fawkes-river-national-park) mit den großartigen Ebor Falls liegt 50 km hinter Dorrigo.
- Ebenso reizvoll ist der **Cathedral Rock National Park** (www.nationalparks.nsw.gov.au/cathedral-rock-national-park). Alternativ empfiehlt sich ein Abstecher entlang der Point Lookout Rd: Diese führt hinunter zum **New England National Park** (www.nationalparks.nsw.gov.au/new-england-national-park), der zur Gondwana Rainforests World Heritage Area gehört.
- Weiter westlich erstreckt sich der **Oxley Wild Rivers National Park** (www.nationalparks.nsw.gov.au/oxley-wild-rivers-national-park), wo die himmelhohen Wollomombi Falls wunderschön frei in die Tiefe stürzen.

plettes Frühstücksangebot. Werktags kommen zusätzlich Mittagsgerichte (u. a. Mezzes, Suppen, Salate) auf den Tisch.

Bellingen Gelato Bar EISKREM $
(www.bellingengelato.com.au; 101 Hyde St; 1/2 Kugeln 4/6 AU$; ⏲ Okt.–April tgl. 10–18 Uhr, Mai bis Sept. Mo & Di geschl.) Robert Sebes war früher Inhaber eines legendären Cafés in Sydneys Innenstadt. Seit 2006 serviert er in Bellingen handgemachtes Spitzeneis mit minimalem Zuckerzusatz – darunter wunderbar authentische Klassiker à la Italien (z. B. Weinschaum, Pistazie). Sebes' Eigenkreationen wie Halva oder Pflaume mit Gewürzen sind einfallsreich, aber niemals trendig oder übertrieben komplex.

Purple Carrot CAFÉ $$
(☎ 02-6655 1847; 105 Hyde St; Hauptgerichte 15–18 AU$; ⏲ 8–15 Uhr) Hier gibt's in erster Linie Frühstück: etwa Eier in vielen Varianten, Arme Ritter aus Plunderteig, geräucherte Forelle auf Rösti oder sahnige Pesto-Pilze. Zum Sonntagsbrunch früh erscheinen!

Oak Street Food & Wine MODERN-AUSTRALISCH $$$
(☎ 02-6655 9000; www.oakstreetfoodandwine.com.au; 2 Oak St; Hauptgerichte 30–37 AU$; ⏲ Mi–Sa 18–22 Uhr) Das sehr beliebte Restaurant serviert raffinierte, aber nicht übertrieben verspielte Küche in höchst stimmungsvollem Ambiente. Landwirtschaftsprodukte aus dem Bellinger Valley werden hier auf bestmögliche Weise verwendet. Vor dem Abendessen empfiehlt sich ein typisches Hinterland-Erlebnis in Form von Wein auf der Veranda.

Ausgehen & Nachtleben

People of Coffee CAFÉ
(☎ 1300 720 799; www.ameliafranklin.com.au; 3/44 Hyde St; ⏲ Mo–Fr 6–15, Sa 6–14 Uhr) 🍃 In Bellingen gibt's jede Menge guten Kaffee. Die selbst gerösteten Bio-Bohnen von Amelia Franklin werden jedoch vogelfreundlich produziert. Zudem haben sie ein Zertifikat der Rainforest Alliance und stammen nachweislich aus fairem sowie direktem Handel. Amelia macht daraus hervorragende Koffeingetränke (Espresso oder Cold Drip). Obendrein bildet ihr gemeinnütziges Café in einer Ladenzeile auch Baristas aus. Die Toastschnitten und gesunden Kuchen sind ebenfalls lecker.

Bellingen Brewery & Co KLEINBRAUEREI
(3/5 Church St; ⏲ Mi–Fr 17–23, Sa & So 12–23 Uhr) Diese Kleinbrauerei produziert neben bitteren Sorten im englischen Stil auch süffiges Sommer-Ale, Apfelwein und Ingwerbier mit 3,5 % Alkoholgehalt. Dazu gibt's super Kneipenessen wie Burger mit Büffelfleisch oder Barramundi.

No 5 Church St CAFÉ, BAR
(www.5churchstreet.com; 5 Church St; Hauptgerichte 16–20 AU$; ⏲ 8–20 Uhr; 📶) Das belebte Café verwandelt sich zu späterer Stunde mühelos in eine Bar mit vielfältigem Eventprogramm (u. a. Livemusik, Kinoabende,

Gemeindeveranstaltungen). Auf der Morgen-, Mittags- und Abendkarte ist jeweils auch vermerkt, von welchen regionalen Produzenten die Zutaten für die Gerichte stammen. Zur Auswahl stehen z. B. Pizzas, Salate, Burger und Optionen mit Eiern.

Shoppen

Bellingen Growers' Market MARKT
(www.bellingengrowersmarket.com; Bellingen Showgrounds, Ecke Hammond & Black St; ⏲2. & 4. Sa des Monats 8–13 Uhr) Die meisten Lebensmittel auf diesem Markt sind Bio-Produkte von regionalen Farmen. Zudem gibt's hier viele Secondhand-Klamotten, ein Café, Straßenmusiker und einen Geschichtenerzähler für Kinder.

Bellingen Community Market MARKT
(www.bellingenmarkets.com.au; Bellingen Park, Church St; ⏲3. Sa des Monats 9–15 Uhr) Ein regionales Highlight: Über 250 Stände verkaufen hier frische Landwirtschaftsprodukte, handgemachte Feinkost, Kunsthandwerk, Bekleidung und Pflanzen.

Praktische Informationen

Waterfall Way Information Centre
(☎02-6655 1522; www.visitnsw.com/visitor-information-centres/waterfall-way-visitor-centre-bellingen; 29–31 Hyde St; ⏲9–17 Uhr) Broschüren zu Panoramafahrten, Wanderrouten und einem Kunstpfad.

An- & Weiterreise

Von der Küste aus führt der spektakuläre Waterfall Way ein kurzes Stück landeinwärts und erreicht dann Bellingen. Ab Nambucca und Coffs fahren **Lokalbusse** (☎02-6655 7410; www.busways.com.au) über Sawtell hierher. Mit **Reisebussen** (☎02-6732 1051; www.newenglandcoaches.com.au) besteht Verbindung ab Tamworth.

Dorrigo

1070 EW.

Dorrigo erstreckt sich rund um eine T-Kreuzung, an der zwei extrem breite Straßen aufeinandertreffen. In Sachen Essen und Wein könnte das hübsche Nest durchaus irgendwann zum nächsten Bellingen werden (was aber bislang noch nicht passiert ist). Ab Armidale, Bellingen und Coffs Harbour führen kurvige Straßen durch eine der spektakulärsten Landschaften von NSW hierher. Wer ihnen folgt, stößt unterwegs auf Regenwälder, Bergpässe und Wasserfälle.

Sehenswertes

Dorrigos Hauptattraktion sind die Dangar Falls, die 1,2 km weiter nördlich über mehrere Felsterrassen in ein Naturbecken stürzen. Wer eiskaltes Wasser mag, kann hier schwimmen. Vom Wasserfall aus führt eine wunderschöne Serpentinenstraße (nur teilweise befestigt) zunächst gen Norden und dann ostwärts nach Coffs Harbour. Hierbei durchquert sie Regenwälder und passiert einen mächtigen Gelben Sandelholzbaum, der 56 m hoch ist und einen Durchmesser von mehr als 3 m hat.

★**Dorrigo National Park** NATIONALPARK
(☎02-6657 2309; www.nationalparks.nsw.gov.au; Dome Rd) Der 119 km² große Park gehört zur Gondwana Rainforests World Heritage Area und beheimatet neben zahllosen verschiedenen Pflanzen auch über 120 Vogelarten. Das **Rainforest Centre** (☎02-9513 6617; www.nationalparks.nsw.gov.au/dorrigo-national-park; Dome Rd; Erw./Kind 2/1 AU$; ⏲9–16.30 Uhr; 📶) am Eingang informiert mit Ausstellungen und einem Video über die lokalen Ökosysteme. Zudem gibt's dort Gratis-WLAN, ein tolles Café (S. 189) und eine Ladestation für Handys bzw. Kameras. Die Skywalk-Plattform über den Baumwipfeln bietet einen herrlichen Blick auf die Täler weiter unten.

Ab dem Rainforest Centre führt der Wonga Walk (hin & zurück 2 Std., 6,6 km) durch den tiefen Regenwald. Dabei passiert die asphaltierte Route wunderschöne Wasserfälle (hinter einen davon kann man laufen).

Schlafen

★**Mossgrove** B&B $$
(☎02-6657 5388; www.mossgrove.com.au; 589 Old Coast Rd; DZ 225 AU$) Rund 8 km von Dorrigo entfernt steht dieses zauberhafte B&B im Federation-Stil auf einem 2,5 ha großen Gelände. Hier gibt es zwei traditionell möblierte Zimmer, einen gemütlichen Aufenthaltsbereich und ein privates Gästebad. Das ganze Haus ist geschmackvoll renoviert und eine Reminiszenz an seine goldenen Tage. Der Preis beinhaltet ein europäisches Frühstück.

★**Tallawarra Retreat B&B** B&B $$
(☎02-6657 2315; www.tallawalla.com; 113 Old Coramba Rd; EZ/DZ 130/160 AU$; ❄) Etwa 1 km außerhalb von Dorrigos Zentrum umgeben Wälder und ein malerischer Garten dieses ruhige B&B mit freundlichen Inhabern. In den vier komfortablen Zimmern herrscht

herrliche Stille. Zum kostenlosen Nachmittagstee gibt's Scones, Marmelade, Sahne und Tee oder Kaffee in Kännchen. Das herzhafte warme Frühstück im englischen Stil trägt ebenfalls zum hervorragenden Preis-Leistungs-Verhältnis bei.

Lookout Mountain Retreat B&B **$$**
(☎02-6657 2511; www.lookoutmountainretreat.com.au; 15 Maynards Plains Rd; DZ 140–190 AU$; P ☎) Die grandiose Aussicht und die herrlich ruhige Lage machen dieses B&B zu etwas Besonderem. Freiliegende Balken und Backsteinwände verleihen den 26 blitzsauberen Zimmern eine behagliche sowie überraschend stilvolle Atmosphäre. Die Suite hat eine Kochecke für Selbstversorger.

Essen

Dorrigo Wholefoods CAFÉ **$**
(☎02-6657 1002; www.dorrigowholefoods.com.au; 28 Hickory St; Hauptgerichte inkl. Salat 14–16 AU$; ⊙Mo–Fr 6.30–17, Sa 8–14 Uhr) Am besten lässt man die Berge von Hülsenfrüchten links liegen und begibt sich mit seinem Teller zur SB-Theke: Darin befinden sich Salate, Kuchen und köstliche Häppchen (z.B. Pot Pie mit Hummer, thailändische Fischtörtchen, Zucchini-Bratlinge mit Ricotta). Das Personal serviert auch super Saftkombinationen.

Canopy Cafe CAFÉ **$$**
(☎02-6657 1541; www.canopycafedorrigo.com.au; Dome Rd; Hauptgerichte 13–22 AU$; ⊙9–16.30 Uhr) Das Café im Dorrigo National Park Rainforest Centre beeindruckt gleichsam mit Essen und Aussicht. Die recht raffinierte Karte reicht von herzhaftem Frühstück und leckeren Brotschnitten bis hin zu pikanter Laksa-Suppe. Gefuttert werden kann auch draußen auf einer sonnigen Terrasse.

Praktische Informationen

Dorrigo Information Centre (☎02-6657 2486; www.dorrigo.com; 36 Hickory St; ⊙Mo–Fr 10–15 Uhr) Wird in der Mitte der sogenannten Hauptstraße von lokalpatriotischen Freiwilligen betrieben und verkauft die nützliche Broschüre Scenic Drives (1 AU$).

Rainforest Centre (S. 188) Visitor Centre des Dorrigo National Park; wartet an dessen Westeingang mit Ausstellungen, einem Laden und einem Café auf.

An- & Weiterreise

Mit New England Coaches besteht Busverbindung nach Coffs Harbour (48 AU$, 1½ Std., 3-mal wöchentl.).

Coffs Harbour

71 800 EW.

Coffs hat zwar ein landeinwärts liegendes Zentrum, aber auch eine Reihe großartiger Strände. Die Stadt ist bei Familien und Backpackern gleichermaßen beliebt. Hier erwarten einen allerlei Wassersportmöglichkeiten, spannende Begegnungen mit Tieren und Optionen für Abenteuersportler. Und natürlich die Big Banana als kitschiges gelbes Wahrzeichen der Stadt. Coffs ist zudem eine prima Ausgangsbasis für das Erkunden der malerischen Ortschaften und Panoramastraßen im Hinterland.

Sehenswertes

Der **Park Beach** ist ein langer, hübscher Sandstrand vor einer Kulisse aus dichtem Gestrüpp und Sanddünen, die die dahinterliegenden Gebäude verbergen. Der **Jetty Beach** ist etwas geschützter. Der **Diggers Beach**, den man erreicht, wenn man nahe der Big Banana vom Highway abfährt, ist bei Surfern beliebt; die Wellen erreichen hier durchschnittlich 1 bis 1,5 m Höhe. FKK-Fans hängen am **Little Diggers Beach** gleich hinter dem Beginn der nördlichen Landzunge ab.

★**Muttonbird Island** INSEL
(www.nationalparks.nsw.gov.au/muttonbird-island-nature-reserve) Die indigenen Gumbaynggirr nannten diese Insel einst Giidany Miirlarl (Ort des Mondes). Seit 1935 ist das Eiland über den nördlichen Wellenbrecher mit Coffs Harbour verbunden. Der Aufstieg zum höchsten Punkt ist auf dem letzten Stück recht steil, belohnt einen aber mit weiter Aussicht. Von Ende August bis Anfang April bevölkern Keilschwanz-Sturmtaucher dieses Naturparadies. Die niedlichen Küken der rund 12 000 Brutpaare sind im Dezember und Januar zu sehen.

Solitary Islands Aquarium AQUARIUM
(www.solitaryislandsaquarium.com; Bay Dr, Charlesworth Bay; Erw./Kind 12/8 AU$; ⊙Sa & So 10–16 Uhr, Schulferien tgl.) Das kleine Aquarium gehört zum Meeresforschungsinstitut der Southern Cross University und ist am Wochenende für Besucher geöffnet. Dank Streichelbecken und engagierter, kompetenter Guides geht man hier auf Tuchfühlung mit den Wasserwesen des Solitary Islands Marine Park (darunter Fische, Korallen und ein Krake). Am besten zur Fütterungszeit herkommen!

Bunker Cartoon Gallery GALERIE
(www.bunkercartoongallery.com.au; John Champion Way; Erw./Kind 3/2 AU$; ⏲10–16 Uhr) Hat eine ständige Sammlung von 18000 Cartoons und zeigt abwechselnd Teile davon in einem Bunker aus dem Zweiten Weltkrieg.

Big Banana VERGNÜGUNGSPARK
(www.bigbanana.com; 351 Pacific Hwy; ⏲9–17 Uhr) GRATIS Die Big Banana rief 1964 Australiens verrücktes Faible für „große Dinge" ins Leben und kann gratis besichtigt werden. Gebührenpflichtig sind jedoch die Attraktionen des umliegenden Vergnügungsparks – darunter je eine Eis- und Sommerrodelbahn, ein Minigolfplatz, ein Badepark, Plantagentouren und die reizvoll benannte „World of Bananas Experience". Bis auf den netten Kitschfaktor gibt's hier aber kaum echte Highlights.

Aktivitäten

Das Café Mangrove Jack's (S. 192) verleiht Kanus, Kajaks und Stehpaddelbretter. Wanderfans holen sich am besten beim Visitor Centre die Broschüre *Solitary Islands Coastal Walk* (2 AU$).

Coffs Creek Walk & Cycleway WANDERN & TREKKEN
Ein schöner Rundweg (8 km) verbindet den zentralen Geschäftsbezirk (Central Business District; CBD) mit dem Hafen. Als Startpunkte empfehlen sich der Pet Porpoise Pool (Orlando St) und der Memorial Olympic Pool (Coffs St).

East Coast Surf School SURFEN
(☎02-6651 5515; www.eastcoastsurfschool.com.au; Diggers Beach; Kurs ab 55 AU$) Besonders auf Frauen eingestellt; wird von der früheren Profi-Surferin Helene Enevoldson geführt.

Lee Winkler's Surf School SURFEN
(☎02-6650 0050; www.leewinklerssurfschool.com.au; Park Beach; ab 55 AU$) Eine der ältesten Surfschulen in Coffs.

Valery Trails REITEN
(☎02-6653 4301; www.valerytrails.com.au; 758 Valery Rd, Valery; 2-stündige Ausritte Erw./Kind 65/55 AU$) Rund 15 km nordöstlich der Stadt können hier weite Flächen mit über 75 Reitpferden erkundet werden.

Coffs City Skydivers FALLSCHIRMSPRINGEN
(☎02-6651 1167; www.coffsskydivers.com.au; Coffs Harbour Airport; Tandemsprünge 269–359 AU$) Die höchsten Fallschirmsprünge über Australiens Stränden: Auf 4572 m geht's raus aus dem Flugzeug.

Jetty Dive TAUCHEN
(☎02-6651 1611; www.jettydive.com.au; 398 Harbour Dr) Im Solitary Islands Marine Park treffen tropische Gewässer auf südliche Strömungen und schaffen ideale Bedingungen für Korallen, Rifffische und Seetang. Dieser Tauchveranstalter bietet spektakuläre Tauch- und Schnorcheltouren (2 Tauchgänge vom Boot 170 AU$), PADI-Zertifikats-Kurse (445 AU$) sowie Walbeobachtungstouren (Erw./Kind 59/49 AU$; Juni–Okt.).

Feste & Events

Sawtell Chilli Festival ESSEN & TRINKEN
(www.sawtellchillifestival.com.au; ⏲Anfang Juli) Das beliebteste Gastrofestival an der Coffs Coast lockt Tausende mit pikantem Essen, Kochvorführungen, Unterhaltung auf den Straßen und Tanz in (milder) Winterluft.

Schlafen

Coffs Harbour YHA HOSTEL $
(☎02-6652 6462; www.yha.com.au; 51 Collingwood St; B 30–33 AU$, DZ 90–140 AU$; @≋) Das superfreundliche Hostel in prima Lage hat große Schlafsäle und Privatzimmer mit eigenen Bädern. Der saubere, farbenfrohe Aufenthaltsbereich wartet mit TV und einer Küche auf. Gäste können Surfbretter und Fahrräder ausleihen. Sehr beliebt bei Familien und jungen Travellern, die als Obstpflücker arbeiten.

Park Beach Holiday Park CAMPING $
(☎02-6648 4888; www.coffsholidays.com.au; Ocean Pde; Stellplatz 35–45 AU$, Hütte 89–140 AU$; ≋) Der riesige Campingplatz in perfekter Strandlage erfreut Kinder u. a. mit einem überdachten Hüpfkissen und einem Pool, der Action in Form von Rutschen und Wasserkanonen bietet.

★ **Coffs Jetty BnB** B&B $$
(☎02-6651 4587; www.coffsjetty.com.au; 41a Collingwood St; DZ 130–170 AU$; ❄) Das B&B in einem Stadthaus ist besser als viele andere seiner Konkurrenten: Die geräumigen Zimmer überzeugen mit viel Privatsphäre, geschmackvollem Dekor, super Bädern und begehbaren Kleiderschränken. Eine der Suiten mit Mikrowellenöfen und Kühlschränken hat zusätzlich eine Kochecke. Nach dem Frühstück auf dem Balkon kann man gemütlich zum Strand und zu den Restaurants am Hafen bummeln.

Coffs Harbour

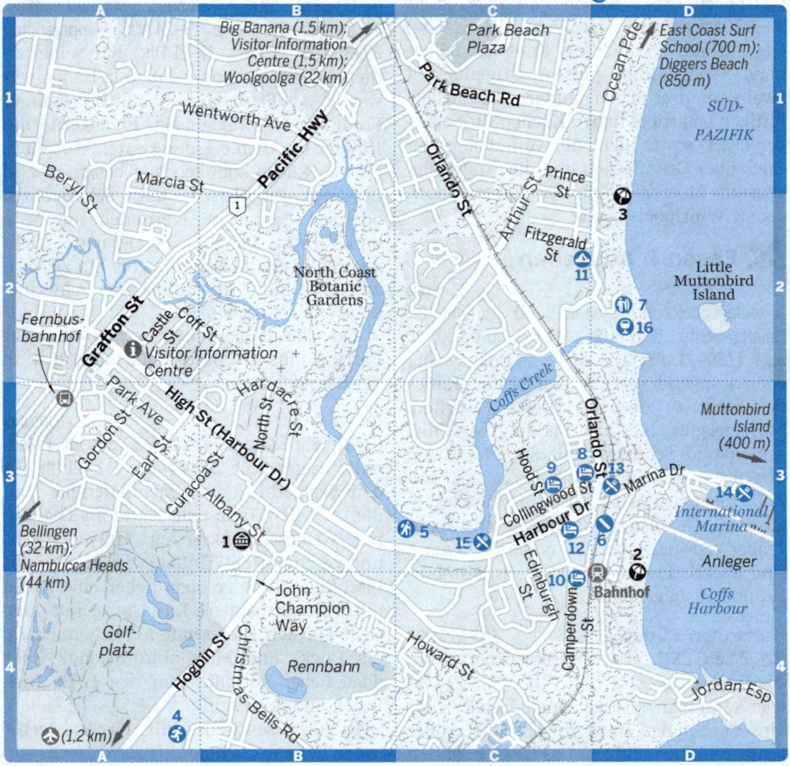

Coffs Harbour

Sehenswertes
1 Bunker Cartoon Gallery B3
2 Jetty Beach D4
3 Park Beach D2

Aktivitäten, Kurse & Touren
4 Coffs City Skydivers A4
5 Coffs Creek Walk & Cycleway C3
6 Jetty Dive D3
7 Lee Winkler's Surf School D2

Schlafen
8 Coffs Harbour YHA C3
9 Coffs Jetty BnB C3
10 Observatory Apartments C4
11 Park Beach Holiday Park C2
12 Pier Hotel C3

Essen
13 Fiasco D3
14 Fishermen's Coop D3
Latitude 30 .... (siehe 14)
Lime Mexican .... (siehe 12)
15 Mangrove Jack's C3
Old John's .... (siehe 12)

Ausgehen & Nachtleben
16 Surf Club Park Beach D2

Pier Hotel PUB **$$**
(☎02-6652 2110; www.pierhotelcoffs.com.au; 356 Harbour Dr; EZ ohne Bad 69–129 AU$, DZ mit Bad 129–179 AU$, ohne Bad 99–135 AU$; P 📶) Das Pier belebt die australische Tradition von Zimmern im 1. Stock eines Pubs aufs Neue. Die Zimmer im hiesigen Obergeschoss sind schlicht, aber luftig, komfortabel und nett eingerichtet. Zudem haben sie teilweise auch eigene Bäder. Darunter liegt eine öffentlich zugängliche und nicht renovierte Kneipe mit stimmungsvollem Weinkeller. Die kostenlosen Flughafenshuttles sind ein toller Bonus.

Observatory Apartments APARTMENTS $$
(☎02-6650 0462; www.theobservatory.com.au; 30–36 Camperdown St; Apt. 177–190 AU$; ❄ 📶 ≋) Der attraktive, moderne Komplex beherbergt Wohnstudios plus Apartments mit zwei oder drei Schlafzimmern. Die hellen, luftigen Quartiere haben Küchen für Selbstversorger sowie Balkone, von denen der Blick über Grünflächen und die Straße hinweg aufs Meer fällt. Teilweise kommen noch eigene Whirlpools hinzu.

Essen & Ausgehen

Old John's CAFÉ $
(www.facebook.com/oldjohns; 360 Harbour Dr; Hauptgerichte 10–17 AU$; ⏲tgl. 6.30–15.30, Mi auch 17.30–21 Uhr) Die örtliche Enklave der coolen Jugend serviert den besten Kaffee der Stadt zu diversen Hipster-Favoriten: Morgens gibt's hier z. B. „Pudding" aus Chiasamen und Schüsseln mit Superfood. Auf der Mittagskarte findet man u. a. Salat mit Roter Beete (in Salz geröstet) sowie Ziegenkäse und Gemüse aus Bellingen. Mittwochs – aber teilweise auch an anderen Tagen – sind abends Livemusik, Cocktails, Miniburger und Pasta geboten.

Fishermen's Coop FISH & CHIPS $
(☎02-6652 2811; www.coffsfishcoop.com.au; Marine Dr; Hauptgerichte 10–17 AU$; ⏲11–19 Uhr) Hier kann man ausgezeichnete Fish & Chips direkt neben den Trawlern von Coffs' großer Fischereiflotte vertilgen. Das Essen lässt sich auch telefonisch zum Mitnehmen ordern.

★ **Lime Mexican** MEXIKANISCH $$
(☎0421 573 570; www.limemexican.com.au; 366 Harbour Dr; Gerichte 14–18 AU$; ⏲Di–So 17–22 Uhr; 📶) Auf Gemeinschaftstellern serviert das Lime moderne mexikanische Küche im Tapas-Stil. Unter den Tacos sind neben den üblichen Klassikern auch Varianten mit gegrilltem Lachs, scharf angebratenen Jakobsmuscheln oder geschmortem Lammfleisch. Parallel gibt's Platten mit Schweinebauch, pikantem Reis, rauchigem Paprika-Mais und Jalapeños mit Käsefüllung.

Mangrove Jack's CAFÉ $$
(☎02-6652 5517; www.mangrovejackscafe.com.au; Promenade Centre, Harbour Dr; Hauptgerichte morgens 10–18 AU$, mittags 18–32 AU$, abends 25–36 AU$; ⏲tgl. 7.30–15, Fr & Sa auch 17–21 Uhr; 📶) Die Hauptattraktionen des Cafés sind die tolle Lage an einer ruhigen Kurve des Coffs Creek und der Balkon, auf dem man entspannt Kaffee oder Bier schlürfen kann.

★ **Fiasco** ITALIENISCH $$$
(☎02-6651 2006; www.fiascorestaurant.com.au; 22 Orlando St; Pizzas 19–24 AU$, Hauptgerichte 29–39 AU$; ⏲Di–Sa 17–21 Uhr) Für seine authentischen Spitzengerichte à la Italien verwendet das Fiasco ausschließlich Premium-Produkte von regionalen Erzeugern und Kräuter aus dem eigenen Garten. Aus einer offenen Küche kommen hier beispielsweise Bio-Angus-Rindfleisch mit Selleriepüree oder selbst gemachte Eiernudeln mit Pesto und Ricotta. Die tolle Pizza-Palette reicht von schlichten Margheritas bis hin zu Varianten mit Büffel-Mozzarella oder Schweinebauch im römischen Stil.

Ein Glas italienischen Vermentino oder Barbera plus Antipasti kann man auch an der Bar genießen.

Latitude 30 SEAFOOD $$$
(☎02-6651 6888; www.latitude30.com.au; 1 Marina Dr; Hauptgerichte 30–40 AU$; ⏲8–21 Uhr) In dem Seafood-Lokal am Jachthafen hat man die Qual der Wahl: eine Platte im Thai-Stil mit Weichschalenkrabben, Graved Lachs und geschmortem Tintenfisch? Ein Pie mit Fischfüllung? Oder doch lieber eine Paella mit Meeresfrüchten? Das Ganze mit Aussicht auf den zauberhaften Fischereihafen, die Docks und Muttonbird Island? Oder doch lieber mit Blick auf den Little Park Beach und den Pazifik?

Die Terrassentische zählen zu den begehrtesten der ganzen Stadt.

Surf Club Park Beach PUB
(☎02-6652 9870; www.surfclubparkbeach.com; 23 Surf Club Rd, Park Beach; ⏲7–23 Uhr) Ein Highlight in Coffs: Am Sonntagnachmittag kann man hier zu den Klängen einheimischer Livemusiker auf der Strandterrasse bechern – bei Bedarf gefolgt von einem Abendessen mit Tapas oder Seafood.

Praktische Informationen

Visitor Information Centre (☎02-6651 1629; www.coffscoast.com.au; Coffs Central, 35–61 Harbour Dr; ⏲9–17 Uhr)

An- & Weiterreise

BUS

An Coffs Harbours **Bushaltestelle** (Ecke McLean St & Pacific Hwy) starten Fern- und Regionalbusse von **Greyhound** (☎1300 473 946; www.greyhound.com.au), **Premier** (☎13 34 10; www.premierms.com.au) und **New England Coaches** (☎02-6732 1051; www.newenglandcoaches.com.au).

FLUGZEUG

Qantas (☎13 13 13; www.qantas.com.au), **Virgin** (☎13 67 89; www.virginaustralia.com) und **Tigerair** (☎02-8073 3421; www.tigerair.com.au) landen 3 km südwestlich der Stadt auf dem **Coffs Harbour Airport** (☎02-6648 4767; www.coffscoast.com.au/airport; Airport Dr). Mit Fly Corporate besteht dort Verbindung nach Brisbane.

ZUG

NSW CountryLink (☎13 22 32; www.nsw trainlink.info) schickt pro Tag drei Züge nach Casino. Dort besteht Bahn- bzw. Busanschluss nach Brisbane (84,15 AU$, 5½ Std.) sowie südwärts nach Sydney (95 AU$, 9 Std.).

Nördlich von Coffs Harbour

Nördlich von Coffs Harbour verläuft der Pacific Hwy über 30 km zwar küstennah, aber nie direkt am Meer. Allerdings führen hier Ausfahrten zu kleinen und oft kaum besuchten Stränden.

Rund 25 km nördlich von Coffs liegt **Woolgoolga** (alias Woopi), das für seine Brandung und seine Sikh-Gemeinde berühmt ist. Der Ort ist einen Zwischenstopp wert – vor allem, wenn hier gerade der **Bollywood Beach Bazaar** (☎02-6654 7673; www.facebook.com/bollywoodmarket; ⏲1. & 4. Sa des Monats) oder das **Curryfest** (www.curryfest.com.au; ⏲Sept.) stattfinden.

Das Dorf Red Rock liegt zwischen einem schönen Strand und einer herrlichen Flussmündung mit vielen Fischen. Nördlich davon schützt der **Yuraygir National Park** (www.nationalparks.nsw.gov.au/yuraygir-national-park; 8 AU$/Fahrzeug) den längsten naturbelassenen Küstenstreifen in NSW: Über 65 km erstreckt sich hier eine unberührte Küstenlandschaft mit einsamen Traumstränden. Beim Buschwandern im Park kann man dessen Ökosysteme bewundern, bedrohte Emus beobachten und auf sechs einfachen Campingplätzen zelten (pro Übern. Erw./Kind 10/5 AU$).

Grafton

18 700 EW.

Das kleine Grafton am Clarence River markiert den Beginn der Region Northern Rivers, die sich bis hinüber zur Grenze mit Queensland erstreckt. Die Gegend ist geprägt von Stränden, mildem Klima und ihren drei großen Flüssen (hier fließen auch noch der Richmond und Tweed River). Nicht von den Franchise-Einrichtungen am Highway täuschen lassen: Graftons würdevolle Straßen werden von ein paar prachtvollen Pubs und schönen alten Häusern gesäumt.

Sehenswertes

Victoria Street Precinct VIERTEL

Die Victoria St ist das wichtigste historische Viertel der Stadt mit einigen wunderschönen Beispielen für die Architektur des 19. Jhs., so etwa mit dem **Gerichtsgebäude** (1862; Nr. 47), der **Anglikanischen Kathedrale** (Baubeginn 1884) an der Kreuzung mit der Duke St und dem **Roches Family Hotel** (1871; Nr. 85).

Feste & Events

Jacaranda Festival KULTUR

(www.jacarandafestival.org.au; ⏲Ende Okt.) Ab Ende Oktober lässt Australiens am längsten existierendes Blumenfest die Stadt zwei Wochen lang lila leuchten.

Schlafen

Annie's B&B B&B $$

(☎0421 914 295; www.anniesbnbgrafton.com; 13 Mary St; EZ/DZ 145/160 AU$; ❄📶🏊) In dem schönen viktorianischen Haus an einer grünen Ecke gibt's Privatzimmer mit altmodischem Flair, die von den Räumen der Familie abgetrennt sind. Ein kontinentales Frühstück wird gestellt.

Essen & Ausgehen

Heart & Soul Wholefood Cafe CAFÉ $

(☎02-6642 2166; 124a Prince St; Hauptgerichte 8–15 AU$; ⏲Mo–Fr 7.30–17, Sa 7.30–14, So 8–12 Uhr; 🌱) Zwei Ehepaare mit einem Faible für vegetarisches Essen betreiben gemeinsam dieses wunderbar stilvolle Café. Aufgetischt werden hier Keramikschüsseln mit feurigen Asia-Suppen, Wokgerichten und bunten Salaten. Hinzu kommen süße Köstlichkeiten wie „Käseersatz" mit Schokolade und Minze.

Roches Family Hotel PUB

(☎02-6642 2866; www.roches.com.au; 85 Victoria St; ⏲Mo–Do 10–23, Fr & Sa 10–24, So 11–22 Uhr) Regionale Pubs müssen nicht immer riesig und hell beleuchtet sein: Dieses historische Exemplar an einer Ecke eignet sich perfekt für Drinks oder günstiges Essen in lauschiger Atmosphäre. Schon allein die Bierkrugsammlung und das Krokodil in der öffentlichen Bar sind einen Blick wert.

Praktische Informationen

Clarence River Visitor Information Centre (☎ 02-6642 4677; www.clarencetourism.com; Ecke Spring St & Pacific Hwy; ⏲ 9–17 Uhr; 📶) Südlich vom Fluss.

An- & Weiterreise

BUS

Busways (☎ 02-6642 2954; www.busways.com.au) Täglich vier bis acht Lokalbusse (jeweils 12,30 AU$) nach Maclean (1 Std.), Yamba (1¼ Std.) und Angourie (1½ Std.).

Greyhound (☎ 1300 473 946; www.greyhound.com.au) Fernbusse nach/ab Sydney (10½ Std., 3-mal tgl.), Nambucca Heads (2½ Std., 2-mal tgl.), Coffs Harbour (1 Std., 3-mal tgl.), Byron Bay (3 Std., 3-mal tgl.) und Brisbane (6½ Std., 3-mal tgl.).

Northern Rivers Buslines (☎ 02-6626 1499; www.nrbuslines.com.au) Werktags je ein Bus nach/ab Maclean (6 AU$, 43 Min.) und Lismore (6 AU$, 3 Std.).

Premier (☎ 13 34 10; www.premierms.com.au) Tägliche Fernbusse nach/ab Sydney (67 AU$, 9½ Std.), Nambucca Heads (34 AU$, 1¾ Std.), Coffs Harbour (34 AU$, 1 Std.), Byron Bay (47 AU$, 4¼ Std.) und Brisbane (52 AU$, 7½ Std.).

Ryans Bus Service/Forest Coach Lines North (☎ 02-6652 3201; www.ryansbusservice.com.au) Werktags mehrere Busse nach/ab Woolgoolga (21 AU$, 1½ Std.), Red Rock (20 AU$, 50 Min.) und Coffs Harbour (21,80 AU$, 2 Std.).

FLUGZEUG

Der **Clarence Valley Regional Airport** (GFN; ☎ 02-6643 0200; www.clarence.nsw.gov.au) liegt 12 km südlich der Stadt. **Regional Express** (Rex; ☎ 13 17 13; www.rex.com.au) startet dort werktags gen Sydney.

ZUG

Gute **Zugverbindung** (☎ 13 22 32; www.nswtrainlink.info) besteht nach Sydney, Kempsey, Nambucca Heads und Coffs Harbour, etwas weniger häufig auch nach Brisbane.

Yamba & Angourie

Yamba an der Mündung des Clarence River gewinnt sehr schnell an Popularität. Verantwortlich hierfür sind die wirklich tollen Strände, die hervorragenden Cafés bzw. Restaurants und die lässige Unkonventionalität der lokalen Lebensart. Nicht ohne Grund wird der Fischerort oftmals als „Byron Bay vor 20 Jahren" beschrieben. Rund 5 km weiter südlich liegt das ruhige Nachbarnest Angourie, das bei erfahrenen Wellenreitern schon lange beliebt ist – und stolz darauf, eine der ältesten Surfer-Enklaven Australiens zu sein.

Sehenswertes

Angourie Blue Pools QUELLEN

(The Crescent) Diese von Süßwasserquellen gespeisten Wasserlöcher südlich von Spooky Beach sind die Überreste des Steinbruchs, der zur Errichtung der Mole genutzt wurde. Die Tollkühnen klettern auf die Klippen und stürzen sich von dort in die Tiefe, die Vernünftigen gleiten von den grünen, nur wenige Meter vom Surfstrand entfernten Ufern geräuschlos ins Wasser.

Bundjalung National Park NATIONALPARK

(www.nationalparks.nsw.gov.au/bundjalung-national-park; Eintritt 8 AU$/Fahrzeug) Der weitgehend unberührte Nationalpark erstreckt sich nördlich des Clarence River 25 km die Küste hinauf bis nach South Evans Head. Die größten Teile des Parks erkundet man am besten mit einem Geländewagen. Die südlichen Bereiche sind aber leicht von Yamba aus mit der Fußgängern vorbehaltenen **Clarence-River-Fähre** (☎ 0408 664 556; www.clarenceriverferries.com.au; Erw./Kind hin und zurück 8,30/4,20 AU$; ⏲ 11–15 Uhr) nach Iluka (tgl. mind. 4-mal) zu erreichen. Zu diesem Abschnitt des Parks gehört auch das Iluka Nature Reserve, ein zur Gondwana Rainforests World Heritage Area zählendes Stück Regenwald vor dem Iluka Beach.

Jenseits des Iluka Bluff beginnt der Ten Mile Beach, der so lang ist, wie sein Name vermuten lässt.

Aktivitäten

Yamba Kayak KAJAKFAHREN

(☎ 02-6646 0065; www.yambakayak.com; Erw./Kind pro 3 Std. 70/60 AU$, pro 5 Std. 100/80 AU$) Der Anbieter ist auf halb- und ganztägige Kajakabenteuer mit Abstechern in umliegende Wildnisgebiete spezialisiert und bietet auch Leihausrüstung an.

Xtreme Cycle & Skate RADFAHREN

(☎ 02-6645 8879; www.facebook.com/YambaCycleSkate; 34 Coldstream St, Yamba; Leihfahrrad halber/ganzer Tag 22/30 AU$; ⏲ Mo–Fr 9.30–16.30, Sa 9–12, So 12–14 Uhr) Der tolle familiengeführte Fahrradladen verkauft und repariert Drahtesel. Zudem vermietet er u.a. vollgefederte Mountainbikes und führt Gruppen bei lässigen Geländefahrten durch den örtlichen State Forest (für Details anrufen oder die Facebook-Page besuchen). Natürlich sind auch diese Trips mit Leihfahrrädern möglich.

Schlafen

Pacific Hotel PUB $
(www.pacifichotelyamba.com.au/accommodation; 18 Pilot St, Yamba; B 30–40 AU$, DZ mit/ohne Bad 130/80 AU$; P) Die „Motelzimmer" des reizenden alten Pubs punkten mit viel Charme und angenehm klaren Linien. Wer eins der günstigen Eckzimmer mit Gemeinschaftsbad ergattert, hat das große Los in puncto Aussicht gezogen: In diesem Fall fällt der Blick durch das eine Fenster auf einen Leuchtturm und durch das andere hinaus aufs Meer. Die Quartiere mit eigenen Bädern verfügen auch über Balkone, Kühlschränke und Fernseher.

Yamba YHA HOSTEL $
(02-6646 3997; www.yha.com.au; 26 Coldstream St, Yamba; B 32–36 AU$, DZ 95 AU$; @) Das einladende, familiengeführte Hostel hat helle Schlafsäle und ein beliebtes Hausrestaurant mit Bar. Auf der Dachterrasse gibt's einen Grill und einen Minipool.

Seascape Ocean Front Apartments APARTMENTS $$
(0429 664 311; www.seascapeunits.com.au; 4 Ocean St, Yamba; Apt. 175–250 AU$; P) Neben zwei Apartments mit sensationellem Meerblick gibt's hier auch einen kleinen Bungalow und ein Cottage am Flussufer. Die hellen und modernen Quartiere mit maritimem Dekor lassen erkennen, dass sie einst im australischen Küstenstil der 1950er-Jahre gestaltet waren. Die herrliche Aussicht resultiert natürlich aus der Spitzenlage. Bei mehreren Übernachtungen sinkt der Preis.

Essen & Ausgehen

★ **Beachwood Cafe** TÜRKISCH $$
(02-6646 9781; www.beachwoodcafe.com.au; 22 High St, Yamba; Hauptgerichte morgens 12–18 AU$, mittags 18–26 AU$; Di–So 7–14 Uhr) Sevtap Yüce ist die Autorin des flotten Kochbuchs *Turkish Flavours* und serviert darin beschriebene Gerichte auch in ihrem tollen kleinen Café mit Ausschanklizenz. Die meisten Tische stehen draußen im Freien; drum herum ist der Rasen teilweise einem Küchengarten gewichen. Den Gaumen überraschen hier Köstlichkeiten wie Bio-Mandarinensaft, Polentakuchen mit Maracuja oder türkische Sardinen mit gefüllten Weinblättern zum Mittagessen.

★ **Leche Cafe** CAFÉ $$
(0401 471 202; www.facebook.com/LecheCafe; 27 Coldstream St, Yamba; Hauptgerichte 14–25 AU$; 6–14 Uhr) Nach etwas Yoga im Hinterhof kann man sich hier an Kokosbrot und Kaffee der Rösterei Marvell aus Byron Bay laben. Die raffinierte Mittagskarte (etwa Rote-Bete-Burger, Blumenkohl-Currys, Fischtacos) ist von Vollwertkost geprägt. Am Samstagabend gibt's Livemusik, DJs und Partys, wobei im Hochsommer auch ein Luau-Fest à la Hawaii steigt.

Pacific Hotel PUB
(02-6646 2466; www.pacifichotelyamba.com.au; 18 Pilot St, Yamba; Mo–Do 10–24, Fr & Sa 10–1.30 Uhr) Auf den Klippen oberhalb des Yamba Beach bietet das Pacific (erb. 1930) eine der schönsten Aussichten, die Pubgäste in Australien genießen können. Weitere Pluspunkte sind die regelmäßige Livemusik, die DJ-Abende und das leckere Essen.

An- & Weiterreise

Yamba liegt 15 km östlich des Pacific Hwy; die Abzweigung (Yamba Rd) beginnt unmittelbar südlich des Clarence River. **Busways** (02-6645 8941; www.busways.com.au) verbindet Yamba vier- bis achtmal täglich mit Angourie (3,40 AU$, 9 Min.), Maclean (9,30 AU$, 19 Min.) und Grafton (12,30 AU$, 1¼ Std.). **Greyhound** (1300 473 946; www.greyhound.com.au) steuert alle größeren und großen Städte entlang der Küste an. Busse von **NSW TrainLink** (13 22 32; www.nswtrainlink.info) bedienen die kleineren Ortschaften dazwischen.

Ballina

14 070 EW.

An der Mündung des Richmond River prunkt Ballina mit seinen weißen Sandstränden und kristallklarem Wasser. Ende des 19. Jhs.war dies eine wohlhabende Holzfällerstadt, wovon immer noch ein paar würdevolle historische Gebäude an den Seitenstraßen zeugen. Heute tummeln sich hier viele urlaubende Familien und Pensionäre. Zudem liegt der regionale Flughafen in nächster Nähe.

Sehenswertes

Ein Bummel entlang der **Norton Street** gibt einen guten Einblick in die Lokalgeschichte: Ein paar eindrucksvolle Gebäude aus dem späten 19. Jh. zeugen hier von Ballinas früheren Tagen als reiche Holzfällerstadt.

Northern Rivers Community Gallery KUNSTGALERIE
(NRCG; ☎ 02-6681 6167; www.nrcgballina.com; 44 Cherry St) Die hervorragende Galerie im historischen Gemäuer der früheren Ballina Municipal Council Chambers (erb. 1927) repräsentiert die rege Kreativität, die ein bedeutender Charakterzug dieser Region ist. Wechselausstellungen zeigen hier die Werke einheimischer Künstler und Kunsthandwerker (darunter auch ein paar kühne moderne Stücke). Interessante Events sind ebenfalls geboten.

Big Prawn WAHRZEICHEN
(Ballina Bunnings, 507 River St) Ballinas Riesengarnele wäre 2009 beinahe abgerissen worden. Doch dann rettete eine Protestpetition mit 5000 Unterschriften das 30 Jahre alte, 9 m hohe und 35 t schwere Krustentier, das seit seiner Restaurierung für 400 000 AU$ (2013) wieder so attraktiv wie eh und je wirkt.

Geführte Touren

Aboriginal Cultural Concepts KULTUREXKURSION
(☎ 0405 654 280; www.aboriginalculturalconcepts.com; Halb-/Ganztagstouren pro Pers. 80/160 AU$; ⏲ Mi–Sa) Die Kulturexkursionen zu mythologischen Stätten entlang der Bundjalung Coast werden von Aborigines geleitet und geben Einblicke in die indigene Regionalgeschichte. Die Alternative sind Autotouren auf eigene Faust, bei denen man die Guides jeweils direkt vor Ort an alten Middens (Abfallgruben bzw. Muschelhaufen), Lagerplätzen, Versammlungsorten, Fischfangstellen, Jagdgebieten und Stätten des indigenen Fruchtbarkeitskults trifft.

Kayak Ballina KAJAKFAHREN
(☎ 02-6681 4000; www.kayakballina.com; Kajaktouren 70 AU$) Bei den dreistündigen Paddeltrips auf Ballinas wunderschönen Gewässern sieht man mit etwas Glück Delfine und Zugvögel.

Schlafen

Ballina Travellers Lodge MOTEL $
(☎ 02-6686 6737; www.ballinatravellerslodge.com.au; 36–38 Tamar St; DZ ohne Bad 75 AU$, mit Bad 115–125 AU$; ⊖❄📶🏊) Themenwände, hübsche Nachttischlampen und geschmackvolle Bettwäsche machen die Zimmer dieses Motels überraschend vornehm. Die günstigsten, mit Gemeinschaftsbädern ausgestatteten Quartiere sind weniger aufwendig gestaltet, haben aber trotzdem ein gutes Preis-Leistungs-Verhältnis.

Shaws Bay Holiday Park CAMPING $
(☎ 02-6686 2326; www.northcoastholidayparks.com.au; 1 Brighton St; Stellplatz/Hütte ab 42/143 AU$; ❄@📶) Von dem gepflegten und schön gelegenen Park an der Lagune ist es nur ein kurzer Fußmarsch bis zum Zentrum. Unter den Optionen für Selbstversorger sind auch drei luxuriöse Villen.

Ballina Palms Motor Inn MOTEL $$
(☎ 02-6686 4477; www.ballinapalms.com; Ecke Bentinck & Owen St; EZ 125 AU$, DZ 135–160 AU$; ❄📶🏊) Das hervorragende Kleinmotel punktet mit einem grünen Garten und gewieft gestaltetem Dekor. Die Zimmer sind nicht sonderlich groß, dafür aber sehr komfortabel. Darin warten jeweils Kochecken, Holzfußböden und sehr stilvolle Bäder mit Marmorplatten.

Ballina Heritage Inn MOTEL $$
(☎ 02-6686 0505; www.ballinaheritageinn.com.au; 229 River St; DZ 120–165 AU$; ❄📶🏊) Attraktive, helle und komfortable Zimmer machen das saubere Motel in Zentrumsnähe deutlich besser als den Großteil seiner Konkurrenten an dieser Straße.

Essen

★ **Belle General** CAFÉ $
(☎ 0411 361 453; www.bellegeneral.com; 12 Shelly Beach Rd; Gerichte 12–19 AU$; ⏲ 8–15 Uhr) Ob Eier mit Grünkohl, Kokosbrot mit Datteln, Burger mit Lammfleisch, vegetarische Lasagne im Steinzeit-Stil oder Nasi Goreng: Hier ist alles glutenfrei, sofern man nichts mit Sauerteigtoast bestellt. Doch auch dieser lässt sich bei Bedarf durch Quinoa-Brot ersetzen.

Ballina Gallery Cafe CAFÉ $$
(☎ 02-6681 3888; www.ballinagallerycafe.com.au; 46 Cherry St; Hauptgerichte morgens 12–18 AU$, mittags 14–26 AU$; ⏲ Mi–So 7.30–15 Uhr) Ballinas bestes Café: In den früheren Rathaussälen aus den 1920er-Jahren erwarten einen hier interessante Frühstücksoptionen (z. B. Saganaki mit Ei und Gemüse) und etwas moderne Kunst. Gäste können auch draußen auf der Veranda essen.

La Cucina di Vino ITALIENISCH $$
(☎ 02-6618 1195; www.lacucinadivino.com; 2 Martin St; Hauptgerichte 24–35 AU$, Pizzas 17–19 AU$; ⏲ Mo & Di 17–21, Mi–So 11–15 & 17–21 Uhr) Aussicht aufs Wasser und sorgsam zubereitete

Gerichte machen den altmodischen Italiener im Untergeschoss des Hotels Ramada zur prima Wahl für ein langes Mittag- oder Abendessen.

Praktische Informationen

Ballina Visitor Information Centre (☎02-6686 3484; www.discoverballina.com; 6 River St; ⏲9–17 Uhr)

An- & Weiterreise

BUS

Mehrere Busfirmen verbinden Ballina mit regionalen Zielen sowie mit Sydney und Brisbane. Einige Services von NSW TrainLink sind dabei auf Anschlusszüge in Casino abgestimmt.

Blanch's (☎02-6686 2144; www.blanchs.com.au)

Greyhound (☎1300 473 946; www.greyhound.com.au)

NSW TrainLink (☎13 22 32; www.nswtrainlink.info)

Premier (☎13 34 10; www.premierms.com.au)

FLUGZEUG

Der **Ballina Byron Gateway Airport** (☎02-6681 1858; www.ballinabyronairport.com.au; Southern Cross Dr) liegt 5 km nördlich der Innenstadt. Von Qantas wird er nur ab Sydney bedient. Mit **Jetstar** (☎13 15 38; www.jetstar.com.au) und **Virgin** (☎13 67 89; www.virginaustralia.com) besteht jedoch auch Verbindung nach/ab Melbourne. Am Flughafen stehen Mietwagen und Taxis (zum Zentrum ca. 12–15 AU$) zur Verfügung. Alternativ fahren Linien- und Shuttlebusse nach Ballina sowie zu Zielen in der Umgebung.

Lennox Head

7340 EW.

An der malerischen Küste bei Lennox Head (eine National Surfing Reserve) brechen sich ein paar der besten Wellen der ganzen Region. Darunter ist auch ein spitzenmäßiger Point Break. Mit seiner Dorfatmosphäre und seinen relaxten Einwohnern ist das Städtchen eine ruhigere Alternative zum turbulenten und stark besuchten Byron, das 17 km weiter nördlich liegt. Zudem gibt's hier guten Kaffee und anständiges Essen.

Sehenswertes

Seven Mile Beach STRAND

Ab der Stadt erstreckt sich der lange und schöne Seven Mile Beach in Richtung Norden. Er kann mit dem Geländewagen befahren werden, was allerdings eine Genehmigung (erhältlich bei der örtlichen Caltex-Tankstelle) erfordert. Die beste Badestelle liegt nahe dem Surfclub am nördlichen Stadtende.

Schlafen & Essen

Lake Ainsworth Holiday Park CAMPING $

(☎02-6687 7249; www.northcoastholidayparks.com.au; Pacific Pde; Stellplatz 34–39 AU$, Hütte 95–130 AU$; 📶) Von dem familienfreundlichen Campingplatz am Seeufer ist es nicht weit bis zum Strand. Das große Unterkunftsangebot reicht von rustikalen Hütten ohne Bäder bis hin zu einer luxuriösen Villa für sechs Personen. Unter den recht neuen Einrichtungen ist auch eine Campingküche.

Lennox Point Holiday Apartments APARTMENTS $$

(☎02-6687 5900; www.lennoxholidayapartments.com; 20–21 Pacific Pde; Apt. 195–250 AU$; ❄📶🏊) Von den luftigen Quartieren des neuen Komplexes schaut man direkt auf die Brandungswellen, die sich bei Bedarf auch per Leihbrett (bei der Rezeption erhältlich) reiten lassen. Die Apartments mit einem Schlafzimmer sind so groß wie die Varianten mit deren zwei und bieten daher mehr Platz.

★**Cafe Marius** LATEINAMERIKANISCH $$

(☎02-6687 5897; www.cafemarius.com.au; 90–92 Ballina St; Hauptgerichte 16–24 AU$; ⏲Mo–Do 7–15.30, Fr & Sa 7–21, So 8–15.30 Uhr) Hinten in einer Passage versteckt sich dieses coole kleine Café mit Ausschanklizenz, in dem sich lässige Kids den ganzen Tag lang als Gäste tummeln und auch als Personal arbeiten. Zu superleckeren Gerichten à la Lateinamerika bzw. Spanien gibt's hier klasse Kaffee und Sangria in Krügen. Bei seiner Happy Hour (lazy arvo; Fr & Sa 17–19 Uhr) schenkt der Laden Corona-Bier für 20 AU$ pro Eimer aus.

Foam MODERN-AUSTRALISCH $$

(☎02-6687 7757; www.foamlennox.com; 41 Pacific Pde; Hauptgerichte mittags 18–24 AU$, abends 28–38 AU$; ⏲Mi–Fr 12–15 & 18–22, Sa 7.30–15 & 18–22, So 7.30–15 Uhr) Das Foam versprüht das Flair eines luxuriösen Strandhauses. Die Terrasse mit Blick auf den Seven Mile Beach ist ein prima Plätzchen, um sich mit Frühstück zu stärken (sogar das Brot wird hier selbst gebacken) oder sich bei einem langen Mittagessen eine Flasche erlesenen Weines zu teilen. Am Samstagabend wird die normale Karte durch ein Probiermenü mit fünf Gängen (85 AU$) ergänzt.

An- & Weiterreise

Taxis und die örtliche Busfirma **Blanch's** (☎02-6686 2144; www.blanchs.com.au) verbinden Lennox Head mit Ballinas Flughafen (14 km).

Byron Bay

4960 EW.

Der Hauptgrund für Byron Bays unglaublich große Beliebtheit erschließt sich einem vielleicht nicht gleich auf Anhieb. Natürlich gibt's hier fantastische Strände – doch das ist auch an der übrigen Küste der Fall. Die Einheimischen gelten heute als Symbol für australisches Nobel-Hipstertum. Zudem ist die Stadt größtenteils ein dicht gedrängter Architekturmix und hat definitiv ein Verkehrsproblem. Warum also die zahllosen Fans aus aller Welt? Wie es in Byron heißt: Das liegt am Vibe.

Hier kann man frühmorgens auf grandiosen Wellen surfen, nachmittags faul am Strand abhängen und später einen zauberhaften Sonnenuntergang bewundern. Dazu etwas Reiki praktizieren, sein Yoga verbessern, Rohkost futtern, abends Feuerjongleuren auf dem Sand zusehen und Spitzenküche unter Typen in gestreiften T-Shirts genießen. Und natürlich zusammen mit Backpackern, Musikern, Models, Jungunternehmern, Althippies und Projektentwicklern in lärmigen, bierseligen Pubs feiern. Oder dieses Programm komplett und gleich mehrfach absolvieren – schließlich sind wir hier in Byron.

Sehenswertes

★Cape Byron State Conservation Park STATE PARK

(www.nationalparks.nsw.gov.au/cape-byron-state-conservation-area) Spektakuläre Ausblicke winken allen, die vom **Captain Cook Lookout** (Lighthouse Rd) auf dem **Cape Byron Walking Track** hinaufgeklettert sind. Der Track rund um die Landspitze senkt und hebt sich (überwiegend Letzteres) auf der Strecke bis zum Leuchtturm. Unterwegs kann man Delfine beobachten (ganzjährig) und majestätische Wale auf ihrer Wanderung nach Norden (Juni–Juli) bzw. Süden (Sept.–Nov.) vorbeiziehen sehen. Höchstwahrscheinlich wird man auch auf mutige Buschhühner und scheuere Wallabys treffen. Für die gesamte, 3,7 km lange Schleife sollte man zwei Stunden einplanen.

Man kann direkt bis zum Leuchtturm hinauffahren (ein Parkplatz kostet 7 AU$).

Cape Byron Lighthouse LEUCHTTURM

(www.nationalparks.nsw.gov.au; Lighthouse Rd; ⌚10–16 Uhr) GRATIS Im östlichsten und hellsten Leuchtturm Australiens (erb. 1901; noch in Betrieb) werden Ausstellungen zur Seefahrts- und Naturgeschichte präsentiert. Ganz nach oben geht's ausschließlich während der Führungen (10–15 Uhr, Teilnahme gegen Goldmünzenspende) unter der Leitung von Freiwilligen. Vor Ort sorgt ein Café für Stärkung; Selbstversorger haben die Möglichkeit, Zimmer in den Leuchtturmwärterhäuschen zu mieten. Parken kostet 7 AU$.

The Farm FARM

(www.thefarmbyronbay.com.au; 11 Ewingsdale Rd, Ewingsdale; Führungen Erw./Kind/Fam. 10/5/25 AU$; ⌚7–16 Uhr) GRATIS Gleich außerhalb von Byron liegt diese attraktive Gemeinschaftsfarm auf einem 32 ha großen Gelände. Neben dem Restaurant Three Blue Ducks (S. 203) findet man hier auch eine Bäckerei, ein Lebensmittelgeschäft und einen Blumenladen. Die Betreiber betrachten nachhaltige Landwirtschaft mit traditionellen Methoden als Arbeitsethos und Bildungsauftrag. Zwischen den Gemüsefeldern und Viehweiden können Besucher nach Belieben umherlaufen und picknicken. Vor Ort finden auch täglich Führungen statt (Jan. 9 & 14 Uhr, übriges Jahr nur 9 Uhr).

Aktivitäten

In Byron Bay gibt's jede Menge Möglichkeiten, Abenteuersportarten zu betreiben. Die meisten Anbieter holen Teilnehmer kostenlos an den Unterkünften ab. Vor allem Surfen und Tauchen sind hier Trumpf.

Skydive Byron Bay FALLSCHIRMSPRINGEN

(☎02-6684 1323; www.skydivebyronbay.com; Tyagarah Airfield; Tandemsprünge 200–350 AU$) Junges, humorvolles Profi-Personal begleitet die Tandemsprünge aus 4267 m Höhe.

Be Salon & Spa SPA

(☎0413 432 584; www.besalonspa.com.au; 14 Middleton St; Massagen 60 AU$/30 Min.) Im Angebot sind Maniküre, Pediküre, Gesichtsbehandlungen, Haarentfernung mit Wachs, „metaphysisches" Heilen, Massagen, Rebalancing und Naturheilkunde.

Go Sea Kayaks KAJAKFAHREN

(☎0416 222 344; www.goseakayakbyronbay.com.au; Erw./Kind 69/59 AU$) Seekajaktouren im Cape Byron Marine Park unter der Leitung örtlicher Rettungsschwimmer.

Byron Bay Ballooning BALLONFAHRT
(☎1300 889 660; www.byronbayballooning.com.au; Tyagarah Airfield; Erw./Kind 350/175 AU$) Bei den Ballonfahrten zu Sonnenaufgang (1 Std., inkl. Champagnerfrühstück) bietet Byron einen herrlichen Anblick.

Surf & Bike Hire FAHRRADFAHREN
(☎02-6680 7066; www.byronbaysurfandbikehire.com.au; 31 Lawson St; ⏲9–17 Uhr) Verleiht Fahrräder und Surfbretter (ab 10 AU$/Tag) plus Ausrüstung für andere Aktivitäten.

Dive Byron Bay TAUCHEN
(☎02-6685 8333; www.byronbaydivecentre.com.au; 9 Marvell St; 60 AU$/Tauchgang, Schnorcheltouren 69 AU$; ⏲9–17 Uhr) Anfängerkurse (165 AU$), PADI-Lehrgänge (ab 1595 AU$) und Unterricht im Apnoetauchen (550 AU$).

Black Dog Surfing SURFEN
(☎02-6680 9828; www.blackdogsurfing.com; 11 Byron St; 3½-stündige Surfkurse 65 AU$) Gruppenkurse im kleinen Kreis (max. 7 Pers.), mit speziellen Varianten für Frauen und Kinder. Sehr empfehlenswert.

Geführte Touren

★ Mountain Bike Tours MOUNTAINBIKETOUR
(☎0429 122 504; www.mountainbiketours.com.au; Halb-/Ganztagestouren 79/119 AU$) Umweltbewusste Radtouren in den Regenwald und entlang der Küste.

Aboriginal Cultural Concepts KULTUREXKURSION
(☎0405 654 280; www.aboriginalculturalconcepts.com; Halb-/Ganztagstouren 80/160 AU$; ⏲Mi–Sa 10–13 Uhr) Touren unter indigener Leitung zu mythologischen Stätten an der Bundjalung Coast. Inklusive Bush Tucker (Buschessen).

Feste & Events

Byron Bay Writers' Festival LITERATUR
(www.byronbaywritersfestival.com.au; ⏲Anfang Aug.) Bringt berühmte Autoren und Literaturfans aus ganz Australien zusammen.

Splendour in the Grass MUSIK
(www.splendourinthegrass.com; North Byron Parklands; ⏲Ende Juli) Dreitägige Großveranstaltung mit bekannten Independent-Musikern.

Byron Bay Bluesfest MUSIK
(www.bluesfest.com.au; Tyagarah Tea Tree Farm; ⏲Ostern; 📶) Bluesfestival mit australischen und internationalen Größen (in den letzten Jahren z. B. Neil Young oder Barry Gibb).

Schlafen

Byrons Unterkünfte sind generell teuer. Viele Einheimische vermieten Zimmer in ihren Wohnhäusern. Aber selbst bei Buchung über Airbnb kosten Ferienwohnungen hier immer noch deutlich mehr als anderswo. Fans von relaxtem, aber stilvollem „Barfuß-Luxus" dürften allerdings jubilieren. Im Janu-

NICHT VERSÄUMEN

DIE STRÄNDE VON BYRON BAY

Westlich vom Stadtzentrum liegt der wilde, weniger stark besuchte **Belongil Beach** mit hohen Dünen und einem FKK-Bereich. Am östlichen Ende türmt sich ein kraftvoller Righthand-Break namens **Wreck** auf.

Unmittelbar vor der Stadt sind an dem von Rettungsschwimmern überwachten **Main Beach** von Sonnenaufgang bis Sonnenuntergang Yogakurse, Musikanten und Feuertänzer am Werk. Nach Osten geht der Hauptstrand in den **Clarkes Beach** über. Die beliebteste Surfwelle hier läuft am **Pass** nahe der östlichen Landzunge.

Jenseits der Felsen säumen Regenwälder den breiten weißen Sandbogen des herrlichen **Wategos Beach**. Von hier aus sind es zu Fuß rund 400 m bis zum ebenso schönen **Little Wategos Beach** (nicht per Auto erreichbar). Dessen abgeschiedener Sandstreifen liegt direkt am Fuß des felsigen Cape Byron und bietet einen eindrucksvollen Blick auf den Sonnenuntergang bzw. Mondaufgang. Am geschützten, versteckten Strand der **Cosy Corner** auf der Südseite des Kaps (Zugang über die Tallow Beach Rd) ist die Brandung auch zu Zeiten ohne Nordwind recht anständig.

Der **Tallow Beach** ist ein einsamer Sandstrand, der sich von Cape Byron 7 km nach Süden erstreckt. Hier kann man wunderbar den Massen entfliehen. Hinter einem großen Teil dieses Strandes liegt der **Arakwal National Park**, nur nahe dem südlichen Ende reicht der Vorort **Suffolk Park** direkt bis zum Strand. Ein beliebter schwulenfreundlicher Strand ist der **Kings Beach** gleich abseits der Seven Mile Beach Rd hinter dem Broken Head Holiday Park.

Byron Bay

ar, in den Schulferien und während der Festivals ist eine Anreise ohne Reservierung sinnlos. Wer kein Teenager ist, sollte Byron während der in Wirklichkeit mehrwöchigen Schoolies Week (Mitte Nov.) besser meiden.

★ Nomads Arts Factory Lodge HOSTEL $
(☎ 02-6685 7709; www.nomadsworld.com/arts-factory; Skinners Shoot Rd; B 35–43 AU$, DZ 85–115 AU$; ❄ @ 📶 ≋) Die weitläufige Ministadt am Rand eines malerischen Sumpfgebiets versprüht den typischen Byron-Vibe. Rund 15 Gehminuten von der Stadt entfernt warten farbenfrohe Schlafsäle (6–10 Betten), ein Zeltdorf und ein reines Damen-Cottage am Seeufer. Für Paare gibt's „Wohnwürfel" (der Name trifft zu), Zelthütten im Robinson-Crusoe-Stil und einen vergleichsweise teureren „Love Shack" mit eigenem Bad.

Byron Beach Resort HOSTEL $
(☎ 02-6685 7868; www.byronbeachresort.com.au; 25 Childe St; B 32–52 AU$, DZ 105–160 AU$, 2-Bett-Ferienhaus 260 AU$; P ❄ 📶) Das sagenhafte, gut geführte Resort gegenüber dem Belongil Beach ist eine tolle, günstige Alternative zu einer Unterkunft im Zentrum von Byron. Hübsche Schlafsäle, Cottages und separate Apartments verteilen sich über ein Gartengrundstück voller Hängematten. Hier gibt's täglich Yoga, kostenlos nutzbare Fahrräder und nebenan den lustigen Pub Treehouse (S. 204). Vom Resort sind es 15 Gehminuten den Belongil Beach hinunter (oder eine Gratis-Shuttle-Fahrt) bis in die Stadt.

Clarkes Beach Holiday Park CAMPING $
(☎ 02-6685 6496; www.northcoastholidayparks.com.au; 1 Lighthouse Rd; Stellplatz 47–67 AU$, Hütte 165–345 AU$; ❄ 📶) Der attraktive Buschcampingplatz hat wohl eine der spektakulärsten Lagen in Byron: hoch droben über dem Strand und mit dem Leuchtturm als Hintergrundkulisse. Die Hütten zwischen den schattigen Stellplätzen stehen allerdings recht dicht gedrängt.

★ **Barbara's Guesthouse** PENSION $$
(☎0401 580 899; www.byronbayvacancy.com; 5 Burns St; DZ 160–250 AU$; 📶) Die hübsche Pension aus den 1920er-Jahren befindet sich an einer ruhigen Straße zwischen anderen Wohnhäusern und hat vier schlichte, aber elegante Zimmer. Hohe Decken, schicker Strandstil, engagierte Inhaber und lässige Atmosphäre machen sie zu einer super Wahl. In der Gemeinschaftsküche stehen morgens Frühstücksproviant und eine Kaffeemaschine bereit. Auf der luftigen Hinterterrasse kann man am frühen Abend prima bei einem Drink mit anderen Gäste plauschen und Tipps austauschen.

Flamingo PENSION $$
(☎02-6680 9577; www.flamingobyronbay.com.au; 32 Bangalow Rd; Suite 139–179 AU$, Ferienhaus 249–299 AU$; P❄📶) Das Flamingo vermietet diverse Suiten, ein Ferienhaus mit vier Schlafzimmern und einen super stilvollen Schuppen. Alle Quartiere haben polierte Holzfußböden, Küchen mit Komplettausstattung, moderne Bäder und große offene Veranden. Das Ergebnis ist ein perfekter Mix aus rustikalem Byron-Charme und dem genau dazu passendem Design.

Arcadia House B&B $$
(☎02-6680 8699; www.arcadiahousebyron.com.au; 48 Cowper St; DZ 145–375 AU$; ❄📶) Das hübsche alte Queenslander-Gebäude mit luftigen Veranden und sechs traditionell eingerichteten Zimmern mit Himmelbetten und von Kissen übersäten Sofas steht in einem großen Garten an einer ruhigen Straße. Bis zum Strand sind es rund zehn Gehminuten, man kann aber auch eines der kostenlosen Leihfahrräder nehmen.

Byron Springs Guesthouse PENSION $$
(☎0457 808 101; www.byronsprings.com.au; 2 Oodgeroo Garden; EZ ohne Bad 95–125 AU$, DZ 175–235 AU$, DZ mit Bad 150–175 AU$; P📶) Polierte Holzdielen, frische weiße Bettwäsche, große Veranden und eine Lage im Grünen

Byron Bay

Highlights
1 Cape Byron State Conservation Park ... F3

Sehenswertes
2 Cape Byron Lighthouse ... H2
3 Captain Cook Lookout ... F3
4 Clarkes Beach ... E3
5 Little Watego's Beach ... H1
6 Main Beach ... D2
7 Watego's Beach ... G1

Aktivitäten, Kurse & Touren
8 Be Salon & Spa ... H3
9 Black Dog Surfing ... H3
10 Dive Byron Bay ... H4
11 Surf & Bike Hire ... H3

Schlafen
12 28° Byron Bay ... H4
13 Arcadia House ... D4
14 Barbara's Guesthouse ... G4
15 Byron Beach Resort ... A1
16 Clarkes Beach Holiday Park ... E3
17 Nomads Arts Factory Lodge ... B3

Essen
18 Bay Leaf Café ... H4
19 Chichuahua ... G3
20 Combi ... H3
21 Rae's Restaurant ... G2
22 St. Elmo ... H3

Ausgehen & Nachtleben
23 Beach Hotel ... H2
24 Byron Bay Brewing Co ... B3
25 Cocomangas ... G3
26 Railway Friendly Bar ... G3
27 Treehouse on Belongil ... A1

Shoppen
28 Byron Bay Artisan Market ... G3
29 Byron Farmers' Market ... G3

Praktisches
30 Byron Visitor Centre ... G3

Transport
31 Fernbushaltestelle ... G3
32 NSW TrainLink ... G3

machen diese Unterkunft ein paar Kilometer südlich der Stadt zu einer netten Alternative, wenn man außerhalb des Getümmels wohnen will. Das kontinentale Frühstück ist im Preis inbegriffen, Fahrräder können kostenlos ausgeliehen werden.

★ 28° Byron Bay — BOUTIQUEHOTEL $$$

(☎ 02-6685 7775; www.28byronbay.com.au; 12 Marvell St; DZ ab 460 AU$; P ❄ 📶 ≋) Eine perfekte Kombination aus größtmöglicher Privatsphäre und persönlicher Wärme macht dieses Boutiquehotel zu einer echten Seltenheit. Relaxter Rundum-Luxus verleiht jedem der vier Zimmer die Atmosphäre eines Refugiums (vor allem durch die tiefen Badewannen und die separaten Tauchbecken). Zudem liegen Byrons beliebteste Nobelrestaurants und natürlich der super Strand jeweils nur einen kurzen Fußmarsch von hier entfernt.

Elements — RESORT $$$

(☎ 02-6639 1500; www.elementsofbyron.com.au; 144 Bayshore Dr; Villa mit 1 Schlafzi. 380 AU$; P ❄ 📶 ≋) Das Elements ist Byrons neuestes und luxuriösestes Resort. Rund 2 km hinter den Dünen von Belongil verstecken sich hier etwa 100 geräumige, geschmackvolle und ruhige Privatvillen mit Zwischengeschossen im Buschland an der Küste. Das Dauergeräusch von Brandungswellen und Zikaden entschädigt für den fehlenden Meerblick. Der relaxte australische Glamour des Hauptpavillons mit Restaurant und Poolbereich ist fast schon klischeehaft.

Byron Beach Abodes — VILLEN $$$

(☎ 0419 490 010; www.byronbeachabodes.com.au; Villa & Apt. 295–995 AU$) Dieser erlesene Mix aus Byrons besten Designer-Bleiben lockt ausländische Gäste, Flitterwöchner und Sydneys Schickeria an. Die individuell eingerichteten Quartiere liegen alle im nobelsten Viertel der Stadt. Bis zum Strand und Leuchtturm ist es jeweils nur ein kurzer Fußmarsch.

Unser Favorit ist die kleinste und günstigste Option, die jedoch mit großem Facettenreichtum punktet: die Chapel mit freiliegenden Backsteinwänden (100 Jahre alt), Balken aus Recyclingholz und schwarz-weißen Einrichtungselementen.

Essen

Byron ist ein beliebtes Feinschmeckerziel und könnte durchaus als Australiens Hauptstadt der gesunden Ernährung bezeichnet werden: Kurkuma-Latte und kaltgepresste Säfte sind hier allgegenwärtig. Zum Frühstück gibt's eher Müsli als Eier mit Speck, und auf den Wochenmärkten stapeln sich die frischen Produkte vom Bauernhof. Passend zum Klima verköstigen viele Nobelrestaurants die Stadt mit modern-australischer Küche – ergänzt durch zwanglosere Lokale, die internationale Klassiker wie Tacos, Tapas oder Sushi auf der Karte stehen haben. Die Zutaten stammen zumeist von kleinen regionalen Bio-Erzeugern. Fürs Abendessen ist stets Reservierung ratsam.

★Bay Leaf Café CAFÉ $
(www.facebook.com/bayleafcoffee; 2 Marvell St; Hauptgerichte 14–22 AU$; ⌚7–14 Uhr) Das stets belebte Café erfüllt alle Byron-Klischees auf fast schon lächerliche Art (u.a. mit Kurkuma-Latte, kalt gebrautem Kokos-Kaffee, Kombucha, strubbelköpfigen Einheimischen, Psychedelic-Rock aus den 1970er-Jahren). Doch andererseits gibt's hier auch liebevoll zubereitete Gerichte und Getränke mit bemerkenswertem Detailreichtum.

Chichuahua MEXIKANISCH $
(☎02-6685 6777; Feros Arcade, 25 Jonson St; Tacos 6,50–7,50 AU$; ⌚11–20.30 Uhr) Wer seiner Nase folgt, findet diese winzige Taqueria in einer Passage. Hier gibt's Byrons authentischste und preiswerteste Küche à la Mexiko – auch zum Mitnehmen oder per Lieferservice (auf die Innenstadt begrenzt). Alternativ kann vor Ort auf Klappstühlen an Tischen gefuttert werden, sofern noch Plätze frei sein sollten. Besonders lecker sind die Tacos mit langsam geschmorter Rinderbrust oder mit Garnelen, Chilis und Kokosmark.

Combi CAFÉ $
(www.wearecombi.com.au; 21–25 Fletcher St; ⌚7–16 Uhr) Die Melbourner Ikonen der gesunden Ernährung zeigen ihre Kreationen aus Bio-Rohkost ständig auf Instagram. Nun gibt's die Getränke, Kuchen, Frühstücksoptionen und Mittagsgerichte auch in Byron. Die selbst gemachte Mylk (Kokos- oder Mandelmilch) wird u.a. in Lattes mit Früchten, Matcha oder Kurkuma gekippt. Zudem dient sie als Bestandteil von „Mylkshakes" (etwa mit Matcha und Rohkakao) und Superfood-Smoothies.

Auf der Karte stehen auch Pizza, Pad Thai und Pasta mit Rohkost. Hinzu kommen langsam gekochte Suppen und glutenfreie Sandwiches.

★Three Blue Ducks at the Farm FARMRESTAURANT $$
(☎02-6684 7888; www.thefarmbyronbay.com.au; 11 Ewingsdale Rd, Ewingsdale; ⌚Mo–So 7.30–15, Fr–So auch 17–22 Uhr) Das legendäre Team hinter dem Three Blue Ducks ist von Sydney nach Norden umgezogen, um seine kulinarische Philosophie mit frischen Zutaten vom Bauernhof in Byron umzusetzen – genauer gesagt in einem rustikalen Scheunenrestaurant, das mit seinem Café das pulsierende Herz von The Farm (S. 198) bildet. Die Frühstücksauswahl ist ortstypisch gesundheitsbewusst, überrascht aber auch mit Speisen wie „Spannerkrabben-Rührei" oder Schwarzwurst nebst Bratkartoffeln. Die schlichten Mittags- und Abendgerichte punkten mit subtiler Raffinesse.

★St. Elmo SPANISCH $$
(☎02-6680 7426; www.stelmodining.com; Ecke Fletcher St & Lawson Lane; Gerichte 14,50–28 AU$; ⌚Mo–Sa 17–23, So 17–22 Uhr) In dem modernen, stimmungsvollen Tapas-Restaurant kredenzen Barkeeper mit Rockstar-Look neben tollen Cocktails auch offene australische Weine gehobener Qualität (darunter Bio-Weine und maximal naturbelassene Sorten). Die solide spanische Speisekarte bietet eine große Auswahl an reichhaltigen Gerichten. Hierbei kombiniert sie traditionelle Klassiker mit modernen Elementen.

★Folk CAFÉ $$
(www.folkbyronbay.com; 399 Ewingsdale Rd; Hauptgerichte 15–18 AU$; ⌚7.30–14.30 Uhr) Das zauberhafte Café in einem hölzernen Cottage liegt direkt neben einem belebten Campingplatz, ist aber eine Welt für sich. Hier gibt's u.a. Lattes mit Kuh-, Soja- und Kokosmilch sowie mit Macadamianüssen oder Mandeln. Während der Kaffee durchläuft, verlässt der Barista eventuell mal kurz den Tresen und stöbert in den James-Taylor-Schallplatten. Auf der Karte stehen auch andere Getränke plus Salate und glutenfreie Kuchen – jeweils unglaublich appetitlich und gesund.

The Roadhouse MODERN-AUSTRALISCH, CAFÉ $$
(☎0403 355 498; www.roadhousebyronbay.com; 6/142 Bangalow Rd; Hauptgerichte 14–29 AU$; ⌚Di–Sa 6.30–14.30 & 18–22, So & Mo 6.30–14.30 Uhr) Etwas außerhalb der Stadt serviert Byrons stimmungsvollste Ausgeh-Adresse tagsüber extrem leckere Vollwertgerichte und Koffeingetränke (Zutaten bzw. Bohnen jeweils aus der Region). Abends verwandelt sich der Laden dann bis zu später Stunde in eine Bar mit Schummerlicht, Blues-Soundtrack, erfrischenden Cocktails und über 500 Whiskeysorten.

Rae's Restaurant SEAFOOD $$$
(☎02-6685 5366; www.raesonwategos.com; 8 Marine Pde, Wategos Beach; Hauptgerichte 38–45 AU$; ⌚12–15 & 18–23.30 Uhr) In dem kleinen exklu-

siven Refugium am Wategos Beach begleitet das Geräusch der Brandung den Genuss von super Seafood, Geflügel und Optionen ohne Fleisch. Die schlichten Gerichte aus tollen regionalen Zutaten sind auch in puncto Aromen angenehm schnörkellos. Am Probiermenü mit Seafood (115 AU$, mit passenden Weinen 175 AU$) kann man sich prima einen Nachmittag oder Abend lang laben.

Byron at Byron Restaurant MODERN-AUSTRALISCH $$$
(☎02-6639 2111; www.thebyronatbyron.com.au; 77–97 Broken Head Rd; Hauptgerichte 34–58 AU$; ⊙8–21 Uhr) Rund 4 km südlich der Stadt wartet dieses lauschige Resort-Restaurant mit Regenwaldkulisse, flackernden Kerzen und leichter Küche im mediterranen Stil auf. Für die Gerichte werden nur allerbeste Zutaten aus der Region Northern Rivers verwendet (etwa leckeres Schweinefleisch aus Bangalow oder Garnelen aus Yamba). Dies gilt auch für die lässige Snackkarte (15–21 Uhr), die eine prima Alternative zu einem ausgiebigen Mittag- oder Abendessen ist.

Ausgehen & Nachtleben

★ **Treehouse on Belongil** PUB
(☎02-6680 9452; www.treehouseonbelongil.com; 25 Childe St; ⊙7.30–23 Uhr) Die Gäste der schlichten Strandbar bechern nachmittags auf Holzterrassen, die zwischen den Bäumen hervorragen. Das ganze Wochenende über spielen hier Livebands mit Eigenkompositionen. Das Essen kommt hauptsächlich aus dem Holzofen.

Byron Bay Brewing Co BRAUEREI
(www.byronbaybrewery.com.au; 1 Skinners Shoot Rd; ⊙11–24 Uhr) Die Brauerei in einer alten umgebauten Schweinefarm serviert u. a. eiskaltes Pale Lager aus Eigenproduktion. Gäste sitzen entweder drinnen neben den Biertanks in einem hellen Raum mit Jalousien oder draußen unter dem riesigen Feigenbaum im Innenhof mit Tropenpflanzen.

Beach Hotel PUB
(www.beachhotel.com.au; Ecke Jonson & Bay St; ⊙11 Uhr–open end) In dem kultigen Biergarten am Strand saugt man Byrons Atmosphäre bei super Aussicht auf. Im Hinterbereich laufen Surferfilme. Früher gehörte der Pub dem Crocodile-Dundee-Produzenten John Cornell (alias Strop). Der hat das Ganze mittlerweile verkauft; dennoch ziert Paul Hogans Originalhut aus den beiden berühmten Filmen bis heute die Bar.

Railway Friendly Bar PUB
(The Rails; ☎02-6685 7662; www.therailsbyronbay.com; 86 Jonson St; ⊙11 Uhr–open end) In den Innen- und Außenbereichen des stets stark besuchten „Rails" reicht das Publikum von krebsroten Touristen aus Großbritannien und feierwütigen Matronen bis hin zu ausländischen Babyboomern. Der vorgelagerte Biergarten mit Livemusik lädt zu langen Nachmittagen mit viel Gerstensaft ein. Zudem gibt's hier leckere Burger (u. a. mit Känguru, Fisch, Tofu).

Cocomangas DISKO
(www.cocomangas.com.au; 32 Jonson St; ⊙Mi–Sa 21 Uhr–open end) Byrons älteste Disko mit regelmäßigen Backpacker-Partys. Einlass bis 1.30 Uhr.

Shoppen

★ **Byron Farmers' Market** MARKT
(www.byronfarmersmarket.com.au; Butler Street Reserve; ⊙Do 8–11 Uhr) Byrons Wochenmarkt symbolisiert auch den starken Zusammenhalt der Einheimischen. Mit denen kann man hier frühmorgens super Kaffee und Frühstück genießen oder etwas später bei Livemusik abhängen. Die Stände verkaufen hauptsächlich allerlei Bio-Lebensmittel aus der Region.

Arts & Industry Estate KUNSTHANDWERK
(www.byronartstrail.com) Rund 3 km außerhalb von Byron liegt landeinwärts diese boomende Ministadt, die der ständig wachsenden Schar örtlicher Kunsthandwerker und Kreativer eine Heimat gibt. So wartet hier ein vielfältiges Angebot, das von Haushaltswaren, Vintage-Artikeln, Mode und Schmuck bis hin zu Feinkost reicht. Zudem können sich Besucher in mehreren Cafés und einer Brauerei vom Stöbern erholen. Eine Gesamtübersicht geben die Website und der Lageplan *Industry Trail*, der bei Hotels und der Touristeninformation erhältlich ist.

Byron Bay Artisan Market MARKT
(www.byronmarkets.com.au; Railway Park, Jonson St; ⊙Nov.–März Sa 16–21 Uhr) Auf dem beliebten Nachtmarkt mit Live-Unterhaltung präsentieren einheimische Künstler und Designer ihre Produkte (darunter Lederwaren, Schmuck, Bekleidung).

Praktische Informationen

Byron Central Hospital (☎02-6639 9400; www.ncahs.nsw.gov.au; 54 Ewingsdale Rd; ⊙24 Std.)

Byron Visitor Centre (☎ 02-6680 8558; www.visitbyronbay.com; Old Stationmaster's Cottage, 80 Jonson St; ⏲ 9–17 Uhr) Beste Adresse für präzise Touristeninfos, Last-minute-Hotelbuchungen und Busreservierungen.

An- & Weiterreise

BUS

Fernbusse von **Premier** (☎ 13 34 10; www.premierms.com.au), **Greyhound** (☎ 1300 473 946; www.greyhound.com.au), **NSW TrainLink** (☎ 13 22 32; www.nswtrainlink.info; Jonson St) und anderen Firmen halten nahe der Touristeninformation an der **Jonson Street.**

Blanch's (☎ 02-6686 2144; www.blanchs.com.au) Linenverbindung nach/ab Ballina (9,60 AU$, 55 Min.), Lennox Head (7,60 AU$, 35 Min.), Bangalow (6,40 AU$, 20 Min.) und Mullumbimby (6,60 AU$, 25 Min.) sowie zum/ab dem Ballina Byron Gateway Airport (9,60 AU$, 1 Std.).

Brisbane 2 Byron Express Bus (☎ 1800 626 222; www.brisbane2byron.com; einfache Strecke/hin & zurück 38/76 AU$) Busse nach/ab Brisbane (38 AU$, 2 Std.) und zum/ab dem Brisbane Airport (54 AU$, 3 Std.); Montag bis Samstag jeweils zweimal täglich, sonntags nur einmal pro Tag.

Byron Bay Express (www.byronbayexpress.com.au; einfache Strecke/hin & zurück 30/55 AU$) Fünf Busse pro Tag zum/ab dem Gold Coast Airport (1¾ Std.) und nach/ab Surfers Paradise (2¼ Std.).

Byron Easy Bus (☎ 02-6685 7447; www.byronbayshuttle.com.au) Minibusse zum Ballina Byron Gateway Airport (20 AU$, 40 Min.), Gold Coast Airport (39 AU$, 2 Std.) und Brisbane Airport (54 AU$, 4 Std.) sowie nach Brisbane (40 AU$, 3½ Std.).

Northern Rivers Buslines (☎ 02-6626 1499; www.nrbuslines.com.au) Montags bis freitags Busse nach/ab Lismore (12 AU$, 1½ Std.), Bangalow (9,70 AU$, 30 Min.) und Mullumbimby (9,70 AU$, 20 Min.).

FLUGZEUG

Byron Bay Shuttle (www.byronbayshuttle.com.au; Erw./Kind 20/12 AU$) und **Xcede** (☎ 02-6620 9200; www.byronbay.xcede.com.au) schicken Shuttlebusse zu den Flughäfen von Coolangatta (Gold Coast; 37 AU$) und Ballina (18 AU$). Ersterer bietet vergleichsweise mehr Flugverbindungen.

ZUG

Die einst sehr beliebten CountryLink-Direktzüge von Sydney nach Byron wurden abgeschafft: Nun muss man zum Bahnhof Casino fahren und dort einen Anschlussbus von NSW TrainLink nehmen (70 Min.). Alle Details hierzu gibt's an Byrons früherem Bahnhof, der heute ziemlich trist wirkt.

HINTERLAND DER NORTH COAST

Üppig grüne Landschaften, Bio-Märkte und viele Leute mit alternativem Lebensstil machen das Hinterland der North Coast zu einer der reizvollsten Regionen Australiens. Und das für Einheimische wie für Touristen: Vor Ort wird heute so häufig über Immobilienpreise geredet wie früher über Chakren-Reinigung. Hier oben findet man tiefe Entspannung, gutes Essen, viele Heilpraktiker und schöne Städtchen (etwa Bangalow), die sich auch per Tagesausflug ab der Küste besuchen lassen. Die außergewöhnlichen Nationalparks der Region warten mit Wanderrouten und Schwimmlöchern auf.

Bangalow

2160 EW.

Rund 14 km von Byron entfernt wird Bangalow (alias Bangers) von subtropischen Wäldern und grünen Feldern auf sanft gewellten Hügeln umgeben. Das Städtchen paart eine blühende Gemeinde von Kreativen mit einer flotten Bio-Restaurantszene und ein paar eleganten Boutiquen. Im neuen Kunstbezirk oben an der Station St sind kommunale Künstlerorganisationen ansässig; zudem gibt's dort einige zauberhafte Läden und ein reizendes Café. Einmal im Monat erweckt der **Bangalow Market** (www.bangalowmarket.com.au; Bangalow Showgrounds; ⏲ 4. So des Monats 9–15 Uhr) den kleinen Ort kräftig zum Leben. Doch auch ansonsten macht die beschauliche, aber kultivierte Atmosphäre einen Besuch stets sehr lohnenswert.

Schlafen

Bungalow 3 PENSION **$$**
(☎ 0401 441 582; www.messengerproperty.com.au/bungalow3; 3 Campbell St; Wohnstudio 130–165 AU$, Häuser 230–320 AU$; ❄) Das hübsche Schindel-Cottage im Zentrum von Bangalow hat zwei schlicht dekorierte, in Weiß gehaltene Zimmer und Flügeltüren zu Terrasse und Nutzgarten. Es gibt auch ein Apartment mit einem Schlafzimmer. Größere Gruppen können die gesamte Anlage mieten.

★ **Bangalow Guesthouse** B&B **$$$**
(☎ 02-6687 1317; www.bangalowguesthouse.com.au; 99 Byron St; Zi. 195–285 AU$; 📶) Das traumhafte B&B in einer stattlichen alten Holzvilla liegt direkt am Fluss. So schauen Gäste beim Frühstück auf Schnabeltiere und große

Echsen. Das elegante, warm wirkende Dekor der geräumigen Zimmer passt prima zur historischen Architektur des Hauses.

Essen & Ausgehen

★ Woods CAFÉ $

(www.folkbyronbay.com; 10 Station St; Hauptgerichte 12–19 AU$; ⏲ Di–So 7.30–15 Uhr) Das reizende Woods ist ein ländlicher Ableger des Folk in Byron und bildet das Herz von Bangalows Kunstbezirk. Der maximal independent- bzw. folkmäßige Laden hat weiß verputzte Wände und eine Holzeinrichtung. Auf der Karte stehen hier guter Kaffee und sehr gesunde Süßigkeiten. Unter den appetitlichen Mittagsgerichten sind Soba-Nudeln, einheimischer Gewürzreis oder Quinoa mit Grünkohl, eingelegtem Gemüse, Brunnenkresse und gerösteten Körnern.

Italian Diner ITALIENISCH $$

(www.theitaliandiner.com.au; 37–39 Byron St; Hauptgerichte 24–36 AU$, Pizzas 20–26 AU$; ⏲ 12–15 & 18–22 Uhr) Wer auf der Veranda des belebten Bistros ein langes Mittagessen mit Campari und *linguine gamberi* aus regionalen Garnelen genießt, wähnt sich schnell irgendwo am Mittelmeer. Serviert werden auch leckerste Holzofenpizzas und Desserts.

Town Restaurant & Cafe MODERN-AUSTRALISCH $$$

(☎ 02-6687 2555; www.townbangalow.com.au; 33 Byron St; Café Hauptgerichte 16–24 AU$, Restaurant Probiermenü 85 AU$; ⏲ Café Mo–Sa 8–15, So 9–15 Uhr, Restaurant Do–Sa 19–21.30 Uhr) Das Town in einem Obergeschoss ist nach wie vor eine Institution unter den Spitzenrestaurants im Norden von NSW. Das einfallsreiche Probiermenü mit sechs Gängen wird aus regionalen saisonalen Zutaten zubereitet und ist auch vegetarisch erhältlich. In beiden Fällen gibt's auf Wunsch passende Weine dazu (zzgl. 55 AU$). Das Café im Erdgeschoss serviert schlichte, aber appetitliche Frühstücksgerichte und Mittagssnacks. Zudem hat es eine Theke voller Süßgebäck.

Bangalow Hotel PUB

(www.bangalowhotel.com.au; 1 Byron St; ⏲ Mo–Sa 10–24, So 12–22 Uhr) Der beliebte Pub empfängt Gäste mit Drinks auf einer Terrasse, Livemusik und leckeren Burgern. Für die Tische der nobleren **Bangalow Dining Rooms** (☎ 02-6687 1144; www.bangalowdining.com; Hauptgerichte 20–34 AU$; ⏲ 12–15 & 17.30–21 Uhr) im selben schön erhaltenen Gebäude empfiehlt sich eine Reservierung.

Shoppen

★ Little Peach KUNSTHANDWERK, ANTIQUITÄTEN

(☎ 02-6687 1415; www.littlepeach.com.au; 17 Byron St; ⏲ Mo–Fr 10–17, Sa & So 10–16 Uhr) Dieses kleine Stückchen Japan ist schon lange eine populäre Adresse in Bangalow. Die Inhaber kaufen regelmäßig und persönlich in Tokio ein. Ergebnis ist ein riesiges Sortiment von tollen *kokeshi*-Holzpuppen und wunderschönen Kleidungsstücken (darunter natürlich auch Kimonos) aus traditionellen japanischen Seidenstoffen. Hinzu kommen erlesene Accessoires aus Frankreich und Haushaltswaren aus aller Welt.

Bangalow Farmers Market MARKT

(Bangalow Hotel Car Park, 1 Byron St; ⏲ Sa 8–11 Uhr) Auch wegen der hübschen Lage einer der beliebtesten regionalen Bauernmärkte.

An- & Weiterreise

Blanch's (☎ 02-6686 2144; www.blanchs.com.au) Mit Bus 640 werktags Verbindung nach/ab Byron Bay (6,60 AU$, 20 Min.) und Ballina (7,60 AU$, 30 Min.).

Byron Easy Bus (☎ 02-6685 7447; www.byronbayshuttle.com.au) Shuttles zum/ab dem Ballina Byron Gateway Airport.

Northern Rivers Buslines (☎ 02-6626 1499; www.nrbuslines.com.au; 📶) Werktags Verbindung nach/ab Lismore (6 AU$, 1¼ Std.).

NSW TrainLink (☎ 13 22 32; www.nswtrainlink.info) Tägliche Reisebusse nach/ab Murwillumbah (9,70 AU$, 1¼ Std.), Tweed Heads (11,30 AU$, 2 Std.), Burleigh Heads (13,70 AU$, 1½ Std.) und Surfers Paradise (15,30 AU$, 2 Std.).

Lismore

29 410 EW.

Das bodenständige Lismore mit seinen vielen historischen Gebäuden ist das Geschäfts- und Handelszentrum der Region Northern Rivers. Eine lebendige Künstlergemeinde, die Studenten der Southern Cross University und eine überdurchschnittlich große LGBT-Szene machen die beschauliche Stadt überraschend vielfältig. Obwohl Lismore ein interessantes Ziel ist, bleiben die meisten Traveller lieber an der Küste oder reisen tiefer ins Hinterland hinein.

Sehenswertes

Koala Care Centre TIERRESERVAT

(☎ 02-6621 4664; www.friendsofthekoala.org; Rifle Range Rd; Erw./Fam. 5/10 AU$; ⏲ Führungen Mo–

Fr 10 & 14, Sa 10 Uhr) Diese Auffangstation für kranke, verletzte und verwaiste Koalas kann nur per Führung zu den angegebenen Zeiten besichtigt werden. Besucher kommen nicht nur den Tieren ganz nahe, sondern unterstützen mit ihrem Eintritt auch die ehrenamtliche Arbeit der Pfleger. Wildlebende Koalas lassen sich am **Robinson's Lookout** (Robinson Ave, Girard's Hill) gleich südlich vom Zentrum beobachten.

Lismore Regional Gallery KUNSTGALERIE
(www.lismoregallery.org; 131 Molesworth St; ⌚ Di, Mi & Fr 10–16, Do 10–18, Sa & So 10–14 Uhr) GRATIS Die winzige Galerie ist schon lange Lismores kultureller Mittelpunkt und ein echtes Zentrum der regionalen Kunstszene. Ende 2017 zieht sie voraussichtlich in große neue Räumlichkeiten an der Ecke Keen und Magellan St um. In mehr als fünf Ausstellungsräumen werden dort zukünftig auch spannende neue Programme geboten.

Feste & Events

Tropical Fruits SCHWULE & LESBEN
(www.tropicalfruits.org.au; ⌚ 31. Dez.) Die legendäre Silvesterparty ist das größte schwullesbische Event im ländlichen NSW. Weitere Szenefeste steigen an Ostern und am Geburtstag der britischen Königin im Juni.

Lismore Lantern Parade UMZUG
(www.lanternparade.com; ⌚ Juni) Deutlich mehr als 30 000 Menschen säumen die Straßen, wenn an dem Samstag, der der Wintersonnenwende am nächsten liegt, riesige illuminierte Figuren vorbeischweben.

Schlafen

Karinga MOTEL $
(☎ 02-6621 2787; www.karingamotel.com; 258 Molesworth St; DZ 120–145 AU$; ❄📶🏊) Die Zimmer der besten örtlichen Billig-Bleibe haben eine geschmackvolle Komplettrenovierung hinter sich. Zudem gibt's hier einen guten bahnentauglichen Pool und ein Spa.

★ **Melville House** B&B $$
(☎ 02-6621 5778; www.melvillehouselismore.com; 267 Ballina St; EZ 40–140 AU$, DZ 50–165 AU$; 🚭❄🏊🐾) Das prachtvolle Landhaus mit dem größten Privatpool der ganzen Gegend wurde 1942 vom Großvater des heutigen Inhabers errichtet. Die sechs Zimmer mit einheimischer Kunst, geschliffenen Glaselementen und Antiquitäten haben ein super Preis-Leistungs-Verhältnis. Ihre Bäder sind teilweise extern; allerdings besitzt sogar der kleine „Struggling Writer's Room" (etwa „Zimmer für am Hungertuch nagende Schriftsteller") ein eigenes Bad. Frühstück ist bei den größeren Quartieren im Preis enthalten und ansonsten extra zu bezahlen (zzgl. 10 AU$).

Essen & Ausgehen

★ **Republic of Coffee** CAFÉ $
(☎ 0403 570 503; www.facebook.com/republicofcoffee; 98 Magellan St; ⌚ Mo–Fr 6.30–14 Uhr) Das Café mit den besten Koffeingetränken der Stadt serviert auch gute Backwaren (z. B. Pies, Donuts). Aber sind wir mal ehrlich: Das schwarze Gold hat Priorität.

★ **Palate at the Gallery** MODERN-AUSTRALISCH $$
(☎ 02-6622 8830; www.palateatthegallery.com; 133 Molesworth St; Frühstück 15–19 AU$, Hauptgerichte 16–32 AU$; ⌚ Di–Fr 11.30–14.30, Sa & So 8–14.30, Mi–Sa auch 18–22 Uhr; 📶) Die Glastüren des schicken Pavillons grenzen an eine sonnige Terrasse, die von Sträuchern gesäumt wird. Abends wird das Lokal vom feschen Café direkt zu einem von Lismores besten Restaurants. Unter dessen eleganten Gerichten sind beispielsweise Muscheln in Weißwein oder Brathähnchen in Estragon-Sahne-Sauce.

Deck BAR
(SCU Unibar; ☎ 02-6626 9602; www.unibarandcafe.scu.edu.au; 1 Military Rd; ⌚ Semester 9–24 Uhr) Das Bandprogramm „Bachelor of Rock'n'Roll" der Southern Cross University beschert dieser Studentenbar super Livekonzerte (für aktuelle Details s. Website). Dabei geht's mitunter ziemlich wild zu.

Shoppen

Farmers Market MARKT
(Lismore Showground; ⌚ Sa 8–11 Uhr) Bauernmarkt auf dem Messegelände abseits der Nimbin Rd.

Praktische Informationen

Lismore Visitor Information Centre
(☎ 02-6626 0100; www.visitlismore.com.au; 207 Molesworth St; ⌚ 9.30–16 Uhr)

An- & Weiterreise

BUS

Als Busbahnhof dient das **Lismore City Transit Centre** (Ecke Molesworth & Magellan St). **Northern Rivers Buslines** (☎ 02-6622 1499; www.nrbuslines.com.au) Lokalbusse plus

Verbindungen nach Grafton (3 Std.), Ballina (1¼ Std.), Lennox Head (1 Std.), Bangalow (1¼ Std.) und Byron Bay (1½ Std.), jeweils für 12 AU$.

NSW TrainLink (☎13 22 32; www.nswtrainlink.info) Reisebusse nach/ab Byron Bay (9,25 AU$, 1 Std.), Mullumbimby (11,55 AU$, 1 Std.), Brunswick Heads (13,85 AU$, 1½ Std.) und Brisbane (40,35 AU$, 3 Std.).

Waller's (☎02-6622 6266; www.wallersbus.com) Werktags jeweils drei Busse nach/ab Nimbin (9,50 AU$, 30 Min.).

FLUGZEUG

Regional Express (Rex; ☎13 17 13; www.regionalexpress.com.au) Flüge nach/ab Sydney.

Lismore Regional Airport (☎02-6622 8296; www.lismore.nsw.gov.au; Bruxner Hwy) Liegt 3 km außerhalb der Stadt.

Nimbin

1670 EW.

In einem unglaublich schönen Tal erstickt Nimbin fast an seinen eigenen Klischees: Der kleine Ort war einst ein unscheinbares Dorf, in dem Milch aus der Region Northern Rivers verarbeitet wurde. Doch dann mutierte er zu Australiens Hauptstadt des alternativen Lebensstils: Im Mai 1973 lockte das Aquarius-Festival zahllose junge Gegenkultur-Anhänger und naturliebende Hippies hierher. Viele davon blieben und gründeten in der herrlichen Umgebung neue Gemeinden – in der Hoffnung, die Ideale des zehntägigen Konzertevents zu erhalten.

An Nimbins Hauptstraße verblassen heute die psychedelischen Wandbilder von spirituellen Regenbogenschlangen und Glückseligkeit im Marihuanarausch. Auch die einheimischen Dreadlock-Träger sind inzwischen alt geworden. Dennoch findet man hier immer noch Überreste aus der Zeit von Love & Peace. Allerdings ist die Atmosphäre seit den 1980er-Jahren deutlich finsterer als früher. Dies liegt u.a. an den dreisten Dealern, die Marihuana an die vielen Bustouristen aus Byron verkaufen (und auch härtere Drogen feilbieten). Zudem leidet Nimbin nun immer häufiger unter Gewalt in Verbindung mit Alkohol. Man kann sich das Städtchen durchaus einmal anschauen, wird aber wohl auf einen Zweitbesuch verzichten.

Sehenswertes

★ Djanbung Gardens GARTEN
(☎02-6689 1755; www.permaculture.com.au; 74 Cecil St; Rundgang ohne Guide 5 AU$, Führung 20 AU$; ⏲Mi–So 10.30–16 Uhr, Führung Sa 11 Uhr) GRATIS Nimbin ist eine Hochburg von Pionieren des biologisch-dynamischen Gartenbaus. Auf einigen früheren Weideflächen mit degradiertem Boden vermittelt dieses weltbekannte Bildungszentrum die Vorteile der Permakultur. Neben Wald- und Gemüsegärten gibt's hier pelziges Nutzvieh, Fischteiche und ein dürresicheres Bewässerungssystem. Besucher können auch an kurzen Kursen und Führungen (20 AU$, Sa morgens; Reservierung möglich) teilnehmen.

Hemp Embassy KULTURZENTRUM
(☎02-6689 1842; www.hempembassy.net; 51 Cullen St; ⏲9–17 Uhr) Teils Laden, teils Hochburg einer kleineren politischen Gruppierung, der Hemp Party, setzt sich dieses Zentrum für die geplante Legalisierung von Marihuana ein und bietet all die Gerätschaften und Modeaccessoires, die man braucht, um das Interesse der Polizei zu erregen. Der Laden organisiert im Mai das **MardiGrass Festival** (www.nimbinmardigrass.com).

Schlafen & Essen

Nimbin Rox YHA HOSTEL $
(☎02-6689 0022; www.nimbinrox.com.au; 74 Thorburn St; Stellplatz/Tipi/B/DZ ab 14/26/30/68 AU$; @ 📶 🏊) In diesem Hostel mit Campingplatz auf einem Hügel am Stadtrand kann man den Massen an der Küste entkommen. Man findet viele Stellen, wo man sich in Hängematten zwischen den Bäumen entspannen kann, dazu einen hübschen beheizten Pool und in der Nähe einen Bach, der zum Baden einlädt. Die netten Betreiber bemühen sich sehr, ihre Gäste mit einem kostenlosen Pfannkuchenfrühstück und einem regelmäßigen Shuttle in die Stadt zufriedenzustellen.

Grey Gum Lodge PENSION $
(☎02-6689 1713; www.greygumlodge.com; 2 High St; DZ 85–135 AU$; @ 📶) Der Blick ins Tal von der Vorderveranda dieses inmitten von Palmen stehenden Holzhauses im Queenslander-Stil ist einfach prachtvoll. Alle Zimmer sind komfortabel, geschmackvoll möbliert und haben ein eigenes Bad.

Black Sheep Farm PENSION $$
(☎02-6689 1095; www.blacksheepfarm.com.au; 449a Gungas Rd; DZ 220 AU$; 🏊) Aus der Selbstversorgerhütte für maximal sieben Personen (zzgl. 20 AU$/weitere Pers.). will man eventuell gar nicht wieder ausziehen: Am Rand des Regenwalds warten hier u.a.

ein Salzwasserpool und eine finnische Sauna. Alternativ steht ein kleineres und günstigeres Cottage zur Auswahl.

Nimbin Hotel KNEIPENKOST $
(☎02-6689 1246; www.nimbinhotel.com.au; Cullen St; Hauptgerichte 11–22 AU$; ⏲11–22 Uhr) Diese klassische Kneipe hat hinten eine große Veranda mit Ausblick in ein grünes Tal. Das Hummingbird Bistro serviert alles – vom „Baumumarmer-Salat" bis hin zu Currys mit Grill-Barramundi. An den meisten Wochenenden gibt's Livemusik und im Obergeschoss Backpackerzimmer.

ℹ Praktische Informationen

Nimbin Visitor Information Centre
(☎02-6689 1388; www.visitnimbin.com.au; 46 Cullen St; ⏲10–16 Uhr)

ℹ An- & Weiterreise

Busfirmen wie **Gosel's** (s. unten), **Grasshoppers** (☎0438 269 076; www.grasshoppers.com.au) und **Waller's** (s. unten) organisieren Tagestouren oder Shuttles von Byron Bay nach Nimbin. Die Trips (meist hin/zurück ca. 10/18 Uhr) besuchen teils auch Sehenswürdigkeiten in der Umgebung.

Gosel's (☎02-6677 9394) Pro Werktag zwei Busse nach Uki (40 Min.) und Murwillumbah (1 Std.).

Waller's (☎02-6622 6266; www.wallersbus.com) Pro Werktag mindestens drei Busse nach/ab Lismore (30 Min.).

ZENTRALES NEW SOUTH WALES & OUTBACK

Kaum zu glauben: NSW hat außer Sydney und der Küste noch viel mehr zu bieten! Lukullische Rückzugsorte wie Mudgee und Orange wirken auf müde Städter wie ein Magnet, das Erbe der Bergarbeiterstadt Broken Hill hat den Lauf der Geschichte beeinflusst und in den Nationalparks warten Dünen, uralte Felskunst, von wilden Tieren bevölkerte Wälder und traumhafte Wanderwege darauf, erkundet zu werden.

Von den sanften Hügeln New Englands bis zum roten Sand des Outbacks wartet die Gegend mit echt australischen Erfahrungen auf: unter dem klaren Nachthimmel die Sterne beobachten, in den Bergarbeiterstädten den Geschichten exzentrischer Zeitgenossen lauschen, Kunst an unglaublichen Orten bestaunen. Der Festivalkalender der Region ist voll. NSW ist ein großer Teil der Nation und wirklich sehenswert.

ℹ An- & Weiterreise

Zahlreiche Highways führen kreuz und quer durch das zentrale NSW und durch das Outback des Bundesstaates. Das regionale Zug- und Busnetz von **NSW TrainLink** (☎13 22 32; www.nswtrainlink.info) ist heute leider nur noch halb so groß wie früher.

Qantas (QF; ☎13 13 13; www.qantas.com.au) Inlandsflüge von Sydney nach Dubbo, Orange, Armidale und Tamworth.

Rex (☎13 17 13; www.rex.com.au) Flugplan wie Qantas (bis auf Broken Hill anstelle von Tamworth).

New England

Die grüne Landschaft veranlasste die ersten britischen Siedler 1839 dazu, dieser Gegend ihren Namen zu geben: New England. Insbesondere die nördlichen „Highlands" erinnern auch heute noch an Großbritannien, vor allem dort, wo der Nebel zwischen den kühlen Gipfeln und in den fruchtbaren Tälern hängt, wo kleine Kirchen inmitten eichengesäumter Felder stehen und schmale Straßen kurvenreich durch die unglaublich grüne Landschaft führen. Und kaum hat man sich an die vermeintlich idyllische Ländlichkeit gewöhnt, verschafft Tamworth sich und der ganzen Region mit seinem Cowboy-Flair den gebührenden Respekt.

Tamworth

61121 EW.

Inmitten von fruchtbarem Ackerland erinnert Tamworth nicht unbedingt an den Wilden Westen. Dennoch ist dieses Regionalzentrum in erster Linie als Wallfahrtsort für viele australische Musikfans berühmt. Denn hier sind Country-Klänge eine Religion – verkörpert durch Götter wie Slim Dusty und die weltgrößte goldene Gitarre als Heiliger Gral. Wer bodenständige australische Cowboys und -girls mag, wird sich in Tamworth wohlfühlen.

Sehenswertes

★ **Tamworth Marsupial Park** PARK
(Endeavour Dr; ⏲8–16.45 Uhr; 👪) GRATIS Entlang der Brisbane St geht's ostwärts zu diesem Park mit zutraulichen Kakadus, stolzen Pfauen und allerlei einheimischen Tieren. Hier winken auch ein Kinderspielplatz, Grillstellen, überdachte Picknickplätze und Kurzspaziergänge zum angrenzenden botanischen Garten.

ABSTECHER

NATIONALPARKS IM HINTERLAND DER NORTH COAST

Rund 25 km westlich von Mullumbimby entfernt liegt der 80 km² große **Nightcap National Park** (www.nationalparks.nsw.gov.au/nightcap-national-park; 8 AU$/Fahrzeug) mit seinen spektakulären Wasserfällen, imposanten Steilwänden aus Lavagestein, dichten Regenwäldern, vielen einheimischen Vogelarten und allerlei geschützten Arten. Das Gebiet verzeichnet den höchsten Jahresniederschlag in ganz NSW und gehört zur Gondwana Rainforests World Heritage Area. Ab Nimbin gelangt man über die Tuntable Falls Rd und den Newton Dr zum Parkrand (10 km); von dort aus geht's dann weiter zum Mt. Nardi (800 m).

Der **Historic Nightcap Track** (16 km, 1½ Tage) wurde gegen Ende des 19. Jhs. von Postangestellten angelegt und führt vom Mt. Nardi zum **Rummery Park**. Gleich hinter diesem Campingplatz mit Picknicktischen punktet der **Peate's Mountain Lookout** mit Panoramablick bis hinüber nach Byron. Der **Minyon Loop** (7,5 km, 4 Std.) ermöglicht tolle Halbtagswanderungen zu den Minyon Falls, wo man prima in eiskaltem Wasser baden kann. Eine größtenteils unbefestigte Straße verbindet den Ort The Channon mit der Terania Creek Picnic Area. Von dort aus führt ein leicht zu meisternder Pfad zu den **Protestor Falls** (hin & zurück 1,4 km).

Der riesige **Border Ranges National Park** (www.nationalparks.nsw.gov.au/border-ranges-national-park; 8 AU$/Fahrzeug) erstreckt sich auf der NSW-Seite der McPherson Range, die entlang der Grenze zu Queensland verläuft. Das 317 km² große Gebiet gehört ebenfalls zur Gondwana Rainforests World Heritage Area und beheimatet schätzungsweise ein Viertel aller australischen Vogelarten.

Der lediglich geschotterte und nicht asphaltierte **Tweed Range Scenic Drive** (44 km) durch den Ostteil des Parks ist nur bei trockener Witterung befahrbar. Auf halber Strecke zwischen Uki und Kyogle beginnt er in Lillian Rock; das Streckenende markiert Wiangaree, das nördlich von Kyogle am Summerland Way liegt. Die Zufahrtsstraßen sind schlecht ausgeschildert – im Zweifelsfall empfiehlt sich daher eine Route, auf der man sich halbwegs an den normalen Wegweisern zum Nationalpark orientieren kann. Doch die Mühe lohnt sich!

Durch steile Hügel mit Regenwäldern führt die Straße zu einigen Aussichtspunkten, von denen man über das Tweed Valley hinweg auf den Wollumbin (Mt. Warning) und die Küste schaut. Ein Highlight ist dabei der **Pinnacle Lookout:** Nach einem kurzem Fußmarsch offenbar sich dort einer der besten Ausblicke auf die Silhouette des Wollumbin (bei Sonnenaufgang besonders schön). Der Picknickplatz **Antarctic Beech** liegt in einem Wald aus 2000 Jahre alten Antarktischen Scheinbuchen. Von dort aus gelangt man über einen Wanderpfad (ca. 5 km) hinunter zum **Brindle Creek**, wo Schwimmlöcher und Picknicktische im dichten Regenwald warten.

Nordwestlich von Uki umgibt der 41 km² große **Wollumbin National Park** (www.nationalparks.nsw.gov.au/wollumbin-national-park) das dramatischste Wahrzeichen des Hinterlands: den Wollumbin (Mt. Warning; 1156 m), der hoch über einem Tal aufragt. Seinen englischen Namen erhielt der Berg im Jahr 1770 von James Cook, der Seeleute auf diese Weise vor Riffen im offenen Meer warnen wollte. Die indigene Bezeichnung Wollumbin ist weitaus älter und bedeutet „Wolkenfänger", „Wettermacher" oder „Kämpfender Häuptling vom Berge".

Der Gipfel des Wollumbin ist auf dem ganzen australischen Festland der Ort mit dem frühesten Sonnenaufgang – was viele Besucher zum Aufstieg motiviert. Nach den Gesetzen der örtlichen Bundjalung-Aborigines dürfen aber nur bestimmte Auserwählte den heiligen Berg erklimmen. Dies sollte man respektieren und auf eine Gipfeltour verzichten. Stattdessen empfiehlt sich ein Abstecher zum **Murwillumbah Visitor Information Centre** (☎ 1800 118 295, 02-6672 1340; www.tweedtourism.com.au; 271 Tweed Valley Way; ⏲ 9–16.30 Uhr): Ein umlaufendes Wandbild stellt das Höhenpanorama dort auf künstlerische Weise dar.

Auch der Wollumbin National Park ist ein Teil der Gondwana Rainforests World Heritage Area. Nicht vergessen, entlang des Lyrebird Track (hin & zurück 300 m) nach Braunrücken-Leierschwänzen zu spähen!

Oxley Scenic Lookout AUSSICHTSPUNKT
(Scenic Rd; 7–22 Uhr) GRATIS Die von Jacaranda-Bäumen gesäumte White St erreicht ganz oben diesen Aussichtspunkt, der Tamworths bester Ort für den Sonnenuntergang ist.

Big Golden Guitar MUSEUM
(02-6765 2688; www.biggoldenguitar.com.au; New England Hwy; 9–17 Uhr;) Im dem Gebäude hinter der 12 m hohen goldenen Gitarre mit Kultstatus sind das Tamworth Visitor Information Centre (S. 212), ein Café und ein Souvenirladen mit CDs regionaler Musiker und Andenken untergebracht. Hier findet sich auch das kitschige **Gallery of Stars Wax Museum** (Erw./Kind 10/5 AU$), das Legenden der australischen Countrymusik Tribut zollt. Das Wachsfigurenkabinett ist nur etwas für eingefleischte Fans (von Countrymusik oder Kitsch). Der Komplex liegt am südlichen Ende der Straße, die vom Highway in die Stadt führt, etwa 5 km vom Zentrum entfernt.

Country Music Hall of Fame MUSEUM
(02-6766 9696; www.countrymusichalloffame.com.au; Ecke Peel & Murray St; Erw./Kind 7 AU$/frei;) Das Museum in einem gitarrenförmigen Gebäude ehrt das musikalische Erbe der Stadt mit zwei separaten Ausstellungsbereichen: der Country Music Hall of Fame und der Walk a Country Mile voller Erinnerungsstücke. Worum es hier geht, dürfte da wohl klar sein …

Feste & Events

★ Tamworth Country Music Festival MUSIK
(www.tcmf.com.au; Mitte Jan.) Das zehntägige Event mit fröhlicher Atmosphäre wird als größtes Musikfestival der Südhalbkugel beworben. Statistiken zufolge traten beim letzten Mal über 700 Künstler an 120 verschiedenen Orten auf, wobei sie über 55 000 Besucher mit etwa 2800 Einzelkonzerten erfreuten. Mehr Country auf einmal geht nicht!

Viele der Konzerte sind gratis; Tickets für die kostenpflichtigen Varianten kosten 5 bis 50 AU$ (für Details s. Website). Die Shuttlebusse des Festival Express (Tag/ganzes Festival 5/20 AU$) verbinden die einzelnen Veranstaltungsorte mit den meisten örtlichen Hotels.

Hats Off To Country MUSIK
(Juli) Das viertägige Event mit rund 100 Künstlern ist die kleinere Alternative zum Tamworth Country Music Festival (S. 211).

Schlafen

Golf Links Motel MOTEL $
(02-6762 0505; http://go.golflinksmotel.com.au; 260 Bridge St, West Tamworth; DZ ab 110 AU$;) Das attraktive und saubere Motel im Westen der Stadt ist die beste örtliche Budget-Bleibe. In praktischer Lage gegenüber vom Tamworth Golf Club gibt's hier einen kleinen Pool plus große, ordentliche und renovierte Zimmer zu prima Preisen.

Rex Tamworth HOSTEL $
(02-6766 1030; www.rextamworth.com; 32 White St; DZ ab 60 AU$;) Abseits der Hauptstraße steht Tamworths freundlichstes Hostel in einer ruhigen und grünen Ecke. Hier warten allerlei farbenfrohe und abgefahrene Zimmer, die mit einem bunten Mix aus Billig- und Vintagemöbeln eingerichtet sind.

★ CH on Peel BOUTIQUEHOTEL $$
(02-6766 7260; www.chonpeel.com.au; Ecke Peel & Brisbane St; DZ ab 169 AU$;) Tamworths neuestes und nobelstes Hotel befindet sich in einem schmucken Art-déco-Bau im Stadtzentrum. Die fröhlichen und hellen Quartiere punkten mit schlichtem, aber stilvollem Designer-Dekor. Die weichen Matratzen haben gepolsterte Kopfteile und sind mit hochwertigen Laken bespannt. Angesichts der enthaltenen Extras sind die Zimmerpreise angemessen. Zudem gibt's im Untergeschoss ein bewährtes Restaurant.

Quality Hotel Powerhouse HOTEL, MOTEL $$
(02-6766 7000; www.powerhousetamworth.com.au; 248 Armidale Rd, East Tamworth; Zi./Apt. ab 185/205 AU$;) Dieser elegante Mix aus Hotel und Motel punktet mit vielen Annehmlichkeiten. Neben gut ausgestatteten Zimmern und Suiten gibt's hier auch Apartments mit Zimmerservice. Alleinreisende Geschäftsleute schätzen die guten Business-Einrichtungen, die bequemen Betten und die attraktiven Bäder. Gäste mit Kindern freuen sich über die Familienzimmer und Ferienwohnungen mit vergleichsweise mehr Platz. Gleich nebenan liegt das **Powerhouse Motorcycle Museum** (02-6766 7000; www.powerhousemotorcyclemuseum.com.au; 250 Armidale Rd, East Tamworth; Erw./Kind 8/4 AU$; 9–17 Uhr;).

Retreat at Frog-Moore Park B&B $$$
(02-6766 3353; www.frogmoorepark.com.au; 78 Bligh St; Zi. inkl. Frühstück ab 225 AU$;) Dieses Avantgarde-B&B hat fünf individuell gestaltete Zimmer mit Namen wie „Marok-

kanische Fantasie“ oder „Der Kerker“ und gehört zu den schrulligeren und luxuriöseren Übernachtungsoptionen der Stadt. Die Zimmer sind groß und der Garten ist ein Traum – und das Frühstücksangebot vielleicht das beste in ganz Tamworth.

Essen

★ Ruby's Cafe & Gift Store CAFÉ $

(☎ 02-6766 9833; 494 Peel St; ⏲ Di–Sa 8–17 Uhr; ❄ 📶) Das tolle unkonventionelle Café mit großem Innenhof scheint direkt aus dem Westen von Melbournes Innenstadt zu stammen: Zum Frühstück im urbanen Stil gibt's hier z. B. marokkanische Eier, Avocado-Püree oder schlichte Eier Benedikt in einer besonders leckeren Variante. Auch die Kaffeequalität hat Melbourner Niveau.

★ Pig and Tinder Box MODERN-AUSTRALISCH $$

(☎ 02-6766 1541; www.thepigandtinderbox.com.au; 429 Peel St; Hauptgerichte 12–28 AU$; ❄ 📶) Das belebte „Pig“ im Herzen von Tamworth ist eine verlässlich gute Adresse für leckere kleine Gerichte, schmackhafte Holzofenpizzas und erstklassige Cocktails.

Hopscotch MODERN-AUSTRALISCH $$

(☎ 02-6766 8422; www.hopscotchrestaurant.com.au; Bicentennial Park, Ecke Kable Ave & Hill St; ⏲ Mo & Di 7–15, Mi & Do 7–22, Fr & Sa 7–24, So 7–21 Uhr; P ❄ 📶 👪) Das moderne, zwanglose Hopscotch am Rand eines Parks hat fast immer geöffnet und ist stets stark besucht. Polierte Betonböden verstärken hier das Geschnatter zufriedener Gäste. Hauptmagnet ist jedoch das Ganztagsfrühstück, das in der gesamten Gegend zweifellos zu den besseren seiner Art zählt. Ansonsten ist das Lokal auch eine empfehlenswerte Option für Drinks oder ein Mittag- bzw. Abendessen.

Le Pruneau FRANZÖSISCH $$

(☎ 02-6765 3666; www.lepruneau.com.au; 83 Bridge St; Hauptgerichte mittags 10–22 AU$, Gerichte abends 32–36 AU$; ⏲ Di–Sa 7.30–22, So bis 15 Uhr; P ❄ 🍷) 🌿 Wegen der kreativen, köstlichen Küche lohnt es sich, dieses französische Café mit Restaurant im Landhausstil in West Tamworth zu besuchen. Hinter dem Gebäude findet am Samstagmorgen ein **Biomarkt** mit lokalen Produkten statt. Abends ist eine Reservierung empfehlenswert.

Praktische Informationen

Tamworth Visitor Information Centre (☎ 02-6767 5300; www.destinationtamworth.com.au; New England Hwy; ⏲ 9–17 Uhr; 📶) Bei der **Big Golden Guitar** (S. 211) gibt's hier umfassende Lokal- und Regionalinfos (inkl. Countrymusik).

An- & Weiterreise

Am New England Hwy liegt Tamworth rund 115 km südwestlich von Armidale und 282 km nordwestlich von Newcastle.

Qantas (S. 209) fliegt ab Tamworth nach Sydney (mind. 2-mal tgl.). Mit der neuen Billiggesellschaft **Jetgo** (☎ 1300 328 000; www.jetgo.com) besteht Direktverbindung nach/ab Brisbane (1-mal tgl.).

Greyhound (☎ 1300 473 946; www.greyhound.com.au) Die täglichen Nachtbusse entlang des New England Hwy (Sydney–Brisbane) halten unterwegs in Tamworth, Armidale, Tenterfield und Toowoomba (Tamworth–Brisbane 128 AU$, 9½ Std.; Tamworth–Sydney 78 AU$, 6½ Std.).

New England Coaches (☎ 02-6732 1051; www.newenglandcoaches.com.au) Pro Woche jeweils drei praktische Busse von Tamworth nach Coffs Harbour (ab 92 AU$) und Brisbane (ab 117 AU$).

NSW TrainLink (S. 209) Schickt Xplorer-Züge von Sydney nach Tamworth (ab 59 AU$, 6 Std., 1-mal tgl.) und von dort aus weiter nach Armidale.

Armidale

980 M / 23 674 EW.

Oben auf dem Plateau der Northern Tablelands wird Armidale von ein paar der besten Weidegebiete Australiens umgeben. Zahlreiche historische Architekturperlen, attraktive Gärten und moosbedeckte Kirchen lassen Australiens höchstgelegene Stadt wie eine romantische Bühne für zeitgenössische Theaterstücke wirken.

Hier kann man alle vier Jahreszeiten genießen: Auf die milden und klaren Sommertage folgt ein Herbst mit spektakulärer Laubfärbung. Während des kalten Winters fällt oft auch etwas Schnee. Und im Frühling ziert ein strahlend buntes Blütenmeer die gepflegten Gärten der Einheimischen.

Sehenswertes

Saumarez Homestead HISTORISCHES GEBÄUDE

(☎ 02-6772 3616; www.nationaltrust.org.au/places/saumarez-homestead; 230 Saumarez Rd; Erw./Kind 12/6 AU$; ⏲ 10–17 Uhr; P) Die prachtvolle Villa im edwardianischen Stil (erb. 1888 bis 1906) war einst die Residenz des Gutsbesitzers Henry Dumaresq. Besucher können das schöne Gelände und die opulenten Räume auch im Rahmen der wirklich empfehlenswerten Führungen (Sa & So 10.30, 14 & 15.30 Uhr) besichtigen.

New England Regional Art Museum MUSEUM
(NERAM; 02-6772 5255; www.neram.com.au; 106–114 Kentucky St; Di–So 10–16 Uhr; P) GRATIS Das „Neram" liegt am südlichen Stadtrand von Armidale und beherbergt eine Sammlung ansehnlicher Größe sowie gute Ausstellungen zeitgenössischer Kunst. Das *Yellow Room Triptych* von Margaret Olley ist ein Highlight des Museums.

Aboriginal Cultural Centre & Keeping Place GALERIE
(www.acckp.com.au; 128 Kentucky St; Mo–Fr 9–16, Sa 10–14 Uhr; P) GRATIS In derselben Straße wie das New England Regional Art Museum liegt dieses Kulturzentrum, das einen tiefen Einblick in die Kunst der Aborigines bietet. In einem süßen kleinen Café werden kreative Variationen typischer Busch-Gerichte aufgetischt.

Schlafen & Essen

★ Lindsay House B&B $$
(02-6771 4554; www.lindsayhouse.com.au; 128 Faulkner St; EZ/DZ ab 140/190 AU$;) Das zauberhafte Wohnhaus in Armidale ist prachtvoll, ruhig und erholsam. Es versetzt den Gast zurück in die Zeit der Himmelbetten, Deckenornamente, handgezimmerten Edelmöbel und gepflegten Abendstunden mit einem Glas Portwein in der Hand.

Petersons Guesthouse PENSION $$$
(02-6772 0422; www.petersonsguesthouse.com.au; Dangarsleigh Rd; Zi. ab 200 AU$;) Das restaurierte Anwesen aus dem Jahr 1911 erstrahlt heute wieder in seinem alten Glanz und steht bei Hochzeitsgesellschaften hoch im Kurs. Die sieben Suiten auf dem großartigen Gelände sind geräumig und charaktervoll, könnten aber durchaus mal eine Renovierung vertragen. Unter den empfehlenswerten Pauschalangeboten mit Verpflegung sind beispielsweise Optionen inklusive Verkostung von Weinen aus kühleren Klimaten oder Mittagspicknick am Sonntag. Für aktuelle Öffnungszeiten besser vorher anrufen: Bei Privatveranstaltungen haben auswärtige Besucher keinen Zugang zum Grundstück.

★ Goldfish Bowl BÄCKEREI, CAFÉ $
(02-6771 5533; 160 Rusden St; Mittagessen 8–20 AU$; Mo–Fr 7–16, Sa bis 13 Uhr;) Erstklassiger Kaffee und köstliche Backwaren aus dem Holzofen machen das Goldfish Bowl zu einem tollen Boxenstopp in Armidale. Gebäck, Sauerteigbrot und Gourmetpizza katapultieren die Gäste in einen Himmel voller Kohlenhydrate.

Bistro on Cinders FUSION $$
(02-6772 4273; www.bistrooncinders.com; 14 Cinders Lane; Hauptgerichte 14–28 AU$; Di & Mi 11–15, Do–Sa 11–15 & 17–21 Uhr; P) Hinter Armidales Post betreibt eine Familie dieses coole moderne Bistro mit zeitgemäßer Fusion-Küche und kleinem zentralem Innenhof. Die ständig wechselnden Gerichte paaren asiatische und westliche Einflüsse auf einfallsreiche Weise. Heraus kommen dabei z. B. Blumenkohl in Thymian-Butter-Suppe, pikante Pies mit Lammfleischfüllung auf marokkanische Art oder Tintenfischsalat mit Thai-Touch.

Praktische Informationen

Armidale Visitor Information Centre
(02-6770 3888; www.armidaletourism.com.au; 82 Marsh St; 9–18 Uhr;) Geführte Touren plus umfassende Lokalinfos zu Armidale.

An- & Weiterreise

Armidale liegt ca. 485 km nördlich von Sydney (über Pacific Motorway und New England Hwy). Alternativ den Pacific Hwy bis Coffs Harbour nehmen und ab dort dem wunderbar malerischen Waterfall Way landeinwärts folgen (190 km).

Qantas (S. 209) und **Rex** (S. 209) fliegen von Sydney nach Armidale (jeweils mind. 1-mal tgl.).

Greyhound (1300 473 946; www.greyhound.com.au) Die täglichen Nachtbusse entlang des New England Hwy (Sydney–Brisbane) halten unterwegs in Tamworth, Armidale, Tenterfield und Toowoomba (Armidale–Sydney 116 AU$, 8 Std.).

New England Coaches (02-6732 1051; www.newenglandcoaches.com.au) Pro Woche jeweils drei praktische Busse von Armidale nach Coffs Harbour (ab 72 AU$, 3 Std.) und Brisbane (ab 106 AU$, 9½ Std.).

NSW TrainLink (S. 209) Xplorer-Direktzüge von Sydney nach Armidale (ab 66 AU$, 8 Std., 1-mal tgl.).

Tenterfield

850 M / 3300 EW.

Tenterfield gilt in gewisser Hinsicht als Geburtsstätte der australischen Nation, denn in der Tenterfield School of Arts hielt Sir

Henry Parkes 1889 die Rede, welche letztlich 1901 zur Gründung des Australischen Bundes führte. Bekannt ist Tenterfield aber auch als Geburtsort des Entertainers Peter Allen *(The Boy from Oz)*; ältere Semester dürften sich noch an seinen berühmten Song *Tenterfield Saddler* erinnern.

Mit seinen anmutigen historischen Bauten dient das verschlafen wirkende, hübsche Städtchen oben in den Northern Tablelands als Knotenpunkt einer Region, die aus zahlreichen, von malerischen Nationalparks umgebenen Dörfern besteht. Die Lage hoch droben sorgt im Sommer für ein kühleres Klima und im Winter für eine bis zu 30 cm dicke Schneedecke.

Sehenswertes

Sir Henry Parkes Memorial School of Arts
HISTORISCHES GEBÄUDE

(☎ 02-6736 6100; www.henryparkestenterfield.com; 201–205 Rouse St; ⏲ 10–16 Uhr) Wer sich für australische Geschichte interessiert, der wird dieses Museum (Erw./Kind 5/2 AU$) in einem wunderschön restaurierten alten Herrenhaus mögen. Es ist ein denkwürdiger Ort, denn hier hielt Sir Henry Parkes, der „Vater der Föderation", 1889 die Tenterfield Oration, eine Rede, in der er vorschlug, dass sich die sechs britischen Kolonien Australiens zusammenschließen sollten. Wen das nicht vom Hocker haut, der geht in die Bibliothek, ins Kino oder ins Café.

Bald Rock National Park
NATIONALPARK

(☎ 02-6736 4298; www.nationalparks.nsw.gov.au; Naas Rd; Fahrzeug 8 AU$/Tag; P) Etwa 35 km nordöstlich von Tenterfield (der als „Woodenbong" ausgeschilderten Naas Rd folgen) kann man den größten Granitmonolithen Australiens erklimmen (er wirkt wie ein gestreifter Mini-Uluru). Hier gibt es nette Wege (darunter zwei Routen auf den Felsen mit Ausblick), Picknickstellen und einen Zeltplatz (Erw./Kind 10/5 AU$). Kängurus und Vögel sorgen für eine schöne Kulisse.

Richmond Range National Park
NATIONALPARK

(Gorge Creek; P) GRATIS Abseits ausgetretener Pfade gedeiht 117 km östlich von Tenterfield in diesem 15 712 ha großen Park einer der am besten geschützten, uralten Regenwaldbestände von New South Wales. Er zählt zum Weltnaturerbe und vermittelt einen Eindruck davon, wie diese Ecke Australiens vor der Besiedelung durch die Europäer ausgesehen hat.

Schlafen & Essen

Tenterfield Lodge & Caravan Park
WOHNWAGENPARK $

(☎ 02-6736 1477; www.tenterfieldlodgecaravanpark.com.au; 2 Manners St; Stellplatz ohne/mit Strom 26/29 AU$, B ab 36 AU$, Hütte ab 70 AU$; P @) Der freundliche Wohnwagenpark bietet eine Reihe von Übernachtungsmöglichkeiten von Stellplätzen und geländeeigenen Wohnwagen bis hin zu kleinen Hütten. Es gibt auch einen Picknickbereich und einen netten kleinen Kinderspielplatz.

★ Commercial Boutique Hotel
BOUTIQUEHOTEL $$

(☎ 02-6736 4870; www.thecommercialboutiquehotel.com; 288 Rouse St; Zi. ab 170 AU$; P ❄) Ein herrlicher Art-déco-Pub aus den 1940er-Jahren wurde auf Zack gebracht und als glamouröses Boutiquehotel (mit acht monochromen Zimmern) wiedereröffnet. Auch der Speisebereich ist ganz neu gestaltet und dient nun als attraktive Bar, wo es lokale Weine und traditionell gebraute Biere gibt.

Tenterfield Gourmet Pizza
PIZZA $$

(☎ 02-6736 5500; www.tenterfieldgourmetpizza.com; 236 Rouse St; Pizza 13–23 AU$; ⏲ 12–14 & 17–20.30 Uhr; ❄) Tenterfields einzige Pizzeria ist eine super Wahl für Pizza-Fans. Es gibt auch Pasta nach Hausmacherart.

Praktische Informationen

Tenterfield Visitor Information Centre (☎ 02-6736 1082; www.tenterfieldtourism.com.au; 157 Rouse St; ⏲ Mo–Sa 9.30–17, So bis 16 Uhr;) Hat hilfsbereite Führer für Buschwanderungen und vermittelt Touren in die zahlreichen Nationalparks im Umland.

An- & Weiterreise

Tenterfield liegt etwas abgeschieden im High Country nahe der Grenze zu Queensland, 93 km nördlich von Glen Innes in New South Wales und 112 km südlich von Warwick in Queensland. Vorüber sind die goldenen Zeiten der hiesigen Eisenbahn, als Tenterfield noch ein wichtiger Bahnhof auf der Linie war.

NSW TrainLink (S. 209) betreibt täglich einen Bus von/nach Armidale (25 AU$, 2½ Std.) mit Anschluss an den täglich zwischen Armidale und Sydney verkehrenden Zug Xplorer (ab 66 AU$, 8 Std.).

New England Coaches (☎ 02-6372 1051; www.newenglandcoaches.com.au) hat dreimal pro Woche Busverbindungen nach Armidale (60 AU$, 2½ Std.) und Brisbane (80 AU$, 5½ Std.).

Northern Rivers Buslines (☎ 02-6626 1499; www.nrbuslines.com.au) hat drei Busse pro Woche nach Lismore (6 AU$, 2 Std.) mit Anschluss nach Byron Bay.

Ankunft und Abfahrt der Busse ist am Tenterfield Community Centre an der Manners St.

NÖRDLICHES NEW SOUTH WALES

Viele Leute rasen durch das nördliche NSW hindurch, ohne diese typisch australische Landschaft entsprechend zu würdigen – und träumen bereits von den Stränden Queenslands. Und wenn Queensland nicht auf dem Programm steht, dann vielleicht Lightning Ridge. Für die Bergbaugemeinde sind nicht nur Edelsteine, sondern auch echte australische Originale charakteristisch.

Coonabarabran

505 M / 3200 EW.

Coonabarabran (oder „Coona", wie die Einheimischen sagen) gilt dank seiner reinen Luft, seiner Höhe (505 m) und der geringen Luftfeuchtigkeit als perfekter Ort zum Sternegucken. Es ist ein altmodisches, respektables kleines Städtchen, in dem die Leute noch gute Manieren haben, die Umwelt respektieren und die Natur schützen.

Der wohl beste Grund für einen Besuch ist die Nähe zum außergewöhnlichen Warrumbungle National Park, der 2016 zum ersten Dark Sky Park (Lichtschutzgebiet) Australiens erklärt wurde. Was man darunter zu verstehen hat, kann man unter http://darksky.org/idsp nachlesen.

Sehenswertes

★ Warrumbungle National Park NATIONALPARK
(☎ 02-6825 4364; www.nationalparks.nsw.gov.au/visit-a-park/parks/Warrumbungle-National-Park; John Renshaw Pkwy; 8 AU$/Auto & Tag; ⏲ 24 Std.; P) Etwa 35 km westlich von Coonabarabran liegt dieser 232 km² große Park mit seinen spektakulären Granitkuppen, einem weiten Netz aus Wanderwegen durch den Busch, zahlreichen wilden Tieren und herrlich bunten Wildblumen im Frühling. Dies ist einer der schönsten Parks in New South Wales. Leider fegte 2013 ein großer Buschbrand über Teile des Parks hinweg, und es wird Jahre dauern, bis sich die Vegetation erholt hat.

Die Parkgebühren bezahlt man beim **Warrumbungle National Park NWPS Visitor Centre** (☎ 02-6825 4364; www.nationalparks.nsw.gov.au/things-to-do/Visitor-centres/Warrumbungle-Visitor-Centre/visitor-info; abseits des John Renshaw Parkway, Warrambungle National Park; ⏲ 9–16 Uhr; WLAN). In der Nähe gibt's im Camp Blackman hervorragende Stellplätze (Erw./Kind ab 6/3,50 AU$). Unter den Wanderwegen ist auch der einzigartige, 12,5 km lange Breadknife & Grand High Tops Walk.

Siding Spring Observatory STERNWARTE
(☎ 02-6842 6211; www.sidingspringobservatory.com.au; Observatory Rd; Erw./Kind 5,50/3,50 AU$; ⏲ Mo–Fr 9.30–16, Sa & So 10–16 Uhr; P 👪) Der Himmel über Coonabarabran ist so klar, dass die Australian National University sogar etwa 27 km westlich der Stadt, am Rande des Warrumbungle National Park, eine Forschungsanlage eingerichtet hat. Hier stehen mehrere Teleskope, die verschiedenen nationalen und internationalen Institutionen gehören, darunter das 3,9 m große Anglo-Australian Telescope, das größte optische (auf sichtbarem Licht basierende) Teleskop Australiens. Hier gibt es zwar keine offiziellen Einrichtungen zur Sternbeobachtung, im **Visitor Centre** wird man aber mit Zahlen und Fakten zum Sonnensystem förmlich überhäuft.

Milroy Observatory STERNWARTE
(☎ 0428 288 244; www.milroyobservatory.com.au; Morrisseys Rd; Erw./Kind 30/15 AU$; ⏲ Führung Sommer 20.30 Uhr, Winter 18 & 20 Uhr; P) Diese Sternwarte hat das größte der Öffentlichkeit zugängliche Teleskop der südlichen Hemisphäre (die 1 m große Vorrichtung ist auf einem Hügel etwa 10 km außerhalb Coonas installiert). Regelmäßig finden 90-minütige Sternenbeobachtungen statt. Vorabbuchung unerlässlich! Alle Infos auf der Homepage.

Schlafen

All Travellers Motor Inn MOTEL $
(☎ 02-6842 1133; www.alltravellers.com.au; Newell Hwy; Zi. ab 100 AU$; P ❄ WLAN 🏊) Coonabarabrans hübschestes Motel hat dank doppelter Ziegelwände kühle Retro-Zimmer, die stets gepflegt und renoviert werden, sowie einen hübschen Pool, in dem man sich an heißen Sommertagen Abkühlung verschaffen kann.

Praktische Informationen

Coonabarabran Visitor Information Centre
(☎ 1800 242 881; www.warrumbungleregion.com.au; Newell Hwy; ⏲ 9–17 Uhr; WLAN) Neben

Karten und Infos zu Warrumbungle National Park und Umgebung gibt's hier ein kleines, kostenloses Dinosaurier-Museum samt Ausstellung zu Kunst und Geschichte der Region.

Lightning Ridge

2492 EW.

Das erstaunlich erfinderische Bergarbeiterdorf im Outback (einer der wenigen Orte weltweit, wo der wertvolle schwarze Opal zu finden ist) versprüht noch echten Pioniergeist. Hier leben exzentrische Künstler und echte Buschbewohner. Die Gemeinde ist recht unkonventionell.

Sehenswertes

★ Chambers of the Black Hand GALERIE
(☎ 02-6829 0221; www.chambersoftheblackhand.com.au; 3 Mile Rd, Yellow Car Door 5; Erw./Kind 35/10 AU$; ⏲ Führungen April–Okt. 9.30 & 15 Uhr, Nov.–März 10.30 Uhr; P 👪) Ein bemerkenswerter Ort und Symbol für die Verrücktheit und Kreativität der Menschen hier. Der Künstler und Kumpel Ron Canlin hat eine 12 m tiefe Grube in eine Höhlengalerie mit Schnitzereien und Gemälden verwandelt, auf denen von Superhelden über Stars, Pharaonen und Buddhas bis hin zu Tieren alles zu sehen ist, was die Vorstellungskraft hergibt. Vorab am besten telefonisch klären, ob die Zeiten der Führung noch stimmen. Bei Bedarf holt ein kostenloser Shuttlebus Besucher an der Unterkunft ab.

Opal Mine Adventure MINE
(☎ 02-6829 0473; www.opalmineadventure.com.au; Lot 45, Angledool Rd über Gem St; Erw./Kind 20/8 AU$; ⏲ April–Okt. 9–17 Uhr, Nov.–März 8.30–12.30 Uhr; P 👪) Wer mal erleben möchte, wie es in einer echten Mine tatsächlich aussieht, kann das in Lightning Ridge am einfachsten hier tun. In dieser inzwischen stillgelegten Mine können Besucher sich selbst einen Eindruck von dem beengten Arbeitsumfeld eines Opalschürfers unter Tage verschaffen – wobei dieser natürlich weder von den allgegenwärtigen Souvenir- und Touristenläden noch von den benutzerfreundlichen breiten Treppen und Flutlichtern, die es heute hier gibt, profitierte.

Aktivitäten

★ Lightning Ridge Bore Baths BADEN
(Pandora St; ⏲ 12–10 Uhr) GRATIS Bei einem Bad in diesen einzigartigen Quellen kann man entspannt den unvergesslichen Panoramablick genießen. Das heiße Wasser (41,5 °C) ist reich an Mineralien und kommt direkt aus 1200 m Tiefe. Besonders bei Sonnenaufgang und Sonnenuntergang ist es hier wunderschön, und ab und zu kann man sogar noch ein Schwätzchen mit den Einheimischen halten. Bitte beachten: Die Quellen sind täglich für zwei Stunden zwischen 10 und 12 Uhr wegen Reinigungsarbeiten geschlossen – und die hohen Temperaturen sind nichts für Kleinkinder.

Schlafen

★ Opal Caravan Park WOHNWAGENPARK $
(☎ 02-6829 1446; www.opalcaravanpark.com.au; 142 Pandora St; Stellplatz 27–45 AU$, Hütte ab 110 AU$; P ❄ 📶 🏊) Dieser neue, gut geplante Wohnwagenpark im Busch liegt in etwa gegenüber der Lightning Ridge Bore Baths und bietet hervorragende moderne Einrichtungen: in sich abgeschlossene Hütten, einen Swimmingpool, WLAN, Stellplätze mit eigenem Bad und eine Campingküche samt Pizzaofen. Es gibt sogar ein kleines Gelände, wo man auf Opalsuche gehen kann. Falls verfügbar, sollte man eine der brandneuen Executive-Hütten mieten.

Praktische Informationen

Lightning Ridge Visitor Information Centre
(☎ 02-6829 1670; www.lightningridgeinfo.com.au; Morilla St; ⏲ 9–17 Uhr; 📶)

ZENTRALES NEW SOUTH WALES

Die relative Nähe des zentralen New South Wales zu Sydney und seine idyllischen Landschaften machen die landwirtschaftlich geprägten Gemeinden der Region bei reiselustigen Rentnern und Großstädtern auf der Suche nach einem belebenden Tapetenwechsel immer beliebter. Dabei macht die Fahrt hierher – ob mit dem Auto oder der Bahn – über die zur Great Dividing Range gehörenden markanten Blue Mountains schon den halben Spaß aus.

Orange und Mudgee dürfen bei Feinschmeckern und Weinliebhabern nicht auf der Liste der Reiseziele fehlen, während Familien Dubbo, Parkes und Bathurst für deren große Auswahl an kindgerechten Museen und Attraktionen schätzen.

Fährt man noch weiter gen Westen, wird es trockener, und die unendliche rote Erde des Outbacks beginnt.

Bathurst

650 M / 42 231 EW.

Bathurst ist die älteste australische Siedlung im Binnenland. Sie punktet mit europäischen Bäumen, angenehm kühlem Klima und einem wunderschönen gepflegten zentralen Platz. Dieser wird von prächtigen viktorianischen Bauten flankiert, die den Betrachter in längst vergangene Zeiten zurückversetzen. Bathurst kann aber auch anders: Es ist die Hochburg des australischen Motorsports und Austragungsort zahlreicher Events.

Sehenswertes

★ Australian Fossil & Mineral Museum MUSEUM
(☎ 02-6331 5511; www.somervillecollection.com.au; 224 Howick St; Erw./Kind 14/7 AU$; ⏲ Mo–Sa 10–16, So bis 14 Uhr) Man sollte sich nicht von dem langweiligen Namen abschrecken lassen. Dieses Museum ist wie ein Schatzkästchen voller kleiner Wunder. Hier gibt's die international renommierte Somerville Collection zu sehen, eine Sammlung seltener Fossilien, Edelsteine und Mineralien in sämtlichen Farben und Formen (Amethysten, Diamanten, Rubine, urzeitliche, in Bernstein eingeschlossene Insekten). Außerdem ist Australiens einziges vollständiges Skelett eines Tyrannosaurus Rex ausgestellt.

Mt. Panorama WAHRZEICHEN
(www.mount-panorama.com.au; Mountain Straight, Mt Panorama) GRATIS Der 6,2 km lange **Mount Panorama Motor Racing Circuit** wird das Herz jedes Autofans höher schlagen lassen. Hier findet jedes Jahr im Oktober das berühmte Bathurst 1000 mit bis zu 200 000 Zuschauern statt. Die Rennstrecke ist eine öffentliche Straße, man kann hier also auch selbst seine Runden drehen – wenn auch nur mit einer wenig prickelnden Maximalgeschwindigkeit von 60 km/h. Auf dem Hügel gibt's einen Aussichtspunkt und einen Spielplatz im Zeichen des Rennsports.

Alle Straßen führen hierher, darunter auch die William St in Richtung Südwesten.

Abercrombie House HISTORISCHES GEBÄUDE
(☎ 02-6331 4929; www.abercrombiehouse.com.au; 311 Ophir Rd; Erw./Kind 15/10 AU$; ⏲ Sept.–März Mi–Fr 10.30–15, Sa & So bis 16 Uhr; P) Das beeindruckende Herrenhaus im tudorgotischen Stil hat 52 Zimmer und liegt 7 km nordwestlich vom Stadtzentrum. In dem denkmalgeschützten Haus, das sich in Privatbesitz befindet, können Besucher sich auf eigene Faust umschauen. Im Haus und im Garten finden häufig Sonderveranstaltungen statt – Termine, Veranstaltungskalender und genaue Öffnungszeiten kann man auf der Website nachprüfen.

National Motor Racing Museum MUSEUM
(☎ 02-6332 1872; www.nmrm.com.au; 400 Panorama Ave; Erw./Kind 15/7 AU$; ⏲ 9–16.30 Uhr) Das Museum am Fuß des Mt. Panorama feiert die Errungenschaften des australischen Motorsports und widmet sich insbesondere der Geschichte des Mt. Panorama und des Bathurst 1000. Die vielen aufgemotzten Kisten versetzen jeden Fan in Begeisterung.

Feste & Events

Bathurst 1000 SPORT
(www.supercars.com/bathurst1000; Mt. Panorama; ⏲ Anf. Okt.) Zu diesem Tourenwagenrennen über 1000 km strömen die Autoliebhaber in Scharen nach Bathurst. Das viertägige Event im Oktober gilt als das Highlight des australischen Motorsports.

Schlafen

Governor Macquarie Motor Inn MOTEL $
(☎ 02-6331 2211; www.governormacquarie.com.au; 19 Charlotte St; Zi. ab 90 AU$; P ❄ 🏊) Das smarte, frisch renovierte Motel liegt im Zentrum von Bathurst, ist aber von der geschäftigen Hauptstraße zurückgesetzt und dadurch etwas ruhiger. Ein weiterer Pluspunkt sind die „King-Executive"-Suiten, die kostenlose Waschküche und der Meerwasserpool.

Rydges Mount Panorama HOTEL $$
(☎ 02-6338 1888; www.rydges.com/bathurst; 1 Conrod Straight; Zi. ab 159 AU$; 📶 🏊) Das am Mt. Panorama direkt an der Rennbahn gelegene Rydges hat 129 schicke Wohnstudios und Apartments, die schon Monate im Voraus ausgebucht sind, wenn die knarrenden Kisten in der Stadt sind, weil alle Zimmer direkt auf die Rennbahn blicken. In der restlichen Zeit des Jahres ist es hier herrlich ruhig, wenn auch etwas abgelegen.

Essen & Ausgehen

Church Bar PIZZA $$
(☎ 02-6334 2300; www.churchbar.com.au; 1 Ribbon Gang Lane; Pizza 17–25 AU$; ⏲ So–Do 12–22, Fr & Sa bis 24 Uhr; ❄) In dieser restaurierten Kirche aus den 1850er-Jahren huldigen die Leute heute mit Inbrunst der Holzofenpizza. Die hohen Decken und der grüne Hof abseits der William St machen die Church Bar

zu einem der besten und geselligsten Restaurants von Bathurst.

9inety 2wo MODERN-AUSTRALISCH $$$
(☎ 02-6332 1757; www.9inety2wo.com; 92 Bentinck St; Hauptgerichte 42 AU$; ⏲ Di–Sa 18–21 Uhr; ❄) Die ehemalige Temperance Hall of Bathurst (1877) bildet die Kulisse für dieses schicke Abendrestaurant mit international beeinflusster modern-australischer Küche. Es gibt u. a. entbeintes Brathähnchen, Barramundi, Lamm, Ente und Muscheln.

Two Heads Brewing KLEINBRAUEREI
(☎ 02-6331 5369; www.twoheadsbrewing.com; 2a Piper St; ⏲ Mi 17–22, Do–Sa 11.30–22, So bis 16 Uhr; 📶) Wer Kleinbrauereibiere mag, sollte diesem trendigen Brauhaus in einem ehemaligen Lagerhaus nahe dem Bahnhof einen Besuch abstatten. Hier kann man zum Bier auch einen zwanglosen Happen essen.

Praktische Informationen

Bathurst Visitor Information Centre
(☎ 02-6332 1444; www.visitbathurst.com.au; 1 Kendall Ave; ⏲ 9–17 Uhr) Hat Infos zu Weingütern, Wanderwegen und Panoramawegen in der Region.

An- & Weiterreise

Bathurst liegt etwas über 200 km von Sydney entfernt am Great Western Hwy. Die Fahrt führt über die malerischen Blue Mountains.

Australia Wide Coaches (☎ 02-6362 7963; www.austwidecoaches.com.au; ⏲ tel. Reservierung 6–19 Uhr) hat täglich einen Expressbus zwischen Sydney und Orange mit Halt in Bathurst (40 AU$, 3½ Std.). Die Busse halten am Bathurst Bus Interchange an der Ecke William und Howick St.

NSW TrainLink (S. 209) betreibt eine tägliche XPT-Zugverbindung ab Sydney (ab 32 AU$, 3½ Std.) und mindestens vier Busse pro Tag von Lithgow (8,80 AU$, 1 Std.) zum Bahnhof Bathurst.

Orange

863 M / 40 075 EW.

Orange ist vielleicht die hübscheste Kleinstadt in New South Wales. Es hat schöne historische Bauten, ein mildes Hochlagenklima und gerade so viel zu bieten, dass es sich hier gut leben lässt. Inzwischen hat sich Orange als Stadt zu einem gastfreundlichen, schnell wachsenden regionalen Zentrum mit einer boomenden kulinarischen und Weinszene entwickelt.

Sehenswertes

★ **Mt. Canobolas** NATURSCHUTZGEBIET
(🅿 👪) In diesem erholsamen und familienfreundlichen, südwestlich der Stadt Orange gelegenen Naturschutzgebiet finden sich plätschernde Wasserfälle, schöne Aussichtspunkte sowie Fahrrad- und Wanderwege. Der **Lake Canobolas** eignet sich bestens zum Baden und ist ein guter Ausgangspunkt für Erkundungstouren in die Umgebung. Zudem wartet der See mit vielen Picknicktischen sowie einem Kinderspielplatz direkt am Ufer auf. Die Straße zum See zweigt 8 km westlich der Stadt von einer Verlängerung der Coronation Rd ab.

Orange Regional Museum MUSEUM
(☎ 02-6393 8444; www.orangemuseum.com.au; 151 Byng St; ⏲ 9–17 Uhr; 👪) GRATIS Das fabelhafte und zudem kostenlose Museum ist in einem brandneuen, architektonisch interessanten Gebäude mit schrägem Grasdach untergebracht. Es ist der ganze kulturelle Stolz der Stadt. Zu sehen gibt's Dauerausstellungen zur Lokalgeschichte sowie Wanderausstellungen.

Aktivitäten & Geführte Touren

Orange ist ein maßgeschneidertes Ziel für Weinliebhaber und feinsinnige Gourmets. Die Region ist für ihre außergewöhnlichen Weine aus kühlem Klima bekannt (s. www.winesoforange.com.au). Hier werden aber auch Obst, Beeren und Nüsse angebaut und erstklassige Lämmer und Rinder gezüchtet.

Dutzende Weingüter und Bauernhöfe in dieser Region sind öffentlich zugänglich. Als erste Anlaufadresse bietet sich das Visitor Centre an, das die Broschüre *Orange & District Wine & Food Guide* mit einer Karte und sechs eingezeichneten Routen in und rund um die Stadt bereithält. Darin sind auch Weingüter und Bauernhöfe (mit Beeren- und Obstanbau), Anbieter lokaler Erzeugnisse (Feinkostläden, Kleinbrauereien) sowie Picknickplätze verzeichnet.

Orange Wine Tours WEIN
(☎ 02-5310 6818; www.orangewinetours.com.au; Tour halber Tag ab 85 AU$) Der beliebte regionale Tourveranstalter kennt die unzähligen Weingüter und Bauernhöfe in Orange besser als alle anderen. Wer sich nicht scheut, das Steuer auch mal aus der Hand zu geben, kann sich einem professionellen Führer anvertrauen.

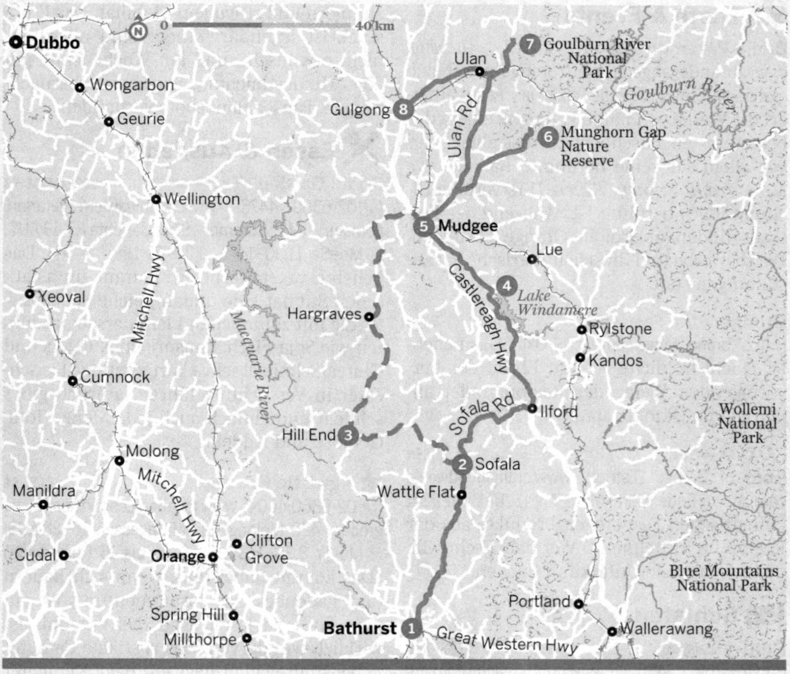

Autotour
Von Bathurst nach Gulgong

START BATHURST
ZIEL GULGONG
LÄNGE 265 KM (OHNE ABSTECHER)

Die Region punktet mit Landschaft, Parks, Schutzgebieten und idyllischen Kleinstädten.

Vom Stadtzentrum von ① **Bathurst** der Ausschilderung nach Lithgow folgen und die Ausfahrt nach Sofala nehmen. Die Fahrt führt 43 km nordöstlich von Bathurst hinunter in ein Tal. Unmittelbar vor der Brücke biegt man in die charmante, verfallene Hauptstraße von ② **Sofala** ab, einem hübschen Goldgräbernest. Wer Zeit hat, legt einen Abstecher über die 105 km lange, nur teilweise asphaltierte Straße nach Mudgee ein, der über ③ **Hill End** führt, ein weiteres Goldgräberdorf. Ansonsten geht's von Sofala 28 km weiter nach Ilford, wo man auf die Hauptstraße Lithgow–Mudgee trifft. Bei der Fahrt Richtung Nordwesten kommt man am ④ **Lake Windamere** vorbei und erreicht schließlich ⑤ **Mudgee**, dessen Vororte man links liegen lässt und gleich zum Zentrum fährt. Dazu der Church St folgen, die zur Ulan Rd wird und dann die Stadt Richtung Nordwesten verlässt, vorbei an erlesenen Weingütern. Hier bietet sich ein Abstecher zum ⑥ **Munghorn Gap Nature Reserve** mit seinem hin und zurück 8 km langen Castle-Rock-Wanderweg an; dort lebt ein gefährdeter Vogel, der Warzenhonigfresser.

Wieder auf der Hauptstraße nach Ulan rund 29 km hinter Mudgee den Abzweig nach Gulgong und 3 km weiter auch den zum Nationalpark ignorieren. Vorbei geht's an einem 10 km langen Tagebau, dann den Abzweig zu „The Drip" in den ⑦ **Goulburn River National Park** nehmen. Eine hin und zurück 3 km lange Kurzwanderung am Fluss entlang beginnt am Parkplatz ca. 200 m abseits und unterhalb der Straße neben einer Badestelle und verläuft zwischen Böschung und Flussufer; an überhängenden Felsen jenseits des Bachs sieht man auf halber Strecke Felsmalereien der Aborigines. Unterwegs nach Wallabys, Kängurus und Wombats ausschauen!

Wieder im Auto weiter nach Ulan fahren und dann der Ausschilderung zum historischen ⑧ **Gulgong** folgen, das man nach einer 24 km langen Fahrt durch dichte, von Waldbränden versengte Wälder erreicht.

Feste & Events

Banjo Paterson Poetry Festival LITERATUR
(www.brandorange.com.au/orange-nsw/banjo-paterson-festival; Ende Feb.) Das Festival feiert die Werke von Banjo Paterson, einem der bekanntesten Buschpoeten Australiens, der vor allem für seine berühmte Ballade *The Man from Snowy River* (Erstveröffentlichung 1890) berühmt ist. Während des Festivals finden überall in Orange Lesungen, Wettbewerbe und diverse literarische Veranstaltungen statt.

Orange Wine Festival WEIN
(http://brandorange.com.au; Okt.) Das beliebte, feucht-fröhliche Fest zu Ehren der hervorragenden Weine der Region findet alljährlich im Oktober statt.

F.O.O.D Week ESSEN
(Food of Orange District; www.orangefoodweek.com.au; Ende März–Mitte April) Bei diesem kulinarischen Fest stehen Produkte aus der Region im Mittelpunkt. Wer dabei sein will, muss vorab eine Unterkunft buchen.

Schlafen

Duntryleague PENSION $
(02-6362 3466; www.duntryleague.com.au; Woodward St; DZ ab 125 AU$;) Oranges schönstes historisches Anwesen (von 1876) beherbergt heute eine Pension mit 14 Zimmern, ein Veranstaltungszentrum und einen Golfplatz. Die Zimmer wurden modernisiert, haben sich aber ihren alten Charme erhalten und werden ständig aufgebessert. Auch wer hier nicht absteigt, sollte sich das wunderschöne Herrenhaus mal ansehen!

★ **de Russie Boutique Hotel** BOUTIQUEHOTEL $$
(02-6360 0973; www.derussiehotels.com.au; 72 Hill St; DZ ab 175 AU$;) Dieses kleine Stück vom Paradies erfüllt sämtliche Voraussetzungen für die Bezeichnung „Boutique" und könnte genauso gut irgendwo in Sydney stehen. Es bietet allen zu erwartenden luxuriösen Komfort, darunter Küchennischen in allen Wohnstudios. Im Preis ist ein Frühstückskorb enthalten.

Arancia B&B B&B $$$
(02-6365 3305; www.arancia.com.au; 69 Wrights Lane, Nashdale; EZ/DZ ab 180/250 AU$;) Die Ausstattung des von grünen Hügeln umgebenen B&B steht der eines Hotels in nichts nach: Es gibt fünf geräumige Zimmer mit großen Betten, angeschlossenen Badezimmern und stilvollem Mobiliar. Das Frühstück ist legendär. Kinder sind allerdings nicht erwünscht, und am Wochenende gilt eine Mindestbuchung von zwei Übernachtungen. Pauschalangebote vorhanden.

Essen & Ausgehen

Bodhi Garden VEGETARISCH $
(02-6360 4478; www.bodhigardenvegetarian.com.au; 341 Summer St; Gerichte 7–19 AU$; Mo–Sa 11.30–14 & 17.30–21 Uhr;) Das beliebte vegetarische Restaurant im asiatischen Stil hat eine umfangreiche Speisekarte, die mit zahlreichen Fleischersatzprodukten wie Soja-Fisch, knusprigen Nuggets und Gluten-Schnitzel selbst hartgesottene Fleischesser in Versuchung führt. Natürlich gibt's schlicht und einfach auch jede Menge Tofu, Gemüse und Nudeln.

★ **Agrestic Grocer** CAFÉ $$
(02-6360 4604; www.facebook.com/theagrestic grocer; 426 Molong Rd; Mittagessen 16–28 AU$; Mo–Fr 8.30–17.30, Sa & So bis 16 Uhr;) „Das kommt dabei raus, wenn sich Bauern und Ladenbesitzer zusammentun", ist auf dem Flyer zu lesen. Und das Ergebnis ist wirklich wundervoll. Das rustikale Café mit Lebensmittelladen liegt ein paar Kilometer außerhalb der Stadt am Mitchell Hwy (der hier Molong Rd heißt) und setzt auf regionale Produkte. Zum Frühstück gibt's hausgemachten Teekuchen, zu Mittag italienischen Panzanella-Salat oder koreanische Barbecue-Burger. Alles ist einfach köstlich!

★ **Lolli Redini** MODERN-AUSTRALISCH $$$
(02-6361 7748; www.lolliredini.com.au; 48 Sale St; 2/3 Gänge 70/90 AU$; Di–Sa 18–21 & Sa 12–14 Uhr;) In diesem vielgepriesenen Restaurant (Reservierung ist erforderlich) kommen die feinsten Zutaten Oranges in all ihrer Herrlichkeit auf den Tisch. Zum Essen werden sorgfältig passende Weine ausgewählt, das Ambiente und der Service sind vorbildlich, und die kulinarischen Kreationen (viele davon vegetarisch) erweisen sich als unglaublich köstlich.

Eighteen 70 MODERN-AUSTRALISCH $$$
(02-6361 9020; www.eighteen70.com.au; 85 March St; Mittagsmenü 20 AU$, Hauptgerichte abends 34–40 AU$; Di–Fr 12–14 & 18–21, Sa & Mo 18–21 Uhr;) Das ausgezeichnete Restaurant der modernen australischen Küche befindet sich in einem elegant restaurierten Cottage mit Garten und ist mit seinen gestärkten weißen Tischdecken, der gedämpf-

ten Beleuchtung und den hervorragend zubereiteten Gerichten genau das Richtige für ein romantisches Date in Orange. Berühmt ist auch die hauseigene Dessert-Spezialität: der süße Burger, bestehend aus einem Marmeladenbrötchen mit Kokos, Schokoeis, Bananen-Marshmallow und Beerengelee. Klingt komisch, funktioniert aber!

★ Ferment WEINBAR

(☎ 02-6360 4833; www.orangewinecentre.com.au; 87 Hill St; ⏲ 11–19 Uhr) In einem traumhaften alten Gebäude widmet sich das Ferment, ein Direktverkauf für kleine lokale Erzeuger rund um Orange, dem lokalen Wein. Hier kann man sich auf Expertengespräche einlassen, sich an Häppchen laben oder die Einrichtung bestaunen. Und wie wäre es mit dieser cleveren Idee? Fahrradverleih mit Picknick für zwei (55 AU$/halber Tag).

Praktische Informationen

Orange Visitor Information Centre
(☎ 02-6393 8226; www.visitorange.com.au; 151 Byng St; ⏲ 9–17 Uhr) Eine der besten Touristeninformationen in New South Wales befindet sich in dem markanten Gebäude des Orange Regional Museum und bietet eine Fülle von allen möglichen Infos zu Orange – und teilweise auch über den Rest von New South Wales. Die freundlichen, außerordentlich hilfsbereiten Angestellten können alle Fragen über ihre Stadt beantworten.

An- & Weiterreise

Orange liegt 54 km westlich von Bathurst und 257 km westlich von Sydney am Mitchell Highway und ist auf dem Straßen-, Schienen- und Luftweg gut an die Außenwelt angebunden. Qantas (S. 209) und Rex (S. 209) haben täglich Flüge von/nach Sydney.

NSW TrainLink (S. 209) betreibt zwei Direktzüge vom Bahnhof Orange nach Sydney (ab 37 AU$, 4¾ Std.) sowie mindestens vier Busse am Tag nach Lithgow (18,50 AU$, 1¾ Std.), wo man Anschluss an die regelmäßigen Intercity-Züge nach Sydney hat.

Australia Wide Coaches (☎ 02-6362 7963; www.austwidecoaches.com.au; 12 Ash St; ⏲ 9–16 Uhr) hat einen Bus am Tag vom Bahnhof Orange über Bathurst nach Sydney (40 AU$, 4 Std.).

Millthorpe

960 M / 1109 EW.

Das Pionierdorf mit seinen historischen Bauten ist nur 20 Minuten von Orange entfernt und versetzt Besucher in die Mitte des 19. Jhs. zurück. Millthorpe ist so reizend, dass der gesamte Ort vom National Trust unter Denkmalschutz gestellt wurde. Als Standquartier ist er eine ruhigere Alternative zu Orange, auch wenn am Wochenende Ausflügler und Sonntagsfahrer den Ort bevölkern.

Weitere Infos findet man unter www.millthorpevillage.com.au.

Sehenswertes

Golden Memories Millthorpe Museum MUSEUM

(☎ 02-6366 3980; www.millthorpemuseum.com; 37 Park St; 8 AU$; ⏲ Mo–Fr 10–16 Uhr; 👪) Das wundervoll ländliche Museum umfasst acht Gebäude mit einer bunt gemischten Ausstellung, u.a. zur Lokalgeschichte, zur Kultur der Aborigines, zur Landwirtschaft und zu australischen Erfindungen. Man braucht etwa zwei Stunden, um sich alles in Ruhe anzuschauen.

Schlafen

Millthorpe Bed & Breakfast B&B $$

(☎ 02-6366 3967; www.millthorpebedandbreakfast.com.au; 11 Morley St; Zi. ab 175 AU$; ❄) Wer einen Hauch von Moderne im rustikalen Millthorpe sucht, ist in diesem kompakten B&B am Ortsrand richtig. Es gibt hier drei Zimmer von Hotelqualität mit knackigem, minimalistischem Dekor und luxuriösen Details wie Fußbodenheizung und feiner Bettwäsche. Am Wochenende gilt eine Mindestbuchung von zwei Übernachtungen.

Hockeys COTTAGE $$$

(☎ 0421 121 937; www.hockeysaccommodation.com.au; 28 Park St; Zi. 260–300 AU$; P ❄ 📶) Wer Wert auf ein wenig Privatsphäre und einen Hauch Romantik legt, findet in der wunderschön restaurierten und modernisierten alten Apotheke „Millthorpe Chemist" eine beliebte, in sich abgeschlossene Unterkunft mit allem Komfort, den man von zu Hause gewohnt ist, und einigen Extras wie Whirlpool, Luxusbettwäsche und Fußbodenheizung.

Essen

★ Tonic MODERN-AUSTRALISCH $$

(☎ 02-6366 3811; www.tonicmillthorpe.com.au; Ecke Pym & Victoria St; 2/3 Gänge 65/75 AU$; ⏲ Do–Sa abends, Sa & So Brunch & mittags; ❄ 🖉) Das erstklassige Tonic wird für seine raffinierte zeitgenössische Küche mit Zutaten aus der Region sehr gelobt. Wie wär's für den Anfang mit einer gebratenen Wachtel, gefolgt von einem Cowra-Lamm-Karree mit gebratenen Tomaten-Tortellini? Platz lassen für die leckeren originalen Desserts wie warme Rhabarber-und Ingwer-Minestrone! Vorab reservieren!

Old Mill Cafe CAFÉ $$
(☎02-6366 3188; www.theoldmillcafe.com.au; 12 Pym St; Hauptgerichte 15–20 AU$; ⏲Do–Mo 9–16 Uhr; ❄📶) Hier geht's um Kaffee und Kuchen in elegant-rustikalem Ambiente. Mittags gibt's aber auch Leckeres in Form von Pies mit Rindfleisch und Shiraz oder Meeräschen-Filet mit handgeschnittenen Pommes. Platz lassen fürs Dessert – die Zitronen-Baiser-Tartes sind echt die Anreise wert!

Cork & Fork MODERN-AUSTRALISCH $$
(☎02-63663999; www.commercialhotelmillthorpe.com.au; 29 Park St; Hauptgerichte 20–32 AU$; ⏲Mi–Sa 12–14.30 & 17–21, So 12–14.30 Uhr; ❄) Das Bistro im prachtvollen Commercial Hotel bietet fabelhafte Kneipengerichte, Kamine und regionale Weine. Und: weit und breit kein Fernseher oder Pokerautomat in Sicht!

An- & Weiterreise

Orange Buslines (☎02-6362 3197; www.buslinesgroup.com.au/orange; 120 Canobolas Rd) betreibt fahrplanmäßig Busse von Orange nach Millthorpe (6 AU$, 30 Min.). Der Bus 530 fährt nach Bathurst.

Cowra

9730 EW.

Das hübsche kleine Cowra steht für die einzigen Kämpfe, die im Zweiten Weltkrieg auf australischem Boden ausgetragen wurden. Im August 1944 starteten hier mehr als 1000 Japaner einen Fluchtversuch aus einem Kriegsgefangenenlager. Bei dem Überraschungsangriff wurden 231 Japaner getötet oder begingen rituellen Selbstmord, und auch vier Australier kamen ums Leben.

Seither hat Cowra ein besonderes Verhältnis zu Japan und setzt sich für die Versöhnung und den Weltfrieden ein. Diesbezüglich gibt es für Besucher einige ergreifende und lohnende Stätten zu erkunden. Insofern empfiehlt sich ein Abstecher mit Übernachtung.

Sehenswertes

★ Japanese Garden GARTEN
(☎02-6341 2233; www.cowragarden.com.au; Ken Nakajima Pl; Erw./Kind 15/8 AU$; ⏲8.30–17 Uhr; P) Der wunderschön gepflegte Japanische Garten erinnert an Cowras besondere Beziehung zu Kriegsgefangenen aus Japan, wobei weder der Krieg noch der Ausbruch irgendwo offen erwähnt werden. An das friedvolle, 5 ha große Gelände grenzt ein hervorragendes und sehenswertes Kulturzentrum (das jedoch stolze Eintrittspreise verlangt). Die Audioguides (2 AU$) informieren über Pflanzen, Geschichte und Gestaltung des Gartens.

Im angegliederten Café kann man Futter für die Koi-Karpfen kaufen oder sich selbst etwas genehmigen. Auf der Speisekarte stehen vorwiegend australische Gerichte mit leicht japanischem Touch.

POW Campsite & Guard Tower GEDENKSTÄTTE
(Evans St) GRATIS Vom Kriegsfriedhof an der Doncaster Road nördlich von Cowra führen Schilder zur Stätte des Ausbruchs der Japaner. Eine Bandaufnahme vom Wachtturm erzählt die Geschichte. Man erkennt noch immer die Grundmauern des Lagers. Schautafeln informieren über die Militäranlagen und Kriegsgefangenenlager in Cowra während des Krieges.

Feste & Events

Sakura Matsuri KULTUR
(Kirschblütenfest) Bei Cowras hübschem und weithin beliebtem *sakura matsuri*, das Ende September eine Woche lang gefeiert wird, stehen die Küche und die Kultur Japans sowie Tausende zarte rosafarbene Kirschblüten im Mittelpunkt.

Schlafen

Cowra Crest Motel MOTEL $
(☎02-6342 2799; www.cowracrestmotel.com.au; 133 Kendal St; Zi. ab 120 AU$; P❄📶) Abseits der Hauptstraße von Cowra versteckt sich dieses blitzblanke Motel aus Vollziegeln mit geschmackvollen und vor Kurzem renovierten Zimmern und einer exzellenten Lage in der Nähe eines Supermarkts.

Cowra Services Club Motel MOTEL $$
(☎02-6341 1999; www.cowraservicesclubmotel.com.au; 105/111 Brisbane St; Zi. ab 130 AU$; P❄📶) Das 2015 neu eröffnete, lichterfüllte und luftige Motel direkt neben „The Club" hat die besten Betten von Cowra. Die kecken, geschmackvoll in neutralen Tönen möblierten Zimmer mit bunten Akzenten und glänzenden, großen Flachbildfernsehern stimmen auch anspruchsvollere Traveller zufrieden.

Essen & Ausgehen

The Quarry Restaurant & Cellar Door MODERN-AUSTRALISCH $$
(☎ 02-6342 3650; www.thequarryrestaurant.com.au; 7191 Boorowa Rd; Hauptgerichte mittags 22–33 AU$, Hauptgerichte abends 34 AU$; ⊙ Do–So 12–14.30, Fr & Sa 18.30–22 Uhr; P ❄) Das Restaurant Quarry liegt ungefähr 4 km außerhalb von Cowra inmitten einer von Weinbergen geprägten Landschaft. Seine Küche erfreut sich in schönster Regelmäßigkeit guter Kritiken (besonders die Nachspeisen!). Auch die Weinkarte ist lang, da das Quarry für eine Reihe örtlicher Weingüter den Direktverkauf übernimmt.

Oxley Wine Bar WEINBAR
(☎ 02-6341 4100; http://theoxley.com.au; 9–11 Kendal St; ⊙ Mi–Do 12–21, Fr & Sa 8–24, So 8–15 Uhr) Wenn mal irgendetwas los ist in Cowra, dann steigt das Event im Oxley: Freitags gibt's Livemusik, samstags legen DJs auf, und dazu gibt's Kleinbrauereibiere, regionale Weine und Pizza in einem Retro-Ambiente.

Praktische Informationen

Cowra Visitor Information Centre
(☎ 02-6342 4333; www.cowratourism.com.au; Olympic Park, Mid Western Hwy; ⊙ 9–17 Uhr) Hier wird ein hervorragender, neun Minuten langer holografischer Film über den Ausbruch der Kriegsgefangenen, den sogenannten Cowra Breakout, gezeigt. Außerdem bekommt man von den freundlichen Angestellten alle aktuellen Infos.

An- & Weiterreise

Cowra liegt 108 km südwestlich von Bathurst am Mid Western Hwy.

NSW TrainLink (S. 209) betreibt täglich Busse von Cowra nach Orange (ab 13 AU$, 1½ Std.) und weiter nach Bathurst (20 AU$, 1¾ Std.), wo man Anschluss an die Züge Richtung Sydney (ab 32 AU$, 3½ Std.) hat.

Dubbo

36 941 EW.

Dubbo ist ein bedeutendes ländliches Zentrum an der Nord-Süd-Achse Newell Highway. Was der Stadt an visuellem Charme fehlt, macht sie mit einer Vielzahl an interessanten, kinderfreundlichen, lehrreichen und kulturellen Attraktionen wett. Bei Erwachsenen stehen die Weingüter und die aufstrebende Restaurantszene in der Gegend hoch im Kurs.

Sehenswertes

★ Taronga Western Plains Zoo ZOO
(☎ 02-6881 1400; www.taronga.org.au; Obley Rd; 2-Tages-Pass Erw./Kind 47/26 AU$; ⊙ 9–16 Uhr) Dies ist einer der besten Zoos im ländlichen Australien und die Hauptattraktion der Stadt. Es gibt einen 6 km langen Weg, den man zu Fuß, mit dem Leihfahrrad (15 AU$) oder auch mit dem Auto erkunden und sich unterwegs unterschiedliche Gehege ansehen kann. Geführte Spaziergänge (Erw./Kind 15/7,50 AU$) werden am Wochenende (in den Schulferien an weiteren Tagen) um 18.45 Uhr angeboten.

Spezialführungen, bei denen man mit den Tieren auf Tuchfühlung gehen kann, sollten besser vorab reserviert werden, ebenso die tollen Übernachtungs-Pakete, bei denen man die Nacht im Busch in Familienhütten oder in Safari-Lodges mit Blick auf die Savanne verbringt. Mehr Details gibt's auf der Webseite.

Dubbo Regional Botanic Garden GARTEN
(☎ 02-6801 4000; www.drbg.com.au; Coronation Drive, East Dubbo; ⊙ Mo–Fr 9–16, Sa & So 9.30–16.30 Uhr) GRATIS Der schöne, lehrreiche und wirklich lohnenswerte botanische Garten ist in vier Abschnitte unterteilt – Shoyoen Japanese Garden, Sensory Gardens, Biodiversity Garden und Oasis Valley –, die einen hervorragenden Eindruck von der botanischen Vielfalt am Rande des australischen Outback vermitteln. Und das Beste daran: Der Eintritt ist gratis!

Old Dubbo Gaol MUSEUM
(☎ 02-6801 4460; www.olddubbogaol.com.au; 90 Macquarie St; Erw./Kind 17,50/5,50 AU$; ⊙ 9–16 Uhr) In diesem Museum erzählen animierte Figuren ihre Gefängnisgeschichten. Am Wochenende treten Darsteller in Kostümen auf, außerdem gibt es Führungen (in den Ferien täglich). Auch Nachtführungen sind im Programm. Gruselig, aber authentisch.

RFDS Visitor Centre MUSEUM
(☎ 02-6841 2555; Dubbo City Regional Airport, Cooreena Rd; Erw./Kind 4/2 AU$; ⊙ Di–Sa 13–16 Uhr) Hier erfährt man alles über Australiens einzigartigen und lebenswichtigen Royal Flying Doctor Service (RFDS) – anhand eines kurzen Dokumentarfilms, historischer Andenken und einer Führung über einen Teil des Stützpunkts. Es gibt sogar einen Flugsimulator, an dem man sich ausprobieren kann (wenn er nicht gerade in offizieller Nutzung ist).

Schlafen

Akuna Motor Inn & Apartments MOTEL $
(☎ 02-6885 4422; www.akunamotorinn.com.au; 109 Whylandra St; Zi. ab 139 AU$; P 📶 ❄) Das makellose, hübsch renovierte Motel in zentraler Lage ist eine tolle Wahl für Familien, die sich in den Familienzimmern und neu gebauten Apartments so richtig ausbreiten können. Kinder lieben den Pool und Erwachsene die Extras wie die in manchen Zimmern vorhandenen Whirlpools, das kostenlose Foxtel TV und die Zufahrtsrampe.

★ **Best Western Bluegum** MOTEL $$
(☎ 02-6882 0900; www.bluegummotorinn.com; 109 Cobra St; Zi. ab 169 AU$; P 📶 ❄) Das exzellente Motel punktet mit seiner zentralen Lage gegenüber einem Park und zurückgesetzt vom Mitchell Hwy. Es wurde gerade aufwendig renoviert. Zur Wahl stehen sieben Zimmertypen von Standard bis Executive und Familienzimmer – alle ausgestattet mit 50-Zoll-Smart-TV mit Foxtel, extraweich gepolsterten Matratzen, hochwertiger Bettwäsche, leisen Klimaanlagen und ausgezeichnetem schnellenWLAN.

Westbury Guesthouse PENSION $$
(☎ 02-6881 6105; www.westburydubbo.com.au; Ecke Brisbane & Wingewarra St; EZ/DZ ab 130/160 AU$; ❄ 📶) Das hübsche historische Haus aus dem Jahr 1915 hat sechs geräumige Zimmer mit eigenem Bad, stilgerechter Einrichtung und modernen Annehmlichkeiten wie Flachbild-TV, Minibar, DVD-Player und regelbarer Klimaanlage. Das Frühstück wird im angeschlossenen Restaurant gereicht, das abends scharfe und aromatische Thai-Gerichte serviert.

Essen & Ausgehen

CSC Restaurant and Bar MODERN-AUSTRALISCH $
(☎ 02-6884 0790; www.cscdubbo.com.au; 15 Church St; Frühstück 6–16 AU$, Tapas 12–24 AU$; ⊙ Mi–Sa 7–22, So 8–12, Mo & Di 7–17 Uhr; ❄ 📶 ✎) Das schicke und funkige frühere Café hat sein Lokal und seine Speisekarte vergrößert und bietet jetzt auch Abendessen und eine voll bestückte Bar an. Für die hervorragenden Frühstücksgerichte, leichten Mittagsmahlzeiten und abendlichen Pizzas und Tapas kommen nur frische, saisonale Zutaten zum Einsatz. Sehr zu empfehlen.

Two Doors Tapas & Wine Bar WEINBAR $$
(☎ 02-6885 2333; www.twodoors.com.au; 215 Macquarie St; Gerichte 8–24 AU$; ⊙ Di–Fr 16 Uhr–open end, Sa ab 10 Uhr; ❄) Man speist hier stilvoll in kühlen, unterirdischen Sandsteinräumen oder gönnt sich auf dem grünen Hof einen Drink, umringt von Dubbos Hipstern, die von Portland oder Paris träumen, während sie leckere *arancini*, Weichschalenkrabben oder *patatas bravas* verdrücken.

Old Bank BAR
(☎ 02-6884 7728; www.oldbankdubbo.com; 232 Macquarie St; ⊙ Mo–Sa 12–24 Uhr) Das im ehemaligen Gebäude der Bank of NSW (1876) untergebrachte Restaurant mit Bar ist ungeheuer stylish und um einiges besser als die Konkurrenz. Es gibt viele nette Ecken, in denen man es sich bei Wein oder Essen gemütlich machen kann.

Praktische Informationen

Dubbo Visitor Information Centre
(☎ 02-6801 4450; www.dubbo.com.au; Ecke Macquarie St & Newell Hwy; ⊙ 9–17 Uhr)

An- & Weiterreise

Vom **Dubbo City Regional Airport** (☎ 02-6801 4560; www.dubboairport.com; Cooreena Rd) gibt's täglich Direktflüge nach Sydney mit Qantas (S. 209) und Rex (S. 209). Rex fliegt auch – weniger häufig – nach Broken Hill.

NSW TrainLink (S. 209) hat täglich einen XPT-Zug zwischen Dubbo und Sydney (ab 45 AU$, 6½ Std.).

Dubbo ist ein regionaler Verkehrsknotenpunkt. Hier treffen sich die wichtigsten Highways:

- A32 Mitchell Hwy zwischen Sydney und Adelaide
- A39 Newell Hwy zwischen Melbourne und Brisbane
- B84 Golden Hwy von Newcastle.

Mudgee

9830 EW.

Das im fruchtbaren Cudgegong Valley gelegene Mudgee ist ein hübsches Städtchen mit breiten Straßen, schönen alten Häusern und historischen Gebäuden, umgeben von Weinbergen und sanft geschwungenen Hügeln. Der Name stammt von dem indigenen Wort „moothi" der Wiradjuri-Aborigines für „Nest in den Hügeln".

Zu den Weingütern der Gegend gesellen sich hervorragende Restaurants und viele solide Unterkünfte, was Mudgee zu einem exzellenten Ziel für einen Wochenendtrip macht. Von Sydney bis hierher dauert die Fahrt weniger als fünf Stunden – man kann also auch noch einen Tag dranhängen.

Sehenswertes

★ Lowe Vineyard WEINGUT
(☎ 03-6372 0800; www.lowewine.com.au; Tinja Lane; ⊙10–17 Uhr; P) Ein Spazier- und Radweg führt, vorbei an Eseln und Hühnern, durch die Weinberge und Obstplantagen dieses idyllischen Bio-Bauernhofs hin zu einem Picknickplatz.

Im Verkaufsraum kann man auch Weine verkosten und sich an einer tollen gemischten Platte (30 AU$) mit leckeren Produkten aus der Region laben. Das Zin House (S. 226) befindet sich ebenfalls auf dem Gelände. Auf der Website erhält man Infos zu Veranstaltungen.

Robert Stein Winery & Vineyard WEINGUT
(☎ 02-6373 3991; www.robertstein.com.au; Pipeclay Lane; ⊙10–16.30 Uhr; P) Der kleine, rustikale Verkaufsraum des etablierten Weinguts bietet eine bunte und interessante Zusammenstellung von Weinen, die man hier probieren kann, darunter einen Shiraz-Sekt und einen Semillon-Likör. Es gibt auch ein uriges, kostenloses Museum mit alten Motorrädern und das hervorragende Restaurant Pipeclay Pumphouse (S. 226) mit farmfrischen Produkten.

Burnbrae Winery WEINGUT
(☎ 02-6373 3504; www.burnbraewines.com.au; 548 Hill End Rd; ⊙10–16 Uhr; P) Das 1968 gegründete, mehrfach preisgekrönte Weingut vermietet seine historische Winzerhütte (ab 200 AU$/Nacht) an übernachtungswillige Gäste. Hierher kommt man allerdings eher wegen der breiten Palette an *cuvées* aus dem Weinkeller. Es gibt auch hervorragende Antipasti-Platten, die man dann unter dem alten Pfefferbaum des Weinguts genießt.

Geführte Touren

Mudgee Wine & Country Tours TOUREN
(☎ 02-6372 2367; www.mudgeewinetours.com.au; Weintour halber/ganzer Tag 50/80 AU$) Der örtliche Anbieter veranstaltet schon seit mehr als 15 Jahren interessante Wein- und Sightseeing-Touren in der Gegend. Häufig stehen sowohl bekanntere Weingüter wie **di Lusso Estate** (☎ 02-6373 3125; www.dilusso.com.au; 162 Eurunderee Lane; ⊙Verkaufsraum Mo–Sa 10–17, So bis 16 Uhr; Trattoria 12–15 Uhr; P) und **Pieter van Gent** (☎ 02-6373 3030; www.pvgwinery.com.au; 141 Black Springs Rd; ⊙Mo–Sa 9–17, So 10.30–16 Uhr; P) als auch weniger bekannte Betriebe auf dem Programm. Es gibt aber auch speziell auf Kundenwünsche zugeschnittene Touren.

Feste & Events

Mudgee Wine Festival ESSEN & TRINKEN
(www.mudgeewine.com.au; ⊙Sept.) Das beliebte Festival feiert den ganzen September hindurch die 35 Weingüter, Restaurants mit farmfrischer Kost und Bauernhöfe der Region – mit Livemusik, Events auf den Weingütern, Verkostungen und festlichen Mittag- und Abendessen. Alle Infos gibt's auf der Website; Unterkunft weit im Voraus buchen!

Schlafen

Comfort Inn Aden MOTEL $
(☎ 02-6372 1122; adenmudgee.com.au; 1 Sydney Rd; Zi. ab 120 AU$; P ❄ 📶 🏊) Zur Wahl stehen ultramoderne, erst vor Kurzem komplett renovierte Zimmer mit klarem minimalistischem Stil und bunten Akzenten (ab 140 AU$) und billigere Standardzimmer (120 AU$), die zwar renoviert sind, aber ein paar ältere Möbel im Motelstil haben. Auf der ganzen Anlage gibt's gratis WLAN und Foxtel. Darüber hinaus stehen den Gästen Fitnessraum und Pool zur Verfügung.

★ Perry Street Hotel BOUTIQUEHOTEL $$
(☎ 02-6372 7650; www.perrystreethotel.com.au; Ecke Perry St & Gladstone St; Suite ab 175 AU$; ❄ 📶) Atemberaubende Apartment-Suiten machen dieses Hotel zur exklusivsten Option der Stadt. Hier ist an jeder Ecke die Liebe zum Detail zu erkennen, etwa bei den Kimono-Bademänteln, der Nespresso-Maschine und den kostenlosen Gourmet-Snacks.

Wildwood Guesthouse PENSION $$
(☎ 02-6373 3701; www.wildwoodmudgee.com.au; Henry Lawson Dr; Zi. mit Frühstück ab 210 AU$; P ❄ 📶) Das rustikale Anwesen hat vier komfortable, individuell gestaltete Schlafzimmer mit großen Daunenbetten, edler Bettwäsche und einer bunten Mischung an Antiquitäten. Die Räume öffnen sich zu einer rundherum führenden Veranda mit Blick auf die idyllische Landschaft.

Mudgee Homestead Guesthouse PENSION $$$
(☎ 02-6373 3786; www.mudgeehomestead.com.au; 3 Coorumbene Court; EZ/DZ mit Frühstück ab 210/240 AU$, Cottage ab 340 AU$; P ❄ 📶) Nur fünf Minuten vom Ort entfernt liegt dieses typische Landhaus auf einem 16 ha großen Anwesen, auf dem sich Kängurus tummeln. Von den großen Zimmern im ländlichen Stil, die dank der luxuriösen Betten, attraktiven Antiquitäten und fabelhaften Badezimmer an Komfort nicht geizen, genießt man einen

ABSTECHER

PARKES

Das verschlafene, ländliche Städtchen Parkes ist aus zwei ganz verschiedenen Gründen bekannt.

Das **CSIRO Parkes Observatory** (☎ 02-6861 1777; www.csiro.au/parkes; 585 Telescope Rd; ⌚ Visitor Centre 8.30–16.15 Uhr) GRATIS ist ein riesiges Radioteleskop (ca. 20 km nördlich von Parkes), das durch den Film *The Dish – Verloren im Weltall* (2000) berühmt wurde. Im Komplex gibt's ein Besucherzentrum, eine Ausstellung zum Weltall, ein 3D-Kino (Erw./Kind 7,50/6 AU$) und viele Infos zur Radioastronomie.

Zum zweiten strömen im Januar Hunderte von Elvis-Imitatoren zu einem der verrücktesten und vielleicht auch lustigsten Feste des Landes. Das **Parkes Elvis Festival** (www.parkeselvisfestival.com.au; ⌚ Jan.) feiert fünf wilde Tage lang den Geburtstag des „King".

Parkes liegt am Newell Hwy 124 km südlich von Dubbo und 33 km nördlich von Forbes. Züge fahren von Sydney nach Parkes (ab 52 AU$, 6½ Std.), und täglich kommen auch zwei Busse aus Orange (14 AU$, 2½ Std.).

weiten Blick in die Landschaft. Am Wochenende gilt eine Mindestbuchung von zwei Übernachtungen, die Pauschalangebote beinhalten meist auch ein gutes Abendessen.

Es gibt noch eine vollständig in sich abgeschlossene Hütte, die sich für Familien eignet, im Haupthaus sind aber keine Kinder erwünscht. Vorab buchen.

Essen

Butcher Shop Café CAFÉ $

(☎ 02-6372 7373; 49 Church St; Hauptgerichte 11–19 AU$; ⌚ Mo–Fr 8–17, Sa & So bis 16 Uhr; ❄ 📶) Hippes Lokal in einer alten Fleischerei mit Buntglasfenstern, Vintage-Dekor und zeitgenössischer Kunst an den Wänden. Das Essen – z. B. Salate und Gourmetburger – ist lecker und dezent. Der Kaffee wird hier im Haus geröstet.

★ **Alby & Esthers** CAFÉ $$

(☎ 02-6372 1555; www.albyandesthers.com.au; 61 Market St; Hauptgerichte 12–22 AU$; ⌚ Mo–Do 8–17 Uhr, Fr & Sa bis open end; ❄) Dieses wunderbare Café versteckt sich in einer kleinen Gasse in einem Hof, wo feine lokale Produkte und guter Kaffee serviert werden. Freitags und samstags verwandelt es sich abends in eine Weinbar.

★ **Pipeclay Pumphouse** MODERN-AUSTRALISCH $$$

(☎ 02-6373 3998; www.pipeclaypumphouse.com.au; 1 Pipeclay Lane; Mittagessen 10–25 AU$, Abendessen 2/3 Gänge 55/70 AU$; ⌚ Do–Fr 12–15 & 18–21, Sa–So 8.30–15 & 18–21 Uhr; P ❄) Dieses hervorragende farmfrische Restaurant auf dem Gelände der Robert Stein Winery (S. 225) ist Gesprächsthema in ganz Mudgee. Es serviert ein Wochenend-Frühstück zum Niederknien, leichte Mittagsgerichte sowie ein zwei- bis dreigängiges Abendessen inklusive Weinproben. Abends ist die Reservierung unerlässlich!

★ **Zin House** MODERN-AUSTRALISCH $$$

(☎ 02-6372 1660; www.zinhouse.com.au; 329 Tinja Lane; 5-Gänge-Menü ab 85 AU$; ⌚ Fr–Sa 12–15 & 17–22, Mo 12–15 Uhr; P ❄) Im herrlichen Lowe Vineyard (S. 225) gibt's dieses Wochenend-Highlight: ein langes, gemächliches Sechs-Gänge-Mittagessen aus einfach zubereiteten Produkten aus der Region (aus eigenem Anbau oder einwandfreier Bezugsquelle). Abends sitzt man an Gemeinschaftstischen in einem hübsch gestalteten Haus. Am besten kommt man gemeinsam mit Freunden her. Vorab reservieren!

Ausgehen & Nachtleben

★ **Roth's** WEINBAR

(☎ 02-6372 1222; www.rothswinebar.com.au; 30 Market St; ⌚ Mi–Sa 17–24 Uhr) Die älteste Weinbar in NSW (erbaut 1923) versteckt sich hinter der historischen Fassade eines kleinen Gebäudes. Hier kommen tolle hiesige Weine (ab 6 AU$/Glas) sowie leckere, einfache Gerichte auf den Tisch. Auch die Livemusik ist hervorragend. Einfach spitze!

Mudgee Brewing Company KLEINBRAUEREI

(☎ 02-6372 6726; www.mudgeebrewery.com.au; 4 Church St; ⌚ Mo–Mi 8–17.30, Do–So bis 22 Uhr; 📶) Neben dem guten Essen, das man hier tagsüber bekommt, bietet diese luftige Location am Donnerstag- und Freitagabend sowie am Sonntagnachmittag (ab 16.30 Uhr) Livemusik. Zu den hauseigenen Fassbieren gehören

Mudgee Mud Imperial Stout und Mudgee Pale Ale.

Praktische Informationen

Mudgee Visitor Information Centre (☎ 02-6372 1020; www.visitmudgeeregion.com.au; 84 Market St; ⊙ 9–17 Uhr; 📶) Die Touristeninformation nahe der Post kann bei Ausflügen zu den Weingütern helfen.

An- & Weiterreise

Mudgee liegt 128 km nördlich von Lithgow am Castlereagh Hwy. Von Sydney führt die Fahrt durch die hübschen Blue Mountains und über die Great Dividing Range.

NSW TrainLink (S. 209) hat morgens und nachmittags je einen Bus vom ehemaligen Bahnhof Mudgee zum Bahnhof Lithgow (26,50 AU$, 2¼ Std.), wo man in die fahrplanmäßigen Züge nach Sydney umsteigen kann.

OUTBACK

Das Outback im äußersten Westen von New South Wales wird oft kaum beachtet – und zwar zu Unrecht! Zwischen den grauen Australischen Sandbüschen und dem rotem Sand fühlt man sich schnell wie ein Teil des weltweit größten Aborigines-Gemäldes, dessen Leinwand bis zum Horizont reicht.

Bourke

2047 EW.

Der australische Dichter Henry Lawson sagte einmal: „Wer Bourke kennt, der kennt Australien." Auch der Ausdruck „back of Bourke" ist fest im australischen Sprachgebrauch verankert. Es bedeutet so viel wie „mitten im Nirgendwo", und dementsprechend liegt der Ort am Darling River auch am Rande des Outbacks meilenweit vom nächsten Ort entfernt.

Sehenswertes

Back O' Bourke Exhibition Centre MUSEUM
(☎ 02-6872 1321; www.visitbourke.com.au; Kidman Way; Erw./Kind 22/10 AU$; ⊙ April–Okt. 9–17 Uhr, Nov.–März Mo–Fr bis 16 Uhr; 🅿) Das äußerst lohnende Museum geht den (indigenen und nicht-indigenen) Legenden des Backcountry mithilfe interaktiver Installationen auf den Grund. Hier ist auch das Bourke Visitor Information Centre untergebracht, das Pauschalangebote verkauft, die eine oder auch alle der wichtigsten Attraktionen des Ortes beinhalten – beispielsweise eine Bootsfahrt auf der **PV Jandra** (☎ 02-6872 1321; Abfahrt am Kidman's Camp; Erw./Kind 16/10 AU$; ⊙ April–Okt. Mo–Sa 9 & 15, So 14.30 Uhr), eine unterhaltsame Outback-Show (11 Uhr) und eine Busrundfahrt durch die Stadt und ihre Umgebung (Achtung: Bootsfahrt und Show nur April–Okt. verfügbar)

Bourke NPWS Office TOURISTENINFORMATION
(☎ 02-6872 2744; 51 Oxley St; ⊙ 9–17 Uhr) Wer die Stätten der Aborigines-Kunst im **Gundabooka National Park**, dem neuesten Nationalpark im Outback, besichtigen will, wendet sich an das NPWS-Büro. Dort kann man am Dry Tank (Erw./Kind 6/4 AU$) campen oder in den Schafscherer-Quartieren (DZ 80 AU$) übernachten.

Schlafen & Essen

Kidman's Camp CAMPEN, HÜTTEN $$
(☎ 02-6872 1612; www.kidmanscamp.com.au/bourke; Cunnamulla Rd, North Bourke; Stellplatz ab 32 AU$, Hütte ab 109 AU$; 📶 🏊) Hervorragende Bleibe direkt am Fluss, ungefähr 8 km außerhalb von Bourke. Hier legt die PV Jandra für die Bootstour ab, und auch das „Poetry on a Plate" findet auf dem Gelände statt. Zudem gibt's hier einen üppigen Garten, Swimmingpools und verschiedene Hütten – entweder groß genug für Familien (dann mit Gemeinschaftsbad) oder in Form gemütlicher Blockhütten mit Bad, Kochnische und Veranda.

Bourke Riverside Motel MOTEL $$
(☎ 02-6872 2539; www.bourkeriversidemotel.com.au; 3–13 Mitchell St; EZ/DZ ab 115/130 AU$; ❄ 📶 🏊) Das weitläufige Motel hat einen Garten am Fluss und eine Reihe gut eingerichteter Zimmer und Suiten, die teils historisch mit Antiquitäten eingerichtet sind, teils über eine Küche verfügen und teils Familiengröße haben. Eine gute Wahl!

★ **Poetry on a Plate** AUSTRALISCH $$
(☎ 0427 919 964; www.poetryonaplate.com.au; Kidman's Camp; Erw./Kind 25/12 AU$; ⊙ April–Okt. Di, Do, So ab 18.30 Uhr) Ein herzerfrischend einzigartiges Angebot: Zu einem absolut angemessenen Preis gibt's hier einen ganzen Abend lang Busch-Balladen und Geschichten. Dabei sitzt man unterm Sternenhimmel um ein Lagerfeuer herum und bekommt dazu noch ein einfaches, schonend zubereitetes Essen mit Dessert. Warm anziehen und Getränke mitbringen. Campingstühle und Besteck werden gestellt.

Praktische Informationen

Bourke Visitor Information Centre (02-6872 1321; www.visitbourke.com.au; Kidman Way; 9–17 Uhr;) Auch wenn es auf den ersten Blick so aussehen mag, als gäbe es in Bourke nicht viel zu sehen und zu tun, können die freundlichen Angestellten dieser nicht zu verfehlenden Touristeninformation im Back O' Bourke Exhibition Centre einen leicht vom Gegenteil überzeugen und bei den Buchungen helfen.

Broken Hill

08 / 18 517 EW.

Die riesige Schutthalde (Überreste aus dem Bergwerk), die die Kulisse für das Zentrum von Broken Hill bildet, unterstreicht den einzigartigen Charakter dieser Grenzstadt in der Wüste. Trotz ihrer Abgeschiedenheit wartet sie mit guten Einrichtungen und interessanten Attraktionen auf und erscheint fast wie eine kleine Oase am Ende der Welt. Ganz in der Nähe liegen einige der besten Nationalparks von NSW sowie eine faszinierende Geisterstadt – und überall ist das beeindruckende Flair von Kreativität und Gemeinschaft zu spüren.

Geschichte

Das Gebiet um Broken Hill wurde ursprünglich von den Wiljakali bewohnt. Der eigentlich aus Stuttgart stammende Pionier Charles Rasp schuf hier die Voraussetzungen dafür, dass sich Australien von einem Agrar- zu einem Industrieland entwickeln konnte. 1883 entdeckte er eine Silberader und gründete die Broken Hill Proprietary Company (heute BHP Billiton), die zu Australiens größtem Unternehmen und einem internationalen Konzern wurde.

Heute werden hier immer noch die weltweit reichsten Vorkommen von Silber, Blei und Zink abgebaut. Allerdings ebbt der Bergbaubetrieb langsam ab, was zu einer sinkenden Einwohnerzahl führt

Sehenswertes

★ Broken Hill Regional Art Gallery GALERIE

(www.bhartgallery.com.au; 404–408 Argent St; Goldmünzenspende; Mo–Fr 10–17, Sa & So bis 16 Uhr) Die sehenswerte Galerie ist im wunderbar restaurierten Sully's Emporium von 1885 untergebracht. Sie ist die älteste Regionalgalerie in NSW und beherbergt eine ständige Sammlung mit 1800 Werken. Unter den Künstlern sind auch australische Meister wie John Olsen, Sidney Nolan und Arthur Streeton. Auch Aborigines-Künstler sind stark vertreten.

★ Royal Flying Doctor Service Museum MUSEUM

(08-8080 3714; www.flyingdoctor.org.au; Airport Rd; Erw./Kind 8,50/4 AU$; Mo–Fr 9–17, Sa & So 10–15 Uhr; P) Diese australische Institution mit Kultstatus betreibt ein Visitor Centre am Flughafen. Dort gibt es eine Ausstellung mit mitreißenden Exponaten und Geschichten zur Entwicklung des Gesundheitsdienstes – und natürlich über die Heldentaten für diejenigen, die an abgelegenen Orten leben und arbeiten (Anmerkung: Die Basis ist für ein Gebiet von unglaublichen 640 000 km² zuständig). Die Ausstellung öffnet jedem Besucher die Augen, und das Video lässt mit Sicherheit niemanden unberührt.

Line of Lode Miners Memorial DENKMAL

(Federation Way; 6–21 Uhr) GRATIS Oben auf der Schutthalde steht dieses bewegende Denkmal mit toller Aussicht. Die beeindruckende Konstruktion aus nacktem Cortenstahl erinnert an die 900 Grubenarbeiter, die in den Minen von Broken Hill ihr Leben verloren haben – eine schreckliche Liste grausamer Tode! Der Iodide St nach Süden folgen und die Bahnschienen überqueren. Ab dort ist das Denkmal ausgeschildert.

Pro Hart Gallery GALERIE

(www.prohart.com.au; 108 Wyman St; Erw./Kind 6/4 AU$; März–Nov. 10–17 Uhr, Dez.–Feb. bis 16 Uhr) Der ehemalige Minenarbeiter Kevin „Pro" Hart (1928–2006) gilt als einer der besten Maler aus dem australischen Outback. Seine Arbeiten und die nachgebaute Werkstatt sind hier auf drei Stockwerken zu sehen. Zudem wird eine beeindruckende Videopräsentation über sein Leben und seine Arbeit gezeigt. Ebenfalls beeindruckend: seine Rolls-Royce-Sammlung.

Kinchega National Park NATIONALPARK

(www.nationalparks.nsw.gov.au; River Dr; 8 AU$/Auto & Tag; P) Drei gut markierte Fahrwege führen durch diesen Park rund um die Menindee Lakes: der River Drive (20 km), der Lake Drive (18 km) und der Woolshed Drive (6,5 km). Übernachten kann man in den Schafscherer-Quartieren (B 20 AU$), buchbar über das **Broken Hill NPWS Office** (08-8080 3200; 183 Argent St; Mo–Fr 8.30–16.30 Uhr). Es gibt auch Campingplätze am Fluss- und Seeufer (Erw./Kind 6/4 AU$).

Living Desert State Park NATURSCHUTZGEBIET (www.stateparks.nsw.gov.au/living_desert; Erw./Kind 6/3 AU$; Wanderwege März–Nov. 9–17 Uhr, Dez.–Feb. 6–14 Uhr) Eines der unvergesslichsten Erlebnisse in Broken Hill ist der Anblick des Sonnenuntergangs vom **Living Desert Sculpture Symposium** (Nine Mile Rd; März–Nov. 9 Uhr–Sonnenuntergang, Dez.–Feb. ab 6 Uhr) auf dem höchsten Hügel in der Gegend, 12 km außerhalb der Stadt. Die zu dem 24 km² großen State Park gehörenden Skulpturen stammen von zwölf internationalen Künstlern, die hier vor Ort riesige Sandsteinblöcke bearbeitet haben. In dem Park gibt es auch ein **Flora & Fauna Sanctuary** mit dem 2,2 km langen Cultural Walk Trail und dem 1 km langen Flora Trail.

Aktivitäten

★ Outback Astronomy ASTRONOMIE (0427 055 225; www.outbackastronomy.com.au; 18817 Barrier Hwy;) Broken Hill ist von Wüste umgeben und somit der perfekte Ort, um den dunklen Nachthimmel in seiner ganzen Herrlichkeit zu genießen. Dieser fabelhafte Veranstalter bietet einstündige Beobachtungen des Nachthimmels von seinem Standort in der Wüste an. Der Vorführer zeigt den Teilnehmern Sternbilder und andere Besonderheiten, die mit bloßem Auge oder durch gute Ferngläser (werden bereitgestellt) zu erkennen sind.

Auf der Website gibt's einen Kalender, in dem die bevorstehenden Vorführungen eingetragen sind.

Geführte Touren

Tri State Safaris JEEPTOUR (08-8088 2389; www.tristate.com.au; 422 Argent St; Tagestour ab 220 AU$) Der geschätzte Veranstalter aus Broken Hill bietet ein- bis 15-tägige Touren zu abgelegenen Orten im Outback an – etwa zu den Nationalparks Mutawintji, Kinchega oder Mungo, ins Corner Country, nach Birdsville und in die Simpson Desert. Am beliebtesten ist die eintägige Tour (220 AU$) durch Broken Hill und Silverton. Traveller können sich diesen Touren zum reduzierten Preis auch im eigenen Geländewagen anschließen.

Schlafen

★ Palace Hotel HISTORISCHES HOTEL $ (08-8088 1699; www.thepalacehotelbrokenhill.com.au; 227 Argent St; B/EZ/DZ mit Gemeinschaftsbad ab 30/45/65 AU$, DZ ab 125 AU$;) Der Star des australischen Filmhits *Priscilla – Königin der Wüste* ist diese riesige, alternde Institution, die vielleicht nicht nach jedermanns Geschmack ist, aber ein einzigartiges Hotelerlebnis im Outback verspricht. Die meisten Zimmer sind mit Absicht im Retro-Stil gehalten, es gibt aber auch neuere Zimmer mit Balkonzugang und eigenem Bad. Wer sich das volle Programm geben will, sollte sich in der Priscilla Suite (ab 135 AU$) einmieten.

Caledonian B&B B&B $ (08-8087 1945; www.caledonianbnb.com.au; 140 Chloride St; DZ mit Gemeinschaftsbad inkl. Frühstück ab 89 AU$, Hütte ab 140 AU$;) Das hübsche B&B in Broken Hill ist in einem umgebauten Pub von 1898 untergebracht, der „The Cally" genannt wird. Im Angebot sind auch drei in sich abgeschlossene Hütten für bis zu sechs Personen. Die Besitzer Hugh und Barb sind extrem gastfreundlich und die Zimmer liebevoll hergerichtet. Spätestens, wenn man beim Aufwachen den Duft von Hughs Espresso in der Nase hat, wird man dem Cally verfallen sein.

★ Emaroo Cottages COTTAGES $$ (08-8595 7217; http://brokenhillcottages.com.au; Cottage ab 175 AU$; P) Die drei genialen, vollkommen in sich abgeschlossenen, renovierten Minenarbeiter-Cottages mit jeweils zwei Schlafzimmern versprechen ein ganz besonderes Erlebnis in Hill. Die in verschiedenen Stadtteilen gelegenen Hütten haben ein hervorragendes Sicherheitssystem, überdachte Parkplätze, Klimaanlage, WLAN, eine voll ausgestattete Küche, Bad und Waschküche – und der Preis ist nicht zu toppen. Am besten entscheidet man sich für das Emaroo Oxide.

Red Earth Motel MOTEL $$ (08-8088 5694; www.redearthmotel.com.au; 469 Argent St; Wohnstudio ab 160 AU$, Apt. mit 2/3 Schlafzi. ab 230/270 AU$; P) Eines der besseren Motels auf dem Lande in New South Wales ist das hervorragende, familienbetriebene Red Earth in Broken Hill mit großen, schicken Zimmern, die jeweils einen separaten Sitzbereich und eine Kochnische haben – ideal für längere Aufenthalte. Es gibt auch eine Gäste-Waschküche, einen Pool und einen Grillbereich.

Essen & Ausgehen

★ Silly Goat CAFÉ $ (08-8088 4774; 360 Argent St; Gerichte 8–18 AU$; Di–Fr 7.30–17, Sa 8–14, So 8–13 Uhr;

Broken Hill

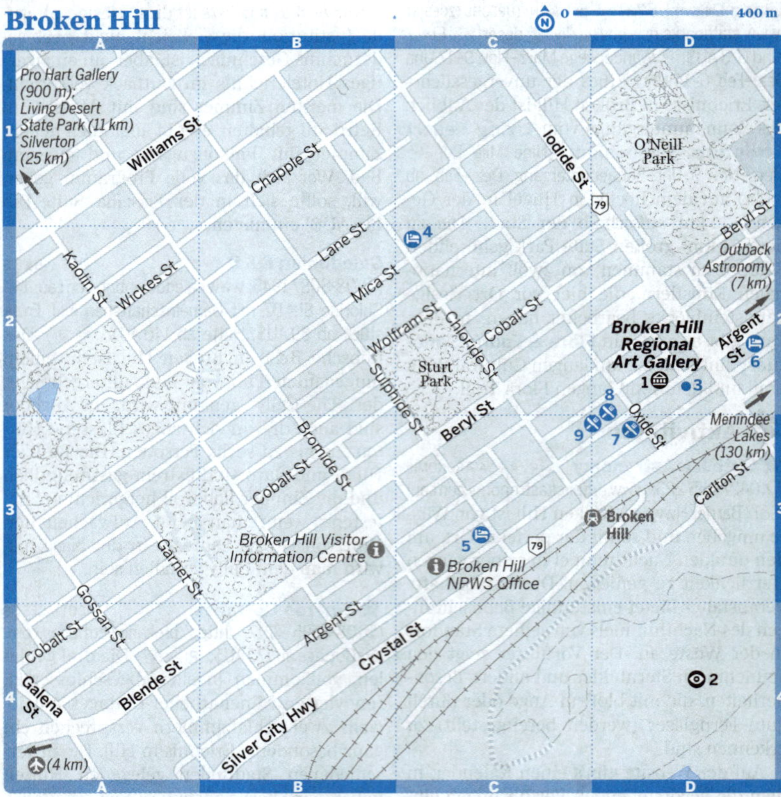

Broken Hill

Highlights
1 Broken Hill Regional Art Gallery D2

Sehenswertes
2 Line of Lode Miners Memorial D4

Aktivitäten, Kurse & Touren
3 Tri State Safaris D2

Schlafen
4 Caledonian B&B C2
5 Palace Hotel C3
6 Red Earth Motel D2

Essen
7 Astra D3
8 Silly Goat D2
9 Thom, Dick & Harry's D3

Ausgehen & Nachtleben
Palace Hotel .... (siehe 5)

❄📶) Wer hätte das gedacht – Filter- und Single-Origin-Kaffee mitten im Outback! Keine Frage, hierfür gebührt Silly Goat ein ganz dickes Kompliment. Die spannende Karte, die hier ausliegt, könnte genauso gut in den Cafés der Großstädte bestehen. Verlockend sind neben dem großartigen Kaffee die Auswahl an Kuchen sowie die geschäftige und freundliche Atmosphäre, die das Bild abrunden.

Thom, Dick & Harry's CAFÉ $
(☎ 08-8088 7000; http://thomdickharrys.com.au; 354 Argent St; kleine Gerichte 9–14 AU$; ⏲ Mo–Do 8–17.30, Fr bis 18, Sa 9–14 Uhr; ❄) In dem schmalen Laden voller trendiger Küchenutensilien und Gourmetprodukte lässt es sich prima herumstöbern. Man sitzt entweder mittendrin oder draußen auf der Straße und genießt den ordentlichen Kaffee und dazu ein leckeres Baguette.

The Astra MODERN-AUSTRALISCH $$
(☎08-8087 5428; www.theastra.com.au; 393 Argent St; Hauptgerichte 16–36 AU$; ❄☎) Hier im Astra wird fein gespeist. Es gibt eine abwechslungsreiche Karte der modern-australischen Küche und gehobene Kneipenkost – von saftigen Steaks, Meeresfrüchtegerichten, darunter auch Austern, bis hin zu Pizza, Pasta, großzügig belegten Burgern und den Abendspezialitäten des Chefkochs.

★ **Palace Hotel** KNEIPE
(☎08-8088 1699; http://thepalacehotelbrokenhill.com.au; 227 Argent St; ⊙Mo–Mi ab 15 Uhr, Do–Sa ab 12 Uhr) Der 1889 erbaute berühmteste Pub von Broken Hill, den man auch aus dem Film *Priscilla – Königin der Wüste* kennt, punktet mit einer aufwendig aus Gusseisen gearbeiteten Veranda und Wandmalereien: Die wundervoll kitschigen Landschaften bedecken fast jeden Zentimeter der Wände. Es gibt hier noch das **Sidebar Restaurant** (Hauptgerichte 17–36 AU$) mit exzellenter Kneipenkost, doch zumindest sollte man sich an der Bar vorne oder auf dem Balkon oben mal einen Drink genehmigen.

Wer ein wenig Aufregung haben will, kann freitags ab 21 Uhr mitmachen, wenn das typisch australische Spiel „Two-up" gespielt wird, bei dem zwei Münzen geworfen werden.

ℹ Praktische Informationen

Broken Hill Visitor Information Centre (☎08-8088 3560; www.visitbrokenhill.com.au; Ecke Blende & Bromide St; ⊙März–Nov. 8.30–17 Uhr, Dez.–Feb. bis 15 Uhr; 📶) Dies sollte die erste Anlaufstelle nach Ankunft im Ort sein. Broken Hill hat überraschend viel zu bieten, und einige dieser Attraktionen liegen an staubigen, gefährlichen Straßen. Die ungemein freundlichen Angestellten hier können aber mit Broschüren und Karten weiterhelfen und Tipps zu entlegeneren Attraktionen geben.

ℹ An- & Weiterreise

Broken Hill ist weit, weit weg – egal von wo. Auf dem Landweg sind es in östlicher Richtung 1144 km bis Sydney und in südwestlicher 512 km bis Adelaide in South Australia.

Rex (REX; ☎13 17 13; www.rex.com.au) bietet den schnellsten Weg von Sydney und Adelaide nach Broken Hill – allerdings sind die Flüge recht teuer.

NSW TrainLink (S. 209) hat täglich einen Xplorer-Zug von Sydney nach Broken Hill (ab 66 AU$, 13½ Std.).

Der berühmte **Indian Pacific** (☎1800 703 357; www.greatsouthernrail.com.au), der zwischen Sydney und Perth verkehrt, hält auch in Broken Hill. Wer keine Lust auf die vollständige viertägige Zugfahrt hat, kann also von Broken Hill aus zurück nach Sydney fahren und verbringt auf diese Weise nur eine Nacht im Zug, genießt aber trotzdem das Erlebnis dieser einzigartigen Fahrt. Natürlich kann man mit diesem Zug auch von Sydney nach Broken Hill rollen, doch wer in diese Richtung unterwegs ist, verpasst den atemberaubenden Sonnenuntergang über der Wüste.

Buses R Us (☎08-8285 6900; www.busesrus.com.au) hat zwei bis drei Busse pro Woche vom Broken Hill Visitor Information Centre nach Adelaide (120 AU$, 7 Std.).

Mungo National Park

Der einsame, schöne und wichtige **Mungo National Park** (☎03-5021 8900; 8 AU$/Fahrzeug & Tag) umfasst die 278,5 km² große, zum UNESCO-Welterbe zählende Willandra Lakes Region. Die Seenregion ist nicht nur von globaler archäologischer und anthropologischer Bedeutung, sondern auch eines der am unkompliziertesten zugänglichen Gebiete im australischen Outback – auch wenn der Begriff „zugänglich" etwas weiter gefasst werden muss.

ℹ TELEFON, UHRZEIT & FOOTBALL

Die Regierung von NSW weigerte sich, verschiedene Service-Optionen in Broken Hill einzurichten, und begründete diesen Entschluss damit, dass die Stadt nicht mehr als ein bisschen Fliegendreck auf der Karte sei. Daraufhin drehte der Council den Spieß um und erklärte, dasselbe gelte für Sydney, und Broken Hill gehöre von nun an zu South Australia (SA). Da Broken Hill eine der wichtigsten Säulen der Wirtschaft von New South Wales war, wurde der Stadt offiziell mitgeteilt, dass sie gefälligst auch weiterhin Teil von NSW zu sein hätte. Doch die Einwohner stellten ihre Uhren auf Central Standard Time (CST) um, übernahmen die Telefonvorwahl von SA und spielten von da an Australian Rules Football.

Für Traveller bedeutet diese Tatsache: Die Uhren gehen in Broken Hill gegenüber den umliegenden Orten mit Eastern Standard Time (EST) 30 Minuten nach, die Vorwahl ist die 08 und im Pub sollte man besser nicht über Rugby sprechen.

Aus dem ausgetrockneten Lake Mungo stammen die ältesten archäologischen Funde Australiens. Außerdem gibt es nirgendwo sonst eine so lange kontinuierlich dokumentierte Entwicklungsgeschichte menschlicher Kultur: Hier wurde die weltweit älteste bekannte Feuerbestattungsstätte gefunden – sie soll 42 000 Jahre alt sein!

Sehenswertes

★ Walls of China ARCHÄOLOGISCHE STÄTTE
(☎ 03-5021 8900; Mungo National Park; ⏲ 24 Std.) Die stetigen Westwinde haben einen 33 km großen Halbkreis (Lünette) aus hohen Sanddünen aufgeworfen. Vom Visitor Centre (S. 233) führt eine Straße quer über den ausgetrockneten Grund des einstigen Sees zu einem Parkplatz. Von dort ist es nur ein kurzer Fußweg zur **Aussichtsplattform**. Wer die Formationen aus nächster Nähe betrachten möchte, muss sich einer Führung anschließen.

Lake Mungo SEE
(Mungo National Park) Einer der 17 Seen in der Willandra Lakes Region World Heritage Area ist der Lake Mungo. In seinem ausgetrockneten Bett wurden zahlreiche bedeutende archäologische Funde gemacht, darunter die ältesten bekannten menschlichen Überreste Australiens (der sogenannte Mungo Man) und die Stätte der ältesten weltweit bekannten rituellen Feuerbestattung (die Mungo Lady).

Aktivitäten

★ Mungo Track PANORAMASTRASSE
Der Mungo Track ist ein 70 km langer, ausgeschilderter Rundweg, der durch das Herz des Mungo-Nationalparks führt und die wichtigsten Attraktionen des Parks miteinander verbindet. Dabei kommt man vorbei an unterschiedlichen Landschaftsformen, Aussichtspunkten, Spazierwegen und zahllosen Emus und Kängurus.

Obwohl nicht asphaltiert, ist die Straße bei trockener Witterung normalerweise auch mit normalem Auto befahrbar. Bei gutem Wetter (also wenn es nicht zu heiß ist) macht sich sogar der eine oder andere Mountainbiker auf den Weg.

Hinter dem Parkplatz der Walls of China führt die Straße weiter zum hübschen **Red Top Lookout**, von dem aus man eine tolle

ABSTECHER

SILVERTON

Schrulligkeit ist Trumpf in der früheren Silberbergbaustadt Silverton, die heute eine Geisterstadt und ein Freilichtmuseum ist. Sie liegt 25 km westlich von Broken Hill an einer asphaltierten Straße. Silvertons Glück erreichte 1885 seinen Höhepunkt, als in der Stadt 3000 Menschen lebten. Doch schon 1889 wurden die Minen geschlossen, und die Menschen (sowie einige Häuser) zogen weiter nach Broken Hill. Der Besuch mutet an, als ginge man durch ein Gemälde von Russell Drysdale. Das einmalige Erscheinungsbild des Ortes ließen sich die Filmemacher nicht entgehen: Manche Stellen werden einem aus Streifen wie *Mad Max II* oder *A Town Like Alice* bekannt vorkommen.

Verirren kann man sich hier nicht. Geschichtsinteressierte sollten sich das faszinierende **Silverton Gaol and Historical Museum** (☎ 08-8088 5317; Ecke Burke & Layard St; Erw./Kind 4/2 AU$; ⏲ 9.30–16 Uhr) anschauen und gleich danach das **Silverton School Museum** (☎ 08-8088 7481; http://silverton.org.au/silverton-school-museum; Layard St; Erw./Kind 2,50/1 AU$; ⏲ Mo, Mi, Fr–So 9.30–15.30 Uhr). Beide sind vollgestopft mit Artefakten einer vergangenen Ära. Entschieden abgedrehter ist das **Mad Max 2 Museum** (☎ 08-8088 6128; http://silverton.org.au/mad-max-museum; Stirling St; Erw./Kind 7,50/5 AU$; ⏲ 10–16 Uhr), die Frucht der lebenslangen Begeisterung des Engländers Adrian Bennett für das Thema. Nun lohnt sich die 5 km lange Fahrt zum **Mundi Mundi Lookout** (Wilangee Rd), wo der Horizont so weit ist, dass man die Krümmung der Erde erkennt.

Nach all den Besichtigungen geht's auf ein Bier und eine Kneipenmahlzeit ins sagenhafte **Silverton Hotel** (☎ 08-8088 5313; Layard St; DZ 120 AU$, zusätzl. Pers. 25 AU$; ❄ 📶). Wer im Biergarten so tief ins Glas geschaut hat, dass an eine Rückfahrt nicht zu denken ist, übernachtet einfach in einem der gemütlichen, aufgemöbelten Motelzimmer.

Das **Silverton Visitor Information Centre** (☎ 08-8088 7566; Loftus St; ⏲ Mo–Fr 9–16 Uhr) kann alle Fragen zu der staubigen, bezaubernden kleinen Geisterstadt bestens beantworten.

Aussicht über die erodierten Schluchten und halbmondförmigen Sanddünen hat. Ab hier wird der Mungo Track zur Einbahnstraße, die in einem Bogen wieder zum Visitor Centre führt.

Vor dem Aufbruch sollte man sich am Visitor Centre eine Karte holen. Unbedingt auch genug Sprit, Ersatzreifen und viel Trinkwasser mitnehmen. Wer möchte, kann unterwegs im **Belah Campground** (☎03-5021 8900; Erw./Kind 8/4 AU$) übernachten.

Geführte Touren

Aboriginal Discovery Tours KULTUR
(☎03-5021 8900; www.visitmungo.com.au/discovery-tours; Erw./Kind 50/35 AU$) Wer den Park auf eigene Faust besucht, kann sich einer vom NPWS organisierten Tour mit indigenen Rangern als Guides ab dem Visitor Centre anschließen. Am beliebtesten ist die Wanderung zu den Walls of China. Nähere Infos gibt's online. Die Touren werden in den Schulferien meist täglich, während des restlichen Jahres am Wochenende angeboten. Ihr Beginn richtet sich nach Wettervorhersagen, Sonnenuntergang etc.

Discover Mildura TOUREN
(☎03-5024 7448; www.discovermildura.com; 14 Stockmans Drive, Mildura; Tour 165 AU$/Pers.) Von Mildura aus lässt sich der Nationalpark hervorragend erkunden. Die Tagesausflüge beinhalten die Abholung von der Unterkunft in Mildura sowie den Rücktransport, einen Morgentee, Mittagessen, den Transport während des gesamten Tages, Eintrittspreise, erfahrene Führer sowie eine geführte Wanderung zu den Walls of China.

Schlafen

Mungo Shearers' Quarters HOSTEL $
(☎1300 072 757; www.nationalparks.nsw.gov.au/camping-and-accommodation/accommodation/Mungo-Shearers-Quarters; Mungo National Park; Erw./Kind 30/10 AU$; ❄) In den Schafscherer-Quartieren früherer Zeit stehen fünf ordentliche Zimmer mit einem gutem Preis-Leistungs-Verhältnis für jeweils bis zu sechs Personen in verschiedener Ausführung zur Verfügung (Bettzeug selber mitbringen). Die Zimmer teilen sich die Küche, das Bad und einen Grillbereich. Buchungen auch online möglich.

Main Campground CAMPEN $
(☎03-5021 8900; www.nationalparks.nsw.gov.au/camping-and-accommodation/campgrounds/main-campground; Mungo National Park; Erw./Kind 8/4 AU$) Der Campingplatz liegt 2 km vom Mungo National Park Visitor Centre entfernt, wo man sich selber anmelden und die Gebühr entrichten muss. Die gasbetriebenen Grillstellen und die Hocktoiletten sind kostenlos, es gibt aber auch Toiletten mit Wasserspülung und Duschen im Visitor Centre. Trinkwasser selber mitbringen!

Mungo Lodge LODGE $$$
(☎1300 663 748; www.mungolodge.com.au; 10142 Arumpo Road, Arumpo; B 25 AU$, Hütte 199–279 AU$; ❄📶) Das privat betriebene Ökoresort am Rand des Nationalparks bietet diverse Unterkünfte von Stellplätzen (25 AU$) und Schlafsälen bis hin zu in sich abgeschlossenen Hütten der Budget- und Luxusklasse (Letztere sind die schicksten Bleiben in Parknähe). Die Anlage hat eine einladende Bar, eine Lounge und einen früh, mittags und abends geöffneten Restaurantbereich (Hauptgerichte 22–32 AU$).

Praktische Informationen

Mungo National Park Visitor Centre (☎03-5021 8900; www.visitmungo.com.au; Mailbox Rd, Mungo National Park; ⏱Mo–Fr 8.30–16.30 Uhr) Bietet Ausstellungen zur Kultur- und Naturgeschichte des Parks. Hier kann man sich eine Karte des Parks besorgen, die Park- und Campinggebühren entrichten und sich über Touren informieren. Direkt daneben finden sich die Schafscherer-Quartiere (s. linke Spalte) und der historische Wollschuppen von 1869, der einen näheren Blick wert ist. Alle Parkeintritts- (8 AU$/Pers. & Tag) und Campinggebühren (Erw./Kind 6/4 AU$) bezahlt man hier.

An- & Weiterreise

Der Mungo National Park liegt 110 km von Mildura und 150 km von Balranald entfernt. Die eigentlich guten, aber unbefestigten Straßen werden bei Regengüssen augenblicklich unbefahrbar. Insofern ist bei trockenen Wetterverhältnissen ein robustes Auto mit Zweiradantrieb ausreichend, doch die meisten Autovermietungen untersagen ohnehin, dass man mit ihren Autos auf unbefestigten Straßen fährt. Das sollte man vor Aufbruch prüfen.

Von Wentworth aus sind es etwa 150 km, von denen 100 km asphaltiert sind. Auf den restlichen 50 km geht es ohne Geländewagen nur langsam voran. In den Touristeninformationen der Zugangsorte sollte man sich erkundigen, ob die Straßen in den Mungo-Nationalpark geöffnet und befahrbar sind.

Die nächsten Tankstellen finden sich in Balranald, Mildura, Wentworth, Pooncarie und Menindee.

MUNGO NATIONAL PARK IM ÜBERBLICK

Reisezeit Ganzjährig, vor allem aber April bis Oktober (im Sommer sind die Temperaturen schier unerträglich)

Zugänge Mildura, Wentworth, Balranald, Broken Hill

Hauptattraktionen Die Landschaftsformation der Walls of China, die Einsamkeit des Outbacks, Wildtiere, Stätten der Aborigines

Straßen Die unbefestigten Zugangsstraßen in den Park sind, außer nach Niederschlägen, auch ohne Allradantrieb befahrbar

In der Gegend gibt es keine öffentlichen Verkehrsmittel. Der Nationalpark lässt sich am sichersten, einfachsten und lohnendsten im Rahmen einer geführten Tour erkunden, bei der man zudem vom Wissen eines sachkundigen Führers profitiert.

Tibooburra & Corner Country

Die Welt hier draußen ist anders. Sie ist sowohl harsch als auch friedlich und erstreckt sich in ihrer endlosen Weite bis zum Horizont. Der äußerste Westen von New South Wales ist eine Halbwüste aus roten Ebenen, Hitze, Staub und Fliegen – der perfekte Ort, um mal abzutauchen.

Das winzige Tibooburra ist die heißeste Stadt im Bundesstaat und ein typischer Grenzort mit zwei rustikalen Sandstein-Pubs und einer von großen roten Felsformationen (den sogenannten *gibbers*) geprägten Landschaft. Der Ort dient als Tor zum Sturt National Park – vor dem Aufbruch sollte man unbedingt im **NPWS Sturt Visitor Centre** (☎ 08-8091 3308; www.nationalparks.nsw.gov.au; 52 Briscoe St; ⏲ Mo–Fr 8.30–16.30 Uhr; 📶) vorbeischauen.

Im Norden und Nordwesten von Tibooburra erstreckt sich der riesige **Sturt National Park** (☎ 08-8091 3308; www.nationalparks.nsw.gov.au/visit-a-park/parks/Sturt-National-Park; Tibooburra; 8 AU$/Fahrzeug & Tag; P) mit mehr als 3400 km² an typischem Outback-Terrain. An vier Stellen im Park gibt's Campingplätze und Picknickbereiche. Achtung: Im Park ist nur unbehandeltes Wasser erhältlich. Aus diesem Grund sollte man sich gut vorbereiten und in dieser heißen, abgelegenen Gegend auf jeden Fall genügend Benzin, Essen und Trinkwasser dabeihaben.

SOUTH COAST VON NEW SOUTH WALES

Die Küste von New South Wales südlich von Sydney hat etwas ganz Besonderes: Vielleicht liegt's an dem Licht, an dem Status der Region als Sydneys kleiner Schwester, an den Austern oder aber an den Meeresarmen und Mündungsgebieten oder den Nationalparks und Meeressäugern vor der Küste.

Die Region kann sich in Sachen Wetter – schon wegen der regelmäßig wiederkehrenden Regenfälle – zwar nicht mit der frequentierteren North Coast messen, aber die landschaftliche Schönheit ist atemberaubend. Die rauen, rustikalen Nationalparks und die traditionellen Fischerdörfer beherbergen ein paar der idyllischsten Strände des Landes – von der erstaunlichen Jervis Bay mit weißem Sandstrand und ruhigem, türkisblauem Wasser bis hin zu den großen Surfstränden entlang der gesamten Küste vom Royal National Park an Sydneys südlichem Rand bis zu Eden nahe der Grenze zu Victoria.

Eden ist bekannt dafür, dass man hier hervorragend Wale beobachten kann. Die schwimmenden Giganten lassen sich aber auch an der gesamten Küste in dieser Region sichten. Delfine sind allgegenwärtig, und Montague Island mit seinen Robben und Pinguinen eignet sich prima als Ausflugsziel zur Beobachtung von Tieren.

Royal National Park

Dieses eindrucksvolle Fleckchen wilder Natur liegt gleich vor der Stadt und ist geprägt von einsamen Stränden, schwindelerregenden Klippen, windzerzaustem Buschwerk, Heidelandschaften, üppigen Regenwäldern sowie von Sumpfwallabys, Leierschwänzen und lautstarken Gelbohr-Rabenkakadus.

Der wundervolle Küstenpark schützt ein 15 091 ha großes Gelände und erstreckt sich von der atemberaubenden Küste 32 km landeinwärts. Der 1879 gegründete Nationalpark ist der zweitälteste der Welt.

Sehenswertes

Wattamolla Beach STRAND
(www.nationalparks.nsw.gov.au; Wattamolla Rd) Wattamolla Beach, etwa auf halber Strecke

entlang der Küste gelegen, ist einer der beliebtesten Picknickplätze im Park und wird vor allem im Sommer recht voll. Der Vorteil an diesem Strand liegt darin, dass es hier sowohl einen Surfstrand als auch eine Lagune gibt, in der man sicher baden kann. Außerdem gibt's noch einen Wasserfall, in den die Leute gern hineinspringen – auch wenn's eigentlich strikt verboten ist. Der Strand ist 3,3 km von der Hauptstraße entfernt, erreichbar über die sehr nahe gelegene Ausfahrt nach Bundeena.

Garie Beach STRAND
(www.nationalparks.nsw.gov.au; Garie Beach Rd) Der hervorragende Surfstrand, 3 km von der Ausfahrt von der Hauptstraße entfernt, ist sehr malerisch. Wie bei allen Surfstränden im Royal National Park kann das Baden hier gefährlich sein! Es gibt hier einen Toilettenblock, aber trotz des großen Gebäudekomplexes keine anderen Einrichtungen. An Sommerwochenenden wird der Strand von Rettungsschwimmern überwacht.

Schlafen

Bonnie Vale Campground CAMPEN $
(☎1300 072 757; www.nationalparks.nsw.gov.au; Sea Breeze Lane, Bundeena; Stellplatz 2 Pers. 33 AU$; P) Der Campingplatz liegt 1,5 km westlich des Zentrums von Bundeena und hat hübsche, ebene und grasbewachsene Stellplätze. Er liegt direkt am Wasser, und baden kann man sowohl am geschützten Strand an der Bucht als auch im Flussdelta. Der Campingplatz ist mit Toiletten, Warmwasserduschen, strombetriebenen Grillstellen und Picknicktischen gut ausgestattet.

★Beachhaven B&B $$$
(☎02-9544 1333; www.beachhavenbnb.com.au; 13 Bundeena Dr, Bundeena; Zi. 300–350 AU$; P) Das erstklassige B&B direkt am herrlichen Hordens Beach wird von einem herzlichen Paar betrieben und bietet zwei hervorragende Bleiben, beide mit Kochnische, riesigem Bett samt Luxusbettwäsche, schöner, antiker Möblierung, großzügig bestücktem Kühlschrank und hübschem Patio. Das Beach House liegt direkt am Strand, das Tudor Cottage versteckt in einem kleinen subtropischen Garten.

Weitere Highlights sind das romantische Freiluftspa mit Blick auf den Strand, Kajaks und Stehpaddelbretter für die Gäste und eine freundliche, zahme Possum-Familie. Bei längeren Aufenthalten sinken die Preise erheblich.

Praktische Informationen

Royal National Park Visitor Centre (☎02-9542 0648; www.nationalparks.nsw.gov.au; 2 Lady Carrington Dr, Audley; ⌚8.30–16.30 Uhr) Parkeintrittsgebühren, Campinggenehmigungen, Karten und Infos zum Buschwandern. Das Center befindet sich in Audley, 2 km hinter dem nordöstlichen Eingang im Park, abseits vom Princes Hwy. Es gibt hier auch ein Café mit hübschem Sitzbereich auf der Veranda.

An- & Weiterreise

Cronulla Ferries (☎02-9523 2990; www.cronullaferries.com.au; Erw./Kind 6,40/3,20 AU$) fährt von Cronulla, von Sydney mit dem Zug erreichbar, nach **Bundeena**.

Man kann auch mit dem Zug nach Waterfall fahren und von dort zu Fuß zum Park laufen.

Wollongong & Umgebung

292 400 EW.

Das 80 km südlich von Sydney gelegene „Gong" ist von der entspannten Atmosphäre einer größeren Kleinstadt geprägt und gerade deshalb sehr sympathisch. Eine kleine, aber reizende Bar- und Restaurantszene trägt zum Charme der Stadt mit zwei hervorragenden Stränden und einem schönen Hafen bei. Die Universität sorgt für ein jugendliches Feeling, und der lockere, vom Meer und vom Surfen geprägte Lebensstil macht es einfach, hier zu relaxen.

Ein spektakulärer, bewaldeter Sandstein-Steilhang verläuft vom Royal National Park an Wollongong vorbei nach Süden und eröffnet einen wundervollen Blick auf eine Reihe von Strandorten mit ihren eigenen Bahnhöfen.

Sehenswertes

★North Beach STRAND
Der North Beach mit seinem für alle Besucher geeigneten Wellengang erstreckt sich vom Hafen nach Norden, liegt also in bequemer Nähe zum Stadtzentrum. Dies ist das größte Zentrum der Strandaction von Wollongong. Die herausforderndsten Wellen gibt's am Acids Reef nahe den Felsen gegenüber dem Stuart Park. Das südliche Ende von North Beach wird das ganze Jahr über von Rettungsschwimmern überwacht.

Wollongong City Beach STRAND
Der südliche der zwei Stadtstrände von Wollongong ist ein hübscher Abschnitt mit weißlichem Sand und guten Möglichkeiten zum Schwimmen und – je nach Wind – zum

Surfen. Nach Norden hin bietet sich ein romantischer Blick auf eine Landzunge und einen Leuchtturm. Sobald man sich aber umdreht, macht das massive Stahlwerk Port Kembla alle Tropeninsel-Fantasien gleich wieder zunichte.

Wollongong Botanic Garden GARTEN
(☎02-4227 7667; www.wollongong.nsw.gov.au/botanicgarden; 61 Northfields Ave, Keiraville; ⏲April–Sept. 7–17 Uhr, Okt.–März Mo–Fr 7–18, Sa & So 7–18.45 Uhr; 🚌55A/55C) GRATIS Der botanische Garten liegt nordwestlich vom Zentrum, ist aber leicht mit dem kostenlosen Shuttlebus 55 vom Bahnhof zu erreichen, der hier eine Haltestelle hat. Mit seinen tropischen, gemäßigten und waldtypischen Habitaten eignet er sich prima für eine Abwechslung zum Strand, zumal man hier bestens mittags picknicken kann. Im Sommer gibt's hier auch ein Freiluftkino (www.sunsetcinema.com.au).

Belmore Basin HAFEN
Wollongongs Fischerflotte liegt am südlichen Ende des Hafens. Das Hafenbecken wurde 1868 aus solidem Fels gehauen. Dort finden sich auch eine Fischereigenossenschaft und das alte **Breakwater Lighthouse** von 1872 auf der Landspitze. In der Nähe steht auf der Landzunge das neuere **Wollongong Head Lighthouse** (Flagstaff Hill Lighthouse). Der Sandstrand am Hafen ist mit seinem sanften Wellengang ideal für kleine Kinder. Zwischen hier und dem North Beach gibt's sowohl Swimmingpools als auch ein Felsbecken, in dem man schwimmen kann.

Science Centre & Planetarium MUSEUM
(☎02-4286 5000; www.sciencecentre.com.au; 60 Squires Way, North Wollongong; Erw./Kind 14/10 AU$; ⏲Do–Di 10–16 Uhr, Jan. tgl.) Clevere Kids jeglichen Alters können hier ihre Sinne schärfen. Das Museum der University of Wollongong umfasst alles – von Dinosauriern bis Elektronik. Im Planetarium finden den ganzen Tag über Vorführungen statt (4,50 AU$ bzw. 3 AU$ extra mit Eintrittsticket). Hierher gelangt man mit einem der kostenlosen Shuttlebusse vom Bahnhof Wollongong (55A und 55C), die direkt vor dem Gebäude halten.

Illawarra Escarpment State Conservation Area PARK
(www.nationalparks.nsw.gov.au) Spektakulärer Regenwald umgibt die stetiger Erosion unterworfenen Sandsteinfelsen des Illawarra-Steilhangs, der auf Wollongong und die Küste nördlich davon blickt und dessen höchster Punkt Mt. Kembla (534 m) ist. Eine wunderbare Aussicht auf die Küste hat man vom Mt. Keira Lookout (464 m); dafür den Freeway nach Norden nehmen und der Ausschilderung folgen. Aus dem Zug von Wollongong nach Norden bietet sich ebenfalls ein guter Ausblick auf den Regenwald.

Aktivitäten

Pines Surfing Academy SURFEN
(☎0410 645 981; www.pinessurfingacademy.com.au; 1a Cliff Rd, North Wollongong; 2 Std. Unterricht 50 AU$, 3-tägiger Kurs 120 AU$) Bietet Surfstunden entweder am City Beach oder am Farm Beach.

HanggliderOz ABENTEUERSPORT
(☎0417 939 200; www.hangglideoz.com.au; Tandemflug werktags/Wochenende 245/295 AU$) Der verlässliche Hängegleiter-Anbieter hat Tandem-Flüge und Kurse vom Bald Hill in Stanwell Park im Angebot.

Schlafen

Keiraleagh HOSTEL $
(☎02-4228 6765; www.backpack.net.au; 60 Kembla St; B 25–38 AU$, EZ/DZ ohne Bad 75/85 AU$, DZ 140 AU$; @) Das einladende, weitläufige historische Haus ist von künstlerischem Surfer-Hippie-Flair, grundlegender Sauberkeit und einer echt freundlichen Atmosphäre geprägt. Die Schlafsäle könnten dickere Matratzen vertragen, doch der tolle Garten und der Grillbereich machen das Hostel zu einer richtig entspannten Bleibe. Nur Barzahlung möglich.

SAGE Hotel Wollongong HOTEL $$
(☎02-4201 2111; www.sagewollongong.com; 60–62 Harbour St; Zi. 199–299 AU$; P) In praktischer Nähe zum Sportviertel und zum städtischen Strand bietet dieses luftig-moderne Hotel geschmackvoll eingerichtete Zimmer und recht gute Einrichtungen. Die Zimmer haben eine gute Größe und sind mit Kaffeemaschinen und anderen modernen Annehmlichkeiten ausgestattet. Am besten lässt man sich eines weiter oben geben, um den Blick auf den Ozean oder den Golfplatz genießen zu können. Die besseren Zimmer haben zusätzlich noch einen Balkon. In kurzer Gehweite finden sich gute Kneipen und Restaurants.

Beach Park Motel MOTEL $$
(☎02-4226 1577; www.beachparkmotel.com.au; 10 Pleasant Ave, North Wollongong; Zi. 125–210 AU$;

Wollongong

Wollongong

Highlights
1 North Beach C1

Sehenswertes
2 Belmore Basin D3
3 Breakwater Lighthouse D3
4 Wollongong City Beach C4
5 Wollongong Head Lighthouse D3

Aktivitäten, Kurse & Touren
6 Pines Surfing Academy C1

Schlafen
7 Beach Park Motel B1
8 Keiraleagh B3
9 Novotel Northbeach B2

Essen
10 Babyface B4
11 Balinese Spice Magic A3
12 Caveau A3

Ausgehen & Nachtleben
13 His Boy Elroy A4
14 Humber A4
15 Illawarra Brewery C4

P) Gleich hinter dem Park vor dem Strand bietet dieses solide, freundliche Motel mit recht gutem Preis-Leistungs-Verhältnis eine Reihe von Zimmern mit weißen Ziegelwänden, guter Raumaufteilung, bunt gestrichenen Türen und komfortablen Einrichtungen. Die meisten blicken auf das Parkgelände, die billigsten auf den Parkplatz. Bis zum Strand ist es nur ein kleiner Bummel.

Novotel Northbeach HOTEL $$$
(02-4224 3111; www.novotelnorthbeach.com.au; 2–14 Cliff Rd, North Wollongong; Zi. 299–379 AU$;

(P ⊘ ❄ @ ☎ ≋) Das renovierte Hotel mit 200 Zimmern liegt mitten im Trubel von North Beach und ist ideal für einen Strandurlaub. Es gibt hier haufenweise Einrichtungen und geräumige, komfortable Zimmer, viele davon mit Balkon und Blick auf den Ozean oder den Steilhang. Im Sommer schießen am Wochenende die Preise in die Höhe – da sind an einem Samstag 400 bis 600 AU$ für ein Zimmer nichts Ungewöhnliches.

Essen

Balinese Spice Magic INDONESISCH $

(☎ 02-4227 1033; www.balinesespicemagic.com.au; 130 Keira St; Mittagessen 10–18 AU$, Abendessen 17–26 AU$; ⊙ Di & Mi 17.30–21.30, Do 11–14.30 & 17.30–21.30, Fr 11–14.30 & 17.30–23, Sa 17.30–23 Uhr; ✎) Exzellentes indonesisches Essen und ein herzlicher Service prägen dieses familienbetriebene Lokal. Thailändische und vietnamesische Lokale gibt's auch an der Keira St, aber dieses ist unser liebstes, denn es erweckt mehr als jedes andere Erinnerungen an die Aromen Südostasiens. Es gibt hier auch jede Menge leckerer Gerichte für Vegetarier.

★ **Caveau** MODERN-AUSTRALISCH $$$

(☎ 02-4226 4855; www.caveau.com.au; 122–124 Keira St; 7-Gänge-Verkostungsmenü 110 AU$, mit Wein 160 AU$; ⊙ Di–Sa 18–23 Uhr; ✎) Das gefeierte Restaurant serviert Gourmetgerichte wie Makrelen-Tatar und gedünstete Scampi. Die Karte wechselt saisonal, und von Dienstag bis Donnerstag ist auch ein Drei-Gänge-Menü (85 AU$) im Angebot. Für Vegetarier gibt's andere Verkostungsmenüs. Das Restaurant mit gepunkteten Stühlen und schickem schwarzen Dekor hat eine für das Gong typische zwanglose Atmosphäre.

★ **Babyface** JAPANISCH, AUSTRALISCH $$$

(☎ 02-4295 0903; www.burnsburyhospitality.com.au; 179 Keira St; Hauptgerichte 24–40 AU$; ⊙ Mo 18–22, Mi & Do 18–23, Fr & Sa 12–15 & 18–24, So 12–15 & 18–22 Uhr) Das lebhaft-laute, relativ neue Restaurant in Wollongong kombiniert japanische Ideen mit wilden australischen Kräutern und Beeren und kreiert so eine gelungene Mischung an Aromen. Lachs und Makrele sind die Eckpfeiler der Karte, die auch einen Abschnitt mit Sashimis, kleineren und größeren Gerichten hat. Es gibt auch ein paar sehr interessante Weine im Glas und fröhliche, freundliche Angestellte. Falls kein Tisch frei sein sollte, kann man sich an die Bar setzen.

Ausgehen & Nachtleben

★ **His Boy Elroy** BAR

(☎ 02-4244 8221; www.hisboyelroy.com.au; 176 Keira St; Burger 12–19 AU$; ⊙ Mo & Di 17–22, Mi, Do & So 11–22, Fr & Sa 11–24 Uhr) Das hervorragende, kürzlich unter neuer Adresse wiedereröffnete His Boy Elroy hat sich von seinen Ursprüngen als Café weit entfernt und bietet heute auch Burger, Cocktails und andere Drinks. Mit dem Sitzbereich im Freien, der überarbeiteten Cocktailkarte und der großen Auswahl interessanter Whiskeys ist es ideal für einen Drink. Die Burger sind verlässlich exzellent, Gleiches gilt vermutlich auch für die neu angebotenen geräucherten Fleischgerichte.

Humber BAR

(☎ 02-4263 0355; www.humber.bar; 226 Crown St; ⊙ Mo–Fr 6.30–24, Sa 7.30–24, So 7.30–22 Uhr; ☎) Der relativ neue Laden befindet sich in einem ziemlich ungewöhnlich geformten Gebäude, dem früheren Autohaus Humber. Unten gibt's tagsüber Kaffee und Mittagessen, am Abend verwandelt sich das Ganze in eine schicke Cocktailbar. Im ersten Stock findet man eine Art-déco-inspirierte attraktive Bar, aber die Dachterrasse schießt den Vogel ab: Dort fühlt man sich wie an Deck einer Jacht. Palmen, Sonnenschirme und frische Kokosnüsse tragen zur Atmosphäre einer Kreuzfahrt bei.

Illawarra Brewery BAR

(☎ 02-4220 2854; www.thebrewery.net.au; Ecke Crown & Harbour St; ⊙ Mo–Do 11–23, Fr & Sa 10–1, So 10–22 Uhr) Die an das Unterhaltungszentrum angeschlossene schicke Bar mit Meerblick hat ihr eigenes Fassbier sowie saisonale Brauerzeugnisse. Andere Biere aus ganz Australien runden das hopfenfeucht-fröhliche Bild ab, und es gibt auch ganz ordentliches Essen. Auf der Außenterrasse kann man prima sitzen. Die Bar ist auch bei Sportfans sehr beliebt.

Praktische Informationen

IHub Visitor Centre (☎ 1800 240 737; www.visitwollongong.com.au; 93 Crown St; ⊙ Mo–Sa 9–17, So 10–16 Uhr; ☎) Buchungen und Infos.

An- & Weiterreise

Züge der **South Coast Line** (☎ 13 15 00; www.sydneytrains.info) fahren zur Central Station in Sydney (8,30 AU$, 90 Min.) und weiter nach Süden bis nach Nowra/Bomaderry über Kiama und Berry.

Alle Fernbusse starten an der Ostseite des Bahnhofs. **Premier** (☎13 34 10; www.premierms.com.au) hat zwei Busse am Tag nach Sydney (18 AU$, 2 Std.) und Eden (69 AU$, 7–8 Std.). **Murrays** (☎13 22 51; www.murrays.com.au) betreibt Busse nach Canberra (48,40 AU$, 3¼ Std.).

Unterwegs vor Ort

Der Gong Shuttle (Strecke 55A und 55C) ist ein kostenloser Shuttlebus, der alle 10 bis 20 Minuten eine Schleife vom Bahnhof zur Universität und nach North Wollongong fährt und damit nützlich ist, wenn man nach North Beach, zum botanischen Garten oder zum Science Centre will.

Kiama & Umgebung

12 800 EW.

Kiamas wohlgeformte Küstenlinie umfasst zahlreiche Strände und verrückte Felsformationen, darunter ein berühmtes, aber leider oft enttäuschendes Spritzloch. Die Stadt ist geprägt von einer liebenswerten, altmodisch-entspannten Atmosphäre und prächtigen, uralten Norfolk-Tannen. Landeinwärts gibt's Aussichtspunkte und ein großes Angebot an Freiluft-Aktivitäten im bewaldeten Hochland.

Sehenswertes

Kiama Blowhole WAHRZEICHEN

Kiamas berühmtes Spritzloch befindet sich an der Landspitze beim Stadtzentrum. Eigentlich ist es eher enttäuschend – außer bei starker Brandung und Südostwind: Dann schießt das Wasser aus den Spalten in die Höhe. Nachts wird das Ganze mit Flutlicht angestrahlt. Das **Little Blowhole** (abseits des Tingira Cres, Marsden Head) an der Küste weiter südlich ist zwar weniger eindrucksvoll, spuckt dafür aber regelmäßiger.

Minnamurra Rainforest Centre NATURSCHUTZGEBIET

(☎02-4236 0469; www.nationalparks.nsw.gov.au; Minnamurra Falls Rd, über Jamberoo; Auto 12 AU$; ⏲9–17 Uhr, letzter Einlass 16 Uhr) Der erstaunlich üppige subtropische Regenwald liegt am östlichen Rand des **Budderoo National Park**, 15 km landeinwärts von Kiama. Ein 2,6 km langer Rundweg führt an einem sprudelnden Bach entlang durch den Regenwald. Unterwegs kann man nach Wasseragamen und Leierschwänzen Ausschau halten. Ein zweiter, 1,6 km langer, recht steiler Wanderweg führt zu den **Minnamurra Falls**. Das hilfreiche Visitor Centre hat Infos zum Park und zum Ökosystem. Das lohnende Café ist bei großem Andrang von 10 bis 16 Uhr geöffnet, an ruhigeren Tagen von 11.30 bis 14.30 Uhr.

Werktags fahren Busse vom Bahnhof Kiama hierher – allerdings im Abstand von sechs Stunden.

★ **Seven Mile Beach** STRAND

(www.nationalparks.nsw.gov.au) Vor der Kulisse des Nationalparks liegt dieser prachtvolle halbmondförmige weißliche Sandstrand. Er macht seinem Namen alle Ehre (er ist sogar etwas länger als sieben Meilen) und erstreckt sich von Shoalhaven Heads im Süden bis Gerroa im Norden. Erreichbar ist er auch über eine Reihe von Ausfahrten, die zu Picknickbereichen im Nationalpark führen.

Schlafen & Essen

Bellevue Accommodation APARTMENTS $$

(☎02-4232 4000; www.bellevueaccommodation.com.au; 21 Minnamurra St; Zi. 150–250 AU$; P ⊖ ❄ ⓦ) Die charmante Bleibe bringt ihre Gäste stilvoll in modernem Komfort in einem zweistöckigen historischen Herrenhaus aus den 1890er-Jahren unter. Die Apartments bieten eine voll ausgerüstete Küche, Waschküche, hübsche Veranda und Blick auf den Ozean. Von der Hauptstraße hierher ist es nur ein kurzer Bummel. Normalerweise gilt eine Mindestbuchung von zwei Übernachtungen, aber das lohnt sich auf jeden Fall.

★ **Kiama Harbour Cabins** HÜTTEN $$$

(☎02-4232 2707; www.kiamacoast.com.au; Blowhole Point; Cottage 300–400 AU$; P ⊖ ❄ ⓦ) Diese Cottages in bester Lage in der Stadt sind wie aus dem Ei gepellt und bieten Grillstellen auf den Veranden mit Blick auf den Strand und den nahe gelegenen Meerespool. Die angegebenenPreise beziehen sich auf die Hochsaison im Januar; dann gilt auch eine Mindestbuchung von sieben Übernachtungen. Ansonsten sind es nur zwei Übernachtungen, und die Preise liegen mindestens 25 % niedriger.

Hungry Monkey CAFÉ $

(☎0403 397 353; http://thehungrymonkeyyy.com; 5/32 Collins St; Gerichte 12–20 AU$; ⏲Mo–Mi 6.30–16, Do–Sa 6.30–21, So 7.30–16 Uhr; ⓦ ✎) Dieses äußerst sympathische Café befindet sich in einem von mehreren netten Cottages. Es gibt Burger, Wraps, Salate und Frühstück mit einer großen Auswahl an Zutaten und

Aromen. Das Café ist ein hervorragender Allrounder, denn Essen wird den ganzen Tag über serviert, es gibt aber auch alkoholische Getränke.

Kabari Bar BISTRO **$$**
(☎ 02-4233 0572; www.kabaribar.com; 78 Manning St; Hauptgerichte 18–30 AU$; ⌚ Küche So & Mo 8–15, Mi–Sa bis 22 Uhr) Der sympathische Schuppen am lebhaften Surfstrand in der Stadt hat einen Kiosk mit Imbissen zum Mitnehmen, an dem den ganzen Tag viel los ist. Raffiniertere, kompetent angerichtete Speisen von Meeresfrüchten bis hin zu besseren Fleischgerichten und Pizza werden in dem zweistöckigen Restaurantbereich mit Blick aufs Wasser serviert. Am Wochenende wird an der Bar Livemusik gespielt.

Praktische Informationen

Visitor Centre (☎ 02-4232 3322; www.kiama.com.au; Blowhole Point Rd; ⌚ 9–17 Uhr) Am Blowhole Point. Hilft bei der Suche nach einer Bleibe.

An- & Weiterreise

Kiama ist am einfachsten per Zug zu erreichen, mit häufigen Verbindungen von **Sydney Trains** (☎ 13 15 00; www.sydneytrains.info) nach Wollongong, Sydney und Nowra (Bomaderry) über Berry.

Premier (☎ 13 34 10; www.premierms.com.au) hat zwei Busse pro Tag nach Eden (69 AU$, 7½ Std.) und Sydney (25 AU$, 2½ Std.). **Kiama Coaches** (☎ 02-4232 3466; www.kiamacoaches.com.au) fährt nach Gerroa, Gerringong und Minnamurra (über Jamberoo).

Wer selbst fährt, sollte einen Abstecher an den Strand über Gerringong und Gerroa machen und entweder bei Berry oder gleich nördlich von Nowra wieder auf den Highway zurückkehren.

Kangaroo Valley

300 EW.

Sowohl von Nowra als auch von Berry führen kurvenreiche, schattige Waldstraßen ins hübsche Kangaroo Valley. Die malerische historische Ortschaft liegt inmitten von Bergen und hat eine verschlafene Hauptstraße mit Cafés, Kunsthandwerksläden, einer historischen Sandsteinbrücke und einem tollen Pub. Der farbenfrohe Ort erfüllt alle Klischees vom ländlichen Australien. In der Umgebung kann man Rad fahren, wandern, Kanu fahren und campen. Touranbieter und B&B-Unterkünfte findet man unter www.visitkangaroovalley.com.au.

Sehenswertes

★ **Cambewarra Lookout** AUSSICHTSPUNKT
(⌚ 7.30–21 Uhr) Der abseits des Cambewarra Mountain zwischen Kangaroo Valley und Nowra ausgeschilderte Aussichtspunkt bietet einen atemberaubenden Blick hinunter auf den gewundenen Shoalhaven River und die landwirtschaftlich genutzten Auen bis zur Küste. Es gibt hier auch ein Café mit einer Terrasse, die in den vollen Genuss des Panoramablicks kommt.

Pioneer Village Museum MUSEUM
(☎ 02-4465 1306; www.kangaroovalleymuseum.com; 2029 Moss Vale Rd; Erw./Kind 10/5 AU$; ⌚ Fr–Mo & Mi 10–16 Uhr, Jan. & andere Schulferien tgl.) Der Rundgang durch den Pioneer Museum Park neben der malerischen Hampden Bridge eröffnet einen visuellen Einblick ins Leben auf dem Land im späten 19. Jh. Es gibt hier eine Reihe von Gebäuden, Buschwanderungen und Grill- bzw. Picknickplätze, sodass man prima mit Kindern herkommen kann.

Fitzroy Falls WASSERFALL
(www.nationalparks.nsw.gov.au; Morton National Park; 4 AU$/Fahrzeug) Obwohl der Sommer sowie die Erfordernisse des Stausees den Sturzbach häufig in ein Rinnsal verwandeln, lohnt der 81 m hohe Wasserfall schon wegen der Aussicht auf jeden Fall einen Besuch. Ein spektakulärer Aussichtspunkt eröffnet den Blick auf bewaldete Hügel und blanke Sandstein-Steilhänge – ein für New South Wales typisches Bild. Das hiesige Visitor Centre, in dem es auch ein Café gibt, ist die beste Quelle für Infos zu Natur, Tieren und Wandermöglichkeiten in der Gegend. Der Wasserfall liegt rund 17 km nordwestlich der Brücke in Kangaroo Valley, es geht eine steile Bergstraße hinauf.

Aktivitäten

Kangaroo Valley Canoes KAJAKFAHREN, KANUFAHREN
(Kangaroo Valley Safaris; ☎ 02-4465 1502; www.kangaroovalleycanoes.com.au; 2031 Moss Vale Rd) Der gut etablierte Veranstalter nördlich der Hampden Bridge bietet eine Reihe von Kanu- bzw. Kajaktrips mit oder ohne Führer, darunter auch mehrtägige Optionen. Verleiht auch Kanus, Kajaks und Fahrräder.

Kangaroo Valley Adventure Co ABENTEUERSPORT
(☎ 02-4465 1372; www.kvac.com.au; Glenmack Park Campground) Der freundliche Anbieter

veranstaltet Kombitouren: wandern und Rad fahren (halber Tag 60 AU$), Kanu fahren und campen (Übernachtung 85 AU$), Kajak fahren (halber Tag 80–90 AU$) und Rad fahren, wandern und Kajak fahren (ganzer Tag 100 AU$).

Schlafen & Essen

Boutique-B&Bs und Farmstays finden sich im und rund um den Ort sowie an der Straße nach Berry. Es gibt auch ein paar Campingparks im Zentrum. Buschcamper verlassen den Ort Richtung Norden und halten sich an den Picknickplatz Bendeela. Das Gebiet ist ausgeschildert.

Glenmack Park CAMPEN $
(www.glenmack.com.au; 215 Moss Vale Rd; Stellplatz Erw./Kind 18/14 AU$, Stellplatz mit Strom 44 AU$, Hütte 75–205 AU$; P ⊖ ❄ ᯤ ≋ 🐾) Der hervorragend geleitete und zentral gelegene Campingplatz bietet jede Menge Stellplätze. Es gibt hier angenehm viel Schatten und eine Reihe netter Hütten, darunter auch ein paar in der Budgetklasse ohne Bad. Ein großer Pool, ein Hüpfkissen und ein Aktivitäten-Veranstalter vor Ort sorgen dafür, dass die Anlage auch für Familien von großem Reiz ist.

★ **Laurels B&B** B&B $$$
(☎ 02-4465 1693; www.thelaurelsbnb.com.au; 2501 Moss Vale Rd; Zi. 265–295 AU$; ⊖ ᯤ) Das etwa 5 km nordwestlich der Brücke gelegene B&B ist der perfekte Ort, um sich selbst zu finden. Die freundlichen und kultivierten Gastgeber heißen ihre Gäste herzlich willkommen, und die vier Zimmer in dem hübschen, 100 Jahre alten Bungalow sind sehr luxuriös mit großen Doppelbetten, eleganten antiken Möbeln und allerhöchstem Komfort eingerichtet. Wein und Käse am späten Nachmittag, viele Bücher und eine friedliche Landschaft runden das wunderbare Refugium ab.

Cloud Song B&B $$$
(☎ 02-4465 1194; www.cloudsonginkangaroovalley.com.au; 170 Moss Vale Rd; DZ 250 AU$; P ⊖ ❄ ᯤ) Die schönen modernen Hütten sind stilvoll eingerichtet und befinden sich direkt im Ortszentrum. Dennoch wirkt die Anlage wie ein echtes Refugium in einem grünen Garten. Die erholsam gestalteten Hütten haben jeweils eine eigene Veranda, Schlafzimmer im Obergeschoss mit Balkon und einen hervorragenden Zimmer-Frühstücksservice. Der Gastgeber ist sehr herzlich.

Bistro One46 BISTRO $$
(☎ 02-4465 2820; www.bistro146.com.au; 146 Moss Vale Rd; Hauptgerichte 26–34 AU$; ⏲ Fr 17.30–21, Sa 11–15 & 17.30–21, So 11–15 & 17.30–20.30, Mo & Di 11–14.30 & 17.30–20.30 Uhr) Die von grünen Weinranken bedeckte Schönheit im Dorfzentrum wartet mit einem gemütlichen Innenraum und einer netten kleinen Veranda auf. Das Essen ist gut angerichtet, farbenfroh und nicht übermäßig kompliziert. Im Angebot sind eine Reihe von einfachen Speisen, die allesamt ziemlich lecker sind. Wie wäre es beispielsweise mit Känguru-Carpaccio, Meeresfrüchten und italienischen Gerichten?

Praktische Informationen

Fitzroy Falls Visitor Centre (☎ 02-4887 7270; www.nationalparks.nsw.gov.au; Nowra Rd, Fitzroy Falls; 4 AU$/Fahrzeug; ⏲ Mai–Aug. 9–17 Uhr, Sept.–April 9–17.30 Uhr) Das Visitor Centre an den Fitzroy Falls ist eine gute Quelle, was Infos zum Wandern und zur Natur im Morton National Park angeht. Es gibt hier auch ein Café.

An- & Weiterreise

Kennedy's (☎ 02-4421 7596; www.kennedystours.com.au) betreibt einige wenige Busse pro Woche zwischen dem Bahnhof Bomaderry und Kangaroo Valley.

Shoalhaven Coast

In Reichweite der Wochenendausflügler aus Sydney liegt diese umwerfende Region mit ihren wundervollen Sandstränden – landeinwärts vor einer saftig-grünen Kulisse mit historischen Ortschaften, Wäldern und Nationalparks. Der weiße Sand und das türkisblaue Wasser der Jervis Bay sind ein absolutes Highlight.

Berry

1700 EW.

Berry, eine leicht gekünstelte, aber unbestreitbar hübsche historische Ortschaft, ist ein beliebter Zwischenstopp im Landesinneren auf dem Weg an die South Coast. Hier gibt's ein paar interessante Antiquitäten- und Designläden und eine aufstrebende Gastronomie mit guten Cafés und Restaurants. Derzeit herrscht auf der Hauptstraße so reger Verkehr wie auf einer Autobahn, aber es sollte in Berry viel ruhiger werden, wenn die für Anfang 2018 geplante Umgehungsstraße fertig ist.

Sehenswertes

An der kleinen Hauptstraße stehen beim National Trust gelistete Gebäude, und in der hügeligen Landschaft rund um Berry gibt es gute Weingüter.

★ Silos Estate WEINGUT

(☎ 02-4448 6082; www.silosestate.com; B640 Princes Hwy, Jaspers Brush; ⊙ Verkostung 11–17 Uhr) Das hübsche Weingut befindet sich in toller Lage mitten auf dem grünen Hang eines Hügels. Der Besuch lohnt sich schon allein wegen des guten Ausblicks auf die schöne Landschaft zwischen Berry und Nowra. Silos Estate stellt eine Reihe von guten Tropfen unter zwei Labels her und bietet dem Besucher zudem Käse und Alpaka-Schinken. Es gibt hier auch ein hervorragendes Restaurant, zahlreiche fortschrittliche Umweltinitiativen und vier Boutiquezimmer (205–275 AU$), die einen entspannten Aufenthalt garantieren.

Schlafen

Berry beschwört Bilder von gemütlichen Kaminen mit knisterndem Holz herauf, ist aber sowohl im Winter als auch im Sommer ein beliebtes Wochenendausflugsziel. Es gibt hier und in Kangaroo Valley viele ziemlich anspruchsvolle Unterkünfte.

Berry Hotel HOTEL $

(☎ 02-4464 1011; www.berryhotel.com.au; 120 Queen St; EZ/DZ 80/110 AU$; P ⊖ ☰) Das beliebte Gasthaus punktet mit üblichen, aber großen, mit Ventilator gekühlten Zimmern mit Bad im Flur. Die Matratzen könnten durchaus etwas härter sein, aber dies ist eine authentische Bleibe mit ganz eigenem Stil für wenig Geld. Es gibt einen Gemeinschaftsbalkon, und unten im hinteren Speiseraum und im Hof wird ordentliches Essen serviert.

Berry Village Boutique Motel MOTEL $$

(☎ 02-4464 3570; www.berrymotel.com.au; 72 Queen St; Zi. 185–275 AU$; P ⊖ ❄ ☰ ≋) Das außerordentlich gut geführte, anspruchsvolle Motel an der Hauptstraße hat ein Gourmetrestaurant und große, komfortable Zimmer, die modern eingerichtet, mit schönen Teppichen ausgelegt und teilweise mit neuen großen Doppelbetten bestückt sind. Die Standardzimmer blicken nach vorn, die Zimmer nach hinten auf einen ruhigen Park. Die teureren Zimmer haben einen Whirlpool. Konstante Verbesserungen sind ein Zeichen der Qualität der Einrichtung.

Bellawongarah at Berry B&B $$$

(☎ 02-4464 1999; www.accommodation-berry.com.au; 869 Kangaroo Valley Rd, Bellawongarah; Zi. 250–260 AU$; P ⊖ ❄ ☰) Regenwald umgibt diese wundervolle Bleibe 8 km außerhalb von Berry an der Bergstraße nach Kangaroo Valley. Es gibt hier zwei Unterkünfte: Die eine ist ein üppiger Loft im Haupthaus mit asiatischer Kunst, einem großen Spa samt Blick ins Grüne, einer gemütlichen Lounge und einem Schlafbereich unter dem Dach. Die andere ist eine niedliche wesleyanische Cottage-Kirche von 1868 mit luftiger, französisch-provenzalischer Atmosphäre.

Essen

Famous Berry Donut Van CAFÉ $

(☎ 0435 297 530; 73 Princes Hwy; Donuts 1,80 AU$; ⊙ 9–18 Uhr; ✎) Schon seit Generationen fahren die Familien in den Ferien die South Coast hinunter und bestechen ihre Kinder mit dem Versprechen, unterwegs an diesem Imbisswagen Halt zu machen, wenn sie brav sind. Die Donuts hier sind ganz frisch, warm und zuckrig – mit einem Wort: lecker! Es gibt auch Kaffee und andere Snacks.

★ Silos Restaurant MODERN-AUSTRALISCH $$

(☎ 02-4448 6160; www.silos.com.au; B640 Princes Hwy, Jaspers Brush; Verkostungsmenü 5/8 Gänge 70/95 AU$; ⊙ Do–Sa 12–14 & 18–22, So 12–14 Uhr, Jan. tgl.) Die ehemaligen Getreidesilos, denen das Weingut seinen Namen verdankt, blicken auf dieses liebenswerte Restaurant mit einer hübschen Veranda und einem Speiseraum samt traumhaftem Blick auf die grünen Weinberge. Mitten in dieser ländlichen Idylle gelegen, kann es die Küche jedoch mit jedem urbanen Gastronomiebetrieb aufnehmen. Vertraute und innovative Geschmackskombinationen, regionale Produkte (darunter Fleisch von Alpakas, die auf dem Anwesen gehalten werden) und freundliche Angestellte machen das Restaurant zu einem Überflieger.

★ Hungry Duck ASIATISCH $$

(☎ 02-4464 2323; www.hungryduck.com.au; 85 Queen St; Hauptgerichte 16–35 AU$, Bankett 5/9 Gänge 55/85 AU$; ⊙ Mo, Mi & Do 18–21.30, Fr–So 12–14 & 18–21.30 Uhr; ✎) Auf der Karte stehen moderne asiatische Häppchen wie auch größere Hauptgerichte. Es gibt einen Hinterhof und einen Kräutergarten, der die frischen Zutaten liefert. Ansonsten kommt alles – der Fisch, das Fleisch, die Eier – ganz frisch aus der Region. Das Restaurant liegt nahe der BP-Tankstelle im Ortszentrum.

Berry Woodfired Sourdough BÄCKEREI, CAFÉ $$
(☎ 02-4464 1617; www.berrysourdoughcafe.com.au; Ecke Prince Alfred & Princess St; Pies 6,80 AU$, Hauptgerichte 16–26 AU$; ⏲ Mi–So 8–15 Uhr) In der bei Feinschmeckern sehr beliebten Bäckerei kann man sich mit Brot eindecken oder gleich vor Ort etwas essen. Es gibt köstliche Gourmet-Pies und substanziellere Gerichte wie täglich frische Fisch- und Fleischspeisen sowie eine kleine, aber hochwertige Karte. Die Besitzer betreiben auch die **Milkwood Bakery** (☎ 02-4464 3033; 109 Queen St; Pies 6,80 AU$; ⏲ Mo–Fr 6–17.30, Sa & So 7–17 Uhr) an Berrys Hauptstraße.

South on Albany MODERN-AUSTRALISCH $$
(☎ 02-4464 2005; www.southonalbany; 3/65 Queen St; Hauptgerichte 29–33 AU$; ⏲ Mi–Fr 18–22, Sa 12–14.30 & 18–22, So 12–14.30 Uhr) Gleich abseits der Hauptstraße empfängt dieses Restaurant seine Gäste mit soliden Holztischen und einer kleinen, aber ausgezeichneten Karte, die ganz auf saisonale Zutaten setzt. Es ist sehr einladend hier: Der Service ist freundlich, der Ausblick hübsch und die Weinkarte interessant.

Shoppen

Treat Factory ESSEN
(☎ 02-4464 1112; www.treatfactory.com.au; 6 Old Creamery Lane; ⏲ Mo–Fr 9.30–16.30, Sa & So 10–16 Uhr) Der fabrikeigene Verkaufsladen nach alter Schule lohnt den kurzen Abstecher vom Highway auf jeden Fall: Er ist bis zur Decke mit nostalgischen Lollis wie „Rocky Road" und Lakritze vollgestopft. Es gibt auch eine beachtliche Anzahl an Pickles und Saucen.

An- & Weiterreise

Alle ein bis zwei Stunden fahren Züge nach Nowra/Bomaderry (3 AU$, 10 Min.) und Kiama (3,40 AU$, 30 Min.), wo man Anschluss an die Züge Richtung Norden nach Wollongong (4,50 AU$, 1¼ Std.) und Sydney (6 AU$, 2¾ Std.) hat.

Premier (☎ 13 34 10; www.premierms.com.au) hat Busse über Kiama nach Sydney (25 AU$, 3 Std., 2-mal tgl.) und Richtung Süden durch alle Küstenortschaften nach Eden.

Nowra

28 000 EW.

Nowra, etwa 17 km von der Küste entfernt, ist die größte Stadt in der Region Shoalhaven. An der South Coast gibt's zwar schönere Ortschaften, doch Nowra ist ein gutes, entspanntes regionales Zentrum und eignet sich prima als Basis zur Erkundung der umliegenden Attraktionen in Berry, Kangaroo Valley und Jervis Bay. Nowras siamesischer Zwilling Bomaderry ist der südliche Endbahnhof der South-Coast-Bahnlinie.

Sehenswertes

Meroogal MUSEUM
(☎ 02-4421 8150; www.sydneylivingmuseums.com.au; Ecke West & Worrigee St; Erw./Kind 12/8 AU$; ⏲ Sa 10–16 Uhr, Jan. & andere Schulferien auch Do & Fr) Dieses faszinierende historische Haus von 1885 beherbergt die Artefakte, die Frauen in vier Generationen, die hier gelebt haben, zusammengetragen haben. Der Eintritt ist verbunden mit einer Führung, die zu jeder vollen Stunde startet (letzte Führung um 15 Uhr). Das hübsche Gebäude hat eine ruhige Lage nahe dem Oval etwa drei Blocks westlich vom Zentrum Nowras.

Coolangatta Estate WEINGUT
(☎ 02-4448 7131; www.coolangattaestate.com.au; 1335 Bolong Rd, Shoalhaven Heads; ⏲ Weingut 10–17 Uhr) GRATIS An der Nordseite der Flussmündung, 13 km östlich von Bomaderry und unmittelbar vor Shoalhaven Heads, liegt dieses stimmungsvolle historische Weingut auf einem Anwesen, das ursprünglich 1822 angelegt wurde. Es gibt einen Verkaufsraum, in dem die Verkostung der hervorragenden Weine stattfindet, einen sogenannten Weingarten und ein Restaurant, in dem man gut zu Mittag essen kann. Führungen über das Anwesen finden auf **Segways** (☎ 0402 000 222; www.segwaytourssouthcoast.com.au; Führung 75–100 AU$) oder in dem großen **„Bigfoot-Vehicle"** (☎ 0428 244 229; www.bishopsadventures.com.au; Coolangatta Estate, Shoalhaven Heads; Erw./Kind 25/15 AU$) statt. Dabei geht es auf den Hügel hinauf, wo sich ein atemberaubender Blick bietet. Auf dem Gut gibt es auch hervorragende Unterkünfte in von Sträflingen errichteten Gebäuden.

Schlafen

Coolangatta Estate B&B $$
(☎ 02-4448 7131; www.coolangattaestate.com.au; 1335 Bolong Rd, Shoalhaven Heads; Zi. 140–220 AU$; P ❄ 📶 🏊) In diesem altehrwürdigen Weingut zu wohnen, ist ein echter Genuss! Die sehr unterschiedlichen Unterkünfte verteilen sich auf verschiedene Gebäude – von einer niedlichen, von Sträflingen errichteten Holzhütte mit Hochbett und

historischem Flair bis hin zu gemütlichen Zimmern in den ehemaligen Quartieren der Dienerschaft und der separaten Lodge. Man kann die Zimmer auch ohne Frühstück buchen, und die Preise sind unter der Woche erheblich niedriger. Das Anwesen ist für Hochzeiten sehr begehrt und schon deshalb am Wochenende oft ausgebucht.

Liegt 13 km östlich der Bomaderry-Princes-Hwy-Kreuzung.

Quest Nowra APARTMENTS $$
(☎02-4421 9300; www.questnowra.com.au; 130 Kinghorne St; Studio-Apt. 189–216 AU$, Apt. mit 1 Schlafzi. 209–236 AU$; P ⊖ ❄ 📶) Ein willkommener Neuzugang in Nowras recht begrenztem Unterkunftsangebot. Diese jazzigen, modernen Apartments im Ortszentrum sind peppig und liebenswert: Die Einzimmerwohnungen (Studios) sind mit großem Bett, einer Herdplatte, richtigem Kühlschrank und Mikrowelle ausgestattet, die Apartments mit voll eingerichteter Küche und Waschmaschine. Die ganze Anlage ist hervorragend, und auf dem Gelände gibt's noch ein Café-Restaurant. Je nach Nachfrage können die Preise in der Nebensaison stark sinken.

Essen & Ausgehen

★Wharf Rd MODERN-AUSTRALISCH $$
(☎02-4422 6651; www.wharfrd.com.au; 10 Wharf Rd; kleine/große Teller 17/32 AU$; ⏲Mi–Sa 12–15 & 18–22, So 12–15 Uhr, Dez. & Jan. verlängerte Öffnungszeiten) Das direkt am Fluss gelegene Restaurant befindet sich im schönsten Teil Nowras, vor allem, wenn die Jacarandas überall blühen. Trotz des dröhnenden Verkehrslärms im Hintergrund ist dies ein romantisches Restaurant mit hochwertiger, kosmopolitischer Küche. Es gibt diverse Gerichte zum Teilen, etwa Alpaka-Filet, Blauaugen-Makrele mit Chili sowie Tacos mit Avocado und Tintenfisch. Ein liebenswertes, bescheidenes Restaurant, das glatt als bestes im Ort durchgehen kann.

★Hop Dog Beerworks KLEINBRAUEREI
(☎0428 293 132; www.hopdog.com.au; Unit 2, 175 Princes Hwy; ⏲Verkostung & Verkauf Di–Do & Sa 10–16, Fr 10–18 Uhr) In einem Industriegebiet 4 km südlich vom Zentrum Nowras braut das Hop Dog gut ausbalancierte hopfige Biere, die bei Bierkennern im ganzen Land Kultstatus genießen. Es ist immer etwas Neues im Angebot. Trotz des recht unromantischen Verkaufsschuppen-Ambientes kann man hier gut mit anderen ins Gespräch kommen und etwas trinken. Man kann das Bier auch in Flaschen und Krügen zum Mitnehmen bestellen. Das Hop Dog liegt nahe dem großen Bunnings Warehouse.

Praktische Informationen

Nowra Visitor Centre (☎1300 662 808; www.shoalhaven.nsw.gov.au; 42 Bridge Rd; ⏲Mo–Do & Sa 9–17, Fr 9–18, So 10–14 Uhr) Gleich westlich des Princes Hwy in einem Kinokomplex.

An- & Weiterreise

Premier (☎13 34 10; www.premierms.com.au) hat Busse nach Sydney (25 AU$, 3 Std.) und Eden (57 AU$, 5–6 Std.) über Ulladulla (18 AU$, 1 Std.) und andere Küstenstädtchen.

Sydney Trains (☎13 15 00; www.sydneytrains.info) fährt von Sydney nach Kiama, wo man am selben Bahnsteig in den Zug nach Nowra (Bomaderry) über Berry umsteigen kann. Die Fahrt dauert insgesamt etwa 2¾ Stunden. Die Züge fahren alle ein bis zwei Stunden.

Regionalbusse fahren vom Bahnhof Bomaderry zum Ortszentrum und weiter nach Jervis Bay, Berry und in die umliegenden Ortschaften.

Jervis Bay

Diese große, geschützte Bucht lockt mit schneeweißem Sand, kristallklarem Wasser, Nationalparks und munteren Delfinen. Je nach Saison füllt sich die Bucht mit Urlaubern aus Sydney (im Sommer und an den meisten Wochenenden) oder vorbeiziehenden Walen (Mai–Nov.).

1995 erhielten die Aborigines Landrechte in der Wreck Bay und verwalten nun gemeinschaftlich den Booderee National Park am südlichen Ende der Bucht. Wie es der Zufall will, gehört dieses Gebiet nicht zu New South Wales, sondern zum Australian Capital Territory.

Am stärksten erschlossen ist die Bucht rund um Huskisson und Vincentia; an der Nordküste gibt es kaum eine touristische Infrastruktur. Auf der nordöstlichen Seite der Jervis Bay liegt die Beecroft Peninsula, die an den dramatisch steilen Klippen von Point Perpendicular endet. Der Großteil der mit schönen einsamen Stränden bestückten Halbinsel gehört der Marine, ist normalerweise aber öffentlich zugänglich.

Sehenswertes

Jervis Bay Maritime Museum MUSEUM
(☎02-4441 5675; www.jervisbaymaritimemuseum.asn.au; Woollamia Rd, Huskisson; Erw./Kind

10 AU$/frei; ⌚10–16 Uhr) Beherbergt eine historische Sammlung, die 1912 erbaute Fähre *Lady Denman* und die Galerie **Timbery's Aboriginal Arts & Crafts** samt Laden. Am ersten Samstag im Monat findet ein Bauernmarkt statt. Außerdem befindet sich hier die Touristeninformation.

Aktivitäten

In Huskisson konzentrieren sich die meisten Aktivitäten, darunter Wal- und Delfinbeobachtungen, Kajakfahren und Kitesurfen. Südlich von Huskisson liegt der herrliche **Hyams Beach**, der angeblich weißeste Sandstrand der Welt.

Jervis Bay Kayaks KAJAKFAHREN
(☎02-4441 7157; www.jervisbaykayaks.com.au; 13 Hawke St, Huskisson; Kajakverleih 2 Std./4 Std./1 Tag 39/59/69 AU$, Seekajakverleih 3 Std./1 Tag 60/75 AU$, Fahrradverleih 2 Std./1 Tag 29/50 AU$, Tour 96–145 AU$) Der freundliche Anbieter verleiht simple Kajaks zum Draufsitzen und Stehpaddelbretter sowie Einer- und Zweier-Seekajaks am St. Georges Basin oder an der Jervis Bay (mit Erfahrung). Es werden auch geführte Seekajaktrips angeboten und nicht geführte Expeditionen zum Campen und Kajak fahren organisiert. Außerdem kann man hier Fahrräder leihen.

Dive Jervis Bay TAUCHEN, SCHNORCHELN
(☎02-4441 5255; www.divejervisbay.com; 64 Owen St, Huskisson; 2 Tauchgänge 199 AU$) Der Meerespark ist bei Tauchern sehr beliebt: Das klare Wasser garantiert eine gute Sicht, und es gibt viele lohnende Stellen. Schnorchler können die nahe gelegene Robbenkolonie (Mai–Okt.) besuchen. Die Leute hier bieten auch PADI-Kurse und geführte Tauchgänge an und verleihen die nötige Ausrüstung sowie Fahrräder.

Geführte Touren

Jervis Bay Wild TIERE, BOOTFAHREN
(☎02-4441 7002; www.jervisbaywild.com.au; 58 Owen St, Huskisson; Trip 35–95 AU$) Bietet spannende 90-minütige Trips zum Beobachten von Delfinen. Während der Walsaison kann man auch längere Touren zum Beobachten dieser Meeressäuger und zu anderen Zeiten eine Rundfahrt zu den schönsten Stränden der Bucht buchen. Bei einem anderen Trip wird man mit dem Bus nach Currarong gefahren. Zurück nach Huskisson geht's dann mit dem Boot, wobei man Gelegenheit hat, die Felsklippenlandschaft rund um die Beecroft Peninsula zu erkunden.

Dolphin Watch Cruises TIERE, BOOTFAHREN
(☎02-4441 6311; www.dolphinwatch.com.au; 50 Owen St, Huskisson; ⌚Tour zum Beobachten von Delfinen/Walen/Robben 35/65/85 AU$) Das gut etablierte Unternehmen an der Hauptstraße in Huskisson bietet Touren in einem kleinen Schnellboot und alternativ in einem größeren, langsameren Dreidecker an. In der Saison (Sept.–Nov.) sind die Walbeobachtungstouren schwer angesagt. Für Charter-Segeltouren steht noch ein 11,6 m langer Katamaran bereit.

Schlafen

Die Preise steigen am Wochenende und im Januar an. Die meisten Unterkünfte findet man in Huskisson, doch gibt es weitere Optionen in vielen der anderen Siedlungen. Im Booderee National Park sowie auf der Beecroft Peninsula stehen auch Campingplätze zur Verfügung.

Huskisson B & B B & B $$
(☎02-4441 7551; www.huskissonbnb.com.au; 12 Tomerong St, Huskisson; Zi. 225–255 AU$; P ⊖ ❄ 📶 🐾) Die 100 Jahre alte, niedliche Holzhütte mit Veranda nahe dem Ortseingang bietet vier helle, luftige und farbenfrohe Zimmer mit komfortablen Betten und schicken Badezimmern samt frei stehenden Badewannen und flauschigen Handtüchern. Zudem gibt es zahlreiche kleine Details, die einen zum längeren Bleiben verleiten. Das Frühstück ist wirklich ganz hervorragend und beinhaltet am Wochenende auch warme Gerichte.

★**Paperbark Camp** LODGE $$$
(☎02-4441 6066; www.paperbarkcamp.com.au; 571 Woollamia Rd, Woollamia; DZ 395–620 AU$; P ⊖ 📶) 🍃 Das umweltfreundliche Camp mitten im dichten Busch, 4 km von Huskisson entfernt, bietet zwölf super-luxuriöse Safarizelte mit angeschlossenem Bad und Rundumterrasse. Man leiht sich ein Kajak und paddelt den Bach bis zur Bucht hinauf oder schnappt sich ein Rad und radelt in den Ort. Es gibt hier auch ein exzellentes Restaurant exklusiv für Gäste. Das beeindruckende Frühstück ist inbegriffen.

In den Zelten gibt es keinen Strom; einzig die Beleuchtung ist solarbetrieben. Es gibt aber Ladegeräte und im Rezeptionsbereich einen Gästekühlschrank.

Essen & Ausgehen

Huskisson ist ein trendiges Wochenendausflugsziel für die Leute aus Sydney. Es gibt hier ein paar hervorragende Cafés, gute Kneipenkost und ein erstklassiges Restaurant, das mit asiatischer Fusion-Küche besticht. In den anderen Siedlungen an der Bucht gibt's weit weniger Restaurants, aber auch in Vincentia, Callala Bay und anderswo wird man fündig.

5 Little Pigs CAFÉ $

(☎02-4441 7056; www.5littlepigs.com.au; 64 Owen St, Huskisson; Gerichte 12–19 AU$; ⏲So–Do 7–16, Fr & Sa bis 17 Uhr;) Das reizende, peppige Café an der Hauptstraße öffnet schon in Allerherrgottsfrühe und stärkt seine Gäste mit ordentlichem Kaffee und einer Reihe exzellenter Frühstücks- und Mittagsgerichte. Empfehlenswert sind auch die an der Tafel angeschriebenen Spezialitäten des Tages. Die freundlichen Inhaber sind immer für einen Plausch zu haben.

Wild Ginger ASIATISCH $$

(☎02-4441 5577; www.wild-ginger.com.au; 42 Owen St, Huskisson; Hauptgerichte 31,50 AU$; ⏲Di–So 15–23 Uhr;) Das bei Weitem anspruchsvollste Restaurant in Huskisson! Das entspannte Wild Ginger präsentiert Aromen aus Thailand, Südostasien und Japan. Zu empfehlen sind die leckeren regionalen Meeresfrüchte in vorzüglich zubereiteten schmackhaften Gerichten. Es gibt hier auch Cocktails, und sie kosten bis 18 Uhr nur 10 AU$.

Huskisson Hotel KNEIPE

(Husky Pub; ☎02-4441 5001; www.thehuskisson.com.au; 73 Owen St, Huskisson; ⏲Mo–Sa 11–24, So bis 22 Uhr;) Das gesellige Zentrum von Huskisson und eigentlich der ganzen Jervis Bay ist dieser helle, luftige Pub mit herrlichem Blick auf die Bucht und ordentlichem Essen von Pizza und Burger bis Fisch und Steak, jeweils mit einer Spezialität des Tages in jeder Kategorie. Die recht große Terrasse ist im Sommer rappelvoll, und an den meisten Wochenenden wird Livemusik gespielt.

Praktische Informationen

Jervis Bay Visitor Information Centre (Woollamia Rd, Huskisson; ⏲10–16 Uhr) Hilfreiche Touristeninformation im Gebäude des Jervis Bay Maritime Museum.

An- & Weiterreise

Nowra Coaches (☎02-4423 5244; www.nowracoaches.com.au) betreibt Busse im gesamten Jervis-Bay-Gebiet mit Verbindungen nach Nowra und zum Bahnhof Bomaderry.

Booderee National Park

Der großartige Nationalpark an dem kristallklaren Wasser des südlichsten Teils der Jervis Bay verfügt über ausgezeichnete Strände mit angrenzenden Campingplätzen, einen interessanten botanischen Garten, kurze Wanderwege und Zeugnisse des indigenen Erbes.

Sehenswertes

Booderee Botanic Gardens GARTEN

(www.booderee.gov.au; ⏲8–16 Uhr) Riesige Rhododendren und zahlreiche Küstenpflanzen, die von den örtlichen indigenen Völkern einst als Nahrungsmittel und für medizinische Zwecke genutzt wurden, wachsen in dem botanischen Garten, der sich innerhalb des Parks abseits der Straße zur Cave Beach befindet.

Schlafen

Bristol Point CAMPEN $

(☎02-4443 0977; www.booderee.gov.au; Stellplatz 22 AU$ zzgl. Erw./Kind 11/5 AU$; P) Der nette, rustikale Nationalpark-Campingplatz bietet bewaldete Stellplätze. Ein kurzer Wanderweg führt hinunter zu einem Strand an der Jervis Bay. Der Platz ist Zelten vorbehalten und verfügt über keinen Strom. Außerhalb der Schulferien ist die Übernachtung viel billiger. Bei Ebbe hat man die Möglichkeit, nach Green Patch zu laufen, einem Strand und Campingplatz.

Cave Beach CAMPEN $

(☎02-4443 0977; www.booderee.gov.au; Stellplatz 22 AU$ zzgl. Erw./Kind 11/5 AU$; P) Der grasbewachsene Campingplatz liegt nahe einem majestätischen Ozeanstrand und ist damit ideal für Surfer. Der mit Toiletten und Kaltwasserduschen ausgestattete Platz ist nur zu Fuß erreichbar und Zelten vorbehalten. Vom Parkplatz läuft man 500 m zu den Zeltplätzen hinunter, sollte also keine Wertsachen im Auto zurücklassen.

Green Patch CAMPEN $

(☎02-4443 0977; www.booderee.gov.au; Stellplatz 22 AU$ zzgl. Erw./Kind 11/5 AU$; P) Der größte Campingplatz im Nationalpark ist gleichzeitig der einzige, auf dem Wohnmobile gestattet sind. Er verteilt sich auf zwei Standorte, die zu beiden Seiten einer Lagune liegen. Ein kurzer Fußmarsch bringt einen zum Strand an der Jervis Bay. Strom gibt's nicht, aber dafür Wasser, Toiletten, Duschen und Grillstellen.

Praktische Informationen

Booderee Visitor Centre (☎ 02-4443 0977; www.booderee.gov.au; Jervis Bay Rd; ⊙ So–Do 9.30–15, Fr & Sa 9–16 Uhr, Jan. tgl. 9–16 Uhr) Die Touristeninformation am Eingang des Nationalparks hat Karten und Infos.

An- & Weiterreise

Busse fahren bis Hyams Beach, aber nicht zum Park.

Ulladulla & Mollymook

12 100 EW.

Ulladulla ist ein Fischerstädtchen in malerischer Lage an der Küste. Das nördlich anschließende Mollymook hat einen prächtigen Strand und ist im Sommer ein bevorzugtes Ausflugsziel der Einwohner Sydneys. Es gibt vor Ort ausgezeichnete Unterkünfte und Restaurants sowie weitere tolle Strände in der Nähe.

Sehenswertes & Aktivitäten

Milton DORF

Die aus dem 19. Jh. stammende stimmungsvolle Ortschaft Milton liegt 6 km nördlich von Ulladulla am Princes Hwy und ist mit Kunsthandwerksläden, historischen Gebäuden und aufkeimendem Hipster-Flair ein nettes Ziel. Es gibt hier auch gute Restaurants und Unterkünfte.

Murramarang National Park NATIONALPARK

(www.nationalparks.nsw.gov.au; 8 AU$/Auto & Tag) Der malerische Park erstreckt sich an einem geschützten Küstenstreifen und bietet exzellente Strände, indigenes Erbe und viele Vögel und andere Tiere. An mehreren Stränden lässt es sich gut surfen, und markierte Wanderwege geben viel Spielraum, das Gelände zu erkunden.

★ **Pigeon House Mountain** WANDERN

(Didthul) Der eindrucksvolle Berg, der auf dem Straßenweg rund 33 km westlich von Ulladulla liegt, befindet sich in dem zum Morton National Park gehörenden Teil der Budawang Range und ist ein ausgezeichnetes Wanderziel. Der Weg besteht aus zwei Anstiegen durch den Busch, die durch einen flachen Abschnitt unterbrochen sind. Am Ende wartet eine Kletterpartie über eine Reihe von Leitern hinauf zum Gipfel, von dem sich eine herrliche Aussicht bietet. Vom Parkplatz hin und zurück sind es 5,3 km, für die man etwa drei bis vier Stunden einplanen sollte.

Schlafen

Ulladulla Lodge HOSTEL $

(☎ 02-4454 0500; www.ulladullalodge.com.au; 63 Princes Hwy, Ulladulla; B 35 AU$, DZ 80–85 AU$; P ⊖) In der an eine Pension erinnernden sauberen und komfortablen Unterkunft herrscht eine lockere Surfer-Atmosphäre. Das Hostel liegt recht nahe am Strand. Die Inhaber vermieten Surfbretter, Neoprenanzüge und Kajaks. Es gibt eine Gemeinschaftsküche und Grills, aber nur begrenzten WLAN-Empfang.

Mollymook Shores MOTEL $$

(☎ 02-4455 5888; www.mollymookshores.com.au; 11 Golf Ave, Mollymook; Zi. 145–235 AU$; P ⊖ ❄ ⓦ) Direkt am Strand in Mollymook bietet dieses Motel, das eher schon ein Hotel ist, kürzlich renovierte, geräumige und gut ausgestattete Zimmer rund um einen grünen Hof. Die Besitzer und das Personal sind hilfsbereit, und das Haus ist ein exzellentes Standquartier zur Erkundung der Küste. Es gibt sieben verschiedene Zimmerkategorien mit leicht unterschiedlichen Einrichtungen. Das Frühstück wird im Zimmer serviert, ein Restaurant gibt es nicht.

★ **Bannisters Pavilion** HOTEL $$$

(☎ 02-4455 3044; www.bannisters.com.au; 87 Tallwood Ave, Mollymook; Zi. 275–430 AU$; P ⊖ ❄ ⓦ ≋) Gleich hinter dem Strand von Mollymook liegt dieses neue, optisch interessante Hotel. Es wurde mit großer Sorgfalt entworfen und verschmilzt gut mit seiner Umgebung. Das Haus ist sehr geräumig und hat breite Korridore, schicke, helle Zimmer mit schönem Ausblick ins Grüne und eigenen Terrassen oder Balkonen. Die Dachterrasse bietet viel Spaß in Form einer Bar, eines beheizten Pools und eines zwanglos-schicken Restaurants.

★ **Bannisters by the Sea** HOTEL $$$

(☎ 02-4455 3044; www.bannisters.com.au; 191 Mitchell Pde, Mollymook; Zi. 365–510 AU$, Suite 430–925 AU$; P ⊖ ❄ ⓦ ≋) Die Hülle eines Motels aus den 1970er-Jahren wurde zum Ausgangspunkt dieses hippen, unaufdringlich luxuriösen Hotels. Die Zimmer sind stilvoll und zeigen ein helles, strandgerechtes Dekor. Von den Balkonen hat man einen hübschen Blick auf die Küste und hört das Rauschen der Brandung. Das Personal ist engagiert, und es gibt ein gutes Restaurant. Die zusammengeklappten Schirme vor jeder Tür sind ein nettes Detail – schließlich befindet man sich hier an der South Coast!

Das Frühstück ist bei allen Optionen im Preis enthalten.

Essen

Hayden's Pies BÄCKEREI $
(☎ 02-4455 7798; 166 Princes Hwy, Ulladulla; Pies 4–7 AU$; ⊙ Mo–Sa 6–17, So 7–17 Uhr) Köstlicher Duft und wirklich leckere Backwaren erwarten einen in dieser ausgezeichneten Bäckerei, die neben traditionellen auch eine Reihe innovativer und fantasievoller Gourmet-Pies – beispielsweise mit Peking-Ente oder Ziegencurry – zu bieten hat. Täglich gibt es einen besonderen Pie, außerdem glutenfreie Angebote und andere Backwaren. Es ist sehr gut möglich, dass man hier die besten und leckersten Pies an der ganzen South Coast bekommt!

★ **Tallwood** MODERN-AUSTRALISCH, CAFÉ $$
(☎ 02-4455 5192; www.tallwoodeat.com.au; 2/85 Tallwood Ave, Mollymook; Frühstück 12–26 AU$, Hauptgerichte abends 28–36 AU$; ⊙ Mi–Fr & Mo 18–22, Sa & So 8–14.30 & 18–22 Uhr, Kaffeeausschank zu weiteren Zeiten, Jan. längere Öffnungszeiten; ✎) Hier beginnt der Tag mit exzellentem Kaffee und köstlichen Frühstücksgerichten – wie wäre es z. B. mit einem Ricotta-Pfannkuchen als Grundlage für einen spannenden Urlaubstag? Beim Wochenend-Brunch und Abendessen stehen innovativere Gerichte auf dem Programm. In dem farbenfrohen, modernen Ambiente genießt man dann etwa Spezialitäten wie portugiesische Fischkuchen mit Safran-Mayonnaise, auf balinesische Art gewürzte Ente oder mit *dukkah* aufgepeppte Aubergine. Es gibt auch hervorragende vegetarische Optionen sowie überzeugende australische Kleinbrauereibiere und Weine.

★ **Cupitt's Winery & Restaurant** MODERN-AUSTRALISCH $$$
(☎ 02-4455 7888; www.cupitt.com.au; 58 Washburton Rd, Ulladulla; Hauptgerichte 30–40 AU$; ⊙ Küche Mi–So 12–14 & Fr & Sa 18–20.30 Uhr, Weingut Mi–So 10.30–17 Uhr; ☏) Gut ausgeschildert liegt 3 km westlich der Stadt diese restaurierte Molkerei aus dem Jahr 1851 mit hoch gelobter Küche und Weinverkostung. In dem angenehm ländlichen Lokal genießt man den entspannenden Blick auf den See und die in dem grünen Tal weidenden Kühe. Es gibt Boutique-Unterkünfte in den Weinbergen (1/2 Nächte 330/575 AU$) und eine Kleinbrauerei. Das Restaurant setzt auf hochwertige Zutaten und langsames Garen. Vorab reservieren!

Rick Stein at Bannisters MEERESFRÜCHTE $$$
(☎ 02-4455 3044; www.bannisters.com.au; 191 Mitchell Pde, Mollymook; Hauptgerichte 36–48 AU$; ⊙ Mi, Sa & So 12.30–15 & 18–22, Do & Fr 18–22 Uhr; ☏) Die erlesen zubereiteten und angerichteten Meeresfrüchte von Promi-Koch Rick Stein sind so wundervoll wie die herrliche Aussicht in diesem Restaurant am Bannister's Point 1 km nördlich der Stadt. Die Karte, auf der in der Regel Austern, örtliche Meerbrassen und Meeresfrüchte-Pies stehen, zeigt französische und auch leicht asiatische Einflüsse.

Praktische Informationen

Shoalhaven Visitor Centre (☎ 02-4444 8819; www.shoalhavenholidays.com.au; Princes Hwy, Ulladulla; ⊙ Mo–Sa 9–17, So 9–16 Uhr) Das Büro in dem Gemeindezentrum mit Bibliothek am Highway hat Infos und nimmt Buchungen vor.

An- & Weiterreise

Die Busse von **Premier** (☎ 13 34 10; www.premierms.com.au) zwischen Sydney (35 AU$, 4¼–5 Std.) und Eden (50 AU$, 4 Std.) fahren über Batemans Bay (14 AU$, 45 Min.) und Nowra (18 AU$, 1 Std.).

Eurobodalla Coast

Mit einem Fest der Blautöne wartet diese Küste auf, deren Name „Land der vielen Gewässer" bedeutet. Sattes Grün kennzeichnet den in dem Gebiet liegenden weitläufigen Eurobodalla National Park.

Batemans Bay

11 300 EW.

Mit seinen nahe gelegenen guten Stränden und einem funkelnden Mündungsgebiet gehört dieser Fischereihafen zu den beliebtesten Urlaubszentren an der South Coast. Die Stadt liegt an der Stelle, wo sich der Clyde River ins Meer ergießt, und verströmt die etwas altmodische Atmosphäre eines Sommerferienorts. Batemans Bay ist ein empfehlenswertes Standquartier für verschiedene Wassersportaktivitäten.

Sehenswertes

Der **Corrigans Beach** liegt der Stadt am nächsten. Nördlich der Brücke führen längere Strände in den Murramarang National Park. Die Surfer tummeln sich am **Pink Rocks**, am **Surf Beach**, an der **Malua Bay**, am **McKenzies Beach** sowie am **Bengello Beach**. **Broulee** besitzt einen breiten, halbmondförmigen Sandstrand, am Nordende ist aber Vorsicht geboten, da es dort einen starken Brandungsrückstrom gibt.

Aktivitäten

Batemans Bay ist eine gute Basis für Aktivitäten im Wasser. Zahlreiche Veranstalter verleihen Kajaks, Surfbretter, Schnorchelausrüstung oder Stehpaddel und bieten auch Unterricht und geführte Touren. Einige haben ihren Sitz in anderen Orten, operieren aber an diesem Teil der Küste.

Total Eco Adventures WASSERSPORT
(☎02-4471 6969; www.totalecoadventures.com.au; 7/77 Coronation Dr, Broulee) Neben dem Verleih von Kajaks und Surfbrettern veranstaltet dieser Anbieter diverse Kajakexkursionen auf den Flüssen der Region sowie Schnorchel- und Stehpaddelausflüge.

Surf the Bay Surf School SURFEN
(☎0432 144 220; www.surfthebay.com.au; Gruppen-/Einzelkurs 40/90 AU$) Diese Surf- und Stehpaddelschule operiert in Batemans Bay, Broulee und Narooma und hat während der Schulferien spezielle Kurse für Kinder im Angebot. Verleiht auch Ausrüstung.

Region X KAJAKFAHREN
(☎1300 001 060; http://regionx.com.au; Kajakverleih 1 Std. 30 AU$, Tour 75–95 AU$) In dieser am Mossy Point südlich von Batemans Bay gelegenen Verleihstation kann man ein Kajak mieten, um die nahe gelegenen Wasserwege zu erkunden, oder schließt sich einer von mehreren Paddeltouren an, die rund um Batemans Bay und die Küste hinunter nach Süden führen. Fahrräder werden hier ebenfalls vermietet.

Schlafen

Zorba Waterfront Motel MOTEL $$
(☎02-4472 4804; www.zorbamotel.com.au; Orient St; Zi. 130–180 AU$; P ⊖ ❄ 📶) Das freundliche, familiengeführte Motel in praktischer Lage direkt neben einer Reihe von Uferrestaurants ist seit Jahren eine solide Option. Die blauen Zierkanten passen zu dem griechischen Namen, und die geräumigen, komfortablen Zimmer haben Balkon oder Terrasse. Der kleine Aufpreis für ein Zimmer mit Blick aufs Wasser lohnt sich.

Bay Breeze MOTEL $$
(☎02-4472 7222; www.baybreezemotel.com.au; 21 Beach Rd; Zi. 175–300 AU$; P ⊖ ❄ 📶) Das sehr zentral gelegene, gehobene Motel bietet einen erstklassigen Blick auf die Bucht. Die überaus professionell geführte, nur sieben Zimmer umfassende Anlage zeigt eine Liebe zum Detail, die eines Boutiquehotels würdig ist. Die attraktiven Zimmer haben eine unaufdringliche balinesische Anmutung und verfügen über Kaffeemaschinen und stilvolle Bäder.

Essen

Innes' Boatshed FISH & CHIPS $
(☎02-4472 4052; 1 Clyde St; Fish & Chips 14 AU$, 6 Austern 9 AU$; ⊙So–Do 9–20, Fr & Sa 9–20.30 Uhr) Seit den 1950er-Jahren ist dies eines der beliebtesten Lokale für Fish & Chips und Austern an der South Coast. Der Laden bildet gewissermaßen das Ortszentrum. Man kann draußen auf der Terrasse sitzen, muss sich aber vor den Pelikanen in Acht nehmen. Nur Barzahlung möglich. Alkohol wird nicht ausgeschenkt, man kann sich aber selber etwas mitbringen.

Blank Canvas CAFÉ $$
(☎02-4472 5016; Annetts Arcade, Orient St; Gerichte 14–32 AU$; ⊙Feb.–Dez. Mi–Mo 8.30–14 & 17.30–20.30 Uhr, Jan. tgl. 8.30–21 Uhr; 📶) Das Lokal direkt am Wasser hat eine schattige Terrasse. Tagsüber ein Café, verwandelt es sich abends in ein intimeres Restaurant mit modern-australischer Küche. Da Kaffee hier ernst genommen wird – es gibt auch Eiskaffee und mehrere sortenreine Angebote –, ist dies vor Ort das beste Café für ein Frühstück oder einen Brunch.

On the Pier MEERESFRÜCHTE $$$
(☎02-4472 6405; www.onthepier.com.au; 2 Old Punt Rd; Hauptgerichte 29–35 AU$; ⊙Do 18–20.30, Fr & Sa 12–14 & 18–20.30, So 9–15 Uhr) Das freundliche Lieblingsrestaurant der Stadt wartet mit einer hübschen Lage am Wasser sowie einem besonders bei Sonnenuntergang zauberhaften Blick über den Fluss und die dahinterliegenden Hügel auf. Fisch aus der Region ist ein Highlight, es gibt aber auch schmackhafte Fleischgerichte. Der Service ist nett und das Ambiente ziemlich zwanglos. Die Öffnungszeiten variieren jahreszeitlich ein wenig.

Praktische Informationen

Batemans Bay Visitor Centre (☎02-4472 6900; www.eurobodalla.com.au; Ecke Princes Hwy & Beach Rd; ⊙Sept.–April 9–17 Uhr, Mai–Aug. 9–16 Uhr) Deckt die Stadt und die Eurobodalla-Region ab.

An- & Weiterreise

Der malerische Kings Hwy klettert gleich nördlich von Batemans Bay den Steilhang hinauf und führt nach Canberra.

Premier (☎13 34 10; www.premierms.com.au) betreibt Busse nach Sydney (45 AU$, 6 Std.) und Eden (46 AU$, 3–4 Std.) über Ulladulla (16 AU$, 45 Min.) und Moruya (11 AU$, 30 Min.).

Murrays (☎13 22 51; www.murrays.com.au) betreibt Busse nach Canberra (37,60 AU$, 2½ Std.), Moruya (13,60 AU$, 40 Min.) und Narooma (20,90 AU$, 1¾ Std.).

V/Line (☎1800 800 007; www.vline.com.au) bietet immer dienstags, freitags und sonntags eine praktische Bus-Zug-Kombination nach Melbourne mit Umsteigen in Bairnsdale (60,60 AU$, 11½ Std.).

Priors (☎02-4472 4040; www.priorsbus.com.au) betreibt diverse Regionalbusse, darunter einen, der über verschiedene Surfstrände nach Broulee und Moruya fährt.

Moruya

2500 EW.

In Moruya („Trauerschwan") ziehen sich viktorianische Gebäude an einem breiten Fluss entlang. Es gibt hier einen beliebten Samstagsmarkt und ein paar tolle Unterkünfte und Restaurants.

Schlafen & Essen

★ **Post & Telegraph B&B** B&B $$
(☎02-4474 5745; www.postandtelegraphbb.blogspot.com; Ecke Page & Campbell St; EZ/DZ mit Frühstück 125/155 AU$; P) Das Post- und Telegrafenbüro aus dem 19. Jh. ist heute ein bezauberndes B&B mit vier Zimmern und jeder Menge historischem Charakter. Die hohen Decken, altmodischen Elemente und antiken Möbel und Objekte verbinden sich mit herzlicher Gastlichkeit und zahlreichen durchdachten Details. Es gibt eine hübsche Gemeinschaftsveranda, Sherry- und Portweinkaraffen und eine feine Gemeinschaftslounge. Ein richtig schöner Ort für einen Stopp.

The River MODERN-AUSTRALISCH $$$
(☎02-4474 5505; www.therivermoruya.com.au; 16b Church St; Hauptgerichte 30–36 AU$, Verkostungsmenü 5 Gänge 85 AU$, mit passendem Wein 115 AU$; ⏲Mi–So 12–14.30, Mi–Sa 18–21.30 Uhr; ❄) Direkt über dem Fluss gleich westlich der Brücke im Ortszentrum von Moruya verbindet dieses Restaurant frische regionale und saisonale Zutaten mit internationalen Aromen. Es gibt eine kurze Karte mit hochwertigen modern-australischen Gerichten, darunter auch ein Fünf-Gänge-Verkostungsmenü. Vorab reservieren!

An- & Weiterreise

Der **Moruya Airport** (MYA; ☎0409 037 520; www.esc.nsw.gov.au; George Bass Dr) liegt 7 km außerhalb der Stadt in der Nähe von North Head. **Rex** (☎13 17 13; www.rex.com.au) fliegt nach Merimbula und Sydney.

Murrays (☎13 22 51; www.murrays.com.au) betreibt Busse nach Canberra (40,80 AU$, 3½ Std.), Batemans Bay (13,30 AU$, 40 Min.) und Narooma (14,80 AU$, 45 Min.).

Premier (s. linke Spalte) betreibt Busse nach Sydney (49 AU$, 6–7 Std.) über Batemans Bay (11 AU$, 30 Min.) und in der anderen Richtung über alle Küstenorte nach Eden (46 AU$, 2½–3 Std.).

V/Line (s. linke Spalte) bietet dienstags, freitags und sonntags eine Bus-Zug-Kombination nach Melbourne mit Umsteigen in Bairnsdale (60,60 AU$, 11½ Std.).

Narooma

2400 EW.

Narooma liegt an einer von Bäumen gesäumten Flussmündung und wird von Surfstränden flankiert. Der hübsche Küstenort ist das Sprungbrett nach Montague Island, einem sehr lohnenden Ausflugsziel vor der Küste.

Sehenswertes

★ **Montague Island (Baranguba)** NATURSCHUTZGEBIET
(www.montagueisland.com.au) Die schädlingsfreie kleine Insel liegt 9 km vor der Küste von Narooma und ist die Heimat von Meeresvögeln und Seebären. Zwergpinguine nisten hier vor allem in der Zeit zwischen September und Februar, während Robben (und vor der Küste Wale) am zahlreichsten zwischen September und November auftreten.

Parkranger veranstalten diverse geführte Touren (S. 251) abhängig von Nachfrage und Wetter; die Touren bucht man vorab über das Visitor Centre. Die morgendlichen Touren dauern länger, bei den abendlichen wird darauf gewartet, dass die Zwergpinguine an Land watscheln. Bootsbetreiber machen es möglich, den Besuch der Insel mit einer Schnorchel- und Walbeobachtungstour zu kombinieren.

Man kann auf der Insel in den schön renovierten **Lighthouse Keepers' Cottages** (☎02-4476 0800; www.nationalparks.nsw.gov.au;

ABSTECHER

MOGO

Mogo ist eine historische Zeile von Holzhäusern mit Cafés und Souvenirläden 9 km südlich von Batemans Bay. Der Ort war ursprünglich eine Goldgräbersiedlung, und die **Gold Rush Colony** (☎ 02-4474 2123; www.goldrushcolony.com.au; 26 James St; Erw./Kind 20/12 AU$; ⏱ 10–16 Uhr) ist die Nachschöpfung eines Pionierdorfs aus jener Ära mit kostenlosem Goldwaschen und Hütten als Unterkunft.

Der 2 km östlich des Highway gelegene **Mogo Zoo** (☎ 02-4474 4930; www.mogozoo.com.au; 222 Tomakin Rd; Erw./Kind 31/16 AU$; ⏱ 9–17 Uhr) ist ein kleiner, aber interessanter Zoo mit seltenen weißen Löwen und einem fesselnden Trupp Gorillas.

Montague Island; Cottages 1200–1800 AU$;) übernachten, muss aber weit im Voraus reservieren.

Aktivitäten

Naroома Marina BOOTFAHREN
(☎ 02-4476 2126; www.naroomamarina.com.au; 30 Riverside Dr; Boot 1 Std./halber Tag/ganzer Tag 55/145/265 AU$, Surfbrett halber/ganzer Tag 20/40 AU$, Kajak 1. Std. 25 AU$, danach 20 AU$/Std.) Das freundliche Unternehmen am Fluss verleiht Kanus, Kajaks, Tretboote, Angelboote, Surf- und Stehpaddelbretter. Hier bekommt man alles, was man braucht, um aufs Wasser zu kommen. Achtung: Eine Landung auf Montague Island ist nur im Rahmen einer genehmigten Tour erlaubt.

Underwater Safaris TAUCHEN
(☎ 0415 805 479; www.underwatersafaris.com.au; 1/2 Tauchgänge 80/120 AU$) Dieser Tauchveranstalter bietet PADI-Kurse und geführte Tauchgänge rund um Montague Island und anderswo an der Küste, außerdem Schnorchel- und Walbeobachtungs-Ausflüge.

Geführte Touren

Montague Island Nature Reserve Tours WANDERN, BOOTFAHREN
(☎ 02-4476 2881; www.montagueisland.com.au; 90–125 AU$/Pers.) Eine Reihe von Anbietern veranstaltet Bootstouren nach Montague Island, wo ein Nationalpark-Guide die Teilnehmer über die Insel führt und ihnen die Seebärenkolonien, den Leuchtturm und vieles mehr zeigt. Bei den abendlichen Touren kann man dabei zuschauen, wie die Zwergpinguine an Land watscheln. Buchen kann man über die Besucherzentren in Narooma oder Batemans Bay (S. 249).

Schlafen

Narooma Motel HOSTEL, MOTEL $
(☎ 02-4476 3287; www.naroomamotel.com.au; 243 Princes Hwy; B 35–40 AU$, DZ 100–130 AU$;) Das nette Motel bietet einen überaus herzlichen Empfang, sehr faire Preise und kleine Budget-Motelzimmer sowie Schlafsäle. Es gibt eine große Gemeinschaftsküche, eine hübsche Lounge im Gewächshaus und einen friedlichen Gartenbereich mit Grill. Heather und Les sind freundliche Gastgeber, die alles tun, damit sich ihre Gäste wohlfühlen.

Lynch's Hotel HOTEL $
(☎ 02-4476 2001; 135 Wagonga St; EZ/DZ ohne Bad 70/100 AU$;) Das aus Holz erbaute Gasthaus alter Schule steht im Zentrum der Stadt und punktet mit schlichten, aber sehr ansprechenden Zimmern mit Gemeinschaftsküche und Gemeinschaftsbädern. Am besten versucht man, ein Zimmer an einer der Veranden zu bekommen. Die Unterkunft ist bescheiden, hat aber viel Charakter. Lohnend sind auch der Pub und das Restaurant im Erdgeschoss.

★ **Whale Motor Inn** MOTEL $$
(☎ 02-4476 2411; www.whalemotorinn.com; 104 Wagonga St; DZ 143–231 AU$;) Das hervorragende, von einem freundlichen Paar exzellent geführte Motel bietet selbst in den unteren Preiskategorien viel: Die „Premier"-Zimmer sind geräumig und modern und ein echtes Schnäppchen. Die diversen Suiten gehen mit raffinierten Einrichtungen und vielen durchdachten Extras noch einen Schritt weiter. Es gibt einen kleinen Pool, ein gutes Restaurant und einen schönen Ausblick in die Runde.

Anchors Aweigh B&B $$
(☎ 02-4476 4000; www.anchorsaweigh.com.au; 5 Tilba St; EZ 105 AU$, DZ 149–225 AU$;) Das herzlich geführte B&B an einer zentral gelegenen Seitenstraße ist mit seinen fünf großzügigen, hellen Zimmern, davon zwei mit Whirlpool und großen Doppelbetten und eines mit eigener Veranda, ein tolles Quartier an der South Coast. Auch die Ge-

meinschaftsbereiche sind prima. Man kann einen Teddybären und diverse Sammlerstücke bewundern, und durchs Frühstückszimmer fährt eine Modelleisenbahn.

Essen

Quarterdeck Marina CAFÉ $$
(☎02-4476 2723; www.quarterdecknarooma.com.au; 13 Riverside Dr; Hauptgerichte 15–29 AU$; ⊙Do 10–16, Fr 10–20, Sa 10–15 & 18–20, So 8–15 Uhr;) In dem mit Dutzenden Tiki-Figuren und signierten Fotos von Fernsehstars der 1950er-Jahre dekorierten roten Schuppen kann man sich am Sonntag das Frühstück und ansonsten mittags ausgezeichnete Meeresfrüchte schmecken lassen. Der Ausblick auf den Meeresarm ist toll, und es gibt regelmäßig Livemusik – ein echtes Zentrum der guten Laune in Narooma!

Whale Restaurant MODERN-AUSTRALISCH $$$
(☎02-4476 2411; www.whalemotorinn.com; 104 Wagonga St; Hauptgerichte 31–36 AU$; ⊙Di–Sa 18–21 Uhr;) Das Essen in diesem Motelrestaurant ist ebenso gut wie der traumhafte Blick auf die Küste. Hochwertige regionale Zutaten, teilweise ganz frisch aus dem eigenen Gemüsegarten, bestimmen Küche und Karte – hier kommen die prachtvollen Austern aus der Region, hausgemachte Pasta, Zutaten vom Markt, Käse aus Tilba, Fisch aus nachhaltiger Zucht und abgehangenes Rindfleisch so richtig zur Geltung. Es gibt auch eine angenehme Lounge für einen Drink vor dem Essen.

Praktische Informationen

Narooma Visitor Centre and Gallery (☎02-4476 2881; www.narooma.org.au; Princes Hwy; ⊙Okt.–Ostern 9–17 Uhr, Ostern–Sept. 10–16 Uhr) Das von Freiwilligen geführte, freundliche Besucherzentrum ist eine tolle Quelle für Infos zur Gegend und umfasst auch ein kostenloses historisches Museum und eine Galerie, die vom örtlichen Kunsthandwerksverein bestückt wird. Man kann hier auch Bustickets kaufen.

An- & Weiterreise

Premier (☎13 34 10; www.premierms.com.au) betreibt Busse nach Eden (41 AU$, 2½ Std.) und Sydney (58 AU$, 7 Std.) über Wollongong (56 AU$, 5 Std.).

V/Line (S. 250) bietet eine tägliche Bus-Zug-Kombination von Narooma nach Melbourne (60,60 AU$, 11 Std.) mit Umsteigen in Bairnsdale.

Busse von **Murrays** (☎13 22 51; www.murrays.com.au) fahren täglich nach Moruya (14,80 AU$, 1 Std.), Batemans Bay (20,90 AU$, 2 Std.) und Canberra (48,40 AU$, 4½ Std.).

Nahverkehrsbusse fahren auf festgelegten Rundkursen durch die unmittelbare Umgebung von Narooma.

Tilba Tilba & Central Tilba

400 EW.

Nördlich von Bermagui vereinigt sich die Küstenstraße mit dem Princes Hwy, fast unmittelbar vor der Ringstraße, die zu diesen National-Trust-Dörfern im Schatten des Mt. Gulaga führt.

Tilba Tilba ist winzig – verglichen mit seinem auch nicht gerade sehr großen Nachbarn 2 km die Straße weiter.

Central Tilba hat sich seit den längst vergangenen Tagen seiner Blütezeit als Goldgräberstadt im 19. Jh. praktisch nicht verändert; Cafés und Kunsthandwerksläden bevölkern die historischen Gebäude an der touristischen Bate St. Gleich hinter dem Dromedary Pub geht's zum Wasser, von wo man einen herrlichen Blick auf den Mt. Gulaga hat (der früher Mt. Dromedary hieß, daher der Name des Pubs).

Sehenswertes

Foxglove Gardens GARTEN
(☎02-4473 7375; www.foxglovegardens.com; Corkhill Dr, Tilba Tilba; Erw./Kind 9/2 AU$; ⊙Okt.–März 9.30–17 Uhr, April–Sept. 10–16 Uhr) Der zauberhafte, 1,4 ha große private Garten liegt am südlichen Ende von Tilba Tilba. Hier erschließt sich eine überraschende, abgeschiedene Welt mit versteckten Alleen, einem Rosengarten, Lauben, einem Ententeich und anderen viktorianischen Details. Das zugehörige historische Cottage wurde zur Zeit unserer Recherche gerade renoviert, um eine B&B-Unterkunft zu bieten. Es dürfte sich lohnen, einmal vorbeizuschauen.

Schlafen

★ **Bryn at Tilba** B&B $$
(☎02-4473 7385; www.thebrynattilba.com.au; 91 Punkalla-Tilba Rd, Zentrum Tilba; Zi. 235–265 AU$; P) Folgt man der Hauptstraße von Central Tilba 1 km aus dem Ort hinaus, gelangt man zu diesem fabelhaften Gebäude an einem grasbewachsenen Hügelhang. Von den Zimmern und der breiten Veranda dieses beschaulichen Anwesens aus hat man einen weiten Ausblick. Die drei Zimmer mit Hartholzböden, leichter und luftiger Anmutung und eindrucksvollen Bädern teilen sich die großzügigen Gemeinschaftsbereiche; da-

rüber hinaus gibt es noch ein separates, in sich abgeschlossenes Cottage.

Praktische Informationen

Bates Emporium (Bate St, Central Tilba; Mo–Fr 8–17, Sa 8.30–16.30, So 9–16.30 Uhr;) Infos und Benzin gibt's im Bates Emporium am Beginn der Hauptstraße von Central Tilba.

An- & Weiterreise

Premier (13 34 10; www.premierms.com.au) betreibt täglich einen Bus nach Sydney (59 AU$, 8 Std.) über Narooma (8 AU$, 25 Min.) und einen nach Eden (36 AU$, 2 Std.) über Merimbula (28 AU$, 90 Min.).

Sapphire Coast

Der südlichste Abschnitt der Küste von New South Wales ist einer der denkwürdigsten. Praktisch jede Straße östlich des Princes Hwy führt zu einer weitgehend unberührten Küste in einer spektakulären, zerklüfteten Landschaft. In wunderschönen Nationalparks locken Strände, Wildtiere und rustikale Campingplätze; die Orte wirken authentisch und prunken mit ihrem historischen Erbe. Zwischen September und November kann man hier Wale so gut beobachten wie sonst nur an wenigen anderen Orten in Australien. Ein weiteres Highlight sind die Austern der Region, die zu den besten Meeresfrüchten der Welt zählen.

Bermagui

1500 EW.

Südlich des Wallaga Lake mit seiner reichen Vogelwelt liegt der entspannte Fischerhafen Bermagui („Bermie"), den Fischer, Surfer, Aussteiger und australische Ureinwohner bevölkern. Der Ort befindet sich abseits vom Highway und ist darum geruhsamer als andere, die direkt an ihm liegen.

Schlafen

Harbourview Motel MOTEL $$
(02-6493 5213; www.harbourviewmotel.com.au; 56–58 Lamont St; EZ 160–185 AU$, DZ 180–205 AU$;) Das proper geführte Motel hat beispielhafte, geräumige Zimmer von hohem Standard, die von dem engagierten Inhaber, der eine hervorragende Quelle für Infos zur Gegend ist, blitzblank gehalten werden. Zu jedem Zimmer gehören ein eigener Grillbereich, eine voll ausgestattete Einbauküche und ausgezeichnete Einrichtungen. Vor Ort gibt es ein japanisches Restaurant. Die Anlage liegt sehr günstig nahe beim Strand und dem Fishermen's Wharf.

Bermagui Motor Inn MOTEL $$
(02-6493 4311; www.bermaguimotorinn.com.au; 38 Lamont St; EZ/DZ 120/130 AU$, Deluxe-DZ 165 AU$;) Das von einem liebenswerten Paar geführte Motel in ausgezeichneter Lage an der Hauptkreuzung in Bermagui hat geräumige, renovierte moderne Zimmer, die den Gast mit bequemen Betten und ordentlichen Einrichtungen, darunter einer Waschküche, erfreuen. In den Zimmern der Budgetkategorie steht nur ein Doppelbett, während die Queen-Zimmer mehr Platz und Ausstattung bieten.

Essen

★ **Il Passaggio** ITALIENISCH $$
(02-6493 5753; www.ilpassaggio.com.au; Fishermen's Wharf, 73 Lamont St; Pizza 18–24 AU$, Hauptgerichte 26–36 AU$; Mi & Do 18–21, Fr–So 12–14 & 18–23 Uhr) Das Restaurant hat eine nette Lage auf der Dachterrasse des Gebäudes am Fischerhafen. Von den schönen Plätzen unter freiem Himmel blickt man hinunter auf die Boote, die ihren Fang einbringen. Beliebt sind die schmackhaften, authentisch italienischen Pizzas. Auf der kurzen Karte stehen erlesene Hauptgerichte, hausge-

ABSEITS DER ÜBLICHEN PFADE

ZAUBERHAFTE MYSTERY-BAY-TOUR

Südlich von Narooma, unmittelbar vor der Abzweigung zu den beiden Tilbas, nimmt man die Straße zur prächtigen, unberührten **Mystery Bay** und zur südlichsten Ecke des **Eurobodalla National Park**. Am südlichen Ende des Haupt-Surfstrands hat eine Felsformation einen idyllischen **natürlichen Badeteich** geschaffen. Es gibt einen von der Gemeinde geführten **Campingplatz** (0428 622 357; www.mysterybaycampground.com.au; Mystery Bay Rd, Mystery Bay; Erw./Kind 16/4 AU$) unter den Bäumen. Er liegt dem Strand so nahe, dass man hier mit den Zehen im Sand seinen Kessel aufsetzen kann – na ja, fast.

machte Pasta und überaus aromatische Antipasti. Weitere Pluspunkte sind das stets gut aufgelegte Personal und die hochwertigen offenen Weine.

Ausgehen & Nachtleben

★ Horse & Camel Wine Bar WEINBAR
(☎02-6493 3410; www.horseandcamel.com.au; Fishermen's Wharf, 73 Lamont St; ⌚März–Nov. Do–So 15–22, Dez.–Feb. Mi–Mo 14 Uhr–open end) Prima entspannen kann man sich im obersten Geschoss des Fishermen's Wharf-Komplexes – in einer freundlich geführten Weinbar mit einem interessanten Tropfen im Glas und beim Blick vom Balkon hinunter auf die Boote. Drinnen ist es gemütlich, und es gibt auch nette Platten mit Delikatessen zum Teilen und am Wochenende große Pizzas (17–26 AU$). Die Öffnungszeiten variieren je nach Nachfrage leicht.

Praktische Informationen

Visitor Centre (☎02-6493 3054; www.visitbermagui.com.au; Bunga St; ⌚10–16 Uhr) In dem eigens errichteten Informationszentrum nahe der Hauptkreuzung der Stadt gibt's ein Museum und ein Discovery Centre.

An- & Weiterreise

Premier (☎13 34 10; www.premierms.com.au) verkehrt täglich zwischen Sydney (60 AU$, 8½ Std.) und Eden (31 AU$, 1¾ Std.).

V/Line (S. 250) hat pro Woche vier Busse nach Bairnsdale in Victoria, wo man Anschluss an den Zug nach Melbourne hat (Gesamtpreis 60,60 AU$, 10½ Std.)

Merimbula & Pambula

7700 EW.

An einem langen, goldenen Strand und einem schönen Meeresarm liegt das bei Urlaubern und Rentnern gleichermaßen beliebte Merimbula. Im Sommer ist dies einer der wenigen Orte am südlichen Ende der South Coast, wo großer Andrang herrschen kann.

Merimbula und das nahe gelegene Pambula sind zu Recht berühmt für ihre wundervollen Austern, die man unbedingt probieren sollte.

Sehenswertes

Potoroo Palace ZOO
(☎02-6494 9225; www.potoroopalace.com; 2372 Princes Hwy, Yellow Pinch; Erw./Kind 20/12 AU$; ⌚10–16 Uhr; 👪) In dem freundlich geführten, gemeinnützigen Tierasyl leben Ameisenigel, Kängurus, Dingos, Koalas, Kaninchenkängurus und endemische Vögel. Es gibt hier auch ein Café mit täglichen Mittagsmenüs. Die Einrichtung befindet sich 9 km nordwestlich von Merimbula an der Straße nach Bega.

Merimbula Aquarium AQUARIUM
(☎02-6495 4446; www.merimbulawharf.com.au; Lake St; Erw./Kind 22/15 AU$; ⌚10–17 Uhr) Das Aquarium direkt am Ende der Straße südöstlich des Zentrums erreicht man durch ein Restaurant mit prima Aussicht. Gezeigt werden überwiegend lokale und tropische australische Fische, aber auch eine Schildkröte und ein paar kleine Haie. Die Fütterung der Fische findet montags, mittwochs und freitags um 11.30 Uhr statt. Im Eintritt ist in der Regel eine Führung enthalten.

Aktivitäten

Cycle 'n' Surf RADFAHREN, SURFEN
(☎02-6495 2171; www.cyclensurf.com.au; 1b Marine Pde; Fahrradverleih 1 Std./halber Tag/ganzer Tag 12/25/35 AU$) Der verlässliche, freundliche Anbieter nahe dem Strand ist auf Fahrräder spezialisiert, verleiht aber auch Bodyboards und Surfbretter.

Coastlife Adventures SURFEN, KAJAKFAHREN
(☎02-6494 1122; www.coastlife.com.au; Fishpen Rd; Gruppen-/Einzel-Surfkurs 65/120 AU$, Kajaktour ab 65 AU$, Kajak- & Stehpaddelbrettverleih 25 AU$/Std.) Der Anbieter verleiht Surf- und Stehpaddelbretter sowie Kajaks und veranstaltet Surf- und Stehpaddelunterricht sowie geführte Meerkajak-Touren. Er ist auch in Pambula Beach und Tathra vertreten.

Merimbula Marina TIERE BEOBACHTEN
(☎02-6495 1686; www.merimbulamarina.com; Merimbula Jetty, Market St) Dieser Veranstalter bietet zwischen September und November dreimal täglich beliebte Walbeobachtungstouren (Erw. 60–69 AU$) sowie Bootsfahrten zur Delfinbeobachtung (35 AU$) und Angelausflüge (4 Std. 90 AU$) an. Man kann hier auch einen Kahn und eine Angel mieten und sich allein an die Fische wagen.

Merimbula Divers Lodge TAUCHEN
(☎02-6495 3611; www.merimbuladiverslodge.com.au; 15 Park St; 1/2 Tauchgänge vom Boot 69/120 AU$, Ausrüstung für 1/2 Tauchgänge 55/99 AU$) Veranstaltet Einführungs- und PADI-Kurse sowie Schnorcheltrips, die auch gut für Anfänger geeignet sind. Geführte Tauchgänge führen zu nahe gelegenen Wracks, darunter zur 1950 gesunkenen *Empire Glad-*

stone. Man kann beim Veranstalter auch Pauschalpakete mit Unterkunft buchen.

Schlafen

NRMA Merimbula Beach Holiday Park CAMPEN $
(☎02-6499 8999; www.nrmaholidayparks.com.au; 2 Short Point Rd; Stellplatz 40–60 AU$, Hütte & Villa 150–360 AU$;) Die wundervolle kleine Anlage liegt ein Stück weg vom Stadtzentrum, aber nahe zum Surfertreiben und zu dem Ausblick am Short Point Beach. Sie bietet Stellplätze mit und ohne Strom, teils mit Blick von der Klippe, und dazu eine Reihe von Hütten und Villen, von denen viele recht elegant sind.

Wandarrah Lodge HOSTEL $
(☎02-6495 3503; www.wandarrahlodge.com.au; 8 Marine Pde; B/EZ/DZ 32/60/70 AU$;) Das saubere, lockere Hostel mit freundlichen Inhabern, einer guten Küche und geräumigen Gemeinschaftsbereichen liegt in der Nähe des Surfstrands und der Bushaltestelle. Die Zimmer (mit Gemeinschaftsbädern) sind schlicht, makellos und anheimelnd, und es gibt einen Billardtisch und einen Kajak- und Surfbrettverleih. Das Haus stand bei unserer Recherche zum Verkauf, die Dinge könnten sich also geändert haben.

Coast Resort APARTMENTS $$$
(☎02-6495 4930; www.coastresort.com.au; 1 Elizabeth St; Apt. mit 1/2/3 Schlafzi. 320/520/740 AU$;) Der riesige, noble Apartmentkomplex ist ultramodern und großzügig. Die Einrichtungen sind toll, der Strand liegt nahe, und es gibt zwei Pools und einen Tennisplatz. Außerhalb der Hauptsaison im Januar halbieren sich die Preise.

Essen

Dulcie's Cottage BURGER $
(www.dulcies.com.au; 60 Main St; Burger 12–17 AU$; ⊙Mo–Sa 12–24, So 12–22 Uhr;) Sydneys innerstädtische Hipness ist in Form dieser Bar mit Burgerladen neben dem Veteranen-Club an der Sapphire Coast angekommen. Die nette Schindelhütte mit zwanglosem Sitzbereich im Freien ist ein komfortabler Treff für einen Drink in geselliger Runde, die schmackhaften Burger gibt's (wohl wegen der Schanklizenz) in dem vorne stehenden Foodtruck.

Merimbula Wharf MEERESFRÜCHTE $$
(☎02-6495 4446; www.merimbulawharf.com.au; Lake St; Hauptgerichte 18–31 AU$; ⊙ganzjährig 10–17 Uhr & Dez.–April an manchen Abenden 18–21 Uhr;) Der Ausblick auf die Bucht und den Strand aus den Fenstern dieses freundlichen Restaurants, zu dem auch ein Aquarium gehört, ist hinreißend. Das Lokal befindet sich am Kai südöstlich des Zentrums von Merimbula. Die Fischgerichte zu Mittag sind unkompliziert und schmackhaft; wegen der Öffnungszeiten im Sommer sollte man anrufen, denn sie variieren etwas.

★**Wheelers** MEERESFRÜCHTE $$$
(www.wheelersoysters.com.au; 162 Arthur Kaine Dr, Pambula; 12 Austern im Shop 12–15 AU$, Restaurant Hauptgerichte 34–42 AU$; ⊙Laden So–Do 10–17, Fr & Sa 10–18 Uhr, Restaurant tgl. 12–14.30, Mo–Sa 18 Uhr–open end;) Im Pambula auf dem Weg nach Merimbula gibt's richtig leckere Austern – vom Imbiss, aus dem Laden oder in dem entspannten Restaurant. Auf der Karte stehen auf vielfältige Arten zubereitete Austern sowie andere tolle Meeresfrüchte und Steaks. Spannende Führungen über die Austernfarm, bei denen die beliebten Muscheln im Mittelpunkt stehen, starten montags bis samstags um 11 Uhr (12,50 AU$).

Praktische Informationen

Merimbula Visitor Information Centre (☎02-6495 1129; www.sapphirecoast.com.au; 4 Beach St; ⊙Mo–Fr 9–17, Sa 9–16, So 10–16 Uhr) Im Stadtzentrum am See.

An- & Weiterreise

BUS

Premier (☎13 34 10; www.premierms.com.au) betreibt täglich zwei Busse nach Sydney (69 AU$, 8½ Std.) und Eden (11 AU$, 30 Min.). **NSW TrainLink** (☎13 22 32; www.nswtrainlink.info) betreibt täglich einen Bus nach Canberra (40 AU$, 4 Std.). **V/Line** (S. 250) bietet praktische Busverbindungen nach Bairnsdale in Victoria, wo man Anschluss an Züge nach Melbourne hat.

Nahverkehrsbusse (Market St) fahren montags bis freitags zu Zeiten, in denen Schulkinder unterwegs sind, nach Eden und Bega.

FLUGZEUG

Der **Merimbula Airport** (MIM; ☎02-6495 4211; www.merimbulaairport.com.au; Arthur Kaine Dr) liegt 1 km außerhalb der Stadt an der Straße nach Pambula. **Rex** (☎13 17 13; www.rex.com.au) fliegt täglich nach Melbourne und Sydney, manchmal mit Zwischenstopp in Moruya. Zur Zeit der Recherche flog **Free Spirit** (☎03-9994 6121; www.freespiritairlines.com.au) dreimal pro Woche zwischen Melbourne und Merimbula.

Eden

3000 EW.

Eden ist ein verschlafener, reizender Ort mit echtem Lokalcharakter an der prächtigen Twofold Bay. Einzig unten am Kai wird es manchmal turbulent, wenn die Fischerboote und Kreuzfahrtschiffe anlegen. Wenn das Projekt der Kaierweiterung abgeschlossen ist, dürfte im Ort noch mehr los sein. In der Umgebung gibt es hinreißende Strände, Nationalparks und Wildgebiete.

Eden wurde schon 1791 als Walfängersiedlung gegründet. Heute werden die wandernden Buckelwale und Südkaper in Frieden gelassen – sie ziehen so nahe an der Küste vorbei, dass dies einer der besten Orte in Australien ist, um die Meeressäuger zu beobachten.

Sehenswertes

Killer Whale Museum MUSEUM
(☎02-6496 2094; www.killerwhalemuseum.com.au; 94 Imlay St; Erw./Kind 10/2,50 AU$; ⏲Mo–Sa 9.15–15.45, So 11.15–15.45 Uhr) Die Hauptaufgabe dieses im Jahr 1931 gegründeten Museums ist die Erhaltung des Skeletts von Old Tom, eines Schwertwals, der hier zur Legende wurde: Dieser Judas unter den Walen trieb für die örtliche Walfängerflotte Buckelwale zusammen. In einem Mini-Kino wird eine interessante Dokumentation über Wale gezeigt, andere Exponate gelten u.a. dem Krieg – hier in der Gegend wurde eine erstaunliche Zahl von Schiffen durch deutsche Minen versenkt.

Geführte Touren

Ocean Wilderness KAJAKFAHREN
(☎0405 529 214; www.oceanwilderness.com.au; Tour 4/6 Std. ab 85/130 AU$) Der professionelle Veranstalter bietet Touren in seetüchtigen Kajaks durch die Twofold Bay und zum Ben Boyd National Park an. Zusätzlich kann man hier ganztägige Exkursionen zur Davidson Whaling Station buchen.

Cat Balou Cruises TIERE
(☎0427 962 027; www.catbalou.com.au; Main Wharf, 253 Imlay St; Erw./Kind 85/65 AU$) Diese Crew veranstaltet in der Zeit von September bis November 3½-stündige Walbeobachtungsfahrten sowie kürzere Budgettrips (Erw./Kind 60/45 AU$). In den übrigen Monaten kann man während der dreistündigen Bootsfahrt durch die Bucht (Erw./Kind 75/50 AU$) in der Regel Robben und Delfine bewundern.

Kiah Wilderness Tours KAJAKFAHREN
(☎0429 961 047; www.kiahwildernesstours.com.au; 1167 Princes Hwy, Kiah) Der Veranstalter am Towamba River 12 km südlich von Eden bietet geführte Kajaktouren durch das Ästuar an der Küste, wo man eine reiche Vogelwelt bestaunen kann. Es gibt zweistündige „Kostproben" (70 AU$) sowie halb- (85–105 AU$) und ganztägige (150 AU$) Exkursionen.

Feste & Events

Whale Festival STRASSENFEST
(www.edenwhalefestival.com.au; ⏲Ende Okt. oder Anf. Nov.) Eden erwacht bei diesem Fest mit Karneval, einem Straßenumzug, Marktständen, geführten Walbeobachtungstouren und Vorführungen von Dokumentarfilmen zum Leben.

Schlafen

Great Southern Inn PUB $
(☎02-6496 1515; www.greatsoutherninn.com.au; 121 Imlay St; Zi. einfach/Standard 40/100 AU$; P ❄ 📶) Der Gasthof im Zentrum des Ortes hat schlichte Zimmer mit angeschlossenem Bad zu tollen Preisen. In den billigsten gibt's zwar nur eine Pritsche und einen Ventilator, aber dafür sind sie unglaublich günstig.

Seahorse Inn BOUTIQUEHOTEL $$
(☎02-6496 1361; www.seahorseinnhotel.com.au; Boydtown Park Rd, Boydtown; Zi. 205–349 AU$; P ❄ ✱ 📶) Das üppige Boutiquehotel mit allen Verbrämungen hat in Boydtown, 8 km südlich von Eden, eine majestätische Lage am Wasser – die Rasenflächen laufen direkt hinunter zum Strand an der Twofold Bay. Es gibt ein gutes Restaurant mit Gartenbar, das auch für Nichthotelgäste geöffnet ist. Die modernen, geräumigen Zimmer haben alle große Doppelbetten, die meisten auch einen Balkon mit Blick aufs Wasser.

Der Zimmerpreis enthält in allen Kategorien ein kontinentales Frühstück.

Twofold Bay Motor Inn MOTEL $$
(☎02-6496 3111; www.twofoldbaymotorinn.com.au; 164–166 Imlay St; Zi. 165–205 AU$; P ❄ ✱ 📶 ≋) Direkt im Ortszentrum bietet das von freundlichen Leuten geführte Motel geräumige, moderne Zimmer von Hotelqualität, teilweise auch mit Blick aufs Wasser. Alle verfügen über eine Kochnische, und es gibt auch einen kleinen Hallenpool.

★Crown & Anchor Inn B&B $$$
(☎02-6496 1017; www.crownandanchoreden.com.au; 239 Imlay St; Zi. 190–230 AU$, mehrere Nächte

160–190 AU$; ⌚ Sept.–Mai; P ⊖ ☎) Die Restaurierung der Postkutschenstation aus dem Jahr 1845 ist ein echtes Werk der Liebe, denn überall erkennt man originale Züge und historische Details. Das Haus besitzt mithin außerordentlich viel Charakter und historische Authentizität. Die Zimmer sind klein, gemütlich und angenehm; sie haben seltsame Bäder, die sich hinter Spiegeln verstecken, und es gibt auch hübsche Gemeinschaftsbereiche, darunter hinten einen Patio mit herrlichem Blick über die Twofold Bay. Ein ausgezeichnetes Frühstück mit regionalen Zutaten ist im Preis inbegriffen.

Die einladenden Eigentümer ziehen es vor, dass Gäste reservieren. Kleine Kinder sind hier jedoch nicht willkommen.

Essen

Sprout CAFÉ $

(☎ 02-6496 1511; www.sprouteden.com.au; 134 Imlay St; Hauptgerichte 12–18 AU$; ⌚ Mo–Fr 7.30–16, Sa & So 8–15 Uhr; ☎ ✎) Der Laden mit Café an der Hauptstraße hat viele nachhaltige Bio-Produkte, erstklassige Burger und den besten Kaffee im Ort. Der hintere Gartenbereich ist ein angenehmes Plätzchen, um hier an einem sonnigen Tag zu relaxen und etwas zu essen.

★ Wharfside Café CAFÉ $$

(☎ 02-6496 1855; Main Wharf, 253 Imlay St; Gerichte 15–26 AU$, Hauptgerichte abends 28–33 AU$; ⌚ ganzjährig tgl. 8–15 Uhr & Nov.–März Fr & Sa 18–22 Uhr; ☎) Mit einem ordentlichen Frühstück, schmackhaftem Kaffee und schönen Tischen draußen am Hafen startet man in diesem schmucken, freundlichen Café-Restaurant mit viel Schwung in den Tag. Mittags empfehlen sich örtliche Meeresfrüchte mit einem Glas Wein; abends gibt's aufwendigere Kreationen rund um frischen Fisch, große Steaks und schwere, leckere Soßen. Der Hauptkai liegt vom Ort aus gesehen unten am Fuß des Hügels.

Great Southern Inn KNEIPENKOST $$

(☎ 02-6496 1515; www.greatsouthernninn.com.au; 158 Imlay St; Hauptgerichte 15–30 AU$; ⌚ Küche 12–14 & 18–20 Uhr; ☎ 👪) Es gibt in Eden ein paar beliebte, typisch australische Pubs. Der Great Southern Inn ist der beste der Stadt und serviert hinten in seinem geräumigen Bistro wirklich ausgezeichnete lokale Meeresfrüchte, darunter köstliche Austern und den verlässlichen leckeren Fang des Tages. Die Portionen sind großzügig bemessen, und man serviert hier auch noch etwas später als zum angegebenen Küchenschluss gut gelaunt eine leckere Mahlzeit.

Praktische Informationen

Eden Visitor Centre (☎ 02-6496 1953; www.visiteden.com.au; Mitchell St; ⌚ Mo–Fr 9–17, Sa & So 10–16 Uhr) Buchungen und Infos. Das Zentrum liegt am Hauptkreisverkehr im Ortszentrum und veranstaltet auch Minibustouren zu umliegenden Attraktionen.

An- & Weiterreise

Busse von **Premier** (☎ 13 34 10; www.premierms.com.au) fahren zweimal täglich über alle größeren Küstenorte gen Norden nach Sydney (71 AU$, 9–10 Std.). **NSW TrainLink** (☎ 13 22 32; www.nswtrainlink.info) betreibt täglich einen Bus nach Canberra (42 AU$, 4½ Std.). Nach Melbourne (51 AU$, 8¼ Std.) gelangt man mit der Bus-Zug-Kombination von **V/Line** (S. 250) mit Umsteigen in Bairnsdale.

Werktags fahren ein paar Nahverkehrsbusse nach Merimbula und Bega.

Ben Boyd National Park

Der wirklich wunderschöne, 10485 ha große **Ben Boyd National Park** (www.nationalparks.nsw.gov.au; Fahrzeug im südlichen/nördlichen Abschnitt 8 AU$/frei) besteht aus zwei Abschnitten zu beiden Seiten von Eden. Der südliche Abschnitt hat deutlich mehr zu bieten als der nördliche. Dort gibt es einige historische Gebäude, einen langen Küstenweg und erstklassige Gelegenheiten, Wildtiere zu beobachten. Man erreicht ihn über Schotterpisten, die von der asphaltierten Edrom Rd abzweigen, die wiederum 19 km südlich von Eden vom Princes Hwy abgeht.

Sehenswertes

Green Cape Lightstation LEUCHTTURM

(☎ 02-6495 5000; www.nationalparks.nsw.gov.au; Green Cape Rd; Cottage für 2/4 Pers. 280/350 AU$) An der Südspitze des südlichen Abschnitts des Ben Boyd National Park steht der im Jahr 1883 errichtete, elegante Leuchtturm, der eine herrliche Aussicht zu bieten hat. Es gibt hier einstündige Führungen (10–14 Uhr, Erw./Kind 10/5 AU$) und drei aufwendig restaurierte Leuchtturmwärter-Cottages. In der Saison kann man auf dem Meer prima vorbeiziehende Wale beobachten, und am späten Nachmittag lassen sich auch schon mal Wombats blicken, die auf der Wiese weiden. Auf dem Weg sollte man unbedingt am Aussichtspunkt Halt machen, um die majestätische Aussicht auf die Disaster Bay und den Wonboyn Beach zu genießen.

Boyd's Tower HISTORISCHES GEBÄUDE

GRATIS Am Ende der Edrom Rd befindet sich der Abzweig zum Boyd's Tower, der in den späten 1840er-Jahren aus Sydneyer Sandstein errichtet wurde. Im Prinzip sollte der Boyd's Tower ein Leuchtturm werden, aber die Regierung gab Boyd keine Erlaubnis, ihn zu betreiben. Das eindrucksvolle Gebäude ist ein Start- oder Zielpunkt des Light to Light Walk.

Aktivitäten

★ Light to Light Walk WANDERN

Der ausgezeichnete, 30 km lange Küstenweg verbindet Boyds geplanten Leuchtturm mit dem echten am Green Cape. An der Strecke gibt's Campingplätze am Saltwater Creek und an der Bittangabee Bay.

Schlafen

Ben Boyd National Park Campgrounds CAMPEN $

(☎02-6495 5000; www.nationalparksnsw.gov.au; Erw./Kind 12/6 AU$, mind. 24 AU$) Am 30 km langen Light to Light Walk gibt's unterwegs Campingplätze am Saltwater Creek und an der Bittangabee Bay, die online oder telefonisch gebucht werden können. Die Plätze sind auch über die Straße erreichbar.

SÜDLICHES NEW SOUTH WALES & MURRAY

Gleich südlich von Sydney sind die Southern Highlands ein wunderbares Wochenend-Refugium, das man am besten mit seiner oder seinem Liebsten genießt. Dahinter ist der 900 km lange Hume Hwy die schnellste Verbindung zwischen Sydney und Melbourne, aber die Straße ist reizlos und bekannt dafür, dass man sich hier schnell einen Strafzettel einfangen kann.

Weiter im Süden liegen in der Great Dividing Range die Snowy Mountains, Australiens höchstgelegene Sierra, wo man im Winter skifahren und im Sommer wunderbar wandern und herumfahren kann.

Die Flüsse Murray und Murrumbidgee prägen den Riverina-Distrikt, der Erholung in rauer Landschaft verspricht. Das Wasser wird für die Landwirtschaft genutzt; ein wachsender kulinarischer Tourismus findet sich rund um Griffith.

Southern Highlands

Mit mildem, (selbst im Sommer) kühlem Klima, vielen historischen Attraktionen und einigen hervorragenden Restaurants und Luxus-Unterkünften ist diese kleine Region ideal für einen Tages- oder Wochenendausflug aus Sydney. Details findet man unter www.southern-highlands.com.au.

Mittagong & Bowral

8103 EW. (MITTAGONG), 12154 EW. (BOWRAL)

Die Zwillingsstädte Mittagong und Bowral sind zwar separate Verwaltungseinheiten (wie jeder Einwohner gern betont), aber doch so eng miteinander verknüpft, dass es durchaus Sinn macht, sie hier als Einheit zu behandeln.

Mittagong, die kleinere der beiden Städte, liegt 5 km nördlich von Bowral und wirkt bodenständiger. Bowral zeigt mit einigen erstklassigen Restaurants, stattlichen historischen Wohnsitzen und Luxus-Unterkünften höhere Klasse.

Sehenswertes

★ International Cricket Hall of Fame MUSEUM

(☎02-4862 1247; www.internationalcrickethall.com.au; St Jude St, Bowral; Erw./Kind 20/11 AU$; ⏲10–17 Uhr; P) In Bowral dreht sich alles um eine der größten Sportlegenden Australiens. Der inzwischen verstorbene Kricket-Superstar Sir Donald Bradman hat hier seine Kindheit verbracht. Im **Bradman Museum of Cricket** (www.bradman.com.au) ist die Urne mit „Dons" Asche ausgestellt, außerdem befindet sich hier ein hübsches Kricketspielfeld. Und dank der ständig erweiterten Sammlung erfährt man alles Wissenswerte über Kricket.

Mt. Gibraltar Reserve PARK

(☎02-4871 2888; 250 Oxley Dr, Mittagong; P) Fast schon ein Muss für Besucher der Region ist die Fahrt hinauf zu diesem fabelhaften Schutzgebiet (auf 863 m Höhe) mit Picknickbereichen und nicht weniger als drei Aussichtspunkten mit hinreißendem Ausblick hinunter ins Tal.

Morton National Park NATIONALPARK

(☎02-4887 7270; www.nationalparks.nsw.gov.au/visit-a-park/parks/Morton-National-Park; 8 AU$/Fahrzeug & Tag; P) Der Morton National Park, einer der größten in New South Wales, ist von den tiefen Schluchten und Sandstein-

Hochplateaus der Budawang Range geprägt. Von Bundanoon, dem nördlichen Zugangstor, ist der Park leicht erreichbar. Man wandert auf gut markierten Wegen durch den Busch und bestaunt die Wasserfälle, die sich in die Täler hinunterstürzen.

Feste & Events

★ Bowral Tulip Time Festival KULTUR
(www.tuliptime.net.au; ⌚ Sept.) Während des schönen Blumenfests im Frühling zeigt sich Bowral in bunter Farbenpracht.

Schlafen & Essen

Imperial Hotel & Motel MOTEL **$**
(☎ 02-4861 1779; www.theimperial.com.au; 228–234 Bong Bong St, Bowral; Zi. ab 125 AU$; P ❄ 📶) Das sagenhafte Motel hinter dem gleichnamigen beliebten Hotel hat stilvolle, sehr große und moderne Zimmer, die für das teure Bowral ein ausgezeichnetes Preis-Leistungs-Verhältnis bieten.

★ Links House Hotel BOUTIQUEHOTEL **$$$**
(☎ 02-4861 1977; www.linkshouse.com.au; 17 Links Rd, Bowral; Zi. ab 210 AU$; P ❄ 📶) Diese Boutiquepension hat einen Salon und einen Hof mit Garten, die direkt aus dem Film *Was vom Tage übrig blieb* entsprungen zu sein scheinen. Die Übernachtungspreise sind freitags und samstags am höchsten.

Raw & Wild CAFÉ **$$**
(☎ 02-4861 3129; 250 Bong Bong St, Bowral; Hauptgerichte 14–24 AU$; ⌚ So–Do 8–17.30, Fr & Sa bis 21 Uhr; ✎) 🍃 Durch den Naturkostladen gelangt man in Bowrals bestes Café. Hier ist alles bio, regional, natürlich und nachhaltig. Die Speisen sind aber gleichzeitig auch sehr lecker, und da es auch gute Biere und Weine gibt, braucht man es mit der gesunden Ernährung nicht zu übertreiben. Der Tapas-Abend am Wochenende ist sehr beliebt.

★ Biota Dining MODERN-AUSTRALISCH **$$$**
(☎ 02-4862 2005; http://biotadining.com; 18 Kangaloon Rd, Bowral; Brunch Hauptgerichte 19 AU$, Verkostungsmenü ab 110 AU$; ⌚ Di–Do 18–21.30, Fr & Mo 12–14.30 & 18–21.30, Sa & So 9–11 & 18–21.30 Uhr) Auf der kreativen saisonalen Karte stehen so interessante Gerichte wie Salzgurken mit Austern und Strandgras, und die Weinkarte ist so gut wie der Brunch am Wochenende. Empfehlenswert sind die Brötchen mit Krabben und Eierpüree und dazu eine mit Tasmanischem Bergpfeffer gewürzte Bloody Mary.

Praktische Informationen

Southern Highlands Visitors Centre (☎ 02-4871 2888; www.southern-highlands.com.au; 62–70 Main St, Mittagong; ⌚ Mo–Fr 9–17, Sa & So bis 16 Uhr; 📶) Umfassende Infos über die Gegend.

An- & Weiterreise

Mittagong liegt 110 km von Sydney entfernt, gleich abseits des Hume Motorway. Bowral liegt 5 km weiter südlich.

Sydney Trains (☎ 13 15 00; www.sydneytrains.info) betreibt fahrplanmäßige Züge von beiden Städten nach Sydney (8,30 AU$, 1¾ Std.).

Snowy Mountains

Die „Snowies" bilden einen Teil der Great Dividing Range an der Grenze zwischen den Bundesstaaten New South Wales und Victoria. Zu ihnen gehören der höchste Gipfel des australischen Festlands, der Mt. Kosciuszko (2228 m), und der umliegende gewaltige Nationalpark. Das Gebiet ist Australiens einzige echte Hochgebirgsregion: Schnee fällt hier von Anfang Juni bis Ende August, und bis in den Oktober hinein kann man skifahren. Ein Besuch lohnt sich aber auch im Sommer, wenn es reichlich Gelegenheit zum Wandern, Radfahren, Kajakfahren und Reiten gibt.

An- & Weiterreise

BUS

NSW TrainLink (☎ 13 22 32; www.nswtrainlink.info) Betreibt Busse auf den Strecken Canberra–Cooma–Merimbula–Eden (tgl.) und Canberra–Cooma–Jindabyne (3-mal/Woche); in Canberra gibt's Zugverbindungen nach Sydney.

V/Line (☎ 1800 800 007; www.vline.com.au) Die Busse aus Canberra halten in Cooma auf dem Weg nach Lakes Entrance und Bairnsdale, wo man in den Zug nach Melbourne umsteigen kann.

Greyhound (☎ 1300 473 946; www.greyhound.com.au) In der Skisaison betreibt Greyhound einen Bus von Sydney nach Thredbo mit Halt in Canberra, Cooma, Jindabyne und an der Perisher Skitube.

Murrays (☎ 13 22 51; www.murrays.com.au) Betreibt saisonal den Snow-Express-Bus (Juli & Aug.) von Canberra nach Thredbo mit Halt in Cooma und Jindabyne.

Snoexpress (☎ 1800 642 112; www.snoexpress.com.au; ⌚ Mitte Juni–Mitte Sept.) Betreibt während der Skisaison freitags

ABSTECHER

BERRIMA

Etwas über 7 km westlich von Bowral liegt das 1829 gegründete, denkmalgeschützte Berrima, das heute eine Art Freilichtmuseum mit Galerien, Antiquitätenläden und gutem Essen und Wein ist. Der Ort ist sehr beliebt bei Tagesausflüglern aus Sydney, besonders an Wochenenden und Feiertagen.

Rund 3 km nördlich von Berrima lagern im **Berkelouw's Book Barn & Café** (☎02-4877 1370; www.berkelouw.com.au; Old Hume Hwy, Bendooley; ⏲9–17 Uhr) mehr als 200 000 antiquarische Bücher, und im angeschlossenen **Bendooley Bar & Grill** (☎02-4877 2235; www.bendooleyestate.com.au; 3020 Old Hume Hwy, Berrima; Pizza 22–28 AU$, Hauptgerichte 28–38 AU$; ⏲10–15 Uhr; ❄✍) stehen Produkte aus der Region im Mittelpunkt. Zu empfehlen ist eine Pizza mit Garnelen und Chili und dazu ein australisches Kleinbrauereibier.

Wer gut bei Kasse ist und sich für einen Feinschmecker hält, kann den Ausflug mit einem Verkostungsmenu im **Eschalot** (☎02-4877 1977; www.eschalot.com.au; 24 Old Hume Hwy, Berrima; Hauptgerichte 36–40 AU$, Verkostungsmenü 7 Gänge 110 AU$; ⏲Do–So 12–14.30, Mi–Sa 18–21 Uhr; P❄) wohlschmeckend abrunden.

und sonntags einen Bus aus Canberra nach Thredbo und Perisher, der auch in Jindabyne hält.

Andere Veranstalter, die ihren Sitz in so entfernten Städten wie Sydney oder Port Stephens haben, bieten Pauschaltouren ins Skigebiet.

FLUGZEUG

Regional Express (www.rex.com.au) verbindet werktags Sydney mit dem **Snowy Mountains Airport** (☎02-6452 5999; 1611 Kosciuszko Rd), der sich 17 km südwestlich von Cooma an der Straße nach Jindabyne befindet.

Cooma

800 M / 6300 EW.

Das von Hügeln umringte Cooma ist eine recht nette Kleinstadt mit ein paar attraktiven Gebäuden des 19. Jhs. an der Hauptstraße. Im Sommer ist der Ort entspannt und verschlafen, im Winter sorgt die Nähe zu den Skigebieten für Betrieb. Skifahrer aus Sydney legen hier häufig einen Übernachtungsstopp ein, ehe es am nächsten Tag auf die Pisten geht.

Sehenswertes

NSW Corrective Services Museum MUSEUM

(☎02-6452 5974; www.correctiveservices.justice.nsw.gov.au; 1 Vagg St; freiwillige Spende; ⏲Mo–Sa 9–15 Uhr) Neben dem immer noch in Betrieb befindlichen Cooma Gaol zeigt dieses interessante Museum zum Thema „Das Verbrechen im Lauf der Zeit" Artefakte aus der Zeit als Straflager. Insassen in Overalls veranstalten Führungen und verkaufen ihr Kunsthandwerk.

Snowy Hydro Discovery Centre MUSEUM

(☎1800 623 776; www.snowyhydro.com.au; Yulin Ave; ⏲Mo–Fr 8–17, Sa & So 9–14 Uhr) GRATIS Man muss kein Ingenieur sein, um sich für das gigantische Snowy-Mountains-System zu begeistern. Das Zentrum 2 km nördlich der Stadt erzählt die Geschichte der riesigen Anlage mit einem kurzen Einführungsvideo und erläuternden Exponaten. Der Bau der sieben Kraftwerke, 16 größeren Dämme und des 145 km langen Tunnelnetzes begann 1949 und zog sich über 25 Jahre hin; mehr als 100 000 Menschen waren an der Verwirklichung dieses Megaprojekts beteiligt.

Schlafen & Essen

Cooma Snowy Mountains Tourist Park WOHNWAGENPARK $

(☎02-6452 1828; www.coomatouristpark.com.au; 286 Sharp St; Stellplatz ab 28 AU$, Hütte mit/ohne Bad ab 79/60 AU$; 🐾P) Am Highway 1,5 km westlich der Stadt bietet dieser große Platz schlichte Wohneinheiten von Schafschererhütten (ohne Bad) bis hin zu Hütten mit angeschlossenem Bad. Im Winter schießen die Preise in die Höhe.

Ellstanmor B&B $$

(☎02-6452 2402; www.ellstanmor.com.au; 32 Massie St; Zi. ab 150 AU$; P📶) Das 1875 erbaute zweistöckige Haus bietet vier schlicht dekorierte, aber elegante Zimmer mit angeschlossenem Bad. Die Gäste können es sich in dem viktorianischen Wohnzimmer und im Speisezimmer gemütlich machen. Im Preis ist ein kontinentales Frühstück enthalten, warme Frühstücksgerichte kann man aber auch bestellen.

Kettle & Seed CAFÉ $
(☎02-6452 5882; www.snowymountainscoffee.com.au; 47 Vale St; Hauptgerichte 4,50–8,50 AU$; ⏲Mo–Fr 7–16, Sa 8–12 Uhr) Dieses Kaffeehaus, das seine Bohnen selber röstet, wäre in einer gehobenen Sydneyer Vorstadt nicht fehl am Platz. Die kleinen Gerichte (Sandwiches, Wraps, Croissants mit Schinken und Käse sowie Spinat-Pies) sind gut, werden aber angesichts des tollen Kaffees zur Nebensache.

Praktische Informationen

Cooma Visitor Centre (☎1800 636 525; www.visitcooma.com.au; 119 Sharp St; ⏲9–15 Uhr) Infos und Souvenirs.

Jindabyne

915 M / 1730 EW.

Jindabyne ist die Ortschaft mit der größten Nähe zu den größeren Skigebieten im Kosciuszko National Park, weshalb sich hier jeden Winter mehr als 20 000 Besucher einquartieren. Im Sommer geht's träge zu; man paddelt und angelt in dem großen See. Der Lake Jindabyne entstand 1967 nach der Fertigstellung eines Staudamms am Snowy River, der zu der großen Wasserkraftanlage des Snowy-Mountains-Systems gehört; die ursprüngliche Ortschaft Jindabyne liegt in dem ruhigen Gewässer begraben.

Sehenswertes & Aktivitäten

Snowy Region Visitor Centre TOURISTENINFORMATION
(☎02-6450 5600; www.nationalparks.nsw.gov.au; Kosciuszko Rd; ⏲8.30–16.30 Uhr) Das große, vom National Parks & Wildlife Service geführte Besucherzentrum hat Ausstellungen zum Kosciuszko National Park (sehenswert ist das Becken mit den vom Aussterben bedrohten, in Leuchtfarben prunkenden Südlichen Corroboree-Fröschen), ein Kino (das tagsüber einen kurzen Film über den Park und abends Blockbuster zeigt) und ein Café. Hier kann man die Fahrzeuggebühr für den Nationalpark entrichten und Ortungsgeräte für Wanderungen im Hinterland ausleihen (kostenlos; 400 AU$ Kaution).

Mountain Adventure Centre ABENTEUERSPORT
(☎1800 623 459; www.mountainadventurecentre.com.au; Snowline Centre, 6532 Kosciuszko Rd; ⏲Nov.–Mai 9–16 Uhr, Juni–Okt. 8–18 Uhr) Das Unternehmen verkauft und vermietet Outdoor-Ausrüstung und organisiert geführte Aktivitäten. Im Sommer gibt's Mountainbiken, Kanufahren und Wandern, im Winter Skilanglauf, Telemarken und Schneeschuhlaufen.

Sacred Ride ABENTEUERSPORT
(☎02-6456 1988; www.sacredride.com.au; 6 Thredbo Tce; ⏲10–16 Uhr) Dieses Unternehmen ist auf Mountainbiking spezialisiert. Ausrüstung und Aktivitäten gibt's u.a. für Wakeboarden, Mountainbiken, Segeln, Wasserski, Kanu- und Kajakfahren.

Schlafen & Essen

Jindy Inn PENSION $
(☎02-6456 1957; www.jindyinn.com.au; 18 Clyde St; Zi. ab 99 AU$; P 📶) Von außen wirkt diese freundliche Pension unscheinbar, hat aber geräumige, hübsch dekorierte Motelzimmer mit bequemen Betten und teilweise auch Ausblick auf den See. Das kontinentale Frühstück ist im Preis inbegriffen, und es gibt auch eine Gästeküche.

Snowy Mountains Backpackers HOSTEL $
(☎02-6456 1500; www.snowybackpackers.com.au; 2/3 Gippsland St; B/Zi. ab 30/65 AU$; @ 📶) Das kleine Hostel über einem beliebten Café im Ortszentrum hat eine große zentrale Lounge und eine sonnige Terrasse. Die Unterkünfte reichen von Schlafsälen bis zu privaten Zimmern, alle mit Gemeinschaftsbädern. Es gibt auch ein Familienzimmer mit angeschlossenem Bad.

Red Door Roastery CAFÉ $
(☎02-6457 1122; www.reddoorroastery.com.au; Town Centre Complex, 33 Kosciuszko Rd; Hauptgerichte 7,50–16 AU$; ⏲Juni–Okt. tgl. 7.30–15 Uhr, Nov.–Mai Do–Di) Man schnappt sich draußen

AUSRITTE

Vielleicht wegen des tiefen Eindrucks, den Banjo Patersons berühmtes Gedicht *The Man From Snowy River* in der australischen Psyche hinterließ, ist Reiten in diesen Landesteilen eine beliebte Freizeitbeschäftigung. Mehrtägige Reittouren durchs Hinterland bieten **Reynella Rides** (☎02-6454 2386; www.reynellarides.com.au; 669 Kingston Rd, Adaminaby; Trek 3/4/5 Tage ab 1300/1600/1990 AU$) und **Snowy Wilderness** (☎1800 218 171; www.snowywilderness.com.au; Barry Way, Ingebirah; Ausritt 2/3/4 Std. 110/165/220 AU$, Trek 1/3/4/5 Tage 315/990/1290/1590 AU$).

einen Tisch mit Seeblick und plant bei Jindys bestem Kaffee und den ganzen Tag angebotenen Gerichten, zu denen ein toller Frühstücks-Wrap gehört, die Abenteuer des Tages durch.

Takayama JAPANISCH **$$**
(☎02-6456 1133; www.takayama.com.au; L1, Nuggets Crossing Shopping Centre, Snowy River Ave; Hauptgerichte 15–24 AU$; ⏱Di–Sa 18–22 Uhr) Das Takayama ist kein typisches kleinstädtisches japanisches Restaurant, z.B. steht kaum Sushi auf der Karte. Vielmehr darf man hier herzhaftere, dem Wetter angemessene Kost erwarten, darunter *gyoza* (Klöße), *karaage* (gebratenes Hähnchen), Rind-*tataki* (scharf angebraten, mariniert und in Scheiben geschnitten), ganze Fische und eine wirklich köstliche Ramen-Suppe.

Café Darya PERSISCH **$$$**
(☎02-6457 1867; www.cafedarya.com.au; L1, 3 Kosciuszko Rd; Hauptgerichte 30–34 AU$; ⏱Dez.–Okt. Di–Sa 18–21 Uhr) In diesem alteingesessenen Restaurant kann man sich den Bauch mit schonend zubereiteter Lammhachse mit persischen Gewürzen und Rosenblättern oder einem rustikalen Dip-Trio vollschlagen. Bier und Wein muss man selber mitbringen. Nur Barzahlung!

Kosciuszko National Park

In dem 694 000 ha großen, sich über 150 km erstreckenden Hochgebirgspark befinden sich der höchste Gipfel Australiens und die Quellen zweier der legendärsten Flüsse des Landes, des Murray und des Snowy River. Im Winter ist der Park ein wichtiges Ziel für Skifahrer, im Sommer kommen Traveller, um auf den Gebirgswegen zu wandern, über die grünen Nebenstraßen zu fahren, die Kalksteinhöhlen zu erkunden und größere Mountainbiketouren zu unternehmen.

Die Berge sind seit sehr, sehr langer Zeit wichtige Zeremonialorte der Aborigines, die hier im Sommer große, stammesübergreifende Treffen abhalten, zeitgleich zur jährlichen Wanderung der großen, essbaren Bogong-Falter.

Sehenswertes

Yarrangobilly Caves HÖHLE
(☎02-6454 9597; www.nationalparks.nsw.gov.au; Snowy Mountains Hwy; Eintritt Gelände 3 AU$, 1/2/3 Höhlen 18/30/45 AU$, Führung Erw./Kind 22/17 AU$; ⏱9–16 Uhr) Die Yarrangobilly Caves sind ein Komplex aus drei Höhlen mit Stalaktiten, Heliktiten und „Cleopatra's Needle", einem bemerkenswerten, 4 m hohen Stalagmiten. Auf dem Gelände befindet sich auch ein schön gelegenes, 20 m großes Thermalbecken, dessen grünes Wasser ganzjährig eine Temperatur von 27 °C aufweist. Bei unserem letzten Besuch erblickten wir hier Kängurus. Die Höhlen liegen 6 km abseits des Snowy Mountains Hwy, der sich von Cooma Richtung Nordwesten bis zum Hume Hwy erstreckt – eine kurvenreiche Strecke durch das wunderschöne Hochland im Norden des Nationalparks.

Aktivitäten

Die Hauptskiorte sind Thredbo an den südlichen Hängen des Mt. Kosciuszko und Perisher an der Ostseite. Den viel kleineren Wintersportort Charlotte Pass erreicht man von der Seite, an der Perisher liegt; er befindet sich aber viel höher an den Hängen.

Die Skisaison dauert überwiegend vom Wochenende des Geburtstags der Queen (Anf. Juni) bis zum Labour Day (Anf. Okt.). Schneekanonen sorgen dafür, dass in diesen Monaten zumindest etwas Schnee vorhanden ist, was allerdings nicht garantiert ist. Die beständigsten Schneefälle gibt es zwischen Juni und August.

Abseits der Pisten findet man ein munteres Nachtleben, ausgezeichnete Restaurants und viele Einrichtungen und Aktivitäten für Familien. Sowohl in Thredbo als auch in Perisher gibt's spezielle Skiprogramme für Kinder, Kinderkrippen und Tagesbetreuung.

Leider sind die Skiorte besonders an den Wochenenden oft überfüllt, und angesichts der kurzen Saison müssen die Veranstalter schnell ihre Unkosten einbringen, sodass die Preise hoch sind.

Thredbo Alpine Village WINTERSPORT
(☎1300 020 589; www.thredbo.com.au; Liftpass Erw./Kind 120/69 AU$) Der einzige Skiort Australiens, der entfernt an ein ganzjährig bewohntes Dorf erinnert, ist eine angenehme Siedlung in einer bewaldeten Felsspalte an den Südhängen des Mt. Kosciuszko. Thredbo begnügt sich nicht damit, der wichtigste Skiort des Landes (mit den längsten Abfahrten) zu sein, sondern hat sich auch einen Ruf als Event- und Mountainbike-Ziel und als bequemes Basislager zur Besteigung von Australiens höchstem Berg erarbeitet.

Perisher WINTERSPORT
(☎1300 655 822; www.perisher.com.au) Von Perishers zahlreichen Abfahrtspisten sind

INSIDERWISSEN

AUFSTIEG AUF DEN MT. KOSCIUSZKO

Australiens höchster Berg, der Mt. Kosciuszko (2228 m), ist relativ leicht zu besteigen, obwohl es schon recht anstrengend werden kann, auf die Spitze zu gelangen. Man kann wandern, wenn kein Schnee liegt, aber die Wetterbedingungen können sich ganzjährig schnell ändern, man sollte diesbezüglich daher immer in einem der Nationalparkbüros nachfragen, ehe man loszieht. Da große Teile des Tracks mit einem Metallgitter bedeckt sind, ist es keine gute Idee, sich bei Gewitter auf dem Berg zu befinden.

Zwischen November und April gibt's im Thredbo Alpine Village (S. 262) eine Reihe geführter, vier bis sechs Stunden dauernder Wanderungen bei Tag (50 AU$), bei Sonnenuntergang (110 AU$) oder bei Vollmond (110 AU$); Tage und Termine stehen auf der Website.

Wer alleine losziehen will, hat u. a. folgende Optionen:

Mt. Kosciuszko Track Von Thredbo nimmt man den Kosciuszko Express Chairlift (s. unten). Von der Bergstation ist es ein gerader, 13 km langer Weg bis zum Gipfel und zurück.

Summit Walk Man fährt bis zum Ende der asphaltierten Straße oberhalb von Charlotte Pass und folgt dann der breiten Schotterpiste. Der Aufstieg zum Gipfel ist 9 km lang (hin & zurück das Doppelte), der letzte Anstieg ist steil.

Main Range Track Dieser anstrengende, 20 km lange Rundweg beginnt ebenfalls oberhalb von Charlotte Pass und beinhaltet auch eine Flussdurchquerung. Unbedingt vor der Wanderung die Wetterbedingungen checken, weil der Wasserstand bei Regen schnell ansteigen kann!

22 % für Anfänger, 60 % für mittelgute und 18 % für erfahrene Skifahrer geeignet; das Geschehen konzentriert sich hauptsächlich im Perisher Valley. Guthega (1640 m) und Mt. Blue Cow (1890 m) sind hauptsächlich Resorts für Tagesgäste und daher kleiner und weniger überfüllt.

Von Guthega ziehen Langläufer zur Main Range oder zum Rolling Ground. Blue Cow erreicht man mit der **Skitube** (☎1300 655 822; www.perisher.com.au; Rückfahrt am selben Tag Erw./Kind 52/29 AU$, Rückfahrt an beliebigem Termin 79/40 AU$). Dort gibt es Abfahrtshänge und Langlaufloipen, Kesselhänge und Snowboard-Gelegenheiten. Snowboarder sollten zum Half-Pipe-Park im Front Valley von Perisher Valley eilen, einer Anlage mit allen Schikanen.

Thredbo Mountain Bike Park MOUNTAINBIKEN

(www.thredbo.com.au; Tageskarte Erw./Kind 75/53 AU$, Verleih 144/121 AU$; ⏲Mitte Nov.–April) Drei Mountainbiketracks, auf denen man schwerkraftbedingt richtig auf Touren kommt, starten an der Bergstation des Kosciuszko Express Chairlift: der 10 km lange All-Mountain Trail, der steilere, 4,5 km lange Kosciuszko Flow Trail und der richtig schnelle, 3,3 km lange Cannonball Downhill Trail. Es gibt auch ein paar Tracks rund ums Dorf, sechs Langlaufloipen, einen Skills Park, einen Jump Park und einen Pumptrack.

Kosciuszko Express Chairlift SKIFAHREN

(Tageskarte Erw./Kind hin & zurück 35/18 AU$; ⏲9–16 Uhr) Thredbos wichtigster Sessellift bewältigt auf einer Strecke von 1,8 km einen Höhenunterschied von immerhin 560 m und erleichtert damit die Besteigung des Mt. Kosciuszko ungemein. Er ist fast ganzjährig in Betrieb. Während der wenigen Zeiträume, in denen er nicht fährt, weicht man auf den etwas kürzeren Snowgums Chairlift gleich daneben aus.

Schlafen

Kosciuszko Tourist Park CAMPEN $

(☎02-6456 2224; www.kosipark.com.au; 1400 Kosciuszko Rd; Stellplatz ab 26 AU$, Hütte mit/ohne Bad ab 118/79 AU$) Bei dem einzigen kommerziellen Campingplatz im Nationalpark handelt es sich um ein ruhiges Gelände inmitten von Eukalyptusbäumen am Sawpit Creek an der Straße nach Perisher. Die Hütten sind schlicht und mit Stockbetten und Kochnischen ausgestattet.

Lake Crackenback RESORT $$

(☎02-6451 3000; www.lakecrackenback.com.au; 1650 Alpine Way; Zi. ab 199 AU$; ❄@≋) Der riesige Komplex auf einem Gelände von 60 ha gleich außerhalb des Kosciuszko National

Park besteht aus Apartments über einem See und über das Gelände verteilten Chalets mit Ausblick in die Berge. Die Restaurants sind ausgezeichnet, es gibt ein luxuriöses Wellnesszentrum und zahlreiche Aktivitäten (Kanu-, Kajakfahren, Mountainbiken, Golf und Bogenschießen). Die Anlage liegt in praktischer Nähe zu Thredbo und zur Skitube nach Perisher.

Heidi's Chalet APARTMENTS **$$$**
(02-9743 0911; www.heidis.com.au; Link Rd, Smiggin Holes, Perisher; Apt. ab 600 AU$; Juni–Sept.; P) Die Vier-Personen-Apartments in einem smarten Block aus Stein und Wellblech sind nur ein kurzes Stück von den Skilifts entfernt.

Thredbo YHA HOSTEL **$**
(02-6457 6376; www.yha.com.au; 2 Buckwong Pl, Thredbo; B ab 33 AU$, Zi. mit/ohne Bad ab 93/81 AU$;) Thredbos beste Budgetunterkunft hat geräumige Gemeinschaftsbereiche und saubere Bäder. Im Winter steigen die Preise.

Snowgoose Apartments APARTMENTS **$$**
(02-6457 6415; www.snowgooseapartments.com.au; 25 Diggings Tce, Thredbo; Apt. ab 155 AU$; P) Gleich oberhalb der Läden, aber zurückgesetzt von der Straße, bietet diese luxuriöse Anlage zeitgenössische Apartments, die mit Gaskaminen, guten Küchen, Fußbodenheizung, Balkonen und jeder Menge Ausblick ausgestattet sind. Abgesehen von den Einraumwohnungen haben alle Apartments einen eigenen Parkplatz.

Ski In Ski Out LODGE **$$$**
(02-6457 7030; www.skiinskiout.com.au; Crackenback Dr, Thredbo; Haus ab 400 AU$; P) Wie versprochen kann man zu diesen luxuriösen, modernen Chalets am Ende einer ruhigen Sackgasse in kurzer Entfernung von den Sessellifts buchstäblich auf den Skiern hinunterfahren. Die meisten Unterkünfte haben Balkone.

Essen

Central Road 2625 CAFÉ **$$**
(02-6457 7271; www.facebook.com/centralroad2625; Village Sq, Thredbo; Hauptgerichte 24–29 AU$; Mi–So 8–15.30 Uhr) In erstklassiger Lage am Village Square serviert dieses coole Eckcafé eine bunte Palette herzhafter Gerichte, darunter in Butter gebratene Pilze mit Kimchi, Frühstücksburritos, Currys und Laksa. Da verwundert es nicht, dass auch der Kaffee exzellent ist.

Bernti's KNEIPENKOST **$$**
(02-6457 6332; www.berntis.com.au; 4 Mowamba Pl, Thredbo; Hauptgerichte 14–16 AU$; Mai–Okt. tgl. 17 Uhr–open end, Nov.–April Di–Sa) Erstklassige Kneipenkost gibt's in der kleinen angenehmen holzvertäfelten Bar unter der sehr angesehenen Mittelklasse-Lodge. Es werden jeweils nur ein paar Gerichte angeboten. Das Bernti's ist bekannt für seine Steaks, wir können aber auch das Rindfleisch *rendang* empfehlen. Man schnappt sich einen Tisch am Fenster und genießt die Aussicht.

Praktische Informationen

NPWS Perisher Valley Information Centre (02-6457 4444; www.nationalparks.nsw.gov.au; 9914 Kosciuszko Rd; Juni–Okt. tgl. 8–16 Uhr, Nov.–Mai Mo–Fr) Bietet Infos und Ratschläge zu Wanderungen und anderen Aktivitäten sowie aktuelle Infos zum Wetter, verkauft Fahrzeugpässe für den Nationalpark und stellt kostenlos Ortungsgeräte für Wanderungen im Hinterland bereit (frei, Kaution AU$).

Thredbo Information Centre (02-6459 4294; www.thredbo.com.au; 6 Fri Dr; 9–16.30 Uhr) Buchungen, Nationalpark-Pässe, Duschen, Infos zum Wetter und zu den Wegen.

Riverina

Die Riverina ist dank des warmen Klimas, der weiten Ebenen und des für künstliche Bewässerung ausreichenden Wassers die fruchtbarste und landwirtschaftlich vielfältigste Region von New South Wales. Ihre charaktervollen Ortschaften lohnen die Erkundung auf jeden Fall.

Gundagai

1926 EW.

Das an beiden Ufern des Murrumbidgee River ungefähr auf halber Strecke zwischen Sydney und Melbourne gelegene kleine Gundagai bietet viel Aussie-Folklore – der Goldrausch und Buschranger gehören mit zu seiner bunten Geschichte.

Verewigt wurde das Städtchen in *Along the Road to Gundagai*, einem 1922 von Jack O'Hagan geschriebenen Volkslied, das Country-Legende Slim Dusty berühmt machte. Heute ist Gundagai ein fast vergessenes Landstädtchen, aber ein Aufenthalt lohnt sich, um sich das Denkmal des „Dog on the Tuckerbox" (Hund auf der Proviantkiste) anzuschauen und sagen zu können: „Auch ich war in Gundagai."

Sehenswertes

Mt. Parnassus Lookout AUSSICHTSPUNKT
(P) Wenn man von diesem hohen Aussichtspunkt aus in die Runde blickt, versteht man, warum so viele australische Dichter und Liedermacher von der Riverina inspiriert wurden.

Dog on the Tuckerbox MONUMENT
(37 Annie Pyers Dr; P) Das berühmte Denkmal rund 7 km nördlich der Stadt verewigt den durch eine Buschballade des 19. Jhs. berühmt gewordenen Hund, der die Proviantkiste seines Herrn bis zu seinem Tod bewachte.

Schlafen

Gundagai River Caravan Park WOHNWAGENPARK $
(02-6944 1702; www.gundagairivercaravanpark.com.au; 67 Middleton Dr; Stellplatz mit/ohne Strom 29/26 AU$, Hütte ab 90 AU$; P ❄) Der angenehme Camping- und Wohnmobilpark hat eine hübsche Lage am Ufer des Murrumbidgee River. Es gibt eine Reihe komfortabler Hütten, einen Kinderspielplatz und gute Gemeinschaftseinrichtungen.

Old Bridge Inn INN $$
(02-6944 4250; 1 Tumut St, South Gundagai; EZ/DZ 80/130 AU$; P ❄ WLAN) In dem hübschen Gebäude aus den 1850er-Jahren im Süden von Gundagai gibt's entspannte B&B-Unterkunft bei herzlichen Inhabern und ein wirklich ausgezeichnetes, zum Mittag- und Abendessen geöffnetes Restaurant (Hauptgerichte 16–32 AU$).

Lanigan Abbey B&B $$$
(02-6944 2852; www.laniganabbey.com.au; 72 First Ave; Zi. ab 250 AU$; P ❄ WLAN) Das denkmalgeschützte ehemalige Kloster wurde sorgsam restauriert und bis zum Bersten mit kostbaren Antiquitäten, Möbeln und Kunstwerken (mehr als 700 Einzelstücke) ausstaffiert. Damit ist es ein wirklich einmaliges B&B, das sicher nicht nach jedermanns Geschmack ist, aber einen Blick lohnt. Das warme Frühstück wird auf dem Silbertablett serviert.

Praktische Informationen

Gundagai Visitor Information Centre (02-6944 0250; www.visitgundagai.com.au; 249 Sheridan St; 8.30–17 Uhr; WLAN) Im Zentrum befindet sich auch **Rusconi's Marble Masterpiece** (Eintritt 5 AU$), ein unglaublich fein gearbeitetes Marmormodell, das unaufhörlich *Along the Road to Gundagai* spielt, sodass man die Melodie tagelang nicht mehr aus dem Kopf bekommt.

Albury

51082 EW.

Das wichtige regionale Zentrum liegt an der Staatsgrenze am Murray River direkt gegenüber der Schwesterstadt Wodonga in Victoria. Albury ist ein guter Ausgangspunkt für Ausflüge zu den Skipisten und ins Hochland von Victoria und New South Wales sowie für Erkundungstouren am Oberlauf des Murray River.

Eilige Autofahrer auf dem Rückweg in die Großstadt übersehen den Ort, aber Besucher entdecken hier ein hübsches Städtchen mit vielen Unterkünften und ein paar interessanten Attraktionen.

Sehenswertes

★ **MAMA** KUNSTGALERIE
(Murry Art Museum Albury; 02-6043 5800; www.alburycity.nsw.gov.au; 546 Dean St; Mo–Fr 10–17, Sa bis 16, So 12–16 Uhr) GRATIS Durch eine 10,5 Mio. AU$ Renovierung wurde Alburys fabelhafte Kunstgalerie Mitte 2015 wiedereröffnet und ist nun die wohl schönste Galerie im ganzen Bundesstaat außerhalb Sydneys. Sie besitzt eine sehenswerte Sammlung indigener und zeitgenössischer Kunst.

Albury Library Museum MUSEUM
(02-6023 8333; www.alburycity.nsw.gov.au; Ecke Kiewa & Swift St; Mo, Mi & Do 10–19, Di & Fr bis 17, Sa bis 16, So 12–16 Uhr) GRATIS Das ausgezeichnete, topmoderne Museum zeigt Ausstellungen zur Ortsgeschichte, darunter zur indigenen Kultur und zu der Einwanderung in die Region im vorigen Jahrhundert.

Schlafen

Albury Wodonga YHA HOSTEL $
(02-6040 2999; www.yha.com.au; 372 Wagga Rd; B/DZ ab 32/74 AU$; @ ≋) Etwa 4,5 km nördlich des Zentrums von Albury; mit einigen Hütten, feststehenden Vans und Betten in sauberen Schlafsälen.

★ **Briardale B&B** B&B $$
(02-6025 5131; www.briardalebnb.com.au; 396 Poplar Dr; Zi. ab 160 AU$; ❄) Die elegante Pension im Norden der Stadt hat schöne Zimmer, die angenehm zurückhaltend mit Antiquitäten eingerichtet sind. Das Gebäude befindet sich direkt an einem weitläufigen Park.

Essen & Ausgehen

Green Zebra CAFÉ **$**

(☎02-6023 1100; www.greenzebra.com.au; 484 Dean St; Hauptgerichte 12–19 AU$; ⊙Mo–Fr 8–18.30, Sa & So 7.30–15 Uhr; ❄☎) Hausgemachte Nudeln, knackfrische Salate und weitere Bio-Gerichte sind die absoluten Renner in diesem hervorragenden Café in der Hauptstraße.

Mr. Benedict CAFÉ **$$**

(☎02-6041 1840; www.mrbenedict.com.au; 664 Dean St; Hauptgerichte 12–22 AU$; ⊙Mi–So 7.30–15 Uhr; ❄📶) Das hoch geschätzte Café hat den besten Kaffee der Stadt, eine kleine, aber feine Bier- und Weinkarte und interessante Frühstücks- und Mittagsgerichte, die auf der Kreidetafel stehen.

Kinross Woolshed KNEIPENKOST **$$**

(☎02-6043 1155; www.kinrosswoolshed.com.au; Old Sydney Rd, Thurgoona; Hauptgerichte 14–32 AU$; ⊙Mo–Fr 9 Uhr–open end, Sa ab 7, So ab 8 Uhr; P❄) Mit dem Auto (oder dem Shuttlebus) gelangt man zu diesem Country Pub in einem Schafscherer-Schuppen aus den 1890er-Jahren. Nach einem Brötchen mit Schinken und Ei für sehr günstige 2 AU$ gibt's am Samstagabend Country-Musik.

ZedBar COCKTAILBAR

(☎02-6021 2622; www.zedbar.com.au; 586 Dean St; ⊙Di–Do 11–22, Fr & Sa bis 2 Uhr) Alburys beste Bar hat jeden Abend Drinks zum Sonderpreis, tolle Cocktails, prima Musik und gute Barhäppchen und bringt so einen Hauch der Großstadt in ländliche Gefilde.

Praktische Informationen

Albury Visitor Information Centre (☎1300 252 879; www.visitalburywodonga.com; Railway Pl; ⊙9–17 Uhr; 📶) Gegenüber dem Bahnhof.

An- & Weiterreise

Albury ist per Straße, Schiene und auf dem Luftweg gut mit NSW und Victoria verbunden. Die Stadt ist 553 km von Sydney und 326 km von Melbourne entfernt.

Qantas (QF; ☎13 13 13; www.qantas.com.au), **Rex** (ZL; ☎13 17 13; www.rex.com.au) und **Virgin Australia** (DJ; ☎13 67 89; www.virginaustralia.com) bieten Inlandsflüge nach Sydney, Melbourne und zu kleineren Zentren vom **Albury Airport** (ABX; ☎02-6043 5865; www.flyalbury.com.au; 121 Airport Dr), der 4 km außerhalb der Stadt liegt. Zum Flughafen fahren Taxis (ca. 15 AU$), aber keinerlei öffentliche Verkehrsmittel.

Greyhound Australia (☎1300 473 946; www.greyhound.com.au) betreibt Busverbindungen zwischen Sydney (101 AU$, 9 Std.) und Melbourne (55 AU$, 3¾ Std.) mit Halt in Albury.

NSW TrainLink (☎13 22 32; www.nswtrainlink.info) betreibt einen tagsüber fahrenden und einen XPT-Nachtzug von Sydney nach Albury (ab 66 AU$, 7½ Std.) und Melbourne (47 AU$, 3¼ Std.). **V/Line** (☎13 61 96; www.vline.com.au) bietet regelmäßige Zugverbindungen zwischen Albury und Melbourne (ab 38 AU$, 4 Std.).

Wagga Wagga

55 820 EW.

Im Norden schlängelt sich der Murrumbidgee River um die Stadt, deren Straßen am Fluss von Eukalyptusbäumen und hübschen Gärten gesäumt sind. Das von den Wiradjuri als „Ort der vielen Krähen" bezeichnete „Wagga" ist die größte Stadt im Innern von New South Wales und wirklich ein echtes Schmuckstück.

Wagga ist zwar nicht das bekannteste Weinbaugebiet Australiens, es gibt aber einige ausgezeichnete Weingüter, die einen Besuch lohnen.

Sehenswertes

Museum of the Riverina MUSEUM

(☎02-6926 9655; www.museumriverina.com.au; Ecke Baylis & Morrow St; ⊙Di–Sa 10–16, So bis 14 Uhr) GRATIS Das interessante Museum verteilt sich auf zwei Stätten: die hier genannte im historischen Rathaus und eine zweite neben den **Wagga Wagga Botanic Gardens** (Macleay St; ⊙Sonnenaufgang–Sonnenuntergang; P); dort stehen die Bewohner, Orte und Events der Stadt im Mittelpunkt.

Charles Sturt University Winery WEINGUT

(☎02-6933 2435; http://winery.csu.edu.au; Charles Sturt Cellar Door, Mambarra Dr, CSU Campus; ⊙11–16 Uhr; P) Bereits im Jahr 1893 wurde von dem damaligen College in Wagga Wagga ein Weinberg angelegt und 1976 ein Weinbau-Studiengang eingeführt. Seit 1990 wird das Weingut professionell bewirtschaftet. Man kann an interessanten Weinproben teilnehmen und auch direkt vom Erzeuger Wein kaufen.

Wagga Wagga Art Gallery KUNSTGALERIE

(☎02-6926 9660; www.wagga.nsw.gov.au/gallery; Civic Centre, Morrow St; ⊙Di–Sa 10–16, So bis 14 Uhr; P) Das Highlight dieser regionalen Galerie mit Werken örtlicher und nationaler Künstler ist die wundervolle **National Art Glass Gallery**.

Aktivitäten

★ Wagga Beach SCHWIMMEN

(Tarcutta St) Mit seinen brandneuen öffentlichen Einrichtungen ist dieser Strand ein schöner Ort für ein entspanntes Bad oder ein Picknick mit Freunden – vorzugsweise bei Sonnenuntergang nach einem heißen Tag. Der Strand befindet sich am Ende der Tarcutta St.

Schlafen

Wagga Wagga Beach Caravan Park WOHNWAGENPARK $

(☎ 02-6931 0603; www.wwbcp.com.au; 2 Johnston St; Stellplatz 25 AU$/Pers., Hütte ab 120 AU$; P ❄ 📶 🐾) Der Wohnmobilpark neben dem schönen Wagga Beach hat seinen eigenen, in der Uferböschung angelegten Badestrand und eine Reihe günstiger Hütten.

★ Houston BOUTIQUEHOTEL $$

(☎ 02-5908 1321; www.thehoustonwagga.com.au; 44 Kincaid St; Zi. ab 150 AU$; P ❄ 📶) Das zentral gelegene Boutiquehotel mit acht Zimmern, alle mit angeschlossenem Bad, ist der beste Neuzugang im ländlichen New South Wales. Das Haus punktet mit üppigem Originaldekor, Luxus-Bettwäsche und Personal, das den Gästen das Gefühl vermittelt, besonders zu sein. Auf der ausgezeichneten Website bekommt man einen guten Eindruck davon, was einen hier erwartet. Und das Beste: Die Unterkunft ist dank moderater Preise absolut erschwinglich.

Townhouse Hotel BOUTIQUEHOTEL $$

(☎ 02-6921 4337; http://townhousewagga.com.au; 70 Morgan St; Zi. ab 129 AU$; ❄ 📶 🏊) Das lustige, schrille und sehr stimmungsvolle Townhouse bietet einen Mix aus generell stilvollen Zimmern und Apartments von verschiedenem Zuschnitt, die in diversen Stilen eingerichtet sind. Die billigsten Zimmer haben keine Außenfenster. Das Personal ist freundlich und professionell.

Essen

Pot 'n' Kettle CAFÉ $$

(☎ 02-6921 3340; 10 Blake St; Hauptgerichte 6–22 AU$; ⏲ 7–16 Uhr; ❄ 🌶) Das geniale, für gewöhnlich gut besuchte kleine Café macht prima Frühstück und serviert gesunde, leckere Mittagsgerichte, darunter tolle Salate, Pasta und Risotto (sowie großartigen Kaffee und dekadente Kuchen).

Oak Room Kitchen & Bar BISTRO $$$

(☎ 02-6921 4337; www.townhousewagga.com/the-oakroom; Townhouse Hotel, 70 Morgan St; Snacks in der Bar 8–19 AU$, Hauptgerichte 28–39 AU$; ⏲ Mo–Sa 18 Uhr–open end; ❄) Das stets volle Bistro serviert kleine Leckereien wie kurz gebratene Jakobsmuscheln aus Queensland und Hauptgerichte wie hausgemachte Gnocchi und gebratenes Lamm aus der nahe gelegenen Riverina. Ab 17 Uhr gibt's Snacks und Getränke an der Bar.

Magpies Nest BISTRO $$$

(☎ 02-6933 1523; www.magpiesnestwagge.com; 20 Pine Gully Rd; Menü 55 AU$; ⏲ Di–Sa 17.30 Uhr–open end; ❄) Ein herrlich entspanntes Restaurant in einem gut restaurierten, aus Stein erbauten Stall aus den 1860er-Jahren, umgeben von Olivenhainen und Weinbergen und mit schönem Blick auf die Auen des Murrumbidgee River.

Ausgehen & Nachtleben

Union Club Hotel KNEIPE

(☎ 02-6921 2236; http://unionhotelwagga.com.au; 122 Baylis St; ⏲ So–Do 10–23, Fr & Sa bis 1 Uhr) Diese überaus beliebte Kneipe prunkt mit einer riesigen, umlaufenden Veranda im Obergeschoss.

Thirsty Crow Brewing Co CRAFT BEER

(www.thirstycrow.com.au; 31 Kincaid St; ⏲ Mo & Di 16–22, Mi–Sa 11–23.30, So 12–21.30 Uhr; 📶) Man kommt wegen des leckeren Bieres – das hopfige Dark Alleyway India Pale Ale ist eine

GRENZGÄNGE AM MURRAY RIVER

Die meisten größeren Ortschaften am mächtigen Murray River liegen auf der zu Victoria gehörenden Seite, doch in Orten wie Albury, Corowa, dem hübschen Tocumwal, gleich südlich von Deniliquin, und in Moama kommt man leicht über den Fluss und wieder zurück.

Das Echuca/Moama Visitor Information Centre bedient beide Ortschaften und liegt in Echuca neben der nach New South Wales hinüber führenden Brücke. Hier kann man sich nach Fahrten mit den Schaufelraddampfern auf diesen Gewässern erkundigen (die Überbleibsel aus der Zeit sind, als der Murray und der Darling River die wichtigsten Verkehrs- und Handelsadern in der Region waren).

ABSTECHER

JUNEE

Mit vielen eindrucksvollen historischen Bauten bietet sich Junee zu einem spannenden Tagesausflug aus dem 43 km südlich gelegenen Wagga Wagga an.

Ein Highlight dabei ist das **Roundhouse Railway Museum** (☎02-6924 2909; www.roundhousemuseum.com.au; Harold St; Erw./Kind 6/4 AU$; ⏲Mo–Fr 12–16.30, Sa & So ab 9.30 Uhr; Ⓟ). Das 1947 erbaute Roundhouse, eine riesige Drehscheibe mit 42 Reparaturbuchten für Züge, ist das letzte erhaltene und betriebsfähige seiner Art in Australien und lohnt allein schon deswegen einen Besuch.

Anschließend gönnt man sich auf der Veranda des **Commercial Hotel** (☎02-6924 4224; Ecke Lorne & Waratah St; ⏲11–22 Uhr), einem der prächtigen alten Pubs im Ort, einen Humpen.

gute Wahl – und bleibt auf eine Pizza aus dem Holzofen (19–27 AU$).

Praktische Informationen

Wagga Visitor Information Centre (☎1300 100 122; www.visitwagga.com; 183 Tarcutta St; ⏲9–17 Uhr; 📶)

An- & Weiterreise

Wagga Wagga liegt auf halber Strecke zwischen Young und Albury am Olympic Hwy.

Qantas (S. 266) und Rex (S. 266) haben Direktflüge nach Sydney; bei Rex sind kleinere Maschinen im Einsatz, und die Flüge sind (in der Regel) teurer.

Wagga Wagga ist ein Haltepunkt des zweimal täglich verkehrenden XPT-Zugs von NSW TrainLink (S. 266) zwischen Sydney (62 AU$, 6½ Std.) und Melbourne (62 AU$, 4½ Std). Der Zug hält auch in Albury (19 AU$, 1¼ Std.). Vom Bahnhof starten Anschlussbusse zu verschiedenen ländlichen Zielorten.

Griffith

43 181 EW.

Die Stadt ist ein Klein-Italien mitten in New South Wales, denn 60 % ihrer Einwohner haben italienische Vorfahren. Mit seiner Gastronomie ist Griffith die kulinarische und Wein-Hauptstadt der Riverina, wobei zweierlei zu beachten ist: Essen bedeutet hier italienische Küche, und Weingenuss spielt sich in Form von Weinproben in den Verkaufsräumen ab, denn nur wenige Weingüter haben eigene Restaurants.

Sehenswertes

Hermit's Cave Lookout AUSSICHTSPUNKT

(Ⓟ) Der Aussichtspunkt mit Panoramablick befindet sich oberhalb der faszinierenden **Hermit's Cave**, die im frühen 20. Jh. jahrzehntelang von einem aus Italien stammenden Mann bewohnt wurde. Vorsicht, hier gibt's Schlangen!

De Bortoli WEINGUT

(www.debortoli.com.au; De Bortoli Rd, Bilbul; ⏲Mo–Sa 9–17, So bis 16 Uhr; Ⓟ) Der Verkaufsraum des bekannten australischen Weinguts lohnt einen Besuch – dabei unbedingt den hervorragenden Dessertwein Black Noble probieren!

McWilliam's Hanwood Estate WEINGUT

(☎02-6963 3404; www.mcwilliams.com.au; Jack McWilliam Rd, Hanwood; ⏲Verkostung Di–Sa 10–16 Uhr; Ⓟ) Ein Besuch des im Jahr 1913 gegründeten, ältesten und bekanntesten Weinguts in der Region ist ein Muss. Man muss sich zurückhalten, um nicht alles durchzuprobieren!

Feste & Events

UnWINEd ESSEN & TRINKEN

(www.unwined-riverina.com; ⏲Okt.) Ein Fest des örtlichen Weines und der örtlichen Lebensmittel mit Weinverkostungen, öffentlichen Mittagessen und Livemusik.

Schlafen

Yambil Inn MOTEL $

(☎02-6964 1233; www.yambilinn.com.au; 155 Yambil St; EZ/DZ 110/122 AU$; Ⓟ❄📶🏊) Die Inhaber halten das kleine Motel blitzsauber. Die großen, ordentlichen renovierten Zimmer bieten alles für einen guten Schlaf.

Shearer's Quarters Backpackers HOSTEL $

(☎0423 852 134; www.shearersquarters.com.au; Remembrance Dr; 2-Bett-Schlafsaal 35/170 AU$ pro Nacht/Woche & Pers.; Ⓟ) Das einfache Hostel hat alles, was ein arbeitender Backpacker nach einem mit harter Plackerei zugebrachten Tag braucht, um zu relaxen: Von coolen Hängematten bis zu Spielkonsolen und Billardtischen rund um den schattigen Gemeinschaftshof ist alles vorhanden.

Essen

Bertoldo's Bakery BÄCKEREI $
(☎ 02-6964 2514; www.bertoldos.com; 324 Banna Ave; Dessert ab 6 AU$; ⏲ 8.30–17 Uhr; ❄) Bei den Köstlichkeiten in dieser italienischen Patisserie und Panetteria läuft einem das Wasser im Mund zusammen – ein guter Grund, hier mal vorbeizuschauen.

★ **Zecca** ITALIENISCH $$
(☎ 02-6964 4050; www.zeccagriffith.com.au; 239 Banna Ave; Hauptgerichte 16–36 AU$; ⏲ Di–Mi 11–16, Do & Fr bis 23, Sa 18–23 Uhr; ❄) Der Neuzugang in der gastronomischen Szene von Griffith serviert hausgemachte Pasta und italienische Gerichte im schrillen, modernen Ambiente des umgebauten Gebäudes der Rural Bank aus den 1940er-Jahren. Die Küche verwendet, wo immer möglich, lokale Zutaten und arbeitet mit Bauern zusammen, um beste regionale Produkte ins rechte Licht zu rücken.

Roastery CAFÉ $$
(www.facebook.com/TheRoasteryGriffith; 232 Banna Ave; Hauptgerichte 12–26 AU$; ⏲ Mo–Fr 7–17, Sa & So 8–15 Uhr; ❄) Die Kaffeebohnen kommen aus aller Welt, werden aber tatsächlich hier vor Ort geröstet. Zum besten Kaffee der Stadt werden typische Bistrogerichte serviert, und das Essen kommt von einer Verkaufstheke. Außerdem werden Weine aus der Riverina ausgeschenkt.

La Scala ITALIENISCH $$
(☎ 02-6962 4322; 455b Banna Ave; Hauptgerichte 26–32 AU$; ⏲ Di–Sa 18–21.30 Uhr; ❄) In dem mit Wandmalereien geschmückten Lokal wird noch nach der alten Schule gekocht und ein günstiger Weißwein vom Fass ausgeschenkt. Einfach genial!

Praktische Informationen

Griffith Visitor Information Centre
(☎ 02-6962 4145; www.visitgriffith.com.au; Ecke Banna & Jondaryan Ave; 📶)

An- & Weiterreise

Rex (S. 266) hat täglich Flüge nach Sydney vom Griffith Airport 3 km nördlich der Stadt.

Die Stadt- und Regionalbusse halten am **Griffith Travel & Transit Centre** (☎ 02-6962 7199; Banna Ave).

NSW TrainLink (S. 266) betreibt zweimal täglich eine Busverbindung nach Wagga Wagga (19 AU$, 3 Std.), wo man Anschluss an die XPT-Züge nach Sydney (62 AU$, 6½ Std.) und Melbourne (62 AU$, 4½ Std.) hat.

Deniliquin

7494 EW.

Die typisch australische Hinterland-Stadt Deniliquin, auch als „Deni" bekannt, liegt an einer breiten Biegung des träge dahinfließenden Edwards River. Hier findet man einen attraktiven Uferstrand und ansprechende Wanderwege am Fluss inmitten von Rotem Eukalyptus. Außerdem gibt's ein berühmtes, stetig wachsendes Festival, das der australischen Begeisterung für *utes*, also Geländewagen, gewidmet ist.

Sehenswertes

★ **McLean Beach** STRAND
Am nördlichen Ende der Stadt liegt einer der schönsten Flussstrände Australiens, mit Sand, Picknickeinrichtungen und einem Wanderweg.

Island Sanctuary TIERSCHUTZGEBIET
GRATIS Das 16 ha große Island Sanctuary an der Mündung des Tarrangle Creek in den Edwards River besitzt einen schönen Wanderweg unter Rotem Eukalyptus. Hier leben viele Wildtiere, darunter Östliche Graue Riesenkängurus. Mehr als ein Fünftel aller in Australien vorkommenden Vogelarten wurden hier schon beobachtet. Vom südöstlichen Ende der Cressy St gelangt man über eine Fußgängerbrücke in das Schutzgebiet.

Feste & Events

★ **Deniliquin Ute Muster** KULTUR
(www.deniutemuster.com.au; ⏲ Ende Sept.) Am langen Wochenende des Labour Day von New South Wales kommen Leute aus dem ganzen Land (mit ihren Geländewagen) zu diesem Aufmarsch. Dabei gibt's diverse Events, darunter ein Rodeo, Skulpturenschneiden mit der Kettensäge, Holzhacken, Hubschrauberflüge und Aktivitäten für Kinder. Zum Festival kommen auch große Namen der australischen Musik: Cold Chisel, die Hoodoo Gurus und Crowded House sind in den letzten Jahren hier aufgetreten.

Schlafen & Essen

★ **Mclean Beach Holiday Park** WOHNWAGENPARK $
(☎ 03-5881 2448; www.mcleanbeach.com.au; 1 Butler St; Stellplatz mit Strom 34 AU$, Hütte 120–180 AU$; P 📶) Das freundliche Personal und

die tolle Lage neben dem McLean Beach samt einem eigenen langen Uferabschnitt machen diesen Ferienpark zu einer ausgezeichneten Wahl. Am besten versucht man, eine der funkelnagelneuen Villen mit Flussblick zu bekommen.

Cottages on Edward B&B $$
(☎0407 815 641; www.cottagesonedward.com.au; 304 River St; Cottage mit Frühstück So–Do 145 AU$, Fr & Sa 175 AU$; ❄) Die beiden bezaubernden Cottages am anderen Flussufer gegenüber dem östlichen Ende der Stadt gehören dem charmanten Paar Richard und Pat. Die Zimmer sind liebevoll mit dezenten antiken Möbeln eingerichtet und verfügen sogar über Whirlpools. Man fühlt sich hier gleich wie zu Hause.

Crossing Café MODERN-AUSTRALISCH $$
(☎03-5881 7827; www.thecrossingcafe.com.au; 295 George St; Hauptgerichte 14–28 AU$; ⏲Di–Do 8–16, Fr 8 Uhr–open end, Sa 8.30 Uhr–open end, So 8.30–16 Uhr; ❄) Das Café hat eine Terrasse mit einem idyllischen Blick auf den Fluss und serviert Gerichte wie thailändischen Rindfleischsalat oder Calamari mit Salz und Pfeffer. Die Karte ist nicht groß, aber die Qualität überzeugt.

Praktische Informationen

Deniliquin Visitor Information Centre
(☎1800 650 712; www.visitdeni.com.au; George St; ⏲9–16 Uhr; 📶) Buchung und Informationen.

An- & Weiterreise

NSW TrainLink (S. 266) betreibt Busse nach Wagga Wagga (37 AU$, 3½ Std.) mit Anschluss an den XPT-Zug nach Sydney (62 AU$, 6½ Std.).

LORD HOWE ISLAND

350 EW. UND BIS ZU 400 BESUCHER

Rund 600 km vor der Küste von New South Wales ragt die kleine Insel aus dem Pazifik. Die zum UNESCO-Welterbe zählende Tropeninsel wird nur wenig beachtet, was einen angesichts des atemberaubenden Anblicks beim Anflug auf die Insel rund um einen erloschenen Vulkan verwundert. Diese Insel mit zwei hohen Bergen, einer idyllischen Lagune, perfekten sichelförmigen Stränden und einem mit Regenwald bewachsenen und von Wanderwegen durchzogenen Inneren wäre ein gutes Domizil für einen Schurken aus einem James-Bond-Film.

Die isolierte Lage und das relativ geringe Alter der Insel, die durch vulkanische Aktivität vor rund 7 Mio. Jahren entstand, haben eine einzigartige Ökologie entstehen lassen. Viele der Pflanzen- und Insektenarten kommen nur hier vor. Vögel bestimmen die Tierwelt: Die nistenden Seeschwalben machen geräuschvoll auf ihre Anwesenheit aufmerksam, und die unheimlichen Schreie der Sturmtaucher in ihren Höhlen dringen durch die Nacht. Laufende Umweltschutzprogramme sind bemüht, eingeschleppte Arten von der Insel zu entfernen.

Auf der Insel gibt es nur begrenzt Unterkünfte, und auch die Flugkapazitäten sind limitiert. Ein Besuch ist daher nicht billig, aber bei eingeschränktem Internetzugang und fehlendem Handynetz ist Entspannung garantiert.

Sehenswertes

★ Mount Gower BERG
Der Mt. Gower (875 m), der südliche der beiden prächtigen Gipfel, die die Insel dominieren, bietet einen spektakulären Anblick. Obschon er schroff wirkt, ist der Aufstieg eigentlich nicht besonders schwer. Man braucht einen Bergführer – erhältlich bei **Jack Shick** (☎02-6563 2218; www.lordhoweislandtours.net) oder **Dean Hiscox** (☎02-6563 2260; www.lordhoweislandtours.com; Boatsheds, Lagoon Rd) –, aber keine besonderen Fertigkeiten, abgesehen von allgemeiner Fitness. Die Besteigung muss vorab gebucht werden. Der Ausflug dauert hin und zurück acht bis zehn Stunden.

Lord Howe Island Museum MUSEUM
(☎02-6563 2111; www.lhimuseum.com; Ecke Lagoon & Middle Beach Rd; ⏲Mo–Fr 9–15, Sa & So 10–14 Uhr) GRATIS An einem Standort, der auf Lord Howe Island als größere Straßenkreuzung gilt, zeigt das Inselmuseum eine interessante, wenn auch etwas zufällig wirkende Ausstellung zur Ortsgeschichte. Im Mittelpunkt stehen der Walfang, die Kriege und der Flugbootdienst sowie ein faszinierender, moderner, farbenfroher Raum mit Informationen zur örtlichen Umwelt. Es gibt hier auch einen Souvenirladen und einen Schalter der Touristeninformation. Spenden sind willkommen.

North Beach STRAND
Ein anstrengender Marsch über einen Hügelkamm führt zu dem lohnenden hübschen halbkreisförmigen Sandstrand mit Grill-Ein-

richtungen und dem Lärm der nistenden Rußseeschwalben. Keine Lust auf die Treppen? Es geht auch anders – einfach die Armmuskeln spielen lassen und mit dem Kajak herpaddeln!

Intermediate Hill HÜGEL

Ein weiteres schönes Beispiel für die australische Lust an unpoetischen Namen ist dieser Hügel (250 m), von dessen Plattform auf der Spitze man einen recht schönen Blick auf die Ball's Pyramid und eine spektakuläre Sicht auf den Mt. Lidgbird hat. Der Hauptzugangsweg beginnt gegenüber dem Abzweig zum Flughafen.

Ned's Beach STRAND

Ein kurzes Stück außerhalb der Ortschaft gibt's am Ned's Beach gute Schnorchelbedingungen – Neoprenanzüge und Ausrüstung werden an einem kleinen Stand vermietet. Die Fische in den flachen Gewässern zu füttern, ist ein schon lange beliebter Zeitvertreib – gegen Dollarmünzen spuckt der Automat Fischfutter aus.

★ Ball's Pyramid BERG

Rund 20 km südöstlich von Lord Howe Island ragt die denkwürdig zerklüftete Kulisse dieses Felsens 561 m hoch aus dem Meer heraus. Der Vulkan, der von dem gleichen Hotspot verursacht wurde, der auch Lord Howe Island entstehen ließ, kann nur von sehr erfahrenen Bergsteigern bezwungen werden. Eine Bootsfahrt zu dem Felsen ist aber alleine schon ein denkwürdiges Erlebnis, zudem gibt es hier ausgezeichnete Möglichkeiten zum Tauchen und zur Vogelbeobachtung. Mehrere Veranstalter auf Lord Howe Island bieten Ausflüge an, sofern das Wetter mitspielt.

Aktivitäten & Geführte Touren

Auf Lord Howe Island gibt's eine bunte Palette von Outdoor-Aktivitäten. An Land stehen spannende Wanderungen im Mittelpunkt, unter denen die geführte Besteigung des Mt. Gower das absolute Highlight ist. Ein Netz gut markierter Wege überzieht den Rest der Insel; sie führen zu wundervollen Aussichtspunkten und verschwiegenen Stränden.

Zu Wasser kann man mit Kajak oder Paddelbrett die Lagune erkunden, schnorcheln oder surfen oder auch eine Bootstour zur Beobachtung von Schildkröten unternehmen. Möglich sind auch Angeltouren, die Umschiffung der Insel im Boot oder Ausflüge zu dem prächtigen Felsen Ball's Pyramid.

Die Tauchbedingungen sind ebenfalls gut, ein paar Veranstalter bieten unterschiedliche Touren an. Das herausragende Taucherlebnis ist zweifellos die Tagestour zur Ball's Pyramid.

Schlafen

Pinetrees Lodge RESORT $$$

(☎ Lord Howe Island 02-6563 2177, Reservierung 02-9262 6585; www.pinetrees.com.au; Lagoon Rd; DZ alles inkl. 5 Nächte 3550 AU$; ⏲ Sept.–Mai; P ⊜) Das Haus existiert seit 1842 und nimmt schon länger als ein Jahrhundert Gäste auf. Bei der kürzlichen Renovierung hat die altehrwürdige Institution ihren entspannten Charme bewahrt, und die Zimmer und Cottages sind komfortabel, hell und zeitgemäß geworden. Da es kein WLAN und keinen Handyempfang gibt, kann man hier richtig abschalten. Der ausgezeichnete Service erstreckt sich auch auf das Restaurant mit seinen zwanglosen Mittagsbüffets und Feinschmecker-Dinners und auf das Spa.

Beachcomber Lodge APARTMENTS $$$

(☎ 02-6563 2032; www.beachcomberlhi.com.au; Anderson Rd; DZ Mai–Sept. 170 AU$, Okt.–April 375 AU$; ⊜ 📶) Die Unterkunft in einem hübschen, 100 Jahre alten Bungalow auf dem Hügel über der „Downtown" wird von einer auf der Insel ansässigen Familie in fünfter Generation geführt und zeichnet sich durch eine zwanglose Atmosphäre aus. Die meisten Apartments öffnen sich zur Veranda und haben ansprechende Betten und eine kleine Küche. Im Sommer gibt's vor Ort ein Restaurant; die Preise im Winter sind die günstigsten auf der ganzen Insel. Der Inhaber besitzt ein Boot, mit dem man Ausflüge unternehmen kann.

Leanda Lei Apartments APARTMENTS $$$

(☎ 02-6563 2195; www.leandalei.com.au; Middle Beach Rd; DZ Haupt-/Nebensaison ab 355/300 AU$; P ⊜ 📶) 🍃 Die von einer freundlichen Familie effizient geführte Anlage hat konkurrenzfähige Preise, eine zentrale Lage und mehr Zimmer als die meisten anderen Anbieter, ist also eine verlässliche Option. Die geräumigen, unverstellten, komfortablen Apartments sind ein nettes Standquartier auf der Insel, viele blicken hinaus auf den grasbewachsenen Garten. Gegenüber gibt's einen Laden und einen Fahrradverleih und auf dem Gelände Grillstellen. Das Essen

LORD HOWE ISLAND KURZINFOS

Flüge
Wenn der Flug voll ausgelastet ist, kann es passieren, dass das Gepäck erst mit dem nächsten Flug nachkommt. Alles, was man für die erste Nacht braucht, packt man daher besser in sein Handgepäck. Aufgrund des Wetters werden Bootsfahrten oft und Flüge gelegentlich abgesagt. Für den Tag der Rückreise von Lord Howe Island daher vorab keine wichtigen Buchungen tätigen!

Versicherung
Eine Reiseversicherung empfiehlt sich wegen der Möglichkeit, dass Flüge abgesagt werden. Bliebt man auf der Insel hängen, zahlt die Fluggesellschaft nur eine Übernachtung.

Internet
WLAN gibt's an ein paar Hotspots auf der Insel und in vielen Unterkünften, aber der Empfang ist nicht zuverlässig. Es gibt diverse Zugangspakete, angefangen von 100 MB für drei Tage für 4,95 AU$.

Telefon
Es gibt keinen Handy-Empfang auf der Insel, und viele Einheimische wollen auch, dass es so bleibt, da das für Besucher sehr reizvoll ist, wenn sie erst einmal die ersten Entzugserscheinungen überwunden haben. Auf der Insel gibt's öffentliche Fernsprecher und auch ein paar kostenlose für Ortsgespräche.

Zeit
Lord Howe Island liegt im Winter eine halbe Stunde vor New South Wales (MEZ + 9½ Std.). Wenn auf dem Festland Sommerzeit herrscht, stellt Lord Howe die Uhren nur eine halbe Stunde auf die gleiche Zeit wie New South Wales um (MEZ + 10 Std.).

Touristeninformation
Es gibt einen Touristeninformationsschalter im Lord Howe Island Museum. Sehr nützlich ist die Website www.lordhoweisland.info.

im Restaurant und der Transfer vom/zum Flughafen sind im Preis inbegriffen.

Essen

Coral Café CAFÉ $$
(☎ 02-6563 2488; Ecke Middle Beach & Lagoon Rd; kleine Gerichte 8–18 AU$, Hauptgerichte abends 27–30 AU$; ⏲ Mo, Mi & Fr 9–15 & 18–20, Di & Do 9–15, Sa & So 9–14 & 18–20 Uhr; 📶✎) Das freundliche Lokal im Museum hat sehr ordentliche Mittagsgerichte – z. B. Focaccias, Wraps und Sandwiches – sowie auch Reispapier-Wickel und Sushi-Kreationen. Es gibt auch warme Tagesgerichte. An den meisten Abenden ist ebenfalls geöffnet, dann stehen Fusiongerichte und Braten auf dem Programm. Das Lokal hat das beste WLAN in der Gegend, und das Personal hat nichts dagegen, wenn man es auf der Terrasse nutzt, während das Café geschlossen ist.

Golf Club AUSTRALISCH $$
(☎ 02-6564 2179; www.lordhowegolf.com.au; Lagoon Rd; Hauptgerichte 26–32 AU$; ⏲ Do–Di 18–20 Uhr) Der Club nahe dem Flughafen hat eine Neun-Loch-Anlage mit schönem Ausblick, ist aber zugleich auch eines der schlichten, verlässlichen Restaurants auf der Insel. Am Dienstagabend wird vor Ort gefangener Fisch gebraten, donnerstags und freitags gibt's Grillspeisen, darunter Makrelen, und ein Spezial-Curry. Man kann prima den Sonnenuntergang genießen; die Bar wird kurz vorher geöffnet.

★ **Anchorage Restaurant** MODERN-AUSTRALISCH $$$
(☎ 02-6563 2287; www.earlsanchorage.com; Ned's Beach Rd; Hauptgerichte abends 30–45 AU$; ⏲ 8–20 Uhr; 📶) Das ganztägig geöffnete Restaurant ist der angesagte Ort auf der Insel für einen Morgenkaffee oder eine Stärkung nach der Wanderung. Man kann hier auch ausgezeichnet essen. Das freundliche Personal und der attraktive, einladende, zurückhaltend maritim gestaltete Raum mit Plätzen draußen und drinnen sind der passende Rahmen für raffinierte, schön angerichtete modern-australische Gerichte, bei denen örtliche Makrelen regelmäßig ein

Highlight sind. Der Service ist lebhaft und die Qualität immer verlässlich und ausgezeichnet.

An- & Weiterreise

Qantaslink fliegt von Sydney, Brisbane und Port Macquarie zur Lord Howe Island. Die Flüge sind für diese Entfernung teuer; sie kosten in der Regel hin und zurück über 1000 AU$ und etwas weniger außerhalb der Saison. Eine Möglichkeit, die Flugkosten zu senken, ist der Einsatz von Vielflieger-Punkten. Es sind zwar nicht viele Termine verfügbar, aber man braucht auch nicht viele Punkte, weil es sich ja nur um einen Inlandsflug handelt.

Unterwegs vor Ort

Fast alles auf Lord Howe Island liegt in fußläufiger Entfernung, und es gibt auch viele Stellen, bei denen man Fahrräder ausleihen kann. Alle Unterkünfte holen ihre Gäste von den ankommenden Flügen ab. Mietwagen sind verfügbar, man braucht sie jedoch nur, wenn man unter Mobilitätseinschränkungen leidet.

Canberra & ACT

358 000 EW./ ☎ 02

Inhalt ➡

Gut essen

- Cupping Room (S. 284)
- Morks (S. 284)
- Akiba (S. 284)
- Aubergine (S. 285)
- Courgette (S. 285)

Schön übernachten

- East Hotel (S. 283)
- Hotel Hotel (S. 283)
- Little National Hotel (S. 282)
- Hyatt Hotel Canberra (S. 284)
- Blue & White Lodge (S. 282)

Auf nach Canberra & ins Australian Capital Territory!

1911 von New South Wales (NSW) abgespalten und unter direkte Kontrolle der Landesregierung gestellt, wurde das Australische Hauptstadtterritorium (Australian Capital Territory, ACT) geschaffen, um einen neutralen Standort für die Landeshauptstadt zu haben. Die Rivalität zwischen den beiden mächtigsten Bundesstaaten, NSW und Victoria, war damals sogar noch ausgeprägter als heute. Es war also sinnvoll, die Hauptstadt irgendwo zwischen Sydney und Melbourne anzusiedeln, und man hielt es für wichtig, dass die neue Kapitale eine eigene Wasserversorgung hatte, um nicht von irgendeiner Landesregierung abhängig zu sein.

Das ACT umfasst nur Canberra und das Umland mit einem großen Stück bergiger Wildnis im Süden (in der sich eben jene wichtige Wasserquelle befindet). Australiens kleine Hauptstadt hat viel Interessantes auf Lager, aber man sollte unbedingt auch einen Ausflug in die Wildnis einplanen.

Reisezeit

Canberra

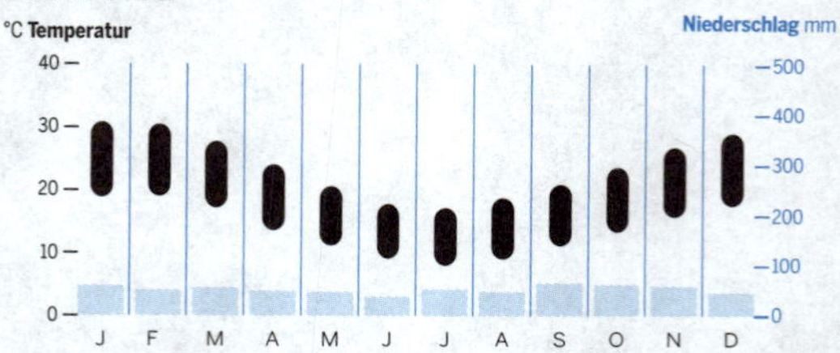

April Während der Canberra Disctrict Wine Week freuen sich die Weinkeller auf regen Besuch.

Sept. Zum Floriade-Festival verwandelt sich die Stadt in ein buntes Blumenmeer.

Dez. & Jan. Es sind Ferien – auch für das Parlament. Nun ist weniger los, die Hotelpreise sinken.

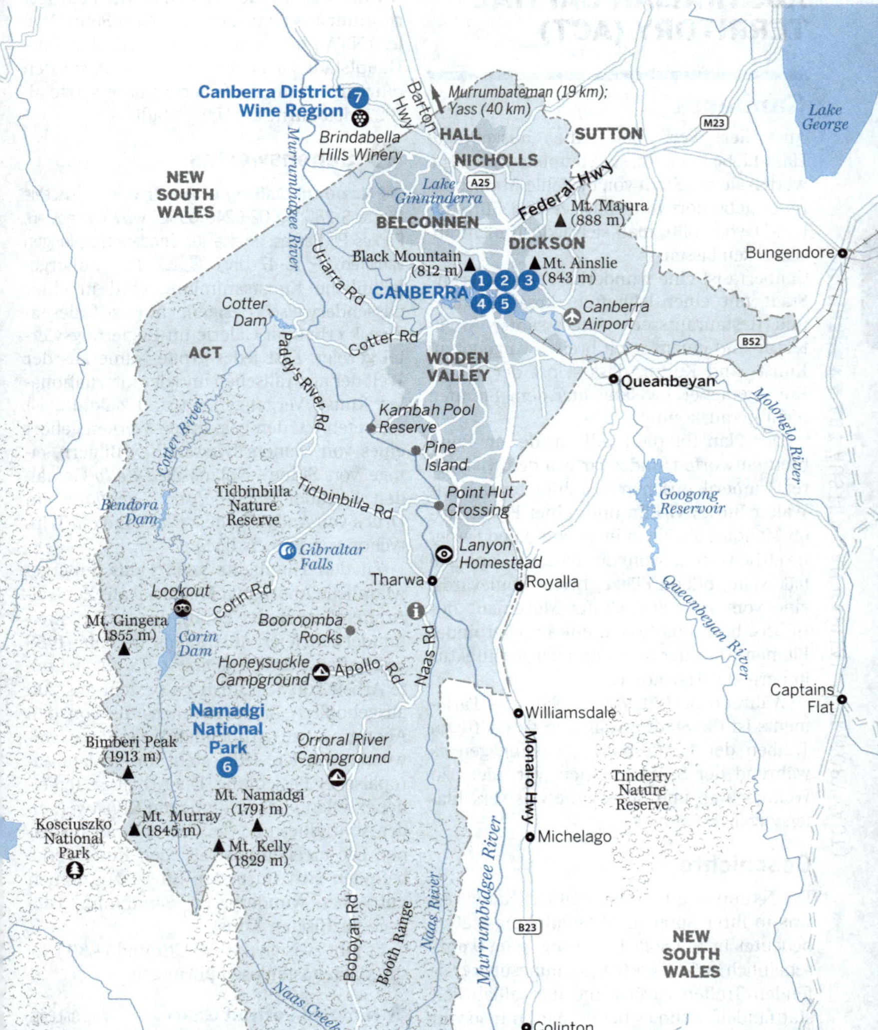

Highlights

1. In der **National Gallery of Australia** (S. 276) in eine wahre Schatzkiste an australischer und internationialer Kunst schauen
2. In der vielseitigen **National Portrait Gallery** (S. 276) Gesichter betrachten, die Australiens Kultur geprägt haben
3. In den symbolträchtigen Räumen des **Australian Parliament House** (S. 277) kann man die australische Demokratie in Aktion erleben
4. Im **Australian War Memorial** (S. 277) erfahren, wie Australiens wechselhafte militärische Geschichte dazu beitrug, den Charakter der Nation zu formen
5. Am **Lake Burley Griffin** (S. 279), Canberras zentralem See, paddeln, Rad fahren, skaten oder bummeln
6. Bei einem Ausflug in die Wildnis des **Namadgi National Park** (S. 289) Kängurus und Felsenmalereien der Aborigines entdecken
7. Die preisgekrönten edlen Kaltklima-Tropfen aus den Kellereien der **Weinregion Canberra District** (S. 289) verkosten

AUSTRALIAN CAPITAL TERRITORY (ACT)

Canberra

Australier verbindet eine ausgeprägte Hass-Liebe mit ihrer Hauptstadt. Gerne werfen sie der Stadt vor, ihr fehle Atmosphäre, es gebe dort nur Politiker und Bürokraten. Davon sollte man sich jedoch nicht abschrecken lassen.

Canberra ist eine wunderbare, kleine grüne Stadt mit einer lebhaften, kreativen Bar- und Restaurantszene, interessanter Architektur und einem solch breiten Angebot an Kunst- und Kultur, dass selbst der größte Kunstgenießer tagelang aus dem Staunen nicht herauskommt.

Der Plan für die Stadt wurde am Reißbrett entworfen, und zwar von dem visionären amerikanischen Architektenehepaar Walter Burley Griffin und seiner Frau Marion Mahony, die einen internationalen Designwettbewerb gewonnen hatten. Canberra hat weite, offene Plätze, breite Boulevards, eine vom Arts and Crafts Movement des 19. Jhs. beeinflusste Ästhetik und verbindet Elemente aus der Natur und der Architektur in perfekter Harmonie.

Während der Sitzungswochen des Parlaments ist die Stadt erfüllt vom geschäftigen Treiben der Landespolitik, wohingegen es während der Semesterferien, vor allem zu Weihnachten und Silvester, etwas verschlafen zugehen kann.

Geschichte

Die Ngunnawal nannten den Ort Kanberra, was in ihrer Sprache „Versammlungsstätte" bedeutet haben soll. Der Name ging wahrscheinlich auf die großen, stammesübergreifenden Treffen zurück, die hier alljährlich stattfanden, wenn es in der Stadt nur so von Bogong-Faltern wimmelte.

Die traditionelle Lebensweise der Ngunnawal wurde im Verlauf der europäischen Besiedlung ab 1820 gewaltsam verändert, aber die Nachkommen des Volkes leben noch heute. Das Volk ist wieder gewachsen und konnte sich stärker profilieren.

1901 schlossen sich die separaten Kolonien im Australischen Bund zusammen und wurden zu Bundesstaaten. Die Rivalität zwischen Sydney und Melbourne hatte zur Folge, dass keine von ihnen Hauptstadt des neuen Staates werden konnte. Deswegen wurde zwischen den beiden Städten ein Territorium aus dem südlichen New South Wales (NSW) herausgenommen, um dort eine Hauptstadt zu bauen. 1913 erhielt sie den offiziellen Namen Canberra und ersetzte ab 1927 Melbourne als Hauptstadt.

Sehenswertes

★ National Gallery of Australia GALERIE

(Karte S. 280; ☎ 02-6240 6502; www.nga.gov.au; Parkes Pl, Parkes; Preise für Sonderausstellungen variieren; ⌚10–17 Uhr) GRATIS Die außergewöhnliche Kunstsammlung wird in einer passenderweise riesigen, nur zu diesem Zweck erbauten Galerie im Regierungsviertel gezeigt. Fast jeder große Name aus der Welt der australischen und der internationalen Kunst, Vergangenheit und Zukunft, ist vertreten. Zu den bekannten Werken gehört eines von Monets *Wasserlilien*-Bildern, einige von Sidney Nolans *Ned-Kelly*-Gemälden, Salvador Dalís *Lobster Telephone*, ein Druck von Andy Warhols *Elvis* und ein Triptychon von Francis Bacon.

Zu den Highlights gehört das außergewöhnliche Aboriginal Memorial aus Zentral-Arnhemland in der Lobby, das für die Zweihundertjahrfeier Australiens im Jahr 1988 geschaffen wurde. Die *forest of souls* betitelte Arbeit von 43 Künstlern besteht aus 200 ausgehöhlten Baumstämmen, die von den Aborigines im Arnhemland als Särge verwendet wurden. Jedes steht für ein Jahr europäischer Besiedlung. Die Arbeit ist Teil einer exzellenten Sammlung mit Kunstwerken der Aborigines und der Torres Strait Insulaner. Die meisten australischen Kunstwerke befinden sich im ersten Stock, zusammen mit einer wunderbaren Sammlung asiatisch-pazifischer Kunst.

Es gibt zwischen 10.30 Uhr und 14.30 Uhr stündlich kostenlose Führungen.

★ National Portrait Gallery GALERIE

(Karte S. 280; ☎ 02-6102 7000; www.portrait.gov.au; King Edward Tce, Parkes; ⌚10–17 Uhr) GRATIS Ansässig in einem futuristischen, zu diesem Zweck erbauten Gebäude erzählt diese wunderbare Galerie die Geschichte Australiens durch seine Gesichter – von Wachsfiguren indigener Australier über Porträts kolonialer Gründerfamilien bis hin zu Howard Arkleys *DayGlo*-Porträt des Musikers Nick Cave. Es gibt auch ein schönes Café, um nach dem Ausstellungsbesuch einen Kaffee zu genießen und die Eindrücke nochmals Revue passieren zu lassen.

Canberra

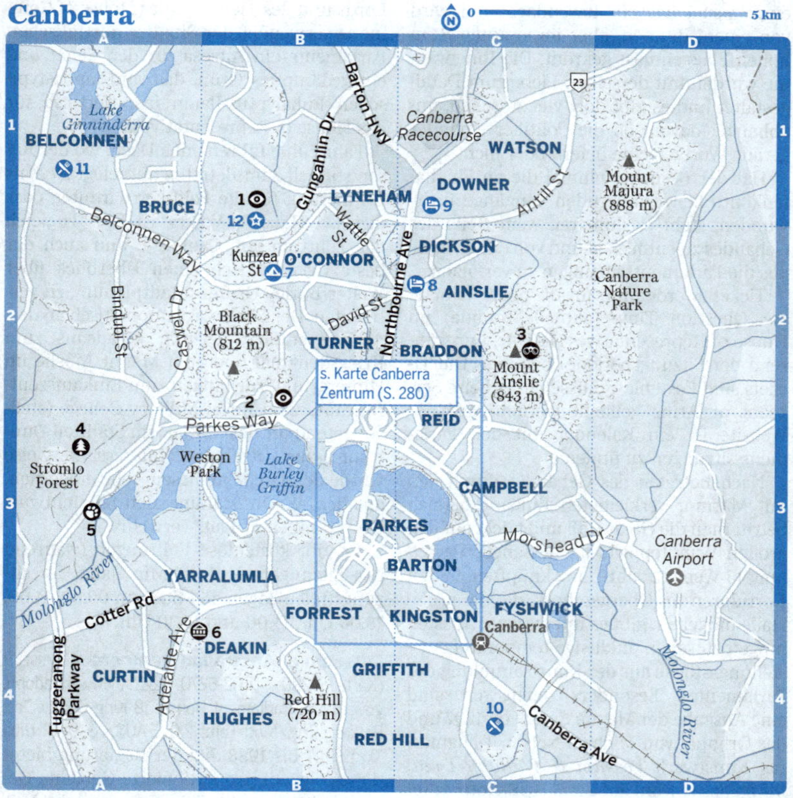

Canberra

Sehenswertes

1 Australian Institute of Sport B1
2 Australian National Botanic Gardens .. B2
3 Mt. Ainslie C2
4 National Arboretum A3
5 National Zoo & Aquarium A3
6 Royal Australian Mint B4

Schlafen

7 Alvio Tourist Park B2
8 Aria Hotel C2
9 Blue & White Lodge C1

Essen

10 Aubergine C4
11 Malaysian Chapter A1

Unterhaltung

12 GIO Stadium Canberra B1

★ Australian War Memorial
MUSEUM

(Karte S. 280; ☎02-6243 4211; www.awm.gov.au; Treloar Cres, Campbell; ⏲10–17 Uhr) GRATIS Canberras beeindruckendes Art-déco-Kriegsdenkmal ist ein Highlight in einer Stadt, die mit interessanter Architektur reich gesegnet ist. Es wurde in Erinnerung an den „Krieg, der alle Kriege beenden sollte" gebaut, und öffnete seine Türen im Jahr 1941, als der Zweite Weltkrieg bereits in vollem Gange war. Angrenzend liegt ein großes, außergewöhnlich toll designtes Museum, das der Militärgeschichte des Landes gewidmet ist.

★ Australian Parliament House
BESONDERES GEBÄUDE

(Karte S. 280; ☎02-6277 5399; www.aph.gov.au; ⏲9–17 Uhr) GRATIS Australiens 1988 eröffnetes Parlamentsgebäude ist ein elegantes und zutiefst symbolträchtiges Bauwerk. Das Gebäude selbst ist tief in die australische Erde eingelassen, hat ein Rasendach und wird von einem dünnen, aber imposanten 81 m hohen Flaggenmast gekrönt. Die Innenräume wurden mit derselben Liebe zum Detail gestaltet und es gibt dort viel zu sehen, unabhängig davon, ob die Politiker einander gerade Wortgefechte liefern oder nicht.

Hat der Besucher einmal die an Flughafenkontrollen erinnernden Eingänge überwunden, steht es ihm frei, weite Teile des Gebäudes zu entdecken und von der Tribüne aus die Parlamentssitzungen zu verfolgen.

Tickets werden nur für die obere Tribüne zur Question Time (aktuelle Stunde) im House of Representatives (14 Uhr; nur während der Sitzungsperiode) benötigt. Die Tickets sind kostenlos, müssen aber beim Sergeant at Arms gebucht werden. Auf der Website ist ein Kalender mit den Parlamentssitzungen zu finden.

Nach Betreten des Gebäudes durch den mit Marmor verkleideten Eingangsbereich betritt man die Great Hall und blickt auf den großen Wandteppich, an dessen Fertigstellung 13 Weber 2 Jahre lang knüpften. In den Korridoren im Obergeschoss, die die große Halle umgeben, gibt es interessante Ausstellungen zu sehen, inklusive temporärer Ausstellungsstücke aus der Kunstsammlung des Parlamentes. Besonders sehenswert sind eine Ausgabe der Magna Carta von 1297 und das Original von Michael Nelson Tjakamarras Kunstwerk *Possum & Wallaby Dreaming*, das sowohl auf der 5-AU$-Note zu sehen ist, als auch als großes Mosaik im Vorhof des Parlamentes zu bewundern ist.

Weitere Kunstwerke kann der Besucher in der Member's Hall bestaunen, die mit erhaben blickenden Porträts der ehemaligen Premierminister geschmückt ist. Von der Halle aus führen Korridore zu den zwei Sitzungssälen. Australien hat eine an Westminster orientierte Regierung, und die Kammern spiegeln die Farben der berühmten „Mutter aller Parlamente" in London wider, aber mit subtilem Lokalkolorit versehen. Anstelle des Hellrots des House of Lords und des Tiefgrüns des House of Commons verwendet der Sitz des australischen Parlaments ein Altrosa für den Senat und ein gedämpftes Grün, das vom landestypischen Eukalyptus-Baum inspiriert ist, für das House of Representatives.

Fahrstühle führen auf's Dach, wo der Rasen speziell zum Betreten ausgelegt ist – als Erinnerung für die Politiker darunter, dass dies das „Haus des Volkes" ist. Es ist zugleich das Zentrum von Canberra, und auch der beste Ort, um sich einen Überblick über Walter Burley Griffins Stadtplanung zu verschaffen. Der Blick wird automatisch an drei Achsen entlang gelenkt, geradeaus zum Kriegsdenkmal und zum Mount Ainslie im Hintergrund, zur Linken zum Einkaufszentrum und zum Royal Military College (stellvertretend für das Militär) im Stadtteil Duntroon zur Rechten. Interessanterweise wurde der Kirche in diesem sehr modernen, aus dem 20. Jh. stammenden Stadtentwurf ein prominenter Platz verwehrt.

Es gibt kostenlose Führungen (während der Sitzungsperiode 30 Min. lang, an sitzungsfreien Tagen 45 Min.) um 09.30, 11.00, 13.00 Uhr, 14.00 und 15.30 Uhr.

Museum of Australian Democracy MUSEUM

(Karte S. 280; ☎02-6270 8222; www.moadoph.gov.au; Old Parliament House, 18 King George Tce, Parkes; Erw./Kind/Fam. 2/1/5 AU$; ⊙9–17 Uhr) Von 1927 bis 1988 Sitz der Regierung bietet dieses elegant proportionierte Gebäude Gelegenheit, einen Blick in die politische Vergangenheit zu erhaschen. Ausstellungen informieren über australische Premierminister oder widmen sich den Wurzeln der Demokratie und der Geschichte lokaler Bürgerrechtsbewegungen. Zudem können der alte Senat und das alte Repräsentantenhaus sowie die Bibliothek des Parlaments und das Büro des Premierministers besichtigt werden. Für Kinder gibt es Räume mit Verkleidungen, während Schatzsuchern die Repliken der Kronjuwelen zusagen werden.

Australian National Botanic Gardens GÄRTEN

(Karte S. 277; ☎02-6250 9588; www.nationalbotanicgardens.gov.au; Clunies Ross St, Acton; ⊙8.30–17 Uhr) GRATIS An den unteren Hängen des Black Mountain gelegen, geben diese großflächigen Gärten auf mehr als 35 ha gepflegter Fläche und 50 ha Buschland einen Einblick in Australiens vielfältige Pflanzenwelt. Es gibt zahlreiche Rundwege zu verschiedenen Themen, am besten für den Ein-

DIE WILDNIS ENTDECKEN

Canberra ist eine der besten Städte Australiens, um Wildkängurus zu sichten. Einige der besten Plätze sind der Weston Park am Ufer von Lake Burley Griffin, nordwestlich des Parlamentsgebäudes, Government House, Mount Ainslie und der Namadgi National Park.

stieg ist der 30-bis 45-minütige Rundgang, der den Eukalyptusgarten (über 70 verschiedene Arten), den Felsengarten, die Regenwald-Schlucht und den Sydney-Garten einschließt. Ein 3,2 km langer Buschland-Naturwanderpfad führt zu den höheren Lagen des Gartens.

National Zoo & Aquarium ZOO
(Karte S. 277; ☎ 02-6287 8400; www.nationalzoo.com.au; 999 Lady Denman Dr, Weston Creek; Erw./Kind 40/23 AU$; ⌚ 9.30–17 Uhr) Es ist gewiss nicht der größte Zoo Australiens, aber Canberras Zoo ist gepflegt und tierfreundlich, mit vielen Raubkatzen und süßen Kleintieren zur Freude der Kleinen. Zudem bietet der Zoo einige Möglichkeiten, hinter die Kulissen zu schauen, bei der Fütterung der Haie, Löwen, Tiger und Bären behilflich zu sein, und mit Nashörnern und Geparden zu interagieren.

National Library of Australia BÜCHEREI
(Karte S. 280; ☎ 02-6262 1111; www.nla.gov.au; Parkes Pl, Parkes; ⌚ Galerie 10–17 Uhr) GRATIS Diese Einrichtung hat seit ihrer Gründung im Jahr 1901 mehr als 10 Millionen Werke angesammelt und mehr als 9 Milliarden Dateien digitalisiert. Ein Muss ist die **Treasures Gallery**, in der Artefakte wie Captain Cooks Endeavour-Tagebuch sowie Captain Blighs Liste mit Meuterern zu den regelmäßig erneuerten Ausstellungsstücken gehören. Kostenlose Führungen finden täglich um 11:30 statt.

National Arboretum PARK
(Karte S. 277; ☎ 02-6207 8484; www.nationalarboretum.act.gov.au; Forest Dr, Weston Creek; ⌚ Okt–März, 6–20.30 Uhr, Apr–Sep, 7–17.30 Uhr) GRATIS Auf einem Landstrich gelegen, der bereits von Buschfeuern heimgesucht wurde, bietet Canberras National Arboretum einen ständig im Wandel begriffenen Platz für Bäume aus der ganzen Welt. Viele der Pflanzungen sind noch im Frühstadium, aber der Besuch lohnt sich aufgrund des spektakulären Besucherzentrums und des wunderbaren Blicks über die Stadt. Es gibt regelmäßige, informative Führungen, und es gibt einen tollen Spielplatz für Kinder.

Für die Anfahrt eignet sich Bus 81 (unter der Woche) oder Bus 981 (am Wochenende) ab Plattform 10 an der Civic Bus Interchange.

Questacon MUSEUM
(Karte S. 280; ☎ 02-6270 2800; www.questacon.edu.au; King Edward Tce, Parkes; Erw./Kind 23/18 AU$; ⌚ 9–17 Uhr; 👪) Dieses kinderfreundliche Wissenschaftszentrum zeigt lehrreiche und lustige interaktive Ausstellungen. Hier kann man die physikalischen Grundlagen von Sport, Leichtathletik und Vergnügungsparks erkunden, Tsunamis beobachten und sich vor Zyklonen und Erdbeben in Sicherheit bringen. Spannende Wissenschaftsshows, Präsentationen und Vorführungen im Puppentheater sind im Eintrittspreis enthalten.

National Museum of Australia MUSEUM
(Karte S. 280; ☎ 02-6208 5000; www.nma.gov.au; Lawson Cres, Acton Peninsula; Touren Erw./Kind 15/10 AU$; ⌚ 9–17 Uhr) GRATIS Vielleicht ist es die befremdlich winklige Architektur des Gebäudes selbst oder die zusammenhanglose Konzeption der Ausstellungen, aber da ist etwas an dieser Zurschaustellung aller mit Australien verbundenen Artefakte, das sich nicht wirklich einfügt in die Art und Weise, wie andere nationale kulturelle Einrichtungen Australiens dies tun. Gleichwohl ist der mit Kunstwerken der Aborigines gefüllte Raum faszinierend, und das Museum ist häufig Gastgeber für Ausstellungen, die sich als Kassenschlager erwiesen haben. Der 12-minütige Einführungsfilm, der im kleinen, rotierenden Circa Theater gezeigt wird, sollte nicht ausgelassen werden.

National Capital Exhibition MUSEUM
(Karte S. 280; ☎ 02-6272 2902; www.nationalcapital.gov.au; Barrine Dr, Commonwealth Park; ⌚ 9–17 Uhr) GRATIS Dieses kleine, aber feine Museum erzählt davon, wie Canberra die Hauptstadt Australiens wurde. Zu den Ausstellungen gehören Reproduktionen von Zeichnungen, die von einem internationalen Wettbewerb zum Thema Stadtdesign stammen. Darunter ist auch die wunderbare Aquarell-Zeichnung des Siegerentwurfs von Marion Mahony Griffin, der oft übergangenen Frau und kreativen Partnerin von Walter Burley Griffin.

Lake Burley Griffin SEE
(Karte S. 280) Dieser hübsche See wurde im Jahr 1963 angelegt, als der 33 m hohe Scrivener Dam am Malonglo River errichtet wurde. An seinen Ufern befinden sich wichtige Institutionen und Denkmäler, z. B. das National Carillon und der **Captain Cook Memorial Water Jet** (Karte S. 280). Der Besucher hat die Wahl, den See in etwa zwei Stunden mit dem Rad oder in sieben Stunden zu Fuß zu umrunden. Als Alternative kann die Strecke durch die zwei Hauptbrücken in kleinere Abschnitte aufgeteilt werden.

Canberra Zentrum

Canberra Zentrum

Highlights		
1	Australian Parliament House	A6
2	Australian War Memorial	D2
3	National Gallery of Australia	C5
4	National Portrait Gallery	C5
Sehenswertes		
5	Aboriginal Tent Embassy	B5
6	Captain Cook Memorial Water Jet	B3
7	Lake Burley Griffin	C4
8	Museum of Australian Democracy	B5
9	National Capital Exhibition	B3
10	National Carillon	C4
11	National Library of Australia	B4
12	National Museum of Australia	A3
13	Questacon	B4
Aktivitäten, Kurse & Touren		
	Balloon Aloft	(siehe 21)
14	Lake Burley Griffin Cruises	B3
15	Manuka Swimming Pool	C7
Schlafen		
16	Avenue	B1
17	Burbury Hotel	C6
18	Canberra City YHA	B2
19	East Hotel	C7
20	Hotel Hotel	A2
21	Hyatt Hotel Canberra	A4
22	Little National Hotel	B6
23	QT Canberra	B2
24	Quest	A7
25	University House	A2
Essen		
26	Akiba	B7
27	Courgette	B1
28	Cupping Room	A7
29	Eightysix	C1
	Elk & Pea	(siehe 32)
30	Hamlet	C1
31	Les Bistronomes	B1
	Lilotang	(siehe 17)
32	Lonsdale Street Eatery	B1
33	Lonsdale Street Roasters	B1
	Monster Kitchen & Bar	(siehe 20)
34	Morks	D6
35	Ottoman	C5
36	Pomegranate	C7
37	Two Before Ten	A7
Ausgehen & Nachtleben		
38	Academy	B7
39	Aviary Rooftop	B3
40	Bar Rochford	A7
41	BentSpoke Brewing Co	B1
42	Cube	B7
43	Highball Express	A7
44	Hippo Co	B7
	Joe's Bar	(siehe 19)
45	Molly's	A7
46	Parlour Wine Room	A2
47	Phoenix	B7
48	Smith's Alternative	A7
Unterhaltung		
49	ANU Bar	A1
50	Canberra Theatre Centre	B2
51	Dendy Canberra	C1
Shoppen		
52	Canberra Glassworks	D6
53	Old Bus Depot Markets	D6

National Carillon TURM

(Karte S. 280; ☎02-6257 1068; www.nationalcapital.gov.au; Aspen Island, Lake Burley Griffin) Dieser 50 m hohe Glockenturm war im Jahr 1970 ein Geschenk Großbritanniens zu Canberras 50. Geburtstag. Der Glockenturm hat 55 Glocken, die von 7 kg bis zu 6 t wiegen können, was aus dem Turm eines der weltgrößten Musikinstrumente macht. Die Glocken schlagen zu jeder vollen Stunde, das Glockenspiel ist normalerweise mittwochs bis sonntags um 12:30 zu hören.

Royal Australian Mint MUSEUM

(Karte S. 277; ☎02-6202 6999; www.ramint.gov.au; Denison St, Deakin; ⏲ Mo–Fr 8.30–17 Uhr, Sa & So 10–16 Uhr) GRATIS Die Royal Australian Mint widmet sich nur einem Thema: Australien und die Münzherstellung. Seine Galerie zeigt die Geschichte des australischen Münzgeldes, hier erfährt man alles über den *holey dollar* von 1813, eine Dollarmünze mit Loch in der Mitte, sowie das rätselhafte ausgestanzte, „*dump*“ genannte Mittelstück.

Mt. Ainslie AUSSICHTSPUNKT

(Karte S. 277; Ainslie Dr) Im Nordosten der Stadt bietet der 843 m hohe Mt. Ainslie Tag und Nacht gute Aussicht. Man kann auf den Gipfel fahren oder den Wanderweg nehmen, der hinter dem Kriegsdenkmal beginnt.

Aboriginal Tent Embassy HISTORIC SITE

(Karte S. 280; King George Tce, Parkes) Zum ersten Mal errichtet wurde dieses Protestcamp 1972 vor dem Old Parliament House. 20 Jahre lang kam und ging es, war jedoch seitdem eine konstante Erinnerung an die Enteignung der Ureinwohner für jene, die das symbolische Herz der australischen Demokratie besuchen.

Aktivitäten

Canberra verfügt über ein weitverzweigtes Netz an gut ausgebauten Radwegen. Das Visitor Centre Canberra & Region ist eine gute Informationsquelle, ebenso Pedal Power ACT (www.pedalpower.org.au).

Manuka Swimming Pool SCHWIMMEN
(Karte S. 280; 02-6295 1910; www.manukapool.com.au; NSW Cres, Griffith; Erw./Kind 6/4,50 AU$; Mo–Fr 6–19 Uhr, Sa & So 8–19 Uhr) Ein 30 m langer Outdoor-Pool aus der Art-déco-Zeit.

Geführte Touren

Balloon Aloft BALLONFAHRT
(Karte S. 280; 02-6249 8660; www.canberraballoons.com.au; 120 Commonwealth Ave, Yarralumla; Erw./Kind ab 330/240 AU$) Das Foyer des Hyatt ist Treffpunkt für einen Flug über Canberra – der ideale Weg, um die einzigartige Gestaltung der Stadt zu verstehen.

Lake Burley Griffin Cruises KREUZFAHRT
(Karte S. 280; 0419 418 846; www.lakecruises.com.au; Barrine Dr, Acton; Erw./Kind 20/9 AU$; Mitte Sept.–Mai) Informative einstündige Rundfahrt auf dem See.

Feste & Events

National Multicultural Festival KULTUR
(www.multiculturalfestival.com.au; Feb.) Drei Tage Kunst, Kultur und Essen.

Royal Canberra Show LANDWIRTSCHAFTSMESSE
(www.canberrashow.org.au; Ende Feb.) Ganz Australien kommt jetzt nach Canberra.

Enlighten KULTUR
(www.enlightencanberra.com.a) Anfang März gibt es 10 Tage lang Lichtprojektionen an zahlreichen Einrichtungen in Canberra, viele haben auch längere Öffnungszeiten. Typische Nudelgerichte füllen nachts die Mägen, während die Luft wiederum von Live-Musik erfüllt ist.

Canberra Balloon Spectacular AIR SHOW
(www.balloonspectacular.com.au; März) Während dieses neuntägigen Festivals starten Heißluftballons auf den Wiesen vor dem alten Parlamentsgebäude.

National Folk Festival MUSIK
(www.folkfestival.org.au; Ostern) Fünf Tage lang dauert eines von Australiens größten Folk-Festivals im Exhibition Park.

Canberra International Music Festival MUSIK
(www.cimf.org.au; Ende April–Anfang Mai) Elf Tage lang klassische Musik an besonderen Orten und in besonderen Gebäuden in Canberra.

Floriade MESSE
(www.floriadeaustralia.com) Dieses sehr überschwängliche Fest zu Ehren der Blumen ist eines der größten Ereignisse in der Stadt und bringt von Mitte September bis Mitte Oktober Menschenmassen in den Commonwealth Park.

Schlafen

Während der Parlamentssitzungswochen sind die Unterkünfte in Canberra am stärksten belegt und die Preise am höchsten. In der Mitte der Woche verlangen die Hotels die höchsten Preise, am Wochenende gelten reduzierte Tarife. Während des Floriade-Festivals im September und im Oktober gehen die Preise ebenfalls nach oben.

★ **Blue & White Lodge** MOTEL $
(Karte S. 277; 02-6248 0498; www.blueandwhitelodge.com.au; 524 Northbourne Ave, Downer; EZ/DZ 95/100 AU$; P) Diese traditionsreiche Unterkunft im Motel-Stil sowie ihre Zwillingsschwester, die Canberran Lodge, befinden sich direkt an der Hauptstraße, die von Norden nach Canberra führt. Sie sind in einer nicht gerade kostengünstigen Stadt die richtige Adresse für alle, die ein bisschen aufs Geld schauen müssen. Zwar ist der Fußweg in die Stadt weit, aber eine Bushaltestelle ist gut erreichbar.

Alvio Tourist Park CAMPING $
(Karte S. 277; 02-6247 5466; www.aliviogroup.com.au; 20 Kunzea St, O'Connor; Stellplatz mit/ohne Bad ab 75/60 AU$, Hütten mit/ohne Bad ab 143/134 AU$; P@) Versteckt in Canberras buschartigen Randbezirken befindet sich diese gut ausgestattete Wohnanlage für Touristen. Sie verfügt über eine große Bandbreite an gepflegten Hütten in unterschiedlichen Ausführungen und einen großartigen Outdoor-Swimmingpool. Zwar liegt die Unterkunft ziemlich außerhalb, aber auch an einer Buslinie, die direkt ins Zentrum und das Regierungsviertel führt.

★ **Little National Hotel** HOTEL $$
(Karte S. 280; 02-6188 3200; www.littlenationalhotel.com.au; 21 National Circuit, Barton; Zi. ab 119 AU$; P@) Untergebracht in einem schlichten Quader aus schwarzem Metall bietet dieses tolle Boutique-Hotel mit seinen kleinen, aber geschmackvoll gestalteten Räumen Stil, der erschwinglich ist. Als Ersatz für die nicht vorhandene Großzügigkeit gibt es eine einladende „Bibliothek" sowie eine Bar, die einen Panorama-Ausblick über

die Stadt bieten. Frühzeitiges Buchen wird empfohlen, dann besteht noch die Chance auf ein Schnäppchen, und die Preise können sich zur Hochsaison mehr als verdoppeln.

★ East Hotel HOTEL $$
(Karte S. 280; ☎ 02-6295 6925; www.easthotel.com.au; 69 Canberra Ave, Kingston; Apt. ab 220 AU$; P ❄ @ 📶) Das East Hotel ist eine gesunde Mischung aus Boutique und Business, und bietet stilvoll eingerichtete Räume und seltene Extras wie kostenlose Lollis und Design-Magazine zum Ausleihen in der Lobby. Sogar die einfacheren Studios haben Schreibtische, iPod-Docks, Espresso-Maschinen und Küchenecken, und es gibt Suiten mit einem oder mit zwei Schlafzimmern, falls man sich mehr Platz wünscht. Zudem gibt es eine äußerst coole Bar und ein Restaurant mit Buchladen im Erdgeschoss.

Aria Hotel HOTEL $$
(Karte S. 277; ☎ 02-6279 7000; www.ariahotel.com.au; 45 Dooring St, Dickson; Zi./Apt. ab 159/191 AU$; P ❄ @ 📶) Die Standardzimmer in diesem neuen Wohnblock sind nicht besonders groß, aber sie haben komfortable Zimmer, tolle Regenduschen, Balkone und alles, was man sich sonst noch so von einem pfiffigen Business-Hotel wünscht. Früh buchen lohnt sich!

Avenue HOTEL $$
(Karte S. 280; ☎ 02-6246 9500; www.avenuehotel.com.au; 80 Northbourne Ave, Braddon; Zi./Apt. ab 143/219 AU$; P ❄ 📶) Rauer Beton in Verbindung mit rechtwinkligen Glasfronten verleihen diesem großen, modernen Hotel eine beeindruckende, wenn nicht sogar grobe Aura. Die Räume sind groß und extrem lässig, und es empfiehlt sich, eines mit Blick zum Hof zu verlangen, um vom Verkehrslärm abgeschieden zu sein. Bei Direktbuchung gibt's kostenlose Parkplätze.

University House HOTEL $$
(Karte S. 280; ☎ 02-6125 5211; http://unihouse.anu.edu.au; 1 Balmain Cres, Acton; EZ/2BZ/DZ/Apt. ab 101/135/150/195 AU$; P ❄ 📶) Dieses Gebäude aus den 1950er-Jahren mit spezialangefertigtem Mobiliar befindet sich auf dem buschbewachsenen Campus der Australian National University (ANU) und wird von Forschungsstudenten, Akademikern auf Reisen und dem ein oder anderen Politiker bevorzugt gebucht. Die geräumigen Zimmer und Zweizimmerapartments sind schlicht, aber komfortabel. Zudem gibt es einen ruhigen Innenhof und im Erdgeschoss ein freundliches, kleines Café.

QT Canberra BOUTIQUE HOTEL $$
(Karte S. 280; ☎ 02-6247 6244; www.qtcanberra.com.au; 1 London Circuit, New Acton; Zi./Suite ab 184/379 AU$; ❄ 📶) In der Lobby herrscht ein leichter Mangel an Ehrerbietigkeit, und die sehr bequemen Zimmer sind mit so coolen Design-Elementen wie Retro-Postkarten vergangener australischer Premierminister versehen. Service gibt's auf gut Glück. Im Erdgeschoss in der Capitol Bar & Grill zeigen die einflussreichsten Politiker des Landes ihre besten House-of Cards-Interpretationen.

Burbury Hotel HOTEL $$
(Karte S. 280; ☎ 02-6173 2700; www.burburyhotel.com.au; 1 Burbury Close, Barton; Zi./Apt. ab 142/175 AU$; P ❄ 📶) Dieses Business-Hotel bietet Zimmer und Suiten mit einem oder zwei Schlafzimmern. Die Einrichtung ist natürlich und entspannt, und die Zimmer sind auf angenehme Art und Weise nicht zu voll gestellt. Die angrenzenden Apartments sind hervorragend für Familien geeignet, und zum Komplex gehören zwei beeindruckende asiatische Restaurants. Gäste können das Spa und den Pool des Hotels Realm auf der anderen Straßenseite nutzen.

Quest APARTMENT $$
(Karte S. 280; ☎ 02-6243 2222; www.questapartments.com.au; 28 West Row, Civic; Apt. ab 169 AU$; ❄ 📶) Diese gepflegten Apartments liegen in fußläufiger Entfernung zu den Bars und Restaurants von Civic, Acton und Braddon. Alle sind mit einem bequemen Wohnzimmer, einem großen TV und einer modernen Kitchenette ausgestattet; einige haben einen Balkon und es gibt auch die Möglichkeit, Wäsche zu waschen.

Canberra City YHA HOSTEL $$
(Karte S. 280; ☎ 02-6248 9155; www.yha.com.au; 7 Akuna St, Civic; dm 38–41 AU$, DZ mit/ohne Bad 140/125 AU$; ❄ @ 📶 🏊) Die Lage dieses Hostels ist unschlagbar: mitten im Stadtzentrum. Der Besucher sollte jedoch gewarnt sein, denn es ist bei Schulklassen sehr beliebt. Zu den Annehmlichkeiten gehören ein Fahrradverleih, ein kleines Indoor-Schwimmbad, eine Sauna, eine Küche, eine Terrasse mit Barbecue und ein Café.

★ Hotel Hotel HOTEL $$$
(Karte S. 280; ☎ 02-6287 6287; www.hotel-hotel.com.au; 25 Edinburgh Ave, New Acton; Zi. ab 266 AU$; ❄ 📶) Dem spektakulären Äußeren des Hotel Hotel steht sein Inneres nicht nach. Die Zimmer sind skurril gestaltet, und das (sehr) dezente Licht mag nicht jeder-

manns Geschmack sein, doch wir sind große Fans des frechen und dramatischen Ambientes dieses Hotels. An der Rezeption gibt's viele Nischen, Winkel und Minibibliotheken, und die **Monster Kitchen & Bar** (S. 280; Frühstück 16–19 AU$; Platten 20–35 AU$; ⏲ 6.30–1 Uhr) des Hotels ist ebenfalls gut.

★ Hyatt Hotel Canberra HOTEL $$$
(Karte S. 280; ☎ 02-6270 1234; www.canberra.park.hyatt.com; 120 Commonwealth Ave, Yarralumla; Zi. ab 295 AU$, Suite ab 690 AU$; P ❄ @ ≋) Staats- und Regierungschefs zu begegnen ist eine beliebte Beschäftigung im Foyer von Canberras luxuriösestem und ältestem Hotel. Mehr als 200 Zimmer, gut ausgestattete Meetingräume und eine beliebte Tee-Lounge führen dazu, dass ein konstanter Besucherstrom durch das Hotel geht. Die Zimmer sind groß und extrem gut ausgestattet, und zu den Annehmlichkeiten gehören ein Indoor-Pool, ein Spa, eine Sauna und ein Fitnessstudio.

Essen

Canberra verfügt über eine elegante Gastronomie-Szene, angepasst an die Klientel aus Politik und Wirtschaft sowie der lokalen Bevölkerung. Zu den etablierten Ausgehvierteln gehören Civic, Kingston und Griffith, und es gibt einige gute asiatische Restaurants in Dickson. New Acton, das Kingston Foreshore und die Lonsdale Street in Braddon sind die trendigsten neuen Hotspots.

Hamlet STREET FOOD $
(Karte S. 280; www.broddogs.com.au; 16 Lonsdale St, Braddon; Hauptgerichte 5-20 AU$; ⏲ mittags-spät abends) Symptomatisch für die beneidenswerte Hipsterisierung Braddons steht das Hamlet, ein wunderbar baufälliges Dorf aus Food Trucks und landestypischen Restaurants mit Sitzgelegenheiten im Fenster, Bars, einer Galerie und ganz viel Platz zum Draußen-Sitzen. Unser derzeitiger Favorit ist BrodDogs, ein leckerer Ableger von Kingston's Brodburger, in dem nur qualitativ hochwertige, leckere Hotdogs verkauft werden. Wen das nicht anspricht, der hat die Wahl zwischen Italienisch, Griechisch, Vietnamesisch, Indisch …

Two Before Ten CAFE $
(Karte S. 280; www.twobeforeten.com.au; 1 Hobart Pl, Civic; Hauptgerichte 11–18 AU$; ⏲ Mo–Fr 7–16 Uhr, Sa & So 8–14 Uhr) Dieses lässige Restaurant ist ein Kontrastprogramm zur australischen Auffassung, laut der gute Cafés unkonventionell und ramponiert sein sollten, und bringt einen Hauch von Cape Cod in das Zentrum eines Wohnblocks. Die Portionen mögen zwar ein bisschen zu klein sein, aber der Kaffee ist ausgezeichnet.

Lonsdale Street Roasters CAFE $
(Karte S. 280; www.lonsdalestreetroasters.com; 7 Lonsdale St, Braddon; Hauptgerichte 8–12 AU$; ⏲ Mo–Fr 6.30–16 Uhr, Sa & So 8–16 Uhr) Im hippen Stadtteil Braddon serviert dieses schicke Café mit Grunge-Elementen extrem guten Kaffee mit leckerem Süßgebäck und Brötchen. Es gibt die Straße hinauf noch einen größeren **Ableger** (Karte S. 280; 23 Lonsdale St; Hauptgerichte 15–17 AU$; ⏲ 7–16 Uhr) mit ausladender Terrasse. Dort liegt der Schwerpunkt mehr auf dem Essen, aber man isst hier im Original-Restaurant besser.

★ Cupping Room CAFE $$
(Karte S. 280; ☎ 02-6257 6412; www.thecuppingroom.com.au; 1 University Ave, Civic; Hauptgerichte 11–24 AU$; ⏲ 7–16 Uhr; ✎) Vor diesem Eckcafé wird häufig Schlange gestanden. Die Menschen kommen mit der Aussicht auf Canberras besten Kaffee und eine interessante Speisekarte, einschließlich vegetarischer und veganer Optionen. Der nur saisonal erhältliche Chia-Pudding ist außergewöhnlich, aber wer lieber ein bisschen konventioneller speisen möchte, wird auch von den Burgern nicht enttäuscht sein. Der Kaffee kann aus unterschiedlichen Geschmacksnoten ausgewählt werden – ein sensationelles Geschmackserlebnis ist garantiert.

★ Akiba ASIATISCH $$
(Karte S. 280; ☎ 02-6162 0602; www.akiba.com.au; 40 Bunda St, Civic; Nudeln & Reisegerichte 12–15 AU$, Platte 18–33 AU$; ⏲ So–Mi 11.30 Uhr–Mitternacht, Do–So bis 2 Uhr) Eine geschäftige Atmosphäre herrscht in diesem raffinierten panasiatischen Restaurant, das von einer hippen, jungen Crew betrieben wird, die scheinbar ohne jede Anstrengung Cocktails mixt, Gerichte zubereitet und Bestellungen aufnimmt. An der *raw bar* gibt es köstliches Sashimi, frisch gepflückte Austern und pikante Ceviche. Oktopus mit Salz und Sichuna-Pfeffer sowie Schweinebauch im Brot sind Besucherlieblinge, und wir begeistern uns für die Aubergine japanischer Art.

★ Morks THAI $$
(Karte S. 280; ☎ 02-6295 0112; www.morks.com.au; 19 Eastlake Pde, Kingston; Hauptgerichte 24-30AU$; ⏲ Di–Sa mittags–14 Uhr & 6-10 Uhr, So mittags bis 14 Uhr) Unser Lieblingsrestaurant

im Küstenvorland von Kingston bietet thailändische Küche mit einer modernen Note, versehen mit chinesischen und malaiischen Elementen. Ein Tisch draußen lohnt sich, um einen Blick auf die Promenade zu haben, ebenso lohnend ist es, sich mehrfach an den Vorspeisen gütlich zu tun: die Süßkartoffel-Klößchen sind hervorragend.

Malaysian Chapter MALAISCH **$$**
(Karte S. 277; ☎ 02-6251 5670; www.malaysianchapter.com.au; 8 Weedon Close, Belconnen; Hauptgerichte 18–23 AU$; ⊙ Di–Fr 12–14 & Mo–Sa 17.30–21 Uhr;) Anhänger authentischen Street Foods aus Kuala Lumpur sollten die Tour ab Civic zu diesem bescheidenen, familienbetriebenen Plätzchen rund 8 km nordwestlich im überraschend großen Einkaufszentrum von Belconnen nicht scheuen. Zu den Highlights gehören *nasi goreng* (fritierter Reis; wird sowohl als *rendang*, *sambal* oder auch als Curry serviert), herzhafte Tamarinde, exzellente Satay-Spieße und ein erfrischendes Sago-Dessert.

Eightysix MODERN AUSTRALIAN **$$**
(Karte S. 280; ☎ 02-6161 8686; www.eightysix.com.au; Ecke Elouera & Lonsdale St, Braddon; Gerichte 18–48 AU$) In diesem flotten Restaurant, in dem die Palette der Gerichte von köstlichen gedämpften Buns aus Entenfleisch bis zu einer ganzen Lammschulter reicht, ist es durchaus Usus, sein Mahl zu teilen. Alleinreisende sollten sich dafür entscheiden, an der Küchentheke zu sitzen, um die Köche bei ihrer Präzisionsarbeit von Nahem zu betrachten. Egal, ob man Teil eines Sumoringerteams auf Besuch in Autralien oder einfach nur ein schamloser Nimmersatt ist, die All-you-can-eat-Option für 86 AU$ ist in jedem Fall eine gute Entscheidung.

Elk & Pea LATEINAMERIKANISCH **$$**
(Karte S. 280; ☎ 0436 355 732; www.elkandpea.com.au; 21 Lonsdale St, Braddon; Frühstück & Mittagessen 11–25 AU$, Tacos 8 AU$, Platte 39–45 AU$; ⊙ Mo 7.30–14.30 Uhr, Di–So bis 11 Uhr) Sowohl die Karte als auch die Cocktailliste in diesem hippen kleinen Lokal sind von mexikanischen Einflüssen geprägt, z. B. die gewürzten Eier zum Frühstück, die Burger und Wraps zum Mittagessen sowie Canberras beste Tacos. Abends gibt's auch eine Auswahl an gehaltvollen lateinamerikanisch inspirierten Gerichten zum Teilen für zwei oder drei Leute.

★ **Courgette** MODERN AUSTRALIAN **$$$**
(Karte S. 280; ☎ 02-6247 4042; www.courgette.com.au; 54 Marcus Clarke St, Civic; 3-Gänge Mittagessen 66 AU$, 4-Gänge-Abendessen 88 AU$; ⊙ Mo–Sa mittags–15 Uhr & 6.30–23 Uhr) Courgette ist mit seinen frischen, weißen Leinen, dem tadellosen Service und dem diskreten, aber teuren Ambiente die Art von Ort, an den man jemanden mitnimmt, den man beeindrucken möchte, etwa ein Date oder einen Botschafter. Der hohe Standard setzt sich auch in den präzise zubereiteten, exquisit angerichteten Gerichten fort, die reich sind an vielfältigen Geschmackserlebnissen.

★ **Aubergine** MODERN-AUSTRALISCHE KÜCHE **$$$**
(Karte S. 277; ☎ 02-6260 8666; www.aubergine.com.au; 18 Barker St, Griffith; 4-Gänge-Menü 90 AU$; ⊙ Mo–Sa 6–22 Uhr) Man muss in die südlichen Außenbezirke von Canberra fahren, um das bestbewertete Restaurant der Stadt zu finden. Die Location mag zwar bescheiden sein, das gilt jedoch nicht für die Speisekarte, die aufregend, innovativ und saisonal ausgerichtet ist. Es wird zwar nur ein 4-Gänge-Menü angeboten, aber man kann für die meisten Gänge aus einer Handvoll Optionen auswählen. Service und Augenschmaus sind garantiert.

Les Bistronomes FRANZÖSISCH **$$$**
(Karte S. 280; ☎ 02-6248 8119; www.lesbistronomes.net; Ecke Mort & Elouera Sts, Braddon; Hauptgerichte 31–36 AU$; ⊙ Di–Sa 12–14 & 6–21 Uhr) In diesem exzellenten Bistro reihen sich Weinflaschen an der Wand entlang, und aus der Küche dringen Gespräche in melodiösem Französisch. Die fünfgängigen Gerichte für 50 AU$ am Samstag haben ein hervorragendes Preis-Leistungs-Verhältnis, der Gast kann sich gefasst machen auf eine Abfolge perfekt zubereiteter, wunderschön präsentierter Gerichte, die sättigen, ohne für ein unangenehmes Völlegefühl zu sorgen.

Lilotang JAPANISCH **$$$**
(Karte S. 280; ☎ 02-6273 1424; www.lilotang.com.au; 1 Burbury Close, Barton; Hauptgerichte 29–38 AU$; ⊙ Di–Fr mittags–14.30 Uhr & Di–Sa 6–23 Uhr) Kunstvoll geknüpfte Seile lenken in diesem exklusiven Japanischen Restaurant im Burbury Hotel von der in Industrie-Optik gehaltenen Decke ab. Zu den Highlights gehören gedünstete Austern in Rindfleisch-*tataki* (gedämpftes, in feine Scheiben geschnittenes Rindfleisch), und so gut wie alles, was man auf der *robata* grillen kann.

Pomegranate MEDITERRAN **$$$**
(Karte S. 280; ☎ 02-6295 1515; www.pomegranatekingston.com; 31 Giles St, Kingston; Hauptgerichte 30–34 AU$; ⊙ Di–Sa 12–14 Uhr & 18–21 Uhr)

Zubereitungstechniken aus Frankreich in Kombination mit den Traditionen des östlichen Mittelmeerraumes verleihen den rustikalen, an Geschmackserlebnissen reichen Gerichten zusätzliche Finesse. Trotz der eleganten Atmosphäre sind die Portionen großzügig und der Service ist freundlich und entspannt.

Ottoman TÜRKISCH $$$

(Karte S. 280; ☎ 02-6273 6111; www.ottomancuisine.com.au; 9 Broughton St, Barton; Hauptgerichte 32–36 AU$; ⏰ Di–Fr 12–14.30 & 6–22, Sa 6–22 Uhr) Das in einem eleganten Gartenpavillon untergebrachte Ottoman war lange Zeit der Ort, an dem sich Canberras Mächtige gern zum Dinner trafen. Beliebte Gerichte (Mezze, gefüllte Weinblätter, Köfte) werden hier mit einem subtilen, zeitgenössischen Twist serviert. Die Speisen werden meist auf köstliche, traditionelle Art und Weise zubereitet.

Ausgehen & Nachtleben

Die höchste Dichte an Bars und Kneipen gibt es im Einkaufszentrum Civic und in der Lonsdale Street sowie der Mort Street im Stadtteil Braddon. Ein Abstecher nach New Acton lohnt sich ebenfalls.

Aviary Rooftop ROOFTOP-BAR

(Karte S. 280; ☎ 0421 552 417; www.aviaryrooftop.com; 3 Barrine Dr, Acton; ⏰ Do, 17 Uhr–open end, Fr–So 12 Uhr–open end) In diesem großen, an den Seiten offene Raum auf einem Stapel von Schiffscontainern am Ufer von Lake Burley Griffin gibt's Drinks aus Plastikgläsern und regelmäßige DJ-Sets. Wer hungrig ist, der begebe sich zu einem der Imbissstände unten am belebten Basketballfeld.

Bar Rochford WEINBAR

(Karte S. 280; ☎ 02-6230 6222; www.barrochford.com; L1, 65 London Circuit, Civic; ⏰ Di–Do 17 Uhr–open end, Fr 12–1, Sa 17–1 Uhr) Bärtige Barmänner widmen sich hier ihren Cocktails und erteilen ihre Weinempfehlungen mit aller gebotenen Ernsthaftigkeit in dieser eleganten, aber dennoch irgendwie zwanglosen Bar im Melbourne Building. Schick anziehen und auf einen Tisch nahe einem der großen Bogenfenster hoffen.

Joe's Bar COCKTAILBAR

(Karte S. 280; ☎ 02-6178 0050; www.joesateast.com; East Hotel, 69 Canberra Ave, Kingston; ⏰ 12 Uhr–open end) Farbenprächtiges Glas und Metallstäbe tragen zur glitzernden Boheme-Atmosphäre dieser attraktiven italienischen Weinbar im East Hotel bei. Zur umfangreichen Cocktailauswahl gehört eine ganze Seite spezieller Gins und Tonics, und die Barmitarbeiter kennen sich auch mit italienischen Weinen aus. Am besten mit einer Portion Polentachips, Arancinis oder Antipasti für eine gute Grundlage sorgen.

Molly's COCKTAILBAR

(Karte S. 280; www.molly.net.au; Rear, 37 London Circuit, Civic; ⏰ Mo–Mi 16 Uhr–Mitternacht, Do–Sa bis 2 Uhr) Zwar ist die Prohibitionsnummer heutzutage eher abgedroschen, aber wer liebt nicht das Flair zwielichtiger Gassen und das Entdecken schummriger Trinkkeller? Molly's hat eine achtseitige Whisky-Liste, sortiert nach Ländern (Lust auf indischen Whisky?). Um die Bar zu finden, einfach am London Circuit beim Gozleme Café rechts abbiegen und nach einer Glühbirne oberhalb einer offenen Holztür Ausschau halten.

Highball Express COCKTAILBAR

(Karte S. 280; www.highballexpress.com.au; L1, 82 Alinga St, Civic; ⏰ Di–Sa 16 Uhr–open end) Steht nirgendwo angeschrieben, also gilt es, das Risiko einzugehen, und die Feuerleiter in der Straße hinter Smith's Alternative zu dieser verrufenen Version einer kubanischen Rum-Bar aus den 1920er-Jahren hinaufsteigen. Die Highball-Cocktails sind exzellent, und werden häufig mit Bananenchips serviert.

BentSpoke Brewing Co MIKROBRAUEREI

(Karte S. 280; ☎ 02-6257 5220; www.bentspokebrewing.com.au; 38 Mort St, Braddon; ⏰ 11–24 Uhr) BentSpoke hat 16 hervorragende Biere und Cider vom Fass und ist eine der besten Brauereien von Craft-Bieren Australiens. Man kann an der mit Biker-Motiven gestalteten Bar sitzen oder draußen relaxen. Am besten startet man mit einem Probierset von vier Bieren (16 AU$) in den Abend. Unser Lieblingsbier ist das Barley Griffin Ale mit einer zarten Note würziger belgischer Hefe. Gutes Kneipenessen gibt's ebenfalls.

Smith's Alternative BAR

(Karte S. 280; ☎ 0401 084 773; www.smithsalternative.com; 76 Alinga St, Civic; ⏰ Mo–Do 20–24, Fr & Sa bis 15 Uhr, So 12 Uhr–Mitternacht) Als der legendäre Smith's-Alternative-Buchladen seine Pforten schloss, ergab es sich, dass der Name für seinen Nachfolger genauso gut funktionierte. Das neue Smith's ist eine Café-Bar mit Künstler-Flair, einer provisorischen Bühne und einer Kuchentheke. Abends kann man sich auf alles, von Livemusik über Poetry Slam bis hin zu Theater, einstellen.

Parlour Wine Room WEINBAR
(Karte S. 280; ☎ 02-6257 7325; www.parlour.net.au; 16 Kendall Lane, New Acton; ⏲ Di–So mittags–spät abends) In dieser modernen Variante eines Rauchsalons aus der viktorianischen Zeit teilen sich moderne Sitzbänke den polierten Holzboden mit plüschigen Chesterfield-Lounges. Der Blick auf den See ist – mal abgesehen von der Liste lokaler, australischer und internationaler Weine sowie den Killer-Cocktails – das Highlight der Bar.

Hippo Co BAR
(Karte S. 280; ☎ 02-6247 7555; www.facebook.com/hippococbr; level 1, 17 Garema Pl, Civic; ⏲ 17 Uhr–2 Uhr) Diese gemütliche Lounge-Bar ist vor allem bei jungen Whisky- und Cocktailfans beliebt, die für den Jazzabend am Mittwochabend hereinschneien – an den anderen Abenden regiert hier der Turntable.

Cube SCHWUL & LESBISCH
(Karte S. 280; ☎ 02-6257 1110; www.cubenightclub.com.au; 33 Petrie Plaza, Civic; ⏲ Do–So 10 Uhr bis spät) Canberras einzige Schwulenbar ist schon seit einer gefühlten Ewigkeit in diesem Keller untergebracht. Dieser Tage scheint die Bar ebenso viele Hetero-Frauen wie schwule Männer anzuziehen. Günstige Drinks werden anlässlich der Thirsty Thursdays serviert.

Academy CLUB
(Karte S. 280; ☎ 02-6253 2091; www.academyclub.com.au; 50 Bunda St, Civic; Eintrittspreise variieren; ⏲ Do–Sa 9 Uhr–open end) Die viel genutzte Tanzfläche dieses ehemaligen Kinos wird noch von der Originalleinwand beleuchtet, auf der wilde, überlebensgroße Bilder zu sehen sind. Wer es lieber ruhig mag, sollte sich zur Candy Bar Cocktail Lounge begeben.

Phoenix PUB
(Karte S. 280; ☎ 02-6169 5092; www.lovethephoenix.com; 23 East Row, Civic; ⏲ Mo–Mi 17–1, Do–Sa bis 3 Uhr) Das studentische Phoenix ist ein unerschütterlicher Unterstützer lokaler Musik, und hier gibt's Live-Auftritte lokaler Bands an etwa vier Abenden in der Woche. An den anderen Abenden kann es sein, dass ein Comedian oder ein Dichter auftritt oder ein Pub-Quiz stattfindet.

☆ Unterhaltung

Verzeichnisse bezüglich der Unterhaltungseinrichtungen sind in der am Donnerstag erscheinenden *Canberra Times* sowie auf der BMA-Website (www.bmamag.com) zu finden.

GIO Stadium Canberra STADION
(Karte S. 277; ☎ 02-6256 6700; www.giostadiumcanberra.com.au; Battye St, Bruce) Das Stadion der Canberra Raiders (www.raiders.com.au) ist die Heimat der heimischen Rugby-Liga, und während der Saison (März–Sept.) spielt das Team hier regelmäßig. Die ACT-Brumbies-Rugby-Mannschaft (www.brumbies.com.au) ist ein weiteres Team, dass man im Canberra Stadion regelmäßig beim Tackling erleben kann; dieses Team spielt im internationalen Super Rugby-Wettbewerb (Feb.–Aug.).

Dendy Canberra KINO
(Karte S. 280; ☎ 02-6221 8900; www.dendy.com.au; 2nd fl, Canberra Centre, 148 Bunda St, Civic; Erwachsener/Kind 20/15 AU$) Unabhängiges Arthouse-Kino. Dienstags ist Kinotag.

ANU Bar LIVEMUSIK
(Karte S. 280; ☎ 02-6125 3660; www.anuunion.com.au; University Ave, Acton; Gigs 5–20 AU$) In der Uni Bar (auf dem Campus der Australian National University) finden während des Semesters regelmäßig Liveauftritte statt. Zu den Nachwuchsbands, die hier in der Vergangenheit gespielt haben, gehört eine kleine dreiköpfige Kombo aus Seattle namens Nirvana.

MIT KINDERN IN DER HAUPTSTADT

Kinder lieben Canberra, weil es hier so viel Aufregendes zu entdecken gibt. Die meisten Museen und Galerien haben Kinderprogramme, und viele bieten spannende Touren und Events an – Details sind auf den Websites zu finden.

Für ein interaktiveres Erlebnis lohnt sich ein Besuch im **Questacon** (S. 279), des **National Museum of Australia** (S. 279) und des **Australian Institute of Sport** (AIS; Karte S. 277; ☎ 02-6214 1010; www.experienceais.com; Leverrier St, Bruce; Erwachsener/Kind 20/12 AU$; ⏲ Touren 10, 11.30, 13 & 14.30 Uhr). Im **National Zoo & Aquarium** (S. 279) kann man sogar mit einem Gepard schmusen oder einen roten Panda streicheln.

Für Frischluft und Bewegung einfach eine Radtour um den Lake Burley Griffin unternehmen oder dem **Tidbinbilla Nature Reserve** (S. 290) oder dem **Namadgi National Park** (S. 289) einen Besuch abstatten.

VOM/ZUM FLUGHAFEN

Ein Taxi ins Stadtzentrum kostet zwischen 50 AU$ und 55 AU$.

Airport Express (1300 368 897; www.royalecoach.com.au; einfach/hin und zurück 12/20 AU$) verkehrt zwischen dem Flughafen und der Stadt tagsüber etwa stündlich.

Transport Canberra (Karte S. 280; 13 17 10; www.transport.act.gov.au; East Row, Civic; Erw./Kind 4,70/2,30 AU$, Tagesticket 9/4,50 AU$; Informationszentrum Mo–Sa 6.30–22 Uhr, So 8–19 Uhr) Bus 11 fährt zwischen Bussteig 9 und Brindabella Business Park (direkt neben dem Flughafen) mindestens stündlich zwischen 6 und 18 Uhr.

Canberra Theatre Centre THEATER
(Karte S. 280; 02-6275 2700; www.canberratheatrecentre.com.au; London Circuit, Civic Sq, Civic; Mo–Fr Kartenverkauf 9–17, Sa 10–14 Uhr) Canberra's Epizentrum für Theater.

Shoppen

Old Bus Depot Markets MARKET
(Karte S. 280; 02-6295 3331; www.obdm.com.au; 21 Wentworth Ave, Kingston; So 10–16 Uhr) Dieser große, geschäftige Markt ist eine wahrhafte Institution in Canberra und hat eine große Halle, die vollständig dem Essen und anderem Handwerk gewidmet ist.

Canberra Glassworks ARTS & CRAFTS
(Karte S. 280; 02-6260 7005; www.canberraglassworks.com; 11 Wentworth Ave, Kingston; Mi–So 10–16 Uhr) In diesem umgebauten Elektrizitätswerk aus der Zeit Eduards VII., dem ältesten öffentlichen Baudenkmal dieser jungen Stadt, kann man die Glasbläserei im *hot shop* besuchen, und in der Galerie und im Laden nebenan die auserlesenen Ergebnisse besichtigen und erwerben.

Praktische Informationen

Der Großteil des Stadtzentrums von Canberra verfügt über kostenloses W-Lan.

Canberra Hospital (02-6244 2222; www.health.act.gov.au; Yamba Dr, Garran; Notaufnahme 24 h)

Canberra & Region Visitors Centre (Karte S. 280; 02-6205 0044; www.visitcanberra.com.au; Regatta Point, Barrine Dr, Commonwealth Park; 9–16 Uhr) Gibt unzählige Informationen heraus, z. B. die eigene, vierteljährliche *Canberra Events*-Broschüre.

An- & Weiterreise

AUTO & MOTORRAD

Der Hume Hwy, der Sydney und Melbourne verbindet, führt 50 km nördlich an Canberra vorbei. Der Federal Hwy geht nach Norden und hat in der Nähe von Goulburn Anschluss an den Hume Hwy, der Barton Hwy (Rte 25) kreuzt Letzteren in der Nähe von Yass. Richtung Süden verbindet der Monaro Hwy Canberra mit Cooma.

BUS

Der Interstate-Busbahnhof befindet sich am **Jolimont Tourist Centre** (Karte S. 280; 67 Northbourne Ave, Civic; 17–22.30 Uhr), die Hauptbusunternehmen haben hier Reservierungsschalter.

Greyhound Australia (S. 1183) Busse nach Sydney (42 AU$, 3½ Std.), Yass (15 AU$, 55 Min.), Wagga Wagga (40 AU$, 3 Std.), Albury (58 AU$, 4½ Std.) und Melbourne (88 AU$, 8 Std.) sowie Saisonbusse in die verschiedenen Skigebiete.

Murrays (Karte S. 280; 13 22 51; www.murrays.com.au; 65 Northbourne Ave; 7–19 Uhr) Expressfahrten nach Sydney (45 AU$, 3½ Std.), Wollongong (49 AU$, 3¼ Std.), Batemans Bay (38 AU$, 2½ Std.), Moruya (41 AU$, 3¼ Std.) and Narooma (49 AU$, 4½ Std.), und in die Skigebiete.

NSW TrainLink (13 22 32; www.nswtrainlink.info) Die Reisebusse fahren ab Canberra Railway Station auf den Strecken Canberra–Cooma–Merimbula–Eden (tägl.) und Canberra–Cooma–Jindabyne (3-mal/Woche).

FLUGZEUG

Canberra Airport (Karte S. 277; 02-6275 2222; www.canberraairport.com.au; 2 Brindabella Circuit) liegt in der Stadt selbst, nur 7 km südöstlich von Civic.

Die einzigen internationalen Flüge bietet **Singapore Airlines** (www.singaporeair.com), die nach/ab Singapur und Wellington fliegt.

Qantas (www.qantas.com) und die teilnehmenden QuantasLink-Partner fliegen nach/ab Adelaide, Brisbane, Melbourne, Perth und Sydney. **Virgin Australia** (www.virginaustralia.com.au) fliegt ab/nach Adelaide, Brisbane, Gold Coast, Melbourne und Sydney. **Tigerair Australia** (www.tigerair.com.au) fliegt ebenfalls nach Melbourne, während **FlyPelican** (www.flypelican.com.au) Newcastle und Dubbo bedient.

ZUG

NSW TrainLink Die Fahrten ab Sydney (56 AU$, 4 Std.), Bowral (34 AU$, 2½ Std.), Bundanoon (30 AU$, 2 Std.) und Bungendore (7 AU$, 40 Min.) enden dreimal täglich in Kingstons **Canberra Railway Station** (Wentworth Ave, Kingston).

V/Line (☎ 1800 800 007; www.vline.com.au) Ein Zug von Melbourne nach Albury Wodonga wird täglich mit einem Bus nach Canberra verbunden (108 AU$, 9 Std.).

Unterwegs vor Ort

Das Busnetzwerk, betrieben von **Transport Canberra** (S. 288), bringt Besucher zu den meisten interessanten Orten in der Stadt. Es schlägt vor, Google Maps als Reiseplaner zu verwenden, oder das Civic Office für Karten und Fahrpläne zu konsultieren.

Es gibt zwar ein Smart-Card-System, aber wenn man hier nur für rund eine Woche ist, dann ist es besser, man bezahlt den Fahrer in bar; ein Tagesticket kostet weniger als zwei Einzeltickets, also am besten schon am ersten Tag der Reise eins erstehen.

Was als der Busbahnhof der Stadt bezeichnet wird, ist eigentlich eine Reihe von 11 Bushaltestellen, die sich an Northbourne Ave, Alinga St, East Row und Mort St. aneinanderreihen.

Zum Zeitpunkt der Recherche war eine neue Bahnstrecke nördlich von Civic entlang Northbourne Ave noch im Bau. Der erste Abschnitt soll laut Plan Ende 2018 fertig werden.

Rund um Canberra

Es gibt viele Möglichkeiten für Tagesausflüge von Canberra aus, ganz egal ob Wandern im Busch, Radfahren oder Entspannung ansteht. Der buschige, hügelige südliche Teil des ACT bietet zahlreiche Wanderoptionen und ist eine nette Abwechslung zu den Museen der Hauptstadt. Auf der anderen Seite der Grenze in NSW, 35 km östlich von Canberra, liegt Bungendore, ein hübsches Dorf, das an den Wochenenden aufblüht, aber während der Woche in tiefem Schlummer liegt. Es gibt dort Galerien und Antiquitätenläden en masse.

Sehenswertes

Lanyon Homestead HISTORISCHES GEBÄUDE
(☎ 02-6235 5677; www.historicplaces.com.au; Tharwa Dr, Tharwa; Erw./Kind 7/5 AU$; ⏲ Di–So 10–16 Uhr) Im Jahr 1834, als Strafgefangene hierhergeschickt wurden, um das Land am Murrumbidgee River für Weideflächen zu mähen, war dies wirklich noch eine *wild frontier* (wilde Grenze). Jetzt ist es ein ländlich geprägter, hübscher Landstrich, umringt von Hügeln und mit einem Garten, der auch in den Cotswolds im Herzen Englands liegen könnte. Die 25 km lange Fahrt südlich von Canberra ist sehr lohnend, um das elegante viktorianische Gehöft mit Nebengebäuden und Blumenrabatten zu erkunden, und um über die Surrealität des Ganzen zu sinnieren.

Namadgi National Park NATIONAL PARK
(☎ 02-6207 2900; www.environment.act.gov.au; Naas Rd, Tharwa; ⏲ Besucherzentrum 9–16 Uhr) GRATIS Namadgi ist das Ngunnawal-Wort für die Berge südwestlich von Canberra, und dieser Nationalpark hat acht Gipfel, die höher sind als 1700 m. Hier kann man wunderbare Buschwanderungen unternehmen, mountainbiken, fischen und reiten, aber ebenso auch die Felsenkunst der Aborigines bestaunen. Camping-Buchungen nimmt man online (8 AU$/Pers.) oder am Besu-

ABSTECHER

WEINREGION CANBERRA DISTRICT

Canberras Weinregion produziert Hochland-Weine aus kühlen klimatischen Verhältnissen; Riesling und Shiraz sind die bekanntesten Sorten. Die meisten Kellereien liegen schon in NSW nördlich der Stadt.

Vom Barton Hwy (A25) nach Norden fahren, dann nahe Hall links abbiegen auf die Wallaroo Rd, um zur **Brindabella Hills Winery** (☎ 02-6161 9154; www.brindabellahills.com.au; 156 Woodgrove Close, Wallaroo; ⏲ Sa & So 10–17 Uhr) zu kommen. Auf dem Highway geht es weiter Richtung Norden, dann heißt es rechts abbiegen Richtung Springrange, um das Weingut **Wily Trout Vineyard** (☎ 02-6230 2487; www.wilytrout.com.au; 431 Nanima Rd, Springrange; ⏲ 10–17 Uhr) zu besichtigen, die Heimat einer beliebten Räucherei mitsamt ihrem Delikatessrestaurant **Poachers Pantry** (S. 290). Weiter im Norden nahe Murrumbateman ist gleich eine ganze Ansammlung an Weingütern zu finden, beispielsweise **Eden Road** (☎ 02-6226 8800; www.edenroadwines.com.au; 3182 Barton Hwy, Murrumbateman; ⏲ Mi–So 11–16 Uhr), **Clonakilla** (☎ 02-6227 5877; www.clonakilla.com.au; 3 Crisps Lane, Murrumbateman; ⏲ 10–17 Uhr) und **Helm** (☎ 02-6227 5953; www.helmwines.com.au; 19 Butts Rd, Murrumbateman; ⏲ Do–Mo 10 – 17 Uhr).

Weitere Optionen sind auf www.canberrawines.com.au zu finden.

cherzentrum, 2km südlich von Tharwa vor. Und ist man dort angekommen, kann man auch gleich Spencer begrüßen, die ortsansässige Rautenpython.

Tidbinbilla Nature Reserve NATURSCHUTZGEBIET
(☎02-6205 1233; www.tidbinbilla.act.gov.au; Tidbinbilla Reserve Rd; Eintritt pro Auto 12 AU$; ⏲April–Nov. 7.30–18 Uhr, Okt.–März bis 20 Uhr, Besucherzentrum 9–17 Uhr) Angrenzend an den Namadgi National Park, 40 km südwestlich von Canberra, liegt dieses Schutzgebiet, das überreich ist an Wildtieren wie Kängurus und Emus, und bei Sonnenuntergang gibt's auch Schnabelbrüter und Leierschwänze zu sehen. Infos über Aktivitäten gibt's online.

Feste & Events

Canberra District Wine Week WEIN
(www.canberrawines.com.au; ⏲April) Während dieses Erntefestivals dauert die „Woche" 10 Tage und beinhaltet Weinproben, Schlemmereien und Ausflüge.

Schlafen & Essen

Old Stone House B&B $$
(☎02-6238 1888; www.theoldstonehouse.com.au; 41 Molonglo St, Bungendore; Zi. 220 AU$; ❄📶) Hinter einer großen Eiche auf der Hauptstraße von Bungendore sitzt dieses charismatische Backsteinhaus von 1867 mit seinen vier antik möblierten Zimmern, von denen alle eigene Badezimmer haben, wobei sich eines von ihnen geradewegs über dem Korridor befindet. Der Tag beginnt hier mit einem stärkenden dreigängigen Frühstück mit anschließendem Spaziergang durch den Garten.

Poachers Pantry DELI $$
(☎02-6230 2487; www.poacherspantry.com.au; Nanima Rd, Springrange; Hauptmahlzeit Frühstück 18–22 AU$, Mittagessen 38 AU$; ⏲Mo–Fr 12–15, Sa & So 9.30–15 Uhr) Dieses Deli-Restaurant im Wily-Trout-Weingut ist bekannt für geräuchertes Fleisch und Fisch. Die Speisen genießt man am besten von einer der Platten (28–36 AU$).

Shoppen

Bungendore Wood Works Gallery KUNSTHANDWERK
(☎02-6238 1682; www.bungendorewoodworks.com.au; 22 Malbon St, Bungendore; ⏲9–17 Uhr) Zeigt prächtige Arbeiten aus australischem Holz, zudem gibt's wechselnde Kunstausstellungen.

Queensland

4,84 MIO. EW. / ☎ 07

Inhalt ➡

Gut essen

- Gauge (S. 312)
- Wasabi (S. 354)
- Prawn Star (S. 443)
- On the Inlet (S. 461)
- Borough Barista (S. 345)

Schön übernachten

- New Inchcolm Hotel & Suites (S. 307)
- Tryp (S. 308)
- Vacy Hall (S. 334)
- Bellview (S. 441)
- Coral Beach Lodge (S. 459)
- 1770 Getaway (S. 383)

Auf nach Queensland!

Von den Surfstränden der Gold Coast und dem geschäftigen Brisbane bis zu den tropischen Regenwäldern von Daintree bietet der Sunshine State Erholung und verwirrend viele Outdoor-Abenteuer. Queenslands Hauptanziehungspunkt ist das 2000 km lange Great Barrier Reef, eine Unterwasserwunderwelt mit einer farbenfrohen Meeresflora und -fauna. Eine weitere Spezialität sind tropische Inseln, auf denen man eine Jacht chartern oder an einem fast menschenleeren Strand auf der faulen Haut liegen kann.

Aber Queensland hat außer Surfen, Schnorcheln und Tauchen auch noch andere Abenteuer zu bieten. Wie wär's mit Wildwasserrafting, Kajakfahren entlang der Küste, Fallschirmspringen oder Buschwandern durch Regenwälder? Wer es weniger anstrengend mag, kann tropische Vögel, Wale, Kasuare und Krokodile fotografieren. Es lohnt sich auch, die Naturwunder im Outback oder auf einer der holprigsten und aufregendsten Fahrten Australiens die abgelegene Cape York Peninsula im Geländewagen zu erkunden.

Reisezeit

Cairns

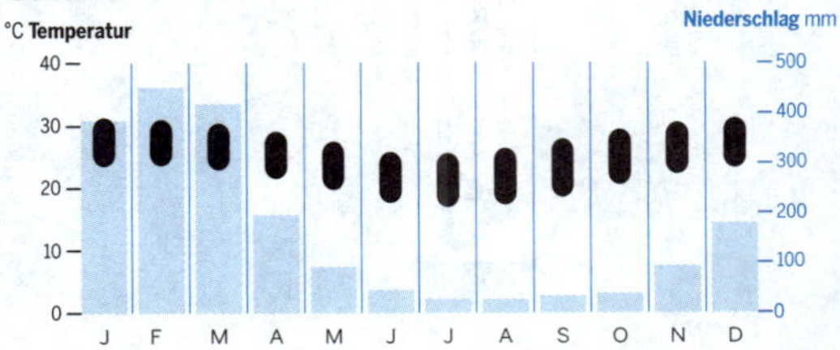

Juni–Sept. Im Norden Hochbetrieb und hohe Preise, im Süden kühler. Gut um Wale zu sehen.

April–Mai & Okt.–Nov. Warm, weniger Touristen, die Preise in den Resorts gehen leicht zurück.

Dez.–März Regenzeit: Heiß und sintflutartige Regenfälle im Norden. Party-Time an der Gold Coast.

Highlights

1. **Brisbane** (S. 294) In Queenslands Hauptstadt die Gallery of Modern Art, die South Bank Parklands und die Mikrobrauereien in West End besuchen
2. **Gold Coast** (S. 336) An diesem Küstenabschnitt surfen, sonnenbaden, Themenparks besuchen und Party machen
3. **Great Barrier Reef** (S. 433) Vor **Cairns** (S. 427) oder **Port Douglas** (S. 456) an dem berühmten Riff schnorcheln
4. **Noosa** (S. 349) Nach einer Buschwanderung, einer Kajaktour oder einem Surfabenteuer ein schickes Abendessen genießen
5. **Fraser Island** (S. 376) Die einzigartige Landschaft dieser Sandinsel erkunden

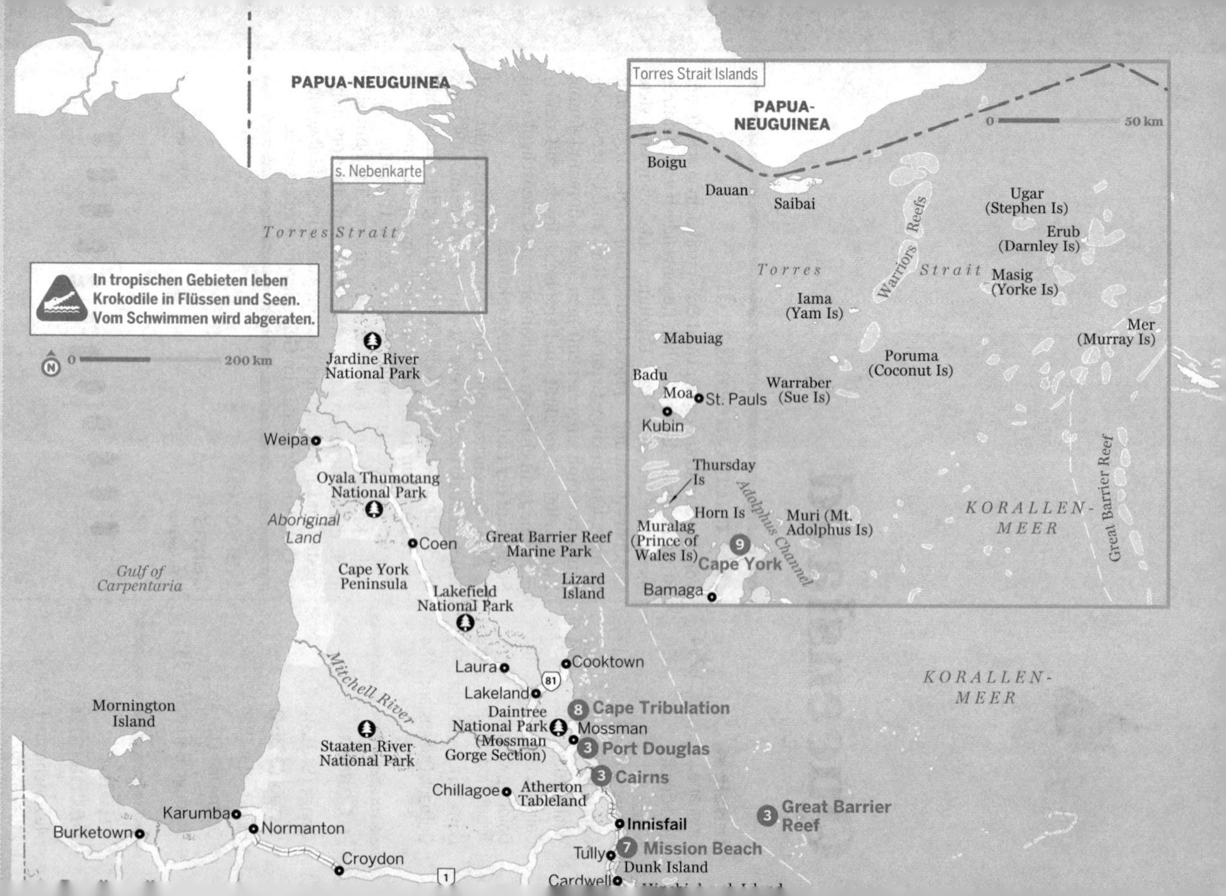

6 Whitsunday Islands (S. 402) Eine Jacht durch das azurblaue Wasser vor der Küste der Whitsundays steuern

7 Mission Beach (S. 422) Fallschirmspringen, Wildwasserraften und Kasuare beobachten

8 Cape Tribulation (S. 465) Die Daintree-Wildnis und Strände auf Backpacker-Art erleben

9 Cape York (S. 470) Im Allradwagen auf einem Tour zum Tip die abgelegene Gegend erkunden

10 Boodjamulla National Park (S. 483) In diesem unberührten Outback-Wunderland kanufahren und wandern

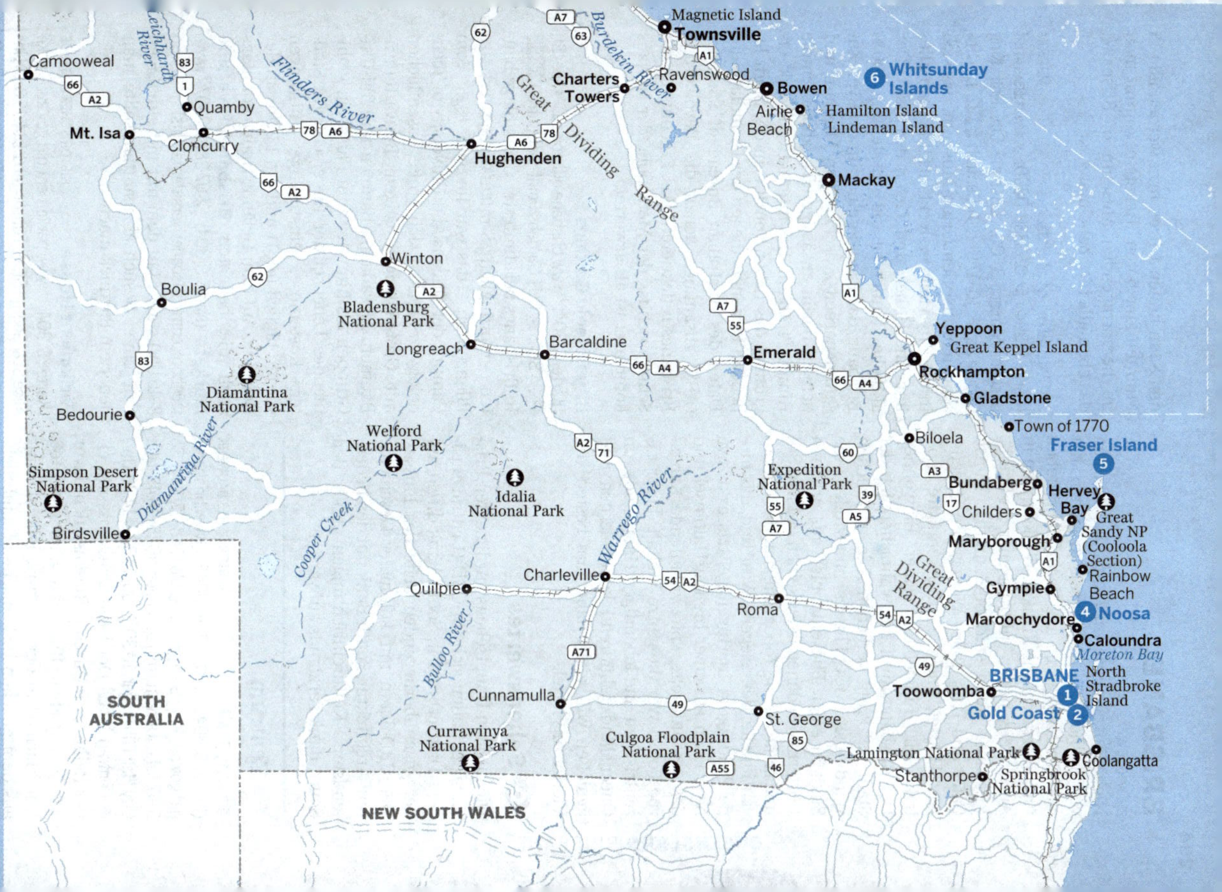

BRISBANE

2,3 MIO. EW.

Nicht länger zufrieden damit, im Schatten von Sydney und Melbourne zu stehen, hat sich Brisbane gegen alle Vorurteile erhoben und überrascht die Kritiker. Willkommen in Australiens neuer subtropischer „It-Stadt". Brisbanes Reize sind offenkundig: Kunst, Cafés und Bars, tolles Wetter, alte Queensland-Häuser, und die unverkennbare „Los, hol's Dir!"-Einstellung seiner Einwohner. Der Brisbane River hat wahrscheinlich der Stadt ihr Profil verliehen: Die natürlichen Windungen des Flusses unterteilen die Stadt in einen Flickenteppich aus urbanen Dörfern, von denen jedes seinen eigenen Stil und seine eigene Topografie hat: das unkonventionelle, tief gelegene West End, das hippe Paddington in Hügellage, das exklusive New Farm auf einer breiten Halbinsel und das geschniegelte, spitz zulaufende Kangaroo Point. Wer die ganze Vielfalt dieser exzentrischen und lebendigen Hauptstadt von Queensland gebührend kennenlernen und genießen will, zieht daher am besten von Viertel zu Viertel.

Sehenswertes

Die meisten Hauptsehenswürdigkeiten Brisbanes befinden sich im CBD (Central Business District) und in South Bank direkt auf der gegenüberliegenden Seite des Flusses. Der CBD kann mit kolonialer Geschichte und Architektur, South Bank mit den bedeutendsten Kultureinrichtungen und den South Bank Parklands aufwarten.

Zentrum

★ City Hall HISTORISCHES BAUWERK

(Karte S. 304; ☎07-3339 0845; www.brisbane.qld.gov.au; King George Sq; ⏲Mo–Fr 8–17, Sa & So 9–17 Uhr, Uhrenturm Führungen 10.15–16.45 Uhr, City Hall Führungen 10.30, 11.30, 13.30 & 14.30 Uhr; Central) GRATIS Der Sandsteinkoloss mit einer Reihe korinthischer Riesensäulen davor wurde zwischen 1920 und 1930 errichtet. Der Marmor in der Eingangshalle stammt aus dem gleichen toskanischen Steinbruch, den auch Michelangelo für seinen *David* benutzte. Ihr allererstes Konzert in Australien gaben die Rolling Stones 1965 im Auditorium dieses Gebäudes. In dem prachtvollen Saal mit einer 4300-Pfeifen-Orgel und einem Mahagoni- und Eukalyptusparkett finden jeden Dienstag um 12 Uhr kostenlose Konzerte statt. Kostenlose Führungen durch den 85 m hohen Uhrenturm werden alle 15 Minuten angeboten. Tickets bekommt man im hervorragenden Museum of Brisbane, das ebenfalls hier beheimatet ist.

★ Museum of Brisbane MUSEUM

(Karte S. 304; ☎07-3339 0800; www.museumofbrisbane.com.au; 3. OG., Brisbane City Hall, King George Sq; ⏲10–17 Uhr; Central) GRATIS In diesem zukunftsorientierten Museum, das sich in der City Hall versteckt, erfährt man alles über die Höhen und Tiefen der Stadt. Der aktuelle Renner ist die Ausstellung 100 % Brisbane, das Produkt einer innovativen Zusammenarbeit zwischen dem Museum und dem in Berlin ansässigen Theaterensemble Rimini Protokoll. Das interaktive Projekt ergründet das Leben von 100 in der Stadt lebenden Personen, die auf der Grundlage der Daten des Australian Bureau of Statistics (ABS) zusammen genau die Bevölkerung Brisbanes reflektieren. Das Ergebnis ist ein Schnappschuss der Metropole, der weitaus komplexer ist als erwartet.

City Botanic Gardens PARK

(Karte S. 304; www.brisbane.qld.gov.au; Alice St; ⏲24 Std.; QUT Gardens Point, Central) GRATIS In Brisbanes berühmtester Grünanlage bauten ursprünglich Strafgefangene essbare Pflanzen an – das war im Jahr 1825. Vom Campus der Queensland University of Technology erstrecken sich große Rasenflächen mit Großblättrigen Feigen, Bunya-Bunya-Bäumen, Macadamia-Bäumen und Tai-Chi-Gruppen bis hinunter zum Fluss, ein wohltuendes Lebenselixier für erschöpfte Städter. Kostenlose, einstündige Führungen starten täglich um 11 und um 13 Uhr an der Rotunde. Auf dem Gelände finden sonntags auch die beliebten **Brisbane Riverside Markets** (Karte S. 304; ☎07-3870 2807; www.facebook.com/brisbaneriversidemarkets; ⏲So 8–15 Uhr) statt. Statt dem nur mittelmäßigen Café einen Besuch abzustatten, sollte man lieber ein Picknick machen.

Parliament House HISTORISCHES GEBÄUDE

(Karte S. 304; www.parliament.qld.gov.au; Ecke Alice St & George St; ⏲Führungen 13, 14, 15 & 16 Uhr an sitzungsfreien Tagen; QUT Gardens Point, Central) GRATIS Das Dach dieses schönen, blassweißen Gebäudes im französischen Renaissancestil (erb. 1868) ist mit Kupfer aus den Mt. Isa Mines gedeckt. Von hier aus bietet sich ein schöner Blick über die City Botanic Gardens. Das Innere kann nur im Rahmen einer kostenlosen Führung besichtigt werden, die auf Wunsch zu den genannten Zeiten losgehen (an Sitzungstagen aber nur um 14 Uhr). Mindestens fünf Minuten vorher unangemeldet erscheinen.

Roma Street Parkland PARK
(Karte S. 304; www.visitbrisbane.com.au/Roma-Street-Parkland-and-Spring-Hill; 1 Parkland Blvd; ⏲ 24 Std.; Roma St) GRATIS Der wunderschön angelegte, 16 ha große Innenstadtpark gehört zu den größten subtropischen Stadtgärten der Welt. Auf dem ehemaligen Markt- und Eisenbahngelände wurde im Jahr 2001 dieser Park eröffnet, in dem man die ganze Palette der Vegetation Queenslands bewundern kann. Es gibt Regenwald- und Farnhaine, Wasserfälle, Aussichtspunkte mit Blick auf die Skyline, einen Spielplatz, Grillplätze und zahllose Tempelbäume. Irgendwie ähnelt das Ganze einem Labyrinth: Man kommt leicht rein, aber nur schwer wieder raus.

Shrine of Remembrance HISTORISCHES BAUWERK
(Karte S. 304; Anzac Sq, Ann St; Central) Das anmutige Denkmal im Greek-Revival-Stil wurde zu Ehren der australischen Männer und Frauen errichtet, die in Konflikten auf der ganzen Welt im Einsatz waren. Die 18 Säulen symbolisieren 1918, das Ende des Ersten Weltkriegs. Das Bauwerk selbst besteht aus wertvollem Queenslander Sandstein aus Helidon, einem Ort westlich von Brisbane.

Old Government House HISTORISCHES GEBÄUDE
(Karte S. 304; ☎ 07-3138 8005; www.ogh.qut.edu.au; 2 George St; ⏲ 9–16 Uhr, 1-stündige Führungen Di–Do 10.30 Uhr; QUT Gardens Point, Central) GRATIS Das 1862 von dem Stararchitekten Charles Tiffin als vornehme Residenz für Sir George Bowen, Queenslands ersten Gouverneur, entworfene Schmuckstück gilt als Queenslands wichtigstes historisches Gebäude. 2009 wurde das prächtige Innere renoviert. Es werden kostenlose Podcast-Besichtigungen und Führungen angeboten, Letztere müssen vorab telefonisch oder per E-Mail gebucht werden. In diesem Haus befindet sich auch die dem australischen Künstler gewidmete William Robinson Gallery mit einer beeindruckenden Sammlung seiner Werke, u. a. zwei mit dem Archibald Prize ausgezeichnete Gemälde.

St. John's Cathedral KIRCHE
(Karte S. 304; ☎ 07-3835 2222; www.stjohnscathedral.com.au; 373 Ann St; ⏲ 9.30–16.30 Uhr; Central) Die St. John's Cathedral direkt westlich von Fortitude Valley ist eine grandiose Mischung aus Stein, Holzschnitzereien und Buntglas und ein schönes Beispiel für die neugotische Architektur im 19. Jh. Das Gebäude wurde mit viel Liebe errichtet: Die Bauarbeiten begannen bereits 1906, fertiggestellt wurde es aber erst 2009. Somit ist es die weltweit letzte Kathedrale, die in diesem Architekturstil vollendet wurde.

ABSTECHER

D'AGUILAR NATIONAL PARK

Wer den Vorstadtkoller hat, kann seine Sehnsucht nach Wildnis in diesem 36 000 ha großen **Nationalpark** (www.nprsr.qld.gov.au/parks/daguilar; 60 Mount Nebo Rd, The Gap), der nur 10 km nordwestlich des Zentrums liegt, aber gefühlte Lichtjahre von der Stadt entfernt ist, stillen (die Aussprache ist übrigens „die-ag-lar"). Im **Walkabout Creek Visitor Information Centre** (☎ 07-3164 3600; www.walkaboutcreek.com.au; Wildlife Centre Erw./Kind/Fam. 7,20/3,50/18,25 AU$; ⏲ 9–16.30 Uhr) am Parkeingang sind Karten erhältlich. Im Wildlife Centre nebenan kann man etliche einheimische Tiere wie Reptilien und nachtaktive Beuteltiere beobachten.

Im Park gibt es ganz unterschiedliche Wanderwege, von wenigen 100 m bis zu einem 24 km langen Rundwanderweg. Darunter auch der 6 km lange Morelia Track am Park-/Picknickplatz Manorina und der 4,3 km lange Greenes Falls Track am Mt. Glorious. Alternativ kann man auch Mountainbike-Touren und Ausritte unternehmen. Wer will kann im Park auf den abgelegenen **Stellplätzen** im Busch (☎ 137 468; www.npsr.qld.gov.au/parks/daguilar/camping.html; Pers./Fam. 6,15/24,60 AU$) sein Zelt aufschlagen. Zwei Wanderwege (hin & zurück 1,5 km bzw. 5 km) starten am Visitor Centre. Andere Wege sind weiter entfernt, sodass man einen fahrbaren Untersatz benötigt.

Bus 385 (5,70 AU$, 25 Min.) fährt von der Roma St Station zum The Gap Park 'n' Ride, von dort sind es noch ein paar 100 m.

Großraum Brisbane

0
1 km
(10 km)
Newmarket
NEWMARKET
Wilston
Windsor
BREAKFAST CREEK
Eat Street Markets (1 km)
A3
BOWEN HILLS
HERSTON
Kelvin Grove Rd
Breakfast Creek Rd
NEWSTEAD
BULIMBA
RNA Showgrounds
Queensland University of Technology
Victoria Park Golf Course
Victoria Park
Teneriffe
Oxford St
Fortitude Valley
Wickham St
TENERIFFE
Inner City Bypass
Water St
FORTITUDE VALLEY
Brisbane River
SPRING HILL
Brunswick St
PETRIE TERRACE
Petrie Tce
Story Bridge
NEW FARM
HAWTHORNE
Roma St
Central
s. Karte Fortitude Valley & New Farm (S. 316)
New Farm Park
Brisbane Powerhouse
Ann St
CITY
Elizabeth St
Mary St
Alice St
KANGAROO POINT
Sydney St Ferry Terminal
New Farm Park
Montague Rd
South Brisbane
WEST END
Merivale St
SOUTH BANK
Pacific Mwy
s. Karte Brisbane Zentrum, Kangaroo Point & South Bank (S. 304)
Wynnum Rd
Lytton Rd
Vulture St
South Bank
EAST BRISBANE
Main St
WOOLLOONGABBA
Woolloongabba Bus Station
Dornoch Tce
HIGHGATE HILL
Stanley St
Coorparoo
COORPAROO
Gladstone Rd
Park Rd
Buranda
University of Queensland
Cleveland Rd
CAMP HILL
Dutton Park
Pacific Mwy
Brisbane River
GREENSLOPES
Fairfield
Ipswich Rd
Surfers Paradise (70 km)

Großraum Brisbane

Highlights
1 Brisbane Powerhouse H4

Sehenswertes
2 Boggo Road Gaol F6
3 Brisbane Botanic Gardens B4
4 Fireworks Gallery G2
5 Milani G5
6 Mt. Coot-tha Lookout A5
7 Mt. Coot-tha Reserve A4
8 New Farm Park H4
9 Sir Thomas Brisbane Planetarium B4

Aktivitäten, Kurse & Touren
10 Golden Pig Cooking School & Cafe G2
11 Spring Hill Baths F3

Schlafen
12 Art Series – The Johnson F3
13 Newmarket Gardens Caravan Park D1

Essen
14 1889 Enoteca G5
15 Double Shot G4
Pearl Cafe .... (siehe 14)
16 Shouk Cafe D3
17 Sourced Grocer G3
Watt .... (siehe 1)

Ausgehen & Nachtleben
18 Breakfast Creek Hotel G1
Canvas Club .... (siehe 14)
19 Green Beacon Brewing Co G2
20 Newstead Brewing Co G2
21 Regatta Hotel D5
22 Triffid G2

Unterhaltung
Brisbane Powerhouse .... (siehe 1)
23 Gabba G5
24 Moonlight Cinema H4

Shoppen
25 Finders Keepers Markets F2
Jan Powers Farmers Market .... (siehe 1)
Paddington Antique Centre .... (siehe 16)

Commissariat Store Museum MUSEUM

(Karte S. 304; www.queenslandhistory.org; 115 William St; Erw./Kind/Fam. 6/3/12 AU$; Di–Fr 10–16 Uhr; North Quay; Central) Das frühere staatliche Lagerhaus wurde 1829 von Sträflingen errichtet und ist Brisbanes ältestes bewohntes Gebäude. Das tadellos präsentierte kleine Museum im Inneren widmet sich der lokalen Strafvollzugs- und Kolonialgeschichte. Die „Sträflingsfinger" und die Ausstellung zu Italienern in Queensland nicht verpassen!

South Bank & West End

★ Queensland Cultural Centre KULTURZENTRUM

(Karte S. 304; Melbourne St, South Bank; South Bank Terminals 1 & 2, South Brisbane) Gegenüber vom CBD gleich jenseits der Victoria Bridge in South Bank befindet sich das Queensland Cultural Centre, Brisbanes kulturelles Epizentrum. Inmitten subtropischer Gärten liegt der weitläufige Komplex mit architektonisch bemerkenswerten Gebäuden wie dem Queensland Performing Arts Centre (S. 324), dem Queensland Museum & Sciencentre, der Queensland Art Gallery, der State Library of Queensland und die besonders herausragende Gallery of Modern Art (GOMA).

★ Gallery of Modern Art GALERIE

(GOMA; Karte S. 304; www.qagoma.qld.gov.au; Stanley Pl, South Bank; 10–17 Uhr; South Bank Terminals 1 & 2, South Brisbane) GRATIS Die GOMA besteht ganz aus verwinkeltem Glas, Beton und schwarzem Metall. Der Besuch ist Pflicht: Hier steht australische Kunst der 1970er-Jahre bis heute im Mittelpunkt. Die häufig wechselnden, oft auch mutigen Ausstellungen reichen von Malerei, Bildhauerei und Fotografie bis hin zu Videos, Installationen und Filmen. Außerdem gibt's einen künstlerisch geprägten Buchladen, Erlebnisräume für Kinder, ein **Café** (S. 312), ein **Restaurant** mit modern-australischer Küche (07-3842 9916; Hauptgerichte 39–47 AU$; Mi–So 12–14 Uhr, plus Fr 17.30–20 Uhr) und Gratisführungen (11, 13 & 14 Uhr).

South Bank Parklands PARK

(Karte S. 304; www.visitbrisbane.com.au; Grey St, South Bank; Sonnenaufgang–Sonnenuntergang; ; South Bank Terminals 1, 2 & 3, South Brisbane, South Bank) GRATIS Lust auf Sonnenbaden am Strand, Chillen im Regenwald oder Besichtigung einer nepalesischen Friedenspagode? Dann ist dieser 17,5 ha große Park mit Blick über das Zentrum genau das Richtige. Hier werden Veranstaltungsbühnen, saftig grüne Wiesen, Restaurants, Bars, Kunst im öffentlichen Raum und regelmäßig stattfindende kostenlose Events von Yoga-Sitzungen bis hin zu Filmvorführungen geboten. Die Hauptattraktionen sind aber der Streets Beach (S. 301), ein künstlicher Badestrand im Stil einer Lagune (an den Wochenenden rappelvoll), und das fast 60 m hohe Wheel of Brisbane. Auf der zehnminütigen Fahrt kann man einen tollen Rundumblick genießen.

Queensland Art Gallery GALERIE
(QAG; Karte S. 304; www.qagoma.qld.gov.au; Melbourne St, South Bank; ⏲10–17 Uhr; ⛴South Bank Terminals 1 & 2, 🚆South Brisbane) GRATIS Aufgrund von Bauarbeiten (voraussichtlich bis Ende 2017) war die Ausstellungsfläche zum Zeitpunkt der Recherche kleiner als normal. Die QAG beherbergt eine schöne ständige Sammlung von Werken australischer und internationaler Künstler. Die Dauerausstellung zeigt australische Kunst aus der Zeit zwischen den 1840er- und 1970er-Jahren, darunter Werke gefeierter Künstler wie Sir Sydney Nolan, Arthur Boyd, William Dobell und George Lambert.

Queensland Museum & Sciencentre MUSEUM
(Karte S. 394; ☎07-3840 7555; www.southbank.qm.qld.gov.au; Ecke Grey St & Melbourne St, South Bank; Queensland Museum Eintritt frei, Sciencentre Erw./Kind/Fam. 14,50/11,50/44,50 AU$; ⏲9.30–17 Uhr; ⛴South Bank Terminals 1 & 2, 🚆South Brisbane) GRATIS Wer einen tieferen Einblick in die Geschichte Queenslands bekommen möchte, sollte diesem Museum mit interessanten, historischen Exponaten unbedingt einen Besuch abstatten. Zu sehen sind u.a. das Skelett von Queenslands eigenem Dinosaurier *Muttaburrasaurus* (alias „Mutt") und die winzige *Avian Cirrus*, mit der Bert Hinkler aus Queensland 1928 den ersten Alleinflug von England nach Australien schaffte. Zum Museum gehört auch das unterhaltsame Sciencentre, das Wissenschaft und Technologie mit unzähligen interaktiven Exponaten zum Anfassen vermittelt. In den Schulferien sollte man sich auf lange Warteschlangen gefasst machen.

Queensland Maritime Museum MUSEUM
(Karte S. 304; ☎07-3844 5361; www.maritimemuseum.com.au; Stanley St; Erw./Kind/Fam. 16/7/38 AU$; ⏲9.30–16.30 Uhr, letzter Einlass 15.30 Uhr; ⛴Maritime Museum, 🚆South Bank) Highlight des malerischen alten Museums am Südrand der South Bank Parklands ist die gigantische HMAS *Diamantina*, eine restaurierte Fregatte aus dem Zweiten Weltkrieg. Sie kann von Besuchern geentert und erkundet werden.

Wheel of Brisbane RIESENRAD
(Karte S. 304; ☎07-3844 3464; www.thewheelofbrisbane.com.au; Grey St, South Bank; Erw./Kind/Fam. 19/13,50/55 AU$; ⏲So–Do 10–22, Fr & Sa 10–23 Uhr; ⛴South Bank Terminals 1 & 2, 🚆South Brisbane) Wer keine Flügel hat, sich aber die Stadt aus luftiger Höhe anschauen möchte, kann ganz in der Nähe des Queensland Performing Arts Centre (S. 324) in dieses Riesenrad am Fluss steigen. Die geschlossenen Gondeln fahren fast 60 m hoch und bieten einen fantastischen Rundumblick über die boomende Skyline der Stadt. Auf der zehn- bis zwölfminütigen Fahrt ist ein Audiokommentar über die Sehenswürdigkeiten Brisbanes zu hören. Wer online bucht, bekommt einen kleinen Rabatt.

Fortitude Valley & New Farm

Brisbane Riverwalk BRÜCKE
(Karte S. 316; 🚌195, 196, ⛴Sydney St) Der über die große, braune Wasserstraße der Stadt verlaufende Brisbane Riverwalk bietet eine neue Art, Brisbanes Skyline zu bewundern. Der 870 m lange Steg mit getrennten Fuß- und Radwegen führt von New Farm zu den Howard St Wharves und weiter ins Stadtzentrum. Der Riverwalk ersetzt den früheren schwimmenden Gehweg, der leider dem Hochwasser von 2011 zum Opfer fiel.

★ **Brisbane Powerhouse** KUNSTZENTRUM
(Karte S. 296; ☎Kartenvorverkauf 07-3358 8600, Empfang 07-3358 8622; www.brisbanepowerhouse.org; 119 Lamington St, New Farm; ⏲Di–So 9–21 Uhr; 🚌195, 196, ⛴New Farm Park) Das Powerhouse am Ostrand des New Farm Park ist ein ehemals baufälliges Elektrizitätswerk, das in ein tolles Zentrum für Gegenwartskunst umgebaut wurde. An den Mauern sind Graffitireste zu sehen, das Innere beherbergt alte Industriemaschinen und ehemalige Transformatoren. Es werden ganz unterschiedliche Events geboten, u.a. Kunstausstellungen, Theater, Livemusik und Comedy. Hinzu kommen zwei beliebte Restaurants am Fluss. Veranstaltungskalender siehe Website.

Chinatown STADTVIERTEL
(Karte S. 316; Duncan St, Fortitude Valley; ⏲24 Std.; 🚆Fortitude Valley) Die Duncan St mit der Nachbildung des Torbogens aus der Tang-Dynastie am westlichen Ende ist Brisbanes ziemlich bescheidene Chinatown. Die Fußgängerzone (und der Abschnitt der Ann St zwischen der Duncan St und der Brunswick Street Mall) ist die Heimat von ein paar chinesischen Läden. Hier hängen glasierte Pekingenten hinter beschlagenen Scheiben, es gibt asiatische Lebensmittelläden und die

Aromen von thailändischem, chinesischem, vietnamesischem und japanischem Essen hängen in der Luft. Zum chinesischen Neujahrsfest ist hier stets die Hölle los.

New Farm Park PARK

(Karte S. 296; www.newfarmpark.com.au; Brunswick St, New Farm; ⌚24 Std.; 🚌195, 196, ⛴New Farm Park) Im New Farm Park am Ende der Brunswick St am Fluss kann man so richtig durchatmen. Mit seinen Jacarandabäumen, Rosengärten, Picknickbereichen, Gasgrills und Gratis-WLAN (in der Nähe der Rotunde) ist dieser Park der perfekte Ort für einen faulen Nachmittag. Der Spielplatz – eine an Robinson Crusoes Baustil erinnernde Aneinanderreihung von Plattformen unter riesigen Großblättrigen Feigenbäumen – ist bei Kindern sehr beliebt. Hier finden auch der **Jan Powers Farmers Market** (Karte S. 296; www.janpowersfarmersmarkets.com.au; Brisbane Powerhouse, 119 Lamington St; ⌚Sa 6–12 Uhr) und das **Moonlight Cinema** (S. 324) statt.

BRISBANES GALERIE-SZENE

Die **Gallery of Modern Art** (GOMA, S. 298) und die **Queensland Art Gallery** (S. 299) sind zwar die Stars der Szene, doch es gibt auch immer mehr kleine private Galerien und Ausstellungsräume, in denen man über Mainstream- und innovative Kunst grübeln kann.

The Pillars Project (Karte S. 304; www.thepillarsproject.com; Merrivale St, South Brisbane; ⌚24 Std.; 🚌198, ⛴South Bank Terminals 1 & 2, 🚉South Brisbane) Einer der überraschendsten Kunsträume von Brisbane. Einige Pfeiler unter dem South Brisbane Rail Underpass wurden von mehreren Künstlern, darunter auch von dem international gefeierten Fintan Magee, in atemberaubende Straßenkunst verwandelt. Magee ist in Brisbane aufgewachsen.

Das **Institute of Modern Art** (IMA; Karte S. 316; ☎07-3252 5750; www.ima.org.au; 420 Brunswick St, Fortitude Valley; ⌚Di, Mi, Fr & Sa 12–18, Do 12–20 Uhr; 🚉Fortitude Valley) im Judith Wright Centre of Contemporary Arts in Fortitude Valley ist eine ausgezeichnete nichtkommerzielle Galerie mit Industrie-Ambiente. Hier finden regelmäßig Ausstellungen von australischen und internationalen Größen statt, die in ganz unterschiedlichen Bereichen arbeiten, z. B. Installationskunst, Fotografie und Malerei.

TW Fine Art (Karte S. 316; ☎0437 348 755; www.twfineart.com; 181 Robertson St, Fortitude Valley; ⌚Di–Sa 10–17, So 10–15 Uhr; 🚌470, 🚉Fortitude Valley) Die leicht zu übersehende Galerie in Fortitude Valley verzichtet auf das „Regionalbleiben"-Mantra zu Gunsten einer intellektuellen und von der Kritik gefeierten zeitgenössischen Kunst aus aller Welt. Sie betreibt auch eine innovative Online-Galerie mit limitierten Drucken, die man in der Galerie durchforsten und sich dann per Kurier direkt nach Hause liefern lassen kann.

Fireworks Gallery (Karte S. 296; ☎07-3216 1250; www.fireworksgallery.com.au; 52a Doggett St, Newstead; ⌚Di–Fr 10–18, Sa 10–16 Uhr; 🚌300, 302, 305, 306, 322, 393, 470) In einem sagenhaften Lagerhaus werden hauptsächlich Gemälde und Skulpturen von zeitgenössischen indigenen und nichtindigenen australischen Künstlern gezeigt. Die Galerie ist nur ein paar Schritte von der James St in Fortitude Valley entfernt.

Milani (Karte S. 296; ☎07-3391 0455; www.milanigallery.com.au; 54 Logan Rd, Woolloongabba; ⌚Di–Sa 11–18 Uhr; 🚌174,175, 204) GRATIS Hervorragende Galerie mit innovativer Kunst der Aborigines und provozierender zeitgenössischer Kunst. Sie befindet sich in einem Gewerbegebiet in Woolloongabba inmitten von Autohöfen und Frisörbedarfslieferanten – wenn die Tür verschlossen aussieht, einfach am Türknopf drehen.

Suzanne O'Connell Gallery (Karte S. 316; ☎07-3358 5811; www.suzanneoconnell.com; 93 James St, New Farm; ⌚Mi–Sa 11–16 Uhr; 🚌470) GRATIS Die Galerie in New Farm hat sich auf Kunst der Aborigines spezialisiert und zeigt erstklassische Werke von Künstlern aus ganz Australien. Infos über Vernissagen stehen auf der Website.

Jan Murphy Gallery (Karte S. 316; ☎07-3254 1855; www.janmurphygallery.com.au; 486 Brunswick St, Fortitude Valley; ⌚Di–Sa 10–17 Uhr; 🚌195, 196, 199, 🚉Fortitude Valley) Die in dunkelgrau gehaltene Galerie mit Kunstrasen davor gehört zu den führenden Ausstellungsräumen für zeitgenössische australische Talente im Galeriedickicht von Fortitude Valley.

Großraum Brisbane

Brisbane Botanic Gardens GÄRTEN
(Karte S. 296; ☎07-3403 2535; www.brisbane.qld.gov.au/botanicgardens; Mt. Coot-tha Rd, Mt. Coot-tha; ⌚8–17.30 Uhr, April–Aug. 8–17 Uhr; 🚌471) GRATIS Am Fuß des Mt. Coot-tha beherbergen diese 52 ha großen Gärten eine Vielzahl von Mini-Ökosystemen, von Kakteen-, Bonsai- und Kräutergärten bis zu Regenwäldern und Trockengebieten. Kostenlose Führungen finden montags und samstags um 11 und um 13 Uhr statt. Audiotouren kann man von der Website downloaden. Hin kommt man mit Bus 471, der an der Adelaide St im Zentrum gegenüber vom King George Sq (4,60 AU$, 25 Min.) startet.

Mt. Coot-tha Reserve NATURSCHUTZGEBIET
(Karte S. 296; www.brisbane.qld.gov.au; Mt. Coot-tha Rd, Mt. Coot-tha; ⌚24 Std.; 🚌471) GRATIS Etwa 15 Auto- oder Busminuten vom Zentrum entfernt liegt dieses riesige Buschreservat im Schatten des 287 m hohen Mt. Coot-tha, Brisbanes höchster Erhebung. An den Hängen befinden sich die Brisbane Botanic Gardens, das **Sir Thomas Brisbane Planetarium** (Karte S. 296; ☎07-3403 2578; www.brisbane.qld.gov.au/planetarium; Mt. Coot-tha Rd; Eintritt frei, Vorführungen Erw./Kind/Fam./erm. 15,80/ 9,60/43/13 AU$; ⌚Di–Fr 10–16, Sa 11–20.15, So 11–16 Uhr), Wanderwege und der **Mt. Coot-tha Lookout** (Karte S. 296; ☎07-3369 9922; www.brisbanelookout.com; 1012 Sir Samuel Griffith Dr; ⌚24 Std.) mit Blick über die Stadt und die Umgebung. An klaren Tagen sieht man bis hinüber zu den Moreton Bay Islands.

Lone Pine Koala Sanctuary NATURSCHUTZGEBIET
(☎07-3378 1366; www.koala.net; 708 Jesmond Rd, Fig Tree Pocket; Erw./Kind/Fam. 36/22/85 AU$; ⌚9–17 Uhr; 🚌430) Etwa 12 km südlich vom Zentrum erstreckt sich das Lone Pine Koala Sanctuary auf einem Stück Parkland am Fluss. Neben über 130 Koalas sind hier auch Kängurus, Possums, Wombats, Vögel und andere australische Tierarten beheimatet. Die Koalas sind so unbeschreiblich süß, dass die meisten Besucher gern die 18 AU$ für ein Knuddelfoto hinblättern. Den ganzen Tag über finden Tiershows statt.

Aktivitäten

Unter www.brisbane.qld.gov.au/facilities-recreation/sports-leisure/walking/walking-trails wird eine Vielzahl von Kunst- und Kulturspaziergängen beschrieben.

CityCycle RADFAHREN
(☎1300 229 253; www.citycycle.com.au; Verleih erste 30 Min. frei, erste Std. 2 AU$, jede weiteren 30 Min. 5 AU$; ⌚24 Std.) Wer Brisbanes Bikesharing-Programm in Anspruch nehmen will, meldet sich auf der Website an (Tag 2 AU$) und leiht sich dann ein Fahrrad (zusätzliche Gebühr) an einer der 150 Fahrradstationen in der Stadt. Fahrräder länger als eine Stunde zu leihen, ist sehr teuer, daher sollte man von den ersten 30 Minuten, die kostenlos sind, Gebrauch machen, von Station zu Station fahren und jeweils das Fahrrad wechseln. Bei nur einem Viertel aller Räder ist ein Helm dabei (es besteht Helmpflicht), sodass man sich in Geschäften wie Target oder Kmart einen kaufen sollte.

Spring Hill Baths SCHWIMMEN
(Karte S. 296; ☎1300 332 583; www.cityaquaticsandhealth.com.au; 14 Torrington St, Spring Hill; Erw./Kind/Fam. 5,40/3,90/16,40 AU$; ⌚Mo–Do 6.30–19, Fr 6.30–18, Sa 8–17, So 8–13 Uhr; 🚌30, 321) Das wunderbare Schwimmbad von 1886 mit seinem beheizten 25-m-Becken war das erste seiner Art in Brisbane. Rundherum stehen seit eh und je hölzerne Umkleidekabinen. Es ist wohl eins der ältesten Bäder auf der südlichen Halbkugel.

Streets Beach SCHWIMMEN
(Karte S. 304; ☎07-3156 6366; ⌚tagsüber; ⛴South Bank Terminals 1, 2 & 3, 🚆South Bank) Australiens einziger künstlich angelegter, innerstädtischer Strand in South Bank eignet sich wunderbar für eine schnelle (und kostenlose) Abkühlung. Mit Rettungsschwimmern, kreischenden Kindern, Strandschönheiten, posenden Muskelmännern und Eiskarren bietet er das komplette Programm.

Urban Climb KLETTERN
(Karte S. 310; ☎07-3844 2544; www.urbanclimb.com.au; 2/220 Montague Rd, West End; Erw./Kind 20/18 AU$, einmalige Anmeldegebühr 5 AU$; ⌚Mo–Fr 12–22, Sa & So 10–18 Uhr; 🚌60, 192, 198) Indoor-Kletterwand und eine der größten Boulder-Wände Australiens. Genau das Richtige für Kletteranfänger und -profis.

Pinnacle Sports KLETTERN
(☎07-3368 3335; www.pinnaclesports.com.au; 2 Std. Abseilen ab 80 AU$, 3 Std. Klettern ab 90 AU$) Lust auf die Kangaroo Point Cliffs zu klettern? Oder sich vielleicht doch lieber abseilen? Beides macht richtig viel Spaß! Im Angebot sind u.a. zweistündiges Abseilen bei Sonnenuntergang und ganztägige Klettertouren in den Glass House Mountains.

Story Bridge Adventure Climb ABENTEUERSPORT
(Karte S. 304; ☎1300 254 627; www.sbac.net.au; 170 Main St, Kangaroo Point; Klettern ab 100 AU$; 🚌234, ⛴Thornton St, Holman St) An Brisbanes berühmtester Brücke zu klettern, ist ein Wahnsinnserlebnis und bietet einen unschlagbaren Blick auf die Stadt – egal ob tagsüber, nachts oder in der Morgen- bzw. Abenddämmerung. Der zweistündige Aufstieg an der südlichen Brückenhälfte erfolgt 80 m über dem kurvigen, schlammigen Brisbane River. Am letzten Samstag im Monat kann man auch morgens bei Sonnenaufgang klettern. Mindestalter zehn Jahre.

Riverlife ABENTEUERSPORT
(Karte S. 304; ☎07-3891 5766; www.riverlife.com.au; Naval Stores, Kangaroo Point Bikeway, Kangaroo Point; Verleih Fahrrad/Inlineskates pro 4 Std. 35/40 AU$, Kajak 35 AU$/2 Std.; ⏲9–17 Uhr; ⛴Thornton St) Am Fuß des Kangaroo Point Cliffs bietet Riverlife viele spannende Aktivitäten. Wie wär's mit Klettern (ab 55 AU$), Abseilen (45 AU$) oder einer Flusstour mit dem Kajak (ab 45 AU$). Freitag- und samstagabends werden auch „Paddle & Prawns"-Touren (85 AU$, Essen und alkoholische Getränke inkl.) angeboten. Hier kann man sich auch Fahrräder, Kajaks und Inlineskates ausleihen.

Q Academy MASSAGE
(Karte S. 316; ☎1300 204 080; www.qacademy.com.au; 20 Chester St, Newstead; Massage 30 AU$/Std.; 🚌300, 302, 305, 306, 322, 470) Bei Q Academy kommt man in den Genuss des besten Schnäppchens, das Brisbane zu bieten hat: einstündige Entspannungs- und Heilmassagen für 30 AU$. Obwohl die Behandler noch in der Ausbildung sind, so haben sie doch alle ein umfassendes theoretisches Wissen und genug Erfahrung, damit man sich anschließend wie auf Wolken fühlt. Wegen der großen Beliebtheit sollte man mindestens eine Woche im Voraus übers Internet buchen.

Skydive Brisbane FALLSCHIRMSPRINGEN
(☎1300 663 634; www.skydive.com.au; ab 300 AU$) Die Tandem-Sprünge über Brisbane enden am Strand in Redcliffe. Weitere Infos über Specials siehe Website.

Fly Me to the Moon BALLONFAHREN
(☎07-3423 0400; www.brisbanehotairballooning.com.au; Erw./Kind inkl. Transfer ab 250/330 AU$) Einstündige Heißluftballonfahrten über das Hinterland. Anschließend gibt's auf einem Weingut in der idyllischen Rim-Region westlich der Gold Coast ein Champagner-Frühstück. Der Transfer zurück nach Brisbane wird ebenfalls angeboten.

Geführte Touren

CityCat BOOTSFAHRT
(☎13 12 30; www.translink.com.au; einfache Strecke 5,60 AU$; ⏲5.25–23.25 Uhr) Statt in ein Auto oder einen Bus zu steigen, sollte man lieber an Bord einer CityCat-Fähre gehen und Brisbane in Ruhe vom Fluss aus genießen. Die Fähren verkehren alle 15 bis 30 Minuten zwischen dem Northshore Hamilton Terminal nordöstlich der Stadt und der University of Queensland im Südwesten mit 16 Zwischenstopps, u. a. Teneriffe, New Farm Park, North Quay (für den CBD) und South Bank (praktisch für West End).

Brisbane Greeters GEFÜHRTE TOUREN
(Karte S. 304; ☎07-3156 6364; www.brisbanegreeters.com.au; Brisbane City Hall, King George Sq; ⏲10 Uhr) Freundliche Freiwillige leiten diese kostenlosen „Brizzy"-Einführungstouren in kleinen Gruppen, die man mindestens drei Tage im Voraus online oder telefonisch buchen sollte. Bei Online-Buchung kann man sich auch eine „Your Choice"-Tour aussuchen, die dann auf den persönlichen Interessen basiert und sich nach dem eigenen Zeitplan richtet. Diese Touren sollten mindestens fünf Tage im Voraus gebucht werden.

River City Cruises BOOTSFAHRT
(Karte S. 304; ☎0428 278 473; www.rivercitycruises.com.au; South Bank Parklands Jetty A; Erw./Kind/Fam. 29/15/65 AU$) Kommentierte Flussfahrten von South Bank (Start 10.30 & 12.30 Uhr, im Sommer auch 14.30 Uhr; 1½ Std.) nach New Farm und zurück.

XXXX Brewery Tour GEFÜHRTE TOUREN
(Karte S. 310; ☎07-3361 7597; www.xxxx.com.au; Ecke Black St & Paten St, Milton; Erw./Kind 32/18 AU$; 🚌375, 433, 475) Lust auf ein paar XXXX? Auf den 1½-stündigen Brauereiführungen erhält man ein paar Ales gegen die Hitze umsonst (Auto besser zu Hause lassen!). Montags bis freitags gibt es vier Führungen täglich, samstags neun (s. Website). Im Angebot sind auch Kombitouren: Brauerei und Suncorp Stadium (S. 324) (Erw./Kind 48/28 AU$, Do 10.30 Uhr). Im Voraus reservieren und feste Schuhe anziehen. Wer weiterhin Durst hat, geht in die Bierstube.

Brisbane Ghost Tours GEFÜHRTE TOUREN
(☎07-3344 7265; www.brisbaneghosttours.com.au; Spaziergänge Erw./Kind/Fam. 20/13/

55 AU$, Bustouren Erw./Kind 50/40 AU$) Auf diesen 1½-stündigen Spaziergängen oder 2½-stündigen Bustouren zu Brisbanes Geistererbe bekommt man garantiert eine Gänsehaut. Auf dem Programm stehen u. a. Schauplätze von Morden, Friedhöfe, schaurige Säulengänge und das berühmt-berüchtigte **Boggo Road Gaol** (Karte S. 296; ☎07-3844 0059, 0411 111 903; www.boggoroadgaol.com; Annerley Rd, Dutton Park; historische Touren Erw./Kind/Fam. 26,50/13,75/52 AU$, Geistertouren Erw./Kind über 12 Jahre 45/30 AU$; ⏲1½-stündige historische Touren Do–So 11, plus So 10 Uhr, 2-stündige Geistertouren Mi & Fr–So 19.30, plus Fr 20.30 Uhr; 🚌112, 116, 202). Es werden mehrere Touren pro Woche angeboten; unbedingt im Voraus reservieren.

Kurse

Golden Pig Cooking School & Cafe KOCHEN

(Karte S. 296; ☎07-3666 0884; www.goldenpig.com.au; 38 Ross St, Newstead; Kochkurs 4 Std. 165 AU$; ⏲Café Mo 7.30–12, Di–Fr 7.30–14 Uhr; 🚌300, 302, 305) In einem Lagerhaus am Rand von Newstead bietet die Köchin Katrina Ryan eine Reihe recht beliebter Kochkurse mit verschiedenen Schwerpunkten an – von der modernen griechischen, der vietnamesischen, der südamerikanischen und nahöstlichen Küche bis zu Brunch und Backen mit Sauerteig. Katrinas Hintergrundwissen ist beeindruckend, sie hat schon in mehreren australischen Top-Restaurants gearbeitet. Infos über Kurszeiten und -themen stehen auf der Website. Im Angebot sind auch „Single"-Kurse für Schleckermäuler, die keine Lust mehr auf TK-Kost und Fast Food haben.

Feste & Events

Brisbane International SPORT

(www.brisbaneinternational.com.au; ⏲Jan.) Das achttägige Profi-Tennisturnier Anfang Januar findet kurz vor dem Grand-Slam Australian Open in Melbourne statt. Ausgetragen wird das Turnier mit Weltklassespielern im Queensland Tennis Centre im Vorort Tennyson.

BrisAsia Festival KULTUR

(www.brisbane.qld.gov.au; ⏲Jan./Feb.) Auf dem Ende Januar/Februar stattfindenden dreiwöchigen Festival werden mit über 80 Events in der ganzen Stadt sowohl traditionelle als auch moderne asiatische Kulturen präsentiert. Auf dem Festival-Programm stehen u.a. Tanz-, Musik- und Theateraufführungen sowie Filme, interaktive Gemeinde-Events und die asiatische Küche.

Chinesisches Neujahrsfest KULTUR

(www.chinesenewyear.com.au; ⏲Jan./Feb.) Findet im Januar/Februar statt und wird entlang der Chinatown Mall (Duncan St; Fortitude Valley) mit Feuerwerk, umherwirbelnden Drachen und tollem Essen gefeiert.

Brisbane Street Art Festival KUNST

(www.bsafest.com.au; ⏲Feb.) Das Zischen der Spraydosen begleitet dieses immer beliebter werdende zweiwöchige Festival, auf dem australische und internationale Straßenkünstler die Wände der Stadt mit eindrucksvollen Kunstwerken besprühen. Neben Wandgemälden werden auch Ausstellungen, Musik, Theater, Light-Shows, Workshops und Kurse in Straßenkunst angeboten.

Brisbane Comedy Festival COMEDY

(www.briscomfest.com; ⏲Feb./März) Gerade schlecht drauf? Dann ist das einmonatige Lach-Fest, das meist von Ende Februar bis Ende März dauert, genau das Richtige. Es werden fast 70 Comedy Acts von einheimischen und internationalen Komikern geboten. Die Gigs finden im Brisbane Powerhouse (S. 324), dem Kunstzentrum am Fluss, und in der Brisbane City Hall (S. 294) statt.

CMC Rocks Queensland MUSIK

(www.cmcrocks.com; ⏲März) Das größte Country- und Roots-Festival auf der Südhalbkugel findet im März drei Tage und Nächte lang auf dem Willowbank Raceway am Südwestrand von Brisbane statt. Hier kann man sich auf große Namen aus aller Welt freuen, z. B. Dixie Chicks, Little Big Town und Kip Moore sowie einheimische Countrymusiker der Spitzenklasse.

Anywhere Theatre Festival THEATER

(www.anywherefest.com; ⏲Mai) Mehr als zwei Wochen lang wird Brisbane zu einer großen Bühne. An den unerwartetsten Ecken der Stadt gibt's Hunderte von Performances – von Theateraufführungen in kleinen Gassen bis hin zu Variétés in Antiquitätenläden und lautstarken Sopranisten in unterirdischen Speichern.

Queensland Cabaret Festival THEATER

(www.queenslandcabaretfestival.com.au; ⏲Juni) Im Juni geht's auf dem zehntägigen Queensland Cabaret Festival im Brisbane Powerhouse (S. 324) frech und aufmüpfig zu. Geboten wird ein Mix aus australischen und

Brisbane Zentrum, Kangaroo Point & South Bank

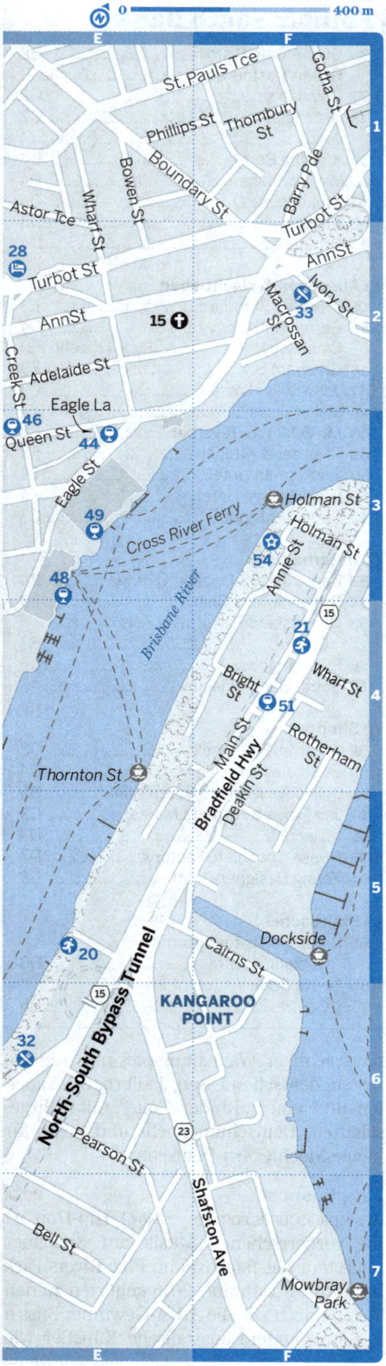

internationalen Acts mit Interpreten wie der amerikanischen Schauspielerin und Sängerin Molly Ringwald und der britischen *chansonnière* Barb Jungr.

Queensland Music Festival MUSIK
(QMF; www.queenslandmusicfestival.org.au; ⌚ Juli) Die berühmte Liedermacherin Katie Noonan ist derzeit die künstlerische Leiterin des alle zwei Jahre in ganz Queensland stattfindenden Festivals mit einem erlesenen Programm von klassischer bis zu zeitgenössischer Musik. Das dreiwöchige Festival findet im Juli in ungeradzahligen Jahren statt. Die meisten Veranstaltungen sind kostenlos.

„Ekka" Royal Queensland Show KULTUR
(www.ekka.com.au; ⌚ Aug) Auf diesem riesigen zehntägigen Event im August trifft Land auf Stadt. Geboten werden Feuerwerk, Wundertüten, Fahrgeschäfte, Konzerte, Schafschur-Demonstrationen und massenhaft preisgekrönte Tiere. Es gibt auch eine Koch-Bühne mit Kochdemonstrationen von Promi-Köchen.

Bigsound Festival MUSIK
(www.bigsound.org.au; ⌚ Sept.) An drei tollen Tagen im September lockt Australiens führendes neues Musikfestival Käufer, Experten der Musikindustrie und Fans junger australischer Musiktalente an. Im Judith Wright Centre of Contemporary Art (S. 324) und an 15 weiteren Veranstaltungsorten treten etwa 150 Newcomer auf.

Brisbane Festival THEATER
(www.brisbanefestival.com.au; ⌚ Sept.) Dieses dreiwöchige Festival im September ist eines der größten und vielfältigsten Feste Australiens. Neben einem bunten Rahmenprogramm werden beeindruckende Konzerte, Theater- und Tanzaufführungen geboten. Das Festival endet mit dem spektakulären „Riverfire", einer gigantischen Feuerwerksshow über dem Brisbane River.

Brisbane Pride Festival SCHWUL-LESBISCH
(www.brisbanepride.org.au) Das vierwöchige im September stattfindende LGBT-Festival ist das drittgrößte Australiens. An dem beliebten Pride March und am Fair Day ziehen Tausende Lesben, Schwule, Bisexuelle, Transgender und andere von Fortitude Valley zum New Farm Park. Der legendäre Queen's Ball findet im Juni statt.

Brisbane Writers Festival LITERATUR
(BWF; www.uplit.com.au; ⌚ Sept.) Queenslands erstklassiges Literatur-Event gibt es seit

Brisbane Zentrum, Kangaroo Point & South Bank

Highlights
1 City Hall ... C2
2 Gallery of Modern Art ... B2
3 Museum of Brisbane ... C3
4 Queensland Cultural Centre ... B3

Sehenswertes
5 City Botanic Gardens ... D5
6 Commissariat Store Museum ... C4
7 Old Government House ... C5
8 Parliament House ... C5
9 Pillars Project ... A2
Queensland Art Gallery ... (siehe 4)
10 Queensland Maritime Museum ... B6
11 Queensland Museum & Sciencentre ... A3
12 Roma Street Parkland ... C1
13 Shrine of Remembrance ... D2
14 South Bank Parklands ... B4
15 St. John's Cathedral ... E2
16 Wheel of Brisbane ... B4

Aktivitäten, Kurse & Touren
17 Brisbane Explorer ... D3
18 Brisbane Greeters ... C2
19 River City Cruises ... B4
20 Riverlife ... E5
21 Story Bridge Adventure Climb ... F4
22 Streets Beach ... B5

Schlafen
23 Base Brisbane Embassy ... D3
24 Base Brisbane Uptown ... C2
25 Brisbane City Backpackers ... A1
26 Brisbane City YHA ... A1
27 Ibis Styles ... C3
28 New Inchcolm Hotel & Suites ... E2
29 Next ... C3
30 Punthill Brisbane ... D1
31 Rydges South Bank ... A4

Essen
32 Cliffs Cafe ... E6
33 E'cco ... F2
34 Felix for Goodness ... C3
35 Gauge ... A3
36 GOMA Cafe Bistro ... B2
GOMA Restaurant ... (siehe 2)
37 Govinda's ... C2
38 Greenglass ... C2
Julius ... (siehe 35)
39 Kiss the Berry ... B4
40 Miel Container ... D4
41 Stokehouse Q ... B6
42 Strauss ... D3
43 Urbane ... D4

Ausgehen & Nachtleben
44 Brooklyn Standard ... E3
45 Coffee Anthology ... D4
Embassy Hotel ... (siehe 23)
46 Gresham Bar ... E3
47 John Mills Himself ... C3
Maker ... (siehe 35)
48 Mr. & Mrs. G. Riverbar ... E3
49 Riverbar & Kitchen ... E3
50 Sportsman Hotel ... D1
51 Story Bridge Hotel ... F4
52 Super Whatnot ... C3

Unterhaltung
53 Ben & Jerry's Openair Cinemas ... B4
54 Brisbane Jazz Club ... F3
55 Queensland Performing Arts Centre ... B3
56 Riverstage ... C6
57 South Bank Cineplex ... A5

Shoppen
58 Archives Fine Books ... C3
59 Brisbane Riverside Markets ... D4
60 Collective Markets South Bank ... B5
61 Jan Powers Farmers Market ... C3
62 Maiocchi ... D3
63 Noosa Chocolate Factory ... D2
64 Young Designers Market ... B5

Praktisches
65 Brisbane Visitor Information & Booking Centre ... D3
66 South Bank Visitor Information Centre ... B5

über 50 Jahren. Auf dem fünftägigen Programm stehen Lesungen, Diskussionen und andere zum Nachdenken anregende Veranstaltungen von australischen und internationalen Schriftstellern und Denkern.

Oktoberfest KULTUR
(www.oktoberfestbrisbane.com.au; ⌚Okt.) Zum größten deutschen Rummel in Australien werfen sich die Brisbaner richtig in Schale, d. h. in Lederhosen und Dirndl. Das Fest findet an zwei Wochenenden im Oktober auf den Brisbane Showgrounds statt. Es ist ein bierträchtiger Wahnsinnsspaß mit traditionellem deutschen Essen, Jodlern, Blaskapellen und einer „Kinder Zone" mit Fahrgeschäften, Deutschunterricht und mehr für kleine Möchtegern-Deutsche.

Park Sounds MUSIK
(www.parksounds.com.au; ⌚Nov.) Hip-Hop ist die vorherrschende Musik auf Brisbanes neuestem Musikfestival im Pine Rivers Park im Vorort Strathpine. 2016 gehörten zu den Teilnehmern z. B. die ARIA-Gewinner Bliss n Eso und andere australische Künstler wie

Drapht und Pon Cho (von den Thundamentals). Das Event findet an einem Nachmittag im November statt.

Brisbane Asia Pacific Film Festival FILM
(BAPFF; brisbaneasiapacificfilmfestival.com; Nov./Dez.) Kino aus Ozeanien und Asien ist das Thema dieses 16-tägigen Festivals. Es werden um die 80 Filme aus so unterschiedlichen Ländern wie Australien, Neuseeland, China, Korea, Philippinen, Afghanistan, Indien, Russland und dem Iran gezeigt. Auf dem Programm stehen Spielfilme, Kurz- und Dokumentarfilme sowie Podiumsdiskussionen und andere Sonderveranstaltungen.

Schlafen

Die Preise gehorchen im Allgemeinen nicht der ansonsten üblichen Haupt-Nebensaison-Regel, sie richten sich vielmehr nach der Nachfrage. In der Wochenmitte und in den Ferien sind die Preise oft höher, genau wie an den Tagen, an denen Großveranstaltungen stattfinden.

Zentrum

Base Brisbane Embassy HOSTEL $
(Karte S. 304; 07-3014 1715; www.stayatbase.com; 214 Elizabeth St; B/DZ/2BZ ab 35/100/130 AU$; ; Central) Der schicke zur Base-Kette gehörende Ableger im Zentrum ist ruhiger als andere Hostels, obwohl er sich direkt hinter der viel besuchten Queen Street Mall befindet. Die Unterkunft ist zwar etwas seelenlos, bietet aber auch einige Pluspunkte, u. a. einen großen Raum für Filmvorführungen und eine Sonnenterrasse mit Grillmöglichkeiten und Blick auf die Stadt. Craft-Bier gibt's unten im **Embassy Hotel** (Karte S. 304; www.embassybar.com.au; Mo–Mi 11–22, Do 11–23 Uhr, Fr 11 Uhr–open end, Sa 12 Uhr–open end).

Base Brisbane Uptown HOSTEL $
(Karte S. 304; 07-3238 5888; www.stayatbase.com; 466 George St; B/2BZ & DZ ab 21/145 AU$; ; Roma St) Das relativ neue, zweckmäßige Hostel in der Nähe der Roma St Station hat eine moderne Einrichtung sowie anständige Ausstattung und ist sauber. Jedes Zimmer ist mit Klimaanlage, Bad und Schließfach ausgestattet, und das Hostel ist behindertengerecht. In der Bar im Untergeschoss gibt's Partys, Sportübertragungen auf Riesen-TVs, DJs und „Open Mic"-Abende.

Next HOTEL $$
(Karte S. 304; 07-3222 3222; www.snhotels.com/next/brisbane; 72 Queen St; Zi. ab 180 AU$; ; Central) Das Next direkt oberhalb der Queen Street Mall ist eine schicke, erschwingliche Unterkunft in zentraler Lage. Die schönen, modernen Zimmer sind nichts Besonderes, aber mit hochmoderner Touchscreen-Technologie und ordentlichen Betten ausgestattet. Am langen Outdoor-Pool gibt's eine gut besuchte Bar und daneben eine Traveller-Lounge (mit Massage-Stühlen und Duschen) für Gäste, die frühmorgens einchecken oder vor dem Abflug spätabends noch ein wenig Relaxen wollen. Zum Hotel gehört auch ein Fitnessraum.

Ibis Styles HOTEL $$
(Karte S. 304; 07-3337 9000; www.ibisstylesbrisbaneelizabeth.com.au; 40 Elizabeth St; DZ ab 140 AU$; ; Central) Im weltweit größten Ibis-Hotel gibt's fesche, moderne Budgetzimmer. In der Lobby sorgen mehrfarbige Teppiche und auffällige geometrische Muster für ein verspieltes Ambiente. Die recht kleinen Standardzimmer sind komfortabel und hell, sie haben ausgezeichnete Matratzen, Smart-TVs und einen tollen Blick auf den Fluss und South Bank. Zum Hotel gehören auch ein kleiner Fitnessraum mit ausgezeichneten Geräten und eine Waschküche für die Gäste.

Punthill Brisbane HOTEL $$
(Karte S. 304; 07-3055 5777, 1300 731 299; www.punthill.com.au/property/brisbane/punthill-brisbane; 40 Astor Tce, Spring Hill; 1-/2-Zi.-Apt. ab 150/185 AU$; P; Central) Das Punthill mit seiner Lobby voller Retro-Fahrrädern (die gemietet werden können) bietet schicke, moderne, in gedeckten Farben gehaltene Suiten. Die Apartments sind mit bequemen Betten, Kochnische oder Küche, Balkon und modernen Kleinigkeiten wie Flachbild-TVs und I-Pod-Dockingstationen ausgestattet. Zum Hotel gehören ein kleiner Pool, ein Fitnessraum und Gäste-Waschmaschinen. Insgesamt eine gute, zentral gelegene Option mit konkurrenzfähigen Preisen. Parkplatz 25 AU$.

New Inchcolm Hotel & Suites HISTORISCHES HOTEL $$$
(Karte S. 304; 07-3226 8888; www.inchcolm.com.au; 73 Wickham Tce; DZ ab 210 AU$; P; Central) Das unter Denkmalschutz stehende Inchcolm (mit seinem alten, mit Eichenholz getäfelten Fahrstuhl), das in den 1920er-Jahren als Ärztewohnhaus entstand, ist traumhaft vornehm und anheimelnd. Die Zimmer im neueren Flügel bieten mehr Platz und Licht, die im alten Flügel dagegen

mehr Charme. Alle Zimmer haben gut durchdachte Kleinigkeiten wie Kaffeemaschinen, Stielgläser von Riedel und eine Minibar voller Leckereien aus der Gegend. Ein Hotelrestaurant gibt's natürlich auch. Parkplatz 40 AU$.

South Bank & West End

GoNow Family Backpacker HOSTEL $
(Karte S. 310; ☎0434 727 570, 07-3472 7570; www.gonowfamily.com.au; 147 Vulture St, West End; B 19–30 AU$, DZ 70 AU$; P ❄ 📶; 🚌198, 199) Das Gonow hat garantiert die billigsten Betten Brisbanes! Trotz der niedrigen Preise ist das Hostel sauber, sicher und würdevoll. Es liegt auch nicht an einer Partymeile: Wer nachts um die Häuser ziehen will, ist in einem anderen Hostel besser aufgehoben. Die Zimmer im oberen Stock haben höhere Decken.

Brisbane Backpackers HOSTEL $
(Karte S. 310; ☎1800 626 452, 07-3844 9956; www.brisbanebackpackers.com.au; 110 Vulture St, West End; B 21–34 AU$, DZ/2BZ/3BZ ab 100/110/135 AU$; P ❄ @ 📶 🏊; 🚌198, 199) Wer auf Party steht, ist hier genau richtig. Das Riesenhostel mit tollem Pool- und Barbereich hat einfache Zimmer, die meist gut in Schuss sind. Bis zu den Lokalen, Bars und Livemusik-Locations in West End sind es nur ein paar Schritte.

Rydges South Bank HOTEL $$
(Karte S. 304; ☎07-3364 0800; www.rydges.com; 9 Glenelg St, South Brisbane; Zi. ab 180 AU$; ❄ 📶 🏊; 🚆South Brisbane) Das zwölfstöckige Hotel, das gerade generalüberholt wurde, ist der Renner. Von hier sind die South Bank Parklands und die bedeutendsten Galerien zu Fuß erreichbar. Die großen, einladenden Standardzimmer sind in Silber-, Grau- und Purpurtönen gehalten (man sollte versuchen, ein Zimmer mit Blick zur Stadt zu bekommen). Sie bieten alle wunderbar bequeme Betten, Smart-TVs, Gratis-WLAN und Klimaanlagen mit Bewegungssensoren. Die Bäder sind klein, aber fein.

Fortitude Valley & New Farm

Bunk Backpackers HOSTEL $
(Karte S. 316; ☎1800 682 865, 07-3257 3644; www.bunkbrisbane.com.au; 11-21 Gipps St, Fortitude Valley; B ab 25 AU$, EZ 60 AU$, 2BZ/Apt. ab 85/190 AU$; P ❄ @ 📶 🏊; 🚆Fortitude Valley) Die alte Kunstakademie wurde vor mehr als zehn Jahren als Backpackerhostel wiedergeboren – und die Party geht weiter! Das riesige fünfstöckige Gebäude beherbergt Dutzende Zimmer (größtenteils Schlafsäle mit 8 Betten) und ist nur einen Steinwurf vom Valley-Nachtleben entfernt. Hier gibt's außerdem eine große Gemeinschaftsküche, einen Pool, einen Whirlpool, die Bar **Birdees** (Karte S. 316; ☎07-3852 5000; www.katarzyna.com.au/venues/birdees; 608 Ann St; ⏲Mo–Mi 15 Uhr–open end, Do–So 12 Uhr–open end) und ein paar tolle Apartments mit fünf Betten. Das Hostel ist nichts für Leute, die um 22 Uhr schlafen möchten. Parkplatz 12 AU$.

Bowen Terrace PENSION $
(Karte S. 316; ☎07-3254 0458; www.bowenterrace.com.au; 365 Bowen Tce, New Farm; B ab 34 AU$, EZ/DZ ohne Bad ab 70/80 AU$, DZ/FZ mit Bad ab 95/145 AU$; P @ 📶 🏊; 🚌196, 195, 199) Dieser restaurierte, 100 Jahre alte Queenslander bietet preisgünstige Zimmer in einer sehr gefragten Gegend. Die einfachen Zimmer haben TV, Minibar, hochwertige Bettwäsche und hohe Decken mit Ventilatoren (Klimaanlagen gibt es nicht). Außerdem sind eine Gemeinschaftsküche, eine Waschmaschine sowie ein Pool vorhanden. Die Zimmer sind etwas hellhörig, bieten aber einen echten Gegenwert fürs Geld und haben weit mehr Klasse als die eines Durchschnittshostels.

Tryp BOUTIQUEHOTEL $$
(Karte S. 316; ☎07-3319 7888; www.trypbrisbane.com; 14–20 Constance St, Fortitude Valley; Zi. 160–340 AU$; ❄ 📶; 🚆Fortitude Valley) Fans von Straßenkunst werden dieses Hotel mit 65 hippen Zimmern, einem kleinen Fitnessraum, einer Dachterrassenbar und einem verglasten Fahrstuhl mit Blick auf die von Graffiti übersäte Nachbarschaft lieben. Jede der vier Etagen wurde von einem anderen Brisbaner Straßenkünstler gestaltet. Die kleinen, aber gemütlichen Standardzimmer haben Kaffeemaschinen und Traumbetten.

Limes BOUTIQUEHOTEL $$
(Karte S. 316; ☎07-3852 9000; www.limeshotel.com.au; 142 Constance St, Fortitude Valley; DZ ab 180 AU$; P ❄ 📶; 🚆Fortitude Valley) Obwohl die Zimmer im trendigen Limes klein sind, machen sie doch viel aus dem wenigen Platz. Sie punkten mit edlem Bettzeug, Kochnischen und Arbeitsplatz. Praktische Extras sind u.a. Kaffeemaschinen, Gratis-WLAN und kostenlose Fitnessraum-Pässe. Whirlpool, Bar und Kino auf dem Dach sind traumhaft, sorgen abends aber auch für Lärm. Wer einen leichten Schlaf hat, sollte Ohrstöpsel mitbringen. Der Parkplatz ist in der Nähe (20 AU$).

Großraum Brisbane

Brisbane City YHA HOSTEL $
(Karte S. 304; 07-3236 1004; www.yha.com.au; 392 Upper Roma St; B ab 34 AU$, 2BZ & DZ mit/ohne Bad ab 125/107 AU$, FZ ab 145 AU$; 375, 380, Roma St) Das blitzblanke, gut geführte Hostel bietet einen Dachpool und eine Sonnenterrasse mit spektakulärem Blick auf den Fluss. Die Schlafsäle haben meist eigene Bäder und sind mit maximal sechs Betten auch nicht zu groß. Sicherheit wird hier großgeschrieben, es gibt eine Küche (mit vielen Kühlschränken) und Aktivitäten wie Filmabende, wöchentliche Stadtspaziergänge und Grillabende. Dennoch ist dies ein YHA-Haus und kein Partytempel. Parkplatz 12 AU$.

Brisbane City Backpackers HOSTEL $
(Karte S. 304; 1800 062 572, 07-3211 3221; www.citybackpackers.com; 380 Upper Roma St; B 19–33 AU$, DZ/3BZ ab 80/105 AU$; 375, 380, Roma St) Dieser hyperaktive, preisgünstige Partypalast in der Hostel-Meile Upper Roma St nutzt den begrenzten Outdoor-Raum mit Aussichtsturm und Pool gut aus. In der Bar ist jeden Abend irgendetwas los: DJs, Pool-Action, Quizabende, Karaoke ... Gratis-WLAN gibt's auch. Die preiswerten Zimmer haben keine Klimaanlage. Wer Lust auf Party hat, ist in diesem Hostel gut aufgehoben.

Newmarket Gardens Caravan Park CAMPING $
(Karte S. 296; 07-3356 1458; www.newmarketgardens.com.au; 199 Ashgrove Ave, Newmarket; Stellplatz mit/ohne Strom 43/41 AU$, Standwohnwagen 57 AU$, Budget-Zi. 68 AU$, Hütte 135–160 AU$; 390, Newmarket) Dieser Campingplatz mit seinen Mangobäumen liegt nur 4 km nördlich vom Zentrum. Es gibt eine Reihe mit fünf einfachen Budgetzimmern (ohne Klimaanlage), fünf saubere Hütten (mit Klimaanlage) und viele Wohnmobil- und Zeltstellplätze. Das Angebot für Kinder ist beschränkt. Vom Zentrum erreicht man den Campingplatz mit Bus 390, er hält ca. 200 m östlich des Platzes (Haltestelle 20 aussteigen).

Art Series – The Johnson HOTEL $$
(Karte S. 296; 07-3085 7200; www.artserieshotels.com.au/johnson; 477 Boundary St, Spring Hill; Zi. ab 165 AU$; 301, 321, 411) Das 2016 eröffnete Hotel ist das erste Art-Series-Hotel in Brisbane. Es ist dem abstrakten Künstler Michael Johnson gewidmet, der mit seinen breiten, kräftigen Pinselstrichen auf sich aufmerksam gemacht hat. Eingerahmte Werke von Johnson schmücken die ordentlichen, modernen Zimmer, die alle himmlische AH-Beard-Matratzen, Designerlampen und Gratis-WLAN haben. Außerdem gibt's einen Fitnessraum und auf dem Dach einen schicken 50 m-Pool, der von dem Olympia-Goldmedaillengewinner Michael Klim entworfen wurde.

Essen

Brisbanes Gastro-Szene boomt – eine Tatsache, die auch Gourmet-Kritikern und cleveren Schlemmermäulern des Landes nicht verborgen geblieben ist. Die Stadt bietet von Mod-Oz-Verköstigungen bis hin zu Food Trucks immer mehr gute, zuverlässige kulinarische Highlights.

Zentrum

Miel Container BURGER $
(Karte S. 304; 07-3229 4883; www.facebook.com/mielcontainer; Ecke Mary St & Albert St; Burger ab 12 AU$; Mo–Do & Sa 11–22, Fr 11–23 Uhr; Central) Der dunkelrote Schiffscontainer versteckt sich in einem Winkel zwischen Brisbanes Wolkenkratzern. Einfach Brötchen, Burger, Gemüse, Käse und Sauce aussuchen und sich dann auf dem Bürgersteig ein Plätzchen suchen. Wem das zu kompliziert erscheint, sollte sich den klassischen Miel-Burger aus Fleisch von grasgefütterten Rindern mit Zwiebelkonfitüre, Bacon und Strauchtomaten bestellen. Eine saftige, fleischlastige Leckerei.

Felix for Goodness CAFÉ $
(Karte S. 304; 07-3161 7966; www.felixforgoodness.com; 50 Burnett La; Hauptgerichte mittags 12–22 AU$, abends 23–24 AU$; Mo & Di 7–14.30, Mi–Fr 7–21.30, Sa 8–14 Uhr; Central) Mit seiner Lage in einer kleinen künstlerisch angehauchten Straße, seinem Industrie-Schick und dem stets coolen Vibe könnte das Felix auch in Melbourne sein. Hier kann man wunderbar einen Espresso trinken oder ordentliche Dinkel-Mohn-Pfannkuchen mit Vanillesahne, Safran, Kardamom und pochierten Birnen oder Frittata mit Kürbis, Ricotta und karamellisierten Zwiebeln essen. Auf der kurzen Abendkarte stehen hauptsächlich Kleinigkeiten, die wunderbar zu einem der kreativen Cocktails passen, sowie einfache Pasta- und Risottogerichte.

West End & Petrie Terrace

Strauss CAFÉ $
(Karte S. 304; ☎07-3236 5232; www.straussfd.com; 189 Elizabeth St; Gerichte 6,50–13,50 AU$; ⏲Mo–Fr 6.30–15 Uhr; 📶; 🚉Central) Strauss frischt sein Erscheinungsbild mit lockerer Coolness und kumpelhaftem Vibe auf. Hierher kommt man nicht nur wegen der Backwaren. Auf der kurzen Speisekarte stehen leckere Gerichte, die aus regionalen Zutaten zubereitet werden. Wie wär's mit einem kreativ zusammengestellten Salat, einem dicken getoasteten Sandwich (z. B. mit Pastrami, Sauerkraut, Käse und eingelegtem Gemüse) oder einem aufgepeppten Klassi-

West End & Petrie Terrace

ker wie Arme Ritter mit Lemon Curd und Labna. Kaffee ist hier eine ernste Angelegenheit, es gibt ihn kalt, als Espresso und als Filterkaffee.

Govinda's VEGETARISCH $
(Karte S. 304; ☎ 07-3210 0255; www.brisbanegovindas.com.au; 358 George St; All-you-can-eat 12,90 AU$; ⏲ Mo–Fr 7–20, Sa 7–11 Uhr; ✍; 🚉 Roma St) In diesem einfachen, preiswerten, von Hare-Krishna-Anhängern betriebenen Lokal sollte man sich einfach einen Teller nehmen und ihn damit füllen, worauf man gerade Appetit hat: vegetarische Currys, Köfte (Veggie-Bällchen), Salate, Papadams, Chutneys und Griespudding mit Obst. In **West End** (Karte S. 310; ☎ 0404 173 027; 82 Vulture St; ⏲ Mo–Fr 11–15 & 17–20, Sa 11–15 Uhr; 🚌 199) gibt's eine Zweigstelle.

Greenglass FRANZÖSISCH $$
(Karte S. 304; www.facebook.com/greenglass336; 336 George St; Hauptgerichte mittags 12–30 AU$, abends 18–35 AU$; ⏲ Mo–Fr 7–21 Uhr; 🚉 Roma St) Dieser kleine, wie ein Loft anmutende Newcomer versteckt sich am Ende einer kleinen Treppe zwischen einer Discount-Apotheke und einer Oben-ohne-Bar. Hier steht Ungewöhnliches auf der Speisekarte: zum Frühstück gibt's mit Spiegelei, Avocado und dünnen Schweinebauchscheiben belegte Brötchen vom Holzkohlengrill, mittags französische Bistro-Gerichte. Auf der Weinkarte findet man hervorragende Tropfen von kleinen australischen Weingütern.

★ **Urbane** MODERN-AUSTRALISCH $$$
(Karte S. 304; ☎ 07-3229 2271; www.urbanerestaurant.com; 181 Mary St; 5-Gänge-Menü 110 AU$, 7-Gänge-Menü 145 AU$; ⏲ Di–Sa 18–22.30 Uhr; ✍; ⛴ Eagle St Pier, 🚉 Central) Der argentinische Küchenchef Alejandro Cancino leitet das intime Urbane, das i-Tüpfelchen der gehobenen Küche in Brisbane. Wenn es die Reisekasse erlaubt, sollte man sich für das achtgängige Verkostungsmenü entscheiden, denn hier zeigt Cancino seine wahren Talente. Es versteht sich von selbst, dass die Gerichte hier köstlich sind, Mais-„Schnee" (Maismousse tropft in flüssigen Stickstoff) ebenso wie eingelegte und mit Tapiokakügelchen und Macadamia-Nüssen aus der Region gefüllte Zwiebelblüten. Die Weinkarte ist umwerfend.

South Bank & West End

Plenty West End CAFÉ $
(Karte S. 310; ☎ 07-3255 3330; www.facebook.com/plentywestend; 284 Montague Rd, West End; Gerichte 5,50–23,50 AU$; ⏲ 6.30–15 Uhr, Küche schließt um 14.25 Uhr; 📶 ✍; 🚌 60, 192, 198) 🍃 Dieses Café am Westrand von West End befindet sich in einem ehemaligen grafischen Betrieb und bietet in rustikalem Industrieambiente Gerichte aus Produkten direkt vom Erzeuger. In der Vitrine werden frisch zubereitete Panini und Kuchen angeboten, auf der Schiefertafel stehen Leckereien wie karamellisierter Rosenkohl mit Kürbispüree, Feta, Rosinen und Kürbiskernen. An Getränken gibt's frisch gepresste Säfte, Kombucha vom Fass und fantastischen Bio-Kaffee. Anschließend kann man sich dann im dazugehörigen Laden mit scharfer Ananassauce eindecken.

Morning After CAFÉ $
(Karte S. 310; ☎ 07-3844 0500; www.morningafter.com.au; Ecke Vulture St & Cambridge St, West

End; Frühstück 9–19 AU$, Hauptgerichte mittags 15–21 AU$; 7–16 Uhr; ; 199) Das schicke West-End-Café mit modernen hellen Holzmöbeln, glänzenden U-Bahn-Fliesen und auffälligen grünen Akzenten bietet eine ungezwungen coole Atmosphäre und leckere Speisen wie Zucchini-Puffer mit Spiegelei, Karotten, Ingwerpüree und vietnamesischem Salat sowie Bucatini mit Grünkohlpesto, Spinatpüree und Pistazien. Leider ist der Kaffee aber nicht ganz so gut.

Kiss the Berry — GESUND $

(Karte S. 304; 07-3846 6128; www.kisstheberry.com; 65/114 Grey St, South Bank; Schalen 10,50–16 AU$; 7–17 Uhr; ; South Bank Terminals 1 & 2, South Brisbane) Diese junge, peppige Açaí-Bar mit Blick auf die South Bank Parklands serviert frische, schmackhafte Schalen mit Bio-Superfood in den unterschiedlichsten Kombinationen. Besonders empfehlenswert ist Snickers Delight (mit Bananen, Erdbeeren, Rohkakaopulver, Erdnussbutter, Kokosnusswasser, Mandelmilch, Granola, Rohkakaokernbruch sowie Kokosnussjoghurt und -flocken). Wer eine flüssige Açaí-Dröhnung benötigt, sollte sich eine Smoothie-Mahlzeit im Becher bestellen.

★ Gauge — MODERN-AUSTRALISCH $$

(Karte S. 304; 07-3852 6734; www.gaugebrisbane.com.au; 77 Grey St, South Brisbane; Frühstück 12–19 AU$, Hauptgerichte 26–33 AU$; Mo–Mi 7–15, Do & Fr 7–15 & 17.30–21, Sa 8–15 & 17.30–21, So 8–15 Uhr; South Bank Terminals 1 & 2, South Brisbane) Vergiss Hansell. Das Gauge im Café-Stil ist gerade in. In dem kargen Raum mit schwarzen Alu-Lampen, einheimischen Pflanzen und einem hervorragenden Weinangebot werden moderne australische Speisen serviert. Markenzeichen sind u. a. die unbeschreiblichen „Blut-Tacos" mit geröstetem Knochenmark, Pilzen und heimischem Thymian sowie ein köstlicher Zopf aus Bananen-Knoblauch-Brot mit gerösteter Vanille und brauner Butter.

Julius — ITALIENISCH $$

(Karte S. 304; 07-3844 2655; www.juliuspizzeria.com.au; 77 Grey St, South Brisbane; Pizzas 21–24,50 AU$; So, Di & Mi 12–21.30, Do 12–22, Fr & Sa 12–22.30 Uhr; South Bank Terminals 1 & 2, South Brisbane) Der elegante Italiener mit poliertem Betonboden und wie Aperol schimmerndem Interieur serviert Pizzas der Superlative, sowohl *pizze rosse* (mit Tomatensauce) als auch *pizze bianche* (ohne Tomatensauce). Erstere ist u. a. eine einfache, leckere Pizza Marinara, die auf neapolitanische Art (ohne Meeresfrüchte) zubereitet wird. Auch die Pastagerichte sind lecker und die *fritelle di ricotta* (frittierte mit Vanillepudding gefüllte Ricotta-Bällchen) bilden den krönenden Abschluss.

GOMA Cafe Bistro — CAFÉ $$

(Karte S. 304; 07-3842 9906; www.qagoma.qld.gov.au; Gallery of Modern Art, Stanley Pl, South Bank; Mittagessen 15–34 AU$; Mo–Fr 10–15, Sa & So 8.30-15 Uhr; South Bank Terminals 1 & 2, South Brisbane) Das lockere GOMA Cafe Bistro mit Plätzen drinnen und draußen serviert gute Burger, Salate und moderne Bistro-Gerichte. An den Wochenenden gibt's hier auch Frühstück und Mittagessen.

Billykart West End — MODERN-AUSTRALISCH $$

(Karte S. 310; 07-3177 9477; www.billykart.com.au; 2 Edmondstone St, West End; Frühstück 6–23,50 AU$, Hauptgerichte abends 26–36 AU$; Restaurant Mo & So 7–14.30, Di–Sa 7–21.30 Uhr, Laden Mo 11–17, Di–Fr 11–21, Sa 9–21, So 9–17 Uhr; 192, 196, 198, 199) Der bekannte Chefkoch Ben O'Donoghue leitet das Billykart, ein schickes, aber dennoch lockeres Lokal, in dem Blaupausen von Billy Karts und falsches Queenslanderfurnier Kindheitserinnerungen wachrufen. Die leckeren, schön präsentierten Speisen reichen vom australischen Kultfrühstück Aussie-Asian Eggs (Riesengarnelen, Bacon, Spiegelei, Austernsauce, Chili und Shiso-Kresse) bis hin zu leckeren Spaghettini mit Krebsfleisch, die mittags genauso lecker schmecken wie abends. Da das Lokal am Wochenende eine beliebte Frühstückslocation ist, sollte man gleich um 9 Uhr hier sein.

Sea Fuel — FISH & CHIPS $$

(Karte S. 310; 07-3844 9473; www.facebook.com/seafuel; 57 Vulture St, West End; Gerichte 14–26 AU$; 11.30–20.30 Uhr; ; 199) Das Einzige, was Brisbanes bestem Fish'n'Chips-Händler fehlt, ist ein Strand. Es ist ein blitzeblankes, modernes Lokal mit alten Holztischplatten und großen Fotos mit Küstenmotiven. Der frische Fisch stammt aus australischen und neuseeländischen Gewässern und wird nachhaltig gefangen. Die goldfarbenen Chips sind knusprig und mit Gewürzsalz bestreut. Alternativ gibt es hier auch frische Austern, thailändische Fischfrikadellen und knackige Salate.

Chop Chop Chang's — ASIATISCH $$

(Karte S. 310; 07-3846 7746; www.chopchopchangs.com.au; 185 Boundary St, West End; Hauptgerichte 18–32 AU$, Bankett-Menüs 38–55 AU$;

11.30–15 & 17.30–21.30 Uhr; 199) „Glück wird niemals weniger, wenn man es teilt", sagt Buddha. Die hungrigen Horden im Chop Chop Chang's scheinen ebenfalls dieser Meinung zu sein. Sie teilen sich Schüsseln mit würzigen, asiatischen Imbissgerichten wie karamellisiertes Schweinefleisch mit Tamarinde, Sternanis und Zimtkassie, Larb à la Isaan (Schweinemett mit Pak Choi, vietnamesischem Koriander und getrocknetem Chili) und erfrischende Wassermelonen- und Pomelo-Salate. Freitag- und Samstagabend längere Öffnungszeiten.

★ Stokehouse Q MODERN-AUSTRALISCH $$$

(Karte S. 304; 07-3020 0600; www.stokehouse.com.au; River Quay, Sidon St, South Bank; Hauptgerichte 36–42 AU$; Mo–Do 12 Uhr–open end, Fr–So 11 Uhr–open end; South Bank Terminal 3, South Bank) Das mondäne Stokehouse garantiert Umwerfendes: verlässlich gute Gerichte aus Zutaten aus der Region gepaart mit spektakulärem Blick auf Fluss und Stadt. An den Tischen mit schneeweißen Leinendecken genießen die Brisbaner Kreationen wie Hühnerleber und Madeira brûlée mit Obsttoast, Birnen- und Cranberry-Chutney. Die lockere (wenn auch teure) Stoke Bar nebenan bietet einen ähnlich tollen Blick und gute Drinks.

Fortitude Valley

★ King Arthur Cafe MODERN-AUSTRALISCH $

(Karte S. 316; 07-3358 1670; www.kingarthurcafe.com; 164c Arthur St, Fortitude Valley; Gerichte 11,50–21 AU$; Di–Fr 7–15, Sa–Mo 7–14 Uhr; ; 470, Fortitude Valley) Das King Arthur unweit der James St ist immer gut besucht von adretten Kreativen, die hier einen grandiosen Kaffee (u. a. Filterkaffee), frische Backwaren und aufgepeppte Klassiker wie Rührei mit Grünkohl, Brokkoli, fermentierter Chilisauce und Ziegenquark oder warmen Räucherfisch mit Rahmmeerrettich, Kartoffelpüree und eingelegtem Gemüse der Saison genießen. Und das Beste ist, dass das Obst und Gemüse aus der Region und das Fleisch von glücklichen Tieren stammen.

Nodo Donuts CAFÉ $

(Karte S. 316; 07-3852 2230; www.nodo.com.au; 1 Ella St, Newstead; Gerichte 7,50–16 AU$; Di–Fr 7–15, Sa & So 8–15 Uhr; ; 300, 302, 305, 306, 322, 470) Das helle, junge, angesagte Nodo serviert die ungewöhnlichsten Donuts Brisbanes (nach 14 Uhr sind fast alle ausverkauft), z. B. ein Mix aus Blaubeeren, Zitrone und Valrhona-Schokolade mit Roten Beten. Sie werden gebacken (nicht frittiert), sind glutenfrei und enthalten sogar Rohprodukte, die neun Stunden lang getrocknet wurden. Auch die anderen auf der Speisekarte stehenden Leckereien von der grünen Frühstücksschale bis hin zum Mandelmilchshake Magic Mushroom werden aus natürlichen, unraffinierten Zutaten hergestellt. Auch der Kaffee ist hervorragend.

Ben's Burgers BURGER $

(Karte S. 316; 07-3195 3094; www.bensburgers.com.au; Winn Ln, 5 Winn St; Burger 11 AU$; 7 Uhr–open end; Fortitude Valley) Im Ben's, einem kleinen, schlichten Laden im coolsten Sträßchen in Valley werden nur erstklassige Zutaten verwendet. Wie wär ein Frühstück mit Elvis (Bacon, Erdnussbutter, Banane, Ahornsirup)? Mittags und abends kann man dann zwischen Burgern mit und ohne Fleisch wählen. Als Beilagen gibt's Pommes oder Chili-Käse-Pommes und zum Nachtisch Brownies und Pecannusskuchen.

Thai Wi-Rat THAI, LAOTISCH $

(Karte S. 316; 07-3257 0884; 270-292 Brunswick St, Fortitude Valley; Gerichte 12–19 AU$; Mo–Do 11–15 & 17–21.30, Fr–So bis 22 Uhr; Fortitude Valley) Unter den wachsamen Augen des thailändischen Königs sitzen die Gäste in diesem preiswerten Lokal in Chinatown an abwaschbaren Tischen und futtern chililastige thailändische und laotische Gerichte. Das Mittagsspecial kann man getrost links liegen lassen. Stattdessen sollte man sich aus der Karte ein Hauptgericht aussuchen. Wie wär's mit knackig-würzigem *som tum* (grüner Papaya-Salat) oder klassischem *larb* (pikanter Mett-Salat)? Die angebotenen Weine sind nicht besonders gut, man sollte sich seine eigene Flasche mitbringen. Man kann das Essen auch mitnehmen.

James Street Market MARKT $

(Karte S. 316; www.jamesst.com.au/james-st-market; 22 James St, Fortitude Valley; 8 Sashimis 17 AU$, warme Gerichte 10–28 AU$; Mo–Fr 8.30–19, Sa & So 8–18 Uhr; 470, Fortitude Valley) Ein wahres Paradies für Feinschmecker. Auf dem kleinen, modernen, bestens sortierten Markt findet man Spezialitäten wie mit Pesto gefüllte Oliven, göttlichen Käse, Dips, frisch gebackenes Brot, Backwaren und hausgemachte Eiscreme. Für den kleinen Hunger bekommt man an der Seafood-Theke gutes Sushi, Sashimi und herzhafte japanische Nudelsuppe mit Bärenkrebsfleisch.

FOOD TRUCKS & NACHTMÄRKTE

Food Trucks und Street Food haben in Brisbane voll eingeschlagen. Man sieht immer mehr Food Trucks herumfahren, die qualitativ gutes Fast Food von Tacos, Rippchen, Chicken Wings und Burger bis hin zu Pizza aus dem Holzkohlenofen, brasilianischen Hotdogs und malaysisches Satay servieren. Eine Liste der Food Trucks in Brisbane (jeweils mit Speisekarte) gibt's auf www.bnefoodtrucks.com.au. Auf dieser Website findet man auch eine praktische interaktive Karte mit den aktuellen Standorten der Food Trucks.

Von dienstags bis sonntags ist die Fish Lane (gegenüber vom Queensland Museum & Sciencentre in der Grey St) der Standort der **Eating at Wandering Cooks** (www.facebook.com/wanderingcooks), eine wechselnde Mischung aus guten Food Trucks und Ständen, an denen man mittags und abends seinen Hunger stillen kann.

Im weiter im Osten am Brisbane River liegenden Vorort Hamilton befinden sich die extrem beliebten **Eat Street Markets** (S. 318). Sie sind leicht mit der CityCat-Fähre (an der Bretts Wharf aussteigen) zu erreichen. Der Nachtmarkt, der gern von Hipstern besucht wird, ist ein Labyrinth aus aufgemotzten Schiffscontainern, die von frisch geöffneten Austern bis zu einem rauchigen amerikanischen Barbecue und türkischem Gözleme so ziemlich alles anbieten. Und dazu gibt's Liverock.

★ Longtime THAI $$

(Karte S. 316; ☎07-3160 3123; www.longtime.com.au; 610 Ann St; Hauptgerichte 15–45 AU$; ⊙Di–Do & So 17.30–22, Fr & Sa 17.30–22.30 Uhr; 📶; 🚉Fortitude Valley) Kaum hat man die Gasse, die zu diesem schummrig-tollen Lokal führt, gesehen, ist man auch schon dran vorbei. Die hier angebotenen, leckeren Gerichte sind zum Teilen gedacht. Unbedingt probieren sollte man die Weichschalenkrabben „Bao" mit asiatischem Krautsalat – ein Muss. Reservierungen werden nur für 17.30, 18 und 18.30 Uhr angenommen. Wer später kommen will, muss auf sein Glück zählen (dienstag- und sonntagabends hat man die besten Chancen, einen Tisch zu bekommen).

Les Bubbles STEAK $$

(Karte S. 316; ☎07-3251 6500; www.lesbubbles.com.au; 144 Wickham St, Fortitude Valley; Steak-Frites 30 AU$; ⊙So–Do 12–23, Fr & Sa 12–24 Uhr; 🚉Fortitude Valley) Mit dem roten Neon-Slogan „Hier wird seit 1982 Qualitätsfleisch serviert" und den Gauner- und Polizistenfotos macht dieses schicke Steakhouse auf seine Vergangenheit als Bordell aufmerksam. Heute stehen auf der Speisekarte nur noch Steak-Frites mit Pommes bis zum Umfallen und Salat. Dazu wählt man einfach eine Sauce (sehr gut ist die mit grünem Pfeffer und Cognac) und ein passendes Getränk.

Tinderbox ITALIENISCH $$

(Karte S. 316; ☎07-3852 3744; www.thetinderbox.com.au; 7/31 James St, Fortitude Valley; Pizzas 20–24 AU$, Hauptgerichte 28 AU$; ⊙Di–So 17 Uhr–open end; 🚌470, 🚉Fortitude Valley) Das moderne, bei James-St.-Insidern beliebte mit vielen Mosaiken geschmückte Bistro versteckt sich in einer kleinen, von Bäumen gesäumten Gasse unweit der Palace Centro Cinemas. Auf der Speisekarte stehen italienische Gerichte, die man gut mit Freunden teilen kann. Sie reichen von würzigem *'nduja arancini* und sautiertem Tintenfisch mit Chili und Rucola bis hin zu perfekten Holzofenpizzas wie die köstliche Pizza *funghi* (Steinpilze, Mozzarella und Röstzwiebeln). Und wie wär's mit einem innovativen Cocktail dazu?

★ E'cco MODERN-AUSTRALISCH $$$

(Karte S. 304; ☎07-3831 8344; www.eccobistro.com.au; 100 Boundary St; Hauptgerichte 36–42 AU$, 5-Gänge-Verkostungsmenü 89 AU$; ⊙Di–Fr 12–14.30, Di–Sa 18 Uhr–open end; 🖉; 🚌174, 230, 300) Schon seit Jahren gehört das E'cco zu den gastronomischen Highlights in Queensland. Die elegant gekleidete, aber sympathische Bedienung serviert wunderbar ausgeglichene, schön anzusehende Gerichte wie geräucherte Meerforelle mit einem Hauch von Austerncreme oder perfekt zubereitetes Spanferkel mit geräuchertem Karottenpüree, Kimchi und pikanter *'nduja* (streichbare Schweinesalami). Angeboten werden auch kleinere, vegetarische Gerichte (Hauptgerichte 30–38 AU$) sowie ein äußerst empfehlenswertes Verkostungsmenü, das seinen Preis wirklich wert ist.

New Farm

New Farm Confectionery SÜSSIGKEITEN $

(Karte S. 316; ☎07-3139 0964; www.newfarmconfectionery.com.au; 14 Barker St, New Farm; Süßigkeiten ab 3 AU$; ⌚ Mi & Do 10–18, Fr & Sa 10–21.30 Uhr; 🚌 195, 196, 199) Süchtig nach Süßigkeiten? Dann nichts wie hin zu dem winzigen Zuckerbäcker neben den New Farm Six Cinemas. Von Macadamia-Krokant und mit Schokolade überzogene Madagaskar-Vanille-Marshmallows bis zu weißer Schokolade mit Brombeeren – hier werden alle Leckereien aus natürlichen, hochqualitativen Zutaten hergestellt. Wer nostalgisch drauf ist, für den gibt's Brausepulver aus echtem Obst und Lollies zum fröhlichen Dippen.

Sourced Grocer MODERN-AUSTRALISCH **$**
(Karte S. 296; ☎ 07-3852 6734; www.sourcedgrocer.com.au; 11 Florence St, Teneriffe; Gerichte 7–23 AU$; ⌚ Mo–Sa 7–15, So 8–15 Uhr, Laden Mo–Do 7–20, Fr 7–19, Sa 7–17, So 7–16 Uhr; 🚌 199, 393, ⛴ Teneriffe) Hier gibt's Avocado auf Sauerteigbrot (mit geräuchertem Labna) und Bee-One-Third-Honig. Sourced Grocer, ein unauffälliges, cooles Café mit Laden, befindet sich in einem ehemaligen Lagerhaus. Man sitzt auf mit Kissen gepolsterten Milchkisten, es gibt einen hängenden Garten, die heimische Flora wächst in recycelten Dosen und aus der offenen Küche kommen je nach Saison Speisen wie tolle Kohlpfannkuchen mit knusprigen Rosenkohlblättchen, weich gekochtem Ei und Ziegenkäse. Natürlich stammen alle Zutaten aus der Region.

Little Loco CAFÉ **$**
(Karte S. 316; ☎ 07-3358 5706; www.facebook.com/littlelococafe; 121 Merthyr Rd, New Farm; Frühstück 8–17 AU$, Mittagessen 14,50–17 AU$; ⌚ Mo–Fr 6–15, Sa & So 6.30–14.30 Uhr; 🖉; 🚌 196, 199, 195) Ein weißer Raum mit Grünpflanzen hier und da versorgt die Gäste in New Farm mit gesunden Gerichten wie der Green Bowl, ein schmackhafter Mix aus Grünkohl, Spinat, Brokkolini, Feta, Granatapfelsamen, Avocado und Dukkah. Angeboten werden auch vegetarische und Paleo-Gerichte sowie Milch- und Glutenfreies. So viel Gesundes macht hier Sinn, denn der Betreiber des Cafés ist Daniel Bowles, ein Fußballer aus Brisbane.

Double Shot CAFÉ **$**
(Karte S. 296; ☎ 07-3358 6556; www.facebook.com/doubleshotnewfarm; 125 Oxlade Dr, New Farm; Hauptgerichte 11,50–19,50 AU$; ⌚ Mi, Do & Sa 7–15, Fr 7–21, So 8–15 Uhr; 🚌 196, ⛴ Sydney St) Mit seiner niedlichen Holzveranda, der gepflegten Hecke und der peppigen Einrichtung ist das kleine Double Shot der Renner bei jungen Müttern, Hundebesitzern und Immobilienmaklern in schicken Anzügen. Hier trifft man sich auf einen guten Kaffee und um Kokosnussbrot mit Ricotta, spanische Sardinen auf Sauerteigbrot oder einen knackigen Salat aus grüner Papaya, Kokosnuss und Hühnchen zu genießen. Freitags gibt's ab 15 Uhr Tapas.

Chouquette BÄCKEREI **$**
(Karte S. 316; ☎ 07-3358 6336; www.chouquette.com.au; 19 Barker St, New Farm; Stück 2,50–11 AU$, 10 Windbeutel 3,50 AU$; ⌚ Mi–Sa 6.30–16, So 6.30–12.30 Uhr; 🖉; 🚌 195, 196, 199) Ist das vielleicht die beste französische Patisserie jenseits von Toulouse? Darüber sollte man nachsinnen, während man einen leckeren Kaffee, eine Tüte der namensgebenden *chouquettes* (kleine Windbeutel mit Körnerzucker), eine leckere *tarte au citron* oder ein belegtes Baguette genießt. Die charmanten Mitarbeiter hier sprechen Französisch und sind die Kirsche auf der Torte.

Balfour Kitchen MODERN-AUSTRALISCH **$$**
(Karte S. 316; ☎ 1300 597 540; www.spicersretreats.com/spicers-balfour-hotel/dining; Spicers Balfour Hotel, 37 Balfour St, New Farm; Frühstück 14–25 AU$, Hauptgerichte abends 32–38 AU$; ⌚ Mo–Fr 6.30–11, 12–14.30 & 17.30–20.30, Sa & So ab 7.30 Uhr; 🚌 195, 196, 199) Lust auf ein Essen im Speisesaal, auf der Veranda oder doch lieber im Hof inmitten von Frangipanis? Es ist egal, an welchem weiß gedeckten Tisch man nun angesichts der unterschiedlichen, edlen Speisen in Verzückung gerät. Das schicke Café-Restaurant bietet eine sehr queenslandische Mischung, angefangen bei Armen Rittern aus Brioche mit Haselnuss, Schoko-Ganache und Sauerkirschen zum Frühstück bis hin zu heißgeräuchertem Barramundi mit geschmortem Blumenkohl und Pil-Pil-Sauce zum Abendessen. Das sonntägliche Mittagessen wird mit Livemusik serviert.

Himalayan Cafe NEPALESISCH **$$**
(Karte S. 316; ☎ 07-3358 4015; 640 Brunswick St, New Farm; Hauptgerichte 16–27 AU$; ⌚ Di–Do & So 17.30–21.30, Fr & Sa 17.30–22.30 Uhr; 🖉; 🚌 195, 196, 199) Das unkonventionelle Restaurant mit positivem Karma und unzähligen Gebetsfahnen serviert seinen Gästen authentische tibetische und nepalesische Gerichte wie zartes *fhaiya deakau* (Lammfleisch mit Gemüse, Kokosnussmilch, Sauerrahm und Gewürzen). Das Mantra lautet: „Möge jedes einzelne Lebewesen von positiven Kräften beherrscht werden".

Watt MODERN-AUSTRALISCH **$$**
(Karte S. 296; ☎ 07-3358 5464; www.wattbrisbane.com.au; Brisbane Powerhouse, 119 Lamington St,

Fortitude Valley & New Farm

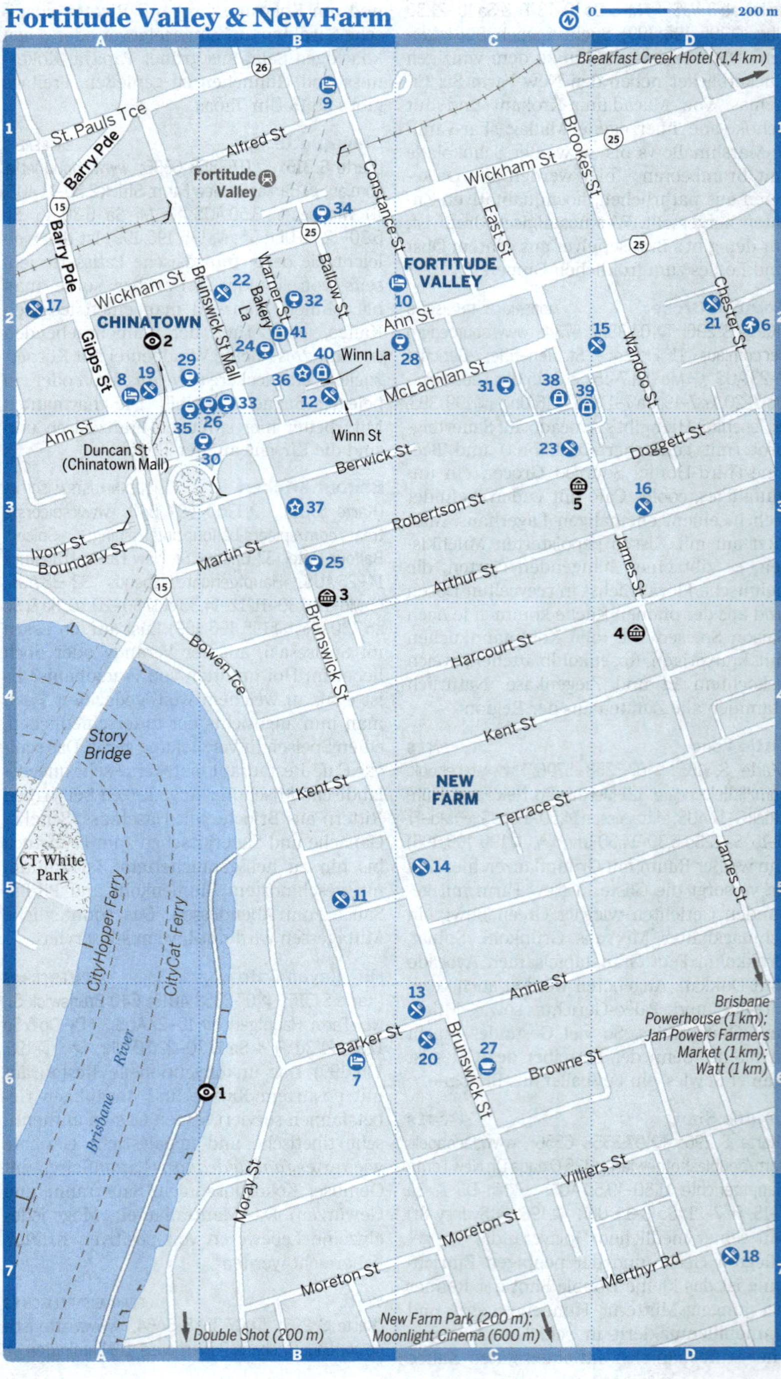

Fortitude Valley & New Farm

Sehenswertes

1 Brisbane Riverwalk B6
2 Chinatown A2
Institute of Modern Art .... (siehe 37)
3 Jan Murphy Gallery B3
4 Suzanne O'Connell Gallery D4
5 TW Fine Art C3

Aktivitäten, Kurse & Touren

6 Q Academy D2

Schlafen

7 Bowen Terrace B6
8 Bunk Backpackers A2
9 Limes B1
10 Tryp C2

Essen

11 Balfour Kitchen B5
12 Ben's Burgers B2
13 Chouquette C6
14 Himalayan Cafe C5
15 James Street Market D2
16 King Arthur Cafe D3
17 Les Bubbles A2
18 Little Loco D7
19 Longtime A2
20 New Farm Confectionery C6
21 Nodo Donuts D2
22 Thai Wi-Rat B2
23 Tinderbox C3

Ausgehen & Nachtleben

24 APO B2
Birdees .... (siehe 8)
25 Bloodhound Corner Bar & Kitchen B3
26 Cloudland B2
27 Death Before Decaf C6
28 Eleven C2
29 Elixir A2
30 Family B3
31 Gerard's Bar C2
32 Holey Moley Golf Club B2
33 Press Club B2
34 Wickham Hotel B1
35 Woolly Mammoth Alehouse A2

Unterhaltung

36 Beat MegaClub B2
37 Judith Wright Centre of Contemporary Arts B3
The Zoo .... (siehe 36)

Shoppen

38 Camilla C2
39 James Street C2
40 Miss Bond B2
Outpost .... (siehe 40)
41 Stock & Supply B2
Tym Guitars .... (siehe 12)
Winn Lane .... (siehe 12)

New Farm; Bar-Snacks 10–29 AU$, Restaurant 25–34 AU$; ⌚Mo 10.30–18, Di–Fr 10.30–22, Sa & So 8–22 Uhr; 🚌195, 196, ⛴New Farm Park) Das Watt auf der Uferebene des Brisbane Powerhouse ist ein luftiges, modernes Plätzchen, an dem man bei einem Gläschen Wein wunderbar relaxen und Leute beobachten kann. An der Bar bekommt man Snacks wie kubanische Fisch-Tacos und Manchego-Kroketten, im Restaurant (Reservierung erforderlich) werden Pappardelle mit Kaninchen aus der Bendigo-Region und geräuchertem Speck, Haselnüssen, Brunnenkressepesto und Parmesan serviert.

Kangaroo Point & Woolloongabba

Cliffs Cafe CAFÉ $

(Karte S. 304; ☎07-3391 7771; www.cliffscafe.com.au; 29 River Tce, Kangaroo Point; Gerichte 6,50–19,50 AU$; ⌚7–17 Uhr; 🚌234) Das luftige Cliffs bietet einen tollen Blick auf den Fluss, die Skyline und die City Botanic Gardens. In dem ungezwungenen Open-Air-Pavillon werden gute Frühstücksgerichte, Panini, Burger, Fish 'n' Chips, Salate und Süßspeisen serviert. Der ungehinderte Postkartenblick haut bestimmt jeden vom Hocker, das Essen aber leider nicht. Hier kann man bei einem Kaffee oder Bier wunderbar abschalten und dankbar sein für diesen Blick.

Pearl Cafe CAFÉ $$

(Karte S. 296; ☎07-3392 3300; www.facebook.com/pearl.cafe.brisbane; 28 Logan Rd, Woolloongabba; Hauptgerichte 16–34 AU$; ⌚Di–Sa 7–20, Sa & So 7–15 Uhr; 🚌125, 175, 204, 234) Das Pearl mit seinem Euro-Flair zwischen Melbourne und Paris gehört am Wochenende zu Brisbanes beliebtesten Brunch-Locations. Es gibt frisch gebackenen Kuchen am Tresen, eine gediegene Auswahl an alkoholischen Getränken im Regal und leckere Gerichte auf der Speisekarte. Die nicht sonderlich guten Avocado auf Toast sollte man vergessen und sich lieber für das beliebte Schweinekotelett entscheiden, das aber nur tagsüber serviert wird. Die großen Sandwiches sind dick belegt.

★1889 Enoteca ITALIENISCH $$$

(Karte S. 296; ☎07-3392 4315; www.1889enoteca.com.au; 10–12 Logan Rd, Woolloongabba; Pasta 21–42 AU$, Hauptgerichte 32–49 AU$; ⌚Di–Fr

12–14.30 & 18–22, Sa 18–22, So 12–14.30 Uhr; 125, 175, 204, 234) Italienische Puristen lieben dieses stimmungsvolle, edle Bistro mit Weinladen zu Recht. Hier wird Pasta *nicht* mit einem Löffel serviert (außer auf ausdrücklichen Wunsch). Auf der Speisekarte mit vorwiegend römischen Gerichten stehen verführerische Speisen wie *carciofi alla Giuda* (auf jüdisch-römische Art gebratene Artischocken mit Petersilie und Zitronen-Mascarpone) und auf der Zunge zergehende Gnocchi mit Schweine-Fenchel-Wurst, Parmesan-Creme und einer Tapenade aus schwarzen Trüffeln. Zu den Weinen der Superlative gehören hochgelobte Tropfen von kleineren italienischen Weingütern.

Großraum Brisbane

Eat Street Markets STRASSENSNACKS $
(07-3358 2500; www.eatstreetmarkets.com; 99 MacArthur Ave, Hamilton; Eintritt Erw./Kind 2,50 AU$/frei, Gerichte ab 10 AU$; Fr & Sa 16–22 Uhr; Bretts Wharf) Was früher ein Containerkai war, ist heute Brisbanes enorm beliebter Nachtmarkt. In dem Labyrinth aus in Küchen umgewandelten Schiffscontainern gibt's so ziemlich alles von frisch geöffneten Austern bis zu einem rauchigen amerikanischen Barbecue und türkischem Gözleme. Mit Craft-Bieren, Festbeleuchtung und Livemusik kann man hier einen der coolsten Abende in Brisbane verbringen. Hin kommt man mit der CityCat-Fähre bis Brett's Wharf.

Scout CAFÉ $
(Karte S. 310; 07-3367 2171; www.scoutcafe.com.au; 190 Petrie Tce, Petrie Terrace; Hauptgerichte 14–18 AU$; 7–15 Uhr; 375, 380) Dieser alte Nachbarschaftsladen stand 17 Jahre lang leer, bevor Scout auftauchte und anfing, Bagels zu verkaufen. Das Ambiente ist schlicht, freundlich und kreativ. Auf der Speisekarte stehen gesunde Salate und Bagels mit Rosmarin-Bratkartoffeln, Gorgonzola, Mozzarella und Chili-Konfitüre.

★ Shouk Cafe NAHÖSTLICH $$
(Karte S. 296; 07-3172 1655; www.shoukcafe.com.au; 14 Collingwood St, Paddington; Gerichte 15,50–22 AU$; 7.30–14.30 Uhr; ; 375) Shouk ist in vielerlei Hinsicht der Sieger: freundliches Personal, lockere Stimmung, vom hinteren Raum aus Blick auf saftiges Grün und – was am Wichtigsten ist – großzügige Portionen frischer, leckerer Speisen nach nahöstlichen Rezepten. Wie wär's mit Sardinen auf getoastetem Roggenbrot mit geröstetem Paprika, klein gehackten Oliven, Rosinen, in Orangensaft eingelegtem Fenchel und Labna oder mit köstlichem *kusheri* (pikanter Naturreis mit Linsen, Kichererbsen und karamellisierten Zwiebeln auf Roten Beten und Tahini-Püree).

Kettle & Tin CAFÉ $$
(Karte S. 310; 07-3369 3778; www.kettleandtin.com.au; 215 Given Tce, Paddington; Hauptgerichte 14–32 AU$; Mo–So 7–16, Di–Do 7–21, Fr & Sa 7–22 Uhr; 375) Das niedliche Kettle & Tin, das sich hinter einem Palisadenzaun versteckt, serviert deftige, leckere Caféhaus-Speisen. Zum Frühstück gibt's u.a. dicke Scheiben Kassler mit sautiertem Grünkohl, weißen Bohnen, Selleriemus und Bratapfel. Mittags genießen die in Paddo wohnenden Damen Daikon- und Karottensalat mit gerösteten Sesamkernen, Nori und Puffreis. Abends kommen die seit eh und je beliebten mit geräucherter Entenbrust gefüllten Fajitas aus der Küche.

Ausgehen & Nachtleben

Brisbanes Barszene hat sich zu einem recht kultivierten Mix entwickelt. Es gibt schrille Kneipen, in denen von Bio-Weinen und Getränken der Saison bis hin zu mit einheimischen Ingredienzen verfeinerte G&Ts erhältlich sind. Auch die Livemusik-Szene hat einiges zu bieten. Die Veranstaltungsorte mit Kultcharakter sind in Fortitude Valley und West End, außerdem fördert die Stadt einheimische und internationale Talente. Tipp: Nie ohne Ausweis auf Tour gehen.

Zentrum

★ Super Whatnot BAR
(Karte S. 304; 07-3210 2343; www.superwhatnot.com; 48 Burnett La; Mo–Do 15–23, Fr 12–1, Sa 15–1, So 15–20 Uhr; Central) Das bahnbrechende Super Whatnot mit Zwischengeschoss und Industrieflair in einer ehemaligen Schönheitsschule gehört noch immer zu Brisbanes coolsten Kneipen. Hier treffen sich vergnügungshungrige Indie-Kids genauso wie durstige Anzugträger und genießen die ausgezeichneten Craft-Biere, die guten Weine und die kräftigen Cocktails. Für den Hunger zwischendurch gibt's Hotdogs und Nachos.

Coffee Anthology CAFÉ
(Karte S. 304; 07-3210 1881; www.facebook.com/coffeeanthology; 126 Margaret St; Mo–Fr 7–15.30, Sa 7–12 Uhr; ; Central) Getreu dem

Namen werden hier Koffeinjunkies mit einer wechselnden Auswahl besonderer Kaffeesorten versorgt, z.B. von Kult-Röstereien wie Padre und Industry Beans. Für Unentschiedene gibt's Verkostungen, und wer das Getränk in seiner Tasse mochte, kann sich hier auch gleich ein oder zwei Tüten Kaffee kaufen. In dem netten, luftigen, modernen Café bekommt man auch einfache Kleinigkeiten wie Porridge, Muffins und Bagels zum Frühstück oder Mittagessen.

Brooklyn Standard BAR

(Karte S. 304; ☎0405 414 131; www.facebook.com/brooklynstandardbar; Eagle Ln; ⏱Mo–Fr 16 Uhr–open end, Sa 18 Uhr–open end; ⛴Riverside, 🚆Central) Das rote Neonschild sagt alles: „Wenn die Musik zu laut ist, bist du zu alt!" Und genau das bekommt man hier jeden Abend geboten: laute Livemusik. Die mit NYC-Krimskrams herausgeputzte Kellerbar wird von Menschen jeden Alters besucht. Hier kann man sich zurücklehnen und ein Brooklyn Lager oder einen verrückten Cocktail genießen (egal, die Bretzeln gehen aufs Haus).

Gresham Bar BAR

(Karte S. 304; www.thegresham.com.au; 308 Queen St; ⏱Mo–Fr 7–3, Sa & So 16–3 Uhr; 📶; 🚆Central) Die Gresham Bar, die sich in einer Ecke eines denkmalgeschützten Bankgebäudes versteckt, erinnert an altmodische New Yorker Bars, will heißen: Metallblechdecke, Chesterfield-Sofas und Unmengen Alkoholflaschen hinter einem gediegenen Holztresen (mit einer Leiter wie vor dem Bücherregal). Es ist ein dunkler, viel besuchter, geselliger Ort mit einer besonders großen Auswahl an Whisky. Den gemütlichen Nebenraum verlässt man nur ungern wieder.

John Mills Himself CAFÉ, BAR

(Karte S. 304; ☎Bar 0421 959 865, Café 0434 064 349; www.johnmillshimself.com.au; 40 Charlotte St; ⏱Café Mo–Fr 6.30–15.30, Bar Di–Do 16–22, Fr 16–24 Uhr 🚆Central) Eines ist sicher, Mr. Mills würde dieses kleine Kaffeegeschäft lieben. Es befindet sich genau in dem Gebäude, in dem er im letzten Jahrhundert seine Druckerei betrieben hat. Es gibt sowohl einen Eingang in der Charlotte St als auch in einer Gasse unweit der Elizabeth St. Der Marmortresen und der Fußboden mit Mosaikfliesen erinnert sehr an Cafés in Brooklyn. Später am Tag wird aus dem Café dann eine nette Bar, in der australische Craft-Biere und andere alkoholische Getränke ausgeschenkt werden.

Mr. & Mrs. G. Riverbar BAR

(Karte S. 304; ☎07-3221 7001; www.mrandmrsg.com.au; Eagle Street Pier, 1 Eagle St; ⏱Mo & Di 15–22, Mi & Do 12–23, Fr & Sa 12–24, So 12–22 Uhr; ⛴Eagle St Pier, 🚆Central) Mr. & Mrs. G. verwöhnt die Gäste mit gewölbten Fenstern, die vom Fußboden bis an die Decke reichen und einen tollen Blick auf den Fluss, die Skyline und die Story Bridge bieten. Es ist eine lockere, schicke Location mit farbenfrohen Barhockern, bequemen Sesseln und handbemalten marokkanischen Beistelltischen für das Glas Chenin blanc. Wer Hunger hat, bestellt sich einfach eine große Portion Tapas, z.B. saftige *keftethes* (griechische Fleischbällchen), Käse und diverse Wurstsorten.

Riverbar & Kitchen BAR

(Karte S. 304; ☎07-3211 9020; www.riverbarandkitchen.com.au; 71 Eagle St; ⏱7–23.30 Uhr; ⛴Riverside, 🚆Central) Ein entspanntes Plätzchen am Fuß des Eagle-Street-Pier-Komplexes am braunen Brisbane River, das sich bestens für ein Bier oder einen im Barrique gereiften Wein am Nachmittag eignet. Im Gewand eines Bootsschuppens mit aufgerollten Seilen, weiß gestrichenem Holz und hölzernen Sitzecken hat die Riverbar eine lockere, luftige und ungezwungene Atmosphäre. Aus der Küche kommen gute Frühstücksgerichte, Burger, Pizzas, Surf-and-Turf und andere Hauptgerichte.

South Bank

Maker COCKTAILBAR

(Karte S. 304; ☎0437 338 072; 9 Fish Ln, South Brisbane; ⏱Di–So 16–24 Uhr; ⛴South Bank Terminals 1 & 2, 🚆South Brisbane) In der anheimelnden, in Schwarz gehaltenen Bar mit Messingtheke werden leckere, saisonale Cocktails aus hauseigenen Likören mit verrückten Zutaten und einem Spritzer guter Laune serviert. Klassische Negronis werden hier mit aufgepepptem Vermouth zubereitet, Gin-Tonics bekommen durch heimische Quandong-Früchte und Fingerlimetten eine australische Note. Stark ist auch die große Auswahl an glasweise ausgeschenkten Boutique-Weinen und die im hervorragenden Restaurant Gauge zubereiteten (S. 312) essbaren Kleinigkeiten.

Cobbler BAR

(Karte S. 310; www.cobblerbar.com; 7 Browning St, West End; ⏱Mo 17–1, Di–Do & So 16–1, Fr & Sa 16–2 Uhr; 🚌60, 192, 198, 199) Whisky-Fans werden beim Anblick von Cobblers imposanter

SCHWULEN- & LESBENSZENE IN BRISBANE

Obwohl Brisbanes LGBTIQ-Szene bedeutend kleiner ist als die in Sydney oder Melbourne, so zeigt sie sich doch voller Stolz.

Die wichtigsten Veranstaltungen des Jahres sind **Melt** (www.brisbanepowerhouse.org/festivals; ⏲ Jan./Feb.), ein 12-tägiges Theater-, Kabarett-, Tanz-, Comedy-, Zirkus- und Kunstfest, das im Januar und Februar im Brisbane Powerhouse stattfindet. Im März findet ebenfalls im Powerhouse das **Queer Film Festival** (www.brisbanepowerhouse.org/festivals/brisbane-queer-film-festival; ⏲ März) statt, auf dem schwule, lesbische, bisexuelle und Transgender-Filme gezeigt werden. Im September kündigt sich dann das **Brisbane Pride Festival** (S. 305) an. Der Höhepunkt ist der Pride Fair Day im New Farm Park.

Das **Wickham Hotel** (Karte S. 316; ☎ 07-3852 1301; www.thewickham.com.au; 308 Wickham St; ⏲ Mo–Fr 6.30 Uhr–open end, Sa & So 10 Uhr–open end; 🚉 Fortitude Valley) in Fortitude Valley zieht jetzt zwar ein gemischtes Publikum an, ist aber noch immer eine zuverlässige, LGBT-freundliche Kneipe. In Fortitude Valley sind auch der schwulenfreundliche Club **Beat MegaClub** (Karte S. 316; www.thebeatmegaclub.com.au; 677 Ann St, Fortitude Valley; ⏲ Mo–Sa 20–5, So 17–5 Uhr; 🚉 Fortitude Valley) und der Szenetreff **Family** (S. 321) angesiedelt, in dem jeden Sontag „Fluffy", die größte Schwulentanzparty Brisbanes, stattfindet. Etwas näher an der Innenstadt ist das seit eh und je gut besuchte **Sportsman Hotel** (Karte S. 304; ☎ 07-3831 2892; www.sportsmanhotel.com.au; 130 Leichhardt St, Spring Hill; ⏲ So–Do 13–1, Fr & Sa 13–2.30 Uhr; 🚉 Central), eine Kneipe in einem orangefarbenen Backsteinhaus, in dem sich ein ziemlich buntes, vorwiegend aus Arbeitern bestehendes Völkchen trifft, um Billard zu spielen oder sich Drag-Shows anzusehen. Eine größere Schwulenszene findet sich im Allgemeinen in den Innenstadtbezirken Fortitude Valley, New Farm, Newstead, West End und Paddington.

Das aktuelle Veranstaltungsprogramm, Interviews und Berichte stehen in *Q News* (www.qnews.com.au) und *Blaze* (www.gaynewsnetwork.com.au). *Queer Radio* (Mi 21–23 Uhr; www.4zzzfm.org.au), eine Radio-Show auf 4ZZZ (bzw. FM102.1) ist eine weitere gute Infoquelle. Davor gibt's *Dykes on Mykes*, Nachrichten und Meinungen für lesbische Zuhörer (Mi 19–21 Uhr).

Bar mit über 400 Whiskys aus aller Welt Freudentränen in die Augen bekommen. In dem schummrig beleuchteten West-End-Wunder herrscht die Stimmung einer Flüsterkneipe, in der eine edle Auswahl an Rums, Tequilas und Likören angeboten wird – ganz zu schweigen von der hervorragenden Cockailauswahl, die den ansonsten klassischen Drinks einen modernen Touch verleihen. Prost!

Catchment Brewing Co BRAUEREI

(Karte S. 310; ☎ 07-3846 1701; www.catchmentbrewingco.com.au; 150 Boundary St, West End; ⏲ Mo 16–22, Di–Do & So 11–22, Fr & Sa 11–1 Uhr; 🚌 199) In der hippen Kleinbrauerei werden in Sudkesseln auf zwei Ebenen bemerkenswert gute, saisonale Biere gebraut, die man u.a. im Hof bei Livemusik genießen kann. Zu den vor Ort gebrauten Bieren gehört vor allem das Pale Select, in Erinnerung an das für die ehemalige West End Brewery typische Bier. Aus den Zapfhähnen kommen aber auch andere Biere aus der Region. Die besten Plätze im Haus sind die beiden winzigen Balkone im ersten Stock. Dort kann man nachmittags die Sonne und den Blick auf die Boundary St genießen.

Jungle BAR

(Karte S. 310; ☎ 0449 568 732; www.facebook.com/junglewestend; 76 Vulture St, West End; ⏲ Do–So 12–24 Uhr; 🚌 199) Aloha und herzlich willkommen im Paradies … Nun ja, zumindest in Brisbanes einziger richtigen Tiki-Bar. Eine nette, selbstgebaute Bambushütte mit Holzhocker, einer grün schimmernden Bar und einem DJ, der Hawaii-Musik auflegt. Ein toller Ort für einen tropischen Drink. Wie wär's mit dem Rumklassiker Piña Colada (natürlich in einer Ananas serviert) oder einem Red Stripe aus Jamaika?

Blackstar Coffee Roasters CAFÉ

(Karte S. 310; www.blackstarcoffee.com.au; 44 Thomas St, West End; ⏲ 7–17 Uhr; 📶; 🚌 199) Das lockere Blackstar Coffee Roasters gehört zu Brisbanes Top-Röstereien und ist bei West-End-Hipstern, Hippies und Kreativen mit Laptop unterm Arm äußerst beliebt, die hier einen sortenreinen Espresso oder einen kalt-gepressten Kaffee aus der Flasche genießen. Wer Hunger hat (Mittagsgerichte 10–17 AU$), bestellt sich Brownies, Eier oder Spanakopita. Special Events sind u. a. Ukulele-Abende (am letzten Freitag des Monats).

Archive Beer Boutique BAR
(Karte S. 310; ☎ 07-3844 3419; www.archivebeerboutique.com.au; 100 Boundary St, West End; ⏲ 11 Uhr–open end; 🚌 198, 199) Im riesigen Archive gibt's eine schwindelerregende Auswahl an Craft-Bieren. Ob man nun Appetit hat auf ein Chilli-Choc Porter aus Brisbane, ein American IPA aus Melbourne oder ein Guava Gose aus Sydney, die Chancen stehen gut, es hier zu bekommen. Es gibt immer 20 Biere vom Fass und Hunderte von australischen und importierten Flaschenbieren sowie ordentliches Kneipenessen wie Grillfleisch, Burger und Pizza.

Fortitude Valley

★ **Gerard's Bar** WEINBAR
(Karte S. 316; ☎ 07-3252 2606; www.gerardsbar.com.au; 13a/23 James St; ⏲ Mo–Do 15–22, Fr & Sa 12 Uhr–open end; 🚌 470, 🚉 Fortitude Valley) Die gestylte, große Bar ist eine der besten in Brisbane. Man sollte sich an der glänzenden Betonbar ein Plätzchen suchen und sich einen unerwartet guten Tropfen von der hervorragend zusammengestellten Weinkarte sowie einen Snack (z. B. köstliche Kroketten und ausgezeichneten Jamón Iberico de Belotta) bestellen. Wem der Sinn nach einem Cocktail steht, kann den „Gerard The Drunk" probieren, einen interessanten, dem Klima angepassten Mix aus Wodka, Passionsfrucht, Grenadine und Rosenwasser.

APO COCKTAILBAR
(Karte S. 316; ☎ 07-3252 2403; www.theapo.com.au; 690 Ann St; ⏲ Di 15–1, Mi, Do & So 12–1, Fr & Sa 12–3 Uhr; 🚉 Fortitude Valley) Die schicke Bar, die hohe Ansprüche an sich selbst stellt, war früher eine Apotheke (daher der Name). In dem dunklen, stimmungsvollen Raum mit zwei Ebenen trifft viktorianisches Mauerwerk auf polierten Betonfußboden und eine eigenartig aussehende Marmorwand. Es gibt starke, raffinierte Drinks und Flaschen-Cocktails wie Rhabarber-Vanille-Negronis. Das i-Tüpfelchen ist aber die Speisekarte, auf der französisch-libanesisch angehauchte Kleinigkeiten wie libanesische Tacos (ein Muss!) stehen.

Eleven DACHTERRASSENBAR
(Karte S. 316; ☎ 07-3067 7447; www.elevenrooftopbar.com.au; 757 Ann St; ⏲ Di–Do & So 12–24, Fr & Sa 12–3 Uhr; 🚉 Fortitude Valley) Für den Besuch Brisbanes bester Dachterrassenbar mit Marmortresen sollte man sich aufbrezeln. Auf der Getränkekarte stehen u. a. mit Essigzwiebeln aufgepeppte Martinis und erstklassische französische Champagnermarken. Seinen Drink genießt man hier mit Blick auf Brisbanes Skyline und den Mt. Coot-tha. Wochentags stehen später am Abend DJs am Plattenteller und sorgen für sanfte Klänge. Freitag- und samstagabends herrscht ein besonders strenger Dresscode (s. Website).

Cloudland BAR
(Karte S. 316; ☎ 07-3872 6600; www.katarzyna.com.au/venues/cloudland; 641 Ann St; ⏲ Di–Do 16 Uhr–open end, Fr–So 11.30 Uhr–open end; 🚉 Fortitude Valley) Bar, Club und panasiatisches Restaurant – in dieser Location mit mehreren Ebenen fällt einem die Kinnlade runter. Das Cloudland verdankt seinen Namen einer viel geliebten, seit Langem abgerissenen Dancehall aus den 1940er-Jahren. Mit den Vogelkäfignischen, Grünpflanzen und großen Kandelabern könnte man es als „Märchenwald trifft auf einen Scheichpalast trifft auf die Addams Family" beschreiben. Donnerstags gibt's ab 21 Uhr kostenlosen Salsaunterricht.

Family CLUB
(Karte S. 316; ☎ 07-3852 5000; www.thefamily.com.au; 8 McLachlan St; ⏲ Fr–Sa 21–3.30 Uhr; 🚉 Fortitude Valley) Vor einem der größten und besten Clubs von Brisbane heißt es Schlange stehen. Die Musik ist phänomenal, es gibt vier Ebenen mit unzähligen Tanzflächen, thematische Sitznischen und es legen einige der besten DJs von nah und fern auf. Die „Fluffy"-Tanzparty am Sonntag ist bei der jüngeren Schwulenszene der Renner.

Holey Moley Golf Club COCKTAILBAR
(Karte S. 316; ☎ 1300 727 833; www.holeymoley.com.au; 25 Warner St; 9-Loch-Minigolf 16,50 AU$/Pers.; ⏲ Mo–Fr 12 Uhr–open end, Sa & So 10 Uhr–open end; 🚉 Fortitude Valley) Im Holey Moley erwarten einen Minigolf und Cocktails (im Voraus reservieren) in einer Kirche. Mit einem Putty Professor (Rum, Milch, Schokoladensauce, Erdnussbutter, Reese's Peanut Butter Cup, zerstoßene Maltesers) in der Hand kann man einen der beiden Minigolfbahnen in Angriff nehmen. Jedes der 18 Löcher hat ein bestimmtes Thema. Das hervorragende Iron Throne, das auf *Game of Thrones* Bezug nimmt, stammt von dem Brisbaner Künstler Cezary Stulgis. Bis 17 Uhr sind auch Kinder gern gesehen.

Bloodhound Corner Bar & Kitchen BAR
(Karte S. 316; 07-3162 6402; www.bloodhoundcornerbar.com.au; 454 Brunswick St; Mo–Mi 15 Uhr–open end, Do–So 12 Uhr–open end; Fortitude Valley) Die moderne Valley-Bar hat ihr Leben im 19. Jh. als Lebensmittelladen begonnen. Unverputzte Steinwände, alte Fußbodendielen und ein offener Kamin treffen auf Straßenkunst, einen Flipper und viele hippe Leute, die hier internationale Biere, gut gemixte Cocktails oder Craft-Biere genießen. Zudem gibt's anständige Kleinigkeiten an der Bar und samstags oben Livemusik.

Woolly Mammoth Alehouse BAR
(Karte S. 316; 07-3257 4439; www.woollymammoth.com.au; 633 Ann St; Di–Do 16 Uhr–open end, Fr–So ab 12 Uhr; Fortitude Valley) Die Kombi aus Craft-Bier, gigantischen Jenga-Steinen und einem 4 m langen Shuffleboard ist der Generation Y und den Millennials nicht verborgen geblieben. Sie kommen in Massen in diese tolle große Location und genießen das Leben. An Bieren gibt es u. a. IPAs, Saisons und Goses, von denen die meisten aus australischen Kleinbrauereien stammen. Auf der Mane Stage wird so ziemlich alles von Comedy bis zu UK Hiphop geboten (s. Website).

Elixir DACHTERRASSENBAR
(Karte S. 316; 07-3363 5599; www.elixirrooftop.com.au; 646 Ann St; Mi–Fr 16 Uhr–open end, Sa & So 13 Uhr–open end; Fortitude Valley) Was dem Elixir an Aussicht fehlt, wird durch die Stimmung wieder wettgemacht. Oben auf der Dachterrasse herrscht ein temperamentvolles tropisches Flair, es gibt gemütliche Sofas, flackernde Teelichter und DJs, die für Musik sorgen. Ihren Durst löschen die Gäste hier mit einem Craft-Bier oder einem Elixir's Fresh Market Martini – ein klassischer Martini mit handverlesenem Obst vom Markt. Infos über Drinks und Speisenangebote stehen auf der Website.

Press Club COCKTAIL BAR
(Karte S. 316; 07-3852 5000; www.pressclub.net.au; 339 Brunswick St; Di–Do 19–2.30, Fr & Sa 18–3, So 18–2 Uhr; Fortitude Valley) Der Press Club sieht eher wie ein Lokal für Außerirdische als für Journalisten aus (Barhocker und Lampen wie aus einem Sci-Fi-Film). In dieser unkonventionellen Location genießen die Gäste Cocktails, Cidre und sanfte Musik. Dienstags und samstags gibt's R&B, mittwochs Jazz, donnerstags Swing und freitags Funk und Soul. Dienstagabends ist besonders viel los, die sonntäglichen DJ-Sessions sind bei einheimischen „Hospos" beliebt.

New Farm

★ **The Triffid** BAR
(Karte S. 296; 07-3171 3001; www.thetriffid.com.au; 7–9 Stratton St, Newstead; 300, 302, 305, 306, 322, 393) Das Triffid hat nicht nur einen umwerfenden Biergarten (mit Schiffscontainern als Bar und Wandpostern von Brisbaner Bands), sondern ist auch die Top-Location für Livemusik. In einem tonnengewölbten Hangar aus dem Zweiten Weltkrieg mit mörderischer Akustik treten einheimische, australische und internationale Talente auf, was wenig erstaunlich ist, denn das Triffid gehört John Collins, dem ehemaligen Bassisten von Powderfinger.

★ **Green Beacon Brewing Co** KLEINBRAUEREI
(Karte S. 296; 07-3252 8393; www.greenbeacon.com.au; 26 Helen St, Teneriffe; 12 Uhr–open end; ; 393, 470, Teneriffe) In einem höhlenartigen Lagerhaus im post-industriellen Teneriffe werden im Green Beacon einige der besten Biere Brisbanes gebraut. Hinter der langen Bar befindet sich eine Reihe von riesigen Edelstahlfässern, in denen der gute Stoff gärt, ehe er durch die Zapfhähne in die Gläser der Gäste fließt. Es gibt sechs Hauptbiere oder saisonale Specials wie z. B. das Blutorangen-IPA. Wer Hunger hat, kann sich eines der recht ordentlichen Gerichte wie z. B. frisches Seafood aus der Region bestellen. Vor der Tür steht auch immer ein Food Truck, der auf hungrige Gäste wartet.

Newstead Brewing Co KLEINBRAUEREI
(Karte S. 296; 07-3172 2488; www.newsteadbrewing.com.au; 85 Doggett St, Newstead; 11–24 Uhr; 60, 393, 470, Teneriffe) Was einst ein Busdepot war, ist heute eine Kleinbrauerei. Aus den 12 Zapfhähnen fließen sechs hauseigene Standardbiere, ein Cidre und fünf saisonale Biere (die von einem der Mitarbeiter „Fun Stuff" genannt werden). Wer einen guten Überblick bekommen möchte, sollte sich ein Probierbrett mit vier verschiedenen Bieren bestellen. Für Nichtbiertrinker gibt's Cocktails, Craft-Spirituosen und Wein von kleinen Weinbauern.

Wer Hunger verspürt, sollte sich statt Pizza lieber lecker gewürzte, scharfe Chicken Wings bestellen.

Death Before Decaf KAFFEE
(Karte S. 316; 3/760 Brunswick St; 24 Std.; 195, 196, 199) Dieser Laden, in dem man rund um die Uhr einen Wahnsinnskaffee be-

kommt, ist für alle diejenigen ein Geschenk des Himmels, die nach 16 Uhr einen Kaffee wollen. Death Before Decaf, sei gegrüßt!

Kangaroo Point & Woolloongabba

Canvas Club COCKTAILBAR
(Karte S. 296; 07-3891 2111; www.canvasclub.com.au; 16b Logan Rd, Woolloongabba; Di–Fr 12–24, Sa & So 10–24 Uhr; 125, 175, 204, 234) Mitten in Woolloongabbas Hauptrestaurant-, Kneipen- und Shopping-Meile trifft sich ein hippes, künstlerisch angehauchtes Völkchen, debattiert über die Symbolik von Graffiti-Kunst und schlürft Cocktails wie den Don Pablo (Rum, Amaro und Apfel-Zimt-Schaum) oder den seidenweichen Bangarang (Tequila, Wassermelone, Chili, Koriander, Limette und gezuckerte Kondensmilch). Der Wahnsinn.

Story Bridge Hotel KNEIPE
(Karte S. 304; 07-3391 2266; www.storybridgehotel.com.au; 200 Main St, Kangaroo Point; So–Do 6.30–24, Fr & Sa 6.30–1.30 Uhr; 234, Thornton St, Holman St) Die schöne Biergartenkneipe von 1886 eignet sich hervorragend für einen Humpen nach einem langen Sightseeing-Tag. Unter der Brücke am Kangaroo Point wartet sie mit Livemusik (Programm siehe Website) und verschiedenen Bar- und Restaurantbereichen auf.

Großraum Brisbane

★ Lefty's Old Time Music Hall BAR
(Karte S. 310; www.leftysoldtimemusichall.com; 15 Caxton St, Petrie Tce; Di–So 17 Uhr–open end; 375) In der Honky-Tonk-Bar in Brisvegas wird so richtig auf die Pauke gehauen! Der Laden ist herausgeputzt mit Kandelabern und Elchköpfen (richtig gesehen, das sind BHs, die da an den Geweihen hängen). Es gibt fast 200 Whisky-Sorten und tolle Country-and-Western-Livemusik. Auf der kurzen, aber guten Speisekarte stehen u. a. Chili-Käse-Brathähnchen und Backhendl.

Regatta Hotel KNEIPE
(Karte S. 296; 07-3871 9595; www.regattahotel.com.au; 543 Coronation Dr, Toowong; 6.30–1 Uhr; Regatta) Diese Institution von 1874 ist mit ihren filigranen Eisengittern schöner als eine Hochzeitstorte. Die Kneipe direkt gegenüber vom Regatta CityCat-Fähranleger hat eine glänzende, moderne Hauptbar, einen schicken Hof und im UG eine Flüsterkneipe namens The Walrus Club (Öffnungszeiten: Do–So 17 Uhr–open end). Infos über die wöchentlich stattfindenden Events – oft Livemusik – stehen auf der Website.

Breakfast Creek Hotel KNEIPE
(Karte S. 296; 07-3262 5988; www.breakfastcreekhotel.com; 2 Kingsford Smith Dr, Albion; 10 Uhr–open end; 300, 302, 305) Das 1889 im verspielten Stil der französischen Renaissance errichtete Breakfast Creek Hotel ist ein echter Brisbane-Klassiker. Unter den verschiedenen Bar- und Speisebetrieben befinden sich u. a. ein Biergarten und eine Art-déco-„Privatbar", in der jeden Tag um 12 Uhr die Holzfässer angestochen werden. Die umgebaute Transformatorenstation beherbergt jetzt die Bar Substation No 41, in der über 400 Rumsorten darauf warten, probiert zu werden.

★ Unterhaltung

Die meisten berühmten Bands aus aller Welt haben Brisbane auf dem Radar, und die Stadt engagiert regelmäßig Top-DJs. Das kulturelle Angebot an Theater, Tanz, Musik und Comedy ist Weltklasse.

Die Buchungsagentur **Qtix** (13 62 46; www.qtix.com.au) empfiehlt sich im Allgemeinen für anspruchsvollere Veranstaltungen.

Riverstage LIVEMUSIK
(Karte S. 304; 07-3403 7921; www.brisbane.qld.gov.au/facilities-recreation/arts-and-culture/riverstage; 59 Gardens Point Rd; QUT Gardens Point, Central) In der tollen Freiluftarena in den Botanic Gardens stehen berühmte nationale und internationale Stars wie U2, 5 Seconds of Summer, Ellie Goulding und Flume auf der Bühne.

Lock 'n' Load LIVEMUSIK
(Karte S. 310; 07-3844 0142; www.locknloadbistro.com.au; 142 Boundary St, West End; Mo–Do 15 Uhr–open end, Fr ab 12, Sa & So ab 7 Uhr; ; 199) Dieser übersprudelnde, zweistöckige Gastropub aus Holz bietet auf der kleinen Bühne im vorderen Bereich Jazz-, Acoustic-, Roots-, Blues- und Soulkonzerte. Konzertbesucher können hier am nächsten Tag auch frühstücken oder mittagessen (das Frühstück aus weißen Bohnen in Craft-Bier mit fettem Schinken, Sauerrahm, Jalapeños und Maisbrot ist ein prima Kater-Killer). Veranstaltungstermine siehe Website.

The Zoo LIVEMUSIK
(Karte S. 316; 07-3854 1381; www.thezoo.com.au; 711 Ann St, Fortitude Valley; Mi–So 19 Uhr–open end; Fortitude Valley) Das 1992 eröffnete

Zoo hat einen Teil seines musikalischen Bodens ans Hi-Fi und Brightside verloren. Dennoch spielen hier noch immer Indie-, Folk-, Acoustic-, Hip-Hop-, Reggae- und Electrobands, darunter auch viele junge Talente. Kürzlich standen u.a. die Gold-Coast-Garagen-Rocker Bleeding Knees Club und der amerikanischen Indie-Pop-Künstler Toro y Moi auf der Bühne.

Brisbane Jazz Club JAZZ

(Karte S. 304; ☎07-3391 2006; www.brisbanejazzclub.com.au; 1 Annie St, Kangaroo Point; Erw./Kind 31–11 AU$; ⏲Do–Sa 18.30–23, So 17.30–22 Uhr; ⛴Holman St) Der Minischuppen am Fluss scheint direkt aus den US-Südstaatensümpfen zu stammen und ist seit 1972 das Jazz-Mekka der Stadt. Alle Szenegrößen spielen hier, wenn sie in Brisbane sind.

South Bank Cineplex KINO

(Karte S. 304; ☎07-3829 7970; www.cineplex.com.au; Ecke Grey St & Ernest St, South Bank; Erw./Kind ab 6,50/4,50 AU$; ⏲10 Uhr–open end; ⛴South Bank Terminals 1, 2 & 3, 🚆South Bank) Der günstigste Mainstream-Kinokomplex. Viele Popcorn futternde Teenager.

Queensland Performing Arts Centre THEATER

(QPAC; Karte S. 304; ☎Führung 07-3840 7444, Tickets 136 246; www.qpac.com.au; Queensland Cultural Centre, Ecke Grey St & Melbourne St, South Bank; Führungen Erw./Kind 15/10 AU$; ⏲Tageskasse Mo–Sa 9–20.30 Uhr; ⛴South Bank Terminals 1 & 2, 🚆South Brisbane) Brisbanes größtes Zentrum für darstellende Kunst beherbergt vier Bühnen und einen kleinen Ausstellungsraum mit Fokus auf darstellende Kunst. Auf dem Theaterplan des Zentrums stehen Ballett, Konzerte, Theater und Comedy von australischen und internationalen Ensembles. Freitags finden ab 10.30 Uhr einstündige Führungen durch den Backstagebereich statt. Tickets reserviert man telefonisch bzw. per E-Mail oder kauft sie am Tag der Führung im QPAC-Café im Erdgeschoss.

Judith Wright Centre of Contemporary Arts THEATER

(Karte S. 316; ☎07-3872 9000; www.judithwrightcentre.com; 420 Brunswick St, Fortitude Valley; ⏲Tageskasse Mo–Fr 11–16 Uhr; 📶; 🚆Fortitude Valley) Eine mittelgroße und eine kleine intimere Bühne sind Brutkästen freidenkerischer Kunst. Geboten wird eine erlesene Mischung kultureller Veranstaltungen, z.B. zeitgenössischer Tanz, Zirkus und darstellende Kunst. Hier ist auch das Zentrum des äußerst beliebten, dreitägigen Bigsound Festivals (S. 305) im September. Veranstaltungskalender s. Website.

Brisbane Powerhouse THEATER

(Karte S. 296; ☎Tageskasse 07-3358 8600; www.brisbanepowerhouse.org; 119 Lamington St, New Farm; 🚌195, 196, ⛴New Farm Park) In dem ehemaligen Elektrizitätswerk aus den 1920er-Jahren ist jetzt eine national und international gefeierte Bühne für Theater, Musik, Comedy, Tanz und mehr geworden. Im Powerhouse gibt's viele – manchmal auch kostenlose – Events und außerdem beliebte Bars und Restaurants mit tollem Blick über den Brisbane River. Veranstaltungskalender siehe Website.

Suncorp Stadium STADION

(Karte S. 310; www.suncorpstadium.com.au; 40 Castlemaine St, Milton; 🚌375, 379) Im Winter ist

KINO UNTERM STERNENHIMMEL

Zu den schönsten Möglichkeiten, einen lauen Sommerabend in Brisbane zu verbringen, gehört es, den Picknickkorb zu packen und mit Freunden ins Freiluftkino zu gehen. Das **Moonlight Cinema** (www.moonlight.com.au; Brisbane Powerhouse, 119 Lamington Rd, New Farm; Erw./Kind 17/12,50 AU$; ⏲Mi–So 19 Uhr; 🚌195, 196, ⛴New Farm Park) zeigt von Dezember bis Anfang März im New Farm Park in der Nähe vom Brisbane Powerhouse aktuelle Mainstreamstreifen und Kultklassiker.

Eine Alternative sind die **Ben & Jerry's Openair Cinemas** (Karte S. 304; www.openaircinemas.com.au; Rainforest Green, South Bank Parklands, South Bank; Erw./Kind online 17/12 AU$, Abendkasse 22/17 AU$; ⏲Di–Sa ab 17.30, So 17 Uhr; ⛴South Bank Terminals 1 & 2, 🚆South Brisbane) an der South Bank, wo von Ende September bis Mitte November Klassiker und neue Produktionen unter Sternen (oder Wolken) im Rainforest Green in den South Bank Parklands gezeigt werden. Wer keine Picknickdecke dabei hat, kann sich einen Sitzsack oder Liegestuhl leihen. Achtung: Die Karten für die meisten Filme sind schnell vorab übers Internet weg, sodass man rechtzeitig reservieren sollte. Vor den Filmen gibt's (manchmal überaus tolle) Livemusik von australischen Musikern.

die Rugby-Liga ein großer Zuschauermagnet. Dieses Stadion ist die Heimat der Brisbane Broncos.

The Gabba STADION

(Brisbane Cricket Ground; Karte S. 296; www.thegabba.com.au; 411 Vulture St, Woolloongabba; 174, 175, 184, 185, 200) Im Gabba in Woolloongabba südlich vom Kangaroo Point finden Football-Spiele der AFL und nationale sowie internationale Cricket-Begegnungen statt. Cricket-Anfänger sollten sich Karten für ein Twenty20-Match besorgen, denn da bekommt man eine hochexplosive Vorstellung geboten. Cricket-Saison ist von Ende September bis März, Fußballsaison von Ende März bis September.

Shoppen

Brisbanes Einzelhandelslandschaft ist wunderbar vielschichtig, von exklusiven Handtaschen, die auch in der Vogue abgebildet sind, bis zu Kunsthandwerk und Schnickschnack auf den Wochenendmärkten.

Zentrum

Noosa Chocolate Factory ESSEN

(Karte S. 304; www.noosachocolatefactory.com.au; 144 Adelaide St; Mo–Do 8–19, Fr 8–21, Sa 9–18, So 10–17 Uhr; Central) Man sollte sich nichts vormachen! Ein kleiner Riegel der handgefertigten Schokoladen dieses Willy Wonkas der Sunshine Coast reicht aus, um jegliche Selbstkontrolle zu verlieren. Die Renner sind die mit Marshmallows gefüllten Rocky-Road-Stücke und die ungerösteten mit Bowen-Mango-Schokolade überzogenen Macadamias, eine typische Queensland-Erfindung. Und das Beste kommt noch: die Schokolade enthält kein Palmöl. In der Filiale in der No 156 werden auch Kaffee-Spezialitäten und heiße Schokolade verkauft.

Maiocchi MODE & ACCESSOIRES

(Karte S. 304; 07-3012 9640; www.maiocchi.com.au; Brisbane Arcade, 117 Adelaide St; Mo–Do 9–17.30, Fr 8.30–20, Sa 9–16, So 11–16 Uhr; Central) Das Brisbaner Label Maiocchi ist bekannt für die tollen Kleider im Vintagestil, die einfach im Schnitt, aber raffiniert im Detail sind. Die bunten Kleider mit Schnitten im Stil der 1950er-Jahre haben einen leicht japanischen Touch. Neben sommerlichen Cocktail-Kleidern gibt's in diesem Laden auch Tops, Hosen und Schuhe und eine gediegene Auswahl an in Australien gefertigtem Schmuck, Taschen und Schönem für die Wohnung. Das Geschäft befindet sich in der denkmalgeschützten Brisbane Arcade.

Jan Powers Farmers Market MARKT

(Karte S. 304; www.janpowersfarmersmarkets.com.au; Reddacliff Place, George St; Mi 8–18 Uhr; North Quay, Central) Die Innenstadtbewohner leben ihre ländlichen Dorf-Fantasien aus, wenn heimische Landwirte und Kunsthandwerker auf dem Reddacliff Place ihre hervorragenden Produkte verkaufen: Frisch geerntetes Obst und Gemüse, Fleisch und Seafood, frische Pasta, duftendes Brot, Gebäck und vieles mehr. Hier kann man sich wunderbar für ein Picknick in den City Botanic Gardens eindecken oder einfach nur einen Kaffee trinken und einen Multikulti-Happen essen.

Archives Fine Books BÜCHER

(Karte S. 304; 07-3221 0491; www.archivesfinebooks.com.au; 40 Charlotte St; Mo–Do 9–18, Fr 9–19, Sa 9–17 Uhr; Central) In den wackeligen Regalen auf knarrenden Dielen stehen unzählige gebrauchte Bücher nostalgisch in Reih und Glied. Mit – wie es heißt – kaum weniger als 1 Mio. Bücher ist dieser Laden eine wahre Fundgrube interessanter Titel. Bei unserem letzten Besuch sollte das älteste angebotene Buch – von dem heiliggesprochenen Roberto Francesco Romolo Bellarmino – aus dem Jahr 1630 stammen.

South Bank & West End

Where The Wild Things Are BÜCHER

(Karte S. 310; 07-3255 3987; www.wherethewildthingsare.com.au; 191 Boundary St, West End; Mo–Sa 8.30–18, So 8.30–17 Uhr; ; 199) Der kleine Bruder von Avid Reader nebenan hat eine schöne Sammlung von Büchern für kleine und größere Kinder sowie für Teens auf Lager. In dem Buchladen finden auch oft Märchenstunden, Buchvorstellungen, Autogrammstunden und Workshops mit Themen wie Buchillustration statt. Den Veranstaltungskalender findet man auf der Website des Buchladens und auf Facebook.

Jet Black Cat Music MUSIK

(Karte S. 310; 0419 571 299; www.facebook.com/jetblackcatmusic; 72 Vulture St, West End; Di–Fr 10.30–17, Sa 10–16 Uhr; 199) Echte Musikfans wissen alles über Shannon Logan und ihren kleinen Plattenladen in West End. In der Regel steht sie hinter dem als Ladentisch dienenden Klavier und unterhält sich mit treuen Kunden, die hier auf der Suche nach schwer auftreibbaren Schallplatten oder CDs mit Indie-Titeln sind. Logan verkauft nur, was ihr selbst gefällt, und organisiert im Laden gelegentlich Gigs mit bekannten einheimischen und internationalen Indie-Talenten.

Fortitude Valley

Camilla MODE & ACCESSOIRES

(Karte S. 316; ☎07-3852 6030; www.camilla.com.au; 1/19 James St; ⏲Mo–Mi, Fr & Sa 9.30–17, Do 9.30–19, So 10–16 Uhr; 🚌470, 🚉Fortitude Valley) Fans von Camillas Seidenkaftans sind u.a. Beyoncé und Oprah Winfrey. Obwohl das Label seinen Hauptsitz in Bondi hat, werden die wild gemusterten, an Urlaub erinnernden Kreationen wie Kleider, Tops, Overalls und Badebekleidung auch gern in Brisbanes Chi-Chi-Restaurants und Bars vorgeführt. Die gediegenen, märchenhaften Stücke sind nicht geschenkt, der billigste Kaftan kostet 500 AU$, ein Bikini um die 300 AU$.

Stock & Supply MODE & ACCESSOIRES

(Karte S. 316; ☎07-3061 7530; www.stockandsupply.com.au; 4/694 Ann St; 🚉Fortitude Valley) Der junge Unisex-Laden liegt genau genommen in der Bakery Lane an der Ann St. Hier gibt's eine coole Sammlung von Surf- und Straßenklamotten kleinerer Labels. Wie wär's mit einem T-Shirt mit grafischem Motiv oder Strandkleidung von Outfittern wie Crawling Death und dem Surf-trifft-Kunst-Label The Critical Slide Society. Im Sortiment sind auch Geldbörsen, Schmuck, Caps und Schuhe.

James Street MODE & ACCESSOIRES

(Karte S. 316; www.jamesst.com.au; James St; 🚌470, 🚉Fortitude Valley) Was für L.A. die flachen Gebäude, Sportwagen und schicken Lokale sind, ist für das Valley dieser modische schillernde Abschnitt der James St. mit seinen Feigenbäumen und teuren Boutiquen. Hier sind u.a. berühmte australische Modelabel wie Scanlan & Theodore und Sass & Bide, Camilla Franks (Brisbane) und die Hautpflegemarke Aesop (Melbourne) angesiedelt.

Winn Lane MODE & ACCESSOIRES

(Karte S. 316; www.winnlane.com.au; Winn Ln; 🚉Fortitude Valley) Hinter der Ann St (unweit

VON MARKT ZU MARKT

Neben den wöchentlich stattfindenden Farmers Markets, die die vielen Menschen in **Brisbanes Zentrum** (S. 325), **New Farm** (S. 299) und **West End** (S. 327) versorgen, gibt es auch noch eine Reihe von anderen fantastischen lokalen Märkten, auf denen Mode und handgemachter Krimskrams, Kunst, Hautpflegeprodukte und Geschenkartikel angeboten werden. Im Folgenden ein paar lohnenswerte Adressen.

Young Designers Market (Karte S. 304; www.youngdesignersmarket.com.au; Little Stanley St, South Bank; ⏲1. So des Monats 10–16 Uhr; ⛴South Bank Terminal 3, 🚉South Bank) Hier verkaufen bis zu 80 der besten Jung-Designer und -Künstler Mode und Accessoires, modernen Schmuck, Kunst, Möbel und Haushaltswaren. Der Markt findet in der Regel am ersten Sonntag des Monats neben den South Bank Parklands statt.

Collective Markets South Bank (Karte S. 304; www.collectivemarkets.com.au; Stanley St Plaza; ⏲Fr 17–21, Sa 10–21, So 9–16 Uhr; ⛴South Bank Terminal 3, 🚉South Bank) Mag sein, dass sich hier die Touristen tummeln, aber dennoch werden auf diesem dreimal wöchentlich stattfindenden Markt bei den South Bank Parklands tolle Sachen verkauft, von Lederbörsen und Sommerkleidern bis zu Schmuck, Kosmetika, Haushaltswaren und Kunst.

Finders Keepers Markets (Karte S. 296; www.thefinderskeepers.com/brisbane-markets; Old Museum, 480 Gregory Tce, Bowen Hills; Erw./Kind 2 AU$/frei; ⏲unterschiedliche Termin; 🚌370, 375, 🚉Fortitude Valley) Der zweimal im Jahr im innerstädtischen Bezirk Bowen Hills stattfindende Markt mit über 100 Kunst- und Designständen wird in einem Museum aus dem 19. Jh. abgehalten, das jetzt eine Konzerthalle ist. Bei Livemusik kann man wunderbar etwas essen und sich modische Einzelstücke von hoher Qualität, Schmuck und mehr von Design-Talenten aus Brisbane und Queensland anschauen.

Brisbane Riverside Markets (S. 294) Auf dem sonntags im Zentrum stattfindenden Markt am Nordrand der City Botanic Gardens versammelt sich stets ein buntes, unbeschwertes Völkchen. An den Buden werden hübsche, handgefertigte Kleider, Duftkerzen, bunte Keramikartikel und Street Food aus allen Ecken der Welt angeboten. Livemusik sorgt für gute Stimmung und guten Umsatz.

der Winn St) liegt eine Ansammlung von Boutiquen, Buchläden, Schmuckgeschäften und unkonventionellen Lokalen. Die Straßenkunst gibt dem Ganzen eine junge, etwas spleenige Atmosphäre. Auf keinen Fall verpassen sollte man **Miss Bond** (Karte S. 316; ☎0410 526 082; www.facebook.com/missbond.com.au; 5g Winn Ln; ⊙Mi–Sa 10–16, So 10–15 Uhr) und ihren modernen Schmuck, **Outpost** (Karte S. 316; ☎07-3666 0306; www.theoutpoststore.com.au; 5 Winn St; ⊙Di–Do & Sa 10–18, Fr 10–20, So 9.30–16.30 Uhr) mit Labels und Accessoires für modebewusste Männer und **Tym Guitars** (Karte S. 316; ☎07-3161 5863; www.tymguitars.com.au; 5 Winn St; ⊙Di–Do & Sa 10–17, Fr 10–19, Sa 11–16 Uhr) mit seinen handgefertigten Effektpedalen für Gitarren, Vintage-Gitarren und punklastigen Schallplattensammlungen.

Großraum Brisbane

Paddington Antique Centre ANTIQUITÄTEN
(Karte S. 296; ☎07-3369 8088; www.paddingtonantiquecentre.com.au; 167 Latrobe Tce, Paddington; ⊙Mo–Sa 10–17, So 10–16 Uhr; 🚌375) In dem ehemaligen Theater von 1929 ist jetzt ein großes Antiquitätenkaufhaus. Über 50 Händler verkaufen Schätze und Ramsch unter einem abblätternden, mitternachtsblauen Dach: von englischem Blümchengeschirr bis zu Retro-Mode, Lampen, Spielzeug, Filmplakaten – sogar eine seltsame chinesische Vase aus dem 17. Jh. ist zu finden. Man sollte sich Zeit nehmen, denn man weiß ja nie, was man vielleicht findet.

Davies Park Market MARKT
(Karte S. 310; www.daviesparkmarket.com.au; Davies Park, West End; ⊙Sa 6–14 Uhr; 🚌199, 192, 198) Unter einer Gruppe mächtiger Moreton-Bay-Feigenbäume findet der beliebte, lockere Samstagsmarkt statt; mit Bergen von frischem Obst und Gemüse und unzähligen Ständen mit leckerem Multikulti-Essen. Zunächst sollte man sich bei The Gyspy Vardo auf einer der Milchkisten ein Plätzchen suchen und eine Tasse Bio-Kaffee genießen. Danach schlendert man über den Platz, kauft Obst und Gemüse, Lebensmittel, Kräuter und Blumen und bewundert handgefertigten Schmuck sowie witzige Bonsais.

ℹ Praktische Informationen

GELD

American Express (☎1300 139 060; www.americanexpress.com; 261 Queen St; ⊙Mo–Fr 9–17.30 Uhr; 🚆Central) Devisenschalter.

Travelex (☎07-3210 6325; www.travelex.com.au; Shop 149F, Myer Centre, Queen St Mall; ⊙Mo–Do 8–18, Fr 8–20, Sa 9–17, So 10–16 Uhr; 🚆Central) Geldumtausch.

INTERNETZUGANG

Der Brisbane City Council bietet in großen Teilen des CBD kostenlosen WLAN-Zugang. Kostenlose WLAN-Spots gibt's auch in den South Bank Parklands, im Roma Street Parkland, in der State Library of Queensland, in der James St in Fortitude Valley und im New Farm Park.

Brisbane Square Library (www.brisbane.qld.gov.au; 266 George St; ⊙Mo–Do 9–18, Fr 9–19, Sa & So 10–15 Uhr; 📶; ⛴North Quay, 🚆Central) Kostenloser WLAN-Zugang.

MEDIZINISCHE VERSORGUNG

CBD Medical Centre (☎07-3211 3611; www.cbdmedical.com.au; Level 1, 245 Albert St; ⊙Mo–Fr 7–19, Sa 8.30–17, So 9.30–17 Uhr; 🚆Central) Allgemeinärztliche Behandlungen und Impfungen.

Royal Brisbane & Women's Hospital (☎07-3646 8111; www.health.qld.gov.au/rbwh; Butterfield St, Herston; 🚌370, 375, 333) 3 km nördlich des Zentrums. 24-Std.-Notaufnahme.

Travellers' Medical & Vaccination Centre (TMVC; ☎07-3815 6900; www.traveldoctor.com.au; 75a Astor Tce, Spring Hill; ⊙Mo–Fr 8.30–16.30 Uhr; 🚆Central) Reisemedizinischer Dienst.

POST

Main Post Office (GPO; Karte S. 304; ☎13 13 18; www.auspost.com.au; 261 Queen St; ⊙Mo–Fr 7–18, Sa 10–13.30 Uhr; 🚆Central) Brisbanes Hauptpostamt.

TOURISTENINFORMATION

Brisbane Visitor Information & Booking Centre (Karte S. 304; ☎07-3006 6290; www.visitbrisbane.com.au; The Regent, 167 Queen St Mall; ⊙Mo–Do 9–17.30, Fr 9–19, Sa 9–17, So 10–17 Uhr; 🚆Central) Tolle Runduminfos zu Brisbane.

South Bank Visitor Information Centre (Karte S. 304; ☎07-3156 6366; www.visitbrisbane.com.au; Stanley St Plaza, South Bank; ⊙9–17 Uhr; ⛴South Bank Terminal 3, 🚆South Bank) In Brisbanes offizieller Touristeninformation sind Broschüren, Karten und Festivalführer erhältlich. Buchung von Touren und Unterkünften, Verkauf von Tickets für Events.

ℹ An- & Weiterreise

AUTO & MOTORRAD

Brisbane hat ein ausgedehntes Netz von Schnellstraßen, Tunneln und Brücken (einige mit Mautgebühr), das von **Transurban Queensland** (☎13 33 31; www.govianetwork.com.au) betrieben wird. Der Gateway Motorway (M1) führt durch die östlichen Vororte von Brisbane nach Norden zur Sunshine Coast und ins nördliche Queensland und nach Süden zur Gold Coast und nach Sydney. Details und Mautgebühren stehen auf der Website von Transurban Queensland.

Die großen Autovermieter haben Zweigstellen am Brisbane Airport und in der Stadt. Kleine Autovermieter wie **Ace Rental Cars** (☎1800 620 408; www.acerentalcars.com.au; 330 Nudgee Rd, Hendra), **Apex Car Rentals** (☎1800 558 912; www.apexrentacar.com.au; 400 Nudgee Rd, Hendra) und **East Coast Car Rentals** (☎1800 327 826; www.eastcoastcarrentals.com.au; 504 Nudgee Rd, Hendra) haben Büros in der Nähe des Flughafens (und bieten einen Kundenshuttle an).

BUS

Brisbanes Hauptbusbahnhof und Buchungszentrum für Fernbusse ist das **Brisbane Transit Centre** (Roma St Station; www.brisbanetransitcentre.com.au; Roma St) etwa 500 m nordwestlich des Zentrums. Hier befindet sich auch der Bahnhof Roma St, von dem Fern- und Vorortzüge abfahren.

Greyhound (☎1300 473 946, 07-4690 9850; www.greyhound.com.au) und **Premier Motor Service** (☎13 34 10; www.premierms.com.au) unterhalten hier Reservierungsschalter.

Beliebte Fernziele sind Cairns, Darwin und Sydney. Flüge sind aber kaum teurer und natürlich schneller.

FLUGZEUG

Der **Brisbane Airport** (S. 1176) liegt 16 km nordöstlich vom Zentrum, er ist der drittgrößte Flughafen Australiens und der wichtigste Flughafen für Brisbane und Südost-Queensland.

Die Terminals für In- und Auslandsflüge liegen rund 2 km auseinander und sind über den **Airtrain** (S. 328) miteinander verbunden, der von 5 Uhr (Wochenende 6 Uhr) bis 22 Uhr alle 15 bis 30 Minuten verkehrt (Fahrt zwischen den Terminals Erw./Kind 5 AU$/frei).

Es ist ein häufig angeflogener Knotenpunkt, mit vielen Inlandsverbindungen in andere australische Hauptstädte und andere größere Städte im Land. Internationale Nonstop-Flüge gibt's nach Neuseeland, auf die pazifischen Inseln, nach Nordamerika und nach Asien (mit Anschlussflügen nach Europa und Afrika).

ZUG

Brisbanes Hauptbahnhof für Fernzüge ist die Roma St Station (im selben Komplex wie das Brisbane Transit Centre). Für Reservierungen und Informationen kontaktiert man **Queensland Rail** (☎13 16 17; www.queenslandrail.com.au).

NSW TrainLink Von Brisbane nach Sydney

Spirit of Queensland Von Brisbane nach Cairns

Spirit of the Outback Von Brisbane nach Longreach via Bundaberg, Gladstone und Rockhampton

Tilt Train Von Brisbane nach Rockhampton via Bundaberg und Gladstone

Westlander Von Brisbane nach Charleville

ℹ Unterwegs vor Ort

Brisbanes hervorragendes öffentliches Verkehrsnetz – bestehend aus Bus, Zug und Fähre – wird von TransLink betrieben. Infos bekommt man im Transit Information Centre an der Roma St Station (Brisbane Transit Centre). Die Touristeninformationen im **Stadtzentrum** (S. 327) und in **South Bank** (S. 327) können bei Fragen zu öffentlichen Verkehrsmitteln ebenfalls helfen. Vervollständigt wird das Ganze durch ein ausgeklügeltes Radwegnetz.

AUTO & MOTORRAD

An vielen Straßen im CBD und in den Innenstadtvierteln kann man zwei Stunden gebührenpflichtig parken. Man sollte aber die Schilder genau beachten, denn Brisbanes Politessen kennen kein Erbarmen. Tagsüber ist Parken in South Bank und West End billiger als im Zentrum. Abends ab 18 Uhr (Sa ab 12 Uhr) ist das Parken im CBD kostenlos. Weitere Infos unter www.visitbrisbane.com.au/parking.

VOM/ZUM FLUGHAFEN

Der **Airtrain** (☎1800 119 091; www.airtrain.com.au; Erw. einfache Fahrt/hin & zurück 17,50/33 AU$) verkehrt zwischen 5 Uhr (Wochenende 6 Uhr) und 22 Uhr alle 15 bis 30 Minuten. Er verbindet die beiden Terminals mit dem Zentrum von Brisbane. Günstig gelegene Haltestellen sind u. a. Fortitude Valley, Central Station, Roma St Station (Brisbane Transit Centre), South Brisbane und South Bank (einfache Fahrt/hin & zurück 17,50/33 AU$). Die Züge fahren weiter bis zur Gold Coast (einfache Fahrt ab 33,70 AU$).

Con-X-ion (☎1300 370 471; www.con-x-ion.com) betreibt regelmäßige Shuttlebusse zwischen dem Flughafen und den Hotels im Zentrum (einfache Fahrt/hin & zurück 20/36 AU$). Die Busse fahren auch von Brisbanes Flughafen zu den Hotels und Privatunterkünften an der Gold Coast (einfache Fahrt/hin & zurück 49/92 AU$) sowie zu den Hotels und Privatunterkünften an der Sunshine Coast (einfache Fahrt/hin & zurück ab 52/96 AU$). Tickets muss man online buchen.

Ein Taxi ins Zentrum kostet 50 bis 60 AU$.

ÖFFENTLICHE VERKEHRSMITTEL

Busse, Züge und Fähren verkehren in einem Acht-Zonen-System: Alle Innenstadtbezirke gehören zur Zone 1. Einfache Fahrten kosten 4,60/2,30 AU$ pro Erw./Kind. In der Zone 2 kosten die Tickets 5,70/2,85 AU$.

Wer das öffentliche Verkehrsnetz öfter benutzen möchte, kann mit einer **Go Card** (www.translink.com.au/tickets-and-fares/go-card; Anfangsbetrag Erw./Kind 10/5 AU$) viel Geld sparen. Man kauft die Karte, erwirbt ein Guthaben und benutzt sie dann in den städtischen Bussen, Zügen und Fähren – so spart man über 30 % der Kosten für eine einfache Fahrt. Kaufen (und aufladen) kann man Go Cards in Transitstationen, 7-Eleven-Läden, Zeitungskiosken, telefonisch oder online. Aufladen kann man sie auch an den Schaltern der CityCat-Fähren (nur gegen Bargeld).

Bus

Brisbanes ausgedehntes Busnetz bietet sich vor allem an, wenn man West End, Kangaroo Point, Woolloongabba, Fortitude Valley, Newstead und Paddington zum Ziel hat.

Im Zentrum sind die Haupthaltestellen für Stadtbusse die unterirdische **Queen Street Bus Station** (Karte S. 304) und die **King George Square Bus Station** (Karte S. 304). Auch an der Adelaide St zwischen George St und Edward St gibt's zahlreiche Haltstellen.

In der Regel fahren die Busse von ca. 5 Uhr (Sa & So 6 Uhr) bis 23 Uhr alle 10 bis 30 Minuten.

CityGlider- und BUZ-Busse bedienen stark genutzte Routen mit hoher Frequenz. Tickets können in den CityGlider- und BUZ-Bussen nicht gekauft werden; Go Card benutzen (S. 329).

Die kostenlosen Hop-on-Hop-off-Busse City Loop und Spring Hill Loop umrunden den CBD bzw. Spring Hill. Unterwegs stoppen sie an wichtigen Zielen wie der QUT, der Queen Street Mall, den City Botanic Gardens, der Central Station und dem Roma Street Parkland. Sie fahren wochentags zwischen 7 und 18 Uhr alle 10 Minuten.

In Brisbane fahren nachts NightLink-Busse, -Züge und -Taxis zu Festpreisen (Letztere stehen an bestimmten Taxiständen), die zwischen dem Zentrum und Fortitude Valley verkehren. Weitere Infos siehe unter translink.com.au.

Schiff/Fähre

Katamarane von **CityCat** (S. 302) fahren zwischen der University of Queensland in St Lucia und Northshore Hamilton 18 Fähranleger an. Praktische Stopps sind South Bank, die drei CBD-Terminals, New Farm Park (Brisbane Powerhouse) und Bretts Wharf (Eat Street Markets). Die Fähren fahren von 5.20 Uhr bis etwa 24 Uhr ca. alle 15 Minuten. Tickets sind an Bord erhältlich, Go Cards können ebenfalls benutzt werden.

Kostenlose **CityHopper-Fähren** pendeln kreuz und quer zwischen dem North Quay, South Bank, dem CBD, Kangaroo Point und der Sydney St in New Farm. Diese Zusatzverbindungen stehen von etwa 6 bis 23 Uhr zur Verfügung.

TransLink betreibt auch die **Cross River Ferries**, die Kangaroo Point mit dem CBD und New Farm Park mit dem Norman Park am Nachbarufer (und auch Teneriffe mit Bulimba weiter im Norden) verbinden. Die Fähren fahren von ca. 6 bis 23 Uhr alle 10 bis 30 Minuten. Preise/Zonen wie bei allen anderen öffentlichen Verkehrsmitteln in Brisbane.

Weitere Infos und Fahrpläne siehe unter www.brisbaneferries.com.au.

Zug

Die sechs Hauptlinien des **Citytrain**-Netzes von TransLink fahren nordwärts bis Gympie an der Sunshine Coast und südwärts bis Varsity Lakes an der Gold Coast. Alle Züge halten an der Roma St Station, der Central Station und der Fortitude Valley Station. Es gibt außerdem eine praktisch gelegene South Bank Station.

Airtrain-Züge ergänzen das Citytrain-Netz im Stadtzentrum und entlang der Gold Coast.

Züge verkehren von ca. 4.30 bis 23.30 Uhr oder Mitternacht (Fr und Sa später), wenn die letzten Züge jeder Linie in der Central Station abfahren. Sonntags fahren die letzten Züge um 23 oder 23.30 Uhr.

Einzelne Zugtickets kauft man sich auf den Bahnhöfen oder man benutzt seine Go Card.

Fahrpläne und Netz kann man unter www.translink.com.au abrufen

TAXI

Im Zentrum gibt's zahlreiche Taxistände, darunter Roma St Station, Treasury (Eke George St und Queen St), Albert St (Ecke Elizabeth St) und Edward St (nahe Elizabeth St). In Fortitude Valley sind Taxis zu später Stunde per Handzeichen nur äußerst schwer zu ergattern: An dem Stand nahe der Ecke Brunswick St und Ann St ist mit langen Wartezeiten zu rechnen. Die Haupttaxiunternehmen sind **Black & White** (✆ 13 32 22; www.blackandwhitecabs.com.au) und **Yellow Cab Co** (✆ 13 19 24; www.yellowcab.com.au).

NightLink-Taxis zu Festpreisen fahren freitag- und samstagnachts. Sie stehen an den Taxiständen in der Elizabeth St (Ecke George St) und in der Warner St in Fortitude Valley.

RUND UM BRISBANE

North Stradbroke Island

2030 EW.

30 gemütliche Fährminuten von Brisbanes Vorort Cleveland entfernt wirkt diese bodenständige Ferieninsel wie eine Mischung aus Noosa und Byron Bay. Hier gibt's eine Reihe von Superstränden mit weißem Pulversand, spitzenmäßiger Brandung und ein paar hervorragende Unterkünfte und Restaurants.

Brisbane & Umgebung

Zudem kann man vor Ort wunderbar Delfine, Schildkröten, Mantarochen und Hunderte Buckelwale (Juni–Nov.) beobachten. Außerdem bietet „Straddie" einige Süßwasserseen und Geländewagen-Routen.

Der atemberaubende, leicht zu meisternde **North Gorge Headlands Walk** (hin & zurück 20 Min.) am Point Lookout ist ein absolutes Highlight: Zum Zirpen der Zikaden umrundet man die Landspitze auf Stegen und kann dabei z. B. nach Schildkröten, Delfinen oder Mantarochen im offenen Meer Ausschau halten. Die Aussicht entlang des Main Beach ist überwältigend.

Rund 8 km östlich von Dunwich am Alfred Martin Way liegt der Parkplatz des **Naree Budjong Djara National Park** (www.nprsr.qld.gov.au/parks/naree-budjong-djara; Alfred Martin Way). Von hier führt ein 2,6 km langer Weg zu Straddies glitzerndem Mittelpunkt, dem **Blue Lake (Kaboora)**. Unterwegs Ausschau halten nach Waldvögeln, schreckhaften Eidechsen und Sumpf-Wallabies. Am See gibt's eine hölzerne Aussichtsplattform, die von einem Wald aus Myrtenheiden, Eukalyptus und Banksien umgeben ist. Wer möchte und sich nicht vor trübem Wasser fürchtet, wagt einen Sprung ins kühle Nass.

Das **North Stradbroke Island Historical Museum** (☎ 07-3409 9699; www.stradbrokemuseum.com.au; 15–17 Welsby St, Dunwich; Erw./Kind 5/1 AU$; ⌚ Di–Sa 10–14, So 11–15 Uhr) informiert über Schiffswracks und qualvolle Seereisen. Zudem führt es die Besucher in die vielfältige indigene Geschichte der Insel ein (die Quandamooka sind die traditionellen Besitzer von Minjerribah alias Straddie).

Aktivitäten

Manta Lodge & Scuba Centre TAUCHEN
(☎ 07-3409 8888; www.mantalodge.com.au; 132 Dickson Way, Point Lookout; Verleih Neoprenanzug/Surfbrett 20/30 AU$, Tauchunterricht ab 500 AU$) Im YHA (S. 331) bietet das Manta Scuba Centre zahlreiche Aktivitäten an. Man kann Neoprenanzüge, Masken, Schnorchel und

Schwimmflossen (25 AU$/24 Std.) sowie Surfbretter ausleihen oder an einem Tauchkurs teilnehmen. Die Preise für Schnorchelausflüge (ab 60 AU$) enthalten Bootsfahrt und Ausrüstung.

North Stradbroke Island Surf School SURFEN
(☎07-3409 8342; www.northstradbrokeislandsurfschool.com.au; Kurse ab 50 AU$) Kleingruppenkurse (90 Min.) auf Straddies warmen Wellen. Wer unsicher ist, nimmt Einzelunterricht.

Straddie Adventures KAJAKFAHREN
(☎0433 171 477; www.straddieadventures.com.au; Seekajaktour Erw./Kind ab 75/40 AU$, Sandboarden 35/30 AU$) Das von einem hiesigen Aborigine betriebene Unternehmen veranstaltet aufschlussreiche Seekajaktouren mit indigenem, kulturellem Touch. Sandboarding-Sessions werden auch angeboten.

Schlafen & Essen

Straddie Camping CAMPING $
(☎07-3409 9668; www.straddiecamping.com.au; 1 Junner St, Dunwich; Jeep-Stellplatz ab 16,55 AU$, Stellplatz mit/ohne Strom ab 39/32 AU$, Hütten ab 120 AU$; Buchungsbüro Mo–Sa 8–16 Uhr) Unter den acht Straddie-Campingplätzen auf der Insel befinden sich zwei reine Geländewagen-Camps am Strand (Genehmigung erforderlich; 43,75 AU$). Die besten liegen rund um den Point Lookout: **Cylinder Beach**, **Adder Rock** und **Home Beach** mit Aussicht auf den Strand. **Amity Point** hat neue Ökohütten. Man bekommt gute Wochentarife – unbedingt lange im Voraus buchen.

Manta Lodge YHA HOSTEL $
(☎07-3409 8888; www.mantalodge.com.au; 132 Dickson Way, Point Lookout; B/DZ/2BZ/FZ ab 35/90/90/115 AU$; @) Das nette, dreistöckige Hostel hat saubere (aber langweilige) Zimmer in toller Strandlage. Außerdem gibt's im hinteren Bereich eine Feuerstelle, eine Küche ohne Schließzeiten, gemütliche Gemeinschaftsräume und unten eine Tauchschule. Hier kann man auch Surfbretter, Bodyboards, SUPs, Fahrräder und Schnorchelausrüstung mieten. WLAN ist in den Gemeinschaftsräumen gratis, in den Schlafsälen kosten 24 Stunden 5 AU$.

★ **Allure** APARTMENT $$$
(☎1800 555 200, 07-3415 0000; www.allurestradbroke.com.au; 43–57 East Coast Rd, Point Lookout; Bungalow/Villa ab 175/250 AU$;) Auf einem grünen Gelände mit Pool, Fitnessraum und Gartenküche für die Gäste bietet das Allure große, blitzblanke, moderne Bungalows und Villen. Die Bungalows im Stil von Wohnstudios haben eine Kochnische und ein Schlafzimmer im Zwischengeschoß, die Villen bieten richtige Küchen und getrennte Schlafzimmer. Alle sind mit einer Waschmaschine ausgestattet und haben eine Terrasse mit Grillstelle. Obwohl zwischen den Quartieren nicht viel Platz ist, sorgt das clevere Design für genug Privatsphäre.

★ **Island Fruit Barn** CAFÉ $
(☎07-3409 9125; 16 Bingle Rd, Dunwich; Hauptgerichte 10–16 AU$; Mo–Fr 7–17, Sa 7–16, So 8–16 Uhr;) Das zwanglose Café an der Hauptstraße in Dunwich serviert an den wenigen Tischen ausgezeichnetes Frühstück, Smoothies, Salate, Sandwiches, Wintersuppen und Kuchen. Viele der Speisen sind glutenfrei oder vegan, alle werden aus qualitativ hochwertigen Zutaten hergestellt. Am besten ein Spinat-Feta-Brötchen bestellen und danach im niedlichen Feinkostladen frisches Obst und Gemüse und Gourmet-Gewürze einkaufen.

Blue Room Cafe CAFÉ $
(☎0438 281 666; 27 Mooloomba Rd, Point Lookout; Gerichte 10–18 AU$; Mo–Sa 7.30–14.30 Uhr, Laden 7.30–17.30, So 7.30–14 Uhr;) Lockeres Café im Strandlook mit Outdoor-Terrasse und frischen, gesunden Speisen wie mit Kiwi und Erdbeeren gefüllte rote Papaya mit Granola und Kakaoraspel obendrauf, Omelette aus Bio-Eiern mit Spinat und Ziegenkäse sowie große Portionen Fisch-Tacos mit gegrilltem Fisch und hausgemachter mexikanischer Salsa aus schwarzen Bohnen und Mais. Als Snacks gibt's Kekse und leckere vegane Kleinigkeiten. Der dazugehörige Laden heißt passenderweise Green Room.

An- & Weiterreise

Der Startpunkt für Fähren zur North Stradbroke Island ist Brisbanes Vorort Cleveland. Von dort fahren **Stradbroke Ferries** (☎07-3488 5300; www.stradbrokeferries.com.au; hin & zurück Fahrzeug inkl. Passagiere ab 110 AU$, ohne Fahrzeug Erw./Kind 10/5 AU$; 5.30–20 Uhr) nach Dunwich und zurück (45 Min., 12–17-mal tgl.). Online-Tarife für Fahrzeuge sind billiger. Die Personenfähren von **Gold Cats Stradbroke Flyer** (☎07-3286 1964; www.flyer.com.au; Middle St, Cleveland; hin & zurück Erw./Kind/Fam. 19/10/50 AU$; 5–19.30 Uhr) verkehren täglich zwischen Cleveland und der One Mile Jetty in Dunwich (30 Min., 13–14-mal tgl.). Ein kostenloser Stradbroke-Flyer-Zubringerbus sammelt die Fahrgäste der Wassertaxis am Bahnhof Cleveland 10 Minuten vor Abfahrt der meisten Wassertaxis ein (Ausnahmen s. Website).

Von Brisbanes Central Station und der Roma St Station (sowie von den innerstädtischen Haltestellen South Bank, South Brisbane und Fortitude Valley) fahren regelmäßig Citytrains (www.translink.com.au) zur Cleveland Station (8,60 AU$, 1 Std.). Busse zum Fährterminal warten an der Cleveland Station (7 Min.).

Unterwegs vor Ort

Straddie ist groß. Um die Insel anständig zu erkunden, empfehlen sich die eigenen vier Räder. Wer ins Gelände möchte, bekommt Infos bei **Straddie Camping** (S. 331), wo man auch die Genehmigung für Allradwagen bekommt (43,75 AU$).

Alternativ warten **Stradbroke Island Buses** (07-3415 2417; www.stradbrokeislandbuses.com.au) an der Fähre in Dunwich und fahren von dort nach Amity und zum Point Lookout (einfache Fahrt/hin & zurück 4,70/9,40 AU$). Die Busse fahren mehr oder weniger stündlich, der letzte Bus nach Dunwich startet am Point Lookout um 18.20 Uhr. Nur Barzahlung.

Taxis vom **Stradbroke Cab Service** (0408 193 685) nehmen für die Fahrt von Dunwich zum Point Lookout ca. 60 AU$.

Straddie Super Sports (07-3409 9252; www.straddiesupersports.com.au; 18 Bingle Rd, Dunwich; Verleih Mountainbike Std./Tag 10/50 AU$, Kajak 15/60 AU$, SUP 10/50 AU$; Mo–Fr 8–16.30, Sa 8–15, So 9–14 Uhr) in Dunwich verleiht Mountainbikes (Std./Tag 10/50 AU$).

Moreton Island

300 EW.

Wer in Queensland nicht weiter nach Norden reisen will als bis nach Brisbane und dennoch ein Stück tropisches Paradies genießen möchte, sollte zur Moreton Island hinüber fahren. Die unberührten Strände, Dünen, Buschgebiete und Lagunen sind geschützt – 95 % der Insel gehören zur **Moreton Island National Park & Recreation Area** (www.nprsr.qld.gov.au/parks/moreton-island). Abgesehen von ein paar felsigen Landzungen besteht die gesamte Insel aus Sand. Der 280 m hohe Mt. Tempest ist der höchste Küstensandhügel der Welt. Vor der Westküste liegen die rostigen, riesigen Tangalooma Wrecks, die sich perfekt zum Schnorcheln und Tauchen eignen.

Die lange Inselgeschichte reicht von frühen indigenen Siedlungen bis zur Gründung von Queenslands erster und einziger Walfangstation bei Tangalooma, die von 1952 bis 1962 in Betrieb war.

Sehenswertes & Aktivitäten

Jeden Abend schwimmt etwa ein halbes Dutzend Delfine vom Meer herein und frisst Fisch aus den Händen von Freiwilligen. Obwohl nur Gäste des Tangalooma Island Resort mitmachen dürfen, sind Zuschauer willkommen. Beim Resort befindet sich außerdem das **Tangalooma Marine Education & Conservation Centre** (1300 652 250; www.tangalooma.com; Tangalooma Island Resort; 10–12 & 13–16 Uhr), in dem eine Ausstellung zum Meeres- und Vogelleben in der Moreton Bay beheimatet ist.

Ausgangspunkt für Buschwanderungen inklusive Wüstentrail (2 Std.) ist das Tangalooma Island Resort. Lohnenswert ist auch der anstrengende Marsch auf den Mt. Tempest, von Eagers Creek 3 km im Inselinneren – um zum Startpunkt zu kommen, benötigt man aber ein Fahrzeug.

Vom **Cape Moreton Lighthouse** kann man in der Saison wunderbar vorbeiziehende Wale beobachten.

Moreton Bay Escapes (1300 559 355; www.moretonbayescapes.com.au; Tagestour Erw./Kind ab 200/140 AU$, 2-tägige Campingtour ab 360/250 AU$) veranstaltet informative ein-, zwei- und dreitägige Touren im Geländewagen. Auf dem Programm stehen Schnorcheln oder Kajakfahren, Sandboarden, Meerestiere beobachten und Wandern.

Adventure Moreton Island (07-3410 6927; www.adventuremoretonisland.com; Tagestouren ab 145 AU$) organisiert Tagestouren – z. B. eine Island Adrenaline Tour (189 AU$), auf der man sich aus einer Liste vier Aktivitäten aussuchen kann. Angeboten werden u. a. Quad-Fahren, Sandboarden und Schnorcheln an den Tangalooma Wrecks.

Das einzige **Resort** (1300 652 250, 07-3637 2000; www.tangalooma.com; Tangalooma; DZ ab 210 AU$, 2-/3-/4-Zi.-Apt. ab 480/510/550 AU$;) der Insel ist in Tangalooma. Im Nationalpark gibt's fünf **Campingplätze** (13 74 68; www.nprsr.qld.gov.au/experiences/camping; Stellplatz pro Pers./Fam. 6,15/24,60 AU$) mit Wasser, Toiletten und kalten Duschen. Vor der Überfahrt zur Insel online oder telefonisch reservieren.

An- & Weiterreise

Mehrere Fähren verbinden das Festland mit der Insel. Wer die Insel erkunden will, sollte sich einen Geländewagen mitbringen oder an einer

Tour teilnehmen. Die meisten Touren starten in Brisbane und beinhalten die Fähr-Transfers.

Micat (☎ 07-3909 3333; www.micat.com.au; Tangalooma; hin & zurück Erw./Kind ab 52/35 AU$, Standard-Geländewagen inkl. 2 Pers. 200–300 AU$) Die Autofähre vom Port of Brisbane nach Tangalooma fährt etwa achtmal wöchentlich (75–90 Min.); Anfahrt zum Fährterminal siehe Website.

Tangalooma Flyer (☎ 07-3637 2000; www.tangalooma.com; hin & zurück Erw./Kind 80/45 AU$) Der schnelle Passagier-Katamaran wird vom Tangalooma Island Resort betrieben. Die Fahrt zum Resort (75 Min, 3- bis 4-mal tgl.) startet an der Holt St Wharf im Brisbaner Vorort Pinkenba (Anfahrt s. Website).

Amity Trader (☎ 07-3820 6557; www.amitytrader.com; Geländewagen/Passagier ohne Fahrzeug hin & zurück 270/40 AU$) Die Fähre für Geländewagen und Passagiere ohne Fahrzeug fährt mehrmals im Monat vom Brisbaner Vorort Victoria Point nach Kooringal auf Moreton Island. Aktueller Fahrplan siehe Website.

Toowoomba

114 620 EW.

Am Rand der Great Dividing Range, 700 m über dem Meeresspiegel, klebt das geschäftige Toowoomba mit seinen breiten, von Bäumen gesäumten Straßen und stattlichen Häusern. Die Stadt gehört zwar nicht zu den Orten, die man in seinem Leben unbedingt gesehen haben muss, hat aber für diejenigen, die ein oder zwei Tage hier verweilen, einiges an Überraschungen zu bieten.

Neben schönen denkmalgeschützten Gebäuden und Gärten ist Toowoomba mit seinen großartigen **Wandgemälden** in der letzten Zeit auch zu einem Zentrum für Straßenkunst geworden. Außerdem findet hier alljährlich das **First Coat Art & Music Festival** (www.firstcoat.com.au; ⏲ Mai) statt.

Sehenswertes

Cobb & Co Museum — MUSEUM

(☎ 07-4659 4900; www.cobbandco.qm.qld.gov.au; 27 Lindsay St; Erw./Kind/Fam. 12,50/6,50/32 AU$; ⏲ 10–16 Uhr) Direkt nördlich vom Queens Park liegt das zauberhafte, kinderfreundliche Museum mit Australiens schönster Sammlung von Pferdekutschen wie z.B die wunderschönen Cobb & Co Royal Mail-Wagen aus dem 19. Jh. und ein Omnibus, der bis 1924 durch Brisbane fuhr. Interaktive Exponate schildern das damalige Leben in der Stadt und Reisen im Outback mit Pferden. Das Museum beherbergt außerdem eine Schmiede und eine interessante Abteilung zum Thema Aborigines mit Schilden, Axtköpfen, Bumerangs. Zeichentrickfilme zeigen Traumgeschichten. Ausschau halten nach den drehenden Windmühlen vor dem Museum.

Picnic Point — PARK

(www.picnic-point.com.au; Tourist Rd; ⏲ 24 Std., Café-Restaurant Mo–Do 8.30–17, Fr 8.30–21, Sa 8–21, So 8–17 Uhr) GRATIS Hoch oben am Rand der Great Dividing Range, am östlichen Stadtrand, befinden sich Toowoombas Escarpment Parks mit dem tollen Picnic Point. Hier gibt's Wanderwege, Picknickplätze, einen Kinderspielplatz und ein Café-Restaurant (Hauptgerichte 14–35 AU$). Soviel dazu! Die Besucher kommen aber vor allem wegen der grandiosen Aussicht auf das Lockyer Valley hierher. Von hier sieht man erst, wie hoch Toowoomba wirklich liegt.

Toowoomba Regional Art Gallery — GALERIE

(☎ 07-4688 6652; www.tr.qld.gov.au/facilities-recreation/theatres-galleries/galleries; 531 Ruthven St; ⏲ Di–Sa 10–16, So 13–16 Uhr) GRATIS Toowoombas kleine Kunstgalerie beherbergt eine interessante Sammlung von Gemälden, Keramiken und Zeichnungen. In der Dauerausstellung australischer Kunst (Ende 19. und Anfang 20. Jh.) kann man Werke von Größen wie Tom Roberts, Arthur Streeton und Rupert Bunny bewundern. Im Nebenraum ist vorwiegend europäische ornamentale Kunst aus dem 17. bis 19. Jh. zu sehen. Wer die bemerkenswerte Bibliothek der Galerie mit ihren seltenen Büchern, Karten und Manuskripten besuchen möchte, muss vorher anrufen.

Queens Park Botanic Gardens — GÄRTEN

(www.tr.qld.gov.au; Ecke Lindsay St & Campbell St; ⏲ 24 Std.) GRATIS Die schönen botanischen Gärten von Toowoomba erstrahlen im Frühjahr und im Herbst in allen nur erdenklichen Farben. Mit ihren Parterre-Gärten, akkurat angelegten englischen Blumenbeeten, Palmen und Koniferen sind sie ein perfekter Ort für ein Picknick oder ein paar faule Stunden. Die Gärten befinden sich in der Nordostecke des Queens Park gegenüber vom Cobb & Co Museum.

Schlafen & Essen

Toowoomba Motor Village — WOHNWAGENPARK $

(☎ 1800 675 105; www.toowoombamotorvillage.com.au; 821 Ruthven St; Stellplatz mit/ohne Strom 38/32 AU$, Hütte & Wohneinheit 72–130 AU$; ❄ 📶) Der gepflegte, saubere Park befindet sich 2,5 km südlich des Stadtzentrums. Er bietet gute Anlagen und einen schönen Blick über die Vororte.

★ Vacy Hall PENSION $$

(☎07-4639 2055; www.vacyhall.com.au; 135 Russell St; DZ 135–245 AU$; 📶) Dieses herrliche Herrenhaus von 1873 (einst Hochzeitsgeschenk eines reich gewordenen illegalen Siedlers an seine Tochter) liegt oberhalb des Zentrums und bietet 12 historische Zimmer mit authentischem Charme. Eine große Veranda umschließt das Haus. Alle Zimmer haben eigene Bäder, die meisten auch Kamine. Superhohe Decken sorgen dafür, dass manche Zimmer höher als breit sind. Kostenloses WLAN.

Junk Asian ASIATISCH $

(☎0474 744 425; www.junkboat.com.au; 5/476 Ruthven St; Gerichte 10–20 AU$; ⊙11–22 Uhr) Das hippe panasiatische Restaurant ist eines der trendigen Lokale in den neuen Walton Stores. Es ist das geistige Kind des mit zwei Hüten ausgezeichneten Kochs Tony Kelly. Unter einem an der Decke schwebenden chinesischen Drachen futtern Jung und Alt Straßensnacks wie Ramen mit langsam gekochtem Ei und Schweinefleisch, grünen Papaya-Salat und süchtig machende mit Weichschalenkrebsfleisch, Chipotle, japanischer Kewpie-Mayonnaise und Krautsalat gefüllte chinesische Baos.

Firefly CAFÉ $$

(☎07-4564 9197; www.thefireflycafe.com.au; 100 Russell St; Hauptgerichte mittags 16,50–22 AU$, abends 26–29 AU$; ⊙Di–Sa 7–15, Fr auch 17.30–20 Uhr; ✎) Das angenehme, etwas verrückte Firefly mit Straßenkunst an der Wand und Plastiktieren auf den Tischen ist in einer ehemaligen Autopflegewerkstatt am Rand des Zentrums angesiedelt. Für die großzügigen, ehrlichen Gerichte werden nur hochwertige Zutaten der Saison benutzt. Aus der Küche kommen z. B. getoastete Brioches mit gegrillten Pfirsichen, süßem Dukkah-Gewürz und Kokosschlagsahne oder herzhafte Brekky Burger (mit Bacon, Spiegelei, Spinat und Zwiebelkonfitüre). Auch der Kaffee schmeckt hervorragend.

ℹ Praktische Informationen

Toowoomba Visitor Information Centre (☎1800 331 155, 07-4639 3797; www.southernqueenslandcountry.com.au; 86 James St; ⊙9–17 Uhr; 📶) Südöstlich des Zentrums an der Kreuzung mit der Kitchener St. Hier sind ein bettlakengroßer Stadtplan und Karten für den *Toowoomba Tourist Drive* erhältlich.

ℹ An- & Weiterreise

Toowoomba liegt 126 km westlich von Brisbane am Warrego Hwy. **Greyhound-Busse** (S. 328) verkehren täglich achtmal zwischen Brisbane Airport, Brisbane Zentrum und Toowoomba (35 AU$, 2 Std.). Ein Bus fährt täglich nach Stanthorpe (47 AU$, 2½ Std.) weiter im Süden. **Murrays** (☎132 251; www.murrays.com.au) fährt ebenfalls die Strecke Brisbane Airport, Brisbane Zentrum und Toowoomba (ab 24 AU$, 4-mal tgl.). Toowoombas **Hauptbusbahnhof** (Ecke Neil St & Bell St Mall) wird von Stadt- und Fernbussen angefahren.

Wer von Brisbane Airport kommt, sollte den **Airport Flyer** (☎1300 304 350, 07-4630 1444; www.theairportflyer.com.au; einfache Fahrt/hin & zurück 75/140 AU$) nehmen, der sechsmal täglich direkt nach/ab Toowoomba fährt. Je mehr Fahrgäste, desto billiger wird die Fahrt.

Granite Belt

Der Granite Belt liegt in den westlichen Ausläufern der Great Dividing Range, rund 210 km südwestlich von Brisbane. Es ist Brisbanes einzige echte Weingegend mit Hügeln voller Weinreben, Olivenhainen und Obstplantagen (Äpfel, Birnen, Pflaumen und Pfirsiche), die in dem kühlen Klima wunderbar gedeihen.

Stanthorpe

5385 EW.

Queenslands (buchstäblich) kühlste Stadt ist ein weniger bekanntes Touristenziel. Heute gibt es im zweckbetonten Stanthorpe und in dem winzigen etwa 20 km südlich gelegenen Dorf Ballandean eine boomende Weinindustrie mit Kellerverkauf, Restaurants, Veranstaltungen und Boutiqueunterkünften.

Es geht aber nicht nur um Wein und Gesang: Die wechselnden Jahreszeiten machen den Granite Belt auch zu einem erstklassigen Obstanbaugebiet. Backpacker, die nicht allzu kälteempfindlich sind, können hier frühmorgens bei der Obsternte helfen.

Die meisten Weingüter des Granite Belt liegen südlich von Stanthorpe rund um Ballandean. Im **Stanthorpe Visitor Information Centre** (☎1800 762 665, 07-4681 2057; www.granitebeltwinecountry.com.au; 28 Leslie Pde, Stanthorpe; ⊙9–16 Uhr) sind Karten und Broschüren erhältlich.

Außer Weingütern kann man hier aber auch noch eine Brauerei besichtigen, die **Granite Belt Brewery** (☎07-4681 1370; www.

granitebeltbrewery.com.au; 146 Glenlyon Dr, Stanthorpe; 10–24 Uhr, Restaurant 12–14.30 & 17.30 Uhr–open end), oder im **Stanthorpe Heritage Museum** (07-4681 1711; www.halenet.com.au/~jvbryant/museum.html; 12 High St, Stanthorpe; Erw./Kind/Fam. 7/3,50/20 AU$; Mi–Fr 10–16, Sa 13–16, So 9–13 Uhr) in die hiesige Geschichte eintauchen.

Schlafen & Essen

Backpackers of Queensland HOSTEL $
(0429 810 998; www.backpackersofqueensland.com.au; 80 High St, Stanthorpe; B pro Woche 195 AU$;) Die Leitung hilft jungen Backpackern bei der Suche nach Erntejobs und bringt sie in schlichten Zimmern unter. Hier gibt es 5-Bett-Schlafsäle mit Bad. Der Mindestaufenthalt beträgt eine Woche. Alkohol, Drogen, Zigaretten usw. sind nicht erlaubt.

Top of the Town Tourist Park WOHNWAGENPARK $
(07-4681 4888; www.topoftown.com.au; 10 High St, Stanthorpe; Stellplatz mit Strom 48 AU$, Hütte/Motel DZ ab 120/125 AU$;) Der buschige Campingplatz im Norden von Stanthorpe ist für alle eine praktische Lösung, die hier bei der Weinlese oder Obsternte helfen.

★ **Diamondvale B & B Cottages** COTTAGE $$
(07-4681 3367; www.diamondvalecottages.com.au; 26 Diamondvale Rd, Stanthorpe; 1-/2-/4-Zimmer-Cottage 160/320/650 AU$;) Die Unterkunft auf einem stimmungsvollen Stück Buschland außerhalb von Stanthorpe (hier wird man wahrscheinlich Kängurus, Koalas und Ameisenigel zu Gesicht bekommen) besteht aus vier hübschen Cottages und einer Lodge mit vier Zimmern. Sowohl die Cottages als auch die Lodge sind mit altmodischen Details ausgestattet und haben einen Kamin, eine Küche und eine Veranda. Die Hütte mit Gemeinschaftsgrill ist der Renner und die Gastfreundlichkeit der Betreiber Tony und Kerryn einfach unglaublich. Ein 2 km langer Fußweg führt am Bach entlang in die Stadt. Der Bach eignet sich auch zur Abkühlung.

Aussie Beef Steakhouse STEAK $$
(07-4681 1533; www.aussiebeefsteakhouse.com.au; 1 High St, Stanthorpe; Hauptgerichte 20–38 AU$; Di–Do 18–19.30, Fr & Sa 18–20 Uhr) Das bescheidene, familienfreundliche Lokal serviert beeindruckende Rindfleischstücke (Rippen-, Rump-, Ribeye- und Porterhouse-Steak) sowie weitere fleischlastige Hauptgerichte wie Rinderbäckchen, Shiraz-Pastete und Schweinelende mit Ahorn- und Paprikaschmelz. Das Steakhouse befindet sich neben einem Motel am Nordrand der Stadt.

DIE BESTEN WEINKELLER IN STANTHORPE

Ballandean Estate (07-4684 1226; www.ballandeanestate.com; 354 Sundown Rd, Ballandean; 9–17 Uhr)

Golden Grove Estate (07-4684 1291; www.goldengroveestate.com.au; 337 Sundown Rd, Ballandean; Mo–Fr & So 9–16, Sa 9–17 Uhr)

Ravens Croft Wines (07-4683 3252; www.ravenscroftwines.com.au; 274 Spring Creek Rd, Stanthorpe; Fr–So 10.30–16.30 Uhr)

Robert Channon WInes (07-4683 3260; www.robertchannonwines.com; 32 Bradley Ln, Stanthorpe; Mo, Di & Fr 11–16, Sa & So 10–17 Uhr)

Pyramids Road (07-4684 5151; www.pyramidsroad.com.au; 25 Wyberba La, Wyberba; 10–16.30 Uhr)

Brass Monkey Brew House KLEINBRAUEREI
(0488 967 401; www.brassmonkeybrewhousep tyltd.com; 106 Donges Rd, Severnlea; Do–Mo 10–18 Uhr) Diese preisgekrönte Kleinbrauerei in Familienhand liegt unmittelbar südlich von Stanthorpe. In einem einfachen Blechschuppen mit Gemeinschaftstischen und Kamin werden die in kleinen Mengen aus Hopfen aus der Region hergestellten Biere ausgeschenkt. Was gerade im Angebot ist, steht auf den Tafeln an der Wand. Wie wär's mit einem deutschen Pilsner oder einem englischen Starkbier und dazu eine leckere Bratwurst, für die die Familie ebenfalls bekannt ist. Ansonsten gibt's auch noch ordentliche Rinderbäckchen-Pastete und (natürlich) in Stout getränkte Burger.

An- & Weiterreise

Crisps Coaches (07-4661 8333; www.crisps.com.au) fahren von Brisbane über Warwick nach Stanthorpe (69 AU$, 3¼ Std., 1–3-mal tgl.). Ein Bus fährt täglich weiter nach Tenterfield in NSW (außer Sa) mit Zwischenstopp in Glen Alpin und Ballandean. Das Unternehmen fährt wochentags auch dreimal täglich von Toowoomba nach Stanthorpe (49 AU$, 2–3½ Std.), an den Wochenenden einmal täglich.

GOLD COAST

Spaß, Sonne, Surfen und Luxuskörper. Dieser Küstenabschnitt ist wahrscheinlich Australiens kultigstes Ferienziel. Wer sich der Gold Coast aus der Ferne nähert, traut beim Anblick der glitzernden Hochhäuser vielleicht seinen Augen nicht. Die Gold Coast hat auch den Ruf, hier und da geschmacklos zu sein, was bisweilen nicht unbegründet ist. Das machen aber die zunehmend junge Atmosphäre und die erstaunlich schöne Gegend wieder wett: 52 km lange, unberührte Sandstrände, zahllose Surfspots mit Kultstatus, herzzerreißende Sonnenuntergänge, wunderbare Wassertemperaturen und 300 Sonnentage im Jahr.

ℹ An- & Weiterreise

BUS

Premier Motor Service (☎13 34 10; www.premierms.com.au) Täglich fahren ein paar Busse nach Brisbane (ab 21 AU$, 1½ Std.), Byron Bay (ab 29 AU$, 2½ Std.) und in andere Küstenregionen.

Greyhound (www.greyhound.com.au) Regelmäßige Verbindungen von/nach Brisbane (23 AU$, 1½ Std.), Byron Bay (35 AU$, 2½ Std.) und darüber hinaus.

FLUGZEUG

Der **Gold Coast Airport** (S. 1176) liegt 25 km südlich von Surfers Paradise in Coolangatta. Er wird von allen großen australischen Inlandsfluggesellschaften angeflogen. **Scoot** (www.flyscoot.com), **Air Asia** (☎1300 760 330; www.airasia.com) und **Air New Zealand** (☎13 24 76; www.airnewzealand.com.au) bieten auch Flüge nach Übersee an.

Der **Brisbane Airport** (S. 1176) liegt 16 km nordöstlich vom Zentrum Brisbanes und ist mit dem Zug erreichbar. Er ist besonders praktisch für ausländische Besucher, die an die Gold Coast wollen.

ZUG

TransLink (☎13 12 30; http://translink.com.au) Citytrain-Züge fahren von Brisbane etwa alle 30 Minuten zu den Bahnhöfen Nerang, Robina und Varsity Lakes an der Gold Coast (75 Min.). Dieselbe Linie führt nördlich von Brisbane bis zum Brisbane Airport.

ℹ Unterwegs vor Ort

BUS

Surfside Buslines (☎13 12 30; www.surfside.com.au) ist eine Tochtergesellschaft von Brisbanes TransLink und fährt regelmäßig die Gold Coast rauf und runter. Außerdem fahren Shuttlebusse von den Bahnhöfen an der Gold Coast nach Surfers Paradise und weiter (inkl. Themenparks).

Surfside bietet zusammen mit Gold Coast Tourist Shuttle einen Freedom Pass an. Darin enthalten sind die Rückfahrt zum Gold Coast Airport, unbegrenzt viele Fahrten zu den Themenparks und Fahrten in den örtlichen Bussen. Der Freedom Pass kostet pro Erw./Kind 78/39 AU$ und ist für drei, fünf, sieben und zehn Tage erhältlich.

VOM/ZUM FLUGHAFEN

Gold Coast Tourist Shuttle (☎1300 655 655, 07-5574 5111; www.gcshuttle.com.au; einfache Strecke Erw./Kind 22/13 AU$) Erwartet ankommende Flüge am Gold Coast Airport und bietet den Transfer zu den meisten Unterkünften an der Goldcoast; fährt auch die Themenparks an der Gold Coast an.

Con-X-ion Airport Transfers (☎1300 266 946; www.con-x-ion.com) Transfer vom/zum Gold Coast Airport (einfache Fahrt Erw./Kind ab 22/13 AU$), Brisbane Airport (einfache Fahrt Erw./Kind ab 49/25 AU$) und zu den Themenparks an der Gold Coast.

Byron Bay Xcede (www.byronbay.xcede.com.au) Transfer vom Gold Coast Airport zu Hotels und Privatunterkünften in Byron Bay. Vorbuchung empfehlenswert (Erw./Kind 37/18,50 AU$)

TRAM

G:link (Gold Coast Light Rail; ☎13 12 30; http://translink.com.au) ist eine praktische, wenn auch recht teure Straßenbahn, die mit mehreren Zwischenstopps von Southport nach Broadbeach fährt. Wer mehr als eine sehr kurze Fahrt plant, sollte sich eine Go-Explore-Tageskarte (Erw./Kind 10/5 AU$; nur in 7-Eleven-Geschäften erhältlich) kaufen. Einzelfahrscheine (ab 4,80 AU$) bekommt man an den Automaten an den Haltestellen.

Surfers Paradise

22 150 EW.

Einige brummeln vor sich hin, dass das Paradies verloren gegangen sei. Es ist nicht zu leugnen, dass die wilde Partyzone und der traumhafte Sandstrand eine unglaubliche Zahl an Besuchern anziehen – in Spitzenzeiten 20 000 pro Tag. Partywütige Teens und um Leute in ihren frühen Zwanzigern kommen wegen der Clubs, Bars und Einkaufszentren und wenn der Kater einsetzt auch wegen des Strands hierher, bevor dann alles wieder von vorn losgeht. Familien kommen wegen der vielen großen Ferienwohnungen, der kinderfreundlichen Restaurants und natürlich auch wegen des Traumstrands.

Gold Coast & Hinterland

Sehenswertes & Aktivitäten

SkyPoint Observation Deck AUSSICHTSPUNKT (www.skypoint.com.au; Level 77, Q1 Bldg, Hamilton Ave, Surfers Paradise; Erw./Kind/Fam. 24/14/62 AU$; ⏲So–Do 7.30–20.30, Fr & SA 7.30–23.30 Uhr) Die Sehenswürdigkeiten von Surfers Paradise liegen in der Regel auf Strandtüchern. Wer aber die Küste und das Hinterland aus der Vogelperspektive sehen möchte, saust mit dem Fahrstuhl hinauf zur 230 m hohen Aussichtsplattform fast ganz oben im Q1, einem der bemerkenswertesten Hochhäuser der Welt. Mutige können den **SkyPoint**

Climb auf die Spitze des Gebäudes (270 m) in Angriff nehmen (Erw./Kind ab 74/54 AU$).

Cheyne Horan School of Surf SURFEN
(☎1800 227 873; www.cheynehoran.com.au; 2-stündiger Unterricht 49 AU$; ⏲10 & 14 Uhr) In dieser Schule, die von dem früheren Surf-Profi Cheyne Horan geleitet wird, lernt man auf den Wellen zu reiten. Kurspakete sind preiswerter.

Balloon Down Under BALLONFAHRT
(☎07-5500 4797; www.balloondownunder.com; 1-stündige Fahrt Erw./Kind 279/225 AU$) Hoch hinauf geht's bei den Ballonfahrten zum Sonnenaufgang, die mit einem Sektfrühstück enden.

Feste & Events

★ Bleach Festival KULTUR
(www.bleachfestival.com.au; ⏲Anfang April) In verschiedenen In- und Outdoor-Locations finden visuelle Kunstshows, zeitgenössischer Tanz, Musik aller Genres, Theateraufführungen und Performances statt. Es herrscht Spätsommerstimmung und manchmal lassen sich sogar Superstars auf der Bühne blicken. Trendiges und Provokatives steht auch auf der Tagesordnung.

Surfers Paradise

0 — 200 m

Gold Coast 600 SPORT
(www.v8supercars.com.au) An drei Tagen im Oktober verwandeln sich die Straßen von Surfers in eine Rennstrecke für superschnelle Rennwagen.

Schlafen

Budds in Surfers HOSTEL $
(07-5538 9661; www.buddsinsurfers.com.au; 6 Pine Ave, Surfers Paradise; B 32–34 AU$, DZ 95–110 AU$;) Das lockere Budds hat ordentliche Bäder, saubere Fliesenböden, eine gesellige Bar und einen schönen Pool – und alles ist nur einen Katzensprung vom Budds Beach mit seinem ruhigen Wasser entfernt. Fahrradverleih. Auf Wunsch stehen Schlafsäle nur für Frauen zur Verfügung. Außerdem gibt's ein Doppelzimmer mit Bad.

Sleeping Inn Surfers HOSTEL $
(1800 817 832, 07-5592 4455; www.sleepinginn.com.au; 26 Peninsular Dr, Surfers Paradise; B 30–34 AU$, DZ 78–92 AU$;) Diese Backpackerbleibe befindet sich in einem alten Apartmentblock ein Stück vom Zentrum entfernt, sodass man – wie der Name andeutet – wirklich die Chance hat, mal auszuschlafen. Die größeren Schlafsäle haben eine eigene Küche und Bad, die meisten anderen eine Sitzecke. Achtung: Kinder sind hier nicht erlaubt und die Gäste in den Schlafsälen müssen im Besitz eines internationalen Reisepasses sein. In einem angrenzenden Apartmentblock gibt es ein paar frisch renovierte private Zimmer.

Chateau Beachside Resort APARTMENT $
(07-5538 1022; www.chateaubeachside.com.au; Ecke Elkhorn Ave & Esplanade, Surfers Paradise; Wohnstudio/1-Zi.-Apt. 99/119 AU$;) Dieses „Küstenschloss" (in Wirklichkeit ein 18-stöckiges Hochhaus) erinnert eher an Las Vegas als an ein Loire-Schloss. Die Wohnstudios und Apartments sind individuell eingerichtet und haben – bis auf die billigsten – alle Meerblick. Ein Plus ist auch der 18-m-Pool. Mindestaufenthalt zwei Nächte.

★ **Island** HOTEL $$
(07-5538 8000; www.theislandgoldcoast.com.au; 3128 Surfers Paradise Blvd; DZ 180–250 AU$;) Das märchenhaft verblasste Islander Hotel wurde als Island neu geboren und es ist in der Tat eine moderne Insel in dieser Ecke von Surfers. Die Zimmer haben die normal niedrigen Decken, aber die Palette von Naturholz und weiß getünchten, einfarbigen Wänden machen aus dieser Unterkunft ein wahres Schlupfloch. Die geräumigen Doppelzimmer sind 27 m², die Suiten 45 m² groß. Alle haben überdurchschnittlich große Betten.

★ **QT** HOTEL $$
(07-5584 1200; www.qtgoldcoast.com.au; 7 Staghorn Ave, Surfers Paradise; DZ 185–280 AU$;) Acapulco Chairs, Retro-Fahrräder und adrett gestyltes Personal sollen an Surfers Glanzzeiten in der Mitte des letzten Jahrhunderts erinnern. Der pfiffige Umbau eines langweiligen Turms aus den 1980er-Jahren ist wirklich gelungen. Jetzt macht es richtig Spaß, sich in der luftigen Lobby aufzuhalten. Die Zimmer sind nicht ganz so nostalgisch eingerichtet, haben aber viele bunte Hingucker.

Essen

Supermärkte, in denen Selbstversorger einkaufen können, befinden sich in den Einkaufzentren **Chevron Renaissance Shopping Centre** (www.chevronrenaissanceshoppingcentre.com.au; Ecke Elkhorn Ave & Surfers Paradise Blvd, Surfers Paradise; Mo–Sa 9–17.30, So 10–16 Uhr) und **Circle on Cavill** (www.circleoncavill.com.au; Ecke Cavill Ave & Ferny Ave, Surfers Paradise; Mo–Sa 9–17.30, So 10–16 Uhr).

Surfers Paradise

Sehenswertes
1 SkyPoint Observation Deck C4

Schlafen
2 Budds in Surfers C1
3 Chateau Beachside Resort C2
4 Island C3
5 QT C1
6 Sleeping Inn Surfers B4

Essen
7 Baritalia C2
8 Bumbles Café B1
Surfers Sandbar .... (siehe 3)

Ausgehen & Nachtleben
9 Black Coffee Lyrics C3
10 Elsewhere C3

Shoppen
11 Chevron Renaissance Shopping Centre C2
12 Circle on Cavill C3

SCHOOLIES IM ANMARSCH

Jedes Jahr im November strömen Tausende Teenager nach Surfers Paradise, um in der Schoolies Week drei Wochen lang zügellos ihren Highschool-Abschluss zu feiern. Zwar haben die örtlichen Behörden Schritte unternommen, um die Exzesse einzudämmen, dennoch sind betrunkene und zugedröhnte Jugendliche noch immer die Norm. Schön ist das nicht.

Weitere Informationen unter www.schoolies.com.

★ Bumbles Café CAFÉ **$$**
(☎07-5538 6668; www.bumblescafe.com; 21 River Dr, Budds Beach, Surfers Paradise; Hauptgerichte 14–24 AU$; ⏰7.30–16 Uhr) Das tolle Café in einem umgebauten Haus (in dem sich auch schon mal ein Bordell befand) ist der perfekte Ort, um zu frühstücken und süße Köstlichkeiten zum Kaffee zu genießen. Es besteht aus mehreren Räumen, vom rosa Princess Room (genau das Richtige für den Nachmittagstee) bis hin zu einer Bibliothek. Die Kuchen sind übrigens sagenhaft lecker.

Surfers Sandbar MODERN-AUSTRALISCH **$$**
(☎07-5526 9994; www.facebook.com/sandbargc; 52 Esplanade, Surfer Paradise; Hauptgerichte 18–29 AU$; ⏰6.30–24 Uhr) Nach 19 umwerfenden Jahren im Strandbusiness haben die Besitzer jetzt das Sagen in die Hände ihres Sohnes gelegt, der auf Bali viel Erfahrung in der Gastronomie gesammelt hat. Er hat aus der Sandbar einen Riviera-trifft-Canggu-Hotspot mit interessantem Interieur gemacht. Hier treffen sich glückliche Einheimische und Kreative und genießen leckere Speisen mit internationalem Touch.

Baritalia ITALIENISCH **$$**
(☎07-5592 4700; www.baritaliagoldcoast.com.au; Shop 15, Chevron Renaissance Centre, Ecke Elkhorn Ave & Surfers Paradise Blvd, Surfers Paradise; Pizzas 20–28 AU$, Mittagsspecials 14–16 AU$, Hauptgerichte 20–38 AU$; ⏰8 Uhr–open end; 📶) Ein durch und durch italienisches Restaurant mit toller Freiluftterrasse und freundlichem, europäischem Personal. Empfehlenswert sind der langsam gegarte Byron-Bay-Schweinebauch sowie die ausgezeichneten Pastagerichte, Pizzas und Risottos (es gibt auch glutenfreie Speisen). Anständige australische und italienische Weine und guter Kaffee.

Ausgehen & Nachtleben

★ Elsewhere CLUB
(☎07-5592 6880; www.elsewherebar.com; 23 Cavill Ave, Surfers Paradise; ⏰Do–So 21–4 Uhr) Der Dancefloor à la Saturday Night Fever verspricht nur Gutes. In dem kleinen Club stehen DJs am Plattenteller, die etwas von Electronica verstehen. Zudem gibt's Livegigs von vielleicht bald berühmten Bands. Die Gäste sind hier cooler als in anderen Clubs. Die Stimmung ist nett und bis die DJs so richtig aufdrehen, wird sich angeregt unterhalten.

Black Coffee Lyrics BAR, CAFÉ
(☎0402 189 437; www.facebook.com/blackcoffeelyrics; 40/3131 Surfers Paradise Blvd, Surfers Paradise; ⏰Di–Fr 17 Uhr–open end, Sa & So ab 8 Uhr) Dieses Café versteckt sich oben in einer unscheinbaren Passage und ist ein krasser Gegensatz zu Surfers Glitzerwelt. Diese dunkle Oase mit alten, schon fast schäbigen Möbeln besuchen Einheimische, um bis spät in die Nacht einen Kaffee zu trinken oder Tapas, Steaks, Bourbon, Craft-Biere und Espresso-Martinis zu genießen. An den Wochenenden gibt es herzhafte Frühstücksgerichte und ab 10 Uhr auch Bier und Bloody Marys.

Praktische Informationen

Backpackers World Travel (☎07-5561 0634; www.backpackerworldtravel.com; 3063 Surfers Paradise Blvd, Surfers Paradise; ⏰10–16 Uhr; 📶) Buchung von Unterkünften, Touren und Verkehrsmitteln sowie Internetzugang.

Gold Coast Information & Booking Centre (☎1300 309 440, 07-5536 4709; www.visitgoldcoast.com; 2 Cavill Ave, Surfers Paradise; ⏰Mo–Fr 8.30–17, Sa 9–18, So 9–16 Uhr) Die Haupttouristeninformation der Gold Coast verkauft auch Tickets für die Themenparks und hat Infos über die öffentlichen Verkehrsmittel.

Main Beach & The Spit

3970 EW.

Main Beach, nördlich von Surfers, ist ein ruhiger Ort, wenn man die Aussicht genießen, ein paar Tage am Strand verbringen und einfach nur das Leben genießen will. Weiter im Norden trennt die Spit das Southport Broadwater vom Pazifik, sie erstreckt sich über 5 km bis fast an die South Stradbroke Island.

Sehenswertes & Aktivitäten

Main Beach Pavilion ARCHITEKTUR
(Macarthur Pde; ⏰9–17 Uhr) GRATIS Der hübsche, im Stil einer spanischen Mission erbaute

Main Beach Pavilion (1934) ist ein Überbleibsel aus der Zeit vor dem Boom. Innen sind einige großartige alte Fotos der Gold Coast ohne Wolkenkratzer zu sehen.

★ Federation Walk WANDERN
(www.federationwalk.org) Der schöne 3,7 km lange Weg führt durch kleine Gebiete von Küstenregenwald mit einer bunten Vogelwelt und verläuft parallel zu einer der schönsten Surfstrände der Welt. Unterwegs trifft er auf den Gold Coast Oceanway, auf dem man nach 36 km Coolangatta erreicht. Der Federation Walk beginnt und endet am Eingang zu Sea World am Phillip-Park-Parkplatz.

Australian Kayaking Adventures KAJAKFAHREN
(☎0412 940 135; www.australiankayakingadventures.com.au; halbtägige Touren Erw./Kind 5/75 AU$, Sonnenuntergangstouren 55/45 AU$) Paddeltouren zur oft unterbewerteten South Stradbroke Island. Bei Sonnenuntergang werden auch Kajaktouren in den ruhigen Kanälen hinter Surfers und rund um die Chevron Island angeboten.

Island Adventures WALBEOBACHTUNG
(☎07-5532 2444; www.goldcoastadventures.com.au; Mariner's Cove, 60–70 Sea World Dr, Main Beach; Ausflüge inkl. Mittagessen Erw./Kind 129/69 AU$) Auf diesem Katamarantörn kann man die Tierwelt beobachten und einen Blick auf Broadwaters Billig-Villen werfen. Im Preis enthalten sind Wassersport und mittags ein BBQ im Mclaren's Landing Eco Resort.

Schlafen & Essen

Surfers Paradise YHA at Main Beach HOSTEL $
(☎07-5571 1776; www.yha.com.au; 70 Sea World Dr, Main Beach; B 33–36 AU$, DZ & 2BZ 85 AU$; @ 📶) Zwar nicht in Surfers Paradise, aber dennoch in toller Lage im ersten Stock mit Blick auf den Jachthafen. Es gibt einen Gratis-Shuttlebus, jeden Freitag Grillabende und die Fisherman's Wharf Tavern ist zu Fuß zu erreichen. Gut geführte Unterkunft mit himmelblauen Schlafsälen. Es können auch Touren und Aktivitäten arrangiert werden.

Main Beach Tourist Park WOHNWAGENPARK $
(☎07-5667 2720; www.goldcoasttouristparks.com.au; 3600 Main Beach Pde, Main Beach; Stellplatz mit Strom 62 AU$, Hütte & Villa ab 165 AU$; P ❄ 📶 ≋) Direkt gegenüber vom Strand und umgeben von einer Phalanx aus Hochhäusern liegt dieser bei Familien beliebte Wohnwagenpark. Der Abstand zwischen den Stellplätzen ist recht klein, aber dafür sind die Einrichtungen gut. Außerdem ist die Lage unschlagbar.

Pacific Views APARTMENT $$
(☎07-5527 0300; www.pacificviews.com.au; Ecke Main Beach Pde & Woodroffe Ave, Main Beach; 1-Zi.-Apt. 140–210 AU$; P ❄ 📶 ≋) Wer in puncto Dekor nichts gegen Überraschungen hat, wird sich in den individuell eingerichteten Privatapartments mit Fenstern vom Boden bis zur Decke, Balkonen in Wohnzimmergröße und zuvorkommendem Personal bestimmt wohlfühlen. Das Haus ist nur einen Block vom Strand entfernt, im Erdgeschoss gibt's ein Café, in dem Frühaufsteher schon um 5.30 Uhr einen Kaffee bekommen.

Peter's Fish Market SEAFOOD $
(☎07-5591 7747; www.petersfish.com.au; 120 Sea World Dr, Main Beach; Gerichte 9–16 AU$; ⏲9–19.30 Uhr) Schlichter Fischmarkt und Fish & Chips-Laden, der rohes und gekochtes Seafood zu hervorragenden Preisen verkauft. Die fangfrischen Meeresfrüchte aller Art kommen direkt vom Fischkutter. Die Küche öffnet um 12 Uhr.

★ Pier MODERN-AUSTRALISCH, PIZZA $$
(☎07-5527 0472; www.piermarinamirage.com.au; EG, Marina Mirage, Sea World Dr, Main Beach; Pizzas 18–24 AU$; ⏲12–23.30 Uhr) Einfaches, aber stylisches Lokal am Jachthafen mit Tischen im Ober- und Erdgeschoss mit tollem Blick auf die Jachten. Das vorwiegend europäische Personal ist freundlich und die Speisekarte flexibel. Holzofenpizzas können mit Arancini (die ihren eigenen Posten auf der Speisekarte haben) kombiniert werden. Auch gibt es große und kleine Gerichte, die zwar typisch sind, aber keineswegs langweilig schmecken.

★ Bar Chico MODERN-AUSTRALISCH $$
(☎07-5532 9111; www.barchico.com.au; 26–30 Tedder Ave, Main Beach; Gerichte 12–22 AU$; ⏲Mo–Mi 16–24, Do–So 12–24 Uhr) Die dunkle, stimmungsvolle Bar in europäischem Stil ist ein Newcomer am Tedder Strip. Hier werden köstliche Käse- und Wurst-Platten, Fisch- und Fleischtapas sowie verführerische Salate serviert. Der Küchenchef legt Wert aufs Detail, er fermentiert und räuchert die Produkte selbst und verwendet nur erstklassige Zutaten. Gute Weinauswahl mit einigen besonders guten spanischen Tropfen.

Providore CAFÉ $$
(☎07-5532 9390; www.providoremirage.com.au; Marina Mirage, 74 Sea World Dr, Main Beach; Haupt-

gerichte 16–29 AU$; ⏲7–18 Uhr) Raumhohe Fenster mit Einfassungen aus italienischen Mineralwasserflaschen, umgekehrt aufgehängte Schreibtischlampen an der Decke, gut aussehende Touristen aus Europa, offene Weine, perfekte Backwaren, Kühlregale voller Käse und körbeweise frisches Obst und Gemüse: Der Spitzenmix aus Café und Feinkostladen hat viele Pluspunkte.

★**Gourmet Farmers Market** MARKT
(☎07-5555 6400; www.facebook.com/MarinaMirageFarmersMarket; Marina Mirage, 74 Sea World Dr, Main Beach; ⏲Sa 7–11 Uhr) Samstagvormittags füllt sich die Freifläche in der Marina Mirage Mall mit Ständen, die frisches Obst und Gemüse der Saison, Backwaren, Pickles, Öl, Essig, Seafood, Pasta und vieles mehr verkaufen. Alles stammt von kleinen Produzenten.

Broadbeach, Mermaid & Nobby Beach

19 890 EW.

Direkt südlich von Surfers Paradise liegt Broadbeach mit seinen Wohntürmen und Fußgängerzonen. Aber dennoch bietet dieser Ort mit seinen schön angelegten Stra-

THEMENPARKS AN DER GOLD COAST

Die Achterbahnen und Wasserrutschen in den Themenparks nach amerikanischem Vorbild besiegen die Schwerkraft derart schwindelerregend, dass das Mittagessen nur mit Mühe im Magen bleibt. Und obwohl es kürzlich ein paar Unfälle gab, strömen doch noch immer die Menschenmassen in die Parks. Vergünstigte Tickets gibt es in den meisten Touristeninformationen an der Gold Coast oder **online** (☎13 33 86; www.themeparks.com.au). Der Mega Pass (14-Tage-Pass 110 AU$/Pers.) gewährt unbegrenzten Eintritt zu Sea World, Warner Bros. Movie World, Wet 'n' Wild und den kleinkinderfreundlichen Bauernhof-Park Paradise Country (die alle Village Roadshow gehören). Dreamworld und WhiteWater World bieten einen Summer Season Pass an, der unbegrenzten Eintritt gewährt (Erw./Kind 99/79 AU$).

Hier ein paar Tipps: Die Parks können unglaublich überfüllt sein, darum sollte man früh da sein, sonst muss man einen langen Fußweg vom hintersten Ende des Parkplatzes in Kauf nehmen. Auch ist es verboten, Essen und Getränke mit in die Parks zu bringen.

Dreamworld (☎07-5588 1111, 1800 073 300; www.dreamworld.com.au; Dreamworld Pkwy, Coomera; Erw./Kind 65/55 AU$; ⏲10–17 Uhr) Preist sich selbst als „größter" Themenpark Australiens an. Es gibt die „Big 9 Thrill Rides" sowie für kleinere Kinder die Wiggles World und die DreamWorks. Weitere Attraktionen sind Tiger Island sowie zahlreiche interaktive Begegnungen mit Tieren. Der Tagespass (Erw./Kind 65/55 AU$) gewährt Eintritt in die Dreamworld und die WhiteWater World.

Sea World (www.seaworld.com.au; Erw./Kind 80/70 AU$; ⏲9.30–17 Uhr) Der Park ist wegen seiner Meerestiere-Shows, bei denen Delfine und Seelöwen Tricks für das Publikum vorführen, weiterhin umstritten. Während Sea World versichert, dass die Tiere ein gutes Leben haben, argumentieren Tierschützer, dass es für solche empfindlichen Meeressäugetiere grundsätzlich abträglich ist, in Gefangenschaft zu leben, und dass der Kontakt mit Menschen dies noch verschlimmert. Im Park sind auch Pinguine und Eisbären zu sehen, und es gibt Wasserrutschen und Achterbahnen.

Movie World (☎07-5573 3999, 13 33 86; www.movieworld.com.au; Pacific Hwy, Oxenford; Erw./Kind 79/69 AU$; ⏲9.30–17 Uhr) Shows, Rides und Attraktionen mit Filmhintergrund, u.a. Batwing Spaceshot, Justice League 3D Ride und Scooby-Doo Spooky Coaster. Durch die Besuchermassen streifen Batman, Austin Powers, Porky Pig und Co.

Wet'n'Wild (☎07-5556 1660, 13 33 86; www.wetnwild.com.au; Pacific Hwy, Oxenford; Erw./Kind 79/69 AU$; ⏲10–17 Uhr) Die ultimative Wasserrutsche heißt Kamikaze; dabei stürzen zweisitzige Schläuche mit 50 km/h 11 m in die Tiefe. Außerdem gibt's in dem weitläufigen Park Rutschen im Dunkeln, Wildwasserbahnen und Wellenbecken.

WhiteWater World (☎1800 073 300, 07-5588 1111; www.dreamworld.com.au/whitewater-world; Dreamworld Pkwy, Coomera; Erw./Kind 65/55 AU$; ⏲Mo–Fr 10–16, Sa & So 10–17 Uhr) Dieser Park bietet die Cave of Waves, die Pipeline Plunge und über 140 Wasseraktivitäten und Wasserrutschen.

ßen, netten Lokalen und Geschäften entschieden mehr Schick als der Nachbar.

Miami Marketta (www.miamimarketta.com; 23 Hillcrest Pde, Miami; ⏲ Café Di–Sa 6–14 Uhr, Streetfood Mi, Fr & Sa 5–22 Uhr) ist ein permanenter Straßenmarkt mit Essen, Mode und Livemusik, etwas südlich von Mermaid im coolen Miami.

Schlafen & Essen

Hi-Ho Beach Apartments APARTMENT $$
(☎ 07-5538 2777; www.hihobeach.com.au; 2 Queensland Ave, Broadbeach; 1-/2-Zi.-Apt. 175/275 AU$; P ❄ 📶 ≋) Tolle Lage in der Nähe vom Strand und von Cafés. Hier gibt man sein Geld nicht für eine schicke Lobby aus, sondern für gemütliche, gepflegte, saubere und ruhige Zimmer. Cool ist auch das an Las Vegas erinnernde Hinweisschild.

★ **Sparrow Eating House** MODERN-AUSTRALISCH $
(☎ 07-5575 3330; www.sparroweatinghouse.com.au; 2/32 Lavarack Rd, Nobby Beach; Gerichte zum Teilen 11–22 AU$; ⏲ Mi–Fr 17–24, So & So 19–24 Uhr) Schöner Raum mit geraden, klaren Linien im Industrieschick, vielen grünen Akzenten und Köchen, die ihren Job lieben. Hierher kommt man zu einem ungezwungenen Mittagessen wie z. B. Gnocchi mit Haselnüssen und Kräutern. Oder wie wär's mit einer Blutorangen-Margarita oder Garnelen in Tequila. Man kann sich auch einfach nur ein Gläschen Wein von einem kleinen Weingut bestellen.

Cardamom Pod VEGETARISCH $
(www.cardamompod.com.au; 1/2685 Gold Coast Hwy, Broadbeach; 1/2/3/4 Gerichte mit Reis 10/16/24/31 AU$; ⏲11.30–21.30 Uhr; ✎) 🍃 Vegetarier werden begeistert sein. Das magische, von Krishna inspirierte, veganerfreundliche Lokal serviert mit die besten vegetarischen Speisen der Gegend: Currys, vegane Aufläufe und Käseaufläufe. Zum Abschluss sollte man ein Dessert bestellen: roh, gluten- und zuckerfrei (und köstlich). Alles hausgemacht.

★ **Glenelg Public House** STEAK $$
(☎ 07-5575 2284; www.theglenelgpublichouse.com.au; 2460 Gold Coast Hwy, Mermaid Beach; Hauptgerichte 22–32 AU$; ⏲ Mo–Do 17–24, Fr–So 12–24 Uhr) In dem kleinen, stimmungsvollen und mit Leidenschaft geführten Lokal werden nur erstklassige Produkte verarbeitet. Die unglaublichen Steaks (22–68 AU$, zum Teilen 80–90 AU$) stammen von mit Gras und Getreide gefütterten Tieren aus der Region, Neuseeland und New South Wales. Vor 18.30 Uhr wird ein „Early-Tea" Dinnerspecial angeboten.

★ **BSKT Cafe** MODERN-AUSTRALISCH $$
(☎ 07-5526 6565; www.bskt.com.au; 4 Lavarack Ave, Mermaid Beach; Hauptgerichte 10–27 AU$; ⏲ Mo–Do 7–16, Fr & Sa 7–22, So 7–17 Uhr; ✎ 👪) Das ordentliche Café im Industrielook ist nur 100 m vom Strand entfernt – aber das ist nicht sein einziges Plus. In dem Projekt von vier Freunden, in dem Bio-Produkte an erster Stelle stellen, sind sowohl die Speisen als auch die Bedienung weit über Café-Niveau. Auch Veganer und Paleo-Anhänger werden sich hier schnell heimisch fühlen, genau wie Kinder, für die es einen abgetrennten Spielbereich gibt, und Yogis (im Obergeschoss ist eine Yogaschule).

Ausgehen & Nachtleben

★ **Cambus Wallace** COCKTAILBAR
(www.thecambuswallace.com.au; 4/2237 Gold Coast Hwy, Nobby Beach; ⏲ Di–Do 17–24, Fr–So 16–24 Uhr) Dunkle, stimmungsvolle, maritim angehauchte Bar, die gern von feschen, relaxten Einheimischen besucht wird. Wie wär's mit einer Flasche Bier oder Cidre von der ellenlangen Getränkekarte oder mit einem Gold-Coast-Cocktailklassiker (Dark 'n' Stormy gibt's hier zwar nicht, dafür aber eine bestens zum Klima passende Maiden Voyage aus Kokos, Limette und Rum).

Seaside Broadbeach Bowls Club CLUB
(☎ 07-5531 5913; www.broadbeachbowlsclub.com; 169 Surf Pde, Broadbeach; ⏲ 11.30–20) Dies ist die Heimat der besten Bowling-Rasenfläche Australiens – wenn nicht sogar der ganzen Welt. Der traditionelle Club hat mit seinen hellen, luftigen Bars und Restaurants in Strandnähe ein neues, modernes Gesicht bekommen. Hier trifft man sich zum Sonnenuntergang auf ein Bier und eine Bowlingrunde (natürlich barfuß).

Burleigh Heads

9580 EW.

Die coole Surferenklave Burleigh (wer das „Heads" weglässt, hat sich schon in den Ort verliebt, oder?) war lang der Favorit von Familien, erlebt jetzt aber eine Trendwende. Die nette Retro-Stimmung voller junger Energie verkörpert sowohl den zeitlosen Charme der Gold Coast als auch ihren neuen, interessanten Geist. Hier gibt's einige der besten Cafés und Restaurants der Gegend und nicht zu

INSIDERWISSEN

DIE BESTE BRANDUNG AN DER GOLD COAST

An der Gold Coast gibt's mit die längsten, besten und beständigsten Wellen weltweit. Die Aufschüttung der Superbank – eine Sandbank, die Teil von Anti-Erosionsbemühungen ist und sich über 2 km von der Grenze zwischen Queensland und New South Wales bis nach Kirra erstreckt – sorgt für noch bessere, noch häufigere Wellen.

Snapper Rocks Ausgeprägte Point Breaks in Coolangattas tiefem Süden; Heimat der Quiksilver Pro World Surfing League und Hauswellen der australischen Profisurfer Stephanie Gilmore und Joel Parkinson.

Duranbah Allgemein als D-bah bekannt; die Point und Beach Breaks eignen sich perfekt für all diejenigen, die ausgereifte, ausdrucksstarke Wellen lieben.

Greenmount Klassische Beach Breaks aus südlicher Richtung – hier wurden die Profisurfer Mick Fanning und Joel Parkinson schon des Öfteren gesichtert.

Kirra Eher seltene Beach Breaks, wenn sie aber auf den Strand zurollen, dann kräftig.

Burleigh Heads Achtung: Starke Strömung und Felsen. Meistens perfekte Breaks.

The Spit Stets beliebter Spot in Goldies Norden mit Beach Breaks, die sich sogar bei geringer Brandung zum Surfen eignen.

vergessen, die berühmten Right-Hand Point Breaks. Auch der schöne, von Kiefern gesäumte Strand verzaubert jeden.

Sehenswertes

Burleigh Head National Park PARK
(www.npsr.qld.gov.au/parks/burleigh-head; Goodwin Tce, Burleigh Heads; 24 Std.) GRATIS Auf einem Fußmarsch durch den Burleigh Head National Park, ein 27 ha großes Regenwaldschutzgebiet mit vielen Wanderwegen, bekommt man jede Menge Vögel zu Gesicht. Außerdem hat man einen tollen Blick auf Burleighs Brandung.

★ **Village Markets** MARKT
(0487 711 850; www.thevillagemarkets.co; Burleigh Heads State School, 1750 Gold Coast Hwy, Burleigh Heads; am 1. & 2. So des Monats 8.30–13 Uhr) Auf dem schon lange bestehenden Markt bieten Designer, Hersteller und Sammler an ihren Ständen Mode und Lifestyle-Artikel an. Außerdem gibt's viel Livemusik und eine große Fangemeinde.

David Fleay Wildlife Park TIERSCHUTZGEBIET
(07-5576 2411; www.npsr.qld.gov.au/parks/david-fleay; Ecke Loman Lane & West Burleigh Rd, West Burleigh; Erw./Kind/Familie 22/10/55 AU$; 9–17 Uhr) In diesem Tierschutzgebiet, das von dem Arzt gegründet wurde, der als Erster erfolgreich Schnabeltiere züchtete, gibt es 4 km Wanderwege durch Mangroven und Regenwald und viele einheimische Wildtiere, die den ganzen Tag über aktiv sind. Es befindet sich 3 km landeinwärts von Burleigh Heads.

Jellurgal Cultural Centre KULTURZENTRUM
(07-5525 5955; www.jellurgal.com.au; 1711 Gold Coast Hwy, Burleigh Heads; Mo–Fr 8–15 Uhr) GRATIS Das Aborigine-Kulturzentrum am Fuß von Burleighs Landzunge beleuchtet das örtliche Leben vor vielen 100 Jahren anhand von unzähligen Artefakten. Auf den diversen Führungen (unterschiedliche Preise) geht's auf die Landzunge (Jellurgal, der Dreaming Mountain) vorbei an alten Steinhaufen und wichtigen Aborigine-Stätten.

Schlafen & Essen

Burleigh Break MOTEL $
(www.burleighbreak.com.au; 1935 Gold Coast Hwy, Burleigh Heads; DZ 120–160 AU$; P) Durch die schrittweise Renovierung ist aus dem heiß geliebten Gold-Coast-Motel aus der Mitte des letzten Jahrhunderts eine nette Unterkunft mit gutem Preis-Leistungs-Verhältnis geworden. Klassisches Moteldesign heißt Blick auf die Schnellstraße, aber dennoch ist der Strand nur ein paar Schritte entfernt. Wo es möglich war, hat man in den ansonsten frisch und einfach gestalteten Zimmern Altes erhalten. Langzeitgäste bekommen Rabatt.

Burleigh Beach Tourist Park WOHNWAGENPARK $
(07-5667 2750; www.goldcoasttouristparks.com.au; 36 Goodwin Tce, Burleigh Heads; Stellplatz mit Strom 46/60 AU$, Hütten 140–210 AU$; @) Dieser Wohnwagenpark, der der Kommune gehört, ist klein, aber gut geführt und liegt wunderbar in der Nähe des Strandes.

Am besten nimmt man eine der drei blauen Hütten im vorderen Teil des Parks. Man muss mindestens zwei Nächte Aufenthalt haben, wenn man in einer der Hütten wohnen möchte.

★ **Borough Barista** CAFÉ $
(14 Esplanade, Burleigh Heads; Hauptgerichte 5–19 AU$; ⏲5.30–14.30 Uhr) Coole Musik und eine freundliche Atmosphäre prägen diese kleine, offene Cafébude. Hier treffen sich einheimische Surfer frühmorgens auf eine kleine Latte, später nach dem Surfen versammeln sie sich auf einer Bank und futtern eine Schale mit Chiasamen oder einen Frühstückssalat. Mittags müssen Proteine her, dann gibt's Burger und riesige Salate.

Paddock Bakery BÄCKEREI $
(☎0419 652 221; www.paddockbakery.com; Hibiscus Haven, Miami; Gerichte 9–17 AU$; ⏲7.30–14.30 Uhr) Aus dem alten Holzofen, der in der Mitte dieser schönen Holzhütte steht, kommen köstliche Brote, Croissants, Granola und Gebäck. Die zur Hälfte aus Sauerteig bestehenden Donuts haben eine treue Fangemeinde ebenso wie die Nutella-Doughboats – sie haben die Form kleiner Schälchen, damit mehr klebrige Masse reinpasst. Zudem gibt's gute Frühstücks- und Mittagsgerichte sowie erstklassigen Kaffee und frisch gepresste Säfte.

Burleigh Social CAFÉ $
(2 Hibiscus Haven, Burleigh Heads; Gerichte 12–19 AU$; ⏲6–14 Uhr) In diesem Café in einer Seitenstraße herrscht an den Picknicktischen schon frühmorgens Partystimmung. Es gibt Paleo-Granola, Paleo-Frühstück (Lachs, Speck oder Schinken mit Grünkohl, Eiern und Avocado) und hübsch angerichtete Versionen von kleinen australischen Gerichten wie Avocado-Püree, Eier auf Sauerteigbrot und Brötchen mit Speck und Ei. Mittags kommen belegte Baguettes und vegetarische Burger aus der Küche.

★ **Rick Shores** MODERN-ASIATISCH $$
(☎07-5630 6611; www.rickshores.com.au; 43 Goodwin Tce, Burleigh Heads; Hauptgerichte 32–52 AU$; ⏲Di–So 12–23 Uhr) Mit den Füßen im Sand zu essen, ist an sich schon ziemlich cool. In diesem modern-asiatischen Newcomer gibt's aber zudem noch absolut leckeres, originelles Essen. Geboten werden außerdem ein schöner Blick, Meeresrauschen, eine frische Brise und große Gemeinschaftstische. Die großen Portionen kann man sich auch teilen, sodass man am Ende nicht allzu tief in die Tasche greifen muss.

★ **Harry's Steak Bistro** STEAK $$
(☎07-5576 8517; www.harryssteakbistro.com.au; 1744 Gold Coast Hwy, Burleigh Heads; Hauptgerichte 20–40 AU$; ⏲Mi Do 17–23, Fr–So 12–23 Uhr) Man sollte die Speisekarte – Steak und Sauce zum selbst kombinieren plus Pommes bis zum Umfallen – nicht falsch deuten, es ist kein Kettenrestaurant. Das stylische Harry's ist ein Tribut an „Rindfleisch, Alkohol und Wortgeplänkel". Die Zubereitung der Steaks ist eine ernste Sache und auf der Speisekarte steht die genaue Herkunft.

★ **Justin Lane Pizzeria & Bar** PIZZA $$
(☎07-5576 8517; www.justinlane.com.au; 1708 Gold Coast Hwy, Burleigh Heads; Pizzas 19–24 AU$; ⏲17 Uhr–open end) Justin Lane gehört zu den bahnbrechenden Gastronomen in Burleighs Restaurantszene. Er hat den Großteil einer alten Ladenstraße wiederbelebt und das Obergeschoß, das Erdgeschoss und die Halle in ein Restaurant umgebaut. Hier gibt's leckere Pizzas, einfache aber schmackhafte Nudelgerichte und die wohl beste italienische Weinkarte an der Küste. Diese Location ist ein Muss, auch wenn man nicht unbedingt auf Partystimmung aus ist.

Ausgehen & Nachtleben

Black Hops Brewing BRAUEREI
(www.blackhops.com.au; 15 Gardenia Grove, Burleigh Heads; ⏲Mo–Fr 10–18,Sa 12–16 Uhr) Die Typen von Black Hops betreiben eine freundliche, witzige Trinkstube, in der man ein „Brett" mit mehreren Sorten oder auch einfach nur eines der Fassbiere genießen kann. Es sind acht Biere mit poetischen Namen – von Bitter Fun Pale bis zu Flash Bang White IPA – im Angebot. Wer will, kann sich auch die eine oder andere Flasche kaufen und mitnehmen.

Burleigh Brewing Company BRAUEREI
(☎07-5593 6000; www.burleighbrewing.com.au; 17a Ern Harley Dr, Burleigh Heads; monatl. Führungen 50 AU$; ⏲Mi & Do 15–18, Fr 15–20.30, So 14–20 Uhr) Ein heller Raum mit viel Holz und vielen männlichen Bierliebhabern. Es gibt Livemusik, Food Trucks und 24 Burleigh-Biere vom Fass, darunter auch das Hauptbier und ein paar Pilotprojekt-Biere. Führungen finden mittwochabends in der Monatsmitte statt – sie müssen online gebucht werden.

Currumbin & Palm Beach

16 310 EW.

Gegenüber von Burleigh liegt Palm Beach mit einem besonders schönen Sandstrand und ein paar Strandbuden im alten Stil. In den durchnummerierten Straßen sind einige gute Cafés und Lokale angesiedelt. Currumbin, etwas weiter südlich, ist ein verschlafenes, auf Familien ausgerichtetes Städtchen mit einem schönen Surfstrand und sehenswerter Architektur aus der Mitte des letzten Jahrhunderts. In Currumbin ist auch das kultige Naturschutzgebiet gleichen Namens zu finden und im Currumbin Creek kann man ganz unbeschwert schwimmen.

Sehenswertes & Aktivitäten

Kids werden ein kühles Bad in den **Currumbin Rock Pools** (Currumbin Creek Rd, Currumbin Valley) lieben.

Im **Currumbin Wildlife Sanctuary** (☎07-5534 1266, 1300 886 511; www.cws.org.au; 28 Tomewin St, Currumbin; Erw./Kind/Fam. 49/35/133 AU$; ⏲8–17 Uhr) befindet sich Australiens größte Regenwaldvoliere, in der man kunterbunte Allfarbloris von Hand füttern und sich mit Koalas und Krokodilen fotografieren lassen kann. Zudem gibt's Kängurufütterungen, Reptilienshows und indigene Tanzvorführungen. Nach 15 Uhr ist der Eintritt günstiger, und in den Schulferien kommen Erwachsene oft auch zum Kinderpreis rein.

Essen & Ausgehen

Feather & Docks CAFÉ $

(☎07-5659 1113; www.featheranddocks.com.au; 1099 Gold Coast Hwy, Palm Beach; Gerichte 12–18 AU$; ⏲5.30–15 Uhr;) Angesichts des in dieser Gegend beliebten Fitness-Frühaufsteher-Lifestyles ist es durchaus sinnvoll, dass hier Frühstücksburger und Mittagessen schon ab 10.30 Uhr serviert werden. Aber abgesehen davon kann man die meisten Gerichte sowohl morgens als auch mittags genießen. Auf der Speisekarte steht von Armen Rittern bis zu Frühstückstortillas und dicken Pastrami-Sandwiches fast alles.

★ **Bstow** MODERN-AUSTRALISCH $$

(☎0410 033 380; www.bstow.com.au; 8th Ave Plaza, 1176 Gold Coast Hwy, Palm Beach; Hauptgerichte 18–24 AU$) Das Bstow (Best-of-both-worlds) ist ein Ort, an dem man gern etwas trinkt – z. B. einen der sehr speziellen Cocktails wie den vor Ort aufgegossenen Gin mit frisch gepresstem Obstsaftmix – oder auch nett zu Abend speist. Die großen Portionen sehen nicht nur gut aus, sie sind auch ein kreativer Mix aus Aromen und unterschiedlicher Konsistenz.

Collective MODERN-AUSTRALISCH $$

(www.thecollectivepalmbeach.com.au; 1128 Gold Coast Hwy, Palm Beach; Hauptgerichte 17–24 AU$; ⏲12–21 Uhr) In diesem Lieblingslokal der Einheimischen mit Speisesaal drinnen und draußen gibt es fünf Küchen, in denen das Essen für bis zu 300 glückliche Gäste zubereitet wird. Das ganze Lokal ist geschmückt mit bunten Lichterketten und unzähligen Topfpflanzen. Es gibt zwei Bars, eine davon auf der netten Dachterrasse. Auf der Speisekarte stehen Burger, Pizzas, Tapas, asiatische Fusiongerichte sowie mexikanische und modern-australische Gerichte zum Teilen. Frühstück gibt's für Früh-Surfer ab 7 Uhr.

★ **Balter** BRAUEREI

(☎07- 5525 6916; www.balter.com.au; 14 Traders Way, Currumbin; Probierbretter 12 AU$; ⏲Fr 15–21, Sa & So 13–20 Uhr) Der einheimische Surfstar Mick Fanning (der Mann, der einen Hai geschlagen hat, oder?) und seine Kollegen und Surflegenden Joel Parkinson, Bede Durbidge und Josh Kerr betreiben zusammen diese tolle neue Brauerei, die sich hinter einem Gewerbegebiet in Currumbin versteckt. Hier sollte man das begehrte Balter XPA oder Specials wie das nach deutscher Art gebraute Keller Pilsner probieren.

Coolangatta

5710 EW.

„Coolie", eine bodenständige Küstenstadt am südlichsten Zipfel von Queensland, bietet erstklassige Surfstrände, darunter die legendäre Superbank, und eine eng verbundene, wirklich echte Gemeinschaft, sodass hier ein nicht so touristischer Eindruck entsteht wie anderswo. Jeden Oktober findet der berühmte Rettungsschwimmer-Wettbewerb **Coolangatta Gold** (www.sls.com.au/coolangattagold) statt und im März in Snapper Rocks der Auftakt der prestigeträchtigsten Surf-Welttour **Quicksilver and Roxy Pro** (www.aspworldtour.com). Der Strandweg Richtung Norden führt um die Landspitze Kirra Point herum zu einem weiteren schönen Strandabschnitt mit manchmal anspruchsvoller Brandung. Die dortige lockere Atmosphäre sowie die Cafés und Bars sind vor allem bei den Einheimischen beliebt.

Der Leuchtturm **Point Danger Light** auf der Landzunge zwischen Coolangatta und Tweed Heads markiert die Grenze zwischen Queensland und New South Wales. Von hier aus hat man einen umwerfenden Blick entlang der Küste.

ABSEITS DER ÜBLICHEN PFADE

SOUTH STRADBROKE ISLAND

Diese schmale, 21 km lange Sandinsel ist weitgehend unerschlossen – ein perfekter Gegensatz zum chaotischen Streifen der Gold Coast. An seinem Nordende ist der enge Kanal, der sie von North Stradbroke Island trennt, ein toller Angelplatz; am Südende ist der Spit nur knapp 200 m entfernt. Hier gibt es derart gute Breaks, dass die Surfer der Gold Coast rüberkommen.

South Stradbroke bildete mit North Stradbroke eine Insel, bis 1896 ein heftiger Sturm die schmale Stelle, die sie verband, überspülte. Man kann ein Boat chartern oder mit **Water'bout** (☎0401 428 004; www.waterbout.com.au; Waterways Dr Boat Ramp, Proud Park, Main Beach; Touren 125 AU$/Erw.) einen Tagesausflug unternehmen.

Für Camper gibt's in North Currigee, South Currigee und Tipplers **Campingplätze** (www.goldcoasttouristparks.com.au/straddie-park-home; Zeltstellplatz/Häuschen/Hütte 26/149/68 AU$).

Surfen lernen kann man im **Gold Coast Surfing Centre** (☎0417 191 629; www.goldcoastsurfingcentre.com; Gruppenkurs 45 AU$) oder bei **Cooly Surf** (☎07-5536 1470; 25 Griffith St, Coolangatta; Kurs 2 Std. 45 AU$; ⏲9–17 Uhr).

Schlafen & Essen

Coolangatta Sands Backpackers HOSTEL $
(☎07-5536 7472; www.taphousegroup.com.au/coolangatta-sands-backpackers; Ecke Griffith St & McLean St, Coolangatta; B 17–25 AU$, DZ 68–80 AU$; ❄@📶) Dieses Gewirr aus Zimmern und Fluren liegt über dem bierseligen Coolangatta Sands Hotel. Auf dem tollen umlaufenden Balkon zur Straße ist jedoch kein Alkohol erlaubt (den muss man unten in der Kneipe trinken). Für Regentage gibt's einen TV-Raum mit roten Chesterfield-Sofas.

Kirra Beach Tourist Park WOHNWAGENPARK $
(☎07-5667 2740; www.goldcoasttouristparks.com.au; 10 Charlotte St, Kirra; Stellplatz mit/ohne Strom 39/35 AU$, EZ/DZ 65/140 AU$, Hütte 125–140 AU$; ❄@📶🏊) Großer, von der Gemeinde verwalteter Park mit vielen Bäumen, umherwandernden Ibissen, einer Campingküche und einem beheizten Pool. Die Selbstversorgerhütten (mit oder ohne Bad) haben ein gutes Preis-Leistungs-Verhältnis und sind nur ein paar 100 m vom Strand entfernt.

★ **La Costa Motel** MOTEL $$
(☎07-5599 2149; www.lacostamotel.com.au; 127 Golden Four Dr, Bilinga; DZ 130–185 AU$; ❄📶) Das mintgrüne Schindelhaus am Gold Coast Hwy, eines von wenigen Motels des „Highway Heritage" der 1950er-Jahre, ist außen seinen historischen Wurzeln treu geblieben. Innen bietet Unterkunft dagegen saubere, gemütliche Zimmer mit Kochnischen. Ein hübsches Apartment mit eigenem Sonnendeck eignet sich für längere Aufenthalte. Außerhalb der Hauptsaison sind die Preise deutlich günstiger.

★ **Hotel Komune** HOTEL, HOSTEL $$
(☎07-5536 6764; www.komuneresorts.com; 146 Marine Pde, Coolangatta; B 38–45 AU$, 1-Zi.-Apt. 140–180 AU$, 2-Zi.-Apt. 185–300 AU$; 📶🏊) Der umgebaute Apartment-Block mit zehn Etagen, einem Poolbereich voller Palmen und superrelaxter Atmosphäre ist der ultimative Surfer-Treff. Es gibt Budget-Schlafsäle, Apartments und ein hippes Penthouse, das für Partys wie geschaffen ist. Meistens findet die Party aber ab ca. 21 Uhr unten in der Bar (nun ja, im Nachtclub) statt, wo es freitags bis sonntags Livemusik gibt.

Cafe Dbar MODERN-AUSTRALISCH $$
(☎07-5599 2031; www.cafedbar.com.au; 275 Boundary St, Coolangatta; Hauptgerichte 19–27 AU$; ⏲Mo–Do 11.15–15, Fr–So 11.15–20 Uhr) Dieses schöne Restaurant steht oberhalb der Klippen von Point Danger am östlichsten Punkt der beiden Bundesstaaten NSW und Queensland und fast am äußersten Punkt der Grenze dazwischen. Im Angebot sind viele tolle Frühstücksgerichte, guter Kaffee to go, Platten zum Teilen und Salate. Zudem gibt es einen kleinen stylischen Laden, in dem man nach dem Essen stöbern kann.

★ **Black Sheep Espresso Baa** CAFÉ
(☎07-5536 9947; www.tbseb.com.au; 72–80 Marine Pde, Coolangatta; ⏲5–15 Uhr) Engagierte Kaffee-Fanatiker betreiben dieses niedliche, kleine Café mitten in der Marine-Pde-Einkaufsmeile. Im Angebot sind perfekter Espresso, Filterkaffee und die an der Gold Coast unverzichtbaren Ice-Lattes sowie kleine, aber kreativ zubereitete Frühstücks- und Mittagsgerichte.

Ausgehen & Nachtleben

★ Eddie's Grub House BAR
(☎07-5599 2177; www.eddiesgrubhouse.com; 171 Griffith St, Coolangatta; ⏲Di–Do & So 12–22.30, Fr & Sa 12–24 Uhr) Altmodische Rock'n'Roll-Bar mit Dirty Blues und Best-of-Rock. Eddie's steht für die neue Gold Coast: Indie, ironisch und wirklich witzig. Klar, Essbares gibt's auch und Eddie's „Kneipen-Hausmannskost" hat diesen Namen verdient. Hier kann man gut etwas trinken, tanzen, plaudern und chillen (wie die Betreiber selbst sagen).

Coolangatta Hotel KNEIPE
(www.thecoolyhotel.com.au; Ecke Marine Pde & Warner St, Coolangatta; ⏲10 Uhr–open end) Gleich gegenüber vom Strand und mitten im Zentrum von Coolangattas manchmal etwas ungestümem Nachtleben bietet diese riesige Kneipe Livemusik (Grinspoon, The Rubens), Grillwürstchen, Poolbillard-Turniere, Quizabende, Akustik-Jams, überraschend gutes Kneipenessen (Appetit auf Pasta und ein Glas Rosé?) und tolle Sunday Sessions.

Gold Coast Hinterland

Wer die Wellen und Sandstrände der Gold Coast landeinwärts hinter sich lässt, fühlt sich in den dicht bewaldeten Bergen der McPherson Range wie in einer völlig anderen Welt. Hier liegen ein paar herrliche Nationalparks mit subtropischem Dschungel, Wasserfällen, Aussichtspunkten und wilden Tieren.

Tamborine Mountain

Die Gemeinde Tamborine Mountain hoch oben in den Bergen im Regenwald umfasst Eagle Heights, North Tamborine und Mt. Tamborine und liegt 45 km landeinwärts von den Stränden der Gold Coast. Hier wird das Geschäft mit Kunst und Kunsthandwerk, auf „deutsch" gemachtem Kitsch, Pauschaltouren, Schokolade, Bonbons und Likör in großem Stil betrieben. Wer so etwas liebt, kann im **Gallery Walk** (☎07-5545 2006; 197 Long Rd, Eagle Heights) in Eagle Heights seine Bestände auffüllen.

Der **Tamborine National Park** (www.nprsr.qld.gov.au/parks/tamborine) ist in 13 Abschnitte unterteilt, die sich über ein 8 km langes Plateau erstrecken und mit Wasserfällen und tollem Blick auf die Gold Coast aufwarten. Einfache bis mittelschwere Wanderwege führen zu den Witches Falls, Curtis Falls, Cedar Creek Falls und Cameron Falls. Karten sind im Visitor Centre in North Tamborine erhältlich.

Der 1,5 km lange **Skywalk** (☎07-5545 2222; www.rainforestskywalk.com.au; 333 Geissman Dr, North Tamborine; Erw./Kind/Fam. 20/10/49 AU$; ⏲9.30–16 Uhr) führt schließlich wieder hinunter auf den Waldboden und weiter zum schönen Cedar Creek. Auf dem Weg durch die Baumkronen gibt's hohe, spektakuläre Stahlbrücken und Aussichtspunkte. Unterwegs sollte man nach den seltenen Richmond-Birdwing-Schmetterlingen Ausschau halten.

Lamington National Park

Australiens größtes verbleibendes Gebiet subtropischen Regenwaldes bedeckt die tiefen Täler und steilen Klippen der McPherson Range, die auf dem Lamington Plateau eine Höhe von 1100 m erreicht. Hier befindet sich der 200 km² große **Lamington National Park** (www.nprsr.qld.gov.au/parks/lamington), eine UNESCO-Welterbestätte mit mehr als 160 km an Wanderwegen.

Die Gebiete **Binna Burra** und **Green Mountains** sind am leichtesten zugänglich: Von Canungra aus geht's jeweils über lange, schmale Kurvenstraßen dorthin (schwierig für große Wohnmobile). Binna Burra ist auch ab Nerang erreichbar.

Der **Green Mountains Campground** (☎13 74 68; www.nprsr.qld.gov.au/parks/lamingtoncamping.html; Green Mountains; Stellplatz pro Pers./Fam. 6,15/24 AU$) am Ende der Lamington National Park Rd grenzt an den Parkplatz für Tagesbesucher. Hier gibt's viele Zelt- und Wohnwagenstellplätze (und einen Sanitärbereich mit Toiletten und Duschen). Man sollte im Voraus buchen.

Die **Binna Burra Mountain Lodge** (☎1300 246 622, 07-5533 3622; www.binnaburralodge.com.au; 1069 Binna Burra Rd, Beechmont; Stellplatz mit/ohne Strom 35/28 AU$, Safarizelt 105 AU$, DZ mit/ohne Bad 290/175 AU$; P) ist ein stimmungsvolles Bergrefugium und kommt einer Skihütte im Busch recht nah. Übernachten kann man hier in rustikalen Holzhütten, gut ausgestatteten Apartments („Sky Lodges") mit spektakulärem Blick in die Tiefe oder in einem Zelt mitten im Wald. Außerdem gibt es ein gutes Restaurant und ein Teehaus.

Das berühmte, 1926 erbaute **O'Reilly's Rainforest Retreat** (☎07-5502 4911, 1800 688 722; www.oreillys.com.au; Lamington National Park Rd, Green Mountains; EZ 80–99 AU$, DZ 149–

188 AU$, 1-Zi.-Villa 360–375 AU$; @📶❄) hat zwar viel von seiner ursprünglichen Grandeur eingebüßt, doch der rustikale Charme und die sensationelle Aussicht blieben erhalten. Es werden viele organisierte Aktivitäten angeboten; hinzu kommen ein Tages-Spa, ein Café und ein Restaurant.

Springbrook National Park

Rund 40 Autominuten westlich von Burleigh Heads erhebt sich mit dem **Springbrook National Park** (☎13 74 68; www.nprsr.qld.gov.au/parks/springbrook) ein steiler Überrest des riesigen Tweed-Schildvulkans, dessen Zentrum vor über 20 Mio. Jahren der heutige Mt. Warning in NSW war. Großartige Pfade führen hier durch gemäßigte, subtropische und Eukalyptuswälder. Auch Schluchten, Felsen und Wasserfälle machen das Gebiet zum Paradies für Wanderer.

Der Park hat tolle Aussichtspunkte zu bieten, u.a. den **Best of All Lookout** (Repeater Station Rd), der seinem Namen wirklich gerecht wird, den **Canyon Lookout** (Canyon Pde), an dem auch der 4 km lange Rundwanderweg zu den Twin Falls beginnt, und den fantastischen Aussichtspunkt neben den 60 m hohen **Goomoolahra Falls** (Springbrook Rd), von dem der Blick über das Plateau und den ganzen Weg bis zur Küste reicht.

Auf dem netten **Settlement Campground** (☎13 74 68; www.nprsr.qld.gov.au/parks/springbrook/camping.html; 52 Carricks Rd, Springbrook; Stellplatz pro Pers./Fam. 6/24 AU$), dem einzigen im Springbrook National Park, gibt es elf Rasenstellplätze, Toiletten und Gasgrillplätze. Man sollte im Voraus buchen.

NOOSA & SUNSHINE COAST

Die Sunshine Coast – die 100 goldenen Kilometer von der Spitze von Bribie Island bis zur Cooloola Coast – lockt mit perfekten Stränden, tollen Surfspots und entspannten, freundlichen Menschen, die einem schnell erzählen werden, wie glücklich sie sind. Entlang der ganzen Küste gibt's Ferienorte, die alle ihren eigenen Reiz und ihr eigenes Ambiente haben – angefangen beim exklusiven, kosmopolitischen Noosa bis hin zum jungen, hippen Caloundra.

Landeinwärts im üppig grünen, kühlen Hinterland befinden sich die himmlischen Glass House Mountains, die eine herrliche Kulisse bilden, und der kultige Australia Zoo. Weiter nördlich ändert sich an der Blackall Range die Landschaft, die nun geprägt ist von dichten Wäldern, grünen Weiden und idyllischen Dörfern mit Feinkostläden, Cafés und ausgefallenen Boutiquen.

ℹ Anreise & Unterwegs vor Ort

BUS

Greyhound Australia (☎1300 473 946; www.greyhound.com.au) fährt mehrmals täglich von Brisbane nach Caloundra (ab 19 AU$, 2 Std.), Maroochydore (ab 23 AU$, 2 Std.) und Noosa (ab 24 AU$, 2½–3¼ Std.). Auch **Premier Motor Service** (☎13 34 10; www.premierms.com.au) fährt von Brisbane nach Maroochydore (23 AU$, 1½–1¾ Std.) und Noosa (23 AU$, 2½ Std.).

Mehrere Unternehmen bieten einen Transfer vom Sunshine Coast Airport und von Brisbane zu verschiedenen Punkten an der Küste. Die Preise ab Brisbane liegen zwischen 40 und 60 AU$ und vom Sunshine Coast Airport zwischen 25 und 35 AU$. (Kinder zahlen etwa die Hälfte.)

Con-X-ion (S. 328) Flughafentransfers vom Sunshine Coast Airport und Brisbane Airport.

Henry's (☎07-5474 0199; www.henrys.com.au) bietet einen Tür-zu-Tür-Service vom Sunshine Coast Airport nordwärts bis nach Noosa Heads und Tewantin.

Sunbus (TransLink; ☎13 12 30; www.sunbus.com.au) Dieser TransLink-Nahverkehrsbus pendelt zwischen Caloundra und Noosa und von Noosa über Eumundi zum Bahnhof in Nambour (8,60 AU$, 1¼ Std.).

FLUGZEUG

Der **Sunshine Coast Airport** (Maroochydore Airport; ☎07-5453 1500; www.sunshinecoastairport.com; Friendship Ave, Marcoola) ist in Marcoola, 10 km nördlich von Maroochydore und 26 km südlich von Noosa. **Jetstar** (☎13 15 38; www.jetstar.com) und **Virgin Australia** (☎13 67 89; www.virginaustralia.com) fliegen täglich direkt von Sydney und Melbourne hierher; **Qantas** (☎13 13 13; www.qantas.com.au) achtmal wöchentlich von Sydney; Jetstar auch dreimal wöchentlich direkt von Adelaide.

Von Juli bis Oktober fliegt **Air New Zealand** (www.airnewzealand.com) drei- bis viermal wöchentlich von Auckland hierher.

Noosa

39 380 EW.

Noosa ist einer der schicksten Ferienorte Australiens, mit tollen Stränden, kristallklarem Wasser und unberührten subtropischen Regenwäldern. Die Stadt liegt im von der UNESCO wegen des vielfältigen Ökosystems anerkannten **Noosa Biosphere Reserve**.

Sunshine Coast

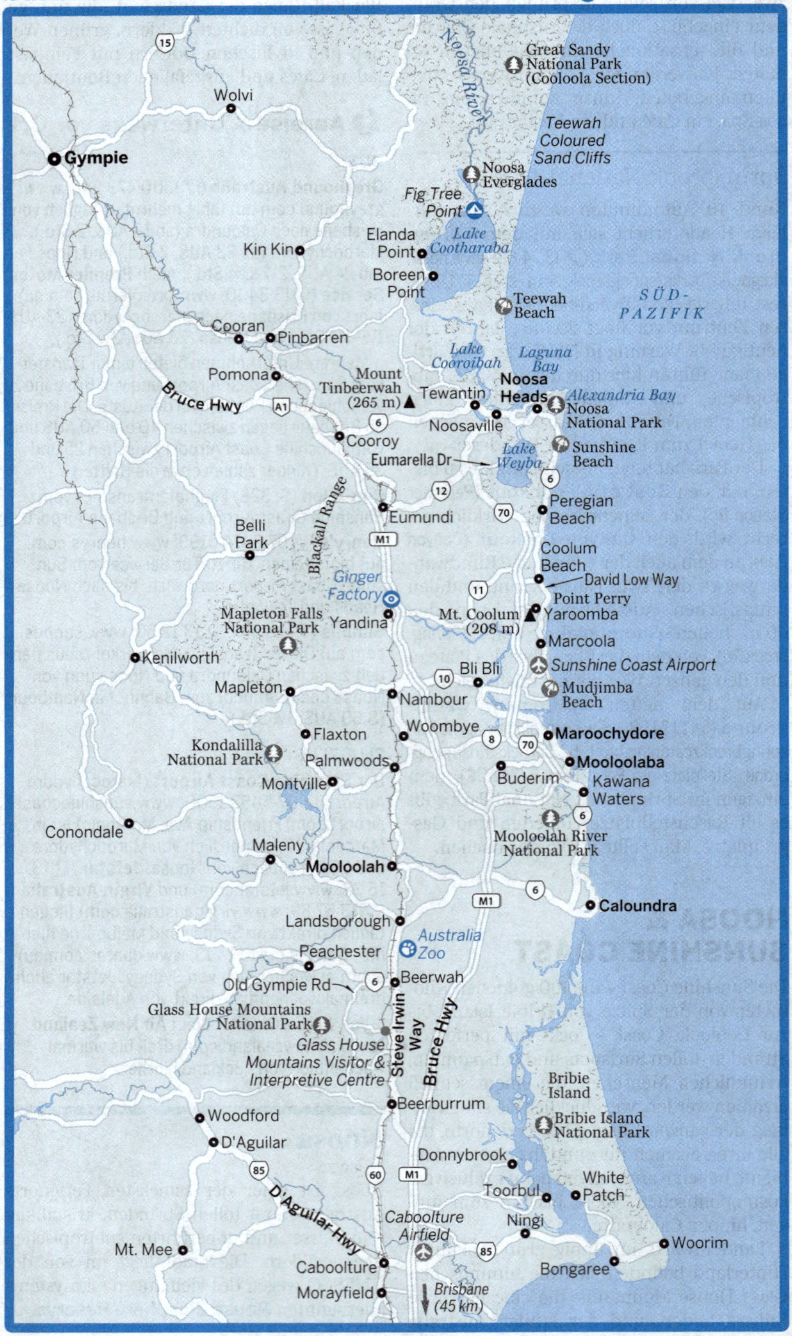

Designerboutiquen, schicke Restaurants und Villen am Kanal locken ein kultiviertes, elitäres Strandpublikum an, aber Strand und Busch sind immer noch kostenlos, was eine gesunde Mischung aus urbanen Modefreaks, lockeren Surfern und Wasserratten zur Folge hat. Noosa umfasst drei Hauptzonen: das vornehme Noosa Heads (rund um Laguna Bay und die Hastings St), das lockere Noosaville (am Noosa River) und das Verwaltungszentrum Noosa Junction.

An langen Wochenenden und in den Schulferien staut sich der Verkehr in der Shopping- und Restaurantmeile Hastings St, in der übrigen Zeit geht es entspannt(er) zu.

Sehenswertes & Aktivitäten

Der **Noosa National Park** (www.noosanationalpark.com; Noosa Heads) auf der Landzunge gehört zu den Highlights in Noosa. Der malerischste Zugang ist der Plankenweg, der vom Ort die Küste entlang führt. Die Wanderwege im Park laufen durch eine umwerfende Küstenlandschaft, zu idyllischen Buchten und tollen Surfspots. Wanderkarten sind am Parkeingang im Noosa National Park Information Centre (S. 355) erhältlich.

Für einen Rundumblick auf Noosa, den dicht bewaldeten Nationalpark, den Ozean und auf das in der Ferne liegende Hinterland kann man zum **Laguna Lookout** (Viewland Dr, Noosa Junction) hinauflaufen oder -fahren.

Surfkurse und Wassersportangebote gibt's bei **Merrick's Learn to Surf** (☎0418 787 577; www.learntosurf.com.au; Beach Access 14, Noosa Main Beach, Noosa Heads; 2-stündiger Kurs 65 AU$; ⏲9 & 13.30 Uhr), **Foam and Resin** (53 Hastings St, Noosa Heads; Verleih Surfbretter 2 Std./Tag 25/35 AU$, SUPs/2 Std. 30 AU$; ⏲9–17 Uhr), **Noosa Ocean Rider** (☎0438 386 255; www.facebook.com/NoosaOceanrider; Jetty 17, 248 Gympie Tce, Noosaville; 1 Std. pro Pers./Fam. 70/250 AU$) und **Kayak Noosa** (☎07-5455 5651; www.kayaknoosa.com; 194 Gympie Tce, Noosaville; 2-stündige Sonnenuntergangstouren im Kajak Erw./Kind 60/45 AU$).

Noosa Ferry (S. 355) bietet eine informative Hop-on-Hop-off Classic Tour (Tageskarte Erw./Kind 25/7 AU$) zwischen Tewantin und dem Anleger des Sofitel Noosa Pacific Resort in Noosa Heads an.

Geführte Touren

Noosa Woody Hire AUTOTOUR
(☎0475 587 385; www.noosawoodyhire.com; Autotour 1/2/4 Std. 190/290/590 AU$) Touren in einem die Blicke anziehenden Ford Woody von 1946. Das Auto, in dem vier bis fünf Gäste Platz finden, wurde von dem jungen, freundlichen Tim Crabtree mit viel Liebe restauriert. Zusammen mit seiner Frau Kim bietet der Surfbrettbauer auf Kundenwunsch zugeschnittene Touren an (im Preis der Touren sind Erfrischungsgetränke enthalten). In der vierstündigen Tour gibt's mittags ein Gourmet-Picknick, auf Wunsch auch Feinschmeckerstopps im Hinterland. Ein Besuch der Eumundi Markets (S. 365) ist ebenfalls möglich.

Bike On Australia MOUNTAINBIKEN
(☎07-5474 3322; www.bikeon.com.au; geführte Mountainbike-Touren ab 65 AU$, Fahrradverleih 25 AU$/Tag) Angeboten wird eine Vielzahl von Touren, u.a. Audio-Touren und Öko-Abenteuertouren. Die lustige, halbtägige Off the Top Tour – auf einem Mountainbike den Berg runter – kostet 79 AU$. Hier kann man sich auch Rennräder leihen (3/7 Tage ab 120/250 AU$).

Feste & Events

Noosa Festival of Surfing SURFEN
(www.noosafestivalofsurfing.com) Eine Woche Wellenreiten im März. Es gibt eine enorme Vielfalt an Wettbewerbskategorien, von eingeladenen Profis bis zu Amateuren aller Altersklassen und nicht zu vergessen die Hunde-Surf-Kategorie! Neben der Action auf und im Wasser gibt es auch Surf-Vorträge und -Workshops sowie Filmvorführungen und Livemusik.

Noosa Food & Wine ESSEN & TRINKEN
(www.noosafoodandwine.com.au; ⏲Mai) Eine viertägige Hommage an kulinarische Freuden jeder Art. Erfolgreiche Köche, Meisterklassen, spezielle Mittag- und Abendessen, thematische Gourmet- und Weintouren.

Noosa Long Weekend KULTUR
(www.noosalongweekend.com) Zehntägiges Festival voller Musik, Tanz, Theater, Film, bildender Kunst, Literatur und Gastronomie (Juli).

Schlafen

Eine ausführliche Liste mit Ferienwohnungen für Kurzaufenthalte gibt's im Noosa Visitor Centre (S. 355) und bei **Accom Noosa** (☎07-5447 3444, 1800 072 078; www.accomnoosa.com.au; Shop 5/41 Hastings St, Noosa Heads).

★ **YHA Halse Lodge** HOSTEL $
(☎07-5447 3377; www.halselodge.com.au; 2 Halse Lane, Noosa Heads; B 33,50 AU$, DZ 88 AU$; @☜)

Noosa Heads

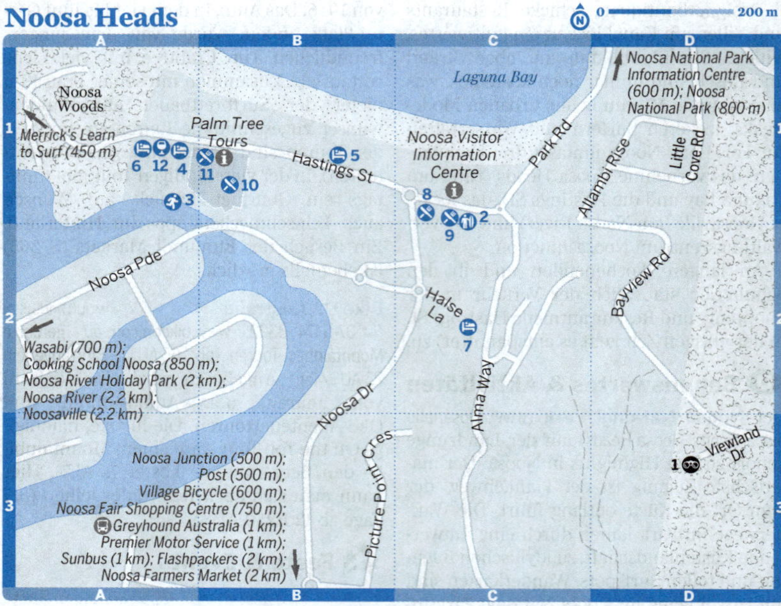

Noosa Heads

Sehenswertes
1 Laguna Lookout D3

Aktivitäten, Kurse & Touren
2 Foam and Resin C1
3 Noosa Ferry A1

Schlafen
4 10 Hastings A1
5 Accom Noosa B1
Fairshore .... (siehe 5)
6 Hotel Laguna A1
7 YHA Halse Lodge C2

Essen
8 Betty's Burgers & Concrete Co C1
9 El Capitano C1
10 Hard Coffee B1
11 Noosa Beach House B1

Ausgehen & Nachtleben
12 Miss Moneypenny's A1

Das prächtige Queenslander-Haus aus der Kolonialzeit ist eine legendäre Backpacker-Bleibe und lohnt das Erklimmen der steilen Auffahrt. Es gibt Schlafsäle mit vier bis sechs Betten, Zweibettzimmer, Doppelzimmer und eine hübsche, breite Veranda. In der bei Einheimischen beliebten Bar kann man gut Leute kennenlernen, es gibt leckeres Essen (Hauptgerichte 16,50–26,50 AU$), eine Happy-Hour mit günstigem Bier und donnerstags Livemusik. Das Haus ist nicht weit von der Action am Main Beach entfernt.

Flashpackers HOSTEL $
(☎07-5455 4088; www.flashpackersnoosa.com; 102 Pacific Ave, Sunshine Beach; gemischter Schlafsaal B ab 38 AU$, Frauenschlafsaal B 45 AU$, DZ ab 100 AU$; ❄📶🏊) Das Flashpackers hat nichts von dem Gammelstandard anderer Hostels. Zu den gut durchdachten Extras in den blitzsauberen Schlafsälen gehören u.a. Standspiegel, Leselampen, jede Menge Steckdosen und die kostenlose Benutzung von Surf- und Bodyboards.

Noosa River Holiday Park WOHNWAGENPARK $
(☎07-5449 7050; www.noosaholidayparks.com.au; 4 Russell St, Noosaville; Stellplatz ohne/mit Strom 38/46 AU$; 📶) Diese Anlage ist vor allem wegen seiner tollen Lage am Ufer des Noosa River genau zwischen Noosa Heads und Noosaville besonders beliebt. Die Restaurants und Bars in Noosaville sind fußläufig zu erreichen. Es gibt hier wunderschöne Stellen, an denen man sich ins kühle Nass stürzen kann. Der Park ist extrem beliebt

und schnell ausgebucht, Reservierungen werden bereits ab neun Monate im Voraus entgegengenommen.

★ 10 Hastings MOTEL $$

(☎ 07-5455 3350; www.10hastingsstreet.com.au; 10 Hastings St, Noosa Heads; Wohnstudio ab 199, Wohnsuite ab 250 AU$, 2-Zi.-Apt. ab 400 AU$; P ❄ 📶 🏊) Dieses frisch renovierte Boutiquemotel an Noosas Hastings St ist eine Rarität und eine erfrischende Alternative zu den Resorts. Die sauberen, frischen, schicken Zimmer kommen als kompakte Wohnstudios für zwei Personen daher. Die größeren Wohnsuiten bieten Platz für zwei Erwachsene und zwei Kinder. Noch größer sind die Apartments mit zwei Zimmern für bis zu sechs Personen. Zu den Pluspunkten gehören kostenlose Strandhandtücher und eine bestückte Minibar. Mindestaufenthalt checken.

Hotel Laguna APARTMENT $$

(☎ 07-5447 3077; www.hotellaguna.com.au; 6 Hastings St, Noosa Heads; Wohnstudio/Suite ab 165/230 AU$; P ❄ 📶 🏊) Das zwischen dem Fluss und der Hastings St eingekeilte Hotel Laguna verfügt über Apartments und kleinere Wohnstudios für Selbstversorger. Da alle Apartments private Eigentümer haben, sind sie individuell eingerichtet – aber alle sind nett und hübsch (wenn auch vielleicht nicht immer blitzsauber). Es gibt eine Gemeinschaftswaschküche und im Hof einen Pool. Die Lage ist ein besonderes Plus: In Nullkommanichts ist man am Strand oder in einem tollen Café.

★ Fairshore APARTMENT $$$

(☎ 07-5449 4500; www.fairshorenoosa.com.au; 41 Hastings St, Noosa Heads; 4-Pers.-Apt. ab 495 AU$; P ❄ 📶 🏊) Schicke, familienfreundliche Apartmentanlage mit direktem Zugang zum Noosa Main Beach und zur geschäftigen Hastings St. Das Fairshore bietet einen von Palmen gesäumten Poolbereich, der einem Hochglanzmagazin entsprungen sein könnte. Die Apartments mit zwei Zimmern haben ein oder zwei Bäder. Jedes Apartment ist individuell eingerichtet, alle haben eine Waschmaschine und die meisten sind modern. Ein kleiner Fitnessraum ist auch vorhanden. Der Parkplatz ist kostenlos (max. Fahrzeughöhe 1,85 m).

Essen

Noosa ist stolz, ein kulinarisches Ziel zu sein: von feinen Restaurants bis zu Strandimbissen gibt's hier überall globale und regionale Spezialitäten. In Noosa Heads sammeln sich die Restaurants in der Hastings St; in Noosaville in der Thomas St und an der Gympie Tce.

Selbstversorger finden alles Nötige im **Noosa Fair Shopping Centre** (☎ 07-5447 3788; www.noosafairshopping.com.au; 3 Lanyana Way, Noosa Junction; ⏰ Supermarkt Mo–Fr 8–21, Sa 8–17.30, So –18 Uhr). Weitaus stimmungsvoller ist aber der sonntags stattfindende **Noosa Farmers' Market** (☎ 0418 769 374; www.noosafarmersmarket.com.au; Noosa Australian Football Club Grounds, 155 Weyba Rd, Noosaville; ⏰ So 7–12 Uhr).

Betty's Burgers & Concrete Co BURGER $

(☎ 07-5455 4378; www.bettysburgers.com.au; 2/50 Hastings St, Noosa Heads; Burger 10–16 AU$; ⏰ 10–21 Uhr) Betty's hat an Australiens Ostküste Kultstatus, was Schlangen vor dieser tollen Filiale in Noosa erklärt. Aber das Warten lohnt sich, denn die aus Premiumfleisch hergestellten und perfekt gegrillten Burger kommen in butterweichen Brötchen daher (auch als Veggie-Variante erhältlich). Die Fritten sind wunderbar knusprig und die gehaltvollen „Concretes" (gefrorene Vanille-Drinks) gibt's in Geschmacksrichtungen wie Zitrone-Himbeer-Käsekuchen. Einfach göttlich!

Bordertown BBQ & Taqueria AMERIKANISCH, MEXIKANISCH $

(☎ 07-5442 4242; www.facebook.com/bordertownbarbeque; 1/253 Gympie Tce, Noosaville; Burger 12–17 AU$, Tacos 7–9 AU$; ⏰ So–Do 8–21, Fr & Sa 8–22.30 Uhr; 📶 🖉) An den Wänden des Bordertown hängen Werke der Queenslander Künstler Mitch 13 und Thom Stuart. Aus der Küche kommen leckere Burger und Tacos (die authentischen Taco-Shells werden von einer mexikanischen Familie in Melbourne hergestellt). An der Bar bekommt man u. a. Craft-Biere, kreative Cocktails und eine alkoholische Bordertown Cola, die vor Ort aus Sassafras, Vermouth und Fernet-Branca hergestellt hier. Infos über DJ-Sessions stehen auf Facebook.

Hard Coffee CAFÉ $

(☎ 0410 673 377; 18 Hastings St, Noosa Heads; Hauptgerichte 10–16 AU$; ⏰ 7–15 Uhr) Das super lockere Hard Coffee gehört zu den preisgünstigeren Cafés in der Hastings St und versteckt sich in einem unscheinbaren Food-Court. Zu den einfachen, aber leckeren Speisen gehören Focaccia mit Räucherlachs, Steak-Sandwiches und gute Avocadocreme für nur 10 AU$. Guter Kaffee und zahlreiche

Stammgäste, die über die morgendliche Brandung plaudern.

Tanglewood Organic Sourdough Bakery BÄCKEREI $
(☎07-5473 0215; www.facebook.com/tanglewoodorganicsourdough; Belmondos Organic Market, 59 Rene St, Noosaville; Gebäckstücke ab 5 AU$; ⏲Mo–Fr 8–17, Sa 8–16 Uhr; 📶) Das zum vornehmeren Belmondos Organic Market gehörende Tanglewood verkauft himmlisch leckere mit viel Butter zubereitete Backwaren, die kunstvoll auf Holzbrettern dargeboten werden. Wer sich nicht entscheiden kann, sollte den hervorragenden Pekankuchen oder den berühmten Brot-und-Butter-Pudding nehmen. Lecker sind auch die Schoko-Seesalz-Kekse, schlicht umwerfend ist das Bauernbrot.

★Thomas Corner MODERN-AUSTRALISCH $$
(☎07-5470 2224; www.thomascorner.com.au; Ecke Thomas St & Gympie Tce, Noosaville; Hauptgerichte 16–33 AU$; ⏲Mo–Fr 11.30–20, Sa & So 8–20 Uhr; 📶) Damen lieben es, mittags in diesem schicken, lockeren Lokal unter freiem Himmel zu speisen. Der in der Gegend berühmte Küchenchef David Rayner zaubert wunderschön angerichtete Kreationen, z. B. geräucherter Fisch aus der Region mit Endivien, Apfel, Labné und Pancetta-Würfeln oder Parmesan-Salbei-Gnocchi mit Pilzen, Spinat, Trüffelpaste und pochiertem Ei. Die Frühstückskarte am Wochenende ist ähnlich kreativ.

El Capitano PIZZA $$
(☎07-5474 9990; www.elcapitano.com.au; 52 Hastings St, Noosa Heads; Pizzas 22–25 AU$; ⏲17–21.30 Uhr) Noosas beste Pizzeria befindet sich in einer leicht zu übersehenden Gasse. Es ist ein hippes, schwungvolles Lokal mit Plätzen am Tresen (praktisch für Leute, die ohne Begleitung sind), Fenstern mit Fensterläden davor und maritimer Straßenkunst. Die leichten, lockeren, lecker belegten Pizzas aus Sauerteig sind hervorragend. An der Tafel stehen Pizza- und Cocktail-Specials. Unbedingt im Voraus buchen.

Noosa Boathouse MODERN-AUSTRALISCH $$
(☎07-5440 5070; www.noosaboathouse.com.au; 194 Gympie Tce, Noosaville; Hauptgerichte 20–38 AU$; ⏲Restaurant Di–So 11.30–15 & 17–20 Uhr, Café tgl. 6–18 Uhr, Dachterrassenbar Di–So 16.30–19 Uhr) Das moderne, schwimmende Lokal besteht aus mehreren Bereichen: Café, Fish'n'Chips-Bude, Dachterrassenbar (für den Sundowner) und Restaurant im Cape-Cod-Stil. Die Speisekarte des Restaurants – Mod Oz mit italienischem und asiatischem Touch – ist zwar nicht ganz so anspruchsvoll wie es klingt, aber dennoch ist dies ein fantastischer Ort, um gut zu essen und dabei den grandiosen Blick zu genießen. Und das alles, ohne dass einem angesichts der Preise die Tränen in die Augen steigen.

★Noosa Beach House MODERN-AUSTRALISCH $$$
(☎07-5449 4754; www.noosabeachhousepk.com.au; 16 Hastings St, Noosa Heads; Hauptgerichte abends 39–46 AU$, 6-Gänge-Verkostungsmenü 100 AU$; ⏲tlg. 6.30–10.30 & 17.30–21.30, Sa & So auch 12–14.30 Uhr) Das schicke Restaurant mit einem ordentlichen Mix aus weißen Wänden, Glas und Holz gehört dem berühmten Weltenbummler und Chefkoch Peter Kuravita. Saisonale Zutaten und frische Meeresfrüchte sind die Basis moderner Gerichte wie das hochgradig verführerische sri-lankische Snapper-Curry mit Tamarinde und *aloo chop* (Kartoffelkroketten). An den Wochenenden gibt's mittags ein Fünf-Curry-Gericht, das seinen Preis wert ist (auf großer Familienplatte serviert für 38 AU$/Pers.).

★Wasabi JAPANISCH $$$
(☎07-5449 2443; www.wasabisb.com; 2 Quamby Pl, Noosa Heads; 3 Gänge 80 AU$, 7-/9-Gänge-Omakase-Menü 134/157 AU$; ⏲Mi, Do & Sa 17–21.30, Fr & So 12–21.30 Uhr) Das Wasabi ist ein preisgekröntes Restaurant am Wasser, das von einheimischen Feinschmeckern besucht wird. Erstklassische Produkte aus der Region und dem hauseigenen Bauernhof werden zu köstlichen Gerichten verarbeitet wie Enteneiernudeln und frischer Fisch in einer Brühe aus gebrannten Zwiebeln mit Fischkruste und Gemüse oder Tempura mit Spannerkrabbe und *yama-imo*-Klößen (Bergkartoffelklöße) mit Kombu-Salz und *yuzu*-Schale.

🍷 Ausgehen & Nachtleben

★Clandestino Roasters CAFÉ
(☎1300 656 022; www.clandestino.com.au; Belmondos Organic Market, 59 Rene St, Noosaville; ⏲Mo–Fr 7–16, Sa 7–15 Uhr; 📶) Die trendige Kleinrösterei mag vielleicht nicht unter das Touristenradar fallen, ist aber bei Hipstern, Surfern und Anzugträgern gleichermaßen beliebt, die hier Noosas erstklassischen Kaffee genießen. Es gibt zwei gemischte und acht sortenreine Sorten, die auf unterschiedliche Arten zubereitet werden, z. B. als Espresso, kalt, aufgebrüht, gefiltert und im Syphon. Gemeinschaftstische und Gratis-

WLAN machen dieses Café zu einer beliebten Location für Laptop-Fans.

★ **Village Bicycle** BAR
(☎07-5474 5343; 2/16 Sunshine Beach Rd, Noosa Junction; ⊙Mo–Sa 16–24, So 12.30–24 Uhr) Noosas coolste Bar wird von den Kumpels Luke und Trevor betrieben. Der gesellige, mit Straßenkunst geschmückte Raum ist jeden Abend rappelvoll. Die Stammkunden kippen ein paar Bier, futtern Kneipenessen – Tacos und Burger – und lauschen der Livemusik.

Miss Moneypenny's COCKTAILBAR
(☎07-5474 9999; www.missmoneypennys.com; 6 Hastings St, Noosa Heads; ⊙11.30–24 Uhr; 📶) Im schicken, preisgekrönten Miss Moneypenny trifft sich eine kultivierte Szene auf coole Drinks. Die guten Cocktails reichen von Saisondrinks und Sours bis zu ironisch gemeinten Cruise Ship Drinks aus den 1980er-Jahren. Ironie ist aber der Qualität keineswegs abträglich: Selbst die Piña Colada wird geschüttelt und zwar mit der originalen Co-co-Lopez-Kokosnusscreme. An der Bar gibt's auch kleine Gerichte und Pizzas (16–30 AU$).

ℹ Praktische Informationen

Noosa Visitor Information Centre (☎07-5430 5000; www.visitnoosa.com.au; 61 Hastings St, Noosa Heads; ⊙9–17 Uhr; 📶) Offizielles Touristenbüro.

Palm Tree Tours (☎07-5474 9166; www.palmtreetours.com.au; Bay Village Shopping Centre, 18 Hastings St, Noosa Heads; ⊙9–17 Uhr) Seit Langem bestehender Touranbieter.

Noosa National Park Information Centre (☎07-5447 3522; ⊙8.45–16.15 Uhr) Am Eingang zum Noosa National Park.

ℹ An- & Weiterreise

Alle Fernbusse halten an der **Noosa Junction Bus Station** in der Sunshine Beach Rd in Noosa Junction. **Greyhound Australia** (☎1300 473 946; www.greyhound.com.au) fährt mehrmals von Brisbane nach Noosa (ab 24 AU$, 2½–3¼ Std.), **Premier Motor Service** (S. 328) nur einmal (23 AU$, 2½ Std.).

Viele Hotels holen ihre Gäste kostenlos ab.

Sunbus (TransLink; ☎13 12 30; www.sunbus.com.au) fährt regelmäßig von Noosa nach Maroochydore (10,50 AU$, 1–1¼ Std.) und zum Bahnhof in Nambour (10,50 AU$, 1¼ Std.).

ℹ Unterwegs vor Ort

AUTO & MOTORRAD

Alle großen Autovermieter sind in Noosa vertreten; Autos gibt's ab ca. 55 AU$ pro Tag.

Noosa Car Rentals (☎0429 053 728; www.noosacarrentals.com.au)

Scooter Hire Noosa (☎07-5455 4096; www.scooterhirenoosa.com; 13 Noosa Dr, Noosa Heads; 4/24 Std. 39/59 AU$; ⊙8.30–17 Uhr)

BUS

Sunbus (S. 355) fährt zwischen Noosa Heads, Noosaville, Noosa Junction und Tewantin.

FAHRRAD

Bike On Australia (S. 351) verleiht Fahrräder an mehreren Stellen in Noosa, darunter im **Flashpackers** (S. 352) in Sunshine Beach. Alternativ kann man sich das Rad zur Unterkunft liefern und von dort auch wieder abholen lassen (35 AU$, ab einer Leihgebühr von 100 AU$ kostenlos).

SCHIFF/FÄHRE

Noosa Ferry (☎07-5449 8442; www.noosaferry.com) Die Fähren verkehren mehrmals täglich zwischen Noosa Heads und Tewantin (Tageskarte Erw./Kind 25/7 AU$). **Noosa Water Taxi** (☎0411 136 810; www.noosawatertaxi.com; einfache Fahrt 10 AU$/Pers.) betreibt Wassertaxis im Noosa Sound (Fr–So) und bietet auch Privatcharter an. Die Wassertaxis können auch vorbestellt werden.

Bribie Island

18135 EW.

Die schmale Insel am Nordende der Moreton Bay ist über eine Brücke mit dem Festland verbunden und sehr beliebt bei jungen Familien, Pensionären und all jenen, die mal eben eine (oder 3) Millionen für ein Anwesen direkt am Wasser übrig haben. Sie ist deutlich besser erschlossen als Stradbroke oder Moreton, bietet aber immer noch ein paar einsame Fleckchen Erde.

Das **Abbey Museum** (☎07-5495 1652; www.abbeymuseum.com; 63 The Abbey Pl, abseits Old Toorbul Point Rd, Caboolture; Erw./Kind 12/7 AU$, Fam. ab 19,80 AU$; ⊙Mo–Sa 10–16 Uhr) beherbergt eine außergewöhnliche Kunst- und Archäologiesammlung, die einstige Sammlung des Engländers „Reverend" John Ward. Im Juni oder Juli findet hier das Abbey Medieval Festival statt.

Ganz in der Nähe befindet sich das **Caboolture Warplane Museum** (☎07-5499 1144; www.caboolturewarplanemuseum.com; Hangar 104, Caboolture Airfield, McNaught Rd, Caboolture; Erw./Kind/Fam. 10/5/30 AU$; ⊙9–15 Uhr) mit restaurierten Flugzeugen aus dem Zweiten Weltkrieg, u.a. einer P-51D Mustang, Commonwealth Wirraway und einer Cessna Bird Dog.

Karten und Infos sind im **Bribie Island Visitor Information Centre** (07-3408 9026; www.tourismbribie.com.au; Benabrow Ave, Bellara; 9–16 Uhr) erhältlich.

Schlafen & Essen

Bribie Island National Park Camping CAMPING $
(13 74 68; www.npsr.qld.gov.au/parks/bribie-island; Zeltstellplatz pro Pers./Fam. 6,15/24,60 AU$) **Poverty Creek** an der Westküste der Insel ist ein großer, mit Gras bewachsener Campingplatz mit Toiletten, Entsorgungseinrichtungen für mobile Toiletten/Abfall und abgetrennten Duschen mit Kaltwasser. Der **Ocean Beach** direkt südlich bietet ähnliche Einrichtungen. Auf dem Campingplatz **Gallagher Point** an der Ostküste gibt's ein paar Stellplätze im Busch. Es sind weder Toiletten noch andere Einrichtungen vorhanden. Die drei Plätze sind mit Allradwagen erreichbar.

Bribie Island SLSC KNEIPENESSEN $$
(07-3408 2141; www.thesurfclubbribieisland.com.au; First Ave, Woorim; Hauptgerichte 18–30 AU$; 11.30–14.30 & 17.30 Uhr–open end) Das Essen reißt einen zwar nicht vom Hocker, ist aber o.k. Es wird auf der Terrasse serviert, sodass man beim Essen die Wellen beobachten kann. Auf der Karte stehen die üblichen Surf-Club-Verdächtigen: von Knoblauch-Shrimps und in Bierteig gebackenem Barramundi bis zu Nudelgerichten und Schnitzeln.

An- & Weiterreise

Auf Bribie kann man keine Allradwagen mieten. Außerdem benötigt man eine Fahrzeuggenehmigung (46,25 AU$/Woche) für Orte an abgelegenen Pisten. Die Genehmigung bekommt man bei **Gateway Bait & Tackle** (07-5497 5253; www.gatewaybaitandtackle.com.au; 1383 Bribie Island Rd, Ningi; Mo, Di, Do & Fr 5.30–17, Mi 5.30–14, Sa 4.30–17, So 4.30–15 Uhr) oder online (www.npsr.qld.gov.au).

Citytrain-Züge fahren regelmäßig von Brisbane nach Caboolture, wo **Bribie Island Coaches** (07-3408 2562; www.bribiecoaches.com.au), Route 643, über Ningi und Sandstone Point, zur Bribie Island starten. Die Busse fahren ca. jede Stunde mit Stopp in Bongaree und weiter nach Woorim. Es gelten die normalen Tarife von Brisbane Translink (einfache Fahrt ab Brisbane Zentrum 11,40 AU$).

Glass House Mountains

Jäh ragen die imposanten vulkanischen Gipfel der Glass House Mountains in den subtropischen Ebenen 20 km nordwestlich von Caboolture in den Himmel. Gemäß einer Traum-Legende gehören die eigenartigen Felsspitzen einer Familie von Berggeistern. Die Bergformen erinnerten den britischen Entdecker James Cook an die konischen Industrieöfen zur Glasherstellung in seiner Heimat Yorkshire. Vom Bruce Hwy führt ein lohnender Umweg zu der langsamer zu befahrenden Old Gympie Rd, die sich durch dichtes Buschland vorbei an alten Queenslander-Hütten schlängelt und einen atemberaubenden Blick auf die spektakulären Magmaschlote bietet.

Der **Glass House Mountains National Park** teilt sich in mehrere Abschnitte auf. Picknickplätze und Aussichtspunkte sind vorhanden, aber keine Campingmöglichkeiten. Die Gipfel erreicht man über teils befestigte, teils unbefestigte Straßen, die vom Steve Irwin Way landeinwärts abzweigen, an dem sich auch der grandiose Australia Zoo befindet, den der berühmte „Crocodile Hunter" persönlich gegründet hat.

Die **Glass House Mountains Ecolodge** (07-5493 0008; www.glasshouseecolodge.com; 198 Barrs Rd, Glass House Mountains; Zi. 125–220 AU$;) in der Nähe des Australia Zoo bietet eine tolle Zimmerauswahl zu guten Preisen, z. B. die gemütlichen Orchard Rooms (125 AU$), das Church Loft (220 AU$) und umgebaute Eisenbahnwagen. Vom wunderschönen Garten sieht man den Mt. Tibrogargan.

In der **Glasshouse Mountains Tavern** (www.glasshousemountainstavern.com.au; 10 Reed St, Glass House Mountains; Hauptgerichte 14–32,50 AU$; So–Do 10–21, Fr 10–24, Sa 10–21.30 Uhr, Küche schließt gegen 20 Uhr) kommt einfaches leckeres Kneipenessen aus der Küche, z. B. Steaks, Würstchen, Burger und Salate.

Caloundra

77 600 EW.

Caloundra liegt auf einer Landzunge am südlichen Ende der Sunshine Coast. Die Stadt hat die abgedroschenen Klischees der „Valium Coast" hinter sich gelassen und sich als ein Zentrum der Coolness neu erfunden. Abgesehen von den goldenen Stränden, dem Wassersport und dem schönen Wanderweg Coastal Pathway gibt es eine wachsende Kreativ-Szene mit allem Möglichen von erstklassigen Cafés, Bars, Straßenkunst, einer Kleinbrauerei und den am besten kuratierten regionalen Kunstgalerien an der Küste.

Das Sahnehäubchen auf diesem sprichwörtlichen Kuchen ist das Caloundra Music Festival, eines der größten und beliebtesten Musik-Events in Queensland.

Sehenswertes & Aktivitäten

Am Sonntagmorgen strömen die Massen zu den Marktständen des **Caloundra Street Fair** (www.caloundrastreetfair.com.au; Bulcock St; So 8–13 Uhr).

Caloundra Regional Gallery GALERIE
(07-5420 8299; http://gallery.sunshinecoast.qld.gov.au; 22 Omrah Ave; Di–Fr 10–16, Sa & So bis 14 Uhr) GRATIS Hat man genug von Rochen und Wellen, bietet sich ein Besuch in dieser kleinen, anspruchsvollen Galerie an. Die Wechselausstellungen, darunter jedes Jahr eine Reihe ausgezeichneter Kunstpreisausstellungen, präsentieren regionale und landesweit bekannte Künstler. Am dritten Freitag im Monat bleibt die Galerie zum **Friday^{3}Live** lang auf, dann gibt's Musik, Diskussionen, Performances, Getränke und Häppchen.

Queensland Air Museum MUSEUM
(07-5492 5930; www.qam.com.au; 7 Pathfinder Dr; Erw./Kind/Fam. 13/7/30 AU$; 10–16 Uhr) In zwei Hangars neben dem Caloundra Airport zeigt das von Freiwilligen geführte QAM rund 70 Flugzeug der Zivilluftfahrt und der Luftwaffe, darunter eine Douglas DC-3 aus der Mitte des 20. Jhs. (das erste weltweit in Serienfertigung ganz aus Metall hergestellte Verkehrsflugzeug) und einen F-111-Überschall-Kampfjet der Royal Australian Air Force. Die Exponate werfen Licht auf diverse Aspekte der australischen und internationalen Luftfahrtsgeschichte, z.B. auf Luftschlachten im Krieg und auf Frauen in der Luftfahrt. Es gibt auch eine kleine Sammlung sagenhafter altmodischer Broschüren, Kabinentaschen und bei den Flügen verwendeten Geschirrs von australischen Fluglinien aus Vergangenheit und Gegenwart.

Caloundra Surf School SURFING
(0413 381 010; www.caloundrasurfschool.com.au; 1½-std. Surfunterricht ab 50 AU$) Die beste der hiesigen Surfschulen verleiht auch Surfbretter.

Deluxe Kombi Service AUTOTOUR
(07-5491 5432, 0402 615 126; www.deluxekombiservice.com.au; 1-stündige Tour 77 AU$) Wie lässt sich die Gegend besser erkunden als in einem Kombi der 1960er-Jahre mit einem coolen Surfer-Typen? Michael Flocke hat sorgsam zwei seltene Kombis (mit Sonnendach und Platz für 8 Pers.) restauriert und nutzt sie für hintergründige, mit Anekdoten gespickte Touren durch die Stadt und die umliegende Region. Zur Auswahl stehen eine einstündige Stadtrundfahrt und längere, maßgeschneiderte Touren durch das Hinterland der Sunshine Coast.

> NICHT VERSÄUMEN
>
> ### AUSTRALIA ZOO
>
> Gleich nördlich der Glass House Mountains findet sich eine der berühmtesten Touristenattraktionen Queenslands, wenn nicht ganz Australiens, der **Australia Zoo** (07-5436 2000; www.australiazoo.com.au; 1638 Steve Irwin Way, Beerwah; Erw./Kind/Fam. 59/35/172 AU$; 9–17 Uhr) eine passende Erinnerung an dessen Gründer, den durchgeknallten Natur-Enthusiasten Steve Irwin. Der Park bietet eine bemerkenswerte Menagerie, einen kambodschanischen Tigertempel, das berühmte „Crocoseum" und eine ungeheure Vielfalt an Tieren, darunter einheimische Dingos, Tasmanische Teufel und Haarnasenwombats.
>
> Diverse Veranstälter bieten Touren ab Brisbane oder der Sunshine Coast. Der Zoo betreibt einen kostenlosen Bus vom/zum Bahnhof Beerwah.

Sunshine Coast Skydivers FALLSCHIRMSPRINGEN
(07-5437 0211; www.sunshinecoastskydivers.com.au; Caloundra Aerodrome, Pathfinder Dr; Tandemsprünge ab 279 AU$) Ein Tandemsprung aus einer atemberaubenden Höhe von 4750 m (oder auch nur aus 2130 m) gewährt einen großartigen Blick auf Caloundra und den Pazifik und bringt das Blut ganz schön in Wallung.

Blue Water Kayak Tours KAJAKFAHREN
(07-5494 7789; www.bluewaterkayaktours.com; halbtägige Tour für mind. 4 Pers. 100 AU$, Dämmerungstour $55; halbtägige Tour Di–So 8.30 Uhr; Dämmerungstour Mi–So) Die sportlichen Kajaktouren führen über den Kanal zur Nordspitze des Bribie Island National Park; im Angebot sind Einer- und Zweierkajaks. Alle Touren müssen im Voraus gebucht werden.

Feste & Events

Caloundra Music Festival MUSIK
(www.caloundramusicfestival.com; Sept.–Okt.) Zu dem viertägigen familienfreundlichen

WOODSTOCK DOWNUNDER

Beim berühmten **Woodford Folk Festival** (www.woodfordfolkfestival.com; Dez./Jan.) marschieren mehr als 2000 australische und ausländische Musiker auf, die Folk, traditionelle irische, indigene und Weltmusik spielen. Hinzu kommen Straßenmusikanten, Bauchtänzerinnen, Kunsthandwerksmärkte, Performances, tibetische Mönche und Diskussionen über Umweltfragen. Das Festival findet jedes Jahr vom 27. Dezember bis zum 1. Januar auf einem Anwesen in der Nähe der Ortschaft Woodford statt. Die Campingplätze vor Ort sind mit Toiletten, Duschen und ein paar Verpflegungszelten ausgestattet, aber bei Regen muss man sich auf ein Schlammbad einstellen. Für das Festival gilt eine Schanklizenz, man braucht also nichts Alkoholisches mitzubringen. Die Tickets kosten 137 AU$ pro Tag (mit Stellplatz 168 AU$) und sind online und am Tor des Anwesens erhältlich. Das aktuelle Programm erfährt man online.

Woodford liegt 35 km südöstlich von **Caboolture**. Shuttlebusse fahren regelmäßig zwischen dem Bahnhof Caboolture und dem Festivalgelände.

Musikfestival am Kings Beach kommen 40 000 Besucher. Zum vielfältigen Unterhaltungsprogramm tragen australische Rockveteranen, Indie-Bands und internationale Gäste bei.

Schlafen & Essen

Dicky Beach Family Holiday Park WOHNWAGENPARK $
(07-5491 3342; www.sunshinecoastholidayparks.com.au; 4 Beerburrum St; Stellplatz mit/ohne Strom 46/41 AU$, Hütten ab 118 AU$;) Näher kann man dem Dicky, einem der beliebtesten Strände von Caloundra gar nicht kommen. Die Backsteinhütten sind so ordentlich und aufgeräumt wie das Gelände, und für die Kids gibt's einen kleinen Pool.

Caloundra Backpackers HOSTEL $
(07-5499 7655; www.caloundrabackpackers.com.au; 84 Omrah Ave; B ab 26 AU$, DZ mit/ohne Bad ab 75/60 AU$;) Caloundras einziges Hostel ist eine schlichte Budgetunterkunft mit einem geselligen Hof, einem Büchertausch und wöchentlichen Grill-, Pizza- oder Käse-und-Wein-Abenden. Die Schlafsäle sind nicht gerade berauschend, aber sauber und friedlich.

Monaco APARTMENTS $$
(07-5490 5490; www.monacocaloundra.com.au; 12 Otranto Ave; Apt. mit 1/2/3 Schlafzimmern ab 159/240/329 AU$; P) Die modernen, recht großen Apartments sind einen Block vom Bulcock Beach entfernt. Sie haben unterschiedliche Besitzer, sodass sie sich im Stil unterscheiden; die teureren bieten einen direkten Blick aufs Wasser. WLAN ist kostenlos, aber gedeckelt, und die Apartments werden alle acht Tage geputzt. Zu den Extras der Anlage gehören ein stilvolles, beheiztes Langschwimmbecken, ein separater Pool für Kinder, ein Spa, eine Sauna, ein Fitnessraum und ein Spielezimmer. Der Mindestaufenthalt beträgt zwei Nächte, bei längeren Aufenthalten gibt's Rabatt.

★ **Baci Gelati** EISCREME $
(49 Bulcock St; Eiscreme ab 4,50 AU$; Mo–Fr 9–17, Sa 9.30–17, So 10–16 Uhr) Das Baci liefert mit das beste Gelato in Queensland, hergestellt von einem hier lebenden Italiener, dessen ungarischer Frau und einem italienischen Landsmann. Das Geheimnis: erstklassige Zutaten, von frischen Früchten und Bronte-Pistazien bis hin zu belgischer Schokolade und örtlicher Maleny-Milch. Zu den kreativen Geschmacksrichtungen gehören Ingwerbier, Tee, Salzkaramell und die ausgesprochen leckere sizilianische Haselnuss. Es gibt auch Pakete, die man mit nach Hause nehmen kann (0,5/1 l für 12/23 AU$).

Green House Cafe VEGETARISCH $
(07-5438 1647; www.greenhousecafe.com.au; 5/8 Orumuz Ave; Hauptgerichte 13–17 AU$; Mo–Fr 8–15, Sa & So bis 14 Uhr;) Das an einer Gasse gelegene, helle und entspannte Lokal setzt regionale Zutaten ins rechte Licht. Hier gibt's frische, sättigende vegetarische Bio-Kost wie Avocado auf Toast mit Cashew-Käse, Schakschuka oder Nasi Goreng. Einen echten Bio-Schock verspricht der Smoothie mit Kohl, saisonalem grünen Blattgemüse, Banane, Kokosmilch-Joghurt, Kiwi, Chia-Samen, Kokoswasser und Supergreens-Pulver.

Cptn INTERNATIONAL $$
(07-5341 8475; www.cptnkingsbeach.com.au; 1/8 Levuka Ave, Kings Beach; Hauptgerichte mittags 18–29 AU$, abends 26–29 AU$; Mo–Do 6–18, Fr–So bis 21.30 Uhr, Küche Mo–Do bis 14 & Fr–So bis

20 Uhr;) Das am Strand liegende Cptn übertrifft die Konkurrenz durch ein frisches, modernes Dekor und gutes, ehrliches Essen. Hier darf man keine kulinarische Akrobatik erwarten, aber gut zubereitete, durchdachte Gerichte wie Barramundi mit Pommes, gegrillter Halloumi mit geröstetem Gemüse oder gegrillte Hähnchenbrust mit gemischtem mediterranen Gemüse, Backkartoffeln, Ziegenkäse und Rotweinsauce. Dazu gibt's guten Kaffee, preisgünstige Schankweine und ein junges, freundliches Team.

Ausgehen & Nachtleben

Lamkin Lane Espresso Bar CAFÉ
(www.facebook.com/lamkinlane; 31 Lamkin Ln; Mo–Fr 6–16, Sa & So 7–12 Uhr) Die Herzen von Kaffee-Fans schlagen höher, denn die umgänglichen, kundigen Baristas im Lamkin Lane plaudern mit Vorliebe über die wöchentliche Spezialmischung und die drei sortenreinen Kaffees. Das Team hat gute Kontakte zu den Kaffeebauern, von denen sie ihre Bohnen beziehen – man kann also sicher sein, dass der Kaffee nicht nur samtig und aromatisch ist, sondern auch ethisch verantwortbar. Nur Barzahlung!

Moffat Beach Brewing Company KLEINBRAUEREI
(07-5491 4023; 12 Seaview Tce, Moffat Beach; Mo & Di 7–16 Uhr, Mi–Sa open end, So bis 20 Uhr) Gleich oberhalb der Hipstermeile des Moffat Beach bietet dieses Café mit Kleinbrauerei Biere des Hauses (Kultstatus hat das Double-Indian-Pale-Ale Iggy Hop) und ausgewählte Bierspezialitäten aus anderen Brauereien. Flaschenbiere gibt's aus ganz Australien und aller Welt; das Probegedeck mit vier Bieren (20 AU$) hilft Unentschlossenen weiter. Livemusik gibt's freitags ab 17 und am Wochenende ab 15 Uhr – bei letzteren geht's besonders munter zu.

26 Degrees COCKTAILBAR
(07-5492 0555; www.facebook.com/26degreesBar; 10 Leeding Tce, Rumba Beach Resort; 10 Uhr–open end;) 26 Grad ist in Caloundra die Durchschnittstemperatur und zudem liegt die Stadt auf dem 26. Breitengrad – da kommt der Name dieser Cocktailbar, die zu den angesagtesten vor Ort zählt, gerade recht. Die im Rumba Resort gelegene Poolbar präsentiert sich schick mit weißen Jalousien, einer weiß getünchten Holztheke und üppigem, grünem Blattwerk. Martini-Kenner werden die hiesige abgefahrene Version mit marinierten Oliven zu schätzen wissen.

Praktische Informationen

Sunshine Coast Visitor Centre (07-5458 8846; www.visitsunshinecoast.com; 7 Caloundra Rd; Mo–Fr 9–16, Sa & So bis 15 Uhr;) Am Kreisverkehr am Ortseingang; es gibt noch einen zentral gelegenen Kiosk an der **Bulcock St** (07-5458 8847; 77 Bulcock St; 9–15 Uhr;). In beiden Zweigstellen gibt's kostenloses WLAN.

An- & Weiterreise

Busse von **Greyhound Australia** (1300 473 946; www.greyhound.com.au) fahren täglich einmal morgens von Brisbane nach Noosa mit Zwischenhalt in Caloundra (ab 19 AU$, 2 Std.). Morgens fährt auch ein Bus nach Brisbane.

Sunbus (TransLink; 13 12 30; www.sunbus.com.au) hat häufige Verbindungen nach Maroochydore (5,70 AU$, 1 Std.), wo man in Busse nach Noosa umsteigen kann.

Das **Caloundra Transit Centre** (23 Cooma Tce) ist der Hauptbusbahnhof der Fern- und Lokalbusse und befindet sich ein kurzes Stück südlich der Bulcock St (zum Zeitpunkt der Recherche war das Gebäude geschlossen, aber die Busse hielten einfach davor).

Mooloolaba & Maroochydore

12 550 EW. (MOOLOOLABA); 18 300 EW. (MAROOCHYDORE)

Mooloolaba hat schon viele mit seinem herrlichen Klima, seinem goldenen Strand und seiner entspannten Lebensart verführt. Restaurants, Boutiquen, Resorts und Apartmentanlagen breiten sich an der Esplanade aus und verwandeln das frühere bescheidene Fischerdorf in eines der beliebtesten Ferienziele in Queensland.

Weiter nördlich ist das boomende Maroochydore ein wichtiges Geschäftszentrum. Ein brandneues Stadtzentrum ist gerade im Bau, es gibt eine Reihe brummender Restaurants und einen Sandstrand.

Sehenswertes & Aktivitäten

Sea Life Sunshine Coast AQUARIUM
(1800 618 021; www.underwaterworld.com.au; Wharf Marina, Parkyn Pde, Mooloolaba; Erw./Kind/Fam. 39/26/130 AU$; 9–17 Uhr) Kinder lieben das populäre tropische Ozeanarium, das einen 80 m langen, durchsichtigen Unterwassertunnel hat, von dem aus man Rochen, Rifffische und acht Haispezies aus der Nähe beobachten kann. Es gibt ein Streichelbecken, Liveshows, Vorführungen und während

der Schulferien auch die Möglichkeit, im Aquarium zu übernachten (90 AU$/Pers.).

Besucher können hier auch mit Robben schwimmen und mit Haien tauchen, aber Tierschützer wenden ein, dass Meerestiere durch die Gefangenschaft beeinträchtigt und gestresst werden und die Interaktion mit Menschen sie noch zusätzlich belastet.

Wildlife HQ ZOO
(☎ 0428 660 671; www.whqzoo.com; Erw./Kind/Fam. 29/15/79 AU$; ⌚ 9–16 Uhr) Der im **Big Pineapple** (www.bigpineapple.com.au; 76 Nambour Connection Rd, Woombye) GRATIS gelegene, 8 ha große Zoo zeigt Tiere aus Australien, Afrika, Südamerika und einige Seltenheiten aus Asien, darunter Kleine Pandas und Tahre (Bergziegen aus dem Himalaya).

Sunreef TAUCHEN
(☎ 07-5444 5656; www.sunreef.com.au; Wharf Marina, Parkyn Pde, Mooloolaba; Tauchgänge ab 165 AU$; ⌚ Mo–Sa 8–17, So bis 16 Uhr) Bietet zwei Tauchgänge (ab 165 AU$) zum Wrack des Kriegsschiff HMAS *Brisbane*. Angeboten wird auch ein Tagesausflug zum Flinders Reef (ab 229 AU$) mit zwei Tauchgängen, Ausrüstung, Mittagessen und Snacks. Ein PADI-Open-Water-Kurs kostet 495 AU$.

Hire Hut WASSERSPORT
(☎ 07-5444 0366; www.hirehut.com.au; Wharf, Parkyn Pde, Mooloolaba) Vermietet Kajaks (25 AU$/2 Std.), gigantische Stehpaddelbretter (350 AU$/2 Std., pro Brett bis zu 10 Pers.), Jetskis (180 AU$/Std.), Boote (ab 42/75 AU$ pro Std./halber Tag) und Fahrräder (19/25 AU$ pro 2/4 Std.).

Robbie Sherwell's XL Surfing Academy SURFEN
(☎ 07-5478 1337, 0423 039 505; www.xlsurfingacademy.com; Privat-/Gruppenunterricht 95/45 AU$/Std.) Bei dieser alteingeführten Schule können Surfer aller Niveaus in die Surfkultur der Aussies eintauchen.

Geführte Touren

Coastal Cruises Mooloolaba BOOTSFAHRT
(☎ 0419 704 797; www.cruisemooloolaba.com.au; Wharf Marina, Parkyn Pde, Mooloolaba) Bootstouren durch den Mooloolaba Harbour, über den Fluss und die Kanäle. Bei Sonnenuntergang (25 AU$) und mittags mit Meeresfrüchteessen (35 AU$).

Whale One WALBEOBACHTUNG
(☎ 1300 942 531; www.whaleone.com.au; Wharf Marina, Parkyn Pde, Mooloolaba; Walbeobachtungstour Erw./Kind/Fam. 59/39/196 AU$) Bei den Walbeobachtungstouren von Juni bis November kommen Teilnehmer den spektakulären akrobatischen Kunststücken der Buckelwale ganz nahe, die von der Antarktis nach Norden ziehen, um sich zu paaren und ihre Jungen zu gebären.

Feste & Events

Big Pineapple Music Festival MUSIK
(www.bigpineapplemusicfestival.com; ⌚ Mai) Das eintägige „Piney Festival" ist eines der Top-Musikevents in der Region, bei dem auf vier Bühnen Größen der aktuellen Aussie-Musikszene auftreten. In den letzten Jahren sind hier z. B. die Alternativrocker John Butler Trio und Birds of Tokyo, die Alternativ-Electronica-Bands Rüfüs und Hermitude und Brisbanes Eigengewächs, die Progressive-Pop-Zwillinge The Veronicas aufgetreten. Stellplätze werden angeboten, sind aber schnell ausgebucht.

Maroochy Music & Visual Arts Festival MUSIK
(www.mmvaf.com; ⌚ Sept.; 📶) Zu den Top-Acts bei diesem jährlich stattfindenden eintägigen Musikfest in Maroochydore gehörten die angesagten australischen Bands Peking Duk und Matt Corby; Alt-Indie-Talente wie Boo Seeka, George Maple oder Ngaiire standen ebenfalls auf der Bühne. Zum Bereich bildende Kunst gehören auch eigens für das Festival bei örtlichen und internationalen Künstlern in Auftrag gegebene Werke.

Schlafen & Essen

Cotton Tree Holiday Park CAMPING $
(☎ 07-5459 9070; www.sunshinecoastholidayparks.com.au; Cotton Tree Pde, Cotton Tree, Maroochydore; Stellplatz mit/ohne Strom ab 48/41 AU$, Villen ab 157 AU$) Der Ferienpark in Cotton Tree, einem beliebten Viertel von Maroochydore hat direkten Zugang zum Strand und zum Maroochy River.

Mooloolaba Beach Backpackers HOSTEL $
(☎ 07-5444 3399; www.mooloolababackpackers.com; 75 Brisbane Rd, Mooloolaba; B mit/ohne Bad 34/30 AU$, DZ 75 AU$; P 📶 🏊) Einige Schlafsäle haben ein angeschlossenes Bad. Die Zimmer sind etwas trist, wofür aber viele kostenlose Extras (Fahrräder, Surfbretter, Stehpaddelbretter und Frühstück) entschädigen. Zudem ist das Hostel nur 500 m von den Aktivitäten und dem Nachtleben am Strand entfernt.

Dockside Apartments APARTMENTS $$

(☎07-5478 2044; www.docksidemooloolaba.com.au; 50 Burnett St, Mooloolaba; Apt. mit 2/3 Schlafzi. ab 290/375 AU$; P ❄ 📶 ≋) Die komplett ausgestatteten Apartments sind unterschiedlich (weil sie Privatleuten gehören, die sie auch privat vermieten), aber alle sind ordentlich, sauber und komfortabel. Die Anlage befindet sich an einer ruhigen Stelle abseits des Trubels, aber doch in kurzer Gehentfernung von Mooloolabas wichtigsten Restaurant- und Barstreifen, dem Surfclub, dem Strand und dem Kaibereich. Bei längeren Aufenthalten gibt's Rabatt.

Maroochydore Beach Motel MOTEL $$

(☎07-5443 7355; www.maroochydorebeachmotel.com; 69 Sixth Ave, Maroochydore; EZ/DZ/FZ ab 120/135/180 AU$; P ❄ 📶 ≋) Das flotte, makellose Themenhotel hat 18 verschiedene Zimmer, darunter (natürlich) einen „Elvis Room", den „Egyptian Room" und den „Aussie Room" (mit Spielzeug-Wombat). Die Anlage befindet sich zwar an einer Hauptstraße, ist aber weniger als 200 m Fußweg vom Strand entfernt.

★ Oceans RESORT $$$

(☎07-5444 5777; www.oceansmooloolaba.com.au; 101–105 Mooloolaba Esp, Mooloolaba; Apt. mit 2 Schlafzi. ab 500 AU$; P ❄ 📶 ≋) Ein Wasserfall und zeitgenössische Kunst begrüßen die Besucher in dieser gehobenen Apartmentanlage gegenüber vom Strand. Die Apartments sind schick und makellos sauber und bieten Nespresso-Maschinen, eine hochwertige Einrichtung, ein eigenständiges Spa und einen Blick auf den Ozean. Die Apartments werden täglich geputzt, und in der Anlage gibt es einen Pool für Erwachsene, einen für Kinder, einen Fitnessraum und eine Sauna. Parkplatz und WLAN sind gratis.

★ Velo Project CAFÉ $

(☎07-5444 8693; www.theveloproject.com.au; 19 Careela St, Mooloolaba; Gerichte 6–22,50 AU$; ⏲7–14 Uhr; 📶) Das angesagte Velo liegt an einer Seitenstraße in Mooloolaba. Recycling-Möbel und alter Krimskrams prägen das Erscheinungsbild des leichten und luftigen Lokals, in dem die Einheimischen altmodische Brettspiele spielen und dabei Avocado-Mus mit roten Zwiebeln, gebratenem Knoblauch, Mais und frischen Kräutern verdrücken – oder getoastete Banane mit Macadamia und Dattelbrot mit Mascarpone und einem Orange-Kardamon-Sirup. Es gibt auch tollen, vor Ort gerösteten Kaffee.

Good Bar AMERIKANISCH $

(☎07-5477 6781; www.thegoodbar.com.au; 5/19–23 First Ave, Mooloolaba; Burger 12–20 AU$, Hotdogs 12–16 AU$; ⏲Di–So 11 Uhr–open end, Küchenschluss 22.30 Uhr) Das trendige Lokal serviert in einem Raum mit Betonboden und Fliesen in Rot und Schwarz gute amerikanische Kost, darunter saftige Burger und riesige Hotdogs in Kombinationen wie im Haus geräucherten Wienern mit asiatischem Krautsalat, Erdnüssen, knusprigen Nudeln und *nam jim*-Sauce. Zu den weiteren herausragenden Gerichten gehört die 20 Stunden geräucherte Rinderbrust vom Cape-Grim-Rind. Am Wochenende gibt's eine französisch-mexikanische Frühstückskarte und an der Theke erlesene Spirituosen und Craft-Bier.

Piano Bar MEDITERRAN $$

(☎0422 291 249; www.thepianobar.com.au; 22–24 Ocean St, Maroochydore; Bar-Snacks 4–9 AU$, Tapas 9–20 AU$; ⏲Mo & Di 17–22, Mi & Do bis 23, Fr–So 12–23 Uhr) Boheme-Geist prägt die Bar von den Quasten an den Lampenschirmen über die Liberace-Alben bis zu den Barkeepern mit weichen Filzhüten. Serviert werden mediterrane Tapas in großzügigen Portionen (am besten bestellt man gleich zwei). Der schwarz gegrillte marinierte Tintenfisch ist butterweich und die glasierte Rote Beete mit Feta wunderbar. Dazu gibt's erlesene Weine und mittwochs bis montags Blues, Funk oder Jazz live.

★ Spice Bar FUSION $$$

(☎07-5444 2022; www.spicebar.com.au; 1. OG, 123 Mooloolaba Esplanade, Mooloolaba; kleine Teller 7–18 AU$, große Teller 28–36 AU$; ⏲Di 18 Uhr–open end, Mi–So 12–15 & 18 Uhr–open end) Einheimische Gourmets schwärmen von der erstklassigen asiatischen Fusionküche dieses schicken, topmodernen Restaurants. Auf der Karte stehen Gerichte zum Teilen, z. B. Hervey-Bay-Muscheln mit einer Soja-Ingwer-*sabayon* oder butterweiche Rinderwange *rendang* mit Süßkartoffeln, Spargelbohnen und Curryblättern. Wer richtig schlemmen will, wählt eines der fantastischen Verkostungsmenüs (5/7/10 Gänge 55/75/90 AU$).

Ausgehen & Nachtleben

Pallet Espresso Bar KAFFEE

(☎0487 342 172; www.facebook.com/thepalletespressobar; 2/161–163 Brisbane Rd, Mooloolaba; ⏲Mo–Fr 6.30–15, Sa bis 13 Uhr) Man findet hier (wiederverwendete) Paletten, einen Gemeinschaftstisch mit gesprächigen Einheimischen und ein paar Fußbälle, wenn man Lust verspüren sollte, auf dem Rasen etwas Sport zu treiben. Das Essen beschränkt sich auf ein paar Kleinigkeiten wie Rosinentoast oder süßes Backwerk, dafür gibt's vollmundige, samtige Kaffeespezialitäten auf Espressobasis. Das Café liegt gleich abseits der Brisbane Rd.

Taps@Mooloolaba BAR
(☎07-5477 7222; www.tapsaustralia.com.au; Ecke Esplanade & Brisbane Rd, Mooloolaba; ⌚12 Uhr–open end) Der schaumige Traum aller Bierfans: sein eigenes Bier zapfen. Das klingt vielleicht etwas effekthascherisch, ist aber ein ernsthaftes Angebot, denn hier kann man aus rund 20 Craft- und sonstigen Bieren wählen, die noch den schlimmsten Surferdurst stillen. Und für den Hunger gibt's passende Bissen, u. a. mit Frischkäse gefüllte Jalapeños, Burger, Pfannengerichte und einen Taco-Salat.

SolBar CLUB
(☎07-5443 9550; www.solbar.com.au; 10/12-20 Ocean St, Maroochydore; ⌚7.30am–Open End) Die SolBar ist ein Geschenk für Indie-hungrige Fans aus den Städten. Stets überraschende Bands marschieren auf, und angehende Liedermacher versuchen ihr Glück mittwochs beim Open Mike. Der Treff ist zugleich ein swingendes Zwischending aus Café, Bar und Restaurant, wo es zerdrückte Avocado, Pfannkuchen und Zucchini-Mais-Puffer zum Frühstück und mittags und abends z. B. Burger, Pizzas und Salate gibt.

ℹ Praktische Informationen

Das **Mooloolaba Visitor Information Centre** (☎07-5458 8844; www.visitsunshinecoast.com.au; Ecke Brisbane Rd & First Ave, Mooloolaba; ⌚9–15 Uhr; 📶) liegt einen Block von der Esplanade entfernt im Ortszentrum. Das **Maroochydore Visitor Information Centre** (☎07-5458 8842; www.visitsunshinecoast.com.au; Ecke Sixth Ave & Melrose St, Maroochydore; ⌚Mo–Fr 9–16, Sa & So bis 15 Uhr; 📶) ist ebenfalls nur einen Block vom Strand entfernt.

Weiter nördlich gibt's in Marcoola auf dem Sunshine Coast Airport ebenfalls eine **Touristeninformation** (☎07-5448 9088; www.visitsunshinecoast.com.au; Sunshine Coast Airport, Friendship Drive, Marcoola; ⌚9–15 Uhr).

ℹ An- & Weiterreise

BUS

Fernbusse halten vor dem Sunshine Coast Visitor Information Centre in Maroochydore und neben Underwater World – Sea Life in Mooloolaba. Busse von **Greyhound** (☎1300 473 946; www.greyhound.com.au) halten in Maroochydore und Mooloolaba und fahren mehrmals täglich nach Brisbane (einfache Strecke ab Mooloolaba/Maroochydore ab 21/22 AU$, ca. 2 Std.). Busse von **Premier Motor Services** (☎13 34 10; www.premierms.com.au) fahren einmal täglich von und nach Brisbane (einfache Strecke 23 AU$, 1½–1¾ Std.).

Sunbus (TransLink; ☎13 12 30; www.sunbus.com.au) bietet häufige Verbindungen zwischen Mooloolaba und Maroochydore (4,60 AU$, 15 Min.) sowie nach Noosa (8,60 AU$, 1–1½ Std.). Der **örtliche Sammelpunkt der Nahverkehrsbusse** (Horton Pde, Maroochydore) befindet sich beim Einkaufszentrum Sunshine Plaza.

FLUGZEUG

Sunshine Coast Airport (S. 349) Der Flughafen ist das Drehkreuz zur Sunshine Coast mit Direktflügen nach Sydney und Melbourne (jeweils tgl.) und Adelaide (3-mal wöchentl.). Saisonal gibt's Nonstop-Flüge nach Auckland, Neuseeland.

Coolum & Peregian

7905 EW. (COOLUM); 3530 EW. (PEREGIAN)

Felsige Landzungen schaffen eine Reihe von lauschigen Buchten, ehe sie dem langen, goldenen Sandstrand und der rollenden Brandung des Coolum Beach weichen. Wie an dem größten Teil der Küste erstrecken sich hinter dem Strand zwar ausgedehnte Vorstädte, aber dank vernünftiger Cafés und leichtem Zugang zu den Hotspots an der Küste kann man hier gut der beliebten und überfüllten Touristenszene entkommen, die man in Noosa, Mooloolaba oder Maroochydore antrifft.

Peregian ist der Ort für lange einsame Strandwanderungen, Surfen auf ausgezeichneten Brechern und das (gar nicht so seltene) Erspähen von Walen.

Mit **Skydive Ramblers** (☎07-5448 8877; www.skydiveforfun.com; Sunshine Coast Airport, Kittyhawk Cl, Marcoola; Sprung aus 1830/4570 m 299/429 AU$) springt man in einer irrwitzigen Höhe aus dem Flugzeug und genießt den Blick über die Küste vor einer spektakulären Landung auf dem Strand.

Die Surfstunden der **Coolum Surf School** (☎0438 731 503; www.coolumsurfschool.com.au; Surfunterricht 60 AU$/2 Std., 225 AU$/5 Std.) bringen einen schnell auf die Wellen; hier werden auch Surfbretter/Bodyboards verliehen (50/25 AU$/24 Std.).

Schlafen & Essen

Coolum Beach Caravan Park WOHNWAGENPARK $
(07-5446 1474; www.sunshinecoastholidayparks.com.au; 1827 David Low Way, Coolum Beach; Stellplatz mit Strom 46 AU$, Hütten ab 157 AU$;) Hier dreht sich alles um die Lage: Der Wohnmobilpark liegt direkt am Strand und gleich über die Straße befindet sich das Zentrum von Coolum.

Villa Coolum MOTEL $
(07-5446 1286; www.villacoolum.com; 102 Coolum Tce, Coolum Beach; WE mit 1 Schlafzi. 99–159 AU$, mit 2 Schlafzi. 129–180 AU$;) Versteckt hinter einer Veranda machen diese guten und günstigen Wohneinheiten aus den 1970er-Jahren einen freundlichen, einladenden Eindruck. Sie sind zwar etwas abgewetzt, aber geräumig und mit ihren tropischen Akzenten und bequemen Betten auch durchaus komfortabel. Weitere Pluspunkte sind der Pool, der nette Garten und die in Gehweite befindliche First Bay, einer der von Kennern besonders geschätzten Strände in der Gegend.

The Caf CAFÉ $
(07-5446 3564; www.thecafcoolum.com; 21 Birtwill St, Coolum Beach; Hauptgerichte 14–19 AU$; 6.30–16 Uhr;) Mit einer zum Tisch umfunktionierten Kabelrolle, einer Kakadu-Tapete und entspannter Stimmung ist dies wohl Coolums coolstes kleines Café. Man bekommt tolle Gourmet-Salate, Sandwiches, Pies, frische Säfte und Wohlfühl-Smoothies.

Le Bon Delice CAFÉ $
(07-5471 2200; www.lebondelice.com.au; Ecke Heron St & David Low Way, Peregian Beach; Kuchen ab 3 AU$, Gerichte 9–14 AU$; Mo & Mi–Sa 7–16, So bis 15 Uhr) Von den *mille feuille* (französische Vanilleschnitten) über die Tarts und weichen Mousse-Kuchen bis zu den *dacquoises* und Éclairs sind die kalorienreichen Schöpfungen, die der französische *pâtissier* Jean Jacques in seiner Eck-Patisserie anbietet, so ansehnlich wie lecker. Wer lieber etwas Herzhaftes möchte, hält sich an die Quiches. Während der Schulferien ist das Café auch dienstags geöffnet.

Hand of Fatima CAFÉ $$
(0434 364 328; www.facebook.com/handoffatimacafe; 2/4 Kingfisher Dr, Peregian Beach; Hauptgerichte 17–18,50 AU$; 5.30–14.30 Uhr) In dem freundlichen, schlichten Café plaudern barfüßige Strandgänger mit dem Personal, während sie auf ihren makellosen Macchiato warten. In der einen Ecke befindet sich eine winzige offene Küche, die nahöstlich inspirierte Gerichte liefert, z. B. persischen Reispudding mit gerösteten Früchten und Nüssen zum Frühstück oder mittags geschmorte *cotechino*-Würstchen mit Linsen, karamellisierten Zwiebeln und türkischem Brot. Nur Barzahlung.

★ **Embassy XO** CHINESISCH $$$
(07-5455 4460; www.embassyxo.com.au; 56 Duke St, Sunshine Beach; Hauptgerichte 29–42 AU$; Restaurant Mi–So 18–21, Fr & Sa auch 12–14 & So 12–15 Uhr, Barsnacks Mi–So 15–18 Uhr) Das schicke, elegante Embassy XO ist kein durchschnittliches vorstädtisches China-Restaurant. Regionale Produkte bestimmen die tollen asiatischen Gerichte, z. B. aus dem Hinterland stammende Zucchiniblüten, gefüllt mit Tofu und Sichuan-Chili-Karamell oder auch Bärenkrebs-Wantan mit *tobiko* (Fischrogen) und Kokos-Miso-Suppe. Außerdem gibt's Schlemmer-Bankette (veg./nichtveg. 55/80 AU$), Yum Cha zu Mittag (Fr–So) und nach mehr schmeckende Barsnacks von 15 bis 18 Uhr.

Pitchfork MODERN-AUSTRALISCH $$$
(07-5471 3697; www.pitchforkrestaurant.com.au; 5/4 Kingfisher Dr, Peregian Beach; Hauptgerichte 32–45 AU$; Di–So 12–14 & 17 Uhr–open end) Die preisgekrönten Köche in diesem hellen, sommerlichen Lokal bieten auf der kurzen Karte zeitgemäße Gerichte, z. B. knusprige Weichschalenkrabben mit frischem Pfeffer-*nam jim* und grünen Äpfeln oder gerösteten Schweinebauch mit einer Sauce aus geräuchertem Schweinefleisch. Für ein Essen hier sollte man sich Zeit nehmen: einen italienischen Wein trinken und draußen auf dem üppig begrünten Platz die Action beobachten.

Cooloola Coast

Die Cooloola Coast ist ein abgelegener, langer Sandstrand vor dem Cooloola-Abschnitt des **Great Sandy National Park** und erstreckt sich 50 km lang zwischen Noosa und Rainbow Beach. Die Küste ist zwar unbebaut, aber die Leute rücken mit Geländefahrzeugen und Booten an, sodass es hier nicht immer so friedlich ist, wie man sich das vielleicht vorstellt. Wenn man jedoch zu Fuß oder per Kanu einem der vielen Wasserwege und Meeresarme folgt, ist man schnell außer Reichweite der Massen. Die Küste ist berühmt für ihre Teewah Colored Sands,

Sandklippen, die schätzungsweise 40 000 Jahre jung sind.

Great Sandy National Park: Cooloola-Abschnitt

Der 54 000 ha große Abschnitt des Nationalparks erstreckt sich vom Lake Cootharaba nach Norden bis zum Rainbow Beach und besteht aus breiten Meeresstränden, hohen Klippen aus buntem Sandstein, unberührtem Busch, Heide, Mangroven und Regenwald. In dem Gebiet leben viele Vogelspezies, darunter Seltenheiten wie der Fuchshabicht oder die Östliche Graseule. Ein einmaliges Erlebnis ist die Fahrt am Strand von der North Shore in Noosa bis zum rund 50 km weiter nördlich gelegenen Double Island Point.

Die Strecke ist nur für Geländewagen geeignet (Genehmigung erforderlich, erhältlich unter www.npsr.qld.gov.au) und bildet einen Abschnitt des Great Beach Drive, einer spektakulären Küstentour von Noosa nach Hervey Bay. Am Double Island Point führt ein 1,1 km langer Wanderweg hinauf zu Aussichtspunkten mit hinreißender Sicht auf den Ozean und zu einem 1884 errichteten Leuchtturm. Von Juni bis Oktober kann man hier auch wunderbar majestätische Buckelwale erspähen.

Vom Strand am Double Island Point führt eine Geländewagenpiste quer über die Landspitze an den Rand eines großen Gezeitenbeckens (ideal für Kinder und weniger geübte Schwimmer) und dann auf dem Rainbow Beach bis zum gleichnamigen Ort. Unterwegs kommt man an spektakulären bunten Klippen vorbei, deren uralter, oxidierter Sandstein in mehr als 70 verschiedenen Erdtönen schimmert. Nach einer Legende der örtlichen Ureinwohner erhielten die Sandklippen ihre Färbung, als Yiningie (ein Geist, der durch einen Regenbogen dargestellt wird) in die Klippen stürzte, nachdem er gegen einen bösen Stammesangehörigen gekämpft hatte. Bei dem schwarzen Sand handelt es sich um Rutil, das Mineral wurde früher hier abgebaut, um Titan für die amerikanische Raumfahrttechnologie zu produzieren.

Great Beach Drive 4WD Tours (☎07-5486 3131; www.greatbeachdrive4wdtours.com; ganztägige Tour Erw./Kind/Fam. 165/95/475 AU$) veranstaltet intime, umweltbewusste Geländewagentouren auf dem spektakulären Great Beach Drive von Noosa nach Rainbow Beach. **Epic Ocean Adventures** (☎0408 738 192; www.epicoceanadventures.com.au; 1/6 Rainbow Beach Rd, Rainbow Beach; 3-stündige Surfing-/Kajaktour 65/75 AU$; ⏲Laden 8–17 Uhr) bietet Abenteuertouren ab Rainbow Beach und ab Noosa an, darunter auch Kajakausflüge zur Beobachtung von Delfinen und Meeresschildkröten.

Ausritte am Strand kann man mit **Rainbow Beach Horse Rides** (☎0412 174 337; www.rainbowbeachhorserides.com.au; Clarkson Dr, Rainbow Beach; 90-minütiger Strandritt 140 AU$) unternehmen, darunter auch einen stimmungsvollen, zweistündigen Ausritt bei Vollmond (200 AU$).

Die beliebtesten (und am besten ausgestatteten) **Campingplätze** (☎13 74 68; www.npsr.qld.gov.au; Stellplatz pro Pers./Fam. 6,15/24,60 AU$) sind Fig Tree Point (am nördlichen Ende des Lake Cootharaba), Harry's Hut (rund 4 km stromaufwärts) und Freshwater (rund 6 km südlich vom Double Island Point) an der Küste. Auf der Fahrt nach Rainbow Beach kann man auch in ausgewiesenen Zonen am Strand zelten.

Rainbow Beach Ultimate Camping (☎07-5486 8633; www.rainbow-beach-hire-a-camp.com.au; Camping-Erlebnis für 1–4 Pers. 2/3/5 Nächte ab 580/690/820 AU$) nimmt einem die ganze harte Arbeit beim Zelten ab. Der größte Teil der Ausrüstung (Zelt, Matratzen, Liegen und Geschirr, Esstisch, Grill, eigene Toilette und Dusche) werden gestellt und für die Gäste aufgebaut.

Infos zum Park gibt's im **QPWS Great Sandy Information Centre** (☎07-5449 7792; 240 Moorindil St, Tewantin; ⏲8–16 Uhr).

Lake Cooroibah

Ein paar Kilometer nördlich von Tewantin verbreitert sich der Noosa River zum Lake Cooroibah. Umgeben von üppigem Buschland wirkt der glasklare See weltenweit entfernt vom Trubel in Noosa und bietet sich zu einem entspannenden Tagesausflug an.

Vom Ende der Moorindil St in Tewantin setzt **Noosa North Shore Ferries** (☎07-5447 1321; www.noosanorthshoreferries.com.au; einfache Strecke Fußgänger/Auto 1/7 AU$; ⏲So–Do 5.30–22.20, Fr & Sa bis 0.20 Uhr) über den Fluss nach Noosa North Shore über (nur Barzahlung!). Die Fähren fahren ungefähr alle 10 Minuten.

Das erfrischend ungezähmte **Gagaju Bush Camp** (☎07-5474 3522; http://gagaju.tripod.com; 118 Johns Rd, Cooroibah; B 15 AU$; @) ist ein Öko-Wildniscamp am Fluss mit schlichten Schlafsälen aus wiederverwertetem Holz.

ABSTECHER

EUMUNDI

Das liebenswerte Eumundi ist ein idyllisches Hochlanddorf mit einem skurrilen Esoterik-Flair, das an den berühmten Markttagen besonders stark spürbar ist. Feigenbäume, Pubs in Schindelhäusern und Cottages mit Blechdächern säumen die historischen Straßen, in denen Cafés, Galerien, diverse Boutiquen und alle möglichen Kunsthandwerker zu finden sind.

Eumundi Markets (☎ 07-5442 7106; www.eumundimarkets.com.au; 80 Memorial Dr; ⏲ Mi 8–13.30, Sa 7–14 Uhr) ist einer der berühmtesten und stimmungsvollsten Kunsthandwerksmärkte Australiens, dessen mehr als 600 Stände pro Jahr über 1,6 Mio. Besucher anlocken. Hier taucht man in ein grünes Boheme-Wunderland mit handgearbeiteten Möbeln, Schmuck, Kleidung, Accessoires, Kunst, frischen Obst und Gemüse, Gourmet-Delikatessen und vielem mehr ein.

Der international berühmte Surfbrettbauer **Tom Wegener** (www.tomwegenersurfboards.com; Cooroy) bietet Homestays an, bei denen man ein, zwei Tage etwas über die Kunst des Surfbrett-Formens lernt. Die Homestays kosten 500 AU$ pro Tag (ohne Materialien) und beinhalten acht Stunden in der Werkstatt, außerdem Mahlzeiten und Surfunterricht.

Das **Imperial Hotel** (☎ 07-5442 8811; www.imperialhoteleumundi.com.au; 1 Etheridge St; Hauptgerichte 18–34 AU$; ⏲ 10 Uhr–open end) ist eine prächtige Kneipe im Kolonialstil mit verrückt-verspielten Details, die wegen ihres Biergartens, der umfangreichen Speisekarte und der Livemusik sehr beliebt ist.

Das **Spirit House** (☎ 07-5446 8994; www.spirithouse.com.au; 20 Ninderry Rd, Yandina; Platte zum Teilen 14–49 AU$; ⏲ tgl. 12–15 & Mi–Sa 18–21 Uhr) ist eine der kulinarischen Top-Destinationen in Queensland (für Wochenenden 3 Wochen im Voraus reservieren) und beschwört mit thailändischen Aromen in überzeugenden Gerichten wie frittierten Weichschalenkrabben mit Currypulver und Knoblauch oder geschmorter Entenkeule mit Fischsauce, Wassermelone, Ingwer und Minze die dichten Dschungel Südostasiens herauf. Das Restaurant liegt 11 km südlich von Eumundi und ist auch Sitz einer Kochschule (Kurs 150 AU$/4 Std.).

Das **Noosa North Shore Retreat** (☎ 07-5447 1225; www.noosanorthshoreretreat.com.au; Beach Rd, Noosa North Shore; Stellplatz mit/ohne Strom ab 42/32 AU$, Cottage/Zi. ab 170/220 AU$; ❄@≋) bietet Stellplätze, „Dorfzelte" aus Vinyl, blitzblanke Motelzimmer und Cottages sowie das **Great Sandy Bar & Restaurant** (Hauptgerichte 19–28 AU$).

Lake Cootharaba & Boreen Point

Der **Lake Cootharaba** ist mit 10 km Länge und ca. 5 km Breite der größte See im Cooloola-Abschnitt des Great Sandy National Park. Am westlichen Ufer des Sees und an der südlichen Grenze des Nationalparks liegt die entspannte kleine Gemeinde **Boreen Point**, in der sich eine der ältesten und stimmungsvollsten Kneipten von Queensland befindet. Der See ist das Tor zu den spiegelglatten **Noosa Everglades**, die mit Kanufahrten sowie Wandern und Campen im Busch locken.

Von Boreen Point führt eine (zur Hälfte unbefestigte) Straße zum 5 km entfernten **Elanda Point**.

Kanu Kapers (☎ 07-5485 3328; www.kanukapersaustralia.com; 11 Toolara St, Boreen Point; geführte Tour Erw./Kind ab 155/80 AU$, 2-/3-tägige Kajak- & Campingtour 395/595 AU$) veranstaltet fantastische halb- und ganztägige geführte Touren durch die Noosa Everglades sowie zwei- oder dreitägige Kajak- und Campingabenteuer im Cooloola National Park. Auch Touren auf eigene Faust sind im Angebot.

Im eindrucksvollen kleinen **Boreen Point Camping Ground** (☎ 07-5485 3244; www.noosaholidayparks.com.au; Esplanade, Boreen Point; Stellplatz mit/ohne Strom ab 31/25 AU$) am Lake Cootharaba hat man fern der Massen sein eigenes Stück unberührten Buschlands am Seeufer.

Von Palmen sowie Jacaranda- und Quandong-Bäumen, zwischen denen sich das eine oder andere Australische Talegalla blicken lässt, eingerahmt ist das liebenswerte, alte **Apollonian Hotel** (☎ 07-5485 3100; www.apollonianhotel.com.au; 19 Laguna St, Boreen Point; Hauptgerichte 18–28 AU$; ⏲ Küche So–Do 10–20, Fr & Sa bis 22 Uhr, Bar So–Do 10–22, Fr & Sa bis 24 Uhr; 👪) aus dem späten 19. Jh., das über schattige Veranden und einen schön erhaltenen Innenraum verfügt. Es ist berühmt für den Spießbraten am Sonntagmittag.

Sunshine Coast Hinterland

Landeinwärts von Nambour bildet die **Blackall Range** eine tolle Kulisse für die nur knapp 50 km entfernten Strände der Sunshine Coast. Eine entspannte halb- oder ganztägige Rundfahrt folgt von der Küste auf einer gewundenen Straße dem steilen Felshang, führt durch nette Bergdörfer und bietet spektakuläre Ausblicke auf das Küstentiefland.

Das einzige nennenswerte Dorf ist das bohemehafte **Maleny** (3440 Ew.) mit einer interessanten Mischung aus Künstlern, Musikern sowie anderen Kreativen, alternden Hippies, Stadtflüchtigen und Kooperativen. Es gibt viele sich altmodisch gebende Süßwarenläden in dieser Waldgegend, von denen **Sweets on Maple** (☎07-5494 2118; www.sweetsonmaple.com.au; 39 Maple St, Maleny; hausgemachte Toffees ab 5 AU$/100 g; ⏲Mo–Fr 9.30–16.30, Sa & So bis 16 Uhr) alle anderen aussticht.

Maleny ist dank der hippen **Brouhaha Brewery**, mit industriell anmutender Schankstube und Freiluftterrasse auch für Bierfans eine lohnende Adresse. Zu deren neun Bieren gehören India Pale Ales, Stouts, saisonale und gesäuerte Biere, bei denen teilweise regionale Zutaten zum Einsatz kommen. Zu den Weinen im **Big Barrel** (☎07-5429 6300; www.malenymountainwines.com.au; 787 Landsborough-Maleny Rd, Maleny; ⏲10–17 Uhr) zählt ein weicher Maleny-Rosé (aus vor Ort angebauten Chambourcin-Trauben), während die Kleinbrauerei mit örtlichem Regenwasser einige ungewöhnliche Tropfen braut, von einem malzigen Scotch Ale bis zu Mango-Cider.

Der eigentliche Reiz des Hinterlands besteht aber in der schönen Natur mit üppig grünen Weiden, sanft eingeschnittenen Tälern, Wasserfällen, Badelöchern, Regenwäldern und Nationalparks mit Wanderwegen.

FRASER COAST

Die Fraser Coast bietet einfach alles: eine traumhafte Küstenlandschaft, Nationalparks direkt am Meer, winzige Badeorte, Farmen aller Art und altmodische, ländliche Kleinstädte inmitten von Zuckerrohrfeldern.

Hervey Bay

52 288 EW.

Hervey Bay ist ein bescheidenes Uferstädtchen mit einer endlosen, zum langen Verweilen einladenden Strand-Esplanade, von der Pialba, Torquay und Scarness alle ein Stück abbekommen. Hier streifen sich die Gäste der Biergärten und Cafés den Sand von den Füßen, nachdem sie in dem warmen, ruhigen Wasser rund um die Stadt geschwommen sind. Junge Traveller, die nach Fraser Island wollen, treffen hier auf grauhaarige Nomaden, die sich träge von einem Campingplatz zum nächsten treiben lassen, und ernsthafte Fischer, die hier Kräfte sammeln, um dann wieder auf Jagd zu gehen. Nimmt man noch die Möglichkeit hinzu, in den Gewässern herumtollende majestätische Buckewale zu sehen, und die bequeme Nähe zur zum UNESCO-Welterbe gehörenden Fraser Island lässt sich leicht verstehen, wie Hervey Bay zu einem nicht schicken, aber zweifellos ansprechenden Tourismus-Hotspot werden konnte.

Fraser Island schützt Hervey Bay vor der Ozeanbrandung. Die See ist hier flach und völlig eben – ideal für Kinder und schöne Bilder vom Urlaub in den Sommerferien.

◉ Sehenswertes

Reef World AQUARIUM
(☎07-4128 9828; Pulgul St, Urangan; Erw./Kind 20/10 AU$, Tauchen mit Haien 55 AU$; ⏲9.30–16 Uhr) Das seit 1979 bestehende kleine Aquarium ist bei Familien wegen seiner interaktiven Fütterungen um 11 und 14.30 Uhr beliebt. Man kann hier auch mit Zitronen- und Walhaien sowie weiteren ungefährlichen Haiarten schwimmen.

Fraser Coast Discovery Sphere MUSEUM
(☎07-4191 2610; www.frasercoastdiscoverysphere.com.au; 166 Old Maryborough Rd, Pialba; Eintritt gegen Spende; ⏲10–16 Uhr) Die altbewährte Stütze des familienorientierten Tourismus in Hervey Bay ist etwas in die Jahre gekommen, aber immer noch sehr informativ, wenn man etwas über die Geografie und Meereswelt der Region erfahren will.

Wetside Water Park PARK
(☎1300 79 49 29; www.frasercoast.qld.gov.au/Wetside; The Esplanade, Scarness; ⏲Mi–So, in den Schulferien tgl. 10–18 Uhr) An heißen Tagen taucht man am besten in diesem Wasserpark am Strand ab. Hier gibt's jede Menge Schatten, Springbrunnen sowie einen Holz-

steg mit unterhaltsamen Infos rund ums Wasser. Da die Öffnungszeiten wechseln, sollte man sich vorab auf der Homepage informieren.

Aktivitäten & Geführte Touren

Walbeobachtung

In der Walsaison von Ende Juli bis Anfang November legen die Boote zur Walbeobachtung jeden Tag in Hervey Bay ab, sofern das Wetter es zulässt. Von August bis Ende Oktober garantieren die Veranstalter sogar, dass man einen Wal zu Gesicht bekommt. Wenn nicht, darf man kostenlos noch mal mitfahren. Außerhalb der Hochphase der Saison bieten viele Bootseigner Touren zur Delfinbeobachtung an. Die Boote fahren vom **Urangan Harbour** in die Platypus Bay und dann zwischen den Walgruppen hin und her, bis sie die aktivsten Tiere finden. Es werden zumeist Halbtagestouren für 120 AU$ pro Erwachsenem und 60 AU$ pro Kind angeboten, die oft ein Mittagessen bzw. Frühstück oder Nachmittagstee beinhalten. Buchen kann man die Touren in den verschiedenen Unterkünften oder in den Besucherzentren.

Zu den Veranstaltern von Walbeobachtungstouren gehören:

Spirit of Hervey Bay (☎1800 642 544; www.spiritofherveybay.com; Urangan Harbour; Erw./Kind 120/60 AU$; ⏲8.30 & 13.30 Uhr)

Freedom Whale Watch (☎1300 879 960; www.freedomwhalewatch.com.au; Urangan Harbour)

Blue Dolphin Marine Tours (☎07-4124 9600; www.bluedolphintours.com.au; Urangan Harbour; Erw./Kind 150/120 AU$)

Tasman Venture (☎1800 620 322; www.tasmanventure.com.au; Urangan Harbour; Walbeobachtungstour Erw./Kind 115/60 AU$; ⏲8.30 & 13.30 Uhr)

Noch mehr Aktivitäten

Hervey Bay Ecomarine Tours BOOTSFAHRT
(☎07-4124 0066; www.herveybayecomarinetours.com.au; Urangan Marina; 5-stündige Tour Erw./Kind 85/45 AU$) Das 12 m lange Glasbodenboot ist das einzige seiner Art in Hervey Bay. Bei der Tour kann man schnorcheln, Korallen bewundern und ein Barbecue auf einer Insel genießen – ein wundervoller Tagesausflug mit der Familie oder Freunden. Die neuen Besitzer veranstalten auch friedliche, 90-minütige Bootsfahrten (tgl. 7 & 17 Uhr).

Air Fraser Island PANORAMAFLÜGE
(☎1300 172 706; www.airfraserisland.com.au) Der „Day Away" (150 AU$) ist ein tolles und günstiges Angebot für alle, die auf der Insel landen und sie ein wenig zu Fuß erkunden wollen. Für weitere 100 AU$ steht bei der Ankunft auch ein Geländewagen bereit. Im Preis inbegriffen ist der Rückflug nach Hervey Bay oder zur Sunshine Coast.

Aquavue WASSERSPORT
(☎07-4125 5528; www.aquavue.com.au; 415a The Esplanade, Torquay) Der alteingesessene Wassersportveranstalter hat eine erstklassige Lage im Ufervorland von Torquay. Vermietet werden Tretboote und Kajaks (20 AU$/Std.), Katamarane (50 AU$/Std.) und Jetskis (50 AU$/15 Min.). Abenteuerlustige, die keine Zeit haben, Fraser Island gründlich zu erkunden, können an der lustigen Fahrt (90. Min., 260 AU$ inkl. Mittagessen) zum herrlichen Moon Point teilnehmen.

GIGANTEN DER MEERE

Jedes Jahr (Juli–Anfang Nov.) machen Tausende Buckelwale in den geschützten Gewässern vor Hervey Bay Station, bevor sie ihre anstrengende Wanderung Richtung Süden bzw. Antarktis fortsetzen. Nach Paarung und Geburt in wärmeren Gefilden vor Nordostaustralien erreichen die Wale Hervey Bay in Verbänden von ca. zwölf Tieren (Schulen), die sich dann in zwei- oder dreiköpfige Kleingruppen aufteilen. Während ihres Aufenthalts vor Ort trinken die neugeborenen Walkälber jeweils ca. 600 l Milch pro Tag. So entwickeln sie ihre dicke Speckschicht, die in den eisigen Gewässern des Südens überlebenswichtig ist.

Der Anblick von Walen ist einfach überwältigend. Dabei lieben es die majestätischen Lebewesen, mit Kunststückchen zu protzen: Sie wedeln mit den Brustflossen, klatschen mit der Schwanzflosse aufs Wasser und blasen hohe Fontänen in die Luft. Wenn sie sich dann noch in ihrer ganzen Länge neben das Boot legen und mit einem Auge aus dem Wasser spähen, stellt sich schon die Frage, wer da wen beobachtet.

Hervey Bay

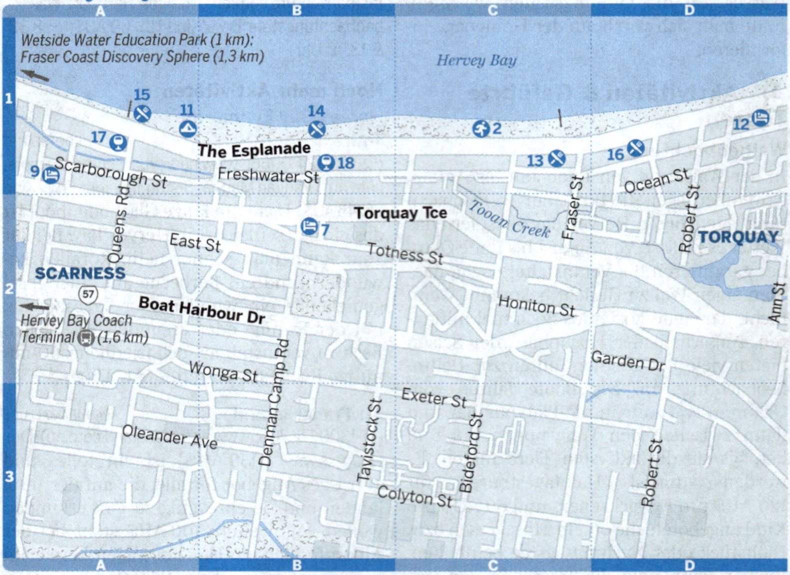

Susan River Homestead REITEN
(☎07-4121 6846; www.susanriver.com; Maryborough–Hervey Bay Rd) In den Reitausflügen (Erw./Kind 250/160 AU$) sind Übernachtungen, alle Mahlzeiten und die Benutzung von Swimmingpool und Tennisplatz enthalten. Tagesausflügler können sich auch nur für 2 Stunden aufs Pferd schwingen (Erw./Kind 85/75 AU$).

Skydive Hervey Bay FALLSCHIRMSPRINGEN
(☎0458 064 703; www.skydiveherveybay.com.au) Der Veranstalter bietet Tandemsprünge ab 325 AU$ aus 4270 m, der höchsten in Australien erlaubten Höhe, bei denen man atemberaubende 45 Sekunden im freien Fall verbringt. Ein kleiner Vorgeschmack zum Ausprobieren sind die Stürze aus 1830 m für 189 AU$.

Fraser Explorer Tours TOUR
(☎07-4194 9222; www.fraserexplorertours.com.au; 1-/2-tägige Tour ab 179/330 AU$) Sehr erfahrene Fahrer, häufige Fahrten.

Feste & Events

Hervey Bay Ocean Festival KULTUR
(www.herveybayoceanfestival.com.au; ⏲Aug.) Das Festival feiert den Ozean, segnet Boote und summt Walen etwas vor.

Schlafen

★ **Colonial Lodge** APARTMENTS $
(☎07-4125 1073; www.herveybaycoloniallodge.com.au; 94 Cypress St, Torquay; Apt. mit 1/2 Schlafzi. 95/140 AU$; ❄📶🏊) Da diese Lodge im Hazienda-Stil mitten in Torquay gerade einmal neun Apartments umfasst, können Gäste hier nahezu exklusiv am Pool abhängen. Das Personal ist freundlich, die Apartments sind überdurchschnittlich groß und haben draußen vorn einen schönen Sitzbereich. Die Anlage befindet sich in kurzer Gehentfernung vom flachen Wasser gleich jenseits der Straße.

Emeraldene Inn INN $
(☎07-4124 5500; www.emeraldene.com.au; 166 Urraween Rd; DZ ab 110 AU$) Dieses Gästehaus gibt es schon eine Weile, aber die zehn Zimmer verdienen angesichts des sehr günstigen Preises und der hübschen Lage im Busch nur einige Blocks vom Strand entfernt mehr Aufmerksamkeit.

Scarness Beachfront Tourist Park WOHNWAGENPARK $
(☎07-4128 1274; www.beachfronttouristparks.com.au; The Esplanade, Scarness; Stellplatz mit/ohne Strom ab 41/34 AU$; 📶) Die drei schattigen Beachfront-Plätze am exquisiten langen Sandstrand von Hervey Bay werden mit

Hervey Bay

Sehenswertes
1 Reef World H2

Aktivitäten, Kurse & Touren
2 Aquavue C1
Blue Dolphin Marine Tours .... (siehe 3)
3 Freedom Whale Watch H2
4 Hervey Bay Ecomarine Tours H3
Spirit of Hervey Bay .... (siehe 3)
Tasman Venture .... (siehe 3)

Schlafen
5 Colonial Lodge E1
6 Colonial Village YHA G3
7 Flashpackers B2
8 Grange Resort F1
9 Mango Tourist Hostel A1
10 Pier One G1
11 Scarness Beachfront Tourist Park A1
12 Shelly Bay Resort D1

Essen
13 Bayaroma Cafe C1
14 Black Dog Café B1
Coast .... (siehe 12)
15 Enzo's on the Beach A1
16 Paolo's Pizza Bar D1

Ausgehen & Nachtleben
17 Beach House Hotel A1
18 Hoolihan's B1

dem fantastischen Blick auf den Ozean alle ihrem Namen gerecht.

Colonial Village YHA HOSTEL $
(☎07-4125 1844; www.yha.com.au; 820 Boat Harbour Dr, Urangan; B/DZ/Hütten ab 22,50/52/81 AU$; ❄@☜☒) Das ausgezeichnete YHA-Hostel liegt auf 8 ha ruhigen Buschlands nahe der Marina und nur 50 m vom Strand entfernt. Die hübsche Anlage mit Possums und Sittichen hat viel Atmosphäre. Zu den Einrichtungen gehören ein Pool, ein Tennis- und ein Basketballplatz sowie ein geselliges Bar-Restaurant. Alle Schlafsäle haben eigene Ess- und Schreibtische und freistehende Einzelbetten.

Flashpackers HOSTEL $
(☎07-4124 1366; www.flashpackershерveybay.com; 195 Torquay Tce, Torquay; B 26–32 AU$, DZ 80 AU$; ❄☜☒) Das sehr gastfreundliche Personal hält die Gäste mit Aktivitäten, Wettbewerben und Filmabenden bei Laune, wenn diese nicht gerade an dem ausgezeichneten Pool abhängen oder sich einen Snack aus dem begehbaren Kühlschrank holen. Die Schlafsäle sind ganz ordentlich und die Zimmer mit angeschlossenem Bad, gemessen

am Hotel-Standard, richtig schick. Die Anlage ist vom Strand zurückgesetzt, aber das ist auch ein Vorteil, weil es an der Straße ausreichend Parkplätze gibt und Nachtschwärmer weniger auffallen, wenn sie in die Betten schwanken.

Mango Tourist Hostel HOSTEL $
(☎07-4124 2832; www.mangohostel.com; 110 Torquay Rd, Scarness; B/DZ 28/60 AU$; P ❄ ᯤ) Das kleine, anspruchsvolle Hostel wird von dem kundigen Einheimischen Phil, der sich klar und deutlich ausdrückt, und seiner liebenswerten Frau geführt, die für Ausgleich sorgt. Das alte Queenslander-Haus ist nett und hat viel Charakter (und Geckos); es steht an einer ruhigen Straße abseits des Strandes. Für Gäste gibt es einen Vier-Bett-Schlafsaal und zwei sehr gemütliche Doppelzimmer.

Shelly Bay Resort APARTMENTS $$
(☎07-4125 4533; www.shellybayresort.com.au; 466 The Esplanade, Torquay; Wohneinheit mit 1/2 Schlafzi. 139/170 AU$; ❄ @ ≋) Die hellen, luftigen Strandapartments haben mit das beste Preis-Leistungs-Verhältnis vor Ort, insbesondere die Wohneinheiten mit zwei Schlafzimmern, die eine erstklassige Ecklage mit Ausblick auf den Pool bieten. Der Kundenservice ist erstklassig; gleichgültig, ob man hier zur Arbeit oder zum Vergnügen wohnt, es gibt viel an der Anlage zu mögen.

Pier One RESORT $$
(☎07-4125 4965; www.herveybaywaterfrontapts.com.au; 569 The Esplanade; Apt. mit 1/2 Schlafzi. 189/259 AU$) Das neueste größere Projekt an der Esplanade liegt neben den Pier Apartments und ist auf Traveller ausgerichtet, die nicht allzu lange bleiben und den Blick das Meer im Hintergrund und den Pool im Vordergrund genießen wollen. Die Apartments sind größer als gewöhnlich und bieten zwei Badezimmer und Ikea-Möbel. Die Preise sind sehr günstig.

Grange Resort RESORT $$$
(☎07-4125 2195; www.thegrange-herveybay.com.au; 33 Elizabeth St, Urangan; Villa mit 1/2 Schlafzi. ab 235/305 AU$; ❄ ᯤ ≋) Die Anlage unter neuer Leitung liegt nahe bei Strand und Stadt. Sie erinnert mit ihren schicken Apartments mit Zwischengeschossen, in denen man auf kleinen Luxus nicht verzichten muss, an ein stilvolles Wüstenresort. Haustiere sind – was vor Ort selten ist – hier überall willkommen, außer in der fabelhaften Poolbar, wo Biere versenkt werden, bis die Sonne untergeht.

Essen

Bayaroma Cafe CAFÉ $
(☎07-4125 1515; 428 The Esplanade, Torquay; Frühstück 10–22 AU$, Hauptgerichte 9,50–20 AU$; ⏲6.30–15.30 Uhr; 🌶) Das Café ist bekannt für seinen guten Kaffee, das ganztägig servierte Frühstück und die optimale Lage, um Leute zu beobachten. Die umfangreiche Speisekarte bietet wirklich für jeden etwas, auch für Vegetarier. Zudem ist das fröhliche Personal sehr aufmerksam und flink.

Enzo's on the Beach CAFÉ $
(www.enzosonthebeach.com.au; 351a The Esplanade, Scarness; Hauptgerichte 8–20 AU$; ⏲6.30–17 Uhr) Das schäbig-schicke Strandcafé ist die richtige Adresse für Sandwiches, Wraps, Salate und Kaffee. Die Kalorien kann man anschließend bei einer Kajaktour oder einer Stunde Unterricht im Kitesurfen wieder abarbeiten.

★ **Paolo's Pizza Bar** ITALIENISCH $$
(☎07-4125 3100; www.paolospizzabar.com.au; 2/446 The Esplanade; Hauptgerichte 14–27 AU$; ⏲17–21 Uhr) Die Einheimischen kommen scharenweise, um sich hier ein Stück Neapel aus dem Pizzaofen zu genehmigen oder in Form feiner Pasta (die Spaghetti Marinara für 22 AU$ sind hervorragend) zu genießen und den tollen Service in dem von einer Familie geführten Lokal zu genießen. Das beste italienische Restaurant der Regionnimmt keine Reservierung an, man sollte früh kommen, will man nicht Gefahr laufen, leer auszugehen.

★ **Coast** FUSION $$
(☎07-4125 5454; 469 The Esplanade, Torquay; Hauptgerichte 21–60 AU$; ⏲Di & Mi 17 Uhr–open end, Do–So 11.30 Uhr–open end) Ein ortsansässiger Gastronom und ein englischer Küchenchef haben sich zusammengetan, um dieses hervorragende australische Lokal ausgerechnet in Hervey Bay zu eröffnen. Fast alle Gerichte sind zum Teilen gedacht und umfassen das Spektrum der asiatischen und nahöstlichen Küche. Wer nicht hungrig ist, hält sich an die Cocktails (Krug ab 30 AU$) und knabbert Barsnacks, die eher schon ausgewachsene Hors d'oeuvres sind.

Black Dog Café MODERN-AUSTRALISCH $$
(☎07-4124 3177; 381 The Esplanade, Torquay; Hauptgerichte 12–35 AU$; ⏲mittags & abends) Das Black Dog liefert zeitgenössische australische Kost in alle Gebiete von Hervey Bay. In seinem entspannten Diner an dem Ende

der Esplanade in Torquay gibt's Burger, Meeresfrüchte, Salate und dergleichen – ohne Schnickschnack und zu sehr fairen Preisen.

Ausgehen & Nachtleben

Beach House Hotel KNEIPE
(344 The Esplanade) Das Beach House ist wiedererstanden: dank viel Geld, einem erstklassigen Blick auf den Scarness Beach und der Bereitschaft, den Menschen das zu geben, was sie wollen: gezapftes Bier an jeder Ecke, Spielhöllen, einen großen Hof, ordentliches Essen und an den meisten Abenden in der Woche eingängige Livemusik.

Hoolihan's PUB
(382 The Esplanade, Scarness; ⏲11–2 Uhr) Wie alle guten irischen Pubs ist das Hoolihan's sehr beliebt, insbesondere bei Backpackern. Der Pub ist ziemlich schlicht, aber von den Plätzen an der Bordsteinkante kann man gut die Leute beobachten oder sich auch sehen lassen.

Praktische Informationen

Hervey Bay Visitor Information Centre (☎1800 811 728; www.visitfrasercoast.com; Ecke Urraween & Maryborough Rd) Das hilfreiche Büro am Rand der Stadt ist mit Infos und Broschüren gut bestückt.

Marina Kiosk (☎07-4128 9800; Buccaneer Ave, Urangan Boat Harbour, Urangan; ⏲6–18 Uhr)

An- & Weiterreise

BUS

Alle Busse starten am **Hervey Bay Coach Terminal** (☎07-4124 4000; Central Ave, Pialba). Die Busse von **Greyhound** (☎1300 473 946; www.greyhound.com.au) und **Premier Motor Service** (☎13 34 10; www.premierms.com.au) fahren mehrmals täglich von und nach Brisbane (72 AU$, 6½ Std.), Maroochydore (91 AU$, 6 Std.), Bundaberg (29 AU$, 2 Std.) und Rockhampton (92 AU$, 6 Std.).

Tory's Tours (☎07-4128 6500; www.torystours.com.au) Fährt zweimal täglich zum Flughafen von Brisbane (75 AU$). **Wide Bay Transit** (☎07-4121 3719; www.widebaytransit.com.au) An Wochentagen fahren die Busse stündlich vom Jachthafen in Urangan über die Esplanade, wo sie auch halten, nach Maryborough (8 AU$, 1 Std.). Am Wochenende fahren sie seltener.

FLUGZEUG

Der Flughafen von Hervey Bay liegt am Don Adams Dr auf Höhe der Booral Rd. **Qantas** (☎13 13 13; www.qantas.com.au) und **Virgin** (☎13 67 89; www.virginaustralia.com.au) fliegen täglich von und zu Zielen in ganz Australien.

SCHIFF/FÄHRE

Die Fähren nach Fraser Island starten in River Heads, gut 10 km südlich der Stadt, und in der **Marina in Urangan**. Die Boote der Tourveranstalter legen zumeist im **Urangan Harbour** ab.

Unterwegs vor Ort

Hervey Bay ist die beste Adresse, wenn man einen Geländewagen für Fraser Island mieten will.

Aussie Trax (☎07-4124 4433; www.fraserisland4wd.com.au; 56 Boat Harbour Dr, Pialba)

Fraser Magic 4WD Hire (☎07-4125 6612; www.fraser4wdhire.com.au; 5 Kruger Ct, Urangan)

Hervey Bay Rent A Car (☎07-4194 6626; www.herveybayrentacar.com.au; 5 Cunningham St, Torquay)

Safari 4WD Hire (☎07-4124 4244; www.safari4wdhire.com.au; 102 Boat Harbour Dr, Pialba)

Rainbow Beach

1142 EW.

Rainbow Beach ist ein idyllischer australischer Strandort am Eingang zur Inskip Peninsula, die am besten für ihre bunten Sandsteinklippen und die Fahrten per Fähre zur Fraser Island bekannt ist. Der Ort ist sehr entspannt und nur für Geländewagenfahrer kein Geheimnis, die die dramatische Zufahrt über den Cooloola-Abschnitt des Great Sandy National Park kennen. Hier kann man sich prima an verschiedene Outdooraktivitäten wagen, in die Backpacker-Partyszene eintauchen oder auch nur mit Familie und Freunden entspannen.

Aktivitäten

Rainbow Paragliding GLEITSCHIRMFLIEGEN
(☎07-5486 3048, 0418 754 157; www.paraglidingrainbow.com; Gleitschirmflug 200 AU$) Wenn es einen Ort gibt, von dem sich der Absprung bestimmt lohnt, dann sind das die farbenfrohen Klippen von Rainbow Beach. Jean Luc bietet der aufgeregten Kundschaft seit schon 20 Jahren Gleitschirmflüge an. Das Preis-Leistungs-Verhältnis ist besser als beim Fallschirmspringen, und der Adrenalinstoß ist auch nicht ganz so heftig.

Wolf Rock Dive Centre TAUCHEN
(☎07-5486 8004, 0438 740 811; www.wolfrockdive.com.au; 20 Karoonda Rd; Bootsfahrt mit 2 Tauchgängen ab 240 AU$) Wolf Rock ist eine Ansammlung vulkanischer Gesteinsformationen vor Double Island Point und gilt als eines der besten Tauchgebiete von Queensland. Der stark gefährdete Sandtigerhai ist hier das ganze Jahr über anzutreffen.

Epic Ocean Adventures SURFEN
(☎ 0408 738 192; www.epicoceanadventures.com.au; 3-stündiger Surfunterricht 65 AU$, 3-stündige Kajaktour 75 AU$) In Rainbow Beach kann es Wellen geben, die für Anfänger eine echte Herausfordrung darstellen, aber die hiesigen Surflehrer sind hervorragend. Im Angebot sind auch Delfinbeobachtungstouren mit Seekajaks.

Fraser's on Rainbow ABENTEUERSPORT
(☎ 07-5486 8885; www.frasersonrainbow.com) Rainbow Beach ist als Tour nach Fraser Island eine smarte Alternative zu Hervey Bay. Diese dreitägigen Mitmach-Touren kosten 479 AU$ und sind ein echter Spaß.

Surf & Sand Safaris ABENTEUERSPORT
(☎ 07-5486 3131; www.surfandsandsafaris.com.au; halbtägige Tour Erw./Kind 75/40 AU$) Die halbtägigen Geländewagentouren führen durch den Great Sandy National Park und den Strand entlang bis zu dem bunten Sand und dem Leuchtturm am Double Island Point. Ganztägige Touren lassen sich bei einem Partnerveranstalter arrangieren.

Pippies Beach House AUTOTOUR
(☎ 07-5486 8503; www.pippiesbeachhouse.com.au) Gut organisierte, kleine Convoys mit hohem Sicherheitsstandard starten von Rainbow Beach nach Fraser Island (417 AU$). Die Zahl der Teilnehmer ist auf höchstens 34 beschränkt; das Partyvolk aus den Schlafsälen des Pippies kann die Tour wärmstens empfehlen.

Schlafen

Rainbow Beach Hire-a-Camp CAMPING $
(☎ 0419 464 254 07-5486 8633; Camping für 4 Pers. alles inkl. 145 AU$) Wer am Strand campt, kann diesen Teil der Küste besonders intensiv erleben. Wenn man keine Campingausrüstung hat, verleiht Rainbow Beach Hire-a-Camp Ausrüstung, stellt das Zelt, Vorräte und Kochgerät bereit, besorgt den Stellplatz, organisiert Campinggenehmigungen und baut am Ende auch alles wieder ab – einfacher geht's nicht!

Dingo's Backpacker's Resort HOSTEL $
(☎ 1800 111 126; www.dingosresort.com; 20 Spectrum St; B 30 AU$; ❄@📶🏊) Dieses Party-Hostel mit munterer Bar ist nichts für Leute, die ruhig schlafen wollen. An den meisten Abenden gibt's laute Musik (live oder Konserve) und Karaoke, außerdem einen Pavillon zum Relaxen, kostenloses Pfannkuchen-Frühstück und jeden Abend billige Gerichte. Die Schlafsäle sind sauber und ordentlich; ausgezeichnete Touren lassen sich vereinbaren.

Rainbow Beach Holiday Village WOHNMOBILPARK $
(☎ 07-5486 3222; www.rainbowbeachholidayvillage.com; 13 Rainbow Beach Rd; Stellplatz mit/ohne Strom ab 43/36 AU$, Villen ab 120 AU$; ❄🏊) Der beliebte Ferienpark am Strand verfügt über einige Villen, wenn man die Stimmung ohne Gedränge genießen will.

Pippies Beach House HOSTEL $
(☎ 07-5486 8503; www.pippiesbeachhouse.com.au; 22 Spectrum St; B/DZ 24/65 AU$; ❄@📶🏊) Das Strandhaus mit fünf Schlafzimmern wurde zu einem relaxten Hostel umgebaut, in dem man zwischen seinen Outdoor-Abenteuern ausspannen kann – die Party in Rainbow steigt anderswo. Kostenloses Frühstück, WLAN und Boogieboards sowie viele organisierte Gruppenaktivitäten versüßen den Aufenthalt. Die Anlage wurde erweitert, man sollte aber, wenn das möglich ist, darauf bestehen, im Haupthaus zu wohnen.

★ **Debbie's Place** B&B $$
(☎ 07-5486 3506; www.rainbowbeachaccommodation.com.au; 30 Kurana St; DZ/Suite ab 150/180 AU$, Apt. mit 3 Schlafzi. ab 340 AU$; ❄📶🐾) Jede Menge Grün prägt Debbies sorgsam gepflegtes Queenslander-Haus, das zur Messlatte der Ferienunterkünfte in Rainbow Beach geworden ist. Die charmanten Zimmer sind in sich abgeschlossen und haben eigene Eingänge und Veranden. Die quirlige Debbie ist eine Fundgrube von Infos und darauf bedacht, für einen anheimelnden Aufenthalt zu sorgen. Man kann sein Auto hier abstellen, wenn man eine Tour nach Fraser Island unternimmt.

Essen

Rainbow Fruit CAFÉ $
(☎ 07-5486 3126; 2 Rainbow Beach Rd; Wraps ab 9 AU$; ⏰ 8–17 Uhr) In dem bescheidenen Café an der Hauptstraße werden frisches Obst und Gemüse geschnitten, gewürfelt und püriert, um daraus Säfte, Wraps und Salate zuzubereiten.

★ **Waterview Bistro** MODERN-AUSTRALISCH $$
(☎ 07-5486 8344; Cooloola Dr; Hauptgerichte 26–35 AU$; ⏰ Mi–Sa 11.30–23.30, So 11.30–18 Uhr) In dem schicken Restaurant hoch oben auf dem Hügel muss man einfach einen Sundowner trinken und dabei den spekta-

kulären Blick auf Fraser Island genießen. Zu essen gibt's leckeren Meeresfrüchte-Eintopf, Steaks und Seafood. Oder man brutzelt sich etwas auf dem heißen Stein.

Rainbow Beach Surf Lifesaving Club KNEIPENKOST **$$**
(☎ 07-5486 3249; Wide Bay Esp; Hauptgerichte ab 15 AU$; ⏲ 11–22 Uhr) Hier gibt's recht übliche Kneipenkost – große Fleischstücke, Pasta und Fritten als Beilage. Alles kommt schnell auf den Tisch. Aber der Hauptgrund, solche und ähnliche Lokale aufzusuchen, besteht nun einmal in der schönen Aussicht und einem kalten Bier. Hier ist der starke Gemeinschaftsgeist spürbar, außer wenn am Nachmittag einmal gar nichts los ist.

ℹ Praktische Informationen

Rainbow Beach Visitor Centre (☎ 07-5486 3227; www.rainbowbeachinfo.com.au; 8 Rainbow Beach Rd; ⏲ 7–17.30 Uhr) Trotz offizieller Öffnungszeiten ist das Büro nur sporadisch besetzt.

Shell Tourist Centre (36 Rainbow Beach Rd; ⏲ 6–18 Uhr) Bei der Touristeninformation in der Shell-Tankstelle kann man Touren buchen und Tickets für die Fähre nach Fraser Island kaufen.

ℹ An- & Weiterreise

Busse von **Greyhound** (☎ 1300 473 946; www.greyhound.com.au) kommen mehrmals täglich aus Brisbane (51 AU$, 5 Std.), Noosa (34 AU$, 3 Std.) und Hervey Bay (28 AU$, 2 Std.). **Premier Motor Service** (☎ 13 34 10; www.premierms.com.au) hat günstigere Verbindungen. **Active Tours and Transfers** (☎ 07 5313 6631; www.activetransfers.com.au) betreibt einen Shuttlebus vom Brisbane Airport (135 AU$, 3 Std.) und vom Sunshine Coast Airport (95 AU$, 2 Std.) nach Rainbow Beach.

Die meisten Geländewagenverleiher kümmern sich auch um die Genehmigungen und die Überfahrt nach Fraser Island (hin & zurück 100 AU$/Fahrzeug) und vermieten Campingausrüstung. Zu empfehlen sind **All Trax** (☎ 07-5486 8767; www.fraserisland4x4.com.au; Rainbow Beach Rd, Shell-Tankstelle; ab 165 AU$/Tag) oder **Rainbow Beach Adventure Centre** (☎ 07-5486 3288; www.adventurecentre.com.au; 13 Spectrum St; ab 180 AU$/Tag).

Maryborough

23113 EW.

Der 1847 gegründete Ort gehört zu den ältesten Städten in Queensland. In diesem Hafen setzten im 19. Jh. Tausende freier Siedler ihren Fuß erstmals auf das Land, von dem sie sich ein besseres Leben erhofften. So zeichnet sich Maryborough durch sein traditionsreiches Erbe und seine lange Geschichte aus. Davon zeugen auch die wunderbar restaurierten Gebäude aus der Kolonialzeit und die eleganten Bauten im Queenslander Stil.

In der schönen alten Stadt wurde auch Pamela Lyndon (PL) Travers geboren, die Schöpferin der Regenschirm schwingenden Mary Poppins. In dem preisgekrönten Film *Saving Mr. Banks*, der ihre Geschichte erzählt, spielt das Maryborough Anfang des 20. Jhs. eine wichtige Rolle. Eine lebensgroße Statue von Mary Poppins steht an der Ecke Richmond St und Wharf St. Mary Poppins Fans sollten ihre Reisepläne nach dem Mary Poppins Festival im Juni/Juli ausrichten.

In **Portside** (101 Wharf St; ⏲ Mo–Fr 10–16, Sa & So bis 13 Uhr), dem historischen Gebiet am Mary River, gibt es 13 denkmalgeschützte Gebäude, Parks und Museen. Das Portside Centre im ehemaligen Zollhaus zeigt interaktive Ausstellungen zur Geschichte Maryboroughs. Der **Brennan & Geraghty's Store** (☎ 07-4121 2250; 64 Lennox St; Erw./Fam. 5,50/13,50 AU$; ⏲ 10–15 Uhr) ist heute ein Museum voller Büchsen, Flaschen und Päckchen, darunter frühe Vegemite-Gläser und Currypulver aus den 1890er-Jahren.

Das **Standy's B&B** (50 Ferry Rd; Studio-Wohnungen mit 1/2 Schlafzi. 150/180 AU$), eine weiße Schönheit am Ufer des Mary River, befindet sich auf einem unberührten, 6 ha großen Grundstück. Die Gäste haben die Wahl zwischen zwei geräumigen Studiowohnungen im Landhausstil mit weißen Wänden und polierten Holzdielen. Das Essen, der Service und die Umgebung sind ausgezeichnet. Das **Pop In** (203 Bazaar St; Sandwiches 8,50 AU$; ⏲ Mo–Fr 7–15, Sa bis 13 Uhr) ist ein beliebtes örtliches Café mit wechselnden frischen Salaten und einer Reputation für feine Sandwiches und Kuchen. Der Service ist effizient und freundlich, und das Lokal der richtige Ort für ein schnelles Essen, wenn man in Maryborough durchkommt.

Gympie

18360 EW.

Gympie ist ein netter ehemaliger Goldgräberort mit ein paar schönen historischen Gebäuden, üppigem Parkland und viel altmodisch-ländlichem Flair. Im August steigt hier das **Gympie Music Muster** (www.muster.com.au), eines der besten Countrymusikfestivals in Australien.

Das **Gympie Gold Mining & Historical Museum** (☎07-5482 3995; www.gympiegoldmuseum.com.au; 215 Brisbane Rd; Erw./Kind/Fam. 10/5/25 AU$; ⏲9–16 Uhr) besitzt eine bunte Sammlung von Schürfgerätschaften und Dampfmaschinen, das **Woodworks Forestry & Timber Museum** (☎07-5483 7691; www.woodworksmuseum.com.au; Ecke Fraser Rd & Bruce Hwy; $5; ⏲Mo–Sa 10–16 Uhr) Erinnerungsstücke zur Holzfäller-Vergangenheit der Region.

Wem die Energie zur Weiterfahrt fehlt, kann im **Gympie Muster Inn** (☎07-5482 8666; www.gympiemusterinn.com.au; 21 Wickham St; DZ ab 140 AU$) übernachten, einem freundlichen Motel.

Childers

1570 EW.

Das von üppig grünen Feldern und reicher roter Erde umgebene Childers ist eine bezaubernde kleine Ortschaft, deren Hauptstraße von hohen, schattenspendenden Bäumen und historischen Gebäuden mit Gitterspalieren gesäumt wird. Das hübsche 100 Jahre alte Federal Hotel besitzt Saloon-Schwingtüren, und vor dem Grand Hotel steht eine Bronzestatue zweier herumtollender Bullterrier. Backpacker strömen nach Childers, um Obst zu pflücken und auf den Farmen zu arbeiten.

In der **Childers Palace Memorial & Art Gallery** (☎07-4130 4660; 72 Churchill St; ⏲Mo–Fr 9–17, Sa & So bis 15 Uhr) GRATIS gibt's ein bewegendes Denkmal für 15 Backpacker, die im Jahr 2000 bei einem Hostelbrand ums Leben kamen, und fantastische Kunst.

Die **Old Pharmacy** (☎0400 376 359; 90 Churchill St; Erw./Kind 5/3 AU$; ⏲Mo–Fr 9–15.30, Sa 9–13 Uhr) war von 1894 bis 1982 eine Apotheke und zugleich die Zahnarzt- und Tierarztpraxis, der Optiker und der örtliche Fotoladen.

Sugarbowl Backpackers (☎07-4126 1521; www.sugarbowlchilders.com; Bruce Hwy; Stellplatz mit Strom 29 AU$, Hütte 90 AU$; @≋) ist eine gepflegte und einladende Unterkunft für Backpacker, die Arbeit auf Farmen suchen. In der Nähe des Woolworths-Supermarkts befindet sich das ausgezeichnete Café **Drunk Bean** (☎07-4126 1118; Childers Shopping Centre, Bruce Hwy; Hauptgerichte 8–14 AU$; ⏲7–16 Uhr), das zugleich ein Laden für Kunsthandwerk ist. Hier gibt's Frühstück, kleine Mittagsgerichte und Smoothies und man kann einmal die Beine ausstrecken.

ℹ An- & Weiterreise

Childers liegt 50 km südlich von Bundaberg. **Greyhound Australia** (☎1300 473 946; www.greyhound.com.au) und **Premier Motor Service** (☎13 34 10; www.premierms.com.au) halten an der Shell-Tankstelle nördlich vom Ort und haben tägliche Busse von/nach Brisbane (91 AU$, 6½ Std.), Hervey Bay (19 AU$, 1 Std.) und Bundaberg (27 AU$, 1½ Std.).

Bundaberg

70 590 EW.

Bundaberg ist die größte Stadt der Region Fraser Coast und ist im gesamten Land mehr bekannt für den gleichnamigen dunklen Rum und obstpflückende Backpacker als für seine von Korallen gesäumten Stranddörfer. Die Stadt selbst ist ein landwirtschaftliches Zentrum mit ein paar freundlichen Pubs und einer ordentlichen regionalen Kunstgalerie. Für viele Menschen sind trotzdem die Stranddörfer rund um Bundaberg attraktiver als die eigentliche Stadt. Rund 25 km nördlich des Zentrums ist der Moore Park mit breiten, flachen Stränden. Im Süden liegt das sehr beliebte Elliott Heads mit einem hübschen Strand, einem felsigen Vorland und guten Angelmöglichkeiten.

Sehenswertes & Aktivitäten

★ **Bundaberg Rum Distillery** BRENNEREI
(☎07-4131 2999; www.bundabergrum.com.au; Hills St; Audiotour Erw./Kind 19/9,50 AU$, Führung 28,50/14,25 AU$; ⏲Mo–Fr 10–15, Sa & So 10–14 Uhr) Der gleichnamige Rum ist Bundabergs berühmtestes Kind. In der ganzen Stadt prangt der „Bundy"-Eisbär auf Werbetafeln und Autoaufklebern. Man kann entweder das Museum der Brennerei auf eigene Faust besichtigen oder an einer Führung durch die Brennerei teilnehmen, die zu jeder vollen Stunde beginnt. Bei beiden Alternativen ist eine Rumverkostung für Erwachsene inbegriffen. Geschlossene Schuhe tragen!

Bundaberg Barrel BRAUEREI
(☎07-4154 5480; www.bundaberg.com; 147 Bargara Rd; Erw./Kind 12/5 AU$; ⏲Mo–Sa 9–16.30, So 10–15 Uhr) Das alkoholfreie Ingwerbier und die anderen alkoholfreien Getränke, die hier produziert werden, sind zwar weit weniger bekannt wie der Bundaberg Rum, doch ebenfalls sehr gut. Das kleine Museum kann mit einem Audioguide besichtigt werden. Verkostungen sind im Preis inbegriffen. Das Ganze ist auf Familien abgestimmt.

Bundaberg Regional Arts Gallery GALERIE
(☎07-4130 4750; www.bundabergregionalgalleries.com.au; 1 Barolin St; ⏰Mo–Fr 10–17, Sa & So 11–15 Uhr) GRATIS Die kleine (leuchtend violette) Galerie zeigt überraschend gute Ausstellungen.

Hinkler Hall of Aviation MUSEUM
(☎07-4130 4400; www.hinklerhallofaviation.com; Mt. Perry Rd, Botanic Gardens; Erw./Kind/Fam. 18/10/28–40 AU$; ⏰9–16 Uhr) Dieses moderne Museum empfängt seine Besucher mit Multimedia-Ausstellungsstücken, einem Flugsimulator und informativen Ausstellungen zum Leben von Bert Hinkler, dem bekanntesten Sohn Bundabergs. Ihm gelang 1928 der erste Alleinflug zwischen England und Australien.

Bundaberg Aqua Scuba TAUCHEN
(☎07-4153 5761; www.aquascuba.com.au; 239 Bourbong St; Tauchkurs ab 349 AU$) Organisiert auch Tauchgänge vor der Küste des nahegelegenen Innes Park.

Burnett River Cruises BOOTSFAHRT
(☎0427 099 009; www.burnettrivercruises.com.au; School Lane, East Bundaberg; 2½-stündige Tour Erw./Kind 26,50/10 AU$) Die alte Fähre *Bundy Belle* schippert gemächlich bis zur Mündung des Burnett River. Die Abfahrtstermine erfährt man im Internet oder telefonisch.

Schlafen & Essen

Bundaberg Spanish Motor Inn MOTEL $
(☎07-4152 5444; www.bundabergspanishmotorinn.com; 134 Woongarra St; EZ/DZ 115/120 AU$; ❄📶🏊) Das Motel im Stil einer spanischen Hazienda wirkt im trockenen Klima von Bundaberg nicht deplatziert, und dieses altmodische Motel in einer ruhigen Seitengasse der Hauptstraße ist *muy bueno* (sehr gut). Die makellosen Zimmer sind in sich abgeschlossen, und alle blicken auf den zentralen Pool. Das Frühstück ist *deliciosa*.

Bigfoot Backpackers HOSTEL $
(☎07-4152 3659; 66 Targo St; B ab 24 AU$; P❄) Die Schlafsäle in diesem zentral gelegenen Hostel sind ziemlich kahl und trostlos, aber die Unterkunft ist bestens geeignet, um sich einen Job als Obstpflücker zu suchen und im geräumigen Freizeitbereich in Kontakt zu anderen Travellern zu kommen.

★ **Inglebrae** B&B $$
(☎07-4154 4003; www.inglebrae.com; 17 Branyan St; Zi. inkl. Frühstück 130–150 AU$; ❄) Die wunderbare Pension in einem prachtvollen Queenslander-Haus hat den Charme des alten England. Glänzend poliertes Holz und Buntglasfenster begleiten die Gäste vom Eingang bis in ihre Zimmer, die mit hohen Betten und Antiquitäten ausgestattet sind.

BABYSCHILDKRÖTEN

Mon Repos, 15 km nordöstlich von Bundaberg, ist eine der am leichtesten erreichbaren Schildkröten-Kinderstuben Australiens. Zwischen November und Ende März schleppen sich weibliche Unechte Karettschildkröten mühsam auf den Strand, um ihre Eier im Sand zu vergraben. Rund acht Wochen später graben sich die frisch geschlüpften Jungen an die Oberfläche und hasten in großen Massen im Schutz der Dunkelheit zum Wasser, so schnell ihre Flossen sie tragen.

Das **Bundaberg Visitor Centre** (S. 376) informiert über den Schutz der Schildkröten und veranstaltet in der Saison nächtliche **Führungen** (Erw./Kind 12/6,25 AU$) ab 19 Uhr. Zur Teilnahme ist eine Reservierung erforderlich, die im Visitor Centre oder online unter www.bundabergregion.org vorgenommen werden kann. Das Bundaberg Visitor Centre verzeichnet auch, wie viele Schildkröten pro Saison gezählt werden.

★ **Alowishus Delicious** CAFÉ $
(☎07-4154 2233; 176 Bourbong St; Kaffee ab 3 AU$, Hauptgerichte 10–22 AU$; ⏰Mo–Mi 7–17, Do 7–21, Fr 7–23, Sa 8–23, So 8–17 Uhr) Endlich ein Café, das auch spätabends geöffnet ist. Der kreative Laden ist prima, um zu bloggen, sich abends auf etwas Gebackenes mit Freunden zu treffen oder einfach einen Kaffee zwischen zwei Schichten beim Mangopflücken einzuschieben.

Spicy Tonight FUSION $
(☎07-4154 3320; 1 Targo St; Gerichte 12–20 AU$; ⏰Mo–Sa 11–14.30 & 17–21, So 17–21 Uhr) Was passiert, wenn man thailändische und indische Küche kreuzt? Es entstehen Geschmackskombinationen, die man bisher für unmöglich hielt. Der kecke kleine Geheimtipp serviert scharfe Currys, Vindalhos sowie Tandur- und jede Menge vegetarischer Gerichte.

Indulge CAFÉ $
(80 Bourbong St; Gerichte 9–18 AU$; ⏰Mo–Fr 8.30–16.30, Sa 7.30–12.30 Uhr) Ein großer Teil des in Bundaberg produzierten Zuckers

muss offenbar für die unglaublich guten Kuchen und Gebäckstücke in diesem Café verbraucht werden, das auf regionale Produkte zurückgreift.

★ Oodies Cafe CAFÉ $$
(☎07-4153 5340; www.oodies.com.au; 103 Gavin St; ⏲6.30–16 Uhr) Eine Doppelgarage am Rand von Bundabergs Zentralem Geschäftsviertel ist der unwahrscheinliche Standort des coolsten Cafés der Stadt. In dem kuriosen Lokal hängt man auf Ledersesseln mit hippen Leuten ab, die hier einen Tee mit Milch trinken, oder isst etwas Gesundes von der Frühstücks- oder Mittagskarte, auf denen u. a. Sandwiches, Burger und Kuchen stehen.

Cool Banana's Cafe CAFÉ $$
(☎07-4198 1182; 91 Bourbong St; Gerichte ab 10 AU$; ⏲8–20.30 Uhr) Das günstige und fröhliche Café wird von den gleichen Leuten geführt wie das **Les Chefs** (☎07-4153 1770; 238 Bourbong St; Hauptgerichte 27 AU$; ⏲ Di–Fr mittags, Mo–Sa abends). Zu den Tagesgerichten zählen Fish'n'Chips, Kebabs und Lammbraten. Es gibt auch Frühstück und guten Kaffee.

Ausgehen & Nachtleben

Spotted Dog Tavern BAR
(☎07-4198 1044; 217 Bourbong St) Bundabergs beliebtestes Bar-Restaurant hat den ganzen Tag gut zu tun. Das Essen ist nichts Besonderes – übliche Kneipenkost ohne Schnickschnack –, aber die Musik, Sportfernsehen und die ständige Feierlaune auf der geräumigen Terrasse machen den Laden bei Einheimischen so populär.

Bargara Brewing Company KLEINBRAUEREI
(☎07-4152 1675; 10 Tantitha St; ⏲Mi–Sa 11–22, So 17–22 Uhr) Bundaberg hat einen neuen Rivalen für seinen Rum in Form dieser Kleinbrauerei, die Teller mit feinen Knabbereien zu seinen Bieren Drunk Fish, Great Barrier Beer und Hip Hop serviert.

Praktische Informationen

Bundaberg Visitor Centre (☎07-4153 8888, 1300 722 099; www.bundabergregion.org; 271 Bourbong St; ⏲9–17 Uhr) Das verlässliche Informationszentrum dient der Region auf vorbildliche Weise. Wer durch die Gegend fährt, sollte hier unbedingt hereinschauen.

An- & Weiterreise

BUS

Der **Busbahnhof** (☎07-4153 2646; 66 Targo St) liegt an der Targo St. Busse von **Greyhound** (☎1300 473 946; www.greyhound.com.au) und **Premier Motor Service** (☎13 34 10; www.premierms.com.au) verbinden Bundaberg täglich mit Brisbane (94 AU$, 7 Std.), Hervey Bay (29 AU$, 2 Std.) und Rockhampton (54 AU$, 5 Std.).

Duffy's Coaches (☎1300 383 397) fährt werktags von der Woongarra St hinter dem Target häufig nach Bargara (5 AU$, 35 Min.).

FLUGZEUG

Bundaberg wird täglich von **Virgin** (S. 371) und **Qantas** (☎13 13 13; www.qantas.com.au) angeflogen.

ZUG

Der *Tilt Train von* **Queensland Rail** (☎1800 872 467; www.traveltrain.com.au) hält am Bahnhof Bundaberg auf dem Weg nach Brisbane (49 AU$, 4½ Std., So–Fr). Der *Sunlander* (89 AU$, 7 Std., 3-mal wöchentl.) von Queensland Rail hält auf dem Weg von Brisbane nach Cairns und Rockhampton ebenfalls in Bundaberg.

Fraser Island

Das Volk der Butchulla nennt die Insel „K'Gari", das Paradies – und das völlig zu Recht. Wind, Sand und Wellen haben diese gigantische Sandbank mit tiefblauen Seen, kristallklaren Bächen, riesigen Dünen und üppig grünen Regenwäldern geformt. Fraser Island ist die größte Sandinsel der Welt (120 km lang, 15 km breit) und hier wächst und gedeiht auch der einzige Regenwald der Welt auf losem Sandboden.

Im Landesinneren reicht die Vegetation von tropischem Regenwald über wilde Heidelandschaft bis zu Feuchtgebieten und dem einzigartigen Wallum. Dazwischen erheben sich gewaltige, bis zu 200 m hohe Sanddünen, schlängeln sich mineralhaltige Flüsse und treffen ruhige Süßwasserseen auf lange Sandstrände mit donnernder Brandung. Auf der Insel ist eine einzigartige Vielfalt an Vögeln und Tieren heimisch, darunter auch die berühmt-berüchtigten Dingos. Vor der Küste tummeln sich Seekühe, Delfine, Mantarochen, Haie und Buckelwale.

Sehenswertes & Aktivitäten

Die Inselrundfahrt beginnt an der Südspitze, wo die Fähren zum Inskip Point auf dem Festland ablegen. Ein hoch gelegter Weg, der auch bei Flut befahrbar ist, führt ins Landesinnere, im weiten Bogen am gefährlichen Hook Point vorbei, und trifft schließlich auf die Hauptdurchgangsstraße am Strand der Ostküste. Der erste Ort an dieser Straße ist

Dilli Village, wo sich einst eine Sandgrube befand. 9 km weiter nördlich liegt das Städtchen **Eurong** mit Tankstelle, Geschäften und Restaurants. Hier beginnt die Straße quer durchs Landesinnere, die über Central Station und Wanggoolba Creek zum Fähranleger nach River Heads führt.

Beim Ranger-Zentrum in **Central Station** mitten auf der Insel beginnen einige Wanderwege, z. B. zu den herrlichen **Seen McKenzie**, **Jennings**, **Birrabeen** und **Boomanjin**, die alle auch mit dem Auto zu erreichen sind. Das sensationell klare Wasser des Lake McKenzie, der von weißen Sandstränden umgeben ist, lädt zum Schwimmen ein. Zum Lake Birrabeen kommen kaum Touristen- und Backpackergruppen.

4 km nördlich von Eurong führt ein gut ausgeschilderter Wanderweg am Strand entlang und über Sanddünen zum schönen **Lake Wabby**, dem am leichtesten zugänglichen See auf Fraser Island. Der Weg vom Lake Wabby Lookout an der Break Rd in Cornwell im Landesinneren ist noch einfacher. Der See ist an drei Seiten von einem Eukalyptuswald umgeben, an der vierten Seite befindet sich eine riesige Sanddüne, die jedes Jahr etwa 3 m weiter an den See vorrückt. Da der See erstaunlich flach ist, sollte man sich keinesfalls mit einem Kopfsprung hineinstürzen.

Bei Flut kann man nicht weiter am Strand entlangfahren, sondern muss wegen der Poyungan und **Yidney Rocks** ins Landesinnere ausweichen, bevor man schließlich **Happy Valley** erreicht, wo es Unterkünfte, einen Laden und ein Bistro gibt. 10 km weiter nördlich kann man sich auf dem schnell fließenden **Eli Creek** stromabwärts tragen lassen. 2 km hinter Eli Creek liegt das verrostete Wrack der **Maheno**. Das ehemalige Passagierschiff wurde 1935 zum Verschrotten nach Japan geschleppt, als es in einen Taifun geriet und vor der Küste auf Grund lief.

Gut 5 km nördlich der *Maheno* erheben sich die farbenprächtigen Sandklippen der **Pinnacles**. Nach weiteren 10 km erreicht man **Dundubara**, wo es eine Rangerstation und einen ausgezeichneten Campingplatz gibt. Auf den nächsten 20 km sind nur Strände zu sehen, bis schließlich der einsame Felsen des **Indian Head** auftaucht. Von dieser Landspitze aus lassen sich gut Haie, Mantarochen, Delfine und (während der Saison) Wale beobachten.

Zwischen Indian Head und Waddy Point zweigt die Straße wieder ins Landesinnere ab und passiert die **Champagne Pools**, die einzige Stelle der Insel, an der man gefahrlos im Salzwasser baden kann. Gute Campingmöglichkeiten findet man am **Waddy Point** und in **Orchid Beach**, dem nördlichsten Ort

DER RICHTIGE UMGANG MIT DINGOS

Trotz der zahllosen natürlichen Sehenswürdigkeiten und Abenteuer, die auf Fraser Island locken, ist wohl nichts atemberaubender als die erste Begegnung mit einem Dingo. Die zu den reinrassigsten Dingos der Welt gehörenden Tiere der Insel sind elegant, schnell und unglaublich schön. Sie sind aber auch wilde Raubtiere, die wegen einer falschen Bewegung – oder dem Geruch von Essen – schlagartig aggressiv werden können. Obwohl es nur selten zu Angriffen kommt, sollte jeder Besucher der Insel gewisse Vorsichtsmaßnahmen beachten:

- Egal, wie abgemagert ein Dingo aussieht oder mit welch mitleiderregendem Blick er einen ansieht, er darf keinesfalls gefüttert werden! Werden Dingos von Menschen gefüttert, verlieren sie sehr schnell ihre Scheu und können kampflustig werden und mit anderen rivalisieren. Deshalb ist das Füttern von Dingos auch illegal und wird mit hohen Geldbußen bestraft.
- Essensreste niemals herumliegen lassen und auch kein Essen an die Seen mitnehmen. Beim Picknick an einem See isst man auf „gleicher Höhe" wie die Dingos, was es zu einer leichten Beute für die schnorrenden Räuber macht.
- Immer in Gruppen bleiben und Kinder immer in unmittelbarer Nähe bei sich behalten.
- Dingos zu reizen ist nicht nur grausam, sondern auch gefährlich. Am besten lässt man sie einfach in Ruhe, dann tun sie es auch.
- Dingos nur aus sicherer Entfernung beobachten. Also das Zoomobjektiv aufsetzen und den Mund halten, dann wird man mit tollen Fotos – und intakten Gliedmaßen – heil nach Hause kommen.

Fraser Island

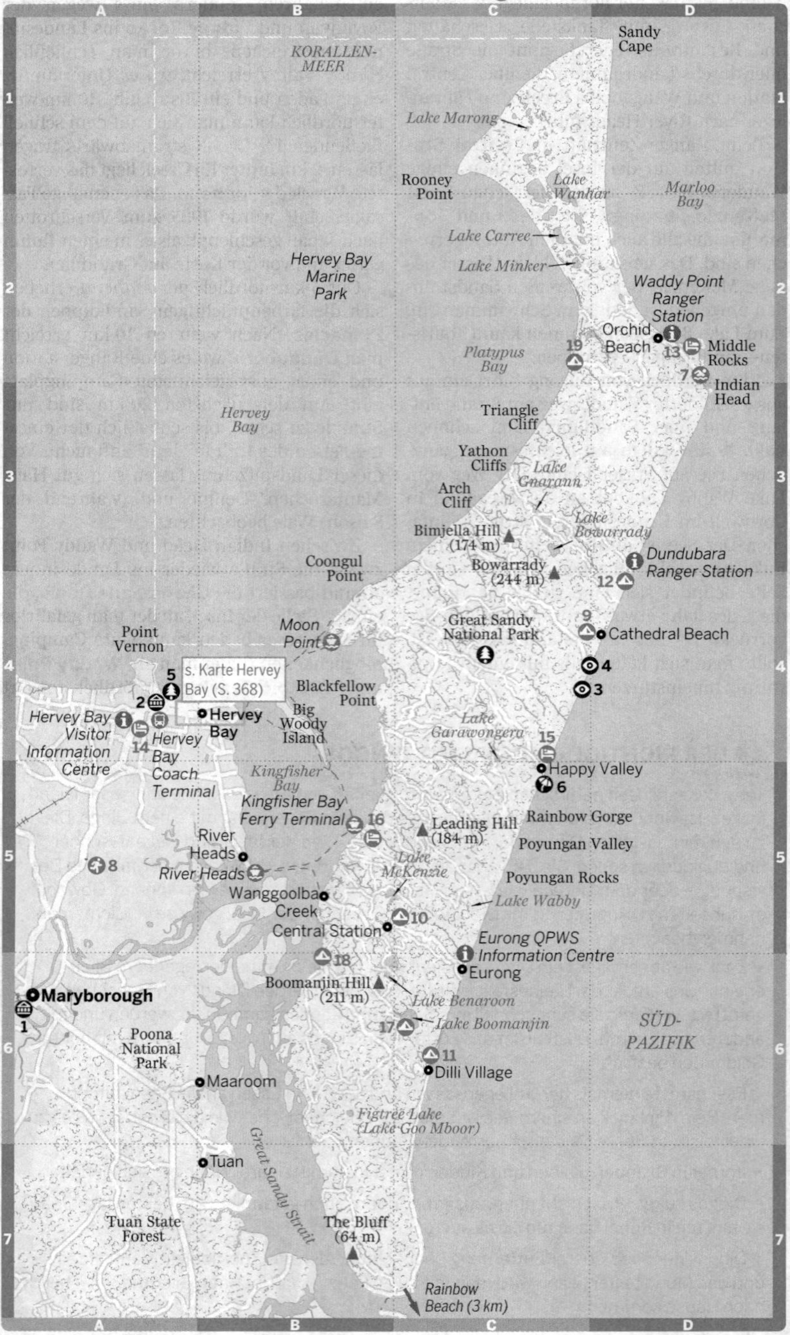

Fraser Island

Sehenswertes

1 Brennan & Geraghty's Store A6
2 Fraser Coast Discovery Sphere A4
3 Wrack der Maheno C4
4 Pinnacles C4
5 Wetside Water Park A4
6 Yidney Rocks C5

Aktivitäten, Kurse & Touren

7 Champagne Pools D2
8 Susan River Homestead A5

Schlafen

9 Cathedrals on Fraser C4
10 Central Station Camp Site C5
11 Dilli Village Fraser Island C6
12 Dundubara Camping Ground D4
13 Eliza Fraser Lodge D2
14 Emeraldene Inn A4
15 Fraser Island Retreat C4
16 Kingfisher Bay Resort B5
17 Lake Boomanjin Camping Area C6
18 Ungowa Camping Ground B6
Waddy Point Camping Ground .... (siehe 13)
19 Wathumba Camping Ground C2

der Insel. Die meisten Wege, die weiter nach Norden führen, sind zum Schutz der Natur gesperrt.

Auf dem **Fraser Island Great Walk** erlebt man die zauberhafte Insel ganz intensiv. Der 90 km lange Wanderweg von Dilli Village nach Happy Valley windet sich quer durchs Landesinnere. In sieben Etappen, die zwischen 6 und 16 km lang sind, sowie einigen Abzweigungen folgt der Weg den Spuren der Butchulla, den Ureinwohnern von Fraser Island. Auf dem Weg läuft man unterm Blätterdach des Regenwalds, umrundet einige der schönen Seen und überwindet hohe Wanderdünen.

Ein Blick auf die Webseite www.npsr.qld.gov.au ist unerlässlich: Hier findet man Karten, detaillierte Infos und aktuelle Hinweise zu dem Weg, der bei widrigen Bedingungen gesperrt werden kann.

Air Fraser Island (S. 381) bietet eine Tour „Day Away" (150 AU$) mit tollem Preis-Leistungs-Verhältnis für alle, die auf der Insel landen und sie zu Fuß erkunden wollen. Die Flüge starten in Hervey Bay oder an der Sunshine Coast.

Schlafen

Wer auf Campingplätzen und öffentlichem Gelände, etwa am Strand, zelten möchte, benötigt eine Camping-Genehmigung des NPSR. Die besten **NPSR-Campingplätze** (☎13 74 68; www.npsr.qld.gov.au; 6,15/24,60 AU$ pro Pers./Fam.) haben Münzduschen mit warmem Wasser, Toiletten und Grillplätze. Solche Plätze befinden sich am Waddy Point, in **Dundubara** und in **Central Station**. Wer mit einem Fahrzeug unterwegs ist, kann auch die kleineren Campingplätze mit weniger Einrichtungen am **Lake Boomanjin** sowie in **Ungowa** und **Wathumba** an der Westküste ansteuern. Abseits der größeren Campingplätze können Wanderer ihre Zelte entlang des Fraser Island Great Walk Trail aufschlagen. Die Stellplätze mit den jeweiligen Einrichtungen sind in der Wanderkarte verzeichnet. An ausgewiesenen Stellen an der Ostküste darf man auch am Strand zelten, doch gibt es dort keinerlei sanitären Einrichtungen. Abgesehen von den öffentlichen Feuerstellen am Waddy Point und in Dundubara ist offenes Feuer überall verboten. Brennholz muss absolut unbehandelt sein und selbst mitgebracht werden.

Deshalb sollte man sich gut mit Vorräten eindecken und auch Mittel gegen Mücken und Bremsen mitnehmen.

Dilli Village Fraser Island CAMPING $
(☎07-4127 9130; www.usc.edu.au; Stellplatz 10 AU$/Pers., B/Hütte 50/120 AU$) Das von der University of the Sunshine Coast, die das Gelände als Basislager für Forschungsexpeditionen nutzt, verwaltete Dilli Village bietet gute Stellplätze auf einem leicht geneigten Campingplatz. Prima Preis-Leistungs-Verhältnis!

Cathedrals on Fraser WOHNMOBILPARK $
(☎07-4127 9177; www.cathedralsonfraser.com.au; Cathedral Beach; Stellplatz mit/ohne Strom 39/29 AU$, 2-Bett-Hütte mit/ohne Bad 200/180 AU$; @) Die neuen Eigentümer haben den Standard auf diesem geräumigen, gegen Dingos eingezäunten Platz mit vielen ebenen grasbewachsenen Stellplätzen, die bei Familien sehr begehrt sind, gehalten und gleichzeitig die Preise gesenkt.

★ **Kingfisher Bay Resort** RESORT $$
(☎1800 072 555, 07-4194 9300; www.kingfisherbay.com; Kingfisher Bay; DZ ab 178 AU$, Villen mit 2 Schlafzi. 329 AU$; ❄@≋) Das elegante Ökoresort hat Hotelzimmer mit eigenen Balkonen und raffinierte Holzvillen mit zwei bzw. drei Schlafzimmern, die auf Stelzen stehen, um die Beeinträchtigung der Umwelt minimal zu halten. In der Hauptsaison muss man mindestens drei Nächte buchen. Das

SANDSAFARIS

Die einzige Möglichkeit, Fraser Island anders als zu Fuß zu erkunden, sind Geländewagen. Für die meisten Traveller gibt es dabei drei Optionen: Selbstfahrer-Touren mit Guide, organisierte Touren oder das Mieten eines Geländewagens; eine vierte Option ist, in einer der Unterkünfte auf der Insel zu übernachten und von dort aus Tagestouren zu unternehmen. Man sollte begreifen, dass die gesamte Insel ein empfindliches Ökosystem bildet und die Schädigung der Umwelt umso stärker ausfällt, je mehr individuelle Fahrzeuge auf der Insel herumfahren. Mit durchschnittlich 1000 Besuchern pro Tag wirkt die Insel manchmal wie eine riesige Sandgrube mit eigener Rush-Hour und einem verstopften Strand-Highway.

Selbstfahrer-Touren mit Guide

Bei dieser bei Backpackern beliebten Form bilden Gruppen von Travellern einen Geländewagen-Convoy, der einem Leitfahrzeug mit einem erfahrenen Guide und Fahrer folgt. Die Traveller wechseln sich am Steuer der anderen Fahrzeuge ab. Das kann sehr lustig sein, hat aber auch schon zu Unfällen geführt. Die Preise liegen zwischen ca. 400 und 430 AU$; man sollte unbedingt checken, ob im Preis Essen, Treibstoff, alkoholische Getränke etc. enthalten sind. Die Unterkunft besteht oft aus Zelten.

Vorteile: Man schließt schnell neue Bekanntschaften; das Fahren an den Stränden macht Spaß. Nachteile: Wenn die Mahlzeiten nicht enthalten sind, muss man selber kochen; die Gruppen können noch größer sein als bei Bustouren

Dropbear Adventures (☎1800 061 156; www.dropbearadventures.com.au) Der Veranstalter unternimmt viele Fahrten ab Hervey Bay, Rainbow Beach oder Noosa nach Fraser Island; man findet leicht einen Platz.

Fraser's on Rainbow (S. 372) Startet in Rainbow Beach.

Pippies Beach House (S. 372) Die gut organisierten kleinen Convoys mit hohem Sicherheitsstandard starten in Rainbow Beach.

Organisierte Touren

Die organisierten Touren klappern zumeist alle wichtigen Sehenswürdigkeiten der Insel ab: die Regenwälder, Eli Creek, Lake McKenzie und Lake Wabby, die farbenprächtigen Pinnacles und das Wrack der *Maheno*.

Seabelle Restaurant ist toll (Hauptgerichte ab 18 AU$), und die drei Bars, ganz besonders die Dingo Bar, machen im Sommer bei Sonnenuntergang richtig Spaß.

Fraser Island Retreat HÜTTEN **$$**
(☎07-4127 9144; www.fraserisretreat.com.au; Happy Valley; DZ/Apt. ab 140/200 AU$; @ 🛜 🏊) Die auf halber Länge der Ostküste der Insel im relativ abgelegenen Happy Valley befindliche Anlage mit neun Holzhütten (jeweils bis zu 4 Pers.) ist prima, um die Natur mit allem Komfort zu erleben. Die Hütten sind luftig und verstecken sich nahe dem Strand in der Vegetation. Vor Ort gibt's eine Feldküche, ein Restaurant mit Schanklizenz und einen Laden, der Benzin verkauft.

★ **Eliza Fraser Lodge** LODGE **$$$**
(☎0418 981 610; www.elizafraserlodge.com.au; 375 AU$/Pers.) Die Unterkunft in einem wundervollen Haus am Orchid Beach im Nordosten der Insel ist die beste auf der Insel und wird direkt von Air Fraser (und regelmäßigen Fähren) bedient. Das zweigeschossige Haus eignet sich prima für Familien oder kleine Gruppen. Die Gastgeber sind kundige Führer und organisieren Angelausflüge, Naturwanderungen und Geländewagentouren. Man kann aber auch einfach das Haus und seine spektakuläre Umgebung genießen.

ℹ Praktische Informationen

Vorab muss man vom **NPSR** (☎13 74 68; www.npsr.qld.gov.au) eine Fahrzeuggenehmigung (48,25 AU$/bis zu 1 Monat) und die Genehmigung für die Übernachtung auf NPSR-Campingplätzen (6,15/24,60 AU$ pro Pers./Fam.) erwerben. Für private Campingplätze oder Resorts ist keine Genehmigung erforderlich. Die Genehmigungen sind online und in Verkaufsstellen erhältlich – eine Liste dieser Stellen haben die Visitor Centers.

Das **Eurong QPWS Information Centre** (☎07-4127 9128) ist die wichtigste Ranger-Station. Weitere finden sich bei **Dundubara** (☎07-4127 9138) und **Waddy Point** (☎07-4127 9190). Die Büros sind oft verwaist, da die Ranger auf Patrouille sind.

Vorteile: Man bekommt fachkundige Erklärungen sowie ordentliches Essen und die Unterkünfte sind gemütlich. Zudem ist dies oft die preisgünstigste Option. Nachteile: Die Sehenswürdigkeiten teilt man sich oft mit ganzen Busladungen voller Tagesausflügler. Weniger zwanglos und unterhaltsam.

Cool Dingo Tours (☎07-4120 3333; www.cooldingotour.com; 2-/3-tägige Tour ab 360/415 AU$) Übernachtet wird in Lodges, in denen man auch länger bleiben kann. Party inklusive.

Fraser Explorer Tours (S. 368) Jede Menge Touren mit sehr guten Fahrern.

Fraser Experience (☎07-4124 4244; www.fraserexperience.com; Erw./Kind 180/130 AU$; 1-/2-tägige Tour 180/ 327 AU$) Kleine Gruppen und flexible Routen.

Remote Fraser (☎07-4124 3222; www.tasmanventure.com.au; Tour 150 AU$) bietet Tagestouren an die weniger stark besuchte Westküste.

Mieten eines Geländewagens

Geländewagen kann man in Hervey Bay, Rainbow Beach oder direkt auf Fraser Island mieten. Alle Unternehmen verlangen eine heftige Kaution, die zumeist in Form eines Kreditkartenausdrucks verlangt wird und verfällt, wenn man durch Salzwasser fährt – also nicht mal im Traum daran denken, durch die Wellen zu pflügen!

Beim Planen der Tour sollte man auf den Strecken im Inselinneren mit 20 km pro Stunde und am Strand an der Ostküste mit 40 km pro Stunde rechnen. Die meisten Unternehmen helfen auch bei der Buchung der Fähren und dem Beschaffen von Genehmigungen und Campingausrüstung. Die Preise für eine mehrtägige Anmietung beginnen bei rund 185 AU$ pro Tag.

Vorteile: Absolute Freiheit, sich auf der Insel zu bewegen und den Massen zu entkommen. Nachteile: Die Fahrbedingungen am Strand und auf den Pisten können selbst für erfahrene Fahrer eine Herausforderung darstellen; das Anmieten eines eigenen Fahrzeugs ist teuer.

Geländewagenvermietungen gibt's in Hervey Bay (S. 371) und Rainbow Beach (S. 373). Auf der Insel vermietet **Aussie Trax** (☎07-4124 4433; www.fraserisland4wd.com.au) Geländewagen ab 283 AU$ pro Person und Tag.

An- & Weiterreise

Vor der Überfahrt mit der Fähre ab Rainbow Beach oder Hervey Bay sollte man nachprüfen, ob das eigene Fahrzeug genügend Bodenfreiheit hat (das gilt nur für die wenigen, die nicht im Rahmen einer Tour kommen) und ob man ausreichend Nahrungsmittel, Wasser und Treibstoff für einen Campingaufenthalt dabei hat.

FLUGZEUG

Air Fraser Island (☎1300 172 706, 07-4125 3600; www.airfraserisland.com.au) fliegt vom Flughafen Hervey Bay zur Ostküste der Insel (hin & zurück ab 150 AU$, 30 Min.).

SCHIFF/FÄHRE

Fahrzeugfähren nach Fraser Island starten in **River Heads**, rund 10 km südlich von Hervey Bay, oder weiter südlich am **Inskip Point** in der Nähe von Rainbow Beach. Die Fähren aus Hervey Bay docken am **Moon Point** an.

Fraser Venture Barge (☎1800 227 437, 07-4194 9300; www.fraserislandferry.com.au) Die Fähren (Fahrzeug inkl. 4 Pers. hin & zurück 165 AU$, 30 Min.) verkehren zwischen River Heads und Wanggoolba Creek an der Westküste von Fraser Island. Abfahrt in River Heads ist täglich um 8.30, 10.15 und 16 Uhr, die Rückfahrt von der Insel ist um 9, 15 und 17 Uhr.

Kingfisher Bay Ferry (☎1800 227 437, 07-4194 9300; www.fraserislandferry.com) Die Auto- und Passagierfähre (Fußgänger hin & zurück Erw./Kind 58/30 AU$, Fahrzeug inkl. 4 Pers. hin & zurück 175 AU$, 50 Min.) verkehrt täglich zwischen River Heads und Kingfisher Bay. Abfahrt ist um 6.45, 9, 12.30, 15.30, 18.45 und (nur Fr & Sa) 21.30 Uhr, die Rückfahrt um 7.50, 10.30, 14, 17, 20.30 und (ebenfalls nur Fr & Sa) 23 Uhr.

Manta Ray (☎07-5486 3935; www.mantarayfraserislandbarge.com.au) Die beiden Fähren starten in Rainbow Beach und setzen dann in 15 Minuten von Inskip Point nach Hook Point über (Fahrzeug hin & zurück 120 AU$). Sie fahren täglich von 6–17.30 Uhr ständig hin und her.

Unterwegs vor Ort

Für Fahrten auf Fraser Island ist ein Geländewagen unabdingbar. Außerdem ist eine **Genehmi-**

gung erforderlich. Teures Benzin bekommt man in den Geschäften von Cathedral Beach, Eurong, Kingfisher Bay, Happy Valley und Orchid Beach. Bei einer Panne hilft der **Abschleppdienst** (*tow-truck service* ☎ 0428 353 164, 07-4127 9449) in Eurong.

Der **Fraser Island Taxi Service** (☎ 07-4127 9188; www.fraserservice.com.au) fährt mit dem Geländewagen in jeden Winkel von Fraser Island. Unbedingt im Voraus buchen, denn es gibt nur ein einziges Allrad-Taxi für die ganze Insel!

Wenn man auf der Insel einen Geländewagen mieten möchte, wendet man sich an **Aussie Trax** (S. 381) im **Kingfisher Bay Resort**, das mit einer mittelgroßen Fahrzeugflotte aufwarten kann – von Suzuki Sierras bis zu LandCruisers.

CAPRICORN COAST & SOUTHERN REEF ISLANDS

Die tropische Capricorn Coast gehört zu den ruhigsten und schönsten Abschnitten an der Ostküste. In den Ferien tummeln sich einheimische Familien an den Stränden, ansonsten ist es hier aber selbst in der Hauptsaison nicht sehr voll und man muss nie lange nach einem einsamen Strand suchen.

Agnes Water & Town Of 1770

1650 EW.

Agnes Water ist der nördlichste Surfstrand an der Ostküste; eine lange, prächtige Point Break rollt auf das idyllische Ufer zu, das von einer freundlichen Ladenzeile gesäumt wird. 6 km weiter die Straße hinunter gelangt man zu der Städte, wo Captain Cook, natürlich 1770, das erste Mal in Queensland an Land ging. Die kurzen Wanderungen an den Klippen sind hinreißend, und der Campingplatz ist einer der herrlichsten im Bundesstaat. Von ihm aus kann man Kajak- und Paddel- sowie Angelausflüge in den Meeresarmen der „Discovery Coast" unternehmen.

Sehenswertes & Aktivitäten

Miriam Vale Historical Society Museum MUSEUM
(☎ 07-4974 9511; www.agneswatermuseum.com; Springs Rd, nahe Ecke Captain Cook Dr, Agnes Water; Erw./Kind 3 AU$/frei; ⏲ Mo & Mi–Sa 13–16, So 10–16 Uhr) Das Museum zeigt Auszüge aus Cooks Schiffstagebuch und das originale Teleskop aus dem ersten Leuchtturm, der an Queenslands Küste erbaut wurde.

★ **Scooter Roo Tours** ABENTEUERSPORT
(☎ 07-4974 7697; www.scooterrootours.com; 2694 Round Hill Rd, Agnes Water; 3-stündige Tour 85 AU$) Man muss kein Rennsportfreak sein, um von der lustigen und informativen 50 km langen Tour durch das Gebiet von Agnes Water begeistert zu sein. Und man braucht auch nur einen normalen Autoführerschein, um sich hier auf einen echten „Chopper" zu schwingen. Darüber hinaus benötigt man lange Hosen und geschlossene Schuhe, die Lederjacke (mit Flammen) für harte Kerle wird vom Veranstalter gestellt.

1770 SUP WASSERSPORT
(☎ 0421 026 255; www.1770sup.com.au; 1½-/2-stündige Tour 45/50 AU$) Hier kann man die ruhigen Gewässer und Sandbänke von 1770 mit einem erstklassigen Stehpaddel-Lehrer erkunden. Die Touren beinhalten eine Einführungsstunde. Man kann auch einfach ein Stehpaddelbrett ausleihen (25/30 AU$ für 1/2 Std.). Der umherziehende SUP-Trailer ist oft an der Uferpromenade von 1770 gegenüber der Tree Bar zu finden.

1770 Liquid Adventures KAJAKFAHREN
(☎ 0428 956 630; www.1770liquidadventures.com.au) Eine tolle Kajaktour in der Abenddämmerung: Für 55 AU$ paddelt man auf den Wellen vor 1770 und kehrt dann bei Sonnenuntergang für Drinks und Snacks an den Strand zurück. Unterwegs sollte man die Augen nach Delfinen offenhalten. Zudem kann man hier auch Kajaks mieten (ab 20/30 AU$ für 1/2 Std.). Die Familientouren (30 AU$/Pers.) konzentrieren sich auf Vogelwelt und Meerestiere und sind auch gut für Kinder geeignet, wenn sie alleine paddeln können.

1770 Larc Tours TOUR
(☎ 07-4974 9422; www.1770larctours.com.au; Tagestour Erw./Kind 155/95 AU$) Mit dem Versorgungs-Amphibienfahrzeug, das früher im Dienst der Marine stand, lassen sich die Naturschönheiten von Bustard Head und des Eurimbula National Park bequem erkunden. Die Führer kennen sich aus und gestalten die Tour unterhaltsam für Jung und Alt. Abgesehen von der siebenstündigen Tagestour (mit Mittagessen) gibt's auch einstündige Nachmittagstouren (Erw./Kind 38/17 AU$) und Sandboarding-Safaris (120 AU$).

Feste & Events

Agnes Blues & Roots Festival MUSIK
(www.agnesbluesandroots.com.au; SES Grounds, Agnes Water) Am letzten Wochenende im Feb-

ruar zeigen australische Stars und Newcomer, was sie drauf haben.

Schlafen

★ Cool Bananas HOSTEL $
(☎ 1800 227 660, 07-4974 7660; www.coolbananas.net.au; 2 Springs Rd, Agnes Water; B 29 AU$; @ 📶) Die Jungen und Wilden flippen angesichts dieses schrillen, toleranten Backpackertreffs nahezu aus. Das liegt sicher nicht an dem fragwürdigen Farbschema, sondern an der unwiderstehlichen Stimmung, die die freundlichen Inhaber verbreiten. Die geräumigen Schlafsäle mit sechs oder acht Betten sind funktional, und die Zimmer bleiben offen, damit man miteinander in Kontakt kommen kann. Das Konzept funktioniert erstaunlich gut, und alle wirken zufrieden. Das Hostel ist nur fünf Gehminuten vom Strand und den Läden entfernt.

Backpackers @ 1770 HOSTEL $
(☎ 0408 533 851; www.backpackers1770.com.au; 22 Grahame Colyer Dve; B/DZ 26/60 AU$) Das etablierteste Hostel von 1770 ist wirklich schön. Die Pluspunkte liegen auf der Hand: ungezwungener Austausch zwischen dem Personal und den Gästen, makellose Schlafsäle, drei smarte Doppelzimmer zu einem günstigen Preis und ein üppiger Gemeinschaftsgarten, in dem das Essen aufgetischt wird und man sich über seine Erlebnisse austauscht. Für viele junge Traveller ist dieses Hostel ein Muss an der Ostküste.

1770 Camping Ground WOHNMOBILPARK $
(☎ 07-4974 9286; www.1770campingground.com.au; Captain Cook Dr, Town of 1770; Stellplatz mit/ohne Strom ab 39/35 AU$, Stellplatz am Strand 44 AU$) Der beliebteste Campingplatz von 1770 wäre in einem Wettbewerb um die schönste Lage an der Ostküste an der Spitze. Aus seinem unter schattenspendenden Bäumen aufgestellten Zelt fällt man praktisch gleich ins flache Wasser.

1770 Southern Cross Backpackers HOSTEL $
(☎ 07-4974 7225; www.1770southerncross.com; 2694 Round Hill Rd, Agnes Water; B/DZ mit Frühstück 25/85 AU$; @ 📶 🏊) Das Refugium in einem großen Eukalyptuswald liegt 2,5 km außerhalb der Ortschaft und dürfte ruhigeren Backpackern (oder solchen, die mal eine Erholungspause brauchen) gefallen. Es gibt viel Platz, um am Pool zu entspannen, Spiele zu spielen, zu grillen oder sich in die Hängematte zu legen. Ein kostenloser Shuttlebus bringt Partylustige und Strandgänger ins Zentrum der Action in Agnes Water, aber die meisten Gäste pendeln einfach zwischen ihrem schlichten Vier-Bett-Schlafsaal oder ihrem netten Doppelzimmer und den Anlagen bzw. abends der Buddha Bar.

The Lovely Cottages PENSION $$
(☎ 07-4974 9554; www.thelovelycottages.com.au; 61 Bicentennial Dr, Agnes Water; Cottages 155 AU$, 2 Übernachtungen 300 AU$; P ❄ 📶 🏊) Neue Eigentümer und ein Namenswechsel haben bei dem Öko-Refugium mit Freiluftgalerie, das zum Inbegriff von Queenslands zwanglosem Busch-Schick geworden ist, neue kreative Energien freigesetzt. In den farbenfrohen Cottages kommen jeweils bis zu fünf Personen unter. Es gibt einen ausgezeichneten, wie eine Lagune gestalteten Pool, in dem man super inmitten der Buschvegetation schwimmen kann.

Agnes Water Beach Club APARTMENTS $$
(☎ 07-4974 7355; www.agneswaterbeachclub.com.au; 3 Agnes St, Agnes Water; Apt. mit 1/2 Schlafzi. ab 180/280 AU$; ❄ @ 📶 🏊) Der Beach Club liegt in bequemster Nähe zu den Läden und dem überwachten Strand von AgnesWater. Die Apartments sind hell und komfortabel und blicken auf den ziemlich großen Pool. In den Gemeinschaftsbereichen herrscht eine familiäre Atmosphäre.

★ 1770 Getaway RESORT $$$
(☎ 07-4974 9323; www.1770getaway.com.au; 303 Bicentennial Dve, Agnes Water; DZ ab 170 AU$; P ⊖ 📶 🏊) Das allseits beliebte Getaway Garden Cafe (S. 384) hat sein Angebot um hübsche Villen auf einem 1,6 ha großen Buschgelände an einem unbebauten Strandabschnitt erweitert. Die Villen wirken luftig und offen und haben luxuriöse Bäder. Ein Frühstück am Teich kann zusätzlich gebucht werden. Vor Ort gibt's eine hippe kleine Boutique.

Essen

Sol Foods VEGAN $
(☎ 07-4974 9039; 1 Round Hill Rd; Salate ab 10 AU$, Kuchen ab 6 AU$; ⏲ 8–16.30 Uhr) Dieser Laden für Grundnahrungsmittel ist auch ein Café und eine Quelle für gute Infos zur Gegend. Die veganen Kuchen sind unschlagbar, und die Salate herzhaft und preisgünstig.

Agnes Water Bakery BÄCKEREI $
(☎ 07-4974 9500; Round Hill Rd; Pies 5,50 AU$; ⏲ Mo–Sa 6–16, So bis 14 Uhr) Wer einen der tollen Pies in dieser beliebten Bäckerei verspei-

Capricorn Coast

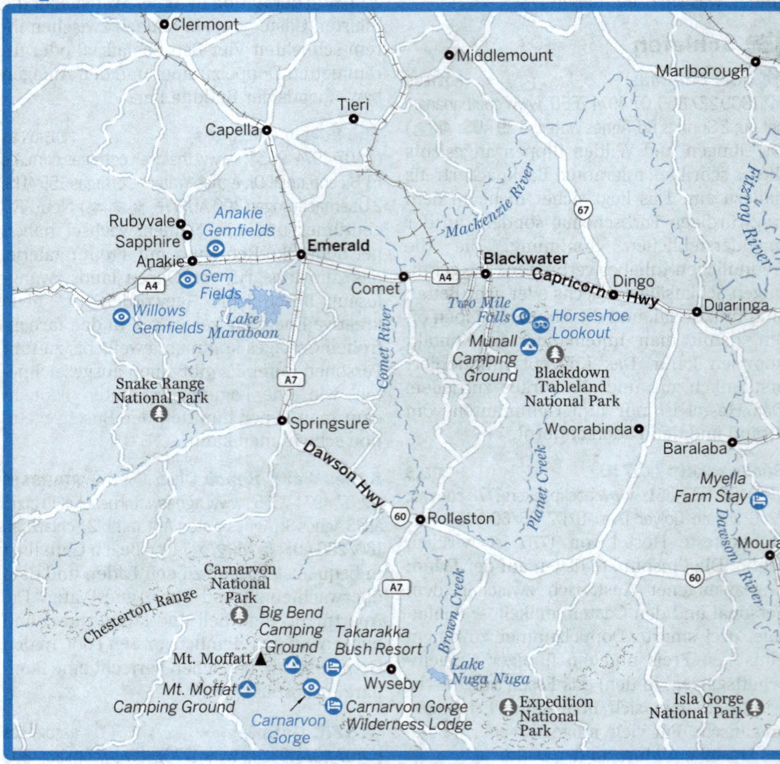

sen will, sollte nicht trödeln. Unter den Feinschmeckerfüllungen gibt's auch vegetarische Optionen. Vom süßen Angebot sind die Schoko-Éclairs, Marmeladeschnecken und Apfeltaschen in der Regel bis zum Mittag ausverkauft. Brot gibt's hier natürlich auch.

★ Getaway Garden Café
MODERN-AUSTRALISCH $$

(☎ 07-4974 9323; 303 Bicentennial Dr, Agnes Water; Frühstück 7–19 AU$, Mittagessen 10–22 AU$, Abendessen 20–25 AU$; ⏲ So–Do 8–16 & Mi & So 17.30 Uhr–open end) Das angesehenste Restaurant der Region beeindruckt weiterhin mit schlichten kulinarischen Genüssen aus ausschließlich örtlichen Zutaten, makellosem, familienfreundlichen Service und einer schönen Uferlage. Zu den gesunden Frühstücksgerichten gibt's feinen Kaffee und Säfte. Mittags stehen Pizza, Fisch und Burger auf der Karte. Das gebratene Lamm vom Spieß am Mittwoch- und Sonntagabend ist bei den Einheimischen sehr begehrt, deswegen sollte man vorab reservieren. Außerhalb der Küchenzeiten erhält man Kuchen und Kaffee.

Tree Bar
MODERN-AUSTRALISCH $$

(☎ 07-4974 7446; 576 Captain Cook Dr, Town of 1770; Hauptgerichte 16–34 AU$; ⏲ morgens, mittags & abends) In 1770 ist dies die beste Adresse für einen Drink zum Sonnenuntergang und ein Steaksandwich. Das kleine, am Ufer stehende salzverkrustete Diner mit Bar ist sicher nicht preisverdächtig, bekommt aber durch die Bäume die Meeresbrise ab. Die Preise sind angesichts der gebotenen Qualität etwas zu hoch, aber die Aussicht ist unschlagbar.

Agnes Water Tavern
KNEIPENKOST $$

(☎ 07-4974 9469; 1 Tavern Rd, Agnes Water; Hauptgerichte 15–30 AU$; ⏲ ab 11.30 Uhr) Einen breiten Querschnitt des australischen Lebens lernt man in dieser riesigen Taverne kennen, wo man trinken, spielen, Sportfernsehen

schauen, Party machen, essen, sich mit Freunden treffen und an den Tischen draußen die Sonne genießen kann. An manchen Abenden sorgen Backpacker für viel Betrieb. Tagesgerichte gibt's mittags und abends.

ℹ Praktische Informationen

Agnes Water Visitors Centre (☎07-4902 1533; 71 Springs Rd, Town of 1770; ⊙Mo–Fr 9–17, Sa & So bis 16 Uhr) Das Büro wird von Freiwilligen geführt, die so engagiert sind, dass sie draußen Infomaterial und Broschüren liegenlassen, wenn das Büro geschlossen ist, nur damit niemand unnötigerweise kommt.

Discover 1770 (☎07-4974 7557; www.discover1770.com.au; neben der Shell-Tankstelle) Angesichts so vieler Veranstalter an der Discovery Coast – die oft den Besitzer wechseln oder mit anderen Unternehmen verschmelzen – sind die freundlichen Leute von Discover 1770 sehr hilfreich, wenn es gilt, seine Entscheidungen zu treffen. Zum Zeitpunkt der Recherche war dies auch die einzige Stelle, die Boote zur Lady Musgrave Island organisieren konnte.

ℹ An- & Weiterreise

Ein paar Busse von **Greyhound** (☎1300 473 946; www.greyhound.com.au) fahren vom Bruce Hwy ab nach Agnes Water; diese Busse fahren täglich u. a. nach Bundaberg (28 AU$, 1½ Std.) und Cairns (210 AU$, 21 Std.). Auch Busse von **Premier Motor Service** (☎13 34 10; www.premierms.com.au) fahren die Stadt an.

Eurimbula National Park & Deepwater National Park

Der Deepwater National Park (www.nprsr.qld.gov.au/parks/deepwater) südlich von Agnes Water ist eine unberührte Küstenlandschaft mit langen Stränden, Süßwasserbächen, guten Angelstellen und zwei Campingplätzen. Er ist auch ein Nistgelände von Unechten Karettschildkröten, die zwischen November und Februar an den Stränden Nester bauen und ihre Eier ablegen.

Der 78 km² große Eurimbula National Park (http://www.npsr.qld.gov.au/parks/eurimbula) nördlich des Round Hill Creek ist von Dünen, Mangroven und Eukalyptuswäldern geprägt. Beide Parks bieten schöne Strände, Wanderwege und eine einsame, aber relativ leicht erreichbare Lage im australischen Busch.

Campinggenehmigungen erhält man vom **NPSR** (☎13 74 68; www.npsr.qld.gov.au; Genehmigung 6,15/24,60 pro Pers./Fam.). Der **Wreck Rock Campground** bietet ein recht großes Picknickareal, Regen- und Brunnenwasser sowie Komposttoiletten.

Gladstone

37 940 EW.

Gladstone ist eine mittelgroße Stadt, die landesweit als ein wichtiger Hafen des Bergbaus bekannt-berüchtigt ist. Die Industriestadt hat ein Kraftwerk und einen nicht dazu passenden Ausblick aufs Great Barrier Reef. Traveller eilen oft schnurstracks zur Marina (Bryan Jordan Dr), der Hauptanlegestelle der Boote zu den südlichen Koralleninseln Heron, Masthead und Wilson am Great Barrier Reef. Wenn in der Stadt etwas los ist, dann an dem Ende der Gondoon St am Hafen.

Lake Awoonga Boat Hire (☎07-4975 0930; kleine Boote 80 AU$/halber Tag, Kajaks 15 AU$/Std.) ist eine inoffizielle Touristeninformation und ein freundlicher Bootsverleih. Man kann auch die **MV Mikat** (☎0427 125 727; www.mikat.com.au) chartern.

Am **Visitor Centre** (☎07-4972 9000; Bryan Jordan Dr; ⌚Mo–Fr 8.30–16.30, Sa & So 9.30–16.30 Uhr) an der Marina ist auch die Ablegestelle der Boote nach Heron Island.

Gladstone Backpackers (☎07-4972 5744; www.gladstonebackpackers.com.au; 12 Rollo St; B/2BZ 28/66 AU$; @🛜❄) ist die Budgetunterkunft vor Ort.

Der **Gladstone Yacht Club** (☎07-4972 2294; www.gyc.com.au; 1 Goondoon St; Hauptgerichte ab 22 AU$; ⌚Mo–Do 12–14 & 18–20.30, Fr & Sa 11.30–14.30 & 17.30–21, So 11.30–14 & 18–20.30 Uhr) ist ein einladendes Lokal, in dem die Burger und die Meeresfrüchte die beste Wahl sind. Man kann auch auf der Terrasse mit Blick aufs Wasser essen.

Southern Reef Islands

Während viel von der Pracht des nördlichen Great Barrier Reef gesprochen wird, kann man auf den südlichen Riff-Inseln seine Robinson-Träume ausleben: Die winzigen Korallenatolle locken mit puderweichem Sand, türkisblauer See und ungestörter Einsamkeit. Vom schönen Lady Elliot Island 80 km nordöstlich von Bundaberg erstrecken sich abgeschiedene, unbewohnte Korallenriffe und -atolle im Meer über rund 140 km bis hinauf nach Tryon Island. Lady Musgrave Island ist eine blaue Lagune mitten im Ozean, Heron Island ein erlesenes Naturrefugium für abenteuerlustige Familien mit Tauchstellen von Weltklasse.

Mehrere Inselchen in diesem Teil des Riffs bieten ausgezeichnete Bedingungen zum Schnorcheln, zum Tauchen oder auch einfach nur zum Eintauchen in die Natur. Allerdings ist es generell wesentlich teurer, diese Inseln zu erreichen als andere, die näher an der Küste liegen. Manche der Inseln sind wichtige Nistplätze für Meeresschildkröten und Meeresvögel; Besucher sollten alle Vorkehrungen treffen, um die Natur nicht zu beeinträchtigen.

Lady Elliot Island

Die 40 ha große Lady Elliot Island am Südrand des Great Barrier Reef ist ein bewachsenes Korallenatoll mit brütenden Meeresschildkröten und beeindruckend vielen Seevögeln. Hier gibt es die besten Schnorchelmöglichkeiten des gesamten südlichen Great Barrier Reef. Auch Taucher kommen auf ihre Kosten. Sie können einen Meeresboden voller Schiffswracks, Korallengärten, Bommies (einzeln stehende Korallenfelsen bzw. -säulen) und Spritzlöchern erkunden. Zum großen maritimen Reichtum gehören u. a. Barrakudas, riesige Mantarochen und harmlose Leopardenhaie.

Das **Lady Elliot Island Eco Resort** (☎1800 072 200; www.ladyelliot.com.au; Zi. 175–420 AU$, Kind 95 AU$) existiert schon ein paar Jahrzehnte, hat aber glücklicherweise nur wenig von seinem improvisierten Charme verloren. Die Hütten sind ein großartiges Budgetangebot für Gruppen; die Gartensuiten bieten etwas mehr Schutz vor dem Wind und mehr Platz, um sich nachts auszustrecken.

Heron Island

Heron Island ist ein Teil der kleineren Gruppe der Capricornia Cays und gehört zu den besten Tauchregionen der Welt, vor allem auch dank der leichten Erreichbarkeit. Die

Besucher der Insel wissen meist genau, warum sie kommen – nämlich wegen des Unterwasserparadieses –, aber die raue Schönheit der Insel ist auch Grund genug, sich auf dem Land umzuschauen. Das Koralleneiland ist dicht mit Pisonienbäumen bewachsen und von einem 24 km² großen Riff umgeben. Das nordöstliche Drittel der Insel nehmen ein Resort und eine Forschungsstation ein, das übrige Gebiet ist ein Nationalpark. Rund 200 000 Vögel halten sich zu verschiedenen Zeiten im Jahr hier auf, manchmal türmt sich daher der Guano.

Heron Island bietet ausgezeichnete Strände und erstklassige Bedingungen zum Schnorcheln und (während der Saison) zum Beobachten von Meeresschildkröten.

Das **Heron Island Resort** (☎1300 863 248; www.heronisland.com; DZ/Suite ab 330/572 AU$) ist trotz des hohen Zimmerpreises nicht wirklich glamourös, aber die Interaktion mit einer derart eindrucksvollen natürlichen Umgebung ist anderswo kaum zu finden, und das Resort sollte wirklich nicht der Grund sein, auf die Insel zu kommen. Auf der Website gibt's oft tolle Sonderangebote. Die Pauschale für Mahlzeiten kostet extra, und für die Anreise schlagen noch einmal per Boot 62/31 AU$ (pro Erw./Kind; einfache Strecke) und per Wasserflugzeug ab Gladstone 338 AU$ zu Buche.

Der **Heron Islander** (☎1800 837 168; www.heronisland.com; einfache Strecke Erw./Kind 62/31 AUS) legt täglich um 14 Uhr in Gladstone zu seiner 2½-stündigen Fahrt ab.

Glamouröser ist die Anreise mit einem **Wasserflugzeug** (☎1300 863 248; www.heronisland.com; einfache Strecke 338 AU$). Die Flüge starten täglich bei vorhandener Nachfrage; die Termine können variieren.

Rockhampton & Umgebung

66190 EW.

Willkommen in Rockhampton (oder auch „Rocky"). Hier ist alles groß: die Hüte, die Stiefel und die Autos – am größten sind aber die Stiere. Mit über 2,5 Mio. Rindern in einem Umkreis von 250 km ist Rockhampton zu Recht als Australiens „Beef Capital" anzusehen. Die ausufernde Provinzstadt ist das Verwaltungs- und Handelszentrum von Central Queensland. Die breiten Straßen und schönen Gebäude aus viktorianischer Zeit (ein Spaziergang durch die Quay St. lohnt sich) zeugen von der Blütezeit dieser Region im 19. Jh. – bedingt durch Gold- und Kupferabbau sowie Rinderzucht.

In dem am Südlichen Wendekreis gelegenen Rocky kann es brütend heiß werden. Die Stadt liegt 40 km landeinwärts, kühle Seebrisen gibt es also nicht. Die Sommer sind oft unerträglich feucht. Die Stadt hat zwar auch ein paar Attraktionen aufzuweisen, aber eigentlich wird sie nur als Tor zu den Küstenperlen Yeppoon, dem Great Keppel Island und dem Byfield Nationalpark im Norden betrachtet.

Sehenswertes

★ Botanic Gardens GARTEN
(☎07-4932 9000; Spencer St; ⏲6–18 Uhr) GRATIS Gleich südlich der Stadt ist dieser Garten eine schöne Oase mit tropischem und subtropischem Regenwald, landschaftsgärtnerischen Anlagen und Seerosenteichen. Der formal angelegte japanische Garten ist eine Zone der Ruhe, es gibt ein Café (8–17 Uhr) und einen kleinen, gepflegten Zoo (8.30–16.30 Uhr, Eintritt frei) mit Koalas, Wombats, Dingos, Affen, einem begehbaren Vogelhaus und Vielem mehr.

Dreamtime Cultural Centre KULTURZENTRUM
(☎07-4936 1655; www.dreamtimecentre.com.au; Bruce Hwy; Erw./Kind 15,50/7,50 AU$; ⏲Mo–Fr 10–15.30 Uhr, Touren 10.30 & 13 Uhr) Die Geschichte der örtlichen Dharumbal-Aborigines wird in diesem Kulturzentrum verständlich, das einen guten Einblick in die Geschichte und das Erbe der Aborigines und der Torres-Strait-Insulaner gibt. Die ausgezeichneten 90-minütigen Führungen sind interaktiv – man darf selbst einmal einen Bumerang werfen – und sprechen alle Altersgruppen an. Die Einrichtung befindet sich rund 7 km nördlich vom Zentrum.

Kershaw Gardens GARTEN
(☎07-4936 8254; über die Charles St; ⏲6–18 Uhr) GRATIS Gleich nördlich des Fitzroy River widmet sich dieser ausgezeichnete botanische Garten der in Australien heimischen Pflanzenwelt. Zu den Attraktionen gehören künstliche Stromschnellen, ein Regenwaldgebiet, ein Garten der Gerüche und diverse historische Bauten.

Mt. Archer BERG
Rund um den 604 m hohen Hügel winden sich Wanderwege durch Eukalyptus- und Regenwald voller Wildtiere. In den Visitor Centres erhält man eine Broschüre über den Park.

Rockhampton Art Gallery GALERIE
(☎07-4936 8248; www.rockhamptonartgallery.com.au; 62 Victoria Pde; ⏲10–16 Uhr) GRATIS Die Galerie zeigt eine eindrucksvolle Sammlung australischer Gemälde, darunter Werke von Sir Russell Drysdale und Sir Sidney Nolan. Auch zeitgenössische indigene Künstler sind hier vertreten.

Archer Park Rail Museum MUSEUM
(☎07-4936 8191; www.rockhamptonregion.qld.gov.au; 51–87 Denison St; Erw./Kind/Fam. 8/5/26 AU$; ⏲Mo–Do 10–15, So 10–13 Uhr) Das Museum residiert in einem 1899 erbauten ehemaligen Bahnhof. Mittels Fotos und anderen Exponaten wird die Geschichte des Bahnhofs und der einmaligen Purrey-Dampfstraßenbahn lebendig. Jeden Sonntag kann man zwischen 10 und 13 Uhr eine Fahrt mit der restaurierten Straßenbahn – der einzigen weltweit noch existierenden ihrer Art – unternehmen.

Schlafen

Southside Holiday Village CAMPING $
(☎07-4927 3013; www.sshv.com.au; Lower Dawson Rd; Stellplatz ohne/mit Strom 30/38 AU$, Hütte 93 AU$, Haus 98–125 AU$; ❄@🛜🏊) Einer der besten Campingparks der Stadt mit sauberen Selbstversorgerhütten und -häusern, großen, grasbewachsenen Stellplätzen und guten Kochgelegenheiten. Die genannten Preise gelten für zwei Personen. Der Park liegt ca. 3 km südlich des Zentrums an einer belebten Hauptstraße.

Rockhampton Backpackers HOSTEL $
(☎07-4927 5288; www.rockhamptonbackpackers.com.au; 60 MacFarlane St; B/DZ 23,50/60 AU$; ❄@🛜🏊) Das sehr schnellem Gästewechsel unterliegende, unprätentiöse YHA-Hostel erinnert zuweilen an ein Arbeitsamt. Das Hostel hat eine Gemeinschaftsküche von der Größe einer Werkskantine, offene Wohnbereiche, wo Traveller ihre Erfahrungen über Rinderranches und Plantagen austauschen, und schlichte Schlafsäle mit vier Betten. Der Pool ist klein, aber in der brutalen Sommerhitze wird man trotzdem gern hineinspringen.

Criterion HOTEL $$
(☎07-4922 1225; www.thecriterion.com.au; 150 Quay St; Pub-Zi. 65–90 AU$, Motel Zi. 130–160 AU$; ❄🛜) Das Criterion ist Rockhamptons prächtigstes altes Gasthaus mit einem eleganten Foyer, einer freundlichen Bar und einem angesehenen Steakhaus. Für Traveller – oder starke Trinker – gibt's in den beiden obersten Stockwerken Dutzende betagter Zimmer, manche noch im originalen historischen Stil, die alle ein ausgezeichnetes Preis-Leistungs-Verhältnis bieten. Alle Zimmer haben Duschen, die Toiletten befinden sich allerdings im Korridor. Wem das Haus ein bisschen zu ungeschliffen oder zu laut ist, findet gleich nebenan eine Reihe schmuckloser, aber moderner Motelzimmer.

★ Denison Boutique Hotel BOUTIQUEHOTEL $$$
(☎07-4923 7378; www.denisonboutiquehotel.com.au; 233 Denison St; DZ 200 AU$) Das neueste Ho-

NICHT VERSÄUMEN

CAPRICORN CAVES

Die **Capricorn Caves** (☎07-4934 2883; www.capricorncaves.com.au; 30 Olsens Caves Rd; Erw./Kind/Fam. 30/15/75 AU$; ⏲9–17 Uhr) sind ein seltenes akustisches und visuelles Phänomen tief unter der Berserker Range 24 km nördlich von Rockhampton nahe der Ortschaft Caves. Bei der beliebtesten einstündigen Tour hört man sich eine Aufnahme klassischer Musik an und bewundert am mittleren Vormittag, wie sich ein Sonnenstrahl wunderschön in der Höhle bricht. In den uralten, wabenartigen Kalksteinhöhlen kann man Höhlenkorallen, Stalaktiten, herunterhängende Feigenbaumwurzeln und vielleicht auch kleine, Insekten fressende Fledermäuse sehen.

Im Dezember dringen rund um die Sommersonnenwende (1. Dez.–14. Jan.) Sonnenstrahlen durch einen 14 m langen Schacht direkt in die Belfry Cave ein und erzeugen ein faszinierendes Lichterspiel. Wenn man direkt unter dem Strahl steht, taucht das reflektierte Sonnenlicht die gesamte Höhle in die Farbe, die man gerade trägt.

Kühne Höhlenforscher können eine zweistündige „Abenteuertour" (75 AU$; mind. einen Tag im Voraus buchen) unternehmen, bei der man enge Stellen mit Namen wie „Fat Man's Misery" passiert. Für die Teilnahme muss man mindestens 16 Jahre alt sein.

Zum Komplex der Capricorn Caves gehören Grillbereiche, ein Pool, ein Kiosk und Unterkünfte (Stellplatz mit Strom 35 AU$, Hütte 150–180 AU$).

tel in Rockhampton ist auch das beste; es residiert in einem prächtigen weißen Gebäude von 1885. Das von Rosengärten und Hecken eingefasste Denison hat Zimmer mit großen Himmelbetten, hohen Decken und großen Plasma-TVs. Online gibt's Sonderangebote, damit sich der Aufenthalt richtig lohnt.

Essen & Ausgehen

Ginger Mule STEAKS $
(07-4927 7255; 8 William St; Hauptgerichte ab 10 AU$; Di–Do 12–24, Fr 12–2, Sa 16–2 Uhr) Rockys coolstes Lokal bezeichnet sich als Tapasbar, aber in Wahrheit kommen alle nur wegen der Steaks. Das Steaksandwich (11 AU$) gehört zu den besten günstigen Gerichten in Queensland, und die Filets für 12 AU$ kommen bis in die Nacht aus der geschäftigen Küche. Spät am Abend verwandelt sich das Restaurant in eine Cocktailbar.

Pacino's ITALIENISCH $$
(07-4922 5833; Ecke Fitzroy St & George St; Hauptgerichte 25–40 AU$; mittags & abends) Das seit 30 Jahren von derselben Familie geführte Lokal am Fluss ist sehr beliebt und kilometerweit das beste italienische Restaurant. Der Laden ist recht teuer, aber beliebt dank der Pastagerichte in riesigen Portionen und der vielen regionalen Spezialitäten. Das Lammshirn und die Hummer-Ravioli sind deutlich besser, als man in einer so kleinen Ortschaft erwarten würde, doch auf die Pizza sollte man lieber verzichten.

Restaurant 98 SEAFOOD $$
(07-4920 1000; www.98.com.au; 98 Victoria Pde; Hauptgerichte 18–46 AU$; tgl. morgens, Mo–Fr mittags, Mo–Sa abends) Austern, Steaks und feiner Rotwein sind die Markenzeichen in diesem Speisesaal mit Schanklizenz, der an das **Motel 98** (DZ ab 124 AU$) angeschlossen ist. Man sitzt drinnen oder draußen auf der Terrasse mit Blick auf den Fitzroy River.

★ **Great Western Hotel** KNEIPE
(07-4922 1862; www.greatwesternhotel.com.au; Ecke Stanley St & Denison St; 10–2 Uhr) Das GWH ist teils Landgasthaus, teils Konzertstätte und Teil des geselligen Gefüges von Rockhampton. Wer am Mittwoch- oder Freitagabend in „Rocky" ist, kann zuschauen, wie Landburschen von buckelnden Bullen oder nicht zugerittenen Pferden abgeworfen werden. Der Pub ist ein spaßiger Ort mit genug Andenken zur Ausstaffierung eines B-Westerns. Hier treten ab und zu tourende Bands auf, daneben gibt es auch Ultimate Fighting und Stand-up-Comedy – die Tickets sind online erhältlich. Beim Essen dreht sich alles um tolle Steaks.

> ABSTECHER
>
> ### MYELLA FARMSTAY
>
> Im **Myella Farm Stay** (07-4998 1290; http://myella.weebly.com; Baralaba Rd; DZ/3BZ ab 90/130 AU$, 2/3 Tage 250/390 AU$, Stellplatz mit Strom 22 AU$;) 125 km südwestlich von Rockhampton erhält man auf einer 10,6 km² großen Farm einen Vorgeschmack aufs Outback. Hier gibt's viele Optionen, darunter komfortable Stellplätze und Buschgerichte (10–20 AU$) für jene, die hier nur durchfahren. Das beste Erlebnis bieten aber die viele Aktivitäten umfassenden Pauschalangebote. Dabei erkundet man den Busch zu Pferd, per Motorrad oder Geländewagen, erhält alle Mahlzeiten, wohnt in einem renovierten Farmhaus mit Holzdielen und breiter Veranda, trägt Farmkleidung und wird kostenlos aus Rockhampton abgeholt.

Praktische Informationen

Tropic of Capricorn Visitor Centre (1800 676 701; Gladstone Rd; 9–17 Uhr) Die hilfreiche Touristeninformation liegt am Highway direkt neben der Markierung für den Südlichen Wendekreis 3 km südlich vom Zentrum.

An- & Weiterreise

BUS

Greyhound-Busse (1300 473 946; www.greyhound.com.au) fahren von Rockhampton u. a. nach Brisbane (168 AU$, 12 Std.) und Mackay (65 AU$, 4 Std.).

FLUGZEUG

Qantas (13 13 13; www.qantas.com.au) und **Virgin** (13 67 89; www.virginaustralia.com) verbinden Rockhampton mit diversen Städten. Der Flughafen liegt ca. 6 km vom Zentrum.

ZUG

Queensland Rail (1800 872 467; www.queenslandrailtravel.com.au) betreibt einen täglichen Zug nach Brisbane (135 AU$, 12 Std.) und Gladstone (39 AU$, 3 Std.).

Yeppoon

17 241 EW.

Yeppoon hat sich langsam von einem winzigen Dorf, das als Sprungbrett für Ausflüge zur Great Keppel Island bekannt war, zu dem heutigen besser etablierten Ort am Meer entwickelt. Der lange, schöne Strand ist ein Ferienziel oder das Highlight für viele Viehzüchter, Bergleute und andere Einwohner aus dem nahen Rockhampton, die hier der Hitze entfliehen wollen. Mit seinem Hinterland aus vulkanischen Felsvorsprüngen und Ananasplantagen sowie dem (eine kurze Autofahrt nördlich gelegenen) schönen Byfield National Park besitzt Yeppoon eine Vielfalt, die von Travellern aus anderen Teilen Australiens oft übersehen wird. Die breiten, ruhigen Straßen, verschlafenen Motels und Strandcafés erleben nachts einen beeindruckenden Zug von Schwarzen und Roten Flughunden, die gegen Sonnenuntergang in eindrucksvoller Zahl über den Hauptstrand weiter ins Landesinnere fliegen.

Aktivitäten

Sail Capricornia BOOTSFAHRT
(☎ 0402 102 373; www.sailcapricornia.com.au; ganztägige Bootsfahrt inkl. Mittagessen Erw./Kind 115/75 AU$) Sail Capricornia veranstaltet an Bord des Katamarans *Grace* Schnorchelausflüge sowie Sonnenuntergangsfahrten (55 AU$) und dreitägige Törns (499 AU$).

Funtastic Cruises BOOTSFAHRT
(☎ 0438 909 502; www.funtasticcruises.com; ganztägige Bootsfahrt Erw./Kind/Fam. 98/80/350 AU$) Funtastic Cruises bietet an Bord eines 17 m langen Katamarans ganztägige Schnorchelausflüge mit zweistündigem Aufenthalt auf der Great Keppel Island an. Im Preis enthalten sind Tee (vor- und nachmittags) und die Ausleihe der gesamten Schnorchelausrüstung. Es ist auch möglich, sich auf einer der Inseln an der Strecke absetzen zu lassen, um dort zu campen.

Schlafen & Essen

Beachside Caravan Park CAMPING $
(☎ 07-4939 3738; Farnborough Rd; Stellplatz ohne Strom 28 AU$, Stellplatz mit Strom 31–34 AU$) Der einfache, saubere kleine Campingplatz nördlich des Zentrums liegt wunderschön am Strand. Er hat gute Einrichtungen und mit Gras bewachsene, leicht schattige Stellplätze, aber keine Hütten oder Mobilheime. Die genannten Preise gelten für zwei Personen.

★ **Surfside Motel** MOTEL $$
(☎ 07-4939 1272; www.yeppoonsurfsidemotel.com.au; 30 Anzac Pde; Zi. ab 140 AU$; ❄@📶🏊) Mit seiner Lage und seinem Service steht dieses Motel in Yeppoon an der Spitze. Die Anlage mit limettengrünen Motelzimmern aus den 1950er-Jahren liegt nahe der Stadt, ist vom Strand nur durch eine Straße getrennt und gleichsam der Inbegriff eines sommerlichen Strandurlaubs. Das Preis-Leistungs-Verhältnis ist ausgesprochen gut: Die Zimmer sind geräumig und mit Toaster, Fön und kostenlosem WLAN außergewöhnlich gut ausgestattet. Bei drei oder mehr Übernachtungen werden die Preise noch günstiger.

While Away B & B B&B $$
(☎ 07-4939 5719; www.whileawaybandb.com.au; 44 Todd Ave; EZ 115 AU$, DZ 140–155 AU$, mit Frühstück; ❄) Das seit Urzeiten beliebte B & B hat saubere Zimmer von ordentlicher Größe, einen Zugang für Rollstuhlfahrer und eine ruhige Lage hinter dem Strand. Die mitteilsame Eigentümerin kredenzt kostenlose Knabbereien, Tee, Kaffee, Portwein, Sherry und ein großzügiges Frühstück.

Coral Inn Yeppoon HOSTEL $$
(☎ 07-4939 2925; www.coralinn.com.au; 14 Maple St; DZ/4BZ ab 129/149 AU$; 🅿❄@📶🏊) Mit den schönen Rasenflächen und Zimmern in hellen, freundlichen Farben mit allen modernen Einrichtungen und angeschlossenen Bädern ist das Coral Inn eine tolle Entdeckung gleich hinter dem Strand. Familien und wählerische Reisegruppen schätzen die Vierbettzimmer, die Gemeinschaftsküche und den kleinen „Strand"-bereich mit Hängematten und einem einladenden Pool. Achtung: Die Betreiber setzen einige Regeln durch, um rüpelhafte Backpacker fernzuhalten.

Strand Hotel KNEIPENKOST $
(☎ 07-4939 1301; www.thestrandyeppoon.com.au; 2 Normanby St; Hauptgerichte ab 16 AU$; ⊙ Mo–Fr 12–14.30 & 18–21, Sa & So 11.30–14.30 & 17.30–21 Uhr) Mit einer Glasfront und Kunstledermöbeln hat diese tolle alte Kneipe am Meer eine willkommene Auffrischung erhalten. Das Essensangebot ist verlässlich und reicht von Pizzas (16–24 AU$) bis zu fantastischen Steaks (29–42 AU$). An den meisten Wochenenden und selten einmal auch unter der Woche gibt's abends Livemusik.

★ **Megalomania** FUSION $$$
(☎ 07-4939 2333; www.megalomaniabarandbistro.com.au; Ecke James St & Arthur St; Hauptgerichte 26–40 AU$; ⊙ Di–Sa 12–14 & 18 Uhr–open end) Das australisch-asiatische Fusionrestaurant mit einem stilvollen Ambiente, das sich nirgends und schon gar nicht in einem kleinen Küstenort leicht kopieren ließe, wird von dem Chefkoch Callan Crigan geleitet. Wir

ABSTECHER

BYFIELD

Byfield ist ein Dorf 40 km nördlich von Yepoon im Byfield National Park, einer gut versteckten Landschaft von seltener Vielfalt mit einsamen Sanddünen, Felsnadeln, Feuchtgebieten und semitropischen Regenwäldern. Ein Geländewagen bringt einen zu abgelegenen Wanderwegen und einsamen Stränden, die so schön sind, dass man noch viel länger bleiben will.

Die **Nob Creek Pottery** (07-4935 1161; www.nobcreekpottery.com.au; 216 Arnolds Rd; Do–Mo 10–16 Uhr) GRATIS ist eine Töpferei und Galerie umgeben von grünem Regenwald. Die Galerie zeigt mit dem Mund geblasene Gläser, Holzarbeiten und Schmuck, die handgemachten Keramiken sind wunderschön. Mit **Waterpark Eco-Tours** (07-4935 1171; www.waterparkecotours.com; 201 Waterpark Creek Rd; 2- bis 3-stündige Tour 27,50 AU$, Hütte 150 AU$) kann man eine Bootstour durch den Regenwald unternehmen und sollte dabei die Augen nach leuchtend blauen Eisvögeln, Baby-Schildkröten und großen Aalen offenhalten.

Vor Ort gibt's fünf **Campingplätze** (13 74 68; www.nprsr.qld.gov.au; 6,15/24,60 AU$ pro Pers./Fam.; reservieren erforderlich).Die beiden Plätze Nine Mile Beach und Five Rocks liegen am Strand, und man braucht einen Geländewagen, um sie zu erreichen.

wählten in Panko panierte Riesengarnelen und mit rotem Meersalz gewürzte Weichschalenkrebse als Vorspeise (je 18 AU$), gefolgt von Byron-Bay-Schweinebauch und weißer Barramundi-Miso als Hauptgerichte (je 36 AU$). Das vermittelt wohl einen Eindruck von dem, was einen hier erwartet. Man hängt unter dem Feigenbaum mit einem starken Cocktail ab oder klappert drinnen in dem holzgetäfelten Raum mit dem Tafelsilber.

Praktische Informationen

Capricorn Coast Information Centre (1800 675 785; www.capricorncoast.com.au; Ross Creek Roundabout; 9–17 Uhr) Hier bekommt man viele Infos über die Capricorn Coast und zur Great Keppel Island. Außerdem kann man Unterkünfte und Touren buchen.

An- & Weiterreise

Yeppoon liegt 43 km nordöstlich von Rockhampton. **Young's Bus Service** (07-4922 3813; www.youngsbusservice.com.au) fährt regelmäßig von Rockhampton (einfache Fahrt 6,70 AU$) nach Yeppoon und weiter zur Rosslyn Bay Marina.

Wer ein Auto hat, kann es tagsüber kostenfrei auf dem Parkplatz am Jachthafen abstellen. Am Scenic Hwy, südlich von Yeppoon, an der Abzweigung zum Jachthafen kann man seinen fahrbaren Untersatz für längere Zeit sicher im Parkhaus **Great Keppel Island Security Car Park** (07-4933 6670; 422 Scenic Hwy; ab 15 AU$/Tag) unterstellen.

Keppel Konnections (www.keppelkonnections.com.au) und **Funtastic Cruises** (S. 390) legen beide täglich von Yeppoon zur Great Keppel Island und zum Great Keppel National Park ab.

Great Keppel Island

Das Juwel der Capricorn Coast ist für Traveller aus der Stadt gleichbedeutend mit Fantasien von einer einsamen Insel. Einst Sitz eines der berühmtesten Resorts Australiens ist die 4 km² große Insel zu 90 % mit natürlichem Busch bedeckt. Sie hat 17 Strände, die alle traumhaft schön sind. Ein neues Megaresort, ein Umweltforschungszentrum und ein Golfplatz sind geplant – wer die Insel noch in ungestörter Einsamkeit erleben will, muss sich beeilen.

Aktivitäten

Freedom Fast Cats BOOTSFAHRT
(07-4933 6888; www.freedomfastcats.com; Keppel Bay Marina, Rosslyn Bay; Tour Erw./Kind ab 78/50 AU$) Bietet eine Reihe von Inseltouren, z. B. mit Riffbeobachtungen aus einem Glasbodenboot, Schnorcheltouren oder Schwimmen in von Auslegern gehaltenen Netzen.

Great Keppel Cruises BOOTSFAHRT
(0401 053 666; www.greatkeppelcruises.com.au; Tour halber/ganzer Tag 65/125 AU$) Die *Keppel Dreams* startet vom Fisherman's Beach zu Schnorchelausflügen rund um die Insel. Die Abfahrten sind auf die Ankunft der Fähre von **Keppel Konnections** aus Yeppoon abgestimmt.

Watersports Hut WASSERSPORT
(07-0415076644; Putney Beach; Sa, So & Schulferien) Der Veranstalter am Haupt-

strand vermietet Schnorchelausrüstung, Kajaks und Katamarane und veranstaltet Tube-Rides.

Schlafen & Essen

★ Svendsen's Beach HÜTTEN $$
(07-4938 3717; www.svendsensbeach.com; DZ ab 115 AU$) Der Mindestaufenthalt von drei Übernachtungen in diesem einsamen Boutique-Refugium auf „der anderen Seite" von Great Keppel Island reicht kaum aus. Die von den kundigen Inhabern Carl und Lindy geführte umweltfreundliche Anlage verwendet Solar- und Windenergie, es gibt sogar eine Buschdusche mit Wassereimer. Der Ort ist ideal zum Schnorcheln, Wandern im Busch und für etwas Romantik. Die Gäste haben die Wahl zwischen luxuriösen Zelt-Bungalows (DZ 115 AU$) auf erhöhten Holzplattformen, einer farbenfrohen Einraumwohnung (150 AU$) und einem Haus (für bis zu 4 Pers., ab 220 AU$) – alle in kurzer Gehentfernung zum Strand.

Great Keppel Island Hideaway RESORT $$
(07-4939 2050; www.greatkeppelislandhideaway.com.au; Safarizelt 90 AU$, Zi. 140–200 AU$, Hütte 200–360 AU$) Die Anlage erstreckt sich über ein riesiges Gelände an einer herrlichen Kurve des Fisherman's Beach. Der Abstand zwischen den diversen Hütten, Häusern und Safarizelten gibt dem Familienurlaub eine Anmutung von rauer Einsamkeit. Tatsächlich aber gibt's in der Nähe ein Strandrestaurant (Hauptgerichte 12–25 AU$), in dem die Gäste ihre Unterbringung vergleichen, sich bei Sonnenuntergang einen Drink genehmigen und darüber nachsinnen, einen Spaziergang in der Natur zu unternehmen, der nicht zu lang werden sollte.

Keppel Lodge PENSION $$
(07-4939 4251; www.keppellodge.com.au; Fisherman's Beach; DZ 65–75 AU$/Pers., Haus 520–600 AU$; @) Die Keppel Lodge bietet ein hervorragendes Preis-Leistungs-Verhältnis und ist nur ein kurzes Stück vom Fisherman's Beach entfernt. Das nette Haus mit offenem Grundriss hat vier große Schlafzimmer (mit eigenen Bädern) rund um eine große Gemeinschaftslounge mit Küche. Man kann das Haus als ganzes – ideal für Gruppen – oder auch eine einzelne Suite mieten.

Island Pizza PIZZA $
(07-4939 4699; The Esplanade; Gerichte 6–30 AU$; unterschiedlich) Wer herausfindet, wie es um die Öffnungszeiten dieser Pizzeria in seltsamer Lage bestellt ist, hat etwas

ABSEITS DER ÜBLICHEN PFADE

DIE GEM FIELDS

Die Gem Fields (Edelsteinfelder) im zentralen Queensland sind eine raue Landschaft, die Prospektoren anlockt, die sich schlecht und recht ihren Lebensunterhalt verdienen, bis sie ein Glücksfund (oder ein Sonnenstich) ereilt. Die Edelsteinsucher strömen im Winter herbei; in den heißen Sommern sind die Orte nahezu verlassen. Saphire machen den Hauptteil der Funde aus, aber auch Zirkone werden entdeckt und sehr selten auch Rubine. Sapphire und Rubyvale sind zwei der wichtigsten Ortschaften in der Gegend.

Um nach Edelsteinen zu suchen, braucht man eine Lizenz, die online (www.dnrm.qld.gov.au; Erw./Fam. 7,75/11,15 AU$) und an einigen wenigen Stellen in der Gegend gekauft werden kann – das **Central Highlands Visitors Centre** (www.centralhighlands.com.au; 3 Clemont St, Emerald; 10–16.30 Uhr) in Emerald hat eine Liste. Wer nur ein bisschen Goldgräber spielen will, kauft einen Eimer mit *wash* (in Wasser gelöste Erde) in einem der Edelsteingräberparks und siebt das Zeug von Hand durch.

Bobby Dazzler Mine Tours (07-4981 0000) sorgt dafür, dass man sich die Hände auf die richtige Art schmutzig macht und garantiert mit einem Schlag Lokalgeschichte und Spaß für ein nettes Erlebnis.

Pat's Gems (07-4985 4544; 1056 Rubyvale Rd, Sapphire; 8.30–16 Uhr) ist ein skurriler Laden und eine Edelsteingräberstation, wo Stammgäste und durchreisende Edelsteinsucher Ausrüstung mieten und Tipps zur Suche nach den kostbaren Steinen bekommen können.

Der supersaubere und freundliche **Sapphire Caravan Park** (07-4985 4281; www.sapphirecaravanpark.com.au; 57 Sunrise Rd, Sapphire; Stellplatz mit/ohne Strom 29/25 AU$, Cottages 115 AU$) bietet auf einem 1,6 ha großen Gelände Stellplätze und Hütten, die sich im Eukalyptuswald verstecken und prima für Edelsteinsucher geeignet sind.

geschafft, woran wir gescheitert sind. Wer lange genug hier abhängt, wird aber schon irgendwann hineinkommen. Die Pizzas sind riesig und lecker – am besten wählt man irgendeine mit Ananas.

An- & Weiterreise

Great Keppel Island ist eine 30-minütige Fährfahrt von der Roslyn Bay Marina in Yeppoon entfernt. **Keppel Konnections** (www.keppelkonnections.com.au) hat zweimal täglich Fähren zur Insel, die in Yeppoon um 9 bzw. 15 Uhr ablegen und um 10 und 16 Uhr zurückfahren. **Freedom Fast Cats** (☎07-4933 6888; www.freedomfastcats.com; hin & zurück Erw./Kind/Fam. 55/35/160 AU$) legt in Yeppoon um 9.15 Uhr ab und kehrt je nach Tag und Jahreszeit um 14.30 oder 15.45 Uhr zurück.

Capricorn Hinterland

In den Central Highlands westlich von Rockhampton finden sich zwei ausgezeichnete Nationalparks. Der Blackdown Tableland National Park hat melancholische, gewaltige Landschaften, während die Besucher des Carnarvon National Park von der spektakulären Schlucht völlig verzückt sind.

In Emerald, 270 km landeinwärts, kann man sich unter andere nette Menschen mischen und im Geröll nach Edelsteinen suchen – hier herrscht echte Outback-Stimmung. Da es hier sehr heiß ist, sollte man die Region in den kühleren Monaten April und November besuchen.

Carnarvon National Park

Die Carnarvon Gorge ist ein spektakuläres Beispiel für die Schönheit der australischen Landschaft. Die 30 km lange, 200 m tiefe Schlucht wurde über Jahrmillionen hinweg vom Carnarvon Creek und seinen Nebenflüssen in das weiche Sedimentgestein gegraben. Von der kargen Umgebung abgeschirmt, entstand so eine blühende, paradiesische Oase. In der Schlucht wachsen Palmfarne, Königsfarngewächse, Kasuarinen, Eukalyptusbäume und Livistona-Palmen. Man findet auch tiefe Teiche. Im Fluss tummeln sich Schnabeltiere. Inmitten der uralten Felsmalereien versteckten sich einst entflohene Sträflinge. Das Gebiet wurde 1932 zum Nationalpark erklärt, nachdem Farmern ihre Weiderechte aberkannt worden waren.

Für die meisten Besucher ist die Carnarvon Gorge praktisch mit dem Carnarvon National Park identisch, weil die anderen Abschnitte des Parks – darunter Mt. Moffatt (an dem schon vor 19 000 Jahren Menschen lebten), Ka Ka Mundi und Salvator Rosa – lange nur schlecht zugänglich waren.

Von Rolleston kommend, fährt man über eine Straße, die zunächst über 75 km asphaltiert und dann auf 20 km unbefestigt ist. Die Straße von Roma über Injune und das Homestead Wyseby ist die ersten 215 km asphaltiert, auf den letzten 30 km aber unbefestigt und sehr holprig. Nach starken Regenfällen können beide Straßen unpassierbar werden.

Hier beginnt auch der Hauptwanderweg, der dem Carnarvon Creek durch die Schlucht folgt und von dem Wege zu verschiedenen interessanten Punkten abgehen, u. a. zum Moss Garden (3,6 km vom Picknickplatz entfernt), zum Ward's Canyon (4,8 km), zur Art Gallery (5,6 km) und zur Cathedral Cave (9,3 km). Für einen Besuch sollte man mindestens einen ganzen Tag einplanen.

Sunrover Expeditions (☎1800 353 717; www.sunrover.com.au; Safaris 940 AU$/Pers. inkl. alle Mahlzeiten) veranstaltet zwischen August und Oktober fünftägige Campingsafaris in die Carnarvon Gorge.

Campen (☎13 74 68; www.qld.gov.au/camping; Stellplatz 6,15/24,60 AU$ pro Pers./Fam.) im Nationalpark kann man am **Big Bend** und am **Mt. Moffat** sowie im ausgezeichneten **Takarakka Bush Resort** (☎07-4984 4535; www.takarakka.com.au; Wyseby Rd; Stellplatz mit/ohne Strom ab 45/38 AU$, Hütte 195–228 AU$), wo Safarizelte, Cottages und Hütten zur Verfügung stehen.

WHITSUNDAY COAST

Viele Australien-Traveller, insbesondere die mit einer Vorliebe fürs Segeln, fahren schnurstracks zu den Whitsunday Islands und kommen kaum mehr davon los. Der Archipel ist ein hinreißender Bestandteil der Küste des Korallenmeers, der vom Ufer aus leicht zu erspähen ist. Jadegrünes Wasser und blendend weiße Strände umsäumen die bewaldeten Inseln, und im Great Barrier Reef Marine Park schwärmen tropische Fische durch den größten Korallengarten der Welt. Airlie Beach, das Tor zu den Inseln, ist ein Backpacker-Zentrum, wo sonnengebräunte Leute zwischen den Booten, Stränden und Nachtclubs pendeln. Manche Budgettraveller werden auch nicht näher an die Inseln herankommen.

Whitsunday Coast

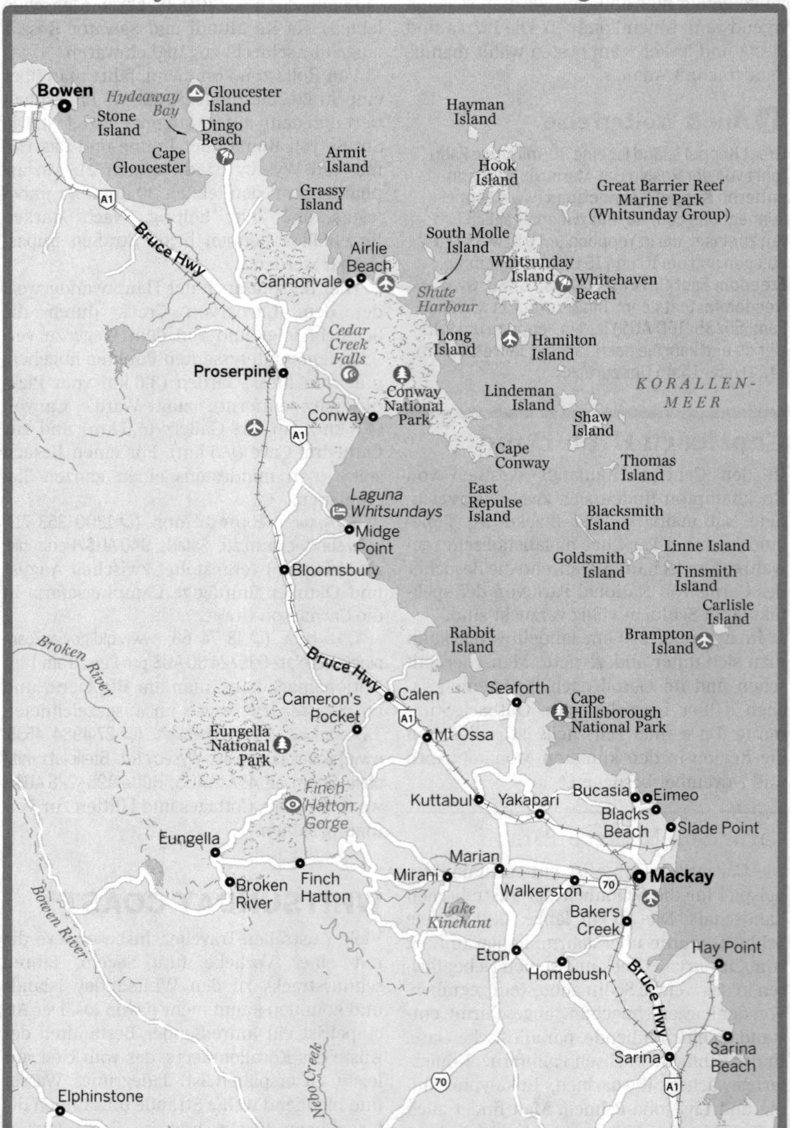

Mackay

82500 EW.

Die ehemalige Heimat des Opernstars Dame Nellie Melba ist eine prosaische Stadt in Queensland, in der der Tourismus hinter der Zuckerindustrie und der Landwirtschaft rangiert – trotzdem ist Vieles angenehm an Mackays tropischer Vorstadtwelt. Zunächst einmal ist die Stadt seltsamerweise ein eindrucksvolles Reiseziel für Art-déco-Fans, und dann ist da die hinreißende Lage zwischen geschützten Mangroven und einer smarten, aufs Strandleben ausgerichteten Marina.

Mackay ist ein gutes Standquartier für Ausflüge in die Umgebung, und wenn der Backpacker-Betrieb und die Touren von Insel zu Insel einen überwältigen, bringen einen die Freiluftcafés wieder zurück ins städtische Milieu. Die Stadt ist nur eine 1½-stündige Autofahrt von Airlie Beach und den Booten zu den Whitsundays entfernt, und ein malerischer Ausflug führt vorbei an Zuckerrohrfeldern zum Eungella National Park.

Sehenswertes & Aktivitäten

Die **Mackay Marina** (Mackay Harbour) lohnt einen Besuch für ein Essen mit Wein und Blick auf das Ufer. In der künstlichen **Bluewater Lagoon** (9–17.45 Uhr) GRATIS nahe dem Caneland Shopping Centre gibt's Wasserspiele, Wasserrutschen, Picknickstellen, kostenloses WLAN und ein Café.

Mackay Regional Botanical Gardens GÄRTEN
(Lagoon St) Für Pflanzenliebhaber sind diese 33 ha großen Gärten, die 3 km südlich vom Stadtzentrum liegen, ein absolutes Muss. Es gibt fünf Themengärten und das Café-Restaurant Lagoon (Mi–So).

Geführte Touren

Reeforest Adventure Tours KULTUR
(07-4959 8360, 1800 500 353; www.reeforest.com) Der erfahrenste Tourveranstalter in der Gegend von Mackay hat eine große Palette vergnüglicher Ausflüge zu bieten, u. a. eine Schnabeltier- und Regenwald-Ökosafari, eine zweitägige Tour in den Eungella National Park und eine Expedition zum Cape Hillsborough auf den Spuren der Juibera. Zur Zeit der Zuckerrohrernte (Juni–Dez.) kann man bei der zweistündigen Führung durch die Farleigh Sugar Mill (Erw./Kind 28/ 14 AU$) erleben, wie das Zuckerrohr in die süßen Kristalle verwandelt wird; man muss lange Hosen und geschlossene Schuhe tragen.

Heritage Walk STADTSPAZIERGANG
(07-4944 5888; Mai–Sept. Di & Mi 8.45 Uhr) GRATIS Die wöchentlich angebotenen Stadtspaziergänge (1½–2 Std.) erkunden die Sehenswürdigkeiten des alten Mackay. Los geht's vor dem Paxton's Warehouse an der Kreuzung der River und der Carlyle St.

Schlafen

★ **Stoney Creek Farmstay** FARMSTAY $
(07-4954 1177; www.stoneycreekfarmstay.com; Peak Downs Hwy; B/Ställe/Cottages 25/130/175 AU$) Diese Unterkunft im Busch (32 km südlich von Mackay) ist auf die bestmögliche Weise einfach und ungehobelt. Übernachten kann man in einem liebenswert klapprigen Cottage, im rustikalen Pferdestall oder im charismatischen Dead Horse Hostel. Die typischen „modernen Annehmlichkeiten" kann man hier vergessen: Dies ist echtes Leben im Busch. Dreistündige Ausritte kosten 105 AU$ pro Person; außerdem werden noch viele andere Aktivitäten angeboten.

Mackay Marine Tourist Park CAMPING $
(07-4955 1496; www.mmtp.com.au; 379 Harbour Rd; Stellplatz ohne/mit Strom 32/35 AU$, Villas 110–180 AU$;) Eine Klasse besser als die typischen Wohnmobilparks: Alle Hütten und Villas haben private Terrassen und Breitbild-TVs, und das riesige Trampolinkissen macht irrsinnig viel Spaß.

Coral Sands Motel MOTEL $$
(07-4951 1244; www.coralsandsmotel.com.au; 44 Macalister St; Zi. ab 115 AU$;) Das Motel gehört zu den besseren Mittelklasseunterkünften in Mackay und bietet ein superfreundliches Management und große Zimmer in zentraler Lage. Das Haus ist bei Wanderarbeitern beliebt, und die Einrichtung ist etwas von Tropenkitsch geprägt, was aber angesichts des Flusses, der Läden, der Pubs und Cafés, die sich alle gleich vor der Haustür befinden, nicht weiter stört. Tolles Preis-Leistungs-Verhältnis.

Essen & Ausgehen

Woodsman's Axe Coffee CAFÉ $
(41 Sydney St; Kaffee ab 4,30 AU$; Mo–Fr 6–14, Sa & So 7–14 Uhr) Zum besten Kaffee der Stadt gibt's kleine Gerichte von Wraps über Quiches bis zu Muffins.

Maria's Donkey TAPAS $
(07-4957 6055; 8 River St; Tapas 8–15 AU$; Mi & Do 12–22, Fr–So bis 24 Uhr) Skurriles, energiegeladenes Lokal am Flussufer, das Tapas und Sangria in Krügen serviert und manchmal für Livemusik und immer für gute Stimmung sorgt. Der Service ist mal besser, mal schlechter, doch das ist Teil des Charmes.

Fusion 128 MODERN-AUSTRALISCH $$
(07-4999 9329; 128 Victoria St; Hauptgerichte 13,50–33 AU$; 11.30–14 & 17.30–22 Uhr) Die jüngste kulinarische Errungenschaft in Mackay ist dieses großartige, zwanglose Restaurant mit Industriedesign und gedämpfter Beleuchtung, das von dem exaltierten David

Mackay

Mackay

Sehenswertes
1 Bluewater Lagoon B1

Schlafen
2 Coral Sands Motel C2

Essen
3 Burp Eat Drink D2
4 Foodspace B3
5 Fusion 128 .... D2
6 Oscar's on Sydney D3
7 Paddock & Brew Company C2
8 Woodsman's Axe Coffee D2

Ausgehen & Nachtleben
9 Ambassador Hotel D1

Ming geführt wird. Es verbindet asiatische Aromen mit Zutaten aus dem australischen Busch. Die feinen Cocktails und Desserts sorgen zusätzlich für gute Laune.

Paddock & Brew Company AMERIKANISCH $$
(☎0487 222 880; 94 Wood St; Hauptgerichte 18–30 AU$) Mackay brauchte dieses gehobene, mit Craft-Bier durchtränkte, amerikanisch aufgemachte Restaurant, das hervorragende Burger (25 AU$) serviert. Das Team gehört zu der neuen Generation kreativer Köche im nördlichen Queensland und wuselt in diesem angesagten Vor-Party-Treff geschäftig zwischen den Holztischen hindurch.

Oscar's on Sydney FUSION $$
(☎07-4944 0173; Ecke Sydney St & Gordon St; Hauptgerichte 10–23 AU$; ⏲Mo–Fr 7–17, Sa bis 16, So 8–16 Uhr) Die köstlichen *poffertjes* (holländische Pfannkuchen mit traditionellen Füllungen) sind nach wie vor ein Renner in diesem beliebten Eck-Café; man sollte sich aber nicht scheuen, auch die anderen Gerichte zu probieren. Tolles Frühstücksrestaurant.

Foodspace CAFÉ $$
(www.artspacemackay.com.au; Gordon St; Hauptgerichte 16–26 AU$; ⏲Di–So 9–15 Uhr) Angehende Chefköche zaubern eindrucksvolle Salate, Sandwiches und kleine Gerichte im Foodspace, dem Café mit Schanklizenz im Artspace Mackay.

Burp Eat Drink MODERN-AUSTRALISCH $$$
(☎07-4951 3546; www.burp.net.au; 86 Wood St; Hauptgerichte ab 33 AU$; ⏲Di–Fr 11.30–15 & 18 Uhr–open end, Sa 18 Uhr–open end) Das elegante

Restaurant, das so wirkt, als sei es aus Melbourne in die Tropen versetzt worden, hat eine kleine, aber verlockende Karte. Zu den faszinierenden Gerichten gehören Schweinebauch mit Muscheln, Weichschalenkrabben mit Kaffernlimetten und ein paar richtig gute Steaks.

Ambassador Hotel BAR
(☎07-4953 3233; www.ambassadorhotel.net.au; 2 Sydney St; ⏲Do 17 Uhr–open end, Fr–So 16 Uhr–open end) Ein Wahrzeichen der Geschichte und der Geselligkeit: Das Ambassador ist außen Art déco und drinnen laut und wild. An den Wochenenden wird auf allen Etagen gezecht, natürlich auch ganz oben in Mackays einziger Dachterrassenbar. Bald soll man hier übrigens in renovierten Schlafsälen und Doppelzimmern übernachten können.

Shoppen

Märkte sind in Mackay beliebt – zu empfehlen sind die **Mackay Showgrounds Markets** (Milton St; ⏲Sa 6.30–10 Uhr), die **Twilight Markets** (Northern Beaches Bowls Club; ⏲1. Fr im Monat 17–21 Uhr) und der **Troppo Market** (Parkplatz des Mt. Pleasant Shopping Centre; ⏲2. So im Monat ab 7.30 Uhr).

Praktische Informationen

Mackay Visitor Centre (☎1300 130 001; www.mackayregion.com; 320 Nebo Rd; ⏲9–17 Uhr; 📶) Das Visitor Centre rund 3 km südlich vom Zentrum bietet Internetzugang und WLAN.

An- & Weiterreise

BUS

Die Busse halten am **Mackay Bus Terminal** (Ecke Victoria St & Macalister St), wo man auch Tickets kaufen kann. Busse von **Greyhound** (☎1300 473 946; www.greyhound.com.au) fahren die Küste hinauf und hinunter. Beispiele für Ticketpreise für Erwachsene (einfache Strecke) und Fahrzeiten: Airlie Beach (33 AU$, 2 Std.), Townsville (72 AU$, 6½ Std.), Cairns (127 AU$, 13 Std.) und Brisbane (227 AU$, 17 Std.)

Premier (☎13 34 10; www.premierms.com.au) ist preiswerter als Greyhound, bietet aber weniger Verbindungen.

FLUGZEUG

Der Flughafen liegt ungefähr 3 km südlich vom Zentrum Mackays.

Jetstar (☎13 15 38; www.jetstar.com.au), **Qantas** (☎13 13 13; www.qantas.com.au) und **Virgin** (☎13 67 89; www.virginaustralia.com) fliegen von/nach Brisbane.

ZUG

Der *Spirit of Queensland* von **Queensland Rail** (☎1800 872 467; www.queenslandrail.com.au) fährt von Mackay nach Brisbane (199 AU$, 13 Std.) und Cairns (159 AU$, 14 Std.). Der Bahnhof befindet sich in Paget, 5 km südlich vom Zentrum.

Unterwegs vor Ort

Die größeren Autovermietungen haben Schalter am Mackay Airport; eine Auflistung findet man unter www.mackayairport.com.au/travel/car-hire. **NQ Car & Truck Rental** (☎07-4953 2353; www.nqcartruckrentals.com.au; 6 Malcolmson St, North Mackay) ist ein verlässlicher örtlicher Anbieter.

Mackay Transit Coaches (☎07-4957 3330; www.mackaytransit.com.au) betreibt mehrere Buslinien in der Stadt und verbindet die Innenstadt mit dem Hafen und den nördlichen Stränden; Fahrpläne gibt's online oder im **Visitor Centre** (S. 397).

Taxis bestellt man telefonisch bei **Mackay Taxis** (☎13 10 08).

Airlie Beach

9165 EW.

Airlie Beach ist der Startpunkt für die meisten Touren zu den unvergleichlichen Whitsunday Islands und darüber hinaus schon seit langem ein Ziel erster Güte der abenteuerlichen Ostküsten-Straßentour, auf der gern und ausgiebig gezecht wird. Die vielen Hostels und riesigen Biergärten der Stadt liegen gegenüber einer von Rasenflächen eingefassten Badelagune. Hier geschieht nicht viel: Sorglose Jugendliche schlendern herum und ungeübte Segler wagen sich aufs Meer hinaus, um die dschungelbedeckten Inselchen zu bewundern.

Aktivitäten

Lagune SCHWIMMEN
(Shute Harbour Rd) GRATIS In der Lagune im Zentrum, die frei von Quallen, Krokodilen und anderen lästigen Tropentieren ist, kann man das ganze Jahr über baden.

Red Cat Adventures BOOTSTOUR
(☎1300 653 100, 07-4940 2000; www.redcatadventures.com.au) Der ausgezeichnete, von einer Familie geführte Veranstalter hat drei verschiedene Schiffe und Touren. Wir empfehlen „Ride to Paradise" (569 AU$), ein Abenteuer mit zwei Übernachtungen, das zu einem „geheimen" Resort und vielen Highlights der Whitsundays führt.

Airlie Beach

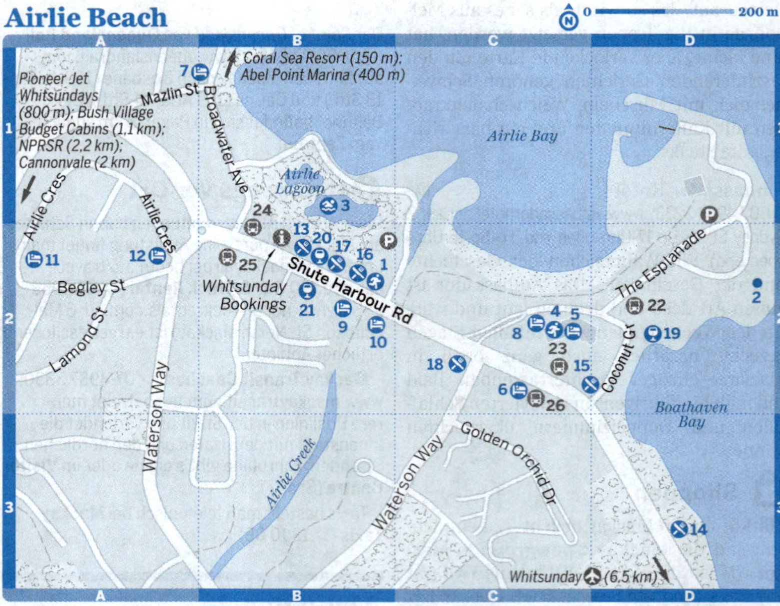

Airlie Beach

Aktivitäten, Kurse & Touren

1 Airlie Beach Skydivers B2
2 Cruise Whitsundays D2
3 Lagoon B1
4 Whitsunday Sailing Adventures C2

Schlafen

5 Airlie Beach Hotel C2
6 Airlie Beach YHA C2
7 Airlie Waterfront B&B B1
8 Airlie Waterfront Backpackers C2
9 Beaches Backpackers B2
10 Magnums Backpackers B2
11 Sunlit Waters A2
12 Waterview A2

Essen

13 Airlie Beach Treehouse B2
14 Denman Cellars Beer Cafe D3
15 Fish D'vine C2
16 Harry's Corner B2
17 Mr. Bones B2
Wisdom Health Lab .... (siehe 16)
18 Woolworths Supermarket C2

Ausgehen & Nachtleben

19 Just Wine & Cheese D2
20 Mama Africa B2
21 Paddy's Shenanigans B2

Transport

22 Haltestelle für Fernbusse D2
23 Haltestelle von Whitsunday Transit C2
24 Haltestelle von Whitsunday Transit B2
25 Haltestelle von Whitsunday Transit B2
26 Haltestelle von Whitsunday Transit C2

Airlie Beach Skydivers FALLSCHIRMSPRINGEN
(☎1300 759 348; www.airliebeachskydivers.com.au; 2/273 Shute Harbour Rd; Sprung aus 4270 m ab 249 AU$) Das engagierte Team mit einem Laden in der Shute Harbour Rd bietet als einziges Fallschirmsprünge mit Landung auf dem Strand von Airlie Beach an.

Skydive Airlie Beach FALLSCHIRMSPRINGEN
(☎07-4946 9115; www.skydive.com.au/airlie-beach; Fallschirmsprung ab 199 AU$) Man springt aus einem Flugzeug aus einer Höhe von 1830 m, 2440 m oder 4270 m und landet vor den Cafés am Airlie Beach. Eine tolle Truppe, und eine schönere Aussicht als bei einem solchen todesmutigen Sprung gibt es hier nicht.

Whitsunday Sailing Adventures BOOTSTOUR
(☎07-4946 4999; www.whitsundayssailingadventures.com.au; The Esplanade) Die gut vernetzte Agentur kann Plätze in allen Segelbooten vor Ort buchen sowie Touren bei einigen ordentlichen Tauchveranstaltern.

Pioneer Jet Whitsundays BOOTSTOUR
(☎1800 335 975; www.pioneerjet.com.au; Abel Point Marina; Erw./Kind 69/49 AU$) „Ultimate Bay Blast" ist eine donnernde, 30-minütige Runde in einem Jet Boat. Gut informierte, lustige Guides runden das Erlebnis ab, bei dem man so richtig nass wird.

Just Tuk'n Around GEFÜHRTE TOUR
(www.justtuknaround.com.au; Führung 30 AU$/Pers.) Bei den lustigen und informativen 30-minütigen Führungen erfährt man, dass Airlie Beach mehr „Geheimnisse" hat, als man so einem kleinen Küstenort eigentlich zutraut.

Lady Enid BOOTSTOUR
(☎0407 483 000; www.ladyenid.com.au; Bootstour ab 225 AU$) Maßgeschneiderte luxuriöse Segeltouren für Paare an Bord einer historischen Jacht.

Illusions BOOTSTOUR
(☎0455 142 021; www.illusion.net.au; Tagestour 125 AU$) Mit diesem 12 m langen Katamaran kann man preiswerte, aber beständig gute Segeltouren zu den Inseln unternehmen.

Solway Lass BOOTSTOUR
(☎1800 355 377; www.solwaylass.com; 3-tägige Tour mit 3 Übernachtungen ab 589 AU$) Hier verbringt man ganze drei Tage und drei Nächte auf einem 28 m langen Großsegler – dem einzigen authentischen Großsegler in Airlie Beach. Die Tour ist bei Backpackern beliebt.

Geführte Touren

Cruise Whitsundays BOOTSTOUR
(☎07-4846 70602; www.cruisewhitsundays.com; Shingley Dr, Abel Point Marina; ganztägige Bootstouren ab 99 AU$) Cruise Whitsundays betreibt nicht nur eine Fähre zu den Whitsunday Islands, sondern bietet auch Touren zum Hardy Reef, zum Whitehaven Beach und zu mehreren Inseln, darunter Daydream Island und Long Island. Mit einem Island Hopper Pass (Erw./Kind 125/65 AU$), der einen Tag lang gültig ist, kann man sich auch seine eigene Route zusammenstellen. Das Unternehmen organisiert außerdem eine beliebte Tagestour an Bord der *Camira* (195 AU$).

Air Whitsunday RUNDFLÜGE
(☎07-4946 9111; www.airwhitsunday.com.au; Terminal 1, Whitsunday Airport) Bietet eine ganze Palette an Touren an, darunter Tagestouren zum Whitehaven Beach (255 AU$) und Panoramaflüge plus Schnorcheltouren im Great Barrier Reef (375 AU$).

Whitsunday Crocodile Safari GEFÜHRTE TOUR
(☎07-4948 3310; www.crocodilesafari.com.au; Erw./Kind 120/60 AU$) Auf dieser Tour beobachtet man wild lebende Krokodile, erkundet einsame Meeresarme und isst echtes Bush Tucker (Buschnahrung).

Feste & Events

Airlie Beach Race Week SEGELN
(www.airlieraceweek.com; ⌚Aug.) Jeden August strömen Segler aus aller Welt nach Airlie, um sich bei der Regatta miteinander zu messen.

Airlie Beach Music Festival MUSIK
(airliebeachfestivalofmusic.com.au; ⌚Nov.) Seit seinem Start im Jahr 2012 hat sich dieses Festival einen festen Platz im Event-Kalender der Whitsundays erobert. Bei der dreitägigen Party stehen australischer und internationaler Rock, Folk und Electronica auf dem Programm. Auch viele regionale Talente treten auf.

Schlafen

Airlie Beach ist ein Backpacker-Paradies. Aber bei so vielen Hostels ist die Qualität unterschiedlich, und Bettwanzen sind ein verbreitetes Problem. Es gibt auch eine große Auswahl von Mittelklasseunterkünften, die besonders gut für Familien geeignet sind, aber wenig im Spitzenklassesektor.

★ **Kipara** RESORT $
(☎07-4946 6483; www.kipara.com.au; 2614 Shute Harbour Rd; Zi./Hütte/Villa ab 85/105/130 AU$; ❄@📶🏊) Versteckt im üppig grünen Viertel Jubilee Pocket kann man in diesem Budgetresort leicht vergessen, dass man nur 2 km vom Trubel des Ortszentrums entfernt ist – da sich die Anlage gleich neben einer Bushaltestelle befindet, braucht man kein Auto. Die Anlage ist äußerst sauber und hat ein ausgezeichnetes Preis-Leistungs-Verhältnis, hilfsbereites Personal und Kochgelegenheiten – sie ist also eine der besten Unterkünfte in Airlie, zumal sich hier auch regelmäßig Wildtiere blicken lassen. Online gibt's große Rabatte. Zur Anlage gehört ein fabelhafter Pool mit umlaufender Terrasse.

★ **Sunlit Waters** APARTMENTS $
(☎07-4946 6352; www.sunlitwaters.com; 20 Airlie Cres; Studios ab 95 AU$, Apt. mit 1 Schlafzi. 115 AU$; ❄📶🏊) Für einen Touristenort wie Airlie Beach geradezu spottbillig! Wir erwarteten, dass diese Einraumwohnungen winzig oder heruntergekommen wären, tatsächlich aber

sind sie schön eingerichtet und bieten alles, was man braucht, darunter eine separate Kochnische und eine herrliche Aussicht von dem langen Balkon. Es gibt sogar einen guten Swimmingpool.

Flametree Tourist Village WOHNWAGENPARK $
(☎07-4946 9388; www.flametreevillage.com.au; 2955 Shute Harbour Rd; Stellplatz mit/ohne Strom 40/30 AU$, Hütte ab 109 AU$; ❄@🏊🐾) Der unser Ansicht nach beste Campingplatz und Wohnmobilpark in der Region wurde gründlich überholt und ist jetzt eine erstklassige Alternative zum Chaos von Airlie Beach. Die geräumigen Stellplätze verteilen sich über hübsche Gartenanlagen voller Vögel, und es gibt eine gute Camp-Küche und einen Grillbereich. Der Platz befindet sich 6,5 km westlich von Airlie.

Airlie Beach YHA HOSTEL $
(☎07-4946 6312; www.yha.com.au; 394 Shute Harbour Rd; B 33 AU$, DZ ab 85 AU$; ❄@📶🏊) Das YHA bietet jungen Budget-Travellern eine echte Alternative zu den schmuddeligen Hostels und den unpraktisch gelegenen Absteigen im Busch. Unser Lieblingshostel in Airlie Beach punktet mit zentral Lage, relativer Ruhe, einem funkelnden Pool und tollen Kücheneinrichtungen – die Doppelzimmer sind allerdings ziemlich trist.

Airlie Waterfront Backpackers HOSTEL $
(☎1800 089 000; www.airliewaterfront.com; 6 The Esplanade; B ab 22 AU$, DZ ab 74 AU$; ❄📶) Das schlichte Hostel hat einen beneidenswerten Blick auf den Ozean und eine sehr zentrale Lage. Es ist etwas weniger hektisch als andere Unterkünfte im Zentrum.

Bush Village Budget Cabins HOSTEL $
(☎07-4946 6177, 1800 809 256; www.bushvillage.com.au; 2 St Martins Rd; B ab 33 AU$, DZ mit/ohne Bad ab 97/82 AU$; P❄@📶🏊) Diese Budgetunterkunft ist nicht geeignet für Partylustige, sondern für Traveller, die über ein eigenes Auto verfügen und nach einem langen Tag am Riff oder einer Partynacht gern in ihr eigenes „Dorf" zurückkehren wollen. Die Schlafsäle und Doppelzimmer verteilen sich auf in sich abgeschlossene Hütten. Da die Anlage eine Schanklizenz besitzt, kann man sich auch hinsetzen und ein Bier am Pool trinken. Vom Hostel ist man zu Fuß in fünf Minuten an der Abel Point Marina und in rund einer halben Stunde im Zentrum von Airlie Beach. Die Rezeption schließt früh, also deutlich Bescheid sagen, wann man kommt!

Beaches Backpackers HOSTEL $
(☎07-4946 6244; www.beaches.com.au; 356 Shute Harbour Rd; B/DZ ab 20/85 AU$; ❄@📶🏊) Die Hostelszene in Airlie ist ziemlich unbeständig, aber das Beaches ist beständig in seinem quirligen Service und dem unerschütterlichen Verlangen, die Party immer in Gang zu halten (kein Wunder angesichts der tollen Freiluftbar). Die Schlafsäle sind ganz o.k., könnten aber sauberer sein.

Hinweis: Das Hostel wurde vom Zyklon Debbie beschädigt. Vorher anrufen, ob inzwischen wieder Gäste aufgenommen werden!

ZYKLONWARNUNG

In Queenslands äußerstem Norden gehören Zyklone – also tropische Wirbelstürme – zwischen November und April zum Alltagsleben; jedes Jahr bilden sich durchschnittlich vier oder fünf dieser Stürme. Es ist selten, dass diese Zyklone katastrophale Ausmaße annehmen, aber im März 2017 traf der schwere tropische Zyklon Debbie nahe Airlie Beach auf das Land und verursachte beträchtliche Schäden und Überflutungen im südöstlichen Queensland und in der Northern-Rivers-Region von New South Wales. Auch Airlie Beach und Bowen waren betroffen.

Der Sturm brachte sintflutartige Regenfälle, starken Wind und hohen Seegang. Mindestens zwölf Personen kamen in Australien durch ihn ums Leben, hauptsächlich durch starke Überflutungen. Zum Zeitpunkt der Recherche waren die Aufräumungsarbeiten in vollem Gang. Vor der Reise sollte man sich erkundigen, wie es um die vorgesehene Unterkunft und die Strände bestellt ist.

In der Sturmsaison sollte man Zyklon-Ankündigungen und -Warnungen unbedingt beachten. Wenn eine Zyklon-Warnung ausgegeben ist, sollte man den örtlichen Radiosender eingeschaltet lassen und die Webseite des Bureau of Meteorology (www.bom.gov.au) ansehen, um aktuelle Infos und Ratschläge zu erhalten. Die Einheimischen sind Zyklonen gegenüber gleichgültig, kaufen aber bei drohender Zyklon-Gefahr trotzdem die Spirituosenmärkte leer!

Waterview APARTMENTS $$

(☎07-4948 1748; www.waterviewairliebeach.com.au; 42 Airlie Cres; Studios ab 140 AU$, WE mit 1 Schlafzi. ab 155 AU$;) Die kleinen Wohneinheiten des Waterview sind nach Lage und Komfort eine ausgezeichnete Wahl. Man erhascht einen Blick auf die Hauptstraße und hat eine tolle Sicht auf die Bucht. Die Zimmer sind modern, luftig, geräumig und haben Küchen für Selbstversorger. Prima für Paare, wenn sie ohne einen Pool auskommen können.

Airlie Beach Hotel HOTEL $$

(☎07-4964 1999; www.airliebeachhotel.com.au; Ecke The Esplanade & Coconut Gr; Zi. Motel/Hotel ab 145/195–295 AU$;) Das ABH hat schon alles erlebt. Die aufs Meer blickenden Zimmer gehören zu den besten vor Ort in dieser Preiskategorie. Mit drei Restaurants und einem Getränkeladen im Haus könnte man wahrlich weit schlechter wohnen.

Das Hotel wurde vom Zyklon Debbie beschädigt und musste zeitweilig schließen, soll aber Anfang 2018 wiedereröffnet werden.

Coral Sea Resort RESORT $$$

(☎07-4964 1300; www.coralsearesort.com; 25 Ocean View Ave; DZ ab 275 AU$;) Das Coral Sea Resort ist eine ausgezeichnete Wahl für Familien und ältere Leute, die hier guten Service, geräumige, geflieste Zimmer und eine der schönsten Pool-Anlagen in Queensland finden. Das Resort liegt nur einen kurzen Spaziergang von der Marina entfernt am Ende einer Landzunge gleich westlich vom Zentrum. Viele Zimmer haben eine tolle Aussicht, man spart aber viel, wenn man sich für eines mit Blick auf den Garten entscheidet und dann einfach am Pool abhängt.

Airlie Waterfront B&B B&B $$$

(☎07-4946 7631; http://airliewaterfrontbnb.com.au; Ecke Broadwater Ave & Mazlin St; Apt. mit 1/2 Schlafzi. ab 209/252 AU$;) Karen und Malcolm sind die geselligen Gastgeber in diesem Anwesen, das eher ein kleines Resort als ein B&B ist. Die Anlage befindet sich ein wenig oberhalb des Ortes, auf dem Plankenweg ist man in fünf Minuten da. Die Aussicht ist herrlich. Die Apartments mit zwei Schlafzimmern bieten das beste Preis-Leistungs-Verhältnis vor Ort. Einige Zimmer haben einen Whirlpool.

Essen

An dem Abschnitt gegenüber dem Hafen im neuen Port of Airlie gibt's eine gute Auswahl an eleganten, gehobenen Restaurants, im Ortszentrum von Airlie Beach hingegen alles Mögliche, von billigen Kebab-Imbissen bis zu schickeren Restaurants mit Terrassen. Für Selbstversorger existiert ein riesiger **Woolworths Supermarket** (Shute Harbour Rd; ⌚8–21 Uhr) im praktischer Lage mitten im Zentrum.

Harry's Corner CAFÉ $

(☎07-4946 7459; 273 Shute Harbour Rd; Hauptgerichte 7–18 AU$; ⌚7–15 Uhr) Die Einheimischen sind vom Harry's begeistert. Hier gibt's Tee in hübschem europäischem Teegeschirr, dänische Sandwiches, gefüllte Bagels und Salate in ordentlichen Portionen. Das den ganzen Tag angebotene Frühstück ist bei einem Kater genau das richtige.

Wisdom Health Lab CAFÉ $

(1b/275 Shute Harbour Dr; Toast ab 5,50 AU$, Säfte ab 7 AU$; ⌚7.30–15.30 Uhr;) In dem geschäftigen Eck-Café, das hauptsächlich Takeaway-Speisen verkauft, gibt's drinnen und draußen auch ein paar Tische. Es serviert gesunde Toasts, Sandwiches (darunter viele vegetarische Optionen wie den leckeren Linsen-Burger) und eine breite Palette frischer Smoothies und Säfte.

★ **Mr. Bones** PIZZA $$

(☎0413 017 331; Lagoon Plaza, 263 Shute Harbour Rd; Teller zum Teilen 12–17 AU$, Pizza 15–23 AU$; ⌚Di–Sa 9–21 Uhr) Mit einer guten Musikauswahl und kreativen Pizzas mit dünnem Boden ist dieses Restaurant das coolste in Airlie, seit es vor sechs Jahren eröffnet wurde. Außerdem hat das kleine, sonnige Lokal mit Blick auf die Lagune auch eine umfangreiche Karte mit Vorspeisen. Der Service ist gut gelaunt und nicht gleichgültig. Und auch der Kaffee ist prima.

Airlie Beach Treehouse MODERN-AUSTRALISCH $$

(☎07-4946 5550; www.airlietreehouse.com/; 6/263-265 Shute Harbour Rd; Hauptgerichte 18–36 AU$; ⌚8.30–21.30 Uhr) Das neue Restaurant an der Lagune überzeugt mit unkompliziertem Service und gutem Essen in einem schattigen Ambiente.

Denman Cellars Beer Cafe TAPAS $$

(☎07-4948 1333; Shop 15, 33 Port Dr; Tapas 10 AU$, Hauptgerichte 18–38 AU$; ⌚Mo–Fr 11–22, Sa & So 8–23 Uhr) Regelmäßige Livemusik und eine gesellige Stimmung findet man in dieser Tapasbar, die mehr Craft-Biere – insgesamt 700! – auf Lager hat als alle anderen Lokale vor Ort gemeinsam. Das Essen – z. B.

ein Meeresfrüchteteller zum Teilen (57 AU$) oder „Happen zum Bier" wie Zucchini-Bällchen (14 AU$) oder Entenpfannkuchen (17 AU$) – ist ordentlich. Es gibt auch größere Gerichte.

Fish D'vine SEAFOOD $$
(☎07-4948 0088; 303 Shute Harbour Rd; Hauptgerichte 17–33 AU$; ⊙17 Uhr–open end) In dieser Fisch- und Rum-Bar würden Piraten auf ihre Kosten kommen: Hier gibt's knusprige Happen aus Neptuns Reich, jede Menge Spaß und Rum in rauen Mengen (mehr als 200 Sorten). Wer einen riesigen Magen hat, bestellt „Seafood Indulgence" – einen Berg von Schalentieren für schlappe 149 AU$.

Ausgehen & Nachtleben

Es heißt, Airlie Beach sei ein Trinkerstadt mit einem Seglerproblem. Die Bars im **Magnums** (☎07-4964 1199, 1800 624 634; www.magnums.com.au; 366 Shute Harbour Rd; Stellplatz Zelt/Wohnmobil 24/26 AU$, B/DZ ab 24/56 AU$; ❄@≋) und im Beaches, den beiden großen Backpacker-Absteigen im Ortszentrum, sind ständig überfüllt, und abends steppt dort der Bär.

Mama Africa CLUB
(263 Shute Harbour Rd; ⊙21–5 Uhr) Der muntere Nachtclub im afrikanischen Safaristil lockt mit dröhnenden Beats, denen Jäger wie Beute kaum widerstehen können. Themenabende und alle möglichen, auf Backpacker-Partyvolk abzielende Werbeveranstaltungen sorgen dafür, dass hier jeden Tag in der Woche die Nächte durchgemacht werden.

Just Wine & Cheese WEINBAR
(Shop 8, 33 Port Dr; Wein 7–18 AU$/Glas; ⊙15–22 Uhr) Das von zwei kundigen Weinliebhabern geführte glanzvolle Weingeschäft mit Bar verwöhnt mit feinen Proben dessen, was der Name verspricht. Man trinkt seinen Wein mit Blick auf die Port-of-Airlie-Marina.

Paddy's Shenanigans IRISH PUB
(352 Shute Harbour Rd; ⊙17–3 Uhr) Hier gibt's jeden Abend Livemusik; ansonsten ist es ein üblicher Treff für harte Trinker, in dem Sportfernsehen gezeigt wird.

Praktische Informationen

Whitsunday Bookings (☎07-4948 2201; www.whitsundaybooking.com.au; 346 Shute Harbour Rd) Schon seit Jahren hilft Tina Travellern beim Buchen der richtigen Tour. Eine Zeit lang war das Büro so etwas wie die inoffizielle Touristeninformation vor Ort, während es heute nicht anders wirkt als die vielen anderen Informations- und Buchungszentren am Strip.

Whitsundays Central Reservation Centre (☎1800 677 119; www.airliebeach.com; 259 Shute Harbour Rd) Das Whitsundays Central Reservation Centre kann sehr hilfreich sein, die Hektik aus der Suche nach der richtigen Unterkunft herauszunehmen.

An- & Weiterreise

BUS

Busse von **Greyhound** (☎1300 473 946; www.greyhound.com.au) und von **Premier Motor Service** (☎13 34 10; www.premierms.com.au) verlassen den Bruce Hwy, um nach Airlie Beach zu fahren. Die Busse sind zwischen Airlie Beach und allen großen Städten an der Küste unterwegs, darunter auch Brisbane (248 AU$, 19 Std.), Mackay (31 AU$, 2 Std.), Townsville (49 AU$, 4 Std.) sowie Cairns (100 AU$, 9 Std.).

Fernbusse halten an der Esplanade, zwischen dem Segelclub und dem Airlie Beach Hotel.

Whitsunday Transit (☎07-4946 1800; www.whitsundaytransit.com.au) verbindet Proserpine (Whitsunday Airport), Cannonvale, Abel Point, Airlie Beach und Shute Harbour.

FLUGZEUG

Die nächsten größeren Flughäfen sind Whitsunday Coast (Proserpine) und Hamilton Island.

Whitsunday Airport (☎07-4946 9180) Ein kleiner Flugplatz, 6 km östlich von Airlie Beach, auf halbem Weg zwischen Airlie Beach und Shute Harbour.

SCHIFF/FÄHRE

Cruise Whitsundays (S. 399) sorgt für den Transfer zwischen dem **Port of Airlie** (www.portofairlie.com.au) und den Insel Hamilton, Daydream und Long.

Whitsundays

Von oben gesehen erscheinen die Whitsundays wie ein erstaunlicher Organismus unter dem Mikroskop. Zellen in Indigo-, Aquamarin-, Gelb- und Grüntönen betören die Sinne. Die vom Great Barrier Reef geschützten Gewässer sind ideal zum Segeln. Von Bord eines Schiffs auf dem Korallenmeer aus gesehen, wirken alle 74 Inseln bei der Annäherung zauberhaft und lassen einen vor Glück schaudern.

Einige der ältesten Lagerplätze an der Ostküste wurden von Archäologen hier entdeckt, und man kann sich vorstellen, wie unglücklich die Ngaro waren, das Land an Sägemühlen zu verlieren.

Auf fünf Inseln gibt es Resorts, die meisten sind aber unbewohnt, und auf mehreren kann man primitiv am Strand zelten und Wanderungen durch den Busch machen. Der Whitehaven Beach ist der schönste Strand der Whitsundays und, wie viele behaupten, der ganzen Welt. Airlie Beach auf dem Festland ist das Zentrum der Küste und das wichtigste Tor zu den Inseln. Dort kann man unzählige Touren und Aktivitäten buchen oder auch einfach nur ausgiebig feiern.

Aktivitäten

Segeln & Kreuzfahrten

Atlantic Clipper BOOTSTOUR
(www.atlanticclipper.com.au; 2-tägige Tour mit 2 Übernachtungen ab 460 AU$) Junge, schöne, trinkfreudige Gäste… und keine Chance, dem Trubel zu entgehen. Ein Highlight ist das Schnorcheln (oder die Erholung von der Party) auf der Langford Island.

Derwent Hunter BOOTSTOUR
(☎1800 334 773; www.tallshipadventures.com.au; Tagestouren 195 AU$) Eine zu Recht beliebte Segel-Safari auf einem schönen Holzschoner mit Gafftakelung. Eine gute Option für Paare und alle, die mehr Interesse an der Natur als an Partys haben.

SV Domino BOOTSTOUR
(www.aussieyachting.com; Tagestouren 180 AU$) Fährt mit maximal acht Gästen zur Bali Hai Island, einem wenig besuchten „Geheimtipp" der Whitsundays. Das Mittagessen und zwei Stunden Schnorcheln sind inbegriffen. Das Boot kann auch für private, maßgeschneiderte Touren gechartert werden.

Prima Sailing BOOTSTOUR
(☎0447 377 150; www.primasailing.com.au; 2-tägige Tour ab 390 AU$) Die lustigen Touren mit maximal 12 Teilnehmern dauern zwei Tage und zwei Nächte und sind ideal für Paare, die eine Tour mit Stil und Gehalt suchen.

Whitehaven Xpress BOOTSTOUR
(☎07-4946 1585; www.whitehavenxpress.com.au; Tagestour 160 AU$) Der Veranstalter bietet verschiedene Bootsausflüge, am bekanntesten ist aber der Tagesausflug zum Whitehaven Beach.

Tauchen

Die meisten Tauchtouren in diesem Gebiet führen zu den leicht zu erreichenden Riffen rund um die Whitsundays, man kann aber auch weiter draußen am Great Barrier Reef tauchen.

> **TOP-STRÄNDE**
>
> In einem Land voller schöner Strände bieten die Whitsundays einige der schönsten. Hier unsere Favoriten:
>
> **Whitehaven Beach** (S. 407) Mit azurblauem Wasser, das an einen blendend weißen Kieselsandstrand schwappt, ist der Whitehaven Beach auf Whitsunday Island absolut überwältigend.
>
> **Chalkies Beach** Der idyllische weiße Sandstrand auf Haslewood Island gegenüber dem Whitehaven Beach ist ebenfalls wunderschön.
>
> **Langford Island** Bei Flut ist Langford ein dünner Sandsteifen am Rand einer unglaublich malerischen, von Korallen erfüllten türkisblauen Lagune.
>
> **Butterfly Bay** In der geschützten Bucht an der Nordseite von Hook Island flattern in jedem Winter die Schmetterlinge.
>
> **Catseye Beach** (S. 406) Der Catseye Beach auf Hamilton Island ist für die Whitsundays zwar ein recht belebter Ort, aber der Sandstrand im Schatten von Palmen und das türkisblaue Wasser warten darauf, in den Social Media geteilt zu werden.

Tauchtouren mit mehreren Tauchgängen im Ozean gibt's ab ca. 900 AU$. Die **Whitsunday Diving Academy** (☎1300 348 464; www.whitsundaydivingacademy.com.au; 2579 Shute Harbour Rd, Jubilee Pocket) ist ein guter Ausgangspunkt.

Bei einer Reihe von Segeltouren gibt's Tauchgänge als optionales Extra. Tauchgänge für Anfänger oder für zertifizierte Taucher kosten ab 95 AU$. Der Fährbetreiber Cruise Whitsundays (S. 399) bietet Tauchgänge (ab 119 AU$) im Rahmen von Tagesausflügen zu seinem Ponton im Riff.

Die meisten Inselresorts haben Tauchschulen und verleihen kostenlos Schnorchelausrüstung.

Kajakfahren

Mit Delfinen und Meeresschildkröten zu paddeln, ist eine der besten Arten, die Whitsundays zu erleben. **Salty Dog Sea Kayaking** (☎07-4946 1388; www.saltydog.com.au; Shute Harbour; halb-/ganztägige Tour 80/130 AU$) veranstaltet geführte Touren und vermietet Kajaks (halber/ganzer Tag 50/80 AU$). Prima ist die auch für Anfänger geeignete sechstägige Kajak- und Campingexpedition (1650 AU$).

Geführte Touren

Ocean Rafting BOOTSTOUR
(07-4946 6848; www.oceanrafting.com.au; Erw./Kind/Familie ab 134/87/399 AU$) In einem sehr schnellen, gelben Hochgeschwindigkeitsboot besucht man die „wilde" Seite der Inseln. Unterwegs kann man am Whitehaven Beach baden, auf einer geführten Nationalparkwanderung wieder festen Boden unter den Füßen spüren oder an den Riffen in der Mantaray Bay und vor Border Island schnorcheln.

Ecojet Safari GEFÜHRTE TOUR
(07-4948 2653; www.ecojetsafari.com.au; 195 AU$) Auf diesen dreistündigen Jetski-Safaris (2 Pers./Jetski) in kleinen Gruppen kann man die Inseln, die Mangroven und die Meeresfauna der nördlichen Whitsundays erkunden.

Big Fury BOOTSTOUR
(07-4948 2201; www.magicwhitsundays.com; Erw./Kind/Familie 130/70/350 AU$) In einem offenen Sportboot geht's rasant hinaus zum Whitehaven Beach, gefolgt von einem Mittagessen und einem Schnorchelausflug zu einem nahegelegenen, abgeschiedenen Riff. Tolles Preis-Leistung-Verhältnis und bei allen Reisebüros am Airlie Beach buchbar.

HeliReef PANORAMAFLÜGE
(07-4946 9102; www.helireef.com.au) Panoramaflüge mit einem Hubschrauber ab 135 AU$.

Schlafen

Der NPSR (www.npsr.qld.gov.au) verwaltet die Campingplätze des Whitsunday Islands National Park auf mehreren Inseln und vermietet die Stellplätze an individuelle Camper und Tourgruppen. Die Campinggenehmigung (6,15/24,60 AU$ pro Pers./Fam.) erhält man online oder im **NPSR-Buchungsbüro** (13 74 68; www.npsr.qld.gov.au; Ecke Shute Harbour & Mandalay Rd; Mo–Fr 9–16.30 Uhr) in Airlie Beach.

Man muss sich selbst versorgen und 5 l Wasser pro Person und Tag mitnehmen, dazu Verpflegung für drei Tage mehr als geplant, falls man vor Ort hängenbleiben sollte. Holzfeuer sind auf allen Inseln verboten, man braucht also auch einen mit Benzin betriebenen Kocher.

Whitsunday Island Camping Connections – Scamper (07-4946 6285; www.whitsundaycamping.com.au) startet vom Shute Harbour und kann einen an den Inseln South Molle, Denman oder Planton Islands (hin & zurück 65 AU$), auf Whitsunday Island (hin & zurück 105 AU$), am Whitehaven Beach (hin & zurück 155 AU$) und auf Hook Island (hin & zurück 160 AU$) absetzen.

Long Island

Long Island lockt mit einsamen schönen weißen Stränden, liebenswerten wilden Felskängurus und 13 km Wanderwegen.

Campen auf Long Island kann man am **Sandy Bay** (www.nprsr.qld.gov.au; Stellplatz 6,15/24,60 AU$ pro Pers./Fam.).

Das **Palm Bay Resort** (1300 655 126; www.palmbayresort.com.au; Villa ab 229 AU$, polynesische Hütte ab 249 AU$, Bungalow ab 329 AU$) ist das luxuriöse Selbstversorger-Resort auf Long Island mit einer Vielzahl intimer Wohnmöglichkeit. Der Pool ist riesig, aber die Geselligkeit eher zurückhaltend, zumal es keinen Speisebereich gibt. Der Resort-Laden verkauft Gourmet-Lebensmittel und Alkohol bekommt man an der rustikalen Bar. Wer sich Lebensmittel liefern lassen will, wendet sich an **Whitsundays Provisions** (07-4946 7344; www.whitprov.com.au). Das ist das Modell eines nachhaltigen Tourismus, das sich länger halten könnte.

Cruise Whitsundays (07-4946 4662; www.cruisewhitsundays.com) pendelt täglich häufig zwischen dem Palm Bay Resort und Port of Airlie (einfache Strecke 48 AU$).

Hook Island

Die 53 km² große Hook Island, die zweitgrößte Insel der Whitsunday Gruppe, ist größtenteils ein Nationalpark und erreicht am Hook Peak eine Höhe von 450 m. Rund um die Insel liegen mehrere gute Strände und einige der besten Tauch- und Schnorchelspots der Region.

Nationalpark-**Campingplätze** (www.npsr.qld.gov.au; Plätze pro Pers./Fam. 6,15/24,60 AU$) befinden sich in Maureen Cove, Steen's Beach, Curlew Beach und Crayfish Beach. Sie sind zwar sehr einfach, bieten aber wunderbare Möglichkeiten, im wahrsten Sinne des Wortes zur Natur zurückzukehren.

South Molle Island

South Molle, die mit 4 km² größte Insel der Inselgruppe Molle Islands, ist mit den Inseln Mid Molle und North Molle nahezu verbun-

NICHT VERSÄUMEN

SEGELN IN DEN WHITSUNDAYS

Die Whitsundays sind der Ort, um bei einer tropischen Brise über das fantastisch blaue Wasser zu gleiten. Wer zeitlich flexibel ist, kann mit Last-Minute-Standby-Angeboten wesentlich günstiger wegkommen und weiß dann auch besser über die Wetterlage Bescheid. Viele Traveller hängen genau aus diesem Grund ein paar Tage in Airlie Beach herum, was natürlich dazu führen kann, dass man das gesparte Geld in den Pubs lässt!

Die meisten Boote bieten Schnorcheln an den rund um die Inseln liegenden Riffs, wo es oft mehr farbenfrohe Weichkorallen gibt als am äußeren Riff. Tauchen und andere Aktivitäten kosten fast immer extra.

Wer sich für eine Tour entschieden hat, kann sie in einem der vielen Reisebüros in Airlie Beach buchen.

Anders als die superschnelle **Camira** (S. 399) können Segelboote Ziele wie den Whitehaven Beach nicht im Rahmen einer Tagestour ab Airlie Beach erreichen. In der Regel steuern sie daher das hübsche Langford Reef und Hayman Island an – man sollte sich vor der Buchung informieren, wohin es geht.

Bareboat Charter

Man kann auch ein Boot ohne Skipper, Crew und Vorräte chartern. Eine formale Qualifikation ist nicht erforderlich, aber zumindest einer aus der Gruppe, die das Boot mieten will, sollte nachweisen können, dass er es kompetent führen kann.

Für eine Jacht für vier bis sechs Personen zahlt man in der Hauptsaison (Sept.–Jan.) zwischen 500 und 1000 AU$ pro Tag, dazu kommen eine Buchungsanzahlung und eine Sicherheitskaution (die zurückerstattet wird, wenn das Boot unbeschädigt zurückgegeben wird). Die meisten Anbieter bestehen auf einer Mindestmietdauer von fünf Tagen.

Zu den Unternehmen rund um Airlie Beach, die Boote ohne Skipper und Mannschaft vermieten, gehören:

Charter Yachts Australia (☎1800 639 520; www.cya.com.au; Abel Point Marina; ab 495 AU$/4 Pers.)

Cumberland Charter Yachts (☎1800 075 101; www.ccy.com.au; Abel Point Marina)

Queensland Yacht Charters (☎1800 075 013; www.yachtcharters.com.au; Abel Point Marina)

Whitsunday Escape (☎1800 075 145; www.whitsundayescape.com; Abel Point Marina)

Whitsunday Rent A Yacht (☎1800 075 000; www.rentayacht.com.au; 6 Bay Tce, Shute Harbour)

Auf einem Boot anheuern

Wer auf einem Boot anheuert, wird als Gegenleistung für eine kostenlose Koje, die Verpflegung und ein Segelabenteuer damit beschäftigt sein, das Großsegel zu hissen und die Toilette zu putzen. Interessierte schauen rund um die Marina und in den Restaurants und Hotels nach Schildern mit der Aufschrift „Crew Wanted". Welche Erfahrungen man bei so einer Tour macht, hängt vom Boot, dem Skipper, anderen Crewmitgliedern (falls vorhanden) und der eigenen Einstellung ab. Auf jeden Fall sollte man Bekannte wissen lassen, wohin man fährt, mit wem, und wie lange man unterwegs sein wird. Das dient der eigenen Sicherheit – und wird die Bekannten außerdem ziemlich neidisch machen!

den. Abgesehen von einem privaten Wohngebiet und einem Golfplatz in der Bauer Bay im Norden ist die gesamte Insel ein Nationalpark und wird von 15 km Wanderwegen durchzogen, an denen einige großartige Aussichtspunkte liegen.

Nationalpark-**Campingplätze** (☎13 74 68; www.npsr.qld.gov.au; Plätze pro Pers./Fam. 6,15/24,60 AU$) gibt es in der Sandy Bay im Süden und in der Paddle Bay in der Nähe des Resorts.

Daydream Island

Daydream Island ist das dem Festland am nächsten gelegene Resort und hat eine ideale Lage, um die Touristenmassen anzulocken. Mit einer Länge von gerade mal etwas mehr als 1 km und einer Breite von 200 m lässt sich die Insel in ein, zwei Stunden erkunden; sehr gut ist das Programm zur Meeresbiologie, bei der man in kurzer Zeit viele der in der Region lebenden Tierarten kennenlernt. Leider wirkt die Insel zuweilen überlaufen und nicht natürlich, sondern eher steril. Kürzlich wurde die Anlage an einen Investor verkauft, der daraus ein „Luxusziel" machen will, aber sie dürfte ihren Reiz als Ziel eines Tagesausflugs behalten und besonders interessant für geschäftige Familien und Traveller bleiben, denen es an Zeit fehlt, die „echten" Whitsundays zu erkunden. Die Schäden, die der Zyklon Debbie Anfang 2007 anrichtete, haben die Entwicklung beschleunigt, und das Resort soll 2018 wiedereröffnet werden.

Das **Daydream Island Resort & Spa** (☎1800 075 040; www.daydreamisland.com; DZ ab 245 AU$; ❄📶≋) hat das Unterkunftsmonopol auf der Insel. Die Zimmer haben vernünftige Preise, und viele blicken hinaus auf das prächtige Korallenmeer. Tennisplätze, ein Fitnesscenter, Katamarane, Windsurfen, drei schwimmende Pools und ein Freiluftkino sind im Preis inbegriffen. Ein Club mit ständigen Aktivitäten hält die Kinder bei Laune.

Hamilton Island

1350 EW.

Willkommen in einem kleinen Resort-Paradies, wo auf den asphaltierten Straßen Golfcarts fahren, wo sich Wanderwege durch die steilen, felsigen Hügel winden und wo an den Stränden Wassersport aller Art betrieben wird. Das mag zwar nicht jedermanns Vorstellung vom einsamen Inselleben entsprechen, dennoch ist es schwer, sich nicht von der riesigen Auswahl an Nobelunterkünften, Restaurants, Bars und Aktivitäten beeindrucken zu lassen – für jeden, der das nötige Kleingeld mitbringt, ist etwas dabei.

Tagesbesucher können einige Einrichtungen der Resorts nutzen, z. B. Tennisplätze, einen Goldplatz und einen Minigolfplatz, und so die Insel für vergleichsweise wenig Geld erleben.

Einige Tauchshops am Hafen organisieren Tauchgänge und Zertifizierungskurse, und so ziemlich überall kann man diverse Bootsfahrten zu anderen Inseln und zum äußeren Riff buchen.

Wer nur Zeit für eine Wanderung hat, sollte auf den Passage Peak (239 m) in der Nordostecke der Insel klettern.

Schlafen & Essen

★ Qualia RESORT **$$$**
(☎1300 780 959; www.qualia.com.au; DZ ab 1100 AU$; ❄@📶≋) Das umwerfende, ultraluxuriöse Qualia liegt auf einem abgeschiedenen, 12 ha großen Grundstück; die modernen Villen ragen wie himmlische Baumhäuser aus dem grünen Hang empor. Das Resort besitzt einen Privatstrand, zwei Restaurants, ein Spa und zwei Pools. Es bleibt unser Lieblings-Luxusresort im Umkreis von vielen Kilometern.

Reef View Hotel HOTEL **$$$**
(☎02-9007 0009; www.hamiltonisland.com.au/reef-view-hotel; DZ ab 370 AU$; ❄@≋) Das passend benannte Resort auf dem Hügel bietet eine spektakuläre Aussicht über die grünen Hügel auf die türkisblaue See. Es liegt zentral und ist bei Familien und Reisegruppen beliebt. Die Atmosphäre ist etwas salopper, und bei längerem Aufenthalt werden die Preise etwas erträglicher.

Popeye's Fish n' Chips FISH & CHIPS **$**
(Front St; Fish & Chips 11,50 AU$; ⏲So–Do 10–21, Fr & Sa 11.30–21 Uhr) Von den riesigen Portionen Fish 'n' Chips werden problemlos zwei Personen satt. Es gibt hier auch Burger, Hähnchen … und Angelköder.

Manta Ray Cafe CAFÉ **$$**
(☎07-4946 8213; Marina Village; Hauptgerichte 17–30 AU$; ⏲10.30–21 Uhr) Gourmet-Holzofenpizza steht hier im Mittelpunkt, man kann sich aber auch zu einem Nachmittag mit Austern und Drinks niederlassen. Das Lokal ist beliebt bei Familien und Tagesbesuchern.

An- & Weiterreise

FLUGZEUG

Die meisten Besucher der Whitsundays kommen am Hamilton Island Airport an. Er wird von **Qantas** (☎13 13 13; www.qantas.com.au), **Jetstar** (☎13 15 38; www.jetstar.com.au) und **Virgin** (☎13 67 89; www.virginaustralia.com.au) angeflogen.

SCHIFF/FÄHRE

Cruise Whitsundays (☎07-4946 4662; www.cruisewhitsundays.com) Verbindet den Hamilton Island Airport und die Marina mit dem Port of Airlie in Airlie Beach (48 AU$).

Hayman Island

Die kleine Hayman Island, die nördlichste Insel der Whitsundays, ist nur 4 km² groß und erreicht eine Höhe von 250 m über dem Meeresspiegel. Die Insel besitzt bewaldete Hügel, Täler und Strände sowie ein luxuriöses Fünf-Sterne-Resort. Sie ist seit langem eine Bühne für den Lebensstil der Reichen und Berühmten. Australiens berühmtestes Inselresort wurde von einem Fluglinien-Tycoon begründet und ist seither eine beneidete Spielweise von Berühmtheiten und Würdenträgern aller Art geblieben. Durchschnittsmenschen müssen sich mit den anderen 73 Inseln begnügen, denn Hayman Island ist exklusiv den Resortgästen vorbehalten.

Eine Allee aus stattlichen Dattelpalmen führt zum Eingang des **One&Only Hayman Island Resort** (☎07-4940 1838; www.hayman.com.au; Zi. mit Frühstück 730–12 300 AUS; ❄@🛜🏊), einer der glanzvollsten Adressen am Great Barrier Reef mit 1 ha an (rund um die Uhr geöffneten) Pools, gepflegten Gartenanlagen und exklusiven Boutiquen. Das Zimmerangebot reicht von gut ausgestatteten Hütten am Pool über Luxussuiten mit drei Schlafzimmern bis zu riesigen, freistehenden Villen. Aufgrund der Schäden durch den Zyklon Debbie kann das Resort bis Mitte 2018 keine Buchungen annehmen.

Lindeman Island

Lindeman Island, 15 km südöstlich des luxuriösen Hamilton Island, war früher ein schickes Resort, wurde aber von den Konkursverwaltern der Natur überlassen. In den letzten zehn Jahren sorgen nur noch Naturfotografen und Wanderer, die auf eigene Faust losziehen, um die vielfältigen Baumarten der Insel zu erkunden und den herrlichen Blick vom Mt. Oldfield (210 m) zu genießen, für etwas Belebung. Das Alles wird sich aber ändern, weil bis 2021 eine 600 Mio. AU$ teure Neuerschließung erfolgen soll. Lindeman Island ist also nicht mehr lange weitgehend ein Nationalpark mit einsamen Buchten und 20 km eindrucksvollen Wanderwegen.

Boat Port (Stellplatz 6,15/24,60 AU$ pro Pers./Fam.) ist ein offener Campingplatz an einem sandigen Strandabschnitt vor einer Kulisse aus Regenwald. Es gibt einfache Toiletten und Picknickeinrichtungen. Die Bucht wurde einst benutzt, um Segelschiffe zu säubern – daher der Name.

Whitsunday Island

Von Tourismusexperten lange als einer von Australiens schönsten Stränden bezeichnet, ist **Whitehaven Beach** auf Whitsunday Island ein 7 km langer, ursprünglicher Streifen aus blendendem Sand (aus 98 % reiner Kieselerde, dieser Sand ist einer der weißesten der Welt), der sich zwischen üppig-grüner tropischer Vegetation und dem glitzernden blauen Meer erstreckt. Am Hill Inlet am Nordende des Strands zeichnet das wirbelnde Muster aus blendend weißem Sand, der sich durch türkisblaues Wasser zieht, ein wahrhaft magisches Bild. Am Südende kann man sehr gut schnorcheln.

Am Dugong, Nari's und Joe's Beach im Westen, in der Chance Bay im Süden, am Südende des Whitehaven Beach und in der Peter Bay im Norden gibt's Nationalpark-**Campingplätze** (Parkplatz pro Erw./Fam. 6,15/24,60 AU$).

Weitere Whitsunday-Inseln

Die nördlichen Inseln sind unerschlossen und werden nur selten von Kreuzfahrtschiffen oder Wassertaxis angefahren. Auf mehreren der Inseln – der Gloucester, der Saddleback und der Armit Island – gibt's Nationalpark-Campingplätze.

Bona Bay auf Gloucester Island hat den größten **Campingplatz** (☎13 74 68; www.npsr.qld.gov.au; Stellplatz 6,15/24,60 AU$ pro Erw./Fam.), der mit Toiletten, Picknicktischen und einem guten Unterstand ausgestattet ist. Auf dem schlichten Campingplatz von Armit Island gibt's eine Toilette und Picknicktische, während der bescheidene Platz auf der nahe dem Festland gelegenen Saddleback Island Picknicktische besitzt.

Cumberland Islands

Zur Cumberland-Gruppe gehören rund 70 Inseln, die manchmal auch als die südlichen Whitsundays bezeichnet werden. Fast alle Inseln sind als Nationalparks ausgewiesen. **Brampton Island** ist gut bekannt für seine Naturwanderungen und soll bald Sitz eines „Sieben-Sterne"-Resorts werden. Abgesehen von **Keswick Island** sind die Einrichtungen auf allen Inseln sehr begrenzt und der Zugang ist schwierig, wenn man nicht über ein eigenes Boot verfügt oder die Mittel hat, ein Boot (oder ein Wasserflugzeug) zu chartern; weitere Infos bekommt man im Visitor Centre von Mackay (S. 397).

Auf dem **Keswick Island Campground** (☎1300 889 290; Stellplatz ohne Strom ab 20 AU$, Suite ab 80 AU$) gibt's eine Reihe von Stellplätzen ohne Strom in sehr kurzer Gehentfer-

ABSTECHER

CONWAY NATIONAL PARK

Der Conway National Park bietet genügend abwechslungsreiche Schönheit, um Traveller Richtung Airlie Beach von den Whitsundays weg tief in die Regenwaldhügel und an einsame Strände zu locken, die früher einmal die Jagdgründe der Giru Dala waren. Die Berge dieses Nationalparks und die Whitsunday Islands gehören zu der gleichen Küstengebirgskette. Der steigende Meeresspiegel nach der letzten Eiszeit überflutete die tiefer gelegenen Täler und ließ nur die höchsten Gipfel als Inseln zurück, die jetzt vom Festland abgeschnitten sind.

Mehrere Wanderwege beginnen nahe dem Picknick- und Tagesbesucher-Bereich. Weiter die Hauptstraße zum Coral Point entlang führt vor Shute Harbour eine 1 km lange Piste hinunter zum Coral Beach und dem Aussichtspunkt The Beak.

Rund 1 km hinter dem Tagesbesucher-Bereich führt ein 2,4 km langer Weg hinauf zum **Mt.-Rooper-Aussichtspunkt**, von dem aus man einen schönen Blick auf die Whitsunday Passage und die Inseln hat.

Um die wunderschönen **Cedar Creek Falls** zu erreichen, wechselt man 18 km südwestlich von Airlie Beach von der Straße von Airlie Beach nach Proserpine auf die Conway Rd. Nun sind es noch rund 15 km bis zum Wasserfall; die Straßen sind gut ausgeschildert.

nung von der unberührten Basil Bay – ein echter Geheimtipp in der Camper-Gemeinde!

Das **Beach House** (☎1300 889 290; www.keswickisland.com.au; 6 Coral Passage Dr, Keswick Island; Haus 275 AU$) ist eine gute Gelegenheit, die Schönheit von Keswick ohne alles Gedränge zu genießen. In den modernen, stilvollen Anwesen können sechs Personen übernachten und den direkten Zugang zur Basil Bay genießen.

Bowen

9277 EW.

Bowen ist ein kleines Küstenstädtchen auf einem Hügel gleich nördlich von Airlie Beach und berühmt für seine Mangos – in der Pflücksaison herrscht einiger Betrieb –, vor Ort aber vor allem bekannt für seine verschwiegenen Buchten. Die breiten, ruhigen Straßen, die aus Holz errichteten Queenslander-Häuser und die entspannten, freundlichen Einwohner begünstigen einen geruhsamen Lebensstil. Das Ufer mit seiner landschaftsgärtnerisch gestalteten Esplanade, Picknicktischen und Grillstellen ist ein Bezugspunkt, einige wirklich hinreißende – und nur wenig besuchte – Strände und Buchten finden sich nordöstlich vom Ortszentrum.

Am Wasserturm der Stadt prangt ein Schild mit der Aufschrift „Bowenwood". Es erinnert an Baz Luhrmanns Monumentalfilm *Australia*, der 2007 hier gedreht wurde – die Einwohner sind immer noch ein bisschen vom Starruhm geblendet.

Schlafen & Essen

Bowen Backpackers HOSTEL $

(☎07-4786 3433; www.bowenbackpackers.com.au; Herbert St; B Nacht/Woche ab 40/190 AU$; ❄ @ 📶) Das am hübschen Strandende der Herbert St (hinter dem Grandview Hotel) gelegene Hostel ist die richtige Adresse, wenn man auf dem umliegenden Obstplantagen arbeitet. Das neue Management hat vor Ort einen erstklassigen Ruf. Die Zimmer sind ordentlich und recht geräumig.

Barnacles Backpackers HOSTEL $

(☎07-4786 4400; www.barnaclesbackpackers.com; 18 Gordon St; B ab 30 AU$; 📶) Das Hostel mit 84 Zimmern wurde von einem neuen Management übernommen, das enge Verbindung zum Obstpflückergewerbe hat. Die Gemeinschaftsbereiche wirken etwas aseptisch, aber das Haus ist sehr funktional und ruhig. Das letzte Wort über die Richtung, die hier eingeschlagen werden soll, ist noch nicht gesprochen, man sollte sich also unter Backpackern umhören, wie der aktuelle Stand der Dinge ist.

Rose Bay Resort RESORT $$

(☎07-4786 9000; www.rosebayresort.com.au; 2 Pandanus St; Zi. 160–300 AU$; ❄ @ 🏊) Die Rose Bay ist ein weit unterschätzter Strand, besonders im Hinblick auf Schnorcheln, und die Gäste dieses freundlichen Resort haben ihn praktisch für sich alleine. Die geräumigen Einraumapartments und komfortablen Wohneinheiten bieten jeweils bequemen Platz für vier Gäste. Um diesen Teil von Bowen zu erreichen, braucht man ein Auto. Man muss mindestens zwei Nächte buchen.

Jochheims Pies BÄCKEREI **$**
(49 George St; Pies 5 AU$; ⌚ Mo–Fr 5.30–15.30, Sa bis 12.30 Uhr) Seit 1963 versorgt diese Bäckerei die Einheimischen mit Backwaren und hausgemachten Pies. Zu empfehlen ist der Hugh-Jackman-Pie (mit viel Rindfleisch) – während der Dreharbeiten zu *Australia* war der Schauspieler hier Stammgast.

ℹ An- & Weiterreise

Greyhound (☎1300 473 946; www.greyhound.com.au) und **Premier** (☎13 34 10; www.premierms.com.au) haben häufige Busverbindungen von/nach Airlie Beach (26 AU$, 1½ Std.) und Townsville (29 AU$, 4 Std.).

Eungella National Park

Der mystisch-geheimnisvolle, bergige Eungella National Park ist Teil der hoch gelegenen Clarke Range und fast 500 km² groß, aber bis auf Wanderwege rund um **Broken River** und **Finch Hatton Gorge** unzugänglich. Tausende Jahre waren hier die großen Gebiete tropischer und subtropischer Vegetation von anderen Regenwaldgebieten abgeschnitten, sodass sich mehrere einzigartige Arten entwickelt haben, darunter der Skink mit orangen Flanken und der charmante Eungella-Frosch, der seine Eier im Magen ausbrütet und die Kaulquappen zur Welt bringt, indem er sie ausspuckt.

Finch Hatton Gorge

Die Finch Hatton Gorge ist ein bemerkenswerter prähistorischer Ort in einem zerklüfteten subtropischen Regenwald. Die Hügel mit Farmland verschwinden in einer üppigen Schlucht voller vulkanischen Felsen, in der es von Vögeln und Insekten wimmelt. Es wirkt, als wäre man plötzlich durch ein schwarzes Loch in eine andere Dimension eingetreten.

Ein prächtiger, 1,6 km langer Wanderweg führt zu den rauschenden **Araluen Falls** mit ihren Kaskaden und Badelöchern. Nach einem weiteren Kilometer erreicht man die **Wheel of Fire Falls**, noch eine Kaskade mit einer tiefen Badestelle. An beiden Wasserstellen tummeln sich an den Wochenende gerne die Einheimischen.

Rainforest Scuba (☎0434 455 040; www.rainforestscuba.com; 55 Anzac Pde, Finch Hatton) beansprucht den zweifelhaften Titel des ersten Regenwald-Tauchveranstalters für sich. Man taucht in kristallklaren Bächen, in dem sich Aale, Schnabeltiere, Schildkröten und Fische den Lebensraum teilen.

Eine lustige und informative Weise, den hiesigen Regenwald zu erkunden besteht darin, mit **Forest Flying** (☎07-4958 3359; www.forestflying.com; 60 AU$) über das Blätterdach zu gleiten. Bei der himmelhohen geführten Tour wird man an ein 350 m langes Seil 25 m hoch über dem Boden gebunden – mit einer Seilrolle kontrolliert man selber die Geschwindigkeit.

Das **Platypus Bushcamp** (☎07-4958 3204; www.bushcamp.net; Finch Hatton Gorge; Stellplatz/B/Hütte 7,50/25/75 AU$; 🐕) 🍃 ist ein echtes Busch-Refugium, das von dem exzentrischen Besitzer Wazza von Hand erbaut wurde. Die drei schlichten Hütten sind von Regenwald umgeben. Ein Bach mit Schnabeltieren und tollen Badestellen verläuft neben dem Camp, und die große Freiluftküche und der Essbereich befinden sich im Zentrum der Anlage.

Broken River

Das kühle und zuweilen neblige Broken River lohnt einen Abstecher von Mackay ins Binnenland wegen dem hochgelegenen Regenwald, in dem auf den Ranches in den Hügeln sehr glückliche Kühe leben und jede Menge Vögel zu Hause sind. Broken River besitzt einige der besten Wanderwege in der Region, und man kann auch einige Beuteltiere erspähen, die sich im Unterholz verstecken.

Der **Fern Flat Camping Ground** (www.npsr.qld.gov.au/camping; Stellplatz 6,15/24,60 AU$ pro Pers./Fam.) ist ein hübscher Platz zum Zelten mit schattigen Stellplätzen neben dem Fluss, in dem Schnabeltiere spielen. Der Platz ist nur zu Fuß, aber nicht mit dem Auto erreichbar; er liegt leichte 500 m hinter dem Informationszentrum und dem Kiosk. Man registriert sich online.

Der **Crediton Hall Camping Ground** (www.npsr.qld.gov.au; Stellplatz 6,15/24,60 AU$ pro Pers./Fam.) 3 km hinter Broken River ist für Fahrzeuge zugänglich. Man biegt links in die Crediton Loop Rd ein und biegt dann nach dem Wishing-Pool-Kreisverkehr rechts ab.

ℹ An- & Weiterreise

Der Park liegt 84 km westlich von Mackay. Es gibt keine Busse nach Eungella oder Finch Hatton, aber **Reeforest Adventure Tours** (S. 395) veranstaltet Tagesausflüge ab Mackay und setzt auch Leute, die länger bleiben wollen, hier ab und nimmt sie später dann wieder mit. Die Touren finden allerdings nicht täglich statt, sodass man am Ende vielleicht länger bleiben muss, als man eigentlich wollte.

VON TOWNSVILLE NACH CAIRNS

Zwischen den Touristenmagneten Cairns und Whitsunday Islands erstreckt sich diese weniger bekannte, von Regenwald bedeckte Gegend mit ruhigen Stränden, riesigen Kasuaren, und Koalas, die auf Gummibäumen ein Nickerchen halten.

Townsville

174 797 EW.

Die wenig besuchte Großstadt im Norden von Queensland ist eine Pracht: Im Herzen der Stadt liegt die schöne, endlose Esplanade, eine ideale Aussichtsplattform zur sagenhaften Magnetic Island vor der Küste. Die Stadt ist fußgängerfreundlich und besitzt mit prächtigen, renovierten Gebäuden aus dem 19. Jh. viele Wahrzeichen. Wer seine Zweifel hat, folgt einfach den vielen Menschen, die vom rot leuchtenden Castle Hill einen Blick in die trockene Umgebung der Stadt werfen.

Townsville hat eine muntere junge Bevölkerung. Tausende Studenten und Angehörige der Streitkräfte mischen sich mit Alteingesessenen, Minenarbeitern, die ein- und ausgeflogen werden, und Travellern, die angesichts von durchschnittlich 320 Sonnentagen hier den Sommer suchen. Das Nachtleben ist hier deshalb oft ziemlich turbulent.

Sehenswertes

★ Reef HQ Aquarium AQUARIUM
(www.reefhq.com.au; Flinders St E; Erw./Kind 28/14 AU$; ⏲9.30–17 Uhr) Eindrucksvolle 2,5 Mio. l Wasser fließen hier durch das Korallenriffbecken, in dem 130 Korallen- und 120 Fischarten leben. Kinder wird das Schildkrötenkrankenhaus begeistern, wo sie die Tiere ansehen, füttern und berühren können. Den ganzen Tag über finden (im Eintritt inbegriffene) Vorträge und Führungen zu Themen zum Riff und zum Aquarium statt.

★ Museum of Tropical Queensland MUSEUM
(☎07-4726 0600; www.mtq.qm.qld.gov.au; 70–102 Flinders St E; Erw./Kind 15/8,80 AU$; ⏲9.30–17 Uhr) Das Museum ist ein Muss für Schulkinder, aber auch erwachsene Geschichts- und Wissenschaftsinteressierte. Anhand von detaillierten Modellen werden interaktiv Szenen nachgestellt. Um 11 und 14.30 Uhr kann man wie im 18. Jh. eine Kanone laden und abfeuern. Zu den Galerien gehören das kinderfreundliche Wissenschaftszentrum MindZone und Ausstellungen zur Geschichte des nördlichen Queensland von den Dinosauriern bis zum Regenwald und dem Riff.

Australian Institute of Marine Science FORSCHUNGSINSTITUT
(AIMS; ☎07-4753 4444; www.aims.gov.au) Die Marine-Forschungseinrichtung am Cape Ferguson hat nach umfänglichen Renovierungen Mitte 2017 die kostenlosen ca. zweistündigen Führungen (März–Nov. Fr 9.30 Uhr) wieder aufgenommen. Das Institut führt wichtige Forschungen zu Themen wie der Korallenbleiche und dem Management des Great Barrier Reef und dessen Rückwirkungen auf die Gemeinschaft. Die Führungen müssen vorab gebucht werden. Die Abzweigung vom Bruce Hwy liegt 35 km südöstlich von Townsville.

Billabong Sanctuary NATURSCHUTZGEBIET
(www.billabongsanctuary.com.au; Bruce Hwy; Erw./Kind 35/22 AU$; ⏲9–17 Uhr) Nur 17 km südlich von Townsville kann man in diesem Naturpark mit Ökosiegel mit australischen Wildtieren (von Dingos bis zu Kasuaren) in ihrer natürlichen Umgebung auf Tuchfühlung gehen. In dem 11 ha großen Schutzgebiet, in dem etwa jede halbe Stunde Fütterungen, Vorführungen oder Vorträge stattfinden, kann man gut einen Tag verbringen.

Botanic Gardens GARTEN
(⏲Sonnenaufgang–Sonnenuntergang) GRATIS Townsvilles botanische Gärten erstrecken sich über drei Standorte: jeder hat seinen eigenen Charakter, aber alle bieten tropische Pflanzen und sind herrlich grün. Die formellen **Queens Gardens** (S. 411) liegen 1 km nordwestlich der Stadt am Fuß des Castle Hill und am nächsten zum Zentrum.

Castle Hill AUSSICHTSPUNKT
GRATIS Viele Einwohner und Besucher von Townsville marschieren auf den hinreißenden 286 m hohen roten Hügel (einen einsamen Monolithen aus rosa Granit), der die Skyline von Townsville beherrscht, um die herrliche Aussicht auf die Stadt und die Cleveland Bay zu genießen. Hinauf geht's über den rauen „Ziegenpfad" (einfache Strecke

AUSFLÜGE ZUM GREAT BARRIER REEF AB TOWNSVILLE

Das Great Barrier Reef liegt näher an Cairns und Port Douglas als an Townsville, deshalb sorgen die größeren Benzinkosten für höhere Preise. Andererseits ist hier weniger los und das Riff hat weniger unter dem Besucheransturm zu leiden. Touren ab Townsville richten sich meist an Taucher. Wer nur schnorcheln möchte, schließt sich einem Tagesausflug zum Riff an – das Wrack der *Yongala* ist ausschließlich für Taucher. Die *Yongala* liegt um einiges näher an Alva Beach bei Ayr als an Townsville, wer also in erster Linie am Wracktauchen interessiert ist, bucht am besten eine Exkursion mit **Yongala Dive** (S. 417) in Alva Beach.

Das **Visitor Centre** (S. 415) hat eine Liste der in Townsville ansässigen Veranstalter, die PADI–zertifizierte Anfänger-Tauchkurse mit zwei Tagen Training am Pool und mindestens zwei Tagen und einer Nacht an Bord anbieten. Die Preise beginnen bei 600 AU$, und die Teilnehmer müssen sich einer medizinischen Tauchtauglichkeitsuntersuchung (rund 60 AU$) unterziehen.

Adrenalin Dive (☎07-4724 0600; www.adrenalinedive.com.au; 252 Walker St) Tagestouren zur *Yongala* (ab 264 AU$) und zum Lodestone Reef (ab 229 AU$), jeweils inklusive zweier Tauchgänge. Angeboten werden auch Touren mit Übernachtung an Bord und Tauchzertifizierungskurse.

Remote Area Dive (RAD; ☎07-4721 4424; www.remoteareadive.com.au; 16 Dean St) Veranstaltet Tagesausflüge (ab 225 AU$) nach Orpheus Island und Pelorus Island, darüber hinaus auch Touren mit Übernachtung an Bord und Tauchkurse.

2 km) vom Hillside Cres aus. Per Auto fährt man über die Gregory St und biegt in die schmale, kurvenreiche 2,6 km lange Castle Hill Rd ab. Oben zeigt eine Hinweistafel kurze Wanderwege.

Cultural Centre KULTURZENTRUM
(☎07-4772 7679; www.cctownsville.com.au; 2-68 Flinders St E; Erw./Kind 5/2 AU$; ⏲9.30–16.30 Uhr) Zeigt die Geschichte, Traditionen und Bräuche der indigenen Kulturen der regionalen Wulgurukaba und der Bindal; die Zeiten der geführten Touren telefonisch erfragen.

Queens (Botanic) Gardens GARTEN
(Ecke Gregory & Paxton St; ⏲Sonnenaufgang–Sonnenuntergang) GRATIS In diesem schmucken Garten am Fuß des Castle Hill kann man ein geruhsames Picknick machen.

Maritime Museum of Townsville MUSEUM
(☎07-4721 5251; www.townsvillemaritimemuseum.org.au; 42–68 Palmer St; Erw./Kind/Fam. 6/3/15 AU$; ⏲Mo–Fr 10–15, Sa & So 12–15 Uhr) Bootsliebhaber sind hier richtig, dafür sorgen eine Ausstellung zum Wrack der *Yongala* und Exponate zur Schiffsindustrie von North Queensland. Zum Angebot gehören auch Führungen auf dem ausgemusterten Wachboot HMAS *Townsville*.

Aktivitäten

Strand SCHWIMMEN
Townsvilles Uferbereich erstreckt sich über 2,2 km und ist mit Parks, Schwimmbädern, Cafés und Spielplätzen gespickt – mit Hunderten von Palmen, die Schatten spenden. Der goldene Sandstrand wird mit zwei Barrieren vor den gefährlichen Seewespen geschützt und überwacht.

An der Nordspitze befindet sich der **Rock Pool** (The Strand; ⏲24 Std.), GRATIS ein riesiges künstliches Schwimmbecken, das von Grünflächen und Sandstränden umgeben ist. Alternativ kann man auch die chlorgetränkte Sicherheit des Schwimmbads in den **Tobruk Memorial Baths** (www.townsville.qld.gov.au; The Strand; Erw./Kind 5/3 AU$; ⏲Mo–Do 5.30–19, Fr bis 18, Sa 7–16, So 8–17 Uhr) genießen, das noch dazu olympische Ausmaße bietet und unter Denkmalschutz steht. Zudem gibt's einen fantastischen **Water Playground** (The Strand; ⏲Dez–März 10–20, Sept.–Nov., April & Mai bis 18, Juni–Aug. bis 17 Uhr) GRATIS für Kinder.

Skydive Townsville FALLSCHIRMSPRINGEN
(☎07-4721 4721; www.skydivetownsville.com.au; 182 Denham St; Tandemsprung aus 3050/4270 m ab 395/445 AU$) Man stürzt sich aus einem Flugzeug und landet direkt am Strand oder gegenüber auf Magnetic Island.

Feste & Events

Die Stadt besitzt einen vollgepackten Festival- und Veranstaltungskalender. Einen festen Platz darin haben die Heimspiele der heißgeliebten **North Queensland Cowboys**, eines Teams der National Rugby League (www.cowboys.com.au).

Townsville

Townsville 500 — SPORT

(www.v8supercars.com.au; ⌚ Juli) Jeden Juli röhren bei der V8 Supercar Championship Rennwagen über einen Straßenparcours.

Australian Festival of Chamber Music — MUSIK

(www.afcm.com.au; ⌚ Aug) Bei diesem international renommierten Musikfestival zeigt sich Townsville von seiner kulturellen Seite.

Schlafen

★ Civic Guest House — HOSTEL $

(☎ 07-4771 5381; www.civicguesthousetownsville.com.au; 262 Walker St; B/DZ ab 20/56 AU$; @ 📶) Dieses altmodische Hostel respektiert die Wünsche unabhängiger Traveller hinsichtlich Sauberkeit, Komfort, Sicherheit und Umgänglichkeit. Das senffarbene, kolonial angehauchte Civic ist eine willkommene Abwechslung von den lärmenden Backpacker-Herbergen. Kostenloser Transfer von/zu Fähre oder Busbahnhof.

Orchid Guest House — PENSION $

(☎ 07-4771 6683, 0418 738 867; www.orchidguesthouse.com.au; 34 Hale St; B 28 AU$, DZ mit/ohne Bad 90/65 AU$; ❄) Das Orchid ist seit unserer letzten Visite förmlich aufgeblüht. Das alte Wohnhaus in der inneren Vorstadt hat eine

Townsville

Highlights
1 Museum of Tropical Queensland C3
2 Reef HQ Aquarium C3

Sehenswertes
Cultural Centre ....(siehe 1)
3 Maritime Museum of Townsville C4
4 Queens (Botanic) Gardens A2

Aktivitäten, Kurse & Touren
5 Adrenalin Dive A4
6 Remote Area Dive C4
7 Skydive Townsville B3
8 Strand B2
9 Tobruk Memorial Baths C2
10 Water Playground B2

Schlafen
11 Civic Guest House A4
12 Historic Yongala Lodge Motel B2
13 Oaks M on Palmer D4
14 Orchid Guest House A3
15 Reef Lodge C3

Essen
16 A Touch of Salt B4
17 Harold's Seafood B1
18 Jam C4
19 Longboard Bar & Grill B1
20 Summerie's Thai Cuisine C3
21 Wayne & Adele's Garden of Eating D4

Ausgehen & Nachtleben
22 Beach Bar A1
23 Coffee Dominion B4
24 Grand Northern Hotel B4
25 Heritage Bar C3
26 Townsville Brewery B4

Shoppen
27 Cotters Market B4
28 Strand Night Market A1

Praktisches
29 Great Barrier Reef Marine Park Authority C3

ruhige Hügellage in Gehentfernung zum Stadtzentrum und gibt sich gepflegt und Queensland-typisch. Friedliche Gäste, die Pläne für die Magnetic Island schmieden oder einen zeitweiligen Job suchen, strömen ein und aus.

Reef Lodge HOSTEL $
(☎07-4721 1112; www.reeflodge.com.au; 4 Wickham St; B $23-35, DZ mit/ohne Bad 80/62 AU$;) Das einzige Hostel der Innenstadt, das eine Erwähnung lohnt, ist zwar ein Wirrwarr von Zimmern, aber dem Personal gelingt es, im Spielezimmer, in der Chill-Out-Zone und in dem Garten voller Hängematten ein Gemeinschaftsgefühl zu wecken. Und wenn in den nahegelegenen Nachtclubs der letzte Dollar draufgegangen ist, kann man hier auch gut nach Jobs in der Region suchen.

Rowes Bay Caravan Park WOHNMOBILPARK $
(☎07-4771 3576; www.rowesbaycp.com.au; Heatley Pde; Stellplatz mit/ohne Strom 36/28 AU$, Hütte mit/ohne Bad ab 110/75 AU$, Villa 115–140 AU$;) Ein grüner Wohnmobilpark direkt gegenüber dem Strand an der Rowes Bay. Die Villen sind kleiner als die Hütten, aber schicker.

Historic Yongala Lodge Motel MOTEL $
(☎07-4772 4633; www.historicyongala.com.au; 11 Fryer St; Motel-Zi. 79–139 AU$, Apt. mit 1/2 Schlafzi. 115/159 AU$;) Das 1884 erbaute hübsche historische Gebäude mit Zierbalustraden ist nur einen kurzen Spaziergang vom Strand und dem Stadtzentrum entfernt. Die Zimmer und Apartments sind klein, haben aber ein gutes Preis-Leistungs-Verhältnis. Langzeit-„Mieter" und laute Partygänger können den Gesamteindruck stören, es gibt aber genug Vielfalt und Platz, dass man dem aus dem Wege gehen kann.

Oaks M on Palmer BOUTIQUEHOTEL $$
(☎07-4753 2900; 81 Palmer St; DZ ab 100 AU$;) Das Oaks M liegt direkt am Ende der Partymeile der Palmer St und ist ideal für einen Drink im Zimmer nach der Party oder vor dem Abendessen. Die Zimmer sind klein, aber stilvoll und hell und bei alleinstehenden Berufstätigen beliebt. Parkplätze sind kostenlos, der Service ist diskret, und es gibt einen kleinen Fitnessraum.

Essen

Die senkrecht zum Strand verlaufende Gregory St säumen einige Cafés und Imbisse. Die Restaurantmeile Palmer St bietet eine große kulinarische Vielfalt – man sucht sich einfach das Passende aus. Viele der hiesigen Bars und Kneipen servieren auch Essen.

Harold's Seafood SEAFOOD $
(Ecke The Strand & Gregory St; Gerichte 4–10 AU$; Mo–Do 8–21, Fr–So bis 21.30 Uhr) Der große Fish'n'Chips-Laden an der Ecke bringt Fisch-Burger (12 AU$) und große Barramundi mit Salat (11 AU$) auf den Teller.

★ Longboard Bar & Grill MODERN-AUSTRALISCH $$
(☎ 07-4724 1234; www.longboardbarandgrill.com; The Strand, gegenüber der Gregory St; Hauptgerichte 15–37 AU$; ⏲ 11.30–15 & 17.30 Uhr–open end) Der coolste Ort in Townsville für eine kleine Mahlzeit und eine Mini-Party mit Blick aufs Wasser ist dieses Pub-Restaurant mit Surfer-Deko, das jeden Abend tolle Angebote wie Tacos und Buffalo Wings hat. Die reguläre Karte mit Steaks, Meeresfrüchten und Pasta ist sehr verlässlich. Die Bestellungen werden an der Bar aufgenommen, was aber kein Problem ist, weil die Stimmung an den meisten Abenden gut ist und man schnell und effizient bedient wird.

Jam MODERN-AUSTRALISCH $$
(☎ 07-4721 4900; 1 Palmer St; Hauptgerichte 15–30 AU$; ⏲ 7–22 Uhr) Das ordentliche Mittelklasserestaurant an der munteren Palmer St versteht die zwanglose heimische Kundschaft und kredenzt eine große Palette von Gerichten, darunter auch Frühstück und Desserts.

Wayne & Adele's Garden of Eating MODERN-AUSTRALISCH $$
(☎ 07-4772 2984; 11 Allen St; Hauptgerichte ab 19 AU$; ⏲ Mo 18.30–22.30, Di–Sa bis 23, So 12–15 Uhr) Das von einem Ehepaar geführte Gourmet-Restaurant in einem australischen Hinterhof (na ja, Hof) gibt sich respektlos durch und durch. Wer als Beilage zu seinem Essen eine gewisse Skurrilität nicht verschmäht, ist mit Hauptgerichten wie „Safety Net" (Krokodil-Frikadellen mit asiatischem Salat) oder „Bounce Back" (Känguru-Filet aus dem Tandur mit Zitronen-Pickles-Joghurt) bestens bedient.

Summerie's Thai Cuisine THAILÄNDISCH $$
(☎ 07-4420 1282; www.summeriesthaicuisine.com.au; 232 Flinders St; Mittagsmenü 13 AU$, Hauptgerichte abends ab 17 AU$; ⏲ 11.30–14.30 & 17.30–22 Uhr) Das ungeheuer erfolgreiche örtliche Thai-Restaurant mit erstklassiger Lage in der Innenstadt und einer neuen Filiale in der Vorstadt passt traditionelle Gerichte dem australischen Gaumen an und verwendet Zutaten aus dem Korallenmeer für Gerichte wie „Barrier Reef" (Meeresfrüchte in Fischsauce, gewürzt mit Koriander und Chili), „Heaven on Earth" (langsam gegarte Garnelen mit Kokos und knackigem Grüngemüse) oder „Summer Sunset" (süßsaure Ananas-Sauce).

A Touch of Salt MODERN-AUSTRALISCH $$$
(☎ 07-4724 4441; www.atouchofsalt.com.au; 86–124 Ogden St; Hauptgerichte 35–37 AU$; ⏲ 12–15 & 18–23.30 Uhr) Das beliebteste Spitzenrestaurant der feinen Leute von Townsville sieht zwar nicht gerade sehr stilvoll aus, aber die Bar ist schick, der Service vornehm und die raffinierte asiatische Fusion-Küche ambitioniert (wenn auch zuweilen übertrieben).

Ausgehen & Nachtleben

Townsville Brewery BRAUEREI
(252 Flinders St; ⏲ Mo–Sa 11.30–24 Uhr) In dem munteren, hinreißend renovierten ehemaligen Postamt aus den 1880er-Jahren werden Biere gebraut, darunter das Townsville Bitter und das Bandito Loco.

Beach Bar BAR
(Watermark Hotel, 72-74 The Strand) *Der* Ort, um sich in Townsville sehen zu lassen. Wenn die Bar gut genug für die Sängerin Missy Higgins und die Gruppe Silverchair war, dann können wir nichts dagegen sagen. In der Schenke mit erstklassigem Blick auf den Ozean am schicken Ende des Strand gibt's sonntags oft gute Konzerte.

Coffee Dominion CAFÉ
(www.coffeedominion.com.au; Ecke Stokes & Ogden St; ⏲ Mo–Fr 6–17, Sa & So 7–13 Uhr) Das umweltbewusste Café röstet Bohnen aus aller Welt, von den Atherton Tablelands bis nach Mombasa. Wem keine der Mischungen zusagt, kann sich auch selber eine zusammenstellen, die dann für einen frisch gemahlen wird.

Grand Northern Hotel KNEIPE
(☎ 07-4771 6191; 500 Flinders St) Die historische Kneipe von 1901 in Townsvilles munterem Zentrum ist nicht gerade ein Hafen der Stille, aber jederzeit prima für ein Bier. Wer gerne mittendrin ist, für den ist das GN unschlagbar.

Heritage Bar BAR
(☎ 07-4724 1374; www.theheritagetownsville.com; 137 Flinders St E; Barsnacks ab 11 AU$; ⏲ Di–Sa 17–2 Uhr) In der überraschend schicken Bar mixen kundige Barkeeper kreative Cocktails (18 AU$) für eine coole Kundschaft, die mehr verlangt als nur rustikale Bierseligkeit. Zu essen gibt's raffinierte Barsnacks (z. B. in Bourbon mariniertes Schweinefleisch vom Grill oder Muscheln und Chorizo-Gnocchi) und Knabbereien wie Garnelen mit Kokos.

Shoppen

Einen Besuch lohnen der wöchentliche **Cotters Market** (www.townsvillerotarymarkets.com.au; Flinders St Mall; ⌚ So 8.30–13 Uhr) und der einmal im Monat stattfindende **Strand Night Market** (www.townsvillerotarymarkets.com.au; The Strand; ⌚ Mai–Dez. 1. Fr des Monats 17–21.30 Uhr).

Praktische Informationen

Great Barrier Reef Marine Park Authority (☎ 07-4750 0700; www.gbrmpa.gov.au) Die bundesstaatliche Behörde verwaltet das Great Barrier Reef.

Visitor Information Centre (☎ 07-4721 3660; www.townsvilleholidays.info; 280 Flinders St; ⌚ 9–17 Uhr) Die Touristeninformation hat ausführliche Infos zu Townsville, Magnetic Island und den nahegelegenen Nationalparks. Eine weitere Filiale befindet sich am Bruce Hwy 10 km südlich der Stadt.

An- & Weiterreise

BUS

Greyhound (☎ 1300 473 946; www.greyhound.com.au; The Breakwater, Sealink Travel Centre, Sir Leslie Thiess Dr) fährt dreimal täglich nach Brisbane (249 AU$, 24 Std.), Rockhampton (129 AU$, 12 Std.), Airlie Beach (49 AU$, 4½ Std.), Mission Beach (44 AU$, 3¾ Std.) und Cairns (64 AU$, 6 Std.). Die Busse halten am **Breakwater Ferry Terminal** (2/14 Sir Leslie Thiess Dr; Schließfach 4–6 AU$/Tag).

Premier Motor Service (☎ 13 34 10; www.premierms.com.au) fährt einmal täglich von/nach Brisbane (184 AU$, 23 Std.) und Cairns (55 AU$, 6 Std.). Die Busse halten am **Fantasea Car Ferry Terminal** (Ross St, South Townsville).

FLUGZEUG

Vom **Townsville Airport** (www.townsvilleairport.com.au) fliegen **Virgin** (☎ 13 67 89; www.virginaustralia.com), **Qantas** (☎ 13 13 13; www.qantas.com.au), **Air North** (☎ 1800 627 474; www.airnorth.com.au) und **Jetstar** (☎ 13 15 38; www.jetstar.com.au) nach Cairns, Brisbane, zur Gold Coast, nach Sydney, Melbourne, Mackay und Rockhampton, mit Anschluss zu weiteren großen Städten.

SCHIFF/FÄHRE

SeaLink (☎ 07-4726 0800; www.sealinkqld.com.au) betreibt einen Fährdienst von Breakwater in Townsville zur Magnetic Island (hin & zurück Erw./Kind inkl. ganztägiger Bus-Pass 35/17,50 AU$, 25 Min.). Zwischen 5.30 und 23.30 Uhr fahren die Fähren stündlich. Auf Magnetic Island nutzen die Fähren das Terminal an der Nelly Bay.

ZUG

Townsvilles **Bahnhof** (Charters Towers Rd) liegt 1 km südlich des Zentrums.

Der *Spirit of Queensland* von Brisbane nach Cairns kommt fünfmal pro Woche in Townsville durch. Die Reisezeit zwischen Brisbane und Townsville beträgt 25 Stunden (einfache Strecke ab 189 AU$), Tickets nach Cairns (6½ Std.) kosten ab 79 AU$. Weitere Infos gibt's bei **Queensland Rail** (☎ 1800 872 467; www.queenslandrail.com.au).

Unterwegs vor Ort

Der Townsville Airport liegt 5 km nordwestlich vom Zentrum in Garbutt. Ein Taxi in die Stadt kostet ungefähr 22 AU$.

Sunbus (☎ 07-4771 9800; www.sunbus.com.au) betreibt Nahverkehrsbusse rund um Townsville. Streckenpläne und Fahrpläne erhält man im Visitor Information Centre und online.

Taxis stehen an Plätzen überall in der Stadt oder können bei **Townsville Taxis** (☎ 13 10 08; www.tsvtaxi.com.au) bestellt werden.

Magnetic Island

2500 EW.

Magnetic Island liegt auf Rufdistanz vor Townsville. Die grüne Insel ist eine der entspanntesten Wohnadressen in Queensland. Die Einheimischen, die zur Arbeit überwiegend nach Townsville pendeln, wenn sich nicht im Tourismussektor tätig sind, müssten sich eigentlich beim Heimkommen kneifen, ob sie nicht träumen – so hinreißend sind die Küstenwanderwege, die Gummibäume voller dösender Koalas (man wird irgendwo immer einen entdecken) und die umliegende. türkisblau schimmernde See.

Mehr als die Hälfte der gebirgigen, dreieckigen, 52 km² großen Insel ist ein Nationalpark mit malerischen Wanderwegen und vielen Tieren, zu denen eine große (liebenswerte) Population von Felskängurus gehört. An den einladenden Stränden gibt's aufregenden Wassersport, wenn man sich nicht einfach mit einem Sonnenbad begnügt. Die Granitfelsen, Araukarien und Eukalyptusbäume sind eine erfrischende Abwechslung zum Klischee des tropischen Inselparadieses.

Sehenswertes

Auf der Insel gibt es eine Hauptstraße, die von der Picnic Bay vorbei an der Nelly Bay und der Geoffrey Bay zur Horseshoe Bay führt. Nahverkehrsbusse fahren regelmäßig auf dieser Straße. Wanderwege durch den

Busch verbinden ebenfalls die wichtigsten Ortschaften. Karten der Insel erhält man am Ticketschalter des Fähr-Terminals.

Picnic Bay

Picnic Bay ist einer der entspanntesten Flecken auf der Insel, der in erster Linie von einer Gemeinde freundlicher Einheimischer geprägt wird. Während der Saison (Nov.–Mai) gibt es ein Schutznetz, und die Bademöglichkeiten sind großartig. Es gibt auch ein schönes Kai, falls man die Angel auswerfen will.

Nelly Bay

Magnetic Harbour in Nelly Bay gibt den Besuchern einen ersten Eindruck vom Leben auf der Insel. Man findet hier eine große Palette von geschäftigen, aber entspannten Restaurants und Unterkünften und einen ordentlichen Strand. Ein Kinderspielplatz lieg am nördlichen Strandende, und in dem umsäumenden Korallenriff kann man gut schnorcheln.

Arcadia Bay

Die Ortschaft Arcadia besteht aus einer Ansammlung von Läden, Lokalen und Unterkünften der Mittelklasse. Am Südende des Hauptstrandes in der **Geoffrey Bay** liegt ein Riff (von Riff-Spaziergängen bei Ebbe wird abgeraten). Sein mit Abstand hübschester Abschnitt ist die Bucht von **Alma Bay**, wo riesige Felsen ins Meer hineinragen. Neben jeder Menge Schatten gibt es hier Picknicktische und einen Kinderspielplatz.

Am Ende der Straße, dem **Bremner Point** zwischen Geoffrey Bay und Alma Bay, gibt es gegen 17 Uhr wilde Felskängurus zu sehen. Diese fressen Besuchern quasi aus der Handfläche, da sie sich daran gewöhnt haben, jeden Tag zur selben Zeit gefüttert zu werden. Wer den Fußmarsch auf sich nimmt, wird mit einem echten Highlight belohnt.

Radical Bay & die Forts

Townsville diente im Zweiten Weltkrieg als Versorgungsbasis im Pazifik, und die Forts wurden errichtet, um die Stadt vor Angriffen vom Meer zu schützen. Der schönste Spaziergang vor Ort ist der **Forts-Weg** (2,8 km; hin & zurück 1½ Std.). Er beginnt in der Nähe der Abzweigung zur Radical Bay und führt an vielen ehemaligen Militärstätten, Geschützstellungen und falschen „Felsen" vorbei. An der höchsten Stelle der Route bieten der Aussichtsturm und der Kommandoposten spektakuläre Küstenblicke, zudem ist die Wahrscheinlichkeit hoch, Koalas in den Baumwipfeln zu sehen. Zurück geht's über dieselbe Strecke oder entlang der Verbindungswege, die zur Horseshoe Bay führen (dort fährt ein Bus zurück).

Die Balding Bay in der Nähe ist Maggies inoffizieller Nudistenstrand.

Horseshoe Bay

Die Horseshoe Bay an der Nordküste ist der schönste der zugänglichen Strände der Insel und zieht junge, hippe Naturliebhaber und ältere Tagesausflügler an. Vor Ort gibt es einen Verleih für Wassersportausrüstung, ein Seewespennetz, verschiedene Cafés und eine fantastische Kneipe. Das Bungalow Bay Koala Village hat einen eigenen **Naturpark** (☎07-4778 5577, 1800 285 577; www.bungalowbay.com.au; 40 Horseshoe Bay Rd, Horseshoe Bay; Erw./Kind 29/13 AU$; ⏲2-stündige Touren 10, 12 & 14.30 Uhr), in dem man mit Krokodilen und Koalas auf Tuchfühlung gehen kann. Hiesiges Kunsthandwerk ist auf dem **Markt** (⏲2. & letzter So im Monat 9–14 Uhr) von Horseshoe Bay am Strand erhältlich.

Aktivitäten

Big Mama Sailing BOOTSFAHRT
(☎0437 206 360; www.bigmamasailing.com; ganztägige Bootstour Erw./Kind 195/110 AU$) Mit den passionierten Schiffern Stu, Lisa und Fletcher, die kürzlich die *Big Mama* – eine 18 m lange Ketsch – von Mission Beach nach hier verlegt haben, kann man in See stechen.

Pro Dive Magnetic TAUCHEN
(☎0424 822 450; www.prodivemagnetic.com; 43 Sooning St, Nelly Bay) Die Tauchschule in Nelly Bay bietet spritzige Magnetic-Island-Tagestouren für Schnorchler (149 AU$) und Taucher (199 AU$). PADI-Kurse kosten 299 AU$.

Tropicana Tours AUTOTOUR
(☎07-4758 1800; www.tropicanatours.com.au; ganzer Tag Erw./Kind 198/99 AU$) Ziggy und Co. veranstalten in ihrem Großraum-Geländewagen prächtige Touren zu den schönsten Stellen der Insel. Im Preis inbegriffen sind Begegnungen mit Wildtieren, ein Mittagessen in einem örtlichen Café und ein Cocktail bei Sonnenuntergang. Kürzere Touren wer-

den auch angeboten, aber die acht Stunden dauernde ist der eigentliche Hit.

Horseshoe Bay Ranch REITEN
(☎07-4778 5109; www.horseshoebayranch.com.au; 38 Gifford St, Horseshoe Bay; 2-stündige Ausritte 120 AU$) Bei dem beliebten zweistündigen Ritt durch Buschland zum Strand galoppiert man dramatisch in die – recht ruhige – Brandung. Es gibt auch Ponyritte für die Kleinen (20 Min., 20 AU$).

Magnetic Island Sea Kayaks KAJAKFAHREN
(☎07-4778 5424; www.seakayak.com.au; 93 Horseshoe Bay Rd, Horseshoe Bay; Tour morgens/abends 85/60 AU$) Magnetic Island ist ein hervorragender Ort zum Seekajakfahren dank vieler Startpunkte, versteckter Strände, Meerestiere und entspannter Cafés, in denen man nach einer Paddeltour neue Energie tanken kann. Hier kann man sich einer morgendlichen oder abendlichen Tour mit Ökozertifikat anschließen oder einfach ein Kajak (Einer-/Zweierkajak 85/160 AU$ pro Tag) mieten.

Pleasure Divers TAUCHEN
(☎07-4778 5788; www.pleasuredivers.com.au; 10 Marine Pde, Arcadia; Tauchgang im offenen Wasser ab 300 AU$/Pers.; ⏲8.30–17 Uhr) Eine Schnorcheltour mit diesen in Arcadia ansässigen Typen ist eine gute und günstige Möglichkeit, die Natur rund um die Geoffrey Bay kennenzulernen. Wer ins tiefe Wasser möchte, kann hier dreitägige PADI-Open-Water-Tauchgänge unternehmen, um seine Fähigkeiten auszubauen. Für erfahrene Taucher gibt's Fortgeschrittenenkurse und Tauchgänge u. a. zum Wrack der *Yongala*.

Schlafen

★ Base Backpackers HOSTEL $
(☎1800 242 273; www.stayatbase.com; 1 Nelly Bay Rd, Nelly Bay; Stellplatz 15 AU$/Pers., B 32–37 AU$, DZ ab 110 AU$; @☎≋) Mit keinen ablenkenden Urlaubern in Sicht ist das Base ein Hostel mit einer der besten Lagen in Australien. Es sitzt zwischen der Nelly Bay und der Picnic Bay und ist bekannt für wilde Vollmondpartys. In der berühmt-berüchtigten Island Bar vor Ort kann es jederzeit hoch her gehen. Es gibt auch Pauschalangebote mit Übernachtung, Verpflegung und Transfer.

Arcadia Beach Guest House PENSION $
(☎07-4778 5668; www.arcadiabeachguesthouse.com.au; 27 Marine Pde, Arcadia; B ab 35 AU$, Safarizelt 65 AU$, Zi. mit/ohne Bad 135–170/75–85 AU$; ❄☎≋) Im preiswerten, von munteren Profis geführten Arcadia Beach Guest House haben Gäste angesichts der vielen Unterkunftsoptionen und Aktivitäten die Qual der Wahl. Soll man sich für ein helles, nach den Buchten von Magnetic Island benanntes Zimmer, ein Safarizelt oder ein Bett im Schlafsaal entscheiden? Soll man vom Balkon aus Schildkröten beobachten, ein Kanu, ein Moke oder einen Geländewagen mieten oder vielleicht sogar all das tun?

DAS WRACK DER *YONGALA*

Yongala Dive (☎07-4783 1519; www.yongaladive.com.au; 56 Narrah St, Alva Beach) veranstaltet Tauchtouren (259 AU$ inkl. Ausrüstung) zum Wrack der *Yongala*, die am Alva Beach 17 km nordöstlich von Ayr starten. Von dort aus dauert die Bootstour zum Wrack nur 30 Minuten, statt 2½ Stunden ab Townsville. Die Unterkunft im Backpacker-Stil in der **Dive Lodge** (☎07-4783 1519; www.yongaladive.com.au; 56 Narrah St; B/DZ 29/68 AU$; @) am Ufer sollte man vorab reservieren. Gäste werden kostenlos in Ayr abgeholt.

Magnetic Island B&B B&B $$
(☎07-4758 1203; www.magneticislandbedandbreakfast.com; 11 Dolphin Ct, Horseshoe Bay; DZ 150 AU$) Die hiesigen Doppelzimmer sind schnell ausgebucht, aber das neue „Bush Retreat" (190 AU$) mit Platz für vier Personen ist ein tolles Angebot, wenn man etwas natürliche Abgeschiedenheit sucht. Die Zimmer sind hell und luftig und die Gastgeber kundige Profis. Es gibt einen neuen Meerwasserpool, und das im Preis enthaltene Frühstück ist gesund und lecker. Gäste müssen mindestens zwei Übernachtungen buchen.

Shambhala Retreat BUNGALOWS $$
(☎0448 160 580; www.shambhala-retreat-magnetic-island.com.au; 11 Barton St, Nelly Bay; DZ ab 105 AU$; ❄≋) Das Öko-Anwesen mit deutlichen buddhistischen Einflüssen, die sich an den Wandbehängen und Wasserspielen zeigen, bietet tropische Wohnungen, die in sich abgeschlossen sind und ein sehr gutes Preis-Leistungs-Verhältnis bieten. Zwei Wohneinheiten haben Freiluftduschen im Hof; alle sind mit voll ausgestatteten Küchen, großen Bäder und Waschmaschinen ausgestattet. Wildtiere kommen oft zu den Terrassen. Mindestaufenthalt zwei Nächte.

Arcadia Village Motel HOTEL $$
(☎ 07-4778 5481; www.arcadiavillage.com.au; 7 Marine Pde, Arcadia; Zi. ab 120 AU$; ❄📶🏊) Das familienfreundliche Motel liegt am ruhigen Ende der Marine Pde (was in einem so entspannten Ort wie Maggie schon etwas heißt). Auf dem Gelände gibt's ein Bistro mit Bar, wo es an Wochenenden etwas lebhafter werden kann, und zwei herrliche Pools. Auf der anderen Straßenseite ist man nach einem kurzen Spaziergang gleich an einem tollen Strand.

Island Leisure Resort RESORT $$
(☎ 07-4778 5000; www.islandleisure.com.au; 4 Kelly St; Hütte DZ/FZ ab 197/ab 247 AU$; ❄📶🏊) Mit seinen in sich abgeschlossenen Hütten im polynesischen Stil *(burés)* wirkt dieses Resort am Strand besonders tropisch. Die privaten Terrassen sorgen dafür, dass Gäste ihr Stück vom Paradies ungestört genießen können, während der Lagunenpool und der Grillbereich die Geselligkeit nicht zu kurz kommen lassen.

Magnetic Sunsets APARTMENTS $$
(☎ 07-4778 1900; www.magneticsunsets.com.au; 7 Pacific Dr; Apt. mit 1/2/3 Schlafzi. 195/295/395 AU$, B&B EZ/DZ 115/159 AU$; ❄📶🏊) Die in sich abgeschlossenen Apartments mit tollem Preis-Leistungs-Verhältnis sind nur einen Steinwurf vom Strand entfernt. Innen sind die Wohnungen kühl, sauber und einladend, und vom eigenen Balkon blickt man auf die Bucht. Die smarten, neuen B&B-Zimmer sind eine gute Alternative.

ABSTECHER

RAVENSWOOD & CHARTERS TOWERS

Eine kurzer Abstecher von der Küste ins Binnenland gibt einem in diesen beiden alten Goldgräberstädten einen Vorgeschmack auf das Outback von Queensland.

Ravenswood ist eine winzige Goldgräberstadt, mit deren Wohlstand es im letzten Jahrhundert auf und ab ging. Heute ist sie am besten bekannt für ihre zwei prächtigen Hotels – in einem rumort angeblich ein besonders aktives Gespenst.

Unterkunft, Mahlzeiten und natürlich Drinks bekommt man in den beiden Gasthöfen der Stadt, dem **Imperial Hotel** (☎ 07-4770 2131; 23 Macrossan St; EZ/DZ 39/65 AU$; P🚭❄📶) und dem **Railway Hotel** (☎ 07-4770 2144; 1 Barton St; EZ/2BZ/DZ 42/79/90 AU$; P🚭❄📶).

Die im 19. Jh. während des Goldrauschs gegründete Siedlung **Charters Towers** (8500 Ew.) liegt rund 140 km südwestlich von Townsville am Flinders Hwy. William Skelton Ewbank Melbourne (WSEM) Charters war während des Goldrauschs, als die Stadt die zweitgrößte und wohlhabendste in Queensland war, der für das Gold zuständige Beamte. Die „Towers" sind die umliegenden *tors* (Hügel). Mit fast 100 Minen, rund 90 Kneipen und einer Börse wurde die Stadt einfach „The World" genannt.

Die **Stock Exchange Arcade** (☎ 07-3223 6666; www.nationaltrust.org.au/places/stock-exchange-building-and-arcade; 76 Mosman St; ⏲ 9–17 Uhr) mit dem Tonnengewölbe des Portikus war der wirtschaftliche Mittelpunkt der Stadt im Queensland des späten 19. Jhs. Heute findet man hier ein luftiges, sonniges Café und eine Kunstgalerie.

Bei Nacht wird der **Towers Hill**, der Aussichtshügel, an dem das erste Gold gefunden wurde, zur stimmungsvollen Kulisse eines Freiluftkinos. Gezeigt wird der 20-minütige Film *Ghosts After Dark* – im Visitor Centre erfährt man die saisonalen Vorstellungstermine und kauft die Eintrittskarte (10 AU$).

Bei einer Übernachtung in dem stimmungsvollen und freundlichen alten **Royal Private Hotel** (☎ 07-4787 8688; www.royalprivate-hotel.com; 100 Mosman St; Zi. ab 60 AU$; ❄📶) fühlt man sich in einer Zeitschleife oder in einem Museum.

Wer erleben will, wie es tatsächlich auf einer *cattle station* zugeht, wendet sich an die freundliche Rhonda vom **Bluff Downs** (☎ 07-4770 4084; B 20 AU$, DZ 90–300 AU$, Stellplatz 20 AU$). Die meisten Gäste hier suchen nach einer mittelfristigen Beschäftigung, aber Durchreisende sind ebenfalls willkommen. Die Anlage befindet sich 110 km nordwestlich von Charters Towers.

Das ausgezeichnete **Charters Towers Visitor Centre** (☎ 07-4761 5533; www.charterstowers.qld.gov.au; 74 Mosman St; ⏲ 9–17 Uhr) bucht alle Touren vor Ort, darunter die zu der angeblich von Gespenstern heimgesuchten Venus Gold Battery, wo von 1872 bis 1973 goldhaltiges Erz gefördert und verarbeitet wurde.

Essen & Ausgehen

★ Cafe Nourish CAFÉ $
(☎07-4758 1885; 3/6 Pacific Dr, Horsehoe Bay; Wraps ab 9 AU$; ⏲8–16 Uhr) Die Horseshoe Bay ist zum angesagten Café-Strip geworden, und unser Lieblingscafé auf der Insel macht die kleinen Dinge richtig. Es gibt frische, gesunde Wraps, Frühstücksgerichte, Smoothies und Energy Balls. Der Kaffee ist ebenfalls toll und der Service schwungvoll und herzlich.

Noodies on the Beach MEXIKANISCH $
(☎07-4778 5786; 2/6 Pacific Dr, Horseshoe Bay; Hauptgerichte ab 10 AU$; ⏲Mo–Mi & Fr 10–22, Sa 8–22, So 8–15 Uhr; P) Das aus der gastronomischen Szene der Horseshoe Bay nicht wegzudenkende Noodies ist ein respektloses, mexikanisch aufgemachtes Café mit einem Büchertausch und der Lizenz zum Ausschenken starker Margaritas.

Arcadia Night Market MARKT $
(RSL Hall, Hayles Ave, Arcadia; ⏲Fr 17.30–20 Uhr) Auf dem kleinen, aber munteren Nachtmarkt findet man viele günstige Imbissstände zum Durchprobieren und eine Bar mit Schanklizenz.

Gilligan's Cafe CAFÉ $$
(Arcadia Village; Burger 14–18 AU$; ⏲8–16 Uhr) Das lustige Café mit Schanklizenz in Arcadia liefert Frühstücksgerichte in richtig großen Portionen und die besten Burger auf Maggie. Die TV-Serie *Gilligans Insel* spielt hier eine große Rolle. Wenn man sich mittags an der großen Auswahl von Drinks bedient, bleibt man wahrscheinlich länger, als man eigentlich vorhatte.

Marlin Bar KNEIPENKOST $$
(☎07-4758 1588; 3 Pacific Dr, Horseshoe Bay; Hauptgerichte 16–24 AU$; ⏲11–20 Uhr) Die Marlin Bar ist beliebt bei Segelcrews, die in der Horseshoe Bay vor Anker gehen, und bei Einheimischen, die hier abends etwas Livemusik erleben wollen. Die Mahlzeiten kommen in großen Portionen und drehen sich – welch eine Überraschung! – vor allem um Meeresfrüchte. Hunde müssen nicht draußen bleiben.

Picnic Bay Hotel KNEIPENKOST $$
(☎07-4778 5166; www.picnicbayhotel.com.au; 1 The Esplanade, Picnic Bay; Hauptgerichte 11–26 AU$; ⏲9.30–22 Uhr) Es gibt durchaus schlimmere Ort für einen Drink als das sehr ruhige Picnic Bay, von dem aus man die Lichter von Townsville jenseits der Bucht sieht. Gerichte und gewaltige Salate gibt's den ganzen Tag.

An- & Weiterreise

SeaLink (S. 415) betreibt ab Townsville einen ausgezeichneten Fährdienst zur Magnetic Island (hin & zurück Erw./Kind inkl. Bus-Tageskarte 35/17,50 AU$, 25 Min.). Zwischen 5.30 und 23.30 Uhr fährt die Fähre ungefähr jede Stunde. Auf Maggie nutzen die Fähren das Terminal an der Nelly Bay. In Townsville stehen Abstellplätze fürs Auto zur Verfügung.

Fantasea (☎07-4796 9300; www.magneticislandferry.com.au; Ross St, South Townsville) betreibt eine Autofähre, die achtmal täglich (Wochenende 7-mal) von der Südseite des Ross Creek übersetzt (35 Min.). Die Fahrt kostet für ein Auto und bis zu drei Passagiere hin und zurück 178 AU$ (Fußgänger hin & zurück Erw./Kind 29/17 AU$). Man muss vorab reservieren; Fahrräder werden kostenlos befördert.

Unterwegs vor Ort

Sunbus (www.sunbus.com.au/sit_magnetic_island) fährt zwischen der Picnic Bay und der Horseshoe Bay, bedient alle Fähren und hält an den größeren Unterkünften. Die Tageskarte für den Bus kostet für alle Zonen 7,20 AU$, sofern sie nicht schon im Preis für die Überfahrt mit der Fähre enthalten ist. Man kann die Fahrer ruhig ansprechen; sie erzählen gern von der Insel.

Es gibt viele Verleihstationen für Mokes (Buggys) und Roller. Man muss über 21 Jahre alt sein, eine gültige Fahrerlaubnis haben und eine Kaution per Kreditkarte hinterlassen. Roller werden ab etwa 40 AU$ pro Tag, Mokes ab ca. 75 AU$ vermietet. **MI Wheels** (☎07-4758 1111; www.miwheels.com.au; 138 Sooning St, Nelly Bay) ist die richtige Adresse für einen klassischen Moke, **Roadrunner Scooter Hire** (☎07-4778 5222; 3/64 Kelly St, Nelly Bay) für Roller und Geländefahrräder.

Ingham & Umgebung

4681 EW.

Ingham ist ein Zuckerrohr-Zentrum mit einem stolzen italienischen Erbe und außerdem Hüter der 120 ha großen, von 4 km an Wanderwegen durchzogenen **Tyto Wetlands** (Tyto Wetlands Information Centre; ☎07-4776 4792; www.tyto.com.au; Ecke Cooper St & Bruce Hwy; ⏲Mo–Fr 8.45–17, Sa & So 9–16 Uhr), in denen rund 230 Vogelarten vorkommen, darunter Zugvögel aus so fernen Regionen wie Sibirien oder Japan. Auch die einheimischen Wallabys fühlen sich hier wohl – sie versammeln sich zu Hunderten in der Morgen- und Abenddämmerung. Der Ort ist zudem Ausgangspunkt für Ausflüge zu den majestätischen **Wallaman Falls**, dem mit 305 m höchsten einstufigen Wasserfall in Australien.

Mungalla Station (☎07-4777 8718; www.mungallaaboriginaltours.com.au; 2-stündige Touren Erw./Kind 70/35 AU$), 15 km östlich von Ingham, bietet faszinierende Touren unter der Führung von Aborigines mit Bumerang-Würfen, Geschichten der örtlichen Nywaigi-Kultur sowie einem traditionellen Kupmurri-Mittagessen. Mindestens zehn Teilnehmer müssen zusammenkommen – also vorher anrufen und nachfragen! Schlichte Stellplätze sind ebenfalls verfügbar.

Im August lebt beim **Australian Italian Festival** (www.australianitalianfestival.com.au) das hiesige italienische Erbe unter dem Motto „Essen, Trinken, Feiern" auf: 60 % der Einwohner von Ingham sind italienischer Herkunft.

Campen kann man auf dem **Wallaman Falls Campground** (www.npsr.qld.gov.au; Stellplatz 6,15/24,60 AU$ pro Pers./Fam.).

Das Gedicht, das den berühmten Slim-Dusty-Hit „Pub With No Beer" (1957) inspirierte, wurde im **Lees Hotel** (☎07-4776 1577; www.leeshotel.com.au; 58 Lannercost St, Ingham; EZ/DZ ab 90/105 AU$, Gerichte ab 14 AU$; ⊙Mo–Sa mittags & abends; ❄📶) von dem in Ingham lebenden Zuckerrohrarbeiter Dan Sheahan geschrieben, nachdem US-amerikanische Soldaten die Kneipe leergetrunken hatten. Die Zimmer mit angeschlossenem Bad sind sehr komfortabel. Im geschäftigen Bistro gibt's gute Steaks und Pastagerichte. Die Biervorräte wurden natürlich längst aufgefüllt.

Das preisgekrönte **Hinchinbrook Marine Cove Resort** (☎07-4777 8395; www.hinchinbrook-marine-cove-resort.com.au; 54 Dungeness Rd; DZ 135 AU$, Bungalows 150 AUS; ❄🏊) hat ein tolles Preis-Leistungs-Verhältnis und helle, geräumige Bungalows für bis zu fünf Personen. Das Management ist eifrig, und Hinchinbrook Island leicht erreichbar.

Cardwell

1300 EW.

Dass Lastwagenfahrer gern in Cardwell Station machen, kann nicht verwundern: Der Bruce Hwy verläuft weitgehend im Binnenland hinter der Ostküste, sodass es ein seltenes Vergnügen ist, das Meer direkt neben dem Autofenster zu sehen und zu hören; der ungestörte Blick auf Hinchinbrook Island tut diesem Vergnügen wahrlich keinen Abbruch. Die meisten Traveller halten sich nur in dem Ort auf, um saisonale Arbeit als Obstpflücker zu suchen (wer interessiert ist, sollte sich in den Hostels umhören), aber es gibt bestimmt schlimmere Orte auf der Welt, wenn man einfach mal einen Gang runterschalten will.

Im **Rainforest & Reef Centre** (☎07-4066 8601; www.greatgreenwaytourism.com/rainforestreef.html; 142 Victoria St; ⊙Mo–Fr 8.30–17, Sa & So 9–13 Uhr) neben der Schiffsanlegestelle von Cardwell gibt's eine wirklich brillante interaktive Ausstellung zum Regenwald sowie detaillierte Infos zu Hinchinbrook Island und anderen Nationalparks in der Nähe.

Der **Cardwell Beachcomber Motel & Tourist Park** (☎07-4066 8550; www.cardwellbeachcomber.com.au; 43a Marine Pde; Stellplatz mit/ohne Strom 38/29 AU$, Motel-DZ 98–125 AU$, Hütten & Studios 120–130 AU$; ❄@📶🏊) hat eine gute Auswahl an Unterkünften und ein kleines Restaurant.

Cardwell Central Backpackers (☎07-4066 8404; www.cardwellbackpackers.com.au; 6 Brasenose St; B 24 AU$; @📶🏊) ist eine herzliche, sichere Unterkunft für Farmarbeiter. Auch Gäste, die nur eine Nacht bleiben wollen, sind willkommen.

Hinchinbrook Island

Australiens größter Insel-Nationalpark (399 km²) ist ein heiliger Gral für Wanderer, aber nicht leicht zu erreichen, weshalb Vorausplanung unerlässlich ist. Granitberge heben sich dramatisch aus dem Meer, und Wildtiere schleichen durch das Blattwerk. Die dem Festland zugewandte Inselseite ist dicht mit üppiger tropischer Vegetation bewachsen, während lange Sandstrände und Mangrovenwälder die Ostküste prägen.

Hinchinbrook Island Cruises (☎07-4066 8601; www.hinchinbrookislandcruises.com.au) betreibt eine Fähre von der Port Hinchinbrook Marina in Cardwell zur Uferpromenade an der Ramsay Bay auf Hinchinbrook Island (einfache Strecke 99 AU$/Pers., 1½ Std.). Das Unternehmen veranstaltet auch eine vierstündige Zwei-Inseln-Tour (Erw./Kind 110/99 AU$), bei der man zunächst zwischen Goold Island und Garden Island kreuzt, um Delfine, Dugongs und Meeresschildkröten zu beobachten, und anschließend an der Uferpromenade an der Ramsay Bay für einen Spaziergang und ein Mittagspicknick an dem 9 km langen Strand anlegt.

ABSTECHER

PALUMA RANGE NATIONAL PARK

Ein Abstecher vom Bruce Hwy in den Paluma Range National Park, das südliche Tor zur Wet Tropics World Heritage Area, lohnt sich. Der Park besteht aus zwei Teilen, dem Mt.-Spec-Abschnitt und dem nördlichen Jourama-Falls-Abschnitt. Beide bieten Wasserlöcher, Binnenland-Strände, Wanderwege und eine angenehmen Zugang zum tropischen nördlichen Queensland. Dieses prächtige Paralleluniversum, das sich ungefähr zwischen Ingham und Townsville neben dem Bruce Hwy erstreckt, ist auch ein erstklassiges Territorium zur Beobachtung von Schnabeltieren.

Mt. Spec

Der Mt.-Spec-Teil des Parks (61 km nördlich von Townsville oder 40 km südlich von Ingham) ist ein dunstiges Eden aus Regenwald und Eukalyptusbäumen, durch das sich viele Wanderwege ziehen. In den verschiedenen Habitaten leben unglaublich viele Vogelarten, darunter Säulengärtner und Rabenkakadus.

Von der nördlichen Zufahrtsstraße vom Bruce Hwy führt die 4 km lange, teilweise asphaltierte Spiegelhauer Rd zum **Big Crystal Creek**; vom dortigen Parkplatz marschiert man leichte 100 m zum **Paradise Waterhole**, einer beliebten Stelle mit einem Sandstrand und einem herrlichen Blick in die Berge.

Die südliche Zufahrtsstraße (Mt. Spec Rd) ist eine durchgehend asphaltierte, aber kurvenreiche Straße, die die Berge hinauf zum **Paluma Village** führt. Wer nur kommt, um die Fahrt zu genießen, wird vielleicht angesichts der kühlen Luft und der freundlichen Bevölkerung im Dorf anderen Sinnes.

Auf dem Weg nach Paluma sollte man am **Little Crystal Creek** stoppen, einer malerischen Badestelle mit einer Steinbrücke, einem Picknickbereich und Wasserfällen.

Der coole **Rainforest Inn** (☎07-4770 8688; www.rainforestinnpaluma.com; 1 Mt. Spec Rd; DZ 125 AU$; ❄) im Dorf Paluma hat gut gestaltete Zimmer und in der Nähe ein Restaurant mit Bar.

Jourama Falls

Der **Waterview Creek** stürzt den namensgebenden Wasserfall und andere Kaskaden hinunter, vorbei an Palmen und Trompetenbäumen und macht diesen Abschnitt zu einem schönen Ort für ein Picknick und einen Spaziergang. Zum Aussichtspunkt ist der Anstieg steil; beim Aufstieg sollte man nach Eisvögeln, Süßwasserschildkröten und den bedrohten Mahagoni-Gleitbeutlern Ausschau halten. Auf dem **NPSR-Campingplatz** (www.npsr.qld.gov.au; Stellplatz 6,15/24,60 AU$ pro Pers./Fam.) gibt's kalte Duschen, Gas-Grills, Wasser (das vor dem Trinken aufbereitet werden muss) und Komposttoiletten.

Diesen Teil des Parks erreicht man über eine 6 km lange asphaltierte Straße (wenn man den Bach an deren Anfang überqueren kann, was während der Regenzeit nicht gewährleistet ist), die sich 91 km nördlich von Townsville und 24 km südlich von Ingham befindet. Vor der Abfahrt vom Highway sollte man unbedingt volltanken.

NPSR-**Campingplätze** (☎13 74 68; www.npsr.qld.gov.au; Stellplatz 6,15 AU$/Pers.) finden sich an verschiedenen Stellen längs des wunderschönen, 32 km langen Thorsborne Trail (auch East Coast Trail genannt).

Tully

2350 EW.

Tully mag wie ein x-beliebiges, verschlafenes Zuckerrohr-Kaff wirken, rühmt sich aber stolz, der „nasseste Ort Australiens" zu sein. Der gigantische goldene Gummistiefel am Ortseingang hat eine Höhe von 7,9 m, weil die Niederschlagsmenge im Jahr 1950 zusammengenommen diese Höhe erreichte. Wer über die Wendeltreppe im Stiefel auf die Aussichtsplattform hinaufklettert, gewinnt einen Eindruck davon, wie hoch das wirklich ist! Das morastige Babinda stellt zwar Tullys Anspruch in Frage, aber unbestritten ist, dass der viele Regen für zum Raften geeignete Stromschnellen auf dem nahegelegenen Tully River (S. 424) und für gedeihende Obstfarmen sorgt, die Wanderarbeiter suchen.

Das **Golden Gumboot Festival** (⏲Mai) feiert die Nässe mit einem Umzug und viel Unterhaltung.

Im Visitor Centre kann man eine 90-minütige Führung durch die **Tully Sugar Mill** (Erw./Kind 17/11 AU$; ⌚Ende Juni–Anfang Nov. tgl.) buchen.

Die indigenen Veranstalter der **Ingan Tours** (☎07-4068 0189; www.ingan.com.au; 5 Blackman St) besuchen bei ihrer „Spirit of the Rainforest"-Tour (Di, Do & Sa) heilige Orte und vermitteln einen authentischen, faszinierenden Einblick in das Leben der Ureinwohner der Region.

Schlafen & Essen

Banana Barracks HOSTEL $
(☎07-4068 0455; www.bananabarracks.com; 50 Butler St; B im Schlafsaal mit 8/4 B 135/165 AU$/Woche; @ 📶 ≋) Diese Unterkunft ist der richtige Ort für Obstpflücker in der Tully-Region. Das Hostel bildet mit der Rafters Bar und dem zugehörigen Nachtclub zugleich auch den Mittelpunkt des örtlichen Nachtlebens.

Mount Tyson Hotel PUB $
(☎07-4068 1088; www.mttysonhotel.com.au; EZ/DZ 60/105 AU$) Der erst kürzlich renovierte Pub lässt in puncto Ambiente etwas zu wünschen übrig, aber die Motelzimmer sind frisch und sauber und gut für einen kurzen Aufenthalt geeignet.

★ **Redgates Steakhouse** DINER $$
(☎0400 773 315; 99 Butler St) Ein Spitzentyp betreibt dieses geräumige Diner auf dem Weg in den Ort. Die Karte ist lang und wechselt ständig, aber der eigentliche Pluspunkt sind die Burger – die Fisch- und Rindfleischburger (12 AU$) verdienen ein dickes Lob, und auch die Thickshakes und der Kaffee sind zu rühmen. Das WLAN ist schnell und gratis.

Praktische Informationen

Tully Visitor & Heritage Centre (☎07-4068 2288; Bruce Hwy; ⌚Mo–Fr 8.30–16.45, Sa & So 9–14 Uhr) In diesem Besucherzentrum gibt's eine Broschüre mit einem selbstgeführten historischen Ortsrundgang mit 17 erläuterten Stationen (eine ist der Ort einer UFO-Sichtung) sowie mit Wanderkarten für die nahegelegenen Nationalparks. Außerdem gibt's kostenlosen Internetzugang und einen Büchertausch.

Mission Beach

In Mission Beach trifft der Regenwald auf das Korallenmeer. Die tropische Enklave aus Stranddörfern wird seit langem von australischen Aussteigern bevorzugt, hat sich aber eine wunderbare Balance aus Yoga-Lebensstil, Backpacker-Trubel und Öko-Refugium

ABSTECHER

ORPHEUS ISLAND

Orpheus ist eine himmlische, 1300 ha große Insel 80 km nördlich von Townsville mit einem geschützten Nationalpark mit einem umliegenden Meer, das zum Great Barrier Reef Marine Park gehört. Der trockene Hartlaubwald ist so hoch im Norden eine geografische Anomalie; in ihm leben Nasenbeutler, grüne Baumfrösche, Ameisenigel, Fischadler und eine beträchtliche Menge Ziegen – Letztere sind das Ergebnis eines hirnverbrannten Plans aus dem 19. Jh., eventuelle Überlebende eines Schiffbruchs mit Frischfleisch zu versorgen. Die Besucher erfreuen sich an den nach Eukalyptus duftenden Wanderwegen oder schnorcheln im kristallklaren Wasser.

Die Insel, die zur Gruppe der Palm Islands gehört, ist von einem prächtigen Riff umgeben, in dem eine unglaubliche Vielfalt von Fischen (1100 Spezies) und viele unterschiedliche Hart- und Weichkorallen zu finden sind. Obwohl die Insel das ganze Jahr toll für Schnorchler und Taucher ist (im Sommer braucht man einen Schutzanzug gegen Seewespen), machen saisonale Highlights wie die Wanderung der Mantarochen (Aug.–Nov.) oder die Korallenblüte (Mitte Nov.) den Trip hier hinaus noch lohnender.

Die **Orpheus Island Lodge** (☎07-4839 7937; www.orpheus.com.au; Orpheus Island; DZ inkl. Mahlzeiten ab 1500 AU$) ist das vielleicht beste Fünf-Sterne-Resort in Queensland und kann es durchaus mit seiner tropischen Pracht, Verpflegung, Service und Prestige mit dem berühmteren Hayman Island aufnehmen.

Nautilus Aviation (☎07-4034 9000; www.nautilusaviation.com.au; einfache Strecke ab Townsville 275 AU$) bietet täglich um 14 Uhr einen Hubschrauberflug ab Townsville. Der spektakuläre Flug dauert 30 Minuten. Ansonsten fragt man einfach in der Ortschaft Lucinda herum, um eine Überfahrt in einem Boot zu organisieren.

erhalten. Zudem ist Mission Bay der Ort mit der höchsten Kasuar-Dichte in Australien und das Tor zur Dunk Island.

Auch wenn die ganze Gegend allgemein nur Mission Beach oder einfach „Mission" genannt wird, besteht sie aus einer Reihe einzelner, sehr kleiner und ruhiger Dörfer, die sich entlang der Küste aneinanderreihen. Bingil Bay liegt 4,8 km nördlich des eigentlichen Mission Beach (manchmal auch North Mission genannt). Wongaling Beach liegt 5 km südlich; von hier aus sind es weitere 5,5 km Richtung Süden bis South Mission Beach. Die meisten Einrichtungen findet man in Mission Beach und Wongaling Beach.

Aktivitäten

Seewespennetze sorgen auch während der Quallensaison (Jan.–März) für sichere Badebedingungen.

Skydive Mission Beach FALLSCHIRMSPRINGEN
(☎1300 800 840; www.skydivemissionbeach.com.au; 1 Wongaling Beach Rd; Tandemsprünge aus ca. 1830/4270 m Höhe 199/334 AU$) Mission Beach ist zu Recht eines der beliebtesten Reviere für Fallschirmspringer in Australien, dafür sorgen Ausblicke über traumhafte Inseln und blaues Wasser sowie weiche Landungen an weißen Sandstränden. Skydive Australia, vor Ort unter dem Namen Skydive Mission Beach bekannt, veranstaltet mehrere Flüge pro Tag.

Altitude Skydivers FALLSCHIRMSPRINGEN
(☎07-4088 6635; www.altitudeskydive.com.au; 4/46 Porter Promenade; Sprung aus ca. 4270 m Höhe 299 AU$) Der neue Veranstalter vor Ort besteht aus einem kleinen, sehr erfahrenen und lustigen Fallschirmspringerteam mit sehr günstigen Preisen.

Coral Sea Kayaking KAJAKFAHREN
(☎07-4068 9154; www.coralseakayaking.com; halb-/ganztägige Tour mit Mittagessen 80/136 AU$) Kenntnisreiche ganztägige geführte Touren nach Dunk Island und entspanntere halbtägige Ausflugsfahrten. Auch längere dreitägige Expeditionen zur Barnard und zur Family Island lassen sich vereinbaren.

Schlafen

★ **Jackaroo Hostel** HOSTEL $
(☎07-4068 7137; www.jackaroohostel.com; 13 Frizelle Rd; Stellplatz 12–15 AU$, B/DZ mit Frühstück ab 25/58 AU$; P @ WLAN Pool) Ach, dass man noch einmal jung genug wäre, die Tage in einem Blockhütten-Refugium tief im Regenwald an einem riesigen Dschungelpool mit Blick auf das Korallenmeer zu verträumen! Egal, man fährt einfach am Clump Mountain vorbei landeinwärts, nimmt ein ruhiges Doppelzimmer und schlendert in den Gemeinschaftsbereichen herum und nickt den jungen Typen, die in der tropischen Sonne bräunen, weise-wissend zu.

Dunk Island View Caravan Park CAMPING $
(☎07-4068 8248; www.dunkislandviewcaravanpark.com; 21 Webb Rd; Stellplatz 30–32 AU$, Wohneinheit mit 1/2 Schlafzi. 105/135 AU$; Klima WLAN Pool Haustiere) Dies ist einer der besten Wohnmobilparks im nördlichen Queensland: Der Blick hinüber nach Dunk Island ist hinreißend, und das Gelände ist makellos gepflegt. Der kleine Pool ist in der Seewespensaison hochwillkommen, und es gibt auch ein Café vor Ort (Fish'n'Chips 9 AU$).

Mission Beach Ecovillage HÜTTE $
(☎07-4068 7534; www.ecovillage.com.au; Clump Point Rd; DZ 119–150 AU$, Bungalow mit 2 Schlafzi. 180 AU$; Klima WLAN Pool) Mit eigenen Bananen- und Zitronenbäumen in den tropischen Gartenanlagen und einem direkten Pfad durch den Regenwald zum Strand macht dieses „Öko-Dorf" das Beste aus seiner Umgebung. Die Bungalows, die sich um den felsigen Pool verteilen, sind etwas abgewohnt, aber es gibt ein Restaurant mit Schanklizenz, und der Service ist aufgeschlossen.

Mission Beach Retreat HOSTEL $
(☎07-4088 6229; www.missionbeachretreat.com.au; 49 Porter Promenade; B 22–25 AU$, DZ 56 AU$; Klima @ WLAN Pool) Die leicht-luftige Backpacker-Bleibe im Zentrum und noch dazu direkt am Strand muss man einfach mögen. Das YHA-akkreditierte Hostel ist sehr schnell ausgebucht. Zu den Extras gehören ein Shuttleservice zum Supermarkt und kostenloses WLAN. Das Personal sorgt für einen freundlichen Austausch mit den Gästen.

Rainforest Motel MOTEL $
(☎07-4088 6787; www.rainforestmotel.com; 9 Endeavour Ave; DZ/2BZ 95/105 AU$; Klima @ WLAN Pool) Das versteckt abseits von Missions bescheidener Hauptstraße gelegene Motel dürfte zwar keinen Preis für topmodernen Luxus gewinnen, bietet aber gleichwohl ein prima Preis-Leistungs-Verhältnis und einen sehr guten Service. Die Zimmer sind kühl und sauber, und die Gemeinschaftsbereiche an dem winzigen Pool wirken, als sei man in

einen Regenwaldgarten hineingestolpert. Kostenloser Fahrradverleih!

Sanctuary HÜTTEN $
(☎1800 777 012, 07-4088 6064; www.sanctuaryatmission.com; 72 Holt Rd; B 40 AU$, Hütte EZ/DZ ab 75/80 AU$, Hütte 185 AU$; ⊙Mitte April–Mitte Dez.; @📶🏊) 🍃 Das beliebte Refugium für Gruppen erreicht man über einen steilen, 600 m langen Regenwald-Wanderweg, der am Parkplatz beginnt (Abholung mit Geländewagen möglich). Im Sanctuary kann man, geschützt von einem Fliegennetz, auf einer Plattform in einer schlichten Hütte schlafen oder auch in einer Hütte mit angeschlossenem Bad und einer Dusche, die vom Boden bis zur Decke einen Ausblick in den Regenwald gewährt. Gegen Aufpreis gibt's für die Gäste auch Yoga, nächtliche Wanderungen und Massagen.

Scotty's Mission Beach House HOSTEL $
(☎07-4068 8676, 1800 665 567; www.scottysbeachhouse.com.au; 167 Reid Rd; B 24–29 AU$, DZ 71 AU$; ❄@📶🏊) Das YHA-Hostel direkt an einem ruhigen Strandabschnitt hat bescheidene Zimmer rund um ein grasbewachsenes Areal mit einem Pool in der Mitte. Das Management hat Verbindungen an der ganzen Ostküste und gibt seine Erfahrungen gern an Gäste weiter. Vorne befindet sich die auch Nichtgästen offenstehende **Scotty's Bar & Grill** (12–24 AU$; ⊙17–0 Uhr), in der praktisch jeden Abend etwas los ist, von Feuer-Shows, über Pool-Wettbewerbe bis zu Livemusik.

RAFTING AUF DEM TULLY RIVER

Dank der starken Niederschläge und seiner Fluttore (zur Stromerzeugung) bietet der Tully River das ganze Jahr über aufregende Rafting-Möglichkeiten. Die Touren sind zeitlich auf die tägliche Öffnung der Schleusen abgestimmt, bei der sich Stromschnellen der Stufe IV vor einer eindrucksvollen Regenwald-Kulisse ergeben.

Die Tagesausflüge mit **Raging Thunder Adventures** (☎07-4030 7990; www.ragingthunder.com.au; Rafting 189 AU$/ganzer Tag) oder **R'n'R White Water Rafting** (☎07-4041 9444; www.raft.com.au; Rafting ab 179 AU$/ganzer Tag) beinhalten ein Grill-Mittagessen und den Transport ab Tully oder dem nahegelegenen Mission Beach.

Hibiscus Lodge B&B B&B $$
(☎07-4068 9096; www.hibiscuslodge.com.au; 5 Kurrajong Cl; Zi. ab 145 AU$; 📶) Die Hauptlodge dieses charmanten Anwesens in Mission Beach ist die Kulisse für einen Aufmarsch der lokalen Fauna. Die Hibiscus Lodge ist eine erlesene Wahl, stellt man zufrieden am Frühstückstisch fest. Bei nur drei (sehr anheimelnden) Zimmern, ist Reservieren unerlässlich. Online gibt's großzügige Preisnachlässe. Kinder sind unerwünscht.

Licuala Lodge B&B $$
(☎07-4068 8194; www.licualalodge.com.au; 11 Mission Circle; DZ mit Frühstück ab 135 AU$; 📶🏊) Für dieses friedliche B&B, das 1,5 km vom Strand und praktisch allem Anderen entfernt ist, braucht man ein eigenes Auto und die Bereitschaft, auch einmal stillzusitzen. Die Gäste bewegen sich zwischen der wundervollen Veranda, auf der man mit Blick auf die landschaftsgärtnerisch gestalteten Anlagen frühstücken kann, und dem von einem Felsgarten umgebenen Swimmingpool. Regelmäßig kommen Kasuare vorbei und schauen, was es gibt.

Nautilus B&B B&B $$
(1 Nautilus St; Apt. mit 2 Schlafzi. ab 180 AU$) Theoretisch kann man zwar nur online buchen, man kann aber durchaus vorbeikommen und Dena fragen, ob sie mit einer Unterkunft weiterhelfen kann. Die beiden kürzlich errichteten, blütenweiß gefliesten Apartments stehen nebeneinander auf einem Hügel mit Blick auf die Stadt und versprechen einen ungestörten Aufenthalt. Das eine große Gemeinschaftsbad hat eine kräftige Dusche. Beide Unterkünfte haben ihren eigenen kleinen Hof.

★ **Sejala on the Beach** HÜTTEN $$$
(☎07-4088 6699; www.sejala.com.au; 26 Pacific Pde; DZ 275 AU$; ❄🏊) Man hat die Wahl zwischen den drei freistehenden Strandhütten „Waves", „Coral" und „Beaches", die unweit von Kokospalmen stehen. Jede hat eine Regenwalddusche, eine Terrasse mit eigener Grillstelle und viel Flair. Ein idealer Ort, um sich mit seinem Partner/seiner Partnerin ein wenig von der Welt zurückzuziehen.

Essen

Early Birds Cafe CAFÉ $
(Shop 2, 46 Porter Promenade; Hauptgerichte 7–18 AU$; ⊙Do–Di 6–15 Uhr; 🌿) Der einzige

DER KASUAR, EINE BEDROHTE ENDEMISCHE ART

Die flugunfähigen prähistorischen Vögel stolzieren wie Kreaturen aus *Jurassic Park* durch den Regenwald. Sie sind so groß wie ein erwachsener Mann, haben drei sehr scharfe dolchähnliche Zehen, einen blau leuchtenden Kopf, rote Kehllappen, die am Hals hängen, ein helmartiges Horn und struppige schwarze Federn, die an ein Emu erinnern. Kasuare sind ein wichtiges Bindeglied für das Ökosystem des Regenwalds. Als einziges Tier kann es die Samen von über 70 Baumarten verteilen. Deren Früchte sind für andere Spezies des Regenwalds zu groß zum Verdauen und Ausscheiden (sie dienen als Düngemittel). Die besten Chancen, Kasuare in freier Wildbahn zu erleben, hat man rund um Mission Beach, Etty Bay und in dem Teil des Cape Tribulation, der im Daintree National Park liegt. Die Vögel können aggressiv sein, vor allem wenn sie Nachwuchs haben, deswegen sollte man sich ihnen nicht nähern. Wird man von einem Tier bedroht, sollte man nicht davonlaufen, sondern dem Vogel nicht den Weg versperren und versuchen, ein robustes Hindernis zwischen sich und ihn zu bringen, am besten einen Baum.

Im wilden Norden von Queensland leben schätzungsweise 1000 oder weniger Kasuare. Die größte Gefahr für die bedrohte Spezies ist der Verlust von Lebensraum, der in den letzten Jahren natürlichen Ursprungs war. Der tropische Zyklon Yasi zerstörte große Teile des Regenwalds rund um Mission Beach und entzog so der ums Überleben kämpfenden Population ihre Nahrungsgrundlage. Zudem sind die Vögel nun ungeschützt den Elementen ausgesetzt und bei ihrer Nahrungssuche anfälliger für Hundeangriffe und Zusammenstöße mit Autos.

Neben dem **Mission Beach Visitor Centre** zeigt das **Wet Tropics Environment Centre** (☎07-4068 7197; www.wettropics.gov.au; Porter Promenade; ⏲10–16 Uhr), in dem Freiwillige der **Community for Cassowary & Coastal Conservation** (www.cassowaryconservation.asn.au) arbeiten, eine Ausstellung zur Erhaltung der Kasuare. Die Einnahmen aus dem Souvenirladen werden in den Erwerb von Kasuar-Habitaten investiert. Die Website www.savethecassowary.org.au ist ebenfalls eine gute Informationsquelle zu diesem Thema.

Laden, der schon am frühen Morgen öffnet, gewinnt mit seinen ehrlichen, günstigen Café-Frühstücksgerichten (veg. 14 AU$) und seinen berühmten, überdurchschnittlich großen frischen Säften zufriedene Kunden, die gerne wiederkommen.

Fish Bar SEAFOOD **$**
(☎07-4088 6419; Porter Promenade; Hauptgerichte 10–17 AU$; ⏲10–24 Uhr) Hier gibt's sehr günstigen Fisch und andere Meeresfrüchte in zwangloser Atmosphäre. Vom kleinen Hof hat man einen Ausblick aufs Meer. Das Essen kann auch außer Haus verzehrt werden.

★ **Bingil Bay Cafe** CAFÉ **$$**
(☎07-4068 7146; 29 Bingil Bay Rd; Hauptgerichte 14–23 AU$; ⏲6.30–22 Uhr; 🖉) Sonnenschein, Regenbögen, Kaffee und Gourmetkost prägen das Bild in diesem lilafarbenen Wahrzeichen mit einer tollen Veranda, auf der man die Welt an sich vorbeiziehen lassen kann. Das Frühstück ist ein Highlight, aber das Café ist ganztägig geöffnet. Regelmäßige Kunstausstellungen und Livemusik sorgen für ein kreatives Publikum.

Caffe Rustica ITALIENISCH **$$**
(☎07-4068 9111; 24 Wongaling Beach Rd; Hauptgerichte 13–25 AU$, Pizzas 10–25 AU$; ⏲Mi–Sa 17 Uhr–open end, So 10–21 Uhr; 🖉) Traditionelle Pizza und Pasta sind Trumpf in diesem Abendlokal in einem Wellblechschuppen am Strand; die Betreiber machen aber auch das *gelato* und das Sorbet selber. Man sollte reservieren, weil das Lokal bei den Einheimischen ganzjährig beliebt ist.

Garage Bar & Grill MODERN-AUSTRALISCH **$$**
(☎07-4088 6280; 41 Donkin Lane; Meze-Teller 17 AU$; ⏲9 Uhr–open end; ❄🖉) Der beliebteste Treff der Twens in Mission ist bekannt für seine köstlichen „Sliders" (Mini-Burger) und die großzügig strömenden Cocktails (14 AU$). Der hart arbeitende Chefkoch erneuert regelmäßig die Speisekarte, und ein bunter Musikmix und Tapas-Sonderangebote sorgen im Biergarten für festliche Stimmung.

Millers Beach Bar & Grill KNEIPENKOST **$$**
(☎07-4068 8177; www.millersbeachbar.com.au; 1 Banfield Pde; Hauptgerichte 14–38 AU$; ⏲Di–Fr 15 Uhr–open end, Sa & So 12 Uhr–open end) Der

ABSTECHER

PARONELLA PARK

Der neben einer Reihe von Bächen und Wasserfällen 50 km nordwestlich von Mission Beach gelegene **Paronella Park** (☎07-4065 0000; www.paronellapark.com.au; Japoonvale Rd, Mena Creek; Erw./Kind 44/23 AU$) in dem mindestens ein Krokodil haust, ist ein skurriles tropisches Refugium und eine romantische, dalieske Flucht aus der Realität. Die moosbedeckten Stufen, das üppige tropische Grün und die riesigen Palastbauten scheinen direkt aus einem Kolossalfilm über die Maya zu stammen. In der Nähe gibt's Stellplätze und idyllische Hütten (90 AU$).

abendliche Star am Wongaling Beach liegt dem Strand so nahe, dass der Sand ins Bier wehen könnte. Der Laden ist beliebt für Feiern, aber die gelegentliche zusammenströmende Menschen sorgen nur für zusätzliches Ambiente, vor allem bei Sonnenuntergang, wenn Dunk Island in der Ferne lockt. Bei unserem Besuch war der Fischburger (18 AU$) ein Hit.

★**PepperVine** MODERN-AUSTRALISCH **$$$**
(☎07-4088 6538; 2 David St; Hauptgerichte 16–32 AU$; ⏲16.30–23 Uhr) Das unkomplizierte zeitgenössische Restaurant am Village Green ist kulinarisch von italienischen, spanischen und modern-australischen Einflüssen geprägt, aber vor allem überzeugen die Atmosphäre und der Service. Am frühen Abend isst man vornehmlich Holzofenpizza und trinkt ein Glas Wein, aber das feine Dinieren setzt ein, wenn nach Sonnenuntergang die Massen strömen.

Shoppen

Die **Mission Beach Markets** (Porter Promenade; ⏲1. & 3. So im Monat 8–13 Uhr) und der **Mission Beach Rotary Monster Market** (Marcs Park, Cassowary Dr, Wongaling Beach; ⏲April–Dez. letzter So im Monat 8–12.30 Uhr) sorgen für drei Marktsonntage.

Praktische Informationen

Mission Beach Visitor Centre (☎07-4068 7099; www.missionbeachtourism.com; Porters Promenade, Mission Beach; ⏲Mo–Sa 9–16.45, So 10–16 Uhr) Die Haupttouristeninformation der Stadt hat jede Menge Infos in verschiedenen Sprachen.

Wet Tropics Environment Centre (☎07-4068 7197; www.wettropics.gov.au; Porter Promenade; ⏲10–16 Uhr) Gleich neben dem Mission Beach Visitor Centre findet man Ausstellungen und Filme über die regionale Umwelt und natürlich auch über Kasuare.

An- & Weiterreise

Die Busse von **Greyhound** (☎1300 473 946; www.greyhound.com.au) und **Premier** (☎13 34 10; www.premierms.com.au) halten in Wongaling Beach neben dem „großen Kasuar". Der Fahrpreis beträgt mit Greyhound/Premier 25/19 AU$ nach Cairns (2 Std.) und 44/46 AU$ nach Townsville (3½ Std.).

Dunk Island

Die Djiru-Aborigines nannten die Insel Coonanglebah, Insel des Friedens und des Überflusses. Falsch lagen sie damit nicht: Das tropische Inselidyll wartet mit Dschungel, weißen Sandstränden und traumhaft blauem Wasser auf.

Wanderwege durchziehen Dunk Island und umrunden die Insel fast komplett. Wer das Innere und die facettenreiche Tierwelt in Eigenregie erkunden möchte, nimmt sich am besten den Rundweg (9,2 km) vor. In Muggy Muggy kann man inmitten hoher Wellen schnorcheln (über zerklüftete Korallenriffe und Felsspitzen), zudem gibt's am traumhaften Coconut Beach tolle Bademöglichkeiten. Am Wochenende in der Hauptsaison finden oft spezielle Veranstaltungen statt, z. B. Bongo-Kurse oder Auftritte von Ukulele-Bands; Infos liefert das Mission Beach Visitor Centre.

Dunk Island wurde im Jahr 2011 vom Zyklon Yasi verwüstet, hat sich aber weitgehend erholt, auch wenn Teile des alten Resorts weiterhin abgesperrt und eine Beleidigung fürs Auge sind.

Mission Beach Charters (☎07-4068 7009; hin & zurück Erw./Kind 35/18 AU$; 3-stündige Tour 50 AU$) betreibt einen Shuttledienst und veranstaltet eine Reihe von Angel-, Tauch- und Capingausflügen. Übernachten kann man auf dem **Dunk Island Campground** (☎0417 873 390; 6,15/24,60 AU$ pro Pers./Fam.).

Innisfail & Umgebung

7500 EW.

Innisfail ist eine hübsche, geruhsame Ortschaft im nördlichen Queensland, die bekannt ist für Fischen, Plantagenwirtschaft und eine bemerkenswerte Sammlung von Art-déco-Gebäuden.

Das **Feast of the Senses** (www.feastofthesenses.com.au) im März ist ein Highlight im kulinarischen Kalender des nördlichen Queensland.

Rund 27 km entfernt über den Palmerston Hwy (ausgeschildert 4 km nordwestlich von Innisfail) kann man sich auf dem **Mamu Tropical Sky Walk** (www.mamutropicalskywalk.com.au; Palmerston Hwy; Erw./Kind/Fam. 23/12/64 AU$; ⏲9.30–17.30 Uhr, letzter Einlass 16.30 Uhr) auf Augenhöhe die Früchte, Blumen und Vögel anschauen und von dem 100 Stufen und 37 m hohen Turm einen Blick aus der Vogelschau riskieren. Für den 2,5 km langen, auch für Rollstuhlfahrer geeigneten Rundweg muss man mindestens eine Stunde einplanen.

Die **Backpackers Shack** (0499 042 446, 07-4061 7760; www.backpackersshack.com; 7 Ernest St; B 195 AU$/Woche; P❄@) hat schlafsaalartige Unterkünfte und fungiert als inoffizielles Arbeitsamt für Saisonarbeiter auf den Obstfarmen.

Traveller mit eigenem fahrbaren Untersatz werden den **Flying Fish Tourist Park** (07-4061 3131; www.ffpvanpark.com.au; 39 Elizabeth St, Flying Fish Point; Stellplatz mit Strom 32–39 AU$, Hütte 50–99 AU$, Villa 119–125 AU$; ❄@) lieben, wo man gleich auf der anderen Straßenseite am Strand angeln kann.

Oliveri's Continental Deli (www.oliverisdeli.com.au; 41 Edith St; Sandwiches 8,50–11 AU$; ⏲Mo–Fr 8.30–17.15, Sa bis 12.30 Uhr) ist eine Institution in Innisfail. Zu den angebotenen Delikatessen gehören mehr als 60 europäische Käsesorten, Schinken und Salami sowie leckere Sandwiches. Auch der Kaffee ist fantastisch.

Von Innisfail nach Cairns

Der zur Wet Tropics World Heritage Area gehörende dampfende, traumhafte **Wooroonooran National Park** hat hinreißende Naturwunder zu bieten, darunter Queenslands höchsten Gipfel (Mt. Bartle Frere, 1622 m), dramatische Wasserfälle, dichte Regenwälder, eine ungewöhnliche Flora und Fauna und angenehm kühle Badelöcher. Campinggenehmigungen gibt's beim NPSR.

Die kleine Arbeiterstadt Babinda liegt etwa 60 km südlich von Cairns am Bruce Highway. 7 km landeinwärts von hier erreicht man die **Babinda Boulders** mit einem malerischen Flüsschen, das zwischen 4 m hohen Granitfelsen hindurchrauscht. Der Bach ist krokodilfrei, birgt aber eine Gefahr ganz anderer Art: heimtückische Strömungen. Traumgeschichten der Aborigines zufolge soll eine junge Frau sich, nachdem sie von ihrer großen Liebe getrennt wurde, in das damals noch ruhige Wasser gestürzt haben; ihr Schmerz hat den Fluss zu dem reißenden Strom gemacht, der er heute ist. Fast 20 Besucher haben an den Felsen schon ihr Leben gelassen. Schwimmen ist nur an einigen ruhigen, gut markierten Stellen des Flusses erlaubt, aber man sollte genau auf die Warnschilder achten. Mehrere Wanderwege bieten sichere Möglichkeiten für die obligatorischen Fotos.

Kostenlos campen kann man in der **Babinda Boulders Camping Area** GRATIS.

CAIRNS & UMGEBUNG

Der tropische hohe Norden Queenslands zwischen Cairns und Cooktown ist ein Highlight bei jeder Reise an der Ostküste. Neben den Küstenstädten Cairns und Port Douglas und dem Great Barrier Reef hat die Region das Hochland der Atherton Tablelands sowie die unvergleichliche Wildnis des zum UNESCO-Welterbe gehörenden Daintree Rainforest zu bieten. Hier sollte man unbedingt nach Krokodilen und Kasuaren Ausschau halten.

Cairns

160 285 EW.

Cairns (ausgesprochen „käns“) hat seit seinen Anfängen als morastiger Sumpf und turbulenter Goldgräberhafen viel erlebt. Die Stadt ächzt unter dem Gewicht der zahllosen Resorts, Tourveranstalter, Souvenirläden und Millionen Hinweisen auf die Nähe zum Great Barrier Reef, hat sich aber ganz dem Tourismus verschrieben.

Alteingesessene beklagen, dass Cairns seine Seele verloren habe, aber die Ferienstimmung ist einfach ansteckend. Im Stadtzentrum geben Boardshorts und nicht etwa Aktentaschen den Ton an, und man vergisst schnell alle Vorstellungen von Schnelligkeit und Terminplänen dank der hohen Luftfeuchtigkeit und einer herzlichen Gastfreundschaft, bei der ein kurzer Spaziergang schnell zu einem improvisierten geselligen Ereignis werden kann. Cairns besitzt dementsprechend auch jede Menge Bars, Clubs, Restaurants und Cafés für alle Budgets. In

Cairns

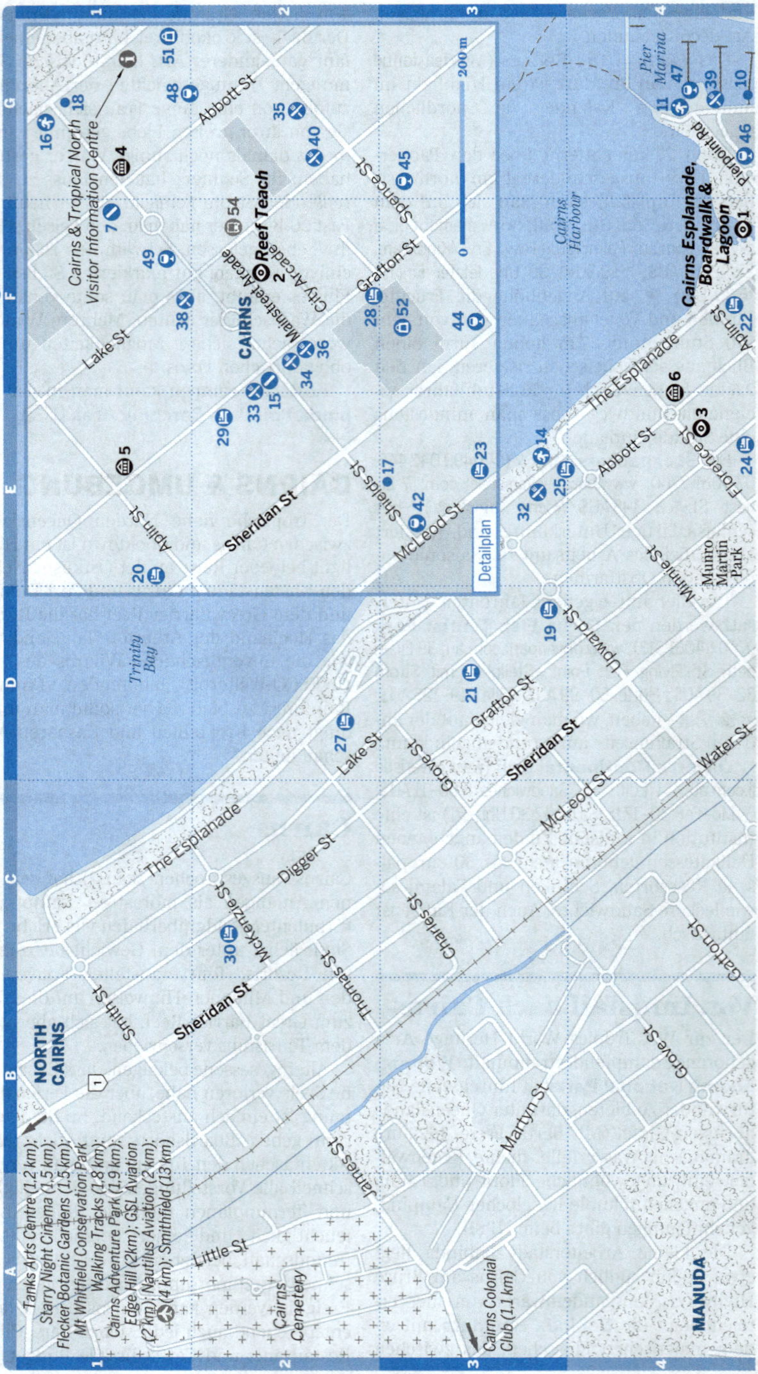
Tanks Arts Centre (1,2 km); Starry Night Cinema (1,5 km); Flecker Botanic Gardens (1,5 km); Mt Whitfield Conservation Park Walking Tracks (1,8 km); Cairns Adventure Park (1,9 km); GSL Aviation Edge Hill (2 km); Nautilus Aviation (2 km); (4 km); Smithfield (13 km)
Cairns Colonial Club (1,1 km)
NORTH CAIRNS
MANUDA
CAIRNS
Trinity Bay
Cairns Harbour
Cairns Cemetery
Munro Martin Park
Pier Marina
Cairns & Tropical North Visitor Information Centre
Reef Teach
Cairns Esplanade, Boardwalk & Lagoon
Detailplan
The Esplanade
Sheridan St
McLeod St
Grafton St
Lake St
Abbott St
Aplin St
Shields St
Spence St
City Arcade
Mainstreet Arcade
Smith St
Mckenzie St
Digger St
Thomas St
James St
Charles St
Grove St
Upward St
Minnie St
Florence St
Water St
Gatton St
Martyn St
Little St
Pierpoint Rd
500 m
200 m

der Stadt gibt es zwar keinen Strand, aber die prächtige Esplanade Lagoon ist mehr als Ersatz dafür; außerdem sind die Strände im Norden nur eine kurze Stadtbusfahrt oder eine kurze Autofahrt entfernt.

Sehenswertes

Cairns Top-Attraktion, das **Cairns Aquarium** (☎07-4044 7300; www.cairnsaquarium.com.au; 163 Abbott St; Erw./Kind/Fam. 42/28/126 AU$; ⏲9–17.30 Uhr), ist nagelneu. Es wurde erst Mitte 2017 eröffnet!

★ Cairns Esplanade, Boardwalk & Lagoon UFERPROMENADE
(www.cairns.qld.gov.au/esplanade; ⏲Lagoon Do–Di 6–21, Mi 12–21 Uhr; 👪) GRATIS Sonnenanbeter und Leute, die Spaß haben wollen, strömen zur **schwimmenden Lagune** auf dem dem Meer abgewonnenen Vorland an der Esplanade von Cairns. Der künstliche, von Sand eingefasste, 4800 m² große Meerwasserpool wird von Rettungsschwimmern überwacht und ist nachts beleuchtet. An dem angrenzenden 3 km langen **Uferplankenweg** gibt's Picknickbereiche, Aussichtspunkte für Vogelbeobachtungen, kostenlose Grillstellen und Fitnessgeräte. Die Ausschilderung führt einen zum ausgezeichneten **Muddy's** (www.cairns.qld.gov.au/esplanade/facilities/playgrounds/muddys; Esplanade; 👪) GRATIS mit Spielplätzen und Wasserspaß für Kinder, einer Skate-Rampe, Beach-Volleyballplätzen, einem Kletterpark und dem Fun Ship Playground.

★ Flecker Botanic Gardens GARTEN
(☎07-4032 6650; www.cairns.qld.gov.au/cbg; 64 Collins Ave; ⏲Gelände 7.30–17.30 Uhr, Visitor Centre Mo–Fr 9–16.30, Sa & So 10–14.30 Uhr) GRATIS Die prächtigen Anlagen quellen über vor Grün und Pflanzen des Regenwalds. Zu den Highlights gehören ein Abschnitt über die Nutzung von Pflanzen durch die Aborigines, der **Gondwana Heritage Garden**, und ein Gewächshaus voller Schmetterlinge und exotischer Blüten. Das Personal im spiegelverglasten Visitor Centre informiert über die kostenlosen Führungen (tgl. ab 10 Uhr).

Auf dem **Rainforest Boardwalk** gelangt man zum **Saltwater Creek** und den **Centenary Lakes**, einem Paradies für Vogelbeobachter. Vom Garten den Hügel hinauf erreicht man den **Mt. Whitfield Conservation Park** (www.cairns.qld.gov.au/facilities-sport-leisure/sport-and-recreation/active-living/red-and-green-arrow-walking-tracks; Edge Hill) mit Wanderwegen, die durch den Regenwald zu Aussichtspunkten auf die Stadt führen.

Cairns

★ **Reef Teach** KULTURZENTRUM
(☎07-4031 7794; www.reefteach.com.au; 2. OG, Mainstreet Arcade, 85 Lake St; Erw./Kind/Fam. 23/14/60 AU$; ⏰Vorträge Di–Sa 18.30–20.30 Uhr) In diesem lustigen, informativen Zentrum kann man sein Wissen vertiefen. Meeresexperten erklären, woran man bestimmte Fisch- oder Korallenarten erkennt und wie man mit dem Riff respektvoll umgeht.

Mangrove Boardwalk NATURSCHUTZGEBIET
(Airport Ave) GRATIS Bei einer erhellenden Wanderung durch die Feuchtgebiete kann man die sumpfige Seite von Cairns kennenlernen. Gruselig knisternde und schmatzende Geräusche bilden die passende Geräuschkulisse für die spukhafte Umgebung. Infotafeln erläutern die seltsamen Lebensformen, die sich unter einem im Morast verbergen. Man sollte sich gründlich mit Insektenschutzmitteln einreiben. Der Plankenweg (samt zugehörigem Parkplatz) befindet sich gleich vor dem Flughafen von Cairns (S. 1176).

Tjapukai Aboriginal Cultural Park KULTURZENTRUM
(☎07-4042 9999; www.tjapukai.com.au; Cairns Western Arterial Rd, Caravonica; Erw./Kind/Fam.

62/42/166 AU$; ⏲9–17 Uhr) Dieses preisgekrönte Kulturzentrum wird von den ursprünglichen Verwaltern der Region geleitet. Mithilfe riesiger Hologramme und unter Mitwirkung von Schauspielern erzählt es die Geschichte der Schöpfung. Es gibt ein Tanztheater, eine Galerie, Shows mit Bumerang- und Speerwerfen sowie Kanufahrten zum Beobachten der Schildkröten. Höhepunkt des Dinner-und-Show-Pakets **Nightfire** (Erw./Kind/Fam. 123/75/321 AU$, 19–21.30 Uhr) ist ein Corroboree am Lagerfeuer.

Crystal Cascades WASSERFALL
(via Redlynch) Etwa 14 km von Cairns befinden sich die Crystal Cascades, eine Reihe wunderschöner Wasserfälle mit idyllischen, krokodilfreien Schwimmpools, deren Existenz die Einheimischen lieber für sich behalten würden. Man erreicht sie in etwa 30 Minuten über einen 1,2 km langen Pfad. Die Crystal Cascades sind durch einen sehr steilen **Wanderweg** durch den Regenwald (hin & zurück 3 Std.) mit dem Lake Morris (dem Wasserreservoir der Stadt) verbunden; der Pfad beginnt in der Nähe des Picknickplatzes.

Es gibt keine öffentlichen Verkehrsmittel zu den Pools. Man fährt bis zum Vorort Redlynch und folgt dann den Ausschilderungen.

Aktivitäten

Zahllose Touranbieter veranstalten Abenteueraktivitäten, die in Cairns beginnen und meist auch einen Transfer beinhalten.

★ **Cairns Zoom & Wildlife Dome** ABENTEUERSPORT, TIERE & PFLANZEN
(☎07-4031 7250; www.cairnszoom.com.au; Wharf St; Eintritt Wildlife Dome 24 AU$, Wildlife Dome & Zoom 45 AU$; ⏲9–18 Uhr) Karten, Croupiers und Krokodile? Oben auf dem Reef Hotel Casino (S. 445) bringt dieser ungewöhnliche Park das Beste aus der Natur im äußersten Norden von Queensland ins Haus – mit einem Zoo voller einheimischer Tiere, einer Vogelflughalle und einem nachgebildeten Regenwald. Zip-Lines, Schwungseile, Hindernis-Parcours und dergleichen ziehen sich durch den Komplex; Waghalsige können sogar draußen auf der Außenseite der Kuppel herumturnen.

★ **Behana Days Canyoning** OUTDOOR
(☎0427 820 993; www.behanadays.com; Tour 179 AU$) Hier kann man einmal Pause vom Meer machen: Die fantastische Süßwasser-Expedition führt zur wunderschönen Behana Gorge, einer Regenwald-Oase voller Teiche, Wasserfälle und Schluchten, 45 Minuten südlich von Cairns. Bei den ganztägigen Touren stehen Abseilen, Ziplining, Klippenspringen, Schnorcheln und Schwimmen auf dem Programm; dabei hängt man wortwörtlich in den Seilen. Der Hin- und Rücktransport sowie das Mittagessen sind im Preis inbegriffen.

★ **Rapid Boarders** WASSERSPORT
(☎0427 364 311; www.rapidboarders.com.au; Tour 235 AU$) Wer lieber in den Stromschnellen, als auf ihnen fährt, ist bei diesem aufregenden ganztägigen Abenteuer genau richtig. Mit Riverboards geht's den mächtigen Tully hinunter, wobei man sich haarsträubenden Stromschnellen des Schwierigkeitsgrads 3 auf Augenhöhe stellt. Das ist die einzige Tour dieser Art in Australien. Wer teilnehmen will, muss ein guter Schwimmer und ziemlich fit sein.

★ **Aussie Drifterz** OUTDOOR
(☎0401 318 475; www.facebook.com/aussiedrifterz; Erw./Kind 75/55 AU$) Die malerische und

GALERIEN IN CAIRNS

Cairns Regional Gallery (☎07-4046 4800; www.cairnsregionalgallery.com.au; Ecke Abbott St & Shields St; Erw./Kind 5 AU$/frei; ⏲Mo–Fr 9–17, Sa 10–17, So 10–14 Uhr) In der Dauersammlung dieser hochgeschätzten Galerie liegt der Schwerpunkt auf regionalen und indigenen Werken.

Canopy Art Centre (☎07-4041 4678; www.canopyartcentre.com; 124 Grafton St; ⏲Di–Sa 10–17 Uhr) Präsentiert Drucke, Malereien, Skulpturen und Webarbeiten von indigenen Künstlern aus Cairns und Gemeinden aus dem äußersten Norden bis hin zur Torres Strait.

Tanks Arts Centre (☎07-4032 6600; www.tanksartscentre.com; 46 Collins Ave; ⏲Mo–Fr 9.30–16.30 Uhr) Drei gigantische Benzinvorratstanks aus dem Zweiten Weltkrieg wurden zu Kunstgalerien umgewandelt; die Stätte wird auch für Theater und Performances genutzt.

KickArts (www.kickarts.org.au; CoCA, 96 Abbott St; ⏲Mo–Sa 10–17 Uhr) GRATIS Präsentiert avantgardistische lokale und regionale Kunst und zeigt Wanderausstellungen.

SEX IM RIFF

Wer ein begeisterter Taucher oder auch nur ein Romantiker ist, sollte versuchen, seinen Besuch auf die jährliche Korallenblüte abzustimmen, eine gigantische Orgie, bei der die Korallen des Riffs zeitgleich Millionen von Eiern und Spermien in das Wasser freisetzen. Diese Riesenejakulation wurde als ein psychedelischer Schneesturm beschrieben, bei dem sich die Stränge des ausgestoßenen Fortpflanzungsmaterials in Regenbogenfarben kilometerweit im Meer abzeichnen.

Die Korallenblüte ereignet sich irgendwann im November oder Dezember; der genaue Termin hängt von mehreren verschiedenen Faktoren wie beispielsweise der Wassertemperatur (sie muss mindestens 26 °C betragen), dem Termin des Vollmonds, der Ruhe des Meeres und einem idealen Zwischenzustand zwischen Helligkeit und Dunkelheit ab – wer mag nicht ein bisschen Stimmungsbeleuchtung? Die meisten in Cairns ansässigen Tauchveranstalter bieten besondere nächtliche Tauchgänge zur Korallenblüte an. Aber sogar an Land ist irgendetwas von diesem amourösen Massenereignis zu spüren.

heitere (sowie garantiert ausnüchternde) Fahrt in einem Reifenschlauch die schöne Behana Gorge hinunter ist kaum zu toppen. Der kristallklare Fluss führt durch natürliche Baumtunnel, und mit einiger Sicherheit bekommt man auch seltsame Kreaturen zu Gesicht (keine Sorge: Krokodile sind nicht darunter).

Cairns Adventure Park ABENTEUERSPORT
(☎07-4053 3726; www.cairnsadventurepark.com.au; 82 Aeroglen Dr, Aeroglen; Pauschalangebot ab 39 AU$; ⏲9–17 Uhr) In diesem Abenteuerpark schwebt man an Zip-Lines, klettert auf Felsen oder seilt sich ab – alles in einer Regenwaldlandschaft mit einem Ausblick aufs Meer, der so atemberaubend ist wie die alle Energien fordernden Aktivitäten selber. Für weniger Abenteuerlustige bietet der Park auch Buschwanderungen und Vogelbeobachtungen. Wegen einer Abholung von seiner Unterkunft nimmt man mit dem Parkbüro Kontakt auf. Mit dem eigenen Auto nimmt man die Ausfahrt nach Aeroglen gegenüber dem Cairns Airport (S. 1176).

Flyboard Cairns WASSERSPORT
(☎0439 386 955, 0487 921 714; www.flyboardcairns.com.au; 30/60 Min. 169/299 AU$) „Flyboarding", das als eine Kombination aus Wasserski, Wakeboarden und Snowboarden angepriesen wird, gibt Abenteuerlustigen die Gelegenheit, mithilfe eines Wasserstrahlantriebs im Himmel zu surfen und sich die Umgebung aus der Vogelschau zu betrachten. Das hört sich kompliziert an, aber die erfahrenen Lehrer garantieren, dass sogar Anfänger in die Luft kommen – kein Flug, keine Bezahlung!

AJ Hackett Bungy & Minjin ABENTEUERSPORT
(☎07-4057 7188; www.ajhackett.com/cairns; McGregor Rd, Smithfield; Bungee 169 AU$, Minjin 129 AU$, Kombi ab 259 AU$; ⏲ab 10 Uhr) Hier kann man an einem Bungeeseil von einem 50 m hohen Turm im Regenwald springen oder sich mit der Minjin-Gurtschaukel 45 m in die Tiefe fallen lassen und mit 120 km/h durch die Bäume schwingen. Der Hin- und Rücktransport von/nach Cairns ist im Preis inbegriffen.

Geführte Touren

Täglich beginnen mindestens 800 (!) Touren in Cairns – eine überwältigende Auswahl. Wir empfehlen Anbieter, die jahrelange Erfahrung besitzen und gängige Ziele im Programm haben, aber auch spezielle Touren bieten.

Great Barrier Reef

Trips zum Riff beinhalten normalerweise den Transport, ein Mittagessen, Quallenanzüge und Schnorchelausrüstung. Bei der Wahl einer Tour sollte man auf das Fahrzeug/Boot, seine Kapazität, die gebotenen Leistungen und das Ziel achten: Die Außenriffe sind unberührter, aber weiter entfernt; die Innenriffe können ungleichmäßig sein und sogar Zeichen der Zerstörung aufweisen.

Fast alle Boote legen um 8 Uhr von der Marlin Wharf ab – die Check-In- und Buchungseinrichtungen befinden sich im Reef Fleet Terminal (S. 446) – und kehren gegen 18 Uhr zurück. Kleinere Anbieter checken ihre Passagiere direkt am Boot an ihrem Stand am Anlegeplatz ein – einfach vorher nachfragen.

Das Great Barrier Reef

Jedes Jahr strömen mehr als 1,5 Mio. Besucher in dieses zum UNESCO-Welterbe zählende Gebiet, das sich über 2000 km an der Küste entlang erstreckt. Tauchen und Schnorcheln sind nur zwei Möglichkeiten, dieses wunderbare und artenreiche Ökosystem zu erkunden. Man kann auch segeln, einen Panoramaflug unternehmen oder idyllische Tage damit verbringen, die Zugangsorte zum Riff und die hinreißenden Inseln zu erkunden.

Inhalt

Oben Great Barrier Reef aus der Luft

Tore zum Riff

Es gibt zahlreiche Möglichkeiten, sich Australiens riesigem Unterwasser-Königreich zu nähern. Man kann in eine beliebte Stadt am Riff fahren und sich dort einer organisierten Tour anschließen, einen mehrtägigen Segeltörn unternehmen, eine Tauchexpedition zu weniger besuchten äußeren Rändern des Riffs buchen oder hinaus zu einer abgelegenen Insel fliegen, wo man das Riff praktisch für sich allein hat.

Southern Reef Islands

Wer eine idyllische Zuflucht vor den Touristenmassen sucht, bucht einen Trip zu einer der von Riffen gesäumten abgelegenen Inseln am Südrand des Great Barrier Reef. Dort findet man direkt vor der Insel fantastische Schnorchel- und Tauchbedingungen vor.

Port Douglas

Das eine Fahrtstunde nördlich von Cairns gelegene Port Douglas ist ein entspannter Strandort, von dem aus Boote mehr als ein Dutzend Tauchstellen ansteuern, darunter unberührte Außenriffe wie das Agincourt Reef.

Whitsundays

Die von türkisblauem Wasser, Korallengärten und palmengesäumten Stränden umgebenen Whitsunday Islands bieten viele Gelegenheiten, das Riff zu erkunden: Man kann auf einer Insel Quartier beziehen, segeln gehen oder auch in Airlie Beach wohnen und bei Tagestouren eine Insel nach der anderen besuchen.

Townsville

Australiens größte tropische Stadt liegt zwar ein größeres Stück (2½ Std. per Boot) vom äußeren Riff entfernt, hat aber auch außerordentliche Vorzüge: Zugang zu Australiens bester Wracktauchstelle, ein ausgezeichnetes Aquarium, Museen zu Meeresthemen sowie mehrtägige Bootstouren für Taucher mit Übernachtung an Bord.

Cairns

Als beliebtestes „Tor" zum Riff hat Cairns Dutzende Veranstalter, die Tagestouren per Boot inklusive Schnorcheln sowie mehrtägige Riff-Erkundungen mit Übernachtung an Bord anbieten. Cairns ist auch der richtige Ort, um Tauchen zu lernen.

1. Clownfisch 2. Port Douglas (S. 456)
3. Palm Cove (S. 449) 4. Townsville (S. 410)

1

2

TANYA ANN PHOTOGRAPHY / GETTY IMAGES ©

1. Whitehaven Beach (S.407) 2. Hubschrauberflug, Whitsunday Islands (S. 402) 3. Schnorcheln, Cairns (S. 432)

Das Riff erleben

Mit Taucherbrille und Schwimmflossen lässt sich die Unterwasserwunderwelt des Great Barrier Reef besonders gut erkunden. Eine jeweils andere Perspektive bekommt man bei einer Tour mit einem Glasbodenboot, bei einem Panoramaflug oder bei einem Landspaziergang am Riff.

Tauchen & Schnorcheln

Die typische Art, das Great Barrier Reef kennenzulernen, ist die Fahrt mit einem Katamaran, bei der man im Rahmen eines langen Tagesausflugs mehrere verschiedene korallenreiche Stellen besucht. Nichts lässt sich mit dem ersten Blick auf die Unterwasserwelt beim Tauchen oder Schnorcheln vergleichen.

Halbtaucher- & Glasbodenboote

Eine wachsende Zahl von Veranstaltern (vor allem rund um Cairns) bietet Touren mit Halbtaucher- oder Glasbodenbooten an, bei denen man einen genauen Blick auf Korallen, Rochen, Fische, Schildkröten und Haie werfen kann, ohne dabei nass zu werden.

Segeln

Mit einem Segelboot entgeht man den Massen und lernt spektakuläre Rifflandschaften kennen. Erfahrene Segler können sich ein Boot ohne Skipper und Besatzung chartern, ansonsten schließt man sich einer mehrtägigen Tour an – beides lässt sich in Airlie Beach oder Port Douglas leicht arrangieren.

Wandern am Riff

Viele Riffe des südlichen Great Barrier Reef liegen bei Ebbe frei, sodass man (auf Sandwegen zwischen den lebenden Korallen) auf der Spitze des Riffs herumspazieren kann. Dabei kann man viel über das Leben im Meer erfahren, besonders wenn ein kundiger Biologe die Wanderung führt.

Panoramaflüge

Bei einem Panoramaflug kann man die gewaltige Ausdehnung des Riffs mit seinen Inselchen und Inseln aus der Vogelperspektive erfassen. Angeboten werden Hubschrauberflüge und Flüge mit Wasserflugzeugen (besonders denkwürdig ist ein Flug über die Whitsundays).

Themenpark der Natur

Das Great Barrier Reef ist eine maritime Wunderwelt mit einer Artenvielfalt, die von kaum einem Ökosystem auf Erden übertroffen wird. Man findet hier mehr als 30 Arten von Meeressäugern neben unzähligen Fischen, Korallen, Weichtieren und Schwämmen. Oberhalb der Wasseroberfläche wurden auf den Inseln und Inselchen des Riffs 200 Vogel- und 118 Schmetterlingsarten gezählt.

Zu den verbreiteten Fischarten zählen der Schwarze Falterfisch, ein dunkler Fisch mit schwefelgelber Nase und Rückenflosse, leuchtend pastellfarbene Lippfische der Art *Choerodon graphicus*, winzige Neon-Demoiselles mit neonblauen Flecken und Sechsbinden-Kaiserfische mit blauer Schwanzflosse, gelbem Körper und Tigerstreifen. Auch die Rochen sind faszinierend, insbesondere der Gefleckte Adlerrochen.

Im Riff leben auch viele Meeressäuger, darunter Wale, Delfine und Dugongs. Letztere sind eine gefährdete Tierart, und eine beträchtliche Zahl dieser Seekühe lebt in den nördlichen australischen Gewässern – im Riff allein ungefähr 15 % der gesamten Population weltweit. Buckelwale ziehen aus der Antarktis in die warmen Gewässer um das Riff, um hier zwischen Mai und Oktober ihre Jungen zu gebären und aufzuziehen, und Zwergwale lassen sich im Juni und Juli vor der Küste zwischen Cairns und Lizard Island erspähen. Tümmler, Schwert- und Grundwale kommen hier ebenfalls vor.

Zu den faszinierendsten Bewohnern des Great Barrier Reef zählen die Meeresschildkröten. Sechs der sieben (allesamt vom Aussterben bedrohten) weltweit existierenden Spezies leben im Riff und legen im Frühjahr oder Sommer ihre Eier an den Sandstränden der Inseln ab.

★ **Falla Reef Trips** BOOTSTOUR
(☎0400 195 264; www.fallareeftrips.com.au; D-Finger, Marlin Marina; Erw./Kind/Fam. ab 145/90/420 AU$, Einführungstauchgang 85 AU$) Mit diesem anmutigen Perlenfischerboot aus den 1950er-Jahren erreicht man das Riff in sehr stilvoller Weise. Die Touren, bei denen man Zeit in den Coral Gardens und der Upolu Cay verbringt, wirken exklusiv. Es gibt maximal 22 Teilnehmer (die beim Segeln helfen können) und maßgeschneiderte Schnorcheltouren. Das altmodische Boot ist das genaue Gegenteil der schicken Fiberglasgefährte, die anderswo im Riff herumkreuzen.

★ **Reef Magic** TAUCHEN, SCHNORCHELN
(☎07-4031 1588; www.reefmagiccruises.com; Reef Fleet Terminal; Erw./Kind/Fam. Tagestour ab 210/105/525 AU$) Das schon lange bei Familien beliebte Hochgeschwindigkeitsboot von Reef Magic segelt zu dem wetterfesten Marine World-Ponton, der am Rand des Außenriffs ankert. Wasserscheue unternehmen eine Fahrt mit einem Glasbodenboot, plaudern mit dem Meeresbiologen oder gönnen sich eine Massage!

Reef Encounter TAUCHEN, SCHNORCHELN
(☎07-4037 2700; http://reefencounter.com.au; 100 Abbott St; 2 Tage an Bord ab 450 AU$) Wem ein Tag am Riff nicht ausreicht, kann eine Übernachtungstour mit Reef Encounter machen. Die 27 klimatisieren Kabinen mit eigenem Bad können maximal 42 Gäste aufnehmen; man muss nicht einmal schnorcheln oder tauchen, um das schwimmende Hotel zu genießen. Dank einer großen Auswahl von Programmen ist dies ein tolles Angebot für jene, die einmal etwas Anderes erleben wollen. Die Mahlzeiten sind inbegriffen, und es gibt tägliche Abfahrten in Cairns.

Panoramaflüge

Great Barrier Reef Helicopters PANORAMAFLUG
(☎07-4081 8888; www.gbrhelicopters.com.au; Helipad, Pierpoint Rd; Flug ab 175 AU$/Pers.) Der Veranstalter bietet eine große Auswahl an Hubschrauber-Panoramaflügen, von einem 10-minütigen Flug über Cairns bis zu einem einstündigen Flug über das Riff und den Regenwald (699 AU$).

GSL Aviation PANORAMAFLÜGE
(☎1300 475 000; www.gslaviation.com.au; 3 Tom McDonald Dr, Aeroglen; 40-minütiger Flug ab 179 AU$/Pers.) Wer das Riff von oben sehen will, sollte einen dieser Landschaftsflüge in Betracht ziehen; sie sind billiger als Choppertouren und bieten genug Zeit in der Luft.

Wildwasser-Rafting

Raging Thunder ABENTEUERSPORT
(☎07-4030 7990; www.ragingthunder.com.au; 59-63 Esplanade) Der erfahrene Veranstalter bie-

TAUCHKURSE & -TRIPS

Cairns, die Tauchhauptstadt am Great Barrier Reef, ist ein beliebter Ort, um den Open-Water-Tauchschein der Professional Association of Diving Instructors (PADI) zu machen. Es gibt unzählige Kurse (viele mehrsprachig); man sollte die Leistungen, die enthalten sind, vorher gründlich prüfen. Alle Veranstalter verlangen eine medizinische Tauchtauglichkeitsbescheinigung – die Untersuchung können sie vereinbaren (rund 60 AU$). Steuern für das Riff (20–80 AU$) können anfallen.

Passionierte, zertifizierte Taucher sollten nach speziellen Highlights Ausschau halten, z. B. nächtlichen Tauchgängen, der jährlichen Korallenblüte, oder Ausflügen nach Cod Hole nahe Lizard Island, einem der besten Tauchspots in Australien. Empfehlenswerte Tauchschulen und Tauchveranstalter sind u. a.:

Mike Ball Dive Expeditions (☎07-4053 0500; www.mikeball.com; 3 Abbott St; Tour mit Übernachtung an Bord ab 1827 AU$, PADI-Kurse ab 395 AU$)

Cairns Dive Centre (CDC; ☎07-4051 0294; www.cairnsdive.com.au; 121 Abbott St; Tour mit 1/2 Übernachtungen an Bord ab 435/555 AU$, Tagestour ab 120 AU$, Tauchgänge ab 520 AU$)

Deep Sea Divers Den (☎07-4046 7333; www.diversden.com.au; 319 Draper St; Tagestour ab 165 AU$)

Pro-Dive (☎07-4031 5255; www.prodivecairns.com.au; Ecke Grafton St & Shields St; Tagestour Erw./Kind ab 195/120 AU$, PADI-Kurs ab 765 AU$)

Tusa Dive (☎07-4047 9100; www.tusadive.com; Ecke Shields St & Esplanade; Tagestour Erw./Kind ab 205/130 AU$)

tet Rafting- und Canyoning-Touren (169 AU$) sowie Fahrten in einem Heißluftballon (250 AU$). Rafting-Fans haben die Wahl zwischen ganztägigen Touren auf dem Tully River (Standardtour 209 AU$, „Extrem"-Tour 250 AU$) und halbtägigen auf dem Barron (133 AU$). Angeboten werden auch Transfers (Erw./Kind/Fam. 75/48/ 205 AU$) von/zur Fitzroy Island und Aktivitäten auf der Insel.

Foaming Fury RAFTEN
(☎ 07-4031 3460; www.foamingfury.com.au; halb-/ganztägige Tour ab 138/200 AU$) Ganztägige Touren auf dem Russell River und halbtägige Fahrten den Barron hinunter. Der Hin- und Rücktransport ist im Preis inbegriffen. Es gibt auch Rafting-Angebote für Familien und mehrtägige Pauschalangebote.

Ballonfahren & Fallschirmspringen

Hot Air Cairns BALLONFAHREN
(☎ 07-4039 9900; www.hotair.com.au/cairns; Reef Fleet Terminal; 30-minütiger Flug Erw./Kind ab 250/219 AU$) Die Ballonfahrten starten in Mareeba und schweben im Morgengrauen über die Atherton Tablelands. Im Preis inbegriffen ist der Hin- und Rücktransport von/nach Cairns. Die Touren lohnen das frühe Aufstehen um 4 Uhr morgens.

Skydive Cairns ABENTEUERSPORT
(☎ 1300 663 634; www.skydive.com.au/cairns; 47 Shields St; Tandemsprung ab 334 AU$) Man stürzt aus ca. 4270 m hinunter und genießt dabei – wenn man kann – den Blick auf das Riff und den Regenwald.

Cape Tribulation & Daintree Rainforest

Billy Tea Safaris OUTDOOR
(☎ 07-4032 0077; www.billytea.com.au; Tagestour Erw./Kind/Fam. 220/165/665 AU$) Der verlässliche Veranstalter organisiert aufregende Tagestouren in kleinen Gruppen zum Cape Tribulation in eigens gebauten Geländewagen. Daneben gibt's auch mehrtägige Safaris bis hinauf nach Cape York und hinüber zu den Inseln in der Torres Strait.

Atherton Tablelands

Barefoot Tours OUTDOOR
(☎ 07-4032 4525; www.barefoottours.com.au; Tour 105 AU$) Backpacker lieben die lustigen, ganztägigen Ausflüge in die Tablelands, bei denen man an Wasserfällen schwimmt und sogar eine natürliche Wasserrutsche findet.

Aus zentral gelegenen Unterkünften werden Teilnehmer kostenlos um 7 Uhr abgeholt; gegen 19 oder 20 Uhr ist man wieder zurück in der Stadt. Mindestalter 13 Jahre.

On the Wallaby OUTDOOR
(☎ 07-4033 6575; www.onthewallaby.com; Tagestour 99 AU$, Tour mit Übernachtung 139–189 AU$) Bei den ausgezeichneten Touren zu den Regenwäldern und Wasserfällen der Tablelands stehen Aktivitäten wie Radfahren, Wandern und Kanufahren im Mittelpunkt. Teilnehmer werden täglich um 8 Uhr in Cairns abgeholt.

Stadtführungen

★ **Segway Tours** OUTDOOR
(☎ 0451 972 997; www.cairnsninebottours.com; Tour 79 AU$; ⏲ Touren 9.30 & 15.30 Uhr) Auf einem leicht zu meisternden Segway geht's durch die schöne natürliche Umgebung von Cairns. Die 90-minütigen Touren starten an der Esplanade und führen vorbei an Mangroven, den Centenary Lakes und den Botanic Gardens (S. 429); dabei kann man friedlich und gründlich die örtliche Flora und Fauna kennenlernen (und vielleicht auch ein, zwei Krokodile sehen).

Angeln

Catcha Crab Tours ANGELN
(☎ 07-4051 7992; www.cairnscatchacrab.com.au; Erw./Kind 95/75 AU$) Diese schon lange angebotenen Touren geben Besuchern nicht nur die Gelegenheit, etwas Leckeres zu angeln, sondern sind auch eine zugleich faszinierende und entspannende Möglichkeit, die Mangroven und Sümpfe des Trinity Inlet kennenzulernen. Die vierstündigen Touren mit Morgen- und Nachmittagstee sowie einem Mittagessen aus frischen Krabben starten um 8.30 und 13 Uhr. Wer im Zentrum wohnt, wird kostenlos abgeholt.

Feste & Events

Cairns Ukulele Festival MUSIK
(www.cairnsukulelefestival.net) Ukulele-Spieler aus aller Welt strömen jeden August nach Cairns, um hier im Paradies auf ihren Instrumenten zu klimpern. Bei dem Event gibt's Workshops, Jamsessions und Partys.

Cairns Festival FESTIVAL
(www.cairns.qld.gov.au/festival; ⏲ Ende Aug.–Anfang Sept.) Das Cairns Festival erobert die Stadt mit einem rappelvollen Programm mit Theater, bildender Kunst, Musik und Events für die ganze Familie.

Schlafen

Cairns ist ein Backpacker-Hotspot mit Hostels, die teilweise aus intimen umgebauten Wohnhäusern und teilweise aus Resorts von der Größe eines Hangars bestehen. Komplexe mit Ferienwohnungen verteilen sich über das gesamte Stadtgebiet. Dutzende Motels säumen die Sheridan St.

Familien und Reisegruppen sollten sich bei **Cairns Holiday Homes** (07-4045 2143; www.cairnsholidayhomes.com.au) umschauen. Wer länger bleiben will, wendet sich an **Cairns Sharehouse** (07-4041 1875; www.cairns-sharehouse.com; 17 Scott St; ab 120–260 AU$/Woche;), das rund 200 Zimmer, die längerfristig vermietet werden, in der gesamten Stadt anbietet. Infos zu der weiten Palette der Übernachtungsoptionen erhält man im **Accommodation Centre** (1800 807 730, 07-4051 4066; www.accomcentre.com.au).

★ Bellview HOSTEL $
(07-4031 4377; www.bellviewcairns.com.au; 85–87 Esplanade; B/EZ/DZ 22/35/55 AU$, Motel-Wohneinheit 59–75 AU$; P) Das entspannte Hostel ist bei anspruchsvollen Backpackern schon seit scheinbar endlosen Zeiten beliebt. Dass der Erfolg so lange anhält, verdankt es einer idealen Lage über dem muntersten Abschnitt der Esplanade, den schlichten, aber gepflegten Zimmern und dem kundigen Personal; der hübsche Pool ist sicher auch ganz hilfreich. Trotz der zentralen Lage sind die Zimmer ruhig.

★ Cairns Coconut Holiday Resort WOHNMOBILPARK $
(07-4054 6644; www.coconut.com.au; Ecke Bruce Hwy & Anderson Rd, Woree; Stellplatz mit Strom/Hütte/Wohneinheit/Villa/Condo ab 43/115/135/155/245 AU$; P) Wer mit Kindern unterwegs ist und sich nicht daran stört, ein wenig außerhalb (8 km) der Stadt zu wohnen, für den ist dieser Ferienpark ein lohnendes Ziel. Es gibt einen großen Wasserpark, zwei Pools mit Wasserrutschen, Spielplätze, ein riesiges Sprungkissen, Tennisplätze, Minigolf, Whirlpools, ein Freiluftkino und noch viel mehr, verteilt über ein makelloses, 11 ha großes Gelände. Die Unterkunftsoptionen sind so vielfältig wie die vorhandenen Einrichtungen.

★ Cairns Plaza Hotel HOTEL $
(07-4051 4688; www.cairnsplaza.com.au; 145 Esplanade; DZ/Studio/Suite ab 124/150/170 AU$; P@) Das Hochhaushotel, das eines der ersten seiner Art in Cairns war, ist dank einer vollständigen Renovierung und professionellem Personal auch eines der besten. Die Zimmer machen einen sauberen, frischen Eindruck und verfügen über funktionale Kochnischen; viele bieten auch einen herrlichen Ausblick über die Trinity Bay. Eine Gäste-Waschküche, die rund um die Uhr mit freundlichem Personal besetzte Rezeption und sehr günstige Preise machen das Haus zu einer ausgezeichneten Wahl. Kinder sind begeistert von der Lage direkt gegenüber dem Muddy's (S. 429).

★ Travellers Oasis HOSTEL $
(07-4052 1377; www.travellersoasis.com.au; 8 Scott St; B/EZ/DZ ab 28/57/68 AU$; P@) Die Gäste lieben das kleine Hippie-Hostel, das sich in einer Seitenstraße hinter dem **Cairns Central Shopping Centre** (07-4041 4111; www.cairnscentral.com.au; Ecke McLeod St & Spence St; Mo–Mi, Fr & Sa 9–17.30, Do bis 21, So 10.30–16 Uhr) versteckt. Das Hostel ist intim, einladend und weniger Party-orientiert als viele andere in Cairns. Es gibt eine Reihe von Optionen: Schlafsäle mit drei, vier oder sechs Betten sowie Einzel-, Zweibett- und Deluxe-Doppelzimmer. Die Klimaanlage kostet 1 AU$ für drei Stunden.

★ Tropic Days HOSTEL $
(07-4041 1521; www.tropicdays.com.au; 28 Bunting St, Bungalow; Stellplatz 14 AU$/Pers., Zelt 18 AU$, B/DZ ab 26/64 AU$; P@) Das beliebte Hostel liegt versteckt hinter dem Festgelände (ein kostenloser Bus schafft die Verbindung in die Stadt). Die Anlage bietet einen tropischen Garten mit Hängematten, einen Billardtisch, Schlafsäle ohne Stockbetten, frische Bettwäsche und Handtücher, kostenloses WLAN und eine relaxte Stimmung. Legendär sind die Grillabende am Montag, bei denen Krokodil, Emu und Känguru auf den Rost kommen. Die Klimaanlage kostet 1 AU$ für drei Stunden.

Das Tropic Days und das gleichfalls tolle Travellers Oasis gehören denselben Betreibern.

★ Gilligan's Backpacker's Hotel & Resort HOSTEL $
(07-4041 6566; www.gilligans.com.au; 57–89 Grafton St; B/Zi. ab 24/120 AU$; @) Das Gilligan's ist ziemlich einzigartig: eine lautes, selbstbewusstes, Party-erprobtes Flashpacker-Resort, in dem alle Zimmer ein angeschlossenes Bad und die meisten einen Balkon haben. Die teureren Zimmer verfügen über Kühlschrank und TV. Hotelgäste erhalten für 4 AU$ auch ein Abendessen. Die riesige Bar und der angrenzende Lagunen-Pool sind der Ort, sich sehen zu lassen,

und abends gibt's jede Menge Unterhaltung. Das Haus hat eine sehr zentrale Lage.

★ Lake Placid Tourist Park WOHNMOBILPARK $
(☎07-4039 2509; www.lakeplacidtouristpark.com; Lake Placid Rd; Stellplatz mit Strom ab 37 AU$, Bungalow ab 60 AU$, Hütte mit angeschlossenem Bad ab 85 AU$, Cottages ab 110 AU$; P ❄ ≋ ≋ ☸) Die Anlage ist zwar nur 15 Autominuten vom Zentrum entfernt, aber eben doch so weit, dass man mitten in der Natur ist. Der schöne Platz blickt auf den Lake Placid, der seinen Namen zu Recht trägt. Für Autofahrer ist der Park damit eine ausgezeichnete Alternative zu einer Unterkunft in der Stadt. Es gibt Stellplätze und eine Reihe günstiger, geschmackvoll eingerichteter Unterkunftsoptionen. Die Anlage befindet sich in der Nähe vieler Attraktionen und der nördlichen Strände.

★ Northern Greenhouse HOSTEL $
(☎07-4047 7200; www.northerngreenhouse.com.au; 117 Grafton St; B/Apt. ab 26/95 AU$; P ❄ @ ≋ ≋) Preislich gehört das freundliche, entspannte Hostel zwar in die Budgetkategorie, qualitativ ist es aber mit seinen ordentlichen Schlafsälen und netten Einraum-Apartments mit Küche und Balkon ein Stückchen besser. Die zentrale Terrasse, der Pool und das Spielezimmer eignen sich sehr gut, um mit anderen Travellern in Kontakt zu kommen. Das Frühstück ist kostenlos, und sonntags wird gegrillt.

Cairns Central YHA HOSTEL $
(☎07-4051 0772; www.yha.com.au; 20–26 McLeod St; B/EZ/DZ ab 27,50/59,50/71 AU$; ❄ @ ≋) Das preisgekrönte YHA-Hostel gegenüber dem Cairns Central Shopping Centre (S. 441) ist hell, makellos sauber und hat professionelles Personal. Es gibt auch Zimmer mit angeschlossenem Bad und zum Frühstück Pfannkuchen gratis.

Floriana Guesthouse PENSION $
(☎07-4051 7886; www.florianaguesthouse.com; 183 Esplanade; EZ/DZ 79/89 AU$, Studio 130–150 AU$; ❄ @ ≋ ≋) Das alte Cairns lebt in dieser urigen Pension mit originalen Dielen und Art-déco-Armaturen weiter. Die weite Treppe führt zu zehn individuell gestalteten Zimmern, die jeweils über ein angeschlossenes Bad verfügen.

Cairns Girls Hostel HOSTEL $
(☎07-4051 2016; www.cairnsgirlshostel.com.au; 147 Lake St; B/2BZ 20/48 AU$; ≋) Sorry, Herrschaften! Aber dieses blitzblanke Hostel, das zu den einladendsten Budgetunterkünften in Cairns gehört, ist ausschließlich Frauen vorbehalten.

Cairns Colonial Club RESORT $$
(☎07-4053 8800; www.cairnscolonialclub.com.au; 18-26 Cannon St, Manunda; Zi. 95–175 AU$; P ❄ ≋ ≋) Das Resort im Queenslander-Stil ist bereots seit 1986 eine feste Größe in der Beherbergungsszene der Stadt. Hier gibt's für jeden das Richtige; Familien, Geschäftsleute und Alleinreisende sind gleichermaßen hochzufrieden. Die 4,5 ha große Anlage versteckt sich in einer grünen Vorstadt und punktet mit drei Pools, Spielplätzen, Bars, einem beliebten Restaurant und prächtigen Gartenanlagen. Das Resort liegt 4 km außerhalb der Stadt, aber regelmäßig fährt ein Shuttlebus.

Bay Village Tropical Retreat APARTMENTS $$
(☎07-4051 4622; www.bayvillage.com.au; Ecke Lake St & Gatton St; DZ 135 AU$, Apt. 165–275 AU$; P ❄ ≋ ≋) Der schicke, blanke und ein kleines Stück vom Trubel in Cairns entfernte Komplex bietet große, kühle Apartments (mit 1 bis 3 Schlafzi.) und geräumige Zimmer mit Service. Hier kann man prima wohnen und vielleicht noch besser essen, denn die Anlage ist an das preisgekrönte Bayleaf Balinese Restaurant angeschlossen.

Reef Palms APARTMENTS $$
(☎07-4051 2599; www.reefpalms.com.au; 41–47 Digger St; Apt. ab 120 AU$; P ❄ @ ≋ ≋) Paare und Familien schätzen das ausgezeichnete Preis-Leistungs-Verhältnis und den freundlichen Service in diesem ruhigen Komplex. Die blitzsauberen Apartments haben Kochgelegenheiten und Balkone oder Höfe; in den größeren Apartments gibt's auch einen Wohnbereich und einen Whirlpool.

★ 201 Lake Street HOTEL $$$
(☎07-4053 0100, 1800 628 929; www.201lakestreet.com.au; 201 Lake St; Zi. ab 205 AU$, Apt. 270–340 AU$; ❄ ≋ ≋) Der prächtige, exklusiv anmutende Apartmentkomplex mit seinem wundervollen Pool könnte aus einem Hochglanzmagazin stammen. Mattweiße Töne dominieren. Gäste haben die Wahl zwischen einem schicken Hotelzimmer oder topmodernen Apartments mit Entertainment-Bereich, Plasma-TV und Balkon.

Essen

In den **Night Markets** (www.nightmarkets.com.au; Esplanade; Gerichte 10–15 AU$; ⊙10–23 Uhr) gibt's einen günstigen, asiatisch aufgemachten Food-Court; trotz des irreführenden Namens sind die einzelnen Imbisse ganztägig geöffnet.

Frisches Obst und Gemüse und weitere regionale Lebensmittel bekommt man am Wochenende auf den Rusty's Markets (S. 445) und Grundnahrungsmittel im Cairns Central Shopping Centre (S. 441).

★ Ganbaranba JAPANISCH **$**

(☎ 07-4031 2522; 12 Spence St; Hauptgerichte 8–12 AU$; ⏲ 11.30–14.30 & 17–20.30 Uhr) Man erkennt das winzige Lokal an den Schlangen vor der Tür und an den zufriedenen Gesichtern der Gäste drinnen. Der kultige Laden hat ohne jeden Zweifel die besten *ramen* in Cairns. Beim Schlürfen kann man zusehen, wie die Köche die Nudeln machen – wer dadurch wieder hungrig wird, bestellt einfach noch einen Nachschlag für ganze 1,50 AU$. Das Anstellen lohnt sich!

Cafe Fika SCHWEDISCH **$**

(☎ 07-4041 1150; www.swedishshop.com.au; 111–115 Grafton St; Gerichte 9,50–15 AU$; ⏲ Mo–Fr 7–16, Sa 9–14 Uhr) Von Frikadellen mit Preiselbeermarmelade bis zu Toast mit *skagen* (Garnelen mit Dill und saurer Sahne) serviert dieses kleine europäische Lokal den hungrigen Massen aus heimwehkranken Skandinaviern und Einheimischen, die Abwechslung suchen, typisch schwedische Speisen. Ein ausgezeichneter Delikatessenladen mit Spezialitäten aus u. a. (natürlich) Schweden sowie Deutschland, Ungarn, Estland und Frankreich ist angeschlossen.

Pineapple Cafe HEALTH FOOD **$**

(www.facebook.com/pineapplecafecairns; 92 Lake St; Hauptgerichte 10–18 AU$; ⏲ Mo–Sa 7–15 Uhr) Jede Menge gesunde, frische und kreative Kost erhält man in diesem wundervollen Café – u.a. Schalen mit Acai-Beeren und Smoothies, Superfood-Salate, Rindfleischburger mit Fleisch von mit Gras gefütterten Rindern und das ganze Tag wirklich gesunde Frühstücksgerichte. Das Glücksgefühl beschränkt sich nicht aufs Essen: das Personal lächelt unentwegt, und die Wände sind mit glücklich stimmenden Malereien dekoriert.

Bagus INDONESISCH **$**

(☎ 07-4000 2051; www.baguscafe.info; 149 Esplanade; Hauptgerichte 10–20 AU$; ⏲ Mo, Di, Do & Sa 6.45–14.30 & 17.30–20.30, Mi & Fr 6.45–14.30, So 12–15 & 17.30–20.30 Uhr) Die starken Aromen traditioneller indonesischer Straßenkost wehen aus diesem kleinen Ladenlokal; das Nasi Goreng könnte direkt aus einem balinesischen Strandcafé stammen. Die Frühstücksgerichte (4,50–11,50 AU$) sind gut und günstig. Das Lokal liegt gegenüber dem Spielplatz des Muddy's (S. 429).

Tokyo Dumpling JAPANISCH **$**

(☎ 07-4041 2848; www.facebook.com/tokyodumpling46; 46 Lake St; Klöße ab 4,50 AU$, Hauptgerichte ab 13,80 AU$; ⏲ 11.30–21.30 Uhr) Das makellose kleine Lokal mit Essen zum Mitnehmen bietet herrliche, nach mehr schmeckende, hausgemachte Klöße und außerordentliche Reis- und Nudelgerichte. Tagesmenüs gibt's mittags zwischen 11 und 14 Uhr. Wer einmal hier gegessen hat, kommt wahrscheinlich wieder.

Meldrum's Pies in Paradise BÄCKEREI **$**

(☎ 07-4051 8333; 97 Grafton St; Pies 5,30–6,80 AU$; ⏲ Mo–Fr 7–16.30, Sa bis 14.30 Uhr; ✎) Das preisgekrönte Meldrum's verdient mit seinen unzähligen Variationen der schlichten australischen Pies jedes Lob; der Laden besteht schon seit 1972, was in einer so launischen Touristenstadt wie Cairns Bände spricht. Mal etwas Anderes sind die Pies mit Hühnchen und Macadamia-Satay oder mit Thunfisch-Mornay und Spinat; auch die vielen vegetarischen Optionen sind lecker und schnell ausverkauft.

★ Spicy Bite INDISCH, FUSION **$$**

(☎ 07-4041 3700; www.spicybitecairns.com; Ecke Shields St & Esplanade; Hauptgerichte 15,50–35 AU$; ⏲ 17–22 Uhr; ✎) Cairns hat zwar viele gute indische Restaurants, aber keines ist so innovativ wie dieses unscheinbare Lokal, wo Fusionküche zu einem denkwürdigen Erlebnis wird: Wo sonst bekommt man Krokodil-Masala oder Känguru-Tikka? Die klassischen Currys sind hervorragend, und es gibt auch jede Menge vegetarische und vegane Optionen.

★ Prawn Star SEAFOOD **$$**

(☎ 0456 421 172; www.facebook.com/prawnstarcairns; E-Finger, Liegeplatz 31, Marlin Marina; Meeresfrüchte ab 20 AU$; ⏲ 10–20 Uhr) Das Trawler-Restaurant Prawn Star bedeutet tropisches Dinieren vom Feinsten: Man klettert an Bord und schlägt sich den Bauch mit Garnelen, Schlammkrabben, Austern oder dem, was sonst noch an diesem Tag gefangen wurde, voll und genießt dabei den ebenfalls herrlichen Blick auf den Hafen. Mitte 21017 kam ein zweites kulinarisches Boot hin – die Prawn Star Two –, aber die Plätze sind immer noch begrenzt und sehr nachgefragt, weshalb man früh kommen sollte. Warum nicht noch viel mehr solcher Restaurants am Ufer vor Cairns ankern, ist ein unerklärliches Rätsel.

★ Bayleaf Balinese Restaurant BALINESISCH **$$**
(☎ 07-4051 4622; www.bayvillage.com.au/bayleaf; Bay Village Tropical Retreat, Ecke Lake St & Gatton St; Hauptgerichte 14–25 AU$; ⏲ Mo–Fr 12–14, tgl. 18 Uhr–open end) Eines der besten Restaurants der Stadt findet sich nicht am Ufer und auch nicht in der Lobby eines schicken Hotels, sondern in einem Apartmentkomplex der mittleren Preisklasse. Von außen ist das Lokal völlig unscheinbar, aber die balinesischen Gerichte, die die spezialisierten Köche hier zaubern, sind überragend und ganz authentisch. Entweder ordert man eine Menge Vorspeisen oder man entscheidet sich für das Bankett oder diverse Hauptgerichte zum Teilen.

★ Perrotta's at the Gallery MEDITERRAN **$$**
(☎ 07-4031 5899; www.perrottasatg.com; 38 Abbott St; Frühstück 7–23 AU$, Hauptgerichte 19–37 AU$; ⏲ 6.30–22 Uhr; ☑) Das unübersehbare Lokal, das zur Cairns Regional Gallery (S. 431) gehört, lockt Gäste mit einem herrlichen Gourmetfrühstück – bis 15 Uhr! –, frischen Säften, Barista-Kaffee und einfallsreichen mediterranen Mittags- und Abendgerichten auf seine überdachte Terrasse. Das Restaurant ist ein schicker Ort mit einem interessanten Publikum und guten Plätzen zum Beobachten der Leute.

Fetta's Greek Taverna GRIECHISCH **$$**
(☎ 07-4051 6966; www.fettasgreektaverna.com.au; 99 Grafton St; Hauptgerichte 26,50–28,50 AU$, Menü 35 AU$; ⏲ Mo–Fr 11.30–15, tgl. 17.30–open end) Die weißen Wände und blau umrahmten Fenster lassen die Gäste hier schnell an Santorin denken, aber im Mittelpunkt stehen die klassischen griechischen Gerichte. Das Menü liefert einen guten Querschnitt: Dips, Saganaki, Moussaka, Salat, Grillfleisch, *calamari*, Baklava und Kaffee. Ja, hier kann man schlemmen.

★ Ochre MODERN-AUSTRALISCH **$$$**
(☎ 07-4051 0100; www.ochrerestaurant.com.au; Marlin Pde; Hauptgerichte 28–40 AU$; ⏲ 11.30–14.30 & 17.30–21.30 Uhr) Die Karte dieses innovativen Uferrestaurant setzt auf heimische Fauna (z. B. Krokodil mit australischer Paprika oder Känguru mit Quandong-Chili-Glasur) und Flora (Wattleseed-Brot oder Mousse aus Davidson-Plums). Auch Steaks mit Fleisch aus den Tablelands werden hier perfekt zubereitet. Wer sich nicht entscheiden kann, bestellt einfach die Verkostungsplatte.

Dundees SEAFOOD **$$$**
(☎ 07-4051 0399; www.dundees.com.au; Marlin Pde; Hauptgerichte 25–82 AU$; ⏲ 11.30 Uhr–open end) Das alterprobte Uferrestaurant überzeugt mit Ambiente, großzügigen Portionen und freundlichem Service. Auf der vielfältigen Vorspeisenkarte stehen u. a. sämige Meeresfrüchte-*chowder*, Weichschalenkrabben-Tempura oder leicht panierte *calamari*-Schnitten; zu den Highlights unter den Hauptgängen gehören gegrillter Hummer, Filet vom Wagyu-Rind und riesige Meeresfrüchteteller.

Ausgehen & Nachtleben

★ Three Wolves BAR
(☎ 07-4031 8040; www.threewolves.com.au; Red Brick Laneway, 32 Abbott St; ⏲ Do–Sa & Mo 16–24, So 14–22 Uhr) Die anheimelnde, dezente und absolut trendige (Edison-Glühlampen, Kupferkrüge und Barkeeper in altmodischen Schürzen) neue Bar in einer Gasse bringt einen willkommen Hauch Melbourne in die Stadt. Es gibt eine ausgezeichnete Auswahl an erlesenen Spirituosen, Cocktails und Bieren und dazu beliebte Bar-Happen wie Pulled-Pork-Tortillas, kleine Burger und Hotdogs à la New York. Klein, aber Klasse!

★ Green Ant Cantina BAR
(☎ 07-4041 5061; www.greenantcantina.com; 183 Bunda St; ⏲ Di–So 16 Uhr–open end) Die schmuddelige, muntere Tex-Mex-Bar hinter dem Bahnhof ist ein angesagter alternativer Treff. Freundliche Leute bevölkern das mit bunten Wandmalereien dekorierte Lokal, das sein eigenes Bier braut und regelmäßig Livemusik bietet. Das Essen, darunter Pulled-Pork-Quesadillas, Jambalaya und die berüchtigten, sehr scharfen „Wings of Death", ist ebenfalls prima.

★ Salt House BAR
(☎ 07-4041 7733; www.salthouse.com.au; 6/2 Pierpoint Rd; ⏲ Mo–Fr 11–2, Sa & So 7–2 Uhr) Cairns' coolste Bar mit Klasse liegt am Yacht Club und bedient die Hippen und Glücklichen mit großartigen Cocktails, herrlichem Ausblick, gelegentlicher Livemusik, DJs, und sehr leckeren modern-australischen Häppchen und Hauptgerichten. Ein Besuch lohnt sich also.

★ Conservatory Bar WEINBAR

(☎ 0467 466 980; www.theconservatorybar.com.au; 12–14 Lake St; ⌚ Mi–Do 16–22, Fr & Sa bis 24, So bis 21 Uhr) Cairns' beste Weinbar versteckt sich in einem kleinen Raum in einer kleinen Gasse und ist einer der besten Orte für einen kleinen Drink welcher Art auch immer, denn es gibt hier auch fabelhafte Cocktails und jede Menge Kleinbrauereibiere. Das Lokal ist entspannt, freundlich und zugleich tropisch-elegant. Regelmäßig gibt's Ausstellungen und (ruhige) Livemusik.

★ Lyquid Nightlife CLUB

(☎ 07-4028 3773; www.lyquid.com.au; 33 Spence St; ⌚ 21–3 Uhr) Das Lyquid ist die heißeste Adresse der Stadt: Fein anziehen und die Nacht mit Top-DJs, professionellen Barkeepern und glücklichen, aufgedrehten jungen Leuten durchbringen!

★ Jack PUB

(☎ 07-4051 2490; www.thejack.com.au; Ecke Spence St & Sheridan St; ⌚ 10 Uhr–open end) Das Jack ist in jeder Hinsicht ein toller Pub. Es ist in einem unübersehbaren alten Traditionsgebäude untergebracht und verfügt über einen riesigen, schattigen Biergarten. Jeden Abend ist etwas los, z. B. gibt's Livekonzerte oder es legen DJs auf. Das Pub-Essen hier ist superlecker, und für Gäste, die sich nicht losreißen können, gibt's nebenan ein Backpackerhostel (Übernachtung ab 26 AU$).

Pier Bar BAR

(☎ 07-4031 4677; www.thepierbar.com.au; Pier Shopping Centre, 1 Pierpoint Rd; ⌚ 11.30 Uhr–open end) Diese Institution vor Ort ist sehr beliebt wegen der tollen Uferlage und der täglichen Happy Hour (17–19 Uhr). Sonntags ist hier *der* Ort, um zu sehen und sich sehen zu lassen; dann darf man Livemusik, besondere Speisen und Getränke sowie ein stets munteres Publikum erwarten.

Grand Hotel PUB

(☎ 07-4051 1007; www.grandhotelcairns.com; 34 McLeod St; ⌚ Mo–Mi 10–21, Do bis 23, Fr & Sa bis 24, So bis 20 Uhr) Der entspannte, 1926 gegründete Pub lohnt einen Besuch schon allein, um sein Bier auf der Theke hier abzustellen – einem 11 m langen Krokodil! An den Wochenenden gibt's üblicherweise Livemusik. Hier kann man prima mit Einheimischen abhängen.

Woolshed BAR

(☎ 07-4031 6304; www.thewoolshed.com.au; 24 Shields St; ⌚ So–Do 19–3, Fr & Sa bis 5 Uhr) Ein ewig beliebter Backpackertreff mit Fleischbeschau, wo junge Traveller, Tauchlehrer und aufgedrehte Einheimische sich die Kante geben und auf den Tischen tanzen. Im Erdgeschoss befindet sich die als Flüsterkneipe aufgemachte Cocktailbar Cotton Club, die mehr Klasse hat.

☆ Unterhaltung

Pop & Co Tapas & Music Bar LIVEMUSIK

(☎ 07-4019 6132; 92 Abbott St; ⌚ Mi–So 17 Uhr–open end) Jazz, Blues und schmalzige Töne teilen sich hier das Rampenlicht mit guten Knabbereien und sehr billigem Bier vom Fass. Der Laden ist ein kleiner, aber sehr populärer Diamant, d. h., manchmal wird's hier rappelvoll. Der Laden findet sich gleich nördlich neben den riesigen Gelee-Babys des Centre of Contemporary Arts in der Abbott St.

Starry Night Cinema KINO

(www.starrynightcinema.com.au; Flecker Botanic Gardens, Collins Ave, Edge Hill; Erw./Kind ab 13/5 AU$) Klassische Filme im Grün und Glanz der Botanic Gardens (S. 429). Die anstehenden Vorstellungen (meist 1 oder 2 pro Monat) stehen auf der Website.

Reef Hotel Casino CASINO

(☎ 07-4030 8888; www.reefcasino.com.au; 35–41 Wharf St; ⌚ Fr & Sa 9–5, So–Do bis 3 Uhr) Neben Tischspielen und Automaten bietet das Casino von Cairns auch vier Restaurants und vier Bars, darunter die riesige Casino Sports Arena Bar.

Centre of Contemporary Arts GALERIE, THEATER

(CoCA; www.centre-of-contemporary-arts-cairns.com.au; 96 Abbott St; ⌚ Mo–Sa 10–17 Uhr) Im CoCA residieren die KickArts (S. 431) – Galerien für örtliche zeitgenössische bildende Kunst – sowie das **JUTE Theatre** (www.jute.com.au). Die Gelee-Babys draußen vor der Tür sind sehenwert.

Shoppen

★ Rusty's Markets MARKT

(☎ 07-4040 2705; www.rustysmarkets.com.au; 57–89 Grafton St; ⌚ Fr & Sa 5–18, So bis 15 Uhr) Kein Wochenende in Cairns wäre komplett ohne einen Besuch auf diesem geschäftigen, lebenssprühenden multikulturellen Markt. Man wühlt sich durch stapelweise saisonale tropische Früchte, Gemüse und Kräuter. Außerdem gibt's farmfrischen Honig, Blumen, ausgezeichneten Kaffee, Currys, kalte Getränke, Antiquitäten und vieles mehr.

Doongal Aboriginal Art KUNST
(☎07-4041 4249; www.doongal.com.au; 49 Esplanade; ⏲9–18 Uhr) Authentische Kunst, Bumerangs, Didgeridoos und weitere traditionelle Artefakte von örtlichen indigenen Kunsthandwerkern und Aborigines aus Zentralaustralien. Die verkauften Stücke werden in alle Welt versandt.

Praktische Informationen

Cairns 24 Hour Medical Centre (☎07-4052 1119; Ecke Grafton St & Florence St; ⏲24 Std.) Zentral gelegenes medizinisches Zentrum; auch Taucher-Checks.

Cairns & Tropical North Visitor Information Centre (☎07-4051 3588; www.tropicalnorthqueensland.org.au; 51 Esplanade; ⏲Mo–Fr 8.30–18, Sa & So 10–18 Uhr) Die einzige staatliche Touristeninformation vor Ort bietet unparteiische Besucherinfos. Es gibt hunderte kostenlose Broschüren, Landkarten und Faltblätter. Das freundliche Personal hilft bei der Buchung von Unterkünften und Touren. Zu erkennen am dem gelben „i" auf blauem Untergrund.

Cairns Base Hospital (☎07-4226 0000; 165 Esplanade) Das größte Krankenhaus in Far North Queensland.

Post (☎13 13 18; www.auspost.com.au; 38 Sheridan St; ⏲Mo–Fr 8.30–17.30, Sa 9–12.30 Uhr)

An- & Weiterreise

AUTO & MOTORRAD

Die größeren Autovermieter haben Filialen am Flughafen und in der Innenstadt (meist an der Sheridan St). Der Tagespreis für einen Mietwagen beträgt ab ca. 40 AU$ für einen Klein- und 80 AU$ für einen Geländewagen. **Cruising Car Rental** (☎07-4041 4666; www.hirecarcairns.com; 196 Sheridan St; ab 39 AU$/Tag) und **Rent-a-Bomb** (☎07-4031 4477; www.rentabomb.com.au; 144 Sheridan St; ab 33 AU$/Tag) haben günstigere Preise für ältere Automodelle. Gute Wohnmobile zu Budgetpreisen vermieten **Jucy** (☎1800 150 850; www.jucy.com.au; 55 Dutton St, Portsmith; ab 40 AU$/Tag), **Spaceships** (☎1300 132 469; www.spaceshipsrentals.com.au; 3/52 Fearnley St, Portsmith; ab 40 AU$/Tag) und **Hippie Camper Hire** (☎1800 777 779; www.hippiecamper.com; 432 Sheridan St; ab 44 AU$/Tag). **Bear Rentals** (☎1300 462 327; www.bearrentals.com.au; ab 127 AU$/Tag) vermietet erstklassige Land Rover Defenders, mit denen man prima durch den Busch kommt.

Wer länger vor Ort bleibt, sollte sich nach gebrauchten Wohnmobilen oder zu verkaufenden Backpacker-Autos in Hostels erkundigen, unter www.gumtree.com.au oder am Schwarzen Brett in der Abbott St nachsehen.

Wer mehr an einem Zweirad interessiert ist, wendet sich an **Choppers Motorcycle Tours & Hire** (☎07-4051 6288; www.choppersmotorcycles.com.au; 150 Sheridan St; Motorrad ab 90 AU$/Tag) oder **Cairns Scooter & Bicycle Hire** (☎07-4031 3444; www.cairnsbicyclehire.com.au; 47 Shields St; Motorroller/Fahrrad ab 87/11 AU$ pro Tag).

BUS

Fernverkehrsbusse starten und halten am **Interstate Coach Terminal** (Reef Fleet Terminal), an der **Cairns Central Railway Station**, am **Flughafen** (S. 1176) und an der **Cairns Transit Mall** (Lake St).

Cairns Cooktown Express (☎07-4059 1423; www.cairnsbuscharters.com/services/cairns-cooktown-express)

Greyhound Australia (☎1300 473 946; www.greyhound.com.au)

John's Kuranda Bus (☎0418 772 953)

Premier Motor Service (☎13 34 10; www.premierms.com.au)

Sun Palm (☎07-4087 2900; www.sunpalmtransport.com.au)

Tablelands Tours & Transfers (☎07-4045 1882; www.tablelandstoursandtransfers.com.au)

Trans North (☎07-4095 8644; www.transnorthbus.com; Cairns Central Railway Station)

FLUGZEUG

Qantas (S. 1175), **Virgin Australia** (☎13 67 89; www.virginaustralia.com), **Jetstar** (☎13 15 38; www.jetstar.com.au) sowie einige wenige internationale Fluggesellschaften nutzen den **Cairns Airport** (S. 1176) rund 6 km außerhalb des Zentrums. Angeboten werden Direktflüge in die Hauptstädte aller australischen Bundesstaaten (abgesehen von Canberra und Hobart) sowie zu regionalen Zentren wie Townsville, Weipa and Horn Island. Internationale Direktflüge gibt's u. a. nach Bali, Singapur, Manila, Tokio und Port Moresby.

Hinterland Aviation (☎07-4040 1333; www.hinterlandaviation.com.au)

Skytrans (☎1300 759 872; www.skytrans.com.au)

SCHIFF/FÄHRE

Fast alle Rifftouren ab Cairns starten von der Marlin Wharf (manchmal auch Marlin Jetty genannt); die Buchungs- und Check-in-Einrichtungen befinden sich im **Reef Fleet Terminal** (Pierpoint Rd). Ein paar kleinere Veranstalter haben ihre Eincheck-Schalter auch neben dem Boot direkt am Kai. Unbedingt nach der Nummer des Liegeplatzes (*berth*) fragen!

Internationale Kreuzfahrtschiffe und die **SeaSwift-Fähren** (☎1800 424 422, 07-4035 1234; www.seaswift.com.au; 41–45 Tingira St, Portsmith; einfache Strecke/hin & zurück ab 650/1166 AU$) nach Seisia auf der Halbinsel Cape York nutzen den **Cairns Cruise Terminal** (☎07-4052 3888; www.cairnscruiselinerterminal.com.au; Ecke Wharf St & Lake St).

ZUG

Die **Kuranda Scenic Railway** (☎07-4036 9333; www.ksr.com.au; Erw./Kind einfache Strecke ab 50/25 AU$, hin & zurück ab 76/38 AU$) fährt täglich; der **Savannahlander** (☎07-4053 6848; www.savannahlander.com.au) unternimmt diverse Eisenbahnfahrten ins Outback von der **Cairns Central Railway Station** (Bunda St).

Queensland Rail (☎1300 131 722; www.queenslandrailtravel.com.au) hat Zugverbindungen zwischen Brisbane und Cairns.

ℹ Unterwegs vor Ort

BUS

Sunbus (☎07-4057 7411; www.sunbus.com)

FAHRRAD

Cairns ist kreuz und quer von Radwegen durchzogen; einige der beliebtesten Strecken führen an der Esplanade, den **Botanic Gardens** (S. 429) und den Centenary Lakes entlang. Eine detaillierte Liste der Radwege samt Streckenkarten findet man unter www.cairns.qld.gov.au/region/tourist-information/things-to-do/cycle.

Cairns Scooter & Bicycle Hire (S. 446)

Pro Bike Rental (☎0438 381 749; www.probikerental.com.au; Fahrrad ab 120 AU$/Tag)

VOM/ZUM FLUGHAFEN

Der Flughafen liegt rund 6 km nördlich des Zentrums von Cairns; viele Hotels und Hostels bieten kostenlose Abholungen. **Sun Palm** bedient alle ankommenden Flüge und unterhält einen Shuttledienst (Erw./Kind 15/7,50 AU$) direkt zur jeweiligen Unterkunft; Sun Palms **Airport Connect Shuttle** (4 AU$) fährt vom Flughafen zu einer **Sunbus-Haltestelle** (☎07-4057 7411; www.sunbus.com.au/cairns; Einzelfahrt/Tages-/Wochenkarte ab 2,40/4,80/19,20 AU$) an der Sheridan St gleich nördlich der Stadt. Der **Cairns Airport Shuttle** (☎0432 488 783; www.cairnsairportshuttle.com.au) ist eine gute Option für Reisegruppen: je mehr Passagiere, desto günstiger wird der Preis.

Ein Taxi ins Zentrum kostet rund 25 AU$ (plus 4 AU$ Flughafen-Zuschlag).

Manche Traveller ziehen es vor, vom Flughafen in die Stadt zu laufen, um sich die Kosten für eine Bus- oder Taxifahrt zu sparen. Man sollte aber bedenken, dass es sich um vielbefahrene Straßen handelt – 2015 wurde hier ein Fußgänger von einem Auto überfahren und starb. Außerdem passieren gelegentlich Krokodile die Airport Ave, die an Mangrovensümpfe grenzt, daher …

TAXI

Cairns Taxis (☎13 10 08; www.cairnstaxis.com.au)

Rund um Cairns

Green Island

Dieses schöne kleine Korallenriff (45 Min. von Cairns) zeigt einige der Narben, die mit Berühmtheit und Beliebtheit einhergehen, konnte sich jedoch viel von seiner Schönheit erhalten. Im Inneren der Insel liegt tropischer Regenwald mit verschlungenen Pfaden, gesäumt von weißem Sandstrand, und prächtigen Schnorchelplätzen direkt an der Küste; die Insel ist also bestens für Kinder geeignet. Man kann in etwa 30 Minuten um sie herumlaufen (sie genießt, zusammen mit der angenzenden Küste, den Schutz sowohl als National- als auch als Meerespark).

Die Hauptattraktion des in Familienbesitz befindlichen Aquariums **Marineland Crocodile Park** (☎07-4051 4032; www.greenislandcrocs.com.au; Erw./Kind 19/9 AU$; ⏲9.30–16 Uhr) heißt Cassius und ist das mit 5,5 m Länge größte Krokodil in Gefangenschaft. Sein Alter wird auf 110 Jahre geschätzt, und es wird täglich um 10.30 und um 13.30 Uhr gefüttert.

Das luxuriöse **Green Island Resort** (☎07-4031 3300; www.greenislandresort.com.au; Suite ab 580 AU$; ❄@≋) hat sich trotz einiger Bereiche, die dem allgemeinen Publikum offenstehen, wie etwa Restaurants, Bars, einem Eiscafé und Wassersportanlagen, ein Gefühl von Ungestörtheit und Exklusivität bewahrt. Die geräumigen terrassierten Häuser haben tropische Themen, hölzerne Inneneinrichtung und einladende Balkone.

Big Cat (☎07-4051 0444; www.greenisland.com.au; Erw./Kind/Fam. ab 90/45/225 AU$) bietet Transfer und Tagestouren nach Green Island an.

Fitzroy Island

Ein Berg, der steil zum Meer hin abfällt, das ist die fantastische Fitzroy Island mit herrlichen Korallenriffen, riesigen Felsen und Wanderwegen durch den Regenwald, von denen einer bei einem nun inaktiven

Rund um Cairns

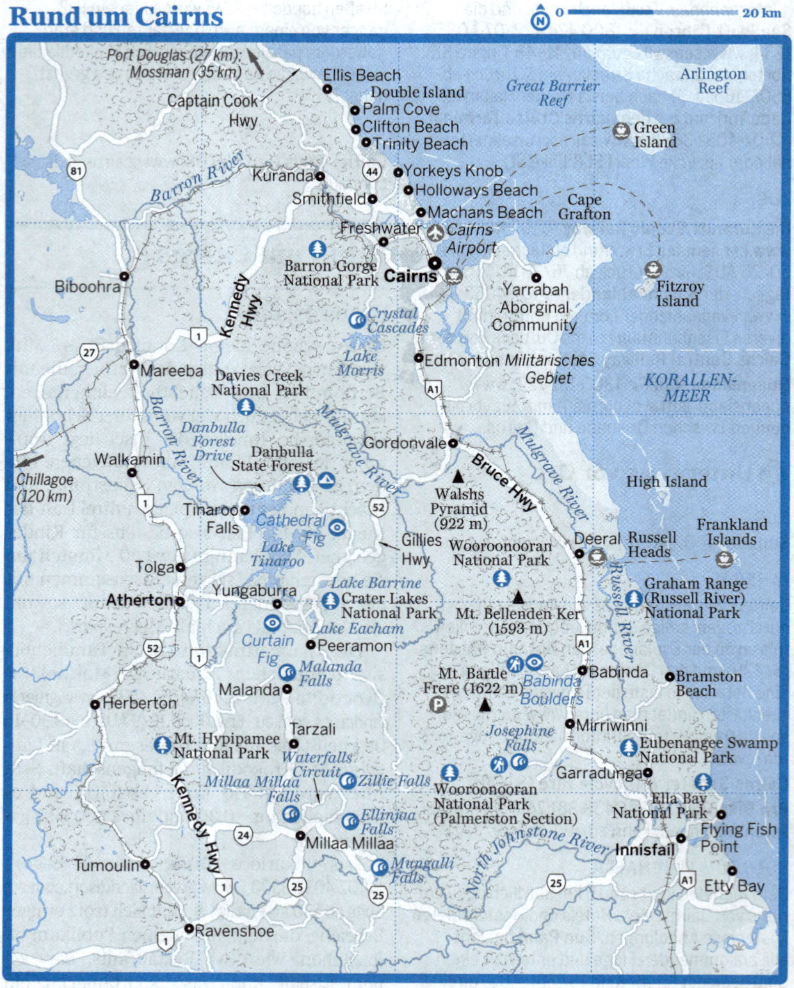

Leuchtturm endet. Es ist ein toller Ort zum Schwimmen und zum Schnorcheln – einer der besten Orte, um sein Handtuch abzulegen ist der Nudey Beach, der, trotz seines Namens kein offizieller FKK-Strand ist.

Das **Cairns Turtle Rehabilitation Centre** (www.saveourseaturtles.com.au; Erw./Kind 8,80/5,50 AU$; ⏲ Geführte Touren 13 & 14 Uhr) kümmert sich um kranke und verletzte Meeresschildkröten, bevor sie wieder in die Wildnis entlassen werden. Besucher können während der täglichen, informativen geführten Touren (45 Min., max. 15 Teilnehmer) das Schildkrötenkrankenhaus kennenlernen, und dort die Patienten treffen. Buchungen (über das Fitzroy Island Resort) müssen unbedingt im Vorfeld vorgenommen werden.

Fitzroy Island Resort (☎07-4044 6700; www.fitzroyisland.com; Studios/Hütten ab 185/445 AU$, Suite/Apt. ab 300/350 AU$; ❄ 📶 🏊) hat tropisch-coole Unterkünfte, die von gepflegten Studios, Suiten und Hütten am Strand bis hin zu luxuriösen Apartments reichen. Das Restaurant, die Bar und der Kiosk stehen Tagesausflüglern offen. Wer ein schmaleres Budget hat, kann hier einen Stellplatz am **Fitzroy Island Camping Ground** (☎07-4044 6700; www.fitzroyisland.com; Stellplätze 35 AU$) buchen.

Fast Cat (www.fitzroyisland.com/getting-here; Erw./Kind/Fam. 78/39/205 AU$) legt um 8, um 11 und um 13.30 Uhr (eine Buchung im Voraus ist unerlässlich) an der Marling Wharf (Liegeplatz 20) in Cairns ab, und bringt Besucher in gerade einmal 45 Minuten nach Fitzroy Island. Rückfahrten nach Cairns um 9.30, 12.15 und um 17 Uhr.

Frankland Islands

Wem die Vorstellung, auf einer von fünf unbewohnten, korallengesäumten Inseln mit exzellenten Schnorchelplätzen und atemberaubenden weißen Sandstränden abzuhängen, zusagt, der fährt zum Frankland Group National Park hinaus. Zu diesen Inseln gehören High Island im Norden, sowie im Süden die Inseln Normanby, Mabel, Round und Russell.

Frankland Islands Cruise & Dive (☎07-4031 6300; www.franklandislands.com.au; Erw./Kind ab 169/99 AU$) organisiert hervorragende Tagesausflüge, zu denen beispielsweise ein Ausflug auf dem Mulgrave River gehört. Schnorchelausrüstung, Gebühren und Mittagessen sind im Preis enthalten.

Die Strände nördlich von Cairns

Yorkeys Knob

2770 EW

Yorkeys Knob ist ein entspanntes Dorf am Strand, das vor allem für seinen Jachthafen und seinen **Golfplatz** (☎07-4055 7933; www.halfmoonbaygolf.com.au; 9/18 Löcher 26/42 AU$, Ausleihgebühr für Schläger 25 AU$) bekannt ist – und den vorwitzigen Krokodilen, die ihm ab und zu einen Besuch abstatten. Im Sommer gibt's hier ein Seewespennetz zum sicheren Aufenthalt im Wasser.

Blazing Saddles (☎07-4055 7400; www.blazingsaddles.com.au; 154 Yorkeys Knob Rd; Ausreiten ab 125 AU$) bietet Ausflüge zu Pferd, die durch den Regenwald, Mangrovensümpfe und Zuckerrohrfelder führen.

Yorkeys Knob Boating Club (☎07-4055 7711; www.ykbc.com.au; 25–29 Buckley St; Hauptgerichte 18–30 AU$; ⊙ Mo–Do 10–24 Uhr, Fr & Sa bis 2 Uhr, So 8–24 Uhr; ✎) bietet Gerichte aus frischen Meeresfrüchten und von der großen Speiseterrasse einen wunderbaren Ausblick auf die teuren, schwimmenden Spielzeuge im Jachthafen, und rechtfertigt damit die Anfahrt von Cairns.

Trinity Beach

Der Trinity Beach ist eines der besser gehüteten Geheimnisse der Region. Mit seinem schönen Sandstrand, der geschützten Esplanade sowie den preiswerten Restaurants und Unterkünften ist es hier gelungen, den Massentourismus abzuwehren – obwohl er ein Ferienort und beliebtes Gastronomieziel für die Einheimischen mit Insiderkenntnissen ist. Man kann hier nicht viel tun außer essen, schlafen und relaxen, aber die zentrale Lage des Trinity Beach macht ihn zu einem perfekten Ausgangspunkt für Ausflüge.

Eine der attraktivsten Häuserzeilen mit Strandblick, **Sea Point on Trinity Beach** (☎07-4057 9544; www.seapointontrinitybeach.com; 63 Vasey Esplanade; Apt. 165–230 AU$; P ❄ 📶 🏊) hat Indoor-Outdoor-Balkone, gefließte Böden und luftige Ausblicke.

Man sollte sich vom lockeren Strandhütten-Vibe nicht dazu verleiten lassen, zu denken, dass das Essen bei **Fratelli on Trinity** (☎07-4057 5775; www.fratelli.net.au; 47 Vasey Esplanade; Hauptgerichte 20–35 AU$; ⊙ Mi–So 7–22 Uhr, Mo & Di ab 17.30 Uhr) nicht absolute Spitze sei. Die Pasta ist erstklassig, und Gerichte wie Garnelen mit Pistazien, Butterkrebs mit Granatapfel und Safran-Aioli können sogar noch den Spitzenausblick übertreffen.

Der **Blue Moon Grill** (☎07-4057 8957; www.bluemoongrill.com.au; Shop 6, 22–24 Trinity Beach Rd; Hauptgerichte 22–40 AU$; ⊙ Mo–Do 16–22 Uhr, 7–11 Uhr & Fr–So 16–22 Uhr) beeindruckt mit einer kreativen, originellen Speisekarte, die voller Leidenschaft präsentiert wird. Wo sonst kann man denn schon Krokodil-Popcorn probieren?

Palm Cove

1215 EW

Palm Cove, der bekannteste Strandort nördlich von Cairns, hat sich zu einer ganz eigenen Urlaubsdestination entwickelt – er ist intimer als Port Douglas und luxuriöser als seine südlichen Nachbarn. Die abgeschiedene Küstengemeinde hat eine wunderschöne Promenade, die an der von Pflanzen gesäumten Williams Esplanade entlangführt. Der weiße Sandstrand und die schicken Restaurants tun ihr Bestes, um die jungen Liebespaare aus ihren Luxusresorts zu locken – was ihnen zweifellos auch gelingt.

Wer es schafft, sich vom Strand oder vom Pool loszureißen, der findet in Palm Cove einige exzellente Wassersportanbieter vor, so etwa **Beach Fun Co** (☎0411 848 580; www.

beachfunco.com; Ecke Williams Esplanade & Harpa St), **Palm Cove Watersports** (☎0402 861 011; www.palmcovewatersports.com; 149 Williams Esplanade; Kajakvermietung ab 20 AU$/Std.) und **Pacific Watersports** (☎0413 721 999; www.pacificwatersports.com.au; 41 Williams Esplanade), das geführte Schildkrötentouren via Stand-Up-Paddling (SUP) oder Kajak anbietet.

Schlafen & Essen

★ Cairns Beaches Flashpackers HOSTEL $

(☎07-4055 3797; www.cairnsbeachesflashpackers.com; 19 Veivers Rd; B/DZ 45/120 AU$; P ❄ 📶 🏊) Obwohl eigentlich ein Hostel – das erste und einzige in Palm Cove – ist diese schöne, blitzsaubere Unterkunft, 100 m vom Strand entfernt, mehr friedlicher Rückzugsort als Partyhochburg. Die Stockbetten-freien Schlafsäle sind sauber und gemütlich, die Séparées haben eigene Badezimmer und über Schiebetüren Zugang zum Pool. Kochmöglichkeit für Gäste gibt's in der makellosen Gemeinschaftsküche, oder man sucht auf einem Piaggio-Motorroller nach Restaurants, die etwas weiter draußen liegen.

Palm Cove Holiday Park CAMPING $

(☎07-4055 3824; www.palmcovehp.com.au; 149 Williams Esplanade; Stellplätze mit/ohne Strom ab 36/29 AU$; P 📶) Wer in Palm Cove eine preisgünstige Unterkunft im Freien sucht, schlägt sein Lager in diesem modernen, gutgeführten Campingplatz nahe der Mole auf. Es gibt Zelt- und Wohnmobilstellplätze, eine neue Lagerküche, ein Grill-Areal und Waschmaschinen.

★ Sarayi BOUTIQUEHOTEL $$

(☎07-4059 5600; www.sarayi.com.au; 95 Williams Esplanade; DZ 115–240 AU$; P ❄ 📶 🏊) Das Sarayi ist weiß gestrichen, fröhlich eingerichtet, hat die perfekte Lage in einem Hain aus Myrtenheiden gegenüber dem Strand und erfreut sich großer Beliebtheit bei Paaren, Familien und einer steigenden Zahl an Besuchern, die sich für eine Hochzeit auf der Dachterrasse entscheiden. Der türkische Name bedeutet „Palast" – und das ist auch angemessen: das entspannte aber kompetente Management tut hier alles, damit sich der Gast königlich behandelt weiß.

★ Reef House Resort & Spa BOUTIQUEHOTEL $$$

(☎07-4080 2600; www.reefhouse.com.au; 99 Williams Esplanade; DZ ab 300 AU$; P ❄ 📶 🏊) Das Reef House war früher das private Anwesen eines Brigadegenerals und ist intimer und unaufdringlicher als die meisten anderen Resorts in Palm Cove. Weiße Wände, Korbmöbel und große, romantisch mit Musselinvorhängen drapierte Betten schaffen ein elegantes Flair. An der Bar des Generals bedient man sich und zahlt auf Vertrauensbasis; in der Dämmerstunde gibt's einen kostenlosen Punsch bei Kerzenschein

★ Chill Cafe CAFÉ $$

(☎0439 361 122; www.chillcafepalmcove.com.au; 41 Williams Esplanade; Hauptgerichte ab 19 AU$; ⏱6 Uhr–open end) Die erstklassige Lage an der Ecke der Esplanade am Wasser, in Kombination mit lustigem, freundlichem und aufmerksamem Service, Lounge-Musik und einer großen, luftigen Terrasse sind gute Gründe, um sich die großen Portionen an leckeren Gerichten (z. B. Fisch-Tacos und dicke Club-Sandwiches) dieses hippen Cafés schmecken zu lassen. Einfach nur frische Energie tanken bei einem Bier oder einem Saft ist auch erlaubt.

Seafarer's Oyster Bar & Restaurant SEAFOOD $$

(☎07-4059 2653; 45 Williams Esplanade; ein Dutzend Austern ab 20 AU$, Hauptgerichte ab 19 AU$; ⏱12–15 & Mo–Do 17–20.30, Fr–So 12–20.30 Uhr) Hierher kommt man für die vorzüglichen Austern und die frischesten Meeresfrüchte der Stadt, und man bleibt wegen der frischen Seeluft und der sehr geselligen Atmosphäre.

★ Vivo MODERN-AUSTRALISCH $$$

(☎07-4059 0944; www.vivo.com.au; 49 Williams Esplanade; Hauptgerichte ab 30 AU$; ⏱7.30–21 Uhr) Das schönste Restaurant an der Esplanade ist auch das beste. Die Gerichte (Frühstück, Mittag- und Abendessen) sind kreativ und werden aus frischen regionalen Zutaten zubereitet. Der Service ist hervorragend, der Ausblick herrlich. Die Tagesmenüs haben ein großartiges Preis-Leistungs-Verhältnis.

★ Beach Almond SEAFOOD $$$

(☎07-4059 1908; www.beachalmond.com; 145 Williams Esplanade; Hauptgerichte ab 27 AU$; ⏱Mo–Sa 17–23, 12–15 & So 17–23 Uhr) Das Äußere dieses rustikalen, wackeligen Strandhauses auf Stelzen steht im Gegensatz zur außergewöhnlichen, gehobenen Küche, die man Innen genießen kann. Garnelen mit schwarzem Pfeffer, Mangroven-Krabbe Singapurer Art und Barramundi in Bananenblättern sind nur ein paar Beispiele für die wohlschmeckenden, an asiatischen Aromen und

Gewürzen reichen Innovationen dieses Hauses.

Ausgehen & Nachtleben

Apres Beach Bar & Grill BAR
(☎ 07-4059 2000; www.apresbeachbar.com.au; 119 Williams Esplanade; ⏲ 8–23 Uhr) Die angesagteste Bar in Palm Cove ist mit alten Motorrädern und Rennwagen dekoriert; von der Decke hängt ein Doppeldecker. Es gibt regelmäßig Livemusik sowie großartige Steaks in allen Varianten.

Surf Club Palm Cove BAR
(☎ 07-4059 1244; www.surfclubpalmcove.com.au; 135 Williams Esplanade; ⏲ Mo & Di 11–22, Mi–Sa bis 24, So 8–24 Uhr) Diese Bar, die von vielen Einheimischen besucht wird, ist ein großartiger Ort für einen Drink in der Sony-Gartenbar, preiswerte Meeresfrüchte und gute Mahlzeiten für Kinder.

Ellis Beach

Das kleine Ellis Beach ist der letzte – und wahrscheinlich auch der beste – von Cairns nördlichen Stränden, und der nächstgelegene zum Highway, der gleich daneben verläuft. Die lange, geschützte Bucht ist mit ihrem palmengesäumten, überwachten Strand und dem im Sommer gegen gefährliche Meeresbewohner schützenden Netz im Wasser umwerfend schön. Cairns einziger (inoffizieller) FKK-Strand, **Buchans Point**, liegt am südlichen Ende von Ellis Beach. Hier gibt's keinen durch ein Netz geschützten Schwimmbereich, man sollte also genau überlegen, ob man wirklich im Adams- oder Evakostüm ins Wasser springt.

Nördlich von Ellis Beach Richtung Port Douglas liegt **Hartley's Crocodile Adventures** (☎ 07-4055 3576; www.crocodileadventures.com; Captain Cook Hwy, Wangetti Beach; Erw./Kind/Fam. 37/18,50/92,50 AU$; ⏲ 8.30–17 Uhr) und bietet täglich eine ganze Palette an nervenkitzelnden Events, beispielsweise Touren durch die Krokodilfarm, Fütterungen, „Krokodilangriff" und Schlangenshows, sowie Fahrten durch eine Lagune voller Krokodile.

Ellis Beach Oceanfront Bungalows (☎ 1800 637 036, 07-4055 3538; www.ellisbeach.com; Captain Cook Hwy; mit/ohne Strom ab 41/34 AU$, Hütten mit Gemeinschaftsbad ab 115 AU$, Bungalow DZ ab 170 AU$, Bungalows am Strand ab 190 AU$; ❄@≋) bietet Camping, Hütten und modernen Bungalows, von denen die schönsten direkten Blick aufs Meer haben. Es ist schier unmöglich, an **Ellis Beach Bar'n'Grill** (☎ 07-4055 3534; www.ellisbeachbarandgrill.com.au; Captain Cook Hwy; Hauptgerichte 10–30 AU$; ⏲ 8–20 Uhr) vorbeizufahren und nicht für ein Bier oder einen Burger anzuhalten.

ATHERTON TABLELANDS

Im Hinterland der Küste zwischen Innisfail und Cairns liegt das fruchtbare Agrarland des hohen Nordens, die Atherton Tablelands. Idyllische Landstädtchen, umweltbewusste Landhäuser in der Wildnis und luxuriöse B&Bs in einer Flickenteppich-Landschaft aus Feldern von wunderschöner, grüner Farbe, Regenwaldinseln, spektakulären Seen, Wasserfällen und Queenslands höchsten Bergen, Bartle Frere (1622 m) und Bellenden Ker (1593 m).

Die Tablelands sind ein großartiger Zufluchtsort vor der Hitze an der Küste, da es hier so gut wie immer ein paar Grad kühler ist als in Cairns. In Winternächten kann es sogar richtig kalt werden.

An- und Weiterreise

Trans North (S. 446) hat regelmäßige Busse für die Verbindung zwischen Cairns und einigen Orten auf den Tablelands, wie etwa Kuranda (6,70 AU$, 30 Min.), Mareeba (19,60 AU$, 1 Std.), Atherton (25,30 AU$, 1¾ Std.) und Herberton/Ravenshoe (32/37,40 AU$, 2/2,5 Std., Mo, Mi, Fr).

Kuranda

2970 EW

Im abgelegenen, dichten Regenwald gelegen, ist das künstlerische, alternative Kuranda eines von Cairns beliebtesten Zielen für Tagesausflüge. Tagsüber wimmelt es in dieser Hippiehochburg nur so von Touristen, die die Vibes genießen, die Tierauffangstationen besuchen und auf den berühmten Märkten herumstöbern, bei Einbruch der Dunkelheit werden dann aber die Straßen und Kneipen der Stadt von den entspannten Einheimischen (und dem gelegentlich die Straße herunterhüpfenden Wallaby) zurückerobert.

Schon allein die Anreise ist eine Erfahrung, die sich lohnt: man hat die Wahl zwischen einer kurvigen Straße durch den Wald, einem ruckeligen Zug oder Australiens längster Gondelbahn, mit der man über die Baumwipfel heranschwebt (S. 453).

Sehenswertes & Aktivitäten

★ Kuranda Original Rainforest Markets MARKT
(☎07-4093 9440; www.kurandaoriginalrainforestmarket.com.au; Therwine St; ⌚9.30–15 Uhr) Um diese stimmungsvollen, authentischen Dorfmärkte zu finden, braucht man nur den Wolken aus Weihrauch zu folgen. Seit 1978 im Geschäft, sind die Märkte immer noch der beste Ort, um Künstler bei der Arbeit und Hippies in der Freizeit zu beobachten. Hier gibt's alles von Avodaco-Eis bis zu Bio-Unterwäsche, und man kann lokale Produkte wie Honig und Obstweine probieren.

BatReach SCHUTZGEBIET
(☎07-4093 8858; www.batreach.com; 13 Barang St; Eintritt gegen Spende; ⌚Di, Mi, Do & So 10.30–14.30 Uhr) In dieser Auffang- und Genesungsstation für verletzte oder verwaiste Fledermäuse, Possums und Gleitbeutler führen engagierte Freiwillige begeistert Besucher herum, und klären über ihre Arbeit auf. Liegt gleich neben dem Feuerwehrhaus.

Rainforestation PARK
(☎07-4085 5008; www.rainforest.com.au; Kennedy Hwy; Erw./Kind/Fam. 47/23,50/117,50 AU$; ⌚9–16 Uhr) Um den riesigen Komplex ausführlich erkunden zu können, braucht man einen ganzen Tag. Er ist in drei Abschnitte unterteilt: den **Koala and Wildlife Park**, die interaktive **Pamagirri Aboriginal Experience** und die **River and Rainforest Tour** auf dem Amphibienfahrzeug Army Duck, das sowohl zu Wasser als auch zu Land unterwegs ist.

Der Park liegt 3 km östlich von Kuranda. Jede halbe Stunde pendeln Shuttlebusse zwischen dem Park und Kuranda-Village (Erw. einfache Strecke/hin & zurück 7/12 AU$, Kind 3.50/6 AU$).

Ein Besuch im Rainforestation ist im Capta 4 Park Pass (www.capta.com.au) enthalten, der reduzierten Eintritt zu vier Attraktionen in Queenslands Far North anbietet.

Heritage Markets MARKT
(☎07-4093 8060; www.kurandamarkets.com.au; Rob Veivers Dr; ⌚9.30–15.30 Uhr) Dies ist Kurandas eher touristischer Markt, hier werden am Straßenrand Souvenirs – wie Emu-Öl, Fliegen aus Känguruleder und Akubrahüte – an Touristen verkauft. Hier ist auch das **Frogs** (www.frogsrestaurant.com.au; Hauptgerichte 12,40–35 AU$; ⌚9.30–16 Uhr; 📶🍷) beheimatet, sowie eine Handvoll Wildtierauffangstationen, z. B. **Kuranda Koala Gardens** (☎07-4093 9953; www.koalagardens.com; Erw./Kind 18/9 AU$, Koala-Fotos kosten extra; ⌚9–16 Uhr), das **Australian Butterfly Sanctuary** (☎07-4093 7575; www.australianbutterflies.com; Erw./Kind/Fam. 19,50/9,75/48,75 AU$; ⌚9.45–16 Uhr) und der Vogelpark **Birdworld** (☎07-4093 9188; www.birdworldkuranda.com; Erw./Kind 18/9 AU$; ⌚9–16 Uhr).

Kuranda Riverboat KREUZFAHRT
(☎07-4093 0082; www.kurandariverboat.com.au; Erw./Kind/Fam. 18/9/45 AU$; ⌚10.45–14.30 Uhr stündl.) Einfach an Bord gehen, und eine 45-minütige, ruhige Flusskreuzfahrt auf dem Barron River genießen, oder sich für eine einstündige Wanderung durch den Regenwald entscheiden, an einem abgelegenen Ort, der nur per Boot zu erreichen ist.

Kuranda Riverboat befindet sich auf dem Anlegesteg hinter dem Bahnhof, man kann Tickets (nur Barzahlung) für die Kreuzfahrt an Bord kaufen, oder die Wanderung auch online buchen.

Schlafen & Essen

Kuranda Rainforest Park WOHNWAGENPARK $
(☎07-4093 7316; www.kurandarainforestpark.com.au; 88 Kuranda Heights Rd; mit/ohne Strom 32/30 AU$, EZ/DZ ohne Badezimmer 35/70 AU$, Hütten 90–110 AU$; P ❄ 📶 🏊) Dieser gepflegte Wohnwagenpark mit seinen grasbewachsenen Stellplätzen umgeben von Regenwald macht seinem Namen alle Ehre. Zu den schlichten aber gemütlichen „Backpackerzimmern" gehört eine überdachte, hölzerne Terrasse, die Hütten bieten Blick auf den Pool oder den Garten, und es gibt ein hervorragendes Restaurant (S. 453), das regionale Produkte anbietet. Ein Waldwanderweg führt in 10 Minuten in die Stadt.

Fairyland House B&B $
(☎07-4093 9194; www.fairylandhouse.com.au; 13 Fairyland Rd; Zi. ab 60 AU$/Pers.; P) Vegane Rohkost-Restaurants, Tarot-Kartenlegen, Yogastunden, ein üppiger Obstgarten und Wellnessworkshops – mehr „Kuranda" als in diesem B&B im Busch geht nicht. Alle Zimmer sind luftig und zum Garten hinaus offen. Bis zum Dorf ist es ein 4 Kilometer langer Fußmarsch; es gibt keine gekochten oder tierischen Lebensmittel, Zigaretten, Alkohol, Haustiere und Drogen sind verboten.

★ Cedar Park Rainforest Resort RESORT $$
(☎07-4093 7892; www.cedarparkresort.com.au; 250 Cedar Park Rd; Koah; EZ/DZ inkl. Frühstück ab

165/175 AU$; P ❄ 📶) 🌿 Tief im Busch (20 Min. mit dem Auto von Kuranda in Richtung Mareeba) liegt diese ungewöhnliche Hotelanlage, eine Mischung aus europäischer Burg und australischem Buschresort. An Stelle von Fernsehen schauen sich die Gäste hier Wallabys, Pfauen und Dutzende einheimischer Vögel an; es gibt zahlreiche Hängematten, einen Zugang zur Bucht, eine Feuerstelle sowie ein Gourmetrestaurant mit preiswerten Gerichten und kostenlosem Portwein.

German Tucker DEUTSCH $
(www.germantucker.com; Therwine St; Würstchen 7,50–9 AU$; ⏲10–15 Uhr) In diesem unterhaltsamen Restaurant, in dem zur Untermalung Blasmusik läuft und erstklassiges, deutsches Bier strömt und in Maßkrügen serviert wird, kann man sich mit klassischen deutschen Würsten den Bauch vollschlagen, oder die schmackhaften Emu- und Krokodilwürstchen probieren.

Petit Cafe CRÊPES $
(www.petitcafe.com.au/kuranda; Original Kuranda Rainforest Markets, 7 Therwine St; Crêpes 10–17 AU$; ⏲8–15 Uhr) Gleich hinter den Original Kuranda Rainforest Markets (S. 452) gibt's ein breites Angebot an leckeren Crêpes mit herzhafter oder süßer Füllung. Und bei so tollen Kombis wie Macadamia-Pesto und Fetakäse läuft noch jedem Gast das Wasser im Mund zusammen.

★ Kuranda Veranda INTERNATIONAL $$
(www.kurandarainforestpark.com.au; Kuranda Rainforest Park, 88 Kuranda Heights Rd; Hauptgerichte 13–27 AU$; ⏲ Mo 17.30–21.30, Di & Do–Sa, So 11.30–21.30 Uhr; 🍸 👪) Versteckt im Dickicht des Kuranda Rainforest Park (S. 452) liegt dieses hervorragende Restaurant und serviert riesige Portionen Steak, Pfannengemüse und Salat. Für die Kleinen gibt's die Möglichkeit, bei *create-a-tayta* (gefüllte Ofenkartoffel) selbst kreativ zu werden, und sich dazu ihre eigenen Mixgetränke zu zaubern. Smartphones müssen hier in der Tasche bleiben, also einfach mal statt dem piependen Handy echtes Vogelgezwitscher genießen.

ℹ Praktische Information

Kuranda Visitor Information Centre (☎07-4093 9311; www.kuranda.org; Centenary Park; ⏲10–16 Uhr) Dem gut informierten Team im unübersehbaren, mit Karten bestens ausgestatteten Visitor Centre im Centenary Park ist es ein Vergnügen, Besuchern Hinweise zu geben.

NICHT VERSÄUMEN

MÄRKTE IN DEN TABLELANDS

Wie es für jede abgelegene Region auf dem Land selbstverständlich zu sein scheint, gibt's auch in den winzigen Städten der Tablelands eine Mischung aus monatlichen Märkten. Kurandas ledendäre Märkte sind immer ein Knaller, wer jedoch gerne etwas Bodenständigeres besuchen möchte, sollte diese ausprobieren:

Yungaburra Markets (www.yungaburramarkets.com; Gillies Hwy; ⏲7.30–12.30 Uhr, 4. Sa im Monat)

Malanda Markets (Malanda Showgrounds; ⏲7–12 Uhr, 3. Sa im Monat)

Atherton Undercover Markets (Merriland Hall, Robert St; ⏲7–12 Uhr, 2. So im Monat)

Tumoulin Country Markets (63 Grigg St; ⏲8–12 Uhr, 4. So im Monat)

ℹ An- und Weiterreise

In Kuranda ist der Weg (ab Cairns) bereits das Ziel: man hat die Wahl zwischen der **Skyrail Rainforest Cableway** (☎07-4038 5555; www.skyrail.com.au; Ecke Cook Hwy & Cairns Western Arterial Rd, Smithfield; Erw./Kind einfache Strecke ab 50/25 AU$, hin & zurück 75/37,50 AU$; ⏲9–17.15 Uhr) und der **Kuranda Scenic Railway** (S. 447), oder einer Kombination aus Beidem mit einem Ticket für Hin- und Rückfahrt (Erw./Kind ab 109,50/54,75 AU$). Mit dem **Trans North-Bus** (S. 446) kosten Fahrten von Cairns nach Kuranda 6,70 AU$, 16 AU$ auf dem **Cairns Cooktown Express** (S. 446) und 5 AU$ mit **John's Kuranda Bus** (S. 446).

Ab Cairns ist es eine 25 km lange Fahrstrecke zur Kuranda Range.

Mareeba

10 180 EW

Mit seinen lokalen Händlern, die Ledersättel, Buschhüte und die Gürtelschnalle in Übergröße verkaufen, die jedes Cowboyherz höherschlagen lässt, verströmt Mareeba Wild-West-Atmosphäre. Und so kann es kaum überraschen, dass hier eines von Australiens größten **Rodeos** stattfindet (www.mareebarodeo.com.au; ⏲Juli).

Früher einmal war Mareeba das Herz von Australiens wichtigstem Tabakanbaugebiet, heute stellt es seinen Boden nahrhafteren

Pflanzen zur Verfügung und hat Obstgärten, Kaffeeplantagen und Distillerien im Überfluss. Es gibt zudem eine Handvoll recht ungewöhnlicher Naturschauplätze in der Region, die sich grundlegend von jenen in größerer Höhe in den zentralen Tablelands unterscheiden.

Das **Mareeba Tropical Savanna & Wetland Reserve** (☎07-4093 2514; www.mareebawetlands.org; Erw./Kind/Fam. 10/5/25 AU$; ⏲ April–Dez. 8.30–16.30 Uhr) ist ein wunderbares, etwa 20 km² großes Gelände zu dem Waldgebiete, Grasland, Sümpfe und die großflächige Clancy's Lagune gehören, ein wahres Paradies für Vogelbeobachter. Der **Granite Gorge Nature Park** (☎07-4093 2259; www.granitegorge.com.au; Erw./Kind 10/3 AU$), der 12 km von Mareeba entfernt liegt, ist eine fremdartige Landschaft mit gigantischen Granitblöcken, Höhlen, von Schildkröten bewohnten Schwimmlöchern und Wildtieren im Überfluss.

Camper können ganzjährig die **Rodeo Camping Grounds** (☎07-4092 1654; www.mareebarodeo.com.au; Kerribee Park; mit/ohne Strom für 2 Pers. 18/15 AU$) nutzen.

Atherton

7287 EW

Atherton, die größte Stadt und inoffizielle Hauptstadt der Atherton Tablelands, ist ein lebhafter, ländlich geprägter Ort, der auch gut als Ausgangspunkt für Erkundungstouren zu den Sehenswürdigkeiten in der Region dienen kann.

Viele Backpacker fahren hinauf in die Tablelands, wo es ganzjährig Arbeit als Obstpflücker gibt. Das **Atherton Visitor Information Centre** (☎07-4091 4222; www.itablelands.com.au; Ecke Main St & Silo St; ⏲9–17 Uhr) hat dazu aktuelle Infos.

Tausende chinesischer Einwanderer kamen Ende des 19. Jh. auf der Suche nach Gold hierher. Alles, was von Athertons Chinatown heute noch übrig ist, ist der mit Wellblech verkleidete **Hou Wang Miau Tempel** (☎07-4091 6945; www.houwang.org.au; 86 Herberton Rd; Erw./Kind 10/5 AU$; ⏲Mi–So 11–16 Uhr). Der Eintritt ist inklusive Führung.

Crystal Caves (☎07-4091 2365; www.crystalcaves.com.au; 69 Main St; Erw./Kind/Fam. 22,50/10/55 AU$; ⏲Mo–Fr 9–17 Uhr, Sa & So bis 16 Uhr; 👪) ist ein farbenprächtiges, mineralogisches Museum, in dem sich die weltgrößte Amethyst-Geode befindet (mehr als 3 m hoch und 2,7 t schwer).

Millaa Millaa

Das charmante, mit dem aussagekräftigen Spitznamen „Dorf im Nebel" bedachte Millaa Millaa ist eine kleine, und wunderbar grüne Kleinstadt mit zahlreichen Milchbetrieben, die für ihre prächtigen Wasserfälle bekannt ist. Umgeben von hügeligem Farmland und gesprenkelt mit schwarz-weißen Kühen, ist es ein malerischer Ort, um eine Pause zum Mittagessen einzulegen oder auch einige idyllische und ruhige Nächte zu verbringen.

Unterkünfte gibt's im **Millaa Millaa Tourist Park** (☎07-4097 2290; www.millaacaravanpark.com.au; Ecke Malanda Rd & Lodge Ave; mit/ohne Strom 29/24 AU$, Hütten 65 AU$, mit Badezimmer 75–110 AU$; P ❄ 📶 🏊 🐾) und im **Millaa Millaa Hotel** (☎07-4097 2212; www.millaamillaahotel.info; 15 Main St; EZ/DZ 85/95 AU$; P ❄ 📶). Ein Stop im **Falls Teahouse** (☎07-4097 2237; www.fallsteahouse.com.au; 6 Theresa Creek Rd; Mahlzeiten ab 10 AU$; ⏲9–16 Uhr, Mi geschl.) für einen Devonshire-Tee lohnt sich.

Malanda & Umgebung

Seit 560 Rinder im Jahr 1908 die 16-monatige Überlandstrecke von New South Wales bis hierher zurückgelegt hatten, war Malanda ein Synonym für Milch. Es gibt auch heute noch eine arbeitende Molkerei hier. Das vom Regenwald umgebene Malanda und seine Umgebung – inklusive des außerirdisch anmutenden **Mt. Hypipamee**-Kraters – ist auch die Heimat des scheuen und seltenen Lumholtz-Baumkängurus; für die abendliche Tierbeobachtung eine Niedrigwatt-Taschenlampe mitbringen.

Das **Malanda Dairy Centre** (☎07-4095 1234; www.malandadairycentre.com; 8 James St; ⏲ Mi–So 9–15 Uhr) GRATIS hat ein familienfreundliches Museum, das die Geschichte der Region als Rindergebiet erzählt. Im **Australian Platypus Park & Tarzali Lakes Aquaculture Centre** (☎07-4097 2713; www.tarzalilakes.com; Millaa Millaa-Malanda Rd, Tarzali; ⏲10–16 Uhr; 👪) gibt's Schnabeltiere zu sehen oder man kann Barramundis angeln.

Das **Malanda Falls Visitor Centre** (☎07-4096 6957; www.malandafalls.com; 132 Malanda-Atherton Rd; ⏲9.30–16.30 Uhr) bietet interessante Ausstellungen und **geführte Touren durch den Regenwald** (www.malandafalls.com; Erw./Kind/Fam. 20/10/50 AU$; ⏲Fr, Sa & So 9.30 & 11 Uhr).

Yungaburra

Das winzige, gewinnende Yungaburra erfüllt problemlos alle Kriterien einer süßen Kleinstadt auf dem Land. Auf nur einem kurzen Abschnitt der von Bäumen gesäumten Straßen gibt's gleich 19 historische, auf der Australian National Heritage List stehende Sehenswürdigkeiten, eine gastfreundliche Kneipe aus dem Jahr 1910, die von den Sonderlingen der Stadt besucht wird, Boho-Boutiquen und Cafés, sowie eine interessante Plattform zum Schnabeltier-Beobachten. Die Nähe zum Lake Tinaroo und einigen der wichtigsten Naturschauplätze der Region machen Yungaburra zu einem Wettbewerber für den besten Ausgangspunkt in den Tablelands.

Den heiligen, 500-Jahre alten Curtain Fig Tree (S. 455; ausgeschildert, 3 km außerhalb der Stadt), muss man gesehen haben – vor allem wegen seiner riesigen, fast außerirdisch anmutenden Luftwurzeln, die herabhängend einen gewaltigen „Vorhang" bilden. Wenn man sehr ruhig ist, kann man von der **Platypus-Viewing Platform** (Gillies Hwy) GRATIS am Peterson Creek vielleicht einen Blick auf eines der scheuen Schnabeltiere erhaschen.

Alan's Wildlife Tours (☎07-4095 3784; www.alanswildlifetours.com.au; geführte Tagestouren 90–500 AU$, geführte mehrtägige Touren ab 1790 AU$) bietet Ausflüge in die Wildnis um Yungaburra, die von einem begeisterten, einheimischen Naturforscher begleitet werden.

Das **Tablelands Folk Festival** (www.tablelandsfolkfestival.org.au; ⏲ Okt.) ist ein großartiges Community-Event in Yungaburra und dem angrenzenden Herberton mit Musik, Workshops, Performances und einem Markt.

Schlafen & Essen

★ **On the Wallaby** HOSTEL $
(☎07-4095 2031; www.onthewallaby.com; 34 Eacham Rd; Stellplatz 15 AU$/Pers., B/DZ mit Gemeinschaftsbad 25/60 AU$; 📶) In diesem gemütlichen Hostel gibt's handgearbeitete Holzmöbel und Mosaiken, blitzsaubere Zimmer und keinen Fernseher! Die geführten Touren in die Natur (40 AU$) beinhalten nächtliche Kanutouren; Tourpakete und Transport ab Cairns sind ebenfalls erhältlich. In der Gemeinschaftsküche gibt's Kochmöglichkeiten, oder man genießt das Barbecue am Abend (12 AU$).

★ **Yungaburra Hotel** KNEIPENESSEN $$
(Lake Eacham Hotel; ☎07-4095 3515; www.yungaburrahotel.com.au; 6–8 Kehoe Pl; Hauptgerichte ab 23 AU$; ⏲ Restaurant 11–20 Uhr, Pub bis 23 Uhr) Dieser wunderschöne, gastfreundliche Country-Pub mit Original-Holzmöbeln gilt als einer der besten in Queensland, und erst recht in den Tablelands. Hier gibt's häufig Livemusik und Bands zu hören; und wenn gar nichts los ist, ist dies ein idealer Ort, um bei einem landestypischen *schooner*, einem großen Glas Bier, Einheimische zu treffen und die Old-School-Atmosphäre zu genießen. Das Restaurant serviert riesige Portionen gesunder Mahlzeiten.

Praktische Information

Yungaburra Information Centre (☎07-4095 2416; www.yungaburra.com; Maud Kehoe Park; ⏲ Mo–Sa 9–17 Uhr, So 10–16 Uhr) Die sehr freundlichen ehrenamtlichen Helfer in diesem wunderbaren Besucherzentrum können bei der Empfehlung von Unterkünften helfen, Informationen zu diversen Wanderwegen und geführten Touren geben, und erzählen auch ganz allgemein gerne von Allem, was Yungaburra zu bieten hat.

Lake Tinaroo

Lake Tinaroo, auch bekannt als Tinaroo Dam, erhielt seinen Namen angeblich, als ein Schürfer über eine Zinnader stolperte und in einem Anfall von Begeisterung „Tin! Harroo!" ausrief. Von der Begeisterung hat die Region nichts verloren, viele Einheimische flüchten sich vor der Hitze der Küste hierher zum Bootfahren, Wasserski und am Ufer fläzen.

Barramundi-Fischen (☎0438 012 775; www.tinaroobarra.com; Ganz-/Halbtagesfischen 600/350 AU$) ist das ganze Jahr über erlaubt, wenn man sich aber keinem Charterausflug anschließt, dann braucht man eine Genehmigung.

Der 28 km lange **Danbulla Forest Drive** schlängelt sich durch Regenwald und Nadelwaldplantagen entlang der Nordseite des Sees. Die nicht asphaltierte, aber gut instand gehaltene Straße verläuft entlang des hübschen **Lake Euramoo** und der von einem Holzsteg umgebenen **Cathedral Fig**, einer gigantischen, 500 Jahre alten Würgefeige ähnlich der **Curtain Fig** (Fig Tree Rd, East Barron) im nahegelegenen Yungaburra; der Zugang ist auch über die angeschriebene Straße ab dem Gillies Hwy zu erreichen.

Es gibt fünf NPSR-**Campingplätze** (☎13 74 68; www.npsr.qld.gov.au/parks/danbulla; Campinggenhmigungen pro Person/Fam. 6,15/ 24,60 AU$) im Danbulla State Forest. Alle haben fließendes Wasser, Grillplätze und sanitäre Anlagen. Unbedingt im Voraus buchen!

Lake Tinaroo Holiday Park (☎07-4095 8232; www.laketinaroo holidaypark.com.au; 3 Tinaroo Falls Dam Rd, Tinaroo Falls; mit/ohne Strom 37/27 AU$, Hütten ab 90 AU$; P ❄ 📶 🏊) ist ein moderner, gut ausgestatteter und schattiger Campingplatz, an dem man auch Aluminiumboote, Kanus und Kajaks mieten kann.

Crater Lakes National Park

Die zwei spiegelglatten, von Regenwald umgebenen und krokodilfreien Vulkankraterseen Lake Eacham und Lake Barrine sind Teil der Wet Tropics World Heritage Area, und beliebt zum Schwimmen.

Informationen gibt's im **Rainforest Display Centre** (McLeish Rd, Lake Eacham; ⏲ Mo, Mi & Fr 9–13 Uhr).

Man kann während einer 45-minütigen **Schiffsfahrt** auf dem Lake Barrine (www.lakebarrine.com.au/cruises; Erw./Kind/Fam. 18/8/ 40 AU$; ⏲ 9.30, 11.30 & 13.30 Uhr) Ausschau halten nach Wasseragamen und Schildkröten; Buchung und Einstieg im exzellenten **Lake Barrine Teahouse** (☎07-4095 3847; www.lakebarrine.com.au; Gillies Hwy; Hauptgerichte ab 8,50 AU$; ⏲ 9–15 Uhr).

Der schöne **Lake Eacham Tourist Park** (☎07-4095 3730; www.lakeeachamtouristpark.com; Lakes Dr; mit/ohne Stromanschluss 27/ 22 AU$, Hütten 110–130 AU$; @ 📶), 1 km südlich von Lake Eacham, bietet schattige Plätzchen, gemütliche Hütten, einen Gemischtwarenladen, und ein Café.

VON PORT DOUGLAS NACH COOKTOWN

Port Douglas

3205 EW

Seit seinen frühen Anfängen als Fischerdorf hat sich Port Douglas in ein elegantes und exklusives Resort verwandelt, das in ziemlichem Kontrast zu Cairns hektischer Touristenszene steht. Mit dem Outer Great Barrier Reef in weniger als einer Stunde Entfernung, dem Daintree Rainforest quasi als Hinterhof und einer großen Zahl von Resorts gibt's mehr als genug Gründe für die steigende Zahl an Flashpackern, betuchten Paaren und wohlhabenden Familien, die Port Douglas als ihren Stützpunkt im Norden auswählen.

Abgesehen vom einfachen Zugang zum Riff und den täglichen Kreuzfahrten bei Sonnenuntergang auf dem Meeresarm, ist die Hauptattraktion der Four Mile Beach, ein breiter Streifen palmengesäumten, weißen Sandes, der am östlichen Ende der Macrossan St beginnt, der wichtigsten Shopping- und Restaurantmeile. Am westlichen Ende der Macrossan St liegt das malerische Dickson Inlet und die Reef Marina (Jachthafen), wo die Reichen und Berühmten ihre schwimmenden Spielzeuge parken.

Sehenswertes

★ **Wildlife Habitat Port Douglas** ZOO

(☎07-4099 3235; www.wildlifehabitat.com.au; Port Douglas Rd; Erw./Kind/Fam. 34/17/85 AU$; ⏲8–17 Uhr) Dieses Schutzgebiet ist bestrebt, die einheimische Tierwelt in Gehegen zu halten, die ihre natürliche Lebenswelt nachahmen, während man gleichzeitig Koalas, Kängurus, Krokodile, Kasuare und mehr nahe kommen kann. Die Tickets gelten drei Tage lang. Ganz besondere Erlebnisse sind das **Breakfast with the Birds** (Erw./Kind/Fam. Frühstück inkl. Eintritt 53/26,50/132,50 AU$; ⏲8–10.30 Uhr) oder der **Lunch with the Lorikeets** (Erw./ Kind inkl. Eintritt 56/28 AU$; ⏲12–14 Uhr. Das Wildlife Habitat ist 5 km von Port Douglas entfernt (5 AU$ mit dem Shuttle-Bus)

Trinity Bay Lookout AUSSICHTSPUNKT

(Island Point Rd) Vom Flagstaff Hill gibt's einen wunderbaren Blick über den **Four Mile Beach** und das Korallenmeer. Man fährt oder läuft über die Wharf St, alternativ gibt es einen Wanderweg vom Nordende bis zum Four Mile Beach.

Court House Museum MUSEUM

(☎07-4098 1284; www.douglashistory.org.au; Wharf St; Erw./Kind 2 AU$/kostenlos; ⏲ Di, Do, Sa & So 10–13 Uhr) Das Court House von 1879 hat historische Ausstellungen, inklusive der Geschichte von Ellen Thompson, die 1887 wegen Mordes verurteilt wurde, und die einzige Frau war, die jemals in Queensland gehängt wurde.

Aktivitäten

Port Douglas ist am bekanntesten für seine riesige Bandbreite an Aktivitäten und geführten Touren, sowohl zu Wasser als auch zu Land. Für Golfer gibt's den **Mirage Country Club** (☎ 07-4099 5537; www.mirage-countryclub.com.au; 9/18 Löcher 55/85 AU$) und den Platz **Palmer Sea Reef** (☎ 07-4087 2222; http://palmergolf.com.au; 9/18 Löcher mit Golfwagen 85/145 AU$), zwei der besten Resortgolfplätze im Norden Queenslands.

Bei einigen Anbietern kann man PADI-Open-Water-Zertifikate erwerben, ebenso wie Tauchzertifikate für Fortgeschrittene, wie etwa den **Blue Dive** (☎ 0427 983 907; www.bluedive.com.au; 32 Macrossan St; Tauchkurse am Riff ab 300 AU$). Einzelstunden gibt's bei der **Tech Dive Academy** (☎ 0422 016 517; www.tech-dive-academy.com; 4-tägiger Open-Water-Kurs ab 1290 AU$).

★ Wind Swell WASSERSPORT

(☎ 0427 498 042; www.windswell.com.au; Barrier St; Kurse ab 50 AU$) Kitesurfing und Stand-Up-Paddleboarding-Touren ab dem Strand beginnen bei 50 AU$, aber es gibt auch viele fortgeschrittenere Varianten. Man kann dem Ganzen am südlichen Ende des Four Mile Beach zusehen.

Port Douglas Yacht Club BOOTSFAHRT

(☎ 07-4099 4386; www.portdouglasyachtclub.com.au; 1 Spinnaker Close; ⏲ Mi ab 16 Uhr) Kostenloses Segeln mit Clubmitgliedern jeden Mittwochnachmittag: Anmeldung ist jeweils ab 16 Uhr. Von denjenigen, die zum Segeln ausgewählt werden, wird erwartet, auch zum Abendessen und für Drinks im Club zu bleiben.

Aquarius Sunset Sailing BOOTSFAHRT

(☎ 07-4099 6999; www.tropicaljourneys.com; Erw./Kind 60/50 AU$; ⏲ Bootstouren starten um 16.45 Uhr) In der Abenddämmerung Segeln zu gehen ist praktisch ein Muss in Port Douglas. Während dieser 1,5-stündigen Katamaran-Fahrt werden Appetithäppchen serviert, und es ist erlaubt, Alkohol mitzunehmen.

Ballyhooley-Dampfzug EISENBAHN

(☎ 07-4099 1839; www.ballyhooley.com.au; 44 Wharf St; Tagespass Erw./Kind 12/6 AU$; ⏲ So; 👪) Kinder werden diesen süßen Miniaturdampfzug mit Sicherheit lieben! Er fährt jeden Sonntag (und an manchen gesetzlichen Feiertagen) 4-mal zwischen 10 und 16 Uhr von der kleinen Zugstation an der Reef Marina zur St. Crispins Station. Die Hin- und Rückfahrt dauert ungefähr eine Stunde; wer nur einen kürzeren Abschnitt fährt, erhält Rabatt.

☞ Geführte Touren

Das Außenriff liegt näher an Port Douglas als an Cairns, und der unaufhörliche Besucherstrom hatte hier einen ähnlichen Einfluss auf den Zustand des Riffs. Man sieht zwar farbenprächtige Korallen und Meereslebewesen, aber das Riff ist teilweise beschädigt.

Die meisten geführten Tagestouren starten an der Reef Marina. Die Preise für die Ausflüge schließen Riffsteuer, Schnorcheln, Transfer ab der Unterkunft, Mittagessen und Erfrischungen ein.

★ Quicksilver KREUZFAHRT

(☎ 07-4087 2100; www.quicksilver-cruises.com; Reef Marina; Erw./Kind/Fam. 238/119/535 AU$) Großer Anbieter mit schnellen Trips zum eigenen Ponton am Agincourt Reef. Warum nicht mal den „Ocean Walk" (166 AU$), einen Helmtauchgang auf einer Unterwasser-Plattform, oder Schnorcheln mit einer Marinebiologin (ab 60 AU$) ausprobieren. Bietet auch 10-minütige, spannende Helikopterflüge an (175 AU$, mind. 2 Pers.).

Reef Sprinter SCHNORCHELN

(☎ 07-4099 6127; www.reefsprinter.com.au; Shop 3, Reef Marina; Erw./Kind ab 130/110 AU$) Diese 2¼-stündigen Schnorcheltrips sind der schnellste Weg zum Riff. Man erreicht die Low Isles in gerade einmal 15 Minuten und bleibt dann eine bis 1½ Stunden im Wasser. Halbtages-Trips zum Außenriff sind ebenfalls buchbar (ab 200 AU$).

Poseidon GEFÜHRTE TOUREN

(☎ 07-4087 2100; www.poseidon-cruises.com.au; Reef Marina; Erw./Kind 240/171 AU$) Dieser luxuriöse Katamaran ist spezialisiert auf Schnorcheltouren zu den Agincourt Ribbon Riffs und auf Scuba-Diving (1/2 Tauchgänge kosten zusätzlich 46/66 AU$).

Sailaway SEGELN, SCHNORCHELN

(☎ 07-4099 4200; www.sailawayportdouglas.com; Shop 18, Reef Marina; Erw./Kind 255/178 AU$; 👪) Organisiert einen besonders bei Familien beliebten Katamaran-Segel- und Schnorchelausflug zu den Low Isles. Die Nachmittags- und Sonnenuntergangstouren sind nur für Erwachsene.

★ Tony's Tropical Tours GEFÜHRTE TOUREN

(☎ 07-4099 3230; www.tropicaltours.com.au; Tagestouren ab 185 AU$) Der Anbieter von Luxustouren mit kleinen Gruppen (8–10 Pers.) spezialisiert sich auf Trips zu den abgelege-

Port Douglas

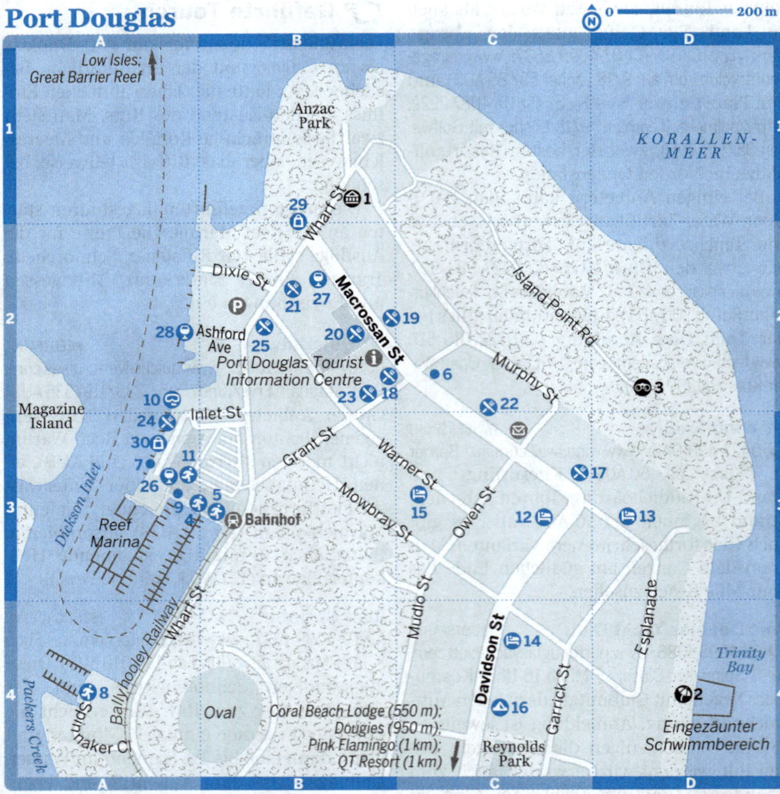

nen Teilen der Mossman Gorge und des Daintree Rainforest (Erw./Kind 185/160 AU$) sowie zu den Bloomfield Falls und nach Cape Trib (nur Erw., 215 AU$ – gute Mobilität erforderlich). Eine dritte Tour führt südlich zu den Tablelands. Sehr empfehlenswert!

Bike N Hike FAHRRADFAHREN

(☎0477 774 443; www.bikenhiketours.com.au; Geführte Touren 120–128 AU$) Hier kann man bei einem Cross-Country-Fahrradausflug auf dem passenderweise Bump Track genannten Weg mountainbiken, oder einen wilden, nächtlichen Fahrradausflug unternehmen. Organisiert werden auch Halbtages-Fahrradtouren und Wanderausflüge.

Back Country Bliss Adventures ABENTEUER

(☎07-4099 3677; www.backcountryblissadventures.com.au; Geführte Touren 99–249 AU$) Beim Schnorcheln im Mossman River kann man sich ganz lässig von der Strömung forttragen lassen. Der Anbieter organisiert auch Seekajak-Touren sowie Wander- und Moutainbike-Trips.

Lady Douglas BOOTSTOUREN

(☎0408 986 127; www.ladydouglas.com.au; Reef Marina, Wharf St; 1½-stündige Touren Erw./Kind/Fam. 35/15/90 AU$; ⏲Kreuzfahrt 10.30, 12.30, 14.30 & 16.30 Uhr) Wunderbare Raddampfer, die täglich vier Flusskreuzfahrten inklusive Krokodil-Sichtungen im Angebot haben. Außerdem gibt es auch Touren zum Sonnenuntergang.

Feste & Events

Port Douglas Carnivale KARNEVAL

(www.carnivale.com.au; ⏲Mai) In Port ist richtig was los während dieses 10-tägigen Festivals, zu dem eine farbenprächtige Straßenparade inklusive Livemusik sowie eine verschwenderische Fülle an gutem Essen und Wein gehören.

Port Douglas

Sehenswertes
1 Court House Museum B1
2 Four Mile Beach D4
3 Trinity Bay Lookout D2

Aktivitäten, Kurse & Touren
4 Aquarius Sunset Sailing A3
5 Ballyhooley Steam Railway B3
6 Blue Dive C2
7 Lady Douglas A3
8 Port Douglas Yacht Club A4
9 Poseidon A3
Quicksilver .... (siehe 4)
10 Reef Sprinter A2
11 Sailaway A3

Schlafen
12 Mantra Aqueous on Port C3
13 Martinique on Macrossan D3
14 Peppers Beach Club C4
15 Port Douglas Backpackers C3
16 Tropic Breeze Caravan Park C4

Essen
17 2 Fish Restaurant Port Douglas C3
18 Cafe Fresq B2
19 Cafe Ziva B2
20 Coles Supermarket B2
21 Harrisons Restaurant B2
22 Little Larder C2
23 Mocka's Pies B2
24 On the Inlet A3
25 Seabean B2
Yachty .... (siehe 8)

Ausgehen & Nachtleben
26 Hemingway's A3
27 Iron Bar B2
28 Tin Shed A2

Shoppen
29 Port Douglas Markets B1
30 Reef Marina Sunset Market A3

Portoberfest BIER
(Reef Marina; ⌚ später Okt.) Die tropische Version des Oktoberfestes, mit Livemusik, deutschem Essen, und (natürlich) Bier wird im Lure Restaurant in der Reef Marina veranstaltet.

Schlafen

Hier gibt es zwar ein paar Backpacker-Resorts und Wohnwagenparks, Port Douglas ist jedoch keine preisgünstige Touristendestination wie etwa Cairns – Fünf-Sterne-Resorts und Boutiquehotels sind hier eher an der Tagesordnung. Viele Unterkünfte befinden sich in einiger Entfernung zur Stadt entlang der 5 km langen Port Douglas Rd, während sich die meisten Restaurants, Bars, Pubs und der Jachthafen an der Macrossan St, der Hauptvergnügungsmeile, befinden.

★ **Coral Beach Lodge** HOSTEL $
(☎ 07-4099 5422; www.coralbeachlodge.com; 1 Craven Close; B 25–39 AU$, DZ 114 AU$; ❄@📶🏊) Dieses fantastische, entspannte Hostel hat gut-ausgestattete Mehrbettzimmer mit Bad/Dusche und WC (mit 4 oder 5 Betten), sowie Doppel- und Dreibettzimmer, die viele Motels in den Schatten stellen – Flachbild-TVs, neue Badezimmer und bequeme Betten. Jedes Zimmer hat eine Outdoor-Area mit Hängematten und es gibt einen schönen Swimmingpool, ein Spielzimmer, Küchen sowie hilfsbereite Besitzer. Prädikat: besonders wertvoll.

Dougies HOSTEL $
(☎ 07-4099 6200, 1800 996 200; www.dougies.com.au; 111 Davidson St; Zelt für eine Person/2BZ 25/40 AU$, Stellplätze 25 AU$/Pers., B 30 AU$, DZ 75 AU$; ❄@📶🏊) In Dougies großzügigen Räumlichkeiten ist es ein Leichtes, tagsüber in der Hängematte abzuhängen, und abends in die Bar weiterzuziehen. Wer die Energie aufbringt, kann auch Fahrräder und Angelausrüstung ausleihen, und der Strand liegt fußläufig nur 300 m östlich. Kostenlose Abholung in Cairns montags, mittwochs und samstags.

Port Douglas Backpackers HOSTEL $
(☎ 07-4099 5011; http://portdouglasbackpackers.com.au; 37 Warner St; B 20–28 AU$, DZ 85 AU$; ❄🏊) Dieses nigelnagelneue Hostel bietet günstige Betten nahe des Zentrums, und ist eher für Feierwütige geeignet. Vorne gibt's eine lebhafte Bar, hinten saubere Vier- bis Achtbettzimmer sowie einige Einzelzimmer, und dazwischen einen Pool. Kostenloser Transfer nach Cairns dienstags, donnerstags und sonntags.

Tropic Breeze Caravan Park WOHNWAGENPARK $
(☎ 07-4099 5299; www.tropicbreeze.com.au; 24 Davidson St; Stellplätze mit/ohne Strom 48/37 AU$, Hütten 120 AU$; ❄🏊) Dieser kleine Park befindet sich in wunderschöner Lage zum Strand und zur Stadt. Grasbewachsene Plätze, und Wohneinheiten mit Küchenzeile aber ohne Badezimmer.

★ Pink Flamingo BOUTIQUEHOTEL $$
(☎ 07-4099 6622; www.pinkflamingo.com.au; 115 Davidson St; DZ 145–205 AU$;) Extravagant gestrichene Zimmer, separate, durch Mauern geschützte Höfe und eine stylishe Alfresco-Poolbar machen das Pink Flamingo zu Port Douglas hippster, schwulenfreundlicher Unterkunft. Mit nur zwei Studios und 10 Villen bietet es viel Privatsphäre inmitten der zahllosen Mega-Resorts. Ein beheizter Pool, ein Fitnessstudio sowie ein Fahrradverleih sind auch mit dabei.

Mantra Aqueous on Port APARTMENT $$
(☎ 07-4099 0000; www.mantraaqueousonport.com.au; 3–5 Davidson St; DZ ab 180 AU$, 1-/-2-Betten Apt. ab 280/415 AU$;) Die Lage dieses einzigartigen Resorts mit vier separaten Pools ist unschlagbar. Die teureren Zimmer im Erdgeschoss haben Balkone zu denen man hinschwimmen kann, und alle Zimmer sind mit Outdoor-Whirlpools ausgestattet! Studios und Apartments mit einem bis zwei Schlafzimmern sind ebenfalls im Angebot. Längere Aufenthalte führen zu Preisabschlägen.

Martinique on Macrossan APARTMENT $$
(☎ 07-4099 6222; www.martinique.com.au; 66 Macrossan St; Apt. 215 AU$;) Ein Terrakottaboutiqueblock mit zauberhaften gefliesten Apartments, die über je ein Schlafzimmer, eine kleine Küche, einen Privatbalkon, bunte Farbakzente und Jalousien verfügen. Die wunderbaren Gastgeber und die gute Lage an der Hauptstraße runden das Angebot ab. Der kleine Pool hat sechs Einbuchtungen und wird von einem hübschen Elefanten- und Delfinschrein bewacht. Gutes Preis-Leistungs-Verhältnis.

★ Peppers Beach Club RESORT $$$
(☎ 1300 737 444; www.peppers.com.au/beach-club; 20–22 Davidson St; Spa-Suite ab 309 AU$, 1-/2-Schlafzimmer-Suite ab 409/566 AU$;) Die unschlagbare Lage und die außergewöhnliche, riesige, sandige Pool-Lagune in Kombination mit den luxuriösen, luftigen Apartments mit High-End-Möblierung und -Anlagen verschafft Peppers einen Platz unter Port Douglas besten Resorts. Einige Räume haben Spas mit Balkonen, andere Terrassen zum Hinschwimmen oder komplett ausgestattete Küchen. Familienfreundlich, aber auch jungen Romantikern empfohlen.

Thala Beach Nature Reserve RESORT $$$
(☎ 07-4098 5700; www.thalabeach.com.au; Captain Cook Hwy; DZ 255–668 AU$;) 15 km südlich von Port Douglas auf einer privaten Landzunge liegt Thala Beach, eine exklusive Öko-Rückzugsmöglichkeit, das so entspannend ist, dass auch die Einheimischen hierherkommen, um am Wochenende abzuschalten. Die luxuriösen Bungalows im Baumhausstil sind im Wald verteilt und bieten einfachen Zugang zu einem privaten Stück Strand, zwei Pools, Wanderwegen und einem hochqualitativen Restaurant.

Essen

In Port Douglas kompaktem Zentrum gibt's raffinierte Cafés und Restaurants en masse, viele mit einem tropischen Setting im Freien. Alle Resorts haben auch Restaurants.

Selbstversorger können ihre Vorräte im großen **Coles Supermarkt** (11 Macrossan St; ⌚ 7–18 Uhr) im Port Village Shopping Centre aufstocken.

Cafe Fresq CAFE $
(☎ 07-4099 6111; 27 Macrossan St; Hauptgerichte 6–19 AU$; ⌚ 7–15 Uhr) Im Fresq ist zum Frühstück immer viel los, und die Tische stehen bis weit auf den Bürgersteig hinaus. Guter Kaffee, Gourmet-Frühstück, Pancakes und Mittagessen mit Highlights wie dem Butterkrebsburger.

Cafe Ziva FRANZÖSISCH $
(20 Macrossan St; Hauptgerichte 7,50–22 AU$; ⌚ 12.30–22 Uhr;) Ziva ist auf Pfannkuchen französischer Art spezialisiert und bietet eine große Bandbreite an schmackhaften Galettes (z. B. mit Schicken und Käse) und süßen Crêpes, sowie Sandwiches, Smoothies und frische Säfte. Das Café mit der offenen Vorderseite ist gut zum Leute beobachten geeignet.

Mocka's Pies BÄCKEREI $
(☎ 07-4099 5295; 9 Grant St; Pies 4,50–6 AU$; ⌚ 8–16 Uhr) Eine lokale Institution, die klassische australische Pies mit exotischer Füllung wie Krokodil, Känguru und Barramundi bietet.

★ Yachty MODERN-AUSTRALISCH $$
(☎ 07-4099 4386; www.portdouglasyachtclub.com.au; 1 Spinnaker Close; Hauptgerichte 22–34 AU$; ⌚ 12–14.30 & 17.30–20 Uhr) Eine der besten Optionen zum abends schön essen gehen ist der lokale Jachtclub, in dem jeden Abend gut gemachte Gerichte, von Lamm mit marokkanischen Gewürzen bis zu Hummerschwänzen serviert werden – inklusive eines Blicks auf den Sonnenuntergang. Das Mittagsmenü ist dasselbe, aber günstiger.

★ **On the Inlet** SEAFOOD $$
(☎ 07-4099 5255; www.ontheinlet.com.au; 3 Inlet St; Hauptgerichte 26–42 AU$; ⏲ 12–23.30 Uhr) Weil die Tische entlang einer riesigen Terrasse verteilt sind, fühlt man sich hier, als würde man über dem Dickson Inlet schweben. Während man hier sitzt kann man auf die Ankunft von George warten, dem 250 kg schweren Zackenbarsch, der fast jeden Tag um 17 Uhr zur Fütterung eintrifft. Das Angebot „Ein Eimer Garnelen plus Getränk" lohnt sich (18 AU$ von 15.30–17.30 Uhr) – beim Verspeisen kann man die vom Riff einlaufenden Boote beobachten.

Seabean TAPAS $$
(☎ 07-4099 5558; www.seabean.com.au; 3/28 Wharf St; *tapas* 9–15 AU$, Paella ab 35 AU$; ⏲ Mo–Do 15–21, Fr–So 12–21 Uhr) Diese coole, kleine Tapasbar mit den feuerroten Hockern und dem aufmerksamen Personal bringt qualitativ hochwertige spanische Platten und Paella nach Port Douglas.

Little Larder CAFÉ $$
(☎ 07-4099 6450; Shop 2, 40 Macrossan St; Hauptgerichte 10–19 AU$; ⏲ 7.30–15 Uhr) Hier gibt's bis 11.30 Uhr Frühstück, dann ab 12 Uhr Gourmet-Sandwiches und sensationelle Cocktails. Man kann aber auch den guten Kaffee, oder den frisch aufgebrühten und supergesunden Kombuchatee probieren.

★ **Harrisons Restaurant** MODERN-AUSTRALISCH $$$
(☎ 07-4099 4011; www.harrisonsrestaurant.com.au; 22 Wharf St; Mittagessen 19–26 AU$, Abendessen Hauptgerichte ab 38 AU$; ⏲ 12–14 & 17–22 Uhr) Der Chefkoch und Besitzer Spencer Patrick hat beim britischen Sternekoch Marco Pierre White gelernt, und schafft kulinarische Kostbarkeiten, die mit Australiens besten mithalten können. Frische Produkte aus lokalem Anbau werden in Gerichten wie der geräucherten Entenbrust und den Rinderbäckchen mit Tamarinde verarbeitet. Wahrscheinlich der einzige Ort in Port Douglas, an dem die Gäste sich die Mühe machen, statt Flip-Flops Schuhe an den Füßen zu tragen.

★ **Flames of the Forest** MODERN-AUSTRALISCH $$$
(☎ 07-4099 3144; www.flamesoftheforest.com.au; Mowbray River Rd; Abendessen mit Show, Getränke & Transfers ab 219 AU$; ⏲ Di, Do & Sa) Dieses einzigartige Erlebnis geht weit über das gängige „Dinner and a Show"-Konzept hinaus. Die Gäste werden für ein wirklich unter die Haut gehendes Erlebnis gespickt mit Theater, Kultur und Gourmetküche tief in den Regenwald hineingebracht. Transfer wird ab Port Douglas oder Cairns angeboten (keine eigene Anfahrt). Reservierung erforderlich.

2 Fish Restaurant Port Douglas SEAFOOD $$$
(☎ 07-4099 6350; www.2fishrestaurant.com.au; Shop 11, 56 Macrossan St; Hauptgerichte 32–44 AU$; ⏲ 12–22 Uhr) In einer Stadt, in der Meeresfrüchte allgegenwärtig sind, hebt sich das 2 Fish durch seine exklusiven, innovativen Gerichte und mehr als einem Dutzend verwendete Fischsorten hervor – vom Leoparden-Forellenbarsch bis zum Red Emperor und dem wilden Barramundi, zusammen mit lokalen Austern, Krabben und Jakobsmuscheln. Zwischen Mittag- und Abendessen gibt's Tapasplatten.

Ausgehen & Nachtleben

Die Kneipen werden zu Clubs später in der Nacht, und Port bietet zur Hauptsaison ein **Moonlight Cinema** (www.moonlight.com.au/port-douglas; QT Resort, 87–109 Port Douglas Rd; Erw./Kind 17.50/13 AU$; ⏲ Do–So Juni–Okt.).

★ **Hemingway's** KLEINBRAUEREI
(☎ 07-4099 6663; www.hemingwaysbrewery.com; Reef Marina, 44 Wharf St) Port Douglas hat seine eigene Brauerei verdient, und Hemingway's holt aus der fantastischen Lage an der Reef Marina das Beste heraus, mit einer breiten Terrasse, einer langen Bar und Blick auf das Dickson Inlet. Aktuell gibt's sechs Biersorten an der Bar, inklusive Hard Yards dunkles Lager, und Pitchfork Betty's helles Bier. Natürlich gibt's auch etwas Essen, aber das hier ist vor allem was für Bierkenner.

Tin Shed CLUB
(☎ 07-4099 5553; www.thetinshed-portdouglas.com.au; 7 Ashford Ave; Hauptgerichte 22–29 AU$; ⏲ 10–22 Uhr) Der Combined Services Club in Port Douglas (als Gastmitglied anmelden) ist merklich schicker geworden seit er sich „Tin Shed" nennt. Die Terrasse am Wasser, die Mahlzeiten mit gutem Preis-Leistungsverhältnis und die vernünftigen Getränkepreise machen dies zu einem einladenden Ort zu jeder Tageszeit.

Iron Bar PUB
(☎ 07-4099 4776; www.ironbarportdouglas.com.au; 5 Macrossan St; ⏲ 11–3 Uhr) Exzentrisches Outback meets Wild-West-Dekor mit rostigem Eisen und altem Holz, das die Bühne für eine wilde Partynacht bereitet. Die

abendlichen Krötenrennen um 20.30 Uhr (5 AU$) sollte man sich nicht entgehen lassen.

Shoppen

Der wöchentlich stattfindende **Reef Marina Sunset Market** (Reef Marina, Wharf St; Mi 12–18.30 Uhr) und die **Port Douglas Markets** (Anzac Park, Macrossan St; So 8–14 Uhr) sind beide gute Anlaufstellen für Kunsthandwerk, Souvenirs und lokale Produkte.

Praktische Information

Es gibt in Port Douglas viele Tourenanbieter, die sich als Besucherzentren ausgeben, aber kein offizielles Touristeninformationsbüro.

Post (07-4099 5210; 5 Owen St; Mo–Fr 8.30–17 Uhr, Sa 9 Uhr–mittags)

Port Douglas Tourist Information Centre (07-4099 5599; www.infoportdouglas.com.au; 23 Macrossan St; 8–18.30 Uhr) Kein kommunales Visitor Centre aber eine zuverlässige, private Verkaufsstelle für Karten; hier kann man auch Broschüren mitnehmen und geführte Touren buchen.

An- und Weiterreise

Port Douglas Bus (070-4099 5665; www.portdouglasbus.com.au) und **Sun Palm** (07-4087 2900; www.sunpalmtransport.com.au; Erw./Kind 35/17.50 AU$) fährt täglich zwischen Port Douglas, Cairns und dem Flughafen.

Trans North (07-4095 8644; www.transnorthbus.com.au) Abholung in Port Douglas an der Küstenstraße zwischen Cairns und Cooktown.

Unterwegs vor Ort

Am **Bicycle Centre** kann man Fahrräder ausleihen (07-4099 5799; www.portdouglasbikehire.com.au; 3 Warner St; halber/ganzer Tag ab 16/20 AU$; 8–17 Uhr).

Minibusse, so wie jene von **Coral Reef Coaches** (07-4098 2800; www.coralreefcoaches.com.au), pendeln für etwa 5 AU$ zwischen der Stadt und dem Highway.

Die großen Autovermietungen haben hier ihre Zweigstellen, man kann aber auch **Comet Car Hire** (07-4099 6407; http://cometcarhire.com.au; 3/11 Warner St) kontaktieren, und so eine einheimische Firma unterstützen.

Mossman

1730 EW

Umgeben von Zuckerrohrfeldern, 20 km nördlich von Port Douglas, liegt die Arbeiterstadt Mossmann, die vor allem für die schöne Mossman Gorge bekannt ist, einem Teil des Daintree National Parks. Der Ort selbst ist einen Stopp wert, um einen Eindruck von einer Arbeitergemeinde in Far North Queensland zu bekommen, und um Lebensmittel einzukaufen, wenn man weiter in den Norden möchte.

Sehenswertes & Aktivitäten

★ Mossman Gorge SCHLUCHT

Am südöstlichen Ende des Daintree National Park, 5 km westlich von Mossman Town, liegt die Mossman Gorge, ein Teil des traditionellen Landes des Kuku-Yalanji-Volkes. Die Schlucht ist ein von Felsblöcken übersätes Tal, in dem rauschendes Wasser über altes Geröll strömt. Vom **Visitor Centre** (07-4099 7000; www.mossmangorge.com.au; 8–18 Uhr) sind es entlang der Straße 3 km zu einem Aussichtspunkt und einem erfrischenden Schwimmloch – Vorsicht, die Strömung kann stark sein. Man kann die 3 km auch laufen, aber die Besucher sind dazu angehalten, den Shuttlebus zu nehmen (Erw./Kind hin & zurück 9,10/4,55 AU$, alle 15 Min.).

Es gibt einige Kilometer an Wegen auf Holzstegen und ein Picknickareal an der Schlucht, aber keine Camping-Infrastruktur.

★ Kuku-Yalanji Dreamtime Walks OUTDOORS

(Erw./Kind 62/31 AU$; 10, 11, 12, 13 & 15 Uhr) Diese 1,5-stündigen geführten Touren durch die Mossman Gorge zum Thema indigene Kultur sind ein unvergessliches Erlebnis und beinhalten eine Räucherzeremonie, Roibostee und Buschbrot. Kann im Mossman Gorge Centre gebucht werden.

Der Daintree & Cape Tribulation

Die Bezeichnung Daintree steht für viele Dinge: den **Regenwald** (www.daintreerainforest.com), der zum UNESCO-Welterbe gehört, den Fluss, ein Riff, coole Dörfer und die Heimat seiner traditionellen Hüter, des Kuku-Yalanji-Volkes. Der Daintree umfasst die regionale Tieflandregion zwischen den Flüssen Daintree und Bloomfield, wo der Regenwald hinunter zur Küste fällt. Er ist ein fragiles, uraltes Ökosystem, das einst von Rodung bedroht war, aber heute als Nationalpark geschützt wird.

Die spektakuläre Region vom Daintree River nach Norden zum Cape Tribulation gehört zu Queenslands Wet Tropics, die zum

ABSTECHER

DAINTREE VILLAGE

Für Tier- und Vogelbeobachter lohnt sich der 20 km lange Abstecher (einfache Strecke) von der Mossman-Daintree Rd zum winzigen Dorf Daintree, das sich auf einem Ackerland-Plateau auf dem Upper Daintree River befindet. Bootstouren zum Krokodile-Beobachten sind hier die Hauptattraktion. Man kann auch den schon seit langem existierenden **Crocodile Express** (☎07-4098 6120; www.crocodileexpress.com; 1-stündige Bootsfahrten Erw./Kind/Fam. 28/14/65 AU$; ⏲Bootsfahrten 8.30 Uhr), den **Daintree River Wild Watch** (☎0447 734 933; www.daintreeriverwildwatch.com.au; 2-stündige Bootsfahrten Erw./Kind 60/35 AU$), die informativen Vogelbeobachtungstouren zum Sonnenuntergang und Fotografie-Ausflüge zum Sonnenuntergang durch die Natur machen, oder das **Daintree River Cruise Centre** (☎07-4098 6115; www.daintreerivercruisecentre.com.au; 2914 Mossman-Daintree Rd; Erw./Kind 28/14 AU$; ⏲9.30–16 Uhr) besuchen.

Die Boutique-*banyans* (Baumhäuser) der **Daintree Eco Lodge & Spa** (☎07-4777 7377; www.daintree-ecolodge.com.au; 3189 Mossman-Daintree Rd; Baumhäuser 325–425 AU$; ❄@📶🏊) 🍃 liegen im Regenwald ein paar Kilometer südlich des Dorfes. Im hervorragenden **Julaymba Restaurant** (☎07-4098 6100; Hauptgerichte 28–32 AU$; ⏲Abendessen ab 16.30 Uhr) sind auch Nichtgäste willkommen, und auf der Karte stehen Gerichte, für die auf hervorragende Art und Weise lokale Produkte verarbeitet werden.

Im Dorf serviert der **Big Barramundi Garden** (☎07-4098 6186; www.bigbarra.daintree.info; 12 Stewart St; Hauptgerichte 18–22 AU$, Burger ab 9 AU$; ⏲10–16 Uhr) exotische Burger (Barramundi, Krokodil und Känguruh) und Smoothies oder Obstsäfte (schwarze Sapote, Papau), ebenso wie Devonshire-Tees.

UNESCO-Welterbe erklärt wurden. Sie bestehen aus uraltem Regenwald, sandigen Stränden und zerklüfteten Bergen. Nördlich des Daintree River wird die Stromversorgung durch Generatoren und zunehmend auch durch Solarkraft bereitgestellt. Es gibt nur wenige Geschäfte und Dienstleister, und größtenteils auch keinen Handyempfang. Die **Daintree River Ferry** (www.douglas.qld.gov.au/community/daintree-ferry; Auto einfache Strecke/hin & zurück 14/26 AU$, Motorrad 5/10 AU$, Fußgänger & Fahrrad 1/2 AU$; ⏲6–24 Uhr) bringt Wanderer und ihre Fahrzeuge ca. alle 15 Minuten über den Fluss.

Cow Bay & Umgebung

Das winzige Cow Bay ist die erste Ansiedlung, auf die man nach der Fährüberquerung des Daintree River trifft. Auf der steilen, kurvenreichen Straße zwischen Cape Kimberley und Cow Bay, bietet der **Walu Wugirriga Lookout** (Alexandra Range Lookout) einen beeindruckenden Ausblick über das Daintree River Inlet, der besonders bei Sonnenuntergang atemberaubend ist.

Der weiße Sandstrand **Cow Bay Beach**, am Ende der Buchanan Creek Rd, kann mit jedem Küstenparadies mithalten.

Das ausgezeichnete **Daintree Discovery Centre** (☎07-4098 9171; www.discoverthedaintree.com; Tulip Oak Rd; Erw./Kind/Fam. 32/16/78 AU$; ⏲8.30–17 Uhr) beinhaltet einen Rundweg, der Besucher hoch in das Blätterdach des Regenwaldes mitnimmt. In einem Kino werden Filme über Kasuaren, Krokodile, Naturschutz und Klimawandel gezeigt.

Auf einer Schiffsfahrt mit **Cape Tribulation Wilderness Cruises** (☎0457 731 000; www.capetribcruises.com; Cape Tribulation Rd; Erw./Kind ab 30/22 AU$) oder einer geführten Wanderung mit **Cooper Creek Wilderness** (☎07-4098 9126; http://coopercreek.com.au; 2333 Cape Tribulation Rd; geführte Wanderung 60-170 AU$) kann man der Natur nahe kommen.

🛏 Schlafen & Essen

★ **Epiphyte B & B** — B & B $

(☎07-4098 9039; www.rainforestbb.com; 22 Silkwood Rd; EZ/DZ/Hütten ab 80/110/150 AU$) Dieser liebevoll gestaltete, entspannte Ort befindet sich auf einem fruchtbaren, 3,5 ha großen Anwesen. Die individuell eingerichteten Zimmer variieren in der Größe, haben jedoch alle ihre eigene Veranda. Eine geräumige, separate Hütte enthält einen Innenhof, eine Kochnische und eine in den Boden eingelassene Badewanne. Zwei Nächte Mindestaufenthalt.

Lync-Haven Rainforest Retreat — CAMPING $

(☎07-4098 9155; www.lynchaven.com.au; Lot 44, Cape Tribulation Rd; Stellplatz 14 AU$/Pers., Plätze

Rund ums Cape Tribulation

Rund ums Cape Tribulation

Highlights
1 Daintree Discovery Centre B6

Sehenswertes
2 Bat House C2
3 Cape Tribulation Beach C2
4 Cow Bay Beach C6
5 Daintree Rainforest B3
6 Myall Beach C2
7 Walu Wugirriga Lookout C6

Aktivitäten, Kurse & Touren
8 Cape Trib Horse Rides C2
9 Cape Tribulation Wilderness Cruises C4
10 Cooper Creek Wilderness B4
11 Daintree River Cruise Centre A6
Jungle Surfing Canopy Tours ....(siehe 18)
12 Mason's Tours C2
13 Mt. Sorrow Ridge Walk C2
Ocean Safari ....(siehe 2)
14 Paddle Trek Kayak Tours C2

Schlafen
Cape Trib Beach House ....(siehe 14)
15 Cape Tribulation Camping C2
16 Epiphyte B&B C6
17 Lync-Haven Rainforest Retreat B5
18 PK's Jungle Village C2
19 Rainforest Hideaway C2

Essen
20 Cow Bay Hotel B6
21 Daintree Ice Cream Company B5
IGA Supermarket ....(siehe 18)
Jungle Bar & Restaurant ....(siehe 18)
Mason's Store & Cafe ....(siehe 12)
Tides Bar & Restaurant ....(siehe 14)
22 Whet C2

Praktisches
Mason's Store ....(siehe 12)

mit Strom 32 AU$, DZ ab 150 AU$; ❄) Diese familienfreundliche Unterkunft befindet sich auf einem 16 ha großen Anwesen an der Hauptstraße, etwa 5 km nördlich der Cow Bay, und hat Wanderwege, handzahme Kängurus, schön Rasenflächen und gemütliche Hütten im Regenwald mit eigenen Badezimmern. Das Restaurant serviert kräftige Steaks, gute Nudelgerichte und Fisch.

Daintree Ice Cream Company EIS $
(☎07-4098 9114; www.daintreeicecream.com.au; Lot 100, Cape Tribulation Rd; Eiscreme 6,50 AU$; ⌚11–17 Uhr) Niemand schafft es, an diesem Eisstand vorbeizufahren, der nur selbstgemachtes Eis mit natürlichen Inhaltsstoffen in täglich wechselnden Geschmacksrichtungen anbietet. Ganz gleich ob Macadamia, schwarze Sapote oder Akazienkern – alles ist lecker.

Cow Bay Hotel KNEIPENESSEN $$
(☎07-4098 9011; 1480 Cape Tribulation Rd; Hauptgerichte 18–24 AU$; ⌚12–14 & 18–20 Uhr, Bar 10–22 Uhr) Will man eine gute Mahlzeit am Tresen, ein Kaltgetränk und die typisch australische Country-Pub-Atmosphäre genießen, dann ist das Cow Bay der einzige echte Pub diesseits des Daintree River.

Cape Tribulation

330 EW

Cape Trib liegt am Ende einer gewundenen, asphaltierten Straße ab dem Daintree River, und mit seinen beiden wunderschönen Stränden, der entspannten Atmosphäre, den Wegen durch den Regenwald und dem schnuckeligen Dorf ist dies ein kleines Stück vom Paradies.

Trotz der vielen Backpacker-Bars und Touranbieter (hat jemand Lust auf Dschungelsurfen?), hat Cape Trib sich eine gewisse archaische Atmosphäre bewahrt – mit Straßenschildern, die Autofahrer vor die Straße überquerenden Kasuaren warnen, und Krokodilwarnungen, die dafür sorgen, dass abendliche Spaziergänge am Strand ein bisschen weniger entspannt sind. Die Tatsache, dass es keinen zuverlässige Mobilfunkempfang und auch kein kabelloses Internet gibt, trägt zur Abgeschiedenheit bei – und macht einigen Reisenden Angst!

Der schönen, von Regenwald umgebenen Strände **Myall** und **Cape Tribulation** sind durch ein mit knorrigen Bäumen bewachsenes Kap voneinander getrennt. Das Dorf hier markiert das Ende der asphaltierten Straße: danach führt der definitiv nur mit einem Geländewagen befahrbare Bloomfield Track weiter nach Norden nach Wujal Wujal.

Sehenswertes & Aktivitäten

Die ausgeschilderten Kulki und Dubuji Boardwalks sind gute Zugänge zum Cape Trib bzw. den Myall Beaches.

Bat House WILDSCHUTZGEBIET
(☎07-4098 0063; www.austrop.org.au; Cape Tribulation Rd; 5 AU$; ⌚Di–So 10.30–15.30 Uhr) Eine Auffangstation für verletzte und verwaiste

Flughunde, die von der Naturschutzorganisation Austrop betrieben wird.

Mt. Sorrow Ridge Walk WANDERN
Der Weg zum Kamm des Mt. Sorrow ist auch für fitte Wanderer eine anspruchsvolle Tagestour. Der Ridge Walk Trail beginnt etwa 150 m nördlich des Parkplatzes des Kulki-Picknickplatzes, unweit der Bloomfield Rd. Der strapaziöse Rundgang (7 km, hin & zurück 5–6 Std., Start nicht später als 10 Uhr), bietet einen spektakulären Ausblick über den Regenwald und das Riff.

Geführte Touren

Bei den meisten geführten Touren kann man sich an seiner Unterkunft abholen lassen.

★ Ocean Safari GEFÜHRTE TOUR
(07-4098 0006; www.oceansafari.com.au; Cape Tribulation Rd; Erw./Kind/Fam. 139/89/415 AU$; 8 & 12 Uhr) Ocean Safari führt kleine Gruppen (max. 25 Teilnehmer) auf morgendliche oder nachmittägliche Schnorcheltouren zum Great Barrier Reef, nur etwa eine halbe Stunde vor der Küste. Neoprenanzüge können ausgeliehen werden (8 AU$).

Paddle Trek Kayak Tours KAJAKFAHREN
(07-4098 1950; www.capetribpaddletrek.com.au; Lot 7, Rykers Rd; Geführte Halbtagesausflüge 75–85 AU$) Geführte Seekajak-Touren (morgens/nachmittags 2½/3½ Std.) starten am Cape Trib Beach House (S. 466).

Mason's Tours WANDERN, JEEPTOUREN
(07-4098 0070; www.masonstours.com.au; Mason's Store, Cape Tribulation Rd) Lawrence Mason verfügt über langjährige Erfahrung und organisiert informative Wanderungen durch den Regenwald (Gruppen von bis zu 5 Pers. 2 Std./½ Tag 300/500 AU$), inklusive einer Nachtwanderung. Jeeptouren auf dem Bloomfield Track nach Cooktown sind ebenfalls im Repertoire (Gruppen von bis zu 5 Pers. ½/1 Tag 800/1250 AU$).

Jungle Surfing Canopy Tours OUTDOORS
(07-4098 0043; www.junglesurfing.com.au; Seilbahnen 95 AU$, Nachtwanderungen 45 AU$, Kombination 130 AU$; 7.45–15.30 Uhr, Nachtwanderungen 19.30 Uhr) Auf geht's in den Regenwald, auf einen aufregenden, zweistündigen Seilbahntrip durch's Blätterdach. Angeboten werden auch von Biologen geführte Nachtwanderungen, die ein neues Licht auf den dunklen Dschungel werfen. In Preis inbegriffen ist auch die Abholung von der Unterkunft in Cape Trib (eigene Anfahrt ist nicht erlaubt).

D'Arcy of the Daintree AUTOTOUR
(0402 849 249; www.darcyofdaintree.com.au; 116 Palm Rd, Diwan; Geführte Touren Erw./Kind ab 146/108 AU$) Mike D'Arcy ist Einheimischer und organisiert unterhaltsame Jeeptouren in kleinen Gruppen auf dem Bloomfield Track zu den Wujal Wujal Falls (½ Tag) und bis nach Cooktown (ganzer Tag).

Cape Trib Horse Rides REITEN
(07-4098 0043; www.capetribhorserides.com.au; Ausritt ab 99 AU$/Pers.; 8 Uhr & 14.30 Uhr) Gemächliche morgendliche und nachmittägliche Reitausflüge am Strand entlang und in den Wald.

Schlafen & Essen

Alle Restaurants in den Resorts von Cape Tribulation stehen auch Nicht-Gästen offen. Es gibt einen **Supermarkt** (07-4098 0015; Cape Tribulation Rd; 8–18 Uhr), der Grundnahrungsmittel für Selbstversorger im Angebot hat.

★ Cape Trib Beach House HOSTEL, RESORT $
(07-4098 0030; www.capetribbeach.com.au; 152 Rykers Rd; B 29 AU$, Hütte 150–180 AU$;) Das Beach House vereint alles, was an Cape Trib großartig ist – ein abgelegener Abschnitt Regenwald mit Blick auf ein makelloses Stück Strand und einer gastfreundlichen Atmosphäre, die Backpacker, Paare und Familien gleichermaßen anspricht. Saubere Mehrbettzimmer und romantische, fast am Strand liegende Hütten machen das Beste aus der Location. Das mit einer Terrasse versehene **Restaurant** (Hauptgerichte 18–30 AU$) mit Bar ist so gut, dass viele Einheimische hierher zum Essen und Trinken kommen.

Cape Tribulation Camping CAMPING $
(07-4098 0077; www.capetribcamping.com.au; Lot 11, Cape Tribulation Rd; Stellplätze mit Strom Erw./Kind 20/10 AU$, ohne Strom 15/10 AU$) Dieser schöne, entspannte Campingplatz liegt nur wenige Schritte von Myall Beach entfernt. Hier gibt's grasbewachsene Stellplätze und gute Einrichtungen (es sei denn man braucht einen Swimmingpool) und die Sand Bar ist ein geselliges Veranda-Restaurant, das Cape Tribs beste Pizzas aus dem Holzofen serviert.

ABSTECHER

LIZARD ISLAND

Die fünf Inseln der Lizard Island Group liegen 33 km vor der Küste, etwa 100 km nördlich von Cooktown. Lizard, die Hauptinsel, hat felsiges, bergiges Terrain; funkelnde, weiße Strände und spektakuläre Saumriffe zum Schnorcheln und Tauchen. Der Großteil der Insel besteht aus Nationalpark-Gebiet und wimmelt von wilden Tieren. Luxuriöse Unterkünfte und Speisen stehen für den Fünf-Sterne-Luxus des äußerst exklusiven **Lizard Island Resort** (☎1300 863 248; www.lizardisland.com.au; Anchor Bay; DZ 1900–2900 AU$; ❄@📶🏊), das von Zyklon Ita im April 2014 stark in Mitleidenschaft gezogen und dann 2015 sorgfältig wiederaufgebaut und neu möbliert wurde. Es gibt begrenzte Campingmöglichkeiten im Busch auf dem **Campingplatz** (☎13 74 68; www.npsr.qld.gov.au/parks/lizard-island/camping.html; Watsons Bay; pro Erw./Fam. 6,15/24,60 AU$) 🍃 der Insel. Auf der Insel gibt's keine Geschäfte. Über das Resort kann man Flugzeugtransfer nach/ab Cairns buchen.

Daintree Air Services (☎07-4034 9300; www.daintreeair.com.au; geführte Tagestouren ab 740 AU$) bietet spektakuläre geführte Tagestouren ab Cairns, inklusive eines Gourmet-Lunches, Schnorchelausrüstung, Transfer und einen lokalen Führer, der Gäste zu einigen der schönsten Fleckchen in diesem makellosen Ökosystem bringen kann.

PK's Jungle Village HOSTEL $

(☎07-4098 0040; www.pksjunglevillage.com; Cape Tribulation Rd; Stellplätze ohne Strom 15 AU$/Pers., B 25–32 AU$, Hütte DZ 70–125 AU$; ❄@📶🏊) Angesichts seiner riesigen **Jungle Bar** (Hauptgerichte 11–25 AU$; ⏲7.30–22 Uhr), einem Restaurant-Pool-Bereich, einem direkten Fußweg zum Myall Beach und einer Reihe an günstigen Unterkünften ist das PK's schon lange ein Backpackerliebling. Der Campingplatz und die Schlafsäle sind zwar recht voll, aber die Anlagen sind gepflegt und die Atmosphäre gesellig.

Rainforest Hideaway B&B $

(☎07-4098 0108; www.rainforesthideaway.com; 19 Camelot Close; DZ 135–149 AU$) 🍃 Dieses farbenfrohe B&B, das aus einem Zimmer im Haupthaus und einer separaten Hütte besteht, wurde von seinem Besitzer, dem Künstler und Bildhauer „Dutch Rob" in Eigenregie errichtet – sogar das Mobiliar und die Betten sind handgefertigt. Ein Skulpturenpfad schlängelt sich durch das Anwesen.

★ **Whet** AUSTRALISCH $$

(☎07-4098 0007; www.whet.net.au; 1 Cape Tribulation Rd; Hauptgerichte 16,50–33 AU$; ⏲11–16 Uhr & 18–20.30 Uhr) Das Whet gilt als das eleganteste Restaurant in Cape Trib, mit einer loungigen Cocktailbar und romantischen, kerzenbeschienen Dinnertischen im Freien. Die Speisekarte glänzt z. B. mit Tempura aus wildem Barramundi und Hühnchen-Curry nach Art des Hauses; alle Mittagsgerichte kosten unter 20 AU$. An der Bar sind häufig Einheimische zu finden.

★ **Mason's Store & Cafe** CAFÉ $$

(☎07-4098 0016; 3781 Cape Tribulation Rd; Hauptgerichte 9–18 AU$, Horsd'oeuvre-Platten ab 29 AU$; ⏲10–16 Uhr) Zu Mason's kommt jeder, der als Tourist Infos braucht, den Spiritiuosenladen aufsuchen will oder exotische Fleischgerichte probieren möchte. In diesem entspannten Café im Freien ist man auf die Krokodil-Burger auf der Speisekarte besonders stolz, man kann aber auch Kamel, Emu oder Känguruh probieren, entweder im Burger oder auf einer Platte mit Probierportionen. In fußläufiger Entfernung befindet sich ein krokodilfreies Schwimmloch mit kristallklarem Wasser (1 AU$).

ℹ Praktische Information

Mason's Store (☎07-4098 0070; Cape Tribulation Rd; ⏲8–18 Uhr) Der beste Ort für Infos über die Region inklusive des Zustands des Bloomfield Tracks.

Nach Norden bis Cooktown

Abgesehen von der Anreise per Flugzeug gibt's zwei Straßen aus Richtung Süden nach Cooktown: die Küstenstraße von Cape Tribulation über den nur mit Vierradantrieb befahrbaren Bloomfield Track, und die Inlandsroute, die über die Peninsula Rd und die Cooktown Developmental Rd komplett asphaltiert ist.

Bloomfield Track

Auf dem Bloomfield Track sind's von Cape Trib bis Cooktown etwas über 100 km, aber bis auf eine Strecke von 32 km Länge ist alles asphaltiert – dieser Abschnitt darf jedoch nur mit Geländewagen befahren werden.

Von Cape Trib bis zur ersten Flussdurchquerung am **Emmagen Creek** sind es 8 km. Ab hier steigt die Straße immer wieder stark an und fällt dann genauso steil wieder ab. Die Strecke macht einige scharfe Kurven, und folgt schließlich dem breiten Bloomfield River, bevor sie dann 24 km weiter das indigene Dorf Wujal Wujal erreicht. Hier kann man das **Bana Yirriji Art Centre** (07-4060 8333; www.wujalwujalartcentre.com.au; Bloomfield Rd, Wujal Wujal; Mo–Fr 9–16 Uhr; P) besichtigen GRATIS. Dann fährt man 1 km weiter am Fluss entlang bis zu den beeindruckenden **Bloomfield Falls**. Im Fluss leben Krokodile, und der Ort ist für die Gemeinde der Wujal Wujal von großer Bedeutung. Die halbstündigen **Walker Family Walking Tours** (07-4040 7500; Erw./Kind 25/12,50 AU$; auf Reservierung) zu den Wasserfällen und zum umliegenden Wald sind sehr zu empfehlen.

Das kleine Dorf **Ayton**, etwa 7 km nördlich von Wujal Wujal, bietet einen Laden, Cafés, Zugang zum Strand und einige großartige Unterkünfte, so etwa das **Bloomfield Beach Camp** (07-4060 8207; www.bloomfieldbeach.com.au; 20 Bloomfield Rd, Ayton; Stellplatz mit/ohne Strom 30/25 AU$, Hütten DZ & Safarizelte 85 AU$, Hütten 165 AU$) und **Bloomfield Escape** (07-4060 8346; www.bloomfieldescape.com.au; 9 Weary Bay Rd; Hütten ab 125 AU$;).

Die asphaltierte Straße verläuft weiter 25 km in Richtung Norden nach Rossville, wo eine raue, 3 km lange Zufahrt zur **Home Rule Rainforest Lodge** (07-4060 3925; www.home-rule.com.au; Rossville; Stellplatz ohne Strom pro Erw./Kind 10/5 AU$, Zi. 35/20 AU$) führt. Zu den makellosen Einrichtungen und guten Angeboten gehören Gemeinschaftshütten und eine Gemeinschaftsküche, sowie ein Spaziergang zu den Wasserfällen oder eine Kanufahrt auf dem Wallaby Creek. Die Home Rule Rainforest Lodge steht auch im Zentrum des **Wallaby Creek Festival** (www.wallabycreekfestival.org.au; Ende Sept.), einem dreitägigen, multikulturellen, familienfreundlichen Event mit Roots, Blues und indigener Musik.

Nochmal 9 km sind dann bis bis zum **Lion's Den Hotel** (07-4060 3911; www.lionsdenhotel.com.au; 398 Shiptons Flat Rd, Helenvale; Camping 12 AU$/Pers., Stellplatz mit Strom 30 AU$, EZ/DZ 50/60 AU$, Safarizelte 90 AU$;) zurückzulegen, einer legendären Oase mit Kultstatus und einer Geschichte, die sich bis 1875 zurückverfolgen lässt. Hier gibt's Treibstoff, eiskaltes Bier, starken Kaffee, leckere Pizzas, Kneipenessen und Livemusik. Es lohnt sich, hier eine Nacht zu campen oder sich in einem der Kabinenzelte einzumieten. Auf jeden Fall sollte man auch im krokodilfreien Fluss schwimmen gehen.

Auch der benachbarte Regenwald und der Wasserfall der **Mungumby Lodge** (07-4060 3158; www.mungumby.com; Helenvale; DZ/FZ 260/279 AU$;), wo die Bungalows mit eigenen Bädern verstreut über die Rasenflächen und Mangobäume liegen. Im Preis inbegriffen ist Frühstück und geführte Touren durch die Natur sind ebenfalls buchbar. Etwa 4 km weiter nördlich trifft die Straße auf den asphaltierten Mulligan Hwy, ab hier sind es noch 28 km nach Cooktown.

Cooktown

2340 EW.

Der kleine küstennahe Ort mit dem großen Namen liegt in der Südostecke der Cape York Peninsula. Jahrtausendelang hatten die Aborigines der Guugu Yimithirr und Kuku Yalanji hier in Waymbuurr ihre Versammlungen abgehalten, bevor am 17. Juni 1770 ein gewisser Lieutenant (und späterer Captain) Cook sein Schiff *Endeavour*, das zuvor vor der Küste des Cape Tribulation auf ein Riff gelaufen war, in den Sand der Flussmündung setzte. Cooks Crew ließ sich für 48 Tage hier nieder, um den Schaden zu reparieren. So entstand Cooktown (wenn auch nur vorübergehend), die erste nicht-indigene Siedlung auf dem australischen Kontinent.

Heute macht Cooktown das beste aus seiner Geschichte und seiner unberührten Natur: Es ist ein Startpunkt für Touren zum Cape und ernstzunehmenden Abstechern zum Fischen.

Sehenswertes & Aktivitäten

James Cook Museum MUSEUM
(07-4069 6004; www.nationaltrust.org.au/places/james-cook-museum; 50 Helen St; Erw./Kind 10/3 AU$; 9–16 Uhr) Cooktown's schönstes Gebäude (ein Kloster aus dem Jahr 1899) ist ein Museum des National Trust und beherbergt gut erhaltene Ausstellungsstücke wie etwa Tagebucheinträge, Kanone und Anker der *Endeavour*, sowie Ausstellungen über die lokale indigene Kultur – und ein brandneues Visitor Centre (S. 470).

Cooktown Botanic Gardens GÄRTEN

(ab Walker St; 24 Std.; P) GRATIS In den 62 ha großen botanischen Gärten wachsen zahllose Pflanzenarten, einschließlich der Cooktown-Orchidee. Gekennzeichnete Wanderwege führen zu den Stränden an der Finch Bay und der Cherry Tree Bay. Es gibt eine kostenlose Smartphone-App zum Download, Cook 1770, die eine selbstgeführte Audiotour anbietet.

Grassy Hill Lookout AUSSICHTSPUNKT

(P) GRATIS Schon Captain Cook erklomm auf der Suche nach einer Passage durch die Riffe diesen 162 m hohen Hügel. Der Rundumblick über die Stadt, den Fluss und das Meer ist wirklich spektakulär, vor allem bei Sonnenuntergang. Eine Autozufahrt führt über eine steile, asphaltierte Straße (Hope St), ab der Stadt. Wanderer können über einen Buschpfad von der Cherry Tree Bay nach oben gelangen.

Ganz oben gibt's einen kleinen, in Betrieb befindlichen Leuchtturm und interessante Infotafeln.

Nature's Powerhouse KULTURZENTRUM

(07-4069 5763; abseits der Walker St; 10–16 Uhr; P) GRATIS Am Eingang zu den Cooktown Botanic Gardens (S. 469) liegt dieses Umweltzentrum mit dem einladenden **Kindred Cafe** (Hauptgerichte 8–18 AU$; 10–16 Uhr;) sowie der **Vera Scarth-Johnson Gallery**, die botanische Zeichnungen einheimischer Pflanzen zeigt.

Bicentennial Park PARK

(Charlotte St;) In diesem am Wasser gelegenen Park befindet sich eine oft fotografierte Statue von **Captain Cook** sowie die nahegelegene **Milbi Wall** – ein 12 m langes Mosaik, die Geschichte des lokalen Gungarde (Guugu Yimithirr) Volkes zeigt, von Schöpfungsgeschichten bis hin zu den Aussöhnungsversuchen. Im Wasser ist ein Felsen zu sehen, der die Stelle markiert, an der Cooks Schiff auf Grund gelaufen ist.

Geführte Touren

Maaramaka Walkabout Tours KULTUR

(07-4060 9389; 2 McIvor Rd, Hopevale; 1-/2-stündige geführte Touren ab 42/84 AU$) Bei den Touren werden traditionelle Geschichten der Aborigines erzählt, man wandert durch den Regenwald und isst Bush Tucker und Hausmannskost – und alles vor einer tollen Naturkulisse nahe Hopevale; anrufen für Buchung.

Feste & Events

Cooktown Discovery Festival KULTUR

(www.cooktowndiscovery.com; Anfang Juni) Dieses ausgelassene Festival gedenkt der Landung von Captain Cook im Jahr 1770 mit kostümierten Schauspielern, die die Ereignisse nachspielen, einer eleganten Parade und Events von Aborigines.

Schlafen

★ **Pam's Place Hostel & Cooktown Motel** HOSTEL, MOTEL $

(07-4069 5166; www.cooktownhostel.com; Ecke Charlotte St & Boundary St; B 30 AU$, EZ & DZ 60 AU$, Motel-DZ ab 95 AU$;) Cooktowns mit dem Jugendherbergswerk assoziiertes Hostel ist zwar teilweise auch ein Motel, mit seiner großen Küche, den kostenlosen Schließfächern und dem entspannten tropischen Garten erfüllt es jedoch alle Kriterien für ein Backpackerhostel. Die „Schlafsäle" gleichen eher privaten Zimmern mit einem oder zwei Betten, einem Kühlschrank und einem kleinen Fernseher. Das freundliche Management kann beim Finden von Erntearbeit helfen.

Cooktown Orchid Travellers Park WOHNWAGENPARK $

(07-4069 6400; Ecke Walker St & Charlotte St; Stellplätze mit/ohne Strom 36/33 AU$;) Orchid, der kleinste und zentralste Wohnwagenpark in Cooktown, ist einfach und etwas überfüllt, dabei aber gastfreundlich, mit einem Pool und einer Campingküche sowie direktem Zugang zum Restaurant The Italian.

Cooktown Holiday Park WOHNWAGENPARK $

(07-4069 5417; www.cooktownholidaypark.com.au; 31–41 Charlotte St; Stellplätze mit Strom 45 AU$, Hütten ab 105 AU$;) Gebaut für Wohnwagen und Wohnmobile; alle Stellplätze haben Stromanschluss und eine vernünftige Größe. Der Park hat auch eine ganze Reihe an Hütten, Wohneinheiten und sehr gute Einrichtungen.

★ **Milkwood Lodge** HÜTTE $$

(07-4069 5007; www.milkwoodlodge.com; Annan Rd; DZ 145 AU$; P) Die sechs terrassierten Hütten auf Stelzen verbreiten wunderbares Regenwaldfeeling. Sie sind architektonisch wunderbar designt mit großen Balkonen und modernen Anlagen, und werden dadurch zum ultimativen Ziel für einen romantischen Urlaub. 2,5 km südlich von Cooktown.

Essen & Trinken

In der Charlotte St gibt's Pubs, Cafés und ein paar Restaurants.

Capers CAFÉ $
(☎ 07-4069 5737; 160 Charlotte St; Mahlzeiten 6,50–19 AU$; ⏱ Mo–Fr 7–14, Sa 7–12 Uhr; 📶) Das geselligste Café in Cooktown serviert hervorragenden Kaffee und Smoothies sowie spitzenmäßiges Frühstück und leichte Mittagessen. Man kann drinnen oder auf der schmalen Veranda vorn an der Straße essen.

The Italian ITALIENISCH $$
(☎ 07-4069 6338; 95 Charlotte St; Pizzas 22–26 AU$, Hauptgerichte 21–34 AU$; ⏱ Di–Sa 16–22 Uhr; 👪) Der Name sagt eigentlich schon alles: großartige Pizzas und eine umfangreiche italienische Speisekarte von Pasta und Risotto bis zu raffinierten Kalbs- und Meeresfrüchtegerichten, alles in geselliger Atmosphäre und auf rot und weiß karierten Tischdecken serviert. Der Speiseraum liegt halb im Freien, ab und zu gibt's Livemusik und der Service ist effizient.

★ **Balcony Restaurant** MODERN-AUSTRALISCH $$$
(☎ 07-4069 5400; 128 Charlotte St; Hauptgerichte 28–45 AU$; ⏱ 7–10 & 17.30–22 Uhr; ❄📶) Das förmliche Balcony Restaurant im Sovereign Resort serviert moderne australische Gerichte wie etwa Atherton-Lendenbraten und knusprigen, enthäuteten Leopard-Forellenbarsch, ebenso wie Meeresfrüchteplatten zum Teilen und Bush-Tucker-Platten. Die weniger schicke Cafe-Bar (Hauptgerichte 12–23 AU$; geöffnet 10–22 Uhr) serviert Fish'n'Chips zu vernünftigen Preisen sowie Burger, zudem kann man Billiard spielen und es gibt gratis WLAN.

Top Pub PUB
(☎ 07-4069 5308; 96 Charlotte St; ⏱ 10–24 Uhr) Das Top Pub ist auch als Cooktown Hotel bekannt, und ist eine klassische, mit Wetterschindeln verkleidete australische Eckkneipe, sowie der beliebteste Ort zum Trinken für die Einheimischen. Am Wochenende gibt's Livemusik, es gibt einen Biergarten, Mahlzeiten und Pizza.

Praktische Information

Cooktown Visitor Centre (☎ 07-4069 6004; www.cooktownandcapeyork.com; 50 Helen St; ⏱ 9–16 Uhr) Das brandneue Visitor Centre ist eine beeindruckende Ergänzung zum **James Cook Museum** (S. 468).

An- und Weiterreise

Cooktowns Flugfeld liegt 7,5 km westlich der Stadt entlang der McIvor Rd. **Hinterland Aviation** (☎ 07-4040 1333; www.hinterlandaviation.com.au) fliegt bis zu dreimal täglich (Mo–Sa) nach Cairns (Hinflug ab 175 AU$, 40 Min.).

Cairns Bus Charters bietet den täglichen **Cairns Cooktown Express** (☎ 07-4059 1423; www.cairnsbuscharters.com/services/cairns-cooktown-express; Erw./Kind 80/40 AU$) entlang der Inlandsroute nach Cairns (79 AU$, 5 Std.). **Trans North** (S. 462) fährt sowohl auf der Inlandsroute nach Cooktown (84 AU$, 5¼ Std.) als auch auf der interessanteren Küstenroute (85 AU$, 5½ Std.).

CAPE YORK PENINSULA

Die zerklüftete, abgelegene Cape York Peninsula hat einige der wildesten, tropischen Naturlandschaften der Erdezu bieten. Die Great Diving Range bildet das Rückgrat des Kaps: tropischer Regenwald und palmengesäumte Strände flankieren die Ostseite, weitläufige Strauch- und Waldlandschaften, Eukalyptuswälder und Küstenmangroven den Westen. Die ungezähmte Landschaft durchläuft jedes Jahr, mit Einsatz der sintflutartigen Regenwälder der Monsunsaison, eine spektakuläre Verwandlung: harte, trockene Erde wird zu fruchtbarem, rotem Schlamm; der vormals zundertrockene Busch erwacht in frischem Grün zu neuem Leben, und Flussbetten mit kläglichen Rinnsalen schwellen zu gewaltigen Strömen voller Barramundi und gefährlichen Salzwasserkrokodilen an.

Ein spannender Ausflug im Geländewagen zum Ende der Halbinsel (The Tip), d.h. in eine von Australiens letzten großen Grenzregionen, ist nur zur Trockenzeit möglich, aber die Strecke ist längst nicht nur für eingefleischte Offroad-Fans geeignet. Wenn man auf der Hauptstraße bleibt, kann jeder mit einem Geländewagen und einem Schuss Abenteuerlust die Strecke in Angriff nehmen.

Geführte Touren

Für Alleinreisende oder alldiejenigen, die zögern, einen Geländewagen zu mieten und die Strecke alleine zu fahren, ist eine geführte Tour vermutlich die beste Option, um das Kap zu erforschen.

Viele Veranstalter organisieren Cape-Expeditionen von Cairns und Cooktown aus. Die meisten finden zwischen April und Oktober statt, dauern 10 bis 14 Tage und haben maximal 20 Teilnehmer. Wenn die Regenzeit mal etwas früher oder später einsetzt, kann das Auswirkungen auf die Termine haben. Zu den typischen Zwischenstopps gehören Laura, der Rinyirru (Lakefield) National Park, Coen, Weipa, das Eliot River System (mit den Twin Falls), Bamaga, Somerset und Cape York. Der Abstecher zu den Inseln Thursday Island und Horn Island ist meistens gegen Aufpreis möglich. Der Transport erfolgt zu Lande, zu Wasser und/oder in der Luft, übernachtet wird im Zelt oder in einfachen Motels. Im Preis sind normalerweise die Mahlzeiten sowie die Abholung am Hotel enthalten.

★ Cape York Day Tour GEFÜHRTE TOUREN
(☎07-4034 9300; www.daintreeair.com.au; 1590 AU$/Pers.; ⏲April–Jan.) Auf dem weltweit längsten Panoramaflug, organisiert von Daintree Air Services, fliegt man in geringer Höhe am Great Barrier Reef und dem Daintree Rainforest entlang. Man wird mit dem Geländewagen in Bamaga abgeholt, und dann zur Spitze des australischen Kontinents gebracht, bevor man nach Cairns zurückkehrt. Mahlzeiten inklusive. Auf Anfrage buchbar, zur Regenzeit ist diese Tour nicht möglich.

Cape York Motorcycle Adventures GEFÜHRTE TOUREN
(☎07-4059 0220; www.capeyorkmotorcycles.com.au; Geführte 8-Tages-Touren ab 5550 AU$) Die All-inclusive-Touren mit dem Geländemotorrad reichen von Ein- bis Zweitagestouren (ab 509 AU$) bis zu den 8-Tages-Touren von Cairns bis zu The Tip (5550 AU$). Der Trip wird günstiger, wenn man sein eigenes Geländemotorrad mitbringt (ab 3950 AU$).

Oz Tours Safaris GEFÜHRTE TOUREN
(☎1800 079 006; www.oztours.com.au; 10-tägige Camping-Tour mit Flugzeug und Auto ab 3090 AU$, 16-tägige Überlandtour ab 3790 AU$) Das große Tourenangebot schließt Campingangebote von 10 bis 16 Tagen ein, geführte Touren mit Unterkunft von acht bis 10 Tagen, und diverse Transportangebote (Flugzeug, Schiff, Fahrzeug).

Heritage Tours GEFÜHRTE TOUREN
(☎1800 775 533; www.heritagetours.com.au; 7-tägige Tour mit Flugzeug und Auto 2550 AU$, 12-tägige Camping-Tour 2880 AU$; ⏲Mai–Okt.) Große Auswahl an geführten Touren zum Cape, per Flugzeug und Auto, auf dem Schiffs- und Landweg sowie im Zelt und in anderen Unterkünften.

ℹ Praktische Information

Ist man abseits der Hauptstraßen unterwegs, ist eine adäquate Vorbereitung für Geländewagentouren über Laura, dem Ende der asphaltierten Straßen hinaus, unerlässlich. Man braucht Ersatzreifen, Werkzeug, einen Wagenheber, Essen und große Mengen Wasser. Die Roadhouses können hunderte Kilometer voneinander entfernt sein, und nur das Allernötigste vorrätig haben. Vor der Abfahrt, unbedingt einen Blick auf die **RACQ Road Reports** (☎13 19 40; www.racq.com.au) werfen. Handyempfang ist begrenzt auf das Telstra-Netzwerk, und das ist nur in und um die Städte herum verfügbar. Alleine nicht in sehr abgelegene Gebiete reisen – besser ist es, mit einem Konvoi von mindestens zwei Geländewagen unterwegs zu sein.

GENEHMIGUNGEN

Genehmigungen (☎13 74 68; www.npsr.qld.gov.au; Erw./Fam. 6,15/24,60 AU$) sind zum Campen im National Park oder auf Land, das den Aborigines gehört (Aboriginal Land), also das meiste Land nördlich des Dulhunty River, notwendig. Die Injinoo Aboriginal Community, die den Fährverkehr über den gewaltigen Jardine River betreibt, verkauft gleich mit der Fahrkarte eine Campinggenehmigung.

Wenn man irgendwo anders auf dem Cape durch Aboriginal Land reist, dann benötigt man eine zusätzliche Genehmigung, die man beim Rat der zuständigen Gemeinde erwerben kann.

ABSTECHER

RINYIRRU (LAKEFIELD) NATIONAL PARK

Der zweitgrößte Nationalpark in Queensland ist bekannt für seine ausgedehnten Flussgebiete, spektakulären Sümpfe und artenreiche Vogelwelt. Die zahllosen Wasserläufe des 5370 km² großen Parks münden an dessen nördlichem Rand in die Princess Charlotte Bay. Die **New Laura Ranger Station** (☎07-4060 3260) liegt etwa 25 km nördlich der Kreuzung mit der Battle Camp Rd. Die beste Campingmöglichkeit (mit Toiletten und Duschen) findet sich am **Kalpowar Crossing**. Genehmigungen dafür können online bei **Queensland Parks** (☎13 74 68; www.nprsr.qld.gov.au; Genehmigung 6,15 AU$) gebucht werden. Die malerische **Red Lily Lagoon** mit ihren roten Lotuslilien (die in den frühen Morgenstunden am schönsten sind) und die **White Lily Lagoon** ziehen zahllose Vogelarten an.

Cape York Peninsula

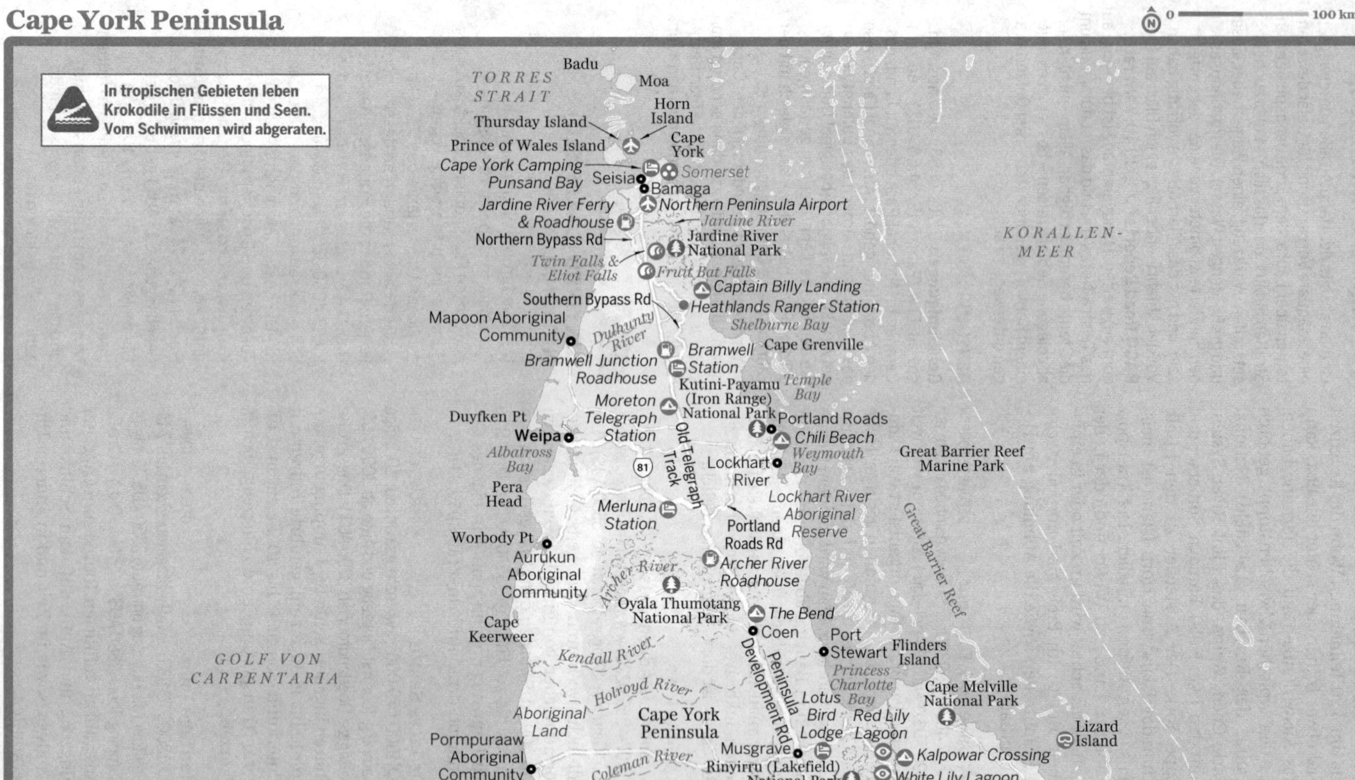

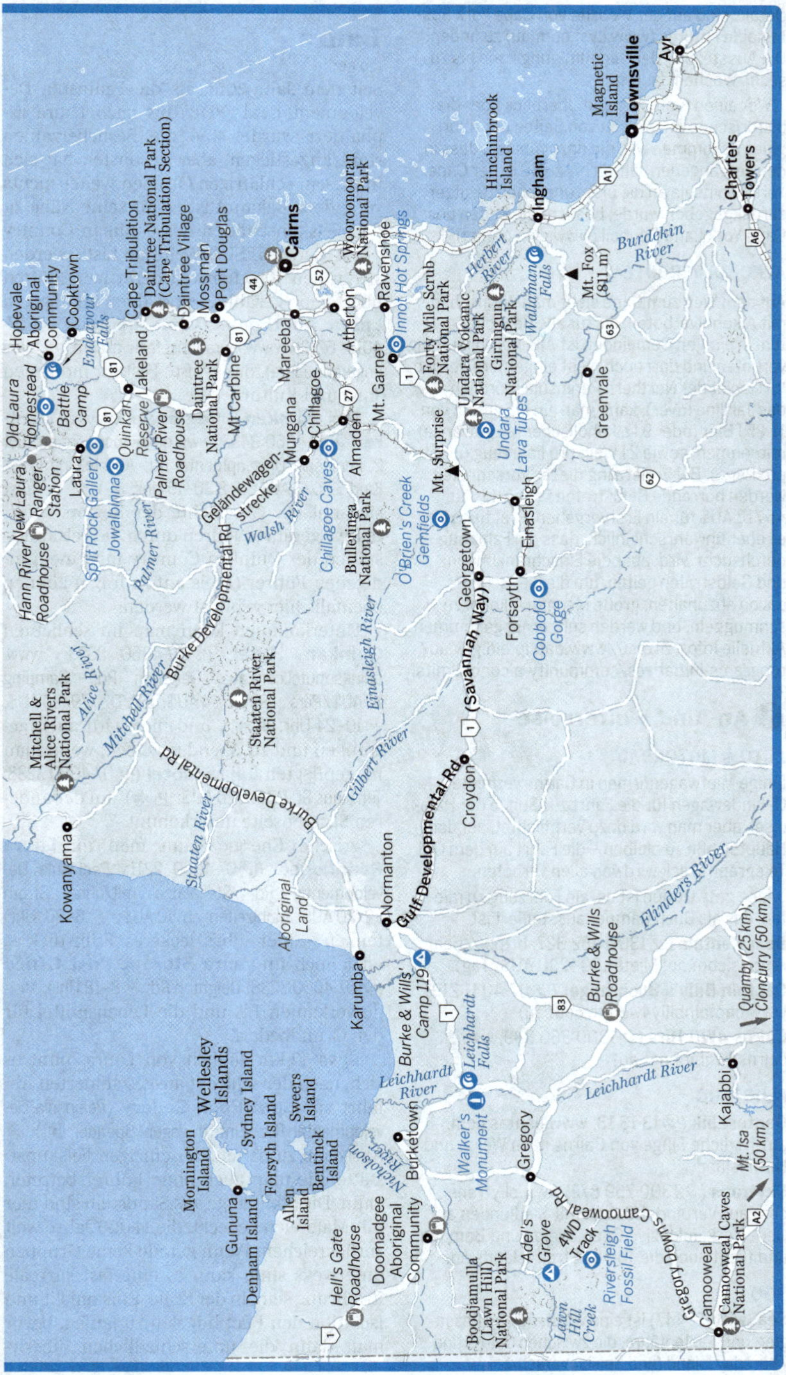

Hopevale Aboriginal Community
Cooktown
Endeavour Falls
Old Laura Homestead
Battle Camp
New Laura Ranger Station
Laura
Hann River Roadhouse
Split Rock Gallery
Jowalbinna
Quinkan Reserve
Lakeland
Palmer River Roadhouse
Palmer River
Cape Tribulation
Daintree National Park (Cape Tribulation Section)
Daintree Village
Mossman
Port Douglas
Daintree National Park
Mt Carbine
Cairns
Mareeba
Atherton
Wooroonooran National Park
Ravenshoe
Innot Hot Springs
Mungana
Chillagoe
Chillagoe Caves
Almaden
Geländewagen-strecke
Walsh River
Burke Developmental Rd
Mt. Garnet
Forty Mile Scrub National Park
Bulleringa National Park
O'Briens Creek Gemfields
Mt. Surprise
Undara Volcanic National Park
Undara Lava Tubes
Girringun National Park
Herbert River
Hinchinbrook Island
Ingham
Wallaman Falls
Mt. Fox (811 m)
Greenvale
Magnetic Island
Townsville
Ayr
Charters Towers
Burdekin River
Einasleigh
Georgetown
Forsayth
Cobbold Gorge
(Savannah Way)
Einasleigh River
Gilbert River
Staaten River National Park
Mitchell & Alice Rivers National Park
Alice River
Mitchell River
Kowanyama
Staaten River
Aboriginal Land
Croydon
Gulf Developmental Rd
Normanton
Karumba
Burke & Wills' Camp 119
Flinders River
Burke & Wills Roadhouse
Quamby (25 km)
Cloncurry (50 km)
Leichhardt Falls
Leichhardt River
Walker's Monument
Burketown
Nicholson River
Wellesley Islands
Mornington Island
Sydney Island
Forsyth Island
Sweers Island
Bentinck Island
Allen Island
Gununa
Denham Island
Hell's Gate Roadhouse
Doomadgee Aboriginal Community
Gregory
Kajabbi
Mt. Isa (50 km)
Adel's Grove
4WD Track
Camooweal Rd
Gregory Downs
Boodjamulla (Lawn Hill) National Park
Lawn Hill Creek
Riversleigh Fossil Field
Camooweal
Camooweal Caves National Park

Details sind auf der Website von Cape York Sustainable Futures (www.cysf.com.au) zu finden. Die Ausstellung der Genehmigung kann bis zu sechs Wochen dauern.

Wer einen umfassenden Überblick über die historischen Ansprüche von Seiten der Aborigines bekommen will, die dazu führten, dass in den vergangenen Jahren bis zu 30 % der Cape York Peninsula an die ursprünglichen Besitzer zurückgegeben wurde, besucht die Seiten des Cape York Land Council (www.cylc.org.au).

ALKOHOLVERBOTE

Auf dem Weg zum Cape sieht man Warnschilder mit Alkoholverboten, die für alle Besucher gelten. In einigen Gemeinden ist Alkohol vollständig verboten und darf auch nicht eingeführt werden. Im Gebiet der Northern Peninsula (nördlich des Jardine River), kann man ein Maximum von 11,25 l Bier (oder 9 l alkoholischer Mixgetränke) mitnehmen, sowie 2 l Wein pro Fahrzeug (nicht pro Pers.). Bei Verletzung dieser Vorschriften werden horrende Geldstrafen fällig – bis zu 45 712 AU$ für ein Erstvergehen. Praktisch ist es eher unwahrscheinlich, dass ein Fahrzeug durchsucht wird, aber die Einschränkungen und Geldstrafen gelten, um die Menschen davon abzuhalten, große Mengen Alkohol zu schmuggeln, und werden sehr ernst genommen. Aktuelle Infos: https://www.datsip.qld.gov.au/programs-initiatives/community-alcohol-limits.

ℹ An- und Weiterreise

AUTO & MOTORRAD

Einige Mietwagenfirmen in Cairns vermieten Geländewagen für die Fahrt zur Spitze der Halbinsel, aber man wird dazu verpflichtet, auf der Hauptstraße zu bleiben – die Fahrt auf dem Old Telegraph Track wird von allen verboten.

Eine gute Option ist es, ein Fahrzeug zu mieten, das als Bush Camper ausstaffiert ist.

Bear Rentals (☎1300 462 327; https://bearrentals.com.au; Miete 130–230 AU$/Tag)

Captain Billy's Bushranger (☎07-4041 2191; www.captainbilly4wdhire.com.au)

Cairns 4WD Hire (☎1300 360 339; www.cairns4wdhire.net.au)

FLUGZEUG

QantasLink (☎13 13 13; www.qantas.com.au) Tägliche Flüge von Cairns nach Weipa und Horn Island.

Skytrans (☎1300 759 872; www.skytrans.com.au) Verbindet Cairns mit Siedlungen auf Cape York, inklusive Coen, Weipa und Bamaga, und fliegt auch die Torres Strait Islands an.

BOOT

SeaSwift (S. 447) ist eine wöchentliche Passagier- und Lastenfähre, die zwischen Cairns und Thursday Island (und Seisia) verkehrt.

Laura

120 EW

Seit dem Jahr 2013, als die Peninsula Developmental Rd (PDR) bis nach Laura asphaltiert wurde, sind die Besucherzahlen stark angestiegen, aber ansonsten hat sich in diesem schläfrigen Örtchen weiter nichts verändert. Bekannt ist es für seine Nähe zu den Felskunststätten des Quinkan Country – auf der UNESCO-Welterbe-Liste werden sie zu den 10 schönsten derartigen Stätten überhaupt gezählt – und dem dreitägigen **Laura Aboriginal Dance Festival** (☎07-4019 6212; www.lauradancefestival.com; ⏲Juni ungerade Jahre), das größte Fest für indigenen Tanz und Kultur.

Das **Quinkan & Regional Cultural Centre** (☎07-4060 3457; www.quinkancc.com.au; Lot 2, Peninsula Developmental Rd; Ausstellung Erw./Kind 5,50/3 AU$; ⏲8.30–15 Uhr; Ⓟ) befasst sich mit der Geschichte der Region. Informative geführte Touren durch die Felskunststätten des Quinkan Country mit einem indigenen Führer (Preis auf Anfrage) können ebenfalls hier gebucht werden.

Unterkommen kann man im schlichten **Quinkan Hotel** (☎07-4060 3393; www.quinkanhotel.com.au; Deighton Rd; Camping 10 AU$/Pers., Strom 4 AU$, EZ/DZ 79/99 AU$; ⏲10–24 Uhr; Ⓟ❄), und hier wird auch getrunken und zu Abend gegessen, wenn man im gepflegten **Laura Motel** (☎07-4060 3238; Terminus St; DZ ab 120 AU$; Ⓟ❄), auf der anderen Straßenseite unterkommt.

Frische Energie kann man im **Laura Roadhouse** (☎07-4060 2211; Peninsula Developmental Rd; Stellplätze mit/ohne Strom 22/20 AU$, Mahlzeiten ab 10 AU$; ⏲6–20 Uhr) tanken – hier gibt's leckeres Frühstück –, oder auch im **Laura Store & Post Office** (☎07-4060 3238; Deighton Rd; ⏲8–18 Uhr). Beide verkaufen Eis und die Lebensmittel für den Grundbedarf.

Etwa 12 km südlich von Laura lohnt es sich, nach der schlecht ausgeschilderten Abfahrt zur **Split Rock Gallery** (Peninsula Developmental Rd; Eintritt gegen Spende; Ⓟ) Ausschau zu halten, der einzigen Felskunststätte, die man auch ohne Führer betreten kann. Die Steilhänge aus Sandstein sind hier mit Malereien bedeckt, die 14 000 Jahre weit zurückreichen. Wenn gerade keine Gruppen unterwegs sind, kann es eine fast surreale Erfahrung sein, in der Stille, Einsamkeit und Isolation den Pfad hügelan zu laufen, bevor man dann die unterschiedlichen, überirdisch anmutenden „Galerien" in den Felsenwänden sieht.

Von Laura nach Coen

Einige (trockene) Flusskreuzungen nördlich von Laura, beispielsweise die zwischen dem Little Laura River und dem Kennedy River, eignen sich hervorragend zum Campen. Für eine landschaftlich schöne Alternativroute nach Musgrave nimmt man die Abfahrt zum Rinyirru (Lakefield) National Park, etwa 28 km nördlich von Laura.

Wenn man auf der Peninsula Developmental Rd (PDR) weiterfährt, kann man am **Hann River Roadhouse** (☎07-4060 3242; Peninsula Developmental Rd; ⏲7.30–22 Uhr), 76 km nördlich von Laura, einen Boxenstopp einlegen. Ab hier zeichnet sich die flache, gesichtslose Landschaft durch spektakuläre Monotonie aus, die nur durch ausgedehntes Grasland und von riesigen Termitenhügeln unterbrochen wird. Das **Musgrave Roadhouse** (☎07-4060 3229; www.musgraveroadhouse.com.au; Stellplatz Erw./Kind 10/5 AU$, Zi. 110 AU$; ⏲7.30–21 Uhr; ❄) ist nach 80 km ein willkommener Stop. Coen liegt weitere holprige 109 km weiter nördlich.

Coen

Coen, die inoffizielle „Hauptstadt" der Cape-Region, ist eine winzige Ansiedlung 108 km nördlich von Musgrave, mit einer Geschichte als Goldgräberstadt (1876 wurde hier erstmals Gold entdeckt) und als ein Stopp entlang der Telegraphenlinie. Der *bull dust*, der feine, für Australiens Outback typische, alles durchdringende Staub lässt sich gut mit einem Bier im legendären **Exchange Hotel** (☎07-4060 1133; Regent St; ⏲10–22 Uhr) hinunterspülen: bei einem im Suff verübten Streich, wurde dem Hotelschild ein „S" hinzugefügt, und so entstand das S'Exchange Hotel!

Außer der Kneipe gibt's auch noch einige Gemischtwarenläden und Campingplätze. Die Zufahrt zum abgelegenen Oyala Thumotang National Park (ehemals bekannt als Mungkan Kandju National Park) liegt weitere 25 km nördlich.

Ein Besuch im **Wunthulpu Visitor Centre** (⏲ Mo–Sa 7–20 Uhr, So 8–13 Uhr) GRATIS und im **Cape York Heritage House** (Regent St; Eintritt gegen Spende; ⏲10–17 Uhr) gibt Einblicke in die indigene und koloniale Geschichte Australiens.

Nördlich von Coen

Coen ist die letzte Stadt vor Weipa (260 km) und vor Bamaga (440 km), also beginnt hier die Tour zum Cape eigentlich erst richtig. Entlang der Peninsula Developmental Rd bis nach Weipa ist die Strecke sehr einfach, ab der Abzweigung zur Telegraph Rd und der Fahrt Richtung Norden nach Bramwell Junction wird's dann schon interessanter. Auf dem Weg liegt die Abfahrt zum Iron Range National Park und zum Chilli Beach (S. 477).

Das **Archer River Roadhouse** (☎07-4060 3266; Stellplätze Erw./Kind 10/5 AU$, EZ/DZ 100/150 AU$, Mahlzeiten 11–36 AU$; ⏲8–20 Uhr; ❄), 66 km nördlich von Coen, serviert die besten Burger des Capes und eignet sich hervorragend für einen kurzen Imbiss vor Bramwell Junction (auf der Telegraph Rd 170 km nach Norden) oder Weipa (auf der Peninsula Developmental Rd 197 km nach Westen).

Nördlich des Archer River ist die Strecke dann einfach, da die Straße über einen Großteil der Strecke bis zur Kreuzung mit der Telegraph Rd asphaltiert ist.

Wer auf dem Weg nach Weipa ist, sollte sich überlegen, in der **Merluna Station** (☎07-4060 3209; www.merlunastation.com.au; Camping Erw./Kind 13/5 AU$, EZ/DZ ohne Badezimmer 90/100 AU$, Wohneinheiten ab 130 AU$; ❄) zu reservieren, eines der wenigen Farmstays auf dem Cape.

Im Anschluss folgt auf der Telegraph Rd Richtung Norden eine raue und holprige, 22 km lange Strecke bis zur Überquerung des Wenlock River. Es gibt zwar eine Brücke, aber bei Hochwasser kann das Wasser hier über 14 m hoch stehen. Die gastfreundliche und historische **Moreton Telegraph Station** (☎07-4060 3360; www.moretonstation.com.au; Camping Erw./Kind 10/5 AU$, Safarizelte 140 AU$, Hütten 180 AU$; ⏲8–18 Uhr) ist einen Zwischenstopp wert, hier kann man gut campen und einen Ausflug in den Busch machen.

Die Zufahrt zur Bramwell Station (☎07-4060 3300; www.bramwellstationcapeyork.com.au; Camping 10 AU$/Pers.), Australiens nördlichste Rinderranch, liegt 5 km vor dem **Bramwell Junction Roadhouse** (☎07-4060 3230; Stellplätze ohne Strom Erw./Kind 10/5 AU$; ⏲7–19 Uhr), das die Kreuzung zwischen der Southern Bypass Rd und dem felsigen, nur mit dem Geländewagen befahrbaren Old Telegraph Track. Im Roadhouse kann man vor der Jardine River Ferry zum letzten Mal tanken und sich mit Lebensmitteln eindecken.

Weipa

Die größte Stadt auf dem Cape, Weipa, ist eigentlich eine Bergarbeiterstadt, denn hier befindet sich die weltgrößte Bauxit-Mine (der Rohstoff, aus dem Aluminium hergestellt wird). Davon sollte man sich aber nicht abhalten lassen: viele Reisende zum Cape wagen sich hier hinaus, um im Wasser des Golfs zu schwimmen, um am legendäre Barramundi-Angeln teilzunehmen, und um die Campingmöglichkeiten nördlich von Mapoon auszuloten.

Überraschenderweise, denn die Region ist sehr abgelegen, ist Weipa eine Stadt, in der alles vorhanden ist, was man braucht (vor allem dank des Rio Tinto) – mit einem großen **Supermarkt** (Kerr Point Dr; ⏲ Mo–Mi & Fr 8–19 Uhr, Do 8–21 Uhr, Sa 8–17 Uhr) und einem **Golfplatz** (☎ 07-4069 7332; www.carpentariagolfclub.com; 1 Tom Morrison Dr; ⏲ ab 8 Uhr).

Die 2½-stündige Town & Mine Tour gibt einen historischen Überblick über Weipa, und schließt dabei auch das riesige Bauxit-Abbaugebiet mit ein, in der 22 000 t Bauxit pro Tag abgebaut werden, und unverzüglich zu den wartenden Schiffen im Hafen geschickt werden.

Das Western Cape Cultural Centre ist dank seiner Ausstellungen zu geschichtlichen und ökologischen Themen einen Abstecher wert.

Schlafen & Essen

Weipa Caravan Park & Camping Ground CAMPING $

(☎ 07-4069 7871; www.campweipa.com.au; Lot 172, Kerr Point Dr; mit/ohne Stromanschluss 38/30 AU$, Hütten 70–145 AU$, Villen & Lodge Zi. 170–190 AU$;) Dieser schattige Ort am Wasser fungiert als informelles Visitor Centre der Stadt und organisiert auch geführte Angel- und Minentouren, wie etwa die beliebten **Town & Mine Tours** (Erw./Kind 40/15 AU$; ⏲ 8.30 & 14.30 Uhr). Die Anlagen sind gut, und der Campingplatz wird ergänzt durch eine Reihe an Hütten, Villen und Lodge-Zimmern am Strand. Einfacher Zugang zum Strand.

Heritage Resort MOTEL $$

(☎ 07-4069 8000; www.heritageresort.com.au; Kerr Point Dr; EZ/DZ 150/165 AU$; P) Die geräumigen Zimmer und bequemen Betten sind eine willkommene Überraschung in diesem freundlichen Resort im Motel-Stil neben dem Einkaufszentrum. Es gibt ein Restaurant, in dem es von Thai-Gerichten bis Pizza alles gibt, sowie einen einladenden, von Palmen beschatteten Pool.

★ **Bauxite Bill's** BISTRO $$$

(☎ 07-4090 6666; 10 Duyfken Cres; Hauptgerichte 28–40 AU$; ⏲ 12–14 & 18–20.30 Uhr; P) Das Meeresfrüchte- und Grillrestaurant im **Albatross Bay Resort** (☎ 1800 240 663; www.albatrossbayresort.com.au; 10 Duyfken Cres; DZ 165–235 AU$; P) ist das beste Restaurant der Stadt, was man auch an den Preisen erkennen kann. Hier gibt's heimischen Barramundi und riesige Steaks im klimatisierten Restaurant, oder draußen auf der Terrasse. Die zugehörige Sports Bar hat jeden Tag ab mittags günstige Bargerichte.

Von der Bramwell Junction zum Jardine River

Die Bramwell Junction ist die Kreuzung der zwei Straßen nördlich der **Jardine River Ferry** (☎ 07-4069 1369; hin & zurück mit/ohne Wohnwagen 129/99 AU$, Motorrad 39 AU$; ⏲ 8–17 Uhr). Über die Southern Bypass Rd und die Northern Bypass Rd ist die Strecke zwar länger, man braucht aber wesentlich weniger Zeit, da die Straßen sehr gut präpariert und teilweise auch asphaltiert sind. Außerdem spart man sich hier die schwierigen Flussquerungen zwischen dem Wenlock River und dem Jardine River.

Die direktere, aber extrem unwegsame Geländewagenstrecke entlang des **Old Telegraph Track** (OTT) ist nur etwas für echte Abenteurer; hier gibt's tiefe Furchen, pulverigen Sand und schwierige Flussquerungen, vor allem die am Palm Creek und am Dulhunty River, sowie am berüchtigten Gunshot Creek. Die OTT folgt den Überbleibseln der Overland Telegraph Line, die in den 1880er-Jahren erbaut wurde, um die Kommunikation zwischen Cairns und dem Cape zu ermöglichen.

Etwa auf halber Strecke entlang des Verlaufs im Norden, verschmilzt der Old Telegraph Track (OTT) für etwa 9 km wieder mit der Southern Bypass Rd, während die Northern Bypass Rd Richtung Westen (und dann nach Norden) zur Jardine River Ferry verläuft. Im Anschluss die Hinweisschildern beachten, und dann dem OTT für einige wenige, einfach zu absolvierende Kilometer bis zur Abzweigung zu den beeindruckenden **Fruit Bat Falls** folgen. Hier gibt es ein kristallklares Schwimmloch und einen Picknickplatz (Campen nicht erlaubt). Von dieser Abzweigung aus sind es noch einmal 7 km auf der OTT bis zur Abzweigung zu den **Eliot and Twin Falls**. Die Fälle und die tiefen, smaragdgrünen Schwimmlöcher sind spektakulär, aber um hierherzukommen muss man den Scrubby Creek überqueren – man muss sich also unbedingt vorher über die aktuelle Situation informieren

Ein längerer Aufenthalt im extrem beliebten **Eliot Falls Campground** (☎13 74 68; www.npsr.qld.gov.au; pro Person/Fam. 6,15/24,60 AU$) lohnt sich, hier muss im Voraus gebucht werden.

Nach Eliot Falls, zwischen Sam Creek und Mistake Creek, verläuft eine felsige Straße nach Westen, und verschmilzt etwa 45 km lang auf dem Weg zur Jardine River Ferry mit der Northern Bypass Rd. Die Straße erfordert mehrere schwierige Flussquerungen, aber man erspart sich so, über den Scrubby Creek zurückfahren zu müssen.

Erreicht man den krokodilverseuchten Jardine River, Queenslands größten ganzjährig bestehenden Fluss, dann gibt's hier ein Roadhouse, Camping und die Jardine River Ferry, betrieben vom Injinoo Community Council. Eine Brücke über den Jardine River wurde zwar vorgeschlagen und ist auch bereits teilweise finanziert, muss aber noch grünes Licht bekommen.

ABSEITS DER ÜBLICHEN PFADE

IRON RANGE NATIONAL PARK

Etwa 36 km nördlich des Archer River Roadhouse (S. 475), führt eine Abzweigung 135 km weit durch den Iron Range National Park – er enthält Australiens größtes Gebiet mit Flachland-Regenwald, und Tiere, die weiter im Süden Australiens nicht zu finden sind – zur winzigen Küstensiedlung **Portland Roads**. Man kann südlich von hier am **Chilli Beach** (www.npsr.qld.gov.au; Erw./Fam. 6,15/24,60 AU$) campen, oder etwas Komfort im **Portland House** (☎07-4060 7193; www.portlandhouse.com.au; Hütten ab 95 AU$/Pers.) genießen, einer Selbstversorgerhütte am Strand.

Etwa 40 km südlich von Portland Roads liegt die Lockhart River Aboriginal Community, wo man Benzin und Lebensmittel kaufen (keinen Alkohol), oder die Galerie des **Lockhart River Art** (☎07-4060 7341; http://lockhartriverart.com.au; 1 Piiramo Rd, Lockhart; ⏲Abfahrtszeiten variieren) besichtigen kann.

Bamaga & Seisia

Bamaga, 45 km nördlich des Jardine River, ist die Heimat der größten Gemeinde von Torres-Strait-Insulanern auf der Cape York Peninsula. 5 km nordwestlich von Bamaga, blickt das Küstenörtchen Seisia über die Torres Strait und ist der ideale, tropische Ausgangspunkt für die Erkundung von The Tip.

Cape York Adventures (☎07-4069 3302; www.capeyorkadventures.com.au; Charterboot 800 AU$/Tag, 5-tägiger Angel-/Campingausflug 2999 AU$) bieten halbtägige/ganztägige Angelausflüge (125/250 AU$ pro Pers.) und einen Tagesausflug zu den Thursday und Horn Islands (199 AU$) an.

Seisia Holiday Park (☎07-4203 0992; www.seisiaholidaypark.com; Koraba Rd, Seisia; Stellplätze Erw./Kind 12/6 AU$, Stellplätze mit Strom 20/12 AU$, EZ/DZ ab 85/125 AU$; ❄) ist ein beliebter Campingplatz mit Hütten, Nurdach-Häusern, in sich abgeschlossenen Hütten und einem Kiosk, der täglich außer Montag Mahlzeiten (12–28 AU$) serviert. Im Park können auch Tickets für die Fährüberfahrt nach Thursday Island und eine Reihe von geführten Touren in der Umgebung gebucht werden.

Der Strandblick von der **Loyalty Beach Campground & Fishing Lodge** (☎07-4069 3372; www.loyaltybeach.com; 1 Loyalty Beach Rd; Stellplatz ohne Strom Erw./Kind 12/6 AU$, Stellplatz mit Strom pro Fahrzeug 5 AU$ extra, günstiges DZ 95 AU$, Lodge EZ/DZ 145/165 AU$; ❄), mit dem Auto 4 km weit von der Anlegestelle in Seisia entfernt oder zu Fuß 1,5 km am Strand entlang, ist sehr schön. Man kann seine eigene Wunschunterkunft auswählen, aber es gibt auch einfache Zimmer und ein separates Strandhaus für alle, die es etwas komfortabler mögen. Außerdem sind ein gutes Restaurant und eine Bar vorhanden – das Abendessen muss im Voraus gebucht werden.

The Tip

Es ist fast geschafft! Es sind nur 33 km und eine relativ einfache Strecke von Bamaga bis zur nördlichsten Spitze Australiens.

Ab Bamaga führt die Straße nach Norden am Lockerbie Homestead vorbei. Das **Croc**

Tent (☎07-4069 3210; www.croctent.com.au; Ecke Punsand Bay Rd & Pajinka Rd; ⌚8–18 Uhr) auf der anderen Straßenseite verkauft Souvenirs und ist gleichzeitig ein inoffizielles Touristeninformationszentrum. Ab hier geht's links, 11 km lang auf einer holprigen Straße zur idyllischen Oase **Cape York Camping** (☎07-4069 1722; www.capeyorkcamping.com.au; Punsand Bay Rd; Stellplätze mit/ohne Strom pro Person 33/17 AU$, DZ ab 190 AU$; ❄☒) an der wunderschönen Punsand Bay.

Zurück auf der Hauptstraße zur Nordspitze, fährt man durch **Lockerbie Scrub**, dem nördlichsten Regenwald Australiens, bevor man dann auf eine Gabelung trifft.

Rechts geht's zum hübschen Küstenvorland und Campingplatz in **Somerset**. Die einladende Lodge, die man vom Ufer aus auf Pabaju (Albany) Island sieht, erwartet den Besucher am Ende eines intensiven Angeltages mit den freundlichen Menschen von **CY Fishing Charters** (☎07-4069 2708; www.cyfishingcharters.com.au; Pabaju Island; Charterboot ab 200 AU$/Pers., DZ ab 150 AU$/Pers.).

Die linke Abzweigung führt 10 km lang weiter – vorbei an der nun verfallenen Pajinka Wilderness Lodge – zu einem Parkplatz, vom dem aus ein 1 km langer Fußweg am Strand entlang oder über die Landzunge Besucher zum Cape York führt, dem nördlichsten Punkt des australischen Festlandes: The Tip!

Thursday Island & Horn Island

2610 EW (THURSDAY ISLAND),
539 EW (HORN ISLAND)

Die Torres Strait Islands sind Australiens nördlichstes Grenzgebiet, bestehend aus mehr als 100 Inseln, die sich wie Trittsteine über 150 km von der Spitze der Cape York Peninsula bis Papua-Neuguinea aneinanderreihen. Die Ausprägungen dieser Inseln reichen von den felsigen Nordausläufern der Great Dividing Range bis hin zu kleinen Koralleninseln und mit Regenwald bewachsenen Vulkanerhebungen.

Horn Island ist ein Drehpunkt des Luftverkehrs der Inseln und des Kaps. Es gibt eine regelmäßige Fährverbindung zur nahe gelegenen Thursday Island (TI). Auch wenn die **Prince of Wales Island** die größte Insel der Gruppe ist, dient die winzige, nur 3 km² große Thursday Island 30 km vor dem Kap als Verwaltungshauptstadt der Inseln. Obwohl sie selbst keine Süßwasserversorgung hat, wurde die Insel wegen ihres tief liegenden, geschützten Hafens und ihrer Nähe zu den wichtigsten Schifffahrtsstraßen ausgesucht.

Für den Besuch abseits gelegener Inseln ist unter Umständen eine Genehmigung erforderlich. Diesbezüglich wendet man sich an den **Torres Strait Regional Council** (☎07-4034 5700; www.tsirc.qld.gov.au; 46 Victoria Pde; Thursday Island ⌚Mo–Fr 9–17 Uhr).

Sehenswertes & Aktivitäten

★Torres Strait Heritage Museum MUSEUM
(☎07-4090 3333; www.torresstraitheritage.com; 24 Outie St, Horn Island; Museum Erw./Kind 7/3,50 AU$, geführte Touren ab 45/22,50 AU$; ⌚9–17 Uhr) Faszinierende geführte Touren zur beachtlichen und unvergessenen Militärgeschichte der Insel, wie etwa Anlagen mit befestigten Gewehren und Flugzeugwracks, werden von den freundlichen Menschen in diesem wunderbaren lokalen Geschichtsmuseum auf Horn Island durchgeführt. Von Juni bis September im Voraus buchen.

Gab Titui Cultural Centre GALERIE
(☎07-4069 0888; www.gabtitui.com.au; Ecke Victoria Pde & Blackall St, Thursday Island; ⌚Mo–Fr 9–16.30 Uhr, Sa 10–15 Uhr) GRATIS Das Gab Titui Cultural Centre auf Thursday Island hat eine moderne Galerie, die die Kulturgeschichte der Torres Strait zeigt, veranstaltet kulturelle Events und zeigt Wechselausstellungen von lokalen Künstlern. Geführte Touren (8 AU$/Pers.) auf Vereinbarung.

LAX Tours KULTUR
(☎07-4069 1356, 0427 691 356; www.laxchartersandtours.com.au; Thursday Island; Geführte Touren ab 60 AU$/Pers.) Der freundliche auf Thursday Island aufgewachsene Dirk zeigt Besuchern in personalisierten, einstündigen Touren seine Insel, inklusive Green Hill Fort und das Japanische Pearl Divers Memorial. Gecharterte Angelausflüge sind ebenfalls verfügbar.

Peddells Tours BUS
(☎07-4069 1551; www.peddellsferry.com.au; Erw./Kind ab 32/16 AU$; ⌚8.30–17 Uhr) Peddells betreibt 90-minütige Bustouren auf Thursday Island, die alle Haupttouristenattraktionen einschließen. Bietet auch Tagesausflüge mit dem Geländewagen nach Cape York, und geführte Touren nach Horn Island zum Thema Zweiter Weltkrieg.

Schlafen & Essen

Gateway Torres Strait Resort RESORT $$
(☎ 07-4069 2222; www.torresstrait.com.au; 24 Outie St, Horn Island; Zi. ab 230 AU$; ❄@≋) Dieses freundliche Resort hat 22 Selbstversorger Retro-Wohneinheiten, einen Salzwasserpool und ein Restaurant mit Schanklizenz. Ein fünfminütiger Fußmarsch von der Horn Island Wharf.

Grand Hotel HOTEL $$
(☎ 07-4069 1557; www.grandhotelti.com.au; 6 Victoria Pde, Thursday Island; EZ 150–230 AU$, DZ 190–310 AU$; ❄@) Auf dem Hügel hinter der Thursday Island Wharf liegt das Grand mit einer großen Bandbreite an modernen Zimmern, von günstigen im hinteren Teil des Hauses zu schönen Zimmern vorn am Haus mit Blick aufs Meer und die Berge. Frühstück ist im Preis inbegriffen. Das **Restaurant** (Hauptgerichte 15–25 AU$; ⌚ 12–14 & 18–20 Uhr) serviert mit die besten Mahlzeiten von Thursday Island.

An- und Weiterreise

QantasLink (www.qantas.com.au) fliegt zweimal täglich von Cairns nach Horn Island, während **Skytrans** (☎ 1300 759 872; www.skytrans.com.au) unter der Woche ab Cairns dorthinfliegt.

Peddells Ferry Service (☎ 07-4069 1551; www.peddellsferry.com.au; Engineers Jetty, Thursday Island; Erw./Kind einfache Strecke 58/29 AU$) betreibt regelmäßige Fähren von der Seisia Jetty nach Thursday Island, und **McDonald Charter Boats** (☎ 1300 664 875; www.tiferry.com.au; Erw./Kind hin & zurück Fähre 15/7,50 AU$; ⌚ Mo–Fr Büro 9–16 Uhr) betreibt einen Fährservice zwischen den Inseln.

GULF SAVANNAH

Der beeindruckende Savannah Way verläuft über die gesamte Strecke von Cairns nach Broome, entlang des nördlichsten Endes des Landes. Der zu Queensland gehörende Teil, die Verbindung zwischen der Ostküste und dem Golf von Carpentaria, von Cairns nach Burketown, ist einer der großartigsten Roadtrips des Landes. Mit zusätzlichen Abstechern nach Karumba und zum Boodjamulla (Lawn Hill) National Park, ist dies ein einziges, großes Abenteuer im Outback, und man braucht nicht einmal einen Geländewagen um den Großteil dieser Route im Wüstengebiet erkunden zu können. Mehr Infos unter www.gulf-savannah.com.au und www.savannahway.com.au

An- und Weiterreise

Rex (☎ 13 17 13; www.rex.com.au) fliegt an Wochentagen zwischen Cairns und Normanton (ab 380 AU$), sowie zweimal täglich von Cairns nach Burketown (ab 460 AU$).

Trans North (☎ 07-4096 8644; www.transnorthbus.com) betreibt dreimal täglich einen Bus zwischen Cairns und Karumba (156 AU$, 11 Std.), der in allen Städten hält, inklusive Abstecher nach Undara (68 AU$, 4½ Std.) und Normanton (150 AU$, 10 Std.). Abfahrt in Cairns montags, mittwochs und freitags, und in Karumba dienstags, donnerstags und samstags.

Es gibt keinen öffentlichen Busverkehr zwischen Normanton und Mt. Isa oder Burketown.

Undara Volcanic National Park

Vor rund 190 000 Jahren brach der Undara-Schildvulkan aus, und die Lava ergoss sich wellenartig über die umliegende Landschaft. Während die Oberfläche der Lava abkühlte und erstarrte, strömte die heiße Lava darunter weiter und hinterließ das größte, wenn auch teilweise eingestürzte, Lavaröhrensystem der Erde, dessen Entstehung auf einen einzigen Vulkanschlot zurückgeht.

Ein lohnender Abstecher ist die ausgeschilderte Fahrt zum **Kalkani Crater**. Die Kraterrand-Wanderung ist vom nur tagsüber geöffneten Parkplatz ein leichter, 2,5 km langer Rundweg mit gutem Ausblick auf das umliegende Land.

Opera in the Outback (www.undara.com.au; Undara Experience; Tickets ab 53 AU$, 3-Tages-Pass 267 AU$; ⌚ Okt.) und **Outback Rock & Blues** (Undara Experience; Wochenendpass 154 AU$; ⌚ April) sind zwei jährlich im Oktober stattfindende, sehr unterschiedliche Musikevents im Undara Experience Resort.

Undara liegt 15 km südlich des Savannah Way an einer asphaltierten Straße.

Die Undara-Lavaströme können nur im Rahmen einer Führung mit **Undara Experience** (☎ 07-4097 1900, 1800 990 992; www.undara.com.au; Geführte Touren Erw./Kind/Fam. ab 58/29/174 AU$) besucht werden, und es gibt täglich drei Haupttouren ab dem Resort.

Schlafen & Essen

Im herben Buschland außerhalb des National Parks liegt das Undara Experience Resort (☎ 1800 990 992; www.undara.com.au; Undara Rd; Stellplätze mit/ohne Strom pro Erw. 18,50/15 AU$, Igluzelt für 2 Pers. 75 AU$, Wohnanhänger DZ 175 AU$; ❄🅿) mit einer hervorragenden Auswahl an Unterkünften, vom schattigen Campingplatz bis zu hübschen kleinen Igluzelten auf erhöhten Podesten. Hinzu kommt auch noch der einfache Zugang zu den Lavagrotten.

Das Resort ist eine kleine Oase, mit Swimmingpool, einem Geschäft, einem guten **Restaurant** (Abendessen Hauptgerichte 22–31 AU$; ⌚12–14 & 18–20 Uhr) mit Bar, Grillanlagen und offenem Lagerfeuerplatz.

Von Undara nach Croydon

Etwa 32 km westlich des winzigen Bergarbeiter-Zentrums von **Mt. Surprise**, verläuft die teilweise asphaltierte **Explorers' Loop** (unbedingt im Vorfeld über Zustand der Straße informieren) auf einem 150 km langen Rundweg durch alte Goldgräberstädte. In **Einasleigh** kann man im einzigen Pub was trinken, bevor man dann die Copperfield Gorge besucht. Hinter der Kleinstadt Forsayth liegt der wahre Grund, warum man sich in diese abgelegene Region begibt – die im Frühling zum Leben erwachende und in Privatbesitz befindliche Oase **Cobbold Gorge**, eines dieser unerwartet schönen Fundstück im Outback. **Cobbold Gorge Village** (☎1800 669 922, 07-4062 5470; www.cobboldgorge.com.au; Cobbold Gorge; Stellplätze mit/ohne Strom 38/28 AU$, mit Bad/Dusche und WC 52 AU$, Hütten 120–145 AU$; ⌚April–Okt.; ❄📶🅿) organisiert dreistündige **geführte Touren** (☎07-4062 5470, 1800 669 922; www.cobboldgorge.com.au; Cobbold Gorge; Erw./Kind/Fam. 86/43/216 AU$; ⌚April–Okt. 10 Uhr, plus Juni–Aug. 13.30 Uhr) durch den Busch, die in einer Bootsfahrt durch die überwältigende Schlucht gipfeln. Der Infinity Pool mit schwimmender Bar, Restaurant und sehr gute Stellplätze sind genau das, wonach ein Outback-Reisender sich sehnt.

Georgetown (244 Ew.) ist der Endpunkt der Schleife, man ist wieder zurück auf dem Savannah Way. Die einzige, echte Attraktion hier ist das flashige **Terrestrial Centre** (☎07-4062 1485; Low St, Georgetown; ⌚Mo–Fr 8–16.30, Sa & So 9.30–15.30 Uhr), das ein Visitor Centre sowie die **Ted Elliot Mineral Collection** (☎07-4062 1485; Low St, Georgetown; 5 AU$; ⌚Mo–Fr 8–16.30, Sa & So 9.30–15.30 Uhr) beheimatet, eine schimmernde Sammlung aus mehr als 4500 Mineralen, Edelsteinen und Kristallen aus ganz Australien.

Croydon

310 EW

Schwer vorstellbar, dass das kleine Croydon früher einmal die größte Stadt am Golf war, dank eines kurzen aber lukrativen Goldrausches. 1885 wurde in Croydon Gold gefunden, aber am Ende des Ersten Weltkrieges waren die Quellen versiegt und der Ort verkam mehr oder weniger zu einer Geisterstadt.

Heute gibt's einen kleinen, aber gut erhaltenen Altstadtkern; Croydons **Visitor Information Centre** (☎07-4748 7152; Samwell St; ⌚April–Sept. tgl. 9–16.30 Uhr, Okt.–März Mo–Fr 9–16.30 Uhr) hat eine Karte mit den wichtigsten Sehenswürdigkeiten. Der **Lake Belmore** (Lake Belmore Rd), 4 km nördlich des Zentrums, ist voller Barramundi und hervorragend zum Fischen – oder Schwimmen geeignet.

Das Schild im aus Holz errichteten **Croydon General Store** (☎07-4745 6163; 95 Sir-

HISTORISCHE ZÜGE AM GOLF

Es gibt zwei nostalgische Zugverbindungen am Golf. Der historische **Savannahlander** (☎07-4053 6848, 1800 793 848; www.savannahlander.com.au; einfache Strecke/hin & zurück 250/426 AU$, Kinder zum halben Preis), auch Silver Bullet genannt, fährt entlang einer traditionellen Bergbaubahn von Cairns nach Forsayth und zurück. Abfahrt in Cairns ist mittwochs um 6.30 Uhr, Rückkehr samstags um 18.40 Uhr. Die verschiedenen Fahrten – mit Abstechern nach Chillagoe, Undara und in die Cobbold Gorge – sowie die entsprechenden Unterkünfte können online gebucht werden.

Der ebenfalls historische **Gulflander** (☎07-4745 1391, 1800 577 245; www.gulflander.com.au; Erw. einfache Strecke/hin & zurück 69/115 AU$, Kind zum halben Preis) fährt einmal pro Woche von Normanton nach Croydon und zurück. Der pittoreske Zug mit der flachen Schnauze rattert entlang der Gulf Developmental Rd auf den 1891 verlegten Schienen der früheren „Goldtransportbahn". Abfahrt in Normanton ist mittwochs um 8.30 Uhr, in Croydon donnerstags um 8.30 Uhr.

com St; ⌚Mo–Fr 7–18.30, Sa & So 9–19.30 Uhr) erklärt dieses Geschäft zum „ältesten in Australien, gegründet 1894". Das Innere ist sicherlich ein Blick zurück in die gute alte Zeit: die Holzdielen und die kleine Sammlung an kuriosen, historischen Fundstücken sind definitiv einen zweiten Blick wert.

Für einen Aufenthalt über Nacht lohnt ein Versuch im freundlichen **Croydon Caravan Park** (☎07-4745 6238; www.croydon.qld.gov.au/croydon-caravan-park; Ecke Brown St & Alldridge St; Stellplätze mit/ohne Strom 30/20 AU$, Hütten DZ/FZ 100/120 AU$; ❄🏊) oder im einzigen, verblieben Pub der Stadt, dem **Club Hotel** (☎07-4745 6184; www.croydonclubhotel.com; Ecke Brown St & Sircom St; DZ 80 AU$, Wohneinheiten 115 AU$; ❄🏊), mit separaten Wohneinheiten und Zimmern am Swimmingpool. Die Bar und das Bistro servieren riesige Mahlzeiten (23–30 AU$) und Pizza (18–20 AU$), eiskaltes Bier und den Blick auf den Sonnenuntergang von der Terrasse an der Straße.

Normanton

1470 EW

Der Hafen für Croydons Goldrausch, Normanton, hat eine breite und eher lange Hauptstraße mit einigen farbenprächtigen alten Gebäuden. Heute ist es ein Kreuzungspunkt für Reisende nach Karumba und Burketown, und die Endstation des *Gulflander*-Zuges. Der Norman River bringt mächtige Barramundi hervor; und immer zu Ostern zieht das **Barra Bash**, ebenso wie die **Normanton Rodeo & Show** (Mitte Juni) und die **Normanton Races** (Sept.) große Menschenmengen an.

Jeder macht Halt für ein Foto von **Krys the Crocodile** auf der Landsborough St. Es handelt sich um die angeblich lebensgroße Statue eines 8,64 m großen Krokodils, das von der Krokodiljägerin Krystina Pawloski auf dem Norman River im Jahr 1958 erlegt wurde – das größte jemals nachgewiesene Krokodil der Welt.

Die **Normanton Train Station** (☎07-4745 1391; Matilda St) GRATIS hat ein kleines Museum und hier ist auch der *Gulflander* zu Hause, wenn er nicht gerade hinaus nach Croydon unterwegs ist.

Im historischen Burns Philp Building befindet sich das exzellente **Visitor Information & Heritage Centre** (☎07-4745 8444; www.carpentaria.qld.gov.au; Ecke Caroline St & Landsborough St; ⌚Mo–Fr 9–16 Uhr, April–Sept. Sa & So bis 12 Uhr, Okt.–März So geschl.). Es hat eine Bibliothek, zeigt historische Ausstellungen und bietet eine Vielzahl an Informationen über die Region.

Der **Normanton Tourist Park** (☎07-4745 1121, 1800 193 469; www.normantontouristpark.com.au; 14 Brown St; Stellplätze mit/ohne Strom 34/26 AU$, Hütten DZ 120 AU$; ❄📶🏊) befindet sich in schattiger Lage, hat einen riesigen Pool und ein artesisches Spa, in dem man die Seele baumeln lassen kann.

Das **Purple Pub** (☎07-4745 1324; Ecke Landsborough St & Brown St; EZ/DZ 100/120 AU$, Hauptgerichte 16–25 AU$; ❄) ist ein kaum zu übersehendes Gebäude an der Straße, das in grellem Violett gestrichen wurde, weil dies die einzige preiswerte verfügbare Farbe war. Die Zimmer im Brolga Palms Motel am Stadtrand sind gemütlich.

Karumba

590 EW.

Ach, Karumba, du Anglerparadies und Wintersitz vieler Rentner aus dem Süden. Wenn die Sonne als feuriger Ockerball in den Golf von Carpentaria versinkt, ist dies wahrlich ein kleines Outback-Paradies. Und auch, wenn man nicht angeln mag, bleibt Karumba die einzige über eine asphaltierte Straße erreichbare Stadt an der gesamten Küste des Golfs und ein prima Ort, um sich ein paar Tage zu entspannen.

Die eigentliche Ortschaft liegt am Norman River, während Karumba Point – der bessere Ort, um sich ein Quartier zu suchen – an der Straße rund 6 km entfernt am Strand liegt. Die beiden Gemeinden sind auch durch einen heißen, offenen 3 km langen Wanderweg verbunden. Karumbas **Visitor Information Centre** (☎07-4747 7522; www.carpentaria.qld.gov.au; Walker St, Karumba Town; ⌚April–Sept. Mo–Fr 9–16.30, Sa & So 10–15 Uhr, Okt.–März Sa & So geschl.; 📶) hat Einzelheiten zu Bootstouren und Charterbooten zum Angeln.

👁 Sehenswertes & Aktivitäten

Barramundi Discovery Centre AUFZUCHTSTATION
(☎07-4745 9359; 148 Yappar St, Karumba Town; Erw./Kind 17,50/8,50 AU$; ⌚Geführte Touren Mo–Fr 10.30 & 13.30, Sa & So 9.30 Uhr, Laden Mo–Fr 9.30–15 & Sa & So 9–12 Uhr) Alles, was Sie schon immer über den Barramundi wissen wollten, kann auf den faszinierenden geführten Touren in dieser Aufzuchtstation gelernt werden, wo man auch Barras von Hand füt-

tern kann. Der Geschenkeladen verkauft Taschen aus lokaler Herstellung und Geldbörsen, die aus Barramundi, Krokodil und Agakröten gefertigt wurden.

★ Croc & Crab Tours GEFÜHRTE TOUREN
(☎ 0417-011 411; www.crocandcrab.com.au; Geführte Halbtagestouren Erw./Kind 120/60 AU$, Ausflüge Erw./Kind 80/40 AU$) Während dieser hervorragenden, geführten Halbtagestouren werden Krabben gefangen und Krokodile auf dem Norman River beobachtet, dazu gehört ein Lunch aus Mangrovenkrabben und heimischen Garnelen. Bietet auch Kreuzfahrten nach Sand Island zu Sonnenuntergang an.

Ferryman BOOTSFAHRT
(☎ 07-4745 9155; www.ferryman.net.au; Gilbert St; Bootsfahrt zum Sonnenuntergang Erw./Kind 50/25 AU$, Wildtiertour 75/30 AU$) Eine Bootstour auf dem Norman River und auf dem Golf gehört in Karumba dazu. Während der Trockenzeit betreibt Ferryman regelmäßige Kreuzfahrten zu Sonnenuntergang, zu denen Kaltgetränke und Krabben sowie Obst- und Käseplatten gehören. Die Boote legen am Gilbert St Ponton in Karumba Town ab.

Schlafen & Essen

Karumba Point Sunset Caravan Park WOHNWAGENPARK $
(☎ 07-4745 9277; www.sunsetcp.com.au; 53 Palmer St, Karumba Point; Stellplätze mit/ohne Strom 43/37 AU$, Hütten 127 AU$;) Die Stellplätze sind teuer und dicht belegt, aber allein aufgrund der Location – direkt neben der Bootsrampe – ist dies der beliebteste der fünf Wohnwagenparks in der Karumba-Region. Schattige Palmen, saubere Anlagen und kostenloses WLAN sind zusätzliche Pluspunkte.

Karumba Point Tourist Park WOHNWAGENPARK $
(☎ 07-4745 9306; www.karumbapoint.com.au; 2 Col Kitching Dr; Stellplätze mit/ohne Strom 36/26 AU$, feststehende Vans 60 AU$;) Dieser freundliche Wohnwagenpark an der Straße nach Karumba Point hat große Stellplätze und neue Hütten mit Bad/Dusche und WC sind in Planung. Die Gäste werden durch zusätzliche Aktivitäten, wie etwa Bingo und dem kostenlosen *fish fry* am Samstagabend unterhalten.

End of the Road Motel MOTEL $$
(☎ 07-4745 9599; www.endoftheroadmotel.com.au; 26 Palmer St, Karumba Point; DZ 165–210 AU$;) Karumba's bestes All-Inclusive-Motel bietet eine große Bandbreite an Zimmern von Studios bis zu Selbstversorgerapartments mit ein oder zwei Schlafzimmern und Blick auf den Sonnenuntergang vom Garten aus. Die besten Zimmer haben, selbstverständlich Blick auf den Golf.

Ash's Holiday Units MOTEL $$
(☎ 07-4745 9132; www.ashsholidayunits.com.au; 21 Palmer St, Karumba Point; EZ/DZ/3BZ 108/117/123 AU$, Hütte DZ/3BZ 150/180 AU$;) Die sechs Selbstversorger-Hütten im Motel-Stil umgeben einen kleinen Pool, und bieten jeweils Platz für bis zu sechs Personen. Es gibt auch eine preisgünstige Hütte mit zwei Schlafzimmern. Das angebaute Café serviert großartige Fish'n'Chips, plus den „Barra-Burger" (10 AU$).

The Boat Shed SEAFOOD $
(☎ 07-4745 9501; Gerichte 7–15 AU$; ⏲ 8–19 Uhr) Auch Karumba Point Fishing Seafood Market genannt. Hier weiß man, dass der Fisch frisch ist, da ihn die Besitzer selbst gefangen haben. Hier gibt's heimische Meeresfrüchte zum Mitnehmen, oder man isst drinnen die besten Fish'n'Chips weit und breit.

★ Sunset Tavern PUB, SEAFOOD $$
(☎ 07-4745 9183; www.sunsettavern.com.au; The Esplanade, Karumba Point; Hauptgerichte 15–35 AU$; ⏲ 10–22 Uhr) Das große, offene Lokal ist bei Sonnenuntergang *der* angesagte Ort in Karumba Point, um bei einem Glas Wein und einem Meeresfrüchteteller zuzuschauen, wie die Sonne im Golf versinkt. Das Essen ist durchaus ordentlich, aber die Aussicht ist besser – früh kommen, um sich einen Tisch im Freien mit dem besten Blick zu sichern!

Der Nordwesten

Der abgelegene Nordwesten präsentiert Besuchern Queenslands schönste Nationalparks. Die Straße von Normanton bis Burketown ist etwa 30 km weit asphaltiert, dann wird sie für etwa 120 km bis zum Leichhardt River eine gut gepflegte Schotterstraße mit Betonkanalisierung – normalerweise während der Trockenzeit für alle Fahrzeuge befahrbar. Die letzten 70 km nach Burketown sind dann wieder asphaltiert. Etwa 37 km außerhalb von Normanton führt eine ausgeschilderte Abfahrt zum gruseligen **Burke & Wills Camp 119**, dem nördlichsten Camp der schlecht ausgestatteten Forscher während ihrer Expedition 1861 – die Männer starben gerade einmal 5 km vor dem Erreichen des Golfs.

Die alternative Route südlich von Normanton ist die Burke Developmental Rd (auch Matilda Hwy genannt), die bis nach Cloncurry (380 km) geteert ist, wo sie dann auf die Barkly and Flinders Hwys trifft. Hochwassermarkierungen geben einen Eindruck davon, wie hoch der Wasserstand zur Regenzeit hier werden kann.

Am **Burke & Wills Roadhouse** (07-4742 5909; Stellplatz 10 AU$/Pers., EZ/DZ 70/80 AU$, Mahlzeiten 8–30 AU$; 5.30–22 Uhr;) hält jeder an, um sich einen kalten Drink zu genehmigen und um frische Energie zu tanken. Ab hier führet die asphaltierte Wills Developmental Rd weiter Richtung Westen nach Gregory, von wo man dann nördlich nach Burketown oder westlich zum Boodjamulla National Park weiterfahren kann.

Reist man vom Outback Queenslands ins Northern Territory (NT) gibt's zwei Hauptstrecken. Der einfache Weg führt entlang des Barkly Hwy ab Mt. Isa bis nach Three Ways (640 km), von wo ab man dann nach Süden Richtung Alice Springs oder nach Norden auf dem asphaltierten Stuart Hwy nach Darwin fahren kann. Die abenteuerlichere Strecke ist die Weiterführung des Savannah Way westlich von Burketown. Von Burketown nach Borroloola (NT) und noch weiter sind es fast 500 km auf einer teilweise asphaltierten, aber manchmal ziemlich rauen Geländewagenstrecke. Diese Straße ist während der Regenzeit normalerweise unpassierbar. Auf dieser Strecke fährt man an der **Doomadgee Aboriginal Community** (07-4745 8351) vorbei, wo man tanken und Lebensmittel einkaufen kann. Um Zugang zum Dorf zu erhalten, benötigt man eine Genehmigung des Gemeinderats, und Alkohol ist verboten. Eine weitere, größtenteils asphaltierte Strecke führt 80 km westlich eines Teebaum-Hains zum **Hell's Gate Roadhouse** (07-4745 8258; www.hellsgateroadhouse.com.au; Camping 10 AU$/Pers., Stellplätze mit Strom 45 AU$, Hütten ab 70 AU$;), 50 km von der Grenze des Northern Territory entfernt. Das Roadhouse hat Benzin, Campingmöglichkeiten, Hütten und bietet warme Mahlzeiten.

Burketown

200 EW

Burketown ist isoliert aber zugänglich – die Zufahrtsstraße ab Gregory ist asphaltiert und die Straße ab Normanton ist während der Trockenzeit in gutem Zustand. Die Lage des Ortes ist erfreulich abgelegen, er ist auf einnehmende Art und Weise freundlich, und die Angelplätze, entweder auf dem Albert River oder 30 km nördlich am Golf, sind legendär. Dies ist auch der beste Ort der Erde, um das außergewöhnliche Wolkenphänomen „Morning Glory“ zu erleben, eine Aneinanderreihung riesiger, schlauchförmiger Wolken, die sich bei einer bestimmten Wetterlage zwischen August und November bilden.

Burketown hat ein kleines **Visitor Centre** (07-4745 5111; Ecke Musgrave & Burke St; April–Okt. Mo–Fr 11–16 Uhr), einen Wohnwagenpark (07-4745 5118; www.burketowncaravanpark.net.au; Sloman St; Stellplätze mit Strom EZ/DZ 29/35 AU$, Hütten DZ 86-130 AU$;), ein Café sowie das hervorragende **Burketown Pub** (07-4745 5104; www.burketownpub.com; Ecke Beames St & Musgrave; Wohneinheit EZ/DZ 135/145 AU$, Hauptgerichte 17–38 AU$; Mi–Sa ab 10, So–Di ab 11 Uhr;), das nach einem Brand im Jahr 2012 wiederaufgebaut wurde.

Von Burketown bis zum Boodjamulla National Park

Die 120 km lange, von Burketown nach Süden verlaufende Straße zum nur aus einer Raststätte bestehenden Ort Gregory ist asphaltiert, aber ab hier sind's noch etwa 100 km teilweise nicht asphaltierter Strecke zur Einfahrt in den wunderschönen Boodjamulla (Lawn Hill) National Park.

Benzin gibt's im **Gregory Downs Hotel** (07-4748 5566; Gregory; EZ/DZ Stellplätze 10/12 AU$, DZ-Wohneinheiten 100 AU$;), ein entspannter Ort für ein Bier oder typisches Pubgericht (Abendessen Mo–Fr, Barbecue Sa abends und Mittagessen So). Von Gregory aus führt die asphaltierte Wills Development Rd 147 km in Richtung Osten, wo sie am Burke & Wills Roadhouse auf den Matilda Hwy trifft.

Boodjamulla (Lawn Hill) National Park

Boodjamulla ist schlicht einer der schönsten und ursprünglichsten Orte im gesamten Outback von Queensland. Eine Reihe von dunkelorangeroten Sandsteinschluchten türmt sich über dem von Quellen gespeisten, grün leuchtenden Lawn Hill Creek auf. Eine üppige Vegetation, zu der Keulenlilien, Schraubenbäume und Sternbüsche gehören, säumt die Schlucht und bietet Wildtieren in dieser Outback-Oase eine Zuflucht. Die Waanyi leben seit rund 30 000 Jahren in dem Gebiet und haben hier Felskunst hinterlassen.

Im südlichen Teil des Parks befindet sich die zum Welterbe gehörende Fossilienstätte **Riversleigh** mit einem kleinen **Campingplatz** (☎13 74 68; www.npsr.qld.gov.au; Stellplatz pro Pers./Fam. 6,15/24,60 AU$; ⊙März–Okt.) 4 km südlich der Fundstätte Riversleigh D (die als einzige für die Öffentlichkeit zugänglich ist). Diese gilt als die reichste Fundstätte von Säugetierfossilien in Australien; entdeckt wurden hier beispielsweise die Reste von Riesenschlangen, fleischfressenden Kängurus und winzigen Koalas. Camper müssen vorab reservieren und alle Vorräte selbst mitbringen.

Schlafen & Essen

Es gibt einen hervorragenden **Campingplatz** (☎13 74 68; www.npsr.qld.gov.au; Stellplatz pro Person/Fam. 6,15/24,60 AU$) im Nationalpark, direkt neben der Lawn Hill Gorge. Ein Stromanschluss ist nicht vorhanden, es gibt aber fließendes Wasser, Duschen, Toiletten und ein Rangerbüro.

Die meisten Unterkünfte sind im **Adel's Grove** (☎07-4748 5502; www.adelsgrove.com.au; Camping DZ/FZ 36/50 AU$, Safarizelte inkl. Abendessen, Bed & Breakfast 255–290 AU$, Hütten 260–320 AU$) zu finden, 10 km östlich des Parkeingangs. Es ist ein hervorragendes Mini-Resort an den Ufern des Lawn Hill Creek mit einer angrenzenden Bar und einem **Restaurant** (Hauptgerichte 10–18 AU$, 2-Gänge-Abendessen 35 AU$; ⊙7–8, 12–14 & 16–22 Uhr), mit einer großer Terrasse im Freien. Es gibt eine schattige Campinganlage am Fluss (kein Stromanschluss), der vom Hauptunterkunftbereich, abgetrennt ist. Die meisten Unterkunftsmöglichkeiten (außer Camping) beinhalten Abendessen und Bed & Breakfast, man kann aber auch nur ein Bett reservieren, wenn man sich gern selbst versorgen möchte. Treibstoff, Lebensmittelverpackung und Grundnahrungsmittel sind ebenfalls verfügbar.

QUEENSLANDS OUTBACK

Hinter der Great Dividing Range öffnet sich der Himmel des Outbacks über einem rauen Land, das gnadenlos, aber wunderschön ist. Traveller finden hier ein exotisches Australien-Erlebnis, voller leuchtender Farben und eindrucksvoller Stille.

Dies ist eine Region der Rodeos und Buschrennen, der Rentner in Wohnmobilen, der Backpacker an den Theken und der tollen Sonnenuntergänge. In der Trockenzeit dehnt sich der Himmel über den Wüsten, und nachts steht die Milchstraße am Firmament.

Queenslands Outback ist eine unermesslich große, aber dennoch erstaunlich zugängliche Region, die von Asphaltstraßen durchzogen und mit kleinen und noch kleineren Orten übersät ist.

An- und Weiterreise

Die Hauptfahrtrouten beinhalten Townsville nach Mt. Isa auf dem Overlanders Way und Brisbane nach Mt. Isa auf dem Matilda Hwy.

Bus Queensland (☎1300 287 537; http://busqld.com.au) und **Greyhound Australia** (☎1300 473 946; www.greyhound.com.au) decken die Hauptrouten ab Brisbane und Townsville ab.

Queensland Rail (☎13 16 17; www.queenslandrail.com.au) bedient drei Haupt-Bahnstrecken von der Küste ins Outback. Der *Spirit of the Outback* fährt von Brisbane nach Longreach, der *Westlander* von Brisbane nach Charleville, und der *Inlander* von Townsville nach Mt. Isa.

Charters Towers nach Cloncurry

Der Flinders Hwy verläuft über strapaziöse, aber asphaltierte Straßen 775 km von Charters Towers nach Westen ins kleine Cloncurry. Der Highway war früher einmal eine Postkutschen-Strecke von Cobb & Co, und daran entlang liegen kleine Orte, die ursprünglich als Zwischenstops der Kutschen gegründet wurden. Die wichtigsten Städte sind Prairie, Hughenden, Richmond und Julia Creek.

In Hughenden lohnt es sich, das **Flinders Discovery Centre** (☎07-4741 2970; www.visithughenden.com.au; 37 Gray St; Erw./Kind 5/2 AU$; ⊙April–Okt. tgl. 9–17, Mo–Fr 9–17 Uhr & Nov.–März Sa & So 9–14 Uhr) zu besuchen, um das Skelett eines Muttaburrasaurus zu bestaunen, dessen Fossilien südlich von hier gefunden wurden. Der **Porcupine Gorge National Park** (☎07-4741 1113; www.npsr.qld.gov.au/parks/porcupine-gorge; Stellplätze pro Person/Fam. 6,15/24,60 AU$), 70 km nördlich von Hughenden, ist ein schöner Ort zum Campen in abgelegener Landschaft und Buschwandern.

Im winzigen Richmond sollte man sich die exzellente **Kronosaurus Korner** (☎ 07-4741 3429; www.kronosauruskorner.com.au; 91–93 Goldring St; Erw./Kind/Fam. 20/10/40 AU$; ⏲ April–Okt. 8.30–17 Uhr, Nov–März bis 16 Uhr) nicht entgehen lassen, ein Museum, das Australiens schönste Sammlung an mariner Fossilien beherbergt, von denen die meisten von einheimischen Grundbesitzern gefunden wurden. Der Stolz des Ortes ist ein fast vollständiges 4,25 m großes Pliosaurier-Skelett – eines von Australiens besterhaltenen Wirbeltierskeletten – und ein Teilskelett eines *Kronosaurus queenslandicus*, des größten bekannten Meeresreptils, das hier gelebt haben soll. Man kann hier Karten und Ausrüstung zum Fossiliensuchen ausleihen, oder sich von Mai bis September dienstags oder donnerstags einer der zweistündigen, geführten Ausgrabungen anschließen (Erw./Kind 30/25 AU$).

Cloncurry

2310 EW

„Curry" ist bekannt als die Geburtsstätte des Royal Flying Doctor Service, und für das **John Flynn Place** (☎ 07-4742 4125; www.johnflynnplace.com.au; Ecke Daintree St & King St; Eintritt gegen Spende; ⏲ ganzjährig Mo–Fr 9–16 Uhr, Mai–Sept. Sa & So 9–15 Uhr) ein Museum, das man gesehen haben muss. Es würdigt Dr. Flynns Arbeit bei der Einrichtung dieses unschätzbar wertvollen Dienstes im Outback. Cloncurry ist die einzige Stadt nennenswerter Größe zwischen Charters Towers und Mt. Isa. Im 19. Jh. war Cloncurry der größte Kupferproduzent des Britischen Königreichs, heute ist es ein wichtiges ländliches Zentrum mit einer wiederbelebten Minenindustrie.

Informationen und historische Ausstellungen gibt's im **Cloncurry Unearthed** (☎ 07-4742 1361; www.cloncurry.qld.gov.au; Flinders Hwy; Museumseintritt gegen Spende; ⏲ ganzjährig Mo–Fr 8.30–16.30 Uhr, Mai–Okt. Sa & So 9–16.30 Uhr, Nov–April Sa & So bis 14 Uhr; 📶), das im Mary Kathleen Memorial Park zu finden ist.

Das historische Hauptgebäude des **Wagon Wheel Motel** (☎ 07-4742 1866; 54 Ramsay St; EZ/DZ ab 95/105 AU$; ❄📶🏊) mit Restaurant und Bar ist angeblich das älteste Gebäude mit Schanklizenz im Nordwesten von Queensland. Die Motelzimmer im hinteren Teil sind sauber und gemütlich und haben TVs und Kühlschränke. Es lohnt sich, ein paar extra Dollar für die größeren und neuen Deluxe-Zimmer zu bezahlen.

Das aus festgestampfter roter Erde erbaute **Gidgee Inn** (☎ 07-4742 1599; www.gidgeeinn.com.au; McIlwraith St; DZ 165–185 AU$; ❄📶🏊) ist Cloncurrys exklusivste Unterkunft – ausgestattet mit einer vertretbaren Menge Kitsch, bequemen Zimmern, einem Pool, einem gutem Restaurant und Bar.

Mt. Isa

22 500 EW.

Die Schmelzöfen der Zinkminen sind auf der Fahrt hinein nach Mt. Isa, einer der ältesten Bergbaustädte Queenslands, nicht zu übersehen. Die Stadt ist ein Traveller- und Lebensstilzentrum im Outback des Bundesstaats. Ob man zum Arbeiten oder zum Vergnügen gekommen oder einfach nur auf der Durchreise ist, ein Abend in einem der Clubs der Stadt kann einen vergessen lassen, dass man sich fern im Outback befindet.

Nachts erstrahlen und röhren die umliegenden Klippen wegen des Bergbaus; der Ausblick vom City Lookout auf die funkelnden Lichter der Mine und die Silhouetten der Schornsteine ist seltsam schön. Das umliegende Land hat ebenfalls eine nackte, rote Schönheit zu bieten. Merkwürdige, zum Teil mit olivgrünem Spinifex-Gras bewachsene Felsformationen umgeben die Stadt, und die tiefblauen Sonnenuntergänge überstrahlen alles künstliche Licht.

Stolze Einheimische genießen – oft bei mehreren Bieren – das gemeinsame Leben in der staubigen Hitze und der geografischen Isolation – das Gemeinschaftsgefühl ist deutlich spürbar. Am besten kommt man Mitte August zu Australiens größtem Rodeo.

👁 Sehenswertes & Aktivitäten

★ City Lookout AUSSICHTSPUNKT
(Lookout Rd; ⏲ 24 Std.) GRATIS Jeder sollte die kurze Fahrt zum Aussichtspunkt hoch über der Stadt für einen herausragenden 360-Grad-Blick über Mt Isa unternehmen. Die beste Zeit ist zum Sonnenuntergang, wenn sich die Schornsteine klar abzeichnen, und die Lichter der Minen anfangen zu strahlen.

★ Outback at Isa MUSEUM
(☎ 07-4749 1555; www.experiencemountisa.com.au; 19 Marian St; ⏲ 8.30–17 Uhr) Das preisgekrönte Outback at Isa kombiniert Visitor Centre (S. 488) und Vorverkaufskasse mit

Mt. Isa

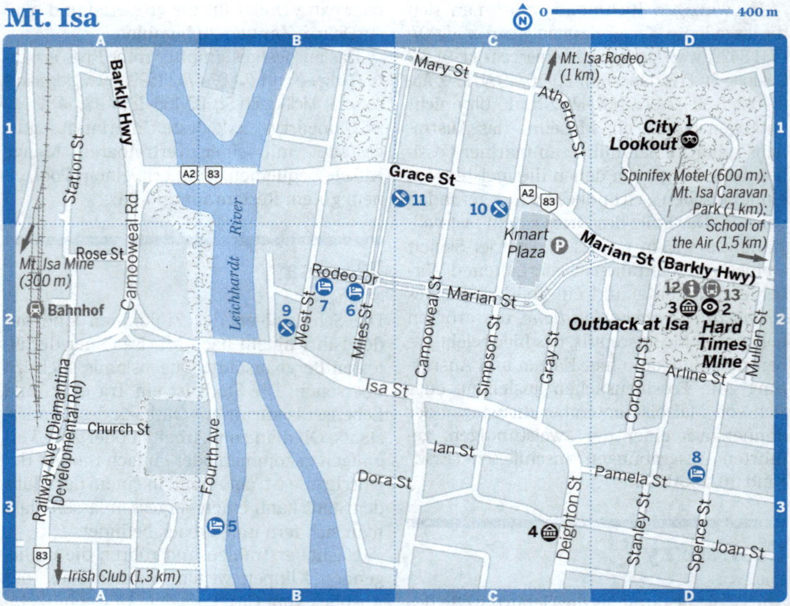

drei von Isas Hauptattraktionen. **Hard Times Mine** (Erw./Kind/Fam. 76/35/199 AU$; ⏲tgl.) ist eine authentische, unterirdische geführte Tour, die ein echtes Bergbauerlebnis bietet. Der **Isa Experience & Outback Park** (Erw./Kind/Fam. 20/10/50 AU$; ⏲8.30–17 Uhr) ist ein Museum zum Anfassen, das einen farbenprächtigen und gut verständlichen Überblick über die Arbeit in den Minen, die Geschichte der Pioniere und die lokale Geschichte bietet. Das faszinierende **Riversleigh Fossil Centre** (Erw./Kind/Fam. 12/8/33 AU$; ⏲8.30–17 Uhr) bildet weltbekannte Fundstätten aus dem Boodjamulla National Park nach.

Es gibt eine Vielzahl an Kombinationsmöglichkeiten, wie etwa den Zwei-Tages-Pass (Erw./Kind 99/45 AU$), zu dem der Eintritt zu allen Attraktionen gehört.

Underground Hospital MUSEUM
(☎07-4749 0281; Joan St; Führung Erw./Kind 16 AU$/kostenlos; ⏲10–14 Uhr) Als 1942 japanische Bombenangriffe drohten und gleichzeitig der Zuzug von Arbeitskräften und die Anlieferung von Material bevorstanden, ging das Mt. Isa Hospital in den Untergrund. Die Bomben fielen nie, aber das unterirdische Hospital blieb erhalten. Man kann hier auch das Beispiel eines Zelthauses sehen, die früher in Mt. Isa verbreitet waren.

School of the Air GEFÜHRTE TOUREN
(☎07-4744 8333; www.mtisasde.eq.edu.au; 137–143 Abel Smith Pde; geführte Touren 2 AU$; ⏲Führungen Mo–Fr 10 Uhr) Diese einstündigen während des Schuljahrs stattfindenden geführten Touren zeigen Isolation und Innovation im Outback.

Feste & Events

Mt. Isa Rodeo RODEO
(www.isarodeo.com.au; ⏲2. Wochenende im Aug.) Mt. Isa ist die Rodeohauptstadt Australiens, und das Mt. Isa Rodeo ist das größte Ereignis des Jahres. Das Rodeo sollte man nicht verpassen, wenn man in der Stadt ist, und die Unterkunft muss man dann im Voraus buchen.

Schlafen

Mt. Isa Caravan Park WOHNWAGENPARK $
(☎07-4743 3252; www.mtisacaravanpark.com.au; 112 Marian St; Stellplatz mit/ohne Strom 35/28 AU$, Hütten 90–140 AU$; P ≋) Der dem Zentrum am nächsten gelegene Wohnwagenpark ist ein beeindruckendes Touristendorf mit coolen Unterkünften, inklusive Selbstversorger-Wohneinheiten. Es gibt auch einen kleinen Swimmingpool, schattige, grasbewachsene Flächen und ein freundliches Management.

Mt. Isa

Highlights

Sehenswertes

Schlafen

Essen

Ausgehen & Nachtleben

Praktisches

Transport

Travellers Haven HOSTEL $

(☎07-4743 0313; www.travellershaven.com.au; 75 Spence St; B/EZ/DZ 30/60/75 AU$;) Die Zimmer sind eher bescheiden, aber dies ist das einzige, authentische Backpacker-Hostel in Isa – und im Großteil von Queenslands Outback. Das Travellers Haven ist also ein großartiger Treffpunkt und hat alles Wichtige wie etwa einen Pool, eine Küche und kostenloses WLAN. Die Besitzer bieten informelle geführte Touren und können bei der Arbeitssuche behilflich sein.

Vom Outback in Isa (S. 485) ist es nur ein kurzer Fußmarsch, oder man ruft im Vorfeld an, um die Abholung zu arrangieren.

Fourth Avenue Motor Inn MOTEL $$

(☎07-4743 3477; www.fourthavemotorinn.com; 14 Fourth Ave; DZ/FZ ab 140/160 AU$;) Das freundliche farbenfrohe Motel in einer ruhigen Wohnzone hat einen ordentlichen Freiluftbereich mit einem großen Salzwasserpool. Die Zimmer liegen für diesen Preis einen Hauch über dem hiesigen Durchschnitt.

Spinifex Motel MOTEL $$

(☎07-4749 2944; www.spinifexmotel.com.au; 79-83 Marian St; Zi. 175–195 AU$, Apt. 395 AU$;) Ein geniales, kleines Viersternehotel mit großen, gekachelten Zimmern, geschmackvollem Mobiliar, Schreibpulten und privaten Terrassen draußen. Die neuen, bewirtschafteten Apartments sind Stadthäuser mit drei Schlafzimmern, die für Gruppen oder Familien perfekt sind.

★ **Red Earth Hotel** BUSINESSHOTEL $$$

(☎1800 603 488; www.redearth-hotel.com.au; Rodeo Dr; DZ 239–269 AU$;) Das Red-Earth-Boutiquehotel ist ohne Zweifel die Top-Adresse in Mt. Isa (es sei denn man will einen Pool), mit Mobiliar aus dem 12. und 13. Jh., gusseisernen Badewannen mit Klauenfüßen und Personal in Uniform. Es lohnt sich, noch etwas draufzulegen für den privaten Balkon, das Spa und den riesigen TV. Es gibt eine Cocktailbar und ein exzellentes Restaurant in der Lobby. Bei Onlinebuchung gibt's Ermäßigung.

Essen & Trinken

Brew & Scoop CAFE $

(☎07-4743 3353; 13a West St; Gerichte 7–20 AU$; ⏲6–21 Uhr) Guter Kaffee und hervorragendes Eis, aber dieses Café ist zu jeder Tageszeit empfehlenswert und hat auch großartiges Frühstück sowie Burger, Wraps und Fish'n'Chips im Angebot.

Happy Box Noodles ASIATISCH $

(☎07-4743 0889; 32 Miles St; Hauptgerichte 11–13 AU$; ⏲So–Mi 11.30–21.30, Do–Sa bis 22 Uhr) Schnelle und sehr leckere asiatische Pfannen- und Reisgerichte, inklusive Sushi, Laksa und Chow Mein.

Frog & Toad Bistro AUSTRALISCH $$

(☎07-4743 2365; Buffs Club, 35 Simpson St; Hauptgerichte 14–35 AU$; ⏲Mo–Fr 11.30–14 & 18–21, Sa & So 7.30–14 & 18–21 Uhr;) Das Frog & Toad im Buffs Club (S. 488) serviert großzügige Portionen an Pasta, Pizza und Schnitzel im echten Aussie-Style. Es gibt auch eine Speisekarte für Kinder.

Rodeo Bar & Grill STEAK $$

(☎07-4749 8888; Ecke Miles St & Rodeo Dr; Mittagessen 15–20 AU$, Hauptgerichte 20–32 AU$; ⏲6.30–11.30, 12–17 & 18–21 Uhr) Dieses höhlenartige Bar-Restaurant mit einer offenen Küche innerhalb des renovierten Isa Hotel bekommt durch die Aufteilung in Sitznischen eine private Atmosphäre. Die Speisekarte bietet etwas für jeden, von Pizzas bis Snacks im Tapasstil bis hin zu Steaks in Outback-Größe. Das Frühstück ist ebenfalls überraschend gut.

Buffs Club BAR
(☎07-4743 2365; www.buffs.com.au; 35 Simpson St; ⏲Mo–Fr 8–3, Sa & So 7.30–3 Uhr, Bar ab 10 Uhr) Der Buffs ist der zentral gelegenste von Isas Clubs und erfreut sich andauernder Beliebtheit. Es gibt die Blue Tonge Sportsbar, den Boomerang Coffeeshop, eine Cocktailbar, ein Sonnendeck sowie Live-Unterhaltung an den Wochenenden. Das Essen im Frog & Toad Bistro ist lecker.

Irish Club BAR
(☎07-4743 2577; www.theirishclub.com.au; 1 19th Ave; ⏲10–2, Fr & Sa bis 3 Uhr) Einige Kilometer südlich der Stadt verströmt der Irish Club ein etwas eleganteres Ambiente als die anderen Clubs in Isa, und ist ein wirklicher Mehrzwecktreff. Es gibt ein Spielezimmer, eine Piano-Bar, die höhlenartige Blarney Bar, Kaffee, den etwas protzigen Rish-Nightclub, in dem die Stimmung aber kocht, ein anständiges Restaurant und sogar ein Fitnesscenter.

ℹ Praktische Information

Mt. Isa Visitor Information Centre (☎07-4749 1555; www.experiencemountisa.com.au; 19 Marian St; ⏲8.30–17 Uhr) Das hilfreiche Visitor Centre nimmt auch Buchungen vor. Es ist in Outback at Isa (S. 485) untergebracht.

ℹ An- und Weiterreise

BUS

Bus Queensland (S. 484) verkehrt täglich von Mt. Isa nach Brisbane über Charleville und Longreach (220 AU$, 21 Std.), und dreimal wöchentlich über Charters Towers nach Townsville (133 AU$, 10 Std.) .

Greyhound Australia (S. 484) hat zweimal wöchentliche Fahrten nach Townsville (132 AU$, 11½ Std.) und Alice Springs (225 AU$, 15 Std.).

Beide Firmen haben Busdebots beim **Outback at Isa** (S. 485).

FLUGZEUG

Rex (☎13 17 13; www.rex.com.au) hat tägliche Direktflüge von Mt. Isa nach Townsville und bedient viele Ziele im Outback, inklusive Birdsville und Burketown. **Qantas** (☎13 13 13; www.qantas.com.au) hat Flüge nach Brisbane und Townsville, während **Virgin Australia** (☎13 67 89) täglich nach Brisbane fliegt.

Der **Flughafen** (☎07-4409 3000; www.mountisaairport.com.au; Barkly Hwy) liegt 8 km nördlich des Zentrums.

ZUG

Der **Queensland Rail** (☎1800 872 467; www.queenslandrailtravel.com.au) Der *Inlander* pendelt zweimal wöchentlich zwischen Mt. Isa und Townsville.

Von Mt. Isa nach Charleville

Der Barkly Hwy und der Landborough Hwy durchschneiden das zentrale Queensland und erschließen einen Großteil des hauptsächlich flachen Farmlandes. Für Besucher ist das hier wahlweise Dinosaurier-, Waltzing-Matilda-, Qantas- oder sogar Crocodile-Dundee-Land.

Der beste Ort zum Anhalten hinter der Abzweigung nach Cloncurry ist das winzige McKinlay. Zwar sind schon 30 Jahre vergangen seit *Crocodile Dundee* in die Kinos gekommen ist, aber der McKinlay-Pub, aka **Walkabout Creek Hotel** (☎07-4746 8424; Landsborough Hwy, McKinlay; ⏲10–24 Uhr) vermarktet den Erfolg bis heute. Ein kurzer Halt für ein kaltes Bier und eine Pizza lohnt sich, dabei kann man einen Blick auf alte Fotographien und Film-Memorabilia werfen. Es gibt einen Campingplatz im hinteren Teil.

Ein Stück weiter liegt Kynuna, das dank des stimmungsvollen **Blue Heeler Hotel** (☎07-4746 8683; Landsborough Hwy, Kynuna; ⏲6–21 Uhr) ebenfalls einen Besuch wert ist. Hier hat angeblich Banjo Paterson *Waltzing Matilda* zum Besten gegeben, nachdem er das nahegelegenen Combo Waterhole besucht hatte, das möglicherweise die Inspiration für das im Lied erwähnte Billabong (Wasserloch) war.

Winton

950 EW

Winton ist eine hübsche und freundliche Stadt auf dem Land im Herzen des Vieh-, Schafs- und Dinosaurierlandes – dies ist auch die beste Basis um die prähistorischen Fossilien Queenslands zu erkunden. Die Stadt gibt auch ihr Bestes, um alles aus ihren Verbindungen zu *Waltzing Matilda* herauszuholen. Banjo Peterson schrieb nach einem Besuch hier angeblich die inoffizielle australische Hymne, und sie wurde im North Gregory Hotel (S. 490) erstmalig aufgeführt.

Wintons Hommage an Banjo Paterson, das **Waltzing Matilda Centre**, brannte im Jahr 2015 nieder, sollte inzwischen aber wieder aufgebaut sein.

DER DINOSAUR TRAIL

Fossilien-Fans, Amateur-Paläontologen oder auch einfach nur Leute, die *Jurassic Park* toll fanden, werden den dreieckigen Dinosaur Trail lieben. Die nördlichsten Punkte sind Richmond, die Heimat von Australiens umfangreichster Sammlung von Meeres-Dinosaurierfossilien und Hughenden, Heimat des Muttaburrasaurus. Es ist jedoch die Winton-Region, die zwei der besten prähistorischen Attraktionen zu bieten hat.

Vor etwa 95 Mio. Jahren – vielleicht auch 1 oder 2 Mio. Jahre früher oder später – erschrank eine Herde von kleinen Dinosauriern vor einem Raubtier und stob in alle Richtungen auseinander. Die entstandene Stampede hinterließ tausende Fußabdrücke im Flussbett – die schließlich versteinerten und bemerkenswert gut erhalten blieben. Das **Dinosaur Stampede National Monument** (☎07-4657 0078; www.dinosaurtrackways.com.au; Winton-Jundah Rd, Lark Quarry; Geführte Touren Erw./Kind 25/12,50 AU$; ⏲8.30–17 Uhr, Führungen 9.30, 11, 12, 13, 14 & 15 Uhr) im Lark Quarry, 110 km südwestlich von Winton, ist der Mini-Jurassic-Park des Outback Queensland, in dem man auch die Spuren der prähistorischen Stampede bewundern kann. Von einem überdachten Spazierweg geschützt, kann dieser Ort nur in einer geführten Tour besucht werden, während derer die Führer die Vermutungen der Forscher bezüglich dessen, was an jenem Tag geschah, erläutern. Es gibt keine Unterkünfte und keine Möglichkeit, etwas zu essen, aber die Anfahrt auf der teilweise nicht asphaltierten Straße von Winton nach Jundah ist gut ausgeschildert und in der Trockenzeit auch ohne Geländewagen befahrbar (1½ Std. einplanen).

Das **Australian Age of Dinosaurs Museum** (☎07-4657 0712; www.australianageofdinosaurs.com; Lot 1, Dinosaur Dr; Erw./Kind/Fam. 33/18/75 AU$; ⏲8.30–17 Uhr, stündl. Führungen 9–15 Uhr, Okt.–April So geschl.), 15 km östlich von Winton auf dem Landsborough Hwy, ist ein faszinierendes, interaktives Dinosaurierforschungsmuseum, das sich auf einer örtlichen Rinderfarm auf einem schroffen Plateau namens Jump Up befindet. Das Museum hat zwei Bestandteile – das Labor und die Sammlung, wobei Letztere Original-Dinosaurier-Fossilien enthält, die in der Gegend gefunden wurden und die die unvollständigen Skelette von „Matilda" und „Banjo" bilden. Die jüngste Entdeckung, die 2016 verkündet wurde, ist eine neue Art und besondere Gattung des Titanosaurus namens *Savannasaurus elliottorum*. Jeder der beiden Museumsbereiche wird auf einer 30-minütigen Tour mit einer halbstündigen Pause in der Mitte besucht. Fossilienbegeisterte können sich durch eine Vorabbuchung die Möglichkeit sichern, zwei Tage lang beim Säubern von Dinosaurierknochen mithelfen zu dürfen (164 AU$) – oder an einer der jährlichen, dreiwöchigen Ausgrabungen teilzunehmen (3700 AU$/Woche, lang im Voraus buchen).

Matilda Country Tours (☎07-4657 1607; www.matildacountrytouristpark.com; 43 Chirnside St; geführte Touren 45–85 AU$; ⏲tgl. 8 Uhr) bietet täglichen Bustransport zu beiden Orten.

Man kann in den Visitor Centres in der Region nach dem **Dino Pass** fragen, der vergünstigten Eintritt zu allen Attraktionen auf dem Dinosaurier Trail bietet.

Sehenswertes

Royal Theatre THEATER
(73 Elderslie St; Opal Walk 5 AU$, Vorführung 7 AU$; ⏲9–17 Uhr, Vorführungen April–Sept. Mi 20 Uhr) Die Segeltuchstühle, die verrosteten, blechverkleideten Wände und das Sternenzelt in diesem alten, Semi-Outdoor-Kino (1918) in Kombination mit dem weltgrößten Liegestuhl verströmen altertümlichen Outback-Charme. Der Zugang erfolgt über die Opal Walk Gallery, ein weiteres Highlight ist die Nostalgie-Filmvorführung am Mittwochabend.

Musical Fence ÖFFENTLICHE KUNST
(abseits der Kennedy Developmental Rd; ⏲24 Std.) Dieses skurrile Stückchen Outback-Kunst umfasst einen Drahtzaun, dem sich Töne entlocken lassen und weitere Stahlstücke, auf denen man nach Herzenslust trommeln kann.

Arno's Wall SKULPTUR
(Vindex St) GRATIS Arno's Wall ist eine von Wintons skurrilen Outback-Attraktionen – eine 70 m lange Work-In-Progress-Arbeit des Künstlers Arno Grotjahn, die eine riesige Vielfalt an Gegenständen aus Industrie und

Haushalt verarbeitet, von TVs bis zu Motorrädern, eingeschlossen in Mörtel.

Diamantina Heritage Truck & Machinery Museum MUSEUM
(☎ 0429 806 140; www.wintontruckmuseum.com; Kennedy Developmental Rd; 5 AU$; ⏲ 8–17 Uhr) Fans großer Trucks und alter Autos werden die historische Sammlung alter Macks, Chevys und Model-T-Fords in dieser großen Sammlung lieben. Ein besonderes Ausstellungsstück ist der große MAN-Truck der legendären Cape-York-Truckerin „Toots" Holzheimer, die ab den 1960er-Jahren drei Jahrzehnte lang Fernstrecken fuhr.

Schlafen & Essen

Es gibt drei Wohnmobilparks in der Stadt, und auch ein paar Motels.

★ North Gregory Hotel HOTEL $$
(☎ 07-4657 0647; www.northgregoryhotel.com; 67 Elderslie St; DZ 120–150 AU$; ❄ 📶) Um das historische Art-déco-Prunkstück ranken sich viele Geschichten, und es bietet von allen Pubs der Stadt die besten normalen Zimmer oder Zimmer mit angeschlossenem Bad. Das Foyer wirkt wie die glamouröse Kulisse eines Film Noir, während die Zimmer stilistisch irgendwo zwischen der Glanzzeit des Pubs und dem Brisbane des 20. Jhs. liegen. *Waltzing Matilda* soll im Hotel am 6. April 1895 von Banjo Paterson höchstpersönlich zum ersten Mal angestimmt worden sein.

Tattersalls Hotel KNEIPENESSEN $$
(☎ 07-4657 1309; 78 Elderslie St; Hauptgerichte 17–30 AU$; ⏲ 12–14 & 18–20 Uhr) Diese freundliche Eckkneipe ist eine kunterbunte Anlaufstelle für Liebhaber von gutem Essen jeder Art, dessen großzügige Portionen an Kneipenessen am besten auf der Holzveranda mit Blick auf die Straße genossen werden. Es gibt Zimmer im ersten Stock und einen **Wohnwagenpark** (Werna St; Stellplätze mit Strom 30 AU$) auf der anderen Straßenseite.

An- und Weiterreise

Bus Queensland (☎ 1300 287 537; http://busqld.com.au) hält in Winton auf der täglichen Fahrt zwischen Brisbane (185 AU$, 20 Std.) und Mt. Isa (108 AU$, 4½ Std.).

Longreach

3200 EW

Die wohlhabende, von Pionieren gegründete Stadt Longreach im Outback war die Heimat von Qantas bis zum Anfang des letzten Jahrhunderts, aber heute ist die Stadt genauso bekannt für das Australian Stockman's Hall of Fame & Outback Heritage Centre, eines von Queenslands besten Museen, und den Führungen durch das Cobb & Co Postkutschenmuseum. Der südliche Wendekreis verläuft hier – es gibt eine Markierung nahe des **Visitor Centre** (☎ 07-4658 3555; 99 Eagle St; ⏲ Mo–Fr 9–16.45, Sa & So 9–12 Uhr), die Richtung Tropen (Norden) und gemäßigte Klimazone (Süden) zeigt

Sehenswertes & Aktivitäten

★ Australian Stockman's Hall of Fame & Outback Heritage Centre MUSEUM
(☎ 07-4658 2166; www.outbackheritage.com.au; Landsborough Hwy; Erw./Kind/Fam. 32/15,50/80 AU$; ⏲ 9–17 Uhr) Das nette Museum residiert in einem schön gestalteten Gebäude mit vielen Bögen und ist eine Hommage an die Outback-Pioniere, die frühen Entdecker, die Viehzüchter und die indigenen Australier. Die fünf Galerien, von denen einige mit interaktiven Touch-Screens ausgestattet sind, behandeln die Aborigines-Kultur, die europäische Entdeckung (eine hübsche Karte zeigt die Reisewege von Burke und Wills, Ludwig Leichhardt, Ernest Giles usw.), die Pioniere und Hirten, das „Leben im Outback" und als letztes die Stockman's Gallerie.

★ Qantas Founders Outback Museum MUSEUM
(☎ 07-4658 3737; www.qfom.com.au; Landsborough Hwy; Erw./Kind/Fam. 28/18/78 AU$; ⏲ 9–17 Uhr, Dez.–März bis 16 Uhr) Das Qantas Founders Outback Museum beherbergt eine lebensgroße Nachbildung einer Avro 504K, dem ersten Flugzeug, das die junge Airline besaß. Interaktive Multimedia- und Mitmachausstellungen erzählen die Geschichte von Qantas. Nebenan liegt der Original Qantas Hangar von 1921, mit einer DH-61, die aussieht wie neu. Ein funkelnder **Boeing 747-200B Jumbo** thront auf dem Außengelände über allem anderen (Museum & Jet Tour Erw./Kind/Fam. 63/43/180 AU$, Flügelbegehung Erw./Kind 65/55 AU$; ⏲ Jet-Touren 9.30, 11, 13 & 14.30 Uhr, Flügelbegehungen 11, 12.30 & 14.30 Uhr). Eine Tour des Jumbo-Jets und der nahegelegenen Boeing 707 ist faszinierend, und man kann gut gesichert einen Spaziergang auf den Flügeln machen (im Voraus buchen!).

Outback Pioneers GEFÜHRTE TOUREN
(☎ 07-4658 1776; www.outbackpioneers.com.au; 128 Eagle St; ⏲ Mo–Sa 8–17 Uhr) Der wichtigste

Touranbieter in Longreach veranstaltet eine Raddampferfahrt zum Sonnenuntergang, gefolgt von einem Abendessen unterm Sternenzelt und Lagerfeuer-Entertainment (Erw./Kind/Fam. 94/64/284 AU$). Ein Highlight ist die Cobb & Co Stagecoach Experience (94/64/284 AU$), sie schließt eine 45-minütige Fahrt mit der Pferdekutsche in Kombination mit einer Theatervorführung, Mittagessen und einem Film ein, oder man kann sich auch nur für die Postkutschenfahrt entscheiden (74/49/221 AU$). Im Voraus buchen.

Wer nur wenig Zeit hat, kann Harry Redford's Old Time Tent Show buchen, eine unterhaltsame Stunde von Montag bis Freitag ab 12 Uhr (Erw./Kind 15/10 AU$).

Schlafen & Essen

Longreach Tourist Park WOHNWAGENPARK $
(☎ 07-4658 1781; www.longreachtouristpark.com.au; 12 Thrush Rd; Stellplätze mit/ohne Strom 37/28 AU$, Stellplätze mit Badezimmer 49 AU$, Hütten ab 115 AU$;) Dieser große, geräumige Park lässt Grünflächen vermissen, bietet aber eine kleine Grotte mit Spa-Pools, einen neuen Swimmingpool, das Restaurant Woolshed und eine Bar.

★ **Kinnon & Co Outback Lodges** LODGE $$
(☎ 07-4658 3811; www.outbackpioneers.com.au; 63–65 Ilfracombe Rd; Selbstversorger-Hütten 130–160 AU$, Holzhütten 180 AU$;) Bei diesen gemütlichen Selbstversorgerlodges ist das Preis-Leistungsverhältnis hervorragend – eine Verbesserung gegenüber den Motels der Stadt – und die Holzhütten und die eigenen Stallungen sorgen für ein rustikales Pionier-Outback-Gefühl im modernen Gewand. Es gibt einen von Palmen beschatteten Swimmingpool, landestypische Gärten und einen großen, überdachten Gemeinschaftsbereich. Befindet sich gegenüber des Qantas Founders Outback Museum (S. 490).

Longreach Motor Inn MOTEL $$
(☎ 07-4658 2322; www.outbacklongreach.com.au; 84 Galah St; DZ 145–180 AU$;) Geräumige Zimmer mit passenden Balkonen und professionelles Personal sind die Trümpfe dieses beliebten Motels am Rande der Einkaufsmeile. Am umzäunten Pool und dem schattigen Garten kann man mühelos einen Nachmittag verbringen. Das Restaurant vor Ort, das **Harry's** (☎ 07-4658 1996; Hauptgerichte 28–36 AU$; ⏲ Mo–Sa 17.30–20.30 Uhr), gehört zu den besten in Longreach.

Merino Bakery BÄCKEREI $
(☎ 07-4658 1715; 120 Eagle St; Gerichte 2–11 AU$; ⏲ Mo–Fr 5–17, Sa 5–13, So 7–13 Uhr) Am Wochenende steht man in dieser geschäftigen Eckbäckerei oft Schlange für Kaffee, Kuchen und frisches Brot. Leckere, gut gebackene Pies und Sandwiches.

CCD Restaurant & Beer Garden BISTRO $$
(☎ 07-4658 2798; 110 Eagle St; Hauptgerichte 15–35 AU$, Tapas 8–11 AU$; ⏲ tgl. 11–14 & 17.30–21.30, Fr–So ab 7.30 Uhr) Das enge, abgedunkelte Speisezimmer ist der Zugang zu einem schattigen Biergarten im Hinterhof in diesem stylishen Bistro an der Hauptstraße. Auf der Speisekarte stehen sowohl Steaks, Nudelgerichte und Tintenfischsalat, als auch Tapas-Platten wie Garnelen mit Chili und Mini-Hotdogs.

Shoppen

Kinnon & Co Station Store MODE & ACCESSOIRES
(☎ 07-4658 2006; www.outbackpioneers.com.au; 126 Eagle St; ⏲ Mo–Fr 8.30–17, Sa 9–12 Uhr) Der wunderbare Station Store ist vollgestopft mit Aussie-Outback-Mode – Stiefel, Akubra-Hüten, Ledertaschen, Kleidung, Sättel und Farmerpeitschen, ebenso wie mit ungewöhnlichen Geschenken und Souvenirs. Der Laden ist einen Besuch wert – auch wenn man nichts kaufen will. Ein Café gehört dazu.

An- und Weiterreise

Bus Queensland (S. 493) hält hier täglich auf seiner Fahrt zwischen Brisbane (160 AU$, 18 Std.) und Mt. Isa (125 AU$, 7 Std.).

Greyhound Australia (☎ 1300 473 946; www.greyhound.com.au) hat dienstags und donnerstags einen Busservice zwischen Longreach und Rockhampton (105 AU$, 9,5 Std.). Alle Busse halten außerhalb des Commercial Hotels.

Queensland Rail (☎ 13 16 17; www.queenslandrail.com.au) bietet zweimal wöchentlich den *Spirit of the Outback*-Service zwischen Longreach und Brisbane über Rockhampton.

Barcaldine

1655 EW

Barcaldine (bar-*call*-din), eine historische, kleine Stadt mit Pubs im Outback an der Kreuzung des Landsborough Hwy und des Caprilicorn Hwy (Rte 66), eroberte 1891 seinen Platz in der australischen Geschichte, als es zum Ausgangspunkt eines großen Streiks der Schafscherer wurde. Die Konfrontation führte zur Gründung der „Australian Workers Party", einem Vorgänger der Australian Labor Party. Der Treffpunkt für die Organisatoren war der Tree of Knowledge, ein großer Eukalyptusbaum (*ghost gum*), der nahe des Bahnhofs gepflanzt wurde und lang als Denkmal für Arbeiter und ihre Rechte galt. 2006 wurde er auf mysteriöse Art und Weise vergiftet, aber heute steht ein radikales und beeindruckendes **Mahnmal** (Oak St) an seinem ehemaligen Standort.

Die ursprünglichen Bewohner von Barcaldine waren die Inningai, denen der Entdecker Thomas Mitchell 1824 begegnete, als er hier vorbei kam. Im Konflikt mit europäischen Siedlern, wurden sie von ihrem Land verjagt als die Barcaldine-Siedlung in der Mitte des 19 Jhs. gegründet wurde.

Das herausragende **Australian Workers Heritage Centre** (☎07-4651 1579; www.australianworkersheritagecentre.com.au; Ash St; Erw./Kind/Fam. 17/10/42 AU$; ⏲Mo–Sa 9–17, So 10–16 Uhr) ist den sozialen, politischen und industriellen Bewegungen gewidmet, die sehr stark mit der Vergangenheit Barcaldines verwoben sind.

Alte hölzerne Pubs säumen die Oak St – sie geben wunderbare Fotomotive ab. Das **Shakespeare Hotel** (☎07-4651 1111; 95 Oak St; EZ/DZ ohne Badezimmer 30/40 AU$, Hütten DZ $60) ist für seine preiswerte Zimmer oder eine Mahlzeit am Tresen einen Besuch wert.

Der kompakte, kleine **Homestead Caravan Park** (☎07-4651 1308; www.homesteadcvpark.com.au; 24 Box St; Stellplätze mit/ohne Strom 28/18 AU$, Hütten 55–75 AU$, Wohneinheiten 90 AU$; ❄📶), mit grasbedeckten Stellplätzen, ist nur eine kurze Entfernung vom Stadtzentrum und den Pubs entfernt. Das freundliche Management betreibt auch das lokale Roadhouse und eine Imbissbude mit chinesischem Essen.

Das **Barcaldine Country Motor Inn** (☎07-4651 1488; www.barcaldinecountrymotorinn.com.au; 1 Box St; EZ/DZ $110/120; ❄) liegt zentral, ist sauber, und Gäste können den Pool des nahegelegenen **Barcaldine Motel** (☎07-4651 1244; www.barcaldinemotel.com.au; 5 Box St; DZ/DZ 80/90 AU$, Villa EZ/DZ 120/130 AU$; ❄🏊) nutzen.

ℹ Praktische Information

Barcaldine Visitor Information Centre (☎07-4651 1724; Ecke St Oak & Willow St; ⏲März–Okt. 8.15–16.30 Uhr, Nov.–Feb. Sa & So 9–14 Uhr) Barcaldines stylishes, neues Visitor Centre liegt im renovierten ehemaligen Globe Hotel. Hier gibt es Informationen über die Region und historische Ausstellungen.

Charleville

3500 EW

Charleville ist die Grande Dame des zentralen Queensland. Es ist die größte Stadt im Mulga Country, und die Zufahrt zum Outback, wenn man von Süden kommt. Hauptsächlich aufgrund seiner hervorragenden Lage am Warrego River war die Stadt ein wichtiges Zentrum für frühe Forscher – Cobb & Co hatte hier seine größte Kutschenfabrik. Trotz einer verheerenden vierjährigen Dürre konnte die Stadt ihren Wohlstand als ein wichtiges australisches Wollzentrum erhalten, und hat ein paar faszinierende Attraktionen für Reisende, die sich um den Nachthimmel und den seltenen Kaninchennasenbeutler drehen.

Sehenswertes

Charleville Bilby Experience WILDSCHUTZGEBIET
(☎07-4654 7771; www.savethebilbyfund.com; King St; ⏲Di–Sa 11–18, So & Mo 15–18 Uhr) GRATIS Das neue Bilby Experience Centre an der Eisenbahnstation bietet die seltene Gelegenheit, etwas über den einheimischen Kaninchennasenbeutler und die lang andauernde Züchtung in Gefangenschaft und die Schutzprogramme hier zu erfahren. Man muss im Voraus buchen, um an einer der geführten Touren (Erw./Kind 15/10 AU$) teilnehmen zu können, das Gleiche gilt für die persönlicheren Up Close and Personal Encounters (30/20 AU$).

Cosmos Centre OBSERVATORIUM
(☎07-4654 7771; www.cosmoscentre.com; 1 Milky Way Rd; Observatorium Erw./Kind 28/19 AU$, Sonnenbeobachtung 12/9 AU$; ⏲10–16 Uhr, Observatorium ab 19.30 Uhr) Im Cosmos Centre kann man den Sternenhimmel des Outback in all seiner Pracht durch ein Hochleistungsteleskop bestaunen – das Ganze unter Anleitung von kundigen Führern. Die 90-minütigen Veranstaltungen beginnen um 19.30 Uhr, kurz nach Sonnenuntergang. Es gibt auch ein Sonnenteleskop, durch das man bei Tag die Sonne beobachten kann. Die Veranstaltungen finden nur bei wolkenlosem Himmel statt, der hier draußen aber häufig ist.

Schlafen & Essen

★ Evening Star FARMSTAY $
(Thurlby Station; ☎ 07-4654 2430; www.eveningstar.com.au; 818 Adavale Rd; Stellplätze mit/ohne Strom 33/26 AU$, Hütten 110 AU$; ⏲ April–Okt.) Diese gastfreundliche Farmunterkunft, eine der wenigen übriggebliebenen in Queenslands Outback, liegt nur 8 km westlich von Charleville, aber fühlt sich gleichzeitig an, als wäre sie eine ganze Welt weit entfernt. Es gibt sehr viel Platz zum Campen, eine einfache, angrenzende Hütte, eine rustikale Bar und regelmäßig Musik am Lagerfeuer. Mittwochs und samstags werden geführte Touren um die Farm (50 AU$/Pers.) organisiert.

Hotel Corones HOTEL $
(☎ 07-4654 1022; www.hotelcorones.net.au; 33 Wills St; EZ/DZ ohne Badezimmer 60/80 AU$, Motel DZ 110 AU$, *heritage rooms* DZ 150 AU$; ❄) Das majestätische Hotel Corones ist ein klassisches Country-Pub mit einfachen Zimmern im ersten Stock, restaurierten *heritage rooms* mit offenen Kaminen und bunten Glasfenstern, und gepflegten Motelzimmern an der Seite. Essen kann man im grandiosen Esszimmer, im Biergarten oder in der öffentlichen Bar.

Praktische Information

Charleville Visitor Centre (☎ 07-4654 7771; www.murweh.qld.gov.au; 1 Milky Way Rd; ⏲ 9–17 Uhr, Nov.–März So geschl.) Am Cosmos Centre; hier können geführte Touren in die Region gebucht werden.

An- und Weiterreise

Bus Queensland (☎ 1300 287 537; http://busqld.com.au) bietet Direkttransfer über Nacht von Brisbane nach Charleville; ein zweiter Bus hält hier auf der Fahrt von Brisbane nach Mt. Isa.

Der *Westlander*-Zug (www.queenslandrail.com.au) verbindet Brisbane und Charleville (ab 90 AU$, 17 Std.), die Abfahrt ist in Brisbane dienstags und donnerstags um 19.15 Uhr, und in Charleville mittwochs und freitags um 18.15 Uhr.

Channel Country

Diese weitläufige, spärlich besiedelte Region ist nach den Kanälen benannt, die von den sommerlichen Regenfällen weiter im Norden ausgeschwemmt wurden und erstreckt sich im Süden von Mt. Isa nach Birdsville über Boulia und Bedourie.

Die Straße von Mt. Isa nach Bedourie ist asphaltiert, dann folgt eine raue, aber befahrbare Schotterpiste nach Birdsville. Von Süden nach Birdsville (Birdsville Track ab Marree) oder von Osten ab Charleville gibt's nur Staubpisten, und ein Geländewagen wird empfohlen.

Boulia

230 EW

Die inoffizielle „Hauptstadt" von Channel Country ist ein friedlicher, kleiner Außenposten am spitzen Ende der großen Simpson Desert. Die längste Postroute der Welt endet hier, nach einer Strecke von etwa 3000 km von Port Augusta in Süd-Australien. Am dritten Wochenende im Juli finden hier die **Boulia Camel Races** (Tages-/Wochenend-Pässe ab 10/40 AU$) statt, eines von Australiens wichtigsten Kamelrennen.

Die berühmtesten „Bewohner" von Boulia sind die geheimnisvollen Min-Min Lights, vermutlich ein Naturphänomen, das sich ereignet, wenn die Temperatur bei Einbruch der Dunkelheit sinkt, und unruhige Lichter am ungewöhnlich flachen Horizont auftauchen. Sind hier Außerirdische am Werk? Zumindest gibt's viele Science-Fiction-Tricks und gruselige Lichter während der stündlichen „Alienshow" im **Min Min Encounter** (☎ 07-4746 3386; Herbert St; Erw./Kind/Fam. 20/16/50 AU$; ⏲ April–Sep. tgl. 9–17 Uhr, Okt.–März Sa & So verkürzte Öffnungszeiten), einer kitschigen Touristenattraktion, die auch als Visitor Centre dient.

Das **Stone House Museum** (Ecke Pituri St & Hamilton St; Erw./Kind 5/3 AU$; ⏲ Mo–Fr 8.30–17, Sa & So 10–14 Uhr) hat Regale voller Outback-Kram, Weltraum-Krimskrams, lokaler Geschichte und Kunsthandwerk der Aborigines. Dazu gehört auch das noch erhaltene Haus (1888) der Pioniersfamilie Jones.

Der **Boulia Caravan Park** (☎ 07-4746 3320; Diamantina Developmental Rd; Stellplätze 10 AU$/Pers., Stellplätze mit Strom 27 AU$, Hütten 75–95 AU$), am Ufer des Burke River, hat schattige Stellplätze, überraschenderweise mit Gras bewachsene Flächen und nur einige wenige Hütten, während das **Desert Sands Motel** (☎ 07-4746 3000; www.desertsandsmotel.com.au; 50 Herbert St; EZ/DZ 132/142 AU$; ❄ 📶) moderne und geräumige Wohneinheiten mit Klimaanlage bietet. Boulias einziges Pub, das **Australian Hotel** (☎ 07-4746 3144; 22 Herbert St; EZ/DZ 50/60 AU$, Motelwohnungen 130 AU$; ❄) ist ein klassisches Outback-Wasserloch mit kaltem Bier und einem anständigen Restaurant (Hauptgerichte 18–25 AU$).

NICHT VERSÄUMEN

GROSSEREIGNISSE IN BIRDSVILLE

Während des ersten Septemberwochenendes kommen für die Pferderennen des jährlich stattfindenden **Birdsville Cup** (www.birdsvilleraces.com; Eintritt 25–30 AU$) bis zu 7000 Fans aus dem gesamten Land hierher, um drei staubreiche Tage lang zu trinken, zu tanzen und zu wetten. Leichtflugzeuge dürfen kostenlos abgestellt werden.

Das tolle dreitägige Outback-Rockfestival **Birdsville Big Red Bash** (Anfang Juli) begann 2012 und ist fast so gut besucht wie der Birdsville Cup! Das Lineup besteht aus bekannten Aussie-Künstlern.

Bedourie

280 EW

Bedourie ist das administrative Zentrum für das riesige Diamantina Shire, und ein freundlicher Stützpunkt im Outback. Von Boulia aus fährt man auf einer asphaltierten Straße 200 km nach Süden. Eine große Attraktion ist das kostenlose öffentliche Schwimmbad mit einem **artesischen Spa** (Nappa St; 7–19 Uhr) GRATIS.

Lokale Infos gibt's im **Visitors Centre** (07-4746 1040; 13 Herbert St; Mo–Fr 8.30–16.30 Uhr). Gleich nebenan liegt die alte Mud Hut, eines der ersten Häuser in Bedourie, das 1880 aus Schlamm aus dem Eyre Creek errichtet wurde.

Unterkunft und Verpflegung bekommt man in der **Simpson Desert Oasis** (07-4746 1291; www.simpsondesertoasis.com.au; 1 Herbert St; Stellplatz mit/ohne Strom mit Badezimmer 35/15 AU$, Hütten EZ/DZ 120/140 AU$, Motel EZ/DZ 140/150 AU$;) und im **Royal Hotel** (07-4746 1201; www.bedouriehotel.com; Herbert St; Zi. ab 88 AU$;).

Birdsville

120 EW

Reisende abseits ausgetretener Pfade können diesen Titel nicht für sich beanspruchen, ohne in Birdsville gewesen zu sein, ein kultiges australisches Dörfchen am Rande der Simpson Desert, und im am weitesten im Landesinneren gelegenen Eckchen des Outback Queenslands.

Birdsville ist abgelegen, aber es ist gleichermaßen Ziel- wie Durchfahrtsort auf der Reise ins Outback. Für viele ist der Hauptgrund, hierher zu kommen der jährliche Birdsville Cup (S. 494) im September (kostenloses Abstellen von Leichtflugzeugen), aber ein Bier im **Birdsville Hotel** (07-4656 3244; www.theoutback.com.au; Adelaide St; DZ 170 AU$;) und ein Ausflug zur Düne **Big Red** sind auch gute Gründe für einen Besuch.

Birdsville hat einen Wohnwagenpark und eine Bäckerei, das 1884 erbaute Birdsville Hotel ist jedoch ein Highlight, und ein großartiger Ort für ein kühles Bier oder ein herzhaftes Kneipenessen auf der Veranda.

Bevor es auf den Birdsville Track hinausgeht, sollte man im **Wirrarri Centre** (07-4656 3300; 29 Burt St; Mo–Fr 8.30–17, Sa & So 9–12 Uhr) vorbeischauen.

Melbourne & Victoria

6,07 MIO. EW. / ☎ 03

Inhalt ➡

Gut essen

- Brae (S. 605)
- Attica (S. 546)
- IGNI (S. 591)
- Stefano's Restaurant (S. 680)
- Royal Mail Hotel (S. 635)

Schön übernachten

- Clifftop at Hepburn (S. 579)
- Treasury on Collins (S. 526)
- Lighthouse Keepers' Cottages (S. 642)
- Kilns (S. 669)
- Beacon Point Ocean View Villas (S. 607)

Auf nach Melbourne & Victoria!

Melbourne liebt gutes Essen, ist wunderbar multikulturell und ein Paradebeispiel australischer Kultur. Außerhalb der Stadtgrenzen wartet Victoria mit einer reichen Geschichte, atemberaubender Natur und kulinarischer Exzellenz auf.

Überall im Bundesstaat gibt es diese kleinen Ortschaften, die mit lukullischen Reizen locken, wie etwa Kleinbrauereien, Kaffeeröstereien, hervorragende Weingüter oder Restaurants, in denen die Zutaten direkt vom Erzeuger kommen. Die Einwohner Victorias sind auch in puncto Landschaft und Natur mehr als verwöhnt. Von der Great Ocean Road, die sich an einer der spektakulärsten Küsten der Welt entlangschlängelt, über den Wilsons Promontory mit seiner vielfältigen Fauna und die Grampians mit ihrer himmlischen Landschaft bis hin zu den wüstenähnlichen Nationalparks im Nordwesten bietet Victoria endlose Erkundungsmöglichkeiten, ob nun zu Fuß, auf Skiern auf zwei oder auf vier Rädern.

Reisezeit

Melbourne

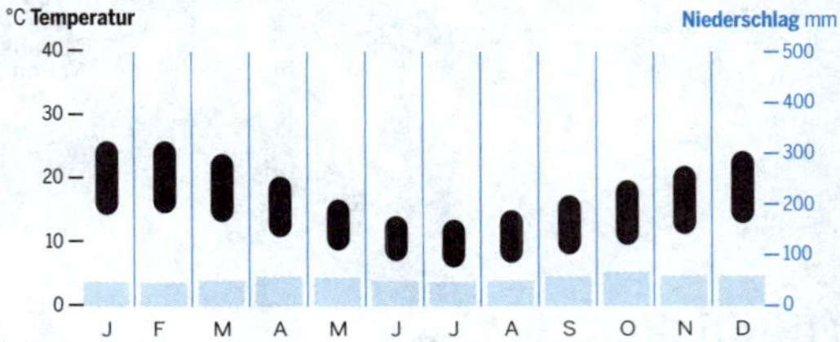

Dez.–Jan. Die Strände sind voll; Unterkünfte an der Küste müssen Monate im Voraus gebucht werden.

Feb.–März Ruhiger, mehr Übernachtungsoptionen. Der Spätsommer kann noch sehr heiß sein.

April–Nov. Walbeobachtung (Juli–Sept.) in Warrnambool und Skisaison (Juni–Aug.).

Highlights

1 **Goldfields** (S. 618) Die Straßen der Goldrausch-Städtchen mit ihren Restaurants, Galerien und Märkten erkunden

2 **Great Ocean Road** (S. 588) Der Panoramastraße folgen, die sich an tollen Stränden entlangschlängelt und dann ins Landesinnere und durch Regenwälder führt

3 **Melbourne** (S. 498) Coole Cafés, versteckte Bars und angesagte Restaurant aufspüren

4 **Wilsons Promontory** (S. 637) Die Wanderschuhe schnüren und die Schönheit der Natur bewundern

5 **Grampians National Park** (S. 631) Zwischen atembe-

raubenden Felsformationen aus Granit und Sandstein klettern, abseilen und wandern

6 Phillip Island (S. 585) Der allabendlichen Pinguinparade beiwohnen

7 Mildura (S. 676) Mit einem Raddampfer auf dem Murray schippern und zum Mittagessen an einem Weingut anhalten

8 High Country (S. 654) Auf den Skipisten dieser Region einen ordentlichen Adrenalinschub bekommen

MELBOURNE

4 530 000 EW.

Melbourne ist nicht nur stilvoll und kunstsinnig, sondern auch dynamisch und kosmopolitisch und stolz darauf, die Kunst- und Sporthauptstadt des Landes zu sein. Über 230 kleine Gässchen verlaufen zwischen den Häuserblocks im Herzen der Stadt und offenbaren mit versteckten Restaurants, Bars und Straßenkunst von Weltklasse den authentischen Charakter Melbournes.

Dieser gründet nicht zuletzt auf den verschiedenen Vierteln im Zentrum, die man am besten so erkundet, wie es auch die Einheimischen tun. Trotz des traditionellen Nord-Süd-Gefälles (etwa zwischen dem glitzernden South Yarra und der Hipster-Hochburg Fitzroy) zeichnen sich die Bars, Cafés, Restaurants, Festivals und Menschen hier durch eine Lockerheit aus, die in allen Vierteln Melbournes gleichermaßen zu finden ist.

Sport ist ein wichtiger Teil des Lebens in der Stadt und kann mitunter sogar religiöse Ausmaße annehmen. Die Einwohner sind verrückt nach AFL-Football, Kricket und Pferderennen, während die großen Tennis- und Formel-1-Events Scharen von Besuchern in die Stadt ziehen.

Sehenswertes

Stadtzentrum

★ Federation Square PLATZ

(Karte S. 504; www.fedsquare.com; Ecke Flinders St & Swanston St; Flinders St) Es hat zwar etwas gedauert, aber endlich haben die Melbourner den Federation Sq akzeptiert – und zwar als das, wofür er geplant war: als Treff zum Feiern, zum Demonstrieren, zum Public Viewing bei Sportereignissen oder einfach nur zum Abhängen in den Liegestühlen. Der „Fed Square" nimmt einen prominenten Block der Stadt ein, ist aber nicht einfach viereckig: Der wellenförmig gemusterte Außenbereich wurde von Hand mit 460 000 Steinen aus der Kimberley-Region in Western Australia gepflastert; seine Blickachsen weisen auf Melbournes große Wahrzeichen. Die Gebäude sind mit fraktal gemusterten, an die Haut von Reptilien erinnernden Fassaden bestückt.

MELBOURNE IN ...

... zwei Tagen

Zuerst holt man sich bei **Degraves Espresso** (S. 549) einen Kaffee und erkundet dann die Kunstsammlung im **Ian Potter Centre: NGV Australia** (S. 499) und den **Federation Square** (S. 498) bevor man der Route des **Stadtspaziergangs** (S. 523) folgt und die Melbourner Straßenkunst entdeckt. Zum Mittagessen geht's zu **MoVida** (S. 532) und anschließend in eine **Dachterrassenbar** (S. 548), wo man die Cocktails und einen tollen Blick über die Stadt genießen kann, bis es Zeit wird für eine abendliche **Kajaktour** (S. 522) auf dem Yarra River. Den Abend lässt man bei einem Essen in einem der besten **Restaurants** (S. 532) der Stadt ausklingen. Am zweiten Tag steht ein Bummel durch den **Birrarung Marr** (S. 499) und die **Royal Botanic Gardens** (S. 518) an, gefolgt von einem kulinarischen Highlight: dem Besuch des **Queen Victoria Market** (S. 506). Mit der Straßenbahn geht's dann nach St. Kilda (S. 567), wo man einen Spaziergang am Strand und am Pier machen kann, bevor man abends die Bars in der munteren Acland St unsicher macht.

... einer Woche

Nach ein paar Stunden im **Melbourne Museum** (S. 513) stehen ein Besuch in Fitzroy und ein Einkaufsbummel durch die Boutiquen der Gertrude Street (S. 536) an. Mittagessen und einen Kaffee gibt's bei **Proud Mary** (S. 550) in Collingwood. Wieder zurück im Stadtzentrum schlendert man durch **Chinatown** (S. 503) und stattet der **State Library** (S. 503) mit Ned Kellys Rüstung einen Besuch ab. Zum Abendessen futtert man ein paar Teigtaschen bei **HuTong** (S. 533). Den Rest der Woche verbringt man dann mit Shoppen und Café-Nachmittagen im angesagten Windsor und Prahran (S. 543), einem Marktbesuch in **South Melbourne** (S. 517) und schaut sich auch noch den **Abbotsford Convent** (S. 511) an. Ein Essen bei **Supernormal** (S. 532) und ein Drink in der **Bar Americano** (S. 547) sollten ebenfalls drin sein.

Auf dem Platz selbst befinden sich neben einigen Restaurants und Bars aber auch kulturelle Schwergewichte wie etwa das Ian Potter Centre, das Australian Centre for the Moving Image oder der Koorie Heritage Trust (S. 507). Fast täglich, vor allem aber am Wochenende, finden hier kostenlose öffentliche Events statt. Es werden sehr empfehlenswerte kostenlose Führungen angeboten (Mo–Sa, 11 Uhr), deren Teilnehmerzahl allerdings begrenzt ist, weshalb man zehn bis 15 Minuten vorher da sein sollte.

★ Ian Potter Centre: NGV Australia — GALERIE

(Karte S. 504; ☎ 03-8620 2222; www.ngv.vic.gov.au; Federation Sq; ⏲ 10–17 Uhr; Flinders St) GRATIS Diese beeindruckende Zweigstelle der National Gallery of Victoria am Federation Square zeigt eine großartige Sammlung australischer Kunst. Auf drei Etagen sind verschiedene Dauerausstellungen (Eintritt frei) und Wechselausstellungen (kostenpflichtig) mit Gemälden, dekorativer Kunst, Fotografien, Drucken, Skulpturen und Mode zu sehen. Kostenlose Führungen finden täglich um 11, 12, 13 und 14 Uhr statt.

Australian Centre for the Moving Image — MUSEUM

(ACMI; Karte S. 504; ☎ 03-8663 2200; www.acmi.net.au; Federation Sq; ⏲ 10–17 Uhr; Flinders St) GRATIS Das gleichermaßen informative wie spannende und unterhaltende ACMI ist ein visuelles Fest und eine Hommage an das australische Kino und Fernsehen. Wie wohl kein anderes Museum bietet es einen Einblick in die heutige australische Psyche. Das auf Knopfdruck ausgestrahlte Material – Fernsehsendungen, Spiele und Filme – ist für Menschen jedes Alters geeignet, sodass man hier prima einen ganzen Tag beim Fernsehen verbringen kann, ohne sich schuldig zu fühlen. Kostenlose Führungen gibt's täglich um 11 und 14.30 Uhr.

Birrarung Marr — PARK

(Karte S. 504; Batman Ave; Flinders St) Der in mehreren Stufen angelegte Birrarung Marr bietet mit seinen Grashügeln, Spazierwegen am Fluss, der durchdachten Begrünung mit endemischer Flora und den herrlichen Aussichtspunkten auf die Stadt und den Fluss eine willkommene Ergänzung zu Melbournes Flickenteppich aus Parks und Gärten. Von hier führt auch ein malerischer Fußweg über die „sprechende" William Barak Bridge – die Lieder, Worte und Geräusche, die man beim Überqueren hört, stehen für die kulturelle Vielfalt Melbournes – hinüber zum MCG (S. 510).

★ Hosier Lane — KUNST IM ÖFFENTLICHEN RAUM

(Karte S. 504; Flinders St) Die für ihre Straßenkunst berühmteste Gasse Melbournes ist die kopfsteingepflasterte Hosier Lane, die mit ihren ausgefallenen Graffiti, Schablonengraffiti und Kunstinstallationen jede Menge mit Kameras bewaffnete Schaulustige anlockt. Die Kunstwerke drehen sich überwiegend um politische und alternativkulturelle Themen, sind mit respektlosem Humor gewürzt und ändern sich fast täglich (selbst ein Banksy ist hier nicht sicher). Sehenswert ist auch die Rutledge Lane, die hufeisenförmig um die Hosier Lane verläuft.

Flinders Street Station — HISTORISCHES GEBÄUDE

(Karte S. 504; Ecke Flinders St & Swanston St; Flinders St) Sollte es ein einziges typisches Symbol für die Stadt geben, dann ist es die Flinders Street Station. Erbaut 1854, war dies der erste Bahnhof in Melbourne und es gibt wohl kaum einen Melbourner, der nicht irgendwann in seinem Leben „Wir treffen uns unter den Uhren" gesagt hat – der vordere Bahnhofseingang ist ein beliebter Treffpunkt für Verabredungen. Das schöne klassizistische Gebäude am Yarra River wird von einer auffälligen achteckigen Kuppel gekrönt.

St. Paul's Cathedral — KIRCHE

(Karte S. 504; ☎ 03-9653 4333; www.cathedral.org.au; Ecke Flinders St & Swanston St; ⏲ So 7.30–19.30, Mo–Fr 8–18, Sa 9–16 Uhr; Flinders St) Gottesdienste werden an dieser zentralen Stelle bereits seit den Anfängen der Stadt abgehalten, die Arbeiten zum Bau der anglikanischen Kathedrale begannen jedoch erst 1880. Sie wurde 1891 geweiht und die heutige neugotische Kirche ist das Werk des berühmten Kirchenarchitekten William Butterfield – und ein Beispiel der Trennung von Entwurf und Bauausführung, da Butterfield sich nicht dazu herabließ, Melbourne zu besuchen, sondern einfach nur seine Entwurfszeichnungen aus England schickte. In der Kirche kann man aufwendige Buntglasfenster, Bodenfliesen aus viktorianischer Zeit sowie horizontale Streifen aus cremefarbenem und grauem Stein bewundern.

Melbourne Town Hall — GEBÄUDE

(Karte S. 504; ☎ 03-9658 9658; www.thatsmelbourne.com.au; 90-130 Swanston St; ⏲ geführte Touren Mo–Fr 11 & 13 Uhr; Flinders St) GRATIS Seit

Melbourne

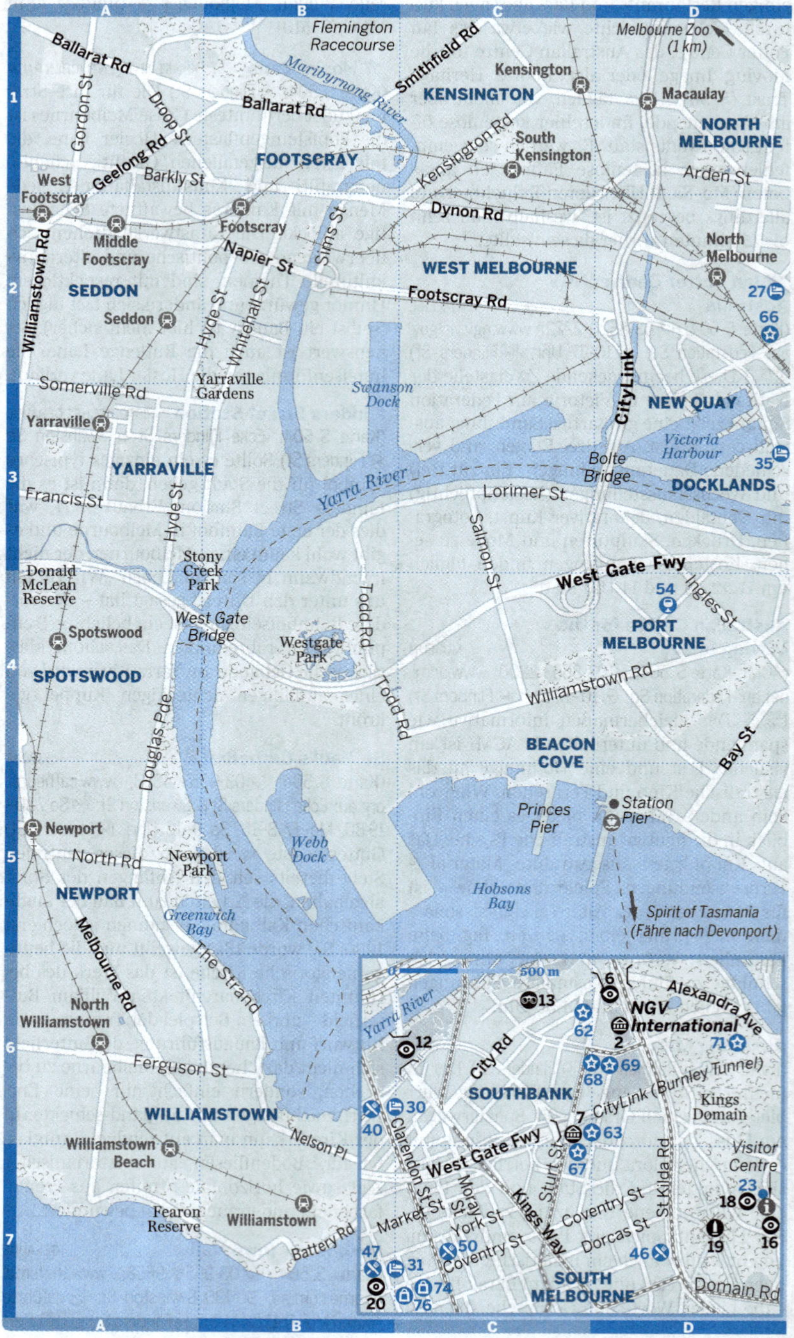

Flemington Racecourse
Maribyrnong River
Ballarat Rd
Smithfield Rd
Kensington
KENSINGTON
Melbourne Zoo (1 km)
Macaulay
NORTH MELBOURNE
Gordon St
Droop St
Geelong Rd
Barkly St
FOOTSCRAY
Kensington Rd
South Kensington
Arden St
West Footscray
Footscray
Dynon Rd
Middle Footscray
Napier St
Sims St
Williamstown Rd
SEDDON
WEST MELBOURNE
North Melbourne
Footscray Rd
Seddon
Hyde St
Whitehall St
27
66
Yarraville Gardens
Swanson Dock
Somerville Rd
CityLink
NEW QUAY
Yarraville
Victoria Harbour
YARRAVILLE
Bolte Bridge
35
Yarra River
DOCKLANDS
Francis St
Lorimer St
Salmon St
Stony Creek Park
Donald McLean Reserve
Todd Rd
West Gate Fwy
54
Ingles St
West Gate Bridge
Spotswood
PORT MELBOURNE
Westgate Park
SPOTSWOOD
Williamstown Rd
Douglas Pde
BEACON COVE
Bay St
Station Pier
Princes Pier
Newport
Webb Dock
North Rd
Newport Park
Hobsons Bay
NEWPORT
Greenwich Bay
Spirit of Tasmania (Fähre nach Devonport)
Melbourne Rd
The Strand
North Williamstown
Ferguson St
WILLIAMSTOWN
Nelson Pl
Williamstown Beach
Fearon Reserve
Williamstown
Battery Rd
0 500 m
6
13
Alexandra Ave
Yarra River
62
NGV International
2
71
12
City Rd
69
68
SOUTHBANK
CityLink (Burnley Tunnel)
Kings Domain
7
63
30
40
Clarendon St
West Gate Fwy
Sturt St
67
Visitor Centre
St Kilda Rd
23
18
Moray St
Kings Way
Coventry St
Market St
York St
19
16
47
50
Coventry St
Dorcas St
46
31
74
SOUTH MELBOURNE
Domain Rd
20
76

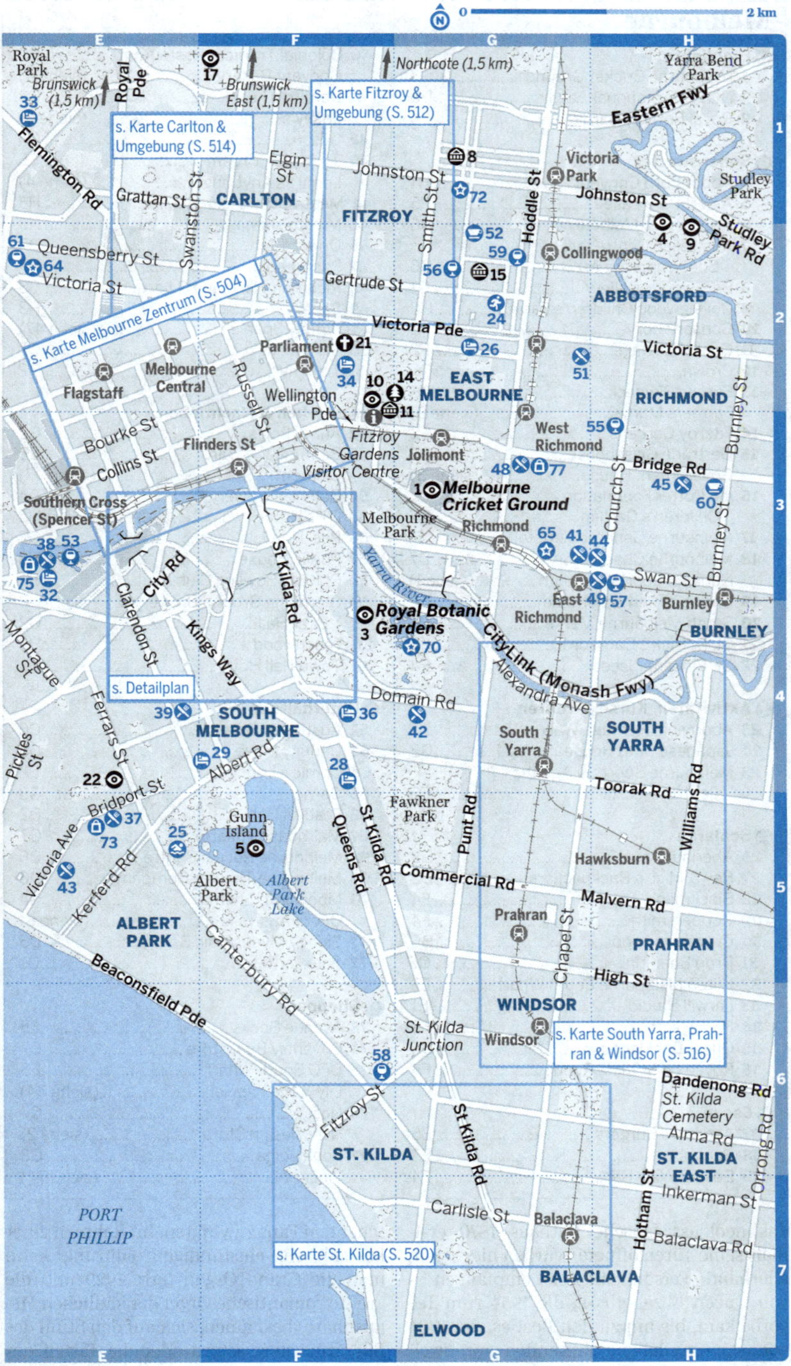
0
2 km
E
F
G
H
1
2
3
4
5
6
7
Royal Park
Brunswick (1,5 km)
Royal Pde
17
Brunswick East (1,5 km)
Northcote (1,5 km)
Yarra Bend Park
Eastern Fwy
s. Karte Fitzroy & Umgebung (S. 512)
s. Karte Carlton & Umgebung (S. 514)
33
Flemington Rd
Elgin St
Johnston St
8
Victoria Park
Studley Park
Grattan St
Swanston St
CARLTON
FITZROY
Smith St
72
Hoddle St
Johnston St
Studley Park Rd
4
9
52
61
Queensberry St
64
Victoria St
59
Collingwood
56
15
Gertrude St
ABBOTSFORD
s. Karte Melbourne Zentrum (S. 504)
24
Victoria Pde
Parliament
21
26
Victoria St
51
Melbourne Central
Flagstaff
34
10
14
EAST MELBOURNE
Russell St
Wellington Pde
11
RICHMOND
Bourke St
Fitzroy Gardens Visitor Centre
Jolimont
West Richmond
55
Burnley St
Flinders St
Collins St
48
77
Bridge Rd
Church St
45
60
1
Melbourne Cricket Ground
Southern Cross (Spencer St)
Melbourne Park
Richmond
38
53
65
41
44
75
32
City Rd
St Kilda Rd
Yarra River
Swan St
East Richmond
49
57
Burnley
Clarendon St
Kings Way
3
Royal Botanic Gardens
70
Richmond
BURNLEY
Montague St
CityLink (Monash Fwy)
Alexandra Ave
s. Detailplan
Ferrars St
39
SOUTH MELBOURNE
36
Domain Rd
42
South Yarra
SOUTH YARRA
Pickles St
29
Albert Rd
28
Toorak Rd
Williams Rd
22
Bridport St
Fawkner Park
37
73
Gunn Island
5
25
Punt Rd
Queens Rd
St Kilda Rd
Hawksburn
Victoria Ave
43
Kerferd Rd
Albert Park
Albert Park Lake
Commercial Rd
Malvern Rd
Prahran
ALBERT PARK
PRAHRAN
Chapel St
Canterbury Rd
Beaconsfield Pde
High St
WINDSOR
St. Kilda Junction
Windsor
s. Karte South Yarra, Prahran & Windsor (S. 516)
58
Dandenong Rd
St. Kilda Cemetery
Fitzroy St
Alma Rd
Orrong Rd
ST. KILDA
St Kilda Rd
ST. KILDA EAST
Hotham St
Inkerman St
PORT PHILLIP
Carlisle St
Balaclava
Balaclava Rd
s. Karte St. Kilda (S. 520)
BALACLAVA
ELWOOD

Melbourne

Highlights
1 Melbourne Cricket Ground G3
2 NGV International D6
3 Royal Botanic Gardens F4

Sehenswertes
4 Abbotsford Convent H1
5 Albert Park Lake F5
6 Arts Centre Melbourne D6
7 Australian Centre for Contemporary Art C6
8 Backwoods Gallery G1
9 Collingwood Children's Farm H2
10 Conservatory F2
11 Cooks' Cottage F2
12 Crown C6
13 Eureka Skydeck C6
Farmers Market .... (siehe 9)
14 Fitzroy Gardens G2
15 Gertrude Glasshouse G2
Government House .... (siehe 3)
16 Ian Potter Foundation Children's Garden D7
17 Melbourne General Cemetery F1
18 Melbourne Observatory D7
National Sports Museum .... (siehe 1)
19 Shrine of Remembrance D7
20 South Melbourne Market B7
21 St. Patrick's Cathedral F2
22 St. Vincent Place E4

Aktivitäten, Kurse & Touren
23 Aboriginal Heritage Walk D7
24 Japanese Bath House G2
25 Melbourne Sports & Aquatic Centre E5

Schlafen
26 Aberlour Court G2
27 Bev & Mick's Backpackers D2
28 Blackman F4
29 Coppersmith F4
30 Crown Metropol B6
31 Drop Bear Inn C7
32 Hilton Melbourne South Wharf E3
33 Larwill Studio E1
34 Park Hyatt F2
35 Quest Docklands D3
36 Royce on St Kilda Road F4

Essen
37 Andrew's Burgers E5
38 Bangpop E3
39 Bellota Wine Bar E4
40 Colonial Tramcar Restaurant B6
Convent Bakery .... (siehe 4)
41 Demitri's Feast G3
Easey's .... (siehe 8)
42 Gilson G4
43 Jock's Ice-Cream E5
Lentil as Anything .... (siehe 4)
44 Meatmother H3
45 Minamishima H3
46 Orient East D7
47 Paco y Lola B7
48 Richmond Hill Cafe & Larder G3
49 Sabai H3
Simply Spanish .... (siehe 47)
50 St Ali C7
51 Thy Thy G2

Ausgehen & Nachtleben
52 Aunty Peg's G2
53 Boatbuilders Yard E3
Clement .... (siehe 47)
54 Colonial Brewery Co D4
55 DT's Hotel H3
56 Peel Hotel G2
57 Public House H3
58 St Kilda Bowling Club F6
59 Stomping Ground Brewery & Beer Hall G2
60 Touchwood H3
61 Town Hall Hotel E2

Unterhaltung
62 Australian Ballet C6
63 Chunky Move D6
64 Comic's Lounge E2
65 Corner G3
66 Festival Hall D2
67 Malthouse Theatre C7
68 Melbourne Recital Centre C6
69 Melbourne Theatre Company D6
70 Moonlight Cinema G4
Opera Australia .... (siehe 6)
71 Sidney Myer Music Bowl D6
72 Tote G1

Shoppen
73 Avenue Books E5
74 Coventry Bookstore C7
75 DFO South Wharf E3
Lily & the Weasel .... (siehe 44)
76 Nest C7
NGV Design Store .... (siehe 2)
77 Pookipoiga G3
Vincent 2 .... (siehe 74)

das neoklassizistische Rathaus 1870 erstmals seine Türen öffnete, wurden hier schon allerhand Persönlichkeiten empfangen – von Queen Elizabeth II., die 1954 zum Tee vorbeikam, bis hin zu den Beatles, die 1964 von seinem Balkon Tausenden von kreischenden Fans zuwinkten. Im Rahmen einer kostenlosen, einstündigen Führung kann man die Grand Organ (erb. 1929 und die größte romantische Orgel der südlichen Hemisphäre) bestaunen, sich auf den Stuhl des Bürgermeisters setzen oder die Tasten des

Klaviers streicheln, auf dem auch schon Paul McCartney gespielt hat.

Old Treasury Building MUSEUM

(Karte S. 504; ☎ 03-9651 2233; www.oldtreasurybuilding.org.au; 20 Spring St; ⏲ So–Fr 10–16 Uhr; Ⓡ Parliament) GRATIS Das schöne neoklassizistische Gebäude wurde 1862 von J.J. Clarke entworfen und ist eine besondere Mischung aus Hybris und Funktionalität. In den Kellergewölben lagerten einst Schätze aus den Goldfeldern Victorias im Wert von vielen Millionen Pfund, heute erzählt die hier untergebrachte Multimedia-Ausstellung Geschichten aus der Zeit des Goldrauschs. Hier unten befinden sich auch der Nachbau der Hausmeisterwohnung aus den 1920er-Jahren sowie eine Kopie des 70 kg schweren Goldnuggets „Welcome Stranger", das 1869 gefunden wurde.

Parliament House HISTORISCHES GEBÄUDE

(Karte S. 504; ☎ 03-9651 8568; www.parliament.vic.gov.au; Spring St; ⏲ Mo–Fr 8.30–17.30 Uhr; Ⓡ Parliament) GRATIS Auf der prächtigen Freitreppe des 1856 errichteten Parlamentsgebäudes von Victoria posieren häufig in Tüll gehüllte lächelnde Bräute oder Plakate tragende Demonstranten vor der Kamera. Wenn das Parlament tagt, dürfen Besucher das Geschehen von den Emporen aus verfolgen. Außerhalb der Sitzungsperiode werden am Tag acht Führungen angeboten. Die genauen Zeiten findet man online oder auf dem Schild neben dem Eingang. Die Teilnehmerzahl ist beschränkt; also am besten mindestens 15 Minuten vorher da sein.

★ **Chinatown** AREAL

(Karte S. 504; www.chinatownmelbourne.com.au; Little Bourke St, zw. Swanston St & Exhibition St; Ⓡ Melbourne Central, Parliament) Über 150 Jahre lang war dieser Teil von Melbournes Stadtmitte das Zentrum der chinesischen Gemeinschaft. Das heute von fünf traditionellen Torbögen flankierte Viertel ist immer noch äußerst lebhaft und die historischen Gebäude beherbergen viele chinesische (und andere asiatische) Restaurants. Eine gute Adresse für Yum Cha (Dim Sum), und um spät abends in den kleinen Gassen noch chinesische Teigtaschen zu essen oder einen Cocktail zu trinken. Hier wird auch das **Chinesische Neujahr** (www.chinatownmelbourne.com.au; Little Bourke St; ⏲ Jan. oder Feb.) groß gefeiert.

Auf der Suche nach dem „neuen Goldberg" kamen chinesische Bergleute in den 1850er-Jahren nach Victoria und siedelten sich ab den 1860er-Jahren in dem Abschnitt der Little Bourke St an. Wer mehr über die Geschichte der australischen Chinesen erfahren möchte, sollte im **Chinese Museum** (☎ 03-9662 2888; www.chinesemuseum.com.au; 22 Cohen Pl; Erw./Kind 10/8,50 AU$; ⏲ 10–16 Uhr; Ⓡ Parliament) vorbeischauen.

Royal Arcade HISTORISCHES GEBÄUDE

(Karte S. 504; www.royalarcade.com.au; 335 Bourke St Mall; 🚊 86, 96) Die Einkaufspassage im Pariser Stil – die älteste ihrer Art in Melbourne – wurde zwischen 1869 und 1870 erbaut und bis heute konnte ein Großteil ihrer reizenden Details aus dem 19. Jh. erhalten werden. Ein schwarz-weiß gemusterter Weg führt zu den mythologischen Figuren der Riesenbrüder Gog und Magog, die mit Hämmern in der Hand am mit einer Kuppel versehenen Ausgang sitzen, der zur Little Collins St führt. Seit 1892 schlagen sie die Stunde.

State Library of Victoria BÜCHEREI

(Karte S. 504; ☎ 03-8664 7002; www.slv.vic.gov.au; 328 Swanston St; ⏲ Mo–Do 10–21, Fr–So bis 18 Uhr, Galerien 10–17 Uhr; Ⓡ Melbourne Central) Dieses großartige neoklassizistische Gebäude spielt seit seiner Eröffnung 1856 eine führende Rolle in Melbournes Literaturszene. Das Herzstück der Bibliothek, der achteckige **La Trobe Reading Room**, wurde 1913 fertiggestellt; seine Stahlbetonkuppel war damals die größte ihrer Art weltweit. Im Lesesaal werden nicht nur die kunstvollen Stuckarbeiten, sondern auch die fleißigen Autoren Melbournes, die hier ihre Werke zu Papier bringen, vom Sonnenlicht erhellt. Das Highlight für Besucher sind die faszinierenden Sammlungen, die in den **Dome Galleries** ausgestellt werden.

Am besten beginnt man seinen Besuch auf dem Aussichtsbalkon der Kuppel im 6. Stock und arbeitet sich dann nach unten zu den Dome Galleries, die die nächsten beiden Ebenen einnehmen. Auf der Galerie im 5. Stock befindet sich die Ausstellung *Changing Face of Victoria* (Das sich wandelnde Gesicht Vicotrias). Die beeindruckendsten Stücke sind die Totenmaske und die Rüstung Ned Kellys, Australiens berühmt-berüchtigtem Busch-Ranger; der angsteinflößende Helm wurde notdürftig aus einem Pflug hergestellt, aus den zwei Augen ausgeschnitten wurden. Zu sehen sind auch zahlreiche originale Erinnerungsstücke von Burke und Wills sowie John Batmans umstrittener Vertrag über die Landnutzung (oder besser den Landraub), von dem ange-

Melbourne Zentrum

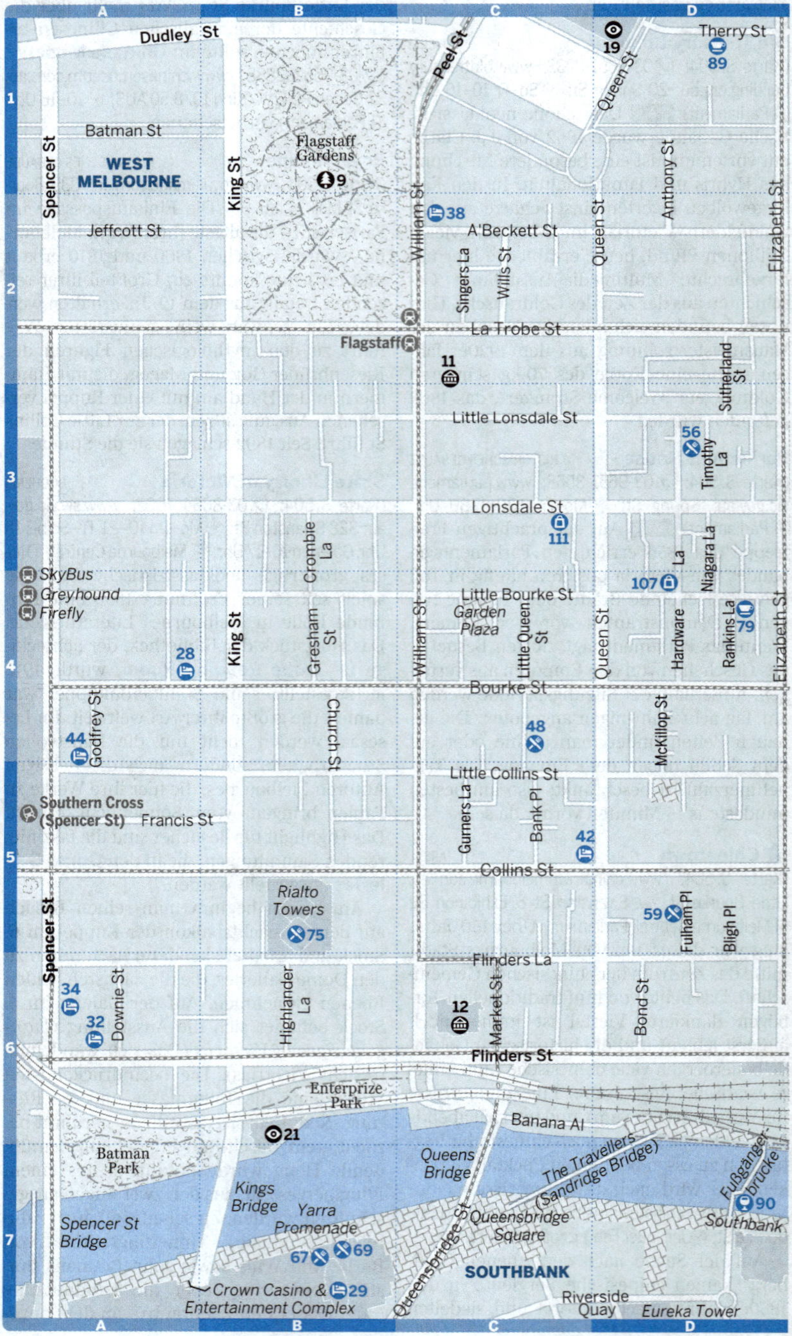

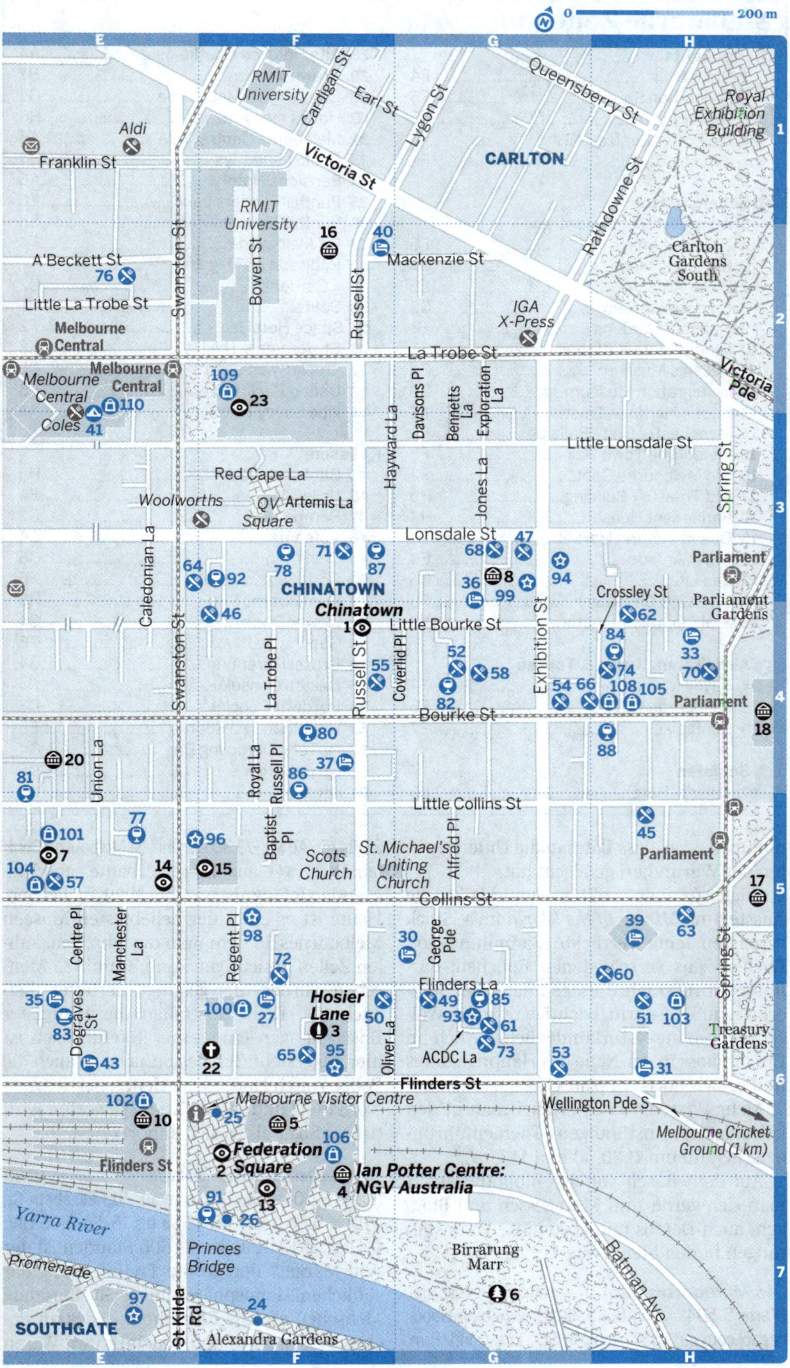
0
200 m
E
F
G
H
1
2
3
4
5
6
7
RMIT University
Cardigan St
Earl St
Lygon St
Queensberry St
Royal Exhibition Building
Aldi
Franklin St
Victoria St
CARLTON
Rathdowne St
RMIT University
16
40
Mackenzie St
Carlton Gardens South
A'Beckett St
76
Swanston St
Bowen St
Russell St
Little La Trobe St
Melbourne Central
IGA X-Press
La Trobe St
Victoria Pde
Melbourne Central
Melbourne Central
109
23
Coles
41
110
Davisons Pl
Bennetts La
Exploration La
Hayward La
Little Lonsdale St
Red Cape La
Jones La
Spring St
Woolworths
QV Square
Artemis La
Lonsdale St
47
68
71
87
78
64
92
CHINATOWN
36
8
99
94
Parliament
Caledonian La
Crossley St
62
Parliament Gardens
46
Chinatown
1
Little Bourke St
Exhibition St
84
33
Swanston St
La Trobe Pl
Russell St
Coverlid Pl
52
55
58
74
70
82
54
66
108
105
Parliament
Bourke St
18
80
88
20
Union La
Royal La
Russell Pl
37
86
81
Little Collins St
77
101
96
45
7
14
15
Baptist Pl
Scots Church
St. Michael's Uniting Church
Alfred Pl
Parliament
104
57
17
Collins St
Centre Pl
Manchester La
Regent Pl
98
30
George Pde
39
63
Spring St
72
60
Flinders La
35
Degraves St
83
100
27
Hosier Lane
3
50
49
85
93
61
51
103
Treasury Gardens
43
22
65
95
Oliver La
ACDC La
73
53
31
Flinders St
102
Melbourne Visitor Centre
Wellington Pde S
10
25
5
Melbourne Cricket Ground (1 km)
106
Flinders St
Federation Square
2
Ian Potter Centre: NGV Australia
4
13
91
26
Yarra River
Promenade
Princes Bridge
Birrarung Marr
Batman Ave
97
24
6
SOUTHGATE
St Kilda Rd
Alexandra Gardens

Melbourne Zentrum

nommen wird, dass Batman die Unterschriften der Wurundjeri gefälscht hat.

Bücherfreunde sollten keinesfalls die Ausstellung *Mirror of the World* im 4. Stock verpassen, eine verrückte Sammlung von Büchern aus verschiedenen Epochen, darunter ein 4000 Jahre alter sumerischer Steuerbeleg in Keilschrift, wichtige religiöse Wälzer und schöne Naturkundebücher. Auch im Erdgeschoss in der Nähe des Haupteingangs finden sich noch ein paar Galerien.

Mehr Wissenswertes erfährt man in den kostenlosen einstündigen Themenführungen (Beginn um 11.30, 13 und 14 Uhr).

Auf dem Rasen vor der Bibliothek trifft man sich gerne zum Mittagessen und Bloggen; auch Demos und kostenlose Veranstaltungen finden hier oft statt.

Old Melbourne Gaol HISTORISCHES GEBÄUDE
(Karte S. 504; ☎03-8663 7228; www.oldmelbournegaol.com.au; 337 Russell St; Erw./Kind/Fam. 25/14/55 AU$; ⌚9.30–17 Uhr; Melbourne Central) Das 1841 aus Basalt erbaute, abschreckende Gefängnis war bis 1929 in Betrieb. Heute ist es eines der beliebtesten Museen Melbournes, in dem man die winzigen, kahlen Zellen besichtigen kann. Rund 135 Menschen wurden hier gehängt, darunter 1880 auch Ned Kelly, Australiens berüchtigtster Busch-Ranger; eine seiner Totenmasken ist hier ausgestellt. Teil des Besuchs ist auch die Police Watch House Experience, bei der man „verhaftet" und in den Knast geworfen wird (ist spaßiger als es sich anhört).

★ **Queen Victoria Market** MARKT
(Karte S. 504; www.qvm.com.au; 513 Elizabeth St; ⌚Di & Do 6–14, Fr bis 17, Sa bis 15, So 9–16 Uhr; Flagstaff) Mit mehr als 600 Ständen ist der „Vic Market" der größte Freiluftmarkt der südlichen Hemisphäre und lockt Tausende Menschen an. Die Einwohner der Stadt decken sich hier bei den lautstark ihre Waren

anpreisenden Fisch-, Obst- und Gemüsehändlern mit frischen Lebensmitteln ein. In der wundervollen Feinkosthalle (mit Art-déco-Elementen) gibt's alles von Weichkäse, Wein und polnischen Würstchen bis zu griechischen Dips, Trüffelöl und getrocknetem Kängurufleisch.

Hellenic Museum MUSEUM

(Karte S. 504; ☎03-8615 9016; www.hellenic.org.au; 280 William St; Erw./Kind 10/5 AU$; ⊙Di–So 10–16 Uhr; Ⓡ Flagstaff) In einem wunderschönen neoklassizistischen Gebäude, der ehemaligen königlichen Münzprägeanstalt, ist dieses Museum untergebracht, das der Geschichte der griechischen Einwanderer gewidmet ist, die in den 1950er-Jahren hierher kamen. Beleuchtet wird auch der Beitrag, den sie zur Entwicklung der Stadt geleistet haben – Melbourne ist die Stadt mit der größten griechischen Population außerhalb von Griechenland. Bis 2024 ist hier noch *Gods, Myths & Monsters* zu sehen, eine außergewöhnliche Fundgrube mit Artefakten aus dem Athener Benaki-Museum.

Flagstaff Gardens PARK

(Karte S. 504; zw. William St, La Trobe St, Dudley St & King St; Ⓡ Flagstaff) Der Park, der ursprünglich Burial Hill hieß, war Melbournes erster Friedhof: Acht der frühen Siedler wurden hier begraben. Heute präsentiert er sich mit angenehmen, offenen Grünflächen, auf denen Büroangestellte gern ihre Mittagspause verbringen. Im Park stehen Bäume, die weit über 100 Jahre alt sind, u.a. Großblättrige Feigen und verschiedene Eukalyptusarten, darunter Spotted Gums, Sugar Gums und Roter Eukalyptus. Auch viele Possums lassen sich blicken – *nicht* füttern, bitte!

Koorie Heritage Trust KULTURZENTRUM

(Karte S. 504; ☎03-8662 6300; www.koorieheritagetrust.com; Yarra Building, Federation Sq; geführte Touren Erw./Kind 33/17 AU$; ⊙10–17 Uhr;

Flinders St) GRATIS Das Kulturzentrum widmet sich der Kultur der Aborigines im Südosten und präsentiert interessante Artefakte und mündliche Überlieferungen. In der unteren Etage gibt's einen Laden und eine Galerie, während oben in Schaukästen und Schubladen sorgfältig erhaltene, bedeutende Objekte zu sehen sind. Im Sommer werden auch einstündige Führungen entlang des Yarra-Ufers angeboten, bei denen die Geschichte und die Erinnerungen heraufbeschworen werden, die tief unter der modernen Stadt schlummern. Online buchen.

Immigration Museum MUSEUM

(Karte S. 504; 13 11 02; www.museumvictoria.com.au/immigrationmuseum; 400 Flinders St; Erw./Kind 14 AU$/frei; 10–17 Uhr; 55) Das Immigration Museum bringt seinen Besuchern durch gesprochene Berichte, Bilder und Zeugnisse die vielen Geschichten der Einwanderung nach Australien näher. Das Museum residiert passenderweise im Old Customs House, dem ehemaligen Zollhaus. Das restaurierte Gebäude von 1876 ist allein schon einen Besuch wert; der Long Room ist ein hinreißendes Werk der Neorenaissance-Architektur.

Sea Life AQUARIUM

(Karte S. 504; 1800 026 576; www.melbourneaquarium.com.au; Ecke Flinders St & King St; Erw./Kind/Fam. 46/26/99 AU$; 9.30–18 Uhr; ; 35, 70, 75) In dem interessanten, aber extrem teuren Aquarium schwimmen Rochen, Zackenbarsche und Haie in einem Becken mit rund 2,2 Mio. l Wasser. In dem hindurchführenden Glastunnel können die Besucher die Tiere aus nächster Nähe beobachten. Im eisigen „Antarctica" watscheln Esels- und Königspinguine, während eines der größten Leistenkrokodile Australiens das Geschehen aus seinem Bau mit wachsamem Auge überblickt. Dreimal täglich gibt's Tauchgänge im Haibecken; mit schlappen 299 AU$ ist man dabei. Online sind die Eintrittskarten billiger.

St. Patrick's Cathedral KIRCHE

(Karte S. 500; 03-9662 2233; www.stpatrickscathedral.org.au; 1 Cathedral Pl, East Melbourne; Mo–Fr 9–17 Uhr; Parliament) Die von William Wardell entworfene katholische Kathedrale Melbournes ist eines der weltweit schönsten Beispiele neugotischer Architektur und die größte Kirche Australiens. Die Bauarbeiten begannen 1858 und wurden 1939 mit dem Aufsetzen der Turmspitzen abgeschlossen. Das beeindruckende, aus Basalt erbaute Äußere und das umliegende Gelände lassen schon erahnen, was sich im Innern des Gotteshauses versteckt: Glocken mit mehreren Tausend Kilo, eine Orgel aus 4500 Einzelteilen, verzierte Buntglasfenster und exzellente Mosaike in der Kapelle des Allerheiligsten Sakraments.

Southbank & Docklands

Die Neuerfindung der Southbank als schillernder Touristenbezirk ist so allumfassend, dass man sich nur noch schwer vorstellen kann, dass es bis Ende der 1970er-Jahre ein raues Gewerbegebiet mit einem großen Hafen war. Heute ist seine hübsche Promenade am Ufer von bekannten Restaurants und Hotels gesäumt und dank einiger der wichtigsten Kunstinstitutionen der Stadt darf es bei einem Besuch Melbournes nicht fehlen. Westlich des Zentrums liegen die Docklands, an deren einstigen Ladeplätzen heute eine kleine Stadt für sich mit Apartmentgebäuden, Büros, Restaurants, Plazas, öffentlicher Kunst und Parks entstanden ist.

★ NGV International GALERIE

(Karte S. 500; 03-8662 1555; www.ngv.vic.gov.au; 180 St. Kilda Rd, Southbank; 10–17 Uhr; Flinders St) GRATIS In einem weitläufigen, fast brutal schönen und an einen Bunker erinnernden Gebäude ist die internationale Zweigstelle der National Gallery of Victoria mit ihrer umfangreichen Sammlung an Kunstwerken von der Antike bis zur Gegenwart untergebracht. Regelmäßig finden Ausstellungen bekannter Künstler statt (Eintritt variiert), die die Besucher in Scharen anlocken. Täglich um 11 und 13 Uhr werden kostenlose 45-minütige Führungen mit den Highlights der Sammlung angeboten, um 12 und 14 Uhr gibt's eine einstündige Führung.

Eureka Skydeck AUSSICHTSPUNKT

(Karte S. 500; 03-9693 8888; www.eurekaskydeck.com.au; 7 Riverside Quay, Southbank; Erw./Kind 20/12 AU$, The Edge zzgl. 12/8 AU$; 10–22 Uhr, Flinders St) Melbournes höchstes Gebäude ist der 2006 errichtete, 297 m hohe Eureka Tower. Der schnelle Aufzug bringt einen in weniger als 40 Sekunden 88 Stockwerke hoch (wenn die Zeit reicht, lohnt ein Blick auf das Foto auf dem Boden des Aufzugs). **The Edge** ist ein recht sadistischer Glaswürfel, der über die Gebäudekante vorgeschoben wird, während man sich in ihm befindet, sodass man unwillkürlich in den Abgrund schauen muss.

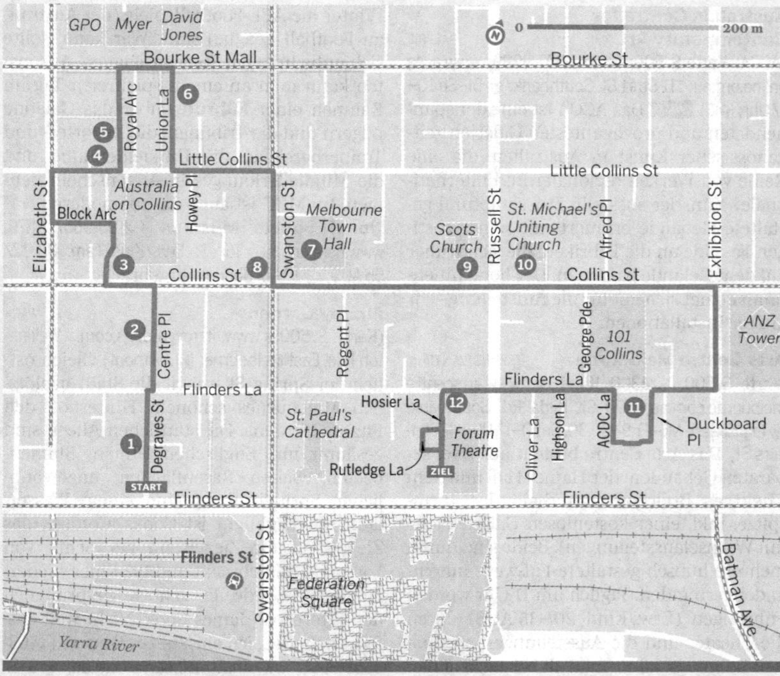

Stadtspaziergang
Arkaden & Gassen

START DEGRAVES ST
ZIEL MOVIDA
LÄNGE/DAUER 3 KM, 2½ STD.

Das Zentrum Melbournes ist ein Gewirr von Arkaden aus dem 19. Jh. und Kopfsteinpflastergassen mit Straßenkunst, Kellerrestaurants, Boutiquen und Bars.

Los geht's in der 1 **Degraves St**, einer Seitenstraße mit interessanten Geschäften und Cafés. Bei Degraves Espresso holt man sich einen Kaffee und geht nach Norden und kommt bald an den 2 **Centre Place** mit seinen zahlreichen Cafés.

Nach Überquerung der Collins St geht es links in die 1891 erbaute 3 **Block Arcade**, die von der Galleria Vittorio Emanuele II in Mailand inspiriert ist. Geht man weiter durch die Arkade und biegt nach links ab, führt der Ausgang direkt auf die Elizabeth St.

An der nächsten Ecke wird die Straße überquert und man biegt in die Little Collins St ab, wo man sich einen Drink im 4 **Chuckle Park** (S. 548) gönnen kann, bevor man weiterzieht und links in die 5 **Royal Arcade** (S. 503) geht. Die Arkade führt zur Bourke St Mall, wo man rechts abbiegt und weitergeht, bis man rechts auf die 6 **Union Lane** stößt.

Am Ende der Union Lane geht's links in die Little Collins St, dann rechts in die Swanston St und vorbei an der 7 **Melbourne Town Hall** (S. 499). Dann steht ein Besuch des 8 **Manchester Unity Building** an, wo man sich im Foyer umsieht. Dann die Swanston St überqueren und den Hügel hinauf bis zum „Pariser Ende" der Collins St gehen. Unterwegs passiert man die gotische 9 **Scots Church** und die 10 **St. Michael's Uniting Church**.

Der Weg führt nach rechts in die Exhibition St, dann rechts in die Flinders Lane und weiter, bis zum 11 **Duckboard Place**. In aller Ruhe geht's die Gasse entlang, um die Straßenkunst auf sich wirken lassen kann, bevor man in die AC/DC Lane einbiegt und die Rock-'n'-Roll-Spelunke Cherry passiert

Die Flinders Lane runter gelangt man zu den Straßenkunst-Mekkas 12 **Hosier Lane** (S. 499) und Rutledge Lane, ehe man sich mit Tapas und einem Drink im MoVida stärkt.

Australian Centre for Contemporary Art GALERIE

(ACCA; Karte S. 500; ☎ 03-9697 9999; www.accaonline.org.au; 111 Sturt St, Southbank; ⊙ Di–So 10–17 Uhr; 🚋 1) GRATIS Das ACCA ist eine der spannendsten und provokantesten Galerien zeitgenössischer Kunst in Australien, die eine Reihe von Werken regionaler und internationaler Künstler ausstellt. Das skulptural gestaltete Gebäude erinnert mit seiner rostigen Fassade an die Fabriken, die sich früher auf dem Gelände befanden. Der hohe Innenraum eignet sich gut für die Aufstellung sehr großer Installationen.

Arts Centre Melbourne KUNSTZENTRUM

(Karte S. 500; ☎ 1300 182 183; www.artscentremelbourne.com.au; 100 St. Kilda Rd, Southbank; ⊙ Tageskasse Mo–Fr 9–20.30, Sa 10–17 Uhr; 🚆 Flinders St) Das Arts Centre besteht aus zwei separaten Gebäuden: der Hamer Hall und dem **Theatres Building** (unterhalb der Turmspitze, inkl. einer kostenlosen Galeriefläche mit Wechselausstellungen). Beide sind durch mehrere hübsch gestaltete Fußwege miteinander verbunden. Täglich um 11 Uhr werden Führungen (Erw./Kind 20/ 15 AU$) durch die Theater und die Ausstellungen angeboten; sonntags kann man dabei auch einen Blick hinter die Kulissen werfen.

Richmond & East Melbourne

Melbourne gehört zu den sportbegeistertsten Städten der Welt und Richmond und East Melbourne sind die Orte, an denen alle Aktivitäten zusammenlaufen. Die südöstliche Skyline des Viertels wird von den Silhouetten von Sportstadien dominiert, von denen keines so wuchtig wie der mächtige Melbourne Cricket Ground ist. Nördlich von hier liegen die vornehmen Straßen von East Melbourne, in deren Mitte sich die hübschen Fitzroy Gardens befinden. Richmond ist ein teilweise aufgewertetes, teilweise noch etwas düsteres Wohn- und Gewerbegebiet, in dem einige interessante Restaurants zu finden sind.

★ **Melbourne Cricket Ground** STADION

(MCG; Karte S. 500; ☎ 03-9657 8888; www.mcg.org.au; Brunton Ave, East Melbourne; Führung Erw./Kind/Fam. 23/12/55 AU$, inkl. Museum 32/16/70 AU$; ⊙ geführte Touren 10–15 Uhr; 🚆 Jolimont) Mit 100 000 Plätzen ist das „G" eine der bedeutenden Sportarenen der Welt – und für viele Australier gewissermaßen heiliger Boden. Im Sommer finden hier Kricket- und im Winter die AFL-Footballspiele (der Australian Football League) statt. Wer kann, sollte sich unbedingt ein Spiel anschauen. Ansonsten kann man an einem spielfreien Tag im Rahmen einer **Führung** über das Gelände pilgern und die Tribünen, die Reporter- und Trainerbereiche, die Umkleideräume und die Mitgliederlounges in Augenschein nehmen. Im MCG ist auch das topmoderne **National Sports Museum** (☎ 03-9657 8879; www.nsm.org.au; Tor 3; Erw./Kind/Fam. 23/12/55 AU$; ⊙ 10–17 Uhr) untergebracht.

Fitzroy Gardens PARK

(Karte S. 500; www.fitzroygardens.com; Wellington Pde, East Melbourne; 🚆 Jolimont) Gleich östlich der Spring St weicht die Stadt urplötzlich Melbournes schönem Hinterhof, den Fitzroy Gardens. Die stattlichen Alleen sind gesäumt mit Englischen Ulmen, Blumenbeeten, weiten Rasenflächen, ungewöhnlichen Springbrunnen und einem Wasserlauf. Ein Highlight ist Cooks' Cottage, das Ziegelstein für Ziegelstein per Schiff von Yorkshire hergebracht und 1934 hier wiederaufgebaut wurde. Es gehörte ursprünglich den Eltern von James Cook. Nicht weit entfernt befindet sich ein **Visitor Centre** (☎ 03-9658 9658; www.thatsmelbourne.com.au; ⊙ 9–17 Uhr), zu dem auch ein Café und ein hübsches **Gewächshaus** (Fitzroy Gardens, Wellington Pde, East Melbourne; ⊙ 9–17 Uhr) aus den 1930er-Jahren gehören.

Cooks' Cottage HISTORISCHES GEBÄUDE

(Karte S. 500; Fitzroy Gardens, Wellington Pde, East Melbourne; Erw./Kind/Fam. 6,50/3,50/18 AU$; ⊙ 9–17 Uhr; 🚆 Jolimont) Das bescheidene Familienwohnhaus wurde 1755 erbaut und darf von sich behaupten, das älteste Gebäude Australiens zu sein. Dabei wird allerdings die Tatsache ignoriert, dass es 1934 in 253 Packkisten von Yorkshire aus mit dem Schiff hierher gebracht und wiederaufgebaut wurde. Das Haus gehörte den Eltern des Seefahrers James Cook, die es gegen Ende ihres Lebens bewohnten. Der große Entdecker selbst lebte hier nie, sehr wahrscheinlich war er aber mal zu Besuch. Tickets, um einen Blick ins Innere zu werfen, gibt's im nahegelegenen Visitor Centre.

Fitzroy, Collingwood & Abbotsford

Eine kurze Straßenbahnfahrt vom Zentrum entfernt liegt das Tor zu einigen der angesagtesten Enklaven Melbournes. Hier befinden sich moderne Restaurants und Antiquitätenläden neben traditionellen, hundertjährigen Pubs und schäbigen Bars mit Livemusik. Fitzroy, Melbournes erste Vorstadt, und Collingwood galten einst als Inbegriff von Schmutz und Laster. Trotz fortschreitender Gentrifizierung haben die Viertel auch heute noch genug Ecken und Kanten, um authentisch zu bleiben. Hinter Collingwood liegt das überwiegend industrielle Abbotsford, das von einem malerischen Abschnitt des Yarra River begrenzt wird, wo ständig neue Cafés und Restaurants aus dem Boden sprießen.

Abbotsford Convent HISTORISCHE STÄTTE
(Karte S. 500; ☎03-9415 3600; www.abbotsfordconvent.com.au; 1 St Heliers St, Abbotsford; geführte Touren 15 AU$; ⏲7.30–22 Uhr; 🚊200, 207, 🚉Victoria Park) GRATIS Nonnen gibt es in diesem ehemaligen Kloster von 1861 schon lange keine mehr. Heute ist auf dem weitläufigen, 7 ha großen Gelände am Fluss und in den architektonisch reizvollen kirchlichen Gebäuden eine florierende Kunstgemeinde aus Galerien, Ateliers, einer Bar und Restaurants, darunter die **Convent Bakery** (☎03-9419 9426; www.conventbakery.com; Hauptgerichte 10–20 AU$; ⏲7–17 Uhr) und das vegetarische **Lentil as Anything** (☎03-9419 6444; www.lentilasanything.com; Eintritt gegen Spende; ⏲9–21 Uhr; 🌱), beheimatet. Sonntags um 14 Uhr werden Führungen angeboten.

Collingwood Children's Farm FARM
(Karte S. 500; www.farm.org.au; 18 St Heliers St, Abbotsford; Erw./Kind/Fam. 10/5/20 AU$; ⏲9.15–16.30 Uhr; 🚊200, 207, 🚉Victoria Park) In diesem nicht nur bei Kindern beliebten, rustikalen Refugium am Fluss vergisst man das Stadtzentrum ganz schnell. Die Kleinen können helfen, die frei herumlaufenden Farmtiere zu füttern, sie können beim Melken der Kühe zusehen und Meerschweinchen streicheln. Das Café macht um 9 Uhr auf und kann auch besucht werden, ohne die Farm selbst zu betreten. Der monatliche **Farmers Market** (www.mfm.com.au/markets/collingwood-childrens-farm; Erw./Kind 2 AU$/frei; ⏲2. Sa im Monat 8–13 Uhr) ist ein Highlight.

Centre for Contemporary Photography GALERIE
(CCP; Karte S. 512; ☎03-9417 1549; www.ccp.org.au; 404 George St, Fitzroy; ⏲Mi–Fr 11–17, Sa & So 12–17 Uhr; 🚊86) GRATIS Das gemeinnützige Zentrum zeigt in fünf Galerien zeitgenössische Fotoausstellungen, die etwa alle sechs Wochen wechseln. Die Arbeiten reichen von traditionell bis hoch konzeptuell. Ein besonderer Schwerpunkt liegt auf Videoprojektionen, etwa eine allabendliche Projektion, die nach Schließung der Galerie in einem Fenster an der Ecke George St und Kerr St zu sehen ist.

Gertrude Contemporary Art Space GALERIE
(Karte S. 512; ☎03-9419 3406; www.gertrude.org.au; 200 Gertrude St, Fitzroy; ⏲Di–Fr 11–17.30, Sa bis 16.30 Uhr; 🚊86) Diese gemeinnützige Galerie mit Atelier ist seit fast 30 Jahren überaus erfolgreich. Viele ihrer ehemaligen Studierenden sind heute renommierte und berühmte Künstler. Die monatlichen Ausstellungseröffnungen sind stets gut besucht und die Kunstfans stehen nicht selten bis auf die Straße. Zum Zeitpunkt der Recherche war ein Umzug nach 21–31 High St (Preston South) geplant. Ob dieser inzwischen erfolgt ist, erfährt man auf der Homepage. Lohnenswert ist auch die Zweigstelle **Glasshouse** (Karte S. 500; 44 Glasshouse Rd, Collingwood; ⏲Di–Sa 12–17 Uhr; 🚊109, 86).

Alcaston Gallery GALERIE
(Karte S. 512; ☎03-9418 6444; www.alcastongallery.com.au; 11 Brunswick St, Fitzroy; ⏲Di–Fr 10–18, Sa 11–17 Uhr; 🚊11) GRATIS Die in einem imposanten Reihenhaus der Gründerzeit residierende Galerie konzentriert sich auf internationale und australische Kunst und legt dabei den Schwerpunkt auf die Arbeiten indigener Künstler. Die Galerie arbeitet direkt mit indigenen Gemeinden zusammen und berücksichtigt dabei sorgsam deren kulturelle Sensibilitäten. Zu sehen ist eine breite Palette an Kunststilen von traditionell bis zeitgenössisch. Infos zu Ausstellungen finden sich auf der Webseite.

Backwoods Gallery GALERIE
(Karte S. 500; ☎03-9041 3606; www.backwoods.gallery; 25 Easey St, Collingwood; ⏲Di–So 12–18 Uhr; 🚊86) Die 2010 von einer Gruppe Melbourner Straßenkünstler aufgebaute Backwoods Gallery fördert und zeigt Arbeiten australischer und internationaler Künstler. Der Schwerpunkt liegt dabei auf urbaner zeitgenössischer Kunst, Schablonen- und Straßenkunst sowie auf Illustrationen. Als Ausstellungsstätte dient ein Lagerhaus in einer Seitenstraße in Collingwood.

Australian Galleries GALERIE
(Karte S. 512; ☎03-9417 4303; www.australiangalleries.com.au; 35 Derby St, Collingwood; ⏲10–18 Uhr; 🚊86) Die Galerie in einer Seitenstraße

Fitzroy & Umgebung

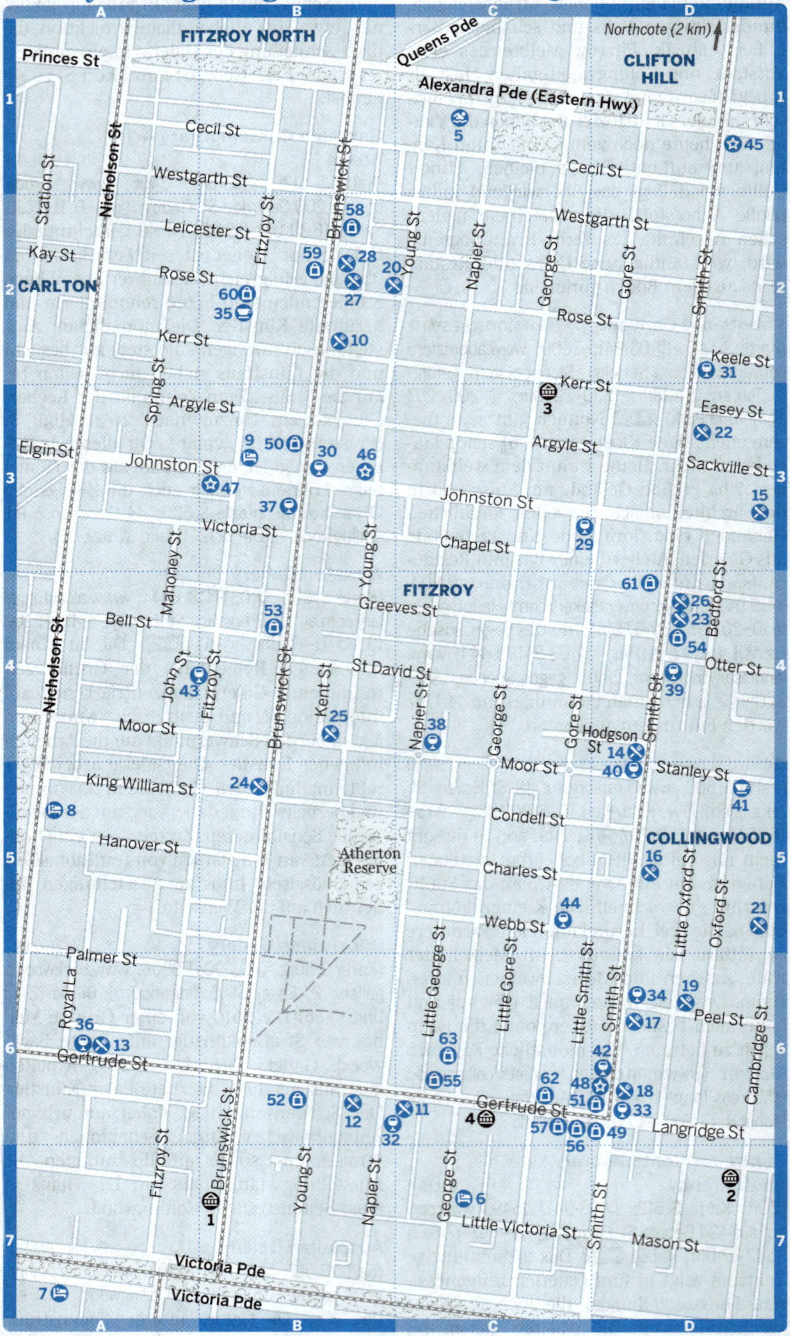

Fitzroy & Umgebung

Sehenswertes

1	Alcaston Gallery	B7
2	Australian Galleries	D7
3	Centre for Contemporary Photography	C3
4	Gertrude Contemporary Art Space	C6

Aktivitäten, Kurse & Touren

5	Fitzroy Swimming Pool	C1

Schlafen

6	Brooklyn Arts Hotel	C7
7	Home @ The Mansion	A7
8	Nunnery	A5
9	Tyrian Serviced Apartments	B3

Essen

10	Babka Bakery Cafe	B2
11	Belle's Hot Chicken	C6
12	Charcoal Lane	B6
13	Cutler & Co	A6
14	Gelato Messina	D4
15	Horn	D3
16	Hotel Jesus	D5
17	Huxtaburger	D6
18	IDES	D6
19	Lazerpig	D6
20	Lune Croissanterie	B2
21	Project Forty Nine	D5
22	Robert Burns Hotel	D3
23	Saint Crispin	D4
24	Smith & Daughters	B5
25	Smith & Deli	B4
26	Smith Street Alimentari	D4
27	Transformer	B2
28	Vegie Bar	B2

Ausgehen & Nachtleben

29	Bar Liberty	C3
30	Black Pearl	B3
31	Craft & Co	D2
32	Everleigh	B6
33	Forester's Hall	D6
34	Grace Darling	D6
35	Industry Beans	B2
36	Marion	A6
37	Naked for Satan	B3
38	Napier Hotel	C4
39	Noble Experiment	D4
40	Panama Dining Room & Bar	D5
41	Proud Mary	D5
42	Sircuit	D6
43	Standard Hotel	A4
44	Union Club Hotel	C5

Unterhaltung

45	Gasometer	D1
46	Night Cat	B3
47	Old Bar	B3
48	Yah Yah's	D6

Shoppen

49	Aesop	D6
50	Brunswick Street Bookstore	B3
51	Crumpler	D6
52	Ess	B6
53	Gorman	B4
54	Happy Valley	D4
55	Mud Australia	C6
56	Northside	C6
57	Obüs	C6
58	Poison City Records	B2
59	Polyester Records	B2
60	Rose Street Artists' Market	B2
61	Smith Street Bazaar	D4
62	SpaceCraft	C6
63	Third Drawer Down	C6

in Collingwood gibt es schon seit den 1950er-Jahren. Ausgestellt wird zeitgenössische australische Kunst mit monatlich wechselnden Ausstellungen. Auf der anderen Straßenseite befindet sich der Lagerraum der Galerie mit einer riesigen, abwechslungsreichen Sammlung (auch 10–18 Uhr geöffnet).

Carlton & Brunswick

In Carlton sind Melbournes italienische Gemeinde und die University of Melbourne zu Hause. Die berauschende Mischung aus Intellektualität, Espresso und wunderbarem Essen lockte bereits in den 1950er-Jahren Bohemiens ins Viertel. Deshalb wird auch bei Fußballendspielen oder beim Formel-1-Grand-Prix leidenschaftlich die Trikolore geschwenkt.

Im westlich gelegenen Brunswick treffen Multikulti und Hipster aufeinander. Bevor man sich zu einer Kneipentour aufmacht, gibt's hier in der Sydney Rd noch Gerichte aus dem Nahen Osten als Stärkung.

★ Melbourne Museum — MUSEUM

(Karte S. 514; ☎13 11 02; www.museumvictoria.com.au; 11 Nicholson St, Carlton; Erw. 14 AU$, Kind & Student frei, zzgl. Eintritt für Sondererausstellungen; ⊙10–17 Uhr; Tourist Shuttle, City Circle, 86, 96, Parliament) Das Museum liefert einen großartigen Einblick in die Naturkunde und Kulturgeschichte von Victoria. Die Ausstellungen umfassen Dinosaurierfossilie, riesige Exemplare von Tintenfischen, einen Saal mit präparierten Tieren, einen 3D-Vulkan und einen Wald mit der Flora Victorias in einem Atrium unter freiem Himmel. In einer Ausstellung lernt man die Legende des

Carlton & Umgebung

Carlton & Umgebung

Highlights

1 Melbourne Museum D3
2 Royal Exhibition Building D3

Sehenswertes

3 Ian Potter Museum of Art B1
4 Museo Italiano C2
5 University of Melbourne B1

Schlafen

6 169 Drummond C3

Essen

7 Brunetti C2
8 D.O.C. Espresso C2
9 D.O.C. Pizza & Mozzarella Bar C2
10 Epocha C4
11 Heartattack and Vine C1
12 Longhorn Saloon D1
Milk the Cow .... (siehe 11)
13 Pidapipo C2
14 Shakahari C2
15 Tiamo C2

Ausgehen & Nachtleben

16 Jimmy Watson's C1
17 Lincoln B3
18 Seven Seeds A3

Unterhaltung

19 Cinema Nova C2
La Mama .... (siehe 14)
20 Last Chance Rock & Roll Bar A4

Shoppen

21 Gewürzhaus C2
22 Poppy Shop C2
23 Readings C1

berühmten Rennpferds und „Nationalhelden" Phar Lap kennen. Die hervorragende Ausstellung **Bunjilaka** im Erdgeschoss vermittelt Geschichten der australischen Ureinwohner anhand von Objekten und Berichten von Aborigines, die mit modernster Technik wiedergegeben werden. Es gibt auch ein **IMAX-Kino**.

★ Royal Exhibition Building HISTORISCHES GEBÄUDE

(Karte S. 514; ☎13 11 02; www.museumvictoria.com.au/reb; 9 Nicholson St, Carlton; geführte Touren Erw./Kind 10/7 AU$; Tourist Shuttle, City Circle, 86, 96, Parliament) Das für die Internationale Ausstellung von 1880 errichtete Bauwerk gehört seit 2004 zum UNESCO-Welterbe. Das schöne viktorianische Gebäude kündet von den großen Tagen der Industriellen Revolution, des britischen Empire und von der wirtschaftlichen Vormachtstellung Melbournes im 19. Jh. Hier wurde zum ersten Mal die australische Flagge gehisst, denn im Jahr 1901 tagte hier das erste Parlament Australiens. Heute ist es ein Veranstaltungsort für Events aller Art, von Handelsmessen bis zu Autoausstellungen. Auch die alle zwei Jahre abgehaltene Melbourne Art Fair findet hier statt. Führungen durch das Gebäude starten um 14 Uhr am Melbourne Museum (gegenüber).

Melbourne General Cemetery FRIEDHOF

(Karte S. 500; ☎03-9349 3014; www.mgc.smct.org.au; College Cres, Parkville; April–Sept. 8–18 Uhr, Okt.–März bis 20 Uhr; 1, 6) Seit 1852 werden die Toten Melbournes hier begraben. Es lohnt sich, einen kleinen Spaziergang zu unternehmen, um die letzten Ruhestätten von drei australischen Premierministern, der vom Pech verfolgten Entdeckungsreisenden Burke und Wills, Walter Lindrums Grabstein in Form eines Billardtisches oder den von Elvis-Fans zu dessen Ehren errichteten Schrein zu sehen. Auf der Webseite gibt's Infos zu geführten Tages- und Nachttouren.

University of Melbourne UNIVERSITÄT

(Karte S. 514; ☎03-8344 4000; www.unimelb.edu.au; Grattan St, Carlton; 1, 6, 72) Die angesehene University of Melbourne wurde 1853 gegründet und ist bis heute eine der renommiertesten Hochschulen Australiens. Die Mischung aus viktorianisch-gotischen Steinbauten, Türmen im internationalen Stil aus der Mitte des letzten Jahrhunderts und postmodernen Vorzeigeobjekten gibt einen Eindruck der sich über die Jahre ändernden architektonischen Ambitionen. Der Campus erstreckt sich von Carlton aus bis zu dem angrenzenden Viertel Parkville. Auf dem weitläufigen Gelände befinden sich mehrere Fakultäten. Am beeindruckendsten ist das von Walter Burley Griffin entworfene **Newman College**. Der Plan *Sculpture on Campus* ist im **Ian Potter Museum of Art** (Karte S. 514; ☎03-8344 5148; www.art-museum.unimelb.edu.au; 800 Swanston St, Parkville; Di–Fr 10–17, Sa & So 12–17 Uhr; 1, 6, 72) GRATIS erhältlich.

Museo Italiano MUSEUM

(Karte S. 514; ☎03-9349 9000; www.museoitaliano.com.au; 199 Faraday St, Carlton; Di–Fr 10–17, Sa 12–17 Uhr; Tourist Shuttle, 1, 6) GRATIS Das Museum erzählt die Geschichte der italienischen Gemeinde Melbournes und bietet einen guten Hintergrund, um die Geschichte der Lygon St sowohl im historischen als auch im aktuellen Kontext zu sehen.

Ceres KULTURZENTRUM

(☎03-9389 0100; www.ceres.org.au; Ecke Roberts St & Stewart St, East Brunswick; 9–17 Uhr, Café Mo–Fr 9–15, Sa & So bis 16 Uhr; 96) GRATIS Ceres ist einerseits der Name der römischen Göttin der Landwirtschaft und Fruchtbarkeit, er steht aber auch für das Centre for Education & Research in Environmental Strategies, ein etwa 20 Jahre altes, auf einer ehemaligen Mülldeponie erbautes Umweltprojekt der Gemeinde. Hier kann man zwischen den Permakulturen und Buschnahrungs-Setzlingen umherschlendern, bevor man sich im Merri Table Café bei hausgemachtem Bio-Chai und Mittagessen wieder stärkt.

Es gibt auch einen Lebensmittelladen und einen kommunalen Markt, die stapelweise Bio-Leckereien aus Produkte aus dem Hinterhof anbieten; das Infozentrum hat einen tollen Buchladen mit Büchern zu Nachhaltigkeit ganz allgemein und Bio-Anbau im Garten.

North Melbourne & Parkville

Dieser Bereich des zentralen Melbournes erstreckt sich vom heruntergekommenen Rangierbahnhof und den im Schachbrettmuster angelegten Durchfahrtsstraßen von West Melbourne durch das erstaunlich ruhige viktorianische Viertel North Melbourne bis zu den weitläufigen Grünflächen von Parkville.

Die große Attraktion hier ist der Zoo. Ein Besuch lohnt aber auch, um die zwanglosen

South Yarra, Prahran & Windsor

0 — 500 m

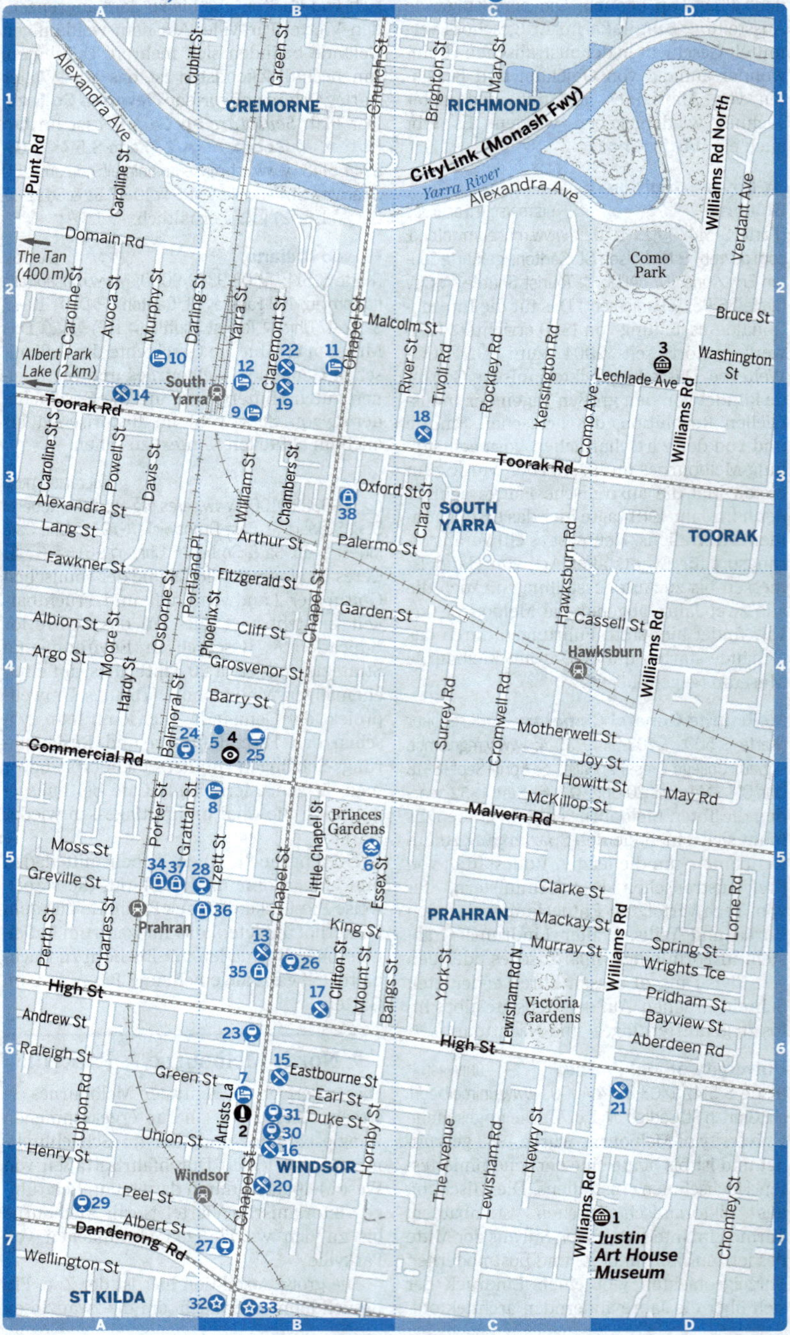

South Yarra, Prahran & Windsor

Highlights
1 Justin Art House Museum ... D7

Sehenswertes
2 Artists Lane ... B6
3 Como House ... D2
4 Prahran Market ... B4

Aktivitäten, Kurse & Touren
5 Essential Ingredient ... B4
6 Prahran Aquatic Centre ... B5

Schlafen
7 Back of Chapel ... B6
8 Cullen ... B5
9 Hotel Claremont ... B3
10 Lyall ... A2
11 Olsen ... B2
12 Punthill South Yarra Grand ... B2

Essen
13 Colonel Tan's ... B5
14 Da Noi ... A3
15 Fonda ... B6
16 Hawker Hall ... B7
17 Huxtaburger ... B6
Stables of Como ... (siehe 3)
18 Tivoli Road Bakery ... C3
19 Two Birds One Stone ... B3
20 Uncommon ... B7
21 WoodLand House ... D6
22 Zumbo ... B2

Ausgehen & Nachtleben
23 Borsch, Vodka & Tears ... B6
24 Emerson ... A4
25 Market Lane Coffee ... B4
26 Montereys ... B6
27 Railway Hotel ... B7
Revolver Upstairs ... (siehe 13)
28 Rufus ... B5
29 Windsor Castle Hotel ... A7
30 Woods of Windsor ... B6
31 Yellow Bird ... B6

Unterhaltung
32 Astor ... B7
33 Red Stitch Actors Theatre ... B7

Shoppen
34 ArtBoy Gallery ... A5
35 Chapel Street Bazaar ... B6
36 Greville Records ... B5
37 Lunar Store ... A5
38 Scanlan Theodore ... B3
Signed & Numbered ... (siehe 28)
Third Drawer Down ... (siehe 28)

Nachbarschaftskneipen, Restaurants und Läden an North Melbournes Victoria St, der Errol St und der Queensberry St zu erkunden.

★ Melbourne Zoo — ZOO

(☎1300 966 784; www.zoo.org.au; Elliott Ave, Parkville; Erw./Kind 33/17 AU$, Kind Wochenende & Feiertage frei; ⏱8–17 Uhr; 👪; 🚉Royal Park) Der kompakte, 1861 gegründete Zoo ist der älteste in Australien und einer der ältesten der Welt. Er gehört noch immer zu den beliebtesten Attraktionen der Stadt und setzt auch weiterhin auf Innovation; so wurde er kürzlich zum ersten kohlenstoffneutralen Zoo der Welt. Mit seinen landschaftlich gestalteten Anlagen versucht der Zoo, die natürlichen Lebensräume der Tiere nachzuahmen und ihnen die Möglichkeit zu geben, sich zu verstecken, wenn sie mögen (die Gorillas und Tiger sind bei diesem Versteckspiel besonders gut).

South Melbourne, Port Melbourne & Albert Park

Gut situierte Damen, die mit ihren Freundinnen zu Mittag essen, gehören wie selbstverständlich zum Straßenbild des betuchten Trios South Melbourne, Port Melbourne und Albert Park dazu. AFL-Stars und Porsche fahrende Sonnyboys lassen es sich in ihren grandiosen viktorianischen Reihenhäusern und ihren Apartments an der Bucht gut gehen. In der sehr grünen und eher beschaulichen Gegend finden sich die schönsten denkmalgeschützten Bauten Melbournes – sowohl Privathäuser als auch öffentliche Gebäude. Am lebhaftesten geht es in South Melbourne mit seinem pulsierenden Markt, den kultigen Cafés und den Designerläden mit ihren ausgewählten Kollektionen zu. Albert Park bietet Kultur in einem alten Gaswerk, während sich in Port Melbourne der Station Pier befindet, von wo aus Fähren Richtung Süden nach Tasmanien auslaufen.

South Melbourne Market — MARKT

(Karte S. 500; ☎03-9209 6295; www.southmelbournemarket.com.au; Ecke Coventry St & Cecil St, South Melbourne; ⏱Mi, Sa & So 8–16, Fr bis 17 Uhr; 🚋12, 96) Dieser Markt existiert schon seit 1864 und ist eine Institution im Viertel. Die labyrinthischen Gänge des Markts sind vollgestopft mit allen möglichen Ständen, die alles von Bio-Produkten und Feinschmeckerkost bis hin zu Hipster-Brillen, Kunst und Kunsthandwerkt feilbieten. Es ist für seine Dim Sim berühmt, die hier seit 1949

ABSTECHER

HEIDE MUSEUM OF MODERN ART

Das **Heide Museum of Modern Art** (☎03-9850 1500; www.heide.com.au; 7 Templestowe Rd, Bulleen; Erw./Kind 22/18 AU$; ⊙Di–So 10–17 Uhr; 🚌903, 🚆Heidelberg) im ehemaligen Wohnhaus von John und Sunday Reed befindet sich eine große renommierte, nicht kommerzielle Kunstgalerie mit Skulpturengarten auf einem wundervollen Gelände. Die Galerie veranstaltet regelmäßig Wechselausstellungen, bei denen oft Werke von berühmten Künstlern wie Sidney Nolan und Albert Tucker zu sehen sind, die im „Heide" aus- und eingingen. Die Sammlung erstreckt sich über drei Gebäude: eine große, extra zu diesem Zwecke erbaute Galerie, das ursprüngliche Bauernhaus der Reeds und das wunderbar modernistische Haus, das sie 1963 als „bewohnbare Galerie" erbauten.

Es gibt auch ein Café; oder man packt sich einfach ein Picknick ein, das man am Ufer des Yarra verzehrt. Die kostenlosen Führungen (Di 14 Uhr) sind eine sehr gute Einführung in Melbournes Malerszene des 20. Jhs.

Bulleen liegt 14 km nordöstlich vom Stadtzentrum.

angeboten werden. Es gibt außerdem stimmungsvolle Restaurants, donnerstags einen munteren Nachtmarkt (Anfang Jan.–Ende Feb.) und eine Kochschule. Einzelheiten dazu auf der Webseite.

Albert Park Lake SEE

(Karte S. 500; zw. Queens Rd, Fitzroy St, Aughtie Dr & Albert Rd, Albert Park; 🚋96) Elegante Trauerschwäne begrüßen die Leute, die zum Joggen, Radfahren oder Wandern auf dem 5 km langen Weg rund um den künstlichen See unterwegs sind. Der Lakeside Dr wurde in den 1950er-Jahren als Rennstrecke im internationalen Motorsport genutzt, seit 1996 dient die neu ausgebaute Strecke als Austragungsort des alljährlich im März stattfindenden **australischen Formel-1-Grand-Prix** (☎1800 100 030; www.grandprix.com.au; Tickets ab 55 AU$). Am Stadtrand befindet sich auch das Melbourne Sports & Aquatic Centre (S. 523) mit einem olympischen Schwimmbad und einem Wellenbad, das bei Kindern für viel Spaß sorgt.

St. Vincent Place ARCHITEKTUR

(Karte S. 500; St. Vincent Pl, Albert Park; 🚋1) Um einen Eindruck vom Glanz der viktorianischen Ära zu erhalten, unternimmt man einen Spaziergang am St. Vincent Place, einem traditionellen Bezirk in Albert Park. Er besteht aus einer langen, bogenförmigen Straße, die um einen hübsch angelegten Garten herum verläuft und gilt als Australiens schönstes Beispiel für einen Platz in einem Wohngebiet aus dem 19. Jh. Die Straße selbst wird von einigen der großartigsten viktorianischen Reihenhäuser Melbournes gesäumt, von denen viele aus den 1860er-Jahren stammen. Diese Eleganz und Kühnheit spiegelt eindrucksvoll das aufstrebende Selbstbewusstsein Melbournes während des Goldrauschs wider. Der Bezirk liegt 700 m südlich des South Melbourne Market.

South Yarra, Prahran & Windsor

★ **Royal Botanic Gardens** GÄRTEN

(Karte S. 500; www.rbg.vic.gov.au; Birdwood Ave, South Yarra; ⊙7.30 Uhr–Sonnenuntergang; 🚌Tourist Shuttle, 🚋1, 3, 5, 6, 16, 64, 67, 72) GRATIS Aus der Luft gesehen mutet Melbournes botanischer Garten wie eine grüne Lunge inmitten der Stadt an. Er gilt als eines der weltweit besten Beispiele für viktorianische Landschaftsarchitektur und zieht jährlich über 1,5 Mio. Besucher an. Zu sehen sind Pflanzen aus aller Welt sowie endemische australische Arten. Inmitten großer Rasenflächen findet man kleine Ökosysteme mit Kakteen und Sukkulenten.

Im Sommer finden hier das Open-Air-Kino Moonlight Cinema (S. 556) und Theateraufführungen statt. Auf dem Gelände steht auch die Sternwarte **Melbourne Observatory** (☎03-9252 2429; Erw./Kind/Fam. 24/20/70 AU$; ⊙geführte Touren nach Vereinbarung Mo 21 Uhr) aus dem 19. Jh., in der man im Rahmen einer Führung in den Himmel blicken kann. Der hervorragende natürliche **Ian Potter Foundation Children's Garden** (☎03-9252 2300; www.rbg.vic.gov.au/visit-melbourne/attractions/children-garden; ⊙Mi–So 10 Uhr–Sonnenuntergang, Schulferien Victoria tgl.) ist ein winziger Garten in kindgerechter Größe, in dem Kinder und ihre Eltern erforschen, entdecken und träumen können.

Am **Visitor Centre** (☎03-9252 2429; Observatory Gate, Birdwood Ave; ⊙Mo–Fr 9–17, Sa & So ab 9.30 Uhr) starten teilweise kostenlose

Führungen; diese sollten vorab telefonisch gebucht werden (weitere Details auf der Webseite). Gleich in der Nähe befindet sich das National Herbarium, das 1853 gegründet wurde und über 1 Mio. getrocknete Pflanzenarten enthält, die zur Identifikation von Pflanzen eingesetzt werden.

Für Besucher, die einfach nicht genug von Pflanzen bekommen können, haben die Royal Botanical Gardens kürzlich den **Australian Garden** (☎03-5990 2220; 1000 Ballarto Rd, Cranbourne; ⏲9–17 Uhr; 🚌796, 🚆Cranbourne) GRATIS im etwas außerhalb gelegenen Vorort Cranbourne eröffnet (ca. 40 km vom Stadtzentrum entfernt).

Shrine of Remembrance DENKMAL

(Karte S. 500; ☎03-9661 8100; www.shrine.org.au; Birdwood Ave, South Yarra; ⏲10–17 Uhr; 🚌Tourist Shuttle, 🚋3, 5, 6, 16, 64, 67, 72) GRATIS Der Shrine of Remembrance ist ein eindrucksvolles Denkmal für die Soldaten aus Victoria, die im Ersten Weltkrieg fielen und ein Wahrzeichen Melbournes. Sein Bau (1928–1934) war vorwiegend eine Arbeitsbeschaffungsmaßnahme während der Weltwirtschaftskrise. Der klassizistische Entwurf basiert teilweise auf dem Mausoleum von Halikarnassos, einem der sieben Weltwunder der Antike. Vom oberen Balkon des Schreins eröffnet sich ein unvergesslicher Blick auf die Skyline Melbournes und bis zu den Straßenbahnen der Swanston St.

Es ist kein Zufall, dass man ungehindert so weit sehen kann: Bebauungsvorschriften verhindern weiterhin, dass von der Swanston St bis zur Lonsdale St ein Neubau den Blick auf den Schrein verdecken könnte.

Der Schrein selbst ist jedes Jahr bei der Frühmesse am Anzac Day (25. April) ein Besuchermagnet, während hier bei der Messe am Remembrance Day am 11. November um 11 Uhr der Unterzeichnung des Waffenstillstands von 1918 gedacht wird, der das formelle Ende des Ersten Weltkriegs bedeutete. Genau in diesem Moment scheint ein Lichtstrahl durch die Öffnung der Decke, wandert über den Stone of Remembrance und leuchtete das Wort „Liebe" an. An allen anderen Tagen des Jahres wird dieser Effekt zu jeder vollen Stunde durch künstliches Licht nachgeahmt.

Der Vorplatz mit seinem Ehrenmal und der ewigen Flamme (1954 von Königin Elizabeth II. entzündet) wurde als Denkmal für diejenigen errichtet, die während des Zweiten Weltkriegs ihr Leben verloren. Rund herum stehen noch weitere personenbezogene Denkmäler. Unterhalb des Schreins beherbergt ein atemberaubend gestalteter architektonischer Raum die Galleries of Remembrance, ein Museum, das mithilfe von über 800 historischen Artefakten und Kunstwerken die Geschichte von Kriegen erzählt, in die Australien verwickelt war.

Der Komplex wird rund um die Uhr von der Polizei bewacht. Während der Öffnungszeiten müssen die Polizisten Uniformen tragen, die an jene der leichten Kavallerie aus dem Ersten Weltkrieg erinnern. Mit der kostenlosen Shrine of Remembrance App kann man auf eigene Faust eine Führung machen. Alternativ werden täglich um 11 und 14 Uhr **kostenlose geführte Touren** angeboten, die oft von heimgekehrten Soldaten geleitet werden.

Government House HISTORISCHES GEBÄUDE

(Karte S. 500; ☎03-9656 9889; www.nationaltrust.org.au; Kings Domain, South Yarra; geführte Touren 18 AU$; ⏲geführte Touren Mo & Do 10 Uhr; 🚌Tourist Shuttle, 🚋1, 3, 5, 6, 16, 64, 67, 72) Am anderen Ende des botanischen Gartens steht das im italienischen Stil erbaute Government House von 1872. Es ist ein Nachbau von Queen Victorias Osborne House auf der englischen Insel Isle of Wight und diente allen Gouverneuren Victorias als Wohnsitz sowie dem Königshaus als zweite Residenz. Leider sind die zweistündigen Führungen nur für Gruppen von zehn oder mehr Personen verfügbar. Sie sollten mindestens zwei Wochen im Voraus telefonisch oder per E-Mail gebucht werden.

Como House HISTORISCHES GEBÄUDE

(Karte S. 516; ☎03-9827 2500, Führungen 03-9656 9889; www.nationaltrust.org.au; Ecke Williams Rd & Lechlade Ave, South Yarra; Erw./Kind/Fam. 15/9/35 AU$; ⏲Garten Mo–Sa 9–17, So ab 10 Uhr, Führungen im Haus Sa & So 11, 12.30 & 14 Uhr) Das elegante Wohnhaus aus der Kolonialzeit ist eines der wichtigsten denkmalgeschützten Häuser Melbournes und eine pompöse Mischung aus australischer Regentschaft und italienischer Architektur. Es wurde 1840 erbaut und beherbergt Eigentum aus dem Besitz der Armytages, einer Familie, die der High Society angehörte. Sie waren die letzten und auch die längsten Besitzer und bewohnten das Haus 95 Jahre lang. Tickets für Führungen durch das Haus (Sa & So) kann man online oder telefonisch buchen.

Prahran Market MARKT

(Karte S. 516; ☎03-8290 8220; www.prahranmarket.com.au; 163 Commercial Rd, South Yarra; ⏲Di &

St. Kilda & Umgebung

St. Kilda & Umgebung

Do–Sa 7–17, So 10–15 Uhr; 72, 78, Prahran) Der Prahran Market ist eine Institution in Melbourne und regt den Appetit seit 1881 an. Während ein Großteil des aktuellen Baus aus den 1970er- und 1980er-Jahren stammt, wurde die Fassade an der Commercial Rd von Charles D'Ebro 1891 im „Neo-Queen-Anne-Stil" geschaffen. Einfach einen Kaffee bei Market Lane (S. 548) holen und an den Ständen mit Bio-Produkten, Seafood, Fleisch, handgemachter Pasta, Feinschmeckerkost und mehr vorbeischlendern. Auf dem Markt ist auch der Feinschmeckerladen mit Kochschule **Essential Ingredient** (Karte S. 516; 03-9827 9047; www.essentialingredient.com.au; Kurse 175–275 AU$) zu finden.

★ Justin Art House Museum GALERIE
(JAHM; Karte S. 516; 0411 158 967; www.jahm.com.au; Ecke Williams Rd & Lumley Ct, Prahran; Erw./Kind 25 AU$/frei; nach Vereinbarung; 5, 6, 64) Das geometrische, mit Zink verkleidete Haus der aus Melbourne stammenden Kunstsammler Charles und Leah Justin wird auch als Museum genutzt. Wer an einer privaten Führung durch die aus über 250 Werken bestehenden Sammlung zeitgenössischer Kunst interessiert ist, die das Paar in über 40 Jahren gesammelt hat, sollte diese im Voraus buchen. Der Schwerpunkt liegt auf Video- und digitaler Kunst und die Werke wechseln ständig. Eine Führung dauert ca. zwei Stunden. Das Haus wurde von der Tochter des Paars, Elisa, entworfen.

Artists Lane KUNST IM ÖFFENTLICHEN RAUM
(Karte S. 516; Artists Lane, Windsor; 5, 6, 64, 78, Windsor) Die Artists Lane (oder Aerosol Alley, wie die Einheimischen sie nennen) ist eine Parallelstraße der Chapel St. Die lange, aus Basalt erbaute Gasse ist über und über mit Straßenkunst bedeckt. Das Projekt wurde vom Künstler Wayne Tindall ins Leben gerufen, indem er sich und seine Frau selbst an die Außenwand seines Ateliers in der Straße malte und dann – mit Zustimmung des Gemeinderats – weitere Künstler mit ins Boot holte. In der Ecke des Parkplatzes, in den die Straße übergeht, sind kindliche Mensch-Tier-Hybride zu sehen, die vom international anerkannten Melbourner Künstler Kaff-eine stammen.

St. Kilda

St. Kilda ist Melbournes leicht ramponiertes Herz der Boheme-Gemeinde, ein Ort, wo ein junger Nick Cave herrlich chaotische Gigs im George Hotel (dem ehemaligen Crystal Ballroom) spielte und ein Ort, der in zahllosen Liedern, Theatern, Romanen, TV-Serien und Filmen Erwähnung findet. Im 19. Jh. war das Viertel ein Badeort und hat seither verschiedenste Gesichter angenommen: Nach dem Krieg war es eine jüdische Enklave, ein Rotlichtbezirk, ein Treffpunkt der Punkrocker und Immobilien-Brennpunkt. Es ist ein komplexer, hypnotisierender Dschungel aus viktorianischen Herrenhäusern aus der Gründerzeit, flotten spanisch-maurischen Apartments, zwielichtigen Seitenstraßen, weltoffenen Weinbars, verkrusteten Pubs, klapprigen Achterbahnen und nostalgieschwangeren Theatern.

Strand von St. Kilda STRAND

(Karte S. 520; Jacka Blvd, St. Kilda; 3, 12, 16, 96) Es gibt hier zwar von Palmen gesäumte Promenaden und einen goldfarbenen Sandstrand, aber als Ferienort erinnert St. Kilda eher an das englische Brighton als an Baywatch. Der Kiosk am Ende des **St. Kilda Pier** lohnt zwar einen Besuch, hier ist aber der Weg das Ziel: Vom Pier hat man einen tollen Blick auf die Melbourner Skyline.

Im Sommer bietet das **Port Phillip EcoCentre** (Karte S. 520; 03-9534 0670; www.ecocentre.com; 55a Blessington St, St. Kilda) einige Touren an, darunter auch Spaziergänge über in der Stadt lebende Tiere und Entdeckungsspaziergänge entlang der Küste. Hier gibt's Infos zu der kleinen Pinguinkolonie, die hinter dem Kiosk am Pier in einem Wellenbrecher lebt.

Linden New Art GALERIE

(Karte S. 520; 03-9534 0099; www.lindenarts.org; 26 Acland St, St. Kilda; Di & Do–So 11–16, Mi 20 Uhr; 3, 12, 16, 96) Hier werden in einem mit schmiedeeisernen Geländern verzierten Herrenhaus aus den 1970er-Jahren vor allem neue zeitgenössische Kunstwerke von Künstlern in der Mitte ihrer Karriere gezeigt. Die alljährliche Postkarten-Show (meist Ende Okt.–Jan.) ist ein echtes Highlight.

Luna Park VERGNÜGUNGSPARK

(Karte S. 520; 03-9525 5033; www.lunapark.com.au; 18 Lower Esplanade, St. Kilda; 1 Ride Erw./Kind 11/10 AU$, alle Rides 50/40 AU$; variierende Öffnungszeiten; 3, 16, 96) Der 1912 eröffnete Luna Park hat sich die Atmosphäre eines altmodischen Vergnügungsparks bewahrt. Schon beim Eintritt durch den Rachen von Mr. Moon kann man sich so richtig gruseln. Es gibt eine denkmalgeschützte Achterbahn (die älteste noch funktionstüchtige weltweit), ein wunderschönes barockes Karussell mit handbemalten Pferden, Schwänen und Streitwagen und das ganze Sortiment schwindelerregender Rides.

St. Kilda Botanical Gardens GÄRTEN

(Karte S. 520; 03-9209 6777; www.portphillip.vic.gov.au; Ecke Blessington St & Tennyson St, St. Kilda; Sonnaufgang–Sonnenuntergang, Gewächshaus Mo–Fr 10.30–15.30 Uhr, Sa & So Sonnenaufgang–Sonnenuntergang; 96,) Der botanische Garten von St. Kilda nimmt am südlichen Teil des Dreiecks aus Barkly St, Carlisle St und Blessington St einen Ehrenplatz ein und ist eine willkommene Oase im Trubel der Stadt. Breite Kieswege laden zu gemütlichen Spaziergängen ein und auf den Rasenflächen gibt es zahlreiche Schattenplätzchen. Im Garten finden sich u. a. indigene Pflanzen, ein Gewächshaus mit subtropischem Regenwald und ein Riesenschachbrett für ganz große Strategen.

Jewish Museum of Australia MUSEUM

(Karte S. 520; 03-9834 3600; www.jewishmuseum.com.au; 26 Alma Rd, St. Kilda; Erw./Kind/Fam. 10/5/20 AU$; Di–Do 10–16, Fr bis 15, So bis 17 Uhr, an jüdischen Feiertagen geschl.; 3, 67) Interaktive Displays erzählen die Geschichte der jüdischen Gemeinde Australiens von Anbeginn der europäischen Kolonisation, während in Dauerausstellungen die vielen Feste und heiligen Tage im Judentum beleuchtet werden. Das Museum genießt mit seinen Ausstellungen zeitgenössischer Kunst außerdem einen sehr guten kuratorischen Ruf. Mit dem Auto nach der St. Kilda Junction einfach der St. Kilda Rd folgen und an der Alma Rd links abbiegen.

Jewish Holocaust Centre MUSEUM

(03-9528 1985; www.jhc.org.au; 13-15 Selwyn St, Elsternwick; gegen Spende; Mo–Do 10–16, Fr bis 14, So 12–16 Uhr; 67, Elsternwick) GRATIS Das gut gestaltete Museum widmet sich den Erinnerungen der 6 Mio. Juden, die ihr Leben im Holocaust verloren haben. Es wurde von Überlebenden als ernüchternde Erinnerung an die an die Gräueltaten gegründet, die sie erleiden mussten. Führungen werden oft von Holocaust-Überlebenden geleitet.

Aktivitäten

★ Kayak Melbourne KAJAKFAHREN

(Karte S. 504; 0418 106 427; www.kayakmelbourne.com.au; Alexandra Gardens, Boathouse Dr, Southbank; geführte Touren 82–110 AU$; 11, 48)

Die „City Sights"-Touren (1½ Std.) führen an Southbank vorbei zu den Docklands, während bei den „River to Sky"-Touren (2 Std.) der Eintritt in das Eureka Skydeck (S. 508) beinhaltet ist. Wer möchte, begrüßt den Tag bei einer „Yoga Sunrise"-Tour (2 Std.) oder beendet ihn mit der „Moonlight"-Tour (2½ Std.), die an den Docklands startet.

Royal Melbourne Yacht Squadron BOOTFAHREN
(RMYC; Karte S. 520; ☎03-9534 0227; www.rmys.com.au; Pier Rd, St. Kilda; 🚋3, 16, 96) Während der Sommerzeit (Okt.–April) können hier mittwochabends auch Normalsterbliche Yachtluft schnuppern (20 AU$). Abriebfeste Schuhe (mit weißer Sohle) tragen und Sonnencreme und wasserfeste Ausrüstung mitbringen. Im Winter finden die Rennen mittwochnachmittags statt; dann muss man bereits ab 12 Uhr da sein. Auch samstags finden meist Rennen statt, allerdings variieren die Zeiten; vorab anrufen.

Japanese Bath House BADEHAUS
(Karte S. 500; ☎03-9419 0268; www.japanesebathhouse.com; 59 Cromwell St, Collingwood; Bad 32 AU$, Shiatsu 30/60 Min. 48/82 AU$; ⏲ab 11 Uhr, Di–Fr letzter Eintritt 20, Sa & So 18 Uhr; 🚋109) Das authentische *sentō* (Badehaus) ist so friedlich wie es seine städtische Lage zulässt. Hier kann man gemeinsam mit anderen baden (nackt, aber nach Geschlechtern getrennt), sich eine Shiatsu-Massage gönnen und sich nach dem Bad einen Sake oder Tee in der Tatami-Lounge genehmigen. Reservierung empfohlen. Für Uneingeweihte gibt's auf der Webseite eine Kurzaneitung.

Aurora Spa Retreat SPA
(Karte S. 520; ☎03-9536 1130; www.auroraspareteat.com; 2 Acland St, St. Kilda; 1-stündige Massage 175 AU$; ⏲Mo, Di, Do & Fr 10–18, Mi 11.30–19.30, Sa 9–17.30, So 10–15 Uhr; 🚋3, 12, 16, 96) Das Angebot in dieser Oase im Prince Hotel (S. 531) reicht von Körpermassagen und Peelings zu Gesichtsbehandlungen, Maniküre und Pediküre. Aushängeschild ist das preisgekrönte Kitya Karnu (225 AU$), das sehr beliebt ist und aus einer Stunde in einer privaten Dampfkabine mit ordentlichem Schrubben besteht. Auf Anwendungen mit einer Dauer von zwei Stunden oder mehr gibt's Montag bis Donnerstag einen Rabatt von 30 %.

Fitzroy Swimming Pool SCHWIMMEN
(Karte S. 512; ☎03-9205 5180; 160 Alexandra Pde, Fitzroy; Erw./Kind/unter 5 Jahre 6,50/3,30 AU$/frei; ⏲Mo–Do 6–21, Fr bis 20, Sa & So 8–18 Uhr; 🚋11) Hier trifft man viele Einheimische, die nicht nur ihre Bahnen schwimmen, sondern gern auch auf den breiten Stufen oder dem Rasen in der Sonne liegen. Es gibt auch ein Kinderplanschbecken.

Melbourne Sports & Aquatic Centre SCHWIMMEN
(MSAC; Karte S. 500; ☎03-9926 1555; www.msac.com.au; Albert Rd, Albert Park; Erw./Kind ab 8,20/5,60 AU$; ⏲Mo–Fr 5.30–22, Sa & So 7–20 Uhr; 🚋96, 112) Melbournes bestes Wassersportzentrum liegt direkt am Albert Park Lake (S. 518) und war 2006 Austragungsort der Commonwealth Games. Es bietet zwei 50 m lange Innen- und Außenbecken, ein Innenbecken mit 25 m, ein Wellenbad, Wasserrutschen, ein Spa mit Sauna und Dampfraum und große Gemeinschaftsbereiche. Es gibt auch eine Kinderbetreuung.

Prahran Aquatic Centre SCHWIMMEN
(Karte S. 516; ☎03-8290 7140; www.facebook.com/prahranaquaticcentre; 41 Essex St, Prahran; Erw./Kind 6,20/3,50 AU$; ⏲Mo–Fr 5.45–19.45, Sa 6–18.15, So 7–18.15 Uhr; 🚋72, 78, 🚉Prahran) Dieses Schwimmbad ist weit mehr als ein 50 m langes, beheiztes Außenbecken. Im Sommer ist hier die Hölle los mit herausgeputzten Luxuskörpern, die sich auf dem Rasen entlang des Beckens sonnen. Zum Centre gehören ein Spa, eine Sauna, ein Dampfraum und (im Sommer) ein Kinderplanschbecken.

Kite Republic KITESURFEN
(Karte S. 520; ☎03-9537 0644; www.kiterepublic.com.au; St. Kilda Sea Baths, 4/10–18 Jacka Blvd, St. Kilda; 1-stündiger Unterricht 90 AU$; ⏲Mo–Fr 10–18, Sa & So bis 17 Uhr; 🚋96) Bietet Kurse im Kitesurfen, Touren und Ausrüstung und ist eine gute Infoquelle. Im Winter werden Kiteskitouren auf dem Mt. Hotham organisiert. Vermietet auch Bretter zum Stehpaddeln (SUPs) und zum Straßen-Stehpaddeln.

Stand Up Paddle HQ WASSERSPORT
(Karte S. 520; ☎0416 184 994; www.supb.com.au; St. Kilda Pier, St. Kilda; Verleih 30 AU$/Std., 1½-stündige Tour 99 AU$; 🚋96) Gibt Unterricht und vermietet Stehpaddelbretter am St. Kilda Pier. Veranstaltet auch Touren auf dem Yarra River.

Geführte Touren

Melbourne Street Tours STADTSPAZIERGANG
(☎03-9328 5556; www.melbournestreettours.com; geführte Touren 69 AU$; ⏲Zentrum Di, Do & Sa 13.30 Uhr, Fitzroy Sa 11 Uhr) Bei der dreistün-

digen Tour entdeckt man die Straßenkunst in Melbournes Zentrum oder in Fitzroy. Die Guides sind selbst Straßenkünstler, sodass man einen guten Einblick in diese Kunstform erhält.

★ Rentabike RADFAHREN
(Karte S. 504; ☎0417 339 203; www.rentabike.net.au; Federation Wharf; Verleih Std./Tag 15/ 40 AU$, 4-stündige Tour inkl. Mittagessen Erw./Kind 110/79 AU$; ⏰10–17 Uhr; 🚉Flinders St) Verleiht Fahrräder und organisiert die **Real Melbourne Bike Tours**, auf denen man die Stadt und vor allem ihre kulinarischen Genüsse aus der Sicht von Einheimischen kennenlernt.

Melbourne By Foot STADTSPAZIERGANG
(Karte S. 504; ☎1300 311 081; www.melbournebyfoot.com; startet am Federation Sq; geführte Touren 40 AU$; ⏰13 Uhr; 🚉Flinders St) Wer sich diese kleine Auszeit gönnt, erfährt bei einem dreistündigen, entspannten und informativen Stadtspaziergang mehr über die Straßenkunst, die Politik, die Geschichte und die ethnische Vielfalt Melbournes. Sehr zu empfehlen; online reservieren! Ebenfalls im Angebot: die „Beer Lovers"-Tour (85 AU$).

Hidden Secrets Tours STADTSPAZIERGANG
(☎03-9663 3358; www.hiddensecretstours.com; geführte Touren ab 29 AU$) Veranstaltet diverse Stadtspaziergänge mit Themen wie Gassen und Arkaden, Geschichte, Architektur und Melbournes Kaffeekultur.

Melbourne Visitor Shuttle BUS
(www.thatsmelbourne.com.au; 2 Tage 10 AU$; ⏰9.30–15.45 Uhr) Dieser Bus mit Audiokommentar funktioniert nach dem „hop-on-hop-off"-Prinzip und fährt einen eineinhalbstündigen Rundkurs mit 13 Haltestellen ab, der alle Hauptsehenswürdigkeiten Melbournes einschließt.

Aboriginal Heritage Walk KULTUR
(Karte S. 500; ☎03-9252 2429; www.rbg.vic.gov.au; Royal Botanic Gardens, Birdwood Ave, South Yarra; Erw./Kind 31/12 AU$; ⏰So–Fr 11 Uhr; 🚋3, 5, 6, 16, 64, 67, 72) Die Royal Botanic Gardens befinden sich auf einem traditionellen Lager- und Versammlungsplatz des Kulin-Stamms. Im Rahmen der faszinierenden, 90-minütigen Führungen erfährt man viel über ihre Geschichte, ihre Traumpfade und ihr Wissen über Pflanzen. Die Tour beginnt am Visitor Centre des botanischen Gartens (S. 518).

City Circle Trams GEFÜHRTE TOUREN
(☎13 16 38; www.ptv.vic.gov.au; ⏰So–Mi 10–18, Do–Sa bis 21 Uhr; 🚋35) GRATIS Diese hauptsächlich auf Touristen ausgerichtete, kostenlose Straßenbahn fährt durch das Stadtzentrum und passiert unterwegs viele Sehenswürdigkeiten. Die Bahn verkehrt im 12-Minuten-Takt und es gibt einen Audiokommentar.

Acht restaurierte W-Class-Bahnen bedienen die Strecke. Sie wurden alle zwischen 1936 und 1956 in Melbourne gefertigt und sind in einem auffälligen Weinrot oder in grün-gold angestrichen. Im **Colonial Tramcar Restaurant** (Karte S. 500; ☎03-9695 4000; www.tramrestaurant.com.au; Tramstopp 125, Normanby Rd, Southbank; Gerichte 82–140 AU$; ⏰Abfahrt 13, 17.45 & 20.35 Uhr; 🖉; 🚋12, 96, 109) kann man auch an Bord essen, während man über Melbournes Straßen rattert.

Feste & Events

Australian Open SPORT
(www.australianopen.com; Melbourne Park, Olympic Blvd, Melbourne; ⏰Jan) Die Top-Spieler der Welt und gut gelaunte Zuschauermassen treffen sich zu Australiens Grand-Slam-Tennisturnier.

St. Jerome's Laneway Festival MUSIK
(www.lanewayfestival.com; Footscray Community Arts Centre, 45 Moreland St, Footscray; ⏰Jan.) Seinen Anfang nahm dieses eintägige Musikfestival in der St. Jerome's Bar in der Caledonian Lane im Zentrum, durch seinen Umzug an den Fluss in Footscray hat es aber nichts von seinem Charme eingebüßt. Es bringt zuverlässig immer die neuesten internationalen und lokalen Indie-Acts kurz vor ihrem großen Durchbruch auf die Bühne.

★ Chinesisches Neujahr KULTUR
(www.chinatownmelbourne.com.au; Little Bourke St; ⏰Jan. oder Feb.) Das Mond-Neujahr wird in Chinatown mit einem riesigen Fest gefeiert, bei dem der größte Prozessionsdrache der Welt die Straßen regiert.

Midsumma Festival LGBT
(www.midsumma.org.au) Melbournes jährlich stattfindendes Schwulen- und Lesbenfestival schließt mehr als 100 Events ein. Den Abschluss bilden ein Karneval in den Alexandra Gardens und der Pride March auf der Fitzroy St in St. Kilda.

Australian Formula 1 Grand Prix SPORT
(☎1800 100 030; www.grandprix.com.au; Albert Park Lake, Albert Park; Tickets ab 55 AU$; ⏰März) Der schwungvolle 5,3 km lange Parcours um den Albert Park Lake ist für seinen glatten Belag bekannt. An vier Tagen haben die

dröhnenden Motoren die Stadt (und die Ohren) voll im Griff.

Melbourne Food & Wine Festival ESSEN & TRINKEN
(www.melbournefoodandwine.com.au; ⏲ März–April) Überall in der Stadt (und im Bundesstaat) werden Marktbesuche, Weinproben, Kochkurse und Shows bekannter Köche angeboten.

Melbourne International Comedy Festival COMEDY
(www.comedyfestival.com.au; ⏲ März–April) Vier Wochen lang ist Lachen angesagt. Riesiges Aufgebot internationaler Comedians!

AFL Grand Final SPORT
(www.afl.com.au; MCG, Brunton Ave, East Melbourne) Es ist leichter, ein Tor von der Außenlinie zu erzielen, als ein Ticket für das Grand Final zu ergattern, das normalerweise am letzten Samstag im September stattfindet. Aber das Endspielfieber lässt sich überall in Melbourne (vor allem in den Pubs) erleben.

Melbourne Cup SPORT
(www.springracingcarnival.com.au; Flemington Racecourse) Der Spring Racing Carnival, dessen Höhepunkt der prestigeträchtige Melbourne Cup bildet, ist sowohl ein sportliches als auch ein gesellschaftliches Ereignis. Der Cup findet am ersten Dienstag im November statt – ein Feiertag in Melbourne.

Schlafen

Wie in jeder großen Stadt sind Unterkünfte auch in Melbourne relativ teuer und wer zu großen Events wie den Australian Open (S. 1153) oder dem Melbourne Cup hier ist, der muss weit im Voraus buchen. Freitags und samstags steigen die Preise oft beträchtlich; sonntags bezahlt man meist am wenigsten.

Flughafen & Umgebung

Wer früh morgens auf den Flieger muss oder spät ankommt und erst einmal seinen Jetlag ausschlafen möchte, der findet in der Nähe des Melbourner Flughafens eine Reihe recht guter Optionen. Das **Parkroyal** (☎ 03-8347 2000; www.parkroyalhotels.com; Arrival Dr, Melbourne Airport; Zi. ab 323 AU$; ❄ @ ≋ 🏊) ist mit allem nötigen Schnickschnack ausgestattet und bieten direkten Zugang über die „Luftbrücke" zum Terminal. Das elegante, aber etwas weiter entfernt gelegene **Holiday Inn Melbourne Airport** (☎ 03-9933 5111; www.ihg.com; 10–14 Centre Rd, Melbourne Airport; Zi. ab 206 AU$; P ❄ ≋ 🏊) ist günstiger und bietet einen kostenlosen Shuttleservice.

Stadtzentrum

Space Hotel HOSTEL $
(Karte S. 504; ☎ 03-9662 3888; www.spacehotel.com.au; 380 Russell St; B ab 37 AU$, Zi. mit/ohne Bad ab 100/89 AU$; ❄ ≋; Ⓡ Melbourne Central) Die gepflegte Unterkunft gehört zu den wenigen echten Flashpackers in Melbourne und bewegt sich genau zwischen Hostel und Budgethotel. Die besseren Privatzimmer haen iPod-Dockingstationen und Flachbild-TVs, und die Schlafsäle bieten durchdachte Details wie große Schließfächer mit Lichtsensoren und verschließbaren Adaptern. Einige der Doppelzimmer haben ein eigenes Bad und Balkon. Ein weiterer Pluspunkt ist der Whirlpool auf dem Dach.

Home @ The Mansion HOSTEL $
(Karte S. 512; ☎ 03-9663 4212; www.homeatthemansion.com; 80 Victoria Pde, East Melbourne; B/Zi. ab 33/80 AU$; @ ≋; Ⓡ Parliament) Das Hostel in dem schlossähnlichen ehemaligen Gebäude der Heilsarmee hat eine großartige Doppeltreppe und ist eines der wenigen in Melbourne mit Charakter. Es gibt 92 Schlafsaalbetten und ein paar Doppelzimmer; alle sind hell und freundlich und haben hohe Decken. Es gibt zwei kleine TV-Bereiche, einen Hof nach vorn und eine sonnige Küche.

Melbourne Central YHA HOSTEL $
(Karte S. 504; ☎ 03-9621 2523; www.yha.com.au; 562 Flinders St; B ab 36 AU$, DZ mit/ohne Bad 130/107 AU$; @ ≋; Ⓡ Southern Cross) Das ehemalige Markillie's Hotel wurde durch seine Verwandlung in ein YHA komplett verändert. Gäste dürfen sich auf eine muntere Rezeption und hübsche Zimmer sowie Küchen und Gemeinschaftsbereiche auf allen vier Etagen freuen. Unterhaltung wird hier großgeschrieben, im Erdgeschoss befindet sich ein Café und es gibt eine tolle Dachterrasse. Am besten sind aber die beiden privaten Zimmer mit Bad auf dem Dach.

Pensione Hotel HOTEL $
(Karte S. 504; ☎ 03-9621 3333; www.pensione.com.au; 16 Spencer St; EZ/DZ ab 115/125 AU$; P ❄ @ ≋ 🐾; Ⓡ Southern Cross) Mit erfrischender Ehrlichkeit nennt das nette Boutiquehotel einige ihrer Zimmerkategorien „Shoebox" und „Matchbox". Doch was einem an Platz versagt bleibt, wird durch Stil und günstige Preise mehr als wettgemacht.

★ Treasury on Collins APARTMENT $$
(Karte S. 504; ☎03-8535 8535; www.treasuryoncollins.com.au; 394 Collins St; Apt. ab 198 AU$; ❄📶; 🚊11, 12, 48, 109) In dem eindrucksvollen, aus Stein erbauten neoklassizistischen Gebäude von 1876 war früher einmal eine Filiale der Bank of Australia untergebracht. Der Bereich im Erdgeschoss wird nun durch eine beeindruckende Bar ausgefüllt, die scheinbar endlos hohen Decken werden von vergoldeten Säulen gestützt. Ganz im Gegensatz dazu sind die Apartments modern und zurückhaltend, aber auch schick und geräumig. Tolle Extras sind Kaffeemaschinen, Waschküchen und kostenloses Netflix.

Alto Hotel on Bourke HOTEL $$
(Karte S. 504; ☎03-8608 5500; www.altohotel.com.au; 636 Bourke St; Zi./Apt. ab 176/220 AU$; P❄📶; 🚉Southern Cross) Das umweltbewusste Alto hat Wassersparduschen, Energiesparlampen und Doppelglasfenster, und die Gäste werden angehalten, ihren Müll zu trennen. Die Zimmer sind bestens mit gutem Licht und neutraler Einrichtung ausgestattet und selbst die *petite*-Zimmer haben eine annehmbare Größe. Die Wohnstudios haben Küchennischen, während die größeren Apartments mit einer vollausgestatteten Küche aufwarten. Gäste können auch das Fitnessstudio gleich in der Nähe nutzen.

United Backpackers HOSTEL $$
(Karte S. 504; ☎03-9654 2616; www.unitedbackpackers.com.au; 250 Flinders St; B ab 40 AU$, Zi. mit/ohne Bad 170/125 AU$; ❄@📶; 🚉Flinders St) In einem edwardianischen Gebäude mitten im Zentrum des Geschehens und gegenüber der Flinders St Station ist dieses stets belebte Backpackers untergebracht, das durchdacht renoviert wurde. Für ein Hostel sind die Preise ganz schön hoch – es ist aber zweifellos auch das beste der Stadt.

Punthill Flinders Lane APARTMENT $$
(Karte S. 504; ☎03-9631 1199; www.punthill.com.au; 267 Flinders Lane; Apt. ab 158 AU$; ❄📶; 🚉Flinders St) Die schwarzen Wände der Lobby verleihen diesem Apartment-Hotel in bester Lage eine coole Atmosphäre. Die geräumigen Apartments mit einem Schlafzimmer warten mit komplett ausgestatteten Küchen auf, die Wohnstudios erinnern mehr an Hotelzimmer und haben Kochnischen. Im Korridor versteckt sich in einem Wandschrank eine Waschmaschine, die von den Gästen genutzt werden kann.

Radisson on Flagstaff Gardens HOTEL $$
(Karte S. 504; ☎03-9322 8000; www.radisson.com/melbourneau; 380 William St; Zi. ab 222 AU$; ❄@📶; 🚉Flagstaff) Genau gegenüber der Flagstaff Gardens liegt diese großartige Option für alle, die sich über ein bisschen Grün vor ihrem Fenster freuen und dennoch in unmittelbarer Nähe der Attraktionen der Stadt wohnen wollen. Das Spa auf dem Dach ist ein tolles Extra.

Punthill Little Bourke APARTMENT $$
(Karte S. 504; ☎03-8680 5900; www.punthill.com.au; 11-17 Cohen Pl; Apt. ab 160 AU$; ❄@📶🏊; 🚉Parliament) Die gepflegten und modernen, offen gestalteten Apartments sind fröhlich bunt und haben Balkone, Waschküchen und Küchen aus Edelstahl. Was diesen kleinen Ort von anderen abhebt sind das viele Licht, das Schwimmbad (drinnen) und seine Lage in einer kleinen Gasse mitten in Chinatown.

Vibe Savoy Hotel HOTEL $$
(Karte S. 504; ☎03-9622 8888; www.tfehotels.com; 630 Little Collins St; Zi. ab 200 AU$; ❄📶; 🚉Southern Cross) Als das Savoy in den 1920er-Jahren erstmals seine Türen öffnete, war es mit seinen elf Stockwerken das höchste Gebäude der Stadt. Mittlerweile wurde es zwar einer umfangreichen Renovierung unterzogen, es sind aber dennoch einige traditionelle Elemente erhalten geblieben. Es bietet eine Mischung aus traditionellem Hotelkomfort, kräftigen Farben und einer zeitgenössischen Möblierung.

★ QT Melbourne HOTEL $$$
(Karte S. 504; ☎03-8636 8800; www.qtmelbourne.com.au; 133 Russell St; Zi. ab 350 AU$; @📶; 🚊86, 96) Raue Oberflächen aus Beton, Messingverzierungen, Aufzüge, in denen aus Leuchtkästen House-Musik ertönt und dazwischen immer wieder scheinbar wahllos ein paar Worte in russischem Akzent: Dies ist eines der neuesten, skurrilsten und besten Boutiquehotels der Stadt. Die Zimmer sind hübsch ausgestattet und die tolle Bar auf der Dachterrasse ist mit jeder Menge Pflanzen begrünt.

★ Ovolo Laneways BOUTIQUEHOTEL $$$
(Karte S. 504; ☎03-8692 0777; www.ovolohotels.com.au; 19 Little Bourke St; Zi. ab 219 AU$; ❄@📶; 🚉Parliament) Dieses Boutiquehotel vermischt Hipster-Chic mit einem flippigen, gehobenen Flair. Es ist freundlich, angenehm und bietet jede Menge Extras wie eine kostenlose Waschküche, eine kostenlose Minibar in jedem Zimmer, eine tägliche Happy

Hour im Erdgeschoss mit kostenlosen alkoholischen Getränken und eine Nespresso-Maschine in der Lobby.

Hotel Lindrum BOUTIQUEHOTEL **$$$**
(Karte S. 504; ☎ 03-9668 1111; www.hotellindrum.com.au; 26 Flinders St; Zi. ab 330 AU$; ❄ 📶; Ⓡ Parliament) Die ehemalige Snookerhalle des legendären, ungeschlagenen Walter Lindrum ist heute eines der attraktivsten Hotels der Stadt mit minimalistischen Tönen, viel Stoff und sanfter Beleuchtung. Wer sich für ein Luxuszimmer entscheidet, bekommt Bogen- oder Erkerfenster und einen tollen Blick auf Melbourne. Natürlich steht hier auch ein Billardtisch, auf dem Lindrum gespielt hat!

Adelphi Hotel HOTEL **$$$**
(Karte S. 504; ☎ 03-8080 8888; www.adelphi.com.au; 187 Flinders Lane; Zi. ab 335 AU$; ❄ 📶 🏊; Ⓡ Flinders St) Das dezente Anwesen in der Flinders Lane war eines der ersten Boutiquehotels Australiens. Seine Designelemente vermitteln europäischen Glamour und die Lobby ist sehr einladend, was nicht zuletzt an dem „Wüsten-Restaurant" Om Nom mit seiner Cocktailbar liegt. Die gut gefüllten Minibars sind mit kostenlosen Lollis und nichtalkoholischen Getränken bestückt.

St. Jerome's The Hotel ZELTCAMP **$$$**
(Karte S. 504; ☎ 0406 118 561; www.stjeromesthehotel.com.au; Dach des Melbourne Central, 3/300 Lonsdale St; Zelte 420–480 AU$; Ⓡ Melbourne Central) Jedes der schicken Leinenzelte ist mit einem Doppel- oder einem Queensize-Bett ausgestattet. Zudem gibt's flippige Bettdecken, Klimaanlage, Heizung, eine Kühlbox mit kostenlosem Craft-Beer und Cidre und einen Gutschein für eine Partie Bowling im Strike nebenan. Morgens wird man von einem Barista mit Kaffee versorgt und erhält sein Frühstück ans Zelt geliefert. Alles in allem eine großartige Erfahrung – was man für diesen Preis aber auch erwarten darf.

Park Hyatt HOTEL **$$$**
(Karte S. 500; ☎ 03-9224 1234; www.melbourne.park.hyatt.com; 1 Parliament Sq, East Melbourne; Zi. ab 375 AU$; ❄ @ 📶 🏊; Ⓡ Parliament) Von außen erinnert das Park Hyatt ein wenig an ein kalifornisches Einkaufszentrum. Innen ist es luxuriös mit Holzvertäfelungen, polierten Oberflächen und Unmengen an Marmor ausgestattet. Die Zimmer sind auf elegante Weise dezent gehalten und die meisten verfügen über überdimensionierte Bäder und bieten einen raffinierten Grundriss mit viel natürlichem Licht sowie einen herrlichen Blick über die Baumwipfel. Es gibt einen prachtvollen Innenpool sowie einen tollen Tennisplatz.

Sofitel HOTEL **$$$**
(Karte S. 504; ☎ 03-9653 0000; www.sofitel-melbourne.com; 25 Collins St; Zi. ab 352 AU$; P ❄ @ 📶 🏊; Ⓡ Parliament) Die Zimmer des Sofitels beginnen im 36. Stock und garantieren so einen Ausblick, bei dem einem ganz schwindelig wird. Sie entsprechen gehobenen internationalen Standards, und obwohl der Hoteleingang absolut schlicht ist, wird man hier schnell in eine andere Welt versetzt, die mindestens 36 Etagen über dem Alltag liegt.

Grand Hyatt Melbourne HOTEL **$$$**
(Karte S. 504; ☎ 03-9657 1234; www.melbourne.grand.hyatt.com; 123 Collins St; Zi. ab 445 AU$; ❄ @ 📶 🏊; Ⓡ Flinders St) Dieses berühmte Fünf-Sterne-Hotel in der Collins St ist so großartig, dass es sich das „Grand" im Namen redlich verdient. Die über 500 Zimmer haben Marmorbäder, eigene Arbeitsbereiche und raumhohe Fenster, aus denen man auf das Stadtzentrum, den Yarra River oder den MCG blickt.

Southbank & Docklands

Hilton Melbourne South Wharf HOTEL **$$**
(Karte S. 500; ☎ 03-9027 2000; www.hiltonmelbourne.com.au; 2 Convention Centre Pl, South Wharf; Zi. ab 200 AU$; P ❄ 📶; 🚋 35, 70, 75) Poliertes Holz und Naturfasern sorgen in diesem luxuriösen Hotel für ein erdverbundenes Flair. Die Suiten sind riesig und einige bieten einen tollen Blick auf den Fluss. Vor Ort gibt es auch eine Galerie mit Aborigine-Kunst und alle im Empfangsbereich ausgestellten Werke können auch gekauft werden – mit Ausnahme des riesigen Kunstwerks über der Rezeption, das aussieht, als sei es aus Topfreinigern geschaffen worden.

Quest Docklands APARTMENT **$$**
(Karte S. 500; ☎ 03-9630 1000; www.questdocklands.com.au; 750 Bourke St, Docklands; Apt. ab 220 AU$; P ❄ @ 📶; 🚋 35, 70, 75, Ⓡ Southern Cross) Eine neue Generation von Melbournern hat das Gebiet an der Grenze der Docklands für sich entdeckt, womit diese Apartments nun voll im Trend liegen. Sie sind gut in Schuss und elegant eingerichtet und, im Gegensatz zu den eher kleinen Wohnstudios, mit Küchen und Waschmaschinen ausgestattet; die Einzimmerapartments verfügen über einen Balkon. Es liegt praktisch an

der Türschwelle des Etihad Stadions und ist somit die perfekte Unterkunft, wenn man sich eines der großen Spiele live anschauen möchte.

Crown Towers HOTEL $$$

(Karte S. 504; ☎ 03-9292 6868; www.crownhotels.com.au/crown-towers-melbourne; 8 Whiteman St, Southbank; Zi. ab 338 AU$; P ❄ ; 55) Dieses überdimensionierte Hotel hält die schicksten Unterkünfte im Crown bereit. Der protzige Glanz der Lobby ist aber vergessen, sobald man die ruhigen, eleganten Zimmer betritt, von denen viele einen traumhaften Ausblick bieten. Die großen Bäder haben Badewannen und Duschkabinen und an den begehbaren Kleiderschrank könnte man sich glatt gewöhnen.

Crown Metropol HOTEL $$$

(Karte S. 500; ☎ 03-9292 8319; www.crownmetropolmelbourne.com.au; 8 Whiteman St, Southbank; Zi. ab 258 AU$; P ❄ @ ; 12, 96, 109) Das Crown Metropol ist mit seinen sage und schreibe 658 Zimmern auf 28 Etagen das größte Hotel der südlichen Hemisphäre! Die Gäste können die Skybar im obersten Stock besuchen und einen Stock tiefer im außergewöhnlichsten überdachten Infinity-Pool Melbournes baden, von dem aus man über die Stadt und zu den Dandenongs am Horizont blickt. Die Zimmer sind entsprechend luxuriös.

Richmond & East Melbourne

Aberlour Court APARTMENT $$

(Karte S. 500; ☎ 03-9039 5310; www.aberlourcourt.com.au; 462 Victoria Pde, East Melbourne; Apt. ab 155 AU$; P ❄ ; North Richmond) Der dreistöckige Backsteinbau wurde in der zweiten Hälfte des 20. Jhs. erbaut und mittlerweile sorgfältig renoviert und in ein ansprechendes Apartment-Hotel umgewandelt. Die nagelneuen Bäder und Küchen sind mit italienischen Fliesen ausgestattet und jede Einheit hat eine Waschmaschine und getrennte Schlafzimmer. Die besseren Apartments haben zudem Balkone oder eine eigene Terrasse.

Fitzroy, Collingwood & Abbotsford

★ **Nunnery** HOSTEL $

(Karte S. 512; ☎ 1800 032 635; www.nunnery.com.au; 116 Nicholson St, Fitzroy; B/EZ/DZ ab 34/95/120 AU$; @ ; 96) Das 1888 erbaute Nunnery strahlt mit den großen Treppenhäusern und vielen original erhaltenen Klosterdetails viel Flair aus. An den Wänden hängt christliche Kunst, und es gibt prächtige Buntglasfenster. Schön sind auch die großen, komfortablen Lounges und Gemeinschaftsbereiche. Direkt neben dem Haupthaus steht das Nunnery Guesthouse mit größeren Zimmern in traulicherer Lage (ab 130 AU$). Das Anwesen ist sehr beliebt – also vorab buchen! Frühstück bei allen Preisen inbegriffen.

★ **Tyrian Serviced Apartments** APARTMENT $$

(Karte S. 512; ☎ 03-9415 1900; www.tyrian.com.au; 91 Johnston St, Fitzroy; Apt. ab 188 AU$; P ❄ ; 11) Diese geräumigen, komplett ausgestatteten modernen Apartments versprühen das typische Fitzroy-Promiflair, und große Sofas, Flachbild-TVs, europäische Waschmaschinen und Balkone machen sie noch attraktiver. Zudem liegen zahlreiche Restaurants und Bar in unmittelbarer Nähe direkt vor der Tür. Das Sahnehäubchen sind das kostenlose WLAN und Parkmöglichkeiten. Die Zimmer zur Johnston St können recht laut sein.

Brooklyn Arts Hotel B&B $$

(Karte S. 512; ☎ 03-9419 9328; www.brooklynartshotel.com.au; 48-50 George St, Fitzroy; EZ/DZ ab 115/155 AU$; ; 86) In einem hübschen Reihenhaus ist dieses sehr stimmungsvolle Hotel untergebracht, das der Filmemacherin und Künstlerin Maggie Fooke gehört. Die sieben Zimmer sind unterschiedlich groß, aber alle sind sauber, eigenwillig, bunt und schön dekoriert. Die beste Wahl sind die Zimmer im oberen Stock (ab 220 AU$), denn sie sind geräumig und haben hohe Decken und Balkone. Zum kontinentalen Frühstück mit Sauerteigbrot und hausgemachter Marmelade gibt's auch noch muntere Unterhaltungen.

Carlton & Brunswick

169 Drummond B&B $$

(Karte S. 514; ☎ 03-9663 3081; www.169drummond.com.au; 169 Drummond St, Carlton; DZ inkl. Frühstück 135 AU$; ❄ ; 1) Die private Pension befindet sich in einem renovierten Reihenhaus aus dem 19. Jh., nur einen Block von der munteren Lygon St entfernt. In den Zimmern finden sich Kamine und persische Teppiche und der gemütliche Speisebereich und die Küchennische können mitgenutzt werden. Schwule sind, wie alle anderen Gäste auch, herzlich willkommen.

North Melbourne & Parkville

Bev & Mick's Backpackers HOSTEL $

(McMahon's Hotel; Karte S. 500; ☎ 03-9328 2423; www.facebook.com/BevAndMicksBackpackers; 575 Spencer St, West Melbourne; B 28–30 AU$; @ 📶; 🚆 North Melbourne) Das rustikale Hostel am Stadtrand liegt über einem netten Pub und bietet die Möglichkeit, außer den Sehenswürdigkeiten der Stadt auch noch etwas vom Alltagsleben der Melbourner mitzubekommen. In dem fantastischen Biergarten geht es immer sehr gesellig zu.

Larwill Studio HOTEL $$

(Karte S. 500; ☎ 03-9032 9111; www.thelarwillstudio.com.au; 48 Flemington Rd, Parkville; Zi. ab 189 AU$; P 📶; 🚋 55, 57, 59) Seinen Namen verdankt dieses sehr ungewöhnliche Hotel auf dem Gelände des Royal Children's Hospital dem Künstler David Larwill (1956–2011), dessen Gemälde die Wände hier schmücken. Von der Lage neben einem Krankenhaus darf man sich nicht abschrecken lassen: Die Zimmer sind frisch, luftig und zwar einfach, aber keinesfalls steril. Die 30 AU$ extra für den Blick auf den Park lohnen allemal.

South Melbourne, Port Melbourne & Albert Park

Drop Bear Inn HOSTEL $

(Karte S. 500; ☎ 03-9690 2220; www.dropbearinn.com.au; 115 Cecil St, South Melbourne; B/DZ ab 24/50 AU$; @ 📶; 🚋 96, 12) Das nach dem Drop Bear, Australiens Version des Wolpertingers, benannte Hostel befindet sich gegenüber dem South Melbourne Market, sodass man sich gut mit frischem Obst und Gemüse eindecken kann, das man gegen Marktschluss dort zu Schnäppchenpreisen bekommt. Das Hostel liegt über einem Pub und eignet sich somit für alle, die Party machen wollen. Die meisten Zimmer sind schön hell und charmanter als die der Durchschnitts-Hostels. Kostenloses WLAN.

★ **Coppersmith** BOUTIQUEHOTEL $$

(Karte S. 500; ☎ 03-8696 7777; http://coppersmithhotel.com.au; 435 Clarendon St, South Melbourne; Zi. ab 230 AU$; ❄ 📶; 🚋 12) Das Coppersmith ist ungezwungen, modern und auf elegante Weise zurückhaltend und darf sich guten Gewissens mit dem Zusatz Boutique schmücken. Die 15 Zimmer sind mit Designermöbeln, himmlischen Betten und feinen Wollteppichen ausgestattet und verfügen alle über eine Nespresso-Maschine, einen Schreibtisch, kostenloses WLAN und Kabel-TV mit Aufnahmefunktion. Vor Ort gibt's auch eine elegante Bistro-Bar, die lokale Zutaten einsetzt, und eine Dachterrasse mit Blick auf die Skyline.

Blackman BOUTIQUEHOTEL $$

(Karte S. 500; ☎ 03-9039 1444, 1800 278 468; www.artserieshotels.com.au/blackman; 452 St. Kilda Rd, Melbourne; Zi. ab 200 AU$; ❄ 📶; 🚋 3, 5, 6, 16, 64, 67, 72) Das Hotel besitzt zwar kein Originalgemälde von Charles Blackman, dafür aber jede Menge Drucke und Blackman-Klebebilder und bietet dazu auch noch eine erstklassige Aussicht. Am besten wählt man eine Ecksuite mit Blick auf den Albert Park Lake und die Skyline der Stadt. Die Betten sind luxuriös, auch wenn einige der Zimmer schon etwas abgewohnt sind.

South Yarra, Prahran & Windsor

Back of Chapel HOSTEL $

(Karte S. 516; ☎ 03-9521 5338; www.backofchapel.com; 50 Green St, Windsor; B 32–36 AU$, DZ 80 AU$; ⊙ Rezeption 8.30–17 Uhr; @ 📶; 🚋 6, 78, 🚆 Windsor) Das Hostel liegt wirklich nur 20 Schritte von dem coolen Teil der Chapel St entfernt und bietet in einem alten viktorianischen Reihenhaus budgetfreundliche Schlafoptionen. Die saubere, entspannte Unterkunft mit Schlafsälen mit vier und sechs Betten hat auch private Zweier-, Doppel- und Dreibettzimmer. Zum Angebot gehören eine Gemeinschaftsküche, ein Grill und eine Waschmaschine mit Münzeinwurf. Besonders Backpacker mit Working-Holiday-Visum steigen gern hier ab. Frühstück in allen Preisen beinhaltet.

Hotel Claremont PENSION $

(Karte S. 516; ☎ 03-9826 8000; www.hotelclaremont.com; 189 Toorak Rd, South Yarra; B/DZ ab 48/88 AU$; 📶; 🚋 78, 79, 🚆 South Yarra) In einem traditionellen Gebäude von 1868 bietet das Claremont für seine Lage an einer exklusive Straße ein gutes Preis-Leistungs-Verhältnis. Die Zimmer sind schlicht, sauber und komfortabel, haben hohe Decken, Holzdielen und Gemeinschaftsbäder. Es gibt eine Waschküche und eine rund um die Uhr geöffnete Rezeption. Das Beste daran ist aber, dass es nur wenige Schritte von der Chapel St und der Haltestelle South Yarra entfernt liegt (gerade einmal zwei Stationen vom Zentrum). In den Preisen ist das Frühstück enthalten.

Cullen BOUTIQUEHOTEL $$
(Karte S. 516; ☎03-9098 1555; www.artserieshotels.com.au/cullen; 164 Commercial Rd, Prahran; Zi. ab 209 AU$; ❄@📶; 🚋72, 78, 79, 🚉Prahran) Die Deko des Hotels wird von den Arbeiten des verstorbenen Grunge-Malers Adam Cullen dominiert: Seine überaus lebensfrohen, oft zeichnerischen Werke sieht man hier überall, z. B. den schießenden Ned Kelly an der Milchglastrennwand zwischen Zimmer und Bad. Die Zimmer sind stylish und komfortabel, es gibt praktische Kochnischen, die Wohnstudios sind jedoch recht klein. Die Zimmer mit Blick nach Norden und Westen ab dem 4. Stock bieten den besten Ausblick.

Olsen BOUTIQUEHOTEL $$
(Karte S. 516; ☎03-9040 1222; www.artserieshotels.com.au/olsen; 637 Chapel St, South Yarra; Zi. ab 199 AU$; P❄📶🏊; 🚋78, 🚉South Yarra) Am oberen Ende der Chapel St, nur wenige Schritte von den Boutiquen und Cafés des schicken South Yarra entfernt, ist diese Unterkunft mit ihren 224 Suiten eine Hommage an den Künstler John Olsen. Die kühne, raue Kunst des Malers bringt Schwung in die offenen, in Grau und Silber gehaltenen Zimmer. Diese sind alle mit einer praktischen Kochnische und traumhaft bequemen Betten von A. H. Beard ausgestattet. Die Angestellten sind sehr aufmerksam und der Hotelpool mit Glasboden ragt hinaus auf die Chapel St.

Punthill South Yarra Grand APARTMENT $$
(Karte S. 516; ☎1300 731 299; www.punthill.com.au; 7 Yarra St, South Yarra; Studios ab 159 AU$, Apt. mit 1/2 Schlafzi. ab 179/249 AU$; P❄📶; 🚋78, 79, 🚉South Yarra) Es sind die kleinen Dinge wie etwa eine Tafel mit Kreide in der Küche, um Nachrichten zu hinterlassen, die diese moderne, mit aschgrauen Akzenten versehene Unterkunft zu einer großartigen Option machen. Die eleganten, zeitgenössischen Wohnstudios und Apartments sind mit Küchen ausgestattet; die Apartments mit ein bis drei Schlafzimmern haben zudem auch noch eine Waschmaschine. Es gibt auch einige wenige Fahrräder zu vermieten (pro Std./Tag 4/15 AU$).

Royce on St. Kilda Road BOUTIQUEHOTEL $$
(Karte S. 500; ☎03-9677 9900; www.roycehotels.com.au; 379 St. Kilda Rd, Melbourne; Zi. ab 189 AU$; ❄📶; 🚋3, 5, 6, 16, 64, 67, 72) Nicht weit vom botanischen Garten entfernt ist das Royce in einem maurisch-inspirierten Gebäude aus den späten 1920er-Jahren untergebracht. Der einstige Rolls-Royce-Verkaufsraum ist heute eine Boutiqueunterkunft, die mit verschiedenen Zimmerkategorien und Elementen aus der damaligen Zeit und von heute aufwartet. Die Zimmer sind komfortabel – mit guten Betten, Marmorbädern und großen Plasma-TVs – aber auch irgendwie glanzlos. Zum Angebot gehört ein Fitnessraum.

Lyall BOUTIQUEHOTEL $$$
(Karte S. 516; ☎03-9868 8222, 1800 338 234; www.thelyall.com; 16 Murphy St, South Yarra; Zi. ab 255 AU$; ❄📶; 🚉South Yarra) Unmittelbar abseits der Toorak Rd befindet sich das Lyall mit seinen 40 Suiten (Apartments mit 1 oder 2 Schlafzi.), das seine Gäste wirklich verwöhnt: Vor Ort gibt's ein Spa und eine Champagner-Bar, Original-Kunstwerke des in Frankreich geborenen Künstlers Thierry B und man kann sogar sein eigenes Kissen auswählen. Die Suiten sind sehr exklusiv, wenn auch etwas abgewohnt, und mit verschiedenen verführerischen Stoffen wie Shantung-Seide, Taft, Wildleder, Samt und Brokat ausgestattet. Zu den Stammgästen gehört z. B. die in Melbourne aufgewachsene Sängerin Olivia Newton-John.

St. Kilda

★ Base HOSTEL $
(Karte S. 520; ☎03-8598 6200; www.stayatbase.com; 17 Carlisle St, St. Kilda; B/DZ ab 34/145 AU$; P❄@📶; 🚋3, 16, 96) Das gut geführte Base hat modernisierte Schlafsäle mit eigenen Bädern und schicke Doppelzimmer. Ein gesamtes Stockwerk ist weiblichen Reisenden vorbehalten. Eine Bar und Abende mit Livemusik sorgen stets für gute Laune.

Habitat HQ HOSTEL $
(Karte S. 520; ☎03-9537 3777; www.habitathq.com.au; 333 St. Kilda Rd, St. Kilda; B/DZ ab 34/119 AU$; P❄@📶; 🚋3, 67) Es gibt wenig, was dieses saubere, noch recht neue Hostel nicht hat. Im Angebot sind offene Gemeinschaftsbereiche, eine komplett ausgestattete Küche, eine Bar, ein Biergarten, kostenloses Frühstück, ein Reisebüro und ein Billardtisch, um nur einiges zu nennen. Wenn man der Carlisle St von St. Kilda zur St. Kilda Rd folgt, ist das Hostel auf der linken Seite.

Abode St. Kilda MOTEL $$
(Karte S. 520; ☎03-9536 9700; www.easystay.com.au; 63 Fitzroy St, St. Kilda; DZ ab 122 AU$; P❄📶; 🚋3, 12, 16, 96) Wer sich zu alt für ein

Hostel fühlt, aber dennoch ein günstiges privates Zimmer mitten drin im Geschehen möchte, der ist hier richtig. Von außen sieht das Ganze zwar wie ein zwielichtiges Motel aus, die Zimmer sind aber freundlich, modern und komfortabel, mit kostenlosem WLAN und Filmen, praktischen Kochnischen und Bädern mit Fußbodenheizung und Regenduschen.

Prince HOTEL **$$**

(Karte S. 520; ☎ 03-9536 1111; www.theprince.com.au; 2 Acland St, St. Kilda; Zi. ab 175 AU$; P ❄ 📶 🏊; 🚊 3, 12, 16, 96) Das elegante Prince hat eine spektakuläre Lobby im David-Lynch-Stil, die diesem beliebten Hotel einen sexy, stylishen Touch verleiht. Die Zimmer sind zurückhaltend und schick, aber auch etwas lahm. Zu den Einrichtungen vor Ort gehören auch der beliebte Prince Bandroom (S. 557; am Wochenende kann's hier ganz schön laut werden) und das Aurora Spa Retreat (S. 523). Der hoteleigene Pool wird auch für private Feiern vermietet und ist somit nicht immer zugänglich.

Hotel Tolarno HOTEL **$$**

(Karte S. 520; ☎ 03-9537 0200; www.tolarnohotel.com.au; 42 Fitzroy St, St. Kilda; EZ/DZ/Suite ab 109/119/169 AU$; ❄ 📶; 🚊 3, 12, 16, 96) In einem Gebäude, in dem früher die erfolgreiche Galerie des Kunsthändlers Georges Mora untergebracht war, ist heute das Tolarno zuhause. Es hat eine Reihe abwechslungsreich möblierter Zimmer mit guten Betten, frechen Originalkunstwerken, Nespresso-Maschinen und kostenloses WLAN im Angebot. Wer ein Zimmer nach vorn hat, muss mit etwas Straßenlärm rechnen, wird dafür aber mit einem Balkon und riesigen Fenstern entschädigt, durch die man das Treiben auf der Fitzroy St beobachten kann.

Essen

Stadtzentrum

★ **Hakata Gensuke** RAMEN **$**

(Karte S. 504; ☎ 03-9663 6342; www.gensuke.com.au; 168 Russell St; Hauptgerichte 13–14 AU$; ⏰ Mo–Fr 11.30–14.45 & 17–21.30, Sa & So 12–21.30 Uhr; 🚉 Parliament) Gensuke ist eines dieser Lokale, die nur ein einziges Gericht im Angebot haben, das dann aber außerordentlich gut schmeckt. In diesem Fall sind es *tonkotsu*-(Schweinebouillon) Ramen. Zur Auswahl stehen drei verschiedene Typen (normal „Hakata", mit Sesam „*black*" oder scharf „*god fire*"), für die man zusätzliche Zutaten auswählen kann (mariniertes *chashu*-Schwein, Ei, Algen, Holunderpilze). Um die Schlange kommt man nicht herum, die Wartezeit lohnt sich aber.

Traveller CAFÉ **$**

(Karte S. 504; www.sevenseeds.com.au; 2/14 Crossley St; Bagels 7–10 AU$; ⏰ Mo–Fr 7–17 Uhr; 🚊 86, 96) Dieses winzige Café ist eine typische Espressobar, in der man nur stehen oder sich anlehnen kann. Sie serviert spitzenmäßigen Kaffee, der aus der lokalen Rösterei Seven Seeds geliefert wird. Wer es sich hier dennoch mit einer Zeitung und einem gefüllten Bagel (Frischkäse, Avocado mit Zitrone, Pastrami mit Dijon-Senf etc.) gemütlich machen möchte, für den gibt's an der Bar auch ein paar Barhocker. Auch die süßen Teilchen in der Auslage sind verlockend.

Wonderbao CHINESISCH **$**

(Karte S. 504; ☎ 03-9654 7887; www.wonderbaokitchen.com.au; Literature Lane; Bao 2,70–5,20 AU$; ⏰ Mo–Fr 8–18, Sa 11–16 Uhr; 🚉 Melbourne Central) Im Wonderbao gibt's nur eine Sache. Welche das ist, ist nicht schwer zu erraten. Es sind *bao* (gedämpfte Teigtaschen), von den traditionellen klebrigen Varianten mit gegrilltem Schweinefleisch bis hin zu Kuriositäten wie dem Frühstücks-*bao*. Am Fenster stehen einige Barhocker, Tische gibt's aber keine.

Spring Street Grocer DELI **$**

(Karte S. 504; ☎ 03-9639 0335; www.springstreetgrocer.com.au; 157 Spring St; Sandwiches 12–13 AU$, Eiscreme 5 AU$; ⏰ 9–21 Uhr; 🚉 Parliament) Vor der **Gelateria Primavera** bilden sich regelmäßig Warteschlangen mit Menschen, die sich auf die täglich wechselnde Auswahl frischer Eiscreme freuen. Diese wird aus traditionellen *pozzetti* (Metallwannen, die in die Arbeitsplatten eingepasst sind) geschabt. Gleich nebenan befindet sich eine **Sandwichbar**, in der es Kaffee und Sandwiches mit Wunschbelag gibt. Geht man über die Wendeltreppe einen Stock tiefer, steigt einem der kräftige Geruch des **Käsekellers** in die Nase, ein stimmungsvoller Reifekeller mit einer beeindruckenden Auswahl internationaler Käsesorten.

Stalactites GRIECHISCH **$**

(Karte S. 504; ☎ 03-9663 3316; www.stalactites.com.au; 177-183 Lonsdale St; Hauptgerichte 11–18 AU$; ⏰ 24 Std.; 🚉 Melbourne Central) Wie könnte man einen 24 Stunden geöffneten Souva-Imbiss nicht lieben, besonders, wenn dieser bereits seit fast 40 Jahren in Melbourne zu später Stunde noch Lamm-Souvlakis verkauft? Er befindet sich im Zentrum der Stadt, im Herzen dessen, was von dem einstigen griechischen Viertel übrig geblieben ist, und ist eine Institution für nächtliche Heißhungerattacken. Das höhlenartige Innere ist auch sehr skurril.

★ Supernormal ASIATISCH **$$**
(Karte S. 504; ☎03-9650 8688; www.supernormal.net.au; 180 Flinders Lane; Gerichte 16–39 AU$; ⏲11–23 Uhr; 🚊Flinders St) Mit seinen Erfahrungen als Koch in Shanghai und Hongkong präsentiert Andrew McConnell eine kreative Auswahl pan-asiatischer Gerichte für mehrere Personen, von Teigtaschen bis zu rohen Meeresfrüchten und langsam gegartem Sichuan-Lamm. Selbst wenn man nicht im Restaurant essen will, sollte man sich die berühmten Neuengland-Hummer-Brötchen zum Mitnehmen nicht entgehen lassen. Reservierungen zum Abendessen werden nicht angenommen – man muss also früh da sein und seinen Namen auf die Warteliste setzen lassen.

★ Chin Chin SÜDOSTASIATISCH **$$**
(Karte S. 504; ☎03-8663 2000; www.chinchinrestaurant.com.au; 125 Flinders Lane; Hauptgerichte 20–39 AU$; ⏲11 Uhr–open end; 🚊Flinders St) Das Chin Chin ist unglaublich beliebt, und das aus gutem Grund. Serviert werden köstliche südostasiatische Straßensnacks in Portionen zum Teilen. Es befindet sich in einem herausgeputzten alten Gebäude, das irgendwie an New York erinnert. Es werden keine Reservierungen angenommen, man kann aber unten in der **Go Go Bar** warten, bis ein Platz frei wird.

Hardware Société CAFÉ **$$**
(Karte S. 504; ☎03-9078 5992; 120 Hardware St; Hauptgerichte 14–26 AU$; ⏲7.30–14.30 Uhr; 🚊Melbourne Central) Wer nicht länger anstehen will, sollte es in diesem wunderbaren kleinen Café erst gar nicht versuchen, denn hier ist immer die Hölle los. Wer aber erst einmal einen Sitzplatz ergattert hat – entweder draußen unter den Sonnensegeln oder im hübschen Innern mit seinen Schmetterlingstapeten – wird mit einem kreativen Angebot typischer, französisch angehauchter Café-Spezialitäten belohnt.

Gazi GRIECHISCH **$$**
(Karte S. 504; ☎03-9207 7444; www.gazirestaurant.com.au; 2 Exhibition St; Hauptgerichte 12–28 AU$; ⏲11.30 Uhr–open end; 🚊Parliament) Dies ist der neueste Laden von George Calombaris, der durch die Fernsehsendung MasterChef berühmt wurde, und ein Nebenprojekt zu seinem weitaus schickeren Press Club (gleich nebenan). Die Räumlichkeiten sind im industriellen Design gehalten und es gibt eine von griechischen Straßenimbissen inspirierte Speisekarte. Zur Wahl steht alles, von authentischen großen Vorspeisetellern und Mini-Souvlakis mit Garnelen- oder Entenfüllung bis zu auf Holzkohle gegrilltem Tintenfisch oder Fleisch vom Grill.

Mamasita MEXIKANISCH **$$**
(Karte S. 504; ☎03-9650 3821; www.mamasita.com.au; 1. Stock, 11 Collins St; Tacos 7 AU$, Quesadillas 15 AU$, gemischter Teller 24–27 AU$; ⏲So–Mi 17–23, Do–Sa 12–24 Uhr; 🚊Parliament) Das Restaurant hat in Melbourne eine wahre Leidenschaft für authentische mexikanische Imbisskost ausgelöst und es ist und bleibt immer noch eine der besten Adressen hierfür. Der auf Holzkohle gegrillte Mais mit Käse und Chipotle-Mayo ist eine legendäre Vorspeise. Zudem gibt's eine fantastische Auswahl an Mais-Tortilla-Tacos und ein riesiges Tequila-Angebot. Keine Reservierung möglich – man muss also mit Wartezeiten rechnen.

Café Vue CAFÉ **$$**
(Karte S. 504; ☎03-9691 3843; www.vuedemonde.com.au; 430 Little Collins St; Hauptgerichte 12–18 AU$; ⏲ Mo–Do 7–16 Uhr, Fr open end; 🚊55, 86, 96) Der erschwinglichste Ableger des Vue de Monde Imperiums serviert hervorragenden Kaffee und eine bemerkenswerte Palette an Kuchen, Gebäck, Reuben-Sandwiches und extravaganten Burgern. Die Kette entstand aus dem Kult rund um Shannon Bennetts Pistazien-Cupcakes.

MoVida TAPAS **$$**
(Karte S. 504; ☎03-9663 3038; www.movida.com.au; 1 Hosier Lane; Tapas 4–8 AU$, Raciones 16–34 AU$; ⏲12 Uhr–open end; 🚊Flinders St) Das MoVida liegt in der mit Graffiti übersäten Hosier Lane – mehr Melbourne geht nicht! Man stellt sich an die Theke, sammelt sich um die kleinen Tische am Fenster oder setzt sich, wenn man reserviert hat, an einen Tisch im Speisebereich und genießt die fantastischen spanischen Tapas und *raciones*. Das MoVida Next Door – tatsächlich, gleich nebenan – ist ideal, um sich vor einer Veranstaltung noch ein Bier mit Tapas zu gönnen.

Pellegrini's Espresso Bar ITALIENISCH **$$**
(Karte S. 504; ☎03-9662 1885; 66 Bourke St; Hauptgerichte 18 AU$; ⏲Mo–Sa 8–23, So 12–20

Uhr; 🚇 Parliament) Dieses Lokal – das italienische Pendant eines klassischen Diners aus den 1950er-Jahren – ist eine Ikone und hat sich seit Jahrzehnten quasi nicht verändert. Eine Speisekarte mit Preisen gibt es nicht; die Angestellten zählen gern auf, was gerade im Angebot ist. Sehr wahrscheinlich wird es italienische Hausmannskost sein: Lasagne, Spaghetti Bolognese und riesige Kuchenstücke. Der Service kann etwas rau sein, das ist aber alles Teil der Erfahrung.

Flower Drum CHINESISCH **$$**

(Karte S. 504; ☎ 03-9662 3655; www.flowerdrum.melbourne; 1. Stock, 17 Market Lane; Hauptgerichte 18–40 AU$; ⌚ Mo–Sa 12–15 & 18–23, So 18–22.30 Uhr; 📶; 🚇 Parliament) Das 1975 eröffnete Flower Drum ist nach wie vor Melbournes am meisten gefeiertes chinesisches Restaurant. Mit seinem dunklen Holz, dem Lack und den blütenweißen Tischdecken versprüht es eine bezaubernd altmodische Atmosphäre. Die üppigen, nur scheinbar schlichten kantonesischen Gerichte (von der täglich wechselnden Karte) werden so elegant serviert, wie man es in einer derart schicken Umgebung erwarten darf.

Bar Lourinhã TAPAS **$$**

(Karte S. 504; ☎ 03-9663 7890; www.barlourinha.com.au; 37 Little Collins St; Tapas 4–8 AU$, Raciones 16–30 AU$; ⌚ Mo–Do 12–23, Fr & Sa bis 1 Uhr; 🚇 Parliament) Man setzt sich an die Bar und lässt sich von den charmanten Angestellten durch die Speisekarte aus modernen portugiesischen und spanischen Gerichten und die Weinkarte mit passenden Tropfen der iberischen Halbinsel führen. Ein guter Anfang ist z. B. die Königsmakrelen-Pancetta.

Mesa Verde MEXIKANISCH **$$**

(Karte S. 504; ☎ 03-9654 4417; www.mesaverde.net.au; 6. Stock, Curtin House, 252 Swanston St; Hauptgerichte 12–20 AU$; ⌚ Di–So 16 Uhr–open end; 🚇 Melbourne Central) Das Restaurant mit großartigem mexikanischem Essen ist im wunderbaren Curtin House Komplex untergebracht. Im Hintergrund laufen Filme von Sergio Leone. Neben typischem Straßenessen gibt's auch eine große Auswahl an Tequilas und Mezcals und eine exotische Salzauswahl für Margaritas, etwa schwarzer Trüffel.

HuTong Dumpling Bar CHINESISCH **$$**

(Karte S. 504; ☎ 03-9650 8128; www.hutong.com.au; 14–16 Market Lane; Hauptgerichte 14–31 AU$; ⌚ 11.30–15 & 17.30–22.30 Uhr; 🚇 Parliament) Wegen des Rufs von HuTong, göttliche *xiao long bao* zuzubereiten, ist es nicht einfach, in dem dreistöckigen Gebäude mittags einen Tisch zu ergattern. Unten schaut man den Köchen bei der Zubereitung der delikaten Klöße zu und kann nur hoffen, dass diese einem nicht zuschauen, wenn man sich beim Essen ungeschickt anstellt.

Belleville INTERNATIONAL **$$**

(Karte S. 504; ☎ 03-9663 4041; www.belleville-melbourne.com; Globe Alley; Hauptgerichte 17–25 AU$; ⌚ 11–1 Uhr; 🚇 Melbourne Central) Es nennt sich selbst „die Heimat weltweiter Gerichte, Drinks und Beats" und hat eine riesige brasilianische Rotisserie, die 90 Hähnchen auf einmal grillen kann. Die restliche Speisekarte besteht vorwiegend aus Gerichten zum Teilen und führt einmal rund um die Welt, wobei vor allem asiatische Kost im Vordergrund steht Für den guten Mix gibt's auch ein paar nordamerikanische Klassiker (Poutine, S'mores).

Seamstress CHINESISCH **$$**

(Karte S. 504; ☎ 03-9663 6363; www.seamstress.com.au; 113 Lonsdale St; Hauptgerichte 18–35 AU$; ⌚ Mo–Fr 12–14.30 & 17.30–22, Sa 17.30–22 Uhr; 🚇 Parliament) Am Anfang gönnt man sich im oberen Stock einen Cocktail unter einem Baldachin aus winzigen *qipao*-Kleidern, dann geht's nach unten in den Speisesaal, in dem moderne chinesische Gerichte serviert werden. Das Lagerhaus aus dem 19. Jh. mitsamt seiner wackeligen Treppe ist wunderbar stimmungsvoll.

Hopetoun Tea Rooms CAFÉ **$$**

(Karte S. 504; ☎ 03-9650 2777; www.hopetountearooms.com.au; Block Arcade, 282 Collins St; Hauptgerichte 18–26 AU$; ⌚ 8–17 Uhr; 🚇 Flinders St) Bereits seit 1892 laben sich die Gäste hier an riesigen Sandwiches, trinken Tee (mit abgespreiztem kleinem Finger) und verputzen Lamingtons. Weil der Laden eine altehrwürdige Institution ist, steht man hier fast immer Schlange. Die Auslage im Fenster macht Appetit, während man wartet.

★ **Lee Ho Fook** CHINESISCH **$$$**

(Karte S. 504; ☎ 03-9077 6261; www.leehofook.com.au; 11–15 Duckboard Pl; Hauptgerichte 32–42 AU$; ⌚ Mo–Fr 12–14.30 & 18–23, Sa & So 18–23 Uhr; 🚇 Parliament) Das Lee Ho Fook ist in einem alten, aus Backstein erbauten Lagerhaus in einer wunderbar heruntergekommenen Gasse untergebracht und der Inbegriff moderner chinesischer Gastronomie-Zauberei. Dem Koch gelingt es, chinesischen Klassikern ungeheuer viel Geschmack zu verpassen – wie etwa knusprige Aubergine mit rotem Essig, Hähnchenkruste, Lakritz-Wagyu-Rind und Krabben-Jakobsmuschel-Reis mit hausgemachter XO Sauce. Auch der Service ist sensationell.

Tonka INDISCH $$$
(Karte S. 504; ☎03-9650 3155; www.tonkarestaurant.com.au; 20 Duckboard Pl; Hauptgerichte 26–40 AU$; ⌚Mo–Sa 12–15 & 18 Uhr–open end; Parliament) Der Speiseraum des Tonkas ist lang, elegant und sehr weiß mit wogendem weißem Stoff, der über den Köpfen der Gäste kleine Wolken formt – das Essen ist jedoch wundervoll farbenfroh. Die kräftigen Aromen der indischen Küche werden hier mit unerwarteten Elementen kombiniert: *Burrata* wird etwa mit Koriander-Relish und angekohltem Roti serviert. Der Sommelier kennt sich hervorragend aus und empfiehlt gern einen passenden Tropfen aus der außergewöhnlichen Weinliste.

Coda SÜDOSTASIATISCH $$$
(Karte S. 504; ☎03-9650 3155; www.codarestaurant.com.au; UG, 141 Flinders Lane; große Portion 39–46 AU$; ⌚12–15 & 18 Uhr–open end; Flinders St) Das Coda hat ein schönes Kellerambiente mit frei hängenden Glühbirnen und freigelegten Wänden. Die innovative Speisekarte tendiert sehr stark zu südostasiatischen Gerichten, einige japanische, koreanische, französische und italienische Einflüsse sind aber auch vorhanden. Es gibt große Portionen, die zum Teilen gedacht sind, aber die Einzelportionen – z. B. knusprige Garnelen und Tapioka-Betelblätter – sind besonders lecker.

Cumulus Inc MODERN-AUSTRALISCH $$$
(Karte S. 504; ☎03-9650 1445; www.cumulusinc.com.au; 45 Flinders Lane; Frühstück 14–18 AU$, Hauptgerichte 36–44 AU$; ⌚7–23 Uhr; Parliament) Das sehr beliebt, ungezwungene Restaurant setzt auf erstklassige Lebensmittel und eine einfache, aber kunstvolle Zubereitung. Das Essen wird an der langen Marmortheke und an kleinen, runden Tischen serviert, die überall im Raum verstreut stehen. Da abends nur größere Gruppen reservieren können, muss man sich auf Wartezeiten einstellen. Oben drüber befindet sich die Cumulus Up Weinbar.

Longrain THAI $$$
(Karte S. 504; ☎03-9671 3151; www.longrain.com; 44 Little Bourke St; Hauptgerichte 30–40 AU$; ⌚Mo–Do 18–22, Fr 12–15 & 17.30 Uhr–open end, Sa & So 17.30 Uhr–open end; Parliament) Wenn man nicht früh genug da ist, muss man lange warten, um die innovative Thai-Küche des Longrain kosten zu können. In der Zwischenzeit empfehlen die Angestellten, sich einen Drink zu bestellen und zu relaxen. Die Gemeinschaftstische sind vielleicht nicht gerade für ein romantisches Date geeignet, man kann an ihnen aber prima sehen, was die anderen so auf ihren Tellern haben. Die Portionen sind zum Teilen gedacht. Lecker sind das „Einetz“ mit Schwein und Garnelen, die tollen Optionen mit Meeresfrüchten und das Kokosnusssorbet.

Vue de Monde MODERN-AUSTRALISCH $$$
(Karte S. 504; ☎03-9691 3888; www.vuedemonde.com.au; 55. Stock, Rialto, 525 Collins St; Menü 230–275 AU$; ⌚Mo–Mi 18–23, Do–So 12–14 & 18–23 Uhr; Southern Cross) Melbournes beliebtestes Restaurant für feines Essen hat eine tolle Lage auf der alten Aussichtsterrasse des Rialto Towers mit einem Ausblick, der dem französischen Namen gerecht wird. Wenn der visionäre Chefkoch Shannon Bennett nicht gerade in der Fernsehsendung *MasterChef* gute Tipps verteilt, kreiert er ausgefeilte Menüs aus allerbesten australischen Zutaten. Sehr weit – Monate! – im Voraus reservieren.

Grossi Florentino ITALIENISCH $$$
(Karte S. 504; ☎03-9662 1811; www.grossiflorentino.com; 1. Stock, 80 Bourke St; 2-Gänge-Mittagsmenü 65 AU$, 3-Gänge-Abendmenü 140 AU$; ⌚Mo–Fr 12–14.30 & 18 Uhr–open end, Sa 18 Uhr–open end; Parliament) Ein übertriebener, goldener Verputz, Kronleuchter und florentinische Renaissance-Wandbilder aus den 1930er-Jahren schaffen in diesem erstklassigen italienischen Restaurant ein Ambiente, das sich hervorragend für besondere Anlässe eignet. Die dekadenten Menüs werden mit exquisiten Canapés und leckerem Brot serviert und der Service ist sehr routiniert. Die Grill and Cellar Bar unten hat erschwinglichere Optionen.

Bomba TAPAS $$$
(Karte S. 504; ☎03-9077 0451; www.bombabar.com.au; 103 Lonsdale St; Tapas 3,50–8 AU$, Hauptgerichte 26–36 AU$; ⌚Mo–Fr 12–15 & 17 Uhr–open end, Sa & So 17 Uhr–open end; Parliament) Das an eine muntere spanische Bodega erinnernde Restaurant serviert leckere, authentische Tapas, *raciones* für den größeren Hunger sowie katalanische Eintöpfe und Paellas. Auf der Weinkarte stehen vor allem spanische Tropfen, der Wermut fließt in Strömen und ebenso das kalte Estrella. Nach dem Essen lädt die Dachterrasse noch zu einem Schlummertrunk ein.

Kenzan JAPANISCH $$$
(Karte S. 504; ☎03-9654 8933; www.kenzan.com.au; 56 Flinders Lane; Hauptgerichte mittags 33 AU$, abends 38–48 AU$; ⊙Mo–Sa 12–14.15 & 6–22 Uhr; ; Parliament) Das Kenzan liegt zwar wenig verheißungsvoll am Rand eines Einkaufszentrums, serviert aber herrliches Sashimi und Sushi sowie *nabe ryori* (das man selbst an seinem Tisch gart). Wer sich nicht entscheiden kann, wählt einfach das hervorragende Mittags- bzw. Abendmenü.

Southbank & Docklands

Das **Crown** (Karte S. 500; ☎03-9292 8888; www.crownmelbourne.com.au; 8 Whiteman St, Southbank; 12, 55, 96, 109) hat in glamouröser Lage direkt am Fluss mehrere Restaurants unter der Leitung einiger der beliebtesten Gastronomen Australiens eröffnet und es damit geschafft, viele Besucher in seinen Casinokomplex zu locken. Dabei sind nicht nur die Preise, sondern auch die Qualität sehr hoch, was man von einigen anderen Restaurants an der beliebten Touristenmeile nicht behaupten kann. South Wharf bietet auch einige interessante Essensoptionen direkt am Ufer.

Bangpop THAI $$
(Karte S. 500; ☎03-9245 9800; www.bangpop.com.au; 35 South Wharf Promenade, South Wharf; Hauptgerichte 21–29 AU$; ⊙12 Uhr–open end; ; 35, 70, 75) Bangpop verleiht der Gegend mit seiner Bar aus Legosteinen und den herabhängenden Glühbirnen etwas Farbe und Leben. An Gemeinschaftstischen werden leckere Imbiss-Gerichte und Currys sowie thailändisch angehauchte Cocktails serviert.

★ **Spice Temple** CHINESISCH $$$
(Karte S. 504; ☎03-8679 1888; www.rockpool.com; Crown, Yarra Promenade, Southbank; Hauptgerichte 15–52 AU$; ⊙Mo–Mi 18–23, Do–So 12–15 & 18–23 Uhr; ; 55) Wenn der bekannte Küchenchef Neil Perry nicht gerade im Rockpool (S. 535) nebenan oder in seinem Restaurant in Sydney ist, dann kocht er in diesem exzellenten Restaurant am Ufer Gerichte, die an die scharfe Küche der zentralen Provinzen Chinas angelehnt sind. Tagsüber kann man sich mit Blick auf den Fluss das Yum-Cha-Bankett (49 AU$) schmecken lassen. Abends ist das in stimmungsvoll abgedunkeltem Licht erleuchtetet Tabernakel darunter ein guter Platz.

Rockpool Bar & Grill STEAK $$$
(Karte S. 504; ☎03-8648 1900; www.rockpool.com; Crown, Yarra Promenade, Southbank; Hauptgerichte 35–70 AU$; ⊙So–Fr 12–14.30 & 18–23, Sa 18–23 Uhr; 55) Der Melbourner Außenposten von Neil Perrys Imperium punktet mit seinem Aushängeschild, der Theke mit rohen Meeresfrüchten, aber eigentlich dreht sich hier alles um Dry Aged Beef. In der Bar bekommt man das gleiche Essen und den gleichen Service und dazu noch eine Auswahl an günstigeren Speisen (24–29 AU$).

Richmond & East Melbourne

Der kulinarische Hauptanziehungspunkt Richmonds ist traditionell die von zahllosen Restaurants gesäumte Victoria St mit ihren vielen vietnamesischen und anderen asiatischen Lokalen. Etwas gehobener geht es in der Swan St, der Church St und der Bridge Rd zu.

Thy Thy VIETNAMESISCH $
(Karte S. 500; ☎03-9429 1104; 1. Stock, 142 Victoria St, Richmond; Hauptgerichte 9–16 AU$; ⊙9–22 Uhr; North Richmond) Das Thy Thy ist *das* Original der Victoria St für vietnamesische Küche (unverändert seit 1987) und ist im 1. Stock eines Gebäudes untergebracht. Kein Korkengeld für selbst mitgebrachte alkoholische Getränke.

Sabai THAI $$
(Karte S. 500; ☎03-8528 6884; www.sabairichmond.com.au; 460 Church St, Richmond; Hauptgerichte 17–24 AU$; ⊙Mo–Fr 11.30–21.30, Sa & So 16–21.30 Uhr; East Richmond) Eine traditio-

KEINE RESERVIERUNGEN

Unter den gehobenen Restaurants Melbournes gibt es einen weitverbreiteten Trend: Viele der angesagtesten Lokale der Stadt (MoVida, Mamasita, Longrain, Supernormal und Chin Chin, um nur ein paar zu nennen) nehmen keine Reservierungen mehr an. Dieser Vorstoß wurde von vielen begrüßt, aber ebenso lautstark kritisiert. Der Hintergrund ist aber der, dass Restaurant und Gäste so flexibler und spontaner sein können. Die meisten Restaurants lassen sich die Nummer der wartenden Gäste geben und rufen an, sobald ein Tisch frei wird. So muss man wenigstens nicht unnütz herumsitzen. Andere Gäste wiederum nutzen die Zeit gern, um sich einen Drink an der Bar zu holen oder einen kleinen Spaziergang zu machen.

nelle Weisheit besagt, dass Sydney gut in thailändischer Küche und Melbourne gut in vietnamesischer Küche ist. Dieses kleine Nachbarschaftsrestaurant stellt diese These aber auf den Kopf und serviert in schickem Ambiente eine leckere Mischung aus klassischen und modernen Thai-Gerichten. Auch der Service ist hervorragend.

Meatmother AMERIKANISCH **$$**

(Karte S. 500; ☎03-9041 5393; www.meatmother.com.au; 167 Swan St, Richmond; Hauptgerichte 20–28 AU$; ⊙Mi & Do 17 Uhr–open end, Fr–So 12–15 & 17 Uhr–open end; 🚋70) Vegetarier seien gewarnt: Dieses Restaurant ist eine Hommage an den Schlachthof, wie an den Fleischerbeilen an der Wand unschwer zu erkennen ist. Alle Fleischgerichte werden über Eichenholz geräuchert, vom Pulled-Pork-Sandwich (12 Std. gegart) bis zur Rinderbrust (20 Std. gegart). Mittags gibt's eine Reihe von Burgern und Sandwiches für 15 AU$ auf einem leckeren, an den Rändern leicht angekokelten Brötchen. Hinunterspülen kann man alles mit amerikanischem Whisky.

Demitri's Feast GRIECHISCH **$$**

(Karte S. 500; ☎03-9428 8659; www.demitrisfeast.com.au; 141 Swan St, Richmond; Hauptgerichte 10–24 AU$; ⊙Di–So 8–16 Uhr; 🚉East Richmond) Dieses bodenständige Café ist zwar winzig, in Sachen griechische Gerichte aber ganz groß! Auf den Tisch kommen z. B. Spanakopita, Souvlaki und Meze-Teller. Morgens gibt's eine interessante Frühstückskarte (extrem lecker: die Zucchini-Feta-Reibekuchen), und auch der Kaffee ist hervorragend, besonders in Kombination mit traditionellen griechischen Süßwaren.

Richmond Hill Cafe & Larder CAFÉ **$$**

(Karte S. 500; ☎03-9421 2808; www.rhcl.com.au; 48-50 Bridge Rd, Richmond; Mittagessen 12–27 AU$; ⊙7–17 Uhr; 🚋48, 75) Die einstige Domäne der bekannten Köchin Stephanie Alexander mag mittlerweile vielleicht etwas in die Jahre gekommen sein, das kleine Feinschmecker-Café ist aber noch immer hervorragend. Es gibt einen erstklassigen Käseraum und auf der Speisekarte stehen einfache (Käsetoast), aber auch aufwendige (Bircher-Müsli mit Chia-Samen-Würfeln und Himbeerstreuseln) Gerichte. Für Wagemutige gibt's Frühstückscocktails.

Minamishima JAPANISCH **$$$**

(Karte S. 500; ☎03-9429 5180; www.minamishima.com.au; 4 Lord St, Richmond; 150 AU$/Pers.; ⊙Di–Sa 6–22 Uhr; 🚋48, 75) Das Minamishima versteckt sich in einer kleinen Seitenstraße und bietet die vielleicht einzigartigste kulinarische Japan-Erfahrung diesseits des Äquators. Man kann an der Bar Platz nehmen und dem Sushi-Meister Koichi Minamishima dabei zusehen, wie er mit der Präzision eines Chirurgen Meeresfrüchte zubereitet und alles einzeln serviert. Es sind nur ein paar wenige Plätze vorhanden, deshalb weit im Voraus reservieren.

Fitzroy, Collingwood & Abbotsford

In der Smith St gibt es eine erstaunliche Feinschmeckerszene und es kommen ständig neue Restaurants und Cafés hinzu, die sich mittlerweile auch in den umliegenden Seitenstraßen in umgebauten Lagerhäusern ansiedeln. In der Gertrude St liegt ein Café neben dem anderen; hinzu kommen auch ein paar gehobenere Essensoptionen. In der Brunswick St gibt's einige alteingesessene Favoriten (bei den anderen Optionen ist es etwas Glückssache) und auch in der Johnston St auf der Abbotsford-Seite entwickelt sich gerade eine gute Restaurantszene.

★ **Lune Croissanterie** BÄCKEREI **$**

(Karte S. 512; www.lunecroissanterie.com; 119 Rose St, Fitzroy; Gebäck 5,50–12,50 AU$; ⊙Mo, Do & Fr 7.30–15, Sa & So ab 8 Uhr; 🚋11) Wer beim Anblick der Schlange schon auf dem Absatz kehrtmachen möchte, sollte es sich vielleicht doch noch anders überlegen, denn ihm entgehen einige der leckersten Backwaren überhaupt – vom Zitronenquark-Cruffin bis zum klassischen Mandelcroissant. In der Mitte des alten Lagerhauses steht ein klimatisierter Glaswürfel, das Lune Lab, in dem die ganzen Leckereien gezaubert werden.

★ **Smith & Deli** FEINKOST, VEGAN **$**

(Karte S. 512; ☎03-9042 4117; www.smithanddaughters.com; 111 Moor St, Fitzroy; Sandwiches 10–15 AU$; ⊙Di–Sa 8–18 Uhr; 🌶; 🚋11) Die kleine vegane Imbissstube versprüht den Charme eines typischen New Yorker Feinkostgeschäfts aus den 1950er-Jahren. Die angebotenen Produkte sind täuschend echte Fleischimitate und sollen auch schon den einen oder anderen Fleischliebhaber in die Irre geführt haben. Die Sandwiches sind mit allen beliebten Zutaten verfügbar und werden bei Bestellung frisch zubereitet. Lecker ist das Rubenstein mit „Pastrami", Sauerkraut und Essiggurken oder die Club Sandwiches Not Seals.

★ **Gelato Messina** EISCREME $
(Karte S. 512; www.gelatomessina.com; 237 Smith St, Fitzroy; 1 Kugel 4,80 AU$; ⌚ So–Do 12–23, Fr & Sa bis 23.30 Uhr; 🚊 86) Das Messina gilt als Melbournes beste Eisdiele und seine Beliebtheit spiegelt sich in den Warteschlangen im Sommer wider. Im Angebot sind so leckere, cremige Sorten wie gesalzene Kokosnuss und Mango, pochierte Feigen in Marsala oder Blutorangensorbet. Drinnen kann man durch eine Glasscheibe den Eismachern bei ihrer Arbeit zusehen.

Huxtaburger BURGER $
(Karte S. 512; ☎ 03-9417 6328; www.huxtaburger.com.au; 106 Smith St, Collingwood; Burger 10–14,50 AU$; ⌚ So–Do 11.30–22, Fr & Sa bis 23 Uhr; 🚊 86) Dieses Burgerrestaurant nach amerikanischem Vorbild serviert beliebte geriffelte Pommes Frites in altmodischen Behältern (am besten sind sie mit dem scharfen Chipotle-Salz), leckere Burger (auch vegetarisch) auf glasierten Hefeteigbrötchen und Craft-Beer aus der Flasche. Weitere Filialen finden sich in der **Innenstadt** (Karte S. 504; Fulham Pl; Burger 7–14 AU$; ⌚ 11.30–22 Uhr; 🚊 Flinders St) und in Prahran (S. 543).

Babka Bakery Cafe BÄCKEREI, CAFÉ $
(Karte S. 512; ☎ 03-9416 0091; 358 Brunswick St, Fitzroy; Hauptgerichte 11–19 AU$; ⌚ Di–So 7–19 Uhr; 🚊 11) Die mit viel Liebe zubereiteten Frühstücksoptionen und Mittagsgerichte dieser kleinen Melbourner Institution schmecken durch und durch russisch, von Borscht bis Pelmeni. Das Babka hat auch eine eigene Bäckerei und dank des köstlichen Aromas von Zimt und frisch gebackenem Sauerteigbrot, Pasteten und Kuchen lohnt sich das Anstehen sogar auch nur für einen Kaffee.

Lazerpig PIZZA $$
(Karte S. 512; ☎ 03-9417 1177; www.lazerpig.com.au; 9–11 Peel St, Collingwood; Pizza 16–24 AU$; ⌚ Mo–Mi 16 Uhr–open end, Do–So 12 Uhr–open end; 🚊 86) Angefangen beim neonpinken Schweinchenschild vor dem Eingang bis hin zum kneipenähnlichen Innern mit Diskokugel und rotkarierten Tischdecken – das angesagte Lazerpig ist himmlisch skurril. Es ist eine Mischung aus Rock-'n'-Roll-Schuppen, Disco und Trattoria und die Gäste stehen Schlange, um die hervorragenden Holzofenpizzas zu essen und zur Musik von DJs Craft-Beer oder Cocktails zu trinken.

Easey's BURGER $$
(Karte S. 500; http://easeys.com.au; 48 Easey St, Collingwood; Burger 10–23 AU$; ⌚ So–Do 11–22, Fr & Sa bis 23 Uhr; 🚊 86) In diesem mit Graffiti besprühten alten Eisenbahnwaggon auf einem Dach in einer Seitenstraße werden Burger und Bier serviert – mehr Collingwood geht kaum. Im Easey's schert man sich nicht um Diätempfehlungen und die Burger treiben den Cholesterinspiegel schneller in die Höhe als man „als Beilage bitte die *triple-fried* Dim Sim" sagen kann.

Auch der Veggi-Burger gehört zu den besten der Stadt: Abgesehen vom Kartoffel-Zucchini-Rösti wird er wie ein ganz normaler Burger zubereitet und kein Klacks Hummus und keine Scheibe Avocado sind in Sicht.

Horn AFRIKANISCH $$
(Karte S. 512; ☎ 03-9417 4670; www.thehorncafe.com.au; 20 Johnston St, Collingwood; Hauptgerichte 16–21 AU$; ⌚ Mi–Sa 18 Uhr–open end, So 15–22 Uhr; 🚊 86) Die Aromen und das Flair dieses äthiopischen Restaurants sind direkt aus Addis Abeba importiert und so authentisch wie das hausgemachte *injera* (weiches Brot, das täglich frisch zubereitet wird). Dieses wird in Stücke gerissen und ins Essen getunkt. Dazu schmeckt am besten echtes äthiopisches Bier. Donnerstagabends wird Jazz gespielt und sonntags verleiht die achtköpfige Band Black Jesus Experiment der traditionellen äthiopischen Musik einen modernen Touch.

Charcoal Lane MODERN-AUSTRALISCH $$
(Karte S. 512; ☎ 03-9418 3400; www.charcoallane.com.au; 136 Gertrude St, Fitzroy; Hauptgerichte 19–31 AU$; ⌚ Di–Sa 12–15 & 18–21 Uhr; 🚊 86) 🍃 Im Basaltgebäude einer ehemaligen Bank befindet sich dieses Ausbildungsrestaurant für Aborigines und benachteiligte junge Menschen. Es ist eines der besten Lokale, um sich mit den kulinarischen Seiten der einheimischen Flora und Fauna vertraut zu machen: Auf der Karte stehen u. a. Emufilet mit Zitronen-Myrte-Risotto und Crème Brûlée mit Akaziensamen. Die Empfehlung des Hauses – eine gemischte Vorspeisenplatte für Zwei (30 AU$) mit einheimischen Zutaten – ist schon mal ein guter Start. Am Wochenende sollte man besser reservieren.

Moroccan Soup Bar MAROKKANISCH $$
(☎ 03-9482 4240; www.moroccansoupbar.com.au; 183 St Georges Rd, North Fitzroy; Buffet 23 AU$/Pers.; ⌚ Di–So 18–22 Uhr; 🖉; 🚊 11) Bevor man einen Platz zugeteilt bekommt, heißt es erst einmal warten. Während man dann seinen Pfefferminztee schlürft (die Soup Bar ist eine alkoholfreie Zone) wird einem von der treuen Angestellten Hana das vegetarische

Menü mündlich vorgetragen. Das Buffet bietet ein gutes Preis-Leistungs-Verhältnis und der traumhafte Kichererbsenauflauf ist sehr beliebt. Auch die Einheimischen stehen hier mit ihren eigenen Gefäßen an, um sich was zum Mitnehmen zu holen.

Horn Please INDISCH $$

(http://hornplease.com.au; 167 St. Georges Rd, North Fitzroy; Gerichte 12–23 AU$; ⌚ So–Mi 18–21 Uhr, Do–Sa open end; 🚋 11) Auf der regemäßig wechselnden Speisekarte dieses stylishen Lokals stehen Straßenessen, Currys, Dal und Tandoori-Gerichte. Angeboten werden u. a. leicht angekohlte Forelle aus dem Tandur, cremiges Dal aus schwarzen Linsen oder Curry mit geräuchertem Lamm. Nicht zu vergessen: das hausgemachte *kulfi* (indische Eiscreme). Das Bierangebot umfasst eine tolle Auswahl an Craft-Bieren.

Project Forty Nine CAFÉ, FEINKOST $$

(Karte S. 512; ☎ 03-9419 4449; www.projectfortynine.com.au; 107 Cambridge St, Collingwood; Café Hauptgerichte 13–16 AU$, Restaurant Hauptgerichte 26–31 AU$; ⌚ Café 7–16 Uhr, Feinkostgeschäft Mi–Mo 9–18 Uhr; 🚋 86) Das Project Forty Nine bringt mit seinem Ableger des ursprünglichen Cafés in Beechworth, einer Kleinstadt in Victoria, etwas Ländlichkeit in die Gassen des industriellen Collingwood. In dem riesigen, lebhaften Lagerhaus sind ein Feinkostgeschäft, ein Café, ein Restaurant und eine Weinbar untergebracht. Café und Restaurant legen ihren Schwerpunkt auf die Mischung von Zutaten aus dem ländlichen Victoria und italienischen Einflüssen, während in der Weinbar edle Tropfen aus dem Nordosten des Bundesstaates angeboten werden.

Transformer VEGETARISCH $$

(Karte S. 512; ☎ 03-9419 2022; www.transformerfitzroy.com; 99 Rose St, Fitzroy; Hauptgerichte 16–24 AU$; ⌚ Mo–Do 17.30–22, Fr 11.30–23, Sa 9–23, So 9–22.30 Uhr; 📶 ✎; 🚋 11) Ein Restaurant der gehobenen vegetarischen Küche (statt Tofu-Pfannengerichten gibt's hier z. B. Ricotta-Roggen-Gnocchi), das in einem raffinierten Lagerhaus voller Pflanzen untergebracht ist. Die perfekte Adresse zum Frühstücken, für romantische Abendessen oder Cocktails.

Smith & Daughters LATEINAMERIKANISCH, VEGAN $$

(Karte S. 512; ☎ 03-9939 3293; www.smithanddaughters.com; 175 Brunswick St, Fitzroy; Gerichte 10–18 AU$; ⌚ Di–Fr 18–1, Sa 10–1, So 10–23 Uhr; ✎; 🚋 11) Das gemütliche Restaurant an einer Ecke hat eine rein vegane Speisekarte, auf der lateinamerikanische Aromen klar dominieren. Unter den leckeren Gerichten sind etwa Paella-Reibekuchen und „Chorizo"-Tacos, aber auch in der Cocktailkarte findet man Jalapeño-, Gurken- und Koriander-Margaritas und Sangria im Krug.

Hotel Jesus MEXIKANISCH $$

(Karte S. 512; www.hoteljesus.com.au; 174 Smith St, Collingwood; Gerichte 6–16 AU$; ⌚ Mi–So 12 Uhr–open end, Taco Wey Laden Di 12–17, Mi–Sa bis 18 Uhr; 🚋 86) Die freche Cantina im Retrostil ist in einem alten Postamt untergebracht und übertreibt ganz bewusst mit glänzenden Fliesen, roten Klappstühlen und einer Speisekarte mit plumpen Bildern. Der Fokus liegt auf Straßensnacks, besonders auf Tostadas, die geschmacklich aber leider nicht immer überzeugen. Zum Bestellen muss man auf einem Blatt Papier seine Kreuzchen machen; der Service könnte etwas ausgereifter sein und die Speisekarte übersichtlicher.

Smith Street Alimentari CAFÉ, FEINKOST $$

(Karte S. 512; ☎ 03-9416 1666; www.alimentari.com.au/smith-street; 302 Smith St, Collingwood; Panini 9,50–11,50 AU$, Hauptgerichte 10–24 AU$; ⌚ Mo–Mi & Sa 8–18, Do & Fr bis 19 Uhr; 📶; 🚋 86) Eine überzeugende Mischung aus italienischem Café und Feinkostgeschäft mit Gerichten zum Mitnehmen, Panini, Salaten, frischer Pasta und Grillfleisch. Das geräumige Lokal hat auch noch einen Speisebereich mit einem mediterran angehauchten Essensangebot und einen reizenden Hinterhof.

Belle's Hot Chicken AMERIKANISCH $$

(Karte S. 512; ☎ 03-9077 0788; http://belleshotchicken.com; 150 Gertrude St, Fitzroy; Hähnchen & Beilage ab 17 AU$; ⌚ So–Do 12–22, Fr & Sa bis 23 Uhr; 🚋 86) Chefkoch Morgan McGlone ahnte schon während seiner Zeit in den USA, in der er seine Küchenkünste weiter perfektionierte, dass sich da etwas Gutes anbahnte. Als er dann zurück nach Australien kam und das Nashville-Brathähnchen mit Naturwein kombinierte, löste er eine kulinarische Revolution aus – und eine schrecklich leckere noch dazu. Die Hähnchensticks, -keulen oder -flügel gibt's in drei verschiedenen Schärfestufen (Hinweis: „Really F**kin Hot" heißt aus gutem Grund so).

Robert Burns Hotel SPANISCH $$

(Karte S. 512; ☎ 03-9417 2233; www.robertburnshotel.com.au; 376 Smith St, Collingwood; Paella ab 20 AU$/Pers., Hauptgerichte ab 27 AU$; ⌚ Mo & Di 17–23, Mi–Sa 12–24, So 12–23 Uhr; 🚋 86) Durch die schicke Renovierung vor ein paar Jahren ist zwar der heimelig-schmuddelige Charme verloren gegangen, aber die spanischen Gerichte sind erfreulicherweise authentisch wie eh und je und die Meeresfrüchte-Paella gehört immer noch zu den besten in Melbourne. Das Mittagsmenü inklusive Getränk für 17 AU$ (Mi–Sa) ist ein Schnäppchen.

Vegie Bar VEGETARISCH **$$**
(Karte S. 512; ☎03-9417 6935; www.vegiebar.com.au; 380 Brunswick St, Fitzroy; Hauptgerichte 13–18 AU$; ⏱So–Do 11–22, Fr & Sa bis 22.30 Uhr; 🛜✎; 🚊11) Alteingesessen und noch immer extrem lecker! Das Restaurant in einer alten Lagerhalle macht seit über 20 Jahren Melbournes Veggi-Liebhaber glücklich. Auf den Tisch kommen riesige Portionen kreativer Gerichte wie leckere Pizza mit dünner Kruste, köstliche Salate, Burger und Currys sowie tolle Smoothies und frisch gepresste Säfte. Es gibt auch eine erstaunliche Auswahl an Rohkostgerichten und viele, viele vegane Optionen.

★ **Cutler & Co** MODERN-AUSTRALISCH **$$$**
(Karte S. 512; ☎03-9419 4888; www.cutlerandco.com.au; 55 Gertrude St, Fitzroy; Hauptgerichte 36–48 AU$; ⏱Di–So 18 Uhr–open end, So Mittagessen ab 12 Uhr; 🚊86) Der Hype um Andrew McConnells Melbourner Flagschiff-Restaurant ist voll und ganz berechtigt. Das aufmerksame, sachkundige Personal und die Gaumenfreuden verheißenden Gerichte haben das Cutler & Co. schnell zu einem der besten Restaurants in Melbourne gemacht. Im Angebot sind vor allem Gerichte mit hochwertigen, saisonalen Produkten, von den à-la-carte-Angeboten über das Probiermenü (ab 150 AU$) bis zum lockeren sonntäglichen Mittagstisch (zum Teilen geeignet).

Saint Crispin MODERN-AUSTRALISCH **$$$**
(Karte S. 512; ☎03-9419 2202; www.saintcrispin.com.au; 300 Smith St, Collingwood; 2-/3-Gänge 50/65 AU$; ⏱Di–Do 18 Uhr–open end, Fr–So 12 Uhr–open end; 🚊86) Das stilvolle, lichtdurchflutete Innere, der aufmerksame Service und das hervorragende Essen machen das Saint Crispin zu einem der besten Restaurants in der Melbourner Innenstadt. Zur Wahl stehen zwei oder drei Gänge oder aber das vom Küchenchef empfohlene Probiermenü (ab 100 AU$). Das Zweierteam, das hinter dem Restaurant steht, hat bereits zusammen in dem mit einem Michelin-Stern ausgezeichneten The Square in London gearbeitet.

IDES MODERN-AUSTRALISCH **$$$**
(Karte S. 512; ☎03-9939 9542; www.idesmelbourne.com.au; 92 Smith St, Collingwood; 6-Gänge-Probiermenü 110 AU$; ⏱Mi–So ab 18 Uhr; 🚊86) Das einst improvisierte Lokal ist heute ein richtiges Restaurant in der Smith St. Es hat sich schnell herumgesprochen, dass der stellvertretende Küchenchef des Attica (S. 546), Peter Gunn, sein eigenes Restaurant eröffnet hat und mit einer modernen Auslegung der gehobenen Küche einen eher kreativen Ansatz verfolgt. Serviert wird ein 6-Gänge-Menü mit saisonalen Zutaten; vorab gibt's warmes Brot mit einer verhängnisvoll-leckeren hausgemachten Erdnussbutter.

Carlton & Brunswick

Die Sydney Rd in Brunswick ist die Adresse für alles Nahöstliche in Melbourne – mit vielen Bäckereien und alteingesessenen Restaurants an der Straße. Seit der Ankunft von Einwanderern aus dem Mittelmeerraum in den 1950er-Jahren steht die Lygon St in Carlton für italienische Küche. Eine Mischung aus beidem findet man an dem Ende der Lygon St, das in der Nähe von East Brunswick liegt. Dort gibt's einige hervorragende italienische und nahöstliche Restaurants und auch einige sehr beliebte Cafés.

Heartattack and Vine ITALIENISCH **$**
(Karte S. 514; ☎03-9005 8674; www.heartattackandvine.com.au; 329 Lygon St, Carlton; ⏱Mo–Fr 7–23, Sa & So ab 8 Uhr; 🛜; 🚌Tourist Shuttle, 🚊1, 6) Das Heartattack and Vine ist ein entspanntes Nachbarschaftslokal, das rund um eine lange, hölzerne Theke angeordnet ist. Es ist eine gute Adresse für Kaffee (ob morgens oder abends), einen Aperol Spritz oder ein Glas Wein an der Bar, ein süßes Teilchen zum Frühstück oder ein Garnelen-Sandwich zum Mittagessen. Abends kostet man dann am besten die *cicchetti*, die venezianische Variante der Tapas.

Very Good Falafel FALAFEL **$**
(☎03-9383 6479; www.shukiandlouisa.com; 626 Sydney Rd, Brunswick; Falafel ab 8,50 AU$; ⏱Mo–Sa 11–22 Uhr; ✎; 🚊19, 🚆Anstey) Louisa und Shuki haben früher einmal Dips auf Märkten verkauft, mittlerweile haben sie hier einen stationären Laden eröffnet. Ihre Qualifikationen ergänzen sich prächtig: Shuki ist in Israel mit nahöstlicher Hausmannskost aufgewachsen, während Louisas Familie einen Bauernhof in Mallee betreibt, auf dem Kichererbsen angebaut werden! Verkauft werden israelische Pita mit frischen (und wirklich sehr guten) Falafeln, leckeren Salaten und Filterkaffe.

Pidapipo EISCREME $

(Karte S. 514; ☎ 03-9347 4596; http://pidapipo.com.au; 299 Lygon St, Carlton; 1 Kugel 4,50 AU$; ⏲ 12–23 Uhr; Tourist Shuttle, 1, 6) Das Pidapipo in der Lygon St ist die perfekte Adresse für eine kleine Leckerei vor dem Kino, dem Theater, nach der Pizza – eigentlich immer! Besitzerin Lisa Valmorbida hat ihr Handwerk bei den Besten der Welt an der Carpigiani Gelato University erlernt und stellt nun vor Ort ihre eigenen handgemachten Kreationen aus lokalen und importierten italienischen Zutaten her.

A1 Lebanese Bakehouse NAHÖSTLICH $

(http://a1bakery.com.au; 643-5 Sydney Rd, Brunswick; Gebäck ab 1,40 AU$, Gerichte ab 7 AU$; ⏲ So–Mi 7–19, Do–Sa bis 21 Uhr; 19, Anstey) Dieses riesige, klassische Lokal mit Bäckerei in der Sydney Rd ist perfekt für ein herzhaftes libanesisches Abendessen mit Falafel oder Shish Taouk, aber auch für Gebäck und Pizza frisch aus dem Ofen – etwa Spinat-Käse-Ecken, Labné-Pizza oder *kaak* (Sesambrötchen mit Halloumi gefüllt).

Brunetti ITALIENISCH $

(Karte S. 514; ☎ 03-9347 2801; www.brunetti.com.au; 380 Lygon St, Carlton; Panini ca. 10 AU$, Hauptgerichte ab 17 AU$; ⏲ Café So–Do 6–23, Fr & Sa bis 24 Uhr; ; Tourist Shuttle, 1, 6, 96) Von Sonnenaufgang bis Mitternacht ist im Brunetti die Hölle los. Das kleine römische Imperium mit seiner appetitanregenden Auslage mit Kuchen und Süßigkeiten ist für seinen Kaffee, die Granitas und die authentischen *pasticceria* (Gebäck) bekannt. Auch Pizza, Pasta und Panini gibt's hier zu kaufen.

★ D.O.C. Espresso ITALIENISCH $$

(Karte S. 514; ☎ 03-9347 8482; www.docgroup.net; 326 Lygon St, Carlton; Hauptgerichte 12–20 AU$; ⏲ Mo–Sa 7.30 Uhr–open end, So 8 Uhr–open end; Tourist Shuttle, 1, 6) Das authentische D.O.C. wird in dritter Generation von italienischen Australiern geführt und hat neuen Schwung in die Lygon St gebracht. Die Espressobar hat auch hausgemachte Pastaangebote, italienisches Bier aus Kleinbrauereien und eine *aperitivo* Happy Hour (16–19 Uhr). Dann gibt's zum Negroni eine kostenlose Snackplatte.

★ Rumi NAHÖSTLICH $$

(☎ 03-9388 8255; www.rumirestaurant.com.au; 116 Lygon St, East Brunswick; Gerichte 13–28 AU$; ⏲ 18–22 Uhr; 1, 6) Das wunderbar konzipierte Restaurant serviert einen Mix aus traditioneller libanesischer Küche und modernen Varianten altpersischer Gerichte. Die *sigara boregi* (Gebäckstücke mit Käse und Pinienkernen) hier sind heiß begehrt. Neben leckeren Hauptspeisen vom Holzkohle-Grill gibt's eine große und interessante Auswahl vegetarischer Speisen.

★ D.O.C. Pizza & Mozzarella Bar PIZZA $$

(Karte S. 514; ☎ 03-9347 2998; www.docgroup.net; 295 Drummond St, Carlton; Pizza 17–25 AU$; ⏲ Mo–Mi 17 Uhr–open end, Fr–So 12 Uhr–open end; Tourist Shuttle, 1, 6) Das D.O.C. ist auf den Mailänder Trend der Mozzarella-Bar aufgesprungen und serviert die weißen, runden Milcherzeugnisse – ob nun von einheimischen Kühen oder die importierte *buffala*-Spezialität – als Vorspeise, in Salaten oder auf seinen fabelhaften Pizzas. Seine Pizza kann man außerdem z. B. mit bittersüßem *cicoria* (Chicorée) und Zitrone oder mit Waldpilzen und Trüffelöl belegen lassen. Die Margherita – der ultimative Test für eine echte Pizza – erhält begeisterte Kritiken.

Longhorn Saloon AMERIKANISCH $$

(Karte S. 514; ☎ 03-9348 4794; www.longhornsaloon.com.au; 118 Elgin St, Carlton; Hauptgerichte 16–44 AU$; ⏲ Di–Do ab 17, Fr–So 12 Uhr–open end; 1, 6) Der Longhorn Saloon ist ein gehobenes Restaurant im Stil eines Wild-West-Saloons mit jeder Menge Kupferblech, freiliegenden Ziegelwänden, dunklem Holz und gedimmtem Licht. Auf der Speisekarte stehen typische Südstaatengerichte von über Holzkohle gegrillten Steaks bis zu Reuben-Sandwiches (aus dem Bruststück) und Jalapeño-Käsemakkaroni als Beilage. Dazu passt ein hopfiges US IPA oder ein klassischer Dark'n'Stormy Cocktail.

Milk the Cow EUROPÄISCH $$

(Karte S. 514; ☎ 03-9348 4771; www.milkthecow.com.au; 323 Lygon St, Carlton; Käseplatte ab 27 AU$, Wein & Fondue ab 17 AU$; ⏲ 12 Uhr–open end; 1, 6) Wer mal wieder richtig Lust auf Käse hat, der sollte in dieser Käserei vorbeischauen und sich gebackenen Camembert mit knusprigem Baguette oder ein Käsebrett nach Bauernart bestellen. Die an Melkmaschinen erinnernde Beleuchtung sorgt auf jeden Fall für Gesprächsstoff ebenso wie die riesige Glasvitrine mit über 150 einzigartigen und seltenen Käsesorten aus der ganzen Welt.

Epocha EUROPÄISCH $$

(Karte S. 514; ☎ 03-9036 4949; www.epocha.com.au; 49 Rathdowne St, Carlton; kleine/große Platte zum Teilen ab 16/27 AU$; ⏲ Di–Sa 12–15 &

17.30–22, So 12–15 Uhr; City Circle, 30) In einem viktorianischen, zweistöckigen Reihenhaus von 1884 serviert das elegante Epocha eine interessante Mischung aus von der griechischen und englischen Küche inspirierten Gerichten, die von den erfolgreichen vorangegangenen Stationen der beiden Besitzer in anderen Restaurants zeugen. Das tolle Menü für mehrere Personen (68 AU$) vereint dies alles. In **Hannah's Bar** oben drüber gibt's fantastische Cocktails.

Pope Joan CAFÉ $$
(03-9388 8858; www.popejoan.com.au; 75-79 Nicholson St, East Brunswick; Hauptgerichte 15 AU$; 7.30–15 Uhr; ; 96) Das beliebte Café in East Brunswick ist die perfekte Adresse für einen spontanen Zwischenstopp mit Hausmannskost, ganztägigem Frühstück, sensationellen Sandwiches, Kaffee von St. Ali und flüssigen Leckereien wie Bloody Mary oder Craft-Bier. Ein paar Häuser nebenan werden im zugehörigen Lebensmittelladen Hams & Bacon Sandwiches zum Mitnehmen verkauft.

Hellenic Republic GRIECHISCH $$
(03-9381 1222; www.hellenicrepublic.com.au; 434 Lygon St, East Brunswick; Hauptgerichte 12–32 AU$; Mo–Do 17.30–22, Fr–So 12–22 Uhr; ; 1, 6) Der Eukalyptus-Grill in George Calombaris' nördlichem Außenposten schiebt nicht selten Überstunden wenn hier Pita, Riesengarnelen, Calamares, Fisch und saftiges Lamm zubereitet werden. Das *taramasalata* (Dip aus Kabeljaurogen) ist unfassbar lecker. Man kann von der Karte bestellen oder sich für eines der Menüs für mehrere Personen entscheiden. Dazu schmeckt ein wärmender Ouzo von der langen Getränkekarte besonders gut.

Bar Idda ITALIENISCH $$
(03-9380 5339; www.baridda.com.au; 132 Lygon St, East Brunswick; Hauptgerichte 18–30 AU$; Mo–Sa 18–22, So 17.30–22 Uhr; 1, 6) Das gemütliche sizilianische Restaurant ist anheimelnd und entspannt. Serviert werden Gerichte für mehrere Personen von Schwertfisch vom Grill bis zu vegetarischem Auberginenauflauf. Zum Nachtisch gibt's typische italienische Desserts wie Tiramisu, Affogato und Cannoli.

Ray CAFÉ $$
(332 Victoria St, Brunswick; Gerichte 13–21 AU$; Mo–Fr 7.30–16, Sa & So 8.30–16 Uhr; ; 19, Brunswick) Auf den ersten Blick wirkt die mit Graffiti besprühte Fassade recht verlassen, dann gibt sie aber den Blick auf dieses einladende Café mit heimeligen unverputzten Backsteinwänden und einem freundlichen Service frei. Die kreative Speisekarte ist, genau wie Brunswick selbst, eine Mischung aus nahöstlichen Aromen und schließt zudem typische Café-Angebote mit ein, deren Namen an Bands angelehnt sind: Rage Against the Tagine oder God Speed You Black Lentil. Es gibt auch vegane Optionen.

Shakahari VEGETARISCH $$
(Karte S. 514; 03-9347 3848; www.shakahari.com.au; 201 Faraday St, Carlton; Hauptgerichte 19–22 AU$; Mo–Fr 12–15 & 18–21.30, Sa & So 18–22.30 Uhr; ; Tourist Shuttle, 1, 6, 96) Auf der kleinen, saisonalen Speisekarte des Shakahari finden sich asiatische und europäische Einflüsse. Für alle Speisen werden erstklassige Zutaten verwendet. Das vor über 40 Jahren gegründete Restaurant ist mit asiatischen Antiquitäten eingerichtet und nimmt seine Mission sehr ernst. Wenn man mit dem Wetter Glück hat, kann man nach einem Platz im mit Palmen bestandenen Hof fragen.

Tiamo ITALIENISCH $$
(Karte S. 514; 03-9347 5759; www.tiamo.com.au; 303 Lygon St, Carlton; Hauptgerichte 15–26 AU$; 6–22.30 Uhr; Tourist Shuttle, 1, 6) Wenn man genug hat von Presskannen-, Filter-, Aufgusskaffee und dergleichen, bietet sich ein Besuch in einem der originalen italienischen Café-Restaurants in der Lygon St an. Hier herrscht lustige, entspannte Lebensfreude, wie man sie nur in alteingesessenen Lokalen findet. Es gibt auch tolle Pizzas und Pastagerichte. Das Tiamo 2 gleich nebenan ist eleganter.

South Melbourne, Port Melbourne & Albert Park

Alle drei Viertel eignen sich mit ihren zwanglosen Cafés und Restaurants hervorragend, um an einem sonnigen Wochenende gemütlich draußen etwas zu essen. In und rund um die Clarendon St in South Melbourne gibt's eine ganze Reihe von Optionen, die aber alle nicht sonderlich erwähnenswert sind. Auf dem South Melbourne Market findet man hervorragendes frisches Obst und Gemüse, recht guten Kaffee und hochwertige Essensoptionen. In Albert Park sind die Bridport St und die Victoria Ave von Restaurants und Cafés gesäumt, in Port Melbourne trifft das gleiche auf die Bay St zu. Es gibt ein paar wenige Restaurants mit Blick auf die Bucht, die meisten von ihnen servieren aber eher durchschnittliches Essen.

St. Ali CAFÉ $

(Karte S. 500; ☎03-9686 2990; www.stali.com.au; 12–18 Yarra Pl, South Melbourne; Gerichte 8–25 AU$; ⏲7–18 Uhr; 🚊12) Ein verstecktes Café in einem umgebauten Lagerhaus, in dem der Kaffee garantiert gut ist, weil sorgsam darauf geachtet wird, woher er stammt. Wer sich zwischen der hauseigenen Kaffeemischung, dem Spezialkaffee oder schwarzem bzw. weißem Kaffee nicht entscheiden kann, bestellt das „Verkostungsabenteuer" (20 AU$). Die Speisekarte hält für jeden Geschmack etwas bereit und ist dabei kompetent und kreativ, von vortrefflichem Vanille-Ahornsirup-Quinoapudding mit Thai-Basilikum bis hin zu den legendären Maispuffern mit pochierten Eiern und gegrilltem Halloumi.

Andrew's Burgers BURGER $

(Karte S. 500; ☎03-9690 2126; www.andrewshamburgers.com.au; 144 Bridport St, Albert Park; Burger ab 8,50 AU$; ⏲Mo–Sa 11–21 Uhr; 🚊1) Das Andrew's ist eine familiengeführte, sehr beliebte Burger-Institution, die es schon seit den 1950er-Jahren gibt. Die Wände sind immer noch holzgetäfelt, inzwischen aber mit Fotos örtlicher Berühmtheiten bedeckt, die mit vielen anderen begeisterten Gästen auf einen klassischen Burger und eine große Tüte Pommes zum Mitnehmen vorbeischauen. Es gibt auch eine vegetarische Option.

Jock's Ice-Cream EISCREME $

(Karte S. 500; ☎03-9686 3838; 83 Victoria Ave, Albert Park; Waffel mit 1 Kugel 4 AU$; ⏲Mo–Do 12–20, Fr & Sa bis 22, So bis 21 Uhr; 🚊1) Seit nunmehr fast 20 Jahren verkauft Jock hier seine vor Ort hergestellten Sorbets und Eissorten an die Einheimischen (und das eine oder andere kanadische Teeny-Pop-Idol). Legendär sind u. a. die Sorten Hokey Pokey und das mit Sternen besprenkelte Marmelade-Erdnussbutter-Eis. Auch zum Mitnehmen.

Simply Spanish SPANISCH $$

(Karte S. 500; ☎03-9682 6100; www.simplyspanish.com.au; South Melbourne Market, Ecke Coventry St & Cecil St, South Melbourne; Gourmet-Paellas ab 20,50 AU$, Tapas 8–16 AU$; ⏲Mi–Sa 8–21, So bis 16 Uhr; 🚊12, 96) Wenn ein Melbourner Restaurant bei einem Wettbewerb in Valencia den Titel „Beste Paella außerhalb Spaniens" gewinnt, dann muss schon etwas dran sein. Dieses zwanglose Lokal auf dem South Melbourne Market ist *die* Adresse schlechthin für Paella, die es hier in verschiedenen Ausführungen gibt. Die Wartezeit kann man sich mit einer Portion Tapas versüßen.

Paco y Lola MEXIKANISCH $$

(Karte S. 500; ☎03-9696 5659; http://pacoylola.com.au; Shop 99, South Melbourne Market, Ecke Coventry St & Cecil St, South Melbourne; Burritos 13–14 AU$, Hauptgerichte 15–30 AU$; ⏲Mi & Fr 8.30–22.30, Do 9–23, Sa 7.30–23, So 7.30–17 Uhr; 🚊12, 96) Das fröhliche und lässige Paco y Lola serviert eine ganze Armada von schwungvollen, frischen und großzügigen mexikanischen Gerichten, von saftigen Burritos, Quesadillas und Tacos bis zu deftigeren Optionen wie mexikanischen Schweinerippchen und einen erfrischenden Krabbensalat. Wenn man mindestens zu zweit ist, sollte man sich den *caldo de pescado* auf keinen Fall entgehen lassen, eine aromatische mexikanische Fischsuppe aus superfrischen Meeresfrüchten vom angrenzenden Markt.

Orient East MALAYSISCH $$

(Karte S. 500; ☎03-9685 2900; www.orienteast.com.au; 348 St. Kilda Rd, Melbourne; Hauptgerichte 17–27 AU$; ⏲Mo–Fr 6.30–22, Sa & So 7–11 & 17–21 Uhr; 🚊3, 5, 6, 16, 64, 67, 72) Ganz praktisch gleich gegenüber vom Shrine of Remembrance und den Botanic Gardens liegt dieses Mittagslokal, das Gerichte der Straits Settlements (ehem. britische Kolonien in Südostasien) serviert und dessen Einrichtung an ein Café ausländischer Korrespondenten aus den 1960er-Jahre erinnert. Auf den Tisch kommen Straßensnacks wie Weichschalenkrabben mit schwarzem Pfeffer im Brötchen, Garnelen *char kuey teow* (mit frittierten flachen Nudeln) und aromatische Laksas, die man am besten mit kaltem Craft-Bier hinunterspült.

Bellota Wine Bar ITALIENISCH $$$

(Karte S. 500; ☎03-9078 8381; http://bellota.com.au; 181 Bank St, South Melbourne; Hauptgerichte 28–34 AU$; ⏲Di–Sa 11–23 Uhr; 🚊1, 12) Diese hübsche Weinbar mit Bistro ist eine Erweiterung des angrenzenden Prince Wine Store und hat eine ständig wechselnde Weinkarte und leckere, darauf abgestimmte Gerichte. Man kann an der Bar, aber auch an einem der persönlichen Tische im hinteren Teil (Reservierung erforderlich) etwas essen und sich auf perfekt zubereiteten gegrillten Tintenfisch, *vitello tonnato* (dünne Kalbfleisch-Scheiben) und ausgefeilte Pastakreationen freuen.

South Yarra, Prahran & Windsor

In diesen drei Vierteln gibt's jede Menge tolle Restaurants verschiedenster Küchen und in allen Preiskategorien. In der Toorak Rd in South Yarra finden sich einige gehobenere Optionen sowie trendige Cafés und Bistros. Die Chapel St ist gesäumt von Cafés und angesagten Restaurants; die besten davon liegen südlich der Commercial Rd. In der Commercial Rd selbst befindet sich der Prahran Market, ein Mekka für frisches Obst und Gemüse, Pasta und Feinkost. Recht gute Essensoptionen gibt's auch in der Both Greville St und der High St.

★ Zumbo NACHTISCH $
(Karte S. 516; ☎1800 858 611; http://zumbo.com.au; 14 Claremont St, South Yarra; Macarons 2,80 AU$, Kuchen ab 6 AU$; 7–19 Uhr; 78, South Yarra) Der angesagte australische Pâtissier Adriano Zumbo ist für seine ungeheuer kreativen und technisch ehrgeizigen Kreationen bekannt. Ein Käsekuchen kann hier auch mal mit Yuzu-Frischkäsecreme und in Form eines Schweizer Käses daherkommen und eine Tarte kann scharf und aus einer *churros*-Puddingcreme mit mexikanischer, scharfer Schokoladencreme hergestellt sein. Die Einrichtung erinnert an eine Disco aus den 1970er-Jahren. Kleine Randbemerkung: Der Kaffee ist nebenan besser.

Two Birds One Stone CAFÉ $
(Karte S. 516; ☎03-9827 1228; www.twobirdsonestonecafe.com.au; 12 Claremont St, South Yarra; Gerichte 14–22,50 AU$; Mo–Fr 7–15.30, Sa & So ab 8 Uhr; 78, South Yarra) Hocker aus sandgestrahltem Eichenholz, weißgetünchtes Holz und ein winterliches Waldgemälde an der Wand versetzen den Besucher nach Skandinavien. Das Two Birds One Stone ist ein frisches, modernes Café mit feinem Kaffee der „dritten Kaffeewelle" und einer sorgfältig zusammengestellten Speisekarte, in der viel Wert auf die Zutaten gelegt wird. Man sucht sich ein gemütliches Plätzchen und genehmigt sich dann ein bisschen Seelennahrung: Ricotta-Pfannkuchen mit Feigen, Marmeladensirup und Pistaziencreme oder in der Pfanne gebratener Lachs mit Kartoffelrösti, Blumenkohlpürree mit Trüffeln und pochierten Eiern.

Uncommon CAFÉ $
(Karte S. 516; ☎03-9510 6655; www.uncommonfood.com; 60 Chapel St, Windsor; Gerichte 11–23 AU$; Mo–Fr 7–15.30, Sa & So ab 8 Uhr; 5, 64, 78, Windsor) Das Innere des Uncommon ist fast komplett in Weiß gehalten und überall hängen grüne Topfpflanzen herab. Das coole, helle Café setzt bei seinen unkonventionellen Gerichten auf lokale, saisonale Produkte. Zu den Highlights gehören der himmlische Lachs mit mildem grünen Chili, darüber gestreuten Kräutern und geschlagenem Honig und die mit Kaffee eingeriebene Querrippe mit Kartoffelkroketten, eingelegten grünen Tomaten und Ei. Die Portionen sind nicht gerade üppig, reichen aber aus.

Tivoli Road Bakery CAFÉ $
(Karte S. 516; ☎03-9041 4345; http://tivoliroad.com.au; 3 Tivoli Rd, South Yarra; Gerichte 7–12 AU$; 7.30–16 Uhr; 78, South Yarra) In dieser modernen Bäckerei mit Café in einer Seitenstraße treffen sich Modefreaks, Immobilienmakler und gut situierte Hipster. Serviert wird alles, vom äußerst leichten Pudding-Donut bis zu großzügig belegten Sandwiches, hausgemachten Pasteten, Würstchen in Blätterteig und coolen Salaten. Zudem gibt's hier die legendären Hausmannsbrote und eine kleine Auswahl lokaler Leckereien von Marmelade bis Nougat.

Huxtaburger BURGER $
(Karte S. 516; www.huxtaburger.com.au; 203 High St, Prahran; Burger ab 10 AU$; So–Do 11.30–22, Fr & Sa bis 23 Uhr; 6, 78, Prahran) Dieser südliche Ableger des Fitzroyer Burgerimperiums (S. 537) ist für seine süßen Hefeteigbrötchen, die fettigen Wagyu-Rind-Pattys und die geriffelten Pommes (am besten mit dem scharfen Chipotle-Salz) bekannt. Es gibt auch ein paar vegetarische Burger und einen Eiscreme-Burger für alle, die nicht wissen, wann genug ist.

Gilson MODERN-AUSTRALISCH $$
(Karte S. 500; ☎03-9866 3120; http://gilsonrestaurant.com.au; 171 Domain Rd, South Yarra; Pizza 18–25 AU$, Hauptgerichte 24–34 AU$; Mo–Fr 6–23, Sa & So ab 7 Uhr) Der freche Neuling direkt gegenüber den Botanic Gardens ist irgendwo zwischen Café und Restaurant angesiedelt. Seine Einrichtung ist aus Beton und italienischem Marmor und vom französischen Modernismus der Mitte des 20. Jhs. inspiriert, die Küche italienisch. Die berühmte (und eher enttäuschende) gegrillte Gurke sollte man zugunsten der hervorragenden Pasta und interessanten Holzofenpizzas links liegen lassen. Abgerundet wird das Angebot durch gute Weine, Cocktails und aufmerksames, fachkundiges Personal.

Colonel Tan's THAI $$
(Karte S. 516; ☎ 03-9521 5985; http://revolverupstairs.com.au/colonel-tans; 229 Chapel St, Prahran; Hauptgerichte 15–29 AU$; ⏲ Di–Do & Sa 17–23, Fr ab 12 Uhr; 🚊 6, 78, 🚉 Prahran) In der hinteren Ecke des beliebten Revolver Upstairs (S. 555) serviert das herrlich auf retro getrimmt Colonel Tan's erstklassige thailändisch-amerikanische Fusion-Gerichte. Auf der Speisekarte stehen u.a. Donuts mit Mais, Koriander und eingelegtem Chili, Weichschalenkrabben-Burger mit Curry-Ei und Bangkok-Bolognese, die viel, viel besser schmeckt als man meinen sollte.

Fonda MEXIKANISCH $$
(Karte S. 516; ☎ 03-9521 2660; http://fondamexican.com.au; 144 Chapel St, Windsor; Tacos ab 6,50 AU$, Burritos ab 14 AU$; ⏲ So–Do 11.30–22.30, Fr & Sa bis 23 Uhr, Dachterrasse Mo–Mi ab 17.30, Do–So ab 12 Uhr; 🚊 6, 78; 🚉 Windsor) Das fröhliche, gewaltige Fonda bringt mexikanische, an Straßensnacks erinnernde Gerichte auf den Tisch. Der Fokus liegt auf frischen, lokalen Zutaten; das können Obst und Gemüse vom Queen Vic Market oder aber authentische, hausgemachte Tacos von La Tortilleria sein. Lecker ist der Garnelen-Taco mit Kimchi und karamellisierter Ananas; dazu passt ein Burnt-Orange-Margarita. Man kann entweder unten sitzen oder sein Glück auf der Dachterrasse probieren (hier heißt es: sehen und gesehen werden), die am Wochenende hoffnungslos voll ist.

Hawker Hall SÜDOSTASIATISCH $$
(Karte S. 516; ☎ 03-8560 0090; http://hawkerhall.com.au; 98 Chapel St, Windsor; Gerichte 8–34 AU$; ⏲ 11 Uhr–open end; 🚊 5, 6, 64, 78, 🚉 Windsor) Ein südostasiatischer Food-Court, für den ein Stall aus der Zeit um die Jahrhundertwende in eine Hipster-Location umgewandelt wurde? Klingt seltsam, ist aber so. Die seit vielen Jahren sehr beliebte Hawker Hall ist mit verspielten Leuchtschildern ausgestattet, die irgendwie an Chinatown erinnern. Serviert werden scharfe, nahrhafte Gerichte zum Teilen wie gegrilltes Schweinefleisch mit Litschisalat oder ein fieses portugiesisches Devil's Curry mit Hähnchen. Reservierungen sind nicht möglich; um nicht zu lange warten zu müssen, sollte man vor 18 oder nach 21.30 Uhr kommen.

Stables of Como CAFÉ $$
(Karte S. 516; ☎ 03-9827 6886; www.thestablesof como.com.au; Como House & Garden, Ecke Williams Rd & Lechlade Ave, South Yarra; Sandwiches 13–20 AU$, Hauptgerichte 23–29 AU$; ⏲ Mo–Sa 9–17, So ab 10 Uhr) Das geschäftige, rustikale Café ist in den einstigen Ställen des denkmalgeschützten Como House (S. 519) untergebracht. Hier kann man sich an Gourmet-Sandwiches, Salaten oder auch substanzielleren Speisen wie Mais-Zucchini-Puffern mit gerösteten Tomaten, Bacon und mit Kräutern verfeinerter Ricotta laben. Zum High Tea am Nachmittag kann man sich für die Option mit kostenlosem Sekt-Orange-Refill (65 AU$) entscheiden. Das Café stellt Feinschmecker-Picknickkörbe zusammen (60 AU$/Pers.; mind. 48 Std. im Voraus bestellen).

WoodLand House MODERN-AUSTRALISCH $$$
(Karte S. 516; ☎ 03-9525 2178; www.woodlandhouse.com.au; 78 Williams Rd, Prahran; Probiermenü ab 125 AU$; ⏲ Di, Mi & Sa 18.30–21, Do & Fr 12–15 & 18.30–21, So 12–15 Uhr; 🚊 6) Das WoodLand House ist in einer herrlichen viktorianischen Villa untergebracht und die Heimat der Nachwuchsköche Thomas Woods und Hayden McFarland, den einstigen stellvertretenden Küchenchefs des gefeierten Melbourner Gastronomen Jacques Reymond. Für die fachmännische Zubereitung der kreativen Gerichte – etwa über Holzfeuer geröstete Muscheln mit Spargel und gesalzenem Eigelb – werden ausschließlich qualitativ hochwertige, lokale Produkte verwendet. Donnerstags und freitags werden günstige 3-Gänge-Mittagsmenüs mit einem Glas Wein (55 AU$) angeboten.

Da Noi ITALIENISCH $$$
(Karte S. 516; ☎ 03-9866 5975; http://danoi.com.au; 95 Toorak Rd, South Yarra; Hauptgerichte 30–40 AU$, 4-Gänge-Probiermenü 75–95 AU$; ⏲ 12–22.30 Uhr; 🚉 South Yarra) Das elegante Da Noi serviert tolle sardische Gerichte, denn Besitzer und Chefkoch Pietro Porcu wurde auf Sardinien geboren. Das Angebot wechselt täglich und die Empfehlung des Chefs wird gleich mehrmals pro Abend neu interpretiert. Darauf sollte man sich ruhig einlassen. Am besten entscheidet man sich für das 4-Gänge-Menü, das vom Küchenchef je nach Lust und Laune (und den besten Zutaten an diesem Tag) zusammengestellt wird. Reservierung empfohlen.

St. Kilda

Die Fitzroy St hat zwar schon bessere Zeiten erlebt, sie ist aber noch immer eine beliebte Adresse zum Essengehen. So wird man hier gute, sehr gute und absolut grauenhafte Optionen finden. Auch in der Acland St und der Barkly St gibt's jede Menge Restaurants, wobei Erstere auch für ihre historischen Konditoreien bekannt ist. Jenseits des Nepean Hwy, wartet die Carlisle St in Balaclava mit einer ansehnlichen Menge an Hipster-Cafés und trendigen Lokalen auf, in die vor allem Einheimische einkehren.

St. Kilda Dispensary CAFÉ $

(Karte S. 520; ☎03-9077 4989; www.facebook.com/TheStKildaDispensary; 13 Brighton Rd, St. Kilda; Gerichte 6,50–18 AU$; ⌚Mo–Fr 7–15.30, Sa & So ab 8 Uhr; 🚊16, 67, 79) In den 1940er-Jahren war dies die erste Arzneimittelausgabe der südlichen Hemisphäre und die gefliesten Theken, Reagenzgläser und Messbecher lassen sofort erahnen, dass das Café dem medizinischen Aspekt treu geblieben ist. Die Speisekarte verschreibt dann auch allerhand Gutes: hausgemachte kalte Infusionen, Maispuffer und – sehr gesundheitsfördernd – *bubble and squeak* (Kartoffelbrei mit Gemüse und Kohl).

Monk Bodhi Dharma CAFÉ $

(Karte S. 520; ☎03-9534 7250; Rückseite der 202 Carlisle St, Balaclava; Gerichte 9–19 AU$; ⌚Mo–Fr 7–17, Sa & So ab 8 Uhr; 🌿; 🚊3, 16, 78) Wegen seiner versteckten Lage in einer Gasse abseits der Carlisle St (neben Woolworths) hat das Monk Bodhi Dharma nicht viel Laufkundschaft, was ein Vorteil ist, weil das gemütliche Café mit Backsteinwänden ohnehin viele Stammgäste verköstigt. In dem ehemaligen Backhaus aus den 1920er-Jahren wird heute tolles vegetarisches Essen, von hausgemachtem Bircher-Müsli bis Zucchini-Minze-Pfannkuchen serviert. Dazu gibt's noch vor Ort gerösteten, sortenreinen Kaffee.

Si Señor MEXIKANISCH $

(Karte S. 520; ☎03-9995 1083; www.sisenor.com.au; 193 Carlisle St, Balaclava; Tacos 6–6,50 AU$, Burritos 13–14,50 AU$; ⌚Mo–Do 12–15 & 17–22, Fr–So 12–22 Uhr; 📶; 🚊3, 16, 78, 🚆Balaclava) Unter den mexikanischen Restaurants der Stadt ist das Si Señor eines der authentischsten. Unter Aufsicht des mexikanischen Inhabers landet das Fleisch vom Grillspieß auf weichen Maistortillas. Wer zu viel von der scharfen Sauce erwischt hat, löscht den Brand mit einer authentischen *horchata*, einem köstlichen Getränk aus Reismilch und Zimt.

Glick's BAGELS $

(Karte S. 520; www.glicks.com.au; 330a Carlisle St, Balaclava; Bagels ab 4 AU$; ⌚So–Do 6–20, Fr 6 Uhr–30 Min. vor Sonnenuntergang, Sa 30 Min. nach Sonnenuntergang–24 Uhr; 🚊3, 16, 78, 🚆Balaclava) Die koschere Bäckerei versorgt die örtliche jüdische Gemeinde mit einer ihrer Leibspeisen: Bagels, die vor Ort gebacken und gedämpft werden. Man hält sich am besten an die klassischen Versionen oder den „New Yorker" mit Frischkäse und Eiersalat.

Monarch Cake Shop NACHTISCH $

(Karte S. 520; ☎03-9534 2972; www.monarchcakes.com.au; 103 Acland St, St. Kilda; Kuchen ab 5 AU$/Stück; ⌚So–Do 8–21.30, Fr & Sa bis 22 Uhr; 🚊96) Das Monarch ist mit seinem unschlagbaren Gugelhupf, Pflaumenkuchen und polnischem Käsekuchen ein Favorit unter den osteuropäischen Bäckereien in St. Kilda. Es ist seit 1934 in Betrieb, und seitdem hat sich an den tollen Butteraromen und dem altmodischen Flair kaum was verändert. Auch der Kaffee ist gut.

Lentil as Anything VEGETARISCH $

(Karte S. 520; ☎0424 345 368; www.lentilasanything.com; 41 Blessington St, St. Kilda; gegen Spende; ⌚12–21 Uhr; 🌿; 🚊3, 16, 96) Sich etwas aus der vegetarischen Speisekarte auszusuchen ist leicht. Zu entscheiden, wie viel man dafür bezahlen möchte, kann dafür umso schwieriger sein. Dieser einzigartige gemeinnützige Betrieb bietet ausgegrenzten Menschen Ausbildungsmöglichkeiten und Chancen, serviert dabei aber auch noch fleischlose Leckereien. Alles, was man für sein Essen bezahlt, wird in die Unterstützung neuer Einwanderer, Flüchtlinge, Menschen mit Behinderung und Langzeitarbeitsloser gesteckt. Es gibt mehrere Filialen, darunter ein Ableger im Abbotsford Convent (S. 511).

Claypots SEAFOOD $$

(Karte S. 520; ☎03-9534 1282; www.facebook.com/claypotsstkilda; 213 Barkly St, St. Kilda; Tontopf 20 AU$, Hauptgerichte 24–45 AU$; ⌚12–1 Uhr; 🚊96) In diesem Lieblingslokal der Einheimischen werden Gerichte mit frischen Meeresfrüchten zum Teilen serviert. Seinen Namensgeber – den Tontopf – gibt's in einer Reihe verschiedener Variationen, darunter der gut gewürzte Marokkanische Tontopf (Muscheln und Fischfilet mit Couscous, Tomaten, Aubergine, Harissa, Zatar und Kichererbsen). Früh kommen, um sich einerseits einen Platz, andererseits aber auch die besten Leckereien zu sichern, denn die beliebtesten Gerichte sind schnell weg.

Matcha Mylkbar CAFÉ, VEGETARISCH $$

(Karte S. 520; ☎03-9534 1111; www.matchamylkbar.com; 72a Acland St, St. Kilda; Gerichte 15–

22 AU$; ⌚8–15 Uhr; ; 3, 16, 96) Wer auf seinem Instagramm-Feed schon einmal etwas von der Matcha Mylkbar angezeigt bekommen hat, war sicherlich grün vor Neid. Dieses kleine, moderne Café in St. Kilda ist für sein Matcha-lastiges Angebot bekannt, das zudem 100 % pflanzlich und vegan-freundlich ist.

Uncle VIETNAMESISCH $$
(Karte S. 520; ☎03-9041 2668; www.unclestkilda.com.au; 188 Carlisle St, St. Kilda; Hauptgerichte 30–34 AU$; ⌚Mo & Di 17 Uhr–open end, Mi–So 12 Uhr–open end; 3, 16, 78, Balaclava) Das Uncle bietet erstklassige vietnamesische Küche im typischen St.-Kilda-Ambiente und hat sogar noch eine sehr beliebte Dachterrasse. Das *pho* (Nudelsuppe) ist aromatisch mit viel grüner Einlage. Am besten bestellt man davon nur eine kleine Portion, um Platz für die gedünsteten *bao* zu lassen, ein golden-knuspriger Traum von Hühnchenfilet in einer Teigtasche. Dazu gibt's vietnamesischen Sangria oder ein vietnamesisches Dosenbier.

Newmarket Hotel AMERIKANISCH $$
(Karte S. 520; ☎03-9537 1777; www.newmarketstkilda.com.au; 34 Inkerman St, St. Kilda; Portionen zum Teilen ab 13 AU$; ⌚12–15 & 18–22.30 Uhr; 3, 16, 67) Die Innenräume dieses historischen Pubs wurden vom bekannten Architekturbüro Six Degrees neu gestaltet. Serviert werden leckere Gerichte wie Tacos, Quesadillas mit geräuchertem Huhn und Jakobsmuscheln-Ceviche mit Salzwassersahne und Chili, die kulinarisch irgendwo an der kalifornisch-mexikanischen Grenze anzusiedeln sind. Außerdem gibt's hochwertiges, im Holzofen zubereitetes Fleisch im Überfluss und die Mittagsspezialangebote am Wochenende bieten ein gutes Preis-Leistungs-Verhältnis. Für den gelungen Start in den Abend sorgt die hervorragende Bar.

I Carusi II PIZZA $$
(Karte S. 520; ☎03-9593 6033; 231 Barkly St, St. Kilda; Pizza 19–26 AU$; ⌚Mo–Fr 6–22, Sa & So ab 17 Uhr; 3, 16, 96) Gleich um die Ecke von der turbulenten Acland St liegt dieser elegante Italiener, der für seine Pizzas mit dünnen Boden sehr beliebt ist. Die Qualität ist zwar nicht immer konstant, wenn die Pizza aber gelungen ist, dann ist sie schlicht unschlagbar. Auf der Tafel stehen kreative Pastaangebote und wer mit seiner Weltgewandtheit prahlen möchte, der bestellt einen Cynar Spritz – die venezianische, weniger süße Variante des allgegenwertigen Aperol Spritz. Reservierung empfohlen.

Batch Espresso CAFÉ $$
(Karte S. 520; ☎03-9530 3550; 320 Carlisle St, Balaclava; Hauptgerichte 16 AU$; ⌚7–16.30 Uhr, Küche Mo–Fr bis 15, Sa & So bis 15.30 Uhr; 3, 3a, 16, Balaclava) Das Batch ist wie ein Paar ausgetretener Hausschuhe: gemütlich und heimelig. Aus Altmaterialien gestaltete Kunstwerke der in Melbourne lebenden Künstler Joost Bakker und Peter James Smith buhlen mit Nippes der Stammgäste um die Aufmerksamkeit der Betrachter. Das Café ist auch wegen seines dunkel gerösteten Kaffees, seines *kedgeree* (indisches Gericht mit hausgeräuchertem Fisch, Koriander und Ei) und seiner Kartoffel-Spinat-Röstis beliebt.

★ Attica MODERN-AUSTRALISCH $$$
(☎03-9530 0111; www.attica.com.au; 74 Glen Eira Rd, Ripponlea; Probiermenü 250 AU$; ⌚Di–Sa 18 Uhr–open end; 67, Ripponlea) Das einzige australische Restaurant, das in der San-Pellegrino-Liste der weltbesten Restaurants Erwähnung findet, ist die Wirkungsstätte des neuseeländischen Importschlagers Ben Shewry und seiner außergewöhnlichen kulinarischen Kreationen. Heimische Zutaten glänzen in Gerichten wie Bunya-Bunya mit gesalzenem Roten Riesenkänguru oder Johannisbeer-Granita mit Zitronenaspen und Rosellablüte. Reservierungen werden ab drei Monate im Voraus am ersten Mittwoch jedes Monats um 9 Uhr entgegengenommen. Tische für zwei Personen sind manchmal schon innerhalb weniger Stunden ausgebucht, besonders freitags und samstags. Bei Tischen für vier oder mehr Personen hat man meist mehr Glück; oder man entscheidet sich für einen Tag unter der Woche. Wenn man die Verfügbarkeit online nicht einsehen kann, lohnt es sich auch, eine E-Mail zu schreiben oder anzurufen. Mit dem Auto der Brighton Rd nach Süden folgen und dann links in die Glen Eira Rd einbiegen.

Lau's Family Kitchen CHINESISCH $$$
(Karte S. 520; ☎03-8598 9880; www.lauskitchen.com.au; 4 Acland St, St. Kilda; Hauptgerichte 26–45 AU$; ⌚Mo–Fr 12–15, So 12.30–15.30 Uhr, Abendessen tgl. 18 & 20 Uhr; 16, 96) In diesem herausgeputzten Restaurant werden köstliche kantonesische Hausmannskost und einige Sichuan-Gerichte serviert, darunter eine verlockende geschmorte Aubergine mit gehacktem Schweinefleisch. Für die beiden täglichen Termine zum Abendessen sollte man vorab reservieren und dann nicht vergessen, die eleganten Wandplatten mit Kimonos aus den 1930er-Jahren zu bestaunen.

Stokehouse SEAFOOD **$$$**
(Karte S. 520; ☎ 03-9525 5555; www.stokehouse.com.au; 30 Jacka Blvd, St. Kilda; Hauptgerichte 36–42 AU$; ⏰ 12–15 & 18 Uhr–open end; 🚊 3a, 16, 96) Nach einem verheerenden Brand ist das vielgepriesene Stokehouse endlich zurück und ist fröhlicher und besser denn je. Die beeindruckende moderne Architektur und der Blick auf die Bucht durch die raumhohen Fenster sorgen für das richtige Ambiente für frische, moderne Gerichte mit einem Meeresfrüchte-Fokus, ganz zu schweigen von dem Omelette surprise. Dies ist eines der angesagtesten Restaurants Melbournes, also immer vorab reservieren.

Im Erdgeschoss auf Strandebene sind das Pontoon (S. 555), das ungezwungene Bar-Bistro des Stokehouse, sowie ein Fish & Chips Imbiss untergebracht.

Cicciolina ITALIENISCH **$$$**
(Karte S. 520; ☎ 03-9525 3333; www.cicciolinastkilda.com.au; 130 Acland St, St. Kilda; Hauptgerichte Mittagessen 18–30 AU$, Abendessen 27–45 AU$; ⏰ 12–22 Uhr; 🚊 3, 16, 96) Dieses kleine Refugium mit dunklem Holz, gedämpftem Licht und Bleistiftzeichnungen an den Wänden ist eine Institution in St. Kilda. Die Karte ist modern-italienisch, so kommen etwa Tortellini mit köstlichem persischem Feta, Ricotta, Pinienkernen, Limettenschalen, Spargeln und verbrannter Salbeibutter auf den Tisch. Reservierungen werden nur fürs Mittagessen entgegengenommen. Abends kommt man entweder sehr früh oder vertreibt sich die Wartezeit in der stimmungsvollen Bar im hinteren Teil des Restaurants.

Ausgehen & Nachtleben

Melbournes Ausgehszene ist bei Weitem die beste Australiens und muss auch den internationalen Vergleich nicht scheuen. Es gibt eine große Vielfalt an Ausgehoptionen, von angesagten Kellerbars, die sich in kleinen Gassen verstecken, bis hin zu edlen Cocktailbars über den Dächern der Stadt. Viele Bars haben ihre alten, mit Bier durchtränkten Teppiche ausgemustert und präsentieren sich nun in aufpolierter Form, aber auch die charaktervollen Oldies, die es bis heute gibt, sollte man nicht links liegen lassen.

Stadtzentrum

★ **Heartbreaker** BAR
(Karte S. 504; ☎ 03-9041 0856; www.heartbreakerbar.com.au; 234a Russell St; ⏰ Mo–Sa 17–3, So bis 23 Uhr; 🚇 Melbourne Central) Schwarze Wände, rotes Licht, Skelettgriffe am Zapfhahn, wahllos ausgestellte Tierpräparate, Craft-Bier, eine große Auswahl an Bourbon, Rock und Punk aus den Lautsprechern und taffe Schätzchen hinter der Bar: Das Heartbreaker erfüllt alle Anforderungen an eine richtig gute Hardrock-Kneipe.

★ **Madame Brussels** DACHTERRASSENBAR
(Karte S. 504; ☎ 03-9662 2775; www.madamebrussels.com; 3. Stock, 57–59 Bourke St; ⏰ So–Mi 12–23, Do–Sa bis 1 Uhr; 🚇 Parliament) Wer genug von Stimmungsbeleuchtung und dunklem Holz hat, ist hier oben richtig. Diese wundervolle Dachterrassenbar ist zwar nach einer berühmten Bordell-Betreiberin aus dem 19. Jh. benannt, wirkt aber mit ihrem Kunstrasen, ihren Pflanzen und den wie für ein Tennismatch gekleideten Angestellten eher wie ein Country-Club aus den 1960er-Jahren.

★ **Croft Institute** BAR
(Karte S. 504; www.thecroftinstitute.com.au; 21 Croft Alley; ⏰ Mo–Do 17–24, Fr 17–3, Sa 20–3 Uhr; 🚊 86, 96) In der mit Graffiti besprühten Seitengasse abseits einer Seitengasse befindet sich das leicht unheimliche Croft, eine an dem Thema Labor ausgerichtete Kellerbar. Der auf die 1950er-Jahre getrimmte Fitnessraum oben drüber ist am Wochenende ein Club. Wenn freitags und samstags DJs auflegen, wird ein Eintritt von 5 AU$ fällig.

★ **Bar Americano** COCKTAILBAR
(Karte S. 504; www.baramericano.com.au; 20 Presgrave Pl; ⏰ Mo–Sa 17–1 Uhr; 🚇 Flinders St) Das versteckte Americano in einer Gasse abseits des Howey Pl in der Innenstadt ist eine Steh-Bar mit schwarz-weiß kariertem Boden, wie in einem U-Bahnhof gefliesten Wänden und der subtilen Atmosphäre einer Flüsterkneipe. Sobald die maximale Kapazität von 14 Gästen erreicht ist, wird das Türgitter heruntergezogen. Die Cocktails sind zwar nicht billig, aber hervorragend.

★ **Siglo** DACHTERRASSENBAR
(Karte S. 504; ☎ 03-9654 6631; www.siglobar.com.au; 2. Stock, 161 Spring St; ⏰ 17–3 Uhr; 🚇 Parliament) Die Terrasse des Siglo ist ein echter Hotspot mit Pariser Flair, Zigarrenqualm und echten Drinks. Freitagabends sind hier vorwiegend Anzugträger anzutreffen – ob man das nun gut oder schlecht finden mag. Traditionelle Cocktails, hochwertige Snacks und einen Blick über das Parlament und die St. Patrick's Cathedral (daran hat sich seit

dem 19. Jh. nicht viel geändert) gibt es hier zu jeder Zeit. Hinein kommt man durch das unauffällig ausgeschilderte Supper C1.

Boilermaker House BAR

(Karte S. 504; www.boilermakerhouse.com.au; 209-211 Lonsdale St; ⌚16–3 Uhr; Melbourne Central) Dieser urbane Zufluchtsort mit gedämpftem Licht ist eine echte Überraschung auf der an Werktagen sehr belebten Lonsdale St. Er hat phänomenale 850 Whiskys sowie Craft-Biere (12 vom Fass und 40 aus der Flasche) im Angebot. Als Snacks stehen Käse, Aufschnitt und panierte, frittierte Jalapeñoschoten zur Auswahl.

Cookie BAR

(Karte S. 504; ☎03-9663 7660; www.cookie.net.au; 1. Stock, Curtin House, 252 Swanston St; ⌚12–3 Uhr; Melbourne Central) Das verrückte, coole Lokal ist teils Bar, teils Thai-Restaurant und ein beständiger Teil der Melbourner Ausgehszene. Die Bar ist überreich mit tollen Whiskys und Weinen bestückt, und unter den mehr als 200 angebotenen Bieren finden sich viele Craft-Bier-Sorten. Auch auf richtig gute Cocktails versteht man sich.

Melbourne Supper Club BAR

(Karte S. 504; ☎03-9654 6300; www.melbournesupperclub.com.au; 1. Stock, 161 Spring St; ⌚So–Do 17–4, Fr & Sa bis 6 Uhr; Parliament) Wenn man mal ehrlich ist, muss man zugeben, dass Late-Night-Clubs eher zwielichtige Angelegenheiten sind. Im Falle des Supper Club trifft das aber nicht zu. Dieser ist eine anspruchsvolle Bar neben dem Princess Theatre und wird durch eine Holztür ohne Schild betreten. Der Laden wird gern von Künstlern und Leuten aus dem Gastgewerbe nach der Arbeit besucht. Drinnen lässt man sich auf ein Sofa fallen, studiert die lange Weinkarte und entspannt sich, während die Weinkellner das Gewünschte kredenzen.

Rooftop Bar DACHTERRASSENBAR

(Karte S. 504; ☎03-9654 5394; www.rooftopcinema.com.au; 6. Stock, Curtin House, 252 Swanston St; ⌚12–1 Uhr; Melbourne Central) Diese Bar liegt in schwindelerregender Höhe auf dem beliebten Curtin House. Im Sommer verwandelt sie sich in ein Open-Air-Kino mit gestreiften Liegestühlen und zeigt Klassiker, aber auch neue Filme.

Garden State Hotel BAR

(Karte S. 504; ☎03-8396 5777; www.gardenstatehotel.com.au; 101 Flinders Lane; ⌚11 Uhr–open end; ; Flinders St) Genau wie in einem prachtvollen englischen Garten gibt's auch in dieser momentan absolut angesagten und vielfältigen Eventlocation ordentliche, wilde und etwas dunklere Ecken. Man schiebt sich an den Anzugträgern vorbei zur Hauptbar mit polierten Kupferkesseln und einem dreistöckigen leeren Raum, der von hochgewachsenen Bäumen ausgefüllt ist. Am besten ist die mit Kronleuchtern ausgestattete Rose Garden Cocktailbar im Erdgeschoss.

Market Lane Coffee CAFÉ

(Karte S. 504; www.marketlane.com.au; 109–111 Therry St; ⌚7–16 Uhr; Melbourne Central) In dieser Market-Lane-Filiale dreht sich alles um extrastarken Kaffee. Dazu werden auch einige Backwaren serviert – da sich gleich gegenüber jedoch der Queen Victoria Market befindet, herrscht hier kein Mangel an Alternativen, also lieber einen Kaffee zum Mitnehmen holen. Eine weitere Filiale gibt's in der Feinkosthalle des Markts.

Lui Bar COCKTAILBAR

(Karte S. 504; ☎03-9691 3888; www.vuedemonde.com.au; 55. Stock, Rialto, 525 Collins St; ⌚Mo–Mi 17.30–24, Do 11.30–1, Fr & Sa 11.30–3, So 11.30–24 Uhr; Southern Cross) Manche Leute bezahlen gern 36 AU$ für die Aussicht vom 120 m hohen Melbourne Star, aber da investiert man doch lieber 25 AU$ in einen Cocktail in dieser gehobenen Bar im Rialto Tower auf 236 m Höhe. Abends trifft man meistens Anzugträger und Jetsetter an. Früh kommen, um sich einen Tisch zu sichern.

Chuckle Park BAR

(Karte S. 504; ☎03-9650 4494; www.chucklepark.com.au; 322 Little Collins St; ⌚11–1 Uhr; 86, 96) Hier wurde aus einer engen Gasse und jeder Menge Kunstrasen ein kleiner Park geschaffen. Die verrückten Angestellten servieren Cocktails in riesigen Gläsern und Pulled-Pork-Sandwiches aus einem kleinen Wohnwagen aus den 1970er-Jahren, der hinten am Ende parkt. Herabhängende Glasgefäße dienen als Blumentöpfe und Beleuchtung zugleich und der Soundtrack besteht aus Indie- und Rockmusik.

Riverland BAR

(Karte S. 504; ☎03-9662 1771; www.riverlandbar.com; Gewölbe 1-9, Federation Wharf; ⌚8 Uhr–open end; Flinders St) Diese Bar in einem Basaltgewölbe unter der Princes Bridge am Yarra hält das Angebot mit gutem Wein, Bier vom Fass und den idealen Barsnacks (Burger, Rippchen, Fish & Chips) bewusst schlicht. Die Tische draußen sind einfach toll, wenn das Wetter mitspielt. Vor und nach Football-Spielen im MCG geht's hier laut und ruppig zu.

Carlton Hotel BAR

(Karte S. 504; ☎03-9663 3246; www.thecarlton.com.au; 193 Bourke St; ⊙So–Mi 15 Uhr–open end, Do–Sa 12 Uhr–open end; 🚊86, 96) Das überkandidelte Melbourner Rokoko hier entlockt einem unwillkürlich ein Lächeln. Im ersten Stock gibt's eine mit Jasmin und Bougainvilleen bewachsene Veranda und wer Lust auf etwas Miami-Atmosphäre hat (oder einfach nur die tolle Aussicht genießen will), besucht das **Palmz** auf der Dachterrasse.

Gin Palace COCKTAILBAR

(Karte S. 504; ☎03-9654 0533; www.ginpalace.com.au; 10 Russell Pl; ⊙16–3 Uhr; 🚊86, 96, 🚆Flinders St) Mit einer Getränkekarte, die jede Leber in Angst und Schrecken versetzt, ist das Gin Palace der perfekte Ort, um sich in eine bequeme Couch, eine abgeschiedene Ecke oder in eine mit Kissen bestückte Badewanne fallen zu lassen, sich einen Drink zu genehmigen und einen Gang zurückzuschalten. Die Martinis hier sind legendär und die Bar hat fast jeden Abend bis spät in die Nacht geöffnet.

Double Happiness COCKTAILBAR

(Karte S. 504; ☎03-9650 4488; www.double-happiness.com.au; 21 Liverpool St; ⊙Mo–Mi 16–1, Do & Fr 16–3, Sa 18–3, So 18–1 Uhr; 🚊86, 96, 🚆Parliament) Diese stylishe Mini-Cocktailbar ist mit chinesischen Propagandapostern und Mao-Statuen eingerichtet und serviert eine ausgezeichnete Auswahl an Chili- und Koriander-Cocktails mit asiatischen Einflüssen sowie seinen legendären Espresso-Martini.

Section 8 BAR

(Karte S. 504; www.section8.com.au; 27-29 Tattersalls Lane; ⊙So 12–23, Mo–Mi 10–23, Do & Fr 10–1, Sa 12–1 Uhr; 🚆Melbourne Central) Das Section 8 mutet mit seinen Schiffscontainern, Graffitis und Sitzgelegenheiten aus Holzpaletten an wie ein Käfig. Es ist nach wie vor eine der hippsten Bars der Stadt und hat einiges zu bieten; so legen etwa regelmäßig DJs auf.

Degraves Espresso CAFÉ

(Karte S. 504; ☎03-9654 1245; 23-25 Degraves St; ⊙Mo–Sa 7–22, So 8–17 Uhr; 🚆Flinders St) In der stimmungsvollen Degraves St findet sich diese Institution, eine gute Adresse, um sich einen Kaffee *to go* zu holen und anschließend durch die umliegenden Gassen zu schlendern.

Southbank & Docklands

Boatbuilders Yard BAR

(Karte S. 500; ☎03-9686 5088; www.theboatbuildersyard.com.au; 23 South Wharf Promenade, South Wharf; ⊙7 Uhr–open end; 🚊12, 96, 109) Gleich neben dem historischen Schiff *Polly Woodside* beansprucht dieses Bar ein Stück der South Wharf für sich. Die Klientel ist eine Mischung aus Büroangestellten, Reisenden und Melbournern, die neugierig auf die neuen Entwicklungen in diesem Teil ihrer Stadt sind. Hier gibt's verschiedene „Zonen", die nahtlos ineinander übergehen: eine Café-Bar im Innern, ein Freiluftgrillbereich und ein Bocciafeld. Am Wochenende spielen meist Livebands oder es legen DJs auf.

Ponyfish Island BAR

(Karte S. 504; www.ponyfish.com.au; Southbank Pedestrian Bridge, Southbank; ⊙11 Uhr–open end; 🚆Flinders St) In den Gassen oder auf Dächern versteckte Bars sind out. Die Melbourner suchen sich immer neue kreative Ausgeh-Locations. Was wäre da besser als ein kleines Freiluftlokal auf dem Pylon einer Brücke über den Yarra? Es ist tatsächlich ein überraschend guter Ort, um sich zurückzulehnen, die Sonne zu genießen und sich neben ein paar Bier auch getoastete Sandwiches oder eine Käseplatten zu gönnen.

Richmond & East Melbourne

Mountain Goat Brewery KLEINBRAUEREI

(☎03-9428 1180; www.goatbeer.com.au; 80 North St, Richmond; ⊙Mi & Fr 17–22 Uhr; 🚊48, 75) Diese lokale Kleinbrauerei ist in einem großen Lagerhaus in Richmonds Nebenstraßen untergebracht. Hier kann man Biere kosten (Probiertablett 11 AU$) und Pizzas futtern. Kostenlose Führungen durch die Brauerei finden mittwochs um 18.30 Uhr statt. Die Anlage ist nicht leicht zu finden: Zuerst der Bridge Rd Richtung Osten folgen, dann nach links in die Burnley St und anschließend nach rechts in die North St abbiegen.

DT's Hotel SCHWULE

(Karte S. 500; ☎03-9428 5724; www.facebook.com/dtspub/; 164 Church St, Richmond; ⊙Di 18–24, Mi–Sa 16–1, So 14–23 Uhr; 🚊78) Diese alteingesessene Schwulenbar veranstaltet Dragshows, Karaoke, Poolwettbewerbe und Happy Hours.

Public House BAR

(Karte S. 500; ☎03-9421 0187; www.publichouse.com.au; 433-435 Church St, Richmond; ⊙Di–So 12

Uhr–open end; East Richmond) Mit einem *public house* (Wirtshaus) im ursprünglichen Sinne hat diese schicke Bar nicht das Geringste zu tun. Sie wurde mit Roh- und Recyclingmaterialien auf beeindruckende Weise neu gestaltet. Das Essen ist hervorragend und am Wochenende legen DJs auf. Dies zieht eine junge, gutaussehende Klientel an, die zu fast allem bereit ist.

Touchwood CAFÉ
(Karte S. 500; 03-9429 9347; www.touchwoodcafe.com; 480 Bridge Rd, Richmond; 7–16 Uhr; 48, 75) Das in einem einstigen Geschäft für Möbel aus recycelten Materialien untergebrachte Café (daher der Name) bietet drinnen, aber auch draußen im Hof jede Menge Platz. Der Kaffee ist sortenrein und auch den Donuts aus der Theke kann man nur schwer widerstehen.

Fitzroy, Collingwood & Abbotsford

★ Black Pearl COCKTAILBAR
(Karte S. 512; 03-9417 0455; www.blackpearlbar.com.au; 304 Brunswick St, Fitzroy; 17–3 Uhr, Attic Bar Do–Sa 19–2 Uhr; 11) Auch nach 15 Jahren im Geschäft eilt die Black Pearl von Erfolg zu Erfolg und gewinnt Preise und Auszeichnungen aus der ganzen Welt. Im Erdgeschoss sorgen gedämpftes Licht, Lederbänke und Kerzen für die richtige Stimmung. Entweder studiert man selbst die lange Cocktailkarte an der Bar oder man lässt sich von den fachkundigen Barkeepern etwas zusammenmixen, was den eigenen Wünschen entspricht. In der Attic Bar im oberen Stock wird man am Tisch bedient; hier sollte man allerdings vorab reservieren.

★ Marion WEINBAR
(Karte S. 512; 03-9419 6262; www.marionwine.com.au; 53 Gertrude St, Fitzroy; Mo–Do 17–23, Fr 12–23, Sa & So 8–23 Uhr; 86) Melbournes Vorzeige-Chefkoch Andrew McConnell wusste genau, was er tat, als er das Marion eröffnete. Die Weinkarte gehört zu den eindrucksvollsten in dieser Gegend und das Interieur – perfekt sowohl für einen kurzen Zwischenstopp als auch für ein ausgedehntes, romantisches Date – versprüht eine Wohlfühlatmosphäre. Das Essensangebot wechselt regelmäßig, meist stehen aber Fleisch (geliefert von McConnells Metzger Meatsmith) und Angebote mit europäischem Touch (Gerichte 10–34 AU$) auf dem Programm.

★ Everleigh COCKTAILBAR
(Karte S. 512; www.theeverleigh.com; 150–156 Gertrude St, Fitzroy; 17.30–1 Uhr; 86) Im Obergeschoss eines Gebäudes in der Gertrude St versteckt sich diese Bar, die in Sachen Raffinesse und Barkeeper-Fertigkeiten unübertroffen ist. Hier trifft man sich mit Freunden zum Reden und macht es sich dabei in traulicher Atmosphäre in einer Sitzecke mit Ledermöbeln bequem. Dazu werden klassische Cocktails aus der „goldenen Ära" serviert, die hier so gut wie nirgendwo sonst schmecken.

★ Naked for Satan BAR
(Karte S. 512; 03-9416 2238; www.nakedforsatan.com.au; 285 Brunswick St, Fitzroy; So–Do 12–24 Uhr, Fr & Sa bis 1 Uhr; 11) Die muntere, laute Bar erweckt eine Legende der Brunswick St wieder zum Leben (ein Typ mit dem Spitznamen Satan, der in einer Wodka-Schwarzbrennerei unter dem Laden schmutzig und wegen der Hitze nackt herumgelaufen sein soll). Die Gäste kommen aber wegen der beliebten *pintxos* (baskische Tapas 1–2 AU$), der großen Auswahl von Getränken und der tollen Aussicht von der Dachterrasse (Naked in the Sky) her.

★ Proud Mary CAFÉ
(Karte S. 512; 03-9417 5930; 172 Oxford St, Collingwood; Mo–Fr 7.30–16, Sa & So 8.30–16 Uhr; 86) Dieser Verfechter des direkt gehandelten, sortenreinen Kaffees ist in einem typischen roten Backsteinambiente in einem Industriegebiet in Collingwood zuhause und nimmt die Sache mit dem Koffein sehr ernst. Hier ist zu jeder Tageszeit viel los, nicht nur wegen des exzellenten Kaffees, sondern auch wegen der ebenso leckeren, gehobenen Essensangebote wie etwa Ricotta-Pfannkuchen oder Schweinefleisch mit Fenchelkruste (von freilaufenden Tieren).

Wer mehr über Kaffee erfahren möchte, schaut bei **Aunty Peg's** (Karte S. 500; 03-9417 1333; www.auntypegsbypmc.com.au; 200 Wellington St, Collingwood; 8–17 Uhr; 86) vorbei, ihrer nahegelegenen Rösterei.

Stomping Ground Brewery & Beer Hall BRAUEREI
(Karte S. 500; 03-9415 1944; www.stompingground.beer; 100 Gipps St, Collingwood; Mo–Do 11.30–23, Fr & Sa bis 1 Uhr; 109, Collingwood) Diese einladende Brauerei ist in einer ehemaligen Textilfabrik untergebracht und ein entspannter, grüner Zufluchtsort mit freiliegenden Backsteinwänden, Hänge-

pflanzen, einem Spielbereich für Kinder und einer großen zentralen Bar. Angeboten werden 15 bis 25 Stomping-Ground-Biere vom Fass sowie wechselnde Gastlabels. Auf der Speisekarte stehen Holzofenpizza, Burger und Salate.

Bar Liberty BAR

(Karte S. 512; http://barliberty.com; 234 Johnston St, Fitzroy; ⌚Mo–Sa 17 Uhr–open end, So ab 12 Uhr; 🚋86) Ein Team aus Schwergewichten der Gastronomieszene hat die Bar Liberty eröffnet und bringt damit sorgfältig ausgewählte Weine (über 300 stehen auf der Karte) und fachmännisch gemixte Cocktails nach Fitzroy, ohne aber auch nur im Geringsten großspurig zu wirken. Hier geht's locker zu, die Atmosphäre ist entspannt und beim Essen wird auf schlichte, aber verfeinerte Gerichte geachtet. Im Obergeschoss werden einmal im Monat Wein-Dinner veranstaltet und im Hinterhof gibt's einen Biergarten. Na dann prost!

Industry Beans CAFÉ

(Karte S. 512; ☎03-9417 1034; www.industrybeans.com; 3/62 Rose St, Fitzroy; ⌚Mo–Fr 7–16, Sa & So 8–16 Uhr; 📶; 🚋96, 11) In diesem Lagerhauscafé, das sich in einer Seitenstraße in Fitzroy versteckt, dreht sich alles um Kaffee. Der Kaffee-Guide erläutert die verschiedenen Zubereitungsstile der (vor Ort gerösteten) Bohnen – von AeroPress über Filterkaffee bis hin zu Cold Drip und Espresso – und das kundige Personal erleichtert einem die Entscheidung. Die Speisekarte (Brunch 12–35 AU$) ist ehrgeizig, die Gerichte treffen aber leider nicht immer ins Schwarze.

Sircuit SCHWULE

(Karte S. 512; www.sircuit.com.au; 103 Smith St, Fitzroy; ⌚Mi–So 19.30 Uhr–open end; 🚋86) Das Sircuit erfreut sich bei einem Großteil der Gay-Community großer Beliebtheit. Die Schwulenbar der alten Schule bietet Billardtische, Drag-Shows, ein Hinterzimmer und, zu fortgeschrittener Stunde, eine bebende Tanzfläche.

Noble Experiment BAR

(Karte S. 512; ☎03-9416 0058; www.thenobleexperiment.com.au; 284 Smith St, Collingwood; ⌚Mi & Do 17 Uhr–open end, Fr–So 12 Uhr–open end; 🚋86) Wer beim Gedanken an Cocktails aus der Zeit der Prohibition in den 1920er-Jahren Durst bekommt, der sollte im Noble Experiment auf einen in der Flasche gereiften Negroni, einen Bootlegger-Eistee oder einen Kentucky Cobbler vorbeischauen. Das Dekor der dreistöckigen Bar erinnert an das New York der alten Welt und auf der Speisekarte stehen leckere Optionen, von der Empfehlung des Chefs (Menü) bis hin zu langsam gegarten Fleischgerichten zum Teilen.

Craft & Co KLEINBRAUEREI

(Karte S. 512; ☎03-9417 4755; www.thecraftandco.com.au; 390 Smith St, Collingwood; ⌚Mo–Mi 7–16, Do & Fr 7 Uhr–open end, Sa 8 Uhr–open end, So 8–18 Uhr; 🚋86) Man sollte sich genug Zeit lassen, um dieses zweistöckige Lagerhaus zu erkunden, denn hier ist einiges geboten: Von einem Café, einer Kaffeerösterei, einer Bäckerei und einem Feinkostgeschäft bis zu einer Brauerei und einer Brennerei. Die meisten Essenangebote, die auf der Karte des Cafés (tagsüber) aufgelistet sind, werden vor Ort produziert und können hier auch gekauft werden – darunter Brot, Käse, Fleisch, Kaffee, Bier, Gin und Wodka. Abends verwandelt sich die Location in eine Bar mit einer Spirituosenkarte, die fast ausschließlich australische Drinks im Angebot hat.

Forester's Hall BAR

(Karte S. 512; www.forestershall.com.au; 64 Smith St, Collingwood, Ecke Smith St & Gertrude St; ⌚Di–Do 16–2, Fr 16–4, Sa 14–4, So 14–2 Uhr; 🚋86) Der früher hier ansässige Nachtclub wurde in ein Paradies für Bierfans verwandelt und bietet nun 32 ausgewählte Biere vom Fass aus Australien und dem Rest der Welt. Dazu wird bis 2 Uhr morgens Pizza serviert, es gibt Ping-Pong-Tische, Sitzgelegenheiten an der Straße, eine Hochparterre-Ebene und im oberen Stock eine eher einfache Kneipe. Die Mischung verspricht einen spaßigen Abend.

Grace Darling PUB

(Karte S. 512; ☎03-9416 0055; www.thegracedarlinghotel.com.au; 114 Smith St, Collingwood; Hauptgerichte 18–30 AU$; ⌚Mo–Sa 12–1, So bis 23 Uhr; 🚋86) Das Grace wird von den Footballfans aus Collingwood als Wiege des Clubs verehrt, mittlerweile wurde es aber erneuert und aufpoliert und zieht eine ziemlich junge Klientel an. Die Basaltschönheit hat ein gemütliches Restaurant und Sitzgelegenheiten an der Straße. Die junge Indie-Gemeinde darf sich über Livemusik freuen.

Peel Hotel SCHWULE, CLUB

(Karte S. 500; ☎03-9419 4762; www.thepeel.com.au; 113 Wellington St, Collingwood; ⌚Do 23–5, Fr & Sa bis 7 Uhr; 🚋86) Das Peel ist einer der bekanntesten und beliebtesten Schwulentreffs in Melbourne und nach einer heißen Partynacht oft die letzte Anlaufstelle.

Panama Dining Room & Bar BAR

(Karte S. 512; ☎03-9417 7663; www.thepanama.com.au; 3. Stock, 231 Smith St, Fitzroy; ⏲Bar 17 Uhr–open end, Restaurant ab 18 Uhr; 🚊86) Oben im 3. Stock versprüht die Smith St in diesem weitläufigen Raum im Lagerhausstil mit seinen großen Bogenfenstern eine gewisse Manhattan-Atmosphäre. Dazu schlürft man leckere Cocktails wie etwa einen im Fass gereiften Negroni oder einen Ananas-Chipotle-Daiquiri und verdrückt Riesengarnelen oder Saganaki vom Grill. Reichhaltigere Gerichte werden im Speisebereich serviert. Dort stehen europäisch geprägte Kreationen mit australischem Touch auf der Karte.

Napier Hotel PUB

(Karte S. 512; ☎03-9419 4240; www.thenapierhotel.com; 210 Napier St, Fitzroy; ⏲Mo–Do 15–23, Fr 12–1, Sa 12–23, So 13–23 Uhr; 🚊86, 11) Das Napier steht schon über 100 Jahre an seiner Ecke, und vieles hat sich inzwischen verändert z. B. die Erinnerungsstücke an das leider verschwundene Fitzroy-Football-Team. Man schlängelt sich an der Theke vorbei in den pompösen Speisesaal, um sich einen der berühmten Bogan Burger zu holen. Im Obergeschoss kann man sich die Empore ansehen.

Union Club Hotel PUB

(Karte S. 512; ☎03-9417 2926; www.unionclubhotel.com.au; 164 Gore St, Fitzroy; ⏲Mo–Mi 15 Uhr–open end, Do–Sa 12 Uhr–open end, So 12–23 Uhr; 🚊86) Ein alteingesessenes Lokal im Retrostil mit einer entspannten Indie-Klientel. Die große, geschwungene Bar gehört zu den besten Adressen Melbournes für einen Drink. Serviert wird schlichtes, aber gutes Kneipenessen, und der Biergarten und die Dachterrassenbar laden besonders an heißen Tagen zum Verweilen und Entspannen ein.

Standard Hotel PUB

(Karte S. 512; ☎03-9419 4793; 293 Fitzroy St, Fitzroy; ⏲Mo 15–22, Di bis 23, Mi–Sa 12–23, So 12–22 Uhr; 🚊11) Mit seinem großen Biergarten entspricht das Standard gar nicht seinem Namen. Das Lokal in einer Nebenstraße in Fitzroy hat bodenständiges Barpersonal. Die Gäste sind bunt gemischt. Livemusik am Sonntag, Football auf kleinen TVs und muntere Gespräche prägen die Atmosphäre.

Carlton & Brunswick

Wide Open Road CAFÉ

(☎03-9010 9298; http://wideopenroad.com.au; 274 Barkly St, Brunswick; ⏲Mo–Fr 7–16, Sa bis 17, So 8–17 Uhr; 📶; 🚊19, 🚉Jewell) Auf das einladende, umgestaltete Lagerhaus abseits der geschäftigen Sydney Rd, in dem dieses Café mit Rösterei untergebracht ist, trifft der Name *wide open* allemal zu, denn es ist wirklich sehr weitläufig. Die Gemeinschaftstische bieten viel Ellbogenfreiheit, sodass man bei den Gerichten der kreativen Speisekarte richtig schön reinhauen kann. Empfehlenswert ist das Fischstäbchen-Sandwich mit Essiggurken; dazu passen der Bathysphere-Espresso (Hausmischung) oder der wöchentlich wechselnde Filterkaffee.

Seven Seeds CAFÉ

(Karte S. 514; ☎03-9347 8664; www.sevenseeds.com.au; 114 Berkeley St, Carlton; ⏲Mo–Sa 7–17, So 8–17 Uhr; 🚊19, 59) Der größte Laden des Seven-Seeds-Kaffeeimperiums erinnert an ein Lagerhaus und liegt ziemlich ab vom Schuss, bietet dafür aber viel Platz, um sein Fahrrad abzustellen und einen wundervollen Kaffee zu trinken. Öffentliche Kaffeeverkostungen (*cuppings*) gibt's freitags um 9 Uhr. Weitere Cafés im Besitz von Seven Seeds sind das Traveller (S. 531) und **Brother Baba Budan** (Karte S. 504; www.sevenseeds.com.au; 359 Little Bourke St; ⏲Mo–Sa 7–17, So 9–17 Uhr; 📶; 🚉Melbourne Central) im CBD.

Lincoln PUB

(Karte S. 514; ☎03-9347 4666; http://hotellincoln.com.au/; 91 Cardigan St, Carlton; ⏲So–Do 12–23, Fr & Sa bis 24 Uhr; 🚊1, 6) Hier geht es etwas schicker zu als in den meisten anderen alten Pubs in Carlton. Mit seinen Art-déco-Elementen und der geschwungenen Bar aus dunklem Holz versprüht das Lincoln jede Menge historischen Charme. Im Angebot sind eine beeindruckende Weinkarte und eine wechselnde Auswahl an Craft-Bier vom Fass sowie natürlich das klassische Carlton Draught. Die Küche serviert typische Gastropub-Gerichte (in Kaffee eingelegter Lachs, ganze Baby-Schnapper), die auch noch richtig gut schmecken.

Padre Coffee CAFÉ

(☎03-9381 1881; www.padrecoffee.com.au; 438 Lygon St, East Brunswick; ⏲Mo 7–14, Di–Sa bis 16, So 8–16 Uhr; 📶; 🚊1, 6) Dieses Café im Lagerhausstil in East Brunswick ist einer der ganz großen Player in Melbournes Kaffeeszene. Es ist der Originalröster des Padre Coffee und produziert hier seine sortenreinen Premium-Kaffees und Kaffeemischungen.

Jimmy Watson's WEINBAR

(Karte S. 514; ☎03-9347 3985; www.jimmywatsons.com.au; 333 Lygon St, Carlton; ⏲Weinbar 11–

CRAFT-BIER & KLEINBRAUEREIEN

Bis vor Kurzem mussten sich durstige Melbourner noch mit zwei oder drei Mainstream-Bieren vom Fass begnügen oder bekamen, wenn sie Glück hatten, vielleicht noch ein Lager aus einem anderen Bundesstaat. In den letzten zehn Jahren sind jedoch zahlreiche Kleinbrauereien und Bars entstanden, die Craft-Bier servieren und so die Nachfrage echter Bierfans befriedigen, denen es nicht nur ums Trinken geht.

Das größte Ereignis im Melbourner Bierkalender ist die **Good Beer Week** (www.goodbeerweek.com.au; ⏲ Mai) im Mai, bei der lokales, nationales und ausländisches Craft-Bier im Mittelpunkt steht. **Aussie Brewery Tours** (☎ 1300 787 039; www.aussiebrewerytours.com.au; Tour inkl. Transfer, Mittagessen & Verkostung 160 AU$; ⏲ Do–Mo) sorgt dafür, dass man gut von A nach B kommt und bietet eine Tour durch mehrere Brauereien und renommierte Pubs in der Innenstadt an.

23 Uhr, Wolf's Lair Dachterrasse 16–23 Uhr; 🚌 Tourist Shuttle, 🚋 1, 6) Wenn dieses von Robyn Boyd entworfene Gebäude aus der Mitte des vorigen Jahrhunderts Ohren hätte, wären wohl mehrere Generationen von Schriftstellern und Akademikern in Schwierigkeiten. Entweder bleibt man bescheiden und bestellt sich in Watson's Weinbar ein schönes Glas Wein, oder man gönnt sich eine Flasche Dry & Dry (Wermut und Ginger-Ale) und macht es sich in dem grünen Hof bequem. Eine weitere Alternative ist die Dachterrasse des Wolf's Lair, wo die Cocktails auch gleich mit einem tollen Ausblick serviert werden.

Alderman WEINBAR

(☎ 03-9380 9003; 134 Lygon St, East Brunswick; ⏲ Di–Do 17–23, Fr bis 1, Sa 15–1, So 15–23 Uhr; 📶; 🚋 1, 6) Ein typisches East-Brunswick-Lokal mit einer einladenden, traditionellen Theke aus schwerem Holz, einem offenen Kamin, einer guten Bier- und Cocktailauswahl sowie freundlichen Angestellten. Zur Bar gehört auch ein kleiner Hof. Essen kann man aus dem Restaurant Bar Idda (S. 541) nebenan kommen lassen.

Gerald's Bar WEINBAR

(☎ 03-9349 4748; http://geraldsbar.com.au; 386 Rathdowne St, North Carlton; ⏲ Mo–Sa 17–23 Uhr; 🚋 1, 6) Die offenen Weine werden im Gerald's ganz demokratisch ausgewählt, und auf dem Plattenspieler hinter der geschwungenen Holztheke werden feine, alte Vinylscheiben aufgelegt. Gerald selbst bereitet hinten an Essen zu, wonach ihm gerade der Sinn steht und verwendet dabei vorwiegend regionale Zutaten.

Retreat PUB

(☎ 03-9380 4090; www.retreathotelbrunswick.com.au; 280 Sydney Rd, Brunswick; ⏲ Mo–Do & So 12–1, Fr & Sa bis 3 Uhr; 🚋 19, 🚆 Brunswick) Dieser Pub ist von fast schon einschüchternder Größe. Man sucht sich sein Plätzchen – im Garten im Hinterhof, im schmuddeligen Probenraum oder in der traulichen Bar vorn – und entspannt sich. Es ist auch eine bewährte Adresse für Livemusik und so gibt's jeden Abend kostenlose Auftritte, entweder Akustikkonzerte in der Bar vorn (unter der Woche) oder Bands im Probenraum (Do–So).

North Melbourne & Parkville

Town Hall Hotel PUB

(Karte S. 500; ☎ 03-9328 1983; www.townhallhotelnorthmelbourne.com.au; 33 Errol St, North Melbourne; ⏲ Mo–Do 16–1, Fr & Sa 12–1, So 12–23 Uhr; 🚋 57) Zugegeben, dieser Pub ist mehr als nur ein bisschen schmuddelig, aber das macht nun einmal den Charme des wunderbar schlichten, mit allerlei Rock-Ikonographie (ganz viel Bowie und reichlich Iggy) ausgestatteten Town Hall aus. Der hintere Speisesaal ist mit eher traditionellen religiösen Figuren gestaltet und zudem gibt's einen Biergarten. Donnerstags bis samstags ist oft kostenlos Livemusik zu hören, ansonsten werden Klassiker auf Vinyl aufgelegt.

South Melbourne, Port Melbourne & Albert Park

Clement CAFÉ

(Karte S. 500; www.clementcoffee.com; Shop 89, South Melbourne Market, Ecke Coventry St & Cecil St, South Melbourne; ⏲ 7–17 Uhr; 🚋 12, 96) Das winzige Café am Rand des South Melbourne Market ist nicht nur für den kundig zubereiteten Kaffee, sondern auch für seine hausgemachten Donuts mit Salzkaramell oder mit Marmelade und Eiercreme bekannt. Man pflanzt sich auf einen Hocker am Straßenrand oder nimmt seine Bestellung mit und schlendert über den Markt.

Colonial Brewery Co BRAUEREI

(Karte S. 500; ☎ 03-8644 4044; www.colonialbrewingco.com.au/port-melbourne; 89 Bertie St, Port Melbourne; ⏲ Do & Fr 12–23 Uhr; 🚋 109) Dieser östliche Außenposten der Kleinbrauerei Colonial aus Western Australia schenkt in einem riesigen Lagerhaus mit Stahltanks, Ping-Pong-Tischen und Imbisswagen leichte, durstlöschende Biere aus. Die Angestellten lieben den feinen Gerstensaft und sind sehr gut darüber informiert. Ausgeschenkt werden auch saisonale Varianten; das Kölsch ist besonders beliebt.

South Yarra, Prahran & Windsor

★ Rufus COCKTAILBAR

(Karte S. 516; ☎ 03-9525 2197; www.rufusbar.com.au; 1. Stock, 143 Greville St, Prahran; ⏲ 16 Uhr–open end; 🚋 6, 72, 78, 🚆 Prahran) Oberhalb der Greville St versteckt sich das wunderbar vornehme und ordentliche Rufus, das vollgestopft ist mit Kronleuchtern, getönten Spiegeln und üppigen Vorhängen. Die Cocktailbar ist nach Sir Winston Churchills geliebtem Pudel benannt – kein Zufall, denn der verstorbene britische Premierminister ist die Muse des Rufus. Daher auch der hochwertige Champagner, Martini und Whisky, der herausragende Yorkshire-Pudding-Wrap und die an Butler erinnernden Kellner. Eingang über die Gasse.

Woods of Windsor BAR

(Karte S. 516; ☎ 03-9521 1900; www.woodsofwindsor.com.au; 108 Chapel St, Windsor; ⏲ Di–Sa 17.30–1 Uhr; 🚋 78, 5, 6, 64, 🚆 Windsor) Dunkles Holz, verrückte Tierpräparate und die Atmosphäre einer Flüsterkneipe machen das Woods zum perfekten Ort für einen jener regnerischen, melancholischen Abende. Entweder man entscheidet sich für die außergewöhnliche Auswahl an Whiskys (auch seltenere Tropfen) oder man gibt sich der italienischen Versuchung hin: Auf der Getränkekarte stehen viele verschieden Varianten des klassischen Negroni-Aperitifs. *Cin cin!*

Market Lane Coffee CAFÉ

(Karte S. 516; ☎ 03-9804 7434; www.marketlane.com.au; Prahran Market, 163 Commercial Rd, South Yarra; ⏲ Di & Do–Sa 7–17, Mi bis 16, So 8–17 Uhr; 🚋 72, 78, 79, 🚆 Prahran) Dies ist eine der beiden besten Kaffeeröstereien Melbournes. Sie versteckt sich im hinteren Teil des Prahran Market. Hier werden ausnahmslos saisonale Bohnen gemahlen, was wunderbar nuancenreiche Mischungen hervorbringt. Am besten schmecken diese in Kombination mit den leckeren Backwaren. Samstags finden um 10 Uhr kostenlose Kaffeeverkostungen statt (um 9.30 Uhr da sein, um sich einen Platz zu sichern).

Emerson BAR, CLUB

(Karte S. 516; ☎ 03-9825 0900; www.theemerson.com.au; 143–145 Commercial Rd, South Yarra; ⏲ Do 17–24, Fr & Sa 12–5, So 12–3.30 Uhr; 🚋 72, 78, 🚆 Prahran) Ein eleganter, dreistöckiger Veranstaltungsort mit Cocktailbar, Club und Dachterrassenbar. Jeden Sonntagnachmittag trifft sich auf der Dachterrasse das schwule Partyvolk, um Skinny Bitches (Wodka mit Soda) zu trinken, den neuesten Klatsch und Tratsch auszutauschen und mit ihren Fitnesskörpern zu glänzen.

Railway Hotel BAR

(Karte S. 516; ☎ 03-9510 4050; www.therailway.com.au; 29 Chapel St, Windsor; ⏲ 12 Uhr–open end; 🚋 5, 64, 78, 🚆 Windsor) Der schicke, aber zwanglose Gastropub ist in mehrere Bereiche mit unterschiedlichen Stilen unterteilt. Das Geschehen in der Bar und auf der Terrasse im oberen Stock ist sonntags sehr schwulenfreundlich und lockt eine etwas ältere, bodenständigere Klientel an. Wen das nicht überzeugt, der wird zumindest den tollen Blick über die Skyline lieben.

Montereys BAR

(Karte S. 516; ☎ 03-9525 0980; 218 Chapel St, Prahran; ⏲ Di–Sa 12–1, So 11–23 Uhr; 📶; 🚋 6, 78, 🚆 Prahran) Eine schicke Eckbar, die von einem Roadtrip durch die USA inspiriert wurde. Das spiegelt sich in Cocktails wie Palm Beach Paloma (Gurke, Jalapeños, rauchiger Mezcal, Grapefruit und Limette) und Snacks wie Hummerbrötchen (denen etewas mehr Hummer nicht schaden könnte) wider. Echter Anziehungspunkt ist aber die tägliche Happy Hour (17–19 Uhr), bei der es für 2 AU$ frische Austern und für 6 AU$ Schaumwein gibt.

Windsor Castle Hotel PUB

(Karte S. 516; ☎ 03-9525 0239; www.windsorcastle.com.au; 89 Albert St, Windsor; ⏲ Mo–Do 15 Uhr–open end, Fr–So ab 12 Uhr; 🚋 5, 64, 🚆 Windsor) Wie könnte man dieses zitronengelbe Pub mit einer Herde pinkfarbener Elefanten auf dem Dach nicht lieben? Windsor Castle ist ein Veteran in einer Seitenstraße und voller gemütlicher Ecken, eingelassener Sitzbereiche, Feuerstellen und Vliestapeten. Der größte Hit ist jedoch der Biergarten im Tiki-Stil, in dem an heißen Sommerabenden immer besonders viel los ist.

Yellow Bird BAR

(Karte S. 516; ☎03-9533 8983; www.yellowbird.com.au; 122 Chapel St, Windsor; ⏰Mo–Fr 7.30 Uhr–open end, Sa & So ab 8 Uhr; 🚊6, 78, 🚆Windsor) Das gelbe Vögelchen macht die coolen Kids von Windsor glücklich. Drinks sind zu jeder Tageszeit erhältlich und das Essen erinnert an das Angebot eines typischen Diners. Eigentümer ist der Drummer von Something for Kate, die laute, dunkle Rock-'n'-Roll-Atmosphäre ist also so richtig authentisch. Ab und zu treten verschiedene Künstler auf oder es spielt eine Playlist mit fantastischem Underground-Sound. Die Bar ist wunderbar kitschig.

Borsch, Vodka & Tears BAR

(Karte S. 516; ☎03-9530 2694; www.borschvodkaandtears.com; 173 Chapel St, Windsor; ⏰Mo–Fr 8 Uhr–open end, Sa & So ab 9 Uhr; 🚊6, 78, 🚆Prahran) Die Bar ist ein echter Klassiker der Chapel St und spiegelt den osteuropäischen Einfluss des Viertels wider. Angeboten werden über 100 Wodkasorten, darunter klarer, im Eichenfass gereifter, mit Fruchtgeschmack versehener und traditioneller *nalewka kresowa* (nach alten russischen und polnischen Rezepturen). Die Angestellten wissen hervorragend Bescheid und auf der Speisekarte stehen Borscht und Blinys, die jeden noch so kritischen polnischen Opa überzeugen würden. *Na zdrowie!*

Revolver Upstairs CLUB

(Karte S. 516; ☎03-9521 5985; www.revolverupstairs.com.au; 229 Chapel St, Prahran; ⏰Di & Mi 17–4, Do 17–6, Fr 17–Sa 12, Sa 17–Mo 9 Uhr; 🚊6, 78, 🚆Prahran) Dieser laute Club kann sich manchmal wie ein sehr großes Wohnzimmer anfühlen. Am Wochenende wird hier 54 Stunden nonstop Musik gespielt – da ist man froh, dass es nicht das eigene Wohnzimmer ist. Livemusik, Kunstausstellungen und nicht zuletzt auch interessante lokale, australische und internationale DJs sorgen dafür, dass es den Gästen hier nie langweilig wird.

St. Kilda

★Bar Di Stasio WEINBAR

(Karte S. 520; ☎03-9525 3999; http://distasio.com.au/about/bar-di-stasio; 31 Fitzroy St, St. Kilda; ⏰11.30–24 Uhr; 🚊3, 12. 16, 96) Das Gerüst hier erinnert ein bisschen an das Centre Pompidou und ist die Arbeit des Künstlers Callum Morton. In der belebten, eleganten Bar fällt der Blick sofort auf Caravaggios Gemälde *Die Geißelung Christi*, das die gesamte Wand bedeckt. Hinter der tiefen Marmorbar mixen Barkeeper, die ebenso gut aus einem venezianischen Kaffeehaus stammen könnten, den perfekten Campari Spritz. Serviert werden außerdem köstliche Snacks, von leicht frittierten Meeresfrüchten aus der Region bis hin zu ausgefeilten Pastagerichten (bis 23 Uhr). Unbedingt reservieren, da die Plätze heiß begehrt sind.

★Pontoon BAR

(Karte S. 520; ☎03-9525 5445; http://pontoonstkildabeach.com.au; 30 Jacka Blvd, St. Kilda; ⏰12–24 Uhr; 🚊3, 16, 96) Lässig, lichtdurchflutet und eigentlich immer voll – diese Bar mit Bistro liegt unter dem gehobenen Restaurant Stokehouse (S. 547) und bietet neben raumhohen Fenstern auch noch eine Terrasse mit Blick auf den Strand und den Sonnenuntergang. Mit Sonnenbrille bewaffnet kann man die Menge bei einem Craft-Bier oder einem heimischen Prosecco nach hiesigen Promis absuchen. Die gemischten Platten zum Teilen sind recht gut, von der überteuerten und viel zu kleinen Pizza sollte man allerdings die Finger lassen.

Misery Guts BAR

(Karte S. 520; ☎03-8590 6431; http://miserygutsbar.com; 19 Grey St, St. Kilda; ⏰Mi 16–23, Do bis 24, Fr & Sa 14–1, So 14–24 Uhr; 🚊3, 16, 96) Trotz ihres Namens ist diese ruhige Bar, die nur wenige Schritte von den Backpackerlokalen der Fitzroy St entfernt liegt, alles andere als mürrisch. Hier stößt man auf so manche Kuriosität, etwa ein altes, furchteinflößendes Polizeischild. Im Misery Guts treffen sich die Einheimischen, um bei einem guten Bier, interessanten offenen Weinen und feinen Cocktails (etwa Limoncello Spritz) Gossip auszutauschen. Sonntags ab 18 Uhr spielen Livebands Blues oder Jazz.

Dogs Bar BAR

(Karte S. 520; ☎03-9593 9535; http://dogsbar.com.au; 54 Acland St, St. Kilda; ⏰11.30–1 Uhr; 📶; 🚊3, 16, 96) Ein Abend in dieser alteingesessenen Bar in St. Kilda verspricht jede Menge Spaß. Dank der Einheimischen, meist älteren Gäste werden hier, vom Alkohol beflügelt, hitzige Debatten geführt und laut Scherze gemacht und irgendwer trägt fast immer eine Baskenmütze. Die Tische im Freien sind besonders an einem sonnigen Nachmittag am Wochenende der perfekte

Ort, um Leute zu beobachten. Drinnen ist alles in Gold gehalten und jeden Abend wird ab ca. 21 Uhr Live-Blues, -Rock oder -Funk gespielt.

St. Kilda Bowling Club PUB

(Karte S. 500; ☎ 03-9534 5229; www.stkildasportsclub.com.au; 66 Fitzroy St, St. Kilda; ⏲ 12 Uhr–spät; 🚊 12, 16, 96) Das sagenhaft erhaltene alte Clubhaus versteckt sich hinter einer getrimmten Hecke und einem prächtigen Bowling-Green. An der langen Theke gibt's Drinks zu Clubpreisen (d.h. billig). Am Samstagnachmittag treffen sich hier die Hipster aus St. Kilda. Man streift die Schuhe ab, wirft ein paar Bowlingkugeln, trinkt das eine oder andere Bier und blickt in den Sonnenuntergang.

Local Taphouse BAR

(Karte S. 520; ☎ 03-9537 2633; www.thelocal.com.au; 184 Carlisle St, St. Kilda; ⏲ 12 Uhr–open end; 🚊 3, 16, 78, 🚆 Balaclava) Der Laden erinnert an eine Brooklyner Bar alter Schule. Das in warmem Holz gehaltene Local bietet eine wechselnde Auswahl an Craft-Bier und hat eine beeindruckende Vielfalt an Flaschenbieren in petto. Oben gibt's einen Biergarten, unten einen gemütlichen Salon mit Ledersofas und offenen Kaminen. Jeden Montag wird Live-Comedy aufgeführt (darunter auch durchaus bekannte Acts) und jeden Freitag und Samstag gibt's live gespielten Soul, Funk, Blues oder Reggae auf die Ohren.

Hotel Barkly PUB

(Karte S. 520; ☎ 03-9525 3371; www.hotelbarkly.com; 109 Barkly St, St. Kilda; ⏲ Di 16–open end, Mi–So ab 11.30 Uhr; 🚊 3, 16, 67) Der Pub im Erdgeschoss ist der richtige Ort, um ein paar Pints zu stemmen, zu den Klängen aus der Jukebox mit dem Fuß zu wippen und vor der letzten Runde Getränke mit Unbekannten zu knutschen. Die Bar auf dem Dach (nur am Freitag geöffnet) bemüht sich um etwas mehr Klasse, aber auch hier wird es abends rauer. Man kann aber sehr schön den spektakulären Sonnenuntergang über St. Kilda genießen.

Vineyard BAR

(Karte S. 520; www.thevineyard.com.au; 71a Acland St, St. Kilda; ⏲ Mo–Fr 10.30–3, Sa & So ab 10 Uhr; 🚊 3, 16, 96) Dieser ewige Favorit hat eine perfekte Ecklage, und die Sitzgelegenheiten im Freien locken zusätzlich massenweise Backpacker und leicht bekleidete Einheimische an, denen es sogar gelingt, die benachbarte Achterbahn zu übertönen. Sonntagnachmittags ist hier sehr viel los.

☆ Unterhaltung

Kino

Moonlight Cinema KINO

(Karte S. 500; www.moonlight.com.au; Gate D, Royal Botanic Gardens, Birdwood Ave, South Yarra; 🚊 1, 3, 5, 6, 16, 64, 67, 72) Melbournes ursprünglichstes Freiluftkino findet von Anfang Dezember bis Anfang April in den Royal Botanic Gardens statt. Gezeigt werden aktuelle Mainstream-Filme und alte Klassiker. Entweder bringt man seinen eigenen Picknickkorb mit oder kauft Essen und Getränke vor Ort. Das „Gold Grass"-Ticket beinhaltet ein reserviertes Sitzsack-Bett mit bester Sicht und man wird von einem Kellner bedient.

Astor KINO

(Karte S. 516; ☎ 03-9510 1414; www.astortheatre.net.au; Ecke Chapel St & Dandenong Rd, Windsor; Tickets 17 AU$; 🚊 5, 64, 78, 🚆 Windsor) Ein Art-déco-Schmuckstück von 1936, das schon mehr Hochs und Tiefs durchgemacht hat als jede Hollywood-Diva. Es gehört zu den beliebtesten Wahrzeichen der Stadt und konnte erst kürzlich gerade noch vor der endgültigen Schließung bewahrt werden. Abends gibt es meist zwei Vorstellungen – eine bunte Mischung aus Neuerscheinungen, Programmkino und Kultfilmen. Montags, mittwochs und donnerstags ist der Eintritt günstiger (12–13 AU$).

Cinema Nova KINO

(Karte S. 514; ☎ 03-9347 5331; www.cinemanova.com.au; 380 Lygon St, Carlton; 🚌 Tourist Shuttle, 🚊 1, 6) Das Lieblingskino der Einheimischen zeigt die neuesten Programmkinofilme, Dokus und ausländische Streifen. Montag ist Kinotag (vor 16 Uhr 7 AU$, nach 16 Uhr 9 AU$).

Livemusik

The Tote LIVEMUSIK

(Karte S. 500; ☎ 03-9419 5320; www.thetotehotel.com; Ecke Johnston St & Wellington St, Collingwood; ⏲ Mi–So 16 Uhr–open end; 🚊 86) Eine der kultigsten Livemusikstätten Melbournes. In dieser Kneipe in Collingwood spielen nicht nur viele lokale und internationale Punk- und Hardcore-Bands, hier gibt's auch eine der besten Jukeboxen der Welt. Die vorübergehende Schließung 2010 löste in Melbourne buchstäblich einen Stillstand aus, als die Leute in den Straßen der Innenstadt gegen die Ausschankgesetze protestierten, die für die Schließung verantwortlich gemacht wurden.

Cherry LIVEMUSIK
(Karte S. 504; www.cherrybar.com.au; AC/DC Lane; ⌚ Mo–Sa 18 Uhr–open end, So 14 Uhr–open end; Flinders St) Selbstverständlich befindet sich die legendärste Live-Rock-Bar Melbournes in einem Keller mit schwarzen Wänden und Neonlicht in der AC/DC Lane. Draußen bildet sich oft eine Schlange, aber drinnen herrscht ein einladender, leicht anarchistischer Geist. Jeden Abend gibt's Livemusik und DJs und am Donnerstag steigt schon seit vielen Jahren die Soul Night.

Forum KONZERTSTÄTTE
(Karte S. 504; ☎ 1300 111 011; www.forummelbourne.com.au; 150–152 Flinders St; Flinders St) Das Forum ist einer der stimmungsvollsten Veranstaltungsorte für Livemusik. Zudem dient es während des Melbourne International Film Festival auch als Kino. Nicht nur sein maurisches Äußeres (ein übertriebenes Fantasiegebäude mit Minaretten, Kuppeln und Drachen) ist beeindruckend. Von innen ist das Forum mit dem Nachthimmel der südlichen Halbkugel in einer gewölbten Decke nicht minder interessant.

Prince Bandroom LIVEMUSIK
(Karte S. 520; ☎ 03-9536 1168; www.princebandroom.com.au; 29 Fitzroy St, St. Kilda; 12, 16, 96) Das Prince ist ein legendärer Treff in St. Kilda, wo schon erstklassige internationale und örtliche Bands (Dance, Rock, Indie, Hip-Hop) auf der Bühne standen. Zuletzt trugen Gäste wie der britische Rapper Tinie Tempah, das amerikanische Rocktrio Moreland & Arbuckle und die nordische Hardcore-Punk-Band Refused ihren Teil zur kunterbunten Mischung bei.

Toff in Town LIVEMUSIK
(Karte S. 504; ☎ 03-9639 8770; www.thetoffintown.com; 2. Stock, Curtin House, 252 Swanston St; ⌚ So–Do 17–3, Fr & Sa bis 5 Uhr; Melbourne Central) Die atmosphärische Location ist nicht nur eine beliebte Kleinkunstbühne, auch Gigs in kleinerem Rahmen von Rockgrößen, Avant-Folk-Bands oder Dancehall-Queens funktionieren hier. In der stimmungsvollen Bar nebenan kann man nach einem Auftritt noch prima ein Gläschen französischen Wein oder einen Cocktail trinken.

Palais Theatre KONZERTSTÄTTE
(Karte S. 520; ☎ 03-9525 3240, Tickets 136 100; Lower Esplanade, St. Kilda; 3, 16, 96) Das unter Denkmalschutz stehende Palais (erbaut 1927) steht anmutig neben dem Luna Park und ist ein Wahrzeichen von St. Kilda. Derzeit unterzieht man das Palais einer Verjüngungskur (u. a. sollte das Gebäude wieder in seinen ursprünglichen Farben angemalt werden), Veranstaltungen finden aber meist trotzdem statt. Hier gibt es Konzerte und Auftritte lokaler und internationaler Größen aus dem Musik- und Comedygeschäft.

Corner LIVEMUSIK
(Karte S. 500; ☎ 03-9427 7300; www.cornerhotel.com; 57 Swan St, Richmond; ⌚ Mo–Fr 16 Uhr–open end, Sa 12–3, So 12–1 Uhr; Richmond) Die mittelgroße Spielstätte ist eine der populärsten in Melbourne und hat im Laufe der Jahre viel laute Live-Action erlebt – von Dinosaur Jr. bis zu Buzzcocks. An der netten Bar vorn kann man seinen Ohren eine Verschnaufpause gönnen. Von der Dachterrasse aus bietet sich ein schöner Blick auf die Stadt. Hier ist es aber immer sehr voll, da sie auch Gästen offensteht, die nicht wegen der Livemusik unten hier sind.

Night Cat LIVEMUSIK
(Karte S. 512; ☎ 03-9417 0090; www.thenightcat.com.au; 141 Johnston St, Fitzroy; ⌚ Fr & Sa 21–3, So 19–3 Uhr; 11) Das Night Cat ist eine Veranstaltungsstätte von der Größe einer Scheune mit einer stets gut bevölkerten Tanzfläche. Zu hören ist hier meist Jazz, Funk oder Latin Music. Sonntagabends werden Salsakurse (20 AU$) angeboten.

Festival Hall KONZERTSTÄTTE
(Karte S. 500; ☎ 03-9329 9699; www.festivalhall.com.au; 300 Dudley St, West Melbourne; 220, North Melbourne) Die ehemalige Boxarena – besonders an heißen Sommerabenden auch „Festering Hall" (schwelende Halle) genannt – ist besonders bei internationalen Liveacts beliebt. Die Beatles spielten hier 1964.

Last Chance Rock & Roll Bar LIVEMUSIK
(Karte S. 514; ☎ 03-9329 9888; www.thelastchance.com.au; 238 Victoria St, North Melbourne; ⌚ Mo–Do 16 Uhr–open end, Fr & Sa 12–7, So 12–23 Uhr; 19, 57, 55) Nachdem die sehr beliebte Melbourner Institution Public Bar vor Kurzem hier schließen musste, hat sich das Last Chance als würdiger Nachfolger erwiesen. Natürlich wurde auch nichts erneuert oder aufgewertet. Die Location ist eine perfekte Spelunke, wie eh und je. Fast allabendlich treten Livebands auf, die vorwiegend Punkmusik spielen.

Gasometer LIVEMUSIK
(Karte S. 512; ☎03-9416 3335; www.thegasometerhotel.com.au; 484 Smith St, Collingwood; ⏱Di & Mi 16–24, Do 16–2, Fr & Sa 12–3, So 12–24 Uhr; 🚊86) Dieses Pub an der Ecke eines Basaltgebäudes bietet im vorderen Bereich eine gemütliche Bar, an den meisten Abenden tolle Bands – von aufstrebenden lokalen Acts bis hin zu großen Namen der Indie- und Punkszene – und einen der besten Konzertsäle der Stadt mit einer Zwischenebene und einem einfahrbaren Dach für Open-Air-Veranstaltungen.

Howler LIVEMUSIK
(☎03-9077 5572; https://h-w-l-r.com; 7 Dawson St, Brunswick; ⏱12–1 Uhr; 🚊19, 🚆Jewell, Brunswick) Der hintere Teil eines Parkplatzes an einer Bahnlinie ist nicht gerade der Ort, an dem man sich gern aufhält, aber hier verbirgt sich hinter einer mit Straßenkunst übersäten Fassade eines Lagerhauses eine wunderbar grüne Oase aus Bar und Künstlertreff. Das Theater wurde extra für diesen Zweck gebaut und bietet internationalen DJs und Stand-up-Comedians ebenso eine Bühne wie Indie- und Electronica-Bands. Gegenüber den Brunswick Baths.

Old Bar LIVEMUSIK
(Karte S. 512; ☎03-9417 4155; www.theoldbar.com.au; 74-76 Johnston St, Fitzroy; ⏱Mo–Fr 16–3, Sa & So 14–3 Uhr; 📶; 🚊96, 11) Mit allabendlichen Livebands und einer Schanklizenz bis 3 Uhr ist die Old Bar ein weiterer Grund, warum Melbourne Australiens Rock-'n'-Roll-Hauptstadt ist. In dem schmuddeligen Konzertraum treten tolle örtliche und ein paar internationale Bands auf. Es herrscht Hausparty-Stimmung.

TICKETS

Eintrittskarten für Konzerte, Theateraufführungen, Comedy-Shows, Sportveranstaltungen oder andere Events erhält man meist in den folgenden Verkaufsstellen:

Halftix (Karte S. 504; www.halftixmelbourne.com; Melbourne Town Hall, 90–120 Swanston St; ⏱Mo 10–14, Di–Fr 11–18, Sa 10–16 Uhr; 🚆Flinders St) Vergünstigte Theatertickets gibt's jeweils am Tag der Aufführung selbst.

Moshtix (www.moshtix.com.au)

Ticketek (Karte S. 504; www.ticketek.com.au; 252 Exhibition St; ⏱Mo–Fr 9–17, Sa 10–15 Uhr)

Ticketmaster (Karte S. 504; ☎1300 111 011; www.ticketmaster.com.au; Forum, 150–152 Flinders St; ⏱Mo–Fr 9–18 Uhr)

Oper

Melbourne Opera OPER
(Karte S. 504; ☎03-9614 4188; www.melbourneopera.com) Eine gemeinnützige Operntruppe führt Klassiker und Operetten auf verschiedenen Bühnen auf, unter anderem auch im **Regent Theatre** (Karte S. 504; ☎1300 111 011; www.marrinertheatres.com.au; 191 Collins St; 🚆Flinders St).

Opera Australia OPER
(Karte S. 500; ☎03-9685 3777; www.opera.org.au; Arts Centre, 100 St. Kilda Rd, Southbank; 🚆Flinders St) Australiens Nationaloper tritt ziemlich regelmäßig in Melbournes Victorian Arts Centre (S. 510) auf.

Victorian Opera OPER
(☎03-9001 6400; www.victorianopera.com.au) Dieses Opernensemble widmet sich innovativen und leicht zugänglichen Werken und führt nicht immer nur die Kassenschlager auf (sehr sympathisch!). Die Auftritte finden vorwiegend im Arts Centre (S. 510) und im Recital Centre statt.

Theater

Red Stitch Actors Theatre THEATER
(Karte S. 516; ☎03-9533 8082; www.redstitch.net; 2 Chapel St hinten, Windsor; 🚊5, 64, 78, 🚆Windsor) Das Red Stitch gehört zu den angesehensten Schauspielensembles des Landes und vereint jede Menge aufstrebende nationale Talente in sich. Aufgeführt werden neue internationale Stücke, die hier oft erstmals in Australien zu sehen sind. Die schlichte Bühne des Ensembles liegt gegenüber dem historischen Kino Astor am Ende einer Einfahrt.

Theatre Works THEATER
(Karte S. 520; ☎03-9534 3388; www.theatreworks.org.au; 14 Acland St, St. Kilda; 🚊3, 16, 96) Theatre Works ist ein Melbourner Veteran unter den unabhängigen Schauspielensembles. Mit dem preisgekrönten Kreativdirektor John Sheedy an der Spitze konzentriert sich die Truppe vorwiegend auf neue australische Stücke.

Melbourne Theatre Company THEATER
(MTC; Karte S. 500; ☎03-8688 0800; www.mtc.com.au; 140 Southbank Blvd, Southbank; 🚊1) Melbournes bedeutendste Theatertruppe stellt jährlich rund ein Dutzend Produktionen auf

SCHWULEN- & LESBENSZENE IN MELBOURNE

Während es auch weiterhin in der Stadt verstreut eine Handvoll spezieller Schwulenbars gibt, sind die besten Adressen mittlerweile wöchentlich stattfindende Veranstaltungen in Mainstream-Bars (besonders sonntagnachmittags im **Railway Hotel** (S. 554) in Windsor, sonntagabends im **Emerson** (S. 554) in South Yarra oder donnerstagabends im **Yah Yah's** (Karte S. 512; http://yahyahs.com.au; 99 Smith St, Fitzroy; ⌚Do–Sa 17–5 Uhr; 🚊86) in Fitzroy). Nicht ganz so regelmäßig finden beliebte Schwulenpartys aber auch z. B. im **Woof** (www.woofclub.com), **DILF** (www.iwan tadilf.com), **Closet** (www.facebook.com/closetpartyoz), **Fabuland** (www.fabuland.com.au) und **Swagger** (www.facebook.com/swaggerparty) statt. Lesben treffen sich im **Fannys at Franny's** (www.francescasbar.com.au/fannys-frannys) und im **Mother Party** (www.face book.com/sojuicysaturdays).

Das wichtigste Event im LGBT-Kalender ist das jährlich stattfindende **Midsumma Festival** (www.midsumma.org.au; ⌚Jan.–Feb.). Es gibt ein vielfältiges Programm aus Kultur-, Gemeinde- und Sport-Events, darunter den beliebten Midsumma Carnival in den Alexandra Gardens, den St. Kilda's Pride March und vieles mehr. Australiens größtes LGBT-Filmfestival, das **Melbourne Queer Film Festival** (www.melbournequeerfilm.com.au; ⌚März), zeigt über 100 Filme aus aller Welt.

Örtliche Infos finden sich in den kostenlosen Zeitschriften **Star Observer** (www.star observer.com.au), **MCV** (www.gaynewsnetwork.com.au) und **LOTL** (Lesbians on the Loose; www.lotl.com). Die Radiostation **JOY 94.9FM** (www.joy.org.au) der LGBT-Gemeinde ist eine weitere wichtige Infoquelle für Besucher und Einheimische.

die Beine, von zeitgenössischen und modernen Stücken (u.a. viele neue Werke australischer Autoren) bis hin zu Shakespeare und anderen Klassikern. Aufführungen finden im neuen, preisgekrönten Southbank Theatre statt, einem beeindruckenden schwarzen Gebäude mit weißen Würfeln aus quadratischen Rohren.

La Mama THEATER
(Karte S. 514; ☎03-9347 6948; www.lamama.com.au; 205 Faraday St, Carlton; Tickets 10–25 AU$; ⌚Tageskasse Mo–Fr 10.30–17, Sa & So 14–15 Uhr; 🚌Tourist Shuttle, 🚊1, 6) Das La Mama ist in der Melbourner Theaterlandschaft von historischer Bedeutung. Das winzige, anheimelnde Forum zeigt neue australische Stücke und experimentelles Theater und hat den Ruf, aufstrebende Bühnenautoren zu fördern. Es handelt sich um ein klappriges Gebäude mit einer Freiluftbar.

Aufführungen finden auch im größeren **Courthouse Theatre** (349 Drummond St) statt – also auf dem Ticket ganz genau nachschauen, welche Adresse angegeben ist.

Comedy

Comic's Lounge COMEDY
(Karte S. 500; ☎03-9348 9488; www.thecomicslounge.com.au; 26 Errol St, North Melbourne; ⌚Abendessen/Show Mo–Sa ab 18.30/20 Uhr; 🚊57) Hier gibt's fast jeden Abend Stand-up-Comedy mit den bekanntesten und witzigsten Künstlern Melbournes. Wer die Gefahr liebt, kann dienstags vorbeischauen, wenn professionelle Komiker hier ihr neues Material am lebenden Objekt testen. Eintrittspreise variieren.

Comedy Theatre THEATER
(Karte S. 504; ☎1300 111 011; www.marrinertheatres.com.au; 240 Exhibition St; 🚆Parliament) Auf dieser mittelgroßen Bühne im spanischen Stil aus den 1920er-Jahren werden komisches Theater, Stand-up-Comedy und Musicals aufgeführt.

Klassische Musik

Melbourne Recital Centre KLASSISCHE MUSIK
(Karte S. 500; ☎03-9699 3333; www.melbournerecital.com.au; 31 Sturt St, Southbank; ⌚Tageskasse Mo–Fr 9–17 Uhr; 📶; 🚊1) Das Gebäude mag zwar an eine riesige eingerahmte Honigwabe erinnern, eigentlich ist es aber die Heimat (oder der Bienenstock?) des **Melbourne Chamber Orchestra** (www.mco.org.au) und vieler weiterer kleinerer Ensembles. Was ihre Akustik betrifft, so sollen die beiden Säle zu den besten der südlichen Hemisphäre gehören. Die Aufführungen reichen von Kammermusik und Klassik bis zu Jazz, Weltmusik und Dance.

Melbourne Symphony Orchestra LIVE-AUFFÜHRUNG
(MSO; Karte S. 504; ☎03-9929 9600; www.mso.com.au; Hamer Hall, 100 St. Kilda Rd, Southbank;

Flinders St) Das MSO ist sehr vielfältig: Während es meist klassische sinfonische Meisterwerke aufführt, scheut es aber auch nicht vor Populärem zurück (wie die ausverkauften Konzerte etwa mit Burt Bacharach oder Kiss zeigen). Das Orchester tritt regelmäßig in seiner eigenen Spielstätte, der **Hamer Hall** (Karte S. 504; 1300 182 183; www.artscentremelbourne.com.au; 100 St. Kilda Rd, Southbank; 1, 3, 6, 16, 64, 67, 72, Flinders St) auf. Im Sommer bietet es auch eine kostenlose Konzertreihe in der **Sidney Myer Music Bowl** (Karte S. 500; 1300 182 183; www.artscentremelbourne.com.au; Kings Domain, 21 Linlithgow Ave, Southbank; 3, 5, 6, 16, 64, 67, 72).

Tanz

Australian Ballet BALLETT
(Karte S. 500; 1300 369 741; www.australianballet.com.au; 2 Kavanagh St, Southbank; 1) Das über 50 Jahre alte Australian Ballet mit Sitz in Melbourne zeigt im Arts Centre sowie auf verschiedenen Bühnen im ganzen Land traditionelle und neue Arbeiten. Bei der einstündigen Führung durch das Australian Ballet Centre (39 AU$, Reservierung erforderlich) besucht man eine Produktion und den Fundus und kann bei einer Ballettstunde in den Studios zuschauen.

Chunky Move TANZ
(Karte S. 500; 03-9645 5188; www.chunkymove.com.au; 111 Sturt St, Southbank; 1) Dieses gefeierte Tanzensemble tritt meist im **Malthouse Theatre** (Karte S. 500; 03-9685 5111; www.malthousetheatre.com.au; 113 Sturt St, Southbank) auf. Angeboten werden auch verschiedene öffentliche Tanzstunden (s. Webseite).

Shoppen

Melbourne ist eine Stadt leidenschaftlicher und engagierter Einzelhändler, die für fast jeden Geschmack, jede Marotte und jeden Lifestyle etwas in petto haben. Es ist eine besonders gute Adresse für kleine, unabhängige Modeboutiquen mit Damen- und Herrenbekleidung. Von kleinen Gassen und Arkaden mitten in der Stadt bis zu riesigen Einkaufspromenaden und -zentren in den Vorstädten wird man hier genügend Möglichkeiten finden, sein Portemonnaie zu erleichtern und etwas Einmaliges zu erstehen.

Stadtzentrum

★ **Craft Victoria** KUNST & KUNSTHANDWERK
(Karte S. 504; 03-9650 7775; www.craft.org.au; 31 Flinders Lane; Mo–Sa 11–18 Uhr; Parliament) Diese Filiale von Craft Victoria, bietet vor allem handgemachtes Kunsthandwerk, meist von einheimischen Künstlern aus Victoria an. Die große Auswahl an Schmuck, Textilien, Accessoires, Glas und Keramikwaren verbindet handwerkliches mit künstlerischem Können. Hier findet man wirklich wunderbare Mitbringsel, die einen noch in der Heimat an Melbourne erinnern werden. Außerdem gibt's auch einige Galerien mit wechselnden Ausstellungen; Eintritt frei.

Alpha60 MODE & ACCESSOIRES
(Karte S. 504; 03-9663 3002; www.alpha60.com.au; 2. Stock, 209 Flinders Lane; 10–18 Uhr; Flinders St) Melbourne ist bekannt für seine fantastischen und schönen Einkaufsmöglichkeiten, dieser Laden setzt aber noch einen drauf. Der Flagshipstore des Alpha60 versteckt sich im Kapitelsaal der St. Paul's Cathedral und erinnert irgendwie an Hogwarts. Hier präsentieren Schaufensterpuppen in Reih und Glied die frisch eingetroffene, legere Damenmode, während Projektionen riesiger Hähne das Geschehen überwachen. Eine Etage tiefer im Erdgeschoss gibt es noch einen weiteren Laden.

Oscar Hunt Tailors BEKLEIDUNG
(Karte S. 504; 03-9670 6303; www.oscarhunt.com.au; 3. Stock, 43 Hardware Lane; Mo–Fr 8.30–18.30, Sa 9–17 Uhr; Melbourne Central) In diesem Ausstellungsraum mit Schneiderwerkstatt kann man einen auf Gentleman machen und sich nicht nur einen Anzug maßschneidern lassen, sondern auch noch die dazu passenden Krawatten, Einstecktücher und Schals aus Alpakawolle aussuchen. Die Wartezeit kann man dann bei einem Whisky an der Lounge-Bar verkürzen. Die Schneider arbeiten mit traditionellen Methoden und lassen sich voll und ganz auf ihre Kunden ein. Ein Ansatz, der ebenso maßgeschneidert ist wie das Endergebnis.

Melbournalia GESCHENKE & SOUVENIRS
(Karte S. 504; 03-9663 3751; www.melbournalia.com.au; 50 Bourke St; 10–19 Uhr; Parliament) Dies ist *die* Adresse schlechthin, um sich mit interessanten Souvenirs von über 100 örtlichen Designern einzudecken, von bedruckten Textilien mit städtischen Wahrzeichen über verrückte Socken bis hin zu tollen Büchern über Melbourne.

Original & Authentic Aboriginal Art KUNST
(Karte S. 504; 03-9663 5133; www.originalandauthenticaboriginalart.com; 90 Bourke St; 10–18 Uhr; Parliament) Die seit über 20 Jahren be-

stehende, zentral gelegene Galerie verkauft Kunstwerke indigener Künstler aus dem zentralaustralischen Outback, den Kimberleys und dem Arnhem Land. Sie hat sich dem Verhaltenskodex der City of Melbourne für indigene Kunst verpflichtet und garantiert damit Authentizität und einen ethisch korrekten Umgang mit den Künstlern.

NGV Shop DESIGN
(Karte S. 504; ☎03-8662 1543; www.ngv.vic.gov.au; Ian Potter Centre, Federation Sq; ⏲10–17 Uhr; 🚊Flinders St) Dieser Galerieladen hat eine große Auswahl internationaler Design-Zeitschriften, eine Abteilung für Kinder und eine gute Auswahl an Kunstwerken jeglicher Couleur.

Hill of Content BÜCHER
(Karte S. 504; ☎03-9662 9472; www.hillofcontentbookshop.com; 86 Bourke St; ⏲Sa–Do 10–18, Fr bis 20 Uhr; 🚊Parliament) Melbournes ältester Buchladen (seit 1922) hat ganz allgemeine Titel, aber auch eine große Auswahl an Kunstbänden, Klassikern und Dichtung.

Metropolis BÜCHER
(Karte S. 504; ☎03-9663 2015; www.metropolisbookshop.com.au; 3. Stock, Curtin House, 252 Swanston St; 🚊Melbourne Central) Reizendes Refugium für Bücherfans mit Schwerpunkt auf Kunst, Architektur, Mode und Film.

Basement Discs MUSIK
(Karte S. 504; ☎03-9654 1110; www.basementdiscs.com.au; 24 Block Pl; ⏲10–18 Uhr; 🚊Flinders St) Neben einer Auswahl an verschiedenen CDs aller Genres finden hier auch regelmäßig Auftritte bekannter tourender Künstler und lokaler Musiker statt. Einfach mal im Keller vorbeischauen und stöbern. Man weiß nie, wen man hier gerade trifft.

Wunderkammer ANTIQUITÄTEN
(Karte S. 504; ☎03-9642 4694; www.wunderkammer.com.au; 439 Lonsdale St; ⏲Mo–Fr 10–18, Sa bis 16 Uhr; 🚊Flagstaff) Dieser seltsame Laden bleibt seinem Namen treu und hat jede Menge Überraschungen zu bieten, u. a. ausgestopfte Tiere, Käfer in Einmachgläsern, alte wissenschaftliche Geräte und chirurgische Instrumente.

RM Williams BEKLEIDUNG
(Karte S. 504; ☎03-9663 7126; www.rmwilliams.com; Melbourne Central, Ecke La Trobe St & Swanston St; ⏲Sa–Mi 10–19, Do & Fr bis 21 Uhr; 🚊Melbourne Central) Selbst für Großstadthelden ist diese Marke eine Aussie-Ikone. In dem Laden bekommt man stilvolle Accessoires, um durch das Land zu ziehen, vor allem natürlich die berühmten Stiefel. Die Filiale im Stadtzentrum ist im historischen, aus Ziegelsteinen erbauten Schrotturm im Zentrum des Gebäudes untergebracht und beherbergt außerdem ein kleines Museum.

> ABSTECHER
>
> **CAMBERWELL MARKET**
>
> Wenn die Melbourner etwas loswerden wollen, das sie nicht mehr brauchen, dann verkaufen sie es auf dem **Camberwell Sunday Market** (www.camberwellsundaymarket.org; Market Pl, Camberwell; ⏲So 6.30–12.30 Uhr; 🚊Camberwell), wo es neben jeder Menge Second-Hand- und Handarbeitswaren auch viele Antiquitätenjäger auf der Suche nach Raritäten gibt. Eine tolle Adresse, um einst geliebte (und oft wenig getragene) Kleidung zu finden, neues Material für sein Bücherregal zu entdecken oder einfach nur etwas total Abgefahrenes zu erstehen.

Paperback Books BÜCHER
(Karte S. 504; ☎03-9662 1396; www.paperbackbooks.com.au; 60 Bourke St; ⏲Mo–Do 9.30–22, Fr bis 23.30, Sa 11–23.30, So 12–19 Uhr; 🚊Parliament) Ein winziger Laden, der bis obenhin vollgepackt ist mit sorgfältig ausgewählten Titeln, darunter auch eine gute Sammlung australischer Literatur. Eine gute Anlaufstelle, wenn man spät abends noch schnell einen Roman lesen möchte.

City Hatters HÜTE
(Karte S. 504; ☎03-9614 3294; www.cityhatters.com.au; 211 Flinders St; ⏲9–17 Uhr; 🚊Flinders St) Mit seiner Lage direkt neben dem Haupteingang der Flinders St Station ist dieser wunderbar altmodische Laden eine praktische Adressse, wenn man einen kultigen Akubra-Hut, einen Sonnenhut aus Känguruleder oder etwas Ausgefalleneres kaufen möchte.

Southbank & Docklands

DFO South Wharf EINKAUFSZENTRUM
(Karte S. 500; www.dfo.com.au; 20 Convention Centre Pl, South Wharf; ⏲Sa–Do 10–18, Fr bis 21 Uhr; 🚋12, 96, 109) Dieses weitläufige Einkaufszentrum verteilt sich über zwei Etagen und beherbergt sehr verlockende Fabrik-Outlets. Zu den vertretenen großen Marken gehören Ben Sherman, Tumi, Lacoste, Victoria's Secret, Vans und Converse.

1

WAYNE FOGDEN / GETTY IMAGES ©

2

4

MAYDAYS / GETTY IMAGES ©

Fußgängerbrücke in der South-
ank über den Yarra River
ıf einem Spaziergang durch Melbournes CBD
nn man die Kultur und Architektur der Stadt
tdecken.

Strandhütten am Brighton Beach
elbournes Vororte am Strand sind der perfekte
fluchtsort – und nur eine Fahrt mit der Straßen-
hn von der Stadt entfernt.

Street Art in der Hosier Lane
. 499)
elbournes Netz aus Gässchen und Alleen ist mit
ntem Street Art verziert.

Melbournes CBD aus der Luft
der Nacht leuchtet die Stadt auf und bleibt bis in
frühen Stunden lebhaft; hier gibt es unzählige
öglichkeiten, um in Restaurants zu essen und
szugehen.

PATJO / SHUTTERSTOCK ©

NGV Design Store DESIGN

(Karte S. 500; ☎03-8620 2243; www.ngv.vic.gov.au; NGV International, 180 St. Kilda Rd, Southbank; ⏲10–17 Uhr; Ⓡ Flinders St) Der große Laden verkauft hübsch designte und durchdachte Ware, kunstvolle T-Shirts sowie eine Reihe wunderschöner Poster. Zudem bietet er eine riesige Sammlung an Büchern zu Kunst und Design.

Richmond & East Melbourne

Pookipoiga GESCHENKE, SOUVENIRS

(Karte S. 500; ☎03-8589 4317; www.pookipoiga.com; 64 Bridge Rd, Richmond; ⏲9.30–17 Uhr; 🚊48, 75) Das interessante Angebot des reizenden kleinen Geschenkladens (u. a. schräge Grußkarten, schrille Socken, Körperpflegeprodukte) stammt komplett aus ethisch vertretbarer, nachhaltiger und tierfreundlicher Produktion.

Lily & the Weasel GESCHENKE, SOUVENIRS

(Karte S. 500; ☎03-9421 1008; www.lilyandtheweasel.com.au; 173 Swan St, Richmond; ⏲Di–So 11–17 Uhr; 🚊70) Der interessante Shop verkauft neben schönen Sachen aus aller Welt auch einheimische Designerwaren (z. B. Kinderspielzeug, Schals, Körperpflegeprodukte oder Keramiken von Robert Gordon).

Fitzroy, Collingwood & Abbotsford

★ **Third Drawer Down** HAUSHALTSWAREN

(Karte S. 512; www.thirddrawerdown.com; 93 George St, Fitzroy; ⏲10–18 Uhr; 🚊86) Dieses „Museum für künstlerische Souvenirs" startete einst mit Geschirrtüchern in unverwechselbaren Designs (heute im New Yorker MoMA ausgestellt). Bis heute bereichert es das Leben seiner Kunden mit ungewöhnlichen Artikeln – darunter humorvolle Stücke im absurden Stil und spitzenmäßige Kreationen von bekannten Designern. So findet man hier Stühle in Wassermelonenform neben Keramiktellern von Yayoi Kusama und Schals von Ai Weiwei.

Mud Australia KERAMIKEN

(Karte S. 512; ☎03-9419 5161; www.mudaustralia.com; 181 Gertrude St, Fitzroy; ⏲Mo–Fr 10–18, Sa 10–17, So 12–17 Uhr; 🚊86) Die australischen Designer-Keramiken in diesem Laden sind zugleich wunderschön und zweckmäßig. Die Kaffeebecher, Milchkännchen, Salatschüsseln und Servierteller haben eine rustikale Glasur in matten Pastelltönen.

Polyester Records MUSIK

(Karte S. 512; ☎03-9419 5137; www.polyesterrecords.com; 387 Brunswick St, Fitzroy; ⏲Mo–Do & Sa 10–20, Fr 10–21, So 11–18 Uhr; 🚊11) Der beliebte Plattenladen versorgt Melbournes Einwohner seit Jahrzehnten mit Independent-Sounds aus aller Welt. Zudem gibt's hier allerlei tollen einheimischen Krimskrams. Das sachkundige Personal berät einen gern und macht gute Vorschläge.

Happy Valley GESCHENKE, SOUVENIRS

(Karte S. 512; ☎03-9077 8509; www.happyvalleyshop.com; 294 Smith St, Collingwood; ⏲Mo–Fr 10.30–18, Sa 10–18, So 11–17 Uhr; 🚊86) Als Mix aus Galerie, Kunst- und Buchladen ist das Happy Valley sozusagen ein Multitalent – voller wunderbarer Sachen, von denen man bislang noch nicht wusste, dass man sie unbedingt braucht. Das Angebot reicht von urkomischen Karten und hübschem Schmuck bis zu Haushaltswaren von einheimischen Designern. Die erlesene Bücherauswahl beglückt Kunden z. B. mit Hardcover-Kunstwälzern oder großartigen Kochbüchern von ein paar der besten örtlichen Restaurants.

Poison City Records MUSIK

(Karte S. 512; www.poisoncityrecords.com; 400 Brunswick St, Fitzroy; ⏲Mo 12–17, Mi–Fr 11–17.30, Sa & So bis 17 Uhr; 🚊11) Der unabhängige Platten- und Skaterladen bringt unter seinem eigenen Label Poison City ausgezeichnete Indie-, Punk und Fuzz-Rockbands aus Melbourne groß heraus, darunter Nation Blue, the Meanies, White Walls und die Smith Street Band.

Obüs MODE, ACCESSOIRES

(Karte S. 512; ☎03-9416 0012; www.obus.com.au; 226 Gertrude St, Fitzroy; ⏲Mo–Sa 10–18, So 11–17 Uhr; 🚊86) Die in Melbourne lebende Designerin Kylie Zerbst gründete Obüs vor über 15 Jahren mit diesem Laden (heute eine von 4 Filialen). Bekannt ist sie für edle, aber lässige Bekleidung mit bunten geometrischen Mustern. Darunter sind Reise-Klassiker aus weichen Bambusfasern sowie Klamotten, mit denen man nach der Arbeit ohne Umziehen direkt ins Nachtleben starten kann.

Ess BEKLEIDUNG

(Karte S. 512; ☎03-9495 6112; www.ess-laboratory.com; 114 Gertrude St, Fitzroy; ⏲Mo–Fr 11–17.30, Sa 11–17, So 12.30–16.30 Uhr; 🚊86) Hoshika Oshimie und Tatsuyoshi Kawabata (eigentlich ein Komponist) sorgen in Melbourne für

Aufsehen, seit Hoshinka im Jahr 2001 das Ess Laboratory gegründet hat. Ein paar Klamotten des japanischen Designer-Duos sind in der National Gallery of Victoria ausgestellt – was einen aber nicht daran hindern sollte, etwas aus der Kollektion zu kaufen.

Smith Street Bazaar VINTAGE, HAUSHALTSWAREN
(Karte S. 512; ☎03-9419 4889; 305 Smith St, Fitzroy; ⏰Mo–Fr 11–18, Sa 12–18, So 12.30–17 Uhr; 🚋86) Der sehr gut organisierte Laden ist super, um nach Möbeln aus der Mitte des 20. Jhs. zu stöbern. So gibt's hier z. B. Grant-Featherston-Stühle (gelegentlich), dänische Keramiken und Lampen in allen möglichen Formen bzw. Größen. Hinzu kommen Vintage-Klamotten und -Schuhe.

Aesop KOSMETIK
(Karte S. 512; ☎03-9419 8356; www.aesop.com; 242 Gertrude St, Fitzroy; ⏰So & Mo 11–17, Di–Fr 10–18, Sa 10–17 Uhr; 🚋86) Dieses bodenständige Imperium ist auf aromatische Salben, Haarmasken, Düfte, Reinigungsmittel und Öle auf Zitrus- und Pflanzenbasis spezialisiert. Die Artikel für Männer und Frauen gibt's in schön schlichten Verpackungen. Das Unternehmen hat viele Filialen in der Stadt, und in den Bädern der meisten Cafés der Stadt kann man sich von der Qualität der Produkte überzeugen.

Rose Street Artists' Market MARKT
(Karte S. 512; www.rosestmarket.com.au; 60 Rose St, Fitzroy; ⏰Sa & So 11–17 Uhr; 🚋11) Auf einem von Melbournes beliebtesten Kunsthandwerksmärkten warten hier einheimische Designerwaren der Spitzenklasse. Die Stände (teilweise bis zu 70) verkaufen matten Silberschmuck, Bekleidung, Keramiken und kultige Siebdrucke mit Melbourne-Motiven. Nach dem Shoppen heißt's Cocktails und/oder einen Brunch auf der Dachterrasse vom angrenzenden Young Blood's Diner (Mi–Sa 7–17 Uhr) genießen.

SpaceCraft HAUSHALTSWAREN
(Karte S. 512; ☎03-9486 0010; www.spacecraftaustralia.com; 255 Gertrude St, Fitzroy; ⏰Mo–Sa 10–17.30, So 11–17 Uhr; 🚋86) Top für Mitbringsel aus Melbourne, die daheim nicht als Staubfänger enden: Der Textilkünstler Stewart Russell verziert alle möglichen Artikel (z. B. Stühle, Socken, Bettwäsche) mit botanischen und architektonischen Designs.

Gorman MODE, ACCESSOIRES
(Karte S. 512; www.gormanshop.com.au; 235 Brunswick St, Fitzroy; ⏰Mo–Sa 10–18, So 11–17 Uhr; 🚋11) Lisa Gorman kreiert außergewöhnliche Alltagsklamotten aus fröhlich-bunten Stoffen. Viele weitere Filialen in der ganzen Stadt.

Crumpler MODE, ACCESSOIRES
(Karte S. 512; ☎03-9417 5338; www.crumpler.com; 87 Smith St, Fitzroy; ⏰Mo–Sa 10–18, So 10–17 Uhr; 🚋86) Dieses Label startete einst mit Fahrradkuriertaschen (Originalversionen ab ca. 150 AU$) – entworfen von zwei früheren Fahrradkurieren, die ein passendes Behältnis für den Biertransport auf ihrem Heimweg suchten. Das robuste, praktische Design ist heute auch in Form von Kamera-, Laptop- und iPad-Hüllen weltweit erhältlich.

Northside MUSIK
(Karte S. 512; ☎03-9417 7557; www.northsiderecords.com.au; 236 Gertrude St, Fitzroy; ⏰Mo–Mi & Sa 11–18, Do & Fr 11–19, So 13–17 Uhr; 🚋86) Das Northside versorgt mixwütige DJs z. B. mit Hard Salsa aus NYC, Hip Hop, schnörkellosem Funk oder Bollywood-Soundtracks. Ein Großteil des vielfältigen Angebots ist auf Vinyl erhältlich. Das ultra hippe Personal ist keinesfalls arrogant und hilft auf Wunsch immer gern bei der Suche nach seltenen Scheiben.

Brunswick Street Bookstore BÜCHER
(Karte S. 512; ☎03-9416 1030; www.brunswickstreetbookstore.com; 305 Brunswick St, Fitzroy; ⏰10–21 Uhr; 🚋11) Reizender Laden mit kompetentem Personal und guter Auswahl an Kinderbüchern.

Carlton & Brunswick

Mr. Kitly HAUSHALTSWAREN
(☎03-9078 7357; http://mrkitly.com.au; 381 Sydney Rd, Brunswick; ⏰Mo & Mi–Fr 11–18, Sa & So 11–16 Uhr; 🚋19, 🚆Brunswick) Eine schmale Treppe führt hinauf zu dieser wunderbaren Schatztruhe, in der man beim Stöbern leicht sein Zeitgefühl verlieren kann. Hier warten u. a. erlesene Haushaltswaren, Accessoires mit starken japanischen Einflüssen, Hasami-Porzellan, Gartengeräte aus Kupfer, litauische Bettwäsche und selbstbewässernde Blumentöpfe von Decor in hübschen Pastelltönen. Dazu passende Zimmerpflanzen sind ebenfalls erhältlich.

Readings BÜCHER
(Karte S. 514; www.readings.com.au; 309 Lygon St, Carlton; ⏰Mo–Sa 9–23, So 10–21 Uhr; 🚌Tourist Shuttle, 🚋1, 6) In diesem ungemein beliebten Buchladen mit hilfsbereitem, engagiertem

Personal kann man locker einen Nachmittag verbringen. Der Grabbeltisch ächzt unter zahllosen Sonderangeboten mit gutem Preis-Leistungs-Verhältnis. Gleich nebenan befindet sich ein spezieller Kinderladen.

Filialen gibt's im **Stadtzentrum** (Karte S. 504; ☎ 03-8664 7540; State Library, 328 Swanston St; ⏲10–18 Uhr; Ⓜ Melbourne Central) und in St. Kilda (S. 567).

Gewürzhaus ESSEN

(Karte S. 514; ☎ 03-9348 4815; www.gewurzhaus.com.au; 342 Lygon St, Carlton; ⏲ Mo–Sa 10–18, So 11–17 Uhr; Tourist Shuttle, 1, 6) Der Laden, den zwei unternehmungslustige junge Frauen aus Deutschland eröffnet haben, ist mit seinen Gewürzen aus aller Welt – darunter indigene australische Gewürzmischungen sowie aromatisierte Salze und Zucker – ein Traum für Köche. Es gibt hier auch hochwertige Küchenaccessoires, Geschenke und Kochkurse. In der **Block Arcade** (Karte S. 504; ☎ 03-9639 6933; Block Arcade, 282 Collins St; ⏲ 9.30–18 Uhr Ⓜ Flinders St) im Stadtzentrum ist eine weitere Filiale.

Poppy Shop SPIELZEUG

(Karte S. 514; ☎ 03-9347 6302; http://poppyshop.com.au; 283 Lygon St, Carlton; ⏲ Mo–Do 9.30–17.30, Fr 9.30–18, Sa 9.30–17, So 11–16 Uhr; Tourist Shuttle, 1, 6, 16) Diese winzige Institution in Carlton ist rappelvoll mit verführerischem Spielzeug, Deko-Objekten und anderem Krimskrams. Ob handgemachtes Holzspielzeug, Roboter zum Aufziehen oder kleine Kewpie-Puppen: Hier ist Unterhaltung für ganze Familien geboten (sofern deren Mitglieder alle zugleich in den Shop hineinpassen).

South Melbourne, Port Melbourne & Albert Park

Coventry Bookstore BÜCHER

(Karte S. 500; ☎ 03-9686 8200; www.coventrybookstore.com.au; 265 Coventry St, South Melbourne; ⏲ Mo–Fr 9.30–17.30, Sa 9–17, So 9.30–16.30 Uhr; 1, 12) Trotz seiner recht geringen Größe beeindruckt dieser Indie-Buchladen mit einer erlesenen Auswahl. Zum endlosen Schmökern laden hier z. B. Romane oder Biografien aus Australien und aller Welt ein. Weitere tolle Titel behandeln Themen wie Reisen, Design, Mode oder Architektur. Kleine Leseratten freuen sich über den speziellen Raum mit Kinderbüchern hinten.

Vincent 2 HAUSHALTSWAREN

(Karte S. 500; ☎ 03-9686 7702; www.vincentdesign.com.au; 269 Coventry St, South Melbourne; ⏲ Mo–Sa 10–17, So 11–16 Uhr; 1, 12) Mit Design aus Australien und aller Welt sorgt das skandinavisch angehauchte Vincent 2 für Ästhetik im Alltag. Im Angebot sind z. B. tolle Tischsets, Teppiche, Regenschirme, Cognacgläser, stilvolle Lederwaren, iPhone-Dockingstationen und verspielte Bettwäsche.

Nest HAUSHALTSWAREN

(Karte S. 500; ☎ 03-9699 8277; www.nesthomewares.com.au; 289 Coventry St, South Melbourne; ⏲ Mo–Sa 9.30–17.30, So 9.30–17 Uhr; 12, 96) In beruhigender Atmosphäre mit viel Tageslicht präsentiert zauberhaftes Personal hier eine tolle Auswahl an Haushaltswaren und Geschenken. Darunter sind z. B. Bettwäsche aus 100 % Leinen, Sojakerzen, Hautpflegeprodukte von Aesop und allerlei gestrickte „Wohlfühlklamotten" aus Baumwolle, die keinesfalls nur auf dem heimischen Sofa eine gute Figur machen. Einfach der Coventry St ab dem South Melbourne Market folgen.

Avenue Books BÜCHER

(Karte S. 500; ☎ 03-9690 2227; www.avenue-bookstore.com.au; 127 Dundas Pl, Albert Park; ⏲ 9–19 Uhr; 1) So einen Nachbarschafts-Buchladen braucht einfach jeder: In zahlreichen Winkeln bzw. Ecken kann man sich hier in Belletristik, Kochbüchern, Gartenratgebern, Kunstbänden und Kinderbüchern vertiefen. Das kompetente Personal gibt gezielte Empfehlungen.

South Yarra, Prahran & Windsor

ArtBoy Gallery KUNST

(Karte S. 516; ☎ 03-9939 8993; http://artboygallery.com; 99 Greville St, Prahran; ⏲ Mo–Do 10–18, Sa 10–17, So 11–16 Uhr; 6, 72, 78, Ⓜ Prahran) Diese Galerie zeugt vom Talent aufstrebender und etablierter Künstler aus Melbourne. Die einzigartigen und teils kühnen Werke (u. a. Schablonendrucke, Abstraktes, Pop Art, Fotokunst) sind erschwinglich. Sogar das Rolltor des Hintereingangs ist ein Ausdruck lokaler Kreativität: Das Katzen-Graffiti darauf stammt von dem Straßenkünstler Silly Sully. Wer sich das Bild anschauen will, geht um die Ecke in die Porter St und überquert dann den Brenchley Pl.

Lunar Store DESIGN

(Karte S. 516; ☎ 03-9533 7668; www.lunarstore.com.au; 2/127 Greville St, Prahran; ⏲ Mo–Mi 11–17, Do & Fr 10–18, Sa 10–17, So 11–16 Uhr; 6, 72, 78, Ⓜ Prahran) Die Inhaberin Jules Unwin füllt ihren zauberhaften Laden mit ihren Lieblingssachen – schräge bzw. unkonventionelle Stücke von australischen und ausländischen Designern. Beim Durchstöbern des tollen Angebots finden sich z. B. Bleistifthalter aus dänischem Steingut, Keramik-Halsschmuck aus Melbourne oder Handtaschen mit Hundemotiven aus L. A. Spaßig, modern und trotzdem seltsam nostalgisch.

Signed & Numbered KUNST

(Karte S. 516; ☎ 03-9077 6468; http://signedandnumbered.com.au; 153 Greville St, Prahran; ⊙ Mi–Fr & So 11–17, Sa 10–17 Uhr; 🚋 6, 72, 78, 🚆 Prahran) Eine buchstäblich kunterbunte Kunstauswahl: Zu erschwinglichen Preisen gibt's hier limitierte Drucke von über 60 aufstrebenden und etablierten Künstlern aus Australien und aller Welt. Die Werke repräsentieren verschiedene Drucktechniken (u. a. Radierung, Typendruck, Linoldruck, Siebdruck, digitaler Blockdruck).

Chapel Street Bazaar VINTAGE

(Karte S. 516; ☎ 03-9529 1727; www.facebook.com/ChapelStreetBazaar; 217–223 Chapel St, Prahran; ⊙ 10–18 Uhr; 🚋 6, 78, 79, 🚆 Prahran) Die Bezeichnung „fest überdachte Marktstände" hilft nicht wirklich weiter, wenn man diesen Markt beschreiben will. Die alte Einkaufspassage ist ein einziges weitläufiges Retro-Sammelsurium. Ob kunstvolle Glaswaren aus Italien, modernistische Möbel, klassische Hollywood-Filmplakate oder Noddy-Eierbecher: Hier gibt's etwas für jeden Geschmack. Mit dem Verlust jeglichen Zeitgefühls ist fast sicher zu rechnen!

Third Drawer Down DESIGN

(Karte S. 516; ☎ 03-9988 2390; www.thirddrawerdown.com; 155 Greville St, Prahran; ⊙ Mo–Sa 11–17 Uhr; 🚋 6, 72, 78, 🚆 Prahran) Der Shop mit einem markanten Fassadenbild von Camille Walala ist ideal für alle, die meinen, schon alles zu haben. Wieder hinaus läuft man hier z. B. mit riesigen Luftmatratzen in Ananasform oder alten Keramiktellern, die neu mit bärtigen Damen bemalt wurden. Ebenfalls zu haben sind Motto-Socken oder multifunktionale Rucksäcke, die von bedruckten Wollelementen im Stil von Pendletons Echo Peaks geziert werden. Shoppen war noch nie so spaßig!

Scanlan Theodore MODE, ACCESSOIRES

(Karte S. 516; ☎ 03-9824 1800; www.scanlantheodore.com; 566 Chapel St, South Yarra; ⊙ Mo–Do 10–18, Fr 10–19, Sa 10–17.30, So 11–17 Uhr; 🚋 78, 79, 🚆 South Yarra) In den 1980er-Jahren war Scanlan Theodore ein Wegbereiter des typischen Melbourne-Looks. Heute gilt das Ganze eher als Mainstream-Label für ältere Semester. Trotz der heftigen Konkurrenz im hiesigen Einzelhandel werden die sehr femininen, wunderschön geschnittenen Alltags- und Ausgehklamotten nach wie vor gern gekauft: Mit klaren Linien und elegantem Understatement sind sie auch heute noch etwas Besonderes.

Greville Records MUSIK

(Karte S. 516; ☎ 03-9510 3012; www.grevillerecords.com.au; 152 Greville St, Prahran; ⊙ Mo–Do & Sa 10–18, Fr 10–19, So 11–17 Uhr; 🚋 78. 79, 🚆 Prahran) Der tolle Plattenladen ist eine der letzten Bastionen der „alten" Greville St und hat ungemein treue Stammkunden. So bat sogar der große Neil Young die Inhaber bei einem Konzert in Melbourne zu sich auf die Bühne. Bei dem vielfältigen Angebot liegt der Schwerpunkt auf Vinyl. Darunter sind auch viele Limited Editions – wir konnten hier z. B. ein Exemplar des extrem seltenen Bob-Dylan-Doppelalbums *Live in Sydney 1966* entdecken.

St. Kilda

Readings BÜCHER

(Karte S. 520; ☎ 03-9525 3852; www.readings.com.au/st-kilda; 112 Acland St, St. Kilda; ⊙ 10–21 Uhr; 🚋 3, 16, 96) Der ungemein beliebte Buchladen mit engagiertem Personal hat u. a. einen Grabbeltisch, der unter zahllosen Sonderangeboten mit gutem Preis-Leistungs-Verhältnis ächzt. Von Lacan bis zu Charlie & Lola stapelt sich auf den Regalen alles Mögliche. Zudem unterstützt Readings diverse Indie-Verlage und -Magazine aus Melbourne.

St. Kilda Esplanade Market MARKT

(Karte S. 520; www.stkildaesplanademarket.com.au; Esplanade, St. Kilda; ⊙ Mai–Sept. So 10–16 Uhr, Okt.–April 10–17 Uhr; 🚋 3, 12, 16, 96) Lust auf gediegenes Sonntags-Shoppen am Meer? Die Klapptische dieses Markts reihen sich auf rund 1 km Länge aneinander. Zur Auswahl stehen hier u. a. einheimische Keramiken, Skulpturen, Glaswaren, Holzarbeiten, Fotodrucke, Bio-Seifen und neckische Geschirrtücher im Retro-Stil.

Bitch is Back DESIGN

(Karte S. 520; ☎ 03-9534 8025; www.thebitchisback.com.au; 100a Barkly St, St. Kilda; ⊙ Mo geschl.; 🚋 3, 16, 67) Die erlesenen Möbel und Designobjekte in dieser sensationellen Schatztruhe stammen teils aus der Mitte des 20. Jhs, sind aber manchmal auch älter oder jünger. Der Schwerpunkt liegt auf dänischen und italienischen Stücken aus der Zeit von den 1920er- bis zu den 1980er-Jahren (u.a. Sessel, Tischlampen, Glaswaren, Keramiken). Ab und zu findet man hier auch Kreationen von Designern, die nach ihrer Ausbildung in Europa nach Australien übersiedelten (z.B. Dario Zoureff, Jakob Rudowski oder die Rosando-Brüder).

Dot Herbey MODE, ACCESSOIRES

(Karte S. 520; ☎03-9593 6309; www.dotandherbey.com; 229 Barkly St, St. Kilda; ⏰Mo–Mi 10.30–18.30, Do & Fr 10.30–19, Sa & So 10–18 Uhr; 🚋96) In der winzigen Boutique an einer Ecke lächeln Oma Dot und Opa Herb von einem riesigen Foto an der Wand herab. Dazu passend findet man hier u.a. auf alt getrimmte Blumenstoffe und japanische Bettlaken im cool-dezenten Künstler-Ambiente. In den Regalen liegen auch noch allerlei andere tolle Textilien aus nachhaltiger Produktion (z.B. Männerunterhemden im Vintage-Stil, Overalls aus Baumwolle, schöne Strickwaren).

ℹ Praktische Informationen

GEFAHREN & ÄRGERNISSE

Zu später Stunde am Wochenende kommt es in manchen Innenstadtbereichen (vor allem entlang der King St) mitunter zu Schlägereien unter Alkoholeinfluss.

INTERNETZUGANG

Gratis-WLAN in der Innenstadt bieten z.B. der Federation Sq, die Flinders St Station, das Crown Casino und die State Library. Draht-und kostenlos ins Netz geht's zudem in vielen Cafés sowie in den meisten Mittelklassehotels. Budget-Bleiben und Spitzenklassehotels verlangen aber manchmal Geld für die WLAN-Nutzung.

Touristen ohne Laptop oder Smartphone können in ganz Melbourne die Internetterminals kommunaler Bibliotheken benutzen (Lichtbildausweis zur Anmeldung erforderl., Reservierung ratsam). Dies ermöglichen z.B. die Büchereien der Stadtteile **City** (☎03-9658 9500; 253 Flinders Lane; ⏰Mo–Do 8–20, Fr 8–18, Sa 10–17, So 12–17 Uhr; 🚉Flinders St), **St. Kilda** (☎03-9209 6655; http://library.portphillip.vic.gov.au; 150 Carlisle St; ⏰Mo–Do 10–20, Fr 10–18, Sa & So 10–17 Uhr; 🚋3, 16, 78, 🚉Balaclava) und **Prahran** (☎03-8290 3344; www.stonnington.vic.gov.au/library/Visit-us/Prahran-Library; 180 Greville St; ⏰Mo–Fr 10–18, Sa 10–13 Uhr; 🚋78, 79, 🚉Prahran).

MEDIZINISCHE VERSORGUNG

Royal Children's Hospital (☎03-9345 5522; www.rch.org.au; 50 Flemington Rd, Parkville; 🚋57)

Royal Melbourne Hospital (☎03-9342 7000; www.thermh.org.au; 300 Grattan St, Parkville; 🚋19, 55, 59)

La Trobe Street Medical (☎03-9650 0023; Melbourne Central, 211 La Trobe St; ⏰Mo–Fr 8.30–17 Uhr; 🚉Melbourne Central)

QV Medical Centre (☎03-9662 2256; www.qvmedical.com.au; L1 QV, 292 Swanston St; ⏰Mo–Sa 9–17, So 10.30–17.30 Uhr)

Travel Doctor (TVMC; ☎03-9935 8100; www.traveldoctor.com.au; L2, 393 Little Bourke St; ⏰Mo–Mi & Fr 9–17, Do 9–20, Sa 9–13 Uhr)

Travel Doctor (☎03-9690 1433; www.traveldoctor.com.au; 3 Southgate Ave, Southbank; ⏰Mo–Fr 8.30–17.30 Uhr)

Wellnation Clinic (☎03-9662 4856; www.wellnationclinics.com.au; 368 Elizabeth St)

POST

Die Website der sehr verlässlichen Australia Post (www.auspost.com.au) liefert aktuelle Infos zu Tarifen und Filialstandorten.

Hauptpost Melbourne (Karte S. 504; ☎13 13 18; www.auspost.com.au; 250 Elizabeth St; ⏰Mo–Sa 8.30–17.30 Uhr; 🚋19, 57, 59)

Post an der Franklin Street (Karte S. 504; ☎13 13 18; www.auspost.com.au; 58 Franklin St; ⏰Mo–Fr 9–17 Uhr)

TOURISTENINFORMATION

Melbourne Visitor Centre (Karte S. 504; ☎03-9658 9658; www.thatsmelbourne.com.au; Federation Sq; ⏰9–18 Uhr; 📶; 🚉Flinders St) Hier gibt's umfassende regionale Informationen zu Melbourne bzw. Victoria (u.a. speziell für Reisende mit Behinderung) sowie einen Buchungsschalter für Unterkünfte und geführte Touren. Hinzu kommen Ladeanschlüsse für Handys.

ℹ An- & Weiterreise

Die meisten Besucher reisen über den Melbourne Airport an, ab dem man mit Shuttlebussen und Taxis leicht in die Stadt kommt. Verbindung nach Melbourne besteht zudem mit Fernzügen und -bussen sowie mit Direktfähren ab Tasmanien. Außerdem liegen in der Nähe zwei kleinere Inlandsflughäfen.

Flüge, Mietwagen und geführte Touren lassen sich online unter lonelyplanet.com/bookings buchen.

AUTO & MOTORRAD

Die direkteste Route zwischen Melbourne und Sydney ist der langweilige Hume Hwy (870 km). Der Princes Hwy entlang der Küste ist viel malerischer, aber auch viel länger (1040 km). Die Hauptroute nach/ab Adelaide ist der Western/Dukes Hwy (730 km), wobei die Great Ocean Road die schönere und längere Alternative darstellt.

BUS

Der nördliche Teil der Southern Cross Station beherbergt den Hauptbusbahnhof für Fernbusse. Neben Schaltern aller großen Busfirmen findet man dort auch **Gepäckschließfächer** (☎ 03-9619 2588; www.southerncrossstation.net.au; Southern Cross Station, 99 Spencer St; 10–16 AU$/24 Std.; ⏲ während der Öffnungszeit des Bahnhofs).

Firefly (Karte S. 504; ☎ 1300 730 740; www.fireflyexpress.com.au; Southern Cross Station, 99 Spencer St) Nachtbusse nach/ab Sydney (65 AU$, 12 Std.), Wagga Wagga (65 AU$, 5¾ Std.), Albury (65 AU$, 3½ Std.), Ballarat (50 AU$, 1¾ Std.) und Adelaide (60 AU$, 9¾ Std.).

Greyhound (Karte S. 504; ☎ 1300 473 946; www.greyhound.com.au) Busse nach/ab Albury (55 AU$, 3½ Std.), Wagga Wagga (69 AU$, 6¼ Std.), Gundagai (75 AU$, 7¼ Std.), Yass (85 AU$, 8¼ Std.) und Canberra (88 AU$, 8 Std.).

V/Line (☎ 1800 800 007; www.vline.com.au) Bedient Korumburra (15 AU$, 2 Std.), Mansfield (29 AU$, 3 Std.), Echuca (29 AU$, 3 Std.) und andere Ziele innerhalb Victorias.

FLUGZEUG

Melbourne Airport (Tullamarine)

Der **Melbourne Airport** (MEL; ☎ 03-9297 1600; www.melbourneairport.com.au; Departure Rd, Tullamarine) ist der einzige internationale Flughafen und zugleich der größte Inlandsflughafen der Stadt. Rund 22 km nordwestlich vom Zentrum gibt's dort alle Einrichtungen, die man von einem Großflughafen erwartet. Darunter ist auch eine **Gepäckaufbewahrung** (☎ 03-9338 3119; www.baggagestorage.com.au; Terminal 2, internationale Ankunftshalle; 16 AU$/24 Std.; ⏲ 5–0.30 Uhr).

In Tullamarine landen täglich zahlreiche Maschinen aus aller Welt – ebenso **Qantas** (☎ 13 11 31; www.qantas.com), **Jetstar** (☎ 131 538; www.jetstar.com), **Virgin Australia** (☎ 13 67 89; www.virginaustralia.com), **Tigerair** (☎ 1300 174 266; www.tigerair.com) und **Regional Express** (Rex; ☎ 131 713; www.rex.com.au) als größte Inlandsgesellschaften.

Avalon Airport

Der **Avalon Airport** (☎ 03-5227 9100; www.avalonairport.com.au; 80 Beach Rd, Lara) liegt rund 55 km südwestlich der Innenstadt. Mit **Jetstar** (S. 569) besteht hier Inlandsverbindung nach bzw. ab Sydney und Brisbane.

Essendon Airport

Der **Essendon Airport** (MEB; ☎ 03-9948 9400; www.essendonairport.com.au; 7 English St, Essendon Fields; 🚌 59) war früher Melbournes internationaler Hauptflughafen. Er liegt nur 11 km nördlich vom Zentrum und wird heute lediglich noch von kleinen Inlandsgesellschaften genutzt:

Free Spirit Airlines (☎ 03-9379 6122; www.freespiritairlines.com.au) Nach/ab Merimbula und Burnie.

Jetgo (☎ 1300 328 000; www.jetgo.com) Nach/ab Port Macquarie, Dubbo und Brisbane.

Sharp Airlines (☎ 1300 556 694; www.sharpairlines.com) Nach/ab Flinders Island, King Island, Portland und Warrnambool.

SCHIFF/FÄHRE

Die Autofähre **Spirit of Tasmania** (Karte S. 500; ☎ 1800 634 906, 03-6419 9320; www.spiritoftasmania.com.au; Station Pier, Port Melbourne; einfache Strecke Erw./Auto ab 99/188 AU$) überquert mindestens einmal pro Nacht die Bass Strait zwischen Melbourne und Devonport auf Tasmanien (10 Std.). In der Hauptsaison verkehrt sie zusätzlich tagsüber.

ZUG

Die Southern Cross Station ist Melbournes Hauptbahnhof für Stadt- und Fernverbindungen.

Great Southern Rail (☎ 1800 703 357; www.greatsouthernrail.com.au) Betreibt den *Overland* zwischen Melbourne und Adelaide (149 AU$, 10½ Std., 2-mal wöchentl.).

NSW TrainLink (☎ 13 22 32; www.nswtrainlink.info) Zweimal täglich Verbindung nach/ab Sydney (92 AU$, 11½ Std.) über Benalla (24 AU$, 2¼ Std.), Wangaratta (34 AU$, 2½ Std.), Albury (47 AU$, 3¼ Std.) und Wagga Wagga (63 AU$, 4½ Std.).

V/Line (S. 1183) Betreibt Victorias regionale Bahn- und Busnetze. Schickt u. a. Direktzüge nach Geelong (9 AU$, 1 Std.), Warrnambool (36 AU$, 3¾ Std.), Ballarat (15 AU$, 1½ Std.), Bendigo (22 AU$, 2 Std.) und Albury (38 AU$, 4 Std.).

ℹ Unterwegs vor Ort

AUTO & MOTORRAD

Fahren in Melbourne ist mitunter eine Herausforderung, da man sich die Straßen mit Straßenbahnen teilen muss:

Verlaufen die Gleise in der Fahrbahnmitte dürfen haltende Bahnen (auf die Warnsignale achten!) nicht passiert werden, um ein- und aussteigende Passagiere nicht zu gefährden.

An vielen Kreuzungen im Stadtzentrum müssen sich Rechtsabbieger ganz links einordnen (Beschilderung: *right turn from left only*) und darauf warten, dass die Ampel auf der linken Kreuzungsseite grün wird. Dann ist in großem Bogen (*hook turn*) nach rechts abzubiegen. Das mag zwar der Intuition zuwiderlaufen, verhindert aber, dass man Straßenbahnen oder anderen Autos in die Quere kommt (Details unter www.vicroads.vic.gov.au).

NAHVERKEHRSTICKETS & -PÄSSE

Melbournes Busse, Straßenbahnen und Vorortzüge erfordern eine **Myki Card**, die man beim Einsteigen elektronisch aktivieren bzw. einbuchen (*touch on*) und beim Aussteigen wieder deaktivieren bzw. ausbuchen (*touch off*) muss. Bei kurzen Aufenthalten erweist sich dieses System für Reisende als recht unpraktisch, da die Plastikkarte mit Chip vor Fahrtantritt zu kaufen (6 AU$) und mit Guthaben aufzuladen ist.

Am besten holt man sich die Variante **Myki Explorer** (15 AU$), deren Preis die Karte und unbegrenzte Fahrten für einen Tag beinhaltet. Zudem gibt's damit Rabatt bei diversen Sehenswürdigkeiten. Explorer-Karten bekommt man bei SkyBus-Terminals, PTV-Verkaufszentren und manchen Hotels sowie beim **Melbourne Visitor Centre** (S. 568). Normale Myki Cards sind bei 7-Eleven-Filialen oder Zeitungsläden erhältlich.

Das Aufladen von Myki-Cards ist ebenfalls bei 7-Eleven-Filialen möglich. Alternativ benutzt man dazu einen der Myki-Automaten, die an den meisten Bahnhöfen und manchen Straßenbahnhaltestellen im Zentrum vorhanden sind. Auch online lässt sich das Guthaben aufstocken; allerdings ist dann mit einer gewissen Bearbeitungszeit zu rechnen. Beim Aufladen stehen die Optionen **Myki Money** (Prepaid) und **Myki Pass** (41 AU$; unbegrenzte Fahrten an 7 Tagen) zur Verfügung. Für Aufenthalte ab 28 Tagen gibt's zudem Pässe mit längerer Gültigkeit.

Bei Fahrten im Stadtgebiet (Zone 1 & 2) bezahlen Inhaber von Prepaid-Pässen jeweils 4,10 AU$ für zwei Stunden; ein ganzer Tag kostet pauschal 8,20 AU$ (6 AU$ am Wochenende). Achtung: Wer ohne gültige bzw. aktivierte Myki Card erwischt wird, bezahlt ausnahmslos ein hohes Bußgeld – die dienstbeflissenen Kontrolleure sind erbarmungslos!

Weitere Infos liefert die Website von **PTV** (Public Transport Victoria; ☎1800 800 007; www.ptv.vic.gov.au).

Auto- & Wohnmobilvermieter

Die meisten Auto- bzw. Wohnmobilvermieter sind am Melbourne Airport sowie in der Stadt oder in zentralen Vororten vertreten.

Aussie Campervans (☎03-9317 4991; www.aussiecampervans.com)

Avis (☎03-8855 5333; www.avis.com.au)

Britz Australia (☎1300 738 087; www.britz.com.au)

Budget (☎1300 362 848; www.budget.com.au)

Europcar (☎1300 131 390; www.europcar.com.au)

Hertz (☎03-9663 6244; www.hertz.com.au)

Rent a Bomb (☎03-9428 0088; www.rentabomb.com.au; 452 Bridge Rd, Richmond; 🚋48, 75)

Thrifty (☎1300 367 227; www.thrifty.com.au)

Travellers Autobarn (☎1800 674 374; www.travellers-autobarn.com.au) Autovermietung und -verkauf.

Parken

Die zumeist gebührenpflichtigen Parkplätze im Zentrum werden besonders streng kontrolliert: Das Überschreiten der Parkzeit resultiert so gut wie sicher in einem Bußgeld. Richtig teuer wird's bei Missachtung von *clearway zones* (ausgeschilderte Parkverbotszonen am Straßenrand). In der Innenstadt gibt's jedoch viele Parkhäuser mit unterschiedlichen Tarifen. Motorradfahrer dürfen ihre Maschinen auf dem Bürgersteig abstellen; in manchen Zentrumsbereichen wird dies allerdings durch Schilder untersagt.

Mautpflichtige Straßen

Auto- und Motorradfahrer brauchen jeweils einen Melbourne Pass (Grundgebühr 5,50 AU$, zzgl. Mautgebühr und 0,75 AU$/Fahrzeug pro Fahrt) für die beiden Mautstraßen der Stadt: Der **CityLink** (☎13 26 29; www.citylink.com.au) verbindet den Flughafen in Tullamarine mit dem Zentrum und den östlichen Vororten. Der **EastLink** (☎03-9955 1400; www.eastlink.com.au) verläuft zwischen Ringwood und Frankston. Die Gebühren sind spätestens drei Tage nach Streckenbenutzung zu bezahlen (online und telefonisch möglich); andernfalls wird ein Bußgeld fällig.

Bei manchen Mietwagen werden die Mautgebühren über spezielle Bordgeräte automatisch erfasst, bezahlt und dann auf die Endrechnung aufgeschlagen (beim Buchen nachfragen).

VOM/ZUM FLUGHAFEN

Melbourne Airport Der **SkyBus** (Karte S. 504; ☎1300 759 287; www.skybus.com.au; Southern Cross Station, 99 Spencer St; Erw./Kind 18/9 AU$; 🚉 Southern Cross) verbindet den Flughafen rund um die Uhr regelmäßig mit der Southern Cross Station. Weitere Busse fahren in andere Stadtteile Melbournes (z. B. St. Kilda).

Southern Cross Station Fernbusse und -züge steuern diesen Großbahnhof auf der Docklands-Seite des Zentrums an. Hier besteht ständig Anschluss zu Regionalzügen, Stadtbahnen und -bussen.

Avalon Airport Liegt nahe der Nachbarstadt Geelong, ist aber dank **Sita Coaches** (☎03-9689 7999; www.skybus.com.au; Erw./Kind 22/10 AU$) mit der Southern Cross Station in Melbourne verbunden.

STRASSENBAHN

Melbournes typische Straßenbahnen decken die ganze Stadt mit einem großen Netz ab. Tagsüber fahren sie etwa alle zehn Minuten (zur Hauptverkehrszeit häufiger), abends alle 20 Minuten. Sonntags bis donnerstags endet die Betriebszeit um 24 Uhr, freitags und samstags um 1 Uhr. Am Wochenende verkehren sechs Linien durchgängig.

In der ganzen Innenstadt können Straßenbahnen gratis genutzt werden. Alle Haltestellen, die zur kostenlosen Zone gehören, sind entsprechend ausgeschildert. An Bord ertönen jeweils Durchsagen, wenn sich die Bahn der Grenze der Zone nähert – mit dem Hinweis, dann entweder auszusteigen oder per Myki Card zu bezahlen. Hier ist das Ausbuchen (*touch off*) der Myki Card nicht notwendig, da alle Fahrten in Zone 1 dasselbe kosten.

Auf der Website von **PTV** (www.ptv.vic.gov.au) gibt's Fahrpläne, eine Streckenübersicht und einen Routenplaner.

TAXI

Melbournes Taxis haben Gebührenzähler. Zwischen 22 und 5 Uhr wird jedoch stets eine Prepaid-Pauschale veranschlagt; am Ziel muss man dann nachzahlen oder erhält Geld zurück. Eventuelle Mautgebühren kommen jeweils noch extra zum Fahrtpreis hinzu. Zu den größten Taxifirmen gehören **Silver Top** (☎131 008; www.silvertop.com.au) und **13 Cabs** (☎13 22 27; www.13cabs.com.au). **Uber** (www.uber.com) steht auch in Melbourne zur Verfügung.

ZUG

Melbournes Vorortzüge sind auf 17 Linien unterwegs (tagsüber meist alle 10–20 Min., abends alle 20–30 Min.), wobei die Flinders St Station als zentraler Bahnhof fungiert. Die Betriebszeit beginnt werktags um ca. 5 Uhr und endet sonntags bis donnerstags um 24 Uhr (Fr & Sa durchgängig).

Bezahlt wird per Myki Card. Auf der Website von PTV gibt's Fahrpläne, eine Streckenübersicht und einen Routenplaner.

RUND UM MELBOURNE

Dandenongs

Der niedrige Hügelzug der grünen Dandenongs ist gerade einmal 35 km von Melbourne entfernt, wirkt der Stadt aber weltenweit entrückt und eignet sich wunderbar für einen Tagesausflug. Der 633 m hohe Mt. Dandenong ist der höchste Gipfel in der Gegend; die Landschaft präsentiert sich als ein Mix aus exotischer und endemischer Flora mit einem dichten Unterwuchs aus Baumfarmen. Vorsicht bei der Fahrt auf den kurvenreichen Straßen: Abgesehen von anderen Verkehrsteilnehmern könnte auch gerade ein Leierschwanz über die Straße hüpfen!

Tee und Scones kann man sich in den vielen Cafés in den Hügeln immer gönnen, und in Orten wie Olinda, Sassafras und Emerald versprechen gute Restaurants ein feines Mittagessen.

An Sommerwochenenden tummeln sich viele Tagesausflügler in den Hügeln – somit empfiehlt sich ein Besuch unter der Woche.

Sehenswertes & Aktivitäten

Dandenong Ranges National Park NATIONALPARK
(www.parkweb.vic.gov.au; Upper Ferntree Gully, Belgrave) Dieser Nationalpark umfasst die vier größten verbliebenen Waldgebiete in den Dandenongs. In der Ferntree Gully Area gibt es mehrere kurze Wanderwege, darunter die beliebten **1000 Steps** (Mt. Dandenong Tourist Rd, Dandenong Ranges National Park, Ferny Creek) hinauf zum **Picknickplatz One Tree Hill** (Lord Somers Rd, Tremont), hin & zurück zwei Stunden; dieser Weg gehört zum **Kokoda Memorial Track**, der an die australischen Soldaten erinnert, die während des Zweiten Weltkriegs in Neuguinea dienten. Festes Schuhwerk mitbringen, weil die Stufen oft glitschig sind!

SkyHigh Mt. Dandenong AUSSICHTSPUNKT
(☎03-9751 0443; www.skyhighmtdandenong.com.au; 26 Observatory Rd, Mt. Dandenong; Fahrzeug 6 AU$; Mo–Do 9–22, Fr bis 22.30, Sa & So 8–23 Uhr; 688) Mit dem Auto kommt man auf den höchsten Punkt in den Dandenongs und genießt den bemerkenswerten Aussicht auf Melbourne und die Port Phillip Bay. Besonders eindrucksvoll ist der Blick auf die Lichter der Stadt in der Abenddämmerung. Es gibt vor Ort ein Café-Restaurant, einen Garten, Picknickbereiche und einen Irrgarten (Erw./Kind/Fam. 6/4/16 AU$).

Puffing Billy PANORAMABAHN
(☎03-9757 0700; www.puffingbilly.com.au; Old Monbulk Rd, Belgrave; nach Gembrooke hin & zurück Erw./Kind/Fam. 71,50/36/143 AU$; Belgrave) Der beliebte *Puffing Billy* ist für viele Einwohner Melbournes eine schöne und

Rund um Melbourne

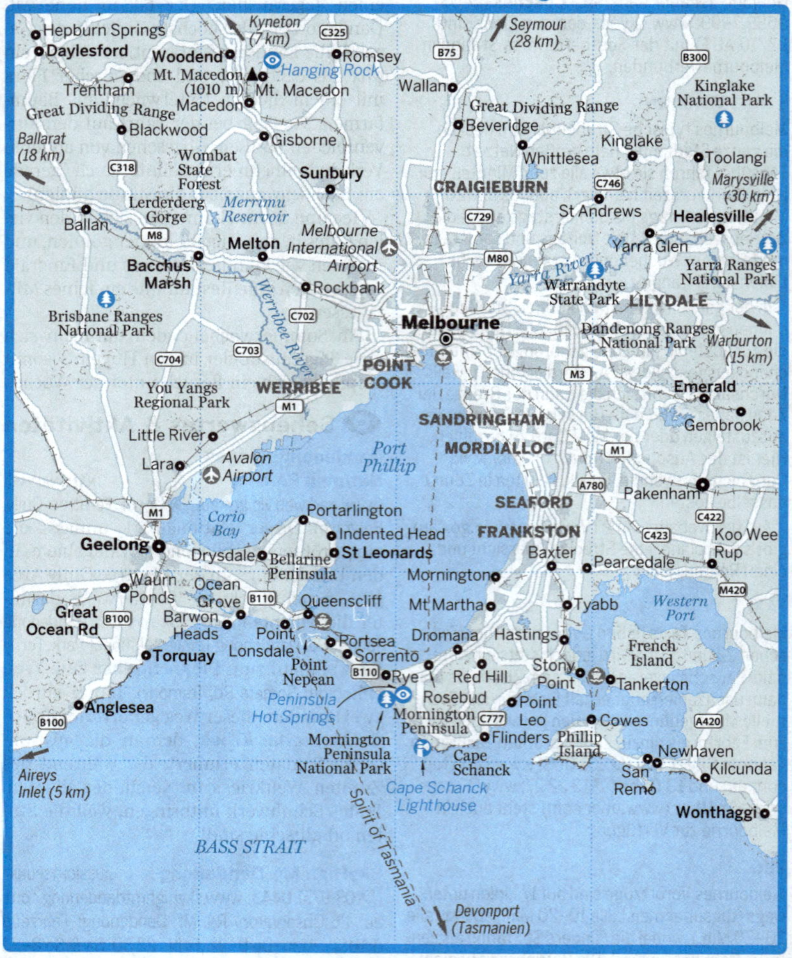

kultige Kindheitserinnerung: Der restaurierte Dampfzug schnauft von Belgrave zum Emerald Lake Park und dann nach Gembrook. Während der Fahrt durch die Hügel voller Farne lassen Kinder gern ihre Beine aus den offenen Waggons baumeln. Unterwegs können Picknicker und Wanderer beliebig zu- oder aussteigen. Zudem gibt's diverse Thementouren und Trips mit Essen an Bord (für Details s. Website).

Trees Adventure ABENTEUERSPORT
(☎03-9752 5354; www.treesadventure.com.au; Old Monbulk Rd, Belgrave; 2 Std. Erw./Kind 40/35 AU$; ⏲Mo–Fr 11–17, Sa & So 9–17 Uhr; 🚉Belgrave) Dieser Abenteuerpark erinnert an das Ewok-Dorf in *Die Rückkehr der Jedi-Ritter*. In einem tollen Stück Urwald (Mammutbäume, Ebereschen, Japan-Eichen) warten hier zahlreiche Kletterstationen, Seilrutschen und Hindernisparcours. Deren Benutzer sind permanent per Leine gesichert. Die Anfänger-Abschnitte eignen sich bereits für Kinder ab fünf Jahren (25 AU$/2 Std.).

Essen & Ausgehen

★ **Piggery Cafe** CAFÉ $$
(☎03-9691 3858; www.piggerycafe.com.au; 1 Sherbrooke Rd, Sherbrooke; Hauptgerichte 12–25 AU$;

⌚Mo–Fr 10–17, Sa & So 9–17 Uhr) Auf dem Anwesen Burnham Beeches (9,3 ha) aus den 1920er-Jahren betreibt Starkoch Shannon Bennett dieses trendige Café-Restaurant mit offenem Grundriss in einem umgebauten Schweinehof. Serviert werden Gerichte vom Holzkohlegrill, Gemüse aus dem eigenen Garten und selbstgebackene Köstlichkeiten. Zur Wahl stehen z. B. Wagyu-Burger, gegrillte Forelle, Garnelenrollen und Schweinebauch.

Miss Marple's Tearoom TEEHAUS
(☎03-9755 1610; www.missmarplestearoom.com; 382 Mt. Dandenong Tourist Rd, Sassafras; ⌚Mo–Fr 11–16, Sa & So bis 16.30 Uhr) Die nach Agatha Christies Detektivin benannte idyllische Teestube hat Tischdecken mit Blümchenmuster, Devonshire-Scones (2 für 9,50 AU$), klebrigen Toffee-Pudding und Mittagsgerichte. An Wochenenden ist der Laden so voll, dass man oft zwei Stunden warten muss.

Praktische Informationen

Dandenong Ranges & Knox Visitor Information Centre (☎03-9758 7522; www.visitdandenongranges.com.au; 1211 Burwood Hwy, Upper Ferntree Gully; ⌚Mo 11–15, Di–Sa 9.30–16.30, So 10–14 Uhr; 🚉Upper Ferntree Gully) Die Touristeninformation vor dem Bahnhof Upper Ferntree Gully hat Wanderkarten auf Lager.

An- & Weiterreise

Von Melbournes Zentrum ist man mit dem Auto in weniger als einer Stunde in Olinda, Sassafras oder Belgrave. Am schnellsten geht's über den Eastern Fwy bis zur Ausfahrt Burwood Hwy oder Boronia Rd.

Von Melbourne fahren die Vorortzüge der Belgrave Line nach Belgrave.

Yarra Valley

Das Yarra Valley ist Victorias führendes Weinbaugebiet und beliebtestes Wochenendziel – nicht nur wegen der Nähe zu Melbourne: Hier warten über 80 Weingüter, hervorragende Restaurants und artenreiche Nationalparks. Hier kann man in der Morgendämmerung in einem Heißluftballon über einen Flickenteppich aus Feldern und Weinbergen hinweggleiten. Später ist dann Relaxen mit Pinot Noir auf einem der Weltklasse-Weingüter angesagt.

Aktivitäten

Bei Ballonfahrten über dem Yarra Valley lassen sich die Hügel und Weinberge auf friedliche Weise bewundern: **Global Ballooning** (☎1800 627 661; www.globalballooning.com.au; 1-stündige Flüge Erw./Kind ab 285/365 AU$) und **Go Wild Ballooning** (☎03-9739 0772; www.gowildballooning.com.au; 621 Maroondah Hwy, Coldstream; 1-stündige Flüge Erw./Kind 330/285 AU$) bieten einstündige Flüge in der Morgendämmerung an. Bei beiden Firmen beinhaltet der Preis (Werktag/Wochenende ca. 275/300 AU$) jeweils ein Champagnerfrühstück.

Eco Adventure Tours KULTUREXKURSIONEN, TIERBEOBACHTUNGEN
(☎0418 999 936, 03-5962 5115; www.ecoadventuretours.com.au; geführte Wanderungen Erw./Kind ab 50/30 AU$) Bei den tollen Nachtwanderungen beobachtet man Wildtiere in deren natürlichem Lebensraum. Tagsüber stehen Kulturexkursionen auf dem Programm. Die Touren finden im Umkreis von Healesville und Toolangi sowie in den Dandenongs statt.

Yarra Valley Winery Tours WEINTOUREN
(☎1300 496 766; www.yarravalleywinerytours.com.au; ab dem Yarra Valley/Melbourne 110/140 AU$) Tägliche Touren zu vier bis fünf Weingütern (inkl. Mittagessen).

Healesville & Lower Yarra Valley

Das hübsche, kleine Healesville ist der Hauptort und die beste Basis zur Erkundung des Dreiecks des Lower Yarra Valley. Es ist bekannt für sein Wildschutzgebiet und liegt ideal, um einige der besten Weingüter der Region zu besuchen. Eine malerische Straße (auch als Rundfahrt möglich) führt nach Yarra Glen und Coldstream.

Sehenswertes & Aktivitäten

★ **Healesville Sanctuary** ZOO
(☎03-5957 2800, 1300 966 784; www.zoo.org.au/healesville; Badger Creek Rd; Erw./Kind/Fam. 32,50/16,30/82,10 AU$; ⌚9–17 Uhr; 🚌685, 686) Der Zoo gehört zu den besten Orten, um Südaustraliens einheimische Tierwelt zu bestaunen: Hier tummeln sich viele Kängurus, Dingos, Leierschwänze, Tasmanische Teufel, Koalas, Adler, Schlangen und Eidechsen. Im Platypus House gibt's scheue Schnabeltiere bei ihrem Leben unter Wasser zu sehen. Bei den täglichen Shows bzw. Vorführungen (für Uhrzeiten s. Website) kann man teils mit den Tieren auf Tuchfühlung gehen. Bei der Greifvogel-Show steigen große Keilschwanzadler und Eulen hoch in den Himmel. An Wochenenden und Feiertagen haben Kinder freien Eintritt.

★ TarraWarra Museum of Art KUNSTGALERIE
(☎ 03-5957 3100; www.twma.com.au; 311 Healesville-Yarra Glen Rd; Erw./Kind 7,50 AU$/frei; ⊙ Di–So 11–17 Uhr) Die großartige Galerie in einem eindrucksvollen modernen Bau auf dem TarraWarra Estate zeigt australische Kunst ab den 1950er-Jahren. Hinzu kommen regelmäßig wechselnde Ausstellungen mit zeitgenössischen Werken aus Australien und aller Welt. Die ständige Sammlung präsentiert abwechselnd Stücke von Berühmtheiten wie Arthur Boyd, Fred Williams, Sidney Nolan oder Brett Whiteley.

Yarra Valley Chocolaterie & Ice Creamery SCHOKOLADE, EISKREM
(☎ 03-9730 2777; www.yvci.com.au; 35 Old Healesville Rd, Yarra Glen; ⊙ 9–17 Uhr) Eine Runde Willy Wonka im Yarra Valley: Hier können sich Kinder perfekt von den Weinguttouren ihrer Eltern erholen. Das Personal in bunten Uniformen schleppt Tabletts voller Importschokolade aus Belgien, die gratis probiert werden darf. Durch deckenhohe Glasfenster kann man die europäischen Chocolatiers bei der Arbeit beobachten. Die Bushtucker-Sorten sind tolle Souvenirs.

Schlafen

BIG4 Yarra Valley Park Lane Holiday Park CAMPING $
(☎ 03-5962 4328; www.parklaneholidayparks.com.au/yarravalley; 419 Don Rd; Stellplatz ohne & mit Strom ab 42 AU$, DZ in Hütte & Zelt 122–207 AU$; as) Auf dem gut ausgestatteten Gelände am Flussufer findet man komfortable Hütten, luxuriöse Rundzelte und Stellplätze zwischen Bäumen voller Vögel. Kinder freuen sich über den Abenteuerspielplatz mit Hüpfburg. Vorhanden sind auch ein Fahrradverleih, ein Pool, ein Fitnessraum und Tennisplätze.

Healesville Hotel HOTEL $$
(☎ 03-5962 4002; www.yarravalleyharvest.com.au; 256 Maroondah Hwy; DZ ohne Bad Werktag/Wochenende ab 115/135 AU$, inkl. Abendessen 310 AU$; ❄ 📶) Das restaurierte Hotel von 1910 ist ein örtliches Wahrzeichen. Die Boutiquezimmer im Obergeschoss punkten mit gestärkten weißen Bettlaken, geprägten Deckenverkleidungen aus Blech und blitzsauberen Gemeinschaftsbädern. Unten befindet sich das renommierte Hausrestaurant mit Bar. Hinter dem Hotel steht das Furmston House mit schicken Apartments (Wohnstudio ab 180 AU$).

Essen & Ausgehen

Healesville Harvest Cafe CAFÉ $
(☎ 03-5962 4002; www.yarravalleyharvest.com.au; 256 Maroondah Hwy; Snacks 7–20 AU$; ⊙ 8–16 Uhr; 📶) Das Café neben dem Healesville Hotel ist perfekt für frisch gebrauten Kaffee und kleine Gerichte aus regionalen Zutaten (Salate, Sandwiches, Suppen, Kuchen,Frühstücks- und Wurstbrötchen). Bei **Kitchen & Butcher** (☎ 03-5962 2866; ⊙ Mo–Fr 10–18, Sa 9–18, So 10–16 Uhr) nebenan gibt's Proviant und Körbe für leckere Picknicks.

★ Giant Steps MODERN-AUSTRALISCH, WEIN $$
(☎ 03-5962 6111; www.giantstepswine.com.au; 336 Maroondah Hwy; kleine/große Teller ab 16/26 AU$; ⊙ Mo–Fr 11 Uhr–open end, Sa & So 9 Uhr–open end; 📶) Das riesige, nunmehr renovierte Giant Steps ist sowohl für seinen Weinkeller als auch sein belebtes Restaurant bekannt. Das Highlight sind die leckeren Gerichte vom Holzkohlegrill (z. B. Schnapper, Huhn, Tofu) – gefolgt von der langsam gegarten Lammschulter, den in Entenfett frittierten Pommes und den Wurstwaren.

Healesville Hotel MODERN-AUSTRALISCH $$
(☎ 03-5962 4002; www.yarravalleyharvest.com.au; 256 Maroondah Hwy; Hauptgerichte 16–41 AU$; ⊙ 12–15 & 18–22 Uhr) Das historische Healesville Hotel gehört zu den besten Gastro-Adressen der Region. Vor dem eleganten Speiseraum befindet sich ein einladender Barbereich mit zwangloser Atmosphäre. Dort kann man sich Kneipengerichte genehmigen und wunderbar Bier oder Rotwein am offenen Kamin genießen. Bekannt ist das Lokal u. a. für Fleisch, das über Kohlen aus dem Holz des Roten Eukalyptus gegrillt wird. Gäste schätzen auch das langsam gegarte Lamm und die Steaks mit Zwiebelringen (in Buttermilch gebraten).

Zonzo ITALIENISCH $$
(☎ 03-9730 2500; www.zonzo.com.au; 957 Healesville-Yarra Glen Rd; Pizzas 24 AU$, Gemeinschaftsmenüs 50 AU$/Pers.; ⊙ Mi–So 12–15, Fr–So auch 18 Uhr–open end) Der stilvolle Italiener mit tollem Talblick gehört zur Zonzo Estate Winery. Die traditionellen Pizzas mit dünner Kruste sind äußerst lecker. Der Weinkeller in umgebauten alten Pferdeställen ermöglicht auch Verkostungen. Reservierung ist ratsam.

ezard@Levantine Hill MODERN-AUSTRALISCH $$$
(☎ 03-5962 1333; www.levantinehill.com.au; 882 Maroondah Hwy, Coldstream; 5-/8-gängiges Probiermenü 135/195 AU$; ⊙ Mo & Mi–Fr 11–17, Sa

DIE WEINGÜTER IM YARRA VALLEY

Über die sanft gewellten Hügel des **Yarra Valley** (http://wineyarravalley.com.au) verteilen sich mehr als 80 Weingüter und 50 Weinkeller. Die Gegend gilt als Victorias ältestes Weinbaugebiet: Die Yering Station pflanzte hier 1838 die ersten Reben an. Das kühle Regionalklima ist vor allem ideal für Lesen, die gut zum Essen passen (Chardonnay, Pinot Noir, Pinot Gris). Die vollmundigen roten Sorten sind aber auch nicht übel.

Die kleineren Familienbetriebe stehen den großen Winzereien in nichts nach, sind aber weniger protzig. Ein Gesamtverzeichnis gibt's unter www.yarravalleysmallerwineries.com.au.

Manche Weinkeller verlangen eine kleine Verkostungsgebühr, die mit Käufen verrechnet wird. Zu den besten örtlichen Adressen mit Direktverkauf und Weinproben gehören:

Coldstream Hills (☎ 03-5960 7000; www.coldstreamhills.com.au; 31 Maddens Lane, Coldstream; ⊙ 10–17 Uhr) Chardonnay, Pinot Noir und samtiger Merlot als Top-Sorten.

Domain Chandon (☎ 03-9738 9200; www.chandon.com; 727 Maroondah Hwy, Coldstream; ⊙ 10.30–16.30 Uhr) Schickes Weingut mit toller Aussicht, das zum Champagner-Marktführer Moët & Chandon gehört. Bei den lohnenswerten Gratisführungen (11, 13 & 15 Uhr) wirft man auch einen Blick in den stimmungsvollen Remuage-Keller.

Medhurst Wines (☎ 03-5964 9022; www.medhurstwines.com.au; 24–26 Medhurst Rd, Gruyere; ⊙ Weinkeller Do–Mo 11–17 Uhr, Restaurant Fr–So 11.30–17 Uhr) Modernes Weingut, das polierten Beton und Glas gelungen kombiniert.

Oakridge (☎ 03-9738 9900; www.oakridgewines.com.au; 864 Maroondah Hwy, Coldstream; ⊙ 10–17 Uhr) Preisgekröntes Weingut mit herrlicher Aussicht von der Kellertür. Das schicke Restaurant ist auf moderne Küche spezialisiert.

Rochford (☎ 03-5957 3333; www.rochfordwines.com.au; 878–880 Maroondah Hwy, Ecke Hill Rd, Coldstream; ⊙ 9–17 Uhr) Großer Komplex mit Restaurant, Café und regelmäßigen Konzerten.

TarraWarra Estate (☎ 03-5957 3510; www.tarrawarra.com.au; 311 Healesville–Yarra Glen Rd, Healesville; Weinproben 5 AU$; ⊙ Di–So 11–17 Uhr) Eindrucksvolles Gebäude mit geselligem Bistro und großartiger Kunstgalerie. Gute Tropfen lassen sich hier auch gemütlich auf Grashügeln schlürfen.

Yering Farm Wines (☎ 03-9739 0461; www.yeringfarmwines.com; 19–21 St Huberts Rd, Yering; ⊙ 10–17 Uhr) Rustikaler, familiengeführter Kleinbetrieb in einer alten Scheune mit schöner Aussicht.

Yering Station (☎ 03-9730 0100; www.yering.com; 38 Melba Hwy, Yering; ⊙ 10–17 Uhr) Victorias ältestes Weingut keltert auch einen vollmundigen Mix aus Syrah und Viognier.

10–22, So 10–17 Uhr) Das Hausrestaurant des Weinguts Levantine Hill wird von dem gefeierten Küchenchef Teage Ezard geleitet. Vom eindrucksvollen Weinkeller im zeitgenössischen Stil schaut man auf die Reben. Die Separees im Weinfass-Look laden zu einem langen Mittagessen ein: Die kreativen Probiermenüs sind genau auf die guten Tropfen abgestimmt.

Elenore's Restaurant MODERN-AUSTRALISCH $$$
(☎ 03-9237 3333; www.chateauyering.com.au; 42 Melba Hwy, Chateau Yering; 2-/3-gängiges Menü 85/98 AU$; ⊙ 18–21 Uhr) Das moderne Nobellokal im Chateau des historischen Weinguts Yering aus den 1850er-Jahren gilt als eines der besten der Region. Der Küchenchef hat zuvor in diversen Michelin-Sternerestaurants gearbeitet. Die mehrgängigen Menüs kann man selbst anhand der Karte zusammenstellen. Zur Auswahl stehen z. B. zweifach gegarte Rinderbrust mit Betelblatt-Farci oder Pastete mit geräucherter Entenbrust und knackigem Salat.

★ **Four Pillars** BRENNEREI
(☎ 03-5962 2791; www.fourpillarsgin.com.au; 2a Lilydale Rd; Führung mit Verkostung 10 AU$; ⊙ So–Do 10.30–17.30, Fr & Sa 10.30–21.30 Uhr) Das exklusive Four Pillars gehört zu Victorias besten Kleinbrennereien und ist auf einfallsreiche Ginsorten spezialisiert. Deren Herstellung kann man beim Verkosten beobachten. Als Probiergedeck empfiehlt sich z. B.

eine Kombination aus Australian Gin, Spiced Negroni, Rare Dry und Navy Strength (58,8%). Das Personal ist freundlich, engagiert und sachkundig.

★ Napoleone Brewery & Ciderhouse BRAUEREI
(☎03-9738 9100; www.napoleonecider.com.au; 12 St Huberts Rd; ⊙10–17 Uhr) Mit seinen hauseigenen Bier- und Apfelweinsorten ist das Napoleone eine willkommene Alternative zu den vielen Weingütern der Region. Beim Verkosten der Ales und Apfelweine (Probiergedecke jeweils 12 AU$) im modernen verglasten Atrium schaut man direkt auf die Braukessel. Führungen (20 AU$ inkl. Verkostung) finden jeden Samstag um 11 Uhr oder nach Vereinbarung statt.

Praktische Informationen

Yarra Valley Visitor Centre (☎03-5962 2600; www.visityarravalley.com.au; Harker St, Healesville; ⊙9–17 Uhr) Die Haupttouristeninformation für das Lower Yarra Valley hat viele Broschüren und verkauft Landkarten.

An- & Weiterreise

Healesville liegt 65 km nördlich von Melbourne. Die entspannte Anfahrt über den Eastern Fwy und Maroondah Hwy/B360 dauert rund eine Stunde.

McKenzie's Bus Line (☎03-5962 5088; www.mckenzies.com.au) fährt täglich von der Southern Cross Station in Melbourne über Healesville (4,10 AU$, 1½ Std.) nach Marysville und Eildon (für Fahrplan s. Website).

Ab Melbourne rollen Vorortzüge nach Lilydale, wo regelmäßig Busanschluss nach Healesville besteht.

Marysville & Lake Mountain

Marysville verteilt sich über ein Tal zwischen Narbethong und Lake Mountain. Der Ort fungiert als Tor zu den Langlaufloipen in der Umgebung. Ab Healesville führt die malerische Black-Spur-Straße hierher (unterwegs auf Leierschwänze achten!).

Das **Lake Mountain Alpine Resort** (☎03-5957 7222; www.lakemountainresort.com.au; 1071 Lake Mountain Rd; ⊙Okt.–Mai Mo–Fr 8–16.30 Uhr, Juni–Sept. 8–18.30 Uhr) wartet mit einem Skiverleih, einer Skischule, einem Café und überdachten Grillgelegenheiten auf.

2009 war Marysville das Zentrum der tragischen Buschbrände, die 34 Menschen das Leben kosteten und die meisten Gebäude der Ortschaft zerstörten. Doch die Gemeinde hält fest zusammen und widmet sich weiterhin tapfer dem Wiederaufbau.

Sehenswertes & Aktivitäten

Phoenix Museum MUSEUM
(Black Saturday Museum; ☎0418 175 090; www.blacksaturdaymuseum.com; 11 Murchison St; 5 AU$; ⊙9–17 Uhr) Das ernüchternde Museum im Gebäude der Touristeninformation ist Pflicht für alle Besucher: Mit Fotos, Videos und geretteten Gegenständen beleuchtet es die Zerstörung von Marysville durch die Buschbrände im Jahr 2009.

Steavenson Falls WASSERFALL
(Falls Rd) Rund 2 km außerhalb der Stadt stürzt Victorias höchster Wasserfall (84 m) spektakulär ins Tal. Die bei den Buschbränden zerstörte Infrastruktur wurde inzwischen wieder aufgebaut. Von der Aussichtplattform über dem Fluss blickt man auf den Fall, der abends bis 23 Uhr von Flutlichtern angestrahlt wird.

Schlafen

Marysville Caravan Park CAMPING $
(☎03-5963 3247; www.marysvillecaravanpark.com.au; 1130 Buxton Rd; Stellplatz mit Strom/Hütte ab 38/99 AU$; ❄📶) Tolle Hütten für Selbstversorger, Stellplätze und ein Kinderspielplatz säumen hier das Flussufer am Stadtrand. Bettwäsche und Handtücher gibt's nur in den teureren Hütten.

Vibe Hotel HOTEL $$
(☎03-5957 7700; www.tfehotels.com; 32–42 Murchison St; Zi. 160–250 AU$, Suite 260–350 AU$; ❄📶🏊) Das schicke Hotel im Business-Stil wirkt an Marysvilles verschlafener Hauptstraße etwas deplatziert, verspricht aber einen sehr komfortablen Aufenthalt: Die modernen Zimmer und großen Suiten (jeweils mit Balkonen, Kochnischen) sind die bei Weitem besten Quartiere der Stadt. Ebenfalls vorhanden sind ein beheizter Pool, ein Fitnessraum und ein Tennisplatz. Nebenan befindet sich ein schickes Restaurant-Café.

Essen & Ausgehen

Fraga's Café CAFÉ $$
(☎03-5963 3216; www.facebook.com/fragascafe; 19 Murchison St; Gerichte 9,50–26,50 AU$; ⊙Mo–Fr 9–16, Sa & So 9–16.30 Uhr) Das belebte, künstlerisch angehauchte Café kredenzt neben den besten Koffeingetränken der Stadt auch einfallsreiche Hauptgerichte, Pies, Kuchen und Apfelwein aus der Region.

SCHWARZER SAMSTAG

In Victoria sind Buschfeuer nicht unbekannt. 1939 starben 71 Menschen bei dem Buschfeuer am Schwarzen Freitag; 1983 forderte das Feuer am Aschermittwoch 75 Menschenleben in Victoria und South Australia. Aber niemand war auf die Verheerungen vorbereitet, die die Buschfeuer von 2009 anrichteten, die unter dem Namen Schwarzer Samstag in die Geschichte eingingen.

Am 7. Februar verzeichnete Victoria die höchsten je gemessenen Temperaturen; das Thermometer stieg in Melbourne auf über 46 °C und anderswo im Bundesstaat auf über 48 °C. Starke Winde und durch jahrelange Dürre ausgetrocknetes Unterholz schufen zusammen mit den hohen Temperaturen Bedingungen mit extremer Buschfeuergefahr. Die ersten Brände wurden in der Nähe von Kilmore verzeichnet; starke, auf Süd drehende Winde trieben die Flammen auf die Yarra Ranges zu. Innerhalb einiger weniger verheerender Stunden hüllte der gewaltige Feuersturm die kleinen Orte Marysville, Kinglake, Strathewen, Flowerdale und Narbethong ein, während in Horsham, Bendigo und einem Gebiet südwestlich von Beechworth neue Feuer ausbrachen. Die Flammen radierten die Ortschaften Marysville und Kinglake praktisch aus und kamen so schnell voran, dass viele Einwohner keine Chance hatten, sich in Sicherheit zu bringen. Viele wurden in ihren Häusern ein Opfer der Flammen, andere in ihren Autos, weil manche Straßen durch umfallende Bäume blockiert wurden.

Die Feuer wüteten über einen Monat lang im Bundesstaat. Wegen der hohen Temperaturen, der starken Winde und des ausbleibenden Regens konnten die Einsatzkräfte kaum etwas ausrichten. Neue Feuer brachen im Wilson's Promontory National Park (50 % der Parkfläche wurden vernichtet), den Dandenong Ranges und im Gebiet um Daylesford aus.

Die Statistik meldet traurige Zahlen: 173 Menschen starben, mehr als 2000 Wohnhäuser wurden zerstört, rund 7500 Menschen wurden obdachlos und mehr als 4500 km^2 Land verwüstet. Auf die Schockstarre folgten landesweite Trauer, aber auch ungeheuer viel humanitäre Hilfe. Fremde spendeten tonnenweise Kleidung, Spielsachen, Nahrungsmittel, Wohnmobile, ja sogar Häuser für die Überlebenden der Buschfeuer, und ein Spendenaufruf des Australischen Roten Kreuzes erbrachte mehr als 300 Mio. AU$.

Heute erholen sich die zu Kohle geschwärzten Wälder um Kinglake und Marysville, und die Ortschaften werden wiederaufgebaut. Der Tourismus bleibt eine wichtige Stütze der örtlichen Wirtschaft, und ein Besuch in den Läden, Cafés und Hotels dieser Gebiete trägt zu ihrem Wiederaufbau bei.

The Duck Inn PUB
(☎03-5963 3437; www.facebook.com/theduckinnmarysvillepub; 6 Murchison St; ⊙Mo & Mi 16–23, Do–So 11–23 Uhr) Marysville musste lange auf die Wiedereröffnung seines Pubs warten. Doch Ende 2016 (8 Jahre nach den Bränden) war es dann endlich soweit. Regionale Fassbiere und Weine gehen hier mit klassischer Kneipenkost (Gerichte 15–34 AU$) einher.

Praktische Informationen

Marysville Lake Mountain Visitor Information Centre (☎03-5963 4567; www.marysvilletourism.com; 11 Murchison St; ⊙9–17 Uhr; 📶) Modernes Infozentrum mit hilfsbereitem Personal, WLAN, Leihfahrrädern (2 Std./Tag 15/30 AU$) und einer Gratis-App zum Herunterladen.

An- & Weiterreise

Marysville liegt 100 km von Melbourne (1½ Std. über den Maroondah Hwy) und 40 Fahrtminuten von Healesville entfernt.

McKenzie's Bus Line (S. 576) bietet täglich eine Verbindung nach/ab Melbourne (über Healesville; 11,62 AU$, 2 Std.).

Daylesford & Hepburn Springs

2565 EW. (DAYLESFORD), 459 EW. (HEPBURN SPRINGS)

Daylesford und Hepburn Springs bilden zusammen Victorias „Kur-Zentrum". Inmitten der malerischen Hügel, Seen und Wälder des zentralen Hochlands kann man hier das ganze Jahr über herrlich im Badewasser relaxen und Wein am offenen Kamin schlürfen. Die Einwohnerschaft ist ein interessanter Mix aus New-Age-Typen und Alteingesessenen. Hinzu kommt eine lebendige Schwulen- und Lesbenszene.

Die Heilkraft der hiesigen Mineralquellen wurde erstmals in den 1870er-Jahren genutzt und lockte schon damals viele Gutbe-

ABSTECHER

ST. ANDREWS

Die verschlafen in den Hügeln 35 km nördlich von Melbourne liegende Kleinstadt St. Andrews ist vor allem für ihren wöchentlichen Hippie-**Markt** (www.standrewsmarket.com.au; ⏲ Sa 8–14 Uhr) bekannt. Jeden Samstagvormittag mischt sich der Duft des Eukalyptus mit Weihrauch, wenn sich hier ein alternatives Völkchen trifft, um Kunsthandwerk zu kaufen, eine Shiatsu-Massage zu genießen, Chai zu schlürfen, sich die Chakren austarieren zu lassen oder einfach den Straßenmusikanten zuzuhören.

Vom Bahnhof Hurstbridge fährt ein Shuttle-Bus zum Markt.

tuchte aus Melbourne an. Die gut erhaltenen, restaurierten Gebäude zeugen vom Wohlstand der beiden Ortschaften. Zudem zeigen sie den langjährigen Einfluss der vielen schweizerischen und italienischen Bergleute, die einst in den umliegenden Minenstollen arbeiteten.

Sehenswertes & Aktivitäten

Eine Broschüre des Visitor Center gibt einen Überblick über die rund 100 regionalen Mineralquellen (jeweils inkl. Beschreibung des Mineralgehalts).

Nette Wanderungen führen z.B. zu den Sailors Falls, zu den Tipperary Springs, zur Central Springs Reserve und zur Hepburn Springs Reserve. Unterwegs passiert man verschiedene Pumpstationen – wer das Mineralwasser mit natürlichem Kohlensäuregehalt probieren will, sollte eine geeignete Flasche dabeihaben. Beim Visitor Centre (S. 580) gibt's Karten und Wanderführer.

Convent Gallery KUNSTGALERIE
(☎ 03-5348 3211; http://conventgallery.com.au; 7 Daly St, Daylesford; Eintritt 5 AU$; ⏲ 10–16 Uhr) Der Konvent (erb. im 19. Jh.) auf dem Wombat Hill wurde zu einer Kunstgalerie mit hohen Decken und prachtvollen Bogengängen umgebaut. Im herrlichen Skulpturengarten hinter dem Haus führt ein Pfad hinauf zu einem Punkt mit weiter Aussicht auf die Stadt. Vorhanden sind auch ein Atrium mit Café, eine Cocktailbar und Dachterrassenwohnung (DZ inkl. Frühstück 295 AU$).

Am Abend finden zudem Geistertouren statt (2½ Std., 49 AU$ inkl. Wein; Reservierung erforderl.).

Wombat Hill Botanic Gardens GARTEN
(Central Springs Rd, Daylesford; ⏲ Sonnenaufgang–Sonnenuntergang) In dem schönen Garten voller Eichen, Kiefern und Zypressen wartet neben einem Picknickplatz auch ein Aussichtsturm mit tollem Landschaftsblick.

Aktivitäten

★ **Hepburn Bathhouse & Spa** SPA
(☎ 03-5321 6000; www.hepburnbathhouse.com; Mineral Springs Reserve Rd, Hepburn Springs; Badehaus 2 Std. 25–44 AU$; ⏲ So–Do 9–18.30, Sa 8–20 Uhr) Das zentrale Badehaus der **Hepburn Mineral Springs Reserve** ist ein schicker und ultramoderner Bau. Bei Aussicht auf das Buschland kann man hier in einem öffentlichen Schwimmbecken und auf Spa-Liegen relaxen. Hinzu kommen diverse Wellnessanwendungen und die Möglichkeit, das private Mineralwasserbecken im historischen Originalgebäude von 1895 zu nutzen. Rund um das Badehaus verteilen sich Picknickplätze, Mineralwasserpumpen (leere Flasche mitbringen!) und ein Café in einem historischen **Pavillon**.

Shizuka Ryokan SPA
(☎ 03-5348 2030; www.shizuka.com.au; 7 Lakeside Dr, Hepburn Springs; Behandlungen ab 130 AU$) Das ruhige Country-Spa im japanischen Stil bietet Shiatsu-Massagen plus Wellness-Anwendungen mit natürlichem Meersalz und Seetang-Extrakten an. Spezialität des Hauses sind sanfte Geisha-Gesichtsbehandlungen.

Mineral Spa at Peppers SPA
(☎ 03-5348 2100; www.mineralspa.com.au; 124 Main Rd, Springs Retreat, Hepburn Springs; 1 Std. ab 65 AU$) Dieser Komplex mit Innen- und Außenpools verfügt auch über ein Tauchbecken. Nach einem Peeling mit australischem Wüstensalz und einem Wickel mit Algengel geht's ins Dampfbad mit Lavendel-Aroma. Alternativ empfiehlt sich eine Ganzkörperpackung.

Wombat Discovery Tours TIERBEOBACHTUNGEN
(☎ 0484 792 212; www.wombatdiscoverytours.com.au; Erw./Kind ab 35/20 AU$) Bei diesen sehr empfehlenswerten Nachttouren durch den Wombat State Forest sieht man australische Wildtiere in deren natürlichem Lebensraum (und nicht in Gehegen). Höchstwahrscheinlich lassen sich Wombats, Kängurus und Wallabys blicken – mitunter auch Koalas, Ameisenigel und Gleitbeutler. Die Touren finden meist samstags statt (für genaue

Termine s. Website). Der Preis beinhaltet den Shuttle ab Daylesford.

Schlafen

2 Dukes PENSION $

(03-5348 4848; www.2dukesdaylesford.com; 2 Duke St, Daylesford; Zi. mit Gemeinschaftsbad ab 99 AU$;) Die gut geführte Pension in einer früheren Arztpraxis hält die Budget-Fahne in Daylesford hoch. Das Haus ist mit alten Fundstücken und bunter Originalkunst dekoriert. Vier der fünf individuell gestalteten Zimmer teilen sich ein Gemeinschaftsbad (eines hat ein eigenes Bad). Der Preis beinhaltet ein kleines Frühstück. Auch dank Gratis-WLAN die beste Unterkunft der Stadt.

★ **Hepburn Springs Chalet** HOTEL $$

(03-5348 2344; www.hepburnspringschalet.com.au; 78 Main Rd, Hepburn Springs; Zi. Werktag/Wochenende ab 110/150 AU$;) Don Draper würde garantiert in diesem Hotel (ursprünglich eine Pension aus den 1920er-Jahren) absteigen: Die Inhaber haben die Originaleinrichtung erhalten und um zauberhafte Elemente im Retro-Stil ergänzt – darunter Art-déco-Spiegel, eine Cocktailbar und Samtsofas in den Aufenthaltsbereichen. Die Zimmer mit eigenen Bädern sind schlicht, aber komfortabel und behaglich.

Lake House BOUTIQUEHOTEL $$$

(03-5348 3329; www.lakehouse.com.au; 4 King St, Daylesford; DZ inkl. Halbpension ab 610 AU$;) Das berühmte Lake House am Lake Daylesford steht in einem großen Garten mit Brücken und Wasserfällen. Die 35 Quartiere sind unterteilt in Uferzimmer mit Balkonen und Lodge-Zimmer mit privaten Terrassen. Der Preis beinhaltet Frühstück und Abendessen (3 Gänge) im renommierten Hausrestaurant. Zwei Mindestübernachtungen am Wochenende.

★ **Grande Hotel** HISTORISCHES HOTEL $$$

(03-5348 1978; www.thegrandehotel.com.au; 1 Church Ave, Hepburn Springs; Zi. inkl. Halbpension 325–405 AU$) Seit seiner äußerst gelungenen Renovierung vor kurzer Zeit punktet dieses historische Hotel nun mit Boutiquezimmern, die ein typisches Flair à la Hepburn versprühen. Am besten ist Nr. 5 mit Waldblick und Whirlpool. Der Preis beinhaltet Frühstück und Abendessen (3 Gänge) im hauseigenen Spitzenrestaurant. Zum Haus gehören zudem eine elegante Cocktailbar und eine beliebte Kleinkunstbühne (Vorstellungen Fr abends).

★ **Clifftop at Hepburn** VILLEN $$$

(1300 112 114; www.clifftopathepburn.com.au; 209–219 Main Rd; Apt. mit 2 Schlafzi. ab 350 AU$) Der ultimative Ort, um sich selbst zu verwöhnen: Die Designervillen mit rustikalem Chic und je zwei Schlafzimmern haben rundum Fenster, durch die man auf den Wald schaut. Die Einrichtung umfasst helles Holz, dänische Möbel, Keramiken, sonnige Wohnbereiche, französische Holzöfen und freistehende Badewannen aus Stein. Hinzu kommen entweder Massagesessel oder Spielkonsolen.

Essen & Ausgehen

Cliffy's Emporium FEINKOST, CAFÉ $

(03-5348 3279; www.cliffysemporium.com.au; 30 Raglan St, Daylesford; Hauptgerichte 12–22 AU$; So–Fr 8–16.30 Uhr, Sa bis open end;) Schlingpflanzen wuchern auf der Veranda dieser örtlichen Institution, deren altmodisches Café perfekt für Frühstück, Pies, Baguettes und regionalen Kaffee (wird in Malmsbury geröstet) ist. Der dazugehörige Feinkostladen verkauft allerlei Konserven, Fleischwaren und Käsesorten.

Farmers Arms KNEIPENESSEN $$

(03-5348 2091; www.thefarmersarms.com.au; 1 East St, Daylesford; Hauptgerichte 22–42 AU$; 12 Uhr–open end) Der klassische, ländliche Gastropub aus rotem Backstein mixt Moderne und Rustikalität auf geschmackvolle Weise (bei der Einrichtung wie beim Essen). Vorn befindet sich eine einladende Bar mit angrenzendem Biergarten für den Sommer, wo jeweils regionale Gebräue der Daylesford Brewery ausgeschenkt werden.

★ **Lake House** MODERN-AUSTRALISCH $$$

(03-5348 3329; www.lakehouse.com.au; 4 King St, Daylesford; 2- bis 4-gängige Menüs Werktag/Wochenende 95/115 AU$; 12–14.30 & 18–21 Uhr;) Wer über Daylesford redet, erwähnt praktisch immer auch das Lake House, das seit Langem als beste Gastro-Adresse der Stadt gilt und diesem Ruf auch gerecht wird. Hierfür sorgen stilvolle violette Stühle mit hohen Lehnen, Panoramafenster mit Blick auf den Lake Daylesford, saisonale Spitzengerichte, eine preisgekrönte Weinkarte und eindrucksvoller Service. Entscheidungsneurotiker bestellen das Probiermenü (155 AU$, vegetarisch 135 AU$). Fürs Wochenende rechtzeitig reservieren!

Kazuki's JAPANISCH $$$

(03-5348 1218; www.kazukis.com.au; 1 Camp St, Daylesford; 3-/5-gängige Menüs 80/110 AU$, 7-gän-

NICHT VERSÄUMEN

DIE MACEDON RANGES & DER HANGING ROCK

Weniger als eine Fahrtstunde nördlich von Melbourne liegen nahe dem Calder Fwy die niedrigen Berge der Macedon Ranges. Diese herrliche Gegend kombiniert Wälder mit Weingütern und köstlichen Produkten aus der Region. Sie wird im Winter oft von Wolken verhüllt, ist aber an sonnigen Tagen umso schöner.

Berühmt wurde der faszinierende **Hanging Rock** (☎03-5421 1469, 1800 244 711; www.visitmacedonranges.com; pro Pers./Fahrzeug 4/10 AU$; ⏲9–17 Uhr) durch Joan Lindsays gruseligen Roman *Picknick am Valentinstag* (und den gleichnamigen Film von Peter Weir) über eine Gruppe von Schulmädchen, die im 19. Jh. auf mysteriöse Weise verschwindet. Die uralten Formationen aus Vulkangestein sind eine heilige Stätte der indigenen Wurundjeri, dürfen aber entlang eines Pfads erklommen werden (einfache Strecke 20 Min.). Ganz oben schaut man auf den Mt. Macedon und die Umgebung. Das nette Städtchen **Woodend** in der Nähe (10 Min. mit dem Auto) ist von Melbourne aus leicht per V/Line-Zug erreichbar (8,80 AU$, 1 Std.). Mangels öffentlicher Verkehrsmittel zum Hanging Rock müssen Besucher ohne eigenes Auto jedoch in Woodend ein Taxi nehmen.

Ebenfalls einen Zwischenstopp wert ist das malerische **Trentham** mit Victorias höchstem einstufigem **Wasserfall**. An den Straßen des historischen Nests findet man zudem ein paar tolle neue Restaurants und alte Kneipen.

giges Probiermenü 140 AU$; ⏲Do–Mo 18 Uhr–open end, Sa & So 12–14 Uhr) Das lauschige Kazuki's bereichert Daylesfords Restaurantszene mit einem ungewöhnlichen Mix aus japanischer und französischer Küche. Die beiden Speiseräume werden durch eine Wein- und Sakebar sowie durch eine seitlich angrenzende Freiluftterrasse ergänzt.

Blue Bean Cafe CAFÉ
(☎03-5348 2297; www.facebook.com/bluebeanlovecafe; 115 Main Rd, Hepburn Springs; Hauptgerichte 15–25 AU$; ⏲Mo–Do 8–15, Fr–So 8–21 Uhr) Der Nachfolger des kultigen Red Star Cafe ist genauso cool und hat ebenfalls einheimische Inhaber. Neben dem besten Kaffee der ganzen Gegend (jede Woche gibt es eine andere sortenreine Variante) bekommt man hier leckeres Frühstück und Mittagessen. Hinzu kommen Regionalbiere (stolze 25 Sorten), Cocktails, einheimische Weine, Livemusik am Freitag und ein Innenhof mit relaxtem Vibe.

★**Old Hepburn Hotel** PUB
(☎03-5348 2207; www.oldhepburnhotel.com.au; 236 Main Rd, Hepburn Springs; ⏲Mo & Di 16–24, Mi & Do 12–24, Fr & Sa 12–1, So 12–23 Uhr; 📶) Der charakter- und geschmackvolle Country-Pub ist zum Ausgehen: Am Wochenende gibt's hier Livemusik (meist gratis). Weitere Pluspunkte sind das leckere Kneipenessen, der tolle Biergarten und die freundlichen einheimischen Gäste. Das Ganze liegt etwas ab vom Schuss, bietet aber einen kostenlosen Busshuttle ab und nach Hepburn an (telefonische Anmeldung erforderlich).

☆ Unterhaltung

★**Grande Hotel** KABARETT
(☎03-5348 1978; www.thegrandehotel.com.au; 1 Church Ave, Hepburn Springs; Tickets 10–30 AU$; ⏲Fr abends) Das Grande füllt zum Glück die große Lücke, die das kultige Palais (nunmehr geschl.) in Hepburn hinterlassen hat: Auf der wunderbar stimmungsvollen Kleinkunstbühne im Keller des historischen Hotels wird von Kabarett und Burleske bis zu sinnlichem Jazz fast alles geboten. Die meisten Gäste kombinieren ihren Veranstaltungsbesuch mit einem Abendessen und Cocktails.

ℹ Touristeninformation

Daylesford Visitor Centre (☎1800 454 891, 03-5321 6123; www.visitdaylesford.com; 98 Vincent St, Daylesford; ⏲9–17 Uhr) Das Zentrum in einer alten Feuerwache liefert prima Infos zur Gegend (inkl. Mineralquellen) und verteilt Ortspläne für Spaziergänge auf eigene Faust. Nebenan ist ein **Geschichtsmuseum** (☎03-5348 1453; www.daylesfordhistory.com.au; 100 Vincent St, Daylesford; Erw./Kind 4/1 AU$; ⏲Sa & So 13.30–16.30 Uhr).

ℹ An- & Weiterreise

Daylesford liegt 115 km (1½ Std. mit dem Auto) von Melbourne entfernt: Einfach den Calder Hwy nehmen und dann der Abzweigung Richtung Woodend folgen (35 Min.).

Ab Melbourne rollen Züge bzw. Busse von **V/Line** (☎1800 800 007; www.vline.com.au) täglich nach Woodend und Ballarat, wo jeweils Busanschluss nach Daylesford besteht (12,80 AU$, 2–2½ Std.).

Von Daylesfords Bushaltestelle an der Bridport St (gegenüber der Feuerwache) fahren auch Regionalbusse nach Hepburn Springs (2,40 AU$, 3 km, 10 Min.).

Mornington Peninsula

Die Mornington Peninsula – das bootsförmige Gebiet zwischen der Port Phillip Bay und der Western Port Bay – ist seit den 1870er-Jahren Melbournes sommerliche Spielwiese, als Raddampfer hinunter nach Portsea fuhren. Inzwischen ist ein großer Teil des Ackerlands Weinbergen und Obstplantagen gewichen. Gourmets lieben die Halbinsel – ein Mittagessen auf einem Weingut ist ein Highlight. Trotz allem sind noch schöne Reste des ursprünglichen Busches erhalten.

Die ruhigen Strände liegen an der Seite zur Port Phillip Bay; Familien machen in den Ferienorten an der Bucht – von Mornington bis Sorrento – gern Urlaub. Die zerklüfteten Meeresstrände an der Bass Strait sind von Portsea, Sorrento und Rye aus leicht zu erreichen. An diesem Küstenstreifen, der zum Mornington Peninsula National Park gehört, gibt es tolle Wanderwege.

Dank der kurzen Distanz zwischen den Landspitzen der Buchten gelangt man per Fähre schnell von Sorrento nach Queenscliff (Bellarine Peninsula).

Praktische Informationen

Peninsula Visitor Information Centre
(☎ 1800 804 009, 03-5987 3078; www.visitmorningtonpeninsula.org; 359b Nepean Hwy, Dromana; ⏲ 9–17 Uhr) Die größte Touristeninformation der Halbinsel bucht Unterkünfte und geführte Touren. Zudem gibt's hier zahllose Broschüren.

Sorrento & Portsea

1448 EW.

Das historische Sorrento liegt auf der Mornington Peninsula und ist bekannt für seine schönen Kalksteingebäude, das Meer, die Strände in der Bucht sowie die quirlige Küstenatmosphäre im Sommer. Sorrento war die erste offizielle europäische Siedlung in Victoria und wurde von einer Expeditionsgruppe aus Sträflingen, Marinesoldaten, Zivilbeamten und freien Siedlern gegründet, die 1803 aus England hier ankamen.

Das noble Örtchen Portsea an der äußersten Spitze der Landzunge ist gewissermaßen Victorias Pendant zu den Hamptons, wo sich viele von Melbournes reichsten Familien eine Villa am Meer errichtet haben.

Die hiesigen Hauptattraktionen für Besucher sind der benachbarte Point Nepean National Park und Tauchshops mit allerlei geführten Trips (z. B. Wracktauchen, Schnorcheln, Robben- und Delphinbeobachtungen).

Sehenswertes & Aktivitäten

Der ruhige Strand der Bucht eignet sich gut für Familien. Am Ufer bei Sorrento können Stehpaddelbretter ausgeliehen werden. Der Coppins Lookout in Sorrento (Aufstieg 10 Min.) bietet eine schöne Aussicht.

★ Bayplay TAUCHEN, WASSERSPORT
(☎ 03-5984 0888; www.bayplay.com.au; 3755 Pt Nepean Rd; Tauchgänge 68–130 AU$) Dieser Tauchveranstalter ist Pflicht für Wassersportfans: Neben PADI-Kursen gibt's hier auch geführte Tauch- und Schnorcheltrips, bei denen man viele Meeresbewohner zu Gesicht bekommt. Am beliebtesten sind aber die **Seekajaktouren** (Erw./Kind 99/88 AU$) mit regelmäßigen Delphin- und Robbensichtungen. Ebenfalls im Angebot sind Leihkajaks, geführtes Stehpaddeln (75 AU$/2 Std.) und Segeltörns (ab 99 AU$).

Für Landratten hat die Firma Leihfahrräder (30 AU$/Tag), Luxus-Camping und Ausflüge zum Fort Nepean im Programm.

Moonraker Charters NATUR
(☎ 03-5984 4211; www.moonrakercharters.com.au; Esplanade Rd; Besichtigung ab 45 AU$, Schwimmen mit Delfinen & Seehunden ab 135 AU$) Organisiert Touren inklusive Schwimmen mit Delfinen und Seehunden vom Sorrento Pier aus.

Schlafen

Sorrento Foreshore Camping Ground CAMPING $
(☎ 03-5950 1011; www.mornpen.vic.gov.au/activities/camping; Nepean Hwy; Stellplatz ohne/mit Strom 26/40 AU$, in der Hauptsaison 41/48 AU$; ⏲ Okt.–Mai) Hügeliger Buschlandplatz zwischen dem Strand an der Bucht und der Hauptstraße in Richtung Sorrento.

Hotel Sorrento HOTEL $$
(☎ 03-5984 8000; www.hotelsorrento.com.au; 5–15 Hotham Rd, Sorrento; Zi. inkl. Frühstück Werktag/Wochenende 170/210 AU$; ❄ 📶) Das legendäre Hotel mit vielen verschiedenen Quartieren schlägt Kapital aus seinem berühmten Namen. Die reizenden Doppelzimmer und Familien-Apartments der Kategorie „On the Hill“ punkten mit luftigen Wohnbereichen,

ABSTECHER

MORNINGTON PENINSULA REGIONAL GALLERY

Die großartige **Mornington Peninsula Regional Gallery** (MPRG; ☎03-5975 4395; http://mprg.mornpen.vic.gov.au; Dunns Rd; Erw./Kind 4 AU$/frei; ⏲Di–So 10–17 Uhr) zeigt neben wechselnden Ausstellungen auch eine ständige Sammlung mit modernen und zeitgenössischen Werken. Die Gemälde und Drucke stammen von australischen Künstlern wie Boyd, Tucker oder Whiteley. Die Führungen (Mi, Sa & So 15 Uhr) sind gratis.

großen Bädern und Privatbalkonen. Der Pub mit tollem Blick aufs Wasser ist immer gut für einen Drink.

Essen & Ausgehen

All Smiles MODERN-AUSTRALISCH $$
(☎03-5984 5551; www.allsmiles.com.au/morning ton-peninsula; 250 Ocean Beach Rd; Hauptgerichte 22–26 AU$; ⏲Mi–So 9.30–14.30 Uhr) Buchstäblich an Sorrentos hinterem Strand gibt's hier anständiges Essen (z. B. Pizzas, Fish & Chips, Tintenfischsalat). Hauptattraktion ist jedoch die Aussicht. Mit dem Frühstücksbuffet am Sonntag (Erw./Kind 20/12 AU$) kann man sich prima selbst verwöhnen.

Acquolina Ristorante ITALIENISCH $$
(☎03-5984 0811; 26 Ocean Beach Rd; Hauptgerichte 25–38 AU$; ⏲Okt.–Nov. & März–Mai Mi–Mo 18–22 Uhr, Sommer tgl.) Mit seiner authentischen italienischen Küche hat das Acquolina die kulinarische Messlatte in Sorrento nach oben gelegt. Auf den Tisch kommt hier Hausgemachtes der schlichten und herzhaften Art (z. B. Pasta, Ravioli, unwiderstehliches Tiramisu). Dazu gibt's Grappa und importierte Weine aus Italien.

Cakes & Ale Bistro FRANZÖSISCH $$$
(☎03-5984 4995; www.cakes-and-ale.com.au; 100–102 Ocean Beach Rd; Hauptgerichte 29–45 AU$; ⏲Mo–Fr 12–21, Sa & So 9–21 Uhr) Das nette Restaurant beschert Sorrentos Hauptstraße eine dringend benötigte Dosis Klasse: Die saisonalen Zutaten stammen aus ganz Viktoria. Pflanzen, polierte Fußböden und freiliegende Steinwände zieren den attraktiven Speiseraum. Auf der französisch angehauchten Karte stehen z. B. Keulen von Enten aus Milawa oder gegrilltes Fleisch von jungem Geflügel. Zum Frühstück am Wochenende gibt's hochwertigen Kaffee von **Little Rebel** (☎0418 121 467; www.littlerebel.com.au; 22 Collins Rd, Dromana; ⏲Mo–Fr 8–14 Uhr).

Portsea Hotel PUB
(☎03-5984 2213; www.portseahotel.com.au; 3746 Point Nepean Rd; 📶) Der riesige Fachwerk-Pub von 1876 ist Portseas sozialer Mittelpunkt. Vom schönen Terrassenbereich mit Rasenflächen blickt man auf die Bucht und das historische Pier. Vor allem in der Polosaison tummeln sich hier die Schönen und Reichen zum Sehen-und-Gesehen-Werden. Den Sommer über finden DJ-Partys und andere Events statt. Der Pub beherbergt auch ein hervorragendes Bistro (Hauptgerichte 24–27 AU$) und altmodische **Gästezimmer** (EZ/DZ ohne Bad ab 75/145 AU$, mit Bad ab 135/180 AU$; 📶).

Praktische Informationen

Sorrento Beach Visitors Centre (☎03 5984 1478; www.visitmorningtonpeninsula.org; Ecke Ocean Beach Rd & George St; ⏲10–16 Uhr) An der Hauptstraße des Orts gibt's hier zahllose Broschüren. Außerhalb der Öffnungszeiten steht ein Infoterminal mit Touchscreen zur Verfügung.

An- & Weiterreise

Über den Eastlink (M3) und den Mornington Peninsula Freeway (M11) sind Sorrento und Portsea von Melbourne aus in knapp zwei Fahrtstunden erreichbar.

Alternativ nimmt man ab Melbourne einen Zug zum Bahnhof Frankston, wo Busanschluss (Linie 788) nach Sorrento und Portsea besteht. Fähren schippern hinüber nach Queenscliff, das sich prima als Ausgangsbasis für das Erkunden der Bellarine Peninsula und der Great Ocean Road eignet.

Point Nepean National Park

Der malerische **Point Nepean National Park** (☎13 19 63; www.parkweb.vic.gov.au; Point Nepean Rd; ⏲8–17 Uhr) an der Westspitze der Halbinsel ist eine historische Stätte, die von den 1880er-Jahren bis 1945 eine wichtige Rolle bei Australiens Verteidigung spielte. Bemerkenswerterweise gaben die Alliierten hier im Ersten und Zweiten Weltkrieg jeweils ihre ersten Schüsse ab.

Der Nationalpark ist für seine herrliche Küstenlandschaft mit diversen schönen Rad- und Wanderwegen bekannt. Ein großer Teil des Areals ist jedoch ein früherer Truppenübungsplatz und wegen nicht entschärfter Blindgänger nach wie vor für Besucher gesperrt.

Besichtigen kann man das **Fort Nepean** und die faszinierende **Quarantänestation** von 1852. Dieser historische Komplex diente bis 1979 zur gesundheitlichen Beobachtung von Schiffspassagieren. Heute ist er ein Museum mit interessanten Ausstellungen zur lokalen Geschichte. Unter den rund 50 erkundbaren Gebäuden sind z.B. ein **Krankenhaus** und eine **Wäscherei**.

Praktische Informationen

Point Nepean Visitor Information Centre
(☎03-8427 2099; www.parkweb.vic.gov.au; Ochiltree Rd; ⏲10–17 Uhr) Hier gibt's Infos zum Nationalpark, Leihfahrräder (30,10 AU$/Tag), Routenkarten für Wanderungen auf eigene Faust und iPod-Audioguides (13,90 AU$). Von Portsea aus kann man zur Spitze der Halbinsel wandern oder radeln (hin & zurück 12 km). Die Alternative ist der Shuttlebus ab dem Visitor Centre (hin & zurück Erw./Kind 10/7,50 AU$, 10.30–16 Uhr alle 30 Min.), der unterwegs beliebiges Aus- und Zusteigen ermöglicht.

An- & Weiterreise

Genau gegenüber von Queenscliff und 112 km von Melbourne entfernt erstreckt sich der Point Nepean National Park an der äußersten Westspitze der Mornington Peninsula. Portsea liegt ca. 2 km weiter östlich.

Anreise mit öffentlichen Verkehrsmitteln ab Frankston: Bus 788 bis zur Endhaltestelle bei Portsea nehmen, von dort aus zum Visitor Centre laufen (1 km).

Red Hill & Umgebung

731 EW.

Die gewellten Hügel rund um Red Hill und Main Ridge gehören zweifellos zu den Highlights der Halbinsel. Als regionales Weinbauzentrum sind sie natürlich auch bei Gourmets sehr beliebt. Zwischen steilen Hängen voller Bäume kann man hier einen herrlichen Nachmittag lang Weinkeller, Restaurants und Farmen mit einheimischen Köstlichkeiten abklappern.

Essen

Green Olive at Red Hill MODERN-AUSTRALISCH **$$**
(☎03-5989 2992; www.greenolive.com.au; 1180 Mornington-Flinders Rd, Main Ridge; Tapas 12,95 AU$; ⏲9–17 Uhr; 📶) Das helle, familiengeführte Restaurant mit netten Freilufttischen und Blick auf die ländliche Umgebung gehört zu einer 11 ha großen Farm. Von dieser und von anderen örtlichen Produzenten stammen die Zutaten für das Essen (Gemeinschaftsteller, Holzofenpizzas, selbstgemachte Würstchen, langsam gegartes Fleisch). Besucher können auch Olivenöl, Wein, Bier und andere Leckereien aus hauseigener Herstellung zum Mitnehmen kaufen.

Merricks General Wine Store CAFÉ **$$**
(☎03-5989 8088; www.merricksgeneralstore.com.au; 3460 Frankston-Flinders Rd, Merricks; Frühstück 10–20 AU$, Gerichte 16–36 AU$; ⏲8.30–17 Uhr) Das attraktive, weitläufige Kultcafé aus den 1920er-Jahren empfängt Gäste mit Holzfußböden und einem offenen Kamin. Bekannt ist es für frische Produkte aus der Region im rustikalen Ambiente. Im Keller lagern Lesen der Weingüter Elgee Park und Baillieu Vineyard. Die Hausgalerie zeigt modern Werke einheimischer Künstler.

The Epicurean PIZZA **$$**
(☎03-5989 4000; www.theepicurean.com.au; 165 Shoreham Rd, Red Hill South; Pizzas 20–32 AU$, Hauptgerichte 28–47 AU$; ⏲Mi–Sa 8.30–21, So 8.30–16 Uhr; 📶) Dieser tolle Lokalfavorit besteht aus einem einladenden Café und einem eleganten, geräumigen Restaurant mit Holzofenpizzas. Letzteres ist die hiesige Hauptattraktion: Es befindet sich in einem Atrium-„Schuppen" (wo früher Äpfel verpackt wurden) mit freiliegenden Balken, polierten Betonböden und Hängelampen aus Kupfer. Im Keller lagern Lesen von regionalen Weingütern (Verkostung 9 AU$).

Red Hill Cheese KÄSE
(☎03-5989 2035; www.redhillcheese.com.au; 81 William Rd, Red Hill; ⏲Sa & So 11–17 Uhr) Am Wochenende empfiehlt sich ein Abstecher zu

ABSTECHER

PENINSULA HOT SPRINGS

Die beste Option unter den vielen Spas und Massagezentren auf der Halbinsel sind die **Peninsula Hot Springs** (☎03-5950 8777; www.peninsulahotsprings.com; Springs Lane, Fingal; Badehaus Erw./Kind Di–Do 35/20 AU$, Fr–Mo 45/30 AU$; ⏲7.30–22 Uhr). Dieser luxuriöse Großkomplex pumpt sein heißes Mineralwasser aus großer Tiefe herauf. Im Angebot sind hier allerlei Massagen und Wellnessanwendungen. Besucher können im Badehaus oder in privaten Wannen relaxen. Nahe der Browns Rd liegt das Ganze ca. 7 km landeinwärts von Rye.

WEINGÜTER AUF DER MORNINGTON PENINSULA

Die Winzereien der Halbinsel liegen vor allem in den Hügeln zwischen Red Hill und Merricks. Die meisten haben sehr gute Cafés oder Restaurants. Das **Visitor Centre** (S. 581) informiert über Weinguttouren diverser Firmen. Die Website der **Mornington Peninsula Wineries & Region** (www.mpva.com.au) gibt einen Überblick. Interessante Adressen:

Montalto (☎ 03-5989 8412; www.montalto.com.au; 33 Shoreham Rd, Red Hill South; ⏲ Weinkeller & Café 11–17 Uhr, Restaurant Fr & Sa 12–15 & 18.30–23 Uhr) Eines der besten Winzereirestaurants der Halbinsel, bekannt für Pinot Noir und Chardonnay. Dazu gehören auch ein zwangloses Gartencafé mit Terrasse und ein toller Skulpturengarten.

Pier 10 (☎ 03-5989 8849; www.pier10wine.com.au; 10 Shoreham Rd; Hauptgerichte 16–37 AU$; ⏲ Weinkeller 11–17 Uhr, Restaurant Do–So 12–14.30, Fr & Sa auch 18 Uhr–open end) Malerisches Boutique-Weingut in einem umgebauten Wellblechschuppen, der zugleich den Weinkeller und ein Restaurant mit Bistro-Küche beherbergt.

Port Phillip Estate (☎ 03-5989 4444; www.portphillipestate.com.au; 263 Red Hill Rd, Red Hill South; 2-/3-gängige Menüs ab 68/85 AU$, Hauptgerichte im Weinkeller 15–22 AU$; ⏲ Weinkeller 11–17 Uhr, Restaurant Mi–So 12–15, Fr & Sa auch 18–21 Uhr) Das Gebäude des eindrucksvollen Weinguts erinnert an den Schlupfwinkel eines James-Bond-Schurken. Das Restaurant gehört zu den besten der Halbinsel. Bei wunderbarer Aussicht warten dort Weinproben (5 AU$), eine Gourmetkarte und auch kleinere Gerichte.

Red Hill Estate (☎ 03-5931 0177; www.redhillestate.com.au; 53 Shoreham Rd, Red Hill South; ⏲ Weinkeller 11–17 Uhr, Restaurant 12–17, Sa auch 18–21 Uhr) Hier kann man Pinot und Chardonnay aus kühlem Meeresklima probieren. Das renommierte Max's Restaurant stand 2017 kurz vor einer Generalrenovierung.

Ten Minutes By Tractor (☎ 03-5989 6080; www.tenminutesbytractor.com.au; 1333 Mornington-Flinders Rd, Main Ridge; 5-/8-gängige Probiermenüs 114/144 AU$, 2-/3-gängige Menüs 69/92 AU$; ⏲ Weinkeller 11–17 Uhr, Restaurant Mi–So 12–15, Do–Sa auch 18.30–21 Uhr) Gehört zu den Top-Restaurants im ländlichen Victoria und hat die beste Weinkarte der Halbinsel. Der ungewöhnliche Name kommt von den drei Weinbergen, die jeweils zehn Traktor-Minuten voneinander entfernt liegen.

T'Gallant (☎ 03-5931 1300; www.tgallant.com.au; 1385 Mornington-Flinders Rd, Main Ridge; Hauptgerichte 16–32 AU$; ⏲ Weinkeller 9–17 Uhr, Restaurant Mo–Fr 11.30–15, Sa & So 11–16 Uhr) Rustikale Trattoria mit leckeren Holzofenpizzas, Schweinswürstchen und selbstgemachter Lasagne. Im Keller können leckerer Pinot Gris und Prosecco gratis verkostet werden.

dieser malerischen Keller-Käserei inmitten von Buschland: Hier kann man selbstgemachten Käse aus Schafs-, Ziegen- und Büffelmilch probieren.

Sunny Ridge Strawberry Farm ERDBEEREN
(☎ 03-5989 4500; www.sunnyridge.com.au; Ecke Shands Rd & Mornington-Flinders Rd; Erw./Kind 9/4 AU$; ⏲ Nov.–April 9–17 Uhr, Mai–Okt. Sa & So 11–16 Uhr) Genug gebechert? Dann auf zu dieser Erdbeerfarm mit der Möglichkeit zum Selbstpflücken (pro Erw./Kind sind 500/250 g im Eintritt enthalten). Von Wein bis hin zu Eiscreme serviert das hiesige Café alles Mögliche aus Erdbeeren.

Ausgehen & Nachtleben

★ **Bass & Flinders** BRENNEREI
(☎ 0419 548 430, 03-5989 3154; www.bassandflindersdistillery.com; 232 Red Hill Rd, Red Hill; Probierauswahl 10 AU$, Gin-Kurs 140 AU$/Std.; ⏲ Fr–So 11–17 Uhr) Besucher der Boutique-Brennerei können eine hervorragende Auswahl von einzigartigen Gin-Sorten (z. B. aus Syrah-Trauben oder mit Trüffelaroma) probieren. Die Variante „Angry Ant" basiert auf einheimischen Gewächsen aus dem westaustralischen Outback und ist mit Pheromonen der Bulldoggenameise angereichert. Bei den Kursen stellt man seinen eigenen Gin aus ausgewählten Pflanzen her.

★ **Red Hill Brewery** KLEINBRAUEREI
(☎ 03-5989 2959; www.redhillbrewery.com.au; 88 Shoreham Rd, Red Hill South; ⏲ Fr–So 11–18 Uhr) Die tollen Biere der beliebten Kleinbrauerei (gegr. 2005) mit Terrasse lassen sich per Krug, Pint oder Probiergedeck (12 AU$) verkosten. Dazu gibt's BBQ-Grillfleisch im südaustralischen Stil (ab 15 AU$).

An- & Weiterreise

Etwa in der Mitte der Halbinsel liegt Red Hill rund 84 km von Melbourne entfernt. Ab dort den Mornington Peninsula Fwy (M11) nehmen und dann dem Nepean Hwy in Richtung Red Hill/ Flinders folgen.

Zwischen Frankston und Flinders hält Bus 782 in Merricks und Point Leo.

Phillip Island

9406 EW.

Phillip Island ist berühmt für die Penguin Parade und die Rennstrecke des Motorcycle Grand Prix. Hier tummelt sich ein bunter Mix aus Surfern, Motorradfreaks und ausländischen Touristenscharen, die sich geradezu auf die Zwergpinguine stürzen.

Tief im Herzen ist Phillip Island immer noch eine Farmergemeinde. Dank der örtlichen Natur zählt die Insel jedoch zu Victorias beliebtesten Touristenattraktionen: Neben dem abendlichen Landgang der Pinguine warten hier u.a. auch noch eine große Robbenkolonie und viele Vogelarten. An der schroffen Südküste gibt's ein paar tolle Surferstrände, zahlreiche Unterkünfte und diverse Attraktionen für Familien. Im Winter geht's auf Phillip Island dagegen sehr ruhig zu – dann gehen nur die örtlichen Farmer, Surfer und Hippies ihren jeweiligen Beschäftigungen nach.

Die Insel war ursprünglich von den indigenen Boonwurrung besiedelt. Deren Meinung zum endlosen Strom von Pinguin-Touristen und Biker-Gangs über die San-Remo-Brücke wäre zweifellos interessant.

Sehenswertes

★ Nobbies Centre & Boardwalk AUSSICHTSPUNKT

(☎ 03-5951 2800; Summerlands) GRATIS Von dem spektakulären Aussichtspunkt am südwestlichen Zipfel der Insel schaut man auf die Felsformationen der **Nobbies** vor der Küste. Hier befindet sich auch das riesige **Nobbies Centre** mit einem Café, einem Souvenirshop, sensationellem Meerblick und dem Multimedia-Zentrum Antarctic Journey (S. 585). Die **Promenade** vor dem Komplex schlängelt sich hinunter zu mehreren Aussichtspunkten mit Blick auf die Felsformationen. Vorbei am örtlichen Spritzloch führt sie dann hinaus zu den Seal Rocks mit Australiens größter Pelzrobbenkolonie. Für Besucher ohne eigenen Feldstecher stehen dort Münzfernrohre zur Verfügung.

★ Penguin Parade NATURSCHUTZGEBIET

(☎ 03-5951 2800; www.penguins.org.au; 1019 Ventnor Rd, Summerland Beach; Eintritt Erw./Kind/Fam. ab 25,10/12,50/62,70 AU$, unterirdische Beobachtung 60/30/150 AU$; ⏱ 9.30 Uhr–Sonnenuntergang, Pinguine kommen bei Sonnenuntergang) Pro Jahr bewundern hier über 500 000 Besucher die kleinsten und niedlichsten Pinguine der Welt: die Zwergpinguine *(Eudyptula minor)*. Die Betontribünen des Hauptkomplexes fassen bis zu 3800 Zuschauer. Diese beobachten kurz nach Sonnenuntergang, wie die kleinen Gesellen an Land gehen und zu ihren Nestern watscheln. Den besten Blick auf die Vögel bieten die Logenplätze, die VIP-Plattformen und der unterirdische Beobachtungsbereich. Im Sommer unbedingt frühzeitig reservieren!

Die Pinguine leben hier ganzjährig. Nach der Brutzeit im Sommer steigt ihre Zahl aber stark an: Dann gehen pro Abend bis zu 32 000 Exemplare an Land. Nach der „Hauptparade" suchen die Nachzügler nach ihren Wohnhöhlen und Partnern. Von den Promenaden aus ist dies aus recht geringer Distanz zu sehen. Besucher sollten warme Kleidung mitbringen und sich unbedingt spätestens eine Stunde vor Ankunft der Pinguine einfinden (für aktuelle Zeiten s. Website). Achtung: Fotografieren und Filmen sind hier überall strengstens verboten!

Bei diversen Spezialführungen (S. 585) erklären Ranger die Lebensweise der Vögel. Zudem gibt's Trips mit Nachtsichtgläsern und Touren hinter die Kulissen. Besondern empfehlenswert sind die geführten Wanderungen unter indigener Leitung (60 AU$), deren Teilnehmer die Pinguine am Ende von Logenplätzen aus beobachten. Zum Komplex gehören auch ein Café und ein Naturlehrzentrum, das tagsüber einen Blick auf brütende Pinguine ermöglicht (gratis bis 16 Uhr). 2017 begann der Bau eines neuen Visitor Centres, das 2019 fertig sein soll.

Antarctic Journey NATURZENTRUM

(☎ 03-5951 2800; www.penguins.org.au/attractions/recreational-areas/the-nobbies; 1320 Ventnor Rd, Nobbies Centre, Summerlands; Erw./Kind/Fam. 18/9/45 AU$; ⏱ 9–17 Uhr) Das topmoderne Multimedia-Zentrum am südwestlichen Zipfel der Insel widmet sich den Gewässern zwischen Australien und der Antarktis. Die interaktiven Ausstellungen mit coolen Simulationen auf Großbildschirmen sind äußerst lehrreich. Das Zentrum ist fünf Autominuten von der Penguin Parade entfernt im Nobbies Centre untergebracht. Idealer-

Phillip Island

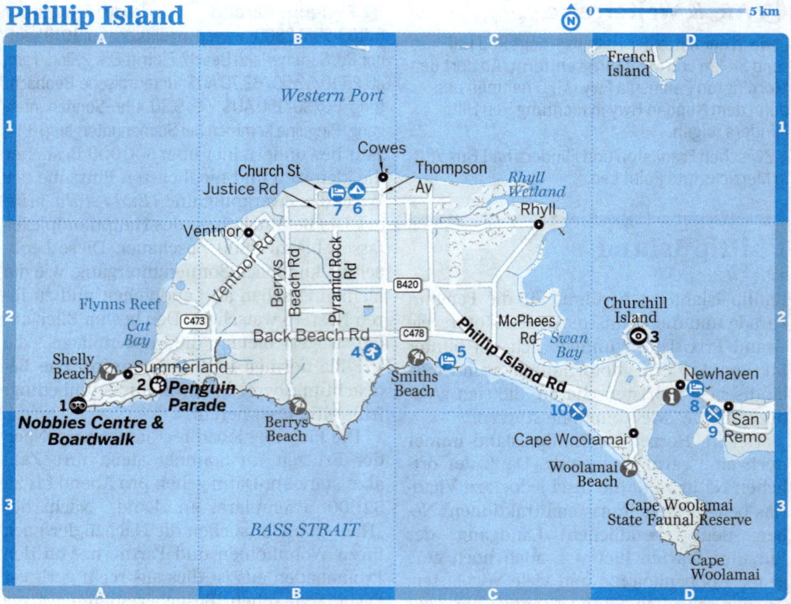

Phillip Island

Highlights
- 1 Nobbies Centre & Boardwalk A2
- 2 Penguin Parade A2

Sehenswertes
- Antarctic Journey .... (siehe 1)
- 3 Churchill Island D2
- History of Motorsport Museum .. (siehe 4)

Aktivitäten, Kurse & Touren
- Grand Prix Guided Circuit Tours .... (siehe 4)
- Phillip Island Circuit Go Karts ..... (siehe 4)
- 4 Phillip Island Grand Prix Circuit B2

Schlafen
- 5 Clifftop C2
- 6 Cowes Caravan Park B1
- 7 Glen Isla House B1
- 8 Island Accommodation YHA D2

Essen
- 9 BEANd D3
- 10 Cape Kitchen C2

weise besucht man es nachmittags und fährt dann zu den Pinguinen weiter.

Churchill Island FARM

(☎03-5951 2800; www.penguins.org.au; Phillip Island Rd, Newhaven; Erw./Kind/Fam. 12,50/6,25/31,25 AU$; ⏲Mo–Fr 10–17, Sa & So 9–17 Uhr) Nahe Newhaven führt eine Brücke von Phillip Island nach Churchill Island. Dessen großartige Farm mit tollem Meerblick kultivierte einst die ersten Feldfrüchte in Victoria und wird bis heute bewirtschaftet. Das historische Gehöft mit Garten liegt inmitten von Wiesen mit Hochlandrindern. Nette Wanderwege führen rund um die Insel. Die Vorführungen auf der Farm zeigen u. a. Schafschur, Kuhmelken und Schäferhunde im Einsatz.

Aktivitäten

Phillip Island Grand Prix Circuit ABENTEUERSPORT

(☎03-5952 9400; Back Beach Rd) Auch wenn gerade kein Motorradrennen ansteht, sind die Fans ganz wild auf den Grand Prix Motor Racing Circuit. Das Visitor Centre veranstaltet **Führungen** (www.phillipislandcircuit.com.au; 1-stündige Führung Erw./Kind/Fam. 25/15/60 AU$; ⏲Führungen 14 Uhr). Sehenswert ist außerdem das **History of Motorsport Museum** (Erw./Kind/Fam. 17,50/8,50/42 AU$; ⏲9–17.30 Uhr). Wagemutige können mit einem Rennfahrer in einem frisierten V8 eine Runde drehen (360 AU$; Reservierung erforderlich). Mit den **Phillip Island Circuit Go Karts** (10/20/

30 Min. 35/60/80 AU$; ⏲ 9–17.30 Uhr, längere Öffnungszeiten im Sommer) kann man auf einer maßstabsgerechten Nachbildung der Rennstrecke selbst ein Fahrzeug steuern – auch wenn es nur ein Gokart ist.

Surfen

Die tollen Brandungsstrände von Phillip Island animieren viele Surfer zu Tagestrips ab Melbourne. Zu den Stränden an der Südküste gehört der spektakuläre **Woolamai Beach**, der sich wegen seiner starken (Rück-)Strömungen nur für erfahrene Wellenreiter eignet. Für Anfänger und Familien empfiehlt sich der **Smiths Beach**, wo Island Surfboards mit Surfkursen und Leihausrüstung aufwartet. Der **Berrys Beach** mit ebenfalls tollen Wellen ist meist weniger stark besucht als Woolamai oder Smiths. Wenn der Wind auflandig auf letztere bläst, ist das Meer rund um die Nobbies, die Cat Bay und das Flynns Reef oft recht ruhig.

Geführte Touren

Wild Ocean Eco Boat BOOTSFAHRT, TIERBEOBACHTUNG
(☎ 03-5951 2800; www.penguins.org.au; Cowes oder Rhyll Jetty; pro Pers. Erw./Kind/Fam. Adventure Tour 85/65/235 AU$, Island Discovery 130/75/345 AU$, Shearwater Sunset 65/49/179 AU$; ⏲ Dez.–April Adventure Tour 15 Uhr, Island Discovery 11 Uhr, Nov.–April Shearwater Sunset 19.15–20.30 Uhr) Diese Bootstouren besuchen verschiedene Attraktionen der Insel. Darunter sind z. B. die Pelzrobbenkolonie an den Seal Rocks oder spektakuläre Felsformationen entlang der malerischen Küste. Auf den Sonnenuntergangstouren beobachtet man Sturmtaucher, die zu ihren Nestern oben auf den Klippen zurückkehren.

Go West TAGESTOUR
(☎ 03-9485 5290; www.gowest.com.au; Touren 135 AU$/Pers.) Die Tagestouren ab Melbourne beinhalten den Eintritt zur Penguin Parade, Mittagessen, Tierbeobachtungen und eine Weinprobe. An Bord der Busse gibt's WLAN und mehrsprachige Kommentare per iPod.

Feste & Events

Australian Motorcycle Grand Prix MOTORSPORT
(☎ 1800 100 030; www.motogp.com.au) Das größte örtliche Event ist dieses Motorradrennen auf einem der schönsten Kurse der internationalen MotoGP. Die drei Renntage (meist im Okt.) vergrößern die Zahl der Inselbewohner von 8000 auf über 150 000.

Schlafen

Phillip Island Glamping CAMPING $$
(☎ 0404 258 205; www.phillipislandglamping.com.au; DZ in Mietzelt Werktag/Wochenende ab 120/140 AU$) Kein normales Camping: Bei dieser Option bucht man einen Stellplatz auf einem der örtlichen Campingplätze. Dessen Personal errichtet dann bis zur Ankunft ein Rundzelt mit Komplettausstattung (inkl. Matratze, Bettzeug, Handtücher, Heizofen, Digitalradio, Tisch, Stühle, Kühlbox, komplette Kochausrüstung). Und nach der Abreise wird alles wieder aufgeräumt und abgebaut – perfekt für Faulpelze!

Cowes

Cowes Caravan Park CAMPING $
(☎ 03-5952 2211; www.cowescaravanpark.com.au; 164 Church St, Cowes; Stellplatz ab 40 AU$, Hütte 90–130 AU$; ❄📶) Ideal für Camping am Strand: Rund 1 km außerhalb von Cowes warten hier diverse Stellplätze und Hütten mit eigenen Bädern (plus Klimaanlage und Meerblick in den teureren Varianten).

★ **Clifftop** BOUTIQUEHOTEL $$$
(☎ 03-5952 1033; www.clifftop.com.au; 1 Marlin St, Smiths Beach; DZ 235–290 AU$; ❄📶) Man kann sich kaum einen besseren Ort für seinen Inselaufenthalt denken als hier hoch über dem Smiths Beach. Von den sieben luxuriösen Suiten gewähren die oberen vier Meerblick und haben eigene Balkone, die Zimmer im Erdgeschoss öffnen sich dafür zu einem Garten. Allen gemeinsam sind die flauschigen Betten und das schicke, zeitgenössische Dekor.

★ **Glen Isla House** BOUTIQUEHOTEL $$$
(☎ 03-5952 1882; www.glenisla.com; 230 Church St, Cowes; DZ/Suite ab 255/355 AU$; ❄📶) Das großartige Boutiquehotel in einem renovierten Gehöftkomplex von 1870 gehört zu den besten Unterkünften der Insel. Altmodischer Luxus der dezenten Art geht hier mit modernen Extras wie großen Plasma-TVs einher. Das 0,8 ha große Gelände mit zauberhaftem Garten liegt nur fünf Gehminuten vom Strand entfernt. Keine Kinder unter zwölf Jahren.

Newhaven

★ **Island Accommodation YHA** HOSTEL $
(☎ 03-5956 6123; www.theislandaccommodation.com.au; 10–12 Phillip Island Rd, Newhaven; B 27–50 AU$, DZ 99–155 AU$; @📶) 🍃 Das große

und sehr umweltbewusste Hostel wurde gezielt für Backpacker errichtet. Auf allen Stockwerken gibt's geräumige, identische Aufenthaltsbereiche mit Tischtennisplatten, PlayStations und gemütlichen offenen Kaminen für den Winter. Die Aussicht von der Dachterrasse ist sensationell. Die günstigsten Schlafsäle bieten jeweils Platz für zwölf Personen. Die Doppelzimmer entsprechen dem Motelstandard. Mit den Leihfahrrädern (20 AU$/Tag) kann man auf dem Radweg vor dem Haus bis nach Cowes radeln.

Essen

Cowes

BEANd CAFÉ $

(☎ 0407 717 588; www.beand.com.au; 157 Marine Pde, Shop 4; Frühstück 8–15 AU$; ⏲ Do–Di 7–16 Uhr) An der Brücke nach Phillip Island liegt dieses freundliche kleine Café mit eigener Rösterei, die sortenreine Bohnen aus Afrika, Asien und Lateinamerika verarbeitet. Ergebnis sind hervorragende Koffeingetränke (z.B. als Espresso, Filterkaffee oder Aero-Press-Variante). In belebter Atmosphäre gibt's hier zudem den ganzen Tag lang Frühstück und mittags Burger.

Madcowes CAFÉ, FEINKOST $

(☎ 03-5952 2560; www.madcowescafe.com.au; 17 The Esplanade, Cowes; Hauptgerichte 9–18 AU$; ⏲ 6.30–15 Uhr) Das stilvolle Café mit angeschlossenem Feinkostladen und Blick auf den Hauptstrand serviert ein paar der herzhaftesten Frühstücksoptionen und Mittagssnacks der ganzen Insel. Mit den Quinoa-Flocken beginnt der Tag auf gesunde Weise, während das opulente Frühstücksbrötchen mit Speck, Spiegelei, Käse und einem Kartoffelpuffer perfekt den Kater killt. Mittags kommen Sandwiches mit Roastbeef, Tintenfisch-Tempura und regionale Weine auf den Tisch.

Newhaven

Cape Kitchen MODERN-AUSTRALISCH $$

(☎ 03-5956 7200; www.thecapekitchen.com.au; 1215 Phillip Island Rd, Newhaven; Frühstück ab 19 AU$, Mittagessen 27–48 AU$; ⏲ Fr–Mo 8.30–16.30 Uhr) An Fensterplätzen mit weitem Meerblick labt man sich morgens an Köstlichkeiten wie Sauerteigbrötchen mit Rührei und selbst geräuchertem Lachs. Mittags gibt's z.B. Forelle vom Holzkohlegrill, roten Curry mit Muscheln aus Gippsland oder Gemeinschaftsteller mit gerösteter Lammschulter à la South Gippsland.

ℹ Praktische Informationen

Phillip Island Visitor Information Centre (☎ 1300 366 422; www.visitphillipisland.com; 895 Phillip Island Tourist Rd, Newhaven; ⏲ 9–17 Uhr, Schulferien 9–18 Uhr; 📶) Das größte Visitor Centre der Insel hat ein Wandregal voller Broschüren und Karten. Zudem verkauft es Tickets für die Penguin Parade und Sightseeing-Pauschalpakete, die kräftig Bares sparen. Zudem gibt's hier Gratis-WLAN und einen hilfreichen Buchungsservice für Unterkünfte.

Cowes Visitor Information Centre (☎ 1300 366 422; www.visitphillipisland.com; Ecke Thompson & Church St, Cowes; ⏲ 9–17 Uhr) Alternative zum Infozentrum in Newhaven.

ℹ An- & Weiterreise

Phillip Island liegt ca. 140 km von Melbourne entfernt. Mit dem Auto ist die Insel nur über die Brücke zwischen San Remo und Newhaven erreichbar. Ab Melbourne nimmt man den Monash Fwy (M1) bis Pakenham und folgt dann ab Koo Wee Rup dem South Gippsland Hwy.

Nutzer öffentlicher Verkehrsmittel müssen auf eine Kombination aus Zug und Bus zurückgreifen. Ab der Southern Cross Station in Melbourne fahren pro Tag etwa acht V/Line-Züge nach Cowes – entweder über Koo Wee Rup (14,40 AU$, 2½ Std.) oder über Dandenong (3½ Std.).

GREAT OCEAN ROAD

Die Great Ocean Road (B 100) ist eine der berühmtesten Straßen Australiens für Touren mit dem Auto. Man fährt vorbei an erstklassigen Surfstränden, durch Regenwald und ruhige Orte am Meer und teilweise unter einem Blätterdach hindurch, in dem Koalas sitzen. Man sieht Kalksteinklippen, Kuhfarmen, Heideland und kommt den mächtigen Wellen des Südpolarmeers ziemlich nahe.

Wer den Massen wirklich den Rücken kehren möchte, sollte die abgelegenen Strände und Leuchttürme und dichten Eukalyptuswälder im Hinterland der Otways besuchen. Statt direkt zur Great Ocean Road aufzubrechen, kann man in Geelong einen Umweg machen, und gemütlich über die Bellarine Peninsula fahren, und das charmante Queenscliff und die Weingüter entlang des Weges besuchen.

Wer möchte, kann ab Melbourne einen Tagesausflug zur Great Ocean Road in weniger als 12 Stunden absolvieren, idealerweise nimmt man sich aber eine ganze Woche Zeit.

Geelong

210 875 EW.

Das stolze Geelong mit seiner interessanten Geschichte ist Victorias zweitgrößte Stadt und stellenweise sehr charmant.

Die funkelnde Promenade entlang der Corio Bay grenzt an das Stadtzentrum, wo historische Gebäude vom Höhepunkt des Goldrauschs und der Wollindustrie zeugen. Darin befinden sich heute schicke Restaurants und Bars. Zudem ist Geelong eine Football-Hochburg und steht voll hinter seinem AFL-Team namens Cats.

Sehenswertes & Aktivitäten

Geelong Waterfront UFERPROMENADE

(Beach Rd) Geelongs funkelnde Uferpromenade mit renovierten Gebäuden lädt zum Bummeln ein: Neben vielen guten Restaurants auf malerischen Piers warten hier historische Wahrzeichen, ein Karussell aus dem 19. Jh., Skulpturen, prachtvolle Wohnhäuser, Badestellen, Spielplätze und Rasenflächen (ideal zum Picknicken). Angenehme Abkühlung im Sommer verspricht der **Eastern Beach** mit einem Art-déco-Badepavillon, Sprungbrettern, einer Sonnenterrasse und einem Planschbecken für Kinder. Die berühmten **Baywalk Bollards** (über 100 bemalte Hafenpoller) entlang der ganzen Promenade stammen von Jan Mitchell.

Geelong Art Gallery GALERIE

(☎03-5229 3645; www.geelonggallery.org.au; 55 Little Malop St; ⌚10–17 Uhr) GRATIS Die Sammlung dieser großartigen Galerie umfasst über 6000 Kunstwerke, darunter gefeierte australische Gemälde wie z.B. Eugene von Guérards *View of Geelong* und Frederick McCubbins *A Bush Burial* aus dem Jahr 1890. Hier werden außerdem zeitgenössische Werke ausgestellt. Sonntags um 14 Uhr finden kostenlose Führungen statt.

National Wool Museum MUSEUM

(☎03-5272 4701; www.geelongaustralia.com.au/nwm; 26 Moorabool St; Erw./Kind/Fam. 9/5/30 AU$; ⌚Mo–Fr 9.30–17 Uhr, Sa & So 10–17 Uhr) Dieses Museum ist interessanter als es klingt: Hier wird die Bedeutung der Wollindustrie für Geelongs wirtschaftliche, soziale und architektonische Entwicklung anschaulich dargestellt. Viele der grandiosen Gebäude in der Gegend sind ehemalige Wolllager, z.B. das Blausteingebäude aus dem Jahr 1872, das auch das Museum beherbergt. Zu sehen gibt es außerdem eine Sockenmaschine und einen riesigen Axminster-Teppichwebstuhl von 1910, der stundenweise vor sich hin tuckert.

Powerhouse Geelong – City Precinct KUNSTGALERIE

(☎0418 526 640; www.powerhousegeelong.com; 20 Brougham St; ⌚9.30–17 Uhr) GRATIS Zum alten Kraftwerkskomplex in North Geelong gehören neben einem **Straßenkunst-Park** (40 Mackey St, North Geelong; Eintritt 5 AU$; ⌚10–17 Uhr) auch diese Kunstgalerien und Ateliers in einem 100 Jahre alten Wolllager aus Backstein. Oberhalb des **Brougham Street Markets** (☎03-5221 2490; www.facebook.com/broughamstreetmarkets; ⌚10–18 Uhr) stehen hier die Werke von ca. 300 Straßenkünstlern aus Geelong und Umgebung zum Verkauf. Vor Ort finden auch Workshops in Straßenkunst statt (25 AU$/Std.; Details telefonisch erfragen).

Old Geelong Gaol HISTORISCHES GEBÄUDE

(☎03-5221 8292; www.geelonggaol.org.au; Ecke Myers & Swanston St; Erw./Kind/Fam. 10/5/22 AU$; ⌚Sa & So 13–16 Uhr, Schulferien tgl.) Das HSM Prison Geelong von 1849 ist seit 1991 geschlossen. Dennoch wirkt das alte Gefängnis aus Blaustein so furchterregend wie eh und je. Die trostlosen Zellen verteilen sich auf drei Stockwerke. Das Duschhaus, die Wachtürme und der Galgen können ebenfalls besichtigt werden. Die Audiokommentare zu den Ausstellungen beleuchten z.B. Herstellung und Schmuggel primitiver Häftlingswaffen oder die Geschichte früherer Insassen wie Chopper Read (Zelle 39). Zudem gibt's hier **Geistertouren** (☎1300 865 800; www.twistedhistory.net.au; Erw./Kind 33/22 AU$).

Boom Gallery KUNSTGALERIE

(☎0417 555 101; www.boomgallery.com.au; 11 Rutland St, Newtown; ⌚Mo–Sa 9–16 Uhr) GRATIS In einem Industriegebiet abseits der Pakington St ist diese Galerie im Lagerhaus einer früheren Wollspinnerei untergebracht. Ausgestellt sind hier moderne Werke von Künstlern aus Geelong und Melbourne; zudem stehen tolle Designobjekte und Schmuckstücke zum Verkauf. Das dazugehörige Café serviert sehr guten Kaffee und saisonale Gerichte.

Narana Aboriginal Cultural Centre KULTURZENTRUM

(☎03-5241 5700; www.narana.com.au; 410 Torquay Rd, Grovedale; ⌚Mo–Fr 9–17, Sa 10–16 Uhr, Café Mo–Fr 8–16, Sa 8–15 Uhr, Kunstgalerie Di–Sa, Mo nach Vereinbarung) GRATIS Die indigenen Wathaurung (Geelongs ursprüngliche Einwohner) nannten die Gegend „Jillong". Die-

Great Ocean Road & Southwest Coast

ses Kulturzentrum am Stadtrand gibt faszinierende Einblicke in ihre Kultur. Die örtliche Galerie zeigt Victorias größte indigene Kunstsammlung. Die Fusion-Küche des Hauscafés kombiniert moderne Rezepte mit indigenen Zutaten. Besucher können Didgeridoos bei Vorführungen lauschen, selbst auf den Instrumenten spielen und Bumerangs werfen. Im Naturgarten (Zugang gegen Spende) tummeln sich Emus, Wallabys und Koalas. Infos zu den täglichen Führungen können telefonisch erfragt werden.

Schlafen

★ Devlin Apartments APARTMENTS $$
(☎03-5222 1560; www.devlinapartments.com.au; 312 Moorabool St; Zi. 160–500 AU$; ❄📶) Die Boutique-Apartments in einem denkmalgeschützten Gebäude von 1926 (die frühere Gordon Tech School) sind Geelongs stilvollste Unterkünfte. Jedes davon folgt einem anderen Thema: Die Variante „New Yorker" punktet mit Loft-Stil und Bogenfenstern. „Modernist" steht für eine Einrichtung mit dänischen Designerstühlen. In den „Industrial"-Quartieren warten Schmiedeeisen, rustikales Holz und geflieste Bäder mit Backsteinwänden.

Gatehouse on Ryrie PENSION $$
(☎0417 545 196; www.gatehouseonryrie.com.au; 83 Yarra St; DZ inkl. Frühstück 110–130 AU$; P@📶) Eine von Geelongs besten Mittelklasse-Optionen: Diese Pension (erb. 1897) in hervorragender Zentrumslage ist komplett mit attraktiven Holzfußböden ausgestatetet. Die geräumigen Zimmer teilen sich zumeist Gemeinschaftsbäder. Ebenfalls vorhanden sind eine Gemeinschaftsküche, ein Aufenthaltsbereich und ein großartiger Vorderraum, in dem auch das Frühstück serviert wird.

Essen & Ausgehen

Hot Chicken Project US-AMERIKANISCH $
(☎03-5221 9831; 84a Little Malop St; Hauptgerichte ab 16 AU$; ⏲12–22 Uhr) Das gemütliche, einladende Diner passt perfekt an die Little Malop St. Spezialität des Hauses ist authentisches Hähnchen à la Nashville (u. a. Wings, helles oder dunkles Fleisch) in verschiedenen Schärfegraden. Am pikantesten ist das Evil Chicken mit Krautsalat oder Rübengemüse. Wer kein Geflügel mag, kann scharf gewürzten Fisch oder Tofu bestellen.

Geelong Boat House FISH & CHIPS $
(☎03-5222 3642, 0427 319 019; www.geelongboathouse.com.au; Geelong Waterfront, Western Beach; Fish & Chips ab 10 AU$; ⏲10–20 Uhr) Dieser Fish-&-Chips-Laden befindet sich auf einer Barge, die früher dazu benutzt wurde, den Yarra River auszubaggern. Gäste können

auf der Terrasse oder auf dem Dach entspannen oder auf einer der Picknickdecken am grasigen Ufer faulenzen. Im zugehörigen Bootsschuppen befindet sich ein Seafood-Restaurant.

Tulip MODERN-AUSTRALISCH **$$**
(☎03-5229 6953; www.tuliprestaurant.com.au; 9/111 Pakington St, Geelong West; kleine/große Gerichte ab 18/22 AU$; ⏰Mi–Sa 12–14.30 & Mo–Sa 17.30 Uhr–open end) In Geelong gibt's nur zwei preisgekrönte Restaurants. Eins davon ist das unscheinbare Tulip an der „Pako“ St. Auf den Tisch kommt hier kreative Küche in Form von kleinen Gerichten und großen Gemeinschaftstellern. Serviert werden hier z. B. indigene Optionen (u. a. Känguru-Tatar mit Pfefferbeerenöl), gepökelter Keulenschinken auf spanische Art, ganze Lammschulter oder pochierte Meerforelle mit gegrillten Erbsen und Muscheln.

Pistol Pete's Food n Blues US-AMERIKANISCH **$$**
(☎03-5221 0287; www.pistolpetesfoodnblues.com.au; 93a Little Malop St; Hauptgerichte 17–24 AU$; ⏰So–Do 12–22, Fr & Sa 12–0.30 Uhr) Der urige Schuppen kredenzt Cajun-Burger, Sandwiches (mit Fleischwurst oder als Po'boys mit Garnelen), Brathähnchen im US-Südstaatenstil, Gumbo und „Sumpf-Pommes“. Dazu gibt's US-Regionalbiere und Whiskeys bzw. Bourbons aus Kentucky. Zudem erklingt hier regelmäßig Livemusik (Blues, Folk, Country).

★**IGNI** MODERN-AUSTRALISCH **$$$**
(☎03-5222 2266; www.restaurantigni.com; Ryan Pl; 5/8 Gänge 100/150 AU$; ⏰Do & So 18–22, Fr & Sa 12–14.30 & 18–22 Uhr) Die neueste Eröffnung des gefeierten Küchenchefs Aaron Turner aus Geelong ist bei Gourmets aus Melbourne schwer angesagt. Die ständig wechselnden Probiermenüs zum Festpreis kombinieren indigene Zutaten (z. B. Melde, Austernpflanze, Großer Australkrebs, Täubchen) mit europäischen Aromen. Die Grillkohle stammt vom Marri- und Mugga-Eukalyptus.

★**Cartel Coffee Roaster** CAFÉ
(☎03-5222 6115; www.coffeecartel.com.au; 180 Little Malop St; sortenreiner Kaffee 4,50 AU$; ⏰Mo–Do 7–17, Fr 7–17.30, Sa 7–14, So 9–14 Uhr) Die schicke Rösterei an der belebten Little Malop St profitiert kräftig von Australiens „dritter Kaffeerevolution“. Der Inhaber bezieht seine sortenreinen Bohnen direkt von Kleinplantagen in Afrika, Asien und Lateinamerika. Das erlesene Ergebnis seiner Mühe wird exquisit geröstet und gebraut.

★**Little Creatures & White Rabbit** BRAUEREI
(☎Little Creatures 03-5202 4009, White Rabbit 03-5202 4050; www.littlecreatures.com.au; Ecke Fyans

Geelong

Geelong

Sehenswertes

1 Eastern Beach D2
2 Geelong Art Gallery B2
3 Geelong Waterfront C2
4 National Wool Museum B2
5 Old Geelong Gaol C3
6 Powerhouse Geelong – City Precinct B2

Aktivitäten, Kurse & Touren

Geelong Gaol Ghost Tours .... (siehe 5)

Schlafen

7 Devlin Apartments B4
8 Gatehouse on Ryrie C3

Essen

9 Geelong Boat House B1
10 Hot Chicken Project D1
11 IGNI B3
12 Pistol Pete's Food n Blues D1
13 Tulip A1

Ausgehen & Nachtleben

14 Cartel Coffee Roaster D1

Unterhaltung

15 Kardinia Park B4

Shoppen

Brougham Street Markets .... (siehe 6)

& Swanston St; Hauptgerichte 16–28 AU$; ⌚ Mo & Di 11–17, Mi–Fr 11–21, Sa 8–21, So 8–17 Uhr; 📶) Insgesamt eine riesige Spielwiese für Bierfans: Die beiden eigenständigen, renommierten Brauereien teilen sich Räumlichkeiten in der historischen Wollspinnerei aus rotem Backstein. Little Creatures mit riesigem Innen- und Außenbereich ist größer und belebter. White Rabbit (2015 von Healesville hierher umgezogen) wirkt dagegen eher „boutique" und ermöglicht elegantes Bechern zwischen Braukesseln.

Unterhaltung

Barwon Club LIVEMUSIK
(☎ 03-5221 4584; www.barwonclub.com.au; 509 Moorabool St; ⏲ 11 Uhr–open end) Geelongs führender Konzertclub ist schon lange im Geschäft und hat einigen Vertretern der „Geetroit"-Rockszene (z.B. Magic Dirt, Bored! oder Warped) zum Durchbruch verholfen. Hier kann man sehr gut ein Bier schlürfen und dabei Bands aus Australien und aller Welt lauschen.

Kardinia Park AUSTRALIAN FOOTBALL
(Simonds Stadium; ☎ 03-5224 9111; www.kardiniapark.vic.gov.au; 370 Moorabool St, South Geelong; Tickets ab 25 AU$) Das kürzlich renovierte Footballstadion hat nun Flutlichttürme und ist heiliger Boden für Geelongs Einwohner: Im Winter wird hier kräftig das örtliche AFL-Team namens „Cats" angefeuert.

Praktische Informationen

National Wool Museum Visitor Centre (www.visitgreatoceanroad.org.au; 26 Moorabool St; ⏲ 9–17 Uhr; 📶) Geelongs Haupttouristeninformation bietet Broschüren über Geelong, die Bellarine Peninsula und die Otways, sowie kostenloses WLAN. Wer direkt zur Great Ocean Road fährt, kommt am **Visitor Centre** (☎ 03-5283 1735; www.visitgreatoceanroad.org.au; Princes Hwy; Little River; ⏲ 9–17 Uhr) an der Geelong Rd, bei der Tankstelle bei Little River, vorbei. Es gibt auch einen kleinen **Kiosk** (Geelong Waterfront; ⏲ 9–17 Uhr) am Wasser.

An- & Weiterreise

AUTO

Die 25 km lange Geelong Ring Road führt von Corio nach Waurn Ponds, d. h. um Geelong herum. Wer nach Geelong möchte, sollte die Abfahrt links zum Princes Hwy (M1) nehmen.

BUS

Gull Airport Service (☎ 03-5222 4966; www.gull.com.au; 45 McKillop St; ⏲ Büro Mo–Fr 9–17, Sa 10–12 Uhr) Verbindet Geelong mit dem Melbourne Airport (Erw./Kind 32/20 AU$, 1¼ Std., 14-mal tgl.). Die Busse starten im Zentrum und an der Geelong Station.

McHarry's Buslines (☎ 03-5223 2111; www.mcharrys.com.au) Fährt regelmäßig ab der Geelong Station nach Torquay und zur Bellarine Peninsula (3,20 AU$, 20 Min.).

V/Line (☎ 1800 800 007; www.vline.com.au; Gordon Ave, Geelong Station) Hält auf der Route Geelong Station–Apollo Bay (19 AU$, 2½ Std., 3-mal tgl.) in Torquay (3,20 AU$, 25 Min.), Anglesea (6,40 AU$, 45 Min.), Lorne (11,60 AU$, 1½ Std.) und Wye River (14,40 AU$, 2 Std.). Montags, mittwochs und freitags fährt ein Bus weiter nach Port Campbell (33,20 AU$, 5 Std.) und Warrnambool (37,60 AU$, 6½ Std.), wobei man in Apollo Bay umsteigen muss. Alternativ rollen Züge direkt nach Warrnambool (25,80 AU$, 2½ Std.) – viel schneller und günstiger, aber dabei verpasst man die malerische Great Ocean Road. Landeinwärts besteht Busverbindung nach Ballarat (10,20 AU$, 1½ Std.).

FLUGZEUG

Am **Avalon Airport** (S. 568; ca. 20 Min. mit dem Auto ab Geelong) besteht Flugverbindung mit **Jetstar** (S. 568).

Die Busse des **Avalon Airport Shuttle** (☎ 03-5278 8788; www.avalonairportshuttle.com.au) sind auf alle Flüge am Avalon Airport abgestimmt. Zudem fahren sie von dort aus nach Geelong (Erw./Kind 22/15 AU$, 35 Min.) und folgen der Great Ocean Road ab Torquay (Erw./Kind 50/25 AU$, 1 Std.).

ZUG

Ab der **Geelong Station** (☎ 03-5226 6525; www.vline.com.au; Gordon Ave) fahren V/Line-Züge regelmäßig zur Southern Cross Station (Melbourne; ab 8,80 AU$, 1 Std.) und nach Warrnambool (25,80 AU$, 2½ Std., 3-mal tgl.).

Bellarine Peninsula

Seit über 100 Jahren folgen Melbournes Einwohner dem Princes Hwy (Geelong Rd) zu den Küstenorten der Bellarine Peninsula. Diese Gegend ist für familienfreundliche (Surfer-)Strände, historische Ortschaften und tolle Weingüter in kühlem Klima bekannt.

Hier besteht Anschluss zur Great Ocean Road; zudem geht's in kurzer Zeit per Fähre hinüber zur Mornington Peninsula.

Aktivitäten

Bellarine Rail Trail RADFAHREN
(www.railtrail.com/au/vic/bellarine) Dieser Radweg (32,5 km) entlang der historischen Bahntrasse verbindet die South Geelong Station mit Queenscliff und führt dabei durch Drysdale. Die größtenteils flache und asphaltierte Route verläuft fast ganz abseits der Hauptstraßen bzw. überquert diese nur an wenigen Stellen.

Praktische Informationen

Bellarine Visitor Information Centre (☎ 03-5250 6861, 1800 755 611; http://app.geelongbellarineovg.com; 1251 Bellarine Hwy, Wallington; ⏲ 9–17 Uhr) Auf dem Gelände von **Flying Brick Cider Co.** (S. 597) bekommt man hier

Great Ocean Road

Die Great Ocean Road beginnt in Australiens Surfhauptstadt Torquay, führt am Bells Beach vorbei und windete sich an der Küste entlang zum windgepeitschten Koala-Paradies Cape Otway. Die Twelve Apostles und die Loch Ard Gorge sind obligatorische Zwischenstopps, ehe die Straße nach Warrnambool mit seinen Walen und nach Port Fairy mit seinen schönen Gebäuden weiterführt. Kurz vor der Grenze nach South Australia steht dann wieder die spektakuläre Natur im Mittelpunkt.

1

2

GORDON BELL / SHUTTERSTOCK ©

welve Apostles (S. 610)
e dramatischen Felsformationen sind ein Höhe-
kt von Victorias bekanntester Straßentour.

'ort Fairy (S. 614)
am Meer gelegenes Dorf mit historischem Charme.

Bells Beach (S. 600)
weltberühmte Point Break ist der Schauplatz von
traliens wichtigstem Surf-Event, der Rip Curl Pro.

Koala, Cape Otway (S. 608)
einer entspannten Fahrt längs der bewaldeten
e am Cape Otway hat man ausgezeichnete Chan-
Koalas zu sichten.

3

PETE SEAWARD/LONELY PLANET ©

4

MAYDAYS / GETTY IMAGES ©

viele Broschüren und Empfehlungen für Aktivitäten in der Umgebung.

Queenscliff

1418 EW.

Das zauberhafte Queenscliff ist ein historischer Küstenort, der salzige Meeresluft und Seefahrts-Ambiente mit einem der malerischsten Stadtbilder in Victoria kombiniert. Viele der denkmalgeschützten Gebäude aus dem 19. Jh. wurden zu Hotels, Restaurants und Kunstgalerien umgebaut. Hier warten auch mehrere Museen und historische Stätten. Zudem kann man von Queenscliff aus sehr gut die Weingüter und Strände der Region erkunden. Die Aussicht auf die Port Phillip Heads und die Bass Strait ist sensationell.

Sehenswertes

Fort Queenscliff HISTORISCHE STÄTTE
(03-5258 1488; www.fortqueenscliff.com.au; Ecke Gellibrand & King St; 90-minütige Führung Erw./Kind/Fam. 12/6/30 AU$; Schulferien tgl. 11, 13 & 15 Uhr, Nachsaison Mo–Fr 11, Sa & So 13 & 15 Uhr) Im Rahmen der australischen Küstenverteidigung diente dieses Fort ab 1882 dem Schutz Melbournes vor einer befürchteten russischen Invasion. Bis 1946 blieb es ein Militärstützpunkt und beherbergte dann bis Ende 2012 das Army Staff College. Heute befindet sich hier das Archiv der australischen Armee. Die 90-minütigen Führungen besichtigen das Militärmuseum (manchmal geschl.), das Magazin (Waffen- bzw. Munitionslager), das Militärgefängnis und die beiden Leuchttürme. Die Anlage ist immer noch eine aktive Militäreinrichtung – darum Ausweis nicht vergessen! Nur Barzahlung.

Queenscliff Gallery KUNSTGALERIE
(03-5258 4927; www.qgw.com.au; 81 Hesse St; Mi–Mo 10–17 Uhr) GRATIS Die reizende Galerie in einer historischen Steinkirche von 1868 zeigt interessante Drucke von modernen Künstlern aus Australien (vor allem Litografien). Alle Werke stehen zum Verkauf.

Queenscliff Maritime Museum MUSEUM
(03-5258 3440; www.maritimequeenscliffe.org.au; 2 Wharf St; Erw./Kind 8/5 AU$; 10.30–16.30 Uhr) Highlight dieses Museums ist ein historisches Seenot-Rettungsboot, das bis 1976 am The Rip (eine gefährliche Meerenge zwischen Port Phillip und der Bass Strait) im Einsatz war. Zudem erfährt man hier etwas über Lotsen, Schiffbrüche, Leuchttürme und Dampfschiffe. Interessant sind auch die Gemälde im historischen Bootsschuppen von 1895, die Aufschluss über den einstigen Schiffsverkehr auf der Bucht geben.

Aktivitäten

Sea-All Dolphin Swims TIERBEOBACHTUNG
(03-5258 3889; www.dolphinswims.com.au; Queenscliff Harbour; Tierbeobachtungen Erw./Kind 75/65 AU$, 3½-stündige Schnorcheltouren 145/125 AU$; Okt.–April 8 & 13 Uhr) Bietet neben Beobachtungstouren auch Schwimmen mit Robben und Delfinen im Port Phillip Heads Marine National Park an. Robben sind bei den Trips garantiert zu sehen, während sich Delfine nicht immer blicken lassen (trotzdem stehen die Chancen recht gut). Ebenfalls im Angebot sind Schnorchelausflüge mit zwei Stationen: Zuerst geht's zum unvollendeten Militärstützpunkt Pope's Eye mit vielen Fischarten und einer Brutkolonie von Australtölpeln. Danach wird die ganzjährig präsente Pelzrobbenkolonie am Chinaman's Hat besucht.

Dive Victoria TAUCHEN
(Queenscliff Dive Centre; 03-5258 4188; www.divequeenscliff.com.au; Queenscliff Harbour; pro Tauchgang mit/ohne Leihausrüstung 140/65 AU$) Victorias führender Tauchanbieter veranstaltet SSI-Kurse und Touren für alle Erfahrungsstufen (inkl. Anfänger oder technische Taucher). Zusätzlich können Schnorcheltrips gebucht werden. Unter den rund 200 artenreichen Tauchspots in der Umgebung sind auch Schiffswracks aus den letzten 300 Jahren – z.B. die HMAS *Canberra* (2009 als künstliches Riff versenkt) und U-Boote aus dem Ersten Weltkrieg.

Feste & Events

Queenscliff Music Festival MUSIK
(03-5258 4816; www.qmf.net.au; letztes Wochenende im Nov.) Eines der besten Musikfestivals an der Küste. Auf der Bühne stehen Folk- und Blueskünstler aus Australien und aller Welt.

Schlafen

Queenscliff Dive Centre HOSTEL $
(03-5258 4188; www.divevictoria.com.au; 37 Learmonth St; B für Taucher/Nichttaucher 30/40 AU$, EZ/DZ 100/120 AU$;) Das Hostel in einem früheren Pferdestall von Cobb & Co (erb. 1864) zielt in erster Linie auf Taucher ab. Die Quartiere (falls nicht gerade alle belegt) bieten aber auch Budgetreisenden ein gutes Preis-Leistungs-Verhältnis. Der Ge-

WEINGÜTER & FARMEN AUF DER BELLARINE PENINSULA

Im Bereich von Bellarine/Geelong gibt's über 50 Weingüter. Die Region ist für Wein aus kühlem Klima (Pinot Noir, Chardonnay, Syrah) und andere leckere Landwirtschaftsprodukte bekannt.

Für Besucher ohne eigenes Auto empfehlen sich die Weinguttouren von **For the Love of Grape** (☎0408 388 332; www.fortheloveofgrape.com.au; halb-/ganztägige Touren ab Geelong 75/139 AU$, ab Melbourne 85/149 AU$) und das Festival **Toast to the Coast** (www.toasttothecoast.com.au; Tickets 45 AU$; ⌚Anfang Nov.).

Die meisten der folgenden Adressen haben im Sommer täglich und ansonsten am Wochenende geöffnet (für genaue Zeiten vorher anrufen).

Scotchmans Hill (☎03-5251 3176; www.scotchmans.com.au; 190 Scotchmans Rd, Drysdale; ⌚10.30–16.30 Uhr) Eines der ältesten und besten Weingüter der Halbinsel.

Jack Rabbit (☎03-5251 2223; www.jackrabbitvineyard.com.au; 85 McAdams Lane, Bellarine; ⌚tgl. 12–15, Fr & Sa auch ab 18 Uhr) Boutique-Weingut mit einer Terrasse, auf der man hauseigenen Pinot und Muscheln bei Traumblick auf die Bucht genießt.

Flying Brick Cider Co. (☎03-5250 6577; www.flyingbrickciderco.com.au; 1251–1269 Bellarine Hwy, Wallington; Probiergedecke 13 AU$; ⌚Bar So–Do 10–17, Fr & Sa 10 Uhr–open end, Restaurant Mo–Do 12–15, Fr & Sa 12–15 & 18–21, So 12–16 Uhr) Beliebte Mosterei am Highway, deren tolle Apfel- und Birnenweine auf einer Rasenterrasse genossen werden können.

Basils Farm (☎03-5258 4280; www.basilsfarm.com.au; 43–53 Nye Rd, Swan Bay; ⌚Fr–So 10–17 Uhr, Jan. tgl.) Prosecco plus Landwirtschaftsprodukte bei herrlicher Aussicht auf die Swan Bay.

Terindah Estate (☎03-5251 5536; www.terindahestate.com; 90 McAdams Lane, Bellarine; Hauptgerichte 26–38 AU$; ⌚10–16 Uhr) Weiteres Weingut mit sensationeller Aussicht, qualitativ hochwertigem Pinot und Spitzenküche (wird hier in einem verglasten Schuppen serviert).

Drysdale Cheeses (☎0437 816 374; www.drysdalecheeses.com; 2140 Portarlington Rd, Bellarine; ⌚13–16 Uhr am 1. So des Monats) Preisgekrönte Käse- und Joghurtsorten aus Ziegenmilch.

Manzanillo Olive Grove (☎03-5251 3621, 0438 513 621; www.manzanillogrove.com.au; 150 Whitcombes Rd, Drysdale; ⌚Sa & So 11–16.30 Uhr) Hier dippt man Brotstücke in natives Olivenöl extra (kaltgepresste Sorten, u. a. mit Chili-Aroma).

Little Mussel Cafe (☎03-5259 1377; www.advancemussel.com.au; 230–250 Queenscliff Rd, Portarlington; Hauptgerichte 16–28 AU$; ⌚Fr–So 10–17 Uhr) Ideal, um Muscheln und Austern aus der Region zu verkosten – z. B. auf Probiertellern oder als Seafood-Suppe mit Tomaten und Chilis.

meinschaftsbereich mit moderner Gästeküche wirkt hell und luftig. Die schlichten Einzel- und Doppelzimmer befinden sich hinter dem Haus. Bettwäsche und Handtücher sind selbst mitzubringen, können aber bei Bedarf für 15 AU$ ausgeliehen werden.

Twomey's Cottage B&B $$
(☎0400 265 877; www.classiccottages.com.au; 13 St Andrews St; DZ 110–140 AU$) Dieses B&B mit einem hervorragenden Preis-Leistungs-Verhältnis ist ideal geeignet, Queenscliffs historische Atmosphäre zu genießen. Das alte Cottage ist berühmt als früheres Domizil des Malers Fred Williams (er schuf hier seine Queenscliff-Reihe) und des Komponisten Keith Humble (arbeitete ebenfalls hier). Somit ist auch viel kreativer Vibe geboten.

★Vue Grand HOTEL $$$
(☎03-5258 1544; www.vuegrand.com.au; 46 Hesse St; Zi. inkl. Frühstück 178–258 AU$; ❄📶) Das Vue gehört zu Queenscliffs elegantesten historischen Gebäuden. Das Angebot reicht von normalen Pub-Quartieren bis zu einer modernen Turm-Suite mit Rundumblick. Ebenfalls vorhanden sind Zimmer mit Aussicht auf die Bucht und freistehenden Badewannen in den Wohnbereichen.

Athelstane House BOUTIQUEHOTEL $$$
(☎03-5258 1024; www.athelstane.com.au; 4 Hobson St; Zi. inkl. Frühstück 180–310 AU$; ❄📶) Das

zweistöckige Haus von 1860 ist wunderbar erhalten und die älteste Unterkunft der Stadt. Die blitzsauberen Zimmer kombinieren historische Elemente mit modernen Extras (z. B. Eckwannen inkl. Whirlpool-Funktion, iPod-Anschlüsse, DVD-Player, schnelles WLAN). Mit einem Retro-Plattenspieler und vielen Schallplatten lädt die Lounge im vorderen Bereich zum Relaxen ein.

Essen & Ausgehen

Shelter Shed CAFÉ $$

(☎ 03-5258 3604; www.sheltershedqueenscliff.com.au; 25 Hesse St; Gerichte 15–30 AU$; ⏰ 8–15 Uhr; 📶) Bestens geeignet für ein Frühstück oder Mittagessen: Der herrlich helle Speiseraum hat einen offenen Kamin für den Winter. Und draußen gibt's einen einladenden Hofgarten für sonnige Tage. Besonders beliebt sind die asiatischen Eier mit Duftreis und Seeohren-Sauce oder die Garnelenrolle mit Brunnenkresse und Dill-Mayonnaise. Auf der Karte stehen auch viele Gerichte mit gegrilltem Fleisch oder Seafood.

360 Q INTERNATIONAL $$

(☎ 03-5257 4200; www.360q.com.au; 2 Wharf St; Frühstück ab 15 AU$, Mittagessen ab 18 AU$, Abendessen 26–39 AU$; ⏰ tgl. 8–16, Fr & Sa auch 18–21 Uhr) Das 360 Q mit Traumblick auf den malerischen Hafen gehört zweifellos zu Queenscliffs besten Restaurants. Auf den Tisch kommen hier selbst kreierte Frühstücksoptionen und ein paar kleine Mittagsgerichte (z. B. vietnamesisches *bánh mì* mit Schweinefleisch). Abends empfehlen sich die aromatischen Muscheln à la Portarlington mit Chilis, Tomaten und knusperigem Brot.

Athelstane House MODERN-AUSTRALISCH $$$

(☎ 03-5258 1024; www.athelstane.com.au; 4 Hobson St; Frühstück 14–22 AU$, Hauptgerichte 30–38 AU$; ⏰ 8–10 & 18–20 Uhr) Das zauberhafte Lokal in einem historischen Wohnhaus serviert sein Essen auch auf einer hübschen Gartenterrasse. Morgens gibt's hier selbstgemachtes Müsli aus ofengerösteten Cerealien und die üblichen warmen Optionen. Unter den täglich wechselnden Abendgerichten aus saisonalen Zutaten sind z. B. Lendenbraten vom Holzkohlegrill oder Fisch im Tempura-Backteig.

Vue Grand Dining Room MODERN-AUSTRALISCH $$$

(☎ 03-5258 1544; www.vuegrand.com.au; 46 Hesse St; 2-/3-Gänge-Menü 59/79 AU$, 5-Gang Bellarine-Probiermenü ohne/mit Wein oder Bier 95/149 AU$; ⏰ Mi–Sa 18–21 Uhr) Das herrschaftliche Vue Grand Dining Room – die große alte Dame unter den Restaurants in Queenscliff – serviert fabelhafte Gerichte, z. B. Lammrücken mit Safran, Granatapfel und geschlagener Fetacreme, und dazu hervorragende Weine und Biere. Das Bellarine-Probiermenü führt die Gäste auf eine kulinarische Reise über die Halbinsel – die aus lokalen Erzeugnissen gezauberten Gerichte werden mit Weinen und Bieren aus der Region serviert.

Queenscliff Brewhouse PUB

(☎ 03-5258 1717; www.queenscliffbrewhouse.com.au; 2 Gellibrand St; ⏰ Mo–Sa 11–1, So 11–23 Uhr) Die Brauerei Prickly Moses (in den Otways ansässig) hat nunmehr diesen Ableger in Queenscliff eröffnet. Neben allen hauseigenen Fassbieren gibt's hier auch Gestensäfte anderer Hersteller. Am besten im Biergarten genießen!

Praktische Informationen

Queenscliff Visitor Centre (☎ 03-5258 4843; www.queenscliff.com.au; 55 Hesse St; ⏰ 9–17 Uhr; 📶) Verteilt viele Broschüren zur Region und verkauft die Karte *Queenscliff – A Living Heritage* für Stadtspaziergänge auf eigene Faust. Die Bibliothek nebenan bietet Internetzugang (inkl. WLAN).

An- & Weiterreise

Ab Melbourne sind Queenscliff und die übrige Bellarine Peninsula leicht über den Princess Fwy (M1) in Richtung Geelong erreichbar. Zum Bellarine Hwy (B110) am besten nicht den Geelong Bypass (Umgehungsstraße) nehmen, sondern durch Geelong fahren

Fähren (☎ 03-5257 4500; www.searoad.com.au; 1 Wharf St East, Queenscliff; einfache Strecke ohne Auto Erw./Kind 11/8 AU$, Auto inkl. Fahrer 64 AU$, Fahrrad gratis; ⏰ 7–18 Uhr stündl.) pendeln zwischen Queenscliff und Sorrento (einfache Strecke 40 Min.).

Der 32,5 km lange **Bellarine Rail Trail** (S. 593) verbindet Queenscliff mit der South Geelong Station.

Torquay

17 105 EW.

In den 1960er- und 1970er-Jahren war Torquay nur irgendein verschlafenes Städtchen am Meer. Und Surfen war in Australien nur etwas für Gegner des Establishments, für hartgesottene Hippie-Aussteiger, die in klapprigen VW-Bussen lebten, Marihuana rauchten und mit den Töchtern des Bürgertums durchbrannten. Heute ist der Sport längst im Mainstream angekommen und die Nähe der Stadt zum weltberühmten Bells Beach und sein Status als Heimat zweier prägender Surfzubehör-Marken – Rip Curl und Quicksilver (beide stellten anfangs Neoprenanzüge her) – lassen keinen Zweifel daran, dass das Städtchen die unumstrittene Surfindustriehauptstadt Australiens ist. Sie ist eine von Australiens Städten, die am schnellsten wachsen. Mit einem Bevölkerungswachstum von 67% zwischen 2001 und 2013 fühlt sich die Stadt heutzutage fast wie ein Außenbezirk von Geelong an.

Sehenswertes & Aktivitäten

Torquays Strände ziehen alle an, von Kindern mit Schwimmhilfen bis zu Backpackern, die hier Surfunterricht nehmen. Der **Fisherman's Beach**, der von den Meereswellen geschützt liegt, ist besonders bei Familien beliebt. Der von schattigen Pinien und abfallenden Rasenflächen gesäumte **Front Beach** lädt zum Faulenzen ein, während der **Back Beach** mit seiner schäumenden Brandung im Sommer von Surfrettern patrouilliert wird. Berühmte Surfstrände sind der nahe gelegene Jan Juc, Winki Pop und – natürlich – der Bells Beach (Great Ocean Rd).

★ Australian National Surfing Museum MUSEUM
(03-5261 4606; www.surfworld.com.au; 77 Beach Rd, Surf City Plaza; Erw./Kind/Fam. 12/8/25 AU$; 9–17 Uhr) Der perfekte Startpunkt für Surfertrips: Dieses sehr gut kuratierte Museum ist eine Hommage an das australische Wellenreiten. Ausgestellt sind u.a. Simon Andersons bahnbrechendes Thruster-Board von 1981 und Mark Richards großartige Bretter mit kunstvollen Airbrush-Motiven. Als Highlight wartet hier die australische Surfing Hall of Fame. Unter den vielen tollen Erinnerungsstücken ist auch das hölzerne Longboard von Duke Kahanamoku. Zu sehen gibt's zudem Ausstellungen und Videos zur Surferkultur der 1960er- bis 1980er-Jahre.

Surfen

Go Ride a Wave SURFEN
(03-5261 3616, 1300 132 441; www.gorideawave.com.au; 1/15 Bell St; 2-stündige Kurse Erw./Kind ab 69/59 AU$) Bietet neben Kursen (Surfen, Stehpaddeln, Kajakfahren) auch Leihbretter an und gewährt Rabatte bei Reservierung. An der Great Ocean Road und auf der Bellarine Peninsula gibt's von der Firma betriebene Surfercamps.

Torquay Surf Academy SURFEN
(03-5261 2022; www.torquaysurf.com.au; 34a Bell St; 2-stündige Gruppen-/Privatkurse 60/180 AU$) Surfkurse für Guppen oder Einzelpersonen plus Leihausrüstung: Surfbretter (ab 25 AU$), Stehpaddelbretter (ab 35 AU$), Bodyboards (20 AU$), Neoprenanzüge (10 AU$) und Fahrräder (ab 20 AU$).

Schlafen

Bells Beach Backpackers HOSTEL $
(03-5261 4029; www.bellsbeachbackpackers.com.au; 51–53 Surfcoast Hwy; EZ/DZ in Van 20/24 AU$, B/DZ ab 32/80 AU$; @ 📶) Das freundliche Hostel an der Hauptstraße (nicht am Bells Beach!) fügt sich perfekt in Torquays Surferszene ein. In zwangloser Wohlfühlatmosphäre warten hier einfache, aber saubere und gut gepflegte Zimmer. Die große Gemeinschaftsküche kann auch von „Vanpackern" genutzt werden.

Torquay Foreshore Caravan Park CAMPING $
(03-5261 2496; www.torquaycaravanpark.com.au; 35 Bell St; Stellplatz mit Strom 37–89 AU$, DZ in Hütte 109–295 AU$, Wohneinheit mit 2 Schlafzi. 190–395 AU$; 📶) Der größte Campingplatz der Surf Coast liegt gleich hinter dem Back Beach und hat gute Einrichtungen. Die teuersten Hütten punkten mit Meerblick. Das WLAN funktioniert jedoch nur im Küchenbereich.

Beachside Accommodation APARTMENTS $$
(0419 587 445; www.beachsideaccommodationtorquay.com.au; 24 Felix Cres; DZ 110–160 AU$; ❄ 📶) Nur fünf Gehminuten vom Strand entfernt betreibt ein deutsch-britisches Paar diese entspannte Unterkunft in einem Wohnhaus. Alle Zimmer haben private Grillterrassen mit typisch australischer Hinterhof-Atmosphäre.

Essen & Ausgehen

Bottle of Milk BURGER $
(03-5264 8236; www.thebottleofmilk.com; 24 Bell St; Burger ab 10 AU$; 12–21 Uhr) Das Bottle of Milk profitiert vom Erfolg seiner **Filiale in Lorne** (03-5289 2005; 52 Mountjoy Pde; Burger 11–18 AU$; 8–20 Uhr) und ist auch in Torquay zu Recht sehr beliebt. Hierfür sorgt in beiden Fällen eine gelungene Kombination aus Burgern, Bier und gutem Kaffee am Strand. Der Innenraum ist mit Separees, polierten Holzfußböden und gefliesten Wän-

den eingerichtet. Draußen gibt's einen Biergarten mit offenem Kamin.

Cafe Moby CAFÉ $

(☎ 03-5261 2339; 41 The Esplanade; Hauptgerichte 12–18 AU$; ⏰ 6.30–15 Uhr; 📶 👪) Der mit Holz verschalte Oldtimer an der Esplanade versetzt einen zurück in Torquays schlichte frühere Tage. Das hiesige Essen (Burger mit Schweinebauch, Holzofenpizzas, Lamm-Souflaki mit Honigkruste) ist dennoch zeitgemäß. Hinter dem Haus liegt ein toller Kinderspielplatz. Die kleine Bar vorne schenkt Bier der Brauerei Forrest aus.

★ Bomboras Kiosk CAFÉ $$

(www.bomboras.com.au; 48 The Esplanade, Fisherman's Beach; Gerichte 5–22 AU$; ⏰ 7.30–17 Uhr) Direkt auf dem Sand können sich hungrige Strandbesucher hier optimal mit selbstgemachten Wurstbrötchen, Kuchen, Salaten, Milchshakes und Kaffee von regionalen Röstereien stärken. Im Sommer wartet die Dachbar mit regionalen Bieren bzw. Apfelweinen, DJs und tollem Meerblick auf.

Fisho's SEAFOOD $$

(☎ 0474 342 124; www.facebook.com/fishostorquay; 36 The Esplanade; Hauptgerichte ab 19 AU$; ⏰ 12–15 & 17–20 Uhr) Kein normaler Fish-&-Chips-Schuppen: Hier bekommt man den Klassiker in hauseigenen Varianten – z. B. mit Tempura-Flocken, pikantem Limetten-Popcorn oder süßen Kartoffelpuffern. Dazu gibt's regionale Biere und Apfelweine vom Fass. Vor dem stimmungsvollen, mit Holz verschalten Haus am Strand befindet sich ein Sitzbereich mit Kunstrasen.

★ Blackman's Brewery KLEINRAUEREI

(☎ 03-5261 5310; www.blackmansbrewery.com.au; 26 Bell St; ⏰ Mi–So 12–22 Uhr, Sommer tgl.) Blackman's gehört zu Victorias besten Kleinbrauereien. Vor Ort werden insgesamt acht Biersorten produziert (u.a. IPA, naturtrübes Lager, helles Pale Ale, dunkles Porter), die man per Probiergedeck (16 AU$) verkostet. Gebechert werden kann drinnen am offenen Kamin oder draußen im Biergarten mit Kunstrasen. Zum Gerstensaft gibt's Grillfleisch und Pizzas aus dem Smoker. Um 16 Uhr finden kostenlose Führungen statt.

Shoppen

Rip Curl Surf Factory Outlet MODE, ACCESSOIRES

(Baines Seconds; 16 Baines Cres; ⏰ 9–17.30 Uhr) Die Hauptfiliale von Rip Curl liegt an der Surf City Plaza. Beim Firmen-Outlet im dahinter befindlichen Gewerbepark gibt's 30 % Rabatt auf Klamotten und Neoprenanzüge aus der letzten Saison. Das Unternehmen wurde 1969 in Torquay gegründet und ist heute ein großes internationales Label.

Praktische Informationen

Torquay Visitor Information Centre (www.greatoceanroad.org; Surf City Plaza, Beach Rd; ⏰ 9–17 Uhr) Das gut ausgestattete Infozentrum neben dem Australian National Surfing Museum ist eine gute erste Anlaufstelle für alle, die Planungshilfe für eine Tour entlang der Great Ocean Road brauchen. Die Bibliothek nebenan bietet Gratis-Internet (inkl. WLAN).

An- & Weiterreise

Torquay liegt 15 Fahrtminuten südlich von Geelong an der B100.

McHarry's Buslines (S. 593) Schickt stündlich einen Bus (Linie 51) von Geelong to Torquay (3,20 AU$, 40 Min., Mo–Fr 9–20 Uhr, Sa & So ca. 9–17 Uhr).

V/Line (S. 593) Betreibt ebenfalls Busse zwischen Geelong und Torquay (3,20 AU$, 25 Min., Mo–Fr 4-mal tgl., Sa & So 2-mal tgl.).

Von Torquay nach Anglesea

Die Great Ocean Road beginnt offiziell zwischen Torquay und Anglesea. Ein kleiner Abstecher führt hier zum berühmten **Bells Beach**, dessen kraftvoller Point Break eine Legende unter Surfern in aller Welt ist. Mit dem Bells Classic (inzwischen Rip Curl Pro) steigt an diesem Strand seit 1973 das größte Surfer-Event Australiens. Der finale Showdown des Films *Gefährliche Brandung* (Keanu Reeves gegen Patrick Swayze) spielt ebenfalls am Bells Beach, wurde aber tatsächlich anderswo gedreht.

Rund 3 km entfernt liegt am Rand von Torquay das verschlafene Surfernest **Jan Juc**, wo einheimische Wellenreiter in relaxter Atmosphäre abhängen. Etwa 9 km südwestlich von Torquay beginnt die Abzweigung zum spektakulären **Point Addis**. An diesem breiten FKK-Strand ohne Gebäude tummeln sich neben Nudisten auch Surfer, Schwimmer und Drachenflieger. Hinzu kommen Wanderer, die den empfehlenswerten Koorie Cultural Walk in Angriff nehmen.

Aktivitäten

Koorie Cultural Walk WANDERN & TREKKEN

An der Great Ocean Road weisen Schilder den Weg zum äußerst empfehlenswerten

Koorie Cultural Walk. Dieser großartige Wanderweg (2 km) beleuchtet die Kultur der indigenen Wathaurung, die jahrtausendelang in dieser Gegend lebten. Entlang der reizenden Route durch den Busch des Great Otway National Park lassen sich Ameisenigel und Wallabys blicken. Zudem passiert der Weg spektakuläre Aussichtspunkte, von denen man auf dramatische Küstenklippen und unberührte Strände wie den **Addiscott Beach** blickt.

Surf Coast Walk WANDERN & TREKKEN
(www.surfcoastwalk.com.au) Gleich außerhalb von Aireys Inlet beginnt diese herrliche Wanderung, die der malerischen Küste zwischen Torquay und Moggs Creek über 30 km folgt. Für Naturfreunde, die nur wenig Zeit haben, ist die Route (insgesamt 11 Std.) in zwölf abwechslungsreiche Einzelabschnitte unterteilt.

Feste & Events

Rip Curl Pro SURFEN
(www.aspworldtour.com; Ostern) Über Ostern findet am Bells Beach seit 1973 das Rip Curl Pro statt. Bei dem Weltcup-Turnier im Rahmen der internationalen ASP-Tour reiten die besten Surfer des Planeten vor zahllosen Zuschauern auf bis zu 5 m (!) hohen Wellen. Mitunter ist die Herbstbrandung am launischen Bells Beach jedoch zu schwach für das Event. In diesem Fall steigt das Ganze zwei Stunden weiter westlich am Johanna Beach.

Anglesea

2653 EW.

Man mische ins Meer abfallende, orangefarbene steile Klippen mit hügeligen, bewaldeten Vororten und einer Bevölkerung, die im Sommer deutlich größer wird, und schon hat man Anglesea, wo das Teilen von Fish & Chips mit den Möwen für viele eine Jahrzehnte alte Familientradition darstellt.

Aktivitäten

Anglesea Golf Club GOLF
(03-5263 1582; www.angleseagolfclub.com.au; Golf Links Rd; 20-minütige Känguru-Tour Erw./Kind 10/5 AU$, 9/18 Löcher ab 25/45 AU$, Leihausrüstung zzgl. 25/35 AU$; Mo–Fr 10–16 Uhr) Auf diesem Golfplatz kann man nicht nur den Schläger schwingen, sondern auch grasende Kängurus bei geführten Touren beobachten. Alternativ lassen sich die Tiere gratis von der Straße aus erspähen.

TOUREN ENTLANG DER GREAT OCEAN ROAD

Go West Tours (03-9485 5290; www.gowest.com.au; Tagestouren 130 AU$) Busrundfahrten ab Melbourne, die den Bells Beach, die Otways (inkl. Koalas) und die Twelve Apostles und deren Umgebung besuchen. An Bord gibt's Gratis-WLAN.

Otway Discovery Tour (03-9629 5844; www.greatoceanroadtour.com.au; 1-/2-/3-tägige Touren 109/289/380 AU$) Sehr erschwingliche Touren entlang der Great Ocean Road (2-/3-tägige Variante inkl. Phillip Island/Grampians).

Ride Tours (1800 605 120, 0427 180 357; www.ridetours.com.au; Touren 210 AU$) Zweitägige Trips entlang der Great Ocean Road (inkl. Essen und einer Übernachtung in Schlafsälen).

Go Ride a Wave SURFEN
(03-5263 2111, 1300 132 441; www.gorideawave.com.au; 143b Great Ocean Rd; 2-stündiger Unterricht Erw./Kind ab 69/59 AU$, 2-stündige Bootsmiete ab 25 AU$; 9–17 Uhr) Das Go Ride a Wave ist eine alteingesessene Surfschule, die Surfunterricht gibt und Bretter, SUPs und Kajaks vermietet.

Schlafen

Anglesea Backpackers HOSTEL $
(03-5263 2664; www.angleseabackpackers.com; 40 Noble St; B 30–35 AU$, DZ/FZ 115/150 AU$; @) In den meisten Hostels geht's ziemlich beengt zu. Diese schlichte, saubere und einladende Herberge mit heimeliger Atmosphäre hat jedoch lediglich zwei Schlafsäle – ergänzt durch je ein Doppel- und Dreibettzimmer. Im Winter wärmt ein offener Kamin den behaglichen Aufenthaltsbereich. Gäste können gratis Fahrräder ausleihen und sich in der Stadt abholen lassen (der Inhaber fährt bei Bedarf sogar bis nach Torquay hinaus!).

Anglesea Beachfront Family Caravan Park CAMPING $
(03-5263 1583; www.angleseabeachfront.com.au; 35 Cameron Rd; Stellplatz mit Strom 38–86 AU$, DZ in Hütte 110–271 AU$; @) Zwischen Strand und Flussufer warten hier WLAN, zwei Gästeküchen, ein Swimmingpool, eine Hüpfburg, ein Indoor-Spa und ein Spielezimmer.

Essen

Coffetti Gelato EISKREM $

(☎0434 274 781; www.facebook.com/coffettigelato; Shop 4, 87–89 Great Ocean Rd, Anglesea Shopping Village; Eisbecher ab 4 AU$; ⏲8–18 Uhr, Sommer 8–21.30 Uhr) Gleich neben dem Eingang des örtlichen Supermarkts betreibt ein italienisch-australisches Ehepaar diese authentische *gelateria*. Neben selbstgemachter Eiscreme in diversen leckeren Sorten (alternativ am Stiel oder als Granita erhältlich) gibt's hier auch Kaffee aus Uganda.

Maids Pantry CAFÉ $

(☎03-5263 1420; 119 Great Ocean Rd; Frühstück & Sandwiches ab 8 AU$; ⏲7–17 Uhr) Zu dem hellen, rustikalen Café gegenüber vom Anglesea River gehört auch ein Gemischtwarenladen mit guten Landwirtschaftsprodukten aus der Region. Auf der Karte stehen allerlei Sandwiches, Miniburger, Pies und Brunch-Optionen. Hinter dem Haus gibt's einen Garten mit Freilufttischen.

McGain's Cafe CAFÉ $

(☎03-5263 3841; www.mcgains.com.au; 1 Simmons Ct; Gerichte ab 7 AU$; ⏲Café 8.30–15 Uhr, Laden 8.30–17 Uhr; WLAN) Umgeben von vielen Pflanzen speisen Gäste des zauberhaften, lichtdurchfluteteten Cafés in einer Art Gewächshaus. Die größtenteils biologisch-dynamisch produzierten Zutaten für das Essen kommen aus dem Lebensmittelladen der dazugehörigen Gärtnerei. Neben leckerem Frühstück und Mittagessen gibt's hier auch sortenreinen Spitzenkaffee der Rösterei Cartel in Geelong. Kurz vor Angleseas Läden liegt das Ganze links nahe der Great Ocean Road.

Captain Moonlite MODERN-AUSTRALISCH $$

(☎03-5263 2454; www.captainmoonlite.com.au; 100 Great Ocean Rd; Hauptgerichte ab 25 AU$; ⏲Fr–So 8–22, Mo 8–16, Do 17–22 Uhr) Dieses Lokal mit unschlagbarem Strandblick und schlichtem Ambiente teilt sich ein Gebäude mit dem Anglesea Surf Life Saving Club. Auf den Tisch kommt hier hochwertige und saisonal geprägte Kost im „europäischen Küstenstil" (Eigenbeschreibung). Darunter sind leckeres Frühstück (z.B. Meerforelle mit weichgekochtem Ei auf Roggenbrot), Mezze-artige Vorspeisen und Hauptgerichte wie Seafood oder langsam geschmortes Lamm.

Praktische Informationen

Anglesea Visitor Information Centre (www.visitgreatoceanroad.org.au; Great Ocean Rd; ⏲9–17 Uhr; WLAN) Am Seeufer gibt's hier viele Broschüren zur Region (u. a. zu Wanderungen im umliegenden Nationalpark).

An- & Weiterreise

V/Line-Busse verbinden Geelong mit Anglesea (6,40 AU$, 45 Min., Mo–Fr 4- bis 6-mal tgl., Sa & So 2-mal tgl.).

Der Geelong Bypass (Umgehungsstraße) senkt die Fahrtzeit zwischen Melbourne und Anglesea nun auf ca. 75 Minuten.

Aireys Inlet

1071 EW.

Auf halber Strecke zwischen Anglesea und Lorne liegt dieses attraktive Küstennest, dessen Einwohnerschaft aus Alteingesessenen und Stadtflüchtlingen besteht. Zudem tummeln sich hier viele Urlauber. Der historische Leuchtturm bildet die Hintergrundkulisse für herrliche Strände wie **Fairhaven** und **Moggs Creek**. Das Visitor Centre in Anglesea verteilt Broschüren zu Wanderungen durch die wunderbare Küstengegend.

Sehenswertes & Aktivitäten

Der nette **Aireys Inlet Cliff Walk** (3,5 km) vom Painkalac Creek aus führt um den Split Point herum und dann zum Sunnymead Beach. Von dort aus verläuft der Surf Coast Walk (S. 601) weiter die Küste entlang. Details hierzu liefert die Broschüre *Walks of Lorne & Aireys Inlet,* die bei regionalen Visitor Centres erhältlich ist.

★ **Split Point Lighthouse** LEUCHTTURM

(☎1800 174 045, 03-5263 1133; www.splitpointlighthouse.com.au; Federal St; 45-minütige Führung Erw./Kind/Fam. 14/8/40 AU$; ⏲Führungen 11–14 Uhr stündl., Sommerferien 10–17 Uhr) Der schöne, 34 m hohe Leuchtturm von 1891 trägt den Spitznamen „White Queen" und ist immer noch in Betrieb (heute aber voll automatisiert). Wer die 136 Stufen zur Spitze meistert, wird mit sensationellem Rundumblick belohnt. In der Nachsaison steigt ein Guide mit nach oben. Im Sommer muss man allein hinauflaufen, kann aber Fragen an das anwesende Personal stellen.

Blazing Saddles REITEN

(☎0418 528 647, 03-5289 7322; www.blazingsaddlestrailrides.com; Lot 1 Bimbadeen Dr; 1¼-stündige Buschritte ab 50 AU$/Pers., 2½-stündige Strand- & Buschritte 115 AU$/Pers.) Mit den Pferden von Blazing Saddles traben Touristen aus aller Welt durch das Buschland und/oder am herrlichen Fairhaven Beach entlang.

Schlafen

Inlet Caravan Park CAMPING $

(☎ 03-5289 6230; www.aicp.com.au; 19–25 Great Ocean Rd; Stellplatz mit Strom 39 AU$, DZ in Hütte 105–280 AU$; @ 📶 🏊) Der gepflegte Park nahe den wenigen örtlichen Läden ist mehr Hüttenanlage als Campingplatz.

★ **Cimarron B & B** B & B $$

(☎ 03-5289 7044; www.cimarron.com.au; 105 Gilbert St; DZ 125–225 AU$; 📶) Dieses Haus wurde 1979 von einheimischen Holzfällern aus Brettern und Holzdübeln errichtet und ist ein idyllischer Rückzugsort mit Blick über den Point Roadknight. Der große Aufenthaltsbereich ist von Bücherwänden gesäumt und mit einem gemütlichen Kamin ausgestattet. Oben befinden sich zwei loftartige Doppelzimmer mit Gewölbedecken aus Holz. Darüber hinaus gibt's ein geräumiges Apartment. Hier draußen sind die Gäste umgeben von Wildnis und dem State Park. Man muss mindestens zwei Nächte buchen. Die Unterkunft ist schwulen- und lesbenfreundlich, Kinder sind dagegen nicht erwünscht.

Pole House FERIENHAUS $$$

(☎ 03-5220 0200; www.greatoceanroadholidays.com.au; 60 Banool Rd, Fairhaven; ab 470 AU$) Eine der markantesten Unterkünfte an der Great Ocean Road: Wie der Name schon sagt, befindet sich das einzigartige Pole House oben auf einem Pfeiler. Hinüber zu dem Haus mit sensationellem Meerblick geht's über einen externen Laufsteg.

Essen & Ausgehen

Willows Tea House CAFÉ $

(☎ 03-5289 6830; 7 Federal St; Teegebäck 4 AU$, Frühstück ab 8 AU$; ⏲ 9–17 Uhr; 📶) Prima zum Eintauchen in die maritime Atmosphäre von Aireys Inlet: Ein paar Schritte neben dem Leuchtturm ist diese behagliche Teestube in einem historischen Cottage mit Holzverschalung untergebracht. Zum Morgen- oder Nachmittagstee gibt's hier selbstgemachte Scones mit Marmelade und Schlagsahne (drinnen oder draußen).

Captain of Aireys PIZZA $$

(☎ 03-5297 4024; www.thecaptainofaireys.com.au; 81 Great Ocean Rd; Pizzas 15–25 AU$; ⏲ Do–So 11–20 Uhr, Sommer längere Öffnungszeiten) Die beliebte Pizzeria ist nach einem Seemann benannt, der Anfang des 20. Jhs. in der Gegend lebte. Serviert werden hier authentische Holzofenpizzas à la Neapel.

★ **á la grecque** GRIECHISCH $$$

(☎ 03-5289 6922; www.alagrecque.com.au; 60 Great Ocean Rd; Hauptgerichte 28–40 AU$; ⏲ Aug.–Dez. Mi–So 12–15 & 18–21.30 Uhr, Dez.–April tgl., Mai–Juli geschl.) Die tolle moderne Taverne mit griechischer Küche versetzt Gäste ans Mittelmeer. Auf den Tisch kommen hier hervorragende Vorspeisen (z. B. kurz angebratene Jakobsmuscheln oder geschmorter Tintenfisch mit Äpfeln, Sellerie und Limettensaft) und Hauptgerichte wie gegrillte Schweineschulter. Die Weinkarte ist genauso großartig.

★ **Aireys Pub** KLEINBRAUEREI

(☎ 03-5289 6804; www.aireyspub.com.au; 45 Great Ocean Rd; Bierkrug ab 5 AU$; ⏲ 11.30 Uhr–open end; 📶) Dieser Pub von 1904 ist ein Stehaufmännchen: Er brannte im Lauf der Jahre zweimal komplett ab und wurde 2011 geschlossen. Doch dann legten ein paar Einheimische Geld zusammen und öffneten das Ganze wieder – mit höchst überzeugendem Ergebnis: Neben einer Kleinbrauerei namens **Rogue Wave** gibt's hier leckeres Essen (Hauptgerichte 20–34 AU$; u. a. Grillfleisch aus dem Smoker), einen offenen Kamin, Livemusik und einen großen Biergarten.

An- & Weiterreise

Die Fahrt von Melbourne nach Aireys Inlet (direkt 123 km, ca. 1¾ Std.) dauert über Torquay etwas länger (27 km zusätzlich, 25 Min.).

Von der Geelong Station aus rollen V/Line-Busse nach Aireys Inlet (8,80 AU$, 1 Std., Mo–Fr 4- bis 6-mal tgl., Sa & So 2-mal tgl.). Bei Bedarf kann man damit jeweils zum selben Preis nach Fairhaven, Moggs Creek und Eastern View in der Nähe weiterfahren.

Lorne

1046 EW.

Lorne ist einer der ältesten Ferienorte an der Great Ocean Road und wirkt heute etwas überentwickelt. Dennoch versprüht das Nest nach wie vor all den Charme, der Besucher seit dem 19. Jh. hierherlockt. Abseits der Hauptstraße herrscht eine unglaubliche natürliche Schönheit: Mächtige Eukalyptusbäume säumen die hügeligen Straßen, während die Loutit Bay unwiderstehlich in der Sonne glitzert. Vor allem im Sommer ist Lorne sehr stark besucht – dann konkurriert man mit vielen Tagsausflüglern um Restauranttische und Lattes. Doch trotz der Besucherscharen ist dies ein reizendes Pflaster zum Abhängen.

ABSTECHER

GREAT OCEAN ROAD CHOCOLATERIE & ICE CREAMERY

Die **Great Ocean Road Chocolaterie & Ice Creamery** (☎03-5263 1588; www.gorci.com.au; 1200 Great Ocean Rd, Bellbrae; ⏱9–17 Uhr) außerhalb von Anglesea (11 km) stoppt zuverlässig Kindergequengel à la „Wann sind wir endlich da?": Die große Fabrik am Straßenrand produziert neben Pralinen und Schokolade (Tipp: Die Bush-Tucker-Sorten) auch Eiscreme in 20 Varianten. Zudem hat sie ein Café und veranstaltet Kurse in Schokoladenherstellung (40 AU$; online reservieren) an den meisten Samstagen.

Sehenswertes & Aktivitäten

★ Qdos Art Gallery KUNSTGALERIE
(☎03-5289 1989; www.qdosarts.com; 35 Allenvale Rd; ⏱Do–Mo 9–17 Uhr, Jan. tgl.) GRATIS Die moderne Kunstgalerie in den dichten Wäldern hinter Lorne hat immer etwas Interessantes zu bieten und obendrein einen Skulpturengarten. Hinzu kommen ein nettes kleines Café mit Holzofenpizzas und Unterkünfte im *ryokan*-Stil.

Great Ocean Road Story MUSEUM
(15 Mountjoy Pde; ⏱9–17 Uhr) GRATIS Das Museum im Lorne Visitor Centre informiert mit Ausstellungen, Videos und Büchern über die interessante Geschichte der Great Ocean Road (inkl. deren Bau).

Erskine Falls WASSERFALL
(Erskine Falls Access Rd) Außerhalb des Ortes liegt dieser hübsche Wasserfall. Es gibt einen leicht zu meisternden Weg hinauf zur Aussichtsplattform, und 250 (nicht selten glitschige) Stufen führen hinunter zum Fuß des Wasserfalls. Unten angekommen kann man weiterwandern oder einfach wieder die Stufen hinaufsteigen.

Feste & Events

Falls Festival MUSIK
(www.fallsfestival.com; 2-/3-/4-Tages-Tickets 249/299/339 AU$; ⏱28 Dez.–1. Jan.) Eine viertägige Neujahrsparty auf einer Farm außerhalb der Stadt. Dieses ausgezeichnete Musikfestival lockt internationale Rock- und Indie-Bands an. Prominente Musiker, die hier bereits auftraten, sind z. B. Iggy Pop, Kings of Leon und die Black Keys. Die Tickets beinhalten auch Camping und sind schnell ausverkauft (innerhalb einer Stunde).

Schlafen

Big Hill Track CAMPING $
(☎13 1963; www.parkweb.vic.gov.au; 1265 Deans Marsh-Lorne Rd, Benwerrin) Der kostenlose Campingplatz liegt 15 km nördlich von Lorne an der Straße nach Birregurra und eignet sich gut für Backpacker mit Zelt oder Van. Mangels Reservierungsmöglichkeit benötigt man jedoch ein bisschen Glück, um einen der zwölf Stellplätze zu ergattern.

Lorne Foreshore Caravan Park CAMPING $
(☎03-5289 1382; www.lornecaravanpark.com.au; 2 Great Ocean Rd; Stellplatz ohne Strom 28–55 AU$, mit Strom 37–89 AU$, DZ in Hütte 97–189 AU$; WLAN) Der Foreshore Caravan Park reserviert Stellplätze auf allen fünf örtlichen Campingplätzen. Von diesen ist der **Erskine River Caravan Park** (in dem sich auch das Buchungsbüro befindet) am schönsten. Achtung: Baden im Fluss ist verboten! Am Rand von Lorne liegt das Gelände gleich links vor der Brücke. Für die Hauptsaison unbedingt frühzeitig buchen! WLAN gibt's nur im Rezeptionsbereich.

★ Qdos RYOKAN $$$
(☎03-5289 1989; www.qdosarts.com; 35 Allenvale Rd; Zi. inkl. Frühstück ab 300 AU$; WLAN) Die perfekte Wahl für alle, die ein romantisches Plätzchen oder einen spirituellen Rückzugsort mitten im Wald suchen. Die luxuriösen Baumhäuser sind mit Tatamimatten und Trennwänden aus Reispaper ausgestattet. TVs gibt es keine. Der Mindestaufenthalt beträgt zwei Nächte. Kinder sind nicht willkommen.

Essen

HAH CAFE $
(Health and Hire; ☎0437 759 469, 0406 453 131; www.hahlornebeach.com.au; 81 Mountjoy Pde; Hauptgerichte ab 8 AU$; ⏱8.30–17 Uhr, Sommer längere Öffnungszeiten; WLAN) Wer seine Strandfigur erhalten will, begibt sich am besten hinunter zu diesem gesundheitsbewussten Café in toller Lage am Wasser: Auf der Karte stehen hier Superfood, Proteinbällchen, reichhaltige Gemüseshakes, leckere Toastschnitten und selbstgebackenes Bananenbrot mit Honig aus Lorne.

Swing Bridge Cafe & Boathouse CAFÉ $
(☎0423 814 770; 30 Great Ocean Rd; Gerichte 10–16 AU$; ⏱Fr–Mo 8–14.30 Uhr, Sommer tgl.) An

der historischen Hängebrücke von 1934 punktet dieses winzige Café mit Blick aufs Wasser und reizvollem Retro-Strandvibe. Serviert werden hier sortenreiner Kaffee und Brioches mit verschiedenen Füllungen (z.B. Pulled Pork, Rinderbrust, Tofu-Bratlinge mit Kräutersauce). An Sommerabenden gibt's draußen auf dem Rasen zudem Paella oder Fleisch, das im argentinischen Stil über Holzkohle gegrillt wird.

★ **Lorne Beach Pavilion** MODERN-AUSTRALISCH **$$**
(☎ 03-5289 2882; www.lornebeachpavilion.com.au; 81 Mountjoy Pde; Frühstück 9–23 AU$, Hauptgerichte 19–45 AU$; ⏰ Mo–Do 9–17, Fr 9–21, Sa & So 8–21 Uhr) Direkt am Meer wird hier Strandleben zelebriert – vor allem mit kalten Drinks. Das Lokal überzeugt u.a. mit Frühstück und Mittagessen im Caféstil. Abends landet dann Gehobeneres (Ribeye-Steaks, Seafood) der modern-australischen Art auf dem Teller. Bei der Happy Hour gibt's Bier für 7 AU$ pro Pint. Alternativ gönnt man sich zu Sonnenuntergang eine Flasche Prosecco.

Ipsos GRIECHISCH **$$**
(☎ 03-5289 1883; www.ipsosrestaurant.com.au; 48 Mountjoy Pde; Gemeinschaftsteller 5–29 AU$; ⏰ Do–Mo 12–15 & 18–22 Uhr, Sommer längere Öffnungszeiten) Das bekannte Kosta (gegr. 1974) ist von Lorne inzwischen nach Aireys Inlet umgezogen. In den früheren Räumlichkeiten betreiben die Söhne derselben Inhaberfamilie nun diese fesche Taverne mit zwangloser Atmosphäre. Auf der Karte stehen vor allem griechische Gemeinschaftsteller. Spezialität des Hauses ist langsam geschmorte Lammschulter (66 AU$/2 Pers.).

ℹ Praktische Informationen

Lorne Visitor Centre (☎ 03-5289 1152, 1300 891 152; www.lovelorne.com.au; 15 Mountjoy Pde; ⏰ 9–17 Uhr; 📶) Das hilfsbereite Personal liefert zahllose Infos und Tipps (u.a. zu Unterkünften oder Wandermöglichkeiten). Zudem gibt's hier Angellizenzen, Bustickets, einen Souvenir-Shop und Gratis-Internet (inkl. WLAN). Vor der Tür befindet sich eine Ladestation für E-Autos.

ℹ An- & Weiterreise

Zwischen Geelong (11,60 AU$, 1½ Std.) und Apollo Bay (5 AU$, mind. 1 Std.) halten Busse von **V/Line** (S. 593) täglich in Lorne.

Die Anfahrt ab Melbourne (143 km) dauert knapp zwei Stunden.

Wye River

140 EW.

Vom Cumberland River her schängelt sich die Great Ocean Road um spektakuläre Klippen herum und erreicht dann dieses kleine Örtchen mit großen Ideen. An Weihnachten 2015 zerstörte ein großer Buschbrand hier rund 116 Wohnhäuser. Alle Einwohner wurden damals evakuiert; zum Glück waren keine Todesopfer zu beklagen.

Schlafen & Essen

Big4 Wye River Holiday Park CAMPING **$**
(www.big4wyeriver.com.au; 25 Great Ocean Rd; Stellplatz ohne Strom 30–45 AU$, mit Strom 38–50 AU$, Hütte 120–185 AU$, Ferienhaus 310–395 AU$; ❄ @) Gleich hinter dem Strand erstreckt sich vor den Wäldern der Otways dieser beliebte Campingplatz (10 ha) mit sehr guten Rasenstellplätzen und diversen komfortablen Hütten bzw. Ferienhäusern.

Wye River Foreshore Camping Reserve CAMPING **$**
(☎ 03-5289 0412; Stellplatz mit Strom 40 AU$; ⏰ Nov.–April) Strandcampingplatz.

★ **Wye Beach Hotel** KNEIPENESSEN **$$**
(☎ 03-5289 0240; www.wyebeachhotel.com.au; 19 Great Ocean Rd; Hauptgerichte ab 27 AU$; ⏰ 11.30–23 Uhr; 📶) An Victorias (wenn nicht gar Aus-

NICHT VERSÄUMEN

BRAE

Das **Brae** (☎ 03-5236 2226; www.braerestaurant.com; 4285 Cape Otway Rd, Birregurra; 8-gängige Probiermenüs 190–220 AU$/Pers., passende Weine zzgl. 125 AU$; ⏰ Fr–Mo 12–15, Do–Sa ab 18 Uhr) gilt als eines der besten Restaurants von Australien und steht zu Recht regelmäßig auf der Liste der 100 weltbesten Lokale. Eröffnet wurde es 2012 von Inhaber und Küchenchef Dan Hunter, der für seine kreativen Köstlichkeiten größtenteils saisonale Zutaten aus seinem 12 ha großen Bio-Garten verwendet. Ohne frühzeitige Reservierung geht hier gar nichts. Das Brae liegt nur 30 Fahrtminuten von Lorne entfernt im malerischen Ort Birregurra.

traliens) Küste gehört der schlichte Pub mit sensationellem Meerblick und viel Lokalkolorit zweifellos zu den besten seiner Art. Die ausschließlich regionalen Fassbiere stammen aus Forrest, Torquay und Aireys Inlet. Das Kneipenessen ist aber recht teuer.

Wye General CAFÉ $$
(☎ 03-5289 0247; www.thewyegeneral.com; 35 Great Ocean Rd; Hauptgerichte 15–26 AU$; ⊙ Mo–Sa 8–17, So 8–16 Uhr) Der beliebte Gemischtwarenladen verkauft u. a. Lebensmittel. Das Highlight hier ist aber die hübsche Cafébar mit Freiluftbereich, polierten Betonböden und Holzelementen. Im noblen Retro-Ambiente gibt's hier altmodische Cocktails, Fassbier, Frühstück, Burger und Toastschnitten aus selbstgemachtem Sauerteig.

An- & Weiterreise

Ab Geelong besteht mehrmals täglich Busverbindung nach Wye River (14,40 AU$, 2 Std.).

Der Ort liegt etwa auf halber Strecke zwischen Lorne und Apollo Bay an der Great Ocean Road. Die Anfahrt von Melbourne (159 km) dauert etwa zweieinhalb Stunden.

Kennett River

Ungefähr 25 km östlich von Apollo Bay kann man hinter dem Campingplatz von Kennett River sehr gt nach Koalas Ausschau halten. Am selben Abschnitt der Grey River Rd lassen sich nachts auch Glühwürmchen bewundern (man sollte eine Taschenlampe mitnehmen).

Der freundliche **Kennett River Holiday Park** (☎ 03-5289 0272, 1300 664417; www.kennettriver.com; 1–13 Great Ocean Rd; Stellplatz ohne Strom 31–58 AU$, mit Strom 37–68 AU$, DZ in Hütte ab 115 AU$; 📶) gehört zu den besten Campingplätzen entlang der Küste. Das buschige Gelände ist bei Surfern, Familien, Travellern und jungen Paaren gleichermaßen beliebt.

Rund 165 km von Melbourne entfernt liegt Kennett River direkt an der Great Ocean Road (30 Min. mit dem Auto nach Lorne). Ab Geelong fahren Busse hierher (16 AU$, 2 Std., 3-mal tgl.).

Apollo Bay

1095 EW.

Apollo Bay gehört zu den größeren Ortschaften an der Great Ocean Road. Die eng verbundene Einwohnerschaft besteht aus Fischern, Künstlern, Musikern und Stadtflüchtlingen. Im Hintergrund liegen idyllische und sanft gewellte Hügel, während sich am Ufer breite Strände mit weißem Sand erstrecken. Das magische Cape

ABSTECHER

FORREST

Rund 30 Autominuten von Apollo Bay entfernt versteckt sich Forrest in den wilden Otways. Die frühere Holzfällerstadt ist inzwischen ein angesagtes Touristenziel:

Seit dem Niedergang der Holzindustrie hat sie sich selbst neu als eines der besten MTB-Reviere des Bundesstaats erfunden. Dank Parks Victoria und dem Department of Environment and Primary Industries (DEPI) führen hier nun 16 Trails (insgesamt über 50 km) von einfach bis extrem anspruchsvoll durchs Gelände. Routenkarten (www.rideforrest.com.au/trails) gibt's beim **Corner Store** (www.thecornerstoreforrest.com.au; Ecke Blundy & Station St, Forrest; Leihfahrräder halber/ganzer Tag 75/95 AU$; ⊙ Mo–Do 9–16, Fr–So 8–17 Uhr).

Der malerische **Lake Elizabeth** etwa 7 km außerhalb von Forest ist bekannt für Schnabeltiere und den surrealen Anblick toter Bäume, die aus dem glasklaren Wasser emporragen. In der Morgen- und Abenddämmerung lassen sich hier Schnabeltiere bei geführten Kanutouren von **Otway Eco Tours** (☎ 0419 670 985; www.platypustours.net.au; Erw./Kind 85/50 AU$) beobachten.

Berühmt ist auch die örtliche Kleinbrauerei: Die **Forrest Brewing Company** (☎ 03-5236 6170; www.forrestbrewing.com.au; 26 Grant St, Forrest; Probiergedecke mit 6 Biersorten 12 AU$, Krug/Pint ab 5,50/10 AU$; ⊙ So–Mi 9–17, Do–Sa 9–23 Uhr, Dez.–Jan. tgl.) verköstigt Gäste mit acht Hausbiersorten und hervorragendem Kneipenessen.

Das **Bespoke Harvest** (☎ 03-5236 6446; www.bespokeharvest.com.au; 16 Grant St, Forrest; Festpreismenü 65 AU$; ⊙ Fr–Mo 12–14.30, Fr & Sa 18–20 Uhr) 🍃 beschert Forest ebenfalls viele Besucher: Für seine moderne, stark saisonal geprägte Küche mit mediterranen Einflüssen verwendet das Restaurant meist Zutaten aus dem eigenen Garten.

WANDERN ENTLANG DER GREAT OCEAN ROAD

Der **Great Ocean Walk** (www.greatoceanwalk.com.au) führt von der Apollo Bay zu den Twelve Apostles. Während der mehrtägigen Wanderung läuft man oben an spektakulären Steilkanten entlang, erkundet einsame Strände und durchquert den Otway National Park.

Wanderer können an einer Stelle losmarschieren und sich anderswo wieder von einem Shuttle abholen lassen; öffentliche Verkehrsmittel stehen jedoch kaum zur Verfügung. Bei Bedarf können auch nur Teilabschnitte der Route (insgesamt 104 km, 8 Tage) absolviert werden. Die ausgewiesenen Zelt-Stellplätze entlang des Great Ocean Walk sind registrierten Wanderern vorbehalten. Benutzer müssen Zelt und Kochausrüstung (Achtung: offenes Feuer verboten!) selbst mitbringen. Alternativ stehen unterwegs viele komfortable Bleiben von luxuriösen Lodges bis zu Wohnwagenparks zur Verfügung. Auch hierzu liefert der hilfreiche FAQ-Bereich der Website umfassende Infos.

Walk 91 (☎ 03-5237 1189; www.walk91.com.au; 157–159 Great Ocean Rd, Apollo Bay; Dreitageswanderungen mit 4 Übernachtungen 800 AU$/Pers.) kümmert sich um Planung, Leihausrüstung, Anreise und den Gepäcktransport zum Ziel.

Otway (S. 608) und der Otway National Park lassen sich von hier aus hervorragend erkunden. Zudem warten in Apollo Bay mehrere belebte Pubs und ein paar der besten Restaurants der ganzen Küste. Dank einiger Hostels und guter Verkehrsverbindungen ist dies auch eine der besten Zwischenstationen bei Budget-Touren entlang der Great Ocean Road.

Sehenswertes & Aktivitäten

Mark's Walking Tours STADTSPAZIERGANG
(☎ 0417 983 985; www.greatoceanwalk.asn.au/markstours Führungen 50 AU$) Der Sohn des Leuchtturmwärters von Cape Otway, Mark Brack, veranstaltet Führungen vor Ort. Er kennt die Küste, ihre Geschichte und ihre Gespenster besser als jeder andere in der Gegend. Touren finden täglich statt und beinhalten Schiffswrack-, Geschichts-, Glühwurm- und Great-Ocean-Walk-Treks. Die Mindestteilnehmerzahl ist zwei Personen – je mehr Teilnehmer desto geringer der Preis pro Person.

Apollo Bay Surf & Kayak ABENTEUERSPORT
(☎ 0405 495 909; www.apollobaysurfkayak.com.au; 157–159 Great Ocean Rd; 2-stündige Kajaktouren 70 AU$, 2-stündiger Surfunterricht Erw./Kind 65/60 AU$) Hier gibt es Doppelkajaktouren zu Seehundkolonien. Die Touren (mit Anleitungen für Anfänger) starten am Marengo Beach (südlich des Zentrums). Apollo bietet außerdem Surfunterricht (inklusive Brettern) und SUP-Unterricht und vermietet Stehpaddelbretter und Mountainbikes (halber Tag 30 AU$).

Schlafen

YHA Eco Beach HOSTEL $
(☎ 03-5237 7899; www.yha.com.au; 5 Pascoe St; B/DZ/FZ ab 29/75/112 AU$; @) Das großartige, mehrere Millionen Dollar teure Öko-Hostel wurde vom Architekten perfekt durchgeplant. Einen Block hinter dem Strand gibt's hier tolle Aufenthaltsbereiche, Gästeküchen, Dachterrassen, blitzsaubere Standardzimmer und eine Boule-Bahn.

Pisces Big4 Apollo Bay CAMPING $
(☎ 03-5237 6749; www.piscespark.com.au; 311 Great Ocean Rd; Stellplatz ohne/mit Strom ab 34/42 AU$, Hütte ab 99 AU$;) Strandvillen mit unschlagbarem Meerblick (ab 190 AU$) heben den familienfreundlichen Park von seiner Konkurrenz ab.

★ **Beacon Point Ocean View Villas** VILLA $$
(☎ 03-5237 6218, 03-5237 6411; www.beaconpoint.com.au; 270 Skenes Creek Rd; Zi. inkl. Frühstück 200–350 AU$;) Diese wundervolle Sammlung komfortabler Villen (mit 1 und 2 Schlafzimmern) unter Bäumen in imposanter Hügellage bietet ein luxuriöses, aber erschwingliches Busch-Refugium. Die meisten Villen haben sensationelle Küstenblicke, Balkone und Holzheizungen. Hier gibt es auch ein beliebtes Restaurant.

Essen & Ausgehen

★ **Chris's Beacon Point Restaurant** GRIECHISCH $$$
(☎ 03-5237 6411; www.chriss.com.au; 280 Skenes Creek Rd; Hauptgerichte ab 34 AU$; ⏲ tgl. 18 Uhr–open end, Sa & So auch 12–14 Uhr;) In diesem

ABSTECHER

OTWAY FLY

Von der Holzfällerstadt Lavers Hill an der Colac Rd (C155) geht's landeinwärts (20 km) zum beliebten Abenteuerpark **Otway Fly** (☎1800 300 477, 03-5235 9200; www.otwayfly.com; 360 Phillips Track; Baumwipfeltour Erw./Kind 25/15 AU$, Seilrutschentour 120/85 AU$; ⏲9–17 Uhr, letzter Einlass 16 Uhr). Baumwipfelstege aus Stahl führen hier u. a. zu einer schwankenden Aussichtsplattform in 50 m Höhe. Kinder freuen sich über den „Urzeitpfad" mit vielen Dinosauriern. Wagemutige können an der geführten Seilrutschentour (2½ Std.) mit 120 m langer Freiflugstrecke teilnehmen und sich auch von einem der Baumriesen abseilen.

gehobenen Restaurant, das versteckt zwischen Baumspitzen auf einem Hügel liegt, können sich Besucher an unvergesslichen Meerblicken, köstlichen Meeresfrüchten und griechisch angehauchten Gerichten gütlich tun. Im Voraus reservieren. Wer möchte, kann in den wundervollen Stelzenvillen übernachten (S. 607). Hierher gelangt man über den Skenes Creek.

La Bimba MODERN-AUSTRALISCH $$$
(☎03-5237 7411; www.labimba.com.au; 125 Great Ocean Rd; Hauptgerichte 36–42 AU$; ⏲Mi–Mo 8.30–15 & 17.30–21.30 Uhr) Das einladende, schicke Restaurant mit zwanglos-entspannter Atmosphäre ist seine hohen Preise wert. In einem Obergeschoss mit Meerblick gibt's hier Mod-Oz-Küche und eine gute Weinauswahl. Zu empfehlen sind z. B. die Portarlington-Muscheln mit Chilis oder das Lammfleisch aus regionaler Produktion.

★ **Great Ocean Road Brewhouse** KLEINBRAUEREI
(☎03-5237 6240; www.greatoceanroadbrewhouse.com.au; 29 Great Ocean Rd; Bierkrug 5 AU$; ⏲Kneipe Mo–Do 11–23, Fr & Sa 11–1 Uhr, Tastes of the Region Mo–Do 12–20, Fr 12–21, Sa 10–21, So 10–20 Uhr) Dieser neue Ableger der renommierten Brauerei Prickly Moses (in den Otways ansässig) schenkt eine eindrucksvolle Bierauswahl aus. Der Laden besteht aus zwei Bereichen: Die Bar mit Pooltisch (vorn) hat eher ein klassisches Pub- bzw. Bistro-Ambiente. Hinten, im Raum namens „Taste of the Region", gibt's insgesamt 16 Fassbiersorten zu Essen aus regionalen Zutaten.

Hello Coffee CAFÉ
(☎0438 443 489; www.hellocoffee.com.au; 16 Oak Ave; ⏲Mo–Fr 7–15, Sa 9–14 Uhr; 📶) In einem Gewerbepark an einer Nebenstraße betreiben ein paar Einheimische gemeinsam dieses Café mit eigener Rösterei und gemütlichem Lounge-Ambiente. Sortenreine Bohnen aus aller Welt verwandeln sich hier in den besten Kaffee der Region (u. a. klassischer Espresso, Chemex, Cold Crema oder mit dem V60-Handfilter gebrüht). Dazu gibt's gutes Frühstück und Snacks wie Brötchen mit geräuchertem Pulled Pork.

ℹ Praktische Informationen

Great Ocean Road Visitor Centre (☎1300 689 297; www.visitapollobay.com, 100 Great Ocean Rd; ⏲9–17 Uhr; 📶) Das moderne und professionelle Visitor Centre hat viele Informationen zur Region und ein „Öko-Zentrum" mit Ausstellungen. Hier gibt's kostenloses WLAN; außerdem kann man Busfahrkarten buchen.

ℹ An- & Weiterreise

Ab Melbourne landeinwärts geht's am schnellsten über den Geelong Bypass (200 km), der durch Birregurra und Forrest führt. Viel schöner ist jedoch die längere Route entlang der Great Ocean Road (ca. 4½ Fahrtstd.).

Von Melbourne aus ist Apollo Bay leicht mit öffentlichen Verkehrsmitteln erreichbar: Einfach per Zug nach Geelong fahren und dort einen der Anschlussbusse nehmen (27,20 AU$, 3½ Std., Mo–Fr 3-mal tgl., Sa & So 2-mal tgl.). Diese halten unterwegs u. a. in Torquay (15,40 AU$, 2 Std.), Anglesea (11,20 AU$, 1¾ Std.) und Lorne (5 AU$, 1 Std.).

Cape Otway

Cape Otway ist der zweitsüdlichste Punkt des australischen Festlandes (nach Wilsons Promontory) und einer der feuchtesten Orte des Staates. Die Küste ist besonders schön, rau und gefährlich für Schiffe. Die Abzweigung zur Lighthouse Rd, die nach 12 km zum Leuchtturm führt, liegt 21 km von Apollo Bay. Es handelt sich um eine schöne Landstraße, umgeben von mächtigen Bäumen, die vielen Koalas als Heimat dienen.

👁 Sehenswertes

Cape Otway Lightstation LEUCHTTURM
(☎03-5237 9240; www.lightstation.com; Lighthouse Rd; Erw./Kind/Fam. 19,50/7,50/49,50 AU$; ⏲9–17 Uhr) Der Leuchtturm von Cape Otway ist der älteste noch existierende Leuchtturm auf dem australischen Festland. Er wurde

1848 von mehr als 40 Steinmetzen ohne Mörtel oder Zement gebaut. Die **Telegraph Station** bietet faszinierende Informationen über die 250 km lange Telegrafenverbindung nach Tasmanien, die 1859 eingerichtet wurde. Auf dem weitläufigen Komplex gibt es viel zu sehen, von Kulturstätten der Aborigines zu Bunkern aus dem Zweiten Weltkrieg.

Schlafen

★ Bimbi Park CAMPING $

(☎ 03-5237 9246; www.bimbipark.com.au; 90 Manna Gum Dr; Stellplatz ohne Strom 20–40 AU$, mit Strom 25–45 AU$, B 20 AU$, Hütte 100–145 AU$;) Super für Familien oder Wanderer auf dem Great Ocean Walk: Der charaktervolle Campingplatz mit Hütten, Schlafsälen, altmodischen Wohnwagen und Stellplätzen im Busch liegt 3 km vom Leuchtturm entfernt am Ende einer unbefestigten Straße. Gäste können viele Tiere (u.a. Koalas) beobachten, an Ausritten teilnehmen (pro Std. Erw./Kind 65/55 AU$) und an einer Kletterwand herumkraxeln. Die Platzbetreiber treffen gute Maßnahmen zum Wassersparen.

Blanket Bay CAMPING $

(☎ 13 19 63; www.parkweb.vic.gov.au; Stellplatz ab 28,70 AU$) Blanket Bay gehört zu jenen „versteckten" Campingplätzen, die Melbournes Einwohner bevorzugt „entdecken". Das Ganze ist daher kein echter Geheimtipp, sondern vielmehr so populär, dass die Stellplätze in den Sommer- und Osterferien regelmäßig ausgebucht sind. Dennoch hat man hier seine Ruhe (abhängig von den jeweiligen Nachbarn!) und findet in der Nähe einen schönen Strand.

★ Great Ocean Ecolodge LODGE $$$

(☎ 03-5237 9297; www.greatoceanecolodge.com; 635 Lighthouse Rd; Zi. inkl. Aktivitäten ab 380 AU$;) Dieses Gebäude aus Lehm und Ziegeln in ländlicher Umgebung mit seinen vielen Tieren erinnert an eine luxuriöse afrikanische Safarilodge. Der Strom kommt von der Solaranlage – Erträge gehen an das örtliche **Centre for Conservation Ecology** (www.conservationecologycentre.org).

Die Lodge dient auch als Tierkrankenhaus und betreibt außerdem eine Zuchtstätte für Riesenbeutelmarder, die man auf einer Führung mit einem Ökologen bei Sonnenuntergang sehen kann.

Cape Otway Lightstation B&B $$$

(☎ 03-5237 9240; www.lightstation.com; Lighthouse Rd; DZ inkl. Leuchtturmzugang 240–450 AU$) Das historische, windige Leuchtturmgelände wartet mit verschiedenen romantischen Unterkünften auf. Darunter sind z.B. das Head Lightkeeper's House (max. 16 Pers.; auch komplett buchbar) und das kleinere Manager's House (max. 2 Pers.). Die zweite Nacht ist 50% günstiger.

Port Campbell National Park

Östlich der Otways wird die Great Ocean Road flacher und führt an der Küste zwischen Princetown und Peterborough in ein Gebiet mit schmalen, von Sträuchern bewachsenen Steilhängen, die über kahle Klippen 70 m tief zum Meer hin abfallen – hier herrscht eine ganz andere Landschaft vor.

TWELVE APOSTLES: VERKEHRSMITTEL & GEFÜHRTE TOUREN

Fürs Erkunden dieser Gegend ist ein eigenes Auto so ziemlich die einzige Alternative zu geführten Touren. Ab Port Campbell sind es etwa 15 km bis zu den Apostles und rund 12 km bis zur Loch Ard Gorge.

Die Bootstouren von **Port Campbell Boat Charters** (☎ 0428 986 366; www.portcampbellboatcharters.com.au; Panorama-/Tauch-/Angeltouren pro Pers. ab 50/60/70 AU$) bieten vom Meer aus einen einzigartigen Blick auf die Apostles. Ansonsten kann der spektakuläre Küstenabschnitt auch bei **Panoramaflügen** (☎ 03-5598 8283; www.12apostleshelicopters.com.au; 15-minütige Flüge 145 AU$) per Hubschrauber bewundert werden.

Die **Port Campbell Touring Company** (☎ 03-5598 6424, 0447 986 423; www.portcampbelltouring.com.au; Halbtagstouren/geführte Wanderungen pro Pers. ab 120/85 AU$) bietet Touren ab Port Campbell an. Von Melbourne aus geht's mit folgenden Tourfirmen hierher:

Go West Tours (S. 601)

Otway Discovery Tour (S. 601)

Ride Tours (S. 601)

Man befindet sich jetzt im Port Campbell National Park mit den Twelve Apostles. Es ist der berühmteste und meistfotografierte Abschnitt der Great Ocean Road.

Alle Strände an diesem Küstenabschnitt sind wegen den starken Strömungen und Strudeln ganz und gar nicht zum Schwimmen geeignet.

Sehenswertes

★Twelve Apostles AREAL

(Great Ocean Rd) Die kultigste Sehenswürdigkeit und das unvergesslichste Bild für die meisten Besucher der Great Ocean Road sind die Twelve Apostles, die der passende Höhepunkt einer jeden Reise sind. Die Felsnadeln ragen spektakulär aus dem Meer, als seien sie von dem zurückweichenden Festland zurückgelassen worden. Heute sind nur noch sieben „Apostel" von einem Netz aus Aussichtsplattformen aus zu sehen, die durch Holzstege verbunden sind, die sich um die Klippenspitzen winden.

Vom Parkplatz am Twelve Apostles Visitor Centre, eher ein Kiosk mit Toiletten als ein Infozentrum, geht es zu Fuß durch einen Tunnel unter der Great Ocean Road zu den Aussichtsplattformen.

Die beste Zeit für einen Besuch ist bei Sonnenuntergang, nicht nur, weil man dann die besten Fotos machen kann und die Touristenbusse schon weg sind, sondern weil dann **kleine Pinguine** ans Ufer zurückkehren. Obwohl Besucher nicht immer Glück haben, kommen die putzigen Tierchen in der Regel 20 bis 40 Minuten nach Sonnenuntergang ans Ufer. Um sie beobachten zu können, braucht man Ferngläser, die man am Port Campbell Visitor Centre (S. 596) ausleihen kann.

Gibson Steps STRAND

Diese 86 Stufen, die im 19. Jh. vom Landbesitzer Hugh Gibson in die Klippen geschlagen wurden (und vor kurzem durch sicherere Betonstufen ersetzt wurden), führen hinunter zum Gibson Beach. Man kann am Stand entlanglaufen, sollte aber aufpassen, dass man nicht von der Flut erwischt wird.

Praktische Informationen

Twelve Apostles Visitor Centre Kiosk (⏲ So–Fr 10–17, Sa 10–17.30 Uhr) Gegenüber den kultigen Twelve Apostles liegt auf der anderen Straßenseite diese Touristeninformation mit Infotafeln, Toiletten, Parkplätzen und einem Kiosk. Eine Fußgängerweg unter der Great Ocean Road hindurch führt von hier aus zu den Aussichtspunkten an den Apostles.

Port Campbell

618 EW.

Das freundliche Port Campbell ist nach dem schottischen Walfangkapitän Alexander Campbell benannt, der bei seinen Handelsfahrten zwischen Tasmanien und Port Fairy einst hier Station machte. In den netten kleinen Restaurants und Bars des ruhigen Küstennests kann man nach dem Besuch der Twelve Apostles gut relaxen. Die winzige

WIE VIELE APOSTEL?

Die Twelve Apostles sind nicht zu zwölft – und sie waren es allen Aufzeichnungen zufolge auch noch nie. Von der Aussichtsplattform aus kann man deutlich sieben ausmachen, aber vielleicht verstecken sich ja einige? Wir fragten bei Beamten von Parks Victoria nach, bei den Mitarbeitern von Touristeninformationen und sogar bei der Reinigungskraft am Aussichtspunkt, und doch ließ sich die Frage nicht endgültig klären. Die Einheimischen meinen, es hänge alles davon ab, von wo aus man schaue – und damit haben sie wohl auch recht.

In der geologischen Fachterminologie handelt es sich bei den Apostles um „Brandungspfeiler". Ursprünglich hießen sie die „Sow and Piglets", doch in den 1960er-Jahren meinte irgendjemand (niemand erinnert sich, wer das war), dass die Felsen bestimmt mehr Touristen anlocken würden, wenn sie einen ehrwürdigeren Namen hätten als „Sau mit Ferkeln". Also wurden sie in „The Apostles" umgetauft. Und da Apostel nun einmal im Dutzend auftreten, kam die Zahl zwölf etwas später auch noch dazu. Die beiden Felsnadeln östlich der Aussichtsplattform (Richtung Otway) sind eigentlich keine Apostel, sondern heißen Gog und Magog.

Die weichen Kalksteinklippen verändern sich weiter, denn die Erosion hört durch die unaufhörlich anbrandenden Wellen nie auf – ein 70 m hoher Felsen stürzte im Juli 2005 ins Meer, und der Island Archway verlor im Juni 2009 seinen Bogen.

Bucht mit schönem Sandstrand gehört zu den wenigen sicheren Badestellen an diesem stürmischen Küstenabschnitt.

Schlafen

Port Campbell Guesthouse Flashpackers PENSION $
(☎0407 696 559; www.portcampbellguesthouse.com; 54 Lord St; EZ/DZ ohne Bad 50/80 AU$, Zi. mit Bad ab 100 AU$; ❄📶) Die heimelige Pension ist eine gute Option für Individualreisende, die einen kleinen Geldbeutel haben und nicht auf normale Hostels stehen: In dem historischen Cottage wähnen sich Gäste eher im Wohnhaus eines Kumpels. Neben vier gemütlichen Zimmern gibt's hier einen behaglichen Aufenthaltsbereich und eine Küche im Landhausstil, in der man sich Filterkaffee brauen kann.

Port Campbell Hostel HOSTEL $
(☎03-5598 6305; www.portcampbellhostel.com.au; 18 Tregea St; B/EZ/DZ/3BZ/4BZ ab 38/80/130/175/240; @📶) Das moderne Hostel mit zwei Stockwerken wurde gezielt für Backpacker errichtet. Die sauberen Schlafsäle (nicht nach Geschlechtern getrennt) und Privatzimmer mit eigenen Bädern bieten teilweise Aussicht nach Westen. Zudem warten hier eine riesige Gemeinschaftsküche, ein noch größerer Aufenthaltsbereich mit WLAN (funktioniert nur dort), Leih-MTBs und Pizzas am Abend (10 AU$). Bis zum Strand sind's nur ein paar Gehminuten.

Die neue Hausbrauerei **Sow and Piglets** (⏲12 Uhr–open end) animiert ebenfalls zu einem Aufenthalt.

Sea Foam Villas APARTMENTS $$
(☎03-5598 6413; www.seafoamvillas.com.au; 14 Lord St; Zi. 185–570 AU$) Direkt gegenüber vom Wasser genießt man hier die zweifellos beste Aussicht der Stadt. Das Geld wirklich wert sind allerdings nur die großen, komfortablen und luxuriösen Apartments mit Buchtblick.

Essen & Ausgehen

★ **Forage on the Foreshore** CAFÉ $$
(☎03-5598 6202; 32 Cairns St; Hauptgerichte ab 14 AU$; ⏲9–17 Uhr; 📶) Das Café in einem Cottage am Meer (Port Campbells frühere Post) empfängt Gäste mit Holzfußböden, Kunst an den Wänden, einem offenen Kamin und Musik von einem Retro-Plattenspieler. Auf der Karte stehen Ganztagsfrühstück, Burger und Currys (mittags) sowie Gerichte mit frischen Krebsen oder Seeohren.

12 Rocks Cafe Bar CAFÉ $$
(☎03-5598 6123; www.12rocksbeachbar.com.au; 19 Lord St; Hauptgerichte 18–30 AU$; ⏲9.30–23 Uhr) Von dem belebten Café mit perfektem Strandblick aus ist zu sehen, wie Treibgut an die Küste gespült wird. Zu den Hauptgerichten mit Nudeln oder Seafood empfiehlt sich ein Regionalbier aus den Otways. Der Laden ist aber auch gut für einen spontanen Kaffee oder eine Portion Eis aus dem nahegelegenen Timboon geeignet.

Praktische Informationen

Port Campbell Visitor Centre (☎1300 137 255; www.visit12apostles.com.au; 26 Morris St; ⏲9–17 Uhr) Paart viele regionale Infos (inkl. zu Unterkünften) mit Schnitzeljagden für Kinder und interessanten Ausstellungen zu Schiffswracks – vor dem Eingang steht der Anker der *Loch Ard*. Zudem können Feldstecher, Fernrohre, Kameras und GPS-Geräte gratis ausgeliehen werden.

An- & Weiterreise

Busse von **V/Line** (S. 593) verbinden Geelong mit Port Campbell (32 AU$, 5 Std., Mo, Mi & Fr). Unterwegs muss man jedoch jeweils in Apollo Bay umsteigen (11,20 AU$, 2 Std. 15 Min.) und dabei ein paar Stunden auf die Weiterfahrt warten. Zudem besteht Busverbindung nach Warrnambool (7,60 AU$, 1 Std. 20 Min.).

Von Port Campbell nach Warrnambool

Die Great Ocean Road endet keinesfalls an den Twelve Apostles: Westlich von Port Campbell passiert die Straße noch viele weitere markante Felsformationen, die manchen zufolge sogar noch malerischer sind als die Apostles.

Die Fahrt führt nun durch endlose Felder und ein paar ruhige Städtchen – darunter **Timboon**, das rund 16 km landeinwärts von Peterborough liegt. Die Umgebung des Ortes ist bekannt für den 12 Apostles Gourmet Trail, der das Verkosten leckerer Regionalprodukte (z. B. Single-Malt-Whiskeys, Eiscreme, Schokolade, Wein, Käse) bei deren jeweiligen Herstellern ermöglicht.

Sehenswertes

London Bridge BRÜCKE
Gleich außerhalb von Port Campbell liegt an der Straße nach Peterborough die inzwischen eingestürzte London Bridge. Zwei Steinbogen verbanden hier einst eine Felsplattform

mit dem Festland. Im Januar 1990 brachen sie unvermittelt zusammen, woraufhin zwei verängstigte Reisende auf der jüngsten Insel der Welt festsaßen und mit einem Hubschrauber gerettet werden mussten. Auch als Ruine wirkt die Brücke immer noch eindrucksvoll. In der Abenddämmerung tummeln sich hier oft Pinguine am Strand.

Bay of Islands Coastal Park AUSSICHTSPUNKT

Rund 12 km westlich von Port Campbell erreicht man hinter Peterborough die **Bay of Islands** und die weniger stark besuchte **Bay of Martyrs**. Neben tollen Küstenwanderwegen gibt's an beiden Buchten spektakuläre Aussichtpunkte mit weitem Blick auf Felsformationen, die Vergleiche mit den Twelve Apostles nicht zu scheuen brauchen. Am Rand der **Crofts Bay** erstreckt sich ein großartiger Strand.

The Arch WAHRZEICHEN

Diese Felsbogen, der wie eine Brücke wirkt, ragt vor dem Point Hesse aus dem Meer empor. Von ein paar Aussichtspunkten aus kann man hier ein paar lohnenswerte Fotos schießen.

The Grotto AUSSICHTSPUNKT

Ein weiterer malerischer Zwischenstopp westlich von Port Campbell: Hier führen steile Stufen hinab in eine Art Felshöhle, die von donnernden Wellen durchspült wird. Etwa auf halbem Weg zwischen Port Campbell und Peterborough liegt The Grotto eine kurze Fahrtstrecke von der London Bridge entfernt.

Warrnambool

33 979 EW.

Warrnambool war früher eine Wal- und Robbenfängerstation. Heute ist die Stadt ein bedeutendes regionales Zentrum mit florierender Wirtschaft und vor allem für Walbeobachtungen bekannt. Außerdem gibt's hier ein paar tolle Museen und historische Stätten. Dank vieler Universitätsstudenten und einiger cooler Bars bzw. Cafés ist es hier recht lebhaft.

Sehenswertes & Aktivitäten

★ Flagstaff Hill Maritime Village HISTORISCHE STÄTTE

(☎ 03-5559 4600; www.flagstaffhill.com; 89 Merri St; Erw./Kind/Fam. 18/8,50/48 AU$; ⌚ 9–17 Uhr, letzter Einlass 16 Uhr) Ein Schiffswrack-Museum, denkmalgeschützte Leuchttürme, eine Garnison und der Nachbau einer viktorianischen Hafenstadt machen den interessanten Bezirk Flagstaff Hill zu einer erstklassigen Sehenswürdigkeit. Zudem erzählt hier jeden Abend eine fesselnde Sound- und Lasershow namens **Shipwrecked** (Erw./Kind/Fam. 26/14/67 AU$; 70 Min.) die Geschichte vom Untergang der *Loch Ard*. Das Dorf mit alten Läden bzw. Werkstätten (z. B. von Hufschmieden, Kerzenmachern, Bootsbauern) imitiert einen Küstenhafen aus Australiens Pionierzeit. Mit etwas Glück begegnet man hier auch den **Maremmen-Abruzzen-Schäferhunden** (☎ 03-5559 4600; www.warrnamboolpenguins.com.au; Erw./Kind 16/10 AU$), die die Pinguine auf Middle Island u. a. vor Füchsen schützen.

★ Warrnambool Art Gallery KUNSTGALERIE

(WAG; ☎ 03-5559 4949; www.thewag.com.au; 165 Timor St; ⌚ Mo–Fr 10–17, Sa & So 12–17 Uhr) GRATIS Die 1886 gegründete Galerie gehört zu den ältesten des Landes und zeigt Wechselausstellungen mit berühmten Werken australischer Maler aus ihrer Sammlung. Prunkstück ist dabei Eugene von Guérards Ölgemälde *Tower Hill*: Dieses Landschaftsbild ist so detailliert, dass es Botanikern bei der originalgetreuen Neubepflanzung des Tower Hill als historische Vorlage diente. Ansonsten sind hier auch moderne Kunst und mehrere Begleitausstellungen geboten.

Artery KUNSTGALERIE

(www.thefproject.org.au; 224 Timor St; ⌚ Mi–So 10–16 Uhr) In einem ehemaligen Bestattungsinstitut betreibt die einheimische Künstlerkooperative F Project diese Galerie für moderne Kunst. Jeden Monat gibt's hier etwas anderes Interessantes zu sehen. Zudem zieren ein paar coole Bilder im Straßenkunst-Stil die Außenmauern. Genauso attraktiv ist der örtliche Laden, der ein paar wunderbare Schmuckstücke, Accessoires und Kunstwerke verkauft.

Reel Addiction WALBEOBACHTUNG

(☎ 0468 964 150; www.boatcharterswarrnambool.com.au; Walbeobachtungen 65 AU$/Pers., halbtägige Angeltouren ab 180 AU$/Pers.) Während der Walsaison (meist Juni–Sept.) schippert diese Firma morgens und nachmittags hinaus zu den Meeresriesen. Ansonsten besucht sie die Robbenkolonie auf Lady Julia Percy Island. Angelausflüge sind eine weitere Spezialität des Anbieters.

Schlafen

Garrison Camp HÜTTEN $
(☎1800 556 111; www.flagstaffhill.com/accommodation; Hütte mit Gemeinschaftsbad 50 AU$) Im Garnisonslager des Flagstaff Hill Maritime Village (S. 613) befindet sich diese einzigartige Budget-Bleibe: Die kleinen hölzernen Dreieckshütten mit Stockbetten sind Nachbauten britischer Offiziersquartiere aus der Zeit des Krimkriegs (1853–1856). Ab drei gebuchten Übernachtungen kann man auch in dann extra errichteten Rundzelten schlafen. Bettwäsche ist selbst mitzubringen, lässt sich bei Bedarf aber auch ausleihen (15 AU$).

Warrnambool Beach Backpackers HOSTEL $
(☎03-5562 4874; www.beachbackpackers.com.au; 17 Stanley St; Stellplatz 12 AU$/Pers., B 28–36 AU$, DZ 80–90 AU$; @📶) Einen kurzen Fußmarsch vom Strand entfernt bietet dieses Hostel alles, was Backpacker brauchen: einen großen Aufenthaltsbereich, eine Bar mit kitschigem Aussie-Dekor, Gratis-WLAN, eine Küche, kostenlose Shuttles und einfache, aber saubere Zimmer. Hinzu kommen Stellplätze (12 AU$/Pers.) für Gäste mit einem Zelt oder Van. Zum Ausleihen gibt's Boogie-Boards (gratis) sowie Fahrräder, Surfboards, Stehpaddelbretter, Neoprenanzüge, Kajaks und Angelausrüstung (gegen Gebühr).

Flagstaff Hill Lighthouse Lodge PENSION $$
(☎1800 556 111; www.lighthouselodge.com.au; Flagstaff Hill; DZ/ganzes Haus inkl. Abendessen ab 155/375 AU$; ❄📶) Das zauberhafte Cottage mit Holzverkleidung (früher war es das Wohnhaus des Hafenmeisters) kann bei Bedarf auch komplett gemietet werden und bietet Gästen jede Menge fürs Geld: Der Preis beinhaltet jeweils den Eintritt zum Flagstaff Hill Maritime Village (inkl. Shipwrecked-Show), Abendessen im Restaurant Pippies und eine Flasche Wein. Vom Rasenbereich blickt man auf das Maritime Village und die Küste.

Hotel Warrnambool PUB $$
(☎03-5562 2377; www.hotelwarrnambool.com.au; Ecke Koroit St & Kepler St; DZ inkl. Frühstück ohne/mit Bad ab 110/140 AU$; ❄📶) Seit der Renovierung des historischen Pubs von 1894 wirken die Zimmer zwar eher schon boutiqueartig, haben aber immer noch das Flair klassischer Kneipenquartiere. Hinweis: Wer seine Ruhe will, ist hier am Wochenende komplett falsch.

Essen & Ausgehen

Brightbird Espresso CAFÉ $
(☎03-5562 5749; www.brightbird.com.au; 157 Liebig St; Hauptgerichte 12–20 AU$; ⏰Mo–Fr 7.30–16, Sa 8.30–14 Uhr) Mit polierten Betonböden, baumelnden Glühbirnen, sortenreinem Kaffee und tätowierten Baristas bringt das Brightbird etwas Melbourner Urbanität nach „Bool". Als Ganztagsfrühstück gibt's hier neben kreativen Optionen auch Brötchen mit Ei und Speck oder vegetarischer Wurst.

Kermond's Hamburgers BURGER $
(☎03-5562 4854; www.facebook.com/kermonds hamburgers; 151 Lava St; Burger 7,20–10 AU$; ⏰9–21.30 Uhr) Seit seiner Eröffnung (1949) scheint sich das Kermond's kaum verändert zu haben: Bis heute gibt's hier Laminex-Tische, holzvertäfelte Wände und klassische Milchshakes in Edelstahlbechern. Die Burger sind legendär.

Standard Dave PIZZA $$
(☎03-5562 8659; 218 Timor St; Pizzen 15–24 AU$; ⏰Di–So 17 Uhr–open end, Fr 12–14 Uhr) Das Dave lockt junge Indie-Typen mit Drinks, guter Musik und dünnkrustigen Spitzen-Pizzas aus hochwertigen Zutaten (entweder selbstgemacht oder von regionalen Erzeugern). Unbedingt auch nebenan ins **Dart & Marlin** (216–218 Timor St; ⏰Mi–Fr 17–23, Sa & So 14–23 Uhr) hineinschauen!

Hotel Warrnambool PUB-ESSEN $$
(www.hotelwarrnambool.com.au; Ecke Koroit St & Kepler St; Mittagessen 12–27 AU$, Abendessen Hauptgerichte 28–34 AU$; ⏰12 Uhr–spät; 📶) Einer der besten Küsten-Pubs in Victoria. Im Hotel Warrnambool mischt sich Pub-Charme mit Bohème-Geist. Es gibt Holzofenpizza und andere Gastro-Pub-Gerichte.

Pickled Pig EUROPÄISCH $$$
(☎03-5561 3188; www.pickledpig.com.au; 78 Liebig St; Gerichte 17–37 AU$; ⏰Di–Sa 18–22 Uhr) Schick anziehen: Warrnambools nobelstes Restaurant empfängt Gäste mit weißen Leinentischtüchern, Kronleuchtern und moderner Saisonküche im europäischen Stil. Die genießt man am besten in Form des sechsgängigen Probiermenüs (85 AU$/Pers.). Reservierung ist ratsam.

Lucy BAR
(www.facebook.com/thelucybar; 2/167 Koroit St, Ozone Walk; Cocktails ab 12 AU$; ⏰15 Uhr–open end) Die coole neue Kaschemme versteckt sich am Ende einer Gasse voller Graffitis. In den winzigen Räumlichkeiten mit roten

Backsteinwänden erklingt Musik von Kassette. Die Drinks (z.B. ein super Mix aus Martini und sortenreinem Espresso) basieren vor allem auf Spirituosen aus Victoria. Zudem gibt's hier leckere Jaffles (Waffel-Sandwiches) sowie regionale Biere, Weine und Apfelweine.

Touristeninformation

Warrnambool Visitor Centre (☎1800 637 725; www.visitwarrnambool.com.au; 89 Merri St; ⏲9–17 Uhr) Aktuelle Infos (u.a. zu Walsichtungen, geführten Touren) plus Unterkunftsreservierungen und Karten für Rad- bzw. Wandertouren.

An- & Weiterreise

BUS

Ab Warrnambool rollen V/Line-Busse entlang der Great Ocean Road nach Apollo Bay (21 AU$, 2 Std., 3-mal tgl.), Port Fairy (4,60 AU$, 35 Min., 5-mal tgl.) und Portland (12,40 AU$, 1½ Std., 3-mal tgl.). Viermal pro Woche fährt ein weiterer Bus über Dunkeld (18,20 AU$, 2 Std.) und Halls Gap (27,20 AU$, 3 Std.) nach Ararat (32 AU$, 3 Std. 40 Min.). Zudem geht's mit **Christian's Bus Co** (☎03-5562 9432, 1300 734 441; www.christiansbus.com.au) über Ballarat (18,20 AU$, 2 Std. 50 Min., Mo–Fr 7.15 Uhr) nach Melbourne.

AUTO & MOTORRAD

Warrnambool liegt eine Autostunde westlich von Port Campbell an der Great Ocean Road. Die Anfahrt ab Melbourne über den Princes Hwy (A1) dauert ca. drei Stunden.

ZUG

V/Line (☎1800 800 007, 03-5562 9432; www.vline.com.au; Merri St) schickt Züge über Geelong (24,80 AU$, 2½ Std.) nach Melbourne (34,60 AU$, 3¼ Std., 3- bis 4-mal tgl.).

Tower Hill Reserve

Rund 15 km westlich von Warrnambool liegt die riesige Caldera von Tower Hill, die vor 35 000 Jahren bei einem Vulkanausbruch entstand. Indigene Fundstücke aus der Vulkanasche beweisen, dass Aborigines zum damaligen Zeitpunkt in der Gegend lebten. Heute betreibt die Worn Gundidj Aboriginal Cooperative hier das **Tower Hill Natural History Centre** (☎03-5565 9202, 0448 509 522; www.worngundidj.org.au; geführte Wanderungen Erw./Kind 22,95/10,65 AU$; ⏲10–16 Uhr).

Das Ufo-artige Gebäude des Zentrums wurde 1962 von dem bekannten australischen Architekten Robin Boyd entworfen. Bei Buschwanderungen mit indigenen Guides (tgl. 11 & 13 Uhr) können Besucher Bumerangs werfen und etwas über die Zubereitung von Bush Tucker (Buschessen) erfahren. Für die zusätzlichen **Nachtwanderungen mit Tierbeobachtung** (Erw./Kind/Fam. 28,95/14/65 AU$) muss man sich spätestens am Vortag anmelden. Das Zentrum verkauft auch Kunst, Kunsthandwerk und Accessoires nach Entwürfen der örtlichen Worn-Gundidj-Gemeinde.

Neben den geführten Optionen des Zentrums gibt's in der Gegend noch weitere tolle Wandermöglichkeiten, z.B. der steile **Peak Climb** (30 Min.) mit spektakulärem Rundblick.

Port Fairy

2835 EW.

Port Fairy wurde 1833 als Wal- und Robbenfängerstation gegründet. Bis heute hat sich die historische Stadt ihren maritimen Charme aus dem 19. Jh. bewahrt: Hier sieht man überall alte Gebäude aus Blau- oder Sandstein, weiß verputzte Cottages, farbenfrohe Fischerboote und breite Baumalleen.

Sehenswertes

Kaianlagen — HAFEN

In den 1850er-Jahren hatte Port Fairy einen der geschäftigsten Häfen des Landes: Damals gelangten Wolle, Gold und Weizen hauptsächlich von hier aus per Schiff nach England. Doch auch heute noch sorgen Schiffe – von Luxusjachten bis zu verwitterten Fischerbooten – für kräftigen Betrieb an den zauberhaften Docks.

Battery Hill — HISTORISCHE STÄTTE

Gegenüber vom malerischen Hafen, über die Brücke, liegt der Battery Hill, dessen Kanonen und Befestigungen eine Erkundung wert sind. Die Anlage wurde im Jahr 1887 errichtet, um die Stadt vor Angriffen ausländischer Kriegsschiffe zu schützen. Besucher treffen hier außerdem schwarze Wallabys. Der Battery Hill diente ursprünglich als Ort für den Fahnenmast, deshalb hat man von hier aus eine entsprechend gute Aussicht.

Port Fairy History Centre — MUSEUM

(☎03-5568 1266; www.historicalsociety.portfairy.com; 30 Gipps St; Erw./Kind 4/1 AU$, Kind unter 13 Jahren frei; ⏲Mi & Sa 14–17, So 10.30–12.30 Uhr) Im alten Gerichtsgebäude aus Blaustein wird eine Verhandlung mit kostümierten Puppen nachgestellt. Zudem gibt's alte Fotos und Exponate aus der Seefahrt zu sehen.

Schlafen

Port Fairy YHA HOSTEL $
(☎ 03-5568 2468; www.portfairyhostel.com.au; 8 Cox St; B 26–30 AU$, EZ/2BZ/DZ ab 41,50/70/75 AU$; @📶) Das weitläufige, freundliche und gut geführte Hostel mit friedvollem Garten ist die bei weitem beste Budget-Unterkunft der Stadt. Im früheren Wohnhaus des Kaufmanns William Rutledge (erb. 1844) warten hier eine große Küche, ein Pooltisch und kostenloses Kabel-TV.

Seacombe House PENSION $$
(☎ 03-5568 1082; www.seacombehouse.com.au; 22 Sackville St; Zi. ohne/mit Bad ab 90/160 AU$, Cottage 200 AU$; ❄📶) Das historische Seacombe House von 1847 hat gemütliche, aber winzige Quartiere. Dafür bietet es all die Atmosphäre und Romantik, die man sich von dieser Seefahrtsstadt erhofft. Der Anbau dahinter beherbergt moderne Motelzimmer. Unter der Pension befindet sich das renommierte Restaurant Fen.

Merrijig Inn HOTEL $$
(☎ 03-5568 2324; www.merrijiginn.com; 1 Campbell St; DZ ab 120 AU$; 📶) Das denkmalgeschützte Merrijig gehört zu Victorias ältesten Unterkünften. Die malerischen, aber winzigen Dachstuben werden durch größere und komfortablere Erdgeschosszimmer ergänzt. Die behaglichen Aufenthaltsbereiche haben alle offene Kamine. Hinten liegt ein herrlicher Garten mit Rasenflächen und Gemüsebeeten, wo sich sich seidig glänzende Zwerghühner tummeln.

★ **Drift House** BOUTIQUEHOTEL $$$
(☎ 0417 782 495, 03-5568 3309; www.drifthouse.com.au; 98 Gipps St; DZ ab 375 AU$; ❄📶) Pflicht für Architekturfans: Das Drift House paart Pracht aus dem 19. Jh. verführerisch mit Design aus dem 21. Jh. Vor der mondänen Fassade erstreckt sich eine originale Doppelterrasse von 1860. Die Zimmer haben aber jeweils einen offenen Grundriss und eine individuelle Einrichtung im ultra-eleganten Boutiquestil. Das Hotel bekam inzwischen zahlreiche Preise und ist *die* örtliche Adresse, um sich selbst zu verwöhnen.

Essen

Farmer's Wife CAFÉ $
(☎ 03-5568 2843; www.facebook.com/farmerswifeportfairy; 47a Sackville St; Hauptgerichte 10–20 AU$; ⏲ 8–14.30 Uhr) Das Farmer's Wife braucht kein historisches Gemäuer, um seine Gäste zu beeindrucken: Es versteckt sich am Ende einer Passage in einem modernen Gebäude und überzeugt bereits schon durch sein Essen – zubereitet vom früheren Küchenchef des renommierten Stag. Unter den saisonalen Köstlichkeiten auf der Brunch-Karte sind z. B. Brioches mit Schweinebauch auf Benedict-Art, Quesadillas mit Chili-Spiegeleiern, Schweinefleisch und Salsa oder Sauerteigtoast mit Obstbelag.

★ **Coffin Sally** PIZZA $$
(www.coffinsally.com.au; 33 Sackville St; Pizzas 13–20 AU$; ⏲ 16–23 Uhr) Dieses Lokal in einer historischen Sargtischlerei ist für traditionelle Pizzas mit dünner Kruste bekannt. Diese kommen aus einer offenen Küche und werden entweder draußen an Straßentischen oder drinnen bei Schummerlicht in Separees vertilgt. Der Laden hat auch einen offenen Kamin (hinten) und eine Bar, die immer gut für einen Drink ist.

★ **Fen** MODERN-AUSTRALISCH $$$
(☎ 03-5568 3229; www.fenportfairy.com.au; 22 Sackville St; Hauptgerichte 39 AU$, 5-gängiges Menü mit Weinauswahl 110 AU$, Probiermenü ab 150 AU$; ⏲ Di–Sa 18–23 Uhr) Das von einem Ehepaar betriebene Fen gehört zu den besten Restaurants an Victorias Küste und wurde 2017 mit zwei Gault-Millau-Mützen ausgezeichnet. In einem historischen Gebäude aus Blaustein warten hier minimalistisches Dekor, entspannte Atmosphäre und saisonale Küche. Die regionalen Zutaten (z. B. Lamm, Seafood, Ente) stammen aus dem südwestlichen Victoria und werden teilweise mit indigenen Aromen verfeinert.

Merrijig Kitchen MODERN-AUSTRALISCH $$$
(☎ 03-5568 2324; www.merrijiginn.com; 1 Campbell St; Hauptgerichte 28–38 AU$; ⏲ Do–Mo 18–21 Uhr; 📶) In Port Fairys stimmungsvollstem Restaurant wärmen sich Gäste am offenen Kamin und genießen täglich wechselnde Spitzengerichte aus saisonalen Zutaten. Gemüse aus dem eigenen Küchengarten, selbst gepökeltes Fleisch und eigenhändig geräucherter Fisch gehen hier mit preisgekrönten Weinen einher. Auch der Service ist vom Feinsten.

Praktische Informationen

Port Fairy Visitor Centre (☎ 03-5568 2682; www.portfairyaustralia.com.au; Bank St; ⏲ 9–17 Uhr; 📶) Individuelle Touristeninfos, Besucher-Broschüren (u. a. für Stadtspaziergänge; 0,20 AU$), Gratis-WLAN, V/Line-Tickets, Publikationen und Leihfahrräder (halber/ganzer Tag 15/25 AU$).

An- & Weiterreise

Port Fairy liegt 20 Minuten westlich von Warrnambool an der A1. Bei Anfahrt ab Melbourne (288 km) geht's am schnellsten über Geelong und den Highway B140 hierher.

Ab Geelong rollen Züge nach Warrnambool, wo mit **V/Line** (☎ 1800 800 007; www.vline.com.au) Busanschluss nach Port Fairy besteht (4,60 AU$, 35 Min., 4- bis 5-mal tgl.). Diese Busse fahren weiter nach Tower Hill (3,20 AU$) und Koroit (3,20 AU$). Weitere Busse verbinden Port Fairy mit Portland (8,60 AU$, 55 Min.).

Portland

10 700 EW.

Portland wurde Anfang der 1800er-Jahre als Wal- und Robbenfängerstation gegründet. Besucher stoßen hier auf Kolonialgeschichte, schöne Architektur und mehrere Strände. Trotzdem ist Victorias älteste europäische Siedlung bis heute von der Arbeiterklasse geprägt – die Atmosphäre entspricht viel eher einem normalen Regionalzentrum als einem Touristenziel.

Dennoch hat Portland viele tolle Attraktionen zu bieten: den Great Southwest Walk, Seafood, Angelmöglichkeiten, Walbeobachtungen im Winter und ein paar gute Surfspots außerhalb der Stadt.

Sehenswertes

Historische Uferpromenade PROMENADE

(Cliff St) Der Hafenbezirk paart Rasenflächen mit historischen Gebäuden aus Blaustein. Das **Customs House** (Zollhaus) von 1850 wird bis heute behördlich genutzt. Auf Anfrage kann man im Keller eine so faszinierende wie bunte Sammlung beschlagnahmter Gegenstände (z.B. ein ausgestopfter Schwarzbär) besichtigen. Zur Historic Waterfront gehören auch das **Courthouse** (Gerichtsgebäude) von 1845 und der **Rocket Shed** (Raketenschuppen) von 1886, in dem alte Raketen für die Seenotrettung ausgestellt sind.

Portland Maritime Discovery Centre MUSEUM

(☎ 1800 035 567; Lee Breakwater Rd; Erw./Kind unter 15 Jahren 7,50 AU$/frei; ⏲ 9–17 Uhr) Die Ausstellungen informieren u.a. über Schiffswracks und Portlands Walfanggeschichte. Zu sehen gibt's hier auch das angespülte Skelett eines Pottwals und ein Rettungsboot von 1858. Das **Museumscafé** (☎ 03-5521 7341; Hauptgerichte ab 17 AU$; ⏲ 9.30–16.30 Uhr) bietet eine der schönsten Aussichten der Stadt.

Schlafen & Essen

Hotel Bentinck HISTORISCHES HOTEL $$

(☎ 03-5523 2188; Ecke Bentinck St & Gawler St; Motel EZ/DZ 70/90 AU$, Hotel Zi. inkl. Frühstück 115–217 AU$; ❄ 📶) Das historische Hotel (erb. 1856) punktet mit Lokalkolorit, Komfort und gutem Preis-Leistungs-Verhältnis. Am besten ist Zimmer 27 mit Meerblick, Whirlpool und Chesterfield-Sofas. Die gesichtslosen Motelquartiere hinter dem Haus sind eine Option für Budgetreisende.

Annesley House BOUTIQUEHOTEL $$

(☎ 0429 852 235; www.annesleyhouse.com.au; 60 Julia St; Zi. 200–280 AU$; ❄ 📶) In einer restaurierten Arztvilla von 1878 gibt's hier sechs Zimmer für Selbstversorger (teils mit Klauenfußwannen und schöner Aussicht). Die individuell eingerichteten Quartiere unterscheiden sich stark voneinander und empfangen Gäste mit kostenlosem Portwein.

Clifftop Accommodation PENSION $$

(☎ 03-5523 1126; www.portlandaccommodation.com.au; 13 Clifton Ct; DZ ab 140 AU$; ❄ 📶) Die Panoramablicke auf das Meer von den Balkonen sind unfassbar schön. Die drei in sich abgeschlossenen Zimmer sind riesig und haben große Messingbetten, Teleskope und eine moderne, maritime Atmosphäre.

Deegan Seafoods FISH & CHIPS $

(☎ 03-5523 4749; 106 Percy St; Fisch ab 6 AU$; ⏲ Mo–Fr 9–18 Uhr) Dieser Fish-&-Chips-

NICHT VERSÄUMEN

CAPE BRIDGEWATER

Ein toller Abstecher von der Portland–Nelson Rd führt nach Cape Bridgewater (21 km), wo einer der schönsten einsamen Surferstrände Australiens wartet. Der weiße Pulversand am Rand von türkisblauem Wasser erinnert eher an Queensland als an Victoria. Neben dieser Hauptattraktion gibt's hier diverse Wanderrouten in herrlicher Landschaft. Zudem kann man hier mit **Australischen Pelzrobben** (☎ 03-5526 7247; www.sealsbyseatours.com.au; Bridgewater Rd; 45-minütige Touren Erw./Kind 40/25 AU$, Käfigtauchen 60/30 AU$; ⏲ Sept.–Mai) schwimmen. Alles in Allem ein echter Geheimtipp!

GREAT SOUTH WEST WALK

Dieser beschilderte Rundwanderweg (250 km, mind. 10 Tage) ab dem Visitor Centre in Portland führt durch ein paar der schönsten Landschaften des Südwestens: Von der einsamen, stürmischen Küste schlängelt er sich durch das Flussgebiet des Lower Glenelg National Park und dann durch die Wildnis zurück nach Portland. Die Route lässt sich auch nur teilweise absolvieren – manche Abschnitte eignen sich für Tagestreks oder sogar für zweistündige Rundwanderungen. Karten erhält man bei den Visitor Centres in Portland und Nelson.

Umfassende Infos (inkl. FAQs, Registrierung) gibt's unter www.greatsouthwestwalk.com.

Schuppen ist für das frischeste Seafood in Victoria berühmt. Ob panierter Fisch oder Tintenfischringe: Hier besteht höchste Gefahr für einen Nachschlag.

Cafe Bahloo CAFÉ **$$**
(www.cafebahloo.com.au; 85 Cliff St; Hauptgerichte 12–29 AU$; ⌚ Di–Do 7.30–15, Fr 7.30–22, Sa 8 Uhr–open end, So 8–14 Uhr; 📶) Das belebte, künstlerisch angehauchte Bahloo befindet sich im historischen Blaustein-Wohnhaus des früheren Hafenwächters. Gegenüber vom Hafen gibt's hier Ganztagsfrühstück, Toastschnitten, sortenreinen Kaffee (in Mt. Gambier geröstet), Säfte und eine gut bestückte Bar.

Praktische Informationen

Portland Visitor Centre (☎1800 035 567; www.visitportland.com.au; Lee Breakwater Rd; ⌚9–17 Uhr) In einem modernen Gebäude am Ufer befindet sich diese tolle Touristeninformation, in der die Besucher viele Infos zu Sehenswürdigkeiten und Aktivitäten bekommen.

An- & Weiterreise

Portland liegt eine Fahrtstunde westlich von Port Fairy am Princes Hwy (A1).

V/Line-Busse fahren nach Port Fairy (ab 8,60 AU$, 50 Min.) und Warrnambool (ab 12,40 AU$, 1 Std. 40 Min.). Los geht's an der Henty St (Mo–Fr 3-mal tgl., Sa & So 1-mal tgl.).

Nelson

311 EW.

Das winzige Nelson ist die letzte Siedlung vor der Grenze zu South Australia – hier gibt's nur einen Gemischtwarenladen, einen Pub und ein paar Unterkünfte. Das Nest an der Mündung des Glenelg River (fließt durch den Lower Glenelg National Park) ist bei Urlaubern und Anglern sehr beliebt. Fast genau auf halber Strecke zwischen Melbourne und Adelaide brüstet es sich, den Anfang der Great Ocean Road zu markieren. Hier gilt South Australias Regionalvorwahl ☎08.

Aktivitäten

★ **Nelson Canoe Hire** KANU- & KAJAKFAHREN
(☎0409 104 798; www.nelsonboatandcanoehire.com.au; Leihkanu halber/ganzer Tag 40/65 AU$, Leihkajak halber/ganzer Tag 25/60 AU$) Eines von Victorias bestgehütetsten Geheimnissen sind malerische Kanutouren auf dem Glenelg River. Dessen Abschnitt durch den Lower Glenelg National Park (65 km) kann man dank dieses Anbieters entweder ganz lässig oder im Rahmen von dreitägigen Camping-Abenteuern (inkl. Ausrüstungstransport in wasserdichten Behältern) erkunden. Die Firma hat kein Büro, bringt aber die komplette Paddelausrüstung zum vereinbarten Startpunkt. Zelte und Vorräte sind jeweils selbst mitzubringen.

★ **Nelson Boat Hire** BOOTFAHREN
(☎0427 571 198, 08-8738 4048; www.nelsonboatandcanoehire.com.au; Schlauchboot 115 AU$/4 Std., Motorboot 55 AU$/Std., Hausboot 410–480 AU$/Nacht; ⌚Sept.–Juli) Ob kurzer Angelausflug oder längerer Trip mit einem Miethausboot für Selbstversorger: Es ist stets äußerst erholsam, über die malerischen Gewässer des Lower Glenelg National Park zu schippern. Praktischerweise ist dies auch ohne Bootsführerschein möglich. Die Hausboote dieser Firma (jeweils 2 Mindestübernachtungen) warten mit Bad, Kühlschrank, Küche und Kojen für sechs Personen auf.

Nelson River Cruises BOOTSFAHRT
(☎0448 887 1225, 08-8738 4191; www.glenelgrivercruises.com.au; Erw./Kind 32,50/10 AU$; ⌚Sept.–Juni) Die gemütlichen Flusskreuzfahrten (3½ Std.) folgen dem Glenelg River ab Nelson (Mi & Sa 13 Uhr, Schulferien tgl.; für Details s. Website). Dabei besuchen sie auch die **Princess Margaret Rose Cave** (☎08-8738 4171; www.princessmargaretrosecave.com; Princess Margaret Rose Caves Rd, Mumbannar, Lower Glenelg National Park; Erw./Kind/Fam. 20/13/44 AU$; ⌚Führungen 10, 11, 12, 13.30, 14.30, 15.30 & 16.30 Uhr, Winter seltener) mit funkelnden

ABSTECHER

CAPE NELSON LIGHTHOUSE

Oben auf dem **Cape Nelson Lighthouse** (☎0428 131 253; www.capenelson lighthouse.com.au; Erw./Kind/Fam. 15/10/40 AU$; ⏱Führungen 11 & 14 Uhr) von 1884 offenbart sich ein Traumblick auf den Rand der Welt. Bei den Führungen durch die bis heute benutzte Leuchtturmanlage erfährt man etwas über die Geschichte der Region (inkl. Schiffbrüche). Die **Cottages** (mit 1/2 Schlafzi. inkl. Frühstück 200/270 AU$; ❄📶) sind toll für alle, die schon immer mal einsam im windumtosten Häuschen eines Leuchtturmwärters übernachten wollten.

Tropfsteinen. Der Zugang zur Höhle kostet jedoch extra.

Schlafen

Kywong Caravan Park CAMPING $
(☎08-8738 4174; www.kywongcp.com; 92 North Nelson Rd; Stellplatz ohne Strom 23–28 AU$, mit Strom 28–35 AU$, DZ in Hütte ab 70 AU$; ❄📶) Rund 1 km nördlich von Nelson grenzt dieser Campingplatz (10 ha) direkt an den Nationalpark und den Glenelg River. Hiesiges Highlight ist die Möglichkeit, viele Vögel und andere Tiere (z. B. Beuteldachse) zu beobachten.

Nelson Cottage COTTAGE $
(☎08-8738 4161; www.nelsoncottage.com.au; Ecke Kellett St & Sturt St; EZ/DZ mit Gemeinschaftsbad inkl. Frühstück 70/90 AU$; 📶) Diese frühere Polizeiwache von 1882 ist heute ein Cottage mit altmodischen Zimmern und sauberen Gemeinschaftsbädern. Die Inhaber reisen selbst viel – darum vorher anrufen, um festzustellen, ob sie anwesend sind.

Essen & Ausgehen

★ **Nelson Hotel** PUB
(☎08-8738 4011; www.nelsonhotel.com.au; Kellett St; ⏱11 Uhr–open end; 📶) Unbedingt einen Blick in diesen waschechten Outback-Pub werfen: Das Nelson Hotel von 1855 wartet mit Bier, Bistro-Kost (Hauptgerichte ab 15 AU$) und freundlichen Einheimischen auf. Die charaktervolle Bar vorne wird von einem verstaubten Pelikan-Präparat geziert.

Die einfachen Gästezimmer (EZ/DZ mit Gemeinschaftsbad 45/65 AU$) sind zwar renovierungsbedürftig, für eine Einzelübernachtung aber akzeptabel.

ℹ Praktische Informationen

Nelson Visitor Centre (☎08-8738 4051; www.nelsonvictoria.com.au; ⏱10–12.30 & 13.30–17 Uhr; 📶) Hier gibt's WLAN plus gute Informationen zu den Regionen auf beiden Seiten der Grenze zwischen den Bundesstaaten. Besonders hilfreich sind dabei die Auskünfte zu den Nationalparks und zum Great South West Walk. Das Zentrum hat im Sommer länger geöffnet; außerhalb der Geschäftszeiten legt es touristenspezifische Broschürenpakete zum Mitnehmen aus.

GOLDFIELDS & GRAMPIANS

Das regionale Herz Victorias ist eine spektakuläre Mischung aus Geschichte, Natur und Kultur. Mitte des 19. Jhs. kam für kurze Zeit über ein Drittel des gesamten Golds der Welt aus Victoria und die Ausbeute aus dieser Zeit ist noch heute in den schönen Städten Bendigo und Ballarat sowie in den bezaubernden Örtchen Castlemaine, Kyneton und Maldon zu sehen. Die Region eignet sich mit ihrer vielfältigen Landschaft – von grünen Wäldern über rote Erde und Granitfelsen bis zu Ackerland, Obstplantagen und Weinbergen – hervorragend für eine Tour mit dem Auto.

Weiter im Westen erwartet den Traveller im Grampians National Park, einem der großen Naturwunder Victorias, eine ganz andere geschichtliche Erfahrung. Etwa 80 % von Victorias Felskunst-Stätten der Aborigines sind hier zu finden und die magisch anmutenden Bergketten, die sich über dem malerischen Wartook Valley und den Orten Halls Gap und Dunkeld erheben, sind ein Paradies für Abenteurer.

Ballarat

93 501 EW.

Ballarat wurde buchstäblich auf Gold gebaut und die großartige Architektur aus viktorianischer Zeit, die überall im Zentrum präsent ist, verdeutlicht dies eindrücklich. Die größte Attraktion Ballarats ist das fabelhafte wieder aufgebaute Goldgräberdorf Sovereign Hill. Die geschäftige Provinzstadt hat aber noch mehr zu bieten, darunter Architektur aus der Ära des Goldrauschs, Kunstgalerien und kleine Brauereien. Wer im Winter herkommt, muss sich dick einpacken: In Ballarat kann es sehr kalt werden.

Sehenswertes

★ Sovereign Hill
HISTORISCHE STÄTTE

(☎03-5337 1100; www.sovereignhill.com.au; Bradshaw St; Erw./Kind/Fam. 54/24,50/136 AU$; ⏲10–17 Uhr, im Sommer bis 17.30 Uhr) Man sollte mindestens einen halben Tag für die Erkundung des faszinierenden Nachbaus des Goldgräberstädtchens aus den 1860er-Jahren einplanen. Die Mine war während des Goldrauschs aktiv und der Großteil der Ausrüstung sowie der Minenschacht sind erhalten. Kleine Besucher sind besonders vom Goldwaschen im Fluss, den stündlichen Vorführungen in der Goldgießerei und dem traditionellen Süßwarenladen begeistert.

★ Art Gallery of Ballarat
KUNSTGALERIE

(☎03-5320 5858; www.balgal.com; 40 Lydiard St Nth; ⏲10–17 Uhr, Führung 14 Uhr) GRATIS Australiens älteste Provinzgalerie wurde 1884 gegründet und 1890 in ihre heutigen Räumlichkeiten verlegt. In schmuckem Gemäuer zeigt sie u.a. wunderbare Gemälde aus der frühen Kolonialzeit. Hinzu kommen zeitgenössische und moderne Werke bekannter australischer Künstler wie Tom Roberts, Sir Sidney Nolan, Russell Drysdale, Albert Tucker, Fred Williams, Howard Arkley. Täglich um 14 Uhr finden Gratisführungen statt.

★ Museum of Australian Democracy at Eureka
MUSEUM

(MADE; ☎1800 287 113; www.made.org; 102 Stawell St; Erw./Kind/Fam. 12/8/35 AU$; ⏲Mo–Fr 10.30–15.30., Sa & So 9.30–16.30 Uhr) Das tolle Museum hat im Mai 2013 genau dort seine Pforten geöffnet, wo die Eureka-Rebellion stattfand und sich bereits zu einer der Top-Attraktionen Ballarats entwickelt. Den Anfang macht eine Multimedia-Ausstellung zur Eureka-Rebellion, die die Ereignisse von 1854 zum Leben erweckt und deren ganzer Stolz die Überreste der originalen Eureka-Flagge sind. Danach widmet sich das Museum mithilfe interaktiver Ausstellungsstücke einem breiteren Themenfeld, z.B. der Demokratie in Australien.

Botanic Gardens
GARTEN

(Wendouree Pde; ⏲Sonnenaufgang–Sonnenuntergang) GRATIS Ballarats schöner botanischer Garten am westlichen Seeufer wurde 1858 angelegt. Auf dem idyllischen Gelände (40 ha) schlendert man an makellosen Rosenbeeten, breiten Rasenflächen und einem farbenfrohen Gewächshaus vorbei. Besucher können zudem das Cottage des Dichters Adam Lindsay Gordon besichtigen und der Prime Ministers' Avenue mit Bronzebüsten aller australischen Premierminister folgen.

Ballarat Wildlife Park
ZOO

(☎03-5333 5933; www.wildlifepark.com.au; Ecke York & Fussell St; Erw./Kind/Fam. 33/18,50/90 AU$; ⏲9–17 Uhr, Führung 11 Uhr) Der ruhige Zoo zeigt vor allem einheimische Arten wie Tasmanische Teufel, Kasuare, Dingos, Kurzschwanzkängurus, Schlangen, Adler und Krokodile. Besucher können hier aber auch Tiere aus Australiens pazifischen Nachbarländern bewundern – z.B. Baumkängurus aus Papua-Neuguinea oder einen indonesischen Komodo-Waran. Täglich finden eine Zooführung und diverse Tierbegegnungen statt (für Details s. Website).

Lake Wendouree
SEE

Dieser künstliche See wurde für die Ruderwettbewerbe der Olympischen Spiele 1956 angelegt und ist ein beliebter Treffpunkt der Einheimischen. Der viel genutzte Spazier- bzw. Radweg rund um das naturnahe Ufer passiert alte hölzerne Bootsschuppen, Restaurants, Ballarats botanischen Garten und eine **Touristenbahn** (☎03-5334 1580; www.btm.org.au; Gillies St North; Einzelfahrt Erw./Kind 4/2 AU$; ⏲Sa & So 12.30–17 Uhr, Schulferien tgl.).

Aktivitäten

Wer sich als Goldsucher versuchen will, erwirbt einfach online eine Schürfgenehmigung (Miners Right Licence; 23,70 AU$, Gültigkeit 10 Jahre). Unerfahrene Edelmetalljäger nehmen aber besser an einer geführten Tour von **Gold & Relics** (☎1300 882 199; www.goldandrelics.com.au; 247 AU$/Pers.; ⏲8.30–17.30 Uhr) teil.

Goldfields Bike Tours
RADFAHREN

(☎0418 303 065; www.goldfieldsbiketours.com.au; 1845 Sturt St, Bell Tower Inn; Tagesmiete Fahrrad/E-Bike 50/80 AU$) Dieser Anbieter veranstaltet tolle Radtouren durch die Region und verleiht zudem Fahrräder (u.a. komfortable E-Bikes) für Trips entlang des **Ballarat-Skipton Rail Trail** (www.ballaratskiptonrailtrail.com). Die Drahtesel (Anzahl frei wählbar) erfordern rechtzeitige Reservierung und werden vom Bell Tower Inn am Routenanfang ausgegeben.

Gold Shop
GOLDSCHÜRFEN

(☎03-5333 4242; www.thegoldshop.com.au; 8a Lydiard St North; ⏲Mo & Mi–Fr 10–17, Sa 10–15 Uhr) Beim Gold Shop in der historischen Mining Exchange gibt's Schürfgenehmigungen und ausleihbare Metalldetektoren für hoffnungs-

Ballarat

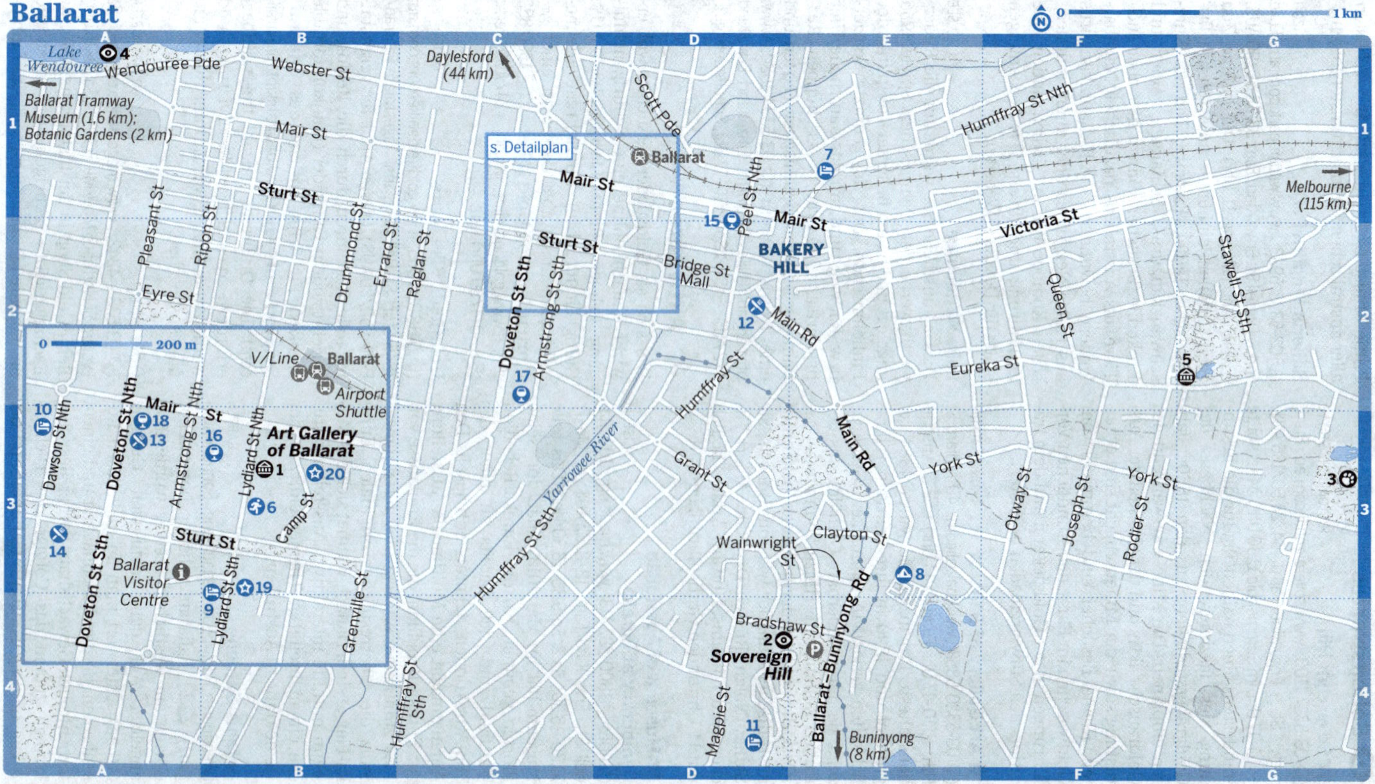
0
1 km
A
B
C
D
E
F
G
1
2
3
4
Lake Wendouree
4
Wendouree Pde
Webster St
Ballarat Tramway Museum (1,6 km); Botanic Gardens (2 km)
Mair St
Sturt St
Pleasant St
Ripon St
Eyre St
Drummond St
Errard St
Raglan St
Daylesford (44 km)
s. Detailplan
Ballarat
Mair St
Sturt St
Doveton St Sth
Armstrong St Sth
17
Scott Pde
Peel St Nth
15
7
Mair St
Bridge St Mall
BAKERY HILL
12
Main Rd
Humffray St
Humffray St Nth
Victoria St
Melbourne (115 km)
Stawell St Sth
Queen St
Eureka St
5
Main Rd
Yarrowee River
Humffray St Sth
Grant St
York St
Otway St
Joseph St
Rodier St
York St
3
Wainwright St
Clayton St
8
Bradshaw St
2
Sovereign Hill
Ballarat–Buninyong Rd
Magpie St
11
Buninyong (8 km)
Humffray St Sth
0
200 m
V/Line
Ballarat
Airport Shuttle
10
Dawson St Nth
Doveton St Nth
Mair St
18
13
Armstrong St Nth
16
Lydiard St Nth
Art Gallery of Ballarat
1
20
6
Camp St
14
Sturt St
Ballarat Visitor Centre
9
Lydiard St Sth
19
Doveton St Sth
Grenville St

Ballarat

Highlights

1	Art Gallery of Ballarat	B3
2	Sovereign Hill	D4

Sehenswertes

3	Ballarat Wildlife Park	G3
4	Lake Wendouree	A1
5	Museum of Australian Democracy at Eureka	G2

Aktivitäten, Kurse & Touren

6	Gold Shop	B3

Schlafen

7	Ballarat Backpackers Hostel	E1
8	Big4 Ballarat Goldfields Holiday Park	E3
9	Craig's Royal Hotel	B3
10	Quest Ballarat	A3
11	Sovereign Hill Hotel	D4

Essen

12	Catfish	D2
	Craig's Royal Hotel	(siehe 9)
13	Fika Coffee Brewers	A3
14	L'Espresso	A3
	Saltbush Kitchen	(siehe 5)

Ausgehen & Nachtleben

15	Athletic Club Brewery	D1
16	Hop Temple	B3
17	Mallow Hotel	C2
18	Mitchell Harris	A3

Unterhaltung

19	Her Majesty's Theatre	B3
20	Karova Lounge	B3

volle Goldsucher. Inhaber Cornell verkauft auch Nuggets und Schmuck. Zudem weiß er alles über das Gold der Region.

Feste & Events

White Night Ballarat KULTUR
(www.whitenightballarat.com.au; März 19–7 Uhr) GRATIS Die wunderbare Kunstnacht findet nun endlich auch in Ballarat statt. Das vielfältige Programm beinhaltet Aufführungen, Ausstellungen und eine Lightshow, die Muster auf das historische Stadtbild projiziert.

Schlafen

Ballarat Backpackers Hostel HOSTEL $
(Eastern Hotel; 0427 440 661; www.ballaratbackpackers.com.au; 81 Humffray St Nth; B/EZ/DZ 35/40/70 AU$;) Zu dem renovierten Hostel im alten Eastern Station Hotel von 1862 gehört auch eine anständige Eckkneipe mit gelegentlicher Livemusik. Die einfachen Zimmer haben ein gutes Preis-Leistungs-Verhältnis.

Big4 Ballarat Goldfields Holiday Park CAMPING $
(1800 632 237, 03-5330 8000; www.ballaratgoldfields.com.au; 108 Clayton St; Stellplatz mit Strom ab 40 AU$, Hütte 85–185 AU$;) Von diesem Campingplatz außerhalb der Stadt (1,5 km) sind es zu Fuß nur 300 m bis zum Sovereign Hill. Viele Spielplätze und Aktivitäten für Kinder sorgen hier für eine nette Ferienatmosphäre. Der gute Unterkunftsmix umfasst Hütten, Bungalows und Stellplätze mit eigenen Bädern. Im Winter steht ein Hallenbad zur Verfügung; zudem werden dann die Böden der Toiletten beheizt.

Quest Ballarat APARTMENTS $$
(03-5309 1200; www.questballarat.com.au; 7–11 Dawson St North; Wohnstudio ab 165 AU$, Apt. mit 1/2 Schlafzi. ab 175/285 AU$;) Die großen, modernen Apartments mit freundlichem Profi-Personal befinden sich in einem stattlichen Bau aus rotem Backstein (dem historischen Loreto Girls College).

Sovereign Hill Hotel HISTORISCHES HOTEL $$
(03-5337 1159; www.sovereignhill.com.au/sovereign-hill-hotel; 39–41 Magpie St; Zi. 175–195 AU$;) Das Hotel mit hellen, modernen Zimmern hieß früher Comfort Inn und liegt praktischerweise nur einen Steinwurf vom Sovereign Hill entfernt. Nach den Pauschalangeboten mit Unterkunft und Unterhaltungsprogramm fragen!

Craig's Royal Hotel HOTEL $$$
(03-5331 1377; www.craigsroyal.com; 10 Lydiard St South; EZ/DZ ab 230/280 AU$) Der beste von Ballarats prachtvollen Pub-Oldtimern heißt so, weil er einst vom Prince of Wales und Duke of Edinburgh besucht wurde. Zudem logierte hier auch Mark Twain. Mit ihrem stattlichen Treppenhaus und ihrem eleganten Aufzug aus den 1930er-Jahren strotzt diese viktorianische Architekturperle nur so vor altmodischer Opulenz. Die schön restaurierten Zimmer bieten Kingsize-Betten, historisches Mobiliar und Marmorbäder.

Essen

Fika Coffee Brewers CAFÉ $
(0427 527 447; www.fikacoffeebrewers.com.au; 36a Doveton St North; Gerichte 8–20 AU$; Mo–Fr 7–16, Sa 8–15 Uhr) Ballarats bestes Restaurantcafé wartet mit mit urbanem Schick, baumelnden Glühbirnen und holzvertäfelten Wänden auf. Auf den Tisch kommen hier u. a.

DIE EUREKA-REBELLION

Das Leben auf den Goldfeldern war ziemlich egalitär: Sozialer Rang spielte keine Rolle, als Ärzte, Kaufleute, Ex-Sträflinge und Tagelöhner Seite an Seite im Schlamm buddelten. Doch als das leicht erreichbare Gold dann knapp wurde, bemerkten die Schürfer den Unterschied zwischen ihrer eigenen Person und den wenigen Privilegierten, die das Land besaßen und die Verwaltung in der Hand hatten.

Die begrenzte Größe der Claims und die lästige Lizenzjagd – gepaart mit Polizeibrutalität und Besteuerung ohne politische Vertretung – führten zu Unruhen, die in der Eureka-Rebellion gipfelten.

Im September 1854 ordnete Gouverneur Hotham an, dass die verhassten Lizenzjagden zweimal wöchentlich durchzuführen seinen. Im Folgemonat wurde ein Goldsucher nahe einem Hotel in Ballarat nach einem Streit mit dessen Inhaber James Bentley ermordet. Der Friedensrichter war ein Geschäftspartner Bentleys und sprach diesen frei. Eine Gruppe erzürnter Schürfer brannte daraufhin das Hotel nieder. Bentley wurde erneut angeklagt und für schuldig befunden. Doch auch die aufständischen Goldsucher kamen ins Gefängnis, was das Misstrauen gegenüber den Behörden weiter steigerte.

Mit der Gründung der Ballarat Reform League forderten die Schürfer das Abschaffen der Lizenzgebühren, ein eigenes Wahlrecht und bessere Chancen auf Landerwerb.

Am 29. November 1854 verbrannten rund 800 Goldsucher unter der Führung des Iren Peter Lalor ihre Lizenzen bei einer Massenveranstaltung. Anschließend verschanzten sie sich in Eureka und bereiteten sich darauf vor, für ihre Rechte zu kämpfen.

Am 3. Dezember befahl die Regierung ihren Truppen den Sturm auf die Barrikaden, hinter denen sich zu diesem Zeitpunkt lediglich 150 Goldsucher befanden. Der nur 20-minütige Kampf kostete 30 Schürfern und fünf Soldaten das Leben.

Trotzdem hatte die kurzlebige Rebellion letztendlich Erfolg: Die Goldsucher gewannen die Sympathie der Einwohner Victorias und die Regierung beschloss, die Anführer des Aufstands vom Vorwurf des Hochverrats freizusprechen.

Die Lizengebühren wurden abgeschafft und durch eine Schürfgenehmigung (1 £/Jahr) ersetzt. Deren Inhaber bekamen auch das Recht, jeweils ein kleines Stück Land einzuzäunen, zu bestellen und darauf eine Behausung zu errichten. Zudem erhielten die Goldsucher das Wahlrecht. Der Rebellenführer Peter Lalor wurde ein paar Jahre später sogar Parlamentsmitglied.

„Kakao-Pops“ mit Mandelmilch und Bananen, Sauerteigbrot mit Erdnussbutter und Tomaten oder Bagels mit Pulled Pork, Cheddarkäse und Chilis. Die Baristas rösten ihre Kaffeebohnen zwar nicht selbst, machen daraus aber sehr überzeugende Koffeingetränke.

Saltbush Kitchen AUSTRALISCH **$**

(☎1800 287 113; www.made.org/visit/saltbush-kitchen; 102 Stawell St South; Hauptgerichte ab 12,50 AU$; ⏲Mo–Fr 10-30–15.30, Sa & So 9.30–16 Uhr) Im Museum of Australian Democracy at Eureka (S. 619) hat man hier die seltene Gelegenheit, moderne Standard-Cafékost mit indigenen Zutaten (z. B. Bergpfeffer, Fingerlimette, Melde, Zitronenmyrte, Akaziensamen) zu probieren. Unter den leckeren Cocktails ist auch eine Variante mit weißem Rum und gerösteten Akaziensamen.

★Catfish THAI **$$**

(☎03-5331 5248; www.catfishthai.com.au; 42–44 Main Rd; Hauptgerichte 18–34 AU$; ⏲Di–Sa 18 Uhr–open end, So 12–14 Uhr) Küchenchef Damien Jones leitet Ballarats renommiertestes Restaurant. Hier werden moderne, aber dennoch authentische thailändische Köstlichkeiten auf Gemeinschaftstellern serviert. Das Catfish ist wohl Australiens einziges Gault-Millau-Lokal, das auch Essen zum Mitnehmen anbietet – eine prima Option, wenn alle Tische ausgebucht sind.

Das Küchenteam veranstaltet auch thailändische Kochkurse (Sa 10.30 Uhr, 165 AU$/Pers., 4 Std.; Reservierung erforderl.).

L'Espresso ITALIENISCH **$$**

(☎03-5333 1789; www.facebook.com/lespressoballarat; 417 Sturt St; Hauptgerichte 13,50–20 AU$; ⏲Sa–Do 7.30–18 Uhr, Fr bis open end) Das altmodische L'Espresso im europäischen Stil ist seit über 30 Jahren eine Institution der örtlichen Cafészene – und zugleich ein cooler Plattenladen: Beim Warten auf Espresso oder toskanische Bohnensuppe kann man hier in erlesenem Vinyl (Indie, Jazz, Blues,

Weltmusik) wühlen. Besonders empfehlenswert sind das Risotto und die selbstgemachte Pasta.

Craig's Royal Hotel MODERN-AUSTRALISCH $$$
(☎ 03-5331 1377; www.craigsroyal.com.au; 10 Lydiard St South; Hauptgerichte 20–45 AU$; ⏲ 7–22 Uhr; 📶) Selbst wenn ein Aufenthalt im Royal Hotel zu teuer sein sollte, kann man sich hier königlich verwöhnen lassen – dank dem noblen Gallery Bistro, das europäisch angehauchte Küche in einem hellen Speiseraum serviert. Eine weitere Alternative sind Cocktails in der historischen Craig's Bar mit Holzvertäfelung. Und im eleganten Ambiente seines viktorianischen Bankettsaals kredenzt das Hotel sonntags High Tea (60 AU$; Reservierung erforderlich) mit Tafelsilber.

Ausgehen & Nachtleben

★ Hop Temple BIERHALLE
(☎ 03-5317 7158; www.hoptemple.com.au; 24–28 Armstrong St North, Hinterbereich; ⏲ Mi–Fr 16–23, Sa 12–23, So 12–21 Uhr) Das umgebaute Lagerhaus aus rotem Backstein ist ein Symbol dafür, dass „The Rat" einen kometenhaften Aufstieg vom raubeinigen Landei zum coolen und belebten Trendsetter hinter sich hat. In riesigen Räumlichkeiten am Ende einer Gasse warten hier 16 verschiedene Regionalbiere vom Fass, 200 weitere Biersorten in gekühlten Flaschen und raffinierte Cocktails. Dazu gibt's Po'boy-Sandwiches mit Hühnerfleisch (in Buttermilch geröstet), Grillfleisch aus dem Smoker und Käsemakkaroni.

★ Mitchell Harris WEINBAR
(☎ 03-5331 8931; www.mitchellharris.com.au; 38 Doveton St North; ⏲ Mo–Mi 11–21, Do–Sa 11–23, So 11–18 Uhr) Die Winzerei Mitchell Harris betreibt diese stilvolle, aber bodenständige Weinbar in netten Räumlichkeiten mit roten Backsteinwänden. Hauseigene Lesen werden hier durch gute Tropfen aus den ganzen Victorian Pyrenees ergänzt. Die Weine können verkostet (10 AU$/4 Sorten) oder auch glasweise zusammen mit regionalen Landwirtschaftsprodukten genossen werden.

The Mallow Hotel PUB
(☎ 03-5331 1073; www.themallow.com.au; 20 Skipton St; ⏲ Mi–So 12–18 Uhr) Das Mallow war einer der ersten Pubs, die anständiges Bier nach Ballarat brachten. Bis heute ist der Laden bei den Einheimischen sehr beliebt. Die insgesamt zwölf Bier- und Apfelweinsorten vom Fass stammen meist von regionalen Kleinbrauereien bzw. Mostereien. Unter den guten Kneipengerichten sind z.B. Fish & Chips (ersterer in Backteig mit Regionalbier), Frühlingsrollen mit Pulled-Pork-Füllung und die hauseigenen Mallow-Burger.

Athletic Club Brewery KLEINBRAUEREI
(☎ 03-5332 7031; www.athleticclubbrewery.com.au; 47 Mair St; ⏲ 11 Uhr–open end) Die Kleinbrauerei mit toller Fassbierauswahl gehört zu Ballarats besten neuen Quellen für hochwertigen Gerstensaft. Vom Schankraum schaut man auf die Braukessel; mit dem passionierten Inhaber (gleichzeitig Braumeister) lässt es sich prima plaudern. Das Athletic teilt sich Räumlichkeiten mit einem benachbarten Restaurant, das die Biertrinker auf Wunsch mit Essen versorgt.

☆ Unterhaltung

★ Karova Lounge LIVEMUSIK
(☎ 03-5332 9122; www.karovalounge.com; 15 Field St; ⏲ Mi–Sa 21 Uhr–open end) Einer der besten Läden für Livemusik in Ballarat: Im angesagten Karova treten Bands in einer industriell anmutenden Umgebung auf.

Her Majesty's Theatre THEATER
(☎ 03-5333 5888; www.hermaj.com; 17 Lydiard St South) Seit 1875 ist „Her Maj" die größte örtliche Bühne für darstellende Kunst. In einem schmucken Bau aus viktorianischer Zeit werden hier Theaterstücke, Livemusik, Comedy und einheimische Produktionen geboten. Die Website informiert über das aktuelle Programm.

ℹ Praktische Informationen

Ballarat Visitor Centre (☎ 1800 446 633, 03-5337 4337; www.visitballarat.com.au; 225 Sturt St, Town Hall; ⏲ 9–17 Uhr; 📶) Modernes, gut ausgestattetes Infozentrum im Rathaus. Bietet Gratis-Internet, verkauft den Ballarat Pass und verteilt kostenlose Karten für Stadtspaziergänge auf eigene Faust.

ℹ An- & Weiterreise

Ballarat liegt 116 km westlich von Melbourne (1½ Std. mit dem Auto über den Western Hwy).

Airport Shuttle Bus (☎ 03-5333 4181; www.airportshuttlebus.com.au; Ballarat Railway Station; ⏲ Büro Mo–Fr 8.30–17.30, Sa 9–13 Uhr) Fährt vom Melbourne Airport direkt zum Bahnhof Ballarat (Erw./Kind 35/17 AU$, 1½ Std., Mo–Fr 12-mal tgl., Sa & So 7-mal tgl.).

Firefly (☎ 1300 730 740; www.fireflyexpress.com.au) Die Busse zwischen Adelaide (60 AU$, 8¾ Std., dort Abfahrt 20.15 Uhr) und Melbourne (50 AU$, 1¾ Std.) halten auf Wunsch in Ballarat.

V/Line (☎1800 800 007; www.vline.com.au) Regelmäßige Direktzüge zwischen Melbourne (Southern Cross Station) und Ballarat (ab 14,42 AU$, 1½ Std., 28-mal tgl.) plus Zugverbindung ab Geelong (10,20 AU$, 1½ Std., mind. 3-mal tgl.)

Bendigo

92 888 EW.

Den Namen Bendigo sollte man sich merken. Neue Hotels, eine dynamische Restaurantszene und der beeindruckende Umbau historischer Stätten gesellen sich zu einem ohnehin schon beeindruckenden Spektrum an Attraktionen, das von Architektur aus Zeiten des Goldrauschs und edlen Kunstgalerien bis hin zu den chinesischen Drachen des Easter Festival reicht. Bendigo liegt zudem mitten in den Goldfeldern der Umgebung sowie im Herzen einer ausgezeichneten Weingegend. Die einzige offene Frage ist, warum der Siegeszug Bendigos so lang auf sich warten ließ.

Sehenswertes & Aktivitäten

★ Golden Dragon Museum & Gardens MUSEUM
(☎03-5441 5044; www.goldendragonmuseum.org; 1–11 Bridge St; Erw./Kind/Fam. 11/6/28 AU$; ⊙ Di–So 9.30–17 Uhr) Von den anderen Goldfield-Städten unterscheidet sich Bendigo durch sein chinesisches Erbe, dem dieses Museum gewidmet ist. Der herrliche Saal hinter dem Eingangsportal aus Holz beherbergt Drachenfiguren, tolle Kostüme und andere historische Exponate im chinesischen Stil. Highlights sind die ausgestellten Paradedrachen namens Old Loong (weltweit der älteste seiner Art) und Sun Loong (mit über 100 m das längste Exemplar der Welt). Letzterer ist bis heute in Gebrauch, soll aber bald durch einen Nachfolger ersetzt werden.

★ Bendigo Talking Tram STRASSENBAHN
(☎03-5442 2821; www.bendigotramways.com; 1 Tramways Ave; Erw./Kind/Fam. 17,50/11/51 AU$;

Bendigo

N 0 500 m

⌚10–16 Uhr) Die restaurierten Oldtimer-Straßenbahnen mit Bordkommentar und Möglichkeit zum beliebigen Aus- bzw. Zusteigen sorgen für interessante Stadttouren. Die Fahrten zwischen der Central Deborah Goldmine und dem **Tramways Depot** starten alle 30 Minuten. Unter dem halben Dutzend Zwischenstopps sind z. B. das Golden Dragon Museum und der Lake Weeroona. Die Tickets gelten zwei Tage lang.

★ Bendigo Art Gallery KUNSTGALERIE
(☎03-5434 6088; www.bendigoartgallery.com.au; 42 View St; Eintritt frei–25 AU$; ⌚Di–So 10–17 Uhr, Führung 14 Uhr) Diese regionale Galerie (gegr. 1887) gehört zu den schönsten in Victoria. Ihre ständige Sammlung zeigt kolonialzeitliche und zeitgenössische Spitzenkunst aus Australien (z. B. von Russell Drysdale, Arthur Boyd, Brett Whiteley, Fred Williams). Die eindrucksvollen Wechselausstellungen mit avantgardistischen Werken haben viel zu Bendigos Renaissance beigetragen. Die Gratisführungen um 14 Uhr sind sehr empfehlenswert.

Bendigo Pottery KUNSTZENTRUM
(☎03-5448 4404; www.bendigopottery.com.au; 146 Midland Hwy; ⌚9–17 Uhr) GRATIS Australiens älteste Tonwarenfabrik (gegr. 1857) steht auf der Liste des National Trust. Ihre historischen Brennöfen sind bis heute in Betrieb. Besucher können den Töpfern bei der Arbeit zuschauen, deren großartige Produkte bewundern bzw. kaufen und auch selbst Keramiken herstellen (18 AU$/30 Min., Glasieren und Versand in die Heimat zzgl. 10 AU$). Das örtliche **Museum** (Erw./Kind 8/4 AU$) informiert über die uralte Geschichte der Töpferei. Das Werksgelände liegt rund 4 km nördlich vom Zentrum.

Sacred Heart Cathedral KIRCHE
(Ecke Wattle St & High St) Der hoch aufragende Kirchturm der prachtvollen Kathedrale ist kaum zu übersehen. Obwohl mit dem Bau im 19. Jh. begonnen wurde, war die Fertigstellung erst im Jahr 2001 mit dem Einbau der italienischen Glocke im Glockenturm. Unter der hohen, gewölbten Decke kann man einen prächtig geschnitzten Bischofsthron, ein paar schöne Buntglasfenster und die Holzengel an den Deckenbögen bestaunen.

Victoria Hills Historic Mining Site HISTORISCHE STÄTTE
(24–32 Happy Valley Rd) GRATIS Das weitläufige Freiluftmuseum war früher die tiefste Goldmine der Welt. Ein Rundgang über das Gelände passiert u. a. alte Gerätschaften und Abbaustollen aus den 1850er-Jahren. Wer auf den Förderturm hinaufsteigt, wird mit herrlicher Aussicht belohnt. Während der 100 Betriebsjahre kam hier Gold im heutigen Gesamtwert von 8 Mrd. AU$ an die Erdoberfläche.

Sandhurst Gaol HISTORISCHES GEBÄUDE
(HM Prison Bendigo; ☎1800 813 153; www.bendigotourism.com/tours/bendigo/sandhurst-gaol-tour; Erw./Kind 15/10 AU$; ⌚Führung Di 11 & So 14 Uhr) Das Gefängnis nach dem Vorbild der Londoner Strafanstalt Pentonville war von 1863 bis 2005 in Betrieb. Kürzlich wurde es zum schicken **Ulumbarra Theatre** (☎03-5434 6100;

Bendigo

Highlights
1 Bendigo Art Gallery B2
2 Bendigo Talking Tram A4
3 Golden Dragon Museum & Gardens C1

Sehenswertes
4 Central Deborah Goldmine A4
5 Aussichtsturm B2
6 Post Office Gallery C2
7 Rosalind Park B2
8 Sacred Heart Cathedral A3
9 Sandhurst Gaol C1
10 Tramways Depot D1

Schlafen
11 Allawah Bendigo B2
12 Bendigo Backpackers B3
13 Shamrock Hotel C2

Essen
14 Brewhouse Coffee Roasters B3
15 El Gordo C2
16 GPO Bar & Grill C2
17 Mason's of Bendigo C3
18 Mr. Beebe's Eating House & Bar B2
19 Toi Shan C3
Wine Bank .... (siehe 11)
20 Woodhouse C3

Ausgehen & Nachtleben
21 Dispensary Bar & Diner C2
Get Naked Espresso .... (siehe 19)
Handle Bar .... (siehe 19)

Unterhaltung
Ulumbarra Theatre .... (siehe 9)

www.ulumbarratheatre.com.au; 10 Gaol Rd) umgebaut. Reservierungspflichtige Führungen besichtigen zweimal pro Woche die sehr gut erhaltenen Häftlingszellen, informieren über deren berüchtigte Insassen und erzählen auch etwas über Hinrichtungen, die hier stattfanden. Tourtickets können online und über das Visitor Center gebucht werden.

Great Stupa of Universal Compassion BUDDHISTISCHE STÄTTE
(☎03-5446-7568; www.stupa.org.au; 25 Sandhurst Town Rd, Myers Flat, Spende erwünscht, ⏱Mo–Fr 9–17, Sa & So 10.30–17 Uhr) In Myers Flat, gleich außerhalb von Bendigo, steht dieser buddhistische Stupa zwischen Eukalyptusbäumen und soll mit seinem 50 m langen Fundament und den 50 m Höhe angeblich der größte Stupa der westlichen Welt sein. Sobald das Bauwerk fertig ist, wird hier eine massive, aus Jade geschnitzte Buddhastatue untergebracht sein (auch die größte der Welt).

Central Deborah Goldmine HISTORISCHE STÄTTE
(☎03-5443 8255; www.central-deborah.com; 76 Violet St; Mine Experience Erw./Kind/Fam. 30/16/83 AU$; ⏱9.30–17 Uhr) Wer schon immer mal in den Schoß der Erde steigen wollte, kann zusammen mit Geologen in dieses 500 m tiefe Bergwerk hinabfahren. Auf den 17 Ebenen wurde insgesamt ca. 1 t Gold abgebaut. Besucher erhalten Schutzhelme und Taschenlampen. Dann fahren sie durch den Hauptschacht hinunter und schauen sich die Anlage an (inkl. Bohrdemonstrationen). Die interessanteste Option bei den Führungen ist die „Mine Experience" (ca. 75 Min., 4-mal tgl.).

Rosalind Park PARK
Mit seinen Rasenflächen, stattlichen alten Bäumen, Farnen und Statuen aus dem 19. Jh. könnte der reizende Park im Zentrum genauso gut in London liegen. Hier plätschert auch die großartige Cascades Fountain, die 120 Jahre lang verschüttet war und 1996 freigelegt wurde. Nach einem Bummel durch die örtlichen Conservatory Gardens empfiehlt sich der Aussichtsturm (ein früherer Förderturm), der hinter der Bendigo Art Gallery mit sensationellem Rundumblick aufwartet. Auf der Website von Bendigo Tourism (www.bendigotourism.com) kann eine Karte für Parkspaziergänge auf eigene Faust heruntergeladen werden.

O'Keefe Rail Trail RADFAHREN
(www.railtrails.org.au) Seit 2015 führt dieser Radweg (49 km) entlang einer stillgelegten Bahntrasse vom Lake Weeroona nach Heathcote. Hierbei passiert er zahlreiche Weingüter und Restaurants. Die Website von Bendigo Tourism (www.bendigotourism.com) stellt eine praktische Routenkarte zum Download bereit. **Goldfields Bike Tours** (☎0418 303 065; www.goldfieldsbiketours.com.au; Bendigo Lakeview Motor Inn, 286 Napier St; Tagesmiete Fahrrad/E-Bike 50/80 AU$, Touren ab 140 AU$/Pers.) bietet Leihfahrräder und geführte Touren an.

Feste & Events

Vesak Festival of Light KULTUR
(⏱Mai) Am Great Stupa of Universal Compassion feiert dieses Fest alljährlich Buddhas Geburtstag. Abendlicher Höhepunkt ist eine spektakuläre Lightshow mit Feuerwerk. Den Tag über gibt's Führungen durch den Stupa, Meditationskurse, tibetische Mönchsgesänge, vegetarisches Essen und multikulturelle Vorführungen.

Schlafen

Bendigo Backpackers HOSTEL $
(☎03-5443 7680; www.bendigobackpackers.com.au; 33 Creek St South; B/DZ/FZ mit Gemeinschaftsbad 35/55/70 AU$; ❄📶) Das kleine, freundliche Hostel befindet sich in einem behaglichen Cottage mit Holzverkleidung und nettem Innenhof. Die hellen, fröhlichen Zimmer in praktischer Zentrumslage punkten mit allen üblichen Annehmlichkeiten und ein paar Extras.

★ **The Schaller Studio** BOUTIQUEHOTEL $$
(☎03-4433 6100; www.artserieshotels.com.au/schaller; Ecke Bayne St & Lucan St; DZ ab 112 AU$; P❄📶) Diese Unterkunft ist ein Vorreiter in Sachen Stilrenaissance in Bendigo und gehört zur schicken Hotelkette Art Series, die in Melbourne großen Anklang findet. Das Atelier des australischen Künstlers Mark Schaller diente dem Boutiquehotel als Vorbild – seine Werke sind im ganzen Hotel zu finden. Die öffentlichen Bereiche sind unkonventionell und cool, während die Zimmer eine verspielte Energie ausstrahlen.

★ **Allawah Bendigo** APARTMENTS $$
(☎03-5441 7003; www.allawahbendigo.com; 45 View St; Zi. 125–210 AU$; ❄📶) Mitten im historischen Zentrum vermietet das Allawah zwei attraktive Optionen in früheren Bankgebäuden. Die Maisonetten im hinteren Bereich der schmucken alten Wine Bank (dort wird auch eingecheckt) kosten vergleichsweise weniger. Gegenüber sind die nobleren

und teureren Fountain Suites in einem großartigen Bau aus dem 19. Jh. untergebracht.

Shamrock Hotel HOTEL **$$**
(☎03-5443 0333; www.hotelshamrock.com.au; Ecke Pall Mall & Williamson St; DZ inkl. Frühstück 130–200 AU$, Suite 200–285 AU$; ❄📶) Das Shamrock ist eine von Bendigos historischen Legenden und vereinnahmt ein atemberaubendes viktorianisches Gebäude mit Buntglas, Originalgemälden, schicken Säulen und einer Treppe à la *Vom Winde verweht*. Die renovierten Zimmer oben reichen von kleinen Standardzimmern bis zu riesigen Luxus-Suiten mit eigenem Whirlpool.

Essen

Brewhouse Coffee Roasters CAFÉ **$**
(☎03-5442 8224; www.brewhousecoffee.com.au; 402 Hargreaves St; Hauptgerichte 11–22 AU$; ⏲6–17 Uhr; 📶) Eines von Bendigos besten Cafés: In einer umgebauten Lagerhalle à la Melbourne werden hier Bohnen aus aller Welt direkt vor Ort geröstet. Zum Koffein gibt's leckeres Frühstück und gute Mittagsgerichte (z. B. Pizzas, Sandwiches, Blaukrabben-Burger, in Guinness geschmorte Lammhüfte).

Toi Shan CHINESISCH **$**
(☎03-5443 5811; www.toishan.com.au; 65 Mitchell St; Hauptgerichte 13–23 AU$, Buffet 13–16 AU$; ⏲So–Do 11.30–21.30, Fr & Sa 11.30–22.30 Uhr) Das preiswerte und fröhliche Toi Shan soll Australiens ältestes Chinarestaurant sein: Der Laden wurde 1892 während des Goldrauschs eröffnet. Das Mittagsbuffet (13 AU$) hat ein sehr gutes Preis-Leistungs-Verhältnis. Alkohol muss man selbst mitbringen.

★ **Mason's of Bendigo** MODERN-AUSTRALISCH **$$**
(☎03-5443 3877; www.masonsofbendigo.com.au; 25 Queen St; kleine Gerichte 10–18 AU$, große Gerichte 28–36 AU$; ⏲Di–Sa 12–14.30 & 18–20.30 Uhr) Das zwanglose, aber dennoch elegante Gault-Millau-Lokal mit toller Atmosphäre verwendet vor allem regionale Zutaten. Am besten bestellt man zuerst ein paar der Probierteller, auf denen z. B. Frühlingsrollen mit Entenfleisch oder gepökelter Lachs mit Gin-Tonic-Aroma und Yabbie-Krebsschwänzen liegen. Danach empfiehlt sich eines der größeren Gerichte auf Gemeinschaftstellern. Spezialität des Hauses ist das gebratene Lendenkotelett vom Lamm mit knusprigem Bauch und gerollter Schulter.

El Gordo SPANISCH **$$**
(☎0401 412 894, 0466 432 156; www.elgordobendigo.com; Shop 3/70 Chancery Lane; Gerichte 8–18 AU$; ⏲Di–Sa 8–16, Fr & Sa auch 18–22 Uhr) Am Ende einer Gasse im Zentrum serviert dieses spanische Café u. a. authentische Tapas (z. B. *patatas bravas*), *bocadillos* (Baguettes; z. B. mit Blaukrabbe, Jalapenos, Aioli) und *raciones*. Hinzu kommen guter Brunch im europäischen Stil, spanische Biere, Sangria und Kaffee aus Bohnen von Industry Beans (S. 551) in Melbourne.

Wine Bank BISTRO **$$**
(☎03-5444 4655, 0409 804 032; www.winebankonview.com; 45 View St; Frühstück 9–22 AU$, Hauptgerichte 25–44 AU$; ⏲Mo–Do 8–23, Fr 8–1, Sa 8.30–1, So 8.30–16 Uhr) Dieser Mix aus Weinhandlung und -bar befindet sich in einer schmucken früheren Bank von 1876. Die Flaschen in den Regalen stammen hauptsächlich aus dem zentralen Victoria. Das stimmungsvolle Hauscafé im italienischen Stil serviert Frühstück, Tapas und Hauptgerichte auf Platten.

Mr. Beebe's Eating House & Bar MODERN-AUSTRALISCH **$$**
(☎03-5441 5557; www.mrbeebes.com.au; 17 View Point; kleine/große Gerichte ab 10/20 AU$, 5-/6-gängiges Probiermenü 52/62 AU$; ⏲11–23 Uhr) Wie die meisten Restaurants in dieser Ecke befindet sich auch das zwanglos-schicke Mr. Beebe's in einem eleganten alten Bankgebäude. Serviert werden hier einfallsreiche Köstlichkeiten auf Gemeinschaftstellern. Ebenfalls empfehlenswert sind das Probiermenü des Küchenchefs und die schmackhaften Barsnacks. Dazu gibt's eine so hervorragende wie preiswerte Auswahl an Fassbieren und offenen Regionalweinen.

GPO Bar & Grill MEDITERRAN **$$**
(☎03-5443 4343; www.gpobendigo.com.au; 60–64 Pall Mall; Tapas/Pizzen ab 11/18 AU$, Hauptgerichte 21–37 AU$; ⏲11.30 Uhr–open end; 📶) Einheimische schätzen das GPO sehr für sein Essen und seine Atmosphäre. Mittags empfehlen sich hier vor allem die Brioches mit Porterhouse-Steak und die marokkanischen Pizzas mit Lammfleisch. Die relaxte Bar hat eine eindrucksvolle Wein- und Cocktailkarte.

Woodhouse STEAK **$$$**
(☎03-5443 8671; www.thewoodhouse.com.au; 101 Williamson St; Pizzas 20–25 AU$, Hauptgerichte 38–65 AU$; ⏲Di–Fr 12–14.30 & 17.30 Uhr–open end, Sa 12 Uhr–open end) Im Lagerhaus-Ambiente mit warm wirkenden Backsteinwänden gibt's hier ein paar der besten Steaks des ländlichen Victoria – gegrillt über Holz vom Roten Eukalyptus. Die Wagyu-Probierplatte

(68 AU$) ist zwar teuer, aber optimal für hungrige Fleischfans. Das Mittagsangebot (22 AU$) besteht jeweils aus einer Pizza und einem Glas Wein oder Craft-Bier.

Ausgehen & Nachtleben

★ Goldmines Hotel PUB
(☎ 03-5442 2453; www.thegoldmineshotel.weebly.com; 49–57 Marong Rd; ⏲ Di & Mi 16–23, Do & Fr 12–23, Sa & So 11–23 Uhr) Gleich außerhalb vom CBD im Westen der Stadt ist dieser Oldtimer in einer prachtvollen Villa von 1857 untergebracht. Der Pub ist berühmt für seinen grünen und stets belebten Biergarten. Neben diversen Craft-Bieren vom Fass gibt's hier auch einen Weinkeller mit Liveblues (Fr). Auf der Speisekarte stehen klassische Kneipengerichte, Tacos mit Pulled Pork und Po'boy-Sandwiches.

★ Dispensary Bar & Diner BAR
(☎ 03-5444 5885; www.dispensarybendigo.com; 9 Chancery Lane; ⏲ Di–Fr 12 Uhr–open end, Sa 8.30 Uhr–open end, So 8.30–17 Uhr) Dieser lauschige und versteckte Schlupfwinkel kann locker mit Melbournes hippen Innenstadtbars konkurrieren: An einer Gasse gibt's hier leckere Cocktails, 90 verschiedene Craft-Biere, 40 Gin- und 60 Whiskeysorten. Die sehr gute Speisekarte reicht von gedämpften Teigtaschen bis zu größeren Gerichten (z. B. Entenbraten à la Aylesbury).

Cambrian Hotel PUB
(☎ 03-5443 3363; www.cambrianhotel.com.au; 200 Arnold St, North Bendigo; ⏲ Di & Mi 15 Uhr–open end, Do–So 12 Uhr–open end) Pflicht für Gerstensaftfans: Der relaxte Pub mit ländlicher Atmosphäre serviert Fassbiere von acht verschiedenen Kleinbrauereien aus Victoria. Hinter dem Haus liegt ein lässiger Biergarten mit Retro-Sofas und einer Großbildleinwand. Das zwölf Stunden lang gegarte Grillfleisch aus dem Smoker und die Currys im karibischen Stil animieren ebenfalls zu einem Besuch.

Get Naked Espresso CAFÉ
(☎ 0411 950 044; www.getnakedespressobar.com; 73 Mitchell St; ⏲ 6.30–14 Uhr; 📶) Die coole kleine Cafébar im Zentrum ist sehr gut zum Abhängen geeignet und verwendet Kaffeebohnen, die in Mt. Beauty geröstet wurden. Gegenüber der Bendigo Art Gallery betreibt sie eine Filiale.

Die hinten liegende **Handle Bar** (☎ 0417 477 825; www.facebook.com/handlebarbendigo; ⏲ Do–So 12–23 Uhr) schenkt Alkohol aus.

ℹ Praktische Informationen

Bendigo Visitor Centre (☎ 1800 813 153, 03-5434 6060; www.bendigotourism.com; 51–67 Pall Mall; ⏲ 9–17 Uhr) Das hilfreiche Büro in der früheren Post bucht Tickets für Sehenswürdigkeiten und geführte Touren. Zudem bekommt man hier Unterkunftsempfehlungen und zahllose Broschüren. Im selben historischen Gebäude befindet sich die **Post Office Gallery** (☎ 03-5434 6179; www.bendigoartgallery.com.au; 51–67 Pall Mall; Eintritt gegen Goldmünze als Spende; ⏲ 9–17 Uhr).

ℹ An- & Weiterreise

Bendigo Airport Service (☎ 03-5444 3939; www.bendigoairportservice.com.au; Erw. einfach/hin & zurück 45/83 AU$, Kind 22/44 AU$; ⏲ Büro Mo–Fr 9–17 Uhr) Direktverbindung zwischen Melbournes Tullamarine Airport und dem Bahnhof in Bendigo. Reservieren!

V/Line (☎ 13 61 96; www.vline.com.au) V/Line hat häufige Zugverbindungen zwischen Melbourne (Southern Cross Station) und Bendigo (ab 21,84 AU$, 2 Std., ca. 20-mal tgl.) über Kyneton (7,84 AU$, 40 Min.) und Castlemaine (4,80 AU$, 20 Min.).

Kyneton

6629 EW.

Kyneton wurde ein Jahr vor den ersten Goldfunden gegründet. Danach entwickelte sich die Stadt zur größten Postkutschenstation auf der Route Melbourne–Bendigo und zum Haupthandelsplatz der Farmer, die die Goldsucher mit Frischwaren versorgten. Die historische Piper St ist heute eine Attraktion für sich: Die guten Cafés und Restaurants in den alten Gebäuden locken am Wochenende viele Feinschmecker aus Melbourne hierher. Ansonsten ist Kyneton eine Arbeiterstadt. Rund um die Mollison und High St erstreckt sich ein dicht bebautes Einkaufsviertel.

Essen

Zu Kynetons Gastro-Meile (ca. 400 m) entlang der historischen Piper St gehören ein paar der besten Restaurants und Bars der Region.

Dhaba at the Mill INDISCH $
(☎ 03-5422 6225; www.dhaba.com.au; 18 Piper St; Hauptgerichte 12–16 AU$; ⏲ Do–Sa 17–21, So 12–14.30 & 17–21 Uhr; 🍷) Hinter den schweren Holztüren der alten Dampfmühle aus Blaustein gibt's hier authentische Currys für wenig Geld – hauptsächlich Klassiker wie Butterhuhn, *palak paneer* und Lamm Vindaloo. Die netten Räumlichkeiten sind mit Ge-

würzgläsern und Bollywood-Postern im Retro-Stil dekoriert.

La Bontà ITALIENISCH **$$**
(☎ 03-5422 3683; www.labonta.com.au; 12–14 Piper St; Hauptgerichte 16–34 AU$, 5-gängiges Festpreismenü 74 AU$/Pers.; ⊙ Di–Sa 12–14.30 & 18–22 Uhr) Der moderne Italiener fügt sich sehr gut in die Restaurantmeile entlang der Piper St ein. Unter den einfallsreichen Gerichten mit authentischen Aromen findet man *risotto asticino* (Risotto mit Safran und in Tomatenbutter pochierten Bärenkrebsen) oder *gnocchi di zucca* (Kürbis-Gnocchi mit dunkler Butterschmelze, Salbei und in Apfelwein geschmorter Ente). Ebenfalls zur Auswahl stehen mehrere Mozzarellasorten und ausschließlich regionale Weine.

Royal George MODERN-AUSTRALISCH **$$**
(☎ 03-5422 1390; www.royalgeorge.com.au; 24 Piper St; Pizzas 12 AU$, Hauptgerichte 22–35 AU$; ⊙ Fr–Mo 12 Uhr–open end, Di–Do 16–21.30 Uhr) Das historische Royal George Hotel punktet mit der Atmosphäre eines ländlichen Pubs. Zudem warten hier 16 Craft-Biere vom Fass und eine vielfältige Speisekarte mit leckeren Gerichten. Darunter Pizzen Prosciutto, „Kyneton Fried Chicken"-Burger oder zwölf Stunden gegarte Lammschulter mit Bratensauce und geröstetem Gemüse.

★ **Source Dining** MODERN-AUSTRALISCH **$$$**
(☎ 03-5422 2039; www.sourcedining.com.au; 72 Piper St; Hauptgerichte 36–40 AU$; ⊙ Do–Sa 12–14.30 & 18–21, So 12–14.30 Uhr) Eines der besten Restaurants im zentralen Victoria: Die saisonale Karte des großartigen Source liest sich wie eine kulinarische Kurzgeschichte über regionale Zutaten in gewieften Kombinationen.

★ **Mr. Carsisi** NAHÖSTLICH **$$$**
(☎ 03-5422 3769; www.mrcarsisi.com; 37c Piper St; Mezzes 5–15,50 AU$, Hauptgerichte 32,50–38,50 AU$; ⊙ Fr–Di 11.30 Uhr–open end) Das renommierte Mr. Carsisi serviert momentan hauptsächlich türkische Gerichte und nahöstliche Mezzes. Hierbei paart es ausländische Aromen perfekt mit regionalen Zutaten – wovon u. a. die Entenbrust (kommt aus Milawa) mit Honig und Kardamom zeugt. Zukünftig ist jedoch mit anderen Menüschwerpunkten zu rechnen, da die Karte überarbeitet werden soll.

ℹ Praktische Informationen

Kyneton Visitor Centre (☎ 1800 244 711, 03-5422 6110; www.visitmacedonranges.com; 127 High St; ⊙ 9–17 Uhr) An Kynetons südöstlicher Zufahrtsstraße gibt's hier diverse Broschüren (u. a. für Stadtspaziergänge, Naturwanderungen und Panorama-Autotouren auf eigene Faust).

ℹ An- & Weiterreise

Kyneton liegt direkt am Calder Hwy, etwa 90 km nordwestlich von Melbourne.

Regular V/Line (www.vline.com.au) Auf der Strecke Melbourne-Bendigo fahren regelmäßig V/Line-Züge, die auch in Kyneton halten (ab 11,62 AU$, 1¼ Std.). Der Bahnhof liegt 1 km südlich des Zentrums.

Castlemaine

9730 EW.

Mitten in den Goldfields des zentralen Victoria wartet das malerische Castlemaine mit schönen historischen Bauten und Gärten aus dem späten 19. Jh. auf. In den letzten Jahren sind immer mehr Großstädter vor allem aus Melbourne in das nette Arbeiterstädtchen gezogen. Die Einheimischen bezeichnen diese Spezies als *latte sipping blow-ins* (LSBIs; hereingeschneite Latteschlürfer). Auch viele Künstler leben inzwischen hier, was Castlemaine insgesamt eine Dosis Urbanität beschert hat (inkl. Bars und Livemusik-Clubs).

Sehenswertes & Aktivitäten

★ **The Mill** HISTORISCHES GEBÄUDE
(www.millcastlemaine.com.au; 1/9 Walker St) Die alten Castlemaine Woollen Mills von 1875 sind heute eine der coolsten örtlichen Adressen und einen Besuch wert: In dem umgebauten Industriekomplex aus rotem Backstein sind seit 2014 diverse einheimische Gewerbetreibende ansässig. So findet man hier nun u. a. eine Brauerei, Vintage-Läden, eine Eisdiele mit selbstgemachter Eiscreme, ein Caféhaus nach österreichischem Vorbild und sogar eine Winzerei.

★ **Castlemaine Art Gallery & Historical Museum** KUNSTGALERIE, MUSEUM
(☎ 03-5472 2292; www.castlemainegallery.com; 14 Lyttleton St; Erw./Kind 10 AU$/frei; ⊙ Mo & Mi–Fr 10–17, Sa & So 12–17 Uhr) Ein großartiger Art-déco-Bau beherbergt diese Galerie für kolonialzeitliche und zeitgenössische Kunst aus Australien. Die gezeigten Werke stammen teils von Berühmtheiten wie Frederick McCubbin, Russell Drysdale, Fred Williams oder Sir Sidney Nolan. Jeden Samstag um 14 Uhr findet eine Galerieführung statt. Das

angeschlossene Kellermuseum gibt Einblicke in die indigene und kolonialzeitliche Regionalgeschichte (z. B. mit historischen Trachten, Porzellanwaren, Silberwaren, Goldschürfer-Geräten).

Old Castlemaine Gaol MUSEUM
(☎03-5472 3749; www.oldcastlemainegaol.com.au; 36–48 Bowden St; Erw./erm. 20/15 AU$, Kind frei, Tour auf eigene Faust 10 AU$; ⊙Führungen Fr 14, Sa & So 10 & 14 Uhr, Touren auf eigene Faust tgl. 9–16 Uhr) Das imposante Gefängnis nach dem Vorbild der Londoner Strafanstalt Pentonville war von 1861 bis 1990 in Betrieb. Die heutigen Führungen besichtigen die alten Zellen, die Wachtürme und den Galgen. Dabei erfährt man auch etwas über berüchtigte Häftlinge und Hinrichtungen. Man kann auch alles auf eigene Faust erkunden (10 AU$).

Der Komplex beherbergt zudem einen Livemusik-Club (für Konzerttermine s. Website) und ein **Café** (Frühstück & Mittagessen 8–22 AU$, Abendessen 20–38 AU$; ⊙Mo & Do 8–16, Fr & Sa 8–23, So 8–17 Uhr).

Schlafen

Big4 Castlemaine Gardens Holiday Park CAMPING $
(☎03-5472 1125, 1300 472 762; www.big4.com.au; 1 Doran Ave; Stellplatz ohne/mit Strom ab 38/40 AU$, Hütte 105–155 AU$; ❄📶) Der schön gelegene Park grenzt an den botanischen Garten und das Freibad (Erw./Kind 5/4 AU$). In grüner Umgebung gibt's hier eine Campingküche, Grillstellen, eine Freizeithütte und allerlei Interessantes für Kinder.

★**The Newnorthern** BOUTIQUEHOTEL $$
(☎03-5472 3787; www.newnorthern.com.au; 359 Barker St; Zi. inkl. Frühstück ohne/mit Bad ab 164/240 AU$; ❄📶) Der bekannte Möbeltischler und Künstler Nicholas Dattner hat das alte Northern Hotel von 1870 wunderschön restauriert und eingerichtet. Die geräumigen, komfortablen Zimmer warten mit Kunstwerken und Antiquitäten auf. Sie haben teilweise keine eigenen Bäder; dennoch ist jedem Quartier ein privates Bad zugewiesen. Gefühstückt wird unten im attraktiven Aufenthaltsbereich mit Bar.

The Empyre HISTORISCHES HOTEL $$$
(☎03-5472 5166; www.empyre.com.au; 68 Mostyn St; DZ inkl. Frühstück ab 265 AU$; ❄📶) Das wunderschön restaurierte Hotel aus dem 19. Jh. ist elegant im zeitgenössischen Stil eingerichtet. Das Theater und mehrere Restaurants sind von hier aus leicht erreichbar.

Essen & Ausgehen

Johnny Baker BÄCKEREI $
(☎03-5470 5695; www.johnnybaker.com.au; 359 Barker St; Pies & Backwaren ab 5 AU$; ⊙6.30–16 Uhr) Keine gewöhnliche Landbäckerei: Unter den leckeren Spezialitäten des Hauses sind süße Plunderteilchen wie selbstgemachte Croissants mit belgischer Butter. Von den genauso beliebten Pies empfehlen sich vor allem der vegetarische Shepherd's Pie mit Linsen und Auberginen oder die Variante mit Lammfleisch, Minze und Erbsen. Draußen vor der Tür kann auf einem Milchkasten gefuttert werden.

★**Public Inn** MODERN-AUSTRALISCH $$$
(☎03-5472 3568; www.publicinn.com.au; 26a Templeton St; 2-/3-gängige Menüs im Restaurant 55/69 AU$, im Café 15/26 AU$; ⊙Restaurant tgl. 18–22, Sa & So auch 12–15 Uhr, Café 8–22 Uhr) Hinter der rustikalen Fassade von Castlemaines früherer Feuerwache verbirgt sich heute dieses elegante, aber dennoch zwanglose Restaurant mit einer Bar und einer „Fasswand" voller Weine aus der Region. Moderne und stark saisonal geprägte Spitzenküche wird hier in Form von Festpreismenüs serviert.

Das dazugehörige, vergleichsweise lässigere **Cafe re-Public** nebenan kredenzt Ganztagsfrühstück, vegetarische Pakora-Burger und Hotdogs, deren Schweinswürstchen mit Pinienkernen verfeinert sind.

Castlemaine Brewing Co. BRAUEREI
(☎0438 042 901, 0425 323 005; www.castlemainebrewing.com; 9 Walker St, The Mill; ⊙Di & Mi 12–18, Do & So 12–20, Fr & Sa 12–22 Uhr) Nach langer Zeit hat Castlemaine nun endlich wieder eine Brauerei – und dazu noch eine gute: Im The-Mill-Komplex warten hier zehn Hausbiere vom Fass und ein Schankraum mit Blick auf die Braukessel. Das Angebot umfasst neben IPA-Sorten auch Pale, Red und Golden Ales sowie Ingwerbier und Apfelwein. Dazu gibt's Pizzas und verschiedene Platten.

Unterhaltung

Bridge Hotel LIVEMUSIK
(☎03-5470 6426; www.facebook.com/thebridgecastlemaine; 21–23 Walker St; ⊙12 Uhr–open end) Das Bridge ist einer der besten Konzertclubs im ländlichen Victoria. Auf die Ohren gibt's hier vor allem australischen Rock'n'Roll und Independent-Rock (z. B. von King Gizzard and the Lizard Wizard). Das anständige Liveprogramm bietet aber gelegentlich auch

ausländische Bands. Weitere Pluspunkte sind die leckeren Burger und der Biergarten.

Praktische Informationen

Castlemaine Visitor Centre (☎ 03-5471 1795; www.maldoncastlemaine.com; 44 Mostyn St; ⌚ 9–17 Uhr) Das hilfreiche Büro im Castlemaine Market wartet mit vielen Broschüren, Büchern, herunterladbaren Routen für Stadtspaziergänge und Leihfahrrädern (halber/ganzer Tag 20/30 AU$) auf.

An- & Weiterreise

Ab Melbourne schickt **V/Line** (www.vline.com.au) stündlich Züge über Castlemaine (ab 15,96 AU$, 1½ Std.) nach Bendigo (plus 4,48 AU$, 30 Min.).

Der **Bendigo Airport Service** (☎ 03-5444 3939; www.bendigoairportservice.com.au; einfache Strecke/hin & zurück Erw. 45/83 AU$, Kind 22/44 AU$; Reservierung erforderl.) betreibt Direktbusse zwischen dem Tullamarine Airport (Melbourne) und Castlemaines Bahnhof.

Grampians

Die Grampians gehören sowohl kulturell als auch in puncto Natur zu den bemerkenswertesten Besonderheiten des Bundesstaats. Sie erheben sich aus den Ebenen Western Victorias und sind ein Paradies für Buschwanderer, Kletterer und Naturliebhaber. Die große Vielfalt von Flora und Fauna, die einzigartigen Sandsteinformationen, die Felskunst der Aborigines, spektakuläre Aussichtspunkte sowie ein umfangreiches Netz aus Wanderwegen und Zeltplätzen im Busch haben für jeden etwas zu bieten. Die einheimischen Jardwadjali nannten die Berge Gariwerd (in der Sprache der lokalen indigenen Bevölkerung bedeutet *gari* „spitzer Berg“ und *werd* heißt „Schulter“). Der Entdecker Major Thomas Mitchell benannte die Berge nach den schottischen Grampians.

Grampians National Park (Gariwerd)

Natürlich lässt sich die spektakuläre Silhouette der Grampians aus der Ferne bewundern (z. B. mit einem Glas Wein in der Hand von Halls Gap aus). Doch andererseits sollte man auch unbedingt den eigentlichen Nationalpark besuchen, der auf vielerlei Art erkundet werden kann: Das gut ausgeschilderte Netz aus Wanderwegen (150 km) bietet etwas für jeden Geschmack – von halbstündigen Spaziergängen bis zu mehrtägigen Treks über schwieriges Terrain. Zusätzlich sind hier Panoramafahrten und Abenteuer-Aktivitäten wie Abseilen oder Klettern möglich.

2014 fegten Mitte Januar mehrere Buschbrände durch die Region, wobei der Norden am stärksten betroffen war. Im Bereich von Wartook und Brimpaen wurden Wohnhäuser zerstört; rund um den Mt. Difficult verwandelten sich große Waldgebiete in Asche. Doch trotz dieser Katastrophe kann man in den Grampians nach wie vor sehr viel unternehmen. Regionale Visitor Centres und Parks Victoria informieren über die aktuelle Lage (manche Wanderrouten sind eventuell noch gesperrt).

Die vier höchsten Bergketten der Grampians sind die **Mt. Difficult Range** im Norden, die **Mt. William Range** im Osten, die **Serra Range** im Südosten und die **Victoria Range** im Südwesten. Sie erstrecken sich von Ararat bis zum Wartook Valley und von Dunkeld bis fast nach Horsham. **Halls Gap** liegt im Fyans Valley und ist eine Art Basislager und Drehscheibe für Dienstleistungen rund um die Erkundung der Grampians. Die kleinere **Wonderland Range** nahe Halls Gap wartet mit einigen der großartigsten und am besten erreichbaren Aussichten auf, wie etwa auf den Wegen, die zu den Pinnacles oder den Silverband Falls führen.

Sehenswertes & Aktivitäten

Eine der beliebtesten Attraktionen sind die spektakulären **MacKenzie Falls**. Vom Parkplatz führt ein steiler, 600 m langer Pfad zum Fuße des Wasserfalls und einem großen Becken (Baden verboten). Außerdem beliebt sind der **Boroka Lookout** mit tollem Blick über Halls Gap und den Lake Bellfield sowie der **Reed Lookout** mit einer kurzen Wanderung zu den **Balconies** und Blick über den Lake Wartook.

Praktische Informationen

Parks Victoria (☎ 03-5361 4000, 13 19 63; www.parkweb.vic.gov.au; 277 Grampians Tourist Rd, Brambuk Cultural Centre, Halls Gap) Hier gibt's neben Übersichtskarten auch Infos zu Wanderrouten, Campingmöglichkeiten und Attraktionen im Nationalpark. Hinzu kommen Campinggenehmigungen und obligatorische Angellizenzen für örtliche Bäche.

Halls Gap

613 EW.

Das hübsche Örtchen Halls Gap liegt unterhalb der schroffen Wonderland Range. Im

Grampians (Gariwerd)

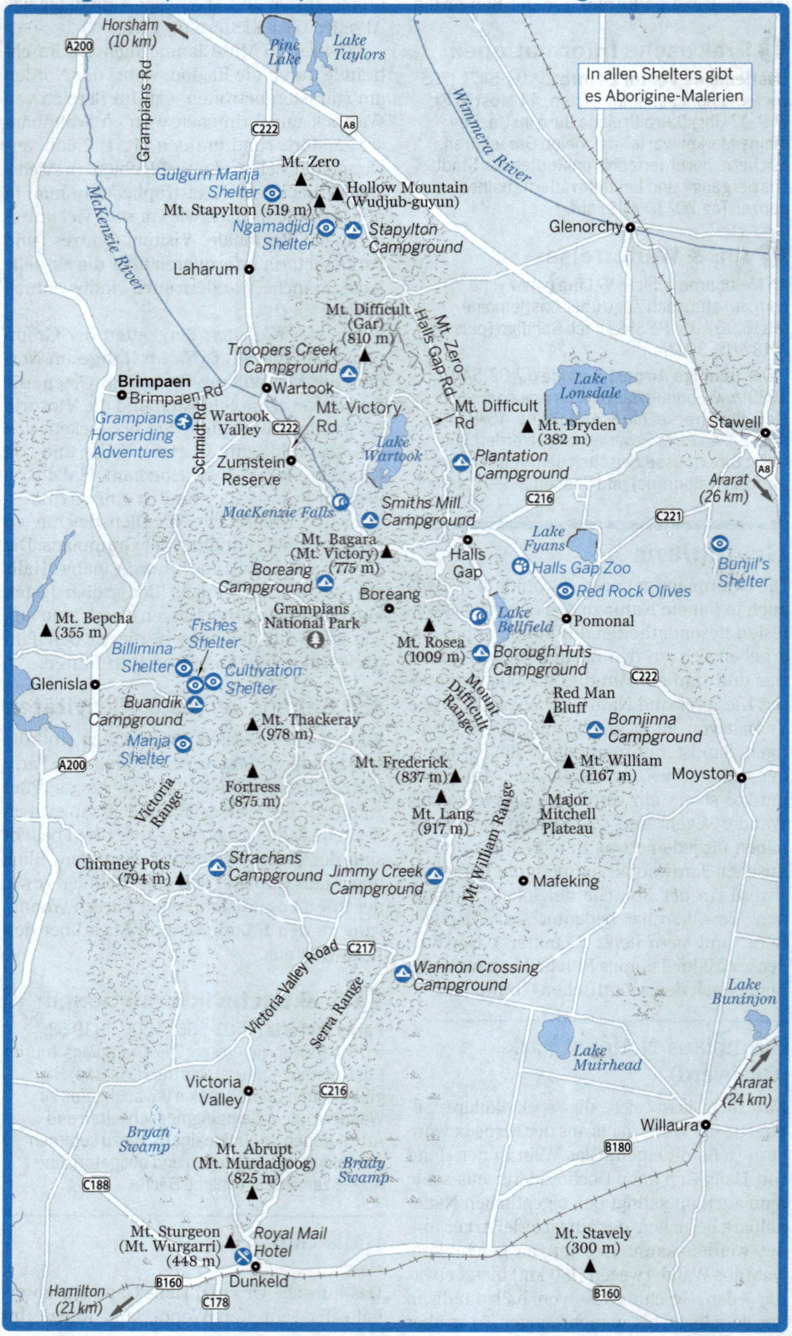

Winter ist es etwas verschlafen, aber während der Ferien kann es hier ganz schön heiß hergehen. Halls Gap dient oft als Basislager für Touren in die Grampians und bietet Zugang zu den schönsten Teilen. An der einzigen Straße des Ortes gibt es einige Shops, einen Supermarkt, Buchungsbüros für Abenteueraktivitäten sowie Restaurants und Cafés.

Auf seinem grasbewachsenen Untergrund gibt es viele Kängurus, die besonders gern auf dem Sportplatz herumhüpfen. Auch Emus werden oft gesichtet.

Sehenswertes & Aktivitäten

★ Brambuk Cultural Centre KULTURZENTRUM
(03-5361 4000, 03-8427 2311; www.brambuk.com.au; 277 Grampians Rd; Eintritt gegen Spende; 9–17 Uhr) GRATIS Man sollte nicht aus Halls Gap abreisen, ohne sich das erstklassige Kulturzentrum in Brambuk, 2,5 km südlich der Stadt, angeschaut zu haben. Das von Koori-Gemeinden in Verbindung mit Parks Victoria geleitete Zentrum gibt anhand von traditionellen Geschichten, Kunst, Musik, Tanz, Waffen, Gerätschaften und Fotografien einen Einblick in die örtliche Geschichte und Kultur.

Halls Gap Zoo ZOO
(03-5356 4668; http://hallsgapzoo.com.au; 4061 Ararat–Halls Gap Rd; Erw./Kind/Fam. 28/14/70 AU$; 10–17 Uhr) In diesem Zoo in einer natürlichen Buschlandschaft kann man mit australischen Tierarten wie Wallabys, Dingos, Beutelmardern, Tasmanischen Teufeln und Wombats sowie mit exotischen Tierarten wie Erdmännchen, Klammeraffen, Bisons und Tamarinen Bekanntschaft schließen. Auch viele Reptilien und Vögel werden hier gehalten. Der erstklassige Tierpark engagiert sich in Zucht- und Schutzprogrammen.

Geführte Touren

Absolute Outdoors ABENTEUERTOUR
(1300 526 258; www.absoluteoutdoors.com.au; 105 Grampians Rd; Klettern & Abseilen 75 AU$/halber Tag) Der Veranstalter bietet Kletter-, Abseil-, Mountainbike- und Kanutouren sowie geführte Naturwanderungen. Beliebt sind auch die Campingausflüge (www.grampianspeaks.com.au) mit Übernachtung. Man kann Zelte und Schlafsäcke mieten und vereinbaren, sich irgendwo am Wasser absetzen zu lassen. Im Laden kann man Wanderstiefel, Accessoires und gedruckte Führer zu örtlichen Kletterstätten kaufen. Mountainbikes kann man hier ebenfalls mieten (10/25/40 AU$ pro Std./halber/ganzer Tag).

Schlafen

Tim's Place HOSTEL $
(03-5356 4288; www.timsplace.com.au; 44 Grampians Rd; B/DZ ab 30/70 AU$, Apt. ab 120 AU$; @) Das freundliche, makellose Öko-Hostel wirkt anheimelnd und hat einen netten Betreiber. Es gibt einen kostenlosen Mountainbike-Verleih und einen Kräutergarten.

Halls Gap Caravan Park CAMPING $
(03-5356 4251; www.hallsgapcaravanpark.com.au; 26 School Rd; Stellplatz ohne/mit Strom ab 32/40 AU$, Hütte 120–195 AU$;) Der Campingplatz mit Stellplätzen und Hütten direkt im Zentrum ist zu Spitzenzeiten überfüllt.

Brambuk Backpackers HOSTEL $
(03-5356 4250, 03-5361 4000; www.brambuk.com.au; 332 Grampians Rd; B/DZ/3BZ 30/75/90 AU$;) Das freundliche Hostel neben dem Kulturzentrum gehört Aborigines und wird von ihnen geführt. Hier kann man sich entspannt in den Ort einfühlen und aus den Wohnzimmerfenstern den Blick auf die Felsen genießen. Alle Zimmer, einschließlich der Schlafsäle, haben angeschlossene Bäder; die Lounge, das Esszimmer, die Küche und die Grillterrasse sind prima.

Grampians YHA Eco-Hostel HOSTEL $
(03-5356 4544; www.yha.com.au; Ecke Grampians Rd & Buckler Rd; B/DZ/FZ ab 31/95/110 AU$; @) Dieses architektonisch interessant gestaltete und umweltfreundliche Hostel nutzt Solarenergie und Regenwassertanks und holt das Beste raus aus Licht und Räumlichkeiten. Es ist mit einer schönen, geräumigen Lounge, einer erstklassigen Küche und tadellosen Zimmern ausgestattet.

★ D'Altons Resort COTTAGE $$
(03-5356 4666; www.daltonsresort.com.au; 8 Glen St; Cottage Studio/Deluxe/Fam. ab 110/125/160 AU$;) Die angenehmen Holzhütten mit netten Veranden und Holzkaminen verbreiten sich über den Hügel oberhalb der Hauptstraße, auf dem Eukalyptusbäume stehen und Kängurus grasen. Die Hütten sind makellos gepflegt; die freundlichen Besitzer haben viele Infos zur Gegend auf Lager, und es gibt sogar einen Tennisplatz und einen Meerwasserpool.

Pinnacle Holiday Lodge MOTEL $$
(03-5356 4249; www.pinnacleholiday.com.au; 21-45 Heath St; WE mit 1/2 Schlafzi. ab 99/163 AU$,

ABSTECHER

MALDON

Das winzige Maldon ist ein gut erhaltenes Relikt der Goldrauschära, das wie ein volkskundliches Freiluftmuseum wirkt. Man findet hier viele schöne, aus örtlichem Stein errichtete Gebäude. Die Bevölkerungszahl ist zwar beträchtlich geringer als die 20 000, die früher hier auf den Goldfeldern arbeiteten, aber es handelt sich immer noch einen lebenden, funktionierenden Ort, der an Wochenenden von Touristen überschwemmt wird und werktags wieder zu seinem verschlafenen Alltag zurückkehrt.

Hinweise auf die stürmische Goldgräberzeit findet man überall im Ort – der 24 m hohe **Beehive Chimney** gleich östlich der Main St ist gar nicht zu übersehen. Ein kurzes Stück auf der High St nach Süden erblickt man die Überreste der **North British Mine**, wo Schautafeln die Geschichte der Mine erläutern, die einst eine der reichsten Fundstätten der Welt war.

Im **Visitor Centre** (☎03-5475 2569; www.maldoncastlemaine.com.au/maldon; 95 High St; ⊙9–17 Uhr) gibt's stapelweise Infomaterial – mitnehmen sollte man den *Information Guide* und die Broschüre *Historic Town Walk*, die einen zu den geschichtsträchtigsten Gebäuden vor Ort geleitet.

Maldon liegt 19 km nordwestlich von Castlemaine an der Bridgewater-Maldon Rd (C282). **Castlemaine Bus Lines** (☎03-5472 1455; www.castlemainebuslines.com.au) betreibt täglich drei oder vier Busse zwischen Maldon und Castlemaine (3,20 AU$, 20 Min.).

DZ mit Whirlpool ab 140 AU$; ❄📶🏊) Direkt im Zentrum von Halls Gap liegt hinter den Läden am Stony Creek dieses prächtige Anwesen mit spektakulärer Bergkulisse und vielen Kängurus. Auf dem großen idyllischen Anwesen gibt's Grillbereiche, einen Hallenpool und Tennisplätze. Die modernen, in sich abgeschlossenen Wohneinheiten, die Familienapartments mit zwei Schlafzimmern und die schicke Suite mit Whirlpool haben Gaskamine.

Mountain Grand Guesthouse PENSION **$$**
(☎03-5356 4232; www.mountaingrand.com.au; Grampians Rd; EZ/DZ inkl. Frühstück 146/166 AU$; ❄📶) Die anmutige Pension aus Holz rühmt sich damit, eine traditionelle ursprüngliche Lodge zu sein, in der man vor dem Abendessen gemütlich einen Portwein in einem der Aufenthaltsräume trinken und mit den anderen Gästen gemütlich plaudern kann. Die Zimmer sind urig, aber hell und frisch. Das Balconies Restaurant in der Pension hat einen guten Ruf.

Aspect Villas VILLA **$$$**
(☎03-5356 4457; www.aspectvillas.com.au; an der Mackey's Peak Rd; DZ 520 AU$; ❄📶) Diese zwei luxuriösen Villen liegen nicht weit außerhalb der Stadt, wenn man sich jedoch in seinem Bett zurücklehnt oder am Holzfeuer sitzt und durch die raumhohen Fenster den Blick auf die Wonderland Range genießt, fühlt man sich wie in einer anderen Welt. Die Gebäude wurden größtenteils aus lokalen Baumaterialien, wie Steinen aus den Grampians errichtet und stehen auf einem einsamen Anwesen mit eigener Lagune.

✖ Essen

Brambuk Bushfood Cafe AUSTRALISCH **$**
(☎03-5361 4000; www.brambuk.com.au; Brambruk Cultural Centre, 277 Grampians Rd; Hauptgerichte 8,50–22 AU$; ⊙9–16 Uhr) Das Café im Brambuk Cultural Centre ist ein Muss, wenn man das Aroma indigener Nutzpflanzen wie Wattleseed, Zitronenmyrte oder Buschtomate kennenlernen will. Auch Melden-Lasagne, Känguru-Pies oder gegrillten Emu kann man sich hier schmecken lassen. Die Bushfood-Platte (22 AU$) vermittelt einen guten Querschnitt durch die indigenen Küche.

Livefast Lifestyle Cafe CAFÉ **$**
(☎03-5356 4400; www.livefast.com.au; Shop 5, Stony Creek Stores; Frühstück 8–17 AU$, Mittagessen 15–19 AU$; ⊙Mo–Fr 7–16, Sa & So bis 17 Uhr; 📶) Halls Gaps bester Kaffee und das sonnige Ambiente sind die Trumpfkarten dieses Cafés. Es gibt interessante Frühstückskost, darunter spanisch oder japanisch beeinflusste Gerichte, und frische und schmackhafte Mittagsangebote wie Nudeln mit Tofu-Salat oder Rindfleisch-Burger mit Rosmarin. Hinzu kommt eine große Auswahl von Craft-Bieren und Weinen aus den Grampians.

Harvest CAFÉ **$$**
(☎03-5356 4782; www.harvesthg.com.au; 2 Heath St; Tagesmenü 9,80–16,50 AU$, Abendessen 22–32 AU$; ⊙Mo–Do & So 8–16, Fr & Sa bis 22 Uhr) Das Café macht sich die reiche Fülle der in

der Region produzierten Lebensmittel zunutze und spezialisiert sich auf Essen mit regionalen Zutaten und heimischen Wein. Hier gibt's den ganzen Tag Gourmet-Frühstück (z.B. gebratene Eier auf mexikanische Art) und mittags z.B. Steak-Sandwiches mit Sauerteigbrot. Freitags und samstags ist auch abends geöffnet, dann erhält man schmackhafte kleine und große Gerichte zum Teilen.

Spirit of Punjab INDISCH $$
(☎03-5356 4234; www.spiritofpunjabrestaurant.com; 161–163 Grampians Rd; Hauptgerichte 13,50–25 AU$; ⏲12–14.30 & 17–21 Uhr) Einen Hauch des indischen Subkontinents im Ambiente des australischen Buschs vermittelt dieses ausgezeichnete Restaurant, vor dessen Front einige bizarre Volkskunst-Skulpturen stehen. Zu den authentischen Gerichten gehören auch eine Reihe guter Gerichte aus dem Tandur. Es gibt preiswerte Flaschenweine, und von der Freiluftterrasse blickt man auf eine natürliche Lichtung, die häufig von Kängurus aufgesucht wird.

Kookaburra Hotel MODERN-AUSTRALISCH $$
(☎03-5356 4222; www.kookaburrahotel.com.au; 125–127 Grampians Rd; Hauptgerichte 18–36 AU$; ⏲Di–Fr 18–21, Sa & So 12–15 & 18–21 Uhr) Diese Institution von Halls Gap ist bekannt für ihr exzellentes Kneipenessen wie die traumhaft knusprige Ente sowie ihre australischen Gerichte, z.B. Barramundi oder Kängurufilet (nur englisch oder medium erhältlich, genau wie es sein sollte). Auf der Weinkarte stehen vor allem Weine aus den Grampians und in der gemütlichen Bar gibt's Bier vom Fass.

ℹ Praktische Informationen

Halls Gap Visitor Centre (☎1800 065 599; www.visithallsgap.com.au; 117–119 Grampians Rd; ⏲9–17 Uhr; 📶) Das hilfreiche Personal bucht Touren, Unterkünfte und Aktivitäten, verkauft detaillierte Landkarten (3,50 AU$) und hat Infos zu Wanderwegen und Straßen im Park.

ℹ An- & Weiterreise

Halls Gap liegt 254 km von Melbourne entfernt am Western Hwy (3 Std.); etwa auf halber Strecke passiert man Ballarat (142 km). Von der Great Ocean Road kommend, liegt der Ort 156 km nördlich von Port Fairy.

Halls Gap ist gut mit öffentlichen Verkehrsmitteln erschlossen. V/Line-Züge verbinden das Städtchen mit Melbourne (33,20 AU$, 3½ Std.) and Ballarat (17,20 AU$, 2 Std.); Anschlussbusse warten an den Bahnhöfen Ararat und Stawell. Nach Halls Gap fährt außerdem noch ein Bus aus Warrnambool (28,20 AU$, 3 Std., Di, Fr & So).

Dunkeld & Umgebung

Dunkeld (461 Ew.), der südliche Zugangspunkt zu den Grampians, ist ein verschlafener kleiner Ort mit einem sehr bekannten Restaurant, dem **Royal Mail Hotel** (☎03-5577 2241; www.royalmail.com.au; 98 Parker St; Bistro 24–42 AU$, Mittagessen 75–95 AU$, Abendessen 95–165 AU$; ⏲Bar & Bistro 12–15 & 18–21 Uhr, Restaurant Do–So 12–14.30 & Mi–So 18–22 Uhr), das seit langem als eines der besten im Bundesstaat gilt. Die Ortschaft hat eine großartige Lage mit der Kulisse des Mt. Abrupt und des Mt. Sturgeon im Norden, während die Grampians Tourist Rd nach Halls Gap eine prachtvolle Ouvertüre zum Park ist: Nachdem man zwischen der Serra und der Mt. William Range hindurch gefahren ist, scheint sich der Himmel urplötzlich zu weiten. Dunkeld liegt 64 km südlich von Halls Gap.

FELSKUNST

Schon seit über 20 000 Jahren leben die Aborigines, die traditionellen Besitzer des Landes, in Gariwerd. In dieser Region finden sich die am leichtesten zugänglichen Stätten mit indigener Felskunst. Zu ihnen gehört auch **Bunjil's Shelter** bei Stawell, eine der heiligsten Stätten der Aborigines in Victoria, die man am besten im Rahmen einer Tour vom **Brambuk Cultural Centre** (☎03-5356 4452; www.brambuk.com.au; Grampians Rd; 3-/5-stündige Tour 70/140 AU$) aus besichtigt. Im Westen des Parks liegen die Stätten **Manja Shelter**, vom Harrop-Track-Parkplatz aus zu erreichen, und der **Billimina Shelter** in der Nähe des Buandik-Campingplatzes. Im Norden befindet sich der **Ngamadjidj Shelter**, der vom Campingplatz Stapylton erreichbar ist.

Die Malereien liegen im Schutz von Felsüberhängen und bestehen größtenteils aus Handabdrücken, Tierfährten und Strichmännchen. Sie zeigen, welchen Respekt diesen Bergen von den lokalen Aborigine-Gemeinden entgegengebracht werden und man sollte sich deshalb ebenfalls respektvoll verhalten.

NORDWESTLICH DER GRAMPIANS

Horsham

15894 EW.

Die größere Stadt nordwestlich der Grampians ist die Hauptstadt der Wimmera-Region und ein bequemer Ausgangspunkt zur Erkundung der umliegenden Nationalparks und des Mt. Arapiles. Die neu aufgemöbelte **Horsham Regional Art Gallery** (☎ 03-5382 9575; www.horshamartgallery.com.au; 80 Wilson St; ⏲ Di–Fr 10–17, Sa 11–16.30, So 13–16.30 Uhr) GRATIS im historischen Art-déco-Rathaus ist ein Muss für Kunstfreunde. Im Erdgeschoss sind interessante zeitgenössische Ausstellungen zu finden, während im Obergeschoss in der Dauerausstellung faszinierende Foto-Arbeiten von Bill Henson, Frank Hurley und Wolfgang Sievers sowie Gemälde von Sidney Nolan, John Bracks, Fred Williams und Brett Whiteley zu finden sind.

Praktische Informationen

Horsham & Grampians Visitors Centre (☎ 03-5382 1832; www.visithorsham.com.au; 20 O'Callaghan's Pde; ⏲ 9–17 Uhr) In dem sehr hilfreichen Zentrum findet man Infos zu Horsham und der umliegenden Gegend, darunter Wanderkarten und Routen zur Kunst.

An- & Weiterreise

Horsham liegt 300 km von Melbourne entfernt am Western Hwy; auf dem Weg passiert man auch Ballarat. Die Fahrtzeit zum Little Desert National Park (74 km) beträgt etwas mehr als eine Stunde, die nach Halls Gap (73 km) in den Grampians etwas weniger als eine Stunde.

Von Melbournes Bahnhof Southern Cross gibt's täglich eine Zug-Bus-Verbindung nach Horsham (39 AU$, 4 Std.) mit Umsteigen in den Bus am Bahnhof Ararat.

Mt. Arapiles State Park

Der Mt. Arapiles ist Australiens beliebtestes Kletterziel. Mit gerade einmal 369 m ist er sicher nicht der höchste Berg der Welt, aber mit mehr als 2000 zu bezwingenden Routen macht er Kletterern aus aller Welt den Mund wässrig. Zu den beliebten Kletterrouten zählen Bard Buttress, Tiger Wall und Pharos. In dem nahen winzigen Ort Natimuk bietet eine Gemeinde von eifrigen Kletterern Besuchern ihre Dienste an, und der Ort hat sich auch zu einem kleinen Künstlerzentrum entwickelt.

Aktivitäten

Arapiles Climbing Guides KLETTERN
(☎ 03-5384 0376; www.arapiles.com.au; Natimuk) Kletterunterricht und Führerdienste rund um den Mt. Arapiles.

Natimuk Climbing Company KLETTERN
(☎ 0400 871 328, 03-5387 1329; www.climbco.com.au) Unterricht im Klettern, Bouldern und Abseilen.

Arapiles Mountain Shop KLETTERN
(☎ 03-5387 1529, 0428 871 529; www.facebook.com/arapilesresoles; 67 Main St, Natimuk; ⏲ Mo & Fr 13–17.30, Di & Do 16.30–18, Sa 11–17.30, So 12–17.30 Uhr) Verkauft und verleiht Kletterausrüstung.

Schlafen & Essen

Centenary Park Campground CAMPING $
(☎ 13 19 63; www.parkweb.vic.gov.au; Centenary Park Rd, Mt. Arapiles; Stellplatz 5,30 AU$/Pers.) Die meisten Kletterer eilen zu dieser beliebten Campinganlage am Fuß des Berges, die aus den drei separaten Plätzen Lower Gums, Pines und Upper Gums besteht. Es gibt Toiletten, gemeinschaftliche Feuerstellen und Picknicktische, man muss aber eigenes Trinkwasser und Brennholz mitbringen.

Duffholme Cabins HÜTTEN $
(☎ 0421 442 050; 1859 Natimuk Frances Rd, Mitre; Stellplatz 10 AU$, DZ mit Frühstück 100 AU$) In der Anlage gibt's ein in sich abgeschlossenes Cottage und Stellplätze (mit Toiletten und Dusche) inmitten eines natürlichen Geländes mit Wildtieren und Blick auf den Mt. Arapiles. Vorher anrufen und die Ankunft ankündigen, da meist niemand vor Ort ist.

An- & Weiterreise

Der Mt. Arapiles liegt 37 km westlich von Horsham und 12 km westlich von Natimuk.

Wimmera Roadways (☎ Busabholung 0428 861 160, Büro 08-8762 2962; www.wimmeraroadways.com.au) betreibt einen Busservice von Horsham zum Mt. Arapiles (6 AU$, 30 Min., Mo–Fr), der über Natimuk (4,80 AU$) fährt. Man muss vorher telefonisch Bescheid geben, dass man am Mt. Arapiles aussteigen will. Der Bus fährt um 9.40 Uhr am Mt. Arapiles und um 14.40 Uhr in Horsham los.

Little Desert National Park

Rollende Sanddünen darf man zwar nicht erwarten, aber dieser wüstenartige Park, der sich über gewaltige 1320 km² erstreckt, ist reich an Flora und Fauna, die in einer trockenen Umwelt gedeiht. Es gibt hier über 670 indigene Pflanzenspezies, und im Frühjahr und Frühsommer verwandelt sich die Landschaft in ein farbenfrohes Wildblumen-Wunderland. Der bekannteste Bewohner ist das Thermometerhuhn, ein geschäftiger Vogel, den man in einem Vogelhaus an der Little Desert Nature Lodge bewundern kann.

Die durch den Park führende Nhill-Harrow Rd ist asphaltiert, und die Straße aus Dimboola ist eine Schotterpiste, aber die meisten Pisten im Park bestehen nur aus Sand und sind lediglich für Geländewagen und zum Wandern geeignet. Manche davon werden in der Regenzeit (Juli–Okt.) für Geländewagen gesperrt.

Schlafen

★ Little Desert Nature Lodge CAMPING, RESORT $
(☎ 03-5391 5232; www.littledesertlodge.com.au; Stellplatz 35 AU$, Schlafbaracke DZ 56 AU$, Motel-Zi. 130 AU$; ❄) Das gut ausgestattete, freundliche Busch-Refugium am nördlichen Rand der Wüste 16 km südlich von Nhill ist eine hervorragende Ausgangsbasis zur Erkundung des Parks. Mit geräumigen Stellplätzen, einer Schlafbaracke und komfortablen Motelzimmern gibt's hier Unterkünfte für jeden Geschmack. Eine Attraktion ist die Führung durch die Thermometerhuhn-Volière, in der man diese seltenen Vögel im Rahmen eines Brutprogramms bewundern kann.

Campingplätze CAMPING $
(☎ 13 19 63; www.parkweb.vic.gov.au; Stellplatz ab 27,40 AU$) Im Nationalpark gibt's mehrere Campingplätze; die beliebtesten befinden sich im östlichen Teil bei **Horseshoe Bend** und **Ackle Bend** – beide Plätze liegen am Wimmera River südlich von Dimboola und sind mit Toiletten, Picknicktischen und Feuerstellen ausgestattet. Ansonsten gibt es in den abgelegeneren zentralen und westlichen Abschnitten des Parks auch kostenlose ausgewiesene Campingbereiche im Busch.

Praktische Informationen

Little Desert Park Office (☎ 13 19 63, 03-8427 2129; www.parkweb.vic.gov.au; Nursery Rd, Wail Nursery; ⏲ Mo–Fr 9–17 Uhr) Da man heute alle Informationen auch im Netz findet und online buchen kann, gibt es wenig Grund, hier anzuhalten. Immerhin aber können einem die Ranger Auskünfte zu den Campingplätzen im Park geben.

Nhill

Nhill ist der Ausgangspunkt für den nördlichen Eingang zum Little Desert National Park und zum Kiata-Campingplatz. Für diese Weltgegend ist der Ort eine große Stadt – die Hauptwirtschaftszweige sind der Weizenanbau und die Zucht von Enten für die Restaurants in Victoria. Nhill ist ein Aborigines-Wort, das „Nebel über dem Wasser" bedeutet – am künstlichen **Lake Nhill** und in den umliegenden Feuchtgebieten kann man feststellen, was es damit auf sich hat. Im Ort gibt es eine beträchtliche Gemeinde von Karen, die hier angesiedelt wurden, nachdem sie Jahrzehnte als Flüchtlinge an der thailändisch-birmanischen Grenze verbracht hatten.

Hindmarsh Visitors Centre (☎ 03-5391 3086; www.wimmeramalleetourism.com.au; Victoria St; ⏲ Mo–Fr 9–17 Uhr) Das Besucherzentrum im Goldsworthy Park im Stadtzentrum hat viele Infos zum Nationalpark, zu örtlichen Sehenswürdigkeiten und zu Unterkünften.

WILSONS PROMONTORY & GIPPSLAND

Die Great Ocean Road lockt die Massen an, aber Gippsland verbirgt alle Geheimnisse. In dieser Region zahlt es sich aus, den Städten aus dem Weg zu gehen, denn die Ortschaften am Princes Hwy sind für Traveller kaum einen Blick wert. Abseits des Highways verbergen sich dagegen einige der faszinierendsten, schönsten und einsamsten Wildnisgebiete und Strände im gesamten Bundesstaat.

Längs der Küste erstreckt sich der Wilsons Promontory National Park, ein Traumziel für Wanderer und Leute, die einfach nur die Landschaft bewundern wollen. Und im Hinblick auf traumhafte Strände ist das nur der Anfang. Der legendäre Ninety Mile Beach geht in den Cape Conran Coastal Park und dieser in den Croajingolong National Park über. Zusammengenommen ist dies eine der unberührtesten und schönsten Küsten auf Erden.

Im Landesinneren darf man sich die Buchan Caves auf keinen Fall entgehen lassen, und die tiefen Wälder der Nationalparks Snowy River und Errinundra sind so abgelegen und ursprünglich wie nur irgendeiner im ganzen Land.

Koonwarra & Fish Creek

Versteckt in sanft hügeligem Weideland, auf dem Milchkühe grasen, findet sich am South Gippsland Hwy der winzige Ort Koonwarra, der für sich eine Nische als kulinarisches Ziel gefunden hat. Hier gibt's eine Kochschule, einen Farmers Market und Lebensmittelläden sowie Weingüter in der Nähe.

Schon lange pausieren kundige Traveller auf dem Weg zur Küste oder zum Wilsons Promontory in Fish Creek, um etwas zu essen. Heute hat sich der Ort zu einer Künstlergemeinde mit Kunsthandwerksläden, Galerien, Ateliers, Buchläden und tollen Cafés entwickelt. Auch der **Great Southern Rail Trail** (www.railtrails.org.au) führt hier durch.

Sehenswertes

Celia Rosser Gallery GALERIE
(☎03-5683 2628, 0455 777 334; www.celiarossergallery.com.au; Promontory Rd; ⏲Fr–So 10–16 Uhr) GRATIS Die vom Licht durchflutete Kunstgalerie zeigt Werke der berühmten Pflanzenmalerin Celia Rosser, die insbesondere für ihre Aquarelle von Banksien berühmt wurde. Die *Banksia rosserae* wurde nach ihr benannt; die einzige andere Frau, nach der eine Banksia-Art benannt wurde, war Queen Victoria.

Schlafen & Essen

The Wine Farm B&B $$
(☎03-5664 3204; www.thewinefarm.com.au; 370 Koonwarra–Inverloch Rd; DZ 150 AU$; ❄) Auf einem 6 ha großen, von einer Familie geführten Boutique-Weingut befindet sich diese freistehende Schindelhütte mit drei Schlafzimmern, die für Paare und Gruppen ein ausgezeichnetes Preis-Leistungs-Verhältnis hat (25 AU$/zusätzliche Pers.). Für Weinkenner ist das Gut ein Muss, denn der südafrikanische Winzer Neil Hawkins beeindruckt mit zehn Rebsorten, die in kühlem Klima gedeihen.

Gippsland

In der Unterkunft gilt ein Mindestaufenthalt von zwei Nächten. Sie eignet sich auch gut als Standquartier für Ausflüge zum eine Fahrtstunde entfernten Wilsons Promontory.

Fish Creek Hotel PUB **$**
(☎03-5683 2404; www.fishcreekhotel.com.au; 1 Old Waratah Rd; Hauptgerichte 16–30 AU$, DZ mit Gemeinschafts-/eigenem Bad 85/100 AU$; ⏲12–14 & 18–21 Uhr) Das auffällig im Art-déco-Stil gestaltete Fish Creek Hotel, das allgemein nur als der „Fishy Pub" bekannt ist, ist ein guter Stopp für ein Bier und ein Bistrogericht, gleichzeitig aber auch ein praktisches Standquartier für Ausflüge zum Wilsons Promontory. Im Obergeschoss gibt's komfortable Gasthauszimmer (ohne TV und Wasserkessel) mit Gemeinschaftsbad und hinter dem Haus freistehende Motelzimmer.

★ **Koonwarra Store** CAFÉ **$$**
(☎03-5664 2285; www.koonwarrastore.com.au; 2 Koonwarra–Inverloch Rd; Hauptgerichte 12–26 AU$; ⏲8.30–16 Uhr; 📶) In diesem renovierten Holzhaus sind regionale Produkte und Weine im Angebot. Der Laden ist zugleich ein renommiertes Café, das einfache Gerichte mit Flair serviert und stolz darauf ist, Bio-Produkte von nachhaltig arbeitenden Bauern zu beziehen – die Zutaten zum empfehlenswerten „Koonie-Burger" stammen alle aus Gippsland. Man genießt das Ambiente im holzgetäfelten Innenraum oder entspannt sich an einem Tisch im Garten mit Eiscreme, Weinen aus der Region und einem Käseteller.

Ausgehen & Nachtleben

Waratah Hills Vineyard WEINGUT
(☎03-5683 2441; www.waratahhills.com.au; 20 Cottmans Rd; ⏲Fr–So 11–16, Jan. tgl.) Fünf Fahrtminuten außerhalb von Fish Creek an der Straße zum Promontory bietet dieses nette Weingut kostenlose Verkostungen in seiner Verkaufsstelle in einem umgebauten Traktorschuppen. Mit einem Glas preisgekröntem Pinot oder Chardonnay und einer

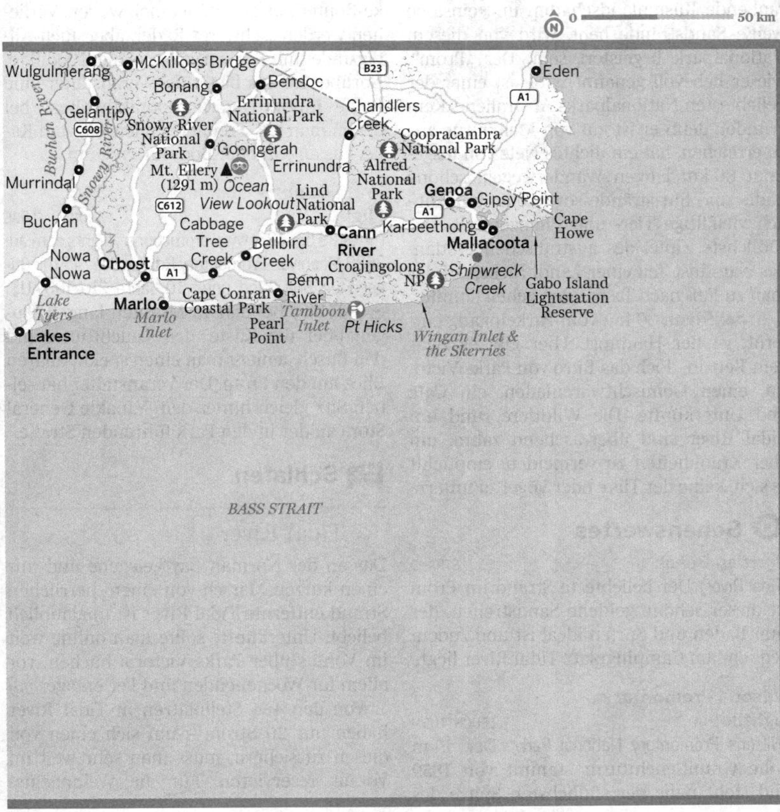

Käseplatte genießt man von seinem Gartenstuhl aus den Blick in die Hoddle Ranges.

An- & Weiterreise

Über die Straße liegt Koonwarra 32 km südwestlich von Korumburra und 21 km nordöstlich von Inverloch. V/Line-Busse fahren drei- bis viermal täglich zwischen dem Bahnhof Southern Cross in Melbourne und Koonwarra (17,20 AU$, 2½ Std.).

Nach Fish Creek folgt man den ausgeschilderten Abfahrten vom South Gippsland Hwy bei Foster (13 km) oder Meeniyan (28 km). Der Ort ist 24 km (20 Min.) vom Eingangstor zum Wilsons Promontory National Park entfernt. Täglich fahren vier Direktbusse vom Melbourner Bahnhof Southern Cross (20,40 AU$, 2¾ Std.). Der Ort liegt auch an der Busstrecke Korumburra–Foster, die mindestens dreimal täglich bedient wird.

Wilsons Promontory National Park

Wer Buschwandern in der Wildnis, atemberaubende Küstenlandschaften und einsame weiße Sandstrände liebt, wird von diesem Nationalpark begeistert sein. Der „Prom", wie er liebevoll genannt wird, ist einer der beliebtesten Nationalparks Australiens. Kein Wunder, denn er ist gut von Melbourne aus zu erreichen, hat ein dichtes Netz von insgesamt 80 km langen Wanderwegen, schöne Bade- und Surfstrände sowie eine unglaublich vielfältige Tier- und Pflanzenwelt. Der südlichste Zipfel des australischen Festlandes war einst Teil einer Landbrücke, auf der man zu Fuß nach Tasmanien gehen konnte.

Tidal River, 30 km vom Parkeingang entfernt, ist der Hauptort. Hier gibt es zwar kein Benzin, doch das Büro von Parks Victoria, einen Gemischtwarenladen, ein Café und Unterkünfte. Die Wildtiere rund um Tidal River sind überraschend zahm, um aber Krankheiten zu vermeiden, empfiehlt es sich, keine der Tiere oder Vögel zu füttern.

Sehenswertes

Norman Beach STRAND

(Tidal River) Der beliebteste Strand im Prom ist dieser schöne goldene Sandstreifen, der zum Baden und Surfen ideal ist und zudem bequem am Campingplatz Tidal River liegt.

Wilsons Promontory Lighthouse LEUCHTTURM

(Wilsons Promontory National Park) Der 19 m hohe Granitleuchtturm stammt von 1859 und steht nahe der südlichsten Spitze des australischen Festlands. Der Turm ist nur zu Fuß in einem sechsstündigen Marsch (18,3 km) vom Parkplatz Telegraph Saddle aus erreichbar, deshalb übernachten die meisten Besucher in den Lighthouse Keeper's Cottages oder auf dem 5,2 km entfernten Campingplatz Roaring Meg.

Wilsons Promontory Marine National Park NATIONALPARK

Die Offshore-Version des Wilsons Promontory National Park ist Victorias größtes geschütztes Meeresgebiet und beliebt bei Tauchern.

Aktivitäten

Foster Kayak & Outdoor OUTDOORAKTIVITÄTEN

(☎0475 473 211; www.facebook.com/fosterkayakandoutdoor; 50 Main St, Foster; Fahrradverleih halber/ganzer Tag 35/70 AU$) Das von einem neuseeländischen Outdoor-Fan geführte Abenteuer-Unternehmen vermietet Fahrräder an Leute, die den Great Southern Rail Trail (S. 638; und umliegende Mountainbike-Routen) in Angriff nehmen wollen. Verliehen werden „schwere" Räder, aber auch Alltagsräder mit Körben voller lokaler Produkte. Darüber hinaus bietet der Veranstalter eine Reihe innovativer Outdooraktivitäten, bei denen man z. B. Freitauchen lernen, vom Kajak aus angeln oder Bodysurfen kann.

Prom Country Scenic Flights PANORAMAFLÜGE

(☎0488 555 123; www.promcountryflights.com.au; 3680 Meeniyan Promontory Rd, Yanakie; 45-minütiger Flug Erw./Kind unter 10 Jahre 210/100 AU$; ⏲9–17 Uhr) Bei den 45 Minuten langen Flügen über die Küste, den Leuchtturm und den Busch genießt man einen spektakulären Blick auf den Prom. Der Veranstalter hat seinen Sitz gleich hinter dem Yanakie General Store an der in den Park führenden Straße.

Schlafen

Tidal River

Das an der Norman Bay gelegene und nur einen kurzen Marsch von einem herrlichen Strand entfernte Tidal River ist unglaublich beliebt. Unterkünfte sollte man online weit im Voraus über Parks Victoria buchen, vor allem für Wochenenden und Ferientage.

Von den 484 Stellplätzen in Tidal River haben nur 20 Strom – um sich einen von diesen zu sichern, muss man sehr weit im Voraus reservieren. Für die Weihnachts-

Wilsons Promontory National Park

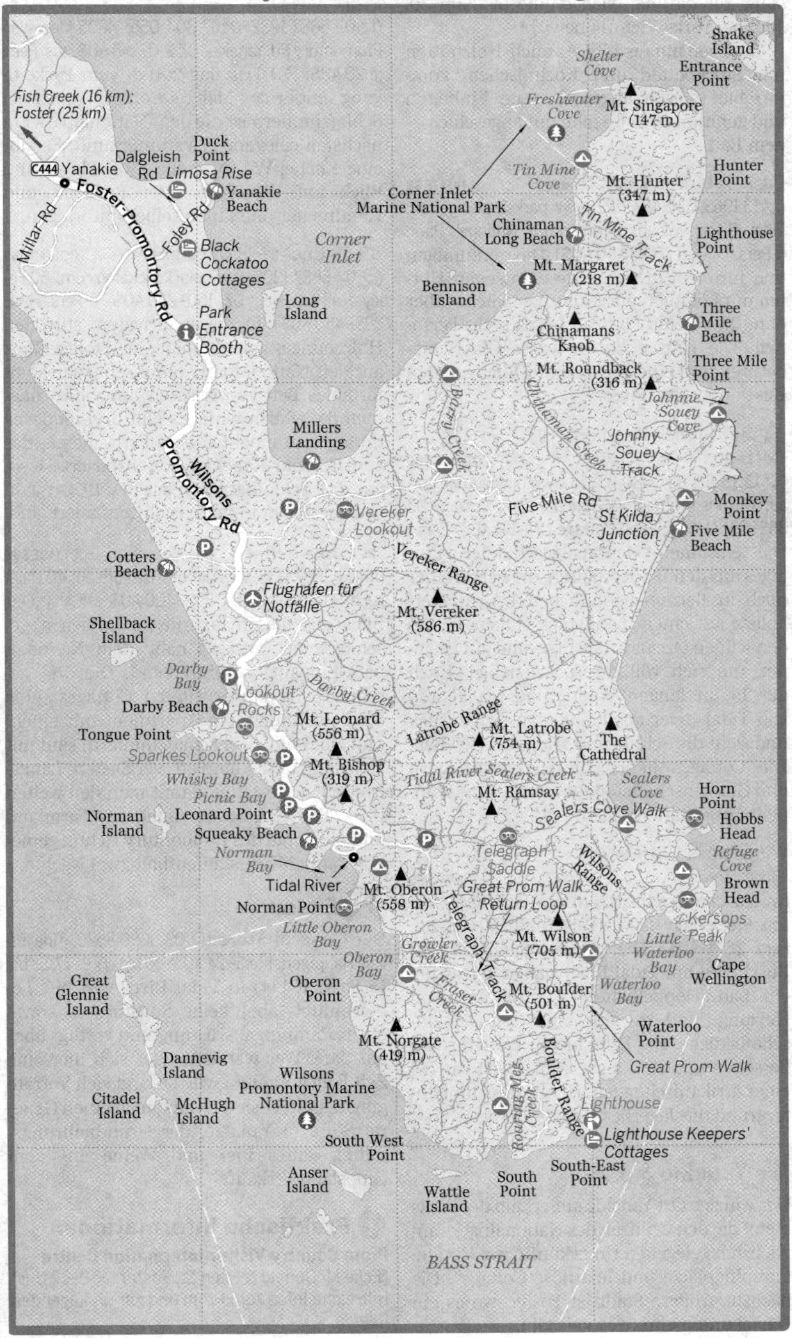

ferien gibt's für die Stellplätze eine Auslosung, für die man sich online bis zum 30. Juni bei Parks Victoria bewirbt.

Darüber hinaus gibt es auch Holzhütten mit Stockbetten und Kochnischen, komfortable in sich abgeschlossene Einheiten und geräumige Safarizelte mit angeschlossenem Bad.

Park Cabins – Tidal River HÜTTE **$$**
(☎ 13 1963, 03-8427 2122; www.parkstay.vic.gov.au; Tidal River, Wilsons Promontory National Park; 6-Pers.-Hütten ab 234,50 AU$) Die geräumigen und intimen, in sich abgeschlossenen Hütten mit komplett ausgestatteter Küche (aber ohne TV) bieten Platz für bis zu sechs Personen. Die Hütten haben große Glas-Schiebetüren und eine Terrasse mit Blick auf den Busch oder den Fluss.

★ Lighthouse Keepers' Cottages COTTAGE **$$$**
(☎ 13 19 63, 03-5680 9555; www.parkweb.vic.gov.au; Wilsons Promontory National Park; Cottage DZ 352–391 AU$, 12-Pers.-Cottage 127–141 AU$/Pers.) Die einsamen, denkmalgeschützten Cottages aus den 1850er-Jahren, die neben einer noch in Betrieb befindlichen Leuchtfeueranlage auf einem Landstück stehen, das in den wilden Ozean vorspringt, sind gut geeignet, um sich völlig zurückzuziehen. Nach der 19 km langen Wanderung (ca. 6 Std.) von Tidal River aus lehnt man sich zurück und sieht die Schiffe und Wale vorbeiziehen. Die Cottages haben dicke Granitmauern und Gemeinschaftstoiletten sowie eine komplett ausgestattete Küche.

Wilderness Retreat – Tidal River ZELTCAMP **$$$**
(www.wildernessretreats.com.au; Tidal River, Wilsons Promontory National Park; DZ 318,50 AU$, zus. Pers. 26,20 AU$) Die großen Safarizelte in Buschland am Tidal River haben Terrassen, ein Bad, Doppelbetten, Kühlschrank und Heizung, und es gibt eine Zelt-Gemeinschaftsküche. Die Zelte bieten Platz für vier Personen und sind recht kühl. Es ist wie bei einer afrikanischen Safari, nur dass im Hintergrund die Jägerlieste zwitschern.

Yanakie & Foster

Der winzige Ort Yanakie außerhalb des Parks bietet die den Grenzen des Nationalparks am nächsten gelegenen Unterkünfte wie Hütten, Campingplätze und luxuriöse Cottages. Die nächste größere Stadt ist Foster, wo es ein Hostel und mehrere Motels gibt.

Top of the Prom at Promview Farm COTTAGE **$$**
(☎ 03-5687 1232, 0407 804 055; 4295 Meeniyan Promontory Rd, Yanakie; DZ 140–155 AU$, zus. Pers. je 20 AU$; WLAN) Das nur 200 m vom Parkeingang entfernte Meierei-Cottage mit zwei Schlafzimmern ist die dem Nationalpark am nächsten gelegene Privatunterkunft. Es gibt eine Küche, WLAN, einen DVD-Player und Blick auf die Viehweide; Bettzeug und Handtücher muss man selber mitbringen.

Black Cockatoo Cottages COTTAGE **$$**
(☎ 03-5687 1306; www.blackcockatoo.com; 60 Foley Rd, Yanakie; DZ 150–250 AU$, 6-Pers.-Haus 295–450 AU$) In diesen privaten, stilvollen Holzcottages genießt man einen tollen Blick auf den Nationalpark, ohne sein sehr komfortables Bett zu verlassen und ohne, dass man dabei arm wird. Es gibt drei moderne Cottages in einem coolen Farbschema, das vom Gelbohr-Rabenkakadu inspiriert ist, sowie drei Schlafbaracken aus den 1970er-Jahren, die aus braunen Ziegeln gemauert sind.

★ Limosa Rise COTTAGE **$$$**
(☎ 03-5687 1135; www.limosarise.com.au; 40 Dalgleish Rd, Yanakie; DZ 295–400 AU$; Klimaanlage, WLAN) Der Blick aus diesen luxuriösen, in sich abgeschlossenen Cottages nahe dem Nationalpark-Eingang ist hinreißend. Die drei geschmackvoll eingerichteten Cottages (eine Studiowohnung, ein Apartment mit einem und eines mit zwei Schlafzimmern) sind mit Holzöfen und komplett verglasten Längsfronten ausgestattet, damit man den weiten Blick über das Corner Inlet, das Farmland und die Berge des Promontory richtig genießen kann. Mindestaufenthalt zwei Nächte.

Essen

Der **General Store** (☎ 03-5680 8520; Tidal River; Hauptgerichte 5–24 AU$; ⏲ Mo–Fr 9–17, Sa bis 18, So bis 16 Uhr) in Tidal River verkauft Lebensmittel (aber keine Spirituosen) sowie etwas Campingausrüstung und verfügt über ein Café. Wer wandern oder sich hier eine Zeit lang aufhalten will, besorgt sich Vorräte günstiger in Foster. Es gibt auch einen General Store in Yanakie, der Grundnahrungsmittel, kaltes Bier und Weine aus dem Gippsland verkauft.

Praktische Informationen

Prom Country Visitor Information Centre
(Ecke McDonald & Main St, Foster; ⏲ 9–17 Uhr) Hilfreiche Infos zum Prom und zur umliegenden Region.

DIE BESTEN WANDERWEGE IM PROM

Während der Schulferien und an den Wochenenden zwischen Weihnachten und Ostern fährt ein kostenloser Shuttlebus zwischen dem Tidal-River-Besucherparkplatz und dem **Telegraph-Saddle-Parkplatz**, wo der Great Prom Walk beginnt. Der Shuttle fährt, abgesehen von einer Mittagspause um 13 Uhr zwischen 8.30 und 15.45 Uhr jede halbe Stunde. Für Wandertouren mit Übernachtung braucht man eine vorab zu beschaffende Wandergenehmigung und muss die Gebühr für die Übernachtung auf Campingplätzen oder in anderen Parkunterkünften bezahlen.

Great Prom Walk Dieser mittelschwere, 45 km lange Rundweg ist der beliebteste Fernwanderweg im Park. Er führt von Tidal River hinüber zur Sealers Cove und weiter zur Refuge Cove, Waterloo Bay und zum Leuchtturm, bevor es über die Oberon Bay zurück nach Tidal River geht. Für die gesamte Strecke sollte man drei Tage einplanen und die Gezeiten berücksichtigen, um beim Überqueren der Creeks keine bösen Überraschungen zu erleben. Nach vorheriger Absprache mit dem Büro von Victoria Parks kann man den Leuchtturm besichtigen oder sogar dort übernachten.

Sealers Cove Walk Die beste zweitägige Wanderung beginnt am Telegraph Saddle und führt den Telegraph Track hinunter zur schönen Little Waterloo Bay (12 km, 4½ Std.), wo man übernachten kann. Am nächsten Tag wandert man über die Refuge Cove bis zur Sealers Cove und zurück zum Telegraph Saddle (24 km, 7½ Std.).

Lilly Pilly Gully Nature Walk Die leichte, 5 km lange Wanderung (2 Std.) führt durch Heideland und Eukalyptuswälder, in denen viele Wildtiere leben.

Mt. Oberon Summit Die mittelschwere bis schwere, 7 km lange Wanderung (2½ Std.) mit Start am Parkplatz Mt. Oberon bietet einen idealen Überblick über den Prom – vom Gipfel aus hat man einen tollen Rundumblick. Der kostenlose Mt.-Oberon-Shuttlebus bringt einen zum Parkplatz Telegraph Saddle und wieder zurück.

Little Oberon Bay Der leichte bis mittelschwere, 8 km lange Wanderweg führt in 3 Stunden über Sanddünen, die mit Myrtensträuchern bedeckt sind, und bietet einen tollen Blick auf die Little Oberon Bay.

Squeaky Beach Nature Walk Ein leichter, 5 km langer Rundweg führt durch ein Gelände voller Kanuka und Banksien zu einem herrlichen weißen Sandstrand.

Prom Wildlife Walk Auf dem kurzen, 2,3 km (45 Min.) langen Rundweg hat man gute Chancen, Kängurus, Wallabys und Emus zu sehen. Der Weg befindet sich abseits der Hauptstraße rund 14 km südlich vom Parkeingang.

Tidal River Visitors Centre (☎03-5680 9555, 03-8427 2122, 13 19 63; www.parkweb.vic.gov.au; ⏲8.30–16.30 Uhr, Winter bis 16 Uhr) Das hilfreiche Besucherzentrum in Tidal River bucht alle Unterkünfte im Park, kümmert sich auch um die Genehmigungen für Campingmöglichkeiten außerhalb von Tidal River und bietet Infos zu den Wandermöglichkeiten in der Gegend.

ℹ An- & Weiterreise

Tidal River liegt etwa 224 km südöstlich von Melbourne. Man bekommt hier kein Benzin, die nächste Tankstelle befindet sich in Yanakie.

Es gibt keine direkte öffentliche Verkehrsverbindung zwischen Melbourne und dem Prom. Die nächstgelegenen, mit V/Line-Bussen erreichbaren Ortschaften sind Fish Creek (20,40 AU$, 2¾ Std.) und Foster (23 AU$, 3 Std., 4-mal tgl.), über Dandenong und Koo Wee Rup.

Walhalla

12 EW.

Das winzige Walhalla liegt versteckt in den grünen Hügeln und Wäldern am Fuß des Baw Baw National Park. Wie aus dem Bilderbuch erscheinen die alten graubraunen Häuschen und anderen Holzgebäude, die teilweise noch original, meist aber nachgebaut sind. Die landschaftliche Lage ist ebenfalls spektakulär: Der Ort erstreckt sich längs eines tiefen, bewaldeten Tals, und der Stringers Creek fließt direkt durch die Ortsmitte.

Gold wurde hier am 26. Dezember 1862 entdeckt, der erste Fund wurde im Januar 1863 angemeldet, und damit kam der Goldrausch so richtig in Gang. In seiner Glanzzeit als Goldgräberstadt hatte Walhalla 5000 Einwohner, heute sind es noch 12!

Wie in allen großen Geisterstädten übertrifft die Zahl der auf dem hinreißend gelegenen Friedhof beerdigten Toten bei Weitem die Zahl der Lebenden.

Sehenswertes

Die historischen Sehenswürdigkeiten, darunter Museen und eine Goldmine, sind die Hauptattraktionen vor Ort. Es gibt auch einen Spaziergang zum außergewöhnlichen **Walhalla Cemetery** (hin & zurück 20 Min.), dessen Grabsteine am Talhang kleben. Die Inschriften erzählen düstere, aber faszinierende Geschichten aus der Vergangenheit der ehemaligen Stadt.

Post & Telegraph Office Museum MUSEUM
(☎0400 276 004; www.walhallaboard.org.au; Main Rd; Eintritt gegen Spende; ⏲Sa & So 10–16 Uhr) Das letzte originale, nicht renovierte Gebäude in Walhalla ist das alte Postamt. Das 1886 erbaute Gebäude blieb als ein am Wochenende geöffnetes Museum erhalten; drinnen scheint sich seit damals buchstäblich nichts verändert zu haben.

Walhalla Historical Museum MUSEUM
(☎03-5165 6250; www.victoriancollections.net.au/organisations/walhalla-museum#collection-records; 41 Main Rd; Eintritt gegen Spende; ⏲10–16 Uhr) In einem restaurierten historischen Gebäude an der Hauptstraße zeigt das Walhalla Historical Museum Ausstellungsstücke aus der vergangenen Ära, darüber hinaus fungiert es als Informationszentrum, Souvenirladen und Postamt.

NICHT VERSÄUMEN

TINAMBA HOTEL

Das **Tinamba Hotel** (☎03-5145 1484; www.tinambahotel.com.au; 4–6 Tinamba Seaton Rd, Tinamba; 2-/3-Gänge-Mittagessen inkl. Getränk 30/39,50 AU$, Hauptgerichte abends 35–39 AU$; ⏲Mi–Sa 12–14 & 18–20, So 12–14 Uhr) in der kleinen Ortschaft Tinamba 10 km westlich von Maffra ist ein Restaurant mit Klasse, das bekannt ist für seine köstlichen Gerichte mit lokalen, saisonalen Zutaten. Der Speisesaal mit Klavier und Chesterfield-Sofas passt genau zu den schön angerichteten Speisen, bei denen langsam gegartes Fleisch, Gippsland-Steaks, Meeresfrüchte aus der Region und dazu wunderbare regionale Weine im Mittelpunkt stehen.

Long Tunnel Extended Gold Mine MINE
(☎03-5165 6259; www.walhallaboard.org.au; abseits der Walhalla-Beardmore Rd; Erw./Kind/Fam. 20/15/50 AU$; ⏲Führungen tgl. 13.30 & Sa, So & Feiertage 12 & 15 Uhr) Bei den Führungen zur Erkundung von Cohens Reef, einst einer der reichsten Goldfundstätten Australiens, lebt die Bergwerksvergangenheit wieder auf. Fast 14 t Gold wurden hier gefördert.

Activities

Walhalla Goldfields Railway ZUG
(☎03-5165 6280; www.walhallarail.com; Erw./Kind/Fam. hin & zurück 20/15/50 AU$; ⏲Mi, Sa, So & Feiertage ab Bahnhof Walhalla 11, 13 Uhr, ab Bahnhof Thomson 11.40, 13.40 Uhr) Die 20-minütige Fahrt mit der malerischen Walhalla Goldfields Railway vom Bahnhof in Walhalla nach Thomson (am Highway 3,5 km von Walhalla entfernt) ist eine der Hauptattraktionen des Ortes. Die Strecke entlang der Stringers Creek Gorge führt durch die zerklüftete, dicht bewaldete Landschaft und über zahlreiche alte Jochbrücken. In den Schulferien ist der Zug täglich unterwegs.

Geführte Touren

Walhalla Ghost Tours TOUR
(☎03-5165 6250; www.walhallaghosttour.info; Erw./Kind/Fam. 25/20/75 AU$; ⏲Sa 19.30, Sommerzeit 20.30 Uhr) Einheimische veranstalten am Samstagabend ziemlich gespenstische Touren durch die Geisterstadt. Die Touren bucht man im Walhalla Historical Museum.

Schlafen & Essen

Walhalla Star Hotel HISTORISCHES HOTEL $$
(☎03-5165 6262; www.starhotel.com.au; Main Rd; DZ inkl. Frühstück 189–249 AU$; ❄@📶) Der wieder aufgebaute, historische Pub ist nun ein stilvolles Boutiquehotel mit großen Doppelbetten und einfacher, aber dennoch eleganter Designereinrichtung. Für diese wurden auch Materialien aus dem Ort wie einserne Wassertanks verwendet. Hotelgäste können ohne vorherige Anmeldung im vornehmen Restaurant speisen, alle anderen müssen einen Tisch reservieren. Gutes Frühstück, süße und pikante Kuchen sowie köstlichen Kaffee bekommt man auch nebenan im **Greyhorse Café** (Gerichte ab 5 AU$; ⏲10–14 Uhr).

Praktische Informationen

Im Walhalla Historical Museum gibt's eine Touristeninformation, eine hilfreiche Adresse im Internet ist www.walhalla.org.au.

An- & Weiterreise

Walhalla liegt ungefähr 180 km östlich von Melbourne. Es gibt keine öffentlichen Verkehrsmittel. Mit dem Auto erreicht man den Ort über eine hübsche, kurvenreiche Forstraße ab Moe oder Traralgon. Wenn man vom Gipfel des Mt. Baw Baw kommt, braucht man für die langsame, kurvenreiche, 48 km lange Strecke mit dem Auto rund eine Stunde.

Lakes District

Die Gippsland Lakes sind das größte Binnenwassersystem in Australien. Die drei miteinander verbundenen Seen Wellington, King und Victoria erstrecken sich von Sale bis fast nach Lakes Entrance. Bei den Seen handelt es sich genaugenommen um Salzwasserlagunen, die durch den Gippsland Lakes Coastal Park und den schmalen Küstenstreifen mit den Sanddünen des Ninety Mile Beach vom Meer getrennt sind. Neben den schönen Stränden und Bademöglichkeiten locken hier vor allem die netten, zwanglosen Küstenorte.

Sale

Das Tor zum Lakes District ist ein regionales Zentrum mit wenig eigenem Reiz, aber vielen Unterkünften, Läden, Restaurants und Pubs, die die Stadt zu einem bequemen Ausgangspunkt zur Erkundung des Ninety Mile Beach machen.

Im **Wellington Visitor Information Centre** (☎03-5144 1108; www.tourismwellington.com.au; 8 Foster St; ⏰9–17 Uhr; 📶) gibt's bergeweise Broschüren, WLAN und einen kostenlosen Unterkunfts-Buchungsservice. Zum Zeitpunkt der Recherche war geplant, dass das Besucherzentrum Ende 2017 ins Civic Centre umzieht, wo es sich den Raum mit der Bibliothek und der neuen **Gippsland Art Gallery** (☎03-5142 3500; www.gippslandartgallery.com; 68 Foster St, Civic Centre; ⏰Mo–Fr 10–17, Sa & So bis 16 Uhr) teilt.

Ninety Mile Beach

Um es mit den legendären Worten von Crocodile Dundee auszudrücken: Das ist nicht nur ein Strand, das ist *der* Strand. Der abgeschiedene Ninety Mile Beach ist ein schmaler Sandstreifen mit Dünen und Lagunen, der sich ohne Unterbrechung tatsächlich rund 90 Meilen (150 km) vom McLoughlins Beach zum Kanal von Lakes Entrance erstreckt. Hier kann man hervorragend campen, in der Brandung angeln und ewig lange Strandspaziergänge unternehmen. Nur das Baden ist wegen der enorm starken Brandung sehr gefährlich und sollte daher auf die von Rettungsschwimmern überwachten Abschnitte von Seaspray, Woodside Beach und Lakes Entrance beschränkt werden.

Die Hauptzufahrt zum Ninety Mile Beach erfolgt von Sale oder Foster über den South Gippsland Hwy, der über Abzweigungen nach Seaspray, Golden Beach und Loch Sport verfügt.

Metung

1222 EW.

Das winzige Städtchen, das sich an die Bancroft Bay schmiegt, gehört zu den schönsten Orten im Lakes District. Lokalpatrioten bezeichnen es als „Gippsland Riviera", was angesichts der Lage direkt am Wasser und des lässigen Dörfchen-Charmes durchaus gerechtfertigt ist.

Sehenswertes & Aktivitäten

Riviera Nautic BOOTSFAHRT
(☎03-5156 2243; www.rivieranautic.com.au; 185 Metung Rd; 2½-stündige Tour Erw./Kind/unter 6 Jahren 45/20 AU$/frei, Bootsverleih 85/175 AU$ pro 2 Std./Tag, Jacht & Motorjacht ab 1065 AU$/3 Tage; ⏰Touren Di, Do, Sa 14.30 Uhr) Aufs Wasser zu kommen ist in Metung leicht, denn Riviera Nautic vermietet Boote und Jachten zum Cruisen, Angeln und Segeln auf den Gippsland Lakes. Dreimal pro Woche gibt's auch Ausflugsfahrten, bei denen regelmäßig Seebären und Delfine gesichtet werden. Die Boote mit Übernachtung an Bord und die Motorjachten bieten eine einmalige Unterkunft und sind gut und günstig, wenn man in einer Gruppe unterwegs ist. Eine Bootsführerlizenz ist nicht erforderlich.

Schlafen

McMillans of Metung RESORT $$
(☎03-5156 2283; www.mcmillansofmetung.com.au; 155 Metung Rd; Cottage/Villa ab 110/160 AU$; ❄📶🏊) Das schicke Resort hat für seinen Komplex aus Cottages im englischen Landhausstil, die auf einem 3 ha großen, gepflegten Gartengelände stehen, sowie seine modernen Villen, die private Marina und das Spa-Zentrum jede Menge Tourismuspreise gewonnen.

Moorings at Metung APARTMENTS $$$
(☎03-5156 2750; www.themoorings.com.au; 44 Metung Rd; Apt. 160–390 AU$; 📶🏊) Am Ende

ABSTECHER

KROWATHUNKOOLONG KEEPING PLACE

Krowathunkoolong Keeping Place
(☎03-5152 1891, 03-5150 0737; www.batalukculturaltrail.com.au; 37–53 Dalmahoy St; Erw./Kind 3,50/2,50 AU$; ⊙Mo–Fr 9–17 Uhr) Die faszinierende und informative Ausstellung zur Koorie-Kultur erkundet das Leben der Kurnai von der Traumzeit bis in die Zeit nach der europäischen Kolonisierung. Man erfährt von den Traumzeit-Ahnen des Kurnai-Clans, Borun dem Pelikan und seiner Frau Tuk, der Moschusente, aber auch vom Leben in Lake Tyers Mission östlich von Lakes Entrance, das heute eine private Genossenschaft ist, die Aborigine-Anteilseignern gehört. Auch die Massaker an den Kurnai in den Jahren zwischen 1839 und 1849 sind Gegenstand der Ausstellung.

der Straße in Metung und mit Blick entweder auf den Lake King oder die Bancroft Bay hat dieser zeitgenössische Komplex eine Reihe von Apartments (von geräumigen Studiowohnungen bis zu mehrstöckigen Stadthäusern mit 2 Schlafzimmern). Zum Komplex gehören ein Tennisplatz, Pools drinnen und draußen, ein Spa und eine Marina. Außerhalb der Spitzensaison ist das Preis-Leistungs-Verhältnis durchaus gut.

Essen

★Nautica MODERN-AUSTRALISCH $$
(☎03-5156 2345; www.facebook.com/nauticametung; 50 Metung Rd; Frühstück ab 10 AU$, Hauptgerichte ab 19 AU$; ⊙Mi–Sa 8–14 & 18 Uhr–open end, So 8–15 Uhr) Das elegante Restaurant mit schicken Holzdielen, Kaminfeuer und Blick aufs Wasser sollte man in Metung nicht auslassen. Zum Frühstück kann man sich ein Brioche mit Schinken und Schweizer Käse gönnen oder mittags die mit Panko panierten Calamari oder Austern. Abends stehen z.B. langsam gegarte Lammschulter oder knuspriger Barramundi auf der Karte.

★Metung Hotel PUB-ESSEN $$
(☎03-5156 2206; www.metunghotel.com.au; 1 Kurnai Ave; Hauptgerichte 25–40 AU$; ⊙Küche 12–14 & 18–20 Uhr, Pub 11 Uhr–open end;) Die Lage oberhalb der Metung Wharf ist unschlagbar und wird mit großen Fenstern und einer Holzterrasse auch optimal genutzt. Auf der Karte des Bistros steht erstklassiges Kneipenessen mit deutlichem Schwerpunkt auf frischen Meeresfrüchten aus der Region. Außerdem werden hier die günstigsten Hotelzimmer (85 AU$) der Stadt vermietet.

Praktische Informationen

Metung Visitor Centre (☎03-5156 2969; www.metungtourism.com.au; 3/50 Metung Rd; ⊙9–17 Uhr) Hier kann man Unterkünfte buchen und Boote mieten. Es gibt auch einen Geschenkeladen mit örtlichen Produkten.

An- & Weiterreise

Metung liegt südlich des Princes Hwy an der C606; die Abzweigung ist in Swan Reach ausgeschildert. Die nächstgelegenen größeren Städte sind Bairnsdale (28 km) und Lakes Entrance (24 km). Der nächstgelegene Intercity-Bahnhof ist Bairnsdale.

Lakes Entrance

4569 EW.

Durch den seichten Cunninghame Arm vor der starken Brandung des offenen Meeres geschützt, liegt die Stadt wirklich schön. Deshalb wird sie in der Ferienzeit auch zu einem rappelvollen Touristenort mit den üblichen Motels, Wohnwagenparks, Minigolfplätzen und Souvenirläden an der Esplanade. Doch auch in dieser Zeit schaukeln die Fischerboote auf den Wellen, gibt es superfrische Meeresfrüchte, endlose Strände und Bootsfahrten nach Metung und zur Wyanga Park Winery.

Aktivitäten

Venture Out ABENTEUERSPORT
(☎0427 731 441; www.ventureout.com.au; 347 The Esplanade; Fahrradverleih 18/50 AU$ pro Std./Tag, Stehpaddelbrett & Kajaks 25 AU$/2 Std., Tour ab 45 AU$; ⊙10–17 Uhr, oder wegen Buchungen anrufen) Vermietet Fahrräder, Meereskajaks und Stehpaddelbretter und veranstaltet Mountainbiketouren auf einspurigen Strecken durch den umliegenden Wald.

Sea Safari BOOTSFAHRT
(☎0458 511 438; www.lakes-explorer.com.au; Post Office Jetty; 1¼-stündige Kreuzfahrt Erw./Kind/Fam. 15/10/40 AU$) Die Safaris an Bord der *Lakes Explorer* konzentrieren sich auf Forschung und Ökologie, die Bestimmung und das Zählen von Seevögeln, das Testen des Wassers auf seinen Salzgehalt und der Erweiterung des Wissens über das Leben im Meer allgemein.

Lonsdale Eco Cruises BOOTSFAHRT
(☎0413 666 638; www.lonsdalecruises.com.au; Cunningham Quay; 3-stündige Bootstour Erw./Kind/Fam. 50/25/120 AU$; ⏱Do–Di 13 Uhr) Malerische Kreuzfahrten hinaus nach Metung und zum Lake King auf einer früher zwischen Queenscliff und Sorrento pendelnden Passagierfähre. Bei den Touren werden häufig Delfine gesichtet.

Schlafen

Eastern Beach Tourist Park WOHNMOBILPARK $
(☎03-5155 1581, 1800 761 762; www.easternbeach.com.au; 42 Eastern Beach Rd; Stellplatz ohne/mit Strom 28–50/35–69 AU$, Hütte 118–285 AU$; @📶🏊🐾) Die meisten Wohnmobilparks pferchen ihre Gäste dicht an dicht ein, aber dieser hat großzügige, grasbewachsene Stellplätze und eine tolle Lage abseits des Trubels in einem Buschgelände hinter dem Eastern Beach. Ein Wanderweg bringt einen in die Stadt (30 Min.). Die neuen Einrichtungen sind ausgezeichnet – dazu gehören eine Camp-Küche, Grillstellen und ein Kinderspielplatz. An der Rezeption wird auch Bier verkauft.

Bellevue on the Lakes HOTEL $$
(☎03-5155 3055; www.bellevuelakes.com; 201 The Esplanade; DZ ab 189 AU$, Apt. mit 2 Schlafzi. ab 249 AU$; ❄📶🏊) Mitten an der Esplanade bietet das Bellevue nett möblierte Zimmer in Erdfarben, meist auch mit Blick aufs Wasser. Zusätzlichen Luxus bieten die geräumigen Suiten mit Whirlpool und die in sich abgeschlossenen Apartments mit je zwei Schlafzimmern.

Goat & Goose B&B $$
(☎03-5155 3079; www.goatandgoose.com; 27b McCrae St; DZ ab 120–200 AU$) Das wunderbar ungewöhnliche mehrstöckige Fachwerkhaus nutzt den Blick auf die Bass Strait maximal aus. Die idyllischen Zimmer verfügen über Whirlpools.

Essen

★ **Ferryman's Seafood Cafe** SEAFOOD $$
(☎03-5155 3000; www.ferrymans.com.au; Middle Harbour, The Esplanade; Hauptgerichte mittags 18–24 AU$, abends 21–45 AU$; ⏱10 Uhr–open end) Das Deck dieses schwimmenden Café-Restaurants – einer alten Passagierfähre, die früher zwischen Paynesville und Raymond Island pendelte –, ist an Ambiente kaum zu übertreffen. Hier wird man mit Fischen und Meeresfrüchten gut abgefüllt. Der „Fischerkorb" zum Mittagessen und die Meeresfrüchteplatte zum Abendessen werden gern bestellt. Im Erdgeschoss kann man frische Meeresfrüchte kaufen, darunter Garnelen und Langusten.

Sparrows Nest CAFÉ $$
(www.facebook.com/sparrowsnestlakesentrance; 581 The Esplanade; Gerichte 11–21 AU$; ⏱7.30–16 Uhr; 📶) Das coole Café bringt ein wenig urbanen Stil nach Lakes Entrance. Zum Frühstück gibt's sortenreinen Kaffee und hausgemachte *crumpets* (englisches Hefegebäck) mit Raymond-Island-Honig, Butter und Schinkenspeck. Auch die Mittagsgerichte sind zu empfehlen. Dann erhält man z.B. Baguettes mit Pulled Pork und dazu Craft-Bier von **Sailors Grave Brewing** (☎0466 331 936; www.sailorsgravebrewing.com; 7 Forest Rd; ⏱nach Vereinbarung) in Marlo.

Praktische Informationen

Lakes Entrance Visitor Centre (☎1800 637 060, 03-5155 1966; www.discovereastgippsland.com.au; Ecke Princes Hwy & Marine Pde; ⏱9–17 Uhr; 📶) Die Touristeninformation bucht kostenlos Unterkünfte und Touren. Außerdem lohnt sich ein Blick auf www.lakesentrance.com.

An- & Weiterreise

Lakes Entrance liegt über den Princes Hwy 314 km von Melbourne entfernt.

ABSTECHER

RAYMOND ISLAND

Um zu einem der besten Orte in Victoria zur Beobachtung von Koalas zu kommen, biegt man von Princes Hwy zu der entspannten Uferstadt Paynesville ab. Das Städtchen ist zwar selber nett, vor allem der Startpunkt der fünfminütigen Fährüberfahrt zur Raymond Island. Dort lebt eine große Kolonie von Koalas, die in den 1950er-Jahren von Phillip Island hierher umgesiedelt wurden. Auch Kängurus und Ameisenigel kann man hier regelmäßig beobachten.

Die Auto- und Passagierfähre mit flachem Boden fährt von 6.40 bis 24 Uhr alle 20 Minuten (Fußgänger/Radfahrer frei, Auto/Motorrad 12/5 AU$).

V/Line (☎1800 800 007; www.vline.com.au) bietet eine Zug-Bus-Verbindung von Melbourne nach Lakes Entrance mit Umsteigen in Bairnsdale (39,80 AU$, 4½ Std., 3-mal tgl.).

East Gippsland & Wilderness Coast

Jenseits von Lakes Entrance liegt ein Wildnisgebiet aus spektakulären Nationalparks und alten Wäldern. Große Teile der Region wurden nie für die Landschaft urbar gemacht, weshalb es hier einige der einsamsten und ursprünglichsten Nationalparks im Bundesstaat gibt und das Abholzen alter Baumbestände besonders umstritten ist.

Buchan

385 EW.

Die verschlafene Ortschaft Buchan in den Ausläufern der Snowy Mountains ist berühmt für das spektakuläre, komplexe Kalksteinhöhlensystem im Buchan Caves Reserve, das seit fast einem Jahrhundert für Besucher erschlossen ist. Unterirdische Ströme, die sich durch den uralten Kalksteinfels gruben, bildeten die Spalten und Höhlen, in denen Aborigines schon vor 18 000 Jahren Unterschlupf fanden.

Buchan hat ein riesiges Potenzial als Ziel für Outdoor-Abenteuer. In der Gegend gibt es rund 600 Höhlen, allerdings sind nur noch fünf öffentlich zugänglich. Darüber hinaus gibt es Badestellen, Mountainbike-Trails, Wanderungen durch den Busch und Wildwasser-Rafting; weitere Infos findet man unter www.buchan.vic.au.

Sehenswertes

★Buchan Caves HÖHLE

(☎13 19 63; www.parks.vic.gov.au; Führung Erw./Kind/Fam. 22/12,90/60,90 AU$, 2 Höhlen 33/19,10/90,90 AU$; ⏲Führungen 10, 11.15, 13, 14.15 & 15.30 Uhr, saisonal veränderliche Termine) Seit die Buchan Caves den Melbournern Anfang des 20. Jhs. als eine große Sehenswürdigkeit vorgestellt wurden, locken sie mit ihren fantastischen, glitzernden Calcit-Formationen die Massen an. Parks Victoria veranstaltet täglich Führungen, abwechselnd durch die **Royal** und durch die **Fairy Cave**. Beide sind eindrucksvoll: Die Royal Cave ist farbenreicher, hat einen hohen Saal und tropfende kerzenähnliche Formationen; die Fairy Cave die feineren Formbildungen – und vielleicht sieht man ja auch eine Fee.

Schlafen

Buchan Caves Motel LODGE $$

(☎03-5155 9419; www.buchanmotel.com.au; 67 Main Rd; DZ 130 AU$, 3BZ & 4BZ 150 AU$) Die komfortable Lodge auf dem Hügel hat moderne Zimmer mit hübschen Details und Balkonen, von denen aus man den Blick in die bukolische Landschaft genießt. Die engagierten freundlichen jungen Betreiber haben viele Infos zur Gegend auf Lager und schmieden große Pläne, um Buchans touristisches Potenzial besser zu erschließen.

Buchan Caves Reserve CAMPING $$

(☎13 19 63; www.parks.vic.gov.au; Stellplatz ohne/mit Strom ab 46/51 AU$, DZ Hütte ab 90 AU$, Wildnis-Refugium 191 AU$; ❄☒) Auf dem beschaulichen Campingplatz von Parks Victoria, der an einen State Forest grenzt, kann man direkt bei den Höhlen übernachten. Die Stellplätze sind deutlich zu teuer, es gibt jedoch auch ein paar Hütten mit ordentlichem Preis-Leistungs-Verhältnis sowie Safarizelte mit bequemen Doppelbetten und Klimaanlage, in denen man die Wildnis luxuriös erleben kann. Im Sommer gibt es einen Süßwasserpool.

Ausgehen & Nachtleben

Buchan Caves Hotel PUB

(☎03-5155 9203; www.facebook.com/buchancaveshotel; 49 Main Rd; ⏲11 Uhr–Open End) Wie der Phönix aus der Asche ist der 125 Jahre alte Pub wiedererstanden, der 2014 bis auf die Grundmauern niedergebrannt war. Bei der ersten weltweiten Crowdfunding-Kampagne für den Bau eines Pubs kam genug Geld zusammen, sodass der Laden im Dezember 2016 seine Pforten wieder öffnen konnte. Das sollte man feiern und sich hier ein Hähnchen-Parmigiana und ein kaltes Bier gönnen.

An- & Weiterreise

Buchan liegt eine angenehme, 56 km lange Autofahrt nördlich von Lakes Entrance. **Dyson's** (☎03-5152 1711) betreibt mittwochs und freitags einen Bus von Bairnsdale nach Buchan (16 AU$, 2 Std.), der auf den in Bairnsdale ankommenden Zug abgestimmt ist. Zu anderen Zeiten braucht man ein eigenes Verkehrsmittel.

Snowy River National Park

Der nordöstlich von Buchan gelegene Nationalpark ist einer der abgelegensten und spektakulärsten Victorias. Geprägt wird er von tiefen Schluchten, die der Snowy River auf seinem Weg von den Snowy Mountains in New South Wales zu seiner Mündung in Marlo durch den Kalk- und Sandstein gegraben hat. Der gesamte Park ist eine bunte Mischung aus unberührten, herrlichen Busch- und Berglandschaften. Er umfasst mehr als 950 km² und besitzt eine sehr vielfältige Vegetation, die von Gebirgs- über Eukalyptus- bis zu Regenwald reicht.

Wandern und Kanufahren sind hier die beliebtesten Aktivitäten. Man muss sich aber auf beides gut vorbereiten: Die Wetterbedingungen können rau sein und sich zudem abrupt ändern.

Die klassische Kanu- oder Raftingtour von der McKillops Bridge den Snowy River hinunter bis zu einem Endpunkt in der Nähe von Buchan dauert mindestens vier Tage und bietet eine herrliche Landschaft aus rauen Schluchten, tobenden Stromschnellen, ruhigen Abschnitten und ausgezeichneten Campingstellen auf breiten Sandbänken.

Der Silver Mine Walking Track (15 km, 6 Std.), eine anspruchsvolle Bergwanderung, beginnt ebenfalls am östlichen Ende der McKillops Bridge.

Geführte Touren

Snowy River Expeditions ABENTEUERTOUR
(☎ 03-5155 0220; www.karoondapark.com; Karoonda Park; Tour 110–275 AU$/Tag) Der gut etablierte Veranstalter mit Sitz im Karoonda Park bietet diverse abenteuerliche Touren, darunter ein-, zwei- oder viertägige Raftingtouren auf dem Snowy River. Daneben gibt's auch halb- oder ganztägige Abseil-Trips, Höhlenwanderungen und Ausritte. Im Preis enthalten sind der Transport, die Mahlzeiten und Campingausrüstung.

Schlafen

McKillops Bridge CAMPING $
(☎ 13 19 63; www.parkweb.vic.gov.au; Stellplatz frei) Der beliebteste der kostenlosen Campingplätze in der Gegend ist dieser schöne Platz am Snowy River mit Plumpsklos und Feuerstellen. Die Stelle ist ein beliebter Startpunkt für Kanuten, und auch mehrere Wanderwege beginnen hier.

Karoonda Park FARMSTAY $
(☎ 03-5155 0220; www.karoondapark.com; 3558 Gelantipy Rd; B/EZ/DZ/3BZ 35/50/70/90 AU$; ❄@☎≋) Die 728 ha große Rinder- und Schaffarm liegt gleich südlich von Gelantipy und 40 km nördlich von Buchan an der Straße zum Snowy River National Park. Hier findet man komfortable Backpackerunterkünfte und Hütten. Mahlzeiten sind verfügbar, wenn man sie vorab bestellt, und es gibt auch eine Küche. Die Betreiber arrangieren Aktivitäten wie Abseilen, Reiten, Höhlenwandern und Wildwasser-Raften.

An- & Weiterreise

Die beiden Hauptzugangsstraßen zum Park sind die Buchan-Jindabyne Rd ab Buchan und die Bonang Rd nördlich von Orbost. Hinzu kommt die McKillops Rd (auch bekannt als Deddick Valley Rd), die längs der Nordgrenze des Parks verläuft. Verschiedene kleinere Zugangsstraßen und malerische Routen führen von diesen drei Hauptstraßen in den Park oder an ihm entlang. Der 43 km lange Deddick Trail, der mitten durch den Park führt, ist nur von Geländewagen befahrbar.

Dyson's (☎ 03-5155 0356) betreibt einen Bus von Bairnsdale über Buchan nach Gelantipy (21,80 AU$, 2¾ Std., nur Mi & Fr), der Passagiere am Karoonda Park absetzen kann.

Errinundra National Park

Der Errinundra National Park umfasst den größten gemäßigten Regenwald Victorias und ist eines der herausragenden Naturgebiete im östlichen Gippsland.

Der Nationalpark erstreckt sich über eine Fläche von 256 km². Drei hohe Granitberge ragen hier hoch in die Wolken und sorgen für große Niederschlagsmengen, tiefen, fruchtbaren Boden und ein Netz von Bächen und Flüssen, die nach Norden, Süden und Osten strömen. Der Park hat mehrere Klimazonen – einige Gebiete sind recht trocken, während es auf den Gipfeln regelmäßig schneit. In dem reichen Habitat leben viele endemische Vögel und Landtiere, darunter auch viele seltene und bedrohte Arten wie das Kaninchenkänguru.

Am Rande des Nationalparks liegt die winzige Naturschützer-Gemeinde **Goongerah** (50 Ew.).

Erkunden lässt sich der Park in einer Kombination aus Panoramafahrten und kurzen bis mittellangen Wanderungen. Der **Mt. Ellery** bietet einen herrlichen Ausblick, der **Errinundra Saddle** einen Plankenweg durch den Regenwald, und vom **Ocean View Lookout** hat man einen herrlichen Blick den Goolengook River hinunter bis zur Ortschaft Bemm River. Im Park stehen **Alpen-Steineiben**, von denen manche über 400 Jahre alt sind und die leicht von der Goonmirk Rocks Rd aus zu erreichen sind.

Schlafen

Tin Chalet COTTAGE $
(☎03-5154 0145; Goongerah; Haus 90 AU$) Das mit Solarstrom versorgte doppelstöckige Cottage aus Wellblech ist ein rustikales Refugium. Das Innere zeichnet sich durch einen Holzofen, Verkleidungen aus wiederverwertetem Holz und viel Flair aus. Das von Wald umgebene Haus am Fluss steht auf einer Bio-Farm und Obstplantage, die von der bekannten Umweltschützerin Jill Redwood geführt wird, der Gründerin von **Environment East Gippsland** (☎03-5154 0145; www.eastgippsland.net.au; Goongerah).

Goongerah Camp Site CAMPING $
Der am leichtesten zugängliche der kostenlosen Campingplätze am Rand des Parks befindet sich in Goongerah, 1½ Fahrtstunden nördlich von Orbost. Er liegt in einem State Forest am Brodribb River, dessen Wasser trinkbar ist.

Frosty Hollow Camp Site CAMPING $
(☎13 19 63; www.parkweb.vic.gov.au; Stellplatz frei) Das ist das einzige im Nationalpark an dessen östlicher Seite gelegene Campingareal. Es gibt einfache Stellplätze (Plumpsklos, aber keine Feuerstellen). Zu erreichen ist der Platz nur über in den Park führende unbefestigte Pisten, die von der Bonang Rd nördlich von Goongerah ausgehen.

An- & Weiterreise

Der Errinundra National Park liegt ungefähr 490 km östlich von Melbourne. Die Hauptzugangsstraßen zum Park sind die Bonang Rd aus Orbost und die Errinundra Rd aus Club Terrace. Die Bonang Rd verläuft an der westlichen Seite des Parks, die Errinundra Rd führt mitten durch sein Zentrum. Die Straßen innerhalb des Parks sind alle unbefestigt, aber trotzdem von normalen Autos befahrbar. Der Straßenzustand ist unterschiedlich. Zwischen Juni und November sind saisonale Schließungen möglich, allerdings kann sich der Straßenzustand nach Regenfällen zu jeder Jahreszeit plötzlich verschlechtern. Nach Sturzregen sind die Straßen oft gesperrt oder unpassierbar, weshalb man sich vor Antritt der Fahrt bei Parks Victoria in Orbost oder Bendoc erkundigen sollte. Beim Fahren muss man außerdem auf überraschend auftauchende Langholzlaster gefasst sein.

Cape Conran Coastal Park

Dieser wunderbar unerschlossene Teil der Küste ist eine der schönsten Ecken in Gippsland mit langen einsamen weißen Sandstränden. Die 19 km lange Küstenroute von Marlo nach Cape Conran ist besonders hübsch und gesäumt von Banksien, Grasebenen, Sanddünen und dem Ozean.

Aktivitäten

Cape Conran ist eine sagenhafte Gegend für Wanderungen. Wir schätzen besonders den Naturpfad, der mit dem East Cape Boardwalk zusammentrifft, und an dem Schilder einen Einblick vermitteln, wie die indigenen Völker einst in dieser Gegend lebten. Will man weiter auf den Spuren der Indigenen bleiben, nimmt man von der Cape Conran Rd die West Cape Rd nach **Salmon Rocks**, wo es einen **Muschelhaufen** der Aborigines gibt, der mehr als 10 000 Jahre alt ist.

Wer relaxt schwimmen, kanufahren oder angeln will, fährt über die Yerrung River Rd zum Yerrung River, der östlich des Kaps parallel zur Küste verläuft. Gute Surfbedingungen finden sich am West Cape Beach, der sich vom Kap nach Nordwesten erstreckt und von der West Cape Rd aus zugänglich ist. **Cross Diving Services** (☎03-5154 8554, 0407 362 960; www.crossdiving.com.au; 20 Ricardo Dr; kurze Tauchgänge mit/ohne Leihausrüstung 80/15 AU$, Tauchgang vom Boot aus 100/150 AU$, 4-tägige Tauchgänge in offenen Gewässern 550 AU$) mit Sitz in Marlo bietet an den meisten Wochenenden Tauchgänge für zertifizierte Taucher an.

Schlafen

Parks Victoria bietet drei ausgezeichnete, privat verwaltete Unterkunftsoptionen im Cape Conran Coastal Park mit Stellplätzen, Hütten und Safarizelten.

Banksia Bluff Camping Area CAMPING $
(☎03-5154 8438; www.conran.net.au; Marlo-Conran Rd; Stellplatz ohne Strom 35,90–39,90 AU$) Der von Parks Victoria geführte, aber privat verwaltete ausgezeichnete Campingplatz liegt direkt am Ufergebiet. Die großzügigen Stellplätze sind von Banksien umgeben, die Schatten spenden und Privatsphäre gewährleisten. Auf dem Platz gibt's Spültoiletten, Kaltwasserduschen und einige wenige Feuerstellen – man muss aber sein Trinkwasser selber mitbringen. Über die Weihnachtszeit werden die Plätze durch ein Auslosungsverfahren vergeben.

Cape Conran Wilderness Retreat ZELTCAMP $$
(☎03-5154 8438; www.conran.net.au; DZ 191,20 AU$) Die stilvollen Safarizelte, die sich

im Busch bei den Sanddünen verstecken sind eine tolle Option: einfach wie ein Zelt, aber mit komfortablen Betten und einer Terrasse draußen vor der Fliegengittertür. An den Wochenenden gilt eine Mindestbuchung von zwei Nächten.

Cape Conran Coastal Park Cabins HÜTTEN $$
(☎03-5154 8438; www.conran.net.au; Hütte 171,70–237,20 AU$) Die in sich abgeschlossenen Hütten für bis zu acht Personen sind von Busch umgeben und nur 200 m vom Strand entfernt. Die aus Holz aus der Umgebung gezimmerten Hütten wirken wie übergroße Spielplatzhäuschen, und man schläft luftig im Zwischengeschoss.

West Cape Cabins HÜTTEN $$
(☎03-5154 8296; www.westcapecabins.com; 1547 Cape Conran Rd; DZ 195–255 AU$) Die aus örtlichem oder wiederverwertetem Holz gezimmerten in sich abgeschlossenen Hütten sind ein paar Kilometer vom Park entfernt und echte Kunstwerke. Die Holzbalken sind mit der Baumart bezeichnet, und selbst die Doppelbetten wurden aus Baumstämmen gearbeitet. Die Freiluft-Wellnessbäder erhöhen den Spaßfaktor. Im größeren Cottage finden acht Personen Platz. Ein Wanderweg führt in 15 Minuten durch den Busch an der Küste zu einem einsamen Strand.

An- & Weiterreise

Der Cape Conran Coastal Park liegt südlich des Princes Hwy, etwa 405 km von Melbourne entfernt. Die gut ausgeschilderte Abzweigung vom Highway befindet sich gleich östlich der kleinen Siedlung Cabbage Tree. Von dort sind es noch rund 15 km nach Süden auf der Cabbage Tree–Conran Rd.

Mallacoota

1032 EW.

Mallacoota ist eines der kleinen Schmuckstücke von Gippsland und auch von ganz Victoria. Die östlichste Ortschaft des Bundesstaats liegt an dem großen, gleichnamigen Meeresarm und ist von den schroffen Hügeln und Stranddünen des schönen Croajingolong National Park umgeben. Wer sich so weit wagt, wird mit langen, einsamen Meeresstränden, Gezeitenmündungen und unzähligen Möglichkeiten zum Schwimmen, Angeln und Bootfahren auf dem Meeresarm belohnt.

Auch Wildtiere lassen sich gut beobachten: Es gibt hier viele Kängurus, Koalas und Schnabeligel.

Sehenswertes & Aktivitäten

Das ruhige Wasser des Mallacoota Inlet liegt vor einer Küste von insgesamt mehr als 300 km Länge, die sich am besten mit einem gemieteten Boot erkunden lässt. Außerdem führen viele großartige Wanderwege am Ufer entlang.

Gute Surfwellen gibt's am Bastion Point und am Tip Beach. Surf Shack gibt Surfunterricht und verleiht Surfbretter. Am Betka Beach, der während der Weihnachtsferien von Rettungsschwimmern überwacht wird, kann man in der Brandung und in geschützten Gewässern schwimmen. Gute Badestellen findet man auch an den Stränden des Strandvorland-Schutzgebiets am Bastion Point (der von einem Rettungsschwimmer-Club überwacht wird) und am Quarry Beach.

Gabo Island INSEL
Auf der 14 km vor der Küste von Mallacoota gelegenen Insel sind in dem windgepeitschten, 154 ha großen **Gabo Island Lightstation Reserve** zahlreiche Seevögel und die weltweit größte Kolonie von Zwergpinguinen heimisch, die die Zahl der Pinguine auf Phillip Island weit übertrifft. Wale, Delfine und Seebären lassen sich regelmäßig vor der Küste sehen. Der 1862 erbaute Leuchtturm auf der Insel ist der höchste der Südhalbkugel und noch immer in Betrieb. Besucher können hier in den alten Leuchtturmwärterhäuschen übernachten.

Die Verkehrsverbindungen sind hier draußen allerdings ein Problem, da der Bootsverkehr oft wegen schlechten Wetters eingeschränkt ist; **Wilderness Coast Ocean Charters** (☎0417 398 068, 03-5158 0701) und **Gabo Island Escapes** (☎0437 221 694, 03-5158 0605; 100 AU$/Pers.) sind die besten Adressen.

Direktflüge von Mallacoota nach Gabo Island gibt es nicht mehr, aber **Merimbula Air Services** (☎02-6495 1074; www.mairserv.com.au) kann einen hinbringen und abholen, was allerdings, wenn man nicht gerade in einer Gruppe unterwegs ist, nicht billig ist (einfache Strecke Viersitzer 775 AU$).

Mallacoota Equipment Hire ABENTEUERSPORT
(☎0488 329 611; www.mallacootahire.com.au; Buckland Dr, Mallacoota Foreshore Caravan Park; Fahrrad ab 10/40 AU$, Kajak 15/75 AU$ pro Std./Tag; ⏲9–17 Uhr) Verleiht Fahrräder, Kajaks und Angelausrüstung und hat viele Ideen in Bezug auf Wanderwege und Reiserouten. Die Fahrräder können auch zur Unterkunft gebracht werden.

Mallacoota Hire Boats BOOTSFAHRT
(☎0438 447 558; www.mallacootahireboats.com; 10 Buckland Dr; Motorboot 70/160 AU$ pro 2/8 Std., Einer-/Zweierkajak 30/50 AUS pro 2 Std.) Vermietet Kajaks, Motorboote, Tretboote und Angelausrüstung. Keine Bootsführerlizenz erforderlich; nur Barzahlung. Der Verleih hat seinen Sitz im Mallacoota Foreshore Holiday Park.

Schlafen

Mallacoota Foreshore Holiday Park WOHNMOBILPARK $
(☎03-5158 0300; Ecke Allan Dr & Maurice Ave; Stellplatz ohne Strom 16,60–33 AU$, Stellplatz mit Strom 23,70–53 AU$;) Die grasbewachsenen Stellplätze direkt am Ufer gehören zu einem der landschaftlich reizvollsten Wohnmobilparks in Victoria. Man genießt den herrlichen Blick auf den Meeresarm und die auf dem Wasser schwimmenden Trauerschwäne und Pelikane. Es gibt zwar keine Hütten, aber der Platz ist der beste von vielen Wohnmobilparks in Mallacoota. Die Rezeption befindet sich jenseits der Straße in dem gleichen Gebäude wie das Visitor Information Centre.

★ **Adobe Abodes** APARTMENTS $$
(☎0499 777 968; www.adobeabodes.com.au; 17–19 Karbeethong Ave; DZ 95–145 AU$, zusätzliche Pers. 15 AU$) Die einzigartigen, in sich abgeschlossenen Lehmziegelhütten in Karbeethong sind etwas ganz Besonderes. Die Etagenwohnungen der auf Recycling und Umweltfreundlichkeit ausgelegten Anlage haben mit Solarstrom beheiztes Warmwasser, und die Gäste werden dazu angehalten, ihre Küchenabfälle zu kompostieren. Die launigen Apartments sind komfortabel und gut ausgestattet und bieten einen wundervollen Ausblick. Zum Empfang gibt's für die Gäste einen Willkommenskorb mit Wein und Pralinen.

★ **Karbeethong Lodge** PENSION $$
(☎03-5158 0411; www.karbeethonglodge.com.au; 16 Schnapper Point Dr; Zi. mit Frühstück 100–150 AU$) Auf den breiten Veranden dieses aus Holz gezimmerten Gästehauses aus dem frühen 20. Jh. überkommt einen unweigerlich ein Gefühl heiterer Ruhe, während man den unverstellten Ausblick auf das Mallacoota Inlet und die weitläufigen Gartenanlagen genießt. In der großen Gäste-Lounge und dem Speisesaal gibt es einen offenen Kamin und Stilmöbel; die Küche ist riesig, und die pastellfarbenen Schlafzimmer sind zwar klein, aber geschmackvoll eingerichtet.

Gabo Island Lighthouse COTTAGES $$
(☎03-8427 2123, Parks Victoria 13 19 63; www.parkweb.vic.gov.au; bis zu 8 Pers. 323,70–359,70 AU$) Wer die wahre Wildnis genießen will, übernachtet an dem einsamen Leuchtturm in dem historischen Wohnhaus der Leuchtturmwärterassistenten, in dem drei Schlafzimmer für Besucher zur Verfügung stehen. Für diese Zimmer gilt eine Mindestaufenthaltsdauer von zwei Nächten, und für die Weihnachts- und Osterferien werden die Plätze ausgelost. Achtung: Man erhält sein Geld nicht zurück, wenn man die Insel wegen widrigen Wetters nicht erreichen kann (oder auf ihr strandet).

Mallacoota Wilderness Houseboats HAUSBOOT $$$
(☎0409 924 016; www.mallacootawildernesshouseboats.com.au; Karbeethong Jetty; ab 800 AU$/4 Nächte werktags ab 1250 AU$/Woche) Die Hausboote mit sechs Kojen sind nicht so luxuriös wie die auf dem Murray, aber ideal, um Mallacootas Wasserwege zu erkunden, und für eine Gruppe oder Familie auch durchaus günstig. Die Hausboote sind dank Küche, Kühlschrank und Warmwasserduschen gut für Selbstversorger geeignet. Man muss eine Kaution von 500 AU$ leisten, von der bei der Rückgabe des Boots die Benzinkosten abgezogen werden. Eine Bootsführerlizenz ist nicht erforderlich.

Essen & Ausgehen

★ **Lucy's** ASIATISCH $$
(☎03-5158 0666; 64 Maurice Ave; Hauptgerichte 8–28 AU$; ⏲8–20 Uhr) Das Lucy's ist dank seiner köstlichen, sehr guten und günstigen Reisnudeln mit Hühnchen, Garnelen oder Seeohr und der mit Zutaten aus dem Garten gefüllten Klöße beliebt. Hier kann man auch gut frühstücken.

Mallacoota Hotel PUB
(☎03-5158 0455; www.mallacootahotel.com.au; 51-55 Maurice Ave; ⏲12–22 Uhr) Der örtliche Pub ist ein beliebter Ort für einen Drink mit einer gemütlichen Bar im Haus und einem wunderbaren Biergarten voller Palmen. Das Bistro serviert herzhafte Speisen (Hauptgerichte 20–40 AU$) von einer vielseitigen Karte; verlässlich und beliebt sind das Hähnchen-Parmigiana, das Gippsland-Steak die mit Pale Ale zubereiteten Fish and Chips. Im Sommer spielen regelmäßig Bands.

Praktische Informationen

Mallacoota Visitor Centre (☎ 03-5158 0800, 03-5158 0116, 0408 315 615; www.visitmallacoota.com.au; Ecke Allan Dr & Maurice Ave; 9–17 Uhr;) Die äußerst hilfreiche Touristeninformation im Zentrum gegenüber dem Ufer hat Unmengen Infos über das Gebiet und seine Wanderwege und verkauft eine praktische Broschüre (1 AU$) zu den örtlichen Sehenswürdigkeiten. Es gibt auch WLAN und Internetzugang.

An- & Weiterreise

Mallacoota liegt 23 km südöstlich von Genoa (am Princes Hwy), das wiederum 492 km von Melbourne entfernt ist. Mit dem Zug fährt man bis nach Bairnsdale (3¾ Std.) und dann weiter mit dem V/Line-Bus nach Genoa (51,80 AU$, 3½ Std., 1-mal tgl.). Der Bus von Genoa nach Mallacoota hat montags, donnerstags und freitags sowie in den Schulferien auch sonntags Anschluss an den V/Line-Bus und fährt dann weiter nach Mallacoota (3,20 AU$, 30 Min.).

Croajingolong National Park

Dieser Nationalpark gehört eindeutig zu den schönsten Küstenparks Australiens, was die UNESCO anerkannte, indem sie ihn zu einem von 14 Welt-Biosphärenreservaten in Australien erhob. Der Park hat eine Größe von 875 km² und erstreckt sich über fast 100 km von der Ortschaft Bemm River bis zur Grenze von New South Wales. Prächtige, unberührte Strände, Meeresarme, Flussmündungen und Wälder machen ihn ideal zum Campen, Wandern, Baden und Surfen. Die fünf Meeresarme (Sydenham, Tamboon, Mueller, Wingan und Mallacoota – letzterer der größte und zugänglichste) sind beliebt bei Kanuten und Anglern.

Zwei Abschnitte des Parks wurden zu „Wilderness Areas" erklärt, was bedeutet, dass dort Fahrzeuge verboten sind und mittels erforderlicher Genehmigungen nur eine begrenzte Zahl von Wanderern zugelassen wird. Es handelt sich um die Cape Howe Wilderness Area zwischen dem Mallacoota Inlet und der Grenze von New South Wales sowie die Sandpatch Wilderness Area zwischen dem Wingan Inlet und dem Shipwreck Creek.

Point Hicks war der erste Punkt Australiens, den Kapitän Captain Cook und die Mannschaft der *Endeavour* im Jahr 1770 sichteten und wurde nach Leutnant Zachary Hicks benannt. Hier gibt es einen **Leuchtturm** (☎ Mo–Fr 10–15 Uhr; ☎ 03-5158 4268; www.pointhicks.com.au; Lighthouse Track, Tamboon; Erw./Kind/Fam. 7/4/20 AU$; Führungen Fr–So 13 Uhr) und Unterkunft in den alten Cottages. Man erblickt hier immer noch Überreste der SS *Saros*, die einen kurzen Spaziergang vom Leuchtturm entfernt 1937 auf Grund lief.

Schlafen

Mueller Inlet CAMPING $

(☎ 03-5158 4268; www.pointhicks.com.au; Stellplatz ohne Strom ab 25 AU$) Die ruhigen Gewässer dieses Meeresarms sind ideal zum Kajakfahren und Schwimmen, und dieser Campingplatz ist nur wenige Meter vom Ufer entfernt. Es gibt insgesamt acht Stellplätze, alle ohne Feuerstellen, von denen drei nur zu Fuß erreichbar sind. Vegetation, die Privatsphäre gewährleisten könnte, fehlt, aber abgesehen von den Weihnachts- und Osterferien ist es in der Regel hier ruhig. Buchen kann man über das Point Hicks Lighthouse.

Shipwreck Creek CAMPING $

(☎ 13 19 63; www.parkweb.vic.gov.au; Stellplatz ohne Strom ab 26,50 AU$) Das nur 15 km von Mallacoota entfernte schöne Campinggelände befindet sich in einem Wald oberhalb eines Sandstrands. Es handelt sich um ein kleines Gelände mit nur fünf Stellplätzen, Plumpsklos und Feuerstellen (Brennholz muss man selber mitbringen!). Viele kurze Wanderwege haben hier ihren Startpunkt. Gebucht wird über Parks Victoria.

Wingan Inlet CAMPING $

(☎ 13 19 63; www.parkweb.vic.gov.au; Stellplatz ohne Strom ab 25,80 AU$) Das heitere, abgeschiedene Campinggelände umfasst 24 Stellplätze an herrlichen Sandstränden und wundervolle Wanderwege. Der Wingan River Walk (5 km, hin & zurück 2½ Std.) führt durch Regenwald vorbei an tollen Badestellen. Gebucht wird über Parks Victoria.

Point Hicks Lighthouse COTTAGES $$

(☎ 03-5156 0432; www.pointhicks.com.au; Bungalows 120–150 AU$, Cottages 360–550 AU$) An dem einsamen Leuchtturm gibt es zwei komfortable, denkmalgeschützte Cottages und einen Doppelbungalow, in dem einst die Assistenten des Leuchtturmwärters wohnten. Die Cottages bieten Platz für sechs Personen und haben Holzkamine und einen sensationellen Blick auf den Ozean. Man bringt eigenes Bettzeug und Handtücher mit oder mietet beides für 15 AU$ pro Person. Um hierher zu kommen, muss man 2,2 km vom Parkplatz aus marschieren.

An- & Weiterreise

Der Croajingolong National Park liegt 492 km östlich von Melbourne. Unbefestigte Zugangsstraßen unterschiedlicher Qualität zweigen von diversen Punkten zwischen dem Cann River und der Grenze nach New South Wales Richtung Süden vom Princes Hwy ab und führen in den Park. Zu ihnen gehören die Pisten, die zu den Campingplätzen am Wingan Inlet, am Mueller Inlet, am Thurra River und am Shipwreck Creek führen.

Abgesehen von der Mallacoota Rd sind alle Zugangsstraßen unbefestigt und können im Winter sehr schlecht sein. Bevor man losfährt, sollte man sich daher unbedingt über den Straßenzustand bei Parks Victoria in **Cann River** (☎13 19 63, 03-5158 6351; www.parkweb.vic.gov.au; Cann River) oder **Mallacoota** (☎13 19 63, 03-8427 2123; www.parkweb.vic.gov.au; Mallacoota) erkundigen, insbesondere während und nach Regenfällen.

HIGH COUNTRY

Mansfield

4360 EW.

Mansfield ist das Tor zu Victorias größten Schneefeldern am Mt. Buller und zu einem Teil des spektakulären High Country, aber auch die Stadt selbst lohnt in jeder Jahreszeit einen Besuch. Hier gibt's viel zu erleben: Im Sommer sind Reiten und Mountainbike fahren sehr beliebt, und im Winter herrscht eine sehr lebendige Atmosphäre.

Sehenswertes & Aktivitäten

Mansfield Zoo ZOO
(☎03-5777 3576; www.mansfieldzoo.com.au; 1064 Mansfield Woods Point Rd; Erw./Kind 15/13,50 AU$; ⏲10–17.30 Uhr, Sommer bis 18.30 Uhr oder Sonnenuntergang) Der überraschend gute Tierpark zeigt viele einheimische Tierarten und ein paar exotische, darunter Löwen, die um 13.30 Uhr gefüttert werden. Man kann auf dem Gelände in einem Zelt oder der Bettrolle übernachten (Erw./Kind 65/45 AU$, inkl. Zooeintritt für 2 Tage) und morgens zum Chor der Wildtiere aufwachen.

All Terrain Cycles MOUNTAINBIKEN
(☎03-5775 2724; www.allterraincycles.com.au; 58 High St; Fahrrad halber/ganzer Tag 30/40 AU$) Vermietet Hybrid-Fahrräder und Ausrüstung, hat Infos zu den Radwegen in der Gegend, veranstaltet Touren und bietet einen Transfer-Service vom/zum **Great Victorian Rail Trail** (www.greatvictorianrailtrail.com.au).

Watson's Mountain Country Trail Rides REITEN
(☎03-5777 3552; www.watsonstrailrides.com.au; 296 Three Chain Rd, Booroolite; Ausritt 1/2 Std./ganzer Tag 50/90/175 AU$) Auf dem friedlichen Anwesen können Kinder auf Ponys das Reiten lernen oder kurze Ritte unternehmen. Es gibt aber auch längere Ausritte mit Übernachtung. Eines der Highlights ist der Blick vom Kate Cameron's Peak den steilen Hang hinunter, der in dem Film *Snowy River* (1982) zu sehen war.

High Country Horses REITEN
(☎03-5777 5590; www.highcountryhorses.com.au; 10 McCormacks Rd, Merrijig; Ausritt 2 Std./halber Tag/Tag 100/130/300 AU$, mit Übernachtung ab 640 AU$; ⏲Okt.–Mai) In Merrijig auf dem Weg Richtung Mt. Buller. High Country Horses bietet das komplette Programm – vom kurzen Trab bis zu Ausritten mit Übernachtung zur Craig's Hut, zum Howqua River und zum Mt. Stirling.

Schlafen

Delatite Hotel PUB $
(www.thedelatitehotel.com.au; 95 High St; Zi. 100–110 AU$, EZ/DZ mit Gemeinschaftsbad 80/90 AU$; 📶) Der von dem freundlichen Betreiber des Mansfield Regional Produce Store (S. 655) geführte Landgasthof an der Hauptstraße hat im Obergeschoss Pub-Zimmer, die schlicht, aber geräumig und für Traveller mit schmalem Geldbeutel durchaus in Ordnung sind. Im stimmungsvollen Bistro im Erdgeschoss gibt's regionale Biere – das Mansfield Pale Ale ist zu empfehlen.

Mansfield Travellers Lodge HOSTEL, MOTEL $
(☎03-5775 1800; www.mansfieldtravellerslodge.com.au; 116 High St; EZ & B ab 40 AU$, Zi./FZ ab 120/180 AU$; ❄📶) Die bei Backpackern und Familien seit langem beliebte Anlage nahe dem Ortszentrum wird von dem engagierten Besitzer Jed geführt. Die geräumigen Schlafsäle in einem restaurierten historischen Gebäude werden oft als private Einzelzimmer gebucht. Der Motel-Teil bietet makellose Wohneinheiten mit ein oder zwei Schlafzimmern. An Extras gibt's eine Küche, ein Spielezimmer, eine Waschküche und einen Trockenraum.

Highton Manor B&B $$
(☎03-5775 2700; www.hightonmanor.com.au; 140 Highton Lane; DZ Stall/Turm 130/365 AU$; ❄🏊) Dieses stattliche Herrenhaus wurde 1896 für

Francis Highett erbaut, der mit Dame Nellie Melba sang. Es bietet Stil und Romantik, nimmt sich aber selbst nicht allzu ernst. Hier gibt's Gemeinschaftsunterkünfte, moderne Zimmer in den umgebauten Ställen, und pompöse Zimmer im Stil des 19. Jhs. im Haupthaus. Wer königlich schlafen möchte, sollte sich für das Turmzimmer entscheiden, bei dem das Frühstück inklusiv ist.

Essen & Ausgehen

★Mansfield Coffee Merchant CAFÉ $$
(☎03-5779 1703; www.mansfieldcoffeemerchant.com.au; 23 Highett St; Hauptgerichte 14–19 AU$; ⏲6.30–16 Uhr) Das Café in einem höhlenartigen, schicken Raum ist *der* Ort für Kaffeeliebhaber. Zum Kaffee gibt's zeitgemäße Kost wie Frühstücks-Burger, Garnelen-Tempura-Rollen oder geräucherte Rippchen vom Lamm. Die sortenreinen Kaffeebohnen werden vor Ort geröstet und mit dem Syphon, dem Aufgussfilter oder in der Maschine zubereitet. Man kann aber auch einen Wein oder ein Ale aus der Region trinken.

Mansfield Regional Produce Store CAFÉ $$
(☎03-5779 1404; www.theproducestore.com.au; 68 High St; Hauptgerichte 12–24 AU$; ⏲Sa–Do 9–17, Fr bis 21 Uhr) Das rustikale Café mit bunt zusammengewürfeltem Mobiliar und einem Laden, in dem Lebensmittel und Wein aus der Region verkauft werden, ist ein ungeheuer beliebter Ort zum Frühstück oder Brunch. Auf der sich immer wieder ändernden Karte stehen großes Frühstück, vor Ort gebackene Sauerteig-Baguettes und Kaffee.

Bos Taurus STEAKS $$$
(☎03-5775 1144; www.bostaurus.com.au; 13–15 High St; Hauptgerichte ab 35 AU$; ⏲Mo–Fr 14.30–21.30, Sa & So ab 11.30 Uhr) Ein Muss für Fleischliebhaber ist dieses Steakhaus, das sich auf erstklassige Filets von Angus-Weiderindern spezialisiert hat. Wenn die Sonne scheint ist die obere Terrasse ein wunderbarer Ort, um eine Mahlzeit und einen Drink zu genießen.

Social Bandit Brewing Co. KLEINBRAUREI
(☎03-5775 3281; www.facebook.com/socialbanditbrewing; 223 Mt. Buller Rd; Pizzas ab 18 AU$; ⏲Do–So 11–21 Uhr) Die Kleinbrauerei liegt an der Straße nach Mt. Buller in einem Gewerbegebiet am Rand von Mansfield. Man kann die vor Ort gebrauten zahlreichen Biere probieren (darunter amerikanische und australische Pale Ales) und dazu Pizza oder Brezeln essen. Am besten nimmt man ein paar Flaschen mit, um sie später auf dem Berg zu genießen.

CRAIG'S HUT

Ab den 1850er-Jahren errichteten Viehzüchter überall im High Country Hütten. Einen guten Eindruck von diesen Bauwerken vermittelt die Craig's Hut, die im Jahr 1981 für den Film *Snowy River* nachgebaut, zehn Jahre später in ein Visitor Center umgewandelt und 2003 umgebaut wurde. Drei Jahre später fiel sie dann einem Buschfeuer zum Opfer, wurde aber 2007 erneut aufgebaut. Die Hütte steht am Mt. Stirling im Alpine National Park rund 53 km östlich von Mansfield. Die letzten 1,2 km der Straße sind nur mit einem Geländewagen oder zu Fuß zu bewältigen, aber der Anmarsch lohnt sich wegen der atemberaubenden Aussicht.

Praktische Informationen

Mansfield & Mt. Buller High Country Visitor Centre (☎1800 039 049; www.mansfieldmtbuller.com.au; 173 High St; ⏲9–17 Uhr) Die Touristeninformation befindet sich in einem modernen Gebäude neben dem alten Bahnhof. Hier kann man Unterkünfte buchen und Lifttickets kaufen.

An- & Weiterreise

Mansfield liegt 209 km nordöstlich von Melbourne. Wer selbst fährt, sollte mindestens zweieinhalb Stunden für die Fahrt einkalkulieren. Vom Hume Hwy die Ausfahrt Tallarook oder Euroa nehmen.

Busse von **V/Line** (☎1800 800 007; www.vline.com.au) fahren mindestens einmal täglich zwischen der Southern Cross Station in Melbourne und Mansfield (28,20 AU$,3 Std.). In der Skisaison verkehren die Busse häufiger.

Mt. Buller

Victorias größtes und belebtestes Skiresort ist das Melbourne am nächsten gelegene große Resort, weshalb es hier den ganzen Winter lang brummt. Mt. Buller entwickelt sich außerdem zu einem Sommerurlaubsziel, das Mountainbikern und Wanderern eine große Palette unterschiedlichster Wanderwege zu bieten hat. Die Skipisten verteilen sich auf 180 ha, mit einem Gesamt-Höhenunterschied von 400 m.

High Country

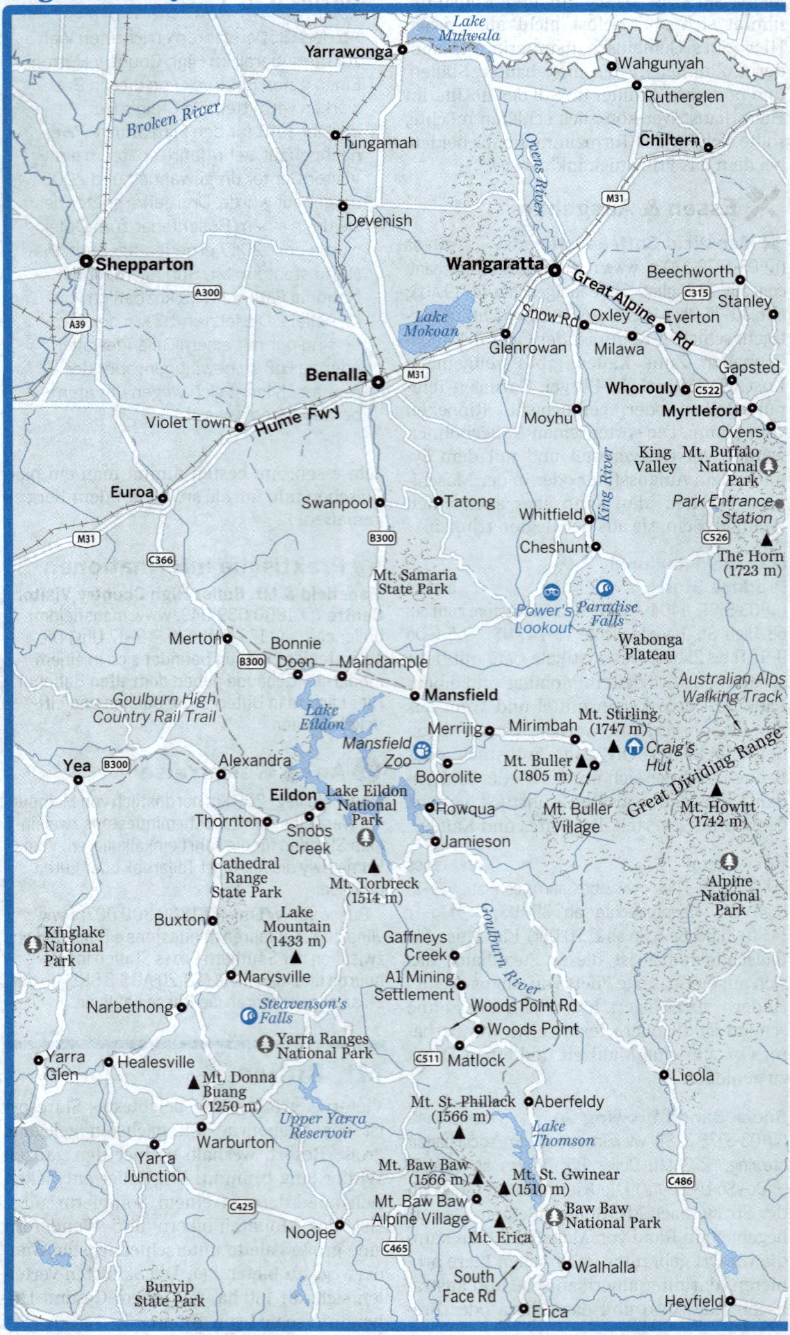

MELBOURNE & VICTORIA HIGH COUNTRY

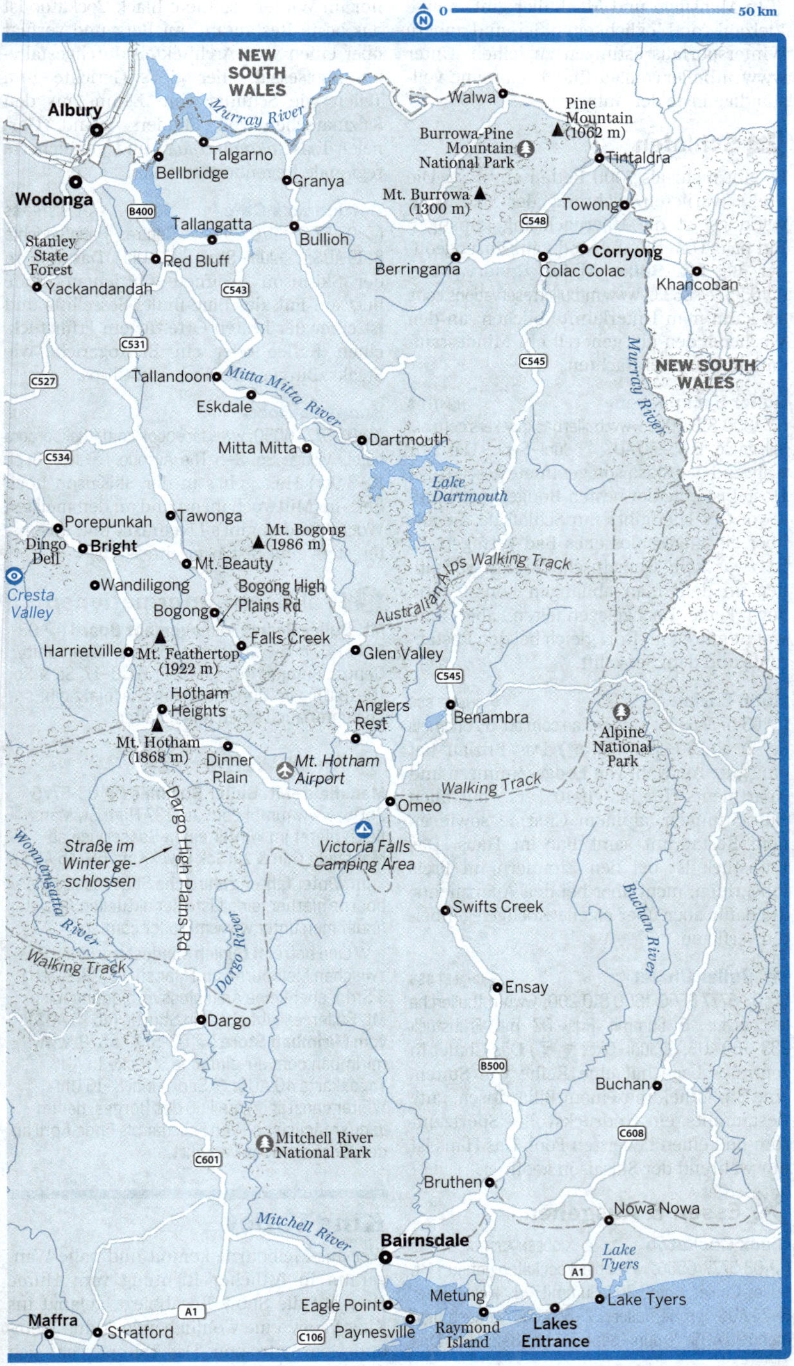
0
50 km
NEW SOUTH WALES
Albury
Murray River
Walwa
Pine Mountain (1062 m)
Burrowa-Pine Mountain National Park
Talgarno
Bellbridge
Granya
Tintaldra
Wodonga
Mt. Burrowa (1300 m)
B400
Tallangatta
Towong
C548
Bullioh
Corryong
Stanley State Forest
Red Bluff
Berringama
Colac Colac
Khancoban
Yackandandah
C543
C531
C545
Murray River
NEW SOUTH WALES
C527
Tallandoon
Mitta Mitta River
Eskdale
Mitta Mitta
Dartmouth
C534
Lake Dartmouth
Porepunkah
Tawonga
Mt. Bogong (1986 m)
Dingo Dell
Bright
Mt. Beauty
Australian Alps Walking Track
Cresta Valley
Wandiligong
Bogong High Plains Rd
Bogong
Falls Creek
Harrietville
Mt. Feathertop (1922 m)
Glen Valley
C545
Hotham Heights
Anglers Rest
Benambra
Alpine National Park
Mt. Hotham (1868 m)
Dinner Plain
Mt. Hotham Airport
Walking Track
Omeo
Dargo High Plains Rd
Victoria Falls Camping Area
Straße im Winter geschlossen
Wonnangatta River
Swifts Creek
Buchan River
Dargo River
Walking Track
Ensay
Dargo
B500
Buchan
C608
Mitchell River National Park
C601
Bruthen
Nowa Nowa
Mitchell River
Bairnsdale
Lake Tyers
A1
Metung
Lake Tyers
Eagle Point
Maffra
A1
Raymond Island
Lakes Entrance
Stratford
C106
Paynesville

In Mansfield und Mt. Buller gibt es eine Vielzahl von Möglichkeiten Ski- und andere Wintersportausrüstungen zu leihen. Unter www.mtbuller.com.au findet man eine vollständige Liste der Anbieter.

Schlafen

Es gibt mehr als 7000 Betten am Berg. Die Preise variieren während der Skisaison; werktags ist die Übernachtung günstiger. Ein paar Unterkünfte sind ganzjährig geöffnet. Bei **Mt. Buller Alpine Reservations** (☎03-5777 6633; www.mtbullerreservations.com.au) kann man Unterkünfte buchen; an den Wochenenden gilt generell ein Mindestaufenthalt von zwei Nächten.

Buller Backpackers HOSTEL **$**
(☎1800 810 200; www.bullerbackpackers.com.au; Village Sq; B 55–90 AU$; ⏲Juni–Sept.) Das nur während der Skisaison geöffnete geschäftige Hostel ist eine der besten Budgetunterkünfte vor Ort. Hier gibt's nur Schlafsäle, die alle über ein angeschlossenes Bad verfügen. Es ist zwar kein Gemeinschaftsraum vorhanden, in dem man abhängen könnte, und auch keine Kochgelegenheiten, aber man wohnt mitten im Dorf gleich bei den Restaurants und dem Sessellift.

Hotel Enzian CHALET **$$$**
(☎03-5777 6996; www.enzian.com.au; 69 Chamois Rd; Zi. ab 230–390 AU$; 📶) Das Enzian hat eine gute Auswahl von Lodge-Zimmern und Apartments (für bis zu 10 Pers.) mit allen Einrichtungen, alpinem Charme sowie einem Restaurant samt Bar im Haus. Das Frühstück ist bei den Zimmern im Preis inbegriffen, nicht aber bei den Apartments, die dafür aber über eigene Kochgelegenheiten verfügen.

Mt. Buller Chalet CHALET **$$$**
(☎03-5777 6566, 1800 810 200; www.mtbullerchalet.com.au; 5 Summit Rd; DZ mit Frühstück 283–760 AU$; ⏲Juni–Okt.; 📶🏊) Das Chalet in zentraler Lage hat eine Reihe von Suiten, eine Bibliothek mit einem Billardtisch, gute Restaurants, ein eindrucksvolles Sportzentrum und einen beheizten Pool. Das Haus ist nur während der Skisaison geöffnet.

Essen & Ausgehen

Black Cockatoo MODERN-AUSTRALISCH **$$**
(☎03-5777 6566; www.blackcockatoo.net.au; Mt. Buller Chalet Hotel, 207 Summit Rd; kleine Teller 6–24 AU$, große Teller 22–65 AU$, Verkostungsmenü 90 AU$; ⏲Juni–Sept. 7–11 & 18–21 Uhr) Das nur im Winter geöffnete Black Cockatoo ist das beste Restaurant am Berg und verfügt über einen vom Architekten durchgestalteten Speisesaal. Hier gibt's Gerichte zum Teilen wie Schulter vom Lamm aus den Salzmarschen von Flinders Island, Garnelen-Toast *okonomiyaki* und geräucherte regionale Regenbogenforellen.

Cattleman's Café CAFÉ, BISTRO **$$**
(☎03-5777 7970; Village Centre; Hauptgerichte 8–19 AU$; ⏲Juni–Sept. 8–21 Uhr) Das nur in der Skisaison geöffnete Cattleman's Café liegt am Fuß des Blue-Bullet-Sessellifts und ist einer der besten Orte für ein Frühstück, einen Kaffee oder ein Bistrogericht wie Steaks, Burger oder Fish and Chips.

Kooroora Hotel PUB
(☎03-5777 6050; www.facebook.com/thekooroorahotel; Village Sq, 3–5 The Avenue; ⏲Juni–Sept. 10–3 Uhr) Hier geht's in der Skisaison hoch her. Am Mittwochabend und an den meisten Wochenenden gibt's Livemusik und ansonsten stets gute Bistrogerichte.

Praktische Informationen

Mt. Buller Resort Management Board (☎03-5777 6077; www.mtbuller.com.au; Community Centre, Summit Rd; ⏲Mo–Fr 8.30–17, Sa & So 10–16 Uhr) Im Uhrenturm am Dorfplatz gibt's im Winter auch einen Infoschalter.

An- & Weiterreise

Mansfield–Mt. Buller Buslines (☎03-5775 2606; www.mmbl.com.au; 137 High St, Mansfield) bietet im Winter einen Busservice ab Mansfield (hin & zurück Erw./Kind 66/45 AU$).

Im Winter fahren zahlreiche Shuttles aus Melbourne hierher; eine Liste der aktuellen Anbieter findet man unter www.mtbuller.com.au.

V/Line betreibt täglich mindestens einen Bus zwischen Melbourne und Mansfield (28,20 AU$, 3 Std.), aber keine Anschlussverbindung nach Mt. Buller; es gibt aber ein Shuttle (ab 15 AU$) vom **Mirimbah Store** (☎03-5777 5529; www.mirimbah.com.au; einfache Strecke 15 AU$, Tageskarte 40 AU$; ⏲Sept.–Mai 8–16 Uhr, Winter ganztägig) am Fuß des Berges, der im Januar täglich und von Februar bis Ende April an den Wochenenden verkehrt.

King Valley

Wer aus Melbourne kommt und nahe Wangaratta in östlicher Richtung vom Hume Hwy auf die Snow Rd abbiegt, gelangt ins King Valley, eine wohlhabende, kühle Wein- und Gourmetregion. Das Tal erstreckt sich südwärts längs des King River über die winzigen Ortschaften Moyhu, Whitfield und Cheshunt. In ihm gibt's rund zwanzig Weingüter, die alle für ihre italienischen, in kühlem Klima gedeihenden Rebsorten bekannt sind. Hier werden u.a. Sangiovese, Barbera sowie Pinot Grigio gekeltert und Prosecco produziert. Die Gegend war ein Tabakanbaugebiet, bis die Gesetzgebung diesen Wirtschaftszweig verbot, worauf viele Bauern ihre Produktion auf Wein umstellten. Infos zum Wein findet man unter www.winesof thekingvalley.com.au.

Schlafen

Es gibt eine Reihe von Cottage-B&Bs in der Region, darunter Zimmer auf mehreren Weingütern und im Mountain View Hotel; eine vollständige Übersicht findet sich unter www.visitkingvalley.com.au. Hinzu kommen **Stellplätze** (3741 Wangaratta-Whitfield Rd, Edi Cutting) GRATIS auf mehreren ausgewiesenen Campingplätzen am King River.

Essen

Das Essen ist eine große Verlockung in der Region, es gibt eine ganze Reihe von Weingütern und hervorragenden Restaurants, die regionale Zutaten verwenden. Man findet hier mehrere italienische Lokale, einen Gastropub und eine Molkerei mit natürlich fermentierten Milchprodukten. Mitte November werden die regionalen Erzeugnisse beim **La Dolce Vita Wine & Food Festival** (www.winesofthekingvalley.com.au/events/la-dolce-vita) präsentiert.

★ King Valley Dairy DELI $

(☎1300 319 766, 03-5727 9329; www.kingvalleydairy.com.au; 107 Moyhu-Meadow Creek Rd, Moyhu; ⏲10–16 Uhr) Die alte Butter-Fabrik in Myrtleford ist nach Moyhu im King Valley umgezogen, um hier ihre natürlich fermentierten Molkereierzeugnisse zu produzieren. Im zugehörigen Laden werden Produkte wie Buttermilch-Ricotta, Butter mit Feinschmecker-Aromen (beispielsweise schwarzer Trüffel, Räuchersalz, wilder Thymian oder Schokolade) und weitere örtliche Erzeugnisse verkauft, sodass man sich gut einen Korb für ein Picknick auf der Farm oder am Fluss zusammenstellen kann.

Mountain View Hotel KNEIPENESSEN $$

(☎03-5729 8270; www.mvhotel.com.au; 4 King Valley Rd, Whitfield; Hauptgerichte 20–38 AU$, 5-/7-Gänge-Verkostungsmenü 95/115 AU$; ⏲Pub-Bistro tgl. 11 Uhr–open end, Restaurant Mi–Sa 12–15 & 18–22, So 12–15 Uhr) Dieser Gastropub ist smarter als ein übliches Landgasthaus und lohnt definitiv einen Besuch wegen der Craft-Biere, des guten Essens und des wunderbaren Biergartens. Es gibt hier ein paar Ales der örtlichen Brauerei King River Brewing (S. 659) sowie Gerichte wie zweimal gegartes Milawa-Hähnchen, Steaks von gut abgehangenen Angus-Rindern, Hähnchen-Parmigiana und Gerichte bayerischer Art. Daneben gibt's für Feinschmecker auch ein Verkostungsmenü mit passenden örtlichen Weinen.

Ausgehen & Nachtleben

King River Brewing KLEINBRAUEREI

(www.kingriverbrewing.com.au; 4515 Wangaratta-Whitfield Rd; ⏲Sa & So 12.30–18 Uhr) Auf einer alten Tabakfarm gleich nördlich von Whitfield befindet sich diese Kleinbrauerei, deren Braustube in einem Tabak-Trockenofen untergebracht ist. Es gibt sechs Biere vom Fass, darunter ein India Pale Alte, ein Altbier und ein Sour Porter. Dazu gibt's Brezeln aus dem Holzofen mit Butter der King Valley Dairy.

Chrismont WEINGUT

(☎03-5729 8220; www.chrismont.com.au; 251 Upper King River Rd; Hauptgerichte 28–38 AU$; ⏲10–17 Uhr) Das italienisch ausgerichtete Weingut hat eine moderne, architektonisch gestaltete Probierstube mit schöner Aussicht und kostenlosen Proben seiner italienischen Weinsorten, darunter Arneis und Sagrantino sowie Prosecco. Das beliebte Restaurant zaubert Gerichte nach sizilianischen und norditalienischen Familienrezepten. Das moderne Gästehaus inmitten der Weinberge gehört zu den hübschesten in der Region.

Dal Zotto Estate WEINGUT

(☎03-5729 8321; www.dalzotto.com.au; 4861 Wangaratta-Whitfield Rd, Whitfield; ⏲Verkaufsladen 10–17 Uhr, Restaurant Do–So 12–15 & Fr 18–22 Uhr) Das Dal Zotto Estate ist eines der besten Weingüter in der Gegend und vor allem für seinen Prosecco bekannt. In der zugehörigen ausgezeichneten Trattoria gibt's norditalienische Küche, beispielsweise hausgemachte Pasta und Antipasti mit Zutaten aus der Region.

An- & Weiterreise

Das King Valley liegt an der Mansfield–Whitfield Rd (C521) und ist von Melbourne (274 km, 3 Std.) aus über den Hume Hwy (M31) zu erreichen.

Von Wangaratta aus fahren montags bis freitags zwei Busse täglich über Moyhu nach Whitfield (3,20 AU$, 45 Min.).

Milawa Gourmet Region

Nirgendwo kann man seinen Gaumen besser verwöhnen als in der Milawa/Oxley Gourmet Region (www.milawagourmet.com.au). Hier können Besucher Weine, Käse, Oliven, Senf und Marinaden kosten, und in einigen der besten Restaurants der Region speisen.

Essen

★ Milawa Cheese Company KÄSE $

(☎ 03-5727 3589; www.milawacheese.com.au; 17 Factory Lane, Milawa; ⊙ 9–17 Uhr, Mahlzeiten 9.30–15 Uhr) Die Milawa Cheese Company hat klein angefangen und produziert inzwischen eine Reihe leckerer Käsesorten, die hier probiert und gekauft werden können, z.B. einen weichen Farm-Brie (aus Ziegen- oder Kuhmilch) und pikante Käsesorten mit gewaschener Rinde. Es gibt hier eine Bäckerei und ein ausgezeichnetes Restaurant, in dem man diverse Pizzas und Schwarzbrotschnitten mit Milawa-Käse bekommt. Die Käserei liegt 2 km nördlich von Milawa.

★ Patricia's Table MODERN-AUSTRALISCH $$$

(☎ 03-5720 5540; www.brownbrothers.com.au/visit-us/victoria/eat; 239 Milawa-Bobinawarrah Rd, Milawa; 2-Gänge-Menü & passender Wein 67 AU$; ⊙ 12–15 Uhr) In dem feinen Speiserestaurant auf dem malerischen Weingut Brown Brothers kann man seine Reise für ein ausgiebiges Mittagessen unterbrechen. Das Lokal gilt als eines der besten in der Region und serviert schön angerichtete, moderne Gerichte wie schwarz gebratenen Barramundi oder gegrilltes Schweinefleisch in Honigglasur mit bodenständigen saisonalen Beilagen. Zu allen Menüs gibt's passende Weine, weshalb das Preis-Leistungs-Verhältnis hier hervorragend ist.

Ausgehen & Nachtleben

Hurdle Creek Still DESTILLERIE

(☎ 0427 331 145, 0411 156 773; www.hurdlecreekstill.com.au; 216 Whorouly-Bobinawarrah Rd, Bobinawarrah; ⊙ Sa & So 10–17 Uhr, Mo–Fr nach Vereinbarung) Die ländliche, von einer Familie geführte kleine Destillerie produziert ihren Gin in einem Blechschuppen; man kann auf eine Kostprobe vorbeikommen und eine Flasche kaufen.

Brown Brothers WEINGUT

(☎ 03-5720 5500; www.brownbrothers.com.au; 239 Milawa-Bobinawarrah Rd, Milawa; ⊙ Verkaufsstube 9–17 Uhr, 1-stündige Führung Fr 11 & 14, Sa & So 11 Uhr) Das bekannteste Weingut der Region erlebte seine erste Ernte im Jahr 1889 und befindet sich noch immer im Besitz der gleichen Familie. Neben der Probierstube gibt es die beiden hervorragenden Restaurants Patricia's Table und Epi.Curious, einen prächtigen Garten, Spielzeug für Kinder und Picknick- und Grillstellen.

An- & Weiterreise

Milawa liegt an der Snow Rd, zwischen Wangaratta und Myrtleford. In der Region gibt es keine öffentlichen Verkehrsmittel.

Beechworth

3700 EW.

Die historischen, honigfarbenen Granitgebäude von Beechworth und die wunderbaren Gourmet-Leckereien machen das Städtchen zu einem der angenehmsten Ziele im Nordosten Victorias. Der Ort ist auch auf der Liste des National Trust als eine der beiden „bemerkenswerten" Städte Victorias verzeichnet (die andere Stadt ist Maldon). Und man erkennt schnell, warum.

Sehenswertes

★ Burke Museum MUSEUM

(☎ 03-5728 8067; www.burkemuseum.com.au; 28 Loch St; Erw./Kind/Fam. inkl. Eintritt zur Ned Kelly Vault 8/5/16 AU$; ⊙ 10–17 Uhr) Das 1857 als Beechworth Athenaeum gegründete Museum gehört zu den ältesten Australiens. Es wurde nach der katastrophal gescheiterten Expedition von Burke und Wills 1861 zu Ehren des berühmten Forschungsreisenden Robert O'Hara Burke umbenannt, der von 1854 bis 1858 Polizeiinspektor in Beechworth gewesen war. Gezeigt werden Hinterlassenschaften aus dem Goldrausch und eine erhaltene Ladenzeile von vor 140 Jahren. Zu den weiteren Highlights gehören ein ausgestopfter Beutelwolf, der Schreibtisch von Charles Dickens, Burkes Pistole und aus Gewehrkugeln des Ersten Weltkriegs gefertigte Andenken.

Das Eintrittsticket gilt auch für die ausgezeichnete Ned Kelly Vault.

Ned Kelly Vault MUSEUM

(☎ 03-5728 8067; www.burkemuseum.com.au; 101 Ford St; Erw./Kind/Fam. inkl. Eintritt zum Burke Museum 8/5/16 AU$; ⌚11–16 Uhr) Die Ausstellung im alten, 1858 erbauten Unterschatzamt, in dem Gold gelagert wurde, ist Ned Kelly gewidmet, Australiens berühmtestem Straßenräuber. Man findet hier detaillierte Informationen zu seinem Leben, eine seiner originalen Totenmasken, ein originales Gemälde von Sir Sidney Nolan, seltene Fotografien und ein frühes Manuskript von Peter Careys Buch *Die wahre Geschichte von Ned Kelly und seiner Gang*. Es gibt auch Exponate zu den berühmten „kugelfesten" Rüstungen und eine Maske, in der man sich fotografieren lassen kann.

Ausgestellt sind auch die originalen Masken aus den Ned-Kelly-Filmen mit Heath Ledger und Mick Jagger. Die Ausstellung gehört zum Burke Museum, und die Eintrittskarte gilt für beide Abteilungen.

Old Beechworth Gaol HISTORISCHES GEBÄUDE
(www.oldbeechworthgaol.com.au; Ecke Ford St & Williams St; Erw./Kind/Fam. 15/10/40 AU$; ⌚Führungen Do–Mo 11.45 Uhr) Ende 2016 tat sich ein Konsortium von Einheimischen zusammen, um das historische, 1860 erbaute Gefängnis von Beechworth zu kaufen und es vor einem Umbau zu bewahren. Bei der Führung „Rogues, Rat Bags und Mongrel Dogs" (Schurken, Unruhestifter und Straßenköter), die an den meisten Tagen unter der Woche angeboten wird, erfährt man Geschichten über die berühmtesten Insassen, namentlich auch über Ned Kelly, seine Familie und seine Anhänger; in jüngerer Zeit saß hier auch Carl Williams ein. Besucher bekommen die Zellen zu sehen und den Galgen, mit dem acht Gefangene hingerichtet wurden.

Beechworth Courthouse HISTORISCHES GEBÄUDE
(☎03-5728 8067; www.burkemuseum.com.au; 94 Ford St; Erw./Kind/Fam. 8/5/16 AU$; ⌚9.30–17 Uhr) Das Gerichtsgebäude von Beechworth ist bekannt als der Ort, an dem Ned Kelly erstmals vor Gericht stand; zu sehen ist die Zelle im Keller hinter der Shire Hall, in der Ned gefangen gehalten wurde. Man erfährt auch Geschichten über andere berühmte Prozesse, und es gibt ein interaktives Geschworenenzimmer, in dem man selber Urteile fällen kann. Der Eintritt zu diesem Gebäude ist im „Golden Ticket" enthalten.

Beechworth Asylum HISTORISCHE STÄTTE
(Albert Rd) Das 1995 außer Dienst gestellte alte „Irrenhaus" auf dem Mayday Hill oberhalb der Stadt ist etwas für Traveller mit Sinn fürs Makabre. Viele der Gebäude sind inzwischen als Hotels oder Apartmenthäuser neu erschlossen worden (und ein Künstleratelier ist in Planung), aber große Teile der Anlage stehen immer noch leer und sind wirklich gruselig. In die Gebäude hinein kommt man nur mit Asylum Ghost Tours, die tagsüber historische Führungen und nachts Geistertouren veranstalten.

Aktivitäten

Beechworth Honey Experience ESSEN
(☎03-5728 1433; www.beechworthhoney.com.au; 31 Ford St; E-Bike halber/ganzer Tag 35/55 AU$, Fahrrad 25/40 AU$; ⌚9–17.30 Uhr) GRATIS Die passionierten Inhaber von Beechworth Honey, eine Imkerfamilie in vierter Generation, bieten mit ihren regelmäßigen Führungen eine Einführung in die Welt der Bienen mit einem echten Bienenstock, sehr informativen Exponaten und Honig-Verkostungen. Im zugehörigen Zentrum **Beechworth Honey Discovery** (www.beechworthhoney.com.au/beechworth-honey-discovery; 87 Ford St; ⌚9–17.30 Uhr) GRATIS weiter die Straße hinunter gibt's noch mehr zu essen, Kochdemonstrationen, einen Bienengarten und Verkostungen. Außerdem werden hier auch E-Bikes und Fahrräder vermietet.

Stadtspaziergänge TOUR
(Erw./Kind/Fam. 10/7,50/25 AU$; ⌚10.15 & 13.15 Uhr) Die täglichen Stadtspaziergänge starten am Visitor Centre und beinhalten viel Klatsch und interessante Details. Die Goldrauschtour beginnt um 10.15 Uhr, die Ned-Kelly-Tour um 13.15 Uhr. Im Preis des empfehlenswerten „Golden Ticket" sind beide Führungen enthalten.

Asylum Ghost Tours TOUR
(☎0473 376 848; www.asylumghosttours.com; Mayday Hills Village; Tour Erw./Kind 35/20 AU$) Beechworths makaberster Ausflug ist ein mit Geschichten von Mord und Wahnsinn garnierter Trip zum Beechworth Asylum.

KOMBITICKET

Wenn man in Beechworth mehrere Museen besichtigen will, lohnt der Kauf des **Golden Ticket** (Erw./Kind/Fam. 25/15/50 AU$), das online oder im **Visitor Centre** erworben werden kann. Das Ticket gilt an vier aufeinanderfolgenden Tagen für die meisten größeren Sehenswürdigkeiten und außerdem für zwei geführte Touren.

Tagsüber gibt's eine historische Führung, nachts eine Geistertour (von der Kinder unter 8 Jahren ausgeschlossen sind). Veranstaltet werden außerdem Foto-Touren (ab 45 AU$), Erkundungen paranormaler Aktivitäten (50 AU$), Horrorfilmnächte (15 AU$) und Übernachtungen auf dem Gelände.

Schlafen

Tanswell's Commercial Hotel PUB $

(☎ 03-5728 1480; www.tanswellshotelbeechworth.com.au; 50 Ford St; EZ/DZ mit Gemeinschaftsbad 60/82 AU$, Apt. 135 AU$;) In einer Stadt, in der die Unterkünfte nicht billig sind, retten einen die einfachen Zimmer dieses historischen Pubs an der Hauptstraße, der eine ideale Lage zur Erkundung von Beechworth hat. Der Aufenthalt lohnt sich auch wegen dem schön renovierten Restaurant mit Bar im Erdgeschoss.

Lake Sambell Caravan Park WOHNMOBILPARK $

(☎ 03-5728 1421; www.caravanparkbeechworth.com.au; 20 Peach Dr; Stellplatz ohne/mit Strom ab 24/32 AU$, Hütte mit/ohne Bad 95/75 AU$;) Die schattige Anlage neben dem schönen Lake Sambell hat tolle Einrichtungen, darunter eine Camp-Küche, einen Spielplatz und einen Mountainbike- (halber/ganzer Tag 22/33 AU$) sowie Kanu-/Kajakverleih (ab 45 AU$). Spektakulär ist, wie sich die untergehende Sonne im See spiegelt.

Old Priory PENSION $$

(☎ 03-5728 1024; www.oldpriory.com.au; 8 Priory Lane; B/EZ/DZ 50/70/100 AU$, Cottages EZ/DZ/4BZ 90/150–170/200 AU$;) Dieses historische Kloster aus dem Jahr 1904 ist ein unheimliches, aber charmantes historisches Plätzchen. Es wird oft von Schulgruppen belagert, ist aber dennoch die beste Budgetunterkunft in Beechworth. Die Gärten sind wunderschön, und die Palette an Zimmern umfasst auch hübsch renovierte Goldgräber-Cottages.

★ **Freeman on Ford** B&B $$$

(☎ 03-5728 2371; www.freemanonford.com.au; 97 Ford St; EZ/DZ inkl. Frühstück ab 250/275 AU$;) Die Oriental Bank aus dem Jahr 1876 im Herzen der Stadt beherbergt dieses prächtige, aber heimelige B&B, dessen sechs gründlich renovierte Zimmer viktorianischen fünf-Sterne-Luxus bieten. Die Besitzerin Heidi gibt sich bei jedem Gast besondere Mühe.

Essen

Project Forty Nine ITALIENISCH $

(☎ 03-5728 1599; www.projectfortynine.com.au; 46–48 Ford St; Gerichte 9–25 AU$; ⊙ Mi–Mo 9–17, Fr bis 21 Uhr) Der von einem Ehepaar geführte italienische Deli mit Weinbar wurde von dem früheren Sommelier von Melbournes berühmtem Lokal Vue de Monde eröffnet. Hier bekommt man zwanglose Gerichte in Form von geräuchertem Fleisch, Antipasti und Pasta mit italienischen Schankweinen oder dem vor Ort produzieren Chardonnay serviert. Inzwischen ist noch eine Bar in Collingwood (S. 538), Melbourne, mit dazu gekommen.

Beechworth Bakery BÄCKEREI $

(☎ 1300 233 784; www.beechworthbakery.com.au; 27 Camp St; Pies ab 5 AU$; ⊙ 6–19 Uhr) Der beliebte Laden ist das Flaggschiff einer bekannten, im ganzen Bundesstaat vertretenen Bäckerei-Kette. Hier erhält man hervorragende Pies, Gebäck, Kuchen und Sandwiches. Das Markenzeichen ist der Ned-Kelly-Pie mit Ei und Schinken, aber auch der vegetarische Blumenkohl-Pie ist nicht zu verachten.

Blynzz Coffee Roasters CAFÉ $$

(☎ 0423 589 962; www.coffeeroastersbeechworth.com.au; 43 Ford St; Hauptgerichte ab 15 AU$; ⊙ Do–So 8.30–14 Uhr) Das kleine Rösterei-Café an Beechworths Hauptstraße präsentiert sich mit polierten Betonböden und Designer-Armaturen innerstädtisch schick. Es gibt tolle Frühstücks- oder Brunch-Gerichte, vor allem aber sehr guten Kaffee, der vor Ort aus sortenreinen Bohnen geröstet wird – die Jutesäcke mit den grünen Bohnen sind hinten gestapelt.

★ **Provenance** MODERN-AUSTRALISCH $$$

(☎ 03-5728 1786; www.theprovenance.com.au; 86 Ford St; 2-/3-Gänge-Menü 68/88 AU$, Verkostungsmenü ohne/mit passenden Weinen 115/180 AU$; ⊙ Mi–So 18.30–21 Uhr) Das in einem Bankgebäude aus dem Jahr 1856 untergebrachte Provenance bietet ein elegantes, aber zeitgemäßes kulinarisches Erlebnis. Unter der Leitung des gerühmten örtlichen Chefkochs Michael Ryan kommen hier innovative modern-australische Gerichte mit japanischem Einschlag auf den Teller, z.B. geräuchertes Wallaby-Tartare mit Umeboshi, Eigelb und Miso-Sauce. Wer sich nicht entscheiden kann, wählt das Verkostungsmenü. Auch die Weinkarte kann sich sehen lassen. Reservierung erforderlich.

Ausgehen & Nachtleben

★ Bridge Road Brewers KLEINBRAUEREI
(☎ 03-5728 2703; www.bridgeroadbrewers.com.au; Old Coach House Brewers Lane, 50 Ford St; Pizza 15,50–22 AU$; ⏲ 11–22 Uhr) Beechworths schmucke Kleinbrauerei versteckt sich hinter dem Tanswell's Commercial Hotel und produziert einige ausgezeichnete Biere (Verkostungsgedeck mit 10 Bieren 15 AU$), von denen es neun auch vom Fass gibt. Dazu passend gibt's u. a. frisch gebackene Brezeln, hausgemachte Gourmet-Pizzas und Burger. Jeden Samstag um 11 Uhr finden Brauereiführungen (15 AU$) mit Kostproben statt. Ein besonderer Service: Hier kann man auch kostenlos Fahrräder ausleihen!

Tanswell's Commercial Hotel PUB
(☎ 03-5728 1480; www.tanswellshotelbeechworth.com.au; 50 Ford St; Hauptgerichte 24–34 AU$; ⏲ 10.30 Uhr–open end) Das imposante Tanswell's Hotel, ein Pub aus der Goldrauschzeit (1856) ist ein echtes Schmuckstück an Beechworths malerischer Hauptstraße. Die Bar vorn im Haus ist elegant mit glänzend poliertem Holz, schwarz-weißen Schachbrettfliesen und einem knisternden Kamin ausstaffiert und erinnert eher an einen englischen Pub als ein australisches Landgasthaus. Es gibt hier auch ein feines Speiserestaurant, Livemusik, ein Billardzimmer und Unterkünfte.

Glaubt man der örtlichen Überlieferung, war Ned Kelly hier Stammgast.

Praktische Informationen

Beechworth Visitor Centre (☎ 1300 366 321; www.beechworthonline.com.au; 103 Ford St; ⏲ 9–17 Uhr) Im Visitor Centre im Rathaus gibt's Informationen und einen Buchungsservice für Unterkünfte und Aktivitäten.

An- & Weiterreise

Beechworth liegt gleich abseits der Great Alpine Rd, 36 km östlich von Wangaratta und 280 km nordöstlich von Melbourne.

V/Line unterhält Züge/Busse zwischen Melbourne und Beechworth (36 AU$; 3½ Std., 3-mal tgl.), aber man muss in Wangaratta umsteigen. Ab Wangaratta (5 AU$, 35 Min., 5-mal tgl.) und Bright (4,80 $, 50 Min., 2-mal tgl.) fahren Direktbusse.

Yackandandah

950 EW.

Die allgemein nur „Yack" genannte alte Goldgräbersiedlung liegt östlich von Beechworth zwischen schönen Hügeln und Tälern. Sie ist derart gut erhalten, dass der National Trust sie insgesamt auf seine Liste setzte. Der Ort besteht im Wesentlichen aus einer Straße mit zwei Pubs, dem Bottom Pub am einen und dem Top Pub am anderen Ende; die historische Straße gehört zu den charmantesten im gesamten ländlichen Australien.

In einem ehemaligen Bankgebäude zeigt das **Yackandandah Museum** (☎ 02-6027 0627; www.yackandandahmuseum.wordpress.com; 21 High St; Eintritt gegen Spende; ⏲ Mi–So 11–16 Uhr, während der Schulferien tgl.) historische Wechselausstellungen zur Stadt. Hinter dem Haus steht ein Cottage aus den 1850er-Jahren, das mit Möbeln der Zeit eingerichtet ist und eine einmalige *double dunny* (Außentoilette) besitzt. Im zugehörigen Geschenkeladen gibt's auch eine gute Auswahl an Karten mit thematisch zugeschnittenen Stadtspaziergängen.

Bei der 1½-stündigen **Karrs Reef Goldmine Tour** (☎ 0408 975 991; Erw./Kind 25/20 AU$; ⏲ Sa & So 10, 13 & 16 Uhr oder nach Vereinbarung) steigt man mit Grubenhelm in die originalen Stollen der alten Goldmine von 1857 hinab. Die Führung kann über das Visitor Centre gebucht werden.

Essen & Ausgehen

★ Star Hotel KNEIPENKOST $$
(☎ 02-6027 1493; www.facebook.com/starhotelyack; 30 High St; Hauptgerichte 17–21 AU$; ⏲ 11 Uhr–open end) Das vor Ort als „Top Pub" bekannte Hotel von 1863 bietet alle Thekenklassiker, interessanter sind allerdings die Grillgerichte amerikanischer Art, bei denen ein mit Eukalyptus befeuerter Smoker zum Einsatz kommt. Hier gibt's auch Craft-Bier, denn der Pub ist der offizielle Sitz von Yacks Brauerei Two Pot Brewing.

Saint Monday CAFÉ $$
(☎ 02-6027 1202; www.saintmondaycafe.com.au; 26 High St; Hauptgerichte 15–26 AU$; ⏲ Mi–So 8–16 Uhr; 📶) 🌿 Sushi und vegane Donuts gab es früher in Yackandandah bestimmt nicht, das hat sich aber mit der Eröffnung dieses hübschen kleinen Cafés, dessen Wände mit Kunst dekoriert sind, geändert. Die Küche verwendet örtliche Zutaten für köstliche vegetarische und umweltgerechte Gerichte.

Yackandandah Hotel PUB
(☎ 02-6027 1210; www.yackandandahhotel.com.au; 1 High St; EZ/DZ/3BZ 50/70/90 AU$; ⏲ 11

Uhr–open end) Der „Bottom Pub" von 1867 ist ein typisches Landgasthaus mit kaltem Bier und Kneipenkost, zu der hier als Markenzeichen der Burger mit doppeltem Schnitzel gehört. Im Obergeschoss gibt's auch Budgetzimmer (ab 50 AU$/Nacht).

Shoppen

★ Kirby's Flat Pottery KERAMIK
(☎ 02-6027 1416; www.johndermer.com.au; 225 Kirby's Flat Rd; ⌚ Sa & So 10.30–17 Uhr oder nach Vereinbarung) Der Mix aus Atelier, Galerie und Laden des international renommierten Töpfers John Dermer ist ein toller Ort, um erschwingliche, originale Stücke zu kaufen oder auch nur in der Galerie die eindrucksvolle Sammlung von Salzglasur-Keramik zu bestaunen. Die Töpferei befindet sich in einem hübschen Gartenrefugium 4 km südlich von Yackandandah.

Praktische Informationen

Yackandandah Visitor Centre (☎ 02-6027 1988; www.exploreyackandandah.com.au; 37 High St; ⌚ 9–17 Uhr) Hat eine gute Auswahl von Broschüren und Hinweise zu Wandertouren und Unterkünften in Yack und Umgebung auf Lager. Verkauft auch Grabungslizenzen an alle, die einmal ihr Glück als Goldsucher ausprobieren wollen.

An- & Weiterreise

Yackandandah liegt ungefähr 307 km nordöstlich von Melbourne: Vom Hume Hwy fährt man nördlich von Wangaratta auf die Great Alpine Rd ab und folgt der Ausschilderung nach Beechworth. Von dort sind es noch 22 km bis Yackandandah.

Werktags fahren auf der Strecke von Albury nach Wodonga täglich Busse von/nach Beechworth (2,40 AU$).

Chiltern

1640 EW.

Das winzige Chiltern wirkt wie eine Filmkulisse der guten alten Zeit und ist einer der bezauberndsten historischen Orte in Victoria. An den beiden Hauptstraßen stehen Gebäude aus dem 19. Jh. mit Antiquitätenläden und ein paar Pubs. Das Ganze wirkt derart authentisch, dass Chiltern bereits mehrfach als Drehort für historische Filme genutzt wurde, so für den Walt-Disney-Klassiker *Mein wildes Pony* (1975). Das Städtchen wurde 1851 als Black Dog Creek gegründet und blühte auf, als 1859 hier Gold entdeckt wurde.

Sehenswertes

Im Pick Chiltern Visitor Centre kann man sich ein Exemplar des *Chiltern Touring Guide* holen, der einen zu rund 20 über den Ort verteilten historischen Stätten geleitet.

Chiltern Athenaeum MUSEUM
(☎ 03-5726 1280; www.chilternathenaeum.com.au; 57 Conness St; Erw./Kind 2 AU$/frei; ⌚ Di–Fr 10–15, Sa & So bis 16 Uhr) Das fantastische Museum voller faszinierender Exponate zur Vergangenheit und der Geschichte des Ortes residiert in dem 1866 erbauten ehemaligen Rathaus samt Bibliothek. Zu den Highlights gehören eine Bibliothek aus der Goldrauschzeit, feine Eukalyptusblatt-Gemälde aus dem 19. Jh. von Alfred William Eustace, ein Sattel, der im Ersten Weltkrieg in der Schlacht von Beersheba mit dabei war und Erinnerungsstücke des ehemaligen Premierministers John McEwen. Das Museum wird von freiwilligen Kräften geführt, sodass die Öffnungszeiten nicht immer verlässig sind.

Chiltern-Mt. Pilot National Park NATIONALPARK
(Chiltern Box-Ironbark National Park; ☎ 13 19 63; www.parks.vic.gov.au) Der wichtige Nationalpark schützt einen der letzten Bestände von Eisenrindenbaumwäldern in einem Flickenteppich aus Schutzgebieten rund um den Ort. Diese bilden auch eines der letzten Rückzugsgebiete des Warzenhonigfressers in Victoria, der hier neben mehr als 200 anderen Vogelarten lebt. Im Chiltern Visitor Centre gibt's Karten, ein Park-Informationsblatt, eine Broschüre mit dem Titel *Bird Trails of Chiltern* und Infos für die zum Beobachten des Warzenhonigfressers bestgeeigneten Stellen.

Um ganz in den Ironbark-Wald einzutauchen, empfiehlt sich der 8,5 km lange **Whitebox Walking Track**, der einen Rundkurs durch das Parkgebiet südlich von Chiltern beschreibt; eine Wegbeschreibung erhält man im Visitor Centre.

Lake View House HISTORISCHES GEBÄUDE
(☎ 03-5726 1590, 03-9656 9889; www.nationaltrust.org.au/places/lake-view-house; 18–22 Victoria St; Erw./Kind 2/1 AU$; ⌚ Mi 11–14, Sa 10–13, So 13–16 Uhr) Dies war das Wohnhaus der örtlichen Autorin Ethel Florence Richardson (besser bekannt unter ihrem Pseudonym Henry Handel Richardson), die über ihr hiesiges Leben in dem Buch *Ultima Thule* (1929) schrieb, dem dritten Teil der Trilogie *The Fortunes of Richard Mahony* (1930).

Das Haus mit Blick auf den Lake Anderson wurde 1870 erbaut und gehört heute dem National Trust.

Essen

★Hub 62 CAFÉ $

(☎03-5726 1207; www.hub62cafe.wixsite.com/cafe-gallery; 62 Main St; Hauptgerichte 10–19 AU$; ⌚Mo & Mi–Fr 8–16, Sa & So 7.30–16 Uhr;) In dem historischen ehemaligen Freimaurersaal befindet sich heute dieses entspannte, lebenssprühende und mit Kunst angefüllte Café, das einen zeitgenössischen Kontrapunkt zum sich altmodisch gebenden Ort setzt. Neben dem besten Kaffee des Orts gibt's auch zeitgemäße Frühstücks- und Mittagsgerichte.

Vine Chiltern KNEIPENKOST $$

(☎0475 044 866; www.facebook.com/thevinechiltern; Ecke Main St & Conness St; Hauptgerichte 14–28 AU$; ⌚Mi & Do 17.30–21, Fr & Sa 17.30 Uhr–open end, So 12–16 Uhr) Der 1867 begründete Pub ist zu neuem Leben erwacht. Das Vine bietet hier regionale Craft-Biere und Weine und dazu passend Pizzas und Burger an. Benannt ist das Lokal nach dem riesigen Weinstock (dem größten Australiens und vielleicht der ganzen Welt), der im Hof nebenan wächst und den man von der Gasse aus sehen kann.

Praktische Informationen

Chiltern Visitor Centre (☎03-5726 1611; www.chilternvic.com; 30 Main St; ⌚10–16 Uhr) Chilterns hilfreiche Touristeninformation bietet Infos zur Stadt und ihrer Umgebung und nützliche Tipps zu allen möglichen Themen von Vogelbeobachtung bis Goldsuche.

An- & Weiterreise

Chiltern liegt 290 km nordöstlich von Melbourne gleich abseits des Hume Hwy (M31).

Täglich fahren bis zu drei **V/Line-Züge** (☎1800 800 007; www.vline.com.au) vom Bahnhof Southern Cross in Melbourne nach Chiltern (36 AU$, 3¼ Std.).

Rutherglen & Umgebung

2479 EW.

Rutherglen zeichnet sich durch einige prachtvolle Bauten aus der Goldrausch-Ära (1860 wurde hier Gold entdeckt) und die berühmteste Weinbautradition im nördlichen Victoria aus. Der Ort wartet mit allen wesentlichen Zutaten auf, die einen Zwischenstopp rechtfertigen, darunter eine tolle Pie-Bäckerei, klassische Country-Pubs, aber auch eine schicke neue Kleinbrauerei und eine Weinbar. Damit ist Rutherglen ein lohnendes Ziel und außerdem ein guter Ausgangspunkt zur Erkundung von Victorias Hinterland am Murray River.

Sehenswertes & Aktivitäten

Eine Verlängerung des Murray to Mountains Rail Trail führt über Rutherglen und Wahgunyah zu einigen Weingütern. Im Rutherglen Visitor Information Centre bekommt man Wander- und Radwegekarten der Gegend und kann Fahrräder (halber/ganzer Tag 35/50 AU$) und Tandem-Räder (halber/ganzer Tag 50/85 AU$) ausleihen.

Big Wine Bottle WAHRZEICHEN

(45 Campbell St) Im Einklang mit der feinen australischen Tradition kitschiger, übergroßer Monumente (Big Prawn, Big Pineapple, Big Koala etc.) trumpft Rutherglen mit der Big Wine Bottle auf. Die Flasche ist 36 m hoch und eigentlich ein historischer Wasserturm (von ca. 1900) aus braunen Ziegeln.

Rutherglen Wine Experience WEINGUT

(☎1800 622 871; www.rutherglenvic.com; 57 Main St; ⌚9–17 Uhr) GRATIS Die innerhalb des Visitor Information Centre (S. 668) untergebrachte Einrichtung ist die Anlaufstelle für den Weinbau in der Region. Hier erhält man einen Überblick über die örtlichen Weingüter und eine Karte des Gebiets. Außerdem gibt's Kostproben von diversen aufgespriteten Weinen und vor Ort gebrauten Likören.

Geführte Touren

Behind the Scenes TOUR

(☎1800 622 871; www.rutherglenvic.com/behind-the-scenes-tours; ⌚Mo, Mi & Do 14, Fr–So 11 Uhr) GRATIS Ein paar örtlichen Weingüter veranstalten kostenlose wunderbare Führungen „hinter die Kulissen", bei denen man erfährt, wie Wein produziert wird. Die Führungen müssen vorab gebucht werden. Man kann sich auf der Website informieren, welches Weingut wann eine Führung veranstaltet, reserviert am besten aber einfach über das Visitor Centre.

Feste & Events

★Tastes of Rutherglen ESSEN & TRINKEN

(www.tastesofrutherglen.com.au; Tickets 20 AU$, Shuttlebus 27 AU$; ⌚März) Das wuchtige Fest mit Essen und Wein ist eine einzige Schwelgerei, an der sich Dutzende Weingüter und

Restaurants beteiligen. Zwischen den Weingütern ist ein Shuttlebus mit beliebigem Aus- und Zusteigen im Einsatz.

★ **Winery Walkabout Weekend** WEIN, MUSIK
(www.winerywalkabout.com.au; ⌚ Juni) Das riesige Event, Australiens erstes Weinfest, bringt 25 000 Feierlustige für ein Wochenende mit allerlei Spaß, Musik, Fässerroll-Wettbewerben, Food Trucks und natürlich viel Wein in die Stadt.

Schlafen

Victoria Hotel HOTEL $
(☎ 02-6032 8610; www.victoriahotelrutherglen.com.au; 90 Main St; EZ/DZ ohne Bad ab 50/90 AU$, DZ mit Bad ab 120 AU$, FZ ab 200 AU$; ❄) Der schöne Pub steht auf der Liste des National Trust und bietet etwas bessere Unterkunft als sonst in Pubs üblich. Das Haus steckt voller Geschichte, bietet großartige Bistrogerichte und ein paar sehr einladende Gästezimmer. Budgettraveller freuen sich über die Übernachtungsoption für nur 50 AU$; besonders schön sind die aufgemöbelten Zimmer mit angeschlossenem Bad und Blick auf die Main St.

★ **Amberesque** B&B $$
(☎ 02-6032 7000; www.amberesque.com.au; 80 Main St; DZ ab 180 AU$; ❄ 📶) Das B&B ist nach der Inhaberin Amber benannt, die zusammen mit ihrem Mann diese wunderbare Unterkunft in einem historischen Gebäude im Ortszentrum eingerichtet hat. Die Zimmer im Obergeschoss sind hübsch und punkten mit großen Doppelbetten, Wellnessbädern und einem Patio mit Blick in den Garten. Das Highlight ist der schöne Raum im Erdgeschoss, in dem man sein üppiges, auf die eigenen Wünsche zugeschnittenes Frühstück, einen kostenlosen Portwein und zur Begrüßung eine Käseplatte und Wein bekommt.

Tuileries BOUTIQUEHOTEL $$
(☎ 02-6032 9033; www.tuileriesrutherglen.com.au; 13 Drummond St; DZ 199 AU$, mit Abendessen 299 AU$; ❄ 📶 🏊) Alle Zimmer in diesem luxuriösen Boutiquehotel blicken in die Weinberge und sind individuell in bunten, zeitgemäßen Farben dekoriert. Es gibt eine Gästelounge, einen Tennisplatz, einen Pool und ein feines **Restaurant** (Hauptgerichte mittags 16,50–19 AU$, abends 31,50–40 AU$; ⌚ 12–14 & 18.30–21 Uhr) und Café. Das Haus befindet sich neben den Rutherglen Estates; das Frühstück ist im Preis enthalten.

Carlyle House B&B $$
(☎ 02-6032 8444; www.carlylehouse.com.au; 147 High St; Zi. 160–195 AU$; ❄ 📶) Die netten Gastgeber Anthony und Sharyn bieten in dem liebevoll restaurierten Wohnhaus (ca. 1896) vier traditionelle Suiten und moderne Apartments im Garten. Im Preis inbegriffen sind warme Café-Frühstücksgerichte.

Essen

★ **Parker Pies** BÄCKEREI $
(☎ 02-6032 9605; www.parkerpies.com.au; 86–88 Main St; Pies 5–9 AU$; ⌚ 8.30–17 Uhr) Wer denkt, Pie sei gleich Pie, wird in dieser preisgekrönten Bäckerei eines Besseren belehrt. Unbedingt die Gourmet-Pasteten testen: Emu, Reh, Krokodil, Büffel oder die vorzügliche Jolly Jumbuck (Lammpastete mit Rosmarin und Minze).

Rutherglen

★ **Taste @ Rutherglen** MODERN-AUSTRALISCH $$$
(☎ 03-5728 1480; www.taste-at-rutherglen.com; 121b Main St; Frühstück 7–20 AU$, Hauptgerichte 36–40 AU$, 5-/7-Gänge-Verkostungsmenü 80/100 AU$; ⌚ Mi–So 8–11 & 18–23 Uhr) Taste @ Rutherglen ist *das* angesagte Lokal für feines Essen, Kaffee und Frühstück, und der angeschlossene Brewpub genau der richtige Ort für ein Bier. Auf der Abendkarte finden sich Optionen wie Frühlingsrollen mit Enten-Confit, im Hickory-Rauch gegrillte Filets und das Verkostungsmenü mit passenden Weinen. Zum Frühstück überzeugen die Rutherglen-Schweinewürstchen mit Spiegelei auf Sauerteigbrot.

Wahgunyah

Pickled Sisters Café MODERN-EUROPÄISCH $$
(☎ 02-6033 2377; www.pickledsisters.com.au; Cofield Wines, Distillery Rd, Wahgunyah; Hauptgerichte 12–33 AU$; ⌚ Mo & Mi–Fr 10–15, Sa & So 9–16 Uhr) Das an das Weingut Cofield angeschlossene beliebte kleine Lokal bietet einige interessante Gerichte, z. B. Enten-Confit mit Honig-Muskat-Glasur oder doppelt gebackenes Milawa-Ziegenkäse-Soufflé, und diverse Platten zum Wein. Man kann hier auch in einem **Luxuszelt** (☎ 02-6033 3798; www.cofieldwines.com.au/glamping.aspx; Cofield Wines; DZ ab 260 AU$) übernachten.

★ **Terrace Restaurant** MODERN-EUROPÄISCH $$$
(☎ 02-6035 2209; www.allsaintswine.com.au/terrace-restaurant; All Saints Estate, All Saints Rd, Wah-

ROTWEINE AUS RUTHERGLEN

Auf den Weingütern von Rutherglen werden hervorragende Likörweine (Port, Muskateller und Tokajer) und einige kräftige und vollmundige Durif- und Shiraz-Rotweine hergestellt. Viele Weingüter reichen bis in die 1860er-Jahre zurück und werden inzwischen von der fünften oder sechsten Generation der Winzerfamilien geführt. Viele Weingüter verkaufen ihre Produkte nur regional, sodass sich ein Besuch umso mehr lohnt. Alle (bis auf eines) bieten kostenlose Verkostungen. Mehr Infos gibt's unter www.winemakers.com.au.

All Saints (☎02-6035 2222, 1800 021 621; www.allsaintswine.com.au; All Saints Rd, Wahgunyah; ⌚Mo–Sa 9–17.30, So 10–17.30 Uhr) Mit seinem aristokratischen Garten und dem denkmalgeschützten Schloss aus dem 19. Jh. hat das 1865 gegründete All Saints viel Klasse – vom Käseverkostungsraum über den Verkaufsraum bis zum feinen Restaurant.

Buller Wines (☎02-6032 9660; www.buller.com.au; 2804 Federation Way; ⌚Mo–Fr 9–17, Sa & So 10–17 Uhr) Macht seit 1921 einen feinen Shiraz; das neue Restaurant lohnt einen Blick.

Rutherglen Estates (☎02-6032 7999; www.rutherglenestates.com.au; Tuileries, 13-35 Drummond St; ⌚10–17.30 Uhr) Liegt Rutherglen am nächsten; verkauft Shiraz, Grenache und rote und weiße Tafelweine.

Stanton & Killeen Wines (☎02-6032 9457; www.stantonandkilleenwines.com.au; 440 Jacks Rd; ⌚Mo–Fr 9–17, Sa & So 10–17 Uhr) Das 100 Jahre alte Weingut ist bekannt für seinen Durif-Shiraz-Verschnitt, für Rosé und Jahrgangs-Portweine.

Warrabilla Wines (☎02-6035 7242; www.warrabillawines.com.au; 6152 Murray Valley Hwy; ⌚10–17 Uhr) Das von einer Winzerfamilie in sechster Generation geführte Weingut produziert vollmundige, kräftige Rotweine mit Eichenaroma.

Morris (☎02-6026 7303; www.morriswines.com.au; 154 Mia Mia Rd; ⌚Mo–Sa 9–17, So 10–17 Uhr) Rutherglens ältestes Weingut (1859) hat einen staubigen Verkaufsraum, der von Robin Boyd entworfen wurde und von dem man auf Fässer und die Produktionsetage blickt.

Pfeiffer (☎02-6033 2805; www.pfeifferwinesrutherglen.com.au; 167 Distillery Rd, Wahgunyah; ⌚Mo–Sa 9–17, So 10–17 Uhr) Der Verkaufsraum gehört zu einem Weingut, das von einem Vater-Tochter-Team geführt wird und für seinen Gamay bekannt ist. Er liegt an einem Fluss, in dem es von Schildkröten wimmelt und in dem auch Schnabeltiere leben.

Chambers Rosewood (☎02-6032 8641; www.chambersrosewood.com.au; Barkly St; ⌚Mo–Sa 9–17, So 10–17 Uhr) In der verfallenen Wellblechbude, die in diesem alten Weingut als Verkaufsstube dient, bedient man sich bei der Verkostung selber.

Cofield Wines (☎02-6033 3798; www.cofieldwines.com.au; Distillery Rd, Wahgunyah; ⌚Mo–Sa 9–17, So 10–17 Uhr; 👪) Hier gibt's nach traditionellem Verfahren hergestellte Schaumweine.

St. Leonard's Vineyard (☎02-6035 2222; www.stleonardswine.com.au; 201 St. Leonards Rd, Wahgunyah; ⌚Do–So 10–17 Uhr) Durch den dunklen (und etwas gespenstischen) Weinkeller gelangt man in einen modernen, hellen Verkaufsraum mit grasbewachsenem Außenbereich und einem Teich. Es gibt hier auch gutes Essen.

Campbells Winery (☎02-6033 6000; www.campbellswines.com.au; 4603 Murray Valley Hwy; ⌚Mo–Sa 9–17, So 10–17 Uhr) Die angesehene Familienwinzerei in fünfter Generation liegt 3 km westlich von Rutherglen. Zum Wein gibt's Käse- und Wurstplatten, die man draußen auf dem Rasen genießen kann.

Scion Vineyard (☎02-6032 8844; www.scionvineyard.com; 74 Slaughterhouse Rd; ⌚10–17 Uhr) Dieser Boutique-Verkaufsraum nahe der Stadt wirkt moderner als die meisten anderen, eher traditionellen in Rutherglen. Die Verkostung kostet 5 AU$; Picknickkörbe lassen sich vorab vereinbaren.

Valhalla Wines (☎02-6033 1438; www.valhallawines.com.au; 163 All Saints Rd, Wahgunyah; ⌚Fr–So 10–16 Uhr oder nach Vereinbarung) 🍃 Das von einem passionierten Winzer geführte Weingut setzt auf moderne, nachhaltige Verfahren unter Einsatz erneuerbarer Energie. Der Verkaufsraum ist ganz aus Strohballen errichtet.

gunyah; 2-/3-Gänge-Menü 60/80 AU$; ⌚ Mi–Fr & So 12–15, Sa 12–15 & 18–23 Uhr) Das Bistro mit Klasse ist eines der besten Restaurants der Region. Es serviert einfallsreiche saisonale modern-europäische Gerichte und bietet einen Ausblick auf das stattliche Gelände des Weinguts All Saints.

Ausgehen & Nachtleben

★ **Thousand Pound** WEINBAR

(☎ 02-6035 2222; www.thousandpound.com.au; 82 Main St; Hauptgerichte ab 24 AU$; ⌚ Fr–So 17 Uhr–open end) Rutherglens malerische Hauptstraße ist wie gemacht für eine Weinbar. Man schnappt sich einen Hocker an der langen, gefliesten Theke, am Fenster oder am Gemeinschaftstisch und wählt aus den 140 Weinen von örtlichen oder internationalen familiengeführten Weingütern. Auch das Essen ist wundervoll; es gibt z. B. Steaks vom Holzkohlengrill, Meeresfrüchte und Tapas.

★ **Rutherglen Brewery** KLEINBRAUEREI

(☎ 02-6032 9765; www.rutherglenbrewery.com; 121b Main St; ⌚ Mi–Sa 11–14.30 & 17.30–22 Uhr) Ein toller Neuzugang vor Ort ist diese Nano-Brauerei, die im hinten gelegenen Schuppen hochwertige Ales braut. Hier werden neun Sorten produziert, von denen in der Regel fünf vom Fass erhältlich sind. Außerdem gibt's auch Cider und für den Hunger Grillfleisch und Pizzas. Nebenan soll eine neue Destillerie samt Flüsterkneipe hinzukommen – man darf gespannt sein!

Praktische Informationen

Rutherglen Visitor Information Centre (☎ 1800 622 871; 57 Main St; ⌚ 9–17 Uhr) Das Besucherzentrum im selben Komplex wie das Rutherglen Wine Experience hat gute Infos zu Unterkünften, Weingütern und Sehenswürdigkeiten, WLAN-Zugang und einen Fahrradverleih.

An- & Weiterreise

Rutherglen liegt 295 km nordöstlich von Melbourne. Mit dem Auto nimmt man die Abzweigung Chiltern vom Hume Hwy (M31).

V/Line (☎ 1800 800 007; www.vline.com.au) betreibt eine Zug-/Busverbindung zwischen Melbourne und Rutherglen (36 AU$, 3½ Std., 8-mal wöchentlich) mit Umsteigen in Wangaratta. Während der Festivals organisiert das **Visitor Information Centre** (S. 668) Busfahrten zu den Weingütern.

Eine Verlängerung des **Murray to Mountains Rail Trail** führt nach Rutherglen; man kann also den Ort und die Umgebung auch gut per Fahrrad erkunden.

Mt. Buffalo National Park

Der wunderschöne Mt. Buffalo ist das ganze Jahr über ein leicht zu erreichendes Ziel. Im Winter ist er ein kleines, familienfreundliches Skigebiet mit einfachen Abfahrten und im Sommer ideal zum Wandern im Busch, zum Mountainbikefahren und zum Klettern. Anders als in größeren Skigebieten gibt es hier keine Eintrittsgebühr. Man findet Granitfelsen, Aussichtspunkte, Bäche, Wasserfälle, Wildblumen und Wildtiere.

Der Berg wurde 1824 von den Entdeckern Hume und Hovell bei ihrem Trek von Sydney nach Port Phillip auf seinen Namen getauft, weil sie die massige Form an einen Büffel erinnerte. 1898 wurde der Berg zum Nationalpark erklärt.

Sehenswertes & Aktivitäten

Der **Big Walk**, ein 11 km langer, fünfstündiger Aufstieg auf den Berg, beginnt in der Eurobin Creek Picnic Area, nördlich von Porepunkah, und endet in der Gorge Day Visitor Area. Eine Straße führt direkt bis unter den Gipfel des Horn (1723 m), des höchsten Berges des Massivs. Der nahegelegene **Lake Catani** eignet sich gut zum Schwimmen, Kanufahren und Campen.

Es gibt 14 km an **Langlaufloipen**, die am Cresta Valley Parkplatz beginnen, und einen **Rodelbereich**. Im Sommer verwandelt sich der Mt. Buffalo in ein Paradies für **Drachenflieger**. Die nahezu senkrechten Wände der Gorge machen ihn außerdem zu einem der besten **Kletterfelsen** Australiens und ist perfekt zum Abseilen – am besten mit Adventure Guides Australia in Verbindung setzen.

Mt. Buffalo Olives FARM

(☎ 03-5756 2143; www.mtbuffaloolives.com.au; 307 Mt. Buffalo Rd, Porepunkah; ⌚ Fr–Mo 11–17 Uhr, tgl. in den Schulferien) An der Straße von Porepunkah nach Mt. Buffalo liegt dieser Olivenhain. Hier können Besucher Oliven probieren und Olivenöle und andere lokale Bio-Produkte kaufen. Wer möchte, kann hier auch übernachten (So–Do 195 AU$, Fr & Sa 235 AU$, Mindestaufenthalt 2 Nächte).

★ **Adventure Guides Australia** OUTDOOR

(☎ 0419 280 614; www.adventureguidesaustralia.com) Der von dem sehr erfahrenen ehemaligen SAS-Offizier David Chitty gegründete etablierte Veranstalter bietet Abseilen (Anfänger/erfahrene Kletterer 90/110 AU$), darunter auch an der 300 m hohen, viele Spitzen aufweisenden Nordwand, sowie Höhlentouren durch ein unterirdisches Flusssystem, bei dem man Glühwürmchen zu sehen bekommt (ab 120 AU$). Die Termine der Touren stehen auf der Website. Außerdem werden Kajaks für Touren auf dem Lake Catani vermietet. Im Winter gibt's auch Unterricht in Schneeschuh- und Skilanglauf.

Schlafen

Lake Catani Campground CAMPING $
(☎ 13 19 63; www.parkweb.vic.gov.au; Stellplatz ab 46,10 AU$; ⌚ Nov.–April) Auf dem beliebten Campingplatz am Seeufer findet man im Sommer 59 Stellplätze, Spültoiletten und Duschen. Im Winter sind ein paar Stellplätze kostenlos verfügbar, es gibt dann aber nur Plumpsklos. Gebucht wird über Parks Victoria.

★ Kilns B&B $$$
(☎ 0400 733 170, 0408 553 332; www.kilnhouse.com.au; Cavedons Lane, Porepunkah; DZ ab 300 AU$; ❄ 📶) Versteckt auf einer alten Tabakfarm in Porepunkah finden sich diese kleinen Luxus-Cottages in umgebauten, alten Tabak-Trockenschuppen. Die architektonisch gestalteten, in sich abgeschlossenen Häuschen versprechen mit stilvollen Möbeln, polierten Betonmöbeln, Holzkaminen und Blick auf den Mt. Buffalo einen unvergesslichen Aufenthalt. Ein Leihfahrrad gibt's gratis, sodass man zu den Weingütern radeln kann. Mindestaufenthalt zwei Nächte.

Ausgehen & Nachtleben

★ Feathertop Winery WEINGUT
(☎ 03-5756 2356; www.feathertopwinery.com.au; 6619 Great Alpine Rd, Porepunkah; ⌚ Weinverkauf & Café tgl. 10–17, Restaurant Fr–Mo 12–15 Uhr) Das Café-Restaurant auf diesem Weingut in Porepunkah, nur 10 km von Bright entfernt, ist eine unverzichtbare Zwischenstation am Murray to Mountains Rail Trail. In der Verkaufsstube kann man hiesigen Prosecco, Pinot Gris und Shiraz verkosten oder sich auch ein Glas Wein auf der Terrasse genehmigen. Im Café gibt's hausgemachte Würstchen im Brötchen und Sauerteig-Baguettes, und im angeschlossenen Feinkostladen kann man sich einen Picknickkorb zusammenstellen.

Porepunkah Pub PUB
(☎ 03-5756 2111; www.porepunkahpub.com.au; 13 Nicholson St, Porepunkah; Hauptgerichte ab 15 AU$; ⌚ tgl. 12 Uhr–open end, Küche Do–So) Im „Punka Pub" dreht sich alles um Kleinbrauereibiere, Cocktails aus dem Zapfhahn und Weine, die ausschließlich aus der Umgebung stammen. Es gibt auch hervorragende Gerichte mit regionalen Zutaten und preisgünstige Boutique-Zimmer (140 AU$).

An- & Weiterreise

Die Hauptzufahrtsstraße zum Berg beginnt in Porepunkah, das zwischen Myrtleford und Bright liegt. Von Porepunkah fährt man noch rund eine Stunde bis zum Gipfel. Porepunkah ist 10 km von Bright entfernt und liegt am **Murray to Mountains Rail Trail**.

Bright

2165 EW.

Das für seine prächtigen Herbstfarben berühmte Bright ist ein beliebtes ganzjähriges Ziel am Fuß der Australischen Alpen und der Ausgangspunkt für Touren zum Mt. Hotham und nach Falls Creek. Skifahrer strömen den ganzen Winter nach Bright, aber darüber hinaus kann man den Alpine National Park erkunden, gleitschirmfliegen, angeln, auf den örtlichen Flüssen Kajak fahren, durch den Busch wandern und Ausflüge zu den Weingütern in der Region machen. Mit dem Murray to Mountains Rail Trail, einspurigen Mountainbike- und Bergstraßen-Trails kommen hier auch Radler voll auf ihre Kosten. Viele Unterkünfte sowie einige raffinierte Restaurants und Cafés komplettieren das ansprechende Bild.

Sehenswertes & Aktivitäten

Bright ist ein Ausgangspunkt für allerlei Abenteueraktivitäten, darunter Fliegenfischen, Radfahren und Gleitschirmfliegen. Der Murray to Mountains Rail Trail zwischen Bright und Wangaratta beginnt (bzw. endet) hinter dem alten Bahnhof. Fahrräder, Tandems und Baby-Anhänger vermieten **Cyclepath** (☎ 03-5750 1442; www.cyclepath.com.au; 74 Gavan St; Freizeitrad ab 25/30/38 AU$ pro Std./halber/ganzer Tag, Mountainbike/Straßenrad ab 50/75 AU$ pro Tag; ⌚ Mo–Fr 9–17.30, Sa & So 9–17 Uhr) oder **Bright Electric Bikes** (☎ 03-5755 1309; www.brightelectricbikes.com.au; 2 Delany Ave; E-Bike 22/45/65 AU$ pro Std./halber/ganzer Tag, Fahrrad ab 15/25/35 AU$; ⌚ Sept.–Mai tgl. 9–18 Uhr, Juni–Aug. Fr–So 9–18 Uhr). Der **Mystic MTB Park** (www.alpinecommunityplantation.com.au/mystic) begeistert Mountainbiker. An den Wochenenden kann man Shuttles über **Blue Dirt Mountain Biking** (☎0409 161 903; www.bluedirt.com.au/village-bike-cafe; Slalom Car Park, Bogong High Plains Rd; Fahrradverleih 50–90 AU$/Tag, Shuttleservice 1/2 Tage 50/90 AU$; ⊙Nov.–Mai Sa & So, Jan. tgl.) für 50 AU$ pro Tag organisieren.

Kurse

★Patrizia Simone Country Cooking School KOCHEN
(☎03-5755 2266; www.simonesbright.com.au; 98 Gavan St; 180 AU$/Pers.) Patrizia Simone, eine der gefeiertesten Köchinnen im Nordosten Victorias, veranstaltet fabelhafte vierstündige Kochkurse, die sich der italienischen (vor allem umbrischen) Küche widmen. Verwendet werden lokale Produkte. Der bekannteste Kurs verspricht eine „Umbrische Erfahrung" – hier werden Gerichte aus Patrizias Kochbuch *My Umbrian Kitchen* nachgekocht.

Schlafen

Alpine Hotel Bright PUB $
(☎03-5755 1366; www.alpinehotelbright.com.au; 7–9 Anderson St; Zi. 80–140 AU$) Hinter diesem historischen Pub von 1864 gibt's renovierte Motelzimmer mit einem ausgezeichneten Preis-Leistungs-Verhältnis in dieser in Sachen Unterkünfte ansonsten recht teuren Ortschaft.

Bright Holiday Park WOHNMOBILPARK $
(☎1800 706 685, 03-5755 1141; www.brightholidaypark.com.au; Cherry Lane; Stellplatz ohne Strom 33–50 AU$, Stellplatz mit Strom 35–60 AU$, Hütte 130–284 AU$; ❄📶🏊) Der nette Wohnmobilpark am hübschen Morses Creek ist fünf Gehminuten von den Geschäften entfernt. Die Hütten am Fluss mit Whirlpool sind sehr schön und bieten auch Fernseher mit Pay-TV-Kanälen. Mit einem Pool, Minigolf und einem Spielplatz ist die Anlage gut für Familien geeignet.

★Odd Frog BOUTIQUEHOTEL $$
(☎0418 362 791; www.theoddfrog.com; 3 McFadyens Lane; DZ 150–195 AU$, 4BZ 250 AU$; ❄) 🌿 Die topmodernen, umweltfreundlichen Einraum-Apartments wurden von den Besitzern (einem Architekten-Innenarchitekten-Team) entworfen und gebaut. Die Zimmer sind hell und luftig und haben fabelhafte Außenterrassen mit Teleskopen, um in die Sterne zu schauen. Mit skulptural anmutenden Stahlskelettfundamenten und vorspringenden Balkonen nutzt der Entwurf das hügelige Gelände bestens aus.

Aalborg APARTMENT $$
(☎0401 357 329; www.aalborgbright.com.au; 6 Orchard Ct; Zi. 220–250 AU$; ❄📶) Dieses fabelhafte Apartmentgebäude mit seinen geraden Linien ist im skandinavischen Stil gehalten. Die Möbel sind vorwiegend aus weißer Pinie und jedes Stück wurde sorgfältig ausgewählt. Die vielen großen Glasfronten bieten weite Blicke auf das Buschland. Mindestaufenthalt zwei Nächte.

Essen

Ginger Baker CAFÉ $
(☎03-5755 2300; www.gingerbaker.com.au; 127 Gavan St; Hauptgerichte 8–20 AU$; ⊙So–Do 8–15, Fr & Sa bis 21 Uhr; 📶) Das zu Recht beliebte Café in einer niedlich-rustikalen Blockhütte öffnet sich zu einem weiten Garten mit Blick auf den Fluss. Der vor Ort geröstete Kaffee von Sixpence (S. 671) passt sehr gut zu den leckeren warmen Frühstücksgerichten, während die Fassbiere der Brauerei Bridge Road (S. 663) die passende Ergänzung zu Hauptgerichten wie Buttermilch-Brathähnchen mit Aioli, Linguine mit Garnelen oder Mt.-Beauty-Lammkoteletts sind.

Tomahawks CAFÉ $$
(☎03-5750 1113; 15 Camp St; Hauptgerichte 16 AU$; ⊙Mi–Fr 12–23, Sa & So 9–23 Uhr) Das coole neue Café bringt urbane Kost, z. B. Brathähnchen auf koreanische Art, würzigen Tintenfisch aus Old Bay mit geräucherter Mayonnaise oder Wagyu-Cheeseburger mit Habanero-Senf, Schinken mit Ahornsirup und Pickles auf den Tisch. Es gibt außerdem noch eine gut bestückte Bar, Craft-Biere und sortenreinen Kaffee einer Rösterei aus Mansfield.

Thirteen Steps MODERN-AUSTRALISCH $$
(☎03-5750 1313; www.thirteensteps.com.au; 14 Barnard St; Gerichte 17–39 AU$; ⊙Do–Mo 18–23 Uhr) 13 Stufen führen hinunter in diesen Weinkeller mit Bistro, in den sich die Gäste hineinquetschen, um Teller mit örtlichen Produkten oder Gerichten (von modern-asiatisch bis zu amerikanischen Spare Ribs) zu genießen.

★Tani MODERN-AUSTRALISCH $$$
(☎03-5750 1304; www.tanieatdrink.com.au; 100 Gavan St; 2-/3-/6-Gänge-Menü 50/60/88 AU$; ⊙Mi–So 18–22 Uhr) Ein weiterer Star der regionalen Gastronomie ist dieses smart-rustikale Lokal mit dezenter Klasse und modern-australischer Küche mit vielen indigenen und asiatischen Anklängen. Auf

der Getränkekarte stehen ausschließlich regionale Tropfen, und eine Destillerie vor Ort produziert seit Mitte 2017 eigenen Gin.

Ausgehen & Nachtleben

★ Bright Brewery BRAUEREI

(☎ 03-5755 1301; www.brightbrewery.com.au; 121 Gavan St; ⌚ 11–22 Uhr; 📶) Diese Boutique-Brauerei produziert eine Reihe hochwertiger Biere (Probiergedeck 12 AU$/6 Biere); dazu gibt's passendes Essen wie Pizzas, Burger vom Angus-Rind oder Meze und sonntags Blues live. Führungen mit Kostproben werden angeboten (18 AU$, Mo, Fr & Sa 15 Uhr), und man kann auch Brauer für einen Tag spielen (360 AU$) – die Termine des kleinen Lehrgangs stehen auf der Website.

Sixpence KAFFEE

(☎ 0412 728 420; www.sixpencecoffee.com.au; 35 Churchill Ave; ⌚ Mo–Fr 7.30–14.30 Uhr) Auf einem Industriegelände, das eine kurze Autofahrt von Brights Zentrum entfernt ist, begeistert diese kleine Rösterei Kaffeefans mit ihren äthiopischen Bohnen, die Luke (der früher im Padre Coffee in East Brunswick, Melbourne arbeitete) vor Ort röstet. Man genießt den Kaffee an Gartentischen mit Panini oder frischen Croissants. An den meisten Tagen gibt's auch frisch gebackenes Sauerteigbrot.

Praktische Informationen

Alpine Visitor Information Centre (☎ 03-5755 0584, 1800 111 885; www.brightvictoria.com.au; 119 Gavan St; ⌚ 9–17 Uhr; 📶) Hat einen gut ausgelasteten Unterkunfts-Buchungsservice, nützliche Broschüren, WLAN-Zugang und ein angeschlossenes Café.

An- & Weiterreise

Bright liegt 310 km nordöstlich von Melbourne; die rund 3½-stündige Fahrt führt überwiegend über den Hume Hwy (M31).

V/Line (☎ 1800 800 007; www.vline.com.au) betreibt eine Zug-Bus-Verbindung ab Melbourne (37,60 AU$, 4½ Std., tgl. 2-mal) mit Umsteigen in Wangaratta.

O'Connells Omeo Bus Service (☎ 0428 591 377; www.omeobus.com.au; Day Ave) bietet ganzjährig dreimal pro Woche eine praktische Busverbindung von Bright über Harrietville (4,20 AU$, 15 Min.) und Mt. Hotham (5 AAU$, 1 Std.) nach Omeo (12,80 AU$, 2 Std.).

Im Winter fährt der **Snowball Express** (☎ 1300 656 546; www.snowballexpress.com.au) von Bright nach Mt. Hotham (hin & zurück Erw./Kind 52/44 AU$, 1½ Std.).

Mt. Beauty & Kiewa Valley

Mt. Beauty schmiegt sich an den Fuß des höchsten Bergs von Victoria, dem Mt. Bogong (1986 m). Der Ort liegt am Kiewa River, und seine Zwillingsstädtchen Tawonga und Tawonga South sind die Tore zum Skiort Falls Creek. Von Bright aus erreicht man Mt. Beauty über eine steile, kurvenreiche Straße, aber man wird dafür mit einem tollen Bergpanorama entschädigt.

Sehenswertes & Aktivitäten

Der 2 km lange **Tree Fern Walk** und der längere **Peppermint Walk** starten beide an der **Mountain Creek Picnic Area** an der Mountain Creek Rd abseits des Kiewa Valley Hwy (C531). Der rund 1 km südlich von Bogong Village (in Richtung Falls Creek) gelegene **Fainter Falls Walk** (hin & zurück 1,5 km) führt zu einem hübschen Wasserfall. Infos zu längeren Wanderungen in der Gegend erhält man im Mt. Beauty Visitor Centre.

Kiewa Valley Historical Museum MUSEUM

(☎ 03-5755 0596; www.kiewavalleyhs.wixsite.com/kvhs-museum; 31 Bogong High Plains Rd; Eintritt gegen Spende; ⌚ 9–17 Uhr) GRATIS Das interessante kleine Museum im Mt. Beauty Visitor Centre behandelt die Geschichte des Kiewa Valley und der Bogong High Plains von den Ureinwohnern bis zu den kolonialen Rinderzüchtern im Hochland. Man sieht den Nachbau einer alten Berghütte, erfährt den historischen Hintergrund zum Skifahren in der Region und bekommt Infos zur **Bogong Power Station** (☎ 03-5754 3318; Bogong High Plains Rd; ⌚ So 10.30–14.30 Uhr) GRATIS.

Bogong Horseback Adventures REITEN

(☎ 03-5754 4849; www.bogonghorse.com.au; 52 Fredas Lane, abseits der Mountain Creek Rd, Tawonga; 2/4-stündiger Ritt 95/120 AU$, ganzer Tag mit Mittagessen 250 AU$) Reiter können die schöne Landschaft zu Pferde erkunden. Angeboten werden kurze zweistündige Ausritte, Tagesritte mit einem leckeren Mittagessen und einwöchige Campingexkursionen mit Packpferden zu abgelegenen Gebirgsregionen oberhalb von Mt. Bogong. Der Veranstalter hat seinen Sitz 12 km nordwestlich von Tawonga; das schöne Spring Spur Homestay ist angeschlossen.

Big Hill MTB Park MOUNTAINBIKEN

Auf diesem einspurigen Mountainbike-Trail, einem der ersten in Victoria, saust man durch malerischen Bergwald zu Tal. Die Abfahrt ist eher für erfahrene Mountainbiker geeignet, aber die vielen vorhandenen Radwege bieten auch Spaß für Freizeitradler.

Schlafen

Mt. Beauty Holiday Centre WOHNWAGENPARK $
(☎03-5754 4396; www.holidaycentre.com.au; 222-226 Kiewa Valley Hwy; Stellplatz ohne/mit Strom ab 32/38 AU$, Hütten & Jurten 85–160 AU$; ❄📶) Dieser familienorientierte Campingplatz in der Nähe der Stadt Mt. Beauty liegt direkt am Fluss und bietet Spielmöglichkeiten und ein paar interessante Hütten, darunter sechseckige „Jurten".

★ **Spring Spur** HOMESTAY $
(☎03-5754 4849; www.springspurstay.com.au; 52 Fredas Lane, abseits der Mountain Creek Rd, Tawonga; ab 90 AU$/Pers.; 📶) Ein wunderbarer Ort, um die Atmosphäre des High Country zu schnuppern ist diese von einer Familie geführte Farm, die für ihre Reittouren bekannt ist. Die gut gestalteten modernen Zimmer (Mindestaufenthalt 2 Nächte) haben eigene Veranden mit Blick auf den Mt. Feathertop und das Kiewa Valley. Die Mahlzeiten, die man gemeinsam mit der Familie Baird einnimmt, sind ein Highlight (Mittags- oder Abendmenü 30 AU$); die Zutaten kommen frisch von der Weide auf den Teller.

★ **Dreamers** APARTMENTS $$$
(☎03-5754 1222; www.dreamersmtbeauty.com.au; 218 Kiewa Valley Hwy, Mt. Beauty; Apt. 190–590 AU$; 📶🏊) 🍃 Jedes der tollen Öko-Apartments des Dreamers bietet etwas Besonderes und ist architektonisch einzigartig: Versunkene Lounge-Bereiche, offene Kamine, Loft-Schlafzimmer und Whirlpools auf den Balkonen sind nur ein paar der Highlights. Die großartige Aussicht und die hübsche Lagune machen das traumhaft romantische Fünf-Sterne-Erlebnis perfekt.

Essen & Ausgehen

★ **Å Skafferi** SCHWEDISCH $$
(☎03-5754 4544; www.skafferi.com.au; 84 Bogong High Plains Rd, Mt Beauty; Hauptgerichte 16–23 AU$; hDo–Mo 8–16 Uhr) Dieses coole schwedische Lokal mit Lebensmittelladen lohnt einen Halt. Zum Frühstück gibt es gegrillte Milawa-Käse-Sandwiches und zum Mittagessen schwedische Köttbullar oder Hering mit *knäckebröd* (Knäckebrot). Hier können Besucher eine breite Palette an lokalen und schwedischen Erzeugnissen kaufen.

Roi's Diner Restaurant ITALIENISCH $$$
(☎03-5754 4495; 177 Kiewa Valley Hwy; Hauptgerichte ab 30 AU$; ⏲Do–So 18.30–21.30 Uhr) Es ist kaum zu glauben, dass es sich bei dieser unscheinbaren Holzbaracke am Highway 5 km außerhalb von Mt. Beauty um ein preisgekröntes Restaurant handelt, das auf außergewöhnliche, moderne norditalienische Küche spezialisiert ist. Es gibt tolles Risotto, Filet-Carpaccios, gebratene Schweinekoteletts, selbstgemachte oder importierte Pasta und hausgemachte Eiscreme.

Sweetwater Brewing Company KLEINBRAUEREI
(☎03-5754 1881; www.sweetwaterbrewing.com.au; 211 Kiewa Valley Hwy; ⏲Fr 13–19, Sa & So bis 18 Uhr) Diese Highway-Kleinbrauerei in Mt. Beauty nutzt das frische Gebirgswasser des Kiewa River für seine vor Ort gebrauten Biere, zu denen ein Pale, ein Golden, ein Sommerbier, ein IPA, ein Weizen und ein Porter gehören.

Praktische Informationen

Mt. Beauty Visitor Centre (☎03-5755 0596, 1800 111 885; www.visitmountbeauty.com.au; 31 Bogong High Plains Rd; ⏲9–17 Uhr) Hat einen Unterkunfts-Buchungsservice und Tipps zu örtlichen Wander- und Mountainbikestrecken. Auf der Website stehen viele nützliche Informationen. Es gibt auch eine Aussichtsterrasse.

An- & Weiterreise

V/Line (☎1800 800 007; www.vline.com.au) betreibt eine Zug-Bus-Verbindung von Melbourne über Wangaratta und Bright nach Mt. Beauty (42,60 AU$, 5½ Std., Mo, Mi & Fr).

Im Winter (30. Juni–17. Sept.) betreibt **Falls Creek Coach Service** (☎03-5754 4024; www.fallscreekcoachservice.com.au) täglich einen Direktbus von Melbourne nach Mt. Beauty (einfache Strecke/hin & zurück 85/134 AU$) und Falls Creek (einfache Strecke/hin & zurück 53/106 AU$); im Preis inbegriffen ist der Resort-Eintritt nach Falls Creek. Anfang Juni und Ende September fahren die Busse seltener.

Falls Creek

1780 M

Victorias glitzerndes, modebewusstes Resort Falls Creek verbindet eine malerische Gebirgslandschaft mit eindrucksvollen Skipisten und berühmt-berüchtigter Après-Ski-Unterhaltung. Hier gibt es mit die besten Abfahrtshänge, Snowboard-Parcours und Langlaufloipen in Victoria und viele andere Wintersportaktivitäten für Leute, die nicht Ski fahren. Im Sommer locken Wanderwege und die schnell wachsende Mountainbiker-Szene Outdoor-Aktive in Scharen herbei.

Schlafen

Howmans Gap YMCA HOSTEL $
(☎03-5758 3228; www.camps.ymca.org.au/locate/howmans-gap.html; 2587 Bogong High Plains Rd; B/EZ/DZ mit VP & Gemeinschaftsbad 78/133/166 AU$; ⊙Juni–Sept.; 📶) Die nur im Winter geöffnete YMCA-Lodge ist eine gute Budgetoption für Schneebegeisterte. Im Zimmerpreis sind drei Mahlzeiten am Tag enthalten, sodass das Preis-Leistungs-Verhältnis recht ordentlich ist. Die Lodge betreibt auch das Falls Creek Nordic Centre für Skilangläufer.

Diana Alpine Lodge LODGE $
(☎03-5758 3214; www.dianalodge.com; 6 Falls Creek Rd; Zi. mit Frühstück 80–110 AU$/Pers.; 📶) Die Lodge, eine der preiswerteren Optionen vor Ort, bietet einige, über mehrere Etagen verteilte schlichte, aber anheimelnde Zimmer mit typischem Alpen-Ambiente. In den Lounges gibt's Kamine, außerdem findet man hier eine winzige Sauna, einen Whirlpool und eine Cafébar mit regionalen Bieren und Kaffee einer Rösterei in Mt. Beauty. Nachfragen wegen der schicken Campingtouren im Sommer!

QT Falls Creek RESORT $$$
(☎03-5732 8000; www.qthotelsandresorts.com/falls-creek; 17 Bogong High Plains Rd; Apt. mit 1 Schlafzi. 225–1025 AU$; 📶) Das große Resort an der Hauptstraße gehört zu den wenigen ganzjährig geöffneten Hotels. Die in sich abgeschlossenen Apartments sind modern und stilvoll und bieten WLAN, Pay-TV, Küche und einen Balkon mit Whirlpool sowie Ausblick in die spektakuläre Berglandschaft. Innerhalb der Anlage gibt es ein Tages-Spa, ein Pub und zwei Restaurants.

Essen & Ausgehen

Milch Café CAFÉ $$
(☎03-5758 3407; www.fvfallscreek.com.au/milchcafe/; 4 Schuss St; Hauptgerichte ab 20 AU$; ⊙8 Uhr–open end; 📶) Das muntere Café voller Kunst wird von einem freundlichen Inhaber geführt und hat gute Frühstücksbrötchen, im Haus gebackenes Brot und langsam gegarte Gerichte im Angebot. An der Theke sind verführerische Schnapsflaschen aufgereiht; der Kaffee wird eigens geröstet – am besten trinkt man ihn auf der mit Kunstrasen belegten Terrasse. Im Sommer schließt das Café für einige Monate, deswegen ruft man besser vorher an.

Huski MODERN-AUSTRALISCH $$
(☎03-5758 3863; www.huski.com.au/dining; 3 Sitzmark St; Frühstück & Mittagessen 10–25 AU$, Abendessen 21–44 AU$; ⊙Do–Sa 10–14.30 & 17 Uhr–open end, So 10–15 Uhr, Winter tgl.) Das beste ganzjährig geöffnete Restaurant in Falls Creek hat interessante Frühstücks- und Mittagsgerichte mit regionalen Zutaten wie Reh-Burger auf Brioches oder Milawa-Früchtetoast mit Beechworth-Honig, Ricotta, Bananen und Beeren. Abends gibt's Gerichte der Fusionküche zum Teilen.

Summit Ridge MODERN-AUSTRALISCH $$$
(☎03-5758 3800; www.summitridge.com.au/resturant; 8 Schuss St; Hauptgerichte ab 36 AU$; ⊙Mitte Juni–Ende Sept. 18–22 Uhr) Eines der besten Restaurants für feines Dinieren am Berg: Das Summit Ridge bietet alpin inspirierte modern-australische Gerichte mit regionalen Zutaten, z. B. Wildschweinterrine, Rib-Eye-Steaks mit Trüffel-Kartoffelbrei und wilden Pilzen sowie Milawa-Käseplatten.

Man Hotel PUB
(☎03-5758 3362; www.themanfallscreek.com; 20 Slalom St; ⊙Juni–Sept. 16 Uhr–open end) „The Man" existiert schon ewig und bildet das Zentrum des Nachtlebens in Falls. Der Pub ist nur im Winter geöffnet und dient dann als Club, Cocktailbar und Livemusiktreff, in dem australische Bands auftreten. Abends gibt's auch gute Kneipenkost und Pizzas.

Praktische Informationen

Aktuelle Preisinformationen, Pauschalangebote und Online-Tickets findet man unter www.fallscreek.com.au. Während der Skisaison beträgt der Eintritt ins Resort täglich 49,50 AU$ pro Auto, nach 13 Uhr 25 AU$ und nach 16 Uhr ist er frei. Es ist aber billiger, die Tickets online zu kaufen. Die Tageskarte für den Skilift kostet 125/70 AU$ pro Erw./Kind; die kombinierte Pauschale aus Skilift und Skiunterricht gibt's für Erwachsene ab 195 AU$.

Falls Creek Resort Management (☎03-5758 1202; www.fallscreek.com.au; 1 Slalom St; ⊙Nov.–Juni Mo–Fr 9–17 Uhr, Winter tgl.) Bietet ausgezeichnete Infos und Broschüren zu den Skipisten, Wander- und Mountainbike-Trails. Auch die Website ist nützlich.

Activities Hotline (☎1800 204 424) Praktisch für Infos über Aktivitäten am Berg.

An- & Weiterreise

Falls Creek ist 375 km oder rund 4½ Fahrtstunden von Melbourne entfernt. Die schnellste Verbindung ist der Hume Hwy (M31) nach Wangaratta; von dort geht's weiter über Milawa,

Myrtleford, Bright und Mt. Beauty. Wer aus Richtung Gippsland kommt, muss beachten, dass die Straße nach Omeo nur geöffnet ist, wenn kein Schnee liegt, d. h. in der Regel von November (oder Dez.) bis Juni.

Im Winter betreibt **Falls Creek Coach Service** (☎ 03-5754 4024; www.fallscreekcoachservice.com.au) täglich einen Bus zwischen Falls Creek und Melbourne (einfache Strecke/hin & zurück ab 53/134 AU$) sowie Busse von/nach Albury und Mt. Beauty. Anfang Juni und Ende September sind weniger Busse im Einsatz. **Falls Bus** (☎ 1300 781 221; www.fallsbus.com.au; 📶) betreibt im Winter ebenfalls einen Bus von Melbourne nach Falls Creek (einfache Strecke ab 69 AU$, 6 Std.).

Wer Campingausrüstung dabei hat, kann von hier über den **Falls to Hotham Alpine Crossing Trail** (www.parkweb.vic.gov.au; ⏲ Nov.–April) nach Mt. Hotham wandern.

Mt. Hotham & Dinner Plain

1868 M

Die beiden zusammenhängenden Skiorte Mt. Hotham und Dinner Plain bieten gute Skibedingungen und charmante Atmosphäre. Geübte Wanderer, Skifahrer und Snowboarder strömen zum Mt. Hotham, wo es einige der besten und anspruchsvollsten Abfahrtshänge im Land gibt. Drüben im 10 km vom Dorf Hotham entfernten und mit diesem durch einen Shuttle verbundenen Dinner Plain führen ausgezeichnete Langlaufloipen rund ums Dorf, darunter der Hotham-Dinner Plain Ski Trail.

Schlafen

★ General Lodge LODGE $$$
(☎ 03-5759 3523; www.thegeneral.com.au; Great Alpine Rd, Mt. Hotham; Studio/Apt. mit 1/2 Schlafzi. ab 195/205/295 AU$; 📶) Zum General Pub gehören in sich abgeschlossene, moderne und stilvolle Apartments mit Lounge, Gaskamin, Küche und Balkonen mit fantastischer Aussicht. Im Winter verdoppeln sich die Preise; dann gilt ein Mindestaufenthalt von zwei Nächten.

Arlberg Resort APARTMENTS $$$
(☎ 03-5759 3618; www.arlberghotham.com.au; 1 Great Alpine Rd, Mt. Hotham; 2 Nächte 460–920 AU$; ⏲ Mitte Juni–Mitte Sept.; 📶 🏊) Das nur in der Skisaison geöffnete Resort ist eines der größten am Berg und bietet eine große Palette an Apartments und Motelzimmern sowie Restaurants, Bars (darunter eine Brauerei), einen Skiverleih und einen beheizten Pool.

Essen & Ausgehen

Mt. Hotham

★ Stone's Throw KNEIPENKOST $$
(☎ 03-5159 6324; www.hotelhighplains.com; Hotel High Plains, 185 Big Muster Dr, Dinner Plain; Hauptgerichte 19–28 AU$; ⏲ 17 Uhr–open end) Eines der besten Restaurants am Berg: Das Stone's Throw ist auf regionale Produkte aus Victoria spezialisiert. Auf der saisonalen Karte stehen Gerichte wie Piri-Piri-Hühnchen aus Milawa, in Blizzard-Bierteig panierte Fish and Chips oder ausgezeichnete Gourmet-Holzofenpizzas. Das Restaurant hat seinen Sitz im Pub Hotel High Plains, wo es regionale Biere vom Fass, ein offenes Kaminfeuer und den Sommer über Unterkünfte (Zi. 140 AU$) gibt.

★ The General KNEIPENKOST $$
(☎ 03-5759 3523; www.thegeneral.com.au; Great Alpine Rd, Mt. Hotham; Gerichte 15–24 AU$; ⏲ Mo–Sa 9.30 Uhr–open end, So bis 16 Uhr, Winter So open end; 📶) Das allzeit verlässliche „Genny" ist eine beliebte Kneipe mit einigen guten regionalen Bieren und einer herrlichen Aussicht von der Freiluftterrasse. Außerdem gibt's Pizzas, Burger, typische Kneipenkost, gutes Frühstück und WLAN. Der angeschlossene Feinkostladen verkauft frischen Käse, Fleisch und Spirituosen, und die Unterkünfte hier sind ebenfalls erstklassig.

Dinner Plain

★ Blizzard Brewing Co KLEINBRAUEREI
(☎ 0447 847 029; www.blizzardbrewing.com; 5 Cattle Pen Dr, Dinner Plain; ⏲ Sept.–Mai Fr & Sa 14–20, So bis 18 Uhr, Juni & Aug. tgl. 12 Uhr–open end) Eine unerwartete Entdeckung am Rand des Gebirgsdorfs Dinner Plain ist diese herrliche kleine Brauerei, die alle ihre Craft-Biere amerikanischer Art vor Ort produziert. In dem Lagerhaus-Ambiente gibt's eine Braustube wo man alle regulären Biere und die saisonalen Ales probieren kann, auch Verkostungsgedecks werden angeboten. Richtige Mahlzeiten gibt es nicht, aber zumindest Snacks und Häppchen zum Bier.

Praktische Informationen

In der Skisaison beträgt die Eintrittsgebühr 46 AU$ pro Auto und Tag und 15 AU$ für Buspassagiere (letztere kann schon im Fahrpreis enthalten sein). Der Liftpass kostet in der Spitzenzeit 120/100/58 AU$ pro Erw./Student/Kind. Die Pässe sind im September günstiger, und es gibt Pauschalangebote inklusive Leihausrüstung und Skiunterricht. Die Liftpässe gelten auch für Falls Creek.

Dinner Plain Visitor Centre (☎ 03-5755 0555; www.visitdinnerplain.com; Big Muster Dr, Dinner Plain; ⌚Mo–Fr 10–17 Uhr, Winter tgl. 9–17 Uhr) Das Zentrum im Dinner Plain Alpine Village bucht Chalets und hat Streckenkarten und allgemeine Infos. Die Website ist ebenfalls eine ausgezeichnete Informationsquelle.

Mt. Hotham Alpine Resort Management Board (☎ 03-5759 3550; www.mthotham.com.au; Great Alpine Rd, Mt. Hotham; ⌚Mo–Fr 8–16.30 Uhr, Winter tgl. 7–18 Uhr) Das Besucherzentrum in der Verwaltungszentrale des Orts hat eine Reihe von Broschüren mit Karten von kurzen, Öko-, historischen und Dorfspaziergängen. Eine App zeigt lohnende Haltepunkte für Autofahrer in der Gegend.

Mt. Hotham Central Guest Services (☎ 03-5759 4470) Hilft mit allgemeinen touristischen Infos zum Berg, von Skiunterricht bis Busfahrplänen.

ℹ An- & Weiterreise

Mt. Hotham liegt 360 km nordöstlich von Melbourne. Mit dem Auto nimmt man den Hume Hwy nach Wangaratta und folgt dann der Great Alpine Rd nach Mt. Hotham. Alternativ fährt man auf dem Princes Hwy nach Omeo und von dort weiter auf der Great Alpine Rd über Dinner Plain nach Hotham.

Im Winter sind Schneeketten im Rautenmuster Pflicht, die an den ausgewiesenen Buchten aufgezogen werden müssen. In der Skisaison brauchen alle Fahrzeuge einen Resort-Pass (46 AU$/Tag); wer nur durchfährt, darf sich hier nicht länger als 30 Minuten aufhalten. Die kurvenreiche Straße hinunter nach Harrietville ist ziemlich kitzlig – bei Schnee also unbedingt langsam fahren!

In der Skisaison fahren ab Melbourne Busse von **Hotham Bus** (☎ 1300 781 221; www.hothambus.com.au; einfache Strecke/hin & zurück ab 50/114 AU$; ⌚24. Juni–11. Sept.; 📶) und **Snowball Express** (☎ 1300 656 546; www.snowballexpress.com.au; einfache Strecke/hin & zurück ab 70/120 AU$; ⌚Skisaison) hierher. **Omeo Bus Service** (☎ 0428 591 377; www.omeobus.com.au) bietet pro Woche drei Busse, die Mt. Hotham und Dinner Plain mit Bright (6,40 AU$, 2 Std.) und Omeo (5–6,40 AU$, 1 Std.) verbinden; der Fahrplan steht auf der Website.

Für Wanderer gibt's den **Falls to Hotham Alpine Crossing** (S. 674), einen 37 km langen Trail, für den man drei Tage und zwei Nächte braucht, und der Hotham mit Falls Creek verbindet.

Omeo

487 EW.

Das hoch in den Hügeln gelegene historische Omeo ist eine hübsche Ortschaft, die man nach einer kurvenreichen Fahrt von der Küste herauf oder von den Bergen hinunter erreicht. Omeo war einst eine boomende Goldgräberstadt mit fast 10 000 Einwohnern; heute sind noch viele der prächtigen Gebäude erhalten, aber die Straßen sind ausgesprochen verschlafen.

Der Ort liegt an der südlichen Zugangsroute nach Mt. Hotham und Falls Creek und ist die wichtigste Siedlung am östlichen Abschnitt der Great Alpine Rd. Die Straße ist im Winter manchmal zugeschneit, darum sollte man immer den Straßenzustand checken, ehe man sich auf den Weg macht.

Seinerzeit war Omeo einer der gesetzlosesten Goldgräberorte in Victoria; im **Omeo Historical Park & Museum** (☎ 03-5159 1515; www.omeo.org.au/park; Day Ave; Erw./Kind 4/1 AU$; ⌚10–14 Uhr) kann man die Stätte besichtigen, an der Unruhestifter zur Verantwortung gezogen wurden. Die Führungen führen durch das ursprüngliche Gerichtsgebäude von 1861 und das „neue" von 1893; in beiden gibt es historische Exponate und Fotografien. Hier befindet sich auch das ursprüngliche Blockhaus-Gefängnis von 1858, ein ziemlich trister, aus Holz gezimmerter Zellenblock, der bemerkenswerterweise noch bis 1981 genutzt wurde.

Schlafen & Essen

Snug as a Bug Motel — MOTEL $

(☎ 03-5159 1311, 0427 591 311; www.motelomeo.com.au; 188 Day Ave; EZ/DZ 120/130 AU$; ❄📶) Die idyllische Unterkunft an der Hauptstraße hat eine Reihe von passend dekorierten Zimmern in hübschen historischen Gebäuden im Landhausstil. Es gibt Motelzimmer für Familien, Zimmer im Hauptgasthaus und ein nettes, in sich abgeschlossenes Cottage.

Omeo Caravan Park — WOHNWAGENPARK $

(☎ 03-5159 1351; www.omeocaravanpark.com.au; Old Omeo Hwy; Stellplatz ohne/mit Strom 15/35 AU$, DZ-Hütten mit geteilten/privaten Badezimmern 70/110 AU$; ❄📶) In einem hübschen Tal am Livingstone Creek, rund 2 km von Omeo, bietet dieser Park geräumige Stellplätze.

Golden Age Hotel — HOTEL $

(☎ 03-5159 1344; www.goldenageomeo.com.au; Day Ave; EZ/DZ mit Gemeinschaftsbad 50/80 AU$, mit eigenem Bad ab 110/130 AU$; ⌚Küche 12–14.30 & 18–20.30 Uhr) Der schöne Eckpub (von ca. 1854) ist im Art-déco-Stil gestaltet und dominiert Omeos Hauptstraße. Im Obergeschoss gibt es schlichte, aber elegante Pub-Zimmer – alle mit warmem Frühstück und einige mit angeschlossenem Bad und Whirlpool; die besten öffnen sich zum Balkon. Das einladende Restaurant (Hauptgerichte 25 AU$) serviert große Teller mit Steaks, Salaten und Gourmetpizzas.

Homestead House Cafe CAFÉ $
(☎03-5159 1511; 190 Day Ave; Gerichte ab 12,50 AU$; ⌚8.30–16 Uhr) Das smarte, fröhliche kleine Café an der Hauptstraße bietet guten Kaffee, Brötchen mit Lammfleisch, wunderbare hausgemachte Kuchen und eine täglich wechselnde Karte mit saisonalen Gerichten.

ℹ Praktische Informationen

Omeo Visitor Information Centre (☎03-5159 1455; www.omeoregion.com.au; 179 Day Ave; ⌚Mo–Fr 8.30–17, Sa & So 10–14 Uhr; 📶) Das freundliche Visitor Centre in der Bibliothek hat Infos zu einer Reihe von Wanderwegen in der Gegend.

ℹ An- & Weiterreise

Das 400 km von Melbourne entfernte Omeo ist die Verbindungsstadt an der Great Alpine Rd über Dinner Plain nach Mt. Hotham (57 km, 50 Min.) und weiter nach Bright (108 km, 2 Std.). Die Straße ist das ganze Jahr geöffnet, im Winter sind aber Schneeketten vorgeschrieben. Es gibt auch eine Straße nach Falls Creek (C543), die aber nur in den wärmeren Monaten (in der Regel Ende Nov.–Mai) geöffnet ist.

Omeo Bus Lines (☎0427 017 732; http://dysongroup.com.au/public-transport/regional; Day Ave) fährt montags bis freitags von Bairnsdale (16 AU$, 2 Std.) nach Omeo.

In die Berge bietet **O'Connells Omeo Bus Service** (S. 671) ganzjährig dreimal pro Woche die „Alps Link"-Verbindung nach Dinner Plain (5 AU$, 45 Min.), Mt. Hotham (6,40 AU$, 1 Std.) und Bright (12,80 AU$, 2 Std.).

MURRAY RIVER & UMGEBUNG

Der mächtige Murray River ist die längste und wichtigste Wasserstraße im australischen Binnenland, und an seinem Ufer finden sich ein paar der historischsten und reizvollsten Ortschaften Victorias. Die Region ist geprägt von Weingütern, Obstplantagen, Möglichkeiten zum Buschcamping, mildem Wetter und Wäldern mit Rotem Eukalyptus. Auf seiner 2400 km langen Strecke ändert der Murray beständig seinen Charakter. In Orten wie Echuca spielt Geschichte eine große Rolle, rund um Mildura prägen Essen und Wein das Geschehen, und im äußersten Nordwesten umschließen Nationalparks stimmungsvolle weite Wüsten. Dies ist eine Welt der malerischen Flussstrände, der Schaufelraddampfer, von denen einst das Überleben der Siedlungen im Binnenland Victorias abhing, und der weiten Horizonte, die einen Vorgeschmack auf das gar nicht so ferne wirkliche Outback bieten. In dieser berührenden, sich weit ausdehnenden Landschaft tritt man in die Fußstapfen mancher früher Forschungsreisender, die hier ins Landesinnere vordrangen.

Mildura

51 800 EW.

Das sonnige schwüle Mildura ist so etwas wie eine Oase inmitten eines sehr trockenen Landstrichs, aber auch eine moderne Stadt, deren Wurzeln fest in der großen alten Zeit der Viehzucht verankert sind. Ihre Pluspunkte sind die hübschen Art-déco-Gebäude und ein paar der besten Restaurants Victorias. Es lohnt sich, auch das Hinterland zu erkunden – von der nahe gelegenen Wildnis der Nationalparks bis zum Murray River, der zu Aktivitäten wie Angeln, Baden, Kanu-, Wasserski- und Hausbootfahren, einer Rundfahrt auf einem Schaufelraddampfer oder zum Golfen am Fluss einlädt. Hier ist das Wetter ideal, und selbst mitten im Winter ist es warm und sonnig.

👁 Sehenswertes

★ Rio Vista & Mildura Arts Centre HISTORISCHES GEBÄUDE
(☎03-5018 8330; www.milduraartscentre.com.au; 199 Cureton Ave; ⌚10–17 Uhr) GRATIS Das prächtige, im historischen Queen-Anne-Stil errichtete Anwesen von William B. Chaffey (einem der Gründer Milduras) wurde prachtvoll erhalten und restauriert. Alle Zimmer zeigen historische Exponate, die das koloniale Leben im 19. Jh. anhand von Möbeln, Kostümen, Fotos, Briefen und Andenken beschreiben. Das Mildura Arts Centre im gleichen Komplex ist eine Galerie moderner Kunst mit Wechselausstellungen und zugleich ein Theater mit avantgardistischen

Produktionen, das am regionalen Theater-Circuit teilnimmt. Vor Ort gibt es auch ein kleines Café.

Apex Beach STRAND

Der beliebte Sandstrand am Ufer des Murray liegt rund 3 km nordwestlich des Zentrums und eignet sich gut zum Baden und Picknicken. Vom Strand führt ein guter Wander- und Radweg zum Old Mildura Homestead.

Old Psyche Bend Pump Station HISTORISCHE STÄTTE

(☎ 03-5024 5637; Kings Billabong; Erw./Fam. 3/8 AU$; ⏲ Di & Do 13–16, So 10.30–12 Uhr) Mit diesem Pumpwerk baute William B. Chaffey 1891 sein Be- und Entwässerungssystem auf. Heute werden die modernen Pumpen elektrisch betrieben und wurden ein Stück flussaufwärts versetzt. Man kann einen Rundgang um die alten Kreiselpumpen machen und sich Chaffeys alte, von einer Dampfmaschine betriebene Pumpe ansehen.

Old Mildura Homestead HISTORISCHE STÄTTE

(Cureton Ave; Eintritt gegen Spende; ⏲ 9–18 Uhr) Das Cottage am Fluss nahe dem historischen Rio Vista & Mildura Arts Centre war die erste Wohnstätte von William B. Chaffey. Zum hiesigen historischen Park gehören noch ein paar weitere Blockhütten. Es gibt Picknick- und Grillstellen.

Chateau Mildura WEINGUT, MUSEUM

(☎ 03-5024 5901; www.facebook.com/chateaumildurawinery; 191 Belar Ave; Museum Erw./Kind 5 AU$/frei; ⏲ 10–16 Uhr) Das 1888 gegründete Weingut produziert immer noch Tafelweine und ist heute teils Weingut und teils Museum mit Weinverkostungen und historischen Ausstellungen.

Aktivitäten

★ Harry Nanya Tours KULTUR

(☎ 03-5027 2076; www.harrynanyatours.com.au; Tour Erw./Kind 180/110 AU$) Der indigene australische Führer Graham Clarke verzaubert die Teilnehmer mit Geschichten der Traumzeit und seinem tiefen Verständnis der Mungo-Region. Im Sommer (Nov.–März) steht eine spektakuläre Sonnenuntergangstour auf dem Programm (mind. 2 Teilnehmer); Graham holt die Teilnehmer von zentral gelegenen Unterkünften in Mildura ab.

Wild Side Outdoors ABENTEUERTOUR

(☎ 03-5024 3721, 0428 242 852; www.wildsideoutdoors.com.au; Kanu/Kajak/Mountainbike 35/25/25 AU$ pro Std.) Seit mehr als 20 Jahren bietet dieser umweltfreundliche Veranstalter eine Reihe von Aktivitäten, darunter eine Sonnenuntergangs-Kajaktour im Kings Billabong (120 AU$/2 Pers.). Praktisch für unabhängige Traveller ist, dass das Unternehmen dreitägige Flusstouren mit Karten, Ausrüstung und Transportmitteln (ab 450 AU$/2 Pers.) unterstützt. Ausrüstung wird auch ausgeliefert und abgeholt.

PS Melbourne BOOTSFAHRT

(☎ 03-5023 2200; www.paddlesteamers.com.au; 2-stündige Bootsfahrt Erw./Kind 30/14 AU$; ⏲ So–Do 10.50 & 13.50 Uhr) Als einziger der originalen Schaufelraddampfer wird dieses 1925 gebaute Schiff noch heute mit Dampfkraft betrieben. Man kann zuschauen, wie der Kessel mit Holz befeuert wird.

Mungo National Park Tours TOUR

(☎ 0408 147 330, 1800 797 530; www.murraytrek.com.au; Tagerstour/Sonnenuntergangstour 145/175 AU$) Tages-. und Sonnenuntergangstouren in den Mungo National Park unter Leitung des erfahrenen Führers Trevor Hancock (mind. 2 Teilnehmer).

PV Rothbury BOOTSFAHRT

(☎ 03-5023 2200; www.paddlesteamers.com.au; Bootsfahrt Erw./Kind Weinguttour 70/35 AU$, Dinner-Kreuzfahrt 70/35 AU$, Lunch-Kreuzfahrt 35/17 AU$) Die *PV Rothbury* wurde zwar bereits 1881 gebaut, hat aber eine heute eine Dieselmaschine und ist einer der schnellsten Schaufelraddampfer auf dem Fluss. Bei seinen zweimal täglich stattfindenden Kreuzfahrten (Fr & Sa 10.50 & 13.50 Uhr) passiert er die Schleuse, darüber hinaus gibt's auch noch Weingut-, Mittags- und Dinner-Kreuzfahrten (Di & Do).

Sunraysia Cellar Door WEIN

(☎ 03-5021 0794; www.sunraysiacellardoor.com.au; 125 Lime Ave; ⏲ Mo–Fr 9–17, Sa & So 11–17 Uhr) Das Unternehmen bietet Gratis-Kostproben und verkauft rund 250 regionale Weine von 22 verschiedenen Weingütern aus der Murray-Darling-Region. Darüber hinaus sind auch einige regionale Craft-Biere und viele essbare regionale Spezialitäten im Angebot.

Moontongue Eco-Adventures KAJAKFAHREN

(☎ 0427 898 317; www.moontongue.com.au; Kajaktour 35–65 AU$) Eine Kajakfahrt in den Sonnenuntergang ist eine tolle Möglichkeit, um den Fluss und seine Tierwelt kennenzulernen. Der einheimische Führer Ian erzählt von der Landschaft und der Vogelwelt, wäh-

Murray River

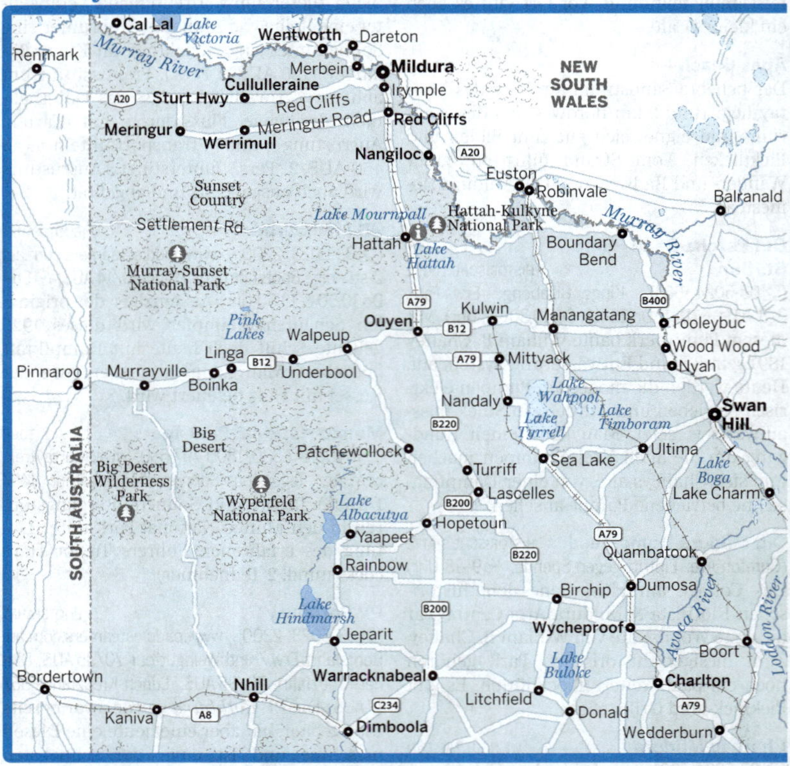

rend man durch die prächtige, friedliche Umgebung des Gol Gol Creek und des Murray paddelt. Die Touren finden nur nach Vereinbarung statt.

Schlafen

Mid City Motel MOTEL $
(☎03-5023 0317; www.midcityplantationmotel.com.au; 145 Deakin Ave; EZ/DZ ab 75/90 AU$; P 🛜 🏊) Die Zimmer mögen altmodisch sein – die Backsteinwände und braunen Teppiche führen einen zurück in die 1970er-Jahre –, aber preislich ist dies eine der besten und günstigsten Optionen in Mildura. Etwas modernere „Deluxe"-Zimmer gibt's für rund 20 AU$ mehr pro Person. Mikrowellen und Toaster sind nützliche Extras, und die Betreiber sind hilfsbereit.

Kar-Rama Motor Inn MOTEL $
(☎03-5023 4221; www.karramamotorinn.com.au; 153 Deakin Ave; EZ/DZ 78/83 AU$; P 🛜 🏊) Das sehr preiswerte und zentrale Motel gleich südlich des Zentrums hat einfache, aber ordentliche Zimmer und einen Pool.

Apex RiverBeach Holiday Park CAMPINGPLATZ $
(☎03-5023 6879; www.apexriverbeach.com.au; Cureton Ave; Stellplatz ohne/mit Strom 39/41 AU$, Hütten ab 95 AU$; ❄ 🛜) Dank der fantastischen Lage am sandigen Apex Beach, gleich außerhalb der Ortschaft, ist dieser Campingplatz im Busch immer gut frequentiert. In den Schulferien steigen die Preise um 25% an. Es gibt hier Lagerfeuer, eine Zeltküche, einen Grillbereich, eine Bootsrampe, ein Café und tolle Schwimmmöglichkeiten.

Acacia Holiday Apartments APARTMENTS $
(☎03-5023 3855; www.acaciaapartments.com.au; 761 Fifteenth St; Hütte DZ 100–125 AU$, Apt. mit 1/2/3 Schlafzi. ab 120/140/210 AU$; ❄ 🛜 🏊) Die großen in sich abgeschlossenen Wohneinheiten südwestlich des Zentrums am Calder Hwy sind eine sehr gute, wenn auch etwas

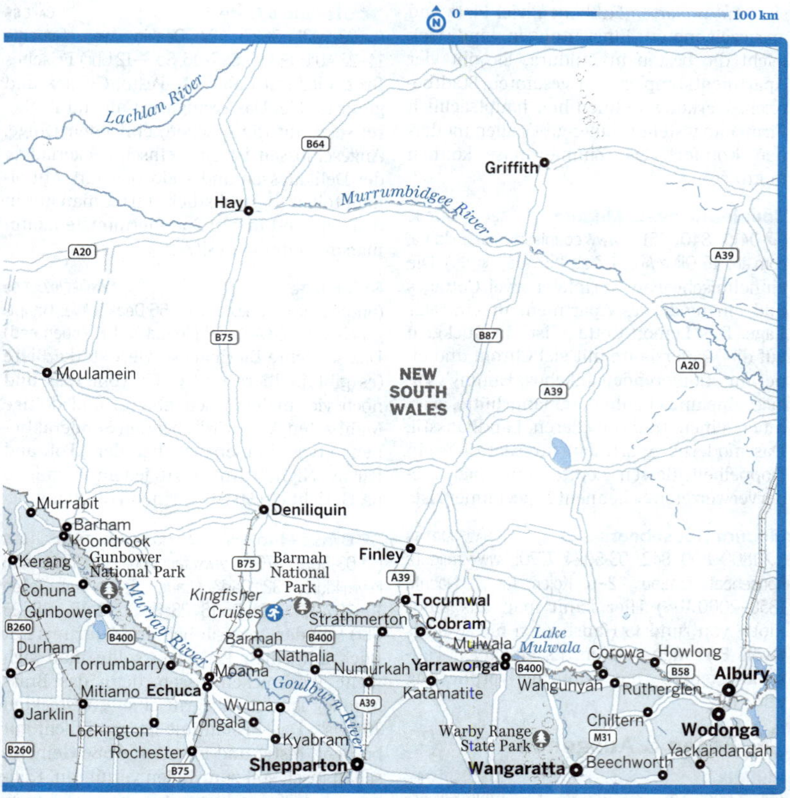

rustikale Alternative zu einem tristen Motel. Die mangelnde Zentrumsnähe wird durch die Qualität der Zimmer wettgemacht.

Oasis Backpackers HOSTEL $
(☎03-5022 8200, 0401 344 251; www.milduraoasisbackpackers.com.au; 230–232 Deakin Ave; B/DZ 165/175 AU$ pro Woche; ❄@📶🏊) Mildura ist ein begehrtes Ziel für Backpacker, die sich bei der Obsternte etwas dazuverdienen wollen. Deshalb sind die meisten von dem halben Dutzend Hostels, die es im Ort gibt, nur auf Obstpflücker ausgerichtet. Das Oasis ist das am besten ausgestattete Backpackerhostel in Mildura und hat einen tollen Pool, eine Terrassen-Bar, eine ultramoderne Küche und kostenloses Internet. Die Inhaber können auch viele Saison-Jobs vermitteln. Mindestaufenthalt eine Woche.

★ **Mildura Grand** HOTEL $$
(☎03-5023 0511, 1800 034 228; www.milduragrand.com.au; Seventh St; EZ/DZ ab 85/130 AU$; ❄📶🏊) Die Standardzimmer im Grand sind zwar nicht die luxuriösesten im Ort, aber ein Aufenthalt in diesem Wahrzeichen von Mildura – es ist die beste Adresse hier – gibt einem das Gefühl, Teil von etwas Besonderem zu sein. Die billigeren Zimmer im alten Flügel sind zwar recht komfortabel, aber besser sind die schicken Suiten mit eigenem Wellnessbad.

Acacia Houseboats HAUSBOOT $$
(☎0417 537 316, 1800 085 500; www.murrayriver.com.au/acacia-houseboats-949/fleet; 3 Nächte ab 525 AU$) Der Veranstalter hat fünf Hausboote mit je vier bis zwölf Kojen. Abgesehen von Verpflegung und Getränken wird alles gestellt.

Indulge Apartments APARTMENTS $$
(☎1300 539 559; www.indulgeapartments.com.au; 146a Eighth St; Studio ab 165 AU$, Apt. mit 1/2 Schlafzi. ab 185/285 AU$; ❄) Die smarten zeitgemäßen Apartments im Zentrum der Stadt

sind mit polierten Fußböden, viel Platz und ausgezeichneten Einrichtungen sind vielleicht die besten in Mildura. Es gibt vier Apartmentkomplexe im gesamten Stadtbereich. Werktags wohnen hier hauptsächlich Firmenangestellte, daher gibt's allen modernen Komfort. Die Zimmerpreise können fluktuieren.

Couples Retreats Mildura APARTMENTS $$
(☎0419 840 451; www.couplesretreatsmildura.com.au; 16 Olive Ave; DZ ab 155 AU$;) Die einheimische Pam vermietet zwei Cottages und ein modernes Apartment in zentraler Lage. Das Lemon Cottage ist ein Rückgriff auf die 1950er-Jahre mit viel Chrom und einer funktionierenden Jukebox. Pammy's Palace, eine umgebaute Bergmannshütte, zeigt innen einen traditionelleren Landhausstil. Das moderne Apartment für Paare hat ein Doppelbett, dessen Kopfteil aus einer wiederverwerteten Scheunentür gezimmert ist.

Mildura Houseboats HAUSBOOT $$
(☎1800 800 842, 03-5024 7770; www.mildurahouseboats.com.au; 2–6 Kojen für 7 Nächte 1850–2000 AU$) Hier kann man aus einer Flotte von rund 15 Hausbooten für zwei bis zwölf Personen wählen. Es gibt auch Pauschalangebote mit Gourmet-Verpflegung und Golf.

Essen & Ausgehen

Blk.Mlk CAFÉ $
(☎03-5023 1811; www.facebook.com/blk.mlk.specialty.coffee; 51 Deakin Ave; Hauptgerichte 10–20 AU$; ⏲7–15 Uhr) Der fragmentierte Name, der für „black milk" stehen soll, wirkt zwar ein bisschen prätentiös, aber für den Kaffee und das Essen gilt das nicht. Man setzt sich nur kurz auf einen Kaffee hin, und eine Stunde später hat man ein Bananenbrot (mit essbaren Blumen) oder einen Salat mit Schweinebauch verputzt. Ein tolles Lokal für Feinschmecker und Kaffee-Fans!

★ **Black Stump** MODERN-AUSTRALISCH $$
(www.theblackstump.com.au; 110–114 Eighth St; Hauptgerichte 20–36 AU$; ⏲Di–Sa) Immer noch an seine Zeit als Mildura Settlers Club erinnernd, ist das Black Stump eines der urigsten und erfrischend anderen Restaurants vor Ort. Das Dekor – alte blaue Stühle, Andenken und Fotos – bezieht das historische Gebäude mit ein, und in der Küche zaubert Chefkoch Jim McDougall australische Bistrogerichte mit internationalen Einflüssen.

★ **Stefano's Cafe** CAFÉ $$
(☎03-5021 3627; 27 Deakin Ave; Gerichte 14–22 AU$; ⏲Mo–Sa 7–15, So 8–12 Uhr) Frisches Brot, Eier mit Calabrese-Pesto, Gebäck und guter Kaffee: Das zwanglose Café mit Bäckerei setzt auf die frischen, einfachen Dinge. Angeschlossen ist ein Feinschmeckerladen, der Delikatessen und Wein verkauft. Mit einem tollen Eierfrühstück startet man gut in den Tag, und in den Sommermonaten kann man auch draußen sitzen.

Cider Tree KNEIPENKOST $$
(http://thecidertree.com.au; 56 Deakin Ave; Hauptgerichte 20–28 AU$; ⏲Mo–Sa 12 Uhr–open end) Das schlichte Bierhaus serviert starke Biere (es gibt 18 Biere und Cider vom Fass und noch viel mehr Flaschenbiere) und deftige Mahlzeiten. Voll wird's bei den Sonderaktionen, etwa donnerstags bei der „Pot and Parmy Night", wo es zu jedem Parmigiana-Gericht (19,50 AU$) einen Pott Bier gibt.

★ **Brass Monkey** MODERN-AUSTRALISCH $$$
(☎03-5021 4769; www.facebook.com/brassmonkeymildura; 32 Carter Lane; Teller zum Teilen 10–20 AU$; ⏲Di–Do 18–23, Fr–So 12–15 & 18–23 Uhr) Von der Lage südlich des Zentrums mit Blick auf einen Parkplatz sollte man sich nicht abschrecken lassen, denn das Brass Monkey ist der Inbegriff eines „versteckten Juwels". Das Restaurant ist gemütlich, gut besucht, lustig und hip. Der große Gemeinschaftstisch soll zum Teilen verführen. Kulinarisch darf man hier mit frischer, verfeinerter Straßenkost, kreativen Ideen und einer wundervollen Präsentation rechnen.

★ **Stefano's Restaurant** ITALIENISCH $$$
(☎03-5023 0511; www.stefano.com.au; Quality Hotel Mildura Grand, Seventh St; 5-Gänge-Abendmenü 97 AU$; ⏲Di–Sa 19–23 Uhr) Stefano de Pieri war schon ein Promi-Koch, bevor es diese Bezeichnung überhaupt gab. Der charismatische Italo-Australier stellte in einer beliebten Fernsehsendung und in diesem netten Restaurant seinem Publikum einfache Gerichte von der Farm frisch auf den Tisch vor. Das anheimelnde, von Kerzen beleuchtete Restaurant ist sehr beliebt, weshalb man weit im Voraus reservieren muss. Nach einer kurzen schöpferischen Pause ist de Pieri an den Herd zurückgekehrt.

Spanish Grill STEAKS $$$
(☎03-5021 2377; www.stefano.com.au/the-spanish-grill; Ecke Langtree Ave & Seventh St; Hauptgerichte 26–48 AU$; ⏲Di–Sa 18–22 Uhr) Das Restaurant im Grand Hotel wurde 2016 unter

Mildura

Mildura

Highlights

1 Rio Vista & Mildura Arts Centre ... C1

Aktivitäten, Kurse & Touren

2 PS Melbourne ... D2
PV Rothbury ... (siehe 2)
3 Sunraysia Cellar Door ... B2

Schlafen

4 Acacia Houseboats ... D2
5 Couples Retreats Mildura ... C1
6 Indulge Apartments ... A3
7 Kar-Rama Motor Inn ... B3
8 Mid City Motel ... B3
9 Mildura Grand ... B3
10 Mildura Houseboats ... D1

Essen

11 Black Stump ... C2
12 Blk.Mlk ... C2
13 Brass Monkey ... B3
14 Cider Tree ... C2
15 Spanish Grill ... A2
16 Stefano's Cafe ... A3
Stefano's Restaurant ... (siehe 9)

Ausgehen & Nachtleben

17 Mildura Brewery ... A2

Unterhaltung

18 Sandbar ... A3

der Leitung des berühmten Chefkochs Stefano de Pieri wiedereröffnet. In Anbetracht seiner letzten Leistungen sollte sich das Ergebnis sehen lassen, zumal das Fleisch aus der Region bezogen und über Eukalyptus- und Mallee-Wurzelholzfeuer gegart wird.

★ Mildura Brewery BRAUEREI
(☎ 03-5022 2988; www.mildurabrewery.com.au; 20 Langtree Ave; ⏲ 12 Uhr–open end) Die Bar im ehemaligen Kino Astor ist Milduras trendigste Trinkstube und gehört zum Imperium des Chefkochs und Gastronomen Stefano de Pieri. Glänzende Edelstahlfässer, Röhren und Brauerei-Gerätschaften sind die wunderbare Kulisse für die stilvolle Lounge, und die hier gebrauten Biere – z.B. Honey Wheat und Mallee Bull – sind hervorragend. Das Essen (Hauptgerichte 24–36 AU$) ist ebenfalls gut.

☆ Unterhaltung

Sandbar LIVEMUSIK
(☎ 03-5021 2181; www.thesandbar.com.au; Ecke Langtree Ave & Eighth St; ⏲ Di–So 12 Uhr–open end) An lauen Abenden strömen die Einhei-

mischen in diesen fabelhaften Biergarten auf der Rückseite dieser Loungebar in einem klassischen Art-déco-Gebäude. Vorn in der Bar treten regelmäßig regionale, australische Original- und Mainstream-Bands auf; mittwochs beim Karaoke-Abend kann man selbst auf die Bühne steigen.

Praktische Informationen

Mildura Visitor Information & Booking Centre (☎1800 039 043, 03-5018 8380; www.visitmildura.com.au; Ecke Deakin Ave & 12th St; ⏲Mo–Fr 9–17.30, Sa & So bis 17 Uhr) Hier gibt's einen kostenlosen Buchungsservice für Unterkünfte, interessante Ausstellungen, örtliche Lebensmittel, ein Café und eine Bibliothek. Das sehr hilfsbereite Personal bucht auch Touren und Aktivitäten.

An- & Weiterreise

Mildura liegt 542 km nordwestlich von Melbourne am Calder Hwy (A79).

BUS & ZUG

V/Line (☎1800 800 007; www.vline.com.au) Die kombinierten Bus-/Zugfahrten starten vom Bahnhof an der Seventh St. Direkte Passagierzüge von/nach Mildura gibt es nicht; man steigt in Ballarat, Bendigo oder Swan Hill vom V/Line-Zug in den Bus um. Der Service bedient die Route Mildura–Melbourne (50 AU$, 7–10 Std., tgl. 3- bis 4-mal).

NSW Trainlink (☎13 22 32; www.nswtrainlink.info) Die Bus-Zug-Verbindung bedient die Strecke Mildura–Sydney. Man fährt mit dem Bus bis Cootamundra und steigt dort in den Southern-Express-Zug nach Sydney (110 AU$, 13½ Std., tgl. 1-mal) um.

FLUGZEUG

Der **Mildura Airport** (☎03-5055 0500; www.milduraairport.com.au; Alan Mathews Dr), Victorias geschäftigster Regionalflughafen, liegt rund 10 km westlich vom Zentrum abseits des Sturt Hwy. **Qantas** (☎13 13 13; www.qantas.com.au) und **Virgin Australia** (☎13 67 89; www.virginaustralia.com) fliegen von/nach Melbourne. **Regional Express Airlines** (Rex; ☎13 17 13; www.regionalexpress.com.au) hat Flüge von/nach Melbourne, Sydney, Adelaide und Broken Hill.

Unterwegs vor Ort

Eine Kreuzfahrt mit einem Schaufelraddampfer ist hier ein Muss. Mildura Paddlesteamers betreibt die drei wichtigsten Dampfer, die **PS Melbourne** (S. 677), die **PV Rothbury** (S. 677) und die **PV Mundoo** (letztere nur für Gesellschaften und Hochzeiten). Nachprüfen, welche Fahrten durch die Schleuse führen! Es gibt auch Fahrten in den Sonnenuntergang und mit Mahlzeiten verbundene Touren.

Echuca

14 000 EW.

Echuca ist eines der hübschesten Städtchen im ländlichen Victoria. Die klassische Kleinstadt am Murray River ist die Schaufelraddampfer-Hauptstadt des Bundesstaats und quillt über von Geschichte, Nostalgie und natürlich Flussbooten. Der Aborigines-Name bedeutet „Treffpunkt der Gewässer", weil sich hier drei große Flüsse vereinigen: der Goulburn, der Campaspe und der Murray.

Im 19. Jh. war Echuca ein wichtiger Übergang zwischen New South Wales und Victoria, und der Handel und Transport auf dem Fluss sicherten den Wohlstand der Stadt.

Das Highlight in Echuca sind zweifellos das historische Hafenareal und die Flüsse, die man am besten bei einer Flussbootfahrt oder auch bei einem abendlichen Uferspaziergang kennenlernt, bei dem die Kakadus und Nasenkakadus in den Lüften kreischen.

Sehenswertes

★ Port of Echuca Discovery Centre — MUSEUM

(☎03-5481 0500; www.portofechuca.org.au; 74 Murray Esplanade; Erw./Kind/Fam. 14/8/45 AU$; ⏲9–17 Uhr) Das hinreißende Zentrum am nördlichen Ende der Murray Esplanade bildet die Einführung in das Hafenareal von Echuca. Gezeigt werden ausgezeichnete Ausstellungsstücke (manche auch interaktiv) zur Geschichte des Hafens, der Schaufelraddampfer und des Flusshandels. Zweimal täglich starten hier informative und lustige kostenlose Führungen (11.30 & 13.30 Uhr).

Great Aussie Beer Shed — MUSEUM

(☎03-5480 6904; www.greataussiebeershed.com.au; 377 Mary Ann Rd; Erw./Kind/Fam. 14/5/30 AU$; ⏲Sa, So & Ferien 9.30–17 Uhr) In diesem riesigen Schuppen reihen sich an der Wand mehr als 17 000 Bierdosen aneinander – das Ergebnis von 30 Jahren Sammelwut. Eine Bierdose stammt sogar noch aus der Zeit der Föderation (1901). Bei der Führung taucht man ein in die Geschichte des Biers. Typisch Aussie!

National Holden Museum — MUSEUM

(☎03-5480 2033; www.holdenmuseum.com.au; 7 Warren St; Erw./Kind/Fam. 9,50/3,50/22,50 AU$; ⏲9–17 Uhr) Autofans sollten dieses Museum besuchen, das Australiens Auto-Ikone gewidmet ist. Gezeigt werden mehr als 40 Exemplare wunderschön restaurierter Holdens, von FJ bis zu Monaro. Man findet hier auch Filmmaterial von Autorennen und Andenken.

Echuca Historical Museum MUSEUM

(☎03-5480 1325; www.echucahistoricalsociety.org.au; 1 Dickson St; Erw./Kind 5/1 AU$; ⊙11–15 Uhr) Das historische Museum residiert in der alten Polizeiwache, die auf der Liste des National Trust steht. Die Sammlung umfasst Zeugnisse zur Ortsgeschichte, Seekarten, Fotos aus der Ära der Flussboote und alte Schallplatten. Auf Anfrage werden auch informative historische Stadtspaziergänge veranstaltet (12 AU$/Pers.).

Aktivitäten

River Country Adventours KANUFAHREN

(☎0428 585 227; www.adventours.com.au; halber/ganzer Tag 65/100 AU$) Für organisierte Kanutrips auf dem Goulburn River ist dieses in Kyabram ansässige Team hierzulande der Experte. Das Unternehmen veranstaltet Kanu- und Camping-Ausflüge in der Barmah- und Goulburn-Region sowie auf dem Murray.

Brett Sands Watersports WASSERSPORT

(☎03-5482 1851; www.brettsands.com; Merool Lane, Moama; halber/ganzer Tag 160/260 AU$) Mehrere Veranstalter bieten Wasserski-Trips und -Unterricht, aber hier lernt man nicht nur Wasserskilaufen, sondern auch den Umgang mit Wakeboard, Kneeboard oder das Barfuß-Wasserskilaufen. Das Unternehmen vermietet auch Ausrüstung.

Echuca Boat & Canoe Hire BOOTFAHREN

(☎03-5480 6208; www.echucaboatcanoehire.com; Victoria Park Boat Ramp) Verleiht Motorboote (1/2 Std. 50/75 AU$), sogenannte „Barbie Boats“ mit Grill an Bord (10 Pers. ab 120/180 AU$), Kajaks (20/30 AU$) und Kanus (20/30 AU$). Auf Wunsch werden auch mehrtägige Camping-/Kanutrips organisiert, bei denen man sich weiter flussaufwärts absetzen lässt und die Strecke zurück mit dem Kanu fährt.

Schlafen

High Street Motel MOTEL $

(☎03-5482 1013; www.highstreetmotelechuca.com.au; 439 High St; DZ 120 AU$; P ❄ ᯤ) Die derzeitigen, sehr freundlichen Besitzer haben bei der Renovierung des Motels gute Arbeit geleistet. Die Zimmer sind schlicht und blitzsauber, und der Preis für das Gebotene ist fair. Ordentliche Matratzen sorgen für einen guten Schlaf, und Selbstversorger freuen sich über Toaster und Mikrowelle. Das Motel liegt in Gehentfernung von Echucas Zentrum und guten Cafés.

Christies Beach Camping CAMPING $

Rund 5 km östlich der Stadt gibt’s am Christies Beach einen kostenlosen Campingplatz am Ufer des Murray. Plumpsklos sind vorhanden, Wasser und Brennholz muss man selber mitbringen.

Echuca Gardens PENSION $

(☎0419 881 054; www.echucagardens.com; 103 Mitchell St; Wagen 80–160 AU$, Pension Zi. 120–200 AU$; P @ ᯤ) Das von dem unverbesserlichen Weltenbummler Kym geführte Anwesen bietet einmalige Unterkünfte in Form zweier gemütlicher „Zigeunerwagen“ mit Bad und Kochnische. Hinzu kommen ein Gästehaus (ein Teil des Wohnhauses des Eigentümers mit eigenem Eingang) oder auch das ganze Haus mit schickem Bad, einer Landhausküche und einem Fernsehzimmer. Der Komplex liegt in einem schönen Garten mit Teichen, Statuen und Obstbäumen.

ABSEITS DER ÜBLICHEN PFADE

DER MALLEE

Der Mallee bedeckt die weite, nordwestliche Ecke von Victoria und erscheint als eine endlose Ebene aus Wüste und ineinander verfilzten Sträuchern und Gebüschen. Abgesehen von der erhabenen Einsamkeit gibt es hier schöne semiaride Wildnisgebiete, darunter den Wyperfeld National Park und den Big Desert Wilderness Park. Zusammen umfassen dieses Parks mehr als 750 000 ha und sind berühmt für ihre vielen endemischen Pflanzen, im Frühjahr blühenden Wildblumen und Vögel. Naturfreunde hätten ihre Freude daran, aber weite Teile sind allenfalls für erfahrene Geländewagenfahrer erreichbar. Und in den heißen Sommermonaten sollte man den Besuch des Outbacks von Victoria ohnehin besser unterlassen.

Die Hauptroute durch den Mallee ist der Sunraysia Hwy (B220), der über die Ortschaften Birchip und Ouyen führt. Wer die Nationalparks in der Region erkunden will, biegt aber zu den historischen Farmstädten **Jeparit** (dem Geburtsort von Sir Robert Menzies und Tor zum Lake Hindmarsh), **Rainbow**, **Yaapeet** und **Hopetoun** ab.

Echuca

★ Adelphi Boutique Apartments APARTMENTS $$

(☎ 03-5482 5575; www.adelphiapartments.com.au; 25 Campaspe St; Apt. mit 1/2 Schlafzi. ab 185/360 AU$; ❄) Diese recht luxuriösen Unterkünfte am Fluss einen Block von der Hauptstraße entfernt sind eine gute Wahl, besonders wenn man den kleinen Aufpreis für ein Apartment mit Terrasse und Blick auf den Campaspe River zahlt.

Elinike Guest Cottages COTTAGES $$

(☎ 03-5480 6311; www.elinike.com.au; 209 Latham Rd; DZ 190–210 AU$; P ❄ ≋) Die rustikalen, aber romantischen, in sich abgeschlossenen kleinen Cottages stehen in weitläufigen Gartenanlagen am Murray River rund 5 km nordwestlich der Stadt. Sie verbinden altmodische Eleganz mit modernen Annehmlichkeiten wie einem Whirlpool für zwei. Das fliederfarbene Cottage hat einen Wintergarten mit Glasdach.

★ Cock 'n Bull Boutique Hotel BOUTIQUEHOTEL $$$

(☎ 03-5480 6988; www.cocknbullechuca.com; 17-21 Warren St; EZ/DZ ab 150/250 AU$; P ❄ 📶 ≋) Diese luxuriösen Apartments fügen den zentral gelegenen Motel-Unterkünften in Echuca einen Hauch von Klasse hinzu. Der

Echuca

ältere Teil des Gebäudes (ein aus den 1870er-Jahren stammender, einst munterer Pub) blickt hinaus auf den Campaspe River, der neuere, moderne Teil befindet sich an der Rückseite. Alle Apartments unterscheiden sich in Stimmung und Gestaltung, aber alle sind geschmackvoll.

Rich River Houseboats HAUSBOOT $$$
(☎03-5480 2444; www.richriverhouseboats.com.au; Riverboat Dock; 2500–5200 AU$/Woche) Diese sechs schönen Boote sind regelrecht schwimmende Paläste. Sie sind hauptsächlich auf größere Reisegruppen ausgerichtet, aber die Bettenverteilung lässt sich auch problemlos passend für Paare und Familien verändern.

Essen

★Fish in a Flash FISH & CHIPS $
(☎03-5480 0824; 602 High St; Fish & Chips ab 9,90 AU$; ⏲9–20 Uhr) Das regelmäßig zu den besten Fish-and-Chips-Läden in Victoria gekürte Lokal (der Inhaber Paul ist schon 27 Jahre lang im Geschäft) brät gelegentlich Flussfisch und sonst die übliche Ware, aber stets mit seiner Panade nach Geheimrezept. Prima für ein Picknick am Fluss!

★Shebani's MEDITERRAN $$
(☎03-5480 7075; 535 High St; Hauptgerichte 17,50–20 AU$; ⏲7.30–16 Uhr) Ein Essen im Shebani's ist eine kulinarische Reise durch den Mittelmeerraum: Subtil gewürzte griechische, libanesische und nordafrikanische Gerichte auf der Karte. Das Dekor verbindet mediterrane Fliesen und marokkanische Lampen mit einem frischen australischen Café-Stil.

Johnny & Lyle CAFÉ $$
(☎03-5480 3133; www.facebook.com/johnnyandlyle; 433 High St; Hauptgerichte 12–25 AU$; ⏲6–14 Uhr) Das Café ist schön bunt, und das gilt nicht nur für die Tassen in ihren kräftigen Farben, sondern auch für den hübschen Hof und das kulinarische Angebot: Blaubeerpfannkuchen (16,50 AU$), Frühstücksburger (14 AU$) sowie fabelhafte Mittagsgerichte wie Pulled-Lamb mit Kürbis-Hummus (19 AU$) und Steak-Sandwiches (20 AU$). Das ausgezeichnete Lokal liegt ein paar Blocks südlich vom Zentrum, aber der Weg lohnt sich.

Star Hotel BISTRO $$
(☎03-5480 1181; www.starhotelechuca.com.au; 45 Murray Esplanade; Pizza 20–24 AU$, Hauptgerichte 20–32 AU$; ⏲11 Uhr–Open End) Die historische „Star Bar" ist eines der muntersten Lokale vor Ort für eine Mahlzeit oder einen Drink, ganz besonders an den Wochenenden, wenn es Livemusik gibt. Auf der Frontterrasse direkt am Hafen genießt man warme Frühstücksgerichte oder mittags Calamari oder Hähnchen Parmigiana. Die Holzofenpizzas sind mit Abstand die besten der Stadt.

Ceres EUROPÄISCH $$$
(☎03-5482 5599; www.ceresechuca.com.au; 554 High St; Mittagessen 13–16 AU$, Abendessen 24–41 AU$; ⏲Mo–Fr 10 Uhr–open end, Sa & So 9 Uhr–open end) In einer schön umgebauten, 1881 aus Backsteinen errichteten ehemaligen Mühle erfindet sich dieses nach der römischen Göttin des Ackerbaus benannte Restaurant ständig neu; zum Zeitpunkt der Recherche hatten es gerade neue Besitzer übernommen. Urteile stehen noch aus, aber das Lokal ist auf jeden Fall ein entspannter

FAHRTEN MIT EINEM SCHAUFELRADDAMPFER

Eine Kreuzfahrt mit einem Schaufelraddampfer ist ein fast obligatorisches Erlebnis. Sechs Boote – dampfgetrieben und mit Holz befeuert (eines allerdings mit Diesel) veranstalten zu unterschiedlichen Terminen Touren mit interessantem Kommentar. Das Privatunternehmen Murray River Paddle Steamers betreibt die **PS Canberra** (☎03-5482 5244; www.murrayriverpaddlesteamers.com.au; Erw./Kind/Fam. 36/21/95 AU$), die **PS Emmylou** (1-stündige Rundfahrt Erw./Kind/Fam. 28,50/18/78 AU$, 2-stündig 36/21/95 AU$) und die **PS Pride of the Murray** (Erw./Kind/Fam. 36/21/95 AU$); Echuca Paddlesteamers betreibt die **PS Alexander Arbuthnot** (☎03-5482 4248, 1300 942 737; www.echucapaddlesteamers.net.au; Erw./Kind/Fam. 25/11/66 AU$), die **PS Pevensey** (Erw./Kind/Fam. 25/11/66 AU$) und die **PS Adelaide** (Erw./Kind/Fam. 25/11/66 AU$).

Tickets für alle diese Boote erhält man im **Port of Echuca Discovery Centre** (S. 682), im **Echuca Moama Visitor Information Centre** und an der **Murray Esplanade**. Achtung: Murray River Paddle Steamers verkauft Tickets ausschließlich für die eigenen Boote. Man kann seine Entscheidung wegen der Größe des Boots, seiner Geschichte oder wegen des Termins der Tour treffen – letztlich sind alle gut. Auf den Fahrplänen sollte man auch nach Touren mit Mittag- oder Abendessen sowie nach Touren in der Dämmerung und Fahrten in den Sonnenuntergang schauen.

Ort für ein Mittagessen. Es gibt den ganzen Tag Kaffee. Abends konzentriert sich das Restaurant im Erdgeschoss auf italienische Küche und modern-australische Gerichte.

Ausgehen & Nachtleben

Bordello Wine Bar WEINBAR
(☎03-5480 6902; www.rivergalleryinn.com.au; 578 High St; ⏲8.30–23 Uhr) Hier gibt's feine regionale Weine, dazu eine fabelhafte Auswahl von mehr als 50 Bieren aus aller Welt und Livemusik am Samstagabend. Die Bar lockt ein Publikum jenseits der 30 an, will sagen: Trotz der Livemusik kann man sich hier mit seiner Begleitung unterhalten.

Henry's Bridge Hotel PUB
(☎03-5480 1000; 1 Hopwood Pl; ⏲Mo & Di 8–15.30, Mi–So bis 23 Uhr) Das frühere Bridge Hotel ist ein historischer Ort: Echucas ältester Pub wurde 1859 von Harry Hopwood, dem Gründer der Stadt, erbaut. Zum Zeitpunkt der Recherche wurde er gerade renoviert. Das neue Image sieht ein familienorientiertes Caférestaurant mit Burgern, Fish-and-Chips, Steaks und anderen Kneipengerichten vor. Es dürfte sich lohnen, einmal vorbeizuschauen.

Praktische Informationen

Echuca Moama Visitor Information Centre
(☎1800 804 446; www.echucamoama.com; 2 Heygarth St; ⏲9–17 Uhr; 📶) Die Touristeninformation im alten Pumpwerk hat hilfsbereites Personal, Broschüren und einen Buchungsservice für Unterkünfte und Schaufelraddampfer. Man sollte sich die Broschüre *Heritage Walk Echuca* greifen, in der die historischen Stätten und Gebäude aufgeführt sind.

An- & Weiterreise

Echuca liegt 222 km nördlich von Melbourne. Man nimmt den Hume Fwy (M31) und wechselt dann an der gut ausgeschilderten Ausfahrt auf die B75, die über Heathcote und Rochester nach Echuca führt.

V/Line (☎1800 800 007; www.vline.com.au) betreibt eine Zug-Bus-Verbindung zwischen Melbourne und Echuca (27,20 AU$, 3–3½ Std., regelmäßig) mit Umsteigen in Bendigo, Shepparton oder Murchison.

Tasmanien

516 900 EW. / ☎ 02

Inhalt ➡

Gut essen

- Jackman & McRoss (S. 707)
- Templo (S. 706)
- Mrs Jones (S. 761)
- Lotus Eaters Cafe (S. 718)
- Geronimo (S. 749)

Schön übernachten

- Henry Jones Art Hotel (S. 704)
- Montacute (S. 704)
- The Shackeau (S. 722)
- Pumphouse Point (S. 779)
- Two Four Two (S. 747)

Auf nach Tasmanien!

Manche sagen, Inseln seien ein Sinnbild des Herzens. Trennung mag zwar für eine Beziehung nicht gut sein, Tasmanien aber hat die Abgeschiedenheit bereichert. Von dem mit Flechten gesprenkeltem Granit an der Ostküste bis zu den kahlen Plateaus des Cradle Mountain Lake St. Clair National Parks weist Tasmanien eine einzigartige Schönheit auf. Es spielten sich dramatische Geschichten um die Aborigines und bei der Kolonisierung dieser eindrucksvollen Landschaft ab. Die außergewöhnliche Szenerie rund um Port Arthur spiegelt die düstere Vergangenheit der Region wider. Es ist leicht, sich die lasterhafte Vergangenheit des Hobart Battery Point und der am Hafen gelegenen Kneipen vorzustellen. Und dann sind da noch das Essen, der Wein und die Partys. Tasmanien scheint wie für Backpacker gemacht zu sein, die ihre Lebensmittel frisch von der Farm holen, ihren Durst in einem der zahlreichen Weinkeller stillen und die angesagten Festivals besuchen wollen. Ja, es ist immer noch Australien, aber Tasmanien ist auch bezaubernd anders.

Reisezeit

Hobart

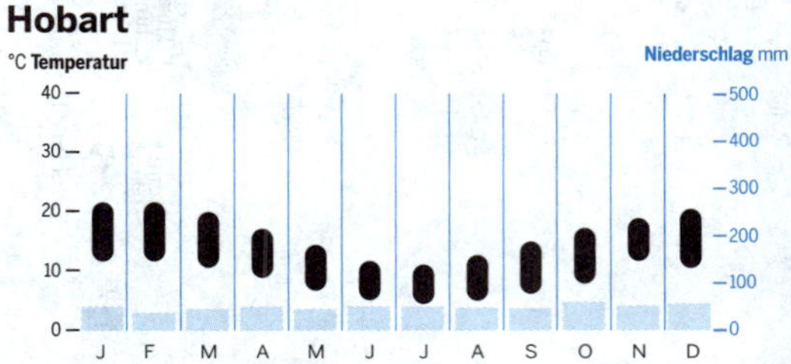

Feb.–März Beständiges Wetter. Schwimmen, Bushwalking und Mountainbiken sind angesagt.

Juni–Aug. Den Winter in bezahlbaren Unterkünften und ohne Menschenmassen genießen.

Dez.–Jan. Die Festtage werden in Hobart mit Essen, Wein, Musik, Kunst und Kultur gefeiert.

Highlights

1. **MONA** (S. 698) Sich von Tasmaniens einzigartiger Galerie inspirieren, begeistern und berühren lassen
2. **Three Capes Track** (S. 725) Tasmaniens großartigen neuen Wanderweg in Agriff nehmen – er ist ein absolutes Muss
3. **Port Arthur Historic Site** (S. 726) In diesen düsteren Ruinen die Vergangenheit hautnah erleben
4. **Wineglass Bay** (S. 735) Sich auf dem Weg zu dieser legendären Bucht auspowern, um dann im Meer zu relaxen, wenn man es endlich erreicht hat
5. **Salamanca Market** (S. 711) In den Menschenmassen auf Hobarts Bauernmarkt verloren gehen

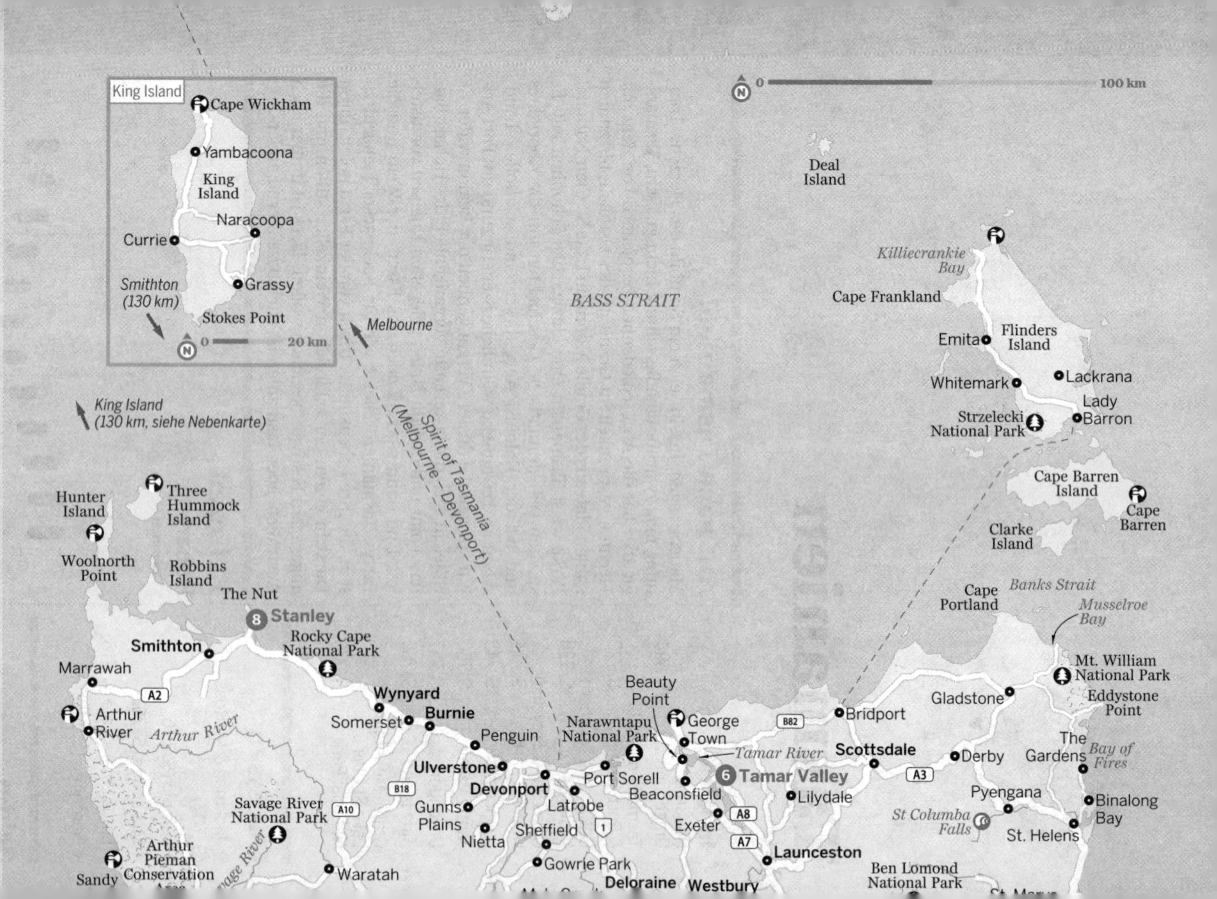

6 **Tamar Valley Wine Route** (S. 751) Sekt und Pinot Noir auf einem der vielen, auf beiden Seiten des Tamar River gelegenen, bilderbuchmäßigen Weingütern verkosten

7 **Bruny Island** (S. 715) Beim Erkunden der wunderschönen Küste dieser Insel immer wieder den Handyempfang verlieren

8 **Stanley** (S. 768) Durch die kleine, aber feine Altstadt schlendern

9 **Overland Track** (S. 777) Vom Cradle Mountain bis zum Lake St. Clair durch Landschaft, die zum Welterbe gehört, wandern

10 **Raften auf dem Franklin River** (S. 775) Bei einer Rafting-Tour auf Tasmaniens wildestem Fluss die Stromschnellen hinunterschießen

Geschichte

Der erste Europäer, der Tasmanien erkundete, war der niederländische Seefahrer Abel Tasman, der 1642 auf die Insel stieß. Er gab ihr den Namen Van-Diemens-Land, benannt nach dem damaligen Gouverneur von Niederländisch-Indien. Damals lebten dort schätzungsweise 5000–10 000 Aborigines in Gruppen von ca. 50 Menschen, von denen jede das Recht auf ein bestimmtes Gebiet für sich beanspruchte und eine der neun Hauptsprachen sprach.

Europäische Siedler begannen 1798 die Bass Strait zu überqueren, Aborigine-Stämme entlang der Küste zu überfallen und eingeborene Frauen zu entführen, um sie zur Zwangsarbeit oder als Sex-Sklaven zu halten. Die Siedler waren nicht am Grund und Boden interessiert, aber begründeten später wirtschaftliche Beziehungen und handelten u. a. mit Hunden.

In den späten 1790er-Jahren entschied sich Gouverneur King von New South Wales, eine zweite Kolonie in Australien, südlich der Sydney Cove zu errichten. Ursprünglich dachte er an die Port Phillip Bay in Victoria, aber dieser Standort wurde aufgrund Wassermangels auf der Mornington Peninsula abgelehnt. 1803 wurde dann die Risdon Cove auf Tasmanien ausgewählt. Im Jahr darauf wurde die Siedlung an eine 10 km südlich gelegene Stelle auf der gegenüberliegenden Seite des Derwent River verlegt, dort, wo sich heute Hobart befindet.

Im selben Jahr brachte man 74 verurteilte Straftäter, 71 Soldaten, 21 Ehefrauen und 14 Kinder nach Van-Diemens-Land. Bis 1833 wurden etwa 2000 Kriminelle jährlich als Strafmaßnahme, oftmals wegen banaler Verbrechen nach Tasmanien gebracht. Diese „Gemeinschaft" entwickelte schnell einen ganz bestimmten Charakter: Gesetzlosigkeit und Ausschweifungen waren an der Tagesordnung

Tasmanien wurde ein Bundesstaat des Commonwealth of Australia (Australischer Bund), als sich dieser 1901 gründete. Die erste Hälfte des 20. Jhs. war sowohl für die Tasmanier als auch die anderen Australier von Kriegen geprägt.

Nach dem Zweiten Weltkrieg erholte sich die Wirtschaft bald wieder, in den 1980er-Jahren kam es aber zu einem beunruhigenden Rückgang. In den folgenden Jahren war eine wirtschaftliche Unruhe erkennbar, die sich in der Abwanderung junger qualifizierter Arbeitskräfte aufs australische Festland und eines Geburtenrückgangs (besonders bei den unter Dreißigjährigen) manifestierte.

Das Entscheidende der tasmanischen Geschichte war seit den 1970er-Jahren der andauernde Kampf zwischen Holzfällerunternehmen und Umweltschutzorganisationen. 1972 taten sich beunruhigte Gruppierungen zur United Tasmania Group zusammen. Zehn Jahr später gingen Tausende Menschen gegen die Aufstauung des Franklin Rivers vor. Die Anführer dieser Bewegung wurden zu einflussreichen Poltikern auf Bundesebene, den australischen „Grünen" unter dem Tasmanier Bob Brown, der von 1996 bis 2012 Senator war.

Tasmanien ist ärmer und hat auch weniger Arbeitsplätze zu bieten als die Bundestaaten des Festlands, aber es ist auch eine Insel mit einer beeindruckenden Wildnis und einer malerischen Schönheit. Anhand dieser zwei Aspekte der tasmanischen Gesellschaft sind die ideologischen Spannungslinien in der tasmanischen Geschichte leicht zu verstehen.

Indigenes Tasmanien

Die Kultur der tasmanischen Aborigines unterscheidet sich von der auf dem Festland, da sie eine nachhaltigere Nutzung der Ressourcen bei der Jagd, beim Fischen und beim Sammeln von Früchten entwickelt hat.

1803 wurde Risdon Cove am Derwent River, nördlich von Hobart, nach Sydney die zweite britische Kolonie auf australischem Boden. Im darauffolgenden Jahr wurde die Siedlung nach Sullivans Cove verlegt, an die Stelle, an der sich das heutige Hobart befindet, und wo ein Bach eine verlässliche Wasserversorgung sicherstellte.

Ungeachtet des ursprünglich harmonischen Handels wurde in dieser frühen Zeit eine unbekannte Zahl friedlicher Aborigines umgebracht. Als Reaktion darauf begannen die Ureinwohner ihrerseits zu plündern. 1816 verkündete Gouvernor Thomas Davey die „Proclamation to the Aborigines" die vorsah, dass Siedler und Einheimische freundschaftlich zusammenleben – ganz im Gegensatz zum brutalen Konflikt der tatsächlich herrschte.

Dieser Konflikt entwickelte sich in den 1820er-Jahren zu dem, was man die „Black Wars" nannte, da sich die Aborigines verständlicherweise weigerten, Land, Frauen und Kinder kampflos herzugeben. 1828 rief Lieutenant-Governor Arthur das Kriegsrecht aus. Aborigines wurden systematisch ermordet, inhaftiert oder unter Waffengewalt gezwungen sich von „weißen Siedlungen" fernzuhalten – Brot wurde mit Arsen vergiftet und Menschenfallen wurden ausgelegt. Außerdem starben viele Aborigines an europäischen Krankheiten, da das Immunsystem der Einheimischen mit diesen nicht umgehen konnte.

Im Verlauf der Black Wars stimmte Lieutenant-Governor Arthur den Plänen George Augustus Robinsons zu, die Aborigines zu beschwichtigen. So brachte er praktisch alle Einheimischen dazu, ihre Waffen niederzulegen, ihr angestammtes Land zu verlassen und ihm zu neuen Siedlungen zu folgen. Es gibt Belege dafür, dass die Menschen, die in Oyster Bay lebten, seinen Versprechungen auf Zuflucht und Land glaubten und ihm zu einigen Siedlungen auf den Furneaux Islands folgten. Doch dort wurden sie als Versuchsobjekte benutzt – sie wurden „zivilisiert" und missioniert und sollten dazu gebracht werden, für die Regierung zu arbeiten.

Nachdem die eingeborenen Tasmanier mehrmals umziehen mussten, wurden sie auf Flinders Island in Wybalenna (Black Man's Houses) untergebracht. Die Menschen begannen, an einer Mischung aus Hoffnungslosigkeit, Heimweh, Hunger und Atemwegserkrankungen zu sterben. 1847 baten Überlebende Queen Victoria darum, durchzusetzen, dass der „Vertrag", der ihrer Meinung nach zwischen Robinson und Arthur bestand, auch umgesetzt werde. Wybalenna wurde schließlich verlassen, und die Überlebenden kehrten auf die tasmanische Hauptinsel zurück. Von den ursprünglich 135, die nach Flinders Island geschickt worden waren, kehrten nur 47 lebend zurück. Die neuen Unterbringungen waren erneut menschenunwürdig. Nach einer weiteren Dekade war etwa die Hälfte der verbliebenen 47 Aborigines tot.

Nationalparks

Tasmaniens 19 Nationalparks sind schlicht umwerfend. Der Besuch ist erwünscht, solange die Sicherheits- und Nachhaltigkeitsbestimmungen beachtet werden. Die goldenen Regeln: Die natürliche Umgebung nicht über die Maßen beeinflussen oder gar schädigen und keine Wildtiere füttern.

Gebühren

Die Eintrittspreise gelten für alle Nationalparks, unabhängig davon, ob ein Ranger im Dienst ist oder nicht.

Es gibt zwei Varianten von Pässen für Besucher: den 24-Stunden- und den Holiday Pass. Der 24-Stunden-Pass kostet 12 AU$ pro Person, bzw. 24 AU$ pro Fahrzeug, der Holiday Pass kostet 30 AU$, bzw. 60 AU$ und ist acht Wochen lang gültig. Ein Fahrzeugpass umfasst acht Besucher. Für regelmäßige Besucher werden auch Jahreskarten (96 AU$/Fahrzeug) und Zwei-Jahreskarten (123 AU$/Fahrzeug) angeboten.

Eintrittskarten sind an den meisten Parkeingängen, bei vielen Touristeninformationen, an Bord der *Spirit of Tasmania*-Fähren, bei **Service Tasmania** (Karte S. 700; ☎1300 135 513; www.service.tas.gov.au; 134 Macquarie St, Hobart; ⊙Mo–Fr 8.15–17 Uhr) und online unter unter www.parks.tas.gov.au erhältlich.

Aktivitäten

Lust auf Outdoor-Aktivitäten? Wer an Bushwalking, Angeln, Raften, Hochsee-Kajakfah-

TASMANIEN

TASMANIAN WILDERNESS WORLD HERITAGE AREA

Die international bedeutsame Welterbestätte **Tasmanian Wilderness** (☎03-6288 1283; www.parks.tas.gov.au/wha; ⊙24 Std.) umfasst die vier größten Nationalparks des Staats (Southwest, Franklin–Gordon Wild Rivers, Cradle Mountain–Lake St. Clair und Walls of Jerusalem) sowie den Hartz Mountains National Park, die Central Plateau Conservation Area, die Adamsfield Conservation Area, einen Teil des Mole Creek Karst National Park, das Devils Gullet State Reserve und einen Teil des Liffey Falls State Reserve.

Die UNESCO verlieh der Region 1982 den Status einer Welterbestätte in dem Wissen, dass diese Parks mit die letzte große Wildnis der Erde bilden. Ein Gebiet, dem der Status einer Welterbestätte verliehen wird, muss mindestens eine von zehn Kriterien erfüllen – die Tasmanian Wilderness erfüllt rekordverdächtige sieben! Das Gebiet umfasst 15 840 km², was 20 % von Tasmanien entspricht.

1997 wurde auch **Macquarie Island** – eine abgeschiedene, sub-antarktische Insel, 1500 km südöstlich vom Festland Tasmaniens – wegen ihrer herausragenden geologischen und ökologischen Bedeutung zur UNESCO-Welterbestätte ernannt.

ren, Segeln, Tauchen oder Surfen interessiert ist, für den könnte Tasmanien das gelobte Land sein. Die wichtigsten Ansprechpartner:

Bureau of Meteorology (www.bom.gov.au/tas) In Tasmanien kann das Wetter recht unbeständig sein: Man sollte vor dem Start in die Wildnis die Wettervorhersage prüfen.

Canoe Tasmania (www.tas.canoe.org.au) Infos zu Kanu und Kajak in Tasmanien.

Inland Fisheries Service (www.ifs.tas.gov.au) Infos zu den Angel-Vorschriften Tasmaniens.

Parks & Wildlife Service (www.parks.tas.gov.au) Auf „Recreation" klicken, um Unmengen an Informationen zu Buschwanderungen und Camping zu bekommen.

Royal Yacht Club of Tasmania (www.ryct.org.au) Lichtet den Anker und hisst die Segel – Ratschläge rund ums Segeln.

Service Tasmania (www.service.tas.gov.au) Detaillierte Buschwanderkarten; Outlets auf der Insel.

Tasmanian Scuba Diving Club (www.tsdc.org.au) Taucherbrille aufsetzen und abtauchen; Hinweise und Veranstaltungen zum Tauchen.

Tassie Surf (www.tassiesurf.com) Täglich neue Fotos anschauen und das aktuelle Wetter erfahren.

Tourism Tasmania (www.discovertasmania.com) Allgemeine Informationen zu Outdoor-Aktivitäten; auf „What to do" und dann „Outdoors&Adventure" klicken.

Geführte Touren

Tasmanian Safaris ABENTEUER
(☎1300 882 415; www.tasmaniansafaris.com) Mehrtägige, umweltfreundliche Allradtouren von Launceston über die Ostküste nach Hobart oder über die Westküste von Hobart nach Launceston. Jede Menge Buschwanderungen, Camping und Wildnis. Bietet auch Kanutouren an.

Under Down Under GEFÜHRTE TOUREN
(Tassie Day Tours; ☎1800 444 442; www.underdownunder.com.au) Umweltfreundliche, naturnahe und Backpacker-freundliche Touren. Die Touren dauern zwischen einem und neun Tagen und decken den ganzen Bundesstaat ab: Bruny Island, Port Arthur, Wineglass Bay, Richmond, Mt. Wellington, Cradle Mountain…

Tasmanian Expeditions OUTDOOR
(☎1300 666 856; www.tasmanianexpeditions.com.au) Bietet eine große Auswahl an ausgezeichneten aktiven Touren: Bushwalking, Wanderungen von Hütten aus, Rafting, Klettern und Hochsee-Kajakfahrten in abgelegenen Teilen Tasmaniens.

Adventure Tours BUS
(☎1300 654 604; www.adventuretours.com.au) Dieses Unternehmen ist in ganz Australien tätig und bietet sechstägige Touren mit Übernachtung in Tasmanien an.

Jump Tours BUS
(☎03-6288 7030; www.jumptours.com) Ein- bis siebentägige Bustouren für Jugendliche und Backpacker durch ganz Tasmanien.

Praktische Informationen

Parks & Wildlife Service (☎03-6165 4305; www.parks.tas.gov.au) Wer verletzten Wildtieren begegnet, kann sich an Parks & Wildlife Service wenden.

Tasmanian Travelways (www.travelways.com.au) Die Online-Version der gleichnamigen Zeitung für Touristen.

Tourism Tasmania (www.discovertasmania.com) Tasmaniens offizielle Tourismusbehörde. Die Hauptfiliale Tasmanian Travel & Information Centre in Hobart ist eine nützliche Anlaufstelle für die Reiseplanung in Tasmanien und hilft auch bei allen möglichen Buchungen.

An- & Weiterreise

Es gibt keine internationalen Direktflüge nach Tasmanien. Besucher müssen über Australien reisen und von dort einen Inlandsflug nach Hobart, Launceston oder Devonport nehmen. Die meisten Flüge in Richtung Tasmanien starten aus Melbourne oder Sydney, manche auch aus Brisbane. Auch die Passagier- und Autofähre *Spirit of Tasmania*, die zwischen Melbourne und dem im Norden Tasmaniens gelegenen Devonport verkehrt, ist sehr beliebt.

Man kann Flüge, Mietwagen und Ausflüge auf Lonleyplanet.com/bookings buchen.

FLUGZEUG

Jetstar (www.jetstar.com.au) Die Billig-Airline von Quantas. Direktflüge von Melbourne, Sydney und Brisbane nach Hobart und Launceston.

Qantas (www.qantas.com.au) Direktflüge von Sydney, Melbourne und Brisbane nach Launceston und von Sydney und Melbourne nach Hobart; fliegt auch zwischen Melbourne und Davenport.

Regional Express (Rex; www.regionalexpress.com.au) Fliegt von Melbourne nach Burnie/Wyneyard und King Island.

Tiger Air (www.tigerair.com.au) Fliegt von Melbourne nach Hobart.

Virgin Australia (www.virginaustralia.com.au) Direktflüge von Sydney, Melbourne, Brisbane und Canbarra nach Hobart und von Sydney, Brisbane und Melbourne nach Launceston.

SCHIFF/FÄHRE

Zwei große, rote Fähren von **Spirit of Tasmania** (☎03-6421 7209, 1800 634 906; www.spiritoftasmania.com.au) pendeln jede Nacht in beide Richtungen zwischen Melbourne und dem im Nordwesten Tasmaniens gelegenen Devonport über die Bass Strait. Die Überfahrt dauert etwa elf Stunden, die Fähren legen sowohl in Tasmanien als auch auf dem australischen Festland um 19.30 Uhr ab und erreichen gegen 6.30 Uhr ihr Ziel. Während der Hauptreisezeiten wie Weihnachten, Ostern und der wichtigsten Ferienwochenenden setzen die Fähren zweimal pro Tag über, jeweils morgens und abends um 9 bzw. 21 Uhr. Auf den Internetseiten findet man detailierte Informationen.

Jede Fähre kann 1400 Passagiere und 650 Fahrzeuge aufnehmen und verfügt über Restaurants, Bars und Spielautomaten. Die öffentlich zugänglichen Bereiche und einige Kabinen sind rollstuhlgerecht.

Unterwegs vor Ort

AUTO & MOTORRAD

Auf eigenen Rädern unterwegs zu sein, erlaubt es, die Insel nach eigenem Zeitplan zu erkunden – und man kann die Musik aufdrehen, wie man möchte. Man kann auf der *Spirit of Tasmania* ein Fahrzeug vom Festland mitbringen, allerdings dürfte es für kürze Touren günstiger sein, sich ein Auto auf der Insel zu mieten. Auf Tasmanien gibt es die üblichen Autovermietungen, sowohl internationale, als auch lokale.

Mit dem Motorrad auf der Insel unterwegs zu sein, ist eine coole Variante Tasmanien zu erkunden, man muss sich aber zu jeder Jahrezeit auf jedes Wetter einstellen.

Mietwagen

Bevor man sich einen Mietwagen nimmt, sollte man nach Kilometerbegrenzungen fragen und herausfinden, welche Leistungen genau von der Versicherung abgedeckt sind. Einige Anbieter versichern keine Unfälle auf Schotterstraßen und verlangen viel Geld, wenn dadurch Schäden entstehen – das ist ein großer Nachteil, da viele der beliebtesten Ziele Tasmaniens abseits geteerter Straßen liegen. Manche Anbieter erlauben es auch nicht, dass ihre Fahrzeuge mit nach Bruny Island genommen werden.

In der Hauptsaison kostet ein Kleinwagen bei den großen Anbietern für ein paar Tage ab 55 AU$ pro Tag. Den besten Preis bekommt man, wenn man im Voraus bucht. Kleinere Anbieter vermieten ihre Autos je nach Saison und Mietdauer schon ab 30 AU$ pro Tag. Die kleineren Autovermietungen haben oft keine Filialen am Zielort, bieten aber oft an, das Auto an den Flughäfen und am Fährterminal in Devonport abzuholen.

Autorent-Hertz (☎1800 030 500; www.autorent.com.au) Vermietet und verkauft auch Wohnmobile.

Avis (☎13 63 33; www.avis.com.au) Bietet auch Allradfahrzeuge an.

Budget (☎1300 362 848; www.budget.com.au)

Europcar (☎1300 131 390; www.europcar.com.au)

Lo-Cost Auto Rent (☎03-6231 0550; www.locostautorent.com) Filialen in Hobart und Launceston.

Rent For Less (☎1300 883 728; www.rentforless.com.au) Filialen in Hobart und Launceston.

Selective Car Rentals (☎1300 729 230; www.selectivecarrentals.com.au) Filialen in Hobart, Launceston und Devonport.

Thrifty (☎1300 367 227; www.thrifty.com.au)

Tasmanian Motorcycle Hire (☎0418 365 210; www.tasmotorcyclehire.com.au) Hat seinen Sitz in Launceston.

BUS

Tassielink (☎03-6235 7300, 1300 300 520; www.tassielink.com.au) Der größte Anbieter mit einem ausgedehnten Netz. Die Busse fahren von Hobart aus in Richtung Süden nach Dover über das Huon Valley, nach Südosten nach Port Arthur, gen Norden nach Richmond, weiter über den Midlands Hwy nach Launceston, an die Ostküste bis Bicheno und über den Lake St. Claire nach Queenstown an die Westküste.

Redline Coaches (☎1300 360 000; www.tasredline.com.au) Der zweitgrößte Anbieter bedient den Midlands Hwy zwischen Hobart und Launceston, sowie von Launceston nach Smithton die Städte an der Nordküste. Es werden auch Shuttle-Busse zu den Flughäfen in Hobart und Launceston angeboten.

TASMANIAN TRAIL

Der **Tasmanian Trail** (www.tasmaniantrail.com.au) ist ein 480 km langer Wanderweg von Devonport nach Dover, der sich an Wanderer, Reiter und Mountainbiker wendet. Der größte Teil der Route besteht aus Waldwegen, Feuerschneisen und Landstraßen. Sie führt vorbei an Farmen, Wäldern und Ortschaften, und etwa alle 30 km gibt es Möglichkeiten zum Campen (sowie jede Menge Übernachtungsmöglichkeiten in richtigen Betten!).

FAHRRAD

Die beste Möglichkeit, Tasmaniens Natur nahe zu kommen (und auch den LKWs, dem Regen, den Bergen und den Straßenschäden!), ist es, die Insel per Fahrrad zu bereisen. Aber grundsätzlich sind die Straßen in gutem Zustand, und der Verkehr außerhalb der Städte hält sich in Grenzen. Man kann diese Erfahrung unglaublich genießen, wenn man auf gelegentliche Anstiege und Gegenwind vorbereitet ist.

Vor allem wenn man mit der Fähre anreist, ist es sinnvoll, sein eigenes Rad mitzubringen. Der Fahrrad-Transport auf der *Spirit of Tasmania* kostet ganzjährig 5 AU$ pro einfache Fahrt. Alternativ kann man sich in Hobart oder Launceston ein Rad kaufen und es nach dem Tasmanien-Urlaub wieder verkaufen – in die Fahrrad-Läden gehen und sich die Schwarzen Bretter in den Hostels anschauen.

In größeren Städten ist es auch möglich, sich Räder zu leihen. Dort gibt es auch Anbieter von mehrtägigen Rad-Touren oder Events wie Downhill-Mounitainbiken am Mt. Wellington in Hobart.

Helme sind gesetzlich vorgeschrieben, genauso wie weiße Front- und rote Rückleuchten, wenn man im Dunklen fährt. Auf www.biketas.org.au gibt es weitere Informationen.

WOHNMOBIL

Die Wohnmobilvermieter verlangen pro Tag etwa 90 AU$ für ein Fahrzeug mit zwei Betten und 150 AU$ für Fahrzeuge mit vier Betten. Normalerweise gilt eine Mindesmietdauer von fünf Tagen, und die Kilometer sind unbegrenzt. Wer die Preise vergleichen will, kann das online unter www.fetchcampervanhire.com.au tun.

Apollo (S. 1182) Hat auch eine auf Backpacker spezialisierte Marke namens Hippie Camper.

Britz (S. 1182) Wohnmobilverleih.

Cruisin' Tasmania (☎1300 664 485; www.cruisintasmania.com.au) Wohnmibilverleih.

Maui (S. 1182) Wohnmobilverleih.

Tasmanian Campervan Hire (☎0438 807 118; www.tascamper.com) Hat sich auf Fahrzeuge für zwei Personen spezialisiert.

Tasmanian Campervan Rentals (☎03-6248 1867; www.tasmaniacampervanrentals.com.au) Wohnmobilverleih.

Tasmanian Motor Shacks (☎03-6248 4418; www.tassiemotorshacks.com.au) Wohnmobilverleih.

HOBART & UMGEBUNG

Die zweitälteste Stadt Australiens und zugleich südlichste Hauptstadt eines australischen Bundesstaates liegt in den Ausläufern des Mt. Wellington am Ufer des Derwent River. Die koloniale Architektur und der natürliche Charme dieser Stadt werden durch die alternativen Festivals, die Vielzahl unterschiedlicher Märkte und Essen von Weltklasse vervollständigt.

Obwohl es ein wunderschöner Ort ist, war Hobart bis vor kurzem noch weit davon entfernt, sich als weltoffen oder überhaupt selbstbewusst zu präsentieren – bis sich die Einheimischen in ihrer Haut wohlfühlten dauerte es eine Weile. Die Einstellung der Bewohner des australischen Festlands gegenüber Hobart änderte sich, parallel zu dieser Entwicklung (oder dadurch angetrieben), von Spott zu Entzücken. Investoren erkannten nun, dass das viele Wasser, die Tatsache, dass die Zeit ein bisschen langsamer zu vergehen scheint, und das angenehme Klima ein wertvolles Gut sind.

Unweit der Stadt befinden sich tolle Strände, schneebedeckte Gipfel und historisch anmutende Dörfer. Nicht zu vergessen MONA, Hobarts atemberaubendes „Museum of Old and New Art", das Tasmanien erst auf die kulturelle Weltkarte brachte.

Hobart

226 750 EW.

Hobart ist eine quirlige Hafenstadt, in der die restliche Welt mit der Flut kommt und mit der Ebbe wieder geht – doch so gelangen die Einflüsse dieser weiten Welt nach Tasmanien und infiziere die Bewohner mit dem Zeitgeist. Daher brummen im Hafenviertel altmodisch anmutende Kneipen neben neuen Craft-Bier-Bars and unzähligen Restaurants, Cafés, Museen, Festivals, Fähren und Hostels. Und alles unter dem Eindruck des Charmes und der Geschichte, die die Meeresbrise mit sich bringt. An einem sonnigen Nachmittag gibt es in ganz Australien nur wenige Orte die schöner sind.

Sehenswertes

Central Hobart

Penitentiary Chapel Historic Site HISTORISCHE STÄTTE

(Karte S. 696; ☎03-6231 0911; www.nationaltrust.org.au/places/the-tench; Ecke Brisbane St & Campbell St; geführte Touren Erw./Kind/Fam. 15/10/40 AU$; ⏲geführte Touren Mo–Fr 10, 11.30, 13 & 14.30 Uhr, Sa & So 13 & 14.30 Uhr) Die Gerichtssäle, Zellen und Galgen des „Tench" verbreiteten in den 1880er-Jahren Angst und Schrecken: Ein Aufenthalt hier war um jedem Preis zu vermeiden. Vielleicht ist das eine Erklärung dafür, dass diese von Verurteilten errichteten Gebäude im Herzen von Hobart heute noch stehen. Man sollte die ausgezeichnete von National Trust betriebene Tour oder die **Tench Ghost Tour** (https://nationaltrusttas.rezdy.com/43790/the-tench-ghost-tour; geführte Touren 25 AU$; ⏲ Juni–Aug. Mo & Fr 20 Uhr, Sept.–Mai Mo & Fr 21 Uhr), die man unbedingt im Voraus buchen muss, auf keinen Fall auslassen.

Gasworks Cellar Door WEINGUT

(Karte S. 700; ☎ 03-6231 5946; www.gasworkscellardoor.com.au; 2 Macquarie St; Verköstigungen ab 2,50 AU$; ⏲ So–Mi 12–16, Do–Sa 11–17 Uhr) Falls man keine Zeit hat, Tasmaniens Weinregionen zu besuchen, um ein paar Schlückchen der gut-temperierten Tropfen zu probieren, sollte man stattdessen die Gaswork Cellar Doors am unteren Ende der Macquarie St besuchen. Die kreativen Displays nehmen einen mit auf eine virtuelle Reise, die die Highlights der besten regionalen Weine zeigt, die hier auch zu kaufen sind.

Uferviertel & Salamanca Place

★ Salamanca Place HISTORISCHE STÄTTE

(Karte S. 700; www.salamanca.com.au) Die malerischen Zeilen der drei- und vierstöckigen, aus Sandstein errichteten Lagergebäude sind ein klassisches Beispiel australischer Kolonialarchitektur. Das Areal reicht zurück bis in die Walfängerzeiten der 1830er-Jahre; später wurde es zum Zentrum des Wirtschafts- und Handelslebens von Hobart. In der Mitte des vorigen Jahrhunderts waren viele der Lagergebäude verfallen, doch in den 1970er-Jahren begannen die Restaurierungsarbeiten. Heute gibt es hier unzählige Restaurants, Cafés, Bars, Läden und den un-

HOBART IN ...

... einem Tag

Beim Bummel rund um den Battery Point, dem geschichtenumwobenen Viertel auf der Landzunge südöstlich vom Zentrum, kann man tief in die Geschichte eintauchen. Nicht verpassen sollte man die fotogenen Hütten des Arthur Circus, die stimmungsvolle South St, die **St. George's Anglican Church** in der Cromwell St und die Cafés in der Hampden Rd. **Jackman & McRoss** (S. 707) ist im Viertel sehr beliebt und eignet sich hervorragend für einen Zwischenstopp mit Kuchen oder Gebäck. Nach dem Mittagessen geht es die Kelly's Steps hinunter zu den historischen Lagerhallen des Salamanca Place: besonders nett sind die Kunsthandwerksstände und Galerien im **Salamanca Arts Centre** (S. 710). Im **Mawson's Huts Replica Museum**, an der Uferpromenade nahe dem Constitution Dock, bekommt man einen guten Eindruck der antarktischen Vergangenheit von Hobart. Danach gibt's zum Abendessen Fish 'n' Chips bei **Flippers** (S. 706) oder **Fish Frenzy** (S. 707). Wenn danach die Energie wiedergekehrt ist, geht es zum Elizabeth Street Pier für einen Drink im **T-42°** (S. 709). Noch eleganter ist das **Glass House** (S. 708) auf dem schwimmenden Brooke Street Pier. Wer lieber festen Boden unter den Füßen hat, der geht ins **Jack Greene** (S. 708) auf dem Salamanca Place.

... zwei Tagen

Am zweiten Tag erholt man sich bei einem üppigen Frühstück und ein paar Tassen Kaffee im **Retro Café** (S. 707) am Salamanca Place (falls zufällig Samstag ist, wird der **Salamanca Market** (S. 711) in vollem Gang sein). Danach geht's zum Brook Street Pier, von wo die Fähre zum **MONA** (S. 698) fährt, das für einen abwechslungsreichen und anspruchsvollen Nachmittag sorgt. Im MONA kann man auch gut essen: Entweder im reizenden Source oder im lässigen Museumscafé. Frisch gestärkt geht es in die unterirdischen Gefilde des MONA – ein mehrstöckiges Labyrinth mit überraschenden Eindrücken, ruhigen Momenten, amüsanten Installationen und verwirrenden Erlebnissen. Hier kann man lachen, weinen, staunen, sich wegdrehen, fassungslos dreinblicken und vielleicht sogar ein bisschen bluten. Nach einem Drink an der Bar geht's mit dem Taxi zurück nach North Hobart zum Mexikaner **Pancho Villa** (S. 708) oder ins Steakhaus **Roaring Grill** (S. 708). Nach diesem ereignisreichen Tag sollte man sich am Abend einen leckeren Drink gönnen. Auf ein Bier (oder auch drei) nach dem Abendessen geht's ins **Winston** (S. 709), und danach könnte man schauen, was im **State Cinema** (S. 710) läuft oder sich him **Republic Bar & Café** (S. 710) etwas Livemusik anhören.

Hobart

0 500 m
North Hobart Oval
NEW TOWN
NORTH HOBART
North Hobart
Queen's Domain
TCA Ground
GLEBE
Royal Automobile Club of Tasmania
WEST HOBART
HOBART
MACQUARIE POINT
Sullivans Cove
New Town Bay
Macquarie Point
Battery Point
Princes Park
BATTERY POINT
s. Karte Hobart Zentrum (S. 700)
SOUTH HOBART
Hobart Rivulet
Fitzroy Gardens
Ginger Brown (150 m); Her Story (1 km); Cascades Female Factory Historic Site (1,1 km); Cascade Brewery (1,5 km)
Secheron Point
SANDY BAY
DYNNYRNE
Sandy Bay
Sandy Bay Rivulet
Wrest Point
University of Tasmania
Lambert Park
Derwent River

Hobart

Highlights
1 North Hobart A2

Sehenswertes
2 Penitentiary Chapel Historic Site C3
3 Royal Tasmanian Botanical Gardens C1
4 St. George's Anglican Church C5

Aktivitäten, Kurse & Touren
5 Roaring 40s Kayaking C6
Tench Ghost Tour .... (siehe 2)

Schlafen
6 Altamont House A3
7 Corinda's Cottages C2
8 Grande Vue Private Hotel D5
9 Islington A6
10 Quayle Terrace C5
11 St. Ives Motel C5

Essen
12 Annapurna A2
13 Burger Haus A2
14 Don Camillo C6
15 Pancho Villa A2
16 Pigeon Hole B4
Roaring Grill .... (siehe 12)
17 Templo B3

Ausgehen & Nachtleben
18 Hobart Brewing Company D3
19 Shambles Brewery B3
20 Shipwright's Arms Hotel D5
Willing Bros .... (siehe 15)
21 Winston A2

Unterhaltung
22 Jokers Comedy Club A1
23 Republic Bar & Café A2
State Cinema .... (siehe 21)

Shoppen
State Cinema Bookstore .... (siehe 21)

bedingt sehenswerten Salamanca Market (S. 711) am Samstagvormittag.

★ Mawson's Huts Replica Museum MUSEUM

(Karte S. 700; ☎1300 551 422, 03-6231 1518; www.mawsons-huts-replica.org.au; Ecke Morrison St & Argyle St; Erw./Kind/Fam. 12/4/28 AU$; ⌚Okt.–April 9–18 Uhr, Mai–Sept. 10–17 Uhr) Die ausgezeichnete neue Installation im Uferviertel ist eine exakte Kopie einer jener Hütten, in denen Sir Douglas Mawson während der Australasiatischen Antarktisexpedition (1911–1914), die in Hobart aufbrach, Unterschlupf fand. Drinnen ist alles vollständig originalgetreu, bis hin zu den Streichhölzern, dem Ofen und den Stockbetten. An einem rustikalen Tisch sitzt ein kundiger Führer, der gern alle Fragen zur Antarktis beantwortet. Die Eintrittsgelder dienen der Erhaltung der originalen Hütten am Cape Denison auf dem antarktischen Kontinent.

★ Tasmanian Museum & Art Gallery MUSEUM

(TMAG; Karte S. 700; ☎03-6165 7000; www.tmag.tas.gov.au; Dunn Pl; ⌚Jan.–März tgl. 10–16 Uhr; April–Dez. Di–So 10–16 Uhr) GRATIS Das aufgemöbelte Museum, in das Hobarts ältestes Gebäude, der Commissariat Store (1808), einbezogen ist, zeigt Zeugnisse der Kolonialzeit und ausgezeichnete Ausstellungen zu den Aborigines und zur Tier- und Pflanzenwelt. Die Galerie präsentiert eine Sammlung tasmanischer kolonialzeitlicher Kunst. Es gibt ein cooles Café und kostenlose Führungen (Mi–So 13 & 14 Uhr) – die Horden von Schulkindern sind daran vielleicht weniger interessiert – sowie Führungen mit Sonderthemen (Mi 11 Uhr; auf der Webseite steht Näheres). Darüber hinaus gibt's ein schickes Café und einen kleinen Laden.

Ufer UFERVIERTEL

(Karte S. 700, abseits der Davey St) Die Hobarter stürzen sich auf das Uferviertel ihrer Stadt wie Möwen auf Fritten. Rund um das **Victoria Dock** (ein Fischerhafen) und das **Constitution Dock** (voller „Imbisskähne", die Meeresfrüchte verkaufen) lädt das Uferviertel zu tollen Erkundungen ein. In der Sonne zu sitzen, Fish'n'Chips zu mampfen und sich den Trubel im Hafen anzuschauen, ist ein unverzichtbares Hobart-Erlebnis. Wer lieber mit Messer und Gabel speist, findet einige ausgezeichnete Restaurants am **Elizabeth St Pier**.

Battery Point, Sandy Bay & South Hobart

★ Battery Point HISTORISCHE STÄTTE

(Karte S. 700; www.batterypoint.net) Nur einen Rumbuddelwurf vom Ufer entfernt, präsentiert sich die alte Seefahrersiedlung Battery Point als ein Viertel aus Gassen und Villen aus dem 19. Jh., die so eng zusammengepackt sind wie schanghaite Landratten im Rumpf eines Seelenverkäufers. Hier kann man gut einen Nachmittag verbringen – vom Salamanca Pl stolpert man **Kelly's Steps** (Karte S.700; Kelly St, via Salamanca Pl, Hobart) hinauf und biegt scharf in die **South St** ab, wo die roten Lampen früher Tag und Nacht brannten. Dann dreht man eine Runde um den malerischen **Arthur Circus**, tankt in den Cafés an der **Hampden Rd** wieder auf und beäugt schließlich noch die **St. George's Anglican Church** (Karte S.696; ☎03-6223 2146; www.stgeorgesbatterypoint.org; 30 Cromwell St, Battery Point; ⏲Di–Fr 9.15–14.15 Uhr, Gottesdienst So 10 Uhr) an der Cromwell St.

★Kunanyi/Mt. Wellington BERG

(Mt Wellington; ☎03-6238 4222; www.wellingtonpark.org.au; Pinnacle Rd, über Fern Tree) Der winters schneebedeckte Kunanyi/Mt. Wellington (1271 m) thront über Hobart wie ein wohlwollender Lehnsherr. Die Bürger schöpfen Zuversicht aus seiner ständigen, unerschütterlichen Präsenz, und Outdoorfans nutzen ihn zum Wandern oder sausen auf dem Rad seine grünen Flanken hinunter. Der Blick vom Gipfel ist einfach unglaublich – man kann ihn auf einer asphaltierten Straße direkt erreichen. Alternativ veranstaltet die **Hobart Shuttle Bus Company** (☎0408 341 804; www.hobartshuttlebus.com; Transfer & Tour pro Erw./Kind ab 30/20 AU$) täglich zweistündige Touren zum Gipfel und transportiert Wanderer auf den Berg oder von diesem hinunter.

★Cascade Brewery BRAUEREI

(☎03 6212 7800; www.cascadebrewery.com.au; 140 Cascade Rd; Brauereitouren Erw./Kind 16–18 Jahre 30/15 AU$, Cascade-Story-Tour Erw./Kind 15/5 AU$; ⏲tgl. geführte Touren) An dem kleinen, klaren Flüsschen Hobart Rivulet steht die in einem verblüffenden gotischen Stil gehaltenen Cascade Brewery, Australiens älteste Brauerei, die seit 1832 hervorragendes Bier produziert. Die 90-minütige geführte Tour beinhaltet eine Menge an Geschichte und selbstverständlich gibt es zum Schluss auch eine Verkostung. Es ist zu beachten, dass unter 16-Jährige nicht an der normalen Tour teilnehmen dürfen – es wird aber auch eine familienfreundliche Cascade-Tour angeboten. Außerdem sollte man sich nicht wundern, wenn die Braukessel am Wochenende nicht befeuert sind, auch Brauer haben mal frei. Eine Reservierung ist zwingend notwendig. Um dorthin zu kommen nimmt man die Buslinien 446, 447, 448 oder 449.

★Cascades Female Factory Historic Site HISTORISCHE STÄTTE

(☎03-6233 6656; www.femalefactory.org.au; 16 Degraves St; Erw./Kind/Fam. 5/5/15 AU$, geführte Tour 15/10/40 AU$, „Her Story"-Inszenierung 20/12,50/60 AU$; ⏲9.30–16 Uhr, geführte Touren stündl. 10–15 Uhr (außer 12 Uhr). Das UNESCO-Welterbe ist der Ort, an dem die weiblichen Straftäter Hobarts eingesperrt und zur Arbeit gezwungen wurden. Erstaunlich ist, dass jeder vierte Verurteilte, der nach Van Diemen's Land gebracht wurde, eine Frau war. Man kann die Fabrik entweder im Rahmen einer geführten Tour oder auf eigene Faust erkunden. Um diesen Ort, der im frühen 19. Jh. noch ganz anders aussah, noch besser zu verstehen, sieht man sich am besten die ausgezeichnete Bühneninszenierung „Her Story" an. Mit den Bussen 446, 447, 448 oder 449 kommt man hierher.

MONA & Northern Hobart

★MONA MUSEUM, GALERIE

(Museum of Old & New Art; ☎03-6277 9900; www.mona.net.au; 655 Main Rd, Berriedale; Erw./Kind 20 AU$/frei, Einwohner Tasmaniens frei; ⏲Feb.–April & Dez. Mi–Mo 10–18 Uhr, Mai–Nov. Mi–Mo 10–17 Uhr) 12 km nördlich von Hobarts Zentrum liegt das MONA auf einer an eine Sauciere erinnernden Halbinsel, die in den Derwent River vorspringt. Das über drei unterirdische, an die nackte Felswand grenzende Etagen verteilte, 75 Mio. AU$ teure Museum wurde von dem Philanthropen und Eigentümer David Walsh als „ein subversives Disneyland für Erwachsene" beschrieben. Altertümer stehen hier Seite an Seite neben topaktuellen Werken. Das Ganze ist sexy, provokant, verstörend – ein Highlight, das man sich auf gar keinen Fall entgehen lassen darf.

Um hinzukommen, nimmt man vom Brooke Street Pier in Hobart die MR-1 Fähre oder den MONA-Roma-Shuttlebus. Fahrkarte und Eintrittsticket online buchen!

★North Hobart STADTVIERTEL

(Karte S. 696) Das ist Hobarts unkonventionellste und multikulturellste Ecke. Die Elisabeth St in North Hobart (für den einen oder anderen Spaßvogel NoHo) ist gesäumt von Dutzenden Cafés, Restaurants, Bars und Kneipen – genug, um immer und immer wieder zum Essen hierherzukommen. Es gibt hier mit dem State Cinema (S. 710) auch ein Kunstfilmkino sowie das Republic Café & Bar (S. 710).

HOBART MIT KINDERN

Eltern werden sich nicht schwertun, ihre Kindern in Hobart zu beschäftigen. In der Gegend rund um den Salamanca Place gibt es jede Menge zu sehen. Die Straßenkünstler und der samstags stattfindende **Salamanca Market** (S. 711) machen Kindern jeden Alters Spaß. Das kostenlose Rektango-Musik-Event (S. 709), das jeden Freitag im Innenhof des Salamanca Arts Centre stattfindet, bietet ebenfalls Spaß für die ganze Familie. Und an der **Uferpromenade** (S. 697) ist auch immer etwas los: Fischerboote legen am Victoria Dock an und ab, Jachten schaukeln in der Sullivans Cove und an den Fischständen am Constitution Dock kriegt man die ganze Meute für wenig Geld satt.

Auch an verregneten Tagen gibt es jede Menge Möglichkeiten, die Kinder (oder das Kind in einem selbst) zu erfreuen. Das **Tasmanian Museum & Art Gallery** (S. 697) gibt Kindern die Möglichkeit, die Geschichte der Aborigines zu verstehen, etwas über den Beutelwolf zu lernen und funkelnde Edelsteine zu bewundern. Im **Maritime Museum of Tasmania** (Karte S. 700; ☎03-6234 1427; www.maritimetas.org; 16 Argyle St, Hobart; Erw./Kind/Fam. 10/8/20 AU$; ⊙9–17 Uhr) kann man Schiffswracks, Walfangboote, Jachten und rostige Anker bewundern – wenn es in diesem Museum etwas Uninteressantes gibt, bitte Bescheid sagen. Und dann ist da noch das **Mawson's Huts Replica Museum** (S. 697) für etwas antarktisches Flair – hier kriegen die Kinder einen richtigen Einblick in das Leben in der Antarktis. Vielleicht benehmen sie sich hinterher sogar besser.

Babysitten Wer Lust auf ein romantisches Dinner zu zweit hat, der wendet sich an den **Mobile Nanny Service** (☎0437 504 064, 03-6273 3773; www.mobilenannyservice.com.au).

Informationen Das kostenlose Magazin *LetsGoKids* (www.letsgokids.com.au) von der Touristeninformation in Hobart liefert jede Menge Ideen.

Öffentliche Verkehrsmittel Kinder unter fünf Jahren fahren kostenlos mit den Bussen von Metro Tasmania. Über Fünfjährige bekommen Ermäßigungen (etwa 50 %).

Royal Tasmanian Botanical Gardens GARTEN
(Karte S. 696; ☎03-6166 0451; www.rtbg.tas.gov.au; Lower Domain Rd, Queens Domain; ⊙Okt.–März 8–18.30 Uhr, April & Sept. bis 17.30 Uhr, Mai–Aug. bis 17 Uhr) GRATIS Der kleine, aber betörende Garten an der Ostseite der Queen's Domain reicht bis 1818 zurück und präsentiert mehr als 6000 exotische und heimische Pflanzenarten. Man kann auf dem Rasen picknicken, das Gewächshaus mit subantarktischen Pflanzen erkunden und im Restaurant oder Café etwas essen. Dem Haupteingang gegenüber liegt das Gelände des ehemaligen **Beaumaris Zoos**, in dem 1936 der letzte in Gefangenschaft gehaltene Beutelwolf starb. Für geführte Touren ruft man am besten an.

Aktivitäten

★ Mt. Wellington Descent RADFAHREN
(☎1800 064 726; www.underdownunder.com.au/tour/mount-wellington-descent; Erw./Kind 75/65 AU$; ⊙ganzjährig tgl. 10 & 13 Uhr, Dez.–Feb. auch 16 Uhr) Man nimmt einen Van auf den Gipfel des Mt. Wellington (1270 m), gefolgt von einer 22 km langen Abfahrt mit dem Mountainbike (fast, die letzten 5 km verlaufen in der Ebene). Das ist ein Heidenspaß bei wenig Kraftaufwand und umwerfenden Panoramen! Die Tour beginnt um 16 Uhr in der Elisabeth St am Ufer Hobarts und dauert etwa 2½ Stunden.

★ Roaring 40s Kayaking KAJAKFAHREN
(Karte S. 696; ☎0455 949 777; www.roaring40skayaking.com.au; Marieville Esplanade, Sandy Bay; Erw./Kind 90/60 AU$; ⊙Okt.–April tgl. 10 Uhr, Nov.–März auch 16 Uhr) Vom Wasser aus präsentiert sich Hobart von seiner Schokoladenseite. Mit Roaring 40s, die sich nach der in diesen Breiten vorherrschenden Westwinddrift nennen, kann man sichere, 2½-stündige Paddeltouren machen. Von Sandy Bay geht's am Battery Point vorbei zu den Docks von Hobart, wo man sich Fish 'n' Chips genehmigt und sich treiben lässt, bevor man nach Sandy Bay zurückpaddelt.

Hobart Bike Hire RADFAHREN
(Karte S. 700; ☎0447 556 189; www.hobartbikehire.com.au; 35 Hunter St; Fahrradverleih 25/35 AU$ pro Tag/über Nacht; ⊙9–17.30 Uhr) Liegt zentral an der Promenade, und man bekommt eine Menge Vorschläge für Touren auf eigene Faust durch die Stadt oder entlang dem Derwent River bis zum MONA. Es sind auch Kinderanhänger und Tandems

Hobart Zentrum

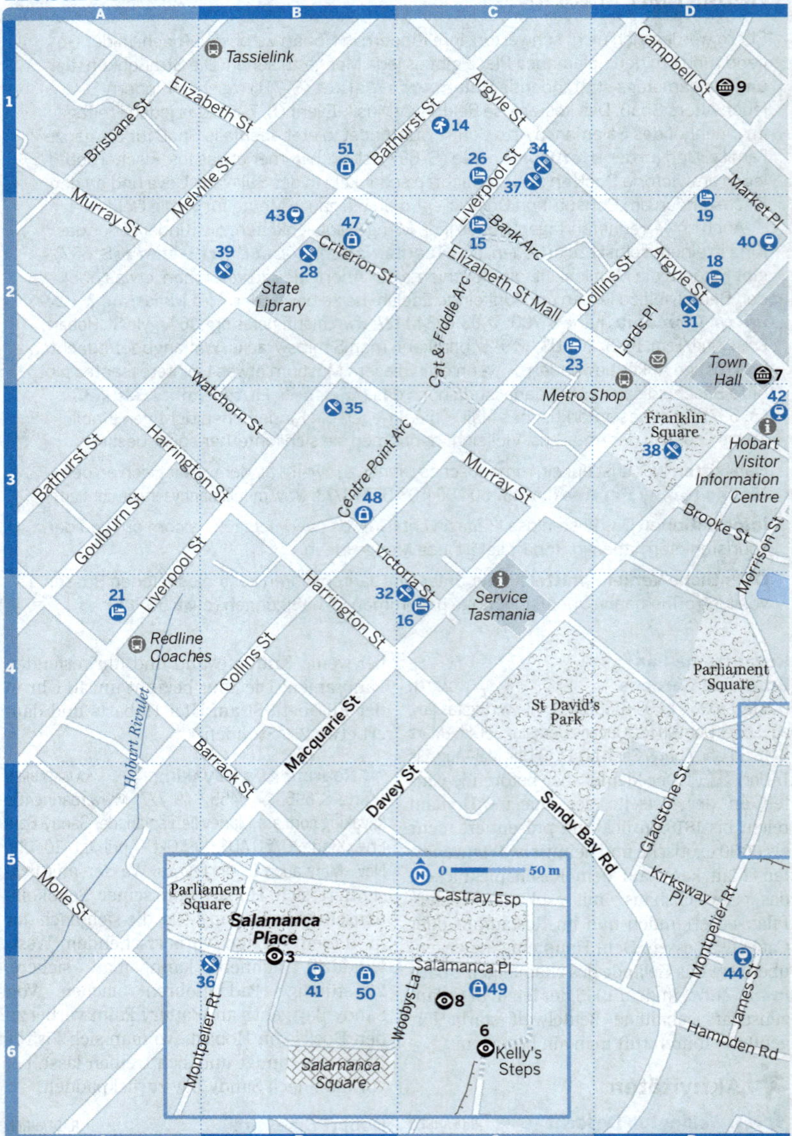

verfügbar; Helme und Karten sind inklusive. Es gibt an der Brooke St in der Nähe der Fähre zum MONA noch eine zweite Filiale.

Rockit Climbing KLETTERN
(Karte S. 700; ☎ 03-6234 1090; www.rockitclimbing.com.au; 54 Bathurst St; Erw./Kind/Fam. 25/12/60 AU$; ⊙ Mo–Fr 12–21, Sa & So bis 18 Uhr) In einem umgebauten Lagerhaus bietet Rockit erstklassige Kletterwände. Also: Die Kletterschuhe und die Gurte angelegt (alles im Preis inbegriffen), die Finger einkreiden, und los geht's. Kletterkurse werden ebenfalls angeboten.

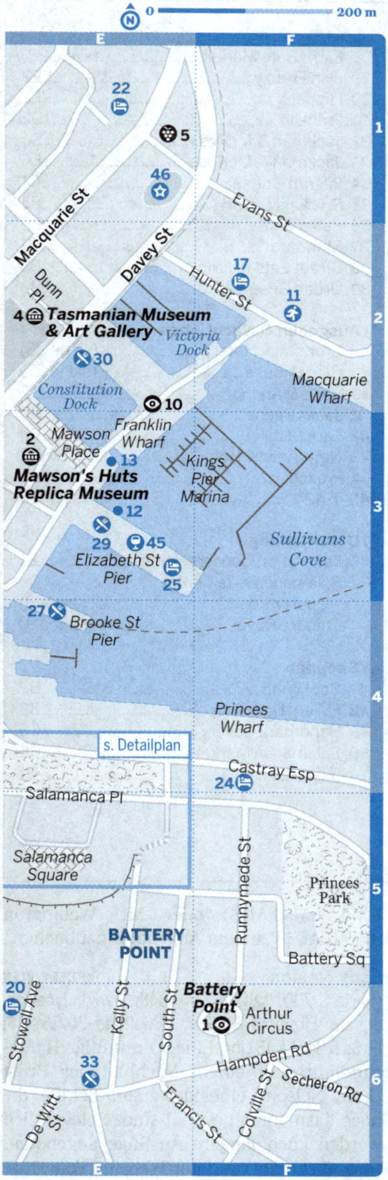

Geführte Touren

★ Pennicott Wilderness Journeys BOOTSFAHRTEN
(Karte S. 700; ☎ 03-6234 4270; www.pennicottjourneys.com.au; Dock Head Bldg, Franklin Wharf; geführte Touren Erw./Kind ab 225/155 AU$; ⌚ 7–18.30 Uhr) Pennicott bietet ein halbes Dutzend besondere Bootstouren zu den wichtigsten Sehenswürdigkeiten Südtasmaniens. Es gibt z. B. Ausflüge nach Bruny Island, Tasman Island, die Tasman Peninsula, D'Èntrecasteaux Channel und das Iron Pot Lighthouse im Süden Hobarts. Ein Ausflug zur **Tasmanian Seafood Seduction** (Karte S. 700; ☎ 03-6234 4270; www.seafoodseduction.com.au) ist der Hauptgewinn für alle Liebhaber von Meeresfrüchten.

Hobart Comedy Tours KULTUR
(www.hobartcomedytours.com; geführte Touren Erw./Kind ab 28/18 AU$) An Hobarts Franklin Sq lacht man sich bei den „Horrible Hobart"-Touren kaputt, die für die ganze Familie geeignet sind (Di & Do 11 & 14 Uhr). Die „(Un)fairer Sex"-Touren sind etwas schlüpfriger und beleuchten das Leben eines Arbeiter-Mädchens im alten Hobart (ab 18 Jahren; Di & Do 19 Uhr). Reservierung erforderlich.

Gourmania STADTSPAZIERGANG
(☎ 0419 180 113; www.gourmaniafoodtours.com.au; geführte Touren ab 89 AU$) „Köstliche" Stadtspaziergänge rund um den Salamanca Place und ins Zentrum, bei denen sich unzählige Möglichkeiten bieten, typisch tasmanisches Essen zu probieren und sich mit den Besitzern von Lokalen, Cafés und Geschäften zu unterhalten.

Hobart Historic Tours STADTSPAZIERGANG
(☎ 03-6234 5550; www.hobarthistorictours.com.au; geführte Touren ab 30 AU$) Ein informativer und unterhaltsamer 1½-Stunden-Spaziergang durch Hobart und das historische Viertel Battery Point. Die Old Hobart Pub Tour führt durch Kneipen an der Uferpromenade, und der Grand Hobart Walk dauert drei Stunden. Für Termine und Buchungen Website anschauen oder einfach anrufen. Eingeschränktes Programm im Winter.

Her Story STADTSPAZIERGANG
(☎ 03-6233 6656, 1800 139 478; www.livehistoryhobart.com.au; 45-minütige Tour Erw./Kind 20/12,50 AU$) Eine mitfühlende Tour durch Hobarts Frauengefängnis in der Cascades Female Factory Historic Site, aufgeführt von einer „umherstreifenden" Schauspielergruppe. Die Aufführungen beginnen täglich mittags (außer Sa im Winter).

Tasmanian Whisky Tours DISTILLERIE
(☎ 0412 099 933; www.tasmanianwhiskytours.com.au; geführte Touren 249 AU$; ⌚ Di, Fr & Sa) Seit Sullivans Cove Whiskey bei den World

Hobart Zentrum

Highlights
1 Battery Point ... F6
2 Mawson's Huts Replica Museum ... E3
3 Salamanca Place ... B6
4 Tasmanian Museum & Art Gallery ... E2

Sehenswertes
5 Gasworks Cellar Door ... E1
6 Kelly's Steps ... C6
7 Maritime Museum of Tasmania ... D2
8 Salamanca Arts Centre ... C6
9 Theatre Royal ... D1
10 Ufer ... E2

Aktivitäten, Kurse & Touren
11 Hobart Bike Hire ... F2
12 Lady Nelson ... E3
13 Pennicott Wilderness Journeys ... E3
14 Rockit Climbing ... C1
Tasmanian Seafood Seduction ... (siehe 13)

Schlafen
15 Alabama Hotel ... C2
16 Astor Private Hotel ... C4
17 Henry Jones Art Hotel ... F2
18 Hobart Central YHA ... D2
19 Mantra Collins Hotel ... D2
20 Montacute ... E6
21 Nook ... A4
22 Old Woolstore Apartment Hotel ... E1
23 Quest Savoy ... C2
24 Salamanca Wharf Hotel ... F4
25 Somerset on the Pier ... E3
26 Tassie Backpackers ... C1

Essen
27 Aloft ... E4
28 Bury Me Standing ... B2
Farm Gate Market ... (siehe 28)
29 Fish Frenzy ... E3
30 Flippers ... E2
31 Franklin ... D2
32 Jackman & McRoss ... C4
33 Jackman & McRoss ... E6
34 Pilgrim Coffee ... C1
35 R Takagi Sushi ... B3
36 Retro Cafe ... B6
37 Standard ... C1
38 Street Eats @ Franko ... D3
39 Urban Greek ... B2

Ausgehen & Nachtleben
Brunswick Hotel ... (siehe 26)
Glass House ... (siehe 27)
40 Hope & Anchor ... D2
41 Jack Greene ... B6
42 Lark Distillery ... D3
43 New Sydney Hotel ... B2
44 Preachers ... D6
45 T-42° ... E3

Unterhaltung
46 Federation Concert Hall ... E1
Salamanca Arts Centre Courtyard ... (siehe 8)
Theatre Royal ... (siehe 9)

Shoppen
47 Cool Wine ... B2
48 Fullers Bookshop ... B3
49 Handmark Gallery ... C6
50 Salamanca Market ... B6
51 Skigia ... B1

Whiskey Awards 2014 den begehrten Preis „Best Single Malt" gewonnen hat, wird viel vom tasmanischen Whiskey berichtet. Man sollte einen Tagesausflug buchen, um diese leidenschaftlich geführten Betriebe zu erkunden, die drei Brennereien zu besuchen und Tassis beste Single Malts zu verkosten. Mindestteilnahme vier Personen. Es werden auch Bier- und Wein-Touren angeboten.

Red Decker BUSFAHRTEN
(☎03-6236 9116; www.reddecker.com.au; Pass für 20 Stopps Erw./Kind/Fam. 24 Std. 35/20/90 AU$, 48 Std. 40/25/100 AU$) Sightseeing mit Führer auf einem Londoner Doppeldeckerbus. Entweder kauft man den Hop-On-Hop-Off-Pass mit 20 Stopps (1 oder 2 Tage gültig) oder man macht die 90-minütige Tour in einem Rutsch. Wer noch ein paar Dollar drauflegt, kann die Cascade-Brauerei (Erw./Kind 65/55 AU$) oder Mt. Wellington (65/40 AU$) zu dem Angebot hinzubuchen.

Lady Nelson BOOTSFAHRTEN
(Karte S. 700; ☎03-6234 3348; www.ladynelson.org.au; Elizabeth St Pier; Erw./Kind 30/15 AU$; ⌚Sa & So 11 & 13 Uhr) Eine 90-minütige Hafenrundfahrt auf einem Nachbau der Brigg „Lady Nelson", eines der ersten Schiffe, die nach Tasmanien gesegelt sind. Gelegentlich werden auch längere Ausflüge angeboten; Infos dazu gibt's auf der Website. Von Mitte Dezember bis April finden samstags und sonntags um 15 Uhr zusätzlich Törns statt.

Feste & Events

★ Sydney-Hobart-Regatta SPORT
(www.rolexsydneyhobart.com; ⌚Dez.) Großjachten treten in dem weltweit aufreibendsten

Rennen auf offener See gegeneinander an. Das Ziel Hobart wird – rechtzeitig vor Silvester – um den 29. Dezember herum erreicht. (Und die Segler verstehen sich aufs Feiern!)

★ Taste of Tasmania ESSEN & TRINKEN
(www.thetasteoftasmania.com.au; ⌚Dez.) Rund um Silvester werden eine Woche lang die kulinarischen Köstlichkeiten Tasmaniens gefeiert. Meeresfrüchte, Wein und Käse sind natürlich die Highlights, aber es lohnt sich auch, nach Pilzen, Trüffeln, Himbeeren usw. Ausschau zu halten. Kein Restaurant von Rang und Namen in Hobart lässt es sich nehmen, hier mit einem Stand vertreten zu sein. Es gibt auch Livemusik. Einfach beeindruckend.

MONA FOMA KUNST, MUSIK
(MOFO; www.mofo.net.au; ⌚Jan.) Kürzel ahoi! Auf dem Gelände des MONA präsentiert das wunderbar durchmischte Festival of Music & Arts jedes Jahr einen hochkarätigen „Eminent Artist in Residence" (EAR). Zu den EARs früherer Jahre gehörten auch John Cale, Ava Mendoza und Nick Cave. Man darf also gespannt sein.

Hobart BeerFest BIER
(www.hobart.beerfestivals.com.au; ⌚Jan.) Mehr als 200 Brauereien aus Australien und der ganzen Welt bieten eine Menge Möglichkeiten an der Strandpromenade, einen Snack zu sich zu nehmen und (natürlich) Bier zu trinken.

Australian Wooden Boat Festival KULTUR
(www.australianwoodenboatfestival.com.au; ⌚Feb.) Alle zwei Jahre (in ungeraden Jahren) stattfindendes Event, das auf denselben Termin wie die Royal Hobart Regatta fällt. Das Festival würdigt das Erbe der tasmanischen Bootsbauer und die Seefahrertraditionen.

Ten Days on the Island KULTUR, KUNST
(www.tendays.org.au; ⌚März) Tasmaniens wichtigstes Kulturfestival findet alle zwei Jahre (in ungeraden Jahren) statt. In Veranstaltungsorten überall auf der Insel wird Tasmaniens Kunst, Musik und Kultur mit Konzerten, Ausstellungen, Tanz, Filmvorführungen, Theatervorstellungen und Workshops gefeiert.

★ Dark MOFO KUNST, MUSIK
(www.darkmofo.net.au) Die böse Schwester der MONA FOMA findet in der Dunkelheit der Wintersonnwende im Juni statt. Man darf sich auf Livemusik, Kunstprojekte, Lesungen, Film Noir, Lagerfeuer, Rotwein und mitternächtliche Gelage freuen. Alles, was Tasmaniens Gothic-Blut in Wallung bringt!

Falls Festival MUSIK
(www.fallsfestival.com.au; ⌚29. Dez.–1. Jan.) Die tasmanische Version des Rockfestivals in Victoria ist ein Renner! Vier Tage und drei Nächte stehen australische und internationale Musiker und Bands (Paul Kelly, Dan Sultan, Cold War Kids, Alt J) in Marion Bay, eine Stunde östlich von Hobart, auf der Bühne.

Schlafen

Central Hobart

★ Alabama Hotel HOTEL $
(Karte S. 700; ☎0499 987 698; www.alabamahobart.com.au; Ebene 1, 72 Liverpool St; DZ/2BZ ab 85/90 AU$;) Eine niedliche und coole Bleibe: Die alte Art-déco-Absteige – einst ein düsterer Schuppen voller schmieriger Teppiche – ist als Boutique-Budgethotel neu erstanden. Zwar hat keines der 17 Zimmer ein eigenes Bad, aber es gibt viele blitzsaubere Gemeinschaftsbäder. Das Dekor ist schick und bunt mit einigen Anklängen ans Art déco, und es gibt eine ganztägig geöffnete Bar mit sonnigem Balkon über der Straße.

Nook HOSTEL $
(Karte S. 700; ☎03-6135 4044; www.thenookbackpackers.com.au; 251 Liverpool St; B 24–30 AU$, EZ/DZ ab 50/75 AU$; P) Es ist eher ein alter, umgebauter Pub, als ein Schlupfwinkel (*nook*)... aber das Nook ist ein gutes Hostel: 14 saubere Zimmer oberhalb einer großen, offenenen Gemeinschaftsküche, mit einer netten Grillecke im hinteren Bereich. Putzfeen halten die Sanitärbereiche sauber. Der Tenor ist „Wir putzen hier gerne, aber macht uns bitte keine unnötige Arbeit".

Tassie Backpackers HOSTEL $
(Karte S. 700; ☎03-6234 4981, 0457 120 713; www.brunswickhotelhobart.com.au; 67 Liverpool St; B ab 29 AU$, DZ ohne Bad ab 114 AU$, DZ/3BZ ab 155/175 AU$;) Über dem alt-ehrwürdigen **Brunswick Hotel** (⌚11 Uhr–open end) liegt eine der gehobeneren Adressen für Backpacker in Hobart. Hier gibt's einige Gemeinschaftsräume, eine Küche und eine Wäscherei. Das Management betreibt auch den darunter liegenden Pub.

Hobart Central YHA HOSTEL $
(Karte S. 700; ☎03-6231 2660; www.yha.com.au; 9 Argyle St; B ab 31 AU$, DZ & 2BZ mit/ohne Bad ab

143/123 AU$, FZ ab 148 AU$;) Die an einen historischen Pub angeschlossene schlichte, aber saubere Jugendherberge bietet helle, sichere Zimmer im Zentrum. In der über drei labyrinthische Etagen verteilten Unterkunft gibt es Schlafsäle aller Größen sowie schicke Zimmer mit Bad und Familienzimmer. Zum Hostel gehört kein eigener Parkplatz, aber man ist ohnehin in Gehweite zu allem Sehenswerten und Interessanten.

★ Astor Private Hotel HOTEL $$
(Karte S. 700; 03-6234 6611; www.astorprivatehotel.com.au; 157 Macquarie St; EZ/DZ mit Gemeinschaftsbad ab 89/110 AU$, DZ ab 149 AU$, alle mit Frühstück;) Das weitläufige Hotel in der Innenstadt hat sich viel Charme aus den 1920er-Jahre bewahrt: Buntglasfenster, alte Möbel und erhabene Stuckdecken. Bewohner der älteren Zimmer teilen sich reichlich vorhandene Bäder, die renovierten Zimmer verfügen über eigenes Bad mit WC.

★ Old Woolstore Apartment Hotel HOTEL $$
(Karte S. 700; 1800 814 676, 03-6235 5355; www.oldwoolstore.com.au; 1 Macquarie St; DZ ab 170, AU$, Apt. mit 1/2 Schlafzimmern ab 210/290 AU$; P) Jede Menge Parkplätze und sehr freundliches Personal sind das Erste, was einem an diesem großen, aufwändigen Hotel-Apartment-Komplex auffällt, der in einer einst zwielichtigen Gegend von Hobart liegt, die zu Kolonialzeiten als Wapping bekannt war. Da es seit 100 Jahren hier kein Wollgeschäft mehr gibt, wird man auch keine Wollknäuel mehr finden. Die großen Apartments haben Küchen und Waschmaschinen.

Quest Savoy HOTEL $$
(Karte S. 700; 03-6220 2300; www.questapartments.com.au; 38 Elizabeth St; DZ ab 140 AU$, Apt. mit 1/2 Schlafzimmern ab 145/325 AU$; P@) Das pfiffige Savoy befindet sich in einem umgebauten, noblen Bankgebäude aus Sandstein und bietet 31 super-moderne Studios – alle mit Küchenzeile und Wohn-/Essbereich – mitten im Herzen von Hobart. Wer vom Reisen müde ist, kann sich im Untergeschoss im Wellnessbereich entspannen – hier gibt's einen Pool und Massagebehandlungen. Parken kann man abseits des Geländes.

Mantra Collins Hotel HOTEL $$$
(Karte S. 700; 03-6226 1111; www.mantra.com.au; 58 Collins St; DZ ab 250 AU$, 1BZ/2BZ ab 290/540 AU$; @) Diesem Hotel, einem der neuesten in der Stadt, gelingt es mühelos, andere etwas alt und abgewohnt wirken zu lassen. Die jugendliche Energie an der Rezeption strahlt in alle zehn Etagen aus. Dort befinden sich geräumige Zimmer und Apartments, von denen manche einen tollen Blick auf den Bergriesen Mt. Wellington bieten. Im Erdgeschoss gibt's eine entspannte Cafébar. Nur Parkplätze fehlen leider.

Salamanca Place & Uferpromenade

★ Henry Jones Art Hotel BOUTIQUEHOTEL $$$
(Karte S. 700; 03-6210 7700; www.thehenryjones.com; 25 Hunter St; DZ ab 340 AU$; P@) Das schicke Hotel ist ein Meilenstein an Eleganz. Die Unterkunft am Ufer in der restaurierten Henry Jones IXL Jam Factory strahlt mit den erhaltenen Maschinen zur Konfitürenzubereitung und den mächtigen Holzbalken Klasse aus, ohne hochnäsig zu wirken – schließlich befindet man sich in Hobart, nicht in Sydney. Moderne Kunst belebt die Wände, und die Einrichtungen und Zerstreuungsangebote (Bar, Restaurant, Café) sind erste Klasse.

Somerset on the Pier APARTMENT $$$
(Karte S. 700; 1800 766 377, 03-6220 6600; www.somerset.com; Elizabeth St Pier; Apt. mit 1/2 Schlafzi. ab 275/390 AU$; P@) An einem für Hobart typischen Standort – auf der oberen Ebene des Elizabeth St Pier –, bietet dieser coole Komplex Luxusapartments mit schönem Hafenblick und luftig-aktuellem Design. Eine Wohnung mit Balkon ist teurer, aber bei diesem Ausblick kann man auf sonstiges Sightseeing getrost verzichten. Es gibt einige Parkplätze.

Salamanca Wharf Hotel APARTMENT $$$
(Karte S. 700; 03-6224 7007; www.salamancawharfhotel.com; 17a Castray Esplanade, Battery Point; Zi. ab 295 AU$; P) Zwischen historischen Artillerieläden in Sandsteingebäuden östlich vom Salamanca Place bieten diese 22 neuen, eleganten Apartments mit einem Schlafzimmer moderne Küchen, freundliches Personal und eine tolle Lage. Die vorderen Apartments haben Balkone, die hinteren Badewannen (hier hat man die Qual der Wahl). Unten befindet sich ein cooles Café.

Battery Point, Sandy Bay & South Hobart

★ Montacute HOSTEL $
(Karte S. 700; 03-6212 0474; www.montacute.com.au; 1 Stowell Ave, Battery Point; B/2BZ/DZ ab

39/90/110 AU$; P@) Viele Hostels in Hobart sind billige Nachbauten von alten Pubs, aber das Montacute – ein renoviertes Haus in Battery Point – legt die Messlatte viel höher. Die makellosen Zimmer bieten Gemeinschaftsbäder, schöne Kunst, erstklassige Bettwäsche und Matratzen, eine wunderschöne Lounge mit Kamin, Leihfahrräder, die Nähe zu Cafés und gut aussehende junge Leute aus aller Welt, die sich in der Küche treffen. Hier gibt es nichts auszusetzen.

★Quayle Terrace FERIENHAUS $$
(Karte S. 696; 0418 395 543; www.quayleterrace.com.au; 51 Quayle St, Battery Point; DZ 225–250 AU$, zusätzliche Pers. 20 AU$; P) Die Quayle St bildet die Grenze zwischen Battery Point und Sandy Bay und beherbergt eine Reihe von malerischen Terrassenhäusern (wenn man die Stromkabel ignoriert, könnte man meinen, man befindet sich im Jahr 1900). Quayle Terrace ist eines dieser Gebäude – ein zweistöckiges, geschmackvoll renoviertes Haus mit zwei Schlafzimmern, einem gemütlichen Gaskamin und Bergblick von der Dusche aus. Parken an der Straße ist kostenlos; Mindestaufenthalt drei Nächte.

St. Ives Motel MOTEL $$
(Karte S. 696; 03-6221 5555; www.stivesmotel.com.au; 67 St. Georges Tce, Battery Point; DZ ab 185 AU$, Wohneinheit mit 2 Schlafzi. ab 260 AU$; P) Diese ausgezeichnete Unterkunft liegt in fußläufiger Entfernung von Battery Point, Salamanca und der Innenstadt. Das kurvige Gebäude aus den 1980er-Jahren verfügt über viele Zimmer, von denen alle ein Bad haben. Eine kürzlich erfolgte Rundumerneuerung hat das Anwesen ins 21. Jh. katapultiert. Online gibt es gute Last-Minute-Angebote. Kostenlose Parkplätze und WLAN.

★Grande Vue Private Hotel B&B $$$
(Karte S. 696; 03-6223 8216; www.grande-vue-hotel.com; 8 Mona St, Battery Point; Wohneinheit mit 2 Schlafzi. ab 225/350 AU$; P) Von den besten Zimmern dieser restaurierten Villa aus dem Jahr 1906 hat man einen Blick über die Sandy Bay und den Derwent River oder auf den Mt. Wellington in der anderen Richtung. Elegante, neue Badezimmer, Küchenzeilen und sehr freundliches Personal machen das Grande Vue zu einem der besten B&Bs von Battery Point. Das Frühstück mit frischen Muffins kostet 15 AU$, die sich lohnen.

★Islington BOUTIQUEHOTEL $$$
(Karte S. 696; 03-6220 2123; www.islingtonhotel.com; 321 Davey St, South Hobart; DZ ab 475 AU$; P) Als bestes aller Hotels in Hobart vereint das Islington mühelos historische Architektur, altes Mobiliar, zeitgenössische Kunst und einen prächtigen Garten. Der Service ist aufmerksam, aber nicht aufdringlich, das Frühstück wird in einem großen Wintergarten serviert. Abends kann man sich bei einem Glas Wein in der Gästebibliothek, dem Musikzimmer oder dem Salon entspannen. Auch exquisite intime Dinner sind verfügbar. Nicht für Kinder unter 15 Jahren.

MONA & Northern Hobart

Altamont House APARTMENTS $$
(Karte S. 696; 0427 842 140; www.airbnb.com.au; 109 Patrick St, West Hobart; DZ 200 AU$, 50/30 AU$ zus. Erw./Kind; P) Gibt es Vorschriften, wie steil eine Straße sein darf? In jedem Fall war das den Stadtplanern bei der Anlage der Patrick St egal, wofür man hier mit einem wundervollen Ausblick belohnt wird. Das Altamont im Erdgeschoss eines prächtigen alten Hauses (1854) aus Naturstein und Schiefer vermietet eine üppige Doppelsuite mit einem Extrazimmer, das bei Bedarf geöffnet wird.

Corinda's Cottages B&B, COTTAGE $$$
(Karte S. 696; 03-6234 1590; www.corindascottages.com.au; 17 Glebe St, Glebe; DZ mit Frühstück ab 265 AU$; P) Das schöne Corinda, eine renovierte, viktorianische Villa mit sehr gepflegtem Garten, liegt hoch oben auf einem sonnigen Hügel und ist durch eine kurzen, aber steilen Aufstieg von der Stadt aus zu erreichen. Drei Cottages für Selbstversorger (Garten, Wagenschuppen und Gesindeflügel) bieten zeitgenössischen Komfort ohne den gekünstelten Alte-Welt-Kitsch, in dem sich zu viele tasmanische B&Bs suhlen. Das Frühstück aus Eiern, Muffins, frischem Kaffee usw. muss man sich selbst zusammenstellen.

Essen

Central Hobart

★Farm Gate Market MARKT $
(Karte S. 700; 03-6234 5625; www.farmgatemarket.com.au; Bathurst St, zw. Elizabeth St & Murray St; So 8.30–13 Uhr) Der Salamanca Market an der Uferpromenade war jahrzehnte-

lang die Nummer Eins, aber dieser hyperaktive Straßenmarkt mit seinen Imbissbuden kann es leicht mit ihm aufnehmen. Der Handel startet mit einem Glockenschlag: Hier wird im wahrsten Sinne des Wortes gekämpft um Obst und Gemüse, den besten Honig, Wein, Gebäck, Bier, geräuchertes Fleisch, Kaffee, Käse, Nüsse, Öl, Blumen, Marmelade… Einfach sagenhaft!

Zum Zeitpunkt der Recherche hat ein neuer Straßenmarkt von Farm Gate am Franklin Sq in der Innenstadt eröffnet, der immer Freitagabend stattfindet: der **Street Eats @ Franko** (Karte S. 700; 03-6234 5625; www.streeteatsfranko.com.au; Franklin Sq, 70 Macquarie St, Hobart; Fr 17–21 Uhr).

★ Bury Me Standing CAFÉ **$**
(Karte S. 700; 0424 365 027; www.facebook.com/burymestandinghobarttown; 104 Bathurst St; Bagels 5–10 AU$; Mo–Fr 6–14.30, Sa 7–14.30 Uhr, So 7–13 Uhr nur Kaffee) Dieses kleine Café wird von einem aufgeweckten Kerl aus Minnesota betrieben, der zufällig in Hobart gelandet ist. An einem Stand bei einem Parkplatz gibt es hier Bagels, die im Topf gekocht wurden (eine traditionelle Methode, die ein klebriges Äußeres und ein fluffiges Inneres garantiert). Milchkannen, schäbige Tische und Bob Dylan aus den Lautsprechern. Einfach genial!

R Takagi Sushi JAPANISCH **$**
(Karte S. 700; 03-6234 8524; 132 Liverpool St; Sushi ab 4 AU$; Mo–Fr 10.30–17.30, Sa bis 16, So 11.30–15 Uhr) Hobarts bestes Sushi-Lokal, das bei Geschäftsleuten sehr beliebt ist, serviert das beste Seafood in Tasmanien. Udon-Nudeln und Miso tauchen ebenfalls auf der Speisekarte auf. Und das alles in einer wunderschönen Verpackung.

★ Templo ITALIENISCH **$$**
(Karte S. 696; 03-6234 7659; www.templo.com.au; 98 Patrick St; Hauptgerichte 24–32 AU$; Do–Mo 12–15 & 18 Uhr–open end) Das unauffällige, kleine Templo in einem ruhigen Abschnitt der Patrick St ist eines der besten Restaurants von Hobart. Mit nur 20 Plätzen (Reservierung notwendig) und nur drei italienischen Hauptgerichten zur Auswahl ist das Templo eine Herausforderung in Sachen Selektivität und Teilen (von Privatsphäre und Essen). Man sollte auch einen Blick auf die teure, aber ausgezeichnete Weinkarte an der niedlichen Bar werfen.

★ Pilgrim Coffee CAFÉ **$$**
(Karte S. 700; 03-6234 1999; www.pilgrimcoffee.com; 48 Argyle St; Hauptgerichte 15–20 AU$; Mo–Fr 6.30–16.30, Sa & So 8–14 Uhr) Mit den offenen Backsteinmauern, Holzbalken und alten Wänden ist das L-förmige Pilgrim das angesagteste Café in Hobart. Hier gibt's Wraps, Paninis und interessante Hauptgerichte – bolivianische Frühstücksschüssel! – sowie ausgezeichneten Kaffee. An den großen Gemeinschaftstischen kommt man schnell mit Einheimischen ins Gespräch. Hintenraus am Ende der Gasse befindet sich das **Standard** (Karte S. 700; www.standard-burgers.com; Hudsons La, Hobart; Burger 7–12 AU$; 11–22 Uhr), ein Burgerladen, der von denselben tätowierten Hipstern betrieben wird.

Urban Greek GRIECHISCH **$$**
(Karte S. 700; 03-6109 4712; www.facebook.com/urbangreek; 103 Murray St; kleine Teller 12–19 AU$, große Teller 26–35 AU$; Di–So 17–22 Uhr) In einer alten Werkstatt wird mediterranes Essen angeboten. Das Design bietet Kupferrohre, eine Holzbar, einen polierten Betonboden und einen furchteinflößenden Minotaurus, der in eine Kupferplatte an der Wand geritzt ist. Hier gibt's perfekt zubereitete griechische Gerichte (Moussaka, Saganaki, gegrillter Oktopus) und aus Griechenland importierte Biere und Weine.

Franklin MODERN-AUSTRALISCH **$$$**
(Karte S. 700; 03-6234 3375; www.franklinhobart.com.au; 30 Argyle St; Hauptgerichte 19–41 AU$; Di–Sa 8.30 Uhr–open end) In einem vornehmen Industriegebäude (die ehemalige Druckerei des *Hobart Mercury* – die Zeitung wurde direkt vom Fenster aus vertrieben) befindet sich das Franklin, das ganz aus Beton, Stahlbalken, Rindsleder und Vorhängen besteht. Wenn man den kitschigen Sound von Eric Clapton ignoriert, kann man einen Drink an der Bar genießen oder ein modernes und kreatives australisches Essen, das in der offenen Küche zubereitet wurde.

Salamanca Place & Uferpromenade

★ Flippers FISH & CHIPS **$**
(Karte S. 700; 03-6234 3101; www.flippersfishandchips.com.au; Constitution Dock; Gerichte 10–28 AU$; 9.30–20.30 Uhr) Am Constitution Dock liegen einige Fischerkähne, die frischen Fisch verkaufen – entweder roh oder sogar schon gekocht. Sehr zu empfehlen ist Flippers, eine beliebte Institution im Ort. Flachkopffilets und Kalamari-Ringe – frisch vom Meer in die Pfanne. Die Möwen werden einen förmlich belagern.

★ **Retro Café** CAFÉ $

(Karte S. 700; ☎ 03-6223 3073; 31 Salamanca Pl; Hauptgerichte 11–17 AU$; ⌚ Mo–Fr 7.30–18, Sa & So 8–16 Uhr) Das schrille Retro ist so populär, dass es fast schon weh tut: Hier trifft sich am Samstag alles zwischen den Marktständen und eigentlich auch sonst an jedem Tag. Hier erwarten einen leckeres Frühstück, Bagels, Salate und Burger, lustiges Personal, cooler Jazz und das Klappern und Surren der Kaffeemaschine. Kurz, ein Hobart-Café mit Klasse.

Fish Frenzy SEAFOOD $$

(Karte S. 700; ☎ 03-6231 2134; www.fishfrenzy.com.au; Elizabeth St Pier; Hauptgerichte 15–35 AU$; ⌚ 11–21 Uhr;) In der zwanglosen Fischbude am Ufer finden Freunde von Meeresfrüchten Fish'n'Chips, fischlastige Salate (Warmer Tintenfisch mit Joghurtdressing) und Fischburger. Das „Fish Frenzy"-Menü (18 AU$) bietet von allem etwas. Die Qualität kann etwas schwanken, aber das freundliche Personal und die muntere Hafenstimmung machen immer Laune. Reservieren nicht möglich.

★ **Aloft** MODERN-AUSTRALISCH $$$

(Karte S. 700; ☎ 03-6223 1619; www.aloftrestaurant.com; Brook St Pier; Hauptgerichte 34–35 AU$, Fr Mittagsmenü 30 AU$, Bankett ab 70 AU$; ⌚ Di–Sa 18 Uhr–open end) Das Aloft rühmt sich damit, Hobarts bestes Restaurant zu sein, und ist im obersten Stock des schwimmenden Brook Street Piers untergebracht. Zu den Highlights auf der Karte gehören gelbes Fischcurry mit Rote Beete und Fenchel sowie gedünstete Austern mit fermentiertem Chili. Wer seinen Blick von der Aussicht reißen kann, wird merken, dass der Service und die Zubereitung ausgezeichnet sind, ohne angeberisch zu wirken.

Battery Point, Sandy Bay & South Hobart

★ **Jackman & McRoss** BÄCKEREI $

(Karte S. 700; ☎ 03-6223 3186; 57-59 Hampden Rd, Battery Point; Gebäck 4–14 AU$; ⌚ Mo–Sa 7–17 Uhr) In dieser Bäckerei sollte man auf jeden Fall vorbeischauen, auch wenn man nur die Auslage mit den köstlichen Pasteten, Torten, Baguettes und Gebäck bewundern will. Aus einem Kuchen und Kaffee zum Frühstück kann schnell ein Mittagessen, bestehend aus einer Quiche oder einem Wurstbrötchen mit Ente, Preiselbeeren und Walnüssen werden. Das Personal bleibt immer freundlich, auch wenn hier der Teufel los ist. Die **Fililale** in der Stadt (Karte S. 700; ☎ 03-6231 0601; 4 Victoria St, Hobart; Gebäck 4–14 AU$; ⌚ Mo–Fr 7–16.30 Uhr) hat die gleichen Preise.

★ **Ginger Brown** CAFÉ $

(☎ 03-6223 3531; 464 Macquarie St, South Hobart; Hauptgerichte 10–20 AU$; ⌚ Mo–Fr 7.30–16, Sa & So 8.30–16 Uhr;) Wenn ein Lokal so gut geführt ist, wie dieses, wirkt sich das generell positiv auf die Stimmung aus: gut gelauntes Personal, zufriedene Kunden und gute Atmosphäre. Unbedingt das Panaini mit lang gekochtem Lamm, Essiggurken und Hummus oder den typischen Kimchi-Pfannkuchen probieren. Sehr kinder- und radfahrerfreundlich; und der Kaffee ist der beste in South Hobart. Letzte Bestellung um 15 Uhr.

Don Camillo ITALIENISCH $$$

(Karte S. 696; ☎ 03-6234 1006; www.doncamillorestaurant.com; 5 Magnet Ct, Sandy Bay; Hauptgerichte 25–36 AU$; ⌚ Di–Sa 18–21 Uhr) Das kleine Don Camillo ist das älteste Restaurant in Hobart und scheint schon immer hier zu stehen. Und immer noch findet man klassische, italienische Gerichte wie Pasta, Risotto und Fleischgerichte auf der Speisekarte (die hausgemachten Ravioli probieren). Vor dem Gebäude parkt immer eine rote Vespa.

MONA & Northern Hobart

★ **Burger Haus** BURGER $

(Karte S. 696; ☎ 03-6234 9507; www.theburgerhaus.com.au; 364a Elizabeth St, North Hobart; Hauptgerichte 10–16 AU$; ⌚ 11.30–22 Uhr) Aus den Boxen dröhnt 1980er-Jahre-Rock, es gibt große, fleischige Burger und eine kleine Terrasse, auf der man sitzen, essen und den Blick auf den Mt. Wellington genießen kann. Was will man mehr? Der Haus-Burger (mit Speck, Zwiebelringen, karamellisierter Ananas und Mayo-Senf-Sauce) schmeckt überirdisch.

★ **Pigeon Hole** CAFÉ $$

(Karte S. 696; ☎ 03-6236 9306; www.pigeonholecafe.com.au; 93 Goulburn St, West Hobart; Hauptgerichte 14–24 AU$; ⌚ Mo–Sa 7.30–16.30 Uhr) So ein kleines, freundliches Café sollte es in jeder Innenstadt geben. Hier trifft guter Kaffee auf Snacks, die defintiv weit über dem Durchschnitt liegen. Bessere frisch gebackene Panini als hier kann man gar nicht bekommen, und die Eier *en cocotte* (gebackene Eier) mit Serranoschinken sind schlicht der Wahnsinn.

Pancho Villa MEXIKANISCH $$
(Karte S. 696; ☎03-6234 4161; www.panchovilla.com.au; Ecke Elizabeth St & Pitt St, North Hobart; Snacks 7–15 AU$; ⊙Mo–Mi 17.30 Uhr–open end, Do–So 11.30–15.30 & 17.30 Uhr–open end) Cool renoviert! Eine trostlose Bank aus roten Backsteinen wurde zu einer gemütlichen Tequila-Bar mit Restaurant (Totenköpfe, Metallaternen), in der man sich von der Karte kreative Tacos, Enchiladas, Quesadillas und Bohnen-Mais-Gerichte aussucht – die man dann mit einem Tequila runterspült. Sonntags werden im Innenhof „Pancho Sundays" abgehalten: Tacos und Tequila-Shots 5 AU$, Cocktail-Pitcher 30 AU$ (die Arbeit am nächsten Tag kann man vergessen ...).

Annapurna INDISCH $$
(Karte S. 696; ☎03-6236 9500; www.annapurnaindiancuisine.com; 305 Elizabeth St, North Hobart; Hauptgerichte 16–18 AU$, Bankett 22–32 AU$; ⊙Mo–Fr 12–15 & 17–22, Sa & So 17–22 Uhr; ✎) Es scheint, als wäre das Annapurna das Liebstlingslokal von halb Hobart (auf jeden Fall reservieren). Gerichte aus Nord- und Südindien werden hier mit äußerster Professionalität serviert: das *masala dosa* (südindischer Crêpe mit Kartoffelcurry) ist besonders beliebt. Auch zum Mitnehmen. Das ist nur schwer zu überbieten.

Roaring Grill STEAKS $$$
(Karte S. 696; ☎03-6231 1301; www.roaringgrill.com; 301 Elizabeth St, North Hobart; Hauptgerichte 27–35 AU$; ⊙Mo & Di 17 Uhr–open end, Mi–So 12 Uhr–open end) Benannt nach den „Roaring 40s", jenen Winden, die diese südlichen Breitengrade heimsuchen. Das freche Roaring Grill serviert die besten tasmanischen Fisch- und Fleischgerichte. Die Einrichtung ist sehr stylisch – offene Steinwände, dunkle Holztische und kugelförmige Glasarbeiten – und ganz anders, als hier noch ein Matratzenladen war, an den sich jeder erinnert.

Ausgehen & Nachtleben

Central Hobart

★ New Sydney Hotel PUB
(Karte S. 700; ☎03-6234 4516; www.newsydneyhotel.com.au; 87 Bathurst St; ⊙Mo 12–22, Di–Sa bis 24, So 16–21 Uhr) Dieser unscheinbare Pub im Zentrum ist das Beste, was der CBD zu bieten hat: offene Kamine, kreatives Pub-Essen (z. B. Entenzungen-Tortilla; Hauptgerichte 14–35 AU$) und 15 verschiedene Fassbiere zur Auswahl, darunter auch ein ständig wechselndes Angebot an tasmanischen Craft-Bieren (unbedingt das Seven Sheds Paradise Pale probieren). Samstags um 14 Uhr werden irische Jam-Sessions abgehalten, wenn man Glück hat.

Hope & Anchor PUB
(Karte S. 700; ☎03-6236 9982; www.hopeandanchor.com.au; 65 Macquarie St; ⊙11.30 Uhr–open end) Je nachdem, wem man Glauben schenkt (nicht dem Barkeeper im Fortune of War in Sydney glauben), ist dies der älteste Pub in Australien mit einer durchgehenden Ausschanklizenz (seit 1807). Das Innere ist auf nautisch gemacht (die engen Treppen führen hinauf in den museumsartigen Speisesaal). Kein schlechter Ort für ein kaltes Cascade oder auch drei.

Salamanca Place & Uferpromenade

★ Jack Greene BAR
(Karte S. 700; ☎03-6224 9655; www.jackgreene.com.au; 49 Salamanca Pl; ⊙11.30 Uhr–open end) Die Gourmetburger kosten hier bis zu 20 AU$, aber das stimmungsvolle Jack Greene (das wie eine europäische Jagdhütte auf Urlaub wirkt) ist für Bierfans immer einen Besuch wert. In den Kühlschränken stapeln sich die Flaschen mit diversen Bieren, und es gibt mindestens 16 australische und neuseeländische Biere vom Fass. Manchmal lassen sich Sänger neben der Treppe nieder.

Hobart Brewing Company CRAFT-BIER
(Karte S. 696; ☎03-6231 9779; www.hobartbrewingco.com.au; 16 Evans St; ⊙Do 16–22, Fr bis 23, Sa 14–23, So 11–18 Uhr) In einem großen, roten Schuppen auf dem Macquarie Point vor dem multifunktionalen Red Square macht die Hobart Brewing Company wirklich gutes Bier. Es gibt jede Menge kreative Sorten vom Fass (das St. Christopher Cream Ale bestellen, oder sich für 10 AU$ durchprobieren). An den meisten Wochenenden gibt es Livemusik und immer freundliches Personal.

Glass House COCKTAILBAR
(Karte S. 700; ☎0437 245 540; www.theglass.house; Brooke St Pier; ⊙Mo & Di 12–22, Mi–So bis 24 Uhr) Das schicke Glass House befindet sich am Bug des schwimmenden Brooke Street Pier, und eine riesige Fensterwand gibt den Blick frei auf den darunterliegenden Derwent River. Rein in die besten Klamotten und einen Hobartian Sidecar bestellen! Auch das Essen hier ist ausgezeichnet (kleine Platte 18–30 AU$). Und jeder fragt sich immer,

ob Charlie, der unersetzliche Barkeeper aus Hobart, heute Abend arbeitet.

Lark Distillery BRENNEREI
(Karte S. 700; ☎ 03-6231 9088; www.larkdistillery.com; 14 Davey St; ⏲ Di–So 10.30–19, Fr & Sa 10.30 Uhr–open end) Die Lark Distillery war ein Wegbereiter für Tasmaniens Aufstieg in die Welt des Single Malt Whiskey. Hier kann man auf einen Drink vorbeischauen, an einer Verkostung (20 AU$) teilnehmen oder die zweistündige geführte Tour (75 AU$) durch die Destillerie mitmachen, die 20 Minuten von der Ausschankbar entfernt liegt. Hier ist für jeden etwas dabei: Käseplatten, Whiskey oder ein Moo Brew, wer das lieber hat.

T-42° BAR
(Karte S. 700; ☎ 03-6224 7742; www.tav42.com.au; Elizabeth St Pier; ⏲ 7.30 Uhr–open end) Das stilvolle, am Ufer liegende T-42° zieht nicht nur mit seinem Essen (Hauptgerichte 19–35 AU$), sondern auch mit der minimalistischen Inneneinrichtung, der Spinnaker-Bar und der Hintergrundmusik jede Menge gut angezogene Partygänger an. Wer lange genug bleibt, der kann mit dem Frühstück den einen oder anderen Fehltritt der Nacht vielleicht wieder gutmachen.

Battery Point, Sandy Bay & South Hobart

Shipwright's Arms Hotel PUB
(Karte S. 696; ☎ 03-6223 5551; www.shipwrightsarms.com.au; 29 Trumpeter St, Battery Point; 📶) Das in einer Nebenstraße gelegene „Shippies" ist einer der besten alten Pubs der Stadt. An der Bar kann man sich im maritimen Flair verlieren (und in Spirituosen), dann geht's ab ins Bett in einem der sauberen Zimmer im Obergeschoss, manche davon mit eigenem Bad (DZ mit/ohne Bad 150/90 AU$). Weitere Pluspunkte sind das Kneipenessen und die Tatsache, das man in der Trumpeter St einen Drink zu sich genommen hat.

Preachers BAR
(Karte S. 700; ☎ 03-6223 3621; www.facebook.com/preachershobart; 5 Knopwood St, Battery Point; ⏲ 12 Uhr–open end) In dieser ehemaligen Segelmacherhütte von 1849 stehen altmodische Sofas, auf denen man es sich gemütlich machen kann, oder man geht zu den Hipstern in die angrenzende Gartenbar, in der ein alter Schulbus aus Hobart steht, in dem man sein Bierchen zischen kann. Viele tasmanische Craft-Biere, cooles Personal und ein einheimischer Geist. Burger und Tapas sind eine gute Grundlage fürs Bier.

MONA & Northern Hobart

★ **Winston** PUB
(Karte S. 696; ☎ 03-6231 2299; www.thewinstonbar.com; 381 Elizabeth St, North Hobart; ⏲ 16 Uhr–open end) Der düstere, alte Art-Déco Eaglehawk-Pub ist jetzt das Winston, ein Craft-Bier-Alehouse im amerikanischen Stil, das vor allem Hipster anzieht. Die bärtigen Typen hinter der Bar servieren ein Pint des Hauses, und an der Wand neben den Billardtischen hängen US-Autoschilder. Kalorienhaltiges Baressen und Livemusik.

★ **Shambles Brewery** CRAFT-BIER
(Karte S. 696; ☎ 03-6289 5639; www.shamblesbrewery.com.au; 222 Elizabeth St, North Hobart; ⏲ Mi–So 12 Uhr–open end) Ausgezeichnetes Craft-Bier gibt es in diesem Laden mit minimalistischer Einrichtung, einer Bar aus Betonblöcken und sperrigen, tasmanischen Eichenholztischen. Bierproben kosten 12 AU$, oder man füllt sich seine 1,9 l-Flasche auf und nimmt sie mit nach Hause. Das Baressen wie Burger, Rippchen, Steak-Sandwiches, usw. passt perfekt zum Bier. Unbedingt das Dirty Copper-Ale probieren.

Willing Bros WEINBAR
(Karte S. 696; ☎ 03-6234 3053; www.facebook.com/willingbros; 390 Elizabeth St, North Hobart; ⏲ Di–So 15 Uhr–open end) Hey – eine typische Weinbar! Genau das, was NoHo braucht. An einen Fensterplatz im vorderen Bereich des engen Raumes setzen und sich was von der

NICHT VERSÄUMEN

FREITAGABEND-FANDANGO

Mit die beste Livemusik in Hobart gibt's jeden Freitagabend im Hof des **Salamanca Arts Centre** (Karte S. 700; www.salarts.org.au/rektango; 77 Salamanca Pl; ⏲ Fr 17.30–19.30 Uhr) gleich abseits der Wooby's Lane. Das kostenlose kommunale Event gibt es seit 2000 und es wird nach einer Band, die gelegentlich hier auftritt, auch „Rektango" genannt. Das Programm wechselt monatlich: Man kann hier alles von afrikanischen Rhythmen bis zu Rockabilly, Folk und Gypsy-Latino erwarten. Die Leute trinken (Sangria im Sommer, Glühwein im Winter) und die meisten tanzen auch.

sorgfältig zusammengestellten Karte aussuchen. Es gibt Rot- und Weißweine sowie Sekt. Das Essen reicht von marokkanischen Fischküchlein bis zu würzigen Lamm-*empanadas* – perfekt für eine Diskussion über den zuvor gesehenen Film.

Unterhaltung

Republic Bar & Café LIVEMUSIK
(Karte S. 696; 03-6234 6954; www.republicbar.com; 299 Elizabeth St, North Hobart; 11 Uhr–open end;) Das Republic ist ein rauer Art-Déco Pub mit Livemusik (oft freier Eintritt). Es ist *die* Adresse für Livemusik in der Stadt mit interessantem Line Up, darunter auch internationale Künstler. Viele verschiedene Biere und ausgezeichnetes Essen (Hauptgerichte 24–36 AU$, unbedingt das in Jack Daniels marinierte Scotch-Filet probieren!).

State Cinema KINO
(Karte S. 696; 03-6234 6318; www.statecinema.com.au; 375 Elizabeth St, North Hobart; Mo–Fr 10 Uhr–open end, Sa & So 9.30 Uhr–open end) Dieses Kino mit mehreren Sälen (1913 errichtet) wurde in den 1990er-Jahren vor der Abrissbirne gerettet und zeigt nun Independent- und Arthouse-Filme von einheimischen und internationalen Filmemachern. Vor Ort gibt's ein tolles Café und eine Bar, eine Kinoleinwand auf der Dachterrasse, einen lohnenswerten **Bücherladen** (So–Do 10–17 Uhr, Fr & Sa 10 Uhr–open end) und die kulinarischen Versuchungen der Restaurants von North Hobart direkt vor der Tür.

Theatre Royal THEATER
(Karte S. 700; 03-6233 2299, 1800 650 277; www.theatreroyal.com.au; 29 Campbell St; TicketschalterMo–Fr 9–17 Uhr) Dieses altehrwürdige Theater ist Australiens ältestes. Die ersten Schauspieler standen hier schon 1837 auf der Bühne (auf dem Gründungsstein steht 1834, aber es hat ein paar Jahre gedauert, um den Bau zu vollenden). Hier gibt es Musik, Ballet, Theater, Oper und Studentenvorstellungen. Auch **Führungen** (1-stündige geführte Tour Erw./Kind 15/10 AU$; geführte Touren Mo, Mi & Fr 11 Uhr) werden angeboten.

Blundstone Arena ZUSCHAUERSPORT
(Bellerive Oval; Tickets 13 28 49, geführte Touren 03-6282 0433; www.blundstonearena.com.au; 15 Derwent St, Bellerive) Hier ist die Heimat von Hobarts Cricket und Football – auf der anderen Seite des Derwent River in Bellerive. Das AFL-Footballteam der North Melbourne Kangaroos (www.afl.com.au) hat hier drei Heimspiele im Jahr, aber auch das Cricketteam zieht die Massen an. Dienstags um 10 Uhr werden Führungen durch die Arena angeboten (Erw./Kind 10/2 AU$). Das **Tasmanian Cricket Museum** (Erw./Kind 2/1 AU$, geführte Touren 10/2 AU$; Di–Do 10–15, Fr bis 12 Uhr) ist ebenfalls hier.

Jokers Comedy Club COMEDY
(Karte S. 696; 0409 547 474; www.jokerscomedy.com.au; Polish Corner, Ecke Elizabeth St & Augusta Rd, North Hobart; Shows Mi 20 Uhr, Bar ab 18 Uhr) In Hobarts polnischem Club nördlich der Hauptstraße von North Hobart gibt es wöchentlich Stand-Up-Comedy, preiswerte Drinks und Witze von australischen und internationalen Komikern.

Federation Concert Hall KLASSISCHE MUSIK
(Karte S. 700; 1800 001 190; www.tso.com.au; 1 Davey St; Konzertkasse Mo–Fr 10–16 Uhr) Die an das Hotel Grand Chancellor angeschlossene Konzerthalle erinnert wegen der Spalten in der Verkleidung an eine riesige Aluminiumbüchse mit undichter Isolierung. Drinnen müht sich das Tasmanian Symphony Orchestra nach Kräften.

Shoppen

Fullers Bookshop BÜCHER
(Karte S. 700; 03-6234 3800; www.fullersbookshop.com.au; 131 Collins St; Mo–Fr 8.30–18, Sa 9–17, So 10–16 Uhr) Hobarts bester Buchladen bietet eine große Auswahl an Literatur und Reiseführern, sowie regelmäßige Buchpräsentationen, Lesungen und das **Afterword Cafe** in der Ecke. Seit 70 Jahren eine feste Institution in Hobarts Literaturszene.

Handmark Gallery KUNST
(Karte S. 700; 03-6223 7895; www.handmark.com.au; 77 Salamanca Pl; 10–17 Uhr) Seit 30 Jahren einer der wichtigsten Untermieter im **Salamanca Arts Centre** (SAC; Karte S. 700; 03-6234 8414; www.salarts.org.au; Shops & Galerien 9–17 Uhr): einzigartige Keramiken Glas- und Holzarbeiten, Schmuck, Gemälde und Skulpturen – alles zu 100 % aus Tasmanien.

Cool Wine WEIN
(Karte S. 700; 03-6231 4000; www.coolwine.com.au; Shop 8, MidCity Arcade, Criterion St; Mo–Sa 9.30–18.30 Uhr) Gute Auswahl an tasmanischen Weinen, Spirituosen und Craft-Bieren (ab und zu gibt's auch Köstlichkeiten aus anderen Ländern). Sonntags nach Absprache geöffnet.

Hobart Twilight Market MARKT
(HTM; ☎0448 997 748; www.facebook.com/hobarttwilightmarket; Beach Rd, Lower Sandy Bay; ⏲Sept.–März Fr 16–20.30 Uhr) Der HTM auf den Rasenflächen hinter dem Lower Sandy Bay Beach (auch bekannt als Long Beach; etwa 5 km südlich vom Zentrum Hobarts) ist ein relativ neues und unfassbar beliebtes Phänomen. Das Motto hier lautet: Essen, Trinken, Kunst und Musik – dann stellt man sich noch einen Fahrradparkplatz und jede Menge Hunde vor, und schon hat man einen Eindruck von der Sache. Jede zweite Woche am Macquarie Pt in der Nähe des Ufers.

ℹ Praktische Informationen

GELD

Die größeren Banken haben alle Geldautomaten rund um die Elizabeth St Mall. Auch am Salamanca Place gibt's Geldautomaten.

INTERNETZUGANG

State Library of Tasmania (☎03-6165 5597; www.linc.tas.gov.au; 91 Murray St; ⏲Mo–Do 9.30–18, Fr bis 20, Sa bis 14 Uhr) Kostenlose vorgebuchte Internetterminals.

MEDIZINISCHE VERSORGUNG

Australian Dental Association Emergency Service (☎03-6248 1546; www.ada.org.au) Zahnmedizinische Notfälle.

My Chemist Salamanca (☎03-6224 9994; www.mychemist.com.au; 6 Montpelier Retreat; ⏲Mo–Fr 8.30–18, Sa bis 17, So 10–16 Uhr) Praktische Apotheke nahe beim Salamanca Place.

Royal Hobart Hospital (☎03-6222 8423; www.dhhs.tas.gov.au; 48 Liverpool St; ⏲24 Std.) Unfall- und Notaufnahme rund um die Uhr.

Salamanca Medical Centre (☎03-6223 8181; www.doctors-4u.com/hobart/areas.htm; 5a Gladstone St; ⏲Mo–Fr 8.30–16, Sa 10–15, So 10–13 Uhr) Allgemeinärzte neben dem Salamanca Place.

NOTFALL

Hobart Police Station (☎03-6230 2111, allgemeine Hilfe 13 14 44; www.police.tas.gov.au; 43 Liverpool St; ⏲24 Std.) Hobarts Hauptpolizeistation.

POST

General Post Office (GPO; Karte S. 700; ☎03-6236 3575; www.auspost.com.au; Ecke Elizabeth St & Macquarie St; ⏲Mo–Fr 8.30–17.30, Sa 9–12.30 Uhr) Was interessieren uns die Briefe ... die Architektur ist das, was man hier bewundern sollte. Das Gebäude wurde 1905 im verschwenderischen edwardianischen Barockstil erbaut.

NICHT VERSÄUMEN

SALAMANCA MARKET

Seit 1972 füllen Hippies und Kunsthandwerkshändler von außerhalb beim **Salamanca Market** (Karte S. 700; ☎03-6238 2843; www.salamanca.com.au; Salamanca Pl; ⏲Sa 8–15 Uhr) die baumgesäumte Weite des Salamanca Place mit ihren Ständen, frischen Bio-Produkten, Secondhand-Klamotten, gebrauchten Büchern, kitschigen Touristensouvenirs, Keramik und Holzschnitzereien, billigen Sonnenbrillen und Antiquitäten; außerdem gibt es ausgelassene Musikanten, hervorragendes Essen und Trinken ... Doch eigentlich kommt man hierher, um die Menschen zu beobachten. Ob Sonnenschein oder Regen, dieses Schauspiel darf man sich nicht entgehen lassen!

TOURISTENINFORMATION

Hobart Visitor Information Centre (Karte S. 700; ☎03-6238 4222; www.hobarttravelcentre.com.au; Ecke Davey St & Elizabeth St; ⏲9–17 Uhr) Informationen, Karten, Touren im ganzen Staat, Transport und Buchungen von Unterkünften.

ℹ An- & Weiterreise

BUS

Da es keine Passagierzüge gibt, sind Busse die Hauptverkehrsmittel nach/von Hobart. Es gibt zwei Busunternehmen, die Strecken im ganzen Staat bedienen: **Redline Coaches** (Karte S. 700; ☎1300 360 000; www.redlinecoaches.com.au; 230 Liverpool St; ⏲8–18 Uhr) und **Tassielink** (Karte S. 700; ☎1300 300 520; www.tassielink.com.au; 64 Brisbane St). Online findet man die Preise, Strecken, An- und Abfahrtszeiten und -orte. Die Busse von Tassielink fahren in Hobart in der 64 Brisbane St und einer vorübergehenden Haltestelle in der Elizabeth St, gegenüber von der Touristeninformation ab (ein Busbahnhof ist geplant – auf der Website stehen mehr Informationen dazu.)

FLUGZEUG

Ironischerweise – was den Einheimischen natürlich nicht entgeht – gibt es von Hobarts „internationalem" **Flughafen** (☎03-6216 1600; www.hobartairport.com.au; Strachan St, Cambridge) nur Inlandsflüge von Qantas (S. 692), Virgin Australia (S. 693), Jetstar (S. 692) und Tiger Air (S. 693). Direktflüge kommen von Melbourne, Sydney, Brisbane und manchmal Canberra. Der Flughafen liegt in Cambridge, 19 km östlich der Stadt.

Unterwegs vor Ort

BUS

Die örtlichen Busse werden von **Metro Tasmania** (☎13 22 01; www.metrotas.com.au) betrieben und sind sehr zuverlässig. Außerhalb der Hauptverkehrszeiten fahren sie aber nur sehr unregelmäßig. Im **Metro Shop** (Karte S. 700; ☎13 22 01; www.metrotas.com.au; 22 Elizabeth St; ⏲Mo–Fr 8–18, Sa 9.30–14 Uhr) gibt es Tickets und Infos. Die meisten Busse fahren in der Elizabeth St oder am nahe gelegenen Franklin Sq ab.

VOM/ZUM FLUGHAFEN

Es fahren keine öffentlichen Verkehrsmittel zum Flughafen von Hobart.

Ein Taxi in die Stadt kostet um die 50 AU$ und braucht 20 Minuten.

Die Shuttlebusse von **Hobart Airporter** (☎1300 385 511; www.airporterhobart.com.au; einfache Fahrt Erw./Kind 19/14 AU$, hin & zurück 35/25 AU$) können im Voraus reserviert werden und bringen einen von jedem Flug zu jedem Hotel.

TAXI

Maxi-Taxi Services (☎13 32 22; www.hobartmaxitaxi.com.au) Behindertengerechte Fahrzeuge und Großraumtaxis.

Yellow Cab Co (☎13 19 24; http://hobart.yellowcab.com.au) Standard-Taxis (nicht alle sind gelb).

RUND UM HOBART

Richmond & Umgebung

1610 EW.

Richmond liegt 27 km nordöstlich von Hobart beiderseits des Coal River und war einst ein Militärposten und eine Strafanstalt auf der Strecke nach Port Arthur. Mit den vielen Gebäuden aus dem 19. Jh. ist es zweifellos Tasmaniens bedeutendste historische Stadt, aber die Läden hier tendieren dazu, alles zu kitschig und touristisch zu machen.

Trotzdem ist Richmond ein sehr malerischer, kleiner Ort, und Kinder werden ihren Spaß dabei haben, die Enten am Flussufer zu jagen. Es liegt auch nah am Flughafen und ist somit eine gute Übernachtungsmöglichkeit, wenn man einen frühen Flug erwischen muss.

Sehenswertes

Richmond Bridge BRÜCKE
(Wellington St, Richmond) Über die klobige, aber nicht unelegante Brücke über den Coal River rollt immer noch der Verkehr. Sie wurde 1823 von Sträflingen erbaut und ist damit die älteste Kraftverkehrsbrücke Australiens. Sie ist auch der ganze Stolz der Stadt. Angeblich soll hier der Geist des 1832 verstorbenen „Geißlers von Richmond", George Grover, herumspuken.

★ **Sullivans Cove Whisky** BRENNEREI
(☎03-6248 5399; www.sullivanscove.com; 1/10 Lamb Pl, Cambridge; geführte Tour/Verkostung pro Erw. 30/30 AU$, zusammen 40 AU$; ⏲Mo–Fr 10–16 Uhr) Von außen sieht es nach nichts aus, aber in diesem Gebäude in der Nähe der Abzweigung nach Richmond hat man es geschafft, den besten Single Malt-Whiskey der Welt zu produzieren – wie die World Whiskeys Awards von 2014 bestätigen. Und mittlerweile gibt es Dutzende dieser Brennereien in Tasmanien. Stündliche Führungen; Buchung empfohlen.

Bonorong Wildlife Centre WILDPARK
(☎03-6268 1184; www.bonorong.com.au; 593 Briggs Rd, Brighton; Erw./Kind/Fam. 28/14/77 AU$; ⏲9–17 Uhr) „Bonorong" ist ein Aborigine-Wort, das soviel wie „eingeborener Gefährte" bedeutet. In dem eindrucksvollen Park leben Tasmanische Teufel, Koalas, Wombats, Ameisenigel und Beutelmarder. Hier wird besonders viel Wert auf Pflege verletzter Tiere gelegt. Es werden auch Abendführungen angeboten (Erw./Kind ab 157/83 AU$). Der Park liegt 17 km westlich von Richmond: die Middle Tea Tree Rd nehmen, nach 11 km links in die Tea Tree Rd einbiegen, und in Brighton wieder links auf die Briggs Rd.

Richmond ZooDoo Zoo ZOO
(☎03-6260 2444; www.zoodoo.com.au; 620 Middle Tea Tree Rd, Richmond; Erw./Kind 25/13 AU$; ⏲9–17 Uhr) 6 km westlich von Richmond an der Straße nach Brighton (Middle Tea Tree Rd) bietet ZooDoo Safari-Busfahrten, Spielplätze, Picknicktische und ungefähr die Hälfte der Tierarten, die Patienten von Dr Dolittle waren: Tiger, Lamas, Tasmanische Teufel, Wallabys und einen besonders aufgeplusterten Pfau. Zu bestimmten Zeiten werden die weißen Löwen gefüttert.

Schlafen & Essen

BIG4 Hobart Airport Tourist Park WOHNMOBILPARK $
(☎03-6248 4551; www.hobartairporttouristpark.com.au; 2 Flight St, Cambridge; Stellplatz mit Strom ab 35 AU$, Hütte ab 150 AU$; 📶) Dieser neue

ABSTECHER

WEINREGION COAL RIVER VALLEY

Richmond und das nahegelegene Cambridge sind die Zentren von Tasmaniens am schnellsten wachsender Weinregion, dem Coal River Valley. Manche Unternehmen sind opulente Weingüter mit Gourmetrestaurants, andere kleine Familienbetriebe mit einem Laden, der nach Vereinbarung geöffnet wird. Weitere Infos finden sich unter www.winesouth.com.au. Hier zwei Weingüter, mit denen man seine Erkundung starten kann:

Frogmore Creek (☎03-6274 5844; www.frogmorecreek.com.au; 699 Richmond Rd, Cambridge; ⏲10–17 Uhr, Restaurant 12–16.30 Uhr) Zum Mittagessen erhält man hier ausgezeichneten Chardonnay, Pinot Noir und einen Edelfäule-Riesling. Unbedingt anschauen sollte man sich *Flawed History*, eine in den Boden eingearbeitete Sägearbeit des hiesigen Künstlers Tom Samek. Für das Restaurant empfiehlt es sich, vorab zu reservieren (Hauptgerichte 17–25 AU$).

Puddleduck Vineyard (☎03-6260 2301; www.puddleduck.com.au; 992 Richmond Rd, Richmond; ⏲10–17 Uhr) Das kleine, familiengeführte Weingut produziert nur 1500 Kisten pro Jahr: zugreifen sollte man beim Riesling, dem Pinot Noir oder dem Schaumwein „Bubbleduck". Zu Mittag kann man am See in Begleitung von Lucky, der Ente und Polly, dem Weinhund, einen Käseteller oder die Weingutplatte (20 AU$) verputzen oder den Grill anwerfen (Fleisch selber mitbringen).

Wohnmobilpark in der Nähe des Flughafens von Hobart füllt eine lang leer gebliebene Lücke in der Toursimusbranche von Hobart. Er ist groß, grün, perfekt gelegen, wenn man einen frühen Flug erwischen muss, und vermietet auch schöne Hütten.

★ Daisy Bank Cottages B&B **$$**
(☎03-6260 2390; www.daisybankcottages.com.au; 78 Middle Tea Tree Rd, Richmond; DZ ab 160 AU$, zusätzliche Pers. 30 AU$; 📶) Ein ländliches Juwel: zwei stilvolle Wohneinheiten für Selbstversorger (eine mit Whirlpool) in einem umgebauten Sandsteinschuppen aus den 1840er-Jahren auf einer Schaffarm, die immer noch in Betrieb ist. Es gibt Loft-Schlafzimmer, Ausblick über die Dächer von Richmond und viele Beschäftigungsmöglichkeiten für Kinder. Auf den umliegenden Äckern gibt es Lehrpfade und jede Menge Vögel auf Beutejagd. Am ersten Morgen wird Frühstück angeboten. Schwer zu schlagen!

★ Richmond Bakery BÄCKEREI **$**
(☎03-6260 2628; 50 Bridge St, abseits der Edward St, Richmond; Gebäck 3–8 AU$; ⏲7.30–18 Uhr) Hier gibt's Pasteten, Gebäck, Sandwiches, Croissants, Muffins und Kuchen zum Mitnehmen, oder man macht es sich im Innenhof gemütlich. Die hauseigene Version der tasmanischen Muschelpastete ist mehr als gut. Wenn die Hauptstraße menschenleer ist, dann sind vielleicht alle hier.

Coal River Farm BISTRO **$$**
(☎1300 455 215; www.coalriverfarm.com.au; 634 Richmond Rd, Cambridge; Hauptgerichte 19–27 AU$; ⏲9–17 Uhr; 👪) Ein elegantes Stück Architektur am Hügel: Die Coal River Farm ist ein freundlicher Ort zum Probieren von selbstgemachtem Käse, Schokolade oder Frühstück und Mittagessen im Bistro. Wie wäre es mit geräuchertem Wallaby mit weißem Bohnenmus und würziger Tomaten-Paprika-Sauce? Man kann hier auch Erdbeeren pflücken, die Ziegen füttern und Hühnereier sammeln.

ℹ An- & Weiterreise

Tassielink (☎1300 300 520; www.tassielink.com.au) betreibt von Montag bis Samstag mehrmals täglich Busse von Hobart nach Richmond (7,60 AU$, 45 Min.).

Der **Richmond Tourist Bus** (Hobart Shuttle Bus; ☎0408 341 804; www.hobartshuttlebus.com/richmond-village.html; Erw./Kind hin & zurück 30/20 AU$; ⏲So–Fr 9 & 12.15 Uhr) fährt von Hobart nach Richmond und lässt einem drei Stunden Zeit, die Stadt zu erkunden (ohne Führer), bevor es wieder zurückgeht. Telefonisch nach Reservierungen und Abholorten fragen. Möglich sind auch Abstecher zum Richmond ZooDoo Zoo.

Mt. Field National Park & Umgebung

Mt. Field, 80 km nordwestlich von Hobart und 7 km hinter Westerway, wurde 1916 zum Nationalpark ernannt. Der Park ist berühmt für seine alpinen Moorlandschaften, Seen, Regenwälder, beeindruckenden Wasserfälle, Wanderwege, Skipisten und jede

Menge wilde Tiere. Man kann entweder von Hobart aus einen Tagesausflug hierher machen oder über Nacht bleiben. Es kann auf jeden Fall sehr kalt werden – also die Wollmütze nicht vergessen!

Sehenswertes

Russell Falls WASSERFALL
(www.parks.tas.gov.au; abseits der Lake Dobson Rd, Mt Field National Park; bei Tageslicht) Hinter dem Besucherzentrum des Mt. Field National Park beginnt ein einfacher, 20-minütiger Rundweg zu den eindrucksvoll gestuften, 45 m hohen Russell Falls. Der Weg ist auch mit Rollstuhl und Kinderwagen gut machbar. Es fallen Eintrittsgebühren für den Nationalpark an.

★ Two Metre Tall BRAUEREI
(03-6261 1930, 0400 969 677; www.2mt.com.au; 2862 Lyell Hwy, Hayes; Verkostungen Di–Do 11–15 Uhr, Farmbar Fr 11–18 & So 12–17 Uhr) Eine der besten Craft-Bier-Brauereien Tasmaniens ist für Verkostungen geöffnet und organisiert jeden Freitag- und Sonntagnachmittag „Farm Bar"-Sessions, bei denen zu frisch gezapften Ales und Ciders gegrillt wird (Fleisch selber mitbringen). Hopfen und Gerste kommen von der eigenen Farm von Two Metre Tall im Derwent Valley. Die Brauerei liegt 12 km nordwestlich von New Norfolk auf dem Weg nach Hamilton.

Salmon Ponds FARM
(03-6261 5663; www.salmonponds.com.au; 70 Salmon Ponds Rd, Plenty; Erw./Kind/Fam. 8/6/22 AU$; 9–17 Uhr, Restaurant Nov.–April 9–16 Uhr, Mai–Okt. 10–15 Uhr) 1864 wurden auf dieser Fischfarm, 9 km westlich von New Norfolk bei Plenty, erstmals in der südlichen Hemisphäre Regenbogen- und Bachforellen gezüchtet. Die Fische in den Ausstellungsbecken können gefüttert, die Brutplätze besichtigt und das Anglermuseum besucht werden. Das **Restaurant** (Hauptgerichte 11–21 AU$) hat sich auf süße und herzhafte Crêpes (unbedingt den geräucherten Lachs und den Camembert probieren) spezialisiert und serviert tasmanische Weine und guten Kaffee.

Aktivitäten

★ Tassie Bound KANUFAHREN
(0417 008 422; www.tassiebound.com.au; pro Erw./Fam. mit Mittagessen 135/400 AU$) Auf einem landschaftlich schönen und ruhigen Abschnitt des Derwent River werden zweistündige Kanutouren für kleine Gruppen mit Mittagessen am Flussufer angeboten. Abholung ist in New Norfolk. Freitags werden auch Dämmerungs-Touren mit Besuch der Two Metre Tall Brewery organisiert (Erw./Fam. 150/300 AU$, Abholung von Bushy Park) sowie fünfstündige Paddelausflüge durch die Stromschnellen (150/550 AU$).

Agrarian Kitchen KOCHKURSE
(03-6261 1099; www.theagrariankitchen.com; 650 Lachlan Rd, Lachlan; Kurse ab 385 AU$/Pers.) Tasmaniens erste interaktive Kochschule mit Bio-Produkten ist in einem Schulhaus aus dem 19. Jh. in dem Dörfchen Lachlan im Derwent Valley – 45 Minuten von Hobart entfernt – untergebracht. Auf den umliegenden 2 ha wachsen Bio-Gemüse, -Obst, -Beeren und -Kräuter – was in den Kursen zum Einsatz kommt. Weitere Zutaten stammen von regionalen Bauern, Fischern und Lebensmittelherstellern.

Mt. Mawson SKIFAHREN
(03-6288 1149; www.mtmawson.info; abseits der Lake Dobson Rd, Mt. Field National Park; Skifahren Erw./Kind ganzer Tag 30/15 AU$, halber Tag 20/10 AU$, Schlepplift 10 AU$; Mitte Juli–Mitte Sept. Sa & So 10–16 Uhr) 1922 fuhr man erstmals am Mt. Mawson Ski. Ein unauffälliges Resort mit exklusiven Hütten und Schleppliften ist schließlich hier entstanden, und wenn die Natur etwas Schnee übrig hat (was in den letzten Jahren immer seltener geworden ist), ist das Gebiet eine schöne Abwechslung von den kommerziellen Skigebieten auf dem australischen Festland. Auf der Website gibt es Schneeberichte und Webcams.

Schlafen & Essen

★ Duffy's Country Accommodation HÜTTE $$
(03-6288 1373; www.duffyscountry.com; 49 Clark's Rd, Westerway; DZ 130–145 AU$, zusätzliche Pers. Erw./Kind 25/15 AU$;) Oberhalb eines Himbeerfeldes bei Westerway (8 km östlich vom Mt. Field National Park) stehen preisgünstige, einwandfreie Selbstversorgerhütten: eine kleine Hütte für Paare und eine umgebaute Ranger-Hütte aus dem Mt. Field National Park mit zwei Schlafzimmern für Familien. Es gibt auch ein paar niedliche Schlafbaracken mit zwei Betten, die ideal für Teenager sind. Frühstück kann arrangiert werden, und mit großer Wahrscheinlichkeit sieht man auch Wallabys.

Possum Shed CAFÉ $$
(03-6288 1364; www.thepossumshed.com.au; 1654 Gordon River Rd, Westerway; Snacks

6–22 AU$; ⌚ Mi–Fr 10–16, Sa & So 9–17 Uhr, Dez.–Feb. tgl.) In Westerway, auf dem Weg nach Mt. Field, etwa 30 km von New Norfolk entfernt, liegt dieses nette Café am Flussufer mit Tischen im Freien, einheimischen Schnabeltieren (man muss ganz leise sein, um welche zu sehen) und Mittagsgerichten sowie Snacks (Salate, Burger, Pancakes, Muffins, Sandwiches) aus regionalen Zutaten. Den guten Kaffee gibt's auch zum Mitnehmen.

ℹ Praktische Informationen

Mt. Field National Park Visitor Information Centre (☎1300 827 727, 03-6288 1149; www.parks.tas.gov.au; 66 Lake Dobson Rd, Mt. Field National Park; Tagespass pro Pers./Fahrzeug 12/24 AU$; ⌚ Nov.–April 8.30–17 Uhr, Mai–Okt. 9–16 Uhr) In der Touristeninformation des Mt. Field National Park befindet sich das Waterfalls Café mit Ausstellungen zur Geschichte des Parks. Hier werden Tagespässe verkauft, und es gibt jede Menge Informationen über Wanderungen und von Rangern geführte Touren, die von Ende Dezember bis Anfang Februar stattfinden. Rund um die Touristeninformation befinden sich Grillstellen, Unterstände, Rasenflächen und ein Kinderspielplatz.

ℹ An- & Weiterreise

Die 80 km lange Fahrt von Hobart zum Mt. Field National Park durch das Derwent River Valley und den Bushy Park ist der absolute Wahnsinn. Es geht vorbei an Stromschnellen, Hopfenfeldern, alten Hopfendarren, Reihen von Pappeln und Weißdornhecken. Es fahren keine öffentlichen Verkehrsmittel in den Park, aber einige Touranbieter aus Hobart bieten Tagesausflüge an: unter anderem **Tours Tasmania** (☎1800 777 103; www.tourstas.com.au).

Während der Schulferien fahren Busse von **Derwent Valley Link** (☎03-6261 4653; www.derwentvalleylink.com.au) einmal täglich von Hobart über Fentonbury nach Westerway (13,30 AU$, 1¾ Std.) und über New Norfolk nach Ellendale (17,80 AU$, 2 Std.). Während der Schulzeit fährt ein weiterer Bus von Derwent Valley Link einmal täglich nach Westerway und Ellendale, allerdings fährt dieser an der Ogilvie High School in New Town, einem nördlichen Randbezirk von Hobart, ab.

DER SÜDOSTEN

Ruhige Häfen, ländliche Dörfer und nebelverhangene Täler – Tasmaniens Südosten hat viel zu bieten. Im fruchtbaren Herzen der Apple Isle gibt es heute nicht mehr nur Apfelprodukte, sondern auch Kirschen, Aprikosen, Atlantischen Lachs, Wein, Pilze und Käse. Der breite, teefarbene Huon River ist immer noch die Lebensader der Region. Dank des südlichen Breitengrads und der unzähligen Wasserwege ist der Südosten auch für seine Regenbogen bekannt.

Richtung Süden geben die Obsthügel des Huon Valley den Blick frei auf die glitzernden Meeresarme des D'Entrecasteaux Channel, wo vor der Küste schon Bruny Island auf einen wartet. Der Hartz Mountains National Park liegt nicht weit im Landesinnern, und noch weiter südlich beginnt der epische South Coast Track in der wunderschönen Recherche Bay.

Lust auf ein bisschen französisches Flair? Die französischen Entdecker Bruni d'Entrecasteaux und Nicolas Baudin kartografierten in den 1790er-Jahren und Anfang des 19. Jhs. große Teile der Küste der Region – ein gutes Jahrzehnt bevor die Briten 1803 den Union Jack bei Risdon Cove in der Nähe von Hobart hissten.

ℹ An- & Weiterreise

Metro Tasmania (☎13 22 01; www.metrotas.com.au) Busse von Metro Tasmania fahren montags bis samstags von Hobart Richtung Süden durch Margate und Kettering nach Woodbridge. Wochentags fährt einmal am Tag ein Bus über den Berg nach Cygnet.

Tassielink (☎1300 300 520; www.tassielink.com.au) hat tägliche Verbindungen entlang des Huon Hwy von Hobart durch Huonville, Franklin und Geeveston nach Dover und weiter von Huonville nach Cygnet.

Bruny Island

620 EW.

Bruny Island besteht eigentlich aus zwei Inseln, die durch eine schmale, 5 km lange, sandige Landzunge namens Neck verbunden sind. Die windgepeitschte, spärlich besiedelte Insel ist bekannt für ihr Tierleben (Zwergpinguine, Ameisenigel, Keilschwanz-Sturmtaucher) und wird im Süden von Regen und im Norden von trockenen Stränden geprägt. Von Kettering aus fährt eine Fähre hierher.

Brunys Küstenlandschaft ist zauberhaft. Es gibt unzählige Strände, an denen man baden und surfen kann, und viele Möglichkeiten, um im Süß- oder Salzwasser zu angeln. Auf South Bruny liegt der steile, bewaldete South Bruny National Park mit wunderschönen Wanderwegen, vor allem rund um die Labillardiere Peninsula und das Fluted Cape.

Der Tourismus wird immer wichtiger für die Wirtschaft der Insel, hält sich aber dennoch in Grenzen. Es gibt (noch) keine homogenisierten Resorts, nur jede Menge Strandhütten und -häuser. Zu viele Besucher versuchen, ihren Besuch auf Bruny in einen Tag zu stopfen. Wer mit etwas Ruhe und Frieden zurechtkommt, sollte besser ein paar Tage bleiben. Mit Bruny Island wird man nur langsam warm, aber dann will man gar nicht mehr weg von hier.

Sehenswertes

The Neck NATURSCHUTZGEBIET, AUSSICHTSPUNKT

(www.brunyisland.org.au/about-bruny-island/the-neck; Bruny Island Main Rd; 24 Std.) GRATIS Auf halber Strecke des Isthmus – des „Neck" –, der North und South Bruny verbindet, führen 279 Stufen (nachzählen, ob's stimmt) hinauf zum **Truganini Memorial**, wo man einen weiten Blick auf beide Teile der Insel genießt. Ein anderer Plankensteg führt über den Neck zum Strand auf der anderen Seite. Man sollte unbedingt auf dem Weg bleiben, weil hier Sturmtaucher und Zwergpinguine nisten. Die beste Chance, Pinguine zu erspähen, hat man in den wärmeren Monaten in der Abenddämmerung.

South Bruny National Park NATIONALPARK

(03-6293 1419; www.parks.tas.gov.au; via Adventure Bay & Lunawanna, South Bruny; Tagespass pro Pers./Fahrzeug 12/24 AU$; 24 Std.) Der South Bruny National Park umfasst ausgedehnte Küstenlandschaft und bewaldetes Hinterland. Am **Fluted Cape** in der Nähe der Adventure Bay führt ein einfacher Weg zur alten Walfangstation bei **Grass Point** (1½ Std. hin & zurück). Von hier aus kann man bei Ebbe nach **Penguin Island** gelangen oder den anspruchsvollen **Cape Circuit** (2½ Std. hin & zurück) nehmen.

Im südwestlichen Teil des Parks liegt die **Labillardiere Peninsula** mit ihrer schroffen Küstenlandschaft und der **Cape Bruny-Leuchtturm** (03-6293 1419; www.parks.tas.gov.au; Lighthouse Rd, South Bruny; Tagespass pro Pers./Fahrzeug 12/24 AU$; Schutzgebietzugang Fahrzeuge 9.30–16.30 Uhr, Fußgänger 24 Std.). Die Wanderungen reichen von entspannten Strandspaziergängen bis zu einem siebenstündigen Rundweg um die Halbinsel.

Bligh Museum of Pacific Exploration MUSEUM

(03-6293 1117, 0407 689 877; www.southcom.com.au/~jontan/index.html; 876 Adventure Bay Rd, Adventure Bay; Erw./Kind/Fam. 4/2/10 AU$; 10–16 Uhr) Das mit Kuriositäten vollgestopfte, fensterlose Backstein-Museum widmet sich den regionalen Unternehmungen der Entdecker Bligh, Cook, Furneaux, Baudin und, natürlich, Bruny d'Entrecasteaux. Zur interessanten Sammlung gehören Manuskripte sowie Land- und Seekarten; viele davon sind Originale bzw. Erstausgaben.

Aktivitäten

Bruny Island Cycle Tours & Hire RADFAHREN

(0477 495 339; www.brunyislandcycletoursandhire.com.au; 66 Ferry Rd, Kettering; Verleih pro Tag Moutain-/E-Bike 40/65 AU$, 2 Tage 75/120 AU$; 9–17 Uhr) Mit einem raffinierten E-Bike kann man es hier auf 25 km/h bringen. Abholung ist in Kettering auf der anderen Straßenseite vom Fähranleger. Auf der Website stehen Tourvorschläge. Es gibt auch normale Mountain- und Trekking-Bikes.

Geführte Touren

★ **Bruny Island Cruises** BOOTSFAHRTEN

(Pennicott Wilderness Journeys; 03-6234 4270; www.brunycruises.com.au; 915 Adventure Bay Rd, Adventure Bay; Erw./Kind/Fam. 135/85/430 AU$) Im Rahmen dieser ausgezeichneten, dreistündigen Bootstour, die von Pennicott Wilderness Journeys angeboten wird, sieht man die atemberaubende Küstenlandschaft im Südosten der Insel mit ihren Krähen- & Robbenkolonien, Buchten, Höhlen und hoch aufragenden Klippen. Jeden Tag um 11 Uhr (im Sommer auch um 14 Uhr) legt das Boot am Steg in der Adventure Bay ab. Nur hinkommen muss man selbst.

Bruny Island Safaris GEFÜHRTE TOUREN

(0437 499 795; www.brunyislandsafaris.com.au; 149 AU$/Pers., Leuchtturm-Führung Erw./Kind/Fam. 10/5/35 AU$) Die Ganztagestouren beginnen in Hobart und beleuchten die Geschichte und die Landschaft von Bruny. Man kann sich auf die kulinarische Vielfalt der Insel freuen (Austern, Lachs, Käse, Wein und Beeren) und auf den Besuch des alten Cape Bruny Lighthouse. Wer sich schon auf der Insel aufhält, kann sich der Tour beim Leuchtturm anschließen, um einen Blick hinein zu werfen (s. www.brunyislandlighthousetours.com.au).

Schlafen

★ **Red Gate Cottage** FERIENHAUS $$

(0411 030 445; www.redgatecottage.weebly.com; 178 Nebraska Rd, Dennes Point; DZ ab 185 AU$, zusätzliche Pers. 30 AU$) Ein charismatisches, al-

Der Südosten

tes Strandhaus in Form eines Schiffes in den Dünen von Dennes Point. Durch ein rotes Tor gelangt man zum Strand, der nach Westen zeigt (tolle Sonnenuntergänge). Die Architektur kann am besten als klassisch retro beschrieben werden, aber innen ist alles modern mit einer tollen Küche. In zwei Schlafzimmern können vier Personen schlafen, und es gibt noch ein paar Extra-Matratzen.

★ 43 Degrees APARTMENTS **$$**
(☎ 03-6293 1018; www.43degrees.com.au; 1 Lumeah Rd & 948 Adventure Bay Rd, Adventure Bay; DZ/Apt. 190/240 AU$, 40 AU$/weitere Pers.) Die Anlage auf 43° südlicher Breite schließt die beiden Enden des Strands von Adventure Bay ab: Am westlichen Ende liegen drei elegante Einzimmerwohnungen (für 2 Pers.), am östlichen Ende nahe der Anlegestelle zwei ähnlich gestaltete Apartments (für 4 Pers.). Die Doppelfenster halten je nach Jahreszeit die Wärme drinnen oder die Hitze draußen.

Satellite Island FERIENHAUS **$$$**
(☎ 0400 336 444; www.satelliteisland.com.au; Satellite Island, über Alonnah oder Middleton; DZ/weitere Pers. ab 1200/200 AU$) Eine Insel vor einer Insel vor einer Insel: Mitten im D'Entrecasteaux-Kanal bietet diese wundervolle Privatinsel-Lodge (mit Bootshaus-Charme) separate Unterkunft für bis zu acht Robinsons. Zur Unterhaltung gibt's Kajaks und Angelruten; Wanderwege und mit Austern besetzte Felsen laden zur Erkundung ein. Die Insel ist mit Privatbooten von Alonnah auf Bruny Island oder von Middleton auf dem tasmanischen „Festland" zu erreichen. Der Mindestaufenthalt beträgt zwei Tage, man wird aber bestimmt länger bleiben wollen.

Essen & Trinken

★ Bruny Island Cheese Co KÄSE **$**
(☎ 03-6260 6353; www.brunyislandcheese.com.au; 1807 Bruny Island Main Rd, Great Bay; Verkostung frei, Gerichte ab 12 AU$; ⏲ 9.30–17 Uhr) Lust auf ein leckeres Stück Käse? Dann sollte

man sich auf den Weg zur Bruny Island Cheese Co machen, deren neuseeländischer Käser Nick Haddow sich seine Inspiration auf Reisen und bei der Arbeit in Frankreich, Spanien, Italien und England geholt hat. Die Bruny Island Beer Co steht unter derselben Schirmherrschaft: zur Käseplatte unbedingt das dunkle Ale Oxymoron und eine Scheibe Sauerteigbrot aus dem Holzofen probieren.

★ Get Shucked Oyster Farm SEAFOOD $$
(☎0439 303 597; www.getshucked.com.au; 1735 Bruny Island Main Rd, Great Bay; 12 Austern nicht geöffnet/geöffnet ab 10/16 AU$; ⏲9.30–18.30 Uhr, Winter kürzere Öffnungszeiten) Get Shucked liegt in der kühlen Great Bay. Hier kann man ein Dutzend Austern mit Zitronensaft und Tabasco verschlingen und dazu ein Gläschen Jansz trinken. Wirklich ausgezeichnet.

Bruny Island House of Whisky BAR
(☎03-6260 6344; www.tasmanianhouseofwhisky.com.au; 360 Lennon Rd, North Bruny; ⏲9.30–17.30 Uhr, Winter verkürzte Öffnungszeiten) Ehrfürchtig steht man vor dieser schimmernden, grellen Bar mit unzähligen Flaschen von Tasmaniens besten Single Malt Whiskeys (davon gibt es mittlerweile viele, darunter auch der Haus-Whiskey Trappers Hut). Gemischte Platten stillen den kleinen Hunter. Aber es kann gut sein, dass man dabei die letzte Fähre zurück nach Kettering verpasst…

Praktische Informationen

Bruny D'Entrecasteaux Visitor Information Centre (☎03-6267 4494; www.brunyislandaccommodationandtours.com; 81 Ferry Rd, Kettering; ⏲9–17 Uhr) Die Touristeninformation von Bruny Island befindet sich am Fährterminal von Kettering – eine gute Quelle für Infos über Unterkünfte und Dienstleistungen in Bruny, darunter auch Wanderkarten und Tourentipps. Hier gibt's auch ein Café.

An- & Weiterreise

Bruny Island Ferry (☎03-6273 6725; www.brunyislandferry.com.au; Ferry Rd, Kettering; Auto hin & zurück 33–38 AU$, Motorrad/Fahrrad/Fußgänger hin & zurück 6/6 AU$/frei) Bringt mit zwei Booten von Kettering nach Roberts Point in North Bruny Fahrzeuge und Fußgänger mindestens zehnmal täglich hin und zurück (20 Min.). Die erste Fähre fährt um 6.30 Uhr in Kettering ab (So 7.30 Uhr), die letzte um 19 Uhr. Die erste Fähre geht in Bruny um 7 Uhr (So 8.30 Uhr), die letzte um 19.15 Uhr. Keine Reservierungen möglich – einfach am Fähranleger anstellen.

Cygnet

1460 EW.

Das wundervolle Cygnet wurde von Bruny d'Entrecasteaux wegen der vielen Trauerschwäne, die in der Bucht herumschwimmen, auf den Namen Port de Cygne Noir („Hafen des Schwarzen Schwans") getauft. Als Cygnet („Jungschwan") wieder auferstanden hat sich der Ort zu einer künstlerischen Enklave von Rasta-Typen entwickelt, ohne seine Bedeutung als wichtiges Zentrum des Obstanbaus zu verlieren. Hier unterhalten sich abgehärtete Bauern mit Banjos tragenden Hippies auf der Hauptstraße oder hängen gemeinsam an den Theken in den Pubs des Städtchens ab. Richtung Süden ist man schnell in **Randalls Bay** und den Stränden von **Verona Sands**.

Sehenswertes

Pagan Cider BRAUEREI
(☎0448 813 988; www.pagancider.com.au; 7891 Channel Hwy, Cradoc; Verkostung frei; ⏲Mo–Fr 11–16, Sa & So 11–17 Uhr) Eine der größten Attraktionen von Cygnet ist der Pagan Cider, der Champagner unter den Ciders, der es in die Pubs im ganzen Land geschafft hat. In der Pagan-Brauerei wird nicht nur Apfel-Cider gemacht: es wird auch Birnen-, Kirsch-, Erdbeer- und Blaubeer-Cider hergestellt, sowie Met und Scrumpy (starker, trüber Apfel-Cider). Erstaunliches Zeug.

Schlafen & Essen

Cygnet's Secret Garden B&B $$
(☎03-6295 0223; www.cygnets-secret-garden.com.au; 7 Mary St, Cygnet; DZ ab 180 AU$; 📶) Dieses bezaubernde Wetterschenkelhaus (1913) im Föderationsstil ist umgeben von einem Blumengarten und liegt am Ende der Hauptstraße (praktischerweise direkt gegenüber von einem Pub). Es hat drei B&B-Zimmer, die altmorischen Charme versprühen. Das Frühstück ist üppig und warm mit hausgemachten Marmeladen und Obst aus dem Garten des Besitzers.

★ Lotus Eaters Cafe CAFÉ $$
(☎03-6295 1996; www.thelotuseaterscafe.com.au; 10 Mary St, Cygnet; Hauptgerichte 12–25 AU$; ⏲Fr–Mo 9–16 Uhr; 🖉) Dieses nette Hippie-Café mit rustikaler Einrichtung serviert kulinarische Köstlichkeiten: leckere Eier in allen Variationen zum Frühstück sowie Currys und Suppen – alle Zutaten sind saisonal, aus der Region und Bio-Produkte. Die hausge-

machten Kuchen, Mandelcroissants und der Kaffee sind Spitzenklasse. Draußen in der Sonne stehen gemütliche Holztische, die zum Verweilen einladen.

Huonville & Umgebung

Die größte Stadt im Südosten ist das landwirtschaftliche Huonville am Ufer des Huon River, 35 km südlich von Hobart, unweit einiger schöner Weingüter und kleiner Dörfer. Huonville hat sich einen Namen als Tasmaniens Apfel-Zentrum gemacht und ist immer noch eine betriebsame Arbeiterstadt – ohne viel Charme, aber mit allem, was man sonst so braucht.

Der Huon Hwy führt in südliche Richtung am Huon River entlang, vorbei an den Siedlungen Franklin, Castle Forbes Bay und Port Huon. Das waren einst wichtige Häfen für den Apfelhandel, aber heute verfallen die alten Piers und Packhütten wie überreifes Obst. Das nahe Ranelagh ist ein Landwirtschaftszentrum, und das ausgedehnte Franklin ist die älteste Stadt im Huon Valley. Die breite, schilfige Flusslandschaft hier gehört zu Australiens besten Ruderstrecken.

Sehenswertes & Aktivitäten

★ Apple Shed MUSEUM
(☎ 03-6266 4345; www.williesmiths.com.au; 2064 Huon Hwy, Grove; Eintritt gegen 1 oder 2 AU$ Spende; ⏲ Mo–Do 10–17, Sa & So 10–18, Fr 10–21 Uhr) Das umgebaute Café mit Museum in Grove, 6 km nördlich von Huonville, ist die Heimat von Willie Smiths Organic Apple Cider, der auf die Cider-Welle aufgesprungen ist, die Australiens Bars und Pubs zuletzt überrollt hat. Hier gibt es Kaffee, eine Käseplatte, Hauptgerichte (ab 10–28 AU$) eine Cider-Probe (12 AU$) oder gleich einen zweckmäßigeren, 1,89 l-Behälter mit Willie Smiths Bone Dry. Das Museum beleuchtet die Apfelanbaugeschichte von Huonville mit alten Apfelpressen und einer beeindruckenden Reihe an verschiedenen Apfelsorten.

Freitagabend sind die Öffnungszeiten länger, und es gibt Livemusik – zudem ist die Apfel-Brandy-Destillerie geöffnet und in Betrieb!

Wooden Boat Centre MUSEUM
(☎ 03-6266 3586; www.woodenboatcentre.com; 3333 Huon Hwy, Franklin; Erw./Kind/Fam. 15/5/30 AU$; ⏲ Mo–Fr 9.30–16.30, Sa & So 10.30–16 Uhr) Zu diesem interessanten maritimen Zentrum gehört die School of Wooden Boatbuilding, eine einmalige Institution, die akkreditierte Kurse (1–7 Wochen) im traditionellen Bootsbau aus tasmanischem Holz veranstaltet. Wer hineinschaut, erfährt alles über Bootsbau, kann beobachten, wie Boote gezimmert werden und den herrlichen Duft der Huon-Kiefer schnuppern.

Huon Valley Bicycle Hire RADFAHREN
(☎ 0447 270 669; www.huonvalleybicyclehire.com; 105 Wilmot Rd, Huonville; Fahrradverleih halber/ganzer Tag 25/35 AU$; ⏲ Fr–Di 10–18 Uhr) Ab in den Sattel eines Retro- oder Mountainbikes – und los geht die Erkundungstour rund um Huonville. Auf der Website gibt's einige Routenvorschläge von 12 bis 32 km Länge.

Schlafen & Essen

Huon Valley Caravan Park WOHNMOBILPARK $
(☎ 0438 304 383; www.huonvalleycaravanpark.com.au; 177 Wilmot Rd, Ranelagh; Stellplatz ohne/mit Strom 35/39–45 AU$, mit Bad 65 AU$) Am Zusammenfluss des Huon River und des Mountain River liegt dieser grüne, grasbewachsene Platz, der Übernachtungsmöglichkeiten für den kleinen Geldbeutel bietet. Es gibt zwar (noch) keine Hütten, aber eine tolle Campingküche mit Pizzaofen, saubere Sanitäranlagen und hübsche Stellplätze mit Strom und erhöhtem, hell angemaltem Privatbad. Und im Mountain River kann man Fliegenfischen.

★ Huon Bush Retreats HÜTTEN $$
(☎ 03-6264 2233; www.huonbushretreats.com; 300 Browns Rd, Ranelagh; Stellplatz ohne Strom 30 AU$, Tipi 105–145 AU$, 1/2BZ Hütte 185/420 AU$, weitere Pers. 40 AU$) Das private naturnahe Refugium befindet sich an den Flanken des Mt. Misery. Das Anwesen umfasst fünf moderne, freistehende Hütten, Luxus-Tipis, Stellplätze für Zelte und Wohnmobile, 5 km an Wanderwegen und eine fantastische Küche mit Grills. Zwischen den Ästen flattern Prachtstaffelschwänze umher. Ein Wegbeschreibung zur Anfahrt findet sich auf der Website. Das Anwesen ist 12 km von Huonville entfernt und über eine steile, unbefestigte Straße zu erreichen.

★ Ranelagh General Store CAFÉ $
(☎ 03-6264 2316; www.facebook.com/ranelaghgeneralstore; 31 Marguerite St, Ranelagh; Hauptgerichte 12–15 AU$; ⏲ Mo–Do 8–17, Fr–So 8–20 Uhr) Der windige, alte Ranelagh General Store wurde zum Café umfunktioniert. Hier gibt es vor allem Burger, Kaffee, Smoothies, Sundaes und Regale voller einheimischer Produkte

aus dem Huon Valley. Der Dennis-Burger (Bruny Island-Wallaby, Rote-Beete-Marmelade, Tabasco-Sauce, Petersilie und Aioli) ist ein absolutes Highlight.

★ Summer Kitchen Bakery BÄCKEREI, CAFÉ $
(☎03-6264 3388; summerkitchen@aanet.com.au; 1 Marguerite St, Ranelagh; Gebäck 4–7 AU$; ⌚Di–Fr 7.30–16, Sa 8–16 Uhr) Die Einheimischen kommen meilenweit aus der Umgebung hierher, nur um in dieser ausgezeichneten, kleinen Bäckerei an einer Straßenecke in Ranelagh, ein paar Kilometer außerhalb von Huonville, einen Laib Brot zu kaufen: Bio-Sauerteig aus dem Holzofen, Roggensprossensauerteig, Bio-Rinder- und Wallaby-Pasteten, Gebäck, köstliche Schoko-Croissants und der beste Kaffee in Huon – einfach fantastisch.

Praktische Informationen

Huon Valley Visitor Information Centre
(☎03-6264 0326; www.southerntrove.com.au; 2273 Huon Hwy, Huonville; ⌚9–17 Uhr) Die Touristeninformation über den Südosten liegt auf dem Weg in die Stadt von Hobart kommend. Hinten gibt es einen echten Bienenstock.

Geeveston & Umgebung

1430 EW.

Ein rauer, aber malerischer Ort, 31 km südlich von Huonville: Geeveston wurde von Männern errichtet, die in den umliegenden Wäldern Holz schlagen wollten. Es ist ein eher zweckmäßiger Ort, bietet aber Unterkünfte in der Nähe des Hartz Mountains National Park und des Tahune AirWalk entlang der Arve Rd.

Geeveston wurde Mitte des 19. Jhs. von der Familie Geeves gegründet, deren Nachfahren auch heute noch bei vielen Angelegenheiten ihre Finger im Spiel haben. In den 1980er-Jahren war der Ort das Zentrum eines erbitterten Streits über den Holzeinschlag in den Wäldern des Farmhouse Creek. Am Höhepunkt des Streits lebten Umweltschützer wochenlang in den Kronen von 80 m hohen Eukalyptusbäumen, um zu verhindern, dass sie gefällt werden. Die Umweltbewegung hat am Ende gewonnen: Heute ist das Holzfällen am Farmhouse Creek verboten.

In der jüngeren Vergangenheit diente Geeveston als Kulisse für die fiktionale Stadt „Rosehaven" in der gleichnamigen Comedy-Serie, die 2016 auf ABC ausgestrahlt wurde – ein skurriler und überraschend liebevoller Einblick in eine tasmanische Kleinstadt.

Sehenswertes & Aktivitäten

★ Hartz Mountains National Park NATIONALPARK
(☎03-6121 7026; www.parks.tas.gov.au; via Arve Rd, Geeveston; Tagespass pro Pers./Fahrzeug 12/24 AU$; ⌚24 Std.) Die 65 km² große, alpine Wildniss der Hartz Mountains gehört zur Tasmanian Wilderness World Heritage Area und liegt nur 84 km von Hobart entfernt – eine gute Entfernung für Tagesausflügler und Wochenend-Wanderer. Der Park ist bekannt für seine schroffen Gipfel, Gletscherseen, Schluchten und alpine Moorlandschaften, wo die seltenen und empfindlichen Polsterpflanzen bei den kalten Temperaturen im Nebel wachsen. Wegen der plötzlichen Wetterumschwünge sollten auch Tagesausflügler wasserdichte und warme Kleidung mitbringen.

Tahune AirWalk WANDERN
(☎03-6251 3903, 1300 720 507; www.tahuneairwalk.com.au; Arve Rd, Geeveston; Erw./Kind/Fam. 29/14,50/58 AU$; ⌚Okt.–März 9–17 Uhr, April–Sept. 10–16 Uhr) 29 km westlich von Geeveston bietet der Tahune Forest 600 m lange, rollstuhlgeeignete Stahlwege 20 m über dem Waldboden. Ein 24 m langer, freischwebender Pfad wurde so konstruiert, dass er bei jedem Schritt angsteinflößen mitschwingt. Wer unter Höhenangst leidet, der macht lieber den 20-minütigen Spaziergang am Fluss entlang durch die jungen Huon-Kiefern. Hier gibt's auch ein **Café** (Hauptgerichte 12–30 AU$) und **Unterkünfte** (B/DZ/FZ/Hütte 60/121/152/180 AU$) in einer Lodge.

Schlafen & Essen

Cambridge House B&B $$
(☎03-6297 1561; www.cambridgehouse.com.au; 2 School Rd, Geeveston; DZ mit Frühstück 140–165 AU$, weitere Pers. 44 AU$) Das fotogene B&B aus den 1870er-Jahren – im Landhausstil, aber nicht kitschig – bietet oben drei (gut für Familien geeignete) Schlafzimmer mit Gemeinschaftstoiletten und im Erdgeschoss zwei Zimmer mit angeschlossenen Bädern. Die Holztreppe und die Decken aus Ostsee-Kiefer sind wunderschön. Wer sich ruhig verhält, kann vielleicht ein Schnabeltier im Bach unten auf dem Gartengelände erspähen. Es gibt hier auch warmes Frühstück.

★ Masaaki's Sushi JAPANISCH $
(☎0408 712 340; 20b Church St, Geeveston; Sushi 9–20 AU$; ⌚Fr & Sa 11.30–15 Uhr) Was für eine Überraschung! Tasmaniens bestes Sushi –

darunter auch frisches tasmanisches Wasabi – findet man im verschlafenen Geeveston. Leider sind die Öffnungszeiten sehr kurz (und meist ist bis 14 Uhr auch schon alles ausverkauft), aber sonntagmorgens findet man Masaaki (aus Osaka) und sein herausragendes Sushi auch auf dem Farm Gate Market (S. 705) in Hobart.

Praktische Informationen

Geeveston Visitor Information Centre (03-6297 1120; www.facebook.com/geevestonvisitorcentre; 15 Church St, Geeveston; 9–17 Uhr, Winter kürzere Öffnungszeiten) Diese inoffizielle Touristeninformation befindet sich in Geevestons altem Backstein-Rathaus und verkauft Tickets für den Tahune Forest AirWalk und die Höhle und Thermalquellen von Hastings weiter südlich. Hier gibt's auch Tickets und Infos für den Hartz Mountains National Park.

Dover

960 EW.

Dover ist ein entspanntes Fischerdorf mit einem Strand und einem Pier (der Pub ist leider 2013 abgebrannt), in dem man ein paar schöne Tage im tiefsten Süden verbringen kann. Der Ort hieß ursprünglich Port Esperance, benannt nach einem Schiff von Bruni d'Entrecasteauxs Flotte aber dieser Name ist heute nur noch in der Bucht geläufig. Die drei kleinen Inseln in der Bucht haben so optimistische Namen wie Faith, Hope und Charity.

Im 19. Jh. war das Gebiet Holzfällerterritorium. Huon-Kiefern und einheimische Hartholzgewächse wurden gerodet und von hier (und vom nahe gelegenen Strathblane und Raminea) nach China, Indien und Deutschland verschifft, wo das Holz für Eisenbahnschwellen genutzt wurde. Heute sind die Hauptindustriezweige Obstanbau und Aquakultur – Atlantischer Lachs wird hier gezüchtet und dann nach Asien exportiert.

Schlafen & Essen

Fisherman's Wife HÜTTE $$

(0428 981 574, 03-6298 1441; www.chapellanehall.com/fishermans-wife; 7059 Huon Hwy, Dover; DZ ab 190 AU$) Wenn diese kleine Hütte am Straßenrand noch näher am Wasser liegen würde, wäre sie ein Boot. Die typisch südliche Ferienhütte mit Holzofen, Sonnenterrasse und einer niedlichen Landküche ist von grünen Wiesen umgeben und könnte als „retro mit zeitgenössischem Einschlag" beschrieben werden. Ein kleiner Privatsteg ragt in die Bucht Port Esperance. Mindestaufenthalt zwei Nächte; bis zu vier Personen.

★ **The Peninsula Experience** FERIENHAUS $$$

(03-6298 1441; www.peninsulatas.com; Blubber Head Rd, Dover; Dz ab 475 AU$, Extra-Schlafzimmer 150 AU$;) Das stattliche Bauernhaus aus dem 19. Jh. liegt auf einer privaten Halbinsel hinter einem Stahltor sowie am Ende einer langen, holprigen Einfahrt und bietet jetzt den Luxus des 21. Jhs. Die drei Schlafzimmer (bis zu 6 Pers.) und die elegante Küche sind im asiatisch-schicken Stil gehalten. Bei Einbruch der Dämmerung bewegen sich Filander, Wallabys und Ameisenigel durch das Anwesen. Hier befindet sich auch das Boat House – eine kleine Hütte am Wasser mit Platz für zwei Personen.

★ **Post>Office 6985** PIZZA $$

(03-6298 1905; 6985 Huon Hwy, Dover; Hauptgerichte 12–27 AU$; Mi–Sa 16–20 Uhr) Aus der Stereoanlage dudeln Leonard Cohen und Alternative-Country, das Dekor ist cool und es liegen kulinarische Zeitschriften aus. Auf der Speisekarte stehen exzellente Holzofenpizzas (zu empfehlen ist die Variante mit

NICHT VERSÄUMEN

HASTINGS CAVES & THERMALQUELLEN

Fährt man von der Ausfahrt Southport am Huon Hwy 7,5 km ins Landesinnere, gelangt man zu den beeindruckenden **Hastings Caves & Thermalquellen** (03-6298 3209; www.parks.tas.gov.au/reserves/hastings; 754 Hastings Caves Rd, Hastings; Höhlen & Becken Erw./Kind/Fam. 24/12/60 $, nur Becken 5/2,50/12 $; Jan. 9–17 Uhr, Feb.–April & Okt.–Dez. 10–16 Uhr, Mai–Sept. 10.30–16 Uhr). Etwa stündlich werden hier geführte Touren angeboten (vorher anrufen oder auf der Website nachschauen). Im Rahmen der geführten Touren (45 Min.) kommt man in die eindrucksvolle **Newdegate Cave** mit Dolomitgestein und kann hinterher einen Sprung in das **Thermalbecken** hinter dem Visitor Centre wagen, das mit 28°C-warmen Quellwasser gefüllt ist. Das **Café** (Hauptgerichte 10–20 $) im Visitor Centre verkauft auch Grillgut und Picknickkörbe.

ABSTECHER

COCKLE CREEK & RECHERCHE BAY

Australiens südlichste Route ist die 19 km lange Schotterstraße von Ida Bay vorbei an den einlullenden Wellen der Recherche Bay bis nach Cockle Creek. Eigentlich sollten in Cockle Creek richtige Straßen entstehen, aber versiegende Kohleflötze und zurückgehende Walbestände machten diesen Plan schnell wieder zunichte.

Die Landschaft hier ist episch: voller zerklüfteter, wolkenverhangener Berge und atemberaubender Strände. Menschen (und das ist das Allerbeste) gibt es hier jedoch nur wenige – perfekt zum Campen und Buschwandern.

Der anspruchsvolle **South Coast Track** beginnt (oder endet) bei Cockle Creek und führt von dort bis nach Melaleuca im **Southwest National Park** (www.parks.tas.gov.au; Fahrzeug/Pers. 24/12 $ pro Tag). In Verbindung mit dem **Port Davey Track** kann man den ganzen Weg bis zum Lake Pedder wandern. Es gibt aber auch kürzere Wanderwege von Cockle Creek aus, wie die Route zum Leuchtturm bei **Fishers Point** (2 Std. hin & zurück) und den Abschnitt des South Coast Track zur **South Cape Bay** (4 Std. hin & zurück). Für den Nationalpark fallen Eintrittsgelder an; bei Cockle Creek registrieren.

Jakobsmuscheln, glasierten Zwiebeln und Pancetta). Nach einem Abend hier wird man wahrscheinlich in seiner Unterkunft fragen, ob man noch eine weitere Nacht bleiben kann. Auch die Bier- und Weinkarte kann sich sehen lassen.

Southport & Umgebung

Ursprünglich wurde Southport Baie des Moules (Muschelbucht) genannt – nur einer von vielen Namen, den der Ort über die Jahre hinweg schon hatte. Nur wenige Traveller nehmen den Umweg von 2 km von der Hauptstraße auf sich, um diesen Ort zu besuchen, aber schon allein die Übernachtung in einem der B&Bs, die wunderschön am Wasser liegen, lohnt sich. Auch die nahe gelegenen Höhlen von Hastings und die Thermalquellen, sowie die skurrile Ida Bay Railway in Lune River lohnen einen Abstecher. Leider kommt man hier nicht mit öffentlichen Verkehrsmitteln her.

Aktivitäten

Ida Bay Railway EISENBAHN
(☎03-6298 3110, 0459 984 246; www.idabayrailway.com.au; 328 Lune River Rd, Lune River; Erw./Kind/Fam. 32/17/75 AU$; ⏲Jan. 10, 12, 14 & 16 Uhr, Feb.–Mai 10, 12, & 14 Uhr, Juni–Dez. 10, & 12.30 Uhr) Australiens südlichste Eisenbahnstrecke führt auf 14 km durch den Busch in 1½ Stunden von Lune River zur Deep Hole Bay: Nach einem Picknick und Entspannung am Strand geht es wieder zurück nach Lune River. Von Oktober bis April fahren die Züge täglich, von Mai bis September nur Donnerstag bis Sonntag.

Schlafen

★ **Jetty House** B&B $$
(☎03-6298 3139; www.southportjettyhouse.com; 8848 Huon Hwy, Southport; EZ/DZ/FZ mit Frühstück ab 120/185/265 AU$, ganzes Haus 380–500 AU$; 📶🐾) Diese Pension in Familienbesitz in der Nähe des Kais ist in einem rustikalen, von einer Veranda umzogenen Gehöft untergebracht, das 1876 für den einheimischen Sägemühlen-Boss erbaut wurde. Hier kann man sich perfekt vom South Coast Track erholen. Im Preis enthalten sind Frühstück und Nachmittagstee. Offener Kamin, interessante Kunst und zum Glück keine Spitzendeckchen machen das Paket komplett. Nach Absprache gibt's auch Abendessen. Rabatte bei längeren Aufenthalten; Kinder und Haustiere willkommen. Was will man mehr!

★ **The Shackeau** FERIENHAUS $$$
(☎03-6298 1441; www.shackeau.com; 223 Kingfish Beach Rd, Southport; DZ ab 280 AU$) Der Name klingt zwar etwas seltsam (vielleicht eine Anspielung auf die französische Geschichte der Gegend?), aber diese direkt am Wasser liegende Hütte ist einfach fabelhaft. Das letzte in einer Reihe von kleinen Strandhäusern direkt am Ufer ist eine cremefarbene, wettergegerbte Unterkunft mit moderner Innenausstattung, einer tollen Veranda und Infinity Pool mit unschlagbarer Aussicht. Bis zu vier Personen haben hier Platz.

TASMAN PENINSULA & PORT ARTHUR

Nur eine Stunde von Hobart entfernt liegt die wunderschöne Küstenlandschaft der

Tasman Peninsula mit sandigen Stränden und historischen Stätten. Hier gibt's jede Menge Möglichkeiten zum Buschwandern, Surfen, Kajakfahren auf dem Meer, Tauchen und Klettern. Alles gute Gründe hierher nicht nur einen Tagesausflug von Hobart aus zu machen.

Auf jeden Fall sollte man die legendären, 300 m hohen Klippen der Halbinsel besuchen, die die höchsten der südlichen Hemisphäre und schlicht überwältigend sind. Der Großteil der Klippen liegt geschützt im Tasman National Park, einem Küstengebiet mit Inseln vor der Küste und Unterwasser-Kelpwäldern. Im Nationalpark lockt der großartige, neue Three Capes Track Wanderer aus der ganzen Welt hierher, die diese atemberaubende Landschaft erleben wollen.

Am Ende des Arthur Hwy liegt das düstere Port Arthur, die berüchtigte und angeblich ausbruchssichere Strafkolonie vom Anfang des 19. Jhs. Heute spielen hier Kinder Fußball, und Väter grillen Würstchen, aber es ist unmöglich, die tragische ältere und jüngere Vergangenheit dieses Ortes komplett auszublenden.

Geführte Touren

Under Down Under TOUREN
(☎1800 444 442; www.underdownunder.com.au; 115 AU$/Pers.) Geführte Tagesausflüge für Backpacker nach Port Arthur. Im Preis enthalten sind die Abholung von der Unterkunft, die Eintrittsgebühren, eine geführte Wanderung und eine Hafenkreuzfahrt. Unterwegs stattet man auch Richmond einen Besuch ab.

Tours Tasmania TOUREN
(☎1800 777 103; www.tourstas.com.au; pro Person 125 AU$) Die hauptsächlich auf Backpacker ausgerichteten Tagestouren für kleine Gruppen bieten ein ordentliches Preis-Leistungs-Verhältnis. Sie führen über Richmond, die Devil's Kitchen und den Tasman Arch nach Port Arthur (Eintritt, Führung & Hafenkreuzfahrt inklusive).

Tasman Peninsula

Dunalley

310 EW.

Die dicht bewaldete Forestier Peninsula – die vorlagernde Halbinsel, die man auf dem Weg zur Tasman Peninsula überquert – ist durch die Landzunge, auf der Dunalley liegt, mit dem tasmanischen Festland verbunden. Große Teile der Gegend wurden 2013 von Buschfeuern zerstört, aber es wird schon wieder grün hier. In Dunalley selbst teilt der Denison Canal (1905) die Landzunge und bietet eine Abkürzung für kleine Boote. Hier gibt es wenig zu tun und auch keine Übernachtungsmöglichkeit. Aber wenn man Hunger hat, kann man hier ganz nett essengehen.

Essen

★ Bangor Wine & Oyster Shed SEAFOOD $$
(☎03-6253 5558; www.bangorshed.com.au; 20 Blackman Bay Rd, Dunalley; 12 Austern ab 24 AU$, Hauptgerichte 18–32 AU$; ⊙10–17 Uhr, Winter kürzere Öffnungszeiten; 🛜) 1 km hinter dem Denison Canal links abbiegen, um zu diesem ausgezeichneten, neuen Lokal zu gelangen. Es befindet sich in einer schwarzen Holzhütte und hat einen Weinkeller (der gut-temperierte Pinot Noir ist fantastisch) und ein Restaurant, in dem man einheimische Austern probieren kann (am besten mit Rotwein-Essig, Frühlingszwiebeln und Pfefferdressing) und auch gemischte Platten oder herzhaftere Hauptgerichte (gedünstete Meerschnecken, Calamari-Salat) bekommt. Sehr nett.

★ Dunalley Waterfront Café & Gallery CAFÉ $$
(☎03-6253 5122; www.dunalleywaterfrontcafe.com; 4 Imlay St, Dunalley; Hauptgerichte 13–30 AU$; ⊙Mo, Mi, Do & So 9–16, Fr & Sa 9–21 Uhr, Winter kürzere Öffnungszeiten) Mit seiner großen Veranda und dem Blick aufs Wasser ist dieses helle, luftige Café ein kulinarischer Hotspot in Dunalley. Auf der Speisekarte stehen z. B. Seafood-Pastete mit Kartoffelgratin und Pulled-Pork-Sandwich mit Fenchel-Krautsalat und Chili-Aioli. Selbstgebackene Kuchen, Pizzas, toller Kaffee und tasmanische Weine sind weitere Gründe, hier zu verweilen. In der hippen Galerie sind Werke einheimischer Künstler ausgestellt.

Von Eaglehawk Neck nach Port Arthur

Der Eaglehawk Neck ist die zweite Landbrücke, die man überquert, wenn man Richtung Süden nach Port Arthur fährt. Er verbindet die Forestier Peninsula mit der Tasman Peninsula. Die historische Bedeutung geht zurück auf die Tage der Strafkolonien, als der 100 m breite Neck noch von angeketteten, wilden Hunden (die berüchtigte „Dogline") bewacht wurde, damit die Gefangenen nicht fliehen konnten. In der engen Eaglehawk Bay im Westen wurden Holzplattformen errichtet, auf denen noch agressivere Hunde angekettet waren, um die Gefangenen davon abzuhalten, um die „Dogline" herum zu waten. Damit niemand durchs Wasser fliehen konnte, wurde das Gerücht in die Welt gesetzt, dass die Gewässer voller Haie sind. Ab und zu sieht man hier tatsächlich die eine oder andere Rückenflosse aus dem Wasser auftauchen, aber „voller Haie" ist übertrieben. Erstaunlicherweise haben es trotzdem ein paar Insassen geschafft, zu fliehen.

Der Eaglehawk Neck ist der nördlichste Zugangspunkt zum Tasman National Park. Die Landschaft hier ist atemberaubend: riesige Steinbögen, Gasblasen, Klippen, zerklüftete Küstenterrassen und ein Strand, der hervorragend zum Surfen geeignet ist.

Sehenswertes

★ Tasman National Park NATIONALPARK
(☎03-6250 3980; www.parks.tas.gov.au; via Fortescue Bay or Eaglehawk Neck, Tasman Peninsula; Tagespass Pers./Fahrzeug $12/24; ⊙24 Std.) Der Tasman National Park umfasst die hohen Klippen rund um Cape Raoul, Cape Hauy, Cape Pillar, Tasman Island und die zerklüftete Küste in der Nähe des Eaglehawk Neck. Bushwalking ist hier besonders beliebt: Man kann die Tageswanderung von Fortescue Bay aus machen oder die viertägige Wanderung über den Three Capes Track (S. 725) und dabei die drei oben genannten Kaps auf dem Weg nach Fortescue Bay abhaken. Auch **Campen** (☎03-6250 2433; Fortescue Rd, Fortescue Bay; Stellplatz ohne Strom für 2 Pers./Fam. 13/16 AU$, Erw./Kind zusätzlich 5/2,50 AU$) ist in der Fortescue Bay möglich. Ein weiterer schöner Wanderweg führt zur **Waterfall Bay** (abseits der Blowhole Rd, Doo Town; Tagespass pro Pers./Fahrzeug 12/24 AU$; ⊙24 Std.) im Norden des Parks und beginnt bei Devil's Kitchen nahe des Eaglehawk Neck.

Blowhole, Tasman Arch & Devil's Kitchen WAHRZEICHEN
(www.eaglehawkneck.org/attractions; abseits der Blowhole Rd, Doo Town; ⊙24 Std.) GRATIS Um die spektakuläre Küste gleich südlich des Eaglehawk Neck aus der Nähe zu betrachten, folgt

man der Ausschilderung zum **Blowhole**, zum **Tasman Arch** (einem natürlichen Felsentor) und zur **Devil's Kitchen** (einer zerklüfteten, 60 m tiefen Spalte). Beim Blowhole muss man sich vor den sporadischen Wasserfontänen hüten und bei den anderen Stätten die Absperrungen beachten – die Klippenränder sind der Erosion ausgesetzt. Von der Straße zum Blowhole zweigt eine ausgeschilderte, 4 km lange Schotterpiste zur **Waterfall Bay** ab, die ebenfalls wundervolle Fotomotive zu bieten hat.

Coal Mines Historic Site HISTORISCHE STÄTTE
(☎1800 659 101; www.coalmines.org.au; Coal Mine Rd, via Saltwater River; ⏲bei Tageslicht) GRATIS Bei Premaydena nimmt man die ausgeschilderte Abzweigung (die C431) und fährt 13 km nach Nordwesten zum Saltwater River und zur Coal Mines Historic Site, einer eindrucksvollen Gedenkstätte an Kolonialzeiten. Die Kohlemine wurde 1833 ausgehoben und dazu benutzt, Schwerverbrecher zu bestrafen, die hier unter unmenschlichen Bedingungen arbeiten mussten. Der schlecht geführte Minenbetrieb war wirtschaftlich nicht rentabel, und 1848 wurde die Mine an ein Privatunternehmen verkauft. Innerhalb der nächsten zehn Jahre lag sie dann komplett brach. Ein paar Gebäude wurden abgerissen, die restlichen fielen Feuer und Unwetter zum Opfer.

Tasmanian Devil Unzoo WILDPARK
(☎1800 641 641; www.tasmaniandevilunzoo.com.au; 5990 Arthur Hwy, Taranna; Erw./Kind/Fam. 33/18/79 AU$, geführte Tour 79/39/190 AU$; ⏲9–17 Uhr) Tarannas Hauptattraktion ist dieser „Unzoo", ein nicht eingezäuntes Stück Buschland, in dem die wilden Tieren kommen und gehen, wie sie wollen. Zu den Tieren, die man hier sehen kann, gehören einheimische Hennen, Wallabys, Beutelmarder, Adler, Gelblappen-Honigfresser, Filander und natürlich Tasmanische Teufel, die stündlich gefüttert werden. Zu Fuß sind es 2,5 km, oder man nimmt an der Devil Tracker-Allrad-Tour teil und lernt dabei noch etwas über den Kampf gegen den Gesichtskrebs (DFTD), an dem ein hoher Prozentsatz der Tasmanischen Teufel erkrankt ist.

Aktivitäten

★ **Three Capes Track** WANDERN
(☎1300 827 727; www.threecapestrack.com.au; Erw./Kind 495/396 AU$) Das neueste Projekt des tasmanischen Parks & Wildlife Service ist der anspruchsvolle, 46 km lange Three Capes Track, der über die majestätischen Klippen von Cape Raoul, Cape Pillar und Cape Hauy auf der Tasman Peninsula führt. Die Wanderung dauert vier Tage und drei Nächte und beinhaltet eine Bootsfahrt von der Port Arthur Historic Site zum Anfang des Trails und eine Busfahrt vom Ende der Route zurück nach Port Arthur. Während der Wanderung schläft man in guten Hütten.

★ **Roaring 40s Kayaking** KAJAKFAHREN
(☎0455 949 777; www.roaring40skayaking.com.au; 220 AU$/Pers.; ⏲Nov.–April Mo & Fr 8 Uhr) Roaring 40s bietet fantastische Seekajak-Fahrten rund um die Tasman Peninsula, entlang der majestätischen Küste von Cape Hauy im Tasman National Park, an. Im Preis enthalten sind Ausrüstung, Mittagessen und Transfer von Hobart. Mindestalter 16 Jahre.

Schlafen & Essen

★ **Larus Waterfront Cottage** FERIENHAUS $$
(☎0457 758 711; www.larus.com.au; 576 White Beach Rd, White Beach; DZ ab 230 AU$) Mit zeitgemäßem Design, einem maritimen Farbschema, tollem Ausblick und allen modernen Einrichtungen (Großbild-TVs, Gasherd, Grills) ist diese Unterkunft wirklich wunderbar. Nur ein Streifen mit Gestrüpp trennt das Anwesen vom Meer. Von der Terrasse aus kann man mit einem Drink in der Hand den Sonnenuntergang bewundern. Im Haus haben vier Personen Platz.

★ **Cubed** CAFÉ $
(☎0439 001 588; www.facebook.com/cubedespresso; Pirates Bay Lookout, Pirates Bay Dr, Eaglehawk Neck; Snacks ab 3,50 AU$; ⏲Do–Mo 9–16 Uhr, Juni–Aug. geschl.) Dieser restaurierte Wohnwagen von 1957 steht am Pirates Bay Lookout und verkauft Kaffee und Snacks. Es ist ein nachhaltiger Betrieb: Solarstrom wird verwendet und Milch, Kaffee und alle Zutaten stammen aus regionalen Farmen. Wenn es nicht bewölkt ist, stellt das freundliche deutsch-neuseeländische Besitzerpaar ein Teleskop zur Verfügung, und man sitzt auf Perserteppichen und Kissen.

★ **Doo-Lishus Food Caravan** FAST FOOD $
(☎0437 469 412; www.tasmanregion.com.au/doo-lishus; Blowhole Rd, Doo Town; Gerichte 5–17 AU$; ⏲Ende Sept.–April 8.45–18 Uhr) Auf dem Blowhole-Parkplatz in Doo Town serviert dieser unauffällige Wohnwagen frische Beeren-Smoothies, leckere Fish 'n' Chips und die besten Curry-Jakobsmuschel-Pasteten in

Tasmanien (das Ergebnis einer ausgedehnten Untersuchung). Auch die Kaninchen- und Wildpasteten sind ausgezeichnet.

An- & Weiterreise

Busse von **Tassielink** (☎1300 300 520; www.tassielink.com.au) auf der Tasman Peninsula fahren von Hobart nach Dunalley (14 AU$, 1 Std.).

Port Arthur

250 EW.

1830 suchte sich Gouverneur Arthur das wunderschöne Port Arthur auf der Tasman Peninsula als idealen Ort aus, um Gefangene, die in der Kolonie weitere Straftaten begangen haben, wegzusperren. Es war sozusagen eine natürliche Strafanstalt – die Halbinsel ist nur durch den Eaglehawk Neck mit dem Festland verbunden, einem Streifen Land, der keine 100 m breit ist. Wachhunde und ausgedachte Geschichten über Haie im Wasser konnten so leicht die Flucht der Gefangenen verhindern.

Trotz seines Rufs als Touristenorts (die Ruinen hier sind wirklich toll) ist Port Arthur ein düsteres Fleckchen Erde. Das, was man hier zu sehen kriegt, lässt keinen kalt. Den Ort umgibt eine spürbare Traurigkeit, und das Leid, von dem man hier erfährt, kann einem selbst an sonnigen Tagen die Stimmung verderben. Zu allem Überfluss hat im April 1996 ein junger Mann willkürlich in die Menge gefeuert und dadurch 35 Menschen ermordet und weitere 37 verletzt. Nachdem er eine Pension niedergebrannt hatte, konnte er schließlich festgenommen werden und sitzt heute noch in einem Gefängnis nördlich von Hobart.

Sehenswertes

★ Port Arthur Historic Site HISTORISCHE STÄTTE
(☎03-6251 2310, 1800 659 101; www.portarthur.org.au; 6973 Arthur Hwy, Port Arthur; Erw./Kind/Fam. ab 39/17/99 AU$; ⏲ geführte Touren & Gebäude 9–17 Uhr, Gelände 9 Uhr–Sonnenuntergang) Diese von der UNESCO als Welterbestätte ausgezeichnete Strafanstalt ist eine von Tasmaniens größten Attraktionen. Die vielen Gebäude können am besten im Rahmen einer geführten Tour (im Eintritt inbegriffen) erkundet werden. Das gefürchtete **Separate Prison** wurde gebaut, um Gefangene mit Einzelhaft und Reizentzug zu bestrafen. Die aus dem Jahr 1836 stammende **Kirche** brannte 1884 nieder, und die eigentliche **Strafanstalt** war ursprünglich ein Getreidespeicher. Die Außenmauern des Broad Arrow Café, in dem 1996 ein Teil des Massakers stattfand, umschließen heute einen **Gedenkgarten**.

Direkt beim Haupteingang befindet sich tagsüber ein **Café**, das sich abends ins **Felons Bistro** (www.portarthur.org.au/planner/felons-bistro; Hauptgerichte 25–36 AU$; ⏲17.30 Uhr–open end) verwandelt. Außerdem gibt es einen Souvenirladen, der ein paar interessante Veröffentlichungen zur Gefängnisvergangenheit verkauft. Im Untegeschoss gibt es eine lehrreiche Galerie, in der man die Reise der Sträflinge von England nach Tasmanien nachvollziehen kann.

Der Eintrittspreis enthält eine geführte Tour durch die Anlage und eine kurze Hafenrundfahrt. Außerdem kann man noch Touren zur **Isle of the Dead Cemetery** (www.portarthur.org.au/activities/isle-of-the-dead-cemetery-tour; Eintritt & Führung Erw./Kind/Fam. 59/27/144 AU$) und zum **Point Puer Boys' Prison** (www.portarthur.org.au/tickets/site-entry-point-puer-boys-prison-tour; Eintritt & Führung Erw./Kind/Fam. 59/27/144 AU$) buchen oder an einer bei Dunkelheit stattfindenden **Geistertour** (www.portarthur.org.au/activities/port-arthur-ghost-tour; Erw./Kind/Fam. 26,50/15/75 AU$; ⏲ Abenddämmerung) teilnehmen.

Menschen mit Gehbehinderung können am Infoschalter nach einer Beförderungsmöglichkeit über das Gelände fragen. Auch die Fähre ist für Rollstuhlfahrer geeignet.

Zum Zeitpunkt der Recherche war eine größere Renovierung des Hauptgebäudes geplant, es ist also mit Bauarbeiten zu rechnen.

Geführte Touren

★ Tasman Island Cruises BOOTSFAHRTEN
(Pennicott Wilderness Journeys; ☎03-6250 2200; www.tasmancruises.com.au; 6961 Arthur Hwy, Port Arthur; Erw./Kind/Fam. 135/85/430 AU$; ⏲ ganzjährig 9.15 Uhr, Mitte Dez.–Mitte April 9.15 & 13.15 Uhr) Vom Büro von Pennicott Wilderness Journeys in der Nähe von Port Arthur aus starten Bootstouren wie die dreistündige Abenteuer-Cruise entlang der spektakulärsten Stellen der Tasman Pensinsula. Auch der Eintritt in Port Arthur ist im Preis enthalten. Man kann die Tour auch in Hobart starten, den Reisebus nach Port Arthur nehmen, und nach der Bootsfahrt wieder zurückfahren (Erw./Kind 225/165 AU$ ohne Eintritt in Port Arthur, 260/180 AU$ mit Eintritt in Point Arthur).

Schlafen & Essen

Port Arthur Holiday Park WOHNMOBILPARK $
(☎1800 607 057, 03-6250 2340; www.portarthurhp.com.au; Garden Point Rd, Port Arthur; Stellplatz ohne/mit Stom/mit eigenem Bad ab 30/37/48 AU$, Hütte ab 120 AU$; ❄📶) Dieser geräumige und grüne Campingplatz, auf dem viele Vögel zwitschern, liegt 2 km vor Port Arthur innerhalb des Stewarts Bay State Reserve, nicht weit von einem geschützten Strand entfernt. Es gibt einige Einrichtungen wie eine Camping-Küche, Feuerholz, eine Zapfsäule und einen Shop. Die beste (und einzige) Budgetunterkunft in der Gegend.

★ **Brick Point Cottage** FERIENHAUS $$
(☎0438 070 498; www.brickpointcottage.com.au; 241 Safety Cove Rd, Port Arthur; bis zu 4 Pers. ab 200 AU$) Hinter einer netten, kleinen, weißen Garage und ein paar Ruinensteinen liegt das Brick Point Cottage, eine alte, tasmanische Hütte mit zwei Schlafzimmern, einer Küche, Holzofen und Terrasse. Ein Wiesenpfad führt zu einem geschützten Strand in der Carnarvon Bay. Es gibt nicht viele Unterkünfte auf der Tasman Peninsula, die so bescheiden, untouristisch und günstig sind.

Stewarts Bay Lodge RESORT $$
(☎03-6250 2888; www.stewartsbaylodge.com.au; 6955 Arthur Hwy, Port Arthur; DZ ab 170 AU$, Wohneinheit mit 2/3 Schlafzimmern ab 236/368 AU$; ❄📶) Rund um eine schöne, versteckte Bucht, in der man schwimmen und Kajak fahren kann, vermischt die Stewarts Bay Lodge ältere, rustikale Holzhütten mit neueren, luxuriöseren Wohneinheiten, ein paar davon mit eigenem Whirlpool. Wer nicht selbst in der zeitgenössischen Küche kochen mag, der kann ins schicke **Gabriel's on the Bay** (Hauptgerichte mittags 13–25 AU$, abends 27–46 AU$; ⏲tgl. 8–10 & 12–14, Do–Mo 17.30–20.30 Uhr) gehen (in der Bucht).

Port Arthur Lavender CAFÉ $$
(☎03-6250 3058; www.portarthurlavender.com.au; 6555 Arthur Hwy, Port Arthur; Hauptgerichte 13–26 AU$; ⏲Jan. & Feb. 9–20 Uhr, März–Dez. 10–16 Uhr) Dieser moderne Laden nördlich von Port Arthur ist teils Lavendelfarm, teils Lavendeldistillerie, teils Lavendelshop – aber vor allem ist er ein Café, das den ganzen Tag geöffnet hat. Hier gibt's Köstlichkeiten wie Fischsuppe, in Chili und Sojasauce marinierten Tintenfisch und gebackenen Camembert mit Gurken-, Rote-Beete- und Minzesalat. Wer mag, kann nach dem Essen auch eine Lavendel-Handcreme kaufen.

NICHT VERSÄUMEN

REMARKABLE CAVE

7,5 km südlich von Port Arthur liegt die **Remarkable Cave** (www.eaglehawkneck.org/gateway-to/remarkable-cave; Safety Cove Rd; ⏲24 Std.), ein langer Höhlengang, der unter den Klippen hinaus Richtung Wasser führt und aus einer eingestürzten Schlucht entstanden ist. Die Wellen schwappen in den Gang und füllen die Höhle mit der Gischt der See (manchmal auch mit Wasser – Vorsicht!). Ein Fußweg und 115 Stufen (bitte nachzählen!) gewähren Zugang zu einer Metall-Aussichtsplattform. Und es ist kaum zu glauben, aber manchmal wagen sich sogar Surfer in die Höhle, um hinaus aufs offene Meer zu paddeln und vor der Küste zu surfen.

An & Weiterreise

Tassielink (☎1300 300 520; www.tassielink.com.au) betreibt während der Schulzeiten einen Bus, der nachmittags von Hobart nach Port Arthur (24,20 AU$, 2 ¼ Std.) fährt (in den Ferien nur Mo, Mi und Fr Nachmittag). Samstags fährt vormittags und nachmittags ein Bus, am Sonntag keiner. Der Bus hält in allen größeren Orten auf der Strecke.

DIE MIDLANDS

Der von Sträflingen erbaute Midland Hwy verläuft von Nord nach Süd zwischen Launceston und Hobart und ist seit seiner Eröffnung für den Kutschverkehr 1821 die Hauptstraße Tasmaniens. Die Orte entlang dieser Route – die auch nostalgisch Heritage Hwy genannt wird – wurden als Garnisonen für Sträflinge und Wärter errichtet und schützten Reisende vor den Überfällen der Buschräuber. Heute finden sich hier jede Menge Möglichkeiten zum Anhalten, Essen und Trinken und zum Aufsaugen der Geschichte der Region. Einige beeindruckende alte Brücken, Gehöfte und Überreste von Strafanstalten laden zum Verweilen ein.

Weitere Details unter www.heritagehighway.com.au.

An- & Weiterreise

Die Busse von **Redline Coaches** (☎1300 360 000; www.tasredline.com.au) verkehren zwei- bis viermal täglich zwischen Hobart und Launceston (41,50 AU$, 2 ¾ Std.) und fahren über Kempton, Oatlands, Ross und Campbell

Town. **Tassielink** (☎1300 300 520; www.tassielink.com.au) bedient als Expresslinie dieselbe Strecke, hält aber nicht in den Orten der Midlands.

Oatlands & Southern Midlands

860 EW.

Oatlands beherbergt Australiens größte Ansammlung an georgianischer Architektur. Allein entlang der stattlichen Hauptstraße (die aussieht wie eine Filmkulisse) stehen 87 historische Gebäude.

Der Ort wurde 1821 als einer von vier Militärposten an der Straße zwischen Hobart und George Town ausgewählt, entwickelte sich aber nur langsam. 1832 steckte ein optimistischer Vermesser 80 km an Straßen ab, in der Annahme, dass Oatlands einmal die Hauptstadt der Midlands werden würde. In den 1830er-Jahren machten viele Menschen den Ort zu ihrer Heimat und errichteten feste Gebäude mithilfe ehemaliger Sträflinge und Soldaten, die gelernte Schreiner und Steinmetze waren.

Heute gibt es im Ort ein paar nette Plätze zum Essen und Übernachten, und seine Geschichte macht Oatlands zu einem guten Ort für einen Zwischenstopp.

Sehenswertes

Callington Mill HISTORISCHES GEBÄUDE

(☎03-6254 1212; www.callingtonmill.com.au; 1 Mill Lane, Oatlands; Touren Erw./Kind/Fam. 15/8/40 AU$; ⏲9–17 Uhr) Die Mühlräder der Callington Mill drehten sich ab 1837 über den Dächern von Oatlands; bis 1891 wurde hier Mehl gemahlen. Nach Jahrzehnten der Vernachlässigung, in denen sich im Inneren der Taubendreck häufte und das Mauerwerk verfiel, wurde die Mühle wiederhergestellt und produziert nun wieder hochwertiges Bio-Mehl. Dieses beeindruckende Stück Ingenieurskunst – die einzige noch arbeitenden Windmühle in Australien im Lincolnshire-Stil – wird auf geführten Touren erklärt, die von 10 bis 15 Uhr stündlich starten.

Redlands Distillery BRENNEREI

(☎03-6259 3058; www.redlandsdistillery.com.au; 26 Main St, Kempton; geführte Touren mit/ohne Verkostung 30/10 AU$; ⏲10–16 Uhr) Redlands hat seine Pforten 2012 auf dem alten Gelände in der Nähe von New Norfolk eröffnet, ist aber dann in das ebenso schöne Dysart House (1842) in Kempton umgezogen. Wer Lust auf eine Whiskeyprobe (8–24 AU$), einen Happen zu essen im Café oder eine Führung durch die Destillerie und über das wunderschöne alte Anwesen (11 & 13.30 Uhr) hat, der sollte vom Highway einen Abstecher hierher machen.

Nant Distillery BRENNEREI

(☎1800 746 453, 03-6128 3105; www.nant.com.au; 254 Nant La, Bothwell; geführte Tour/Verkostung 15/25 AU$, zusammen 35 AU$; ⏲tgl. 10–16 Uhr, Juni–Aug. Mo & Do geschl., geführte Touren 11 & 15 Uhr) Die Destillerie sorgt wohl am meisten dafür, dass Bothwell wie ein Mini-Schottland wirkt. Hier wird in einer alten Mühle aus den 1820er-Jahren ausgezeichneter Single-Malt-Whiskey hergestellt. Zum Zeitpunkt der Recherche fanden die geführten Touren und Verkostungen statt, aber das Restaurant – ein Stück Architektur, das in schönem Kontrast zu älteren Gebäuden wie dem von Sträflingen errichteten Gehöft des Anwesens steht – wurde gerade umgebaut. Am besten telefonisch die Öffnungszeiten und Infos zu Reservierungen erfragen.

Ratho Farm GOLF

(☎0497 644 916, 03-6259 5553; www.rathofarm.com; 2122 Highland Lakes Rd, Bothwell; 9/18-Loch 25/40 AU$, Club-/Trolley-Verleih 10/5 AU$; ⏲8 Uhr–Sonnenuntergang) Australiens ältester Golfplatz wurde 1822 von den schottischen Siedlern errichtet, die auch Bothwell gründeten. Der Platz ist sehr speziell; hier muss man Schafen, Hecken und Heuballen ausweichen.

Es gibt auch eine **Unterkunft** (EZ/DZ ab 135/170 AU$, Wohneinheit mit 2 Schlafzi. ab 295 AU$; ❄📶), falls man nach ein paar Runden Golf einfach nur ins Bett möchte.

Schlafen & Essen

Blossom's Cottage B&B $$

(☎0499 844 512, 03-6254 1516; www.blossomscottageoatlands.com.au; 116 High St, Oatlands; DZ inkl. Frühstück 110 AU$; 📶) Das komplett eingerichtete Gartenstudio ist hell und fröhlich, mit einem gusseisernen Bett, Fußböden aus Schwarzholz, Bleiglasfenstern, einer kleinen Küchenzeile und ein paar bequemen Sesseln unter einer Sandbirke. Macht viel her. Es gibt hier einen mehr als reichlich gefüllten Frühstückskorb.

Feisty Hen Pantry Cafe CAFÉ $

(☎0411 232 776; www.feistyhenpantry.com.au; 94 High St, Oatlands; Hauptgerichte 6–15 AU$; ⏲9–15.30 Uhr) Einfach zuckersüß! In diesem winzigen Steincottage hinter dem Lodge B&B

in Oatlands liegt ein Café im europäischen Stil, in dem es den ganzen Tag Frühstück, nachmittags Devonshire-Tee, warme Sandwiches, Quiche-Stücke und Karottenkuchen gibt. Die verwendeten saisonalen Zutaten kommen alle aus der Region und der Kaffee ist auch sehr lecker. Wenn der Wind der Midlands nicht zu sehr bläst, kann man sich gut an einen der wenigen Tische draußen in der Sonne setzen.

Praktische Informationen

Oatlands Visitor Information Centre (03-6254 1212; www.heritagehighwaytasmania.com.au; Callington Mill, 1 Mill Lane, Oatlands; 9–17 Uhr) Bietet allgemeine Infos und bucht Unterkünfte. In der kostenlosen Broschüre *Welcome to Oatlands* wird ein Stadtrundgang beschrieben, und es gibt Flyer über das Gefängnis in der Altstadt, über den Gerichtshof und ein Militärrevier. Wer den See erkunden will, nimmt den Führer *Lake Dulverton & Dulverton Walkway Information Guide* mit.

Ross

430 EW.

Ross ist eine weitere saubere (nein, makellose) Stadt in den Midlands, die 1812 errichtet wurde, um Reisende zwischen Hobart und Launceston vor Buschräubern zu schützen. Der Ort wurde eine wichtiger Kutschenstation für Tasmaniens aufkeimende Wollindustrie und bot – bevor die Ross Bridge 1836 gebaut wurde – eine Furt zum Überqueren des Macquarie River.

Heute versprühen die von Ulmen gesäumten Straßen der Stadt viel Kolonialcharme, und jede Menge Touristenunterkünfte sorgen dafür, dass hier immer etwas los ist.

Sehenswertes

Ross Bridge BRÜCKE

(Bridge St, Ross; 24 Std.) GRATIS Die oft fotografierte Ross Bridge aus dem Jahr 1836 ist die drittälteste Brücke Australiens. Sie wurde vom Kolonial-Architekten John Lee Archer entworfen und von zwei Steinmetzen erbaut, den Sträflingen Colbeck und Herbert, die für ihre Anstrengungen begnadigt wurden. Herbert meißelte die 186 komplizierten Schnitzereien, die die Bögen zieren, darunter keltische Symbole, Tiere und bekannte Zeitgenossen (etwa Gouverneur Arthur und den anglo-dänischen Sträfling Jorgen Jorgenson, den kuriosen Ex-König von Island).

Ross Female Factory HISTORISCHE STÄTTE

(03-6381 5466; www.parks.tas.gov.au; Ecke Bond St & Portugal St, Ross; 9–17 Uhr) GRATIS Dieser trostlose Ort war einst eines von fünf Frauengefängnissen in Tasmanien (die anderen waren in Hobart, Launceston, George Town und Cascades auf der Tasman Peninsula). Es ist nur noch eine Hütte mit interessanten, historischen Informationen übrig, aber Ausgrabungen unter dem sonnenverbrannten Gras haben viel enthüllt. Auf Infotafeln wird das harte Leben beschrieben, das diese Frauen geführt haben. Am besten holt man sich zuerst bei der Touristeninformation die Broschüre *Ross Female Factory* und nimmt dann den Weg vom oberen Ende der Church St hierher.

Schlafen & Essen

★ **The Stables** HÜTTE $$

(03-6381 5481, 0438 250 161; 21 Church St, Ross; DZ ab 140 AU$;) Versteckt hinter einer größeren Touristenunterkunft an der Hauptstraße liegt dieses gemütliche, kleine Juwel – in einem stylisch umgebauten Stall gibt es zwei Zimmer mit Platz für zwei Personen. Zeitgenössische Kunst, eine moderne Küche, eine Schlafnische und offene Steinwände geben diesem Ort viel mehr Charisma als es ein Motelzimmer haben könnte.

★ **Ross Village Bakery** BÄCKEREI $

(03-6381 5246; www.rossbakery.com.au; 15 Church St, Ross; Kuchen 5–9 AU$, Hauptgerichte 10–24 AU$; Mi–Mo 9–16 Uhr;) Kuchen und erstaunlich großes Vanillegebäck führen leicht zu einer Überdosis an Kohlenhydraten. Außerdem gibt es verschiedene Suppen und Salate. Die Besitzer stehen jeden Tag vor Morgendämmerung auf, um den Holzofen von 1860 in Gang zu setzen. Im Sommer gibt es an Samstagabenden Holzofenpizzas.

Praktische Informationen

Ross Visitor Information Centre (03-6381 5466; www.visitross.com.au; 48 Church St, Ross; Mo–Fr 9.30–17, Sa & So 10–17 Uhr) Befindet sich im Tasmanian Wool Centre.

Campbell Town

1000 EW.

Campbell Town, 12 km nördlich Ross, ist eine weitere ehemalige Garnisons- und Gefangenensiedlung. Anders als in Oatlands und Ross führt der Midland Hwy immer noch direkt durch den Ort und macht ihn somit zu einem praktischen Zwischenstopp. In der High St beschreiben Backsteine im Gehweg die Verbrechen, Strafen und Ankunftsdaten von Straftätern wie Ephram Brain und English Corney, die hierher geschickt wurden, weil sie so unterschiedliche Verbrechen begangen haben wie Kartoffeldiebstahl, Bigamie und Mord.

Nachdem keine Gefangenen mehr hierher gebracht wurden, waren die ersten weißen Siedler von Campbell Town irische Holzfäller, die gälisch gesprochen haben und einen recht miesen Ruf hatten. Heute ist Campbell Town der Mittelpunkt von Tasmaniens Rinder- und Schafzuchtindustrie.

Sehenswertes

Red Bridge BRÜCKE
(High St, Campbell Town; ⌚24 Std.) GRATIS Die von Straftätern erbaute Brücke über dem langsamfließenden Elizabeth River in Campbell Town wurde 1838 fertig und ist damit fast so altehrwürdig wie die Ross Bridge. Die Einheimischen nennen sie auch „Red Bridge", weil sie aus über 1,5 Mio. roten Backsteinen gebaut wurde, die vor Ort gebrannt wurden.

Essen

★ **Zeps** CAFÉ $$
(☎03-6381 1344; www.zeps.com.au; 92 High St, Campbell Town; Gerichte 10–31 AU$; ⌚Mo–Fr 7–20, Sa & So 8–20 Uhr) Im hyper-aktiven Zeps werden den ganzen Tag über Frühstück, Pasta, Torten und guter Kaffee serviert. Abends gibt es große Pizzas und andere reichhaltige Hauptgerichte. Das ist nicht einfach nur ein Truck Stop – man sollte mal den Soja-Schweinebauch mit würzigem, geröstetem Kürbis und asiatischem Gemüse testen!

Praktische Informationen

Campbell Town Visitor Information Centre (☎03-6381 1353; www.campbelltowntasmania.com; Town Hall, 75 High St, Campbell Town; ⌚Mo–Sa 10–15 Uhr) Infos über die Region und das **Campbell Town Museum** (www.discovertasmania.com.au/attraction/campbelltownmuseumandvisitorinformationcentre; ⌚Mo–Fr 10–15 Uhr). Da das Personal hier auf Freiwilligenbasis arbeitet, können die Öffnungszeiten abweichen. Die Broschüre *Campbell Town – Historic Heart of Tasmania* lohnt sich!

DIE OSTKÜSTE

Weißer Sand, kristallklares Wasser, strahlend blauer Himmel – runter mit den Klamotten und ab ins Wasser! Aber nicht zu lange, denn auch im Sommer ist das Wasser hier eiskalt.

Tasmaniens Ostküste wirkt dank des Meersalzes in der Luft wie eine Verjüngungskur – ein Land voll ruhiger Buchten und sandiger Ufer, eingerahmt von Landzungen aus Granit und überzogen von flammend orangfarbenen Flechten. Die ganze Küste ist gesäumt von Wäldern, Nationalparks und Farmland.

Tasmaniens Westküste fängt den ganzen Regen auf – bis die Wolken an der Ostküste sind, haben sie sich schon ausgeregnet. Es ist also verständlich, dass diese Gegend auch bei Urlaubern aus Tasmanien sehr beliebt ist. Hier gibt es jede Menge Möglichkeiten zum Wandern, Radfahren, Kajakfahren, Surfen, Tauchen und Angeln – einfach am Strand die Zelte aufschlagen, und los geht's. Am Ende des Tages kann man sich dann am Strand ein Fish'n'Chips-Dinner gönnen. Wer es luxuriöser mag, auf den warten auch jede Menge schöne Lodges und erstklassige Restaurants.

An- & Weiterreise

Busse von **Calow's Coaches** (☎0400 570 036, 03-6376 2161; www.calowscoaches.com.au) fahren von St. Helens über Scamander, St. Marys und Fingal nach Launceston (33 AU$, 3 Std.). Wer weiter nach Hobart (56 AU$, 4 Std.) will, steigt in Conora am Midlands Hwy in einen Bus von Tassielink (☎1300 300 520; www.tassielink.com.au) ein. Die Busse von Calow's fahren auch von St. Helens nach Bicheno (12 AU$, 2 Std.).

Tassielink (☎1300 300 520; www.tassielink.com.au) Tassielink-Busse fahren an der Ostküste von Hobart bis nach Bicheno und halten in allen Städten dazwischen.

Maria Island National Park

Das bezaubernde Maria Island (ausgesprochen „Mu-rei-ah") mit den zerklüfteten Berggipfeln erhebt sich wie ein Märchenschloss über der Mercury Passage, die die Insel vom Festland trennt. Sie ist ein sorgloser, autofreier Ort und eignet sich perfekt zum Wandern, zur Tierebeobachtung, zum Mountainbiken, zum Zelten und zum entspannten Lesen eines Buchs am Strand.

Die Landschaft auf der Insel ist beeindruckend: steile Klippen, mit Farn bewachsene Wälder, Sandstrände und azurblaues Meer. Tasmanische Riesenkängurus, Wombats und Wallabys laufen durch die Gegend, und Graue Hühnergänse schnattern auf den Wiesen, und eine kleine Kolonie Tasmanischer Teufel wurde hier angesiedelt und wird immer größer. Mit guter Schnorchel- oder Tauchausrüstung gibt's auch im seichten, kristallklaren Wasser viel zu sehen.

1972 wurde Maria Island wegen seiner Geschichte und Natur zum Nationalpark ernannt – und Darlington gehört heute zum UNESCO-Welterbe. Auf der Insel gibt es keine Geschäfte – Verpflegung und Ausrüstung muss man selbst mitbringen.

Sehenswertes & Aktivitäten

Darlington HISTORISCHE STÄTTE

(☎03-6257 1420; www.parks.tas.gov.au; Darlington; Tagespass 12 AU$/Pers.; ⊙24 Std.) Der Aufenthalt auf der Insel beginnt in Darlington, einer UNESCO-Welterbestätte. In der Nähe des Fähranlegers stehen ein paar eindrucksvolle, alte **Silos** (gut geeignet für nächtliche klösterliche Gesänge) und das historische **Proviantamt**, in dem heute die Touristeninformation des Parks untergebracht ist. Durch eine Allee von knotigen Monterey-Zypressen gelangt man zur **Strafanstalt**, in der einst Verurteilte untergebracht waren (heute eine Unterkunft mit Schlafbaracken), und zum restaurierten **Coffee Palace** und zur **Messehalle**.

Maria Island Walk WANDERUNG

(☎03-6234 2999; www.mariaislandwalk.com.au; 2450 AU$/Pers.) Blasen, durchweichte Zelte und Zwei-Minuten-Terrinen? Diese luxuriöse, geführte Vier-Tages-Wanderung zu den schönsten Ecken von Maria Island definiert das Konzept des Buschwanderns neu. Die ersten zwei Nächte verbringt man in lauschigen Buschcamps, die dritte im historischen früheren Heim des Entrepreneurs Diego Bernacchi in Darlington. Leckeres Essen, feine tasmanische Weine, Unterkunft, Parkgebühren und der Transport von Hobart aus sind im Preis inbegriffen.

Geführte Touren

East Coast Cruises AUSFLUGSFAHRT

(☎03-6257 1300; www.eastcoastcruises.com.au; Ausflugsfahrten Erw./Kind ab 195/65 AU$) East Coast Cruises bietet ganztägige umweltfreundliche Touren von Triabunna nach Maria Island an, in deren Rahmen man auch bei der Robbenkolonie der Ile des Phoques, den Painted Cliffs der Insel und der alten Strafanstalt in Darlington vorbeikommt.

Schlafen

Darlington Camp Site CAMPINGPLATZ $

(☎03-6257 1420; www.parks.tas.gov.au; Darlington; Stellplatz ohne Strom für 1 Pers./2 Pers./Fam. 7/13/16 AU$, weiterer Erw./Kind 5/2,50 AU$) Es gibt Grasstellplätze ohne Stromanschluss in Darlington (gebührenpflichtig, kann aber am Island Visitor Centre beglichen werden, keine Voranmeldung erforderlich), außerdem kostenlose Stellplätze auf **French's Farm** (Tagespass 12 AU$/Pers.) GRATIS und **Encampment Cove** (Tagespass 12 AU$/Pers.) GRATIS, drei bis vier Stunden Fußmarsch von der Fähre. In Darlington gibt's Grillmöglichkeiten, Toiletten und Duschen (1 AU$). An ausgewiesenen Feuerstellen ist offenes Feuer erlaubt (im Sommer oft nicht). French's Farm und Encampment Cove haben nur begrenzte Wasservorräte, besser man bringt sein eigenes mit.

Penitentiary HÜTTEN $

(☎03-6256 4772; www.tasmaniaseastcoast.com.au; B/DZ/Fam. 25/44/50 AU$, weiterer Erw./Kind 10/5 AU$) Darlingtons aus Ziegeln errichtetes Gefängnis beherbergte früher einmal die Sträflinge, die auf der Insel untergebracht waren. Heute ist das Gebäude eine einfache, zweckmäßige Unterkunft mit Schlafräumen für sechs Personen, Gemeinschaftsbädern und Münzduschen (1 AU$). Bettwäsche, Lampen (es gibt keinen Strom), Essen und Kochgeschirr muss man selbst mitbringen, außerdem ist es hilfreich, nicht an Geister zu glauben. Da oft Schulklassen zu Gast sind, sollte man vorausplanen. Buchungen über Triabunna Visitor Information Centre.

Praktische Informationen

Triabunna Visitor Information Centre (☎03-6257 4772; www.tasmaniaseastcoast.com.au; Charles St, Triabunna; ⊙Okt.–April 9–17 Uhr, Mai–Sept. 10–16 Uhr) Fröhlich rübergebrachte Infos über die ganze Ostküste, Fährtickets nach Maria Island und Buchung von Unterkünften. Die praktische Broschüre *Great Eastern Drive* deckt die ganze Küste ab.

An- & Weiterreise

Maria Island Ferry (☎0419 746 668; www.mariaislandferry.com.au; Charles St, Triabunna; hin und zurück Erw./Kind 37/27 AU$, Fahrrad/Kajak 10/20 AU$) Von Dezember bis April verkehrt die Fähre zweimal täglich zwischen Triabunna und Darlington, in den anderen Monaten von Freitag bis Montag und mittwochs. Fahrradverleih möglich (35 AU$/Tag).

Ostküste

TASMANIEN DIE OSTKÜSTE

Swansea

780 EW.

Das entspannte Swansea liegt an der Westküste der geschützten Great Oyster Bay und bietet weite Blicke über das Meer bis zu den Gipfeln der Freycinet Peninsula. Swansea wurde 1820 als „Great Swanport" gegründet und beherbergt auch ein paar interessante historische Gebäude und ein Museum.

Die Wiederbelebung der Gemeinde seit der Flaute der 1980er-Jahre fand parallel zum Touristenboom im ganzen Staat statt. Trotzdem hat sich der Ort eine sehr relaxte Urlaubsstimmung erhalten. In und rum um die Stadt gibt es jede Menge Unterkünfte, Strände, Restaurants, Cafés und im Norden ein paar beeindruckende Weingüter. Im Sommer ist hier richtig viel los – also auf jeden Fall im Voraus buchen.

Sehenswertes & Aktivitäten

★ Devil's Corner WEINGUT

(☎03-6257 8881; www.brownbrothers.com.au; Sherbourne Rd, Apslawn; ⏲10–17 Uhr) Hinter einer schrecklich engen Kurve auf dem Tasman Hwy liegt Devil's Corner, eines der größten Weingüter Tasmaniens, das von der geschätzten Brown Brothers Company geführt wird. Vom Weinkeller aus hat man Blick auf die Moulting Lagoon, hinter der die Freycinet Peninsula liegt. Auch wer keine Wein mag, kann hier anhalten, um auf den Aussichtsturm zu steigen oder sich bei den **Imbissbuden**, die in aufgemöbelten Schiffscontainern untergebracht sind, einen Kaffee, ein Eis, ein paar Austern oder Fish'n'Chips zu holen (Hauptgerichte 12–25 AU$).

★ Spiky Bridge BRÜCKE

(abseits des Tasman Hwy, Swansea; ⏲24 Std.) GRATIS Etwa 7 km südlich von Swansea befindet sich die ziemlich beeindruckende Spiky Bridge, die Anfang der 1840er-Jahre von Sträflingen mit unbehauenen Steinen aus der Umgebung errichtet wurde (die Steine sind wirklich sehr *spiky* – spitzig!). Früher führte die Hauptstraße der Ostküste direkt über die Brücke, heute verläuft sie aber neben dem Highway. Die nahen Strände **Kelvedon Beach**, **Spiky Beach** und **Cressy Beach** haben goldenen Sand, in dem man kaum Fußspuren finden wird.

East Coast Heritage Museum MUSEUM

(☎03-6256 5072; www.eastcoastheritage.org.au; 22 Franklin St, Swansea; Eintritt gegen Spende; ⏲10–16 Uhr) GRATIS In Swanseas ursprünglichem Schulhaus, in dem mittlerweile auch die Touristeninformation der Stadt untergebracht ist, befindet sich dieses faszinierende, kleine Museum mit Artefakten der Ureinwohner, viel Kolonialgeschichte, Infos über das Schulleben von früher und über das Schicksal des Beutelwolfs.

Geführte Touren

Swansea Cycle Tours RADFAHREN

(☎0400 899 956; www.swanseacycletours.com.au; 17 Old Spring Bay Rd, Swansea; Touren pro Pers. mit/ohne Führung ab 100/60 AU$; ⏲9–17 Uhr) Hier werden sieben verschiedene Radtouren durch das landschaftlich schöne Farmland der Ostküste, vorbei an Weingütern, Austernbänken, Lagunen und Flüssen angeboten. Fahrräder können geliehen werden (15/25 AU$ pro halber/ganzer Tag).

Schlafen & Essen

Swansea Backpackers HOSTEL $

(☎03-6257 8650; www.swanseabackpackers.com.au; 98 Tasman Hwy, Swansea; Stellplatz ohne/mit Strom 25–35 AU$, B/DZ/3BZ/4BZ ab 39/85/85/90 AU$; 📶) Dieses angesagte Hostel neben der Bark Mill wurde vor ein paar Jahren genau zu diesem Zweck erbaut und steht immer noch sehr gut da. Innen findet man stylische, geräumige Gemeinschaftsbereiche und eine saubere Edelstahlküche. Die Zimmer liegen rund um eine schattige Veranda und sind ordentlich und gut in Schuss. Und ganz zufällig befinden sich nebenan gleich eine Bar und ein Alkoholladen.

★ Schouten House B&B $$

(☎03-6257 8564; www.schoutenhouse.com.au; 1 Waterloo Rd., Swansea; DZ inkl. Frühstück ab 185 AU$; 📶) Dieses Herrenhaus aus Ziegeln und Sandstein wurde 1844 von Sträflingen erbaut und war das Zentrum von „Great Swanport" (der ursprüngliche Name von Swansea), bevor sich die Action ein wenig nach Norden verlagerte. Ausgestattet im einfachen, maskulinen georgianischen Stil (keine Rüschen), finden sich in den riesigen Räumen heute alte Betten und Badezimmer. Die geschichtsverbundenen Eigentümer machen ein hervorragendes Pfannkuchenfrühstück und haben die Kunst des Shortbread-Backens perfektioniert.

★ Piermont COTTAGE $$$

(☎03-6257 8131; www.piermont.com.au; 12990 Tasman Hwy, Swansea; Cottage mit 1/2 Schlafzi. ab 355/415 AU$; 📶 🏊) Am Ende einer mit Weißdornhecken bestandenen Zufahrt 5 km südwestlich von Swansea ordnen sich diese 21 stilvollen Steinhäuschen entlang eines alten Bauernhauses unmittelbar am Meer an. Jede Einheit hat einen Kamin und einen Wellnessbereich. Es gibt auch einen Pool, Tennisplätze, Leihfahrräder, Kajaks und ein gleichnamiges **Restaurant** 1-/2-/3-Gänge 45/65/75 AU$, Verkostung mit/ohne Wein 150/120 AU$; ⌚18–20 Uhr), das gute Kritiken bekommt. Toll für Hochzeitsfeiern (daher früh reservieren!).

★ **Melshell Oysters** SEAFOOD $$
(☎0428 570 334, 03-6257 0269; www.melshelloysters.com.au; 1 Yellow Sandbanks Rd, Dolphin Sands; 12 Austern geöffnet/nicht geöffnet ab 20/12 AU$; ⌚10–16 Uhr) Im nebligen Hinterland der Moulting Lagoon, etwa 16 km nordöstlich von Swansea abseits der Dolphin Sands Rd (die von der Swan River Rd abzweigt – einfach den Schildern folgen), verkauft das Melshell, ein schrulliger Wohnwagen, hinter den Dünen einheimische pazifische Austern (manchmal auch Miesmuscheln). Am besten schmecken sie uns roh oder vielleicht noch mit einem Schuss Tabasco.

Bark Mill Tavern & Bakery CAFÉ $$
(☎03-6257 8094; www.barkmilltavern.com.au; 96 Tasman Hwy, Swansea; Hauptgerichte Bäckerei 5–15 AU$, Taverne 17–41 AU$; ⌚Bäckerei 6–16 Uhr, Taverne 12–14 & 17.30–20 Uhr) Die Bark Mill betreibt zwei Lokale: eine belebte Bäckerei mit Café und eine Taverne im Pub-Stil. Beide laufen sehr gut – im Gegensatz zu vielen anderen Läden in der Stadt, wie es scheint. Das Café serviert warmes Frühstück, belegte Brötchen, süße Leckereien, köstliche Quiches und guten Kaffee. In der Taverne gibt es Pizzas und andere üppige Hauptgerichte (unbedingt die Känguru-Würste mit Käse probieren!).

ℹ Praktische Informationen

Swansea Visitor Information Centre (☎03-6256 5072; www.tasmaniaseastcoast.com.au; 22 Franklin St, Swansea; ⌚9–17 Uhr; 📶) Im alten Schulgebäude an der Ecke zur Noyes St (man teilt sich die Räume mit dem East Coast Heritage Museum).

Coles Bay & Freycinet National Park

310 EW.

Die Gemeinde Coles Bay liegt auf einem Sandabschnitt am Fuße der dramatisch aussehenden rosa Granitgipfel der Hazards auf der Freycinet Peninsula. Coles Bay ist ein entspannter Ferienort mit vielen Unterkünften (im Sommer besser trotzdem im Voraus buchen) und ein paar Tourenoptionen. Der grandiose Freycinet National Park ist der Grund, warum jeder hierher kommt: eine fantastische Wildnis mit zuckerweißen Stränden und kristallklarem Wasser. In der Heidelandschaft und in den Wäldern an der Küste wachsen Wildblumen und leben einheimische Kriechtiere.

Der Park umfasst die ganze Halbinsel südlich von Coles Bay, inklusive Schouten Island im Süden und einen Abschnitt Küstenlandschaft rund um die Friendly Beaches weiter nördlich. Die größte Attraktion des Parks ist die Wineglass Bay. Wer den steilen Aufstieg zum Gipfel auf sich nimmt, dem bieten sich herrliche Fotomotive, und wer auf der anderen Seite bis runter zum Strand wandert, der kann einen Sprung ins herrliche Nass wagen.

Sehenswertes

★ **Friendly Beaches** STRAND
(☎03-6256 7000; www.parks.tas.gov.au; Friendly Beaches Rd, Freycinet National Park; Tagespass pro Pers./Fahrzeug 12/24 AU$; ⌚24 Std.) Der windgepeitschte Strand ist 26 km nördlich von Coles Bay an der Hauptstraße ausgeschildert. Vom Parkplatz geht's zu Fuß in fünf Minuten zu einem Aussichtspunkt: tosende Brandung, ein verlassener Sandstreifen und Blick bis (fast) nach Neuseeland (wenn man die Augen zusammenkneift vielleicht!?).

Cape Tourville WAHRZEICHEN
(☎03-6256 7000; www.parks.tas.gov.au; via Cape Tourville Rd, Freycinet National Park; Tagespass pro Pers./Fahrzeug 12/24 AU$; ⌚24 Std.) Ein leichter, 20-minütiger Rundweg führt zu diesem Kap, von dem aus man einen schönen Blick auf die Ostküste der Freycinet Peninsula hat. Hier kann man sogar mit Rollstuhl oder Kinderwagen entlanggehen. Außerdem steht hier das **Cape Tourville Lighthouse**, das bei Sonnenuntergang über dem Ozean einen spektakulären Ausblick bietet.

Geführte Touren

★ **Freycinet Adventures** KAJAKFAHREN
(☎03-6257 0500; www.freycinetadventures.com.au; 2 Freycinet Dr, Coles Bay; Tour pro Erw./Kind 98/88 AU$; ⌚Touren Okt.–April 8.30 Uhr, Mai–Sept. 9 Uhr; 👪) Im Rahmen dieser tollen, dreistündigen Kajakfahrten durch die geschützten Gewässer von Coles Bay bietet sich ein schö-

ner Blick auf die Halbinsel. Es werden auch täglich Twilight-Touren angeboten, die drei Stunden vor Sonnenuntergang beginnen. Keine Vorkenntnisse nötig. Auch Kajaks können ausgeliehen werden (55 AU$/Pers. pro Tag, inkl. Ausrüstung). Wer will, kann auch nach mehrtägigen Trips mit Übernachtung fragen.

Freycinet Experience Walk WANDERN
(☎03-6223 7565, 1800 506 003; www.freycinet.com.au; Erw./Kind 2400/2100 AU$; ⏲Nov.–Apr.) Für alle, die Wildnis lieber milder und weniger wild möchten, bietet der Freycinet Experience Walk eine viertägige Erforschung der Halbinsel mit Vollversorgung. Die Wanderer kehren jeden Abend zur lauschigen, umweltfreundlichen Friendly Beaches Lodge zurück, wo sie mit köstlichen Mahlzeiten, heimischem Wein, heißen Duschen und bequemen Betten verwöhnt werden. Die Wanderungen sind zusammen etwa 37 km lang.

Wineglass Bay Cruises BOOTSTOUR
(☎03-6257 0355; www.wineglassbaycruises.com; Jetty Rd., Coles Bay; Erw./Kind 40/90 AU$; ⏲Sep.–Mai tgl. 10 Uhr; Juni–Aug. nur Di, Do & Sa) Beschauliche vierstündige Kreuzfahrten von Coles Bay zur Wineglass Bay, inklusive eines Gourmet-Chefkoch-Mittagessens. Das Schiff tuckert um die Südspitze der Halbinsel, vorbei an Hazards Beach und Schouten Island. Wahrscheinlich sieht man Delfine, Seeadler, Robben, Pinguine und zur richtigen Jahreszeit vielleicht sogar Wale auf Wanderung. Vorausbuchung erforderlich.

Schlafen

BIG4 Iluka on Freycinet Holiday Park WOHNMOBILPARK, HOSTEL $
(☎03-6257 0115, 1800 786 512; www.big4.com.au; Ende der Reserve Rd, Coles Bay; Stellplatz ohne/mit Strom 30/36–40 AU$, Hostel B/2BZ/DZ 30/78/78 AU$, Hütten & Wohneinheiten 120–195 AU$;) Iluka ist ein weitläufiger Park, den es schon ewig gibt, und der bei einheimischen Urlaubern sehr beliebt ist – auf jeden Fall im Voraus reservieren. Das Hostel wird von YHA verwaltet und bietet 32 Betten in Schlafsälen (erfreulich klein) sowie Doppel- und Zweibettzimmern. Die Küche ist ganz ordentlich. Nur einen kurzen Fußmarsch den Hügel hinab liegen ein Laden, eine Bäckerei und eine Taverne.

Freycinet Rentals FERIENHÄUSER $$
(☎03-6257 0320; www.freycinetrentals.com; 5 East Esplanade, Coles Bay; Ferienhaus 180–275 AU$) Wer (meist ältere) Ferienhäuser und Strand„hütten" in und um Coles Bay mieten möchte, ist hier richtig. Die Preise schwanken zwischen Winter und Sommer stark, und man muss mindestens ein verlängertes Wochenende oder über die Weihnachtsferien bleiben. Eine der Möglichkeiten, **81 On Freycinet**, hat jede Menge Charme – das Haus aus Stein und Holz bietet drei Schlafzimmer, eine Wendeltreppe und Blick auf die Hazards (DZ 190 AU$).

★ **Saffire Freycinet** RESORT $$$
(☎1800 723 347, 03-6256 7888; www.saffire-freycinet.com.au; 2352 Coles Bay Rd, Coles Bay; DZ mit Essen ab 2100 AU$;) Das Saffire ist ein architektonisches und gastronomisches Juwel, das die Messlatte für erstklassige tasmanische Gastfreundschaft hoch legt. Hier gibt es 20 Luxussuiten, und im geschwungenen Hauptgebäude sind ein schickes Restaurant, eine Selbstbedienungs-Bar, eine Bibliothek, eine Kunstgalerie und ein Wellnessbereich untergebracht. Im Preis sind auch viele Aktivitäten enthalten. Meistens muss man mindestens zwei Nächte buchen.

Essen

★ **Tombolo Freycinet** CAFÉ, PIZZA $$
(☎03-6257 0124; www.tombolofreycinet.com.au; 6 Garnet Ave, Coles Bay; Hauptgerichte 17–25 AU$; ⏲8–20 Uhr, Dez.–Feb. bis 21 Uhr) Lokale Weine

NICHT VERSÄUMEN

WINEGLASS BAY WALK

Diese **Route** (☎03-6256 7000; www.parks.tas.gov.au; Freycinet National Park; Tagespass für den Park 12/24 $ pro Pers./Fahrzeug; ⏲24 Std.) ist zu Recht eine der beliebtesten Wanderrouten Tasmaniens. Wer den steilen Anstieg zum **Wineglass Bay Lookout** (1½ Std. hin & zurück) auf sich nimmt, wird mit einem grandiosen Blick über die Bucht und die Halbinsel belohnt. Wer den Sand unter den Füßen knirschen hören möchte, der muss noch ein bisschen weiter gehen. Der steile Abstieg vom Aussichtspunkt zur Bucht dauert weitere 30 Minuten, was dann vom Parkplatz und zurück eine Gesamtdauer von 2½ bis 3 Stunden ergibt.

Es lohnt sich, seine Badesachen mitzunehmen und in der Wineglass Bay ins erfrischende Salzwasser zu springen.

und Seafood, tolle Holzofenpizzas (unbedingt die „Salty Sea Dog" probieren!) und der beste Kaffee der Stadt (Villino, in Hobart geröstet) – alles serviert auf einer netten, kleinen Veranda mit Blick auf die Hauptstraße und bis zu den Hazards. Hier gibt's sogar pochierte Birnen und Frangipani-Torte! Eine weitere Filiale befindet sich auf dem Weingut Devil's Corner (S. 733) nördlich von Swansea.

★ Freycinet Marine Farm SEAFOOD $$
(☎ 03-6257 0140; www.freycinetmarinefarm.com; 1784 Coles Bay Rd, Coles Bay; Teller 15–25 AU$; ⌚ Sept.–Mai 9–17 Uhr, Juni–Aug. 10–16 Uhr) Auf der extrem beliebten Freycinet Marine Farm werden riesige, leckere Austern (ein Dutzend geöffnet/nicht geöffnet 20/10 AU$) in den Gezeitenpools der Moulting Lagoong gezüchtet. Außerdem gibt es hier noch Miesmuscheln, Langusten, Jakobsmuscheln und Meerschnecken. Also: zwischen den Fangkörben am Pier sitzen, einen Chardonnay trinken und ein Seafood-Picknick machen, das so frisch ist, wie Freycinet selbst!

ℹ Praktische Informationen

Freycinet National Park Visitor Information Centre (☎ 03-6256 7000; www.parks.tas.gov.au; Freycinet Dr, Freycinet National Park; ⌚ Nov.–April 8–17 Uhr, Mai–Okt. 9–16 Uhr) Befindet sich am Parkeingang. Hier bekommt man auch die Pässe (am beliebtesten sind die Tagespässe, aber es gibt auch einen Zweimonats-Ferienpass, der nicht sehr viel mehr kostet). Von Dezember bis Februar bieten die Ranger kostenlose geführte Aktivitäten an.

ℹ An- & Weiterreise

Coles Bay liegt 31 km von der Ausfahrt vom Tasman Hwy entfernt. Zwischen Abend- und Morgendämmerung sollte man auf dieser Strecke vorsichtig fahren, um keine Wildtiere anzufahren.

Busse von **Calow's Coaches** (☎ 0400 570 036, 03-6376 2161; www.calowscoaches.com.au) fahren von Bicheno zur Coles Bay (12 AU$, 45 Min.). Diese Busse nehmen auch Fahrgäste der Ostküstenbusse von **Tassielink** (☎ 1300 300 520; www.tassielink.com.au) an der Abzweigung zur Coles Bay mit (ab Hobart 36 AU$, 3 Std.).

Bicheno

860 EW.

Anders als das schicke Swansea und Coles Bay ist Bicheno (*bisch*-uh-no) immer noch ein aktives Fischerdorf. Wegen der tollen Ausblicke aufs Meer und den schönen Stränden ist der Ort bei Reisenden zwar sehr beliebt, hat seine Seele aber nie dem Teufel Tourismus verkauft und ist immer sehr authentisch und bodenständig geblieben. Immer noch kommen Fischerboote in die Bucht und bringen eimerweise Hummer und anderes Meeresgetier mit. Wer von Freycinet aus nach Norden fährt, wird hier auf sehr faire Unterkunftspreise stoßen.

Als 1803 Wal- und Robbenfänger in die Bucht kamen, begann die Besiedlung durch die Europäer. Der Ort wurde unter dem Namen Waubs Bay Harbour bekannt, benannt nach der Aborigine-Frau Waubedebar, die zwei Männer vor dem Ertrinken gerettet hat, nachdem ihr Boot vor der Küste kenterte. Nach ihrem Tod 1832 trug der Ort noch bis in die 1840er-Jahre ihren Namen und wurde dann zu Ehren von James Ebenezer Bicheno umbenannt, der einst Kolonialsekretär von Van-Diemens-Land war.

Sehenswertes

★ Bicheno Motorcycle Museum MUSEUM
(☎ 03-6375 1485; 35 Burgess St, Bicheno; Erw./Kind 9 AU$/Eintritt frei; ⌚ Mo–Fr 9–17, Sa 9–16, So 9–14 Uhr, Juni–Aug. So geschl.) Andrew Quin bekam im Alter von vier Jahren seine erste Honda und ist seitdem ein begeisterter Motorradfreak. Aber man muss kein Freak sein, um sein wunderbares Museum hinter seiner Motorradwerkstatt zu besuchen. Hier besteht alles aus glänzendem Chrom und Emaille unter hellem Licht. Ausgestellt sind über 60 hervorragend restaurierte Motorräder, darunter auch die seltene Noriel 4 Café Racer – die Einzige ihrer Art auf der Welt. Wer an der Ostküste einen Ölwechsel braucht, der kommt hierher.

Diamond Island INSEL
(Redbill Beach, an der Gordon St; Bicheno; ⌚ 24 Std.) GRATIS Vor dem nördlichen Ende des Redbill Beach liegt diese fotogene Felsnase aus Granit, mit dem Festland verbunden durch eine kurze, halb unter Wasser liegende sandige Landbrücke, über die man waten kann. Für den Ausflug sollte man die Ebbe abwarten – ansonsten steht man auf dem Rückweg bis zur Brust in den Wellen!

Natureworld ZOO
(☎ 03-6375 1311; www.natureworld.com.au; 18356 Tasman Hwy, Bicheno; Erw./Kind/Fam. 25/12/65 AU$; ⌚ 9–17 Uhr) Dieser Wildtierpark etwa 7 km nördlich von Bicheno steckt voller einheimischer und fremder Tierarten, darunter

Tasmanische Teufel, Wallabys, Beutelmarder, Schlangen, Wombats und Riesenkänguruhs. Die Teufel werden täglich um 10, 12.30 und 15.30 Uhr gefüttert, und es gibt auch ein Teufelhaus, in dem man sich die kleinen Dämonen aus der Nähe anschauen kann. Ein Café ist auch dabei.

Aktivitäten

★ Foreshore Footway WANDERN
(via Gordon St, Bicheno; 24 Std.) GRATIS Dieser romantische 3 km lange Strandspaziergang erstreckt sich vom **Redbill Beach** zum **Blowhole** (abseits der Esplanade) über **Waubedebar's Grave** (abseits der Old Tram Rd) und den **Gulch** (abseits der Esplanade). Wenn das Meer wütend ist (oder auch nur etwas aufgewühlt), spritzt es am Blowhole riesige Säulen schaumigen Wassers spektakulär in die Luft. Man sollte nicht zu nahe herangehen: selbst an ruhigen Tagen kann man unerwartet durchnässt werden. Für den Rückweg empfiehlt sich der Pfad auf den **Whalers Hill** (abseits der Foster St), der einen weiten Blick über die Stadt bietet. Zu Walzeiten kann man die Meeresgiganten von hier oben vorbeiziehen sehen.

Geführte Touren

Bicheno Penguin Tours VOGELBEOBACHTUNGEN
(03-6375 1333; www.bichenopenguintours.com.au; Tasman Hwy, Bicheno; Erw./Kind 35/15 AU$; jeden Abend bei Dämmerung, Buchungen Mo–Fr 9–17.30, Sa & So 10–17 Uhr) Bicheno ist einer der besten Orte in Tasmanien, um Pinguine zu beobachten. Während der einstündigen Touren in der Abenddämmerung kann man sie dabei beobachten, wie sie zu ihren Höhlen zurückwatscheln. Hier erlebt man Natur pur: keine Cafés oder Souvenirs (sogar Fotografieren ist verboten). Der Start der Touren variiert abhängig von der Jahreszeit: immer bei Einbruch der Abenddämmerung. Von November bis Januar gibt es mehr Pinguine. Unbedingt im Voraus buchen.

Bicheno's Glass Bottom Boat BOOTSTOUR
(0407 812 217, 03-6375 1294; www.facebook.com/bichenoglassbottomboat; Esplanade, am Gulch; Erw./Kind 25/10 AU$; 10, 12 & 14 Uhr) Auf diesem 40-Minuten-Trip kann man die unter Wasser liegenden Wunder von Bicheno vom Boot aus bewundern. Die Touren starten von Oktober bis Mai vom Gulch aus, wenn das Wetter mitspielt (im Jan. sollte man im Voraus buchen).

Schlafen & Essen

Bicheno Backpackers HOSTEL $
(03-6375 1651; www.bichenobackpackers.com; 11 Morrison St, Bicheno; B/EZ/2BZ/DZ/Haus ab 30/55/70/78/130 AU$;) Dieses Hostel hat Schlafsäle in zwei mit Wandgemälden versehenen Gebäuden und ein Haus für Selbstversorger mit Platz für zwölf Personen, das aus sechs Doppelzimmern besteht. Am besten hält man sich in der Gemeinschaftsküche auf. Es gibt eine kostenlose Gepäckaufbewahrung und einen Wanderweg zu einem Aussichtspunkt am oberen Ende der Straße.

★ Beach Path House FERIENHAUS $$
(03-6375 1583, 03-6375 1400; www.beachpathhouse.com.au; 2 Gordon St, Bicheno; DZ 195–380 AU$, wöchentl. 950–1860 AU$;) Diese Strandhütte aus der Mitte des letzten Jahrhunderts ist jetzt cremefarben und marineblau gestrichen und wurde zum Ferienhaus umgestaltet. Die Unterkunft bietet drei Schlafzimmer, Gärten, einen Kamin und eine Terrasse, von wo aus man die Brandung hören kann. Überall stehen Fangkörbe herum, um Allem ein nautisches Flair zu verpassen. Insgesamt haben hier acht Personen Platz, und die Preise variieren je nach Saison sehr.

★ Pasini's ITALIENISCH, CAFÉ $$
(03-6375 1076; 70 Burgess St, Bicheno; Frühstück 8–20 AU$, Mittag- & Abendessen 13–33 AU$; Di–Sa 9–20, So 9–15 Uhr) Diese professionell geführte Einrichtung macht italienische Speisen wie Antipasti, Holzofenpizzas und Lasagne – aber oh, *so viel* besser als die meisten anderen. Die Frühstücksangebote sind reine Kunstwerke, Pasta und Gnocchi sind selbstgemacht und der Kaffee (der Marke „Oomph", in Hobart geröstet) ist absolut köstlich. Auch die Gerichte zum Mitnehmen, Bier und Wein von der Ostküste, Austern und die reichhaltigen Sandwiches sind echte Hits. So sehen Sieger aus!

Praktische Informationen

Bicheno Visitor Information Centre (03-6256 5072; www.eastcoasttasmania.com; 41b Foster St, Bicheno; Okt.–Apr. 9–17 Uhr, Mai–Sept. 10–16 Uhr) Unterstützt Reisende mit Infos zur Region und Unterkunftsbuchungen.

St. Helens

2180 EW.

An der breiten und geschützten Georges Bay, entstand St. Helens in den 1830er-Jahren als

Wal- und Robbenfangsiedlung. Schon bald kamen die Schwanenjäger, die es auf die Schwarzen Schwäne wegen ihres weichen Untergefieders abgesehen hatten. Bis in die 1850er-Jahre war die Siedlung eine reine Landwirtschaftssiedlung, die wuchs, als 1874 in der Nähe Zinn gefunden wurde. Heute ist St. Helens eher eine pragmatische Stadt und beherbergt die größte Fischerbootflotte des Bundesstaats. Das macht natürlich die Angler froh; Charterboote bringen sie raus aufs Meer, wo die richtig großen Fische warten. An Land gibt's viele Restaurants, Unterkünfte und schöne Strände.

Sehenswertes

St. Helens History Room MUSEUM

(03-6376 1479, 0419 731 452; www.sthelenshistoryroom.com; 61 Cecilia St, St. Helens; Erw./Fam. 3/5 AU$; 9–17 Uhr) Hinter der Touristeninformation der Stadt liegt dieses kleine Museum, das die gesellschaftliche und natürliche Geschichte der Stadt aufarbeitet. Hier gewinnen die Besucher einen Einblick in die Landwirtschaft, die Forschung, das Schulwesen, den Wal- und Fischfang, den Bergbau und das Meeres- und Landleben der Ostküste (ist der Kopf dieses Beutelwolfs wirklich lebensgroß?). Und im Hintergrund tickt eine alte Uhr. Beeindruckend ist auch der Begräbniswagen und der kitschige, aber interessante Film über den **Trail of the Tin Dragon**, der den chinesischen Zinnabbau im Nordosten unter die Lupe nimmt.

Aktivitäten

Gone Fishing Charters ANGELN

(03-6376 1553, 0419 353 041; www.breamfishing.com.au) Während eines Angelausflugs entlang der Küste unter fachkundiger Leitung bekommt man den einen oder anderen Fisch an den Haken. Vorher anrufen, um Zeiten und Preise zu erfragen. Wer nichts fängt, zahlt auch nichts. (Das ist fair, oder?)

Schlafen

BIG4 St Helens Holiday Park WOHNMOBILPARK $

(1300 559 745; www.sthelenscp.com.au; 2 Penelope St, St. Helens; Stellplatz mit/ohne Strom ab 37/35 AU$, Hütte & Villa DZ 110–210 AU$, extra Person 25 AU$;) Dieser effizient geführte Platz erstreckt sich über einen grünen Hügel, 1,5 km südlich der Stadt und bietet jede Menge Vorteile für Familien (Spieleraum, Hüpfburg, Spielplatz, Pool). Den Hügel hinauf stehen nette blaue und cremefarbene Villen, es gibt eine gute Campingküche, und ganz oben am Hügel findet man flache Stellplätze für sein Zelt.

★ The French House B&B $$

(0414 264 258, 03-6376 2602; www.thefrenchhousesthelens.com.au; 197 Ansons Bay Rd, St. Helens; DZ 140–170 AU$;) Etwa 4 km von St Helens entfernt liegt dieses B&B, das vor 20 Jahren von einem Franzosen errichtet wurde, der Heimweh nach Zuhause hatte. Es versprüht einen typisch französischen Charme. Im Obergeschoss befinden sich vier kompakte Zimmer mit Bad, TV und Kühlschrank, unten ist eine Landhausküche und Gästelounge mit Holzboden im Fischgrätenmuster. Nicht überkandidelt oder kitschig, sondern einfach und stilvoll. Das typisch französische Frühstück ist sehr üppig.

Essen & Trinken

Mohr & Smith CAFÉ $$

(03-6376 2039; www.mohrandsmith.com.au; 55–59 Cecilia St, St. Helens; Hauptgerichte Frühstück & Mittagessen 16–22 AU$, Abendessen 28–40 AU$; Di–Sa 10–20 Uhr) Sieh mal einer an: eine richtig schicke, urbane Kneipe! Mit Sonnenterrasse, gemütlicher Lounge Area mit Kamin, gechilltem Sound und sexy Personal würde das M&S gut an den Salamanca Place in Hobart passen. Zum Mittagessen eine Pulled-Pork-Quesadilla oder einen japanischen Pfannkuchen mit Chili-Marmelade und Koreander bestellen und dann abwarten, was der Nachmittag so bringt. Hier lässt sich abends auch nett ein Drink genießen!

★ Crossroads Wine Bar & Cafe BAR

(0414 719 490; www.crossroadswinebar.com.au; 5/34 Quail St, St Helens; Kneipenessen 10–15 AU$; Mi 16 Uhr–open end, Fr & Sa 19 Uhr–open end;) Diese überraschende Entdeckung – benannt nach dem Blues-Klassiker von Robert Johnson – ist einer der wenigen Orte an der Ostküste, an denen es regelmäßig Livemusik gibt: Freitagabend spielen hier Blues-, Country- und Rockbands. An den anderen Abenden spielt der Besitzer normalerweise Musik-DVDs ab, zu denen man das eine oder andere kühle Bier genießen kann (hier ist eine sportfreie Zone!). Im Sommer häufiger geöffnet.

Praktische Informationen

St. Helens Visitor Information Centre (03-6376 1744; www.eastcoasttasmania.com; 61 Cecilia St, St. Helens; 9–17 Uhr) Abseits der Hauptstraße hinter der Bibliothek. Verkauft

Nationalpark-Pässe. Hier befindet sich auch der St. Helens History Room.

Binalong Bay & the Bay of Fires

210 EW.

Die Bay of Fires ist ein 29 km langer bogenförmiger Küstenstreifen mit puderfeinem, weißem Sand und kristallklarem Wasser, der auch in der neuesten Liste der „Schönsten Strände der Welt“ zu finden ist. Dennoch wäre es falsch, von der Bay of Fires als einem einzigen Strand zu sprechen: Eigentlich handelt es sich hier um eine Kette wunderschöner Strände, unterbrochen von Lagunen und felsigen Landzungen, hinter denen sich Heide- und Buschland ausbeiten.

Es gibt keine Straße, die entlang der ganzen Bucht verläuft: Die C850 führt von St. Helens zum tollen Küstenferienort Binalong Bay, der das Südende der Bucht bildet. Am nördlichen Ende der Bucht liegen **Ansons Bay**, ein ruhiges, winziges Feriennest, und die südlichen Bereiche des Mt. William National Park (S. 739).

Eddystone Point, gleich nördlich von Ansons Bay und innerhalb des Mt. William National Park gelegen, bildet den nördlichsten Ausläufer der Bay of Fires und der hohe Leuchtturm **Eddystone Point Lighthouse** (www.lighthouses.org.au; via Eddystone Point Rd, Mt. William National Park; ⏲24 Std.) GRATIS ragt wie ein symbolisches Ausrufezeichen empor.

Sehenswertes

Mt. William National Park NATIONALPARK

(☎03-6387 5510; www.parks.tas.gov.au; über St. Helens oder Gladstone; Park-Pass pro Pers./Fahrzeug 12/24 AU$, Camping DZ/FZ 13/16 AU$, zusätzl. Erw./Kind 5/2,50 AU$; ⏲24 Std.) Der wenig bekannte, abgeschiedene Mt. William National Park wartet mit langen Sandstränden, niedrigen Hügelketten und küstennahem Heideland auf; die besten Besuchszeiten sind Frühling oder Frühsommer, wenn die Wildblumen in voller Blüte stehen. Die höchste Erhebung ist der Mt. William (hin & zurück 1½ Std. zu Fuß) mit gerade einmal 216 m, der aber weite Ausblicke auf Land und Meer bietet. Das Gebiet wurde 1973 zum Nationalpark erklärt, vor allem um die verbleibenden Östlichen Grauen Riesenkängurus Tamaniens zu schützen, die in den 1950er- und 1960er-Jahren fast gänzlich ausgerottet waren (sich aber seither sehr stark vermehrt haben).

Aktivitäten & Geführte Touren

Bay of Fires Lodge Walk WANDERN

(☎03-6392 2211; www.bayoffires.com.au; Tour ab 2300 AU$; ⏲Okt.–Mai) Ein viertägiges geführtes Abenteuer mit drei Übernachtungen durch dieses großartige, von Wellen ausgewaschene Gebiet. Höchstens zehn Gäste nehmen die sachkundigen Führer mit auf die Tour entlang der Küste. Die erste Nacht verbringt man im Zelt in einem abgeschiedenen Strandcamp, die beiden folgenden in der grandiosen Bay of Fires Lodge. Inklusive gutem Essen und Wein. Magisch!

Bay of Fires Eco Tours BOOTSFAHRT

(☎0499 209 756; www.bayoffiresecotours.com.au; Main Rd, Binalong Bay; 2½-stündige geführte Tour pro Erw./Kind/Fam. 135/85/380 AU$) Selbst mit einem Geländewagen sind etwa 60 % der Küste der Bay of Fires unzugänglich. Deshalb empfiehlt sich eine Bootstour. Der Veranstalter hat seinen Sitz in einer kleinen Baracke von 1935 am Ufer der Binalong Bay, von wo es aufs Meer hinausgeht, um Dünen, Delfine, Stätten der Aborigines und die von Flechten bedeckte Küste zwischen der Binalong Bay und Eddystone Point betrachten zu können.

Schlafen & Essen

Kingfisher Cottage FERIENHAUS $$

(☎0467 808 738; www.stayz.com.au; 74 Main Rd, Binalong Bay; Haus ab 195 AU$; ❄📶) Das gefällt sicher vielen: nicht zu gesellig, nicht angeberisch, protzig oder anspruchsvoll – einfach nur das perfekte kleine Ferienhaus in einer tollen Lage, mitten im sandigen Herzen der Binalong Bay, neben einem Restaurant und nur einen Steinwurf entfernt vom Strand (mit der besten Badestelle). Es gibt Platz für sechs Personen in zwei Schlafzimmern.

Bay of Fires Bush Retreat ZELTCAMP $$

(☎0439 343 066; www.bayoffiresbushretreat.com.au; 795 Reids Rd, Binalong Bay; Safari-Zelt DZ & 2BZ ab 145 AU$; 📶) Nördlich von Binalong Bay in der Bay of Fires gelegen, bietet dieses rustikale Boutique-Busch-Camp mit Hippie-Flair interessante „Rundzelte“ mit Gemeinschaftsbädern und Kochmöglichkeiten. Für alle, die nicht selbst kochen wollen, gibt's Gourmet-Platten und Frühstückskörbe (bei Buchung mitbestellen). Die Stimmung ist entspannt und ungezwungen.

★ **Moresco Restaurant** CAFÉ $$

(☎03-6376 8131; www.morescorestaurant.com.au; 64a Main Rd, Binalong Bay; Hauptgerichte 15–

24 AU$; ⏲ 12–15 & 18–20 Uhr, Juni–Aug. geschl. Mo & Di) Im einzigen Gastronomiebetrieb von Binalong Bay ist mächtig viel los: In einem herrlichen Speiseraum mit Blick auf das Wasser werden hervorragende Gerichte serviert. Zum Mittagessen sollte man Pilze aus dem Huon Valley auf Toastbrot mit tasmanischem Trüffelöl probieren, sich anschließend in die Brandung stürzen und abends wieder hier einkehren, um eine Schale Meeresfrüchtebrühe (regionaler Fisch) mit getoastetem Sauerteigbrot zu genießen. Es gibt tollen Kaffee und eine noch großartigere Weinkarte.

An- & Weiterreise

Am südlichen Ende der Bay of Fires liegt Binalong Bay, knapp zehn Minuten mit dem Auto von St. Helens entfernt. Am Nordende der Bucht liegen Ansons Bay und das Eddystone Point Lighthouse, die beide über die Ansons Bay Rd erreichbar sind, die von St. Helens nordwärts führt. Abgesehen von der unbefestigten Straße von Binalong Bay zur Feriensiedlung The Gardens gibt es keine weiteren Zugangsstraßen und natürlich auch keine öffentlichen Verkehrsmittel.

Derby & Umgebung

210 EW.

Ein Großteil des Jahres wirkt Derby (gesprochen: dur-bee) wie eine eher trostlose Kleinstadt, die versteckt im Tal des Ringarooma River liegt und sich entschlossen an ihre Vergangenheit als Zentrum des Zinnabbaus klammert, die bis in die 1870er-Jahre zurückreicht. Die Zinnbergwerke wurden in den 1940er-Jahren aufgegeben und führten zu einer Abwanderung, die im Grunde nie aufgehört hat.

Dank eines dichten Netzes herrlicher Mountainbike-Touren in den umliegenden Hügeln ist heute aber ein Wandel feststellbar. Hier fanden 2015 und 2016 die Australian Cross Country Marathon Mountain Bike Championships (www.mtba.asn.au) statt und zum Zeitpunkt der Recherchen wurde für 2017 ein Rennen der Enduro World Championships (www.enduroworldseries.com) festgelegt. Wenn die Mountainbiker in die Stadt strömen, dreht der Ort durch und sämtliche Unterkunftsmöglichkeiten bis nach St. Helens sind ausgebucht. Etwa 8 km westlich von Derby liegt **Branxholm** (210 Ew.), wo es weitere Unterkunft- und Essmöglichkeiten gibt.

Wenn man von Weldborough nach Derby fährt, sollte man sich das riesige Bild einer Forelle ansehen, das auf die Felsen neben der Brücke, die zur Stadt führt, gemalt ist.

Sehenswertes

Tin Centre MUSEUM

(☎ 03-6354 1062; www.trailofthetindragon.com.au/derby; 55 Main St, Derby; Erw./Kind/Fam. 9/4/20 AU$; ⏲ 9–17 Uhr, kürzere Öffnungszeiten im Winter) Derbys Erbe als Zinnbergbaustadt wird in dem architektonisch eindrucksvollen Museum gezeigt, das Teil der touristischen Route des **Trail of the Tin Dragon** ist. Den Mittelpunkt bildet die Multimedia-Präsentation *Small Town, Big History,* die Leben und Alltag der Bergleute zu Zeiten des Zinnbergbau-Booms im Nordosten der Insel erzählt. Im Winter empfiehlt es sich, vorher anzurufen, um sicherzustellen, dass das Museum offen ist. Hier befindet sich auch das **Crank It Cafe** (www.crankitcafederby.com; Hauptgerichte 6–14 AU$; ⏲ So–Fr 9–16, Sa 9–17 Uhr).

Bridestowe Lavender Estate FARM

(☎ 03-6352 8182; www.bridestowelavender.com.au; 296 Gillespies Rd, Nabowla; Feb.–Nov. Eintritt frei, Dez. & Jan. 10 AU$/Pers.; ⏲ 9–18 Uhr) Unweit von Nabowla, 22 km westlich von Scottsdale, ist die Abzweigung zur größten Lavendel-Plantage der Südhalbkugel, wo Lavendelöl für die Parfümindustrie hergestellt wird. Die während der Blütezeit (Mitte Dez.–Ende Jan.) violett leuchtenden Felder bleiben unvergesslich. Es gibt auch ein **Café** und einen **Geschenkladen**, in dem alles rund um Lavendel verkauft wird: Duftsäckchen, Fudge, Eis und „Bobbie Bears" – mit Lavendel gefüllte Spielzeuge, die sich (unerklärlicherweise) zu Tausenden verkaufen.

Aktivitäten

Blue Derby Mountain Bike Trails MOUNTAINBIKEN

(☎ 03-6352 6500; www.ridebluederby.com.au; abseits des Tasman Hwy, Derby; ⏲ 24 Std.) GRATIS Derby entwickelte sich zu Tasmaniens Mekka für Mountainbiker, wozu vor allem das Blue-Derby-Netz von 25 Trails beitrug. Sie reichen von leicht bis extrem schwer und von 1 km bis zu 40 km (Letzterer ist der aus drei Abschnitten bestehenden Trail zwischen Blue Tier und Derby). Mehr Infos findet man auf den Schildern am Südende der Stadt oder man lädt sich von der Website die Karten herunter.

Vertigo MTB MOUNTAINBIKEN

(☎ 0488 463 448, 0409 702 875; www.vertigomtb.com.au; 66 Main St, Derby; Leihfahrrad proTag inkl.

Ausrüstung ab 99 AU$; ⌚8–17 Uhr) Der Laden bietet alles Nötige rund ums Mountainbiken in Derby: Fahrradverleih, Infos zu den Trails, Reparaturservice und Wartung, Shuttledienst zu den Startpunkten der Trails und sogar Tipps zu Unterkunft und Verköstigung. Es gibt die verschiedensten Shuttle-and-Ride-Kombinationen, wie etwa von Derby zum 24 km entfernten Blue Tier Track und zurück mit einem Mittags-Zwischenstopp im Weldborough Hotel, alles für 79 AU$.

Schlafen & Essen

★ Weldborough Hotel GASTHAUS $

(☎03-6354 2223; www.weldborough.com.au; 12 Main Rd, Weldborough; Stellplatz ohne & mit Strom 20 AU$, DZ/FZ ohne Bad ab 100/150 AU$; ⌚11.30 Uhr–open end) Das 1876 gegründete Weldborough ist der Mittelpunkt des städtischen Lebens und zugleich eine charaktervolle Alternative für eine Mittagspause oder eine Übernachtung. Hier schlägt das Herz aller Bierkenner höher: Es sind alle in Tasmanien gebrauten Craft-Bier-Sorten auf Lager! Die Küche serviert vorzügliches Essen (Hauptgerichte 13–32 AU$) und wer infolge des erhöhten Bierkonsums fahruntüchtig ist, dem bietet das Gasthaus auch Übernachtungsmöglichkeiten. Es gibt auch Campingplätze im Grünen und warme Duschen.

Branxholm Lodge LODGE $

(☎0447 041 418; www.branxholmlodge.com.au; 32 Albert St, Branxholm; DZ 100 AU$, zusätzl. Pers. 15 AU$) Die einstige Grundschule, die Branxholm Primary School, ist von neuem Leben erfüllt, seit sie als Budget-Lodge für Mountainbiker dient. Es gibt Etagenbetten für bis zu 12 Personen, Fahrrad-Abstellmöglichkeiten, Bereiche für die Wartung und zum Abwaschen der Räder, eine Küche, einen Waschsalon, mehrere sanitäre Anlagen und jede Menge Heizgeräte für die kühlen Abende im Nordosten der Insel.

Tin Dragon Trail Cottages COTTAGE $$

(☎03-6354 6210, 0407 501 137; www.tindragontrailcottages.com.au; 3 Cox's La, Branxholm; DZ ab 170 AU$, zusätzl. Pers. 70 AU$) Diese fünf gepflegten, nachhaltig erbauten Cottages stehen unweit vom Ringarooma River auf einem Grundstück, das auf eine interessante Geschichte aus der Zeit chinesischer Bergleute zurückblickt. Zwei erklärende Pfade folgen hier den Spuren der originalen (heute trockengelegten) Wasserkanäle, die von Bergleuten erbaut wurden. Aus unseren Tagen stammt aber das erstaunliche, von den Besitzern erbaute „Mini-Wasserkraftwerk", das das gesamte Anwesen mit Strom versorgt. Zwei Nächte Mindestaufenthalt.

Imperial Hotel KNEIPENESSEN $$

(☎03-6354 6121; www.myspace.com/branxholmimperial; 5–7 Stoke St, Branxholm; Hauptgerichte 16–26 AU$; ⌚Bar 11 Uhr–open end, Mahlzeiten tgl. 12–13.30, Mo–Sa 18–19.30 Uhr) Einheimische, die sich hier gut auskennen, meinen, der 113 Jahre alte Pub von Branxholm sei der in weitem Umkreis beste Ort, um essen zu gehen. Serviert werden stattliche Teller mit Steaks, Meeresfrüchten, Schweinekoteletts, Schnitzeln und Tagesbraten sowie kaltes Bier in rauen Mengen. Im ersten Stock gibt's im Kneipenstil eingerichtete Übernachtungsmöglichkeiten ab 35 AU$ pro Person.

An- & Weiterreise

Sainty's North East Bus Service (☎0400 791 076, 0437 469 186; www.saintysnortheastbusservice.com.au) Die Busse fahren zwischen Launceston und Derby (22 AU$, 2½ Std.) einmal täglich (Mo–Fr) in jede Richtung.

Flinders Island

700 EW.

Hier, in der Bass Strait vor der nordöstlichen Ecke von Tasmanien liegt mehr als nur eine Insel: Flinders ist nur eine der 51 Eilande des Furneaux-Archipels. Diese Inselgruppe ist ein Überbleibsel der Landbrücke, die bis vor 10 000 Jahren Tasmanien mit dem Festland Australiens verband.

Flinders, das nur spärlich besiedelt ist und eine großartige Natur hat, weist heute eine ländliche Besiedlung auf – vor allem Fischfang und Landwirtschaft dominieren. Besucher haben tolle Möglichkeiten zum Buschwandern, für Tierbeobachtungen, zum Angeln, Kajakfahren, Schnorcheln, Tauchen und Schwimmen in den engen Buchten. Alternativ kann man einige Stunden entspannt am Strand bummeln und „Killiecrankie-Diamanten" (eigentlich Topase) oder Nautilus-Muscheln suchen.

Online findet man Informationen unter www.visitflindersisland.com.au.

Sehenswertes

Furneaux Museum MUSEUM

(☎03-6359 8434; www.flinders.tas.gov.au/furneaux-museum; 8 Fowlers Rd, Emita; Erw./Kind 4 AU$/frei; ⌚Dez.–April Sa & So 13–17 Uhr, Mai–Nov. Sa & So 13–16 Uhr) Das Gelände rund um das von Freiwilligen betriebene Furneaux Museum ist übersät mit Walknochen, Töpfen für Walspeck und verrosteten Schiffswracks. Im Inneren werden Artefake der Aborigines (darunter auch schöne Muschelketten) sowie alte Gerätschaften zur Robbenjagd, zum Segeln und zum Fang der Keilschwanz-Sturmtaucher gezeigt.

Wybalenna Historic Site HISTORISCHE STÄTTE
(☎03-6359 5002; www.visitflindersisland.com.au/places/wybalenna; Port Davies Rd, Emita; ⌚Tageslicht) GRATIS Ein paar Backsteinmauern, die Kapelle und der Friedhof sind alles, was von dieser einst zum „Wohl" der tasmanischen Aborigines errichteten Siedlung übrig geblieben ist, die hierher zwischen 1829 und 1834 zwangsumgesiedelt wurden. 87 Menschen starben an Unterernährung, Krankheiten und Verzweiflung, darunter auch Manalargena, der Häuptling des Ben-Lomond-Stammes, dessen Grabstein hier zu sehen ist. Die Stätte liegt auf dem Land der Aborigines, daher sollte man sich respektvoll verhalten.

Aktivitäten

Auf Flinders kann man hervorragend **buschwandern**. Das Highlight ist der gut ausgeschilderte Pfad zum Gipfel des **Mt. Strzelecki** (756 m, 5 Std. hin & zurück), der romantische Ausblicke bietet. Am **Trousers Point** mit seinem entwaffnenden Namen gibt es einen herrlichen, 1,9 km langen Küstenrundwanderweg. Lust auf mehr? Da hilft *A Walking Guide to Flinders Island and Cape Barren Island* von Doreen Lovegrove und Steve Summers oder *Walks of Flinders Island* von Ken Martin. Man kann auch mehrtägige geführte Wandertouren buchen.

Es ist leicht, seinen eigenen Strand zum **Schwimmen** zu finden. Ein lokaler Geheimtipp sind die **Docks** unterhalb des Mt. Killiecrankie, wo Granitbrocken weißsandige Buchten schützen. Der **Trousers Point Beach** ist auf Flinders der klassische Spot zum Schwimmen und bietet zudem Picknicktische, Grillplätze, Toiletten und Camping-Stellplätze ohne Strom unter Kasuarinen; hier sind Eintrittsgebühren (12/24 AU$ pro Pers./Fahrzeug pro Tag) in den Nationalpark fällig. Es gibt auch zahlreiche Möglichkeiten zum **Angeln**, **Schnorcheln** und **Tauchen**.

Die Granitflanken des Mt. Killiecrankie (319 m) bieten Möglichkeiten für anspruchsvolles **Felsklettern**. Am Mt. Strzelecki gibt es auch eine 200 m hohe Granitwand, die man hinaufsteigen kann.

Flinders Island Adventures ANGELN, WANDERN
(☎03-6359 4507; www.flindersisland.com.au) Man kann ein Fischerboot bei diesem Anbieter buchen, der auch Wanderungen organisiert (5-tägige, geführte All-inclusive-Wanderungen ab 2415 AU$). Ein Angler-Paket für zwei Nächte (mit Frühstück, Mittagessen, Übernachtung in Lady Barron und Überfahrt) kostet 695 AU$ pro Person.

Schlafen & Essen

Furneaux Tavern MOTEL $$
(☎03-6359 3521; www.furneauxtavern.com.au; 11 Franklin Pde, Lady Barron; EZ/DZ/FZ ab 90/120/150 AU$; 📶) Eine Reihe hübsch renovierter Hütten im Motel-Stil mit Panoramaverandas in einem natürlichen Garten. Hier befindet sich auch das auf Fisch spezialisierte **Shearwater Restaurant** (☎03-6359 3521; www.furneauxtavern.com.au; Furneaux Tavern, 11 Franklin Pde, Lady Barron; Hauptgerichte 16–33 AU$; ⌚12–13.30 & 18–19.30 Uhr) und in der Bar kann man sein Geschick am Poolbillardtisch zeigen.

West End Beach House FERIENHAUS $$$
(☎0488 089 955; www.westendbeachhouse.com.au; 801 West End Rd, Leeka; Haus 260–345 AU$) Das traumhafte Ferienhaus mit Teerpappendach, das vom Architekten so entworfen wurde, dass es sich harmonisch in die Landschaft einfügt, liegt auf der Weg zum Mt. Tenner und besticht durch seinen typisch australischen Touch: Wellblech, viele Glas-Falttüren, Sonnenterrassen, Stranduschen und ein kurzer Weg zum Strand. Und das versenkte Bad ist ein Highlight. Mindestaufenthalt zwei Nächte.

A Taste of Flinders FEINKOSTLADEN $
(☎0474 889 236; www.tasteofflinders.com.au; 3 Walker St, Whitemark; ⌚Mo–Fr 8–16, Sa 9–12 Uhr) In diesem Café und Feinkostladen mit dem besten Kaffee der Insel gibt es Regale voll mit frischen Regionalprodukten: Brot, Gemüse, Konfitüre, in Flaschen abgefülltes Wasser, Wein, Honig. Auf den Teller kommen u.a. Quiches, Kuchen und tolle Salate.

Praktische Informationen

Flinders Island Visitor Information Centre
(☎03-6359 5002; www.visitflindersisland.com.au; 4 Davies St, Whitemark; ⌚Mo–Fr 9–17Uhr) Der wichtigste Ort für Infos über die Insel.

Anreise & Unterwegs vor Ort

Sharp Airlines (☎1300 556 694; www.sharpairlines.com; Flinders Island Airport, Palana Rd,

Whitemark) Fliegt zwischen Melbourne (Flughafen Essendon) und dem Flinders Island Airport in Whitemark (einfache Strecke 252 AU$) sowie zwischen Launceston und Flinders Island (einfache Strecke 185 AU$). Pakete mit Flug und Mietwagen beginnen ab 463 AU$.

Flinders Island Car Rentals (☎03-6359 2168, 0415 505 655; www.ficr.com.au; 21 Memana Rd, Whitemark) Flinders Island Car Rentals hat Limousinen und Kleinbusse ab 77 AU$/Tag und betreibt einen Shuttledienst mit Elektrofahrzeugen (!) zwischen dem Flughafen und der Unterkunft der Gäste (einfache Strecke ab 10 AU$).

Flinders Island Travel (☎1800 674 719; www.flindersislandtravel.com.au) bietet Pauschalreisen (Flug, Unterkunft und Mietwagen).

LAUNCESTON & UMGEBUNG

Man kann sich schwerlich eine Stadt im Taschenformat vorstellen, die anziehender ist als Launceston. „Lonnie", wie die Einheimischen sie nennen, ist groß genug, um eine gewisse urbane Atmosphäre auszustrahlen, aber auch klein genug, um eine hohe Affinität zum Ländlichen zu haben. Die Stadt verbindet Historisches mit Modernität und wird von einer lebhaften Kunst- und Gastroszene geprägt. Sie liegt inmitten von Buschland, während mit der atemberaubenden Cataract Gorge die ungezähmte Natur bis ins Herz der Stadt vordringt – und wer etwas weiter hinaus ziehen möchte, dem stehen viele Möglichkeiten offen: Wer der Tamar Valley Wine Route folgt, erlebt eine tolle Landschaft und kann erstklassige Pinot-Noir-Weine verkosten; ein Besuch historischer Anwesen wie Woolmers und Clarendon markiert einen Höhepunkt im geschichtlichen Erbe, während die Nationalparks Narawntapu und Ben Lomond eine Fülle von Möglichkeiten bieten, eine unberührte Natur kennen zu lernen.

Launceston

74 090 EW.

Tasmaniens zweitgrößte Stadt wetteiferte schon immer mit dem großstädtischen Hobart im Süden. Die Einwohner von Launceston behaupten, die Architektur ihrer Bauwerke sei eleganter, die Parks schöner, die Hügel in der Umgebung grüner und die Gastroszene vielfältiger – und vieles davon lässt sich kaum widerlegen. Launceston ist eine Stadt, in der Kunst und Design geschätzt werden, deren Einwohner den Aufenthalt im Freien lieben und in der die Ess- und Caféhauskultur eine Blütezeit erleben. Die Stadt ist auch ein bequemer und netter Ausgangspunkt für jene, die das Tamas Valley oder andere Regionen des Nordens erkunden wollen.

Sehenswertes

★Queen Victoria Museum MUSEUM
(QVMAG; Karte S. 746; ☎03-6323 3777; www.qvmag.tas.gov.au; 2 Invermay Rd, Invermay; ⌚10–16 Uhr, Vorführungen Planetarium Di–Fr 12 & 14, Sa 14 & 15 Uhr) GRATIS Die naturkundlichen, sozialgeschichtlichen und technischen Sammlungen des Queen Victoria Museum and Art Gallery (QVMAG) sind in diesem Anbau untergebracht, einer denkmalgeschützten ehemaligen Werkstatthalle auf dem Gelände der umgebauten Inveresk Railyards. Schon das Gebäude an sich ist sehenswert. Es beherbergt große zoologische, botanische und geologische Sammlungen sowie das Planetarium (Erw./Kind/Fam. 6/4/16 AU$), das eine beliebte Dauerattraktion ist. Zudem gibt's hier ein Café und einen Shop. Zum Museum gelangt mit dem Free Tiger Bus (S. 750).

★Queen Victoria Art Gallery MUSEUM, GALERIE
(QVMAG; Karte S. 746; ☎03-6323 3777; www.qvmag.tas.gov.au; 2 Wellington St; ⌚10–16 Uhr) GRATIS Gemälde aus der Kolonialzeit, darunter auch Werke von John Glover, gehören zu den Highlights der Sammlung dieser Kunstgalerie, die sich am Rand des Royal Park in einem sorgfältig restaurierten Gebäude aus dem 19. Jh. befindet. Weitere Werke illustrieren die Bandbreite der australischen Malerei von Tom Roberts bis Fred Williams und Bea Maddock. Es gibt auch eine eindrucksvolle Sammlung von dekorativer Kunst, ein beliebtes Café und einen Museumsshop.

★Cataract Gorge PARK
(Karte S. 744; ☎03-6331 5915; www.launcestoncataractgorge.com.au; über den Cataract Walk, Trevallyn; Sessellift Erw./Kind einfache Strecke 12/8 AU$, hin & zurück 15/10 AU$; ⌚Schlucht 24 Std., Sessellift Dez.–Feb. 9–17.30 Uhr, März–Mai & Sept.–Nov. bis 17 Uhr, Juni–Aug. bis 16.30 Uhr) In der herrlichen Cataract Gorge scheinen das Buschland, die Klippen und der eiskalte South Esk River endlos weit von der Stadt entfernt zu sein. Beim First Basin gibt's einen kostenlosen **Freiluftpool** (Nov.–März), den **Sessellift** mit der längsten Einzelspannweite der Welt und viktorianische

Launceston

Gärten. Ansonsten gibt es Wander- und Radwege sowie Aussichtspunkte. Für das leibliche Wohl sorgen zwei Cafés und ein Grillplatz. Abends wird das Ganze von einem eindrucksvollen Lichtspektakel beleuchtet.

Boag's Brewery BRAUEREI

(Karte S. 746; ☎03-6332 6300; www.boags.com.au; 39 William St; Führungen Erw./Kind 33/15 AU$; ⏲Mo–Fr 9.30–17, Sa & So 10.30–17 Uhr) Das James-Boag's-Bier wird seit 1881 in der William St gebraut. Im Rahmen einer 90-minütigen Führung (11, 13 und 15 Uhr) kann man die Entstehung des bernsteinfarbenen Gerstensafts verfolgen und das Bier mit Käse probieren. Alternativ bestellt man ein *beer paddle* (10 AU$) mit mehreren Sorten und schlendert dann durch das kostenlose Museum, das durch zusätzliche Infos (alte TV-Werbung, Bieretiketten und jede Menge Fotos) die Geschichte der Brauerei beleuchtet.

Aktivitäten

Rock Climbing Tasmania KLETTERN

(☎0447 712 638; http://rockclimbingtasmania.com.au) Bietet halbtägige Kletter- und Abseiltouren in der Cataract Gorge (150 AU$/Pers., mind. 2 Pers.) mit einem qualifizierten Guide. Die ganze Ausrüstung ist im Preis inbegriffen.

Launceston

Highlights

Schlafen

Essen

Unterhaltung

Shoppen

Drachengleiten am Seil ABENTEUERSPORT
(☎0419 311 198; www.cablehanggliding.com.au; Reatta Rd, Trevallyn State Recreation Area, Trevallyn; Erw./Kind/Tandems/Fam. 20/15/30/60 AU$; ⊙Dez.–April tgl. & Mai–Nov. während der Ferien Sa & So 10–17 Uhr;) In der Trevallyn Nature Recreation Area fühlt man sich wie ein Adler, wenn man an einem Seil dahingleitet. Man saust unter breiten Flügeln an einem 200 m langen Seil über den Rand einer Klippe und erlebt den ultimativen Adrenalin-Kick. Man geht nach Westen entlang der Paterson St und folgt ab der King's Bridge der Ausschilderung. An windigen Tagen geschlossen.

Geführte Touren

Tamar River Cruises BOOTFAHREN
(Karte S. 746; ☎03-6334 9900; www.tamarrivercruises.com.au; Home Point Pde) An Bord der im Stil der 1890er-Jahre erbauten *Lady Launceston* geht es auf eine 50-minütige Kreuzfahrt in der Cataract Gorge (Erw./Kind/Fam. 29/12/70 AU$) oder man entscheidet sich für eine längere Erkundung der Schlucht und ihrer Ufer an Bord der modernen *Tamar Odyssey* (Erw./Kind/Fam. 79/35/ 179 AU$). Eine vierstündige Kreuzfahrt an Bord dieses Schiffs führt flussabwärts bis zur Batman Bridge und zurück und beinhaltet auch ein leichtes Mittagessen (Erw./Kind/Fam. 125/ 60/290 AU$). Die Abfahrtszeiten finden sich auf der Website des Veranstalters.

Launceston Historic Walks STADTSPAZIERGANG
(Karte S. 746; ☎03-6331 2213; www.1842.com.au/launceston-historic-walks; 15 AU$/Pers.; ⊙Führung Mo um 16, Di–Sa 10 Uhr) Auf dem anderthalbstündigen Spaziergang durch die Stadt mit ihrer georgianischen, viktorianischen und modernen Architektur lernt man viel über deren Geschichte. Man startet beim Gebäude „1842" an der Ecke St. John St und Cimitiere St. Es gibt auch Familientickets zu ermäßigten Preisen.

Mountain Bike Tasmania MOUNTAINBIKEN
(☎0447 712 638; www.mountainbiketasmania.com.au) Angeboten werden geführte Touren entlang des North Esk River (100 AU$), durch die Trevallyn Nature Recreation Area (120 AU$) und den Ben Lomond hinunter (225 AU$) – bei der Abfahrt geht's 1050 Höhenmeter hinunter. Organisiert werden auch Reittouren (250 AU$) sowie eine Gelände-Abfahrt am Mt. Wellington in Hobart (225 AU$). Kinder erhalten eine Ermäßigung von 20 AU$.

Launceston Explorer BUS
(Karte S. 746; ☎1800 651 827; Erw./ermäßigt/ Kind 50/45/40 AU$; ⊙Jan.–April) Am Launceston Visitor Information Centre startet die zweistündige Stadtrundfahrt, die an etwa 40 Attraktionen vorbeiführt.

Feste & Events

Junction Arts Festival KUNST
(☎03-6331 1309; www.junctionartsfestival.com.au; ⊙Sept.) Auf oder rund um den Prince's Sq kann man an fünf Tagen ausgefallene und interessante Kunst-Performances, Installationen und Kunstauftritte erleben.

Festivale ESSEN, KUNST
(www.festivale.com.au; ⊙Feb.) Drei Tage lang geht es im City Park nur um Essen, Trinken, Kunst und Livemusik (alles, von Country-Musik bis zu Jazz). Tasmanische Gerichte und Weine stehen entsprechend hoch im Kurs. Eine Eintrittskarte ist erforderlich.

Esk BeerFest BIER
(www.eskbeerfestivals.com.au; ⊙Jan.) Im Mittelpunkt des zweitägigen Festes an der Esplanade stehen Craft-Beer, Apfelwein, Spirituosen und regionale Erzeugnisse. Eine Eintrittskarte ist erforderlich.

Schlafen

Launceston Backpackers HOSTEL $
(Karte S. 746; ☎03-6334 2327; www.launcestonbackpackers.com.au; 103 Canning St; B 25 AU$, EZ/ 2BZ/3BZ 55/58/78 AU$, DZ mit/ohne Bad 70/ 60 AU$; P) Dieses weitläufige Haus aus der Zeit der Federation of Australie, das das Schutzgebiet Brickfields Reserve überblickt, wurde von Grund auf saniert und zu einem riesigen, aber komfortablen Hostel umgewandelt. Die frisch gestrichenen Schlafsäle

Launceston Zentrum

Launceston Zentrum

Highlights
1 Queen Victoria Art Gallery B4
2 Queen Victoria Museum D1

Sehenswertes
3 Boag's Brewery C2
4 Design Centre Tasmania D3

Aktivitäten, Kurse & Touren
5 Launceston Explorer C3
6 Launceston Historic Walks C3
7 Tamar River Cruises A3

Schlafen
8 Auldington B6
9 Launceston Backpackers B6
10 Mantra Charles Hotel D7
11 Sportsmans Hall Hotel D6
12 Two Four Two D6

Essen
13 Geronimo C5
14 Milkbar C5
Pasta Merchant .... (siehe 11)
15 Pickled Evenings D4
16 Pierre's C4
17 Sweetbrew D4

Ausgehen & Nachtleben
18 Bakers Lane C5
19 Red Brick Road Ciderhouse D4
20 Saint John C5

Unterhaltung
21 Princess Theatre D4

Shoppen
Design Tasmania Shop .... (siehe 4)
22 Harvest C2

Transport
Calow's Coaches .... (siehe 23)
23 Cornwall Square Transit Centre B3
24 Lee's Coaches B4
25 Manions' Coaches B4
Redline Coaches .... (siehe 23)
Sainty's North East Bus Service .... (siehe 23)
Tassielink .... (siehe 23)

verfügen über Klimaanlagen und einen Mix von Stockbetten und Einzelbetten, die Doppelzimmer mit eigenem Bad haben bequeme Betten, aber keine Klimaanlage. Es gibt eine Lounge mit TV und DVD-Player, eine saubere und gut ausgestattete Gemeinschaftsküche und einen netten Speisesaal. WLAN kostet 1 AU$ pro 200 MB.

Sportsmans Hall Hotel GASTHAUS $

(Sporties; Karte S. 746; ☎03-6331 3968; www.sportieshotel.com.au; Ecke Charles St & Balfour St; EZ 50–75 AU$, DZ 60–100 AU$; P 📶) Auf der Charles St, der wichtigsten Unterhaltungsmeile der Stadt, ist das „Sporties" eine lokale Institution. Die neun Zimmer im Obergeschoss haben Doppelbetten und TVs, zum Teil auch eigene Bäder, die übrigen haben eigene Bäder unten den Flur hinunter. Wer einen leisen Schlaf hat, sollte freitag-, samstag- oder sonntagabends (wenn Live-Bands auftreten) ein Zimmer verlangen, das weit von der Bar entfernt liegt).

★ Two Four Two APARTMENTS $$

(Karte S. 746; ☎03-6331 9242; www.twofourtwo.com.au; 242 Charles St; Studio DZ 220–240 AU$, Apt DZ 250 AU$; P 🚭 ❄ 📶) Das Two Four Two in der Charles St, der Café-Meile der Stadt, ist die beste Unterkunft für Selbstversorger, sehr stylish eingerichtet und die perfekte Adresse für einen Aufenthalt in Launceston. Zwei Doppel-Studios und ein Apartment mit Schlafmöglichkeiten für bis zu vier Personen bieten Kaffeemaschinen, geräumige Bäder und bequeme, mit Qualitätsleinen überzogene Betten. Besitzerin Pam hat jeden freien Platz mit Büchern, DVDs und Kunstobjekten vollgestopft.

★ Kurrajong House B&B $$

(Karte S. 744; ☎03-6331 6655; www.kurrajonghouse.com.au; Ecke High St & Adelaide St; Zi. 165–199 AU$, Cottages 209 AU$; P 📶) Das gut geführte B&B, das in einem stattlichen, 1887 erbauten Haus unweit des Schutzgebiets Windmill Hill Reserve untergebracht ist und sich im Besitz eines schottisch-australischen Paares befindet, bietet drei Zimmer im Hauptgebäude und eine komplett ausgestattete Hütte im Garten. Das Haus ist erwachsenen Kunden (über 21 Jahre) vorbehalten und besticht durch die Liebe zum Detail – frische Blumen, frische Milch für den Teesalon, hausgemachte Konfitüre zum Frühstück.

Hi George B&B $$

(Karte S. 744; ☎03-6331 2144; www.higeorge.com.au; 64 York St; Zi. 140 AU$; 📶) Dieses B&B ist in einem idyllischen Backsteinbau von 1880 an der York St untergebracht und wird von David und Fiona betrieben, die schon seit Jahrzehnten im Hotelgeschäft aktiv sind und wissen, was die Gäste wollen – eine saubere, bequeme Unterkunft in guter Lage. Kein Schnickschnack, aber auch kein großer Rummel. Und wenn es um die Wahl eines B&Bs geht, dann ist dieses Haus ein Segen.

Auldington BOUTIQUEHOTEL $$
(Karte S. 746; ☎03-6331 2050; www.auldington.com.au; 110 Frederick St; Zi. 100–200 AU$, FZ 140–240 AU$; P) Das im späten 19. Jh. erbaute frühere Kloster liegt im oberen Teil der Frederick St und hat 18 Zimmer ohne Schnickschnack, aber mit bequemen Betten, Teekesseln, TVs und DVD-Playern. Es ist eine sichere, wenn auch nicht herausragende Option.

★ **Mantra Charles Hotel** HOTEL $$$
(Karte S. 746; ☎03-6337 4100; www.hotelcharles.com.au; 287 Charles St; DZ 159–399 AU$, Studio 169–319 AU$, Apt. 239–499 AU$; P@) Das Mantra Charles, ein ehemaliges Krankenhaus, erhielt im Inneren ein frisches, flippiges Facelift und beansprucht für sich, Launcestons bestes Business-Hotel zu sein. Es gibt mehrere Zimmertypen, darunter Luxuszimmer, Apartments und Einzimmerwohnungen mit einer Küchenzeile. Alle sind geräumig und äußerst bequem. Die Bar im Erdgeschoss und das Restaurant sind bei Geschäftsreisenden besonders beliebt.

Essen

★ **Sweetbrew** CAFÉ $
(Karte S. 746; ☎0438 509 022; 93a George St; Brunch-Gerichte 13,50–18,50 AU$; Mo–Fr 7–17, Sa & So 8–15 Uhr;) Hier gibt's Melbournes Kaffeesorte „Five Senses" sowie ein sehr interessantes und schmackhaftes Brunch-Menü (inkl. selbstgebackenes Brot), wobei dies das beste Café im Zentrum von Launceston ist. Der sonnige hintere Raum bietet kostenloses WLAN und eine Reihe von Design-Zeitschriften zum Schmökern. Einfach toll!

★ **Milkbar** CAFÉ $
(Karte S. 746; ☎0457 762 378; www.themilkbarcafe.com.au; 139 St. John St; Hauptgerichte 8–12 AU$; Mo–Fr 8–16 Uhr;) In der Milkbar, in der coole Retro-Atmosphäre der 1960er-Jahre und angesagter Schick des 21. Jhs. aufeinandertreffen, gibt's vorzüglichen Kaffee der Marke „Ritual", Bio-Tee, riesige Milchshakes, großartige Sandwiches und selbstgemachtes Gebäck (ganz besonders köstlich sind die Jaffa Cakes!). Alle Zutaten stammen so weit wie möglich aus regionaler nachhaltiger Produktion. Es gibt auch einen kleinen Laden, der im Vintage-Stil gearbeitetes Kunsthandwerk und Strickwaren verkauft.

Pasta Merchant ITALIENISCH $
(Karte S. 746; ☎03-6334 7077; www.thepastamerchant.org; 248b Charles St; kleine/große Portion Nudeln 7,80/10,40 AU$; Mo–Fr 8.30–21, Sa 9–21 Uhr) Gespannt erwartet man die herrlich frischen Nudelgerichte mit echt italienischen Saucen, denn alles wird in diesem winzigen Lokal zubereitet. Man muss sich einfach hinsetzen und sich den Spaghetti, Fettucine, Ravioli oder Lasagne hingeben – man kann unter jeder Menge Gerichte wählen. Serviert werden auch hausgemachter Kuchen und Eis. Es gibt auch Nudeln und Saucen zum Mitnehmen.

★ **Pierre's** FRANZÖSISCH $$
(Karte S. 746; ☎03-6331 6835; www.pierres.net.au; 88 George St; Frühstück 8–23 AU$, Mittagessen 23–25 AU$, Abendessen 28–41 AU$; Di–Do 8.30–15 & 17.30 Uhr–open end, Fr & Sa 8.30 Uhr–open end) Pierre's Innendeko im Stil von 1954 (mit gestreiftem Velours bespannte Wände, Spiegel mit polierten Rahmen, mit goldenen Sternen geschmückte Decken) war früher mal modern, wirkt heute aber liebenswert altmodisch. Es gibt gut zubereitete klassische Gerichte (Tartar mit Blauschimmelkäse, Schweine-Rillette, Entenconfit, Rinderhacktartar), eine eindrucksvolle Karte mit Weinen, die als Flaschenweine oder glasweise ausgeschenkt werden, guten Kaffee und professionellen Service. Die Mittagsgerichte bieten ein ausgezeichnetes Preis-Leistungs-Verhältnis.

Pickled Evenings INDISCH $$
(Karte S. 746; ☎03-6331 0110; www.pickledevenings.com.au; 135 George St; Hauptgerichte 19–23 AU$; Di–So 17.30–21.30 Uhr;) Alkoholgetränkte Abende und Urlaub gehen zwar Hand in Hand, aber ein Besuch in diesem ausgezeichneten indischen Restaurant beinhaltet nicht notwendigerweise exzessives Trinken. Hierher geht man wegen der großzügigen, würzigen und großartigen traditionellen Currys. Das Pickled Evenings hat eine gute vegetarische Auswahl und Gerichte auch zum Mitnehmen.

Stillwater MODERN-AUSTRALISCH $$
(Karte S. 744; ☎03-6331 4153; www.stillwater.net.au; 2 Bridge Rd, Ritchie's Mill; Frühstück 9–23 AU$, Mittagessen 20–30 AU$, Abendessen 22–45 AU$; Di–Sa 8.30–11.30, 12–15 & 16–21, So 8.30–11.30 & 12–15 Uhr;) Der Name Stillwater sagt es schon – stille Wasser sind tief.

Und im Stillwater taucht man tief ein in die moderne australische Küche. In einer historischen (zum Teil aus dem Jahr 1832 stammenden) Kornmühle am Tamar gelegen, serviert das Stillwater lässiges Frühstück und Mittagessen, bevor es abends dem noblen Ritz Konkurrenz macht. Die Speisekarte wechselt abhängig von den Jahreszeiten und sowohl die Gerichte als auch die Weine legen den Schwerpunkt auf regionale Erzeugnisse.

★ Geronimo MODERN-AUSTRALISCH $$$

(Karte S. 746; ☎ 03-6331 3652; www.geronimorestaurant.com.au; 186 Charles St; kleine Teller 14–22 AU$, große Teller 30–37 AU$, Pizzas 21–27 AU$; ⊙ Mo–Do 17–22, Fr & Sa 10.30 Uhr–open end, So 10.30–18 Uhr;) Es ist das anspruchsvollste Lokal in Launceston und bietet Platten zum Teilen sowie eine eindrucksvolle Karte mit Weinen, die man glasweise oder als Flasche bestellen kann. Die Gerichte – sie sind schön anzusehen und schmecker sogar noch besser – erinnern an die nahöstliche, asiatische und mediterrane Küche und sind tadellos zubereitet. Es gibt auch eine Reihe von Snacks (5–15,50 AU$), die man als Vorspeise genießen kann.

Ausgehen & Nachtleben

★ Saint John BAR

(Karte S. 746; ☎ 03-6333 0340; www.saintjohncraftbeer.com.au; 133 St John St; ⊙ Mo–Sa 12 Uhr–open end, So 14 Uhr–open end) Hier sind die Zapfhähne immer in Betrieb und aus ihnen fließt in rauen Mengen Craft-Bier jeden Alters und jeder Sorte. Hinten steht ein Imbisswagen, wo knusprige Chicken Wings, Lammfleisch-Burger und Röstis mit Quinoa und Chiasamen zubereitet werden, die man nach 17 Uhr an der Bar bestellen und verzehren kann. Es ist die perfekte Symbiose!

Bakers Lane BAR

(Karte S. 746; ☎ 03-6334 2414; www.bakerslanebar.com; 81 York St; ⊙ Di–Do 11.30–22.30, Fr & Sa bis 4 Uhr) In diesem angesagtesten Stammlokal und dem coolsten Treffpunkt in der Stadt gibt's deftige Speisen (Tacos, gegrillte Rinderbrust, Gumbos), Cocktails und Craft-Bier sowie donnerstags nach 21 Uhr Livemusik und Freitag und Samstag legen DJs auf. Es hat längere Öffnungszeiten als die meisten anderen Lokale der Stadt.

Red Brick Road Ciderhouse BAR

(Karte S. 746; ☎ 03-6334 8915; www.redbrickroadcider.com.au; 63a Brisbane St; ⊙ Mo–Fr 17 Uhr–open end, Sa & So 16 Uhr–open end) Diese kleine Bar, in der die traditionell hergestellten Apfel- und Birnenweine von Red Brick Road verkauft werden, hat rustikale Wandverkleidungen aus dem Holz von Apfelkisten. Zu empfehlen sind trockener, gehopfter Apfelwein, gespritzter Apfelwein, trüber Apfelwein oder Birnenmost. Jeden dritten Mittwoch im Monat findet um 20 Uhr ein Open-Mic-Abend statt (Eintritt 5 AU$).

☆ Unterhaltung

Princess Theatre THEATER

(Karte S. 746; ☎ 03-6323 3666; www.theatrenorth.com.au; 57 Brisbane St; ⊙ Kartenschalter Mo–Fr 9–17, Sa 10–13 Uhr) Das alte Princess wurde 1911 erbaut und beherbergt im Hinterhof noch das kleinere Earl Arts Centre. Es bringt eine vielseitige Auswahl aus Drama, Tanz und Komödie auf die Bühne und zieht Schauspieler aus ganz Tasmanien und vom australischen Festland an.

York Park ZUSCHAUERSPORT

(University of Launceston Stadium; Karte S. 744; www.aurorastadiumlaunceston.com.au; Invermay Rd, Invermay) Wer sich während der Football-Saison (April–Aug.) in der Stadt aufhält, kann sich spannende Spiele ansehen; so etwa trägt das in Melbourne eingetragene AFL-Team des Hawthorn Football Club jede Saison einige Heimspiele hier aus.

Shoppen

★ Design Tasmania Shop KUNST & KUNSTHANDWERK

(Karte S. 746; ☎ 03-6331 5506; www.designtasmania.com.au/shop; Ecke Brisbane St & Tamar St; ⊙ Mo–Fr 9.30–17.30, Sa & So 10–14 Uhr) Wer ein Souvenir zum Mitnehmen sucht, findet im tollen Laden des **Design Centre Tasmania** (Karte S. 746; Erw./Stud./Kind/Fam. 6/4/frei/12 AU$; ⊙ Okt.–April Mo–Fr 9.30–17.30, Sa & So 10–16 Uhr, Mai–Sept. Mo–Fr 10–16, Sa & So 10–14 Uhr) eine riesige Auswahl an kunsthandwerklichen Erzeugnissen mit dem Schwerpunkt auf Möbeln und Haushaltgerätschaften aus regionalem Holz, vor allem aus Huon-Kiefer. Auch Schmuck und Kleidung ist hier zu haben.

★ Harvest MARKT

(Karte S. 746; ☎ 0417 352 780; www.harvestmarket.org.au; Parkplatz in der Cimitiere St; ⊙ Sa 8.30–12.30) Auf dem ausgezeichneten Wochenmarkt verkaufen Bauern aus dem Norden und Westen Tasmaniens ihre Erzeugnisse aus Bio- und nachhaltigem Anbau. Angeboten werden Craft-Bier und Apfelwein, selbstgemachte Backprodukte (darunter auch das regionale Manu-Brot), Käse, Oliven vom Mt. Direction, Lachs von südlich des 41. Breitengrades, Honig und Gemüse – während mobile Imbissstände und Buden Leckereien, darunter auch *okonomiyaki* (japanische Pfannkuchen, 10 AU$), verkaufen.

Praktische Informationen

Launceston General Hospital (☎03-6777 6777; www.dhhs.tas.gov.au; 287-289 Charles St; ⏲24 Std.) Unfall- und Notfallaufnahme sind rund um die Uhr geöffnet.

Launceston Visitor Information Centre (Karte S. 746; ☎03-6323 3082, 1800 651 827; www.visitlauncestontamar.com.au; 68–72 Cameron St; ⏲Mo–Fr 9–17, Sa & So bis 13 Uhr) Das überaus hilfreiche Touristikbüro kann Unterkünfte und Touren buchen, hält einen Stadtplan bereit und bietet weitere Infos über die Stadt und die Region. Von Dezember bis März verlängerte Öffnungszeiten.

An- & Weiterreise

BUS

Calow's Coaches (Karte S. 746; ☎03-6376 2161, 0400 570 036; www.calowscoaches.com) Die Busse bedienen von Launceston aus die Ostküste (St. Marys, St. Helens, Bicheno). Sie fahren auch zur Coles Bay und dem Freycinet National Park und treffen an der Abzweigung an der Coles Bay auf die Tessielink-Busse von/nach Hobart.

Cornwall Square Transit Centre (Karte S. 746; 200 Cimitiere St) Der Busbahnhof für die meisten Busgesellschaften aus Launceston.

Redline Coaches (Karte S. 746; ☎1300 360 000; www.tasredline.com.au) fahren von Launceston in westliche Richtung nach Westbury, Deloraine, Mole Creek, Devonport, Ulverstone, Penguin, Burnie, Wynyard, Stanley und Smithton. Sie verkehren auch südwärts über Campbell Town, Ross, Oatlands und Kempton nach Hobart.

Sainty's North East Bus Service (Karte S. 746; ☎0400 791 076, 0437 469 186; www.saintysnortheastbusservice.com.au) Die Busse verkehren zwischen Launceston und Lilydale, Scottsdale, Derby und Bridport.

Tassielink (Karte S. 746; ☎1300 300 520; www.tassielink.com.au) Die Busse fahren über Devonport und Cradle Mountain an die Westküste; außerdem gibt's einen Express-Bus vom Fähranleger in Devonport über Launceston nach Hobart. Sie fahren auch von Launceston nach Evandale und Longford.

FLUGZEUG

Jetstar (www.jetstar.com) Direktflüge nach Brisbane, Sydney und Melbourne.

Qantas (www.qantas.com.au) Direktflüge nach Melbourne.

Virgin Australia (www.virginaustralia.com) Direktflüge nach Melbourne und Sydney.

Unterwegs vor Ort

BUS

Free Tiger Bus (☎03-6323 3000; www.launceston.tas.gov.au) Der kostenlose Bus fährt alle 30 Minuten in einer Schleife ab dem Inveresk QVMAG auf zwei Routen. Der **City Explorer** fährt werktags zwischen 10 und 15 Uhr zum Civic Sq, Prince's Sq, Launceston General Hospital, Windmill Hill Reserve und dem City Park. Der **River Explorer** fährt zwischen 10.30 und 15.30 Uhr zum Civic Sq, dem QVMAG in der Paterson St und Home Point.

Metro Tasmania (Karte S.744; ☎13 22 01; www.metrotas.com.au; 186 Wellington St) bedient das Vorort-Nahverkehrsnetz von Launceston. Die Preise einfacher Karten schwanken je nach gefahrener Strecke (*sections*) von 3,30 bis 4,60 AU$. Die Busse fahren von den zwei Blocks der John St zwischen der Paterson St und der York St ab. Viele Routen werden abends oder sonntags nicht bedient. Straßenkarten und Fahrpläne findet man auf der Website von Metro.

ZUM/VOM FLUGHAFEN

Der **Launceston Airport** (☎03-6391 6222; www.launcestonairport.com.au; 201 Evandale Rd, Western Junction) liegt 15 km südlich der Stadt an der Straße nach Evandale. Der **Launceston Airporter** (☎1300 38 55 22; www.airporterlaunceston.com.au; Erw./Kind einfache Strecke 18/14 AU$, hin & zurück 32/25 AU$) ist ein Shuttle-Bus mit Abholservice. Ein Taxi in die bzw. aus der Stadt kostet um die 35 AU$.

TAXI

Taxi Combined (☎131 008, 132 227)

RUND UM LAUNCESTON

Tamar Valley

Eine Landschaft sanft gewellter, smaragdgrüner Hügel mit Weinbergen, Obstgärten und Beständen natürlicher Wälder prägt dieses Tal, durch das der breite Tamar River fließt – eine gezeitenabhängiges Gewässer, das von Launceston in die 64 km nördlich gelegene Bass Strait mündet. Am östlichen Ufer befindet sich Launcestons Hochseehafen Bell Bay unweit von George Town. Am westlichen Ufer reihen sich idyllische Dörfer aneinander, die für die Einwohner von Launceston ein beliebtes Wochenend-

Rund um Launceston

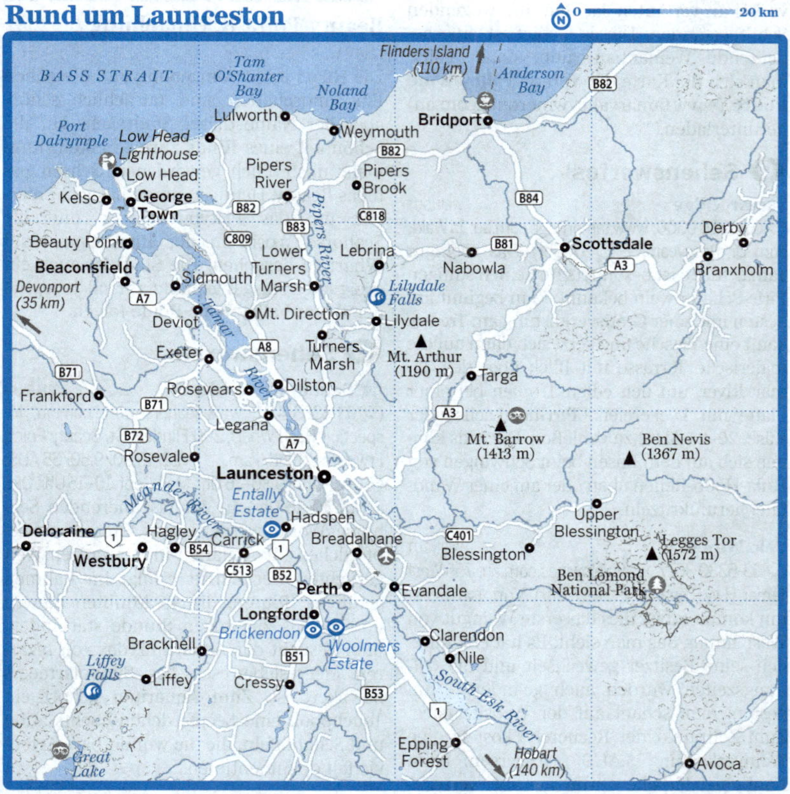

ziel und Sommerrefugium darstellen. Unweit von Deviot verbindet die Batman Bridge beide Ufer.

Geführte Touren

Tamar Valley Winery Tours WEIN
(☎0447 472 177; www.tamarvalleywinerytours.com.au; Geführte Touren 125 AU$/Pers.) Die überaus beliebten Touren in Kleingruppen starten und enden in Launceston und beinhalten einen halbtägigen Besuch von vier Weinkellern. Mittagessen ist enthalten.

Praktische Informationen

Tamar Visitor Information Centre (☎1800 637 989, 03-6394 4454; www.wtc.tas.gov.au; Ecke West Tamar Hwy & Winkleigh Rd, Exeter; Sommerzeit Mo–Fr 8.30–17, Sa & So 9–17, 9–16 Uhr im übrigen Jahr) In diesem überaus hilfreichen Informationsbüro werden der Tamar Triple Pass sowie Pässe für Nationalparks verkauft. Außerdem sind mehrere Prospekte vorrätig und es gibt kostenloses WLAN.

An- & Weiterreise

Lee's Coaches (Karte S. 746; ☎0400 937 440; www.leescoaches.com) hat Busse, die von Launceston aus die Region des östlichen Tamar Valley bedienen. Die Busse halten in der Brisbane St.

Manions' Coaches (Karte S. 746; ☎03-6383 1221; www.manionscoaches.com.au) Die Busse fahren von Launceston aus in die Region des westlichen Tamar Valley. Die Busse halten in der Brisbane St.

Legana & Rosevears

3220 EW. (ZUSAMMEN)

Diese zwei Orte eignen sich als erste Zwischenstopps auf dem Weg nördlich von Launceston entlang des West Tamar Hwy (A7) – sie sind aufgrund ihrer Nähe praktisch Vororte von Launceston. Legana liegt auf der rechten Seite des Highways; Rosevears liegt am schmalen Rosevears Dr und zieht sich entlang des Wasserlaufs dahin, vorbei an vertäuten Jachten und wogenden Schilfbeständen. Dieses Gebiet ist eine bedeutende Weinanbauregion; daher sollte man sich die Karte der **Tamar Valley Wine Route** (www.tamarvalleywineroute.com.au) herunterladen.

Sehenswertes

Tamar Ridge WEINGUT

(☎03-6330 0300; www.tamarridge.com.au; 1a Waldhorn Dr, Rosevears; ⏰10–17 Uhr) Das Weingut Tamar Ridge ist besonders für seinen süffigen Pirie-Schaumwein bekannt. Man beginnt am besten mit einer Gratisverkostung am Tresen, kauft eine Flasche und setzt sich dann auf die malerische Terrasse mit Blick über den Tamar River, um den edlen Tropfen bei einer Platte mit Leckereien (Terrine, Lachs oder Käse, 20–25 AU$) zu genießen. Die Kids können sich auf dem Rasen beim Schwingen von Hula-Hoop-Reifen üben oder auf einer Wandtafel herumkritzeln.

Vélo Wines WEINGUT

(☎03-6330 3677; www.velowines.com.au; 755 West Tamar Hwy, Legana; ⏰11–17 Uhr) Von Launceston kommend ist dies das erste Weingut von West Tamar, das man sieht. Es hat erst kürzlich seine Besitzer gewechselt und die Öffnungszeiten wurden auch geändert – am besten, man schaut auf der Website nach. Zum Zeitpunkt der Recherche kostete eine Weinverkostung 5 AU$ pro Person; beim Kauf einer Flasche wurde dies aber verrechnet. Das Restaurant vor Ort **Timbre Kitchen** (www.timbrekitchen.com; kleine Platten 3–20 AU$, große Platten 32–36 AU$, Festpreis-Abendessen 40 AU$; ⏰So–Do 11–15, Fr & Sa bis 23 Uhr; P) ist hier die Hauptattraktion.

Schlafen

Rosevears Hotel HOTEL $$

(☎03-6394 4074; www.rosevearshotel.com.au; 215 Rosevears Dr, Rosevears; DZ 195 AU$, DZ mit Spa 255 AU$, Suite mit 2 Schlafzi. 245 AU$) Diese vor Kurzem erbauten schicken Einheiten hinter dem Rosevears Hotel bieten verschiedene Unterkünfte: Man kann wählen zwischen einem Standardzimmer, einem Premium-Zimmer mit Freiluft-Spa oder einer Suite mit zwei Schlafzimmern. Die Suite, das Premium-Zimmer und einige der Standardzimmer haben Balkone mit Blick auf den Fluss. **Mahlzeiten** (Pizzas 19–21 AU$, Hauptgerichte 23–45 AU$; ⏰Fr–So 8–11, 11.30–14 & 17.30–20, Mo–Do 11.30–14 & 17.30–20 Uhr) können im Hotel eingenommen werden.

Beauty Point & Umgebung

1210 EW.

Die Hügel in der Umgebung und die nahen Flusslandschaften sind tatsächlich schön, aber der Name dieser Stadt geht auf die Schönheit eines Rinds zurück: einem nunmehr unsterblich gewordenen Ochsen namens Beauty. Heute kommen Besucher hierher, um das Platypus House und die Seahorse World in der Inspection Head Wharf zu besuchen. Die Stadt ist auch ein geeigneter Ausgangspunkt für all jene, die der Tamar Valley Wine Route folgen.

Sehenswertes

★ **Seahorse World** AQUARIUM

(☎03-6383 4111; www.seahorseworld.com.au; Inspection Head Wharf, 200 Flinders St, Beauty Point; Erw./erm./Kind/Fam. 22/19,80/9,50/55 AU$; ⏰Dez.–April 9.30–16 Uhr, Mai–Sept. 10–15 Uhr, Okt. & Nov. 10–16 Uhr) In der faszinierenden Seahorse World werden acht Arten von Seepferdchen für Aquarien in der ganzen Welt gezüchtet. Der Zutritt erfolgt im Rahmen geführter Touren, die 45 Minuten dauern und jeweils zur vollen Stunde stattfinden. Man besucht das Aquarium, das von bizarren Meereslebewesen des Südpolarmeers bevölkert ist. Zum Aquarium gehört ein Touchpool, eine Seepferdchen-Zuchtstation und Schautafeln, die die wunderbare Artenvielfalt dokumentieren.

Platypus House ZOO

(☎03-6383 4884; www.platypushouse.com.au; Inspection Head Wharf, 200 Flinders St; Erw./erm./Kind/Fam. 24,50/22/10/59 AU$; ⏰Nov.–April 9.30–16.30 Uhr, Mai–Okt. 10–15.30 Uhr) Das in einer riesigen Lagerhalle auf einem Anleger untergebrachte Platypus House zeigt die weltweit einzigen zwei Vertreter von Kloakentieren – das Schnabeltier und den Ameisenigel. In großen gläsernen Behältern und durchsichtigen „Höhlen" tollen die Schnabeltiere umher und im Raum der Ameisenigel kann man zwischen diesen sonderbaren Kreaturen wandeln, während der Guide wissenschaftliche Fakten mitteilt. Führungen starten zur vollen Stunde.

Beaconsfield Mine & Heritage Centre MUSEUM

(☎03-6383 1473; www.beaconsfieldheritage.com.au; West St, Beaconsfield; Erw./erm./Kind/Fam. 15/12/5/38 AU$; ⏰9.30–16.30 Uhr) Das Museum bietet viele Möglichkeiten, die faszinierende Geschichte von Beaconsfield als einstiges Bergbauzentrum kennen zu lernen. Zur interaktiven Präsentation gehören jede Menge Knöpfe, auf die man drückt, Hebel, die man zieht, und Tunnel, durch die man hindurchkriechen kann. Es gibt Sonderausstellungen über die Rettungsaktion nach dem Minenunglück von 2006 und man kann durch das historische Grubb-Shaft-Maschinenhaus und das Kesselhaus gehen.

Schlafen & Essen

★ Jensens Bed & Breakfast B&B **$$**
(☎0410 615 678; 77 Flinders St; Zi. 180–220 AU$; P 📶) Wenn nur alle B&Bs so sein könnten wie dieses! Das Jensens ist in einem hübschen, im Federation-Stil erbauten Haus untergebracht, das von Apfelbäumen und einem gepflegten Garten umgeben ist. Es hat eine nette Gemeinschaftslounge mit offenem Kamin, zwei schicke Zimmer mit eigenem Bad und eine große Veranda mit einem runden Pavillon und spektakulärem Blick auf den See. Die hilfsbereite Wirtin Carol bereitet für ihre Gäste morgens ein komplettes Frühstück.

★ River Cafe CAFÉ **$$**
(☎03-6383 4099; 225 Flinders St; Panini 16 AU$, Pizzas 10–24 AU$, Hauptgerichte 21–38 AU$; ⏲9–16, Uhr, Dez. & Jan. während der Schulferien bis 21 Uhr; 📶 👪) An sonnigen Tagen werden die Fenster des River Cafe weit geöffnet und das Wasser scheint plötzlich zum Greifen nah zu sein. Die Speisekarte lockt mit ganztägigem Frühstück (10–22 AU$), Gourmet-Panini, Nudelgerichten und einer köstlichen Auswahl an regionalen Meeresfrüchten. Empfehlenswert ist die einzigartigen Meeresfrüchte-Platte (38 AU$) mit einem Glas Wein aus dem Tamar Valley. Es gibt auch Pizzas zum Mitnehmen.

George Town

4310 EW.

George Town wacht am östlichen Ufer des Tamar River, unweit der Stelle, wo dieser in die Bass Strait mündet. Ursprünglich bewohnt von den Leterremairrenern oder Port-Douglas-Menschen, wurde es von Europäern erstmals 1804 besiedelt, als die Briten versuchten, die Franzosen aufzuhalten, die in diese Gegend vordrangen und sich niederlassen wollten. Es ist nach Sydney und Hobart die drittälteste Stadtgründung durch die Briten in dieser neuen Kolonie. Einige Gebäude im Zentrum stammen noch aus den 1830er- und 1860er-Jahren, als George Town aufblühte, da der Hafen Tasmanien mit Victoria verband. Heute befindet sich die Stadt in wirtschaftlichem Niedergang, nachdem es in der nahen Aluminiumschmelzhütte Bell Bay Smelter und dem TEMPCO-Stahlwerk zu Entlassungen gekommen war. Für Hobby-Historiker ist es ein lohnender Zwischenstopp, die Stadt hat aber auch einige schöne Strände.

Sehenswertes

★ Bass & Flinders Centre MUSEUM
(☎03-6382 3792; www.bassandflinders.org.au; 8 Elizabeth St; Erw./Ermäß./Kind/Fam. 10/8/4/24 AU$; ⏲10–16Uhr) Den Höhepunkt eines Besuchs in George Town bildet zweifelsohne dieses kleine Museum, das in einem ehemaligen Kinosaal untergebracht ist und den Nachbau des kleinen Segelbootes *Norfolk* beherbergt, mit dem Bass und Flinders 1897 das Vandiemensland umsegelten. Es sind auch andere alte Holzboote ausgestellt, darunter ein Nachbau der *Tom Thumb*, des engen Walfangbootes, mit dem Bass, Flinders und ein Assistant den Georges River in New South Wales hinauffuhren – alles in allem wird hier eine großartige Sammlung präsentiert. Es gibt auch ein **Café** (Mittagsgerichte 6–7 AU$, Kuchen 4,50 AU$; ⏲Mo–Fr 10–16 Uhr).

Schlafen

★ Peppers Tamar Cove HOTEL, APARTMENTS **$$**
(☎03-6382 9900; www.peppers.com.au/york-cove; 2 Ferry Blvd; Zi. 159–199 AU$, Apt. mit 1-/2-Schlafzi. ab 199/239 AU$; P 📶 🏊) Dieses Resort am Flussufer schlägt hohe Wellen auf dem Tamar. Es bietet großzügige Hotelzimmer mit Küchenzeilen im hinteren Bereich des Hauptgebäudes (einige Zimmer haben ein Spa, jedoch keinen Ausblick), das Highlight sind aber die riesigen Apartments mit Blick auf den Fluss, die viele Service-Einrichtungen (Waschsalon, komplett eingerichtete Küche, Lounge und Balkon) nutzen können. WLAN gibt's nur im Hauptgebäude.

Praktische Informationen

George Town Visitor Information Centre
(☎03-6382 1700; www.provincialtamar.com.au; 92-96 Main Rd; ⏲9–16 Uhr während der Sommerzeit, bis 15 Uhr während des übrigen Jahres) Dieses von Freiwilligen betriebene Info-Zentrum liegt an der Hauptstraße, wenn man vom Süden her in die Stadt kommt. Es hält Prospekte und Karten vorrätig, bucht Übernachtungen und hat öffentliche Toiletten.

ABSTECHER

HOLLYBANK TREETOPS ADVENTURE

Verschiedene Abenteuererlebnisse werden von **Hollybank Treetops Adventure** (☎03-6395 1390; www.treetopsadventure.com.au; 66 Hollybank Rd, Underwood; ⌚9–17 Uhr) organisiert, das seinen Sitz 7 km südlich von Lilydale hat. Klettern, kraxeln und zwischen den Kiefern in der Höhe balancieren kann man unter Anleitung im Rahmen eines 2-stündigen **Ropes Course** (verschiedene Schwierigkeitsgrade, Erw./Stud./Kind 4–7 Jahren 45/40/35/25 AU$) oder man nimmt an der geführten 3-stündigen **Treetops Canopy Tour** (Erw./Student/Kind 3–16 Jahren 125/112,50/90 AU$) teil, in deren Verlauf man an Seilrutschen durch den feuchten Wald gleitet.

Zur Wahl steht auch die Teilnahme an einer 1,5 km langen geführten Erkundung eines Waldschutzgebietes auf einem Segway (100 AU$) oder eine Tour mit einem gemieteten Hardtail-Mountainbike (Erw. Standard-/Superior Bike 30/60 AU$ für 2 Std., Kind 30 AU$) auf dem Gelände des eigenen **Mountain Bike Park**.

Low Head

440 EW.

Low Head und George Town gehen ineinander über und man merkt kaum, wann man den einen Ort verlässt und den anderen betritt. Das historische Low Head liegt trotzdem viel hübscher, denn es überblickt die Stelle, an der der wirbelnde und tückische Tamar River ins Meer mündet. Am **East Beach** an der Bass Strait kann man gut surfen und am **Lagoon Beach** des Tamar River sicher schwimmen.

Sehenswertes & Aktivitäten

Low Head Maritime Museum MUSEUM
(Low Head Pilot Station Museum; ☎03-6382 1143; www.lowheadpilotstation.com; 399 Low Head Rd; Erw./Kind/Fam. 5/3/15 AU$; ⌚10–16 Uhr) Das Museum liegt im alten Zentrum, dem Low Head Historic Precinct, und ist in der weiß getünchten, ältesten Lotsenstation Australiens (von 1805) untergebracht. Mehrere Räume enthalten eine Fülle sonderbarer und interessanter Exponate zur Geschichte der Seefahrt in diesem Teil von Tasmanien. Wenn auch verstaubt, sind sie dennoch faszinierend. Gleich nebenan gibt es ein **Café** (☎03-6382 2826; Sandwiches 6,50 AU$, Hauptgerichte 9,50–18,50 AU$; ⌚April–Mitte Dez. 10–16 Uhr, Mitte Dez.–März 9–17 Uhr; 📶) und **Unterkünfte** (☎0467 822 826; DZ 130–240 AU$, zusätzl. Erw./Kind 20/10 AU$; Ⓟ) in mehreren Cottages im Zentrum.

Low Head Penguin Tours VOGELBEOBACHTUNG
(☎0418 361 860; www.penguintours.lowhead.com; 485 Low Head Rd; Erw./Kind 20/10 AU$; ⌚Dämmerung) Mit diesem Veranstalter kann man die kleinen Pinguine beobachten, die rund um das Low Head Lighthouse leben. Geführte, rollstuhlfreundliche Touren starten allabendlich bei Sonnenuntergang von einer ausgeschilderten Stelle neben der Low Head Rd gleich südlich des Leuchtturms. Vorausbuchungen sind zu empfehlen.

Longford & Umgebung

3053 EW.

Longford entstand 1807, als freie Bauern mit Landbesitz von Norfolk Island nach Van Diemen's Land umgesiedelt wurden. Es ist eine der wenigen tasmanischen Städte, die nicht von Strafgefangenen gegründet wurde. **Woolmers Estate** und **Brickendon**, zwei historische Anwesen am äußersten Stadtrand, gehören zu den elf australischen, von Häftlingen erbauten Stätten, die heute UNESCO-Welterbe sind und zum Pflichtprogramm aller zählen, die diese Ecke besuchen.

Sehenswertes

★ **Woolmers Estate** HISTORISCHE STÄTTE
(☎03-6391 2230; www.woolmers.com.au; 658 Woolmers Lane; Führungen Erw./erm./Kind/Fam. 20/17/7/45 AU$; ⌚9.30–16 Uhr) Das Anwesen am Macquarie River, auf dem Viehzucht betrieben wird, wurde 1817 von Thomas Archer gegründet und blieb bis 1994 im Besitz der Familie Archer. Im Rahmen von Führungen (11.15, 12.30 & 14 Uhr) ist täglich Zutritt möglich. Ein Gang durch die Zimmer, die immer noch mit den persönlichen Einrichtungsgegenständen der Familie möbliert sind, ist ein faszinierendes Erlebnis. Außerdem gibt's mehrere Nebengebäude und einen bemerkenswerten Rosengarten.

Übernachten kann man vor Ort in Selbstversorger-**Hütten** (DZ ab 145 AU$, zusätzl. Erw./Kind 35/30 AU$; Ⓟ🚭). Nicht verpassen sollte man den Schafscherschuppen (Australiens ältester, der noch in Betrieb ist) und den malerischen, 2,8 km langen **Convict Trail Walk** nach Brickendon, der über den Fluss führt.

Zum Zeitpunkt der Recherche war ein neues schickes Visitor Centre im Entstehen, das ein Café, zwei Galerien und einen Geschenkeladen umfasst. Inzwischen sollte es geöffnet sein.

Brickendon HISTORISCHE STÄTTE

(☎03-6391 1383; www.brickendon.com.au; 236 Wellington St; Erw./Kind/Fam. 12,50/5/38 AU$; ⏲Okt.–Mai Di–So 9.30–17 Uhr, Juni–Sept. bis 16 Uhr) Brickendon wurde 1824 gegründet und wird immer noch von der Familie Archer bewohnt, sodass eine Innenbesichtigung nicht möglich ist. Man kann aber die großartigen alten Gärten und die Farmgebäude besichtigen. Kinder können um 10.15 Uhr an Tierfütterungen teilnehmen, außerdem gibt es vor Ort eine **Übernachtungsmöglichkeit** (DZ ab 190 AU$, zusätzl. Pers. 45 AU$; P).

Schlafen & Essen

★**Quamby Estate** BOUTIQUEHOTEL $$$

(☎03-6392 2135; www.quambyestate.com.au; 1145 Westwood Rd, Hagley; DZ 169–398 AU$, Frühstück 15–30 AU$, 2-/3-Gänge-Abendessen 60/75 AU$; P) Nur wenige Hotels können es hinsichtlich der Lage und der Umgebung mit diesem eleganten Landhotel aufnehmen. In einem ehemaligen landwirtschaftlichen Anwesen von 1828 gibt es zehn stilvolle Zimmer mit eigenem Bad (zu empfehlen ist die Luxus-King-Suite im Erdgeschoss). Entspannen kann man im herrlichen Garten oder in den Wohnzimmern und im Ballsaal wird vornehm gespeist – man kann hier auch Golf spielen und fühlt sich, als sei man auf diesem Landsitz geboren.

Das Anwesen liegt abseits der Meander Valley Rd, zwischen Carrick und Westbury.

★**Red Feather Inn** BOUTIQUEHOTEL $$$

(☎03-6393 6506; www.redfeatherinn.com.au; 42 Main St, Hadspen; DZ/4BZ inkl. Frühstück ab 250/450 AU$; P) Die unbestritten großartige Red Feather Inn von 1852 bietet Boutique-Unterkünfte in französischem Landhausstil, hauseigenes Gourmet-Restaurant und eine angesehene Kochschule. Das Zimmerangebot reicht von Dachgeschoss-Doppelzimmern bis zu einem Cottage für acht Personen – besonders hübsch sind die Library Suite und die Garden Suite. Ganztägige **Kochkurse** (ab 195 AU$) finden in der Landküche statt, in der auch die Gerichte für das hauseigene **Restaurant** (Drei-Gänge-Menü 85 AU$) zubereitet werden.

★**Hubert & Dan** MODERN-AUSTRALISCH $$

(☎0458 822 308; www.hubertanddan.com.au; 59 Wellington St; Hauptgerichte Mittagessen 15–26 AU$, Drei-Gänge-Abendessen 60 AU$; ⏲Di, Mi & Fr 9–16.30, Do 9–16.30 & 18–20 Uhr) Hubert & Dan sind besonders als Catering-Dienstleister aktiv und in ganz Nordtasmanien für die Qualität ihrer französisch beeinflussten modernen australischen Küche bekannt. Das

NICHT VERSÄUMEN

PIPERS RIVER WINE REGION

Man sollte unbedingt einen langen Nachmittag einplanen, um in den Kellern dieses Weinguts nördlich von Launceston, das leicht in einem Tagesausflug besichtigt werden kann, seine Geschmacksnerven bei einer Weinverkostung auf die Probe zu stellen. Weitere Infos findet man online unter www.tamarvalleywineroute.com.au.

Pipers Brook Vineyard (☎03-6382 7527; www.pipersbrook.com.au; 1216 Pipers Brook Rd, Pipers Brook; Gerichte 15,50–28 AU$; ⏲10–17 Uhr, Café 11–15 Uhr, kürzere Öffnungszeiten Juni–Aug.) ist Tamars bekanntestes Weingut und Heimat der Weine Pipers Brook, Ninth Island und Kreglinger (besonders der Kreglinger-Sekt ist sehr eindrucksvoll). Es gibt einen Verkostungsraum (3 Weine: Ninth Island/Pipers Brooks/Kreglinger 5/7/10 AU$) und ein Café, das einfache Speisen wie Hähnchen-Baguette (18,50 AU$) und Käseteller (28 AU$) serviert. Die Verkostungsgebühr wird beim Kauf einer Flasche erlassen.

Direkt neben dem Weingut Pipers Brook liegt der nach dem Entdecker Abel Jansz Tasman benannte **Jansz Wine Room** (☎03-6382 7066; www.jansz.com.au; 1216b Pipers Brook Rd, Pipers Brook; ⏲10–16.30 Uhr) – ursprünglich ein Partnerunternehmen von Louise Roederer, sodass es nicht verwundert, dass seine *Méthode Tasmanoise* einen mehr als süffigen Wein hervorbringt. Man kann nach einer Picknickdecke fragen, sie draußen ausbreiten und einen Käseteller mit zwei Gläsern Sekt genießen (40 AU$). Es gibt auch kostenlose Verkostungen.

kleine, schicke Café bietet Kaffee aus Bohnen der Marke „Ritual" und täglich wechselndes Frühstück sowie leichte Mittagsgerichte, Gebäck, Kekse und Kuchen. Die Abendessen am Donnerstag werden in höchsten Tönen gelobt – also früh reservieren.

An- & Weiterreise

Tassielink (☎1300 300 520; www.tassielink.com.au) Von Montag bis Samstag fahren täglich drei Busse nach Launceston (7,30 AU$, 50 Min.) über Evandale (6,10 AU$, 25 Min.). Die Busse halten an der Marlborough St und der Wellington St.

Evandale

1086 EW.

Wer auf der Hauptstraße von Evandale schlendert, fühlt sich in die Zeit vor hundert Jahren zurückversetzt ... und versteht sofort, warum die ganze Stadt unter Denkmalschutz steht. Es ist ein kitschig schöner Ort, der den Besuch lohnt. Man sollte sich einige Stunden Zeit nehmen und die historischen Straßenzüge bewundern, in Boutiquen herumstöbern und im vorzüglichen Ingleside Bakery Café eine kurze Pause einlegen. Wer am Sonntag in der Stadt ist, sollte keinesfalls den Evandale Market verpassen.

Sehenswertes

★ Clarendon HISTORISCHES GEBÄUDE

(☎03-6398 6220; www.nationaltrust.org.au/places/clarendon; 234 Clarendon Station Rd; Erw./erm./Kind 15/10 AU$/frei; ⏰Sept.–Juni Do–So 10–16 Uhr) Gleich neben dem South Esk River liegt dieses Gutshaus von 1839, das für den wohlhabenden Schafzüchter und Händler James Cox errichtet wurde. Dieses Juwel in georgianischem Stil sieht aus, als stamme es unmittelbar aus *Vom Winde verweht*. Lange galt es als größter Landsitz in der Kolonie und gehört heute dem National Trust. Besucher können einen Rundgang durchs Haus machen, das mit Antiquitäten reich ausgestattet ist, sowie die Nebengebäude besuchen – eines davon beherbergt das **Australian Fly Fishing Museum** (www.affm.net.au).

Schlafen & Essen

Wesleyan Chapel COTTAGE $$

(☎0417 641 536; 28 Russell St; DZ inkl. Frühstück ab 150 AU$, zusätzl. Pers. 25 AU$; 🐾) Diese 1836 erbaute winzige Backsteinkirche hat eine wechselvolle Geschichte hinter sich. Sie diente früher als Druidenhalle, als Versammlungsort der Organisation ehemaliger Militärangehöriger und später der Pfadfinder und ist heute eine Selbstversorger-Unterkunft für bis zu vier Personen. Es gibt eine Waschmaschine und eine komplett ausgestattete Küche, in der die Gäste hausgemachte Produkte für ein Frühstück finden (selbst der Honig ist hausgemacht).

Ingleside Bakery Cafe CAFÉ $

(☎03-6391 8682; 4 Russell St; Pasteten 8,50–10 AU$, Sandwiches & Wraps 13–23 AU$; ⏰Mo–Fr 8.30–16.30, Sa bis 16, So bis 15.50 Uhr; 👪) Hier kann man inmitten eines blumenreichen Innenhofes oder unter der hohen Decke des ehemaligen Rathaussaales von 1867 sitzen und den Duft aus dem Holzofen genießen. Es gibt köstliche Pasteten, ein deftiges Bauern-Mittagessen und alle möglichen süßen Köstlichkeiten sowie Devonshire-Tees. Und in den Regalen findet man jede Menge tasmanischer Erzeugnisse.

Praktische Informationen

Evandale Visitor Information Centre (☎03-6391 8128; www.evandaletasmania.com; 18 High St; ⏰10–16 Uhr) Hier gibt's lokale Infos und werden Buchungen für Übernachtungen vorgenommen. Die Broschüre *Evandale Heritage Walk* (3 AU$), die hier ausliegt, informiert über die historischen Schätze der Stadt. Im **History Room** erinnern Schautafeln an den im Ersten Weltkrieg mit dem Victoria-Kreuz ausgezeichneten Soldaten Harry Murray, zu dessen Ehren eine Statue auf der Russell St. errichtet wurde. Zum Zeitpunkt der Recherche wurde gerade WLAN eingeführt.

An- & Weiterreise

Tassielink (☎1300 300 520; www.tassielink.com.au) Von Montag bis Samstag verkehren drei Busse täglich zwischen Launceston und Evandale (6,10 AU$, 40 Min.) und fahren weiter nach Longford (6,10 AU$, 25 Min.). Die Bushaltestelle befindet sich in der Scone St.

Ben Lomond National Park

Das schneesicherste Skigebiet Tasmaniens liegt in diesem 181 km² großen Nationalpark, der das gesamte Ben-Lomond-Gebirge umfasst, ein zerklüftetes Gebirgsplateau, dessen höchste Erhebung, Legges Tor (1572 m), der (nach dem Mt. Ossa mit 1671 m) zweithöchste Gipfel Tasmaniens ist. Nach der Schneeschmelze streifen Buschwanderer durch das Gebirgsplateau und schwärmen im Frühling und Sommer von den alpinen Wildblumen, bewundern die Aussicht, die sich ihnen von den steilen Felswänden bietet, und beobachten heimische Wildtiere, darunter Bennett-Wallabys, Wombats, Filander und Östliche Beutelmarder.

Aktivitäten

Ben Lomond gilt als das Aspen Tasmaniens – der Vergleich hinkt etwas, aber wenn Schnee fällt, dann nehmen die Skilifte ihren Betrieb auf und man kann hier Ski fahren. Die Schneelage kann zwar unbeständig sein, die Skisaison dauert aber meist von Anfang Juli bis Ende September. Zwei Schneekanonen sorgen für zusätzlichen Schnee. Ein ganztägiger Skipass kostet 70/50/30 AU$ pro Erwachsenem/Jugendlichem/Kind und ein halbtägiger 45/35/20 AU$. Kinder unter sieben Jahren und Senioren über 70 Jahren fahren kostenlos Ski. Es gibt drei Schlepplifte und einen Poma-Lift. Für Infos zur Schneelage und Webkameras siehe www.benlomond.org.au.

Ben Lomond Snow Sports (☎ 03-6390 6185; www.skibenlomond.com.au; Ben Lomond Rd, Ben Lomond National Park; ⏲ in der Saison 9–16.30 Uhr) betreibt einen Kiosk, der Gerichte zum Mitnehmen anbietet und einen Laden, der Ski, Snowboards und Schlitten sowie die dazugehörige Ausrüstung verleiht. Ski, Stiefel, Stöcke und eine Unterrichtsstunde kosten 90/75 AU$ pro Erwachsener/Kind, nur die Ausrüstung ohne Unterricht 60/45 AU$.

Man braucht einen gültigen Nationalpark-Pass, um Zugang zu den Skipisten zu haben.

An- & Weiterreise

Es gibt keine öffentlichen Verkehrsmittel zu dem Gebirgsort, also ist man auf ein eigenes Fahrzeug angewiesen.

Achtung: Die Straße zum Gebirgsplateau ist unbefestigt und führt über die Jacob's Ladder, einen unglaublich steilen Aufstieg mit sechs dramatischen Haarnadelkurven ohne seitliche Schutzplanken. In der Skisaison besteht Schneekettenpflicht – man kann sie mieten über **Skigia** (Karte S. 700; ☎ 03-6234 6688; www.skigia.com.au; 123 Elizabeth St, Hobart; ⏲ Mo–Fr 9.30–18, Sa bis 16 Uhr) in Hobart oder über **Autobarn** (Karte S. 744; ☎ 03-6334 5601; www.autobarn.com.au/stores/launceston; 6 Innes St; ⏲ Mo–Fr 8–17.30, Sa 9–17, So 9–16 Uhr) in Launceston (ca. 40 AU$/Tag, hinzu kommen 60 AU$ Pfand). Kälteschutzmittel nicht vergessen.

In der Skisaison unterhält Ben Lomond Snow Sports einen Shuttle-Bus (15 AU$ einfache Strecke) vom Parkplatz am Fuß des Ben Lomond beim Registrierungsschalter des Parks and Wildlife Service, 7 km von den Skipisten entfernt. Wer den Shuttle-Bus nimmt, muss keine Schneeketten für den Wagen mieten. Für den Abholservice vorher anrufen.

DEVONPORT & DER NORDWESTEN

Tasmaniens Nordwesten ist wie die ganze Insel, aber im Kleinen – manchmal wild und endlos weit, aber auch still und kultiviert. Hier gibt es zwei Nationalparks (Rocky Cape und Savage River) sowie die spektakuläre Arthur-Pieman Conservation Area. Dieser Teil der Insel ist reich an wilden Gegenden, aber arm an Touristen, sodass wer sich hier aufhält, Orte, Landschaften und Strände für sich hat und einen wirklich entspannten Aufenthalt genießt. Zu den kaum besuchten Gegenden gehören die uralten Regenwälder der Tarkine Wilderness und abgeschiedene Strände am nordwestlichen Zipfel der Insel, der von den Winden der „Roaring Forties" heimgesucht wird, was dazu führt, dass diese Gegend eine besonders reine Luft hat, wie man sie sonst weltweit kaum noch antrifft. Hier sind auch einige der besten Orte Australiens, um Schnabeltiere und Pinguine zu beobachten und um rustikale Mahlzeiten, zubereitet aus vorzüglichen lokalen Produkten zu genießen. Der Besuch dieser Region, eine der letzten unberührten Landschaften der Erde, wird ein unvergessliches Erlebnis sein.

Devonport

22 770 EW.

Tasmaniens drittgrößte Stadt ist der Heimathafen der *Spirit of Tasmania I* und *II*, der rot-weißen Fähren, die den Insel-Bundesstaat mit dem Festland verbinden. Es ist ein recht stimmungsvoller Anblick, wenn nach dreimaligen Ertönen des tiefen Schiffshorns die schwimmenden Riesen jenseits des Endes der Hauptstraße ihre Reise nach Norden antreten. Nachdem die Passagiere an Land gegangen sind, reisen die meisten von ihnen zu anderen Zielen auf der Insel weiter und Devonport versinkt wieder in Bedeutungslosigkeit. Bevor man es ihnen gleichtut, lohnt sich ein Abstecher in die Stadt, um das hervorragende Meeresmuseum und die hiesige Galerie zu besuchen und in einem der Lokale zu speisen, die den Mersey Bluff Beach überblicken.

Der Nordwesten

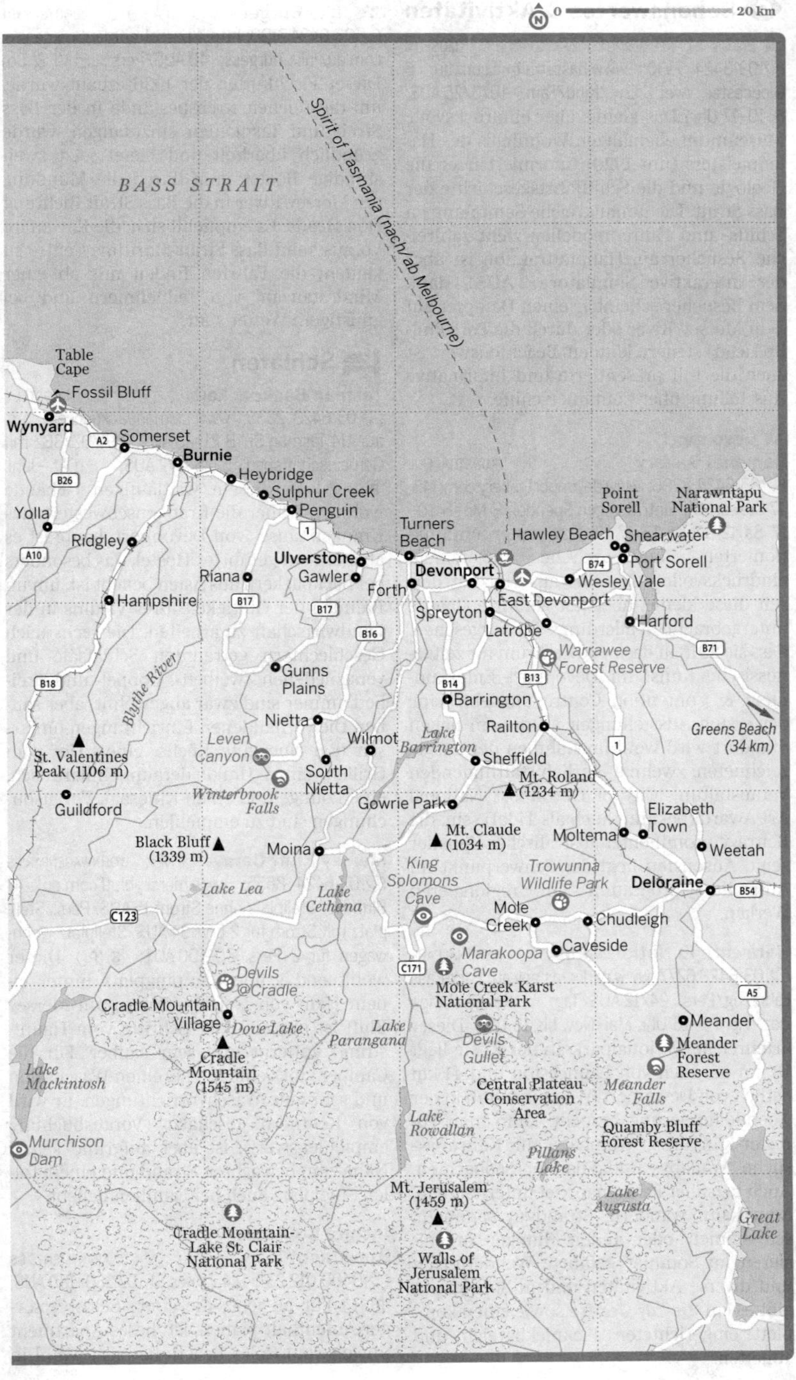
0
20 km
BASS STRAIT
Spirit of Tasmania (nach/ab Melbourne)
Table Cape
Fossil Bluff
Wynyard
A2
Somerset
Burnie
B26
Heybridge
Sulphur Creek
Penguin
Yolla
Ridgley
A10
1
Ulverstone
Turners Beach
Devonport
Riana
Gawler
Forth
Hampshire
B17
B17
B16
Point Sorell
Narawntapu National Park
Hawley Beach
Shearwater
B74
Port Sorell
Wesley Vale
East Devonport
Spreyton
Latrobe
Harford
B71
Warrawee Forest Reserve
Gunns Plains
B18
Blythe River
B14
B13
Barrington
Nietta
Railton
Greens Beach (34 km)
St. Valentines Peak (1106 m)
Leven Canyon
Wilmot
Lake Barrington
Sheffield
1
South Nietta
Mt. Roland (1234 m)
Guildford
Winterbrook Falls
Gowrie Park
Elizabeth Town
Black Bluff (1339 m)
Mt. Claude (1034 m)
Moltema
Weetah
Moina
King Solomons Cave
Trowunna Wildlife Park
Deloraine
B54
Lake Lea
Lake Cethana
C123
Mole Creek
Chudleigh
Caveside
Marakoopa Cave
C171
Devils @Cradle
Mole Creek Karst National Park
A5
Cradle Mountain Village
Dove Lake
Lake Parangana
Devils Gullet
Meander
Meander Forest Reserve
Cradle Mountain (1545 m)
Lake Mackintosh
Central Plateau Conservation Area
Meander Falls
Lake Rowallan
Quamby Bluff Forest Reserve
Murchison Dam
Pillans Lake
Mt. Jerusalem (1459 m)
Lake Augusta
Great Lake
Cradle Mountain-Lake St. Clair National Park
Walls of Jerusalem National Park

Sehenswertes & Aktivitäten

Bass Strait Maritime Centre MUSEUM
(☎03-6424 7100; www.basstraitmc.com.au; 6 Gloucester Ave; Erw./Kind/Fam. 10/5/25 AU$; ⏲10–17 Uhr) Das kleine, aber eindrucksvolle Museum im ehemaligen Wohnhaus des Hafenmeisters (um 1920) informiert über die Geologie und die Schifffahrtsgeschichte der Bass Strait. Die umfangreiche Sammlung an Schiffs- und Fährenmodellen zieht zahlreiche Besucher an, Hauptattraktion ist aber der interaktive Simulator (2 AU$), dank dem Besucher scheinbar einen Dampfer auf dem Mersey River oder durch die Port Phillip Heads steuern können. Beachtenswert ist auch die toll präsentierte und informative Ausstellung über Containerschiffe.

Devonport Regional Gallery KUNSTGALERIE
(☎03-6424 8296; www.devonportgallery.com; 45-47 Stewart St; Eintritt gegen Spende; ⏲Mo–Fr 10–17, Sa 12–17, So 13–17 Uhr) In einer umfunktionierten Baptistenkirche mit einem eindrucksvollen Gewölbe aus Holz ist derzeit diese kleine, aber gut geführte Galerie untergebracht – allerdings ist vorgesehen, dass sie 2018 in das neue Zentrum für zeitgenössische Kunst im Devonport Entertainment & Contention Centre umzieht. Eine der ersten Ausstellungen an diesem neuen Standort wird wohl im Rahmen der ausgezeichneten, zweimal jährlich stattfindenden Veranstaltung City of Devonport National Art Award (bekannt auch als Tidal) sein, die Beiträge prominenter australischer Künstler zeigt. Ansonsten liegt der Schwerpunkt im Ausstellungsprogramm auf regionaleren Werken.

Narawntapu National Park NATIONALPARK
(☎03-6428 6277; www.parks.tas.gov.au; Park-Pass Fahrzeug/Pers. 24/12 AU$/Tag; ⏲Rangerstation Dez.–April 9–16 Uhr, Mai–Nov. bis 15 Uhr) Dieser artenreiche Nationalpark an der Küste liegt 78 km nördlich von Launceston und 41 km östlich von Devonport. Wenn man ihn in der Abenddämmerung besucht, kann man Forester-Kängurus, Wombats auf Nahrungssuche, Wallabys und Filander beobachten. Auch tagsüber kann man viel unternehmen. Man kann wandern, Strandgut sammeln, schwimmen oder reiten. Ranger organisieren im Sommer geführte Wanderungen und diverse Aktivitäten und in Springlawn gibt es ein **Visitor Centre** sowie einen komplett eingerichteten Picknickbereich und Toiletten.

Julie Burgess BOOTSFAHRT
(☎03-6424 7100; http://bassstraitmaritimecentre.com.au/julie-burgess; 40 AU$/Pers.; ⏲Mi & So) Dieser Fischkutter, der 1936 erbaut wurde, um die reichen Krebsbestände in der Bass Strait und Tasmanien einzufangen, wurde gründlich überholt und bietet jetzt zweistündige Bootstouren durch die Mündung des Mersey River in die Bass Strait Richtung Don Heads. Es empfiehlt sich, die Karten im Voraus beim Bass Strait Maritime Centre zu kaufen; die Fahrten finden nur ab einer Mindestanzahl von Teilnehmern und bei günstigem Wetter statt.

Schlafen

Tasman Backpackers HOSTEL $
(☎03-6423 2335; www.tasmanbackpackers.com.au; 114 Tasman St; B 21–23 AU$, 2BZ/DZ/3BZ mit Gemeinschaftsbad 52/54/72 AU$; ⏲Okt.–Juni; P ⊖ @) In diesem weitläufigen Gebäude wohnten früher die Krankenschwestern des Krankenhauses von Devonport, heute ist es aber ein gut geführtes Hostel, das besonders bei Backpackern aus Asien beliebt ist, um im Rahmen der Gültigkeit ihres Visums in der Landwirtschaft zu arbeiten. Die sechs nach Geschlechtern getrennten Schlafsäle und verschiedenen Zweibett-, Doppel- und Dreibettzimmer sind zwar abgewohnt, aber sauber. Die vorhandenen Einrichtungen umfassen u.a. eine gute Küche, einen Hof zum Grillen, einen Umkleideraum, Billardtisch, eine Lounge und einen Kinosaal. Vorausbuchungen sind zu empfehlen.

Mersey Bluff Caravan Park WOHNWAGENPARK $
(☎03-6424 8655; www.merseybluff.com.au; 41 Bluff Rd; Stellplatz ohne Strom 15 AU$/Pers., Stellplatz mit Strom für 2 Erw. 34 AU$, Stellplatz Wohnwagen für 2 Pers. 80–100 AU$; 🐾 P) Dieser wohltuend grüne Campingplatz hinter einem Hain von Norfolk-Kiefern am Mersey Bluff ist nur ein paar Schritte vom Hauptstrand entfernt und sehr sauber. Für die Camper gibt's eine Küche, einen Waschsalon und sehr gute Waschvorrichtungen. Er wird von Rentnern geschätzt (Vorausbuchung empfehlenswert), ist aber aufgrund seiner Nähe zum bewachten Strand und einem tollen Spielplatz auch bei Familien beliebt.

Inspire Boutique Apartment 1 APARTMENTS $$
(☎0400 012 231; 134 James St; DZ 160–180 AU$; P ⊖) Für all jene, die einen Selbstversorger-Aufenthalt planen, ist dieses Apartment unweit vom Coles Beach die beste Wahl in

der Stadt. Es befindet sich im Erdgeschoss eines dreistöckigen Gebäudes und bietet einen großen Aufenthaltsraum und Essbereich mit TV und DVD, einen Hof zum Grillen, eine Küchenzeile mit Kaffeemaschine, Waschmaschine, ein Schlafzimmer mit Doppelbett und eine sichere Parkmöglichkeit abseits der Straße. Buchungen sind auch über das Devonport Visitor Information Centre (S. 761) möglich.

★ The Grand on Macfie B&B $$$
(☎03-6424 2000; www.thegrandonmacfie.com.au; 44a Macfie St; Zi. 150–245 AU$; P ⊖ ☎) Vor über einem Jahrhundert erbaut, ist das Grand genau das – ein großes, ansehnliches Herrenhaus in bester Lage, das fünf elegante Zimmer voller Antiquitäten, eine Gäste-Lounge, einen Balkon mit Panoramablick und einen Speiseraum bietet, in dem das englische Frühstück seviert wird. An den Wochenendnachmittagen gibt's Tee mit Abendessen (39,50 AU$). Die Urteile der Gäste über die Gastgeber Paul und Brendan sind überaus positiv.

Essen & Ausgehen

Laneway CAFÉ $$
(☎03-6424 4333; www.lane-way.com.au; 2/38 Steele St; Frühstücksgerichte 17–24 AU$, Panini 14–18 AU$; ⊙Mo–Fr 6.30–17, Sa & So bis 16 Uhr; ☎ ♿) Dieses Café in einer ehemaligen Bäckerei an der Rooke Lane ist ebenso hip wie das boomende Devonport. Ganztägig erhältliche Früstücksplatten (Eier, Bohnen, Waffeln, Kokosnuss-Chia-Pudding) sind die bevorzugte Wahl lokaler Kunden; dazu gibt's gut gebrauten Kaffee, T2-Tee oder frisch gepressten Fruchtsaft. Gelegentlich finden Abendveranstaltungen mit besonderen Menüs statt – Infos findet man auf der Website.

★ Mrs. Jones MODERN-AUSTRALISCH $$$
(☎03-6423 3881; www.mrsjonesrbl.com.au; 1. Stock, 41 Bluff Rd; Hauptgerichte 34–43 AU$, Bar-Snacks 9–26 AU$; ⊙Mi–So 12 Uhr–open end; ☎) Oben im Surf Lifesaving Club von Mersey Bluff entdeckt man eines der besten Lokale Tasmaniens für moderne australische Küche. Die ehrgeizige Speisekarte enthält Highlights aus den Küchen der Welt, setzt den Schwerpunkt aber auf asiatische Gerichte wie Thai-Currys, Grill nach japanischer Art, vietnamesische Frühlingsrollen. Die Inneneinrichtung ist zwanglos chic, die Bedienung freundlich und auf der ausgezeichneten Weinkarte sind vor allem tasmanische Weine zu finden.

Tapas Lounge Bar BAR
(☎03-6424 2727; www.tapasloungebar.com; 97a Rooke St Mall; ⊙Do 17–24, Fr bis 2 Uhr, Sa open end) Diese Bar ist einer der wenigen Orte in der Stadt, wo man noch feiern kann, nachdem die Pubs schließen. Es gibt Livemusik und kostenloses Billard.

Praktische Informationen

Devonport Visitor Information Centre (☎1800 649 514, 03-6424 4466; http://tasmaniasnorthwest.com.au; 92 Formby Rd; ⊙Mo–Fr 7.30–15.30, Sa & So bis 23.30 Uhr; ☎) Das hilfreiche Informationsbüro im Zentrum nimmt Buchungen für Touren und Hotelreservierungen vor, verkauft Pässe für Nationalparks, bietet eine Stadtkarte an und hilft mit Infos zu Reisen in die Region. Es bietet auch kostenlose Aufbewahrung des Gepäcks der Reisenden und WLAN an. Im Sommer hat es längere Öffnungszeiten.

An- & Weiterreise

BUS

Redline (☎1300 360 000; www.tasredline.com.au) Die Redline-Busse halten in der 9 Edward St und am Terminal der *Spirit of Tasmania*. Die Busse verkehren zwischen Launceston und Devonport (25,40 AU$, 1½ Std.) über Westbury, Deloraine und (gelegentlich) Mole Creek. Weitere Ziele sind Ulverstone (6,50 AU$, 25 Min.), Penguin (8,50 AU$, 40 Min.) und Burnie (11,20 AU$, 1 Std.).

Tassielink (☎1300 300 520; www.tassielink.com.au) Die Tassielink-Busse stoppen vor dem Visitor Centre und am Terminal der *Spirit of Tasmania*. Sie fahren von Devonport u. a. nach Launceston (25,50 AU$, 70 Min.), Sheffield (5,60 AU$, 40 Min.), Gowrie Park (10,20 AU$, 55 Min.), zum Cradle Mountain (42,40 AU$, 4 Std.) und nach Queenstown (56,20 AU$, 4 Std.). Diese bieten Anschluss nach Strahan (10,60 AU$, 45–75 Min.).

FLUGZEUG

QantasLink (☎13 13 13; www.qantas.com.au) bietet regelmäßige Flüge zwischen Melbourne und dem **Devonport Airport** (☎13 13 13; www.devonportairport.com.au; Airport Rd), der sich etwa 10 km östlich des Zentrums befindet.

SCHIFF/FÄHRE

Spirit of Tasmania (☎1800 634 906; www.spiritoftasmania.com.au; ⊙Servicecenter Mo–Sa 8–20.30, So 9–20 Uhr) Verkehrt zwischen dem Station Pier in Melbourne und dem Fährhafen an der Esplanade im Osten Devonports.

Unterwegs vor Ort

North West Shuttles & Transportation (☎0437 067 108; northwestshuttles@gmail.

com) Der Shuttle-Bus fährt die Gäste, die am Flughafen von Devonport ankommen, zu ihren Unterkünften im Zentrum (ab 15 AU$/Pers.). Er kann auch zur *Spirit of Tasmania* (ab 10 AU$/Pers.) fahren oder Gäste zum/vom Flughafen von Launceston bringen (ab 75 AU$/Pers.). Reservierungen für den Shuttledienst für den Flughafen von Devonport sind empfehlenswert, für die Fähre oder den Service für den Flughafen von Launceston sind sie unerlässlich.

Sheffield

1108 EW.

In den 1980er-Jahren war Sheffield ein typisch kleiner tasmanischer Ort, der auch unter dem Niedergang der ländlichen Siedlungen zu leiden hatte. Doch dann hatten einige schlaue Bewohner eine Idee, die bereits in der kanadischen Kleinstadt Chemainus angewendet worden war und ein überrachendes Ergebnis gezeigt hatte. Diese Idee bestand darin, die leeren Wände in der Stadt mit großen Malereien zu füllen, die Szenen aus den Pioniertagen dieser Region zeigen sollten. Heute ist Sheffield mit über 50 großen Wandmalereien eine wahre Freiluft-Galerie und veranstaltet jährlich ein Wandmalereifestival. Die Stadt ist nicht nur ein beliebter Ausgangspunkt für jene, die um den Mt. Roland wandern und auf dem Lake Barrington dem Wassersport nachgehen, sondern auch ein sehr beliebter Zwischenstopp für all jene, die auf dem Hwy 1 unterwegs sind.

Geführte Touren

Mural Audio Tours WANDERN & TREKKEN

Beim Visitor Information Centre holt man sich einen Kopfhörer (7 AU$) und geht auf eine informative Audiotour, die durch Sheffields Freiluftkunst führt. Die Tour dauert etwa 1½ Std. (obwohl man den Kopfhörer auch den ganzen Tag über behalten kann) und führt vorbei an rund 20 Wandmalereien in der Stadt. Dabei passiert man auch **TRAK: The Working Art Space** (Tasmanian Regional Arts Kentish; ☎0437 795 374; 2 Albert St; ⏲10–16 Uhr, im Winter kürzere Öffnungszeiten) GRATIS, wo man den Künstlern bei der Arbeit zuschauen kann.

Schlafen & Essen

Acacia B&B B&B $$

(☎0413 149 691, 0437 911 502; www.acacia-bandb.com.au; Ecke High St & Tarleton St; 2BZ 130 AU$, DZ & FZ 150–160 AU$; P 📶) Ann und Nigel Beeke sind zu Recht stolz auf ihr ruhiges und überaus gut in Schuss gehaltenes B&B. Es stehen vier Zimmer zur Verfügung (das Zimmer mit dem Himmelbett ist das beste). Das Familienzimmer bietet ein eigenes Bad, während die restlichen Zimmer zugewiesene Bäder in anderen Teilen des Hauses haben. Morgens gibt es ein großzügiges kontinentales Frühstück.

The Old Scone Shop & Cafe CAFÉ $

(☎0419 890 367; 72 Main St; Pasteten 10,50–13,50 AU$, Sandwiches 5–5,50 AU$, Teegebäck 3 AU$; ⏲9–16 Uhr) Ein Besuch in diesem Café gleicht einer Zeitreise, wozu die mit Deckchen dekorierten Tische und die Speisen beitragen, die eindeutig die Begeisterung des Verbands australischer Landfrauen wecken würden. Die gute Nachricht dabei ist, dass die Speisen preisgünstig und lecker sind; zu den beliebtesten gehören Lammhüfte-Suppe, dicke Rinder-Pasteten, Lamm- und Schweinsrouladen mit Bratensauce sowie süßes und leckeres Teegebäck.

Praktische Informationen

Kentish Visitor Information Centre (☎03-6491 1179; www.sheffieldcradleinfo.com.au; 5 Pioneer Cres; ⏲Okt.–April 9–17 Uhr, Mai–Sept. bis 16 Uhr) Die hilfreiche Touristeninformation von Sheffield bietet Infos zu Sheffield, Latrobe und die Großregion Kentish. Sie hat auch Karten und nimmt Buchungen für Übernachtungen und geführte Touren vor.

An- & Weiterreise

Tassielink (☎1300 300 520; www.tassielink.com.au) Tassielink-Busse halten direkt vor dem Visitor Information Centre. Die Fahrten nach/von Sheffield führen über Launceston (31,20 AU$, 2¼ Std.), Devonport (5,60 AU$, 40 Min.), Cradle Mountain (27,60 AU$, 1 Std.) und Queenstown (49,70 AU$, 3¾ Std.). Für Strahan steigt man in Queenstown um.

Deloraine

2333 EW.

Am Fuß der Great Western Tiers gelegen, bietet Deloraine an praktisch jeder Wegbiegung herrliche Ausblicke. Die Stadt selbst wird vom windungsreichen und idyllischen Meander River geteilt, während georgianische und viktorianische Gebäude die Emu Bay Rd, die Hauptstraße, säumen. In der Stadt herrscht eine lebendige, künstlerisch angehauchte Atmosphäre und etliche gute Lokale und Kunsthandwerkstätten laden zum Besuch ein.

Sehenswertes

★ 41° South Tasmania FARM

(☎03-6362 4130; www.41southtasmania.com; 323 Montana Rd; ⏲Nov.–März 9–17 Uhr, April–Okt. bis 16 Uhr) GRATIS In der Farm 41° South Tasmania wird der Lachs in großen Tanks gezüchtet und ein Sumpfgebiet dient als natürlicher Biofilter. Diese abfall- und chemiefreie Methode ist die schonendste Art der Fischzucht und zugleich Grundlage für einen hervorragenden Räucherlachs, den man hier kostenlos probieren oder mittags auf der Terrasse des **Cafés** genießen kann (kleine/große Probierplatte 12/40 AU$). Die Farm liegt 6 km außerhalb der Stadt in Richtung Mole Creek (ausgeschildert an der Montana Rd).

Deloraine Museum MUSEUM

(YARNS: Artwork in Silk; ☎03-6362 5280; www.greatwesterntiers.net.au; 98–100 Emu Bay Rd; Erw./erm./Kind/Fam. 8/6/2/18 AU$; ⏲9–17 Uhr, Jan.–März bis 18 Uhr, Juni–Aug. Sa & So 9.30–16.30 Uhr) Kernstück des Museums ist ein erlesener gesteppter und mit Applikationen versehener Wandbehang aus vier Teilen, der das Meander Valley im Wechsel der Jahreszeiten zeigt. Es ist ein erstaunlich detailreiches Stück, das mit viel Liebe von 300 kreativen Männern und Frauen realisiert wurde. An jedem der vier Teile wurde 10 000 Std. lang gearbeitet und das ganze Projekt benötigte bis zur Vollendung drei Jahre. Heute hängt es in einem eigens dafür gebauten Saal, in dem jede halbe Stunde seine Entstehung im Rahmen einer Präsentation erklärt wird.

Schlafen & Essen

★ Bluestone Grainstore B&B $$

(☎03-6362 4722; www.bluestonegrainstore.com.au; 14 Parsonage St; EZ 150 AU$, DZ 170–185 AU$, FZ 240 AU$;) Hier wurde ein 150 Jahre altes Lagerhaus stilvoll renoviert: Den Gast erwarten weiß getünchte Wände, geschnitzte Holzmöbel, bequeme Betten mit gestärkter Bettwäsche und sehr gepflegte Badezimmer. Es gibt sogar ein Miniaturkino mit reicher Filmauswahl und eine Theke, an der man rund um die Uhr warme Getränke erhält. Das angebotene Gourmet-Frühstück legt den Schwerpunkt auf regionale Erzeugnisse und wird im Erdgeschoss in der Hauptlounge und im Speisesaal serviert.

Cycles @ The Empire AUSTRALISCH $$

(☎03-6362 1029; http://theempiredeloraine.com.au; 19 Emu Bay Rd; Frühstücksgerichte 4–18 AU$, Hauptgerichte Mittagessen 16–23 AU$, Abendessen 21–33 AU$; ⏲Di–Fr 9–21, Sa 10–21.30, So 10–15 Uhr) Das Cycles, das in einer ehemaligen Fahrradfabrik untergebracht und an das historische **Empire Hotel** (⏲Di–Do 9–22, Fr & Sa 9–24, So 9–22 Uhr) angeschlossen ist, verkörpert das australische ländliche Kneipenessen – deftige Speisen und dazu ein Drink und ein Lächeln. Den Unterschied zu diesem bilden jedoch die Caféhaus-Atmosphäre und die ehrgeizige Speisekarte mit Köstlichkeiten, darunter Hähnchencurry und Pilzrisotto mit Trüffeln sowie üblichere Leckereien wie Parmaschinken, Lammkeulen und Tintenfisch mit Salz und Pfeffer.

Praktische Informationen

Great Western Tiers Visitor Information Centre (☎03-6362 5280; www.greatwesterntiers.net.au; 98–100 Emu Bay Rd; ⏲Jan.–März Mo–Fr 8–18, Sa & So 9–17 Uhr, April, Mai & Sept.–Dez. tgl. 9–17 Uhr, Juni–Aug Mo–Fr 9–17, Sa & So 9.30–16.30 Uhr) Das Visitor Centre teilt sich die Räumlichkeiten mit dem Deloraine Museum. Das Personal ist hilfsbereit und hat eine Fülle von Infos zu Aktivitäten und den Übernachtungsmöglichkeiten in der Gegend.

An- & Weiterreise

Redline (☎1300 360 000; www.tasredline.com.au) Redline-Busse verkehren nach Launceston (14,30 AU$, 1 Std., 3-mal tgl.), Devonport (8,50 AU$, 45 Min., 2-mal tgl.) und Mole Creek (6,50 AU$, 30 Min., 1-mal tgl.).

Tassielink (☎1300 300 520; www.tassielink.com.au) Tassielink-Busse lassen in Deloraine nicht aussteigen, sondern nur zusteigen, wenn sie in Richtung Cradle Mountain (61,50 AU$, 2½ Std., mind. 2-mal wöchentl.) und Queenstown (74,80 AU$, 5½ Std., 2-mal wöchentl.) fahren. In Queenstown gibt's dann Anschlussverbindungen nach Strahan (10,60 AU$, 45–75 Min.). Die Busse starten von der Haltestelle vor dem Sullivans Restaurant an der West Parade.

Mole Creek

230 EW.

Das winzige Mole Creek liegt etwa 23 km westlich von Deloraine und ist eine beschauliche ländliche Siedlung mit tollen Ausblicken auf die Berge. Es ist auch ein geeigneter Ausgangspunkt für Buschwanderungen und Höhlentouren in den nahen Nationalparks. Es ist gut möglich, im Flüsschen, das den Ort durchzieht, Schnabeltiere zu erblicken – besonders kurz nach Sonnenaufgang und vor Sonnenuntergang.

Sehenswertes

★ Mole Creek Karst National Park NATIONALPARK

(☎03-6363 5182; www.parks.tas.gov.au; Tagespass für den Nationalpark 12/24 AU$/ Pers./Auto) Die Hauptattraktionen dieses Nationalparks sind die **Marakoopa Cave** (330 Mayberry Road, Mayberry) und die **King Solomons Cave** (Liena Rd, Liena; Erw./Kind/Fam. 19/9,50/ 47,50 AU$; ⏲regelmäßige Führungen Dez.–April 10.30–16.30 Uhr, Mai–Nov. 11.30–15.30 Uhr). Man kann sie im Rahmen geführter Touren besuchen, die vom tasmanischen Parks & Wildlife Service veranstaltet werden. Weitere Höhlen sind für erfahrene Höhlenwanderer zugänglich oder im Rahmen einer geführten Tour, die von **Wild Cave Tours** (☎03-6367 8142; www.wildcavetours.com; halb-/ganztägige Führungen 130/260 AU$) angeboten wird. Achtung: Besucher, die eine Höhlenwanderung mit einem Guide des Parks & Wildlife Service gebucht haben, müssen keinen Pass für den Nationalpark lösen. Wer andere Gegenden des Parks erkunden will, muss allerdings Eintritt zahlen.

Trowunna Wildlife Park NATURSCHUTZGEBIET

(☎03-6363 6162; www.trowunna.com.au; 1892 Mole Creek Rd; Erw./Kind/erm./Fam. 26/16/22/ 75 AU$; ⏲9–17 Uhr, Führungen 11, 13, 15 Uhr) Dieser privat betriebene Park, in dem Tasmanische Teufel, Wombats, Beutelmarder, Kängurus, Wallabys und Filander leben, legt den Schwerpunkt auf den Schutz der Tierwelt und auf Bildung und ist ein sehr lohnender Zwischenstopp für jene, die nach/von Cradle Mountain unterwegs sind. Während der informativen Tour hat man Gelegenheit, Wombats zu streicheln und der Fütterung von Tasmanischen Teufeln zuzuschauen. Nicht verpassen sollte man einen Besuch des **Devil Education & Research Centre**. Der Park liegt gleich abseits der Schnellstraße – nach dem großen Schild mit dem Tasmanischen Teufel an der Straße Ausschau halten.

Schlafen & Essen

Mole Creek Guest House B&B $$

(☎03-6363 1399; www.molecreekguesthouse.com.au; 100 Pioneer Dr; Zi. 155–175 AU$, Hütte DZ 155 AU$, Haus DZ 200 AU$, zusätzl. Erw./Kind 50/ 20 AU$, alle Preise inkl. Frühstück; 📶) 🍃 Die Besitzer sind zu Recht stolz auf ihre schmucke Unterkunft mit sechs etwas betulich eingerichteten Zimmern über dem **Pepperberry Cafe** (Pizzas 16–20 AU$, Hauptgerichte 18–25 AU$; ⏲So–Do 9–16, Fr & Sa bis 21 Uhr; 📶👪), einem Zimmer abseits des Gartens und einer Gemeinschaftslounge mit Kamin und Kochnische. Für Selbstversorger gibt es auch hübsche Häuser mit Schlafmöglichkeiten für fünf und neun Personen. Alles Notwendige fürs Frühstück ist im Preis inbegriffen.

Praktische Informationen

Mole Creek Community & Information Centre (☎03-6363 2030; http://molecreek.info; Mole Creek Rd; ⏲10–16 Uhr; 📶) Dieses kleine Gemeinde- und Informationszentrum bietet WLAN (2 AU$/500 MB) und kostenlosen Internetzugang auf feststehenden PCs. Das Personal hilft mit Infos zum Buschwandern – vor allem im Walls of Jerusalem National Park – und zum Besuch der zahlreichen Höhlen dieser Region. Es gibt auch eine begrenzte Auswahl an Prospekten und Karten.

Parks & Wildlife Tasmania Mole Creek Caves Office (☎03-6363 5182; www.parks.tas.gov.au; Marakoopa Cave, 330 Mayberry Rd, Mayberry) Karten für die Führungen zur Marakoopa-Höhle und Info-Material über Tasmaniens Nationalparks und Naturschutzgebiete findet man in diesem hilfreichen Büro, das sich unweit des Eingangs zur Höhle befindet.

An- & Weiterreise

Redline (☎1300 360 000; www.tasredline.com.au) Ein Redline-Bus fährt 1-mal tgl. zwischen Mole Creek und Launceston (22,30 AU$, 1½ Std.) und Deloraine (6,50 AU$, 30 Min.) und über Westbury (8,50 AU$, 45 Min.).

Walls of Jerusalem National Park

Der **Walls of Jerusalem National Park** (www.parks.tas.gov.au; Tagespass Pers./Fahrzeug 12/24 AU$) ist einer der schönsten Parks Tasmaniens. Seine von Gletschern übersäte Landschaft besteht aus zerklüfteten Doleritgipfeln, Bergseen und uralten Pinienwäldern. Der Park ist Teil der von Seen gesprenkelten Wildnis des Central Plateau und gehört zur Tasmanian Wilderness World Heritage Area. Mehrere Wanderwege führen durch die Region; einige auch weiter zum Cradle Mountain-Lake St. Clair National Park.

Aktivitäten

Ein steiler Pfad führt vom Parkplatz am Lake Rowland bergauf zur **Trappers Hut** (2 Std.). Von dort sind es noch zwei Stunden bis zum Campingplatz **Wild Dog Creek** und dem nahen **Herods Gate**, wo die alpine Region beginnt. Vom Wild Dog Creek bis zum

Solomon's Throne sind es hin und zurück 3 Std. oder 3½ Std. bis zum Campingplatz **Dixons Kingdom** und zurück, der inmitten eines betörend schönen Waldes von Zypressen-Schuppenfichten liegt. Vom Dixons Kingdom dauert die Wanderung bis zum Gipfel des **Mt. Jerusalem** und zurück 2½ Std. Wer eine Wanderung zum Dixons Kingdom oder dem Mt. Jerusalem plant, muss über Nacht campen.

Achtung: Infolge starken Hochwassers wurde Mitte 2016 die Hauptzugangsstraße zum Park fortgespült, sodass der Lake Rowland per Fahrzeug nicht mehr erreichbar ist. Zum Zeitpunkt der Recherche erfolgte der Zugang noch über den Higgs Track hinter dem Western Creek, von wo aus Wanderer auf einem Pfad zum Lake Ada gelangen. Aktuelle Infos sind über das Parks & Wildlife Tasmania Mole Creek Caves Office erhältlich.

Man muss auf raues Wetter gefasst sein: Hier schneit es viel und nicht nur im Winter. Die Wanderwege durch den Park werden in *Cradle Mountain Lake St. Clair and Walls of Jerusalem National Parks* von John Chapman und John Siseman beschrieben.

Tasmanian Expeditions WANDERN
(☎1300 666 856; www.tasmanianexpeditions.com.au) Der Veranstalter organisiert eine viertägige Walls-of-Jerusalem-Tour (1295 AU$), die zu den Highlights des Parks führt und in deren Verlauf man jede Nacht in einem Basislager neben einer Gruppe kleiner Gebirgsseen, bekannt als Solomons Jewels, campt. Im Angebot ist auch eine kürzere, dreitägige Tour ohne Guide (995 AU$).

An- & Weiterreise

Cradle Mountain Coaches (☎03-6427 7626, 0448 800 599; www.cradlemountaincoaches.com.au) Das in Devonport ansäßige Unternehmen Merseylink betreibt den Shuttleservice, der Buschwanderer zwischen Launceston oder Devonport und dem Higgs Track befördert (260 AU$ für ein privates Shuttle oder 65 AU$/Pers. für 4 oder mehr Fahrgäste). Zum selben Preis können auch Fahrgäste zwischen den Parks Walls of Jerusalem und Cradle Mountain das Shuttle nutzen. Das Shuttle holt die Passagiere von den Flughäfen von Launceston oder Devonport, vom Terminal der *Spirit of Tasmania* oder von ihrer Unterkunft ab.

Penguin

3159 EW.

Ein im wahrsten Sinn des Wortes großes Beispiel für die Obsession der Australier für alles, was groß ist, steht zwischen dem Hauptstrand und der Shoppingmeile dieser hübschen Kleinstadt an der Nordostküste von Tasmanien. Der 3 m hohe Pinguin erinnert daran, dass an diesem Teil der Küste der weltweit kleinste Pinguin, der Zwergpinguin *(Eudyptula minor)*, während der Brutsaison an Land kommt. Viele Menschen reisen speziell hierher, um die niedlichen Tiere zu sehen, aber die lebendige Cafékultur und die sicheren Sandstrände im Stadtzentrum sind noch größere Attraktionen.

Sehenswertes

Getreu seinem Namen ist Penguin tatsächlich ein Ort, an dem die Zwergpinguine von Mitte September oder Oktober bis März oder April an Land kommen. Man kann sie an drei Stellen beobachten. Am **Lalico Beach**, 22 km östlich von Penguin, kommt die größte Kolonie etwa bei Sonnenuntergang an Land. Es gibt eine Aussichtsplattform und in den meisten Nächten der Brutsaison ist auch ein Ranger da, der alle möglichen Fragen beantwortet. Weitere Infos liefert das Penguin's Visitor Information Centre (S. 766). Eine kleinere Kolonie kommt beim **Sulphur Creek**, 4 km westlich von Penguin, an Land und auch beim **West Beach** in Burnie, hinter dem Makers' Workshop (19 km westlich von Penguin) kann man die Tiere sehen.

Schlafen & Essen

★ **Penguin Beachfront Apartments** APARTMENTS $$
(☎0411 278 473; www.penguinbeachfront.com.au; 52 Main Rd; DZ-Apt. 150–190 AU$, zusätzl. Pers. 30 AU$; P ❄ 📶 🐾) Penguin ist ein stark nachgefragtes Ferienziel für Familien und für jene, die mit Kindern anreisen, sind diese fünf Apartments die beste Wahl, da sie unmittelbar gegenüber dem Strand liegen, Schlafplätze für vier bis sechs Personen bieten, bestens ausgestattete Küchen und eine Waschküche mit Waschmaschine haben. Auch Paare mögen die Apartments – vor allem die zwei im Erdgeschoss mit den sehr großen Wohnzimmern und den Terrassen mit Strandblick.

★ **The Madsen** BOUTIQUEHOTEL $$$
(☎03-6437 2588, 0400 842 863; www.themadsen.com; 64 Main Rd; DZ 165 AU$, Penthouse DZ 300 AU$, zusätzl. Erw./Kind 40/20 AU$; 🚭 @ 📶) Dieses freundliche, gut geführte Boutiquehotel, das in einem stattlichen ehemaligen

Bankgebäude am Ufer untergebracht ist, hat sechs geräumige Zimmer mit bequemen Betten. Alle sind geschmackvoll eingerichtet – am eindrucksvollsten sind das Penthouse und die Suite mit Spa-Bereich mit Blick auf den Strand. Ein warmes Frühstück gibt's im Aufenthaltsraum im Erdgeschoss, der auch über eine Bar, eine Kaffee- und Teemaschine verfügt, oder auf dem eigenen Zimmer.

★ Jo & Co Cafe CAFÉ $$

(☎03-6437 2101; www.facebook.com/joandcocafe; 74 Main Rd; Frühstücksgerichte 14–19 AU$, Burger 15,50–17 AU$, Hauptgrichte Abendessen 15–20 AU$; ⌚Sa–Do. 8.30–15, Fr bis 22 Uhr;) Das überaus freundliche Café ist im Retro-Look eingerichtet, verströmt eine eigenartige Stimmung und bietet Menüs für Vegetarier, Veganer sowie glutenfreie Gerichte. Es ist eine überzeugende Kombination. Zum Frühstück gehört alles, von zerdrückter Avocado bis zu gekochten Gerichten, das Mittagessen setzt auf Salate und Burger und Freitagabend stehen die Gerichte unter einem bestimmten Thema.

Praktische Informationen

Penguin Visitor Information Centre (☎03-6437 1421; www.coasttocanyon.com.au; 78 Main Rd; ⌚Okt.–März Mo–Fr 9–16, Sa & So bis 15.30 Uhr, April–Sept. Mo–Fr 9.30–15.30, Sa 9–12.30, So 9–15.30 Uhr) Das freundliche, von Freiwilligen betriebene Penguin Visitor Centre stellt Karten und Infos zu Attraktionen in der Umgebung zur Verfügung. Nebenan gibt's öffentliche Toiletten.

An- & Weiterreise

Redline (☎1300 360 000; www.tasredline.com.au) Redline-Busse fahren 2-mal tgl. nach Burnie (6,50 AU$, 15 Min.) und Devonport (8,50 AU$, 40 Min.). Sie halten am Johnsons Beach, gegenüber dem Penguin Caravan Park.

Burnie

19 819 EW.

Lange als Tasmaniens hässliches Entlein abgestempelt, versucht das einstige Industriestädtchen Burnie mit aller Kraft, sich als „Stadt der Macher" neu zu erfinden; damit wird einerseits an die Vergangenheit als industrielles Fertigungszentrum und andererseits an das kreative Flair der Gegenwart erinnert. Zu den heute hier produzierten Erzeugnissen gehören Papier, Käse und Whisky – eine interessante, wenn auch ungewöhnliche Kombination. Die meisten Besucher sind Geschäftsreisende, aber das Regional Museum und das Penguin Centre sind einen Besuch wert, wenn man sich an der Nordostküste befindet.

Sehenswertes

★ Burnie Regional Museum MUSEUM

(Pioneer Village Museum; ☎03-6430 5746; www.burnieregionalmuseum.net; Little Alexander St; Erw./erm./Kind/Fam. 8/5/3/16 AU$; ⌚Mo–Fr 10–16.30, Sa & So 13.30–16 Uhr) Kernstück dieses fesselnden Museums ist eine liebevoll gestaltete Nachbildung eines Straßenzugs in Bernie um 1900, einschließlich Schmiede und Hufschmiede, Waschsalon, Gemischtwarenladen, Post und Telegrafenamt, Postkutschendepot, Herberge, Zahnarztpraxis, Zeitungsladen und Schuhmacherei. Es handelt sich dabei ausschließlich um Berufszweige oder Tätigkeiten, die tatsächlich in Burnie ausgeübt wurden. In den Nachbildungen sind Multimedia-Elemente eingebaut, die durch Schautafeln ergänzt werden. Im angrenzenden Raum werden interessante Wechselausstellungen gezeigt.

Makers' Workshop MUSEUM

(☎03-6430 5831; www.discoverburnie.net; 2 Bass Hwy; ⌚9–17 Uhr) GRATIS Das eindrucksvolle Gebäude, das teils Museum und teils Kunstzentrum ist, beherrscht das Westende des Hauptstrands von Burnie und ist ein geeigneter Ort, um das kreative Herz der Stadt kennen zu lernen. Die lebensgroßen **Papierfiguren**, denen man in den ungewöhnlichsten Ecken im modernen Inneren des Kunstzentrums begegnet, sind das Werk von **Creative Paper** (makersworkshop@burnie.net; Führung Erw./erm./Kind/Fam. 15/12/8/40 AU$; ⌚Führung 9.15–16.30 Uhr), einer Künstlergruppe aus Burnie, die Papier von Hand schöpft. Im Lauf der Führung wird auch der Herstellungsprozess von Papier aus ungewöhnlichen Rohstoffen, z. B. Kängurukot, Apfelbrei oder Blätter von Regenwaldbäumen, erklärt.

Hellyers Road Distillery BRENNEREI

(☎03-6433 0439; www.hellyersroaddistillery.com.au; 153 Old Surrey Rd; Führung 17,50 AU$; ⌚10–16.30 Uhr) Henry Hellyer war der erste weiße Siedler in Emu Bay und die Brennerei macht seiner Erinnerung alle Ehre. Beim Rundgang durch die Brennerei erfährt man, wie das golden schimmernde Single Malt hergestellt wird, und danach kann man an einer Verkostung teilnehmen (halbes/ganzes „Schlückchen" 3/4 AU$). Die Führungen finden täglich um 10.30, 11.30, 14 und 15 Uhr statt.

Aktivitäten

★ Burnie

Penguin Centre VOGELBEOBACHTUNG

(☎ 0437 436 803; gegen Spende) Ein Plankenweg am Ufer führt vom Burnie Beach am Makers' Workshop vorbei zu diesem Zentrum. Von Oktober bis März kann man im Rahmen einer kostenlosen Pinguinführung etwa eine Stunde nach Sonnenuntergang beobachten, wie die Pinguine das Meer verlassen und zu ihren Höhlen watscheln. Freiwillige Guides informieren die Besucher über die Pinguine und ihre Lebensweise. Es wird empfohlen, dunkle Kleidung zu tragen.

Schlafen & Essen

★ Ikon Hotel BOUTIQUEHOTEL $$

(☎ 03-6432 4566; www.ikonhotel.com.au; 22 Mount St; DZ 175–230 AU$, 3BZ 205–245 AU$, alles inkl. Frühstück; P ❄ 📶) Dieses zentral gelegene Hotel bringt den Chic eines Boutiquehotels nach Burnie. Es ist im ersten Stock eines denkmalgeschützten Gebäudes im Herzen der Stadt untergebracht und bietet ungewöhnlich geräumige und stylish eingerichtete Suiten mit kleiner Küchenzeile und gepflegten Bädern. Die Frühstücksvorräte sind bescheiden.

Duck House COTTAGE $$

(☎ 03-6431 1712; www.duckhousecottage.com.au; 26 Queen St; EZ/DZ 120/160 AU$, zusätzl. Erw./Kind 40/20 AU$, alles inkl. Frühstück; P ⊖ 📶 🐾) Dieses reizende, kleine Haus für Selbstversorger ist nach den standhaften Kämpfern der Heilsarmee Bill und Winifred Duck benannt, die hier 30 Jahre lang lebten. Es bietet Platz für bis zu fünf Personen. Die Innendeko legt den Schwerpunkt, wie zu erwarten, auf Enten. Das Haus nebenan, das **Mrs. Philpott's**, hat drei Schlafzimmer und bietet bis zu sieben Personen Platz, während das dritte Haus, das **Amelia's**, drei Schlafzimmer hat und in der nahen 1 Princes St, gelegen ist.

★ Fish Frenzy SEAFOOD $

(☎ 03-6432 1111; www.fishfrenzy.com.au; 2 North Tce; Fisch, Chips & Salat 14–16 AU$, halbes Dutzend Austern $16 AU$; ⌚ Sommer 8–23 Uhr, übriges Jahr 11–22 Uhr; 👪) In diesem Fish 'n' Chips-Laden wird der superfrische Fisch paniert oder in einen Tempura-Ausbackteig getaucht, bevor man ihn frittiert, sodass das Ergebnis um eine Stufe besser ist als bei der Konkurrenz. Das moderne und lebhafte Lokal direkt am Ufer bietet außerdem Austern sowie köstliche Platten mit Meeresfrüchten an (75 AU$/2 Pers.).

★ The Chapel CAFÉ $$

(☎ 03-6432 3460; www.chapelcafe.com.au; 50 Cattley St; Frühstück 6–18 AU$, Mittagessen 13–17 AU$; ⌚ Mo–Do 7.30–15, Fr 7.30–15 & 19 Uhr–open end, Sa 8–15 Uhr) Das angesagte Café ist in einer hübschen aufgelassenen Kirche untergebracht und die Qualität der Speisen entspricht dem Ambiente. Das beste Café in Burnie (und vermutlich auch an der ganzen Nordküste) serviert vorzüglichen im Haus gerösteten Kaffee, hausgemachten Chai und einfach sensationelle Toast-Sandwiches aus frisch gebackenem Brot. Es gibt auch gutes Gebäck, Muffins und Kuchen.

Praktische Informationen

Visitor Information Centre (☎ 03-6430 5831; www.discoverburnie.net; 2 Bass Hwy; ⌚ 9–17 Uhr) Das von Freiwilligen betriebene Visitor Information Centre hat nur einen Schalter im Foyer des Makers' Workshop und ist Besuchern mit Tipps, Prospekten und einer Stadtkarte behilflich.

An- & Weiterreise

Der **Burnie/Wynyard Airport** (☎ 03-6442 1133; www.burnieairport.com.au; 3 Airport St, Wynyard), bekannt als Burnie Airport oder Wynyard Airport, liegt in Wynyard, 20 km nordwestlich von Burnie. Es gibt reguläre Flugverbindungen nach/von Melbourne (75 Min.) mit **Regional Express Airlines** (REX; www.regionalexpress.com.au) und nach/von King Island (40 Min.) mit **Sharp Airlines** (☎ 1300 556 694; www.sharpairlines.com).

NICHT VERSÄUMEN

BOAT HARBOUR BEACH

So könnte das Paradies durchaus aussehen. Der bilderbuchreife Boat Harbour Beach derart makellos weißen Sand und saphirblaues Wasser, das man glauben könnte, man habe auf dem Bass Hwy die falsche Ausfahrt gewählt und sei in der Karibik gelandet. Das meist ruhige Wasser wird im Sommer überwacht und ist für Kinder sehr gut geeignet. Im Gebäude des Surf Lifesaving Club ist eines der besten Lokale der Nordküste untergebracht. Der Strand befindet sich 4,5 km westlich der kleinen Siedlung Boat Harbour, abseits des Bass Hwy.

Metro (☎13 22 01; www.metrotas.com.au) unterhält regelmäßig verkehrende Busse nach Penguin (6,40 AU$, 30 Min.), Ulverstone (8,30 AU$, 55 Min.) und Wynyard (6,40 AU$, 30 Min.); sie starten am Burnie Interchange Stop an der Cattley St neben dem Kaufhaus Harris Scarfe.

Redline (☎1300 360 000; www.tasredline.com.au) Redline-Busse halten an der Wilmot St, gegenüber den Metro Cinemas. Zu den wichtigen Zielen gehören u. a. Devonport (11,20 AU$, 1 Std.), Launceston (39,30 AU$, 2½ Std.) und Smithton (24 AU$, 1½ Std.).

Stanley

481 EW.

Stanley ist kaum mehr als eine Ansammlung verstreuter Cottages in leuchtend bunten Farben, die im Schutz des erloschenen Vulkans „The Nut" (auch als Circular Head bekannt) stehen. Aber es ist unglaublich stimmungsvoll! Fischerboote, beladen mit Körben voller Krebse und orangefarbene Bojen schaukeln im Hafen, Einheimische halten vor der Tür ein Schwätzchen und der Wind der Roaring Forties sorgt für eine ungemein saubere Luft. Dank der zwei großartigen Touristenattraktionen (Highfield und The Nut), einer ganzen Reihe von ausgezeichneten Übernachtungsmöglichkeiten und guter Lokale, ist dies ein beliebter Ort, um ein oder zwei Tage zu entspannen.

Sehenswertes & Aktivitäten

The Nut WAHRZEICHEN

Der 143 m hohe und 12 Mio. Jahre alte Überrest eines erloschenen Vulkans, den die einheimischen Stämme Monatteh nannten und von Matthew Flinders den Beinamen „Circular Head" erhielt, ist schon aus vielen Kilometern Entfernung zu sehen. Hinauf auf das Plateau gelangt man in einem 20-minütigen steilen Anstieg oder mit dem **Sessellift** (☎03-6458 1482; info@thenutchairlift.com.au; Erw. einfache Strecke/hin & zurück 10/16 AU$, Kind 5/10 AU$, Fam. 30/45 AU$; ⏲Okt.–Mai 9.30–16.15 Uhr). Der beste **Aussichtspunkt** ist vom Sessellift nur fünf Minuten Fußmarsch Richtung Süden entfernt. Oben angelangt, führt ein 2 km langer Pfad (etwa 35 Min.) rund um das Plateau.

★ Highfield HISTORISCHES GEBÄUDE

(☎03-6458 1100; www.historic-highfield.com.au; Green Hills Rd; Erw./erm./Kind/Fam. 12/10/6/30 AU$; ⏲Sept.–Mai tgl. 9.30–16.30 Uhr, Juni–Aug. Mo–Fr) Das 2 km nördlich der Stadt gelegene Gehöft wurde 1835 als Wohnsitz des Generalvertreters der Van Diemen's Land Company gegründet und ist ein ausgezeichnetes Beispiel für die einheimische Architektur im Regency-Stil. Es wird vom Tasmanian Parks & Wildlife Service verwaltet und kann im Rahmen eines Rundgangs auf eigene Faust besichtigt werden, der das Haus, den hübschen Garten und die Nebengebäude, darunter Ställe, Getreidespeicher, Arbeiterhütten und die Kapelle, umfasst.

Rocky Cape National Park NATIONALPARK

(www.parks.tas.gov.au; Tageseintritt 24/12 AU$/Fahrzeug/Pers.) Tasmaniens kleinster Nationalpark erstreckt sich entlang eines 12 km langen Küstenstreifens an der Bass Strait. Von den tasmanischen Aborigines Tangdimmaa oder Tang Dim Mer genannt, war er für die indigenen Stämme dieser Region von besonderer Bedeutung, da sie die Meereshöhlen schon 8000 Jahre vor Ankunft der ersten Europäer besiedelten. Das Parkinnere ist geprägt von küstennaher Heidelandschaft und Wäldern der seltenen *Banksia serrata*. Auf dem Rocky Cape selbst kann man bis zu einem massiven Leuchtturm hinausfahren und von dort die schöne Aussicht auf die Bass Strait genießen. Parkpässe sind beim Sisters Beach General Store erhältlich.

Stanley Seal Cruises BOOTFAHRT

(☎0419 550 134, 03-6458 1294; www.stanleysealcruises.com.au; Fisherman's Dock, Wharf Rd; Erw./Kind 5–15 Jahren/Kind unter 5 Jahren 55/18/10 AU$; ⏲Sept.–Mitte Juni) Bei dieser ausgezeichneten 75-minütigen Bootsfahrt an Bord der *Sylvia C* kann man am Bull Rock in der Bass Strait bis zu 500 Seebären beim Sonnen beobachten. Wenn es der Seegang zulässt, starten die Touren von September bis April um 10 und um 15 Uhr und von Mai bis Mitte Juli um 13 Uhr.

Schlafen & Essen

Stanley Cabin & Tourist Park WOHNWAGENPARK $

(☎03-6458 1266; www.stanleycabinpark.com.au; Wharf Rd; Stellplatz mit/ohne Strom für 2 Pers. 33/25 AU$, B 26 AU$, Hütte DZ 90–160 AU$; P 📶) Der Platz mit einem beeindruckend weiten Blick auf die Sawyer Bay auf der einen und The Nut auf der anderen Seite hat Stellplätze direkt am Ufer, eine Campingküche, einen Waschsalon, einen Spieleraum mit Tischtennisplatte, saubere, wenn auch einfache komplett ausgestattete Hütten und ein gut gepflegtes Backpacker-Hostel mit vier Doppelzimmern mit je zwei Einzelbetten, Wohnraum mit TV und eine Gemeinschaftsküche. Bettwäsche wird bereitgestellt, Handtücher muss man selbst mitbringen.

★ **Cable Station Accommodation** B&B $$
(☎ 0405 819 728, 03-6458 1312; www.cablestationstanley.com.au; DZ 155 AU$, 3 BZ 185 AU$; P) Auf einem windgepeitschtem Plateau unweit der Perkin's Bay gelegen, diente dieses Gebäude aus den 1930er-Jahren als Telegrafenamt, das als Erstes eine telefonische Verbindung zwischen Tasmanien und dem Festland herstellte. Heute beherbergt es zwei Wohneinheiten mit Schlafmöglichkeiten für zwei bis drei Personen; jede hat TV und ein großes, modernes Bad. Die hilfsbereiten Manager liefern alles für ein Frühstück Notwendige, darunter frisch gebackenes Brot und selbstgemachte Konfitüre.

★ **@VDL** BOUTIQUEHOTEL $$$
(☎ 0437 070 222, 03-6458 2032; www.atvdlstanley.com.au; 16 Wharf Rd; Suite 200–250 AU$, Loft 285–350 AU$; P) Was aus einem am Wasser gelegenen ehemaligen Lagerhaus für Vitriol aus den 1840er-Jahren geworden ist, ist einfach unglaublich. Das superschicke Boutiquehotel verfügt über zwei Suiten und ein komplett eingerichtetes Apartment im Dachgeschoss. Das Dekor und die Ausstattung sind jeweils erstklassig und umfassen Designermöbel, zeitgenössische Kunstwerke, schicke Bäder und Kaffeemaschinen.

★ **Nut Café** CAFÉ $
(☎ 03-6458 1186; The Nut; Frühstück 8,50–19,50 AU$, Mittagessen 10–23 AU$, 1/2 Scones 6,50/8,50 AU$; ⏲ Sept.–Mai 9.30–15 Uhr) Cafés bei touristischen Attraktionen sind oft unterdurchschnittlich, das ist aber hier eindeutig nicht der Fall. Das Nut Café, das mit Abstand beste Lokal in Stanley, serviert ein Gourmet-Frühstück, köstliche Mittagessen und den besten Devonshire-Tee der ganzen Insel (und das will was heißen). Unbedingt etwas selbstgemachte Konfitüre für zuhause kaufen.

Praktische Informationen

Stanley Visitor Information Centre (☎ 1300 138 229, 03-6458 1330; www.stanley.com.au; 45 Main Rd; ⏲ Okt.–Mai 9.30–17 Uhr, Juni–Sept. 10–16 Uhr) Hier findet man eine Fülle an Informationen über Stanley und die Umgebung. Es gibt auch einen Fahrradverleih (Erw./Kind 22/15 AU$ für 3 Std.) und freies WLAN.

An- & Weiterreise

Redline (☎ 1300 360 000; www.tasredline.com.au) Redline-Busse halten am Visitor Centre auf der Strecke nach/von Burnie (21,10 AU$, 75 Min., tgl.) und Smithton (6,10 AU$, 25 Min., tgl.).

Marrawah

371 EW.

Das wilde, unberührte Marrawah liegt in einer Gegend weiter Ozeanstrände, unsagbar schöner Sonnenuntergänge und grüner, sanfter Hügel. Der Ozean entwickelt hier eine erstaunliche Kraft und die wilden Strände, felsigen Buchten und Landzungen haben sich kaum verändert, seitdem hier die ersten Ureinwohner Tasmaniens siedelten. Die Küste bewahrt zahlreiche Zeugnisse der tasmanischen Aborigines, besonders in der faszinierenden Preminghana Indigenous Protected Area gleich nördlich des Ortes. Gelegentlich wirft das Südpolarmeer die Trümmer schon vor langer Zeit zerschellter Schiffe an Land – mitunter spülen die Wellen sogar über 10 m lange Schiffsteile ans Ufer. Auch erfahrene Surfer und Windsurfer kommen wegen der anspruchsvollen Brandung hierher.

Schlafen

Marrawah Beach House FERIENHAUS $$
(☎ 03-6457 1285, 0428 571 285; www.marrawahbeachhouse.com.au; DZ 140–170 AU$, zusätzl. Pers. 25 AU$; P) Am Rand eines landwirtschaftlichen Betriebs gelegen und mit Blick über den wilden Ozean präsentieren sich die zwei Ferienhäuser überaus gepflegt und sind eine sehr gute Option für jene, die eine Auszeit am Strand suchen. Das eine Haus bietet vier Schlafmöglichkeiten in zwei Zimmern, das andere ist ein Bungalow für zwei Personen. Von beiden genießt man eine herrliche Aussicht. Man erreicht die Häuser vom Green Point Beach aus direkt den Hügel hinauf. Kein WLAN- oder TV-Empfang.

King Island

1565 EW.

King Island (von den Einheimischen auch „KI" genannt) ist eine jener Gegenden, in denen das einzige Verkehrszeichen die lässig winkende Hand eines Einheimischen ist, wenn man an ihm vorbeifährt. Der schmale, 64 km lange und 27 km breite Inselstreifen ist ein entspannter Ort, in dem jeder jeden kennt. Die grünen Weiden der Insel bilden die Grundlage für eine florierende Milchwirtschaft (man staunt, wie viel Käse man selbst innerhalb weniger Tage verdrücken kann), während das Meer herrlich frische Meeresfrüchte, darunter auch Krebse, liefert. Hauptort der Insel ist das Städtchen Currie (687 Ew.) an der Westküste; an der Ostküste liegen die Siedlungen Grassy (277 Ew.) und Naracoopa (200 Ew.).

Sehenswertes

King Island Dairy MOLKEREI
(1800 677 852, 03-6462 0947; www.kingislanddairy.com.au; 869 North Rd, Loorana; 10–17 Uhr) GRATIS Die unaufdringliche, aber qualitätsvolle Käsefabrik King Island Dairy liegt 8 km nördlich von Currie (gleich hinter dem Flughafen). Hier kann man preisgekrönten Brie, Cheddar und Blauschimmelkäse probieren, sich ein 15-minütiges Video über den Prozess der Käseherstellung ansehen, anschließend im Laden Käsesorten einkaufen, die (nur hier) preisgünstig sind, und sich so für die Erkundung von King Island versorgen.

King Island Museum MUSEUM
(03-6462 1512; Lighthouse St, Currie; Erw./Kind 8/2 AU$; 14–16 Uhr; Juli–Sept. geschl.) Gezeigt werden Exponate über Leuchttürme, Schiffwracks, lokale Denkmäler und die Geschichte der lokalen Soldatensiedlung.

Aktivitäten

Aufgrund seiner Insellage weht vor der Küste von King Island immer irgendwo der Wind, was für ausgezeichnete Bedingungen zum **Surfen** sorgt. Die Brandung bei Martha Lavinia wird sogar oft als eine der besten in Australien bezeichnet. Der Name des Surf Spots geht auf ein Schiffswrack von 1852 zurück und er liegt direkt vor Currie. Weitere tolle Breaks findet man in der Phoques Bay an der nordwestlichen Küste, beim Red Hut Point, südlich der Insel, beim Porky Beach hinter der King Island Dairy und beim British Admiral Beach neben den Kelp Industries in Currie.

Beim **Angeln** in Binnengewässern ist ein guter Fang fast immer garantiert und **schwimmen** kann man an einem der vielen menschenleeren Strände (Achtung: gefährliche Strömung!) und in den Süßwasserlagunen. Für Schnorchel- und Taucherlebnisse muss man die eigene Ausrüstung mitbringen.

Zum **Wandern** holt man sich eine Karte vom King Island Tourism und geht auf eigene Faust los oder nimmt an einer geführten Wanderung teil. Eine Liste der Veranstalter findet man auf der Website von King Island Tourism.

Man muss gar nicht allzu weit laufen, um auf KI **Tiere in freier Wildbahn** zu beobachten: Man findet sie, wohin man blickt. Hier leben Rotnacken- und Bennett-Wallabys, Filander, Schlangen, Ameisenigel und Schnabeltiere – sogar Robben kann man entdecken. Auf der Insel sind 78 Vogelarten heimisch und an Sommerabenden watscheln Zwergpinguine durchs flache Wasser des Grassy Harbour.

Schlafen & Essen

Island Breeze Motel MOTEL $$
(03-6462 1260, 0475 351 807; www.islandbreezemotel.com.au; 95 Main St, Currie; DZ 170 AU$, Hütte DZ 180 AU$, alle inkl. Frühstück; P) Das Motel, das besonders bei all jenen beliebt ist, die auf dem nahen Cape Wickham Golf Course eine Runde Golf spielen, bietet attraktive, gut beheizte Zimmer mit bequemen Betten und Möglichkeiten zur Zubereitung von Tee und Kaffee. Es gibt auch zwei Selbstversorger-Hütten mit drei Schlafzimmern. Der freundliche und tüchtige Manager kann mit jeder Menge Infos über Inseltouren behilflich sein. Im Preis ist ein kontinentales Frühstück enthalten.

King Island Accommodation Cottages FERIENHAUS $$
(0427 002 397, 03-6461 1326; www.kingislandaccommodationcottages.com.au; 125 Esplanade, Naracoopa; Hütten mit 1/2 Schlafzi. ab 130/140 AU$; P) Direkt an der Küste gelegen und sehr gepflegt, sind diese Selbstversorger-Cottages eine ausgezeichnete Option. Lägen sie auf dem Festland, würden sie das Doppelte kosten. WLAN ist nur in den gemeinsamen Bereichen vorhanden.

Wild Harvest MODERN-AUSTRALISCH $$$
(03-6461 1176; www.wildharvestkingisland.com.au; 4 Bluegum Dr, Grassy; Hauptgerichte 28–55 AU$; 18–21.30 Uhr) Vom Meer auf den Tisch, von der Weide auf den Teller – die meisten Produkte, die von den Köchen in diesem Lokal mit Blick auf Grassy Harbour verwendet werden, sind regional, saisonal und frisch. Das Ergebnis ist ein Menü schmackhafter Gerichte mit internationalen Akzenten, zu dem es tasmanischen Wein gibt. Im Winter speist man vor dem flackernden Feuer des offenen Kamins; im Sommer können die Gäste im Freien essen.

Praktische Informationen

King Island Tourism (☎ 03-6462 1355, 1800 645 014; www.kingisland.org.au; 5 George St, Currie; ⏲ Mo–Fr 10.30–17, Sa 10–12 Uhr) Sowohl in dem Büro am Flughafen als auch im Stadtbüro sind Prospekte erhältlich, die den King Island Grazing Trail und den Maritime Trail beschreiben. Die Website von King Island Tourism ist eine wertvolle Quelle für die Planung von Wanderungen und enthält Tipps und Infos über Aktivitäten, Wanderungen und Übernachtungen.

An- & Weiterreise

Drei Fluglinien bedienen den kleinen Flughafen Loorana von King Island, der 8 km nordöstlich von Currie liegt. **King Island Airlines** (☎ Currie 03-6462 1000, Moorabbin 03-9580 3777; www.kingislandair.com.au) fliegt 1- bis 2-mal tgl. nach/von Melbourne Moorabbin (1 Std.); **Regional Express** (REX; ☎ 13 17 13; www.regionalexpress.com.au) fliegt tgl. nach/von Melbourne Tullamarine (55 Min.) und **Sharp Airlines** (☎ 1300 55 66 94; www.sharpairlines.com) fliegt nach/von Melbourne (45 Min., 2-mal tgl.) und von Launceston (1¾ Std., 2-mal tgl.) über Burnie (40 Min., tgl.).

Unterwegs vor Ort

In Currie vermieten **King Island Car Rental** (☎ 1800 777 282; kicars2@bigpond.com; 2 Meech St, Currie; ⏲ ab 73 AU$/Tag) und **P&A Car Rental** (☎ 03-6462 1603; admin@pacars.com.au; 2a Meech St, Currie; ab 80 AU$/Tag) Fahrzeuge.

Tarkine Wilderness

Die Tarkine Wilderness ist ein 447 000 ha großer Streifen von gemäßigtem Regenwald zwischen dem Arthur River im Norden, dem Pieman River im Süden, dem Murchison Hwy im Osten und dem Südpolarmeer im Westen. Es ist ein global bedeutsames Ökosystem und umfasst große Myrten-, Tasmanische Scheinulmen- und Kiefernwälder, endlose Buttongras-Ebenen, raue Strände, Sanddünen und weites Küstenheideland. Man glaubt, dass der hiesige Regenwald einer der ältesten Australiens ist. Hier leben viele gefährdete Arten, man findet aber auch uralte archäologische Stätten. Wegen seiner Abgeschiedenheit, des extrem rauen Wetters und der Isolation überlebte die Tarkine Wilderness bis weit ins 20. Jh fast unberührt von der Moderne und auch heute noch bietet diese Region eine Grenzerfahrung für all jene, die die Region erkunden wollen.

In der Tarkine Wilderness gibt es keine öffentlichen Verkehrsmittel. Man braucht einen Geländewagen, um auf den Pfaden und Nebenstraßen weiterzukommen.

Aktivitäten

★ Tarkine Forest Adventures ABENTEUERSPORT
(☎ 03-6456 7138; www.dismalswamptasmania.com.au; 26,059 Bass Hwy, Togari; Erw./Kind 20/10 AU$, zusätzl. für Schlangen-Rutsche 2 AU$; ⏲ Dez. & Jan. 9–17 Uhr, Feb–Mai & Sept.–Nov. 10–16 Uhr) Das früher als Dismal Swamp bekannte Abenteuerzentrum im Wald liegt 32 km südwestlich von Smithton (abseits der A2) und bietet eine 110 m lange „Schlangen-Rutsche“, auf der es – Nervenkitzel garantiert! – zwischen dichten Baumkronen bis hinunter auf die Plankenwege auf dem Waldboden geht. Auf die Rutsche darf nur, wer älter als 8 Jahre und mindestens 90 cm groß ist. Während der Rutschpartie kann man Filander, Vögel, seltene Pilze und Orchideen entdecken. Es gibt auch ein Café und ein Interpretationszentrum.

★ Tarkine Trails WANDERN
(☎ 0405 255 537; www.tarkinetrail.com.au) Die Tarkine Trails führen die Buschwanderer zu einer Reihe verschiedener Abenteuer. Zu den angebotenen Touren gehören das tiefe Eintauchen in den Wald, d.h. eine 6-tägige Tour auf dem Tarkine Trail (1950 AU$/Pers.), eine 4-tägige Tour auf dem Tarkine Rainforest Walk (1800 AU$) oder ein 6-tägiger Trip entlang des Tarkine Coast Trail (1950 AU$) von Sandy Cape nach Pieman Heads.

Corinna & der Pieman River

In den total verrückten Jahren des Goldrausches war Corinna eine blühende Goldgräbersiedlung mit zwei Hotels, einem Postamt, zahlreichen Läden und über 2500 Einwohnern. Heute ist es nur noch ein ruhiger Ort mit einer einzigen Erwerbsquelle: der Corinna Wilderness Experience. Der Veranstalter bietet den Besuchern dabei die Chance, ein echtes Abenteuer zu erleben, indem man in den Regenwald eintaucht, ohne allzu sehr auf Komfort verzichten zu müssen. Die Unterbringung erfolgt in Zeltcamps und Hütten, es gibt ein Restaurant und eine Café-Bar und man kann mit dem Boot flussabwärts auf dem Pieman River fahren sowie Kajaks mieten.

Aktivitäten

Pieman River Cruises BOOTSFAHRT
(☎03-6446 1170; www.corinna.com.au/river-cruises; Bootsfahrt auf dem Pieman River Erw./Kind unter 12 Jahren 90/50 AU$, Bootsfahrt auf Binnengewässern 30 AU$/Pers.) Wer sich in Corinna aufhält, sollte auf jeden Fall an einer diesen beiden Bootstouren teilnehmen. Die 4½-stündige Pieman River Cruise startet täglich um 10 Uhr und man segelt flussabwärts bis zur Stelle, wo der Pieman River in das Südpolarmeer mündet. Ein Morgentee und ein Lunch-Paket sind im Preis inbegriffen. Im Angebot ist auch eine 1-stündige Bootsfahrt auf einem Binnengewässer; dabei startet man um 15 Uhr und fährt zu den Lovers Falls und zum Wrack der SS *Croydon*. Rechtzeitige Reservierung empfohlen.

Schlafen & Essen

Corinna Wilderness Experience COTTAGE $$
(☎03-6446 1170; www.corinna.com.au; Stellplatz Zelt 40 AU$, Hütte DZ 165–220 AU$, FZ 270 AU$) Corinnas ruhiges Wildnis-Dorf bietet Unterkünfte in Holzhäusern, die im Regenwald oberhalb der Lodge am Flussufer stehen. Die Häuser für bis zu fünf Personen werden mit Solarenergie versorgt und haben Küche oder Küchenzeile, Holzofen oder Kamin, ein einfaches Bad und eine Veranda. Es sind auch Stellplätze und eine Campingküche mit Grillplatz vorhanden.

In der Lodge gibt's ein Café und das **Tannin Restaurant** (Hauptgerichte Mittagessen 10–18 AU$, Abendessen 22–37 AU$; ⏲12–14 & 18–20 Uhr) bietet deftige Mahlzeiten.

CRADLE COUNTRY & DER WESTEN

Willkommen im wilden Westen der Insel, einer Region mit endlos langen Stränden, uralten bemoosten Regenwäldern, tanningefärbten Flüssen, von Gletschern geformten Bergen, wildblumenbedeckten Hochebenen und einem grenzenlosen Horizont, der oft den Eindruck erweckt, man sei der einzige Mensch auf der Erde. Es ist Tasmaniens Outdoor-Tummelplatz, eine Region mit zahlreichen Nationalparks, Naturschutzgebieten und einer als UNESCO-Welterbe geschützten Wildnis, die eine Fülle abwechslungsreicher Optionen für Abenteuer bietet.

Hier gibt's die härtesten mehrtägigen Touren (aber auch gemütliche Wanderungen durch den Regenwald), man kann ungezähmte Stromschnellen bezwingen (oder in ruhigen, spiegelglatten Gewässern Bootsfahrten unternehmen) und mit dem Kajak in eine der letzten unberührten Wildnisse der gemäßigten Breitengrade vordringen (oder sie in einem Leichtflugzeug überfliegen). Ob man auf eigene Faust unterwegs ist oder mit einer geführten Gruppe – egal, wie man sich entscheidet, eines ist sicher: Man möchte hier nicht mehr weg.

Queenstown

1975 EW.

Der größte Teil von Westtasmanien ist grün. Queenstown ist orangefarben oder rot. Die kurvenreiche Fahrt auf dem Lyell Hwy hinunter nach Queenstown bleibt unvergessen, denn sie führt durch eine Mondlandschaft kahler Berge und Erosionsrinnen, in der einst Regenwälder üppig gediehen. In den 1890er-Jahren wurden hier Kupfervorkommen entdeckt und seither gibt es den Bergbau, aber – glücklicherweise – werden heute die Umweltbelastung aufmerksam verfolgt und die Schwefelemissionen überwacht. Dennoch verströmt Queenstown die raue Atmosphäre der Pionierzeit und obwohl die wirtschaftlichen Folgen der Grubenschließungen zu spüren sind, versucht die Stadt hartnäckig, sich als touristisches Ziel neu zu erfinden.

Sehenswertes

Iron Blow Lookout AUSSICHTSPUNKT
Oben auf dem Gormanston Hill am Lyell Highway, kurz vor dem letzten Gefälle der Haarnadelkurven nach Queenstown, führt eine Asphaltstraße zu einem spektakulären Aussichtspunkt mit Blick auf die geologische Wunde der Iron Blow Mine. Die stillgelegte Abbaustelle, an der einst die glanzvolle Bergbauzeit Queenstowns begann, ist unglaublich tief und mit smaragdgrünem Wasser gefüllt. Vom „Sprinboard"-Steg, der oberhalb der Grube in die dünne Luft ragt, kann man einen tollen Blick auf die Mine werfen.

Geführte Touren

Queenstown Heritage Tours GESCHICHTE
(☎0407 049 612; www.queenstownheritagetours.com; Kraftwerkbesichtigung Erw./Kind 45/30 AU$; ⏲nach Voranmeldung) Der Veranstalter bietet Fans historischer Industrieanlagen die Möglichkeit, unter Führung des sachkundigen Anthony Coulson ein Wasserkraftwerk am Lake Margaret aus dem frühen 20. Jh. zu be-

suchen, die beliebteste Tour heißt aber „Lost Mines, Ancient Pines" (Verlassene Minen, uralte Kiefern; Erw./Kind 80/40 AU$) und führt unter Tage in eine ehemalige Kupfer- und eine Goldmine, sowie in ein Sägewerk und in einen Regenwald mit Huon-Kiefern.

Schlafen & Essen

★ Mt. Lyell Anchorage B&B $$
(☎03-6471 1900; www.mtlyellanchorage.com; 17 Cutten St; EZ 140–150 AU$, DZ 160–180 AU$; P ⊖ ☏) Obwohl man es ihm von außen nicht ansieht, so wurde dieses Haus mit Holzfassade aus den 1890er-Jahren in eine freundliche Pension mit gemütlichen Zimmern und prima Betten umgewandelt. Drei Zimmer haben schicke Bäder (ein viertes hat das Bad gegenüber dem Flur); außerdem gibt's eine komplett ausgestattete Gemeinschaftsküche neben einer behaglichen Gemeinschaftslounge. Die Besitzerin Joy ist eine wertvolle Informationsquelle.

★ Penghana PENSION $$
(☎03-6471 2560; www.penghana.com.au; 32 Esplanade; DZ 180–195 AU$, DZ mit Gemeinschaftsbad 160 AU$, alle inkl. Frühstück; P ☏) Dieses Herrenhaus von 1898, das für den Generaldirektor der Mt. Lyell Mining & Railway Co gebaut wurde und sich heute im Besitz des National Trust befindet, liegt auf einem Hügel oberhalb der Stadt inmitten eines reizvollen Gartens. Von hier bieten sich herrliche Ausblicke. Die neuen Manager sind dabei, alle sechs Zimmer schrittweise umfassend zu renoviereen – das Owen-Zimmer und das Lyell-Zimmer haben eigene Bäder und sind das i-Tüpfelchen.

Empire Hotel KNEIPENESSEN $$
(☎03-6471 1699; www.empirehotel.net.au; 2 Orr St; Hauptgerichte Mittagessen 12–16 AU$, Abendessen 18–35 AU$; ⏲ Bar Mo–Sa 11–22, So bis 21 Uhr, Speiseraum 12–14 & 17.30–20 Uhr) Diese traditionelle Bergarbeiterkneipe hat schon viel gesehen und besitzt einen stimmungsvollen historischen Speiseraum, in dem sich herzhafte Kneipen-Klassiker wie gut durchgekochter Schinken, Nudelgerichte und Steaks abwechseln. Der Schwerpunkt liegt zwar auf Fleischgerichten, aber auch für Vegetarier ist reichlich gesorgt.

Praktische Informationen

West Coast Community Services Hub (☎03-6495 1530; westcoasthub@education.tas.gov.au; 9-13 Driffield St; ⏲ Mo–Fr 9.30–17 Uhr; ☏) In Queenstown gibt es zwar keine Touristeninformation, aber dieses ausgezeichnete Bürgerzentrum verfügt über eine Bibliothek, in der es kostenloses WLAN und Internetzugang gibt. Hier kann man auch Informationen einholen, das Mobiltelefon aufladen und tasmanische Zeitungen sowie die Festland-Presse lesen. Das hier untergebrachte Büro von Service Tasmania (☎1300 135 513; 9–13 Driffield St; ⏲ Mo–Fr 9.30–16.30 Uhr) verkauft gute Karten des nahen Nationalparks.

An- & Weiterreise

Tassielink (☎1300 300 520; www.tassielink.com.au) An der West Coast Wilderness Railway Station in der Driffield St. starten und kommen die Busse an. Es gibt 3-mal wöchentlich Verbindungen nach/von Hobart (67,60 AU$, 5½ Std.) über Derwent Bridge und Lake St. Clair und mindestens 2-mal wöchentlich nach/von Launceston (74,80 AU$, 6 Std.) über Cradle Mountain und Devonport; alle Verbindungen haben Anschluss an die Busse nach Strahan (10,60 AU$, 45 Min.).

Strahan

660 EW.

Die Zeitung *Chicago Tribune* bezeichnete Strahan einst als „beste Kleinstadt der Welt" und es fällt nicht schwer, zu verstehen warum. Die saubere Luft, die freundlichen Einwohner und die malerische Lage zwischen dem Macquarie Harbour und dem Regenwald, verbunden mit erstrangigen touristischen Attraktionen – den Fahrten auf dem Gordon River und die West Coast Wilderness Railway – tragen dazu bei, dass Strahan zu einem der beliebtesten und familienfreundlichsten Touristenziele Tasmaniens zählt.

Sehenswertes

Ocean Beach STRAND
Vom Zentrum von Strahan fährt man 6 km nach Westen und erreicht den Ocean Beach, der wegen seiner Länge von 40 km und besonders wegen der starken Strömung furchteinflößend wirkt. Dieser Abschnitt von Sand und Meer erstreckt sich ohne Unterbrechung von Trial Harbour im Norden bis zu den Macquarie Heads im Süden und ist ein stimmungsvoller Ort, um zuzusehen, wie die orangefarbene Sonnenscheibe im Meer versinkt. Das Wasser ist sehr tückisch: hier keinesfalls schwimmen gehen!

West Coast Reflections MUSEUM
(Esplanade; Erw./Kind/Fam. 2/1/5 AU$; ⏲ Okt.–Mai 10–18.30 Uhr, Juni–Sept. 12–17 Uhr) Das Strahan Visitor Centre (S. 775) beherbergt die-

NICHT VERSÄUMEN

WEST COAST WILDERNESS RAILWAY

Mit dieser **historischen Eisenbahn** (☎ 03-6471 0100; www.wcwr.com.au; Queenstown Station, 1 Driffield St; „Rack & Gorge"-Tour Standard-Wagen Erw./Kind/Fam. 100/50/240 AU$, Wilderness-Wagen Erw./Kind 165/95 AU$; ⊙ Kartenschalter Mo–Do & Sa 8–15.30a, Fr & So 9–15.30 Uhr) geht es auf eine unvergessliche Reise durch den majestätischen Regenwald zwischen Strahan und Queenstown. Die halbtägige „Rack & Gorge"-Tour startet in der Hauptsaison 2-mal täglich und im restlichen Jahr 1-mal täglich vom Bahnhof in Queenstown, windet sich durch die King River Gorge bis Dubbil Barril und kehrt dann nach Queenstown zurück.

se kreative, aber zugleich nachdenklich stimmende Ausstellung über die Geschichte der Westküste. Dazu gehört auch die erfrischend ungeschönte Präsentation der Niederlagen und Errungenschaften im Bereich des Umweltschutzes in dieser Region, darunter auch die Franklin Blockade, eine Protestaktion (1982) gegen die Pläne, am Franklin River einen Damm zu errichten.

Geführte Touren

World Heritage Cruises BOOTSFAHRT
(☎ 03-6471 7174; www.worldheritagecruises.com.au; 19 Esplanade; Erw. 115–160 AU$, Kind 60–90 AU$, Fam. 290–370 AU$; ⊙ Mitte Aug.–Mitte Juli 9 Uhr) Seit 1896 führt Familie Grining die Besucher auf dem Gordon River und alle sind Fluss-Experten. Die Tour an Bord des *Harbourmaster*, eines umweltfreundlichen und mit einer Abwasseraufbereitungsanlage ausgestatteten Katamarans, dauert sechs Stunden und führt vom Macquarie Harbour durch die Hells Gates zur Sarah Island und den Gordon River hinauf. Die Preise richten sich danach, ob man sich für einen Fensterplatz (Kategorie Premium, oder, auf dem Oberdeck, Kategorie Gold) oder für einen in der Mitte (Standard) entscheidet.

Gordon River Cruises BOOTSFAHRT
(☎ 03-6471 4300; www.gordonrivercruises.com.au; Strahan Activity Centre, The Esplanade; Gordon River Cruise Erw. 115 AU$–230 AU$, Kind 62–230 AU$, Fam. ab 280 AU$) Der Royal Automobile Club of Tasmania veranstaltet die 5½-stündige Bootsfahrt auf dem Gordon River, die um 8.30 Uhr beginnt, den Gordon River hinauf fährt und – nach einem Zwischenstopp auf Sarah Island – bis Heritage Landing führt. Die Preise richten sich danach, ob man ein Standard-Paket oder einen Premiumplatz am Fenster bucht oder sich für das „Oberdeck" mit üppigem Service entscheidet. Es empfiehlt sich, rechtzeitig zu buchen.

West Coast Yacht Charters BOOTSFAHRT
(☎ 03-6471 7422; www.westcoastyachtcharters.com.au; 59 Esplanade, The Crays; Fahrt auf dem Upper Gordon River Erw./Kind 320/160 AU$; ⊙ Okt.–April) Wer den Gordon River gemütlicher (und mit weniger Mitreisenden) erleben möchte, hat mit dem *Stormbreaker* die richtige Wahl getroffen. Die 20 m lange Segeljacht hat als einzige die Genehmigung, auf dem Upper Gordon zu segeln; man fährt um 13 Uhr los und kehrt am nächsten Tag zu Mittag wieder zurück (Mindestteilnehmerzahl erforderlich; Übernachtung und Mahlzeiten sind im Preis inbegriffen).

Schlafen & Essen

Strahan Holiday Retreat WOHNWAGENPARK $
(☎ 03-6471 7442; www.strahanretreat.com.au; 10 Innes St; Stellplätze ohne Strom 15 AU$, Stellplätze mit Strom 30–45 AU$, Hütte 105–160 AU$, Cottages ab 140 AU$; P 🛜) Die gepflegte Anlage am West Beach von Strahan bietet Stellplätze für Zelte und für Wohnwagen, Selbstversorger-Hütten und Cottages mit mehreren Zimmern. Es gibt nicht viele Rasenflächen und die Unterkünfte liegen dicht beieinander; diese Nachteile werden aber durch die vorhandenen Einrichtungen wie Campingküche, Grillstellen, Waschsalons und ein Spieleraum wettgemacht. Es können auch Kajaks, Sandboards und Fahrräder gemietet werden (45/8/35 AU$/Tag).

Strahan Bungalows APARTMENTS $$
(☎ 0412 870 684, 03-6471 7268; www.strahanbungalows.com.au; Ecke Andrew St & Harvey St; DZ 140–240 AU$; P 🛜) Die mit nautischen Themen eingerichteten Bungalows mit zwei Schlafzimmern sind sauber, gut gepflegt und mit allem ausgestattet, was Selbstversorger für einen Aufenthalt brauchen. Sie bieten bis zu fünf Personen Platz, sind aber kompakt, sodass es für größere Gruppen eng werden könnte. Die Bungalows liegen recht nahe zum Strand und zum Golfplatz und weniger als 15 Gehminuten vom Zentrum entfernt.

★ Wheelhouse Apartments FERIENHAUS $$$
(☎0429 356 117, 03-6471 7777; www.wheelhouse apartments.com.au; 4 Frazer St; DZ 240–320 AU$; P ❄) Hier geht's um Zimmer mit Aussicht! Hoch über dem Zentrum gelegen, bieten die zwei Häuser mit je zwei Schlafzimmern fugenlose Glaswände, die einen herrlichen Panoramablick über den Macquarie Harbour ermöglichen. Sie haben eine gut eingerichtete Küche mit Herd und Espressomaschine, ein Wohnzimmer mit riesigem TV, ein Schlafzimmer im Erdgeschoss mit Bad und eine Innentreppe, die ins obere Stockwerk zum großen Schlafzimmer mit Spa führt.

★ Union Takeaway FISH & CHIPS $
(☎03-6471 7500; 23-25 Esplanade; Austern 2 AU$/Stück, Meeresfrüchte & Chips 13–22 AU$; ⌚Sommerzeit 12–20 Uhr, übriges Jahr Di–Sa 17–20 Uhr) Wer am Strand ist, muss mindestens ein mal Fish'n'Chips gegessen haben. Und der beste Platz dafür ist in Strahan das an der Hauptstraße gelegene Union Takeaway. Außer Weißfisch, Haifischfleisch oder Jakobsmuscheln mit Pommes gibt's auch frische Austern.

★ Bushman's Bar & Cafe MODERN-AUSTRALISCH $$$
(☎03-6471 7612; www.bushmanscafe.com.au; 1 Harold St; Hauptgerichte Mittagessen 13–25 AU$, Abendessen 35–45 AU$; ⌚Hauptsaison 7.30–20 Uhr, übriges Jahr Mo–Fr 11–20, Sa 17–20 Uhr) In Strahans bestem Restaurant liegt der Schwerpunkt der Küche auf regionalen Produkten, darunter Petuna-Lachs, Jakobsmuscheln aus der Spring Bay und Sassafras-Lamm. Das Mittagsessen ist eine gemütliche Angelegenheit, es gibt selbst gemachte Pasteten, Salate, Nudelgerichte und Burger. Am Abend geht es schon nobler zu; es gibt langsam gegarten Schweinebauch, Paillard vom Lachs und Lammkarree. Fürs Abendessen Reservierung empfohlen.

☆ Unterhaltung

★ The Ship That Never Was THEATER
(www.roundearth.com.au/ship; West Coast Visitor Centre, Esplanade; Erw./Student/Kind 20/10/2 AU$; ⌚Sept.–Mai 17.30 Uhr, Kasse ab 17 Uhr) In einem kleinen, an das West Coast Visitor Centre angebauten Amphitheater erzählt dieses 1½-stündige Stück mit zwei Hauptdarstellern die abenteuerliche Geschichte mehrerer Sträflinge, denen 1834 die Flucht von Sarah Island gelang, indem sie das Schiff, das sie gerade bauten, kaperten. Das Stück, ein Dauerbrenner in Strahan – es wird seit über 20 Jahren gespielt–, ist eine unterhaltsame Vorstellung, bei der das Publikum mitmacht und die sich für alle Altersgruppen eignet.

ℹ Praktische Informationen

West Coast Visitor Centre (☎03-6472 6800; www.westcoast.tas.gov.au; The Esplanade; ⌚Weihnachten–März 10–18.30 Uhr, April & Mai bis 17.30 Uhr, Juni–Sept. 12–17 Uhr, Okt.–Weihnachten 12–17.30 Uhr) Das überaus freundliche und hilfreiche Visitor Centre stellt Informationen zu Strahan und anderen Zielen an der Westküste zur Verfügung. Das Personal übernimmt auch Buchungen für Touren und Übernachtungen.

ℹ An- & Weiterreise

Tassielink (☎1300 300 520; www.tassielink.com.au) Tessielink-Busse fahren während des Schuljahres werktags nach Queenstown (10,60 AU$, 75 Min.) und starten um 7.30 Uhr. Außerhalb dieser Zeiten fahren sie von Montag bis Donnerstag um 8.15 Uhr ab. Viele haben Anschluss an die Busse nach Launceston (74,80 AU$, 6 Std.) und Hobart (67,60 AU$, 5¼ Std.). Ankunft und Abfahrt der Busse ist beim Strahan Activities Centre.

Franklin-Gordon Wild Rivers National Park

Benannt nach den wilden Flüssen, die sich windend und in Kaskaden herabstürzend ihren Weg durch die felsig-schroffe Landschaft bahnen, bildet dieser großartige Nationalpark einen Teil der Tasmanian Wilderness World Heritage Area und umfasst die Einzugsgebiete der Flüsse Franklin, Olga und Gordon. Sie wurden 1981, nachdem es nicht gelungen war, die Überflutung des wertvollen Lake Pedder durch den Bau des Pedder-Gordon-Dammsystems zur Stromerzeugung zu verhindern, zum Nationalpark erklärt und bilden heute ein beliebtes Ziel zum Raften und Buschwandern sowie für Fans von Touren im Geländewagen. Der höchste Gipfel des Parks ist der Frenchmans Cap (1443 m) mit einer von Gletschern geformten weißen Quarzitspitze.

Aktivitäten

Rafting kann nirgendwo in Tasmanien mitreißender und aufregender sein als auf dem Franklin River. Es ist ein wirklich extremes Abenteuer und ein Erlebnis von Weltklasseniveau. Erfahrene Rafter können auf eigene Faust starten, wenn sie bestens ausgerüstet und vorbereitet sind, aber für jeden, der nicht höchstes Können mitbringt (und das sind rund 90 % aller Rafting-Fans auf dem Gordon River), organisieren die Tourenveranstalter komplette Rafting-Pakete.

Wer mit einer unabhängigen Gruppe losfährt, sollte mit den Rangern des Parks im **Queenstown Parks & Wildlife Service** (Queenstown Field Centre; ☎ 03-6471 5920; www.parks.tas.gov.au; Penghana Rd; ⊙ wechselnde Öffnungszeiten) Verbindung aufnehmen, um aktuelle Infos zu Genehmigungen, Bestimmungen und Umweltfragen einzuholen. Außerdem kann man die „Franklin Rafting Notes" auf der Website des Parks & Wildlife Service genau durchlesen. Alle Expeditionen sollten sich am Kiosk melden, der sich 49 km westlich von Derwent Bridge an der Stelle befindet, wo der Lyell Hwy auf den Collingwood River trifft.

Eine Raftingtour auf dem Franklin River beginnt am Collingwood River und endet an den Sir John Falls und dauert, je nach Zustand des Flusses, acht bis 14 Tage. Auch kürzere Trips sind auf bestimmten Flussabschnitten möglich. Am Ziel bei den Sir John Falls kann man sich von **Strahan Helicopter** (☎ 0419 656 974; www.strahanhelicopters.com.au; Esplanade; ⊙ Nov.–Mai) abholen lassen oder mit der Jacht *Stormbreaker* von West Coast Yacht Charters (S. 774) zurück bis Strahan fahren.

Auf dem Oberlauf des Franklin River vom Collingwood River bis zum Fincham Track passiert man die bezaubernde Schlucht Irenabyss Gorge und kann nebenbei auch den Frenchmans Cap besteigen. Der Unterlauf des Franklin River vom Fincham Track bis zu den Sir John Falls durchquert die wilde Schlucht Great Ravine.

Franklin River Rafting RAFTING
(☎ 0422 642 190; www.franklinriverrafting.com; 8-/10-tägige Touren 2860/3190 AU$; ⊙ Okt.–April) Ausgezeichnete acht- und zehntägige geführte Touren mit Komplettverpflegung ab Collingwood Bridge – den letzten Teil der Tour nach Strahan verbringt man an Bord der *Stormbreaker*. Die längere Tour umfasst auch den Aufstieg zum Frenchmans Cap. Beide Trips beinhalten die Abholung in Hobart.

Water By Nature RAFTING
(☎ 0408 242 941, 1800 111 142; www.franklinrivertasmania.com; 5-/7-/10-tägige Trips 2090/2690/3180 AU$) Dieser Veranstalter bietet fünf-, sieben- und zehntägige geführte Touren mit Komplettverpflegung flussabwärts auf dem Franklin River. Zum zehntägigen Trip gehört auch ein optionaler Aufstieg zum Frenchmans Cap. Die Touren starten und enden in Hobart und umfassen eine Schlussfahrt an Bord der *Stormbreaker*.

Cradle Mountain-Lake St. Clair National Park

Dieser 1262 km² große Nationalpark, der zum UNESCO-Weltnaturerbe Tasmanian Wilderness gehört, umfasst von Gletschern geformte Berggipfel, Flussschluchten, Seen, kleine Tümpel und wilde alpine Moorlandschaften. Obwohl er sich von den Great Western Tiers im Norden bis zur Derwent Bridge im Süden ausdehnt, erstrecken sich die beliebtesten Landschaften und Wanderpfade – darunter der weltberühmte, 65 km lange Overland Track – rund um den Cradle Mountain. Zum Park gehören der Mt. Ossa (1617 m), Tasmaniens höchster Berg, und der Lake St. Clair, der tiefste See (200 m) Australiens. Auf dem Gebiet des Nationalparks gibt es zahlreiche Möglichkeiten zur Naturbeobachtung – Sichtungen von Wombats, Bennett-Wallabys und Filander sind fast garantiert, aber auch Tasmanische Teufel und Schnabeltiere sind häufig zu sehen. Die touristischen Hauptorte sind Cradle Mountain Village, eine Siedlung an der Cradle Mountain Rd, und das kleinere Derwent Bridge unweit der Cynthia Bay am Lake St. Clair.

◉ Sehenswertes

Devils@Cradle NATURSCHUTZGEBIET
(☎ 03-6492 1491; www.devilsatcradle.com; 3950 Cradle Mountain Rd; Erw./Kind 18/10 AU$, Fam. 45–60 AU$, Nachtfütterungstour Erw./Kind 27,50/15 AU$, Fam. 70–90 AU$; ⊙ 10–16 Uhr, in der Sommerzeit bis 17 Uhr, Touren 10.30, 13 & 15 Uhr, Nachttouren ganzjährig 17.30 Uhr & in der Sommerzeit 20.30 Uhr) Dieses ausgezeichnete Naturschutzgebiet ist ein Rückzugsraum für den Tasmanischen Teufel, gelegentlich aber auch für den Östlichen Beutelmarder und den Fleckschwanzbeutelmarder. Man kann den ganzen Tag über auf eigene Faust den Park erkunden, dennoch empfiehlt sich die Teilnahme an einer geführten Tour (vorzugsweise an einer Nachttour, wenn sich die wichtigsten nachtaktiven Tiere am besten beobachten lassen). Tagestouren dauern 45 Minuten, nächtliche Touren 75 Minuten. Zusätzliche Informationen über die Tiere bietet eine interessante DVD-Präsentation.

Aktivitäten

Wanderungen durch das Cradle Valley

Das Cradle Valley hat einige der am besten zugänglichen Wanderwege im Park zu bieten. Die folgende Liste ist nur ein Auszug.

Knyve Fall (hin & zurück 45 Min.) Beginnt gleich gegenüber der Cradle Mountain Lodge und folgt dem Pencil Pine Creek zu einem Ausblick über die Wassefälle.

Crater Lake (hin & zurück 2 Std.) Vom Parkplatz am Ronny Creek kann man zu diesem Kratersee hinaufklettern.

Cradle Valley Walk (einfache Strecke 2 Std.) Ein einfacher, 8,5 km langer Wanderweg, der vom Interpretation Centre zum Dove Lake führt. Er ist bis zum Ronny Creek (5,5 km) mit Planken ausgelegt; der Rest des Pfades bis zum Dove Lake kann recht schlammig sein und wird nach heftigen Regenfällen manchmal gesperrt.

Main Dove Lake Circuit (Rundweg, 2–3 Std.) Vom Parkplatz am Dove Lake kann man einmal rund um den See laufen und fast die ganze Strecke über tolle Blicke auf den Cradle Mountain genießen.

Cradle Mountain Summit (hin & zurück 6–8 Std.) Ein anstrengender, aber spektakulärer Aufstieg mit herrlichen Ausblicken (bei schönem Wetter). Nicht zu empfehlen bei schlechter Sichtweite oder im Winter, wenn der Weg verschneit und vereist ist. Man kann die Wanderung entweder am Parkplatz des Dove Lake oder am Ronny Creek beginnen.

Wanderungen in der Cynthia Bay

Wer sich am Lake St. Clair, am Südende des Nationalparks befindet, kann wahlweise die folgenden Top-Wanderungen machen. Man sollte sich aber immer im Lake St. Clair Visitor Information Centre (S. 779) über das Wetter und die anderen Bedingungen in der Cynthia Bay informieren, bevor man loszieht.

Larmairremener tabelti (1 Std. hin & zurück) Der Spaziergang auf den Spuren der Aborigine-Kultur führt durch das traditionelle Land der Larmairremener, eines indigenen Volkes dieser Region, das den Lake St. Clair unter dem Namen Leeawuleena („Schlafendes Wasser") kannte. Die Wanderung startet am Visitor Information Centre und führt durch den Wald, der das Ufer säumt, bevor es dem Ufer folgend wieder zurück zum Visitor Centre geht.

Platypus Bay Circuit (1 Std. hin & zurück) Von Watersmeet, neben dem Visitor Information Centre, zum Seeufer, wo sich ungehinderte Ausblicke über den See bis zur Traveller Range bieten.

DER OVERLAND TRACK

Tasmaniens berühmteste Wanderung ist eine 65 km lange, fünf- bis siebentägige Odyssee, bei der man mit dem Rucksack durch die faszinierende, zum Weltnaturerbe gehörende Landschaft ab dem Ronny Creek, unweit des Cradle Mountain, zum Lake St. Clair wandert. Der Pfad endet an der Nordküste des Lake St. Clair – von hier kann man die Fähre nehmen oder auf dem 15 km langen Lakeside Track zurück in die Zivilisation wandern. Wer Erfahrung mit Camping- und Mehrtageswanderungen hat, über eine gute Kondition verfügt und gut auf das unstete Wetter Tasmaniens vorbereitet ist, kann auf dem Overland Track ein gut machbares Abenteuer auf eigene Faust erleben. Unerfahrene Wanderer sollten sich vielleicht eher einer geführten Gruppe anschließen.

Die beste Zeit für den Overland Track ist der Sommer, wenn die Wildblumen in voller Blüte stehen, die Tage länger sind und man genug Hitze aufstauen kann, um in einem der eiskalten Bergseen zu schwimmen. Zu dieser Zeit ist viel los auf dem Track, und er unterliegt einem Zulassungssystem, um die Massen im Griff zu behalten. Erfahrene Wanderer, die den Track im Winter bereisen, finden ihn ruhig, vereist und wunderschön vor. Im Frühling und Herbst hat der Track einen ganz besonderen Charme; dann sind auch weniger Mitwanderer unterwegs als im Sommer (obwohl das Zulassungssystem immer noch greift).

Außerhalb der Zulassungssaison, in der eine Wanderregelung von Nord nach Süd gilt, kann der Pfad in jeder Richtung bewandert werden. Er ist über seine gesamte Länge gut ausgeschildert. Abstecher führen zu Attraktionen wie dem Mt. Ossa sowie zu fantastischen Wasserfällen – es lohnt sich, dafür etwas Zeit zu investieren. Außer im Winter wird man jeden Tag vielen Mitwanderern begegnen. Die Wanderung selbst ist extrem vielfältig und führt durch hohe Bergmoore, Felsengeröll, Schluchten und Hochwald. Alle aktuellen Infos und Planungen zum Track gibt's unter www.parks.tas.gov.au.

Shadow Lake Circuit (4–5 Std. hin & zurück) Ein Mix aus Buschpfaden und Plankenwegen, die durch Regenwald, Queensland-Schmuckzypressen und subalpine Wälder führen.

Mt. Rufus Circuit (7–8 Std. hin & zurück) Er führt über Almen und vorbei an Seen und Sandsteinaufschlüssen auf den Mt. Rufus und bietet einen schönen Blick auf den Lake St. Clair.

Lake St. Clair Lakeside Walk Mit der Fähre setzt man über zur Echo Point Hut (3–4 Std. zurück zur Cynthia Bay) oder zur Narcissus Hut (5–7 Std. zurück zur Cynthia Bay) und wandert dann am Seeufer entlang zurück.

Geführte Touren

Cradle Mountain Huts WANDERN
(03-6392 2211; www.cradlehuts.com.au; Quamby Estate, 1145 Westwood Rd, Hagley; Wandertouren ab 2350 AU$; Okt.–Mai) Dieser anerkannte Veranstalter mit Sitz auf dem historischen Quamby Estate in Hagley organisiert geführte sechs- und viertägige Wanderungen auf dem Overland Track mit Übernachtung in privaten Hütten mit warmen Duschen und Trockenräumen.

Tasmanian Expeditions WANDERN
(1300 666 856; www.tasmanianexpeditions.com.au; 6-tägige Wanderung ab 2095 AU$; Okt.–Anfang Mai) Dieser langjährige Veranstalter bietet eine Reihe von Wanderungen und Abenteuertouren, darunter auch eine geführte sechstägige Tour auf dem Overland Track mit Übernachtung in Hütten oder Zelten.

Lake St. Clair Scenic Cruise BOOTSFAHRT
(03-6289 1137; www.lakestclairlodge.com.au/about-lake-st-clair/lake-st-clair-ferry; Erw./Kind 60/30 AU$; in der Sommerzeit 9 & 15 Uhr) An Bord der Fähre *Ida Clair* geht's auf einen 1½-stündigen Trip von der Cynthia Bay zum Echo Point und der Narcissus Bay und zurück. Unterwegs kann man den Lake St. Clair und die Gipfel des Mt. Hugel, Mt. Olympus, Mt. Orthys, Mt. Byron und Mt. Ida bewundern. Rechtzeitige Buchungen sind zu empfehlen.

Schlafen & Essen

Cradle Valley

Discovery Holiday Parks Cradle Mountain CAMPING $
(03-6492 1395; www.discoveryholidayparks.com.au; 3832 Cradle Mountain Rd; Stellplätze ohne Strom für 2 Pers. 36–42 AU$, Stellplätze mit Strom für 2 Pers. 50–53 AU$, B 37 AU$, Hütte DZ 150–270 AU$; P) Dieser gut geführte Campingplatz bietet viele Übernachtungsmöglichkeiten. Die Stellplätze sind gut voneinander abgetrennt, die nach Geschlechtern getrennten Schlafräume liegen in Buschland und bieten vier Personen Platz. Die einfachen Hütten verfügen über Küchen und kleine Bäder, die größeren Hütten haben Gasöfen und TV mit DVD-Player und Playstation. Zu den Gemeinschaftseinrichtungen gehören ein Waschsalon, blitzsaubere Waschblocks und Campingküchen mit Küchenherd, Grillstelle und Pizzaofen.

Cradle Mountain Highlanders HÜTTE $$5
(03-6492 1116; www.cradlehighlander.com.au; 3876 Cradle Mountain Rd, Cradle Mountain; DZ 136–300 AU$; P) Die freundlichen Gastgeber dieser rustikalen Anlage gegenüber vom Cradle Mountain Visitor Information Centre bieten 16 makellose Holzhütten mit Schlafplätzen für zwei bis sieben Personen. Alle Hütten haben Holz- oder Gaskamine, elektrische Wärmedecken, TV mit DVD und komplett ausgestattete Küchen. Vier Hütten haben einen Spa-Bereich und alle werden täglich gereinigt. Es gibt einen Gemeinschafts-Grillbereich und einen Waschsalon. Das WLAN vor Ort funktioniert mit Unterbrechungen.

★ Cradle Mountain Wilderness Village HÜTTEN $$$
(03-6492 1500; www.cradlevillage.com.au; 3816 Cradle Mountain Rd, Cradle Mountain; DZ Hütten 190–370 AU$; P) Die 44 geschickt im Buschland versteckten Hütten sind sauber, bequem, gut eingerichtet und überaus familienfreundlich – alle verfügen über TV mit DVD-Player und neben dem überdachten Grillplatz gibt es einen eigens erbauten Kinderspielplatz. Die gehobenen Premium-Chalets sind erstklassig und haben eine romantische Wellness-Hütte, die ihnen ebenbürtig ist. WLAN gibt's nur im Hauptgebäude.

★ Hellyers Restaurant MODERN-AUSTRALISCH $$$
(03-6492 1320; www.cradlevillage.com.au; Cradle Mountain Wilderness Village, 3816 Cradle Mountain Rd; Hauptgerichte 30–42 AU$; ab 17.30 Uhr; P) In diesem Restaurant im Cradle Mountain Wilderness Village genießen die Gäste das beste Essen und den freundlichsten Service in weitem Umkreis. Die Portionen sind riesig und überaus schmackhaft. Es

gibt vor allem Steaks und mediterrane Gerichte. Große Fenster bieten einen Blick aufs Buschland und ein großer offener Kamin sorgt im Winter für wohlige Wärme. Vorausreservierung dringend empfohlen.

Cynthia Bay & Derwent Bridge

Derwent Bridge Chalets & Studios COTTAGE $$
(☎ 03-6289 1000; www.derwent-bridge.com; 15478 Lyell Hwy, Derwent Bridge; Studio DZ 175 AU$, Chalet DZ 210–245 AU$; P 📶) Hier gibt's eine große Auswahl an nah aneinander gelegenen Studios und kleinen Chalets. Alle sind gut gepflegt und ausgestattet, fünf davon haben ein Spa und eine ist für Gäste mit Behinderungen bestimmt. Einige haben eine Küchenzeile, andere eine komplett ausgestattete Küche. Der Waschsalon für die Gäste und das kostenlose WLAN sind willkommene Extras.

★ **Pumphouse Point** BOUTIQUEHOTEL $$$
(☎ 0428 090 436; www.pumphousepoint.com.au; 1 Lake St Clair Rd; Uferhaus Zi. 280–420 AU$, Pumpenhaus Zi. 460–570 AU$; P) Eines von Australiens ungewöhnlichsten und eindrucksvollsten Hotels ist in einem 1940 erbauten fünfstöckigen Pumpenhaus eines Wasserkraftwerks am Lake St. Clair untergebracht. Der Zugang erfolgt über einen schmalen Steg oder über eine kleinere, im Art-deco-Stil erbaute Station am Ufer. Im Pumpenhaus gibt es die besten Zimmer. Standort, Inneneinrichtung und Service haben Weltklasseniveau und sorgen bei den Gästen für ein unvergessliches Erlebnis.

Hungry Wombat Café CAFÉ $
(☎ 03-6289 1125; 15488 Lyell Hwy, Derwent Bridge; Pasteten 5 AU$, Sandwiches 12 AU$, Burger 10–16 AU$; ⏲ Sommer 8–18 Uhr, Winter 9–17 Uhr) Das Essen ist hausgemacht und wird mit viel Stolz in diesem überaus freundlichen Café serviert, das sich in der Tankstelle am Highway befindet. Mit dem herzhaften Frühstück sind Buschwanderer für den Tag gut gerüstet, während Sandwiches, Pasteten, Burger und Kuchenschnitten den ganzen Tag über erhältlich sind. Es gibt auch eine kleine Abteilung mit Lebensmitteln.

ℹ Praktische Informationen

Cradle Mountain Visitor Information Centre
(☎ 03-6492 1110; www.parks.tas.gov.au; 4057 Cradle Mountain Rd, Cradle Mountain; ⏲ 8–17 Uhr, kürzere Öffnungszeiten im Winter; 📶) Direkt außerhalb der Parkgrenze gelegen, verkauft dieses Visitor Centre Parkpässe sowie Kleidung und Ausrüstung zum Buschwandern, bietet kostenloses WLAN, vermietet persönliche Signalfeuer und liefert detaillierte Karten und Infos zum Buschwandern. Das hilfsbereite Personal informiert auch über die aktuellsten Witterungsbedingungen und gibt Tipps zu Sicherheit und Verhalten im Busch. Im Café vor Ort (Visitor Information Centre, 4057 Cradle Mountain Rd; Pasteten 9,50 AU$, Sandwiches 12,50 AU$; ⏲ 9–16.30 Uhr, in der Sommerzeit längere Öffnungszeiten) und der Tankstelle kann man in Flaschen abgefülltes Wasser und Snacks kaufen.

Lake St. Clair Visitor Information Centre
(☎ 03-6289 1172; www.parks.tas.gov.au; Cynthia Bay; ⏲ 9–16 Uhr, in der Sommerzeit 8–17 Uhr) Das Visitor Centre befindet sich an der Cynthia Bay an der südlichen Parkgrenze. Hilfsbereite Ranger bieten Infos zum Park und und zu Wanderungen und in einem kleinen Laden kann man eine beschränkte Auswahl an Ausrüstung und Kleidung zum Buschwandern kaufen. Es gibt auch Schautafeln über die Geologie, die Fauna und Flora der Region sowie über das Erbe der Ureinwohner. Daneben serviert ein privat betriebenes Café Kaffee und Mahlzeiten von durchschnittlicher Qualität zu recht deftigen Preisen.

ℹ An- & Weiterreise

Cradle Mountain Coaches (☎ 03-6427 7626, 0448 800 599) Der in Devonport ansäßige Betreiber Merseylink unterhält einen Shuttleservice für Buschwander zwischen Launceston und Cradle Mountain oder Lake St. Clair (320 AU$ oder 80 AU$/Pers. für 4 oder mehr Pers.), Devonport und Cradle Mountain (260/65 AU$) und Cradle Mountain und Lake St. Clair (400/100 AU$).

Tassielink (☎ 1300 300 520; www.tassielink.com.au) Tassielink-Busse verkehren 4-mal wöchentlich zwischen Launceston (61,50 AU$, 3¼ Std.) und dem Transit Centre neben dem Cradle Mountain Tourist Information Centre und halten auf ihrem Weg am Pier der *Spirit of Tasmania* in East Devonport, im Zentrum von Devonport und in Sheffield. Sie fahren 2-mal wöchentlich weiter nach Queenstown (74,80 AU$, 6 Std.), wo es Anschlussverbindungen nach Strahan gibt.

DER SÜDWESTEN

Die wilde, südwestliche Ecke dieses Insel-Bundesstaates ist ein am Ende der Welt gelegenes Gebiet unberührter Wälder, schroffer Berge und endlos weiter Heidelanschaften, begrenzt von ungezähmten Stränden und einer ungebändigten See. Es ist eines der letzten großen Wildnisgebiete auf Erden: eine abgeschiedene Gegend, bestens geeignet für Abenteuer und zum Bestaunen der majestätischen Natur.

Gerade mal eine Straße führt in den über 600 000 ha großen Southwest National Park, den größten Nationalpark Tasmaniens, der zugleich Teil des UNESCO-Welterbes Tasmanian Wilderness ist – und diese Straße endet beim Wasserkraftwerk am Gordon Dam. Ansonsten ist ein Zugang nur mit Kleinflugzeugen möglich, die auf der Schotterpiste des Flughafens von Melaleuca landen, per Boot entlang der stürmischen Küste oder zu Fuß.

Geführte Touren

Par Avion PANORAMAFLUG

(☎ 03-6248 5390; www.paravion.com.au; Erw./Kind halbtägig 395/345 AU$, ganztägig 495/445 AU$) Mit diesem in Cambridge ansässigen Betreiber geht's in einem Kleinflugzeug auf einen Panoramaflug über den Südwesten. Bei guter Sicht schweift der Blick über diese ganze Ecke Tasmaniens mit ihren wilden Stränden und schroffen Gipfeln, bevor man in Melaleuca landet und es per Boot weiter nach Bathurst Harbour geht. Man kann zwischen halb- und ganztägigen Flügen wählen.

Tasmanian Expeditions WANDERN & TREKKEN

(☎ 1300 666 856; www.tasmanianexpeditions.com.au) Tasmanian Expeditions organisiert im Südwesten zahlreiche Wanderungen, darunter auch den fünftägigen Mt. Anne Circuit (1795 AU$/Pers.), den siebentägigen Port Davey Track (2495 AU$), den neuntägigen South Coast Track (2295 AU$) und den 16-tägigen Port Davey and South Coast Track (4495 AU$). Angeboten wird auch eine Kajaktour in den Buchten Bathurst Harbour und Port Davey (3250 AU$).

Roaring 40s Kayaking KAJAKFAHREN

(☎ 0455 949 777; www.roaring40skayaking.com.au; 3-/7-tägige Touren 2250/3250 AU$) Wer diese Wildnis vom Wasser aus erleben möchte, entscheidet sich für ein Kajakabenteuer. Von November bis Anfang April organisiert der in Hobart ansäßige Betreiber Roaring 40s Kayaking Kajakexkursionen mit Übernachtung auf einem Campingplatz, bei denen man Port Davey und Bathurst Harbour erkundet. An- und Rückreise erfolgen mit einem Kleinflugzeug von/nach Hobart.

Lake Pedder & Strathgordon

Dieses riesige geflutete Talsystem am Nordrand des Southwest National Park erstreckt sich über ein Gebiet, das einst den Lake Pedder umfasste, einen atemberaubend schönen natürlichen See, der als ökologisches Juwel dieser Region galt. Der weltweit größte Gletschersee mit seinem seichten, whiskyfarbenen Wasser erstreckte sich über 3 km². Er bildete einen Rückzugsraum für zahlreiche gefährdete Arten und wurde als so bedeutend angesehen, dass er als erster Teil des Südwestens in einem eigenen Nationalpark unter Schutz gestellt wurde. Doch selbst dieser Status konnte den Lake Pedder nicht erhalten und er verschwand 1972 in den angestauten Wassermassen.

Heute bedeckt dieser von Menschenhand geschaffene neue See eine Fläche von 242 km² und ist damit der größte Süßwassersee Australiens. An seinem Nordende liegt die winzige Siedlung Strathgordon.

Aktivitäten

Aardvark Adventures ABENTEUERSPORT

(☎ 03-6273 7722; www.aardvarkadventures.com.au; 210 AU$/Pers.) Man kann sich mit dem in Hobart ansäßigen Veranstalter Aardvark Adventures über den Rand des Staudamms abseilen. Organisiert werden Abseilabenteuer (auch für Anfänger, mind. 2 Pers.). Dies gilt als höchste kommerzielle Abseilroute der Welt.

Schlafen

In der Nähe des Südufers des Sees gibt es zwei Campingplätze: den **Edgar Camping Ground** (abseits der Scotts Peak Rd) und den **Huon Campground** (abseits der Scotts Peak Rd). Beide verfügen über Plumpsklo und Feuerstellen mit Brennholzvorräten. Der **Ted's Beach Campground** (Gordon River Rd) unweit von Strathgordon hat Toiletten, nicht aufbereitetes Trinkwasser, Picknickeinrichtungen, Schutzdächer und elektrische Grills. Alle drei Campingplätze sind kostenlos und Reservierungen sind nicht möglich.

Die **Pedder Wilderness Lodge** (Lake Pedder Chalet; ☎ 03-6280 1166; www.pedderwildernesslodge.com.au; Gordon River Rd; DZ 90–200 AU$, Wohneinheit 160–240 AU$, Suite 370 AU$; P ❄) in Strathgordon verfügt über Zimmer und Selbstversorger-Apartments.

An- & Weiterreise

Nach Strathgordon gelangt man über den Highway B61 – öffentliche Transportmittel gibt es keine. Achtung: Hinter Maydena findet man keine Tankstellen mehr – und selbst dort ist nicht immer Kraftstoff vorrätig. Also am besten in Westerway tanken.

Southwest National Park

Der größte Nationalpark des Bundesstates ist ein abgeschiedenes, unberührtes Gebiet mit Wäldern, Bergen Grasebenen und Seelandschaften. Hier sind nicht nur die Huon-Kiefer, die 3000 Jahre alt wird, und der Rieseneukalyptus, die weltweit größe blühende Pflanze, beheimatet, der Park bietet auch über 300 Flechten-, Moos- und Farnarten Lebensraum, von denen einige überaus selten sind. Sie schmücken die Regenwälder, während die Almen von Wildblumen und blühenden Sträuchern übersät sind. Durch die Landschaft rauschen wilde Flüsse, ihre Stromschnellen rasen durch tiefe Schluchten und die Wasserfälle stürzen über Felsen in die Tiefe. Dies alles, zusammen mit dem majestätischen Mt. Anne, der Frankland Range und den zerklüfteten Gipfeln der Western Arthur Range, erklärt, weshalb dieser Nationalpark bei Fotografen, Buschwandern und Naturfreunden so außerordentlich beliebt ist.

Aktivitäten

Die bekanntesten Wanderwege im Southwest Nationalpark sind der 70 km lange **Port Davey Track** zwischen der Scotts Peak Rd unweit des Lake Pedder und von Melaleuca, der in vier bis fünf Tagen zu bewältigen ist, und der deutlich beliebtere, 85 km lange **South Coast Track**, der zwischen Melaleuca und Cockle Creek, unweit von Southport, in der Nähe der südöstlichen Parkgrenze verläuft, und der in sechs bis acht Tagen geschafft werden kann.

Wanderer, die hier unterwegs sind, müssen auf sehr wechselhaftes Wetter gefasst sein, das von gleißender Hitze bis Schneegestöber alles bringen kann. **Par Avion** (☎ 03-6248 5390; www.paravion.com.au) landet in Melaleuca und bringt die Buschwanderer in den Südwesten und wieder zurück, während Cockle Creek auch mit Fahrzeugen erreichbar ist. Detaillierte Infos über den South Coast Track gibt's im englischsprachigen Lonely Planet Band *Walking in Australia* und umfassende Infos über die Wanderwege auf der Website www.parks.tas.gov.au.

Unter den anspruchsvolleren Wanderwegen, die ein hohes Maß an Können als Buschwanderer erfordern, ist der 3-tägige Rundkurs der **Mt. Anne Range** am kürzesten, er setzt aber stellenweise Klettererfahrung voraus. Die Tour zum **Federation Peak**, die den Ruf genießt, die schwierigste Buschwanderung Australiens zu sein, ist von sehr erfahrenen Buschwanderern in sieben bis acht Tagen zu bewältigen. Die spektakuläre **Western Arthur Range** ist eine extrem schwierige Traverse, für die sieben bis elf Tage empfohlen sind.

Praktische Informationen

Den Parkpass und Informationen über den Südwesten erhält man beim **Mt. Field National Park Visitor Centre** (S. 715) im Nationalpark in der Nähe von Maydena.

An- & Weiterreise

Nur eine Straße (B61) führt in den Park und sie endet beim Wasserkraftwerk des Gordon Dam. Ansonsten ist ein Zugang nur mit dem Kleinflugzeug möglich, das auf der Schotterpiste des Flughafens von Melaleuca landet, per Boot entlang der stürmischen Küste oder zu Fuß. Im Park gibt es keine öffentlichen Verkehrsmittel.

Adelaide & South Australia

1,7 MIO. EW / %08

Inhalt ➡

Gut essen

➡ Peel Street (S. 797)
➡ Gin Long Canteen (S. 798)
➡ Star of Greece (S. 817)
➡ Metro Bakery (S. 850)
➡ Dudley Wines Cellar Door (S. 825)

Schön übernachten

➡ Adabco Boutique Hotel (S. 860)
➡ Port Elliot Beach House YHA (S. 819)
➡ Dawes Point Cottage (S. 857)
➡ Mayfair Hotel (S. 795)
➡ Bethany Chapel B&B (S. 815)

Auf nach Adelaide & South Australia!

So langsam entdecken einheimische und ausländische Touristen die vielfältigen Reize von South Australia (SA), das lange Zeit links liegen gelassen wurde. Die Hauptstadt Adelaide lenkt mit den spannenderen Dingen des Lebens von der Hitze ab: tollen Landschaften, tollen Festivals, tollem Essen und (natürlich!) tollem Wein.

In der Umgebung gibt es ebenfalls genug zu erkunden. Highlights sind die berühmten Weinbaugebiete Barossa und Clare Valley, die Klippen und Höhlen der Eyre Peninsula sowie die idyllische Landschaft der Yorke Peninsula, die der mächtige Fluss Murray in zwei Teile schneidet.

Man könnte meinen, das würde eigentlich schon reichen, doch Richtung Norden bedienen zudem die Flinderskette und der Stuart Hwy jedwede Outback-Fantasie – etwa mit Viehhöfen, indigener Kultur, rotem Sand, endlosen, geraden Straßen und ockerfarbenen Gipfeln.

Reisezeit

Adelaide

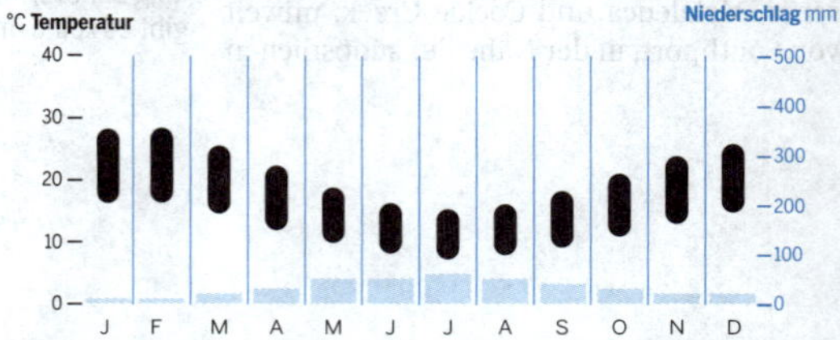

Feb.–März Adelaides Festsaison ist in vollem Gange: Die Highlights sind Fringe und WOMADelaide.

März–Mai Zwischensaison: Man umgeht die Hitze und genießt die herbstlichen Weinberge.

Juni–Aug. Leere Strände, erschwingliche Unterkünfte und Abendessen am Kamin.

ADELAIDE

1,34 MIO. EW.

Niveauvoll, kultiviert, lässig-adrett – so gibt sich Adelaide nach außen hin und bleibt seiner Vergangenheit als freie Siedlung ohne den Makel eines Strafkolonie-Status treu. Die Einwohner weisen gern auf diesen Umstand hin, dabei haben gerade die spießigen Ursprünge der „Stadt der Kirchen" Weiterentwicklungen eher behindert als gefördert. Verhaftet im altmodischen, trübsinnigen Einerlei und schmerzlich frei von Charisma, war die Stadt einst ein frommer, in sich gekehrter Ort.

Inzwischen liegen die Dinge anders. Multikulti-Aromen durchdringen Adelaides Restaurants, die Kunst- und Musikszene boomt, langweilige Samstagabende wurden aus dem Veranstaltungskalender verbannt. Klar, es gibt noch immer viele Kirchtürme, aber Kneipen und hippe Bars, die sich in kleinen Gassen verstecken, sind heute in der Mehrzahl.

An der Bahnlinie liegt der Strandabschnitt Glenelg. Hier zeigt sich Adelaide in Surfershorts. Ganz in der Nähe ist Port Adelaide, wo die Gentrifizierung zwar ihren Lauf nimmt, es aber noch immer herzlich zugeht.

Geschichte

South Australia wurde am 28. Dezember 1836 zur Provinz ernannt, als die ersten britischen Kolonisten in der Holdfast Bay (heute Glenelg) landeten. Ihr erster Gouverneur, Captain John Hindmarsh, nannte die Hauptstadt des Staates „Adelaide" nach der Frau des britischen Monarchen Wilhelm IV. Während die Oststaaten mit dem Stigma einer Sträflingsgesellschaft zu kämpfen hatten, waren South Australias Kolonisten freie Bürger – worauf viele Südaustralier auch heute noch gern aufmerksam machen.

SA hat sich seine sozial-progressive Überzeugung bewahrt: Gewerkschaften wurden 1876 legal, ab 1894 durften sich Frauen ins Parlament wählen lassen. Zudem war SA einer der ersten Staaten, an dem Frauen wählen durften, und der allererste, der Rassen- und Geschlechterdiskriminierung unter Strafe stellte, Abtreibungen erlaubte und gleichgeschlechtlichen Sex entkriminalisierte.

Sehenswertes

Central Adelaide

★ Central Market MARKT

(Karte S. 792; ☎ 08-8203 7494; www.adelaidecentralmarket.com.au; Gouger St; ⏰ Di 7–17.30, Mi & Do 9–17.30, Fr 7–21, Sa 7–15 Uhr) Egal, ob man zum Staunen oder zum Shoppen herkommt, an den über 250 Stände auf Adelaides sensationellem Central Market werden alle noch so geheimen kulinarischen Gelüste befriedigt. Ein Stückchen Salami vom Mettwurst Shop, eine Scheibe englischer Stilton vom Smelly Cheese Shop, ein Blaubeer-Joghurt vom Yoghurt Shop – hier gibt's einfach alles, was das Herz begehrt. Viel Glück bei dem Versuch, den Markt mit leerem Magen zu verlassen! Adelaides Chinatown liegt direkt nebenan. **Adelaide's Top Food & Wine Tours** (☎ 08-8386 0888; www.topfoodandwinetours.com.au) bietet geführte Touren an.

★ Art Gallery of South Australia GALERIE

(Karte S. 792; ☎ 08-8207 7000; www.artgallery.sa.gov.au; North Tce; ⏰ 10–17 Uhr) GRATIS Unter dem Gewölbe dieser Kunstgalerie kann man stundenlang über das Parkett wandeln und Werke namhafter australischer Künstler bestaunen. Die Dauerausstellungen umfassen australische Aborigine-, Torres-Strait-, asiatische, islamische, europäische sowie nordamerikanische Kunst (auch 20 Bronzeskulpturen von Rodin!). Im Untergeschoss sind moderne Wechselausstellungen zu sehen. Die Führungen (tgl. 11 & 14 Uhr) und Vorträge zur Mittagszeit (tgl. außer Di 12.30 Uhr) sind kostenlos. Auf der Rückseite ist ein nettes Café.

South Australian Museum MUSEUM

(Karte S. 792; ☎ 08-8207 7500; www.samuseum.sa.gov.au; North Tce; ⏰ 10–17 Uhr) GRATIS Das Museum bietet anhand von Sonderausstellungen über Wale und den Antarktisforscher Sir Douglas Mawson einen tiefen Einblick in die Naturgeschichte Australiens. In der Aboriginal Cultures Gallery gibt's Artefakte der Ngarrindjeri aus dem Coorong und der unteren Murray-Region zu sehen. Die Riesenkrake und der Löwe mit dem nervösen Schwanz sind die unbestrittenen Highlights. Die kostenlosen Führungen starten in der Woche um 11 Uhr und am Wochenende um 14 und 15 Uhr. Das zugehörige Café ist ein guter Ort zum Mittagessen oder Kaffeetrinken.

Adelaide Botanic Gardens GARTEN

(Karte S. 792; ☎ 08-8222 9311; www.botanicgardens.sa.gov.au; Ecke North Tce & East Tce; ⏰ Mo–Fr 7.15 Uhr–Sonnenuntergang, Sa & So ab 9 Uhr) GRATIS In den üppig grünen Gärten am Stadtrand kann man umherschlendern, joggen oder genüsslich in einem Groschenroman schmökern. Die Highlights sind u. a. das restaurier-

Highlights

1. **Adelaide** (S. 783) Im fantastisch umgebauten Adelaide Oval ein Kricket- oder AFL-Football-Spiel anschauen und danach in der „Unesco-Stadt der Musik" Livemusik genießen
2. **McLaren Vale** (S. 813) In der beliebtesten Weinregion SAs von einer Weinprobe zur nächsten schwanken
3. **Adelaide Hills** (S. 808) In Adelaides „Garten" Weingüter, Märkte und historische Städte besuchen
4. **Kangaroo Island** (S. 821) Auf „KI" dem Prusten der Robben lauschen und Meeresfrüchte genießen
5. **Flinders Ranges** (S. 859) Die wechselnden Farben des Sonnenuntergangs auf den Felswänden des 80 km^2 großen Talkessels Ikara (Wilpena Pound) bestaunen.
6. **Eyre Peninsula** (S. 854) In den unendlichen Weiten an der Westgrenze das Gestern (und Morgen) vergessen
7. **Robe** (S. 846) Einen oder zwei Tage verschnaufen, um sich die guten Weine und die Meeresfrüchte des Südostens zu gönnen
8. **Barossa Valley** (S. 831) Das deutsche Erbe in SAs produktiver Weinregion entdecken

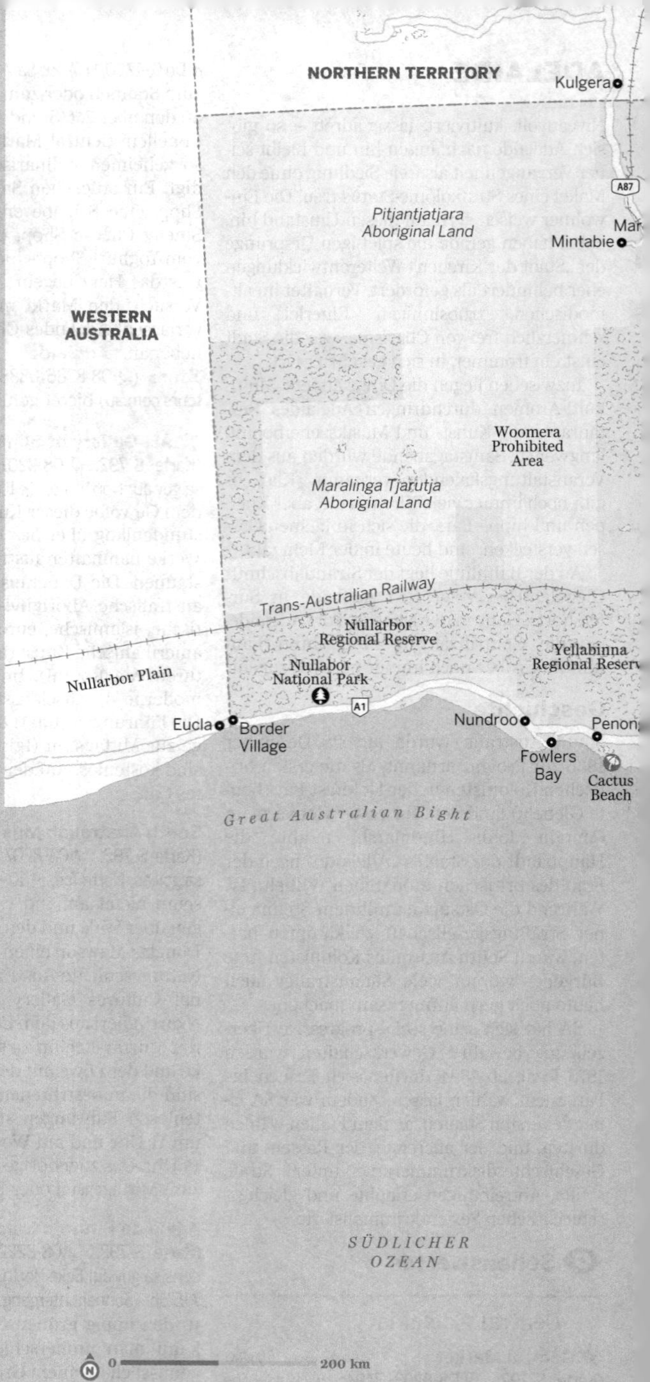

QUEENSLAND
Birdsville
Simpson Desert
Simpson Desert Conservation Park
Simpson Desert Regional Reserve
Innamincka Regional Reserve
Innamincka
Moomba
Cadney Homestead
Oodnadatta
Oodnadatta Track
Painted Desert
Breakaways Reserve
Moon Plain
Coober Pedy
A87
William Creek
Lake Eyre North
Lake Eyre National Park
Birdsville Track
Strzelecki Regional Reserve
Coward Springs
Lake Eyre South
Marree
Strzelecki Track
Woomera Prohibited Area
B83
Lyndhurst
Arkaroola
Vulkathunha-Gammon Ranges National Park
Roxby Downs
Copley
Leigh Creek
Tarcoola
Lake Frome
Flinders Ranges
Glendambo
Woomera
Pimba
Lake Torrens
NEW SOUTH WALES
Lake Gairdner
Flinders Ranges National Park
5 Flinders Ranges
Hawker
Broken Hill
Ceduna
A87
Port Augusta
Quorn
A32
Streaky Bay
Flinders Hwy
Mt. Remarkable National Park
Orroroo
Melrose
Peterborough
A1
6 Eyre Peninsula
Whyalla
Port Pirie
Jamestown
A32
Elliston
Flinders Island
Cowell
Lincoln Hwy
Burra
Clare
Kadina
Wallaroo
Mintaro
Clare Valley
Auburn
Moonta
Waikerie
Renmark
Paringa
Murray River
Coffin Bay
Spencer Gulf
Barossa Valley
Barmera
Berri
Tumby Bay
Yorke Peninsula
Gawler
8
Swan Reach
Loxton
Port Lincoln
Lincoln National Park
ADELAIDE 1
Mannum
Gulf St. Vincent
3
Murray Bridge
Innes National Park
McLaren Vale Wine Region 2
Adelaide Hills
Kingscote
9
Meningie
4 Kangaroo Island
Cape Jervis
Victor Harbor
Fleurieu Peninsula
Coorong National Park
A8
Keith
VICTORIA
Bordertown
B1
Kingston SE
Naracoorte
Robe 7
Penola
Beachport
Millicent
Mt. Gambier

te Palmenhaus von 1877, der Wasserlilien-Pavillon (mit der gigantischen *Victoria Amazonica*), die First Creek Wetlands, das spannende **Museum of Economic Botany** und der großartige Stahl- und Glasbogen des **Bicentennial Conservatory** (10–16 Uhr), unter dem ein tropischer Regenwald nachgebildet wurde. Die kostenlosen **Führungen** dauern eineinhalb Stunden und starten täglich um 10.30 Uhr am Schomburgk Pavilion. Das stilvolle **Botanic Gardens Restaurant** (Karte S. 792; ☎ 08-8223 3526; www.botanicgardensrestaurant.com.au; abseits vom Plane Tree Dr, Adelaide Botanic Gardens; 2-/3-Gänge 55/72 AU$; ⏲ Di–So 12–14.30, Fr & Sa 18.30–21 Uhr) befindet sich ebenfalls hier.

National Wine Centre of Australia WEINGUT

(Karte S. 792; ☎ 08-8313 3355; www.wineaustralia.com.au; Ecke Botanic & Hackney Rds; ⏲ Mo–Do 8–18, Fr bis 21, Sa 9–21, So bis 18 Uhr) GRATIS Die interaktive Ausstellung Wine Discovery Journey in diesem echt coolen Weinzentrum (es ist eigentlich mehr eine Forschungseinrichtung der University of Adelaide als ein Besucherzentrum) sollte man sich nicht entgehen lassen. Man bekommt einen Einblick in die Probleme, mit denen Winzer zu kämpfen haben, und kann virtuell seinen eigenen Jahrgang bewerten lassen. Jeden zweiten Freitag bekommt man um 16.30 Uhr Getränke kredenzt, oder man wagt sich ins Cellar Door und probiert sich dort bei geschickt automatisierten Verkostungen durch die Weine (ab 2,50 AU$).

Adelaide Zoo ZOO

(Karte S. 800; ☎ 08-8267 3255; www.zoossa.com.au/adelaide-zoo; Frome Rd; Erw./Kind/Fam. 34,50/19/88,50 AU$; ⏲ 9.30–17 Uhr) Etwa 1800 exotische und heimische Säugetiere, Vögel und Reptilien brüllen, knurren und kreischen in Adelaides wunderschönem Zoo von 1883. Alle 30 Minuten werden kostenlose Spaziergänge angeboten (es gibt auch längere Führungen und Nachttouren). Kids werden von den Fütterungen und dem Streichelzoo begeistert sein. Wang Wang und Fu Ni, die einzigen Großen Pandas Australiens sind die Publikumslieblinge (Pandemonium!). Weitere Highlights sind u. a. das Nachttier- und das Reptilienhaus. Wer Lust hat, kann mit Popeye (S. 790) auf dem Fluss zum Zoo schippern.

West Terrace Cemetery FRIEDHOF

(Karte S. 792; ☎ 08-8139 7400; www.aca.sa.gov.au; West Tce; ⏲ Nov.–April 6.30–18 Uhr, Mai–Okt. bis 20.30 Uhr) GRATIS Dieser unglaubliche alte Friedhof wurde 1837 angelegt und zählt inzwischen 150 000 Namen – ein interessantes Ziel für einen ruhigen und faszinierenden Abstecher. Es gibt fünf verschiedenen Tou-

ADELAIDE IN...

Zwei Tagen

Wer während eines Festivals, etwa dem WOMADelaide oder dem Fringe („Mad March") hier ist, kann sich einfach treiben lassen. Ansonten beginnt der Tag auf dem **Central Market** (S. 783), dann schlendert man durch die **Adelaide Botanic Gardens** (S. 783) und landet schließlich im National Wine Centre. Nach ein paar Bierchen im **Exeter Hotel** (S. 800) ist es Zeit für ein schickes Abendessen in der Rundle St (S. 796). Am nächsten Tag geht's zuerst in die **Art Gallery of South Australia** (S. 783) und weiter in das umgebaute **Adelaide Oval** mit der **Bradman Collection**. Danach schnappt man sich ein Taxi zur **Coopers Brewery**, nimmt an einer Führung teil und probiert ein oder zwei Bierchen. Schließlich fährt man mit der Straßenbahn nach **Glenelg**, wo man im Meer schwimmen und sich am Strand mit Fish & Chips belohnen kann.

Vier Tagen

Zunächst folgt man dem Zweitagesprogramm – vielleicht schiebt man noch das **South Australian Museum** (S. 783) und das **Jam Factory Contemporary Craft & Design Centre** (Karte S. 792; ☎ 08-8231 0005; www.jamfactory.com.au; 19 Morphett St; ⏲ Mo–Sa 10–17, So 12–16 Uhr) ein GRATIS –, dann füllt man seinen Picknickkorb auf dem Central Market mit Obst und Gemüse und macht einen Tagesausflug in die nahen **Adelaide Hills** (S. 808) oder die Weingegenden **McLaren Vale** (S. 813) oder **Barossa Valley** (S. 831). Tags darauf geht's in die Museen und historischen Kneipen in Port Adelaide (S. 787). Zurück in der Stadt lauscht man einer Band im **Grace Emily Hotel** (S. 801), bevor man in der **Gouger St** (S. 796) zu Abend isst.

ren; der 2 km lange Heritage Highlights Interpretive Trail führt an 29 wichtigen Stätten vorbei. Am Eingang an der West Terrace gibt es Broschüren. Geführte Touren starten dienstags und sonntags um 10.30 Uhr (10/5 AU$ pro Erw./Kind). Es gibt freitags zwei Nachttouren (25/15 AU$), die Zeiten variieren übers Jahr; mehr Infos gibt's auf der Website. Man muss telefonisch reservieren.

North Adelaide

★ Adelaide Oval AREAL

(Karte S. 800; ☎ 08-8205 4700; www.adelaideoval.com.au; King William Rd, North Adelaide; Führungen Erw./Kind 22/12 AU$; ⏲ Führungen tägl. 10, 11 & 14, Sa & So auch 13 Uhr) Im Adelaide Oval, dem angeblich schönsten Cricketstadion der Welt, werden im Sommer nationale und internationale Cricketspiele und im Winter die AFL- und die nationalen Footballspiele ausgetragen. Nach der Rundumsanierung finden jetzt 50 000 Zuschauer Platz – wenn da lauthals mitgefiebert wird, ist das ein wahrer Heimvorteil! An spielfreien Tagen gibt's 90-minütige **Führungen**, die am Riverbank Stand (Südeingang) unweit des War Memorial Dr starten; telefonisch reservieren oder online buchen.

In der **Bradman Collection** (Karte S. 800; ☎ 08-8211 1100; www.adelaideoval.com.au; War Memorial Dr, North Adelaide; ⏲ an spielfreien Tagen 9–16 Uhr) GRATIS können Fans von Don Bradman, dem größten Batsman (Schlagmann) aller Zeiten, Devotionalien der Cricketlegende bestaunen, eine Leihgabe der State Library of South Australia. Draußen vor dem Stadion schlägt eine Bronzestatue von „The Don" einen Cover Drive. Im Roofclimb Adelaide Oval (S. 791) kann man zudem die riesige Dachkuppel über dem heiligen Rasen erklimmen (eine Wahnsinnsaussicht!).

Innere Vororte

Coopers Brewery BRAUEREI

(Karte S.788; ☎ 08-8440 1800; www.coopers.com.au; 461 South Rd, Regency Park; 1-stündige Führung 27,50 AU$/Pers.; ⏲ Führungen Di–Fr 13 Uhr) Man kann unmöglich Adelaide besuchen, ohne eine Besichtigung der Coopers Brewery zumindest in Erwägung zu ziehen. Man sieht dabei das Brauhaus, die Abfüllhalle und das historische Museum, in dem man bei der Verkostung von Stouts, Ales und Lagers leicht mal hängen bleiben kann. Reservierung erforderlich; Mindestalter 18 Jahre. Die Brauerei liegt in den nördlichen Vororten, man erreicht sie mit dem Taxi oder geht vom Bahnhof Islington 1 km zu Fuß.

Penfolds Magill Estate Winery WEINGUT

(Karte S. 788; ☎ 08-8301 5569; www.penfolds.com; 78 Penfolds Rd, Magill; Verkostungen ab 10 AU$; ⏲ 9–18 Uhr) Das 100 Jahre alte Weingut ist die Wiege des bekanntesten australischen Weins – des legendären Granges. In der Kellerei kann man ihn probieren und im ausgezeichneten Restaurant oder im Bistro zu Abend essen. Zudem kann man eine Heritage Tour (20 AU$) mitmachen oder seinen Geldbeutel für die Great Grange Tour (150 AU$) plündern. Besichtigungstouren sollte man im Voraus buchen.

Glenelg

In Glenelg – auch „the Bay" genannt –, wo die ersten Kolonisten von SA anlegten, zeigt sich Adelaides Surferseele. Der Strand ist gen Westen gerichtet, und wenn die Sonne im Meer versinkt, füllen sich die Pubs und Bars mit Surfern, Backpackern und von der Sonne gezeichneten Sechzigjährigen. Die Straßenbahn rumpelt aus der Innenstadt hierher, vorbei an den Geschäften in der Jetty Rd bis zu den Freiluftcafés rund um den Moseley Sq.

Im **Glenelg Visitor Information Centre** (Karte S. 788; ☎ 08-8294 5833; www.glenelgsa.com.au; Glenelg Town Hall, Moseley Sq, Glenelg; ⏲ Mo–Fr 9–17, Sa & So 10–14 Uhr, im Winter kürzer) gibt's allgemeine Infos über die Region sowie Details zu Tauch- und Surfmöglichkeiten. Die kulturelle Karte *Kaurna yarta-ana* bietet Einblicke in die Aborigine-Kultur dieser der Gegend.

Von der Innenstadt gelangt man mit der Straßenbahn oder den Bussen 167, 168 oder 190 nach Glenelg.

Bay Discovery Centre MUSEUM

(Karte S. 788; ☎ 08-8179 9508; www.glenelgsa.com.au/baydiscover; Town Hall, Moseley Sq, Glenelg; Spende erwünscht; ⏲ Okt.–März 10–17 Uhr, April–Sept. bis 16 Uhr) Das bescheidene Museum ist in Glenelgs Rathaus von 1887 untergebracht und beleuchtet die Sozialgeschichte Glenelgs. Es erinnert auch an die indigenen Kaurna, die Land und Sprache verloren. Sehr sehenswert sind die Relikte, die am ursprünglichen Pier gefunden wurden, und die alten Jahrmarktautomaten.

Port Adelaide

Jahrzehntelang war Port Adelaide – 15 km nordwestlich der Stadt – wirtschaftlich un-

Adelaide

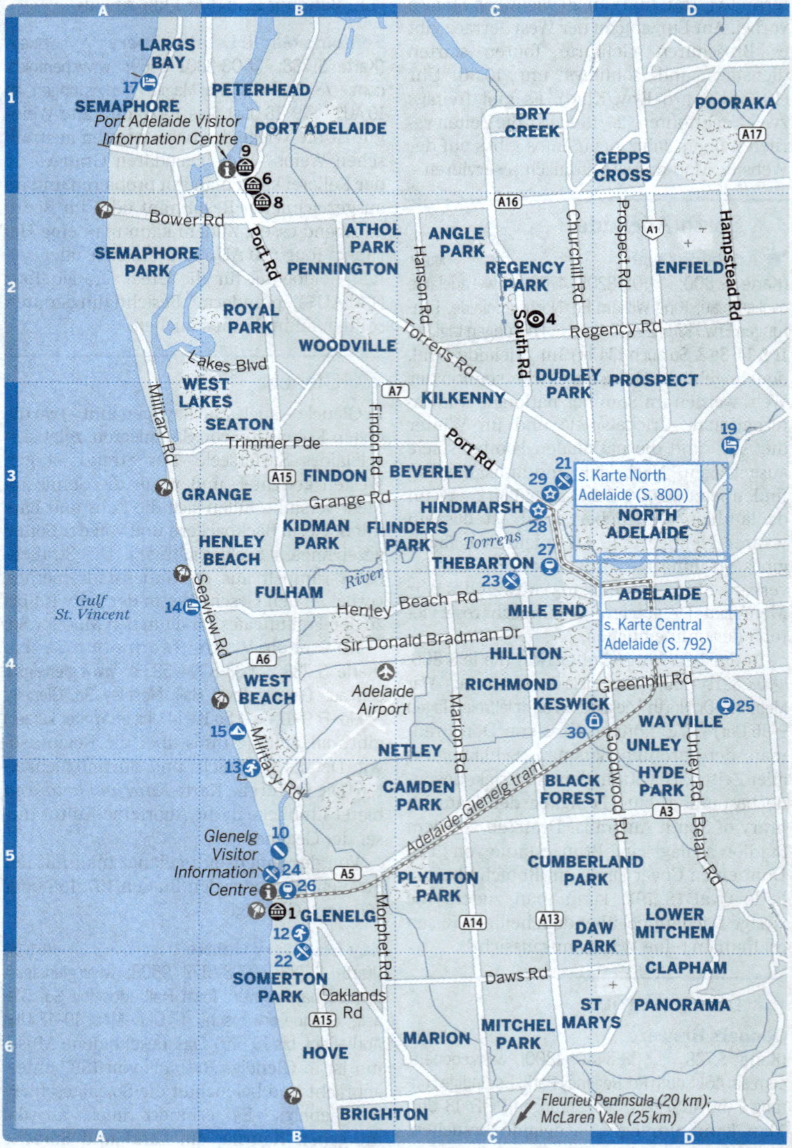

bedeutend. Aber auch hier hat die Gentrifizierung eingesetzt: alte Backsteinlagerhäuser werden in Galerien, schäbige Kneipen in edle Bierlokale umgewandelt. Auch ein Bio-Markt fehlt nicht. Der Ort hat Charme!

Wer die Gegend auf eigene Faust erkunden will, bekommt im hilfreichen **Port Adelaide Visitor Information Centre** (Karte S. 788; ☎08-8405 6560, 1800 629 888; www.portenf.sa.gov.au; 66 Commercial Rd, Port Adelaide; ⏲9–17 Uhr; 📶) jede Menge Broschüren über Geschichte, historische Kneipen und die Attraktionen des benachbarten Semaphore, einem sehr angesagten Strandvorort. Ange-

boten werden auch Aktivitäten wie Delfinbeobachtungstouren und Kajaktrips sowie herunterladbare Wandertour-Apps.

Adelaides einzige Straßenbahnlinie soll irgendwann bis Port Adelaide verlängert werden. Bis dahin muss man von North Tce den Bus 150 oder den Zug nehmen.

Adelaide

Sehenswertes

1 Bay Discovery Centre B5
2 Cleland Conservation Park F5
3 Cleland Wildlife Park F5
4 Coopers Brewery C2
5 Mt. Lofty F5
6 National Railway Museum B1
7 Penfolds Magill Estate Winery F3
8 South Australian Aviation Museum ... B2
9 South Australian Maritime Museum .. B1

Aktivitäten, Kurse & Touren

10 Adelaide Scuba B5
11 Eagle Mountain Bike Park F5
12 Glenelg Bicycle Hire B5
13 Mega Adventure B5

Schlafen

14 Adelaide Luxury Beach House A4
15 BIG4 Adelaide Shores B4
16 Crafers Hotel F6
Glenelg Beach Hostel .... (siehe 1)
17 Largs Pier Hotel A1
18 Mt. Lofty YHA F5
Port Adelaide Backpackers ...... (siehe 6)
19 Watson D3

Essen

20 Argo on the Parade E4
Cleland Café .... (siehe 3)
Good Life .... (siehe 1)
21 Jarmer's Kitchen C3
Low & Slow American BBQ .... (siehe 9)
22 Mestizo B5
Mt. Lofty Summit Restaurant... (siehe 5)
23 Parwana Afghan Kitchen C4
Zest Cafe Gallery .... (siehe 26)
24 Zucca B5

Ausgehen & Nachtleben

25 Earl of Leicester D4
Lighthouse Wharf Hotel .... (siehe 9)
26 Moseley B5
27 Wheatsheaf C3

Unterhaltung

28 Adelaide Entertainment Centre C3
29 Governor Hindmarsh Hotel C3
Thebarton Theatre .... (siehe 23)

Shoppen

30 Adelaide Farmers Market D4

South Australian Maritime Museum MUSEUM

(Karte S. 788; www.samaritimemuseum.com.au; 126 Lipson St, Port Adelaide; Erw./Kind/Fam. 10/5/25 AU$; tgl. 10–17 Uhr, Leuchtturm So–Fr 10–14 Uhr) Dieses Meeresmuseum ist das älteste seiner Art in Australien. Zu den Highlights gehören das kultige **Port Adelaide**

Lighthouse (1 AU$ nur Leuchtturm, ansonsten im Museumseintritt enthalten), die vollbusigen Gallionsfiguren, die von überallher zwischen Londonderry und Quebec stammen, Ausstellungen über Schiffswracks und Entdecker sowie eine Datenbank über die frühen Einwanderer. Führungen in der nahegelegenen Torrens Island Quarantine Station erfragen.

Aktivitäten

Zu Lande

Adelaide ist flach wie ein Pfannkuchen und folglich perfekt zum Radeln und Wandern geeignet (sofern es nicht zu heiß ist!). Räder dürfen in Zügen mitgenommen werden, wenn Platz ist (man muss aber ein Ticket für das Fahrrad kaufen), in Bussen und Straßenbahnen sind sie verboten.

Trails SA (www.southaustraliantrails.com) bietet Infos zu Rad- und Wanderwegen in der Broschüre *40 Great South Australian Short Walks*, die man auch von der Website runterladen kann.

In den Adelaide Botanic Gardens (S.783) werden kostenlose geführte Spaziergänge angeboten. Der **Linear Park Trail** am Flussufer ist ein 40 km langer Wander-/Radweg von Glenelg bis zum Fuß der Adelaide Hills, der die meiste Zeit am Torrens River entlangführt. Es gibt zwei Broschüren, die die Route von der Stadt bis zu den Bergen sowie von der Stadt bis zum Strand abdecken; oder man lädt sich Karten auf der Seite www.southaustraliantrails.com herunter. Eine weitere beliebte Wanderung ist auch der steile **Waterfall Gully Track** (hin & zurück 3 Std.) zum Gipfel des Mt. Lofty und zurück.

Ein kostenloses **Adelaide Free Bike** für einen Tag gibt's bei Bicycle SA (S. 807).

Eagle Mountain Bike Park MOUNTAINBIKEN
(Karte S.788; www.bikesa.asn.au/ridemapslist; Mt Barker Rd, Leawood Gardens; ⌚ Sonnenaufgang–Sonnenuntergang) GRATIS Mountainbiker sollten unbedingt den Eagle Mountain Bike Park in den Adelaide Hills aufsuchen; er hat 21 km anspruchsvoller Trails zu bieten. Auf der Website steht die Wegbeschreibung.

Adelaide Bowling Club BOWLING
(Karte S. 792; ☎ 08-8223 5516; www.adelaidebowlingclub.com.au; 58 Dequetteville Tce; 15 AU$/Pers.; ⌚ Okt.–März So 12 Uhr–open end) In diesem alten Club direkt östlich des CBD kann man Sonntagnachmittags beim Sunday Superbowlz entspannt einige Bowlingkugeln werfen. Mittagessen und ein paar Bierchen zum Runterspülen gibt's im Clubhaus.

Mega Adventure ABENTEUERSPORT
(Karte S. 788; ☎ 1300 634 269; www.megaadventure.com.au; 4 Hamra Ave, West Beach; Erw./Kind 55/48 AU$; ⌚ Mo–Fr 11–18, Sa & So 10–18 Uhr, letzter Einlass 16 Uhr) Hinter den West-Beach-Dünen findet man diese imposante Stahlstruktur, ausgestattet mit Seilen, Rampen, Schaukeln, Plattformen und anderen krassen Vorrichtungen, von denen man sich in bedrohlichen Höhen baumeln lassen kann. Ein großer Spaß für Unerschrockene!

Zu Wasser

In Adelaide wird's im Sommer *riiiichtig* heiß. Abkühlen kann man sich am Strand von Glenelg oder beim Wassersport. Eine weitere Option sind Flussfahrten mit **Popeye** (Karte S. 792; ☎ 0400 596 065; www.thepopeye.com.au; hin & zurück Erw./Kind 15/8 AU$, einfach 10/5 AU$; ⌚ 10–16 Uhr, im Winter kürzer) auf dem Torrens River. DAs geht auch mit deren kleinen **Paddle Boats** (Karte S. 792; ☎ 0400 596 065; www.facebook.com/popeyeadelaide; Elder Park; Boot 15 AU$/30 Min.; ⌚ 10–17 Uhr, im Winter kürzer). **Rymill Park Rowboats** (Karte S.792; ☎ 08-8232 2814; Rymill Park, East Tce; Boot 10 AU$/30 Min.; ⌚ Sa & So 8–16.30 Uhr) an der Ostseite des CBD ist auch zu empfehlen.

Adventure Kayaking SA KAJAKFAHREN
(☎ 08-8295 8812; www.adventurekayak.com.au; Touren Erw./Kind ab 50/25 AU$, Kajakverleih 1/2/3-Sitzer 40/60/80 AU$ pro 3 Std.) Familienfreundliche Kajaktouren an der Mündung des Port River (Delfine, Mangroven, Schiffswracks). Man kann auch Kajaks und Stehpaddelboote mieten, inklusive individueller Touren.

Adelaide Aquatic Centre SCHWIMMEN
(Karte S. 800; ☎ 08-8203 7665; www.adelaideaquaticcentre.com.au; Jeffcott Rd, North Adelaide; Erw./Kind/Fam. 8,50/6,50/23 AU$; ⌚ Mo–Fr 6–21, Sa & So 7–19 Uhr) Das der Stadt am nächsten gelegene Schwimmbad mit Schwimmhalle, Tauchbecken, Fitnessraum, Sauna, Spa und Café.

Adelaide Scuba TAUCHEN
(Karte S. 788; ☎ 08-8294 7744; www.adelaidescuba.com.au; Patawalonga Frontage, Glenelg North; ⌚ Mo–Fr 9–17.30, Sa & So 8–17 Uhr) Verleiht Schnorchelausrüstung (30 AU$/Tag) und veranstaltet Tauchgänge (1/2 Tauchgänge 50/100 AU$). Es gibt auch Tauchkurse über zwei Wochenenden für 399 AU$.

ADELAIDE MIT KINDERN

Es wird wenige Kinder geben, denen eine **Tramfahrt** von der Stadt nach Glenelg (S. 787) nicht gefällt (Kinder unter 5 Jahren fahren kostenlos!). Eher wird man Probleme haben, sie wieder zum Aussteigen zu bewegen. Die Aussicht auf ein Bad im flachen Wasser am **Strand** und auf eine Portion Fish & Chips danach könnte aber helfen.

In den Schulferien bieten das **South Australian Museum** (S. 783), die **State Library of South Australia** (S. 805), die **Art Gallery of South Australia** (S.783), der **Adelaide Zoo** (S. 786) und die **Adelaide Botanic Gardens** (S. 783) tolle kinder- und familienfreundliche Programme mit leicht verständlichen interaktiven Ausstellungen an. In der Art Gallery gibt's am ersten Sonntag im Monat von 11 bis 15 Uhr auch das Kinderprogramm **START at the Gallery** mit Führungen, Musik und mehr.

Mit **Popeye** (S. 790) kann man über den Fluss schippern. Auch eine Fahrt im **Paddelboot** (S. 790) von **Rymill Park Rowboats** (S. 790) oder anderen Anbietern macht viel Spaß.

In Port Adelaide kann man sich das **Maritime Museum** (S. 789), das **National Railway Museum** (Karte S. 788; www.natrailmuseum.org.au; 76 Lipson St, Port Adelaide; Erw./Kind/Fam. 12/6/32 AU$; ⏲10–16.30 Uhr) oder das **South Australian Aviation Museum** (Karte S. 788; www.saam.org.au; 66 Lipson St, Port Adelaide; Erw./Kind/Fam. 10/5/25 AU$; ⏲10.30–16.30 Uhr) anschauen oder an einem **Delfinbeobachtungstörn** teilnehmen.

Die kostenlose Monatszeitschrift *Child* (www.childmags.com.au) erhält man in Cafés und Bibliotheken. Sie ist zwar recht anzeigenlastig, enthält aber auch eine umfangreiche Auflistung der aktuellen Veranstaltungen.

Um sich mit Kindern in der Stadt zu bewegen, sind Adelaides Busse und Züge wirklich gut geeignet. Natürlich ist die Straßenbahn die beste Wahl, wenn man einen Kinderwagen schiebt. Zu Fuß geht es allerdings auch sehr gut, da die Stadt flach ist wie eine Flunder. Wickelmöglichkeiten gibt es in manchen öffentlichen Toiletten und in großen Kaufhäusern: David Jones in der Rundle Mall ist zu empfehlen. **Dial-an-Angel** (☎1300 721 111, 08-8338 3433; www.dialanangel.com.au; 6/202-208 Glen Osmond Rd, Fullarton) vermitteln Babysitter.

☞ Geführte Touren

★Adelaide City Explorer GEFÜHRTE TOUR
(www.adelaidecityexplorer.com.au) Ausgezeichnete neue Spaziergänge durch die Stadt zum Downloaden, gesponsert vom Adelaide City Council und dem National Trust (der Schwerpunkt geht eindeutig Richtung Architektur). Man lädt einen der insgesamt 15 Themenwege – Art déco, Pubs, North Tce, Outdoor-Kunst, Bäume etc. – auf sein Handy und läuft einfach los.

RoofClimb Adelaide Oval KLETTERN
(Karte S. 800; ☎08-8331 5222; www.roofclimb.com.au; Adelaide Oval, King William Rd, North Adelaide; Erw. Tag/Dämmerung 99/109 AU$, Kind 69/79 AU$) Nach der Sydney Harbour Bridge und der Story Bridge in Brisbane kann man jetzt auch die Dächer des Adelaide Oval (S. 791) erklimmen. Und die Aussicht ist umwerfend! Kinder dürfen auch hinauf, aber alle Kletterer müssen mindestens 120 cm groß sein und dürfen höchstens 136 kg wiegen. Für 225 AU$ kann man vom Dach aus sogar ein Viertel eines Footballspiels beobachten!

Escapegoat MOUNTAINBIKEN
(☎0422 916 289; www.escapegoat.com.au) 🍃 Die Hänge des 727 m hohen Mt. Lofty nach Adelaide runtersausen (99 AU$) oder eintägige Radausflüge durch die Gegend McLaren Vale (129 AU$) unternehmen. Radtouren durch die Flinders Ranges sind auch möglich.

Bookabee Tours KULTUR
(☎08-8235 9954; www.bookabee.com.au) 🍃 Die von Aborigines geleiteten halb-/ganztägigen Stadttouren (180/255 AU$) mit dem Schwerpunkt Bush Food führen in die Adelaide Botanic Gardens, zum Tandanya National Aboriginal Cultural Institute und zum South Australian Museum. Man erhält einen tollen Einblick in die Kultur der Kaurna.

Haunted Horizons GEFÜHRTE TOUR
(☎0407 715 866; www.adelaidehauntedhorizons.com.au; 35 AU$/Erw.) Auf diesen zweistündigen, nächtlichen Führungen durch die Adelaide Arcade können sich Erwachsene gru-

Central Adelaide

seln oder bei einem Spaziergang durch das East End die makabre, blutrünstige, geheimnisvolle Vergangenheit der Stadt erleben.

Feste & Events

Tour Down Under SPORT
(www.tourdownunder.com.au) Die weltbesten Radfahrer schwitzen bei sechs Rennen durch Städte in SA in ihre Lycra-Hemden. Das Finale findet in Downtown Adelaide statt.

Adelaide Fringe DARSTELLENDE KÜNSTE
(www.adelaidefringe.com.au) Das alljährlich im Februar und März stattfindende unabhängige Festival wird nur vom Edinburgh Fringe getoppt. Funkig, unvorhersehbar und einfach nur umwerfend. Hingehen!

Adelaide Festival DARSTELLENDE KÜNSTE
(www.adelaidefestival.com.au) Hochkarätige internationale und australische Tanz-, Theater-, Oper-, Literatur- und Theateraufführungen. Keinesfalls versäumen sollte man die Northern Lights entlang der North Tce, wenn die Sandsteingebäude angestrahlt werden – und den genussfreudigen Late-Night-Club.

WOMADelaide MUSIK
(www.womadelaide.com.au; ⏲ März) Eines der weltbesten Live-Musik-Events mit mehr als

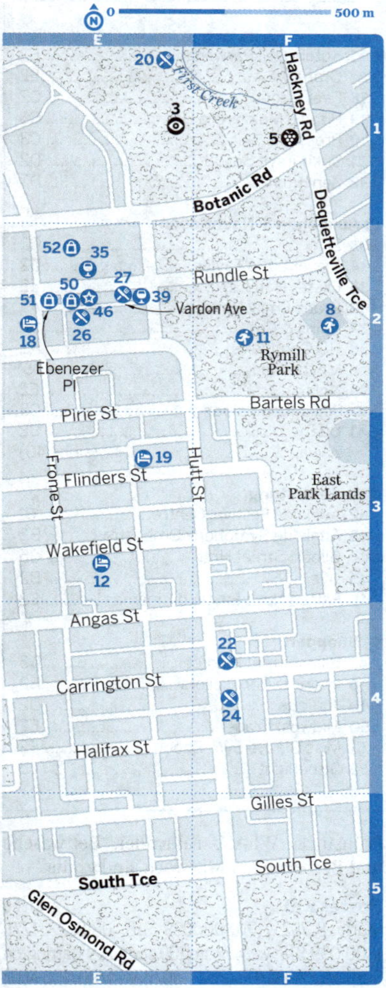

300 Musikern und Künstlern aus aller Herren Länder. Perfekt für Familien und New-Age-Fans.

Clipsal 500 SPORT
(www.clipsal500.com.au) PS-Freaks geraten außer Rand und Band, wenn Adelaides Straßen im März vier Tage lang als Rennstrecke – Holden vs. Ford – dienen. Gleichzeitig findet ein riesiges Rockkonzert statt (schon mit dabei waren Kiss, Cold Chisel und Mötley Crüe).

Tasting Australia ESSEN & TRINKEN
(www.tastingaustralia.com.au; ⌚Mai) Kulinarische Spitzenzeit in der Stadt und den umliegenden Weinregionen. Es gibt Kurse, Vorführungen, Gespräche und viel Essbares.

Adelaide Cabaret Festival DARSTELLENDE KÜNSTE
(www.adelaidecabaretfestival.com; ⌚Juni) Das einzige seiner Art im ganzen Land. Eine willkommene Stärkung im dunklen und winterlichen Juni Adelaides.

Adelaide Guitar Festival MUSIK
(www.adelaideguitarfestival.com.au) Jährliches Gitarrenfestival mit jeder Menge Rock, Klassik, Country, Blues und Jazz. Es findet im August statt (wenn es nicht viel anderes zu tun gibt).

South Australian Living Artists Festival KUNST
(SALA; www.salafestival.com.au) Im August gibt's überall in der Stadt progressive Ausstellungen und Exponate.

City to Bay SPORT
(www.city-bay.org.au) Jedes Jahr im September findet der 12 km lange Volkslauf von der Stadt nach Glenelg (auch bekannt als „the Bay") statt – und dabei sind jede Menge Blut, Schweiß und Tränen im Spiel.

OzAsia Festival KULTUR
(www.ozasiafestival.com.au) Essen, Kunst, Konversation, Musik und das faszinierende Moon Lantern Festival. Zwei Wochen im September/Oktober.

Feast Festival LGBT
(www.feast.org.au) Adelaides großes Schwulen- und Lesbenfestival läuft über zwei Wochen im Oktober/November mit Karneval, Theater, Gesprächsrunden und Tanz.

Christmas Pageant KULTUR
(www.cupageant.com.au) Seit über 70 Jahren eine Institution in Adelaide – kitschige alte Festwagen, Bands und Marschkapellen bevölkern (seltsamerweise) im November einen Tag lang die Straßen.

Schlafen

Central Adelaide

Adelaide Central YHA HOSTEL $
(Karte S. 792; ☎08-8414 3010; www.yha.com.au; 135 Waymouth St; B ab 31 AU$, DZ ohne/mit Bad 90/110 AU$, FZ ab 121 AU$; P ❄ @ 📶) Das YHA ist nicht unbedingt für eine besondere Geselligkeit bekannt, aber dafür findet man in den geräumigen, gemütlichen Zimmern mit

Central Adelaide

Highlights
1 Art Gallery of South Australia D1
2 Central Market C4

Sehenswertes
3 Adelaide Botanic Gardens E1
4 Jam Factory Contemporary Craft & Design Centre B2
5 National Wine Centre of Australia F1
6 South Australian Museum D1
7 West Terrace Cemetery A5

Aktivitäten, Kurse & Touren
8 Adelaide Bowling Club F2
9 Paddle Boats B1
10 Popeye C1
11 Rymill Park Rowboats F2

Schlafen
12 Adabco Boutique Hotel E3
13 Adelaide Central YHA B3
14 Backpack Oz D3
15 Hostel 109 .... D4
16 Hotel Richmond D2
17 Mayfair Hotel C2
18 Roof Garden Hotel E2
19 Soho Hotel E3

Essen
20 Botanic Gardens Restaurant E1
21 Café Troppo B5
Central Market .... (siehe 2)
22 Chianti F4
23 Gondola Gondola C2
24 Good Life F4
25 Jasmin Indian Restaurant D2
26 Kutchi Deli Parwana E2
27 Orana E2
28 Peel Street C2
29 Pizza e Mozzarella Bar C3
30 Press C3
31 Sukhumvit Soi.38 .... D2
32 Zen Kitchen D2

Ausgehen & Nachtleben
33 2KW C2
34 Clever Little Taylor C2
35 Exeter Hotel E2
36 Grace Emily Hotel A3
37 Hains & Co C2
38 HQ Complex A2
Maybe Mae .... (siehe 28)
39 Nola E2
40 Pink Moon Saloon C2
41 Udaberri C2
Zhivago .... (siehe 40)

Unterhaltung
42 Adelaide Festival Centre C1
43 Adelaide Symphony Orchestra B2
44 Gilbert Street Hotel C5
45 Jive B2
46 Palace Nova Eastend Cinemas E2

Shoppen
47 Gilles Street Market D5
48 Imprints Booksellers B2
49 Jurlique D2
50 Midwest Trader E2
51 Miss Gladys Sym Choon E2
52 Streetlight E2

makellosen Bädern einen ruhigen Schlaf. Ein wirklich schmuckes Hostel, in dem Sicherheit groß geschrieben wird. Es gibt eine geräumige Küche und einen Gemeinschaftsbereich. Auf jeden Fall eine Steigerung zu den durschnittlichen Backpackerunterkünften in der Stadt! Parken in der Gegend kostet 10 AU$ am Tag, aber die Pancakes (Di & Fr) sind umsonst.

Backpack Oz HOSTEL **$**
(Karte S. 792; ☎08-8223 3551, 1800 633 307; www.backpackoz.com.au; Ecke Wakefield & Pulteney Sts; B 24–30 AU$, EZ/DZ/3BZ/4BZ 65/75/80/96 AU$; ❄📶) Von außen macht dieser umgebaute Pub (das alte Orient Hotel) nicht viel her, aber innen bietet er genau die richtige Mischung aus Partyfeeling und Beschaulichkeit. Die Schlafsäle sind geräumig und auf der anderen Straßenseite gibt's zusätzlich eine schlichte Pension (gut für Paare, kostet etwa 10 AU$ mehr). In der Bar gibt's kühles Bier und einen Billardtisch. Frühstück, WLAN, Fahrräder, Bettwäsche und Barbecue am Mittwoch sind gratis.

Hostel 109 HOSTEL **$**
(Karte S. 792; ☎1800 099 318, 08-8223 1771, 1800 099 318; www.hostel109.com; 109 Carrington St; B/EZ/2BZ/DZ/3BZ 30/65/74/90/105 AU$; ❄@📶) Kleines, gut geführtes Hostel in einer ruhigen Ecke der Stadt mit ein paar winzigen Balkonen über der Straße und einem gemütlichen Gemeinschaftsbereich mit Küche. Das Haus ist sauber, freundlich und bietet auch Schließfächer, Reiseinfos, viel Sicherheit und einen Gasherd. Der einzige Nachteil: Die Zimmer haben Fenster zu Lichtschächten und nicht zur Straße. An der Straße darf man ab 17 Uhr kostenlos parken.

★ **Adabco Boutique Hotel** BOUTIQUEHOTEL **$$**
(Karte S. 792; ☎08-8100 7500; www.adabcohotel.com.au; 223 Wakefield St; DZ/FZ ab 140/185 AU$; ❄📶) Das ausgezeichnete, mit Stei-

nen verkleidete Boutiquehotel, das 1894 im Venetian-Gothic-Stil errichtet wurde, war früher eine Ausbildungsstätte für Aborigines, eine Rollschuhbahn und eine Abseil-Location! Jetzt warten hier drei Stockwerke mit schönen Zimmern auf Gäste. Die Zimmer sind mit interessanten Kunstwerken geschmückt und haben qualitativ hochwertiges Bettzeug. Frühstück, WLAN und lächelndes Personal sind inklusive.

Soho Hotel HOTEL $$
(Karte S. 792; ☎08-8412 5600; www.thesohohotel.com.au; 264 Flinders St; DZ ab 159 AU$; P ❄ ☰ ≋) Hier soll das Flair des Londoner Viertels Soho heraufbeschworen werden. Die superschicken Suiten (einige mit Spa, die meisten mit Balkon) in Adelaides East End bieten luxuriöse Bettwäsche, Zimmerservice rund um die Uhr und Bäder aus italienischem Marmor. Einen Whirlpool auf dem Dach und ein fabelhaftes Restaurant gibt's auch. Wochentags sinken die Preise. Parkplätze sind vorhanden (ab 20 AU$), kostenloses WLAN.

Roof Garden Hotel HOTEL $$
(Karte S. 792; ☎1800 008 499, 08-8100 4400; www.majestichotels.com.au; 55 Frome St; DZ ab 162 AU$; P ❄ @ ☰) In dieser zentralen Unterkunft im japanischen Stil sieht alles neu aus. Am besten bucht man ein Zimmer zur Frome St mit Balkon und toller Aussicht (die Rundle St ist nur ein paar Meter weiter). Alternativ macht man es sich mit einer Flasche Wein auf der namensgebenden grünen Dachterrasse gemütlich und bewundert den Sonnenuntergang. Kostenloses WLAN und gute Angebote für spontan Anreisende. Parken kostet ab 20 AU$ pro Tag.

Hotel Richmond HOTEL $$
(Karte S. 792; ☎08-8215 4444; www.hotelrichmond.com.au; 128 Rundle Mall; DZ ab 165 AU$; P ❄ ☰) Dieses opulente Hotel in einem eleganten Gebäude aus den 1920er-Jahren in der Mitte der Rundle Mall bietet moderne, minimalistisch eingerichtete Zimmer mit Doppelbetten, Marmorbädern, Möbeln aus amerikanischer Eiche und italienischen Einrichtungsgegenständen. Und man kann sogar die Fenster öffnen – eine echte Seltenheit in Hotels. Im Preis enthalten sind Filme und Zeitungen. Parken kostet ab 20 AU$ pro Tag.

★ **Mayfair Hotel** HOTEL $$$
(Karte S. 792; ☎08-8210 8888; www.mayfairhotel.com.au; 45 King William St; DZ ab 215 AU$; P ❄ @ ☰) Die Wasserspeier des Gebäudes der Colonial Mutual-Versicherung aus dem Jahr 1934 bewachten jahrzehntelang viele leere Zimmer (war da etwa jemand schlecht versichert?), aber die alte Dame wurde in Form des sehr luxuriösen Mayfair Hotels wieder zum Leben erweckt. Es ist wunderbar ausgestattet – mit unzähligen Bars, Lokalen und lächelndem, gut aussehendem Personal, wo man nur hinsieht. Einfach genießen! Parken kostet 20 AU$.

North Adelaide

Greenways Apartments APARTMENT $$
(Karte S. 800; ☎08-8267 5903; www.greenwaysapartments.com.au; 41-45 King William Rd, North Adelaide; 1-/2-/3-Zi.Apt. 132/175/250 AU$; P ❄ ☰) Die Apartments von 1938 sind nicht gerade luxuriös, aber wer Aversionen gegen den offenen Wohnstil des 21. Jhs. hegt, ist im Greenways bestens aufgehoben. Wo sonst kann man zu solchen Preisen in derart zentralen Apartments übernachten? Ein Muss für Cricketfans, denn das Adelaide Oval ist nur ein paar Schritte entfernt – bei Testspielen unbedingt früh buchen. Die Bäder wurden frisch saniert.

Minima Hotel HOTEL $$
(Karte S. 800; ☎08-8334 7766; www.majestichotels.com.au; 146 Melbourne St, North Adelaide; DZ ab 100 AU$; P ❄ @ ☰) Das Minima ist voller Wandgemälde und bietet kompakte, aber stylishe, von unterschiedlichen Künstlern aus SA dekorierte Zimmer in toller Lage in der Melbourne St (man wacht auf und riecht den Kaffee). Begrenzte Parkmöglichkeiten ab 10 AU$ pro Nacht.

O'Connell Inn MOTEL $$
(Karte S. 800; ☎08-8239 0766; www.oconnellinn.com.au; 197 O'Connell St, North Adelaide; DZ/FZ ab 175/200 AU$; P ❄ ☰) Es ist absurderweise schwer, in Adelaide ein anständiges Motel zu finden (die meisten sind in den 90er-Jahren stecken geblieben), aber dieses hier wird dem neuen Jahrhundert gerecht, wozu neue Bäder und farbenfrohe Aborigine-Kunst beitragen. Es ist eine kleine, freundliche und erschwingliche Unterkunft in Superlage – praktisch für Streifzüge Richtung Norden nach Barossa, Clare, Flinders etc. Es gibt auch Apartments.

Innere Vororte

Adelaide Caravan Park CAMPING $
(Karte S. 800; ☎08-8363 1566; www.aspenholidayparks.com.au/our-parks/adelaide-caravan-park;

46 Richmond St, Hackney; Stellplatz mit Strom ab 39 AU$, Hütte & Wohneinheit ab 112 AU$; P ❄ 📶 🏊) Kleiner Park ohne großen Schnickschnack am River Torrens, versteckt an einer ruhigen Straße 2 km nordöstlich des Zentrums. Sauber und gepflegt, mit etwas grünem Rasen, wenn der Sommer nicht zu weit fortgeschritten ist (aber dann gibt's einen Pool).

Watson BOUTIQUEHOTEL **$$**
(Karte S. 788; ☎08-7087 9666, 1800 278 468; www.artserieshotels.com.au/watson; 33 Warwick St, Walkerville; DZ ab 165 AU$, 1-/2-Zi.-Suite ab 216/280 AU$, B&B ab 275 AU$; P ❄ 📶 🏊) Das Watson (nach dem einheimischen Künstler Tommy Watson, dessen Werke das Hotel schmücken) ist ein schicker, mehrstöckiger Komplex mit 115 Wohneinheiten, 4 km nördlich des CBD in Walkerville (leicht zu erreichen). Früher mal beherbergten die Zimmer die Büros des Ministeriums für Infrastruktur. Die Rezeption ist rund um die Uhr besetzt, man kann kostenlos Fahrräder leihen, es gibt einen Fitnessraum, ein Sportbecken, Parkplätze umsonst, einen Autoverleih … Was will man mehr?

Glenelg, Port Adelaide & Umgebung

Glenelg Beach Hostel HOSTEL **$**
(Karte S. 788; ☎08-8376 0007, 1800 359 181; www.glenelgbeachhostel.com.au; 1–7 Moseley St, Glenelg; B/EZ/DZ/FZ ab 25/60/70/110 AU$; 📶) Ein paar Straßen hinter dem Strand befindet sich dieses schöne alte Haus von 1878, Adelaides Perle unter den Budgetunterkünften. Die Zimmer sind mit Ventilatoren und historischen Details ausgestattet und haben keine Etagenbetten. Zudem gibt's kaltes Coopers in der Kellerbar (mit Livemusik am Wochenende), offene Kamine, hohe Decken, Schlafsäle nur für Frauen, kostenlose Parkplätze am Straßenrand und einen Biergarten im Hof. Für den Sommer weit im Voraus buchen!

BIG4 Adelaide Shores CAMPING **$**
(Karte S. 788; ☎08-8355 7320, 1800 444 567; www.adelaideshores.com.au; 1 Military Rd, West Beach; Stellplatz mit Strom 40–55 AU$, Öko-Zelt 109 AU$, 1-/2-Bett-Hütten ab 109/159 AU$; P ❄ 📶 🏊) Versteckt hinter den West-Beach-Dünen, von wo ein Wander-/Radweg nach Glenelg (3,4 km) in die eine Richtung und nach Henley Beach (3,5 km) in die andere führt, ist dieser große Holidaypark im Sommer eine gute Wahl. Es gibt Stellplätze im Grünen, fest aufgebaute „Ökozelte" und schicke Hütten. Auch Delfine gucken ab und zu vorbei.

Port Adelaide Backpackers HOSTEL **$**
(Karte S. 788; ☎08-8447 6267; www.portadelaidebackpackers.com.au; 24 Nile St, Port Adelaide; B/EZ ab 19/60 AU$, DZ ohne/mit Bad ab 65/100 AU$; P ❄ 📶) Die Fans von Port Adelaide sind einfach happy: Es gibt hier eine neue entspannte Backpackerbleibe. Die umgestaltete Seemannslodge liegt in Port Adelaides historischem Zentrum. Moderne Bäder, Waschküche, kostenloses WLAN und Parken an der Straße.

★ **Largs Pier Hotel** HOTEL **$$**
(Karte S. 788; ☎08-8449 5666; www.largspierhotel.com.au; 198 Esplanade, Largs Bay; DZ/FZ/Apt. ab 164/184/199 AU$; P ❄ 📶) Überraschung! Im verschlafenen Strandort Largs Bay, 5 km nördlich von Port Adelaide, taucht dieses wunderbare, 130 Jahre alte, dreistöckige Märchenhotel auf. Die Zimmer haben hohe Decken, große Betten, Taupe-und-Schokoladentöne sowie Meerblick. An einer Seite befindet sich ein niedriger Flügel mit Motelzimmern; Apartments gibt's auf der anderen Straßenseite. Etwas Klatsch gefällig? Es heißt, in ihren wilden Zeiten spielten AC/DC und Cold Chisel häufiger hier.

Adelaide Luxury Beach House FERIENHAUS **$$$**
(Karte S. 788; ☎0418 675 339; www.adelaideluxurybeachhouse.com.au; 163 Esplanade, Henley Beach; 3-/4-Bett-Zimmer 590/630 AU$; P ❄ 📶) Wer möchte nicht gerne mal am Meer wohnen? Adelaides Strände liegen Richtung Westen, es gibt also sagenhafte Sonnenuntergänge zu bewundern. Man sitzt mit einem Sundowner auf der Terrasse dieses modernen Strandhauses und sieht zu, wie der große orangefarbene Himmelskörper im Meer versinkt. Es ist ein elegantes, dreigeteiltes Gebäude mit vier Schlafzimmern und Platz für 12 Personen. Teuer, aber sehr schön und mal was anderes in Sachen Unterkunft in Adelaide.

Essen

Gourmets strömen ins West End in die angesagte Gouger (sprich „Gu-dscher") St, nach Chinatown und zum Central Market. Es gibt hier auch ein paar tolle Kneipen. Sogar auf der künstlerisch angehauchten, alternativen Hindley St – so etwas wie Adelaides kleines schmutziges Geheimnis – findet man jede

Menge gute Lokale. Im East End bieten die Rundle St und die Hutt St diverse Terrassencafés und Möglichkeiten zum Leutegucken. In North Adelaide gibt es auf der Melbourne St und der O'Connell St viele Bistros, Cafés und Kneipen.

Central Adelaide

★ Central Market MARKT $

(Karte S. 792; ☎ 08-8203 7494; www.adelaidecentralmarket.com.au; Gouger St; ⏲ Di 7–17.30, Mi & Do 9–17.30, Fr 7–21, Sa bis 15 Uhr) Der Markt ist eine Herausforderung für die Sinne: ein Feuerwerk von Gerüchen, Farben und Standbesitzern, die lauthals frisches Gemüse, Brot, Käse, Seafood und Feinkost anbieten. Hier gibt's auch Cafés, hektische Food-Courts, einen Supermarkt und Adelaides Chinatown. Einfach nur genial.

Café Troppo CAFÉ $

(Karte S. 792; ☎ 08-8211 8812; www.cafetroppoadelaide.com; 42 Whitmore Sq; Hauptgerichte 10–17 AU$; ⏲ Di–Do 7.30–16, Fr bis open end, Sa 9–open end, So bis 16 Uhr;) Dieses Eck-Café bringt neuen Schwung an den Whitmore Sq, den ruhigsten der fünf Plätze in Central Adelaide. Das Troppo mit dem schön geschwungenen Gebälk und seinem nachhaltigen Ansatz (Zutaten aus der Region, Recycling, Biomilch, umweltfreundliche Reinigungsprodukte etc.) serviert erstklassigen Kaffee, Frühstückspizza sowie Salat mit Linsen, Mandeln, Blumenkohl und Tahin. Und obendrein gibts Sandalen, Nasenringe und Dreadlocks zu bewundern ...

Zen Kitchen VIETNAMESISCH $

(Karte S. 792; ☎ 08-8232 3542; www.facebook.com/zenkitchenadelaide; unit 7, tenancy 2, Renaissance Arcade; Hauptgerichte 5–14 AU$; ⏲ Mo–Do 10.30–16.30, Fr bis 17, Sa 11–15 Uhr) Köstliche, frisch zubereitete Frühlingsrollen, *pho*-Suppe und superknusprige *báhn mi* mit gegrilltem Schweinefleisch – auch zum Mitnehmen. Dazu eine kalte Kokosmilch oder einen extrastarken vietnamesischen Kaffee mit gezuckerter Kondensmilch, der einen aus den Socken haut. Authentisch, erschwinglich und einfach lecker.

★ Peel Street MODERN-AUSTRALISCH, ASIATISCH $$

(Karte S. 792; ☎ 08-8231 8887; www.peelst.com.au; 9 Peel St; Hauptgerichte 20–35 AU$; ⏲ Mo & Mi–Fr 7.30–22.30, Di 7.30–16.30, Sa 18–22.30 Uhr) Die Peel St selbst – eine lang vernachlässigte Nebenstraße in Adelaides West End – ist heute Adelaides Ausgehmeile mit hippen Bars und Lokalen. Das erste – und das beste – ist diese supercoole Mischung aus Café, Bistro und Weinbar, die einfach alle in ihren Bann zieht: Schicke Großstadtmädchen sitzen an den Tischen am Fenster und futtern mit Parmesan überbackene Pastinaken und Putenfrikadellen mit eingelegten Zitronen. Erstklassige Weinkarte.

Pizza e Mozzarella Bar ITALIENISCH $$

(Karte S. 792; ☎ 08-8164 1003; www.pizzaemozzarellabar.com.au; 33 Pirie St; Hauptgerichte 18–32 AU$; ⏲ Mo–Do 12–15 Uhr, Fr bis 21, Sa 17.30–21.30 Uhr) Rustikales, italienisches Lokal auf mehreren Ebenen mit Brotkörben und netter italienischer Bedienung. Alles, was auf den Tisch kommt, wird im Holzofen zubereitet, der einem bei Betreten des Lokals sofort ins Auge fällt. Es gibt Pizza mit dünnem Boden (ganz wie in Rom), Mozzarella-Platten mit Brot aus dem Holzofen und Spezialitäten wie Tintenfisch, Thunfisch und *salumi*. Superweine aus Italien und SA sowie viele Biere. Monatliche Kochkurse.

Jasmin Indian Restaurant INDISCH $$

(Karte S. 792; ☎ 08-8223 7837; www.jasmin.com.au; UG, 31 Hindmarsh Sq; Hauptgerichte 17–29 AU$; ⏲ Do & Fr 12–14.30, Di–Sa 17.30–21 Uhr) Himmlische nordindische Currys und unglaublich professionelle Angestellte (manchmal erinnern sie sich sogar noch an Gäste, die vor Jahren hier waren). Die Karte bietet keine Überraschungen, aber alles wird perfekt zubereitet. Reservierung erforderlich.

Gondola Gondola ASIATISCH $$

(Karte S. 792; ☎ 08-8123 3877; www.gondolagondola.com.au; 1 Peel St; Kleiner Teller 9–18 AU$, Großer Teller 19–32 AU$; ⏲ Mo–Fr 12–14.30, Mo–Sa 18–22 Uhr) Wen spätabends der Hunger plagt, der bewegt sich raus aus der Kneipe und rein ins Gondola Gondola – einen fröhlichen, lebhaften Fishbowl-Diner an der Ecke Peel St und Hindley St. Man sollte die Salz-und-Pfeffer-Aubergine probieren, oder das rote Steak: auf Holzkohle gegrilltes Filet mit gemischten Kräutern, Chili und Erdnüssen. Danach geht's wieder zurück in die Kneipe.

Good Life PIZZA $$

(Karte S. 792; ☎ 08-8223 2618; www.goodlifepizza.com; 170 Hutt St; Pizza 20–39 AU$; ⏲ Mo–Fr 12–14.30, tgl. 18 Uhr–open end;) In dieser großartigen Bio-Pizzeria gibt's herrlich dünne Pizza mit leckerem Belag, z. B. gebratenes Bio-Entenfleisch, Garnelen aus dem Spencer Gulf und würzige Hahndorf-Salami. Ahhh, das Leben kann so schön sein … In **Glenelg** gibt's eine weitere Filiale (Karte S. 788; ☎ 08-8376 5900; Ebene 1, Ecke Jetty Rd & Moseley St, Glenelg; Pizza 20–39 AU$; ⏲ Di–Fr & So 12–14.30, tgl. 18 Uhr–open end; ☎).

Sukhumvit Soi.38 THAILÄNDISCH $$
(Karte S. 792; ☎ 08-8223 5472; www.soi38.com.au; 54 Pulteney St; Hauptgerichte 14–25 AU$; ⏲ Mo–Fr 11.30–14.30, Mo–Sa 17.30–21.3 Uhr) Wenn die Massen nach der Arbeit zwischen den East-End-Pubs und den West-End-Bars umherziehen, bekommen sie irgendwann Hunger. Und dann kommt dieses Lokal ins Spiel: thailändische Feuersnacks, Suppen, Currys und Pfannengerichte – einfach mitnehmen oder aber in dem großzügigen schwarz-goldenen Essraum genießen. Durchweg Zutaten aus nachhaltigem Anbau.

★ **Press** MODERN AUSTRALISCH $$$
(Karte S. 792; ☎ 08-8211 8048; www.pressfoodandwine.com.au; 40 Waymouth St; Hauptgerichte 16–46 AU$; ⏲ Mo–Sa 12 Uhr–open end) Das Restaurant der Wahl in der Geschäftsstraße Waymouth St. Superstylish (Backsteinwände, Glas, zitronengelbe Stühle). Es gibt hier keine Scheu vor Innereien (gebratenes Lammhirn, Kalbsbries, gegrillte Kalbszunge) oder ungekochten Speisen (Rindfleisch-Carpaccio, Graved Lachs). Das Degustationsmenü kostet 68 AU$ pro Person. Für einen Tisch im Obergeschoss sollte man reservieren, ansonsten wird man an die Bar gesetzt, Seite an Seite mit den Journalisten vom *Advertiser* gegenüber.

Chianti ITALIENISCH $$$
(Karte S. 792; ☎ 08-8232 7955; www.chianti.net.au; 160 Hutt St; Hauptgerichte 34–44 AU$; ⏲ Mo–Fr 7.30–open end, Sa & So 8 Uhr–open end) Das klassische Chianti gibt es seit den 1980er-Jahren, aber es hält sich konstant in den Top Ten der gehobenen Küche von Adelaide. Im Hochsommer tritt man einfach in den einladenden, schattigen Speisesaal und gönnt sich eine kulinarische Pause: Die hausgemachten Kartoffelgnocchi mit langsam gegarter Bio-Gans und karamellisierten Zwiebeln sind der Hammer. Das Frühstück auch.

Orana MODERN AUSTRALISCH $$$
(Karte S. 792; ☎ 08-8232 3444; www.restaurantorana.com; OG, 285 Rundle St; Degustationsmenü mittags/abends 80/175 AU$, Wein extra 75/150 AU$) Das Orana hat schon einige Auszeichnungen als „Adelaides bestes Restaurant" eingeheimst, und trotzdem versteckt es sich mit minimaler Beschilderung und seinem Zugang über ein schwarzes Treppenhaus hinter dem Blackwood-Restaurant in der Rundle St. Oben wartet ein fantastisches Degustationsmenü: Mittags kann man mit mindestens sieben Gängen rechnen, abends mit 18 (achtzehn!). Dazu ein Wein, um die Parade der Spezialitäten aus SA abzurunden.

North Adelaide

Bakery on O'Connell BÄCKEREI $
(Karte S. 800; ☎ 08-8361 7377; www.bakeryonoconnell.com.au; 128-130 O'Connell St, North Adelaide; Gebäck 4–8 AU$; ⏲ 24 Std.) Hungergefühle um 3 Uhr morgens? Dann ab in die Bakery on O'Connell, um Pizzastücke, Kuchen, Brötchen, Torten, Pasteten und Donuts so groß wie das eigene Gesicht zu futtern. Manch einem könnte auch der klassische „Pie Floater" munden (eine lokale Pastetenspezialität, die auf grüner Erbsensuppe schwimmt, bedeckt mit Tomatensoße – köstlich!).

★ **Gin Long Canteen** ASIATISCH $$
(Karte S. 800; ☎ 08-7120 2897; www.ginlongcanteen.com.au; 42 O'Connell St, North Adelaide; kleine Gerichte 9–15 AU$, Hauptgerichte 18–45 AU$; ⏲ Di–Fr 12–14.30, Di–Sa 17.30 Uhr–open end) Das Lokal ist der Renner. Die muntere Bedienung weist den Gästen einen Platz am großen Gemeinschaftstisch zu (Reservierung nur für 6 Personen oder mehr möglich) und nimmt sofort die Bestellung auf. Das Essen lässt dann auch nicht lang auf sich warten: köstliche Currys, langsam geschmortes Rind- und Schweinefleisch nach Thai-Art, knusprige Frühlingsrollen, malaiische Curry-Bällchen … Hier herrscht echte panasiatische Stimmung, die durch Riesenflaschen vietnamesischen Biers und das Lächeln der Bedienung noch verstärkt wird.

Ruby Red Flamingo ITALENISCH $$
(Karte S. 800; ☎ 08-8267 5769; www.rubyredflamingo.com; 142 Tynte St, North Adelaide; Hauptgerichte 22–30 AU$; ⏲ Mi–Fr 12–14.30, Mi–Sa 17.30–21.30 Uhr) Schicker Italiener in einer Seitenstraße mit Speisesaal im alten Landhausstil und einem Hof mit plätscherndem Brunnen (fast wie in der Toskana). Die Arancini mit Calamari und Erbsen und das Oktopus-Carpaccio sind unvergesslich. Keine Reservierungen möglich.

Lucky Lupitas MEXIKANISCH $$
(Karte S. 800; ☎ 08-8267 3082; www.luckylupitas.com; Shop 1, 163 O'Connell St, North Adelaide; Tacos 6–9 AU$, Hauptgerichte 17–25 AU$; ⏲ So 12–14, Mo–Do & So 17.30–21, Fr bis 22, Sa 17–22 Uhr)

Das Lucky Lupitas war jahrelang hinter einer bescheidenen Ladenfront in den südlichen Randbezirken untergebracht, bis ein Abrisskommando Raum für den Ausbau des dortigen Highways schaffte. Aber jetzt sind sie wieder da, und zwar in North Adelaide! Hübsche Furniertäfelung, Kistenstapel am Eingang und unglaublich gute, würzige Tacos mit King-George-Wittling sowie Rinderbrust-Nachos. Kaltes *cerveza* in Litern.

Inner Suburbs

★Argo on the Parade CAFÉ $

(Karte S. 788; ☎08-8431 1387; www.facebook.com/argoespresso; 212 The Parade, Norwood; Hauptgerichte 8–22 AU$; ⏲Sa & So 7–17.30 Uhr) Das beste Café im wohlhabenden östlichen Vorort Norwood ist wahrscheinlich auch das beste Café in Adelaide. Da es aber nun mal in Norwood liegt, fehlt es ihm per se schon etwas an Seele. Doch das Essen, der Kaffee, der Service und das schräge Design machen das locker wett. Genau wie der Frühstücksburrito. Und der marinierte Thunfisch. Und die Süßkartoffelfritten…

Jarmer's Kitchen CAFÉ $$

(Karte S. 788; ☎08-8340 1055; www.jarmerskitchen.com.au; 18 Park Tce, Bowden; Hauptgerichte 12–36 AU$; ⏲Mo 7.30–16, Di–Fr bis 21, Sa 8–21, So bis 16 Uhr) Vorzeigelokal im sich rasant entwickelnden Bowden. In dem städtischen Randbezirk, der früher eine Industriebrache war, stehen jetzt viele schicke, neue Stadthäuser voller hipper Bewohner. Das noble Café in einem alten, renovierten Kneipengebäude ist tagsüber und abends geöffnet. Aus der Küche kommen raffinierte Sandwiches, sättigende Pasta und Burger sowie gehaltvolle Hauptgerichte: Empfehlenswert ist die Schweinefleisch-Fenchel-Wurst. Es gibt auch eine sehr gute Weinkarte.

Parwana Afghan Kitchen AFGHANISCH $$

(Karte S. 788; ☎08-8443 9001; www.parwana.com.au; 124b Henley Beach Rd, Torrensville; Hauptgerichte 14–25 AU$; ⏲Di–Do & So 18–22, Fr & Sa bis 22.30 Uhr) Pikant, scharf, exotisch und ungewöhnlich: Afghanisches Essen ist einzigartig! Und dieses authentische Restaurant westlich vom CBD gegenüber der Grünanlage ist genau der richtige Ort, um es zu probieren. Das typische Auberginengericht *banjaan borani* ist eine Wucht. Mittags gibt's noch eine Niederlassung in der Stadt an der Rundle St namens **Kutchi Deli Parwana** (Karte S. 792; ☎08-7225 8586; 7 Ebenezer Pl; ⏲Mo–Sa 11.30–15 Uhr). BYO; nur Barzahlung.

Glenelg, Port Adelaide & Umgebung

Zest Cafe Gallery CAFÉ $

(Karte S. 788; ☎08-8295 3599; www.zestcafegallery.com.au; 2a Sussex St, Glenelg; Gerichte 9–17 AU$; ⏲Mo–Sa 7.30–18, So 8.30–17 Uhr;) Mit seinem relaxten Flair und dem köstlichen Frühstück macht das kleine, in einer Nebenstraße gelegene Zest den Platzmangel wieder wett. Es gibt kreativ belegte Baguettes und Bagels. Seinen Kater kann man mit „Hell's Eggs" bekämpfen – in einer kleinen Auflaufform gebackene Eier mit Rosmarin, Tomatensauce, Käse und Tabasco. Toller Kaffee, Künstlertypen als Bedienung und vegetarische Speisen runden das Ganze ab.

Zucca GRIECHISCH $$

(Karte S. 788; ☎08-8376 8222; www.zucca.com.au; Shop 5, Marina Pier, Holdfast Shores, Glenelg; Mezze 11–25 AU$, Hauptgerichte 24–29 AU$; ⏲12–15 & 18 Uhr–open end) Bunte Tische, Blick auf den Jachthafen, Spitzenservice und eine moderne Karte voller Mezze-Platten – klassischer geht's auch auf Santorin nicht zu. Der gegrillte Hindmarsh-Valley-Halloumi mit würzigen Rosinen und die scharf angebratenen Jakobsmuscheln mit Feta und Pistazien sind einfach göttlich.

Mestizo PERUANISCH $$

(Karte S. 788; ☎08-8294 0295; www.mestizococinaperuana.com.au; 114 Partridge St, Glenelg South; Hauptgerichte 12–32 AU$; ⏲Fr 12.30–15, Di–Fr 17.30 Uhr–open end, Sa & So 13 Uhr–open end) Dieses reizende kleine, pflaumenfarbene Lokal im Süden von Glenelg ist Adelaides bestes (und einziges) peruanisches Restaurant. Die betriebsame Küche zaubert ausgezeichnete Schweinerippen mit scharfer grüner *huacatay*-Sauce und *chimichurri*. Alternativ lässt man sich auf eine Reise durch die Anden ein, und zwar mit dem „Chef's Selection"-Menü (60 AU$/Pers.). Dazu gibt's ausgezeichnete südamerikanische Weine.

Low & Slow American BBQ AMERIKANISCH $$

(Karte S. 788; ☎0402 589 722; www.lowandslowamericanbbq.com; 17 Commercial Rd, Port Adelaide; Hauptgerichte 10–29 AU$; ⏲Fr 12–14.30, Mi–So 18–21 Uhr) Hier bekommen die Arterien ordentlich was zu tun: In dem hölzernen Speisesaal wird saftiges Grillfleisch im American Style aufgetischt: mit Unmengen an Krautsalat, Bohnen, Gemüse und Grütze als Beila-

North Adelaide

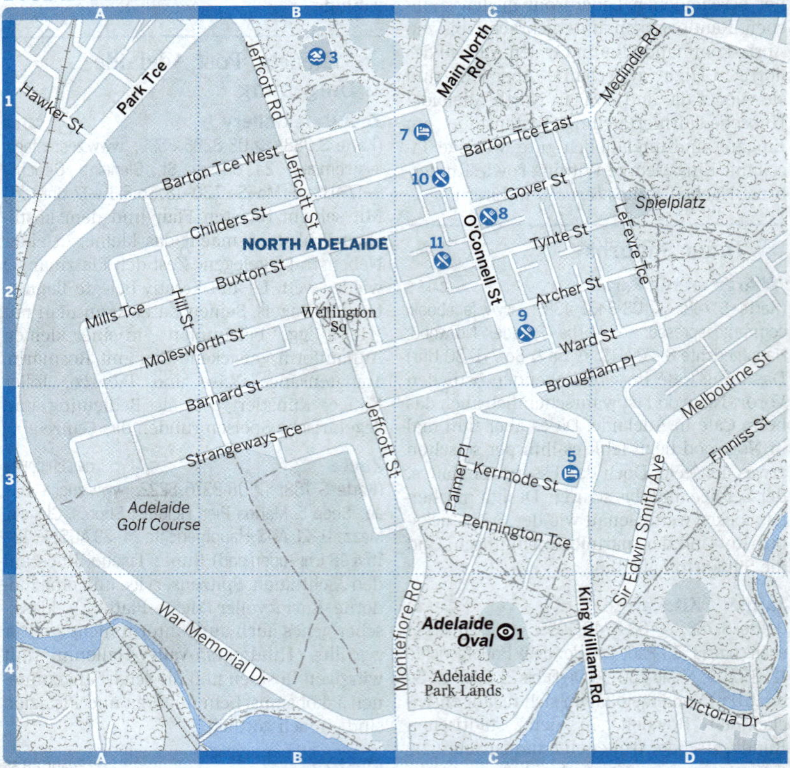

ge. Das Ganze spült man mit einem Brooklyn Lager und ein paar Wild-Turkey-Whiskeys runter. Hip!

Ausgehen & Nachtleben

In der Rundle St gibt's ein paar kultige Kneipen. In der Hindley St im West End treffen Rotlichtschuppen auf hippe Bars, die sich in der Leigh St und der Peel St angesiedelt haben. Der Grundpreis variiert je nach Programm zwischen 0 und 15 AU$. Die meisten Clubs sind montags bis donnerstags zu.

Central Adelaide

★ Exeter Hotel PUB

(Karte S. 792; ☎ 08-8223 2623; www.theexeter.com.au; 246 Rundle St; ⏲ 11 Uhr–open end) Der beste Pub der Stadt. Dieser legendäre Schuppen hat ein bunt gemischtes Publikum: Angestellte, Punks und Studenten, die hier nach Feierabend die Strapazen des Tages abschütteln wollen. Einfach einen Hocker an der Bar oder einen Tisch im verratzten Biergarten in Beschlag nehmen und es sich für den Rest des Abends gemütlich machen. Abends wird Livemusik (Indie, Electronica, Akustik) gespielt; Spielautomaten gibt's keine. Im Restaurant oben kann man für Curry-Abende reservieren (in der Regel mittwochs).

★ Maybe Mae BAR

(Karte S. 792; ☎ 0421 405 039; www.maybemae.com; 15 Peel St; ⏲ Mo–Fr 17 Uhr–open end, Sa & So 18 Uhr–open end) Ein paar Stufen runter, versteckt in einer Gasse abseits einer kleinen Straße, schreit das Maybe Mae seine Vorzüge nicht gerade in die Welt hinaus. Wer die Tür nicht findet, ist nicht der erste durstige Gast, der verwirrt guckend die Stufen wieder hochsteigt. Aber sobald man diese Hürde überwunden hat, ist man am Ziel: klassischer Rock, coole Bedienungen, Nischenplätze und ausgezeichnetes Bier. Einfach perfekt!

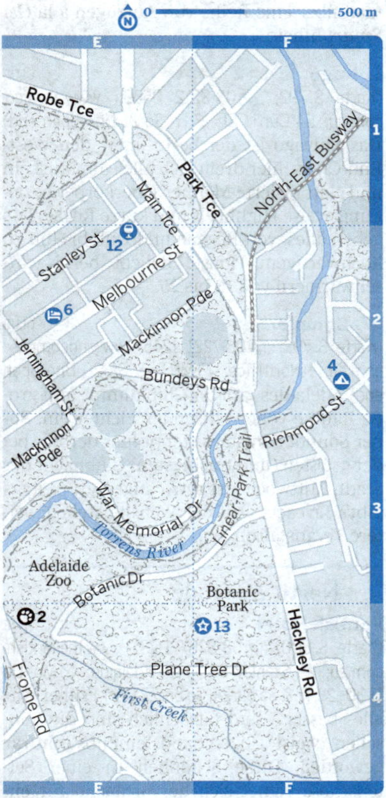

North Adelaide

Highlights
1 Adelaide Oval C4

Sehenswertes
2 Adelaide Zoo E4
Bradman Collection .... (siehe 1)

Aktivitäten, Kurse & Touren
3 Adelaide Aquatic Centre B1
RoofClimb Adelaide Oval .... (siehe 1)

Schlafen
4 Adelaide Caravan Park F2
5 Greenways Apartments C3
6 Minima Hotel E2
7 O'Connell Inn C1

Essen
8 Bakery on O'Connell C2
9 Gin Long Canteen C2
10 Lucky Lupitas C1
11 Ruby Red Flamingo C2

Ausgehen & Nachtleben
12 Kentish Hotel E2

Unterhaltung
13 Moonlight Cinema F4

★Grace Emily Hotel
PUB

(Karte S. 792; ☎08-8231 5500; www.graceemilyhotel.com.au; 232 Waymouth St; ⏲16 Uhr–open end) Das „Gracie" konkurriert mit dem Exeter Hotel um den Titel der besten Kneipe in Adelaide (es ist eine Qual, sich zwischen beiden entscheiden zu müssen). Hier spielen an den meisten Abenden aufstrebende australische Musiker. Die Inneneinrichtung ist ein Mix aus 1950er-Jahre und Voodoo; es gibt offene Kamine und tolles Bier. Regelmäßig finden Kinoabende mit Kultfilmen und Open-Mike-Abende statt. Keine Spielautomaten. Bleibt nur eine Frage: Treten die Bastard Sons of Ruination heute auf?

★Nola
BAR

(Karte S. 792; www.nolaadelaide.com; 28 Vardon Ave; ⏲Di–Do 16–24, Fr & Sa 12–2, So 11–24 Uhr) Diese Bar versteckt sich in einer Nebenstraße in den ehemaligen Ställen des benachbarten Stag Hotel. Pferdemist raus, 16 Craft-Biere vom Fass rein, amerikanische und australische Whiskeys (aber kein Scotch!), Cajun-Küche (Gumbo, Austern, Jambalaya, Brathähnchen) und regelmäßig Live-Jazz. Ein kesses Stück vom Deep South im East End.

Pink Moon Saloon
BAR

(Karte S. 792; www.pinkmoonsaloon.com.au; 21 Leigh St; ⏲Sa–Do 16 Uhr–open end, Fr 12 Uhr–open end) Dieses Lokal ist echt hip! Eingequetscht in eine unmöglich enge Ecke einer Gasse abseits der Leigh St (ungelogen, da sind nur ein paar Meter Platz) bietet das Pink Moon Saloon eine Bar im vorderen Raum, einen kleinen Hof dahinter und ein gepflegtes Barbecue-Lokal nach hinten raus. Hierher kommt man wegen der Cocktails und des Craft-Biers. Dieselben Betreiber wie im Clever Little Taylor.

Hains & Co
BAR

(Karte S. 792; ☎08-8410 7088; www.hainsco.com.au; 23 Gilbert Pl; ⏲Di–Fr & So 16–open end, Sa 18 Uhr–open end) So weit entfernt vom Ozean wirkt die nautische Atmosphäre vielleicht etwas unpassend an einem heißen Abend in Adelaide (Taucherhelme, Barometer, Anker etc.) – aber irgendwie funktioniert das Ganze trotzdem. Die schmale Location in einer Gasse ist wirklich clever ausgenutzt, der Fo-

EIN PINT COOPERS, BITTE!

In den Bars von Adelaide kann einen schon mal ein Gefühl der Verwirrung beschleichen. Neben „Butchers" (200 ml bzw. 7 oz) – die erste Wahl alter Herren in düsteren Pubs mit schäbigen Teppichen – gibt's noch drei weitere Einheiten für Bier: „Schooners" („Pots" oder „Middies" im Rest von Australien, 285 ml bzw. 10 oz); „Pints" („Schooners" im Rest von Australien, 425 ml bzw. 15 oz) und „Imperial Pints" (traditionelle englische Pints, 568 ml bzw. 20 oz). Na dann Prost!

kus dreht sich um alles rund um Gin und Rum. Einfach ein paar hinter die Binde gießen und ein, zwei, drei Seemannslieder schmettern.

Clever Little Taylor BAR
(Karte S. 792; ☎0407 111 857; www.cleverlittletailor.com.au; 19 Peel St; ⌚Mo–Sa 16 Uhr–open end) Das CLT gehört zu den ersten kleinen Bars, die in Adelaides Gassen neu eröffnet haben. Gute Liköre und köstliche SA-Weine sind der Renner in dieser hippen Bar mit unverputzten Backsteinwänden (dreimal darf man raten, wofür dieser Raum früher genutzt wurde). Kleinigkeiten gibt's auch.

Udaberri BAR
(Karte S. 792; ☎08-8410 5733; www.udaberri.com.au; 11-13 Leigh St; ⌚Di–Fr 16 Uhr–open end, Sa & So 18 Uhr–open end) Im kleinen neu-industriellen Udaberri in der Leigh St wurde das Zechen auf der Straße erfunden (diese Kneipe war tatsächlich die erste in Adelaides Laneways). Man bekommt spanische Weine im Glas, gute Biere vom Fass und *pintxos* (baskische Tapas) wie Austern, Käse, *jamón* und Tortillas. Die After-Work-Crowd kann's bezahlen und ist ganz verückt nach der Stadt.

2KW DACHTERRASSENBAR
(Karte S. 792; ☎08-8212 5511; www.2kwbar.com.au; 2 King William St; ⌚Mo–Fr 10 Uhr–open end, Sa & So 12 Uhr–open end) Der K2 an der chinesisch-pakistanischen Grenze ist 8611 m hoch. Das 2KW hingegen ist nur acht Stockwerke hoch – nicht ganz so luftig, aber es ist trotzdem ein wahrhaft gehobenes Lokal für einen leckeren Cocktail und atemberaubende Ausblicke in Richtung North Adelaide. Entspricht man dem ästhetischen Konzept dieser Lokalität (also keine Sportschuhe, keine T-Shirts mit Logo tragen), gelangt man über eine Reihe von Aufzügen à la *Get Smart* hinein.

Zhivago CLUB
(Karte S. 792; ☎08-8212 0569; www.zhivago.com.au; 54 Currie St; ⌚Fr–So 21 Uhr–open end) Das Zhivago ist der beste unter den West-End-Clubs, hier dreht sich alles um Muskeln und glatt rasierte Männer-Oberkörper beziehungsweise Highheels und kurze Röcke. DJs geben alles, von Reggae und Dub bis hin zu hochwertigem House. Beliebt bei Nachtschwärmern von 18 bis 25.

HQ Complex CLUB
(Karte S. 792; ☎08-7221 1245; www.hqcomplex.com.au; 1 North Tce; ⌚Mi, Fr & Sa 20 Uhr–open end) Adelaides größter Club nimmt fünf große Räume voller blitzender Lichter ein. Super Sound! Samstags steppt hier der Bär bei der größten (und trashigsten) Clubnacht der Stadt. Mittwochs ist retro angesagt; freitags gibt's Liveacts. Auf der Website stehen weitere Veranstaltungen.

North Adelaide

Kentish Hotel PUB
(Karte S. 800; ☎08-8267 1173; www.thekentish.com.au; 23 Stanley St, North Adelaide; ⌚Mo–Do 11.30–23, Fr & Sa bis 24, So bis 22 Uhr) Früher war alles besser… und tatsächlich sind die hübschen zweistöckigen Sandsteinpubs echt rar geworden. Diese Schönheit in einer Seitenstraße eignet sich hervorragend für ein kühles Getränk an einem heißen Nachmittag oder aber für Genüsse auf dem Teller, etwa in Gestalt des Fischeintopfs oder der „Memphis Burger" mit Hühnchen und Smoked-Bourbon-Barbecue-Sauce.

Inner Suburbs

★Wheatsheaf PUB
(Karte S. 788; ☎08-8443 4546; www.wheatsheafhotel.com.au; 39 George St, Thebarton; ⌚Mo–Fr 13–24, Sa 12–24, So bis 21 Uhr; 📶) Ein verborgenes Juwel in der Einflugschneise im Gewerbegebiet Thebarton. Ein künstlerisch angehauchtes Publikum aus Studenten, Jazzmusikern, Lesben, Punks und Rockern bevölkert den schönen Biergarten. Hinten gibt's verschiedenste Livemusik (Acoustic, Blues, Country) und Lagerfeuer, Foodtrucks stehen davor. Ausgezeichnete Craft-Biere.

Earl of Leicester PUB
(Karte S. 788; ☎08-8271 5700; www.earl.com.au; 85 Leicester St, Parkside; ⌚11 Uhr–open end) In

diesem stimmungsvollen alten Pub in einem blauen Backsteinhaus, das sich in einer vorstädtischen Nebenstraße in Parkside versteckt, bekommt man viele Craft-Biere und die größten Schnitzel, die man sich vorstellen kann (Hauptgerichte 14–35 AU$). Nach nur 150 Bieren wird man sogar auf der (Un-) Ehrentafel „Bierlegenden" namentlich erwähnt.

Glenelg, Port Adelaide & Umgebung

The Moseley PUB
(Karte S. 788; ☎ 08-8295 3966; www.themoseley.com.au; Moseley Sq, Glenelg; ⏲ Mo–Fr 11 Uhr–open end, Sa & So 8 Uhr–open end) Diese alte Kneipe war jahrelang ein Irish Pub, aber das ist einfach *sooo* 2001... Bei seiner Wiedergeburt haben sie das Moseley von dem ganzen dunklen Holz befreit und durch Weidenholz ersetzt. Am besten sitzt man oben auf dem Balkon, nippt an einem Gin Tonic und sieht zu, wie die Straßenbahn aus der Stadt auf den Moseley Sq rumpelt. Klassische Kneipengerichte gibt's zwischen 18 und 36 AU$.

Lighthouse Wharf Hotel PUB
(Karte S. 788; ☎ 08-8447 1580; www.thelighthousewharfhotel.com.au; 1 Commercial Rd, Port Adelaide; ⏲ Mo–Sa 10 Uhr–open end, So 9–23 Uhr) Es gibt mehr verwegene alte Pubs in Port Adelaide als Stunden am Nachmittag. Aber wer durstig ist, springt am besten in das Lighthouse Wharf Hotel aus dem Jahr 1935 für ein schnelles Coopers, Wittling mit Fritten oder ein günstiges Mittagsangebot (werktags für 11 AU$).

☆ Unterhaltung

Mit seiner lebendigen Kulturszene braucht sich Adelaide nicht hinter größeren Städten zu verstecken. Veranstaltungskalender und Rezensionen stehen in *Adelaide Now* (www.adelaidenow.com.au) und *Adelaide Review* (www.adelaidereview.com.au). Tickets für große Events gibt's bei **BASS** (☎ 13 12 46; www.bass.net.au) und **Moshtix** (☎ 1300 438 849; www.moshtix.com.au).

Livemusik

Adelaide weiß, wie man die Bude rockt! Zu den Toplocations der Stadt gehören u.a. Wheatsheaf (S. 802), das Grace Emily Hotel (S. 801) und das Exeter Hotel (S. 800).

Im Netz gibt's Veranstaltungsinfos:

➡ *Adelaide Review* (www.adelaidereview.com.au/guides)

➡ *Music SA* (www.musicsa.com.au)

➡ *Jazz Adelaide* (www.jazz.adelaide.onau.net)

★ Governor Hindmarsh Hotel LIVEMUSIK
(Karte S. 788; ☎ 08-8340 0744; www.thegov.com.au; 59 Port Rd, Hindmarsh; ⏲ 11 Uhr–open end) Die Geburtsstätte der Livemusik in Adelaide: Im „Gov" treten lokale und internationale Legenden auf: An der Bar fiedelt die eine oder andere irische Band, während auf der Haupttribüne Rock, Folk, Jazz, Blues, Salsa, Reggae und Dance gespielt werden. Trotz seiner Größe herrscht in dem Laden eine unerklärlich persönliche Atmosphäre. Es gibt auch gutes Essen.

★ Thebarton Theatre LIVEMUSIK
(Karte S. 788; ☎ 08-8443 5255; www.thebartontheatre.com.au; 112 Henley Beach Rd, Torrensville) Diese alte Bühne hat echt Soul! Das „Thebby" im Art-déco-Stil ist eine kultige Location für Livemusik in Adelaide mit toller Akustik und tonnenweise Charme. Mittelgroße Acts wie Rodriguez, Morrissey und die Black Crowes.

Gilbert Street Hotel JAZZ
(Karte S. 792; ☎ 08-8231 9909; www.gilbertstreethotel.com.au; 88 Gilbert St; ⏲ 11 Uhr–open end) Der beste Ort in Adelaide, um Livejazz zu erleben (besonders dienstagabends). Das Gilbert ist ein renovierter alter Pub, der aber weiterhin puren Soul versprüht. An der Bar bestellt man einen *vin rouge* und taucht ein in die Szene der Stammgäste mit Kinnbärtchen. Soul- und Acoustic-Acts donnerstags und sonntags.

Jive LIVEMUSIK
(Karte S. 792; ☎ 08-8211 6683; www.jivevenue.com; 181 Hindley St) In einem umgebauten Theater, verziert mit einer wunderschönen Wandmalerei, ist das Jive ausgerichtet auf unkonventionelle Studententypen, die ihre Musik funky, links und abseits vom Mainstream mögen. Von der Bar aus hat man die abgesenkte Tanzfläche gut im Blick. Topnoten für Beständigkeit in einer sich stetig wandelnden Welt.

Adelaide Entertainment Centre KONZERTHALLE
(Karte S. 788; ☎ 08-8208 2222; www.theaec.net; 98 Port Rd, Hindmarsh; ⏲ Theaterkasse Mo–Fr 9–17 Uhr) In dieser Halle mit etwa 12 000 Sitzplätzen tritt so ziemlich jeder auf, von den Wiggles über Keith Urban bis hin zu Stevie Wonder.

Adelaide Symphony Orchestra KLASSISCHE MUSIK
(ASO; Karte S. 792; ☎08-8233 6233; www.aso.com.au; 91 Hindley St; ⏰Theaterkasse Mo–Fr 9–16.30 Uhr) Das ehrwürdige ASO tritt in verschiedenen Veranstaltungsorten auf, wie dem Grainger Studio in der Hindley St, dem Festival Theatre und der Adelaide Town Hall. Auf der Website findet man das Programm.

Kinos

Was läuft im Kino? Programme gibt's unter www.yourmovies.com.au/cinemas/city/adelaide und www.my247.com.au/adelaide/cinemas.

Palace Nova Eastend Cinemas KINO
(Karte S. 792; ☎08-8232 3434; www.palacecinemas.com.au; 250–51 Rundle St; Tickets Erw./Kind 19,50/15,50 AU$; ⏰10 Uhr–open end) Die beiden einander gegenüberliegenden Kinokomplexe an der Rundle St zeigen anspruchsvolle Filme: Kunstfilme, fremdsprachige Streifen, Independent-Filme sowie ein paar Hollywoodhits. Alkoholausschank.

Moonlight Cinema KINO
(Karte S. 800; ☎1300 551 908; www.moonlight.com.au/adelaide; Botanic Park, Hackney Rd; Karten Erw./Kind 20/15 AU$; ⏰Dez.–Feb. tgl. 19 Uhr) Im Sommer Picknickkorb und Insektenschutzmittel einpacken, sich auf die Wiese legen und unterm Sternenhimmel alte und neue Filmklassiker anschauen. Mit dem etwas teureren „Gold Grass"-Ticket sichert man sich einen Sitzsack in bester Lage.

Theater & Comedy

Im *Adelaide Theatre Guide* (www.theatreguide.com.au) steht alles Wissenswerte über Reservierungen, Veranstaltungsorte sowie Kritiken von Comedy, Theater und Musicals.

Zum Zeitpunkt der Recherche sollte Adelaides schon lange bestehender Comedyclub Rhino Room in ein neues Gebäude umziehen; online nachsehen, ob er wieder losgelegt hat.

Adelaide Festival Centre DARSTELLENDE KUNST
(Karte S. 792; ☎08-8216 8600; www.adelaidefestvalcentre.com.au; King William Rd; ⏰Theaterkasse Mo–Fr 9–18 Uhr) Die allererste Adresse für darstellende Kunst in SA. Das kristallweiße Festival Centre hat seine Tore erstmals im Juni 1973 geöffnet, vier stolze Monate vor dem Sydney Opera House! Hier ist die *State Theatre Company* (www.statetheatrecompany.com.au) zu Hause. Allerdings entsteht der Eindruck, als könnte die alte Dame mal ein bisschen aufpoliert werden.

Sport

Wie die meisten australischen Städte definiert sich auch Adelaide gern über die Erfolge seiner Sportteams. In der **Australian Football League** (www.afl.com.au) feiern die Adelaide Crows und das Team Port Adelaide Power gelegentliche Erfolge (sie spielen im Adelaide Oval). Die Teams aus den Vororten messen sich in der **South Australian National Football League** (www.sanfl.com.au). Die Football-Saison dauert von März bis September.

In der **National Basketball League** (www.nbl.com.au) sind die Adelaide 36ers seit Jahrzehnten eine Größe (in letzter Zeit nicht mehr ganz so). Im Korbball erzielen die Adelaide Thunderbirds beim **ANZ Championship** (www.anz-championship.com) regelmäßig Erfolge, und in der Fußball **A League** (www.a-league.com.au) hat Adelaide United („the Reds") die Meisterschaft 2016 gewonnen.

Im Sommer spielen die Redbacks im Adelaide Oval in den Turnieren der **Cricket SA** (www.cricketsa.com.au). Im landesweiten Cricket-Turnier **T20 Big Bash** (www.bigbash.com.au) nennen sich die Redbacks Adelaide Strikers. Internationale Cricket-Turniere finden ebenfalls im Adelaide Oval (www.cricketaustralia.com.au) statt.

Shoppen

Geschäfte und Kaufhäuser säumen die Rundle Mall. Die schönen alten Arkaden zwischen der Mall und der Grenfell St haben nichts von ihrer Pracht verloren; sie beherbergen viele kleine Geschäfte. In der Rundle St und dem angrenzenden Ebenezer Pl finden sich Boutiquen und Shops mit Retro-Klamotten.

★ **Streetlight** BÜCHER, MUSIK
(Karte S. 792; ☎08-8227 0667; www.facebook.com/streetlightadelaide; 2/15 Vaughan Pl; ⏰Mo–Do & Sa 10–18, Fr bis 21, So 12–17 Uhr) Links, künstlerisch und im besten Sinne subversiv – im Streetlight findet man die seltene Miles Davis-CD oder die gesuchte Charles-Bukowski-Gedichtesammlung.

★ **Imprints Booksellers** BÜCHER
(Karte S. 792; ☎08-8231 4454; www.imprints.com.au; 107 Hindley St; ⏰Mo–Mi 9–18, Do & Fr bis 21, Sa bis 17, So 11–17 Uhr) Der beste Buchladen in Adelaide mit der wohl schlechtesten Lage (zwischen den Stripclubs in der Hindley St).

Aber Jazz, Holzdielen, Perserteppiche sowie gelegentliche Lesungen und Buchvorstellungen wiegen das mehr als auf. Und ein wenig Verschrobenheit gehörte ja schon immer irgendwie zum Literaturbetrieb dazu.

Midwest Trader MODE & ACCESSOIRES
(Karte S. 792; ☎ 08-8223 6606; www.facebook.com/Midwest-Trader; Shop 1 & 2 Ebenezer Pl; ⏰ Mo–Do & Sa 10–18, Fr bis 21, So 12–17 Uhr) Tolles Sortiment an Punk-, Skate-, Vintage-, Biker- und Rockabilly-Klamotten sowie Secondhand-Cowboystiefel. Rock on! Auf der Facebook-Seite stehen die neusten Waren.

Miss Gladys Sym Choon MODE & ACCESSOIRES
(Karte S. 792; ☎ 08-8223 1500; www.missgladyssymchoon.com.au; 235a Rundle St; ⏰ Mo–Do 9.30–18, Fr bis 21, Sa 10–17.30, So 11–17.30 Uhr) Der hippe Laden verdankt seinen Namen einer berühmten in der Rundle St ansässigen Händlerin aus den 1920er-Jahren (die erste Frau in SA, die ein Geschäft betrieb). Hier findet man tolle Kleider, abgefahrene Boots, coole Sneaker und Schmuck.

Adelaide Farmers Market MARKT
(Karte S. 788; ☎ 08-8231 8155; www.adelaidefarmersmarket.com; Adelaide Showground, Leader St, Wayville; ⏰ So 9–13 Uhr) Kein Problem damit, sich an einem Sonntagmorgen früh aus dem Bett zu schälen und 8 AU$ für eine Bio-Pastinake zu bezahlen? Dann ist der Adelaide Farmers Market genau das Richtige! Aber Zynismus beiseite – das Essensangebot hier ist super: frisch, bio, lokal und nachhaltig, zum Mitnehmen oder verarbeitet zu köstlichen Dingen, die man vor Ort verputzen kann.

Gilles Street Market MARKT
(Karte S. 792; www.gillesstreetmarket.com.au; Gilles Street Primary School, 91 Gilles St; ⏰ 3. So im Monat 10–16 Uhr, Okt.–Mai auch 1. So) Kinderklamotten, Mode, Kunst, Handwerkszeug, Straßenmusik und allgemeiner Trubel – zu finden auf dem Schulgelände im East End von Adelaide.

Jurlique KOSMETIK
(Karte S. 792; ☎ 08-8305 3000; www.jurlique.com.au; 100 Rundle Mall; ⏰ Mo–Do 9–18, Fr bis 21, Sa bis 17, So 11–17 Uhr) Die wohlriechenden Kosmetikprodukte der südaustralischen Firma Jurlique sind eine internationale Erfolgsgeschichte. Sie sind zwar teuer, aber jeden Cent wert.

Praktische Informationen

GELD

Travelex (☎ 08-8231 6977; www.travelex.com.au; Shop 4, Beehive Corner, Rundle Mall; ⏰ Mo–Fr 8.30–18, Sa 9–15, So 12–17 Uhr) Wechselt Fremdwährungen.

INTERNETZUGANG

State Library of South Australia (☎ 08-8207 7250; www.slsa.sa.gov.au; 1. OG, Ecke North Tce & Kintore Ave; ⏰ Mo–Mi 10–20, Do & Fr bis 18, Sa & So bis 17 Uhr) Kostenloser Internetzugang (vorher buchen) sowie Kinderferienprogramme.

MEDIEN

Adelaides Tageszeitung ist der eher provinzielle *Advertiser*, aber auch *Age*, *Australian* und *Financial Review* sind so gut wie überall erhältlich.

Adelaide Review (www.adelaidereview.com.au) Anspruchsvolle Artikel, Kultur- und Kunstteil. Jeden Monat kostenlos.

Blaze (www.gaynewsnetwork.com.au) Lokalblatt für Schwule und Lesben; alle vierzehn Tage kostenlos.

CityMag (www.citymag.indaily.com.au) Restaurantkritiken, Kultur- und andere Veranstaltungen in der Stadt. Viermal im Jahr, kostenlos.

Scenestr (www.scenestr.com.au/adelaide) Kostenloses monatliches Straßenblatt: Musik, Mode, Clubbing und Kunst.

MEDIZINISCHE VERSORGUNG

Emergency Dental Service (☎ 08-8222 8222; www.sadental.sa.gov.au) Bei Zahnschmerzen.

Midnight Pharmacy (☎ 08-8232 4445; 192-198 Wakefield St; ⏰ Mo–Sa 7–24, So 9–24 Uhr) Medikamente spätnachts.

Royal Adelaide Hospital (☎ 08-8222 4000; www.rah.sa.gov.au; 275 North Tce; ⏰ 24 Std.) Notaufnahme (nur für echte Notfälle!) und Klinik für Geschlechtskrankheiten.

Women's & Children's Hospital (☎ 08-8161 7000; www.cywhs.sa.gov.au; 72 King William Rd, North Adelaide; ⏰ 24 Std.) Notaufnahme und zugleich Anlaufstelle für Opfer von Sexualdelikten.

NOTFALL

Für Krankenwagen, Feuerwehr oder Polizei ☎ 000 anrufen.

RAA Emergency Roadside Assistance ☎ 13 11 11

POST

Adelaide General Post Office (Hauptpost; Karte S. 792; ☎ 13 13 18; www.auspost.com.au; 141 King William St; ⏰ Mo–Fr 9–17.30, Sa bis 12.30 Uhr) Adelaides (ziemlich imposante) Hauptpost. Weitere Poststellen sind bei der **Rundle Mall** (Karte S. 792; ☎ 13 13 18; www.auspost.com.au; 59 City Cross Arc; ⏰ Mo–Fr 8.30–17, Sa 9–12.30, So 11–16 Uhr) und auf dem **UniSA-Campus** (Karte S. 792; ☎ 13 13 18; www.auspost.com.au; 61 North Tce; ⏰ Mo–Fr 9–17 Uhr).

TOURISTENINFORMATION

Adelaide Visitor Information Centre (Karte S. 792; ☎1300 588 140; www.adelaidecity council.com; 9 James Pl, an der Rundle Mall; ⏲Mo–Fr 9–17, Sa & So 10–16, Feiertage 11–15 Uhr) Unzählige Details über Adelaide sowie reichlich Infos zu SA und tolle Broschüren über die Region.

Department of Environment, Water & Natural Resources (DEWNR; Karte S. 792; ☎08-8204 1910; www.environment.sa.gov.au; EG, 81-95 Waymouth St; ⏲Mo–Fr 9–17 Uhr) Infos und Buchungen für Nationalparks.

Hilfreiche Besucherzentren gibt's auch in **Glenelg** (S. 787) und **Port Adelaide** (S. 787).

ℹ An- & Weiterreise

AUTO & MOTORRAD

Alle internationalen Autovermieter haben Büros am Flughafen und in der Stadt. Es gibt einige örtliche Anbieter, etwa die folgenden. Einige Anbieter erlauben nicht, dass man den Mietwagen mit nach Kangaroo Island nimmt.

Acacia Car Rentals (☎08-8234 0911; www. acaciacarrentals.com.au; 91 Sir Donald Bradman Dr, Hilton; ⏲Mo–Fr 8–17, Sa 8–12 Uhr) Preisgünstige Leihwagen für Fahrten im Umkreis von 100 km rund um Adelaide; auch Motorroller erhältlich.

Access Rent-a-Car (☎08-8340 0400, 1800 812 580; www.accessrentacar.com; 464 Port Rd, West Hindmarsh; ⏲Mo–Fr 8–18, Sa & So 8–12 Uhr) Inklusive Kangaroo Island, Autos mit Allradantrieb erhältlich.

Cut Price Car & Truck Rentals (☎08-8443 7788; www.cutprice.com.au; Ecke Sir Donald Bradman Dr & South Rd, Mile End; ⏲Mo–Fr 7.30–17, Sa & So bis 15 Uhr) Hier gibt's auch Jeeps.

Koala Car Rentals (☎08-8352 7299; www. koalarentals.com.au; 41 Sir Donald Bradman Dr, Mile End; ⏲Mo–Fr 7.30–17, Sa & So 8–15 Uhr)

Smile Rent-a-Car (☎08-8234 0655, 1800 891 002; www.smilerentacar.com.au; 315 Sir Donald Bradman Dr, Brooklyn Park; ⏲8–18 Uhr)

Royal Automobile Association of South Australia (RAA; ☎08-8202 4600; www.raa. com.au; 41 Hindmarsh Sq; ⏲Mo–Fr 8.30–17, Sa 9–16 Uhr) Service rund ums Auto (einschließlich Infos zu Straßenbedingungen in Outbackgebieten) und viele Karten.

BUS

Adelaide Central Bus Station (Karte S. 792; ☎08-8221 5080; www.adelaidemetro.com. au/bussa; 85 Franklin St; ⏲6–21.30 Uhr) Vom Hauptbusbahnhof fahren Busse in alle größeren Städte in SA und ganz Australien. Strecken und Fahrpläne stehen auf der Website. Achtung: Es verkehrt kein Bus zwischen Adelaide und Perth.

Firefly Express (☎1300 730 740; www.fire flyexpress.com.au) verkehrt zwischen Sydney, Melbourne und Adelaide.

Greyhound Australia (☎1300 473 946; www.greyhound.com.au) Australiens größter Fernbusanbieter fährt zwischen Adelaide und Melbourne, Canberra, Sydney, Alice Springs sowie Darwin.

Premier Stateliner (☎1300 851 345; www. premierstateliner.com.au) Bedient Strecken im ganzen Bundesstaat.

V/Line (☎1800 800 007; www.vline.com. au) Bus- und Bus-/Zugverbindungen zwischen Adelaide und Melbourne.

FLUGZEUG

Internationale, australische und regionale Flüge vieler Fluggesellschaften starten und landen am **Adelaide Airport** (ADL; ☎08-8308 9211; www. adelaideairport.com.au; 1 James Schofield Dr), 7 km westlich vom Zentrum. Die heimischen Gesellschaften sind:

Jetstar (www.jetstar.com.au) Direktflüge zwischen Adelaide und Perth, Darwin, Cairns, Brisbane, Gold Coast, Sydney, Melbourne.

Qantas (www.qantas.com.au) Direktflüge zwischen Adelaide und Perth, Alice Springs, Darwin, Cairns, Brisbane, Sydney, Canberra, Melbourne.

Regional Express (Rex; www.regionalexpress. com.au) Flüge von Adelaide in viele größere Städte in SA: Kingscote, Coober Pedy, Ceduna, Mount Gambier, Port Lincoln und Whyalla sowie Broken Hill in NSW und Mildura in Victoria.

Tiger Airways (www.tigerairways.com.au) Direktflüge zwischen Adelaide und Melbourne, Sydney sowie Brisbane.

Virgin Australia (www.virginaustralia.com. au) Direktflüge zwischen Adelaide und Perth, Alice Springs, Brisbane, Gold Coast, Sydney, Canberra, Melbourne.

ZUG

Fernzüge von **Great Southern Rail** (☎1800 703 357, 08 8213 4401; www.greatsouthernrail. com.au) fahren zum **Adelaide Parklands Terminal** (Railway Tce, Keswick; ⏲Mo & Fr 6–17, Di 6.30–17.30, Mi 9–17, Do bis 19, So 8.30–13 Uhr), 1 km südwestlich vom Zentrum. Die folgenden Züge fahren regelmäßig von Adelaide; es gibt Backpackerrabatte:

The Ghan nach Alice Springs (ab 799 AU$, 19 Std.)

The Ghan nach Darwin (ab 1499 AU$, 47 Std.)

The Indian Pacific nach Perth (ab 1189 AU$, 39 Std.)

The Indian Pacific nach Sydney (ab 589 AU$, 25 Std.)

The Overland nach Melbourne (ab 149 AU$, 11 Std.)

Unterwegs vor Ort

FAHRRAD

Adelaide ist platt wie ein Pfannkuchen – ideal zum Radfahren! Mit einem gültigen Reisepass oder Führerschein kann man sich bei **Bicycle SA** ein **Adelaide Free Bike** (☎ 08-8168 9999; www.bikesa.asn.au; 53 Carrington St; ⌚ Mo–Fr 9–17, Sa & So 8–17 Uhr) mit Helm und Schloss ausleihen. In der Stadt sind einige Stationen verteilt. Man muss das Rad dort zurückgeben, wo man es sich ausgeliehen hat. Auch über mehrere Tage möglich.

Unten am Strand verleiht **Glenelg Bicycle Hire** Räder (Karte S.788; ☎ 08-8376 1934; www.glenelgbicyclehire.com.au; Norfolk Motel, 71 Broadway, Glenelg South; Fahrrad 25 AU$/Tag, Tandem pro Std./Tag 25/50 AU$).

VOM/ZUM FLUGHAFEN & BAHNHOF

Der Privatunternehmer **Adelaide Airport Flyer** (☎ 08-8353 5233, 1300 856 444; www.adelaideairportflyer.com) betreibt Minibusse zwischen dem Flughafen und jedem Ort in und um Adelaide (nur mit Vorabreservierung); Preise und Reservierungen online (Fahrt vom Flughafen in die Stadt 35 AU$/Pers.). Die öffentliche Metro **JetExpress** (www.adelaidemetro.com.au/timetables-maps/special-services; 3,20–5,10 AU$; ⌚ Mo–Fr 6.30–23, Sa & So 7.15–23 Uhr) und der **JetBus** (www.adelaidemetro.com.au/timetables-maps/special-services; 3,20–5,10 AU$; ⌚ Mo–Fr 6.30–23, Sa & So 7.15–23 Uhr) – Routen J1, J1X, J3, J7 und J8 – verbinden den Flughafen mit Glenelg und dem Zentrum; es gelten die normalen Metro-Gebühren.

Eine Taxifahrt von der Stadt zum Flughafen (15 Min.) kostet etwa 30 AU$; vom Adelaide Parklands Terminal (10 Min.) ca. 15 AU$. Viele Hostels bieten ihren Gästen einen Transportservice an. Adelaide Transport (S. 807) unterhält auch einen Shuttleservice.

ÖFFENTLICHE VERKEHRSMITTEL

Adelaide Metro (☎ 1300 311 108; www.adelaidemetro.com.au; Ecke King William & Currie Sts; ⌚ Mo–Fr 8–18, Sa 9–17, So 11–16 Uhr) betreibt Adelaides gut getaktetes Bus-, Zug- und Straßenbahnnetz.

Tickets gibt's an Bord, an Schaltern in den Bahnhöfen sowie in Feinkost- und Zeitungsläden in der Stadt. Es gibt Tageskarten (10 AU$) sowie zwei Stunden in der Rushhour (5,30 AU$) und zwei Stunden außerhalb der Rushhour gültige Karten (3,40 AU$). Die Rushhour ist vor 9 und nach 15 Uhr. Kinder unter fünf Jahren fahren kostenlos mit. Zusätzlich gibt's einen Drei-Tage-Pass (26 AU$), mit dem Besucher unbegrenzt häufig fahren können. Wer länger bleibt, spart hingegen mindestens 1 AU$ pro Fahrt mit einer immer wieder aufladbaren Mehrfahrten-Metrocard.

Bus

Adelaides Busse sind sauber und obendrein auch noch ziemlich zuverlässig. Die ersten Busse fahren gegen 6 Uhr, die letzten starten um Mitternacht.

Die **kostenlosen City-Loop-Busse** (☎ 1300 311 108; www.adelaidemetro.com.au/timetables-maps/special-services; ⌚ Sa–Do 9–19.15, Fr bis 21.15 Uhr) von Adelaide Metro fahren jeden Tag alle 30 Minuten – Routen 98A und 98C – im bzw. gegen den Uhrzeigersinn rund um den CBD, vorbei an North Tce, Victoria Sq, Hutt St und dem Central Market, und kurven auf dem Weg durch North Adelaide umher. Die Busse 99A und 99C bedienen von Montag bis Freitag dieselbe Strecke (North Adelaide ausgenommen) – das heißt, in der Woche kommt alle 15 Minuten ein kostenloser Bus.

Die **After-Midnight-Busse** von Adelaide Metro (www.adelaidemetro.com.au/timetables-maps/special-services; ⌚ Sa 24–5 Uhr), erkennbar an einem „N" vor der Busnummer, fahren auf ausgewählten Standardstrecken. Es gelten die Standardtarife.

Tram

Adelaides hochmoderne Straßenbahnen rattern zum/vom Moseley Sq in Glenelg über den Victoria Sq in der Stadt und auf der North Tce bis zum Adelaide Entertainment Centre. Sie fahren wochentags zwischen 6 Uhr und Mitternacht ca. alle zehn Minuten (am Wochenende nur alle 15 Min.). Es gelten die Standardtarife, aber im ganzen Bereich zwischen South Tce und dem Adelaide Entertainment Centre fährt man gratis. Es sind außerdem neue Streckenerweiterungen geplant!

TAXI

Adelaide Independent Taxis (☎ 13 22 11; www.aitaxis.com.au) Reguläre Taxis und Taxis für Rollstuhlfahrer.

Adelaide Transport (☎ 08-8212 1861; www.adelaidetransport.com.au) Minibustaxis für vier oder mehr Passagiere sowie Transfer vom Flughafen in die Stadt.

Suburban Taxis (☎ 13 10 08; www.suburbantaxis.com.au) Taxis, alle Viertel.

Yellow Cabs (☎ 13 22 27; www.yellowcabgroup.com.au) Reguläre Taxis (die fast alle weiß sind!).

Zug

Adelaides gemächliche alte Dieselzüge werden mit der Zeit auf Elektrik umgerüstet. Die Züge starten an der **Adelaide Station** (www.railmaps.com.au/adelaide.htm; North Tce) und bedienen fünf Vorortstrecken (Belair, Gawler, Grange, Noarlunga, Outer Harbour). Im Allgemeinen verkehren die Züge zwischen 6 Uhr und Mitternacht (einige treten ihren Dienst schon um 4.30 Uhr an).

ADELAIDE HILLS

Wenn die Ebenen Adelaides im Sommer unter wüstenartigem Klima ächzen, ist es in den Adelaide Hills (oder vielmehr in den Mt. Lofty Ranges) mit ihren labyrinthartigen Tälern immer ein paar Grad kühler, die Luft ist herrlich frisch, und die Wälder sind angenehm schattig. Die frühen Kolonisten haben rund um Stirling und Aldgate stattliche Sommerhäuser erbaut, und später kamen auch aus religiösen Gründen verfolgte deutsche Siedler hierher, die Orte wie Hahndorf und Lobethal mit den Werten und der Architektur Europas prägten.

Die Hills bieten sich von Adelaide aus für einen schönen Tagesausflug an. Man kann wunderbar von Stadt zu Stadt tingeln (in jeder gibt's mindestens eine Kneipe). Unterwegs passiert man Verkaufsstände mit frischem Obst und Gemüse, Steinhäuschen, Olivenhaine und Weingüter.

Geführte Touren

Ambler Touring GEFÜHRTE TOUR
(☎ 0414 447 134; www.ambler.net.au; Tour halber/ganzer Tag 99/155 AU$/Pers.) Bei diesen individuell vor Ort geplanten Touren bekommt man die Adelaide Hills stilgerecht zu sehen, dabei sind Hahndorf, Mt. Lofty, Beerenberg Farm und viele andere Sehenswürdigkeiten. Viel Wein, Käse, Schokolade und Kunst.

Feste & Events

Crush WEIN
(www.crushfestival.com.au; ⌚ Jan.) Bei diesem Fest werden die Vorzüge des Lebens in den Adelaide Hills gefeiert, wobei Essen und Wein im Vordergrund stehen. Viele Events und Verkostungen in Weingütern.

Winter Reds WEIN
(www.winterreds.com.au; ⌚ Juli) „Brrr, es ist kühl. Noch einen Shiraz." Beim Winter Reds wird die kalte Jahreszeit in den Adelaide Hills mit Weinproben, herzhaftem Essen und vielen Lagerfeuern gefeiert.

An- & Weiterreise

Die Hills erkundet man am besten mit dem eigenen Auto. Alternativ fahren Busse von **Adelaide Metro** (www.adelaidemetro.com.au) zwischen der Innenstadt und den meisten Orten in den Hills. Die Busse 864 und 864F zwischen der Stadt und Mt. Barker halten in Stirling, Aldgate und Hahndorf. Bus Nummer 823 fährt von Crafers zum Mt. Lofty Summit und zum Cleland Wildlife Park, der Bus 830F von der Stadt nach Oakbank, Woodside und Lobethal. Die Busse 835 und 835A verbinden Lobethal mit dem Mt. Barker. Es gelten die Standardtarife (ab 3,40 AU$).

Hahndorf

2550 EW.

Wie The Rocks in Sydney und Richmond in der Nähe von Hobart ist auch Hahndorf eine koloniale Enklave der „Alten Welt", die schamlos Profit aus ihrer Geschichte schlägt: eine kitschige Parodie ihrer selbst.

So, nachdem das klargestellt ist, kann man es ja zugeben: Hahndorf ist mit seiner teutonischen Sandsteinarchitektur, den europäischen Bäumen und all den Blumen, die aus Weinfässern ranken, trotz allem wunderschön. Und interessant: Australiens älteste noch existierende deutsche Siedlung (1839) wurde von 50 Lutheranerfamilien gegründet, die als religiös Verfolgte aus Preußen hierher geflohen waren. In Hahndorf wurde während des Ersten Weltkriegs das Kriegsrecht ausgerufen und man änderte den Namen in „Ambleside" (seit 1935 heißt der Ort wieder Hahndorf). Mit der Zeit ist es hier auch weniger kitschig und obendrein hipper geworden: Es gibt zumindest ein paar gute Cafés, und an den sonnigen Tagen tummelt sich viel Volk auf der Hauptstraße.

Sehenswertes

The Lane WEINGUT
(☎ 08-8388 1250; www.thelane.com.au; Ravenswood La; ⌚ 10–16 Uhr) Fotogene Aussichten und moderne Rebsorten (Viognier, Pinot Grigio, Pinot Gris) sowie ein hervorragendes Restaurant (für mittags reservieren: 2/3 Gänge 59/70 AU$, serviert wird von 12–15 Uhr). Verkostungen von günstigeren Weinen sind gratis.

Beerenberg Strawberry Farm FARM
(☎ 08-8388 7272; www.beerenberg.com.au; Mount Barker Rd; Erdbeeren pflücken Erw./Kind 4 AU$/frei, Erdbeeren 10 AU$/kg; ⌚ 9–17 Uhr) Zwischen November und April kann man auf dem berühmten Hof in Familienhand Erdbeeren pflücken. Die Auswahl an Marmeladen, Chutneys und Saucen ist sensationell. Letzter Einlass zum Pflücken 16.15 Uhr; im Dezember und Januar ist freitags bis 20.30 Uhr geöffnet. Erdbeereis zum Mitnehmen.

Hahndorf Academy MUSEUM
(☎ 08-8388 7250; www.hahndorfacademy.org.au; 68 Main St; ⌚ 10–17 Uhr) GRATIS Dieses Gebäude

Adelaide Hills

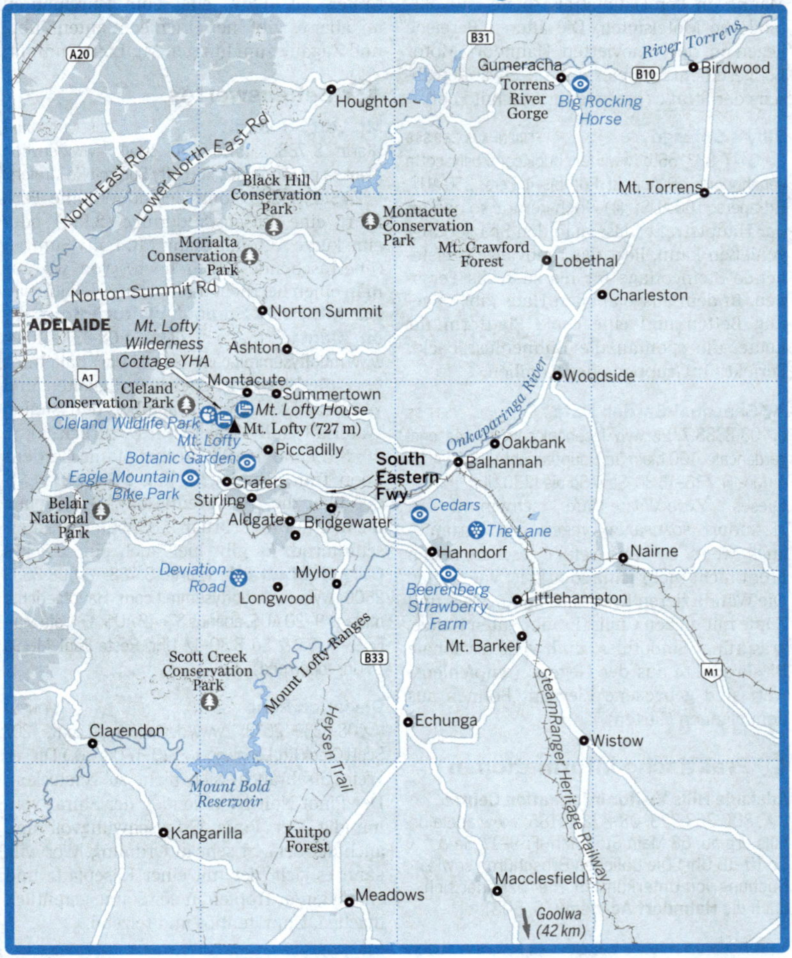

von 1857 beherbergt eine Kunstgalerie mit Wechselausstellungen und Originalzeichnungen von Sir Hans Heysen, dem berühmten Landschaftsmaler, der in Hahndorf aufgewachsen ist. Auf Nachfrage gibt es Führungen durch sein früheres Atelier in der Nähe, **The Cedars** (☎08-8388 7277; www.hansheysen.com.au; Heysen Rd; Führung Erw./Kind 10 AU$/frei; ⏲Di–So 10–16.30 Uhr, Führungen Sept.–Mai 11, 13 & 15 Uhr, Juni–Aug. 11 & 14 Uhr). Das Museum illustriert das Leben der ersten deutschen Siedler anhand von kirchlichen Utensilien, frommen Trachten und bäuerlichem Gerät. Das Adelaide Hills Visitor Information Centre befindet sich ebenfalls hier.

Geführte Touren

Hahndorf Walking Tours SPAZIERGANG
(☎0477 288 011; www.facebook.com/hahndorfwalkingtours; Touren 33 AU$/Pers.; ⏲Tour Sa 14 Uhr, Okt.–März auch tgl. 18 Uhr) Die anderthalbstündigen Touren machen wenig Strecke, aber geben Einblick in die Geschichte sind toll, um die alte Stadt kennenzulernen. Reservierung erforderlich; Startpunkt: Hahndorf Academy.

Schlafen & Essen

Manna MOTEL, APARTMENTS $$
(☎08-8388 1000; www.themanna.com.au; 25 & 35a Main St; DZ/Suite ab 149/199 AU$;)

Das sich auf mehrere Gebäude verteilende Manna an der Hauptstraße bietet stilvolle, moderne Motelsuiten. Die älteren Bereiche liegen in der renovierten Hahndorf Motor Lodge, einem Komplex mit Ziegelwänden abseits der Straße (preiswerter und mit Pool).

Billy's Cottage FERIENHAUS, B&B $$$
(☎0417 833 665; www.facebook.com/billyscottagehahndorf; 59 Auricht Rd; bis 4 Pers. 250 AU$, Extraperson 60 AU$; ❄) Noch gerade so nah an der Hauptstraße, dass man den Spaziergang genießen kann, liegt das renovierte, freistehende Steincottage für bis zu sechs Personen. In dem ausgefallenen Haus gibt es genug Betten und eine coole Plattform für Leute, die spontan die Bühnenlust packt. Perfekt für Gruppen oder Familien.

★ **Seasonal Garden Cafe** CAFÉ $$
(☎08-8388 7714; www.facebook.com/theseasonalgardencafe; 100 Main St; Hauptgerichte 10–25 AU$; ⏲Mo–Fr 7.30–16.30, Sa & So bis 17.30 Uhr; ✎) Dieses Zero-Waste-Café schwimmt in Hahndorf sozusagen gegen den Strom – auch wenn es dank seiner feschen neuen Front nicht mehr ganz so urig ist wie früher. Die Wände zieren Kränze, viele Kürbisse und Zöpfe mit dicken Chilis. Es gibt guten Kaffee, grasgrüne Smoothies und viele saisonale Bio-Produkte aus der Gegend (empfehlenswert sind gebackene Eier mit Bohnen aus dem eigenen Garten).

ℹ Praktische Informationen

Adelaide Hills Visitor Information Centre
(☎1800 353 323, 08-8388 1185; www.adelaidehills.org.au; 68 Main St; ⏲Mo–Fr 9–17, Sa & So 10–16 Uhr) Die üblichen Broschüren sowie Buchung von Unterkünften. Hier befindet sich auch die **Hahndorf Academy** (S. 808).

Rund um Stirling

Die fotogenen kleinen Orte im altmodischen Stirling (2950 Ew.) sowie im Dörfchen Aldgate (3350 Ew.) sind für ihre zauberhaften Herbstfarben bekannt, die von den Laubbäumen herrühren, die die ersten Siedler hier gepflanzt hatten. Interessanterweise wohnten sowohl Bon Scott als auch Mel Gibson jahrelang in Aldgate. Auf einer weniger spannenden Strecke führt der 6 km lange **Aldgate Valley Nature Walk** von Aldgate zum benachbarten Mylor; man folgt den Beuteldachs-Schildern ab dem kleinen Park gegenüber den Läden (Karte von www.ahc.sa.gov.au).

Vom Ort in Richtung Stirling bietet sich Crafers (1970 Ew.) eher zum Durchfahren an, aber es gibt hier einen echt guten Pub ... und Zugang zum luftigen Mt. Lofty Summit!

👁 Sehenswertes

Mt. Lofty Summit AUSSICHTSPUNKT
(Karte S. 788; ☎08-8370 1054; www.environment.sa.gov.au/parks; Mt. Lofty Summit Rd, Crafers; ⏲24 Std.) GRATIS Vom Cleland Wildlife Park führt eine Buschwanderung (2 km) oder eine kurze Autofahrt zum Mt. Lofty Summit (überraschende 727 m hoch), von wo aus man einen herrlichen Blick auf Adelaide hat. Das **Mt. Lofty Summit Visitor Information Centre** (Karte S. 788; ☎08-8370 1054; www.mtloftysummit.com; ⏲9–17 Uhr) hält Infos über die hiesigen Sehenswürdigkeiten und Wanderwege bereit, u. a. über den steilen Waterfall Gully Track (hin & zurück 8 km, 2½ Std.) und den Mt. Lofty Botanic Gardens Loop Trail (Rundweg 7 km, 2 Std.). Das Video über die „Ash Wednesday"-Buschfeuer, die hier am 16. Februar 1983 wüteten, ist erschütternd. Es gibt hier auch ein schickes **Café-Restaurant** (Karte S. 788; ☎08-8839 2600; www.mountloftysummit.com; Hauptgerichte mittags 9–20 AU$, abends 37–42 AU$; ⏲Café Mo–Fr 9–17, Sa & So 8.30–17 Uhr, Restaurant Mi–Sa 18 Uhr–open end).

Deviation Road WEINGUT
(☎08-8339 2633; www.deviationroad.com; 207 Scott Creek Rd, Longwood; ⏲10–17 Uhr; 👪) Dieses Weinguts braucht sich nicht zu verstecken: Der Pinot Noir ist vollendet, der Shiraz vollmundig, der Pinot Gris schwungvoll und auch der Sekt ist sehr in Ordnung. Wer will, kann es sich hier mit einer Käseplatte und einem guten Tropfen in der Sonne gemütlich machen. Unprätentiös und reizend.

Mt. Lofty Botanic Garden GARTEN
(☎08-8222 9311; www.botanicgardens.sa.gov.au; Tore am Mawson Dr & an der Lampert Rd, Crafers; ⏲Mo–Fr 8.30–16, Sa & So 10–17 Uhr) GRATIS Vom Mt. Lofty geht es über die kühlen Hänge des Botanischen Gartens 1,5 km nach Süden. Naturpfade schlängeln sich an einem See, exotischen Pflanzen, heimischen Eukalyptusbäumen und traumhaften Rhododendronblüten vorbei. Kostenlose geführte Spaziergänge beginnen am Parkplatz in der Lower Lampert Rd. (jeden Do 10.30 Uhr).

Cleland Wildlife Park NATURSCHUTZGEBIET
(Karte S. 788; ☎08-8339 2444; www.clelandwildlifepark.sa.gov.au; 365 Mt Lofty Summit Rd, Crafers;

Erw./Kind/Fam. 25/12/56 AU$; ⌚9.30–17 Uhr, letzter Einlass 16.30 Uhr) Im steilen **Cleland Conservation Park** (Karte S. 788; ☎08-8278 5477; www.environment.sa.gov.au/parks; Mt. Lofty Summit Rd, Crafers; ⌚24 Std.) GRATIS begegnet man allen möglichen Tieren Australiens. Den ganzen Tag über bieten Wärter Vorträge und Führungen an, man kann an geführten Nachtwanderungen (Erw./Kind 50/40 AU$) teilnehmen und sich mit einem Koala fotografieren lassen (30 AU$; tägl. 14–15.30 Uhr, sowie So 11–12 Uhr). Ein **Café** (Karte S. 788; www.environment.sa.gov.au/clelandwildlife; Hauptgerichte 5–15 AU$; ⌚9.30–17 Uhr) gibt's auch. Von der Stadt nimmt man den Bus 864 oder 864F ab der Grenfell St nach Crafers und steigt dort in den Bus 823 zum Park um.

Schlafen & Essen

Crafers Hotel BOUTIQUEHOTEL, PUB **$$**
(Karte S. 788; ☎08-8339 2050; www.craftershotel.com.au; 8 Main St, Crafers; DZ ab 180 AU$; ❄📶) Wie wunderbar: Das schäbige alte Crafers Inn wurde sandgestrahlt, gestrichen, ausgeschlachtet und neu ausgestattet und hat sich von einer klebrigen Säuferkneipe in einen ausgelassenen Craftbeerpub verwandelt, der im Obergeschoss sieben stylishe Zimmer mit Bad anbietet. Crafers selbst ist immer noch eine lose Ansammlung von Häusern ohne eigentliches Zentrum… aber vielleicht füllt dieser nette Pub ja diese Lücke.

Mt. Lofty YHA HÜTTE **$$**
(Karte S. 788; ☎08-8414 3000; www.yha.com.au; Gate 25, Mt. Lofty Summit Rd, Crafers; ab 160 AU$/Nacht) Und jetzt mal etwas völlig anderes: Einen kurzen Schlenker von der Straße entfernt liegt dieses Steincottage von 1880 an einem steilen Abhang des Mt. Lofty. Die ehemalige Schäferhütte ist heute eine schlichte Hütte für zehn Personen mit drei Schlafzimmern und tollem Blick durch Eukalyptusbäume auf Adelaide. Die Schlüssel gibt's im Adelaide Central YHA (S. 793) in der Stadt.

★ **Stirling Hotel** BOUTIQUEHOTEL, PUB **$$$**
(☎08-8339 2345; www.stirlinghotel.com.au; 52 Mt Barker Rd, Stirling; DZ ab 280 AU$; ❄📶) Die Besitzer haben so viel Geld in diese traumhaft schöne alte Dame gesteckt, dass man sich fragt, wie sie noch das Personal bezahlen können. Im Obergeschoss befinden sich fünf Gastsuiten: elegant, modern und stylish. Das flotte Ganztagsbistro unten (klassisches Kneipenessen und Pizza) und das romantische Restaurant (gehobene regionale Küche) sind immer proppenvoll.

★ **Fred Eatery** CAFÉ **$$**
(☎08-8339 1899; www.fredeatery.com.au; 220 Mt Barker Rd, Aldgate; Hauptgerichte 11–26 AU$; ⌚Di–So 7.30–16, Fr auch 18–21 Uhr; 👪) Kaum eröffnet, schon heiß geliebt… Jahrzehntelang fristete Aldgate ein Caféleben ohne große Qualität. Und dann kam Fred daher, ein eher urbanes Exemplar in grünen, schwarzen und weißen Tönen gehalten, mit einer raffinierten Karte, Hammerkaffee und tollem Personal. Das hausgemachte Birchermüsli bildet eine solide Ausgangsbasis für den Tag, das üppige Reuben-Sandwich ist ein kalorischer Traum.

Shoppen

Stirling Markets MARKT
(☎0488 770 166; www.stirlingmarket.com.au; Druid Ave, Stirling; ⌚4. So im Monat 10–16 Uhr, Dez. 3. So) „Geschäftig" ist zwar ein recht abgedroschener, überbeanspruchter Begriff, aber in diesem Fall trifft er auf alle Fälle zu! Die Marktstände nehmen die eichengesäumte Druid Ave ein: Es gibt Pflanzen, Straßenkünstler, Pasteten, Kuchen, Einheimische mit Hunden sowie Schnickschnack aus den Hills (aber kaum Druiden…).

Gumeracha, Birdwood & Lobethal

Die landschaftlich schöne Strecke von Adelaide nach Birdwood führt durch die **Torrens River Gorge** nach Gumeracha (sprich: *gam-er-ack-a*; 1020 Ew.), einem rustikalen Dorf am Hang mit einem Pub am unteren Ende (was das Nachhauserollen hinterher leider schwierig macht). Das benachbarte Birdwood (1300 Ew.) markiert die Ziellinie des Bay to Birdwood, einer Oldtimer-Rallye im September. Für den Rest des Jahres eignet es sich perfekt für einen erholsamen Abstecher in die Hills und einen Besuch im ausgezeichneten Automuseum.

Zurück Richtung Woodside liegt Lobethal (2350 Ew.), das 1842 vom lutherischen Pastor Fritzsche und seinen Anhängern gegründet wurde. Wie Hahndorf wurde auch Lobethal im Ersten Weltkrieg umbenannt – „Tweedale" war die etwas unglückliche Wahl. Es ist immer noch eine recht fromme Stadt: Das Kirchenleben spielt im Alltag vieler Einheimischer eine wichtige Rolle, doch die örtliche Craft-Bier-Brauerei und einige ausgezeichnete Weingüter in den umgebenden Hügeln erzeugen eine Ehrfurcht der anderen Art.

Sehenswertes

Pike & Joyce WEINGUT
(☎08-8389 8102; www.pikeandjoyce.com.au; 730 Mawson Rd, Lenswood; ⊙11–17 Uhr, Juni–Aug. bis 16 Uhr) Hoch oben auf einem Hügel hinter Lenswood (das wiederum hinter Lobethal liegt) thront das Pike & Joyce als architektonisches Prachtexemplar, mit Mauern aus gestampftem Lehm, fröhlichem Wellblech und faszinierenden Blicken über die Weinberge und Apfelgärten darunter. Man schlürft einen Chardonnay oder einen interessanten österreichischen Grünen Veltiner. Es gibt auch ein schickes Restaurant (Hauptgerichte 28–32 AU$, Do–So 12–15 Uhr).

National Motor Museum MUSEUM
(☎08-8568 4000; www.nationalmotormuseum.com.au; Shannon St, Birdwood; Erw./Kind/Fam. 15,50/6,50/35 AU$; ⊙10–17 Uhr) Hinter einer eindrucksvollen alten Getreidemühle von 1852 in Birdwood findet man das National Motor Museum mit einer Sammlung von über 300 makellosen Oldtimern, modernen und klassischen Autos (nicht den DeLorean verpassen!) und Motorrädern.

Big Rocking Horse DENKMAL
(☎08-8389 1085; www.thetoyfactory.com.au; 452 Torrens Rd, Gumeracha; 2 AU$; ⊙9–17 Uhr) Gumerachas Hauptattraktion ist das 18,3 m hohe Schaukelpferd Big Rocking Horse, das zwar nicht wirklich schaukelt, aber verglichen mit den üblichen „großen" Touristenattraktionen in Australien ungewöhnlich geschmackvoll ist. Im Shop darunter kann man hübsches Holzspielzeug kaufen.

Feste & Events

Bay to Birdwood SPORT
(www.baytobirdwood.com.au) Im September tuckert ein Oldtimer-Korso von Adelaide hoch nach Birdwood in den Adelaide Hills bis zur Ziellinie beim National Motor Museum.

Lights of Lobethal WEIHNACHTEN
(www.lightsoflobethal.com.au; ⊙Dez.) Das weihnachtliche Lichtspiel erhellt Lobethals Vorgärten und lockt Besucher an; es ist viel Verkehr.

Ausgehen & Nachtleben

Lobethal Bierhaus BRAUEREI
(☎08-8389 5570; www.bierhaus.com.au; 3a Main St, Lobethal; ⊙Fr & Sa 12–22, So bis 18 Uhr) Im Lobethal Bierhaus kann man sich ganz und gar den Errungenschaften dieser Kleinbrauerei hingeben (das Red Truck Porter hat's in sich).

Mt. Barker

11810 EW.

Mt. Barker ist die größte Ortschaft in den Adelaide Hills und nur 35 Minuten von der Stadt entfernt. Zu Beginn war dies nur ein kleines Dorf, aber heutzutage boomt der Ort. In den nächsten Jahren kommen voraussichtlich noch 20000 neue Einwohner hinzu, für die die bisherigen Pferdeweiden eilig unterteilt werden. Das Zentrum von Mt. Barker kann da kaum mithalten, Shoppingzentren und neue Betriebe werden in irrem Tempo aus dem Boden gestampft. In der Gawler St kann man aber immer noch etwas von dem früheren Kleinstadtcharme entdecken und einige ausgezeichnete Lokale versorgen die neuen Einwohner mit Essen und Trinken.

Sehenswertes

★ **Prancing Pony** BRAUEREI
(☎08-8398 3881; www.prancingponybrewery.com.au; 42 Mt Barker Rd, Totness; ⊙Mo–Do 10–18, Fr & Sa bis 22, So bis 20 Uhr) Preisgekrönte Craft-Biere, Burger, Platten, Kneipensnacks und Troubadoure – all das gibt es in diesem flippigen Bierschuppen an der Straße von Mt. Barker nach Hahndorf. Eine Alternative zu den Pubs und Weingütern in den Adelaide Hills war so dringend nötig, dass es nicht mehr lustig war. Jetzt haben endlich alle was zu lachen, ganz entspannt bei einem Amber Ale, oder drei.

Shoppen

Buzz Honey ESSEN
(☎08-8388 0274; www.buzzhoney.com.au; 42 Mount Barker Rd, Totness; ⊙Mo–Fr 8.30–16.30, Sa 9.30–16.30 Uhr) Im Industriegebiet erzeugen Buzz Honey hinter ihrer unauffälligen Ladenfront einen hervorragenden, gut gehenden Honig aus den Adelaide Hills. Hier erfährt man alles über den Herstellungsprozess, kann probieren und dann auch kaufen (der lokale Blue Gum ist ein Klassiker).

FLEURIEU PENINSULA

Weinberge, Olivenhaine und Mandelplantagen, die sich bis zum Meer hinunterziehen, prägen die Fleurieu („*flu*-ri-o") Peninsula, die Spielwiese der Wochenendausflügler aus Adelaide. Die Weinregion McLaren Vale boomt und produziert gewagte Rotweine (u.a. guten Shiraz), um den Weinen aus dem

Barossa Valley Konkurrenz zu machen (unserer Meinung nach gewinnt das McLaren Vale spielend). Weiter östlich liegt die Encounter Coast der Halbinsel mit Surfstränden, historischen Orten und Walen im Meer.

An- & Weiterreise

Am besten erkundet man die Fleurieu im eigenen Auto, aber auch verschiedene Busunternehmen bedienen die Städte hier.

Die Vorortzüge von **Adelaide Metro** (www.adelaidemetro.com.au) verbinden Adelaide und Seaford (1 Std.). Von hier fährt Bus 751 nach McLaren Vale und Willunga (45 Min.). Es gelten die Standardtarife von Adelaide Metro (ab 3,40 AU$). Busse von **Southlink** (☎ 08 8186 2888; www.southlink.com.au) fahren auch auf der Fleurieu Peninsula und sind mit dem Angebot von Adelaide Metro verbunden.

LinkSA (www.linksa.com.au) bietet täglich Busse von Adelaide nach Victor Harbor (26 AU$, 1 Std.), für denselben Preis geht's weiter nach Port Elliot und Goolwa.

An der Küste des Gulf St. Vincent fahren tägliche Busse des Fährunternehmens **SeaLink** (www.sealink.com.au) zwischen Adelaide und Cape Jervis auf Fleurieu, wo die Fähre ablegt. Der Bus schmeißt einen unterwegs auch in Yankalilla oder Normanville raus (19 AU$, 1¼ Std.).

Von Juni bis November betreibt die **SteamRanger Heritage Railway** (☎ 08-8263 5621, 1300 655 991; www.steamranger.org.au) jeweils am ersten und dritten Sonntag den Touristenzug *Southern Encounter* (hin & zurück Erw./Kind 71/37 AU$), der von Mt. Barker in den Adelaide Hills über Strathalbyn, Goolwa und Port Elliot nach Victor Harbor fährt. Der *Cockle Train* (hin & zurück Erw./Kind 29/15 AU$) fährt in den Schulferien täglich, ansonsten jeden Sonntag und Mittwoch zwischen Victor Harbor und Goolwa über Port Elliot an der Encounter Coast entlang.

McLaren Vale

3870 EW.

Das von Weinbergen gesäumte und vom gelben Willunga Scarp flankierte McLaren Vale liegt nur 40 Minuten südlich von Adelaide. Als Servicezentrum der Weinbranche hat das energiegeladene Städtchen nicht viel Sehenswertes, bietet aber immerhin einige tolle Restaurants und Zugang zu einigen Kellertüren der besten Weingüter der Gegend.

Sehenswertes & Aktivitäten

Die meisten Leute kommen nach McLaren Vale, um die über 80 Weingüter zu besuchen. Allein damit könnte man Tage verbringen! Eine Karte gibt's im Visitor Centre.

Goodieson Brewery BRAUEREI

(☎ 0409 676 542; www.goodiesonbrewery.com.au; 194 Sand Rd, McLaren Vale; Verkostung 5 AU$; ⏲ 11–17.30 Uhr) Klar, hier in der Gegend gibt

Fleurieu Peninsula

es viele Weingüter. Aber manch einer hat vielleicht auch mal Appetit auf ein Bier. Diese Brauerei in Familienhand braut helles Bier, Pilsner, Weizenbier und dunkles Bier sowie sehr gute Saisonbiere, die man alle auf der sonnigen Terrasse probieren kann.

Shiraz Trail RADFAHREN, WANDERN
(www.walkingsa.org.au; ⏲24 Std.) Wer das Flair des McLaren Vale kennenlernen will, kann diesen 8 km langen Fuß-/Radweg an den alten Bahngleisen zwischen McLaren Vale und Willunga in Angriff nehmen. Wer Lust hat, radelt auf dem **Coast to Vines Rail Trail** noch 29 km weiter bis nach Marino Rocks. Ein Rad bekommt man bei **Oxygen Cycles** (☎08-8323 7345; www.oxygencycles.com; 143 Main Rd; Fahrradverleih halber/ganzer Tag/über Nacht 15/25/40 AU$; ⏲Di–Fr 10–18, Sa 9–17 Uhr, Dez.–Feb. auch So & Mo), eine Karte gibt's im Visitor Information Centre.

☞ Geführte Touren

Off Piste 4WD Tours GEFÜHRTE TOUR
(☎0423 725 409; www.offpistetours.com.au; Touren halber/ganzer Tag 199/299 AU$) Ganztags- oder Halbtagsabenteuer im Jeep über die ganze Fleurieu für zwei bis zehn Personen. Viel Wildnis, Wein, Bier und Strände. Ein echt toller Einblick in die Region abseits ausgetretener Pfade.

Adelaide's Top Food & Wine Tours ESSEN & TRINKEN
(☎08-8386 0888; www.topfoodandwinetours.com.au) Entweder eine ganztägige Weingütertour

NICHT VERSÄUMEN

WEINGÜTER IM MCLAREN VALE

Wenn das Barossa Valley unter den Weinregionen in SA der Kavalier der alten Schule ist, dann ist das McLaren Vale der aufmüpfige Teenager, der hinter dem Schuppen raucht und an Mums Sherryflasche nippt. Im Sommer umgibt die üppigen Weinberge, die sich – ähnlich wie in Ligurien – bis zur ruhigen Küste erstrecken, ein Hauch von Toskana. Willkommen im Land des Shiraz: kräftig, schwungvoll und richtig gut. Probieren kann man bei den fünf besten der Region:

Alpha Box & Dice (☎08-8323 7750; www.alphaboxdice.com; 8 Olivers Rd, McLaren Vale; ⏲Mo–Fr 11–17, Sa & So 10–18 Uhr) Sehr ungewöhnlich. Das erfrischend kleine Weingut steht mit seinen interessanten Verschnitten, Retromöbeln, urigen Etiketten und lockeren Angestellten ganz oben auf der Hitliste.

Coriole (☎08-8323 8305; www.coriole.com; Chaffeys Rd, McLaren Vale; ⏲Mo–Fr 10–17, Sa & So 11–17 Uhr) In der schönen Cottage-Kellerei (1860) kann man die Probierplatte mit Leckereien aus der Region – Kalamata-Oliven, selbst gebackenem Brot, Woodside-Käse aus den Adelaide-Hills – mit in den Garten nehmen. Und mit einem Gläschen Redstone Shiraz oder dem lokalen Markenzeichen Chenin Blanc schmeckt das Ganze natürlich gleich doppelt so gut.

d'Arenberg (☎08-8329 4888; www.darenberg.com.au; Osborn Rd, McLaren Vale; ⏲10–17 Uhr) Das „d'Arry's" steht entspannt auf einem Hügel und genießt die Aussicht. Die Weinbezeichnungen spiegeln den Humor des Unternehmens wider. Empfehlenswert sind der Shiraz Dead Arm und der Sauvignon Blanc Broken Fishplate. Mittags reserviert man sich einen Tisch im ausgezeichneten Restaurant d'Arry's Verandah (Hauptgerichte 34–40 AU$).

Wirra Wirra (☎08-8323 8414; www.wirrawirra.com; Ecke McMurtrie & Strout Rds, McLaren Vale; ⏲Mo–Sa 10–17, So 11–17 Uhr) Lust auf eine Partie *pétanque* zum Wein? Die scheunenartige Kellerei von 1894 hat eine Picknickwiese und einen knisternden Kamin für den Winter. Man kann hier die erschwinglichen *stickies* (Dessertweine) und den sehr beliebten Rotweinverschnitt Church Block kosten. Zu den Weißweinen gehören ein Viognier mit Zitronenaroma und ein vollmundiger Riesling.

SC Pannell (☎08-8323 8000; www.pannell.com.au; 60 Olivers Rd, McLaren Vale; ⏲11–17 Uhr) Mit einer der schönsten Aussichten im Nacken produziert SC Pannell (Steve für seine Freunde) ausgezeichnete Rotweine, die man jung trinken kann. Wer will, kann sie auch einlagern, aber mal ehrlich: Das Leben ist ohnehin zu kurz. Die Küche ist von Donnerstag bis Sonntag von 12 bis 16 Uhr geöffnet.

ab Adelaide (160 AU$/Pers.) oder eine Käse-und-Wein-Wanderung durch das Vale (320 AU$).

Chook's Little Winery Tours GEFÜHRTE TOUR
(☎0414 922 200; www.chookslittlewinerytours.com.au; ab 100 AU$/Pers.) In Kleingruppen besucht man ein paar der weniger bekannten Boutique-Weingüter im McLaren Vale, Startpunkt ist Adelaide, der Guide ist der unverwüstliche Chook McCoy.

Feste & Events

Sea & Vines Festival ESSEN & TRINKEN
(www.seaandvines.com.au) Wenn im Juni an einem langen Wochenende das Sea & Vines Festival stattfindet, scheint ganz Adelaide aus dem Häuschen zu geraten und in Bussen hierher zu strömen. Dann werden auf den örtlichen Weingütern Köstlichkeiten aus Meeresfrüchten zubereitet, der Wein fließt in Massen und überall treten Livebands auf. Später am Abend kann es chaotisch werden.

Schlafen

McLaren Vale Backpackers HOSTEL $
(☎08-8323 0916; www.mclarenvalebackpackers.com.au; 106 Main Rd; B 28 AU$, EZ & DZ ab 70 AU$; ❄@📶) McLaren Vales ausgelassene Backpackerunterkunft befindet sich in einem ehemaligen Fitnessclub an der Hauptstraße. In den alten Squashcourts stehen Betten für Weinbergarbeiter, normale Schlafsäle und private Zimmer befinden sich im vorderen Bereich. Außerdem gibt' eine Sauna, ein Spa und ein Tauchbecken! Gute Wochenpreise.

★Bethany Chapel B&B B&B $$
(☎0416 342 470; www.bethanychapelbnb.com; 219 Strout Rd; DZ 155–195 AU$; ❄) Man ruhe in Frieden in diesem reizenden, terrassierten Umbau einer wesleyanischen Kapelle von 1854 mit honigfarbenen Holzdielen, einer sonnigen Terrasse hinten und weiten Aussichten über die Weinberge (und den alten Friedhof – dessen Bewohner wirklich in Frieden ruhen). Eine Kirche ganz für sich (und bei Ankunft bekommt man sogar eine Flasche Wirra Wirra geschenkt).

Red Poles B&B $$
(☎08-8323 8994; www.redpoles.com.au; 190 McMurtrie Rd; DZ mit/ohne Bad 125/115 AU$; ❄📶) In einer mit Busch bewachsenen Ecke versteckt sich das exzentrische Red Poles – ein tolles Plätzchen zum Übernachten (und Essen!). Am besten wählt man das rustikale Zimmer mit eigenem Bad (das ist größer als die anderen). Hungrige können sich Gnocchi mit Lammhack (Hauptgerichte 10–30 AU$, 9–16.30 Uhr) bestellen und sich beim Warten Werke lokaler Künstler anschauen. Sonntagnachmittags gibt's Livemusik und man kann Biere der McLaren Vale Beer Company (www.mvbeer.com) testen.

McLaren Eye FERIENHAUS $$$
(☎08-8383 7122; www.mclareneye.com.au; 36a Peters Creek Rd, Kangarilla; 1-/2-Bett-Zimmer 450/800 AU$; ❄) Superluxuriöse, architektonische Glanzleistung am Hang mit Blick in unendliche Weiten – das McLaren Eye bietet alles, was man für einen dekadenten Aufenthalt braucht. Von allen Zimmern hat man eine herrliche Aussicht, sogar von den Bädern (einfach untertauchen in der Badewanne für zwei!). In Kangarilla, 13 km von der Stadtmitte von McLaren Vale gelegen. Zwei Nächte Mindestaufenthalt.

Essen

★Blessed Cheese CAFÉ, FEINKOST $
(☎08-8323 7958; www.blessedcheese.com.au; 150 Main Rd; Hauptgerichte 11–18 AU$; ⌚Mo–Fr 8–16, Sa bis 17, So 9–16 Uhr) Das Personal in diesem „gesegneten" Café serviert großartigen Kaffee, Croissants, Wraps, Salate, Tartes, Burger, Käseplatten, riesige Kuchen und ungewöhnliche Würstchen im Teigmantel. Alle paar Tage gibt's eine neue Speisekarte, aber immer stehen regionale Produkte im Fokus. Von der Käsetheke wehen köstlich-stinkige Aromen herüber! Köstlich sind auch die Limettentartes und die gebackenen Eier auf spanische Art.

Salopian Inn MODERN-AUSTRALISCH $$$
(☎08-8323 8769; www.salopian.com.au; Ecke Main Rd & McMurtrie Rd; Hauptgerichte 30–33 AU$; ⌚tgl. 12–15.30, Do–Sa 18 Uhr–open end) Das alte, von Weinranken bedeckte Gasthaus gibt es seit 1851 (!). Es wurde jetzt als tolles Mod-Oz-Lokal mit Asia-Touch wiedergeboren. Wie wär's mit einem Brötchen mit Fleisch vom Berkshire-Schwein oder Klößen mit Schwimmkrabben und Garnelen und dazu einem selbst ausgesuchten Tropfen? Zudem werden 170 Gins angeboten, einem ganz besonderen Gin-Tonic steht also nichts im Weg!

Praktische Informationen

McLaren Vale & Fleurieu Visitor Information Centre (☎1800 628 410, 08-8323 9944; www.mclarenvale.info; 796 Main Rd; ⌚Mo–Fr

9–17, Sa & So 10–16 Uhr) Am Nordende der Hauptstraße vom McLaren Vale. Infos über Weingüter, Hilfe bei der Zimmersuche und beim Buchen von Sealink-Bussen und -Fähren nach Kangaroo Island. Die Broschüre *McLaren Vale Heritage Trail* beinhaltet einen historischen Spaziergang in der Nähe der Hauptstraße.

Willunga

2420 EW.

Das künstlerisch angehauchte Willunga ist ein Dörfchen mit drei Kneipen (eine überzeugende Kombo!). Als 1840 in der Nähe hochwertiger Schiefer entdeckt und nach ganz Australien ausgeliefert wurde (genutzt für alles Mögliche, von Bodenplatten bis hin zu Billardtischen), startete der Ort so richtig durch. Heutzutage haben sich die alten Gebäude entlang der High St in großartige Lokale, B&Bs und Galerien verwandelt. Hier beginnt auch der **Kidman Trail** (www.kidmantrail.org.au), der sich in Richtung Norden bis hinter das Barossa Valley windet.

Sehenswertes

★Willunga Farmers Market MARKT

(☎08-8556 4297; www.willungafarmersmarket.com; Willunga Town Sq; ⏲Sa 8–12.30 Uhr) Der Willunga Farmers Market mit individuellen Bio-Produkten aus der Region findet jeden Samstagmorgen an der Ecke High St and Main Rd statt. Straßenkünstler, Kaffee, Frühstück und Leckereien für den Picknickkorb. Einfach gut.

Feste & Events

Fleurieu Folk Festival MUSIK

(www.fleurieufolkfestival.com.au) Ein ganzes hyperaktives Oktoberwochenende lang findet jedes Jahr im Willunga Recreation Park das FFF statt – mehr Akustikgitarren, als man je in einer Stadt gesehen hat.

Schlafen & Essen

Willunga House B&B B&B $$

(☎08-8556 2467; www.willungahouse.com.au; 1 St Peters Tce; DZ inkl. Frühstück ab 200 AU$; ❄📶🏊) Wer sich etwas gönnen will, ist in diesem charmanten, zweistöckigen Herrenhaus von 1850 abseits der Hauptstraße genau richtig: Hier gibt es Bodendielen aus Kiefernholz, Betten aus italienischem Kirschholz, offene Kamine, indigene Kunst und einen Swimmingpool. Das Frühstück ist ein Festmahl mit Bio-Müsli, Obstsalat und pochierten Birnen, gefolgt von warmen Leckereien.

The Farm B&B $$$

(☎08-8328 2140, 0434 125 172; www.thefarmwillunga.com.au; 11 Martin Rd; DZ ab 290 AU$; ❄📶) Hoch auf einem Hügel hinter Willunga (tolle Aussicht!) thront The Farm, ein Café und funktionierender Biobauernhof mit zwei eleganten, übereinander liegenden Suiten nach hinten raus. Für die obere Wohnung zahlt man etwas mehr, aber beide Optionen sind echt stylish, modern und absolut komfortabel. DIY-Frühstück aus dem Kühlschrank oder man lässt sich im Café bekochen.

Russell's Pizza PIZZERIA $$

(☎08-8556 2571; 13 High St; Pizza ab 24 AU$; ⏲Fr & Sa 18–23.30 Uhr) Es mag aussehen wie ein rustikaler heruntergekommener Hühnerstall, aber das Russell's ist der angesagteste Ort, wenn man am Wochenende Appetit auf eine tolle Pizza aus dem Holzofen hat. Niemand stört sich daran, dass man lang auf das Essen (manchmal 1 Std.) warten muss, denn die Atmosphäre hier ist einfach einmalig. Irrsinnig beliebt, also lange im Voraus reservieren!

Strände am Gulf St. Vincent

An der Küste des Gulf St. Vincent gibt's einige erstklassige Badestrände (nicht zum Surfen), vom vorstädtischen **Christies Beach** bis hin zum **Maslin Beach**, an dessen Südende sich gerne Nudisten und Schwule tummeln. Maslin liegt eine 45-minütige Autofahrt außerhalb von Adelaide – weit genug entfernt, um die riesigen Einkaufszentren und die neuen Wohnviertel südlich der Stadt nicht mehr sehen zu müssen.

In **Port Willunga** ist der nächste Strand von McLaren Vale und der beste Badeplatz entlang der Küste. Es gibt ein ausgezeichnetes Café oben auf den Klippen mit Blick auf die Reste des früheren 145 m langen Anlegestegs unten.

Etwas weiter südlich liegt das niedliche kleine Myponga (540 Ew.), wo die Craft-Biere in der **Smiling Samoyed Brewery** (☎08-8558 6166; www.facebook.com/myPongabrewery; 46 Main South Rd, via Hansen St, Myponga; ⏲Fr–So 11–18 Uhr) jeden zum Lächeln bringen. Vier der Biere sollte man unbedingt probieren – ein Kölsch, ein APA, ein IPA und ein dunkles Ale – neben den saisonalen Angeboten.

Noch weiter südlich liegt das verschlafene Yankalilla (1020 Ew.) mit dem regionalen **Yankalilla Bay Visitor Information Centre** (☎08-8558 0240, 1300 965 842; www.yankalilla.sa.gov.au; 163 Main South Rd, Yankalilla; ⏲Mo–Fr

9–17, Sa & So 10–16 Uhr;). Dahinter gibt's ein kleines **Geschichtsmuseum** (1300 965 842; www.yankalilla.sa.gov.au; 169 Main South Rd, Yankalilla; Museum Erw./Kind/Fam. 5/1/12 AU$; Mo–Fr 9–17, Sa & So 10–16 Uhr); Ausschau halten nach der Radarantenne der versenkten *HMAS Hobart* (www.exhmashobart.com.au), heute ein Tauchspot vor der Küste.

Etwa 60 km südlich von Adelaide liegt Carrickalinga (290 Ew.) mit seinem schön geschwungenen Sandstrand – ein sehr entspanntes Fleckchen ohne Geschäfte. Proviant und Unterkünfte gibt's im benachbarten **Normanville** (1360 Ew.), ebenso einen tollen Pub, einen Supermarkt und ein paar Campingplätze. Ungefähr 10 km außerhalb von Normanville an der Hay Flat Rd findet man das pittoreske kleine **Ingalalla Falls** (von der Yankalilla-Seite der Stadt den Schildern folgen). Auf der gleichen Strecke liegen von Myponga landeinwärts die **Hindmarsh Falls** abseits der Hindmarsh Tiers Rd.

14 km südlich von Normanville liegt Second Valley (500 Ew.), an dessen Strand man geschützt schwimmen kann. Weitere 5 km südlich kommt die Abzweigung nach **Rapid Bay**, einer gespenstische Halb-Geisterstadt mit einem *laaangen* Angelsteg.

Cape Jervis, 107 km von Adelaide entfernt, hat nicht viel mehr zu bieten als die Fähre nach Kangaroo Island und den Anfang des **Heysen Trail** (www.heysentrail.asn.au). Doch ganz in der Nähe, im **Deep Creek Conservation Park** (08-8598 0263; www.environment.sa.gov.au; via Main South Rd, Deep Creek; 10 AU$/Auto; 24 Std.), gibt's einen grandiosen Blick auf die Küste, einen Wahnsinnswasserfall, mannshohe Grasbäume *(Xanthorrhoea semiplana tateana)*, Sandstrände, Kängurus, Jägerlieste und beliebte Campingplätze im Busch (9–25 AU$/Auto).

Geführte Touren

Adventure Kayaking SA KAJAKFAHREN
(08-8295 8812; www.adventurekayak.com.au; Touren ab 180 AU$) Sechsstündige Paddeltrips an der Küstenlinie der Rapid Bay mit Meeresgrotten, Stränden und Tieren.

Schlafen & Essen

Jetty Carvan Park CAMPING $
(08-8558 2038; www.jettycaravanparknormanville.com.au; 34 Jetty Rd, Normanville; Stellplatz ohne/mit Strom 34/42 AU$, Hütten mit/ohne Bad ab 121/82 AU$;) Die bessere Option der beiden Campingplätze in „Normy" ist in zwei Abschnitte aufgeteilt, die jeweils auf einer Seite des Bungala River liegen. Der Jetty CP hat grüne Stellplätze, hohe Zimmertannen und gepflegte Hütten. Die Fish & Chips vom Kiosk am Strand gegenüber vom Park sind ganz gut genießbar.

Ridgetop Retreats COTTAGE $$
(08-8598 4169; www.southernoceanretreats.com.au; Tapanappa Rd, Deep Creek; DZ 225 AU$, Extra Erw./Kind 35/25 AU$) Von der Straße zum Deep Creek Conservation Park aus sieht man die gewölbten Dächer des ausgezeichneten Ridgetop Retreats, entworfen vom beachtenswerten Architekten Max Pritchard aus SA. Die Luxuswellblechhäuschen für Selbstversorger mitten im Busch sind mit Holzofen, Ledersesseln und Arbeitsflächen aus Edelstahl ausgestattet. Auf der Website findet man weniger teure, lokale Optionen.

Victory Hotel KNEIPENESSEN $$
(08-8556 3083; www.victoryhotel.com.au; Main South Rd, Sellicks Beach; Hauptgerichte 17–33 AU$; 12–14.30 & 18–20.30 Uhr) An der Schnellstraße beim Sellicks Beach befindet sich das Victory, ein lebhafter Pub aus dem Jahre 1858 mit einem atemberaubenden Ausblick auf den silbern schimmernden Golf, einer lustig lockeren Stimmung und einem schönen Biergarten. Hinzu kommen kreative Gerichte, ein eindrucksvoller Weinkeller und offene Weine – was will man mehr? Man kann in einer der drei Hütten nächtigen (Doppelhütte 150 AU$, inkl. Frühstück 165 AU$).

★ **Star of Greece** MODERN-AUSTRALISCH $$$
(08-8557 7420; www.starofgreececafe.com.au; 1 The Esplanade, Port Willunga; Hauptgerichte 29–38 AU$; Mi–So 12–15, Fr & Sa 18 Uhr–open end, Jan. tgl.) In Port Willunga auf den Klippen befindet sich dieses stets gut besuchte, nach einem Schiffswrack benannte Fischrestaurant Star of Greece. Das Dekor ist fetzig, das Personal nett und die Terrasse sonnig. Fragt man den Kellner, wo der Weißling gefangen wurde, blickt er hinaus auf die Bucht und sagt: „Sehen Sie das Boot da draußen?" Es gibt auch einen Imbissschalter (Snacks 7–15 AU$, an Wochenenden & in den Schulferien geöffnet).

Victor Harbor

15 200 EW.

Die größte Stadt an der Encounter Coast ist Victor Harbor (es schreibt sich tatsächlich so: Schuld daran ist ein ungebildeter Vermessungsingenieur von damals). Dieser Ort ist ein schäbiges, lärmiges Ferienziel mit drei riesigen Pubs und vor der Küste vorbeiziehenden Walen. „Another day in paradise", sagt ein Rentner mit Pferdeschwanz zu niemand Bestimmtem, während er in der Sonne die Ocean St entlangschlurft.

Sehenswertes

South Australian Whale Centre MUSEUM
(08-8551 0750; www.sawhalecentre.com; 2 Railway Tce; Erw./Kind/Fam. 9/4,50/24 AU$; 10.30–17 Uhr) Victor Harbor liegt an der Wanderstrecke der Südkaper (Mai–Okt.). Das mehrstöckige South Australian Whale Centre zeigt beeindruckende Exponate (darunter auch den riesigen, miefigen Schädel eines Wals), und die Mitarbeiter wissen immer ganz genau, wo gerade Wale zu sehen sind. Wer zur „falschen" Jahreszeit hier ist, kann die riesigen Säuger im 3D-Kino und die neue Ausstellung über die Walgeschichten der Aborigines bestaunen. Für Infos zur Walbeobachtung einfach bei der **Whale Information Hotline** anrufen (1900 942 537).

Encounter Coast Discovery Centre & Museum MUSEUM
(08-8552 4440; www.nationaltrust.org.au/sa; 2 Flinders Pde; Erw./Kind/Fam. 6/4/16 AU$; 13–16 Uhr) Das National-Trust-Museum befindet sich im Zollhaus aus dem Jahre 1866 an der Küste von Victor und beherbergt eine interessante Ausstellung über die lokale Geschichte, von den voreuropäischen Zeiten bis etwa 1900: Walfang, Eisenbahn, Schifffahrt und die örtliche Aborigine-Kultur. Gut für einen Regentag.

Aktivitäten

Horse-Drawn Tram OUTDOORAKTIVITÄTEN
(08-8551 0720; www.horsedrawntram.com.au; Foreshore; hin & zurück Erw./Kind/Fam. 9/7/25 AU$; stündl. 10.30–15.30 Uhr) Direkt vor der Küste liegt die mit Felsbrocken übersäte **Granite Island**, die seit 1875 über einen 632 m langen Damm mit dem Festland verbunden ist. Man kann bis zur Insel laufen, mehr Spaß macht es aber, mit der Doppeldecker-Pferdebahn aus dem Jahr 1894 zu fahren, die von einem großen Clydesdale-Pferd gezogen wird: Das ist das ultimative Victor-Harbor-Erlebnis. Tickets gibt's direkt beim Fahrer oder im Informationszentrum.

Encounter Bikeway RADFAHREN
(08-8551 0777; www.victor.sa.gov.au/webdata/resources/files/bikeway.pdf) Der viel befahrene Encounter Bikeway erstreckt sich über 30 km von Victor Harbor über Goolwa nach Laffin Point, vorbei an Stränden, Ausblicken und gelegentlich vorbeiguckenden Walen. Karten gibt's im Besucherzentrum (oder online); Fahrräder leiht man bei **Victor Harbor Cycle Skate Bay Rubber** (08-8552 1417; www.victorharborcycles.com; 73 Victoria St; Fahrradverleih 4/8 Std. 30/40 AU$; Mo–Fr 9–17, Sa 10–15, So 11–15 Uhr).

Geführte Touren

Big Duck BOOTSFAHRT
(08-8555 2203; www.thebigduck.com.au; Granite Island Causeway; Tour 45 Min. Erw./Kind/Fam. 35/25/110 AU$, 90 Min. 60/50/195 AU$) mit dem Festrumpfschlauchboot Big Duck kann man eine Runde um die Granite Island drehen und an der Küste entlangschippern, um Seehunde, Delfine und Wale zu beobachten (in der Saison). Termine und Reservierungen per Telefon oder online. Hier gelten strikte Regeln, was die Annäherung an die Tiere angeht.

Feste & Events

Schoolies Festival MUSIK
(www.encounteryouth.com.au/schoolies-festival) Achtung: Im November quillt Victor Harbors grüne Küste über vor jugendlichen Schulabgängern, die hier ihren Dampf ablassen. Unterkünfte werden knapp.

Schlafen & Essen

Anchorage PENSION $
(08-8552 5970; www.anchorageseafronthotel.com; 21 Flinders Pde; EZ/DZ/3BZ/Apt. ab 65/90/135/260 AU$;) Diese grandiose alte Pension versprüht Küstencharme. Die außerordentlich gepflegten Zimmer, die von langen Gängen abgehen, sind ihr Geld definitiv wert. Die meisten haben Meerblick, einige auch einen Balkon (wofür man in Sydney ein Vermögen hinblättern müsste!). Die preiswertesten Zimmer mit Gemeinschaftsbad bieten allerdings keinen Blick aufs Wasser. Die **Café-Bar** (Frühstück Hauptgerichte 5–17 AU$, mittags & abends 12–30 AU$; 8 Uhr–open end) im Erdgeschoss ist der Renner.

Victor Harbor City Inn MOTEL $$
(08-8552 2455; www.victorharborcityinn.com.au; 51 Ocean St; DZ/2-Zimmer-Einheit ab 115/135 AU$;) Genau in der Mitte der Stadt wurde das alte Motel aus den 1970er-Jahren in letzter Zeit gründlich aufgemöbelt: neue Betten, neue Bettwäsche, neue Bäder, neuer Anstrich... Es ist eine

schlichte Unterkunft mit 15 Zimmern – tolles Preis-Leistungs-Verhältnis und geniale Lage.

Nino's CAFÉ, ITALIENISCH $$
(☎08-8552 3501; www.ninoscafe.com.au; 17 Albert Pl; Hauptgerichte 19–38 AU$; ⏲9.30 Uhr–open end) Das Nino's gibt's schon seit 1974 (das Gebäude schon viel länger), aber es gelingt dem Laden trotzdem, der Innenstadt von „VH" modernen Glanz zu verleihen. Hippe, junge Angestellte und moderne Inneneinrichtung bilden sozusagen die Kulisse für Gourmetpizza, Burger, Pasta, Salate, Risotto und viele italienische Fleischgerichte. Es gibt auch guten Kaffee, Kuchen und Snacks zum Mitnehmen.

Shoppen

Alexandrina Cheese Company KÄSE
(☎08-8554 9666; www.alexandrinacheese.com.au; Sneyd Rd, Mt. Jagged; Verkostungen frei, Käseplatten ab 15 AU$; ⏲Mo–Fr 12–17, Sa & So 10–16.30 Uhr) An der Straße nach Mt. Compass, 18 km nördlich von Victor Harbor, öffnet diese Erfolgsgeschichte Fleurieus ihre Pforten für alle Käseliebhaber und Milchshake-Süchtigen. Man kann Gouda, Edamer und Feta probieren und dann ein Stück des kräftigen alten Cheddars mitnehmen.

Praktische Informationen

Victor Harbor Visitor Information Centre
(☎08-8551 0777; www.tourismvictorharbor.com.au; Foreshore; ⏲9–17 Uhr) Hilft bei der Buchung von Touren und Unterkünften. Die Broschüre *Beaches on the South Coast* informiert, wo man gut schwimmen kann, die Broschüre *Victor Harbor Historic Markers Discovery Trail* hält Infos zu Wandertouren bereit.

Port Elliot

3100 EW.

Etwa 8 km östlich von Victor Harbor liegt das historische, recht wohlhabende Port Elliot an der **Horseshoe Bay**, einer schönen Bucht mit gutem Badestrand, sanfter Brandung und wunderschönem orangefarbenem Sand. Norfolktannen ragen in den Himmel, und an einer Wand im Pub steht, ob Wale zu sehen sind. Dann kann man zum Aussichtspunkt **Freemans Knob** am Ende des Strandes gehen und nach Walen Ausschau halten.

Aktivitäten

Port Elliot Bike & Leisure Hire RADFAHREN
(☎0448 370 007; www.portelliotbikeleisurehire.myob.net; 85–87 Hill St; ab 40 AU$/Tag; ⏲Mo–Sa 9–17, So ab 10.30 Uhr) Mit einem Mountainbike kann man den Encounter Bikeway (S. 860) in Angriff nehmen, der durch Port Elliot nach Goolwa (15 km östlich) und Victor Harbor (7 km westlich) führt.

Surfen

Am **Commodore Point** am Ostende der Horseshoe Bay sowie am nahen **Boomer Beach** und **Knights Beach** finden erfahrene Surfer verlässliche, oft 2 m hohe Dünungswellen vor. Auch am Strand des ansonsten unspektakulären **Middleton**, des nächsten Orts Richtung Goolwa, laufen kräftige Brecher auf. 12 km westlich von Victor Harbor bieten sich der **Waitpinga Beach** und der **Parsons Beach** zum Surfen an.

Die beste Zeit zum Surfen ist von März bis Juni, denn dann weht der Nordwind. Weitere Infos gibt's unter www.southaustralia.com, Berichte stehen auf www.surfsouthoz.com. In Middleton gibt es ein paar gute Surfschulen.

Surf & Sun SURFEN
(☎1800 786 386; www.surfandsun.com.au; 44 Victor Harbor-Goolwa Rd, Middleton; 👪) Surfbrett-/Neoprenanzug-Verleih (halber Tag 20/10 AU$) und Surfstunden (2 Std. inkl. Ausrüstung 55 AU$). Sehr kinderfreundlich (2 Std. Familienunterricht 240 AU$).

Schlafen & Essen

★ **Port Elliot Beach House YHA** HOSTEL $
(☎08-8554 1885; www.yha.com.au; 13 The Strand; B/2BZ/DZ/FZ ab 30/91/110/125 AU$; ❄@📶) Diese 1910 (als Arcadia Hotel) errichtete Sandsteinschönheit bietet einen traumhaften Blick auf die Küste von Port Elliot. Wer es trotzdem schafft, sein Augenmerk auf das Haus zu lenken, wird glänzende Holzdielen, neue Zimmer mit Bad, schöne Bettwäsche und moderne Farbtöne vorfinden. Natürlich gibt's hier auch Surfunterricht und das tolle Flying Fish Café ist auch nur 200 m entfernt.

BIG4 Port Elliot Holiday Park CAMPING $
(☎1800 008 480, 08-8554 2134; www.portelliotholidaypark.com.au; Victor Harbor-Goolwa Rd; Stellplatz mit Strom/Hütte/Wohneinheit/Cottage ab 35/90/115/145 AU$; ❄📶) Der 5 ha große Campingplatz in unschlagbarer Lage hinter den Dünen der Horseshoe Bay (es könnte etwas windig werden) mit saftig grünem Gras und gesunden Bäumen bietet alle wichtigen Einrichtungen, darunter eine blitzblanke Campingküche und einen Allwetter-Grillplatz. Im Winter purzeln die Preise.

★ **Flying Fish Café** MODERN-AUSTRALISCH $$
(☎08-8554 3504; www.flyingfishcafe.com.au; 1 The Foreshore; Hauptgericht Café 6–20 AU$, Restaurant 28–45 AU$; Café tgl. 9–16 Uhr, Restaurant tgl. 12–15, Fr & Sa 18–21 Uhr;) Es kann passieren, dass man sich hier zum Frühstück ins Café hinsetzt und dann den ganzen Tag bleibt – so fesselnd ist der Blick auf die Horseshoe Bay. Man kann aber auch hervorragenden, in Coopers-Bierteig frittierten Krokodilsfisch mit Pommes zum Mitnehmen bestellen und zurück zum Strand laufen. Abends bietet das Restaurant etwas mehr Klasse mit Hauptgerichten von der Karte; die Zutaten stammen hauptsächlich von selbständigen südaustralischen Produzenten. Eines von jenen Restaurants in SA, die man besucht haben sollte.

Goolwa

2200 EW.

Viel entspannter und eleganter als das aufgedrehte Victor Harbor ist das historische Goolwa, ein bescheidenes Städtchen an der Mündung des Murray River. Hinter den Dünen versteckt sich ein fantastischer Strand, an den die Wellen branden, ganz so, wie es immer war…

Sehenswertes & Aktivitäten

Steam Exchange Brewery BRAUEREI
(☎08-8555 3406; www.steamexchange.com.au; 1 Cutting Rd, Goolwa Wharf; Verkostung 3,20 AU$; ⊙Mi–So 11.30–17 Uhr) Am Kai befindet sich diese Brauerei, die gute Starkbiere und Ales herstellt. Wie wär's mit einem Southerly Buster Dark Ale, während man auf den Fluss hinabblickt? SAs einzige Single-Malt-Whisky-Brennerei befindet sich ebenfalls hier! Für Verkostungen wird eine kleine Gebühr fällig. Gruppenführungen nach Vereinbarung.

Geführte Touren

Canoe the Coorong KANUFAHREN
(☎0424 826 008; www.canoethecoorong.com; Touren Erw./Kind 135/85 AU$) Ganztägige Paddeltouren ab Goolwa um die Mündungen von Coorong und Murray River. Einschließlich Mittagessen und Buschwanderungen durch die Dünen. Es gibt auch dreistündige Touren im Sonnenuntergang und Expeditionen über Nacht.

Spirit of the Coorong BOOTSFAHRT
(☎08-8555 2203, 1800 442 203; www.coorongcruises.com.au; Goolwa Wharf) Veranstaltet umweltfreundliche Bootstouren auf dem Murray und in den Coorong National Park, inklusive Mittagessen und geführten Spaziergängen. Die vierstündige Coorong Discovery Cruise (Erw./Kind 95/69 AU$) findet das ganze Jahr über donnerstags statt, von Oktober bis Mai auch montags. Die sechsstündige Coorong Adventure Cruise (110/76 AU$) wird ganzjährig sonntags, und von Oktober bis Mai auch mittwochs angeboten. Reservierung erforderlich.

Cruise the Coorong BOOTSFAHRT
(☎0410 488 779; www.cruisethecoorong.com.au; Goolwa Wharf; Erw./Kind 130/100 AU$) 6½-stündige Coorong-Ultimate-Fahrten auf einem kleinen Boot, begleitet von Spaziergängen, Snacks aus dem Busch, Seehundebeobachtung und dem Graben nach *pipis* (Meeresfrüchte) am Strand. Mittagessen und Snacks inklusive. Kürzere Touren mit den Coorong-Highlights gibt es in den Schulferien (Erw./Kind 60/50 AU$).

Feste & Events

South Australian Wooden Boat Festival SPORT
(www.woodenboatfestival.com.au) Holzboote aller Größen, Ausstattungen und verschiedenster Arten sorgen im April in ungeraden Jahren für Aufregung in Murray.

Schlafen & Essen

Captains Quarters B&B $$
(☎0402 254 742; www.facebook.com/captainsquartersgoolwa; 15 Wildman St; DZ ab 150 AU$) Es wirkt wie ein Oldie, dabei wurde es erst 2010 errichtet. Das Captains Quarters ist ein supersüßes Cottage in einer Seitenstraße von Goolwa, ganz nah an den Läden und Cafés. In den drei Schlafzimmern können sechs Personen übernachten – bei maximaler Ausnutzung des Platzangebots.

★ **Boathouse Retreat** B&B $$$
(☎08-8555 0338; www.birksharbour.com.au/stay/boathouse; 138 Liverpool Rd; DZ ab 325 AU$;) Das Boathouse am Flussufer im Zentrum von Goolwa ist ein fotogenes Holzbootshaus (ohne Boot) mit einer Sonnenterrasse und einem privaten Jachthafen voller tanzender Boote. Es ist für zwei Romantiker ausgerichtet. DIY-Frühstückszutaten im Kühlschrank.

Australasian BOUTIQUEHOTEL $$$
(☎08-8555 1088; www.australasian1858.com; 1 Porter St; DZ inkl. Frühstück ab 395 AU$;) Das prachtvolle Steinhotel von 1858 am An-

fang der Hauptstraße von Goolwa erlebt seinen zweiten Frühling als B&B mit einer Reihe japanisch anmutender Terrassen und verglasten Anbauten sowie einem stilvollen Speissaal. Von den fünf Suiten hat man einen schönen Blick und das Frühstück macht süchtig. Mindestaufenthalt zwei Nächte.

Bombora CAFÉ $$
(☎08-8555 5396; www.bomboragoolwa.com; Goolwa Beach Car Park, Beach Rd; Hauptgerichte 10–28 AU$; ⏲Fr–Mo 8–17 Uhr, Mitte Mai–Mitte Juli geschl.) Unten am Surferstrand von Goolwa hat dieser schlichte kleine Ziegelsteinkasten einen guten Ruf. Es gibt Baguettes, Burger, Salate, ausgezeichnetes Schinken-Ei-Buschbrote mit selbst gemachtem Chutney und Goolwa-Herzmuscheln. Entweder lässt man sich im zugehörigen erhöhten Pavillon nieder, um Surfer zu beobachten, oder man nimmt sich ein Eis mit. In den Schulferien über Tag geöffnet, im Sommer abends.

Motherduck CAFÉ $$
(☎08-8555 1462; www.motherduckcafe.com.au; 1/13 Cadell St; Hauptgerichte Frühstück 8–21 AU$, mittags 13–27 AU$; ⏲Di–So 8–16 Uhr; 👪) Ein geschäftiges Highlight an der Einkaufszeile von Goolwa ist dieses clevere kleine Café, in dem es immer voller zu sein scheint als überall sonst in Goolwa. Unverputzte Backsteinmauern, starker Kaffee, gebackene Eier auf spanische Art, Langhorne Creek-Weine, Currys, Pancakes und Jack Johnson im Hintergrund – das perfekte Kleinstadtcafé?

ℹ Praktische Informationen

Goolwa Visitor Information Centre (☎1300 466 592, Fahrradverleih 0402 814 541; www.visitalexandrina.com; 4 Goolwa Tce; ⏲Mo–Fr 9–17, Sa & So 10–16 Uhr) In dem ehemaligen Postamt von 1857 gibt's Infos über den Ort (und über Unterkünfte). Wer den **Encounter Bikeway** (☎1300 466 592; www.victor.sa.gov.au/webdata/resources/files/bikeway.pdf) in Angriff nehmen will, kann sich hier auch ein Fahrrad leihen.

KANGAROO ISLAND

Von Cape Jervis aus schippern Autofähren über die Backstairs Passage zur Kangaroo Island (KI). Lange verirrten sich keine Touristen hierher, aber inzwischen ist die Insel immer mehr zu einem Paradies für Wildnis- und Naturfreaks geworden – ein wahrer Zoo voller Seehunde, Vögel, Delfine, Ameisenigel und (wen wundert's?) Kängurus. Aber noch ist die Insel ländlich entspannt und wenig erschlossen – ein Ort, an dem die Kinder mit dem Fahrrad zur Schule fahren und Farmer über das Schwarze Brett nach einer Frau suchen. Die lokalen Weine und Erzeugnisse sind wahrhaft fantastisch.

Geschichte

Viele Ortsnamen auf KI sind französisch, was auf den Entdecker Nicholas Baudin zurückzuführen ist, der in den Jahren 1802 und 1803 vor der Küste auf Entdeckungsreise war. Doch Baudins englischer Rivale, Matthew Flinders, gab der Insel 1802 ihren Namen, nachdem er sich und seiner Mannschaft ein Känguru zum Abendessen gegönnt hatte. Zu dieser Zeit war KI unbewohnt, aber Archäologen glauben, dass hier schon vor 2000 Jahren Menschen lebten. Weshalb sie die Insel verlassen haben, lässt sich nur vermuten, aber einen Hinweis könnte der Name der Ureinwohner für die Insel, „Karta", liefern – er bedeutet „Land der Toten". Zu Beginn des 19. Jhs. kehrten die Menschen nach KI zurück, jedoch unter tragischen Umständen: Wal- und Robbenfänger entführten Aborigine-Frauen aus Tasmanien und brachten sie hierher.

Aktivitäten

Die sichersten **Badestellen** liegen an der Nordküste, wo das Wasser wärmer und die Strömung schwächer ist. Besonders empfehlenswert sind Emu Bay, Stokes Bay, Snelling Beach und Western River Cove.

Zum **Surfen** bieten sich die Wogen an der Südküste an. Die Pennington Bay wartet mit starken Brechern auf; die Vivonne Bay und die Hanson Bay im Südwesten haben ebenfalls tolle Wellen zu bieten. Die Broschüre *Kangaroo Island Surfing Guide* gibt's im Informationszentrum, oder man sucht im Web nach „Kangaroo Island Surfing Guide" und folgt dem Downloadlink auf www.tourkangarooisland.com.au.

Die Insel kann man gut auf eigene Faust erkunden, z.B. bei **Buschwanderungen** – ob sie nun nur 1 km lang sind oder stolze 61 km, wie der berüchtigte fünftägige Kangaroo Island Wilderness Trail (S. 830). Auf der Website www.tourkangarooisland.com.au/experiences stehen mehr Infos.

Im Meer rund um KI tummeln sich 230 Fischarten und Korallen und hier liegen auch etwa 60 Schiffswracks, die sich perfekt zum **Schnorcheln** und **Tauchen** eignen. **Kangaroo Island Dive & Adventures** (☎08-8346 3422) veranstaltet Tauchausflüge

Kangaroo Island

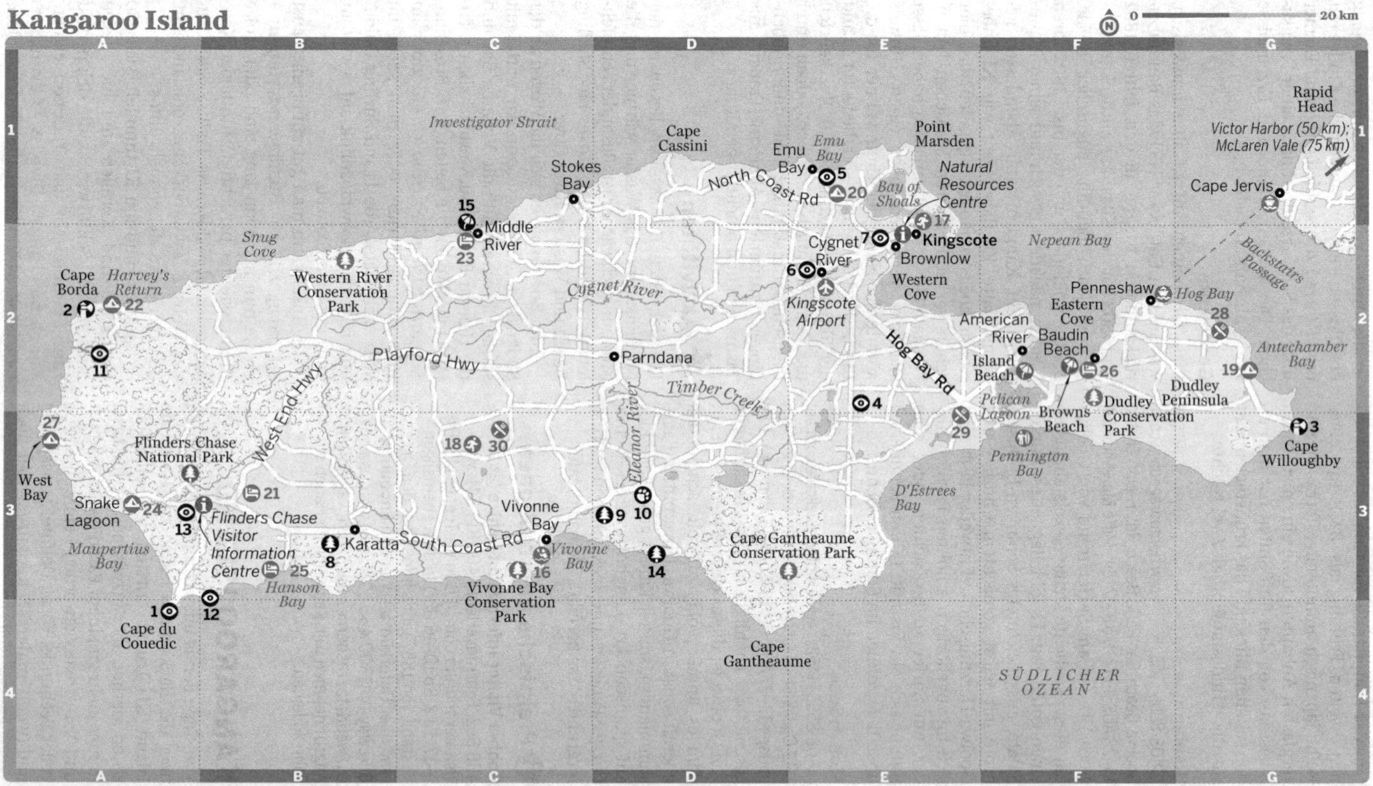

Kangaroo Island

Sehenswertes

1	Admirals Arch	A4
2	Cape Borda Lightstation	A2
	Cape du Couedic Lighthouse	(siehe 1)
3	Cape Willoughby Lightstation	G3
4	Clifford's Honey Farm	E2
5	Emu Bay Lavender	E1
6	Island Pure Sheep Dairy	E2
7	Kangaroo Island Brewery	E2
8	Kelly Hill Conservation Park	B3
9	Little Sahara	D3
10	Raptor Domain	D3
11	Ravine des Casoars	A2
12	Remarkable Rocks	B3
13	Rocky River	A3
14	Seal Bay Conservation Park	D3
15	Snelling Beach	C1

Aktivitäten, Kurse & Touren

16	Kangaroo Island Outdoor Action	C3
	Kangaroo Island Wilderness Trail	(siehe 13)
17	Pelican Feeding	E1
18	Tiger Trails	C3

Schlafen

19	Antechamber Bay South Campground	G2
	Cape Borda Cottages	(siehe 2)
	Cape du Couedic Lodges	(siehe 1)
20	Discovery Lagoon Caravan & Camping Grounds	E1
21	Flinders Chase Farm	B3
22	Harvey's Return	A2
23	Lifetime Private Rentals	C2
	May's Homestead	(siehe 13)
	Postman's Cottage	(siehe 13)
	Rocky River	(siehe 13)
24	Snake Lagoon	A3
25	Southern Ocean Lodge	B3
26	Wallaby Beach House	F2
27	West Bay	A3

Essen

	Chase Cafe	(siehe 13)
28	Dudley Wines Cellar Door	G2
29	KI Tru Thai	E3
30	Marron Café	C3

und verleiht Ausrüstung und Kajaks; die aktuellen Preise erhält man telefonisch.

Überall auf der Insel kann man gut **angeln**, z.B. an den Stegen in Kingscote, Penneshaw, Emu Bay und Vivonne Bay. Im Preis für Angeltouren (halber/ganzer Tag pro Pers. ab 150/250 AU$) sind Ausrüstung und Erfrischungen enthalten, außerdem darf man seinen Fang behalten. **KI Fishing Charters** (☎0401 727 234; www.kiboathire.com.au; 5 Pers. pro halber/ganzer Tag 550/950 AU$) oder **Kangaroo Island Fishing Adventures** (☎08-8559 3232; www.kangarooislandadventures.com.au) sind gute Adressen.

Geführte Touren

Groovy Grape GEFÜHRTE TOUR
(☎08-8440 1640, 1800 059 490; www.groovygrape.com.au) Zweitägige All-inclusive-Wildnissafaris ab Adelaide in kleinen Gruppen (435 AU$, im Winter 390 AU$) mit Sandboarden, Schwimmen, Lagerfeuer und allen wichtigen Sehenswürdigkeiten.

Adventures Beyond ABENTEUERTOUR
(☎1300 736 014; www.adventuresbeyond.com.au; 1-/2-Tagestouren 275/435 AU$) Zweitägige All-inclusive-Inseltouren (in kleinen Backpackergruppen) starten in Adelaide und umfassen jede Menge Aktivitäten (beispielsweise Sandboarden, Schnorcheln, Wandern oder Nächte auf Bauernhöfen). Es werden auch Tagestouren angeboten.

Kangaroo Island Adventure Tours GEFÜHRTE TOUR
(☎08-8202 8678; www.kiadventuretours.com.au) Zweitägige All-inclusive-Touren ab Adelaide (ab 445 AU$ mit Unterbringung in Schlafsälen, private Zimmer kosten mehr – beides in der Vivonne Bay Lodge) mit vielen Aktivitäten.

Schlafen

Übernachten auf KI ist teuer und reißt nach der ohnehin schon teuren Fährfahrt ein noch größeres Loch in die Geldbörse. Doppelzimmer in freistehenden Cottages, B&Bs und Strandhäusern kosten ab 160 AU$ pro Nacht (in der Regel 2 Nächte Mindestaufenthalt). Auf der Insel gibt es aber auch ein paar tolle Campingplätze sowie einige wenige Mittelklassemotels und schlichte Hostels.

Es gibt einige Zimmeragenturen:

Gateway Visitor Information Centre (☎1800 811 080; www.tourkangarooisland.com.au/accommodation)

Kangaroo Island Holiday Accommodation (☎08-8553 9007; www.kangarooislandholidayaccommodation.com.au)

Sealink (☎13 13 01; www.sealink.com.au/kangaroo-island-accommodation)

Praktische Informationen

Das **Kangaroo Island Hospital** (☎08-8553 4200; www.countryhealthsa.sa.gov.au; 3 Esplanade; ⏲24 Std.) ist in Kingscote.

In Kingscote und Penneshaw gibt's Geldautomaten.

Der Handyempfang kann außerhalb der größeren Städte unzuverlässig sein (die beste Flächenabdeckung hat Telstra).

Das Hauptbüro des **Gateway Visitor Information Centre** (S. 860) ist in Penneshaw.

An- & Weiterreise

BUS

SeaLink (☎13 13 01; www.sealink.com.au) bietet täglich Busse (hin & zurück Erw./Kind 48/24 AU$, einfache Strecke 2¼ Std.) zwischen Adelaide und Cape Jervis auf der Fleurieu Peninsula an, wo die Fähre ablegt.

FLUGZEUG

Der **Kingscote Airport** (☎13 17 13; www.kangarooisland.sa.gov.au/airport) liegt 14 km von Kingscote entfernt. **Regional Express** (Rex; www.regionalexpress.com.au) fliegt täglich zwischen Adelaide und Kingscote hin und her (hin & zurück ab 280 AU$).

Autovermietungen und einige Anbieter von Unterkünften warten, wenn man landet. **Kangaroo Island Transfers** (☎0427 887 575; www.kitransfers.com.au) verbindet den Flughafen mit Kingscote (25 AU$/Pers.), American River (70 AU$ für 1 od. 2 Pers.) und Penneshaw (90 AU$ für 1 od. 2 Pers.). Reservierung erforderlich.

VON GROSSEN & KLEINEN TIEREN

Auf KI stolpert man (manchmal im wahrsten Sinne des Wortes) über unzählige Tiere. Nachts sind Kängurus, Wallabies, Beuteldachse und Kusus unterwegs, besonders in Gegenden wie dem Flinders Chase National Park. Koalas und Schnabeltiere wurden in den 1920er-Jahren in diesem Nationalpark angesiedelt, weil sie auf dem Festland auszusterben drohten. Im Unterholz lungern Ameisenigel herum, auch schuppige Warane und Tigerotter sind auf der Insel reichlich vertreten.

Viele der 267 Vogelarten der Insel sind bedroht. Der Zwergemu ist wie der Dodo bereits ausgestorben. Die Braunkopfkakadus könnten die Nächsten sein, da ihr Habitat immer weiter schrumpft.

Vor der Küste tummeln sich Delfine und Südliche Glattwale in den Wellen, außerdem gibt's Kolonien von Zwergpinguinen, Neuseeländischen Seebären und Australischen Seelöwen.

FÄHRE

SeaLink Es pendeln täglich mindestens drei Autofähren zwischen Cape Jervis und Penneshaw auf KI (hin & zurück Erw./Kind ab 98/50 AU$, Fahrrad/Motorrad/Auto 22/66/282 AU$, einfache Strecke 45 Min.). Pro Wagen ist der Fahrer im Preis enthalten (gilt nur für Autos, nicht für Motor- oder Fahrräder).

Unterwegs vor Ort

Es gibt keine öffentlichen Verkehrsmittel: Man braucht also ein eigenes Fahrzeug. Die Hauptstraßen sind asphaltiert, ansonsten gibt's nur Schotterpisten wie die Straßen nach Cape Willoughby, Cape Borda und die North Coast Rd (immer langsam fahren, vor allem nachts). In Kingscote, Penneshaw, American River, Parndana und Vivonne Bay gibt's Benzin.

BUS

SeaLink (S.823) bietet Busse von Penneshaw nach American River und Kingscote (einfach Erw./Kind 16,50/9 AU$ bzw. 19,50/11 AU$). Termine und Reservierung erfolgen telefonisch.

Rockhopper (☎08-8553 4500; www.kangarooisland.sa.gov.au/rockhopper) ist eine lokale Busgesellschaft, deren Wagen östliche und westliche Routen ab Kingscote abfahren. Im Osten wird mittwochs jede Strecke dreimal bedient, mit Zwischenstopps in American River und Penneshaw; im Westen geht's dienstags und freitags zweimal täglich über Cygnet River, Parndana und Vivonne Bay. Die Preise für eine einfache Strecke liegen bei Erw./Kind 10/5 AU$. Reservierungen telefonisch.

MIETWAGEN

Nicht alle Autovermieter in Adelaide erlauben die Fahrt nach KI. **Budget** (www.budget.com.au) und **Hertz** (www.hertz.com.au) sind in Penneshaw, Kingscote und Kingscote Airport vertreten.

Penneshaw & Dudley Peninsula

Von Penneshaw (300 Ew.), der zweitgrößten Stadt von KI am Nordufer der Dudley Peninsula, aus kann man über die Backstairs Passage zur Fleurieu Peninsula hinüberschauen. Hier kommen die Fähren vom Festland an und durchreisende Besucher sorgen für ein etwas unbeständiges Angebot, aber der Pub und die Backpackerunterkünfte sind authentisch und bodenständig.

Sehenswertes

Kangaroo Island Farmers Market MARKT
(☎08-8553 1237; www.facebook.com/pg/kangarooislandfarmersmarket; Lloyd Collins Reserve, 99

Middle Tce, Penneshaw; ⏲1. So im Monat 9–13 Uhr) Hier gibt's Backwaren, Chutneys, Meeresfrüchte, Olivenöl, Honig, Eier, Käse, Joghurt… und natürlich Straßenkünstler und Wein! SeaLink (S. 823) bietet für Passagiere Hin- und Rückfahrttickets (Erw./Kind 41/31 AU$) vom Festland an, falls man nur den Markt besuchen will.

Cape Willoughby Lightstation LEUCHTTURM
(☎Unterbringung 08-8553 4410; www.environment.sa.gov.au/parks; Cape Willoughby Rd, Cape Willoughby; Führung Erw./Kind/Fam. 16/10/42 AU$, Spaziergang über das Gelände ohne Führung, ohne Leuchtturm 3 AU$; ⏲Führung 11.30, 12.30 & 14 Uhr) Der leuchtend weiße Turm, der etwa 28 km südöstlich von Penneshaw (unbefestigte Straße) auf einer baumlosen Landzunge steht, sandte erstmals 1852 Leuchtsignale aus (der erste Leuchtturm von SA), heute dient er als Wetterstation. Drinnen gibt es viele Infos über Schiffswracks und Unterkünfte in einfachen Cottages (DZ ab 170 AU$, weitere Pers. 30 AU$). In den Schulferien werden um 15 und 16 Uhr zusätzliche Führungen angeboten.

Geführte Touren

Nocturnal Tour NATUR
(☎0448 575 801; www.kiwildlifesafari.net; Touren Erw./Kind 65/50 AU$) Zweistündige Touren ab Penneshaw unter dem großen südlichen Sternenhimmel auf der Suche nach Kängurus, Opossums und Wallabys.

Kangaroo Island Ocean Safari ABENTEUER
(☎0419 772 175; www.kangarooislandoceansafari.com.au; Tour Erw./Kind 77/55 AU$) Rauf auf den schwimmenden 12-Sitzer für eine 75-minütige Bootstour ab Penneshaw, um Seehunde, Delfine, Vögel und Wale zu beobachten.

Schlafen

Antechamber Bay South Campground CAMPINGPLATZ $
(☎08-8204 1910; www.environment.sa.gov.au/parks; off Creek Bay Rd, Antechamber Bay; Stellplatz ohne Strom pro Pers./Auto 9/15 AU$) Innerhalb des Lashmar Conservation Park, wo der Chapman River in die Antechamber Bay fließt, liegen diese zwölf schlichten Stellplätze direkt am Flussufer. Es gibt Feuerstellen, eine Grillhütte und silbrige Brachsen im Wasser. Am Nordufer sind weitere Stellplätze.

Kangaroo Island Backpackers HOSTEL $
(☎0439 750 727; www.kangarooislandbackpackers.com; 43 North Tce, Penneshaw; B/EZ/2BZ/DZ/FZ ab 28/38/55/80/130 AU$; ❄) Ein ordentliches, freundliches Privathostel, nur einen kurzen Fußweg vom Pub und vom Fähranleger entfernt – das ist der große Pluspunkt hier. Es ist schlicht und kompakt, aber man macht schließlich Urlaub auf einer Insel – wer braucht da schon Innendesign? Auch Angeln kann Spaß machen.

KANGAROO ISLAND TOUR PASS

Wer alle wichtigen Sehenswürdigkeiten auf der Insel abklappern möchte, spart mit einem **Kangaroo Island Tour Pass** (☎08-8553 4444; www.environment.sa.gov.au/parks/entry-fees/parks-passes; Erw./Kind/Fam. 70/43/191 AU$) viel Geld. Der Pass berechtigt zum Eintritt in alle Parks und Naturschutzgebiete sowie zur Teilnahme an den von Rangern geführten Touren zur Seal Bay, zu den Kelly Hill Caves, zum Cape Borda und zum Cape Willoughby. Erhältlich ist der Pass online, in den Visitor Centres und bei den meisten Sehenswürdigkeiten.

Wallaby Beach House FERIENHAUS $$
(☎08-8362 5293; www.wallabybeachhouse.com.au; abseits Hog Bay Rd, Browns Beach; DZ ab 180 AU$, weitere Pers. 25 AU$) Das abgeschiedene Strandhaus mit drei Schlafzimmern für insgesamt sechs Personen steht 13 km westlich von Penneshaw am menschenleeren Browns Beach und ist einfach, aber dafür im Strandlook eingerichtet. Man hat einen tollen Blick auf den Sonnenuntergang und die Robben, Delfine und Pinguine. Für sechs Personen.

Essen

★ **Dudley Wines Cellar Door** CAFÉ $$
(☎08-8553 1333; www.dudleywines.com.au; 1153 Cape Willoughby Rd, Cuttlefish Bay; Hauptgerichte 15–32 AU$; ⏲10–17 Uhr) Der erste Winzer auf KI hat etwa 12 km östlich von Penneshaw ein tolles neues Café eröffnet (das gerade auf das Doppelte vergrößert wird). Ein raffinierter Wellblechschuppen mit atemberaubendem Blick aufs Festland. Serviert werden tolle Pizzen (zu empfehlen ist die mit Australischem Wittling), Austern und Garnelen – dazu eine Flasche Chardonnay auf der Terrasse, und der Genuss ist perfekt.

Fish SEAFOOD $$
(☎0439 803 843; www.2birds1squid.com; 43 North Tce, Penneshaw; Hauptgerichte 13–24 AU$;

Mitte Okt.–April 16.30–20 Uhr) Hier gibt's Fish & Chips zum Mitnehmen, wie man sie noch nie zuvor gegessen hat – Wittling und Hornhecht gegrillt, in Bierteig gebacken oder paniert – sowie gigantische Jakobsmuscheln von der Insel, Krebse, Hummermedaillons, Garnelen, Austern und zum Dippen eine Reihe leckerer hausgemachter Soßen. Die Öffnungszeiten variieren – lieber vorher anrufen.

Praktische Informationen

Gateway Visitor Information Centre (1800 811 080, 08-8553 1185; www.tourkangaroo island.com.au; 3 Howard Dr, Penneshaw; Mo–Fr 9–17, Sa & So 10–16 Uhr;) Gleich außerhalb von Penneshaw an der Straße nach Kingscote. Viele Broschüren und Karten. Vermittelt Unterkünfte und verkauft Eintrittskarten zu Parks sowie den **Kangaroo Island Tour Pass**.

American River

230 EW.

Zwischen Penneshaw und Kingscote, mitten auf dem Weg ins Nirgendwo, liegt American River irgendwie unentschlossen an der klaren **Pelican Lagoon**. Die Stadt wurde nach einer amerikanischen Mannschaft von Robbenfängern benannt, die hier 1804 einen Handelsposten errichtete. Heute gibt's nur noch einen Laden und viele Pelikane.

Schlafen & Essen

American River Camping Ground CAMPING $
(08-8553 4500; www.kangarooisland.sa.gov.au/camping; Tangara Dr; Stellplatz ohne/mit Strom 15/25 AU$ für 2 Pers., weitere Pers. 5 AU$) Schattiger, von der Gemeinde betriebener Campingplatz an der Lagune mit Feuerstellen, Duschen, Toiletten und einer Grillhütte. Die Bezahlung erfolgt durch Selbstregistrierung.

Mercure Kangaroo Island Lodge LODGE $$
(1800 355 581, 08-8553 7053; www.kilodge.com.au; 201–216, Scenic Dr; DZ ab 160 AU$;) Standard-Motelsuiten mit Blick auf den Pool oder die Lagune (die besten Zimmer sind in dem Flügel aus Lehm). Im Restaurant gibt's morgens ein Frühstücksbüffet und abends Meeresfrüchte aus der Region (Hauptgerichte 28–36 AU$, 7.30–9 & 18–20 Uhr).

Oyster Farm Shop SEAFOOD $
(08-8553 7122; www.facebook.com/oysterfarmshop; 486 Tangara Dr, American River; Hauptgerichte 5–20 AU$; 11–15 Uhr) In der von den Besitzern einer lokalen Austernfarm betriebenen kleinen Hütte werden nachhaltig gefangene Meeresfrüchte von Händlern der ganzen Insel verkauft. Es gibt Austern, Krebse, Seeohren, Australische Wittlinge und sogar Barramundi – als Mahlzeit zubereitet oder roh zum Mitnehmen. Ein Dutzend frischer Austern kostet gerade mal 10 AU$.

★ **KI Tru Thai** THAI $$
(0408 848 211; Willowbrook, 148 Old Salt Lake Rd, Haines; Hauptgerichte 9–18 AU$, 4 Gerichte 30 AU$; Do 17.30–20.30 Uhr) Hunger? Donnerstagabend? Falls beides zutrifft, auf in diesen großen Stahlschuppen (ein paar Kilometer auf einer Erdstraße gegenüber der Abzweigung zum American River), um ausgezeichnete selbst gekochte Thai-Currys und Gemüsepfannen zu genießen. Livemusik, kitschige Thai-Gemälde, Holzspäne auf dem Boden – ein grandioser Abend!

Kingscote

2040 EW.

Früher mal angedacht als künftige Hauptstadt der südaustralischen Kolonie ist das verschlafene Kingscote (sprich: „kingscoat") die größte Stadt auf KI und das Zentrum des Insellebens. Es ist ein fotogenes Städtchen mit wogenden Norfolktannen, ein paar Kneipen und anständigen Restaurants.

Sehenswertes

Kangaroo Island Brewery BRAUEREI
(0409 264 817; www.kangarooislandbrewery.com.au; 61 North Coast Rd; Sa & So 11–19 Uhr) Hier eine Brauerei, da eine Brauerei ... Es scheint, als käme man in Australien nirgendwo mehr an Craft-Bier vorbei, und KI ist da keine Ausnahme. Dieser nette schwarze Laden an der Straße schenkt einige köstliche Tropfen aus, darunter Ingwerweizenbier und Sheoak Stout.

Kangaroo Island Spirits BRENNEREI
(KIS; 08-8553 9211; www.kispirits.com.au; 856 Playford Hwy, Cygnet River; Verkostung gratis, Flasche ab 42 AU$; Mi–Mo 11–17 Uhr, während der Ferien tgl.) Die nette kleine Brennerei macht aus heimischen Wacholderbeeren Gin in kleinen Chargen sowie Wodka, Brandy und Liköre (Daumen drücken, dass der leckere Bio-Honig-Walnuss-Likör nicht ausverkauft ist).

Island Pure Sheep Dairy MOLKEREI
(08-8553 9110; www.islandpure.com.au; 127 Gum Creek Rd, Cygnet River; Führung Erw./Kind/Fam.

6,50/5,50/22 AU$; ⏲11–16 Uhr) In der Molkerei nahe dem Cygnet River, 12 km von Kingscote, warten 1500 Schafe darauf, gemolken zu werden (tgl. ab 14 Uhr). Bei der Führung durch die Anlage kann man auch Joghurt und Käse probieren (der Halloumi ist himmlisch!).

Island Beehive FARM
(☎08-8553 0080; www.island-beehive.com.au; 59 Playford Hwy; Führung Erw./Kind/Fam. 5/4/15 AU$; ⏲9–17 Uhr, Führung 9.30–15.30 Uhr alle 30 Min.) Bei den 20-minütigen Führungen durch die Anlage kann man alles über hart arbeitende Ligurische Bienen und die Imkerei erfahren und sich dann mit allen möglichen Bienenprodukten wie leckerem Bio-Honig und Honigwabeneis eindecken

Aktivitäten

Pelikanfütterung VOGELBEOBACHTUNG
(☎08-8553 3112; www.kipenguincentre.com.au/pelican-feeding.php; Kingscote Wharf; Erw./Kind 5/3 AU$; ⏲17 Uhr) Man schnappt sich einfach einen Hocker und beobachtet, wie die etwa 20 gefräßigen Pelikane an der Kingscote Wharf gefüttert werden. Der Gastgeber ist gut geschützt (Hut, Handschuhe, Stiefel) und hat ein Mikro, sodass man das Spektakel der gierig nach Futter schnappenden Zeitgenossen hören kann.

Geführte Touren

Kangaroo Island Marine Adventures TOUR
(☎0427 315 286, 08-8553 3227; www.kimarineadventures.com) Einstündige Bootstouren an der Nordküste (Erw./Kind 60/45 AU$) sowie dreistündige Ausflüge (Erw./Kind 190/110 AU$), um Delfine, Robbenkolonien und Adler zu beobachten und entlegene Gebiete auf Kangaroo Island zu entdecken. Man kann mit den Delfinen schwimmen – und diese Veranstalter unterstützen den engen Kontakt zu den Meeressäugern – aber man beachte, dass die natürlichen Verhaltensweisen und das Brutverhalten dadurch beeinflusst werden können.

Schlafen & Essen

Kangaroo Island Central Backpackers HOSTEL $
(☎08-8553 2787; www.kicentralbackpackers.com; 19 Murray St; B/EZ/DZ/Hütte ab 27/65/65/80 AU$; ❄📶) Nur ein paar Blocks von Kingscotes Hauptstraße entfernt liegt dieses kleine, bescheidene Hostel. Es hat saubere, erschwingliche Zimmer und bietet eine gemütliche Lounge, eine Rasenfläche und hinten eine hübsche Hütte mit zwei Zimmern und Bad. Hier fühlt man sich wie zu Besuch bei jemandem zu Hause – ob das gut oder schlecht ist, hängt davon ab, wie gesellig man ist.

Haven Cottage FERIENHAUS $$
(☎0447 062 867; www.sealink.com.au/kangaroo-island-accommodation/487-haven-cottage; Ecke Ayliffe St & Telegraph Rd; FZ ab 180 AU$, jede weitere Pers. 25 AU$; 📶) Vor der Tür grüßt das Haven Cottage seine Gäste mit Standardrosen, einem grünen Rasenstreifen und einer Wisteria-bewachsenen Laube. Das alte, mit Eisen verkleidete Haus weist einen erfrischenden Mangel an Schnörkeln und Affektiertheit auf (Gusseisenbetten sind hier das höchste, was Kitschfans geboten bekommen). Drei Schlafzimmer; sechs Schlafplätze (Stockbetten für die Kids). Zwei Nächte Minimum.

Aurora Ozone Hotel HOTEL $$
(☎08-8553 2011; www.ozonehotelki.com.au; 67 Chapman Tce; DZ 170–220 AU$, Apt. mit 1/2 B ab 250/420 AU$; ❄📶🏊) Der 100 Jahre alte Ozone Pub an der Küste mit Traumblick bietet gute Gastzimmer im Obergeschoss sowie Motelzimmer und stylische Luxusapartments in einem neuen Trakt auf der anderen Straßenseite. Im stets gut besuchten Bistro (Hauptgerichte 18–42 AU$) bekommen Gäste Grillgerichte und Meeresfrüchte serviert, und an der Bar kann man sich den ein oder anderen Inselwein gönnen.

Bella ITALIENISCH $$
(☎08-8553 0400; 54 Dauncey St; Pizza 14–41 AU$, Hauptgerichte mittags 11–25 AU$, abends 29–34 AU$; ⏲Mo–Sa 10–20.30, So 16–20 Uhr) Das gesellige Bella ist Café, Restaurant und Pizzeria zugleich. Man kann drinnen oder im Freien sitzen. Um die Mittagszeit gibt's Pizza (auch zum Mitnehmen); abends speist man à la carte (oder auch Pizza), z. B. Austern aus dem American River, Island Pure-Halloumi, mit Wacholder gewürztes Känguru aus der Region und Wittling aus KI.

North Coast Road

Großartige Strände (ruhiger als die an der Südküste), Buschland und endlose Weideflächen prägen die North Coast Rd, die von Kingscote entlang der Küste zum Playford Highway 85 km westlich führt. Man kann hier nicht viel tun, außer am Strand rumzulümmeln – klingt gut, oder?

Sehenswertes

18 km von Kingscote entfernt liegt **Emu Bay**, ein winziges Feriennest. Der 5 km lange weiße, von Dünen gesäumte Strand ist einer der besten Badeplätze auf KI. 36 km weiter westlich, in **Stokes Bay**, gibt's eine Pinguinkolonie und ein breites Felsenbecken, das man durch einen 20 m langen Tunnel in den Klippen (Vorsicht, Kopf!) am Ostende der Bucht erreicht. Die Strömung außerhalb des Beckens kann tückisch sein.

Weiter westlich die North Coast Rd entlang ist der Ausblick vom Constitution Hill aus über den Snelling Beach fantastisch. Noch 7 km weiter westlich trifft man auf die Abzweigung zur **Western River Cove**, in der ein kleiner Strand von düsteren Basaltklippen umrahmt wird. Die Straße, die auf den Klippen hierher führt, ist unglaublich schön (und steil!).

Snelling Beach STRAND

(abseits North Coast Rd, Middle River) Der beste Strand an der Nordküste mit einem schönen Bogen aus feinem Sand und seichten Stellen. Viel mehr hat Snelling auch nicht zu bieten, aber das gehört alles zum Charme dazu.

Emu Bay Lavender FARM

(☎ 08-8553 5338; www.emubaylavender.com.au; 75 Emu Bay Rd, Wisanger; ⏰ Mitte Sept.–Mitte Mai Mi–So 10–16.30 Uhr, tgl. in den Schulferien) GRATIS Lavendel ist noch etwas, das in dem mediterranen Klima der Insel gedeiht. Man folgt dem violetten Meer bis zu der süßen kleinen Farm an der Straße, wo man ein paar Mitbringsel erschnüffeln (Öle, Seifen, Lavendel-Kissen) oder einen Kaffee und einen lavendellastigen Snack einnehmen kann.

Schlafen & Essen

Discovery Lagoon Caravan & Camping Grounds CAMPING $

(☎ 08-8553 5220; www.discoverycamping.com.au; 948 North Coast Rd, Emu Bay; Stellplätze ohne Strom 23–28 AU$, Hütten 65 AU$) Nachdem man die North Coast Rd verlassen hat, fährt man nicht lange auf der Straße Richtung Emu Bay, dann gelangt man zu diesem Campingplatz mit viel Gras und Schatten, einer sauberen Küche und Toiletten sowie einem eigenen See (oder eher eine Lagune) mit geisterhaften weißen Baumstämmen, die aus dem Wasser ragen. Check-in: 948 North Coast Rd.

Lifetime Private Rentals FERIENHAUS $$$

(www.life-time.com.au; North Coast Rd, Snelling Beach, Middle River; DZ ab 430 AU$, jede weitere Pers. 25 AU$; ❄) Die vier herrlichen Ferienhäuser aus Stein und Holz an einem Hang über dem schönen Snelling Beach sind teuer, aber jeden Cent wert (und wenn man mit einer Gruppe reist und sich die Kosten teilt, ist es eigentlich recht erschwinglich, ab 570 AU$ für 6 Pers. in drei Schlafzi.). Die Häuser haben Terrassen, große Fenster, witzige Kunstwerke und einen Wahnsinnsausblick. Es gibt auch Pakete mit Verpflegung und Unterkunft, inklusive Mittagessen bei Hannaford & Sachs.

Rockpool Café CAFÉ $$

(☎ 08-8559 2277; www.facebook.com/therockpoolcafe; abseits North Coast Rd, Stokes Bay; Hauptgerichte 15–28 AU$; ⏰ Mitte Sept.–Mitte Mai 11–17 Uhr) In dem lockeren Freiluftcafé in Stokes Bay muss man sich über sandige Füße keine Sorgen machen. Auf die Frage nach der Spezialität des Hauses antwortete der Koch: „Wonach mit gerade ist!" Und das sind in der Regel Meeresfrüchte, die man mit einem guten Wein aus der Region und einem ordentlichen Espresso runterspülen kann.

★ **Hannaford & Sachs** MODERN-AUSTRALISCH $$$

(☎ 08-8559 2236; www.hannafordandsachs.com.au; 5997 North Coast Rd, Middle River; mittags 115 AU$; ⏰ Dez.–März Di–So 12–15 Uhr) Unter den sonnengesprenkelten Ästen eines 150 Jahre alten Feigenbaums verhelfen Rachel Hannaford und Sasha Sachs ihren Gästen zu einer einzigartigen Gourmet-Erfahrung: Häppchen, Vorspeisen, Hauptgerichte, Desserts und Beilagen mit globalen Einflüssen aus dem Libanon und Indien bis Thailand und Mexiko. Und natürlich gibt's guten Wein. Reservierung erforderlich.

South Coast Road

Die South Coast Rd führt von Kingscote bis zum Flinders Chase National Park und kommt meist nicht so nah an die Küste ran (zumindest am Ostende). Sonst sähe man, dass die wellenumtosten Ufer hier viel weniger geschützt sind als an der Nordseite der Insel. Es ist wildes Land und ein toller Ort, um die Tierwelt der Insel kennenzulernen. Auf keinen Fall darf man Vivonne Bay verpassen, einer der schönsten Strände Südaustraliens.

Sehenswertes

Clifford's Honey Farm FARM

(☎ 08-8553 8295; www.cliffordshoney.com.au; 1157 Elsegood Rd, Haines; ⏰ 9–17 Uhr) GRATIS Für dieses Honigeis würde man sogar durch die Backstairs Passage schwimmen. Den Honig dafür produziert ein Volk seltener Ligurischer Bienen. Die charmante, nicht kommerzielle Farm liegt ein wenig abseits der Touristenrouten. Getränke, Kekse, Met, Kosmetika und Kerzen aus Honig sind in dem süßen Laden erhältlich. In dem Bienenstock mit Glasfront nach der Bienenkönigin Ausschau halten.

Seal Bay Conservation Park NATURSCHUTZGEBIET
(☎ 08-8553 4463; www.sealbay.sa.gov.au; Seal Bay Rd, Seal Bay; geführte Tour Erw./Kind/Fam. 35/20/85 AU$; ⌚ Tour 9–16 Uhr, in der Dämmerung ganzjährig, Dez.–Feb. zusätzl. Touren) Hier gilt das Motto „beobachten, ohne einzugreifen". Bei den geführten Touren geht es am Strand entlang (bei Touren ohne Guide über den Plankenweg; Erw./Kind/Fam. 16/10/42 AU$) zu einer Kolonie von Australischen Seelöwen. Beides sollte man im Voraus buchen. Strandtouren in der Dämmerung (Erw./Kind/Fam. 60/38/165 AU$) finden ganzjährig montags, mittwochs und freitags statt; Zeiten und Reservierungen gibt's telefonisch.

Raptor Domain ZOO
(☎ 08-8559 5108; www.kangarooislandbirdsofprey.com.au; Ecke South Coast & Seal Bay Rds, Seal Bay; Erw./Kind/Fam. Raubvögel 18/12/55 AU$, Reptilien 12/10/35 AU$; ⌚ 10–16 Uhr) Bei der einstündigen Raubvogelschau (11.30 & 14.30 Uhr) bekommt man ein paar auf der Insel heimische Keilschwanzadler, Schleiereulen und den Lachenden Hans zu Gesicht oder man geht zu der einstündigen Echsen- und Schlangenshow (13 Uhr).

Little Sahara NATURSCHUTZGEBIET
(abseits South Coast Rd, Vivonne Bay; ⌚ 24 Std.) GRATIS Eine Abzweigung, 6 km westlich der Seal Bay Rd, führt zu einer sanften weißen Dünenlandschaft, die über dem Buschland thront. Faszinierend! Sandboards bekommt man leihweise bei **Kangaroo Island Outdoor Action** (☎ 08-8559 4296; www.kioutdooraction.com.au; 188 Jetty Rd, Vivonne Bay).

Kelly Hill Conservation Park NATURSCHUTZGEBIET
(☎ 08-8553 4464; www.environment.sa.gov.au/parks; South Coast Rd, Hanson Bay; Führung Erw./Kind/Fam. 18/10/ 45 AU$, Abenteuer-Caving Erw./Kind 70/40 AU$; ⌚ 10.15–16.30 Uhr) Die trockenen Kalksteinhöhlen wurden in den 1880er-Jahren durch Zufall entdeckt, als ein Pferd namens Kelly durch ein Loch in die Höhlen stürzte. Man kann an einer normalen **Höhlenführung** (10.30 Uhr, von 11–16 Uhr stündl.) und an einer **Abenteuer-Caving-Tour** (14.15 Uhr; Reservierung erforderlich) teilnehmen. Der **Hanson Bay Walk** (einfache Strecke 9 km) führt von den Höhlen vorbei an Süßwassersumpfgebieten. In den Ferien werden zusätzliche Höhlenführungen angeboten.

Aktivitäten

Tiger Trails REITEN
(☎ 0427 392 030; www.tiger-trails-kangarooisland.com; 2492 East West Two Hwy, Newland; 30 Min./1 Std./2 Std. Ausritt pro Pers. 30/60/100 AU$) Lange und kurze Ausritte auf Pferden und Ponys entlang des Harriet Rivers in Newland mitten auf der Insel. Reservierung erforderlich.

Schlafen & Essen

Flinders Chase Farm HOSTEL, HÜTTE $
(☎ 0447 021 494; www.flinderschasefarm.com.au; 1561 West End Hwy, Karatta; B/Hütte/DZ/FZ 28/80/110/120 AU$) Eine Farm mit Charme, nur eine kurze Autofahrt vom Flinders Chase National Park entfernt. Hier gibt es makellose Schlafsäle, ein paar gemütliche Hütten und in einer Lodge Zimmer mit eigenem Bad. Eine tolle Campingküche, Feuerstellen und Duschen im Freien stehen Gästen ebenfalls zur Verfügung.

SupaShak FERIENHAUS $$
(☎ 08-8410 4557; www.sealink.com.au/kangaroo-island-accommodation/470-supashak; Flinders St, Vivonne Bay; DZ 190–310 AU$, jede weitere Pers. 25 AU$) Oh, in den Vivonne-Bay-Dünen ist ein Raumschiff gelandet… Dieses eckige Architekturschiff ist futuristisch, und angesichts der buschfeuergefährdeten Landungsstelle mit einer Stahl- und Faserzementkonstruktion sowie großen Wasserspeichern ausgerüstet. Ausgelegt auf längere Aufenthalte (mind. 3 Nächte). Es ist Platz für sechs Leute. Im Winter wärmt ein Holzfeuer.

★ **Southern Ocean Lodge** LUXUSHOTEL $$$
(☎ 08-8559 7347; www.southernoceanlodge.com.au; Hanson Bay Rd, Hanson Bay; DZ ab 1100 AU$/Nacht; ❄ @ 📶) Noch auf der Suche nach dem passenden Ort, um die Angebetete für sich zu gewinnen? In der Tourismusgalaxie von SA leuchtet ein heller Stern: die Southern Ocean Lodge. Die Anlage zieht sich wie eine hübsche Schlange über die Klippen der Hanson Bay – ein wirklich schönes Bauwerk und ein wunderbarer Aufent-

haltsort. Mindestaufenthalt sind zwei Nächte; Flughafentransfer, alle Mahlzeiten und Getränke sowie geführte Touren auf KI sind inbegriffen.

Marron Café MODERN-AUSTRALISCH **$$**
(☎ 08-8559 4114; www.andermel.com.au; 804 Harriet Rd, Central Kangaroo Island; Hauptgerichte 18–46 AU$; ⏲ Sept.–April 11–16.30 Uhr, Mai–Aug. 12–15.30 Uhr) Rund 15 km nördlich von Vivonne Bay kann man sich seine Süßwasserkrebse selbst aus dem Zuchttank aussuchen und zubereiten lassen! Das Krebsfleisch hat einen feinen Geschmack, nur die schweren Saucen passen nicht richtig dazu. Es gibt auch Salate, Steak und Hühnchen, falls man Schalentiere nicht so mag. Letzte Bestellung 30 Minuten vor Feierabend. Die Weinkellerei **Two Wheeler Creek** ist auch hier.

Flinders Chase National Park

Am Westende der Insel befindet sich der Flinders Chase National Park, einer der besten Nationalparks in SA. Der Großteil des Parks besteht aus Eukalyptusgestrüpp, es gibt aber auch einige schöne, hohe Eukalyptuswälder, besonders rund um Rocky River und die Ravine des Casoars, 5 km südlich vom Cape Borda. Traurigerweise wurden 100 000 Morgen Buschland bei den Buschbränden im Jahr 2007 verbrannt, aber der Park erholt sich stetig. Verrückte Felsformationen und wunderschöne Buschwanderungen sind die Highlights. Den Eintritt bezahlt man am Flinders Chase Visitor Information Centre.

Sehenswertes

Früher war **Rocky River** eine Farm, heute ist das Gebiet um das Besucherzentrum ein Zufluchtsort für Kängurus, Wallabies and Hühnergänse, die um die Aufmerksamkeit der Gäste buhlen. Ein paar gute Wanderwege starten hinter dem Visitors Centre, darunter der **Rocky River Hike** (9 km Rundweg, 3 Std.), bei dem man vielleicht sogar einem Schnabeltier begegnet. Es gibt Campingplätze und andere Unterkünfte.

Von Rocky River führt eine Straße nach Süden zum abgelegenen **Leuchtturm** von 1906 auf dem rauen Cape du Couedic (sprich: „de *coo*-dick"). Man kann in den Turm nicht rein, aber er ist schön anzusehen! Es gibt hier auch eine Unterkunft in einem Cottage. Nicht weit weg windet sich ein Holzsteg zum **Admirals Arch** hinunter, einem riesigen Torbogen, der vom Meer ausgehöhlt wurde, und führt weiter zu einer Kolonie Neuseeländischer Seebären (angenehm riechen die nicht gerade…).

Am Kirkpatrick Point, einige Kilometer östlich des Cape du Couedic, befinden sich die **Remarkable Rocks**, eine Ansammlung mächtiger, wettergeformter Granitfelsen 75 m über dem Meer.

In der Nordwestecke der Insel steht der eckige **Leuchtturm Cape Borda** (☎ 08-8559 3257; www.environment.sa.gov.au/parks; geführte Tour Erw./Kind/Fam. 16/10/42 AU$, Tour ohne Führung 3 AU$; ⏲ 9–17 Uhr, Geführte Tour 11, 12.30 & 14 Uhr) aus dem Jahr 1858, hoch über dem Südlichen Ozean. Man findet hier Wanderwege zwischen 1,5 und 9 km Länge, und während der Ferien gibt es zusätzliche Führungen um 15.15 und 16 Uhr. Die Kanone wird um 12.30 Uhr gezündet! Es gibt auch eine Unterkunft.

Am nahen Harvey's Return kündet ein **Friedhof** von ergreifenden Schicksalen in früheren Zeiten. Von hier aus gelangt man zur **Ravine des Casoars** (wörtlich „Schlucht der Kasuaren", benannt nach den heute ausgestorbenen Zwergemus, die Baudin hier gesichtet hat). Der anspruchsvolle **Ravine des Casoars Hike** (hin & zurück 8 km, 4 Std.) führt durch die Schlucht zur Küste.

Aktivitäten

★ **Kangaroo Island Wilderness Trail** WANDERN
(☎ 08-8553 4410; www.kangarooislandwildernesstrail.sa.gov.au/home; Flinders Chase Visitor Information Centre, South Coast Rd, Flinders Chase; Erw./Kind 161/96 AU$) Die größte Buschwanderung im Flinders Chase NP ist dieser fünftägige Wilderness Trail – ein ausgemachtes Abenteuer von 61 km Länge durch die Wildnis des Parks mit ausgewiesenen Stellplätzen oder Betten abseits des Wegs für Leute, die mehr Komfort brauchen. Die Route beginnt am Besucherzentrum des Parks und endet im Kelly Hill Conservation Park an der Südküste. Es gibt eine begrenzte Teilnehmerzahl; online buchbar.

Schlafen

Im Park gibt es folgende Campingplätze: **Rocky River** (3 AU$/Auto), **Snake Lagoon** (15 AU$/Auto), **West Bay** (15 AU$/Auto) und **Harvey's Return** (15 AU$/Auto). Um nach Harvey's Return und West Bay zu kommen, braucht man einen Jeep.

Außerdem stehen in Rocky River renovierte Cottages – das preiswerte **Postman's**

Cottage (DZ 75 AU$, weitere Pers. 26 AU$) und das familienfreundliche **May's Homestead** (DZ 176 AU$, weitere Erw./Kind 30/15 AU$) – und die Leuchtturmwärtercottages am **Cape du Couedic** (DZ 225 AU$, weitere Erw./Kind 30/15 AU$) und **Cape Borda** (DZ 50–225 AU$, weitere Erw./Kind 30/15 AU$) zur Verfügung.

Alle Unterkünfte im Park bucht man im Voraus online auf www.environment.sa.gov.au/parks/booking, über das Flinders Chase Visitor Information Centre oder im **Natural Resources Centre** (☎08-8553 4444; www.naturalresources.sa.gov.au/kangarooisland; 37 Dauncey St; ⊙Mo–Fr 9–17 Uhr) in Kingscote.

Essen

Chase Cafe CAFÉ $$

(☎08-8559 7339; www.thechasecafe.net; 442 Cape du Couedic Rd, Flinders Chase National Park; Hauptgerichte 7–30 AU$; ⊙9–17 Uhr) An der kulinarischen Front ist die einzige Option für alle, die sich nicht selbst versorgen, das lebhafte Chase Cafe im Visitor Centre, das Burger, Wraps, Suppen, Pizzen, große Salate, Kaffee und offene Weine serviert.

Praktische Informationen

Flinders Chase Visitor Information Centre (☎08-8553 4470, Unterbringung 08-8553 4410, Camping 08-8553 4471; www.environment.sa.gov.au/parks; Cape du Couedic Rd, Flinders Chase; Eintritt Park Erw./Kind/Fam. 11/6/28 AU$; ⊙9–17 Uhr) Infos, Parkpässe, Karten und Reservierung von Stellplätzen/Unterkünften. Außerdem ist hier das Chase Cafe und es gibt eine Ausstellung über die Ökologie der Insel.

BAROSSA VALLEY

Heiße, trockene Sommer und kühle, gemäßigte Winter machen das kompakte Barossa Valley zu einer der großen Weinregionen der Erde und damit zu einem Pflichtstopp für alle, die sich auch nur ansatzweise für gute Tropfen interessieren. Auf nur 25 km Länge werden hier stolze 21% aller australischen Weine produziert. Man kann das Gebiet von Adelaide aus, das 65 km südwestlich der Region liegt, stressfrei im Rahmen von Tagesausflügen besuchen.

Die deutliche deutsche Prägung der Ortschaften geht auf das Jahr 1842 zurück. Damals flohen religiös verfolgte Preußen und Schlesier als erste Siedler hierher – und sie hatten Rebzweige mit im Gepäck. Diese Siedler schufen ein protestantisches Kernland, in dem alte deutsche Traditionen noch bis heute existieren. Steinhütten und gotische Kirchtürme fungieren überall als stumme Zeugen der Kolonisation, und das Kulturerbe der frühen Tage äußert sich beispielsweise in einer seltsamen Passion für Polka oder dem Faible für Wurst, Brezeln und Sauerkraut.

Geführte Touren

Barossa Explorer TOUR

(☎0423 376 155; www.barossaexplorer.com; pro Pers./Fam. 30/100 AU$; ⊙Do–So 10–17 Uhr) In diesen Touristenbus kann man nach Belieben ein- und aussteigen. Er fährt an neun wichtigen Sehenswürdigkeiten von Barossa vorbei, darunter die Barossa Valley Brewery, der Maggie Beer's Farm Shop und das Besucherzentrum in Tanunda. Die Rundfahrt lässt sich in einer Stunde abhaken oder man lässt sich Zeit. Die Tickets gelten 24 Stunden.

Uber Cycle Adventures RADFAHREN

(☎08-8563 1148; www.ubercycle.com.au; 2-stündige/halbtägige/ganztägige Touren 95/145/195 AU$) Radtouren durchs Barossa Valley, auf denen viel heimische Flora und Fauna geboten wird (und natürlich etwas Wein!).

Groovy Grape GEFÜHRTE TOUR

(☎1800 059 490, 08-8440 1640; www.groovygrape.com.au; ganztägige Tour 99 AU$) Auf Backpacker ausgerichtete Tagestouren ab Adelaide mit Pizza-Mittagessen: gutes Preis-Leistungs-Verhältnis und viel Spaß. Die Touren finden montags, freitags, samstags und sonntags statt.

Feste & Events

Barossa Vintage Festival ESSEN & TRINKEN

(www.barossavintagefestival.com.au) Einwöchiges Festival mit Musik, Maitänzen und Tauziehen; findet in allen ungeraden Jahren um Ostern herum statt (Erntezeit – sehr stimmungsvoll).

Barossa Gourmet Weekend ESSEN & TRINKEN

(www.barossagourmet.com) In ausgewählten Weingütern gibt's fabelhaftes Essen, kombiniert mit preisgekrönten Weinen; findet gewöhnlich im September statt. Das wichtigste Event im Tal (darum muss man weit im Voraus buchen).

An- & Weiterreise

Das Barossa Valley erreicht man leicht im Rahmen eines Tagesausflugs von Adelaide aus, das nur 65 km weiter südwestlich liegt. Wer

Barossa Valley

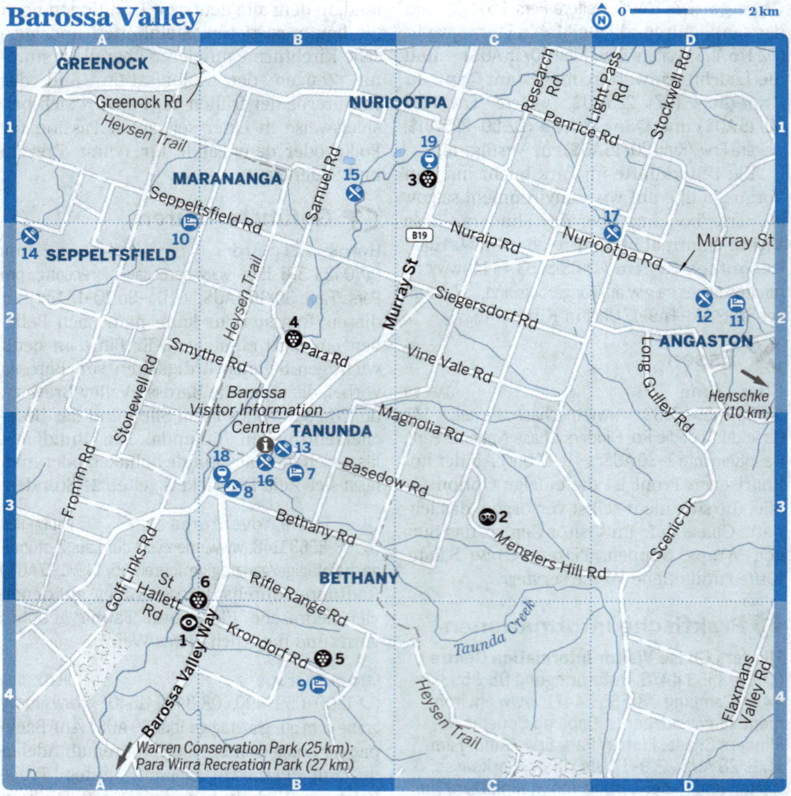

selber fährt, sollte die etwas längere Route durch die Adelaide Hills in Betracht ziehen, da sie unglaublich malerisch ist.

Adelaide Metro (www.adelaidemetro.com.au) betreibt täglich Züge von Adelaide nach Gawler (5,30 AU$, 1 Std.), wo es mit Bussen von **LinkSA** (www.linksa.com.au) nach Tanunda (10,10 AU$, 45 Min.), Nuriootpa (12,80 AU$, 1 Std.) und Angaston (15,60 AU$, 1¼ Std.) weitergeht.

Unterwegs vor Ort

FAHRRAD

Der 27 km lange **Jack Brobridge Track** führt von Gawler nach Tanunda, der 14 km lange **Rail Trail** geht von dort durch Nuriootpa weiter nach Angaston und passiert unterwegs viele Weingüter. Er gehört zu dem 40 km langen **Barossa Trail** von Norden nach Süden. Die Broschüre *Barossa by Bike* gibt's im **Barossa Visitor Information Centre** (S. 834) in Tanunda, oder auf deren Website.

Barossa Bike Hire (☎ 0400 537 770; www.barossabikehire.com; 5 South Tce; ⌚ 9–17 Uhr) in Nuriootpa verleiht hochwertige Fahrräder/Tandems ab 40/70 AU$ pro Tag (Abholpreis: für einen Aufpreis von 10/20 AU$ werden die Räder gebracht). Elektrofahrräder, Picknickkörbe und geführte halbtägige Fahrradtouren gibt's auch. In Tanunda betreibt das Visitor Centre den **Barossa Cycle Hub** (☎ 08-8563 0600, 1300 852 982; www.barossa.com; 70 Murray St; ⌚ Mo–Fr 9–17, Sa bis 16, So 10–16 Uhr), der Fahrräder für einen halben/ganzen Tag für 30/44 AU$ vermietet. **Angaston Hardware** (☎ 08-8564 2055; www.angastonhardware.com.au; 5 Sturt St; ⌚ Mo–Fr 8.30–17.30, Sa 9–16, So 10–16 Uhr) verleiht Räder für 25/35 AU$ pro halbem/ganzem Tag.

Tanunda

4680 EW.

Als geografischer und sozialer Mittelpunkt des Barossa Valley ist Tanunda die Touristenhochburg schlechthin in der Region. Tanunda gelingt es, die Sachlichkeit von Nuriootpa mit dem Charme von Angaston ohne

Barossa Valley

Sehenswertes
1 Keg Factory ... A4
2 Mengler's Hill Lookout ... C3
3 Penfolds ... C1
4 Peter Lehmann Wines ... B2
5 Rockford Wines ... B4
6 St. Hallett ... A4

Schlafen
7 Barossa Backpackers ... B3
8 Discover Holiday Parks Barossa Valley ... B3
9 Kirche @ Charles Melton ... B4
10 Louise ... A1
11 Marble Lodge ... D2

Essen
12 Casa Carboni ... D2
13 Ferment Asian ... B3
14 Fino Seppeltsfield ... A2
15 Maggie Beer's Farm Shop ... B1
16 Red Door Espresso ... B3
17 Vintners Bar & Grill ... D2

Ausgehen & Nachtleben
18 Barossa Valley Brewing ... B3
19 Stein's Taphouse ... C1

Shoppen
Barossa Farmers Market ... (siehe 17)
Barossa Valley Cheese Company ... (siehe 12)

jegliche Selbstherrlichkeit zu vereinen. Es gibt einige tolle Lokale in der Stadt, aber der eigentliche Grund für einen Besuch hier sind natürlich die Weingüter – na dann, zum Wohle!

Sehenswertes

Mengler's Hill Lookout AUSSICHTSPUNKT
(Menglers Hill Rd) Auf der Fahrt von Tanunda über die malerische Straße via Bethany nach Angaston bietet sich ein unglaublicher Blick auf das neblige Tal (die geschmacklosen Skulpturen einfach ignorieren!). Die Straße führt durch eine schöne ländliche Gegend mit riesigen Eukalyptusbäumen.

Keg Factory FABRIK
(☎08-8563 3012; www.thekegfactory.com.au; 25 St Hallett Rd; ⏲Mo–Fr 8–16, Sa & So 11–16 Uhr) GRATIS 4 km südlich der Stadt kann man dabei zuschauen, wie waschechte Böttcher Weinfässer herstellen und reparieren. Sehr interessant!

Schlafen

Discover Holiday Parks Barossa Valley CAMPING $
(☎08-8563 2784, 1800 991 590; www.discoveryholidayparks.com.au; Barossa Valley Way; Stellplatz ohne/mit Strom 30/38 AU$, Hütten mit/ohne Bad ab 145/110 AU$, Villen ab 240 AU$;) Auf diesem ausgedehnten Platz gleich südlich der Stadt spenden große Bäume etwas Schatten, in dem man seinen Kater auskurieren kann. Es gibt einen Spielplatz, Grillplätze, eine Waschküche sowie Leihfahrräder für Gäste (35 AU$/Tag). In den schicken Villen können bis zu sechs Personen übernachten; der Mindestaufenthalt beträgt zwei Nächte.

Barossa Backpackers HOSTEL $
(☎08-8563 0198; www.barossabackpackers.com.au; 9 Basedow Rd; B/EZ/DZ ab 28/80/80 AU$; @) Im umgebauten u-förmigen Verwaltungsgebäude eines Weinguts, 500 m von Tanundas Hauptstraße entfernt, befindet sich diese saubere, sichere und ordentliche (vielleicht etwas seelenlose) Backpackerherberge mit guten Wochenpreisen. Das Management kann helfen, Arbeit als Helfer bei der Ernte und beim Weinschnitt zu finden.

★**The Kirche @ Charles Melton** B&B $$$
(☎08-8563 3606, 0409 838 802; www.thekirche.com.au; 192 Krondorf Rd; DZ 515 AU$, jeder weitere Erw./Kind 75/40 AU$;) Diese alte lutherische Kirche – sie heißt tatsächlich „Zum-Kripplein-Christi-Kirche" – wurde 1964 zusammengezimmert und beherbergt heute ein ausgezeichnetes Boutique-B&B. Das Hostel liegt ein paar Fahrminuten südlich vom Zentrum von Tanunda, an derselben Straße wie eine Reihe guter Weingüter. Drinnen gibt's schwarze Ledersofas, ein Marmorbad, zwei Schlafzimmer und eine Holzheizung für den Winter. Mindestaufenthalt zwei Nächte.

Essen

★**Red Door Espresso** CAFÉ $$
(☎08-8563 1181; www.reddoorespresso.com; 79 Murray St; Hauptgerichte Frühstück 8–26 AU$, mittags 12–30 AU$; ⏲Mo 7.30–16, Mi–Sa bis 17, So 9.30–16 Uhr;) Es sollte nicht so schwer sein, ein anständiges Café aufzuziehen, aber es ist selten im Barossa Valley, dass gutes Essen, Kaffee, Personal, Musik und Atmosphäre so stimmig sind. Die Eggs Benedict mit Avocado und Basilikum sind der Hammer, am besten genießt man sie mit einem star-

ken Kaffee in dem mit Kübelpflanzen dekorierten Hof. Beim Brunch am Wochenende gibt's Livemusik und nachmittags Wein, Käse und Antipasti.

Ferment Asian SÜDOST-ASIATISCH $$
(☎08-8563 0765; www.fermentasian.com.au; 90 Murray St; Hauptgerichte 26–34 AU$; ⊙Do–So 12–14, Mi–Sa 18–20.30 Uhr) In einer hübschen alten Steinvilla, die in einem netten Winkel bei der Hauptstraße von Tanunda steht, befindet sich das Ferment, das alles immer ein wenig anders macht. Doch so manches, was exotisch klingt, ist tatsächlich erfrischend schlicht: *cari rau* (gelbes Gemüsecurry); *tom nuong va boi* (Zitrus- und Garnelen-Salat). Der Koch Tuoi Do versteht sein Handwerk einfach.

★ **Fino Seppeltsfield** MODERN-AUSTRALISCH $$$
(☎08-8562 8528; www.fino.net.au; 730 Seppeltsfield Rd, Seppeltsfield; kleine/große Platte ab 22/46 AU$; tgl. 12–15, Fr & Sa 18–20.30 Uhr) Von den bescheidenen Anfängen in einem kleinen Steincottage auf der Fleurieu Peninsula hat sich das Fino zu einem der besten Restaurants Australiens gemausert. Heute befindet es sich in dem wunderschönen Seppeltsfielder Anwesen von 1851 westlich von Tanunda. Die Gerichte auf der nur scheinbar schlichten Karte enthalten lokale Zutaten und sind zum Teilen gedacht. Das geschmorte Lamm mit Sherry, Fenchel, Orange und Chili sollte man sich nicht entgehen lassen.

Ausgehen & Nachtleben

Barossa Valley Brewing CRAFTBIER
(☎08-8563 0696; www.bvbeer.com.au; 2a Murray St; ⊙So, Mo & Do 12–21, Di & Mi bis 18, Fr & Sa bis 22 Uhr) Bier! Echtes Bier, und das zwischen dem ganzen Wein! Und wenn es auch nur zur Abwechslung ist, sollte man das BVB am südlichen Rand von Tanunda besuchen – es gibt eine gepflasterte Terrasse unter erstaunlich großen Eukalyptusbäumen, wie gemacht für einen Nachmittag mit ein paar bekömmlichen IPAs. Man kann auch in der Brauerei mit Blick auf die Stout-Stahlfässer etwas essen.

Praktische Informationen

Barossa Visitor Information Centre (☎1300 852 982, 08-8563 0600; www.barossa.com; 66-68 Murray St; ⊙Mo–Fr 9–17, Sa bis 16, So 10–16 Uhr; 📶) Infos über das Tal, Internetzugang, Fahrradverleih und Buchung von Unterkünften und Touren. Hält die Broschüre *A Town Walk of Tanunda* bereit.

Nuriootpa

5705 EW.

Nuriootpa, Barossas Wirtschaftszentrum, ist von einer scheinbar endlosen Hauptstraße am nördlichen Talende gesäumt. Es ist vielleicht nicht so reizvoll wie Tanunda oder Angaston, versprüht aber einen gewissen ländlichen Charme. In „Nuri" regiert der Protestantismus, unterstützt durch ein Schild mit der Aufschrift: „God has invested in you – are you showing any interest?"

Schlafen & Essen

The Louise BOUTIQUEHOTEL $$$
(☎08-8562 2722; www.thelouise.com.au; 375 Seppeltsfield Rd, Marananga; DZ ab 600 AU$; ❄@📶🏊) Das Louise rangiert ganz oben auf der Hitliste der Unterkünfte im BV, und zwar schon aufgrund seines Stils völlig zu Recht: von der Architektur und der Bettwäsche bis hin zum hauseigenen Restaurant Appellation und dem Lächeln am Empfang. Für einen Aufenthalt muss man zwar tief in die Tasche greifen, aber das ist es absolut wert. Marananga (eher eine Gegend als eine Stadt) ist gleich weit entfernt von Nuriootpa und Tanunda.

Maggie Beer's Farm Shop FEINKOST $
(☎08-8562 4477; www.maggiebeer.com.au; 50 Pheasant Farm Rd; Stücke 5–20 AU$, Picknickkörbe ab 16 AU$; ⊙10.30–17 Uhr) SAs Feinschmeckerladen Maggie Beer hat es mit Gewürzen, Konserven und Pâtés (und TV-Auftritten) zu großem Erfolg gebracht. Das Flair hier ist vielleicht nicht mehr ganz so entspannt wie früher, dennoch sind die Probierhäppchen, die Eiscreme, die Kochdemos (tgl. 14 Uhr) und die leckeren Fresskörbe zum Mitnehmen einen Besuch wert. Abseits der Samuel Rd.

Ausgehen & Nachtleben

★ **Stein's Taphouse** CRAFTBIER, BAR
(☎08-8562 2899; www.steinstaphouse.com.au; 18-28 Barossa Valley Way; ⊙12 Uhr–open end) In dem alten historischen Gebäude im Penfolds-Komplex befindet sich diese ausgezeichnete Craft-Bier-Bar, in der auch hausgemachte Spirituosen, SA-Weine aus kleiner Produktion sowie Speisen serviert werden, die gut zu den Getränken passen (Burger, Schweinerippchen, Chili con Carne). Es gibt ein Dutzend Zapfhähne: Auf der Tafel hinter der Bar steht die ganze Auswahl. Gelegentlich gibt's auch Livemusik.

NICHT VERSÄUMEN

WEINGÜTER IM BAROSSA VALLEY

Das Barossa Valley ist vor allem für seinen Shiraz bekannt, bei den Weißen dominiert der Riesling. Es gibt hier rund 80 Weinberge und 60 Weingüter, von kleinen schicken Weinstuben bis hin zu riesigen Komplexen. Der seit Langem etablierte „Barossa Barons" – groß, draufgängerisch und potent – führt die Riege an, die kreativen jungen Boutiqueweinstuben sind dagegen schwerer zu finden. Die besten sind:

Henschke (☎ 08-8564 8223; www.henschke.com.au; 1428 Keyneton Rd, Keyneton; ⏲ Mo–Fr 9–16.30, Sa bis 12 Uhr) Das traditionelle Weingut Henschke, 10 km südöstlich von Angaston im Eden Valley, ist für seinen legendären Rotwein Hill of Grace bekannt, doch eigentlich sind die meisten seiner Weine echte Klassiker.

Rockford Wines (☎ 08-8563 2720; www.rockfordwines.com.au; 131 Krondorf Rd, Tanunda; ⏲ 11–17 Uhr) Das in den 1850er-Jahren gegründete Weingut, eins der besten Boutique-Weingüter im Barossa Valley, verkauft eine kleine Palette traditionell hergestellter Weine, darunter rote Schaumweine. Der Black Shiraz ist umwerfend spritzig und aromatisch.

Penfolds (☎ 08-8568 8408; www.penfolds.com; 30 Tanunda Rd, Nuriootpa; ⏲ 9–17 Uhr) Diesen Namen kennt man hier: Penfolds ist eine Institution im Barossa Valley. Die Führungen „Make Your Own Blend" (65 AU$) und „Taste of Grange" (150 AU$), bei denen man in den Genuss des köstlichen Grange Hermitage kommt, sollte man im Voraus buchen.

Peter Lehmann Wines (☎ 08-8565 9555; www.peterlehmannwines.com.au; Para Rd, Tanunda; ⏲ Mo–Fr 9.30–17, Sa & So 10.30–16.30 Uhr) Die Shiraz- und Rieslingjahrgänge (oh, und der Sémillon!) sind wohl die konstantesten, günstigsten und am weitesten verbreiteten Weine im Barossa Valley.

St. Hallett (☎ 08-8563 7070; www.sthallett.com.au; St Hallett Rd, Tanunda; ⏲ 10–17 Uhr) St. Hallett wird immer besser und produziert günstige, aber gute Weißweine (Tipp: der Poacher's Blend) und den ausgezeichneten Old Block Shiraz, ausschließlich aus Barossa-Trauben. Unprätentiös und mit ausgesprochen gutem Preis-Leistungs-Verhältnis.

Angaston

1910 EW.

Das fotogene Angaston ist nach dem regionalen Viehzuchtpionier George Fife Angas benannt. In direkter Umgebung liegen einige Weingüter, sodass hier ein eher ländliches Ambiente vorherrscht: Auf den Koppeln grasen Kühe, und immer hängt ein Hauch von Düngergeruch in der Luft. An der fotogenen Hauptstraße gibt's zwei Kneipen und ein paar tolle Restaurants.

Schlafen & Essen

Marble Lodge B&B $$$
(☎ 08-8564 2478; www.marblelodge.com.au; 21 Dean St; DZ 225–250 AU$; ❄📶) Die grandiose Villa im Föderationsstil aus regionalem rosafarbenem und weißem Granit stammt aus dem Jahr 1915 und steht auf dem (ziemlich steilen!) Hügel hinter der Stadt. Hinter dem Haus gibt's zwei schicke Suiten (je nach Sichtweise sehr kolonialzeitlich oder eben sehr kitschig). Das Frühstück wird im Haupthaus serviert – ein Büffet-Erlebnis im Kerzenlicht.

Casa Carboni ITALIENISCH $$
(☎ 0415 157 669; www.casacarboni.com.au; 67 Murray St; Hauptgerichte ab 25 AU$; ⏲ Do–So 9–15, Fr 18 Uhr–open end, Juli geschl.) Teils als italienische Kochschule, teils als *enoteca* (Weinbar/Restaurant) wird die Casa Carboni von dem waschechten Italiener Matteo Carboni geführt, der 2012 für einen Monat zu Gast im Barossa Valley war und einfach dort geblieben ist. Entweder nimmt man an einem Pasta-Meisterkurs teil oder genießt einfach nur die Zaubereien aus der Küche und einige hervorragende italienische Weine (wenn man genug vom Roten aus Barossa hat).

Vintners Bar & Grill MODERN-AUSTRALISCH $$$
(☎ 08-8564 2488; www.vintners.com.au; Ecke Stockwell & Nuriootpa Rds; Hauptgerichte 36–40 AU$; ⏲ tgl. 12–14.30, Mo–Sa 18.30–21 Uhr) Das Vintners, eines der bekanntesten Restaurants im Barossa Valley, legt wert auf schlichte Eleganz, sowohl beim Essen als auch bei der Atmosphäre. Im Speiseraum mit Blick auf Weingärten gibt es ein offenes Feuer und frische weiße Tischtücher. Die Karte konzentriert sich auf regionale Produkte (die scharf angebratene Hühnchenle-

ber mit Kartoffeln, Muskat und karamellisierten Zwiebeln ist ein Geschmackserlebnis).

Shoppen

Barossa Farmers Market MARKT

(☎0402 026 882; www.barossafarmersmarket.com; Ecke Stockwell & Nuriootpa Rds; ⏲Sa 7.30–11.30 Uhr) Findet jeden Samstag in der großen Scheune hinter Vintners Bar & Grill statt. Hier gibt's herzhafte deutsche Spezialitäten, Kaffee, Blumen und heimische Produkte.

Barossa Valley Cheese Company KÄSE

(☎08-8564 3636; www.barossacheese.com.au; 67b Murray St; ⏲Mo–Fr 10–17, Sa bis 16, So 11–15 Uhr) In dem wundervoll streng duftenden Verkaufsraum der Barossa Valley Cheese Company gibt es hausgemachten Käse aus Kuh- und Ziegenmilch aus der Region. Probieren darf man gratis, aber es ist ziemlich unwahrscheinlich, dass man den Laden verlässt, ohne ein Stück Washington Washed Rind gekauft zu haben. Touristenbroschüren und Karten gibt's hier auch.

CLARE VALLEY

Das schmale Clare Valley im Zentrum des fruchtbaren mittleren Nordens, zwei Stunden nördlich von Adelaide, produziert süß duftende Riesling-Weine und mineralhaltige Rotweine von Weltniveau. Die traumhafte weite Landschaft prägen sanfte Hügel, Haine großer Eukalyptusbäume und im Wind wogende Weizenfelder. Die Ortschaften haben ihre Ursprünge meist in den 1840er-Jahren; viele wurden als Versorgungszentren für die Kupferminen von Burra gebaut.

Man kann das Clare Valley als Tagesausflug von Adelaide aus in Angriff nehmen, aber wenn Wein und Essen so gut sind, wozu die Eile? Man verbringt ein paar Tage in alten Städten, radelt von einem Weinkeller zum anderen, isst gut und erforscht die Gegend.

Geführte Touren

Clare Valley Tours GEFÜHRTE TOUR

(☎0418 832 812; www.clarevalleytours.com; Tour ab 145 AU$) Interessante Touren durchs Tal mit dem einheimischen Führer „Mr. Wilson", der einen durch die Nebenstraßen führt und Einblicke gibt in die Kultur der indigenen Ngadjuri sowie in die ganze Wein- und Kolonialgeschichte. Ab Clare Valley.

Clare Valley Grape Express GEFÜHRTE TOUR

(☎08-8842 3098, 0428 055 590; david@clarevalleytaxis.com.au; Tour 85 AU$) Kurzweilige (4 Std.), erschwingliche Weinguttouren für Leute mit wenig Zeit, geführt von einem lokalen Taxiunternehmen.

Feste & Events

Clare Valley Gourmet Weekend ESSEN & TRINKEN

(www.clarevalley.com.au; ⏲Mai) Rauschendes Fest mit Wein, Essen und Musik im Mai. LinkSA (www.linksa.com.au) bietet Bus-shuttles nach/ab Adelaide.

Anreise & Unterwegs vor Ort

In Auburn und Clare kann man Räder ausleihen, um damit zu den Weingütern zu fahren. Das kostet pro halben/ganzen Tag um die 25/40 AU$.

Clare Valley Taxis (☎08-8842 1400, 13 10 08; www.131008.com) laden Fahrgäste überall am Riesling Trail aus und ein.

Yorke Peninsula Coaches (☎08-8821 2755; www.ypcoaches.com.au) Fährt Montag, Mittwoch, Freitag und Sonntag von Adelaide nach Auburn (34 AU$, 2¼ Std.) und Clare (42 AU$, 2¾ Std.) sowie an denselben Tagen auch in die entgegengesetzte Richtung. Am Mittwoch geht es weiter bis nach Burra (42 AU$, 3¼ Std.).

Auburn

600 EW.

Das verschlafene Auburn (1849) ist das südlichste Dorf des Clare Valley. Hier lässt man die Haustür stets offen und den Zündschlüssel stecken. Die historische Atmosphäre erinnert an alte Schwarzweißfotos: Man scheint Zeitreisen in die Vergangenheit zu unternehmen, wenn man durch die Straßen mit den wunderschön erhaltenen Steinhäusern bummelt. Die Gärten der Cottages sind wahre Blütenmeere. Nicht vergessen, im Clare Valley Visitors Information Centre (S. 839) die Broschüre *Walk with History at Auburn* mitzunehmen!

Heute liegt Auburn an der Hauptroute zu den Weingütern des Tals. Ursprünglich diente es Cowboys und südamerikanischen Maultiertreibern, die zwischen Burras Kupferminen und Port Wakefield unterwegs waren, als Versorgungsstation.

Schlafen

Bed in a Shed APARTMENT, B&B $$

(☎0418 346 836; www.vineartstudio.com; Ecke Leasingham Rd & Blocks Rd, Leasingham; DZ ab

200 AU$; ❄📶) Rund 7 km nördlich von Auburn im kleinen Leasingham setzt das Bed in a Shed einen neuen Akzent in der Unterkunftszene von Clare Valley: ein rustikaler (aber gut isolierter) Wellblechschuppen, ausstaffiert mit cooler Kunst, hölzernen Einbauregalen, recycelten Balken, abgefahrenen Möbeln und einem Kühlschrank voller Frühstückssachen. Keine Blümchentagesdecke oder Tüllgardine in Sicht! Wunderbar.

The Loft at Cobbler's Rest APARTMENT **$$**
(☎0424 784 572; www.theloftclarevalley.com.au; 24 Horrocks Hwy; DZ/4BZ ab 170/290 AU$; ❄) Das Loft im Obergeschoss eines wunderschönen Steinhauses im Herzen von Auburn ist ein kompaktes Apartment mit zwei Doppelschlafzimmern, Wohnküche und großem Bad. Die Einrichtung verströmt genug Cottage-Atmosphäre, um authentisch zu sein, ohne dass es übertrieben wirkt. Vier Schlafplätze; für das Frühstück ist gesorgt.

Essen

Rising Sun Hotel PUB-ESSEN **$$**
(☎08-8849 2015; www.therisingsunhotel.com.au; 19 Horrocks Hwy; Hauptgerichte 18–33 AU$; ⏲12–14 & 18–20 Uhr, Bar ab 11 Uhr; 📶) Die klassische Kneipe von 1850 hat sich mit ihrer Atmosphäre, dem Essen und den Unterkünften weithin einen Namen gemacht. Die saisonale Kneipenküche ist einfallsreich, und dazu gibt's viele lokale Weine. Man übernachtet in Zimmern mit eigenem Bad oder in den Cottages hinten, die früher die Stallungen waren (DZ mit Frühstück 100–160 AU$).

★**Terroir** MODERN-AUSTRALISCH **$$$**
(☎08-8849 2509; www.terroirauburn.com.au; 21 Horrocks Hwy; Hauptgerichte ab 35 AU$; ⏲Fr & Sa

NICHT VERSÄUMEN

WEINGÜTER IM CLARE VALLEY

Das kühle Mikroklima im Clare Valley (kühle Luft zirkuliert um Flüsse, Bäche und Wasserlöcher) hat einen starken Einfluss auf den lokalen Wein. Dadurch behalten die Weißweine auch nach langer Lagerzeit ihr hervorragendes Aroma. Aus dem Tal kommen einige der weltbesten Rieslinge sowie großartiger Sémillon und Shiraz. Fünf Favoriten:

Skillogalee (☎08-8843 4311; www.skillogalee.com.au; 23 Trevarrick Rd, Sevenhill; ⏲7.30–17 Uhr) Das Weingut Skillogalee ist ein kleiner Familienbetrieb, der für seinen aromatischen Shiraz, das fabelhafte Essen und den erstklassigen Riesling bekannt ist – ein Glas davon gleicht einem Kuss eines tollen Menschen an einem Sommernachmittag. Bei einem langen, gemächlichen Mittagessen auf der Veranda (Hauptgerichte morgens 17–19 AU$, mittags 24–49 AU$; vorher reservieren) kann man entspannen. Das muss wohl der Himmel sein.

Pikes (☎08-8843 4370; www.pikeswines.com.au; Polish Hill River Rd, Sevenhill; ⏲10–16 Uhr) Die geschäftigen Pikes haben ihr Unternehmen 1984 in Polish Hill River, einer Unterregion des Clare Valley, gegründet, und keltern seitdem ungemein beliebten Riesling (und Shiraz, Sangiovese, Pinot Grigio, Viognier ...). Die Familie füllt auch das schwungvolle Oakbank Pilsener ab, falls man mal Abwechslung braucht.

Knappstein (☎08-8841 2100; www.knappstein.com.au; 2 Pioneer Ave, Clare; ⏲Mo–Fr 9–17, Sa 11–17, So bis 16 Uhr) Knappstein verfolgt einen minimalistischen Ansatz und hat sich damit einen Namen gemacht. Shiraz und Riesling stehlen allen die Show, doch das Weingut produziert auch einen richtig guten Weinverschnitt aus Semillon und Sauvignon Blanc (und Bier!).

Sevenhill Cellars (☎08-8843 4222; www.sevenhill.com.au; 111c College Rd, Sevenhill; ⏲10–17 Uhr) Zum Drink auch etwas Geistliches gefällig? Die Kellerei wurde 1851 von den Jesuiten gegründet und ist damit das älteste Weingut im Clare Valley (unbedingt die St. Aloysius Church von 1866 anschauen). Oh, und der Wein ist natürlich auch gut!

Shut The Gate (☎08-8843 0111; www.shutthegate.com.au; 2 Horrocks Hwy, Watervale; ⏲10–16.30 Uhr) Über einen kleinen Bach und durch ein weißes Tor (man muss es nicht schließen) gelangt man zu dieser fröhlichen kleinen Kellerei, die es in letzter Zeit ein paar Mal auf die Liste der besten neuen Weingüter in Australien geschafft hat. Man probiert den guten Rebensaft in dem alten Cottage (Achtung, Kopf einziehen!) oder draußen bei der ziemlich abstrakten Tischansammlung. Überzeugender Riesling.

14–17.30, So 12–16, Mi–Sa 18–20.30 Uhr;) „Terroir", ein Wort, das häufig mit dem Weinhandel assoziiert wird, definiert den Charakter eines Ortes: die Höhe, den Boden, das Klima, die Atmosphäre. In diesem ausgezeichneten Restaurant umfasst der Begriff aber auch die Zutaten, die saisonal sind, aus einem Umkreis von 160 km stammen und mit moderner Cleverness zubereitet werden. Die Karte wechselt wöchentlich (hoffentlich gibt's die Spezialität des Hauses: Halloumi). Besonders schön ist der Fußboden aus Mintaro-Schieferplatten.

Mintaro

370 EW.

Das denkmalgeschützte Mintaro (sprich: *mintäro*; gegründet 1849) ist ein Dorf, das mit seinen Steinhäusern direkt aus den englischen Cotswolds in den australischen Busch verpflanzt worden sein könnte. Es gibt hier nur wenige Bauten aus der Zeit nach 1900 – und alles wirkt, als ob es sich selbst überlassen wurde. Übrigens: Mintaro-Schiefer wird international bei der Herstellung von Billardtischen verwendet.

Die Broschüre *Historic Mintaro* gibt's überall kostenlos.

Sehenswertes & Aktivitäten

★ Martindale Hall HISTORISCHES GEBÄUDE

(08-8843 9088; www.martindalehall.com; 1 Manoora Rd, Mintaro; Erw./Kind 12/8 AU$; Mi–Mo 11–16 Uhr, während der Schulferien tgl.) Martindale Hall ist ein beeindruckendes Herrenhaus 3 km von Mintaro entfernt. Es wurde 1880 für den jungen Viehbaron Edmund Bowman Jr. erbaut, der anschließend das Familienvermögen verprasste (zwar spielten auch Dürreperioden und abstürzende Wollpreise eine Rolle, aber was Bowman das Genick brach, waren die vielen Partys ...). Das Anwesen beherbergt originale Einrichtungsgegenstände, einen herrlichen Treppenaufgang aus Schwarzholz-Akazien, einen Billardtisch mit Mintaro-Schiefer und ein opulentes Raucherzimmer, das wie ein Museum wirkt. In Peter Weirs Film *Picknick am Valentinstag* von 1975 diente Martindale Hall als Appleyard College. *Mirandaaa ...*

Mintaro Maze OUTDOOR

(08-8843 9012; www.mintaromaze.com.au; Jacka Rd; Erw./Kind 12/8 AU$; Mi–Mo 10–16 Uhr, während der Ferien tgl., im Feb. geschl.) In diesem Heckenlabyrinth braucht man schon einen ziemlich guten Orientierungssinn, um wieder rauszufinden. Ein kleines Café gibt's auch.

Schlafen & Essen

★ Reilly's MODERN-AUSTRALISCH $$

(08-8843 9013; www.reillyswines.com.au; Ecke Hill St & Leasingham Rd; Hauptgerichte 24–30 AU$; 10–16 Uhr) Das Reilly's begann 1856 als Schusterei. Heute ist es ein Restaurant, das mit lokaler Kunst dekoriert ist und kreative, saisonale Gerichte aus der Mod-Oz-Küche (Antipasti, Kaninchenterrine, Platten) sowie Reilly's-Weine serviert. Das Biogemüse kommt aus dem eigenen Garten gleich hinter dem Haus. Die Inhaber vermieten auch vier wunderschöne alte Stein-Cottages an der Hill St (DZ ab 175 AU$, inkl. Frühstück zum Selbermachen).

Clare

3280 EW.

Clare wurde 1842 gegründet und ist nach der gleichnamigen Grafschaft in Irland benannt. Die größte Ortschaft im Tal zieht sich am Horrocks Hwy entlang und wirkt eher praxisorientiert als charmant. Hier sind alle wichtigen Einrichtungen vorhanden (Post, Supermarkt, Tankstellen, Kneipen), aber um das Clare Valley richtig zu erleben, übernachtet man besser außerhalb.

Schlafen & Essen

Bungaree Station BAUERNHOF $

(08-8842 2677; www.bungareestation.com.au; 431 Bungaree Rd; pro Nacht 59–99 AU$/Pers.;) Etwa 12 km nördlich von Clare liegt dieses schöne, 175 Jahre alte Gehöft, das einst 50 Angestellte, eine Kirche und eine Schule hatte! Die Farm umfasst 1200 ha und wird noch bewirtschaftet. Die Gästezimmer befinden sich in schlichten, renovierten historischen Gebäuden und beherbergen zwei bis zehn Personen, und einige haben Gemeinschaftsbäder. Hier können die Gäste auch die Tiere füttern, auf einem Geschichtsweg wandern (Erw./Kind 15/7,50 AU$) oder in den Pool springen.

Riesling Trail & Clare Valley Cottages B&B $$

(0427 842 232; www.rtcvcottages.com.au; 9 Warenda Rd; 1-/2-/3-Bettzimmer-Cottage inkl. Frühstück ab 160/195/390 AU$;) Diese gut geführte Unterkunft bietet sieben moderne Cottages, die von Bauerngärten umringt sind, und liegt direkt am Riesling Trail (Riesling Trail Bike Hire befindet sich auf der anderen Straßenseite). Im größten Cottage können sechs Personen übernachten. Es gibt gute Angebote für Aufenthalte über mehrere Tage oder mitten in der Woche.

★ Little Red Grape BÄCKEREI**$**
(☎08-8843 4088; www.thelittleredgrape.info; 148 Horrocks Hwy, Sevenhill; Gebäck 3–6 AU$; ⏲7–17 Uhr) Es gibt hier einen Weinkeller, der sich auf die Kleinproduktion aus den lokalen Weinbergen konzentriert, aber die meisten Leute kommen wegen der Bäckerei hierher, die ausgezeichnete Torten, Kuchen, große Donuts, getoastetes Fladenbrot mit Schinken und Ei sowie Wachmacher-Kaffee zaubert. Das Salzbusch-Lamm und die Rosmarinpastete sind kaum zu toppen. Die Bäckerei liegt in Sevenhill, 7 km südlich von Clare.

ℹ Praktische Informationen

Clare Valley Visitor Information Centre (☎1800 242 131, 08-8842 2131; www.clarevalley.com.au; Ecke Horrocks Hwy & Spring Gully Rd; ⏲Sa–Do 9–17, Fr bis 19 Uhr; 📶) Infos zur Region, Unterkunftsbuchungen im gesamten Tal und die Broschüre *Clare History Walk*. Es gibt auch lokale Produkte zu kaufen.

MURRAY RIVER

Mit dem geringsten Gefälle aller australischen Flüsse windet sich der langsam dahinströmende Murray auf 650 km durch SA. Gezähmt durch Wehre und Schleusen, bewässert er im Norden die Früchte und Reben der Region **Riverland**. Richtung Süden säumen die Weiden der **Murraylands** seine Kurven. In Schwärmen erheben sich Nacktaugen- und Rosakakadus von Felsen am Ufer oder aus Eukalyptusbäumen über üppige Obst- und Weinplantagen.

Vor der europäischen Kolonisation siedelten die indigenen Meru an den Ufern, und später legten Raddampfer in Murray Bridge ab, um Wolle, Weizen und Vorräte auf dem Darling bis ins zentrale Queensland zu bringen. Mit dem Bau neuer Bahnstrecken verschwanden die Transportschiffe. Heute wird der Murray – vor allem im Sommer – massenhaft von Hausboottouristen, Wasserskifahrern und Jetskifans heimgesucht. Wer Ruhe sucht und sich an röhrenden V8-Bootsmotoren stört, sollte die größeren Städte und Campingplätze an Wochenenden sowie zur Ferienzeit lieber meiden.

ℹ An- & Weiterreise

Wie an den meisten Orten in SA bietet ein eigenes Auto die meiste Flexibilität beim Erkunden der Städte am Murray River. Aber wer mit dem Bus reist, hat ein paar Optionen.

LinkSA (☎08 8532 2633; www.linksa.com.au) bietet täglich mehrere Busse zwischen Adelaide und Murray Bridge (22,50 AU$, 1¼ Std.), manchmal mit Umsteigen in Mt. Barker in den Adelaide Hills, sowie montags bis freitags von Murray Bridge nach Mannum (7,50 AU$, 30 Min.).

Riverland-Busse von **Premier Stateliner** (www.premierstateliner.com.au) fahren täglich ab Adelaide und halten unterwegs in Waikerie (47,50 AU$, 2½ Std.), Barmera (59 AU$, 3¼ Std.), Berri (59 AU$, 3½ Std.) und Renmark (59 AU$, 4 Std.). In Kingston-on-Murray steigt man in den Bus nach Loxton um (59 AU$, 3¾ Std.).

DER RIESLING TRAIL

Der großartige, 33 km lange Riesling Trail verläuft nördlich von Clare entlang einer stillgelegten Bahntrasse zwischen Auburn und Barinia und ist von Wein, Rädern und Überraschungen geprägt. In erster Linie ist es ein Radweg, wegen der geringen Steigung kann man ihn aber auch problemlos zu Fuß und sogar mit Kinderwagen zurücklegen. Mit dem Rad benötigt man für die ganze Strecke etwa zwei Stunden, doch warum die Eile? Unterwegs laden drei Rundwege und Erweiterungen zu Abstechern ein, außerdem locken Dutzende Weingüter. Der **Rattler Trail** führt von Auburn weitere 19 km nach Süden bis Riverton.

Räder kann man bei **Clare Valley Cycle Hire** (☎0418 802 077; www.clarevalleycyclehire.com.au; 32 Victoria Rd; Fahrrad halber/ganzer Tag 20/30 AU$; ⏲9–17 Uhr) und **Riesling Trail Bike Hire** (☎0418 777 318; www.rieslingtrailbikehire.com.au; 10 Warenda Rd; Fahrrad halber/ganzer Tag 25/40 AU$, Tandem 40/60 AU$; ⏲Fr–Mo 8–18 Uhr, andere Zeiten nach Vereinbarung) in Clare sowie im **Cogwebs Hub Cafe** (☎08-8849 2380, 0400 290 687; www.cogwebs.com.au; 30 Horrocks Hwy; Fahrrad halber/ganzer Tag 25/40 AU$, Tandem 35/60 AU$; ⏲10–17 Uhr; 📶) in Auburn ausleihen.

Murray Bridge

17 920 EW.

Murray Bridge, die größte am Fluss gelegene Stadt South Australias (und dessen fünftgrößte insgesamt) ist ein weitläufiges regionales Zentrum mit vielen alten Pubs, einem kaum erschlossenen Uferbereich, einem großen Gefängnis und eher subtilem Charme.

Sehenswertes

Monarto Zoo ZOO

(☎08-8534 4100; www.monartozoo.com.au; Old Princes Hwy, Monarto South; Erw./Kind/Fam. 34,50/19/88,50 AU$; ⏲9.30–17 Uhr, letzter Einlass 15 Uhr) Dieser ausgezeichnete Zoo etwa 14 km westlich von Murray Bridge hat große Gehege, in denen australische und afrikanische Tiere leben, darunter Geparden, Erdmännchen, Nashörner, Zebras und Giraffen mit ihrem fotogenen Nachwuchs. Eine Hop-on-Hop-off-Bustour ist im Preis enthalten und den ganzen Tag über halten Tierpfleger Vorträge. Wer sein Picknick vergessen hat, begibt sich in das zugehörige Café.

Murray Bridge Regional Gallery GALERIE

(☎08-8539 1420; www.murraybridgegallery.com.au; 27 Sixth St; ⏲Di–Sa 10–16, So 11–16 Uhr) GRATIS Diese tolle kleine Galerie ist das kulturelle Zentrum der Stadt und zeigt Wechselausstellungen auswärtiger und einheimischer Künstler: Gemälde, Keramik, wunderschöne Glaskunst, Schmuck und Drucke. Eine wunderbare Option für einen verregneten Nachmittag.

Praktische Informationen

Murray Bridge Visitor Information Centre (☎08-8339 1142, 1800 442 784; www.murraybridge.sa.gov.au; 3 South Tce; ⏲Mo–Fr 9–17, Sa & So 10–16 Uhr) Hat die Broschüren *Accommodation Guide* und *Dining Guide* für Murray Bridge sowie Infomaterial zu historischen Spaziergängen und Rundfahrten vorrätig und gibt Infos zu den Veranstaltern von Bootstouren auf dem Fluss heraus.

Mannum

2570 EW.

Ungefähr 30 km flussaufwärts von Murray Bridge klebt auf einem recht schmalen Uferstreifen das unglaublich malerische Mannum. Es ist die inoffizielle Welthauptstadt der Hausboote! Hier wurde außerdem im Jahre 1853 die *Mary Ann*, Australiens erstes Flussschiff, gebaut, das auch die erste Raddampferfahrt auf dem Murray unternahm.

Sehenswertes

Mannum selbst, wie es an dem bröckelnden Flussufer hängt, ist absolut sehenswert! Das Visitor Information Centre von Mannum beherbergt das **Mannum Dock Museum of River History** (☎08-8569 1303, 1300 626 686; www.psmarion.com; 6 Randell St; Erw./Kind/Fam. 7,50/4/20 AU$; ⏲Mo–Fr 9–17, Sa & So 10–16 Uhr), das über die hiesigen Aborigine-Gemeinden informiert. Außerdem sind ein Trockendock von 1876 und der restaurierte Raddampfer *PS Marion* von 1897, der manchmal noch mit Gästen auf dem Fluss rumschippert, zu bewundern.

Etwa 9 km außerhalb von Mannum auf dem Weg nach Murray Bridge schäumen die **Mannum Waterfalls** (abseits der Cascade Rd; ⏲24 Std.) GRATIS beindruckend über Granitfelsen, wenn es geregnet hat (im Februar passiert nicht viel). Den besten Zugang hat man vom oberen Parkplatz.

Von Mannum Richtung Norden nach Swan Reach verläuft die östliche Uferstraße an vielen Stellen ziemlich weit östlich vom Fluss, aber die vielen Aussichtspunkte an der Strecke ermöglichen einen Überblick über die Landschaft. Etwa 9 km südlich von Swan Reach beschreibt der Murray eine enge Kurve namens **Big Bend**, die von zerklüfteten, ockerfarbenen Klippen gesäumt wird.

Der Name des schläfrigen Swan Reach (850 Ew.), etwa 80 km nördlich von Mannum, ist trügerisch, denn hier gibt's zwar eine alte Kneipe, ein Museum und viele Pelikane, aber nicht gerade viele Schwäne.

Aktivitäten

Breeze Holiday Hire KANUFAHREN

(☎0439 829 964; www.murrayriver.com.au/breeze-holiday-hire-1052) Verleiht Kanus und Kajaks (75 AU$/Tag), Schlauchboote mit Außenbordmotor (95 AU$/Tag) sowie Angelausrüstung (15 AU$/Tag). Wasserskikurse werden ebenfalls angeboten. Sitzt in Mannum.

Schlafen & Essen

River Shack Rentals UNTERKUNFTSSERVICE

(☎0447 263 549, 08-8569 1958; www.rivershackrentals.com.au) Offeriert eine Fülle von Mietunterkünften am Fluss (DZ ab 100 AU$), die in Murray Bridge, Mannum und weiter flussaufwärts liegen und zwei bis 20 Personen Platz bieten. Die meisten sind direkt am Wasser: 36 River Lane ist eine solide Option im Zentrum von Mannum für bis zu zehn Personen (ab 450 AU$). Auch Hausboote sind verfügbar.

Pretoria Hotel PUB-ESSEN $$
(☎ 08-8569 1109; www.pretoriahotel.com.au; 50 Randell St; Hauptgerichte 20–34 AU$; ⊙ 11.30–14.30 & 17.30–20.30 Uhr) Das familienfreundliche Pretoria von 1900 hat ein großes Bistro und eine Terrasse mit Blick auf den Fluss. Aufgetischt werden große Steaks und Salate, Garnelen-Linguine und beeindruckende Parmaschinken (neben anderen Dingen). Als 1956 die Flut über die Stadt hereinbrach, wurde hier auf dem Balkon im 1. Stock weiterhin Bier ausgeschenkt!

Praktische Informationen

Mannum Visitor Information Centre (☎ 08-8569 1303, 1300 626 686; www.psmarion.com/visitor-centre; 6 Randell St; ⊙ Mo–Fr 9–17, Sa & So 10–16 Uhr) Übernimmt die Buchung von Bootsfahrten und Hausbooten und gibt die Broschüre *Mannum Historic Walks* aus. Hier befindet sich auch das **Mannum Dock Museum of River History** (S. 840). Zudem werden Fahrräder verliehen (halber/ganzer Tag 25/40 AU$).

Waikerie

2720 EW.

Waikerie ist ein Zentrum des Zitrusfruchtanbaus mit einem skurrilen Wald aus Fernsehantennen. Der Name der Stadt stammt vom Aborigine-Begriff für „alles, was fliegt" – und tatsächlich leben hier zahlreiche Vogelarten. Auf dem Fluss gleiten Hausboote vorbei. Die Atmosphäre in Waikerie ist ganz vom Alltag der Bewohner geprägt – der Tourismus steht hier vorerst nur an zweiter Stelle.

Sehenswertes

Nippy's FABRIK
(☎ 08-8541 0600; www.nippys.com.au; 2 Ian Oliver Dr; ⊙ Mo–Fr 8–12 & 12.30–16 Uhr) Ein schon lange bestehender, regionaler Fruchtsaftproduzent mit einem Fabrikverkauf am Eingang. An einem heißen Nachmittag am Fluss den köstlichen Zitronensaft zu schlürfen, ist göttlich.

Schlafen & Essen

★ **Wigley Retreat** B&B $$
(☎ 0417 186 364; www.facebook.com/wigleyretreat; Wigley Flat Rd, Wigley Flat; DZ ab 190 AU$; ❄) Etwa 27 km östlich von Waikerie und ein paar Kilometer abseits des Sturt Hwy bietet das Wigley Retreat ein schlichtes, aber stylishes Stein-Cottage direkt am Flussufer. Es gibt ein Schlafzimmer, einen gut gefüllten Kühlschrank und einen Tisch für zwei am Wasser. Superprivat, superatmosphärisch. Der perfekte Platz, um ein paar Tage auszuspannen.

★ **Waikerie Hotel Motel** HOTEL/MOTEL $$
(☎ 08-8541 2999; www.waikeriehotel.com; 2 McCoy St; DZ ab 120 AU$; ❄📶) 2012, nur zwei Tage vor seinem 100. Geburtstag, wurden große Teile dieses Gasthofs von einem Brand zerstört. Nach dem Wiederaufbau gibt es nun 19 großartige Zimmer im Obergeschoss: schicke Bettwäsche, verlockende Minibars und große TVs sowie viel Leder und Granit. Im Bistro gibt's typische Kneipengerichte (Hauptgerichte 14–27 AU$). Die modernisierten Motelzimmer hinter dem Haus sind etwas billiger. Auch Fahrräder werden verliehen.

Waikerie Bakery BÄCKEREI $
(☎ 08-8541 2142; 3 Peake Tce; Gebäck 4–8 AU$; ⊙ Mo–Fr 8.30–17.30, Sa bis 13 Uhr) Hey, das reimt sich! Diese schlichte kleine Backstube

HOUSEBOATING AUF DEM MURRAY

Houseboating ist ein großes Geschäft auf dem Murray. Auf dem Fluss entlang zu schippern, macht großen Spaß – man muss nur über 18 sein und einen gültigen Führerschein dabei haben. Die Boote liegen in den meisten Städten mit Zugang zum Fluss bereit. Vor allem zwischen Oktober und April sollte man aber unbedingt vorher buchen.

Die **Houseboat Hirers Association** (☎ 1300 665 122, 08-8346 6655; www.houseboatbookings.com) ist ein seriöser Anbieter mit Booten in den meisten Städten am Murray River. Für ein Wochenende mit drei Nächten zahlt man überall von 750 AU$ für zwei Personen bis zu 2700 AU$ für ein Luxusboot mit zehn Betten. Die meisten Boote bieten Platz für mindestens zwei Paare, in der Regel muss man eine Kaution hinterlegen (ab 200 AU$). Viele stellen Bettwäsche – man braucht also nur Essen und guten Wein. In der Broschüre *Houseboat Holidays* von SA Tourism findet man eine Liste der Hausboote.

macht hervorragende Kürbis-Feta-Teigtaschen, Hühnerpasteten mit Aprikose, Marmeladentörtchen, Pekanuss-Pasteten und Kekse. Auf der seitlichen Sonnenterrasse kann man die Köstlichkeiten genießen.

Praktische Informationen

Waikerie Visitor Information Centre (08-8541 0708; www.waikerie.com; Strangman Rd; Mo–Fr 9–17, Sa & So 10–16 Uhr) Das schlichte kleine Waikerie Visitor Information Centre liegt an dem großen Kreisel auf dem Weg in die Stadt. Liebhabern alter Gebäude ist die Broschüre *Waikerie Heritage Walk* zu empfehlen.

Barmera & Umgebung

Donald Campbell, der Inhaber des Geschwindigkeitsweltrekords zu Lande, versuchte im Jahr 1964 vergeblich, auf dem Lake Bonney seine eigene Wasserbestmarke zu brechen. Das heute ziemlich verschlafen wirkende **Barmera** (3020 Ew.) war früher ein wichtiger Knotenpunkt des Langstrecken-Viehtriebs ab NSW. Heute wirkt der Ort trist: Die lokale Leidenschaft für Musik (Country *und* Western) sorgt dennoch für eine gewisse Stimmung. Das winzige Nest **Kingston-On-Murray** (alias Kingston OM; 260 Ew.) liegt Richtung Waikerie.

Sehenswertes

★ Banrock Station WEINGUT
(08-8583 0299; www.banrockstation.com.au; Holmes Rd, Kingston OM; Weinproben kostenlos, Feuchtland-Wanderungen gegen Spende; Mo–Fr 9–16, Sa & So bis 17 Uhr) Das CO_2-neutrale Banrock Station Wine & Wetland Centre am Sturt Hwy bei Kingston OM liegt an renaturierten Feuchtgebieten und ist ein stilvolles Weinverkostungszentrum (der Tempranillo ist fantastisch) in einem Stampflehm-Gebäude. Das peppige **Mittagsrestaurant** (Hauptgerichte 25–33 AU$ – gut ist der langsam geschmorte Schweinebauch mit Riverland-Fenchel) verwendet Zutaten aus der Region. Hier starten drei verschiedene **Wanderungen durchs Feuchtgebiet**, die 2,5, 4,5 und 8 km lang sind.

Rocky's Hall of Fame Pioneers Museum MUSEUM
(0407 720 560; www.facebook.com/rockyscountrymusicmuseum; 4 Pascoe Tce, Barmera; 2 AU$; Mo & Do 8.30–12, Di & Mi 9–16, Fr bis 12.30 Uhr) Benannt nach Dean „Rocky" Page, einer lokalen Radiolegende, schallt das Rocky's seine Klänge auf die Hauptstraße. Drinnen sind eine Fülle von Country- und Western-Devotionalien zu bewundern. Sehenswert ist der 35 m lange botanische Garten in Gitarrenform hinter dem Haus, in dem 160 Countrymusiker ihre Handabdrücke hinterlassen haben, von Slim Dusty bis Kasey Chambers und alle dazwischen.

Feste & Events

South Australian Country Music Festival MUSIK
(www.riverlandcountrymusic.com) Countrymusik ist in Barmera schwer angesagt. Im Juni steigt hier jedes Jahr das South Australian Country Music Festival. Hut aufsetzen, Pferd satteln, die alte staubige Akustikgitarre auspacken und los geht's.

Schlafen

Discovery Holiday Parks Lake Bonney CAMPING $
(08-8588 2234; www.discoveryholidayparks.com.au; Lakeside Dr, Barmera; Stellplatz ohne/mit Strom ab 23/34 AU$, Hütten ab 99 AU$;) Dieser hervorragend geführte Campingplatz am See bietet kleine Strände (zum sicheren Schwimmen) und viele Einrichtungen, darunter Elektrogrills, eine Campingküche, eine Waschküche und viel Platz für herumtobende Kinder. Es gibt viele Bäume und Stellplätze direkt am Wasser, außerdem kann man Tandems, Kanus und Paddelboote ausleihen.

Essen

Backyard Bread CAFÉ $
(08-8588 2159; www.backyardbread.com.au; Ecke Sturt Hwy & McKenzie Rd, Barmera; Gebäck 5–15 AU$; Fr–Mo 10–16 Uhr) Das Backyard Bread liegt hinter einer rostigen Metallfront auf der Waikerie-Seite von Barmera. Das Deli/Café backt „Brothäppchen": mundgerechte Brotstücke voller Aromen lokaler Zutaten (Rotwein, Olivenöl, Kürbis, Zitronenmyrte etc.). Sie werden auf einem Probierteller serviert, oder man kommt einfach auf einen Kaffee und ein Stück Kuchen.

Overland Corner Hotel PUB-ESSEN $$
(08-8588 7021; www.overlandcornerhotel.com.au; 205 Old Coach Rd, über Barmera; Hauptgerichte 17–28 AU$; Di–So 12–14, Do–Sa 18–20 Uhr) Diese stimmungsvolle, 1859 erbaute Kneipe, die etwa 19 km nordwestlich von Barmera liegt, heißt nach einer Biegung im Murray River,

ADELAIDE & SOUTH AUSTRALIA MURRAY RIVER

an der früher die Viehtreiber campierten. Sie verströmt jede Menge Charakter, und bei diesen Portionen würde garantiert auch jeder Viehtreiber satt. Außerdem gibt's ein Museum, einen Hausgeist, einen schönen Biergarten und vier Wanderwege, die hinunter zum Fluss führen (die passende Broschüre, *Historic Overland Corner*, bekommt man in Barmera).

Praktische Informationen

Barmera Visitor Information Centre (☎08-8588 2289; www.barmeratourism.com.au; Barwell Ave, Barmera; ⏲Mo–Fr 9–16, Sa & So 10–13 Uhr) Hilft bei der Buchung von Verkehrsmitteln und Unterkünften, außerdem gibt's hier die Wanderweg-Broschüren *Historic Overland Corner* und *Heritage Walk Barmera*.

Loxton

3780 EW.

Loxton liegt oberhalb einer weiten Schleife des langsam dahinströmenden Murray. Die selbst ernannte „Gartenstadt des Riverland" ist ländlich und wenig touristisch geprägt. Hier gibt's vor allem Geschäfte, die Reifen, Haushaltswaren und Leitungen für Bewässerungssysteme verkaufen. Vielleicht ist es vielsagend, dass die zwei interessantesten Dinge in der Stadt alte Bäume sind.

Sehenswertes

Tree of Knowledge WAHRZEICHEN

(Grant Schubert Dr) Im „Baum der Erkenntnis", unten am Fluss in der Nähe des Campingplatzes, sind die Wasserstände der vergangenen Jahre eingeritzt. Die Spitzenpegel von 1931, '73, '74, '75 und 2011 sind allerdings gar nichts im Vergleich zur Flut aller Fluten im Jahr 1956 mit einem Pegel von 4 m!

Loxton Pepper Tree WAHRZEICHEN

(Allen Hosking Dr) Der knorrige, vom Wetter gespaltene, termitengeplagte alte Pfefferbaum stammt aus dem Jahr 1878 und wurde angeblich vom Grenzreiter William Charles Loxton gepflanzt, nach dem die Stadt benannt wurde. Er lebte von 1878 bis 1881 hier in der Nähe in einer kleinen Pinienhütte.

Schlafen

Mill Cottage B&B **$$**

(☎0439 866 990; www.millcottage.com.au; 2 Mill Rd; DZ ab 177 AU$, jede weitere Pers. 35 AU$; ❄📶) Das Mill Cottage steht an einem unerwarteten Ort in einer Sackgasse in Loxtons Industriegebiet, aber es ist eine würdige, elegante B&B-Option von 1924. Die Frühstückszutaten (köstliche Eier!) sind für die ersten zwei Nächte vorhanden. Die Deko ist etwas hüttenmäßig, aber es ist ja auch ein Cottage. Es gibt Platz für sechs Personen; Mindestaufenthalt zwei Nächte.

Loxton Hotel HOTEL, MOTEL **$$**

(☎1800 656 686, 08-8584 7266; www.loxtonhotel.com.au; 45 East Tce; DZ Hotel/Motel ab 110/170 AU$; ❄📶🏊) Der große Komplex, dessen Profite alle zurück in die Gemeinde Loxton fließen, bietet makellose Zimmer und verlockende Wochenendpakete. Die einstige Kneipe wurde 1908 errichtet und seitdem unermüdlich erweitert. Zum Frühstück, Mittagessen und Abendessen werden Bistro-Gerichte serviert (Hauptgerichte 15–35 AU$ – die Argentinische Rinderbrust bestellen).

Ausgehen & Nachtleben

Here's Your Beer BAR

(☎0472 688 012; www.facebook.com/heresyourbeer; 2 Mill Rd; ⏲Mi & Do 17–22, Fr 11–22, So 10–20 Uhr) In einem großen Blechschuppen in den Hinterstraßen Loxtons schenkt diese Hipster-Oase Craft-Biere aus und tischt schöne Burger auf, und zwar jedem, der nicht in den örtlichen Pub gehen will. Die Atmosphäre ist „urbanish", sagt jedenfalls der Besitzer. Samstags ist (seltsamerweise) geschlossen.

Praktische Informationen

Loxton Visitor Information Centre (☎1300 869 990, 08-8584 8071; www.loxtontourism.com.au; Bookpurnong Tce; ⏲Mo–Fr 9–17, Sa bis 16, So 10–16 Uhr) Freundlicher Ort mit Infos zu Unterkünften, Verkehrsmitteln und Nationalparks. Außerdem gibt's eine Kunstgalerie und einen Trockenobstverkauf (die Pfirsiche!). Checken sollte man, ob die Broschüre *History Walk of Loxton* schon nachgedruckt wurde.

Berri

4110 EW.

Berri verdankt seinen Namen dem indigenen Begriff *berri berri* („große Flussbiegung"). Früher machten hier viele Raddampfer fest, um Brennholz für ihre Kessel zu laden. Heute ist der wohlhabende Ort ein regionales Zentrum für bundesstaatliche und private Vermittler von Gelegenheitsjobs in der Landwirtschaft, es ist also eines der besten Pflaster für freiwillige Erntehelfer. Die „Big Orange", einer der kultigen „Big

Things" Australiens, die am Straßenrand Touristen anlocken sollen, wartet am Stadtrand auf Wiederbelebung.

Sehenswertes

Riverland Farmers Market MARKT
(☎0417 824 648; www.riverlandfarmersmarket.org.au; Senior Citizens Hall, Crawford Tce; ⊙Sa 7.30–11.30 Uhr) Hier gibt's all die guten Sachen, die in der Region angebaut werden. Zur Stärkung dienen beispielsweise ein Brötchen mit Schinken und Ei oder ein Glas frisch gepresster Orangensaft.

Geführte Touren

Canoe Adventures KANUFAHREN
(☎0421 167 645; www.canoeadventure.com.au; Kanuverleih halber/ganzer Tag ab 35/45 AU$, Tour Erw./Kind halber Tag 95/60 AU$, ganzer Tag 140/90 AU$) Kanuverleih sowie halb- und ganztägige geführte Kanutouren und Campingexpeditionen ab Berri, dem Sitz des Anbieters, auf Wunsch aber auch in den meisten Riverland-Städten.

Feste & Events

Riverland Wine & Food Festival ESSEN & TRINKEN
(RWFF; www.riverlandwineandfood.com; ⊙Okt.) Es wird festlich an den Ufern des Murray beim jährlichen Riverland Wine & Food Festival, bei dem lokale Produkte und Alkohol im Mittelpunkt stehen. Ein einigermaßen edles Event – vorher Tickets kaufen und sich in Schale schmeißen.

Schlafen & Essen

Berri Backpackers HOSTEL $
(☎08-8582 3144; www.berribackpackers.com.au; 1081 Old Sturt Hwy; B pro Nacht/Woche 35/160 AU$;) Das vielseitige Hostel auf jener Seite von Berri, auf der Barmera liegt, ist die Anlaufstelle *numero uno* für arbeitswillige Traveller. Müde Erntehelfer können hier nach einem Tag harter Arbeit in schrägem New-Age-Ambiente entspannen. Die Unterkünfte zum Einheitspreis reichen von chaotischen Schlafsälen und Doppelzimmern über Gemeinschaftshäuser bis hin zu einem Tipi und einer Jurte. Die Betreiber vermitteln auch Erntehelferjobs (einfach mal anrufen!).

Sprouts Café CAFÉ $
(☎08-8582 1228; www.sproutscafe.com.au; 28 Wilson St; Hauptgerichte 7–13 AU$; ⊙Mo–Fr 8.30–16, Sa 9.30–13 Uhr) Ein freundliches Café auf dem Hügel, ein paar Blocks hinter dem Fluss in flotten Grüntönen. Es serviert Suppen, Quiches, Burger, Pasta, Currys, Wraps und besonders guten Kaffee. Es gibt auch hausgemachte Kuchen, Teegebäck und Schokoladen-Pekanuss-Pudding.

Praktische Informationen

Berri Visitor Information Centre (☎08-8582 5511, 1300 768 582; www.berribarmera.sa.gov.au; Riverview Dr; ⊙Mo–Fr 9–17, Sa bis 14, So 10–14 Uhr) Direkt am Fluss, hat Broschüren, Karten, wasserfeste Kanu-Führer (10 AU$) und Mitarbeiter, die sich wirklich auskennen.

Renmark & Paringa

Renmark (7500 Ew.) ist die erste größere Stadt am Fluss jenseits der Grenze zu Victoria und liegt 254 km von Adelaide entfernt. Es ist alles andere als ein überlaufenes Touristenziel, verströmt eine entspannte Atmosphäre und hat ein grasbewachsenes Flussufer, an dem man Hausboote mieten kann. Dies ist auch das Zentrum der Weinregion Riverland: An den Straßen in die Stadt werben grelle Schilder „Buy 6 Get 1 Free!" und „Bulk port $5/litre!"

Auf der anderen Flussseite, 4 km flussaufwärts, liegt Renmarks eher uninteressante Satellitenstadt Paringa (950 Ew.).

Sehenswertes

★ **Twenty Third Street Distillery** DESTILLERIE
(☎08-8586 8500; www.23rdstreetdistillery.com.au; Ecke 23rd St & Renmark Ave, Renmark; Führung/Verkostung 15/15 AU$, Kombiticket 25 AU$; ⊙10–16 Uhr) In dieser wunderbar renovierten Art-déco-Fabrik an der Straße nach Renmark nippt man sich durch einige anregende Riverland-Spirituosen. Die alte Destillerie musste sich 2002 dem Druck des Marktes ergeben und wurde geschlossen, legte dafür aber ein fulminantes Comeback hin. Gin, Whisky und Brandy sind die Headliner: Man kann probieren oder sich durch die jahrhundertealten Destilliergeräte aus Kupfer führen lassen, oder beides.

Geführte Touren

Murray River Walk WANDERN
(☎0418 808 475; www.murrayriverwalk.com.au; ab 2300 AU$/Pers.) Bei dieser viertägigen geführten Wanderung in der Wildnis des Murray River durchquert man Privatland, Amberbaumwälder und Schwemmgebiete.

Im Preis enthalten sind alle Mahlzeiten und die Unterbringung auf Hausbooten sowie eine ganztägige Flussfahrt am letzten Tag. Ausgangspunkt ist Renmark.

Canoe the Riverland KANUFAHREN
(☎ 0475 754 222; www.canoetheriverland.com; 835 Murtho Rd, Paringa; ganztägige Tour Erw./Kind 125/75 AU$) Gemütliche Kanutouren auf dem Murray. Los geht's von Paringa auf der anderen Flussseite von Renmark, mittags gibt's Picknick mit regionalen Produkten. Kanu-/Kajakverleih (pro Tag ab 60/35 AU$) und Campingtouren über Nacht mit Sonnenuntergängen und Mondlicht sind auch im Programm.

Schlafen & Essen

BIG4 Renmark Riverfront Holiday Park CAMPING $
(☎ 1300 664 612, 08-8586 8111; www.big4renmark.com.au; Ecke Sturt Hwy & Patey Dr, Renmark; Stellplatz ohne/mit Strom ab 41/48 AU$, Hütte/Villa ab 115/155 AU$;) Zu den Highlights dieses schicken Campingplatzes am Fluss, 1 km östlich der Stadt, gehören eine Küche, ein Kanu- und Paddelbootverleih, ein toller Wasserpark für Kinder sowie fantastische Hütten und Stellplätze mit Strom direkt am Wasser. Die recht neuen Wellblechhütten sind erste Sahne und erinnern mit den zerzausten Palmen ringsum ein wenig an die Riviera. In den Ferien kommen scharenweise Wasserskifans hierher.

Paringa Backpackers Resort HOSTEL $
(☎ 0400 659 659; www.paringabackpackersresort.com.au; 11 Hughes Ave, Paringa; B pro Nacht/Woche 35/130 AU$, DZ 300 AU$/Woche;) Keine dreckige Wäsche, kein muffiges Bad und keine schlechte Küche in Sicht – Paringas glänzendes Hostel am Highway ist eigentlich ein Resort mit ordentlichen hellen Schlafsälen mit Bad (höchstens 8 od. 10 Betten), Palmen, einem Fitnessraum, Pool, Spielezimmer, Grillterrasse… Und wo ist der Haken? Es mangelt einfach an Seele.

Renmark Hotel HOTEL/MOTEL $$
(☎ 08-8586 6755, 1800 736 627; www.renmarkhotel.com.au; Ecke Para St & Murray Ave, Renmark; DZ ab 100 AU$;) Die fabelhaften Art-déco-Kurven des größten Pubs von Renmark sehen einfach gut aus. Zur Wahl stehen ältere Zimmer im Hotelstil sowie gehobene Motelzimmer. An einem schwülwarmen Abend gibt's kaum etwas Schöneres als ein kaltes Bier und gegrillten Barramundi auf dem Balkon des **Nanya Bistro** (Hauptgerichte 16–32 AU$, geöffnet 12–14.30 & 17.30–20.30 Uhr).

Renmark Club PUB-ESSEN $$
(☎ 08-8586 6611; www.renmarkclub.com.au; 160 Murray Ave, Renmark; Hauptgerichte 18–37 AU$; ⏲ 12–14.30 & 18–20.30 Uhr;) Die alte Kneipe mit Club direkt am Fluss ist heute ein strahlendes, modernes Bistro, das zum unschlagbaren Blick aufs Wasser gehobenes Kneipenessen (rustikale Lamm-Pie, scharf angebratenes Lyrup-Känguru mit Buschgewürzen und Quandong-Jus) serviert.

Ausgehen & Nachtleben

★ **Woolshed Brewery** BRAUEREI
(☎ 08-8595 8188; www.aboverenmark.com.au; Wilkinson Rd, Murtho, via Paringa; ⏲ 11–17 Uhr) Mitten zwischen Weinreben und Obstwiesen, 15 km nördlich von Renmark an einer Schleife des Murray River, vollbringt die Woolshed wunderbare Dinge. Der 100 Jahre alte Schuppen gehört zum historischen Wilkadene-Gehöft und beherbergt jetzt eine Craftbier-Brauerei. Die breite Terrasse am Fluss wurde aus den Dielen von Adelaides abgerissener Centennial Hall (Die Beatles spielten hier!) gebaut. Einfach probieren und genießen. Am Wochenende Livemusik.

Praktische Informationen

Renmark Paringa Visitor Information Centre (☎ 08-8586 6704, 1300 661 704; www.visitrenmark.com; 84 Murray Ave, Renmark; ⏲ Mo–Fr 9–17, Sa & So 10–14 Uhr) Hier gibt's die üblichen regionalen Infos, Broschüren und Kontaktdaten von Backpackerunterkünften in der ganzen Stadt sowie ein Informationszentrum und Leihfahrräder (halber/ganzer Tag 25/40 AU$). Der 1911 erbaute und wieder in Betrieb genommene Raddampfer *PS Industry* geht jeden ersten Sonntag im Monat für 90 Minuten auf große Fahrt (Erw./Kind 20/10 AU$).

LIMESTONE COAST

Die langgezogene Limestone Coast des südöstlichen SA erstreckt sich zwischen dem flachen, olivgrünen Unterlauf des Murray und der Grenze zu Victoria. Dank der Highways lässt sich die auf seltsame Weise bezaubernde Ebene schnell und stressfrei in nicht einmal einem Tag durchqueren. Allerdings begeistert dieser Landesteil vor allem im Detail: Abstecher durchs Gelände enden z.B. an Lagunen, Brandungsstränden und entlegenen Buchten, und überall verstecken sich Weinbaugebiete, malerische Fischerhäfen und verschlafene Dörfer. Noch reizvoller ist aber die unterirdische Welt, eine bizarre Landschaft aus Kalksteinhöhlen, Dolinen und tiefen Kraterseen – ein ehemals vulkanisches Gebiet, das heute als Kanawinka Geopark bekannt ist.

Auf dem Weg nach Südosten geht's über die Limestone Coast und durch den Coorong National Park, in dem sich Süß- und Salzwasser mischen, in die zweitgrößte Stadt von SA, Mount Gambier. Und auf alle, die noch mehr Lust auf Wein haben, wartet die Weinregion Coonawarra.

An- & Weiterreise

Der Dukes Hwy (A8) ist die direkte Straßenverbindung zwischen Adelaide und Melbourne (729 km), aber der Princes Hwy (B1; etwa 900 km) an der Küste nahe dem Coorong National Park ist deutlich schöner.

BUS

Premier Stateliner (www.premierstateliner.com.au) befährt zwei Busrouten – eine an der Küste und eine durchs Landesinnere – zwischen Adelaide und Mount Gambier (83 AU$, 6 Std.). Von Adelaide geht's die Küste entlang (Mi, Fr & So) über Coorong, Meningie (42 AU$, 2 Std.), Robe (75 AU$, 4½ Std.) und Beachport (79 AU$, 5 Std.). Der Bus durchs Landesinnere fährt dienstags bis sonntags über Naracoorte (79 AU$, 5 Std.) und Penola (81 AU$, 5¾ Std.).

FLUGZEUG

Regional Express (Rex; www.regionalexpress.com.au) fliegt täglich von Adelaide nach Mount Gambier und zurück (einfach ab 176 AU$, 1¼ Std.).

Robe

1020 EW.

Der zauberhafte kleine Fischerhafen ist bei Urlaubern aus Adelaide und Melbourne schwer angesagt. Das Schild mit der Aufschrift „Drain L Outlet " am Ortseingang schreckt etwas ab, doch die Hauptstraße wird von tollen Restaurants und zahllosen Unterkünften gesäumt. In der Umgebung gibt's ein paar herrliche Strände und Seen. Über Weihnachten und Ostern quillt Robe förmlich über – dann geht hier ohne *rechtzeitige* Reservierung gar nichts.

Sehenswertes

Robe Town Brewery BRAUEREI
(☎0415 993 693; www.robetownbrewery.com; 97 Millicent Rd; ⊙Di–So 12–17 Uhr) Robe Town schwimmt im Augenblick ganz oben auf Australiens Craft-Bier-Welle. In einem bescheidenen Schuppen am östlichen Stadtrand werden hier nach alten Methoden das kräftige Shipwreck Stout und ein ausgezeichnetes Amber Ale gebraut (neben anderen kreativen Gebräuen). Vielleicht findet ja das Robe Beer Festival diesen September hier statt?

Aktivitäten

Steve's Place SURFEN
(☎08-8768 2094; www.facebook.com/steves.place.66; 26 Victoria St; ⊙Mo–Fr 9.30–17, Sa bis 13, So 10–13 Uhr) Steve's Place, seit 50 Jahren (!) dabei, verleiht Surfbretter (40 AU$/Tag), Bodyboards (20 AU$), Paddleboards (50 AU$) und Neoprenanzüge (20 AU$). Hier ist auch der beste Ort, um Infos über Surfkurse und SAs ältesten (seit 1968), alljährlich im April stattfindenden Surfwettbewerb Robe Easter Classic zu bekommen.

Schlafen

Zimmervermittlungen mit Unterkünften ab 100 AU$ pro Nacht in der Nebensaison sind etwa **Happyshack** (☎08-8768 2341, 0403 578 382; www.happyshack.com.au), **SAL Coastal Holidays** (☎08-8768 2737; www.bookrobeaccommodation.com.au; 25 Victoria St; ⊙Mo–Fr 9–17 Uhr), **Ottson Holidays** (☎08-8768 2600; www.robeholidayrentals.com.au) und **Robe Lifestyle** (☎1300 760 629; www.robelifestyle.com.au).

Lakeside Tourist Park CAMPING $
(☎08-8768 2193; www.lakesiderobe.com.au; 24 Main Rd; Stellplatz ohne/mit Strom ab 36/37 AU$, Hütte/Villa ab 80/140 AU$; ❄📶) Direkt am Lake Fellmongery (ein „Fellmonger" ist ein Wollwäscher) breitet sich dieser Camping-Park mit unter Naturschutz stehenden Kiefern, dem Rezeptionsgebäude (in den 130 Jahre alten, früheren Ställen), viel Rasen, schlichten Hütten und schicken Villen aus. Der Campingplatz liegt am nächsten am Stadtzentrum.

★ **Caledonian Inn** HOTEL $$
(☎08-8768 2029; www.caledonianinnrobe.com.au; 1 Victoria St; EZ/DZ ohne Bad ab 55/90 AU$, Cottage/Haus ab 200/400 AU$; ❄📶) In diesem historischen Gasthaus (1859) gibt's oben sechs helle und gemütliche Pub-Zimmer mit Gemeinschaftsbädern und ohne Klimaanlage, aber zu tollen Preisen. Hinter dem Haus zwischen Pub und Wasser stehen eine Reihe hübscher zweigeteilter Cottages und ein Ferienhaus namens Splash mit drei Schlafzim-

mern. Das Kneipenessen ist auch gut (Hauptgerichte 23–35 AU$, 12–14 & 18–20 Uhr).

Robe Harbour View Motel MOTEL $$
(☎ 08-8768 2155; www.robeharbourview.com.au; 2 Sturt St; DZ/FZ ab 120/175 AU$; ❄ 📶) Am ruhigen Ende der Stadt (aber trotzdem nur fünf Gehminuten vom Zentrum entfernt) bieten die besseren drei der sechs vorderen Zimmer dieses ordentlichen, gut geführten Hotels den Hafenblick, den der Name verspricht. Die Standardzimmer liegen hinten und haben keine Aussicht, sind aber auch sehr schön – und wer braucht beim Schlafen schon eine Aussicht? Alle Zimmer warten mit schöner Bettwäsche, dezenten Farben und aufgemotzten Bädern auf.

Essen

★ Union Cafe CAFÉ $
(☎ 08-8768 2627; 4/17-19 Victoria St; Hauptgerichte 7–18 AU$; ⏲ 8–16 Uhr; 📶) Dieses seltsam verwinkelte Eck-Café mit Glasstücken im Fußboden und Surf-Kunst an den Wänden ist immer gut besucht. Wer etwas gegen den Kater braucht, bestellt ein großes warmes Frühstück, angeheizt mit lokal hergestellter scharfer Sauce. Guter Kaffee, Pfannkuchen, Currys, Salate und Wraps. Schwer zu toppen!

Vic St Pizza Project PIZZA $$
(☎ 08-8768 2081; www.facebook.com/pizzaprojectrobesa; 6 Victoria St; Hauptgerichte 17–25 AU$; ⏲ 11.30–14 & 17–20 Uhr; 👪) Ob man sich für etwas Traditionelles (Hawaii, Margarita, Peperoni) oder etwas Gewagteres (Lamm-Souvlaki, Tintenfisch und Chorizo) entscheidet – egal, die Pizzen in diesem hellen, großen Raum bedienen jeden Geschmack. Auf Pasta, Risotto und Salate trifft dasselbe zu. Macht abends früh auf, praktisch für hungrige Leute.

Sails MODERN-AUSTRALISCH $$$
(☎ 08-8768 1954; www.sailsatrobe.com.au; 2 Victoria St; Hauptgerichte 28–44 AU$; ⏲ 12–14.30 & 18–21 Uhr) Das Sails ist das eleganteste Restaurant der Stadt und ist berühmt für seine Meeresfrüchte (der sizilianische Meeresfrüchteeintopf ist ein Traum!). Keine Lust auf Meeresgetier? Dann empfehlen sich die Känguru-Filets mit Rote-Bete-Fritten und Meerrettich oder der warme Rote-Bete-Salat mit gerösteten Frühlingszwiebeln und Pecorino. Angenehmes Ambiente und guter Service.

Praktische Informationen

Robe Visitor Information Centre (☎ 1300 367 144, 08-8768 2465; www.robe.com.au; Public Library, Ecke Mundy Tce & Smillie St; ⏲ Mo–Fr 9–17, Sa & So 10–13 Uhr) Geschichtsausstellungen, Broschüren und kostenloses Internet. Hier bekommt man die Infoblätter *Scenic Drive*, *Heritage Drive* und *A Walk Through History*.

Meningie & Coorong National Park

Der unglaubliche **Coorong National Park** (☎ 08-8204 1910, 08-8575 1200; www.environment.sa.gov.au/parks; ⏲ 24 Std.) GRATIS ist eine fruchtbare Lagunenlandschaft, die sich ab dem Lake Alexandrina 145 km die Küste entlang Richtung Kingston SE schlängelt. Die mächtigen Dünen der **Younghusband Peninsula** trennen das weitverzweigte Feuchtgebiet mit Salzpfannen und mehr als 200 Wasservogelarten vom Meer. Hier wurde *Storm Boy – Kinder des Sturms* nach Colin Thieles gleichnamigem Roman gedreht, ein anrührender Film über die Freundschaft zwischen einem kleinen Jungen und einem Pelikan.

In den 1860er-Jahren, als die ersten weißen Siedler ankamen, ernährten die Ressourcen des Coorong viele indigene Ngarrindjeri. Aufgrund der tiefen Verbundenheit mit ihrer Heimat leben viele Angehörige dieses Volkes bis heute im Coorong National Park.

Am Rand des Nationalparks, am **Lake Albert** (einem großen Arm des Lake Alexandrina), liegt Meningie (940 Ew.), das 1866 als kleiner Hafen gegründet wurde. Diese „unteren Seen" waren jahrelang sumpfige Pfützen, bis sie mit der letzten Überschwemmung des Murray River 2011 wieder zum Leben erwachten. Eine kurzfristige Gnadenfrist vom Klimawandel? Das wird die Zeit zeigen …

Aktivitäten

Wer die Gegend vom Wasser aus erleben will, kann bei Spirit of the Coorong (S. 820) oder Cruise the Coorong (S. 820) eine Bootsfahrt buchen, oder sich an Canoe the Coorong (S. 820) wenden; beide befinden sich in Goolwa auf der Fleurieu Peninsula.

Schlafen

Coorong National Park Camp Sites CAMPING $
(☎ 08-8575 1200, 08-8204 1910; www.environment.sa.gov.au/parks; 15 AU$/Fahrzeug) Im Park gibt es 18 Campingplätze im Busch oder am Strand; man braucht eine Genehmigung

vom Department of Environment, Water & National Resources (DEWNR), die online erhältlich ist.

★ **Dalton on the Lake** B&B $$
(☎ 0428 737 161; www.facebook.com/daltononthe lake; 30 Narrung Rd, Meningie; DZ ab 150 AU$; ❄) Die Betreiber des großzügigen, blitzsauberen B&Bs am See strengen sich mächtig an, um ihren Gästen einen angenehmen Aufenthalt zu bereiten. Bei Ankunft stehen frisch gebackenes Brot und Gläser mit selbst gemachten Keksen bereit, zum üppigen Frühstück gibt's Speck und Eier. Im Anbau ist ein modernes, eigenständiges Wohnstudio, zudem steht Besuchern eine renovierte Steinhütte zur Verfügung. Es ist auch möglich, beides zusammen zu buchen.

Coorong Cabins FERIENHAUS $$
(☎ 0407 412 857; www.coorongcabins.com.au; 436 Seven Mile Rd, Meningie; DZ ab 170 AU$, jede weitere Pers. 50 AU$; ❄) Die zwei modernen Ferienhäuser mit separatem Zugang – Pelican und Wren, für vier bzw. zwei Personen – liegen etwa 14 km südlich der Stadt, aber direkt am Ufer im Nationalpark. Die Deko ist strandkitschlastig. Es gibt Fahrräder und Kajaks, mit denen man den Coorong abseits der Straßen erkunden kann.

Essen

Cheese Factory Restaurant PUB-ESSEN $$
(☎ 08-8575 1914; www.meningie.com.au; 3 Fiebig Rd, Meningie; Hauptgerichte 15–33 AU$; ⏲ tgl. 12–14 Uhr, Mi–Sa 18–20 Uhr) Man kann sich mit den Einheimischen an die Bar im vorderen Bereich lehnen oder sich im gewölbeartigen Speiseraum dieser umgebauten Käsefabrik (man hätte es sich ja fast schon denken können) Steaks, Schnitzel, Coorong-Meeräsche oder einen Coorong-Wrap (mit Meeräsche) schmecken lassen. Hier befindet sich auch das sehr altmodische **Meningie Cheese Factory Museum** (☎ 08-8575 1914; www.meningiecheesefactorymuseum.com; 5 AU$; ⏲ 8.30–17 Uhr), das Butterfässer, alte Schreibmaschinen und diverse Haushaltsgegenstände zeigt.

NICHT VERSÄUMEN

NARACOORTE CAVES NATIONAL PARK

Etwa 10 km südöstlich von Naracoorte befindet sich die Welterbestätte **Naracoorte Caves National Park** (☎ 08-8762 2340; www.environment.sa.gov.au/naracoorte; 89 Wonambi Rd, Naracoorte; Führung Erw./Kind/Fam. 9/5,50/25 AU$, Wonambi Fossil Centre 13/8/36 AU$; ⏲ 9–17 Uhr). Die Entdeckung eines versteinerten Urbeutlers in den hiesigen Kalksteinhöhlen faszinierte die Paläontologen der Welt und war Thema in David Attenboroughs BBC-Serie *Life on Earth*. Die 26 Kalksteinhöhlen, u.a. die **Alexandra Cave**, die **Cathedral Cave** und die **Victoria Fossil Cave**, weisen bizarre Stalaktiten- und Stalagmitenformationen auf.

Möchtegern-Bruce-Waynes werden von der **Bat Cave** begeistert sein, aus der im Sommer bei Sonnenuntergang Tausende der bedrohten Südlichen Langflügelfledermäuse herausschwärmen. Die **Wet Cave** kann man auf eigene Faust erkunden (Erw./Kind/Fam. 9/5,50/25 AU$), aber in den anderen Höhlen muss man sich einer Ranger-Führung anschließen. Eine Tour durch eine Höhle kostet für Erw./Kind/Fam. ab 20/12,50/65 AU$; abenteuerliche Höhlentouren gibt es ab 60/35 AU$ pro Erw./Kind. Die **World Heritage Tour** (280 AU$/2 Pers.) mit Blick hinter die Kulissen zeigt den Besuchern die wissenschaftliche Seite der Geschichte. Ein neuer familien-/rollstuhlgerechter Weg ist in Vorbereitung, der vom Visitor Centre zu den wichtigsten Höhlen führen soll. Es gibt hier außerdem einen **Campingplatz** (☎ 08-8760 1210; Stellplatz ohne/mit Strom 29/31 AU$) mit Selbstregistrierung, direkt nach der Abzweigung zu den Höhlen.

Das beeindruckende **Wonambi Fossil Centre** dient gleichzeitig als Besucherzentrum. Es ist eine Nachbildung des Regenwaldes, der diese Gegend vor 200 000 Jahren bedeckte. Eine Rampe führt vorbei an brüllenden, lebensgroßen Nachbildungen ausgestorbener Tiere, u.a. einem Beutellöwen, einem riesigen Ameisenigel, einem *Diprotodon australis* (Koala-Grizzly-Mischung) und einem *Megalania prisca* – einem 500 kg schweren Monsterwaran.

Weitere Infos über die Region und Tipps zu Unterkünften sind im **Naracoorte Visitor Information Centre** (☎ 1800 244 421, 08-8762 1399; www.naracoortelucindale.com; 36 MacDonnell St, Naracoorte; ⏲ Mo–Fr 9–17, Sa & So 10–16 Uhr) in Naracoorte erhältlich.

Praktische Informationen

Meningie Visitor Information Centre (08-8575 1770; www.meningie.com.au; 14 Princes Hwy, Meningie; 10–16.30 Uhr) In einem Handwerksladen bekommt man Infos zur Region.

Mount Gambier

27 760 EW.

Mount Gambier, das sich im Flachland unter einem erloschenen Vulkan erstreckt, ist die größte Stadt an der Limestone Coast und auch deren Dienstleistungszentrum. Manchmal wirkt „The Mount" nicht gerade großstädtisch (obwohl man heutzutage hier guten Kaffee bekommt!), aber das, was Mount Gambier besonders macht, sind nicht die oberirdischen Dinge, sondern der tiefe Blue Lake und die verblüffenden Höhlen, die sich unter der Stadt durch den Kalkstein ziehen.

Sehenswertes

Blue Lake SEE

(1800 087 187; www.mountgambierpoint.com.au/attractions/blue-lake; John Watson Dr; 24 Std.) GRATIS Mount Gambiers Besuchermagnet ist dieser 75 m tiefe See, der im Sommer in unglaublich intensiven Blautönen erstrahlt. Die ratlosen Wissenschaftler gehen davon aus, dass dies etwas mit den Kalzitkristallen im Wasser zu tun hat, die sich in den wärmeren Monaten schneller ausbilden. Wer zwischen April und November hierher kommt, wird im Gegensatz dazu lediglich vor einem ganz normalen, stahlgrauen See stehen. Aber im Februar: WOW!

Aquifer Tours (08-8723 1199; www.aquifertours.com; Ecke Bay Rd & John Watson Dr; Erw./Kind/Fam. 10/5/29 AU$; Touren stündl. Nov.–Jan. 9–17 Uhr, Feb.–Mai & Sept.–Okt. bis 14 Uhr, Juni–Aug. bis 12 Uhr) bringt einen in stündlichen Führungen in der Nähe des Seeufers mit einem Glasaufzug in die Tiefe. Oder man wandert einfach auf einem 3,6 km langen Weg am Seeufer entlang.

Riddoch Art Gallery GALERIE

(08-8723 9566; www.riddochartgallery.org.au; Main Corner, 1 Bay Rd; Mo & Mi–Fr 10–17, Sa & So bis 15 Uhr) GRATIS Bei schlechtem Wetter kann der Besuch in einer der besten Regionalgalerien Australiens die Laune heben. Es gibt drei Abteilungen (Wechsel- und Dauerausstellungen, avantgardistische Installationen und Ausstellungen zur Gemeinde). Hier finden sich auch historische Exponate und ein Kino, in dem Filme zur Lokalgeschichte laufen (11 und 13 Uhr).

Cave Gardens HÖHLE

(1800 087 187; www.mountgambierpoint.com.au/attractions/cave-gardens; Ecke Bay Rd & Watson Tce; 24 Std.) GRATIS Die 50 m tiefe Doline befindet sich mitten in der Stadt. Kein Wunder, dass hin und wieder ungewollt ein Einkaufswagen hineinfällt! Man kann hinabsteigen und der allabendlichen **Sound & Light Show** (ab 20.30 Uhr) beiwohnen, bei der Traumzeit-Geschichten der Aborigines erzählt werden.

Schlafen

Old Mount Gambier Gaol HOSTEL $

(08-8723 0032; www.theoldmountgambiergaol.com.au; 25 Margaret St; B 30 AU$, DZ mit/ohne Bad 100/90 AU$, FZ ab 180 AU$;) Wer sich nicht daran stört, dass in diesen renovierten alten Gebäuden bis 1995 ein Gefängnis war (oder das sogar spannend findet), findet hier eine stimmungsvolle, komfortable Unterkunft. In alten Verwaltungsgebäuden befinden sich Backpacker-Schlafsäle. Wer es gern etwas gruselig mag, kann auch in einer ehemaligen Zelle schlafen. Es gibt auch eine Bar, in der man seinen nächsten Coup planen kann.

BIG4 Blue Lake Holiday Park CAMPING $

(08-8725 9856; www.bluelakeholidaypark.com.au; 100 Bay Rd; Stellplätze mit/ohne Strom 35/41 AU$, Hütte/Wohneinheit/Bungalow ab 99/129/162 AU$;) In der Nähe des Sees, eines Golfplatzes und von Wander- und Radwegen (aber zu weit weg, um in die Stadt zu laufen) bietet dieser reizende Park einige schicke grau-weiße Hütten und sehr gepflegte Rasenflächen. Außerdem gibt's moderne Refugien mit eigenem Eingang (ab 199 AU$) für vier Personen.

★ **Colhurst House** B&B $$

(08-8723 1309; www.colhursthouse.com.au; 3 Colhurst Pl; DZ ab 170 AU$;) Die meisten Einheimischen kennen das Colhurst nicht – es liegt an einer Gasse, die von einer Nebenstraße (Wyatt St) abgeht, und vom Zentrum der Stadt kann man es nicht richtig sehen. Es handelt sich um eine 1878 von walisischen Einwanderern erbaute Villa, der es gelingt, traditionell zu sein, ohne allzu kitschig zu wirken. Oben führt ein toller Balkon um das Haus herum, von dem sich ein herrlicher Blick über die Dächer bietet. Warmes Frühstück. Nett.

Essen

★ Metro Bakery & Cafe CAFÉ $$
(☎08-8723 3179; www.metrobakeryandcafe.com.au; 13 Commercial St E; Hauptgerichte 8–34 AU$; ⊙Mo–Mi 8.30–17, Do–Sa bis open end, So 9–15 Uhr) Fragt man die Einheimischen, wohin sie gehen, um einen Kaffee zu trinken, sagen sie wahrscheinlich: „Ins Metro natürlich." Das geschäftige, schwarz-weiße Café liegt mitten im Trubel an der Hauptstraße und serviert Omeletts, Salate, Sandwichs, Gebäck und fleischlastige Hauptspeisen (Tipp: der doppelt gekochte Lamm-Rumpsteak-Salat). Außerdem gibt es eine Weinbar, die viele Cabernets aus Coonawarra im Angebot hat. Abends sollte man reservieren.

Macs Hotel PUB-ESSEN $$
(☎08-8725 2402; www.themacshotel.com.au; 21 Bay Rd; Hauptgerichte 17–35 AU$; ⊙12–14.30 & 17.30–21 Uhr) Auf Kohle gegrillte Calamari mariniert in Chili und Knoblauch; Schweinebauch mit Blumenkohlpüree und Sternanisglasur… Nicht gerade das klassische Kneipenessen, aber das alte Macs ist auch weit entfernt davon, eine klassische Kneipe zu sein. Nach einer umfassenden Renovierung sticht es aus der Menge heraus und zieht Mount Gambiers Jungvolk in Scharen an, das man im Cider-Garten bei einem Aperitif antrifft.

Praktische Informationen

Mount Gambier Visitor Information Centre (☎1800 087 187, 08-8724 9750; www.mountgambiertourism.com.au; 35 Jubilee Hwy E; ⊙Mo–Fr 9–17, Sa & So 10–16 Uhr) Infos zu örtlichen Sehenswürdigkeiten, Aktivitäten, Verkehrsmitteln und Unterkünften. Außerdem gibt's die Broschüren *Heritage Walk* und *Historic Hotels* sowie einen Film zur Stadtgeschichte. Hier befindet sich auch das **Lady Nelson Discovery Centre** (☎1800 087 187; www.mountgambier.sa.gov.au; Mount Gambier Visitor Information Centre, 35 Jubilee Hwy E; ⊙Mo–Fr 9–17, Sa & So 10–16 Uhr) und ein Fahrradverleih.

Penola & Weinregion Coonawarra

Die aufstrebende ländliche Stadt (welch eine Seltenheit!) Penola (1710 Ew.) gehört zu jenen Orten, in denen man auf der Hauptstraße mindestens dreimal mit einem freundlichen „Hallo" begrüßt wird, bevor man überhaupt im Pub ankommt. Die Stadt ist für zwei Dinge bekannt: erstens für ihre Verbindung zum Orden der Sisters of St. Joseph of the Sacred Heart, der 1867 von der ersten Heiligen Australiens, Mary MacKillop, mitbegründet wurde. Und zweitens, weil sie mitten im Herzen der bekannten Weinregion Coonawarra (Killer Cabernets) liegt.

Sehenswertes

Mary MacKillop Interpretive Centre MUSEUM
(☎08-8737 2092; www.mackilloppenola.org.au; Ecke Portland St & Petticoat Lane, Penola; Erw./Kind 5 AU$/frei; ⊙10–16 Uhr) Das Zentrum ist in einem feschen Gebäude mit schöner Pergola am Eingang – in Mutter Marys Augen wäre es vielleicht etwas zu protzig – untergebracht. Es informiert umfassend über Australiens erste Heilige. Zudem gibt's hier das Woods-MacKillop Schoolhouse, Australiens erste Schule für sozial benachteiligte Kinder.

Schlafen

Penola Backpackers HOSTEL $
(☎08-8736 6170, 0428 866 700; www.penolabackpackers.com.au; 59 Church St, Penola; B/EZ/DZ/FZ ab 40/50/140/160 AU$; 📶) Die Backpackerbleibe mit fünf Zimmern in einem Haus im spanischen Missionsstil hat seine Nische in der Unterkunftsszene der Limestone Coast gefunden. Es gibt eine ordentliche, saubere Küche, Rosen und Narzissen vor dem Haus sowie eine Grillterrasse dahinter. Einige Zimmer haben eine Klimaanlage. Man kann sich hier nach dem Strandhaus des Hostels in Southend erkundigen.

Alexander Cameron Suites MOTEL $$
(☎1800 217 011, 08-8737 2200; www.alexandercameronsuites.com.au; 23 Church St, Penola; EZ/DZ/3BZ/FZ ab 145/145/160/190 AU$; ❄📶) Das relativ neue Motel sieht inzwischen nicht mehr so kahl aus, da die Bäume in der Nähe gewachsen sind. Es liegt an der Mount-Gambier-Seite und bietet stilvolle Zimmer, gepflegte Gärten und eine ländlich-australische Architektur. Benannt wurde die Unterkunft nach Penolas Gründer, einem drahtigen schottischen Hirten: Seine Statue steht neben dem Pub. Zusätzlich gibt es ein Haus mit drei Schlafzimmern (1 Zi. 180 AU$, jedes weitere Zi. 30 AU$).

Essen

★ Pipers of Penola MODERN-AUSTRALISCH $$$
(☎08-8737 3999; www.pipersofpenola.com.au; 58 Riddoch St, Penola; Hauptgerichte 35–40 AU$; ⊙Di–Sa 18–21 Uhr) Ein elegantes, intimes, ge-

NICHT VERSÄUMEN

WEINGÜTER IN COONAWARRA

Wenn es um vollmundigen Cabernet Sauvignon geht, wäre es schlicht dumm, die Vorzüge der **Weinregion Coonawarra** (www.coonawarra.org) infrage zu stellen. In der *terra rossa* (rote Erde) hier gedeihen auch unwiderstehlicher Shiraz und Chardonnay. Fünf der besten aus Coonawarra:

Majella Wines (☎08-8736 3055; www.majellawines.com.au; Lynn Rd, Coonawarra; ⌚10–16.30 Uhr) Die Familie, die das Majella betreibt, lebt seit vier Generationen in Coonawarra und kennt sich bestens mit vollmundigen Rotweinen aus (den Shiraz-Cabernet „The Musician" muss man einfach lieben).

Rymill Coonawarra (☎08-8736 5001; www.rymill.com.au; Riddoch Hwy, Coonawarra; ⌚Mo–Sa 11–17, So 12–17 Uhr) Das Rymill bringt mit dem besten Sauvignon Blanc aller Zeiten Schwung in die Bude. Vor der Tür des Weinguts steht eine Statue von zwei angriffslustigen Pferden – eine eindeutige Kampfansage.

Wynns Coonawarra Estate (☎08-8736 2225; www.wynns.com.au; 1 Memorial Dr, Coonawarra; ⌚10–17 Uhr) Als ältestes Weingut von Coonawarra stammt das Wynns aus dem Jahr 1896 und wurde vom Penola-Pionier John Riddoch selbst gebaut. Hier gibt's vor allem erstklassigen Shiraz, duftenden Riesling und goldenen Chardonnay.

Zema Estate (☎08-8736 3219; www.zema.com.au; Riddoch Hwy, Coonawarra; ⌚Mo–Fr 9–17, Sa & So 10–16 Uhr) Die Zemas gründeten ihr Traditionsweingut Anfang der 1980er-Jahre. Der Shiraz und der Cabernet Sauvignon zeigen die unaufdringliche handwerkliche Finesse.

Balnaves of Coonawarra (☎08-8737 2946; www.balnaves.com.au; 15517 Riddoch Hwy, Coonawarra; ⌚Mo–Fr 9–17, Sa & So 12–17 Uhr) Die Weinbeschreibungen hier bedienen sich so blumiger Vergleiche wie „dunkler Seetang", doch auch wer das nicht herausschmeckt, wird am Cabernet Sauvignon und am Chardonnay seine Freude haben.

schmackvolles Restaurant in einer alten methodistischen Kirche von 1908 mit freundlichem Personal und saisonaler Küche. Auf der Karte wimmelt es nur so von wundervollen Zutaten wie getrüffelten Pastinaken, Senffrucht und *labneh* (libanesischer Frischkäse) – allesamt Hinweise auf echte Gourmetküche! Die Preise sind gehoben, die Qualität allerdings auch. Auf der Weinkarte stehen etliche lokale Tropfen (die Bierkarte könnte aber noch ein paar mehr Craft-Biere vertragen).

ℹ Praktische Informationen

Penola Visitor Information Centre (☎1300 045 373, 08-8737 2855; www.wattlerange.sa.gov.au/tourism; 27 Arthur St, Penola; ⌚Mo–Fr 9–17, Sa & So 10–16 Uhr) Ist für die Region Coonawarra zuständig und hat Infos zu Radwegen und Weintouren vor Ort. Hier befindet sich auch das **John Riddoch Centre** (☎08-8737 2855; www.wattlerange.sa.gov.au/tourism; 27 Arthur St, Penola; ⌚Mo–Fr 9–17, Sa & So 10–16 Uhr). Zudem gibt es die Broschüren *Walk With History* und *Coonawarra Wineries Walking Trail*, letztere beschreibt eine leichte Wanderung von 5 km vorbei an fünf Weingütern.

YORKE PENINSULA

Geschichtsfreaks wird interessieren, dass am nordwestlichen Ende der stiefelförmigen „Yorkes" – knapp zwei Stunden nordwestlich von Adelaide –, die drei Ortschaften Moonta (die Mine), Wallaroo (die Schmelze) und Kadina (das Versorgungszentrum) das Copper Triangle bilden. Das Gebiet wurde von Minenarbeitern aus Cornwall besiedelt und kurbelte nach dem Kupferboom Anfang der 1860er-Jahre die regionale Wirtschaft an. Im Big-Sky Peninsula Country südlich und östlich gibt es viel mehr Landwirtschaft, und die Gegend ist mit verschlafenen Ferienorten, dem abgeschiedene Innes National Park, den abgelegenen Surfstränden und einer verlassenen Küste viel entspannter.

Geführte Touren

Heading Bush OUTDOOR AKTIVITÄTEN

(☎08-8356 5501; www.headingbush.com; 3-tägige Touren ab 695 AU$) Die dreitägigen Touren ab Adelaide informieren über Tierwelt, Klippen, Strände, Aborigine-Kultur und sogar über ein Weingut der Halbinsel. Im Preis inbegriffen ist auch eine Schlafsaalunterkunft; gegen einen Aufpreis sind außerdem

Einzel-, Doppel- oder Zweibettzimmer verfügbar.

Praktische Informationen

Copper Coast Visitor Information Centre (☎1800 654 991, 08-8821 2333; www.yorkepeninsula.com.au; 50 Mines Rd; ⌚Mo–Fr 9–17, Sa & So 10–16 Uhr) Die größte Touristeninformation auf der Yorke Peninsula hat Unmengen an Broschüren: Das Heftchen *Walk the Yorke* beschreibt ein Dutzend interessanter kurzer und langer Wanderwege auf der Halbinsel; außerdem gibt's die Karte *Kadina Walking Trail*. Hier ist auch das **Farm Shed Museum** (www.farmshed.net.au; Copper Coast Visitor Information Centre, 50 Mines Rd; Erw./Kind/Fam. 10/5/23 AU$, Eisenbahn pro Fahrt 2 AU$; ⌚Mo–Fr 9–17, Sa & So 10–16 Uhr, Eisenbahn 1. & 3. So im Monat).

Yorke Peninsula Visitor Information Centre (☎08-8853 2600, 1800 202 445; www.visityorkepeninsula.com.au; 29 Main St, Minlaton; ⌚Mo–Fr 9–17 Uhr) Im landwirtschaftlichen Minlaton, genau in der Mitte der südlichen Yorke Peninsula. Eine gute Informationsquelle zur unteren Hälfte der Halbinsel (einschließlich Schiffswracks!).

An- & Weiterreise

Yorke Peninsula Coaches (☎08 8821 2755; www.ypcoaches.com.au) Betreibt täglich Busse von Adelaide nach Kadina (40 AU$, 2¼ Std.), Wallaroo (40 AU$, 2½ Std.) und Moonta (40 AU$, 3 Std.), und fährt eine weitere Route an der Ostküste der Halbinsel runter, täglich außer dienstags und donnerstags, mit Halt in Port Vincent (52 AU$, 3¼ Std.), Stansbury (52 AU$, 3½ Std.) und Edithburgh (54 AU$, 4 Std.).

West Coast

An der Westküste gegenüber vom Spencer Gulf liegen eine Reihe seichter Badestrände und die historischen Bergbaustädte Kadina, Wallaroo und Moonta im sogenannten „Copper Triangle", die alle nur eine kurze Autofahrt voneinander entfernt sind. In ungeraden Jahren findet hier im Mai das **Kernewek Lowender** (www.kernewek.org), auch Copper Coast Cornish Festival genannt, statt. Weiter südlich liegt Point Turton, ein magischer kleiner Ort mit einem schönen Campingplatz und einem Gasthaus am Berg.

Wallaroo

3230 EW.

Wallaroo ist immer noch ein wichtiger Weizenhafen und ein Fischerort, und das Städtchen ist im Kommen: Es gibt eine riesige neue Vorortsiedlung im Norden der Stadt, mitten in der Altstadt wurde ein neuer Shoppingkomplex errichtet und in der schicken, neuen Copper Cove Marina schaukeln unzählige teure Boote im Wasser. Es gibt zahlreiche Kneipen, in denen das Leben tobt.

Abgesehen davon hat sich der Altstadtbereich eine romantisch verwitterte Nostalgie bewahrt, die man aufsaugen kann, wenn man durch die kleinen engen Straßen schlendert, vorbei an den alten Cottages im Schatten großer Getreidesilos (hier könnte man auch seinen neuen Roman schreiben).

Sehenswertes

Wallaroo Heritage & Nautical Museum MUSEUM
(☎08-8823 3015; www.nationaltrust.org.au; Ecke Jetty Rd & Emu St; Erw./Kind 6/3 AU$; ⌚10–16 Uhr) Ein robustes Postgebäude aus dem Jahr 1865 unten am Wasser beherbergt heute das Wallaroo Heritage & Nautical Museum. Es gibt einige dieser kleinen National-Trust-Museen in und um Yorkes: in Port Victoria, in Ardrossan, in Milaton, in Edithburgh… Aber dieses hier ist das beste – mit Geschichten über englische Rahsegelschiffe und natürlich über George, den konservierten Riesenkalmar.

Schlafen & Essen

Sonbern Lodge Motel HOTEL/MOTEL $
(☎08-8823 2291; www.sonbernlodgemotel.com.au; 18 John Tce; DZ/FZ ab 85/100 AU$; ❄) Das 100 Jahre alte, unprätentiöse Hotel sieht zur Zeit etwas verwittert aus, aber es bleibt ein Charmeur alter Schule, mit Holzbalkon und altem Kurbeltelefon. Im Hauptgebäude sind einfache Gästezimmer mit Bädern, dahinter gibt es zudem neuere Motelunterkünfte. Auf Wunsch wird auch Frühstück serviert.

Coopers Alehouse PUB-ESSEN $$
(☎08-8823 2488; www.wallaroomarinahotel.com; 11 Heritage Dr; Hauptgerichte 15–39 AU$; ⌚12–14.30 & 18–20.30 Uhr) Im Untergeschoss der **Wallaroo Marina Apartments** (☎08-8823 4068; www.wallarooapartments.com.au; DZ/Apt. ab 144/184 AU$; ❄📶) bekommt man kaltes Coopers Ale, Bistro-Gerichte (gemischte Grillteller, Riesengarnelen und Plattköpfe), großartige Hafenblicke und regelmäßige Livekonzerte. Der Pizzaofen, der in der Ecke glüht, sieht aus wie das Haus von Luke Skywalkers Onkel in *Star Wars*. Zu empfehlen ist der „Colossus"-Hamburger.

Moonta

2670 EW.

Im späten 19. Jh. besaß Moonta die reichste Kupfermine Australiens. Heute ist „Australiens Little Cornwall", wie sich die Stadt selbst nennt, von verblichener Pracht, es gibt aber ein paar ordentliche Kneipen.

Sehenswertes

Moonta Mines Museum MUSEUM

(08-8825 1891; www.moontatourism.org.au; Verran Tce; Erw./Kind 8/4 AU$; 13–16 Uhr, in den Schulferien ab 11 Uhr) In diesem beeindruckenden Steingebäude von 1878 befand sich früher die Moonta Mines Model School, die 1100 Schüler hatte. Heute ist es das Herzstück der ausgedehnten **Moonta Heritage Site** und erzählt im Detail vom Leben der Minenarbeiter – bei der Arbeit und zu Hause. Ein kleiner **Touristenzug** tuckert mittwochs um 14 Uhr und am Wochenende um 13, 14 und 15 Uhr vom Museumsparkplatz los (Erw./Kind 8/4 AU$; in den Schulferien tgl.).

Schlafen & Essen

Cottage by Cornwall B&B $$

(0438 313 952; www.cottagebycornwall.com.au; 24 Ryan St; DZ ab 160 AU$, jeder weitere Erw./Kind 20 AU$/frei; ❄) Die mit Abstand schickste Unterkunft in Moonta ist dieses edle Cottage von 1863 mit drei Schlafzimmern (für 6 Pers.), ausgefallener Bettwäsche, moderner Einrichtung und einer Badewanne mit Löwenfüßen. Der Pub und das Cornish Kitchen sind nur einen kurzen Spaziergang entfernt. Es gilt ein Mindestaufenthalt von zwei Nächten. Für warme und kontinentale Verpflegung ist gesorgt.

Cornish Kitchen BÄCKEREI $

(08-8825 3030; 10-12 Ellen St; Gebäck 4–10 AU$; Mo–Fr 9–15, Sa bis 14 Uhr) Nach einem harten Tag in der Kupfermine kann man es sich im Cornish Kitchen gemütlich machen und die ultimativen Cornish Pasties verdrücken (das dicke Steak und der Zwiebelkuchen sind auch ziemlich gut).

Praktische Informationen

Moonta Visitor Information Centre (08-8825 1891; www.moontatourism.org.au; Old Railway Station, Blanche Tce; 9–17 Uhr) Hält Broschüren zur Geschichte bereit, u. a. die Karte *Moonta Walking Trail* sowie Infos zur 1,5 km östlich der Stadt gelegenen Moonta Heritage Site.

East Coast

Etwa 24 km südlich von Ardrossan liegt das magische kleine **Black Point**, ein beliebter Urlaubsort mit einer langen Reihe von Hütten direkt auf den Dünen über einem geschützten Strand, der nach Norden zeigt (perfekt für Kinder).

Weiter im Süden liegt das schlichte Port Vincent (480 Ew.), jener Ostküstenort, in dem am meisten los ist. Es gibt viele Unterkünfte, einen Pub am Ufer und einen geschäftigen Hafen, von dem die Jachten Richtung Adelaide aufbrechen. Noch weiter südlich ist Stansbury (550 Ew.; www.stansburysa.com) mit ein paar Motels und einem schönen Pub am Wasser.

Noch südlicher trifft man auf Edithburgh (400 Ew.) mit einem frei zugänglichen Gezeitenbecken in einer Bucht. Von den Klippen blickt man bis zum sandigen **Troubridge Island Conservation Park** (08-8854 3200; www.environment.sa.gov.au/parks) vor der Küste, in dem viele Vogelarten zu Hause sind, darunter Pinguine, Kormorane und Seeschwalben. Übernachten kann man im **Leuchtturm** (08-8852 6290; www.environment.sa.gov.au/parks; Erw./Kind inkl. Transport 120/60 AU$, Min. 480 AU$). Die Insel erodiert zunehmend – was das Meer will, das holt es sich …

South Coast & Innes National Park

Im **Innes National Park** (08-8854 3200; www.environment.sa.gov.au/parks; über die Stenhouse Bay Rd, Stenhouse Bay; 10 AU$/Fahrzeuge; 24 Std.) gehen steile Klippen in indigofarbenes Wasser über und kleine Buchten und Sandstrände verstecken sich hinter vorgelagerten Felsinseln. **Marion Bay** (www.marionbay.com.au), direkt vor den Toren des Parks, **Stenhouse Bay** und **Pondalowie Bay**, beide im Park, sind hier die größten Siedlungen. In der Pondalowie Bay dümpeln Hummerkutter und es gibt einen rauen Surfstrand. Gleich südlich ragen die rostigen Spanten der 1904 gestrandeten 711 t schweren Stahlbark *Ethel* verloren aus dem Sand.

Hinter der Abzweigung zum Cape Spencer weist ein Schild den Weg zur Geisterstadt Inneston. Bei diesen Ruinen handelt es sich um eine Gipsmine, die 1930 stillgelegt wurde.

Schlafen

★ **Marion Bay Motel** MOTEL $$

(08-8854 4044; www.marionbaymotel.com.au; Jetty Rd, Marion Bay; EZ/DZ/3BZ 120/150/170 AU$;

Eyre Peninsula & Yorke Peninsula

(❄📶) Ein Highlight des winzigen Marion Bay ist dieser Motelflügel mit fünf schicken Zimmern (weiße Wände, neue TVs, hübsche Bettwäsche) – eine willkommene Überraschung, wenn man campen war oder in sandigen Strandhütten genächtigt hat und sich etwas Kultivierteres wünscht. Direkt nebenan ist die **Marion Bay Tavern** (☎08-8854 4141; www.marionbaytavern.com.au; Hauptgerichte 16–38 AU$; ⏲Bar 11 Uhr–open end, Restaurant 12–14 & 18–20 Uhr).

★ Yondah Beach House FERIENHAUS $$$
(☎0417 829 010; www.yondah.com.au; abseits South Coast Rd, Point Yorke; 1/2/3 Schlafzimmer ab 300/380/440 AU$; ❄📶🐾) 🍃 Einer der Sterne in der Tourismusszene von SA: Das Yondah ist ein wunderschönes, von Architekten entworfenes Strandhaus mit drei Schlafzimmern in den Dünen der Südküste der Marion Bay. Ein wunderbar abgeschiedener Ort mit vielen Tieren und absoluter Privatsphäre. Perfekt für eine Gruppe oder eine große Familie. Man darf auch seinen Hund mitbringen!

EYRE PENINSULA & WEST COAST

Das riesige, strohfarbene Dreieck der Eyre Peninsula ist Australiens „Big-Sky-Country" und das gelobte Land für Seafoodfans. Hier dürfen in kaum einem Essen Austern, Thunfisch oder Wittling aus der Region fehlen. Überwältigende Nationalparks bestimmen die Küste, gemeinsam mit Weltklasse-Surfwellen und entspannten Ferienorten, die immer weniger werden, je weiter man gen Westen zur Great Australien Bight, zur Nullarbor-Ebene und nach Western Australia kommt.

Die wilde, fotogene Westseite der Halbinsel ist eine wichtige Kinderstube für Glattwale, Australische Seelöwen und große Weiße Haie (hier wurden die gruseligsten

Szenen des Films *Der Weiße Hai* gedreht). Unterwegs bieten sich unvergessliche Möglichkeiten zum Beobachten all dieser Meeresbewohner.

Geführte Touren

Goin' Off Safaris GEFÜHRTE TOUREN
(☎0428 877 488; www.goinoffsafaris.com.au; Touren ab 185 AU$) Haie, Thunfische, Seelöwen und Meeresfrüchte – hier kann man sich die Hauptattraktionen der Eyre Peninsula unter Leitung einheimischer Guides vornehmen. Zum Angebot gehören Tagesausflüge rund um Port Lincoln und Coffin Bay, Exkursionen mit Übernachtung, Meeresfrüchte-Touren und Angeltrips.

An- & Weiterreise

BUS

Premier Stateliner (www.premierstateliner.com.au) fährt täglich von Adelaide nach Port Augusta (63 AU$, 4¼ Std.), Whyalla (70 AU$, 5½ Std.), Port Lincoln (126 AU$, 9¾ Std.), Streaky Bay (132 AU$, 10 Std.) und Ceduna (147 AU$, 11¼ Std.).

FLUGZEUG

Regional Express (Rex; www.regionalexpress.com.au) fliegt täglich von Adelaide nach Whyalla (einfache Strecke ab 128 AU$), Port Lincoln (ab 132 AU$) und Ceduna (ab 189 AU$).

SCHIFF

Die praktische Autofähre von **SeaSA** (☎08-8823 0777; www.seasa.com.au; 1 Heritage Dr, Wallaroo; einfache Strecke Erw./Kind/Auto ab 35/10/140 AU$), die zwischen Wallaroo auf der Yorke Peninsula und Lucky Bay bei Cowell auf der Eyre Peninsula verkehrt, erspart einem 350 km und einige Stunden Autofahrt von Adelaide über Port Augusta. Die einfache Strecke dauert ungefähr zwei Stunden. Der Betrieb war in den letzten Jahren eher sporadisch: Unbedingt vorab buchen, um die Überfahrt zu sichern, und ein paar Tage vorher noch mal vergewissern.

ZUG

Der berühmte Zug *Ghan* verbindet Adelaide mit Darwin über Port Augusta, wo der Anschluss an den *Indian Pacific* gewährleistet ist, der zwischen Perth und Sydney unterwegs ist. Genauere Infos auf www.greatsouthernrail.com.au.

Die **Pichi Richi Railway** (☎1800 777 245; www.prr.org.au; Bahnhof Port Augusta, Stirling Rd; einfache Strecke Erw./Kind/Fam. 54/20/128 AU$) schickt an den meisten Samstagen historische Züge von Port Augusta nach Quorn in den Flinders Ranges, die der alten *Ghan*-Route folgen.

Port Augusta

13 900 EW.

Von Port Augusta – der „Kreuzung Australiens" – führen Highways und Bahnstrecken Richtung Westen über die Nullarbor Plain nach WA, nach Norden zu den Flinders Ranges oder nach Darwin, Richtung Süden nach Adelaide oder Port Lincoln und schließlich Richtung Osten nach Sydney. Eine Spitzenlage! Das alte Stadtzentrum ist mit den eleganten, alten Gebäuden und dem neu belebten Uferbereich, wo Einheimische im Meer angeln und indigene Kids von den Stegen einen Rückwärtssalto ins Wasser machen, äußerst reizvoll.

Sehenswertes

Australian Arid Lands Botanic Garden GARTEN
(☎08-8641 9116; www.aalbg.sa.gov.au; 144 Stuart Hwy; Führung Erw./Kind 8/5 AU$; ⌚Garten 7.30 Uhr–Sonnenuntergang, Visitor Centre Mo–Fr 9–17, Sa & So 10–16 Uhr) GRATIS Gleich nördlich der Stadt erstreckt sich auf 250 ha dieser ausgezeichnete (und kostenlose!) botanische Garten auf Sandhügeln, Salztonebenen sowie Wüstenflora und -fauna (schon mal eine Australische Wüstenerbse gesehen?). Besucher können den Park selbst erkunden oder sich einer Führung anschließen (Mo–Fr 10 Uhr). Vor Ort gibt's auch ein Café.

Schlafen & Essen

Oasis Apartments APARTMENT $$
(☎08-8648 9000; www.majestichotels.com.au; Marryatt St; DZ/FZ 160/260 AU$; ❄📶🏊) Die hauptsächlich für Tagungsgäste gedachte, recht flott gestaltete Anlage mit 75 Luxuswohnungen (Wohnstudios & Apt. mit 2 Schlafzi.) liegt direkt am Wasser. Die Räume sind schick gestaltet und mit Waschmaschine, Trockner, Fernseher, Kühlschrank und Mikrowelle ausgestattet. Alles ist wie eine Festung gesichert, man fühlt sich fast wie in einer elitären Verbindung ... was womöglich auch stimmt.

★ **Archers' Table** CAFÉ $
(☎08-7231 5657; www.archerstable.com.au; 11b Loudon Rd; Hauptgerichte 9–12 AU$; ⌚8–16 Mo–Fr, Sa bis 15, So bis 14 Uhr) Unter einem schönen, weinumrankten Vordach gegenüber dem Golf von PA serviert das urbane Café mit Kleinstadtpreisen interessante Gerichte (Rindfleisch, Kürbis und Spinatlasagne; gewürzte Linsen und Tomatensuppe; Seafoodsalat mit

Nüssen, Feta und Zitronen-Tahini-Dressing). Guter Kaffee, flippiges Wandgemälde, sieben Tage geöffnet. Besser geht's kaum!

Praktische Informationen

Port Augusta Visitor Information Centre (☎08-8641 9193, 1800 633 060; www.portaugusta.sa.gov.au; Wadlata Outback Centre, 41 Flinders Tce; ⊙Mo–Fr 9–17.30, Sa & So 10–16 Uhr) Das wichtigste Informationszentrum für die Eyre Peninsula, die Flinders Ranges und das Outback. Es gehört zum **Wadlata Outback Centre** (www.wadlata.sa.gov.au; 41 Flinders Tce; Erw./Kind/Fam. 21/12/46 AU$; ⊙Mo–Fr 9–17.30, Sa & So 10–16 Uhr).

Port Lincoln

16 150 EW.

Das wohlhabende Port Lincoln säumt die breite Boston Bay am südlichen Ende der Eyre Peninsula. Die verkommene „Welthauptstadt des Thunfischs" ist weit weg von allem, aber der Vibe ist dynamisch (wenn nicht sogar progressiv!).

Ohne den Mangel an Süßwasser wäre Port Lincoln wohl die Hauptstadt von SA geworden. Jetzt ist es eben das Salzwasser (und der Thunfisch darin), das die Stadt am Laufen hält. Der grasbewachsene Uferbereich dient als belebte Promenade, für Abwechslung sorgen einige gute Kneipen, Lokale und Wassersportmöglichkeiten.

Sehenswertes

Lincoln National Park NATIONALPARK

(☎08-8688 3111; www.environment.sa.gov.au/parks; via Proper Bay Rd; 11 AU$/Fahrzeug; ⊙24 Std.) Der Lincoln National Park liegt 13 km südlich von Port Lincoln. Hier laufen Emus, Kängurus und Bürstenschwanz-Rattenkängurus umher, es gibt sichere Badebuchten, riesige Dünen und aufregende Surfstrände. Der Zugang erfolgt über eine Selbstregistrierung am Eingang. Das Port Lincoln Visitor Information Centre berät zum Buschcamping (12 AU$/Fahrzeug) und zur **Unterbringung in einer Hütte** (☎0419 302 300; www.visitportlincolnaccommodation.net.au/donington-cottage; 100 AU$/Nacht) im Park, es gibt Campingplätze am Fisherman's Point, der Memory Cove, dem September Beach und der Surfleet Cove.

Geführte Touren

Tasting Eyre GEFÜHRTE TOUR

(☎08-8687 0455; www.tastingeyre.com.au; Erw./Kind 99/79 AU$) Landschaft, Tiere und Angeln sind auf dieser gut geplanten Tagestour um Port Lincoln angesagt, samt einer Wanderung durch den Lincoln National Park, ein Besuch von Whalers Way und einer Meeresfrüchteverkostung im Fresh Fish Place.

Adventure Bay Charters BOOTSFAHRT

(☎08-8682 2979; www.adventurebaycharters.com.au; 2 South Quay Blvd) Bei dem CO^2-neutralen Anbieter kann man mit Seelöwen (Erw./Kind 205/145 AU$) schwimmen und in Käfigen zu Weißen Haien tauchen (Beobachter 395/285 AU$ – plus 125 AU$, wenn man selbst ins Wasser oder mit einem U-Boot abtauchen will). Mehrtägige Ozeansafaris sind auch möglich. Man sollte bei allem bedenken, dass Forschungen ergaben, dass die menschliche Interaktion mit Meeresbewohnern Einfluss auf ihr Verhalten und ihre Fortpflanzung haben können.

Calypso Star Charters ABENTEUERTOUR

(☎08-8682 3939; www.sharkcagediving.com.au; 3/10 South Quay Blvd; 1-tägiger Tauchausflug Erw./Kind 495/345 AU$) Rund um die Neptune Islands kann man in Käfigen zu Weißen Haien tauchen. Immer vorausbuchen (billiger wird's, wenn man sich das Spektakel sicherheitshalber vom Boot aus anguckt). Außerdem kann man auf vierstündigen Touren mit Seelöwen schwimmen (Erw./Kind/Fam. 190/130/540 AU$). Man sollte bedenken, dass Forschungen ergaben, das die menschliche Interaktion mit Meeresbewohnern Einfluss auf ihr Verhalten und ihre Fortpflanzung haben können.

Feste & Events

Tunarama Festival KULTUR

(www.tunarama.net) Beim jährlichen Tunarama Festival werden am Australia-Day-Wochenende im Januar alle möglichen Aspekte des Thunfischfangs gefeiert (einschließlich des moralisch fragwürdigen Thunfischwerfens).

Schlafen

★ **Port Lincoln YHA** HOSTEL $

(☎08-8682 3605; www.yha.com.au; 26 London St; B 24–35 AU$, 2BZ/DZ/FZ ab 80/100/125 AU$; ❄@📶) Das eindrucksvolle Hostel mit 84 Betten unter der Leitung eines tatkräftigen Pärchens, das ein Vermögen für die Renovierung ausgegeben hat, ist in einer ehemaligen Squash-Anlage untergebracht. Zu den praktischen Extras gehören dicke Federmatratzen, Leselampen, eine Café-Bar und Steckdosen in den Schließfächern. Alles ist makellos sauber und an Regentagen helfen

300 Filme gegen Langeweile (darunter auch *Der weiße Hai*). Die Mitarbeiter helfen gern bei der Buchung von Aktivitäten.

★ Tanonga B&B $$$
(☎ 0427 277 417; www.tanonga.com.au; Pope Dr, Charlton Gully; DZ inkl. Frühstück ab 340 AU$; ❄) Die zwei luxuriösen, mit Solarstrom versorgten, von Architekten entworfenen Öko-Lodges stehen in kreideweißer, modernistischer Isolation in den Hügeln hinter Port Lincoln. Sie bieten Privatsphäre pur und liegen inmitten von ursprünglichem Buschland voller Vögel und Wanderwege. Zum Abendessen muss man in die Stadt oder aber auf die Pakete mit regionalen Lebensmitteln zurückgreifen. Absolut einzigartig und fantastisch.

Essen

★ Fresh Fish Place SEAFOOD $
(☎ 08-8682 2166; www.portlincolnseafood.com.au; 20 Proper Bay Rd; Gerichte 9–20 AU$; ⏲ Mo–Fr 8.30–18, Sa bis 14 Uhr) Vor dem ausgezeichneten Meeresfrüchtelokal ist der Fisch des Tages auf einer Tafel angeschrieben, drinnen kommen Gerichte mit fangfrischem Fisch aus der Region auf den Tisch (Sillaginidae, Thunfisch, Königsmakrele, Plattköpfe, Tintenfisch etc.) sowie Coffin-Bay-Austern (12 AU$/Dutzend) und großartige Fish & Chips. Sollte man auf keinen Fall verpassen! Es gibt auch Verköstigungstouren mit Meeresfrüchten und Kochkurse.

Praktische Informationen

Port Lincoln Visitor Information Centre
(☎ 1300 788 378, 08-8683 3544; www.visitportlincoln.net; 3 Adelaide Pl; ⏲ Mo–Fr 9–17, Sa & So 10–16 Uhr) Das unglaublich freundliche Personal bucht Unterkünfte, hat Infos und Pässe für die Nationalparks sowie den *Port Lincoln & District Cycling Guide* und die Karte *Parnkalla Walking Trail* mit einer Tour entlang der Küstenlinie von Port Lincoln.

Coffin Bay

650 EW.

Ein Muss für Austernfans! Der Ortsname „Sargbucht" klingt zwar ziemlich tödlich (1802 benannte der englische Entdecker Matthew Flinders den Ort nach seinem Kumpel Sir Isaac Coffin), aber das verschlafene Fischernest brutzelt nur ganz harmlos und träge in der Sonne vor sich hin, bis jeden Januar bis zu 4000 Urlauber hier einfallen. Die schlüpfrig-salzigen Schalentiere von den nahen Austernbänken werden in alle Welt exportiert.

Sehenswertes

Coffin Bay National Park NATIONALPARK
(☎ 08-8688 3111; www.environment.sa.gov.au/parks; über die Coffin Bay Rd; 10 AU$/Fahrzeug; ⏲ 24 Std.) Die wilde Küstenlandschaft von Coffin Bay gehört größtenteils zum Coffin Bay National Park, in dem jede Menge Kängurus, Emus und dicke Warane leben. Die Zufahrtsmöglichkeiten mit normalen Autos sind begrenzt: Man kommt ins malerische Point Avoid (Aussichtspunkte am Meer, felsige Klippen, eine tolle Brandung und zwischen Mai und Oktober auch vorbeiziehende Wale) und zur Yangie Bay (trockene Felslandschaft und Wanderwege), ansonsten braucht man aber Allradantrieb. Und auch die paar einsamen Campingplätze im Park (12 AU$/Auto) erreicht man generell nur auf nicht asphaltierten Straßen.

Schlafen & Essen

★ Dawes Point Cottage FERIENHAUS $$
(☎ 0427 844 568; www.coffinbayholidayrentals.com.au/properties/dawes-point; 5 Heron Ct; ab 180 AU$/Nacht; ❄) Die jetzigen Besitzer haben die altmodische Fischerhütte (für den Aussie-Autor Tim Winton sicherlich der Inbegriff von „Fisch-Dekor") beim Kartenspiel gewonnen! Heute ist das Anwesen 1 Mio. Dollar wert, hat sich seine Bescheidenheit aber trotz der Lage am Meer bewahrt. Es gibt drei Schlafzimmer und eine schöne kleine Terrasse über der kristallklaren Bucht. Platz für sechs Personen.

1802 Oyster Bar & Bistro BISTRO $$
(☎ 08-8685 4626; www.1802oysterbar.com.au; 61 Esplanade; Hauptgerichte 18–33 AU$; ⏲ Di–So 12–14.30, Do–Sa 18–20.30 Uhr) Dieses schmissige Lokal auf dem Weg in die Stadt mit breiter Terrasse und Stampferdemauern blickt über den Hafen voller Boote. Hier gibt's Blauflossenthunfisch-Steak, Lammkoteletts mit Pastinaken-*skordalia* oder eine Schüssel Meeresfrüchteeintopf zu einem kräftigen 1802 Cutters Dredge Lager (vom Fass). Pizza und (natürlich) Austern sind auch erhältlich.

Streaky Bay & Umgebung

1630 EW.

Der reizende kleine Ort am Meer (eigentlich am Blanche Port) ist nach den Seetangstreifen benannt, die der vorbeisegelnde Matt

Flinders einst in der Bucht erspähte. Der bei Ebbe sichtbare Seetang lockt kleinere Meerestiere an und die wiederum die größeren Meeresbewohner, die die kleineren fressen – kurz gesagt: der perfekte Ort zum Angeln.

Die Stadt selbst hat einen großartigen Pub, viele Unterkünfte und ein paar gute Restaurants zu bieten: ein reizender Ort, um ein, zwei, drei Tage zu verbummeln.

Sehenswertes

Murphy's Haystacks WAHRZEICHEN
(www.nullarbornet.com.au/themes/murphyshaystacks.html; abseits vom Flinders Hwy, Point Labbatt; pro Pers./Fam. 2/5 AU$; bei Tageslicht) Ein paar Kilometer die Straße zum Point Labatt runter liegen die rundlichen Murphy's Haystacks, eine fantastische Ansammlung von „Inselbergen" – bunte, von Wind und Wetter geformte Granitfelsen, die schätzungsweise 1500 Millionen Jahre alt sind (unwahrscheinlich, dass sie erodieren, während man die Kamera zückt – also locker bleiben).

Schlafen & Essen

Streaky Bay Motel & Villas MOTEL $$
(08-8626 1126; www.streakybaymotelandvillas.com.au; 11-13 Alfred Tce; Motel EZ/DZ/FZ ab 110/130/160 AU$, Villa 170-260 AU$;) Eine gepflegte Reihe älterer, renovierter Moteleinheiten aus Ziegelstein sowie ein stetig wachsender Komplex viel modernerer Familienvillen mit stacheligen Topfpflanzen, erdfarbenem Anstrich und limettengrünen Außenmöbeln. Es gibt auch Häuser mit drei Schlafzimmern. In der Nebensaison sind die Preise günstiger. Wer keine Lust auf das haisichere Schwimmbecken an der Anlegestelle hat, steigt einfach in den Pool.

Bay Funktion CAFÉ $
(0428 861 242; www.bayfunktion.com.au; Ecke Wells St & Bay Rd; Hauptgerichte 7–12 AU$; Mo–Fr 8–17, Sa bis 14 Uhr) Mit einer hübschen alten Ladenfront aus Ziegeln und Stein an der Hauptstraße ist das coole Bay Funktion teils Café, teils Geschenkeshop, teils Hochzeitsplaner (daher der etwas seltsame Name). Aber als Café ist es toll! Baguette, Pizza, Focaccia, Frühstückswraps, Kuchenplatten und Hammer-Kaffee, häufig serviert aus dem hippen Kaffee-Van, der davor steht. Im Sommer auch sonntags geöffnet.

Praktische Informationen

Streaky Bay Visitor Information Centre
(08-8626 7033; www.streakybay.com.au; 21 Bay Rd; Mo–Fr 9–12.30 & 13.30–17 Uhr) Das Info Centre bietet Infos über die Region.

Ceduna

2290 EW.

Trotz aller Bemühungen der Einheimischen ist und bleibt Ceduna eben doch ein recht schäbiges Fischerörtchen, dem es nicht gelingt, seinen Ruf als bloßer Zwischenstopp mit Sandverwehungen auf dem Weg nach WA loszuwerden (es gibt *fünf* Campingparks hier). Aber die Austern lieben es hier! Und wenn man in der Walsaison (Mai–Okt.) gen Westen fährt, ist Ceduna der Ort, um aktuelle Infos über Sichtungen am Head of Bight einzuholen.

Sehenswertes

Thevenard FLÄCHE
(Thevenard Rd; 24 Std.) Wer nach nostalgischer Stimmung und verwitterter Atmosphäre sucht, fährt raus nach Thevenard, Cedunas fotogenem Hafenvorort auf der Halbinsel südlich der Stadt. Zugenagelte Läden, ein Pub mit verriegelten Fenstern, staubige alte Wellblechhütten ... all das duckt sich unter massiven Silos neben dem Pier. Ein wahrer Quell der Fantasie für Maler und Schriftsteller!

Feste & Events

Oysterfest ESSEN
(www.ceduna.sa.gov.au/oysterfest) Wer zufällig Ende September/Anfang Oktober durch Ceduna kommt, sollte das Oysterfest besuchen, die unumstrittene Nummer eins der australischen Austernpartys.

Schlafen & Essen

Ceduna Foreshore Hotel/Motel MOTEL $$
(08-8625 2008; www.cedunahotel.com.au; 32 O'Loughlin Tce; DZ 150–195 AU$;) Das aquamarinblau gekachelte Foreshore mit 54 Zimmern ist die luxuriöseste Unterkunft der Stadt. Geboten werden Meeresblicke und ein Bistro, in dem hauptsächlich Meeresfrüchte von der Westküste auf den Tisch kommen (Hauptgerichte 18–38 AU$, 6.30–9, 12–14 & 18–20.30 Uhr). Von der Terrasse blickt man durch Norfolktannen über die Bucht.

★ **Ceduna Oyster Bar** MEERESFRÜCHTE $$
(08-8626 9086; www.facebook.com/oysterbarceduna; Eyre Hwy; 12 Austern 12 AU$, Gerichte 14–22 AU$; 10–19.30 Uhr) Hier kann man sich

eine Schachtel frisch geknackter Schalentiere kaufen und diese dann am Ufer genießen. Alternativ macht man es sich im Dachgeschoss unter einem Schirm gemütlich und beobachtet die Lastzüge, die aus Western Australia herbeirauschen. Frischer geht's nicht!

Praktische Informationen

Ceduna Visitor Information Centre (☎1800 639 413, 08-8625 2780; www.cedunatourism.com.au; 58 Poynton St; ⊙Mo–Fr 9–17.30, Sa & So bis 16 Uhr) Das Ceduna Visitor Information Centre informiert über die Region und aktuelle Walsichtungen.

Von Ceduna bis Western Australia

Zwischen Ceduna und Western Australia liegen 480 km. Betten und Bier findet man unterwegs in Penong (72 km ab Ceduna), Fowlers Bay (141 km), Nundroo (151 km), beim Nullarbor Roadhouse (295 km) am Head of Bight und im Border Village an der eigentlichen Grenze.

Gelbe Weizenfelder und grüne Schafweiden säumen die Straße nach Nundroo. Die nächsten 100 km sind von Mallee aus Eukalyptussträuchern geprägt, nach weiteren 21 km weichen diese den niedrigen Blaubüschen *(Kochia sedifolia)* des eigentlichen Nullarbor (von lat. *nullus arbor*, „kein Baum"). Wer dort aufs Gas tritt und in Richtung Sonnenuntergang brettert, trifft höchstens auf ellenlange Fernlastzüge, Wohnmobile und ganz offenbar durchgeknallte Radfahrer.

Sehenswertes & Aktivitäten

Head of Bight AREAL

(☎08-8625 6201; www.headofbight.com.au; abseits des Eyre Hwy; Erw./Kind/Fam. Juni–Okt. 15/6/35 AU$, Nov.–Mai 7/5/14 AU$; ⊙Juni–Okt. 8–17 Uhr, Nov.–Mai 8.30–16 Uhr) Von den Aussichtsplattformen und Promenaden am Head of Bight aus kann man sich eine bedeutende Kinderstube der Glattwale ansehen. Die Tiere wandern aus der Antarktis ab, um zwischen Mai und Oktober hier rumzuspringen. Das Brutgebiet wird geschützt von der **Great Australian Bight Commonwealth Marine Reserve** (☎1800 069 352; www.environment.gov.au), es ist nach dem Great Barrier Reef das weltweit zweitgrößte Meeresschutzgebiet. Im Infozentrum gibt's Snacks.

GULLIVERS REISEN IN CEDUNA?

Laut den Koordinaten in Jonathan Swifts berühmtem Roman *Gullivers Reisen* von 1726 müsste auf den Inseln St. Peter und St. Francis, ein paar Kilometer vor der Küste von Ceduna im Nuyts-Archipel, das winzige Volk der Lilliputs gewohnt haben. Man kann diese These zwar weder bestätigen noch bestreiten, aber vermutlich wurde Swift von den Abenteuern der niederländischen Seeleute inspiriert, die im Jahre 1627 auf der *Gulden Zeepaert* durch diese Gewässer schipperten.

Cactus Beach SURFEN

(☎08-8625 1036; www.nullarbornet.com.au/towns/cactusbeach.html; abseits der Point Sinclair Rd, über Penong) Bei Penong zweigt eine unbefestigte, 21 km lange Piste vom Highway ab. Sie führt nach Point Sinclair und zum Cactus Beach, an dem sich drei der berühmtesten Surfspots Australiens befinden. Caves ist ein fieser Right-Hand-Break für erfahrene Surfer (die Einheimischen schätzen hereinschneiende Fremde allerdings nicht sonderlich). Nahe den Breaks ist auf einem Privatgelände auch Camping möglich (15 AU$/Auto). Trinkwasser muss man selbst mitbringen.

FLINDERS RANGES

Die schroffen Gipfel und Steilstufen der uralten „Flinders" sind charakteristisch für die Landschaft von South Australia. Dieser ungefähr 400 km lange Gebirgszug beginnt nördlich von Port Augusta und erstreckt sich nordwärts bis zum Mt. Hopeless. Im Lauf des Tages wechseln die Berge die Farben: Aus Violett am Morgen wird am Mittag Schokoladenbraun, und beim Sonnenuntergang leuchtet rötliches Ocker auf.

Vor der Ankunft der Europäer nutzten die indigenen Adnyamathanha die Rötelvorkommen der Flinders für medizinische und rituelle Zwecke und verehrten die Berge deshalb in ganz besonderem Maße, und in der ganzen Region zeugen heilige Höhlen, Felsmalereien und -reliefs davon. Die neu entstandenen Dörfer, Kneipen, Bauernhöfe sowie Rinderfarmen der Kolonisten gingen unter der gnadenlosen Sonne vielfach zugrunde.

Flinders Ranges

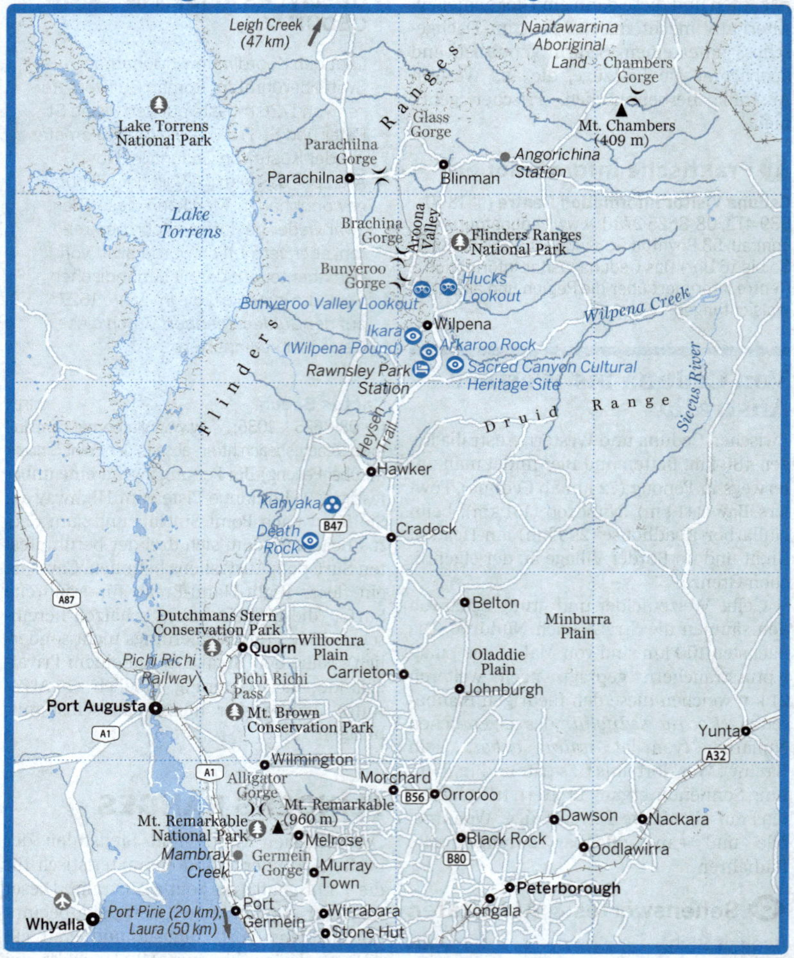

☛ Geführte Touren

Flinders Ranges By Bike MOUNTAINBIKEN
(☎ 08-8648 0048; www.flindersrangesbybike.com.au; 1/2/3/4 Tage pro Pers. 35/40/45/50 AU$) Mit dem Bike geht's auf eine 200 km weiten Rundfahrt durch die Highlights der Flinders Ranges. Start (und Ziel) ist die Rawnsley Park Station (S. 864) südlich von Wilpena. Im Preis enthalten sind Parkeintrittsgebühren sowie die Gebühren für die Durchquerung von Privatgrundstücken. Um die Buchung der Unterkunft muss man sich aber selber kümmern. Gepäcktransport ist möglich.

Arkaba Walk WANDERN
(☎ 02-9571 6399, 1300 790 561; www.arkabawalk.com; 2200 AU$/Pers.; ⏲ Mitte März–Mitte Okt.) Auf dieser viertägigen Wanderung geht's durch die Flinders – und zwar mit Stil. Im Preis inbegriffen sind Parkeintrittsgebühren, Mahlzeiten vom mitgereisten Koch, Gepäcktransport, Luxus-Camping und eine Nacht in der superedlen Arkaba Station (S. 863). Ein einzigartiges Erlebnis!

Groovy Grape Tours OUTDOORS
(☎ 1800 661 177, 08-8440 1640; www.groovygrape.com.au) Bietet Touren für Kleingruppen an, beispielsweise einen viertägigen Trip von

Adelaide nach Coober Pedy, zurück geht's über die Flinders Ranges (445 AU$). Verpflegung, Camping und Parkeintritt sind im Preis enthalten.

An- & Weiterreise

Die Flinders erkundet man entweder im Rahmen einer geführten Tour oder auf eigene Faust (öffentliche Verkehrsmittel sind hier aber nur sehr eingeschränkt vorhanden).

Genesis Transport (☎ 08-8552 4000; www.genesistransport.com.au) bietet donnerstags einen Bus von Adelaide nach Copley, über Laura, Melrose, Quorn, Hawker, Parachilna und Leigh Creek, der freitags in die andere Richtung fährt. Auf Anfrage gibt es einen Anschluss nach Wilpena und Blinman. Auf der Website stehen Zeiten und Preise.

Pichi Richi Railway (☎ 1800 777 245; www.prr.org.au; Flinders Ranges Visitor Information Centre, Railway Tce, Quorn; einfache Strecke Erw./Kind/Fam. 54/20/128 AU$) betreibt an den meisten Samstagen historische Züge von Port Augusta nach Quorn in den Flinders Ranges, die der alten *Ghan*-Route folgen.

Southern Ranges

Port Pirie (14 050 Ew.) am Rand der Southern Flinders Ranges ist eine große Blei- und Zinkstadt. Die Fabrik von Nyrstar beherrscht die Skyline der Stadt. Es ist der richtige Ort, um sich vor der Fahrt in den Norden mit Vorräten einzudecken, und es gibt viele Unterkünfte (Motels, Campingplätze).

In die eigentlichen Southern Ranges gelangt man in der Nähe von Laura (800 Ew.), das wie Supermans Smallville (schön bürgerlich und mit 1950er-Jahre-Wohlstand) aus den Weizenfeldern ragt. In der langen, geraniengeschmückten Hauptstraße liegen ein Supermarkt, eine Drogerie, eine Bäckerei, eine Bank, eine Post und sogar ein Schuhladen!

Die älteste Stadt in den Flinders (1853) ist das fotogene Melrose (410 Ew.), das sich an die Flanke des 960 m hohen Mt. Remarkable schmiegt (der fast den ganzen Remarkable National Park einnimmt). Melrose ist die perfekte Mischung aus gut erhaltenen Gebäuden, einem tollen Pub, hochwertigen Unterkünften und Parks mit echtem Gras. Zudem gibt es einige gute Trails zum Mountainbiken. Die Broschüre Melrose Historical Walk erläutert eine Geschichtstour.

Peterborough (1490 Ew.), 87 km landeinwärts von Melrose, ist ein Ort mit Charakter: eine ehemalige Servicestadt der SA Railways mit einer irgendwie aus der Zeit gefallenen Hauptstraße mit alten Schaufensterfronten, klapprigen Verandas und riesigen Steinpubs.

Sehenswertes

Mt. Remarkable National Park NATIONALPARK
(☎ 08-8841 3400; www.environment.sa.gov.au/parks; National Hwy 1, via Mambray Creek; 10 AU$/Auto; ⏲ 24 Std.) Buschfans schwärmen in höchsten Tönen von dem steilen, schroffen Mt. Remarkable National Park, der sich am Rand der Southern Flinders über das kleine Melrose erhebt wie ein großer Beschützer. Hauptanziehungspunkte sind hier die Tiere und die unterschiedlichen Wanderwege (u. a. auch ein Abschnitt vom Heysen Trail), die sich durch abgelegene Schluchten schlängeln. Beeindruckend!

Steamtown Heritage Rail Centre MUSEUM
(☎ 08-8651 3355; www.steamtown.com.au; 1 Telford Ave, Peterborough; Erw./Kind/Fam. 17,50/8/35 AU$, Sound and Lightshow 20 AU$/Pers.; ⏲ 9–17 Uhr) Das ausgezeichnete Museum in Peterboroughs Original-Güterbahnhof führt die Besucher zurück in die Zeit der Dampfkraft, als 100 Züge pro Tag durch die kleine Stadt ratterten. Es gibt den ganzen Tag Führungen (90 Min.), die letzte beginnt um 15.30 Uhr. Zusätzlich findet um 20.30 Uhr eine Sound and Lightshow statt (im Winter 19.30 Uhr).

Aktivitäten

Over The Edge MOUNTAINBIKEN
(☎ 08-8666 2222; www.otesports.com.au; 6 Stuart St, Melrose; ⏲ Mi–Mo 9–17 Uhr) Mountainbiken ist eine große Sache in Melrose: Over The Edge bietet Ersatzteile, repariert und verleiht Fahrräder (45–100 AU$/Tag) und betreibt ein kleines Café.

Schlafen

Under The Mount FERIENHAUS $
(☎ 0409 093 649; www.underthemount.com.au; 9-11 Jacka St, Melrose; DZ/Schlafsaal für 8 Pers. 110/180 AU$; ❄) Das lässige Under The Mount wird von ein paar Mountainbike-Altmeistern geführt und bietet sechs Doppelzimmer mit Bad, zwei Schlafsäle mit acht Betten und eine Gemeinschaftsküche drinnen, draußen stehen Grills, Feuerstellen, eine Fahrradwerkstatt und Waschmöglichkeiten für das dreckige Bike zur Verfügung. Es ist teils Wohngemeinschaft, teils Hostel,

aber alles geprägt von der Liebe zum Mountainbiken, Spaß und Geselligkeit.

★ North Star Hotel PUB $$

(☎08-8666 2110; www.northstarhotel.com.au; 43 Nott St, Melrose; DZ/Trucks ab 110/160 AU$; ❄📶) So willkommen wie ein Sommerregen: Das North Star, ein nobler Pub von 1854, wurde so renoviert, dass es an eine Mischung aus städtischem Stil und Schafstall erinnert. Im Bistro speist man mittags und abends unter surrenden Ventilatoren (Hauptgerichte 18–30 AU$) oder genießt einfach nur ein kaltes Bier. Die Übernachtungsmöglichkeiten reichen von schicken Zimmern über dem Pub über Quartiere im Bundaleer Cottage nebenan (für 16 Pers.) bis hin zu schrulligen Unterkünften auf zwei alten Lastwagen draußen.

Praktische Informationen

Port Pirie Regional Tourism & Arts Centre
(☎08-8633 8700; www.pirie.sa.gov.au; 3 Mary Elie St, Port Pirie; ⏲Mo–Fr 9–17, Sa bis 16, So 10–16 Uhr) Port Piries Besucherzentrum beherbergt auch eine ausgezeichnete lokale Kunstgalerie, hat Unmengen an Infos zu Unterkünften und gibt Tipps, wo man guten Kaffee bekommt. Die Stadtführungen „Outside the Gates" starten hier montags, mittwochs und freitags um 12.30 Uhr (Erw./Kind/Fam. 13/5/28 AU$).

Quorn

1210 EW.

Ist Quorn vielleicht eine Filmkulisse, die man nach Abschluss der Dreharbeiten einfach stehen ließ? In dem filmreifen Outback-Nest mit seiner Hauptstraße, die von Pubs gesäumt wird, gibt's zumindest mehr kreischende Krähen als Menschen. 1875 wurde hier mit dem Weizenanbau begonnen, und als die Great Northern Railway aus Richtung Port Augusta hierher führte, erlebte der Ort einen wahren Boom. Quorn (sprich: *corn*) blieb ein wichtiger Bahnverkehrsknoten, bis die Zugverbindungen in die Flinders 1970 eingestellt wurden.

Sehenswertes

Kanyaka RUINEN

(abseits Quorn-Hawker Rd; ⏲bis Einbruch der Dämmerung) Etwas außerhalb der Stadt säumen verfallene Ruinen die Straße von Quorn nach Hawker. Am eindrucksvollsten ist Kanyaka, eine einstmals florierende Schaffarm aus dem Jahr 1851. Von den Ruinen aus (41 km von Quorn entfernt) erreicht man zu Fuß in 20 Minuten ein Wasserloch im Schatten des gewaltigen **Death Rock**. Der Legende nach standen einheimische Aborigines dort ihren sterbenden Angehörigen in den letzten Stunden bei.

Schlafen

★ Quorn Caravan Park CAMPING $

(☎08-8648 6206; www.quorncaravanpark.com.au; 8 Silo Rd; Stellplatz ohne/mit Strom 28/25 AU$, B 40 AU$, Van EZ/DZ 65/75 AU$, Hütte 100–140 AU$; ❄) 🌿 Die engagierten Leiter der Anlage am Pinkerton Creek beschäftigen sich viel mit dem Klimawandel und sind daher sehr darum bemüht, Emissionen zu reduzieren und die natürliche Umgebung nicht zu beschädigen. Der Platz bietet makellose Hütten, ein Backpacker-Häuschen für sechs Personen, eine Lagerküche aus Recycling-Holz und schattige Stellplätze; überall stehen Regenwassertanks und ein paar träge Kängurus hängen unter Roten Eukalyptusbäumen ab. Für Wanderer und Radfahrer gibt's einen Nachlass.

Savings Bank of South Australia FERIENHAUS $$

(SBSA; ☎0419 233 729, 0456 129 870; www.sbsa-quorn.com.au; 37 First St; bis zu 6 Pers. 260 AU$; ❄) Geruhsame Nächte sind einem in dieser einstigen Bank sicher. Das charmante, zweistöckige Gebäude von 1906 aus rotem Backstein bietet drei Schlaf- und zwei Badezimmer und ist eine tolle Basis für die Erkundung der Flinders. Platz für sechs Personen; zwei Nächte Minimum (gute Wochenpreise).

Essen

★ Quorn Cafe CAFÉ $

(☎08-8648 6368; www.quorncafe.com.au; 43 First St; Hauptgerichte 10–25 AU$; ⏲Mo 8–16, Di & Mi 9–15, Do–So 7.30–16 Uhr; 🖉) Die Menütafel in dem in dieser Gegend recht unerwarteten Café ist eine alte Tür, die an der Wand hängt und mit braunen Butterbrottüten gepflastert ist, auf denen die Angebote gekritzelt stehen: z. B. Gemüsefrittata, warmer Hühnchensalat, Egg-&-Bacon-Sandwich ... Alles ist hausgemacht und reichlich. Das Ziegen-Curry ist sehr zu empfehlen. Zudem gibt's hier den besten Kaffee in Quorn.

Praktische Informationen

Flinders Ranges Visitor Information Centre
(☎08-8620 0510; www.flindersranges.com; Quorn Railway Station, Railway Tce; ⏲Mo–Fr

9–17, Sa & So 10–16 Uhr) Karten, Broschüren, Internetzugang und Tipps – die Hauptinfostelle für die Flinders Ranges. Hinten gibt's eine kleine Geschichtsausstellung.

Hawker

300 EW.

Bis Ikara (Wilpena Pound), 59 km weiter im Norden, ist Hawker der letzte Außenposten der Zivilisation. Wie Quorn hat auch dieser topfebene Ort schon bessere Tage gesehen – vor allem als an seinem Bahnhof noch der alte *Ghan* hielt. Mit einem Geldautomaten, dem Lebensmittelladen, einer Kneipe und der wohl weltweit hilfreichsten Tankstelle dient er Reisenden heute als Raststation.

Schlafen

Arkaba Station BOUTIQUEHOTEL **$$$**
(☎02-9571 6399, 1300 790 561; www.arkabastation.com; Wilpena Rd, über Hawker; Erw./Kind ab 465/930 AU$;) Schillernde Unterkunft in einer Outback-Station aus den 1850er-Jahren zwischen Hawker und Wilpena: Das ist moderner Buschluxus. Die Preise beinhalten frisch zubereitete Mahlzeiten und tägliche geführte Safaris, die auf die Interessen der Teilnehmer zugeschnitten werden. Zudem gibt's Rundflüge und Transport.

Praktische Informationen

Hawker Motors (☎08-8648 4014; www.hawkermotors.com.au; Ecke Wilpena & Cradock Rds; ⏲7.30–18 Uhr) Die Tankstelle der Stadt (wer nach Norden fährt, sollte hier unbedingt auftanken) fungiert gleichzeitig als Touristeninformation.

Flinders Ranges National Park

Der **Flinders Ranges National Park** (Ikara; ☎08-8648 0048; www.environment.sa.gov.au/parks; über Wilpena; 10 AU$/Auto; ⏲24 Std.) gehört zu den beliebtesten Naturschutzgebieten in SA. Er ist durchsetzt mit Schluchten, zerklüfteten Bergketten, verlassenen Gehöften, indigenen Stätten, Tieren und, wenn es geregnet hat, Teppichen aus Wildblumen.

Sehenswertes

Das absolute Highlight des Parks ist der 80 km^2 große **Ikara (Wilpena Pound)** – ein elliptisches, abgesunkenes Talbecken, das von gezackten Graten umgeben ist (es ist kein Meteoritenkrater!).

Das einzige öffentliche Transportmittel zum Ikara (Wilpena Pound) ist der **Shuttle-Bus** (☎1800 805 802, 08-8648 0004; www.wilpenapound.com.au; Wilpena Pound Resort, Wilpena; hin & zurück Erw./Kind/Fam. 5/3/12 AU$) des Wilpena Pound Resorts, der etwa 1 km vor dem alten **Hills Homestead** hält, von wo aus man zum **Wangarra Lookout** (weitere 300 m) wandern kann. Das Shuttle startet um 9, 11, 13 und 15 Uhr. Zu Fuß braucht man für die 8 km hin und zurück zwischen dem Resort und dem Lookout drei Stunden (ab dem Resort gibt's geführte Touren für 45 AU$/Pers.).

Das freiliegende Sedimentgestein auf dem 20 km langen **Brachina Gorge Geological Trail** gestattet tolle Einblicke in über 120 Mio. Jahre Erdgeschichte. Beim Visitor Centre gibt's Broschüren dazu.

Nördlich von Wilpena beginnt der **Bunyeroo–Brachina–Aroona Scenic Drive** an der Straße nach Blinman. Die 110 km lange Rundfahrt passiert das Bunyeroo Valley, die Brachina Gorge, das Aroona Valley und den Stokes Hill Lookout.

Aktivitäten

Bushwalking im Flinders Ranges National Park ist unvergesslich. Genügend Trinkwasser, Sonnenschutzmittel und ein großer Hut sind notwendig. Man sollte zudem auch jemanden über das Ziel unterrichten. Das Visitor Centre verteilt die Broschüre *Bushwalking in Flinders Ranges National Park*. Viele Wanderungen beginnen am Wilpena Pound Resort.

Einen Ausblick auf den Wilpena Pound ermöglicht der zum Teil recht anstrengende, aber großartige Aufstieg zum **Tanderra Saddle** (hin & zurück 15 km, 6 Std.). Der Saddle gehört zum Kamm des **St. Mary Peak** am Rand des Pound. Wanderer sollten sich unbedingt auf den Kamm beschränken: Der eigentliche St. Mary Peak hat für die indigenen Adnyamathanha eine spirituelle Bedeutung.

Auch der kurze, aber knackige Aufstieg am **Mt. Ohlssen Bagge** (hin & zurück 6,5 km, 4 Std.) belohnt Bergfans mit einer tollen Aussicht. Schöne kurze Wanderungen führen z.B. zum **Hills Homestead** (hin & zurück 6,5 km, 2 Std.) oder hinauf zur **Wilpena Solar Power Station** (hin & zurück 500 m, 30 Min.).

Jenseits des südöstlichen Parkrands kann man zur **Sacred Canyon Cultural Heritage Site** marschieren (hin & zurück 1 km,

TRAUMGESCHICHTEN DER ADNYAMATHANHA

Land und Natur sind ein wesentlicher Bestandteil der Kultur der traditionellen Eigentümer der Flinders Ranges. Unter dem kollektiven Oberbegriff Adnyamathanha (Hügelmenschen) tauschten die Stämme der Wailpi, Kuyani, Jadliaura, Piladappa und Pangkala einst Geschichten aus, die das spektakuläre Landschaftsbild ihrer Heimat erklärten.

Die Wände des Ikara (Wilpena Pound) sind in diesen Geschichten beispielsweise die Körper von zwei *akurra* (Riesenschlangen), die sich während eines Initiationsritus um den Ikara legten und den Großteil der Anwesenden verspeisten. Satt und bewegungsunfähig starben sie anschließend freiwillig und schufen so die charakteristischen Wahrzeichen.

1 Std.), um die vielen indigenen Felsbilder in Form von Tierspuren und -figuren zu bestaunen.

Schlafen

★ Rawnsley Park Station RESORT, CAMPING **$$**

(☎ 08-8648 0700; www.rawnsleypark.com.au; Wilpena Rd, via Hawker; Stellplatz ohne/mit Strom 26/36 AU$, Hostel Erw./Kind 38/28 AU$, Hütte/Wohneinheit/Villa/Haus ab 100/160/410/550 AU$; ❄📶🏊) Auf der 35 km von Hawker entfernten Farm am Rand des Flinders Ranges National Park gibt es alles, von Zeltstellplätzen bis hin zu luxuriösen Öko-Villen sowie ein Ferienhaus aus den 1950er-Jahren und einen Campingpark mit Hütten und Schlafsälen. Zu den angebotenen Aktivitäten gehören Mountainbiken (Verleih 15 AU$/Std.), Buschwanderungen, Geländewagentouren und Rundflüge. Das hervorragende **Woolshed Restaurant** (Hauptgerichte 27–42 AU$; ⌚Mi–So 12–14, tägl. 18–20.30 Uhr) liefert tolle Buschkost, außerdem Currys, Meeresfrüchte und Pizzen. Es ist aber auch ein stimmungsvoller Ort mit rustikalem Chic für einen kalten Sundowner …

Wilpena Pound Resort RESORT **$$**

(☎ 08-8648 0004, 1800 805 802; www.wilpenapound.com.au; Wilpena Rd, via Hawker; Stellplatz ohne/mit Strom ab 24/35 AU$, DZ/Suite/Safarizelt ab 193/263/320 AU$; ❄📶🏊) Das abgelegene Resort hat etwas von seinem Glanz verloren, aber es ist nach wie vor eine interessante Unterkunftsoption. Es gibt Zimmer im Motelstil, eigenständige Suiten und einen beliebten Zeltplatz mit schicken Safarizelten (in der Saison muss man weit im Voraus buchen). Nicht auslassen sollte man das Bad im Pool, den Drink an der Bar und das Abendessen im **Bistro** (Hauptgerichte 26–40 AU$ – das Känguru ist hervorragend!).

ℹ Praktische Informationen

Wilpena Pound Visitor Information Centre (☎ 08-8648 0048; www.wilpenapound.com.au/do/visitors-centre; Wilpena Pound Resort, Wilpena; ⌚8–18 Uhr) Im Infozentrum des Resorts gibt's einen Shop, eine Tankstelle, Wissenswertes zum Park, Tipps zu Buschwanderungen und einen Fahrradverleih (halber/ganzer Tag 35/65 AU$). Hier kann man auch Rundflüge und Geländewagentouren buchen und die Parkeintrittsgebühr bezahlen.

Blinman & Parachilna

Etwa eine Stunde nördlich vom Ikara liegt das nette Blinman (30 Ew.) an einer asphaltierten Straße. Der Ort verdankt seine Existenz dem Kupfererz, das 1859 hier entdeckt wurde, und der 1903 errichteten Schmelzhütte. Aber der Boom endete und 1500 Menschen zogen weg. Heute kann sich Blinman nur noch rühmen, die am höchsten gelegene Ortschaft in SA zu sein (610 m ü. d. M.). Es gibt interessante Touren durch die alten Minen.

An der Straße von Hawker nach Leigh Creek, am Ende der Welt, liegt Parachilna (4–7 Ew.), ein beliebtes Ziel in den Flinders Ranges. Die Attraktion hier ist das legendäre Prairie Hotel – eine Weltklasse-Unterkunft.

Sehenswertes

Heritage Blinman Mine HISTORISCHE STÄTTE

(☎ 08-8648 4782; www.heritageblinmanmine.com.au; Mine Rd, Blinman; Führung Erw./Kind/Fam. 28/11/65 AU$; ⌚9–17 Uhr, Dez.–März kürzer) Große Teile von Blinmans unglaublicher, 150 Jahre alter Kupfermine sind mit Aussichtspunkten, audiovisuellen Erläuterungen und Infotafeln erschlossen. Die ausgezeichneten einstündigen Führungen beginnen um 10, 12 und 14 Uhr.

Schlafen

★ Prairie Hotel HOTEL **$$$**

(☎ 1800 331 473, 08-8648 4844; www.prairiehotel.com.au; Ecke High St & West Tce, Parachilna; Stellplatz mit Strom 35 AU$, einf. Hütte EZ/DZ/FZ 65/80/180 AU$, Hotel EZ/DZ/3BZ ab 195/245/280 AU$; ❄ 📶) Das legendäre Prairie Hotel hat hinten schicke Suiten sowie Stellplätze und einfache Hütten auf der anderen Straßenseite. Unbedingt ein Essen im Pub einplanen (Frühstück 8–28 AU$, Gerichte mittags und abends 18–42 AU$). Empfehlenswert ist der Wild-Grillteller (Kamelwürstchen, Kängurufilet, Emufleisch und Bacon). „Zu früh für Bier!? Wer sagt denn so was?", sagte der Barmann um 10.42 Uhr.

Leigh Creek & Copley

In den frühen 1980er-Jahren wurde der vorher nicht existierende Ort Leigh Creek (500 Ew. und sinkend) in den nördlichen Flinders aus dem Wüstenboden gestampft. Die Staatsregierung schuf die Stadt für die Leute, die in dem riesigen Kohlebergwerk arbeiteten, mit Schule, Pub, Shoppingcenter, allem Drum und Dran. Die Einwohnerzahl wuchs bis 1000 an, dann wurde die Mine 2016 geschlossen. Was passiert als Nächstes: ein neues Erdgasprojekt? Wird ganze Stadt verkauft? Ein verrücktes Resort? Das sollte man sich ansehen: Zumindest der Pub hat noch auf.

Rund 6 km nördlich von Leigh Creek ist ein schnuckeliges Nichts namens Copley (80 Ew.). Es gibt nicht viel zu sehen oder zu tun hier, aber man sollte ein Stück Quandong-Pastete im Café kosten.

Weiter außerhalb befinden sich die vielen Angebote des Aborigine-Kulturzentrums Iga Warta, der Vulkathunha-Gammon Ranges National Park und das Arkaroola Wilderness Sanctuary.

Sehenswertes

Arkaroola Wilderness Sanctuary NATURSCHUTZGEBIET

(☎ 08-8648 4848; www.arkaroola.com.au; Copley-Arkaroola Rd, über Copley) Das privat betriebene **Naturschutzgebiet mit Resort** (Stellplatz ohne/mit Strom 25/33 AU$, Motel DZ 85–205 AU$, Hütte FZ 149–230 AU$; ❄ ≋), 129 km auf unbefestigten Straßen Richtung Osten von Copley, liegt in einem abgelegenen und besonders spektakulären Teil der Flinders Ranges. Das **Visitor Centre** (9–17 Uhr) zeigt Ausstellungen über die hiesige Naturgeschichte und erklärt auf wissenschaftliche Weise, warum hier häufig die Erde bebt. Die schwindelerregende **Ridgetop-Jeeptour** (www.arkaroola.com.au/ridgetop.php; Erw./Kind 155/55 AU$; ⏲ tägl. 8 & 13 Uhr) ist ein absolutes Muss!

Vulkathunha-Gammon Ranges National Park NATIONALPARK

(☎ 08-8648 4829; www.environment.sa.gov.au/parks; Copley-Arkaroola Rd, über Copley; ⏲ 24 Std.) GRATIS Die 1282 km² große Wüstenlandschaft dieses entlegenen Nationalparks birgt tiefe Schluchten, gezackte Gebirgszüge, Gelbfuß-Felskängurus und von Eukalyptusbäumen gesäumte Bäche. Der größte Teil des Parks ist nur schwer zugänglich (hier ist ein Jeep unerlässlich) und es gibt nur wenige Einrichtungen. Buschcamping kostet 12 AU$ pro Auto (unbedingt alles selbst mitbringen); Genehmigungen sind im Balcanoona Park HQ, 99 km von Copley, erhältlich.

Iga Warta KULTURZENTRUM

(☎ 08-8648 3737; www.igawarta.com; Copley-Arkaroola Rd, via Copley; ⏲ 9–17 Uhr) Iga Warta, östlich von Copley auf dem Weg zum Vulkathunha-Gammon Ranges National Park, ist ein indigenes Kulturzentrum und Buschcamp, das authentische Adnyamathanha-Touren (25–84 AU$ – Buschkost, Lagerfeuerstorys, Herstellen von Artefakten) sowie Geländewagen- und Busch-Exkursionen (138 AU$) veranstaltet. Man kann hier auch übernachten (Stellplatz ohne Strom 22 AU$, Zelt 36 AU$/Pers., Hütten und Safarizelte 104–150 AU$).

Schlafen

Copley Caravan Park CAMPING $

(☎ 08-8675 2288; www.copleycaravan.com.au; Lot 100 Railway Tce W; Stellplatz ohne/mit Strom 30/40 AU$, Hütte mit/ohne Bad ab 110/80 AU$; ❄) Der gut laufende Copley Caravan Park ist ein kleiner, makelloser Campingplatz (und dabei nicht gerade schattig, aber hey, das ist eben die Wüste!). Das Team veranstaltet regelmäßig tolle Kochevents am Lagerfeuer für seine Gäste. Auch das **Quandong Cafe** (Gebäck 5–12 AU$; ⏲ 8–17 Uhr) ist hier zu finden.

OUTBACK

Die Gegend nördlich der Eyre Peninsula und der Flinders Ranges geht über in die leere Weite des südaustralischen Outbacks – das etwa 70 % des ganzen Staats ausmacht! Wer sich entsprechend vorbereitet, wird seinen Trip durch diese kaum besiedelte, raue Region in unvergesslicher Erinnerung behalten.

Der Stuart Hwy führt ins rote Herz Australiens hinein. Erste Zwischenstation ist Woomera mit seiner düsteren Atomtestgeschichte und einer Sammlung übrig gebliebener Raketen. Weiter nördlich auf dem Highway und entlang der legendären Tracks Oodnadatta und Strzelecki tauchen exzentrische Outbackstädte wie William Creek, Innamincka und Coober Pedy aus dem Hitzeflimmern auf. Dies ist kein Land für Zartbesaitete: Es gibt kaum Wasser, überall sind Fliegen und es ist stickig heiß. Kein Wunder, dass die Arbeiter der Opalmine in Coober Pedy unterirdisch leben!

Geführte Touren

Sacred Earth Safaris ABENTEUER
(☎ 08-8536 2234; www.sacredearthsafaris.com.au; Geführte Tour Erw./Kind 4995/4795 AU$) Veranstalten grandiose 10-tägige Outbacktouren mit Geländewagen entlang der drei großen Wüstentracks – Oodnadatta, Strzelecki und Birdsville – sowie nach Coober Pedy und in die Flinders Ranges.

Anreise & Unterwegs vor Ort

AUTO & MOTORRAD

Der Stuart Hwy geht von Port Augusta nach Darwin. In SA gibt's Benzin und Unterkunft in Pimba (176 km von Port Augusta), Glendambo (288 km), Coober Pedy (542 km), Cadney Homestead (693 km) und Marla (775 km). In Pimba, Coober Pedy und Marla kann man rund um die Uhr tanken.

Die Oodnadatta, Birdsville und Strzelecki Tracks sind nach Regenfällen oft gesperrt; man sollte sich über die Straßenbedingungen beim **Royal Automobile Association** (S. 806) in Adelaide erkundigen, online auf www.dpti.sa.gov.au/outbackroads oder man ruft unter ☎ 1300 361 033 beim Outback Road Report an.

BUS

Greyhound Australia (S. 806) Die täglichen (Nacht-) Busse von Adelaide nach Alice Springs halten unterwegs in Pimba (94 AU$, 6¾ Std.), Glendambo (108 AU$, 8¼ Std.), Coober Pedy (167 AU$, 11¼ Std.) und Marla (228 AU$, 14¼ Std.).

FLUGZEUG

Regional Express (Rex; ☎ 13 17 13; www.regionalexpress.com.au) fliegt an den meisten Tagen zwischen Adelaide und Coober Pedy (ab 247 AU$, 2 Std.).

ZUG

Die Great Southern Rail (www.greatsouthernrail.com.au) betreibt den *Ghan* zwischen Adelaide und Alice Springs durchs Outback von SA, manche Züge halten in (oder in der Nähe von) Coober Pedy; Details gibt's auf der Website.

Woomera & Umgebung

Bei dem kleinen Truckstop Pimba (50 Ew.; 481 km nördlich von Adelaide) kann man vom Stuart Hwy abfahren und einen Abstecher (6 km) nach Woomera (220 Ew.) machen, das 1947 als Koordinationszentrale für britische Raketen und Atomwaffentests gegründet wurde. An Orten wie Maralinga litten die indigenen Stämme danach extrem unter dem radioaktiven Niederschlag. Heute ist Woomera eine düstere, künstliche Stadt auf einem Testgelände des Verteidigungsministeriums, das immer noch genutzt wird.

Eine Fahrt durch Glendambo und das schräge Roxby Downs hinter Woomera bietet Reisenden wiederum einen ganz anderen Eindruck von einer Outback-Stadt.

Schlafen

Glendambo Hotel-Motel & Caravan Park MOTEL $
(☎ 08-8672 1030; www.turu.com.au/parks/sa/outback/glendambo-hotel-motel-and-caravan-park.aspx; Stuart Hwy, Glendambo; Stellplatz ohne/mit Strom 23/27 AU$, EZ/DT/FZ ab 94/99/140 AU$; ❄ ≋) Wem auf dem Highway die Augen zufallen, der kann sich im oasengleichen Glendambo Hotel-Motel ausruhen. Es gibt Bars, ein Restaurant und einige annehmbare Moteleinheiten. Vor dem Hotel sind staubige Campingstellplätze zu finden, im Bistro gibt's fleischlastige Gerichte (18–32 AU$, 12–14 & 18–20 Uhr).

Eldo Hotel MOTEL $$
(☎ 08-8673 7867; www.facebook.com/eldo-hotel; Kotara Pl, Woomera; DZ ab 110 AU$; ❄) Das Hotel wurde ursprünglich gebaut, um Raketenwissenschaftlern ein Dach über dem Kopf zu bieten. Heute befinden sich hier komfortable, günstige Motelzimmer. In dem städtischen Bistro gibt es Essen à la carte (Hauptgerichte 20–35 AU$, 7–9, 12–14 & 18–20.30 Uhr). Empfehlenswert ist die Fleischplatte.

Praktische Informationen

Woomera Heritage & Visitor Information Centre (☎ 08-8673 7042; http://homepage.powerup.com.au/~woomera/herit1.htm; Dewrang Ave, Woomera; Museum Erw./Kind 6/3 AU$; ⌚ März–Nov. 9–17 Uhr, Dez.–Feb. 10–14 Uhr) Im Infozentrum kann man sich anhand von Ausstellungsstücken über Woomeras

Vergangenheit und Gegenwart informieren (und eine Runde Bowling spielen!). Auf der anderen Seite des Parkplatzes befindet sich der **Lions Club Aircraft & Missile Park** mit Überresten von Düsenjets und Raketen.

Coober Pedy

3500 EW.

Im Umfeld von Coober Pedy (das übrigens sehr kosmopolitisch ist – in diesem kleinen Ort leben Menschen aus 44 Nationen) ist die kahle, ausgedörrte Wüste plötzlich von Ausschachtungen und den dazugehörigen Abraumhalden durchzogen – angeblich von mehr als einer Million davon. Der Grund für die intensive Wühltätigkeit sind die Opale, die hier vor 100 Jahren entdeckt wurden, und die die Kleinstadt zu einem Schürfermekka gemacht haben – jedoch nicht zu einem Touristenparadies: Mit Insektenschwärmen, 50 °C an Sommertagen, in Erdlöchern hausenden Einwohnern und rostigen Autos wirkt der baumlose Ort ein bisschen wie die Vorhölle. Aber interessant ist er auf alle Fälle! Der Name leitet sich von *kupa*, dem Wort der regionalen Aborigines für „Weißer Mann" sowie *piti* (Loch) ab.

Die umliegende Wüste ist wirklich unglaublich öde, ein Umstand, den sich auch die Filmemacher nicht entgehen ließen, die hier Endzeitspektakel wie *Mad Max III – Jenseits der Donnerkuppel*, *Red Planet* oder *Pitch Black – Planet der Finsternis* in Szene setzten, aber auch Streifen wie *Ground Zero* oder *Priscilla – Königin der Wüste*.

Sehenswertes

★ Old Timers Mine MUSEUM

(☎ 08-8672 5555; www.oldtimersmine.com; 1 Crowders Gully Rd; Rundgang ohne Führer Erw./Kind/Fam. 12/5/40 AU$; ⏲ 9–17.30 Uhr) Das interessante Labyrinth aus Gängen wurde 1916 angelegt, dann aber von den Bergleuten geheim gehalten. Die Mine wurde erst wiederentdeckt, als man beim Bau einer Wohnhöhle auf die Tunnel stieß, die heute zu einer tollen Besichtigungstour einladen. Es gibt auch ein Museum, eine rekonstruierte Wohnhöhle aus den 1920er-Jahren und täglich kostenlose Vorführungen der Schürfutensilien (9.30, 13.30 & 15.30 Uhr).

★ Raumschiff SKULPTUR

(Hutchinson St) Das beeindruckende Raumschiff, eine zurückgelassene Requisite von den Dreharbeiten zu *Pitch Black – Planet der Finsternis*, musste in der Hutchison St notlanden (... ist das etwa eine Art kleinerer *Millennium Falcon*?).

Umoona Opal Mine & Museum MUSEUM

(☎ 08-8672 5288; www.umoonaopalmine.com.au; 14 Hutchison St; Museum frei, Führungen Erw./Kind 10/5 AU$; ⏲ 8–18 Uhr) Eine perfekte Einführung in Coober Pedy – samt Infos zu Geschichte, Fossilien, Wüstenhabitaten, Aborigine-Kultur, Ökologie und Bergbau – bekommt man bei einem Spaziergang durch dieses kostenlose Museum im Umoona-Shop. Für tiefere Einblicke bucht man eine Führung (10, 14 & 16 Uhr).

Catholic Church of St. Peter & St. Paul KIRCHE

(☎ 08-8672 5011; www.pp.catholic.org.au/about-our-parishes/coober-pedy-est-1965-; Ecke Halliday Pl & Hutchison St; ⏲ 10–16 Uhr, Messe So 10 Uhr) Coober Pedys erste unterirdische Kirche verströmt mit ihren mit Statuen vollgestellten Winkeln und der leisen klassischen Musik noch immer einen gewissen Reiz.

Geführte Touren

Arid Areas Tours AUTO-TOUR

(☎ 0439 881 049, 08-8672 3008; www.aridareastours.com; Tour pro 2 Pers. 2/4/6 Std. ab 120/240/320 AU$) Die Geländewagentouren rund um die Stadt führen bis in die Breakaways. Ganztägige Touren zum Lake Eyre, zur Painted Desert und dem Oodnadatta Track gibt's außerdem.

Mail Run Tour AUTO-TOUR

(☎ 1800 069 911, 08-8672 5226; www.mailruntour.com; Tour 195 AU$/Pers.) Die ganztägigen Mail-Run-Touren führen von Coober Pedy durch die Wüste und auf dem Oodnadatta Track nach Oodnadatta und William Creek und wieder zurück.

Schlafen

Riba's CAMPING $

(☎ 08-8672 5614; www.camp-underground.com.au; Lot 1811 William Creek Rd; unterirdischer Stellplatz 30 AU$, oberirdischer Stellplatz ohne/mit Strom 20/28 AU$, EZ & DZ 66 AU$; 📶) Rund 5 km außerhalb der Stadt hat man im Riba's die einmalige Gelegenheit, unter der Erde zu campen! Außerdem gibt's hier ein unterirdisches TV-Zimmer, zellenartige unterirdische Budgetzimmer und jeden Abend eine Opalminentour (Erw./Kind 24/15 AU$, für Camper unter der Erde und Camper ohne Strom kostenlos; für alle anderen gibt's Rabatte).

Coober Pedy

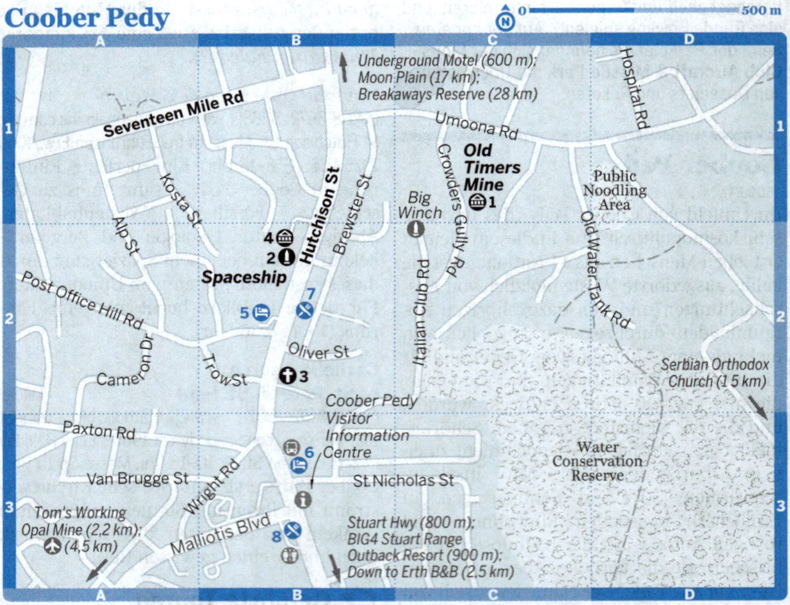

Coober Pedy

Highlights

1 Old Timers Mine C1
2 Spaceship B2

Sehenswertes

3 Catholic Church of St. Peter & St. Paul B2
4 Umoona Opal Mine & Museum B2

Schlafen

5 Desert Cave Hotel B2
6 Mud Hut Motel B3

Essen

7 John's Pizza Bar & Restaurant B2
8 Outback Bar & Grill B3
Umberto's .... (siehe 5)

Cadney Homestead CAMPING $
(☎08-7007 6591; www.turu.com.au/parks/sa/outback/cadney-homestead-caravan-park.aspx; Stuart Hwy, Cadney Park; Stellplatz ohne/mit Strom ab 20/30 AU$, DZ Hütte/Motel ab 52/110 AU$; ❄@≋) Im Cadney Homestead gibt's Stellplätze für Wohnwagen und Zelte, brauchbare Motelzimmer und einfache Hütten (Handtuch mitbringen) sowie Benzin, Hilfe bei Reifenpannen, einen Imbiss, kaltes Bier, einen Geldautomaten, einen Swimmingpool... Am Stuart Hwy, 151 km nördlich von Coober Pedy.

Marla Travellers Rest CAMPING $
(☎08-8670 7001; www.marla.com.au; Stuart Hwy, Marla; Stellplatz ohne/mit Strom 20/30 AU$, Hütte 40 AU$, DZ 110–140 AU$; ❄@≋) Marla Travellers Rest bietet Benzin, Motelzimmer, Stellplätze, einen nierenförmigen Pool, einen Imbiss bzw. ein Café, einen Supermarkt und einen großen gekachelten Barbereich (leicht zu putzen?). Am Stuart Hwy bei Marla, 234 km nördlich von Coober Pedy.

★Down to Erth B&B B&B $$
(☎08-8672 5762; www.downtoerth.com.au; Lot 1795 Wedgetail Cres; DZ inkl. Frühstück 165 AU$; ≋) Das unterirdische Juwel liegt etwa 3 km außerhalb der Stadt und verfügt über Wohnhöhlen mit zwei Schlafbunkern (für bis zu 5 Pers. – perfekt für Familien) und einem Wohn- und Küchenbereich. Das Tauchbecken sorgt für Abkühlung nach einem anstrengenden Erkundungstag; es gibt BBQ und kostenlose Pralinen.

★Mud Hut Motel MOTEL $$
(☎08-8672 3003; www.mudhutmotel.com.au; Ecke Hutchison & St Nicholas Sts; EZ/DZ/FZ/Apt. mit 2 Schlafzi. 130/150/180/218 AU$; ❄) Die rustikalen Mauern sind aus gestampftem Lehm, aber trotz des schmutzigen Namens ist das Mud Hut Motel eine der saubersten (und neuesten) Unterkünfte der Stadt – und

mit Abstand die beste Moteloption für Leute, die nicht unter der Erde nächtigen wollen. Die Apartments mit zwei Schlafzimmern bieten Platz für sechs Personen (Extraperson 20 AU$) und sind mit Küche ausgestattet. Zentrale Lage.

Desert Cave Hotel HOTEL **$$$**
(☎08-8672 5688; www.desertcave.com.au; Lot 1 Hutchison St; DZ ober-/unterirdisch 260/255 AU$; ❄📶🏊) Das eher hochpreisige Desert Cave sorgt für willkommenen Luxus mit schönem Pool, Tagescafé, Flughafen-Transfer und dem ausgezeichneten Restaurant **Umberto's** (Hauptgerichte 28–43 AU$; ⏲18–21 Uhr). Das Personal ist superfreundlich und organisiert auch Touren. Oberirdische Zimmer kosten etwas mehr (und sind riesig, allerdings gibt es da nettere Unterkünfte in der Stadt). Im Sommer sinken die Preise.

Essen

★ **Outback Bar & Grill** FAST FOOD **$$**
(☎08-8672 3250; www.facebook.com/shellcooberpedy; 454 Hutchison St; Hauptgerichte 7–25 AU$; ⏲Mo–Sa 7–21, So bis 20 Uhr; 📶) Es klingt vielleicht etwas seltsam, aber dieser hell erleuchtete Tankstellendiner ist eines der besten Lokale in Coober Pedy! Braten, Pasta, Burger, Lasagne, Schnitzel sowie ein köstlicher griechischer Lammsalat, der eine kühne Abwechslung zu den Standards und Erwartungen der Trucker darstellt. Man bekommt hier auch Bier, um den Staub der Straße wegzuspülen.

John's Pizza Bar & Restaurant ITALIENISCH **$$**
(☎08-8672 5561; www.jpbr.com.au; Shop 24, 1 Hutchison St; Hauptgerichte 9–32 AU$; ⏲10–22 Uhr) An den tellergroßen Pizzen, der herzhaften Pasta und dem kühlenden Gelato dieses Restaurants kommt keiner vorbei. Grillspeisen, Salate, Burger, Gyros sowie Fish & Chips gibt's auch. Die Gäste sitzen im Innenraum oder draußen am Straßenrand zwischen traurig wirkenden Topfpflanzen. Man kann auch Essen mitnehmen.

Praktische Informationen

Coober Pedy Visitor Information Centre
(☎08-8672 4600, 1800 637 076; www.cooberpedy.sa.gov.au/tourism; Council Offices, Lot 773 Hutchison St; ⏲Mo–Fr 8.30–17, Sa & So 10–13 Uhr) 30 Minuten kostenloser Internetzugang (vorher reservieren), eine Ausstellung zur Geschichte sowie detaillierte Infos zu Touren und Unterkünften.

Oodnadatta Track

Der legendäre, einsame Oodnadatta Track verläuft zwischen Marla auf dem Stuart Hwy und Marree in den nördlichen Flinders Ranges. Die unbefestigte, 615 km lange Straße folgt der alten Overland Telegraph Line sowie der stillgelegten Great Northern Railway. An der Route liegen abgeschiedene Siedlungen, skurrile Wüstensehenswürdigkeiten und der riesige Lake Eyre, der normalerweise ausgetrocknet ist. Man kann die Strecke in einem normalen Auto bewältigen, ein Allradfahrzeug ist aber ratsamer, da der Track wirklich holprig, matschig, staubig und mit Schlaglöchern übersät ist (ziemlich aufregend!).

Man kann den Oodnadatta Track in beide Richtungen angehen. Kommt man von Norden, liegt etwa 209 km von Marla entfernt Oodnadatta (170 Ew.), wo die Hauptstraße und die alte Eisenbahnlinie auseinandergehen. Hier steht das **Pink Roadhouse** (☎08-8670 7822, 1800 802 074; www.pinkroadhouse.com.au; Lot 42 Ikartuka Tce, Oodnadatta; Stellplätze ohne/mit Strom ab 22/32 AU$, Hütten mit/ohne Bad ab 120/70 AU$), in dem man gute Infos zum Track (auf den richtigen Reifendruck legt man hier besonders viel Wert) und Gerichte wie den eindrucksvollen Oodnaburger bekommt. Zum Rasthaus gehört auch ein Campingplatz mit Unterkünften, von schlichten Stellplätzen bis hin zu komplett eingerichteten Hütten.

Nach weiteren 201 km ist William Creek (6 Ew.!) erreicht, wo man es sich am besten im verwitterten **William Creek Hotel** (☎08-8670 7880; www.williamcreekhotel.com; Oodnadatta Track, William Creek; Stellplatz ohne/mit Strom 25/30 AU$, Hütte/Hotel DZ 90/150 AU$; ❄) bequem macht, einem kultigen Pub von 1887, dessen Wände mit Fotos, Visitenkarten, alten Auto-Nummernschildern und Geldscheinen tapeziert sind. Es gibt hier auch einen staubigen Campingplatz sowie bescheidene Hütten und Motelzimmer, außerdem Benzin, kaltes Bier, Grundnahrungsmittel, Ersatzreifen und den ganzen Tag über Essen (Hauptgerichte 16–32 AU$).

William Creek ist auch die Basis von **Wrightsair** (☎08-8670 7962; www.wrightsair.com.au; 1 Bill Rivers Ave, William Creek; Flug ab 260 AU$/Pers.), einem Unternehmen, das Rundflüge über den Lake Eyre veranstaltet (mind. 2 Pers.).

Etwa 130 km vor Marree erreicht man den **Coward Springs Campground** (☎08-

8675 8336; www.cowardsprings.com.au; Oodnadatta Track, Coward Springs; Stellplatz ohne Strom Erw./Kind 12,50/6,25 AU$), den ersten Haltepunkt an der alten Coward-Springs-Bahnnebenstrecke. Hier kann man in Wannen aus alten Eisenbahnschwellen in heißem Quellwasser (Erw./Kind 2/1 AU$) schwelgen oder eine sechstägige Kameltour zum Lake Eyre unternehmen (ab 1760 AU$... oder man kauft sich eben doch gleich ein eigenes Kamel!).

Nächster Halt ist dann der Aussichtspunkt über den südlichen Teil des **Lake Eyre** (Kati Thanda; ☎08-8648 5300; www.environment.sa.gov.au/parks; ⏲24 Std.), den sechstgrößten See der Welt. Er ist normalerweise ausgetrocknet, aber in den letzten Jahren wurde er ein paar mal durch das Hochwasser aus Queensland gefüllt. Wenn das passiert (aber nur etwa einmal pro Jahrzehnt), wächst die Vogelwelt explosionsartig an! Zudem ist dies der niedrigste Punkt auf dem australischen Kontinent, und der Grund des Sees liegt 15,2 m unter dem Meeresspiegel.

Rund 60 km westlich von Marree taucht plötzlich der **Mutonia Sculpture Park** aus dem Wüstenschleier auf. Hier stehen alle möglichen verrückten Schweißarbeiten stumm und rostig in der Hitze herum, darunter einige Flugzeuge, die zusammengeschweißt und im Boden vergraben wurden. Zusammen stellen sie dann *Planehenge* dar.

Marree (100 Ew.) war früher einmal ein wichtiger Knotenpunkt für afghanische Kamelkarawanen und die Great Northern Railway und ist der Start- oder Zielpunkt des Oodnadatta sowie des Birdsville Tracks. Das große, 1883 aus Stein errichtete **Marree Hotel** (☎08-8675 8344; www.marreehotel.com.au; Railway Tce S, Marree; Stellplatz ohne Strom kostenlos, Hotel DZ ohne Bad 120 AU$, Hütte ab 140 AU$; ❄📶✖) hat ordentliche Pubzimmer (mit Gemeinschaftsbad), Hütten mit angeschlossenem Bad sowie kostenlose Stellplätze!

Die Leute vom Marree Hotel organisieren auch Rundflüge. Aus der Luft hat man einen guten Blick auf den **Marree Man**, eine 4,2 km lange Umrisszeichnung eines indigenen Pitjantjatjara-Kriegers, die in die Wüste nahe dem Lake Eyre geritzt wurde. Das Werk wurde erst im Jahr 1998 entdeckt, und keiner scheint zu wissen, wer es erschaffen hat. Viele Jahre lang schien die Erosion es langsam zu zerstören, aber 2016 wurde es erneut in die Erde gepflügt – und wieder weiß niemand, wer der Täter ist!

Von Marree geht es 80 km Richtung Süden nach Lyndhurst, wo man endlich wieder Asphalt unter die Räder bekommt, und von dort sind es 33 km bis nach Copley am Nordrand der Flinders Ranges.

Birdsville & Strzelecki Tracks

Diese zwei kultigen, historischen Handelswege durchs Outback erzählen Geschichten von der Erkundung und der Erschließung des australischen Kontinents, aber auch von der Landschaft: Durch dieses uralte Gebiet wanderten jahrtausendelang indigene Australier von Wasserquelle zu Wasserquelle. Wer genug H_20 in seinen Jeep packt, kann sich heutzutage unabhängig von Oasen und Wasserlöchern bewegen – unvorstellbar, das Ganze zu Fuß in Angriff zu nehmen.

Einen genauen Plan findet man in der interessanten Broschüre *Birdsville Strzelecki: Legendary Tracks of the Marree-Innamincka District* der regionalen Besucherzentren.

Beide Tracks sind nur mit Allrad zu bewältigen – und man muss dabei die Augen immer auf der Straße vor sich haben. Aber wenn man dann anhält, um sich umzusehen, wird man mit einer unglaublich rauen und wunderschönen Landschaft belohnt, in der die Tiere den Schatten suchen und die Wüstenluft zu knistern scheint. Einen dieser Tracks ganz zu schaffen, ist eine echte Glanzleistung – eine Reise in Australiens rotes Herz, die man so schnell nicht wieder vergisst.

Birdsville Track

Diese alte Viehtrieb-Route führt über 517 km von Marree in SA nach Birdsville, gleich hinter der Grenze zu Queensland; sie verläuft dabei zwischen der Simpson Desert im Westen und der Sturt Stony Desert im Osten. Der Track ist eine der klassischen Outback-Routen Australiens, berühmt geworden durch Viehzüchter, die Ende des 19. Jhs. Viehherden von Channel Country in Queensland zur Eisenbahn nach Marree trieben, wo sie in Port Augusta auf Schiffe gebracht wurden – etwa 1000 km kürzer als die Strecke zur Küste bei Brisbane. In jüngerer Zeit fuhr der legendäre Outback-Postbote Tom Kruse (nein, nicht der Tom Cruise) von 1936 bis 1963 mit seinem Postwagen den Track entlang.

Strzelecki Track

Der 460 km lange Strzelecki Track windet sich durch die Sandhügel des **Strzelecki Regional Reserve** (☎08-8648 5300; www.environment.sa.gov.au/parks; Strzelecki Track). Er beginnt 80 km südlich von Marree in Lyndhurst und führt zum winzigen Wüstenaußenposten Innamincka. Nach Erdöl- und Gasfunden bei Moomba (für Besucher nicht zugänglich) wurde aus dem ehemaligen Kamelpfad eine halbwegs anständige Schotterpiste mit heftigen Schlaglöchern, die von den schweren Lastwagen herrühren. Der neuere **Moomba–Strzelecki Track** ist besser in Schuss, aber auch länger und langweiliger als die alte Route entlang des Strzelecki Creek.

Darwin & Northern Territory

244 300 EW./ ☎ 08

Inhalt ➡

Gut essen

- ➡ Marksies Camp Tucker (S. 915)
- ➡ Sounds of Silence (S. 955)
- ➡ Border Store (S. 904)
- ➡ Crustaceans (S. 885)
- ➡ Black Russian Caravan Bar (S. 913)

Schön übernachten

- ➡ Cicada Lodge (S. 920)
- ➡ Wildman Wilderness Lodge (S. 893)
- ➡ Hawk Dreaming Wilderness Lodge (S. 904)
- ➡ Anbinik Kakadu Resort (S. 904)
- ➡ Desert Gardens Hotel (S. 956)

Auf nach Darwin & ins Northern Territory!

Das Top End ist Grenzland: Hier fühlt man sich wie in der Wildnis. Beim Erkunden der entlegenen Gebiete hat man den Eindruck, als würde man das Australien aus seinen Kindheitsträumen entdecken. Hier befindet sich die ursprüngliche Heimat der Nation – ein Land mit abgeschiedenen Gemeinden, Kunstzentren und uralter Felskunst. Zugleich erlebt man hier Natur wie aus dem Bildband, von den Krokodilen im Mary River bis hin zu den Überschwemmungs- und Feuchtgebieten von Kakadu. Und Darwin fasziniert mit Märkten, Restaurants und indigenen Kunstgalerien.

Der entlegene und überwiegend ungezähmte Teil des Northern Territory (NT) von Katherine zum Uluru ist der Ort, an dem das Abenteuer beginnt. Wer gerne mit dem Geländewagen unterwegs ist und das echte australische Outback kennenlernen möchte, ist hier richtig. Alice Springs, die Stadt im Herzen des Kontinents, begeistert mit exzentrischen Angeboten, Pioniergeist und verwitterter Berglandschaft.

Reisezeit

Darwin

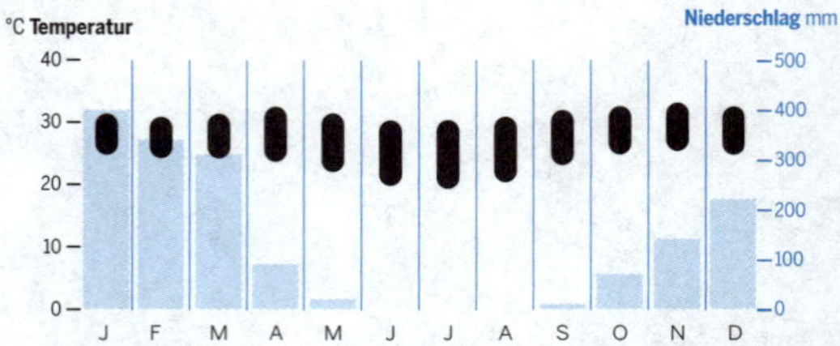

April–Sept. Gutes Wetter, Märkte und Festivals. Im Süden ist es milder, aber nachts kann es kalt werden.

Okt. & Nov. Die Chancen auf schwere Regenfälle und sehr schwüles Wetter steigen.

Dez.–März Wegen des Monsuns kommen weniger Besucher. Viele geführte Touren finden nicht statt.

DARWIN

135 000 EW.

Darwin ist die einzige Regionalhauptstadt Australiens, die in den Tropen liegt. Aufgrund ihrer Lage an der Timorsee ist sie Bali näher als Bondi. Man fühlt sich in Darwin daher vom Rest des Landes etwas abgetrennt – und genauso mögen es die Einheimischen.

Darwin hat Travellern viel zu bieten: Die Straßen sind voll von Restaurants und Bars mit Tischen und Stühlen im Freien, innovative Museen feiern die Vergangenheit der Stadt und Galerien präsentieren die vielfältige indigene Kunst der Region. Darwins kosmopolitischer Mix – hier leben über 50 Nationalitäten zusammen – spiegelt sich in den wundervollen Märkten, die während der Trockenzeit stattfinden.

Geschichte

Frühe Versuche der Europäer, im Top End zu siedeln, waren vor allem der Sorge der Briten geschuldet, dass Franzosen oder Holländer auf australischem Boden Fuß fassen könnten. Von Mitte der 1860er-Jahre bis 1895 wurden riesige Viehbestände über Land in weitläufige ländliche Siedlungsgebiete gebracht, wodurch Aborigines von ihrem Land vertrieben wurden. Einige indigene Einwohner waren gezwungen, auf den Rinderfarmen als Stockmen (eine Art australischer Cowboy) oder als Hausangestellte zu arbeiten, andere zogen fort, um ihre traditionelle Lebensweise bewahren zu können.

In den frühen 1870er-Jahren wurde Gold entdeckt. Es folgte ein kleiner Ansturm, vor allem von chinesischen Goldsuchern. Die Goldfunde waren zwar eher unbedeutend, aber die Suche danach förderte einen derartigen Reichtum an anderen Bodenschätzen zutage, dass der Bergbau schließlich zu einem bedeutenden Wirtschaftszweig wurde.

Angeführt von Vincent Lingiari trat 1966 eine Gruppe von Aborigine-Stockmen in der Wave Hill Station in Streik, um gegen ihre im Vergleich zu denen weißer Arbeiter niedrigen Löhne und schlechten Arbeitsbedingungen zu protestieren. Der Wave-Hill-Streik war der „Grundstein“ für den Kampf der Aborigines für ihr Land, und 1976 wurde in Canberra der *Aboriginal Land Rights (Northern Territory) Act* verabschiedet, durch den alle Reservate und Missionsländereien im Northern Territory in den Besitz von Aborigines übergingen. Dieses Gesetz gestand Aborigine-Gruppen außerdem das Recht zu, ungenutztes staatliches Land zu beanspruchen, sofern sie eine fortlaufende Besiedlung nachweisen konnten. Heute ist die Hälfte des Northern Territorys Eigentum von Aborigine-Völkern, u. a. der Kakadu National Park und der Uluru-Kata Tjuta National Park, die beide wiederum an die bundesstaatliche Regierung verpachtet wurden. Die Bodenschätze auf dem Aborigine-Land sind noch immer Regierungseigentum, obwohl in der Regel für Prospektion und Abbau die Genehmigung der Landeigentümer erforderlich ist und diese in jedem Fall entschädigt werden müssen.

Sehenswertes

Zentrum

★ Crocosaurus Cove ZOO

(Karte S. 882; ☎ 08-8981 7522; www.crocosauruscove.com; 58 Mitchell St; Erw./Kind 32/20 AU$; ⏰ 9–18 Uhr, letzter Einlass 17 Uhr) Wenn die Traveller nicht zu den Krokos kommen, müssen die Krokos eben zu den Travellern kommen. Genau in der Mitte der Mitchell Street befindet sich die Crocosaurus Cove; näher wird man diesen faszinierenden Kreaturen wohl nie kommen. Sechs der größten Krokodile, die hier in Gefangenschaft leben, werden in supermodernen Aquarien und Wasserbecken gehalten. Ein Öko-Boot bringt Besucher auf dem Wasser zu den Tieren (Erw./Kind 14/7 AU$).

Wer will, kann sich im transparenten **Cage of Death** (Todeskäfig; 1/2 Pers. 165/250 AU$) direkt zu den Krokodilen in den Pool hinablassen. Wem das zu gruselig ist, der kann in einem anderen Becken schwimmen, in dem man durch eine Glaswand von den nicht ganz so furchterregenden Baby-Krokodilen getrennt ist.

Aquascene AQUARIUM

(Karte S. 882; ☎ 08-8981 7837; www.aquascene.com.au; 28 Doctors Gully Rd; Erw./Kind/Fam. 15/10/43 AU$; ⏰ Flut, Website checken) In der Doctors Gully Road, einen kurzen Spaziergang entfernt von der Esplanade, veranstaltet Aquascene bei Flut eine wahre Fischfütterungsorgie. Besucher können Schwärme von Meerbarben, Welsen, Spatenfischen und riesigen Milchfischen mit der Hand füttern. Die Fütterungszeiten stehen auf der Website.

Bicentennial Park

(Karte S. 882; ⏰ 24 Std.) Der Bicentennial Park (die Esplanade) verläuft entlang des

Highlights

1 **Kakadu National Park** (S. 899) In einem der besten Parks Australiens Tier- und Pflanzenwelt sowie die Kunst und Kultur der Aborigines erleben

2 **Uluru** (S. 959) Sehen, wie Sonnenaufgang und Sonnenuntergang die Farbpalette der Erde auf diesem spirituellen Felsen verändern

3 **Kata Tjuta** (S. 961) Durch die versteckten Täler und tiefroten Monolithen der Olgas wandern

4 **Litchfield National Park** (S. 896) In einen kristallklaren Felspool des Nationalparks springen, der einer Oase gleicht

5 **Arnhem Land** (S. 908) Durch diese abgelegene, hypnotisch schöne Landschaft fahren und in die indigene Kultur eintauchen

6 **Nitmiluk (Katharine Gorge) National**

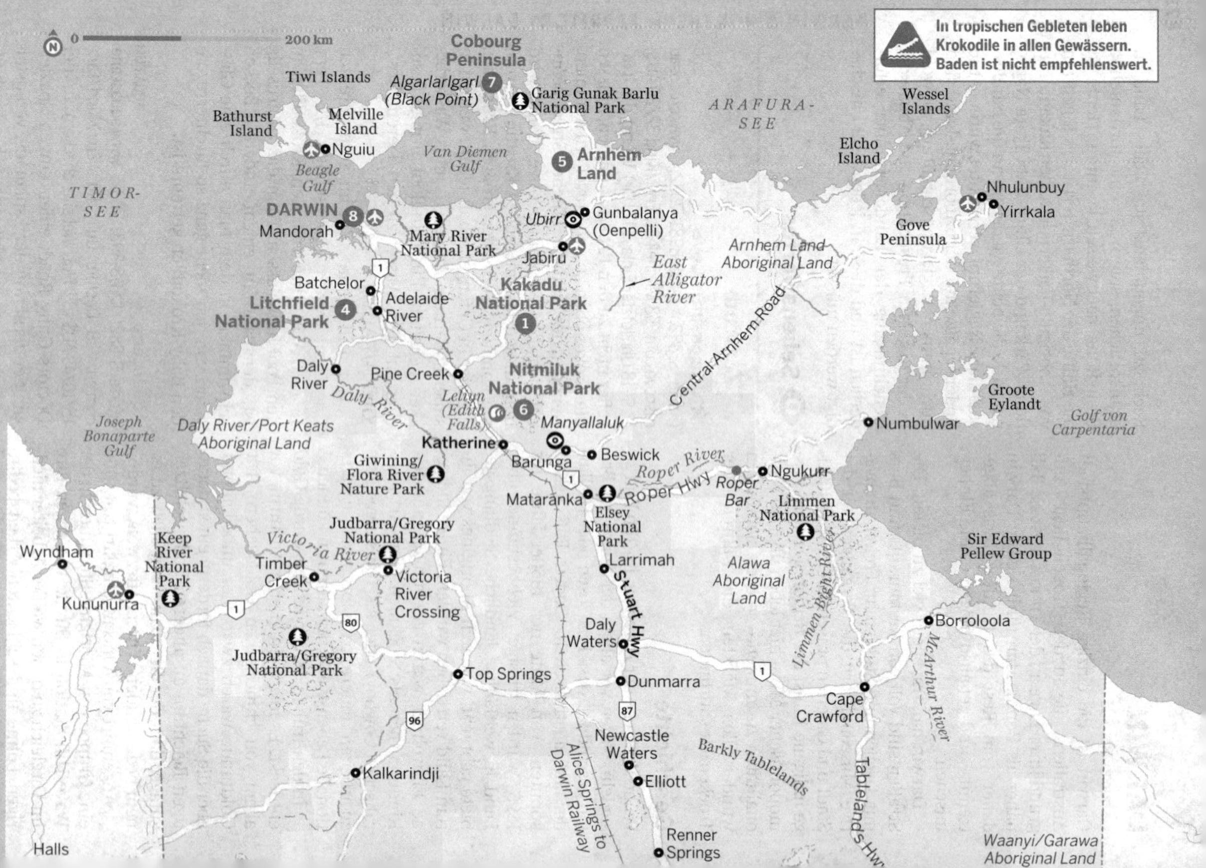

Park (S. 916) In krokodilfreien Gewässern schwimmen und durch fantastische Schluchten wandern

7 **Cobourg Peninsula** (S. 910) Jenseits der geteerten Straße weiterfahren und in eine der unberührtesten Küstenlandschaften Australiens eintauchen

8 **Mindil Beach Sunset Market** (S. 887) Im weltgewandten Darwin Satay-Hühnchen und andere exotische Gerichte genießen

9 **Kings Canyon** (S. 951) Eine der Ikonen des australischen Outbacks bewundern und nach Wildtieren Ausschau halten

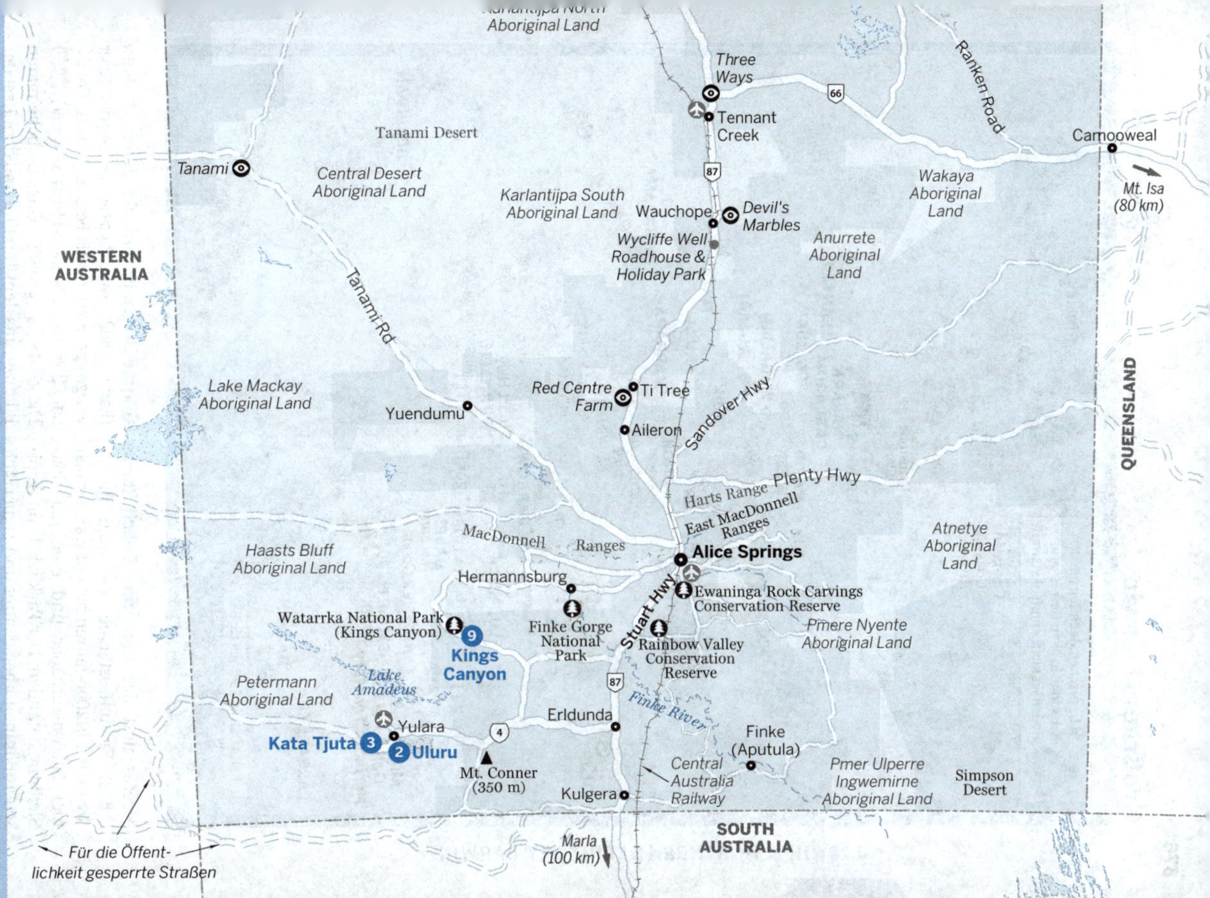

Großraum Darwin

Meeres und des **Lameroo Beach** (Karte S. 882). Er umfasst eine geschützte Bucht, die in den 1920er-Jahren beliebt war, als sich hier Salzwasserbäder und eine Larrakia-Siedlung befanden. Der Park wird von tropischen Bäumen überschattet und eignet sich hervorragend zum Umherspazieren.

Mason Gallery GALERIE

(Karte S. 882; ☎08-8981 9622; www.masongallery.com.au; Shop 7, 21 Cavenagh St; ⏲Mo–Fr 9–17, Sa & So 10–15 Uhr) GRATIS Die Galerie zeigt kühne Punkt-Gemälde aus den Regionen Western Desert und Central Desert sowie Kunstwerke aus dem Arnhem Land und Utopia.

George Brown Botanic Gardens GÄRTEN

(Karte S. 882; www.nt.gov.au/leisure/parks-reserves/george-brown-darwin-botanic-gardens; Geranium St; ⏲7–19 Uhr, Infozentrum 8–16 Uhr) GRATIS Diese 42 ha großen Gärten beheimaten Pflanzen aus dem Top End und dem Rest der Welt: Es gibt Regen- und Mangrovenwälder, Küstenhabitate, Affenbrotbäume sowie eine fantastische Sammlung an einheimischen und exotischen Palmen und Palmfarnen.

Myilly Point Heritage Precinct HISTORISCHE STÄTTE

(Karte S. 882) Die kleine, aber bedeutende Gebäudegruppe am Nordende der Smith St

Großraum Darwin

Highlights
1 Museum & Art Gallery of the Northern Territory A4

Sehenswertes
2 Charles Darwin National Park B4
3 Crocodylus Park D3
4 East Point Reserve A3
5 Vesteys Beach A4

Schlafen
6 Casa on Gregory B4
7 Grungle Downs B&B D3

Essen
8 Darwin Ski Club A4
9 Laneway Specialty Coffee B4
Parap Fine Foods ..... (siehe 9)
10 Pee Wee's at the Point A3

Ausgehen & Nachtleben
Bogarts ..... (siehe 9)
Darwin Sailing Club ..... (siehe 5)
Darwin Ski Club ..... (siehe 8)

Unterhaltung
11 Darwin Railway Club B4

Shoppen
12 Nightcliff Market B2
Nomad Art Gallery ..... (siehe 9)
Outstation Gallery ..... (siehe 9)
Parap Village Market ..... (siehe 9)
Tiwi Art Network ..... (siehe 9)

wurde von 1930 bis 1939 erbaut – die vier Häuser haben somit sowohl den Zweiten Weltkrieg als auch den Zyklon Tracy überstanden! Heute werden sie vom National Trust verwaltet. In einem davon, dem **Burnett House** (☎08-8981 0165; www.nationaltrust.org.au/places/burnett-house; 5 AU$; ⌚Mo–Sa 10–13, So 15–17 Uhr), ist nun ein Museum.

Darwin Waterfront Precinct

Die kühne, einige Millionen Dollar teure Sanierung des Darwin Waterfront Precinct (www.waterfront.nt.gov.au) hat das Stadtbild verändert: Hier findet man nun ein Kreuzfahrtterminal, Boutiquen, Luxushotels, Nobelrestaurants, das Wellenbad **Wave Lagoon** (Karte S. 882; ☎08-8985 6588; www.waterfront.nt.gov.au; Wave Lagoon Erw./Kind 9/6 AU$; ⌚Wave Lagoon 10–18 Uhr) und die Sky Bridge. Letztere ist ein Promenaden- bzw. Verbindungssteg mit Aufzug und beginnt am Südende der Smith St.

★ Royal Flying Doctor Service MUSEUM
(Karte S. 882; ☎08-8983 5700; www.flyingdoctor.org.au; Stokes Hill Wharf; Erw./Kind/Fam. 26/16/70 AU$; ⌚9.30–18 Uhr, letzter Einlass 17 Uhr) Das hervorragende neue Museum verfügt über ein Hologrammkino mit 55 Sitzen und Virtual-Reality-Brillen, die Besucher in die Lage versetzen, den Bombenangriff Japans auf Darwin Harbour im Jahr 1942 mitzuerleben. Außerdem gibt es in dem Museum eine stillgelegte Pilatus PC-12 des Royal Flying Doctor Service (RFDS), eine Landkarte, die den derzeitigen Aufenthaltsort der RFDS-Flugzeuge zeigt, und eine Reihe von Touchscreens zur Geschichte des RFDS und Darwins während des Zweiten Weltkrieges.

WWII Oil-Storage Tunnels TUNNEL
(Karte S. 882; ☎08-8985 6322; www.darwintours.com.au/ww2tunnels; Tour auf eigene Faust Erw./Kind 8/5 AU$.; ⌚Mai–Okt. 9–16 Uhr, Nov.–April bis 13 Uhr) In dieser Anlage aus dem Zweiten Weltkrieg kann man ungestört die eigenen Hitchcock-Fantasien ausleben und der Hitze des Tages entkommen. Die Tunnel wurden 1942 als Marine-Öllager angelegt, aber nie benutzt. Heute sind hier Fotos aus Kriegstagen ausgestellt.

Indo-Pacific Marine Exhibition AQUARIUM
(Karte S. 882; ☎08-8981 1294; www.indopacificmarine.com.au; 29 Stokes Hill Rd; Erw./Kind/Fam. 24/10/58 AU$; ⌚April–Okt. 10–16 Uhr; Nov.–März telefonisch nach Öffnungszeiten fragen) Das großartige Meeresaquarium im Waterfront Precinct (S. 876) lässt Besucher mit den Wasserbewohnern des Darwin Harbour auf Tuchfühlung gehen. Jedes kleine Becken ist ein komplettes Ökosystem, dem nur manchmal ein paar Extrafische als Futter für die Räuber (z. B. Stein- oder bizarre Anglerfische) hinzugefügt werden.

Ebenfalls empfehlenswert ist das Programm **Coral Reef by Night** (Karte S. 882; 08-9891 1294; www.indopacificmarine.com.au; 29 Stokes Hill Rd; Erw./Kind 120/60 AU$; ⌚ Mi, Fr & So 18.30 Uhr): Es umfasst eine Aquariumsführung, eine beeindruckende Leuchttiershow und ein Seafood-Abendessen.

Fannie Bay & Parap

★ Museum & Art Gallery of the Northern Territory MUSEUM
(MAGNT; Karte S. 876; ☎08-8999 8264; www.magnt.net.au; 19 Conacher St, Fannie Bay; ⌚Mo–Fr 9–17, Sa & So 10–17 Uhr) GRATIS Dieses spitzen-

mäßige Museum mit Galerie zeigt wunderschön gestaltete Ausstellungen rund um das Top End. Ein Highlight ist die **Aborigine-Kunstsammlung** mit Schnitzereien von den Tiwi Islands, Rindenmalereien aus dem Arnhem Land und Punktzeichnungen aus der Wüste.

Ein ganzer Raum ist dem **Zyklon Tracy** von 1974 gewidmet: Die Ausstellung illustriert drastisch das Leben vor und nach der Katastrophe. Hier hört man u.a. in einem dunklen Raum das Fauchen des Wirbelsturms in voller Lautstärke – es ist ein Geräusch, das einem noch lang im Gedächtnis bleiben dürfte.

East Point Reserve GÄRTEN

(Karte S. 876; ⏲Mangroven-Fußweg 8–18 Uhr) Nördlich der Fannie Bay liegt dieses Fleckchen, das besonders am späten Nachmittag Besucher anlockt, wenn Wallabys zum Fressen herkommen und man den Sonnenuntergang über der Bucht bewundern kann.

Lake Alexander, ein kleiner, der Erholung dienender Salzwassersee, wurde geschaffen, um Besuchern die Möglichkeit zu bieten, das ganze Jahr über zu schwimmen, ohne sich um Quallen zu sorgen. Hier gibt es einen guten Kinderspielplatz und Picknickplätze mit Grillstellen. Ein 1,5 km langer **Mangroven-Fußweg** beginnt am Parkplatz.

Outer East

Crocodylus Park ZOO

(Karte S. 876; www.crocodyluspark.com.au; 815 McMillans Rd, Berrimah; Erw./Kind 40/20 AU$; ⏲9–17 Uhr) Neben Hunderten Krokodilen wartet hier auch ein Minizoo mit Großkatzen (z.B. Löwen und Tiger), Klammeraffen, Marmosetten (kleine Äffchen), Kasuaren (Laufvogel aus Neuguinea) und anderen großen Vögeln. Idealerweise plant man für die Besichtigung des Ganzen zwei Stunden ein und stimmt seinen Besuch auf eine der **Führungen** (10, 12, 14 & 15.30 Uhr) ab, die jeweils auch eine Fütterung umfassen. Zudem kann abgepacktes Kroko-Grillfleisch gekauft werden!

Der Park liegt ca. 15 km vom Zentrum entfernt und ist von Darwin aus mit Bus 5 erreichbar.

Aktivitäten

Strände & Schwimmen

Darwin ist kein Strandparadies, da der Hafen naturgemäß keine Brandung hat. Nördlich vom Zentrum säumt jedoch eine Reihe von Sandstränden die in Kurven verlaufende Küstenlinie: Am populärsten sind **Mindil** (Karte S. 882) und **Vesteys** (Karte S. 876) an der Fannie Bay. Weiter nördlich ist ein Abschnitt des 7 km langen **Casuarina Beach** offiziell als FKK-Strand ausgewiesen. Die meisten Badestrände Darwins liegen so weit von den Mangrovenflüssen entfernt, dass gefährliche Krokodilbegegnungen ausgesprochen unwahrscheinlich sind. Ein größeres Problem ist die tödliche Würfelqualle (Seewespe/Stinger), die das Schwimmen von Oktober bis März (oft auch schon früher und/oder bis Mai) höchst ungesund macht. Ganzjähriges Baden ohne Quallenrisiko ermöglicht der Westteil des **Lake Alexander** am East Point Reserve (S. 878), der vom Zentrum aus leicht mit dem Fahrrad erreichbar ist. Dasselbe gilt für die Wave & Recreation Lagoons (S. 876) im Herzen des Darwin Waterfront Precinct (S. 876). Dort findet man auch die Recreation Lagoon, in der man dank Netzen in natürlichem Salzwasser schwimmen kann.

Hafen-Bootsfahrten

Darwin Harbour Cruises BOOTSFAHRT

(Karte S. 882; ☎08-8942 3131; www.darwinharbourcruises.com.au) Am Stokes Hill Wharf beginnen verschiedene Bootsfahrten. Der 20 m lange Schoner *Tumlaren* unternimmt bei Sonnenuntergang „Tastes of the Territory"-Bootsfahrten (Erw./Kind 74/45 AU$). Auf der *Charles Darwin*, einem Katamaran mit drei Decks, kann man tagsüber und abends Bootsfahrten machen.

Spirit of Darwin BOOTSFAHRT

(Karte S. 882; ☎0417 381 977; www.spiritofdarwin.com.au; Touren pro Erw. 65 AU$) Dieser Motor-Katamaran mit Klimaanlage unternimmt täglich um 14 Uhr eine zweistündige Sightseeing-Tour und um 17.30 Uhr eine Sunset-Tour; Abfahrt an der Stokes Hill Wharf.

Geführte Touren

★ Turtle Tracks GEFÜHRTE TOUREN

(Karte S. 882; ☎1300 065 022; www.seadarwin.com; Stokes Hill Wharf; Erw./Kind/Fam. 250/175/790 AU$; ⏲Mai–Sept. 16 Uhr) Diese Tour führt vorbei am Darwin Harbour und dem Charles-Point-Leuchtturm zur wunderschönen Bare Sand Island, bei der man bei Sonnenuntergang ankommt. Die Führer zeigen die Insel, erläutern ihre Geschichte und führen die Besucher dann im Schein von Taschenlampen zu den Stellen, an denen

Schildkröten ihre Eier ablegen. Wer später im Jahr kommt, sieht vielleicht ihre Jungtiere schlüpfen.

★ **Ethical Adventures** GEFÜHRTE TOUREN
(☎0488 442 269; www.ethicaladventures.com) Ethical Adventures ist ein kleines bisschen besser als alle anderen Veranstalter, die Tagestouren von Darwin zum Litchfield National Park veranstalten. Die Touren dauern von Sonnenaufgang bis Sonnenuntergang und führen zu allen Sehenswürdigkeiten. Unterwegs gibt es hervorragendes Essen (z.B. gegrilltes Krokodil- oder Büffelfleisch) und die Führer sind ausgezeichnet. Ein Pluspunkt ist der Schwerpunkt des Veranstalters auf kleinen Gruppen, kulturellem Engagement und ethischen Praktiken.

★ **Northern Territory Indigenous Tours** KULTURTOUR
(☎1300 921 188; www.ntitours.com.au; Tagestouren Erw./Kind ab 249/124 AU$) Gehobene indigene Kulturtouren in den Litchfield National Park und in den Kakadu.

AAT Kings GEFÜHRTE TOUREN
(Karte S. 882; ☎1300 228 546; www.aatkings.com; 52 Mitchell St) AAT Kings ist der führende Veranstalter im Outback; das Unternehmen hat jede Menge Erfahrung und bietet viele verschiedene Touren an, darunter Stadtbesichtigungen in Darwin und Ausflüge zum Kakadu National Park und zum Litchfield National Park. Hier kann man nicht auf kleine Gruppen hoffen – eher das Gegenteil ist der Fall –, aber es lohnt sich dennoch, nach einer passenden Tour zu schauen.

Wallaroo Tours GEFÜHRTE TOUREN
(Darwin-Touren; Karte S. 882; ☎08-8981 6670; www.wallarootours.com; 50 Mitchell St; geführte Touren 95–170 AU$) Bietet Halb- und Ganztagestouren u.a. zum Mary River National Park und seinen Feuchtgebieten (gut geeignet zum Beobachten von Vögeln und Krokodilen), zu den springenden Krokodilen des Mary River sowie Panoramaflüge, Tagesausflüge nach Litchfield und Stadtbesichtigungen in Darwin.

Sacred Earth Safaris ABENTEUER
(☎08-8536 2234; www.sacredearthsafaris.com.au; ⊙Mai–Okt.) Mehrtägige Campingtouren im Geländewagen für kleine Gruppen rund um den Kakadu National Park, um Katherine und Kimberley. Die zweitägige Kakadu-Tour kostet 850 AU$, die fünftägige Top End National Parks Safari 2600 AU$.

ABSTECHER

CHARLES DARWIN NATIONAL PARK

Der **Charles Darwin National Park** (Karte S. 876; ☎08-8946 5126; www.nt.gov.au/leisure/parks-reserves; ⊙8–19 Uhr) schützt Orte von natürlicher und kultureller Bedeutung, darunter einen Teil der Port-Darwin-Feuchtgebiete, eines der bedeutendsten Feuchtgebiete des Landes. Der Park kann nur tagsüber besucht werden. Es gibt einen Aussichtspunkt und einige schöne, kurze Wanderungen. Der Park eignet sich außerdem hervorragend zur Vogelbeobachtung. Man sollte außerdem nach Mangroven Ausschau halten (z.B. der Mangrovenralle).

Sea Darwin OUTDOOR
(☎1300 065 022; www.seadarwin.com; 1-stündige geführte Tour Erw./Kind/Fam. 35/20/100 AU$) Sea Darwin bietet verschiedene Öko-Touren um die Stadt und zum Darwin Harbour, bei denen die Teilnehmer Mangroven, eine Krokodilfalle, ein Schiffswrack und (mit ein wenig Glück) Seekühe und Delfine erspähen können.

Darwin Walking Tours STADTSPAZIERGANG
(Karte S. 882; ☎08-8981 0227; www.darwinwalkingtours.com; 50 Mitchell St; Erw./Kind 25 AU$/kostenlos) Veranstaltet zweistündige geführte Spaziergänge zur Stadtgeschichte sowie Angel-, Abenteuer- und Naturtouren. Buchen kann man sie im Darwin Tours Shop.

Kakadu Dreams TOUREN
(☎1800 813 269; www.kakadudreams.com.au) Bietet Backpacker-Tagestouren zum Litchfield National Park (149 AU$) und ausgelassene zwei-/dreitägige Ausflüge in den Kakadu National Park (445/665 AU$) an.

Feste & Events

Darwin Festival KUNST
(www.darwinfestival.org.au; ⊙Aug.) Das hauptsächlich unter freiem Himmel stattfindende Kunst- und Kulturfest feiert im August 18 Tage lang Musik, Theater, bildende Kunst, Tanz und Kabarett. Mittelpunkt des Festgeschehens ist der große Park neben dem Civic Sq abseits der Harry Chan Ave.

Darwin Aboriginal Art Fair KUNST
(www.darwinaboriginalartfair.com.au) Das dreitägige Fest findet im August im **Darwin Con-**

vention Centre (Karte S. 882; www.darwinconvention.com.au) statt und zeigt die indigene Kunst der Gemeinden des gesamten Northern Territory.

Darwin Fringe Festival KULTUR
(www.facebook.com/darwinfringefestival; Juli) Dieses Festival präsentiert vielseitige einheimische darstellende und bildende Künste an verschiedenen Veranstaltungsorten, z. B. im Theater **Brown's Mart** (Karte S. 882; 08-8981 5522; www.brownsmart.com.au; 12 Smith St).

Beer Can Regatta KULTUR
(www.beercanregatta.org.au) Ein absolut verrücktes, für das Northern Territory typisches Fest: Alles dreht ich um ein Rennen mit Booten aus Bierdosen. Die Regatta findet im Juli am Mindil Beach (S. 878) statt und sorgt garantiert für einen superlustigen Tag.

Darwin Cup Carnival SPORT
(www.darwinturfclub.org.au) Der achttägige Darwin-Cup-Rennkarneval findet im Juli und August im Darwin Turf Club in Fannie Bay statt. Neben den üblichen Bräuchen und Frivolitäten ist das Highlight der Darwin Cup.

Schlafen

In Darwin gibt's eine gute Auswahl von Unterkünften. Die meisten liegen in praktischer Nähe zum CBD. In der Hauptsaison (Mai–Sept.) kann es aber schwer sein, auf die Schnelle ein Bett zu finden – daher im Voraus buchen, zumindest für die erste Nacht! Die Preise für eine Unterkunft unterscheiden sich je nach Saison und Nachfrage sehr stark. Zwischen November und März werden oft große Preisnachlässe gewährt, vor allem für Unterkünfte in der Mittel- und Spitzenklasse.

Stadtzentrum & Waterfront

Melaleuca on Mitchell HOSTEL $
(Karte S. 882; 1300 723 437; www.momdarwin.com; 52 Mitchell St; B 32 AU$, DZ mit/ohne Bad 130/116 AU$;) Wer hier übernachten will, muss wissen: Eingecheckt wird rund um die Uhr, und das Hostel liegt mitten im Trubel der Mitchell St. Zu viel Schlaf wird man also vielleicht nicht bekommen, dafür kann man auf die Pauke hauen: Das Highlight sind die Inselbar auf dem Dach und der Poolbereich – komplett mit Wasserfall-Whirlpool und Großbild-TV. Das moderne Hostel ist ansonsten makellos, hat tolle Einrichtungen und ist sehr sicher. Die dritte Etage ist Frauen vorbehalten.

Chilli's HOSTEL $
(Karte S. 882; 1800 351 313, 08-8980 5800; www.chillis.com.au; 69a Mitchell St; B 32 AU$, 2BZ & DZ ohne Bad 90 AU$;) Das freundliche Hostel ist ein netter Ort mit einer kleinen Sonnenterrasse und einem Whirlpool (den Pool nebenan benutzen!). Es gibt auch einen Billardtisch und eine luftige Küche mit Terrasse und Ausblick auf die Mitchell St. Die Zimmer sind recht klein, aber sauber. Zu den netten Details zählen z. B. Töpfe mit duftenden Kräutern, die vom Dach des Balkons hängen.

Darwin YHA HOSTEL $
(Karte S. 882; 08-8981 5385; www.yha.com.au; 97 Mitchell St; B 27–38 AU$, DZ 125 AU$;) Das Hostel wird von Travellern jeglichen Alters gut bewertet. Es ist ein umgebautes Motel, daher haben alle 34 Zimmer (auch die Schlafsäle) eigene Bäder, die sich um einen recht ordentlichen Swimmingpool reihen. In einigen Zimmern kann es ein bisschen laut werden, daher sollte man versuchen, ein nach hinten liegendes Zimmer zu bekommen. Nebenan befindet sich die Globetrotters Bar mit preiswertem Essen und guter Unterhaltung.

★ **Vibe Hotel** $$
(Karte S. 882; 08-8982 9998; www.tfehotels.com/brands/vibe-hotels; 7 Kitchener Dr; Zi. 207–240 AU$;) Gehobene, professionell geführte Unterkunft mit freundlichen Mitarbeitern und super Lage im Darwin Waterfront Precinct. Wer ein größeres Bett und einen Ausblick auf das Wasser möchte, zahlt mehr. Wem es am schattigen Pool zu ruhig ist, findet nebenan die Wave Lagoon (S. 876).

Darwin Central Hotel HOTEL $$
(Karte S. 882; 1300 364 263, 08-8944 9000; www.darwincentral.com.au; 21 Knuckey St; DZ ab 200 AU$;) Direkt im Stadtzentrum bietet dieses schicke, unabhängige Hotel zeitgenössischen Stil und makellose Einrichtungen. Es gibt eine Auswahl von eleganten Zimmern, die allesamt behindertengerecht sind. Die Standardpreise sind hoch, aber die Sonderpreise im Internet, am Wochenende und ab drei Übernachtungen sorgen insgesamt für ein gutes Preis-Leistungs-Verhältnis. Das ausgezeichnete Frühstück rundet das gute Angebot ab.

★ **Argus** APARTMENT $$$
(Karte S. 882; 08-8925 5000; www.argusaccommodation.com.au; 6 Cardona Ct; Apt. mit 1/2/3 Schlafzimmern ab 330/421/509 AU$;)

Die Apartments im Argus sind *sehr* geräumig und die Qualität ist insgesamt super. Es gibt hübsche Badezimmer, kühle Bodenfliesen, einfache Wohn- und Essbereiche mit Balkon und schicke Küchen mit allen erforderlichen Utensilien. An einem schwülen Nachmittag im Top End lädt der schattige Pool zum Verweilen ein. In der Regenzeit fallen die Preise um mehr als die Hälfte.

★ Villa La Vue BOUTIQUEHOTEL **$$$**
(Karte S. 882; ☎ 08-8942 3012; www.villalavue.com.au; 78 Esplanade; Zi. 395–695 AU$) Wunderschöne Zimmer in zentraler Lage mit einem kultivierten, aber nicht überheblichen Alte-Welt-Flair. Ein herrliches Steingebäude dient als Hintergrund und der professionelle Service versüßt den Aufenthalt. Alles in allem eines der elegantesten und zugleich heimeligsten Hotels der Stadt.

★ Adina Apartment Hotel APARTMENT **$$$**
(Karte S. 882; ☎ 08-8982 9999; www.tfehotels.com; 7 Kitchener Dr; Apt. 224–463 AU$) Das Adina wurde von denselben Leuten eröffnet, die auch das Vibe Hotel nach Darwin brachten. Es ist ein stylisches Hotel mit zeitgenössischen Apartments, die mit sauberem Bettzeug und moderner Kunst an den Wänden ausgestattet sind. Von den meisten Zimmern aus hat man ausgezeichnete Ausblicke auf das Wasser und den Waterfront Precinct. Man befindet sich nahe an Restaurant und Bars sowie in Laufdistanz zum Zentrum.

Stadtrand & Vororte

FreeSpirit Resort Darwin CAMPING **$**
(Karte S. 892; ☎ 08-8935 0888; www.darwinfreespiritresort.com.au; 901 Stuart Hwy, Berrimah; Stellplatz ohne/mit Strom ab 45/52 AU$, Hütte & Wohneinheit 95–245 AU$; ❄@📶🏊) Die eindrucksvolle Anlage am Highway rund zehn Fahrminuten außerhalb der Stadt bietet eine Menge Einrichtungen (darunter drei Swimmingpools). Dank des Sprungkissens, einer Kinderecke, einer Bar und Livemusik in der Trockenzeit fühlen sich Erwachsene und Kinder hier gut unterhalten.

Darwin City Edge MOTEL **$$**
(Vitina Studio Motel; Karte S. 882; ☎ 08-8981 1544; www.vitinastudiomotel.com.au; 38 Gardens Rd; DZ/Suite 199/229 AU$; P❄@📶🏊) Uns gefällt dieses Motel: Die Zimmer haben ein gutes Preis-Leistungs-Verhältnis, der Service ist freundlich und effizient, und die Lage in Darwin ist praktisch. Ein echtes Schnäppchen also! Zur Verfügung stehen moderne Motelzimmer und größere Ein-Zimmer-Apartments mit Kochnische. Die Anlage befindet sich direkt am Stadtrand, in praktischer Nähe zum Golfplatz Gardens Park, dem botanischen Garten (S. 876) und dem Mindil Beach (S. 878). Auf der Website nach Sonderangeboten schauen!

Grungle Downs B&B **$$**
(Karte S. 876; ☎ 08-8947 4440; www.grungledowns.com.au; 945 McMillans Rd, Knuckey Lagoon; Zi. inkl. Frühstück 140–165 AU$, Hütten 200–400 AU$; ❄📶🏊) Dieser wunderschöne Rückzugsort befindet sich auf einem 2 ha großen Grundstück, das Welten von der Stadt entfernt zu sein scheint (obwohl es in Wirklichkeit nur 13 km sind). Wenn es draußen heiß ist, kann man sich hier wunderbar in der Gäste-Lounge oder am Pool entspannen. Es gibt vier Lodge-Zimmer (eines davon mit eigenem Bad) und eine herrliche Hütte mit zwei Schlafzimmern.

Casa on Gregory MOTEL **$$**
(Karte S. 876 ☎ 08-8941 3477; www.casaongregory.com.au; 52 Gregory St, Parap; Zi. 83–220 AU$; ❄📶🏊) Das Casa on Gregory beschreibt sich selbst als ein „Boutique-Motel". Die beliebte Unterkunft hat motelartige Zimmer im Angebot, die in der Tat besser als durchschnittliche Motelzimmer sind. Alle sind in warmen Farbtönen gehalten und das ganze Dekor verströmt einen Hauch von Eleganz.

Essen

Stadtzentrum & Waterfront

Im Zentrum befinden sich zwei große Supermärkte der Ketten **Coles** (Karte S. 882; www.coles.com.au; Mitchell Centre, 55-59 Mitchell St; ⏲ 6–22 Uhr) und **Woolworths** (Karte S. 882; www.woolworths.com.au; Ecke Cavenagh & Whitfield Sts; ⏲ 6–22 Uhr).

★ Aboriginal Bush Traders Café AUSTRALISCH **$**
(Karte S. 882; ☎ 09-8942 4023; www.aboriginalbushtraders.com; Ecke Esplanade & Knuckey Sts;

> **BUCHUNGSSERVICE**
>
> Die besten Deals in Darwin gibt es über den professionellen Buchungsservice **More Than a Room** (☎ 0418 616 888; www.morethanaroom.com.au), der Apartments, Hotelzimmer, Villas und Ferienhäuser vermittelt.

Darwin Zentrum

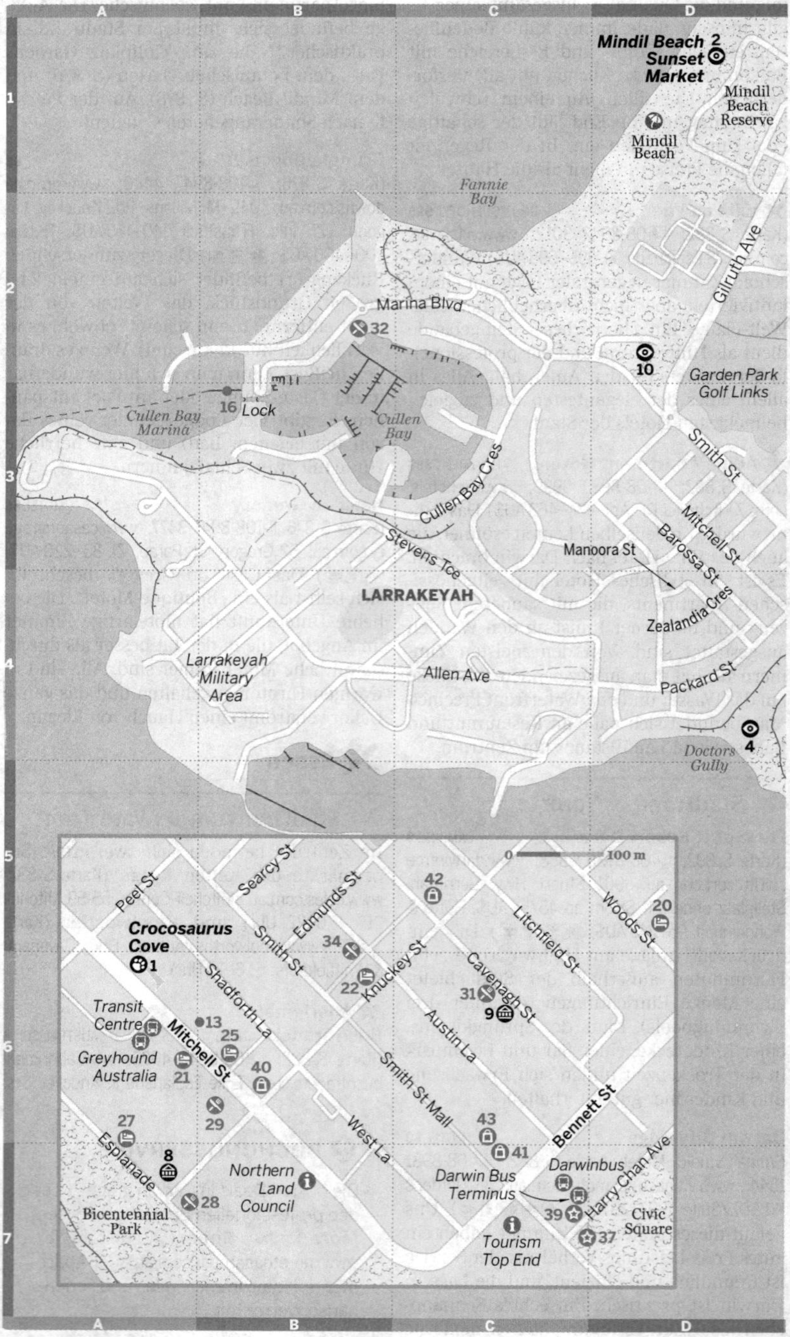

0
500 m
E
F
G
H
1
2
3
4
5
6
7
STUART PARK
Sadgroves Creek
Westralia St
6
George Brown Botanic Gardens Information Centre
Geranium St
Stuart Hwy
1
Gothenburg Cres
Duke St
Gardens Rd
Dinah Beach Rd
Frances Bay Dr
Daly Bridge
23
Buffalo Crt
Hafen für kleine Boote
Dashwood Cres
Daly St
Harvey St
Smith St
McLachlan St
McMinn St
Shepherd St
Woods St
Tiger Brennan Dr
Doctors Gully Rd
Mitchell St
Lindsay St
Smith St
24
Whitfield St
Carey St
Frances Bay
33
35
Esplanade
36
s. Detailplan
5
Peel St
Mavie St
Bicentennial Park
Mitchell St
Bennett St
Civic Square
Stokes Hill
Herbert St
11
Supreme Court
Kitchener Dr
Stokes Hill Rd
12
7
19
26
18
Port Darwin
38
Lameroo Beach
Hughes Ave
Darwin Convention Centre
14
Jervois Rd
DARWIN WATERFRONT PRECINCT
Darwin Harbour
17
3
15
Royal Flying Doctor Service
30
Stokes Hill Wharf
Iron Ore Wharf
Fort Hill Wharf

Darwin Zentrum

Highlights
1 Crocosaurus Cove ... A6
2 Mindil Beach Sunset Market ... D1
3 Royal Flying Doctor Service ... H7

Sehenswertes
4 Aquascene ... D4
5 Bicentennial Park ... E5
Burnett House ... (siehe 10)
Coral Reef by Night ... (siehe 7)
6 George Brown Botanic Gardens ... E1
7 Indo-Pacific Marine Exhibition ... H6
8 Lyons Cottage ... A7
9 Mason Gallery ... C6
10 Myilly Point Heritage Precinct ... D2
11 Parliament House ... G6
12 WWII Oil-Storage Tunnels ... G6

Aktivitäten, Kurse & Touren
13 AAT Kings ... B6
14 Darwin Harbour Cruises ... H6
Darwin Walking Tours ... (siehe 13)
15 Spirit of Darwin ... H7
16 Tiwi by Design ... B3
17 Turtle Tracks ... H7
Wallaroo Tours ... (siehe 25)
18 Wave & Recreation Lagoons ... H6

Schlafen
19 Adina Apartment Hotel ... G6
20 Argus ... D5
21 Chilli's ... A6
22 Darwin Central Hotel ... B6
23 Darwin City Edge ... E3
24 Darwin YHA ... E4
25 Melaleuca on Mitchell ... B6
26 Vibe Hotel ... G6
27 Villa La Vue ... A6

Essen
Aboriginal Bush Traders Cafe ... (siehe 8)
28 Char Restaurant ... A7
29 Coles ... B6
30 Crustaceans ... H7
31 Darwin RSL ... C6
32 Exotic North Indian Cuisine ... B2
33 Hanuman ... E5
34 Little Miss Korea ... B5
Speaker's Corner Cafe ... (siehe 11)
35 Woolworths ... F5

Ausgehen & Nachtleben
36 Discovery & Lost Arc ... E5

Unterhaltung
37 Brown's Mart ... C7
38 Deckchair Cinema ... F6
39 Happy Yess ... C7

Shoppen
Aboriginal Bush Traders ... (siehe 8)
40 Aboriginal Fine Arts Gallery ... B6
41 Mbantua Fine Art Gallery ... C7
42 NT General Store ... C5
43 The Bookshop ... C6

Hauptgerichte & leichte Mahlzeiten 9,50–17 AU$; ⏲7.30–14 Uhr) Im historischen Lyons Cottage (S. 887) befindet sich dieses ausgezeichnete kleine Café. Es tischt einige wirklich köstliche Gerichte auf, die von Buschgerichten der Aborigines aus den Wüstenregionen inspiriert wurden. Neben den eher traditionellen Gerichten, z. B. leckeren getoasteten Brötchen, sollte man das Buschbrot mit Marmelade (Kakadupflaume oder wilde Roselle), mit Buschtomate (Wildtomate), Anis, Myrte und Feta oder mit Avocado, Feta-Mus und Salzbusch-Dukkah probieren.

Speaker's Corner Café CAFÉ $
(Karte S. 882; ☎08-8946 1439; www.karensheldoncatering.com.au/speakers; Frühstück 5–20 AU$, Hauptgerichte 12–18 AU$; ⏲Mo–Fr 7.30–16 Uhr) Auf dem Gelände von Darwins **Parliament House** (Karte S. 882; ☎08-8946 1512; www.nt.gov.au/lant; Mitchell St; ⏲8–16.30 Uhr; GRATIS) liegt dieses Café, das Teil eines Projektes für die Ausbildung junger Aborigine-Arbeiter für das Gastronomiegewerbe ist. Hier kann man gut mittagessen: Neben den üblichen Café-Gerichten ist die Laksa (südostasiatische Suppe) zu empfehlen, die man mit einem Kakadupflaumen-Spritzer herunterspülen kann. Auf der Karte stehen außerdem Toasts, ideenreiche Salate und hausgemachte Waffeln.

Hanuman INDISCH, THAI $$
(Karte S. 882; ☎08-8941 3500; www.hanuman.com.au; 93 Mitchell St; Hauptgerichte 13–36 AU$; ⏲12–14.30 Uhr, abends ab 18 Uhr; 🅥) Fragt man Einheimische nach gutem Essen in Darwin, wird meistens das Hanuman genannt. Das Restaurant ist elegant, aber nicht steif. Einladende Düfte von innovativen indischen, thailändischen und Nonya-Gerichten wehen aus der Küche in den stilvollen offenen Speisesaal und auf die Terrasse. Die Karte ist umfangreich und bietet auch exotische Speisen für Vegetarier. Sogar Bankette werden ausgerichtet. Das Schild an der Türe sollte man respektieren: „Wir schätzen adrette Kleidung."

Little Miss Korea KOREANISCH $$
(Karte S. 882; ☎09-8981 7092; www.littlemisskorea.com; Austin Lane; Mittagsgerichte 14–19 AU$,

Abendgerichte 19–32 AU$; ⏲ Di–Fr 11.30–14.30 & 17.30 Uhr–open end, Sa & So 17.30 Uhr–open end) Darwins erstes richtiges koreanisches Grillrestaurant ist zu empfehlen: Der Essbereich ist stilvoll, ungezwungen und zeitgenössisch, und die Gerichte sind frisch und lecker (z. B. Schweinebauch vom Holzkohlegrill oder frische Riesengarnelen mit Zitronengras). Die Lage in einer kleinen Gasse ist ziemlich cool.

Darwin RSL INTERNATIONAL **$$**
(Karte S. 882; ☎ 08-8981 5437; www.darwinrsl.com.au; 27 Cavenagh St; Hauptgerichte 14–30 AU$; ⏲ 10–21 Uhr; 👪) Wer einige Zeit in australischen Provinzstädtchen verbracht hat, weiß, dass die Clubs der RSL (Returned and Services League) ein gutes Preis-Leistungs-Verhältnis bieten. Die Atmosphäre hier ist nicht protzig, sondern zwanglos und eignet sich gut für Familien (mal abgesehen von dem konstanten Summen der Spielautomaten). Das Essen ist gut und ohne weiteren Schnickschnack; auf den Tisch kommt eine hervorragende Auswahl an Burgern, Nudeln, Steaks und Meeresfrüchten.

★ **Crustaceans** MEERESFRÜCHTE **$$$**
(Karte S. 882; ☎ 08-8981 8658; www.crustaceans.net.au; Stokes Hill Wharf; Hauptgerichte 26–65 AU$; ⏲ 17.30–23 Uhr; 👪) Das relaxte Restaurant mit Alkoholausschanklizenz tischt frische Fische, Bärenkrebse, Hummer, Austern und sogar Krokodil sowie saftige Steaks auf. Das andere Highlight hier ist die Lage am Ende der Stokes Hill Wharf mit Blick auf den Sonnenuntergang über der Frances Bay. Kaltes Bier und eine erstklassige Weinkarte runden das Gesamtpaket ab.

Char Restaurant STEAK **$$$**
(Karte S. 882; ☎ 08-8981 4544; www.chardarwin.com.au; Ecke Esplanade & Knuckey St; Hauptgerichte 29–69 AU$; ⏲ Mi–Fr 12–23, Sa–Di 6–23 Uhr) Das Restaurant auf dem Gelände des historischen Admiralty House ist ein Paradies für Fleischfans. Die Spezialität hier sind Steaks vom Holzkohlegrill – Biofleisch, gut abgehangen und perfekt zubereitet –, aber es gibt auch eine breite Palette an innovativen Meeresfrüchtegerichten. Gehobene Atmosphäre – unbedingt etwas herausputzen.

Stadtrand & Vorstädte

Parap Fine Foods MARKT **$**
(Karte S. 876; ☎ 08-8981 8597; www.parapfinefoods.com; 40 Parap Rd, Parap; ⏲ Mo–Fr 8–18.30, Sa 8–18, So 9–13 Uhr) Ein Gourmet-Lebensmittelgeschäft im Parap Shopping Centre, das sich auf Bio-Produkte, Feinkost und edle Weine spezialisiert hat – die perfekten Zutaten für ein Picknick.

Laneway Speciality Coffee CAFÉ **$**
(Karte S. 876; ☎ 08-8941 4511; www.facebook.com/lanewayspecialtycoffee; 4/1 Vickers St, Parap; Hauptgerichte 12–18 AU$; ⏲ Mo–Sa 8–15 Uhr) Das zurückhaltende industrielle Design, die Ecklage und der starke Kaffee könnten einen glauben machen, man befände sich in Melbourne. Das Lokal wird schnell populärer und bekommt begeisterte Kritiken. Bei den gut zubereiteten Gerichten kommen regionale Bio-Zutaten zum Einsatz – das fast schon künstlerische Brötchen mit Speck und Ei ist schon allein die Reise wert. Zum Mittagessen bieten sich Burger mit Wagyū-Rind an.

★ **Darwin Ski Club** MODERN-AUSTRALISCH **$$**
(Karte S. 876; ☎ 08-8981 6630; www.darwinskiclub.com.au; Conacher St, Fannie Bay; Hauptgerichte 18–28 AU$; ⏲ 12–22 Uhr) Dieses Lokal wird immer besser. Der Darwin Ski Club ist bereits die beste Adresse vor Ort für ein Bier bei Sonnenuntergang (S. 886), bietet nun aber auch noch richtig gutes Essen. Die Karte ist wohl durchdacht und die Gerichte lecker zubereitet. Wir hatten das Rote Curry und waren beeindruckt. Das Lokal wird von Einheimischen sehr empfohlen.

★ **Exotic North Indian Cuisine** INDISCH **$$**
(Karte S. 882; ☎ 08-8941 3396; www.exoticnorthindiancuisine.com.au; Cullen Bay Marina; Hauptgerichte 14–23 AU$; ⏲ 17–22 Uhr; 👪) Mit hoch-

PARAP VILLAGE

Parap Village ist ein Feinschmeckerparadies mit mehreren guten Restaurants, Bars und Cafés und dem sehr empfehlenswerten Feinkostladen **Parap Fine Foods**. Vor allem lockt der **Markt** (S. 887) am Samstagvormittag die Einheimischen an wie Bären der Honig. Hier geht das Frühstück entspannt in Brunch und Mittagessen über. Zwischen den Besuchen an den Imbissständen (meist würzige südostasiatische Snacks) decken sich die Einkaufslustigen mit tropischem Obst und Gemüse ein – mit allem, was man braucht, um sich Laksa oder Rendang zu machen. Die Produkte kommen aus der Region und sind daher mit Sicherheit frisch.

wertiger indischer Küche zu recht günstigen Preisen hat sich dieses Lokal den Titel des besten indischen Restaurants in Darwin verdient. Es liegt direkt am Ufer der Cullen Bay, sodass man hier abends sehr angenehm am Wasser speisen kann. Der Service ist aufmerksam, es gibt Kinderstühle, und man kann, was für Darwin unüblich ist, auch seinen eigenen Wein mitbringen.

Pee Wee's at the Point MODERN-AUSTRALISCH $$$
(Karte S. 876; ☎ 08-8981 6868; www.peewees.com.au; Alec Fong Lim Dr, East Point Reserve; Hauptgerichte 41–68 AU$; ⏲ ab 18.30 Uhr) Bei einem Preis von 68 AU$ für das Hahndorf-Wildsteak ist das Pee Wee's at the Point in der Tat der Ort für ein Festmahl, aber das Restaurant – eines der besten in Darwin – lohnt die Ausgabe. Man genießt sein Essen, z. B. die zweimal gebratene Ente, unter tropischen Palmen im East Point Reserve (S. 878) direkt am Wasser.

Ausgehen & Nachtleben

★ **Darwin Ski Club** PUB
(Karte S. 876; ☎ 08-8981 6630; www.darwinskiclub.com.au; Conacher St, Fannie Bay; ⏲ 12 Uhr–open end) Man sollte die Mitchell Street hinter sich lassen und den herrlichen Sonnenuntergang in diesem relaxten Wasserskiclub am Vesteys Beach (S. 878) genießen. Der Blick vom Biergarten durch die Palmen hindurch ist ein absolutes Plus, oft spielen hier außerdem Livebands. Mit Abstand der schönste Ort für ein Bier bei Sonnenuntergang in ganz Darwin.

Discovery & Lost Arc CLUB
(Karte S. 882; ☎ 08-8942 3300; www.discoverydarwin.com.au; 89 Mitchell St; ⏲ 12 Uhr–open end) Das Discovery ist Darwins größter Nacht- und Tanzclub mit drei Etagen, auf denen Hip-Hop, Techno und House gespielt werden, Bars, Sitzecken, einer erhöhten Tanzfläche und jede Menge Partygängern; hin und wieder findet hier auch Karaoke statt. Das Lost Arc an der Mitchell Street ist die klassische Bar zum Chillen; richtig Stimmung ist hier ab 22 Uhr.

Bogarts BAR
(Karte S. 876; ☎ 08-8981 3561; 52 Gregory St, Parap; ⏲ Di–Sa 16 Uhr–open end) Das Bogarts ist eine der besten Bars in Darwin und lohnt den Weg hinaus in die Vorstädte. Alte Filmplakate, Rohrmöbel und Sofas mit Tierdrucken sorgen für ein buntes, aber erstaunlich gelungenes Ambiente. Die Stimmung ist entspannt, und bei Leuten über 30 Jahren ist der Laden besonders beliebt.

Darwin Sailing Club SPORTBAR
(Karte S. 876; ☎ 08-8981 1700; www.dwnsail.com.au; Atkins Dr, Fannie Bay; ⏲ 12–14 & 17.30–21 Uhr) Etwas schicker als der Skiclub (S. 885) ist der Segelclub. Hier tummeln sich Jachtbesitzer, die mit Blick auf die Timorsee ein Bier bei Sonnenuntergang genießen. Die Klänge aus der Musikanlage klingen überraschenderweise ganz und gar nicht nach einem Jachtclub (weder Christopher Cross noch Rod Stewart). Am Eingang kann man sich als Besucher eintragen (Ausweis mitbringen).

Unterhaltung

Das Magazin *Off the Leash* (www.offtheleash.net.au) listet alle Events der Stadt auf.

★ **Deckchair Cinema** KINO
(Karte S. 882; ☎ 08-8981 0700; www.deckchaircinema.com; Jervois Rd, Waterfront Precinct; Erw./Kind 16/8 AU$; ⏲ Kasse April–Nov. ab 18.30 Uhr) Während der Trockenzeit betreibt die Darwin Film Society dieses tolle Open-Air-Kino unterhalb des südlichen Endes der Esplanade. Man kann sich einen Film ansehen, während man unter dem Sternenhimmel entspannt. Eine Bar mit Schanklizenz ist für das Essen zuständig – oder man bringt sich ein Picknick mit (Alkohol darf aber nicht mitgebracht werden). Freitag- und samstagabends werden meist Doppelvorstellungen gezeigt (Erw./Kind 24/12 AU$).

Happy Yess LIVEMUSIK
(Karte S. 882; www.happyyess.tumblr.com; Brown's Mart, 12 Smith St; ⏲ Do–Sa 18–24 Uhr) Dieser Treff ist Darwins führender Veranstaltungsort für Livemusik. Das Happy Yess ist eine gemeinnützige Einrichtung von Musikern für Musiker. Hier wird man keine Coverbands hören. Originell, manchmal abgedreht, aber immer gut.

Darwin Railway Club LIVEMUSIK
(Karte S. 876; ☎ 08-8981 4171; 17 Somerville Gardens, Parap; ⏲ Mo–Fr 16–23.30, Sa 12–14, So 12–22 Uhr) Der Club ist eine der wichtigsten Stützen der Livemusikszene in Darwin; hier traten einige hervorragende Künstler auf.

Shoppen

★ **Outstation Gallery** KUNST
(Karte S. 876; ☎ 08-8981 4822; www.outstation.com.au; 8 Parap Pl; ⏲ Di 10–13, Mi–Fr bis 17, Sa bis

14 Uhr) Eine der besten Galerien für indigene Kunst in Darwin. Sie zeigt Kunstwerke aus neun verschiedenen Aborigine-Kunstzentren aus dem gesamten Northern Territory, vom Arnhem Land bis zur Western Desert.

Nomad Art Gallery KUNST
(Karte S. 876; ☎ 08-8981 6382; www.nomadart.com.au; 1/3 Vickers St, Parap; ⏲ Mo–Fr 10–17, Sa 9–14 Uhr) Diese Highend-Kunstgalerie besteht seit 2005 und verkauft zeitgenössische indigene Kunst, darunter Bilder in limitierter Auflage, Textilien, Teppiche, Bronze- und Schmuckarbeiten.

Mbantua Fine Art Gallery KUNST
(Karte S. 882; ☎ 08-8941 6611; www.mbantua.com.au; 2/30 Smith St Mall; ⏲ Mo–Sa 9–17 Uhr) Lebhafte Fantastiedesigns, die auf Leinwände oder Keramik gemalt werden.

Aboriginal Bush Traders KUNST & KUNSTHANDWERK
(Karte S. 882; ☎ 0487 007 070; www.aboriginalbushtraders.com; 74 Esplanade; ⏲ 9–14 Uhr) Das herrliche alte, denkmalgeschützte **Lyons Cottage** (Karte S. 882; ☎ 0488 329 933) GRATIS beherbergt diese Sammlung aus Kunstwerken, Schnitzereien, Web- und Schmuckarbeiten sowie eine kleine Auswahl an Büchern und CDs. Hier gibt es außerdem ein Café (S. 884).

The Bookshop BÜCHER
(Karte S. 882; ☎ 08-8941 3489; www.bookshopdarwin.com.au; 1/30 Smith St Mall; ⏲ Mo–Fr 9–17, Sa 9–15, So 10–14 Uhr) Der wahrscheinlich beste Buchladen in Darwin verfügt über eine gute Auswahl.

Darwin Art Trail KUNST
(www.darwinarttrail.com.au; ⏲ Mai–Sept. 3. So im Monat 10–16 Uhr) Diese Online-Quelle, an der rund sieben Studios beteiligt sind, bietet gute Informationen über die weniger bekannten Künstler und Kunstgalerien in und um Darwin. Neben ihren normalen Öffnungszeiten veranstalten alle Studios jeden Monat einen Tag der offenen Tür.

NT General Store SPORT & OUTDOOR
(Karte S. 882; ☎ 08-8981 8242; www.thentgeneralstore.com.au; 42 Cavenagh St; ⏲ Mo–Mi 8.30–17.30, Do & Fr bis 18, Sa bis 13 Uhr) Die Regale in diesem Lagerhaus aus Wellblech quellen über vor Camping- und Buschausrüstung. Man kann hier außerdem auch Wanderkarten kaufen.

Aboriginal Fine Arts Gallery KUNST
(Karte S. 882; ☎ 08-8981 1315; www.aaia.com.au; 1. Stock, Ecke Mitchell & Knuckey Sts; ⏲ Mo–Fr 9–17, Sa 9–15, So 10–15 Uhr) Diese Galerie zeigt und verkauft Kunst aus dem Arnhem Land und dem Central Desert.

Tiwi Art Network KUNST
(Karte S. 876; ☎ 08-8941 3593; www.ankaaa.org.au/art-centre/tiwi-art-network-tiwi-islands; 3/3 Vickers St, Parap; ⏲ Mi–Fr 10–17, Sa bis 14 Uhr) Dies ist das Ausstellungs- und Verwaltungszentrum von drei Künstlerkommunen auf den Tiwi Islands.

DARWINS ZAUBERHAFTE MÄRKTE

Mindil Beach Sunset Market (Karte S. 882; www.mindil.com.au; abseits der Gilruth Ave; ⏲ Mai–Okt. Do 17–22, So 16–21 Uhr) Das Essen – Gerichte aus Thailand, Sri Lanka, Indien, China, Malaysia, Brasilien, Griechenland, Portugal und weiteren Ländern – ist hier die Hauptattraktion (alle Gerichte ca. 6–12 AU$). Und doch ist das nur der halbe Spaß: An den Kunsthandwerksständen türmen sich handgearbeiteter Schmuck, sagenhafte Batikkleidung in Regenbogenfarben, Aborigines-Artefakte und Waren aus Indonesien und Thailand auf. **Mindil Beach** (S. 878) ist rund 2 km von Darwins Stadtzentrum entfernt – ein einfacher Spaziergang. Die Busse 4 und 6 fahren am Markt vorbei.

Parap Village Market (Karte S. 876; www.parapvillage.com.au; Parap Shopping Village, Parap Rd, Parap; ⏲ Sa 8–14 Uhr) Dieser kompakte, meistens überfüllte Markt, der auf Lebensmittel spezialisiert ist, ist einer der Lieblingsmärkte der Einheimischen, denn hier bekommt man die komplette Bandbreite der Zutaten für die südostasiatische Küche sowie viele der Zutaten, die man braucht, um seinen eigenen Tropensturm zusammenzubrauen ... Der Markt ist das ganze Jahr geöffnet.

Nightcliff Market (Karte S. 876; www.nightcliffmarkets.com.au; Pavonia Way, Nightcliff; ⏲ So 6–14 Uhr) Ein weiterer beliebter Gemeindemarkt im Nightcliff Shopping Centre nördlich der Stadt; hier gibt's viele Gebrauchtwaren und Designerklamotten.

Praktische Informationen

GEFAHREN & ÄRGERNISSE

- Darwin ist im Allgemeinen eine sichere Stadt, aber die üblichen Regeln gelten trotzdem: Kleinkriminalität kann ein Problem sein, besonders nachts. Aus diesem Grund sollte man es vermeiden, alleine in unbeleuchteten Gegenden zu Fuß unterwegs zu sein oder Wertsachen im Auto liegen zu lassen.
- Als Reaktion auf Berichte über mit Drogen versetzte Getränke, empfehlen die Behörden Frauen, in Bars keine Getränke von Fremden anzunehmen und Alkohol aus frisch geöffneten Flaschen – nicht aus dem Glas – zu trinken.
- In der Gegend in und um Darwin sollte man stets damit rechnen, dass sich Krokodile in Wasserlöchern und Flüssen aufhalten können.
- Zyklone können von November bis April auftreten; durch schwere Monsunregen können Outdoor-Aktivitäten von Dezember bis März eingeschränkt sein.
- **Feuerwehr** (☎000; www.pfes.nt.gov.au)

GELD

24-Stunden-Geldautomaten gibt es überall im Stadtzentrum, Wechselstuben in der Mitchell St.

INTERNETZUGANG

Die meisten Unterkünfte in Darwin bieten irgendeine Form von Internetzugang an. Gratis-WLAN gibt's in der Smith Street Mall.

Northern Territory Library (☎1800 019 155; www.dtc.nt.gov.au/arts-and-museums/northern-territory-library; Parliament House, Mitchell St; ⏲Mo–Fr 10–17, Sa & So 13–17 Uhr; 📶)

MEDIZINISCHE VERSORGUNG

Ark Aid (☎0409 090 840; www.wildlifedarwin.org.au) Hier ruft man an, falls man unterwegs verletzte Wildtiere findet.

Royal Darwin Hospital (☎08-8920 6011; www.health.nt.gov.au; 105 Rocklands Dr, Tiwi; ⏲24 Std.) Krankenhaus.

POST

Hauptpost (Karte S. 882; ☎13 13 18; www.auspost.com.au; 48 Cavenagh St; ⏲Mo–Fr 9–17, Sa bis 12.30 Uhr)

TOURISTENINFORMATION

George Brown Botanic Gardens Information Centre (Karte S. 882; ⏲8–16 Uhr)

Northern Land Council (Karte S. 882; ☎08-8920 5100; www.nlc.org.au; 45 Mitchell St) Hier gibt es Genehmigungen für das Arnhem Land und andere Gebiete im Norden.

Tiwi Land Council (Karte S. 876; ☎08-8981 4898; www.tiwilandcouncil.com; 162/2 Armidale St, Stuart Park) Hier bekommt man Genehmigungen für die Tiwi Islands.

Tourism Top End (Karte S. 882; ☎1300 138 886, 08-8980 6000; www.tourismtopend.com.au; Ecke Smith & Bennett Sts; ⏲Mo–Fr 8.30–17, Sa & So 9–15 Uhr) Die hilfsbereiten Mitarbeiter dieser Touristeninformation haben Hunderte Broschüren und buchen Ausflüge und Unterkünfte.

An- & Weiterreise

AUTO & WOHNMOBIL

Für Fahrten in und um Darwin bieten normale Mietautos ein gutes Preis-Leistungs-Verhältnis, aber bei den meisten Autovermietungen sind nur die ersten 100 km pro Tag kostenlos, was einen nicht sehr weit bringt. Die Preise beginnen bei rund 40 AU$ pro Tag für ein kleines Auto mit 100 Freikilometern pro Tag.

In Darwin werden auch viele Mietgeländewagen angeboten, z. B. von Veranstaltern wie **Britz** (☎1800 331 454; www.britz.com.au; 17 Bombing Rd, Winnellie). In der Regel muss man jedoch im Voraus buchen und die Gebühren/Kautionen sind höher als für normale Autos. Größere Veranstalter bieten für teurere Mietwägen höhere Freikilometer und die Möglichkeit, die Wägen nur für die Hinfahrt zu mieten. Wohnmobile sind klasse, wenn man im Northern Territory herumfahren möchte, und in der Regel gibt es selbst bei kürzerer Mietdauer keine Kilometerbegrenzung. Ein einfaches Wohnmobil kostet rund 60 AU$ pro Tag, ein Hi-Top-Wohnmobil mit drei Schlafkojen kostet 100 bis 120 AU$ pro Tag; für größere Wohnmobile oder Buschcamper mit Allradantrieb muss man bis zu 250 AU$ und mehr bezahlen. Zusatzversicherungen oder Reduzierungen der Selbstbeteiligung kosten extra.

Die meisten Autovermietungen sind täglich geöffnet und haben Filialen im Stadtzentrum. **Avis** (☎08-8936 0600; www.avis.com.au; 89 Smith St), **Budget** (☎08-8981 9800; www.budget.com.au; McLachlan St), **Hertz** (☎08-8941 0944; www.hertz.com.au; Shop 41, Mitchell Centre, 55-59 Mitchell St; ⏲Mo–Fr 8–17, Sa & So bis 12 Uhr) und **Thrifty** (☎08-8924 2454; www.rentacar.com.au; 50 Mitchell St) haben Niederlassungen am Flughafen. Weitere Autovermietungen sind:

Europcar (☎08-8941 0300; www.europcar.com.au; 77 Cavenagh St; ⏲Mo–Fr 8–17, Sa & So bis 12 Uhr)

JJ's Car Hire (☎0427 214 229; www.jjscarhire.com.au; 7 Goyder Rd, Parap) Ein guter lokaler Anbieter.

Mighty Cars & Campervans (www.mightycampers.com.au; 17 Bombing Rd, Winnellie)

Travellers Autobarn (☎1800 674 374; www.travellers-autobarn.com.au; 19 Bishop St)

Hilfe und Informationen gibt er hier:

AANT Roadside Assistance (☎13 11 11; www.aant.com.au)

Automobile Association of the Northern Territory (AANT; ☎08 8925 5901; www.aant.com.au)

BUS

Greyhound Australia (Karte S. 882; ☎1300 473 946; www.greyhound.com.au) betreibt Langstreckenbusse ab dem **Transit Centre** (Karte S. 882; www.enjoy-darwin.com/transit-bus.html; 69 Mitchell St). Es gibt mindestens eine Fahrt pro Tag den Stuart Hwy hoch und runter mit Halt in Pine Creek (ab 62 AU$, 3 Std.), Katherine (75 AU$, 5 Std.), Mataranka (102 AU$, 7 Std.), Tennant Creek (206 AU$, 14½ Std.) und Alice Springs (265 AU$, 22 Std.).

Richtung Kakadu National Park gibt's einen täglichen Service von Darwin nach Cooinda (87 AU$, 4½ Std.) über Jabiru (75 AU$, 3½ Std.).

Backpacker-Busse und Touren bringen einen auch zu weiter entfernten Orten.

FLUGZEUG

Der **Darwin International Airport** (☎08-8920 1811; www.darwinairport.com.au; Henry Wrigley Dr, Marrara) liegt 12 km nördlich vom Stadtzentrum. Hier starten und landen Auslands- und Inlandsflüge. Der **Darwin City Airport Shuttle Service** (Karte S. 876; ☎08-8947 3979; www.darwincityairportshuttleservice.com.au; 15 AU$/Pers.) ist eines von mehreren privaten Flughafen-Shuttlebus-Unternehmen, die Besucher an fast jede Stelle im Stadtzentrum bringen bzw. von dort abholen. Man sollte einen Tag vor Abflug buchen. Ein Taxi ins Stadtzentrum kostet rund 40 AU$.

Die folgenden Fluggesellschaften bedienen den Flughafen: **Airnorth** (☎1800 627 474; www.airnorth.com.au), **Jetstar** (www.jetstar.com), **Qantas** (www.qantas.com.au) und **Virgin Australia** (www.virginaustralia.com).

ZUG

Der legendäre *Ghan*, der zur **Great Southern Rail** (www.greatsouthernrail.com.au) gehört, fährt wöchentlich (Mai–Juli 2-mal wöchentl.) von Adelaide über Alice Springs nach Darwin. Darwins Bahnhof liegt an der Berrimah Rd, 15 km (20 Min.) vom Stadtzentrum entfernt. Eine Taxifahrt zum Zentrum kostet ca. 35 AU$, es gibt aber auch einen Shuttle-Service zum/vom **Transit Centre**.

ℹ Unterwegs vor Ort

BUS

Darwinbus (Karte S. 882; ☎08-8944 2444; www.nt.gov.au/driving/public-transport-cycling) betreibt ein umfassendes Busnetzwerk. Startpunkt ist der **Darwin Bus Terminus** (Karte S. 882; Harry Chan Ave) gegenüber vom Brown's Mart.

Mit einem Erwachsenenticket für 3 AU$ kann man innerhalb des Busnetzwerks drei Stunden lang unbegrenzt fahren (das Ticket muss beim ersten Einsteigen entwertet werden). Tages- (7 AU$) und Wochenkarten (20 AU$) gibt's an Bushaltestellen, Zeitungskiosken und im **Besucherzentrum** (S. 888). Bus 4 (nach Fannie Bay, Nightcliff, Rapid Creek und Casuarina) und Bus 6 (Fannie Bay, Parap und Stuart Park) sind nützlich, um zum **Aquascene** (S. 873), den **Botanic Gardens** (S. 876), zum **Mindil Beach** (S. 878), zum **Museum & Art Gallery** (S. 877), zum **East Point Reserve** (S. 878) und zu den Märkten zu kommen.

TAXI

Taxis warten in der Knuckey St, schräg gegenüber dem Nordende der Smith St Mall, und können normalerweise leicht herangewinkt werden. Oder man ruft **Darwin Radio Taxis** (☎13 10 08; www.131008.com).

RUND UM DARWIN

In Darwins Hinterland verstecken sich einige echte Perlen, darunter der Litchfield National Park, die Mary River Region, Pine Creek und die Tiwi Islands. Man ist nie mehr als ein paar Stunden von der Hauptstadt entfernt, aber wir empfehlen, mit Ausnahme der Tiwi Islands, für jede dieser Sehenswürdigkeiten mehr als einen Tag einzuplanen, da alle einen ausgiebigen Besuch wert sind.

Tiwi Islands

Die Tiwi Islands – Bathurst Island und Melville Island – liegen ungefähr 80 km nördlich von Darwin, und hier ist die Heimat der Tiwi-Aborigines. Ein Besuch hier ist eines der kulturellen Highlights des Top End. Die Tiwis („Wir Menschen") haben eine eigenständige Kultur und sind heute wegen ihrer lebendig wirkenden Kunstwerke und der ungewöhnlichen Footballspieler, die zu diesem Volk gehören, bekannt. Auf den Inseln sieht es mit der touristischen Infrastruktur ziemlich mau aus, und die meisten Traveller kommen nur auf die Inseln, wenn sie an einer der organisierten Touren teilnehmen, die täglich von Darwin aus stattfinden.

Die größte Siedlung auf den Inseln ist Wurrumiyanga. Sie liegt im Südosten von Bathurst Island und wurde 1911 als eine katholische Mission gegründet. Auf Melville Island befinden sich die Siedlungen Pirlangimpi und Milikapiti.

Geführte Touren

Es gibt keine öffentlichen Transportmittel auf den Inseln, daher erkundet man sie am besten im Rahmen einer geführten Tour. Wer möchte, kann die Sealink-Fähre nach Wurrumiyanga nehmen, einen kurzen (45-minütigen!) Blick auf den Ort werfen, ohne an einer Tour teilzunehmen oder eine Genehmigung zu kaufen. Wer weiter herumkommen möchte, muss sich jedoch eine Genehmigung beim Tiwi Land Council (S. 888) besorgen.

Tiwi Tours Aboriginal Cultural Experience KULTURTOUR
(☎1300 228 546; www.aatkings.com/tours/tiwi-tours-aboriginal-cultural-experience-by-ferry; Erw./Kind 285/143 AU$) Dieser Anbieter veranstaltet faszinierende Tagesausflüge zu den Tiwi Islands, auch wenn sich der Austausch mit der örtlichen Gemeinde in der Regel auf die Guides und die örtlichen Werkstätten und Ausstellungsräume beschränkt. Die Tour gibt's per Fähre (Fahrt je 2½ Stunden, jeden Do & Fr).

Tiwi by Design KULTURTOUR
(Karte S. 882; ☎1300 130 679; www.sealinknt.com.au; Erw./Kind 345/289 AU$; ⏲April–Mitte Dez. Do & Fr 8–17.45 Uhr; Mitte Juni–Aug. Mo 8–17.45 Uhr) Diese Tour zu den Tiwi Islands beginnt am Fährhafen der Cullen Bay. Im Preis inklusive sind die Genehmigungen, ein Mittagessen und eine Willkommenszeremonie sowie Besuche eines örtlichen Museums, einer Kirche und einer Künstlerwerkstätte, wo man auch selbst kreativ werden kann. Die Tour wird vom Fährbetreiber Sealink (S. 890) angeboten.

Feste & Events

Tiwi Grand Final SPORT
(⏲März) Ende März findet auf der Bathurst Island dieses Sportevent statt, auf dem das außerordentliche Talent und die glühende Leidenschaft der Tiwis für Australischen Football zur Schau getragen werden. Tausende Besucher kommen aus Darwin für den Tag hinüber; gleichzeitig findet auch die Tiwi Art Sale (www.tiwidesigns.com) statt. Die geführte Tour bzw. die Fähre unbedingt einige Zeit im Voraus buchen.

Schlafen & Essen

Besucher dürfen nicht ohne Genehmigung auf der Insel übernachten und es gibt keine Hotels; ein Besuch erfolgt daher im Rahmen eines Tagesausfluges ab Darwin.

Einige der Veranstalter bieten ein Mittagessen an; anderenfalls sollte man sich unbedingt etwas zu essen und zu trinken mitnehmen, da es hier keine Restaurants oder Supermärkte gibt.

An- & Weiterreise

Fähren von **Sealink** (www.sealinknt.com.au; Erw./Kind Hinfahrt 52,50/27,50 AU$, hin und zurück 105/55 AU$) fahren täglich gegen Mittag von der Cullen Bay in Darwin zu den Tiwi Islands (weniger oft in der Regenzeit). Die Fahrt dauert 2½ Std. Zurück geht's um 15.15 Uhr ab Wurrumiyanga. Wer die Inseln mit der öffentlichen Fähre besucht, hat nur 45 Minuten Zeit, um sich Wurrumiyanga anzusehen.

KULTUR AUF TIWI ISLAND

Bis ins 20. Jh. waren die auf den Inseln lebenden Tiwis von den Entwicklungen auf dem Festland nahezu abgeschnitten, sodass sich in ihrer Kultur mehrere einzigartige Traditionen erhalten haben. Am bekanntesten sind wohl ihre *pukumani* (Grabpfeiler), die aus Holz geschnitzt, mit symbolischen und mythologischen Figuren bemalt und rund um die Gräber aufgestellt werden. Seit Kurzem stellen die Tiwis auch Kunsthandwerk zum Verkaufen her: Schnitzereien, Malereien, bedruckte Stoffe, Batik und Keramik. Sie benutzen dabei traditionelle Muster und Motive. Die Textilfabrik Bima Wear wurde 1969 ins Leben gerufen, um Tiwi-Frauen Arbeit zu verschaffen. Heute werden hier viele bunte Stoffe mit den charakteristischen Mustern hergestellt.

Die meisten der insgesamt 2700 Tiwi-Insulaner leben auf Bathurst (auf Melville sind es etwa 900). Sehr viele haben einen kaum traditionell geprägten Lebensstil. Allerdings jagen sie noch immer Dugongs (Gabelschwanzseekühe) und sammeln Schildkröteneier. Das Erjagte und Gesammelte ergänzt nämlich auch heute noch die vom Festland bezogenen Lebensmittel. Jedes Jahr ziehen sich die Tiwis für ein paar Wochen auf ihre angestammten Ländereien auf Melville Island zurück, um ihre Traditionen zu pflegen und weiterzugeben. Auf Melville leben auch einige Nachfahren der japanischen Perlentaucher, die zu Beginn des Jahrhunderts regelmäßig auf die Insel kamen.

Arnhem Highway

Der Arnhem Highway (Route 36) verbindet Darwin mit dem Kakadu National Park – er zweigt 34 km südöstlich von Darwin zum Kakadu ab. Obwohl die meisten Traveller unterwegs nur anhalten, um zu tanken, bietet die Gegend einige lohnenswerte Sehenswürdigkeiten und Aktivitäten, z.B. Flussfahrten und Vogelbeobachtungen in den Feuchtgebieten sowie den Besuch einer kleinen landwirtschaftlichen Siedlung mit dem herrlichen Namen „Humpty Doo". Hier kann man das Big Boxing Crocodile bestaunen.

Sehenswertes

Djukbinj National Park NATIONALPARK
(Karte S. 892; ☎08-8988 8009; www.nt.gov.au/leisure/parks-reserves) Die Überschwemmungsgebiete und Billabongs in diesem hübschen Park 80 km südöstlich des Arnhem Highway eignen sich hervorragend zur Vogelbeobachtung. Der Park war einst das Jagdrevier des Limilngan-Stammes, der den Park jetzt mitbetreibt. Zu sehen gibt es unzählige Wasservögel, z.B. Spaltfußgänse. Aussichtspunkte gibt's am Scotts Creek, am Little Sister Billabong und am Twin Billabong, einen Picknickbereich findet man am Calf Billabong. Von Dezember bis März ist der Park aufgrund von schweren Regenfällen oft nicht zugänglich.

Window on the Wetlands Visitor Centre NATURRESERVAT
(Karte S. 892; www.nt.gov.au/leisure/parks-reserves; Arnhem Hwy; ⏲8–17.30 Uhr) GRATIS Drei Kilometer hinter der Abzweigung zum Fogg Dam, in östlicher Richtung entlang des Arnhem Highway, liegt dieses elegante Gebäude, das Information über das Ökosystem der Feuchtgebiete und die Geschichte der örtlichen Limilngan-Wulna-Aborigines bietet. Von der Aussichtsplattform hat man einen großartigen Ausblick auf die Auen des Adelaide River, und die Wasservögel auf dem Lake Beatrice kann man mit Ferngläsern beobachten.

Fogg Dam Conservation Reserve NATURRESERVAT
(Karte S. 892; www.foggdamfriends.org) Es lohnt sich, ein Fernglas mitzubringen: Auf dem fruchtbaren Grün des Fogg Dam Conservation Reserve leben unglaublich viele Wasservögel. Wegen der Krokodile sind die Dämme für Wanderer tabu. Dafür führen zwei Naturpfade (2,2 und 3,6 km) durch die Waldgebiete. Von Dezember bis Juli ist die Vogelzahl am höchsten. Die Abzweigung zum Naturschutzgebiet liegt rund 15 km entfernt von Humpty Doo in südöstlicher Richtung entlang des Arnhem Highway.

Aktivitäten

Adelaide River Cruises NATURBEOBACHTUNG
(Karte S. 892; ☎08-8983 3224; www.adelaiderivercruises.com.au; Geführte Touren Erw./Kind/Fam. 45/20/110 AU$; ⏲Mai–Okt. 9, 11, 13 & 15 Uhr) Die springenden Krokodile sieht man in einem privaten Flussabschnitt hinter der Abzweigung zum Fogg Dam. Der Veranstalter bietet auch ganztägige Bootstouren zur Naturbeobachtung in kleinen Gruppen.

Spectacular Jumping Crocodile Cruise NATURBEOBACHTUNG
(Karte S. 892; ☎08-8978 9077; www.jumpingcrocodile.com.au; Geführte Touren Erw./Kind 40/25 AU$; ⏲9, 11, 13 & 15 Uhr) An der Zugangsstraße zum Window on the Wetlands (s. linke Spalte) befindet sich dieser Veranstalter, der einstündige Touren im Programm hat. Nach Ausflügen ab Darwin fragen.

Adelaide River Queen NATURBEOBACHTUNG
(Karte S. 892; ☎08-8988 8144; www.jumpingcrocodilecruises.com.au; Geführte Touren Erw./Kind 45/30 AU$; ⏲März–Okt. 9, 10, 11, 13, 14 & 15 Uhr) Der etablierte Veranstalter am Highway gleich vor dem **Adelaide River Crossing** (Karte S. 892) bietet Bootstouren zu den springenden Krokodilen.

Schlafen & Essen

Humpty Doo Hotel PUB-ESSEN $$
(Karte S. 892; ☎08-8988 1372; www.humptydoohotel.net; Arnhem Hwy; Hauptgerichte 19–32 AU$; ⏲10–21 Uhr; ❄) Einige Leute halten hier an, weil es die Art Name ist, von dem man zu Hause gern Freunden erzählt, aber das Humpty Doo Hotel hat durchaus mehr zu bieten als den Reiz des Neuen. Das selbsternannte „weltbekannte" Humpty Doo ist bei Einheimischen (sogar aus Darwin) sehr beliebt. Hier gibt es großzügige Portionen Essen, Sunday Sessions und Livemusik am Freitagabend.

Hinten befinden sich unspektakuläre Motelzimmer und Hütten (Zimmer 130–160 AU$).

An- & Weiterreise

Entlang des Arnhem Highway verkehren nicht viele öffentliche Verkehrsmittel. Die meisten Besucher kommen im Rahmen einer Tour hierher. In Humpty Doo gibt es eine Tankstelle.

Rund um Darwin

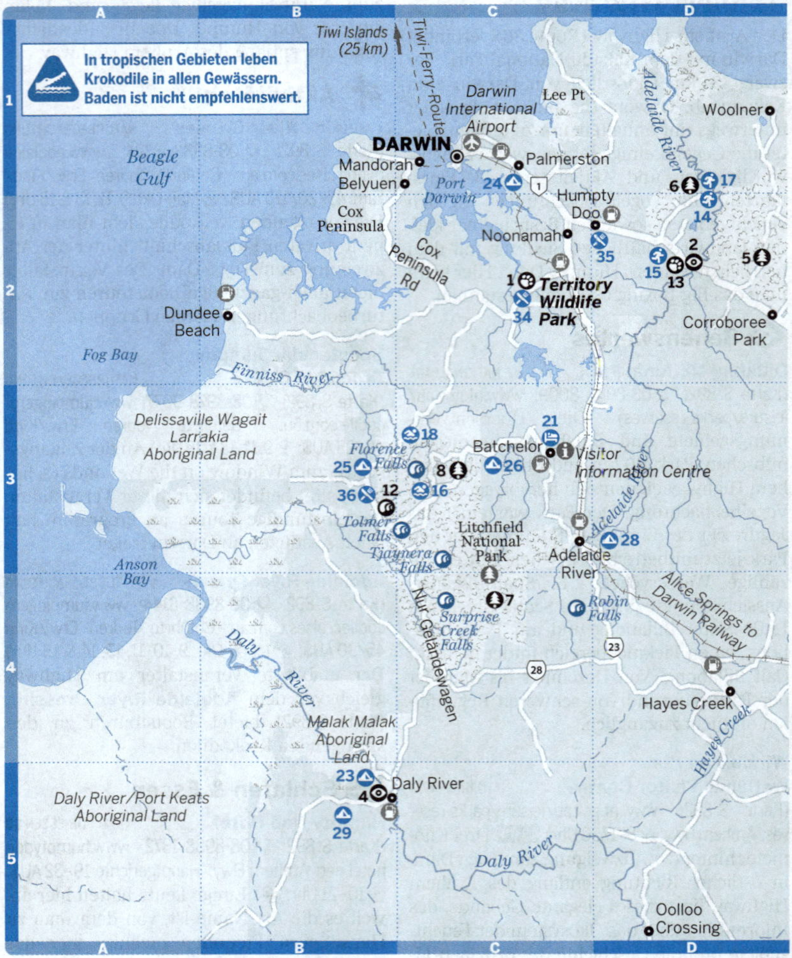

Mary River Region

Die Mary River Region wird auf der Durchreise zum Kakadu National Park oft übersehen, dabei lohnt es sich, die Feuchtgebiete sowie die Flora und Fauna des Mary River National Park (S. 895), dem Herzstück nördlich des Arnhem Highway, zu bewundern.

☞ Geführte Touren

Wetland Cruises – Corroboree Billabong GEFÜHRTE TOUREN
(Karte S. 892; ✆ 08-8985 5855; www.wetlandcruises.com.au; ⏲ März–Okt.) Diese hervorragenden Bootsausflüge zeigen die Mary-River-Feuchtgebiete in all ihrer Pracht. Unterwegs bekommt man mit ziemlich hoher Wahrscheinlichkeit Salzwasserkrokodile sowie jede Menge Vogelarten zu sehen. Es gibt einstündige Morgentouren (Erw./Kind 40/30 AU$), Lunch- und Sonnenuntergangstouren sowie Ganztagesausflüge ab Darwin (Erw./Kind 130/100 AU$).

Pudakul Aboriginal Cultural Tours GEFÜHRTE TOUREN
(✆ 08-8984 9282; www.pudakul.com.au; Erw./Kind/Fam. 99/55/250 AU$; ⏲ Mai–Okt.) Dieser ausgezeichnete kleine Veranstalter bietet

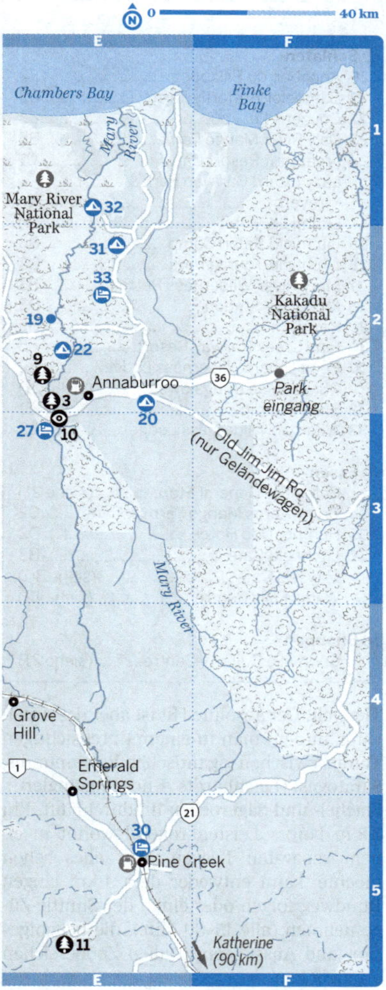

zweistündige indigene Kultur-Touren in den Adelaide-River- und Mary-River-Regionen. Aborigine-Führer zeigen Besuchern alles, von Mal-, Speerwurf- und Didgeridoo-Unterricht zu Spaziergängen rund um die Themen Buschküche und -medizin.

Schlafen

Annaburroo Billabong CAMPING $

(Karte S. 892; ☎ 08-8978 8971; Arnhem Hwy; Stellplätze ohne Strom Erw./Fam. 10/22 AU$, Hütten 75–160 AU$) Dieser Ort mit privatem Billabong, Buschstellplätzen, Wandermenagerie und freundlichen Besitzern scheint eine ganze Welt von dem nur 2 km abgelegenen Highway zu liegen und bietet eine tolle Alternative zu Raststätten. Die erhöhten Safarihütten im afrikanischen Stil mit Kühlschrank und Badezimmer sind gemütlich; außerdem gibt es Hütten, Lodge-Zimmer und makellose Gemeinschaftsanlagen aus Blech und Bambus.

★ Mary River Wilderness Retreat RESORT $$

(Karte S. 892; ☎ 08-8978 8877; www.maryriverpark.com.au; Mary River Crossing, Arnhem Hwy; Stellplätze ohne/mit Strom 30/43 AU$, Hütten & Safarizelte 145–220 AU$; ❄ 📶 🏊) Dieses Buschresort erstreckt sich über luxuriöse 3 km entlang des Mary River. Es verfügt über einige ausgezeichnete Safarizelte und Hütten am Pool oder im Busch, die von Bäumen umgebene Terrassen haben. Die unheimlich geräumigen Hütten am Pool sind die besten Unterkünfte, mit hohen Decken und begehbaren Duschen; sie bieten bis zu drei Personen Platz. Das Zelten auf den grasbewachsenen Hängen ist ebenfalls wunderbar.

Point Stuart Wilderness Lodge CAMPING $$

(Karte S. 892; ☎ 08-8978 8914; www.pointstuart.com.au; Point Stuart Rd; Camping Erw./Kind 17,50/6 AU$, Safarizelte EZ/DZ 35/50 AU$, DZ 130–195 AU$; ❄ 🏊) In dieser Lodge, 36 km entfernt vom Arnhem Highway, fühlt man sich fernab von jeder Zivilisation. Die Lodge ist Teil einer alten Rinderfarm und eignet sich hervorragend zum Erkunden der Mary River Region. Zu den Unterkünften zählen Stellplätze, einfache Safarizelte, Budget-Zimmer und ordentliche Lodge-Zimmer. Zweistündige Bootsfahrten durch das krokodilreiche Rockhole Billabong im Feuchtgebiet kosten 65/25 AU$ pro Erw./Kind; außerdem können Boote gemietet werden. Die Lodge ist mit einem normalen Auto zu erreichen.

★ Wildman Wilderness Lodge RESORT $$$

(Karte S. 892; ☎ 08-8978 8955; www.wildmanwildernesslodge.com.au; Point Stuart Rd; Safarizelt/Hütte Halbpension 615/769 AU$; ❄ 🏊) Eine der besten Unterkünfte im Top End ist die Wildman Wilderness Lodge, eine Safari-Lodge der gehobenen Klasse mit großartigen, unglaublich komfortablen Unterkünften in wunderschöner, abgelegener Lage und einer außerordentlichen Auswahl an Touren und Aktivitäten. Es gibt zehn stilvolle, architektonisch designte Hütten mit Klimaanlagen und 15 makellose Luxuszelte mit Ventilatoren.

Rund um Darwin

Highlights
1 Territory Wildlife Park C2

Sehenswertes
2 Adelaide River Crossing D2
Berry Springs Nature Park .... (siehe 1)
3 Bird Billabong E2
4 Daly River Crossing B5
5 Djukbinj National Park D2
6 Fogg Dam Conservation Reserve D1
7 Litchfield National Park C4
8 Magnetic Termite Mounds C3
9 Mary River Billabong E2
10 Mary River Crossing E3
Merrepen Arts .... (siehe 4)
11 Umbrawarra Gorge Nature Park E5
12 Wangi Falls B3
13 Window on the Wetlands Visitor Centre D2

Aktivitäten, Kurse & Touren
14 Adelaide River Cruises D2
15 Adelaide River Queen D2
16 Buley Rockhole C3
17 Spectacular Jumping Crocodile Cruise D1
18 Walker Creek C3
19 Wetland Cruises – Corroboree Billabong E2

Schlafen
20 Annaburroo Billabong E2
21 Batchelor Butterfly Farm C3
22 Couzens Lookout E2
23 Daly River Mango Farm B5
24 FreeSpirit Resort Darwin C1
Lazy Lizard Caravan Park & Tavern .... (siehe 30)
Litchfield Motel .... (siehe 21)
25 Litchfield Safari Camp B3
26 Litchfield Tourist Park C3
27 Mary River Wilderness Retreat E3
28 Mt Bundy Station D3
29 Perry's B5
30 Pine Creek Railway Resort E5
31 Point Stuart Wilderness Lodge E2
Rum Jungle Bungalows .... (siehe 21)
32 Shady Camp E1
33 Wildman Wilderness Lodge E2

Essen
Batchelor General Store .... (siehe 21)
34 Crazy Acres Mango Farm & Cafe C2
35 Humpty Doo Hotel D2
36 Litchfield Cafe B3
Mayse's Cafe .... (siehe 30)
Wangi Falls Centre .... (siehe 12)

Shoppen
Coomalie Cultural Centre .... (siehe 21)

An- & Weiterreise

Um den Nationalpark jenseits des Arnhem Highway zu erkunden, braucht man einen Geländewagen, obwohl einige Wege in der Trockenzeit unter Umständen auch mit einem normalen Auto befahren werden können. Sprit gibt es entlang des Arnhem Highway. Einige Unterkünfte bieten Transfers ab Darwin und anderen Orten.

Berry Springs

Die einzigen zwei Gründe um nach Berry Springs zu kommen – und das sind gute Gründe – sind die Besichtigung eines der besten Zoos des Northern Territory, in dem ein toller Bestand an einheimischen Tieren lebt, und der Besuch eines tolles Wasserlochs. Alles in allem ein perfekter Tagesausflug ab Darwin.

Sehenswertes

★ Territory Wildlife Park ZOO
(Karte S. 892; 08-8988 7200; www.territorywildlife park.com.au; 960 Cox Peninsula Rd; Erw./Kind/Fam. 32/16/54,50 AU$; ⌚9–17 Uhr) Dieser spitzenmäßige Zoo, 60 km von Darwin entfernt, präsentiert die Highlights der australischen Tierwelt. Der absolute Hit ist aber das Aquarium, in dem man in einem durchsichtigen Tunnel zwischen gigantischen Barramundis, Saratogas (Leichhardts Knochenzünglern), Stachel- und Sägerochen hindurchläuft. Ein 3,8 m langes Leistenkrokodil wohnt in einem separaten Becken. Wer alles sehen möchte, kann entweder dem 4 km langen Rundweg folgen oder einen der Shuttle-Züge nehmen (alle 15–30 Min.), die beliebiges Ein- und Aussteigen in allen Zoobereichen ermöglichen.

Berry Springs Nature Park NATURRESERVAT
(Karte S. 892; www.nt.gov.au/leisure/parks-reserves; ⌚8–18.30 Uhr) Dieses wundervolle Wasserloch ist das Darwin am nächsten gelegene und bei Einheimischen sehr beliebt. Es besteht aus einer Reihe von durch Quellen gespeisten Badelöchern im Schatten von Myrtenheiden und Schraubenbäumen, in denen unzählige Vögel zwitschern. Im März und April blühen hier einheimische Blumen. Zu den Einrichtungen zählen ein Kiosk, ein Picknickbereich mit Grillstellen, Toiletten, Umkleidekabinen und Duschen. Zwischen den Schwimmrunden kann man sich auf den großen Grasflächen ausruhen.

Essen

★ Crazy Acres Mango Farm & Café CAFÉ $
(Karte S. 892; ☎08-8988 6227; www.crazyacres.com.au; Reedbeds Rd; leichte Gerichte 10–16 AU$; ⏲Mai–Sept, 9–17.30 Uhr) Hausgemachtes Eis, Mangosmoothies, einheimischer Honig, Devonshire-Teesorten und eine Auswahl an leichten Gerichten (von Mangohühnchen bis zum Bauernschmaus) – was kann man an diesem reizenden, kleinen Café an der Cox Peninsula Road nicht mögen?

An- & Weiterreise

Von Darwin aus fährt man 48 km auf dem Stuart Highway bis zur Ausfahrt nach Berry Springs. Von der Ausfahrt sind es 10 km zum Naturpark und weitere 2 km zum Wildpark.

Batchelor

336 EW.

Das kleine Örtchen Batchelor war einst so verschlafen, dass die Regierung parzellenweise Land vergab, um die Ansiedlung zu fördern. Das war allerdings, bevor Uran entdeckt und die nahe gelegene Rum Jungle Mine ausgebaut wurde. Die Mine schloss 1971 nach fast 20 Jahren. Heute ist Batchelor ein wichtiger Ausgangspunkt für Ausflüge zum benachbarten Litchfield National Park (S. 896), dem es gleichzeitig als Versorgungszentrum dient.

Sehenswertes

Im Visitor Information Centre (S. 896) gibt es die fotokopierte Broschüre *Batchelor Heritage Walk*, die sich gut als Führer eignet. Die Broschüre beinhaltet Informationen über die Geschichte des Städtchens und eine diesbezügliche Tour, die man auf eigene Faust unternimmt.

Schlafen & Essen

Litchfield Tourist Park CAMPING $
(Karte S. 892; ☎08-8976 0070; www.litchfieldtouristpark.com.au; 2916 Litchfield Park Rd; Stellplätze 38 AU$, Schlafbaracke 79 AU$, Hütte mit Badezimmer ab 148 AU$; ❄@🛜🏊) Nur 4 km vom Litchfield National Park (S. 896) entfernt bietet der Litchfield Tourist Park eine große Auswahl an Unterkünften, die dem Park zudem am nächsten gelegen sind. Hier gibt es auch ein luftiges, an den Seiten offenes Restaurant mit einer Bar (Essen 11–21 AU$;

NICHT VERSÄUMEN

MARY RIVER NATIONAL PARK

Der **Mary River National Park** (08-8978 8986; www.nt.gov.au/leisure/parks-reserves) bietet eine interessante Mischung aus schöner Landschaft, Geschichte, Salzwasserkrokodilen, Vögeln, Barramundi-Angeln und Sümpfen, die von Myrtenheiden umringt sind.

Der **Bird Billabong** (Karte S. 892) am Arnhem Hwy, ein paar Kilometer aus westlicher Richtung kommend vor der **Mary River Crossing** (Karte S. 892), ist ein Rückstau-Billabong, der aus den vielen Flüsschen genährt wird, die während der Regenzeit vom nahe gelegenen Mt. Bundy Hill abfließen. Der Billabong befindet sich 4 km abseits des Highways und ist ganzjährig mit einem normalen Auto zu erreichen. Der landschaftlich reizvolle Loop Walk (4,5 km, 2 Std.) verläuft durch tropische Wälder vor der Kulisse der Granitfelsen des Mt. Bundy.

Fährt man auf derselben Straße noch 2 km weiter, taucht der smaragdgrüne **Mary River Billabong** (Karte S. 892) mit seinem Grillplatz auf (kein Camping). Von hier aus führt der nur für Geländewagen geeignete **Hardies Track** tiefer in den Nationalpark hinein zum **Corroboree Billabong** (25 km) und **Couzens Lookout** (Karte S. 892; Mary River National Park; Erw./Kind/Fam. 3,30/1,65/7,70 AU$) (37 km); die Sonnenuntergänge sind besonders schön vom Cozens Lookout, bei dem sich auch ein Campingplatz befindet.

Weiter östlich und nördlich des Arnhem Hwy führt die geteerte Point Stuart Rd zu einer Reihe von Aussichtsplattformen am Fluss und zum **Shady Camp** (Karte S. 892; Erw./Kind/Fam. 3,30/1,65/7,70 AU$). Der Damm, der das Trinkwasser davon abhält, ins Salzwasser zu fließen, schafft ideale Lebensbedingungen für Barramundis und eignet sich perfekt zum Angeln.

Im nördlichen Teil des Parks werden sich Fans der Forschergeschichte nicht davon abhalten lassen, den 6 km langen Weg (hin & zurück) im Point Stuart Coastal Reserve zur **Stuart's Memorial Cairn** zu gehen – an diesem nördlichsten Punkt landete John McDouall Stuart im Jahr 1862.

morgens und abends geöffnet), wo man echten Kaffee, Bier und Burger bekommt.

★ Rum Jungle Bungalows BUNGALOW $$
(Karte S. 892; ☎08-8976 0555; 10 Meneling Rd; Zi. 170 AU$; ❄⛝) Das Rum Jungle hat mehr Charakter als die meisten anderen Unterkünfte in Batchelor und Zimmer mit warmen, ungewöhnlichen Dekor. Die Bungalows liegen inmitten von friedlichen, wunderschönen Gärten und sind das ganze Jahr über geöffnet. Eine ausgezeichnete Wahl.

Batchelor Butterfly Farm RESORT $$
(Karte S. 892; ☎08-8976 0110; www.butterflyfarm.net.au; 8 Meneling Rd; B April–Sept. 160 AU$, Okt.–März 80–150 AU$; ❄@☰⛝) Dieses kompakte, etwas eklektische Refugium besteht aus einer schlichten Touristenattraktion und einem freundlichen Resort im Tropenstil. Kinder werden sich über eine Schmetterlingsfarm (Erw./Kind 10/5 AU$) und einen Minizoo (kostenlos für Gäste) freuen, Erwachsene über Hütten mit Badezimmern, eine große Privatunterkunft und ein belebtes Restaurant mit Café, das den ganzen Tag geöffnet ist und asiatisch angehauchte Gerichte serviert (18–32 AU$). Buddha-Statuen, Entspannungsmusik und Korbstühle lassen das Ganze etwas wie Zen wirken.

Litchfield Motel RESORT $$
(Karte S. 892; ☎08-8976 0123; www.litchfieldmotel.com.au; 37-49 Rum Jungle Rd; B April–Okt. 195–215 AU$, Nov.–März 150–170 AU$; ❄☰⛝) Am Rand des Städtchens verfügt dieser weitläufige Komplex aus orangefarbenem Backstein über annehmbare Motelzimmer und wird von einem dynamischen neuen Management geführt. Mit zwei Pools, zwei Restaurants und der Möglichkeit, Vögel zu füttern, ist es ideal für Familien. Hier gibt es außerdem eine Bar und einen Lebensmittelladen.

Batchelor General Store MARKT $
(Karte S. 892; Ecke Takarri Rd & Nurndina St; ⏲6–18 Uhr) Gut sortierter Supermarkt, Take-away, Zeitungsladen und Post in einem.

Shoppen

Coomalie Cultural Centre KUNST & KUNSTHANDWERK
(Karte S. 892; ☎08-8939 7404; www.facebook.com/coomalieartcentre; Ecke Awilla Rd & Nurndina St; ⏲April–Sept. Di–Sa 10–17, Okt.–März Di–Fr 10–16 Uhr) Das gemeindebasierte Coomalie Cultural Centre zeigt und verkauft eine gute Auswahl an Aborigine-Kunst und -Kunsthandwerk aus dem gesamten Northern Territory. Es betreibt außerdem ein Künstlerresidenz-Programm, sodass man den Künstlern häufig bei der Arbeit zusehen kann.

Praktische Informationen

Visitor Information Centre (Karte S. 892; ☎08-8976 0444; Takarri Rd; ⏲8.30–17 Uhr) Touristeninformationszentrum.

An- & Weiterreise

Batchelor liegt 98 km südlich von Darwin und 14 km westlich des Stuart Highway entlang einer geteerten Straße. Im Zentrum gibt es eine **Tankstelle** (Karte S. 892).

Litchfield National Park

Der **Litchfield National Park** (Karte S. 892; ☎08-8976 0282; www.nt.gov.au/leisure/parks-reserves) ist vielleicht nicht so bekannt wie der Kakadu National Park, aber viele Bewohner des Northern Territory mögen ihn sogar noch lieber. Wir schlagen vor, beide zu besuchen! Die Felsformationen und -becken im Schatten der Felswände sind einfach überwältigend, und Litchfield ist kleiner und überschaubarer als der Kakadu. Der 1500 km² kleine Nationalpark umfasst den größten Teil der spektakulären Tabletop Range, ein weites Sandsteinplateau, das fast vollständig von Felswänden umringt ist. Ein Highlight des Parks sind die Wasserfälle, die vom Rande des Plateaus in die Tiefe stürzen; das Wasser fällt in kristallklare, krokodilfreie Wasserbecken.

Der einzige Nachteil ist, dass die Nähe zu – und der einfache Zugang von – Darwin dafür sorgen, dass der Park oft stark besucht und die einzige Straße durch den Park mit Reisebussen vollgestopft ist. Dennoch ist der Park ein wunderschöner Ort und mit Sicherheit einer der besten Orte im Top End zum Buschwandern, Campen und besonders zum Schwimmen.

Sehenswertes & Aktivitäten

Etwa 17 km hinter der Einfahrt in den Park von Batchelor aus kommt man zu etwas, das wie Grabsteine aussieht. Aber nur der obere Teil dieser **magnetischen Termitenhügel** (Karte S. 892) wird zum Begraben der Toten benutzt – ganz unten befinden sich der König und die Königin, die Arbeiterinnen leben dazwischen. Die Hügel sind so angelegt, dass die Temperatur darin optimal geregelt ist: Wie Kompassnadeln (deshalb „magnetisch") stehen sie in perfekter Nord-Süd-Ausrichtung, sodass sie die Morgensonne einfangen, es den Bewohnern aber auch möglich ist, die Mittagshitze zu ertragen. In der Nähe befinden sich sehr große Hügel, die von den treffend benannten Cathedral-Termiten errichtet wurden.

6 km weiter befindet sich die Abzweigung zum **Buley Rockhole** (Karte S. 892; 2 km), wo Wasser durch eine Reihe von Felsbecken nach unten fällt, die groß genug sind, um sich darin zu aalen. Diese Abzweigung führt auch zu den **Florence Falls** (5 km), wo eines von Litchfields annehmbareren Wasserlöchern ist und die man nach einem 15-minütigen Abstieg über 135 Stufen zu einem tiefen, wunderschönen Pool erreicht. Dieser ist von tropischem Regenwald umgeben. Alternativ kann man sich die Wasserfälle auch von einem Aussichtspunkt aus ansehen, der 120 m vom Parkplatz entfernt ist. Es gibt einen Wanderweg (1,7 km, 45 Min.) zwischen den beiden Sehenswürdigkeiten, der dem Florence Creek folgt.

Etwa 18 km hinter der Abzweigung zu den Florence Falls befindet sich die Abzweigung zu den spektakulären **Tolmer Falls**, die man sich allerdings nur ansehen kann. Ein 1,6 km langer Rundweg (45 Min.) eröffnet herrliche Ausblicke ins Tal. Da man hier nicht schwimmen kann, kommen zu den Tolmer Falls keine Menschenmengen – und gerade deswegen mögen wir sie noch mehr.

Nochmal 7 km weiter auf der Straße kommt die Abzweigung zu Litchfields größter Attraktion in Sicht, den **Wangi Falls** (Karte S. 892; *wong-gei*); man erreicht sie nach 1,6 km Fahrt auf einer Seitenstraße. Das Wasser fällt das ganze Jahr über an beiden Seiten eines großen, orangefarbenen Felsvorsprungs vorbei und in ein riesiges Schwimmbecken, das an den Regenwald grenzt. Die Taucherbrille nicht vergessen, sonst kann man sich die hiesigen Fische nicht ansehen! In der Trockenzeit kommen viele Leute hierher (dann gibt's auch einen mobilen Kiosk mit Erfrischungen); in der Regenzeit steigt der Wasserspiegel gefährlich an – die Warnschilder beachten!

Im Park gibt es viele Möglichkeiten zum Buschwandern, darunter den **Tabletop Track** (39 km), einen Rundweg durch den Park, den man in drei bis fünf Tagen ablaufen kann – das hängt davon ab, wie viele Seitenwege man einschlägt. Man erreicht den Track über die Florence Falls, die Wangi Falls oder den Walker Creek. Man sollte eine der topografischen Karten der Gegend bei sich haben, die es im Touristenzentrum und ihm Einzelhandel zu erwerben gibt. Von September bis März ist der Track gesperrt.

INSIDERWISSEN

ALTERNATIVE ROUTE ZU DEN FLORENCE FALLS

Eine Alternative zu der steilen Treppe hinauf zum Parkplatz an den Florence Falls ist der Shady Creek Walk (950 m), der an dem Wasserloch beginnt und langsam durch Regenwald in die offeneren Savannenwälder aufsteigt. Unterwegs kann man nach den schüchternen Kurzohr-Felsen-Wallabys Ausschau halten.

Schlafen

Es gibt tolle öffentliche Campingplätze (Erw./Kind 6,60/3,30 AU$). Zu den Optionen mit Toiletten und Feuerstellen gehören z. B. Florence Falls, Florence Creek, Buley Rockhole oder **Tjaynera Falls** (Sandy Creek; Geländewagen erforderlich) – ebenso Wangi Falls (besser für Wohnmobile als für Zelte geeignet). Vergleichsweise schlichter sind **Surprise Creek Falls** (Geländewagen erforderlich) und **Walker Creek** (Karte S. 892).

Andernfalls übernachten die meisten Besucher, die über Nacht bleiben, in einem der Motels oder auf den Campingplätzen in Batchelor oder an der Straßen nach Litchfield.

Litchfield Safari Camp CAMPING $
(Karte S. 892; ☎08-8978 2185; www.litchfieldsafaricamp.com.au; Litchfield Park Rd; Stellplätze ohne/mit Strom 25/35 AU$, B 30 AU$, DZ Safarizelte 150 AU$;) Die schattigen, grasbewachsenen Stellplätze sind eine gute Alternative zum Buschcamping im Park, vor allem wenn man Strom und im Park übernachten möchte. Die Safarizelte bieten komfortablen Platz für bis zu vier Personen. Zudem gibt's hier einen Kiosk, einen Minipool und eine heruntergekommene Campingküche.

Essen

Wangi Falls Centre CAFÉ
(Karte S. 892; www.wangifallscentre.com.au; Hauptgerichte ab 10 AU$; ⏲ Juni–Okt. 10–16 Uhr;) Dieses belebte Café an den Wangi Falls ist zweifelsohne der beste Ort im Park für ein leichtes Essen. Hier gibt es warme Sandwiches und leckere Smoothies aus einheimischen Mangos sowie Eiskaffee. Ein kleiner Souvenirladen ist ebenfalls vorhanden.

Litchfield Café CAFÉ $$
(Karte S. 892; Litchfield Park Rd; Hauptgerichte 14–36 AU$; April–Sept. 12–15 & 18–20 Uhr, Okt.–März 12–15 Uhr) Die Blätterteigtaschen (z. B. mit Hühnchen, Mango und Macadamia) in diesem wunderbaren Café mit Alkoholausschanklizenz sind ein super Mittagessen. Alternativ entscheidet man sich für den gegrillten Barramundi oder das Kängurufilet. Das Ganze wird abgerundet mit einer Tasse gutem Kaffee und mit einem Stück von dem sündhaft guten Mango-Käse-Kuchen.

An- & Weiterreise

Die beiden Straßen vom Stuart Highway zum Litchfield National Park (115 km südlich von Darwin) vereinen sich und ziehe dann eine Schleife durch den Park. Die südliche Zufahrt über Batchelor ist durchgehend geteert, die von der Cox Peninsula Road abzweigende nördliche nur teilweise. In der Regenzeit ist Letztere auch oft gesperrt. Viele Besucher kommen im Rahmen eines Tagesausflugs ab Darwin hierher.

Daly River

171 EW.

Der Daly River gilt als eines der besten Barramundi-Angelreviere im Northern Territory. Die Siedlung fungiert als regionales Zentrum; hier gibt es einen Laden und eine Tankstelle. Besucher benötigen keine Genehmigung, müssen aber das strikte Alkoholverbot beachten. Neben dem Angeln sind eine Kunstgalerie und ein Kunstfestival (s. rechte Spalte) weitere Attraktionen. Achtung: An heißen Nachmittagen sollte man sich nicht von dem verlockenden Wasser des Flusses verführen lassen – hier leben Krokodile.

> **ABSTECHER**
>
> **MT. BUNDY STATION**
>
> Wer sich für Reiten, Angeln und Landleben interessiert, sollte einen Umweg über die **Mt. Bundy Station** (Karte S. 892; 08-8976 7009; www.mtbundy.com.au; Haynes Rd; Stellplätze ohne/mit Strom 22/30 AU$, EZ/DZ 70/100 AU$, Hütten DZ ab 140 AU$;), 3 km abseits des Highways hinter Adelaide River, machen. Die ursprünglichen Farmgebäude wurden in makellose Gästeunterkünfte verwandelt, darüber hinaus kann man auch in einfachen Safarizelten übernachten. Angeboten werden Geländewagentouren; außerdem gibt es hier Tiere (Kinder können Ponyreiten).

Sehenswertes

Merrepen Arts GALERIE
(Karte S. 892; 08-8978 2533; www.merrepenarts.com.au; Mo–Fr 8–17 Uhr) GRATIS In diesem Zentrum arbeiten rund 20 Künstler mit verschiedenen traditionellen und zeitgenössischen Mitteln. Zu den Ausstellungsstücken gehören Kupferstiche, Drucke, Acrylbilder, Schnitzereien, Web- und Textilarbeiten.

Daly River Crossing AREAL
(Karte S. 892) Das Daly River Crossing ist ein beliebter Angelplatz für Barramundi – und das wissen auch die Krokodile. Bevor man seine Angel auswirft, sollte man sich nach den örtlichen Bedingungen erkundigen und um Rat fragen.

Feste & Events

Merrepen Arts Festival KULTUR
(www.merrepenfestival.com.au; Erw./Kind 20/10 AU$) Das ausgezeichnete dreitägige Merrepen Arts Festival feiert die Kunst und Musik der lokalen Gemeinden, darunter die der Nauiyu, Wadeye und die Peppimenarti, mit Ausstellungen, Kunstauktionen, Workshops und Tänzen. Das Festival findet in Nauiyu, rund 5 km nordwestlich von Daly River, statt. Es wird normalerweise im Mai abgehalten, aber in den letzten Jahren hat sich der Termin manchmal nach vorne oder nach hinten verschoben.

Schlafen & Essen

Proviant und Essen zum Mitnehmen gibt's in der **Tankstelle** (Karte S. 892) und im Gemischtwarenladen.

Perry's CAMPING $
(Karte S. 892; 08-8978 2452; www.dalyriver.com; Mayo Park; Stellplatz ohne/mit Strom 28/38 AU$, Fischerhütte 110 AU$;) Das **Perry's** ist ein sehr friedlicher Campingplatz mit 2 km Flussufer und einem Garten, in dem verwaiste Wallabys herumhüpfen. Dick Perry, ein bekannter Angelexperte, bietet geführte Touren an, und es gibt auch einen Bootsverleih. Die Fischerhütte hat keine Klimaanlage und ist sehr schlicht mit einem französischen Bett und Stockbetten ausgestattet.

Daly River Mango Farm CAMPING $
(Karte S. 892; 08-8978 2464; www.mangofarm.com.au; Stellplätze ohne/mit Strom 32/37 AU$, DZ 130–210 AU$;) Das Campinggelände am

Daly River, 9 km hinter dem Übergang, bietet schattige Stellplätze unter fast 100 Jahre alten Mangobäumen. Neben Stellplätzen gibt es auch einfache Budgetzimmer und alleinstehende Hütten. Die Farm bietet geführte Angeltouren und vermietet Boote.

An- & Weiterreise

Daly River liegt 117 km südwestlich von Hayes Creek und 221 km von Darwin. Hierher führt eine enge Teerstraße, die von der Dorat Rd (Old Stuart Hwy; Rte 23) abzweigt.

Pine Creek

380 EW.

Ein kurzer Abstecher führt vom Stuart Highway nach Pine Creek. In der kleinen Siedlung spielte sich einst ein frenetischer Goldrausch ab. Die kürzlich Schließung der nahe gelegenen Eisenerzmine hat diesem Auf- und Abschwung-Städtchen, das irgendwie immer zu überleben scheint, einen weiteren Tiefschlag versetzt. Pine Creek ist ein stilles und hübsches kleines Örtchen mit einem schönen Park im Zentrum. Durch seine guten Unterkünften und Restaurants sowie der Nähe zur Auffahrt zum Kakadu Hwy eignet es sich gut für einen Zwischenstopp.

Sehenswertes

Umbrawarra Gorge Nature Park NATURRESERVAT

(Karte S. 892; ☎08-8976 0282; www.nt.gov.au/leisure/parks-reserves) Rund 3 km südlich von Pine Creek am Stuart Highway befindet sich die Abzweigung zur hübschen Umbrawarra Gorge, wo ein sicheres Badeloch, ein kleiner Strand und ein einfacher Campingplatz (Erw./Kind 3,30/1,65 AU$) warten. Der Park liegt 22 km südwestlich an einer holprigen, ungeteerten Straße, die in der Trockenzeit mit einem normalen Auto gerade so bewältigt werden kann (in der Regenzeit ist sie aber oft für alle Fahrzeugarten nicht zu passieren). Die Wanderung am Ufer des Wassers ist einfach, aber hin und wieder muss man über einen Felsen klettern. Jede Menge Trinkwasser sowie Moskitospray mitbringen!

Schlafen & Essen

Lazy Lizard Caravan Park & Tavern CAMPING $

(Karte S. 892; ☎08-8976 1019; www.lazylizardpinecreek.com.au; 299 Millar Tce; Stellplätze ohne/mit Strom 16/30 AU$, DZ Hütten 120 AU$; 🏊) Der kleine grüne Campingplatz am Lazy Lizard scheint nachträglich zu dem belebten Pub nebenan errichtet worden zu sein, aber die Stellplätze sind ok. Die an den Seiten offene und von geschnitzten Eisenholzsäulen gestützte Bar ist bei Einheimischen beliebt. Es gibt einen Billardtisch und alte Sattel, die über den Sparren hängen.

Pine Creek Railway Resort BOUTIQUEHOTEL $$

(Karte S. 892; ☎08-8976 1001; www.pinecreekrailwayresort.com.au; EZ/DZ 90/130 AU$, Hütten 150–170 AU$; ❄📶🏊) Dieses charmante Hotel hat moderne Zimmer, die mit Roheisen, Stahl und Holz eingerichtet sind – man müsste einige Zeit fahren, um in irgendeiner Himmelsrichtung bessere zu finden. Bei der Gestaltung des Speiseraums hat die Romantik einstiger Bahnreisen als Vorbild gedient: Hier dominieren Decken mit Prägeblechen und prächtigen Kronleuchtern.

Auf der Karte (Hauptgerichte 21–30 AU$) stehen jedoch moderne Gerichte, darunter Steaks, Pasta, Rippchen und Risotto.

Mayse's Café CAFÉ $

(Karte S. 892; ☎08-8976 1241; Moule St; Frühstück 8–19 AU$, Hauptgerichte 9–13 AU$; ⏲8–15 Uhr) Hier gibt es das beste Mittagessen in ganz Pine Creek, z. B. Sandwiches, hausgemachte Pasteten, Fischburger, Steak-Sandwiches und leckeres Lamm-Souvlaki. Gegessen wird in einem riesigen Speisesaal, der vage an ein amerikanisches Diner-Restaurant erinnert.

An- & Weiterreise

Hier zweigt der Kakadu Highway (Rte 21) vom Stuart Highway ab, der Pine Creek mit Cooinda und Jabiru vernetzt. Im Zentrum befindet sich eine **Tankstelle** (Karte S. 892).

Greyhound-Busse (www.greyhound.com.au) verbinden Pine Creek zweimal täglich mit Darwin (ab 62 AU$, 3 Std.) und Katherine (75 AU$, 4 Std.).

KAKADU NATIONAL PARK

Der **Kakadu** (☎08-8938 1120; https://parksaustralia.gov.au/kakadu/; Erw./Kind/Fam. April–Okt. 40/20/100 AU$, Nov.–März 25/12.50/65 AU$) ist mehr als nur ein Nationalpark: Auf pulsierende, lebendige Art bestätigt er auch die elementare Beziehung zwischen den Aborigine-Hütern und dem Land, das diese seit Tausenden von Generationen gepflegt, verehrt und erduldet haben. Seine fast 20 000 km² (ca. 200 km von Norden nach Süden und 100 km von Westen nach Osten) beheimaten ein spektakuläres Ökosystem, das hin und wieder verbrannt oder überflutet wird, und eine überwältigende Konzentration uralter Felskunst.

In nur wenigen Tagen kann man hier Bootsausfüge auf extrem artenreichen Billabongs unternehmen, mit Aborigine-Führern 25 000 Jahre alte Felskunst bestaunen, in Naturpools unter herabstürzenden Wasserfällen schwimmen und durch uralte Sandsteinfelsen hindurchwandern.

Falls Kakadu einen Nachteil hat, dann, dass der Park sehr beliebt ist, zumindest in der Trockenzeit. So können Resorts, Campingplätze und Felskunststätten stark überlaufen sein. Dank der riesigen Fläche des Parks führt einen etwas Abenteuerlust jedoch schnell weg von den Touristenpfaden und hinein in die menschenleere Natur.

Geografie

Das langgezogene Arnhem-Land-Plateau bildet die natürliche Grenze zwischen dem Kakadu National Park und dem Arnhem Land. Die 30 bis 200 m hohe Steilwand aus Sandstein zieht sich 500 km durch den östlichen und den südöstlichen Teil des Parks.

EINTRITT IN DEN KAKADU PARK

Zum Eintritt braucht man den siebentägigen **Park Pass** (Erw./Kind/Fam. April–Okt. 40/20/100 AU$, Nov.–März 25/12,50/65 AU$). Dieser ist online (parksaustralia.gov.au/kakadu/plan-your-trip/passes-and-permits.html) und an verschiedenen Stellen im Park, z. B. im **Bowali Visitor Information Centre** (S. 902), erhältlich. Hier gibt es auch die hervorragende Broschüre *Visitor Guide*. Man sollte den Pass zu jeder Zeit bei sich tragen, denn die Ranger führen spontane Kontrollen durch. Wer keinen Pass hat, muss eine Strafgebühr bezahlen.

Den Pass gibt's außerdem hier:

- **Tourism Top End** (S. 888)
- **Cooinda Lodge & Campground** (S. 907)
- **Katherine Visitor Information Centre** (S. 915)

Flüsse rauschen über die Felsebene und stürzen in der Regenzeit in schäumenden Kaskaden in die Tiefe. Danach ergießen sie sich über das Flachland und überfluten die großen Feuchtgebiete im nördlichen Teil des Parks. Von Westen nach Osten heißen die Flüsse Wildman, West Alligator, South Alligator und East Alligator (Letzterer markiert die Parkgrenze im Osten). Die Küstenregion ist über weite Strecken mit Mangrovensümpfen bedeckt. Sie sind extrem wichtig als Erosionsschutz und als Brutplatz für Vögel und jede Menge Meeresgetier. Der Südteil des Parks besteht aus trockenen Ebenen mit Gras und Eukalyptusbäumen.

Mehr als 80 % des Kakadu National Parks sind Savannenwaldgebiet. Insgesamt wachsen hier mehr als 1000 Pflanzenarten. Viele von ihnen dienen den Aborigines noch bis heute als Nahrung oder Medizin.

Tiere

Im Kakadu leben zahlreiche Arten von Säugetieren (über 60), Vögeln (mehr als 280), Reptilien (ca. 120), Fröschen (25), Süßwasserfischen (55) und Insekten (min. 10 000). Bis auf Letztere bekommen Besucher aber nur einen kleinen Teil dieser Tiere zu Gesicht, da der Großteil scheu, nachtaktiv oder selten ist.

Felskunst

Der Kakadu National Park ist eine der größten und am besten zugänglichen Fundstellen von Felsmalereien: Sie sind an mehr als 5000 Stellen zu finden. Die ältesten Darstellungen entstanden vor 20 000 Jahren, die jüngsten vor zehn Jahren. Zu den allermeisten kommt man aber schlecht oder gar nicht. Ein Muss sind die Galerien am Ubirr Rock und am Nourlangie Rock, die auch sehr leicht zu erreichen sind.

Die Felsmalereien lassen sich grob in drei Perioden einteilen: die Prä-Ästuarperiode mit den frühesten Malereien bis vor ca. 6000 Jahren, die Ästuarperiode – als ein Anstieg des Meeresspiegels die heutigen Küsten entstehen ließ – mit 2000 bis 6000 Jahre alten Malereien und das Freshwater, das vor 2000 Jahren begann und bis in die Gegenwart reicht.

Für die hiesigen Aborigines stellen diese Stätten der Felskunst eine wichtige Quelle traditionellen Wissens dar und sind gewissermaßen ihre Archive. Heute hinterlassen die Aborigines nur noch selten Zeichnungen auf den Felsen, weil sie nicht mehr in Felshöhlen leben. Außerdem kennen sich nur

Kakadu National Park

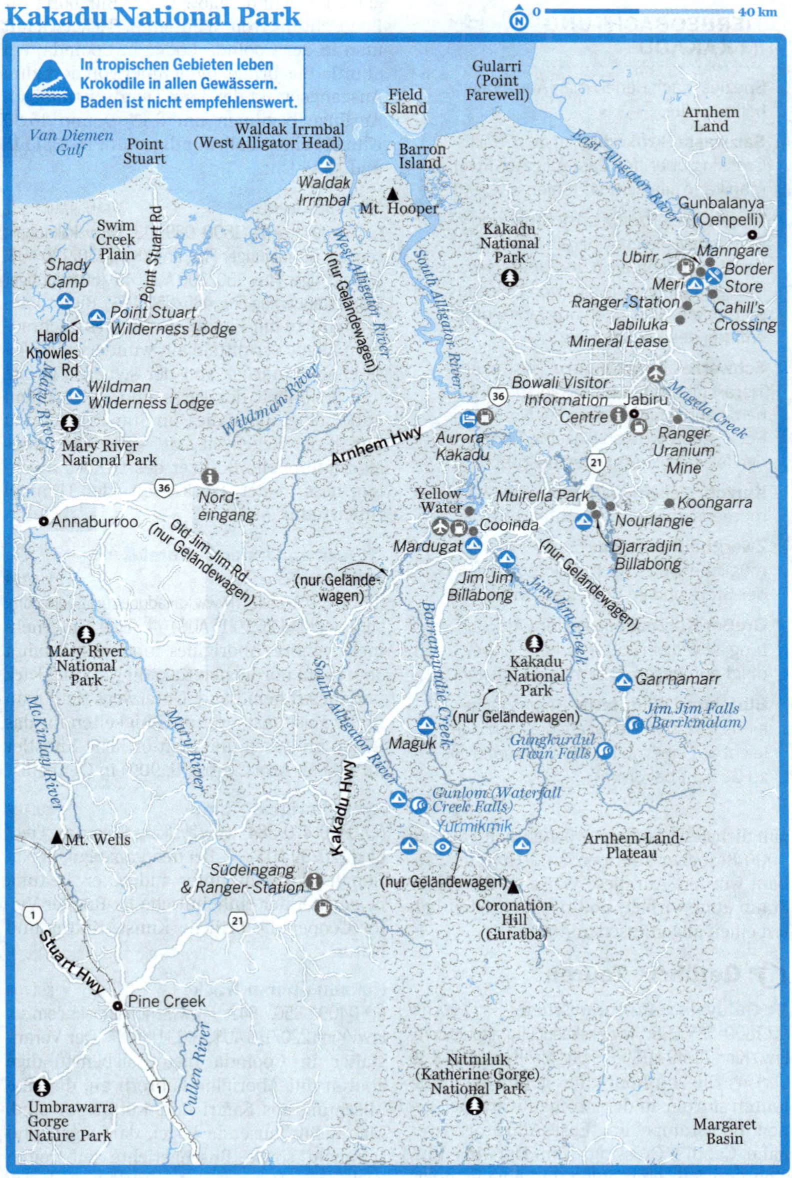

noch wenige mit der Felsmalerei aus. Einige der älteren Zeichnungen, so glauben viele Aborigines, sollen von *mimi*-Geistern gemalt worden sein und im Zusammenhang mit Schöpfungslegenden und der Entwicklung des Rechts stehen.

Da die Malereien aus wasserlöslicher natürlicher Ockerfarbe bestehen, kann Wasser hier viel Schaden anrichten. Deshalb wurde über den Malereien an den Felsen eine durchsichtige Silikon-„Spur" angebracht, um sie vor Regen zu schützen. Da zu den zu-

TIERBEOBACHTUNG IM KAKADU

Spezies, nach denen man Ausschau halten sollte:

Salzwasserkrokodile An der Cahill's Crossing über den East Alligator River – man kann sie nicht verfehlen.

Dingos Gleichzeitig unsichtbar und dennoch vielleicht überall: Man entdeckt sie eventuell in den Überschwemmungsgebieten, die sich von Ubirr aus erstrecken, aber auch um Jabiru und entlang des Kakadu Hwy.

Schwarzes Bergkänguru Diese scheue Tierart gibt es nur im Kakadu und im Arnhem Land. Man kann sie am Nourlangie Rock sehen, wo sich einzelne Tiere unter den felsigen Überhängen ausruhen.

Kurzohr-Felsen-Wallabys Können frühmorgens um Ubirr gesichtet werden.

Zwergbeutelmarder Erspäht man möglicherweise nachts hinter dem Border Store und im umliegenden Gebiet.

Großer Kurznasenbeutler Eine Sichtung ist wie ein Lottogewinn – unbedingt aufpassen, falls man nachts fährt.

Büffel und Wildpferde Beides keine einheimischen Tierarten, die man vielleicht auf einer Yellow-Water-Bootstour zu Gesicht bekommt.

gänglichsten Stellen wöchentlich bis zu 4000 Besucher kommen, sind Holzstege gebaut worden. Auf diese Weise wird weniger Staub aufgewirbelt, und die Menschen halten einen angemessenen Abstand.

Geführte Touren

★ Guluyambi Cultural Cruise KULTUR
(☎1800 525 238; www.kakaduculturaltours.com; Erw./Kind 76/49 AU$; ⌚9 Uhr, Mai–Nov. 11, 13 & 15 Uhr) Die von Aborigines geführten Flusstouren starten an der stromaufwärts gelegenen Bootsrampe am East Alligator River nahe Cahill's Crossing. Von Darwins Einwohnern sehr empfohlen und eine wunderbare Art und Weise, Krokodile und einen kleinen Teil des Arnhem Land zu sehen und dabei Aborigine-Erzählungen zu lauschen.

★ Yellow Water Cruises BOOTSFAHRTEN
(☎1800 500 401; www.kakadutourism.com; 72–99 AU$/Pers.) Bootsfahrt auf dem South Alligator River und Yellow Water Billabong zur Beobachtung von Wildtieren. Tickets kauft man in der Cooinda Lodge in Cooinda; ein Shuttle-Bus bringt Teilnehmer von dort zum Ausgangspunkt der Tour. Die zweistündigen Ausflüge beginnen um 6.45, 9 und 16.30 Uhr, die eineinhalbstündigen um 11.30, 13.15 und 14.45 Uhr.

★ Kakadu Air PANORAMAFLÜGE
(☎08-8941 9611, 1800 089 113; www.kakaduair.com.au; 30-minütiger Flug Erw./Kind 150/120 AU$, 60-minütiger Flug 250/200 AU$, 45-/60-minütiger Hubschrauberflug Erw. 485/650 AU$) Bietet Panoramaflüge mit Flugzeugen und Hubschraubern. Beide vermitteln auf wundervolle Weise einen Eindruck von der schieren Größe und Schönheit des Parks und des Arnhem Land. Flüge über die Jim Jim Falls finden nur in der Regenzeit statt – die Aborigines als traditionelle Besitzer des Landes möchten, dass in der Trockenzeit „der Himmel ruhen kann".

★ Arnhemlander Cultural & Heritage Tour KULTUR
(☎08-8979 2548; www.kakaduculturaltours.com.au; Erw./Kind 269/215 AU$) Das Unternehmen gehört Aborigines und veranstaltet Touren im nördlichen Kakadu National Park und im Arnhem Land. Unterwegs sieht man uralte Felskunst, erlernt Fähigkeiten für das Leben im Busch und trifft örtliche Künstler im Injalak Arts Centre (S. 909) in Oenpelli.

Ayal Aboriginal Tours KULTUR
(☎0429 470 384; www.ayalkakadu.com.au; Erw./Kind 220/99 AU$) Bei den ganztägigen Nationalparktouren unter indigener Leitung beleuchtet der einheimische Ex-Ranger Victor Cooper die örtliche Kunst, Kultur und Natur.

Kakadu Animal Tracks KULTUR
(☎0409 350 842; www.animaltracks.com.au; Erw./Kind 220/110 AU$; ⌚13 Uhr) Der Veranstalter in Cooinda bietet siebenstündige Touren mit Aborigine-Führern an, die eine Mischung aus Safari und Kulturtour sind. Man sieht Tausende Vögel, darf jagen und sammeln sowie Buschgerichte zubereiten und essen. Dazu gehört natürlich auch das Knabbern von grünen Ameisen.

Praktische Informationen

Bowali Visitor Information Centre (☎08-8938 1121; https://parksaustralia.gov.au/kakadu/plan-your-trip/visitor-centres.html; Kakadu Hwy, Jabiru; ⌚8–17 Uhr) Dieses ausgezeichnete Informationszentrum beherbergt begehbare Ausstellungen zum Land und zur Ökologie des Parks aus Sicht von Aborigines und Nicht-Aborigines. Das Infofenster ist mit hilfsbereiten Mitarbeitern besetzt, die Flyer über Wanderungen herausgeben. Diese Blätter beinhalten hervorragende Informationen zu Landschaften, Pfanzen und Tieren (und ebenso zu deren Nutzung und Bedeutung), auf die man unterwegs stößt.

An- & Weiterreise

Der Arnhem Highway und der Kakadu Highway durchziehen den Park; beide sind geteert und ganzjährig befahrbar. Die nur für Geländewagen geeignete Old Jim Jim Rd ist eine alternative Zufahrtsroute ab dem Arnhem Highway, der 7 km südlich von Cooinda auf den Kakadu Highway trifft. Auftanken kann man im Kakadu Resort sowie in Cooinda und Jabiru.

Viele Traveller besuchen den Kakadu National Park im Rahmen einer Tour, die sie ohne größeres Gedränge zu den wichtigsten Attraktionen schafft. Es geht aber auch ganz bequem mit dem eigenen Auto, wenn man weiß, mit welchen Straßenbedingungen man zurechtkommt (die Jim Jim und Twin Falls sind beispielsweise nur mit Geländewagen zu erreichen).

Greyhound Australia (S. 889) betreibt einen Busservice (hin & zurück) von Darwin nach Jabiru (75 AU$, 3½ Std.).

Ubirr & Umgebung

Die prachtvolle Felsformation Ubirr ist eine der reich verzierten Perlen des Nationalparks. Selbst wer weiß, was ihn hier erwartet, wird sich fühlen, als ob er in einer verlorenen und wunderschönen Welt umherläuft. Diese Welt scheint zugleich wie eine Kunstgalerie der alten Kulturen zu sein und berichtet ähnlich einem Geschichtsbuch über die außergewöhnlichen Menschen und die Natur des Kakadu National Park. Hier gibt es echte Schätze zu entdecken: Den schönsten Sonnenuntergang des Northern Territory, eine seltene und zugängliche Darstellung der Regenbogenschlange, die faszinierende und unwahrscheinliche Darstellung des Tasmanischen Tigers und faszinierende Ubirr-Felskunst. Es ist ein spiritueller und sehr, sehr schöner Ort.

Sehenswertes

★ Ubirr FELSKUNST

(April–Nov. 8.30 Uhr–Sonnenuntergang, Dez.–März ab 14 Uhr) Ubirr liegt 39 km nördlich des Arnhem Highway und ist über eine befestigte Straße zu erreichen. Es braucht schon mehr als ein paar Busladungen Touristen, um die angeborene Erhabenheit und Anmut von Ubirr zu stören. Die Schichten von Felskunst, die aus verschiedenen Jahrhunderten stammen und in unterschiedlichen Stilen ausgeführt wurden, strahlen eine faszinierende Ruhe aus.

Teile der Hauptgalerie lesen sich wie eine Speisekarte. Hier sind Bilder von Kängurus, Schildkröten und Fischen im Röntgenstil zu sehen, der vor etwa 8000 Jahren dominierte. Noch älter sind die Zeichnungen von *mimi*-Geistern: Freche dynamische Figuren, die, so der Glaube, als erste Urahnen Zeichnungen auf den Felsen hinterließen. (Da es vor 6000 Jahren noch keine Hebekräne gab, stellt sich durchaus die Frage, wer, wenn nicht die Geister, in dieser Höhe und in einem derartigen Winkel Zeichnungen anfertigen konnte). Einen Blick wert sind die vor 15 000 Jahren entstandenen Kartoffelkopf-Figuren – Körper eines Menschen oder Tieres mit Köpfen aus Süßkartoffeln.

Von der Hauptgalerie führen mühsame 2590 m nach oben zum überwältigenden Aussichtspunkt **Nardab Lookout**. Von hier aus sieht man hinunter auf die Überschwemmungsgebiete, und man kann den Sonnenuntergang im Westen und den Mondaufgang im Osten bewundern. Sonne und Mond scheinen auf einer unsichtbaren Waage zu schweben: Es ist ein grandioser Anblick – und das ist noch eine Untertreibung.

★ Cahill's Crossing FLUSS

Sie mag klein sein, aber es gibt nur wenige dramatischere Grenzen in Australien. Der niedrige Damm, der bei Flut unpassierbar ist, erstreckt sich über den East Alligator River und verbindet den Kakadu National Park am Westufer mit dem Arnhem Land am Ostufer. Während man den Damm überquert, wird man von gesund und aktiv aussehenden Salzwasserkrokodilen beobachtet, die hier leben. Unbedingt beim Border Store (S. 904) nach den Gezeiten erkundigen.

Aktivitäten

Manngarre Monsoon Forest Walk WANDERN & TREKKEN

Los geht's am Bootsanleger beim Border Store. Der Weg (hin & zurück 1,5 km, 30 Min., leicht) führt hauptsächlich an der Uferpromenade entlang und windet sich durch viel Schatten spendende Vegetation voller Palmen und Kletterpflanzen.

Bardedjilidji Sandstone Walk WANDERN & TREKKEN

Der Weg (2,5 km, 90 Minuten, leicht) beginnt am Parkplatz des Picknickplatzes und führt durch die Feuchtgebiete des East Alligator River und zu einigen interessanten erodierten Sandsteinfelsen des Arnhem Land. Informationsschilder weisen auf Besonderheiten am Wegesrand hin. Man sollte Ausschau halten nach Felsen-Wallabys and Felsentauben (die von Vogelbeobachtern gepriesen werden). Dies ist ein heiliger Ort – Klettern auf den Felsen ist strikt verboten.

Schlafen & Essen

Merl Camping Ground CAMPING $

(Erw./Kind/Fam. 15/7,50/38 AU$) Die Abzweigung zu diesem Campingplatz liegt rund 1 km vor dem Border Store. Er ist aufgeteilt in eine Ruhezone und eine Generatoren-Zone; beide sind mit Duschen und Toiletten ausgestattet. Zu Stoßzeiten ist hier die Hölle los, und die Moskitos sind teuflisch. Der Campingplatz ist während der Regenzeit geschlossen.

★Hawk Dreaming Wilderness Lodge LODGE $$$

(☎1800 525 238; www.kakaduculturaltours.com.au/hawk-dreaming-wilderness-lodge; EZ/DZ Halbpension 415/578 AU$) In einem Bereich des Parks, der nur für Gäste und Aborigine-Einwohner zugänglich ist, liegt diese herrlich abgelegene Lodge im Schatten des überwältigenden Hawk-Dreaming-Sandsteinfelsen. Die Lodge liegt so nah an weitläufigen Überschwemmungsgebieten und Billabongs wie es von den lärmenden Meuten im Kakadu National Park entfernt ist.

Die Safarizelte sind einfach, aber hübsch über das schattige Gelände verteilt, auf dem Wallabys, Keilschwanzweihen und blauflügelige Kookaburras leben.

Es gibt einen kleinen Whirlpool, und im Preis inbegriffen sind das Frühstück und das Abendessen sowie Transfers vom Border Store (s. unten) in Ubirr. Angeboten werden außerdem Sundowner und Ausflüge zu örtlicher Felskunst, die man sich in aller Ruhe allein anschauen und genießen kann.

★Border Store CAFÉ $$

(☎08-8979 2474; www.facebook.com/ubirrborderstore/; Hauptgerichte 28 AU$; ⏲Juni–Okt. 8.30–20 Uhr) Der von Michael und Amm betriebene charmante, kleine Border Store ist voll von Überraschungen, z. B. echtem Kaffee, süßem Kuchen und köstlichen Thai-Gerichten – eine echte Bereicherung. Hier kann man Ausflüge buchen, z. Bsp. eine Kulturtour auf dem East Alligator River mit Guluyambi Cultural Cruise (S. 902) oder eine geführte Tour durch das Arnhem Land, oder durch die kleine Auswahl an Büchern und Kunstwerken stöbern.

An- & Weiterreise

Ubirr liegt 39 km nördlich des Arnhem Hwy und ist über eine geteerte Straße zu erreichen.

Jabiru

1200 EW.

Es mag überraschen, eine Stadt von dieser Größe und Struktur in der Mitte einer Nationalparkwildnis zu finden, aber Jabiru existiert auch nur wegen der benachbarten Ranger Uranium Mine. Das Städtchen ist die Versorgungsstation des Parks und verfügt über eine Bank, einen Zeitungsladen, eine Krankenstation, einen Supermarkt, eine Bäckerei und eine Tankstelle. Man kann hier sogar eine Runde Golf spielen. Es gibt außerdem ein paar gute Unterkünfte und einfache Restaurants. Alles in allem eine gute, wenn auch wenig aufregende Ausgangsbasis für Erkundungen.

Feste & Events

Mahbilil Festival KULTUR

(www.mahbililfestival.com; ⏲Sept.) Anfang September findet das eintägige Fest der Aborigine-Kultur in Jabiru statt. Ausstellungen zeigen Arbeiten lokaler Aborigine-Künstler, zudem gibt es Vorführungen traditioneller Handwerke wie Weben und Malen. Darüber hinaus gibt es Wettkämpfe im Speerwerfen, Didgeridoo-Spielen und im Zubereiten von Spaltfußgänsen. Abends stehen Aborigine-Musik und -Tänze auf dem Programm.

Schlafen

★Anbinik Kakadu Resort HÜTTE $$

(☎08-8979 3144; www.kakadu.net.au; 27 Lakeside Dr; Stellplätze mit Strom und Bad 42 AU$, Bungalow/DZ/Hütte 135/150/250 AU$; ❄🅆) Diese Aborigines gehörende Anlage ist eine der besten im Kakadu und verfügt über eine Reihe von Bungalows mit tropischem Design, die in einer üppigen Gartenanlage stehen. Die Doppelzimmer haben Fernseher und Kühlschränke; eine Küche, das Bad und ein Gemeinschaftsraum werden gemeinsam genutzt. Die modernen „Buschbungalows" sind im Safaristil gehalten und haben eigene offene Bäder nach hinten und hübsche Veranden nach vorne, aber keine Klimaanlagen.

Aurora Kakadu Lodge & Caravan Park RESORT $$
(☎08-8979 2422, 1800 811 154; www.auroraresorts.com.au; Jabiru Dr; Stellplätze mit/ohne Strom 42/30 AU$, Hütten ab 275 AU$; ❄📶🏊) Das Resort ist eine der besten Campinganlagen vor Ort. Hier gibt es Gras, Bäume und natürliche Barrieren zwischen den Campingbereichen, die etwas Intimsphäre schaffen. Zum weitläufigen, makellosen Resort/Campingplatz gehört auch ein lagunenartiger Pool. In den Hütten haben bis zu fünf Personen Platz. Das Restaurant eignet sich hervorragend für ein Essen im Freien mit Blick auf den Pool.

Mercure Kakadu (Crocodile Hotel) HOTEL $$$
(☎08-8979 9000; www.accorhotels.com; 1 Flinders St; DZ ab 275 AU$; ❄📶🏊) Das vor Ort als „Croc" bekannte Hotel hat den Grundriss eines Krokodils, was natürlich nur aus der Luft erkennbar ist. Die Zimmer sind sauber und komfortabel, wenn auch angesichts des Preises etwas langweilig (auf ihrer Website gibt's aber tolle Sonderangebote). Am besten nimmt man ein Zimmer im Erdgeschoss mit direktem Zugang zum zentralen Pool.

Essen

Kakadu Bakery BÄCKEREI $
(Gregory Pl; Hauptgerichte 4–19 AU$; ⏲Mo–Fr 6–16, Sa 6.30–15, So 8–15 Uhr) Hier gibt es nicht nur gutes Frühstück, Kuchen, Burger, Pizzas und einfache Salate, sondern auch nach Wunsch belegte Sandwiches mit im Haus gebackenem Brot zum Mitnehmen. Im Freien stehen einige Tische, aber die meisten nehmen ihre Leckereien einfach mit – schließlich gibt es im Park jede Menge Orte, an denen man seinen Burger genießen kann.

Escarpment Restaurant INTERNATIONAL $$
(Hauptgerichte 22–38 AU$; ⏲7–21 Uhr) Dieses Restaurant im Mercure Kakadu wird von Besuchern sehr unterschiedlich bewertet: Die einen lieben es, die anderen hassen es – und irgendwo dazwischen liegt die Wahrheit. Es ist dennoch wahrscheinlich das beste Restaurant in Jabiru: Es ist wenig inspirierend, aber man wird kaum hungrig nach Hause gehen. Die Gerichte auf der regelmäßig wechselnden Karte reichen von den üblichen Fleisch- und Meeresfrüchtegerichten (Steaks, Burger, Barrakuda) zu den Buschgerichten.

Jabiru Sports & Social Club PUB-ESSEN $$
(☎08-8979 2326; www.jabirusportsandsocialclub.com.au; Lakeside Dr; Hauptgerichte 16–35 AU$; ⏲Mo–Sa 18–20.30, So 12–14 & 18–20.30 Uhr) Neben dem Golfclub ist dieser lange Hangar der beste Ort, um mit Einheimischen bei einem Glas Bier oder Wein ins Gespräch zu kommen. Die Bistrogerichte, z. B. Steak, Chicken Parma oder Fish & Chips, sind ordentlich, und es gibt eine Freiluftterrasse mit Blick auf den See, einen Kinderspielplatz und Sport im TV.

ℹ Praktische Informationen

Northern Land Council (☎1800 645 299, 08-8938 3000; www.nlc.org.au; 3 Government Bldg, Flinders St, Jabiru; ⏲Mo–Fr 8–16.30 Uhr) Stellt Genehmigungen für das Arnhem Land aus, einschließlich Gunbalanya (Oenpelli).

ℹ An- & Weiterreise

Jabiru liegt 257 km entfernt von Darwin am Stuart und dann am Arnhem Highway. Hier draußen gibt es keine öffentlichen Transportmittel, aber jede Menge Touren führen hierher.

Nourlangie

Beim Anblick dieses hoch aufragenden Felsvorsprungs an den Steilhängen des Arnhem Land versteht man plötzlich, warum er für die Aborigines eine so große Bedeutung hat. Der langgestreckte Felsen aus rotem Sandstein, der an manchen Stellen orange, weiß und schwarz gestreift ist, erhebt sich aus dem Wald und fällt an einer Seite in gestuften Klippen ab. Darunter findet sich die bekannteste Sammlung von Felsenmalereien im Kakadu National Park.

Sehenswertes

„Nourlangie" ist eine Abwandlung von *nawulandja*, einem Wort der Aborigines für ein Gebiet, das größer ist als der Berg selbst. Der 2 km lange Rundweg (geöffnet 8 Uhr–Sonnenuntergang) führt zuerst zum **Anbangbang Shelter**, der 20 000 Jahre lang als Zufluchtsort und Leinwand genutzt wurde. Danach ist die **Anbangbang Gallery** dran, die anschauliche Dreaming-Figuren zeigt, die in den 1960er-Jahren nachgemalt wurden. Der männliche Nabulwinjbulwinj, ein gefährlicher Geist, der Frauen gefressen hat, nachdem er ihnen mit einer Wurzel auf den Kopf geschlagen hatte, ist gut zu erkennen. Von hier aus ist man schnell beim **Gunwarddehwarde Lookout** mit Blick auf den Arnhem-Land-Steilhang.

Aktivitäten

Nawurlandja Lookout WANDERN & TREKKEN

Nach einer mittelschweren Kurzwanderung (hin & zurück 600 m, 30 Min.) an einem allmählich ansteigenden Hang kann man hier den Sonnenuntergang zusammen mit einem großartigen Blick auf die Felslandschaft von Nourlangie genießen.

Barrk Walk WANDERN & TREKKEN

Ein langer Tagesmarsch (Rundweg, 12 km, 5–6 Std., schwierig) durch das Nourlangie-Gebiet bringt einen weg von den Menschenmassen. „Barrk" wird das männliche Bergkänguru genannt, und wenn man früh genug unterwegs ist, kann man dieses scheue Beuteltier auch zu Gesicht bekommen. Im Bowali Visitor Information Centre kann man Broschüren mitnehmen.

Nanguluwur Gallery WANDERN & TREKKEN

Diese schöne Felskunststätte besuchen viel weniger Menschen als die von Nourlangie, weil der Weg (hin & zurück 3,5 km, 1½ Std., leicht) dorthin deutlich länger ist. Hier findet man Zeichnungen in sämtlichen Stilen, die im Park vertreten sind, beispielsweise sehr frühe dynamische Werke, Röntgenarbeiten und ein gutes Beispiel für „Kontakt-Kunst": das Bild eines Zweimasters, der ein Dinghi zieht.

Anbangbang Billabong Walk WANDERN & TREKKEN

Dieser malerische, mit Lilien übersäte Billabong liegt in der Nähe des Nourlangie. Die Picknicktische am Ufer machen ihn zu einem beliebten Plätzchen für eine Mittagspause. Ein Weg (2,5 km, 45 Min., einfach) umrundet den Billabong und führt durch einen Myrtenheidensumpf. Eine wunderbare Ergänzung zur Felskunst.

Schlafen

Muirella Park CAMPING $

(Djarradjin; Erw./Kind/Fam. 15/7,50/38 AU$) Einfacher Campingplatz am Djarradjin Billabong mit Grillplätzen, ausgezeichneten Einrichtungen und dem 5 km langen Bubba Wetland Walk. Hierher geht's über eine Abzweigung vom Kakadu Highway, rund 7 km südlich von der Abzweigung zum Nourlangie.

An- & Weiterreise

Der Nourlangie ist gut am Ende einer 12 km langen Teerstraße, die in östlicher Richtung vom Kakadu Highway abzweigt, ausgeschildert.

Jim Jim Falls & Twin Falls

Einsam gelegen, aber spektakulär – diese beiden Wasserfälle sind der Inbegriff des rauen Top Ends. Die **Jim Jim Falls**, ein 215 m hoher Wasserfall, sind vor allem nach dem Regen unglaublich (dann kann man ihn nur von oben betrachten). Im Juni tröpfelt es hier nur noch mager. Die Twin Falls sind das ganze Jahr über schön (baden verboten!), wobei die Anreise an sich schon ein Highlight ist, denn dazu gehören eine kurze **Bootsfahrt** (Erw./Kind 15 AU$/frei, ⏲7.30–17 Uhr, letztes Boot 16 Uhr) und ein Steg über das Wasser.

Schlafen

Garrnamarr Camping Ground CAMPING $

(www.parksaustralia.gov.au/kakadu/plan-your-trip/camping-and-caravans.html; Erw./Kind/Fam. 15/7,50/38 AU$) Einfacher Campingplatz mit viel Schatten in wunderschöner Lage.

An- & Weiterreise

Diese zwei berühmten Wasserfälle liegen an einem nur mit Jeeps befahrbaren Weg, der zwischen den Abzweigungen nach Nourlangie bzw. Cooinda nach Süden vom Kakadu Hwy abgeht. Die Jim Jim Falls sind ca. 56 km von der Abzweigung entfernt (der letzte Kilometer ist Fußweg); zu den Twin Falls sind es weitere 5 km. Die Strecke ist nur während der Trockenzeit befahrbar und kann bis Ende Mai geschlossen sein. Für die meisten Mietwagen ist sie tabu (das Kleingedruckte prüfen!). Einige Tourveranstalter fahren in der Trockenzeit hierher.

Cooinda & Yellow Water

Cooinda ist eines der wesentlichen Tourismuszentren im Kakadu. Um die Feuchtgebiete, die als Yellow Water (bei den Aborigines als *Ngurrungurrundjba*) bekannt sind, hat sich ein schickes Resort entwickelt. Die Bootstouren, vorzugsweise bei Sonnenaufgang oder Sonnenuntergang, sind zweifellos das Highlight eines Besuches im Kakadu National Park.

Sehenswertes

Warradjan Aboriginal Cultural Centre MUSEUM

(www.kakadutourism.com/tours-activities/warradjan-cultural-centre/; Yellow Water Area; ⏲9–17 Uhr) GRATIS Etwa 1 km vom Cooinda Resort (einem einfachen 15-minütigen Fußmarsch entfernt) liegt das Warradjan Aboriginal Cultural Centre. Es zeigt die Entstehungsgeschichten und eine hervorragende Dauerausstellung mit Schlaghölzern, Zuckertütchenhaltern und Felskunst. Besucher können sich über das Moiety-System (das Gesetz der zwischenmenschlichen Beziehungen), Sprachen und „Skin Names" (Aborigines erhalten, ähnlich einem Familiennamen, ihren Skin-Namen, der ihre Gruppenzugehörigkeit signalisiert) informieren. Es gibt auch ein kleines Kino mit einer riesigen Auswahl an Filmen. Im Hintergrund läuft ein hypnotischer Soundtrack aus Gesängen und Didgeridoo-Musik.

Schlafen

Mardugal Park Campground CAMPING $

(www.parksaustralia.gov.au/kakadu/plan-your-trip/camping-and-caravans.html; Camping Erw./Kind/Fam. 15/7,50/38 AU$) Gleich südlich vom Kakadu Highway, 2 km südlich von der Abzweigung nach Cooinda, liegt der Campingplatz des Mardugal Park – ein ausgezeichneter Ort mit Dusche und Toiletten.

Cooinda Lodge & Campground RESORT $$

(☎1800 500 401; www.kakadutourism.com/accommodation/cooinda-lodge/; Cooinda; Stellplätze mit/ohne Strom 50/38 AU$, Budget/Lodge Zi. ab 59/189 AU$; ❄📶🏊) Diese weitläufige Anlage bietet eine gute Auswahl an Unterkünften und ist Kakadus beliebtestes Resort. Bei 380 Stellplätzen sind die Anlagen oft am Rande ihrer Kapazitäten. Die klimatisierten Budget-Einheiten teilen sich Campingplatz-Einrichtungen und sind kompakt und gemütlich. In den komfortablen und geräumigen Lodge-Zimmern haben bis zu vier Personen Platz.

Es gibt einen Lebensmittelladen, eine Benzinpumpe und das ausgezeichnete **Barra Bar & Bistro** (☎1800 500 401; www.kakadutourism.com/accommodation/cooinda-lodge/; Cooinda; Hauptgerichte 25–35 AU$; ⏱6.30–21 Uhr) im Freien.

Man sollte sich nach dem „Flash Camp@Kakadu" erkundigen, einem semi-mobilen Zeltcamp im Busch mit jeglichem Komfort, den eine solche Zeltstätte nur bieten kann.

An- & Weiterreise

Die Abzweigung zum Cooinda-Komplex und den Yellow-Water-Feuchtgebieten liegt 47 km entlang des Kakadu Hwy ab der Kreuzung mit dem Arnhem Hwy. Von hier aus sind es 4,5 km zum Warradjan Aboriginal Cultural Centre, ein weiterer Kilometer zur Abzweigung nach Yellow Water und ein weiterer Kilometer nach Cooinda.

Southwestern Kakadu

Der äußerste Südwesten vom Kakadu beherbergt zwei der am wenigsten geschätzten Attraktionen vom Kakadu, das herrliche Wasserloch bei Maguk und den dramatischen Gunlom. Für beide benötigt man einen Geländewagen oder ein normales Auto mit hohem Radstand. In der Regenzeit ist die Zufahrt möglicherweise unpassierbar. Aus all diesen Gründen findet man hier unten keine Tourbusse.

Sehenswertes

★ Maguk WASSERFALL

(Barramundi Gorge) Der südliche Teil des Kakadu National Park sieht weitaus weniger Tourbusse. Obwohl man das verträumte Wasserloch bei Maguk wahrscheinlich nicht für sich alleine hat, muss man den wunderbaren Naturpool und die Wasserfälle mit etwas Glück vielleicht nur mit einigen wenigen anderen Besuchern teilen. Der Fußweg vom Parkplatz führt durch Regenwald mit vielen einheimischen Myrtenbäumen und öffnet sich dann auf einen hübschen, von Felsen gerahmten Flussabschnitt.

Das Wasserloch liegt rund 2 km (hin und zurück) entfernt vom Parkplatz. Man benötigt rund 1 Stunde plus Zeit zum Schwimmen. Dort wo der Pfad aus dem Wald in das Tal führt und der markierte Weg den Fluss rechts überquert, muss man sich am linken Ufer halten (oder später hierher zurückkommen), um nach oben über die Wasserfälle zu klettern, die herrliche Aussicht zu genießen und in einige kleine Felsbecken zu springen.

Zu den Wildtieren hier gehören Frischwasserkrokodile (Schwimmen ist im Allgemeinen sicher, aber man sollte auf die Schilder achten) sowie Vögel, z. B. die Regenbogenpitta und die Smaragdtaube.

Der Weg hier ist ein 10 km langer, rauer, gewellter Pfad, der von Termitenhügeln gesäumt ist.

★ Gunlom WASSERFALL

(Waterfall Creek) Gunlom ist ein großartiger Felswasserfall mit Wasserloch rund 40 km südlich von Maguk und 37 km entlang einer ungeteerten, aber einfach zu bewältigenden Schotterstraße. Die Belohnung ist ein herrlich großes Wasserloch vor dramatischer Kulisse, das nur 200 m entfernt vom zugehörigen Parkplatz jenseits eines Waldes aus Myrtenheiden liegt. Hier gibt es auch einen hübschen Picknickbereich. Wer Lust hat, die Gegend zu erkunden, sollte den steilen **Lookout Walk** (1 Std., 1 km) hinaufwandern – von oben hat man eine überwältigende Aussicht.

An- & Weiterreise

Maguk und Gunlom sind gut ausgeschildert. Die Wasserfälle liegen abseits des Kakadu Hwy an ungeteerten, unbefestigten Straßen. Mit einem normalen Auto ist der Gunlom einfacher zu erreichen. Zu den Wasserfällen fahren keine öffentlichen Transportmittel und nur wenige Veranstalter bieten Touren hierher an.

ARNHEM LAND

Das Arnhem Land ist ein riesiger, überwältigender und mysteriöser Teil des Northern Territory. Das Aborigine-Reservat hat in etwa die Größe des Bundesstaates Victoria und nur ca. 17000 Bewohner, von denen die meisten Yolngu sind. Es ist eines der letzten großen unberührten Wildnisgebiete Australiens. Die meisten Menschen hier leben in entlegenen Siedlungen und verbinden traditionelle Bräuche mit modernen westlichen Lebensweisen. Sie gehen z.B. auf die Jagd, sind aber rechtzeitig zu den 18-Uhr-Nachrichten zurück. Ein Besuch hier erfordert sorgfältige Vorbereitung, aber das ist nur ein kleiner Preis, den man bezahlen muss, um eine der rausten, schönsten und kulturell faszinierendsten Landschaften Australiens zu besuchen.

Geführte Touren

★ Kakadu Cultural Tours KULTUR
(1800 525 238; www.kakaduculturaltours.com.au; Erw./Kind 269/215 AU$; Mai–Nov.) Diese ungewöhnliche achtstündige Kulturtour im Geländewagen führt zu uralten Felskunststätten (hoffentlich zur Mountfor-Stätte, aber der Zugang hängt von Alter und Mobilität der Gruppe ab), zum Inkiyu Billabong und zum Injalak Art Centre in Gunbalanya (Oenpelli). Die Tour fährt am Border Store (S. 904) in Ubirr im Kakadu National Park ab.

Outback Spirit GEFÜHRTE TOUREN
(1800 688 222; www.outbackspirittours.com.au) Der erfahrene Veranstalter bietet eine epische 12-tägige Durchquerung des Nordens des Arnhem Land, von der Cobourg Peninsula nach Yirrkala. Die Preise beginnen bei 10995 AU$ pro Person.

Venture North Australia GEFÜHRTE TOUREN
(08-8927 5500; https://venturenorth.com.au; 4-/5-tägige geführte Touren 2890/3290 AU$; Mai–Okt.) Die Geländewagentouren in abgelegene Gebiete werden von Felskunst-Experten geführt. Die viertägige Tour durch das Arnhem Land und die Cobourg Peninsula ist die beste der Arnhem-Touren. Der Veranstalter betreibt auch das Cobourg Coastal Camp mit Safarizelten, inklusive Blick auf das Wasser, nahe Smith Point auf der Cobourg Peninsula. Tour-Gäste können in diesem Camp übernachten.

Davidson's Arnhemland Safaris KULTUR
(08-8979 0413; www.arnhemland-safaris.com) Mit diesem erfahrenen Anbieter geht's nach Mt. Borradaile nördlich von Oenpelli. Der Tagespreis (ab 750 AU$/Pers.) beinhaltet geführte Touren, Angeln, die Mahlzeiten und die Unterbringung im eigenen Safari Lodge (S. 908). Der Transfer ab Darwin kann bei Bedarf organisiert werden.

Schlafen

★ Davidson's Arnhemland Safari Lodge LODGE $$$
(www.arnhemland-safaris.com; EZ/DZ Hütten, mit Vollpension, ab 1025/1500 AU$;) Eine Oase des guten Geschmackes mit hohem Komfortstandard in der Wildnis des westlichen Arnhem Land. Hier gibt es hübsche Hütten auf Pfählen und gutes Essen in wunderhübscher Lage. Die Deluxe-Hütten sind den Aufpreis wert. Touren umfassen Bootsfahrten zu einem Billabong, Wanderungen in die nahe gelegene Felslandschaft und Vogelbeobachtung.

Barramundi Lodge LODGE $$$
(08-8983 1544; www.barralodge.com.au; DZ ab 550 AU$;) In der Wildnis des Arnhem Land, nahe Maningrida, liegt diese wunderhübsche Lodge, die von März bis November ein Himmel für Sportangler und Vogelbeobachter ist. Die Safarizelte sind wunderschön im feinsten afrikanischen Safaristil eingerichtet – zwischen den Gästen und der Wildnis liegt nicht mehr als eine Zeltplane, aber dennoch herrscht hier hoher Komfort.

An- & Weiterreise

Die meisten Besucher des Arnhem Land kommen im Rahmen einer organisierten Tour hierher.

GENEHMIGUNGEN FÜR DAS ARNHEM LAND

Besuche im Arnhem Land unterliegen einem strikten Genehmigungssystem, das darauf abzielt, die Umwelt, Felskunst und rituellen Stätten zu schützen, da *balanda* (weiße Leute) die Lage der Begräbnisstätten und die rituellen Orte nicht kennen.

Man muss einen speziellen Grund für einen Besuch angeben können, um eine Genehmigung zu erhalten, typischerweise den Besuch eines Kunstzentrums. Man sollte nicht vergessen, dass einige der Genehmigungen, die ausgestellt werden, nur die Durchreise auf bestimmten Straßen gestatten, nicht aber den Aufenthalt (die anderen Genehmigungen heißen „Recreational Permits"). Unbedingt prüfen, wenn man seine Genehmigung abholt.

Wer so weit ins Land reist, das eine Übernachtung erforderlich ist, muss sich im Voraus eine Unterkunft organisieren (und die sind knapp!). Problemlos kann man im Rahmen einer Tagestour vom Kakadu National Park (organisiert oder auf eigene Faust) Gunbalanya (Oenpelli) und sein Kunstzentrum, gleich auf der anderen Seite der Grenze, besuchen. Ansonsten ist es am besten, wenn man an einem organisierten Ausflug teilnimmt, der auch die für den Besuch des Aborigine-Landes erforderlichen Genehmigungen beinhaltet.

Wer auf eigene Faust unterwegs ist, sollte sich je nach Ziel folgende Genehmigungen besorgen:

ORT	AUSGESTELLT VON	KOSTEN	DAUER	BEARBEITUNGSZEIT
Central Arnhem Highway	Northern Land Council (S. 888)	Kostenlos	Transit	10 Tage bis Ausstellung
East Arnhem Land	**Dhimurru Aboriginal Corporation** (☎ 08-8939 2700; www.dhimurru.com.au; Arnhem Rd, Nhulunbuy)	15/35/45 AU$	1 Tag/7 Tage/ 2 Monate	Verschieden
Gunbalanya (Oenpili)	Northern Land Council (S. 888)	16,50 AU$	1 Tag	Ausstellung umgehend vor Ort
West Arnhem Land (inkl. Cobourg Peninsula & Garig Gunak Barlu National Park)	Northern Land Council (S. 888; Transitgenehmigung); **Parks & Wildlife Commission** (☎ 08-8999 4555; parkmanagement.pwcnt@nt.gov.au; Camping-Genehmigung)	88 AU$ (plus 232,10 AU$ pro Fahrzeug für Camping-Genehmigung)	5 Tage	10 Tage

Gunbalanya (Oenpelli)

1200 EW.

Gunbalanya ist eine kleine Aborigine-Gemeinde im Arnhem Land, die 17 km entfernt vom Border Store im Kakadu National Park auf der anderen Seite des East Alligator River liegt. Gunbalanya ist die Heimat eines der besten Kunstzentren für indigene Kunst im Northern Territory und bietet sich sehr gut für einen Besuch im Rahmen eines Ausflugs zum Kakadu National Park an.

Schon die Fahrt hierher durch leuchtend grüne Feuchtgebiete und spektakuläre Felsgebiete entlang der Straße lohnt die Reise. Die Straße ist nur von März bis November passierbar. Vor dem Aufbruch sollte man sich nach den Gezeiten an der Cahill's Crossing am East Alligator River erkundigen, damit man auch wirklich auf die andere Seite kommt.

Sehenswertes

★ **Injalak Arts & Crafts Centre** GALERIE
(☎ 08-8979 0190; www.injalak.com; ⏲ Mo–Fr 8.30–17, Sa 9–14 Uhr) GRATIS In diesem Zentrum zeigen Künstler und Handwerker traditionelle Bilder auf Rinde und Papier, Didgeridoos, Web- und Korbarbeiten aus den Fasern des Pandanbaumes sowie im Siebdruckverfahren bedruckte Stoffe. Der

Laden ist hervorragend, und die Hälfte des Verkaufspreises der Arbeiten geht direkt an die Künstler.

Man sollte sich die Zeit nehmen, um herumzuschlendern und den Künstlern bei der Arbeit zuzusehen (nur morgens): Auf der Westseite des Zentrums, im Schatten der Bäume, fertigen Frauen ihre Körbe; auf der Ostseite malen im Schatten der Veranda die Männer. Einige der Arbeiten stammen von entlegenen Außenstationen des ganzen Arnhem Land.

Vom Gelände des Zentrums hat man einen guten Ausblick in Richtung Süden auf die Feuchtgebiete, Felsen und den Injalak Hill (Long Tom Dreaming).

Kakadu Cultural Tours (S. 908) und **Lord's Kakadu & Arnhemland Safaris** (☎0438 808 548; www.lords-safaris.com; Erw./Kind 225/180 AU$) bieten ausgezeichnete Tagestouren an. Bei diesen Ausflügen ist auch ein Besuch des Injalak Arts & Crafts Centre enthalten.

Geführte Touren

★Rock Art Tours GEFÜHRTE TOUREN

(☎08-8979 0190; www.injalak.com/rock-art-tours/; Erw./Kind 110/33 AU$; ⏲Juni–Sept. Mo–Sa 9 Uhr) Fünf Kilometer südlich des Injalak Arts & Crafts Centre (S. 909) liegt der Injalak Hill (Long Tom Dreaming), eine der besten Sammlungen von Felskunst im westlichen Arnhem Land. Wer die Werke bestaunen möchte, muss an einer der dreistündigen Touren teilnehmen, die am Kunstzentrum losgehen.

Feste & Events

Stone Country Festival KULTUR

Das Stone Country Festival ist ein Kulturfestival und gleichzeitig ein Tag der offenen Tür. Veranstaltungsort ist Gunbalanya (Oenpelli). Hier gibt es traditionelle Musik und Tänze sowie Kunst- und Kunsthandwerksvorführungen. Es ist der einzige Tag, an dem Gunbalanya ohne Genehmigung besucht werden kann. Campen ist erlaubt, Alkohol nicht.

An- & Weiterreise

Nach Gunbalanya fahren keine öffentlichen Verkehrsmittel; die meisten Traveller kommen im Rahmen einer organisierten Tour hierher. Die Straße nach Gunbalanya von der Cahill's Crossing ist nur teilweise asphaltiert und in der Regenzeit (normalerweise von Oktober oder November bis März) nicht passierbar.

Cobourg Peninsula

Sehenswertes

★Garig Gunak Barlu National Park NATIONALPARK

(https://nt.gov.au/leisure/parks-reserves; ⏲Mai–Okt.) Die gesamte Wildnis der entlegenen Cobourg Peninsula bildet den Garig Gunak Barlu National Park, der auch die umliegenden Meeresgebiete umfasst. Die Halbinsel ist ein beeindruckender, abgeschiedener Ort und einer der schönsten an der Nordküste Australiens. Hier sieht man höchstwahrscheinlich Delfine und Schildkröten und – worauf die meisten Besucher hoffen – Riesenfederflossler am Angelhaken.

Port Essington RUINEN

(Victoria) An der Küste von Port Essington liegen die Steinruinen und Grundsteine der Siedlung Victoria – Großbritanniens Versuch, hier 1838 einen Militärposten zu errichten, um den Handel mit Asien zu unterstützen. Ein unheimlicher Ort, der an den zum Scheitern verurteilten Traum erinnert, an so einem entlegenen Ort eine Stadt zu erbauen.

Aktivitäten

Die Cobourg Peninsula ist bei Anglern bekannt für ihre hervorragenden Gelegenheiten zum Barramundi-Angeln im März, April, Oktober und November. In der Trockenzeit kann man hier außerordenlich gut Wildtiere beobachten. Zu anderen Jahreszeiten ist die Halbinsel nur schwer zugänglich.

Wildtierbeobachtung

Die Gewässer des Garig Gunak Barlu National Park sind Heimat von sechs verschiedenen Meeresschildkröten: der grünen Schildkröte, der echten und der unechten Karettschildkröte, der Oliv-Bastardschildkröte, der Wallriffschildkröte und der Lederrückenschildkröte. Einige von ihnen nisten Ende des Jahres an entlegenen Stränden. In den Billabongs im Inneren der Halbinsel sollte man nach Siebenrock-Schlangenhalsschildkröten Ausschau halten. Im Wasser vor der Küste leben Wale, Delfine, verschiedene Haie und Salzwasserkrokodile – Schwimmen wäre hier extrem gefährlich.

Im Park leben außerdem diverse Säugetiere – zu sehen gibt es sie allerdings nur selten, und wenn dann vor allem bei Sonnenaufgang, bei Sonnenuntergang und nachts.

Dazu gehören Dingos, Ameisenigel und der Große Kurznasenbeutler. Im Park leben zudem über 200 Vogelarten.

Geführte Touren

Cobourg Fishing Safaris ANGELN
(☎ 08-8927 5500; www.cobourgfishingsafaris.com.au) Die Angelsafaris von Venture North Australia (S. 908) sind hervorragend. Die Angelcamps, das Essen und die ausgezeichneten Angelführer sind im Vergleich zu anderen Anbietern überdurchschnittlich gut.

Schlafen & Essen

Im Park gibt es zwei Campingplätze mit Duschen, Toiletten, Grillstellen und einem begrenzten Vorrat an Brunnenwasser. In einem Bereich sind Generatoren erlaubt. Die Campinggebühren (16,50 AU$/Pers. & Tag) sind in der Fahrzeuggebühr enthalten. In den umliegenden Fischereiresorts stehen teurere Unterkünfte zur Verfügung. Cobourg Fishing Safaris betreibt bei Smith Point ein Safaricamp mit Zelten für die Teilnehmer ihrer Touren.

Man muss seine eigenen Vorräte mitbringen, obwohl der **Garig Store** (☎ 08-8979 0455; Algarlarlgarl (Black Point); ⏰ Mo–Sa 16–18 Uhr) Grundnahrungsmittel, Sprit, Eis und Campinggas verkauft.

Wiligi Outstation ZELTCAMP, CAMPING $$$
(☎ 08-8979 0069; www.wiligiarnhemland.com.au; Camping pro Pers. 47 AU$, Öko-Zelte 275 AU$) Auf einer Außenstation an der Spitze des Garig Gunak Barlu National Park bietet Wiligi hübsche Öko-Zelte. Jedes hat eine eigene Veranda mit Blick auf die Morris Bay. Darüber hinaus gibt es einen schattigen Campingplatz am Wasser. Die Öko-Zelte sind eine schöne Alternative zum Wildcampen.

An- & Weiterreise

Am schnellsten kommt man mit einem Charterflieger hierher, der von den Unterkunftsanbietern organisiert werden kann. Für Autofahrer beginnt die Piste nach Cobourg in Gunbalanya (Oenpelli). Sie ist nur von Mai bis Oktober und ausschließlich mit einem Geländefahrzeug befahrbar. Die 270 km lange Fahrt vom East Alligator River nach Black Point dauert ca. fünf Stunden.

Östliches Arnhem Land

Die schöne, wilde Küste und das Hinterland des **östlichen Arnhem Land** (www.easternarnhemland.com.au) sind absolut abgelegen. Rund 4000 Menschen leben in Nhulunbuy, der größten Siedlung der Region, die der Bauxit-Mine wegen hier errichtet wurde. Die Pläne von 1963, hier eine Mangan-Mine anzulegen, stießen bei den Yolngu, den traditionellen Eigentümern, auf heftigen Protest. Obwohl der Abbau dann trotzdem vorangetrieben wurde, war der Fall ein bedeutender Schritt zur Durchsetzung der Landrechte der Aborigines. Auch einige der schönsten Kunsthandwerksgegenstände stammen aus der Region, u. a. Rindenmalereien, *mimi*-Figuren, *yidaki* (Didgeridoos), Flechtkörbe und -matten sowie Schmuck.

Sehenswertes

★ **Buku Larrnggay Mulka Art Centre & Museum** GALERIE
(☎ 08-8987 1701; www.yirrkala.com; Yirrkala; Spende; ⏰ Mo–Fr 8–16.30, Sa 9–12 Uhr) Dieses Museum, 20 km südöstlich von Nhulunbuy in Yirrkala, ist eines der besten im Arnhem Land. Für einen Besuch von Nhulunbuy oder vom Gove Airport aus braucht man keine Genehmigung.

Feste & Events

★ **Garma Festival** KULTUR
(www.yyf.com.au; ⏰ Aug.) Im August findet das viertägige Garma Festival im nordöstlichen Arnhem Land statt. Garma ist eines der bedeutendsten Festivals der Region. Mit Aufführungen, Anleitungen in Sachen Buschhandwerk, einer *yidaki*-Meisterklasse und einem akademischen Forum wird die Kultur der Yolngu gefeiert. Man muss einen Besuch hier gut organisieren, deshalb sollte man früh mit der Planung beginnen.

Schlafen & Essen

Walkabout Lodge MOTEL $$
(☎ 08-8939 2000; www.walkaboutlodge.com.au; 12 Westal St, Nhulunbuy; EZ/DZ Aug. & Sept. 250/290 AU$, Okt.–Juli 218/245 AU$) Motelartige, klimatisierte Zimmer in grüner Lage in Nhulunbuy. Andernorts wären die Zimmer überteuert, aber für Nhulunbuy ist das Preis-Leistungs-Verhältnis in Ordnung.

BanuBanu Wilderness Retreat LODGE $$$
(☎ 08-8987 8085; www.banubanu.com; Bremer Island; DZ 720–1220 AU$) Die Öko-Zelte auf Bremer Island, vor der Gove Peninsula, könnten nicht näher am Strand liegen – und es sind die Lage (und das Angeln), die in Erinnerung bleiben. Die Zelte sind einfach und die umliegende Landschaft etwas zu kahl und zu son-

nig, aber da man den Hauptteil des Tages mit Angeln verbringt, ist das nicht allzu wichtig.

Shoppen

Nambara Arts & Crafts Aboriginal Gallery KUNST
(Melville Bay Rd, Nhulunbuy; Mo–Fr 10–16, Sa 10–14 Uhr) Verkauft Kunst und Kunsthandwerk aus dem nordöstlichen Arnhem Land und beherbergt oft Künstler, die hier eine Weile vor Ort arbeiten.

An- & Weiterreise

Airnorth (1800 627 474; www.airnorth.com.au) und **Qantas** (S. 889) fliegen täglich von Darwin zum Gove Airport (Richtung Nhulunbuy).

Die Fahrt über Land ist nur in der Trockenzeit möglich und dauert mit dem Geländewagen 10 Stunden. Der Central Arnhem Hwy nach Gove zweigt 52 km südlich von Katherine vom Stuart Hwy (Rte 87) ab.

KATHERINE

10 766 EW.

Am bekanntesten ist Katherine wohl wegen des östlich gelegenen **Nitmiluk (Katherine Gorge) National Park**. Wer den Park besuchen möchte, dem dient Katherine als idealer Ausgangspunkt mit vielen Unterkünften. Katherine bietet auch einige interessante Sehenswürdigkeiten, deshalb lohnt es sich ein oder zwei Tage länger zu bleiben.

In diesem Teil der Welt gilt Katherine als Großstadt, und wer gerade die lange Fahrt über den Highway von Alice Springs hierher hinter sich hat, ist wirklich froh, endlich irgendwo angekommen zu sein. Der namensgebende Fluss ist der erste permanente Wasserlauf an der Straße nördlich von Alice Springs oder südlich von Darwin.

Sehenswertes

★ **Top Didj Cultural Experience & Art Gallery** GALERIE
(08-8971 2751; www.topdidj.com; Ecke Gorge & Jaensch Rds; Kulturerlebnis Erw./Kind 70/45 AU$; Kulturerlebnis So-Fr 9.30 & 14.30, Sa 9.30 & 13.30 Uhr) Die Inhaber der Katherine Art Gallery geben Besuchern hier die Möglichkeit, Aborigine-Künstler bei der Arbeit zu beobachten. Das „Kulturerlebnis" umfasst eigenhändiges Speerwerfen, Malen und Korbflechten sowie die Handhabung von Feuerstöcken – ein dynamischer Ansatz in Sachen „Kulturerfahrung".

Godinymayin Yijard Rivers Arts & Culture Centre GALERIE
(08-8972 3751; www.gyracc.org.au; Stuart Hwy, Katherine East; Di–Fr 10–17, Sa bis 15 Uhr) Dieses überwältigende Kunst- und Kulturzentrum in Katherine befindet sich in einem wunderschönen zeitgenössischen Gebäude, das sich selbst zu einer Sehenswürdigkeit entwickelt hat. Das Zentrum soll ein Treffpunkt für indigene und nicht-indigene Bewohner werden, ein Raum zum Kulturaustausch. Besucher sollten dieses Zentrum auf keinen Fall verpassen.

Djilpin Arts GALERIE
(08-8971 1770; www.djilpinarts.org.au; 27 Katherine Tce; Mo–Fr 9–16 Uhr) Diese Galerie gehört Aborigines und präsentiert Kunst aus dem Ghunmarn Culture Centre (S. 924) in der entlegenen Gemeinde von Beswick (Wugularr). Zu den Ausstellungstücken gehören Bilder, Webarbeiten und von Termiten gebohrte Didgeridoos.

Katherine School of the Air KULTURZENTRUM
(08-8972 1833; www.ksa.nt.edu.au; Giles St; Erw./Kind 12 AU$/kostenlos, VIP-Tour 20 AU$; Mitte April–Okt. 9, 10 & 11 Uhr) In der School of the Air, 1,5 km entfernt vom Stadtzentrum, kann man einer Klasse beiwohnen und sehen, wie 170 Kinder vom Vorschulalter bis zur 9. Klasse in Gegenden unterrichtet werden, in denen es keine Schulgebäude gibt – manchmal wird der Ort daher auch als das größte Klassenzimmer der Welt bezeichnet. Die Standardführungen gehen kaum über das Vorzimmer hinaus, aber sind dennoch interessant. Die VIP-Führungen um 10 Uhr umfassen einen näheren Blick in das Klassenzimmer, sodass man den Unterricht verfolgen kann.

Geführte Touren

★ **Nitmiluk Tours** GEFÜHRTE TOUREN
(1300 146 743, 08-8972 1253; www.nitmiluktours.com.au; 4/52 Katherine Terrace, Stuart Hwy) Der exzellente Veranstalter organisiert Panoramaflüge, Kanu- und Bootstouren im Nitmiluk (Katherine Gorge) National Park; und es ist ein guter Platz, um seinen Besuch der Gegend zu planen.

Gecko Canoeing & Trekking OUTDOOR
(1800 634 319, 0427 067 154; www.geckocanoeing.com.au) Dieser Veranstalter bietet aufregende Kanutouren auf den entlegenen Abschnitten des Katherine River. Zu den Touren gehören eine dreitägige Tour auf dem

Katherine River (1090 AU$) und eine sechstägige Tour (1895 AU$) auf dem Daly und dem Katherine River. Eine fünftägige Wanderung auf dem Jatbula Trail im Nitmiluk National Park kostet 1895 AU$.

Feste & Events

Katherine Country Music Muster MUSIK
(Erw./Kind 35 AU$/frei ⏲ Mai od. Juni) „Wir mögen beide Musikrichtungen: Country und Western." Reichlich davon gibt's live in den örtlichen Pubs – ergänzt durch Unterhaltung im Lindsay Street Complex (Tick Market) am selben Wochenende.

Schlafen

BIG4 Katherine Holiday Park CAMPING $
(☎ 08-8972 3962; www.big4.com.au/caravan-parks/nt/katherine-surrounds/katherine-holiday-park; Shadforth Rd; Stellplätze mit/ohne Strom 48/45 AU$, Hütte/Safarizelt 198/115 AU$; ❄📶🏊) Ein schön angelegter Park mit vielen schattigen Stellplätzen, einem großartigen Pool neben einer Bar und einem ausgezeichneten Bistro (Hauptgerichte 21– 29 AU$) unter einem prächtigen Feigenbaum. Die Einrichtungen sind erstklassig – schlichtweg der beste der zahlreichen Campingplätze in der Stadt.

Coco's Backpackers HOSTEL $
(☎ 08-8971 2889; coco@21firstst.com.au; 21 First St; Camping 22 AU$/Pers., B 40 AU$) Traveller lieben dieses Hostel. Die mit indigener Kunst dekorierten Wände und die Didgeridoos in der Blechhütte nebenan sorgen für eine echte Katherine-Erfahrung. Der Besitzer des umgebauten Wohnhauses unterhält sich gern mit seinen Gästen und gibt sachliche Hinweise zur Stadt und zur Umgebung. Viele Aborigine-Künstler kommen hierher, um Didgeridoos zu bemalen.

Knott's Crossing Resort MOTEL $$
(☎ 08-8972 2511; www.knottscrossing.com.au; Ecke Cameron & Giles Sts; Stellplatz mit/ohne Strom 46/28 AU$, Hütte/Motel-DZ ab 110/160 AU$; ❄@📶🏊🐾) Die wahrscheinlich beste Unterkunft in Katherine. Das Motel ist sehr professionell geführt. Hier gibt es Zimmer für unterschiedlich dicke Geldbeutel sowie ein fantastisches Restaurant. Im tropischen Garten drängt sich alles auf etwas engem Raum, aber man findet leicht einen Rückzugsort.

St Andrews Apartments APARTMENT $$$
(☎ 1800 686 106, 08-8971 2288; www.standrewsapts.com.au; 27 First St; Apt. 240–290 AU$; ❄📶🏊) Die Apartments mit Zimmerservice liegen im Herzen der Stadt. Sie eignen sich sehr gut für Familien und für diejenigen, die etwas Komfort wie zu Hause sowie ein bisschen mehr Platz bevorzugen. Die Apartments haben jeweils zwei Schlafzimmer und bieten Platz für vier Personen (bzw. für 6 bei Benutzung der Schlafcouch). Die übrige Einrichtung umfasst vollständig ausgestattete Küchen, Wohnzimmer mit Essbereich und im Erdgeschoss auch hübsche, kleine Grillterrassen.

Essen

★ Black Russian Caravan Bar INTERNATIONAL $
(☎ 0409 475 115; www.facebook.com/theblackrussiancaravanbar/; Stuart Hwy; Hauptgerichte 7,80–12,50 AU$; ⏲ 7–13 Uhr) Endlich gibt es Street Food auch in Katherine! Dieser niedliche kleine Wohnwagen steht gegenüber vom Parkplatz des Besucherzentrums (er kann natürlich zwischenzeitlich umgezogen sein – auf Facebook gibt es aktuelle Informationen). Hier bekommt man Katherines besten Kaffee, den man auf der Rasenfläche genießen kann.

Lecker sind auch die Kuchen und die dick belegten Toastsandwiches (z. B. mit Butterhühnchen oder Pulled Pork).

Coffee Club CAFÉ $
(www.coffeeclub.com.au; Ecke Katherine Tce & Warburton St; Gerichte 13–19 AU$; ⏲ Mo–Fr 6.30–15 Uhr, Sa & So 7–15 Uhr) Hier wird das beste Frühstück der Stadt serviert, und das Mittagessen ist auch gut. Gegessen wird in hellem, modernem Ambiente. Zum Frühstück, das den ganzen Tag angeboten wird, gibt's anständigen Kaffee und gesunde Leckereien, darunter Früchte und Müsli. Den Rest des Tages kommen Burger, Sandwiches, Wraps und Salate auf den Tisch.

Savannah Bar & Restaurant MODERN-AUSTRALISCH $$
(☎ 08-8972 2511; https://knottscrossing.com.au/facilities/#dining; Knott's Crossing Resort, Ecke Giles & Cameron Sts; Hauptgerichte 25–35 AU$; ⏲ 6.30–9 Uhr & 18–21 Uhr) Zweifelsohne eines der besten Restaurants der Stadt. Im Essbereich im tropischen Garten weht eine kühle Brise. Auf der Karte stehen Steaks, Barramundi, Krokodil-Kroketten und Garnelen aus der Venus Bay, aber auch Spanferkel. Der Service ist flott und freundlich, und das ganze Restaurant wird sehr professionell geführt.

Katherine

0 500 m
In tropischen Gebieten leben Krokodile in allen Gewässern. Baden ist nicht empfehlenswert.
Cameron St
Clarke Cres
Giles Park
Giles St
Cres
Donegan
McDonald St
2
5
Rapide St
Dakota Cres
Dove St
Heron Cres
Lockheed Rd
Auster St
Lockheed Park
Katherine River
O' Shea Park
Parks & Wildlife
Cox Cres
O' Shea Tce
Fourth St
Third St
Chambers Dr
Katherine Public Art & Craft Gallery (500 m)
Northern Land Council
6
1
4
Second St
Warburton St
Bodhi Bus
Nitmiluk Tours
3
8
First St
Giles St
Lindsay St
Katherine Tce
Railway Tce
Shepherd St
Stutterd St
Walter Young St
Pearce St
9
Victoria Hwy
Katherine Visitor Information Centre
7
Katherine Transit Centre
Sports Recreation Reserve
Golfplatz
Stuart Hwy
Rennbahn & Ausstellungsgelände
Thermal Springs (1 km); Katherine Low Level Nature Park (3 km); Katherine Low Level Caravan Park (3,9 km); (6 km)
Godinymayin Yijard Rivers Arts & Culture Centre (500 m); (8 km)

Katherine

Sehenswertes

Aktivitäten, Kurse & Touren

Schlafen

Essen

Shoppen

★ Marksies Camp Tucker AUSTRALISCH $$$

(☎0427 112 806; www.marksiescamptucker.com.au; 363 Gorge Rd; Erw./Kind 75/35 AU$; ⊙April–Sept. 19 Uhr) Dieses wieder aufgebaute Stockman-Camp liegt 7 km entfernt von der Stadt und ist etwas ganz besonderes. Hier wird hervorragendes Essen serviert – und die Geschichten von Geoff (Marksie) Mark, ein herzlicher, begnadeter Erzähler und einer von Katherines echten Charakteren, gibt es gratis dazu.

Das Essen besteht aus einem dreigängigen Menü, das Gerichte aus Krokodil, Kamel, Büffel, Känguru und/oder Barramundi umfasst, die allesamt mit Buschkräutern gewürzt sind. Nebenbei werden urkomische Buschgeschichten erzählt. Unbedingt im Voraus buchen.

Marksies teilt sich einen Eingang mit Top Didj (S. 912).

Unterhaltung

Katherine Outback Experience LIVE-PERFORMANCE

(☎0428 301 580; www.katherineoutbackexperience.com.au; 115 Collins Rd, Uralla; Erw./Student/Senior 50/25/45 AU$; ⊙Mo, Do & Fr 16.30, Mi 17 Uhr, Nov.–März geschl.) Für sein Geld bekommt man bei dieser Live-Perfomance ein bisschen was von allem: Die 90-minütige Show zeigt Pferdeschulungen und Arbeitshunde – man sollte sich allerdings nicht wundern, wenn der Darsteller Tom Curtain zwischendrin anfängt, ein Lied zu schmettern. Manchmal ebbt die Spannung etwas ab, aber wenn alles klappt – und das ist oft der Fall –, ist es richtig gut.

Shoppen

★ Mimi Aboriginal Art & Craft KUNST & KUNSTHANDWERK

(☎08-8971 0036; www.mimiarts.com; 6 Pearce St; ⊙Mo–Fr 8.30–16.30 Uhr) Das Mimi ist zweifellos das beste indigene Kunstzentrum der Stadt. Das kleine gemeinnützige Zentrum gehört Aborigines und präsentiert eine sorgfältig ausgewählte Sammlung von Arbeiten aus der Region, von Katherine und der Tanami Desert bis zu den Kimberleys. Hier gibt es auch Karten und eine kleine Auswahl an Büchern, Musik und Didgeridoos.

Praktische Informationen

Katherine Wildlife Rescue Service (☎0407 934 252; www.fauna.org.au) Hier muss man anrufen, falls man ein verletztes Wildtier gefunden hat.

Katherine Visitor Information Centre (☎1800 653 142; www.visitkatherine.com.au; Ecke Lindsay St & Stuart Hwy; ⊙Trockenzeit (Mitte April–Sept.) tgl. 8.30–17 Uhr; Regenzeit (Okt.–Mitte April) Mo–Fr 8.30–17 Uhr, Sa & So 10–14 Uhr) Modernes, klimatisiertes Informationszentrum mit Infos über alle Gebiete des Northern Territory. Unbedingt den praktischen *Katherine Region Visitor Guide* mitnehmen.

Northern Land Council (☎08-8971 9899; www.nlc.org.au; 5/29 Katherine Tce) Hier gibt es Genehmigungen für den Central Arnhem Hwy in Richtung Gove.

Parks & Wildlife (☎08-8973 8888; https://nt.gov.au/leisure/parks-reserves; 32 Giles St; ⊙8–16.20 Uhr) Informationen und Broschüren zum Nationalpark.

Katherine Hospital (☎08-8973 9211; www.health.nt.gov.au; Giles St) Krankenhaus rund 3 km nördlich der Stadt, mit Notaufnahme.

An- & Weiterreise

Katherine ist ein wichtiger Knotenpunkt: Von hier aus führt der Stuart Hwy Richtung Norden und Süden und der Victoria Hwy Richtung Westen nach Kununurra (WA).

BUS

Greyhound Australia (www.greyhound.com.au) betreibt regelmäßige Verbindungen von Darwin nach Alice Springs, Queensland oder Western Australia. Die Busse halten am **Katherine Transit Centre** (☎08-8971 9999; 6 Katherine Tce). Beispiele für Ziele und Preise ab Katherine: Darwin (75 AU$, 4 Std.), Alice Springs (ca. 175 AU$, 16 Std.), Tennant Creek (139 AU$, 8½ Std.) und Kununurra (108 AU$, 6 Std.).

Eine Alternativ ist **Bodhi Bus** (☎08-8971 0774; www.thebodhibus.com.au; 6/27 Katherine Tce). Diese Busse steuern abgelegene Gegenden

NICHT VERSÄUMEN

BARUNGA FESTIVAL

Mitte Juni gibt es in Barunga, 80 km östlich von Katherine, drei Tage lang über ein verlängertes Wochenende traditionelle Kunst und Kunsthandwerk, Tanz, Musik und Sportwettbewerbe zu sehen. Zum **Barunga Festival** (www.jawoyn.org/tourism/barunga-festival) muss man seine eigene Campingausrüstung mitbringen. Alternativ kommt man von Katherine im Rahmen eines Tagesausflugs hierher.

an (z. B. Borroloola und Timber Creek). Sie verkehren auch auf der Strecke Katherine–Darwin (70 AU$, einfache Fahrt, Mo, Do und Sa), über Adelaide River (50 AU$, 2½ Std.) und Pine Creek (50 AU$, 1 Std.). Fahrgäste können unterwegs am Busbahnhof in Palmerston oder am Flughafen in Darwin aussteigen.

FLUGZEUG

Airnorth (☎1800 627 474; www.airnorth.com.au) verbindet Katherine mehrmals wöchentlich mit Darwin, Alice Springs und Tennant Creek.

ZUG

Die **Great Southern Rail** (www.gsr.com.au) lässt den *Ghan* (Adelaide–Darwin, 2-mal wöchentl.) jeweils vier Stunden lang hier halten – Zeit genug für eine Stippvisite zur Katherine Gorge! **Nitmiluk Tours** (☎1300 146 743; www.nitmiluktours.com.au; Katherine Tce; ⊙ Mo–Sa 9–17 Uhr) betreibt Shuttle-Busse zwischen dem Bahnhof und der Stadt.

RUND UM KATHERINE

Die Gegend um Katherine hat Besuchern einiges zu bieten – das Highlight ist allerdings der Nitmiluk (Katherine Gorge) National Park. Die indigene Gemeinde von Beswick (Wugularr) eignet sich hervorragend, um Aborigines und ihre Kultur besser kennenzulernen.

Nitmiluk (Katherine Gorge) National Park

Die spektakuläre **Katherine Gorge** (☎08-8972 1886, 08-8972 1253; https://nt.gov.au/leisure/parks-reserves/) bildet den Rücken des 2920 km² großen Nitmiluk (Katherine Gorge) National Park und ist etwa 30 km von Katherine entfernt. 13 tiefe Sandstein-Schluchten hat der **Katherine River** auf seinem Weg vom Arnhem Land zur Timorsee ins Gestein gefräst – ein gespenstisch schöner Ort (auch wenn es in der Hauptsaison voll wird) und ein Muss, wenn man in Katherine ist! In der Trockenzeit kann man prima auf dem Fluss paddeln, aber in der Regenzeit wird das sonst ruhige Wasser zu einer reißenden Sturzflut, die durch die Schlucht peitscht. Mindestens einen ganzen Tag zum Kanufahren oder Paddeln und zum Bushwalking einplanen!

Die angestammten Besitzer sind die Jawoyn-Aborigines, die den Park zusammen mit Parks & Wildlife betreiben. Nitmiluk Tours (s. unten) kümmert sich um Unterkünfte, Touren und Aktivitäten im Park.

Sehenswertes & Aktivitäten

Leliyn (Edith Falls) NATURSCHUTZGEBIET

Zum Wasserfall kommt man, indem man den Stuart Hwy von Katherine aus 40 km nach Norden fährt und 20 km einer befestigten Straße folgt. Hier kann man in idyllischer Umgebung sicher baden und prima wandern. Der mittelschwere **Leliyn Trail** (Rundweg, 2,6 km, 1½ Std.; mittel) steigt an bis zur Steilstufe und führt an Grevilleen (Silbereichen) und Spinifex sowie an malerischen Aussichtspunkten vorbei (Bemang ist nachmittags am schönsten) zum Upper Pool, von wo der mittelschwere **Sweetwater Pool Trail** (hin & zurück 8,6 km, 3–5 Std.) abzweigt.

Am ruhigen Sweetwater Pool gibt es einen kleinen Campingplatz; Übernachtungsgenehmigungen sind am Kiosk erhältlich. Den größeren Lower Pool – eine herrliche, spiegelglatte Lagune zum Schwimmen – erreicht man in einem schnellen, 150 m langen Abstecher vom Parkplatz aus. Der **Campingplatz** von Parks & Wildlife (☎08-8975 4869; Erw./Kind 12/6 AU$) neben dem Parkplatz bietet Grasstellplätze, viel Schatten, Toiletten, Duschen, eine Waschmaschine und sanitäre Einrichtungen für Traveller mit Behinderung. Gebühren zahlt man am **Kiosk** (⊙ Mai–Okt. 8–18 Uhr, Nov.–April 9.30–15 Uhr), an dem Snacks und Grundnahrungsmittel verkauft werden. Nebenan gibt's einen Picknickplatz mit Grill und Tischen.

★ **Nitmiluk Tours** BOOTSFAHRTEN

(☎08-8972 1253, 1300 146 743; www.nitmiluktours.com.au; 2-stündige Fahrt Erw./Kind 89/44,50 AU$, 4-stündige Fahrt Erw./Kind 129/63,50 AU$) Im Rahmen einer Bootsfahrt lässt sich die Schlucht sehr einfach bewundern. Wichtig:

In der Hauptsaison sind einige Touren äußerst gefragt – darum spätestens am Vortag buchen! Bei der zweistündigen Variante zur zweiten Schlucht (tgl. 9, 11, 13 & 15 Uhr je nach Wasserstand; ganzjährig) besucht man in einem 800 m langen Fußmarsch auch eine Felskunststätte.

Der vierstündige Ausflug zur dritten Schlucht (April–Juli tgl. 9 Uhr, Mai–Aug. auch 11 & 13 Uhr) beinhaltet Badepausen. Hinzu kommen eine etwas entspanntere Frühstücksfahrt (2 Std.; April–Nov. 7 Uhr; Erw./Kind 94/48 AU$) sowie ein Sonnenuntergangstrip (Mai–Okt. tgl. 16.30 Uhr) inklusive Abendbüfett und Schampus bei Kerzenlicht (Erw./Kind 164,50/119 AU$).

Für Rollstuhlfahrer ist nur der obere Teil der ersten Schlucht zugänglich.

Jatbula Trail WALKING

Dieser berühmte Trek (einfache Strecke 66 km, 5 Tage, schwierig) nach Leliyn (Edith Falls) erklimmt die Steilkante des Arnhem Land. Unterwegs passiert er die von Sümpfen gespeisten Biddlecombe Cascades, die Crystal Falls, das Amphitheatre und den Sweetwater Pool. Wanderer können nur in einer Richtung laufen (d.h. nicht von Leliyn zur Katherine Gorge) und müssen mindestens zu zweit sein. Von Oktober bis April ist der Trek geschlossen.

Los geht's mit einer Bootsfahrt über die Schlucht.

Nitmiluk Tours PANORAMAFLÜGE

(☎1300 146 743; www.nitmiluktours.com.au) Die Palette der Panoramaflüge reicht vom achtminütigen Abstecher über die erste Schlucht (104 AU$/Pers.) bis hin zur 20-minütigen Tour über alle 13 Schluchten (226 AU$/Pers.). Ausgedehntere Trips besuchen z.B. den Kakadu National Park oder Stätten mit Aborigine-Felskunst. Beim Nitmiluk Visitor Centre (S. 920) kann man die Flüge buchen.

Nitmiluk Tours KANUFAHREN

(☎1300 146 743, 08-8972 1253; www.nitmiluktours.com.au) Von April bis November vermietet Nitmiluk Tours Einzel- und Doppelkanus für einen halben Tag (57/91 AU$, zzgl. 50 AU$ Pfand, Abfahrt 8 & 12.30 Uhr). Im Preis inbegriffen sind eine wasserfeste Tonne für Kameras und sonstige Ausrüstung (bei unserem Test war sie allerdings nicht ganz wasserdicht), eine Karte und eine Schwimmweste.

Butterfly Gorge WANDERN & TREKKEN

Ein anspruchsvoller Marsch (12 km, hin und zurück, 4½ Std., schwierig) durch schattige Monsunregenwälder mit Schmetterlingen führt entlang der zweiten Schlucht auf halber Strecke zu einer tiefen Badestelle.

Jawoyn Valley WANDERN & TREKKEN

Ein schwieriger Pfad durch die Wildnis (40 km, Rundweg, mit Übernachtung), der vom Eighth-Gorge-Pfad in ein Tal mit Felsvorsprüngen und -malereien führt.

Barrawei (Lookout) Loop WANDERN & TREKKEN

Wanderung (3,7 km, Rundweg, 2 Std., mittel bis schwierig), die mit einem kurzen, steilen Anstieg beginnt und gute Blicke auf den Katherine River bietet.

Schlafen

Nitmiluk National Park Campground CAMPING $

(☎1300 146 743, 08-8972 1253; www.nitmiluktours.com.au; Stellplätze mit/ohne Strom 49,50/37 AU$, Safarizelte 160 AU$; 📶🏊) Der Campingplatz bietet viel Gras und Schatten, Grillstellen, heiße Duschen, Toiletten, eine Waschküche, einen Kiosk und einen einladenden Pool. Wallabys, Warane und Brachvögel schauen häufig vorbei. Hier gibt es ein „Dorf" aus fest aufgebauten Safarizelten, die je zwei Personen Platz bieten. Gebucht wird über das Nitmiluk Visitor Centre (S. 920).

ABSTECHER

CUTTA CUTTA CAVES NATURE PARK

Etwa 30 km südlich von Katherine sollte man der sengenden Sonne den Rücken zuwenden und 15 m unter die Erde abtauchen – und zwar in dieses labyrinthartige Höhlensystem aus Kalkstein. Die 1499 ha des **Cutta Caves Nature Park** (☎1300 146 743, 08-8972 1940; https://nt.gov.au/leisure/parks-reserves; geführte Touren Erw./Kind 20/10 AU$; ⏲8.30–16.30 Uhr, geführte Touren 9, 10, 11, 13, 14 und 15 Uhr) sind ein einzigartiges Ökosystem: Besucher betreten den Lebensraum von Braunen Nachtbaumnattern, Pythons und deren Beute, den vom Aussterben bedrohten Gespenstfledermäusen und Orangen Hufeisennasen. Cutta Cutta ist ein Jawoyn-Name, der „viele Sterne" bedeutet. Für Aborigines war es verboten, die Höhle zu betreten, denn sie glaubten, hier würden tagsüber die Sterne aufbewahrt. Zutritt hat man nur im Rahmen einer geführten Tour.

1

2

ALAN COPSON/GETTY IMAGES ©

Uluru (Ayers Rock; S. 959) **2.** Kata Tjuta (Olgas; S. 961)
Kings Canyon (S. 951)

Ultimatives Outback

„Outback" bedeutet Unterschiedliches in verschiedenen Teilen Australiens: Wüste, tropische Savanne, sogar Sumpfgebiet… Eine Eigenschaft ist aber allen Konzepten gemein: Diese Gebiete liegen fernab der Bequemlichkeiten des heimischen Herdes. Das Outback liegt irgendwo da draußen – und hält Überraschungen bereit.

Uluru (Ayers Rock)

Der Uluru-Kata Tjuta National Park ist das unumstrittene Highlight in Central Australia. Es gibt nur wenig, was über den Uluru noch nicht gesagt wurde, und nur wenige Teile von ihm, die noch nicht erforscht, fotografiert und dokumentiert wurden. Dennoch kann nichts den Besucher auf die schiere Masse, die außergewöhnliche Beschaffenheit, die fotogenen Farben und die Spiritualität des Riesen vorbereiten.

Kata Tjuta (Olgas)

Der höchste Gipfel der Kata Tjuta überragt den Uluru (546 m vs. 348 m), und manche meinen, dass die Erkundung der 36 Monolithe ein anrührenderes Erlebnis ist. Wege ziehen sich durch die Felsen und führen zu Orten stiller Schönheit und spiritueller Bedeutung.

Watarrka National Park

Der Kings Canyon im Watarrka National Park, rund 300 km nördlich des Uluru, wirkt wie ein umgekehrter Uluru. Hinter den 270 m hohen Felswänden verbirgt sich ein von Palmen gesäumtes Tal mit über 600 Pflanzenarten; auch Tiere fühlen sich hier wohl. Die 6 km lange Wanderung entlang der Kante des Canyon dauert vier Stunden.

MacDonnell Ranges

Die „Macs" erstrecken sich östlich und westlich von Alice Springs. In den Einschnitten der uralten Gebirgszüge verbergen sich geheime Welten. Felskängurus und farbenprächtige Vögel finden hier auch an den heißesten Tagen Wasser.

★ Cicada Lodge BOUTIQUEHOTEL $$$
(☎ 1800 242 232, 08-8974 3100; www.cicadalodge.com.au; Nitmiluk National Park; DZ inkl. Frühstück 750 AU$; ❄@📶≋) Die Architektur dieser Luxus-Lodge verbindet moderne Eleganz mit traditionellen Jawoyn-Motiven. Die nur 18 Nobelzimmer gewähren Aussicht auf den Katherine River. Die Einrichtung ist geschmackvoll und stylisch: Lamellentüren führen hinaus auf private Balkone, und indigene Kunst schmückt die Wände. Frühstück inklusive.

Nitmiluk Chalets HÜTTE $$$
(☎ 1300 146 743, 08-8972 1253; www.nitmiluktours.com.au; 1-/2-Schlafzimmmer-Hütten 218/275 AU$; ❄📶≋) Neben dem Campingplatz befinden sich diese Hütten, die eine gute Wahl sind, wenn man ein festes Dach über dem Kopf und einen Flachbild-Fernseher möchte. Gäste können alle Einrichtungen des Campingplatzes (Pool, Grillstellen, Kiosk usw.) benutzen.

Essen

Sugarbag Café CAFÉ $$
(Nitmiluk Visitor Centre; Salate 12–20 AU$, Hauptgerichte 17–22 AU$, Frühstücksbuffet Erw./Kind 26/11 AU$, Mittagsbuffet 26/21 AU$; ⏲7–15 Uhr) Das Essen hier im Besucherzentrum ist vorzüglich. Zu den Highlights gehören der Nitmiluk-Burger und die Barra-Stücke mit Zitronenmyrte. Von April bis Oktober gibt es hier außerdem Frühstücks- und Mittagsbuffets. Die Veranda mit Blick auf den Fluss, die von Blauohr-Honigfressern bevölkert ist, eignet sich wunderbar zum Entspannen nach einer Wanderung oder Bootsfahrt.

Praktische Informationen

Das **Nitmiluk Visitor Centre** (☎ 1300 146 743, 08-8972 1253; www.nitmiluktours.com.au; ⏲6.30–17.30 Uhr) hat hervorragende Ausstellungen und Informationen zur Geologie, zu den Tieren, den angestammten Besitzern (den Jawoyn) und zur neueren Geschichte des Parks. Es gibt hier auch das **Sugarbag Café** (S. 920), und im Büro von Parks & Wildlife bekommt man Informationsblätter zu diversen markierten Wanderwegen, die hier beginnen und quer durch die malerische Landschaft südlich der Schlucht führen. Für Wanderungen über Nacht und Campinggenehmigungen (3,30 AU$/Nacht) kann man sich zwischen 7 und 13 Uhr registrieren. Kanugenehmigungen werden ebenfalls hier ausgestellt.

An- & Weiterreise

Es sind 30 km auf einer befestigten Straße von Katherine zum Nitmiluk Centre und noch ein paar Hundert Meter weiter bis zum Parkplatz, wo die Schlucht – und die Bootsfahrten – beginnen.

Nitmiluk Tours (S. 912) fährt täglich zwischen Katherine und der Schlucht. Los geht's am Nitmiluk Town Booking Office; auf Wunsch wird man auch vom Hotel abgeholt. Die Busse verlassen Katherine dreimal täglich.

Von Katherine nach Western Australia

Der befestigte Victoria Hwy – ein Teil des Savannah Way – erstreckt sich 513 km von Katherine nach Kununurra in Western Australia (WA). Mit einem Geländewagen kommt man in einige der einsamen Nationalparks abseits des Victoria Hwy. Wer möchte, folgt der Straße durch die semiaride Wüste und an Sandsteinfelden vorbei, bis dicke Affenbrotbäume davon künden, dass man nun in Western Australia angekommen ist. Obst, Gemüse, Nüsse und Honig müssen bei der Quarantänestation an der Grenze abgegeben werden.

Victoria River Crossing

Rote Sandsteinklippen umgeben die Stelle, an der der Highway über den Victoria River (194 km westlich von Katherine) verläuft – ein atemberaubender Anblick! Der größte Teil des Gebiets gehört zum östlichen Bereich des Judbarra/Gregory National Park.

Sehenswertes & Aktivitäten

Es lohnt sich, ein Spaziergang hinunter zur **Victoria River Crossing** und zur alten Brücke zu machen, um den schönen Ausblick auf den Fluss zu genießen und Vögel zu beobachten. Im hohen Gras kann man vielleicht Purpurkopf-Staffelschwänze und andere Vögel erspähen, z. B. den Binsenastrild, den Braunbrust-Schilffink und den Blauflügel-Kookaburra.

Wer westlich vom Victoria River Richtung Timber Creek weiterläuft, kommt an einer schönen Felsenlandschaft vorbei, die vom Fluss durchschnitten wird. Hier führen einige beschilderte Wanderungen in die Berge. Der alte, ausgeschilderte Flussübergang ist auch ein hinreißender Platz zum Verweilen.

Schlafen

Victoria River Roadhouse Caravan Park CAMPING $
(☎ 08-8975 0744; Victoria Hwy; Stellplätze mit/ohne Strom 25/20 AU$, Zi. 50-150 AU$; @) Ein

gut geführter Campingplatz hinter einer Raststätte mit sehr guten Einrichtungen und einer Reihe von Hütten (von Budgetoptionen mit Gemeinschaftsbädern bis zu teureren Optionen). Hier gibt es einen Laden, eine Bar und (auf Wunsch) Essen (10–37 AU$). Der Campingplatz befindet sich auf einer Anhöhe westlich der Brücke, die den Fluss überspannt.

An- & Weiterreise

Bodhi Bus (S. 915) verkehrt zwischen Katherine (60 AU$, 2½ Std.) und Wyndham (50 AU$, 3½ Std.) und stoppt an der Victoria River Crossing. Unbedingt dem Fahrer Bescheid sagen, dass man hier schon aussteigen möchte.

Timber Creek

232 EW.

Das winzige Timber Creek ist die einzige Stadt zwischen Katherine und Kununurra. Für ein so kleines Örtchen hat Timber Creek eine recht große Geschichte: Ein frühes europäisches Expeditionsschiff, die *Tom Tough*, benötigte Reparaturen, die mit hiesigem Holz (engl. *timber*) durchgeführt werden sollten. Der Leiter der Expedition, A.C. Gregory, kratzte das Datum seiner Ankunft in einen Affenbrotbaum, den **Gregory's Tree**, 15 km nordwestlich der Stadt. Die Inschrift ist noch immer lesbar und wird durch Schautafeln erklärt. Der Baum befindet sich abseits des Victoria Hwy, 3 km entlang einer unbefestigten Straße, die oft Bodenwellen schlägt.

Weitere lohnenswerte Ausflüge gleich außerhalb der Stadt sind die Wege zu dem fast schon zu schönen **Policeman's Point** (2 km) und dem **Escarpment Lookout** (5 km). Letzterer bietet schöne Ausblicke auf die Stadt und das umliegende Land.

Geführte Touren

Ein Highlight in Timber Creek ist die **Victoria River Cruise** (☎0427 750 731; www.victoriarivercruise.com.au; Sonnenuntergangs-Tour Erw./Kind 95/50 AU$; ⊙April–Sept. tgl. 16 Uhr), bei der Teilnehmer 40 km flussabwärts fahren, um Tiere zu beobachten – und gerade rechtzeitig für einen glutroten Sonnenuntergang zurückkehren.

Schlafen

An der Hauptstraße befinden sich einige Campingplätze.

An der Hauptstraße liegen zudem ein paar einfache Imbissstuben – mehr gibt es nicht.

Timber Creek Hotel & Circle F Caravan Park CAMPING $
(☎08-8975 0722; www.timbercreekhotel.com.au; Victoria Hwy; Stellplätze mit/ohne Strom 33/29 AU$, EZ/DZ 80/110 AU$; ❄🏊) Timber Creek wird dominiert von diesem Hotel mit Campingplatz an der Straße. Riesige Bäume werfen Schatten auf Teile des Campingplatzes, der neben einer kleinen Schlucht liegt, wo jeden Abend um 17 Uhr Krokodile gefüttert werden. Zum Komplex gehören das Timber Creek Hotel (mit Pub) und ein kleiner Supermarkt.

An- & Weiterreise

Bodhi Bus bietet täglich eine Verbindung nach/ab Katherine (60 AU$, 3¼ Std.) auf dem Weg nach Kununurra und Wyndham an.

Judbarra / Gregory National Park

Die raue Wildnis des wenig besuchten **Judbarra / Gregory National Park** (☎08-8975 0888; https://nt.gov.au/leisure/parks-reserves) ist absolut überwältigend. Hier bewegt man sich in der Tat abseits der Touristenpfade – und am besten in einem Geländewagen. Mit 12 860 km² liegt der Park am Übergang zwischen der tropischen und der semiariden Region. Der Park umfasst ehemaliges Weideland und besteht aus zwei separaten Bereichen: dem Ostgebiet (Victoria River) und dem viel größeren Westgebiet (Bullita).

Hier gibt es Krokodile, schwimmen ist also gefährlich. Wer den Park erkunden möchte, braucht einen Geländewagen.

Schlafen & Essen

Besucher müssen ihr Essen selbst mitbringen. In den kleinen Lebensmittelgeschäften in Timber Creek sind Grundnahrungsmittel erhältlich.

Big Horse Creek CAMPING $
(Erw./Kind 3,30/1,75 AU$) Am Big Horse Creek, 10 km westlich von Timber Creek, kann man buschcampen.

Praktische Informationen

Parks & Wildlife (☎08-8975 0888; https://nt.gov.au/leisure/parks-reserves; Timber Creek; ⊙7–16.30 Uhr) in Timber Creek hat Informationen zum Park und zum Offroad-Fahren sowie eine Karte mit den verschiedenen Wanderwegen, Campingplätzen, der historischen Farm und den romantischen, original erhaltenen Viehhöfen – die muss man gesehen haben!

Keep River National Park

Der entlegene **Keep River National Park** (☎08-9167 8827; https://nt.gov.au/leisure/parks-reserves) ist bekannt für seine Sandsteinformationen, seine wunderbare Kargheit und die Felsmalereien.

Broschüren mit Infos zu den Wanderungen gibt es am Beginn eines jeden der hervorragenden Wege. Auf jeden Fall empfehlenswert sind der **Rock-art Walk** (hin & zurück 5,5 km, 2 Std.) bei Jarnem und der **Gorge Walk** (hin & zurück 3 km, 2 Std.) in Jinumum.

Schlafen

In Gurrandalng (18 km im Inneren des Parks) und Jarnem (32 km) gibt es einfache, von Sandsteinen umgebene Campingplätze (Erw./Kind 3,30/1,65 AU$). Kühlwasser bekommt man außerdem in Jarnem.

An- & Weiterreise

Der Parkeingang befindet sich nur 3 km entfernt von der Grenze zu Western Australia. Alle wichtigen Punkte im Park sind während der Trockenzeit mit normalen Fahrzeugen erreichbar.

Mataranka

244 EW.

Die sanften, warmen Thermalquellen zwischen Palmen und tropischer Vegetation sind auf jeden Fall ein guter Grund, um für einige Stunden in Mataranka Halt zu machen und sich den Straßenstaub abzuwaschen. In der kleinen Siedlung wimmelt es von mit Handtüchern bewaffneten Besuchern, die auf dem Weg zum Thermalbecken sind. Aber Mataranka hat mehr zu bieten als die meisten Städte entlang der Straße im Hinterland: eine von Bäumen gesäumte Hauptstraße, den nahen, von Quellen gespeisten **Elsey National Park** (☎08-8975 4560; www.nt.gov.au/leisure/parks-reserves) und eine Geschichte, die mit einer der schönsten Buschlegenden Australiens verbunden ist. Dies alles macht Mataranka zu einem einladenden Zwischenstopp.

Sehenswertes & Aktivitäten

★Elsey Cemetery FRIEDHOF

Dieser einsame Friedhof unter Eukalyptusbäumen ist eine rührende Fußnote zu dem Roman *We of the Never Never* von Jeannie Gunn. So viele der legendären Charaktere aus dem Buch sind hier begraben, bspw. Aeneas Gunn (neben einem Denkmal für seine Frau), Henry Peckham, John MacLennan und Tom Pearce. Die letzten Überreste der Siedlung (die während Straßenarbeiten in den 1940er-Jahren zerstört wurde) befinden sich 300 m südöstlich am Ende der Schotterstraße.

Der Friedhof liegt rund 20 km südlich von Mataranka und ist am Stuart Hwy ausgeschildert.

Elsey Station Homestead HISTORISCHES GEBÄUDE

(Eintritt durch Spende; ⏲Tagsüber) Vor dem Eingang zum Mataranka Homestead Resort (s. unten) befindet sich ein Nachbau der Elsey Station Homestead, der für die Verfilmung von *We of the Never Never* errichtet wurde. Der Film wird täglich zur Mittagszeit in der Resortbar gezeigt. Die niedrigen, überwucherten Ruinen der ursprünglichen Stätte befinden sich einige hundert Meter hinter dem Elsey Cemetery.

Mataranka Thermal Pools THERMALBÄDER

Matarankas kristallklares Thermalbecken liegt 10 km außerhalb der Stadt neben dem Mataranka Homestead Resort versteckt im Regenwald. Das warme Wasser glitzert gesprenkelt vom Licht, das durch die überhängenden Palmwedel scheint – eine Wohltat für die vielen müden Körper, die sich hier jeden Tag in das Wasser gleiten lassen. Man erreicht das Becken über einen Fußweg vom Resort; es kann hier aber sehr voll werden.

Schlafen & Essen

Territory Manor Motel & Caravan Park MOTEL $

(☎08-8975 4516; www.matarankamotel.com; Martin Rd; Stellplätze mit/ohne Strom 30/26 AU$, EZ/DZ 110/120 AU$; ❄@≋) Matarankas bester Campingplatz bietet gehobenen Standard in guter Lage – kein Wunder, dass er so beliebt ist. Die kleinen Motelzimmer sind gut ausgestattet und haben großzügige Badezimmer; die Stellplätze sind schön schattig. Im lizenzierten Bistro (Hauptgerichte 22–35 AU$) kommen Barramundi, Steak, Salat, Lammkoteletts mit Honig-Minz-Glasur und andere Leckereien auf den Tisch.

Mataranka Homestead Resort CAMPING $

(☎08-8975 4544; www.matarankahomestead.com.au; Homestead Rd; Stellplätze mit/ohne Strom 30/26 AU$, DZ/Hütten 89/115 AU$; ❄≋) Nur ein paar Meter vom Thermalbecken entfernt verfügt dieses *sehr* beliebte Resort über verschiedene Unterkünfte. Der große Campingplatz ist staubig, hat aber auch einige schattige Bereiche und bietet anständige Sanitäranlagen. Die sehr einfachen, aber klimatisierten Motelzimmer sind mit Kühlschrank, TV und Bad ausgestattet; die Hütten haben eine Küchenzeile und fassen bis zu sechs Personen. Im Voraus buchen.

Bitter Springs Cabins HÜTTE **$$**
(☎08-8975 4838; www.bitterspringscabins.com.au; 4705 Martin Rd, Bitter Springs; Stellplatz mit/ohne Strom 35/30 AU$, Hütte 130 AU$;) Am Ufer des Little Roper River, nur ein paar Hundert Meter von Bitter Springs entfernt, verzieren auf diesem ruhigen Platz im Busch beeindruckende Termitenhügel die vordere Koppel (und eine Seite und das hintere Ende …). Die Hütten mit offenem Grundriss und TV haben einen Balkon mit Aussicht auf den Busch. Haustiere sind willkommen.

★ **Stockyard Gallery** CAFÉ **$**
(☎08-8975 4530; Stuart Hwy; Snacks & leichte Mahlzeiten 6–13 AU$; ⏲wechselnde Öffnungszeiten) Dieses relaxte Café ist eine kleine Perle. Der hübsche, schattige Gartenbereich bietet Zuflucht vor Hitze und Staub, und auf den Tisch kommen köstliche, hausgemachte Snacks (Sandwiches und Kebabs), frischer Espresso und himmlische Mangosmoothies. Die Kunstgalerie verkauft Aborigine-Kunst, Bücher und Souvenirs. Das einzige Problem ist, dass die Öffnungszeiten ständig wechseln.

ℹ An- & Weiterreise

Mataranka liegt 108 km südlich von Katherine und 568 km nördlich von Tennant Creek am Stuart Hwy. **Greyhound Busse** (S. 915) fahren täglich von Mataranka nach Katherine (37 AU$, 1¼ Std.) und Tennant Creek (126 AU$, 7½ Std.).

Beswick (Wugularr)

Wer echte Aborigine-Kunst, hergestellt von hiesigen Gemeinden, sehen möchte, sollte vom Stuart Hwy abbiegen und einen Abstecher zum entlegenen Kulturzentrum und zur kleinen Gemeinde von Beswick (Wugularr) machen. Es ist eine Gelegenheit, die größten künstlerischen Traditionen des Arnhem Land kennenzulernen – ohne Umwege über lange und einsame Pisten.

WE OF THE NEVER NEVER

Nur wenige Outback-Geschichten haben die Vorstellungskraft des Landes so angeregt wie *We of the Never Never,* Jeannie Gunns Erzählung des Lebens auf der Elsey Station in Mataranka.

Gunn stammte ursprünglich aus Melbourne, wo sie eine Mädchenschule leitete. 1902 zog sie mit ihrem Mann Aeneas in das Northern Territory. Aeneas hatte bereits einige Zeit im NT verbracht und kehrte hierher zurück, um eine leitende Position auf der Elsey Station in Mataranka südlich von Katherine anzunehmen.

Zu dieser Zeit lebten nur sehr wenige weiße Frauen im NT, vor allem auf abgelegenen Viehfarmen. Das Leben auf der Farm war hart, aber Jeannie passte sich an und interagierte mit den einheimischen Najig- und Guyanggan-Nganawirdbird-Stämmen, von denen einige Mitglieder auf der Farm arbeiteten.

Nur ein Jahr nach ihrer Ankunft auf der Elsey Station erkrankte Aeneas an der Ruhr und starb. Jeannie ging nach Melbourne zurück und schrieb ihre Erlebnisse im Top End in einem Roman nieder, der 1908 veröffentlicht wurde. Sie war eine scharfe Beobachterin der Einzelheiten des Lebens auf der Farm und schaffte es, das Interesse der Menschen unten im Süden zu wecken, die ein so ganz anderes Leben führten. Heutzutage erscheint ihre Beschreibung der Aborigines jedoch naiv und herablassend.

Jeannie wurde 1939 der Orden des Britischen Empires (OBE) verliehen für ihren Beitrag zur australischen Literatur. Sie starb 1961 in Melbourne im Alter von 91 Jahren. Ihr Buch *We of the Never Never* wurde 1981 verfilmt. Im Jahr 2012 ging interessanterweise der Rechtsanspruch an Mataranka an die Najig- und Guyanggan-Nganawirdbird-Stämme über. Vor Gericht wurden sie von Jessie Roberts vertreten, die im Film Nellie spielte.

Einige Stätten um Mataranka erinnern an die Geschichte, vor allem der **Elsey Cemetery** (S. 922), der Nachbau der **Elsey Station Homestead** (S. 922) und das **Never Never Museum** (120 Roper Tce; Erw./Kind 4/2 AU$; ⏲Mo–Fr 9–16.30 Uhr). In dem Park am Stuart Hwy im Zentrum stehen lebensgroße Figuren, die die Hauptcharaktere aus der Geschichte verkörpern sollen.

Sehenswertes

★ Ghunmarn Culture Centre GALERIE
(Djilpin Arts; ☎08-8977 4250; www.djilpinarts.org.au; Beswick; ⏰April–Nov. Mo–Fr 9.30–16 Uhr) Das 2007 eröffnete Ghunmarn Culture Centre zeigt Kunstwerke, Drucke, Schnitzereien, Webarbeiten und Didgeridoos aus dem westlichen Arnhem Land. Das Zentrum bewahrt zudem die Blanasi Collection auf, eine Dauerausstellung von Arbeiten der Stammesältesten aus derselben Region. Besucher können das Zentrum ohne Genehmigung besichtigen. Im Voraus nachfragen, ob es geöffnet ist.

Feste & Events

Walking With Spirits KULTUR
(www.djilpinarts.org.au; ⏰Juli) Das zweitägige indigene Fest findet in Beswick Falls, 130 km von Katherine entfernt, statt. Vor magischer Kulisse werden traditioneller Tanz und Musik mit Theater, Film und einer Lichtshow kombiniert. Vor Ort darf man campen (nur während des Festivals). Für die letzten 20 km des Weges empfehlen wir einen Geländewagen. Ab Beswick fährt alternativ ein Shuttlebus.

Schlafen & Essen

Beswick hat einen Lebensmittelladen mit beschränktem Angebot.

★ Djakanimba Pavilions PENSION $$
(☎08-8977 4250; www.djilpinarts.org.au/djakanimba-pavillions-beswick/; Cameron Rd, Beswick; DZ 140–180 AU$, 2 Übernachtungen inkl. Vollpension 880 AU$; ❄) Diese vier attraktiven Gästezimmer, die dem beeindruckenden Djilpin-Arts-Komplex in Beswick angegliedert sind, bieten die wunderbare Möglichkeit, in einer Gemeinde zu übernachten, die vorwiegend aus Aborigines besteht. Die Unterkunft – auf Pfählen, in zeitgenössischem Outback-Design, einschließlich Fenstern mit Jalousien, die für eine kühle Brise sorgen – sind einfach, aber stilvoll. Eine ausgezeichnete Wahl.

An- & Weiterreise

Beswick liegt 56 km östlich des Stuart Hwy am südlichen Rand des Arnhem Land. Hierher führt der geteerte Central Arnhem Hwy.

BARKLY TABLELAND & GULF COUNTRY

Östlich vom Stuart Hwy erstreckt sich eines der entlegensten Weidegebiete des Northern Territory. Einige Teile davon sind jedoch über geteerte Straßen zu erreichen, und die Flüsse und Inlandsgewässer der Golfküste gehören zu den besten Angelrevieren des Landes. Neben Angeln ist der beste Grund, hierher zu kommen, sich in der Stille dieser abgeschiedenen Region zu verlieren. Beim letzten Besuch sind uns auf der 390 km langen Strecke von Daly Waters nach Borroloola nur zwei Autos und ein Zug begegnet – genauso wie man das als Outback-Traveller mag.

Roper Highway

Wenn man von Mataranka aus auf dem Stuart Hwy ein Stück nach Süden fährt, kommt irgendwann der überwiegend befestigte Roper Hwy in Sicht. Dieser führt nach 175 km in Richtung Osten nach **Roper Bar**, wobei er den von Niaouli- und Pandan-Bäumen gesäumten Roper River quert, wo Süß- auf Salzwasser trifft. Diese Strecke ist nur in der Trockenzeit passierbar.

Sehenswertes

★ Limmen National Park NATIONALPARK
(☎08-8975 9940; https://nt.gov.au/leisure/parks-reserves) Die riesige, raue Landschaft dieses 9608 km² großen Nationalparks liegt im Herzen von tropischem Savannenland und begeistert vor allem Angelsportler und Geländewagenfans. Der Park ist die Heimat einiger der bemerkenswertesten Sandstein-Felsenlandschaften im südlichen Arnhem Land und der „verlorenen Städte“. Diese Auffaltungen von spektakulären Felstürmen lohnen eine Erkundung zu Fuß. Wer das Ganze aus der Luft sehen möchte, sollte das Heartbreak Hotel am Carpentaria Highway kontaktieren.

Es gibt zwei „verlorene Städte“: Die erste, aus Richtung Norden kommend, ist die **Southern Lost City**, 35 km südlich der Nathan River Ranger Station; ein 2,5 km Wanderweg umrundet die Felsen. Der Zugang zur **Western Lost City** gestaltet sich schwieriger: Hier braucht man auf jeden Fall einen eigenen Geländewagen mit hohem Radstand. Die verlorene Stadt liegt an einem rauen, 28 km langen Weg, der gleich nordwestlich der Ranger Station beginnt, wo man den Zugangscode braucht, um das Tor zu öffnen (der Code steht auf der Tafel).

★ Ngukurr Arts Centre GALERIE
(☎08-8975 4260; www.ngukurrarts.net; ⏰Mo–Fr 10–16 Uhr) Dieses indigene Kunstzentrum ge-

hört einer Gemeinde, von der es auch betrieben wird, und lohnt einen Besuch hier draußen. Das Zentrum zeigt Arbeiten von Künstlern der Stämme Alawa, Mara, Ngalakan, Ngandi, Nunggubuyu, Rittarrngu und Wandarang; 60% des Verkaufspreises geht an die Künstler.

Schlafen & Essen

Im Roper Bar Store gibt es einige Gerichte zum Mitnehmen sowie Grundnahrungsmittel; am besten bringt man sich seine Vorräte jedoch mit.

Roper Bar Store CAMPING $

(☎08-8975 4636; www.roperbar.com.au; Stellplätze ohne Strom pro Erw./Kind 15/10 AU$, EZ/DZ 115/135 AU$; 📶) Hier draußen kann man nicht wählerisch sein. Die Zimmer sind einfach und wären andernorts überteuert. Der nahe gelegene Campingplatz liegt an einem Fluss und bietet jede Menge Schatten. Im General Store kann man Essen zum Mitnehmen kaufen.

An- & Weiterreise

Von Roper Bar gelangt man mit einem Geländewagen (und nur damit!) nach Borroloola; es ist eine schönere, aber auch rauere Alternative zu der Strecke über die geteerten Stuart und Carpentaria Hwys. Noch nicht abgeschreckt? Dann geht's weiter Richtung Süden entlang der unwägbaren Nathan River Rd durch den Limmen National Park. Hier braucht man nicht nur einen hohen Radstand, sondern auch zwei Ersatzreifen. Weiter geht's durch das südöstliche Arnhem Land. Im Roper Bar Store gibt's Benzin.

Bodhi Busse (S. 915) fahren in der Trockenzeit von Katherine nach Numbulwar (130 AU$, 8 Std., Mo und Do); in der Regenzeit nur bis Ngukurr (90 AU$, 4½ Std., Di und Fr). Der Bus hält auf Wunsch in Roper Bar.

Carpentaria & Tablelands Highways

Der Carpentaria Hwy verbindet die Wüsten des Outbacks mit dem subtropischen Hinterland des Golfs von Carpentaria; er ist einer der entlegensten Abschnitte an Teerstraße im Northern Territory. Als Teil des Savannah Way (einem losen Netzwerk aus Highways von Broome nach Cairns) verläuft er 390 km von Daly Waters am Stuart Hwy nach Borroloola. Der einzige „Ort" unterwegs ist Cape Crawford, wenig mehr als eine Raststätte und Tankstelle.

Aktivitäten

★ **Scenic Flights** PANORAMAFLÜGE

(Heartbreak Hotel, Cape Crawford; 15/20/30-minütige Flüge 155/210/315 AU$) Wer hier draußen auf Panoramaflüge hofft, wird nicht enttäuscht. Die Flüge führen über den Limmen National Park und seine dramatischen Felsformationen, die als „verlorene Städte" bekannt sind. Man muss einen längeren Flug nehmen, um so weit zu kommen; die kürzeren Flüge sind jedoch Miniversionen desselben.

Schlafen

Heartbreak Hotel HOTEL $

(☎08-8975 9928; www.heartbreakhotel.com.au; Ecke Carpentaria & Tablelands Hwys, Cape Crawford; Stellplätze mit/ohne Strom 28/20 AU$, EZ/DZ 75/90 AU$. Deluxe-Hütten 165 AU$; ❄) Das Heartbreak Hotel, eine für das Outback durchschnittliche Raststätte mit Tankstelle, liegt 267 km westlich von Daly River, 123 km vor Borroloola und 374 km vom Barkly Homestead Roadhouse ... genau: in der Mitte von Nirgendwo. Man kann sein Zelt auf den schattigen Rasenflächen aufstellen und ein kaltes Bier auf der breiten Veranda genießen.

★ **Barkly Homestead Roadhouse** CAMPING $$

(☎08-8964 4549; www.barklyhomestead.com.au; Stellplätze mit/ohne Strom 36/28 AU$, Hütten & Motel-DZ 150 AU$; ❄ 🏊) Hier draußen befindet man sich in der Tat abseits vom Schuss. Von Cape Crawford liegt die Raststätte trostlose 374 km südlich durch das Barkly Tableland entlang des Tablelands Hwy (Rte 11), 210 km östlich von Tennant Creek oder 252 km westlich von der Grenze nach Queensland. Und dennoch gibt es hier einige der besten Raststätten des Northern Territory.

An- & Weiterreise

Das einzige öffentliche Verkehrsmittel entlang des Carpentaria Hwy ist der Bodhi Bus (www.thebodhibus.com.au), der täglich zwischen Katherine und Borroloola verkehrt.

Borroloola

926 EW.

Am McArthur River, in der Nähe des Golfs von Carpentaria, liegt Borroloola. Wer hier landet, fühlt sich, als sei er am Ende der Welt angekommen – in einem verschlafenen, leicht heruntergekommenem Örtchen, das sich an seiner Abgeschiedenheit erfreut. Hier gibt es ein gutes indigenes

ABSTECHER

LORELLA SPRINGS

Einer der schönsten Orte in der ganzen Golf-Region ist der **Lorella Springs Wilderness Park** (☎ 08-8975 9917; www.lorellasprings.com.au/accommodation; Camping pro Erw./Kind 20/5 AU$, EZ 130–230 AU$, DZ 130–250 AU$; ⌚ April–Sept.). Der Park liegt herrlich abgelegen, hat eine Thermalquelle, einen Fluss, ein Restaurant mit Bar, einzeln stehende Hütten mit Klimaanlage sowie Zimmer mit Ventilator und Campingplätze. Hier kann man Angeln, Schwimmen, Vögel beobachten und Buschwandern. Darüber hinaus finden Ausflüge im Geländewagen und sogar Panoramaflüge im Helikopter statt.

Lorella Springs liegt 130 km entfernt von Cape Crawford, 180 km von Borroloola und 275 km von Roper Bar, nahe der Küste des Golfs von Carpentaria. Wer kein eigenes Flugzeug hat, braucht einen eigenen Geländewagen, um hierher zu kommen.

Kunstzentrum, einige Wildtiere und Umweltschutzreservate in der Umgebung sowie fabelhafte Gelegenheiten zum Barramundi-Angeln.

Der Ort liegt nicht wirklich am Golf von Carpentaria, sondern 59 km in Richtung der Bing-Bong-Hafenladestation, von wo man einen diesigen Blick auf den Golf hat. Die nahe gelegene Macarthur-River-Zinkmine ist die Lebensader des Örtchens.

Sehenswertes

★ Waralungku Arts Centre KUNSTZENTRUM
(☎ 08-8975 8677; www.waralungku.com; Robinson Rd, gegenüber vom Macarthur River Caravan Park; ⌚ Mai–Okt. Mo–Fr 8.30–16, Sa 10–13 Uhr) Dieses entspannte Kunstzentrum an der Hauptstraße zeigt Arbeiten von Künstlern der vier indigenen Sprachgruppen der Gegend, der Yanyuwa, Garrwa, Marra und Gudanji. Im Gegensatz zu den Punkt-Stilen der Western Desert oder den Rinden-Bildern des Arnhem Land haben die Bilder einen ganz eigenen, eher figurativen Stil.

Hier gibt es außerdem lokal hergestellte Siebdrucke und Körbe. Unbedingt nach dem „Craft & Culture Experiences" erkundigen, einem tollen Programm, das ein Eintauchen in die Kultur ermöglicht, z. B. Malen und Weben, das Herstellen von Didgeridoos, das Zubereiten von Buschgerichten, traditionellen Tanz und Gesang. Unbedingt im Voraus buchen.

Borroloola Museum MUSEUM
(www.nationaltrust.org.au/places/old-police-station-borroloola/; Robinson Rd; 5 AU$; ⌚ Mai–Sept. Mo–Fr 8–17 Uhr) Rund dreiviertel der Einwohner von Borroloola sind indigener Abstammung. Die vielfältige Geschichte der Stadt ist im Borroloola Museum im Gebäude der Polizeiwache aus dem Jahr 1887 dargestellt. Darüber hinaus sehen Besucher hier Erinnerungsstücke der Minentradition. Falls geschlossen ist, einfach in einem der umliegenden Geschäfte nachfragen, irgendjemand kann den Schlüssel besorgen.

Aktivitäten

Borroloola ist ein wahres Paradies für Angler. Wer hier einen Barramundi an die Angel bekommt, geht in die Angellegenden ein. Die Barramundi-Saison dauert von Februar bis April, aber Oktober und November sind auch gute Monate. Während die großen Angelcharter-Gesellschaften das Arnhem Land beherrschen, ist hier etwas mehr Zurückhaltung angesagt. Die folgenden Unternehmen können ein Boot mit Ausrüstung organisieren:

J & A Charters & Tours (☎ 0448 804 855)
KAB Fishing Club (☎ 0448 804 855)

Feste & Events

Malandarri Festival KULTUR
(☎ 08-8941 1444, 08-8975 8677; www.artbacknt.com.au/index.php/itdp/dancesite/; pro Tag 5 AU$; ⌚ Okt.) Dieses zweitägige Event im Oktober ist Borroloolas größtes Fest. Der Schwerpunkt liegt auf traditionellem Tanz, darüber hinaus werden Kunstwerke, Märkte, Workshops und andere Aktivitäten angeboten.

Schlafen

Borroloola Hotel Motel MOTEL $
(☎ 08-8975 8766; www.borroloolahotelmotel.com.au; Robinson Rd; Zi. 75–110 AU$; ❄) Die einfachen Zimmer im Pub sind nichts, worüber man zu Hause berichten muss, aber es gibt eine großen Salzwasserpool.

McArthur River Caravan Park CAMPING $
(☎ 08-89758734; www.mcarthurcaravanpark.com.au; Robinson Rd; Stellplätze mit/ohne Strom 30/25 AU$, Budgeteinheiten EZ/DZ 100/110 AU$,

freistehende Einheiten EZ/DZ 130/140 AU$) Dieser relativ einfache Campingplatz an der Hauptstraße am Ortseingang ist während der Trockenzeit ein wenig staubig, aber die Besitzer sind Angelfans, und es lohnt sich, hier zu übernachten, falls das der Grund für den Besuch ist. Man sollte nach einer der neueren Hütten fragen, die viel besser sind als die älteren des McArthur River Caravan Park.

Savannah Way Motel MOTEL **$**
(☎08-8975 8883; www.savannahwaymotel.com.au; Robinson Rd; Zi. & Hütten 80–130 AU$; ❄📶🏊) Dieses Motel an der Hauptstraße nahe der Landebahn bietet saubere, komfortable Hütten und Zimmer inmitten tropischer Gärten. Das Motel ist oft ausgebucht, deshalb sollte man unbedingt im Voraus reservieren.

Essen

Carpentaria Grill AUSTRALISCH **$$**
(☎08-8975 8883; Savannah Way Motel, Robinson Rd; Hauptgerichte 17–37 AU$; ⊙17.30–22 Uhr) Der Carpentaria Grill ist das beste Restaurant der Stadt. Hier kommen die üblichen australischen Gerichte auf den Tisch, aber das Beste überhaupt ist der Barra (mit Knoblauchgarnelen oder nach Wunsch zubereitet). Es gibt außerdem Themenabende: Montag gibt's Steak, Freitag Barra und Samstag Braten.

Borroloola Hotel AUSTRALISCH **$$**
(166 Robinson Rd; Gerichte 12-32 AU$; ⊙12–14 & 17.30–22 Uhr) Die Lounge-Bar tischt die üblichen Pub-Gerichte auf, z. B. Burger, Koteletts und Grillteller.

An- & Weiterreise

Airnorth (S. 889) bietet bis zu zwei Flüge täglich zwischen Darwin und dem Macarthur River Mine Airport (70 km entfernt von Borroloola) für 579 AU$ an, aber die sind hauptsächlich für die Minenarbeiter gedacht. Tourveranstalter benutzen hin und wieder den Flugplatz im Ort.

Bodhi Bus (☎in Katherine 08-8971 0774) hat eine tägliche Busverbindung zwischen Borroloola und Katherine (120 AU$, 8½ Std.) im Angebot. Der Bus fährt über Mataranka, Larrimah, Daly Waters und Cape Crawford. Borroloolas Bushaltestelle befindet sich vor dem Malandari General Store.

Unter normalen Bedingungen dauert die Fahrt von Daly Waters nach Borroloola 5½ Std. (390 km). In die andere Richtung geht es 479 km über eine vorwiegend ungeteerte Straße nach Burketown in Queensland. Teile dieser Strecke sind in der Regenzeit unpassierbar.

CENTRAL NORTHERN TERRITORY

Das Central NT (im Grund genommen der Stuart Hwy zwischen Katherine und Alice Springs) wird immer noch als „der Track" („der Weg") bezeichnet, seit er im Zweiten Weltkrieg als unbefestigte Straße die beiden größten Städte des Northern Territory ungefähr entlang der Overland Telegraph Line miteinander verband. Er verläuft die meiste Zeit schnurgerade und wird immer trockener und flacher, je weiter man in Richtung Süden kommt. Unterwegs gibt es einige interessante Sehenswürdigkeiten zu besichtigen.

ABSTECHER

CARANBIRINI CONSERVATION RESERVE

Gleich abseits vom Carpentaria Hwy, 46 km südlich von Borroloola, befindet sich das schöne **Caranbirini Conservation Reserve** (☎08-8975 8792; www.nt.gov.au/leisure/parks-reserves), das sich hervorragend zum Beobachten von Wildtieren (z. B. Bergkängurus, Wallabys und Wasserwarane) und Vögeln (z. B. Gouldamadine, Carpentariagrasschlüpfer und Steindrosseln) eignet. Der Park spielt eine wichtige Rolle in vielen Traumgeschichten der Aborigines. Aber er ist auch bedeutend wegen seiner dramatischen Sandsteintürme, die zugänglicher sind als alle anderen „Lost City"-Felsformationen, für die die Gegend so berühmt ist.

Einige Wanderungen führen in das Herz der Sandsteintürme des umliegenden Landes. Vom Parkplatz führt ein 150 m langer Weg zum Wasserloch, wo ein Vogelversteck auf einen **Billabong** blickt. Der **Barrawulla Loop** (Rundweg, 2 km, ein bis zwei Std., leicht) geleitet Besucher in das Zentrum der Felstürme, während der **Jagududgu Loop** (Rundweg, 5 km, 3 Std., leicht bis mittelschwer) etwas weiter geht und die Besucher mit tollen Ausblicken belohnt, ehe er auf den Barrawulla Loop aufschließt.

Daly Waters

50 EW.

Die winzige Gemeinde ist Heimat eines der legendären Outback-Pubs des Northern Territory. In den Anfangsjahren der Luftfahrt spielte Daly Waters eine ausgesprochen wichtige Rolle. Hier landete Amy Johnson nach ihrem epischen Flug von England nach Australien im Jahr 1930. Daly Waters lohnt definitiv einen Abstecher vom Highway.

Schlafen

Daly Waters Pub CAMPING $

(☎08-8975 9927; www.dalywaterspub.com; Stellplätze mit/ohne Strom 28/16 AU$, DZ 70–110 AU$, Hütten 135–175 AU$; ❄☒) Der mit Visitenkarten, BHs, Geldscheinen und Andenken von durchfahrenden Travellern geschmückte Pub soll der älteste im Northern Territory sein (seit 1893 hat er eine Schanklizenz). Nebenan liegt ein staubiger Campingplatz mit ein paar schattigen Stellen; im Voraus buchen oder früh eintreffen, um einen Stellplatz mit Strom zu ergattern.

Die Unterkünfte reichen von einfachen Dongas (kleinen, transportablen Gebäuden) bis zu geräumigen, freistehenden Hütten.

Der Pub ist eine Legende entlang des Track. Von April bis September gibt es hier jeden Abend das beliebte „Beef 'n' Barra"-BBQ. An manchen Abenden spielt ein durchreisender Country-Musiker. Ansonsten werden hier herzhafte Gerichte (Hauptgerichte 11 bis 30 AU$) serviert, z.B. den Barra-Burger, Roastbeef-Sandwiches, Kängurulende und hausgemachtes Buschbrot.

An- & Weiterreise

Daly Waters liegt 3 km abseits des Highway, 160 km südlich von Mataranka oder 407 km nördlich von Tennant Creek. Die Tankstelle hier ist teuer – man sollte stattdessen an der Tankstelle auf dem Highway an der Kreuzung der Stuart und Carpentaria Hwys tanken.

Tennant Creek

3062 EW.

Tennant Creek ist die einzige Stadt in dieser Größe zwischen Katherine, 680 km Richtung Norden, und Alice Springs, 511 km Richtung Süden. Es ist die fünfgrößte Stadt des Northern Territory – wobei das mehr über die geringe Einwohnerzahl des Northern Territory sagt als über die Größe von Tennant Creek. Der Ort eignet sich hervorragend als Zwischenstopp auf der langen Fahrt. Ein Besuch der wenigen Sehenswürdigkeiten empfiehlt sich durchaus. Tennant Creek ist bei dem lokalen Warumungu-Stamm als „Jurnkurakurr" bekannt; fast die Hälfte der Einwohner hat Aborigine-Vorfahren.

Sehenswertes

★ **Nyinkka Nyunyu** GALERIE

(☎08-8962 2699; www.nyinkkanyunyu.com.au; Paterson St; geführte Tour 15 AU$; ⏲Okt.–April Mo–Fr 9–17, Sa & So 10–14 Uhr, Mai–Sept. Mo–Sa 8–18, So 10–14 Uhr) Dieses innovative Museum mit Galerie stellt die dynamische Kunst und Kultur der einheimischen Warumungu in den Mittelpunkt. Die fesselnde Sammlung konzentriert sich auf zeitgenössische Kunst, traditionelle Artefakte (viele wurden aus staatlichen Museen zurückgeholt), Buschmedizin und regionale Geschichte. Die Dioramenserie – oder das Buschfernsehen, wie sie hier genannt wird – ist etwas ganz Besonderes.

Battery Hill Mining Centre MINE

(☎08-8962 1281; www.barklytourism.com.au; Peko Rd; Erw./Kind 30/20 AU$; ⏲9–17 Uhr) Wie das Leben im Tennant Creek während des Goldrauschs in den 1930er-Jahren gewesen sein muss, können Traveller sich in dieser Mine, 1,5 km vom Stadtzentrum entfernt, anschauen. Es werden **Untertagetouren** sowie Audiotouren zum **Zehnkopf-Pochwerk** angeboten. Außerdem befindet sich hier das ausgezeichnete **Minerals Museum**, und wer will, kann sich im Goldwaschen versuchen.

Aktivitäten

Kelly's Ranch REITEN

(☎08-8962 2045; www.kellysranch.com.au; 5 Fazaldeen Rd; Ausritt/Unterricht pro Pers. 150/50 AU$) Wer die Barkly-Region auf dem Rücken eines Pferdes erkunden möchte, sollte sich an den einheimischen Warumungu Jerry Kelly wenden. Seine zweistündigen Ausritte beginnen mit einer Unterrichtsstunde und enden mit einem Ausritt durch die herrliche Outback-Landschaft. Unterwegs gibt es Buschessen und Geschichten von Jerry über die Aborigine-Kultur und das Leben auf den Rinderfarmen.

Schlafen

Outback Caravan Park CAMPING $

(☎08-8962 2459; 71 Peko Rd; Stellplatz mit/ohne Strom 36/30 AU$, Hütte 70–150 AU$; ❄☒) In einer Stadt, die sich häufig wie ausgedörrt anfühlt, ist es angenehm, im Schatten in diesem grünen Campingplatz, etwa 1 km östlich des Zentrums, zu wohnen. Es gibt einen gut sortierten Kiosk, eine Campingküche und Brennstoff. Manchmal kommt man sogar in den Genuss von Buschpoesie und Buschessen – dank Geschichtenerzähler Jimmy Hooker (19.30 Uhr, 10 AU$). Es gibt zudem eine schöne Outdoor-Bar, die aber früh schließt.

Bluestone Motor Inn MOTEL $
(☎08-8962 2617; www.bluestonemotorinn.com.au; 1 Paterson St; Standard/Deluxe DZ 100/123 AU$;) Am südlichen Ende der Stadt steht dieses 3½-Sterne-Motel mit komfortablen Standardzimmern in grüner Umgebung. Hier gibt es außerdem geräumige sechseckige Deluxezimmer mit französischen Betten und Sofas sowie ein Restaurant. Einige Einheiten sind für Rollstuhlfahrer zugänglich.

Safari Lodge Motel MOTEL $$
(☎08-8962 2207; www.arrahotels.com.au/safari-lodge-motel; Davidson St; EZ/DZ 110/130 AU$;) Das familiengeführte Motel in zentraler Lage steht direkt neben dem besten Restaurant der ganzen Stadt. Die sauberen, recht gewöhnlichen Zimmer sind mit Kühlschränken, TV und Telefon ausgestattet. Eine Reservierung ist ratsam.

Essen

Top of the Town Cafe CAFÉ $
(☎08-8962 1311; www.facebook.com/TopOfTownCafe/; 163 Paterson St; Frühstück 7–15 AU$; Mo–Fr 7–15 Uhr, Sa 7–14 Uhr) Dieses kleine Juwel von einem Café – Heimat der Pink Molly Cupcakes – ist ein bisschen kitschig. Im niedlichen, verschroben wirkenden Innenraum kann es ein bisschen eng werden, aber draußen auf dem Gehweg gibt's auch einige Tische und Stühle. Zum besten Frühstück der Stadt werden verschiedene Toasties und Eier-Speck-Varianten serviert.

Tennant Creek Memorial Club AUSTRALISCH $$
(www.tennantcreekmemorialclub.com/dining; 48 Schmidt St; Hauptgerichte 16–32 AU$; 12–14 & 18–21 Uhr) In einer Stadt, in der das Essen nur selten besser als durchschnittlich ist, besticht der Tennant Creek Memorial Club mit verlässlichen, wenn auch wenig aufregenden Gerichten. Hier gibt es die Standardgerichte, z. B. Austern, Burger, Steaks, Currys, asiatische Nudelgerichte usw. Die Bedienung ist freundlich und die Gäste werden mit dem Bus zurück zu ihren Unterkünften gebracht.

Praktische Informationen

Tennant Creek Hospital (☎08-8962 4399; Schmidt St) Krankenhaus.

Police Station (☎08-8962 4444; Paterson St) Polizeiwache.

Central Land Council (☎08-8962 2343; www.clc.org.au; 63 Paterson St, Tennant Creek) Gemeindeamt.

Visitor Information Centre (☎1800 500 879; www.barklytourism.com.au; Peko Rd; Mo–Fr 9–17, Sa 9–13 Uhr) Touristeninformationszentrum.

ABSTECHER

PUNGALINA-SEVEN EMU WILDLIFE SANCTUARY

Das **Pungalina-Seven Emu Wildlife Sanctuary** (www.australianwildlife.org/sanctuaries/pungalina-seven-emu-sanctuary.aspx) ist eine bahnbrechende Zusammenarbeit zwischen dem Australian Wildlife Conservancy und den einheimischen traditionellen Besitzern. Das Projekt verbindet die Erhaltung von Flora und Fauna mit dem Betrieb einer Rinderfarm in einer Gegend, die vor Küstenregenwald, Mangroven, Eukalyptuswäldern, Feuchtgebieten und Thermalquellen strotzt.

Das Schutzgebiet ist Heimat von 292 verzeichneten Vogelarten und 48 Säugetieren, darunter wenig bekannte Spezies wie die Fettschwanz-Beutelmaus (ein kleines, fleischfressendes Beuteltier), der Kleine Kurznasenbeutler, Dingos und eine Menge Wallaby- und Felsen-Wallaby-Arten. Vögel, nach denen man Ausschau halten sollte, sind Gouldamadine, Fuchshabichte und Purpurkopf-Staffelschwänze.

Das Schutzgebiet umfasst 3060 km², davon 55 km der Golfküste und 100 km des Calvert River. Eine gute Ausgangsbasis ist die **Seven Emu Station** (☎08-8975 8307, 08-8975 9904; www.sevenemustation.com.au; Camping pro Fahrzeug 50 AU$) tief im Herzen des Golflandes an der Schwelle zu Pungalina. Es ist eine abgeschiedene Rinderfarm, die in Betrieb ist und ein einzigartiges Angebot aus abgelegenem Camping, Angeln und Naturbeobachtung bietet. Die Stellplätze folgen der Stockman-Tradition: Hütten, Feuerstellen und Falltoiletten mit schöner Aussicht.

NICHT VERSÄUMEN

LARRIMAH

Das winzige Larrimah liegt 185 km südlich von Katherine und bietet einige gute Gründe, um hier anzuhalten:

Pink Panther (Larrimah) Hotel (☎08-8975 9931; https://larrimahwaysideinn.wordpress.com; Stellplätze mit/ohne Strom 25/18 AU$, Zi. 65–100 AU$; ❄ ☒) Das Pink Panther war ursprünglich ein Offizierskasino während des Zweiten Weltkrieges und ist heute ein heiterer, schräger, rustikaler Pub mit einfachen Zimmern, Essen (Hauptgerichte 12–34 AU$) und einigen Tieren. Zu empfehlen sind die hausgemachten Pasteten (die oft schon nachmittags ausverkauft sind) und die großartigen Burger. Die Atmosphäre ist eine Mischung aus fröhlichem, unordentlichem, vergessenem Outback-Außenposten und einer alternden Kunstinstallation.

Fran's Devonshire Teahouse (Stuart Hwy; Gerichte 6–20 AU$; ⊙8–16 Uhr) Fran's Devonshire Teahouse befindet sich in Fran's Haus, wo sie legendäre Pasteten und Gebäck herstellt. Hier sollte man anhalten, wenn man Lust auf eine leckere Kamel- oder Büffelpastete, Lamm mit Buschbrot oder auch nur frischen Kaffee oder einen Devonshire-Tee hat (es gibt keinen besseren südlich von Exeter).

Anreise & Unterwegs vor Ort

Alle Fernbusse halten am **Transit Centre** (☎08-8962 2727; 151 Paterson St; Mo–Fr 9–17, Sa 8.30–11.30 Uhr), an dem man auch Fahrkarten bekommt. **Greyhound Australia** (☎1300 473 946; www.greyhound.com.au) bietet täglich Busse von Tennant Creek nach Alice Springs (115 AU$, 6 Std.), Katherine (145 AU$, 8½ Std.), Darwin (ab 135 AU$, 14 Std.) und Mount Isa (163 AU$, 8 Std.). Da nur wenige Busse in Tennant Creek losfahren, ist die Abfahrtszeit oft 3.15 Uhr morgens.

Der *Ghan*-Zug verkehrt wöchentlich zwischen Alice Springs und Darwin und lässt Reisende in Tennant Creek aussteigen, allerdings können Autos hier weder auf- noch abgeladen werden. Der Bahnhof liegt rund 6 km südlich der Stadt, man braucht also ein **Taxi** (☎08-8962 3626).

Mietautos gibt's bei **Thrifty** (☎08-8962 2207, 1800 891 125; www.thrifty.com.au; Davidson St, Safari Lodge Motel), eine **Tankstelle** (☎08-8962 2626; 218 Paterson St) im Stadtzentrum.

Devil's Marbles & Umgebung

Der Stuart Hwy zwischen Tennant Creek und Alice Springs ist ein langer und einsamer Teerstreifen. Die Hauptattraktion sind die Devils Marbles und die Raststätten entlang der Straße – egal wie einfach sie sind, in der großen Leere erscheinen sie wie Oasen.

Sehenswertes

★Devil's Marbles RELIGIÖSE STÄTTE

(www.nt.gov.au/leisure/parks-reserves) Die gefährlich wackelnden, hoch aufgetürmten Felsbrocken am Stuart Highway, 105 km südlich von Tennant Creek, sind bekannt als „Devil's Marbles" (oder „Karlu" in der Sprache der Warumungu). Sie gehören zu den schöneren Sehenswürdigkeiten entlang der Strecke. Die Felsen werden von den traditionellen Aborigine-Besitzern als heilige Stätte betrachtet – sie glauben, dass die Felsen die Eier der Regenbogenschlange sind.

Schlafen & Essen

Camping Ground CAMPINGPLATZ $

(☎08-8962 4599; https://nt.gov.au/leisure/parks-reserves; Erw./Kind 3,30/1,65 AU$) Einfacher Campingplatz.

Barrow Creek Hotel PUB $

(☎08-8956 9753; Stuart Hwy; Stellplätze mit Strom 24 AU$, EZ/DZ 65/80 AU$) Das Barrow Creek Hotel ist einer der schrulligsten Outback-Pubs am Highway. Früher pinnten Schafscherer Geldscheine mit ihrem Namen an die Wand, um sicherzugehen, dass sie sich beim nächsten Besuch einen Drink leisten konnten. Heute folgen Traveller der Tradition, indem sie Geldscheine, Fotos, Aufkleber und anderen Nippes an der Wand befestigen. Hier gibt es Abendessen, einfache motelartige Zimmer und Stellplätze.

Wycliffe Well Roadhouse & Holiday Park CAMPING $

(☎1800 222 195, 08-8964 1966; Stellplätze mit/ohne Strom 38/35 AU$, Budget-EZ/-DZ ab 65/75 AU$, EZ/DZ Hütten mit Bad 130/150 AU$; ⊙6.30–21 Uhr; ❄ @ ☒) Rund 17 km südlich von Wauchope wartet der Wycliffe Well Roadhouse & Holiday Park mit Benzin und Essen (Hauptgerichte 14–29 AU$29, 7–21 Uhr). Wer Lust hat, bleibt hier und versucht eines der UFOs zu erspähen, die hier angeblich in überraschender Häufigkeit vorbeifliegen sollen. Ansonsten glänzt die Anlage mit einem hübschen Rasen plus Campingplätzen, einem Kinderspielplatz, einem Innenpool, einem Café und Bieren aus aller Welt.

Der ganze Laden ist mit Alien-Figuren und Zeitschriftenartikeln geschmückt (Tenor der Schlagzeilen: „Das UFO hat uns verfolgt!").

Aileron Hotel Roadhouse MOTEL, CAMPINGPLATZ $
(☎ 08-8956 9703; www.aileronroadhouse.com.au; Stuart Hwy; Stellplätze mit/ohne Strom 18/15 AU$, B 40 AU$, EZ/DZ 120/130 AU$; ⏲ 5–9 Uhr; ❄ ≋) Das Aileron Hotel Roadhouse bietet Stellplätze (Strom bis 22 Uhr), einen 10-Betten-Schlafsaal und gute Motel-Einheiten. Hier gibt es einen Geldautomaten, eine Bar, einen Laden und ein Restaurant mit Alkoholausschanklizenz. Die Sammlung von Namatjira-Aquarellen der Besitzer (darunter mindestens zehn von Albert) ist in der Bar und im Essbereich aufgehängt. Ein wunderbarer Fund in dieser in jeder anderen Hinsicht ziemlich durchschnittlichen Raststätte.

Devils Marbles Hotel HOTEL $
(☎ 08-8964 1963; www.wauchopehotel.com.au; Stuart Hwy; Stellplätze mit/ohne Strom 30/10, Budget EZ/DZ 70/130 AU$; ❄ ≋) In Wauchope (*war*-kup), 8 km südlich der Devil's Marbles, befinden sich die gepflegten Zimmer des Wauchope Hotel. Die Budget-Zimmer sind Dongas (kleine, transportable Gebäude); die teureren Zimmer sind geräumiger und haben eigene Bäder. Das Essen im **Restaurant** (Frühstück 10–32 AU$, Hauptgerichte 18–33 AU$) ist überdurchschnittlich gut.

An- & Weiterreise

Greyhound-Busse befahren den Stuart Hwy in beide Richtungen und halten unterwegs in den größeren Ortschaften. Die Straße ist geteert und derzeit bestehen zwischen Tennant Creek und Alice Springs keine Geschwindigkeitsbegrenzungen (ein Experiment der lokalen Behörden). Man sollte prüfen, ob das immer noch der Fall ist, ehe man das Gaspedal durchdrückt.

Tanami Track

Willkommen auf einer der längsten Abkürzungen der Welt. Die 1055 km lange Tanami Rd verbindet Alice Springs mit Halls Creek, das Red Centre mit dem Kimberley. Die Tanami Desert und das umliegende Land sind die Heimat der Warlpiri, Arrente, Luritja und Pintubi; ein Großteil der Landes wurde ihnen als traditionelle Besitzer zurück übereignet. Die einzigen wirklichen Sehenswürdigkeiten entlang der Straße sind die indigenen Siedlungen Yuendemu und Wolfe Creek Crater (auf der westaustralischen Seite der Grenze). Die Strecke ist lang und nur hier und da schön. Unbedingt auf Termitenhügel aufpassen – an einigen Stellen gibt es bis zu 800 pro Hektar. Die Fahrt durch die Tanami Desert ist legendär und auf jeden Fall eine Reise, an die man sich erinnern wird.

Sehenswertes

Der Straßenabschnitt im Northern Territory ist im Allgemeinen gut befestigt und beginnt 20 km nördlich von Alice Springs. Die Straße ist bis **Tilmouth Well** (☎ 08-8956 8777; www.tilmouthwell.com; Stellplatz mit/ohne Strom 40/30 AU$, Hütte ohne Bad 80 AU$; ❄ @ ≋) asphaltiert. Die Anlage befindet sich am Rand der Napperby Station und bewirbt sich selbst als „Oase in der Wüste", denn sie hat einen glitzernden Pool und große Grünflächen.

Der nächste Tankstopp ist in Yuendumu, der größten abgelegenen Gemeinde der Region und Heimat des Walpiri-Volkes, das in der Dokumentation *Bush Mechanics* aus dem Jahr 2001 gezeigt wird. Auch ein Besuch im **Warlukurlangu Art Centre** (☎ 08-8956 4133; www.warlu.com; ⏲ Mo–Fr 9–16 Uhr), das Einheimischen gehört, die sich auf Acrylmalerei spezialisiert haben, lohnt sich.

STRASSENSTOPPS

Threeways Roadhouse (☎ 08-8962 2744, 1800 448 163; www.threewaysroadhouse.com.au; Stuart Hwy; Stellplätze mit/ohne Strom 32/24 AU$, DZ 115 AU$; ❄ @ ≋) Das Threeways Roadhouse, 537 km nördlich von Alice Springs, an der Kreuzung der Stuart and Barkly Hwys verfügt über ein Restaurant und eine Bar und eignet sich gut für einen Zwischenstopp. Die Zimmer sind einfach, aber besser als in den meisten Straßen-Motels.

Banka Banka (☎ 08-8964 4511; Erw./Kind 12/6 AU$) Das Banka Banka ist eine historische Viehstation 100 km nördlich von Tennant Creek mit begrüntem Campingbereich (kein Strom), markierten Wanderwegen (einer führt zu einem friedvollen Wasserloch), einer Bar aus Lehmziegeln und einem kleinen Kiosk, der einfache Erfrischungen verkauft.

Ab hier gibt es noch einmal 600 km weit kein Benzin, bis man über die Grenze zu WA fährt und in der Gemeinde **Billiluna** (☎08-9168 8076) ankommt. Übrigens: Das Rabbit Flat Roadhouse hat seine Pforten für immer geschlossen! Nach weiteren 170 km können Traveller ihren müden Knochen in Halls Creek eine Pause gönnen.

An- & Weiterreise

In der Trockenzeit ist es möglich, die ungeteerten und gewellten Pisten in einem gut ausgerüsteten normalen Auto zu bewältigen. Man sollte sich konzentrieren, denn hier überschlagen sich häufig Autos, und genug Benzin, Essen und Trinken sowie Ersatzreifen einpacken.

ALICE SPRINGS

28 667 EW.

Alice Springs würde keinen Schönheitswettbewerb gewinnen, aber die Stadt hat Travellern mehr zu bieten, als man anfangs denkt. Hier gibt es ausgezeichnete Museen, einen tollen Wildtierpark und herausragende indigene Kunstgalerien; die Stadt bietet darüber hinaus eine breite Palette an Unterkünften, gute Restaurants und Reiseanbindungen.

Alice Springs ist die beste Ausgangsbasis, um einige der schönsten Landschaften Zentralaustraliens zu erkunden: Der Uluru-Kata Tjuta National Park liegt nur vier Stunden Fahrt entfernt; noch näher liegen die herrlichen, rauen MacDonnell Ranges, die sich westlich des Stadtzentrums von Osten nach Westen erstrecken. Man muss nicht weit fahren, um ockerfarbene Schluchten, pastellfarbene Hügel und weiße Eukalyptusbäume zu entdecken.

Alice Springs ist auch der Schlüssel, um das Aborigine-Australien in all seiner Komplexität zu begreifen: Wo sonst kann man sechs einzigartige australische Sprachen auf der Hauptstraße hören? Es ist auch der Ort, um die diesbezüglichen heutigen Herausforderungen zu verstehen.

Sehenswertes

★Alice Springs Desert Park NATURRESERVAT
(☎08-8951 8788; www.alicespringsdesertpark.com.au; Larapinta Dr; Erw./Kind 32/16 AU$; Nachtführung Erw./Kind 44/28 AU$; ⌚7.30–18 Uhr, letzter Einlass 16.30 Uhr, Nachtführung Mo–Fr 19.30 Uhr) Wer auf seinen Reisen noch nie einen Tüpfelgrunzbarsch oder einen Marmorierten Fettschwanzgecko gesehen hat, sollte den Desert Park besuchen: Hier wird die ganze Fauna Zentralaustraliens auf einem Fleck gezeigt. Die sich größtenteils im Freien befindenden Gehege sind den natürlichen Lebensräumen bzw. Habitaten (Süßwasserfluss, Wüste, Wald) der Tiere nachempfunden. Die 2,5 km hinaus zum Gelände sind leicht mit dem Fahrrad zu meistern. Man kann sich auch einen kostenlosen Audioguide (in mehreren Sprachen verfügbar) nehmen und die Gratisvorträge unter der Leitung von Rangern (ganztägig) anhören.

Araluen Arts Centre GALERIE
(Karte S. 934; ☎08-8951 1122; www.araluenartscentre.nt.gov.au; Ecke Larapinta Dr & Memorial Ave; ⌚10–16 Uhr) Für eine Kleinstadt hat Alice Springs eine bemerkenswert lebendige Kunst Szene – und das Araluen Arts Centre ist ihr Herz. Es gibt ein **Theater** (Karte S. 934; ☎08-8951 1122; www.araluenartscentre.nt.gov.au; Larapinta Dr) mit 500 Plätzen und vier Galerien mit Schwerpunkt auf der Kunst der Central Desert Region. Die Albert Namatjira Gallery zeigt Arbeiten des Künstlers, der in den 1930er-Jahren in Hermannsburg Aquarelle zu malen begann. Die Ausstellung zieht Vergleiche zwischen Namatjira, seinem ursprünglichen Mentor Rex Battarbee und anderen Künstlern der Hermannsburg School.

Olive Pink Botanic Garden NATURRESERVAT
(Karte S. 934; ☎08-8952 2154; www.opbg.com.au; Tuncks Rd; durch Spende; ⌚8–18 Uhr) Ein Netzwerk aus verschlungenen Pfaden führt durch diesen schönen ariden Botanischen Garten, der von der prominenten Anthropologin Olive Pink gegründet wurde. Im Garten wachsen mehr als 500 zentralaustralische Pflanzenarten und es werden Buschzutaten und Heilpflanzen kultiviert, z. B. das einheimische Zitronengras, Ölfrüchte und Buschpassionsfrüchte.

Royal Flying Doctor Service Base MUSEUM
(RFDS; Karte S. 938; ☎08-8958 8411; www.rfdsalicesprings.com.au; Stuart Tce; Erw./Kind 16/9 AU$; ⌚Mo–Sa 9–17, So 13–17 Uhr, Café Mo–Sa 8.30–16.30 Uhr) Die 3 Mio. AU$ teure Sanierung hat dem Museum definitiv neuen Aufschwung gegeben. Dies ist die Basis des Royal Flying Doctor Service, dessen engagiertes medizinisches Personal für einen 24-Stunden-Notdienst in einem Gebiet von rund 1,25 Mio. km² sorgt! Die moderne Einrichtung umfasst interaktive Infoportale,

ein Hologramm des Gründers John Flynn und ein Kontrollzentrum sowie uralte medizinische Ausrüstungsgegenstände und einen Flugsimulator. Geführte Touren starten jede halbe Stunde; die letzte beginnt um 16 Uhr.

Araluen Cultural Precinct KULTURZENTRUM

(Karte S. 934; ☎ 08-8951 1122; https://dtc.nt.gov.au/arts-and-museums/araluen-cultural-precinct; Ecke Larapinta Dr & Memorial Ave; Precinct Pass Erw./Kind 15/10 AU$) Der Araluen Cultural Precinct ist das kulturelle Herz von Alice Springs. Besucher sollten sich für die Erkundung mindestens einen Nachmittag Zeit nehmen. Das Außengelände und den Friedhof kann man gratis erkunden. Mit dem „Precinct Pass" (innerhalb von 14 Tagen 2 Tage gültig) können auch die Ausstellungen und Exponate bewundert werden.

Grave of John Flynn FRIEDHOF

Am westlichen Rand von Alice Springs, an der Straße zu den West MacDonnell Ranges, wird John Flynns Grab von einem Felsen überragt, den die Arrernte gespendet haben. Das Original gehörte zu den Devil's Marbles und wurde wieder dorthin zurückgebracht. Gegenüber vom Parkplatz beginnt ein asphaltierter Radweg zur Simpsons Gap, eine empfehlenswerte drei- bis vierstündige Tour (hin und zurück).

Alice Springs Reptile Centre ZOO

(Karte S. 938; ☎ 08-8952 8900; www.reptilecentre.com.au; 9 Stuart Tce; Erw./Kind 17/9 AU$; ⏲ 9.30–17 Uhr) Es ist zwar klein, aber dieses Reptilienzentrum verfügt über eine beeindruckende Sammlung an Giftschlangen, Dornteufeln und Bartagamen. Im Höhlenzimmer befinden sich elf Geckoarten des Northern Territory. Draußen leben Terry, ein 3,30 m langes Salzwasserkrokodil, sowie Bob, ein majestätischer Riesenwaran, Australiens längste Echse. Die enthusiastischen Führer freuen sich darauf, Besuchern während der Vorführungen (11, 13 und 15.30 Uhr) eine Python um den Hals legen zu dürfen. Alternativ kann man einen Blauzungenskink liebkosen.

Anzac Hill AREAL

(Karte S. 934) Die herrliche Aussicht, besonders bei Sonnenaufgang und Sonnenuntergang, lohnt die Wanderung auf die Spitze des Anzac Hill (über den Lions Walk ab der Wills Tce). Er ist in Arrernte auch als „Untyeyetweleye" bekannt. Alternativ kommt man mit dem Auto hierher. Vom Kriegsdenkmal bietet sich ein Panoramablick über die Stadt bis zur Heavitree Gap und den MacDonnell Ranges.

Telegraph Station Historical Reserve PARK

(Karte S. 934; ☎ 08-8952 1013; https://nt.gov.au/leisure/parks-reserves; Erw./Kind 9/4,50 AU$; Reservat 8–21 Uhr; Gebäude 9–17 Uhr) Die alte Telegraphenstation, die früher Nachrichten zwischen Darwin und Adelaide übermittelte, bietet einen faszinierenden Einblick in die frühen europäischen Beginne der Stadt. Sie liegt einen 4 km langen Spaziergang oder eine kurze Fahrradtour nördlich der Todd Mall; einfach dem Weg auf der Westseite des Flussufers folgen. In der Nähe befindet sich die ursprüngliche „Alice Spring" (bekannt als „Thereyurre" in Arrernte), ein semipermanentes Wasserloch im Todd River, nach dem die Stadt benannt ist.

Museum of Central Australia MUSEUM

(Karte S. 934; ☎ 08-8951 1121; https://dtc.nt.gov.au/arts-and-museums/araluen-cultural-precinct/museum-of-central-australia; Ecke Larapinta Dr & Memorial Ave; ⏲ Mo–Fr 10–17 Uhr) Die naturkundliche Sammlung in diesem Museum erinnert an die Zeit der Megafauna, als nilpferdgroße Wombats und 3 m lange flugunfähige Vögel das Land durchstreiften. Zu den geologischen Exponaten gehören Meteoritenfragmente und Fossilien. Es gibt eine kostenlose Audiotour, deren Text von einem Paläontologen gesprochen wurde und die die Ausstellung zum Leben erwachen lässt.

Oben im **Strehlow Research Centre** (Karte S. 934; http://artsandmuseums.nt.gov.au/araluen-cultural-precinct; Ecke Larapinta Dr & Memorial Ave) befindet sich eine Ausstellung über das Wirken von Professor TGH Strehlow, der Linguist, Anthropologe und leidenschaftlicher Sammler indigener Artefakte war.

School of the Air MUSEUM

(☎ 08-8951-6834; www.assoa.nt.edu.au; 80 Head St; Erw./Kind 9/7 AU$; ⏲ Mo–Sa 8.30–16.30, So 13.30–16.30 Uhr) Gegründet 1951, war dies die erste Schule ihrer Art in Australien, die den Unterricht über ein Gebiet von 1,3 Mio. km² verbreitete. Wurde früher noch alles per Kurzwelle übertragen, sitzen die Kinder heute dank Satelliten-Breitbandinternet und Webcams in einem virtuellen Klassenzimmer. Die Führung durch die Schule beinhaltet einen Film. Die Schule liegt 3 km nördlich des Zentrums.

Alice Springs

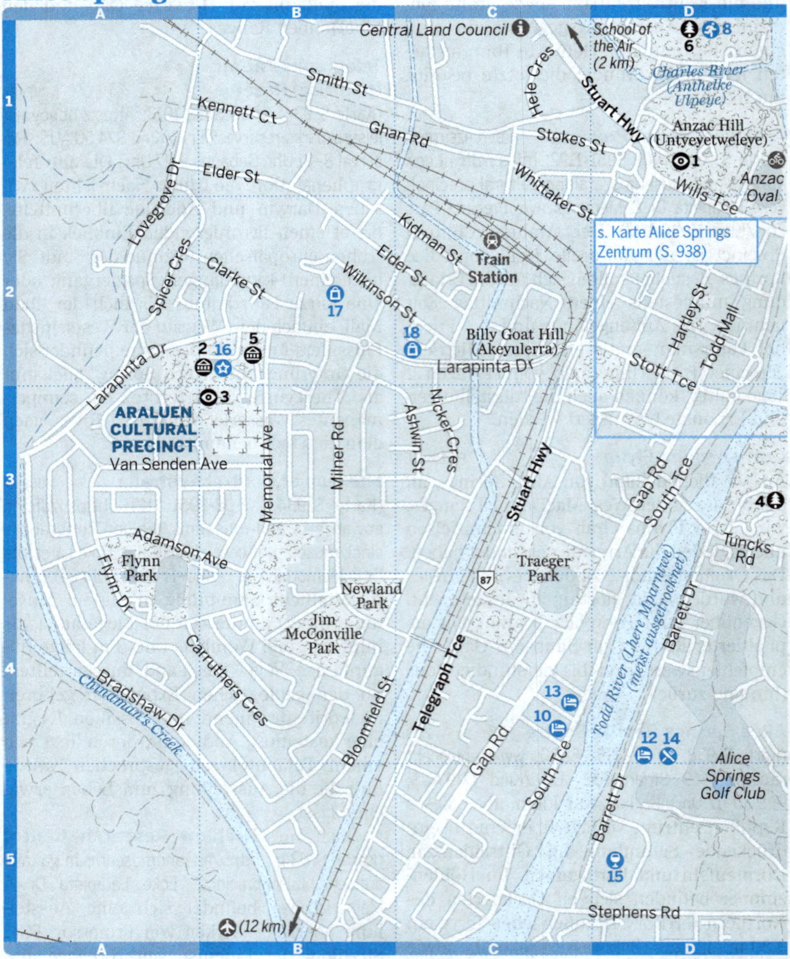

Aktivitäten

Bushwalking

Durch den Busch rund um Alice führen leichte Erkundungsspaziergänge ab dem Olive Pink Botanic Garden (S. 932) und der Telegrafenstation (S. 933). An Letzterer beginnt auch der erste Abschnitt des Larapinta Trail.

Central Australian Bushwalkers SPAZIERENGEHEN
(https://centralaustralianbushwalkers.com; Wanderung 5 AU$) Buschwandergruppe mit diversen Regionaltouren, die meist durch die West MacDonnell Ranges führen (März–Nov.).

Lone Dingo Adventure WANDERN & TREKKEN
(Karte S. 938; ☎08-8953 3866; www.lonedingo.com.au; Ecke Todd Mall & Gregory Tce; ⌚Mo–Fr 9–17.30, Sa 9–16, So 10–15 Uhr) Wer einen Abschnitt des Larapinta Trail in Angriff nehmen möchte, aber keine eigene Ausrüstung hat, kann sich an diesen Veranstalter wenden; er vermietet Camping- und Trekkingsowie GPS- und EPIRB-Ausrüstung.

Kamelreiten

Pyndan Camel Tracks KAMELTOUREN
(☎0416 170 164; www.cameltracks.com; Jane Rd; 1-stündige Ausritte Erw./Kind AU$70/40; ⌚12, 14.30 Uhr & Sonnenuntergang) Der Kameltreiber

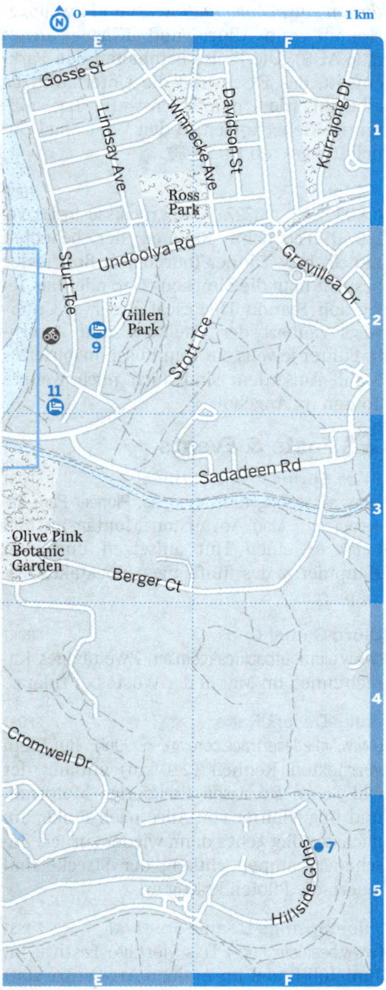

Alice Springs

Sehenswertes
1 Anzac Hill D1
2 Araluen Arts Centre B2
3 Araluen Cultural Precinct B3
Museum of Central Australia ... (siehe 5)
4 Olive Pink Botanic Garden D3
5 Strehlow Research Centre B2
6 Telegraph Station Historical Reserve D1

Aktivitäten, Kurse & Touren
7 Dreamtime Tours F5
8 Outback Cycling D1

Schlafen
9 Alice Lodge Backpackers E2
10 Alice on Todd C4
11 Alice's Secret Traveller's Inn E2
12 Doubletree by Hilton D4
13 Quest Alice Springs C4

Essen
Bean Tree Cafe .... (siehe 4)
14 Hanuman Restaurant D4

Ausgehen & Nachtleben
15 Juicy Rump D5

Unterhaltung
16 Araluen Arts Centre B2

Shoppen
17 Ngurratjuta Iltja Ntjarra B2
18 Tjanpi Desert Weavers C2

Marcus Williams bietet einstündige Ausritte, 17 km südwestlich von Alice, an.

Radfahren & Mountainbiken

Räder sind das perfekte Fortbewegungsmittel in und um Alice Springs. Es gibt Radwege entlang des Todd River zur Telegrafenstation, nach Westen zum Alice Springs Desert Park und hinaus zur Simpsons Gap. Für Radler und Wanderer gibt's im Visitor Information Centre (S. 944) spezielle Karten.

Mountainbike-Wege sind von der Stadt aus einfach zu erreichen. Wer will, kann einen Social Sunset Ride des **Central Australian Rough Riders' Club** (☎08-8952 5800; www.centralaustralianroughriders.asn.au) mitmachen. Die Fahrten kostet 5 AU$.

Outback Cycling RADFAHREN
(Karte S. 934; ☎08-8952 3993; www.outbackcycling.com/alice-springs/; Alice Springs Telegraph Station; Miete pro Tag/Woche ab 40/160 AU$) Vermietung von Stadträdern und Mountainbikes sowie Körben, Kinderrädern und Babysitzen. Bietet auch Radtouren in und um Alice und den Uluru.

Geführte Touren

★ **Earth Sanctuary** GEFÜHRTE TOUREN
(☎08-8953 6161; www.earth-sanctuary.com.au; Astronomie-Tour Erw./Kind 36/25 AU$) Auf diesen fabelhaften nächtlichen Astronomie-Touren in der Wüste außerhalb von Alice Springs kann man die Sterne von Zentralaustralien sehen. Die Touren dauern eine Stunde. Die kenntnisreichen Führer haben Hochleistungsteleskope, die einen guten Blick auf die Sterne ermöglichen. Unbedingt

im Voraus anrufen – um 16 Uhr wissen die Betreiber, ob der Himmel klar genug ist.

Earth Sanctuary veranstaltet auch thematische Food-Events und Touren, z. B. Outback-Dinner- und Buschessen-Touren.

★Wayoutback Desert Safaris GELÄNDEWAGENTOUR
(☎08-8952 4324, 1300 551 510; www.wayoutback.com) Organisiert Geländewagentouren in kleinen Gruppen, z. B. Campingtouren zu entlegenen Plätzen in der Wüste am Uluru. Angeboten werden außerdem dreitägige Safaris zum Uluru und Kings Canyon (795 AU$) sowie fünftägige Safaris, die einen Besuch der West MacDonnell Ranges beinhalten (1195 AU$).

★Trek Larapinta WANDERN & TREKKEN
(☎1300 133 278; www.treklarapinta.com.au; 3/6-tägige Touren ab 1295/2695 AU$) Geführte mehrtägige Wanderungen auf Abschnitten des Larapinta Trail. Der Veranstalter betreibt auch Freiwilligen-Projekte, z. B. die Wartung von Wanderwegen oder Buschregeneration in Aborigine-Außenstationen.

Rainbow Valley Cultural Tours GEFÜHRTE TOUREN
(☎08-8956 0661; www.rainbowvalleyculturaltours.com; geführte Wanderung nachmittags Erw./Kind 90/50 AU$; ⏲Mo, Mi & Fr 14 Uhr–Sonnenuntergang) Bei einer Wanderung durch das wunderschöne Rainbow Valley mit einem traditionellen Besitzer ist auch ein Besuch von Felskunststätten, die der allgemeinen Öffentlichkeit nicht zugänglich sind, enthalten. Im Angebot sind auch Touren mit Übernachtung (Camping) und Essen für 20 AU$ extra pro Person. Rainbow Valley Cultural Tours bietet auf Anfrage auch Vogelbeobachtungstouren an. Man braucht ein eigenes Transportmittel, um hierher zu kommen.

Dreamtime Tours KULTUREXKURSIONEN
(Karte S. 934; ☎08-8955 5095; 72 Hillside Garden; www.rstours.com.au; Erw./Kind 85/42 AU$, Selbstfahrer 66/33 AU$; ⏲8.30–11.30 Uhr) Bei der Dreamtime & Bushtucker Tour (3 Std.) trifft man Angehörige der Warlpiri-Aborigines und erfährt etwas über deren Traditionen. Da die Tour für große Busgruppen ausgelegt ist, wirkt sie eventuell etwas unpersönlich. Allerdings können sich Selbstfahrer hinten dranhängen.

Emu Run Experience GEFÜHRTE TOUREN
(Karte S. 938; ☎08-8953 7057, 1800 687 220; www.emurun.com.au; 72 Todd St) Bietet Tagestouren zum Uluru (226 AU$) und Zweitagestouren zum Uluru und Kings Canyon (536 AU$). Die Preise beinhalten den Parkeintritt, das Essen und die Unterkunft. Es gibt außerdem empfehlenswerte Tagestouren in Kleingruppen zu den West MacDonnell Ranges (ab 119 AU$).

RT Tours TOUR
(☎08-8952 0327; www.rttoursaustralia.com; 160 AU$/Pers.) Im Rahmen der beliebten Lunch- bzw. Dinner-Touren von Bob Taylor besucht man die Simpsons Gap oder das Telegraph Station Historical Reserve. Unterwegs zaubert der Chefkoch und Arrernte-Führer jeweils ein vom Busch inspiriertes Mahl. Außerdem sind auch noch weitere Touren im Angebot.

Feste & Events

Alice Springs Cup Carnival SPORT
(www.alicespringsturfclub.org.au; Pioneer Park Racecourse; ⏲Mai) Am ersten Montag im Mai heißt es einen Hut aufsetzen und zum Hauptderby des fünftägigen Spektakels galoppieren.

Uluru Camel Cup SPORT
(www.uluruoutbackfest.com.au) Zweitägiges Kamelrennen im Mai in der Wüste bei Yulara.

Finke Desert Race SPORT
(www.finkedesertrace.com.au; ⏲Juni) Bei dem verrückten Rennen (240 km) entlang der Old South Rd rasen titelgierige Motorrad- und Buggyfahrer von Alice nach Finke; am nächsten Tag geht's dann wieder zurück. Zuschauer campen entlang der Strecke und feuern die Piloten kräftig an.

Alice Springs Beanie Festival KUNST
(www.beaniefest.org) Das viertäge Festival im Juni/Juli findet im Araluen Art Centre statt und feiert den schlichten Beanie (gestrickte Wollmütze) – handgefertigt von den Damen in der Central Desert.

★Camel Cup SPORT
(www.camelcup.com.au; ⏲Mitte Juli) „Karneval im Juli" könnte das Motto dieser Veranstaltung im Blatherskite Park sein.

★Henley-on-Todd Regatta SPORT
(www.henleyontodd.com.au; ⏲3. Samstag im Aug.) Dieses Bootsrennen im ausgetrockneten Todd River ist typisch für die unbekümmerte und vollständige Verleugnung der Realität der Australier. Die Boote haben keinen Boden; die Beine der Besatzung ragen unten

ABSTECHER

LARAPINTA TRAIL

Der 230 km lange Larapinta Trail verläuft entlang des Rückgrats der West MacDonnell Ranges und ist einer von Australiens schönsten Fernwanderwegen. Der Weg ist in zwölf Abschnitte mit unterschiedlichen Schwierigkeitsgraden unterteilt, beginnt bei der Telegrafenstation in Alice Springs und endet am zerklüfteten, 1380 m hohen Gipfel des Mt. Sonder. Jeder Trail-Abschnitt ist in ein oder zwei Tagen zu bewältigen und führt zu vielen Sehenswürdigkeiten der West MacDonnell Ranges:

Abschnitt 1 Alice Springs Telegraph Station–Simpsons Gap (23,8 km)

Abschnitt 2 Simpsons Gap–Jay Creek (24,5 km)

Abschnitt 3 Jay Creek–Standley Chasm (13,6 km)

Abschnitt 4 Standley Chasm–Birthday Waterhole (17,7 km)

Abschnitt 5 Birthday Waterhole–Hugh Gorge (16 km)

Abschnitt 6 Hugh Gorge–Ellery Creek (31,2 km)

Abschnitt 7 Ellery Creek–Serpentine Gorge (13,8 km)

Abschnitt 8 Serpentine Gorge–Serpentine Chalet Dam (13,4 km)

Abschnitt 9 Serpentine Chalet Dam–Ormiston Gorge (28,6 km)

Abschnitt 10 Ormiston Gorge–Finke River (9,9 km)

Abschnitt 11 Finke River–Redbank Gorge (25,2 km)

Abschnitt 12 Redbank Gorge–Mt. Sonder (hin & zurück 15,8 km)

Wanderkarten und -informationen gibt's bei **Parks & Wildlife** (S. 941). Wandergruppen mit acht oder mehr Personen sollten ihre Wanderung hier außerdem anmelden.

Mit öffentlichen Verkehrsmitteln kommt man nicht hierher, aber **Alice Wanderer** (☎1800 722 111, 08-8952 2111; www.alicewanderer.com.au) kann den Transport organisieren. Infos zu Kosten gibt's auf der Website. Geführte Wanderungen inklusive Transport ab Alice Springs kann man bei **Trek Larapinta** (S. 936) buchen.

hinaus – und der Parcour wird einfach abgelaufen.

Alice Desert Festival KUNST
(www.alicedesertfestival.com.au; ⊙Ende Aug.) Ein echter Kracher unter den Festivals: Hier gibt es Zirkus, Musik, Film und Comedy zu sehen und zu hören. Eine farbenfrohe Parade entlang der Todd Mall bildet den Auftakt zu diesem Festival. 2016 fand das Festival nicht statt, aber für 2017 stand es wieder auf dem Programm.

Desert Song Festival MUSIK
(☎0409 003 004; www.desertsong.com.au) Bei diesem zehntägigen Festival im September treten Chöre aus ganz Zentralaustralien sowie einige internationale Künstler in verschiedenen Locations in Alice Springs auf.

Schlafen

Alice's Secret Traveller's Inn HOSTEL $
(Karte S. 934; ☎08-8952 8686; www.asecret.com.au; 6 Khalick St; B 25–27 AU$, DZ ab 65 AU$; ❄@☒) Das Inn gegenüber vom Todd River ist eines der besten Hostels in Alice und punktet durch Sauberkeit und seinen hilfsbereiten, freundlichen Besitzer. Hier kann man am Pool entspannen, ins Didgeridoo blasen, und in der Hängematte im Garten dösen. Die besten Angebote erhält, wer seine Tour zum Uluru über das Inn bucht.

Alice Lodge Backpackers HOSTEL $
(Karte S. 934; ☎08-8953 1975, 1800 351 925; www.alicelodge.com.au; 4 Mueller St; B 27–30 AU$, DZ 74–105 AU$; ❄@☒☒) Die Alice Lodge wird von Travellern wärmstens empfohlen, besonders wegen des netten und hilfsbereiten Managements. Ein kleines, empfehlenswertes und bescheidenes Hostel, 10 Minuten zu Fuß vom Stadtzentrum entfernt.

MacDonnell Range Holiday Park CAMPING $
(☎1800 808 373, 08-8952 6111; www.macrange.com.au; Palm Pl; Stellplatz mit/ohne Strom 48/42 AU$, Hütten-DZ 100–250 AU$; ❄@☒) Wohl das größte und am besten gehütete Geheimnis der Stadt: Dieser Campingplatz punktet mit grünen Stellplätzen und blitzsauberen

Alice Springs Zentrum

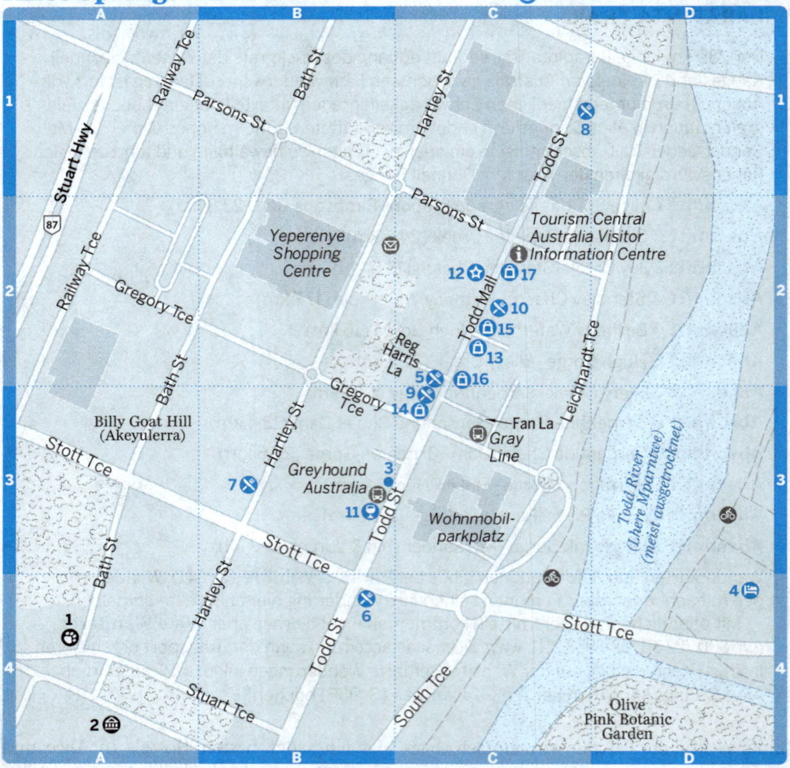

Sanitäranlagen. Die Unterkunftspalette reicht von einfachen Hütten mit Gemeinschaftsbädern bis zu separaten Villen mit zwei Schlafzimmern. Kinder können sich auf dem Abenteuerspielplatz, BMX-Parcours und Basketballplatz austoben.

Quest Alice Springs APARTMENT $$

(Karte S. 934; ☎08-8959 0000; www.questapartments.com.au; 10 South Tce; DZ-Studio/1-Schlafzimmer-Apt. ab 135/196 AU$; P ❄ 📶 🏊) Diese stylischen und modernen Apartments am Todd River sind eine ausgezeichnete Wahl. Die Quest-Kette ist verlässlich: Gut geführt und komfortabel, mit Zimmern, deren Qualität weit über der anderer Unterkünfte in Alice Springs liegt.

Doubletree by Hilton HOTEL $$

(Karte S. 934; ☎1300 666 545, 08-8950 8000; www.doubletree3.hilton.com; Barrett Dr; DZ ab 150 AU$, Suite 175–350 AU$; ❄ @ 📶 🏊) Eines der besten Hotels in Alice mit geräumigen, resortartigen Einrichtungen. Gäste können hier zwischen Zimmern mit Gartenblick und besseren Zimmern mit Bergblick auswählen. Alle sind in Pastelltönen gehalten und mit bodentiefen Fenstern und Schilfmöbeln ausgestattet. Es gibt einen hübschen Pool und ein Spa, einen gut ausgestatteten Fitnessraum, Tennisplätze, eine Sauna ... und einen Pfau.

Alice on Todd APARTMENT $$

(Karte S. 934; ☎08-8953 8033; www.aliceontodd.com; Ecke Strehlow St & South Tce; Studio/1-B-Apt. 135/158 AU$; ❄ @ 📶 🏊) Dieser hübsche, sichere und gut ausgestattete Apartmentkomplex am Todd River hat freundliche und hilfsbereite Mitarbeiter. Hier gibt es Selbstversorgerwohneinheiten mit Küche, Wohnzimmer und ein bis zwei Schlafzimmern. Hinzu kommen einige Studios. In den Einheiten mit Balkon haben bis zu sechs Personen Platz – sie eignen sich daher besonders gut für Familien.

Alice Springs Zentrum

Chifley Alice Springs HOTEL $$
(Karte S. 938; 08-8951 4545; www.silverneedlehotels.com/chifley; 34 Stott Tce; Standard/Superior/Deluxe DZ 139/155/179 AU$;) Das Chifley bietet eine entspannte Country-Club-Atmosphäre mit doppelstöckigen Gebäuden, die sich um Gärten und Eukalyptusbäume reihen. Die kürzlich renovierten Superior- und Deluxe-Zimmer punkten mit einem Blick auf den Todd River. Es gibt einen schönen Poolbereich mit einer Bar im Wasser und ein Seafood-Restaurant.

Bond Springs Outback Retreat B&B $$
(08-8952 9888; www.outbackretreat.com.au; Cottage DZ 231 AU$;) Dieses Resort, 25 km außerhalb der Stadt, vermittelt einen Eindruck von dem Leben auf einer Outback-Farm. Das freistehende Cottage ist eine sanierte Stockman-Unterkunft. Im Preis inbegriffen ist das Frühstück, alle anderen Mahlzeiten müssen selbst organisiert werden. Hier kann man Tennisspielen oder die weitläufige Anlage erkunden, z.B. die ursprüngliche Farm-Schule, die durch die School of the Air betrieben wurde.

Essen

★ **Piccolo's** CAFÉ $
(Karte S. 938; 08-8953 1936; Shop 1, Cinema Complex 11, Todd Mall; Frühstück ab 12 AU$; Mo–Fr 7–15, Sa 7–14, So 8–12 Uhr) Dieses moderne Café ist bei Einheimischen wegen seines exzellenten Essens und des wahrscheinlich besten Kaffees der Stadt beliebt. Die Toasts und Frühstücks-Sandwiches sind zu empfehlen.

★ **Montes** MODERN-AUSTRALISCH $$
(Karte S. 938; 08-8952 4336; www.montes.net.au; Ecke Stott Tce & Todd St; Hauptgerichte 13–26 AU$; 11 Uhr–open end;) Wanderzirkus trifft auf Outback-Farm: Ein familienfreundliches Restaurant mit Spielbereich für die Kleinen und einem Menü, das von Gourmet-Burgern, Pizzas und Tapas zu Currys und Meeresfrüchten reicht. Entweder man sitzt draußen im grünen Biergarten (in dem eine breite Auswahl an Bieren angeboten wird) oder innen in den schönen Sitznischen. Die Außenstrahler sorgen dafür, dass den Gästen an kalten Wüstenabenden warm ist.

★ **Hanuman Restaurant** THAI $$
(Karte S. 934; 08-8953 7188; www.hanuman.com.au/alice-springs; Doubletree by Hilton, 82 Barrett Dr; Hauptgerichte 25–36 AU$; Mo–Fr 12–22, Sa 18–24, So 18–22 Uhr;) Wer in dem stilvollen Restaurant die großartigen Gerichte mit thailändischem und indischem Touch probiert, wähnt sich wohl kaum im Outback. Die Thai-Hauptgerichte sind so überragend wie das Seafood (vor allem die Hanuman-Garnelen). Doch trotz des thailändischen Schwerpunkts gibt's hier auch genügend Indisches, um eine eventuelle Currylust zu befriedigen.

Epilogue Lounge TAPAS $$
(Karte S. 938; 08-8953 4206; www.facebook.com/epiloguelounge/; 58 Todd Mall; Hauptgerichte 16–25 AU$; Mi–Sa 8–23.30, So & Mo 8–15 Uhr) Dieses urbane Highlight im Retrostil ist definitiv das coolste Restaurant der Stadt. Hier gibt es den ganzen Tag über leckeres Essen, gute Weine und freundlichen Service – das ist Alice Springs par excellence! Auf der Karte stehen Halloumi-Burger und Steak-Sandwiches; dazu gibt es kostenlos eine kühle Brise im Schatten. An einigen Abenden wird hier Livemusik gespielt.

Red Dog Café CAFÉ $$

(Karte S. 938; ☎08-8953 1353; 64 Todd Mall; Frühstück 5–17 AU$, Hauptgerichte 15–18.50 AU$; ⏲7–17 Uhr) Es gibt keinen besseren Ort zum Leutebeobachten als diese Tische und Stühle an der Todd Mall. Morgens wird hier herzhaftes Frühstück und frischer, starker Kaffee serviert. Mittags kommen Burger und vegetarische Gerichte auf den Tisch. Der Känguru-Salat ist super.

Bean Tree Café CAFÉ $$

(Karte S. 934; ☎08-8952 0190; www.opbg.com.au/bean-tree-cafe; Olive Pink Botanic Garden, Tuncks Rd; Frühstück 7–18 AU$, Hauptgerichte 15–19 AU$; ⏲8–16 Uhr) In diesem tollen Outdoor-Café, das versteckt im Olive Pink Botanic Garden liegt, kann man mit den Vögeln frühstücken. Das Café hat ein relaxtes Ambiente und gesunde, hausgemachte Gerichte (z. B. Känguru-Burger oder Känguru-Salat mit Pfefferbeeren-Dressing). Hier lohnt es sich, etwas länger zu warten.

Overlanders Steakhouse STEAK $$$

(Karte S. 938; ☎08-8952 2159; 72 Hartley St; Hauptgerichte 32–55 $; ⏲18 Uhr–open end) Der Ort für Steaks: Große, saftige Stücke Rind, Krokodil, Kamel, Känguru oder Emu. Hier kann man im Rinderfarm-Ambiente die Stuart's Tucker Bag probieren: Eine Kombination aus Krokodil, Känguru, Emu und Kamel.

Das „Drovers Blowout"-Menü umfasst so viele Fleischsorten wie nur möglich – danach kann man garantiert kein Fleisch mehr sehen.

Red Ochre Grill MODERN-AUSTRALISCH $$$

(Karte S. 938; ☎08-8952 9614; www.alicesprings aurora.com.au/red-ochre-grill; Todd Mall; Hauptgerichte 18,50–39 AU$; ⏲10–21 Uhr) Für die innovativen Fusion-Gerichte mit Outback-Touch werden in diesem Restaurant vorwiegend traditionelle Fleischsorten von lokal gezüchteten Tieren (z. B. Emu und Känguru) verwendet. Verfeinert werden die Gerichte mit einheimischen Kräutern wie Zitronenmyrte, Pfefferbeeren und Buschtomaten. Für alle, die früh zu Abend essen, gibt es hier viele gute Angebote, z. B. Tapas mit einer Flasche Wein.

Ausgehen & Nachteben

Rock BAR

(Karte S. 938; ☎08-8953 8280; 78 Todd St; ⏲12–2 Uhr) In diesem Klassiker unter den Bars von Alice Springs gibt es eine ausgezeichnete Auswahl an Bieren. Man kann sich in den riesigen Biergarten setzen, und bei den Fenstern, die zur Straße hin offen sind, lässt sich am besten ein kaltes Getränk genießen. Das Rock zieht Einheimische und Traveller gleichermaßen an, abends ist das Publikum jedoch manchmal etwas zwielichtig.

Juicy Rump BAR

(Karte S. 934; 93 Barrett Dr; ⏲10 Uhr–open end) Das Juicy Rump ist nicht so schlimm, wie sein Name vermuten lässt, aber dennoch gewöhnungsbedürftig. Wer spätabends noch Lust hat, auf kitschige R&B-Musik zu tanzen oder auf dem größten Bildschirm der Stadt Sport zu schauen, ist hier richtig. Das Rump hat auch eine Veranda mit Blick auf die Berge – ein herrlicher Platz für einen Drink bei Sonnenuntergang.

☆ Unterhaltung

★ Sounds of Starlight Theatre LIVEMUSIK

(Karte S. 938; ☎08-8953 0826; www.soundsof starlight.com; 40 Todd Mall; Erw./erm./Fam. 30/25/90 AU$; ⏲Di, Fr & Sa 20 Uhr) Die eineinhalbstündige stimmungsvolle Musical-Vorführung ist eine Institution in Alice: Mit Didgeridoos, Trommeln und Keyboards, wundervollen Fotos und Lichteffekten beschwört sie den Geist des Outbacks herauf. Bei Musiker Andrew Langford können Traveller sogar kostenlosen Didgeridoo-Unterricht nehmen (Mo–Fr, 11 Uhr). Wer möchte, kann zur Vorführung auch ein Abendessen buchen.

Shoppen

Alice ist das Hauptzentrum für Aborigine-Kunst aus Zentralaustralien. Einige Läden gehören Gemeindekunstzentren und werden auch von diesen betrieben. So wird sichergestellt, dass die Künstler und deren Gemeinden einen größeren Gewinnanteil bekommen. Das schwarz-rote Symbol des Indigenous Art Code (www.indigenousart code.org) kennzeichnet Händler, die fair und transparent mit den Produzenten umgehen.

★ Papunya Tula Artists KUNST

(Karte S. 938; ☎08-8952 4731; www.papunyatu la.com.au; Todd Mall; ⏲Mo–Fr 9–17, Sa 10–14 Uhr) Diese umwerfende Galerie präsentiert Kunstwerke der Papunya, Kintore and Kiwikurra, den Aborigines der Western Desert. Auch wer nichts kaufen möchte, sollte hier vorbeikommen, um sich die großartige Sammlung anzusehen.

Talapi KUNST
(Karte S. 938; ☎08-8953 6389; www.talapi.com.au; 45 Todd Mall; ⊙Mo–Fr 9–18, Sa 10–17 Uhr) Der wunderschöne Ausstellungsraum, ein Mitglied des Indigenous Art Code, liegt mitten im Zentrum von Alice Springs und hat sich der Ausstellung und Förderung der indigenen Kunst der Central Desert verschrieben. Die Ausstellungsstücke kommen direkt aus Kunstzentren, die von Aborigines betrieben werden. Einfach mal vorbeischauen und nach Ausstellungen fragen!

Mbantua Gallery KUNST
(Karte S. 938; ☎08-8952 5571; www.mbantua.com.au; 64 Todd Mall; ⊙Mo–Fr 9–18, Sa 9–15, So 10–14 Uhr) Die private Galerie zeigt umfassende Ausstellungen von Arbeiten der berühmten Utopia Region sowie Aquarell-Landschaften der Namatjira-Schule. Sammler sollten fragen, ob die Sammlung der Rinden-Bilder, alten Bumerangs und hochwertigen Arbeiten aus dem Outback zu sehen ist.

Tjanpi Desert Weavers KUNST
(Karte S. 934; ☎08-8958 2377; www.tjanpi.com.au; 3 Wilkinson St; ⊙Mo–Fr 10–16 Uhr) Dieses kleine Unternehmen unterstützt Weber aus 18 entlegenen Gemeinden in der Central Desert Region. Der Laden lohnt einen Besuch, um die wundervollen gewebten Körbe und schrulligen Skulpturen aus gesammelten heimischen Gräsern anzuschauen.

Ngurratjuta Iltja Ntjarra KUNST
(Karte S. 934; ☎08-8951 1953; www.ngurart.com.au; 29 Wilkinson St; ⊙Mo–Fr 9–15.30 Uhr) Das Kunstzentrum ist eine kleine Galerie mit Studio für vorbeikommende Künstler aus ganz Zentralaustralien. Die Wasserfarben- und Punkt-Bilder sind erschwinglich, und man kauft direkt von den Künstlern. Von Montag bis Donnerstag kann man die Künstler zwischen 10 und 15 Uhr bei ihrer Arbeit beobachten.

Red Kangaroo Books BÜCHER
(Karte S. 938; ☎08-8953 2137; www.redkangaroobooks.com; 79 Todd Mall; ⊙Mo–Fr 9–17, Sa & So 9–15 Uhr) Ein ausgezeichneter Buchladen, der sich auf Bücher (Reiseführer, Romane und mehr) aus Zentralaustralien und die Geschichte und Kunst der Region spezialisiert hat. Hier findet man zudem eine kleine, aber feine Ecke mit Büchern über Wildtiere.

Jila Arts KUNST
(Karte S. 938; ☎08-8953 3005; www.jilaarts.com.au; 63 Todd Mall; ⊙Mo–Fr 9–17, Sa 9–15, So 10–14 Uhr) Eine der besseren Galerien, die Originalkunstwerke ausstellt. Der Schwerpunkt liegt auf zeitgenössischen Bildern aus der Western Desert Region.

Praktische Informationen

GEFAHREN & ÄRGERNISSE

Bei Dunkelheit nirgendwo allein in der Stadt herumlaufen! Nachtschwärmer sollten grundsätzlich per Taxis nach Hause fahren.

GELD

Großbanken (z. B. ANZ, Commonwealth, National Australia und Westpac) mit Geldautomaten befinden sich in der zentral gelegenen Todd Mall und deren Umgebung.

MEDIZINISCHE VERSORGUNG

Alice Springs Hospital (☎08-8951 7777; Gap Rd) Krankenhaus.

Alice Springs Pharmacy (☎08-8952 1554; Shop 19, Yeperenye Shopping Centre, 36 Hartley St; ⊙8.30–19.30 Uhr) Apotheke.

Ambulance (☎000) Rettungsdienst.

POST

Hauptpost (Karte S. 938; ☎13 13 18; https://auspost.com.au; 31-33 Hartley St; ⊙ Mo–Fr 8.15–17 Uhr)

TOURISTENINFORMATION

Central Land Council (Karte S. 934; ☎08-8951 6211; www.clc.org.au; PO Box 3321, 27 Stuart Hwy, Alice Springs; ⊙8.30–12 & 14–16 Uhr) Hier bekommt man Genehmigungen für das Besuchen und Durchfahren von Aborigine-Land.

Parks & Wildlife (☎08-8951 8250, 08-8999 4555; www.nt.gov.au/leisure/parks-reserves; Arid Zone Research Institute, abseits des Stuart Hwy) Hier bekommt man Informationen über die Nationalparks und den Larapinta Trail.

Tourism Central Australia Visitor Information Centre (S. 944) Die hilfreiche Touristeninformation überhäuft Traveller mit kostenlosen Broschüren und Führern. Wettervorhersagen und Berichte über Straßenzustände hängen an der Wand. Infos zu Nationalparks gibt es auch. Wer ein Auto mieten möchte, sollte sich nach Angeboten ohne Kilometerbegrenzung erkundigen.

Wildcare Inc Alice Springs (☎0419 221 128; www.fauna.org.au) Die Nummer, die man wählen sollte, wenn man ein verletztes Wildtier gefunden hat.

An- & Weiterreise

AUTO & MOTORRAD

Alice Springs ist von überall weit entfernt. Es sind 1180 km bis nach Mt. Isa in Queensland,

Indigene Kunst & Kultur

Die vielschichtige, faszinierende Kunst sowie die Geschichten und Tänze der Aborigine-Völker Australiens zeugen von deren tiefer Verbundenheit mit dem Land. Das Top End und das Outback sind die besten Orte, um in die Aborigine-Kultur einzutauchen. Besucher können an Kulturtouren teilnehmen, mündlichen Überlieferungen des Dreaming (Traumzeit) lauschen, uralte Felsenkunst bestaunen und moderne Acrylmalerei bewundern.

Kulturtouren

Im Outback gibt es immer mehr Kulturtouren, die von der indigenen Bevölkerung veranstaltet und durchgeführt werden. So erfahren Besucher von den Menschen, die es am besten kennen, etwas über das Land. Touren gibt es in Darwin, im Kakadu National Park und im Arnhem Land im tropischen Norden sowie in Alice Springs und im Uluru-Kata Tjuta National Park im Red Centre.

Felskunst

Zeugnisse der uralten Aborigine-Kultur finden sich in den Felskunststätten im Outback. Zu den Highlights gehören die über 5000 Stätten im Kakadu National Park, die in einer Art Zeitleiste Schöpfungsgeister aus der Traumzeit, ausgestorbene Tierarten, aber auch „Kontaktkunst“ mit Abbildungen von Begegnungen zwischen indigenen Australiern – Fischern, die dem Volk der Makassaren auf Sula-

GRANT DIXON/GETTY IMAGES ©

SHANA MCNAUGHT/TOURISM NT ©

PRZEMYSLAW REINFUS/SHUTTERSTOCK ©

1. Aboriginal-Tänzer auf dem Barunga Festival (S. 916)
2. Mbantua Gallery (S. 941)
3. Verzierung eines Didgeridoos

wesi angehörten – und europäischen Siedlern zeigen. Zu den wichtigsten Felskunststätten im Kakadu National Park zählen Ubirr und Nourlangie. Weitere Orte sind der Nitmiluk und der Keep River National Park, die MacDonnell Ranges bei Alice Springs und der Uluru.

Zeitgenössische Aborigine-Kunst

Zeitgenössische Aborigine-Kunst, die meist im Outback entsteht, erlangte in den letzten Jahren internationales Renommee. Aus der strikten Einhaltung traditioneller Methoden und einer hohen Spiritualität entstehen authentische Interpretationen traditioneller Geschichten und Riten. Am augenfälligsten sind Werke der Punktmalerei (Acrylfarbe auf Leinwand), ferner gibt es Acrylgemälde, Webarbeiten, Malereien auf Baumrinde, Waffen, Bumerangs und Skulpturen.

Indigene Feste

Für ein unvergessliches Aboriginal-Erlebnis sollte man seinen Besuch im Outback so planen, dass er mit einem traditionellen Aborigine-Fest zusammenfällt. Dabei erhalten Besucher einen Einblick in das Leben der indigenen Kultur. Der Rhythmus der uralten Tänze ermöglicht eine Reise jenseits von Raum und Zeit. Im Northern Territory gibt es mehrere indigene Feste und Events, z. B. das beliebte Walking With Spirits in Beswick und das Merrepen Arts Festival in Daly River.

1490 km bis nach Darwin und 441 km (4½ Std.) nach Yulara (Richtung Uluru/Ayers Rock). Auch wenn die Straßen nach Norden und Süden geteert und in einem guten Zustand sind – das hier ist das Outback, und man tut gut daran, nur mit einem gut präparierten Auto auf die Reise zu gehen, insbesondere da es außerhalb von Alice Springs oder Yulara keinen Handyempfang mehr gibt. Immer und jederzeit sehr viel Wasser und Notrationen dabeihaben!

Alle großen Verleihfirmen haben Niederlassungen in Alice Springs und viele auch noch einen Schalter am Flughafen. Die Preise fallen zwischen November und April oft um 20 %, aber der Wagen wird nicht wirklich billig, da die meisten Firmen nur 100 Freikilometer pro Tag anbieten, was einen nicht wirklich weit bringt. Das **Tourism Central Australia Visitor Information Centre** (Karte S. 938; ☎1800 645 199, 08-8952 5800; www.discovercentralaustralia.com; Ecke Todd Mall & Parsons St; ⏲Mo–Fr 8.30–17, Sa & So 9.30–16 Uhr; 📶) hat ein Angebot für Mietautos ohne Kilometerbegrenzung – einfach vor dem Buchen mal nachfragen! Mit einem normalen Pkw kommt man über geteerte Straßen zu fast allen Sehenswürdigkeiten in den MacDonnell Ranges, zum Uluru und zum Kings Canyon. Wer allerdings weiter raus will, z. B. zur Chambers Pillar, zur Finke Gorge oder gar über die Mereenie Loop Rd, für den ist ein Geländewagen unerlässlich.

BUS

Greyhound Australia (Karte S. 938; ☎1300 473 946; www.greyhound.com.au; Shop 3, 113 Todd St.) startet regelmäßig in Alice Springs (Fahrpläne und Rabatte s. Website). Ankunft und Abfahrt erfolgen vor dem Firmenbüro an der Todd St. Hier einige Flexi Fares:

ZIEL	EINFACHE STRECKE (AU$)	DAUER (STD.)
Adelaide	155	20
Coober Pedy	145	8
Darwin	185	22
Katherine	175	16½
Tennant Creek	115	6

Emu Run (S. 936) bietet täglich günstige Verbindungen zwischen Alice Springs und Yulara (einfache Strecke 120 AU$). **Gray Line** (Karte S. 938; ☎1300 858 687; www.grayline.com; Capricornia Centre 9, Gregory Tce) pendelt ebenfalls zwischen Alice Springs und Yulara (einfache Strecke 120 AU$).

Auf dem Weg nach bzw. von Alice punkten Backpackerbusse mit Partyatmosphäre und der Möglichkeit, einige Sehenswürdigkeiten abzuklappern. Auf der Route von Alice nach Adelaide bietet **Groovy Grape Getaways Australia** (☎1800 661 177; www.groovygrape.com.au) siebentägige Campingtrips für Backpacker an (975 AU$).

FLUGZEUG

Alice Springs ist gut angebunden. **Qantas** (☎13 13 13, 08-8950 5211; www.qantas.com.au) und **Virgin Australia** (☎13 67 89; www.virginaustralia.com) betreiben regelmäßige Flüge in alle großen Städte. Die Fluggesellschaften haben Schalter am Flughafen in Alice Springs.

ZUG

Die klassische Art, das Northern Territory zu bereisen, ist eine Fahrt mit dem *Ghan*, die bei **Great Southern Rail** (☎13 21 47; www.greatsouthernrail.com.au) gebucht werden kann. Manchmal gibt es Rabatte, besonders in der Nebensaison (Feb.–Juni). Reservierungen sind obligatorisch.

Abseits des Larapinta Dr liegt der Bahnhof am Ende der George Cres.

ℹ Unterwegs vor Ort

BUS

Die öffentlichen Nahverkehrsbusse von **Asbus** (☎08-8944 2444) starten vor dem Yeperenye Shopping Centre (alle Mo–Fr, Sa morgens, ca. alle 90 Min.). Für Traveller sind drei Linien interessant: Die 400/401 macht einen Abstecher zum Cultural Precinct, die 100/101 passiert die School of the Air. Entlang von Gap Rd und Palm Circuit rollt die 300/301 an vielen Hotels bzw. Campingplätze im Süden der Stadt vorbei. Die Touristeninformation verteilt Fahrpläne.

TAXI

Taxis (Bestellung unter 13 10 08 oder 08-8952 1877) sammeln sich nahe der Touristeninformation.

MACDONNELL RANGES

Die herrlich verwitterten MacDonnell Ranges erstrecken sich über 400 km quer durch die Wüste. Die spektakulären Schluchten, seltenen Tiere und das Aborigine-Erbe dieser versteckten Welt können allesamt im Rahmen eines Tagestrips ab Alice bewundert werden.

East MacDonnell Ranges

Auch wenn sie von den beliebteren West Macs überschattet werden, sind die East MacDonnell Ranges nicht weniger pittoresk und können ein weitaus erfreulicheres Outback-Erlebnis bieten, da wesentlich weniger Besucher hierher kommen. Überwältigende

Landschaften (besonders bei Sonnenaufgang und Sonnenuntergang), Schluchten und die alten Goldminenruinen von Arltunga lohnen mindestens einen Tagesausflug ab Alice.

Sehenswertes

★ Arltunga Historical Reserve
HISTORISCHE STÄTTE

Am Ostende der MacDonnell Ranges, 100 km östlich von Alice, liegt die alte geisterhafte Goldgräberstadt Arltunga (33 km entlang einer unbefestigten Straße vom Ross Hwy). Die einsamen Ruinen vermitteln das Gefühl, man sei am Ende der Welt angelangt. Die alten Gebäude, Friedhöfe und verlassenen Schachtanlagen in der ausgedörrten Landschaft vermitteln einen Eindruck davon, wie das Leben für die Bergleute hier gewesen sein muss.

★ Trephina Gorge Nature Park
NATURRESERVAT

Wer nur Zeit für einige wenige Stopps in den East MacDonnell Ranges hat, sollte den Trephina Gorge Nature Park (75 km von Alice) zu einem davon machen. Die Kontraste zwischen den bleichen Flussbetten und purpurroten Wänden der Schlucht, weißen Baumstämmen, grünen Eukalyptusblättern und blauen Himmeln sind spektakulär. Je nach Jahreszeit findet man auch tiefe Wasserlöcher zum Baden und sieht jede Menge Wildtiere. Es gibt eine **Ranger-Station** (☎08-8956 9765) und **Campingplätze** (Trephina Gorge Nature Park; Erw./Kind 3,30/1,65 AU$) mit Grillstellen, Wasser und Toiletten.

N'dhala Gorge Nature Park
NATURRESERVAT

Gleich südwestlich vom Ross River Resort führt eine Piste, die nur mit Geländewagen passiert werden kann, 11 km südwärts zur N'Dhala Gorge. Diese tiefe, schmale Schlucht beherbergt einige seltene einheimische Pflanzen und über 5900 uralte, jedoch nicht leicht zu entdeckende Aborigine-Felsschnitzereien (von denen einige 10 000 Jahre alt sind). Hier gibt es einen kleinen, ungeschützten **Campingplatz** (N'Dhala Gorge; Erw./Kind 3,30/1,65 AU$) mit unzuverlässiger Wasserversorgung. Vom Parkplatz führt eine 1,5 km lange Wanderung (1 Std., hin und zurück) zur Schlucht; unterwegs weisen Schilder auf die Felskunstwerke hin.

Ruby Gap Nature Park
NATURRESERVAT

Dieser abgelegene Park belohnt Besucher mit wilder und schöner Landschaft. Das sandige Bett des Hale River funkelt mit Abertausenden kleinen Granaten. Ein bewegender Ort, der die kleine Mühe, hierher zu kommen, durchaus lohnt – allerdings benötigt man dazu einen Geländewagen mit hohem Radstand. **Camping** (Erw./Kind 3,30/1,65 AU$) ist überall am Fluss erlaubt. Unbedingt Trinkwasser und einen Campingkocher mitbringen. Die 44 km lange Strecke ab Arltunga dauert ca. zwei Stunden (nur hin!).

> **RAUPEN-TRAUMPFAD**
>
> Emily Gap in den East MacDonnell Ranges, bei den Arrernte bekannt als „Anthwerrke", ist eine der wichtigsten Aborigine-Stätten in der Gegend um Alice Springs. Von hier stammen die Raupenahnen von Mparntwe, die später über die Landschaft krochen und so die topografischen Formen von heute erschufen.

Emily & Jessie Gaps Nature Park
NATURRESERVAT

Beide dieser Felsspalten in den East MacDonnells werden mit dem Raupen-Traumpfad der Ost-Arrernte-Aborigines in Verbindung gebracht. Die Emily Gap, 16 km entfernt von Alice, beherbergt stilisierte Felszeichnungen und ein recht tiefes Wasserloch in der engen Schlucht. Die Spalte ist ein heiliger Ort mit einigen gut erhaltenen Bildern auf der Ostwand. Leider wurden einige Zeichnungen mutwillig zerstört. Die Jessie Gap, 8 km weiter entfernt, ist normalerweise weniger stark besucht. Beide Stätten sind mit Toiletten ausgestattet; Campen ist nicht erlaubt.

Corroboree Rock Conservation Reserve
HISTORISCHE STÄTTE

Der Corroboree Rock, 51 km von Alice entfernt, ist einer von vielen seltsam geformten Dolomitfelsen, die über den ganzen Talboden verteilt sind. Trotz des Namens (*corroboree* heißt in etwa „Versammlung") darf bezweifelt werden, dass der Felsen jemals als Versammlungsort diente, aber er steht mit dem Traumpfad des Riesenwarans in Verbindung. Die größte Echse Australiens wird über 2,50 m lang und findet Zuflucht in den Felslöchern der Gegend. Es gibt einen kurzen Wanderweg (15 Min.) um den Felsen.

Schlafen

Die meisten Besucher kommen im Rahmen eines Tagesausflugs ab Alice hierher, aber es gibt einfache Campingplätze bei Arltunga, der Trephina Gorge, der N'Dhala Gorge, dem John Hayes Rockhole und im Ruby Gap Nature Park sowie zwei gute Optionen, eine in Ross River und eine am Arltunga Tourist Dr.

Arltunga Bush Hotel CAMPINGPLATZ $
(☎ 08-8956 9797; Stellplatz 5 AU$/Pers., B 10 AU$, Familien-Cottage 50 AU$; ⌚ März–Nov.) Das Arltunga Bush Hotel, beim Eingang zum Arltunga Historical Reserve, bietet einen Campingplatz mit Duschen, Toiletten, Grillstellen und Picknicktischen. Die Gebühren werden spätnachmittags eingesammelt. Ein wunderhübscher Ort mit schattigen, geräumigen Stellplätzen.

★ Hale River Homestead at Old Ambalindum FARM $$
(☎ 08-8956 9993; www.haleriverhomestead.com.au; Stellplätze mit/ohne Strom an 35/30 AU$, B 60-80 AU$, DZ Cottage/Farm 190/240 AU$; ❄ 🍴) Dieser abgeschiedene Ort, der von Urgesteinen des Northern Territory, Sean und Lynne, betrieben wird, hat unterschiedliche Unterkünfte, darunter ein hübsch renoviertes Farmhaus, ein Cottage mit Platz für bis zu fünf Personen, einfache Schlafbaracken und hübsche Stellplätze, und das alles auf einer aktiven Rinderfarm. Unbedingt mit Voraus buchen und anrufen, um zu fragen, ob man sein eigenes Essen mitbringen muss.

Die Farm liegt am Arltunga Tourist Dr, der von Arltunga zum Stuart Hwy führt, rund 50 km nördlich von Alice Springs.

Ross River Resort CAMPING $$
(☎ 08-8956 9711; www.rossriverresort.com.au; Ross Highway; Stellplätze mit/ohne Strom 33/25 AU$, Schlafbaracke mit/ohne Bettzeug 35/30 AU$, DZ/Familien-Hütte 135/160 AU$; ❄ 📶 🍴) 9 km entlang des Ross Hwy, hinter der Abzweigung nach Arltunga (aus Alice kommend), liegt das abgelegene Ross River Resort. Rund um eine historische Farm aus Stein reihen sich Holzhütten um einen Swimmingpool.

Hier gibt es einen Laden mit Benzin, und ein Besuch der alten Farm empfiehlt sich. In der Stockman's Bar gibt's Mittagessen (Hauptgerichte 17–25 AU$) und Bier. Im Voraus telefonisch nachfragen, ob das Restaurant geöffnet ist.

ℹ An- & Weiterreise

Der asphaltierte Ross Hwy verläuft 100 km entlang der Ranges. Arltunga liegt 33 km abseits des Ross Hwy an einer ungeteerten Straße, die normalerweise mit normalen Autos befahren werden kann. Die ersten 13 km abseits des Ross Hwy erfordern jedoch aufmerksames Fahren, da die Straße Schlaglöcher hat und sich durch die Hügel windet. Die letzten 20 km führen durch weitläufige Überschwemmungsgebiete.

Man braucht einen Geländewagen, um zum John Hayes Rockhole (im Trephina Gorge Nature Park), zur N'Dhala Gorge und zur Ruby Gap zu gelangen.

Von Arltunga kann man über den Arltunga Tourist Dr, der rund 50 km nördlich der Stadt auf den Stuart Hwy aufschließt, zurück nach Alice fahren.

West MacDonnell Ranges

Die West MacDonnell Ranges mit ihrer betörenden Schönheit und Vielzahl an Pflanzen und Tieren dürfen bei keiner Tour fehlen. Sie sind auch mit normalen Autos zugänglich, was sie bei Tagesausflüglern besonders beliebt macht. Obwohl man alle Sehenswürdigkeiten an einem – sehr langen – Tag besichtigen kann, empfehlen wir, sich zwei Tage Zeit zu nehmen. Auf diese Weise kann man besondere Orte, z.B. die Simpsons Gap, die Ormiston Gorge, Hermannsburg und das Palm Valley, länger besuchen. Die meisten Sehenswürdigkeiten in den Ranges liegen im Tjoritja/West MacDonnell National Park; die einzige Ausnahme ist Standley Chasm, die sich in Privatbesitz befindet.

Sehenswertes

Wer sich für den Namatjira Dr entscheidet, hält vielleicht zuerst am **Ellery Creek Big Hole**, 91 km entfernt von Alice Springs. Dieses große, permanente Wasserloch ist an heißen Tagen ein beliebter Ort zum Schwimmen (das Wasser ist normalerweise eiskalt). Der Ort eignet sich hervorragend für Natur- und Vogelbeobachtungen. Rund 11 km weiter westlich entlang des Namatjira Dr führt eine Schotterpiste zur engen, ockerroten **Serpentine Gorge**, deren Eingang durch ein schönes Wasserloch blockiert wird. Am Ende eines kurzen, steilen Aufstieges (30 Min., hin und zurück) liegt ein Aussichtspunkt, vom dem aus man uralte Palmfarne sehen kann.

Die **Ochre Pits** säumen ein trockenes Bachbett 11 km westlich von Serpentine und dienten den Aborigines einst als Farbenquelle. Die verschiedenen Ockertöne, vorwiegend gelb, weiß und rotbraun, sind verwitterte Kalksteine, denen Eisenoxid ihre jeweilige Färbung verleiht.

Der Parkplatz für die majestätische **Ormiston Gorge**, die beeindruckendste Schlucht in den West MacDonnells, liegt 25 km hinter den Ochre Pits. Hier gibt es ein Wasserloch, das von Eukalyptusbäumen beschattet wird. Die Schlucht windet sich hin zum Ormiston Pound, ein Paradies für Wildtiere (Dingos, Rote Riesenkängurus und Bergkängurus, bei Sonnenaufgang außerdem Ausschau halten nach Fettschwanz-Beutelmäusen) und Vögel (Tropfenlaubenvogel, Rotscheitel-Borstenschwanz, Rotschopftauben und andere). Der einzige Nachteil ist, dass hier mehr los ist als irgendwo sonst am Namatjira Dr. Hier gibt es einige außerordentliche Wanderwege, und sobald man einen einschlägt, lässt man die Massen hinter sich. Der Ghost Gum Lookout (20 Min.) bietet einen überwältigenden Ausblick auf die Schlucht; ausgezeichnet ist auch der Pound Walk (Rundweg, 3 Std., 7,5 km). Hier befinden sich auch ein kleines **Besucherzentrum** (☎ 08-8956 7799; ⌚ 10–16 Uhr), ein Kiosk (geöffnet von 10 bis 16 Uhr) und ein Campingplatz.

Nach weiteren 2 km kommt die Abzweigung zur **Glen Helen Gorge** in Sicht, wo der Finke River durch die MacDonnells schneidet. Nur 1 km hinter Glen Helen liegt ein guter **Aussichtspunkt** auf den Mt. Sonder; Sonnenaufgang und Sonnenuntergang sind hier besonders beeindruckend.

Die Abzweigung (nur Geländewagen!) zur vielfarbigen, kathedralenähnlichen **Redbank Gorge** erreicht man nach 25 km Fahrt in Richtung Nordwesten. Das permanent bestehende Wasserloch windet sich kilometerweit durch das Schluchtenlabyrinth und sorgt an heißen Tagen für ein unglaubliches Schwimm- und Kraxelvergnügen. Der Namatjira Dr führt dann weiter nach Süden und ist bis zum Tylers Pass Lookout befestigt.

Tylers Pass Lookout — AUSSICHTSPUNKT

Vom Tylers Pass Lookout hat man einen dramatischen Blick auf den **Tnorala (Große Bluff)**, das Ergebnis eines erderschütternden Kometeneinschlages. Er liegt 30 bis 40 Minuten mit dem Auto hinter der Glen Helen Gorge.

Standley Chasm — SCHLUCHT

(☎ 08-8956 7440; www.standleychasm.com.au; Erw./erm./Fam. 12/10/30 AU$; ⌚ 8–17 Uhr, letzter Einlass 16.30 Uhr) Der Standley Chasm gehört der Iwupataka-Gemeinde, die ihn auch verwaltet. Standley ist die schmalste der Schluchten in den West Macdonnell Ranges, ein überwältigender Ort mit steilen Felswänden, die 80 m in den Himmel ragen. Ein felsiger Pfad führt in die Schlucht (20 Min., 1,2 km), entlang an einem Bachbett, das von Eukalyptusbäumen und Palmfarnen gesäumt ist. Es gibt einen Kiosk, einen **Campingplatz** (18,50 AU$/pro Pers.; 📶), Picknickeinrichtungen und Toiletten.

Obwohl es nicht so aussieht, als ob es hier viel Wasser gibt, ist dies eine von acht ständigen Wasserquellen in den Ranges. Bemerkenswert sind die vielen verschiedenen Felsarten auf dem Boden der Schlucht, die hier alle vom Wasser hergetragen wurden. Von hier aus starten viele Wanderungen, aber das äußerste Ende der Schlucht ist gesperrt, da die Aborigines die Stelle dahinter als heilig betrachten.

Donnerstags von 9 bis 13 Uhr (und auf Anfrage) kann man am **Angkerle Cultural Experience** (☎ 08-8956 7440; www.standleychasm.com.au; 85 AU$/ pro Pers.; ⌚ Do 9–13 Uhr) teilnehmen, das eine Vorstellung über die Geschichte der Kultur und der Natur umfasst sowie einen Kunst-Workshop, einen Morgentee und ein Mittagsbuffet.

WILDTIERE IN DEN WEST MACDONNELL RANGES

Die West MacDonnell Ranges sind Heimat zahlreicher einheimischer Wildtiere. Die bedeutendsten Spezies, nach denen man Ausschau halten sollte, sind:

Schwarzpfoten-Felsen-Wallaby Die meisten Sichtungen gibt es an der Simpsons Gap.

Fuchskusu In Waldgebieten mit Flüssen zu entdecken.

Dingo An der Ormiston Gorge und am Ellery Creek Big Hole.

Bergkängurus An der Simpsons Gap oder der Ormiston Gorge.

Fettschwanz-Beutelmaus Kleines, nagetierartiges Säugetier, das manchmal früh morgens an der Ormiston Gorge zu sehen ist.

Rotes Riesenkänguru An der Simpsons Gap, bei Sonnenuntergang entlang des Larapinta Dr und an der Ormiston Gorge.

RED CENTRE WAY & MEREENIE LOOP

Der Red Centre Way ist die „Nebenstrecke“ zwischen Alice und dem Uluru. Sie umfasst einen Teil des West MacDonnell Ranges und seine „innere Schleife“ aus Namatjira und Larapinta Dr wird durch die staubige Mereenie Loop Rd (Abkürzung zum Kings Canyon) erweitert. Diese extrem holperige Strecke sollte man nicht unterschätzen – fast alle Autovermieter verbieten eine Benutzung mit ihren normalen Fahrzeugen.

Wer dennoch hier fahren möchte – die Straße führt durch Aboriginal Land –, benötigt den Mereenie Tour Pass (5 AU$), der einen Tag gültig ist und eine Broschüre zur lokalen Aborigine-Kultur sowie eine Straßenkarte beinhaltet. Der Pass wird normalerweise am Reisetag im Visitor Information Centre in Alice Springs, im Glen Helen Resort, im Kings Canyon Resort oder an der Hermannsburger Tankstelle ausgestellt.

Schlafen

Ormiston Gorge Campground CAMPING $
(☎08-8954 6198; Ormiston Gorge; Erw./Kind/Fam. 10/5/25 AU$) Bietet Duschen, Toiletten, Gasgrills und Picknicktische und liegt gerade weit genug vom Parkplatz für Tagesausflüger entfernt, um ein bisschen Privatsphäre zu haben. Wertsachen sollte man hier jedoch nicht herumliegen lassen.

Glen Helen Resort HOTEL $
(☎08-8956 7489; www.glenhelen.com.au; Namatjira Dr; Stellplatz mit/ohne Strom 30/24 AU$, B 35 AU$, Zi. 160–170 AU$; ❄📶🏊) Am westlichen Rand des West MacDonnell National Park liegt das beliebte Glen Helen Resort, dessen idyllische Veranda nach hinten zu den ockerroten Klippen der spektakulären Schlucht ausgerichtet ist. Hier gibt es eine gut besuchte Restaurant-Bar mit herzhaften Gerichten (Hauptgerichte 29–42 AU$) und Livemusik an den Wochenenden. Gäste können auch an Jeeptouren und Helikopterflügen (ab 175 AU$) teilnehmen.

Ellery Creek Campground CAMPING $
(Erw./Kind 5/1,50 AU$) Diese einfachen Campingstellplätze am Ellery Creek Parkplatz sind zwar nicht so gut wie die am Ormiston Gorge, aber ansonsten in Ordnung.

An- & Weiterreise

In westlicher Richtung von Alice biegt der Namatjira Dr 6 km hinter dem Standley Chasm in nordwestlicher Richtung vom Larapinta Dr ab und ist bis zum Tylers Pass asphaltiert. Hinter dem Tylers Pass liegen 43 km ungeteerte Straße. Es gibt immer wieder Gerüchte, dass die Strecke geteert werden soll (damit sich der Ring zwischen dem Larapinta Dr und dem Namatjira Dr schließt), aber bei unserem letzten Besuch waren dafür keine Geldmittel vorgesehen.

Hermannsburg

624 EW.

Die Aborigine-Gemeinde von Hermannsburg (Ntaria), rund 125 km von Alice Springs entfernt, ist berühmt, weil sie einst die Heimat des Künstlers Albert Namatjira war. Außerdem befindet sich hier die Hermannsburg Mission. Hermannsburg ist ein hübsches, verschlafenes und etwas heruntergekommenes Örtchen, das Äußere täuscht aber über seine Bedeutung als eine der wichtigsten Aborigine-Gemeinden der Region hinweg.

Sehenswertes

Hermannsburg Mission HISTORISCHE STÄTTE
(☎08-8956 7402; www.hermannsburg.com.au; Erw./Kind 10/5 AU$; ⊙Mo–Sa 9–17, So 10.30–17 Uhr) Die weiß gekalkten Wände dieser alten Mission werden von schönen, hohen Eukalyptusbäumen und Dattelpalmen beschattet. Das faszinierende Monument früher lutherischer Missionarsarbeit im Northern Territory umfasst ein Schulgebäude, eine Kirche und verschiedene Nebengebäude. Die „Manse“ erzählt von dem Leben und der Zeit von Albert Namatjira (der hier einst lebte) und beherbergt auch eine Kunstgalerie mit Arbeiten von 39 Hermannsburger Künstlern.

Essen

Kata-Anga Tea Rooms CAFÉ $
(Hauptgerichte 8–15 AU$; ⊙9–16 Uhr) Das Personal des Kata-Anga Tea Rooms im alten Missionsgebäude serviert Devonshire-Tee, Sandwiches und Strudel. Das Café stellt historische Fotografien sowie eine sehr schöne Auswahl von traditionellen Bildern und Wasserfarben-Bildern aus. Gezeigt werden außerdem Keramikarbeiten von Töpfern aus Hermannsburg, die man auch kaufen kann.

An- & Weiterreise

Nach Hermannsburg fahren keine öffentlichen Verkehrsmittel.

Finke Gorge National Park

Mit seiner urzeitlichen Landschaft ist der Finke Gorge National Park südlich von Hermannsburg eines der besten Wildreservate in Zentralaustralien. Hierher zu reisen bedeutet ein Stück Arbeit, und vor Ort herumkommen ist noch schwerer, aber dadurch findet man hier auch nur wenige Besucher. Das macht wiederum den Park noch attraktiver als er ohnehin schon ist.

Sehenswertes

★ Palm Valley SCHLUCHT

Das absolute Highlight des Parks ist das Palm Valley, das für seine (12 000!) Marienpalmen berühmt ist, die nirgendwo sonst auf der Welt wachsen. Diese Relikte aus prähistorischer Zeit machen das Tal zu einer Bilderbuchoase. Zu den Wanderwegen im Valley gehören der **Arankaia Walk** (Rundweg, 2 km, 1 Std.), der das Tal durchquert und über das Sandsteinplateau zurückführt; der **Mpulungkinya Track** (Rundweg, 5 km, 2 Std.), der durch die Schlucht führt, ehe er auf den Arankaia Walk aufschließt, und der **Mpaara Track** (Rundweg, 5 km, 2 Std.).

Schlafen

Im Nationalpark gibt es einen **Campingplatz** (Erw./Kind 6,60/3,30 AU$) mit einfachen Einrichtungen.

An- & Weiterreise

Die Zugangsstraße zum Park folgt dem sandigen Flussbett des Finke River und felsigen Wegen – ein Geländewagen mit hohem Radstand ist daher unabdingbar. Wer keinen hat, sollte einen der Tourenveranstalter kontaktieren, die von Alice Springs ins Palm Valley fahren. Die Abzweigung zum Palm Valley befindet sich rund 1 km westlich der Abzweigung vom Larapinta Dr nach Hermannsburg.

DER TIEFE SÜDEN DES NORTHERN TERRITORY

Die meisten Reisenden, die lange Wüstenstrecken entlang des Stuart oder Lasseter Hwy auf sich nehmen, wissen oft gar nicht, welche faszinierenden und dramatischen Sehenswürdigkeiten im Hinterland warten. Man brauchte einige Tage, um sie alle anzusehen, aber wer nur wenig Zeit hat, sollte sich zumindest das Rainbow Valley Conservation Reserve, die Henbury Meteorite Craters, die Blicke auf den Mt. Connor und Australiens geographisches Zentrum nicht entgehen lassen.

Old South Road

Die Old South Road, die nahe der alten *Ghan*-Trasse verläuft, ist eine ziemlich raue Strecke für Geländewagen. Sie bringt einen so weit von den Touristenpfaden weg, wie das so nahe an Alice Springs überhaupt möglich ist. Es gibt hier nicht viele Attraktion – außer herrlich weit weg von allem zu sein –, aber wer weit genug fährt, gelangt zu Australiens geographischem Zentrum.

Sehenswertes

Es sind nur 339 km von Alice Springs nach **Ewaninga**, wo prähistorische Aborigine-Felszeichnungen in den Sandstein gemeißelt wurden. Die Felsmalereien, die hier und an der N'Dhala Gorge gefunden wurden, sind vermutlich von Stämmen angefertigt worden, die vor den heute hier ansässigen Gemeinschaften in der Region lebten, nämlich vor etwa 1000 bis 5000 Jahren.

Die seltsame Sandsteinsäule **Chambers Pillar**, südwestlich der Maryvale Station, ragt 50 m über die Ebene auf und ist übersät mit den Namen von Forschern und den Daten, an denen sie hier waren – und leider auch mit weniger wertvollen neuzeitlichen Graffiti. Für die ansässigen Aborigines ist die Säule ein Überbleibsel von Itirkawara,

ABSTECHER

WALLACE ROCKHOLE

Es ist so gut wie sicher, dass man im **Wallace Rockhole Tourist Park** (☎ 08-8956 7993; www.wallacerockholetours.com.au; Stellplätze mit/ohne Strom 28/22 AU$, Hütten 120 AU$; ❄) mehr oder weniger alleine ist. Der Park liegt am Ende einer 18 km langen Piste abseits des Larapinta Dr. Der Park hat einen Campingbereich mit guten Einrichtungen. Zu den Touren hier gehört eine 1½-stündige Felskunst- und Buschmedizin-Tour (Erw./Kind 10/8 AU$) mit Billy-Tee und Buschbrot (unbedingt im Voraus buchen).

einem mächtigen Gecko-Ahnen. Da die Chambers Pillar zu Sonnenaufgang und Sonnenuntergang am fotogensten ist, lohnt sich eine Übernachtung auf dem **Campingplatz** (Erw./Kind 3,30/1,65 AU$). Es sind 160 km von Alice Springs bis hierher, und für die letzten 44 km von der Abzweigung an der Maryvale Station braucht man einen Offroader.

Zurück auf der Hauptstraße Richtung Süden kommt man nach **Finke** (Aputula). Die kleine Aborigine-Gemeinde liegt 230 km von Alice entfernt. Als der *Ghan* noch fuhr, war sie eine florierende Stadt; heute liegt sie im Dämmerschlaf, wenn nicht gerade das Finke Desert Race (S. 936) stattfindet. Treibstoff und Grundversorgungsmittel gibt's im Aputula Store.

21 km westlich von Finke, nach 12 km auf einer ausgeschilderten Piste nördlich der Straße liegt das **Lambert Centre**. Dieser Punkt ist die geografische Mitte Australiens und durch eine 5 m hohe Version der Fahnenstange markiert, die ganz oben auf dem Parliament House in Canberra steht.

Essen

Grundversorgungsmittel gibt's im **Aputula Store** (☎ 08-8956 0968; ⏲ Mo–Fr 9–12 & 14–16, Sa 9–12 Uhr) in Finke, aber wir empfehlen, was man braucht, mitzubringen, da die Regale oft leer und die Preise hoch sind.

An- & Weiterreise

Für die Strecke braucht man einen voll ausgerüsteten Geländewagen mit hohem Radstand. Die Straße beginnt südlich von Alice Springs, nahe der Stelle, wo die Straße auf den neueren Stuart Hwy abzweigt. Am südlichen Ende der Straße, bei Finke, kann man Richtung Westen entlang der Goyder Stock Rte fahren und dann bei Kulgera (150 km) auf den Stuart Hwy abbiegen, oder Richtung Osten zur Old Andado Station am Rand der Simpson Desert (120 km). (Teures) Essen gibt es im Aputula Store.

Rainbow Valley Conservation Reserve

Die frei stehenden Sandsteinfelsen und **-klippen** in vielen Farbschattierungen, von beige bis rot, sind bei Sonnenaufgang und Sonnenuntergang eine der am meisten unterschätzten Sehenswürdigkeiten Zentralaustraliens. Wer aber mittags kommt, wird sich fragen, warum deswegen so ein Aufsehen gemacht wird – mit einer Ausnahme: die tiefe Stille der Wüste überwältigt die Besucher zu jeder Tageszeit. Ein Wanderweg führt vorbei an Lehrschildern und zwischen bunten Felsen hindurch zum Mushroom Rock.

Schlafen

Rainbow Valley Camping Ground CAMPINGPLATZ $
(Rainbow Valley Conservation Reserve; Erw./Kind/Fam. 3,30/1,65/7,70 AU$) Ein toller Platz, der aber leider kaum Schatten bietet (mit Ausnahme der überdachten Picknickplätze), deshalb ist es besser, spät nachmittags hierher zu kommen und vormittags wieder einzupacken. Wer das macht, wird mit schönen Erinnerungen an die Stille und die wundervollen Ausblicke bei Sonnenuntergang und Sonnenaufgang wegfahren.

An- & Weiterreise

Das Rainbow Valley Conservation Reserve liegt 22 km abseites des Stuart Hwy entlang einer Geländewagenstrecke; die Abzweigung ist 77 km südlich von Alice Springs. Falls es eine Weile nicht geregnet hat, sollte die Strecke mit einem normalen Auto zu erreichen sein.

Ernest Giles Road

Die Ernest Giles Rd zweigt rund 140 km südlich von Alice vom Stuart Hwy ab. Sie ist eine kürzere, aber viel rauere Strecke zum Kings Canyon und sollte nur mit Geländewagen befahren werden. Die Hauptattraktion auf der entlegenen und anspruchsvollen Strecke – abgesehen von dem Abenteuer – ist die Chance, die Henbury Meteorite Craters zu besuchen.

Sehenswertes

Henbury Meteorite Craters WAHRZEICHEN
11 km westlich vom Stuart Hwy verläuft eine buckelige Piste 5 km abseits der Ernest Giles Rd zu diesen zwölf kleinen Kratern, die entstanden, als hier vor 4700 Jahren ein Meteorit einschlug. Der größte Krater ist 180 m breit und 15 m tief. Der Umweg lohnt sich. Die Krater liegen inmitten einer wunderschönen Landschaft. Die Straße kann mit normalen Fahrzeugen befahren werden, sofern man vorsichtig fährt.

Hier finden sich mittlerweile keine Fragmente der Meteoriten mehr, aber im Museum of Central Australia (S. 933) in Alice Springs ist ein kleiner 46,5 kg schwerer Brocken ausgestellt.

Es gibt außerdem einige hübsche, ungeschützte **Campingplätze** (Erw./Kind/Fam. 3,30/1,65/7,70 AU$).

An- & Weiterreise

Die Abzweigung zur Ernest Giles Rd liegt 132 km südlich von Alice und 68 km nördlich von Erldunda. Selbst wer einen Geländewagen hat, sollte nicht vergessen, dass viele Autovermietungen die Fahrt auf dieser Straße ausschließen – wer trotzdem ohne Genehmigung fährt, ist wahrscheinlich ohne Versicherungsschutz unterwegs.

Lasseter Highway

Bei Erldunda zweigt der Lasseter Hwy in westlicher Richtung vom Stuart Hwy ab und führt nach 244 km zum Uluru-Kata Tjuta National Park. Die Landschaft unterwegs ist überwiegend typisch für Zentralaustralien: roter Sand, Gestrüpp und Spinifexgras bis zum Horizont. Unterwegs gibt es zwei Sehenswürdigkeiten: den ersten Anblick des Uluru bei der Anfahrt auf Yulara und den frei stehenden Mt. Conner.

Sehenswertes

Mt. Conner BERG

Der große Tafelberg, der 350 m über der Wüste aufragt, ist der am häufigsten irrtümlich fotografierte Berg der Welt – auf den ersten Blick halten ihn viele für den Uluru. Er hat für die hiesigen Aborigines, die ihn Atila nennen, große Bedeutung. Es gibt einen ausgeschilderten **Aussichtspunkt** rund 20 km östlich von Curtin Springs; vom Gipfel bieten sich außerdem Blicke Richtung Norden zur Salzpfanne, in der oft das Wasser steht.

Die einheimischen Aborigines glauben, dass der Mt. Connor die Heimat der Ice Men ist, die sich nachts nach draußen wagen und Frostspuren hinterlassen, um zu zeigen, dass sie hier waren.

Schlafen

Desert Oaks Resort MOTEL $$

(08-8956 0984; www.desertoaksresort.com; Stuart Hwy, Erldunda; Stellplätze mit/ohne Strom 32/22 AU$, Motel EZ/DZ ab 115/149 AU$;) Traveller bekommen im Desert Oaks Resort gute Standard-Motelzimmer, von denen man auf einen hübschen, rotsandigen, ursprünglichen Garten schaut. Die Zimmer 23 bis 27 haben den besten Ausblick. Es gibt ein Raststättenrestaurant (Hauptgerichte 10–16 AU$), eine Bar und Benzin.

Curtin Springs Wayside Inn MOTEL $$

(08-8956 2906; www.curtinsprings.com; Lasseter Hwy; Stellplätze mit/ohne Strom 40 AU$/kostenlos, EZ/DZ mit Gemeinschaftsbad 90/130 AU$, Zi. mit eigenem Bad 180 AU$;) In diesem Motel, das sich selbst für seine Freundlichkeit lobt, herrscht eine fröhliche Atmosphäre. Hier kann man kostenlos sein Zelt aufschlagen oder in einer der gepflegten Hütten übernachten. Es gibt (teures) Benzin, einen Laden mit begrenztem Sortiment, Essen zum Mitnehmen und Bistrogerichte (Hauptgerichte 18–34 AU$) sowie eine exzentrische Outback-Bar voller Geschichten und Legenden.

An- & Weiterreise

Der Lasseter Hwy ist auf der ganzen Strecke von Erldunda bis Yulara (und noch weiter bis zu den Kata Tjuta im Nationalpark) asphaltiert.

WATARRKA NATIONAL PARK & KINGS CANYON

Der gähnende Abgrund des Kings Canyon im Watarrka National Park ist eine der spektakulärsten Sehenswürdigkeiten Zentralaustraliens. Während die anderen beiden Ikonen des Outbacks, Uluru und die Kata Tjuta, eine gewisse Beseeltheit und ein Geheimnis zu umgeben scheinen, beeindruckt der Kings Canyon mit seiner schieren Größe und natürlichen Schönheit.

Man sollte den Canyon zu Fuß erkunden und daher mindestens zwei Nächte hier verbringen, sodass man mehrere Male in der Kühle des Morgen oder des späten Nachmittags umherwandern kann.

Wildtiere sind hier draußen ein weiteres Highlight: Neben einheimischen Säugetieren (Dingos und Roten Riesenkängurus) gibt es Dromedare und Wildpferde sowie rund 100 verschiedene Vogelspezies (Ausschau halten nach der hübschen Rotschopftaube).

Aktivitäten

Der **Kings Canyon Rim Walk** (Rundweg, 6 km, 4 Std., an heißen Tagen sollte man vor 9 Uhr starten) wird von vielen Travellern als Highlight ihrer Tour ins Herz Australiens betrachtet und belohnt Wanderer mit herrlicher Aussicht. Nach einem kurzen, aber steilen Anstieg (einziger „schwieriger" Teil) folgt der Pfad dem oberen Schluchtrand und führt dann über hölzerne Stufen hinunter

Südlich von Alice Springs

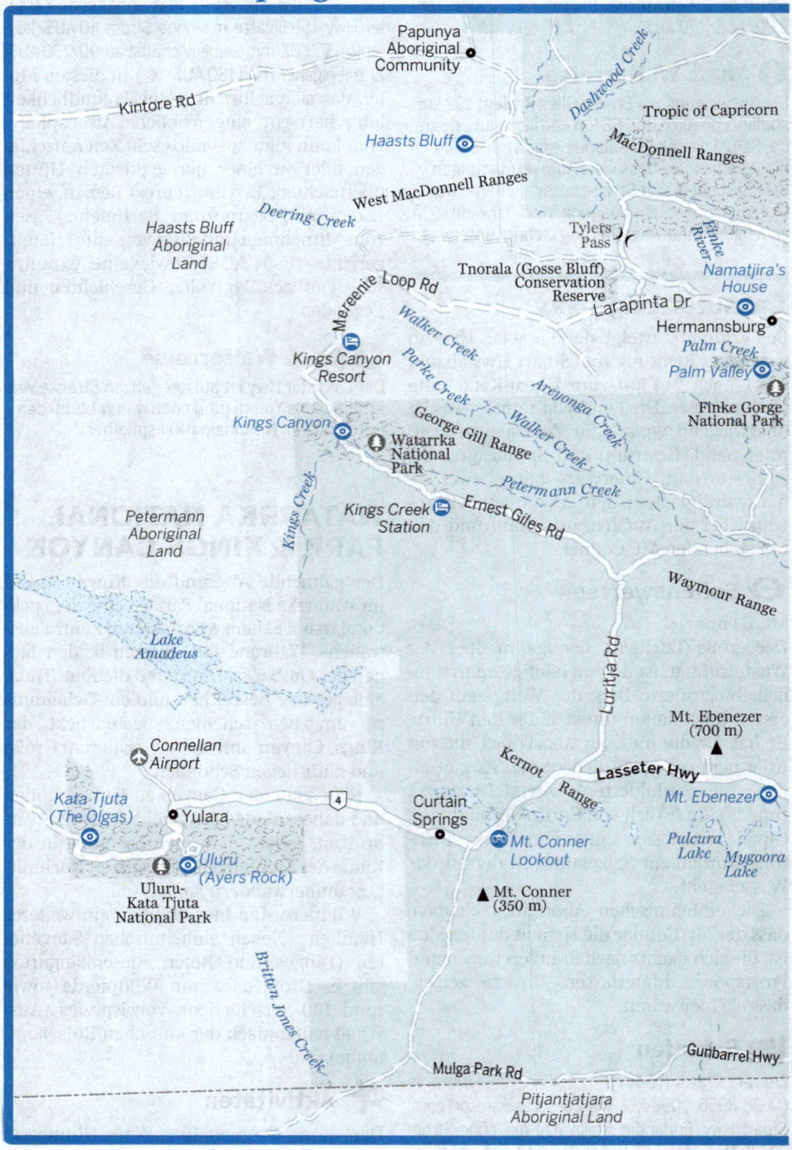

zum Garden of Eden. Dessen idyllisches Wasserbecken wird von üppigem Bewuchs aus Palmen und prähistorischen Palmfarnen umgeben. Der nächste Wegabschnitt windet sich zwischen einer Gruppe riesiger, verwitterter Sandsteinformationen in Bienenkorbform hindurch, die für die Luritja-Aborigines die Männer der Kuniya-Traumzeitlegende repräsentieren.

Der **Kings Creek Walk** (hin & zurück 2 km) ist ein kurzer Spaziergang entlang des steinigen Bachbetts zu einer erhöhten Plattform mit Blick auf den Rand des Canyons hoch oben.

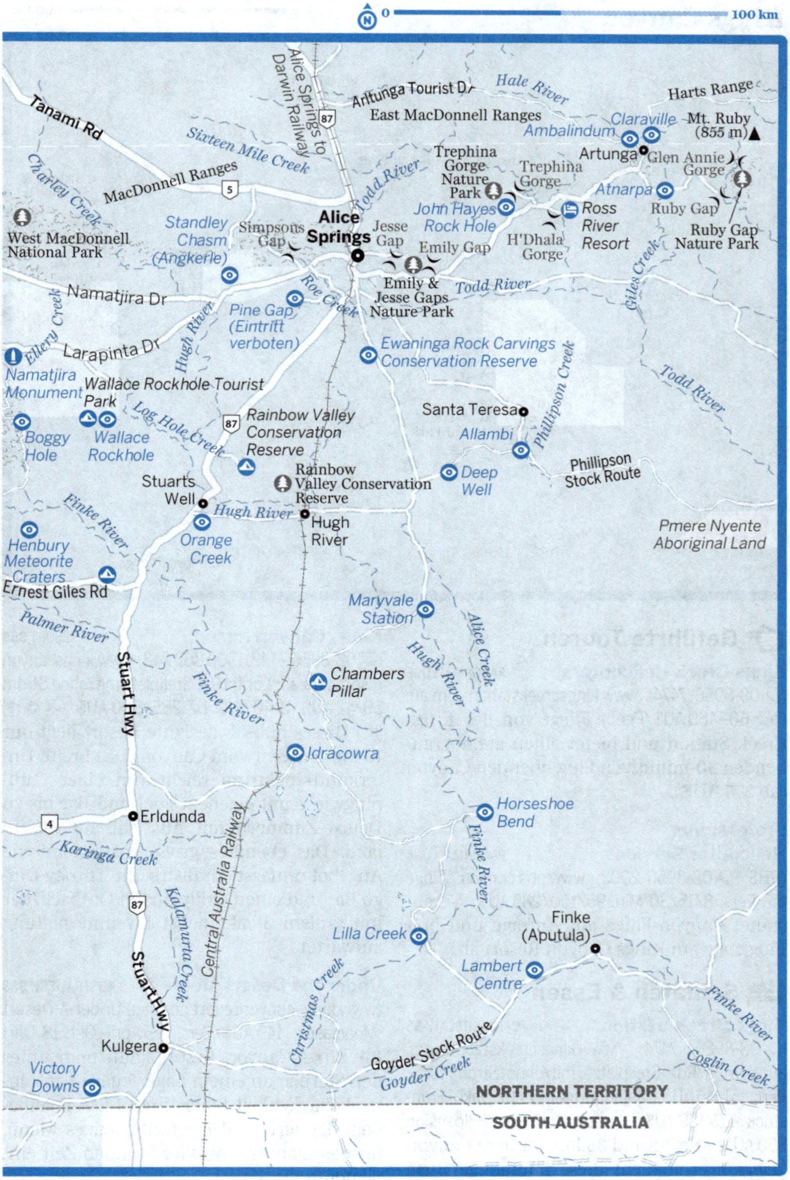

Etwa 10 km östlich des Parkplatzes beginnt der **Kathleen Springs Walk** (hin & zurück 2,6 km, 1 Std.), ein netter, für Rollstuhlfahrer geeigneter Weg, der zu einem Wasserloch am Ende einer Schlucht führt.

Der **Giles Track** (einfache Strecke 22 km, mit Übernachtung) ist ein markierter Weg, der sich durch die George Gill Range zwischen Kathleen Springs und dem Canyon windet. Bevor man losgeht, sollte man sich in das Logbuch im Rangers Office am Reedy Creek eintragen, damit man im Notfall von den Rangern schneller gefunden wird.

Kings Canyon

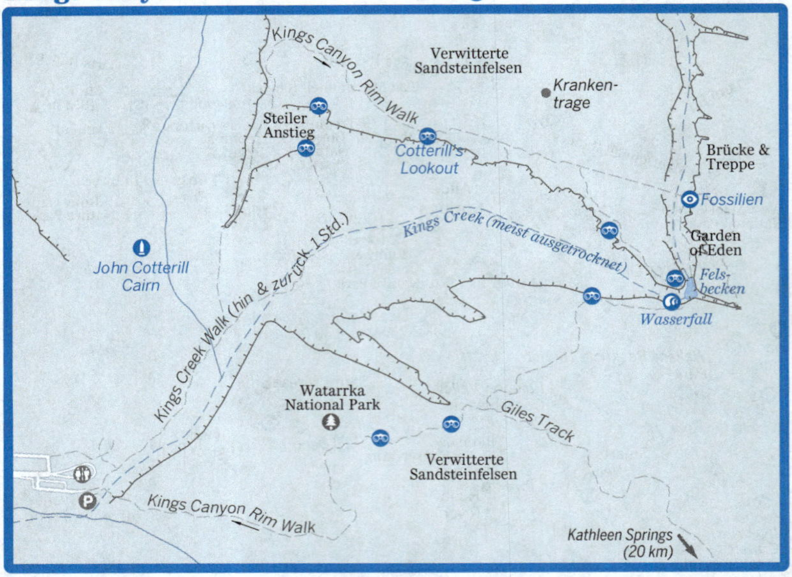

Geführte Touren

Kings Creek Helicopters PANORMAFLÜGE
(☎ 08-8956 7474; www.kingscreekstation.com.au; Flug 60–460 AU$/Pers.) Fliegt von der Kings Creek Station und bietet einen atemberaubenden 30-minütigen Flug über den Canyon (ab 275 AU$).

Professional Helicopter Services PANORMAFLÜGE
(PHS; ☎ 08-8956 2003; www.phs.com.au; Flüge pro Pers. 8/15/30 Min. 95/150/285 AU$) Veranstaltet Canyon-Flüge auf Anfrage und holt Fluggäste am Kings Canyon Resort ab.

Schlafen & Essen

Kings Creek Station CAMPINGPLATZ $$
(☎ 08-8956 7474; www.kingscreekstation.com.au; Luritja Rd; Stellplätze mit/ohne Strom für 2 Pers. 51/45 AU$, Safarihütten EZ/DZ inkl. Frühstück 117/189 AU$, Luxus-Safarizelte Vollpension 950 AU$; @) Rund 35 km vor dem Canyon gelegen, ermöglicht diese familiengeführte Farm Buschcamping unter Wüstenkasuarien. Bewohner der gemütlichen Safarihütten (kleine Planenzelte mit festem Boden) teilen sich die Sanitäranlagen und einen Küchenbereich mit Grillstelle. Das luxuriöse Zelterlebnis ist allerdings auch sehr cool. Wer mag, kann mit einem Quad durch die Wüste sausen (105 AU$/Std.).

Kings Canyon Resort RESORT $$$
(☎ 08-8956 7442, 1300 863 248; www.kingscanyonresort.com.au; Luritja Rd; Stellplatz mit/ohne Strom 50/42 AU$, B 40 AU$, DZ 285–500 AU$; @) Dieses hübsch designte Resort liegt nur 10 km entfernt vom Canyon. Das breite Unterkunftsspektrum reicht von einer Campingwiese mit eigenem Pool und Bar bis zu Deluxe-Zimmern mit Aussicht auf Buschland. Das ebenfalls große gastronomische Angebot umfasst ein Bistro, die Thirsty Dingo Bar und einen Grillplatz im Outback, der mit großen Steaks nebst Liveunterhaltung aufwartet.

Under the Desert Moon AUSTRALISCH $$$
(www.kingscanyonresort.com.au/Under-A-Desert-Moon.aspx; 149 AU$/Pers.; ⌚ April–Okt. 18 Uhr) Im Kings Canyon Resort kann man unter den Sternen an einem Lagerfeuer in absoluter Behaglichkeit fantastisches Essen genießen. Serviert wird ein fünfgängiges Menü, für das man drei bis vier Stunden Zeit einplanen sollte.

An- & Weiterreise

Von Alice Springs führen drei Straßen zum Kings Canyon, öffentliche Verkehrsmittel gibt es jedoch keine.

Die einzige geteerte Straße biegt bei Erldunda, 199 km südlich von Alice Springs, vom Stuart

Hwy ab. Weiter geht es 108 km auf dem asphaltierten Lasseter Hwy; dann 169 km auf der Luritja Rd. Die anderen Optionen sind der Mereenie Loop (nur für Geländewagen) oder der Red Centre Way von Hermannsburg und die ungeteerte Ernest Giles Rd.

ULURU-KATA TJUTA NATIONAL PARK

Es gibt einige weltberühmte Sehenswürdigkeiten, die als absolutes Muss angepriesen werden, aber enttäuschen, wenn man tatsächlich vor ihnen steht. Und dann ist da noch der Uluru: Nichts kann den Besucher auf die Unermesslichkeit, die Erhabenheit, die wechselnden Farben und Stille „des Felsens" vorbereiten. Der Anblick ist einfach unvergesslich.

Der Berg, der zum Welterbe gehört, hat mittlerweile den Status einer Pilgerstätte. Der Uluru, die genauso beeindruckenden Kata Tjuta (Olgas) und die Umgebung haben eine tiefe kulturelle Bedeutung für die traditionellen Landeigentümer, die Pitjantjatjara- und Yankuntjatjara-Aborigines (die sich selbst Anangu nennen). Offiziell gehört der Nationalpark den Anangu, doch er wurde an Parks Australia verpachtet und wird gemeinschaftlich verwaltet.

Es gibt viel zu sehen und zu erleben: verschlungene Pfade, geführte Touren, Wüstenkultur… Oder man sinnt einfach nur über die vielen wechselnden Farben und Stimmungen des großen Monolithen nach.

☞ Geführte Touren

★ Sounds of Silence GEFÜHRTE TOUREN
(☎08-8957 7448; www.ayersrockresort.com.au/sounds-of-silence; Erw./Kind 195/96 AU$) Kellner servieren Champagner und Kanapees auf einer Düne mit atemberaubendem Blick auf den Sonnenuntergang über dem Uluru und den Kata Tjuta. Danach wird ein Dinner-Büfett (mit Emu, Krokodil und Känguru) unter dem südlichen Sternenhimmel aufgebaut. Nach dem leckeren Essen kann man sich den Himmel mit einem Teleskop anschauen. Wer morgens gern früh aufsteht, kann die ähnlich organisierte **Desert Awakenings 4WD Tour** (☎1300 134 044; www.ayersrockresort.com.au/experiences/detail/desert-awakenings-tour; Erw./Kind 185/145 AU$) mitmachen. Keiner der Ausflüge von Sounds of Silence ist für Kinder unter zehn Jahren geeignet.

Uluru Aboriginal Tours KULTURTOUR
(☎0447 878 851; www.facebook.com/Uluru-Aboriginal-Tours-248457278623328/; geführte Touren ab 99 AU$) Anangu aus der Mutitjulu-Gemeinde sind die Inhaber und Betreiber dieser Firma, die eine Reihe von Ausflügen im Progamm haben. Alle vermitteln einen Einblick in die Bedeutung des Uluru aus Sicht der traditionellen Besitzer. Die Touren beginnen am Kulturzentrum (S. 959) sowie am Yulara Ayers Rock Resort (mit AAT Kings) und in Alice Springs.

Professional Helicopter Services PANORAMAFLÜGE
(PHS; ☎08-8956 2003; www.phs.com.au; 15-/30-/120-minütige Panoramaflüge 150/285/950 AU$/Pers.) Fantastische Blicke aus der Vogelperspektive. Der 120-minütige Flug ist Teil einer insgesamt 4½-stündigen Pauschaltour, die zum Uluru, den Kata Tjuta und dem Kings Canyon führt.

Ayers Rock Helicopters PANORAMAFLÜGE
(☎08-8956 2077; www.new.helicoptergroup.com/arh-index; 20/40/60-minütiger Flug 115/230/360 AU$/Pers.) Eine der unvergesslichsten Arten, den Uluru zu bestaunen. Der 40-minütige Flug führt auch zu den Kata Tjuta.

Seit Outback Australia GEFÜHRTE TOUREN
(☎08-8956 3156; www.seitoutbackaustralia.com.au) Dieser Veranstalter organisiert Dutzende Ausflüge in kleinen Gruppen zum Uluru und zu den Kata Tjuta, z.B. Sonnenuntergangs-Touren zum Uluru und Sonnenaufgangs-Touren zu den Kata Tjuta. Verpflegung gehört mittlerweile zum Angebot.

AAT Kings GEFÜHRTE TOUREN
(☎08-8956 2171; www.aatkings.com) Der größte Veranstalter von Bustouren zum Uluru: AAT bietet eine Reihe von Halbtages- und Ganztages-Touren ab Yulara. Infos gibt es auf der Website und im Tour & Information Centre (S. 959) in Yulara.

Uluru Camel Tours OUTDOOR
(☎08-8956 3333; www.ulurucameltours.com.au) Den Uluru und die Kata Tjuta kann man auch aus der Ferne auf dem Rücken eines Kamels bewundern (80 AU$, 1½ Std.). Alternativ nimmt man an einer der beliebten Kameltouren bei Sonnenaufgang oder Sonnenuntergang teil (129 AU$, 2½ Std.).

Uluru Motorcycle Tours GEFÜHRTE TOUREN
(☎08-8956 2019; www.ulurucycles.com; Ausfahrten 119–429 AU$) Den Uluru auf dem Sattel einer Harley erreichen – das ist etwas beson-

deres! Auf der Website gibt es Infos zu den vielen verschiedenen Touren.

Praktische Informationen

Der **Park** (https://parksaustralia.gov.au/uluru/; Erw./Kind 3-Tages-Pass 25 AU$/kostenlos; ⌚Sonnenaufgang–Sonnenuntergang) öffnet täglich eine halbe Stunde vor Sonnenaufgang und schließt bei Sonnenuntergang. Die Öffnungszeiten variieren etwas von Monat zu Monat, daher die Website für aktuelle Zeiten checken. Eintrittsgenehmigungen sind drei Tage gültig und können an der Durchfahrt beim Eingang an der Straße von Yulara gekauft werden.

Yulara

888 EW.

Yulara ist das Dienstleistungszentrum für den Uluru-Kata Tjuta National Park. Hier wurde eine der unwirtlichsten Regionen der Welt sehr effektiv in einen Ort verwandelt, der sich leicht und bequem besuchen lässt. Direkt außerhalb des Parks gelegen, 20 km vom Uluru und 53 km von den Kata Tjuta entfernt, ist dieser Komplex die beste Basis, um den Park zu erkunden.

Sehenswertes & Aktivitäten

Wintjiri Arts & Museum GALERIE

(Yulara Dr; ⌚8.30–17 Uhr) Ein faszinierender Überblick über die örtliche Natur- und Kulturgeschichte, mit vielen Kunstwerken, einem ansässigen Künstler und einem ausgezeichneten kleinen Laden. Die Galerie befindet sich unmittelbar nördlich der Rezeption des Desert Gardens Hotel.

Mulgara Gallery GALERIE

(Desert Hotel; ⌚8.30–17 Uhr) Handgefertigte australische Kunst und Kunsthandwerke in unterschiedlicher Qualität werden hier ausgestellt, darunter Stoffe, Bilder und gewitzter indigener Schnickschnack.

Uluru Outback Sky Journey STERNBEOBACHTUNG

(☎08-8956 2563; Town Sq, Yulara; Erw./Kind 45 AU$/kostenlos) Informative, einstündige Beobachtung des nächtlichen Outback-Sternenhimmels mit Teleskop und einem Astronom. Die Touren beginnen am Yulara Town Square, 30 Minuten nach Sonnenuntergang.

Feste & Events

★ Tjungu Festival KULTUR

(www.ayersrockresort.com.au/tjungu; ⌚Ende April) Ein neues viertägiges Festival Ende April im Ayers Rock Resort feiert die indigene Kultur mit Essen, Kunst, Film, Musik und jeder Menge Unterhaltung für die Kleinen.

Australian Outback Marathon SPORT

(www.australianoutbackmarathon.com; ⌚Juli) Ende Juli ist in Yulara die Hölle los, wenn Läufer im Ayers Rock Resort zusammentreffen. Die Route des Outback-Marathons durchläuft auf beeindruckende Weise das Herz des Roten Zentrums mit Aussicht auf den Uluru und die Kata Tjuta.

Schlafen

Alle Unterkünfte in Yulara, einschließlich des Campingplatzes und Hostels, gehören zum Ayers Rock Resort. Obwohl es fast 5000 Betten gibt, empfiehlt es sich, zu reservieren, insbesondere während der Schulferien. Wenn man zwei oder drei Tage oder noch länger bleibt, gibt es in der Regel beträchtliche Rabatte.

Ayers Rock Resort Campground CAMPING $

(☎08-8957 7001; www.ayersrockresort.com.au/arrcamp; abseits Yulara Dr; Stellplatz mit/ohne Strom 49/40 AU$, Hütte 174 AU$; ❄@≋) Eine Rettungsinsel für Traveller mit knappem Budget: Dieser großzügige Platz liegt zwischen Gärten, es gibt gute sanitäre Anlagen sowie einen Kiosk, einen kostenlos nutzbaren Grill, eine Campingküche und einen Pool. In der Hauptsaison ist der Platz rappelvoll, und die unvermeidliche Sonnenaufgangsprozession Richtung Uluru kann einen unsanft aus dem Morgenschlummer reißen.

Outback Pioneer Hotel & Lodge HOSTEL $$

(☎1300 134 044; www.ayersrockresort.com.au/accommodation/outback-pioneer-hotel; Yulara Dr; B/DZ ab 42/198 AU$; ❄@📶≋) Mit der belebten Bar und einem Grillrestaurant samt musikalischer Unterhaltung ist dieses Hostel die Budgetoption für alle, die nicht campen wollen. Am günstigsten schläft man in den 20-Betten-Unisex-Schlafsälen oder in den beengten Vierbetthütten mit Kühlschrank, TV und Gemeinschaftsbad. Gästen stehen auch geräumigere motelartige Zimmer zur Verfügung, in denen bis zu vier Personen Platz haben.

★ Desert Gardens Hotel $$$

(☎1300 134 044; Yulara Dr; Zi. 192–480 AU$; ❄📶≋) Das Desert Gardens Hotel ist eines der ältesten Hotels in Yulara. Das Viereinhalb-Sterne-Hotel wird nach und nach reno-

Yulara (Ayers Rock Resort)

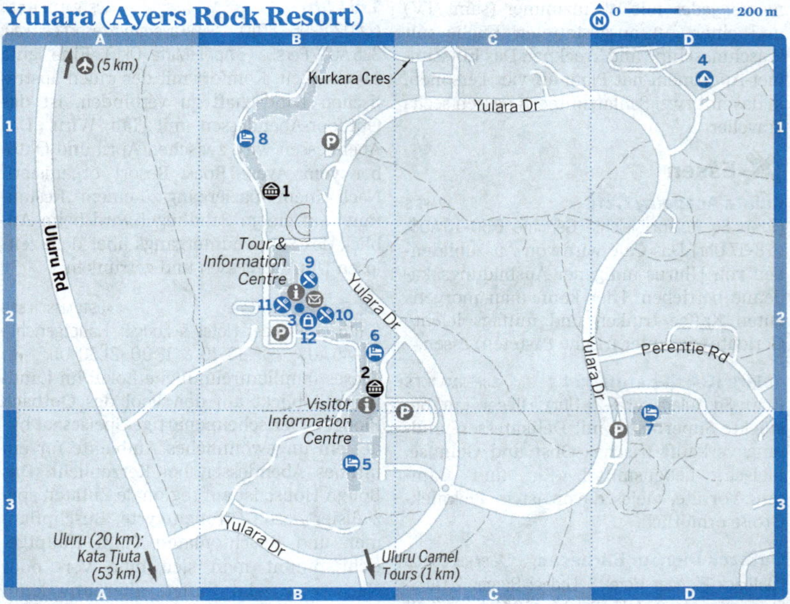

Yulara (Ayers Rock Resort)

Sehenswertes
1 Mulgara Gallery B1
2 Wintjiri Arts & Museum B2

Aktivitäten, Kurse & Touren
3 AAT Kings B2
Ayers Rock Helicopters .... (siehe 3)
Professional Helicopter Services........ (siehe 3)
Seit Outback Australia .... (siehe 3)
Uluru Outback Sky Journey .... (siehe 3)

Schlafen
4 Ayers Rock Resort Campground D1
5 Desert Gardens Hotel........ B3
6 Emu Walk Apartments........ B2
7 Outback Pioneer Hotel & Lodge D3
8 Sails in the Desert B1

Essen
9 Ayers Wok Noodle Bar B2
Bough House........ (siehe 7)
Geckos Cafe .... (siehe 9)
10 Kulata Academy Cafe B2
Outback Pioneer Barbecue .... (siehe 7)
Walpa Lobby Bar .... (siehe 8)
11 Yulara IGA Supermarket B2

Shoppen
12 Newsagency B2

viert. Die neu hergerichteten Zimmer sind in einem wunderbaren minimalistischen skandinavischen Stil gehalten und super komfortabel. Einige Zimmer bieten einen eingeschränkten oder entfernten Blick auf den Uluru. Die Preise fallen beträchtlich mit jeder weiteren Nacht, die man bleibt.

Sails in the Desert HOTEL **$$$**
(☎1300 134 044; www.ayersrockresort.com.au/sails; Yulara Dr; Superior DZ ab 404 AU$; ❄@📶🏊) Die Zimmer im Vorzeige-Hotel des Resorts sind etwas überteuert, aber die beste Wahl in Yulara. Es gibt einen wunderhübschen Pool inmitten von Grünflächen, die von Sonnensegeln und Bäumen beschattet werden. Es gibt außerdem Tennisplätze, mehrere Restaurants, ein Spa und eine Klavierbar. Die besten Zimmer haben Balkone mit Sicht auf den Uluru – unbedingt beim Buchen nachfragen.

Emu Walk Apartments APARTMENT **$$$**
(☎1300 134 044; www.ayersrockresort.com.au/emu; Yulara Dr; Apt. ab 258 AU$; ❄📶🏊) Der einsame Spitzenreiter bei Familien, die eine Selbstversorgerunterkunft suchen. Angeboten werden komfortable, moderne Apart-

ments, jedes mit Wohnzimmer (samt TV) und einer gut ausgestatteten Küche mit Waschmaschine und Trockner. Das Ein-Zimmer-Apartment hat Platz für vier Personen, in das mit zwei Schlafzimmern passen sechs Traveller.

Essen

Kulata Academy Café CAFÉ $

(Town Sq, Yulara; leichte Gerichte 6,50–10 AU$; ⏲8–17 Uhr) Das Café wird von Auszubildenden von Ulurus indigener Ausbildungsakademie betrieben. Hier kann man morgens guten Kaffee trinken und mittags leichte Gerichte (darunter frische Pasteten) essen.

Yulara IGA Supermarket SUPERMARKT $

(Town Sq, Yulara; ⏲8–21 Uhr) Dieser gut bestückte Supermarkt mit Delikatessenhandlung verkauft frisches Obst und Gemüse, Fleisch, Lebensmittel, Eis und Camping-Vorräte, vieles davon ist in Picknick-Größe erhältlich.

Outback Pioneer Barbecue BARBECUE $$

(Outback Pioneer Hotel & Lodge; Burger 20 AU$, Fleischgerichte 32 AU$, Salatbar 18 AU$; ⏲6–21 Uhr) Einen lustigen, lässigen Abend verbringt man in diesem Laden, der bei allen beliebt ist – vom Backpacker bis zum Oldie. Man hat die Wahl zwischen Känguruspießen, Garnelen, vegetarischen Burgern, Steaks und Emuwürstchen und darf das Erworbene dann auch noch selbst auf einen der Gemeinschaftsgrills werfen. Im Preis inbegriffen ist Salat von der Salatbar.

Geckos Café MEDITERRAN $$

(Town Sq, Yulara; Hauptgerichte 19–25 AU$; ⏲12–14.30 & 18.30–21 Uhr; 🖉) Das belebte Café mit Schanklizenz punktet mit einer behaglichen Atmosphäre, leckerem Essen und einem super Preis-Leistungs-Verhältnis. Die Holzofen-Pizzas, Schweine-Spieße und Känguru-Burger spült man am besten mit einer Karaffe Sangria hinunter. Es gibt auch mehrere vegetarische und glutenfreie Optionen. Alle Gerichte können mitgenommen werden. Die Tische im Innenhof eignen sich hervorragend dazu, die nächtliche Wüstenluft zu genießen.

Ayers Wok Noodle Bar ASIATISCH $$

(Town Square, Yulara; gebratene Nudeln 16 AU$; ⏲18–20.30 Uhr) Hier bekommt man ausschließlich Gerichte zum Mitnehmen. Die Pfannengerichte sind in Ordnung, und der Imbiss ist eine Abwechslung zu den Hotel-Restaurants.

Tali Wiru AUSTRALISCH $$$

(☎02-8296 8010; www.ayersrockresort.com.au; 325 AU$/Pers.; ⏲April–Mitte Okt.) Eine gute Möglichkeit, Komfort mit der rauen australischen Landschaft zu verbinden, ist das Outdoor-Abendessen mit Tali Wiru. Das Abendessen wird zwischen April und Oktober vom Ayers Rock Resort organisiert. Nach einem Spaziergang zu einem „Restaurant" auf einem Sandhügel wird beim Anblick des Sonnenuntergangs über dem zeitlosen Uluru gegessen und getrunken.

★ **Bough House** AUSTRALISCH $$$

(Outback Pioneer Hotel & Lodge; Hauptgerichte 35–45 AU$; ⏲6.30–10 & 18.30–21.30 Uhr; 👪) Dieses familienfreundliche Lokal im Landhausstil blickt auf den Pool des Outback Pioneer. Der scheunenartige Speisesaal bildet ein ungewöhnliches Ambiente für ein intimes Abendessen bei Kerzenlicht. Das Bough House ist auf regionale Zutaten spezialisiert, z. B. Zitronenmyrte, Buschpflaumen und Buschtomaten. Zum Hauptgericht nimmt man sich eine Vor- oder Nachspeise vom Buffet; alternativ kann man sich für das dreigängige Menü entscheiden.

Walpa Lobby Bar MODERN-AUSTRALISCH $$$

(Sails in the Desert; Hauptgerichte 35 AU$; ⏲11–22 Uhr) Wer sich belohnen möchte, ist hier richtig. Die jüngste Renovierung und die Stimmung wie in einer Hilton-Hotel-Bar, das ausgezeichnete Essen und der freundliche Service machen die etwas sterile Atmosphäre wett. Die warmen und kalten Meeresfrüchtegerichte sind vorzüglich. Für die meisten Gerichte werden Zutaten aus dem Busch verwendet. Man kann außerdem zu Salaten und Antipasti greifen.

Shoppen

Newsagency BÜCHER

(⏲8.30–20 Uhr) Ausgezeichneter Zeitungsladen mit Magazinen, Büchern über das Outback und guten Karten.

Praktische Informationen

ANZ Bank (☎08-8956 2070; ⏲Mo–Do 10–12 & 12.30–15, Fr 10–12 & 12.30–16 Uhr) Geldwechsel und Geldautomaten (24 Std.).

Post (☎08-8956 2288; Resort Shopping Centre; ⏲Mo–Fr 9–17, Sa 9–12 Uhr) Vertritt auch die Commonwealth and NAB Banken. Draußen vor der Tür gibt es Münztelefone.

Royal Flying Doctor Service Medical Centre (☎08-8956 2286; Yulara Dr; ⏲Mo–Fr 9–12

14–17, Sa & So 10–11 Uhr) Medizinisches Zentrum und Rettungswache des Resorts.

Visitor Information Centre (☎08-8957 7377; Town Square, Yulara; ⏲8.30–16.30 Uhr) Zeigt Schautafeln zur Geschichte, Geografie und Natur der Gegend. Eine kurze Audiotour (2 AU$) vermittelt weiterführende Infos. Das Informationszentrum verkauft auch Bücher und Regionalkarten.

An- & Weiterreise

Yulara ist das Tor zum Park und hat einen Flughafen mit Flügen aus allen wichtigen australischen Städten. Von Alice Springs fahren Busse und Tourveranstalter hierher. Wer selbst fährt, sollte die geteerte Straße von Alice Springs (447 km) über den Stuart und dann den Lasseter Hwy nehmen.

AUTO & MOTORRAD

Eine Strecke von Alice nach Yulara ist komplett asphaltiert; unterwegs ist für Verpflegung und Benzin gesorgt. Die Straße führt über den Stuart Hwy nach Erldunda (200 km), dann in westlicher Richtung entlang des Lasseter Hwy (245 km). Die Fahrt dauert rund vier bis fünf Stunden.

Eine viel längere Strecke verläuft über Hermannsburg und den Kings Canyon; dafür ist allerdings ein Geländewagen erforderlich.

Wer die Zeit hat, mietet am besten ein Auto ab Alice Springs, um den Uluru zu besuchen, und sieht unterwegs noch ein bisschen was von der Landschaft.

BUS

Emu Run (S. 936) bietet täglich billige Verbindungen zwischen Alice Springs und Yulara (einfache Strecke, Erw./Kind 135/80 AU$).

FLUGZEUG

Yularas **Connellan-Flughafen** (☎08-8956 2266) wird von **Qantas** (☎13 13 13; www.qantas.com.au), **Virgin Australia** (☎13 67 89; www.virginaustralia.com) und **Jetstar** (www.jetstar.com) angeflogen. Er liegt 4 km nördlich von Yulara.

Unterwegs vor Ort

Ein kostenloser Shuttle holt Traveller vom Flughafen ab und bringt sie bis zu jeder Unterkunft im Resort (zurück geht es jeweils 90 Minuten vor dem Flug). Ein weiterer kostenlos nutzbarer Shuttle-Bus fährt durch das Resort und legt an allen Unterkünften und dem Shoppingcenter einen Halt ein (tgl. 10.30–18 & 18.30–0.30 Uhr, alle 15 Min.).

Der **Uluru Express** (☎08-8956 2152; www.uluruexpress.com.au; Erw./Kind 45/15 AU$) ist so etwas wie eine Kreuzung aus Shuttle und organisierter Tour. Er fährt vom Resort zum Uluru und den Kata Tjuta und zurück – Infos gibt's auf der Website.

Ein Mietwagen sorgt für Flexibilität – so kann man den Uluru und Kata Tjuta so oft sehen, wie man möchte, egal zu welcher Zeit. Autovermietungen gibt es im **Tour & Information Centre** (☎08-8957 7324; Resort Shopping Centre; ⏲8-19 Uhr) und am Connellan Airport.

Uluru (Ayers Rock)

Der erste Blick auf den Uluru am Horizont verschlägt sogar dem hartgesottensten Traveller die Sprache. Der Uluru ist 3,6 km lang und erhebt sich stolze 348 m über das sandige Buschland (867 m ü. d. M.). Für alle, die das noch nicht beeindruckt: Man geht davon aus, dass zwei Drittel des Felsens unter dem Sand liegen. Eine genauere Betrachtung enthüllt eine seltsam geformte Oberfläche, die viele heilige Stätten mit Bedeutung für das Volk der Anangu birgt. Wer den Uluru nachmittags besucht, dem erscheint er ockerbraun und durch die dunklen Schatten wie mit Kerben und Narben übersät. Wenn die Sonne untergeht, leuchtet der Felsen erst glühend orange auf, dann in verschiedenen intensiven Rottönen, bevor er langsam grau wird. Zu Sonnenaufgang lässt sich das gleiche Schauspiel in umgekehrter Reihenfolge beobachten – anwesend sind dann nur marginal weniger Zuschauer.

Sehenswertes

Der erste Halt sollte das **Uluru-Kata Tjuta Cultural Centre** (☎08-8956 1128; www.parksaustralia.gov.au/uluru/do/cultural-centre.html; ⏲7–18 Uhr) sein, 1 km vor dem Uluru an der Straße von Yulara. Der Schwerpunkt der Ausstellungen und Exponate liegt auf *tjukurpa* (Gesetz, Religion und Brauchtum der Aborigines) und der Geschichte sowie Verwaltung des Nationalparks. Der Infoschalter im Nintiringkupai-Haus ist mit Rangern besetzt, die Besucher mit dem informativen *Visitor Guide* sowie Broschüren und Informationen zu Wanderwegen versorgen.

Das **Walkatjara Art Centre** (☎08-8956 2537; ⏲9–17.30 Uhr) ist ein Kunstzentrum der örtlichen Mutitjulu-Gemeinde, in dem vor allem Malereien und Keramiken von Mutitjulu-Frauen verkauft werden.

Aktivitäten

Wandern & Trekken

Rund um den Uluru gibt es Wanderwege. Auf von Rangern geleiteten Wanderungen können sich Traveller die Gegend, die Pflanzen, Tiere, die Geologie und die Kultur erklären lassen. Alle Wege sind eben und rollstuhlgeeignet. Einige der besonders wichtigen Orte sind für Besucher nicht zugänglich und mit Schildern und Zäunen markiert. Die Ananagu bitten darum, diese Stätten nicht zu fotografieren.

Die ausgezeichnete Broschüre *Visitor Guide & Maps*, die man im Cultural Centre (S. 959) bekommt, gibt detailliert Auskunft über einige der Routen, die man auf eigene Faust begehen kann.

Base Walk WANDERN & TREKKEN

Dieser 10,6 km lange Weg verläuft in drei bis vier Stunden einmal rund um den Felsen, vorbei an Höhlen, Malereien und Sandsteinkanten.

Kuniya Walk WANDERN & TREKKEN

Ein kurzer Weg (1 km, 45 Minuten, hin & zurück) vom Parkplatz an der Südseite führt zum Mutitjulu, Heimat einer angestammten Wasserschlange. Vogelbeobachtung und einige tolle Felsmalereien bilden die Attraktionen auf diesem Spaziergang.

Liru Walk WANDERN & TREKKEN

Verbindet das Cultural Centre mit dem Startpunkt des Mala Walks und windet sich durch Gebiete mit Mulga-Bäumen, ehe er nahe dem Uluru endet (4 km, 1½ Std., hin & zurück).

Mala Walk WANDERN & TREKKEN

Am Beginn dieses Weges nach oben (2 km, 1 Std., hin & zurück) erläutern Schautafeln die *tjukurpa* (Gesetz, Religion und Brauch der Aborigines) der Mala (des Hasen-Wallaby-Volkes), die für die Anangu von großer Bedeutung sind. Hier sieht man außerdem ein paar hervorragende Beispiele für Felskunst. Eine von Rangern geführte (kostenlose) Wanderung beginnt um 10 Uhr (Okt.–April, 8 Uhr) am Parkplatz.

Radfahren

Bike Hire at Uluru RADFAHREN

(☎0437 917 018; http://outbackcycling.com/uluru; 3-stündige Miete Erw./Kind 45/30 AU$; ⏲Feb.–Nov.) Vermietet Fahrräder für Erwachsene und Kinder sowie Babysitze und Anhänger für Touren um den Uluru. Eine großartige Weise, den Uluru zu erkunden, besonders wenn man etwas schneller sein möchte als zu Fuß.

Schlafen & Essen

Die einzigen Unterkünfte in der Nähe des Uluru befinden sich in Yulara, rund 20 km entfernt. Alle Unterkünfte werden vom Ayers Rock Resort betrieben.

Die einzigen Möglichkeiten, im Park zu essen, sind der Kiosk/das Café im Uluru-Kata Tjuta Cultural Centre oder die zahlrei-

Uluru (Ayers Rock)

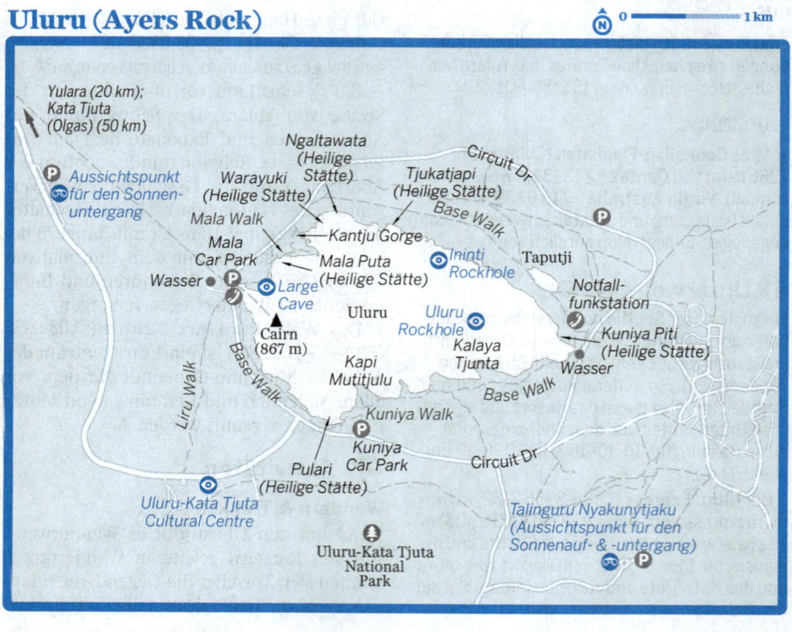

chen wundervollen Picknickplätze (Essen mitbringen). In Yulara gibt es darüber hinaus zahlreiche Restaurants und einen guten Supermarkt.

An- & Weiterreise

Vom Uluru nach Yulara sind es 20 km und zu den Kata Tjuta 51 km. Wer nicht im Rahmen einer Tour hier ist oder mit dem **Uluru Express** (☎ 08-8956 2152; www.uluruexpress.com.au; Erw./Kind 45/15 AU$), braucht einen eigenen fahrbaren Untersatz.

Kata Tjuta (Olgas)

Keine Reise zum Uluru wäre komplett ohne einen Besuch der Kata Tjuta (den Olgas), einer faszinierenden Gruppe von kuppelförmigen Felsen, die 35 km westlich des Ulurus eng beieinander stehen. Die Kata Tjuta bestehen aus 36 Felsen, die dicht an dicht liegen und tiefe Täler und enge Schluchten bilden. Viele Besucher finden sie sogar faszinierender als ihren prominenten Nachbarn, aber warum sollte man nur einen von beiden besuchen? Der höchste Fels, der **Mt. Olga** (546 m, 1066 m über dem Meeresspiegel), ist etwa 200 m höher als der Uluru. Kata Tjuta bedeutet „viele Köpfe"; sie sind von großer Bedeutung für die *tjukurpa* (Gesetz, Religion und Brauch der Aborigines), besonders für indigene Männer. Also bitte immer auf den markierten Wegen bleiben!

Es gibt einen Bereich zum Picknicken und Beobachten des Sonnenuntergangs mit Toiletten gleich an der Zufahrtsstraße, ein paar Kilometer westlich der Kata Tjuta. Wie auch der Uluru sind die Kata Tjuta bei Sonnenuntergang am schönsten, wenn sie in glühendes Rot getaucht sind.

Aktivitäten

Der 7,4 km lange Rundweg **Valley of the Winds** (2–4 Std.) ist eine der anspruchsvollsten und lohnenswertesten Buschwanderungen im Park. Er windet sich durch die Schluchten und abwechslungsreiche Landschaft und bietet wundervolle Ausblicke auf

Kata Tjuta (Olgas)

die surrealen Felsendome. Der Weg ist nicht besonders schwierig, aber man sollte festes Schuhwerk tragen und viel Wasser mitnehmen. Wer die Wanderung früh morgens beginnt, wird oft mit herrlicher Einsamkeit belohnt – man hört nur das Vogelgezwitscher, das der Wind durchs Tal trägt. Wenn es zu heiß ist, wird der Zugang oft spätmorgens geschlossen.

Der kurze, ausgeschilderte Pfad unterhalb der sich auftürmenden Felsen führt in die hübsche **Walpa Gorge** (2,6 km, 45 Min., hin & zurück) und ist nachmittags besonders schön, wenn die Schlucht in Sonnenlicht gebadet ist. Früh morgens und spät nachmittags sollte man hier nach Felsen-Wallabys Ausschau halten.

Schlafen & Essen

Die nächste Unterkunft befindet sich 53 km entfernt in Yulara.

Hier gibt es natürlich keine Restaurants. Man muss sein eigenes Picknick mitbringen oder nach Yulara fahren.

An- & Weiterreise

Wer nicht m Rahmen einer Tour hierher kommt, braucht ein eigenes Fahrzeug um die Kata Tjuta zu besuchen. Die Straße vom Uluru (51 km) und von Yulara (53 km) ist durchgehend geteert.

Perth & Western Australia

2,6 MIO. EW. / ☎ 08

Inhalt ➡

Gut essen

- ➡ Long Chim (S. 977)
- ➡ Bread in Common (S. 995)
- ➡ Rustico at Hay Shed Hill (S. 1026)
- ➡ Piari & Co (S. 1020)
- ➡ Pepper & Salt (S. 1039)

Schön übernachten

- ➡ Burnside Organic Farm (S. 1028)
- ➡ Gnaraloo Station (S. 1066)
- ➡ Como The Treasury (S. 973)
- ➡ Beach House at Bayside (S. 1042)
- ➡ Karijini Eco Retreat (S. 1087)

Auf nach Perth & Western Australia!

Western Australia (WA) ist größer als die meisten Länder der Erde und obendrein die letzte echte Grenzregion Australiens. Bekannt ist der Bundesstaat vor allem für seine unglaubliche Größe und Abgeschiedenheit. Ganz im Norden liegt die Region Kimberley, wo sich in der endlosen Weite spektakuläre Schluchten, Wasserfälle und uralte Felsformationen verbergen. Der Süden dagegen ist geprägt von weißen Stränden, bunten Wildblumenwiesen im Frühjahr, üppig grünen Wäldern sowie Weltklasse-Weingütern.

Doch Western Australia ist noch viel mehr als die scheinbar endlose Küste, die spektakulären Landschaften im Outback, die faszinierende Tier- und Pflanzenwelt und seine ausgeprägte indigene Kultur. Auch die ständige Weiterentwicklung des Weinbaugebiets Margaret River, die neue Wertschätzung der Boomstadt Perth, der verwegene Ruf der Künstlerstadt Fremantle und der Schmelztiegel Broome locken immer mehr Besucher in diese Gegend.

Reisezeit

Perth

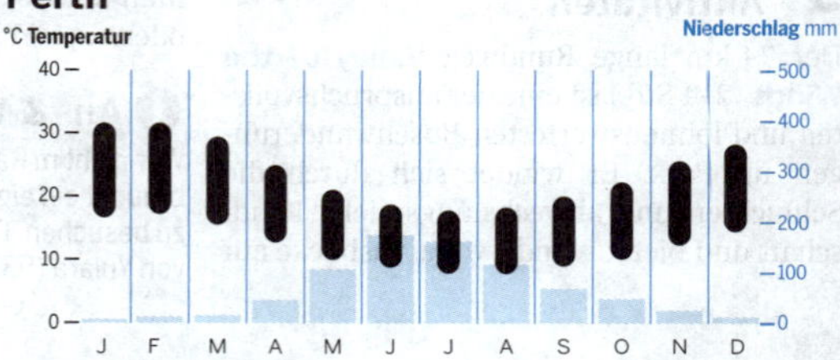

Dez.–März Im Süden ist es heiß und trocken, im Norden ist Regenzeit und Nebensaison.

April, Mai & Sept.–Nov. Beste Zeit für den Norden mit Wildblumen, Buckelwalen und Walhaien.

Juni–Aug. Kühlste Zeit im Süden, Hochsaison an der Coral Coast, in Pilbara, Broome und Kimberley.

PERTH

2,02 MIO. EW. / ☎08

Im entspannten Perth mit dem wunderbaren Wetter, den herrlichen Stränden und der lockeren Atmosphäre lässt es sich gut leben. Die Stadt, die gleich weit entfernt von Bali und den meisten Metropolen im Osten Australiens ist, verbindet tolle städtische Sehenswürdigkeiten mit einer Lässigkeit, die den Einheimischen einen beneidenswerten Lebensstil beschert und für die Besucher Unmengen an Aktivitäten bietet. So gibt es in der kultivierten und kosmopolitischen Stadt zahllose Bars und Restaurants sowie eine interessante Kulturszene. Genauso gut kann man sich aber auch zurücklehnen und abschalten: Die sehr gepflegten Parkanlagen, das nahe Buschland und die herrlichen Strände sind dank des hervorragenden Nahverkehrssystems einfach und schnell zu erreichen.

Geschichte

Aufgrund der Steinwerkzeuge, die in der Umgebung des Swan River gefunden wurden, gehen die Archäologen davon aus, dass sich an der Stelle der heutigen Stadt Perth vor rund 40000 Jahren bereits eine Siedlung namens Mooro befand. Das heutige Perth wurde 1829 als Hauptort der Swan River Colony von Captain James Stirling gegründet und nach der schottischen Heimatstadt des britischen Kolonialministers benannt. Zu dieser Zeit war Mooro im Besitz des Wadjuk-Stammes unter seinem Häuptling Yellagonga. Die Beziehungen zwischen Aborigines und Weißen waren zunächst sehr gut, denn die Noongar hielten die Briten für die zurückgekehrten Geister ihrer Toten, doch dann führte der Kampf um die knappen Ressourcen zu Konflikten. Daraufhin führte Yellagonga sein Volk an den Lake Monger, doch als er 1843 starb, hatte das Volk all sein Land verloren und musste sich in den Sümpfen und an den Seen weiter nördlich niederlassen.

Aber auch das Leben der Siedler war härter als erwartet. Ihre erste Siedlung wuchs nur langsam, und erst als ab 1850 immer mehr Strafgefangene hier ankamen, besserte sich die wirtschaftliche Lage und die Bevölkerung nahm rasch zu. Die Sträflinge wurden vor allem beim Bau der wichtigsten Gebäude der Stadt wie dem Government House und dem Rathaus eingesetzt. Dennoch entwickelte sich Perth lange nicht so schnell wie die Städte in den östlichen Kolonien. Als schließlich in den 1890er-Jahren im Landesinneren Gold gefunden wurde, vervierfachte sich die Bevölkerung innerhalb von nur 10 Jahren, und es setzte eine nie gekannte Bauwut ein.

Auch wenn sich der Bergbauboom des 21. Jhs. in den letzten Jahren etwas abgeschwächt hat, geht es Western Australia wirtschaftlich immer noch sehr gut und Perth erblüht weiterhin wie die Wildblumen im Frühling. Zu den größten Bauprojekten gehören das neue Fußballstadion und auch zwei zentrale Stadtviertel werden derzeit neu belebt.

Von all dem Aufschwung und Wohlstand blieben nur die Noongar ausgeschlossen. Mitte 2015 schloss die Regierung von Western Australia für 1,3 Mrd. AU$ einen Vergleich und anerkannte die Noongar als traditionelle Eigentümer des Landes im Südwesten. Das mehr als 200000 km² große Siedlungsgebiet reicht von Jurien Bay nach Ravensthorpe und umfasst auch den Großraum Perth.

Sehenswertes

Die meisten Highlights der Stadt sind im Zentrum und gut zu Fuß zu erreichen, weitere Sehenswürdigkeiten befinden sich in der Gegend rund um das Perth Cultural Centre hinter dem Bahnhof von Northbridge.

★Kings Park & Botanic Garden PARK

(Karte S. 984; ☎08-9480 3600; www.bgpa.wa.gov.au; Führungen 10, 12 & 14 Uhr) GRATIS Der 400 ha große Kings Park voller Büsche und Sträucher erstreckt sich oberhalb des Swan River am westlichen Stadtrand und ist der große Stolz Perths. Herzstück der Grünanlage ist der 17 ha große Botanic Garden mit über 2000 endemischen Pflanzenarten. Im Frühling können Besucher die Wildblumenblüte bewundern, für die der Bundesstaat berühmt ist. Das ganze Jahr über lockt zudem der **Lotterywest Federation Walkway** (Karte S. 968; 9–17 Uhr), ein 620 m langer Weg mit einer 222 m langen Brücke aus Glas und Stahl, die durch das Blätterdach eines Eukalyptushains führt.

★Art Gallery of Western Australia GALERIE

(Karte S. 972; ☎08-9492 6622; www.artgallery.wa.gov.au; Perth Cultural Centre; Mi–Mo 10–17 Uhr) GRATIS Die ausgezeichnete Kunstgalerie aus dem Jahr 1895 verfügt über die bedeutendste Kunstsammlung des ganzen Bundesstaates. So finden sich hier vor allem die nach dem Zweiten Weltkrieg entstandenen Werke

Highlights

❶ Im **Ningaloo Marine Park** (S. 1076) mit „sanften Riesen“ wie Walhaien, Mantarochen, Meeresschildkröten und sogar Buckelwalen schwimmen

❷ In **Margaret River** (S. 1021) edle Weine, bestes Essen und schöne Architektur genießen

❸ In **Shark Bay** (S. 1058) Ausschau nach Dugongs halten, und in **Monkey Mia** (S. 1062) die morgendliche Fütterung der Delfine in freier Wildbahn beobachten

❹ Den glühenden Sonnenuntergang in der außerirdischen Landschaft der **Pinnacles Desert** (S. 1011) bestaunen

❺ **Perth & Fremantle** Die noblen Restaurants und Cocktailbars in **Perth** (S. 963) erkunden oder Craft-Bier im Hafen von **Fremantle** (S. 989) trinken

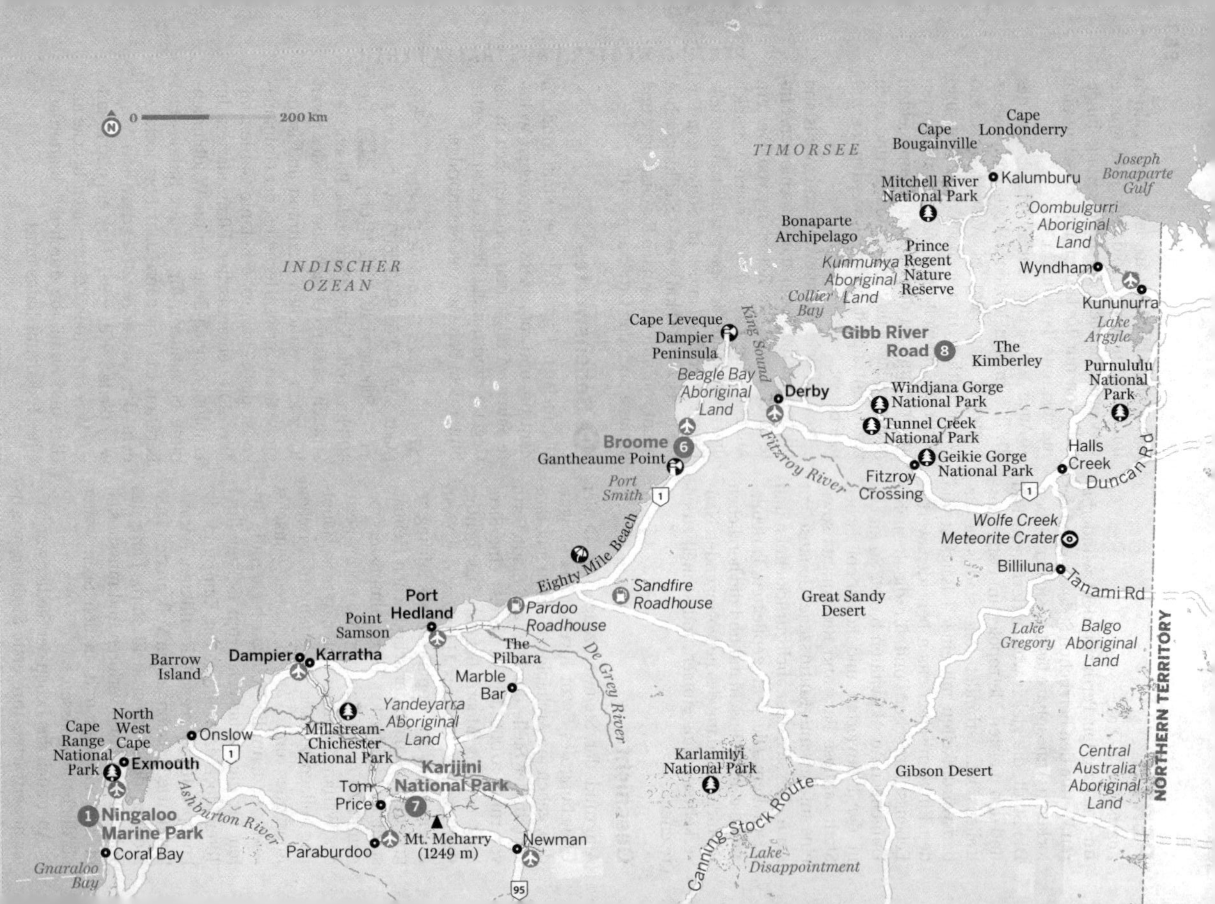

6 In **Broome** (S. 1088), einem der gößten kulturellen Schmelziegel der Welt, zusehen, wie die Sonne hinter einer Reihe von Kamelen im Indischen Ozean versinkt

7 Bei einer Abenteuertour durch die Schluchten des **Karijini National Park** (S. 1087) bis (fast) zum Mittelpunkt der Erde hinabsteigen

8 Mit dem Geländewagen auf der berüchtigten **Gibb River Road** (S. 1104) durch Kimberley fahren

großer australischer Künstler wie Arthur Boyd, Albert Tucker, Grace Cossington Smith, Russell Drysdale, Arthur Streeton und Sidney Nolan. Doch auch die Abteilung für indigene Kunst ist hervorragend. Hier sind Gemälde auf Leinwand und Rinde sowie Skulpturen von Künstlern wie Rover Thomas, Angilya Mitchell, Christopher Pease und Phyllis Thomas zu sehen. Auf der Website finden sich Infos zu den kostenlosen Führungen, die fast jeden Tag um 11 und um 13 Uhr stattfinden.

Aquarium of Western Australia AQUARIUM

(AQWA; ☎08-9447 7500; www.aqwa.com.au; Hillarys Boat Harbour, 91 Southside Dr; Erw./Kind 30/18 AU$; ⌚10–17 Uhr) Das AQWA unterteilt die weitläufige Küste von WA in fünf verschiedene Bereiche (Far North, Coral Coast, Shipwreck Coast, Perth und Great Southern) und umfasst einen 98 m langen Unterwassertunnel, der an Stachelrochen, Schildkröten, Fischen und Haien vorbeiführt. Mutige können übrigens in Begleitung des hauseigenen Tauchexperten mit Haien tauchen oder schnorcheln. Wer mit den öffentlichen Verkehrsmitteln unterwegs ist, nimmt den Joondalup-Zug zur Warwick Station, wo man in den Bus 423 umsteigen muss. Mit dem Auto folgt man dem Mitchell Freeway in nördlicher Richtung und nimmt die Ausfahrt an der Hepburn Avenue.

Elizabeth Quay STADTVIERTEL

(Karte S. 972; www.elizabethquay.com.au) Am Ende der Barrack Street entsteht gerade ein ganz neues Uferviertel mit Luxushotels, Apartmentblocks und Restaurants direkt am Wasser. Mit eigenem Busbahnhof, Bahnhof und Fährhafen wird es auch ein wichtiger Verkehrsknotenpunkt. Zu den bereits fertiggestellten Bauprojekten gehört die spektakuläre Elizabeth-Quay-Fußgängerbrücke.

Bell Tower WAHRZEICHEN

(Karte S. 972; ☎08-6210 0444; www.thebelltower.com.au; Barrack Sq; Erw./Kind 18/9 AU$; ⌚10–16 Uhr, läutet Sa–Mo & Do 12–13 Uhr) In dem von Kupfersegeln ummantelten, spitzen Glasturm läuten die königlichen Glocken der Londoner Kirche St.-Martin's-in-the-Fields, von denen die älteste aus dem Jahr 1550 stammt. Die Glocken wurden WA im Jahr 1988 von der britischen Regierung übergeben, und sie sind wohl das einzige Ensemble dieser Art, das England jemals verlassen hat. Wer im Inneren des Turms hinaufsteigt, wird mit einem tollen Panoramablick auf Perth am Fluss belohnt.

Perth Mint HISTORISCHES GEBÄUDE

(Karte S. 972; ☎08-9421 7222; www.perthmint.com.au; 310 Hay St; Erw./Kind 19/8 AU$; ⌚9–17 Uhr) Die eindrucksvolle Münzstätte von 1899 zeigt eine Sammlung von Münzen, Nuggets und Goldbarren. Besucher können einen Barren im Wert von über 200 000 AU$ anfassen, selbst Münzen prägen und beim Goldgießen zuschauen (9.30–15.30 Uhr halbstündl.). Die Gold-Ausstellung zeigt auch eine massive, 1 t schwere Goldmünze, die unglaubliche 50 Mio. AU$ wert ist.

Perth Institute of Contemporary Arts GALERIE

(PICA; Karte S. 972; ☎08-9228 6300; www.pica.org.au; Perth Cultural Centre; ⌚Di–So 10–17 Uhr) GRATIS Hinter der traditionellen Fassade des PICA – es ist in einem eleganten Schulgebäude von 1896 aus Ziegelstein untergebracht – verbirgt sich eine der Top-Adressen Australiens für zeitgenössische Kunst. Zu sehen gibt es Installationen, Performance-Kunst, Skulpturen und Videos, zudem fördert das Institut aktiv neue und experimentelle Kunst und stellt alljährlich Werke von Absolventen aus. Dienstags bis sonntags ab 10 Uhr lädt die tolle PICA Bar zu einem Kaffee oder Cocktail ein, vielleicht sogar bei Livemusik.

Nostalgia Box MUSEUM

(Karte S. 972; ☎08-9227 7377; www.thenostalgiabox.com.au; 16 Aberdeen St; Erw./Kind/Fam. 15/10/45 AU$; ⌚10.30–17 Uhr) In diesem sehr interessanten Museum kann man in die Welt der ersten Atari-, Nintendo- und Super-Mario-Spiele und -Konsolen der 1970er- und 1980er-Jahre eintauchen. Ganz nebenbei wird auch die Geschichte der Computerspiele erzählt und überall stehen Konsolen bereit, an denen man die alten Fähigkeiten nochmals ausprobieren kann.

Perth Zoo ZOO

(Karte S. 968; ☎08-9474 0444; www.perthzoo.wa.gov.au; 20 Labouchere Rd; Erw./Kind 29/14 AU$; ⌚9–17 Uhr) Eines der Highlights eines Zoobesuchs ist die Hinfahrt mit der Fähre über den Swan River von Elizabeth Quay Jetty zur Mends Street Jetty (halbstündl.) und der anschließende Fußmarsch den Hügel hinauf. Die Anlage ist u. a. in die Bereiche Reptile Encounter, African Savannah (Nashörner, Geparden, Zebras, Giraffen, Löwen), Asian Rainforest (Elefanten, Tiger, Malaienbären, Orang-Utans) und Australian Bushwalk (Kängurus, Emus, Koalas, Dingos) aufgeteilt. Alternativ gelangt man mit dem Bus

PERTH & FREMANTLE IN ...

... zwei Tagen

Nach einem gemütlichen Frühstück in **Mt. Lawley** (S. 978) oder im **Zentrum** (S. 976) steht die Kunstgalerie des **Perth Cultural Centre** (S. 963) auf dem Programm. Es folgen das Mittagessen und ein Bummel im trendigen **Leederville** (S. 986), ehe man im herrlich grünen **Kings Park** (S. 963) die Aussicht genießt. Am nächsten Tag besichtigt man die glanzvolle **Perth Mint** (S. 966), bevor es mit der **Fähre** (S. 971) von **Elizabeth Quay** nach Claisebrook Cove geht, um den Abend am Fluss ausklingen zu lassen.

... vier Tagen

Die ersten beiden Tage verbringt man wie oben beschrieben. Danach kann man die schönsten Strände der Umgebung erkunden und dabei in **Cottesloe** oder **City Beach** (S. 967) ein nettes Picknick machen. Am Nachmittag fährt man in Richtung Norden und geht ins **Aquarium of Western Australia** (S. 966). Abends kann man in den versteckten Restaurants und Bars in **Northbridge** (S. 977) essen gehen und danach noch etwas trinken.

30 oder 31 ab Elizabeth Quay Busport hierher.

Strände

Auf der Website des Surf Life Saving Club of WA www.mybeach.com.au finden sich ausführliche Beschreibungen der einzelnen Strände der Stadt mit Wettervorhersagen und Infos über Busverbindungen, Infrastruktur und Strandbewachung. Da das Meer an vielen Stränden sehr rau sein kann und es starke Grund- und Rippströmungen gibt, sollte man keinesfalls außerhalb der Flaggen schwimmen.

Port Beach und **Leighton Beach** sind bei Surfern sehr beliebt. Am (südlichen) Ende des Port Beach kann man auch gut schwimmen, und hier gibt es zudem einige Restaurants. Der Leighton Beach ist nur einen kurzen Fußmarsch vom Bahnhof North Fremantle entfernt.

Hamersley Pool, **North Beach**, **Watermans Beach** and **Sorrento Beach** sind am besten zum Schwimmen geeignet. Hier gibt es auch Picknickplätze, Grillstellen und einen Radweg durchs Gebüsch.

Cottesloe Beach STRAND
(Karte S. 968; Marine Pde) Cottesloe, der sicherste Badestrand vor Ort, bietet Cafés, Kneipen, Pinien und fantastische Sonnenuntergänge. Der Bahnhof Cottesloe (auf der Fremantle-Linie) ist 1 km vom Strand entfernt. Bus 102 (4,60 AU$) fährt ab Elizabeth Quay Busport direkt zum Strand.

Swanbourne Beach BEACH
(Karte S. 968; Marine Pde) Dieser sehr sichere Strand zum Schwimmen ist inoffiziell auch ein Nacktbade- und Schwulenstrand. Er ist 1,5 km vom Bahnhof Grant Street und 2 km vom Bahnhof Swanbourne entfernt. Bus 102 fährt vom Bahnhof Wellington Street zur Marine Parade. Im kürzlich eröffneten Restaurant Shorehouse isst man mit tollem Blick aufs Meer.

City Beach STRAND
(Karte S. 968; Challenger Pde) Hier kann man gut schwimmen und surfen, es gibt Rasenflächen und eine gute Infrastruktur. Seit Kurzem gibt es auch ein paar Cafés und Restaurants. Bus 82 fährt vom Busbahnhof Perth zum Strand.

Floreat Beach STRAND
(Karte S. 968; West Coast Hwy) Dieser Strand ist eigentlich nie überlaufen, kann aber recht windig sein. Er ist gut zum Schwimmen und Surfen, es gibt einige Cafés und einen Spielplatz. Zum Strand fährt man mit dem Bus 82 vom Busbahnhof Perth zum City Beach und läuft dann noch 800 m weiter nach Norden.

Scarborough Beach STRAND
(Karte S. 968; The Esplanade) Dieser Strand ist besonders beliebt bei jungen Surfern. Deshalb sollte man hier keinesfalls außerhalb der Flaggen schwimmen. Hier gibt es jede Menge zahlreiche Läden und Restaurants, und die Uferpromenade soll irgendwann einmal Fußgängern und Radfahrern vorbehalten sein. Dann sollen auch weitere Restaurants und Cafés eröffnet werden. Zum Strand fährt man zuerst mit einem Zug der Joondalup-Linie von Esplanade nach Stirling und dann weiter mit Bus 421.

Großraum Perth

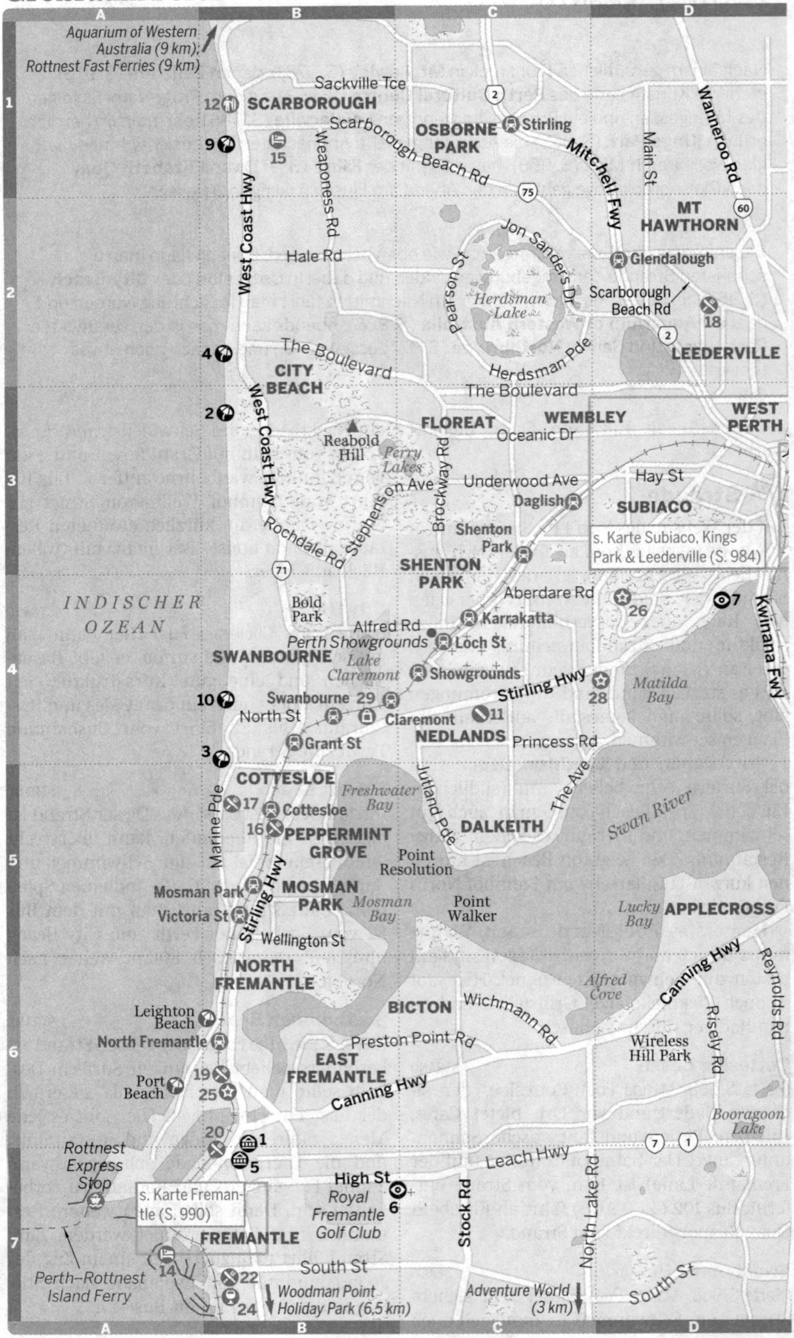

Großraum Perth

Sehenswertes

1 Army Museum of WA B6
2 City Beach B3
3 Cottesloe Beach B4
4 Floreat Beach B2
5 Fremantle Arts Centre B7
6 Fremantle Cemetery B7
7 Lotterywest Federation Walkway D4
8 Perth Zoo E4
9 Scarborough Beach B1
10 Swanbourne Beach B4

Aktivitäten, Kurse & Touren

11 Australasian Diving Academy C4
12 Surfschool B1

Schlafen

13 Above Bored E2
14 Be.Fremantle A7
15 Western Beach Lodge B1

Essen

16 Boatshed Market B5
Canvas .... (siehe 5)
17 Cott & Co Fish Bar B5
18 Divido D2
19 Flipside B6
Il Lido .... (siehe 17)
20 Mantle B7
21 Mrs S F2
New Norcia Bakery .... (siehe 18)
22 Ootong & Lincoln B7
Propeller .... (siehe 19)

Ausgehen & Nachtleben

23 Dutch Trading Co F4
Mrs Browns .... (siehe 19)
24 Percy Flint's Boozery & Eatery B7
Swallow .... (siehe 21)

Unterhaltung

25 Mojos B6
26 Moonlight Cinema D4
27 Perth Stadium F3
28 Somerville Auditorium D4

Shoppen

29 æ'Ikemi B4
Found .... (siehe 5)

Aktivitäten

Walbeobachtung

Mills Charters WALBEOBACHTUNG
(☎08-9246 5334; www.millscharters.com.au; Erw./Kind 80/65 AU$; ⏰ Mitte Sept.–Nov. Sa & So 9–13.30 Uhr) Die informativen drei- bis vierstündigen Fahrten starten am Hillarys Boat Harbour.

Oceanic Cruises WALBEOBACHTUNG
(Karte S. 972; ☎08-9325 1191; www.oceaniccruises.com.au; Erw./Kind 75/29 AU$) Los geht's an

PERTH MIT KINDERN

Das milde Klima, die vielen Parkanlagen und die Strände machen Perth zum idealen Urlaubsziel für Familien. Am sichersten und besten für Familien geeignet ist der Strand von **Cottesloe** (S. 967). Mit größeren Kindern kann man schöne Radtouren entlang des Flusses und der Küste unternehmen. Im **Kings Park** (S. 963) gibt's Spielplätze und Spazierwege.

Die **Perth Royal Show** (www.perthroyalshow.com.au; Claremont Showground; Ende Sept.–Anf. Okt.) ist ein sehr beliebtes Familienevent im Freien. Neben stolz zur Schau gestelltem Geflügel gibt es Reitvorführungen und prall gefüllte Werbetüten. Viele der Sehenswürdigkeiten von Perth sind sehr gut für Kinder geeignet, so das **Aquarium of Western Australia** (S. 966), der **Perth Zoo** (S. 966) und auch die **Art Gallery of Western Australia** (S. 963).

An einem Regentag empfiehlt sich das **Scitech** (Karte S. 984; 08-9215 0700; www.scitech.org.au; City West Centre, Sutherland St; Erw./Kind 19/12 AU$; Mo–Fr 9.30–16, Sa & So 10–17 Uhr) mit mehr als 160 interaktiven und überdimensionalen Ausstellungsstücken aus Wissenschaft und Technik.

Im Vergnügungspark **Adventure World** (08-9417 9666; www.adventureworld.net.au; 351 Progress Dr; Erw./Kind/Fam. 58/48/180 AU$; Ende Sept.–Anf. Mai Do–Mo 10–17 Uhr, Sommerferien & Dez. tgl.) warten aufregende Fahrgeschäfte wie die Black Widow, die die Schwerkraft herausfordert, die Abyss-Achterbahn sowie Swimmingpools, Wasserrutschen und ein Märchenschloss.

Perth's Barrack Street Jetty oder an Fremantles B Shed.

Radfahren

Perth lässt sich hervorragend mit dem Rad erkunden. Im Kings Park gibt es einige gute Radwege, und schöne Radwege führen auch am Swan River oder an der Küste entlang bis nach Fremantle. Die Räder kann man jederzeit kostenlos auf den Fähren sowie an Wochentagen außerhalb der Stoßzeiten (7–9 und 16–18.30 Uhr) in Zügen mitnehmen. So kann man mit etwas geschickter Planung meilenweit in eine Richtung radeln und ganz bequem mit öffentlichen Verkehrsmitteln wieder zurück fahren. In Bussen sind Fahrräder grundsätzlich nicht erlaubt, mit Ausnahme einiger in der Region verkehrenden Busse (gegen einen kleinen Aufpreis). Fahrradkarten gibt es auf www.transport.wa.gov.au/cycling/ oder in Fahrradläden.

Spinway WA FAHRRADVERLEIH
(www.spinwaywa.bike/; ab 11 AU$/Std.) Die Räder können an 17 Schaltern an zentralen Stellen in der ganzen Stadt ausgeliehen werden, z.B. im Zentrum, im Kings Park, in South Perth, Scarborough und Fremantle. Die Leihgebühr beträgt 11 AU$ für 1 Std, 22 AU$ für 4 Std und 33 AU$ für 24 Std.

Weitere Aktivitäten

Australasian Diving Academy TAUCHEN
(Karte S. 968; 08-9389 5018; www.ausdiving.com.au; 142 Stirling Hwy) Ausrüstung (Tag/Woche 75/200 AU$) und Kurse (4 Tage 495 AU$). Tauchspots gibt es u.a. um Rottnest Island und an vier Wracks.

Surfschool SURFEN
(Karte S. 968; 08-9447 5637; www.surfschool.com; Scarborough Beach; ab 60 AU$; Okt.–Mai) Die zweistündigen Surfkurse finden am Scarborough Beach (am Ende der Manning St) statt. Im Preis enthalten sind Brett und Anzug. Unbedingt vorher reservieren! Von Juni bis September finden die Kurse am Leighton Beach nördlich von Fremantle statt.

WA Skydiving Academy FALLSCHIRMSPRINGEN
(1300 137 855; www.waskydiving.com.au) Tandemsprünge aus einer Höhe von 1830/2440/3050/3660 m ab 260/300/340/380 AU$. Zu den Sprungplätzen gehören Perth, Mandurah und Pinjarra.

Rottnest Air Taxi RUNDFLÜGE
(1300 895 538; www.rottnest.aero) Vom Flughafen Jandakot fliegen die Flugzeuge dreißig Minuten lang über die Innenstadt, Kings Park und Fremantle (149 AU$/Pers.).

Geführte Touren

Food Loose Tours ESSEN & TRINKEN
(www.foodloosetours.com.au; ab 42 AU$) Die witzigen und aufschlussreichen Stadtspaziergänge führen auch in Restaurants, kleine Garküchen und winzige Bars in Perth und Fremantle.

Indigenous Heritage Tour KULTUR
(☎ 0405 630 606; www.indigenouswa.com; Erw./Kind 50/15 AU$; ⏲ Mo–Fr 13.30 Uhr) Bei der eineinhalbstündigen Führung durch den Kings Park erfährt man viel über die Ureinwohner und ihre Kultur. Die Touren müssen im Voraus online oder beim WA Visitor Centre (S. 987) gebucht werden.

Little Ferry Co BOOTSFAHRTEN
(Karte S. 972; ☎ 0488 777 088; www.littleferryco.com.au; Erw./Kind einfache Fahrt 10/12 AU$, hin & zurück 22/16 AU$; ⏲ 9.30–17.30 Uhr) Die schöne alte Elektrofähre verkehrt zwischen dem Fährhafen Elizabeth Quay und den Cafés und Restaurants in Claisebrook Cove. Man kann mit der Fähre hin und zurück fahren oder mit dem kostenlosen Central Area Transit (CAT) Bus zurück in die Stadt. Während der Fahrt gibt der freundliche Kapitän interessante Kommentare von sich, und wenn das neue Stadion Anfang 2018 endlich eröffnet wird, will er auch eine Fährverbindung zwischen Stadt und Stadion anbieten.

Two Feet & a Heartbeat STADRUNDGANG
(☎ 1800 459 388; www.twofeet.com.au; 35–55 AU$/Pers.) Tagsüber liegt der Schwerpunkt der Führungen auf Geschichte, Kultur und Architektur, abends gibt's die sehr beliebte Small Bar Tour.

Beer Nuts BRAUEREI
(☎ 08-9295 0605; www.beernuts.com.au; 70 AU$/Pers.; ⏲ Mi–So) Auf dem Progamm stehen Swan-Valley-Mikrobrauereien und eine Rumbrennerei.

Captain Cook Cruises BOOTSFAHRTEN
(Karte S. 972; ☎ 08-9325 3341; www.captaincookcruises.com.au; Erw./Kind ab 40/23 AU$) Touren ins Swan Valley oder nach Fremantle mit vielen Extras wie Mahlzeiten, Craft-Bier, Weinproben und Zugfahrten. Abfahrt ist an der Barrack Street Jetty

Out & About WEIN
(☎ 08-9377 3376; www.outandabouttours.com.au; ab 85 AU$/Pers.) Bei den Touren ins Swan Valley und ins historische Guildford steht Wein im Mittelpunkt. Manche beinhalten Flussfahrten, Brauereibesuche sowie Käse- und Schokoladenverkostungen. Es gibt auch Tagesausflüge nach Margaret River.

Feste & Events

Perth Cup SPORT
(www.perthracing.org.au; ⏲ 1. Jan.) Am Neujahrstag findet Perths wichtigstes Pferderennen statt. DJs und Daiquiris locken Partyfreudige nach „Tentland".

Perth International Arts Festival KUNST
(www.perthfestival.com.au; ⏲ Mitte Feb.–Anfang März) Künstler wie Laurie Anderson, Dead Can Dance und Sleater-Kinney treten neben lokalen Toptalenten auf. Das Fest dauert 25 Tage. Geboten werden Theater, Klassik, Jazz, Kunst, Tanz, Film und Literatur. Besonders für Nachteulen einen Ausflug wert!

Kings Park Festival KULTUR
(www.kingsparkfestival.com.au) Das Festival findet im September während der Wildblumenblüte statt. Zum Programm gehören Livemusik am Sonntag, Führungen und Vorträge.

Schlafen

In letzter Zeit hat sich das Angebot an Unterkünften vor allem in und um Northbridge deutlich verbessert. Außerdem sollen 2017 und 2018 im CBD und in Elizabeth Quay weitere Luxushotels von Westin und Ritz Carlton eröffnet werden.

Sowohl der CBD als auch Northbridge sind gut an das öffentliche Verkehrsnetz angebunden, sodass die Innenstadtviertel wie Leederville und M. Lawley problemlos zu erreichen sind.

Zentrum

Perth City YHA HOSTEL $
(Karte S. 972; ☎ 08-9287 3333; www.yha.com.au; 300 Wellington St; B 33–36 AU$, Zi. 125 AU$ mit Gemeinschaftsbad 100 AU$; ❄@📶🏊) Das zentral gelegene YHA ist in einem eindrucksvollen Art-déco-Gebäude aus den 1940er-Jahren bei den Bahngleisen untergebracht. Die Flure erinnern ein wenig an ein Internat, dafür sind die Zimmer sauber und das gute Serviceangebot umfasst einen Fitnessbereich und eine Bar. Wie viele Hostels der Stadt ist auch dieses bei temporär eingeflogenen FIFO-Minenarbeitern („Fly-in, fly-out"-Arbeiter) beliebt, was jedoch auf Kosten des typischen YHA-Flairs geht.

Riverview 42 Mt. St Hotel APARTMENTS $$
(Karte S. 984; ☎ 08-9321 8963; www.riverviewperth.com.au; 42 Mount St; Apt. 130–229 AU$; ❄@📶) Auf der Mount St wird neuerdings jede Menge Geld investiert, das atmosphärische Riverview hat jedoch die meiste Persönlichkeit in der Gegend. Die gepflegten, renovierten Apartments aus den 1960er-Jahren thronen über einem modernen Foyer und einem lässigen Café. Die Zimmer sind

Perth Zentrum

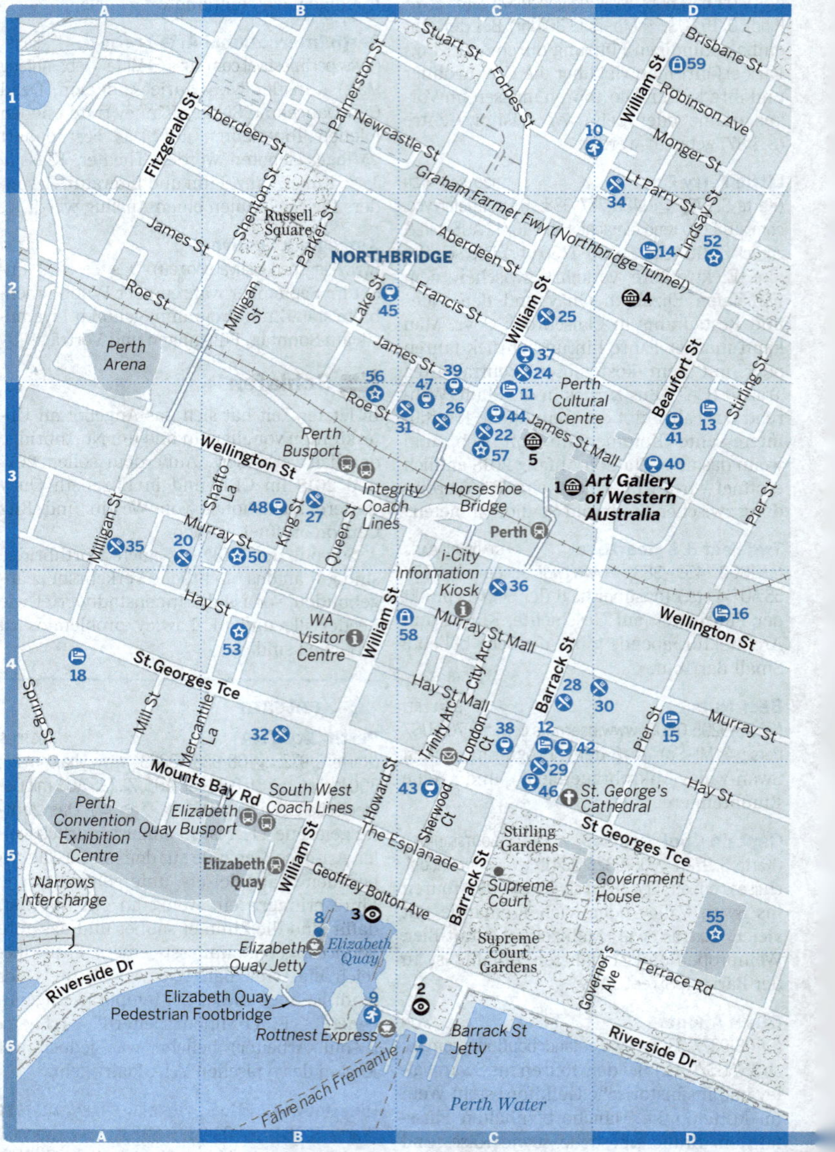

sonnig und einfach; die an der Vorderseite bieten Blick auf den Fluss, die hinteren sind dafür ruhiger.

Pensione Hotel BOUTIQUEHOTEL **$$**
(Karte S. 972; ☎ 08-9325 2133; www.pensione.com.au; 70 Pier St; DZ ab 182 AU$; ❄ 📶) Die frühere Budgetunterkunft Aarons mitten in der Innenstadt ist heute ein ziemlich schickes Boutiquehotel mit 98 Zimmern. Die Standardzimmer sind gemütlich, aber (sehr) klein, dennoch sind die tolle Ausstattung und die zentrale Lage definitiv deutliche Vorteile in einer teuren Stadt. Die Teppiche

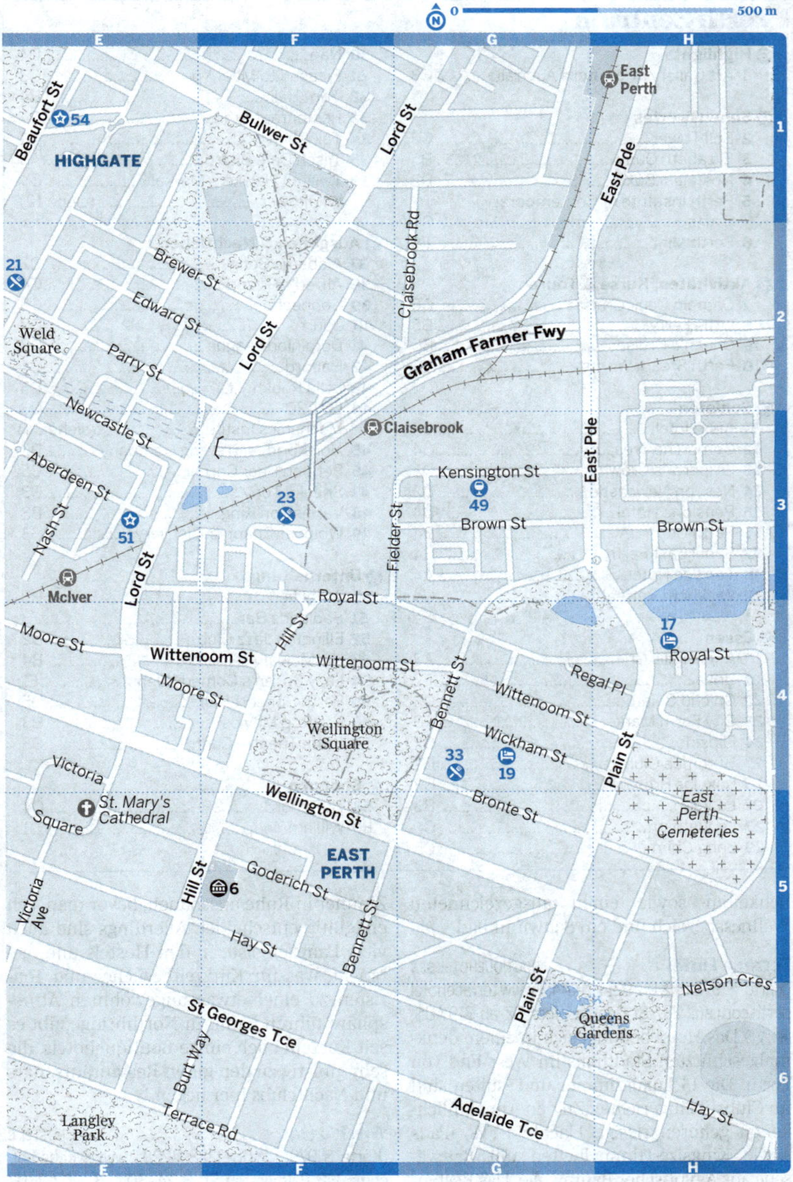

sind teilweise auch schon relativ fadenscheinig.

★ **Como The Treasury** BOUTIQUEHOTEL $$$
(Karte S. 972; ☎08-6168 7888; www.comohotels.com/thetreasury; State Buildings, 1 Cathedral Ave; Zi. ab 491 AU$;) Nur wenige Monate nach seiner Eröffnung wurde das Hotel von den Lesern des *Condé Nast Traveler* Magazine Ende 2016 bereits zum zweitbesten Hotel der Welt gekürt. Die 48 Luxuszimmer sind ganz im prachtvollen Stil des 140 Jahre alten State Buildings gehalten. Dennoch verfügt das Hotel über alle modernen Annehm-

Perth Zentrum

Highlights
1 Art Gallery of Western Australia C3

Sehenswertes
2 Bell Tower C6
3 Elizabeth Quay B5
4 Nostalgia Box D2
5 Perth Institute of Contemporary Arts C3
6 Perth Mint F5

Aktivitäten, Kurse & Touren
7 Captain Cook Cruises C6
8 Little Ferry Co B5
9 Oceanic Cruises B6
10 Perth Steam Works C1

Schlafen
11 Alex Hotel C3
12 Como The Treasury C4
13 Emperor's Crown D3
14 Nest on Newcastle D2
15 Pensione Hotel D4
16 Perth City YHA D4
17 Sebel East Perth H4
18 Terrace Hotel A4
19 Wickham Retreat G4

Essen
20 Angel Falls Grill A3
21 Brika E2
22 Chicho Gelato C3
23 City Farm Market F3
24 Flipside C2
25 Hummus Club C2
26 Kakulas Bros C3
27 La Veen B3
28 Le Vietnam C4
29 Long Chim C5
30 Nao D4
31 Pleased to Meet You C3
32 Print Hall B4
33 Restaurant Amusé G4
34 Tak Chee House D1
35 Tiisch Cafe Bistro A3
36 Twilight Hawkers Market C4
Wildflower .... (siehe 12)

Ausgehen & Nachtleben
37 Alabama Song C2
38 Alfred's Pizzeria C4
39 Connections C3
40 Court D3
41 Dominion League D3
42 Halford C4
43 Lalla Rookh C5
44 LOT 20 .... C3
Mechanics Institute .... (siehe 24)
45 Northbridge Brewing Company B2
46 Petition Beer Corner C5
47 Sneaky Tony's C3
48 Varnish on King B3
49 Whipper Snapper Distillery G3

Unterhaltung
50 Amplifier B3
51 Badlands Bar E3
52 Ellington Jazz Club D2
53 His Majesty's Theatre B4
54 Lazy Susan's Comedy Den E1
55 Perth Concert Hall D5
56 Rooftop Movies B3
57 State Theatre Centre C3

Shoppen
58 78 Records C4
59 William Topp D1

lichkeiten sowie einen ausgezeichneten Wellnessbereich und ein Schwimmbad.

Terrace Hotel BOUTIQUEHOTEL **$$$**
(Karte S. 972; ☎08-9214 4444; www.terracehotelperth.com.au; 237 St Georges Tce; DZ ab 319 AU$; ❄📶) Das Hotel befindet sich in einem denkmalgeschützten Stadthaus im West End von Perth. Die 15 Luxuszimmer und -suiten sind im Clubstil eingerichtet. Zu den Annehmlichkeiten gehören riesige Flachbild-TVs, iPads sowie Kingsize-Himmelbetten mit Bettwäsche aus Ägyptischer Baumwolle. Das Restaurant im Erdgeschoss ist bekannt für High Tea und Events für die Geschäftsleute der Stadt.

Northbridge

In Northbridge findet man überwiegend Hostels, und so kann man sich die einzelnen Zimmer in Ruhe anschauen, bevor man sich endgültig entscheidet. Allerdings sind auch viele Langzeitgäste in den Hostels untergebracht, was für Kurzzeitbesucher und Touristen zu einer etwas ungewohnten Atmosphäre führen kann. In Northbridge gibt es seit Kurzem auch einige Boutiquehotels, die sehr günstig zu den guten Restaurants, Bars und Nachtclubs hier liegen.

Witch's Hat HOSTEL **$**
(Karte S. 979; ☎08-9228 4228; www.witchs-hat.com; 148 Palmerston St; B 24–30 AU$, 2BZ & DZ 75 AU$; ❄@📶) Das Witch's Hat scheint einem Märchen entsprungen zu sein. Das Gebäude von 1897 ähnelt einem Lebkuchenhaus und der stolz über dem Eingang thronende Hexenhut (ein edwardianischer Mauerturm) lockt neugierige Gäste an. Die Schlafsäle sind hell und ungewöhnlich ge-

räumig, zudem gibt es hinter dem Haus einen Grillbereich aus Ziegelsteinen.

Emperor's Crown HOSTEL $
(Karte S. 972; ☎08-9227 1400; www.emperorscrown.com.au; 85 Stirling St; B 24–28 AU$, Zi. ab 95 AU$ mit Gemeinschaftsbad ab 90 AU$; ❄@📶) Eines der besten Hostels der Stadt dank einer tollen Lage (in der Nähe vom, jedoch nicht mitten im Northbridge-Trubel), freundlicher Mitarbeiternund hoher Hygienestandards. Die Preise sind zwar etwas höher als bei der gängigen Konkurrenz, dennoch lohnt sich ein Aufenthalt.

Nest on Newcastle BOUTIQUEHOTEL $$
(Karte S. 972; ☎08-6151 4000; www.thenestonnewcastle.com.au; 172 Newcastle St; Zi. 190–220 AU$; ❄📶) Eines der neuesten Boutiquehotels der Stadt liegt sehr günstig in Northbridge und hat Zimmer, die im Stil von „Bali", „New York" und „Audrey Hepburn" eingerichtet sind. Die Bäder sind strahlend weiß gefliest, und einige Zimmer haben auch einen kleinen Balkon. Zu den modernen Annehmlichkeiten gehören Nespresso-Kaffeemaschinen und Smart TV, und von der Dachterrasse hat man einen tollen Ausblick.

Alex Hotel BOUTIQUEHOTEL $$
(Karte S. 972; ☎08-6430 4000; www.alexhotel.com.au; 50 James St; DZ ab 209 AU$; ❄@📶) Das Hotel symbolisiert sehr stilvoll den Wiederaufstieg von Northbridge zu einem angesagten Stadtviertel. Die kleinen, schicken Zimmer sind in neutralen Farben gehalten und verfügen über feine Bettwäsche und modernste elektronische Geräte. Zu den zwanglosen Gemeinschaftsbereichen gehört eine schicke Bar im Zwischengeschoss und eine tolle Dachterrasse mit Blick auf die Stadt. Hinter dem Hotelrestaurant Shadow Wine Bar im Erdgeschoss verbirgt sich ein Bistro im europäischen Stil.

East Perth

Wickham Retreat HOSTEL $
(Karte S. 972; ☎08-9325 6398; www.facebook.com/wickhamretreat; 25-27 Wickham St; B 34–38 AU$, DZ 80 AU$; @📶) Das Hostel in einer Wohngegend östlich des Stadtzentrums ist wesentlich ruhiger als alle anderen Hostels der Stadt. Die Gäste sind zumeist Touristen aus aller Welt, die von den farbenfrohen Zimmern und Schlafsälen sowie dem abgefahrenen AstroTurf-Garten begeistert sind. Das kostenlose Essen – bestehend aus Reis, frischem Brot und vegetarischen Gerichten – schont die Reisekasse im ansonsten recht teuren Perth.

Sebel East Perth APARTMENTS $$$
(Karte S. 972; ☎08-9223 2500; www.accorhotels.com.au; 60 Royal St; Apt. ab 300 AU$; ❄📶) Die schicken, modernen Apartments haben eine voll ausgestattete kleine Küche und eine noble Hotelatmosphäre. An der Claisebrook Cove Promenade ganz in der Nähe gibt's einige gute Restaurants, Cafés und Bars.

Highgate & Mt. Lawley

★ **Durack House** B&B $$
(Karte S. 968; ☎08-9370 4305; www.durackhouse.com.au; 7 Almondbury Rd; Zi. 195–215 AU$; 📶) Das Cottage an einer ruhigen Straße im Außenbezirk hinter einem weißen, mit Rosen geschmückten Lattenzaun ist einfach charmant. Die drei Zimmer des Durack House versprühen jede Menge altmodischen Charme, der durch sehr moderne Bäder ergänzt wird. Das B&B liegt nur 250 m von der Haltestelle Mt. Lawley entfernt; einfach links in die Railway Pde einbiegen und dann der ersten Straße rechter Hand, der Almondbury Rd, folgen.

Above Bored B&B $$
(Karte S. 968; ☎08-9444 5455; www.abovebored.com.au; 14 Norham St; DZ 190–200 AU$; ❄📶) Das Haus im Federation-Stil von 1927 in einer ruhigen Wohngegend gehört einem freundlichen Drehbuchautor. Die zwei Themenzimmer im Hauptgebäude zeichnen sich durch bunt zusammengewürfeltes Dekor aus, und im Garten steht ein gemütliches Ferienhäuschen mit Küchenzeile. Gemessen an den hohen Unterkunftspreisen Perths bietet das Above Bored ein recht gutes Preis-Leistungs-Verhältnis. Northbridge und Mt. Lawley liegen eine kurze Fahrt entfernt.

Subiaco & Kings Park

Sage Hotel DESIGNHOTEL $$
(Karte S. 984; ☎08-6500 9100; www.snhotels.com/sage/west-perth; 1309 Hay St; Zi. 149–246 AU$; ❄📶) Das nagelneue Hotel hat moderne Zimmer mit iPod-Dockingstationen, Computern, riesigen Fernsehern und gut geschnittenen Bädern. Zudem befindet es sich in günstiger Lage zum CBD und Kings Park. Zu den weiteren Annehmlichkeiten gehören ein Fitnessraum und ein gutes italienisches Restaurant in einem 100 Jahre alten Wohnhaus nebenan.

Richardson HOTEL $$$
(Karte S. 984; ☎ 08-9217 8888; www.therichardson.com.au; 32 Richardson St; Zi./Suite ab 295/395 AU$; ❄📶🏊) Das durch und durch tadellose Richardson beherbergt luxuriöse, schick designte Zimmer, teils auch mit Schiebetüren, die zu größeren Suiten führen. Helle Marmorfliesen, cremefarbene Wände und interessante Kunst sorgen in der gesamten Anlage für luftig-sommerliche Atmosphäre. Im hauseigenen Spazentrum gibt's ein zusätzliches Verwöhnprogramm.

Strände

Wer sich hauptsächlich am Strand aufhalten möchte, sollte eine Unterkunft in Cottesloe oder Scarborough wählen, da die Fahrt zu den Stränden mit öffentlichen Verkehrsmitteln sehr zeitaufwendig ist.

Western Beach Lodge HOSTEL $
(Karte S. 968; ☎ 08-9245 1624; www.westernbeach.com; 6 Westborough St, Scarborough; B 34 AU$, DZ mit Gemeinschaftsbad 75 AU$; @📶) Das gute, einfache, aber sehr gemütliche Hostel ist besonders bei Surfern sehr beliebt. Wer mehr als drei Nächte bleibt, zahlt weniger. Surfbretter und Boogie Boards stehen zur Verfügung.

Trigg Retreat B&B $$
(☎ 08-9447 6726; www.triggretreat.com; 59 Kitchener St, Trigg; Zi. 175 AU$; ❄@📶) Das schicke B & B in einem modernen Wohnhaus hat drei Zimmer mit superbequemen Doppelbetten, Kühlschrank, TV, DVD-Player, Tee- und Kaffeekocher. Eine kleine Gästeküche ist ebenfalls vorhanden, und auf Wunsch erhalten die Gäste auch ein üppiges, frisch zubereitetes Frühstück. Das Haus ist nur eine kurze Autofahrt vom Trigg Beach entfernt. Zu der Pension gehört auch ein kleines Ferienhaus für bis zu vier Personen (240 AU$) in der Nähe.

Essen

Zentrum

Twilight Hawkers Market STRASSENESSEN $
(Karte S. 972; www.twilighthawkersmarket.com; Forrest Chase; Snacks & Hauptgerichte ca. 10 AU$; ⏲ Mitte Okt.–Ende April Fr 16.30–21 Uhr) Internationale Essensstände bringen die Aromen und Düfte der Welt an Freitagabenden im Frühling und Sommer ins Zentrum von Perth. Besucher können sich auf türkische *gözleme* (dünne herzhafte Fladenbrote), kolumbianische *empanadas* (frittierte Teigtaschen) und Livemusik von Bands aus Perth freuen.

Le Vietnam VIETNAMESISCH $
(Karte S. 972; ☎ 08-6114 8038; www.facebook.com/LeVietnamCafe; 1/80 Barrack St; Snacks 7 AU$; ⏲ Mo–Fr 6–15, Sa 8.30–14 Uhr; 🖉) Das enge, zentral gelegene Lokal serviert die besten *banh mi* (vietnamesische Baguettes) der Stadt. Diese werden ganz klassisch mit Hühnchen, Pastete, Chilis und Zitronengras oder, in der moderneren Variante, mit Pulled Pork, Schweinebraten und Schweinebauch belegt. Zu trinken gibt's vietnamesischen Kaffee und Litschi-Limonade. Das Ganze ist zudem äußerst preiswert, denn ein herzhaftes Frühstück oder Mittagessen kostet gerade einmal 10 AU$.

Nao JAPANISCH $
(Karte S. 972; ☎ 08-9325 2090; www.naojapaneserestaurant.com.au; Equus Arcade, Shop 191/580 Hay St; Hauptgerichte 11–14 AU$; ⏲ Mo–Do 11.30–18, Fr 11.30–21, So 12–17 Uhr) Studenten aus Asien, Geschäftsleute aus dem CBD und Feinschmecker aus ganz Perth strömen in dieses Lokal, um die besten Ramen-Nudeln der Stadt zu genießen. So bildet sich zu Stoßzeiten immer eine lange Schlange, doch für die leckere Kombination aus Brühe, Chashu-Schweinefleisch und Nudeln lohnt sich das Warten auf jeden Fall!

Angel Falls Grill VENEZOLANISCH $$
(Karte S. 972; ☎ 08-9481 6222; www.angelfallsgrill.com.au; Shop 16, Shafto Lane; Hauptgerichte 14–27 AU$; ⏲ Mo–Fr 7–22, Sa 8–23, So 9–22 Uhr) Dieses südamerikanische Restaurant ist das beste der vielen Ethno-Restaurants in dieser Straße. Alle Salate und Fleischgerichte werden mit *arepa* (Fladenbrot) serviert, und als Vorspeise gibt's Empanadas und überbackene Kochbananen. Das Grillfleisch ist gut gewürzt, und mit dem ausgezeichneten Frühstück lässt es sich gut in den Tag starten.

La Veen CAFÉ $$
(Karte S. 972; ☎ 08-9321 1188; www.laveencoffee.com.au; 90 King St; Hauptgerichte 13–25 AU$; ⏲ Mo–Sa 7–15, So 7–13 Uhr) In dem sonnigen Backsteingebäude werden tolles Frühstück und Mittagessen serviert. Auf der für Australien typischen internationalen Speisekarte stehen auch nahöstliche *shakshuka* (gebratene Eier in Tomatensauce), die hier jedoch mit *dukkah* gewürzt sind und mit Joghurt und Ciabattabrot serviert werden. In dem Café kann man sich auch gut vom Bummeln

und Stöbern in den umliegenden Mode- und Designergeschäften erholen.

Tiisch Cafe Bistro CAFÉ $$
(Karte S. 972; www.tiisch.com.au; 938 Hay St; Hauptgerichte 14–24 AU$; ⏲Mo–Fr 7–15 Uhr) Hohe Decken sorgen in diesem Neuzugang im CBD für europäisches Flair. Zu trinken gibt es eine große Auswahl an Cold Brew Coffees, Matcha- und grünen Tees, doch auch Frühstück und Mittagessen sind lecker und trendy. So gibt's morgens *labneh*-Frischkäse mit Kokos-Nuss-Knuspermüsli und mittags Hamburger aus Wagyu-Rindfleisch mit Chili und Provolone-Käse.

★Long Chim THAILÄNDISCH $$$
(Karte S. 972; ☎08-6168 7775; www.longchimperth.com; State Buildings, Ecke St. Georges Tce & Barrack St.; Hauptgerichte 28–45 AU$; ⏲12 Uhr–open end; 🍷) Der australische Koch David Thompson ist weithin bekannt für seine echt thailändische Straßenküche, die er ohne jede Rücksicht auf westliche Geschmacksknospen zubereitet. Spezialität des Hauses ist der scharfe Hühnchen-*laap* (warmer Salat mit frischen Kräutern) und das leckere Entencurry. Die Garnelen mit gerösteten Kokos- und Betelblättern gehören vielleicht zu den besten Vorspeisen der ganzen Welt.

★Wildflower MODERN AUSTRALISCH $$$
(Karte S. 972; ☎08-6168 7855; www.wildflowerperth.com.au; State Buildings, 1 Cathedral Ave; Hauptgerichte 36–49 AU$, 5-Gänge-Verkostungsmenü ohne/mit Wein 145/240 AU$; ⏲Di–Fr 12–15 & 18 Uhr–open end, Sa 18 Uhr–open end) Das Restaurant in einem Glaspavillon auf dem Dach des restaurierten State Buildings bietet Gerichte der Saison, die stark von der Küche des indigenen Noongar-Volkes beeinflusst sind. Ein besonderer Schwerpunkt liegt auf Produkten aus Western Australia wie Kammmuscheln aus der Shark Bay, Kängurufleisch, das mit Jarrahholz geräuchert wurde, heimischen Kräutern und Buschpflanzen, etwa Zitronenmyrte und Akaziensamen.

Print Hall ASIATISCH, MODERN-AUSTRALISCH $$$
(Karte S. 972; ☎08-6282 0000; www.printhall.com.au; 125 St Georges Tce; Gerichte zum Teilen 14–36 AU$, Hauptgerichte 25–36 AU$; ⏲Mo–Fr 11.30–24, Sa 16–24 Uhr) Die weitläufige Anlage im Brookfield-Pl-Komplex beherbergt das Apple Daily mit südostasiatischen Straßengerichten und der großen Print Hall Bar mit Austernbar sowie Grillfleisch und Meeresfrüchten aus WA. Nicht entgehen lassen sollte man sich einen Drink und spanische Tapas in der Dachbar Bob's Bar, benannt nach dem trinkfreudigen ehemaligen australischen Premierminister Bob Hawke.

Northbridge

Chicho Gelato EIS $
(Karte S. 972; www.chichogelato.com; 180 William St; ab 5 AU$; ⏲So–Mi 12–22, Do–Sa 12–23 Uhr) Die Besitzer wollten „Eis der neuen Art" kreieren und mit Sorten wie Lavendel und Honigwabe oder mexikanischer Rauchschokolade ist ihnen das auch gelungen. Außerdem

SELBSTVERSORGER

Das sind die besten Anlaufstellen für Selbstversorger

Boatshed Market (Karte S. 968; ☎08-9284 5176; www.boatshedmarket.com.au; 40 Jarrad St; ⏲6.30–20 Uhr) mit ausgezeichneten Lebensmitteln und Getränken, inklusive Feinkost.

Chez Jean-Claude Patisserie (Karte S. 984; ☎08-9381 7968; www.chezjeanclaudepatisserie.com.au; 333 Rokeby Rd; Snacks 3–8 AU$; ⏲Mo–Fr 6–18 Uhr) Hier gibt's original französische Brioches und Baguettes.

City Farm Market (Karte S. 972; ☎08-9221 7300; www.perthcityfarm.org.au; 1 City Farm Pl; Hauptgerichte 12–15 AU$; ⏲Sa 8–12, Café Mo–Fr 7–15, Sa 7–12 Uhr) Bio-Eier, Obst, Gemüse und Brot kann man auch im ausgezeichneten Café genießen.

Kailis Bros (Karte S. 984; ☎08-9443 6300; www.kailisbrosleederville.com.au; 101 Oxford St; ⏲Laden 8–18 Uhr, Café 7 Uhr–open end) Frische Meeresfrüchte, die auch im Café serviert werden.

Kakulas Bros (Karte S. 972; ☎08-9328 5285; www.kakulasbros.com.au; 183 William St; ⏲Mo–Sa 8–17, So 11–16 Uhr; 🍷) Feinkost und Lebensmittel aller Art.

Subiaco Farmers Market (Karte S. 984; ☎0406 758 803; www.subifarmersmarket.com.au; Subiaco Primary School, 271 Bagot Rd; Snacks od. Hauptgerichte 7–12 AU$; ⏲Sa 8–12 Uhr) Auf diesem Bauernmarkt werden Bioprodukte und Straßenessen angeboten. Für familienfreundliche Unterhaltung ist ebenfalls gesorgt.

arbeiten sie regelmäßig mit Köchen in Perth und Fremantle zusammen. Besonders abends bilden sich hier lange Schlangen, die sich aber zügig wieder auflösen.

Tak Chee House MALAIISCH $
(Karte S. 972; ☎08-9328 9445; 1/364 William St; Hauptgerichte 11–18 AU$; ⏲Di–So 11–15 & 17–21 Uhr) Das Tak Chee zieht jede Menge malaiische Studenten an, die sich hier die Aromen ihrer Heimat schmecken lassen, und ist unser Favorit unter den preiswerten asiatischen Lokalen an der William St. Wer keine Lust auf Satay, Hainan-Hühnchen oder *char kway teo* (gebratene Nudeln) hat, findet in unmittelbarer Nähe thailändische, vietnamesische, laotische und chinesische Küche. Nur Barzahlung; Wein und Bier müssen die Gäste selbst mitbringen.

Chu Bakery CAFÉ, BÄCKEREI $
(Karte S. 979; ☎08-9328 4740; www.facebook.com/Chu-Bakery-492284474260141; 498 William St; Snacks ab 5 AU$; ⏲Di–So 7–16 Uhr) Das Café mit eigener Bäckerei ist ideal, um sich vor oder nach dem Besuch des Hyde Park zu stärken. Der Kaffee ist ausgezeichnet, die Donuts sind superlecker und das Sauerteigbrot ist eine gute Basis für ein Picknick am Strand von Cottesloe oder am City Beach. Zum Mittagessen im Hyde Park kann man sich hier einen Toast mit Avocadocreme, Fetakäse und *sriracha*-Sauce sowie einen Espresso mitnehmen.

★ **Brika** GRIECHISCH $$
(Karte S. 972; ☎0455 321 321; www.brika.com.au; 3/177 Stirling St; Vorspeisen & Hauptgerichte 9–27 AU$; ⏲Mo–Do 17 Uhr–open end, Fr–So 12–15 & 17 Uhr–open end) In einem der interessantesten Restaurants der Stadt wird traditionelle griechische Küche sehr stylish präsentiert. Der nüchtern weiße Innenraum ist mit bunten griechischen Stoffen aufgelockert. Auf der Speisekarte stehen Köstlichkeiten wie geräucherte Auberginencreme, sanft gegartes Lamm und Garnelen mit Saganaki. Da fällt es schwer, noch etwas Platz für *loukoumades* (griechische Donuts) zum Nachtisch zu lassen.

Wer nicht so viel Zeit hat, holt sich in der nagelneuen Filiale Filos + Yiros (tägl. 7.30–16 Uhr) einen Souvlaki-Wrap, Baklava und Espresso. Im schönen Park gegenüber kann man dann in aller Ruhe essen.

Hummus Club NAHÖSTLICH $$
(Karte S. 972; ☎08-9227 8215; www.thehummusclub.com; 258 William St; Hauptgerichte 14–18 AU$; ⏲Di–So 17–22 Uhr; 🖉) Was als Stand auf den Märkten in und um Perth begonnen hat, ist dank einer großen Crowdfunding-Aktion in einem schönen Backsteingebäude in Northbridge sesshaft geworden. Das cremige Hummus wird mit Pita-Brot serviert, außerdem gibt's Lammköfte, Falafel und gute Salate. Die Cocktails werden mit Spirituosen aus Perth gemixt, für nahöstliches Flair sorgt libanesisches Almaza-Bier.

Pleased to Meet You BISTRO, BAR $$
(Karte S. 972; ☎08-9227 9238; www.pleasedtomeetyou.com.au; 38 Roe St; Gerichte zum Teilen 9–20 AU$; ⏲Mo–Do 17 Uhr–open end, Fr–So 12 Uhr–open end) Die asiatischen und südamerikanischen Straßengerichte begeistern jeden Hipster. Das Pleased to Meet You überzeugt mit mutigen Aromen und Speisen, die sich perfekt zum Teilen und als Begleitung zu Cocktails, Wein aus WA und Craft-Bier eignen. An den Gemeinschaftstischen warten Leckereien wie Kokos-Ceviche, Enten-Tacos und gegrillte Knoblauchaustern.

East Perth

★ Restaurant

Amusé MODERN-AUSTRALISCH $$$
(Karte S. 972; ☎08-9325 4900; www.restaurantamuse.com.au; 64 Bronte St; Degustationsmenü ohne/mit Wein 130/210 AU$; ⏲Di–Sa 18.30 Uhr–open end) Die Kritiker sind zweifellos *amused* von diesem Restaurant, das ausschließlich Degustationsmenüs serviert und regelmäßig zu einem der besten Australiens gekürt wird. Für seine Qualität spricht beispielsweise die Tatsache, dass es seit 2010 jedes Jahr von dem Magazin *Gourmet Traveller* zum besten Lokal in WA gewählt wurde. Man sollte weit im Voraus buchen und sich auf ein kulinarisches Abenteuer einstellen.

Highgate, Mt. Lawley & Maylands

Veggie Mama VEGETARISCH $
(Karte S. 979; ☎08-9227 1910; www.facebook.com/veggiemama01; Ecke Beaufort St. & Vincent St.; Hauptgerichte 10–20 AU$; ⏲Mo & Di 8–19, Mi–Fr 8–21, Sa & So 9–17 Uhr; 📶🖉) 🌿 Das hübsche kleine Café bietet Unmengen von veganen und glutenfreien Gerichten, die alle superlecker sind. So gibt's zu köstlichen Salaten, vegetarischen Currys und Burgern sehr gute Smoothies. Das Frühstück am Wochenende ist äußerst beliebt.

Highgate & Mt. Lawley

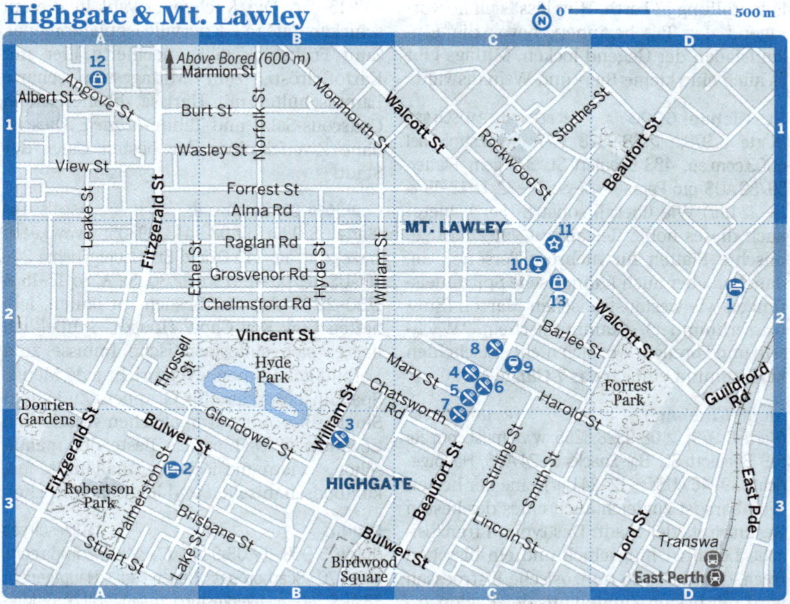

Highgate & Mt. Lawley

Schlafen
1 Durack House D2
2 Witch's Hat A3

Essen
3 Chu Bakery B3
4 El Público C2
5 Mary Street Bakery C2
6 Must Winebar C2
7 St. Michael 6003 .... C3
8 Veggie Mama C2

Ausgehen & Nachtleben
9 Five Bar C2
10 Flying Scotsman C2
Must Winebar .... (siehe 6)

Unterhaltung
11 Astor C2

Shoppen
12 Future Shelter A1
13 Planet Books C2

El Público MEXIKANISCH $$
(Karte S. 979; ✆ 0418 187 708; www.elpublico.com.au; 511 Beaufort St; Snacks & gem. Platten 9–18 AU$; ⏲ Mo–Fr 17–24, Sa & So 16–24 Uhr) Hier wird echtes mexikanisches Straßenessen interessant abgewandelt und auf gemischten Platten serviert, die man am besten in der Gruppe genießt. Besonders hervorragend sind die Tacos mit Enten-*carnitas*, die gegrillten Tintenfische und die Eisbecher mit Mais, Kokos und Popcorn. Gelegentlich legen DJs auf, und dann fließen Mezcal und Cocktails in Strömen.

Mrs S CAFÉ $$
(Karte S. 968 ✆ 08-9271 6690; www.mrsscafe.com.au; 178 Whatley Cres; Hauptgerichte 11–23 AU$; ⏲ Di–Fr 7–16, Sa & So 8–16 Uhr) In schrullig altmodischem Ambiente werden ausgezeichnete Backwaren und gemütlicher Brunch serviert. Auf der Speisekarte, die aus kleinen Bilderbüchern besteht, finden sich jede Menge traditioneller Gerichte in kreativen Variationen. Am Wochenende ist es hier immer rappelvoll, deshalb besser unter der Woche kommen.

Mary Street Bakery CAFÉ $$
(Karte S. 979; ✆ 08-499-509-300; www.facebook.com/marystreetbakery; 507 Beaufort St; Hauptgerichte 12–24 AU$; ⏲ 7–16 Uhr) Knusprige, warme Backwaren aus dem Holzofen, Feinkostbrot und interessante Kaffeegetränke ergänzen in diesem geräumigem, sonnigen Café der wetteifernden Gastroszene in Mt. Lawley die wohl besten Donuts mit Schoko-

ladenfüllung in Perth. Hier lässt sich hervorragend der Tag beginnen, bevor die Einkaufsläden der Gegend locken. Mittags gibt es auch eine kleine Bier- und Weinauswahl.

St. Michael 6003 MODERN AUSTRALISCH $$$
(Karte S. 979; ☎08-9328 1177; www.stmichael6003.com.au; 483 Beaufort St; 3/7 gem. Platten 59/89 AU$ pro Pers.; ⏲Di–Sa 18–22, Fr 12–15 & 18–22 Uhr) Wie überall sonst in Perth bietet auch dieses noble Restaurant vor allem gemischte Platten für mehrere Personen an, daneben aber auch kulinarische Spitzenleistungen wie westaustralischen Marron (Süßwasserhummer), Kammmuscheln, Wachteln und Forellen. Wer sich nicht entscheiden kann, nimmt einfach das 7-Gänge-Menü.

Must Winebar FRANZÖSISCH $$$
(Karte S. 979; ☎08-9328 8255; www.must.com.au; 519 Beaufort St; Bar-Snacks 9–24 AU$, Hauptgerichte 39–46 AU$; ⏲12–24 Uhr) Eine der besten Weinbars ist zugleich auch eines der besten Restaurants der Stadt. Das typisch französische Lokal ist hip, schick und ein bisschen frech, das klassisch französische Bistroessen wird mit besten Zutaten aus der Region zubereitet. Auch sehr lecker sind die Austern, Bar-Snacks und Wurstplatten.

Mt. Hawthorn & Leederville

New Norcia Bakery BÄCKEREI, CAFÉ $
(Karte S. 968; www.newnorciabaker.com.au; 163 Scarborough Beach Rd; Hauptgerichte 14–18 AU$; ⏲6.30–17.30 Uhr) In dem freundlichen Café gibt es das beste Brot und das leckerste Gebäck der Stadt. Kein Wunder, dass es hier am Wochenende immer rappelvoll ist. In der zentraler gelegenen **Filiale** (Karte S. 984; The Cloisters, Bagot Rd; ⏲Mo–Sa 7–17.30, So 7.30–14.30 Uhr) in Subiaco gibt's den Kaffee und die Köstlichkeiten auch zum Mitnehmen.

Market Juicery CAFÉ $
(Karte S. 984; ☎0458 877 000; www.facebook.com/Themarketjuicery; Shop 2, 139-141 Oxford St; Salate 10–12 AU$,Säfte & Smoothies 8–9 AU$; ⏲Mo–Fr 7–15, Sa 8–14 Uhr; ✍) Supergesunde Smoothies, frische Säfte und knackige Salate machen das preiswerte Lokal inmitten der schrägen Läden von Leederville zum idealen Boxenstopp fürs Mittagessen. Die Wraps und Bagels sind auch gut. Der „Saftladen" ist in einer Arkade hinter dem Zeitschriftenladen.

Sayers CAFÉ $$
(Karte S. 984; ☎08-9227 0429; www.sayersfood.com.au; 224 Carr Pl; Hauptgerichte 12–28 AU$; ⏲7–16 Uhr) Die Kuchenauswahl in diesem schicken Café in Leederville ist phänomenal. Zum Frühstück gibt's pochierte Eier mit Kartoffelrösti, zum Mittagessen scharfe Lammschulter mit Harissa, libanesischem Couscous-Salat und Tahini-*labneh*. Dies ist ohne Zweifel eines der besten Cafés der Stadt!

Low Key Chow House ASIATISCH $$
(Karte S. 984; ☎08-9443 9305; www.keepitlowkey.com.au; 140 Oxford St; Hauptgerichte 24–30 AU$; ⏲Do–Fr 17.30–22.30, Sa & So 12–15 & 17.30–22.30 Uhr) Ein Besuch im lauten, lebhaften Low Key Chow House – schließlich hat es sich südostasiatische Imbisse zum Vorbild genommen – verspricht jede Menge Spaß, insbesondere für Gruppen. Zu kaltem Singha-Bier oder aromatischen asiatischen Cocktails gibt's hier das Beste der malaiischen, vietnamesischen, thailändischen, kambodschanischen und laotischen Küche.

Divido ITALIENISCH $$$
(Karte S. 968; ☎08-9443 7373; www.divido.com.au; 170 Scarborough Beach Rd; Hauptgericht 38 AU$, 5-Gänge-Verkostungsmenü 79 AU$; ⏲Mo–Sa 11 Uhr–open end) In dem romantischen italienischen Restaurant steht ein kroatischer Koch am Herd (weshalb es auch dalmatinische Donuts zum Nachtisch gibt), der handgemachte Pasta und leckere Grillgerichte perfekt beherrscht. Mit dem 5-Gänge-Verkostungsmenü ist man locker den ganzen Abend beschäftigt. Die schnellere und preiswertere Variante ist das Spezialmenü mit nur zwei Gängen für 39,50 AU$. Für zwei Personen empfiehlt sich das hervorragende gebratene Lamm (85 AU$).

Subiaco

Boucla CAFÉ $
(Karte S. 984; 08-9381 2841; 349 Rokeby Rd; Hauptgerichte 11–24 AU$; ⏲Mo–Fr 7–17, Sa bis 15.30 Uhr) Ein Geheimtipp der Einheimischen: Himmlische griechisch und levantinisch geprägte Gerichte, die man angenehmerweise etwas abseits des Trubels der Rokeby Rd genießen kann. Baklava und Kuchen locken, und Pasteten mit Gorgonzola und gebratenem Gemüse verschönern die Teller. Es gibt auch sehr gute Salate.

Meeka NAHÖSTLICH $$$
(Karte S. 984; ☎08-9381 1800; www.meekarestaurant.com.au; 361 Rokeby Rd; Vorspeisen 15–18 AU$, Hauptgerichte 31–39 AU$; ⏲Di–So 18 Uhr–open end) Eines der vielen Restaurants in die-

ser Gegend spickt die modern-australische Küche mit nahöstlichen und nordafrikanischen Einflüssen. Als Vorspeise ist besonders die tasmanische Lachsterrine zu empfehlen. Beim Meeresfrüchte-Eintopf mit Garnelen, Tintenfisch und Pernodsauce ist der französische und marokkanische Einfluss nicht zu übersehen. Und zum Nachtisch gibt's türkische Lokum-Marshmallows.

Cottesloe

Cott & Co Fish Bar SEAFOOD **$$**
(Karte S. 968; ☎08-9383 1100; www.cottandco.com.au; 104 Marine Pde; Bar-Snacks & Austern 12–26 AU$, Hauptgerichte 28–36 AU$; ⏱11 Uhr–open end) Das schicke Meeresfrüchterestaurant mit Weinbar gehört zum alten, wunderbar renovierten Cottesloe Beach Hotel. Zu frischen Austern aus der Region gibt's Wein aus Margaret River und dazu den Sonnenuntergang über dem Indischen Ozean. Aus der ehemals ziemlich üblen Gartenbar wurde der vornehm kühle Beach Club mit strahlend weißen Wänden.

Il Lido ITALIENISCH **$$**
(Karte S. 968; www.illido.com.au; 88 Marine Pde; Hauptgerichte 20–42 AU$; ⏱7 Uhr–open end) Der Außenbereich des Restaurants mit Selbstbedienung ist zwar ein beliebter Treffpunkt der Einheimischen mit Hunden, doch der sonnige Innenraum ist schöner. Morgens kommen die Frühschwimmer hierher zum Frühstück oder auf einen Kaffee, und dann werden den ganzen Tag über Antipasti-Platten, Pasta und Risotto, Bier und Wein serviert. Abends kann man dann bei einem leckeren Cocktail den Sonnenuntergang beobachten.

Ausgehen & Nachtleben

Nach einer Änderung der örtlichen Gesetze vor ein paar Jahren schossen witzige kleine Bars im Stil von Melbourne wie Pilze aus dem Boden, sodass man jetzt in der ganzen Stadt und auch in der früheren „Wüste" der Innenstadt nach Einbruch der Dunkelheit noch etwas zu trinken bekommt. Schwerpunkt der Nachtschwärmer ist aber nach wie vor Northbridge mit seinen vielen Kneipen.

Zentrum

★**Petition Beer Corner** CRAFT-BIER
(Karte S. 972; ☎08-6168 7773; www.petitionperth.com/beer; State Buildings, Ecke St Georges Tce & Barrack St; ⏱Mo–Sa 11.30 Uhr–open end, So 12 Uhr–open end) In der großen Bar mit brüchigen Mauern gibt's Craft-Bier aus Kleinbrauereien frisch vom Fass. Dabei wechseln die Sorten ständig – sind aber immer aktuell auf der Homepage „Now Tapped on Petition" aufgeführt – und so kann man sich hier durch die ganze Craft-Bier-Szene Australiens probieren. Da die kleinsten Gläser nur 150 ml fassen, steht einer ausführlicheren Bierprobe nichts im Wege.

Halford COCKTAILBAR
(Karte S. 972; ☎08-9325 4006; www.halfordbar.com.au; State Buildings, Ecke Hay St & Cathedral Ave; ⏱So–Mi 16–24, Do–Sa 16–2 Uhr) In dieser Bar im mondänen Stil der 1950er-Jahre kann man sich wirklich wie ein Filmstar fühlen, denn es gibt stilecht gemixte Martinis und andere US-Klassiker. Ausstattung und Mobiliar sind herrlich nostalgisch: glänzende Stoffe, sanfte Beleuchtung, uralte Poster von Boxkämpfen an den Wänden. Mehr als nur ein Hauch Amerika im abgelegenen Australien.

Alfred's Pizzeria BAR
(Karte S. 972; www.alfredspizzeria.com.au; 37 Barrack St; ⏱15–24 Uhr) Die kleine Bar im CBD erinnert ziemlich stark an *Der Pate*. Es gibt Pizzaschnitten, Craft-Bier und australischen Wein. An den Wänden hängen tolle Schwarzweiß-Fotos vom alten New York, und in einem Wandgemälde sind Axl Rose als Jesus und Madonna als Jungfrau Maria zu sehen.

Lalla Rookh WEINBAR
(Karte S. 972; ☎08-9325 7077; www.lallarookh.com.au; Lower Ground Floor, 77 St. Georges Tce; ⏱Mo–Fr 11.30–24, Sa ab 17 Uhr) Die gemütliche Erdgeschossbar im CBD ist auf Wein, Craft-Bier und italienische Küche spezialisiert. Die Cocktails sind mediterran inspiriert, zudem können sich die Gäste den ganzen Tag über gemütlich verschiedene Gerichte (Pizza ab 18 AU$, Gerichte zum Teilen ab 15 AU$) teilen. Unbedingt die Pizza mit aromatischem Feral Hop Hog Pale Ale aus dem Swan Valley versuchen.

Varnish on King COCKTAILBAR
(Karte S. 972; ☎08-9324 2237; www.varnishonking.com; 75 King St; ⏱Mo–Fr 11.30–24, Sa 16–24 Uhr) Mit interessanten Geschäften, Cafés und Bars wird die untere King Street immer mehr zum Hot Spot von Perth. Und inmitten von trendigen Barbierläden und Cafés huldigt diese Backsteinbar dem amerikani-

schen Whiskey, von dem mehr als 100 Sorten im Angebot sind. Außerdem gibt es eine gute Bier- und Weinauswahl sowie anständiges Partyessen wie gut gewürzten texanischen Oktopus mit Zucchini und Estragon.

Northbridge

Das eher raue Nachtleben von Northbridge konzentriert sich auf die Kneipen und Clubs rund um die William St und James St. In letzter Zeit kamen jedoch einige angenehmere Lokale dazu. Da für die meisten Kneipen die Sperrstunde gilt, sollte man lange vor Mitternacht dort sein. Beim Einlass werden die Ausweise kontrolliert.

★ Sneaky Tony's BAR

(Karte S. 972; www.facebook.com/sneakytonys; Nicks Lane; ⏲16–24 Uhr) Um freitags und samstags in die Bar ohne Schild inmitten von Straßenkünstlern und chinesischen Restaurants zu kommen, benötigt man ein Passwort, das aber jede Woche auf der Facebook-Seite von Sneaky Tony's veröffentlicht wird. Drinnen sucht man sich einen Platz an der langen Theke und bestellt einen Rumcocktail oder einen erfrischenden Dark & Stormy mit Ingwerbier und Limette. Der Eingang ist hinter 28 Roe Street.

Dominion League BAR

(Karte S. 972; ☎08-9227 7439; www.dominionleague.com.au; 84 Beaufort St; ⏲Di–Do 12–24, Fr & Sa 12–2 Uhr) Die Bar im kultivierten europäischen Stil ist nach der Bewegung benannt, die sich 1929 für die Abspaltung Western Australias einsetzte. Sie liegt in einer ruhigen Gegend im Osten von Northbridge und erinnert mit Ledersofas und Backsteinmauern an die Atmosphäre eines Londoner Herrenclubs. Allerdings gibt es hier eine ausgezeichnete Auswahl an Craft-Bieren sowie eine gute Wein- und Cocktailkarte.

Ebenso kosmopolitisch ist das Essen, etwa gegrillte Lammschulter mit Tahini-Joghurt. Im Erdgeschoss befindet sich noch eine gemütliche Whiskey-Bar.

Alabama Song BAR

(Karte S. 972; www.facebook.com/alabamasongbar; Level 1, behind 232 William St; ⏲Mi–So 18–2 Uhr) Mit Dosenbier und mehr als 100 amerikanischen Whiskey- und Bourbon-Sorten kann man sich in dieser Bar in einer Seitenstraße in Northbridge bis in die Puppen amüsieren. Zur Stärkung gibt's Chicken Wings und Cheeseburger. Freitag- und samstagabends legen DJs auf oder spielen Bands aus der Region Klassiker der Rockabilly-, Honky-tonk- und Countrymusik. Am besten die Baseballkappe von John Deere aufsetzen!

LOT 20 BAR

(Karte S. 972; ☎08-6162 1195; www.lot20.co; 198-206 William St; ⏲Mo–Sa 10–24, So 10–22 Uhr) Auch diese Bar ist ein Symbol für den Wan-

SCHWULEN- & LESBENSZENE IN PERTH

Die ganze Schwulen- und Lesbenszene von Western Australia konzentriert sich in und auf Perth. Bevor die Erwartungen jedoch zu hoch werden: Es gibt hier genau zwei Schwulenbars und eine reine Männersauna. Viele andere Bars, vor allem in Highgate und Mt. Lawley, sind zwar schwulen- und lesbenfreundlich, aber man kann sie dennoch kaum als Teil einer quirligen Schwulen- und Lesbenszene bezeichnen.

Infos zu Terminen und Veranstaltungen finden sich im kostenlosen Monatsmagazin *Out in Perth* (www.outinperth.com). Pride WA (www.pridewa.com.au) organisiert Mitte November das 10-tägige PrideFest, dessen Höhepunkt die farbenprächtige Pride Parade ist.

Court (Karte S. 972; ☎08-9328 5292; www.thecourt.com.au; 50 Beaufort St; ⏲So–Do 12–24, Fr & Sa 12–2 Uhr) In dem weitläufigen Gebäudekomplex befinden sich eine alte Eckkneipe und ein großer, teilweise überdachter Innenhof mit Clubatmosphäre. Bei der Drag Night am Mittwochabend halten Kings und Queens vor dem jungen Publikum Hof.

Connections (Karte S. 972; ☎08-9328 1870; www.connectionsnightclub.com; 81 James St; ⏲Mi–Sa 20 Uhr–open end) DJs, Drag Shows und gelegentlich auch Ringkämpfe im Schlamm.

Perth Steam Works (Karte S. 972; ☎08-9328 2930; www.perthsteamworks.com.au; 369 William St; 25 AU$; ⏲So–Do 12–1, Fr & Sa 12–2 Uhr) Der Eingang zur Schwulensauna befindet sich in der Forbes Street.

del des Nachtlebens in Northbridge von rauen, ungehobelten Bars hin zu gemütlicheren, anspruchsvolleren Exemplaren. Im Innenhof mit Backsteinmauern kann man warme Sommerabende genießen, bei kühlerem Wetter lädt der gemütliche Innenraum zu Barsnacks, Feinschmeckerburgern, Wein aus Western Australia und australischem Craft-Bier ein. Der Eingang ist in der James St.

Northbridge Brewing Company KLEINBRAUEREI
(Karte S. 972; ☎ 08-6151 6481; www.northbridgebrewingco.com.au; 44 Lake St; ⏲ So–Di 8–22, Mi–Sa bis 24 Uhr) Die vier hauseigenen Biersorten können sich sehen lassen, eigentliches Highlight sind jedoch die Fassbiere aus ganz Australien, die gelegentlich gezapft werden. Die Außenbar, die an die Northbridge Plaza grenzt, versprüht entspannt-lässiges Flair, zudem können Gäste auf großen Bildschirmen im mehrgeschossigen Innenbereich mit Industrie-Ambiente Sport gucken.

Mechanics Institute BAR
(Karte S. 972; 08-9228 4189; www.mechanicsinstitutebar.com.au; 222 William St; ⏲ Mo–Sa 12–24, So bis 10 Uhr) Eine der bodenständigen kleinen Bars von Perth. Man setzt sich zu anderen an einen der großen Tische oder auf einen Hocker an der Bar. Wer mag, kann sich auch einen Gourmet-Burger vom **Flipside** (Karte S. 972; ☎ 08-9228 8822; www.flipsideburgerbar.com.au; Burger 11,50–15,50 AU$; ⏲ Mo–Mi 11.30–21.30, Do–Sa 11.30–open end, So 12–21 Uhr), eine Etage tiefer, bestellen.

Highgate, Mt. Lawley & Maylands

Swallow WEINBAR
(Karte S. 968; ☎ 08-9272 4428; www.swallowbar.com.au; 198 Whatley Cres; ⏲ Mi–Do 17–22, Fr 16–24, Sa & So 12–22 Uhr) Mit der Art-déco-Ausstattung, schrägen Lampenschirmen und alten französischen Werbeplakaten hat diese Bar das Zeug zur Stammkneipe. Die Weine und Cocktails sind hervorragend, doch es gibt auch Leichtbier aus Spanien, dunkles Bier aus Neuseeland und Cider aus Western Australia. Donnerstags bis sonntags gibt's oft Livemusik, die auf der Homepage angekündigt wird. Als Essen werden Snacks (10–19 AU$) serviert.

Five Bar CRAFT-BIER
(Karte S. 979; ☎ 08-9227 5200; www.fivebar.com.au; 560 Beaufort St; ⏲ Mo–Sa 12–24, So bis 22 Uhr) Internationale und australische Craft-Biere – darunter saisonale und spezielle Sorten von den besten Brauereien in WA – machen die Five Bar in Mt. Lawley zu einer lohnenden Adresse für Hopfenliebhaber. Weinfans kommen auch auf ihre Kosten, zudem gibt's stilvolle Hausmannskost.

Must Winebar WEINBAR
(Karte S. 979; ☎ 08-9328 8255; www.must.com.au; 519 Beaufort St; ⏲ 12–24 Uhr) Diese Bar ist kaum zu schlagen: Im Hintergrund läuft cooler französischer House, von den insgesamt 500 Weinen auf der Karte werden 40 offen ausgeschenkt. Im Obergeschoss befindet sich eine exklusive Champagnerbar, für die man im Voraus reservieren muss.

Flying Scotsman PUB
(Karte S. 979; ☎ 08-9328 6200; www.facebook.com/TheFlyingScotto; 639 Beaufort St; ⏲ 11–24 Uhr) Der Pub im guten alten Stil zieht vor allem Indie-Fans an und ist ideal für einen Drink, bevor es ein paar Häuser weiter zur Livemusik im **Astor** (Karte S. 979; ☎ 08-9370 1777; www.astortheatreperth.com; 659 Beaufort St) geht.

Leederville

Pinchos BAR
(Karte S. 984; ☎ 08-9228 3008; www.pinchos.me; 124 Oxford St; ⏲ 7 Uhr–open end) Die kleine iberische Kneipe zwischen Cafés, Restaurants und Fastfood-Lokalen in Leederville verspricht gute Unterhaltung. Die Tapas mit Anchovis, Chorizo oder Ziegenkäse passen perfekt zu spanischem Bier, Wein und Sherry. Auf den großen gemischten Platten finden sich Lamm- und Schweinefleischbällchen, Tortilla, gesalzener Kabeljau in cremiger Sauce sowie Safrankroketten.

Leederville Hotel PUB
(Karte S. 984; ☎ 08-9202 8282; www.leedervillehotel.com; 742 Newcastle St; ⏲ 11 Uhr–open end) Die coole Ausstattung und gutes Essen machen The Garden zu einer tollen Kneipe im Stil des 21. Jhs.

Andere Stadtviertel

Dutch Trading Co CRAFT-BIER
(Karte S. 968; ☎ 08-6150 8329; www.thedutchtradingco.com.au; 243 Albany Hwy; ⏲ Di–Do 16–23, Fr & Sa 12–24, So 12–22 Uhr) Mit rustikalen Stehtischen und Sofas aus Recyclingmaterial passt die Kneipe ganz gut zu den aufstrebenden Restaurants und Bars in dieser Straße. Die bärtigen, über und über tätowierten

Subiaco, Kings Park & Leederville

Barkeeper zapfen bestes Craft-Bier aus ganz Australien. Daneben ist der Kühlschrank voller internationaler Biersorten. Zu essen gibt's Barsnacks wie Kroketten mit Senf, würziges Buttermilch-Hühnchen und deftige Steaksandwichs.

Hippocampus Metropolitan Distillery BRENNEREI
(Karte S. 984; ☎08-9212 6209; www.hippocampusmd.com.au; 19 Gordon St; ⏲Fr 13–20 Uhr) In den glänzenden Kupferkesseln der Brennerei im Westen der Stadt wird in zehn Durchgängen ausgezeichneter Gin gebrannt. Freitagnachmittags wird die Brennerei zur Bar, in der Cocktails und australisches Craft-Bier ausgeschenkt werden. Besonders gut sind die Wodka-Cocktails, zu denen die Antipasti-Platten passen. (Der hier gebrannte Hippocampus-Gin wird auch im Duty-Free-Shop im Flughafen von Perth verkauft.)

Whipper Snapper Distillery BRENNEREI
(Karte S. 972; ☎08-9221 2293; www.whippersnapperdistillery.com; 139 Kensington St; Führungen & Verkostungen 20–75 AU$; ⏲Mo–Fr 7–17, Sa 8–16, So 11–16 Uhr) Die einzigartige Mischung aus Whiskey-Brennerei und Café schmückt das Bild einer uralten Propellermaschine an der Außenwand. Für den Whiskey werden

ausschließlich Zutaten aus Western Australia verwendet. Dies und vieles mehr erfahren die Besucher bei der unterhaltsamen und aufschlussreichen Führung durch die Brennerei.

☆ Unterhaltung

Livemusik

Badlands Bar LIVEMUSIK
(Karte S. 972; ☎08-9225 6669; www.badlands.bar; 3 Aberdeen St; ⏲19–2 Uhr) Die Bar am Rand von Northbridge hat sich von einem nostalgischen Nachtclub im Stil der 1950er-Jahre in die beste Rock-Kneipe der Stadt verwandelt. Hier treten regelmäßig die besten Bands aus Western Australia auf, und oft sind auch neue internationale Bands auf Tournee hier zu hören, bevor sie richtig bekannt und teuer werden. Die genauen Termine gibt's im Internet.

Ellington Jazz Club JAZZ
(Karte S. 972; ☎08-9228 1088; www.ellingtonjazz.com.au; 191 Beaufort St; ⏲Mo–Do 18.30–1, Fr & Sa bis 3, So 17–24 Uhr) In diesem hübschen, intimen Club wird jeden Abend Live-Jazz gespielt. Ein Stehplatz kostet 10 AU$, man kann jedoch auch einen Tisch reservieren (15–20 AU$/Pers.) und sich Tapas und Pizza schmecken lassen.

Amplifier LIVEMUSIK
(Karte S. 972; ☎08-9321 7606; www.amplifiercapitol.com.au; Rückseite der 383 Murray St) Das gute alte Amplifier ist eine der besten Adressen für Live-Konzerte (vor allem von Indie-Bands). (Zum selben Komplex gehört auch das Capitol, in dem hauptsächlich DJs auftreten).

Comedy

Lazy Susan's Comedy Den COMEDY
(Karte S. 972; ☎08-9328 2543; www.lazysusans.com.au; Brisbane Hotel, 292 Beaufort St; ⏲Di, Fr & Sa 20.30 Uhr) Beim Shapiro Tuesday tritt eine Mischung aus Bühnenneulingen sowie erfahrenen Amateuren und Profis mit ihren neuen Programmen (für günstige 5 AU$) auf. Der Freitag ist seriöseren Stand-up-Programmen vorbehalten, u. a. von Künstlern aus anderen Bundesstaaten. Samstags gibt's dann Big Hoohaa, einen Comedy-Wettbewerb mit verschiedenen Teams.

Theater & Klassische Musik

Den kompletten Veranstaltungskalender findet man in der Zeitung *West Australian*. Eintrittskarten gibt's auf www.ticketek.com.au und www.ticketmaster.com.au.

His Majesty's Theatre THEATER
(Karte S. 972; ☎08-9265 0900; www.ptt.wa.gov.au/venues/his-majestys-theatre; 825 Hay St) Das majestätische Theater ist die Heimbühne des **West Australian Ballet** (☎08-9214 0707; www.waballet.com.au) und der **West Australian Opera** (☎08-9278 8999; www.waopera.asn.au), doch es werden auch Theater, Comedy und Kabarett geboten.

Perth Concert Hall KONZERTHALLE
(Karte S. 972; ☎08-9231 9999; www.perthconcerthall.com.au; 5 St Georges Tce) Hier ist das **Western Australian Symphony Orchestra** (WASO; ☎08-9326 0000; www.waso.com.au) beheimatet.

Subiaco, Kings Park & Leederville

State Theatre Centre THEATER
(Karte S. 972; 08-6212 9200; www.ptt.wa.gov.au/venues/state-theatre-centre-of-wa; 174 William St) In dem Gebäude befinden sich das große Heath Ledger Theatre mit 575 Sitzplätzen und das kleine Studio Underground mit nur 234 Sitzen, in denen die folgenden Ensembles auftreten: Black Swan State Theatre Company, Perth Theatre Company und Barking Gecko Young People's Theatre (www.barkinggecko.com.au).

Kino

Somerville Auditorium KINO
(Karte S. 968; 08-6488 2000; www.perthfestival.com.au; 35 Stirling Hwy; Dez.–März) In dem Auditorium auf dem wunderschönen, von Pinien gesäumten Campus der University of WA wird das Filmprogramm des Perth Festival, das sich kein Perth-Besucher entgehen lassen sollte, gezeigt. Ein echtes Muss ist natürlich das Picknick vor dem Film.

Rooftop Movies KINO
(Karte S. 972; 08-9227 6288; www.rooftopmovies.com.au; 68 Roe St; 16 AU$; Tue-Sun Ende Okt.–Ende März Di–So) In dem Open-Air-Kino auf dem 6. Stock eines Parkhauses in Northbridge werden Kunstfilme und Klassiker gezeigt. Diese kann man komfortabel in Liegestühlen sowie mit Holzofenpizza und Craft-Bier genießen, aber man sollte sich dabei nicht von dem tollen Blick auf die Stadt ablenken lassen. Tickets müssen im Voraus online gebucht werden.

Moonlight Cinema KINO
(Karte S. 968; www.moonlight.com.au; Synergy Parklands, Kings Park; Dez.–Ostern) Zu diesem romantischen Sommernachtskino sollte man eine Decke und ein Picknick mitbringen. Die Tickets müssen im Voraus online gebucht werden.

Sport

Wer in WA von „Football" spricht, der meint Aussie Rules – australischen Football –, und während der AFL-Saison sprechen die Einheimischen eigentlich über nichts anderes als über die beiden Teams aus Western Australia: die **West Coast Eagles** (www.westcoasteagles.com.au) und die **Fremantle Dockers** (www.fremantlefc.com.au).

Perth Stadium STADION
(Karte S. 968; www.perthstadium.com.au; Victoria Park Dr) Das nagelneue Stadion am Flussufer hat 60 000 Sitzplätze und soll im März 2018 zu Beginn der AFL-Saison eröffnet werden. Dann sollen dort nicht nur internationale Sportereignisse, sondern auch große Konzerte stattfinden. Für die Verkehrsanbindung sorgt die ebenfalls neu gebaute Perth Stadium Transit Station ganz in der Nähe. Bei Großveranstaltungen soll auch eine Fährverbindung von Elizabeth Quay eingerichtet werden.

Shoppen

In Northbridge gibt es vor allem Altes und Nostalgisches, während es in Leederville und North Perth von Deisgnerläden und Galerien nur so wimmelt. Die großen Einzelhandelsketten sind in der William St Mall in der Innenstadt vertreten, während die King Street für kleine, unabhängige Designerboutiquen bekannt ist.

78 Records MUSK
(Karte S. 972; 08-9322 6384; www.facebook.com/78-Records-78432813221; 1. Stock, 255 Murray St Mall; Mo–Sa 9.30–17.30, So 11–17 Uhr) In

dem kleinen, unabhängigen Plattenladen findet man gute Schallplatten. Außerdem gibt's Tickets für Rock- und Indie-Konzerte.

Future Shelter HAUSHALTSWAREN
(Karte S. 979; ☎08-9228 4832; www.futureshelter.com; 56 Angove St; ⌚Mo–Sa 10–17, So 12–15 Uhr) Die abgefahrenen Klamotten, Geschenkartikel und Haushaltswaren stammen von Designern und Produzenten in der Region. Die Gegend rund um die Angove Street entwickelt sich gerade zum angesagtesten Stadtviertel in North Perth und lohnt einen Bummel durch die Cafés und Designerläden.

William Topp DESIGN
(Karte S. 972; www.williamtopp.com; 452 William St; ⌚Mo–Sa 10–18, So 11–16 Uhr) Cooler Designer-Schnickschnack.

Planet Books BÜCHER, MUSIK
(Karte S. 979; ☎08-9328 7464; www.planetbooks.com.au; 636-638 Beaufort St; ⌚So–Do 10–21, Fr & Sa 11–23 Uhr) Der tolle Buchladen hat nicht eine gute Auswahl an Büchern zu Australien, Kunstdrucke und Poster.

Indigenart KUNST
(Karte S. 984; ☎08-9388 2899; www.mossensongalleries.com.au; 115 Hay St; ⌚Mi–Sa 11–16 Uhr) Indigene Kunst aus Australien mit dem Schwerpunkt auf Künstlern aus WA. Zur Auswahl stehen Webarbeiten, Gemälde, Werke auf Rinde und Papier sowie Skulpturen.

Aboriginal Art & Craft Gallery KUNST
(Karte S. 984; ☎08-9481 7082; www.aboriginalgallery.com.au; Fraser Ave; ⌚Mo–Fr 10.30–16.30, Sa & So 11–16 Uhr) Werke aus ganz WA; eher massentauglich als edle Sammlerware.

Aspects of Kings Park KUNST, SOUVENIRS
(Karte S. 984; ☎08-9480 3900; www.aspectsofkingspark.com.au; Fraser Ave; ⌚9–17 Uhr) Kunst, Kunsthandwerk und Bücher aus Australien.

æ'lkemi KLEIDUNG
(Karte S. 968; ☎08-9284 2736; www.aelkemi.com; Times Sq Centre, 337 Stirling Hwy; ⌚Di–So 10–17 Uhr) Im Geschäft des Top-Designers von WA findet man feminine Kleidung aus einzigartigen Druckstoffen. Der Laden liegt neben dem Einkaufszentrum Claremont Quarter.

ℹ Praktische Informationen

GELD

In der Stadt gibt es jede Menge Geldautomaten, im Flughafen und bei den großen Banken im CBD findet man außerdem Wechselstuben.

INTERNETZUGANG

Die Stadtverwaltung bietet kostenloses WLAN in der Murray St Mall, die sich zwischen William Street und Barrack Street befindet.

State Library of WA (www.slwa.wa.gov.au; Perth Cultural Centre; ⌚Mo–Do 9–20, Fr–So 10–17.30 Uhr) Kostenloses WLAN und Internetzugang.

MEDIZINISCHE VERSORGUNG

Lifecare Dental (☎08-9221 2777; www.lifecaredental.com.au; 419 Wellington St; ⌚8–20 Uhr) in Forrest Chase.

Royal Perth Hospital (☎08-9224 2244; www.rph.wa.gov.au; Victoria Sq) im Zentrum.

Travel Medicine Centre (☎08-9321 7888; www.travelmed.com.au; 5 Mill St; ⌚Mo–Fr 8–17 Uhr) Das Zentrum hat sich auf Reisemedizin und Impfungen spezialisiert.

Sexual Assault Resource Centre (☎08-9340 1828, freecall 1800 199 888; www.kemh.health.wa.gov.au/services/sarc; ⌚24 Std.) Der Notfalldienst bei sexueller Belästigung ist rund um die Uhr verfügbar.

POST

Post (Karte S. 972; 66 St Georges Tce; ⌚Mo–Fr 8–17, Sa 9–12.30 Uhr)

TOURISTENINFORMATION

i-City Information Kiosk (Karte S. 972; Murray St Mall; ⌚Mo–Do & Sa 9.30–16.30, Fr bis 20, So 11–15.30 Uhr) Ehrenamtliche Helfer beantworten hier Fragen und veranstalten Stadtführungen.

WA Visitor Centre (Karte S. 972; ☎1800 812 808, 08-9483 1111; www.bestofwa.com.au; 55 William St; ⌚Mo–Fr 9–17.30, Sa 9.30–16.30, So 11–16.30 Uhr) Prima Quelle für Infos zu WA.

ℹ An- & Weiterreise

AUTO & MOTORRAD

Zu den vor Ort vertretenen Autovermietungen gehören **Bayswater** (☎08-9325 1000; www.bayswatercarrental.com.au; 160 Adelaide Tce), **Budget** (☎1300 362 848; www.budget.com.au; 960 Hay St), **Campabout** (☎08-9301 2765; www.campaboutoz.com.au), **Hertz** (☎13 30 39; www.hertz.com.au) und **Thrifty** (☎1300 367 227; www.thrifty.com.au). **Britz** (☎1800 331 454; www.britz.com.au) vermietet voll ausgestattete Campingbusse mit Allradantrieb, die ideal für die Erkundung des nördlichen Teils von Western Australia sind. Da die Firma nicht nur in Perth und Broome, sondern auch Büros in allen anderen Hauptstädten hat, sind auch Einwegmieten möglich.

BUS

Transwa (Karte S. 979; ☎1300 662 205; www.transwa.wa.gov.au) bietet Busverbindungen vom Busbahnhof beim Bahnhof East Perth in viele Orte in ganz Western Australia.

Die Busse von **South West Coach Lines** (Karte S. 972; ☎ 08-9261 7600; www.southwestcoachlines.com.au) verkehren vor allem im Südwesten des Bundesstaates und starten am Elizabeth Quay Busport.

Integrity Coach Lines (S. 1183) verbindet Perth mit Broome und legt dabei in allen touristisch bedeutsamen Orten einen Zwischenstopp ein. Außerdem fahren die Busse von Perth über Mt. Magnet, Cue, Meekatharra und Newman nach Port Hedland.

FLUGZEUG

Von Europa, Asien oder Afrika ist es oft einfacher (und schneller), direkt nach Perth zu fliegen, und nicht erst in die Metropolen der australischen Ostküste. Von der Ostküste gibt es natürlich jede Menge Flüge nach Perth. Diese Inlandsflüge landen zumeist in Port Hedland und Broome. Von Port Hedland gibt es auch Wochenendflüge nach Bali.

Perth Airport (☎ 08-9478 8888; www.perthairport.com; George Wiencke Dr, Perth Airport) ist der internationale Flughafen, über den die meisten Touristen einreisen. Von dort bieten die folgenden Gesellschaften Inlandsflüge in viele Städte Australiens an:

Jetstar (JQ; ☎ 13 15 38; www.jetstar.com)

Qantas (QF; ☎ 13 13 13; www.qantas.com.au)

Virgin Australia (VA; ☎ 13 67 89; www.virginaustralia.com)

ZUG

Die Züge von Transwa fahren vom Bahnhof in Perth in folgende Orte:

- **Australind** (2-mal tgl.) Perth nach Pinjarra (17,50 AU$, 1¼ Std.) und Bunbury (32 AU$; 2½ Std.).
- **AvonLink** (tgl.) East Perth nach Toodyay (17,50 AU$; 1¼ Std.) und Northam (20,50 AU$; 1½ Std.).
- **Prospector** (tgl.) East Perth nach Kalgoorlie-Boulder (89 AU$, 7 Std.).

ℹ Unterwegs vor Ort

AUTO & MOTORRAD

Autofahren in der Stadt ist nicht ganz einfach, denn es gibt viele Einbahnstraßen und wenige Straßenschilder. In der Innenstadt gibt es zwar jede Menge Parkhäuser, aber kaum kostenlose Parkplätze. Wer ohne Gebühren am Straßenrand parken möchte, muss sich möglichst weit von den Haupteinkaufsstraßen entfernen und alle Schilder genau beachten.

Dagegen macht es großen Spaß, mit einem Moped in der Stadt unterwegs zu sein. **Scootamoré** (☎ 08-9380 6580; www.scootamore.com.au; 356a Rokeby Rd, Subiaco; 45/111/200/400 AU$ für 1 Tag/3 Tage/1 Woche/1 Monat) vemietet Roller mit 50 cm^3 und Helm (gesetzlich vorgeschrieben). Für alle über 21 Jahre ist die Versicherung im Preis enthalten, ansonsten wird ein Zuschlag von 500 AU$ fällig.

VOM/ZUM FLUGHAFEN

Der **Perth Airport** (☎ 08-9478 8888; www.perthairport.com.au) wird von vielen Fluggesellschaften angeflogen, darunter auch **Qantas** (QF; ☎ 13 13 13; www.qantas.com.au), und es gibt täglich Flüge von und zu vielen Städten in Australien und im Ausland. Das Terminal für die Inlandsflüge und das internationale Terminal sind beide in der Nähe von Guildford, 10 bzw. 13 km östlich von Perth. Eine Taxifahrt in die Stadt kostet jeweils 45 AU$.

Connect (www.perthairportconnect.com.au; einfache Strecke/hin & zurück 15/30 AU$) unterhält einen Shuttle-Service zwischen dem Flughafen und den Unterkünften sowie großen Verkehrsknotenpunkten in der Innenstadt (alle 50 Min., einfache Strecke/hin & zurück 15/30 AU$). Bezahlt wird beim Einsteigen. Gruppen sollten im Voraus buchen.

Die Transperth-Busse 36, 37 und 40 fahren vom Inlandsflughafen in die St Georges Tce (Haltestelle 10121) und in die Nähe der William St (4,60 AU$, 40 Min., alle 10–30 Min., nach 19 Uhr stündl.). Zwischen den beiden Terminals verkehrt ein kostenloser Transferbus.

ÖFFENTLICHE VERKEHRSMITTEL

Transperth (☎ 13 62 13; www.transperth.wa.gov.au) betreibt die öffentlichen Busse, Züge und Fähren in Perth. Büros befinden sich in der Perth Station (Wellington St), im Perth Busport (zwischen Roe St and Wellington St), in der U-Bahn-Station Perth (in der Nähe der Murray St) und im Elizabeth Quay Busport (Mounts Bay Rd). Im Internet findet sich ein guter Routenplaner.

Bus

In der Free Transit Zone (FTZ) verkehren die Busse der drei kostenlosen Central Area Transit (CAT)-Linien tagsüber sehr oft und regelmäßig. Die ebenfalls kostenlosen Fahrpläne gibt's in den Bussen und an vielen anderen Stellen. An Wochentagen fahren die Busse alle 5–8 Minuten, am Wochenende alle 15 MInuten.

Im Großraum Perth besteht ein dichtes Netz von Transperth-Busverbindungen. Fahrpläne sind in den Infozentren von Transperth erhältlich oder man verwendet den Routenplaner im Internet. Die meisten Busse fahren im neuen Busport von Perth ab, der sich zwischen dem CBD und Northbridge befindet.

Fähre

Die Fähre, die alle 20–30 Min. zwischen den Anlegern des neuen Elizabeth Quay und der Mends

Street in South Perth verkehrt, ist besonders praktisch für einen Besuch des Zoos oder einen Blick vom anderen Flussufer auf die Skyline von Perth. Die Fähren von **Little Ferry Co** (S. 971) verbinden Elizabeth Quay mit Claisebrook Cove.

Mit **Rottnest Express** (Karte S. 972; Pier 2, Barrack St Jetty; Erw./Kind 105,50/58 AU$) kann man nach Rottnest Island übersetzen.

Zug

Es gibt fünf Zuglinien von Transperth, die an Wochentagen von 5.20–24 Uhr sowie am Wochenende von 5.20–2 Uhr verkehren. Die Zugfahrkarte gilt auch für alle Busse und Fähren in der entsprechenden Zone. Außerhalb der Stoßzeiten dürfen auch Fahrräder in den Zügen mitgenommen werden.

TAXIS

In Perth sind zwar viele Taxis mit Taxameter unterwegs, doch die großen Entfernungen machen die häufige Nutzung sehr teuer, und an manchen Abenden ist auch kaum ein Taxi zu bekommen. Die beiden größten Taxiunternehmen sind **Swan Taxis** (☎13 13 30; www.swantaxis.com.au) und **Black & White** (☎13 10 08; www.bwtaxi.com.au); die auch beide über rollstuhlgerechte Fahrzeuge verfügen. Außerdem gibt es in der Innenstadt auch viele Uber-Taxis.

FREMANTLE

28100 EW.

Offen, kreativ, lässig: Fremantle ist so ganz anders als Perth. Das liegt vielleicht am Hafen und der Vergangenheit als Arbeiterstadt. Oder aber an den Hippies, die hier vor ein paar Jahrzehnten auftauchten und teilweise immer noch auf ihren uralten Fahrädern in der Stadt unterwegs sind. Vielleicht liegt es aber auch an der Wirtschaftskrise im 20. Jh., die dazu führte, dass in Fremantle eine ganze Reihe alter, großartiger Gebäude aus der viktorianischen und edwardianischen Zeit erhalten blieben und die Stadt damit über eine für Australien einzigartige historische Altstadt verfügt.

Was auch immer die Gründe sein mögen, das gemütliche, blitzsaubere und überraschend grüne „Freo" ist heute die Heimat von Schauspielern, Freiberuflern, Künstlern und Exzentrikern aller Art. Und auch für Besucher gibt es viel zu entdecken: fantastische Museen, erstklassige Galerien, unzählige Pubs mit Livemusik und eine tolle Kaffeekultur. Am Wochenende überlassen die Einwohner die nächtlichen Hauptstraßen der Jugend aus den Vororten, die hier laut und lange abfeiert.

Geschichte

Die Gegend war schon für das Volk der Wadjuk Noongar sehr wichtig, denn hier kreuzten sich viele ihrer Handelswege. Einige dieser Wege exisitieren noch heute in Form von Straßen. Vor dem Umbau des Hafens war die Flussmündung fast komplett von einer Sandbank bedeckt und man konnte von Norden nach Süden schwimmen.

Die europäische Geschichte von Fremantle beginnt mit der Ankunft der britischen *Challenger* im Jahre 1829. Ihr Kapitän Charles Fremantle nahm die gesamte Westküste für König George IV. in Besitz. Genau wie Perth entwickelte sich auch diese Siedlung nur sehr langsam, bis die ersten Strafgefangenen eintrafen.

Eine bedeutende Hafenstadt wurde Fremantle aber erst, als der Ingenieur C.Y. O'Connor in den 1890er-Jahren einen künstlichen Hafen anlegte und dabei den Fährverkehr der Wadjuk nach und nach zerstörte. Dies beeinträchtigte ihre traditionelle Lebensweise so stark, dass sie O'Connor angeblich mit einem Fluch belegten. Sein späterer Selbstmord in Fremantle galt als Beweis dafür.

Während des Goldrauschs erlebte der Hafen einen steilen Aufschwung und wurde beständig weiter ausgebaut. Viele der damals entstandenen Gebäude sind bis heute erhalten. Durch den wirtschaftlichen Niedergang in den 1960er- und 1970er-Jahren blieben dem Viertel die schlimmsten Sünden der Modernisierung erspart. Erst mit dem America's Cup 1987 erwachte die Hafenstadt aus ihrem Dornröschenschlaf und entwickelte sich seitdem zum lebhaften Künstlerdomizil. Australien verlor die Regatta zwar, doch die Stadt gewann eine völlig neu gestaltete Uferpromenade.

Sehenswertes

Aus der Blütezeit Fremantles während des Goldrausches Ende des 19. Jhs stammen viele prachtvolle Gebäude. Besonders schöne Beispiele finden sich am unteren Ende der High Street, darunter einige wunderbare alte Hotels.

★ **Fremantle Prison** HISTORISCHES GEBÄUDE

(☎08-9336 9200; www.fremantleprison.com.au; 1 The Terrace; einfache Tagestour Erw./Kind 20/11 AU$, Kombitagestour 28/19 AU$, Torchlight Tour 26/16 AU$, Tunnels Tour 60/40 AU$; ⏲9–17.30 Uhr) Das alte Gefängnis aus der Zeit der Besiedlung durch Strafgefangene ist mit seinen eindrucksvollen 5 m hohen Mauern

Fremantle

0 200 m

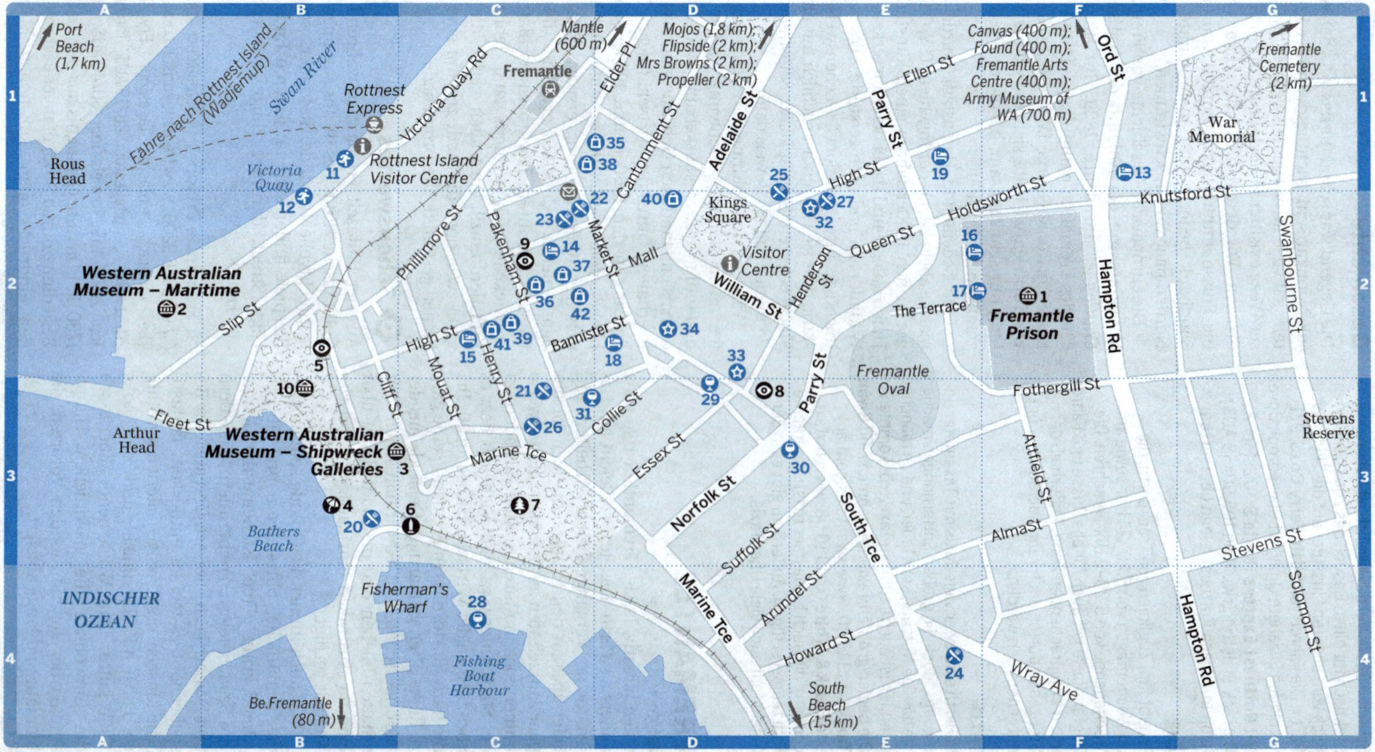

Fremantle

Highlights
1 Fremantle Prison F2
2 Western Australian Museum – Maritime A2
3 Western Australian Museum – Shipwreck Galleries B3

Sehenswertes
4 Bathers Beach B3
5 Bathers Beach Art Precinct B2
6 Bon Scott Statue C3
7 Esplanade Reserve C3
8 Fremantle Markets D3
9 PS Arts Space C2
10 Round House B3
Walyalup Aboriginal Cultural Centre .... (siehe 5)

Aktivitäten, Kurse & Touren
11 Oceanic Cruises B1
12 STS Leeuwin II B2

Schlafen
13 Fothergills of Fremantle F1
14 Fremantle Apartment C2
15 Fremantle Beach Backpackers C2
16 Fremantle Colonial Cottages E2
17 Fremantle Prison YHA Hostel E2
18 Hougoumont Hotel D2
19 Lodging E1

Essen
20 Bathers Beach House B3
21 Bread in Common C3
22 Kakulas Sister C2
23 Leake St Cafe C2
24 Little Concept E4
25 Manuka Woodfire Kitchen D2
26 Moore & Moore C3
27 Raw Kitchen E2

Ausgehen & Nachtleben
28 Little Creatures C4
29 Monk D3
30 Norfolk Hotel E3
31 Strange Company C3

Unterhaltung
32 Fly by Night Musicians Club E2
33 Metropolis Fremantle D2
34 Newport Hotel D2

Shoppen
35 Aboriginart D1
36 Bodkin's Bootery C2
37 Common Ground Collective C2
38 Didgeridoo Breath C1
39 Japingka C2
40 Mills Records D2
41 New Edition C2
42 Record Finder C2

nach wie vor Fremantles auffälligstes Gebäude. Zu den verschiedenen Führungen gehört die Doing Time Tour zu den Küchenräumen, den Männerzellen und den Einzelzellen. Bei der Great Escapes Tour erfahren die Teilnehmer etwas über berühmte Insassen und das Frauengefängnis. Im Voraus buchen muss man die Torchlight Tour (Fackeltour) mit Schwerpunkt auf makabren Anekdoten der Gefängnisgeschichte und die 2½-stündige Tunnels Tour (Mindestalter 12 Jahre), die eine unterirdische Bootsfahrt beinhaltet und zu von Insassen erbauten Tunneln unter der Erde führt.

★ Western Australian Museum – Maritime
MUSEUM

(☎ 1300 134 081; www.museum.wa.gov.au; Victoria Quay; Erw./Kind Museum 15 AU$/frei, U-Boot 15/7,50 AU$, Museum & U-Boot 25/7,50 AU$; ⏰ 9.30–17 Uhr) Das Meeresmuseum ist in einem eindrucksvollen segelförmigen Gebäude am Hafen, unmittelbar westlich des Zentrums, untergebracht und widmet sich auf faszinierende Weise WAs tiefer Verbundenheit mit dem Meer. Die gut präsentierten Ausstellungen reichen von Jachtrennen über Reusen der Aborigines bis hin zum Sandelholzhandel. Wer nicht klaustrophobisch veranlagt ist, kann sich der einstündigen Führung in das U-Boot HMAS *Ovens* anschließen. Dieses gehörte von 1969 bis 1997 zur Flotte der Australischen Marine. Die Führungen beginnen zwischen 10 und 15.30 Uhr jede halbe Stunde. Reservierung empfohlen.

★ Western Australian Museum – Shipwreck Galleries
MUSEUM

(☎ 1300 134 081; www.museum.wa.gov.au; Cliff St; Eintritt gegen Spende; ⏰ 9.30–17 Uhr) Die Shipwreck Galleries im ehemaligen Kommissariatsladen von 1852 gelten als die schönsten Galerien für Meeresarchäologie in der südlichen Hemisphäre. Highlight ist die **Batavia Gallery**, in der ein Rumpfteil des niederländischen Handelsschiffs *Batavia*, das 1629 gekentert ist, gezeigt wird. In der Nähe befindet sich ein großes Steintor; dieses war als Eingang zum Batavia Castle vorgesehen und wurde von dem sinkenden Schiff transportiert.

Round House
HISTORISCHES GEBÄUDE

(☎ 08-9336 6897; www.fremantleroundhouse.com.au; Captains Lane; Spende erbeten; ⏰ 10.30–15.30

Uhr) Dieses zwölfseitige Gefängnis wurde von 1830 bis 1831 gebaut. Damit ist es das älteste erhaltene Gebäude in WA. Die ersten Hinrichtungen fanden hier statt (die Straftäter wurden erhängt). Außerdem wurden später Aborigines in dem Steinbau festgehalten, bevor man sie nach Rottnest Island verbrachte. Auf dem Hügel davor befindet sich die Signal Station, wo früher täglich um 13 Uhr mit einem Zeitball und dem Schuss aus einer Kanone Seeleuten die korrekte Zeit signalisiert wurde. Die Zeremonie findet auch heute noch statt – aber für Touristen. Wer selbst mal eine Kanone abfeuern will, kann das im Voraus buchen.

Bathers Beach Art Precinct KUNSTZENTRUM
(www.facebook.com/bathersbeachartsprecinct; Captains Lane; ⌚wechselnde Öffnungszeiten) Mit der Sanierung der Gegend um Bathers Beach wurden die alten Wohn- und Lagerhäuser in Kunstgalerien und Ateliers verwandelt, die sich jetzt vom Round House in Richtung Norden und Westen bis zum Western Australian Museum – Maritime (S. 991) erstrecken.

Walyalup Aboriginal Cultural Centre KULTURZENTRUM
(☎08-9430 7906; www.fremantle.wa.gov.au/wacc; 12 Captains Lane; ⌚Di 14.30–18.30, Mi–Sa 10–14 Uhr) Dieses interessante Kulturzentrum bietet die verschiedensten Kurse und Workshops zu Sprache, Kunst und Kunsthandwerk an, die zumeist im Voraus gebucht werden müssen. Das umfangreiche Programm findet sich auf der Homepage. Da es auch zum Bathers Beach Art Precinct gehört, gibt es regelmäßig Ausstellungen zu indigener Kunst. Dort werden die Werke auch verkauft, und der Erlös kommt direkt den Künstlern zugute.

FREMANTLE MIT KINDERN

Die Kleinen können sich im **Esplanade Reserve** austoben, auf den **Märkten** den Straßenmusikanten zuhören, am **Bathers Beach** Sandburgen bauen oder am **South Beach** und **Port Beach** plantschen. Ältere Kinder interessieren sich wohl eher für das gruselige **Gefängnis** (S. 989) und das beklemmende Innere eines U-Boots im **Maritime Museum** (S. 991), wo sie ihre neugierige Nase auch in aktuelle Schiffe der Marine stecken können. Oder sie erkunden einfach die benachbarte **Adventure World** (S. 970). Zur Stärkung gibt's dann Fish & Chips im Fischerhafen.

Fremantle Arts Centre GALERIE
(Karte S. 968; 08-9432 9555; www.fac.org.au; 1 Finnerty St; ⌚10–17 Uhr) GRATIS Der beeindruckende Bau wurde in den 1860er-Jahren von Strafarbeitern errichtet – ursprünglich als Irrenanstalt. In den 1960er-Jahren konnte er vor dem Abriss bewahrt werden. Heute beherbergt das Kunst- und Kulturzentrum, das von einem entzückenden Ulmenbestand umgeben ist, interessante Ausstellungen sowie das ausgezeichnete Café Canvas (S. 995). Während der Sommermonate werden hier Konzerte, Kurse und Workshops veranstaltet.

Fremantle Markets MARKT
(www.fremantlemarkets.com.au; Ecke South Tce & Henderson St; ⌚Fr 8–20, Sa & So 8–18 Uhr) GRATIS Die farbenfrohe Markthalle von 1897 wurde 1975 in neuem Glanz wiedereröffnet und zieht heute die Massen auf der Suche nach Souvenirs an. Ein paar jüngere Designer und Künstler sorgen für etwas frischen Wind. Auf dem Lebensmittelmarkt kann man sich immer noch gut mit frischen Produkten und Snacks eindecken. Außerdem gibt es einen ausgezeichneten Foodcourt mit Snacks aus aller Welt.

Army Museum of WA MUSEUM
(Karte S. 968; ☎08-9430 2535; www.armymuseumwa.com.au; Burt St; Erw./Kind 10/7 AU$; ⌚Mi–So 10.30–13 Uhr) In dem kleinen Museum im großartigen Gebäude der Artillery Barracks sind auch die ganz großen Waffen zu sehen. Draußen stehen Haubitzen und Panzer in Reih und Glied, drinnen sind Unmengen von Uniformen und Orden zu bewundern. Zum 100. Jahrestag des Kriegsausbruchs wurde 2014 die Abteilung des ersten Weltkriegs ganz neu gestaltet. Für den Eintritt ist ein Lichtbildausweis erforderlich.

PS Arts Space KUNSTZENTRUM
(☎08-9430 8145; www.facebook.com/pg/PakenhamStreetArtSpace; 22 Pakenham St; ⌚Galerie Di–Sa 10–17 Uhr) In dem umgebauten alten Lagerhaus stellen Künstler aus ganz Western Australia ihre oft kontrovers diskutierten Werke aus. In der großen Ausstellungshalle finden abends auch gelegentlich Veranstaltungen wie Popup-Opera, Modenschauen, Konzerte und vieles mehr statt. Man kann einfach auf Verdacht vorbei-

kommen oder sich vorher auf Facebook informieren.

Bon Scott Statue STATUE

Die beliebteste öffentliche Skulptur in der Stadt ist Greg James' Statue von Bon Scott (1946–1980) auf einem Marshall-Verstärker in Fishing Boat Harbour. Der AC/DC-Sänger zog 1956 mit seiner Familie nach Fremantle. Seine Asche wurde auf dem **Fremantle Cemetery** (Karte S. 968; Carrington St) beigesetzt. Auf den Friedhof gelangt man nahe der Ecke von High St und Carrington St. Bons Ruhestätte liegt nach etwa 15 m linker Hand.

Strände & Parks

Zu den vielen Grünflächen rund um Fremantle gehört auch die **Esplanade Reserve** (Marine Tce) zwischen der Innenstadt und dem Fishing Boat Harbour. Hier spenden Norfolk-Tannen willkommenen Schatten. Der **Bathers Beach** ganz in der Nähe wurde kürzlich mit einem guten Restaurant am Wasser und dem Arts Precinct mit Galerien und Ateliers aufgewertet. Am geschützten **South Beach** (Ocean Dr) 1,5 km südlich der Innenstadt kann man herrlich schwimmen. Der Strand ist mit dem kostenlosen CAT-Bus zu erreichen. Der nächste größere Strand ist **Coogee Beach** (Cockburn Rd), 6 km weiter südlich.

Geführte Touren

Two Feet & a Heartbeat STADTSPAZIERANG

(☎1800 459 388; www.twofeet.com.au; 45–60 AU$/Pers.; ⏲10 Uhr) Im Mittelpunkt der von einem jungen, dynamischen Team geführten Stadtrundgänge steht die oft wilde Vergangenheit von Fremantle. Bei der dreistündigen Tour Sailors' Guide to Fremantle wird auch in ein paar Kneipen eingegekehrt.

Fremantle Indigenous Heritage Tours STADTSPAZIERGANG

(☎0405 630 606; www.indigenouswa.com; Erw./Kind 35/15 AU$; ⏲Do & Sa 10.30 & 13.30 Uhr) Bei den ausgezeichneten Touren erfährt man viel über die Geschichte der Stadt und der Noongar- und Wadjuk-Völker. Gebucht wird im Internet oder beim Besucherzentrum von Fremantle.

Oceanic Cruises WALBEOBACHTUNG

(☎08-9325 1191; www.oceaniccruises.com.au; B Shed, Victoria Quay; Erw./Kind 75/29 AU$; ⏲Mitte Sept.–Mitte Nov.) Die Boote legen um 10.15 Uhr ab und sind dann zwei Stunden lang unterwegs. Die Tage, an denen die Boote hinausfahren, wechseln von Monat zu Monat, sind aber auf der Homepage angegeben.

STS Leeuwin II BOOTSFAHRT

(☎08-9430 4105; www.sailleeuwin.com; Berth B, Victoria Quay; Erw./Kind 99/69 AU$; ⏲Nov.–Mitte April) Die Touren auf dem 55 m langen Dreimaster dauern drei Stunden und sind morgens, nachmittags und zum Sonnenuntergang möglich. Ausführliche Infos finden sich auf der Homepage. So auch die genauen Tage und Zeiten, zu denen das Schiff ausläuft, was zumeist samstags und sonntags der Fall ist.

Feste & Events

Laneway MUSIK

(www.fremantle.lanewayfestival.com; ⏲Anfang Feb.) Bei diesem angesagten Festival feiern WAs stilbewusste Hipster zur Musik aufstrebender internationaler Indie-Bands. Es findet im West End und im Esplanade Reserve in Fremantle statt.

Blessing of the Fleet RELIGION

(www.facebook.com/fremantle.blessingfleet; Fishing Boat Harbour, Esplanade Reserve) Seit 1948 ist die Veranstaltung im Oktober Tradition. Eingeführt haben sie Einwanderer aus Molfetta in Italien. Auf dem Programm steht dabei eine Prozession mit der Statue *Our Lady of Martyrs* aus Molfetta, die von den Männern getragen wird, und der sizilianischen *Madonna di Capo d'Orlando*, die von den Frauen getragen wird, von der St. Patrick's Basilica (47 Adelaide St) zum Fishing Boat Harbour, wo die Segnung stattfindet.

Fremantle Festival KULTUR

(www.fremantle.wa.gov.au/festivals; ⏲Ende Okt.–Anfang Nov.) Im Frühjahr sorgen Umzüge und Vorführungen auf den Straßen und in den Konzertstätten der Stadt im Rahmen von Australiens ältestem Festival für Stimmung.

Schlafen

Fremantle Prison YHA Hostel HOSTEL $

(☎08-9433 4305; www.yha.com.au; 6a The Terrace; B 26–29 AU$, DZ & 2BZ ab 76 AU$; ❄📶) Anfang 2015 wurde dieses Hostel im ehemaligen Frauengefängnis der Stadt eröffnet. Zur Auswahl stehen Betten in kleinen Schlafsälen sowie Zimmer. Die etwas teureren Zimmer haben ein eigenes Bad, doch alle Gemeinschaftseinrichtungen sind prima und meist lichtdurchflutet. Überall stehen Fotowände, auf denen die faszinierenden Geschichten ehemaliger Insassinnen und die

Geschichte des Gefängnisses an sich erzählt werden.

Fremantle Beach Backpackers HOSTEL $
(☎ 08-6219 5355; www.freobackpackers.com.au; 39 High St; B 29–40 AU$, Zi. 100 AU$; ❄@📶) Das erst vor Kurzem in einem ehemaligen Pub eröffnete Hostel wird von den Gästen sehr gelobt. Im Preis inbegriffen ist ein (sehr) einfaches Frühstück. Quizabende, Filmvorführungen und gemeinsame Abendessen sorgen für Unterhaltung. Nur das „Beach" im Namen ist etwas irreführend, denn es befindet sich mitten im historischen West End von Fremantle.

★ **Fremantle Apartment** APARTMENTS $$
(www.thefremantleapartment.com; 7 Leake St; Apt. 110–160 AU$; ❄📶) Die geräumigen Apartments im Stil eines New Yorker Lofts verteilen sich auf drei Etagen eines Gebäudes mitten in der historischen Altstadt. Jedes Apartment hat eine gut ausgestattete Küche, eine massive Ledercouch und einen riesigen Fernseher. Im Kühlschrank liegt etwas Schokolade zur Begrüßung. Die freundlichen Besitzer versorgen ihre Gäste mit jeder Menge Tipps für ihren Aufenthalt in Fremantle.

Fremantle Colonial Cottages COTTAGES $$
(☎ 08-9433 4305; www.fremantlecottages.com.au; 6a The Terrace; Cottage 250 AU$) In den alten Cottages auf einem grasbewachsenen Grundstück am Hang mit Blick auf die Stadt wohnte einst das Wachpersonal des Frauengefängnisses (das heute ein Hostel ist). In jedem der drei Häuschen ist Platz für bis zu sechs Personen. Mit der voll ausgestatteten Küche sind sie ideal für Selbstversorger. Dank der pflegeleichten Holzfußböden sind sie auch gut für Familien geeignet.

Hougoumont Hotel BOUTIQUEHOTEL $$
(☎ 08-6160 6800; www.hougoumonthotel.com.au; 15 Bannister St; DZ 194–260 AU$) Die Standard-Zimmer sind zweifellos kompakt, dafür jedoch stilvoll und praktisch eingerichtet. Zudem punktet das kürzlich eröffnete Boutiquehotel mit seiner zentralen Lage. Hochwertige Toilettenartikel, hippes, luftiges Ambiente sowie Wein und Snacks am Nachmittag (ohne Aufpreis) unterstreichen die ungewöhnlich gästefreundliche Philosophie des Hauses. Das internationale Team ist entspannt, aber professionell.

Fothergills of Fremantle B&B $$
(☎ 08-9335 6784; www.fothergills.net.au; 18-22 Ord St; Zi. 195–245 AU$; ❄📶) Im Vorgarten der beiden prachtvollen Villen stehen nackte Frauen aus Bronze, die Veranda wird von einer lebensgroßen Kuh aus Blumen bewacht. Die Innenausstattung entspricht dem hohen Alter der Gebäude, die 1892 errichtet wurden, umfasst aber auch einige wunderbare Kunstwerke der Aborigines und eine herrliche Sammlung alter Landkarten von Australien. Das Frühstück wird im sonnigen Wintergarten serviert.

Lodging APARTMENTS $$$
(☎ 08-9430 6568; www.thelodging.co; 215 High St; Suite 199–299 AU$; ❄@) Aus dem ehemaligen Kolonialhaus mit altmodischer Ausstattung ist ein schickes Designerhotel für höchste Ansprüche geworden. Die vier Suiten sind in minimalistischem Weiß gehalten, das von großformatigen Schwarz-Weiß-Fotos und farbenfrohen Teppichen unterbrochen wird. In den makellosen Badezimmern ist ein Hauch von Art-déco zu spüren. In der Gemeinschaftsküche steht eine Nespressomaschine zur Verfügung.

Be.Fremantle APARTMENTS $$$
(Karte S. 968; ☎ 08-9430 3888; www.befremantle.com.au/; Challenger Harbour, Mews Rd; Apt. ab 250 AU$; ❄📶) Das erst vor Kurzem renovierte Sandsteinhaus am Ende eines Kais bietet Apartments mit ein bis drei Schlafzimmern in stilvollem Ambiente. Die teureren Apartments mit Blick auf den Jachthafen haben generell die beste Aussicht. Den Gästen stehen auch Fahrräder zur Verfügung. Seit Mitte 2017 werden 24 weitere Apartments angeboten, nach denen man aber fragen muss.

Essen

Auch wenn Freo nicht über die gleiche große Vielfalt an guten Restaurants wie Perth verfügt, ist die Erkundung der Restaurant- und Kneipenszene der Stadt doch ein lohnender Zeitvertreib. Zum hiesigen Lifestyle gehört es vor allem, die Sonne an einem der Tische in der South Terrace zu genießen und dabei die Leute zu beobachten. Auf den Fremantle Markets (S. 992) kann man sich mit frischem Obst und Zutaten für ein Picknick eindecken oder gutes Straßenessen aus aller Welt probieren.

★ **Ootong & Lincoln** CAFÉ $
(Karte S. 968; ☎ 08-9335 6109; www.ootongandlincoln.com.au; 258 South Tce; Hauptgerichte 12–23 AU$; ⏰ 6–17 Uhr; 🌿) Das Café im Süden der Stadt ist die erste Adresse für ein tolles Frühstück und mit dem kostenlosen CAT-Bus gut

zu erreichen. Hier nehmen sich auch die Einheimischen ihren Kaffee fürs Büro mit oder lassen sich mit ihren Laptops gleich hier nieder. Zum Frühstück gibt's Haferbrei mit Macadamianüssen und *dukkah*, mittags werden mexikanische Maiskroketten serviert. Das extrem große Café mit alten Möbeln aus den 1960er-Jahren ist aber auch urgemütlich und lädt zum Entspannen ein.

Leake St Cafe CAFÉ **$**
(www.facebook.com/pg/leakestcafeteria; Leake St; Hauptgerichte 10–15 AU$; ⌚7.30–15.30 Uhr; ✎) 🍃 Das kleine Café im Innenhof erreicht man durch das Feinkostgeschäft **Kakulas Sister** (☎08-9430 4445; www.kakulassister.com.au; 29-31 Market St; ⌚Mo–Sa 9–17.30, So 11.30–17 Uhr; ✎). Hier gibt es den besten Kaffee der Stadt und eine ständig wechselnde Speisekarte, für die der ehemalige Kandidat beim australischen Kochwettbewerb *Master Chef* Wade Drummond verantwortlich ist. So gibt es gesunde Gerichte wie Salat mit gebratenen Auberginen, Kichererbsen und gerösteten Mandeln, Sandwichs aus Sauerteigbrot und preiswerte Reissuppen mit scharfem asiatischem Hühnchen.

Little Concept CAFÉ **$**
(☎08-6323 1531; www.facebook.com/TheLittleConcept; 7 Wray Ave; Snacks & Hauptgerichte 10–18 AU$; ⌚Mo–Sa 6.30–17, So 7.30–15 Uhr; ✎) 🍃 Das Café ist Teil der aufstrebenen Cafészene in der Wray Avenue und vor allem bekannt für Smoothies, ausgezeichnete Wraps zum Frühstück und leckere Frittata. Dazu gibt's eine Riesenauswahl an Tees in den verschiedensten Geschmacksrichtungen. Zudem sind die vielen Rohkost- und veganen Gerichte überaus gesund.

★ **Bread in Common** BISTRO, BÄCKEREI **$$**
(☎08-9336 1032; www.breadincommon.com.au; 43 Pakenham St; gem. Platten 15–21 AU$, Hauptgerichte 19–26 AU$; ⌚So–Do 9–22, Fr & Sa 9–23 Uhr) Neben den verlockend duftenden Backwaren gibt es auch Käse- und Wurstplatten und Gerichte mit Lammrippchen, Tintenfisch und Schweinebauch. Die Atmosphäre in dem ehemaligen Lagerhaus ist entspannt, und an den großen Tischen kommt man schnell ins Fachsimpeln über westaustralische Weine, australisches Craft-Bier und Cider.

★ **Manuka Woodfire Kitchen** GRILL, PIZZERIA **$$**
(☎08-9335 3527; www.manukawoodfire.com.au; 134 High St; gem. Platten 11–38 AU$, Pizza 19–21 AU$; ⌚Di–Fr 17–21, Sa & So 12–15 & 17–21 Uhr) Die Küche rund um den Holzbackofen ist winzig, aber eine der besten in der ganzen Stadt. In diesem Holzbackofen wird fast alles zubereitet, was auf der saisonalen Speisekarte steht, etwa Tintenfisch aus Esperance, gebratenes Hühnchen mit Miso-Sauce oder Paprika-Basilikum-Pesto. Und natürlich die hervorragende Pizza.

Auch die Getränkekarte ist regional gehalten: Weine aus Margaret River, Cocktails mit Gin aus Perth und Bier der westaustralischen Nail Brewing. Besonders das Red Ale ist ein Gedicht der Braukunst!

Raw Kitchen VEGETARISCH **$$**
(☎08-9433 4647; www.therawkitchen.com.au; 181a High St; Hauptgerichte 19–28 AU$; ⌚Mo–Do 11.30–15.30, Fr–So 11.30–21 Uhr ✎) 🍃 Das vegane, nachhaltige Biorestaurant ist absolut typisch für Freo. In einem ehemaligen Lagerhaus mit Backsteinmauern wird supergesundes, sehr leckeres Essen serviert. Viele Gerichte bestehen aus Rohkost, was aber nicht zu Lasten des Geschmacks geht. Auch mit glutenfreiem Bier und nachhaltig produziertem Wein bleibt das Restauarant seinem Konzept treu.

Canvas CAFÉ **$$**
(Karte S. 968; ☎08-9335 5685; www.fac.org.au/about/cafe/; Fremantle Arts Centre; Hauptgerichte 15–27 AU$; ⌚8–16 Uhr; 📶) Das beste Café in der Stadt befindet sich in einem schattigen Innenhof des Fremantle Arts Centre. Die Speisekarte weist starke Einflüsse aus dem Nahen Osten, Spanien und Nordafrika auf. Das Frühstück besteht vor allem aus gebratenen Eiern in ganz unterschiedlichen Variationen, etwa die israelische Red Shakshuka, mittags gibt's von Hühnchenwraps über Bouillabaisse bis hin zu tasmanischem Lachs alles, was Herz und Gaumen begehren. Auf der übersichtlichen Getränkeliste finden sich verschiedene Craft-Bier, Cider und Wein.

Mantle LATEINAMERIKANISCH **$$**
(Karte S. 968; www.themantle.com.au; Ecke Beach St & James St; Hauptgerichte 18–30 AU$; ⌚Di–Fr 16.30–23, Sa & So 11–23 Uhr) Die drei Restaurants in einem alten Lagerhaus lohnen den 1,5 km weiten Weg aus der Innenstadt allemal. Im Don Tapa gibt's eine Mischung aus lateinamerikanisch und asiatisch, das Magna Pizza serviert gute Pizza aus dem Holzbackofen im rustikalen Ambiente einer Fabrikhalle, und im trendigen Alter Ego im kleinen Innenhof werden kreative Cocktails gemixt und kaltes Craft-Bier gezapft.

Propeller CAFÉ $$

(Karte S. 968; ☎08-9335 9366; www.propellernorthfreo.com.au; 222 Queen Victoria St; gem. Platten & Hauptgerichte 12–28 AU$, Pizza 16–26 AU$; ⌚8 Uhr–open end) In dem sonnigen Café und Bistro im Norden der Stadt werden Erinnerungen an die große maritime Vergangenheit Fremantles wach – doch das Essen ist alles andere als altmodisch und verstaubt. Gerichte wie maurische Fleischspieße, erfrischender Fenchel-Blutorangen-Salat oder knuspriges *manoushe* (libanesisches Fladenbrot) aus dem Holzbackofen sind eindeutig vom Nahen Osten inspiriert. Vor dem Eingang gibt's guten Kaffee in einem umgebauten Schiffscontainer.

Das Frühstück wird teilweise mit einer Bloody Mary oder einem Mimosa-Cocktail serviert.

Bathers Beach House MODERN AUSTRALISCH $$$

(☎08-9335 2911; www.bathersbeachhouse.com.au; 47 Mews Rd; Hauptgerichte 32–42 AU$, gem. Platten 42–72 AU$; ⌚11 Uhr–open end; 👪) Das Bistro in einem großartigen Gebäude am Bathers Beach ist immer gut besucht. Auf der Speisekarte stehen vor allem Meeresfrüchte, Wein und Craft-Bier. Austern werden auf dreierlei Arten zubereitet, Barramundi wird mit italienischen Nudeln kombiniert, Fleischgerichte sind in Form von Schweinebauch und Rumpsteak vom Wagyu-Rind vertreten. Auf der Terrasse kann man den schönsten Sonnenuntergang in Fremantle genießen, während sich die Kinder auf dem Spielplatz austoben.

🍷 Ausgehen & Nachtleben

Die meisten großen Kneipen der Stadt befinden sich in der South Terrace und der High Street. In einigen wenigen kleineren Kneipen in North und South Fremantle bekommt man vor allem gutes Craft-Bier.

★Norfolk Hotel PUB

(☎08-9335 5405; www.norfolkhotel.com.au; 47 South Tce; ⌚Mo–Sa 11–24, So 11–22 Uhr) Der Pub von 1887 ist genauso entspannt wie ganz Freo. Ständig wechselnde Bierangebote machen die Qual der Wahl noch schlimmer, aber das Essen und vor allem die Pizza sind gleichbleibend gut. In dem schönen Innenhof mit alten Kalksteinmauern spenden Ulmen und Eukalyptusbäume angenehmen Schatten. Im kleinen Odd Fellow im Keller herrscht eine lässige Barstimmung, und mittwochs bis samstags gibt's ab 19 Uhr Livemusik.

Strange Company COCKTAILBAR

(www.strangecompany.com.au; 5 Nairn St; ⌚12–24 Uhr) Ausgezeichnete Cocktails (z. B. gut gemachten Daiquiri), Craft-Bier aus Western Australia und gutes Kneipenessen machen die Bar zu einer angenehmen Alternative zu den rauen Pubs der South Terrace. Dabei ist sie, wie für Freo typisch, ganz lässig und entspannt. Nach Einbruch der Dunkelheit verlagert sich der Feierabendtrubel von der sonnigen Terrasse allmählich ins gemütliche Innere.

Percy Flint's Boozery & Eatery BAR

(Karte S. 968; ☎08-9430 8976; www.facebook.com/percyflintsouthfreo; 211 South Tce; ⌚Di–Do 16–24, Fr–So 12–14 Uhr) Die entspannte kleine Kneipe ist sehr beliebt bei den Einheimischen. Zu den vielen interessanten Fassbieren gehören auch viele aus Western Australia. Die gemischten Platten mit mediterranen und asiatischen Köstlichkeiten genießt man am besten an den großen Tischen im Garten.

Monk MIKROBRAUEREI

(☎08-9336 7666; www.themonk.com.au; 33 South Tce; ⌚Mo–Do 12–24, Fr & Sa 11–24, So 11–22 Uhr) Hier kann man es sich auf der geräumigen Terrasse oder im schicken Innenraum bequem machen, der teilweise an Schlafwaggons erinnert, und genießt die hauseigenen Brauerzeugnisse (Kölsch, Mild, Weizen, Porter, Rauchbier, Pale Ale). Die Barsnacks und Pizzas sind lecker, und wechselnde Sorten anderer Brauereien sowie saisonale Biere ziehen ein sachkundiges Publikum an, das sich mit Craft-Bier bestens auskennt.

Mrs. Browns BAR

(Karte S. 968; ☎08-9336 1887; www.mrsbrownbar.com.au; 241 Queen Victoria St; ⌚Di–Do 16.30–24, Fr–So 12–24 Uhr) Backsteinwände, eine kupferbeschlagene Bar sowie Retro-Möbel machen das Ambiente in der atmosphärischsten Trinkerhöhle von North Fremantle aus. Für musikalische Unterhaltung sorgen alle möglichen Kultbands, die man bisher für Geheimtipps hielt, während eine vielfältige Auswahl an Bier, Wein und Tapas anspruchsvollere, etwas ältere Gäste anspricht. Wer möchte, bestellt sich Burger vom **Flipside** (Karte S. 968; ☎08-9433 2188; www.flipsideburgers.com.au; 239 Queen Victoria St; Burger 11,50–14,50 AU$; ⌚11.30–21 Uhr) nebenan.

Little Creatures BRAUEREI

(☎1800 308 388; www.littlecreatures.com.au; Fishing Boat Harbour, 40 Mews Rd; ⌚10–24 Uhr) Zu den besten Erzeugnissen der Brauerei mit dem weißen Hasen und dem kleinen Männchen im Logo gehören das Pale Ale und das Pilsner, doch auch die anderen Biere und Cider-Sorten sind hervorragend. Unbedingt probieren sollte man auch das recht starke Shift Brewers Stash. Manchmal herrscht das pure Chaos, doch für die Pizza aus dem Holzbackofen (19–24 AU$) lohnt sich auch längeres Warten. Auf den deftigeren gemischten Platten (8–24 AU$) finden sich Kängurufleisch mit Tomatenchutney und marinierter Tintenfisch. Keine Reservierung möglich.

☆ Unterhaltung

Fly by Night Musicians Club LIVEMUSIK
(☎08-9430 5208; www.flybynight.org; 179 High St) In dem gemeinnützigen Club, den es schon ewig gibt, ist Abwechslung das Gebot der Stunde. Hier sind alle möglichen Genres zu hören und viele lokale Bands hatten hier ihren ersten Auftritt.

Mojos LIVEMUSIK
(Karte S. 968; ☎08-9430 4010; www.mojosbar.com.au; 237 Queen Victoria St; ⏲19 Uhr–open end) Lokale und nationale Bands (vor allem australischer Rock und Indie) sowie DJs sorgen in diesem kleinen Club für Stimmung. Hinten gibt es einen geselligen Biergarten. Am ersten Freitag im Monat wird Reggae gespielt und jeden Montag ist Open-Mic-Abend.

Metropolis Fremantle LIVEMUSIK
(☎08-9336 1880; www.metropolisfremantle.com.au; 58 South Tce) Am Wochenende verwandelt sich das Metropolis in einen Nachtclub, in dem tolle Livebands aus Australien und der ganzen Welt auftreten oder DJs auflegen.

Newport Hotel LIVEMUSIK
(☎08-9335 2428; www.thenewport.com; 2 South Tce; ⏲Mo–Sa 12–24, So 12–22 Uhr) Von Freitag bis Sonntag stehen Bands aus der Region auf der Bühne oder es legen DJs auf. Dazu schlürft man einen Cocktail oder auch zwei an der kitschigen Tiki Beat Bar.

Shoppen

Am unteren Ende der High Street findet man gleichermaßen interessante und schräge Boutiquen. Die großen Modegeschäfte säumen die Market Street in Richtung Bahnhof. Nach Antiquitäten stöbert man in der Queen Victoria Street in North Fremantle. Nicht zu vergessen die Fremantle Markets (S. 992), wo man tolle Klamotten und Souvenirs findet.

Common Ground Collective DESIGN
(☎0418 158 778; www.facebook.com/cmmngrnd; 82 High St; ⏲Mo–Sa 9–17, So 10–1 6 Uhr) Die bunte Mischung aus Schmuck, Kleidung und Design stammt zumeist von Künstlern und Designern aus der Gegend um Fremantle. Es gibt auch ein Café mit richtig gutem Kaffee.

Didgeridoo Breath KUNSTHANDWERK
(☎08-9430 6009; www.didgeridoobreath.com; 6 Market St; ⏲10.30–17 Uhr) Die riesige Auswahl an Didgeridoos, Büchern und CDs der Aborigines dürfte die größte der Welt sein. Die angebotenen Didgeridoo-Kurse dauern von einer Stunde bis zu vier Wochen. So ist der Laden meistens schon von Weitem zu hören.

Aboriginart KUNST
(☎08-9336 1739; www.aboriginart.com.au; 6 Elder Pl; ⏲Di–So 10–16 Uhr) Die zeitgenössischen und sammelswerten Kunstwerke stammen von indigenen Künstlern aus den Wüsten im Zentrum und Westen Australiens.

Found KUNSTHANDWERK
(Karte S. 968; ☎08-9432 9555; www.fac.org.au; Fremantle Arts Centre, 1 Finnerty St; ⏲10–17 Uhr) Der Shop des Fremantle Arts Centre (S. 992) bietet eine tolle Auswahl an westaustralischem Kunsthandwerk.

Japingka KUNST
(☎08-9335 8265; www.japingka.com.au; 47 High St; ⏲Mo–Fr 10–17.30, Sa & So 12–15 Uhr) Die Galerie hat sich auf Kunst der Aborigines in Western Australia und in anderen Staaten spezialisiert. Jedes Werk ist mit einer ausführlichen Beschreibung und Infos zum jeweiligen Künstler versehen.

Record Finder MUSIK
(☎08-9335 2770; www.facebook.com/The-Record-Finder-232286070119578/; 87 High St; ⏲10–17 Uhr) Eine wahre Schatztruhe voller alter Schallplatten mit vielen Raritäten und Sammlerstücken.

Bodkin's Bootery SCHUHE
(☎08-9336 1484; www.bodkinsbootery.com; 72 High St; ⏲Mo–Sa 9–17, So 12–17 Uhr) Die Schuhe und Hüte für Männer und Frauen sind alle von Hand gefertigt. Aussie-Style eben.

New Edition BÜCHER
(☎08-9335 2383; www.newedition.com.au; Ecke High St & Henry St; ⏲9–18 Uhr) Der Buchladen an einer sonnigen Straßenecke ist ein Paradies für Bücherwürmer: In gemütlichen

Armsesseln kann man sich durch die grandiose Auswahl an australischen Romanen und Sachbüchern wühlen.

Mills Records MUSIK
(☎ 08-9335 1945; www.mills.com.au; 22 Adelaide St; ⌚ Mo–Sa 9–17.30, So 12–17 Uhr) Neben Platten, darunter vielen Raritäten, werden hier auch Konzertkarten verkauft. Mitschnitte von Konzerten in Freo und Western Australia gibt's beim Local's Board.

Praktische Informationen

INTERNETZUGANG

Kostenloses WLAN gibt's im **Moore & Moore** (☎ 08-9335 8825; www.mooreandmoorecafe.com; 46 Henry St; Hauptgerichte 13–22 AU$; ⌚7–16 Uhr; 📶) oder beim Hotspot FREbytes in der Nähe des Rathauses sowie in der **Bibliothek** (☎ 08-9432 9766; www.frelibrary.wordpress.com; Town Hall, Kings Sq; ⌚ Mo, Fr & Sa 9.30–17.30, Di–Do 9.30–18 Uhr); 📶).

TOURISTENINFORMATION

Erste Infos erhält man auf www.fremantlestory.com.au. Öffnungszeiten und Veranstaltungstermine findet man auf www.lovefreo.com.

Rottnest Island Visitor Centre (S. 1004) Bevor man Fremantle verlässt, sollte man hier ein Fahrrad mieten und Touren buchen.

Visitor Centre (☎ 08-9431 7878; www.visitfremantle.com.au; Town Hall, Kings Sq; ⌚ Mo–Fr 9–17, Sa 9–16, So 10–16 Uhr) Hier kann man Unterkünfte und Touren buchen sowie Fahrräder leihen.

An- & Weiterreise

Die Taxifahrt vom **Perth Airport** (☎ 08-9478 8888; www.perthairport.com.au) kostet 65–70 AU$.

Bei den **Transperth**-Zügen (S. 988) liegt Fremantle in Zone 2 und ist nur 30 Minuten mit dem Zug von Perth entfernt. Zwischen dem Stadtzentrum von Perth und Fremantle verkehren auch zahlreiche Busse, etwa die Linien 103, 106, 107, 111 und 158.

Oder man lässt sich mit einem Boot von **Captain Cook Cruises** (S. 971) in 1¼ Std. auf dem Fluss hierher fahren.

Unterwegs vor Ort

In Freo wimmelt es von Einbahnstraßen und Parkuhren. Deshalb empfiehlt es sich, zu Fuß zu gehen oder mit den kostenlosen CAT-Bussen zu fahren, die montags bis donnerstags von 7.30–18.30, freitags von 7.30–21 und am Wochenende von 10–18.30 Uhr alle 10 Minuten die wichtigsten Sehenswürdigkeiten auf einem Rundkurs abfahren.

Fahrräder sind ebenfalls eine gute Option. Sie werden vom Besucherzentrum kostenlos verliehen (Fremantle Visitor Centre, Kings Sq; ⌚ Mo–Fr 9–17, Sa 9–16, So 10–16 Uhr). Es muss jedoch eine Kaution von 200 AU$ hinterlegt werden.

Mietwagen sind bei **Backpacker** (☎ 08-9430 8869; www.backpackercarrentals.com.au; 235 Hampton Rd) erhältlich.

Die Fähren nach Rottnest Island legen am Victoria Quay und in Rous Head ab.

RUND UM PERTH

Rottnest Island (Wadjemup)

475 EW.

„Rotto" ist schon lange die Lieblingsferieninsel für Familien in Perth. Die autofreie, paradiesische Insel mit einsamen Stränden und Buchten ist nur 19 km von Fremantle entfernt, scheint aber einer anderen Welt anzugehören.

Am besten lässt sich die 11 km lange und 4,5 km breite Insel mit dem Fahrrad erkunden – so findet jeder seinen Lieblingsstrand. Und mit etwas Glück erspäht man auch ein paar Quokkas. Etwas häufiger zu sehen sind neuseeländische Pelzrobben, Delfine und – je nach Saison – auch Wale vor dem zauberhaften **West End**. Auf den Straßen sonnen sich oft King Skinks.

Da die Insel ein absolutes Outdoor-Paradies ist, sollte man sie nur bei gutem Wetter besuchen. Dann kann man hier herrlich schnorcheln, angeln, surfen und tauchen. Richtig ungemütlich ist es aber bei starkem Wind.

Geschichte

Die Insel hieß ursprünglich einmal „Wadjemup" (Ort jenseits des Wassers), wobei sie nach der mündlichen Überlieferung der Wadjuk erst durch den ansteigenden Meeresspiegel vom Festland abgetrennt wurde. Die Wissenschaft geht davon aus, dass dies vor etwa 6500 Jahren geschah. Damit gehören diese Überlieferungen zu den ältesten der Welt.

Der Niederländer Willem de Vlamingh, der die Insel 1696 entdeckte, gab ihr den Namen „Rottenest" (Rattennest), und zwar nach den riesigen „Ratten", für die er die hier lebenden Quokkas hielt.

Ab 1838 diente die Insel dann als Gefängnis für Aborigine-Männer und -Jungen aus

Rund um Perth

dem ganzen Bundesstaat. Mindestens 3670 Menschen waren hier unter übelsten Bedingungen inhaftiert, 370 davon starben. Nach 1903 kamen keine neuen Gefangenen mehr auf die Insel, doch einige der Häftlinge saßen hier bis 1931 ein. Bevor sie zur Gefängnisinsel wurde, galt Wadjemup bereits als „Ort der Geister" und wurde es dann für die indigenen Einwohner erst recht, als Hunderte ihrer Volksangehörigen, darunter prominente Widerstandskämpfer, dort inhaftiert waren und manche davon starben. Viele von ihnen setzen deshalb bis heute keinen Fuß auf die Insel.

Rottnest Island (Wadjemup)

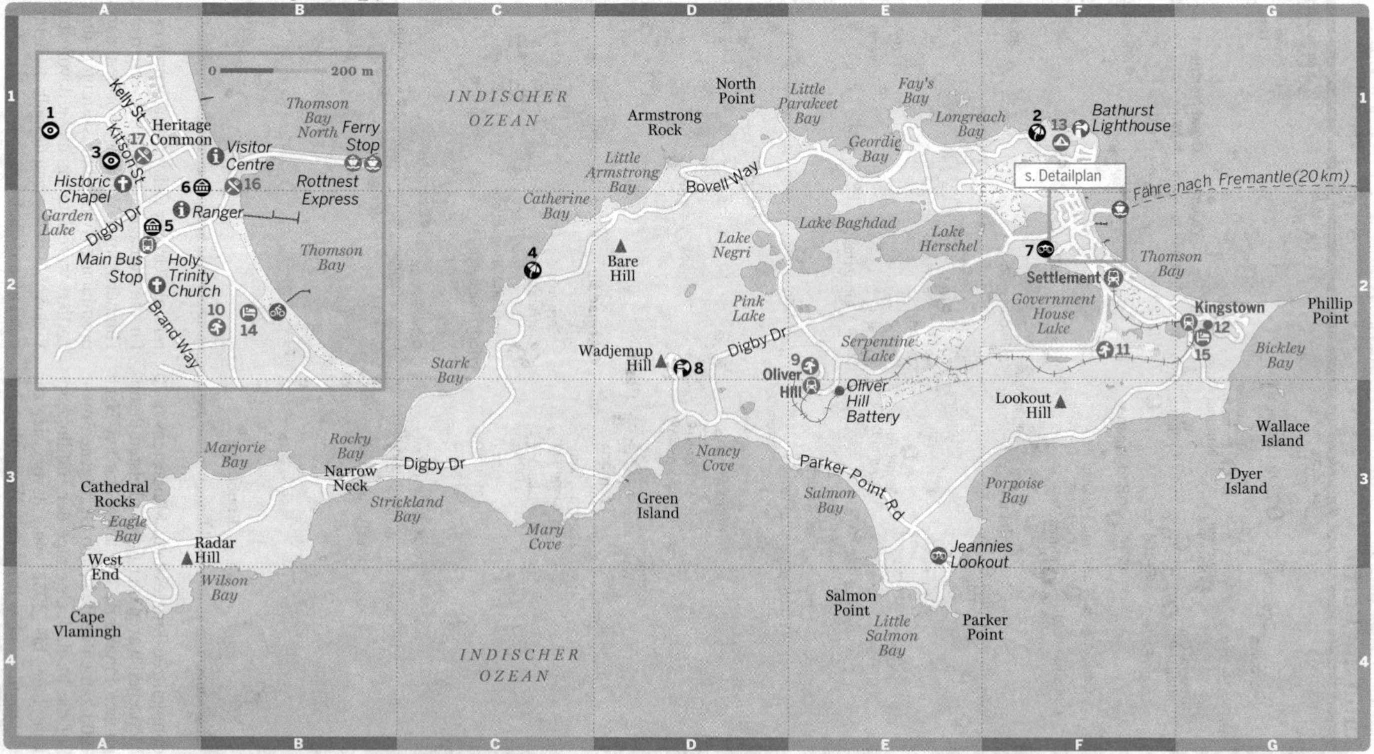

Rottnest Island (Wadjemup)

Sehenswertes
1 Aboriginal Burial Ground ... A1
2 Basin ... F1
3 Quod ... A1
4 Ricey Beach ... C2
5 Rottnest Museum ... A2
6 Salt Store ... A1
7 Vlamingh's Lookout ... F2
8 Wadjemup Lighthouse ... D2

Aktivitäten, Kurse & Touren
Grand Island Tour ... (siehe 5)
Island Explorer Tour ... (siehe 5)
9 Oliver Hill Train & Tour ... E2
10 Rottnest Island Bike Hire ... B2
Rottnest Voluntary Guides ... (siehe 6)
11 Scenic Joy Flights ... F2
12 Segway Tours ... G2
Skydive Geronimo ... (siehe 11)

Schlafen
13 Allison Tentland ... F1
14 Hotel Rottnest ... B2
Karma Rottnest Lodge ... (siehe 3)
15 Kingstown Barracks Youth Hostel ... G2

Essen
16 Aristos ... B1
17 General Store ... A1
Hotel Rottnest ... (siehe 14)

Im Ersten Weltkrieg waren tausend Australier deutscher und österreichischer Herkunft hier interniert, während sich ihre Frauen und Kinder auf dem Festland alleine durchschlagen mussten. Im Zweiten Weltkrieg diente die Insel wieder als Internierungslager, dieses Mal vor allem für die italienischstämmige Bevölkerung in Western Australia.

Derzeit gibt es Bestrebungen, der Insel wieder ihren ursprünglichen Namen zu geben, oder sie als Kompromiss mit dem Doppelnamen Wadjemup/Rottnest zu bezeichnen.

Sehenswertes

Die meisten der historischen Gebäude, die vor allem von den Aborigine-Häftlingen errichtet wurden, befinden sich in Thomson Bay beim Fähranleger.

Salt Store HISTORISCHES GEBÄUDE
(Colebatch Ave; 10–15 Uhr) GRATIS Die Fotoausstellung in diesem Gebäude aus dem 19. Jh. beleuchtet einen anderen Teil der Lokalgeschichte: Zwischen 1838 und 1950 wurde ganz WA mit dem Salz aus den Salzseen der Insel versorgt. Zudem dient der Bau als Ausgangspunkt für Wanderungen.

Vlamingh's Lookout AUSSICHTSPUNKT
In der Nähe von Thomson Bay (am Ende des Wegs hinter dem alten europäischen Friedhof) befindet sich dieser nicht markierte Aussichtspunkt, der einen herrlichen Panoramablick über die Insel und die Salzseen bietet. Er liegt auf dem View Hill am Digby Drive.

Quod HISTORISCHE STÄTTE
(Kitson St) Das achteckige Gebäude von 1864 mit dem zentralen Hof diente einst als Gefängnis für Aborigines und gehört heute zum Rottnest Lodge Hotel. Früher teilten sich hier mehrere Männer eine kleine 5,1 m² große Zelle ohne Klo (die meisten Todesfälle waren krankheitsbedingt). Der einzige für Besucher zugängliche Teil der Anlage ist eine kleine weiß getünchte Kapelle. Sonntags um 9.30 Uhr findet dort ein Gottesdienst statt.

Aboriginal Burial Ground FRIEDHOF
In dem Wäldchen neben dem Quod sind Hunderte von Aborigine-Häftlingen in anonymen Gräbern bestattet. Noch bis vor Kurzem wurde das Gelände als Campingplatz genutzt. Nun ist es eingezäunt und als heilige Stätte gekennzeichnet, für die die Besucher um Respekt gebeten werden. Es ist geplant, auf dem Gelände in Absprache mit dem Ältestenrat der Aborigines eine Gedenkstätte zu errichten.

Rottnest Museum MUSEUM
(Kitson St; Eintritt gegen Spende; 11–15.30 Uhr) Das kleine Museum in einem alten Heuschober ist der Naturgeschichte und Geschichte der Insel gewidmet. Es spart dabei düstere Kapitel nicht aus, und so spielen auch Schiffswracks und das Gefängnis eine Rolle.

Aktivitäten

Die meisten Besucher kommen wegen der schönen Strände und der guten Unterwassersportmöglichkeiten auf die Insel. **The Basin** ist der beliebteste Familienstrand, denn durch die vorgelagerten Riffe ist er gut geschützt und ideal zum Schwimmen. Ebenfalls sehr beliebt sind die Strände **Longreach Bay** und **Geordie Bay**. Außerdem gibt es noch viele kleine, abgelegene Strände wie **Little Parakeet Bay**.

Angenehm warmes Wasser, ausgezeichnete Sicht, Korallenriffe und Schiffswracks machen die Insel zu einem Paradies für Taucher und Schnorchler. In Little Salmon Bay und Parker Point gibt es sogar ausgewiesene Schnorchelpfade mit Hinweistafeln unter Wasser. The Basin, Little Parakeet Bay, Longreach Bay und Geordie Bay eignen sich ebenfalls gut zum Schnorcheln. Bei Rottnest Island Bike Hire (S. 1004) kann man Masken, Schnorchel und Flossen leihen sowie Kajaks, Surfbretter, Paddleboards und Scooter. Das einzige Schiffswrack, das ohne Boot zu erreichen ist, liegt vor Thomson Bay.

Hier organisiert die Australasian Diving Academy (S. 970) auch Tauchtouren zum Wrack. Die besten Surfwellen findet man in Strickland, Salmon Bay und Stark Bay, am westlichen Ende der Insel.

Doch Rottnest Island ist auch ein Paradies für Vogelbeobachter, denn hier finden sich auf kleinstem Raum so verschiedene Lebensräume wie Küste, See, Sumpf, Heide, Wald und Siedlung. So leben an den Ufern Pelikane, Tölpel, Kormorane, Pfuhlschnepfen, Regenbrachvögel, See-, Zügelsee- und Eilseeschwalben, Austernfänger und die majestätischen Fischadler. Hilfreich ist das Buch *A Bird's Eye View of Rottnest Island*, das man beim Besucherzentrum (S. 1004) bekommt.

Skydive Geronimo FALLSCHIRMSPRINGEN
(☎1300 449 669; www.skydivegeronimo.com.au; Rottnest Airport; aus 10 000/14 000/15 000 Fuß Höhe 389/489/539 AU$; ⏲Sa & So 8–15 Uhr, wochentags nach Vereinbarung) Einmal die Insel von oben sehen und dann am Strand landen! Das Mindestalter ist 12 Jahre, die Sprünge müssen im Voraus gebucht werden.

Oliver Hill Train & Tour EISENBAHN
(☎08-9432 9300; www.rottnestisland.com; Erw./Kind 29/16,50 AU$) Die Zugfahrt beginnt um 13.30 Uhr im Bahnhof und führt zur alten **Oliver Hill Battery**. Unterwegs nehmen die ehrenamtlichen Rottnest Voluntary Guides Besucher auf die Gun & Tunnels Tour mit.

Scenic Joy Flights RUNDFLÜGE
(☎1300 895 538, 0411 264 547; www.rottnest.aero/scenic-rottnest; 10/20/35 Min. 45/75/110 AU$) Die spektakulären Panoramaflüge über die Insel starten am Flughafen von Rottnest.

Geführte Touren

Die genauen Termine und Zeiten der Touren erfährt man auf www.rvga.asn.au, im Salt Store (S. 1001) oder beim Besucherzentrum.

Grand Island Tour BUS
(☎08-9432 9300; www.rottnestisland.com/tours; Erw./Kind inkl. Mittagessen 69/55 AU$; ⏲ab 11 Uhr) Diese intensive Erkundungstour dauert 3½ Stunden und beinhaltet auch ein Mittagessen. Sie sollte gleich bei der Ankunft beim Besucherzentrum gebucht werden. Die Busse fahren an der großen Bushaltestelle in Thomson Bay ab.

Island Explorer Tour BUS
(☎08-9432 9300; www.rottnestisland.com; Erw./Kind/Fam. 20/12/50 AU$; ⏲8.45–15 Uhr alle 15 Min.) Auf ihrer Tour rund um die Insel halten die Hop-On-Hop-Off-Busse an 18 Punkten an. Mit den knappen Kommentaren im Bus sind sie eine gute Möglichkeit, sich einen ersten Überblick zu verschaffen.

Segway Tours GEFÜHRTE TOUREN
(☎1300 808 180; www.segwaytourswa.com.au; Kingstown Barracks, Ecke Kingstown Rd & Hospital Lane; 1 Std./90 Min. 79/115 AU$; ⏲ab 9, 11, 12.30 & 14.30 Uhr) Sowohl auf der beliebten Fortress Adventure Tour durchs Gelände (90 Min.) als auch der Settlement Explorer Tour erfährt man alles über die Geschichte der ersten Siedlung auf Rottnest. Wer einfach nur mal mit dem Segway herumfahren möchte, kann dies 25 Minuten lang in der Segway Experience Zone tun (40 AU$). Die Teilnehmer müssen mindestens neun Jahre alt sein.

Charter 1 BOOTSFAHRTEN
(☎0428 604 794; www.charter1.com.au; Erw./Kind 229/149 AU$; ⏲Mitte Sept.–April) Die ganztägigen Bootstouren starten in Fremantle. Unterwegs wird auch mit dem Kajak gefahren und geschnorchelt.

Rottnest Voluntary Guides STADTSPAZIERGANG
(☎08-9372 9757; www.rvga.asn.au) GRATIS Die kostenlosen Stadtspaziergänge zu Themen wie Geschichte, Riffe, Wracks und wagemutige Matrosen, Vlamingh Lookout, Salzseen oder Quokkas beginnen täglich beim Salt Store im Zentrum. Außerdem gibt es Touren zum Leuchtturm von Wadjemup (Erw./Kind 9/4 AU$) und die Oliver Hill Gun & Tunnels Tour (Erw./Kind 9/4 AU$), die an den jeweiligen Ausgangspunkten beginnen.

Feste & Events

Auf „Rotto“ feiern Schüler und Studenten jedes Jahr ihren Abschluss mit großen Besäufnissen. Je nach eigenen Interessensschwerpunkten ist dies entweder die beste oder aber die schlechteste Zeit für einen Besuch. Deshalb sollte man bei der Reisepla-

QUOKKAS

Die kleinen, sanftmütigen Fellknäuel hatten es nie leicht. Zuerst verunglimpften sie Willem de Vlamingh und seine Mannschaft als Ratten, die so groß wie Katzen seien. Dann verstanden die britischen Siedler ihren Namen falsch und verhunzten ihn (das ursprüngliche Noongar-Wort lautete wahrscheinlich entweder *quak-a* oder *gwaga*). Am schlimmsten jedoch war die perverse Idee des „Quokka-Soccer" in den 1990er-Jahren, bei dem grausame Sadisten viele Tiere zu Tode kickten, bevor dafür eine Strafe von 10 000 AU$ verhängt wurde. Gelegentlich findet es aber leider trotzdem noch statt. Positiv zu erwähnen ist dagegen das neue Phänomen der „Quokka-Selfies", das 2015 im Internet aufkam und die Beuteltiere auf Rottnest ins weltweite Interesse auf Instagram rückte. Wer nach „Rottnest Quokka Selfies" googelt, findet die Highlights von #quokkaselfie.

Früher waren die (mit Kängurus und Wallabys verwandten) Beuteltiere im gesamten Südwesten beheimatet, heute beschränkt sich ihr Bestand auf die dichten Wälder des Festlands und die 8000 bis 10 000 Tiere auf Rottnest Island. Sie sind so zutraulich, dass sie Besucher oft um Leckerbissen anbetteln. Man sollte darauf aber mit einem klaren „Nein" reagieren, denn sie vertragen menschliche Nahrung nicht!

nung unbedingt einen entsprechenden Blick in den Kalender werfen.

Rottofest MUSIK
(www.rottofest.com.au; ⌚ Sept.) Beim alljährlichen Rottofest gibt's auf der ganzen Insel einen Tag lang Musik, Filme und Comedy.

Schlafen & Essen

Im Sommer und in den Ferien sind die Unterkünfte auf der Insel schon Monate im Voraus ausgebucht. Außerdem steigen die Preise ins Unermessliche. Im Internet gibt's oft günstige Angebote in der Nebensaison oder an Wochentagen, bei denen teilweise auch der Transfer zur Insel bereits enthalten ist.

Die meisten Besucher versorgen sich selbst. Der **General Store** (☎ 08-9292-5017; www.rottnestgeneralstore.com.au; Thomson Bay; ⌚ 8–18 Uhr) ist ein kleiner Supermarkt, der auch Alkohol verkauft, doch wer länger Aufbleibt, sollte Vorräte mitbringen. Oder man bestellt das Essen dort im Voraus und der Supermarkt liefert dann Lebensmittel und Getränke in die Unterkunft, bevor man anreist. Im kleinen Hauptort auf Rottnest gibt es ein paar Cafés und eine gute Bäckerei.

Kingstown Barracks Youth Hostel HOSTEL $
(☎ 08-9432 9111; www.rottnestisland.com; Kingstown Rd; B/FZ 53/117 AU$) In dem Hostel in einer ehemaligen Kaserne herrscht immer noch eine sehr formelle Atmosphäre, und es stehen auch nur wenige Einrichtungen zur Verfügung. Einchecken kann man im Besucherzentrum, bevor man sich zu Fuß, mit dem Rad oder Bus auf den 1,8 km langen Weg nach Kingston macht.

Allison Tentland CAMPING $
(☎ 08-9432 9111; www.rottnestisland.com; Thomson Bay; Stellplatz 38 AU$) Zelten ist auf der Insel nur auf diesem baumbestandenen Bereich mit Grillstellen erlaubt. Auf sein Hab und Gut sollte man aber besser ein Auge haben – besonders auf die Lebensmittel: Die Quokkas sind dreiste Diebe.

Rottnest Island Authority Cottages HÄUSCHEN $$
(☎ 08-9432 9111; www.rottnestisland.com; Cottage 189–322 AU$) Mehr als 250 große und kleine Ferienhäuser verteilen sich auf der ganzen Insel. Einige sind wunderbare Villen direkt am Ufer, andere eher schäbige Strandhütten. Freitags und samstags steigen die Preise um rund 60 AU$, in der Hauptsaison (Ende September bis April) sogar um 120 AU$. Auf der Homepage gibt's eine unübersichtliche Preisliste.

Karma Rottnest Lodge HOTEL $$
(☎ 1300 7688 6378; www.karmagroup.com; Kitson St; Zi. 210–320 AU$; 📶 🏊) In dem Gebäudekomplex rund um das ehemalige Gefängnis Quod (S. 1001) und die Jungenbesserungsanstalt soll es spuken. Wem das zu unheimlich ist, versucht ein Zimmer im neuen Gebäudeteil zu bekommen, der an einem Salzsee liegt. Die älteren Zimmer sind gemütlich, aber klein und einfach. Es gibt eine Bar, ein Restaurant und Wellnessbehandlungen. Unter der Woche ist es am günstigsten.

Hotel Rottnest HOTEL $$$
(☎ 08-9292 5011; www.hotelrottnest.com.au; 1 Bedford Ave; Zi. 270–320 AU$; ❄ 📶) Das frühere Quokka Arms hat sich nach seiner stilvollen Renovierung ganz schön verändert und ist

in der ehemaligen Sommerresidenz der Gouverneure von WA aus dem Jahr 1864 untergebracht. Die strahlend weißen Zimmer in dem angrenzenden Gebäude sind schick und modern, wenn auch etwas überteuert. Manche bieten wunderschöne Meerblicke.

Hotel Rottnest KNEIPENESSEN **$$**
(☎08-9292 5011; www.hotelrottnest.com.au; 1 Bedford Ave; Hauptgerichte 23–37 AU$, Pizza 20–26 AU$; ⏲11 Uhr–open end) Es gibt wohl kaum einen schöneren Ort für ein Little-Creatures-Bier bei Sonnenuntergang als den Kunstrasen dieses schicken Hotels am Meer. Bistroküche und Pizza werden in einem großen, einladenden Glaspavillon serviert – angesichts der Lage und des Ambientes sind die Preise angemessen. Im Sommer bringen Bands und DJs Stimmung ins entspannte Insel-Flair.

Aristos SEAFOOD **$$$**
(☎08-9292 5171; www.aristosrottnest.com.au; Colebatch Ave; Frühstück 10–23 AU$, Hauptgerichte mittags & abends 27–46 AU$; ⏲8 Uhr–open end) In dem noblen, aber teuren Restaurant gibt es gute Meeresfrüchte, Steaks und Salate, Fish & Chips, Burger, Eis und ausgezeichneten Kaffee. Ein echter Genuss ist die Meeresfrüchteplatte für zwei Personen (155 AU$).

ℹ Praktische Informationen

In der Einkaufsmeile hinter dem Hauptanleger in Thomson Bay gibt's einen Geldautomaten.

Visitor Centre (☎08-9372 9732; www.rottnestisland.com; Thomson Bay; ⏲Sa–Do 7.30–17, Fr 7.30–19 Uhr, im Sommer länger) Hier kann man in allen von der Inselverwaltung betriebenen Unterkünften einchecken. Einen Buchungsschalter gibt's auch im **Büro in Fremantle** (☎08-9432 9300; www.rottnestisland.com; E Shed, Victoria Quay) in der Nähe des Fähranlegers.

Ranger (☎08-9372 9788) erteilt Infos zum Angeln und über Bootsfahrten.

ℹ An- & Weiterreise

Für den Besuch der Insel wird eine Gebühr fällig (Erw./Kind/Fam. 18/6,50/42,50 AU$). Die Gebühr ist im Fährticket enthalten, muss jedoch extra bezahlt werden, wenn man im Privatboot kommt.

FLUGZEUG

Rottnest Air-Taxi (☎1300 895 538; www.rottnest.aero) fliegt vom Flughafen in Jandakot auf die Insel. Der Preis für ein Flugzeug liegt bei 250 AU$, was 83 AU$ pro Person entspricht.

SCHIFF/FÄHRE

Folgende Gesellschaften unterhalten Fährverbindungen zur Insel:

Rottnest Express (☎1300 467 688; www.rottnestexpress.com.au) Die Fähren legen an der **Barrack Street Jetty** in Perth (S. 989; 1¾ Std., 1-mal tgl.), in **Fremantle** (30 Min., 5-mal tgl.) und in North Fremantle ab (30 Min., 3-mal tgl.). Es gibt auch Komplettangebote mit Leihfahrrad, Schnorchelausrüstung, Unterkunft, Verpflegung und Touren. Im Sommer und wähend der Ferien verkehren die Fähren häufiger. Die Fähranleger in Perth und Fremantle liegen jeweils in der Nähe des Bahnhofs.

Rottnest Fast Ferries (☎08-9246 1039; www.rottnestfastferries.com.au; Erw./Kind 85,50/48,75 AU$) Die schnellen Fähren (40 Min., 3-mal tgl.) legen im Hillarys Boat Harbour, rund 40 Min. Autofahrt nördlich von Perth, ab. Infos zu öffentlichen Verkehrsmitteln gibt's auf www.hillarysboatharbour.com.au. Im Sommer legt eine zusätzliche Fähre am Freitagabend um 18 Uhr ab. Auch hier sind Komplettangebote möglich.

ℹ Unterwegs vor Ort

BUS

Ein kostenloser Shuttle-Bus verkehrt etwa alle 35 Minuten zwischen Thomson Bay, den Gebieten mit den meisten Unterkünften und dem Flughafen. Der letzte Bus fährt um 20 Uhr.

Die praktischen Hop-On-Hop-Off-Busse von **Island Explorer** (S. 1002) halten an 18 Stationen auf der ganzen Insel. Mit den Kommentaren im Bus sind sie eine gute Möglichkeit, sich einen ersten Überblick zu verschaffen. Die Fahrt zwischen Geordie Bay und Thomson Bay ist sogar kostenlos.

FAHRRAD

Die nicht allzu große Insel mit nicht allzu hohen Bergen kann gut in einem Tag mit dem Rad erkundet werden. Es werden auch E-Bikes angeboten (halber/ganzer Tag 40/60 AU$).

Die Räder können im Voraus online oder bei der Ankunft direkt bei **Rottnest Island Bike Hire** (☎08-9292 5105; www.rottnestisland.com; Ecke Bedford Ave & Welch Way; Fahrrad ab 16/30 AU$ für halben/ganzen Tag; ⏲8.30–16 Uhr, Sommer 8.30–17.30 Uhr) gemietet werden. Es muss ein Lichtbildausweis vorgelegt werden..

Fahrräder, die im Rahmen eines Komplettangebots bei den Fährgesellschaften gemietet werden, stehen bei der Ankunft der Besucher bereit. Auch das Besucherzentrum verleiht Fahrräder.

Rockingham & Peel District

Die wunderbare Peel-Region mit ihren Jarrah-Wäldern, historischen Städten und dem recht mondänen Strandort Mandurah lässt sich bequem bei einem Tagesausflug von Perth aus besuchen. Sie ist aber auch eine tolle erste Station auf der langen Fahrt auf dem South Western Hwy (Rte 1).

Mit dem Peel District verlässt man das Stammesgebiet der Wadjuk und betritt das ihrer Noongar-Nachbarn, der Pinjarup (oder Binjareb).

Rockingham

135 000 EW.

Die Stadt 46 km südlich von Perth hat schöne Strände und den Shoalwater Islands Marine Park (S. 1005), wo man Delfine, Seelöwen und Pinguine in freier Wildbahn beobachten kann.

Rockingham wurde 1872 als Hafenstadt gegründet, musste diese Funktion aber schon in den 1890er-Jahren an Fremantle abgeben. Allerdings gibt es immer noch einen recht großen Industriehafen in Kwinana im Norden der Stadt.

Die meisten Sehenswürdigkeiten befinden sich am Rockingham Beach.

Sehenswertes & Aktivitäten

Shoalwater Islands Marine Park NATURSCHUTZGEBIET
(www.parks.dpaw.wa.gov.au/park/shoalwater-islands; in der Brutzeit Juni–Mitte Sept. geschl.) Zu dem streng geschützten Reservat **Penguin Island** kann man mit dem Kajak paddeln, schwimmen oder mit dem Boot fahren. Hier leben Pinguine und Silbermöwen, doch es gibt auch Holzstege, Badestrände und Picknicktische. So kommen die Tagesausflügler nicht nur zum Beobachten der vielen Vögel (Elsterscharben, Pelikane, Eilsee- und Zügelseeschwalben, Austernsucher), sondern auch zum Schwimmen und Schnorcheln.

Die **Fähre nach Penguin Island** wird von den Rockingham Wild Encounters betrieben. Beim Kombiticket ist der Eintritt zur Pinguinfütterung im **Discovery Centre** der Insel enthalten (Erw. /Kind 23/18,50 AU$).

West Coast Dive Park TAUCHEN
(08-9592 3464; www.westcoastdivepark.com.au; Tauchgenehmigung 25/50 AU$ pro Tag/Woche) Nach dem unglücklichen Untergang des 400-Tonnen-Bootes *Saxon Ranger* ist das Tauchen in diesem Gebiet noch interessanter geworden. Die Genehmigungen zum Tauchen gibt's beim Besucherzentrum (S. 1006). Auch die Australasian Diving Academy (S. 970) organisiert Tauchausflüge zu diesem und drei weiteren Schiffswracks sowie zwei versunkenen Flugzeugen und den vielen Riffen der Gegend.

Rockingham Wild Encounters TIERE & PFLANZEN
(08-9591 1333; www.rockinghamwildencounters.com.au; Ecke Arcadia Dr & Penguin Rd; Sept.–Mai) Der einzige Veranstalter in der Gegend um Rockingham, der Besucher nach Penguin Island bringen darf, bietet auch viele andere umweltverträgliche Touren an. So z. B. das beliebte **Schwimmen mit Delfinen** (205–225 AU$/Pers.), bei dem man den herrlichen Tieren ganz nahe kommt. Da sich die Delfine dadurch gestört fühlen können, ist die zweistündige **Tour zur Delfinbeobachtung** (Erw./Kind 85/50 AU$) eine gute Alternative.

Capricorn Seakayaking KAJAKFAHREN
(0427 485 123; www.capricornseakayaking.com.au; 180 AU$/Pers.; Ende Sept.–Ende April) Bei diesen Touren paddelt man einen ganzen Tag lang im Seekajak um Penguin Island und Seal Island herum. Dabei hat man die Möglichkeit, Tiere zu beobachten und zu schnorcheln.

Essen

★ Ostro Eatery CAFÉ $$
(08-9592 8957; www.ostroeatery.com.au; 11a Rockingham Beach Rd; Hauptgerichte 15–28 AU$; Mo–Mi 7.30–15, Do–So 7.30 Uhr–open end) Unter der Woche ist dies ein ganz normales Café mit großen Tischen, am Wochenende hingegen eine gemütliche Kneipe. Mit einem Omelette mit Blue Swimmer Crabs fängt der Tag gut an, donnerstags bis sonntags werden abends Garnelen aus Exmouth, Ravioli mit Rinderbäckchen und andere Köstlichkeiten serviert. Neben einer übersichtlichen Bier- und Weinkarte gibt's auch frisch gepresste Säfte und hausgemachte Limonade.

Rustico CAFÉ $$
(08-9528 4114; www.rusticotapas.com.au; 61 Rockingham Beach Rd; gem. Platten 14–26 AU$, Pizza 17 AU$; Di 16–21, Mi–So 12–22 Uhr) Das schicke Café ist bekannt für sein echt spanisches Essen. Auf der Eckterrasse genießt man mit Blick aufs Meer Mais- und Käsekroketten oder gebratenen Tintenfisch. Beim Verkostungsmenü mit sechs Gängen (59 AU$/Pers.) kommen Lachs, Kammmuscheln, Schweinebauch und auf Wunsch der jeweils passende Wein auf den Tisch. Für Stimmung sorgen Cocktails, Sangria und Craft-Bier.

Praktische Informationen

Das Visitor Centre (☎ 08-9592 3464; www.rockinghamvisitorcentre.com.au; 19 Kent St; ⏲ 9–17 Uhr) hat ein Verzeichnis der Unterkünfte.

Anreise & Unterwegs vor Ort

Rockingham liegt in Zone 5 des **Transperth**-Netzes (S. 988). Vom Bahnhof Rockingham fahren regelmäßig Züge über Mandurah (5,50 AU$, 18 Min.) nach Perth Underground/Esplanade (8,10 AU$, 34 Min.).

Der Bahnhof Rockingham liegt etwa 4 km südöstlich von Rockingham Beach und rund 6 km östlich von Mersey Point, wo die **Fähre nach Penguin Island** (Mersey Point Jetty; Erw./Kind 15/12,50 AU$; ⏲ Mitte Sept.–Mai 9–15 Uhr stündl.) ablegt. Bus 551 und 555 fahren beide zum Strand, Bus 551 auch bis nach Mersey Point.

Mandurah

84 537 EW.

Die Stadt bemüht sich sehr, ihr angestaubtes Image als Seniorenparadies loszuwerden und sich stattdessen als nobler Strandort zu präsentieren, wozu nicht zuletzt die nagelneue Zuganbindung ans öffentliche Verkehrssystem von Perth beiträgt. Und auch wenn die bestens vernetzten, mit viel Aufwand restaurierten „Precincts" und „Quarters" mitunter etwas überheblich wirken, ist die Stadt insgesamt doch recht cool. So kann man von der Ocean Marina (mit ihren Booten, Cafés und dem Dolphin Quay Indoor Market) immer am Wasser entlang und an den venezianisch anmutenden Kanälen (mit schicken Apartmenthäusern und Sandsteinbrücken) vorbei bis zum Boardwalk and Cultural Precinct (mit Restaurants, dem Besucherzentrum, Kino und Kunstzentrum) und zum Bridge Quarter (mit noch mehr Restaurants und Bars) laufen.

Die Mandurah Bridge spannt sich über die Mandurah Estuary, die sich zwischen dem offenen Meer und dem riesigen Peel Inlet erstreckt. Dies ist einer der besten Orte der ganzen Gegend, um Fische, Krabben und Garnelen (März und April) zu fangen oder Delfine zu beobachten.

Sehenswertes & Aktivitäten

Von der Uferpromenade aus sind viele schöne Strände zu Fuß zu erreichen. Der Town Beach direkt gegenüber der Marina, am südlichen Ende des Hotels Silver Sands, ist vermutlich der schönste Meeresstrand hier. Auch nördlich der Mandurah Bridge ist ein bootsfreier Schwimmbereich am anderen Ufer des Meeresarmes ausgewiesen. Hierher trauen sich gelegentlich auch Delfine und toben mit den Kindern durchs Wasser. Westlich davon befindet sich gegenüber dem Meer der familienfreundliche Doddi's Beach.

Mandurah Cruises BOOTSFAHRTEN
(☎ 08-9581 1242; www.mandurahcruises.com.au; Boardwalk) Die einstündige Dolphin & Scenic Canal Cruise (Erw./Kind 28/14 AU$) beginnt stündlich zwischen 10 und 16 Uhr. Außerdem gibt's noch die halbtägige Murray River Lunch Cruise (Mi & Sa 89/55 AU$) und im Dezember auch die einstündige Christmas Lights Canal Cruise (33/18 AU$), die an den festlich geschmückten Villen der Millionäre der Stadt vorbeiführt.

Mandurah Boat & Bike Hire CHARTERBOOTE, FAHRRADVERLEIH
(☎ 08-9535 5877; www.mandurahboatandbikehire.com.au; Boardwalk) Als Angelboote stehen zur Auswahl ein Dinghy für 4 Personen und ein Boot für 6 Personen (ab 55/350 AU$ pro Std./Tag). Außerdem werden Räder verliehen (10/40 AU$ pro Std./Tag). Wer sich aktiv auf dem Wasser betätigen will, kann auch ein Kajak oder ein Stehpaddelbrett mieten.

Schlafen & Essen

Am Boardwalk, Dolphin Quay und in den älteren Bezirken von Mandurah gibt es jede Menge Restaurants und Cafés.

Dolphin Point B & B B&B $$
(☎ 08-9581 5813; www.dolphinpointbandb.com.au; 26 Bermuda Pl, Halls Head; Suite/Apt. ab 170/270 AU$; ❄ 📶) Die herrlich entspannte Pension liegt direkt an einem Kanal mitten in Mandurah, auf dem die Ausflugsboote vorbeischippern. Es gibt eine gemütliche Suite und ein voll ausgestattetes Apartment mit Küche, beide mit Blick aufs Wasser. In dem Apartment steht auch ein Grill zur Verfügung.

Seashells Resort RESORT $$
(☎ 08-9550 3000; www.seashells.com.au; 16 Dolphin Dr; Apt. ab 195 AU$; ❄ 🏊) Diese geräumigen Apartments sind cool und obendrein praktisch direkt am Strand. Außerdem befindet sich ein Infinity-Pool ganz in der Nähe. Hier würde man am liebsten für immer bleiben!

Mandurah Ocean Marina Chalets MOTEL $$
(☎ 08-9535 8173; www.marinachalets.com.au; 6 The Lido; Studio od. Chalet 117–175 AU$; ❄ 📶) Die

Anlage erinnert ein wenig an ein Ferienlager, doch die modernen Chalets und Motelzimmer sind tadellos und haben eine voll ausgestattete Küche. Außerdem gibt's auch einen gemeinsamen Grillplatz und eine Möglichkeit zum Krabbenkochen. Und wer dann immer noch keine Lust bekommen hat, selbst zu kochen, geht einfach in eines der vielen Restaurants an den Kanälen, in der Ocean Marina und in Dolphin Quay.

★ Flic's Kitchen MODERN-AUSTRALISCH **$$**
(☎ 08-9535 1661; www.flicskitchen.com; 3/16 Mandurah Tce; Frühstück 10–23 AU$, gem. Platten 16–24 AU$; ⏲ Mi–Sa 8 Uhr–open end, So 8–15 Uhr; ✎) Das erst vor Kurzem eröffnete Restaurant ist ideal, um in der milden Abendsonne auf den Sonnenuntergang zu warten. In kosmopolitisch schicker Umgebung wird Frühstück, Mittag- und Abendessen serviert. Spitzenreiter der Speisekarte sind Maisfladen mit scharfem Chili-Hühnchen zum Brunch und Krabbenkroketten zum Sonnenuntergang. Außerdem: gute vegane und Paleo-Gerichte sowie eine große Bier- und Weinkarte.

Peninsula BISTRO **$$**
(☎ 08-9534 9899; www.thepenmandurah.com.au/; 1 Marco Polo Dr; Hauptgerichte 22–40 AU$, Barsnacks 10–24 AU$; ⏲ 11–21.30 Uhr) Wo einst ein Pub von 1911 stand, befindet sich seit 2016 ein schickes, supermodernes Bistro des 21. Jhs. Durch die riesigen Panoramafenster blickt man weit aufs Meer hinaus, oder man setzt sich in den Biergarten direkt am Wasser. Das Essen ist eigentlich recht nobel, doch man kriegt auch einfache Krabben-Tacos mit Gartenrettich und *Sriracha*-Sauce.

Ausgehen & Nachtleben

DPM Cafe CAFÉ
(☎ 0459 982 710; www.facebook.com/dawnpatrolmobilecafe; 14 Mandurah Tce; ⏲ Mo, Di, Do & Fr 6–16, Mi 6–12, Sa & So 7–12 Uhr) In dem witzigen kleinen Café in der Nähe des Meeresarms bekommt man den besten Kaffee der Stadt. Zusammen mit einem Sandwichtoast aus Sauerteig ergibt das ein preiswertes Mittagessen.

Brighton Hotel PUB
(☎ 08-9534 8864; www.brightonmandurah.com.au; 10-12 Mandurah Tce; ⏲ Mo–Sa 10 Uhr–open end, So 10–22 Uhr) Der typische Aussie-Pub ist ideal, um bei einem guten Glas Wein den Sonnenuntergang zu beobachten. Am Wochenende legen ab 20 Uhr DJs auf. Außerdem gibt's gutes Mittag- und Abendessen.

Praktische Informationen

Visitor Centre (☎ 08-9550 3999; www.visitpeel.com.au; 75 Mandurah Tce; ⏲ 9–17 Uhr) Am Holzsteg des Meeresarms.

An- & Weiterreise

Mandurah ist 72 km von Perth entfernt und gut über den Kwinana Fwy zu erreichen.

Es befindet sich in der äußersten Zone (7) des Verkehrsnetzes von Perth und ist zugleich die Endstation der Mandurah-Linie von Transperth. Die Züge fahren von Mandurah direkt nach Perth Underground/Esplanade (10,70 AU$, 50 Min.) und Rockingham (8,10 AU$, 18 Min.).

Die Busse von **Transwa** (☎ 1300 662 205; www.transwa.wa.gov.au) fahren u. a. zu folgenden Zielen:

- SW1 (12-mal wöchentl.) nach East Perth (17,50 AU$, 1½ Std.), Bunbury (17,50 AU$, 2 Std.), Busselton (27 AU$, 2¾ Std.), Margaret River (35 AU$, 4 Std.) und Augusta (38 AU$, 4¾ Std.).
- SW2 (3-mal wöchentl.) nach Balingup (29 AU$, 3 Std.), Bridgetown (32 AU$, 3½ Std.) und Pemberton (44 AU$, 4½ Std.).
- GS3 (1-mal wöchentl.) nach Denmark (69 AU$, 7¼ Std.) und Albany (75 AU$, 8 Std.).

Hyden & Wave Rock

Von den riesigen Granitfelsen im mittleren und südlichen Weizengürtel ist der Wave Rock der bekannteste. Er liegt in der Nähe der Stadt Hyden, einem verschlafenen Dorf im Busch, das aber über ein Motel, ein Café, eine Bäckerei und eine Tankstelle verfügt.

Diese Gegend lässt sich am besten mit dem eigenen Fahrzeug auf der Reise zu einem anderen Ziel erkunden. So kann man auf dem Weg von oder nach Nullarbor die 300 km lange, unbefestigte Straße von Hyden nach Norseman nehmen und spart damit rund 100 km. In den Besucherzentren von Norseman und Wave Rock ist die Broschüre *The Granite and Woodlands Discovery Trail* erhältlich.

Transwa (☎ 1300 662 205; www.transwa.wa.gov.au) bietet verschiedene Busverbindungen in der Gegend an: So fährt der GE2 jeden Dienstag von East Perth nach Hyden (55 AU$, 5 Std.) und weiter nach Esperance (53 AU$, 5 Std.) und jeden Donnerstag in umgekehrter Richtung. **Western Travel Bug** (☎ 08-9486 4222; www.travelbug.com.au; Erw./Kind 185/135 AU$; ⏲ Di, Do & Sa) bietet 3-mal wöchentlich eine sehr lange Tagestour von Perth aus an.

ABSTECHER

DWELLINGUP

Das kleine, rundum von Wald umgebene Städtchen mit viel Charme liegt 100 km südlich von Perth. Es gilt als Zentrum der zähen Fernwanderer und Radfahrer, die hier auf dem anstrengenden **Bibbulmun Track** (S. 1041) oder dem Munda Biddi Trail vorbeikommen.

Wer etwas Muse hat, sollte unbedingt das **Forest Heritage Centre** (☎ 08-9538 1395; www.forestheritagecentre.com.au; 1 Acacia St; Erw./Kind 5,50/3,50 AU$; ⌚ 10–15 Uhr) besuchen. Die Ausstellung erläutert die heimische Tier- und Pflanzenwelt, der Museumsshop bietet Kunsthandwerk aus Holz an, das von Künstlern aus der Region gefertigt wurde. Die **Hotham Valley Railway** (☎ 08-6278 1111; www.hothamvalleyrailway.com.au; Forest Train Erw./Kind 28/14 AU$, Restaurant Train 92 AU$, Steam Ranger 40/20 AU$; ⌚ Forest Train Sa & So ab 10.30 Uhr, Restaurant Train Sa ab 19.45 Uhr, Steam Ranger Mai–Okt. So ab 10.30 & 14 Uhr) tuckert auf einem 8 km langen Weg durch den Wald. Die Hin- und Rückfahrt dauert 90 Minuten. **Dwellingup Adventures** (☎ 08-9538 1127; www.dwellingupadventures.com.au; cnr Marrinup & Newton Sts; Einerkajak od. Zweierkanu 30 AU$ für 3 Std. ⌚ 8.30–17 Uhr) verleiht Räder, Kajaks und Kanus und kann Kanu- und Mountainbike-Touren auf eigene Faust sowie Wildwasserraften arrangieren (Juni–Okt. 150 AU$/Pers.).

Danach kann man sich im **Blue Wren Cafe** (☎ 08-9538 1234; www.facebook.com/DwellingupBlueWrenCafe; 53 McLarty St; Hauptgerichte 15–18 AU$; ⌚ Di–So 8–19, Mo 8–17 Uhr) mit superleckeren hausgemachten Pies stärken. Übernachten kann man in der ländlichen Ruhe von **Lewis Park Chalets** (☎ 08-9538 1406; www.lewisparkchalets.com.au; 99 Irwin Rd; 150 AU$).

Wave Rock WAHRZEICHEN

Der mehrfarbige Felsen ist 350 km von Perth entfernt. Im Laufe von 60 Mio. Jahren schufen Wind und Wetter seine bizarre Form, die farbigen Streifen verdankt er dem mineralhaltigen Wasser hiesiger Quellen. Vor dem Besuch des Wave Rock sollte man sich die sehr nützliche Broschüre *Walk Trails at Wave Rock and The Humps* beim Besucherzentrum besorgen.

Mulka's Cave & the Humps HÖHLE

In der wunderbaren Mulkas Cave sind 450 bedeutende Felszeichnungen und Handabdrücke zu bewundern. Zu begehen ist die Höhle auf zwei sehr abenteuerlichen Wegen. Der Kalari Trail (1, 6 km hin & zurück) steigt zu einem riesigen Granitfelsen auf, der zu den Humps gehört und nicht nur wegen des tollen Ausblicks deutlich wilder und eindrucksvoller als der Wave Rock ist. Der Gnamma Trail (1,2 km hin & zurück) bleibt in der Ebene und führt an Wasserlöchern vorbei, an denen Hinweistafeln die Kultur der Noongar erklären. Das Gelände ist 16 km vom Wave Rock entfernt.

Wave Rock Cabins & Caravan Park HÜTTEN $

(☎ 08-9880 5022; www.waverock.com.au; Stellplatz ohne/mit Strom ab 30/48 AU$, Hütte od. Cottage ab 140 AU$; ❄ ☒) Die Hütten sind schnell belegt, aber auch einen Platz unter den Eukalyptusbäumen sollte man im Voraus buchen.

Wave Rock Motel MOTEL $$

(☎ 08-9880 5052; www.waverock.com.au; 2 Lynch St, Hyden; EZ/DZ ab 105/150 AU$; ❄ ☒) Das Motel in Hyden, 4 km östlich des Wave Rock, hat gut ausgestattete Zimmer, einen gemütlichen Aufenthaltsraum mit Kamin und ein Bistro, wo es Steaks und Hühnchen gibt.

Visitor Centre TOURISTENINFORMATION

(☎ 08-9880 5182; www.waverock.com.au; Wave Rock; ⌚ 9–17 Uhr) Mit gutem Café und schrägen Souvenirs aus der Region.

Avon Valley

Das üppig grüne Avon-Tal mit moosbedeckten Felsen wurde im Jahr nach der Gründung von Perth besiedelt. Noch heute ist es geprägt von romantischen alten Häusern mit breiter Veranda und klapprigen Holzwagen. Viele historische Steinhäuser in den Städten und auf dem Land sind noch gut erhalten.

Das Land gehört seit altersher den Balardung, einem Stamm der Noongar.

York

2100 EW.

In der stimmungsvollen Stadt kann man locker ein paar Stunden vertrödeln. Die Avon Terrace ist gesäumt von schönen alten Gebäuden, und der ganze Ort steht unter Denkmalschutz steht.

Die ersten Siedler sahen Ähnlichkeiten zwischen dem Avon Valley und ihrer alten Heimat Yorkshire, sodass der Gouverneur die Stadt kurzerhand „York" nannte. Während des Goldrauschs blühte die Stadt schnell auf, denn sie versorgte die Goldgräber auf ihrem Weg zu den Goldfeldern von Southern Cross, 273 km weiter östlich. Aus dieser Zeit stammen auch die meisten Gebäude.

Residency Museum MUSEUM
(☎08-9641 1765; www.theyorksociety.com/residency-museum; Brook St; Erw./Kind 5/3 AU$; ⊙Di, Mi & Do 13–15 , Sa & So 11–15.30 Uhr) Das Museum von 1858 beherbergt eine interessante Ausstellung über die Geschichte der Stadt mit vielen ergreifenden Schwarz-Weiß-Fotos von York.

Motor Museum MUSEUM
(☎08-9641 1288; www.yorkmotormuseum.com; 116 Avon Tce; Erw./Kind 9/4 AU$; ⊙9.30–15 Uhr) Ein Muss für alle Oldtimer-Fans.

Skydive Express FALLSCHIRMSPRINGEN
(☎08-9444 4199; www.skydive.com.au; 3453 Spencers Brook Rd; Tandemsprung aus 2400/4250 m Höhe 259/399 AU$) Das Avon-Tal ist das westaustralische Zentrum für Fallschirmspringer. Die Landezone liegt ca. 3 km außerhalb der Stadt. An Wochentagen ist es in der Regel am preiswertesten.

Faversham House B&B **$$**
(☎08-9641 1366; www.favershamhouse.com.au; 24 Grey St; Zi. 125–255 AU$; ❄📶) Wer schon immer mal in einem Palast übernachten wollte, kann das in dieser großartigen Steinvilla von 1840 tun. Die Zimmer im Haupthaus sind groß und haben TV und vereinzelte Antiquitäten, teilweise auch ein Himmelbett. Die Bäder sind jedoch sehr klein. Die billigeren Zimmer befinden sich in den ehemaligen Gesindehäusern. Zum Frühstück gibt's meist Früchte, Croissants und hausgemachte Marmelade.

Jules Cafe CAFÉ **$**
(☎08-9641 1832; 121 Avon Tce; Snacks & Hauptgerichte 10–18 AU$; ⊙Mo–Sa 8–16 Uhr; ✎) 🍃 Das 1990 eröffnete Café ist ein bunter Farbtupfer im altehrwürdigen York und sehr exotisch, denn hier gibt es tolle libanesische Fleischspieße, Falafel und Süßigkeiten aus dem ganzen Nahen Osten. Für zusätzliches New-Age-Feeling sorgen biologische, vegetarische und glutenfreie Gerichte sowie erfrischende Säfte und Fruchtsmoothies.

ℹ Praktische Informationen

Visitor Centre (☎08-9641 1301; www.avonvalleywa.com.au; Town Hall, 81 Avon Tce; ⊙10–16 Uhr)

Die Busse von **Transwa** (☎1300 662 205; www.transwa.wa.gov.au) fahren u. a. zu folgenden Zielen: GE2 (3-mal wöchentl.) nach East Perth (17,50 AU$, 1½ Std.), Mundaring (14 AU$, 47 Min.), Hyden (42 AU$, 3¼ Std.) und Esperance (85 AU$, 8½ Std.); GS2 nach Northam (6-mal wöchentl., 8 AU$, 33 Min.), Mt. Barker (4-mal wöchentl., 58 AU$, 5¼ Std.) und Albany (4-mal wöchentl., 63 AU$, 6 Std.).

New Norcia

70 EW.

Die idyllische Klostersiedlung 132 km von Perth entfernt besteht aus verschnörkelten Gebäuden im spanischen Stil, die im australischen Busch etwas deplatziert wirken. Sie wurde 1846 von spanischen Benediktinermönchen zur Missionierung der Aborigines gegründet. Das bis heute bewohnte Kloster betreibt eine hervorragende Bäckerei und stellt weitere Feinschmeckerprodukte her.

New Norcia Museum & Art Gallery MUSEUM, GALERIE
(☎08-9654 8056; www.newnorcia.wa.edu.au; Great Northern Hwy; Stadt- und Museumsführung Erw./Fam. 25/60 AU$; ⊙10–16.30 Uhr) Das Museum erzählt die Geschichte des Klosters und beherbergt auch beeindruckende Kunstsammlungen, darunter die landesweit größte Sammlung religiöser Kunstwerke seit der Renaissance. Es finden auch Wechselausstellungen statt. Im Museumsshop bekommt man Souvenirs, Honig, Konserven und Brot aus dem Holzbackofen der Mönche.

Abbey Church KIRCHE
In der Klosterkirche kann man in den Sgraffito-Arbeiten, die den Kreuzweg nachzeichnen, nach Tieren Ausschau halten. Wer genau hinsieht, entdeckt sogar einen Astronauten.

Town Tours STADTFÜHRUNG
(☎08-9654 8056; www.newnorcia.wa.edu.au; Erw./Kind 15/10 AU$; ⊙11 & 13.30 Uhr) Die zweistündige Stadtführung hat die Klosterkirche und die von Fresken geschmückten Kapellen der Klosterschule zum Ziel. Tickets verkauft das Museum.

New Norcia Hotel HOTEL **$**
(☎08-9654 8034; www.newnorcia.wa.edu.au; Great Northern Hwy; EZ/DZ mit Gemeinschaftsbad inkl.

ABSTECHER

DRYANDRA WOODLAND

In dem einsamen Eukalyptuswäldchen 164 km südöstlich von Perth leben kleine Bestände bedrohter Tierarten, etwa Ameisenbeutler, Bürstenkängurus und Derbywallabys. So hat es hier überall ausgesehen, bevor das Land im großen Stil gerodet und die Tiere gejagt wurden, um Platz für die Weizenfelder zu schaffen. Der winzige Rest mit zahlreichen Wanderwegen ist ein beliebtes Naherholungsgebiet für die Einwohner von Perth.

Im ausgezeichneten **Barna Mia Animal Sanctuary** (Erw./Kind/Fam. 20/10/50 AU$) finden bedrohte Tierarten wie Bilbys, Boodies und Woylies Schutz und Zuflucht. Bei den 90-minütigen Führungen hat man die Chance, diese nachtaktiven Tiere im Licht von Taschenlampen zu sehen. Die Nachtführungen finden montags, mittwochs, freitags und samstags statt. Gebucht werden sie bei **Parks & Wildlife** (☎08-9881 9222; www.parks.dpaw.wa.gov.au; 7 Wald St, Narrogin; ⌚8.30–16 Uhr). In der Hochsaison muss man lange im Voraus buchen.

Das **Lions Dryandra Village** (☎08-9884 5231; www.dryandravillage.org.au; Erw./Kind 30/15 AU$, Hütte für 2/4 Pers. 70/90 AU$, Hütte für 8–12 Pers. 130 AU$) ist ein Waldarbeiterlager aus den 1920er-Jahren. Die Hütten wurden komplett renoviert und voll ausgestattet. Davon völlig unbeeindruckt grasen Wallabys in der Nähe.

Dryandra Woodland ist nur mit dem eigenen Fahrzeug zu erreichen.

Frühstück ab 80/100 AU$; ⌚11–14 & 18–20.30 Uhr) Das vornehme alte Hotel hat breite Treppen, hohe Decken, breite Veranden und schlichte Zimmer. In der Bar und im eleganten Speiseraum werden internationale Gerichte (15–36 AU$) serviert. Sehr zu empfehlen ist das leckere Holzofenbrot mit verschiedenen Dips.

Monastery Guesthouse PENSION $
(☎08-9654 8002; www.newnorcia.wa.edu.au; empfohlene Spende bei VP 80 AU$) Dss Gästehaus des Klosters befindet sich im südlichen Kreuzgang. Die Gäste dürfen mit den Mönchen beten und Männer auch mit ihnen essen.

Sunset & Turquoise Coasts

Der Indian Ocean Dr verbindet Perth mit schönen Stränden, verträumten Fischerdörfern, außergewöhnlichen geologischen Formationen, schroffen Nationalparks und einer unglaublich artenreichen Flora.

An- & Weiterreise

Integrity (☎1800 226 339; www.integritycoachlines.com.au) verkehrt dreimal pro Woche entlang der Küste zwischen Perth und Geraldton sowie weiter nach Exmouth und Broome.

Lancelin

670 EW.

Starke Winde am Nachmittag, ein schützendes Riff aus Korallen und Kalkstein sowie sanft ansteigende Sanddünen sorgen für ideale Bedingungen zum Wind- und Kitesurfen, Schnorcheln und Sandboarden. Kein Wunder, dass begeisterte Sportler aus der ganzen Welt anreisen. Im Januar findet das Lancelin Ocean Classic Windsurfing Race statt, das immer in Ledge Point südlich der Stadt startet.

Makanikai Kiteboarding KITESURFING
(☎0406 807 309; www.makanikaikiteboarding.com; Kurs ab 200 AU$) Die Schule verleiht auch Ausrüstungen und bietet Unterkunft und Verpflegung zu den Kursen.

Have a Chat General Store OUTDOOR-AKTIVITÄTEN
(☎08-9655 1054; 104 Gingin Rd; Sandboard 10 AU$ für 2 Std.; ⌚7–18 Uhr) Verleiht Sandboards.

Lancelin Ocean Classic SPORT
(☎08-9314 3820; www.lancelinoceanclassic.com.au; ⌚Jan.) Jedes Jahr verfolgen Tausende von Zuschauern den weltberühmten Wettbewerb in den verschiedensten Surf-Disziplinen. Das viertägige Großereignis umfasst die Surf-Turniere am Donnerstag und Freitag sowie den Marathon am Samstag und den Slalom am Sonntag.

★**Lancelin Lodge YHA** HOSTEL $
(☎08-9655 2020; www.lancelinlodge.com.au; 10 Hopkins St; B/DZ/FZ 33/90/130 AU$; @📶🏊) Das freundliche, entspannte Hostel hat eine gute Ausstattung, breite Veranden und jede Menge Gemeinschaftsbereiche. Zu den ausgezeichneten Einrichtungen gehören Küche,

Grillplatz, Holzbackofen, Swimmingpool, Tischtennisplatte und Volleyballfeld sowie kostenlose Fahrräder und Bodyboards. Auch nach dem Besitzerwechsel ist der Standard des Hauses noch so hoch wie zuvor, und es ist immer noch eines der besten Hostels in ganz Western Australia.

Ledge Point Holiday Park CAMPING $
(☎1300 856 088; www.lphp.com.au; 742 Ledge Point Rd; Stellplatz mit 2-Pers. 45 AU$, Chalet od. Studio 115–180 AU$; @) Der Platz 10 Autominuten südlich von Lancelin hat ausgezeichnete Einrichtungen und tadellose Stellplätze, Chalets und Studios. Zu den vielen Attraktionen für Kinder gehören Go-Karts und eine Hüpfburg. Am Strand von Ledge Point, der nur 500 m entfernt ist, kann man gut schwimmen und angeln.

Windsurfer Beach Chalets APARTMENTS $$
(☎08-9655 1454; www.lancelinaccommodation.com.au; 1 Hopkins St; DZ ab 170 AU$) Die voll eingerichteten Chalets mit 2 Schlafzimmern (für bis zu 6 Pers.) sind ideal für Selbstversorger. Sie stehen in der Nähe des Surfstrandes und eignen sich auch für Gruppen und Familien. Sie sind funktional eingerichtet und voll ausgestattet und haben eine Terrasse zum Rasen hin. Die Besitzer haben noch mehr Ferienhäuser für Selbstversorger in Lancelin und dem benachbarten Ledge Point.

★ **Endeavour Tavern** KNEIPENESSEN $$
(☎08-9655 1052; www.endeavourtavern.com.au; 58 Gingin Rd; Hauptgerichte 23–32 AU$; ⏲So–Do 10.30–22, Fr & Sa 10.30–24 Uhr) Der typische Aussie-Pub am Strand hat auch einen Biergarten mit Blick aufs Meer. Auf den Tisch kommen die üblichen Klassiker sowie leckere Burger und Salate. Natürlich dürfen hier Meeresfrüchte nicht fehlen, die ebenfalls sehr gut sind.

An- & Weiterreise

Die Busse von Integrity fahren dienstags und donnerstags jeweils um 11.30 Uhr vom Lancelin Lodge YHA nach Cervantes (34 AU$, 1 Std.), Jurien Bay (34 AU$, 1¼ Std.) und Geraldton (50 AU$, 4 Std.). In Richtung Süden fahren die Busse nach Perth (34 AU$, 2 Std.) samstags und montags um 4.55 Uhr.

Cervantes & Pinnacles Desert

480 EW.

Der entspannte Krebsfischerort Cervantes, 198 km nördlich von Perth, ist nicht nur ein idealer Zwischenstopp auf dem Weg in die Pinnacles Desert, sondern auch ein gutes Basislager für die Entdeckung der Pflanzenwelt von Kwongan (S. 1013), der Heidelandschaft des Lesueur National Park (S. 1011) und des Badgingarra National Park. Auch schöne Strände laden zum Faulenzen ein.

Sehenswertes

Südlich von Cervantes zweigt die Straße zum Lake Thetis ab. Das Seeufer ist mit lebenden Stromatolithen, den ältesten Organismen der Welt, bewachsen. Ganz in der Nähe befindet sich der Hansen Bay Lookout, von dem aus man einen tollen Blick auf die gesamte Küste hat.

★ **Nambung National Park** NATIONALPARK
(12 AU$/Auto) Der 19 km von Cervantes entfernte Nationalpark umfasst die spektakuläre **Pinnacles Desert**. In der riesigen, außerirdisch anmutenden Ebene ragen Tausende Kalksteinsäulen gespenstisch aus dem Wüstenboden. Sie sind die Überreste zusammengedrückter Muschelschalen, die einst das Gebiet bedeckten und im Laufe der Jahrtausende erodierten. Eine Rundtour führt an den Felsformationen vorbei, schöner ist jedoch eine Entdeckungstour zu Fuß, insbesondere bei Sonnenuntergang, Vollmond oder in der Morgendämmerung, wenn das Licht besonders faszinierend ist und die Besuchermassen verschwunden sind.

Lesueur National Park NATIONALPARK
(12 AU$/Auto) Dieses botanische Paradies liegt 50 km nördlich von Cervantes und umfasst unglaubliche 820 Pflanzenarten, von denen viele sehr selten sind oder endemisch vorkommen, etwa die Banksia-Art *Banksia tricuspis* und die Silbereichen-Art *Grevillea batrachioides*. Hier ist auch der bedrohte Carnabys-Weißohr-Rabenkakadu heimisch. Entlang des 18 km langen Rundwegs gibt es etliche Aussichtspunkte und Picknickplätze. Vom Tafelberg **Mt. Lesueur** (hin & zurück 4 km) aus bietet sich ein Panoramablick auf die Küste.

Aktivitäten

Viele Veranstalter in Perth bieten Tagesausflüge in die Pinnacles Desert an.

Pinnacle Helicopter Flights RUNDFLÜGE
(☎0428 880 066; www.pinnaclehelicopterflights.com.au; Pinnacles Discovery Centre, Nambung National Park; 135–300 AU$/Pers.) Bei den spektakulären Flügen schwebt man über die Wüste und die Küste von Western Australia hinweg.

Schlafen & Essen

★ Cervantes Lodge & Pinnacles Beach Backpackers HOSTEL $
(☎1800 245 232; www.cervanteslodge.com.au; 91 Seville St, Cervantes; B 33 AU$, DZ 135 AU$, DZ mit Gemeinschaftsbad 90 AU$; @ 📶) Das ruhige Hostel hat eine breite Veranda, kleine, saubere Schlafsäle, eine schöne Gemeinschaftsküche und einen gemütlichen Aufenthaltsraum. Im Gebäude nebenan befinden sich die großen, hellen Zimmer mit Bad, die auch einen tollen Ausblick haben. Das gute Café des Hostels steht tagsüber auch Nichtgästen offen. Hier ist auch Mitbesitzer Tony immer zu einem Schwätzchen aufgelegt.

RAC Cervantes Holiday Park CAMPING $
(☎08-9652 7060; www.parksandresorts.rac.com.au/park/cervantes-holiday-park; 35 Aragon St, Cervantes; Stellplatz 30–32 AU$, Hütte od. Wohneinheit 90–225 AU$; 📶 🏊) Der Platz mit vielen schattigen, grasbewachsenen Stellplätzen und eigenem Café liegt in fantastischer Lage direkt hinter den Dünen. Seit Anfang 2017 gibt es neue Chalets, einen Swimmingpool und ein Spielzimmer.

★ Amble Inn B&B $$
(☎0429 652 401; www.amble-inn.com.au; 2150 Cadda Rd, Hill River; DZ ab 160 AU$; ❄ 📶) Weit oben im Heideland, rund 25 km östlich von Cervantes, versteckt sich dieses wunderbare B&B mit schönen Steinwänden, breiten Veranden und geschmackvoll eingerichteten Zimmern. Im Preis inbegriffen ist Wein, den man am besten von dem Hügel in der Nähe mit Blick auf den Sonnenuntergang über der Küste genießt.

Cervantes Bar & Bistro KNEIPENESSEN $$
(☎08-9652 7009; www.facebook.com/cervantesbarandbistro; 1 Cadiz St, Cervantes; Hauptgerichte 21–35 AU$; ⏰Mo–Sa 11–24, So 11–22 Uhr) Das Essen in diesem freundlichen Pub ist deutlich besser als das der meisten Kneipen in der Gegend. Besonders gut sind die Meeresfrüchte aus der Region wie Hummer, Tintenfisch, Muscheln und Austern, aber es gibt auch die australischen Klassiker, Steaksandwichs und Hühnchen-Parmigiana, und obendrein eine große Auswahl an Fassbieren.

Lobster Shack SEAFOOD $$
(☎08-9652 7010; www.lobstershack.com.au; 11 Madrid St, Cervantes; ⏰Laden 8–17 Uhr, Café 11–15 Uhr, Besichtigung 12–15 Uhr) Frischer als hier geht nicht – und preiswerter fast auch nicht, denn im Café der Hummerfabrik wird mittags eine halbe gegrillte Languste mit Pommes und Salat für gerade einmal 40 AU$ serviert. Hummer- und Tintenfisch-Burger kosten nur 20 AU$. Und natürlich kriegt man auch Fish&Chips. Die Fabrik kann besichtigt werden, und im Laden werden gefrorene Meeresfrüchte verkauft.

Praktische Informationen

Post und Visitor Centre (☎08-9652 7700, freecall 1800 610 660; www.visitpinnaclescountry.com.au; Cadiz St, Cervantes; ⏰Mo–Fr 9–17.30 , Sa & So 9–17 Uhr) In der Kombination aus Post und Touristeninformation in Cervantes ist die Straßenkarte *Turquoise Coast Self Drive Map* erhältlich. Außerdem kann man Unterkünfte buchen und sich über geführte Touren informieren.

An- & Weiterreise

Integrity (S. 1010) bietet dreimal wöchentlich Verbindungen nach Perth (44 AU$, 3 Std.), Dongara (34 AU$, 2 Std.), Geraldton (42 AU$, 3 Std.) und Exmouth (183 AU$, 14 Std.).

Transwa hingegen verkehrt zweimal pro Woche nach Perth (34 AU$, 3 Std.), nach Dongara (22 AU$, 2 Std.) und nach Geraldton (40 AU$, 3 Std.).

Jurien Bay

1500 EW.

Die größte Stadt der Turquoise Coast dürfte bald noch viel größer werden, denn sie wurde jüngst zur „Superstadt" der Region erhoben. Vor der Küste liegt die riesige Fischereiflotte, große Wohnhäuser stehen bis weit ins Hinterland hinein. Daneben gibt es aber auch einen schönen langen Badestrand und gute Tauch- und Schnorchelmöglichkeiten. Anglern stehen gleich mehrere Stege zur Verfügung, und schöne Spazierwege entlang der Küste führen von einem Park zum nächsten.

Aktivitäten

Snorkelling Trail SCHNORCHELN
(⏰Sept.–Mai) GRATIS Etwa 25 m vor der Küste beginnt bei den Pfählen des alten Anlegestegs der mit Bojen markierte Unterwasserpfad, der rund um ein Riff führt, das immer mehr von Pflanzen und Tieren besiedelt wird. Das Wasser ist hier zwischen 2 und 3 m tief, und auf dem Meeresboden liegen überall Hinweistafeln.

Skydive Jurien Bay FALLSCHIRMSPRINGEN
(☎08-9652 1320, 1300 293 766; www.skydivejurienbay.com; 65 Bashford St; Sprung aus

DIE WILDBLUMEN DER KWONGAN-HEIDE

Von der Turquoise Coast führen alle Wege in die Kwongan-Heide im Landesinneren. Wenn Saison dafür ist, breitet sich entlang der Straße ein bunter Wildblumenteppich aus. Die erste Adresse für Hobby-Botaniker ist natürlich der **Lesueur National Park** (S. 1011), aber es gibt auch ein paar lohnende Alternativen:

Badgingarra National Park: Die Wanderwege mit einer Gesamtlänge von 3,5 km sind gesäumt von Känguru-Blumen, Banksien, Grasbäumen, Federblütensträuchern und der seltenen Mallee. An der Verbindungsstraße zwischen den beiden Nationalparks sind besonders viele Pflanzenarten zu entdecken. Ausführliche Infos erteilt das Badgingarra Roadhouse. An der Bibby Road befindet sich auch ein Picknickplatz.

Alexander Morrison National Park Der Park ist nach dem ersten Botaniker in Western Australia benannt. Es gibt keine Fußwege, aber man kann vom Lesueur-Nationlpark auf der Coorow Green Head Road langsam durch den Park fahren und dabei die herrlichen Wildblumen an der Straße bewundern. Dazwischen gibt es noch viele andere Pflanzen zu entdecken, etwa Dryandra, Banksien, Grevillea, Perückensträucher, Lechenaultia und Honigmyrte.

Der **Tathra National Park** hat eine ähnliche Pflanzenwelt wie der Alexander Morrison National Park, und auch die Straße zwischen den beiden Parks ist gesäumt von Banksien, Kängurublumen und Grevillea.

Coomallo Rest Area Orchideen, Federblumen, schwarze Kängurublumen, Wnadoos und Roter Eukalyptus wachsen an den Ufern stromaufwärts sowie an den Hängen des kleinen Hügels.

Brand Hwy (Rte 1) Die Straße ist nicht gerade dazu geschaffen, langsam durch die wunderbare Landschaft zu fahren. Dabei erstrecken sich beiderseits der Schnellstraße erstaunlich üppige Wildblumenteppiche, die bei Eneabba besonders schön sind.

Wer die überwältigende Pracht in Ruhe genießen und auch die Namen all der exotischen Pflanzen wissen möchte, quartiert sich im **Western Flora Caravan Park** (☎08-9955 2030; wfloracp@activ8.net.au; Brand Hwy, North Eneabba; Stellplatz ohne Strom/mit Strom 28/32 AU$, DZ 65 AU$, Wohnwagen 80 AU$, Chalet 130 AU$) ein. Die engagierten Besitzer führen die Besucher täglich ab 16.30 Uhr zwei Stunden lang über ihr 65 ha großes Land und informieren dabei über die Wildblumen.

2400/3000/4500 m Höhe 300/350/450 AU$) Wer die Küste von oben sehen und anschließend auf dem Strand landen will, steigt mit diesem Veranstalter in die Lüfte.

Turquoise Safaris ANGELN, SCHNORCHELN
(☎0458 905 432; www.turquoisesafaris.com.au; Shop 1, Roberts St Arcade; halber/ganzer Tag Angeln 150/220 AU$/Pers., Schnorcheln & Seelöwen Erw./Kind 90/60 AU$) Es gibt halb- und ganztägige Angeltouren sowie Touren zur Beobachtung von Seelöwen, bei denen auch geschnorchelt wird. Außerdem kann der Veranstalter steckengebliebene Allradfahrzeuge aus dem Sand oder Straßenstaub ziehen.

Jurien Bay Adventure Tours ABENTEUERTOUREN
(☎1300 462 383; www.jurienbayadventuretours.com.au; Touren 39–99 AU$/Pers.) Dieser vielseitige Veranstalter bietet einfach alles: Räder, Sandboards, Paddleboards und Schnorchelausrüstung sowie Touren in die Pinnacles Desert, zu den Krebsverkäufern südlich von Cervantes, zu den Höhlen von Stockyard Gully, zum Mt. Lesueur, Jeeptouren zu den besten Sandboarding-Orten der Gegend und zu vielen anderen Zielen. Die Touren beginnen beim Besucherzentrum (S. 1014).

Schlafen & Essen

Jurien Bay Tourist Park CAMPING $
(☎08-9652 1595; www.jurienbaytouristpark.com.au; Roberts St; Stellplatz 38 AU$, Chalet 145–170 AU$; WLAN) Die gemütlichen Chalets stehen direkt hinter dem Strand, die Stellplätze sind etwas von der Hauptstraße zurückgesetzt. Wer nur eine Nacht im Chalet verbringt, bezahlt einen Zuschlag von 20 AU$.

Jurien Bay Holidays ZIMMERVERMITTLUNG $$$
(☎08-9652 2055; www.jurienbayholidays.com; Shop 1a, 34 Bashford St) Hier wird von Zimmern bis hin zu Ferienhäusern alles geboten.

Jetty Cafe CAFÉ $

(☎ 08-9652 1999; 1 Roberts St; Hauptgerichte 10–19 AU$; ⊙ 7.30–17 Uhr) In bester Lage neben dem Campingplatz serviert dieses Café ordentliches Frühstück, gute Burger und Fisch.

Beach Bistro CAFÉ $$

(☎ 08-9652 1513; www.beachbistro.com.au; 2/1 Roberts St; Mittagessen 15–22 AU$, Abendessen 21–36 AU$; ⊙ Mi–Mo 11–20 Uhr) Das entspannte Strandbistro hat eine bunt zusammengewürfelte internationale Mittags- und Abendkarte. Dazu trinkt man Bier oder Wein. Montagabends zahlt man für einen Burger und ein Bier 20 AU$. Ab und an ist donnerstags ab 19 Uhr ein lustiger Quizabend.

ℹ Praktische Informationen

Turquoise Coast Visitor Centre (☎ 08-9652 0870; www.facebook.com/TurquoiseCoastWA; 67 Bashford St; ⊙ Mo–Fr 9–17, Sa 9–13 Uhr) In dem neuen, ausgezeichneten Besucherzentrum sind Infos über Aktvitäten, Verkehrsmittel und Unterkünfte in Jurien Bay und im ganzen Dandaragan Shire erhältlich.

GEOGRAPHE BAY

Türkisgrünes Wasser und wunderbare Badestrände in einer Gesamtlänge von 30 km kennzeichnen diese herrliche Bucht zwischen dem Indischen Ozean und einem riesigen Weinbaugebiet. Besonders beliebt bei Urlaubern sind die Strandorte Busselton und Dunsborough. Für westaustralische Verhältnisse liegen die Sehenswürdigkeiten hier sehr dicht beieinander. Im Sommer bzw. während der Ferien steigen die Preise um bis zu 30 %.

In der Gegend zwischen der Geographe Bay und Augusta leben seit 55 000 Jahren die Wardandi, ein Stamm des Noongar-Volkes. Als Nomaden ziehen sie ständig durchs Land: im Sommer an die fischreiche Küste, im nassen Winter durch das Inland.

Die französischen Namen vieler Orte gehen auf zwei Expeditionen der Schiffe *Le Géographe* und *Naturaliste* Anfang des 19. Jhs. zurück. So findet sich der Name von Thomas Vasse, einem über Bord gegangenen Matrosen, in einem Dorf, einem Meeresarm und einem Weingut in Margaret River wieder.

Bunbury

67 090 EW.

Die einzige Stadt im Südwesten mausert sich allmählich von einer Industriehafenstadt zu einem Ferienort am Meer. Hinter Bunbury teilt sich die Hauptstraße nach Süden in den Bussell Hwy (nach Margaret River) und den South Western Hwy (zu den südlichen Wäldern und der Südküste) auf. Es ist auch der südlichste Halt der Eisenbahnlinie und ein Knotenpunkt für Regionalbusse.

Das Zentrum besteht im Grunde aus einer Hauptstraße (Victoria St); einige Häuserblocks westlich davon liegt der Strand. Unmittelbar nördlich der Stadt finden sich im sanierten Hafen Restaurants am Wasser.

Die Stadt liegt am westlichen Ende des Leschenault Inlet. Das Gebiet wurde 1803 nach dem Botaniker von Nicolas Baudins Schiff Le Géographe Port Leschenault benannt, der britische Gouverneur James Stirling benannte es aber später in Bunbury um, und zwar nach jenem Leutnant, der den einstigen militärischen Außenposten leitete. Die ersten britischen Siedler kamen 1838.

👁 Sehenswertes & Aktivitäten

Bunbury Wildlife Park ZOO

(☎ 08-9721 8380; www.bunburywildlifepark.com.au; Prince Philip Dr; Erw./Kind 9,80/5 AU$; ⊙ 10–17 Uhr) Papageien, Kängurus, Wallabys, Possums, Eulen und Emus – hier findet man sie alle. Das **Big Swamp** auf der anderen Straßenseite bietet gute Wanderwege durch Sumpfland und Stationen zur Vogelbeobachtung. Um hierher zu gelangen, hält man sich auf dem Ocean Dr südwärts, biegt links in die Hayward St ein und fährt über den Kreisverkehr zum Prince Philip Dr.

Dolphin Discovery Centre NATURRESERVAT

(☎ 08-9791 3088; www.dolphindiscovery.com.au; Koombana Beach; Erw./Kind 10/5 AU$; ⊙ Mai–Sept. 9–14 Uhr, Okt.–April 8–16 Uhr) Etwa 60 Große Tümmler leben in der Bucht. Im Sommer können es sogar bis zu 260 Tiere werden. Und es gibt einen Küstenabschnitt, an dem die Delfine regelmäßig zu den Menschen ins Flachwasser kommen. Unter der Aufsicht ausgebildeter freiwilliger Helfer kann man sich dann mit ihnen im Wasser tummeln.

Wer mag, kann bei der eineinhalbstündigen **Eco Cruise** (Erw./Kind 54/40 AU$; ⊙ Mitte Okt.–April 11 Uhr, Mai–Mitte Okt. 11.30 Uhr) oder aber den dreistündigen **Swim Encounter Cruises** (Bootstouren 165 AU$; ⊙ Mitte Okt.–Mitte Dez. & Feb.–April 7.30 Uhr, Mitte Dez.– Jan. 7.30 & 11.30 Uhr) mitmachen.

Bunbury Regional Art Galleries GALERIE

(☎ 08-9792 7323; www.brag.org.au; 64 Wittenoom St; ⊙ 10–16 Uhr) GRATIS Die Galerie in dem restaurierten pinken Kloster zeigt eine Ausstellung, die beispielsweise Werke der australischen Kunstkoryphäen Arthur Boyd und Sir Sidney Nolan beinhaltet.

St. Mark's (Old Picton) Church KIRCHE
(Ecke Charterhouse Cl & Flynn St, East Bunbury) Die 1842 aus Flechtwerk und Lehm erbaute Kirche ist WAs zweitältestes Gotteshaus.

Mangrove Boardwalk SPAZIERGANG
Der Mangrove Boardwalk (Zugang über den Koombana Dr) schlängelt sich durch WAs am südlichsten gelegenen Mangrovensumpf, in dem über 70 verschiedene Vogelarten leben. Infoschilder weihen in die Geheimnisse dieses 2500 Jahre alten Ökosystems ein.

Geführte Touren

Ngalang Wongi Aboriginal Cultural Tours KULTUR
(☎0457 360 517; www.ngalangwongi.com.au; Erw./Kind ab 50/25 AU$) Der Einheimische Troy Bennell gewährt bei seinen Touren einen Einblick in seine Noongar-Kultur und das Aborigine-Erbe. Er bietet einen Stadtspaziergang zum Thema indigene Geschichte der Region Bunbury an sowie eine Wanderung, die zum Mangrove Boardwalk und

Südwesten

zur Koombana Bay führt und im Dolphin Discovery Centre endet.

Schlafen

Dolphin Retreat YHA HOSTEL $
(08-9792 4690; www.dolphinretreatbunbury.com.au; 14 Wellington St; B/EZ/DZ 31/57/82 AU$;) Vom Strand aus gleich um die Ecke liegt dieses kleine Hostel in einem verwinkelten alten Gebäude mit Hängematten und einem Grillbereich auf der Veranda hinten. Es ist bei Langzeitgästen sehr beliebt, die hier in der Gegend arbeiten.

Mantra APARTMENTS $$
(08-9721 0100; www.mantra.com.au; 1 Holman St; Apt. ab 210 AU$;) Das Mantra besteht aus einer Reihe moderner Studios und Apartments, die rund um vier Silos am Hafen gebaut wurden. Die Luxuszimmer haben Whirlpools und voll ausgestattete Küchen.

Clifton MOTEL $$
(08-9721 4300; www.theclifton.com.au; 2 Molloy St; Zi. 150–275 AU$;) Wer eine luxuriöse, altehrwürdige Bleibe sucht, ist mit den Zimmern der oberen Preiskategorie in Cliftons historischer Grittleton Lodge (1885) gut bedient. Es gibt auch preisgünstige Motel-Quartiere.

Essen & Ausgehen

★ Market Eating House MODERN-AUSTRALISCH $$
(08-9721 6078; www.marketeatinghouse.com.au; 9 Victoria St; Gerichte zum Teilen 12–18 AU$, Hauptgerichte 35–42 AU$; Mi–Do 17.30 Uhr–open end, Fr & Sa 12 Uhr–open end, So 9–16 Uhr) Dies ist ein weiterer Beweis dafür, dass die Restaurantszene Bunburys in den letzten Jahren an Attraktivität gewonnen hat. Im Market Eating House dreht sich alles um den maßangefertigten Holzkohlegrill, in dem von Hühnchen über Fisch bis hin zu Schwein und Rind alles zubereitet wird. In vielen Gerichten finden sich türkische und nahöstliche Aromen wieder und kleinere Gerichte zum Teilen sind etwa Pflaumen-Ricotta-Klöße oder Hummus mit Lamm.

Café 140 CAFÉ $$
(08-9721 2254; www.cafe140.com.au; 140 Victoria St; Hauptgerichte 13–32 AU$; Mo–Do 7–16.30, Fr bis 24, Sa & So 8–14 Uhr) Hippe, aufmerksame Angestellte machen das originelle Café 140 zu einer Topadresse für ein gemütliches Frühstück in Bunbury. Unbedingt das indisch angehauchte Lachs-Kedgeree-Omelette probieren! Später gehören dann Gourmet-Burger, Fleischplatten und gegrillte türkische Sandwichs zum Angebot. Hinzu kommt eine überschaubare Bier- und Weinkarte. Seit Kurzem gibt's nebenan eine Bäckerei mit Holzofen, in der man knuspriges und noch warmes Sauerteigbrot sowie tolle Donuts kaufen kann.

Happy Wife CAFÉ $$
(08-9721 7706; www.thehappywife.com.au; 98 Stirling St; Hauptgerichte 11–24 AU$; Mo–Fr 6.30–15.30, Sa 7.30–14.30 Uhr) Das Cottage im Cape-Cod-Stil mit Sitzgelegenheiten im Garten liegt nur eine kurze Fahrt vom Zentrum entfernt. Die exzellenten hausgemachten Backwaren und die Mittagsangebote lohnen einen Besuch. Empfehlenswert sind der Salat mit langsam gegartem Schweinefleisch oder die Ente mit Süßkartoffeln.

Yours or Mine BAR
(08-9791 8884; www.facebook.com/yoursormine1; 26 Victoria St; Gerichte zum Teilen 18–28 AU$, Hauptgerichte 24–42 AU$; Mo–Do 12–15 & 17–24, Sa & So 12–24 Uhr) Montags haben viele Restaurants in Bunbury geschlossen, da ist diese Bar mit ihrem typischen Kneipenessen mit leckeren Gerichten zum Teilen für viele die Rettung. Der Service lässt zwar etwas zu wünschen übrig, die südamerikanisch angehauchten Gerichte, darunter Pulled-Pork-Tacos, machen aber die etwas längere Wartezeit wieder wett. Auf der Webseite findet man Infos zu abendlichen Angeboten und manchmal gibt's sonntagsnachmittags auch Livemusik.

Lost Bills BAR
(www.facebook.com/pg/lostbillsishere; 41 Victoria St; Mi–Do 16–23, Fr & Sa 15–24, So 14–20 Uhr) Das kompakte, aus Ziegelsteinen gemauerte Innere des Lost Bills ist mit skurrilen Kunstwerken dekoriert, darunter Snoop Dogg als Hotdog. Ein weiterer guter Grund für einen Besuch im Lost Bills, das einer kleinen Bar in Sydney oder Melbourne doch schon recht nahe kommt, sind die gute Wein- und Cocktailkarte sowie vier Fassbiere und Ciders aus ganz WA.

Praktische Informationen

Visitor Centre (08-9792 7205; www.visitbunbury.com.au; Carmody Pl; Mo–Sa 9–17, So 10–14 Uhr) Im historischen Bahnhof aus dem Jahr 1904 untergebracht. Verleiht Fahrräder und bietet jeden Mittwoch um 10 Uhr kostenlose historische Stadtspaziergänge an.

An- & Weiterreise

Busse halten am **zentralen Busbahnhof** neben dem Visitor Centre oder am **Bahnhof**.

Zu den Routen von **Transwa** (www.transwa.wa.gov.au) gehören:

- SW1 (12-mal wöchentl.) nach East Perth (32,45 AU$, 3¼ Std.), Mandurah (17,50 AU$, 2 Std.), Busselton (9,90 AU$, 43 Min.), Margaret River (17,50 AU$, 2 Std.) und Augusta (26,50 AU$, 2½ Std.).
- SW2 (3-mal wöchentl.) nach Balingup (14,45 AU$, 53 Min.), Bridgetown (17,50 AU$, 1¼ Std.) und Pemberton (29,40 AU$, 2¼ Std.).
- GS3 (tgl.) nach Walpole (47 AU$, 4½ Std.), Denmark (52 AU$, 5½ Std.) und Albany (60 AU$, 6 Std.).

South West Coach Lines (☎ 08-9261 7600; www.southwestcoachlines.com.au) betreibt Verbindungen ab/nach Perths Elizabeth Quay Busport (35 AU$, 2½ Std., 3-mal tgl.), Busselton (12 AU$, 1¼ Std., 4-mal tgl.), Dunsborough (21 AU$, 1¾ Std., tgl.) und Bridgetown (19 AU$, 1¾ Std., tgl.).

TransBunbury lässt seine Busse alle 30 Min. zwischen dem zentralen Busbahnhof und dem Bahnhof (2,90 AU$; tgl. außer So) verkehren. Bus-Nummer 827.

Bunbury ist die Endhaltestelle auf der Australind-Bahnlinie von **Transwa** (www.transwa.wa.gov.au). Es gibt zwei tägliche Verbindungen nach Perth (31,45 AU$, 2½ Std.) und Pinjarra (17,50 AU$, 1¼ Std.).

Busselton

31767 EW.

Das bescheidene, unkomplizierte Busselton gilt in dieser Gegend schon als Großstadt. Von ruhigen Gewässern umgeben und mit weißen Sandstränden gesegnet ist sein größter Anziehungspunkt sein unfassbar langer Anlegesteg. Abgesehen davon bietet der familienfreundliche Ort zahlreiche Aktivitäten für die quirligen Kleinen, darunter geschützte Strände, Wasserrutschen und Tierfarmen.

Sehenswertes & Aktivitäten

Busselton Jetty WAHRZEICHEN

(☎ 08-9754 0900; www.busseltonjetty.com.au; Erw./Kind 3 AU$/frei, Zugfahrt hin & zurück Erw./Kind 13/6,50 AU$, Informationszentrum frei; ⏲ Informationszentrum Sept.–April 8.30–17 Uhr, Mai–Aug. 9–17 Uhr) Der hölzerne Anlegesteg von Busselton aus dem Jahr 1865 ist mit seinen 1841 m der längste der südlichen Halbkugel. 2011 wurde er nach 27 Mio. AU$ teuren Restaurierungsarbeiten neu eröffnet. Ein kleiner **Zug** tuckert zum **Underwater Observatory** (Karte S.1022; Erw./Kind inkl. Zug 33/16,50 AU$; ⏲ 9–16.25 Uhr), wo 8 m unter dem Meeresspiegel reservierungspflichtige Touren angeboten werden. Folgt man dem Steg rund 50 m, stößt man auf ein Informationszentrum in einem hübschen Gebäude im Stil eines Badehauses aus den 1930er-Jahren. Seit Kurzem kann man die Unterwasserwelt rund um die historischen Pfeiler des Anlegestegs auch mit dem von Dive Busselton Jetty angebotenen „SeaTREK-Helm" (ein Atemhelm) erkunden.

ArtGeo Cultural Complex GALERIE

(☎ 08-9751 4651; www.artgeo.com.au; 6 Queen St; ⏲ 10–16 Uhr) Zu diesem Komplex rund um das alte Gerichtsgebäude von 1856 gehören Teestuben, Drechsler, ein Künstler und die Galerie der Busselton Art Society, die hier die Werke lokaler Künstler ausstellt und verkauft.

Capel Vale WEIN

(☎ 08-9727 1986; www.capelvale.com.au; Mallokup Rd; ⏲ Direktverkauf 10–16.30 Uhr, Restaurant Do–Mo 11.30–15 Uhr) Dies ist das bekannteste Weingut der Weinregion Geographe Bay. Es befindet sich auf halbem Weg zwischen Bunbury und Busselton. Capel Vale bietet kostenlose Verkostungen an und von seinem Restaurant Match kann man die Weinberge überblicken. Es liegt abseits des Bussell Hwy auf der gegenüberliegenden Highwayseite der Ortschaft Capel.

Dive Busselton Jetty TAUCHEN

(☎ 1800 994 210; www.divebusseltonjetty.com.au; Unterwasserspaziergang 165 AU$, Schnorcheln/Tauchen ab 29/99 AU$; ⏲ Unterwasserspaziergänge Dez.–April) Bietet Schnorchel- und Tauchtrips rund um den Anlegesteg sowie Spaziergänge auf dem Meeresgrund entlang der Holzpfeiler des Busselton Jetty mithilfe eines Atemhelms mit dem Namen SeaTREK an. Hier kann jeder mitmachen, man kann seine Brille auflassen und muss sich auch keine Sorgen machen, dass die Haare nass werden. Unter Wasser bekommt man dann Korallen und Fische zu sehen. Die Unterwasserspaziergänge sind sehr beliebt, also unbedingt vorab buchen.

Southwest Eco Discoveries ÖKOTOUR

(☎ 0477 030 322, 0477 049 722; www.southwestecodiscoveries.com.au; Touren 45–95 AU$) Die Brüder Ryan und Mick White organisieren Touren rund um die Geographe Bay und das Cape Naturaliste. Es gibt mehrere Optionen, darunter die morgendlichen Ausflüge entlang der atemberaubenden Küste, Nachmittags-

Touren mit dem Fokus auf Wein und Gourmethäppchen und die abendlichen Touren, bei denen man sich auf die Suche nach den vom Aussterben bedrohten Bürstenschwanz-Rattenkängurus und anderen nachtaktiven Beuteltieren macht. Für die Touren kann man sich nach Absprache an seiner Unterkunft in Busselton, Dunsborough und Cowaramup und, je nach Verfügbarkeit, auch in Margaret River abholen lassen.

Feste & Events

CinéfestOZ FILM

(www.cinefestoz.com; Ende Aug.) Während dieses kurios-glamourösen Festivals des französischen und australischen Films verwandelt sich Busselton kurzzeitig in eine Art St. Tropez. Zum Programm gehören Premieren australischer Filme und nationale Sternchen.

Southbound MUSIK

(www.southboundfestival.com.au; Ende Dez.) Hier kann man unmittelbar nach Weihnachten das alte Jahr drei Tage lang beim Camping und mit alternativer Musik verabschieden.

Schlafen

Zu beiden Seiten des Ortes finden sich Unterkünfte am Strand, die teilweise einige Kilometer von der eigentlichen Stadt entfernt sind. Wer kein eigenes Auto hat, sollte sich vor dem Buchen also nach der genauen Lage erkundigen. Während der Sommerferien vervierfacht sich Busseltons Einwohnerzahl und die Preise für Unterkünfte steigen rapide an.

Beachlands Holiday Park CAMPING $

(Karte S. 1022; 08-9752 2107; www.beachlands.com.au; 10 Earnshaw Rd, West Busselton; Stellplatz für 2 Pers. 51 AU$, Hütten ab 156 AU$;) Der exzellente familienfreundliche Park bietet ein breites Angebot an Unterkünften inmitten von Bäumen, Palmen und Flachsbüsche. Die Deluxe-Spa-Villen (185 AU$) bieten Eck-Spas, riesige TVs, DVD-Spieler und voll ausgestattete Küchen.

Observatory Guesthouse B&B $$

(08-9751 3336; www.observatoryguesthouse.com; 7 Brown St; DZ 150 AU$;) Zu Fuß sind es von der Anlegestelle nur fünf Minuten bis zu diesem freundlichen B&B mit seinen vier hellen, netten Zimmern. Sie sind nicht übermäßig groß, dafür kann man sich aber auf dem gemeinschaftlich genutzten Balkon mit Blick aufs Meer und auf dem Hof vor dem Haus ausbreiten.

Aqua DESIGNHOTEL $$$

(Karte S. 1022; 08-9750 4200; www.theaquaresort.com.au; 605 Bussell Hwy; Apt. ab 480 AU$;) Am Ende einer von Pfefferminz-Eukalypten gesäumten Zufahrt und mit direktem Zugang zum Meer liegen die luxuriösen Strandhäuser des Aqua, die sich perfekt für Familien oder mehrere gemeinsam reisende Paare eignen. Die Schlaf- und Badezimmer sind stilvoll und schlicht, der echte Wow-Effekt stellt sich aber erst in den beeindruckenden Lounge- und Sitzbereichen ein. Zu den Einrichtungen zählen ein Infinity Pool direkt am Strand sowie ein Wellnessbereich mit Sauna.

Essen & Ausgehen

Laundry 43 CAFÉ $$

(08-9754 1503; www.laundry43.com.au; 43 Prince St; Gerichte zum Teilen 14–29 AU$; Di–Do 16 Uhr–open end, Fr & Sa 11 Uhr–open end) Backsteinwände und eine honigfarbene Jarrah-Bar dienen als Kulisse für verschiedene Bier- und Weinsorten aus der Margaret River Region, gute Cocktails sowie feine Gerichte zum Teilen und gehaltvollere Speisen. Meist bleibt man hier länger als geplant. Ab und an gibt's auch Probiermenüs; einfach nachfragen.

Goose CAFÉ $$

(08-9754 7700; www.thegoose.com.au; Geographe Bay Rd; Frühstück 13–22 AU$, Gerichte zum Teilen & Hauptgerichte 11–35 AU$; 7–22 Uhr;) Das stilvolle Café nahe des Jachthafens präsentiert sich als schick-elegante Bar mit Bistro. Die Getränkeauswahl umfasst Craft-Bier und Weine aus WA, während die abwechslungsreiche Speisekarte von Eierspeisen zum Frühstück über Gerichte zum Teilen, wie vietnamesische Pulled-Pork-Sandwichs, bis hin zu deftigeren Gerichten wie gedämpften Muscheln und sämiger Meeresfrüchtesuppe reicht.

Fire Station CRAFT-BIER

(08-9752 3113; www.firestation.bar; 68 Queen St; Di–Mi 16–23, Do–Sa 11.30–24, So 11.30–22 Uhr) Im gemütlichen Innern oder unter den Marktschirmen draußen darf man sich über eines der besten Angebote an Wein und Craft-Bier im gesamten Südwesten freuen. Auf der Speisekarte stehen leckere, typische Kneipengerichte wie scharfe Hähnchenflügel und Käse-Chili-Kroketten. Donnerstags gibt's ab 16 Uhr ein spezielles „Bao & Beer"-Angebot mit Pints für 7 AU$ und asiatischen gedämpften Teigtaschen.

Praktische Informationen

Visitor Centre (☎ 08-9752 5800; www.margaretriver.com; am Ende der Queen St, Ufergebiet Busselton; ⏲ Mo–Fr 9–17, Sa & So bis 16.30 Uhr) Am Wasser nahe der Anlegestelle. Verleiht Fahrräder zur Erkundung von Busseltons Ufergebiet.

An- & Weiterreise

Busselton ist über folgende Busverbindungen an den Norden und Süden angeschlossen:

South West Coach Lines (☎ 08-9753 7700; www.southwestcoachlines.com.au; Peel Tce) Verbindungen ab/nach Perths Elizabeth Quay Busport (40 AU$, 3¾ Std., 3-mal tgl.), Bunbury (12 AU$, 1 Std., 3-mal tgl.), Dunsborough (12 AU$, 30 Min., 3-mal tgl.) und Margaret River (12 AU$, 50 Min., 3-mal tgl.).

Transwa (☎ 1300 662 205; www.transwa.wa.gov.au) Der Bus SW1 (12-mal wöchentl.) hält auf dem Weg ab/nach East Perth (38 AU$, 4¼ Std.), Bunbury (9,90 AU$, 43 Min.), Dunsborough (8,25 AU$, 28 Min.), Margaret River (14,45 AU$, 1½ Std.) und Augusta (17,50 AU$, 1¾ Std.) an der Peel Tce.

Nach einer Erweiterung des Flughafens von Busselton wird für 2018 mit dem Start von Flugverbindungen über die Grenzen des Bundesstaats hinaus gerechnet.

Dunsborough

3400 EW.

Das entspannte Dunsborough ist größen- und flächenmäßig viel kleiner als Busselton und liebt seine Strand- und Badekultur. Doch Ende November scheinen hier alle überzuschnappen, wenn um die 7000 *schoolies* (Schulabgänger) einfallen. Wenn aber nicht gerade überall betrunkene, quiekende Teenager herumrennen, ist es eigentlich ganz nett hier. Die Strände sind hübscher als die in Busselton, dafür ist das Unterkunftsangebot begrenzter.

Der Name Dunsborough taucht in den 1830er-Jahren zum ersten Mal auf Karten auf; für die Wardandi ist dieses Gebiet jedoch immer schon Quedjinup, was „der Ort der Frauen" bedeutet.

Aktivitäten

Naturaliste Charters WALBEOBACHTUNG
(☎ 08-9750 5500; www.whales-australia.com; 25/27 Dunn Bay Rd; Erw./Kind 90/50 AU$; ⏲ Sept.–Mitte Dez. 10 & 14 Uhr) Veranstaltet von September bis Anfang Dezember zweistündige Walbeobachtungstouren. Von Dezember bis Januar wird der Schwerpunkt auf die **Eco Wilderness Tour** gelegt, bei der Teilnehmer Strände und Kalksteinhöhlen mit indigener Kunst besuchen und Tiere in freier Wildbahn (etwa Delfine und Neuseeländische Seebären) beobachten. Von Ende Mai bis August werden die Touren auch ab Augusta angeboten.

Cape Dive TAUCHEN
(☎ 08-9756 8778; www.capedive.com; 222 Naturaliste Tce; ⏲ 9–17 Uhr) In der Geographe Bay kann man ausgezeichnet tauchen – besonders, seitdem im Jahr 1997 dort der Zerstörer HMAS *Swan* als künstliches Riff versenkt wurde. Inzwischen haben sich am Wrack, das 2,5 km vor der Küste in 30 m Tiefe liegt, viele Meeresbewohner angesiedelt.

Schlafen

Je nach Jahreszeit stehen in der Stadt neben Motels und Hostels auch unterschiedliche Unterkünfte für Selbstversorger zur Verfügung; im Visitor Centre bekommt man die jeweils aktuellen Listen.

Dunsborough Beachouse YHA HOSTEL $
(☎ 08-9755 3107; www.dunsboroughbeachouse.com.au; 205 Geographe Bay Rd; B 34–36 AU$, EZ/DZ 60/92 AU$; @ 📶) Am Quindalup Strand befindet sich ein nettes Hostel, dessen Grünfläche bis ans Wasser heranreicht. Vom Zentrum aus sind die 2 km dorthin leicht zu bewältigen.

Dunsborough Central Motel MOTEL $$
(☎ 08-9756 7711; www.dunsboroughmotel.com.au; 50 Dunn Bay Rd; Zi. 130–175 AU$; 📶 🏊) Gut geführtes, preiswertes Motel mitten in Dunsborough. Besonders günstig wird es, wenn man online den Preisnachlass zur Wochenmitte erwischt. Dadurch bleibt vom Reisebudget mehr für nahegelegene Weingüter und Brauereien übrig.

Essen

Wild & Woods CAFÉ $$
(☎ 08-9755 3308; www.wildandwoods.com.au; 2/237 Naturaliste Tce; Hauptgerichte 12–25 AU$; ⏲ Di–Fr 8–16, Sa bis 15, So bis 14 Uhr) Im Wild & Woods trifft das typische Australien auf skandinavisches Dekor und schafft somit eine entspannte Atmosphäre für die leckeren Caféangebote – zum Frühstück empfiehlt sich das Aprikosen-Macadamia-Müsli – und interessante Snacks aus der Theke wie Falafel-Wraps. Es gibt eine praktische Verkaufsecke mit lokalen Gourmetprodukten, und Smoothies sorgen für den gesunden

Ausgleich zu den Genüssen aus den Weingütern und Kleinbrauereien der Region.

Pourhouse BISTRO $$
(☎08-9759 1720; www.pourhouse.com.au; 26 Dunn Bay Rd; Hauptgerichte 19–34 AU$; ⏲16 Uhr–open end) Das Pourhouse ist hip, ohne zu protzen. Es gibt gemütliche Sofas, am Wochenende legen DJs auf und oben gibt's eine Terrasse für warme Sommertage. Die Pizza schmeckt großartig, und die erstklassigen Burger werden mit vor Ort gebackenen Sauerteigbrötchen gemacht. Bier ist hier der große Favorit, und so gibt es wechselnde Fassbiere aus WAs besten Kleinbrauereien und zahlreiche (überraschende) Flaschenbiere. Auf der Facebook-Seite erfährt man, was gerade ausgeschenkt wird. Mittwochs gilt bei Burgern „iss zwei, zahl einen".

★ **Piari & Co** BISTRO, BAR $$$
(☎08-9756 7977; www.piariandco.com.au; 5/54 Dunn Bay Rd; kleine Gerichte 21–23 AU$, Hauptgerichte 34–42 AU$; ⏲Di–Sa 17–23 Uhr) Das entspannte, stilvolle Bistro legt den Schwerpunkt auf lokale und saisonale Zutaten. Zu den kleineren Gerichten gehören in Schinken gewickelte Garnelen aus der Shark Bay und eine raffinierte Kombination aus Rindstatar und Meerrettich. Hauptgerichte wie Lammlende und Fisch werden von einer stolzen Getränkeauswahl mit Weinen und Craft-Bier aus Margaret River ergänzt. Reservierung empfohlen.

ℹ Praktische Informationen

Visitor Centre (☎08-9752 5800; www.margaretriver.com; 1/31 Dunn Bay Rd; ⏲Mo–Fr 9–17, Sa & So 9.30–16.30 Uhr) Informationen und Buchungen.

ℹ An- & Weiterreise

Von Dunsborough aus fahren Busse nach Perth im Norden und nach Margaret River im Süden und weiter nach Albany sowie in den Südwesten.

South West Coach Lines (☎08-9753 7700; www.southwestcoachlines.com.au; Seymour Blvd) Verbindungen von/nach Perths Elizabeth Quay Busport (46 AU$, 4½ Std., tgl.), Bunbury (21 AU$, 1¾ Std., tgl.) und Busselton (12 AU$, 30 Min., 3-mal tgl.).

Transwa (☎1300 662 205; www.transwa.wa.gov.au; Seymour Blvd) Der Bus SW1 (12-mal wöchentl.) hält auf dem Weg ab/nach East Perth (41,25 AU$, 4½ Std.), Bunbury (14,45 AU$, 1¼ Std.), Busselton (8,25 AU$, 28 Min.), Margaret River (9,90 AU$, 49 Min.) und Augusta (17,50 AU$, 1¼ Std.) am Visitor Centre.

Cape Naturaliste

Nordwestlich von Dunsborough führt die Cape Naturaliste Rd zu den wunderbaren Stränden **Meelup**, **Eagle Bay** und **Bunker Bay** und weiter zum Cape Naturaliste. Unterwegs passiert man Wanderwege und Aussichtspunkte. Bevor es losgeht, sollte man im Visitor Centre in Dunsborough die entsprechenden Broschüren mitnehmen. Am Rande der Bunker Bay tummeln sich oft Wale und Hammerhaie, denn dort sackt der Festlandsockel 75 m weit ab. Am Rande dieses Sockels, in der Shelley Cove, kann man auch hervorragend schnorcheln.

Bunker Bay wartet mit dem **Bunkers Beach Cafe** (Karte S. 1022; ☎08-9756 8284; www.bunkersbeachcafe.com.au; Farm Break Lane; Frühstück 14–25 AU$, Mittagessen 29–38 AU$; ⏲8.30–16 Uhr) auf. Dort werden abenteuerliche Gerichte mit asiatischen und mediterranen Einflüssen serviert – und das nur wenige Meter vom Strand entfernt.

Im Rahmen geführter Touren kann man den **Leuchtturm Cape Naturaliste** (Karte S. 1022; ☎08-9780 5911; www.margaretriver.com; Erw./Kind 14/7 AU$; ⏲Führungen 9.30–16 Uhr alle 30 Min.) besichtigen und es gibt ein kostenloses Museum und ein Café. Die „Above and Below"-Pauschalangebote (Erw./Kind 30/15 AU$) beinhalten auch den Eintritt zur Ngilgi Cave.

Leeuwin-Naturaliste National Park NATIONALPARK
(Karte S. 1022; Caves Rd) Trotz der großen, kargen Weiten Western Australias gibt es hier eine atemberaubende Vielfalt an endemischen Wildblumen. Der Leeuwin-Naturaliste National Park verwandelt sich im Frühling in ein einziges Meer aus Farben. Der ausgelaugte, sandige Boden WAs sorgt für eine überraschende Vielfalt farbenfroher Wildblumen.

Cape to Cape Track WANDERN & TREKKEN
(Karte S. 1022; www.capetocapetrack.com.au) Der 135 km lange Cape to Cape Track führt vom Cape Naturaliste bis zum Cape Leeuwin. Dabei durchquert man die Heidelandschaften, Wälder und Dünen des Leeuwin-Naturaliste National Park (S. 1020) und genießt nebenbei den Blick auf den Indischen Ozean. Die meisten Wanderer nehmen sich für die Strecke sieben Tage Zeit und übernachten unterwegs teils auf Zeltplätzen des Nationalparks, teils auf Campingplätzen. Es ist aber auch möglich, die Wanderung in fünf Tagen zu

bewältigen oder sie in mehrere Tagesetappen aufzuteilen.

Cape to Cape Tours WANDERN & TREKKEN
(☏ 0459 452 038; www.capetocapetours.com.au; ab 1300 AU$ für 2 Pers.) Bietet die gesamte oder auch nur Teile der beeindruckenden Cape-to-Cape-Küstenwanderung an, entweder als Tour auf eigene Faust oder mit einem Guide. Bei den drei- bis achttägigen Optionen sind die Unterbringung in einer Lodge oder im Zelt sowie eine hervorragende Verpflegung inklusive. Angeboten werden auch Tagesausflüge in die Region Margaret River.

MARGARET RIVER WINE REGION

Mit Restaurants mitten in den Weinbergen, traditionellen Lebensmittelerzeugern, einigen der spektakulärsten Surfstrände Australiens und einer zerklüfteten Küste bietet die Weinregion Margaret River zahlreiche Attraktionen auf kleinstem Raum. Das verschlafene Yallingup beherbergt hervorragende Strände, Restaurants und luxuriöse Unterkünfte, der Ort Margaret River ist das Feinschmeckerzentrum der Region und die besten Weingüter finden sich rund um Cowaramup und Wilyabrup. In der gesamten Region gibt es eine hervorragende, florierende Craft-Bier-Szene und die Straße, die weiter im Süden zum windgepeitschten Leuchtturm des Cape Leeuwin bei Augusta führt, ist gesäumt von spektakulären unterirdischen Höhlen.

Geführte Touren

Margaret River Brewery Tours ESSEN & TRINKEN
(☏ 0458 450 120; www.mrbt.com.au; Touren 70–110 AU$; ⏲ 12–18 Uhr) Im Rahmen dieser Tour besucht man in Kleingruppen an Bord eines Minibusses und unter der Führung des superfreundlichen Jules vier Kleinbrauereien. Auf der Mid Strength Tour (70 AU$) kaufen die Teilnehmer unterwegs selbst ihre Getränke, die Full Strength Tour (110 AU$) beinhaltet bei jedem Stopp ein Probiertablett mit sechs Bieren. Bei beiden Optionen ist ein hervorragendes Mittagessen dabei und auf Wunsch gibt's statt Bier auch Cider.

Taste the South WEIN
(☏ 0438 210 373; www.tastethesouth.com.au; ab 95 AU$/Pers.) Bietet Wein- und Craft-Bier-Touren an. Es können bis zu fünf Brauereien besucht werden und die „Hits with Kids"-Tour kombiniert den Ausflug in die Weinberge mit Aktivitäten wie Lämmerfüttern, Schafschur und dem Besuch einer Schokoladenfabrik.

Wine for Dudes WEIN
(☏ 0427 774 994; www.winefordudes.com; Touren 105 AU$) Hier besichtigt man eine Brauerei, eine Schokoladenfabrik und vier Weingüter, erfährt einiges über Cuvées und bekommt noch ein Mittagessen dazu.

Feste & Events

Margaret River Gourmet Escape ESSEN & TRINKEN
(www.gourmetescape.com.au; ⏲ Ende Nov.) Von Rick Stein, Nigella Lawson und Heston Blumenthal bis hin zu George Calombaris und Matt Preston aus der Fernsehserie MasterChef: Das Gourmet- und Weinfest Gourmet Escape lockt die großen Namen der internationalen und australischen Gastroszene an. An drei Tagen stehen Workshops, Verkostungen, Events in Weingütern und Vorführungen auf dem Programm.

An- & Weiterreise

Margaret River ist unkompliziert mit dem Bus ab Perth zu erreichen. Die Autofahrt von Perth zum Ort Margaret River dauert etwa drei Stunden.

TROPIKVÖGEL (RED TAILS) BEOBACHTEN

Zwischen Cape Naturaliste und Cape Leeuwin befindet sich die am südlichsten gelegene Brutkolonie des Rotschwanz-Tropikvogels (*Phaethon rubricauda*) in Australien. Zwischen September und Mai kann man diese hoch oben auf dem Sugarloaf Rock südlich von Cape Naturaliste beobachten. Der Aussichtspunkt ist über einen 3,5 km langen Bohlenweg vom Leuchtturm am Cape Naturaliste oder über die Sugarloaf Rd zu erreichen.

Der Tropikvogel zeichnet sich durch seine zwei langen, roten Schwanzfedern aus, die fast doppelt so lang wie sein Körper sind. Am besten bringt man ein Fernglas mit, um zuzusehen, wie die Tiere in die Höhe fliegen, nach unten gleiten, ins Wasser eintauchen und dann mit ihren langen, nach oben gereckten Schwanzfedern auf dem Wasser schwimmen.

Margaret River Wine Region

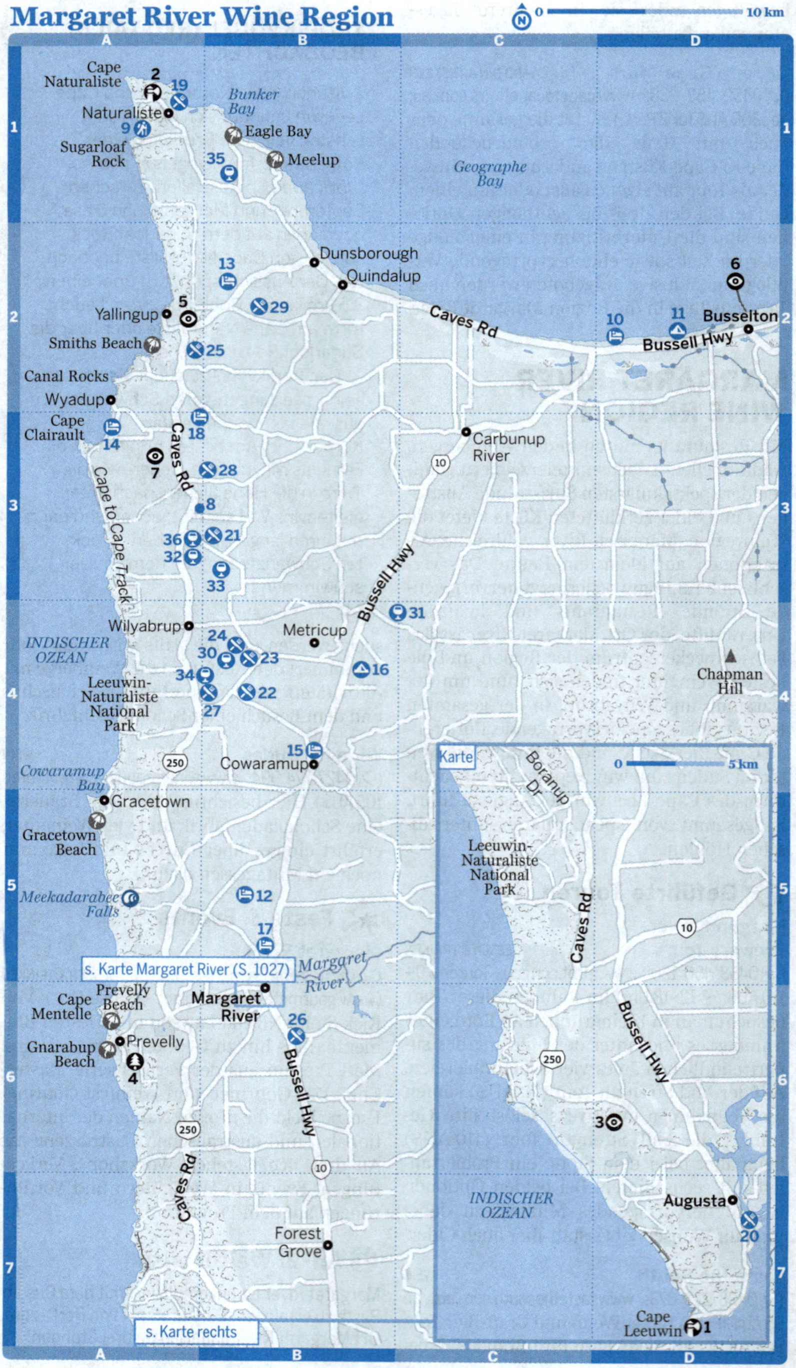

Margaret River Wine Region

South West Coach Lines (☎08-9261 7600; www.southwestcoachlines.com.au) Busse zwischen Busselton und Augusta halten in Cowaramup und Margaret River. Am Wochenende fahren sie außerdem nach Perth.

Transwa (☎1300 662 205; www.transwa.wa.gov.au) Der Bus SW1 (12-mal wöchentl.) von Perth nach Augusta hält in Yallingup und Margaret River, wobei drei Busse pro Woche nach Pemberton weiterfahren.

Yallingup & Umgebung

1070 EW.

Der Strandort Yallingup ist ein Mekka sowohl für Surfer als auch für Weinliebhaber. Und beim ersten Blick auf die wellengepeitschte Küste darf einem ruhig ein „Wow!" entwischen. Ein nettes Detail für alle Romantiker: Das Wort Yallingup bedeutet in der Noongar-Sprache der Wardandi so viel wie „Ort der Liebe".

Zwischen hier und dem Smiths Beach erstrecken sich entlang der Küste wunderschöne Wanderwege. Die Canal Rocks liegen unmittelbar hinter dem Smiths Beach und sind eine Reihe von Felsvorsprüngen, die einen natürlichen Kanal bilden.

Sehenswertes & Aktivitäten

Ngilgi Cave HÖHLE

(Karte S. 1022; ☎08-9755 2152; www.margaretriver.com; Yallingup Caves Rd; Erw./Kind 22,50/12 AU$; ⌚9–17 Uhr) Die 500 000 Jahre alte Höhle zwischen Dunsborough und Yallingup steht in der Kultur der Wardandi für den Sieg des guten Geistes Ngilgi über den bösen Geist Wolgine. Für die Wardandi hat sie sich zu einem beliebten Ziel für Frischverheiratete entwickelt. Ein Europäer stolperte 1899 auf der Suche nach seinem Pferd über die Höhle. Zu den Felsformationen gehören **Mother of Pearl Shawl**, ebenso schön sind **Arab's Tent** und **Oriental Shawl**. Führungen starten jede halbe Stunde. Weitere Angebote kann man online nachlesen.

Wardan Aboriginal Centre KULTURZENTRUM, GALERIE

(Karte S. 1022; ☎08-9756 6566; www.wardan.com.au; Injidup Springs Rd, Yallingup; Experiences Erw./Kind 20/10 AU$; ⌚Mitte Okt.–Mitte März tgl. 10–16 Uhr, Mitte März–Mitte Juni & Mitte Aug.–Mitte Okt. Mo, Mi–Fr & So 10–16 Uhr, Experiences So, Mo, Mi & Fr) Das Zentrum gewährt Einblicke in das Leben des hiesigen Wardandi-Stammes. Es gibt eine Galerie (Eintritt frei) und eine Ausstellung über die sechs Jahreszeiten des Wardandi-Kalenders (Erw./Kind 8/3 AU$), außerdem werden verschiedene Aktivitäten (Experiences) angeboten – so können Besucher lernen, wie man Steinwerkzeug herstellt oder Bumerang und Speer richtig wirft. Auf geführten Buschwanderungen erfährt man mehr über den Glauben der Wardandi sowie über die Nutzung verschiedener Pflanzen zu kulinarischen und medizinischen Zwecken sowie zum Bau von Hütten.

Koomal Dreaming GEFÜHRTE TOUREN
(☎0413 843 426; www.koomaldreaming.com.au; Erw./Kind ab 55/25 AU$) Der aus Yallingup stammende Wardandi Josh Whiteland veranstaltet Touren zu indigener Küche, Kultur und Musik. Meist stehen auch eine Buschwanderung und ein Besuch der Ngilgi Cave an.

Schlafen

Yallingup Beach Holiday Park CAMPING $
(☎08-9755 2164; www.yallingupbeach.com.au; Valley Rd; Stellplatz für 2 Pers. 40 AU$, Hütte 115–165 AU$; 📶) Hier wiegt einen das Wellenrauschen in den Schlaf – zwischen Strand und Zeltplatz liegt nur eine Straße.

Caves House HOTEL $$
(Hotel Yallingup; ☎08-9750 1888; www.caveshousehotelyallingup.com.au; 18 Yallingup Beach Rd; DZ 170 AU$, Suite 280–410 AU$; 📶) Zwischen Sonntag und Donnerstag kann man in diesem restaurierten historischen Hotel gute Schnäppchen machen. Es ist aber auch ein stimmungsvoller Ort für einen Drink; freitag- und sonntagnachmittags ab 17 Uhr wird dazu Livemusik gespielt. In den Sommermonaten schauen manchmal sogar bekannte australische Bands auf ihrer Tournee hier vorbei, und im Freien gezeigte Filme machen das entspannte Urlaubsfeeling perfekt.

★ **Wildwood Valley Cottages** COTTAGES $$$
(Karte S. 1022; ☎08-9755 2120; www.wildwoodvalley.com.au; 1481 Wildwood Rd; Cottages ab 250 AU$; 📶) Die luxuriösen Cottages liegen in einer 49 ha großen Buschlandschaft. Im Haupthaus ist die **Wildwood Valley Cooking School** (140 AU$/Pers.; ⏲Dez.–März) von Sio-

KLEINBRAUEREIEN IN MARGARET RIVER

Die Region Margaret River ist für ihren erstklassigen Wein bekannt, Fans von Craft-Bier kommen jedoch auch auf ihre Kosten. Viele Brauereien servieren Snacks und Mittagessen.

Eagle Bay Brewing Co (Karte S. 1022; ☎08-9755 3554; www.eaglebaybrewing.com.au; Eagle Bay Rd, Dunsborough; ⏲11–17 Uhr) Ländliche Szenerie, interessante Biere und Weine, die in modernem, geräumigem Ambiente serviert werden, und exzellentes Essen wie knusprige Holzofenpizza (20–25 AU$). Empfehlenswert sind die hauseigenen Single Batch Specials.

Black Brewing Co (Karte S. 1022; ☎08-9755 6500; www.blackbrewingco.com.au; 3517 Caves Rd, Wilyabrup; Probiertablett mit 4 Bieren 20 AU$; ⏲11 Uhr–open end) Die gut gebrauten Biere von Black Brewing sind auch für Craft-Bier-Neulinge geeignet, solange man nicht plumpe Hopfenbomben erwartet. Zu Bieren wie dem frischen und zitrusartigen Extra Pale Ale (XPA) und dem gehaltvollen Milk Stout passen hervorragend die an asiatisches Straßenessen angelehnten Gerichte. Auf demselben spektakulären Gelände an einem privaten See liegt auch das Weingut Vintner Black, das sich auf Chardonnay und Cabernet Sauvignon spezialisiert hat.

Cheeky Monkey Brewery (Karte S. 1022; ☎08-9755 5555; www.cheekymonkeybrewery.com.au; 4259 Caves Rd, Margaret River; ⏲10–18 Uhr) Am Rand eines hübschen Sees gelegen, beherbergt das Cheeky Monkey ein großes Restaurant und jede Menge Platz für herumtobende Kids. Neben einem Hatseller-Pilsner mit kräftigem neuseeländischem Hopfen gibt's z. B. Hagenbeck Pale Ale nach belgischer Art, außerdem anständiges Essen sowie Apfel- und Birnenwein. Hier kann man problemlos einen Tag verbringen.

Beer Farm (Karte S. 1022; ☎08-9755 7177; www.beerfarm.com.au; 8 Gale Rd, Metricup; ⏲Mo–Do 12–17, Fr–So bis 19 Uhr) In einem ehemaligen Melkstall in einer verschlafenen Seitenstraße liegt die Beer Farm, der rustikalste Vertreter der Kleinbrauereiszene von Margaret River. Stammgäste kommen hier mit Kind und Kegel vorbei und erfreuen sich an den Craft-Bieren der Brauerei (das hopfige Rye IPA ist lecker!). Es gibt einen Imbisswagen und viel Platz zum Herumrennen für die kleinen Gäste (und Hunde).

Bootleg Brewery (Karte S. 1022; ☎08-9755 6300; www.bootlegbrewery.com.au; Puzey Rd, abseits der Yelverton Rd, Wilyabrup; ⏲11–18 Uhr) Hier geht's rustikaler zu als in den schickeren Brauereien der Gegend, dafür kann man sein Bier wunderbar draußen in der Sonne genießen. Besonders toll sind die Livebands am Samstag. Wie wär's mit dem preisgekrönten Raging Bull Porter – ein Klassiker in Western Australia – oder dem Speakeasy IPA im Stil der US-Westküste? Auch das Essen ist sehr lecker.

ban und Carlo Baldini untergebracht. Wer die Augen offen hält, kann von dem gewundenen, unbefestigten Weg aus, der zur Rezeption führt, manchmal Kängurus sehen.

Empire Retreat & Spa WELLNESSHOTEL **$$$**
(Karte S. 1022; ☎08-9755 2065; www.empireretreat.com; Caves Rd; Suite 295–575 AU$; ❄📶) Am Empire Retreat ist einfach alles stylish, vom coolen, skandinavisch inspirierten Design bis hin zur Liebe zum Detail und dem Service. Die Zimmer liegen rund um ein altes Bauernhaus und überall herrscht rustikales, aber elegantes Flair. Im Internet gibt's gute Angebote für Übernachtungen und Wellnessanwendungen.

Injidup Spa Retreat BOUTIQUEHOTEL **$$$**
(Karte S. 1022; ☎08-9750 1300; www.injidupsparetreat.com.au; Cape Clairault Rd; Suite ab 650 AU$; ❄🏊) 🍃 Das Injidup liegt auf einer einsamen Klippe südlich von Yallingup und ist die stilvollste und luxurióseste Unterkunft der Gegend. Die auffällige Fassade neben dem Parkplatz ist aus Beton und Eisen, während die Gäste drinnen beheizte Fußböden aus poliertem Beton, „Öko"-Feuer und ein unendlicher Blick aufs Meer erwarten. Jede der zehn Suiten hat ihr eigenes kleines Tauchbecken. Abseits der Wyadup Rd.

Essen

Yallingup Wood fired Bread BÄCKEREI **$**
(Karte S. 1022; 189 Biddle Rd; Brot ab 4 AU$; ⏲Mo–Sa 7–18 Uhr) In den Läden und auf dem Margaret River Farmers Market gibt es tolles Sauerteig-, Roggen- und Früchtebrot. Oder man holt sich in dieser Bäckerei etwas außerhalb von Yallingup einen ofenfrischen Laib.

Wills Domain BISTRO **$$$**
(Karte S. 1022; ☎08-9755 2327; www.willsdomain.com.au; Ecke Brash Rd & Abbey Farm Rd; Hauptgerichte 31–42 AU$, 5-/7-Gänge-Degustationsmenü 85/99 AU$; ⏲Verkostungen 10–17 Uhr, Mittagessen 12–15 Uhr) Hier gibt's ein Restaurant, eine Galerie und einen tollen Ausblick über die Reben. Darüber hinaus wird auch ein innovatives Degustationsmenü mit sieben Gängen (mit/ohne Wein 139/99 AU$) angeboten.

Studio Bistro MODERN-AUSTRALISCH **$$$**
(Karte S. 1022; ☎08-9756 6164; www.thestudiobistro.com.au; 7 Marrinup Dr; kleine Gerichte 15–20 AU$, Hauptgerichte 28–39 AU$, Degustationsmenü mit/ohne Wein 135/95 AU$; ⏲Mi–Mo 10–17, Sa 18 Uhr–open end; 🖉) 🍃 Die Galerie des Studio Bistro zeigt australische Kunst, während das Gartenrestaurant raffinierte Gerichte wie gebratenen Fisch mit Blumenkohlcreme, Radicchio, Erbsen und Krabbenfleisch serviert. Freitag- und samstagabends gibt's Degustationsmenüs mit fünf Gängen. Reservierung empfehlenswert.

Cowaramup & Wilyabrup

988 EW.

Cowaramup (oder Cow Town, wie es von einigen genannt wird) besteht aus nicht viel mehr als ein paar Blocks mit Geschäften am Bussell Hwy. Im nordwestlich gelegenen Wilyabrup entstand in den 1960er-Jahren die Weinindustrie von Margaret River. Hier findet sich die höchste Konzentration an Weingütern und die Pioniere Cullen Wines und Vasse Felix sind immer noch führend.

Kurse

Cape Lodge KOCHEN
(Karte S. 1022; ☎08-9755 6311; www.capelodge.com.au; 3341 Caves Rd, Wilaybrup; 145 AU$) In einem reizenden Landhaus gibt der bekannte Küchenchef Michael Elfwing etwa jeden zweiten Samstag Kochkurse. Für die Menüs werden vorwiegend saisonale, regionale Produkte eingesetzt. Zum Abschluss gibt's ein selbst gekochtes Drei-Gänge-Menü. Auf der Website erfährt man, was als nächstes ansteht. Auch empfehlenswert sind die Übernachtungspakete (ab 395 AU$).

Schlafen

Taunton Farm Holiday Park CAMPING **$**
(Karte S. 1022; ☎1800 248 777; www.tauntonfarm.com.au; Bussell Hwy, Cowaramup; Stellplatz 45 AU$, Cottages 130–160 AU$; 📶) Mit zahlreichen Bauernhoftieren, die bei den Kleinen für Unterhaltung sorgen, ist dies der familienfreundlichste Campingplatz in Margaret River. Camper finden makellose Einrichtungen vor und zudem gibt es Cottages für Selbstversorger im Farm-Stil.

Noble Grape Guesthouse B&B **$$**
(Karte S. 1022; ☎08-9755 5538; www.noblegrape.com.au; 29 Bussell Hwy, Cowaramup; EZ 140–160 AU$, DZ 150–190 AU$; ❄📶) Eher ein nobles Motel als ein B&B. Die Zimmer bieten viel Privatsphäre, und jedes hat Zugang zu einem kleinen, gepflegten Gartenhof.

Essen

Margaret River Nougat Company SÜSSIGKEITEN **$**
(Karte S. 1022; ☎08-9755 5539; www.margaretrivernougat.com.au; Ecke Tom Cullity Dr & Miamup

Rd, Cowaramup; ⏲9.30–17 Uhr) In einem modernen Verkostungsraum direkt am See kann man hier preisgekrönten Nougat im französischen Stil probieren. Besonders lecker sind die Geschmacksrichtungen gesalzenes Karamell und Lakritze. Auch Wein kann verkostet und gekauft werden.

Providore FEINKOST $

(Karte S. 1022; ☎08-9755 6355; www.providore.com.au; 448 Tom Cullity Dr, Wilyabrup; ⏲9–17 Uhr) Das Magazin *Australian Traveller* zählt diesen Laden zu den Top 100 der Gourmettempel Australiens – was angesichts der eindrucksvollen Auswahl an hausgemachten Produkten wie Bio-Olivenöl, Tapenaden und eingelegten Früchten nicht verwundert. Kunden kommen in den Genuss kostenloser Verkostungen.

★Rustico at Hay Shed Hill TAPAS $$$

(Karte S. 1022; ☎08-9755 6455; www.rusticotapas.com.au; 511 Harmans Mill Rd, Wilyabrup; Gerichte zum Teilen 17–28 AU$, Pizza 27–29 AU$, Degustationsmenü ab 85 AU$; ⏲11–17 Uhr) Auf der Terrasse des Rustico werden mit Blick auf die Weinberge spanisch angehauchte Gerichte aus den besten Zutaten des australischen Südwestens serviert. Zu den Felsenaustern aus Albany passt ein Margaret River Riesling und zum Schweinebauch wird Sherry von Pedro Ximinéz serviert. Die Paella wird mit Hühnchen aus Mt. Baker und heimischen Meeresfrüchten zubereitet. Wie wäre es mit einem gemütlichen Sechs-Gänge-Degustationsmenü mit passenden Weinen?

Vasse Felix BISTRO $$$

(Karte S. 1022; ☎08-9756 5050; www.vassefelix.com.au; Ecke Caves Rd & Tom Cullity Dr, Cowaramup; Hauptgerichte 37–39 AU$, 5-Gänge-Menü 95 AU$; ⏲Direktverkauf 10–17 Uhr, Restaurant 10–15 Uhr) Das Restaurant des Weinguts Vasse Felix, dessen großer, holzgetäfelter Speisesaal an die Luxusversion einer Scheune erinnert, ist für viele das beste Restaurant der Region. Das Gelände schmücken verschiedene Skulpturen, und in der Galerie werden Werke der Sammlung Holmes à Court gezeigt.

Knee Deep in Margaret River BISTRO $$$

(Karte S. 1022; ☎08-9755 6776; www.kneedeepwines.com.au; 61 Johnson Rd, Wilyabrup; Hauptgerichte 34–40 AU$, 4-Gänge-Menü 70 AU$; ⏲Direktverkauf 10–17 Uhr, Mittagessen 12–15 Uhr) Klein und fokussiert, könnte das Motto hier lauten. Im Angebot ist nur eine Handvoll Hauptgerichte, die allesamt mit lokalen, saisonalen Zutaten zubereitet werden. Der an den Seiten offene Pavillon befindet sich in wunderbarer Lage inmitten der Weinberge. Das Vier-Gänge-Menü „Trust the Chef“ (70 AU$) ist jeden Cent wert.

Ausgehen & Nachtleben

Stormflower Vineyard WEINGUT

(Karte S. 1022; www.stormflower.com.au; 3503 Caves Rd, Wilyabrup; ⏲11–17 Uhr) Eine rustikale, entspannte, aber moderne Alternative zu den vielen edlen Verkostungsräumen und förmlichen Weingütern von Margaret River. Das kompakte Bio-Weingut ist gerade einmal 9 ha groß, sein Cabernet Shiraz wird aber hochgeschätzt.

Ashbrook WEINGUT

(Karte S. 1022; ☎08-9755 6262; www.ashbrookwines.com.au; 379 Tom Cullity Dr, Wilyabrup; ⏲10–17 Uhr) Ashbrook baut alle seine Trauben vor Ort selbst an. Die preisgekrönten Rieslinge werden zu Recht viel gelobt.

Margaret River

4500 EW.

Obwohl die Touristen in Margaret River gegenüber den Einheimischen meist in der Überzahl sind, hat sich der Ort das Flair eines ländlichen Nests bewahrt. Hier zu übernachten hat einen großen Vorteil: Nach 17 Uhr, wenn die umliegenden Weingüter die Pforten schließen, ist Margaret River einer der wenigen Orte in der Region, in denen die Bürgersteige noch nicht gänzlich hochgeklappt werden. Zudem ist es nicht weit von der unglaublichen Brandung am Margaret River Mouth und Southside sowie den Badestränden in Prevelly und Gracetown entfernt.

Margaret River quillt jedes Wochenende vor Touristen förmlich über und ist an Ostern und Weihnachten besonders voll (dann muss man Wochen, wenn nicht sogar Monate im Voraus buchen). Unter der Woche sind die Übernachtungspreise meist günstiger.

Schlafen

Wharncliffe Mill Bush Retreat PENSION $

(Karte S. 1022; ☎08-9758 8227; www.wharncliffemill.com.au; McQueen Rd, Bramley National Park; Stellplatz 34 AU$, B 25–30 AU$, Safarizelte & Hütten 95–180 AU$; @📶) Inmitten schattiger Wälder und rund um eine ehemalige Sägemühle bietet das Wharncliffe verschiedene Unterkünfte, von einfachen Gemeinschaftsschlafsälen über Safarizelte bis hin zu gemütlichen

Holzhütten. Die Nutzung von Solarenergie und ein nachhaltiger Umgang mit der Umwelt gehören zur Philosophie des Hauses, zudem geben die Betreiber prima Tipps für Buschwanderungen und Mountainbike-Touren. Die Gemeinde Margaret River ist nur 2 km entfernt und es gibt einen Mountainbike-Verleih (halber/ganzer Tag 15/25 AU$).

Margaret River Lodge HOSTEL **$**
(Karte S. 1027; ☎08-9757 9532; www.margaretriverbackpackers.com.au; 220 Railway Tce; B 30–32 AU$, Zi. mit/ohne Bad 84/76 AU$; @📶🏊) Dieses saubere, gut geführte Hostel liegt etwa 1,5 km außerhalb des Zentrums und bietet einen Pool, ein Volleyball-Feld und einen Fußballplatz. Neben den Schlafsälen gibt's eine Küche sowie einen ruhigeren Bereich mit kleineren Zimmern und einer weiteren kleinen Küche samt Aufenthaltsraum.

Edge of the Forest MOTEL **$$**
(Karte S. 1027; ☎08-9757 2351; www.edgeoftheforest.com.au; 25 Bussell Hwy; Zi. 165–175 AU$;

Margaret River

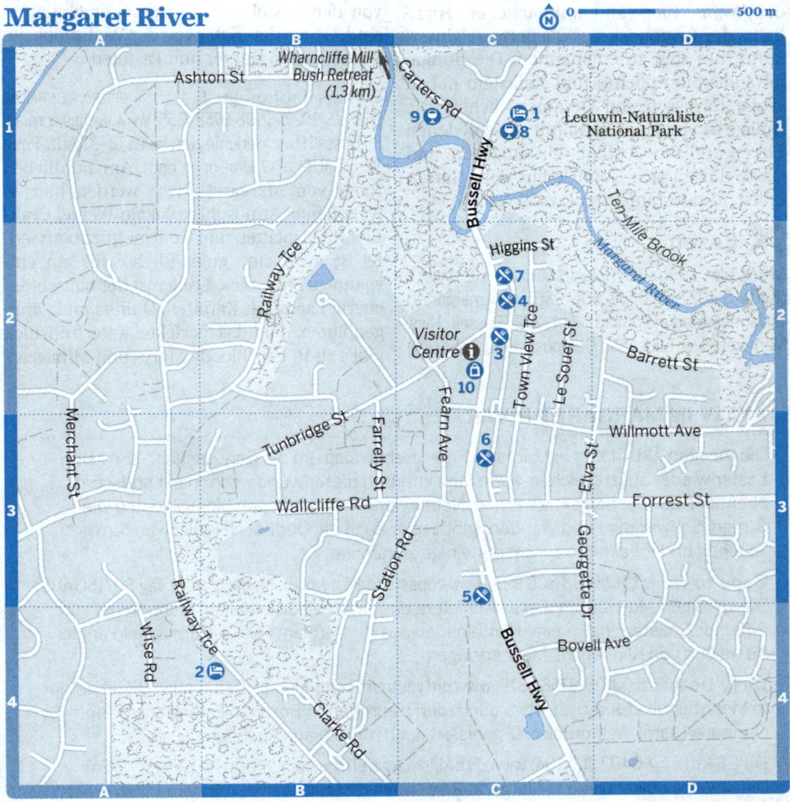

Margaret River

Schlafen
1 Edge of the Forest C1
2 Margaret River Lodge B4

Essen
3 Larder C2
4 Margaret River Bakery C2
5 Margaret River Farmers Market C3
6 Miki's Open Kitchen C3
7 Swings Taphouse C2

Ausgehen & Nachtleben
8 Brewhouse C1
9 Margaret River Distilling Company C1

Shoppen
10 Margaret River Artisan Store C2

(❄📶) Einen netten Spaziergang von Margaret River entfernt, bieten die Zimmer dieses Motels stylishe Bäder in einem schicken asiatischen Stil. Die freundlichen Besitzer geben gern Empfehlungen für Unternehmungen in der Gegend und der schattige Garten lädt zu Grillabenden ein. Die große Wohneinheit vorn ist eine tolle Option für Familien.

★ Burnside Organic Farm BUNGALOW **$$$**
(Karte S. 1022; ☎ 08-9757 2139; www.burnsideorganicfarm.com.au; 287 Burnside Rd; DZ 350 AU$; ❄📶) Nach der kräftezehrenden Erkundung der Wein-, Bier- und kulinarischen Highlights der Region ist dies die perfekte Unterkunft, um sich zu entspannen. Die Bungalows aus Stampflehm und Kalkstein haben große Terrassen und Designer-Küchen. Die Anlage ist von einer Farm mit verschiedenen Tieren und Bio-Obstbäumen umgeben, und Gäste dürfen sich Gemüse aus dem Garten holen. Mindestaufenthalt: zwei Nächte.

Essen

Margaret River Farmers Market MARKT **$**
(Karte S. 1027; ☎ 0438 905 985; www.margaretriverfarmersmarket.com.au; Lot 272 Bussell Hwy, Margaret River Education Campus; ⏲ Sa 8–12 Uhr) 🍃 Jeden Samstag bieten Kleinbauern in der Stadt Bio-Produkte aus nachhaltiger Landwirtschaft an. Auf dem Markt kann man wunderbar frühstücken. Die Website informiert über die kulinarischen Highlights.

Margaret River Bakery CAFÉ **$**
(Karte S. 1027; ☎ 08-9757 2755; 89 Bussell Hwy; Hauptgerichte 10–18 AU$; ⏲ Mo–Sa 7–16 Uhr; 🖉) 🍃 Elvis-Musik, Retro-Einrichtung und kitschige Handarbeiten prägen das rustikal-verspielte Flair der MRB. Es ist die perfekte Kulisse für die hausgemachten Backwaren, von denen viele vegetarisch oder glutenfrei sind. Gegen den Kater von der Weinprobe am Vortag helfen Burger und Pasteten.

Swings Taphouse BISTRO, WEINBAR **$$**
(Karte S. 1027; ☎ 08-9758 7155; www.swings.com.au; 85 Bussell Hwy; Gerichte zum Teilen 13–32 AU$, Pizza 22–25 AU$; ⏲ 7 Uhr–open end) Am nördlichen Rand von Margaret River werden hier in weltoffener Atmosphäre lokale Weine, Craft-Bier, Tapasplatten und Gourmetpizza serviert. Es ist auch eine gute Adresse für ein entspanntes Frühstück. Lecker ist der hausgeräucherte Lachs mit Karotten, Quinoa und Orangenblüten. Für das perfekte Katerfrühstück gibt's ab 10 Uhr Bloody Marys und Mimosas.

AKTIV IN MARGARET RIVER

Die meisten Aktivitäten in Margaret River drehen sich um die Genusssucht. Um seine Laster wieder auszugleichen, kann man inmitten dieser wunderschönen Landschaft aber auch ganz schön aktiv werden. Neben den offensichtlichen Möglichkeiten wie Surfen, Schwimmen und Wandern gibt's aber auch die Optionen Höhlenwandern, Tauchen und Kajakfahren – um nur einige zu nennen.

Cape to Coast (☎ 0418 808 993; www.capestocoast.com.au; halber/ganzer Tag 80/160 AU$) Die spaßigen Aktivtouren dieses Anbieters umfassen Mountainbiken, Schnorcheln am Riff und „Coasteering" – eine Kombination aus Klettern am Fels, Herumkraxeln an der Küste und von Klippen ins Meer springen.

Dirty Detours (☎ 08-9758 8312; www.dirtydetours.com; Touren 80–105 AU$) Bietet geführte Mountainbiketouren an, etwa durch den traumhaften Boranup Forest, sowie Sip'n'Cycle Touren samt Weinproben. Organisiert auch mehrtägige Ausflüge.

Dirt Skills (☎ 0402 305 104; www.dirtskillsmargaretriver.com; 65–70 AU$/Pers.; ⏲ Sa) Die Mountainbikerszene in Margaret River wächst stetig. Wer es mit dem Biken ernst meint, kann mit diesen Leuten eine Trainingseinheit absolvieren. Auch Anfänger und Fortgeschrittene dürfen hier mitmachen. Ab zwei Teilnehmern wird ein spezielles Trail Guiding organisiert, das dabei helfen soll, die besten Tracks in der Region zu finden. Bikes können auch ausgeliehen werden.

Margaret River Climbing (☎ 0415 970 522; www.margaretriverclimbingco.com.au; halber/ganzer Tag 130/250 AU$) Höhlenwandern, Felsklettern und Abseilen.

Margaret River Surf School (☎ 0401 616 200; www.margaretriversurfschool.com; Gruppen-/Einzelunterricht ab 50/120 AU$, Kurs 3/5 Tage ab 120/185 AU$) Gruppen- und Einzelunterricht für Surfen und Stehpaddeln. Wer wirklich richtig Surfen lernen möchte, für den sind die drei- bzw. fünftägigen Kurse prima!

Larder FEINKOST $$
(Karte S. 1027; ☎ 08-9758 8990; www.larder.biz; 2/99 Bussell Hwy; ⊙ Mo–Sa 9.30–18, So 10.30–16 Uhr) Neben heimischem Obst, Gemüse und Feinkost aus Margaret River verkauft das Larder Gerichte zum Mitnehmen (15–18 AU$), die sich als Abendessen anbieten, sowie gehaltvolle Frühstücksboxen, Picknickkörbe und Grillpakete (50–95 AU$). Gelegentliche Kochkurse ergänzen das Angebot.

Miki's Open Kitchen JAPANISCH $$$
(Karte S. 1027; ☎ 08-9758 7673; www.facebook.com/mikisopenkitchen; 131 Bussell Hwy; kleine Gerichte 12–17 AU$, große Gerichte 31–36 AU$; ⊙ Di–Sa 18 Uhr–open end) Nachdem man sich einen Platz an der offenen Küche gesichert hat, kann man das faszinierende Werkeln von Mikis Team beobachten, das die besten Meeresfrüchte und Erzeugnisse aus WA zu kreativen Speisen mit japanischer Note verwandelt. Besonders abwechslungsreich ist das Degustationsmenü mit mehreren Gängen (60 AU$) und Wein aus Margaret River – und nach dem Bestellen kann man den coolen Zen Chefs bei ihrer Tempura-Magie zusehen. Reservierung empfohlen.

Ausgehen & Nachtleben

Brewhouse KLEINBRAUEREI
(Karte S. 1027; ☎ 08-9757 2614; www.brewhousemargaretriver.com.au; 35 Bussell Hwy; ⊙ Mo–Sa 11–19, So bis 22 Uhr) Endlich ein Ort mit Craft-Bier, den man von Margaret River aus zu Fuß erreichen kann. Das Brewhouse liegt rund 900 m nördlich des Ortes mitten in einem Karri-Wald versteckt. Es hat eine rustikale Bar mit Restaurant und serviert drei Gastbiere und sechs hauseigene Biere. Unbedingt das Inji Pale Ale und den Tintenfisch in Chilisalz probieren! Sonntags ab 16 Uhr gibt's Livemusik.

Margaret River Distilling Company BRENNEREI
(Karte S. 1027; ☎ 08-9757 9351; www.distillery.com.au; Maxwell St, abseits der Carters Rd; ⊙ 10–19 Uhr) Limeburners Single Malt Whisky, Tiger Snake Sour Mash, Great Southern Gin und White Shark Vodka – das alles kann man in diesem Verkostungsraum am Waldrand probieren. Es gibt auch lokale Biere, die hervorragend zu Pizza und den gemischten Platten passen.

Shoppen

★ **Temper Temper** SÜSSIGKEITEN
(Karte S. 1022; ☎ 08-9757 3763; www.tempertemper.com.au; 2 Rosa Brook Rd; ⊙ 9–17 Uhr) Dieses farbenfrohe Schokoladenheiligtum hat auch einen Verkostungsraum, in dem man Unmengen an Schokolade kostenlos probieren kann und so auch erfährt, was der Unterschied ist zwischen Kakao aus Kuba, Venezuela, Sumatra und Madagaskar. Es gibt auch verlockende, süchtige machende Sorten für Erwachsene wie Rosa Pfeffer oder Lakritz. Wer noch Geschenke für die Daheimgebliebenen braucht, wird hier mit Sicherheit etwas Passendes finden.

Margaret River Artisan Store KUNST & KUNSTHANDWERK
(Karte S. 1027; ☎ 0448 733 799; www.margaretriverartisanstore.com; 2/110 Bussell Hwy; ⊙ Mo–Sa 10–17 & So bis 13 Uhr) Dieser vielseitige Laden hat Klamotten, Design und Kunst. Die Mehrzahl der angebotenen Stücke stammt von Designern, Goldschmieden und Künstlern aus Margaret River selbst.

Praktische Informationen

Visitor Centre (Karte S. 1027; ☎ 08-9780 5911; www.margaretriver.com; 100 Bussell Hwy; ⊙ 9–17 Uhr) Buchungen, Informationen und Ausstellungen zu Weingütern in der Gegend.

Unterwegs vor Ort

Margaret River Beach Bus (☎ 08-9757 9532; www.margaretriverbackpackers.com.au) Der Minibus pendelt dreimal täglich zwischen Margaret River und den Stränden rund um Prevelly (10 AU$); nur im Sommer, Reservierung erforderlich.

Augusta & Umgebung

1700 EW.

Augusta liegt an der Mündung des Blackwood River, 5 km nördlich von Cape Leeuwin und ist vom Großteil der Weinregion abgeschnitten. Ringsum befinden sich einige Weingüter, die Atmosphäre ist allerdings weniger genussbetont – eher etwas träge.

Sehenswertes & Aktivitäten

Zu den Anbietern, die Bootstouren auf dem Blackwood River organisieren, zählen **Absolutely Eco River Cruises** (☎ 0419 975 956; cdragon@westnet.com.au; Victoria Pde; Erw./Kind 30/15 AU$; ⊙ Okt.–Mai) und **Miss Flinders** (☎ 0409 377 809; Victoria Pde; Erw./Kind 30/15 AU$; ⊙ Okt.–Mai).

Cape Leeuwin Lighthouse LEUCHTTURM
(Karte S. 1022; ☎ 08-9780 5911; www.margaretriver.com; Erw./Kind 8/5 AU$; ⊙ 9–16.30 Uhr) Am wilden, windgepeitschten Cape Leeuwin

treffen Indischer Ozean und Südpolarmeer aufeinander. Das Kap ist der südwestlichste Punkt Australiens und verdankt seinen Namen einem niederländischen Schiff, das 1622 hier vorbeifuhr. Der Leuchtturm (1896) ist der größte in WA und bietet großartige Ausblicke auf die Küste. Führungen (Erw./Kind 20/13 AU$) starten von 9 bis 16.20 Uhr alle 40 Minuten; in der Ferienzeit muss man mit einer kurzen Wartezeit rechnen. Der Augusta Icons Pass (Erw./Kind 36/12 AU$) umfasst den Eintritt für den Leuchtturm sowie für die Jewel Cave.

Jewel Cave HÖHLE
(Karte S. 1022; ☎ 08-9780 5911; www.margaretriver.com; Caves Rd; Erw./Kind 22,50/12 AU$; ⌚ Touren stündl. 9.30–15.30 Uhr) Die spektakulärste Höhle der Gegend beherbergt einen eindrucksvollen, 5,9 m hohen Strohhalmstalaktit, den bisher längsten in einer touristisch erschlossenen Höhle. Hier wurden Fossilien eines Beutelwolfs gefunden, die auf ein Alter von etwa 3500 Jahren geschätzt werden. Die Jewel Cave liegt nahe des Südendes der Caves Rd, 8 km nordwestlich von Augusta. Vor Kurzem erst wurden im Jewel Cave Preservation Centre interessante Stellwände installiert. Die Höhle kann nur im Rahmen einen Führung besichtigt werden.

Naturaliste Charters WALBEOBACHTUNG
(☎ 08-9750 5500; www.whales-australia.com.au; Erw./Kind 90/50 AU$; ⌚ Walbeobachtung Mitte Mai–Aug.) Veranstaltet von Mitte Mai bis August zweistündige Walbeobachtungstouren ab Agusta. Im Mai verlagert sich der Schwerpunkt dann auf die Eco Wilderness Tour, bei der Teilnehmer Strände und Kalksteinhöhlen mit indigener Kunst besuchen und Tiere in freier Wildbahn wie Delfine und Neuseeländische Seebären und jede Menge Vögel beobachten.

Schlafen & Essen

Baywatch Manor HOSTEL $
(☎ 08-9758 1290; www.baywatchmanor.com.au; 9 Heppingstone View; B 28 AU$, DZ 130 AU$, DZ ohne Bad 100 AU$; @) Saubere, moderne Zimmer mit cremefarbenen Wänden und einzelnen Antiquitäten. Von der Veranda aus hat man Blick auf die Bucht. Im Winter sorgt ein Feuer im Gemeinschaftsraum für Wärme. Einige Doppelzimmer haben eigene Balkone.

Colourpatch Café CAFÉ $
(Karte S. 1022; ☎ 08-9758 1295; 38 Albany Tce; Snacks & Hauptgerichte 10–20 AU$; ⌚ 9–15 Uhr, zum Mitnehmen bis 19 Uhr) In diesem selbst ernannten „letzten Speiserestaurant vor der Antarktis", wo der Blackwood River auf das Meer der Flinders Bay trifft, stammt der Fisch direkt aus dem Ozean.

Praktische Informationen

Visitor Centre (☎ 08-9780 5911; www.margaretriver.com; Ecke Blackwood Ave & Ellis St; ⌚ 9–17 Uhr) Informationen und Reservierungen. Hilft auch weiter, wenn man die hiesigen Wildblumen sehen möchte (ca. Sept.–Nov.).

SOUTHERN FORESTS

Die Wälder in der südwestlichen Region von WA sind einfach traumhaft schön. Im kühlen Schatten der Karri-, Jarrah- und Marri-Wälder (allesamt Eukalyptusarten) sprießt allerhand. In den weit verstreut liegenden Kleinstädten lassen sich nach wie vor Zeugnisse der langen Holzindustrie- und Tagebautradition erkennen. Viele Orte haben sich inzwischen neu erfunden und sich zu kleinen Tourismuszentren gemausert, die zum Wandern, Kanufahren oder Fischen (Forellen und Marron-Krebse) einladen. Ein weiteres Highlight sind die Weinproben.

An- & Weiterreise

Transwa (☎ 1300 662 205; www.transwa.wa.gov.au) bietet u. a. folgende Busverbindungen an:

- SW1 (3-mal wöchentl.) nach Nannup und Pemberton ab East Perth, Bunbury, Busselton, Margaret River und Augusta.
- SW2 (3-mal wöchentl.) nach Balingup, Bridgetown, Manjimup und Pemberton ab East Perth, Mandurah und Bunbury.
- GS3 (tgl.) nach Balingup, Bridgetown, Manjimup und Pemberton ab Perth, Bunbury, Walpole, Denmark und Albany.

South West Coach Lines (☎ 08-9261 7600; www.southwestcoachlines.com.au) bietet folgende Verbindungen an:

- Nannup ab Busselton (werktags 2-mal tgl.) und Bunbury (werktags).
- Balingup, Bridgetown und Manjimup ab Bunbury, Mandurah and Perth (tgl.).

Nannup

500 EW.

Nannups historische Bretterhäuser und Bauerngärten liegen idyllisch am Ufer des Blackwood River. Der Name des Ortes leitet sich von einem Noongar-Wort ab und bedeutet „ein Ort zum Anhalten und Rasten". Auch Wanderer und Kanufahrer schlagen hier gern ihr Basislager auf.

Sporadisch, aber immer wieder hört man Geschichten von der Sichtung eines gestreiften, wolfsartigen Tiers, des sogenannten Nannup-Tigers. Deshalb machen sich einige Leute Hoffnungen, dass möglicherweise ein Beutelwolf im umliegenden Buschland überlebt haben könnte (das letzte bekannte Exemplar starb 1936 im Hobart Zoo).

Blackwood River Canoeing (☎08-9756 1209; www.blackwoodrivercanoeing.com; Leihausrüstung ab 25 AU$/Tag) organisiert Trips in die größtenteils unberührten Jarrah-Wälder, die den längsten Fluss Südwestaustraliens säumen, sowie mehrtägige Ausflüge mit Camping. Stellt auch die Ausrüstung zur Verfügung, gibt eine kurze Einführung und kümmert sich für die Kanuten und bei längeren Touren um den Transport. Die beste Zeit ist im Spätwinter und zum Frühlingsbeginn, wenn der Wasserstand am höchsten ist.

Im Frühherbst findet in Nannup das **Nannup Music Festival** (☎08-9756 1511; www.nannupmusicfestival.org; ⌚Anfang März) statt, bei dem Folk- und Weltmusik im Mittelpunkt stehen. Auch Straßenmusiker sind hier gern gesehen. Wer kein eigenes Fahrzeug hat, findet auf der Website vielleicht eine Mitfahrgelegenheit.

Schlafen & Essen

Holberry House B&B $$
(☎08-9756 1276; www.holberryhouse.com; 14 Grange Rd; Zi. 165–220 AU$; 📶❄) Die Deko wirkt etwas altbacken, doch das große Haus auf dem Hügel bietet komfortable Zimmer und ist von einem weitläufigen Garten mit schrägen Skulpturen umgeben (Eintritt für Nichtgäste: 4 AU$). Die Besitzer sind sehr liebenswert.

Pickle & O CAFÉ $
(☎08-9756 1351; 16 Warren Rd; Snacks 7–12 AU$; ⌚So–Fr 9.30–16, Sa bis 15 Uhr; 📶✎) 🍃 Guter Kaffee aus fairem Handel, riesige Käsekuchenstücke und Kebab-Wraps mit geräucherter Forelle sind überzeugende Argumente für einen Stopp bei dieser witzigen Kombination aus Naturkostladen und nachhaltigem Bio-Café. Der kleine angeschlossene Souvenirladen nebenan hatte zum Zeitpunkt der Recherche die Funktion als örtliches Informationsbüro übernommen.

Nannup Bridge Cafe CAFÉ $$
(☎08-9756 1287; www.facebook.com/nannupbridgecafe; 1 Warren Rd; Frühstück & Mittagessen 9–24 AU$, Abendessen 16–34 AU$; ⌚Di–So 9–14, Do–Sa 18–20 Uhr) Das Café am Flussufer verwandelt sich zwischen Donnerstag und Samstag jeden Abend in ein Bistro. Besonders lecker sind der Schweinebauch und der Dattel-Kuchen.

Bridgetown

2400 EW. / ☎08

Das reizende Bridgetown liegt am Blackwood River und ist von Karri-Wäldern und Ackerland umgeben. An den Wochenenden ist hier immer eine Menge los, und am zweiten Wochenende im November steigt das beliebte **Blues at Bridgetown Festival** (☎08-9761 2921; www.bluesatbridgetown.com.au).

Es gibt im Ort einige historisch interessante Gebäude. Zu diesen zählt das **Bridgedale House** (Hampton St; gegen Spende einer Goldmünze; ⌚Sa & So 10–14 Uhr), das von den ersten Siedlern der Gegend 1862 aus Schlamm und Lehm erbaute wurde. Für die Restaurierung ist der National Trust zuständig.

Schlafen & Essen

Bridgetown Riverside Chalets HÜTTEN $$
(☎08-9761 1040; www.bridgetownchalets.com.au; 11347 Brockman Hwy; Hütte ab 150 AU$) Auf einem ruhigen Grundstück am Fluss, 5 km von Nannup entfernt, stehen vier Holzhütten (2 Zi., max. 6 Pers.), ausgestattet mit großen Öfen und Waschmaschinen.

Barking Cow CAFÉ $$
(☎08-9761 4619; 88 Hampton St; Frühstück 11–18 AU$, Mittagessen 13–21 AU$; ⌚Mo–Sa 8–14.30 Uhr; ✎) Das gemütliche, farbenfrohe Café serviert den besten Kaffee der Stadt. Lohnend sind außerdem die vegetarischen Tagesmenüs und die in Bridgetown legendären Gourmet-Burger.

Cidery CAFÉ $$
(☎08-9761 2204; www.thecidery.com.au; 43 Gifford Rd; Hauptgerichte 10–25 AU$; ⌚Sa–Do 11–16, Fr bis 20 Uhr) An den Tischen im Freien lassen sich die Gäste Craft-Bier der Blackwood Valley Brewing Company, Cider und leichte Mittagsgerichte schmecken. Freitags wird ab 17.30 Uhr Livemusik gespielt. Sehr lecker ist das süffige, mittelstarke Summer Ale.

Praktische Informationen

Visitor Centre (☎08-9761 1740; www.bridgetown.com.au; 154 Hampton St; ⌚Mo–Fr 9–17, Sa 10–15, So 10–13 Uhr) Mit Exponaten zur Apfelernte und, im angeschlossenen Heimatmuseum, einer überraschend interessanten Ausstellung von Stichsägen aus aller Welt.

Manjimup

4300 EW. / ☎08

Manjimup ist von spektakulärem Wald umgeben und das Zentrum der Holzindustrie Western Australias. Feinschmeckern ist der Ort jedoch aus einem ganz anderem Grund ein Begriff: Trüffel! Besonders im August schaffen es die schwarzen Périgord-Trüffel aus Manjimup auf den Speisekarten im Land ganz nach oben.

Sehenswertes

★ Truffle & Wine Co FARM
(☎08-9777 2474; www.truffleandwine.com.au; Seven Day Rd; ⌚10–16 Uhr, Café 11–15 Uhr) Wer mehr über die Ernte des teuersten essbaren Naturproduktes der Welt erfahren möchte, der folgt einfach seiner Nase. Zwischen Juni und August wird hier von Freitag bis Sonntag eine 2½-stündige Trüffelsuche (Erw./Kind 90/81 AU$; unbedingt vorab reservieren) angeboten. Das ganze Jahr über kann man jede Menge Trüffelprodukte probieren und im angeschlossenen Laden mit Café gibt's Probierplatten (10–15 AU$) und trüffelastige Hauptgerichte (25–40 AU$) wie Meeresfrüchte-Ravioli und Pilzrisotto.

Four Aces WALD
(Graphite Rd) Diese vier über 300 Jahre alten Karri-Bäume stehen in Reih und Glied. Wenn man sich direkt vor sie stellt, ist nur noch einer sichtbar. Es gibt einen kurzen Rundweg durch das angrenzende Karri-Wäldchen; alternativ folgt man der 1½-stündigen Buschwanderung von den Four Aces bis zur One Tree Bridge und wieder zurück.

Diamond Tree Lookout AUSSICHTSPUNKT
Neun Kilometer südlich von Manjimup liegt am South Western Hwy der Diamond Tree Lookout, ein 52 m hoher Karri-Baum, den man über in den Stamm getriebene metallene Stifte erklimmen kann. Nicht weit entfernt gibt's auch einen Naturpfad.

Schlafen & Essen

Diamond Forest Cottages COTTAGE $$
(☎08-9772 3170; www.diamondforest.com.au; 29159 South Western Hwy; Chalet 180–220 AU$; ❄📶) Südlich von Manjimup, kurz vor der Abzweigung nach Pemberton, liegen rund um einen Bauernhof diese gut ausgestatteten Holzchalets mit Terrassen. Auf dem Gelände tummeln sich Truthähne und Schafe und es gibt einen Streichelzoo und jeden Tag eine Tierfütterung. Zwischen Sonntag und Donnerstag sind die Preise günstiger.

★ Tall Timbers BISTRO $$
(☎08-9777 2052; www.talltimbersmanjimup.com.au; 88 Giblett St; Tapas 10–19 AU$, Hauptgerichte 19–44 AU$; ⌚Mo–Fr 9–22, Sa & So ab 8 Uhr) Das hochwertige Kneipenessen des Tall Timbers reicht von Burgern bis hin zu Entenconfit, wirklich abheben kann es sich aber vor allem durch seine Weine aus dem Südwesten Australiens. Zur Auswahl stehen über 40 Tropfen, von denen viele von Boutiqueweingütern stammen, die keinen Direktverkauf anbieten. Die spezielle Dosieranlage macht es möglich, dass Gäste Probiergläser mit gerade einmal 25 ml Inhalt kaufen und dazu Tapas oder Käseplatten bestellen können.

Praktische Informationen

Visitor Centre (☎08-9771 1831; www.manjimupwa.com; Giblett St; ⌚9–17 Uhr) Das Besucherzentrum im Manjim Park kann Unterkünfte und Transport buchen.

Pemberton

760 EW.

Tief in den Karri-Wäldern liegt das verschlafene Pemberton, in dem auch exzellenter Wein hergestellt wird. Wenn Margaret River WAs Bordeaux ist, so ist Pemberton mit seinem exzellenten Chardonnay und Pinot Noir (neben weiteren Rebsorten) das Burgund. Der Weintourismus steckt hier aber noch in den Kinderschuhen und lediglich ein paar der besseren Güter veranstalten Weinproben – und das auch nur nach vorheriger Anmeldung. Im Visitor Centre (S. 1034) gibt's eine kostenlose Karte mit den Öffnungszeiten von Direktverkäufen.

Die Nationalparks rund um Pemberton sind beeindruckend. Man sollte einen oder zwei Tage für die Autotour Karri Forest Explorer sowie für Wandern und Picknick im Grünen einplanen.

Sehenswertes & Aktivitäten

Big Brook Arboretum NATURSCHUTZGEBIET
GRATIS Große Bäume aus der ganzen Welt. Im Pemberton Visitor Centre bekommt man eine Karte für den Karri Forest Explorer.

Fine Woodcraft Gallery KUNSTZENTRUM
(☎08-9776 1741; www.facebook.com/PembertonFineWoodcraftGallery; Dickinson St; ⌚9–17 Uhr)

In einem üppig grünen Garten stellt die Fine Woodcraft Gallery einige wunderschöne Stücke aus, die alle aus recyceltem Holz handwerklich hergestellt wurden. Angeschlossen ist ein gutes Café, das herzhafte Frühstücks- und Mittagsangebote hat. Dort kann man auch hausgeräuchertes Fleisch und Wurstwaren von Holy Smoke in Pemberton kaufen. Besonders lecker sind die Probierteller für 32 AU$.

Pemberton Tramway EISENBAHN
(☎08-9776 1322; www.pemtram.com.au; Erw./Kind 28/14 AU$; ⏲Mo–Sa 10.45 & 14 Uhr; 👪) Die Strecke wurde zwischen 1929 und 1933 eingerichtet und führt durch Karri- und Marri-Wälder zum Warren River. Die Fahrt wird kommentiert. Die spaßige, aber nicht gerade ruhige Rundfahrt dauert 1¾ Stunden.

Pemberton Pool SCHWIMMEN
(Swimming Pool Rd) GRATIS Dieses Naturbecken ist von Karri-Bäumen umgeben und trotz des Warnschilds (Strömungen, Giftschlangen) an heißen Tagen beliebt. Wer hier aufwächst, ist eben abgehärtet. Nicht weit entfernt beginnt der Weg hinauf zum **Pemberton Mountain Bike Park** (www.pembertonvisitor.com.au/pages/pemberton-mountain-bike-park).

Pemberton Wine Centre WEIN
(☎08-9776 1211; www.pembertonwine.com.au; 388 Old Vasse Rd; ⏲12–17 Uhr) Im Herzen des Warren National Park liegt dieses nette Zentrum, in dem regionale Weine verkostet werden können. Im Anschluss kann man sich eine Kiste mit seinen Favoriten zusammenstellen lassen.

Geführte Touren

Pemberton Hiking & Canoeing WANDERN, KANUFAHREN
(☎08-9776 1559; www.hikingandcanoeing.com.au; halb-/ganztags 50/100 AU$) Umweltfreundliche Touren in die Nationalparks Warren und D'Entrecasteaux sowie zu den Yeagarup-Sanddünen. Außerdem werden vom Veranstalter diverse Thementouren angeboten (diese beschäftigen sich z.B. mit Wildblumen, Fröschen und seltener Fauna). Bei den nächtlichen Kanufahrten (50 AU$) kann man nachtaktive Wildtiere beobachten.

Donnelly River Cruises BOOTSFAHRTEN
(☎08-9777 1018; www.donnellyrivercruises.com.au; Erw./Kind 65/35 AU$) Auf dem Programm stehen hier 12 km lange Bootsfahrten durch den D'Entrecasteaux National Park zu den Klippen im Südpolarmeer.

Pemberton Discovery Tours TOUREN, MOUNTAINBIKING
(☎08-9776 0484; www.pembertondiscoverytours.com.au; 12 Brockman St; Erw./Kind 155/55 AU$; ⏲Mo–Sa 10–17, So bis 14 Uhr) Halbtägige Jeeptouren zu den Sanddünen von Yeagarup und der Mündung des Warren River. Zudem stehen Ausflüge zu hiesigen Weingütern, Brauereien und Apfelweinkeltereien sowie zur Küstenlandschaft des D'Entrecasteaux National Park zur Auswahl. Beim Hauptsitz in Pemberton gibt es Infos zur Gegend, u.a. zu Radwegen in der Nähe und guten Touren, sowie einen Mountainbike-Verleih.

Schlafen

Pemberton Backpackers YHA HOSTEL $
(☎08-9776 1105; www.yha.com.au; 7 Brockman St; B/EZ/DZ 33/70/77 AU$; @📶) Das Hostel in Pembertons Hauptstraße ist für Erntehelfer reserviert. „Normale" Reisende bekommen ein Zimmer im separaten Cottage (8 Dean St), für das man auch hier einchecken muss. Das Cottage ist niedlich und gemütlich, allerdings geht ohne Reservierung so gut wie nichts, denn es gibt nur drei Zimmer, von denen eins ein Schlafsaal für sechs Personen ist.

Marima Cottages COTTAGE $$
(☎08-9776 1211; www.marima.com.au; 388 Old Vasse Rd; Cottage 200–225 AU$) Mitten im Warren National Park bieten diese vier Cottages aus Stampflehm und Zedernholz im ländlichen Stil mit gusseisernen Öfen jede Menge Privatsphäre und Luxus. In der Abenddämmerung schauen manchmal Beuteltiere vorbei.

Pump Hill Farm Cottages COTTAGE $$
(☎08-9776 1379; www.pumphill.com.au; Pump Hill Rd; Cottage 150–205 AU$; 📶) Dieser Bauernhof ist bei Familien sehr beliebt, denn die Kleinen können jeden Tag auf einem Traktor mitfahren und anschließend die Tiere füttern. Wer ohne Kinder unterwegs ist, wird hingegen das Ambiente der privaten, gut ausgestatteten Cottages lieben.

Foragers COTTAGES $$$
(☎08-9776 1580; www.foragers.com.au; Ecke Roberts Rd & Northcliffe Rd; Cottages 270–290 AU$; ❄) Hier stehen sehr hübsche, einfache Karri-Cottages sowie hochwertige Öko-Luxus-Chalets zur Auswahl. Letztere sind hell, luftig und zeitgenössisch-elegant eingerichtet und verfügen über ein umweltfreundliches Abwassersystem und Solartechnik. Kulinarische Leckerbissen kommen in der Foragers Field Kitchen auf den Tisch.

Essen & Ausgehen

Millhouse Cafe CAFÉ $$

(☎ 08-9776 1776; www.facebook.com/Pembertonmillhousetearooms; 14 Brockman St; Frühstück 10–21 AU$, Mittagessen 10–16 AU$; ⏲ 8–16 Uhr) Das Café in einem gemütlichen traditionellen Cottage mit umlaufender Veranda hat kürzlich ein neues Management bekommen. Es gibt hier guten Kaffee und interessante Frühstücksangebote. Mittags bekommt man neben der normalen Speisekarte oft Maronen oder Forelle und an den Wänden hängen Werke lokaler Künstler. Donnerstags werden oft Thai-Gerichte (19–22 AU$) im Café (bis 15 Uhr) bzw. zum Mitnehmen (bis 18 Uhr) angeboten.

Foragers Field Kitchen INTERNATIONAL $$$

(☎ 08-9776 1580; www.foragers.com.au; Ecke Roberts Rd & Northcliffe Rd; Abendessen 80 AU$, Kochkurse 85 AU$; ⏲ Abendessen Sa 19 Uhr) Die renommierte Köchin Sophie Zalokar bietet samstags regelmäßig Vier-Gänge-Abendmenüs an, die immer mit saisonalen und lokalen Zutaten aus WA zubereitet werden. Zudem veranstaltet sie einmal im Monat (meist freitagabends) Kochkurse. Über Termine informiert der Veranstaltungskalender auf der Website. Am besten reserviert man mindestens 48 Stunden im Voraus.

Jarrah Jacks CRAFT-BIER

(☎ 08-9776 1333; www.jarrahjacks.com.au; Lot 2 Kemp Rd; ⏲ Do–So 11–17 Uhr) Diese Kleinbrauerei hat vor Kurzem den Besitzer gewechselt und bietet, neben einem schönen Blick auf die Weinberge, auch sechs Craft-Biere und leckere Gerichte mit lokalen und saisonalen Zutaten an. Unbedingt probieren sollte man das Swinging Axe Ale, ein robustes Red Ale mit 6 % Alkoholgehalt. Wer es aber lieber etwas langsamer angehen lassen möchte, entscheidet sich für das mittelstarke Arthur's Hop Ale (2,9 %). Auch Probiertabletts werden angeboten und wer möchte, kann auch Weine von Pemberton Woodsmoke Estate verkosten.

Praktische Informationen

Department of Parks & Wildlife (☎ 08-9776 1207; www.dpaw.wa.gov.au; Kennedy St; ⏲ 9–16.30 Uhr) Infos zu Parks und Buschwanderungen in der Gegend.

Visitor Centre (☎ 08-9776 1133; www.pembertonvisitor.com.au; Brockman St; ⏲ 9–16 Uhr) Mit einem Pioniermuseum und einem Infozentrum zum Karri-Wald.

SÜDLICHES WESTERN AUSTRALIA

Walpole & Nornalup

320 & 50 EW.

Die schmalen Buchten von Walpole (320 Ew.) und Nornalup (50 Ew.) bieten sich als Basis für Ausflüge in die dicht bewaldete Walpole Wilderness Area an, ein gewaltiges Areal mit zerklüfteter Küstenlinie, mehreren Nationalparks und Meeres- bzw. Waldschutzgebieten auf stolzen 3630 km² Fläche. Walpole ist der größere der beiden Orte; hier wird aus dem South Western Hwy (Route 1) der South Coast Hwy.

Sehenswertes

Walpole-Nornalup National Park NATIONALPARK

(www.parks.dpaw.wa.gov.au) Unter den Riesenbäumen in diesem Park befinden sich auch mehrere seltene Eukalyptusbaumarten. Zu den vielen guten **Wanderwegen** gehört beispielsweise ein Abschnitt des Bibbulmun Track, der durch Walpole zum Coalmine Beach führt. Zu den vielen **Spazierfahrten** zählt z. B. der Knoll Drive, 3 km östlich von Walpole, die Valley of the Giants Rd und die ländliche Gegend Richtung Mt. Frankland, 29 km nördlich von Walpole. Hier kann man auf den Gipfel steigen und die Panoramaussicht genießen oder am Fuß des Berges wandern.

★ **Valley of the Giants** NATURSCHUTZGEBIET

(☎ 08-9840 8263; www.valleyofthegiants.com.au; Valley of the Giants Rd; Tree Top Walk Erw./Kind 21/10,50 AU$; ⏲ 9–17 Uhr) Im Valley of the Giants befindet sich der Tree Top Walk. Eine 600 m lange Rampe führt hinauf in die Baumkronen der Riesen-Eukalyptusbäume. Auf dem höchsten Punkt befindet man sich 40 m über der Erde. Die Rampe ist nicht steil und kann mit etwas Hilfe auch von Rollstuhlfahrern genutzt werden. Wieder auf dem Boden kann man dem Ancient-Empire-Steg (kostenlos) folgen, der durch uralte Eukalyptusbäume führt, die einen Umfang von bis zu 16 m und eine Höhe von bis zu 46 m aufweisen.

Conspicuous Cliffs AREAL

Auf halber Strecke zwischen Nornalup und der Peaceful Bay liegen die Conspicuous Cliffs, wo man zwischen Juli und November Wale sehen kann. Es gibt einen Aussichtspunkt und einen steilen 800 m langen Weg zum Strand.

Geführte Touren

WOW Wilderness Ecocruises BOOTSFAHRT
(☎08-9840 1036; www.wowwilderness.com.au; Erw./Kind 45/15 AU$) Die großartige Landschaft und das Leben darin werden den Teilnehmern mit Anekdoten über Aborigines, Lachsfischer und schiffbrüchige Piraten nahegebracht. Zweieinhalb Stunden lang geht's durch Buchten und über Flüsse. Abfahrt ist täglich um 10 Uhr – im Visitor Centre buchen.

Naturally Walpole Eco Tours ÖKOTOUR
(☎08-9840 1111; Walpole Visitor Centre) Halbtägige Touren erforschen die Wildnis von Walpole (Erw./Kind 70/35 AU$) und den Tree Top Walk (Erw./Kind 80/40 AU$).

Schlafen

Neben Hostels, Campingplätzen und Chalets gibt's in der Walpole Wilderness Area auch einfache Zeltplätze im Busch, etwa bei Crystal Springs und Fernhook Falls.

Tingle All Over YHA HOSTEL $
(☎08-9840 1041; www.yha.com.au; 60 Nockolds St, Walpole; B/EZ/DZ 31/54/74 AU$; @) In diesem einfachen, aber sauberen Hostel nicht weit vom Highway entfernt können sich die Gäste im Garten an den Zitronen und Chilis bedienen. Es gibt jede Menge Tipps zu Wanderungen in der Umgebung und die Besitzer sind superfreundlich.

Rest Point Holiday Village CAMPING $
(☎08-9840 1032; www.restpoint.com.au; Rest Point; Stellplatz für 2 Pers. 32 AU$, Hütten 115–140 AU$) Auf großen Rasenflächen, direkt am Wasser, liegt dieser große Ferienpark, der Campern Schatten und Nicht-Campern eine große Auswahl an Selbstversorgerunterkünften bietet.

Nornalup Riverside Chalets CHALET $$
(☎08-9840 1107; www.nornalupriversidechalets.com.au; Riverside Dr, Nornalup; Chalets 115–190 AU$) Diese komfortablen, farbenfrohen Selbstversorger-Chalets liegen im verschlafenen Nornalup, nur einen Steinwurf von den Fischen im Frankland River entfernt. Die Chalets haben viel Abstand zueinander und bieten somit jede Menge Privatsphäre.

Riverside Retreat CHALET $$
(☎08-9840 1255; www.riversideretreat.com.au; South Coast Hwy, Nornalup; Chalet 150–210 AU$) Die gut ausgestatteten Chalets stehen am Ufer des wunderschönen Frankland River. Für sein Geld bekommt man hier einiges geboten: Die Öfen sorgen im Winter für Wärme, und man kann Tennis spielen oder Kanu fahren. Oft schauen tierische Besucher vorbei.

DIE STRASSE NACH MANDALAY

Etwa 13 km westlich von Walpole, in Crystal Springs, führt eine 8 km lange Schotterstraße zum **Mandalay Beach**. Hier lief 1911 die norwegische Barke Mandalay auf Grund. Etwa alle zehn Jahre taucht das Schiff nach Stürmen geisterhaft aus dem seichten Wasser auf. Im **Visitor Centre** in Walpole gibt es Fotos dazu. Der schöne Strand ist über einen Holzsteg erreichbar, der über Dünen und Klippen hinwegführt. Er gehört zum D'Entrecasteaux National Park.

Essen

Nornabar BISTRO $$
(☎08-9840 1407; 6684 South Coast Hwy; Tapas 10–13 AU$, Hauptgerichte 23–34 AU$; ⏲Mi–Sa 8 Uhr–open end & Di & So 8–15 Uhr) Die ehemaligen Teestuben Nornalups wurde als fröhliche, sonnige Bar mit Café samt coolem Jazz als Hintergrundmusik und farbenfroher lokaler Kunst an den Wänden wiedergeboren. Es gibt eine kleine Auswahl an lokalen Great Southern Weinen und auf der Speisekarte stehen Gerichte von Fleischklößen mit Hühnerfleisch, Ricotta und Estragon bis hin zu einem Salat aus pochierten Riesengarnelen aus WA. Das vielfältige Angebot wird durch den kleinen Biergarten abgerundet.

Thurlby Herb Farm CAFÉ $$
(☎08-9840 1249; www.thurlbyherb.com.au; 3 Gardiner Rd; Snacks & Hauptgerichte 8–24 AU$; ⏲Mo–Fr 9–17 Uhr) Hier gibt es leichte Mittagsgerichte, Kuchen mit Tee aus frisch gepflückten Kräutern sowie andere auf Kräuterbasis hergestellte Erzeugnisse, z. B. Seife und Produkte für die Aromatherapie. Die Farm liegt nördlich von Walpole auf dem Weg zum Mt. Frankland National Park.

Praktische Informationen

Visitor Centre (☎08-9840 1111; www.walpole.com.au; South Coast Hwy, Walpole; ⏲9–17 Uhr) Im Pioneer Cottage.

An- & Weiterreise

Ab dem Visitor Centre fährt der **Transwa**-Bus (☎1300 662 205; www.transwa.wa.gov.au)

South Coast

GS3 täglich nach Bunbury (47 AU$, 4½ Std.), Bridgetown (26,50 AU$, 3¼ Std.), Pemberton (20,50 AU$, 1¾ Std.), Denmark (14,45 AU$, 42 Min.) sowie Albany (23 AU$, 1½ Std.) und zurück.

Denmark

2800 EW.

Denmarks Strände und Küste, Fluss und geschützte Bucht, Wald und Hinterland haben eine ganze Reihe von kreativen und umweltbewussten Gemeinschaften und Individuen angezogen. Farmer, Fischer und Familien vermischen sich jedes Jahr während der vier Markttage.

Denmark wurde gegründet, um die ersten Goldfelder mit Holz zu versorgen. Die indigenen Minang Noongar nennen den Ort Koorabup („Ort des schwarzen Schwans"). Im Wilson Inlet wurden Fischreusen gefunden, die bezeugen, dass hier schon vor 3000 Jahren Aborigines gelebt haben.

Sehenswertes & Aktivitäten

Surfen & Angeln

Surfer und Angler sollten den rauen, aber wunderschönen **Ocean Beach** ansteuern.

Surfunterricht SURFEN

(☎0401 349 854; www.southcoastsurfinglessons.com.au; 2 Std. Unterricht inkl. Ausrüstung ab 60 AU$) Mike Neunuebel gibt hier am Ocean Beach Surfunterricht. Die beste Zeit für Anfänger ist zwischen Oktober und Juni.

Wandern & Trekken

Wanderfreunde können den **Mokare Heritage Trail** (3 km langer Rundweg am Denmark River) oder den **Wilson Inlet Trail** (12 km hin & zurück, Startpunkt an der Flussmündung) erkunden. Letzterer gehört zum längeren **Nornalup Trail**. Einen tollen Blick auf die Küste bietet der **Mt. Shadforth Lookout**. Eine hübsche Panoramastraße ist die **Mt. Shadforth Rd**, die vom Stadtzentrum bis zum South Coast Hwy westlich

der Stadt führt, sowie die längere, ländlichere Schleife über die **Scotsdale Rd**. Unterwegs passiert man Alpaka-Farmen, Weingüter, Käsereien und Kunsthandwerks-Galerien.

Schwimmen

Der **William Bay National Park**, rund 20 km westlich der Stadt, bietet geschützte Badegelegenheiten im herrlichen **Greens Pool** und bei den **Elephant Rocks**. Außerdem gibt's hier ein paar schöne Wanderwege. In der **Bartholomews Meadery** (☎ 08-9840 9349; www.honeywine.com.au; 2620 South Coast Hwy; Eiscreme ab 5AU$; ⊙ 9.30–16.30 Uhr) kann man sich nach dem Strandbesuch mit Met (Honigwein) oder köstlichem hausgemachtem Honig-Rose-Mandel-Eis (5 AU$) verwöhnen.

☞ Geführte Touren

Poornati Aboriginal Tours KULTUR
(☎ 0415 840 216, 0412 786 588; www.poornarti.com.au; Erw./Kind 150/60 AU$) Der Schwerpunkt dieser Tagestouren liegt auf der Kulturgeschichte der Noongar in Kinjarling (Albany) und Kwoorabup (Denmark). Dabei wird im Busch nach Essbarem gesucht und anschließend auch probiert. Zudem bekommt man einen Einblick in die lokale Kunst und die Musik- und Tanztradition. Im Angebot sind auch Tagestouren zur heilenden Wirkung von Schwingungen, bei der man alte Noongar-Heilverfahren erlernen kann.

Denmark Wine Lovers Tour WEIN
(☎ 0427 482 400; www.denmarkwinelovers.com.au; halber/ganzer Tag pro Pers. ab 70/88 AU$) Ganz- oder Halbtagestouren zu den Weingütern in Denmark oder zum weiter entfernten Porongurup oder Mt. Barker. Auf der Webseite sieht man, welche Weingüter zur Auswahl stehen. Die Denmark-Touren schließen auf Wunsch auch Stopps ein, bei denen Eiscreme und Craft-Bier probiert werden können.

Feste & Events

Market Days MESSE
(www.denmarkarts.com.au) Viermal im Jahr (Mitte Dez., Anfang und Ende Jan. sowie Ostern) ist Denmark Schauplatz der Markttage am Fluss. Hier gibt es Kunsthandwerk, Stände, Musik und Essen.

Festival of Voice MUSIK
(www.denmarkfestivalofvoice.com.au; Juni) Aufführungen und Workshops am langen Wochenende des WA Day rund um den ersten Montag im Juni.

Schlafen

Blue Wren Travellers' Rest YHA HOSTEL $
(08-9848 3300; www.denmarkbluewren.com.au; 17 Price St; B/DZ/FZ 40/100/135 AU$) Die Wände dieses Hostels sind mit tollen Infotafeln übersät und es versprüht mit seinen gerade einmal 20 Betten ein heimeliges Flair. Es können Fahrräder geliehen werden (20 AU$/Tag) und der freundliche neue Besitzer ist ein Südafrikaner, der beschlossen hat, dass Denmark ein toller Ort ist, um sich niederzulassen.

Denmark Rivermouth Caravan Park CAMPING $
(08-9848 1262; www.denmarkrivermouthcaravanpark.com.au; Inlet Dr; Stellplatz 34 AU$/2 Pers., Hütte/Chalet 135–210 AU$) Gleich neben der Bootsrampe des Wilson Inlet liegt dieser Campingplatz – er ist damit ideal für Wasserratten und -sportler. Manche Unterkünfte sind richtiggehend luxuriös, wenn auch sehr nah beieinander. Tolle Extras sind ein Spielplatz und der Kajakverleih. Im nahen Mündungsgebiet tummeln sich nachmittags oft Pelikane.

31 on the Terrace BOUTIQUEHOTEL $$
(08-9848 1700; www.denmarkaccommodation.com.au; 31 Strickland St; Zi. 85–175 AU$;) Die stylischen Zimmer mit Badezimmer (einige auch mit Balkon) in diesem renovierten Eck-Pub im Zentrum bieten ein gutes Preis-Leistungs-Verhältnis. In den Apartments kommen bis zu fünf Personen unter.

★ Cape Howe Cottages COTTAGES $$$
(08-9845 1295; www.capehowe.com.au; 322 Tennessee Rd S; Cottage 180–290 AU$;) Wer Lust auf Abgeschiedenheit hat, wird die fünf Hütten im Busch, etwas südöstlich von Denmark, lieben. Sie sehen ganz unterschiedlich aus. Das schönste Cottage ist nur 1,5 km vom Lowlands Beach entfernt, an dem gern Delfine vorbeischauen. Die Ausstattung (Grill auf der Veranda, Geschirrspüler und die Möglichkeit, Wäsche zu waschen) ist geradezu luxuriös.

Celestine Retreat CHALET $$$
(08-9848 3000; www.celestineretreat.com; 413 Mt. Shadforth Rd; DZ 239–289 AU$;) Dieser luxuriöse Rückzugsort, in dem sich gerade einmal vier Spa-Chalets auf 13 ha Land verteilen, bietet eine überwältigende Aussicht auf das Meer und das Tal. Die privaten Spas, flauschigen Bademäntel und noblen Badezimmerartikel eignen sich gut für einen Romantikurlaub. Der Mindestaufenthalt beträgt für gewöhnlich zwei Nächte.

Essen & Ausgehen

Denmark Bakery BÄCKEREI $
(08-9848 2143; www.denmarkbakery.com.au; Strickland St; Pies 6–8 AU$; 7–17 Uhr) Die preisgekrönten Pies sind in ganz WA bekannt. Lecker ist die scharfe Vinda-Roo mit jedermanns Lieblingsbeuteltier, dem Känguru, kombiniert mit einem würzigen, subkontinentalen Touch.

Mrs. Jones CAFÉ $$
(0467 481 878; www.mrsjonescafe.com; 12 Mt. Shadforth Rd; Hauptgerichte 12–19 AU$; 7–16 Uhr) Den besten Kaffee in Denmark gibt es in diesem geräumigen Café mit hohen Decken und freiliegenden Balken. Hier treffen sich Einheimische und Touristen und genießen die interessanten Café-Angebote, die oft einen mediterranen oder asiatischen Einschlag haben. Zum Frühstück sollte man das herzhafte *shakshuka* mit gebratenen Eiern probieren, zum Mittagessen empfiehlt sich der Lammburger mit Harissa. Es gibt auch eine gute vegane und glutenfreie Auswahl.

★ Kirby's at Rickety Gate MODERN-AUSTRALISCH $$$
(08-9840 9967; www.ricketygateestate.com.au; 1949 Scotsdale Rd; 2/3 Gänge 70/80 AU$; Sa & So 12–16 & 1. Sa im Monat 18.30–22 Uhr) Das vielleicht beste Restaurant an der Scotsdale Rd, einem praktischen Rundweg durch dieses ländliche Gebiet. Das Kirby hat einmal im Monat Mittagsangebote (Sa & So) und Abendmenüs (Sa). Die Speisen orientieren sich an der Jahreszeit; ansprechend sind auch die schonend geschmorten Rinderbacken oder die mit Pancetta umwickelte Hähnchenbrust. Dazu werden Weine aus dem angrenzenden Rickety Gate Estate serviert. Reservierung empfohlen.

★ Pepper & Salt MODERN-AUSTRALISCH, ASIATISCH $$$
(☎08-9848 3053; www.pepperandsalt.com.au; 1564 South Coast Hwy, Forest Hill Vineyard; Hauptgerichte 39–44 AU$; ⌚Do–So 12–15, Fr ab 18 Uhr) Koch Silas Masih, dessen Vorfahren aus Fidschi und Indien stammen, weiß mit Kräutern und Gewürzen umzugehen, was er mit seinen frischen und dynamischen Gerichten wunderbar unter Beweis stellt. Unter den Highlights finden sich Riesengarnelen mit Chili-Popcorn und Limetten-Mayonnaise oder die ausgezeichnete Tapas-Platte (69 AU$), die einen kulinarischen Bogen von Asien zum Mittleren Osten spannt. Auf jeden Fall im Voraus buchen!

★ Boston Brewery CRAFT-BIER
(☎08-9848 1555; www.willoughbypark.com.au; Willoughby Park Winery, South Coast Hwy; Pizza 17–18 AU$, Hauptgerichte 25–38 AU$; ⌚Mo–Do 10–19, Fr & Sa bis 22, So bis 21 Uhr) Der Industrieschick dieser Brauerei passt gut zu ihrer Lage direkt neben einem Weingut. Hier gibt es Holzofenpizza, andere Hauptgerichte und Snacks, die gut zu dem hopfigen Grundportfolio aus sieben Biersorten passen. Vor Ort befindet sich auch die Willoughby Park Winery. Jeden zweiten Samstag im Monat gibt es Livemusik (16–20 Uhr). Manchmal sind auch saisonale Biere im Angebot.

ℹ Praktische Informationen

Visitor Centre (☎08-9848 2055; www.denmark.com.au; 73 South Coast Hwy; ⌚9–17 Uhr) Bietet Informationen, Unterkunftsbuchungen und eine Ausstellung zur Weinproduktion. Wer Lust auf etwas körperliche Betätigung hat, kann sich hier auch Fahrräder (halber/ganzer Tag 22/33 AU$) sowie Bodyboards ausleihen.

ℹ An- & Weiterreise

Transwa (☎1300 662 205; www.transwa.wa.gov.au; Holling Rd) Der Transwa-Bus GS3 fährt täglich nach Bunbury (53 AU$, 5½ Std.), Bridgetown (35 AU$, 4¾ Std.), Pemberton (29 AU$, 2¾ Std.), Walpole (14 AU$, 42 Min.) sowie Albany (10 AU$, 42 Min.) und zurück.

Albany

37 233 EW.

Albany wurde 1826 – also kurz vor Perth – gegründet und ist somit die älteste europäische Siedlung im Bundesstaat. Heute ist Albany das geschäftige kommerzielle Herz der südlichen Region. Die Stadt hat viele Gesichter: Es gibt ein prächtiges Viertel mit herrschaftlichen (wenngleich baufälligen) Kolonialgebäuden und – unweit davon – ein Hafenviertel mit mondänen sanierten Gebäuden sowie hektische Einkaufszentren und Fast-Food-Restaurants. Weniger ambivalent ist die spektakuläre Küste, die sich von den von der Brandung gepeitschten Klippen des Torndirrup National Park zum weißen Sand des Middleton Beach und dem ruhigen Wasser des King George Sound erstreckt.

Albany befindet sich in einer Gegend, die mit der Gewalt des Wetters und des Walfangs vertraut ist. Wale sind noch immer Teil des Albany-Erlebnisses, aber heute werden sie nur noch mit der Kamera gejagt.

Vor dem Visitor Centre beginnt und endet der Bibbulmun Track (S. 1041).

Geschichte

Die Minang Noongar nannten diesen Ort Kinjarling („Ort des Regens"). Sie glaubten, die zerklüftete Landschaft sei von widerstreitenden Wargals (mystischen Riesenschlangen) geschaffen worden.

Zunächst waren die Beziehungen zu den Europäern friedlich. Zwischen 1622 und 1826 legten mehr als 60 europäische Schiffe in Albany an. Die Ankunft britischer Siedler wurde begrüßt, da sie die Robben- und Walfänger in ihre Schranken wiesen, die für Entführungen, Vergewaltigungen und Ermordungen von Minang verantwortlich gewesen waren. Doch gegen Ende des 19. Jhs. verweigerte jedes Geschäft in Albany den Aborigines den Zutritt. Nach und nach verloren die Minang die Kontrolle über alle Aspekte ihres Lebens (einschließlich des Rechts ihre eigenen Kinder aufzuziehen).

Für die Briten war Albanys geschützter Hafen, der die Stadt bis zum Jahr 1978 zum Walfanghafen machte, von zentraler Bedeutung. Im Ersten Weltkrieg war Albany Sammelpunkt für die Frachtschiffe, die australische und neuseeländische Soldaten des Army Corps (Anzac) nach Ägypten und Gallipoli brachten.

Ende 2014 wurde in Albany des 100. Jahrestages des Aufbruchs von über 40 000 Anzac-Soldaten in den Ersten Weltkrieg gedacht und die Einweihung des National Anzac Centre hat die Stadt zu einem wichtigen Ziel für Reisende gemacht, die sich für die Geschichte dieses Kriegs interessieren.

👁 Sehenswertes

Albany Heritage Park PARK
(www.nationalanzaccentre.com.au/visit/albany-heritage-park; 67 Forts Rd) Der 2014 eingeweih-

te Albany Heritage Park umfasst das National Anzac Centre, die Princess Royal Fortress, den Padre White Lookout, das Desert Mounted Corps Memorial und das Ataturk Memorial.

➡ **National Anzac Centre**
(☎ 08-6820 3500; www.nationalanzaccentre.com.au; Erw./Kind 24/10 AU$; ⏲ 9–17 Uhr) Dieses grandiose Museum wurde 2014 anlässlich der Anzac-Einhundertjahrfeier eröffnet. Es erinnert an die Männer und Frauen aus Albany, die im Ersten Weltkrieg kämpften. Ausgezeichnete Multimedia-Präsentationen verleihen der Ausstellung Realismus und Tiefe. Die Lage des Museums – von hier aus blickt man auf jenen Teil des Ozeans, über den die Truppenschiffe ausliefen – strahlt tiefe Melancholie aus.

➡ **Princess Royal Fortress**
(Forts Rd; inkl. Eintritt ins National Anzac Centre; ⏲ 9–17 Uhr) Albany war ein strategisch bedeutsamer Hafen und galt daher von jeher als potenzielles Angriffsziel. Darum wurde 1893 zum Schutz vor möglichen Angriffen der Russen und Franzosen diese Anlage auf dem Mt. Adelaide errichtet. Die restaurierten Gebäude, Geschützstellungen und Aussichten sind sehr interessant. Von der Festung aus führt der Convoy Walk zu einem Aussichtspunkt auf den King George Sound. Dort steht auch ein Schild, das die Ankerplätze der einzelnen Schiffe ausweist, bevor diese im Ersten Weltkrieg zu den Feldzügen in Ägypten und Gallipoli aufbrachen.

➡ **Desert Mounted Corps Memorial**
Dieses Denkmal ist jenen Soldaten gewidmet, die im Ersten Weltkrieg im Gallipoli-Feldzug (1915) am Nek kämpften. Es wurde ursprünglich in Port Said (Ägypten) errichtet. Nachdem es aber während der Suez-Krise im Jahr 1956 komplett zerstört wurde, wurde diese Kopie aus Überresten des Originals angefertigt. Von hier bietet sich ein hervorragender Blick auf den King George Sound.

Western Australian Museum – Albany MUSEUM
(www.museum.wa.gov.au; Residency Rd; gegen Spende; ⏲ 10–16.30 Uhr) Diese Niederlassung des staatlichen Museums ist in zwei benachbarten Gebäuden untergebracht. Im neueren Eclipse gibt es einen Erlebnisbereich für Kinder und eine Leuchtturmausstellung sowie für gewöhnlich hervorragende Wechselausstellungen. Im restaurierten Wohnhaus des britischen Magistrats (erbaut in den 1850er-Jahren) werden die Tradition der Minang Noongar, die Naturgeschichte sowie Geschichten über die Seefahrt näher beleuchtet.

Brig Amity SCHIFF
(Erw./Kind 5/2 AU$; ⏲ 10–16.30 Uhr) Diese maßstabsgetreue Kopie der Brigg, mit der die ersten britischen Siedler 1826 von Sydney nach Albany reisten, wurde für die 150-Jahr-Feier der Stadt angefertigt. Das historische Gebiet um die Brigg lädt zu Erkundungen ein.

Albany Residency Museum MUSEUM
(☎ 08-9841 4844; www.museum.wa.gov.au; Residency Rd; gegen Spende; ⏲ 10–17 Uhr) Dieses Museum ist in einem der beeindruckendsten Gebäude Albanys untergebracht und wurde in den 1850er-Jahren als Wohnhaus des britischen Magistrats erbaut. Die Exponate erzählen Geschichten über die Seefahrt, erläutern die lokale Naturgeschichte und zeigen Artefakte der Aborigines.

Great Southern Distillery BRENNEREI
(☎ 08-9842 5363; www.distillery.com.au; 252 Frenchman Bay Rd; Touren 15 AU$; ⏲ Direktverkauf 10–17 Uhr) Limeburners Single Malt Whisky ist der Star dieser Destillerien am Hafen, aber hier gibt's auch Brandy, Gin, Absinth und Grappa. Am Wochenende werden Führungen angeboten (telefonisch Zeit und Verfügbarkeit erfragen), die auch Verkostungen beinhalten. Außerdem gibt es ein Café, in dem Tapas, heimisches Bier und Snacks angeboten werden.

Strände

Östlich der Stadt erstrecken sich die schönen familienfreundlichen Strände Middleton Beach und Emu Beach mit Blick auf den King George Sound. Im Winter hat man oft die Gelegenheit, Walmütter mit ihren Kälbern zu erspähen. Jenseits des Emu Point liegt der Oyster Harbour. Hier ist das Wasser sogar noch ruhiger; die schwimmenden Pontons wiegen sich im Wasser.

Zwischen dem Zentrum und dem Middleton Beach schlängelt sich ein Spazierweg über die Klippen am Wasser. Ein Holzplankenweg führt entlang dem Emu Beach.

Aktivitäten

Für den ultimativen Überblick über das Gebiet sorgt **Skyhook Helicopters** (☎ 08-9844 4019; www.skyhookhelicopters.com.au; Flug ab 140 AU$), die neben zehnminütigen Panoramaflügen über den Hafen von Albany auch

Albany

Albany

Sehenswertes
- 1 Albany Heritage Park D2
- Albany Residency Museum .... (siehe 4)
- 2 Brig Amity B3
- 3 Desert Mounted Corps Memorial D2
- 4 Western Australian Museum – Albany B3

Aktivitäten, Kurse & Touren
- 5 Albany Ocean Adventures C3
- 6 Albany Whale Tours C3
- 7 Busy Blue Bus C3

Schlafen
- 8 1849 Backpackers B2
- 9 Albany Harbourside B2

Essen
- 10 Albany Boatshed Markets C3
- 11 Albany Farmers Market B2
- 12 Earl of Spencer C2
- 13 Lime 303 .... C1
- 14 White Star Hotel C2
- 15 York Street Cafe C2

Ausgehen & Nachtleben
- 16 Due South C3
- 17 Liberté B2

längere Optionen anbieten. Diese führen an der atemberaubenden Küste Albanys entlang und schließen eine Zwischenlandung am Leuchtturm der historischen Breaksea Island ein, die etwa 8 km von Albany entfernt im King George Sound liegt.

Albany Ocean Adventures (☎0428 429 876; www.whales.com.au; 5a Toll Pl; Erw./Kind 88/50 AU$; ⏲Juli–Okt.) und **Albany Whale Tours** (☎08-9845 1068; www.albanywhaletours.com.au; Albany Waterfront Marina, Ecke Princess Royal Dr & Toll Pl; Erw./Kind 95/55 AU$; ⏲Juni–Okt.) bieten in der entsprechenden Jahreszeit regelmäßig Walbeobachtungstouren.

Wandern

Bibbulmun Track WANDERN

(www.bibbulmuntrack.org.au) Für die gesamte Strecke des 963 km langen Bibbulmun Track braucht man etwa acht Wochen. Er führt von Kalamunda, 20 km östlich von Perth, bis nach Walpole und Albany und verläuft überwiegend durch Naturlandschaft. Dazu zählen Jarrah- und Marri-Wälder, Wildblumen, Felsvorsprünge aus Granit, Heideland und spektakuläre Küstenabschnitte. In regelmäßigen Abständen trifft man auf komfortable Campingplätze. Die beste Zeit für eine Wanderung ist von August bis Oktober.

Geführte Touren

Busy Blue Bus BUS
(08-9842 2133; www.busybluebus.com.au; Erw./Kind ab 135/108 AU$) Die Touren (ganzer/halber Tag) beleuchten die Anzac-Geschichte Albanys sowie das Walfängererbe. Andere Touren in der weiteren Umgebung führen zu den Weingütern der Region Great Southern oder zum Castle Rock und dem Granite Skywalk im Porongurup National Park.

Kalgan Queen BOOTSTOUR
(08-9844 3166; www.albanyaustralia.com; Emu Point; Erw./Kind 85/50 AU$; Sept.–Juni 9 Uhr) Vierstündige Touren auf dem Kalgan River in einem Boot mit Glasboden erläutern die Geschichte sowie Flora und Fauna der Gegend.

Schlafen

1849 Backpackers HOSTEL $
(08-9842 1554; www.albanybackpackersaccommodation.com.au; 45 Peels Pl; B/EZ/DZ 30/63/80 AU$; @) Riesige Flaggen aus aller Herren Länder bereiten den Gästen in diesem gut geführten Hostel einen farbenfrohen internationalen Empfang. Eine große, moderne Küche, sonnige Zimmer und eine entspannte Atmosphäre machen es zu einer der besten Optionen für Budget-Traveller in WA. Unbedingt für das kostenlose BBQ am Sonntagabend anmelden!

Emu Beach Holiday Park CAMPING $
(08-9844 1147; www.emubeach.com; 8 Medcalf Pde, Emu Point; Stellplatz 40 AU$, Chalets 140–200 AU$) Familien lieben den Emu Beach und diese freundliche Ferienanlage mit Grillplatz und Kinderspielplatz.

Albany Harbourside APARTMENTS $$
(08-9842 1769; www.albanyharbourside.com.au; 8 Festing St; DZ 169–239 AU$) Das Resort verfügt über geräumige, tadellose Apartments in der Festing St sowie drei weitere, separate Varianten rund um Albany. Die Wohneinheiten sind modern und farbenfroh eingerichtet, einige haben Meerblick.

Coraki Holiday Cottages FERIENHAUS $$
(08-9844 7068; www.corakicottages.com.au; 16 Nanarup Rd; Cottages ab 125 AU$) Am Rande der Oyster Bay zwischen dem King River und dem Kalgan River bieten diese hellen, fröhlichen Privat-Cottages inmitten der Natur ein tolles Preis-Leistungs-Verhältnis.

★ **Beach House at Bayside** BOUTIQUEHOTEL $$$
(08-9844 8844; www.thebeachhouseatbayside.com.au; 33 Barry Ct, Collingwood Park; Zi. 280–375 AU$) In einer ruhigen Sackgasse beim Strand und Golfplatz, auf halber Strecke zwischen Middleton Beach und Emu Point, bietet dieses moderne Hotel absolut wunderbaren Service. Im Preis inbegriffen sind morgens Frühstück, nachmittags Tee und abends Portwein und Schokolade. Die freundlichen Besitzer wissen genau, was in Albanys Restaurantszene gerade angesagt ist. Ihr zweites Hotel, nur ein paar Häuser weiter, ist ebenso komfortabel.

Essen & Ausgehen

Albany Boatshed Markets MARKT $
(0458 433 248; www.albanyboatshedmarkets.com; Princess Royal Dr, the Boatshed; So 10–13 Uhr) Lokale Erzeugnisse, Kunsthandwerk und Weine aus der Great Southern Region.

Albany Farmers Market MARKT $
(0417 983 428; www.albanyfarmersmarket.com.au; Collie St; Sa 8–12 Uhr) Wochenmarkt mit Gourmetlebensmitteln und lokal hergestellten Produkten.

White Star Hotel KNEIPENESSEN $$
(08-9841 1733; www.whitestarhotel.com.au; 72 Stirling Tce; Hauptgerichte 21–39 AU$; 11 Uhr–open end) Dieser alteingesessene Pub bekommt einen goldenen Stern für die guten Fassbiere, das ausgezeichnete Pub-Essen, den Biergarten und viel Livemusik. Sonntagabends kann man bei Folk- und Blues-Livemusik mit den relaxten Bewohnern von Albany ein Bierchen trinken. Das Gebiet rund um die Stirling Tce bietet noch weitere gute Cafés und Restaurants mit Sitzgelegenheiten im Freien (im Frühjahr und Sommer).

York Street Cafe CAFÉ $$
(08-9842 1666; www.184york.com; 184 York St; Hauptgerichte 12–22 AU$; 7–16 Uhr) Das Essen in diesem weltoffenen und vielseitigen Café in der Hauptstraße ist hervorragend. Zum Frühstück gibt's beispielsweise einen traumhaften Wrap mit Eiern, Speck und Hash Browns oder ein asiatisches Omelett. Zu den Highlights um die Mittagszeit zählen die thailändische Fischfrikadelle und die Gourmet-Burger.

Earl of Spencer KNEIPENESSEN $$
(08-9847 4262; www.facebook.com/TheEarlOfSpencer; Ecke Earl St & Spencer St; Hauptgerichte 23–36 AU$; 11.30 Uhr–open end) Die Einheimischen stehen hier Schlange für das berühmte Pie-&-Pint-Angebot sowie die herzhaften Lammhaxen. An den Wochenenden spielen regelmäßig Livebands, viele mit

lebhaftem irischem Akzent. Mit den gelegentlichen Gastbieren vom Fass aus Kleinbrauereien aus WA ist es eine gute Adresse für reisende Bierfans.

Lime 303 MODERN-AUSTRALISCH **$$$**
(☎ 08-9841 1400; www.dogrockmotel.com.au; 303 Middleton Rd; Hauptgerichte 32–42 AU$; ⏲ Abendessen 18 Uhr–open end, Tapas 16.30–21 Uhr) Das Lime 303 ist für das ländliche WA ziemlich luxuriös. Für Gerichte wie würziges Auberginen-Moussaka, Entenkeulenconfit und herzhafte Lammlende mit Artischockenmus werden vorwiegend lokale Zutaten verwendet. Ab 16.30 Uhr gibt's Tapas.

Due South PUB
(☎ 08-9841 8526; www.duesouthalbany.com.au; 6 Toll Pl; ⏲ 11 Uhr–open end) Die Bar des Due South ist raffiniert in einem bunten Schiffscontainer versteckt. Die Freiluftterrasse dieser beliebten Kneipe ist außerdem der perfekte Ort für einen Sundowner. Es gibt ganz gute Craft-Biere vom Fass und Weine aus Albany und den ganzen Tag über wird Kneipenessen serviert, was in einer Stadt, in der viele Lokale zwischen Mittag und Abend schließen, ziemlich praktisch ist.

Liberté WEINBAR
(☎ 08-9847 4797; www.facebook.com/Libertebar; 162 Stirling Tce; ⏲ Mo–Sa 12–24 Uhr) Das Liberté ist in der Eckbar eines traditionellen Pubs untergebracht und ein überraschend hipper Neuling in Albanys Restaurant- und Ausgehszene. Die bunt zusammengewürfelte Deko macht es zu einer Mischung aus verrufenem Pariser Café und mit Samt ausstaffierter Flüsterkneipe. Die interessanten französisch-vietnamesischen Kneipensnacks wie gedämpfte Teigtaschen mit Weichschalenkrabben, Trüffelei und Sriracha-Mayonnaise passen hervorragend zu den tollen Cocktails, Great-Southern-Weinen und dem Craft-Bier.

ℹ Praktische Informationen

Department of Parks & Wildlife (☎ 08-9842 4500; www.parks.dpaw.wa.gov.au; 120 Albany Hwy; ⏲ Mo–Fr 8–16.30 Uhr) Hier gibt's Informationen zum Nationalpark.

Visitor Centre (☎ 08-9841 9290; www.amazingalbany.com; Proudlove Pde; ⏲ 9–17 Uhr) Im alten Bahnhof.

ℹ An- & Weiterreise

Transwa (☎ 1300 662 205; www.transwa.wa.gov.au) Busse mit Verbindungen zu allen möglichen Zielen in WA ab dem Visitor Centre.

ALTERNATIVE ROUTE: VON ALBANY NACH ESPERANCE

Die ländlichen 480 km des South Coast Hwy (Rte 1) zwischen Albany und Esperance sind nur schwach bevölkert. Der erste Teil der Strecke lässt sich gut mit einem Umweg über den Albany Hwy (Rte 30) nach Mt. Barker unterbrechen. Von hier aus geht's in östlicher Richtung nach Porongurup, in nördlicher Richtung durch die Stirling Ranges, und dann wieder nach Osten durch Ongerup. Bei Jerramungup geht es zurück auf den Highway. Diese Route verlängert die Gesamtstrecke um 57 km.

In Ongerup widmet sich das **Yongergnow Malleefowl Centre** (☎ 08-9828 2325; www.yongergnow.com.au; Erw./Kind 10/5 AU$; ⏲ Di–Sa 10–16 Uhr) dem Erhalt einer seltsamen vom Aussterben bedrohten Vogelart, die riesige Hügel baut, um ihre Küken auszubrüten.

In der Nähe von Jerramungup befindet sich der **Fitzgerald River National Park**. Als Ausgangsbasis für die Erkundung des Nationalparks eignen sich Hopetoun oder Bremer Bay. Bremer Bay erreicht man am besten über den South Coast Hwy von Albany.

Rund um Albany

Torndirrup National Park NATIONALPARK
(Frenchman Bay Rd; Motorrad/Auto 6/12 AU$) Der Park nimmt fast die komplette Halbinsel ein, die die südliche Begrenzung zum Princess Royal Harbour und King George Sound darstellt. Er ist bekannt für seine vom Wind und Meer geformten Klippen. **The Gap** ist eine natürliche Spalte im Granitfelsen, durch die die Brandung fließt. Über eine tolle neue Aussichtsplattform kann man das Spektakel genau beobachten. In der Nähe befindet sich die **Natural Bridge**. Die Nationalparkgebühren können an einem Kiosk mit Kreditkarte bezahlt werden. Alternativ holt man sich im Albany Visitor Centre einen Eintrittspass.

Discovery Bay MUSEUM
(☎ 08-9844 4021; www.discoverybay.com.au; 81 Whaling Station Rd; Erw./Kind/Fam. 32/12/75 AU$; ⏲ 9–17 Uhr) Als die Cheynes Beach Whaling Station im November 1978 den Betrieb einstellte, konnte kaum jemand ahnen, dass

das ehemals blutverschmierte Gelände einmal von Reisenden bevölkert sein würde, die die trostlose, aber faszinierende Geschichte der Anlage erkunden wollen. Im Museum werden Filme über Haie und Wale gezeigt. Hier stehen außerdem riesige Skelette, Harpunen, Modelle von Walfangbooten und Walknochenschnitzereien. Draußen rosten das Walfangschiff *Cheynes IV* und die ehemalige Ausrüstung der Walfangstation vor sich hin. Von 10–15 Uhr finden stündlich kostenlose Führungen statt.

Two Peoples Bay NATURSCHUTZGEBIET
(Two Peoples Bay Rd) Etwa 20 km östlich von Albany liegt dieses schöne, 46 km² große Naturschutzgebiet. Hier gibt es auch einen schönen Badestrand.

Porongurup National Park

Der 24 km² große und 12 km lange Porongurup National Park wartet mit 1100 Mio. Jahre alten Granitfelsen, Panoramablicken, wunderschöner Landschaft und einigen ausgezeichneten Buschwanderungen auf. Der Porongurup National Park ist auch Teil der Weinregion Great Southern; in seiner Nähe befinden sich 11 Weingüter. Mehr Infos auf www.porongurup.com.

Porongurup National Park NATIONALPARK
(12/6 AU$ pro Auto/Motorrad) Die Wanderungen reichen vom 100 m langen Spaziergang **Tree-in-the-Rock** bis hin zum anspruchsvolleren Rundweg **Hayward and Nancy Peaks** (5,5 km). Die **Devil's Slide** (5 km hin & zurück) führt durch Eukalyptus-Wald zu der kargen Vegetation der Granitzone. Die Wanderungen beginnen in der großen Day Use Area an der Bolganup Rd. Der **Castle Rock Trail to Balancing Rock** (3 km hin & zurück) beginnt weiter östlich; er ist entlang der Mt. Barker-Porongurup Rd ausgeschildert.

Der **Castle Rock Granite Skywalk Trail** (4,4 km hin & zurück, 2 Std.) führt über einen steilen und spektakulären Weg den Felsen hinauf. Der letzte, 200 m lange Aufstieg zum Gipfel beinhaltet Felskraxelei und eine 7 m lange Leiter.

Schlafen & Essen

In der Umgebung des Nationalparks gibt es nur eine begrenzte Anzahl an Unterkünften. Auf www.porongurup.com findet man Listen der Campingplätze und B&Bs. Die meisten Besucher übernachten in Mt. Barker, eine kurze Autofahrt entfernt, oder fahren die 54 km von Albany aus.

Nomads Guest House PENSION $
(☎ 08-9851 2131; www.nomadsguesthousewa.com.au; 12 Morpeth St, Mt. Barker; EZ/DZ/Jurte/Chalet 70/90/100/110 AU$;) Unerwartet ist der Anblick der mongolischen Jurten (Filzzelte) und der Galerie mit mongolischer und chinesischer Kunst auf dem Gelände des Nomads Guest House. Die Besitzer retten häufig verwaiste Babykängurus – das eine oder andere hüpft daher schon mal durchs Haupthaus.

★ **Maleeya's Thai Cafe** THAILÄNDISCH $$
(☎ 08-9853 1123; www.maleeya.com.au; 1376 Porongurup Rd; Hauptgerichte 25–33 AU$; Fr–So 11.30–15 & 16–21 Uhr;) Leckermäulchen und Köche kommen nach Porongurup, um

Porongurup National Park

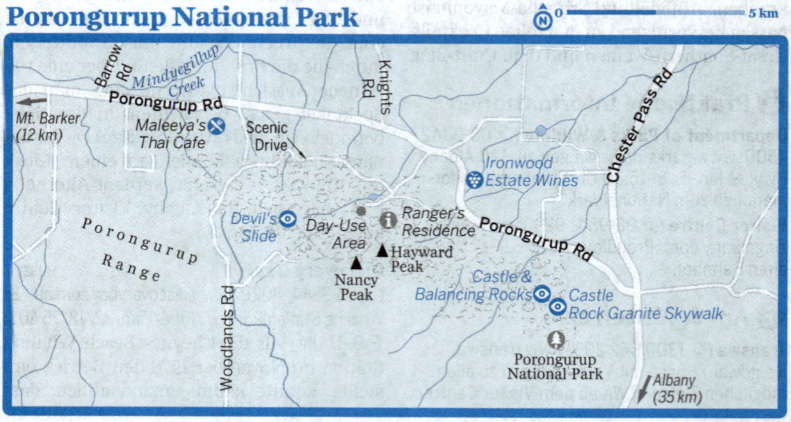

eines der besten thailändischen Restaurants in WA zu besuchen. Die Currys, Suppen und Pfannengerichte werden mit frischen Kräutern aus dem hauseigenen Garten zubereitet. Bei den anderen Zutaten handelt es sich ebenfalls um Bio- und Freiland-Produkte.

Ironwood Estate Wines WEINGUT
(☎ 08-9853 1126; www.ironwoodestatewines.com.au; 2191 Porongurup Rd; ⏲ Mi–Mo 11–17 Uhr) Die meisten Besucher werden umgehend vom freundlichen Labradoodle Bailey begrüßt. Aus dem Verkostungsraum und Café des Weinguts Ironwood können sie den traumhaften Blick auf den Porongurup National Park genießen. Der beste hiesige Wein ist der flintige, fruchtige Riesling. Leichte Gerichte (12–15 AU$) wie Lachsquiche gibt's hier ebenso wie Kaffee, Tee und Kuchen.

Plantagenet Wines WEINGUT
(☎ 08-9851 3111; www.plantagenetwines.com; Albany Hwy; ⏲ 10–16.30 Uhr) Der Direktverkauf von Plantagenet Wines liegt ganz praktisch mitten in Mt. Baker.

Stirling Range National Park

Unvermittelt ragt die Stirling Range aus der flachen, sandigen Ebene auf. Während der spektakulären Wildblumenblüte (Ende Aug.–Anfang Dez.) fasziniert das Farbenspiel zwischen Blau-, Rot- und Lilatönen nicht nur Fotografen. Für die Noongar hat dieser Ort eine ganz besondere Bedeutung: Hierher kehren die Geister der Toten zurück. Jeder Gipfel ist einem Vorfahren zugeordnet. Besucher sollten daher den angemessenen Respekt zeigen.

Der 1156 km² große **Nationalpark** (Eintritt 12/6 AU$ pro Auto/Motorrad) besteht aus mehreren Berggipfeln, die infolge der Plattentektonik verschoben wurden und nun eine 10 km breite und 65 km lange Bergkette formen. Entlang der gesamten Länge liegen viele einzelne Gipfel, einige erinnern an knubbelige, andere an perfekte Pyramiden, die über weiten, mit Busch und Heide bedeckten Tälern thronen. Der 1095 m hohe Bluff Knoll (Bular Mai) ist der höchste Punkt im gesamten Südwesten.

Die Parkgebühren werden am Anfang der Bluff Knoll Rd fällig.

Die Stirlings sind bekannt für nicht zu unterschätzende **Buschwanderungen**. Wanderfreunde können zwischen den beliebten Halbtageswanderungen zum **Toolbrunup** (schöne Aussicht und anspruchsvoller Aufstieg; 1052 m, 4 km hin & zurück), **Bluff Knoll** (gut ausgebauter Touristenweg; 1095 m, 6 km hin & zurück), **Mt. Hassell** (848 m, 3 km hin & zurück) oder **Talyuberlup** (783 m, 2,6 km hin & zurück) wählen.

Anspruchsvolle Wanderungen führen über den östlichen Abschnitt, z. B. **Bluff Knoll to Ellen Peak** (3 Tage), oder die kürzere Überquerung **The Arrows to Ellen Peak** (2 Tage).

Besucher, die campen möchten, sollten sich in Mt. Barker oder Albany mit ausreichend Proviant eindecken. Gäste, die im Lily (S. 1045) übernachten, bekommen dort auch etwas zu essen.

Stirling Range Retreat CAMPING $
(☎ 08-9827 9229; www.stirlingrange.com.au; 8639 Chester Pass Rd; Stellplatz ohne/mit Strom 32/36 AU$ für 2. Pers., Hütten 95–149 AU$, Wohneinheiten 160–195 AU$; ❄ @ ≋) Am nördlichen Ende des Parks bietet dieser schattige Campingplatz Stellplätze, Hütten und Wohnwagen sowie separate Wohneinheiten aus Lehm. Von Mitte August bis Ende Oktober werden Wildblumen- und Orchideen-Bustouren und -Rundgänge (3 Std., 49 AU$/Pers.) veranstaltet. Der Pool ist nur zwischen November und April geöffnet.

Mount Trio Bush Camping & Caravan Park CAMPING $
(☎ 08-9827 9270; www.mttrio.com.au; Salt River Rd; Stellplatz ohne/mit Strom 14/18 AU$/Pers.) Ein recht rustikaler Buschcampingplatz auf einem Farmgrundstück in der Nähe der Wanderwege, nördlich vom Zentrum des Parks gelegen. Hier gibt es heiße Duschen, eine Küche, kostenlose Gasgrillstationen sowie eine Feuerstelle. Angeboten werden auch geführte Wanderungen (90 Min.–1 Tag).

★ Lily COTTAGES $$
(☎ 08-9827 9205; www.thelily.com.au; Chester Pass Rd; Cottages 159–189 AU$) Diese Cottages 12 km nördlich des Parks gruppieren sich um eine noch in Betrieb befindliche Windmühle. Die Unterkünfte sind auf Selbstversorger ausgerichtet; Gäste können aber auch im benachbarten Restaurant essen. Vorher anrufen, um zu fragen, an welchen Abenden es geöffnet ist, oder um Führungen in der Mühle zu organisieren (50 AU$, mind. 4 Pers.). Gäste können auch in einem restaurierten Dakota-DC3-Flugzeug (249 AU$) aus dem Jahr 1944 übernachten.

Stirling Range National Park

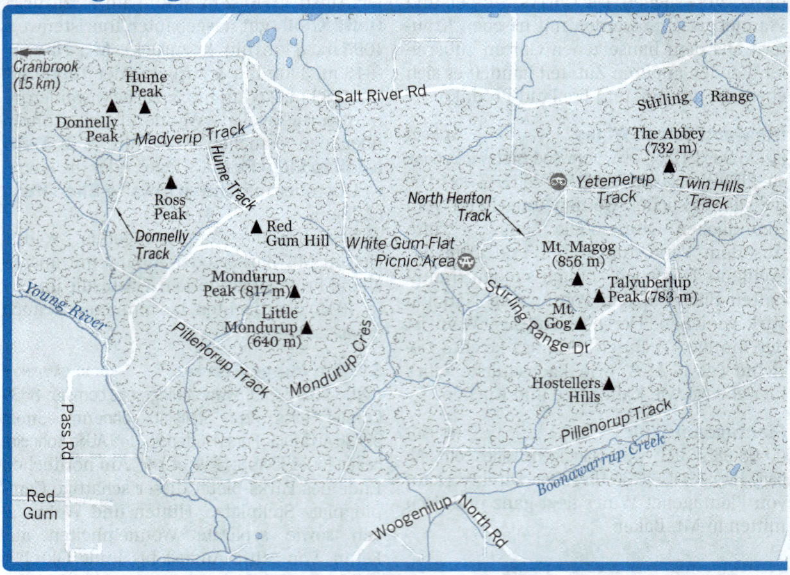

Fitzgerald River National Park

Dieses Juwel von einem Nationalpark, das zum UNESCO-Biosphärenreservat erklärt wurde, liegt auf halbem Weg zwischen Albany und Esperance (Gebühr 12/6 AU$ pro Auto/Motorrad). Auf dem 3300 km² großen Gelände findet sich die Hälfte der Orchideenarten, die in WA blühen (mehr als 80, von denen 70 nirgendwo anders vorkommen), sowie 22 Säugetiere, 200 Vogelarten und 1700 Pflanzenarten (das sind 20% der erfassten Pflanzenarten in WA).

Wanderer dürfen sich auf herrliche Küstenlandschaft, Sandebenen, zerklüftete Küstenhügel (auch als *The Barrens* bekannt) und tiefe, breite Flusstäler freuen. In der entsprechenden Jahreszeit wird man vom Aussichtspunkt am **Point Ann** wahrscheinlich Wale und ihre Kälber beobachten können. Ein Pfad folgt einem kurzen Abschnitt des 1164 km langen **No 2 Rabbit-Proof Fence** (dem „kaninchensicheren Zaun").

Am Parkende warten die verschlafenen Küstensiedlungen Bremer Bay und Hopetoun mit weißem Sand und schimmerndem Wasser auf.

Wer diesen Nationalpark besuchen möchte, braucht ein eigenes Auto, am allerbesten mit Allradantrieb. Es gibt drei wichtige Zufahrtstraßen für Fahrzeuge mit Zweiradantrieb: vom South Coast Hwy (Quiss Rd und Pabelup Dr), aus Hopetoun (Hamersley Dr) und von Bremer Bay (entlang der Swamp Rd und der Murray Rd). Im Nationalpark findet man ausschließlich unbefestigte Straßen, die nach Regenfällen oft unpassierbar sind. Bevor man sich aufmacht, sollte man sich vor Ort also über die Gegebenheiten informieren.

Eine Übernachtungsmöglichkeit ist der **Quaalup Homestead** (☎ 08-9837 4124; www.whalsandwildflowers.com.au; 1 Gairdner Rd; Stellplatz ab 12 AU$/Pers., Hütte 115–125 AU$). Das Gehöft aus dem Jahr 1858 liegt versteckt inmitten der südlichen Ausläufer des Parks. Der Strom kommt von der Solaranlage; Handyempfang gibt's keinen. Zur Auswahl stehen Buschzeltplätze mit Gasgrill sowie gemütliche Wohneinheiten und Chalets.

Esperance

9600 EW. / ☎ 08

Esperance thront in abgeschiedener Herrlichkeit an der Bay of Isles, umrahmt von aquamarinblauem Wasser und schneeweißen Stränden. Trotz der Abgeschiedenheit reisen Familien dennoch von Perth oder Kalgoorlie an, um in die entspannte Atmo-

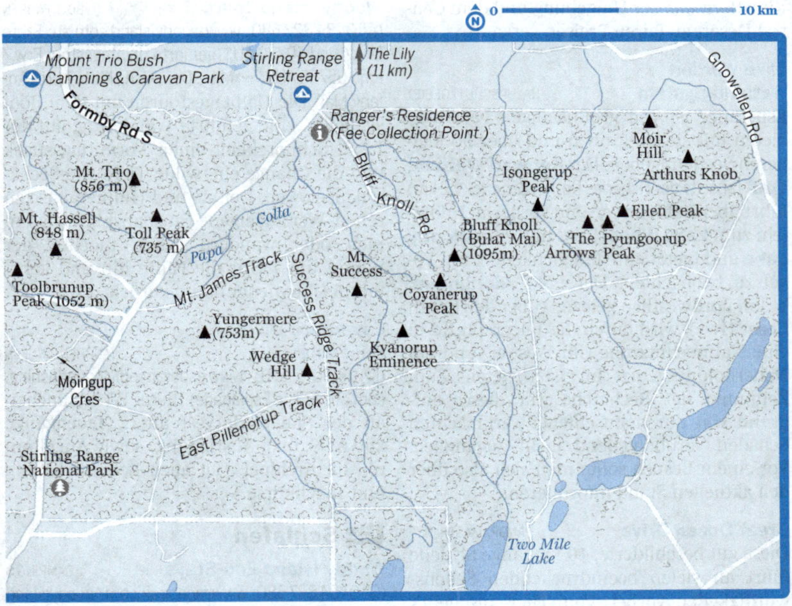

sphäre und das großartige Strandleben einzutauchen. Wer über die Küstenstraße, die durch den Kontinent führt, hierher kommt, für den ist Esperance die letzte größere Stadt vor der Nullarbor Plain.

Perfekte Strände zieren die noch entlegeneren Nationalparks südöstlich der Stadt, und die ursprüngliche Natur der 105 Inseln des Recherche-Archipels beherbergen Seehunde, Pinguine und Seevögel.

Geschichte

Der Aborigine-Name für Esperance ist Kepa Kurl („Wasserbumerang") und spielt auf die Form der Bucht an. Archäologische Funde auf der Middle Island deuten darauf hin, dass die Insel bereits vor der letzten Eiszeit besiedelt war, als sie noch Teil des Festlandes war.

Ihren heutigen Namen erhielt die Stadt 1792, als die Schiffe *Recherche* und *Espérance* durch das Archipel segelten und in der Bucht Schutz vor einem Sturm suchten. In den 1820er- und 1830er-Jahren war das Recherche-Archipel das Revier von Black Jack Anderson, dem einzigen Piraten Australiens. Von seiner Basis auf Middle Island aus überfiel er Schiffe und hielt sich einen Harem von Aborigine-Frauen, deren Ehemänner er umgebracht hatte. Er starb im Schlaf – ermordet von einem seiner eigenen Männer.

Die ersten Siedler kamen schon 1863 in die Gegend von Esperance, doch erst während des Goldrauschs in den 1890er-Jahren entstand hier eine Hafenstadt. In den 1950er-Jahren entwickelte sich die Region zu einem wichtigen Agrarzentrum. Noch heute werden Getreide und Mineralien exportiert.

Sehenswertes & Aktivitäten

Esperance Museum MUSEUM

(☎08-9071 1579; www.esperancemuseum.com.au; Ecke James St & Dempster St; Erw./Kind 8/3 AU$; ⏲13.30–16.30) In den Glasschaukästen stapeln sich bunte Sammlungen von Muscheln, Froschfiguren, Tennisschlägern und Bettpfannen. Bei den größeren Exponaten handelt es sich um Boote, Eisenbahnfahrgestelle und Überreste der US-amerikanischen Raumstation *Skylab*, die 1979 auf Balladonia, östlich von Esperance, vom Himmel stürzten.

Museum Village HISTORISCHES GEBÄUDE

(Ecke Dempster & Kemp Sts) Das Museum besteht aus Galerien und Cafés, die hier verschiedene denkmalgeschützte, restaurierte Gebäude besiedeln; sonntagmorgens findet hier ein Markt statt. In der von Aborigines geführten **Kepa Kurl Art Gallery** (☎08-9072 1688; www.kepakurl.com.au; ⏲Di–Fr & an Marktsonntagen 10.30–15.30 Uhr) werden Werke von

Künstlern aus der Umgebung und dem Central Desert zu fairen Preisen verkauft.

Lake Warden Wetland System NATURSCHUTZGEBIET
Esperance ist von großflächigen Feuchtgebieten mit sieben großen und über 90 kleineren Seen umgeben. Der **Kepwari Wetland Trail** (abseits der Fisheries Rd, hin & zurück 7,2 km) führt über Bohlenwege und vorbei an Infotafeln zum **Lake Wheatfield** und zum **Woody Lake** und bietet gute Möglichkeiten, um Vögel zu beobachten. Der **Lake Monjingup**, 14 km nordwestlich gelegen (über den South Coast Hwy), wird durch die Telegraph Rd in eine Naturschutzzone (im Westen) und ein Naherholungsgebiet (im Osten) geteilt. Zum Zeitpunkt der Recherche war dieses aufgrund von durch Buschfeuer verursachten Schäden vorübergehend nicht zugänglich. Vor einem Besuch sollte man sich also über den aktuellen Stand informieren.

Great Ocean Drive PANORAMASTRASSE
Diese gut beschilderte, 40 km lange Schleife führt an vielen beeindruckenden Sehenswürdigkeiten vorbei. Vom Ufer aus geht's Richtung Südwesten an einem atemberaubend schönen Küstenstreifen entlang, der mit beliebten Surf- und Schwimmgelegenheiten aufwartet, darunter der **Blue Haven Beach** und die **Twilight Cove**. Lohnende Aussichtspunkte sind der **Observatory Point** und der **Wireless Hill**. Eine Abzweigung führt zum **Windpark**, in dem ungefähr 23% der von Esperance benötigten Energie erzeugt werden. Ein Spaziergang zwischen den Turbinen ist an windigen Tagen eine unglaubliche Erfahrung.

Geführte Touren

Esperance Island Cruises BOOTFAHREN
(☎ 08-9071 5757; wwww.esperancecruises.com.au; 72 The Esplanade; Erw./Kind 100/65 AU$; ⊙ 9–12.30 Uhr) Panoramatouren mit dem Boot zur Tierbeobachtung. Dabei bekommt man mit etwas Glück Seelöwen, Neuseeländische Seebären, Delfine, Hühnergänse und Seeadler zu Gesicht. Außerdem inklusive: Schnorchelausrüstung und ein leichter Snack.

Eco-Discovery Tours JEEPTOUR
(☎ 0407 737 261; www.esperancetours.com.au) Im Geländewagen geht's am Strand entlang zum Cape Le Grand NP (halber/ganzer Tag 105/195 AU$, mind. 2/4 Pers.). Außerdem werden zweistündige Fahrten auf dem Great Ocean Dr (Erw./Kind 60/45 AU$) angeboten.

Woody Island Tours BOOTFAHREN
(☎ 0484 327 580; www.woodyisland.com.au; Fähre Erw./Kind 40/30 AU$, geführte Halbtagestour Erw./Kind 65/55 AU$; ⊙ Mitte Dez.–Jan., Mitte April–Anfang Mai) Die Halbtagestouren mit dem Boot schließen eine geführte Wanderung auf der Insel, Schnorcheln, einen Vormittagssnack und die Chance ein, wilde Tiere wie Seebären, Seelöwen, Delfine und Hühnergänse zu sehen. Wer auf eigene Faust angeln, schwimmen oder wandern gehen möchte, der nimmt um 7 Uhr die Fähre hin und kehrt um 15 Uhr wieder damit zurück.

Esperance Diving & Fishing TAUCHEN, ANGELN
(☎ 08-9071 5111; www.esperancedivingandfishing.com.au; 72 The Esplanade) Bietet Wracktauchen an der Sanko Harvest an (2 Tauchgänge 260 AU$, inkl. Ausrüstung) sowie Angeltouren im Archipel. Hat auch Leihausrüstung und Tauchkurse.

Schlafen

Woody Island Eco-Stays CAMPING $
(☎ 0484 327 580; www.facebook.com/woodyislandecotours; ⊙ Mitte Dez.–Jan., Mitte April–Anfang Mai) Zum Zeitpunkt der Recherche waren die Unterkünfte in diesem Naturschutzgebiet aufgrund von Renovierungsarbeiten geschlossen, Ende 2017 sollte die Anlage aber wieder geöffnet werden. Zur Auswahl stehen u.a. schattige Zeltplätze und Buschhütten, deren Wände aus Leinen sind. Die Energieversorgung erfolgt größtenteils durch Solarstrom und die Wasserversorgung durch Regenwasser – beides ist hier sehr wertvoll. Für die Fähre werden hin und zurück 80 AU$ fällig.

Die neuesten Infos zur Wiedereröffnung findet man auf der Website.

Blue Waters Lodge YHA HOSTEL $
(☎ 08-9071 1040; www.yha.com.au; 299 Goldfields Rd; B/DZ/3BZ 33/67/91 AU$) Am Strand, etwa 1,5 km vom Zentrum entfernt, steht dieses weitläufige Hostel. Viele der Gäste sind Langzeitgäste, die hier in der Gegend arbeiten. Mit Leihrädern kann man die Küste erkunden.

★ **Esperance B&B by the Sea** B&B $$
(☎ 08-9071 5640; www.esperancebb.com; 34 Stewart St; EZ/DZ 130/190 AU$; ❄) Dieses Strandhaus hat einen privaten Gästeflügel. Der Blick von der Terrasse auf den Blue Haven Beach ist überwältigend, vor allem bei Sonnenuntergang. Bis zum Meer ist es nur ein

kurzer Fußmarsch und bis zum Zentrum eine kurze Autofahrt.

Driftwood Apartments APARTMENTS $$
(☎ 0428 716 677; www.driftwoodapartments.com.au; 69 The Esplanade; Apt. 165–220 AU$; ❄) Jedes der sieben schicken blau-gelben Apartments gegenüber der Uferpromenade hat einen eigenen Grillbereich und Tische im Freien. Die zweistöckigen Wohnungen sind mit zwei Schlafzimmern und Terrassen ausgestattet und bieten etwas mehr Privatsphäre.

Essen & Ausgehen

★ Fish Face SEAFOOD $$
(☎ 08-9071 1601; www.facebook.com/FishFaceEsperance; 1 James St; Hauptgerichte15–20 AU$; ⏲ Do–Di 16.30–20.30 Uhr) Im Fish Face dreht sich alles um Meeresfrüchte. In stylisher Umgebung werden hochwertige Fish & Chips, gebratene Garnelen und Tintenfisch sowie Jakobsmuscheln und Austern serviert. Als Beilagen sind der Caesar Salad, die leckeren Buchweizennudeln mit Ponzu-Dressing und der gesunde Karotten-Quinoa-Salat zu empfehlen. Zu den speziellen Angeboten zählen Surf'n'Turf, Meeresfrüchte-Risotto oder Tasmanischer Lachs.

Taylor's Beach Bar & Cafe CAFÉ $$
(☎ 08-9071 4317; Taylor St Jetty; Hauptgerichte 16–34 AU$; ⏲ Mi–So 8–22 Uhr; 📶) Dieses geräumige Café am Pier serviert einfache Gerichte, Burger, Meeresfrüchte und Salate. Einheimische tummeln sich an den Tischen auf dem Rasen oder lesen auf der überdachten Terrasse. Die Focaccia-Sandwichs bieten ein gutes Preis-Leistungs-Verhältnis und wer ein Glas Wein oder ein gut gekühltes, an Kölsch erinnerndes Bier von Lucky Bay Brewing genießen möchte, ist hier auch goldrichtig. Hin und wieder (meist sonntagnachmittags) gibt's Livemusik – einfach nachfragen.

Pier Hotel KNEIPENESSEN $$
(☎ 08-9071 1777; www.thepierhotelesperance.com; 47 The Esplanade; Hauptgerichte 22–38 AU$; ⏲ 11.30 Uhr–open end) Viele verschiedene Biere vom Fass, Pizza aus dem Holzofen und Bistro-Gerichte zu guten Preisen sind der Grund, warum dieser Pub bei Einheimischen und Besuchern beliebt ist. Das Pale Ale der in Esperance heimischen Lucky Bay Brewing gibt's meist vom Fass und am Wochenende wird fast immer Livemusik gespielt.

Lucky Bay Brewery KLEINBRAUEREI
(☎ 0447 631 115; www.facebook.com/luckybaybrewing; Barook Rd; Verkostungen 10 AU$; ⏲ Fr–So 14–17.30 Uhr) Fast überall in den Bars rund um Esperance wird das Bier von Lucky Bay Brewing angeboten – einfach nach dem Känguru auf dem Zapfhahn Ausschau halten. Man kann natürlich auch selbst in der einfachen Brauerei mit Verkostungsraum, 12 km westlich von Esperance, vorbeischauen. Der freundliche Braumeister Nigel bringt einem gerne die verschiedenen Biere näher, darunter das erfrischende, Kölsch-ähnliche Skippy Rock, das an belgisches Saison-Bier erinnernde Homestead oder das hopfige Cyclops India Pale Ale (IPA). Man kann das Bier auch in 2-l-Gefäßen zum Mitnehmen kaufen.

Coffee Cat CAFÉ
(☎ 0417 968 177; ⏲ Mo–Fr 7–14 Uhr) Der hippste mobile Café-Wagen in WA – er parkt in der Nähe des Tanker Jetty in Esperance – serviert neben Kaffee auch leckere hausgemachte Kuchen und Muffins. Ein Java-Kaffee ist die optimale Begleitung für einen morgendlichen Spaziergang entlang von Esperances kürzlich erst sanierter, beeindruckender Uferpromenade. Im Sommer stehen in der Gegend oft auch noch ein paar andere Imbisswagen.

Praktische Informationen

Visitor Centre (☎ 08-9083 1555; www.visitesperance.com; Ecke Kemp St & Dempster St; ⏲ Mo–Fr 9–17, Sa bis 16, So bis 14 Uhr) Im Museumsdorf mit einem praktischen, rund um die Uhr zugänglichen Info-Touchscreen.

Parks & Wildlife (☎ 08-9083 2100; www.parks.dpaw.wa.gov.au; 92 Dempster St; ⏲ Mo–Fr 8–16.40 Uhr) Informationen zu Nationalparks.

An- & Weiterreise

Der **Esperance Airport** (Coolgardie-Esperance Hwy) liegt 18 km nördlich des Zentrums. **Rex** (Regional Express; ☎ 13 17 13; www.rex.com.au) bietet Flugverbindungen zwischen Perth und Esperance an.

Die Busse von **Transwa** (☎ 1300 662 205; www.transwa.wa.gov.au) halten am Visitor Centre.

- GE1 von/nach East Perth (95 AU$, 10¼ Std., 3-mal wöchentl.).
- GE2 von/nach East Perth (95 AU$, 10 Std.), Mundaring (93 AU$, 9¼ Std.), York (85 AU$, 8½ Std.) und Hyden (60 AU$, 5 Std.) – alle 3-mal wöchentl.
- GE3 von/nach Kalgoorlie (60 AU$, 5 Std., 3-mal wöchentl.), Coolgardie (58 AU$, 4¾ Std., wöchentl.) und Norseman (32 AU$, 2¼ Std., 3-mal wöchentl.).

Unterwegs vor Ort

Wer den Cape Le Grand National Park oder den spektakulären Great Ocean Drive erkunden möchte, kann sich bei **Avis** (☎ 08-9071-3998; www.avis.com.au; 63 The Esplanade; ⊙ Mo–Fr 8.30–17 & Sa bis 12 Uhr) ein Auto mieten. Am Flughafen von Esperance gibt's eine weitere Filiale.

Rund um Esperance

Cape Le Grand National Park NATIONALPARK

(Einfahrt Auto/Motorrad 12/6 AU$, Stellplatz Erw./Kind 10/2,20 AU$) An der **Lucky Bay** und am **Le Grand Beach** lässt es sich prima angeln, schwimmen und campen. Und an der wunderschönen **Hellfire Bay** finden Tagesausflügler alles, was sie brauchen. Wer den steilen Aufstieg zum **Frenchman Peak** (hin & zurück 3 km, 2 Std.) auf sich nimmt, wird – besonders am späten Nachmittag – mit einem sensationellen Ausblick auf den Gipfel und durch das „Felsenauge" belohnt.

Der 15 km lange Grand Coastal Trail verbindet die Buchten miteinander; zwischen den Stränden kann man aber auch kürzere Abschnitte abwandern.

Cape Arid National Park NATIONALPARK

(Einfahrt Auto/Motorrad 12/6 AU$, Stellplatz Erw./Kind 10/2,20 AU$) Hier lassen sich (in der Saison) Wale, Seehunde und Cape-Barren-Gänse blicken. Der Großteil des Parks ist nur mit Geländewagen befahrbar; die Thomas River Rd hingegen, die zum ländlichen Campingplatz führt, auch mit normalen Autos. Ein anspruchsvoller Aufstieg führt zum Tower Peak des Mt. Ragged (hin & zurück 3 km, 3 Std.).

Lucky Bean Cafe CAFÉ

(☎ 0418 913 414; www.facebook.com/luckybeancafe; Lucky Bay; ⊙ Okt.–April Do–Mo 9.30–16 Uhr, während der Ferien tgl.) Dieser Wagen steht nur im Frühling und Sommer am Strand und ist vielleicht der spektakulärste Ort, den man sich für einen Kaffee und einen Muffin vorstellen kann. Mit etwas Glück trifft man beim Nippen an seinem „Kangacino" am tollen Sandstrand der Lucky Bay sogar noch ein paar Beuteltiere.

BATAVIA COAST

Zwischen dem ruhigen Dongara-Port Denison und den abgeschiedenen, windgepeitschten Zuytdorp Cliffs erstreckt sich eine dramatische Küstenlandschaft mit einer faszinierenden Geschichte, Schiffswracks und einer facettenreichen Meeresfauna. Für viele frühe europäische Siedler bedeutete sie das Verderben, heute hingegen gibt es hier eine lukrative Langustenindustrie. Traveller lieben diese Gegend wegen ihrer verlassenen Strände.

Geraldton

40 000 EW.

Das sonnenverwöhnte „Gero", die Hauptstadt des mittleren Westens, ist von ausgezeichneten Stränden umgeben, die unzählige Möglichkeiten für Wassersportarten bieten – Schwimmen, Schnorcheln, Surfen und insbesondere Wind- und Kitesurfen sind hier angesagt. Die größte Stadt zwischen Perth und Darwin besitzt eine weizenverarbeitende und eine Fischereiindustrie, die sie vom launischen Touristendollar unabhängig machen und die in der Langustensaison viele Saisonarbeiter in die Stadt locken.

Geraldton ist in gewissem Sinne eine immer noch wachsende Stadt. Mittlerweile hat sich der Fokus hier auf den Hafen verlagert und es gibt noch einige ungenutzte Flächen, die darauf warten, entwickelt zu werden. Das wunderbar modernisierte Ufergebiet ist ein Paradebeispiel dafür, wie man öffentliche Flächen für die Einwohner nutzbar macht. Hier treffen großstädtische Raffinesse und kleinstädtische Freundlichkeit aufeinander. Gero besitzt auch eine lebendige Kunstszene und eine blühende Gastronomie.

Sehenswertes

★ Foreshore AM WASSER

Geraldtons Ufergebiet ist ein tolles Beispiel für einen umgestalteten Hafen: jede Menge Strand- und Rasenflächen, Fußgängerwege, Picknickstellen, kostenlose Grills, Spielplätze (darunter ein Wassserpark), Cafés und Veranstaltungsflächen. Sehenswert sind die witzigen öffentlichen Toiletten „Rubik's Cube" am nördlichen Ende und die wunderbare Skulptur „Emu Eggs" von lokalen Aborigine-Künstlern.

★ HMAS Sydney II Memorial DENKMAL

(www.hmassydneymemorial.com.au; Gummer Ave; ⊙ 24 Std.) GRATIS Auf dem Hügel über Geraldton erinnert dieses bewegende, facettenreiche Denkmal an den Verlust der *Sydney* und ihrer 645 Mann starken Besatzung nach einem Gefecht mit dem deutschen Hilfs-

Geraldton

Geraldton

Highlights
1 Foreshore B3
2 HMAS Sydney II Memorial D3
3 Western Australian Museum – Geraldton C1

Sehenswertes
4 Cathedral of St. Francis Xavier Church C4
5 Geraldton Regional Art Gallery C3

Aktivitäten, Kurse & Touren
6 Revolutions B3

Schlafen
7 Foreshore Backpackers B3
8 Mantra Geraldton C1

Essen
9 Jaffle Shack B3
10 Jaffle Shack – Foreshore C2
11 Provincial B3
12 Quiet Life B4
13 Saltdish C2
Skeetas .... (siehe 8)

Ausgehen & Nachtleben
14 Freemasons Hotel C2
15 Geraldton Hotel B4

kreuzer Kormoran. Ganz interessant: Die Kuppel über dem von Säulen getragenen Denkmal besteht aus 645 stählernen Möwen, die die Verstorbenen verkörpern sollen. Täglich um 10.30 Uhr finden kostenlose Führungen statt.

★ **Western Australian Museum – Geraldton** MUSEUM

(☎08-9431 8393; www.museum.wa.gov.au; 2 Museum Pl; gegen Spende; ⏰9.30–15 Uhr) In einem der besten Museen des Bundesstaats berichten intelligente Multimedia-Ausstellungen von der Natur-, Kultur- und indigenen Geschichte. Die Shipwreck Gallery dokumentiert die tragische Geschichte der Batavia, während Videomaterial in 3D die auf dem Meeresgrund liegenden Wracks der HMAS Sydney II und der Kormoran greifbar macht. Jeden Tag um 11.30 Uhr wird eine Führung zu den Highlights des Museums angeboten.

Cathedral of St. Francis Xavier KIRCHE
(☎08-9921 3221; www.geraldtondiocese.org.au; Cathedral Ave; ⏲generell 8–17 Uhr) Die wohl schönste architektonische Leistung des vielseitig talentierten Monsignore John Hawes: Die zwischen 1916 und 1938 erbaute Kathedrale besitzt viele beeindruckende Merkmale wie imposante Zwillingstürme mit halbrunden Öffnungen, eine Zentralkuppel, romanische Säulen und kühn gestreifte Mauern.

Sie ist für Besucher generell zwischen 8 Uhr (nach der 7-Uhr-Messe) und 17 Uhr (werktags 18 Uhr, vor der 18-Uhr-Messe) geöffnet. Es werden auch Führungen angeboten (Mo & Fr 10, Mi 16 Uhr).

Geraldton Regional Art Gallery GALERIE
(☎08-9964 7170; artgallery.cgg.wa.gov.au; 24 Chapman Rd; ⏲Mo–Sa 10–16 Uhr) GRATIS Neben einer ausgezeichneten Dauerausstellung, zu der Gemälde von Norman Lindsay und Elizabeth Durack gehören, präsentiert diese kleine Galerie auch provokante zeitgenössische Arbeiten und Wanderausstellungen.

Aktivitäten

Die meisten Aktivitäten spielen sich auf dem Wasser ab. Es gibt aber auch ein ausgezeichnetes Netz von Radwegen, darunter die 10 km lange Küstenroute vom **Tarcoola Beach zum Chapman River**. Im Visitor Centre (S. 1053) sollte man sich die Karte Local Travelsmart holen. Fahrräder verleiht **Revolutions** (☎08-9964 1399; www.revolutionsgeraldton.com.au; 268 Marine Tce; Fahrradverleih halber/ganzer Tag 25/30 AU$; ⏲Mo–Fr 9–17.30, Sa bis 14, So 10–14 Uhr) direkt am Ufer.

Die besten Surfbedingungen herrschen zwischen April und Oktober. Dann ist der Wind schwach und die Dünung ideal. Sehr windig ist es oft von November bis April; dann ist die beste Zeit für Wassersport, der von gutem Wind abhängig ist.

Zu den besten Aktivitäten zählt eine Tour zum wunderschönen Houtman-Abrolhos-Archipel (S. 1056) 60 km vor der Küste.

Die Anbieter von Flügen zu den Inseln haben auch Panoramaflüge rund um Geraldton auf dem Programm. Für Action oberhalb der Wasseroberfläche sorgen **G-Spot Xtreme** (☎0428 122 726; www.gspotxtreme.com.au), **KiteWest** (☎0449 021 784; www.kitewest.com.au; Unterricht ab 70 AU$/Std.) und **Midwest Surf School** (☎0419 988 756; http://surf2skool.com; Unterricht ab 60 AU$, Surfbrettverleih ab 20 AU$). Die **Batavia Coast Dive Academy** (☎08-9921 4229; www.facebook.com/bataviacoastdive; 118 North West Coastal Hwy; Tauchgang vor Ort 200 AU$; ⏲Mo–Fr 8.30–17, Sa 8–14, So 10–12 Uhr) kann PADI-Kurse organisieren und bietet auch Chartertouren zum Houtman-Abrolhos-Archipel an.

Feste & Events

Sunshine Festival KULTUR
(www.sunshinefestival.com.au) Seinen Anfang nahm dieses Festival 1959 als Tomatenfest; heute wird in Geraldton aber eher mit Drachenbootrennen, Umzügen, Sandskulpturen und Partys gefeiert. Es findet Anfang Oktober eine Woche lang statt.

Schlafen

★ **Foreshore Backpackers** HOSTEL $
(☎08-9921 3275; www.foreshorebackpackers.com.au; 172 Marine Tce; B/EZ/DZ ohne Bad 35/55/75 AU$; @📶) Ein großes, zentral gelegenes Hostel voller versteckter Ecken, sonniger Balkone und weltmüder Traveller. Nicht weit entfernt gibt es Strände, Bars und Cafés und es ist ideal, um nach Jobs, einer Mitfahrgelegenheit oder einem Reisegefährten zu suchen. Das Management leistet gute Arbeit, das Hostel ist hell und seine frische Deko liegt etwas über dem Standard. Wer länger als eine Nacht bleibt, bekommt einen Rabatt.

Sunset Beach Holiday Park CAMPING $
(☎1800 353 389; www.sunsetbeachpark.com.au; 4 Bosley St; Stellplatz mit Strom 38 AU$, Hütte 110–152 AU$; 📶) Rund 6 km nördlich vom CBD. Hier gibt's nur wenige Schritte vom netten Strand entfernt große, schattige Stellplätze sowie eine moderne Campingküche mit einem riesigen TV. Die Ausstattung einiger der Hütten ist schon ganz schön in die Jahre gekommen.

Ocean West APARTMENT $$
(☎08-9921 1047; www.oceanwest.com.au; 1 Hadda Way; Apt. mit 1/2/3 Zi. ab 140/195/245 AU$; ❄📶🏊) Man sollte sich nicht von den Backsteinen im Stil der 1960er-Jahre abschrecken lassen: Die voll ausgestatteten Wohneinheiten wurden alle frisch renoviert und einfarbig angestrichen und zählen da-

mit zu den besten Optionen der Stadt (besonders für Familien und Gruppen). Die Ausstattung ist hervorragend und der schöne, wilde Strand befindet sich direkt auf der gegenüberliegenden Straßenseite.

Mantra Geraldton APARTMENT $$
(☎08-9956 1300; www.mantra.com.au; 221 Foreshore Dr; Apt. mit 1/2 Zi. ab 189/239 AU$; ❄📶🏊) Die beste Option unter den gehobeneren Unterkünften des Ortes. Das Mantra überzeugt mit seiner Lage gleich am Jachthafen und nicht weit von den Museen, dem Uferbereich und dem Zentrum entfernt. Zum Angebot gehören einige moderne Apartments (mit 1–3 Schlafzimmern, alle mit Balkon, Küche und Waschküche), sehr saubere Einrichtungen und das Restaurant **Skeetas** (☎08-9964 1619; www.skeetas.com.au; 3/219 Foreshore Dr; Hauptgerichte 20–46 AU$; ⏲7–21.30 Uhr) im Erdgeschoss.

Essen

Quiet Life CAFÉ $
(☎0484 314 364; www.quietlifecoffee.com.au; 287 Marine Tce; Bagels 8–12 AU$; ⏲Do–Di 7–16 Uhr) Dieses reizende, alte Cottage wurde zu einem Hipster-Café umgebaut. Hier kann man nun draußen unter den Weinreben sitzen und sich herausragende Kaffeespezialitäten und lecker gefüllte Bagels (Hühnchen mit Krautsalat und Bacon mit Schinken sind top!) schmecken lassen. Donnerstag bis Samstag wird zusätzlich ein Brunch angeboten und die „After-Dark"-Veranstaltungen freitags sollte man auch auf dem Schirm haben.

Jaffle Shack CAFÉ $
(☎08-9949 9755; www.facebook.com/TheJaffleShack; 188 Marine Tce; Jaffle 6–12 AU$; ⏲7–15 Uhr) Das schlichte Jaffle (getoastetes Sandwich) steht in diesem rustikalen Café mit Surf-Einrichtung im Mittelpunkt. Die Füllung reicht von typischen Aussie-Kombinationen wie Vegemite mit Käse oder Baked Beans bis hin zu Schinken mit in Knoblauch eingelegten Pilzen. Am besten lässt man Platz für ein Jaffle zum Nachtisch (etwa Apfel mit Mandeln und Ricotta). Aber auch die Eiscremeshakes und der megaleckere Kaffee lohnen den Besuch. Eine zweite **Filiale** (Foreshore Dr; Jaffle 6–12 AU$; ⏲7.30–16 Uhr) findet sich am Wasser.

★ **Saltdish** CAFÉ $$
(☎08-9964 6030; 35 Marine Tce; Frühstück 8–25 AU$, Mittagessen 22–30 AU$; ⏲Mo–Fr 7–16, Fr & Sa zusätzl. 18–21 Uhr) Im angesagtesten Café der Stadt serviert das Personal innovative, moderne Frühstücksgerichte, leichte Mittagsgerichte, starken Kaffee und hausgemachte süße Leckereien. Die Speisekarte ist eine Hommage an lokale Zutaten und vollendete Kochkunst, mit Garnelen aus Exmouth mit Frühlingsplatterbsen-Risotto oder gebratenem Tempura-Kabeljau aus dem Atlantik. Freitags und samstags ist hier auch abends geöffnet (2-Gänge-Abendmenü für 55 AU$). Wein oder Bier muss man selbst mitbringen.

★ **The Provincial** MODERN-AUSTRALISCH $$
(☎08-9964 1887; 167 Marine Tce; Pizza 13–20 AU$, Hauptgerichte 18–34 AU$; ⏲Di–Sa 16.30 Uhr–open end) Mit Schablonen aufgetragene Motive schmücken diese stimmungsvolle Bar mit weltoffenem Flair, in der leckere Portionen zum Teilen, Holzofenpizza und mehr serviert werden. Das Provincial ist eine gemütliche Adresse mit relaxter Musik, einem Hof, Cocktail-Angeboten und Livemusik (fast jeden Freitag- und Samstagabend).

Ausgehen & Nachtleben

Es gibt eine ganze Reihe von Pubs mit Livemusik am Wochenende (von hiesigen Künstlern, aber auch von Bands aus Perth) und günstigen Speiseangeboten, um Gäste anzulocken. Auf den jeweiligen Facebook-Seiten erfährt man, welcher Liveact wo spielt. Eine sanfte Lounge-Bar-Atmosphäre herrscht im The Provincial (S. 1053).

Geraldton Hotel PUB
(☎08-9921 3700; www.geraldtonhotel.com.au; 19 Gregory St; ⏲So–Do 10–22, Fr & Sa bis 24 Uhr) Dieser alte, 1860 erbaute Pub ist ein echtes Wahrzeichen der Stadt und überzeugt mit einem großen, von Palmen gesäumten Hof, Essen ab 10 AU$ und Livemusik (am Wochenende), darunter auch die beliebten Sonntagnachmittag-Sessions.

Freemasons Hotel PUB
(☎08-9964 3457; www.thefreemasonshotel.wixsite.com/home#; Ecke Marine Tce & Durlacher St; ⏲Mo–Di 17.30–21, Mi–Do 11–21, Fr–So 11–22 Uhr) Im denkmalgeschützten Freo wird durstigen Travellern schon seit dem 19. Jh. Bier ausgeschenkt. Heute ist der Laden ein beliebter Treff mit Livemusik, DJs und Open-Mic-Abenden. Es gibt hier auch eine gute Auswahl von Thekengerichten.

Praktische Informationen

Visitor Centre (☎08-9956 6670; www.visitgeraldton.com.au; 246 Marine Tce; ⏲Mo–Fr

ABSTECHER

PINK LAKE

Die **Hutt Lagoon**, besser bekannt unter dem Namen „Pink Lake", liegt in der Nähe der Küstenorte Horrocks und Port Gregory und bietet einen wahrlich atemberaubenden Anblick. Das Salzwasser hier ist tatsächlich pinkfarben, was auf das Auftreten der Alge *Dunaliella Salina* zurückzuführen ist. Die Alge ist eine Quelle an Betakarotin, das hier gesammelt und als Lebensmittelfarbe und in Make-ups verwendet wird.

Der See ist vom George Grey Dr (die Straße südlich von Kalbarri) aus zu sehen, für die besten Ausblicke nimmt man aber die Abzweigung nach Port Gregory. Auch Panoramaflüge über den See ab Kalbarri und Geraldton sind sehr beliebt.

9–17, Sa & So bis 13 Uhr) In top Lage direkt am Wasser mit sehr hilfsbereiten Angestellten. Buchung von Unterkünften, Touren und Fahrten.

Anreise & Unterwegs vor Ort

Geraldton liegt 420 km nördlich von Perth.

Virgin Australia und Qantas fliegen beide täglich zwischen Perth und Geraldton. Der Flughafen liegt 12 km östlich vom Zentrum an der Straße nach Mullewa und Mt. Magnet.

Der Busbahnhof für Fernbusse befindet sich im alten Bahnhof auf der Chapman St. Dort gibt's auch ein Buchungsbüro von Transwa.

Transwa (www.transwa.wa.gov.au) betreibt Busse zwischen Perth und Geraldton (66 AU$, 6–8½ Std.), die auf einer der vier möglichen Strecken fahren. Die Küstenoption (2-mal wöchentl.) fährt über den Indian Ocean Drive. Die Inlandsoption nimmt die Rte 1, Rte 115 oder die Rte 95 und 116. Die häufigste Verbindung ist diejenige über den Brand Hwy (Rte 1); sie bietet auch Umsteigemöglichkeiten nach Kalbarri (30 AU$; 2½ Std., 3-mal wöchentl.). Transwa fährt außerdem zweimal pro Woche von Geraldton nach Meekatharra (79 AU$, 7 Std.).

Integrity (www.integritycoachlines.com.au) betreibt pro Woche drei Busse, die Geraldton mit Perth (63 AU$, 6 Std.), Carnarvon (115 AU$, 6½ Std.) und Exmouth (156 AU$, 11½ Std.) verbinden. Alle Preise gelten für die einfache Strecke.

Kalbarri

2000 EW.

Wunderschöne Sandsteinklippen fallen steil in den Indischen Ozean ab. Der hübsche Murchison River schlängelt sich durch steile, enge Schluchten, bevor er ganz unvermittelt in die Gantheaume Bay mündet. Wildblumen säumen die Pfade, die auch von Kängurus, Emus und Dornteufeln aufgesucht werden, und auf dem felsigen Untergrund kämpfen seltene Orchideen ums Überleben. Im offenen Meer hingegen tummeln sich Wale. Und nördlich von hier erheben sich die ursprünglichen, rauen und dominanten Kalksteinfelsen der Zuytdorp Cliffs.

Kalbarri ist von einer überwältigenden Natur umgeben, und sowohl am Ort selbst als auch im Kalbarri National Park (S. 1058) gibt's prima Möglichkeiten zum Surfen, Schwimmen, Angeln, Buschwandern, Reiten und Kanufahren. Während es sonst meist gemächlich zugeht, ist in den Ferien in Kalbarri schwer was los.

Sehenswertes

Neben Kalbarris Stränden ist es vor allem der nordöstlich und südlich der Ortsgrenzen gelegene Nationalpark (S. 1058), der die größte Anziehungskraft ausübt. Den Blick von den verschiedenen Aussichtspunkten auf die Klippen und Schluchten sollte man nicht verpassen.

Foreshore AM WASSER

Das Flussufer im Ort eignet sich hervorragend zum Spazierengehen oder Radfahren. Es gibt Kinderspielplätze (hinter dem Stadtstrand und am Anlegesteg), Picknicktische, Grillstellen und hübsche Schwimmbereiche am westlichen Ende von Kalbarri.

Rainbow Jungle VOGELSCHUTZGEBIET

(☎08-9937 1248; www.rainbowjunglekalbarri.com; Red Bluff Rd; Erw./Kind/Fam. 16/8/42 AU$; ⏲Mo–Sa 9–17, So bis 16 Uhr) Vogelbegeisterte und Kinder werden diesen Vogelpark südlich des Ortes lieben. Es handelt sich um ein Zuchtzentrum für Königssittiche, man kann aber auch viele weitere Arten bunt gefederter Kreaturen beobachten – heimische Loris und Kakadus, aber auch südamerikanische Aras. Es gibt eine begehbare Voliere, einen Aussichtsturm, den man besteigen kann, und ein kleines Café. Während der Schulferien werden abends im parkeigenen Cinema Parrotiso (Erw./Kind 18/10 AU$) Filme im Freien gezeigt.

Pelikanfütterung AM WASSER

(Ufergebiet; ⏲8.45–9.15 Uhr) GRATIS Kalbarris beliebteste Attraktion findet jeden Morgen am Ufer statt. Besucher versammeln sich auf dem kleinen, aus Holz gezimmerten Aussichtsbereich und warten darauf, dass die hungrigen Vögel auftauchen.

Aktivitäten

Unmittelbar südlich des Ortes führen verschiedene Abzweigungen zu einer Reihe von **Stränden** (allesamt perfekt für einen tollen Sonnenuntergang). Sie sind durch den 8 km langen **Melaleuca Cycle-Walk Trail** miteinander verbunden.

Blue Holes ist der beste Ort zum Schnorcheln, während **Jakes Bay** bei Surfen sehr beliebt ist (Jakes Point ist ein erhöhter Punkt, von dem aus man Surfer und Delfine beobachten kann). **Wittecarra Beach** zieht Angler an, der **Red Bluff Beach** eignet sich super zum Baden. Südlich davon liegt der Red Bluff selbst, der Beginn des südlichen Abschnitts des Kalbarri National Park (S. 1058).

Wildblumen ziehen im Frühling die Besucher an. Sofern die Gegebenheiten stim-

Kalbarri

Kalbarri

Sehenswertes
1 Foreshore ... B3
2 Pelican Feeding ... C3

Aktivitäten, Kurse & Touren
3 Reefwalker Adventure Tours ... C4

Schlafen
4 Anchorage Caravan Park ... C1
5 Kalbarri Backpackers YHA ... D2
6 Pelican Shore Villas ... B4

Essen
7 Finlay's Fresh Fish BBQ ... C4
8 Gorges Café ... C1
9 Jetty Seafood Shack ... C1
10 Restaurant Upstairs ... C4

ABSEITS DER ÜBLICHEN PFADE

HOUTMAN-ABROLHOS-ARCHIPEL

Der Archipel, der auch einfach nur als die Abrolhos bekannt ist, umfasst 122 Inseln und Korallenriffe und liegt 60 km vor der Küste von Geraldton. Die Inseln sind der Lebensraum einer bunten Tierwelt, zu der Seelöwen, Suppenschildkröten, Rautenpythons, Meeresvögel und das Derbywallaby gehören.

Es wird davon ausgegangen, dass der Name Abrolhos vom portugiesischen Ausdruck *abre os olhos* stammt, was „halte die Augen offen" bedeutet. Den schroffen Riffen sind im Verlauf der Jahrhunderte viele Schiffe zum Opfer gefallen, darunter die unseligen Schiffe der Dutch East India Company, Batavia (1629) und Zeewijk (1727). Man kann zu einigen Wracks tauchen oder auf eigene Faust einer Reihe von Tauch-Trails folgen.

Unter der Flora gibt es viele seltene, endemische und geschützte Arten. Dank der warmen Leeuwin-Strömung bieten die umliegenden Riffe ausgezeichnete Tauchbedingungen. Diese Strömung ermöglicht es auch, dass tropische Arten wie die Akroporen (Steinkorallen) hier weiter südlich existieren können, als es sonst ihrem Verbreitungsgebiet entspricht. In der Tat sind die Inseln des Abrolhos-Archipels die am südlichsten gelegenen Korallenriffe des Indischen Ozeans. Sie teilen sich in drei Hauptgruppen auf (Wallabi, Easter and Pelsaert) und erstrecken sich von Nord nach Süd über 100 km.

Einen Besuch planen

Wer kein eigenes Boot dabeihat, der muss zwangsläufig eine geführte Tour buchen. Da es für das allgemeine Publikum keine Übernachtungsmöglichkeiten gibt, müssen Taucher (und Surfer und Fischer) in der Regel ein Boot auf mehrere Tage mieten. Wer sich mit einem Tagesausflug begnügt, kann durch den Busch wandern, picknicken und schnorcheln. Dann ist das Flugzeug das praktischste Transportmittel (und der Blick aus der Luft ist zudem spektakulär).

Die meisten Touren starten ab Geraldton. Es gibt zwei Fluggesellschaften, die Touren und Tagesausflüge anbieten: **Shine Aviation** (☎ 08-9923 3600; www.shineaviation.com.au; Geraldton Airport; 4/6 Std. Abrolhos-Tour 235/255 AU$) und **Geraldton Air Charter** (☎ 08-9923 3434; www.geraldtonaircharter.com.au; Geraldton Airport; 4/6 Std. Abrolhos-Tour 240/260 AU$) starten vom Flughafen in Geraldton, 12 km östlich der Stadt, und haben beide ein ähnliches Angebot zu ähnlichen Preisen. Am beliebtesten ist es, auf East Wallabi Island zu landen und vor ihrem unberührten Strand zu schnorcheln; hier kann man zwischen Touren von vier oder sechs Stunden wählen. Kürzere, günstigere Flüge (nur Panoramaflug ohne Landung; 215 AU$ für 90 Min.) sind auch möglich. Alternativ kombiniert man die East Wallabi Island mit einem Panoramaflug über Kalbarri und die Hutt Lagoon (alias Pink Lake; ab 455 AU$).

Kalbarri Scenic Flights (☎ 08-9937 1130; www.kalbarriaircharter.com.au; Kalbarri Airport, abseits der Ajana-Kalbarri Rd; Flüge & Touren 84–315 AU$) bietet Panoramaflüge (245 AU$) sowie eine fünfstündige Tour mit Landung (255 AU$) ab Kalbarri.

Taucher sollten sich an die Batavia Coast Dive Academy (S. 1052) in Geraldton wenden, die dabei helfen kann, eine Gruppe für ein Boot zusammenzustellen (pro Pers. ab 300 AU$/Tag).

Eco Abrolhos (☎ 08-9964 5101; www.ecoabrolhos.com.au; Bootstour 3/5 Tage inkl. Verpflegung ab 1176/1960 AU$) wird von einem Langustenfischer mit langjähriger Verbindung zum Abrolhos-Archipel geleitet. Der Anbieter hat Bootstouren mit Übernachtung an Bord im Programm, die in Geraldton starten (März–Okt.) und Schnorcheln, Tauchen, Angeln, Tierbeobachtung und kurze Landgänge auf den Inseln einschließen. Auf dem Boot haben 38 Personen Platz und es gibt klimatisierte Kabinen mit eigenem Bad.

men, kann die Wildblumensaison von Mitte Juni bis November andauern. Man findet die bunte Pracht entlang der Stiles Rd, der Ajana-Kalbarri Rd sowie in der Nähe des Flughafens. Das Visitor Centre hält Blumenfans auf dem Laufenden.

Geführte Touren

Kalbarri ist ein Paradies für Outdoorabenteuer. Angebotene Ausflüge sind z. B. die Quadtouren mit **Kalbarri Quadbike Safaris** (☎ 08-9937 1011; www.kalbarriquadsafaris.

com.au; abseits der Ajana-Kalbarri Rd; Fahrer/Mitfahrer ab 80/40 AU$), Walbeobachtungen mit **Reefwalker Adventure Tours** (☎08-9937 1356; www.reefwalker.com.au; Büro: Porter St; Walbeobachtungstour Erw./Kind 85/55 AU$) (Juni–Nov.) oder Abseilen in den Schluchten des Kalbarri National Park mit **Kalbarri Abseil** (☎08-9937 1618; www.kalbarriabseil.com; Erw./Kind 90/80 AU$).

Für interessante Halb- und Ganztagestouren, die Kanufahren, Wandern im Busch und Schwimmen kombinieren, wendet man sich an **Kalbarri Adventure Tours** (☎08-9937 1677; www.kalbarritours.com.au; Erw./Kind ab 75/50 AU$).

Das Visitor Centre hält Informationen bereit, wenn man Kanu fahren, ein Boot leihen, ausreiten, Bootsfahrten in der Natur oder Panoramaflüge unternehmen möchte. Einfach mal nachfragen.

Schlafen & Essen

Anchorage Caravan Park CAMPING $

(☎08-9937 1181; www.kalbarrianchorage.com.au; Ecke Anchorage Lane & Grey St; Stellplatz 35–45 AU$, Hütte 80–90 AU$;) Anchorage ist die beste Wahl für Camper – denn hier gibt's große, schattige Stellplätze, von denen aus man die Flussmündung überblickt. Die Standardhütten haben eine Küche und sind groß genug für eine Familie, ansonsten fehlt aber jede Annehmlichkeit (kein Bad, das Bettzeug muss selbst mitgebracht oder geliehen werden).

Kalbarri Backpackers YHA HOSTEL $

(☎08-9937 1430; www.kalbarribackpackers.com; Ecke Woods St & Mortimer St; B/DZ 29/77 AU$; @) Das Kalbarri Backpackers hat eine tolle Lage (nur einen Block vom Strand entfernt) und freundliche Besitzer, die dem ansonsten schon etwas heruntergekommenen Hostel einige Pluspunkte einfahren können. Zudem gibt's hier einen Pool, einen Grill und eine Küche im Freien. Leihen kann man Fahrräder (20 AU$/Tag), Schnorchel und Bodyboards.

Pelican Shore Villas APARTMENT $$

(☎08-9937 1708; www.pelicanshorevillas.com.au; Ecke Grey St & Kaiber St; Villa 150–207 AU$;) Die 18 modernen und stilvollen Villen bieten vor Ort die beste Aussicht und liegen auf einem wirklich reizenden Anwesen. Alle Wohneinheiten verfügen über voll ausgestattete Küchen und Waschküchen; es gibt sie entweder mit zwei oder mit drei Schlafzimmern.

Jetty Seafood Shack FISH & CHIPS $

(☎08-9937 1067; Grey St; Gerichte 11–25 AU$, Burger 9–14 AU$; ⏲16.30–20.30 Uhr) An der Bude bekommt man ausgezeichnete Fish & Chips, üppige Burger und – damit auch was Gesundes dabei ist – Salate zum Mitnehmen. Alles kann man prima auf der anderen Straßenseite an einem der dort aufgebauten Picknicktische verspeisen.

★ **Finlay's Fresh Fish BBQ** SEAFOOD $$

(☎08-9937 1260; www.finlaysfreshfishbbq.com; 24 Magee Cres; Hauptgerichte 15–45 AU$; ⏲Di–So 17.30–22 Uhr) Zu den unkompliziert zubereiteten, frischen hiesigen Meeresfrüchten gibt's in dieser skurrilen Institution in Kalbarri oftmals noch einen großen Haufen Pommes Frites sowie Salate mit viel Mayonnaise. Unbedingt einen Blick werfen sollte man auf die Wände mit mehreren Schichten jahrzehntealten Australien-Kitschs und Aussie-Popkultur. Es gibt aber nicht nur Meeresfrüchte; auch Steak und Burger werden serviert. Alkoholische Getränke selbst mitbringen!

★ **Gorges Café** CAFÉ $$

(☎08-9937 1200; 166 Grey St; Gerichte 10–30 AU$; ⏲Mi–Mo 7–14 Uhr) Gleich gegenüber dem Anlegesteg liegt dieses Café mit ausgezeichneten Frühstücks- und Mittagsgerichten und einem fröhlichen und freundlichen Service. Man darf sich auf den besten Kaffee im Ort, traumhafte Eierspeisen zum Frühstück und leckere Mittagsgerichte wie Fischfrikadellen, thailändischen Rindfleischsalat oder Club-Sandwichs freuen.

Restaurant Upstairs MODERN-AUSTRALISCH $$$

(☎08-9937 1033; 2 Porter St, OG; Hauptgerichte 27–44 AU$; ⏲Mi–Mo 18 Uhr–open end) Wer sich an die Klassiker der Speisekarte wie Meeresfrüchte und asiatisch inspirierte Gerichte hält, wird mit dem elegantesten Restaurant der Stadt zufrieden sein. Vorab reservieren und einen Platz auf dem Balkon verlangen. Gute Desserts und eine ordentliche Weinkarte runden den Abend ab. Kleinkinder sind nicht willkommen.

Praktische Informationen

Geldautomaten finden sich im Einkaufszentrum in der Porter St und am Postamt gegenüber dem Anlegesteg in der Grey St.

Visitor Centre (☎08-9937 1104; www.kalbarri.org.au; Grey St; ⏲Mo–Sa 9–17, So bis 13 Uhr) Bucht Unterkünfte, Touren und Bustickets.

Kalbarri National Park

Der zerklüftete Kalbarri National Park mit seinen wunderschönen Roten Eukalypten und dem Tumblagooda-Sandstein umfasst fast 2000 km² wildes Buschland, atemberaubende Schluchten und bizarr geformte Küstenklippen. Unzählige Tiere leben hier, darunter 200 Vogelarten, und zwischen Juli und November blühen wunderschöne Wildblumen.

Der Park hat zwei Gesichter: Die Küste südlich von Kalbarri ist von Klippen gesäumt und hat tolle Aussichtspunkte, die über verschiedene Wanderwege miteinander verbunden sind. Im Landesinnern befinden sich die von Flüssen geformten Schluchten.

Sehenswertes

Klippen

Mehrere Aussichtspunkte säumen die Küste südlich von Kalbarri (erreichbar über den George Grey Dr). Die meisten der Aussichtspunkte sind nicht weit von den Parkplätzen entfernt; an manchen führen Wege hinunter zu kleinen Stränden. Von Juli bis November sind manchmal auch Wale auf Wanderschaft zu sehen.

Der **Bigurda Trail** (einfache Strecke 8 km) ist eine belebende Wanderung. Er verläuft an den Klippen zwischen der Natural Bridge und der Eagle Gorge.

Näher an der Stadt liegen Pot Alley, Rainbow Valley, Mushroom Rock und Red Bluff. Der **Red Bluff** ist der Teil des Parks, der der Stadt am nächsten ist. Zu ihm gelangt man über einen Wanderweg ab Kalbarri (einfache Strecke 5,5 km). Von diesem Aussichtspunkt bietet sich eine wunderbare Sicht auf die Zuytdorp Cliffs im Norden; der Sonnenuntergang wirkt hier einfach atemberaubend.

Flussschluchten

Die Flussschluchten befinden sich östlich von Kalbarri und sind über die Ajana-Kalbarri Rd zugänglich. Die Straßen führen direkt bis zu den verschiedenen Parkplätzen mit Picknicktischen im Schatten, einfachen Toiletten und kurzen Wanderwegen (hin & zurück zwischen 200 m und 1,2 km), die zu dramatischen Aussichtspunkten führen.

Von Kalbarri aus fährt man zunächst 11 km nach Osten bis zur ersten Abzweigung zum Park. Nachdem die Straße zwischen Dezember 2016 und Juli 2017 immer wieder geschlossen werden musste, gibt es nun eine neue befestigte, 20 km lange Straße, über die man die wichtigsten Sehenswürdigkeiten des Parks problemlos erreichen kann.

An der T-Kreuzung nach links in Richtung **West Loop Lookout** (wo zum Zeitpunkt der Recherche gerade ein neuer **Skywalk** gebaut wurde) und Loop Lookout abbiegen. Vom Loop Lookout führt ein 1 km langer Pfad zur bekanntesten Attraktion des Parks, dem herrlichen **Nature's Window** (eine Felsformation, die den perfekten Rahmen für den unten vorbeifließenden Murchison River bildet).

Wer den der Sonne völlig ausgesetzten **Loop Trail** (hin & zurück 9 km) begehen möchte, muss unbedingt ausreichend Wasser mitnehmen. Er ist vom Nature's Window aus zugänglich.

Wenn man an der T-Kreuzung nach rechts abbiegt, kommt man zur **Z-Bend** mit einem atemberaubenden Aussichtspunkt (hin & zurück 1,2 km). Alternativ geht man weiter und steil hinunter bis zum Grund der Schlucht (hin & zurück 2,6 km).

Danach fährt man zur Ajana Kalbarri Rd zurück und folgt der Straße weitere 24 km nach Osten bis zu den nächsten Schildern. Dort abbiegen und schon ist der **Ross Graham Lookout** erreicht, von wo aus man Zugang zum Fluss hat (hin & zurück 1,4 km). Der nahe gelegene **Hawks Head** bietet weitere tolle Ausblicke. Er ist nach der Form jener Felsformation benannt, die man vom Aussichtspunkt aus erblicken kann.

Praktische Informationen

Infos erhält man im **Visitor Centre** (S. 1057) in Kalbarri oder auf der Website des Department of Parks & Wildlife (www.parks.dpaw.wa.gov.au). Die Kalbarri-Touristenbroschüre (wird einmal jährlich herausgegeben) hat hervorragende Karten und ausführliche Beschreibungen aller Wanderungen.

Wer sich zu den Schluchten aufmacht, muss unbedingt ausreichend Wasser mitnehmen. Außerdem können die Temperaturen in diesem Teil des Parks sehr hoch sein. Also am besten früh am Morgen aufbrechen.

SHARK BAY

Die zum Welterbe zählende Shark Bay erstreckt sich von Kalbarri nach Carnarvon und umfasst mehr als 1500 km überwältigender Küste mit türkisblauen Lagunen, kahlen, fingerartigen Halbinseln, versteckten Buchten, weißen Sandstränden, hohen Sandsteinklippen und zahlreichen Inseln.

Dies ist der westlichste Teil des australischen Festlands und eines der biologisch buntesten Habitate von Western Australia mit einer ganzen Reihe von pflanzlichen und tierischen Lebensformen, die nirgendwo sonst auf Erden vorkommen. Die üppigen Seegrasfelder und geschützten Buchten bieten einen Lebensraum für Dugongs, Meeresschildkröten, Buckelwale, Delfine, Stachelrochen, Haie und viele andere Tiere mehr.

An Land hat die Artenvielfalt der Shark Bay vom Project Eden profitiert, einem ehrgeizigen Programm zur Erneuerung des Ökosystems durch die Ausrottung von Raubtieren und die Wiedereinführung endemischer Arten. In Shark Bay finden sich auch die erstaunlichen Stromatolithen des Hamelin Pool.

Ursprünglich wurde das Gebiet von den Völkern der Malgana, Nhanda und Inggarda bewohnt. Besucher können bei den indigenen Kulturtouren mehr über das Land erfahren.

Shark Bay sah viele frühe europäische Entdeckungsreisende (und Schiffbrüche), und viele Ortsnamen künden von diesem Erbe. 1616 nagelte der holländische Seefahrer Dirk Hartog einen (heute im Amsterdamer Rijksmuseum befindlichen) Zinnteller an einen Pfosten auf der Insel, die heute seinen Namen trägt.

An- & Weiterreise

Der Shark Bay Airport liegt zwischen Denham und Monkey Mia. **Skippers Aviation** (www.skippers.com.au) fliegt mehrere Male pro Woche ab/nach Perth.

Busse von **Integrity** (www.integritycoachlines.com.au) fahren mehrmals wöchentlich zwischen Perth und Broome an der Küste entlang; allerdings nicht bis nach Denham oder Monkey Mia. Sie halten jedoch auf dem North West Coastal Hwy am Overlander Roadhouse, 130 km von Denham entfernt. **Shark Bay Car Hire** (☎ 08-9948 3032, 0427 483 032; www.carhire.net.au/shuttle-service/; 65 Knight Tce, Denham; Shuttle 72 AU$, Auto/Geländewagen pro Tag ab 95/185 AU$) bietet ein Anschluss-shuttle (mind. 24 Std. vorab buchen). Vermietet auch Autos und Geländewagen.

Wer keinen eigenen fahrbaren Untersatz hat, der kann auf die hilfreichen, von **Shark Bay Coaches & Tours** (☎ 0429 110 104; www.sharkbaycoaches.com) angebotenen Transfers zwischen Denham und Monkey Mia (15 AU$) oder zum Flughafen zurückgreifen. Auch das **Monkey Mia Dolphin Resort** (S. 1062) kann für seine Gäste Flughafentransfers organisieren.

Vom Overlander Roadhouse nach Denham (Shark Bay Rd)

Die 130 km vom North West Coastal Hwy (ab dem Overlander Roadhouse) bis nach Denham können sich ganz schön in die Länge ziehen. Die Straße, die Shark Bay Rd, wird auf Touristenbroschüren gerne auch als World Heritage Drive angepriesen. Unterwegs findet man hervorragende Gründe, die Fahrt zu unterbrechen.

Abzweigungen führen zu großartigen Naturattraktionen, darunter zu den „lebenden Fossilien" des Hamelin Pool und dem spektakulären Shell Beach. Mit etwas Vorbereitung und einem Geländewagen lässt sich die westlichste Spitze des australischen Festlands perfekt erkunden.

★ Hamelin Pool — MEERESSCHUTZGEBIET

Folgt man hinter dem Overlander Roadhouse der Shark Bay Rd für 29 km, so erreicht man die Abzweigung zum Hamelin Pool, einem Meeresschutzgebiet mit der weltweit bekanntesten Kolonie von **Stromatolithen**. Diese korallenartigen Formationen bestehen aus Cyanobakterien, die fast identisch mit Organismen sind, die schon vor 3,5 Mrd. Jahren existierten und wegen ihrer Nutzung von Photosynthese als hauptverantwortlich für die Schaffung unserer heutigen Atmosphäre und damit der Vorbedingung für die Entwicklung komplexerer Lebensformen gelten. Es gibt hier einen ausgezeichneten Plankenweg mit Erläuterungstafeln; am besten kann man diese kleinen Wunder bei Ebbe sehen.

Steep Point — WAHRZEICHEN

Die westlichste Spitze des australischen Festlands ist mit dem Geländewagen über die Useless Loop Rd abseits der Shark Bay Rd zu erreichen.

Shell Beach — STRAND

Innerhalb des Schädlinge abhaltenden Zauns folgt 55 km hinter der Abzweigung zum Hamelin Pool die Straße zum verlassenen Shell Beach, wo winzige Herzmuscheln, die mit der Zeit dicht komprimiert wurden, einst als Baumaterial für Gebäude wie das Old Pearler Restaurant in Denham abgebaut wurden. Das Wasser ist meist warm, aber sehr salzig.

★ Eagle Bluff — AUSSICHTSPUNKT

Etwa 25 km südlich von Denham führt eine Abzweigung nach 4 km zu diesem tollen

Aussichtspunkt, wo man von einem Bohlenweg auf pink- und orangefarbene Klippen und eine azurblaue Lagune blickt. Im klaren Wasser kann man manchmal Meeresschildkröten, Haie oder Mantarochen sehen.

★ Hamelin Outback Station Stay FARMAUFENTHALT $
(☎ 08-9948 5145; www.hamelinstationstay.com.au; Stellplatz 14 AU$/Pers., DZ ohne Bad ab 90 AU$; ⊙ Mitte März–Okt.) Dies ist die weit und breit beste Übernachtungsoption entlang der Shark Bay Rd. Die Hamelin Station war einst ein Anwesen mit Weidegründen und wurde 2015 von ihrem neuen Besitzer, der NGO Bush Heritage Australia, in ein 202 000 ha großes Schutzgebiet umgewandelt. Die Zimmer in den umgebauten Schafschererquartieren sind reizend und die Ausstattung (darunter ein Gemeinschaftsbereich mit Küche und Esszimmer) ist sehr hochwertig. Die Stellplätze für Buschcamping sind alle ohne Strom.

Denham

1000 EW.

Das wunderschöne, gemütliche Denham eignet sich mit seinem tiefblauen Meer und dem palmengesäumten Strand vorzüglich als Ausgangspunkt für Ausflüge zum angrenzenden Shark Bay Marine Park, zu den Nationalparks François Peron und Dirk Hartog Island sowie zum 26 km entfernten Monkey Mia.

Australiens westlichste Stadt war ursprünglich ein Zentrum der Perlenfischerei – die Straßen waren einst gar mit Perlenmuscheln gepflastert. Das Ufergebiet wurde kürzlich erst saniert und ist immer noch kein echter Hingucker, dafür aber doch ein netter Ort zum Grillen, Picknicken, Spazierengehen oder Schwimmen. Gegenüber dem Visitor Centre befindet sich ein supercooler Schiffs-Spielplatz, den die Kleinen garantiert lieben werden.

Sehenswertes

★ Ocean Park AQUARIUM
(☎ 08-9948 1765; www.oceanpark.com.au; Shark Bay Rd; Erw./Kind 25/18 AU$; ⊙ 9–17 Uhr) Auf einer spektakulären Landzunge, 8 km südlich von Denham, liegt diese familienfreundliche Attraktion mit einer künstlichen Lagune, in der man im Rahmen von gut gemachten 60-minütigen Führungen bei einer Haifütterung dabei sein und Meeresschildkröten, Stachelrochen und andere Fische beobachten kann. Viele der Tiere wurden zuvor gerettet und werden nun hier gepflegt. Der Park bietet auch verschiedene Taucherfahrungen an (unter anderem mit den Haien des Parks) sowie Jeep- und Bootstouren. Es gibt zudem ein gutes Restaurant (S. 1061) und Pläne für Luxusunterkünfte.

★ Little Lagoon LAGUNE
An der idyllischen Little Lagoon, 4 km außerhalb der Stadt, finden sich Picknicktische und Grills und man kann gut umherspazieren und baden. Nicht wundern, wenn plötzlich ein Emu vorbeikommt!

Shark Bay World Heritage Discovery Centre MUSEUM
(☎ 08-9948 1590; www.sharkbayvisit.com; 53 Knight Tce; ⊙ Mo–Fr 9–17, Sa & So 10–16 Uhr) Dieses Zentrum, das auch das hilfreiche Visitor Centre der Shark Bay beherbergt, ist in zwei Teile unterteilt. Es gibt eine (kostenlose) Galerie, in der beeindruckende Luftaufnahmen der Region Shark Bay ausgestellt sind, die Lust auf einen Panoramaflug machen. Der größte Teil des Zentrums ist jedoch dem Museum (Erw./Kind 11/6 AU$) gewidmet, das informative und anschauliche Exponate über die Ökosysteme in der Shark Bay, die Meeresbewohner, die Tierwelt, die heimische Kultur, die frühen Entdecker und Siedler und natürlich auch über die Schiffswracks bereithält.

Geführte Touren

Ocean Park Tours ABENTEUERTOUR
(☎ 08-9948 1765; www.oceanpark.com.au; Ocean Park Rd) Neben dem tollen Aquarium bietet Ocean Park (S. 1060) auch noch einige tolle Tauchtrips (und PADI-Kurse) sowie Bootsausflüge und eine Reihe von Jeeptouren. Die Tauchboote fahren nach Westen zum Steep Point oder zur Dirk Hartog Island (ab 275 AU$, Nicht-Taucher 175 AU$). Auch die Bootstouren führen dorthin. Es gibt außerdem Walbeobachtungstouren (175 AU$, Aug.–Okt.).

Shark Bay Scenic Flights PANORAMAFLÜGE
(☎ 08-9948 1773; www.sharkbayair.com.au; Shark Bay Airport; Flüge ab Erw./Kind 120/60 AU$) Angeboten werden u. a. 15-minütige Flüge über Monkey Mia und ein sensationeller 40-minütiger Flug über Steep Point und die Zuytdorp Cliffs (Erw./Kind 195/98 AU$). Aus der Luft sieht die Gegend wie ein farbenprächtiges Kunstwerk aus. Es gibt auch

Flüge zur Dirk Hartog Island, nach Coral Bay oder Mt. Augustus.

Schlafen & Essen

Während der Schulferien steigen die Unterkunftspreise und es kann eine Mindestaufenthaltsdauer gelten (meist 2 oder 3 Nächte). Im Vergleich zu Monkey Mia gibt's hier mehr Auswahl und günstigere Preise.

Denham Seaside Tourist Village CAMPING $

(☎ 08-9948 1242; www.sharkbayfun.com; Knight Tce; Stellplatz 33–54 AU$, Hütten & Villas 85–170 AU$; 📶) Der tolle, schattige Campingplatz am Meer ist der beste unter den drei Optionen hier, auch wenn man sich einen Bohrer für die Zeltheringe leihen muss. Angeboten werden auch kleine Hütten mit fünf Betten und ohne Bad sowie „Villen" mit zwei Schlafzimmern. Auf der anderen Straßenseite ist ein praktischer Supermarkt.

Bay Lodge LODGE $

(☎ 08-9948 1278; www.baylodge.info; 113 Knight Tce; B 36 AU$, DZ 80–140 AU$; ❄📶🏊) Alle Zimmer hier – auch die Schlafsäle – haben ihr eigenes angeschlossenes Bad, eine Kochnische und einen Fernseher mit DVD-Player. Zudem gibt's Zimmer im Motelstil, Familienapartments und Wohneinheiten direkt am Strand. Die Lodge ist ideal gegenüber vom Strand gelegen und hat darüber hinaus einen Pool und eine große Gemeinschaftsküche im Freien. Während der Schulferien gilt eine Mindestaufenthaltsdauer von zwei Nächten.

Oceanside Village APARTMENT $$

(☎ 08-9948 3003; www.oceanside.com.au; 117 Knight Tce; Cottages 160–215 AU$; ❄📶🏊) Diese Anlage mit sauberen Cottages für Selbstversorger befindet sich in perfekter Lage gleich gegenüber dem Strand. Man kann wählen, ob das Cottage ein oder zwei Schlafzimmer haben und direkt am Strand oder etwas erhöht liegen soll. Die gesamte Ausstattung ist sehr hochwertig.

Ocean Restaurant CAFÉ $$

(☎ 08-9948 1765; www.oceanpark.com.au; Ocean Park Rd; Hauptgerichte 14–34 AU$; ⏲ 9–15 Uhr) Das edelste Mittagslokal in Shark Bay hat auch noch den schönsten Ausblick. Es liegt im Ocean Park (S. 1060) mit Blick auf türkisblaues Wasser und serviert bis 11 Uhr Frühstück. Zu den Mittagsgerichten, etwa mit lokalen Meeresfrüchten, kann man sich auch ein Bier oder einen Wein bestellen. Das Gericht für zwei Personen (58 AU$) ist gut und günstig.

Shark Bay Hotel PUB $$

(☎ 08-9948 1203; www.sharkbayhotelwa.com.au; 43 Knight Tce; Abendessen Hauptgerichte 20–38 AU$; ⏲ 10 Uhr–open end) Im Biergarten vor Australiens westlichstem Pub sitzend, der von den Einheimischen liebevoll auch „der Oldie" genannt wird, kann man einen unvergesslichen Sonnenuntergang betrachten. Auf der Speisekarte steht eine anständige Auswahl an Kneipenklassikern (12–14 & 18–21 Uhr) und es gibt gelegentlich Livemusik.

Old Pearler Restaurant SEAFOOD $$$

(☎ 08-9948 1373; 71 Knight Tce; Hauptgerichte 30–61 AU$; ⏲ Mo–Sa ab 17 Uhr) Die Ziegelsteine, aus denen dieses stimmungsvolle, thematisch am Meer ausgerichtete Restaurant erbaut ist, wurden aus kleinen Muscheln hergestellt. Speisekarte sowie Innenausstattung sind absichtlich altmodisch gehalten und es gibt weder Tische im Freien noch einen tollen Ausblick, doch dafür sind die frischen Meeresfrüchte fantastisch. Auf der

ABSEITS DER ÜBLICHEN PFADE

DIRK HARTOG NATIONAL PARK

Die windgepeitschte Insel, die parallel zur Peron Peninsula verläuft, zog einst niederländische, britische und französische Entdecker an (die als persönliche Visitenkarte z. B. Zinnteller an Pfosten nagelten), bis vor Kurzem bestand die Mehrzahl der Besucher hier jedoch aus Fischern und Schafen. Nun wurde die größte Insel WAs zum Nationalpark erklärt (https://parks.dpaw.wa.gov.au/park/dirk-hartog-island) und stellt sich so langsam auf den Tourismus ein (allerdings ist eine Reise hierher noch immer mühsam und sehr teuer).

Auf der Insel dürfen sich zu jeder Zeit nur 20 Geländefahrzeuge gleichzeitig aufhalten; Buchungen sind also Pflicht. Was den Nationalpark so attraktiv macht, sind seine Abgeschiedenheit, die Naturschönheit, die wilden Tiere (von Unechten Karettschildkröten bis hin zu Seekühen) sowie ihre Geschichte – wenn das keine überzeugende Kombination ist!

Jeep- und Campingtouren sowie Panoramaflüge können in Denham gebucht werden.

üppigen Seafood-Platte (115 AU$ für 2 Pers.) finden sich Schnapper, Weißfisch, Langusten, Austern, Garnelen und Tintenfisch – alle gegrillt, nicht frittiert. Alkoholische Getränke muss man selbst mitbringen. Reservierung wird empfohlen.

Praktische Informationen

Infos, interaktive Karten und Genehmigungen zum Herunterladen findet man unter www.sharkbay.org.au. Weiteres Wissenswertes gibt's unter www.sharkbayvisit.com.au und www.experiencesharkbay.com.

Department of Parks & Wildlife (08-9948 2226; www.parks.dpaw.wa.gov.au; 61 Knight Tce; Mo–Fr 8–17 Uhr) Parkpässe, Karten und Infos über Edel Land, Dirk Hartog Island und den Francois Peron National Park.

Shark Bay Visitor Centre (08-9948 1590; www.sharkbayvisit.com; 53 Knight Tce; Mo–Fr 9–17, Sa & So 10–16 Uhr) Unterkünfte, Tourbuchungen und Genehmigungen zum Buschcampen in South Peron. Befindet sich im Shark Bay World Heritage Discovery Centre.

Monkey Mia

Zu beobachten, wie sich die wilden Delfine jeden Morgen in den flachen Gewässern von Monkey Mia, 26 km nordöstlich von Denham, zur Fütterung einstellen, ist ein Highlight jeder Reise in die Region.

Viel hat Monkey Mia ansonsten nicht zu bieten. Im Endeffekt besteht es aus einem Strand und einem Resort. Nach der Fütterung am Morgen muss man deshalb aber noch lange nicht umgehend die Flucht ergreifen. Der Strand ist hübsch und es werden auch verschiedene Touren angeboten.

Sehenswertes

★ Monkey Mia Marine Reserve BUCHT

(Erw./Kind/Fam. 12/4,50/28,50 AU$; Fütterung um 7.45 Uhr;) Es ist schwierig, sich das Lächeln zu verkneifen, wenn die Indopazifischen Großen Tümmler zum Frühstück hier vorbeischauen. Zuschauer dürfen während der Fütterung lediglich bis ans Wasser gehen. Nur ein paar Glückliche werden ausgewählt, die mit hineinwaten und helfen dürfen. Die beste Sicht hat man vom Anlegesteg aus. Ranger vor Ort erläutern den Zuschauern die Geschichte dieser Delfin-Begegnungen. Es mag etwas touristisch anmuten, man muss aber zugeben, dass es einen gewissen Charme besitzt. Auch der Schauplatz an sich ist schon reizend.

Geführte Touren

★ Wula Guda Nyinda Eco Adventures ÖKOTOUR

(0432 029 436; www.wulaguda.com.au; Sonnenuntergangstour 2 Std. Erw./Kind 70/35 AU$) Bei den ausgezeichneten Touren unter Führung des örtlichen Aborigine-Guides Darren „Capes" Capewell lernt man, das Land zu sich sprechen zu lassen. Man wird etwa in die Geheimnisse rund um das Überleben im Busch und die Nahrungsmittel eingeweiht, die man hier finden kann. Die „Didgeridoo Dreaming"-Tour mit einem Lagerfeuer bei Sonnenuntergang ist zauberhaft. Angeboten werden auch Schnorchel- und Kajaktouren (Erw./Kind 199/145 AU$) sowie aufregende Jeepabenteuer zum Francois Peron National Park (199/140 AU$).

Wildsights ABENTEUERTOUR

(1800 241 481; www.monkeymiawildsights.com.au; 2½-stündl. Bootsfahrt Erw./Kind 89/45 AU$) Bei der zweieinhalbstündigen Bootsfahrt in die Natur auf dem kleinen Katamaran Shotover ist man nahe am Geschehen dran. Es gibt auch eineinhalbstündige Bootsfahrten bei Sonnenuntergang (49 AU$, Getränke und Snacks selbst mitbringen) und ganztägige Jeeptouren zum François Peron National Park (195 AU$); wer mehrere Touren bucht, erhält Rabatte.

Schlafen & Essen

Monkey Mia Dolphin Resort RESORT $$

(1800 871 570; www.monkeymia.com.au; Stellplatz ohne/mit Strom ab 37/54 AU$, Hostel B/DZ 35/139 AU$, DZ ab 267 AU$;) Die einzige Unterkunft in Monkey Mia befindet sich in großartiger Lage und richtet sich an Camper, Backpacker, Pauschal- und Luxus-Touristen. Das Personal ist freundlich und die Schlafsäle bieten ein gutes Preis-Leistungs-Verhältnis (zwei Räume teilen sich ein Gemeinschaftsbad), die Luxusunterkünfte sind jedoch ziemlich teuer. Die Anlage kann zudem sehr voll werden. Es gibt auch ein Restaurant, eine Bar, einen Pool, einen Laden und ein Buchungsbüro.

★ Boughshed MODERN-AUSTRALISCH $$

(Monkey Mia Resort; Mittagessen 15–24 AU$, Abendessen 27–41 AU$; 7–20 Uhr) Das Restaurant in traumhafter Lage und mit einem großartigen Ausblick bietet eine frische, stilvolle Innenausstattung und viel Platz, um sich einen Kaffee oder einen Drink schmecken zu lassen (Happy Hour ist 16–17 Uhr).

ABSTECHER

FRANCOIS PERON NATIONAL PARK

Dieser 520 km^2 große **Nationalpark** (https://parks.dpaw.wa.gov.au/park/francois-peron; Eintritt 12 AU$/Auto) nimmt die gesamte Halbinsel nördlich von Denham ein und ist ein spektakuläres Gebiet von niedrigem Buschwerk, Salzseen und Sanddünen. Hier leben der seltene Große Kaninchennasenbeutler, das Thermometerhuhn und der Woma-Python. Um dieses wunderbare Zusammenspiel von rostroten Klippen, weißen Sandstränden und blauem Gewässer zu erleben, muss man sich entweder einer geführten Tour ab Denham oder Monkey Mia anschließen oder braucht einen Geländewagen mit großer Bodenfreiheit.

Mit einem normalen Auto gelangt man nur bis zum **Peron Heritage Precinct** (7 km von der Hauptstraße entfernt), wo im alten **Peron Homestead** ein Museum untergebracht ist. Hier gibt es auch einen Spazierweg zwischen den Scherschuppen und einen rustikalen, aus einer artesischen Quelle gespeisten Whirlpool für Besucher, die gerne ein Bad nehmen wollen. Weiter nördlich kann man in der **Big Lagoon** schwimmen, Kajakfahren oder Stehpaddeln und auf dem exzellenten Zeltplatz übernachten. An der Spitze der Halbinsel befindet sich der fantastische **Wanamalu Trail** (hin & zurück 3 km), der entlang der Klippen zwischen Cape Peron und Skipjack Point verläuft. Im kristallklaren Wasser unterhalb kann man Meerestiere beobachten.

Die Abzweigung zum Park liegt gleich hinter der **Little Lagoon** an der Straße nach Monkey Mia. Hinter dem Heritage Precinct ist die Straße nur noch mit Allradantrieb und hoher Bodenfreiheit befahrbar. In der Nähe des Homestead befindet sich eine Reifenstation, wo man den Reifendruck auf rund 1,4 bar verringern kann (bzw. die Reifen beim Verlassen wieder aufpumpen kann). Mit Wohnwagen nicht zu empfehlen; hierfür benötigt man einen geländegängiges Campingfahrzeug.

Das Speisenangebot reicht von Frühstück am Buffet oder à la carte bis hin zu leichten Mittagsgerichten und kreativen Dinneroptionenist. Es gibt hier jede Menge Vögel- das Essen also nie unbeobachtet lassen!

Monkey Bar BAR

(Monkey Mia Resort; Pizza & Gerichte 16–23 AU$; ⏲16–22 Uhr) Eine entspannte, ungezwungene Bar in der Nähe des Backpacker-Bereichs des Resorts. Es gibt einen Billardtisch, eine Happy Hour (17–18 Uhr) sowie Pizza und Kneipenessen (Fish & Chips, Lasagne, Burger). Auch Kindermenüs sind verfügbar. Während der Ferien ist hier ab 12 Uhr geöffnet.

ℹ Praktische Informationen

Monkey Mia Visitor Centre (☎08-9948 1366; ⏲7–15.30 Uhr) Infos zu Umgebung und Touren. Es liegt direkt am Strand, nicht weit von dem Ort, an dem die Delfinfütterung stattfindet.

Volunteer Coordinator (☎08-9948 1366; monkeymiavolunteers@westnet.com.au) Kontaktadresse für alle, die in Monkey Mia Freiwilligenarbeit leisten wollen.

GASCOYNE COAST

Der wilde, raue, weitgehend unbevölkerte Küstenabschnitt zwischen den beiden Welterbestätten Shark Bay und Ningaloo Reef bietet ausgezeichnete Angelmöglichkeiten und Wellen, die Surfer aus aller Welt anlocken.

Das subtropische Carnarvon, die Drehscheibe der Region, ist ein wichtiges Obst-und-Gemüse-Anbaugebiet, und die Farmen suchen oft nach Saisonarbeitern. Für Traveller ist es meist nicht mehr als ein praktischer Stopp, um Vorräte aufzustocken. Wer aber etwas Zeit übrig hat und sich etwas abseits der ausgetretenen Touristenpfade bewegen möchte, der sollte die Möglichkeit in Betracht ziehen, von Carnarvon aus entlang der Quobba-Küste nach Norden weiterzureisen.

Carnarvon

6900 EW.

Das fruchtbare Carnarvon liegt auf dem Land der Yinggarda an der Mündung des Gascoyne River. Mit seinen Obst- und Gemüseplantagen und einer blühenden Fischereiwirtschaft ist der Ort ein netter Zwischenstopp zwischen Denham und Exmouth.

Die freundliche Stadt liegt unter dem allgemeinen Touristenradar, hat aber einige skurrile Attraktionen, ordentliche Unterkünfte, gut bestückte Supermärkte und tolles Obst und Gemüse. Das von Bäumen gesäumte zentrale Geschäftsviertel wirkt tropisch, das Ufer mit seinen Palmen lädt zum Spazierengehen ein. Wegen der langen Pflücksaison (März–Jan.) gibt's immer viel Saisonarbeit.

Sehenswertes

Man kann die 2,5 km lange Strecke entlang der alten Straßenbahnlinie bis zum **Carnarvon Heritage Precinct** auf Babbage Island – einst der Hafen der Stadt – entweder zu Fuß oder mit dem Fahrrad zurücklegen. Am **One Mile Jetty** (abseits der Babbage Island Rd; Erw./Kind 5 AU$ /frei) kann man prima angeln, die Aussicht genießen und bis zum Ende des Stegs laufen; alternativ nimmt man den skurrilen Coffee Pot Train. Das nahe gelegene **Lighthouse Keepers Cottage** (Leuchtturmwärterhaus; abseits der Babbage Island Rd; 10–13 Uhr) GRATIS wurde sorgsam restauriert. Nicht versäumen sollte man den Blick von der Spitze des knarrenden Wasserturms im **Railway Station Museum** (abseits der Babbage Island Rd; 9–17 Uhr). Es gibt ein Café mit Infotafeln zum Schiffbruch der HMAS Sydney 1941.

Carnarvon Space & Technology Museum MUSEUM
(www.carnarvonmuseum.org.au; Mahony Ave; Erw./Kind/Fam. 10/6/25 AU$; April–Sept. 9–16 Uhr, Okt.–März 10–14 Uhr;) Die 1966 gemeinsam mit der NASA aufgebaute **Satellitenbeobachtungsstation der OTC** (auch OTC Dish genannt) am Stadtrand verfolgte die Gemini- und Apollo-Raumflüge sowie den Halleyschen Kometen, ehe sie im Jahr 1987 geschlossen wurde. Heute befindet sich hier das Space & Technology Museum mit seiner faszinierenden, familienfreundlichen Sammlung von Utensilien und Krimskrams rund um den Weltraum (darunter Handabdrücke von Besuchern wie Buzz Aldrin und dem australischen Astronauten Andy Thomas).

Schlafen & Essen

Wer die hiesigen Meeresfrüchte probieren will, kann sie sich auch selbst auf einem der kostenlosen Grills zuzubereiten, die sich entlang der Fascine und im Baxter Park finden. Selbstversorger bekommen im **Gascoyne Arts, Crafts & Growers Market** (www.gascoynefood.com.au/growers-market; Civic Centre Parkplatz; Ende Mai–Anfang Okt. Sa 8–11.30 Uhr) allerlei Obst und Gemüse; alternativ besucht man eine der Obstplantagen rund um die Stadt.

Von ein paar wenigen erwähnenswerten Ausnahmen abgesehen, kann Carnarvons Restaurantszene nicht gerade glänzen. Es gibt jedoch einige Imbissbuden und eine Handvoll Pubs.

Coral Coast Tourist Park CAMPING $
(08-9941 1438; www.coralcoasttouristpark.com.au; 108 Robinson St; Stellplatz mit Strom 37–43 AU$, Hütten & Wohneinheiten 79–215 AU$;) Der angenehm schattige Park mit einem Pool und Stellplätzen mit Rasen liegt nicht weit vom Zentrum entfernt. Es gibt viele verschiedene Typen gut ausgestatteter Hütten, eine ordentliche Campingküche und exzellente Bäder. Zudem gibt's einen Fahrradverleih (25/75 AU$ pro Tag/Woche).

Fish & Whistle HOSTEL $
(08-9941 1704; Beardaj@highway1.com.au; 35 Robinson St; EZ/DZ/2BZ 55/70/70 AU$, Motelzi. 120 AU$;) Traveller lieben das große, luftige Hostel mit breiten Veranden, Zimmern ohne Stockbetten und einer ausgezeichneten Küche. Hinter dem Haus gibt es klimatisierte Motelzimmer, und das Port Hotel im Erdgeschoss. Die Betreiber können Gästen bei der Suche nach einem Saisonjob helfen und Transportmittel zu den Obstplantagen und Farmen bereitstellen; bei längeren Aufenthalten bekommt man Rabatte.

Best Western Hospitality Inn MOTEL $$
(08-9941 1600; www.hospitalityinncarnarvon.com.au; 6 West St; DZ 159–179 AU$;) Das altmodische äußere Erscheinungsbild täuscht, denn dies ist das beste Hostel der Stadt mit frischen, modernen Zimmern und einem guten Service. Das Restaurant Sails auf dem Gelände ist hoch angesehen.

★ **Bumbak's** MARKT $
(0409 377 934; www.facebook.com/bumbaks; 449 North River Rd; Smoothies 8 AU$; Mo–Fr 9–16, Sa & So 10–16 Uhr) Bumbak's ist eine bewirtschaftete Bananen- und Mangoplantage etwa 10 km nördlich der Stadt (vom Highway ausgeschildert). Hier werden verschiedene Arten von frischem und getrocknetem Obst, Eingemachtes und leckere hausgemachte Eiscreme verkauft. Unbedingt probieren muss man die Mango-Smoothies, das Eis mit karamellisierten Feigen und die Bananen mit Schokoüberzug.

Sails Restaurant MODERN-AUSTRALISCH $$
(08-9941 1600; www.hopitalityinncarnarvon.com.au; 6 West St; Hauptgerichte 25–45 AU$; 18–21 Uhr) Fragt man einen Einheimischen

nach einem schicken Lokal, so wird man wohl meist hierher, zum gehobensten Restaurant der Stadt im Hospitality Inn geschickt. Es gibt einen echten französischen Chefkoch, dessen Kreationen von allerhöchster Qualität sind: scharfes Meeresfrüchte-Laksa, mit Honig glasiertes, gegrilltes junges Geflügel, Barramundi in Parmesan-Kruste und tropisch angehauchte Desserts. Reservierung empfohlen.

Port Hotel CAFÉ **$$**
(☎ 08-9941 1704; 35 Robinson St; Gerichte 14–42 AU$; ⏲ Mo–Sa 8.30–14, Di–Sa 18–20.30 Uhr) In diesem sanierten Eckpub an der Hauptstraße herrscht eine entspannte Atmosphäre. Tagsüber werden Gerichte von Eggs Benedict über Caesar Salad bis hin zu Panini angeboten. Auch der Kaffee ist gut. Abends stehen v.a. Meeresfrüchte, Burger und Tacos auf der Speisekarte.

ℹ Praktische Informationen

Visitor Centre (☎ 08-9941 1146; www.carnarvon.org.au; Civic Centre, 21 Robinson St; ⏲ Mo–Fr 9–17, Sa bis 12 Uhr) Infos, Internet, Karten und Buchungsservice. Mai bis Oktober auch sonntagvormittags geöffnet.

ℹ An- & Weiterreise

Integrity (www.integritycoachlines.com.au) Fährt dreimal wöchentlich nach Exmouth (92 AU$, 4¾ Std.), Geraldton (115 AU$, 6 Std.) und Perth (167 AU$, 11¾ Std.). Die Busse fahren am Visitor Centre los.

Quobba Coast

Während der North West Coastal Hwy ins Binnenland führt, ist die Küste nördlich von Carnarvon wild, zerklüftet und verlassen – ein beliebter Tummelplatz für Surfer und Fischer. Nicht viele Traveller gelangen bis in diese Region, die im Winter hohe Wellen, im Sommer hohe Temperaturen, außerdem gnadenlose Winde, ein Meer voller Lebensformen, eine atemberaubende Landschaft und einige wirklich magische Erlebnisse zu bieten hat. Red Bluff ist der südlichste Punkt des majestätischen Ningaloo Reef.

An der Quobba Coast finden sich zwei große, abgelegene Stations, die beide Zeltplätze am Strand sowie voll ausgestattete Cottages bieten. Die Strände, Sonnenuntergänge, Schnorchel-, Angel- und Surfmöglichkeiten sind ausgezeichnet und man wird das Gefühl nicht los, dass man hier auf einen überaus geheimen, einsamen Ort gestoßen ist.

Etwa 12 km nördlich der Brücke über den Gascoyne River biegt man an der Abzweigung vom North West Coastal Hwy ab und folgt dann über 49 km einer befestigten Straße bis zu den Blowholes. Fährt man hier nach Norden weiter, erreicht man nach 75 km die Gnaraloo Station. Unterwegs passiert man einige Zelt- und Campingplätze an der Küste. Um zurück auf den Highway zu gelangen, muss man denselben Weg zurückfahren; nördlich von Gnaraloo führt keine Straße weiter nach Coral Bay.

Infos zu den Straßenbedingungen sollte man vor Ort einholen, denn nördlich der Blowholes ist die Straße nicht befestigt und oft recht sandig; ein Geländewagen wird empfohlen. Auf der Website www.gnaraloo.com/getting-here finden sich hilfreiche Informationen, die man lesen sollte, bevor man sich auf den Weg macht.

Blowholes WAHRZEICHEN
Dieses Naturphänomen befindet sich 49 km (auf unbefestigter Straße) von der Abzweigung vom North West Coastal Hwy entfernt. Große Wellen pressen das Wasser durch die Meereshöhlen, sodass es durch die engen Kamine in den Felsen hinauf und nach draußen spritzt.

Unmittelbar südlich von hier (an dem Schild „King Waves Kill" abbiegen und ein bis zwei Kilometer weiterfahren) liegt Point Quobba mit einer traumhaften Lagune zum Schwimmen und Schnorcheln, die von den Einheimischen „das Aquarium" genannt wird. Außerdem finden sich hier einige Strandbuden, hervorragende Angelbedingungen und sehr schlichte Campingplätze.

Gnaraloo Turtle Conservation Program FREIWILLIGENARBEIT
(GTCP; ☎ 08-9315 4809; www.gnaraloo.com; Quobba Coast über Carnarvon; ⏲ Okt.–Mai) 🍃 Absolventen naturwissenschaftlicher Studiengänge jeglicher Fachrichtung, die bereit sind, sich für sechs Monate zu verpflichten, können sich beim GTCP bewerben und erhalten während des Pogramms Verpflegung, Unterkunft, Transport und die nötige Ausbildung.

Quobba Station Homestead CAMPING, COTTAGE **$**
(☎ 08-9948 5098; www.quobba.com.au; Stellplatz ohne/mit Strom 13/16 AU$/Pers., Cottages & Chalets 40–75 AU$/Pers.) 🍃 Zehn Kilometer nördlich der Blowholes liegt die Quobba Station, ein riesiges Anwesen mit Weidegrün-

den direkt am Wasser und mit zahlreichen rustikalen Optionen für Selbstversorger, Zeltplätzen (einige mit Strom von einem Generator), einem kleinen Laden und legendären Angelmöglichkeiten. Die Chalets sind groß genug für eine Familie und die beste Wahl für Nicht-Camper.

Red Bluff CAMPING $
(08-9948 5001; www.quobba.com.au; Stellplatz ohne Strom/Hütte 15/20 AU$/Pers., Öko-Zelte ab 200 AU$) Noch auf dem Gelände der Quobba Station liegt 60 km nördlich des Anwesens das Red Bluff, eine spektakuläre Landzunge mit einem tollen Break und ausgezeichneten Angelmöglichkeiten. Sie bildet die südliche Grenze des Ningaloo Marine Park. Es gibt alle möglichen Arten von Unterkünften und Stellplätzen – mit oder ohne Schutzdächern aus Palmblättern – bis hin zu Öko-Safarizelten mit Balkon und herrlicher Aussicht. 10 km abseits der Straße (Allradantrieb empfohlen).

★ **Gnaraloo Station** CAMPING, COTTAGE $$
(08-9942 5927; www.gnaraloo.com; Stellplatz ohne Strom 18–25 AU$/Pers., Cottage DZ 70–210 AU$;) Am Ende der Straße, rund 150 km hinter Carnarvon, liegt die Gnaraloo Station, das wahre Schmuckstück der Gascoyne Coast. Surfer aus aller Welt zieht es jeden Winter hierher, um sich an die berüchtigten **Tombstones** zu wagen, während im Sommer Schildkrötenbeobachter sowie Windsurfer anrücken, die es mit der starken Nachmittagsbrise, dem „Carnarvon Doctor", aufnehmen wollen.

Das **3-Mile Camp** bietet neben Zeltplätzen am Strand auch einem kleinen Laden. Zudem hat der **Homestead**, ein altes Gehöft 5 km nördlich der 3-Mile-Abzweigung, auch eine Reihe von Übernachtungsoptionen. Die voll ausgestatteten Steinhütten mit ungehindertem Blick aufs Meer sind am schönsten. Hier kann man prima vorüberziehende Wale (Juni–Nov.) und Seeadler beobachten. Unbedingt vorbeischauen sollte man an der unberührten **Gnaraloo Bay**, 7 km vom Homestead entfernt. Hier und rund um das 3-Mile Camp kann man unweit des Strandes wunderbar schnorcheln.

Gnaraloo hat sich der Nachhaltigkeit verpflichtet und eine Reihe visionärer Umweltschutzprogramme eingeleitet. Die Farm sucht stets nach freiwilligen Helfern. Man muss sich aber bewusst sein, dass es sich um eine Farm im australischen Outback und eben nicht um ein Luxusresort handelt.

NINGALOO COAST & PILBARA

An- & Weiterreise

BUS

Integrity (1800 226 339; www.integritycoachlines.com.au) fährt zweimal pro Woche von Perth nach Broome, mit Zwischenstopps in Coral Bay, Exmouth, Karratha, Roebourne und Port Hedland. Einmal pro Woche geht es von Perth nach Port Hedland über Coral Bay, Exmouth, Paraburdoo und Tom Price. Ein weiteres Angebot ist die Strecke von Perth nach Port Hedland über Meekatharra und Newman.

Zwischen April und Oktober arbeitet Integrity mit Flying Sandgroper zusammen und bietet Reisen zum Karijini National Park an.

Integrity's Hop-on-Hop-off-Pässe sind ein guter Deal: 1500/3000 km, 12 Monate lang gültig, Kostenpunkt 265/395 AU$.

FLUGZEUG

Der Learmonth Airport (südlich von Exmouth) ist der wichtigste Verkehrsknotenpunkt von Ningaloo. Andere Flughäfen ermöglichen Arbeitern das Pendeln zwischen Perth und Pilbaras Minenstädten Port Hedland, Karratha, Paraburdoo und Newman.

Mehrere Fluglinien bedienen die Regionen Ningaloo und Pilbara, vorwiegend von Perth aus. **Qantas** (13 13 13; www.qantas.com.au) verfügt über das größte Angebot: von Perth nach Learmonth, Karratha, Newman, Port Hedland und Paraburdoo. Die Linie bietet Codesharing-Flüge von Karratha nach Broome und Port Hedland an. Qantas fliegt aber auch direkt von Melbourne und Brisbane nach Port Hedland.

Virgin Australia (13 67 89; www.virginaustralia.com) bedient die Route Perth–Pilbara.

Alliance Airlines (1300 780 970; www.allianceairlines.com.au) ist eine kleinere Fluggesellschaft und fliegt ausschließlich nach Pilbara.

Coral Bay

255 EW.

In wundervoller Lage nahe des südlichen Wendekreises ist das kleine und ruhige Küstenstädtchen Coral Bay einer der besten Startpunkte, um den herrlichen Ningaloo Marine Park (S. 1076) zu erreichen. Der Ort besteht aus einer einzigen Straße und einem weitläufigen weißen Strand. Coral Bay ist klein genug, um zu Fuß erkundet zu werden und sehr beliebt bei Familien.

Korallenriffe findet man bereits 100 m vom Strand entfernt. Insgesamt ein prima

Platz zum Schnorcheln, Schwimmen und Sonnenbaden. Ebenso ist der Ort eine perfekte Basis zum Tauchen und Angeln, für Walbeobachtungen (Juni–Nov.) oder das Schwimmen mit Walhaien und Mantarochen.

Die Angebote hier sind stark begrenzt, darum muss man mit höheren Preisen bei Essen und Unterkunft rechnen. Im 152 km entfernten Exmouth gibt es mehr Auswahl. Die Hauptsaison ist hier zwischen April und Oktober.

Sehenswertes & Aktivitäten

★Bill's Bay STRAND

(👪) Bill's Bay ist ein bestens gelegener Strand am Ende der Robinson Street. Dank seines einfachen und geschützten Meereszugangs ist er – egal ob bei Schnorchlern oder Familien – allseits beliebt. Beim Schnorcheln sollte man aber lieber am südlichen Ende des Strandes bleiben, da das nördliche Ende (Skeleton Bay) den Riffhaien als Laichgrund dient.

Purdy Point SCHNORCHELN

Man kann von Bill's Bay an der Küste entlang bis zum „8 km/h"-Schild gehen. Hier erreicht man wundervolle Korallenriffe. Um zurück zur Bucht zu gelangen, lässt man sich einfach mit der Strömung treiben. Schnorchelausrüstung kann überall in der Stadt ausgeliehen werden.

Geführte Touren

Zu den beliebten Touren von Coral Bay aus gehören das Schnorcheln mit Walhaien oder Mantarochen (Rabatt für Beobachtung ohne Schnorchen), Bootsausflüge, um das Meeresleben zu bestaunen (meist ist Schnorcheln inbegriffen; auch Tauchen ist möglich), das Bewundern von Korallen von Glasbodenbooten aus sowie Quad-Ausflüge. Angeltouren und Panoramaflüge werden ebenfalls angeboten. Die Touren können im Einkaufszentrum und auf den Campingplätzen gebucht werden. Dann sind oft Frühbucherrabatte drin.

Familien profitieren von Ermäßigungen. Die Walhaitouren sind günstiger, wenn man die Tiere lediglich beobachten und nicht mit ihnen schwimmen will.

Sail Ningaloo SEGELN

(☎1800 197 194; www.sailningaloo.com.au; 4-Tage-Trips ab 1800 AU$/Pers.; ⏱März–Dez.) 🍃 Mit dem *Shore Thing*, einem Luxus-Katamaran, geht es ab der Coral Bay auf einen Segeltörn entlang des Ningaloo Reef (max. 10 Passagiere). Die Touren können für vier, sechs oder zehn Tage gebucht werden. Geführte Schnorchel-, Tauch-, Kajak- und Angeltouren sind genauso inbegriffen wie alle Mahlzeiten.

Ningaloo Reef Air PANORAMAFLUG

(☎08-9942 5824; www.ningalooreefdive.com/package/scenic-flights; Shopping Centre, Robinson St; ab 220 AU$) Diese Panoramaflüge können über Ningaloo Reef Dive & Snorkel (S. 1068) gebucht werden und sind darauf ausgerichtet, Walhaie und Mantarochen zu erspähen. Die Piloten kennen diese Gewässer sehr gut, und das Panorama aus der Luft und die Chance, Tiere zu sichten sind unvergleichlich. Die Preise gelten pro Flug und nicht pro Person. In jedem Flug können drei Fluggäste mitgenommen werden. Gestartet wird von Flugplätzen nahe der Stadt.

Coastal Adventure Tours ABENTEUER

(☎08-9948 5190; www.coralbaytours.com.au; Shopping Centre, Robinson St; Quad-Ausflüge 110–130 AU$, Segeln bei Sonnenuntergang 7 AU$) Eher Tourbuchungsservice als selbst Touranbieter, verkauft Coastal Adventure vor allem Kombinationen aus Quad- und Schnorcheltouren (die Bewertungen sind sehr gut). Ebenso können Segelausflüge auf dem *Coral-Breeze*-Katamaran, Glasbodenboottouren und Mantarochen-Beobachtungstouren gebucht werden.

Ningaloo Marine Interactions BOOTSTOUREN, SCHNORCHELN

(☎08-9948 5190; www.mantaraycoralbay.com.au; Shopping Centre, Robinson St) 🍃 Hier werden informative, unvergessliche Touren zu den äußeren Riffen angeboten. Walbeobachtungen (in der Saison; 2 Std/75 AU$), halbtägige Mantarochen-Touren (ganzjährig; 170 AU$) und eine sechsstündige Tour – Schnorcheln inbegriffen (210 AU$) – lassen einen die Tierwelt hautnah erleben. Ermäßigungen für Kinder und Familien sind möglich.

Coral Coast Tours ABENTEUER

(☎0427 180 568; www.coralcoasttours.com.au; Shopping Centre, Robinson St) Ein bunt gemischtes Angebot an Abenteuertouren: eine Vier-Tages-Tour im Karijini National Park (685 AU$), aufregende Jeep-Touren über Dünen und an der Küste entlang (kombinierbar mit Schnorcheltouren; pro Tour 125–145 AU$) ebenso wie eine Schnorcheltour mit dem Aqua Rush RIB (ein aufblasbares Boot mit festem Rumpf für 12 Pers.). Dieses Reiseunternehmen bietet außerdem auch ein Airport-Shuttle

Coral Coast & Pilbara

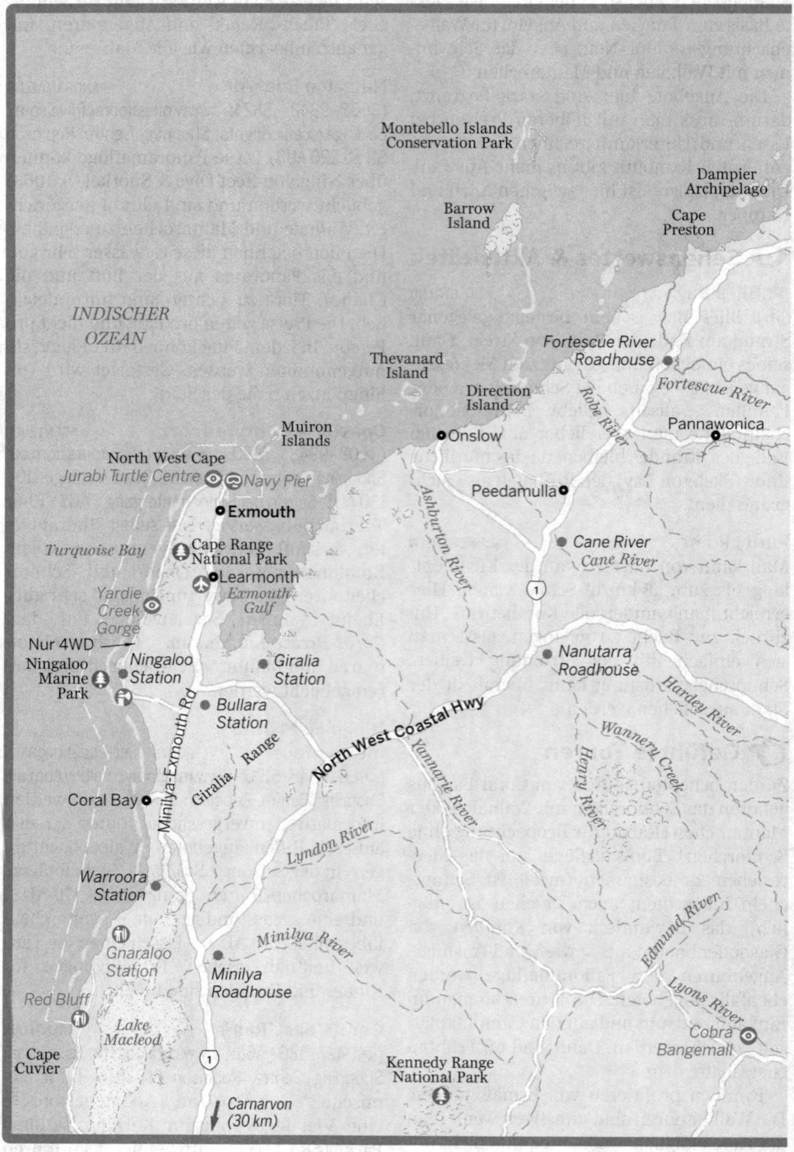

an (95 AU$), und zwar mit der Option, nach Exmouth weiterzureisen (135 AU$).

Ningaloo Reef Dive & Snorkel TAUCHEN, SCHNORCHELN
(☎08-9942 5824; www.ningalooreefdive.com; Shopping Centre, Robinson St) Diese hochgeschätzte Crew mit PADI- und Öko-Zertifizierung bietet Schnorcheltouren mit Walhaien (380 AU$, März–Juli) und Mantarochenbeobachtungen (155 AU$, ganzjährig), halbtägige Touren zum Rifftauchen (180 AU$) und die ganze Palette an Tauchkursen (ab 300 AU$) an. Im Jahr 2016 gab es auch

Buckelwal-Beobachtungstouren (260 AU$) mit interaktiven Elementen.

Schlafen & Essen

Der Ort verfügt nur über eine geringe Anzahl an Übernachtungsmöglichkeiten, die vor allem während der Ferien sehr begehrt sind (man sollte diese Reisezeit möglichst meiden) – sie sind normalerweise schon lange im Voraus ausgebucht.

Es ist ratsam, bereits weit vor der Hauptsaison zu buchen (April–Okt.). Im November und Februar ist es hier am ruhigsten.

Empfehlenswert: Selbstverpflegung, da das Ausgehen teuer und die Auswahl nicht sehr groß ist. Der Supermarkt im Einkaufszentrum hat eine gute Auswahl (7–19 Uhr).

Ningaloo Club HOSTEL $
(☎ 08 9948 5100; www.ningalooclub.com; Robinson St; B 29–34 AU$, DZ mit/ohne Bad 120/95 AU$; ❄ @ ≋) Dieses besonders bei Partyfans sehr beliebte Hostel ist ein perfekter Ort, um Leute kennenzulernen. Es gibt auch einen Pool, eine gut ausgestattete Küche und eine eigene Bar (bevor die Bar schließt, ist an Schlaf nicht zu denken). Es werden auch Bustickets (der Integrity-Bus hält direkt vor der Tür) und ermäßigte Touren verkauft.

Peoples Park CAMPING $
(☎ 08-9942 5933; www.peoplesparkcoralbay.com; Robinson St; Stellplätze 43–61, Hütte 225–286 AU$, Villa auf dem Hügel 266–330 AU$; ❄) Dieser tolle Campingplatz bietet schattige Grasstellplätze und verschiedene freistehende Hütten und Villen. Das Personal ist freundlich, die Ausstattung ist modern und die große Campingküche sehr sauber. Dazu ist es der einzige Campingplatz mit Frischwasserduschen. Toller Ausblick von den Hilltop-Villen.

Ningaloo Reef Resort HOTEL $$$
(☎ 08-9942 5934; www.ningalooreefresort.com.au; 1 Robinson St; Zi. 220–395 AU$; ❄ ≋) Der neue Besitzer hat dieses kleine Resort wieder aufgepeppt. Studios und mehrere Apartments werden angeboten, und zwar mit Aufpreis, wenn man Blick aufs Meer haben möchte. Größtes Plus: die Lage direkt gegenüber dem Strand. Auf einer leichten Erhöhung hat man einen tollen Blick nach draußen. Es gibt auch ein Restaurant und eine Bar.

★ **Fin's Café** MEERESFRÜCHTE $$
(☎ 08-9942 5900; www.facebook.com/finscafecb; Robinson St; Hauptgerichte abends 26–42 AU$; ⊙ 8–21.30 Uhr) Direkt beim Peoples Park gelegen, ist das Fin's ein angesagtes, lässiges Café im Freien mit ständig wechselndem Menü. Besonders zu empfehlen: die lokalen Meeresfrüchte. Nach einem Eggs-Benny-Frühstück und einem Fischburger (King Snapper) zum Mittagessen lockt am Abend eine besondere Verführung: knusprige Butterkrebse, gebratene Jakobsmuscheln und Fettucine mit Meeresfrüchten.

Bill's on the Ningaloo Reef MODERN-AUSTRALISCH $$
(☎ 08-9948 5156; Robinson St; Hauptmenüs 16–40 AU$; ⊙ 11 Uhr bis open end) Der Innenhof dieses Restaurants (mit seinem Kunstrasenteppich und den Grillstellen) ist perfekt, um schön angerichtete Küchenklassiker zu genießen (Burger, Steaks, Gericht des Tages). Sehr zu empfehlen ist das Fisch-Curry, eine Auswahl an Tapas oder der „Eimer Garnelen", der mit einem Boutique-Ale besonders gut schmeckt. Ebenso gibt es eine Bar und einen Spirituosenladen.

ℹ An- & Weiterreise

Der nächste Flughafen, **Learmonth** (S. 1075), befindet sich 116 km nördlich auf dem Weg nach Exmouth. Ein Flughafen-Shuttle wird von **Coral Coast Tours** (☎ 0427 180 568; www.coralcoasttours.com.au; Einkaufszentrum, Robinson St; Erw./Kind 95/48 AU$) angeboten. Für Gruppen sind Mietwagen eine gute Option.

Dreimal pro Woche bieten die **Integrity**-Busse (☎ 1800 226 339; www.integritycoachlines.com.au; direkt beim Ningaloo Club) eine Verbindung nach Perth (203 AU$, 16 Std.) und Exmouth (47 AU$, 90 Min.), zweimal nach Broome (240 AU$, 18½ Std.) und einmal wöchentlich nach Tom Price (162 AU$, 10½ Std.) zum Karijini National Park. Flying Sandgroper (www.flyingsandgroper.com.au) fährt in Kooperation mit den Integrity-Linien nach Ningaloo und Karijini.

Exmouth

2200 EW.

Herumspazierende Emus, Kakadus, die sich im Schatten der Palmen ausruhen, und die brütende Hitze machen Exmouth zu einer etwas unwirklichen, aber typisch australischen Stadt. Seit das nahe Ningaloo Reef als Weltkulturerbe gelistet ist und damit besonderen Schutz genießt, ist der Tourismus eine wichtige Einnahmequelle. Selbstverständlich kommen viele Touristen, um die großartigen, geheimnisvollen Walhaie zu sehen (April–Juli).

In der Hauptsaison von April bis Oktober wächst die entspannte Stadt enorm an, wovon man sich allerdings nicht abschrecken lassen sollte: Exmouth bleibt die perfekte Basis für die Erkundung der nahen Nationalparks Ningaloo Marine und Cape Range. Alternativ kann man sich den Staub eines langen Roadtrips abwaschen, relaxen und die herrliche Natur genießen.

Sehenswertes & Aktivitäten

Ningaloo Centre MUSEUM
(Murat Rd) Im September 2017 sollte Exmouths neuestes Schmuckstück fertiggestellt sein. Darin finden sich das ausgebaute

Exmouth

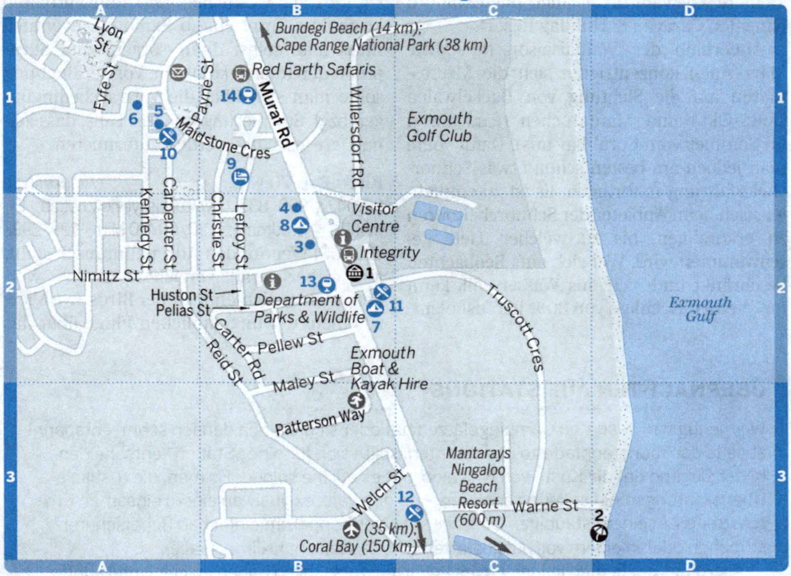

Exmouth

Sehenswertes
1 Ningaloo Centre B2
2 Town Beach D3

Aktivitäten, Kurse & Touren
3 Exmouth Adventure Co B2
4 Kings Ningaloo Reef Tours B2
5 Ocean Eco Adventures A1
6 Three Islands Whale Shark Dive A1

Schlafen
7 Exmouth Cape Holiday Park B2
8 Exmouth Ningaloo Caravan & Holiday Resort B2
9 Ningaloo Lodge B1

Essen
BBqFather .... (siehe 8)
10 See Salt A1
11 Short Order Local B2
12 Whalers Restaurant C3

Ausgehen & Nachtleben
13 Cadillacs B2
14 Potshot Hotel B1

Visitor Centre, die hierher verlegte Stadtbibliothek und erstklassige, interaktive Präsentationen über die Geschichte dieser Region und die beeindruckende Umgebung. Sozusagen vom Riff bis hin zum Bergland. Auch ein Aquarium ist bereits in Planung. Einige Ausstellungen werden wohl Eintritt kosten.

Town Beach STRAND
(am Ende der Warne St) Ein Spaziergang führt von der Stadt zu diesem Strand, der bei Ostwind von Kitesurfern bevölkert ist. Grill- und Picknickplätze laden zum Verweilen ein.

Exmouth Boat & Kayak Hire BOOTSFAHRTEN
(☎0438 230 269; www.exmouthboathire.com; 7 Patterson Way) Ab 100 AU$ können Tinnies (Dingis) oder etwas größere Boote samt Skipper geliehen werden. Aber auch Kajaks (ab 50 AU$/Tag), Angel- und Campingausrüstungen und Jeeps stehen zur Verfügung. Sehr zu empfehlen sind die Angelboote.

Geführte Touren

Ob Schwimmen mit Walhaien und Buckelwalen, Tauchen, Schnorcheln, Kajakfahren, Surfen oder Angeln: Im Angebot ist alles, was das Herz begehrt. Eine komplette Liste der verfügbaren Touren mitsamt Details erhält man beim exzellenten Visitor Centre (S. 1074). Je nach Verfügbarkeit kann die Wunschtour dann auch dort gebucht werden. Touren kleinerer Anbieter lassen sich vor allem im Einkaufszentrum finden. Eine kleinere Auswahl bietet auch das Exmouth Ningaloo Caravan & Holiday Resort.

Außerhalb der Walhaisaison (ab Mitte März–Aug.) konzentrieren sich die Meerestouren auf die Sichtung von Buckelwalen (Aug.–Okt.) und Mantarochen (ganzjährig; im Sommer vom Coral Bay aus). Dafür sollte man jedoch am besten schon etwas Schnorchelerfahrung mitbringen. Es ist zu empfehlen, sich beim Anbieter der Schnorcheltouren zu erkundigen, bis zu welcher Tiefe geschwommen wird. Wer sich aufs Beobachten beschränkt und nicht ins Wasser will, kann meist einen Nachlass von 30 % herausholen.

Die meisten Ozeantouren starten in **Tantabiddi** am westlichen Kap und enthalten kostenlose Transfers ab Exmouth. Eventuell muss man selbst dafür sorgen, zum Startpunkt der Tour zu kommen. Vor der Buchung sollte man sich über die Vertragsbedingungen bzgl. Stornierung und des Falls, dass keine Tiere gesichtet werden, informieren.

Birds Eye View PANORAMAFLUG
(☎ 0427 996 833; www.birdseyeview.net.au; Exmouth Aerodrome; 30/60/90 Min 199/299/399 AU$) Wer auf den Adrenalinrausch steht, aber lieber darauf verzichtet, nass zu werden, meldet sich einfach bei Birds Eye View zu einem der unglaublichen Flüge über das

ÜBERNACHTEN AUF STATIONS

Wer genug von beengten Campingplätzen hat oder sich einfach danach sehnt, entspannt abseits der Touristenpfade zu übernachten, sollte sich für eine „Station" entscheiden. In der Gegend um die Küste von Ningaloo gibt es etliche solcher Farmen, die rustikale Übernachtungsmöglichkeiten anbieten – ob nun ganz exklusiv an einem einsamen Küstenstreifen, in einem staubigen Quartier auf einer Koppel, im einfachen Schafschererstübchen oder in einem voll ausgestatteten Ferienhaus mit Klimaanlage.

Allerdings sollte man keinen Luxus erwarten; tatsächlich haben etliche Unterkünfte so gut wie keine Annehmlichkeiten, und Wasser und Strom sind alles andere als selbstverständlich. Deshalb gilt: Je genügsamer man ist, desto mehr wird man den Aufenthalt genießen, denn schließlich ist man ja fernab jeder Zivilisation. Dafür gibt es jede Menge Tiere, einen Sternenhimmel, wie man ihn noch nie gesehen hat, unendliche Weiten und die einmalige westaustralische Gastfreundschaft.

Manche Stations bieten Camping in der Wildnis an. Da viele abseits von der eigentlichen (meist an der Küste gelegenen) Farm liegen, braucht man ein Fahrzeug mit Allradantrieb und eine Chemietoilette. Solche Unterkünfte werden oft von Anglern mit Booten oder von reisenden Rentnern bevorzugt, die wochenweise buchen.

Giralia (☎ 08-9942 5937; www.giraliastation.com.au; Burkett Rd; Camping 10–12 AU$/Pers., Economy EZ 70 AU$, Cottage 160 AU$, EZ/DZ im Wohnhaus 220/300 AU$; ❄ ✉) Diese Unterkunft ist bei Anglern beliebt und bietet alles Nötige. Es gibt Stellplätze im Busch mit Einrichtungen, einfache Zimmer ohne eigenes Bad, ein Familien-Cottage sowie klimatisierte Zimmer in einem Wohnhaus inklusive Frühstück und Abendessen. Von hier ist man mit dem Jeep in etwa 40 Minuten an der Küste. (eine handvoll Stellplätze an der Küste gibt es auch). Der Campingplatz befindet sich 110 km nordwestlich von Coral Bay.

Bullara (☎ 08-9942 5938; www.bullara-station.com.au; Burkett Rd; Stellplätze 14 AU$, 2BZ/DZ 110/140 AU$, Cottage ab 220 AU$; ⊙ April–Okt.; ❄) tolle, nette Anlage, die mit dem Jeep erreicht werden kann. Sie liegt 65 km nördlich der Coral Bay und 6 km östlich von Minilya-Exmouth. Zur Auswahl stehen mehrere Zimmer in renovierten Schafschererquartieren (keine eigene Küche/Bad), ein Cottage mit drei Zimmern sowie Stellplätze mit Strom und den nötigen sonstigen Einrichtungen (wie Gelegenheiten zum Wäsche waschen und Open-Air-Duschen).

Warroora (☎ 08-9942 5920; www.warroora.com; Minilya-Exmouth Rd; Camping pro Pers. Tag/Woche 10/50 AU$, Zi 35 AU$/Pers., Cottage 150–270 AU$) Südlich der Coral Bay gelegen bietet Warroora Campingplätze in der Wildnis entlang der Küste (einige Stellplätze sind auch mit normalen Fahrzeugen zu erreichen) sowie günstige Zimmer für zwei Personen in Schafschererquartieren, große, in sich abgeschlossene Cottages. Von der Hauptstraße kommend gibt es zwei Einfahrten zu dieser Anlage, jeweils ohne Allrad befahrbar. Chemietoiletten (verpflichtend für Camper) können gemietet werden.

Kap im Ultraleichtflugzeug an. Längere Flüge führen dann sogar bis zum Ningaloo Reef.

Ocean Eco Adventures SCHNORCHELN
(☎08-9949 1208; www.oceanecoadventures.com.au; Exmouth Shopping Centre; Walhai Schwimmen/Beobachtung 410/200 AU$) Ein sehr gut ausgerüsteter Anbieter mit luxuriösen Schiffen. Im Preis inbegriffen sind Frühstück und Fotos von der Tour. Ist die Walhai-Saison abgeschlossen, folgen Beobachtungstouren zu den Buckelwalen.

Dive Ningaloo TAUCHEN
(☎0456 702 437; www.diveningaloo.com.au; 2 Tauchgänge ab 200 AU$) Ein kleiner ortsansässiger Anbieter, der gerade dabei ist, sich einen Namen zu machen. Dive Ningaloo bietet Tauchtrainings, PADI-Kurse, Schnorcheltouren (Sea Doo Scooter inbegriffen), Walbeobachtungstouren und tolle Tauchmöglichkeiten an. Mit dabei: der Besuch des Navy Piers (S. 1075) und der Muiron Inseln. Auch nächtliche Tauchtouren mit insgesamt vier Tauchgängen können gebucht werden.

Three Islands Whale Shark Dive SCHNORCHELN
(☎1800 138 501; www.whalesharkdive.com; 1 Kennedy St; whale-shark swim/observation 385/225 AU$) Diese Organisatoren haben sich mittlerweile etabliert und heimsen reihenweise Auszeichnungen für ihre Walhaitouren (von Mitte März bis Juli) ein. Von August bis Oktober 2016 werden auch Buckelwaltouren (325 AU$) angeboten. Für den Rest des Jahres kann man ganztägige Schnorcheltouren am Riff oder an den Muiron Inseln (185 AU$) erleben. Zwischen August und Oktober werden Rundfahrten zur Walbeobachtung bei Sonnenuntergang angeboten (80 AU$).

Exmouth Adventure Co KAJAKFAHREN
(☎0477 685 123; www.exmouthadventureco.com.au; Murat Rd, Exmouth Ningaloo Caravan & Holiday Resort; halb-/ein-/zwei-/fünftages-Touren 99/179/665/1650 AU$) Unter neuem Namen (ehemals Capricorn Kayak Tours), bietet dieses Unternehmen eine Vielzahl an Touren an, darunter mehrtägige Kajaktouren, Schnorchel- und Klettertrips (darunter auch nach Karijini). Auch im Angebot: Surf- und Stehpaddelunterricht. Toll sind diese originellen Angebote: halb- (99 AU$) oder ganztägige (199 AU$) Kajak- und Schnorcheltouren in unberührten Gewässern.

Kings Ningaloo Reef Tours SCHNORCHELN
(☎08-9949 1764; www.kingsningalooreeftours.com.au; Murat Rd, Exmouth Ningaloo Caravan & Holiday Resort; Schwimmen mit Walhaien/Walbeobachtungstouren 395/285 AU$) Ausgezeichnete Bewertungen gibt es für die Waltouren dieses langjährigen Anbieters. Kings ist dafür bekannt, deutlich länger auf dem Wasser zu bleiben als gewöhnlich. Außerdem gilt: Bekommt man keine Wale zu sehen, so darf man bei der nächsten verfügbaren Tour wieder an Bord. 2016 boten sie auch Buckelwaltouren an.

Schlafen

Die Unterkunftsmöglichkeiten hier sind begrenzt; man sollte daher im Voraus buchen, vor allem für die Hauptsaison (April–Okt.).

Exmouth Cape Holiday Park CAMPING $
(☎1800 871 570; www.parksandresorts.rac.com.au/park/exmouth/; 3 Truscott Cres; ohne/mit Strom 39/53 AU$, B/DZ 34/105 AU$, Hütten ab 135 AU$;) Neue Eigentümer haben diesen riesigen Park aufgepeppt. Camper, Backpacker (Blue-Reef-Backpackers-Zimmer) Familien und andere finden dort tolle Einrichtungen, etwa eine Vielzahl von Hütten: von der einfachen (ein paar Küchengeräte, kein Badezimmer) bis hin zur Luxus-Variante, in der die ganze Familie Platz findet. Es gibt auch einen Fahrradverleih.

Exmouth Ningaloo Caravan & Holiday Resort CAMPING $
(☎08-9949 2377; www.exmouthresort.com; Murat Rd; ohne/mit Strom 40/50 AU$, B/DZ 40/84 AU$, Chalet ab 205 AU$;) Dieser große Park liegt gegenüber der Touristeninformation und wird von nettem, ungezwungenem Personal geführt. Man findet dort Grasflächen, voll ausgestattete Chalets, die Winston's Backpackers genannten Backpacker-Zimmer (ohne eigenes Bad), ein Restaurant im Park, und sogar Haustiere können mitgebracht werden.

Ningaloo Lodge PENSION $$
(☎08-9949 4949; www.ningaloolodge.com.au; Lefroy St; DZ 160 AU$;) Einer der besseren Deals der Stadt. Die Zimmer sind zwar eher kompakt, jedoch sauber und gut ausgestattet. Die Badezimmer sind nicht die neuesten, dafür punktet die Pension mit einer modernen Gemeinschaftsküche, Waschräumen, Grills, schattigem Pool und Hof und mit dem aller Wahrscheinlichkeit nach wohl besten WLAN weit und breit.

★ Mantarays Ningaloo Beach Resort RESORT $$$
(☎08-9949 0000; www.mantaraysningalooresort.com.au; Madaffari Dr; DZ/Apt. ab 325/377 AU$;) Am Jachthafen liegt das Resort, das kürzlich seinen neuen Namen (vorher „Novotel") erhalten hat. Was Perfektion (und Kosten!) angeht, wird es in Exmouth von keinem anderen übertroffen. Die geschmackvoll eingerichteten Zimmer sind geräumig, gut ausgestattet und haben alle einen Balkon. Vom Standardzimmer bis hin zum voll ausgestatteten Zwei-Bett-Bungalow mit Blick auf's Meer wird alles angeboten. Ob Anlage, Pool, Strand oder Restaurant (Mittagessen 17–30 AU$, Abendessen 28–43 AU$; ⏲6.30 Uhr – open end) – alles ist von höchster Qualität.

Essen & Ausgehen

Cadillacs (Grace's Tavern; ☎08-9949 1000; www.cadillacsbar.com.au; Ecke Murat Rd & Pelias St; ⏲8–22 Uhr), Grace's Tavern und die Bars vom **Potshot Hotel** (☎08-9949 1200; www.potshotresort.com; Murat Rd; ⏲10 Uhr–open end) sind die beste Wahl, wenn es um's Trinken geht. Aber auch das Essen in diesen Pubs lässt sich sehen. Wer es auf einen Cocktail zum Sonnenuntergang abgesehen hat, dem ist das Mantaray's am Mantarays Ningaloo Beach Resort sehr zu empfehlen.

Es hält sich das Gerücht, dass es in der Kennedy St hinter dem Einkaufszentrum bald eine neue lokale Brauerei geben soll.

★ Short Order Local CAFÉ $
(☎0421 777 864; www.facebook.com/theshortorderlocal; 3 Truscott Cres; Snacks 5–10 AU$; ⏲Mo–Sa 6.30–11.30 Uhr) Früh morgens belohnt dieser niedliche pastellfarben-gestreifte Van Frühaufsteher am Eingang des Exmouth Cape Holiday Park mit tollem Kaffee, Toasts and frischen Muffins. Holzstühle und Tische laden zum Verweilen ein, und ab und an schaut auch mal ein Emu vorbei.

BBqFather BARBECUE, ITALIENISCH $$
(Pinocchio's; ☎08-9949 4905; www.thebbqfather.com.au; Murat Rd, Exmouth Ningaloo Caravan & Holiday Resort; Hauptmenüs 18–40 AU$; ⏲Mo–Sa 6–21 Uhr;) Dieses beliebte, lizensierte Ristorante im Freien hieß früher Pinocchio's. So wird es wegen der äußerst beliebten Pizza und der selbstgemachten Pasta von den Einheimischen noch immer genannt. Die italienischen Spezialitäten mussten also wieder auf die Karte und sorgen so zusammen mit den riesigen, leckeren BBQ-Steaks für eine riesige Auswahl. Wein darf und sollte selbst mitgebracht werden.

See Salt CAFÉ $$
(☎08-9949 1400; www.seesalt.com.au; 3 Thew St; Gerichte 9–30 AU$; ⏲7–16 tgl., zusätzlich April–Okt. Do–So 18–20.30 Uhr;) Tiefenentspannte Auswahl tagsüber, gegen Ende der Woche (in der Hauptsaison) gibt's dann aber auch ein Abendessen. Für einen gelungenen Kickstart in den Tag sorgen hier zum Frühstück Chili-Eier oder eine Schüssel *pho* (Reisnudelsuppe mit Rind). Wer es süß mag, der gönnt sich die Bananen-Pikelets (kleine Pancakes). Zum Mittagessen stehen u.a. ein mexikanisches Fischgericht oder Hühner-Curry aus Sri Lanka zur Auswahl, aber auch leckere vegetarische Gerichte, köstlicher Kaffee und Smoothies.

★ Whalers Restaurant SEAFOOD $$$
(☎08-9949 2416; whalersrestaurant.com.au; 27 Murat Rd, im Exmouth Escape Resort; Hauptspeisen 30–40 AU$; ⏲17.30 Uhr–open end;) Dieses Restaurant ist in Exmouth bereits eine Institution und bietet eine tolle Lage am Pool, netten Service und ein riesiges Meeresfrüchtebuffet (aber auch Vegetarier oder Veganer kommen auf ihre Kosten). Nicht verpassen sollte man die Spezialität des Hauses, das New-Orleans-Gumbo, Tacos mit in einer Kräutermischung gebratenem Fisch oder indisches Meeresfrüchte-Curry. Eingefleischte Seafood-Fans kommen beim Seafood Medley voll auf ihre Kosten. Rechtzeitige Reservierung wird empfohlen.

Praktische Informationen

Infos zu Umweltschutzprogrammen rund um das Kap erhält man auf der Facebookseite der Cape Conservation Group.

Department of Parks & Wildlife (DPaW; ☎08-9947 8000; www.dpaw.wa.gov.au; 20 Nimitz St; ⏲Mo–Fr 8–17 Uhr) Hält Karten, Broschüren und Genehmigungen für Ningaloo, Cape Range und die Muiron Islands bereit und kann tolle Guides auftreiben. Es informiert auch über Freiwilligenarbeit beim Schildkrötenschutz.

Visitor Centre (☎08-9949 1176; www.visitningaloo.com.au; Murat Rd; ⏲April–Okt. 9–17 Uhr, Okt–März Mo–Fr 9–17 Uhr, Sa & So zusätzlich bis 13 Uhr) Buchung von Touren, Bustickets, Unterkünften sowie Informationen über die Nationalparks. Perfekte Anlaufstelle mit Material, das über die verschiedenen Touren informiert. Bei Fragen hilft das freundliche Personal. Ebenso kann Schnorchelausrüstung ausgeliehen werden. Seit diesem Jahr im neuen Ningaloo Centre zu finden.

An- & Weiterreise

Der **Learmonth Airport** (www.exmouth.wa.gov.au) liegt 36 km südlich von Learmonth. Die Fluggesellschaft Qantas bietet regelmäßig Flüge nach Perth an.

Der Flughafen-**Shuttlebus** (☎ 08-9949 4623) muss vorher gebucht werden. Kosten: Erw./Kind 35/25 AU$ zwischen Learmonth und dem Zentrum von Exmouth.

Dreimal pro Woche fährt **Integrity** (☎ 1800 226 339; www.integritycoachlines.com.au) vom Visitor Centre nach Perth (240 AU$, 17½ Std.) und nach Coral Bay (47 AU$, 90 Min.); zweimal pro Woche geht's außerdem nach Broome (240 AU$, 16¾ Std.). Einmal pro Woche nach Tom Price (146 AU$, 8½ Std.) zum Karijini Nationalpark. **Flying Sandgroper** (S. 1087) bietet in Zusammenarbeit mit den Linien von Integrity Fahrten nach Ningaloo und Karijini an.

Red Earth Safaris (☎ 1800 827 879; www.redearthsafaris.com.au) bietet zweimal pro Woche eine Fahrt von Perths aus an: Nach sechs Tagen ist Exmouth erreicht (785 AU$, Übernachtung und die meisten Mahlzeiten inkl.). Sonntags ist um 7 Uhr Abfahrt am Potshot Hotel Resort, und es geht dann über zwei Tage zurück nach Perth (200 AU$, 30 Std.; Mahlzeiten und eine Übernachtung inkl.).

Unterwegs vor Ort

Budget, Avis und Europcar haben im Ort ihre Büros. Die Preise für Mietwagen beginnen bei ca. 90 AU$ am Tag. Sie bieten Leihwagen am Flughafen an. **Allens** (☎ 08-9949 2403; als carhire@bigpond.com; 24 Nimitz St; ab 45 AU$/Tag) ist ein günstiger lokaler Anbieter mit älteren Autos. Allradfahrzeuge und ein Flughafentransport werden ebenso angeboten. **Exmouth Camper Hire** (☎ 08-9949 4050; www.ningalooexcape.com.au; 16 Nimitz St; 4 Nächte ab 575 AU$) hat größere und kleinere Wohnmobile mit allem Drum und Dran, inklusive Solarmodulen. Beste Voraussetzungen also, um einen Ausflug in den Cape Range Nationalpark zu unternehmen. Die Mindestmietzeit beträgt vier Nächte.

Die Stadt erkundet man am besten mit einem 50er-Roller (ein Autoführerschein wird benötigt) von **Ningaloo Salty's Scooters** (☎ 0448 997 906; www.ningaloosaltyscooters.com.au; 77 Maidstone Cres; 1/3/7 Tage 70/150/240 AU$). Billiger geht's, wenn man ihn pro Woche mietet. Die Vermietung befindet sich hinter der Caltex-Tankstelle.

Fahrräder werden im **Exmouth Cape Holiday Park** (S. 1073) vermietet.

Taxis bekommt man über **Cabs on Call** (☎ 0408 449 944). Der Transport zum Flughafen muss vorab gebucht werden.

Rund um Exmouth

In nördlicher Richtung umfährt die Hauptroute die Spitze des **North West Cape**. An traumhaften Stränden entlang geht es dann Richtung Süden, bis man den Eingang zum Cape Range National Park (S. 1079) erreicht.

Fährt man von Exmouth in nördlicher Richtung an der Harold E Holt Naval Communication Station vorbei, erreicht man kurz vor der VLF-Sendeanlage eine Kreuzung. Um zum Bundegi Beach zu gelangen, bleibt man auf der Straße, die geradeaus führt; die Abzweigung nach links auf die Yardie Creek Rd führt zu den traumhaften Stränden und Buchten des westlichen Kaps sowie zum Ningaloo Reef.

Sehenswertes & Aktivitäten

Bundegi Beach STRAND

(Murat Rd) Im Schatten der VLF-Sendeanlage und nur 13 km nördlich von Exmouth (eine gute Entfernung für eine Radtour) liegt der ruhige Bundegi Beach an einem windgeschützten Küstenabschnitt mit vorgelagertem Riff. Hier kann man sehr schön baden, schnorcheln, tauchen, Kajak fahren und angeln.

★ **Navy Pier** TAUCHEN

(☎ 0456 702 437; www.diveningaloo.com.au; Point Murat; 1-/2-Tauchgänge 130/200 AU$). Der Navy Pier am Point Murat, welcher nach Napoleons Schwager benannt ist, zählt zu den weltweit besten Strandtauchspots. Zu sehen gibt's eine fantastische Vielfalt von Meeresbewohnern, darunter Nacktkiemer, Drachenköpfe, Muränen und Riffhaie. Da sich der Tauchspot auf militärischem Territorium befindet, gibt es für die Besucher strenge Regeln und sie müssen sich einer Tour von Dive Ningaloo (S. 1073) anschließen.

Wrack der SS Mildura SCHIFFSWRACK

(Mildura Wreck Rd) Von der Yardie Creek Rd einfach den Schildern bis zu dem Rinderfrachtschiff von 1907 folgen, das auf dem Riff auf Grund gelaufen ist! Man kann es vom Strand aus sehen.

★ **Vlamingh Head Lighthouse** LEUCHTTURM, AUSSICHTSPUNKT

(abseits der Yardie Creek Rd) Dieser auf einem Hügel errichtete Leuchtturm von 1912 ist schwer zu übersehen. Mit seinem spektakulären Ausblick auf das gesamte Kap ist er auch ein toller Platz für die Beobachtung von Walen und für Sonnenuntergänge.

NINGA TURTLE TRACKERS

Alljährlich zwischen Oktober und März werden entlang der Nordwestküste Freiwilligenprogramme zur Überwachung der Schildkrötenpopulation auf die Beine gestellt, die eine aufregende Erfahrung darstellen und die Möglichkeit bieten, sich aktiv am Umweltschutz in der Region zu beteiligen. Wer sich dafür entscheidet, kann sich auf Arbeit zu ungewöhnlichen Tageszeiten und unter unbequemen Bedingungen sowie auf ein unglaublich bereicherndes Erlebnis einstellen. Die Anmeldefristen beginnen meist im August, es empfiehlt sich aber, sich den zeitlichen Ablauf der einzelnen Programme im Voraus genauer anzusehen.

Ningaloo Turtle Program (NTP; www.ningalooturtles.org.au; Exmouth; 5 Wochen 1300 AU$; ⌚Dez.–Jan.) hier müssen sich freiwillige für fünf Wochen verpflichten und bereit sein, die meiste Zeit auf einer abgelegenen Station in Ningaloo (manchmal auch in Exmouth) zu verbringen. Ein Arbeitstag beginnt bei Sonnenaufgang und dauert fünf Stunden. Dabei sammelt man Daten über das Nist- und Jagdverhalten. Den Rest des Tages hat man frei und kann die Umgebung erkunden. Die Gebühr beinhaltet alle Kosten für Ausrüstung, den größten Teil der Verpflegung und den Transport ab Exmouth.

Pendoley Environmental (☎08-9330 6200; www.penv.com.au; ⌚Nov.–Jan.) Pendoley engagiert sich im Meeresschutz, der in der Nähe der Erdöl- und Gasanlagen Pilbaras, etwa Barrow Island vor der Küste Onslows, durchgeführt wird. Meistens dauern die Aufenthalte 17 Tage, wobei sämtliche Ausgaben übernommen werden. Es gibt ein strenges Auswahlverfahren.

Care for Hedland (☎0447 907 661; www.careforhedland.org.au; Port Hedland; ⌚Okt.–März) Umweltschutzprogramm, das mit dem Freiwilligenprogramm den Schutz der Wallriffschildkröte vorantreibt. An den Küsten Port Hedlands werden diese Schildkröten von Oktober bis März überwacht.

Gnaraloo Turtle Conservation Program (S. 1065) Absolventen naturwissenschaftlicher Fächer, die bereit sind, sich für sechs Monate zu verpflichten, können sich für das GTCP bewerben. Dabei werden Unterkunft, Verpflegung, Transport und Trainingseinheiten bezahlt. Das Programm findet in der abgelegenen Gnaraloo Station, 150 km nördlich von Carnarvon statt.

Schilder geben Auskunft über alles Wissenswerte zu diesem Ort.

Exmouth Kite Centre KITESURFEN
(☎0467 906 091; www.exmouthkitecentre.com.au; Yardie Creek Rd, Ningaloo Lighthouse Caravan Park; Unterricht 1/3 Std. 100/290 AU$) Mit jeder Menge Spaß wird einem hier Kitesurfen, Surfen oder Stehpaddeln (SUP) beigebracht. Zu finden am Ningaloo Lighthouse Caravan Park. Es gibt Unterricht, Stehpaddeltouren zum Sonnenuntergang oder einfach nur die Ausrüstung dazu. Der Unterricht findet dort statt, wo es Wind und Wetter am besten zulassen.

Jurabi Turtle Centre INFOZENTRUM
(JTC; www.ningalooturtles.org.au/jurabi.html; Yardie Creek Rd; ⌚24 Std. geöffnet) GRATIS Wer tagsüber hier vorbeischaut (Das Informationszentrum ist kostenlos), erfährt viel über den Lebenszyklus der Schildkröten und sollte die DPaW-Broschüre *Marine Turtles in Ningaloo Marine Park* mitnehmen. Nachts kann man dann die Tiere bei der Eiablage sowie die Frischgeschlüpften (Dez.–März) beobachten. Immer gebührend Abstand halten und nie eine Lampe oder ein Blitzlicht auf die Tiere richten! Auch eine **Führung bei Dunkelheit** gibt es (www.ningalooturtles.org.au/datesjurabi.html; Jurabi Turtle Centre; Erw./Kind 20/10 AU$; ⌚Dez.–Feb. Mo, Mi & Fr 18.30 Uhr).

ℹ An- und Weiterreise

Die Eingangsstation zum Cape Range National Park (S. 1079) liegt 40 km von Exmouth entfernt; die Straße, die von dort nach Süden führt, kann bis zum Yardie Creek (weitere 50 km von der Eingangsstation) von allen Autos befahren werden.

Für Erkundungsfahrten können rund um Exmouth Autos, Roller und Boote gemietet werden.

Ningaloo Marine Park

Es ist schwierig, die Schönheit der unberührten Gewässer und der traumhaften Sandstrände von Ningaloo, Australiens größtem Saumriff, zu beschreiben. Ein zusätzlicher Reiz dieses Parks ist die Tatsache, dass er größtenteils an den trockenen, felsigen Cape Range National Park angrenzt. Der Ningaloo Marine Park ist Teil des UNESCO-Welterbes und schützt das Ningaloo Reef auf seiner vollen Länge von 300 km, von Bundegi am Ostzipfel der Halbinsel bis zum Red Bluff auf der Quobba Station im äußersten Südende. Er beherbergt eine riesige Vielfalt von Meerestieren – Haie, Mantarochen, Buckelwale, Schildkröten, Dugongs, Delfine, mehr als 200 Korallen- und über 500 Fischarten – und ist stellenweise nur 100 m von der Küste entfernt.

Reisezeit

Dezember bis März Schildkröten – drei bedrohte Arten legen in den Dünen ihre Eier ab. Die Region von Exmouth ist jetzt der schönste Schildkrötenspot.

März & April Korallenblüte – dieses unglaubliche Ereignis findet sieben Tage nach Vollmond statt.

Mitte März bis Mitte August Walhaisaison – die größten Fische der Welt kommen pünktlich, wenn bei den Korallen Vermehrngx angesagt ist. Touren werden rund um Exmouth und Coral Bay angeboten.

Mai bis November Mantarochen – sie sind das ganze Jahr über präsent, doch im Winter und Frühling ist ihre Zahl besonders groß. Schnorcheln und Tauchen mit Mantarochen (man auch mit ihnen schwimmen) werden im Winter von Exmouth and Coral Bay aus angeboten, im Sommer starten sie in Coral Bay.

Juni bis November Buckelwale – sie pflanzen sich in den warmen tropischen Gewässern fort und ziehen dann zur Nahrungsaufnahme zurück gen Süden in die Antarktis. Touren ab Exmouth und Coral Bay (Haibeobachtung und neue Touren mit interaktiven Elementen).

September bis Februar Riffhaie – eine Vielzahl an harmlosen Schwarzspitzen-Riffhaien können hier in den seichten Lagunen beobachtet werden. Skeleton Bay, das in der Nähe von Coral Bay liegt, ist bekannt als Laichgrund dieser Haie.

Abgesehen von den Aktivitäten im Meer sind noch zu beachten: die Schulferien (die Preise steigen, die Verfügbarkeit an Zimmern sinkt) und das Wetter. Das ganze Jahr über ist es hier trocken und warm. Die Temperaturen steigen im Sommer (Nov.–März ca. 35–40 Grad), außerdem könnten tropische Stürme drohen.

Ein kleiner Tipp: Polarisierte Sonnenbrillen helfen beim Entdecken der Meeresbewohner.

Natur

Über 220 Arten von Steinkorallen wurden in Ningaloo gezählt, von bauchigen Hirnkorallen auf den Riffen bis hin zu filigranen, verzweigten Geweihkorallen und langsam wachsenden Riesenkorallen. Die Hartkorallen sind zwar weniger farbenprächtig als die Weichkorallen (die überwiegend in größeren Tiefen am äußeren Riff leben), sie haben aber unglaubliche Formen. Die Vermehrung findet immer nach Voll- und Neumond zwischen Februar und Mai statt, wenn die Äste der zwittrigen Korallen gleichzeitig Eier und Spermien ins Wasser absondern; den Höhepunkt bilden aber in der Regel die sieben bis zehn Tage nach dem Vollmond im März und April.

Es ist gerade jene Vermehrung, die die größte Attraktion des Parks anlockt, nämlich den gepunkteten **Walhai** (*Typ Rhincodon*). Ningaloo zählt zu den wenigen Orten weltweit, an denen die sanften Riesen sich jährlich zur selben Zeit einfinden. Hauptsächlich ernähren sie sich von Plankton und kleinen Fischen. Zu dieser Zeit wird die Gegend zu einem Mekka für Meeresbiologen und Besucher. Die Walhaie, die größten Fische der Welt, können bis zu 18 m lang werden. Schätzungen zufolge werden sie zwischen 70 und 100 Jahre alt. Die Walhaie, die man in Ningaloo antrifft, sind normalerweise zwischen drei und zwölf Metern lang. (ein 12 m langer Walhai wiegt etwa 11 t; ihr Maul ist ca. einen Meter breit).

Aktivitäten

Schnorcheln & Tauchen

Die meisten Traveller besuchen den Ningaloo Marine Park, um zu schnorcheln. Ein Stopp beim Milyering Discovery Centre (S. 1080) ist ein absolutes Muss, um sich mit Karten einzudecken und Infos über die besten Spots und über die Bedingungen vor Ort einzuholen. Unbedingt vorher den Gezeitenkalender genau studieren: Die Strömung kann gefährlich sein, das Gebiet ist abgelegen und es gibt weder Handyempfang noch Rettungsschwimmer. Außerhalb der Saison kann es mitunter passieren, dass gefährliche Schwärme von Irukandji-Quallen das Wasser bevölkern. Im Milyering Discovery Cent-

North West Cape

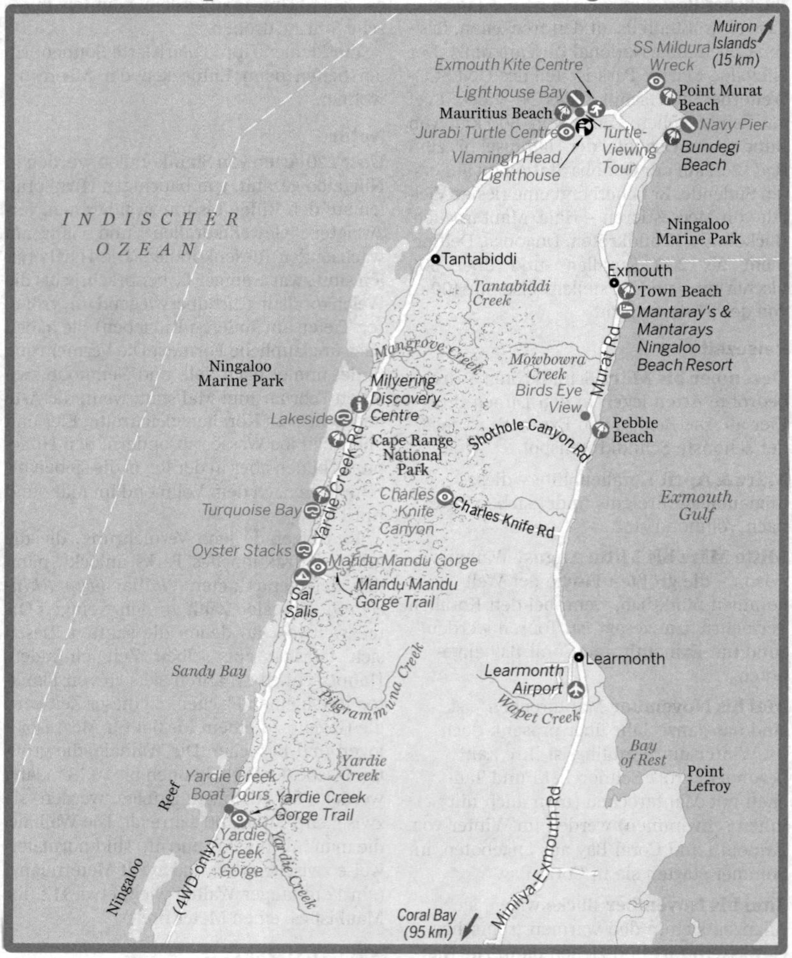

re (und an vielen anderen Orten rund um Exmouth und Coral Bay) kann Schnorchelausrüstung geliehen oder gekauft werden.

Um seinen Schnorchel- oder Tauchexkursionen eine ganz neue Dimension zu verleihen, kann man nebenher Meeresdaten sammeln oder freiwillig beim Riff-Monitoring mitmachen (Kurse verfügbar). Mehr Infos auf www.reefcheckaustralia.org.

★Turquoise Bay SCHNORCHELN

(Yardie Creek Rd) 63 km von Exmouth gelegen, hat diese Bucht ihren Namen absolut verdient. Die **Bay Snorkel Area** eignet sich für Schnorchler aller Stufen und bietet unmittelbar vor der Küste Myriaden von Fischen und Korallen. Geübtere Schwimmer zieht es zur **Drift Snorkel Area**, wo eine Strömung die Schnorchler über Korallenriffe hinwegträgt. Auf keinen Fall den Ausstiegspunkt verpassen, sonst treibt die Strömung einen durch die Lücke im Riff!

Oyster Stacks SCHNORCHELN

(Yardie Creek Rd) Diese spektakulären Bommies (separate Riffe unweit der Küste) liegen nur wenige Meter vor der Küste. Man braucht jedoch eine Wasserhöhe von mindestens 1,2 m, und scharfkantige Felsen erschweren das Hinein- und Hinausschnorcheln. Wer sich kurz ausruhen will, sollte sich nicht auf die Riffe stellen, sondern ein Fleckchen Sand suchen. Der Parkplatz befindet sich 69 km von Exmouth entfernt.

Lakeside SCHNORCHELN
(Yardie Creek Rd) Lakeside erreicht man über die Straße am Milyering Visitor Centre; es liegt 56 km von Exmouth entfernt. Vom Parkplatz aus 500 m gen Süden den Strand entlanggehen, dann mit der Strömung hinausschnorcheln und schließlich wieder zum Ausgangspunkt zurückschnorcheln!

Lighthouse Bay TAUCHEN
(Yardie Creek Rd) Bei der Lighthouse Bay (an der nördlichen Spitze des Kaps) gibt's tolle Tauchspots – z.B. Labyrinth, Blizzard Reef und Helga's Tunnels. Weitere Anregungen findet man in der DPaW-Broschüre Dive and Snorkel Sites in Western Australia. Tauchanbieter in Exmouth stehen zur Verfügung und bringen einen direkt vor Ort.

Kajakfahren

An einigen der besten Schnorchelspots Ningaloos findet man Liegeplätze für Kajaks. Dort können Kajakfahrer ihre Boote anbinden und in Bundegi, Tantabiddi und Osprey (im Norden) und im Süden in Maud (ganz in der Nähe von Coral Bay) schnorcheln gehen. Kajaks erhält man in Coral Bay oder in Exmouth' Zentrum. Andere Option: eine Kajaktour an diesen Orten mitmachen.

Cape Range National Park

Die Küste des Cape Range National Park (https://parks.dpaw.wa.gov.au/park/cape-range; 12 AU$/Auto) ist hier die Hauptattraktion – und es sind diese atemberaubenden Strände, die dem Besucher Zugang zum unberührten Ningaloo Marine Park (S. 1076) verschaffen.

Die Kalksteingipfel und die Schluchten des 510 km² großen Parks verdienen jedoch eigens erwähnt zu werden – sie bilden eine Abwechslung zum ansonsten so flachen, ausgedörrten North West Cape. Sie bieten Lebensraum für eine artenreiche Tierwelt, darunter das seltene Schwarzpfoten-Felskänguru, fünf Fledermaus- und über 200 Vogelarten. Spektakuläre, steil abfallende Schluchten durchschneiden die Höhenzüge, bevor sie

INTERAKTIVE BUCKELWALTOUREN

Im August 2016 begannen unter der Leitung des Department of Parks & Wildlife Anbieter probeweise damit, Buckelwaltouren anzubieten. Dieser Versuch wurde danach noch ausgedehnt. Ningaloo ist somit einer von wenigen Orten weltweit (neben Tonga, der Dominikanischen Republik und Queenslands Sunshine Coast), an denen die Beobachtung der Buckelwale auf diese Art und Weise möglich ist.

Buckelwale ziehen alljährlich zwischen Ende April und Mai in Richtung der wärmeren Gewässer die westaustralische Küste hinauf. Dort paaren sie sich und kalben. Ungefähr im August machen sie sich dann erneut auf die Reise: Es geht wieder Richung Süden zu ihren Futtergründen in der Antarktis. Geschätzt 30 000 Wale wandern durch dieses Gebiet. 2016 ging die Saison von August bis Oktober, was sich gut mit der Walhai-Zeit verträgt (üblicherweise von Mitte März bis August). Die bereits existierenden Anbieter von Walhaitouren in Exmouth und Coral Bay wurden eingeladen, sich an diesen Versuchen zu beteiligen, vorausgesetzt, sie verfügten über die notwendige Ausrüstung.

Die kühnen Teilnehmer sollten wissen, dass die Beobachtungstouren mit Buckelwalen nicht mit Walhaitouren vergleichbar sind. Buckelwale sind längst nicht so zahm und berechenbar wie Walhaie, daher gibt es deutlich mehr zu beachten, wenn man sich zu den Buckelwalen ins Wasser begibt. Keine Beobachtungen sind möglich, wenn – wie es oft vorkommt – Kälber anwesend sind, wenn eine Gruppe junger, männlicher Buckelwale in der Nähe ist (ihr Verhalten ist noch weniger vorhersehbar), wenn Flossenschlagen und/oder Sprünge beobachtet werden, usw. Die Anbieter feilen noch am richtigen Modus dieser Touren. Die Bezeichnung „Schwimmen mit Buckelwalen" ist nicht unbedingt korrekt, da es sein kann, dass es nur ein Beobachten von Buckelwalen wird. Zusammenfassend kann man feststellen, dass etwa 70 % der Touren im Jahr 2016 „erfolgreich" waren, d.h. die Schwimmer waren im Wasser in der Nähe der Wale.

Es ist ratsam, sich vor der Buchung solcher Buckelwaltouren über die Preise und Bedingungen zu informieren, sodass man nicht enttäuscht zurückkehrt, sollte man nicht die Möglichkeit gehabt haben, zu den Walen ins Wasser zu hüpfen.

abflachen und in die windgepeitschten Dünen und das türkisfarbene Wasser des Ningaloo Reef übergehen.

Sehenswertes & Aktivitäten

Charles Knife Canyon SCHLUCHT
(Charles Knife Rd) An der Ostküste führt eine malerische, teilweise sogar sehr spektakuläre Straße (11 km lang) über einen superschmalen Felsgrat in schwindelerregenden Kurven in die Höhe. Überall laden traumhafte Ausblicke zu Zwischenstopps zum Fotografieren ein. Eine unwegsame Piste führt weiter zum **Thomas Carter Lookout** (auf 311 Höhenmeter, mit tollen Ausblicken) von wo aus man (in den kühleren Monaten) dem 8 km langen **Badjirrajirra-Rundweg** durch Spinifex und felsige Rinnen folgen kann. Aber Achtung: Wasser und Schatten sucht man vergebens! Im Sommer sollte man diese Wanderung unter keinen Umständen wagen.

Yardie Creek Gorge SCHLUCHT
(am Ende der Yardie Creek Rd) Mehrere Wanderwege führen zu tollen Aussichtspunkten auf diese mit Wasser gefüllte Schlucht: der einfachere Nature Walk mit einer Länge von 1,2 km (hin & zurück) oder der 2 km lange (hin & zurück) Weg, der bis hoch über den Fluss fürt. Oder aber man wählt gleich die gemütlichere Variante: eine Bootstour (S. 1080).

Yardie Creek liegt 50 km vom Eingang entfernt und ist mit allen Fahrzeugen erreichbar.

Mandu Mandu Gorge SCHLUCHT
(Yardie Creek Rd) Von einem kleinen Parkplatz an der Hauptstraße, 14 km südlich vom Milyering Discovery Centre, startet ein netter, teils steiler 3 km langer Wanderweg (hin & zurück) am Rand der Schlucht entlang.

Yardie Creek Boat Tours BOOTSTOUR
(☎08-9949 2920; www.yardiecreekboattours.com.au; Erw./Kind/Fam. 35/15/80 AU$; ⏲11 Uhr, in der Hauptsaison auch 12.30 Uhr; 👪) Entspannte, einstündige Bootsfahrt durch die Yardie Creek Gorge, wo mit etwas Glück die seltenen Schwarzpfoten-Felskängurus zu sehen sind. Unbedingt den Fahrplan checken (über den Anbieter selbst oder über das Exmouth Visitor Centre; S. 1074). Je nach Saison sind die Termine unterschiedlich, so gibt es z. B. von Januar bis März keine Fahrten.

Schlafen

Sal Salis CAMPING $$$
(☎08-9949 1776; www.salsalis.com; South Mandu, abseits der Yardie Creek Rd; 750–1080 AU$ pro Pers. und pro Nacht; ⏲Mitte März–Okt.) Lust, den blutroten Sonnenuntergang über dem Indischen Ozean in edlem Bettzeug zu genießen? Für jene, die nicht beengt auf einem Campingplatz übernachten wollen, gibt's hier, bei einem Mindestaufenthalt von zwei Nächten, 16 Luxus-Zelte, drei Gourmet-Mahlzeiten pro Tag, eine Bar mit kostenlosen (!) Getränken und fast alles, wonach einem sonst noch der Sinn stehen könnte.

Praktische Informationen

Milyering Discovery Centre (☎08-9949 2808; Yardie Creek Rd; ⏲9–15.45 Uhr; 👪) Dieses Visitor Centre ist sowohl für den Ningaloo Marine Park als auch für den Cape Range

CAMPING IM CAPE RANGE NATIONAL PARK

Der Campingplatz (Erw./Kind 10/2,20 AU$) wird vom Department of Parks & Wildlife geführt; von April bis Oktober müssen die Stellplätze vorgebucht werden (bis zu 180 Tage vor der Anreise). Alle Hochsaisonbuchungen werden auf der Website gemacht, auf der man sich auch die Anlage und die Einrichtungen ansehen kann: https://parkstay.dpaw.wa.gov.au.

In der Nebensaison gilt: Wer zuerst kommt, mahlt zuerst. Informationen sind am Eingang und im Visitor Centre erhältlich.

Der Park erstreckt sich von Neds Camp im Norden bis Yardie Creek im Süden (wichtig: An der Turquoise Bay gibt es keinen Campingplatz).

Campingausstattung und Schatten gibt es an den sandigen Stellplätzen nicht gerade im Übermaß, dennoch haben die meisten Öko-Toiletten (keine Duschen, kein Wasser) und einige bieten Schutz vor den häufigen Winden, zusätzlich gibt es ein, zwei Picknick-Unterstände. Lagerfeuer sind nicht erlaubt, daher eigenen Campingkocher mitbringen.Die Stellplätze sind ohne Strom, man muss sich also eine Stelle ohne Generator suchen, wenn man ein wenig Ruhe haben will. Auf den meisten Campingplätzen gibt es Personal, das während der Hauptsaison vor Ort ist. Unsere Wahl: die neu hergerichteten Stellplätze an der Osprey Bay oder das küstennahe North Kurrajong.

National Park zuständig und hat interessante Infotafeln über Natur und Kultur sowie Karten, Gezeitenkalender, Fotos der Zeltplätze und weiteres Infomaterial. Hier erhält man Details zu Straßen- und Wasserbedingungen sowie Schnorchelausrüstung (Tag/über Nacht 10/15 AU$), Getränke und Eis.

Pilbara Coast

Karratha

19 250 EW.

Bis zuletzt war es immer so, dass die meisten Traveller in Karratha Geld abheben, ihre Vorräte aufstocken, Reparaturen ausführen lassen und die Stadt verließen, bevor ihre Geldbörse noch stärker belastet wurde. Das war für die Stadt nicht gerade von Vorteil. Karratha ist in der Region die Hauptstadt des Bergbaus und der Industrie. Sie ist bei Weitem nicht die schönste im Lande, aber es gibt hier dennoch viel zu entdecken: von Touren zur traditionellen Felskunst bis hin zu Cafés, die es sogar mit den coolsten Locations in Perth aufnehmen könnten.

Sehenswertes & Aktivitäten

Miaree Pool SEE

(North West Coastal Hwy) Schon bemerkt? Es kann hier sehr, sehr heiß werden. Abkühlung verschafft ein Bad in diesem schattigen See. Einheimische kommen gerne zum Picknicken und zum Schwimmen. Er liegt 30 km südwestlich der Karratha-Abbiegung auf dem North West Coastal Hwy (Hwy 1).

Yaburara Heritage Trail WANDERN

Hinter dem Visitor Centre beginnen diverse Pfade (der längste ist 3,5 km lang; einfache Strecke), die durch bedeutende traditionelle Stätten führen und Informationen zur Umsiedlung und zum Aussterben des Jaburara-Volkes vermitteln. Dort findet man Felskunst, Steinbrüche und Muschelhaufen sowie tolle Ausblicke von mehreren Stellen. Viel Wasser mitnehmen und früh aufbrechen!

★ Ngurrangga Tours KULTUR

(☎ 08-9182 1777; www.ngurrangga.com.au; halber Tag Erw./Kind 132/66 AU$; ⊙ Feb.–Nov.) Die Kulturexkursionen von Clinton Walker, einem dem Ngarluma-Stamm angehörenden Einheimischen, erhalten von Travellern begeistertes Feedback. Die halbtägige Tour in den Murujuga National Park führt zu Felsmalereien auf der Burrup Peninsula nahe Dampier, während die längeren Tagestouren einen Einblick in die kulturell bedeutenden Gebiete des Millstream Chichester National Park (Erw./Kind 300/150 AU$) geben. Es gibt auch dreitägige Campingtouren zum Millstream (800/400 AU$). Los geht's am Visitor Centre von Karratha.

Feste & Events

Red Earth Arts Festival KULTUR

(www.reaf.com.au) Jedes Jahr Mitte September feiern Karratha und die benachbarten Küstenorte zehn Tage lang dieses Fest: ein Mix aus Livemusik aller Art, Theater, Komödie, bildender Kunst und Geschichtenerzählern.

Schlafen & Essen

The Ranges APARTMENT $$

(☎ 1300 639 320; www.therangeskarratha.com.au; De Witt Rd; DZ 195–285 AU$;) Dieser elegante Komplex voller luxuriöser Apartments bietet eine überraschend anspruchsvolle Ausstattung: King-Size-Betten und eine raffinierte Kücheneinrichtung. Draußen finden sich ein gepflegtes Gelände, ein riesiger Pool und ein Grillbereich. Der Service ist erste Sahne. Gelegen auf der Straße Richtung Zentrum, ca. 1 km südlich vom Visitor Centre.

★ Empire 6714 CAFÉ $$

(☎ 0427 654 045; www.empire6714.com.au; Warambie Rd; Hauptgerichte 13–28 AU$; ⊙ 6–16 Uhr;) Natürlich kann man sich hier auch die üblichen Gerichte à la Schinken und Eier bestellen. Aber warum nicht mal Kokosnussmehl-Pancakes mit Beeren oder aber einen Obstkuchen mit Feige und Fenchel probieren? Unzählige Bio-Angebote oder Spezialitäten schwer auszumachenden Ursprungs finden sich auf der Karte. Das tolle: Es ist keine einseitige Karte und so findet man auf ihr neben einer Rohkost-Pizza beispielsweise auch ein Steak-Sandwich. Weitere Trümpfe des Angebots: Smoothies, kaltgepresste Fruchtsäfte, Kaffee und Kombucha (fermentiertes Teegetränk).

Soul CAFÉ, BAR $$

(☎ 08-9183 8278; www.facebook.com/soulkaratha; Warambie Rd, Pelago Centre; Gerichte 10–33 AU$; ⊙ Mo–Sa 6–22 Uhr, So 7–15 Uhr) Schickes Städter-Frühstück (bis 11 Uhr), danach ein Buffet, das den ganzen Tag gereicht wird und bei Jedermann beliebt ist. Ob Gourmet-Burger oder verführerische gemischte Platten (kleine Sandwichs, Quesadillas und Antipasti) – alles ist dabei. Außerdem auf dem Menü: erstklassiger Kaffee aus der hübsch glänzenden Elektra-Kaffeemaschine.

Praktische Informationen

Karratha Visitor Centre (08-9144 4600; www.karrathavisitorcentre.com.au; De Witt Rd; Mo–Fr 8.30–17 Uhr, April–Sept. Sa & So 9–14 Uhr, Mo–Fr 9–16 Uhr, Okt.–März Sa 10–13 Uhr;) Hat Karten und Infos über die Gegend, stellt Genehmigungen für die Nutzung der Rail Access Rd aus (der direkte Weg nach Tom Price), bucht Touren (auch zum Thema Bergbau) und kann eventuell auch bei der Suche nach einem Zimmer behilflich sein.

An- & Weiterreise

Karratha Airport (www.karrathaairport.com.au), liegt auf halber Strecke zwischen Karratha and Dampier und ist dank der Virgin Airlines, Qantas und Alliance Airlines gut an Perth angebunden.

Integrity (1800 226 339; www.integritycoachlines.com.au) Fährt zweimal pro Woche mit Bussen von Perth nach Broome (mit Stopps in Coral Bay, Exmouth, Karratha, Roebourne und Port Hedland).

Fahrten von Karratha beinhalten Perth (282 AU$, 24 Std.), Exmouth (164 AU$, 6½ Std.), Port Hedland (89 AU$, 3½ Std.) und Broome (187 AU$, 10 Std.).

Die An- und Abfahrt der Busse erfolgt an der Haltestelle in der Welcome Rd (gegenüber der Kirche), wo sich die größten Geschäfte befinden.

Rund um Karratha

Eigentlich ist **Dampier** ein Vorort von Karratha. Hier sind der wichtigste Hafen der Region und auch die Schwerindustrie beheimatet. Dampier erstreckt sich 20 km nordwestlich von Karratha um King Bay herum. Der berühmteste Einwohner der Stadt ist Red Dog, über den es sogar Bücher und Filme gibt. Dies war ein allseits beliebter Hund, der in den 70er-Jahren in der Stadt und der Umgebung umhersteunte. Wer in die Stadt fährt, erblickt sofort die Statue zu Ehren von Red Dog.

Roebourne, 40 km östlich von Karratha gelegen, ist die älteste noch bestehende Pilbara-Stadt und wurde im Jahre 1886 auf dem Land der Ngaluma gegründet. Hier lebt eine große Aborigine-Gemeinschaft mit Yindjibarndi als wichtigster Sprachgruppe. In der Stadt gibt es einige schöne, alte Gebäude und eine blühende indigene Kunstszene (www.roebourneart.com.au). In der von Aborigines geleiteten Galerie **Yinjaa-Barni** (08-9182 1959; www.yinjaa-barni.com.au; Parzelle 3 Roe St; variieren) werden Werke begabter Millstream-Künstler ausgestellt.

Eine gute Nachricht für die Stadt: Das alte Victoria Hotel (1866 erbaut, seit 2006 geschlossen) soll restauriert werden, um seine wundervolle Architektur wieder erstrahlen zu lassen. Dort soll dann ein Kultur- und Tourismus-Center entstehen.

★ Murujuga National Park NATIONALPARK
(parks.dpaw.wa.gov.au/park/murujuga; Burrup Peninsula Rd) GRATIS Seit mehr als 30 000 Jahren ist in Murujuga die weltweit größte Ansammlung von Felsmalereien. Die Felsmalereien finden sich in den unscheinbaren Hügeln der stark industrialisierten Burrup Peninsula. Am einfachsten zugänglich sind jene in der Deep Gorge nahe der Hearson Cove. Unfassbar, aber wahr: Einige Stätten wurden durch Vandalismus zerstört. Die Malereien zeigen Fische, Meeresschildkröten, Kängurus und sogar einen Tasmanischen Tiger.

Eine halbtägige Tour mit Ngurrangga Tours zeigt die Bedeutung dieser Kunst in beeindruckender Weise auf.

Dampier Archipelago NATURSCHUTZGEBIET
(https://parks.dpaw.wa.gov.au/park/dampier-archipelago) Vor der Küste Dampiers liegt der Dampier Archipelago, ein von Korallen bevölkertes und mit unberührten Inseln übersätes Gebiet, in dem zahllose Meerestiere und vom Aussterben bedrohte Beuteltiere leben (25 der 42 Inseln sind Naturschutzgebiet). Es ist das Mekka für entspannten Fischfang und Bootsfahrten. Massenweise kommen die einheimische Bootskapitäne zum Relaxen hierher. Informationen über Angeltouren und Bootsfahrten gibt's im Karratha Visitor Centre.

Hearson's Cove STRAND
(Hearson Cove Rd) Ein überaus toller Platz zum Schwimmen und Picknicken. Zwischen März und Oktober kann man hier auch das Naturschauspiel „Staircase to the Moon" bewundern. Bei Ebbe kann man das Wattenmeer erkunden.

Port Hedland

14 000 EW.

Port Hedland wird nicht gerade einen Schönheitswettbewerb gewinnen. Und wer auf der Durchreise ist und nur Rangierbahnhöfe, Eisenerzlager, Salzberge, Hochöfen und den riesigen Tiefseehafen sieht, nimmt instinktiv Reißaus. Unter dem ganzen roten Staub verbirgt sich aber eine interessante, 130-jährige Geschichte, die vom Bergbau-

ABSEITS DER ÜBLICHEN PFADE

MARBLE BAR

Marble Bar, ein gutes Stück abseits aller ausgetretenen Pfade, blieb den Australiern als heißeste Stadt des Landes im Gedächtnis, seit im Jahr 1921 das Quecksilber 160 Tage hintereinander nicht unter 37,8°C fiel. Die Stadt hat ihren Namen von einer 5 km südwestlich gelegenen Felsformation aus Jaspis (der irrtümlich für Marmor gehalten wurde) an einem Pool am Coongan River.

Die meiste Zeit über ist hier nicht viel los. Man kann sich in der 8 km außerhalb der Stadt an der Hillside Rd gelegenen **Comet Gold Mine,** (☎ 08-9176 1015; Hillside Rd; 3 AU$; ⊙ 9-16 Uhr) dem Studium der Mineralien hingeben oder sich im **Ironclad Hotel** (☎ 08-9176 1066; 15 Francis St; Hauptgerichte 17–45 AU$; ⊙ 12 Uhr–open end) an der Bar stärken. Der klassische Outback-Pub bietet auch gemütliche Motelzimmer, anständige Gerichte und heißt alle Traveller herzlich willkommen. Sobald die Temperaturen steigen, sorgt das Schwimmbad der Stadt für Abkühlung.

Wer am ersten Wochenende im Juli anreist, erlebt, wie die Stadt auf das Zehnfache ihrer normalen Größe anwächst. Und für die Dauer eines Wochenendes geht es nur noch ums Trinken, um Glücksspiele, die Modenschau, Country-Musik, nackte Haut und das Pferderennen, das als **Marble Bar Cup** (www.marblebarraces.com; ⊙ Anfang Juli) bekannt ist. Der **Holiday Park** (☎ 08-9176 1569; Contest St; Stellplatz ohne Strom/mit Strom 20/38 AU$) ist dann rappelvoll und das Ironclad ist belagert, weil Gäste von nah und fern herkommen, um im Outback zu tanzen.

Marble Bar befindet sich 200 km von Port Hedland entfernt über die befestigte Rte 138. Weiter nach Newman sind es 300 km auf einer unbefestigten, aber ruhigen Straße. Bei normalen Bedingungen ist sie auch befahrbar, wenn man keinen Geländewagen hat. Aber besser vor Ort abchecken. Viel Wasser mitbringen!

Das Shire of East Pilbara hat einen Bus, der mehrmals wöchentlich zwischen Port Hedland und Marble Bar verkehrt (29 AU$, 3¼ Std.; zweimal in beide Richtungen). Auf www.eastpilbara.wa.gov.au findet man mehr Infos.

boom, seinem Niedergang, von Wirbelstürmen, der Perlenindustrie und dem Zweiten Weltkrieg erzählt. Man kann hier zudem durchaus ein paar nette Stunden verbringen und die blühende Kunst- und Cafészene (echter Kaffee!) der Stadt, das historische Zentrum und das malerische Ufer erkunden.

Sehenswertes & Aktivitäten

Die Broschüre *Adventure Awaits: Your Guide to Port Hedland* des Visitor Centre ist eine prima Hilfe, um das Zentrum und das Ufergebiet auf eigene Faust zu erkunden.

Die Goode Street in der Nähe des Pretty Pools eignet sich gut für einen Blick auf Port Hedlands **Staircase to the Moon** (an Vollmondnächsten zwischen März und Oktober). Der Effekt eines Staircase to the Moon entsteht durch Wasser, das in kleinen Sandkräuselungen steht und das Mondlicht reflektiert.

★ Courthouse Gallery GALERIE
(☎ 08-9173 1064; www.courthousegallery.com.au; 16 Edgar St; ⊙ Mo–Fr 9–16.30, Sa 9–15 Uhr) Das von viel Grün umgebene Kunstzentrum ist mehr als nur eine Galerie: Es gehört zum Besten, was Hedland zu bieten hat. Im Inneren werden beeindruckende lokale Ausstellungen zeitgenössischer Kunst und Aborigine-Werke gezeigt, während im schattigen Außenbereich gelegentlich Kunsthandwerksmärkte stattfinden. Wenn etwas in der Stadt los ist, wissen die Leute hier darüber Bescheid.

Spinifex Hill Studios GALERIE
(☎ 08-9172 1699; www.spinifexhillstudio.com.au; 18 Hedditch St, South Hedland; ⊙ Di–Fr 9–17, So 10–14 Uhr) Eine tolle, neue Initiative, die Werke indigener Künstler aus Hedland und der Pilbara-Region ausstellt. Es ist ratsam, samstags zu kommen. Dann können – wie bei einem Tag der offenen Tür – Künstler bei der Arbeit beobachtet werden. Es gibt auch Kaffee! Auch wenn es ebenso an anderen Tag geöffnet ist, raten wir, vorab anzurufen!

Pretty Pool SCHWIMMEN
(am Matheson Dr) Ein beliebter Platz zum Schwimmen und Picknicken (Achtung: giftige Steinfische!), 7 km östlich vom Stadtzentrum. Wo man am besten schwimmen kann, hängt von den Gezeiten ab. Die Einheimischen wissen am besten Bescheid!

Tours

Harbour Tour GEFÜHRTE TOUR

(☎ 08-9173 1315; www.phseafarers.org; Ecke Wedge & Wilson Sts; Erw./Kind 55/30 AU$; ⏱ Mo–Sa 9.30, So 13.30 Uhr) Diese Tour wird vom Seafarers Centre angeboten und zeigt alles Wissenswerte rund um den Hafen. Zur Tour gehört eine einstündige Bootsfahrt im Hafen. Die Abfahrtszeiten variieren. Vorab informieren!

BHP Billiton Iron Ore Tour GEFÜHRTE TOUR

(Erw./Kind 45/30 AU$; ⏱ Die & Do 13 Uhr) Die beliebte Führung informiert über den Abbau von Eisenerz. Am besten über das Visitor Centre buchen, von wo aus die Tour auch startet. Eintritt frei für Kinder unter 10 Jahren.

Schlafen & Essen

Das Visitor Centre hilft mit Infos und bei Buchungen.

Für eine Bleibe am Strand etwas abseits von Städten und Bergminen kann man Eighty Mile Beach auf dem Weg gen Norden oder Point Samson (südliche Richtung) ins Auge fassen.

Discovery Parks Port Hedland CAMPING $

(☎ 08-9173 1271; www.big4.com.au; Ecke Athol & Taylor Str.; Stellplätze mit Strom 38–55 AU$, Backpacker DZ 60 AU$, Wohneinheit DZ ab 119 AU$; ❄ 📶 🏊) Am östlichen Ende der Stadt gelegen, bietet dieser Campingplatz zahlreiche Hütten, Backpacker-Zimmer (keine eigene Küche/Bad) und gut unterhaltene Anlagen. Vom Park bietet sich ein schöner Ausblick auf die Mangrovenwälder.

Esplanade Hotel HOTEL $$

(☎ 08-9173 9700; www.theesplanadeporthedland.com.au; 2-4 Anderson St; DZ mit Frühstück Wochenende/Wochentags ab 165/215 AU$; ❄ @ 📶) Ursprünglich war das „Nard" einer der rustikalsten Pubs in Port Hedland, heute ist es jedoch ein exklusives 4½-Sterne-Resort mit 98 netten, gut ausgestatteten Zimmern (für die Größe sind sie jedoch etwas teuer). Sehr beliebt bei Geschäftsreisenden, wodurch die Wochenendpreise etwas günstiger sind. Vor Ort kann man sehr gut essen und trinken.

★ **Esplanade Hotel** MODERN-AUSTRALISCH $$

(☎ 08-9173 9700; www.theesplanadeporthedland.com.au; 2-4 Anderson St; Hauptgerichte an der Bar 20–30 AU$, Hauptgerichte Restaurant 20–45 AU$; ⏱ 5.30–24 Uhr) Dieses alte Hotel kommt überraschend elegant daher. Das preiswerte Frühstück gibt's bis 11.30 Uhr, das ganztägige Angebot der Empire Bar mischt Klassiker mit neuen Spezialitäten (Vietnamesischer Hühnersalat, pochiertes Scotch Filet Steak). Ebenso gibt es ein Restaurant für ein Abendessen und schöne Überraschungen wie Jerk Chicken mit Wildreis oder Ziegen-Vindaloo.

Praktische Informationen

Visitor Centre (☎ 08-9173 1711; www.visitporthedland.com; 13 Wedge St; ⏱ Mo–Fr 9–17 & Sa 9–14 Uhr; 📶) Dieses tolle Besucherzentrum verkauft Bücher, hat Schiffsfahrpläne aushängen, organisiert Führungen durch das Eisenerzwerk, hilft bei der Suche nach Unterkünften und arrangiert Schildkrötenbeobachtungen (Nov.–Feb.). Zwischen April und September ist sonntags (9–14 Uhr) geöffnet.

An- & Weiterreise

Der **Port Hedland International Airport** (www.porthedlandairport.com.au) liegt 12 km südlich außerhalb der Stadt und bietet gute Verbindungen: Virgin und Qantas fliegen täglich nach Perth. Qantas bietet zudem einmal pro Woche einen Direktflug nach Brisbane und Melbourne an. Toll: mit Virgin kann man bequem übers Wochenende nach fliegen.

Die großen Autovermieter (Hertz, Avis, Budget usw.) haben Zweigstellen am Flughafen. Ein **Taxi** (☎ 08-9173 1010; www.hedlandtaxis.com.au) in die Stadt kostet 35 bis 40 AU$.

Integrity (☎ 1800 226 339; www.integritycoachlines.com.au) fährt mit zwei Linien einmal pro Woche nach Broome. (129 AU$, 6½ Std.). Vier Linien fahren in den Süden nach Perth (274 bis 293 AU$, 21¼ bis 28¼ Std.) auf unterschiedlichen Strecken (entlang der Küste oder übers Inland).

Abfahrt und Ankunft der Busse ist am Port Hedland Visitor Centre und am South Hedland Shopping Centre.

Karijini National Park

Die atemberaubend engen Schluchten, versteckten Wasserbecken und die spektakulären Wasserfälle des Karijini National Parks (https://parks.dpaw.wa.gov.au/park/karijini; 12 AU$/Fahrzeug) gehören zu den beeindruckendsten Attraktionen in Western Australia. Die roten, schroffen Bergketten und die dunklen, tiefen Schluchten, die zahllose Tierarten und über 800 verschiedene Pflanzenarten beherbergen, sind ein Besuchermagnet sowohl für Abenteurer als auch für Naturliebhaber.

Kängurus, Snappy Gums (ein für diese Region typischer, myrtenartiger Baum) und Wildblumen sind überall auf dem Flachland anzutreffen, Felswallabies krallen sich an

ABSTECHER

MILLSTREAM CHICHESTER NATIONAL PARK

Inmitten von trockenen, mit Spinifexgräsern bedeckten Hochebenen und Basaltbergen zwischen Karijini und der Küste bilden die ruhigen Wasserlöcher des Fortescue River kühle, grüne Oasen der Erholung im Millstream Chichester National Park (https://parks.dpaw.wa.gov.au/park/millstream-chichester; 12 AU$/Fahrzeug). Im Norden des Parks erstrecken sich die eindrucksvollen Felsen und die abgetragenen Tafelberge der Chichester Range. Das Gebiet ist in Trockenzeiten ein Rettungsanker für Flora und Fauna und zugleich eine der bedeutendsten Aborigine-Stätten Western Australias.

Millstream Homestead Visitor Centre (⌚8–16 Uhr) Das Visitor Centre (ehemals Homestead Station) zeigt historische, ökologische und kulturelle Exponate. 22 km westlich der Karratha-Tom Price Rd.

Python Pool Direkt an der Straße, die durch die Chichester Range führt (19 km östlich der Karratha-Tom Price Rd), liegt diese pittoreske Wasserstelle direkt am Riff. Normalerweise ist dieses natürliche Becken zum Baden geeignet. Bevor man hineinspringt, sollte man aber nach Algenblüten Ausschau halten.

Deep Reach Pool (Millstream; 👪) Nur 4 km vom Visitor Centre. Perfekt zum Schwimmen ist diese Badestelle (Nhangganggunha in der Sprache der Einheimischen) mit Picknicktischen im Schatten sowie Grillstellen. Hier soll die Ruhestätte von Warlu, der Schlange der Schöpfung sein. Das Wasser ist tief und das Ufer stürzt steil zum Wasser ab. Daher die Stufen benutzen!

Mt Herbert Nach dem zehnminütigen Anstieg vom Parkplatz an der Straße nach Roebourne eröffnet sich dem Betrachter ein toller Blick über die zerklüftete Chichester Range.

Jirndarwurrunha Pool (Millstream) Einen kurzen Marsch vom Visitor Centre entfernt, liegt das wunderschöne, von Palmen gesäumte Jirndarwurrunha-Becken, das für seine traditionellen Besitzer, die Yindjibarndi, von besonderer Bedeutung ist. Ein einfacher halbstündiger Spaziergang führt durch das sumpfige Gebiet. Schwimmen ist verboten.

schroffe Klippen und die bedrohten Olivpythons sonnen sich in riesigen Feigenbäumen über ruhigen Wasserlöchern. In dem Park befinden sich zudem die drei höchsten Gipfel Western Australias: Mt. Meharry, Mt. Bruce und Mt. Frederick.

Die Temperaturen erreichen hier im Sommer Höchstwerte! Unbedingt viel Wasser mitnehmen! Im Winter sind die Nächte kalt. Das ganze Jahr über gilt: Wanderer sollten ihre Route sorgfältig wählen, sich entsprechend kleiden, niemals gesperrte Gebiete ohne einen offiziellen Führer betreten und während und nach Regenfällen die Schluchten meiden, da es zu sehr plötzlichen Überschwemmungen kommen kann.

👁 Sehenswertes & Aktivitäten

In diesem Park führen alle Straßen zu Parkplätzen. Von dort aus erreicht man über kurze, leicht zu bewältigende Wanderwege wundervolle Aussichtspunkte mit Blick über die Schluchten. Es gibt auch ein paar ebene Wanderstrecken entlang der Schluchten sowie schwierigere Wege (teils über Stufen oder Leitersprossen), die zu Tälern und Wasserstellen in den tiefen Schluchten führen.

Zum Schwimmen empfehlen sich Fortescue Falls, Fern Pool (in Dales Gorge im östlichen Teil des Parks) und Hamersley Gorge (etwas abseits im Nordwesten des Parks). Es gibt noch mehr schöne Schluchten mit Wasserstellen, jedoch liegen viele stets im Schatten und das Wasser ist daher kühl.

★ Dales Gorge SCHLUCHT

(zugänglich von Banjima Dr East; 👪) Vom Parkplatz am Fortescue Fall (in der Nähe des Dales Campground), führt ein steiler Abstieg mit längeren, stufigen Abschnitten zu den beeindruckenden **Fortescue Falls** (der einzige Wasserfall des Parks, der ganzjährig Wasser führt) und zu einem Wasserbecken. Hinter diesem verläuft ein 300 m langer, schattiger Spazierweg stromaufwärts zum wunderschönen **Fern Pool**.

Wer ab dem Beginn des Fortescue-Falls-Wanderweg 2 km lang den Pfad entlang der Schlucht nimmt, gelangt zum malerischen Aussichtspunkt Circular Pool und darf einen tollen Blick zur Dales Gorge genießen. Ein ein-

Karijini National Park

facher Trail verbindet den Circular-Pool-Aussichtspunkt auch mit dem Dales Campground.

★ Hamersley Gorge SCHLUCHT

(abseits der Nanutarra-Munjina Rd; 👪) In der nordwestlichen Ecke des Karijini Park liegen diese idyllischen Badestellen und ein Wasserfall, die einen hervorragenden, sehr netten Zwischenstopp auf dem Weg nach Norden zur Küste oder nach Millstream abgeben. Achtung: Vom Banjima Dr aus nicht erreichbar! Die Schlucht liegt etwa 67 km von Tom Price entfernt, zugänglich über die Bingarn Rd (26 km Richtung Norden). Fährt man an der Einmündung nach rechts und dann weitere 41 km (auf unbefestigter Straße), muss man am Hamersley-Gorge-Schild abbiegen (nicht am Hamersley-Range-Schild).

★ Fern Pool SEE

(Jubura) Aus Respekt vor der speziellen Bedeutung, die dieser See für die indigenen Einheimischen hat, sollte man sich an diesem wundervollen und schattigen Wasserbecken angemessen und ruhig verhalten. Man erreicht ihn von den Fortescue Falls nach einem 300 m langen Spaziergang stromaufwärts.

Hancock Gorge SCHLUCHT

(Weano Rd, zugänglich über Banjima Dr West) Der steile Abstieg (teils über Leitersprossen) führt zuerst zum sonnenbeschienenen **Amphitheater**. Danach führt der rutschige **Spider Walk** zum herrlichen **Kermits Pool**.

Oxer Lookout AUSSICHTSPUNKT

(Weano Rd, zugänglich über Banjima Dr West) Auf den letzten 13 km (nach dem Karijini Eco Retreat) zum atemberaubenden Oxer Lookout ist die Straße recht holprig, dafür wird man aber mit einem traumhaften Ausblick auf die zusammentreffenden Schluchten Red Gorge, Weano Gorge, Joffre Gorge und Hancock Gorge, etwa 130 m weiter unten, entschädigt. Den Aussichtspunkt erreicht man nach einem kurzen Spaziergang vom Parkplatz aus.

Joffre Gorge SCHLUCHT

(Joffre Falls Rd, erreichbar über Banjima Dr West) Die **Joffre Falls** sind, wenn sie nicht gerade nur aus einem spärlichen Rinnsal bestehen, ein wirklich spektakulärer Anblick. Die eiskalten Becken unterhalb liegen allerdings immer im Schatten. Zehn Minuten vom Parkplatz entfernt ist der Aussichtspunkt. Es gibt auch einen 1,3 km langen Weg hinab zu den Becken. Am nahen Karijini Eco Retreat beginnt außerdem ein Fußweg zu den Wasserfällen.

Weano Gorge SCHLUCHT

(Weano Rd, erreichbar über Banjima Rd West) Der obere Teil der Schlucht ist zwar ausgetrocknet, aber der steile Pfad, der vom Parkplatz hinab in die untere Schlucht führt, wird schmaler und schmaler, bis das perfekt anmutende, magische Becken des **Handrail Pool** erreicht ist.

Kalamina Gorge SCHLUCHT

(Kalamina Gorge Rd, zugänglich über Banjima Dr North; 🚻) Dies ist eine breite, leicht zugängliche Schlucht mit einem kleinen, ruhigen Wasserbecken mitsamt Wasserfall. Man braucht aber Allradantrieb, um die nördlich des Banjima Dr North gelegene Schlucht erreichen zu können.

Punurrunha WANDERN

(Mt. Bruce) Wer genug von den ganzen Schluchten hat und gern auch mal hoch hinaus will, ist auf Western Australias zweithöchstem Gipfel (1235 m) genau richtig. Eine herrliche Kammwanderung mit fantastischen Ausblicken führt hinauf. Man sollte frühzeitig aufbrechen, viel Wasser mitnehmen und etwa sechs Stunden dafür einplanen (hin & zurück 9 km). Die Zugangsstraße geht vom Karijini Drive gegenüber des Banyjima Dr West ab.

Geführte Touren

★ West Oz Active Adventure Tours ABENTEUER

(☎0438 913 713; www.westozactive.com.au; Karijini Eco Retreat; 285 AU$/Tour; ⏲April–Okt.) Hat seinen Sitz am Karijini Eco Retreat und kann hervorragende Beurteilungen vorweisen. Angeboten werden actiongeladene Tagestouren durch gesperrte Schluchten mit Aktivitäten wie Wandern, Schwimmen, Reifenrutschen, Klettern, Hinabgleiten an Wasserfällen und Abseilpartien. Die gesamte Ausrüstung und das Mittagessen sind inklusive. Mindestalter: 14 Jahre.

★ Flying Sandgroper FÜHRUNG

(☎0438 913 713; www.flyingsandgroper.com.au; ⏲April–Okt.) Flying Sandgroper will mit seinen Touren dafür sorgen, dass die großen Distanzen und hohen Kosten einer Reise durch den Nordwesten nicht mehr so sehr zum Tragen kommen. Es werden mehrtägige Touren (inklusive Karijini und Ningaloo) angeboten. Hop-on-Hop-off-Angebote für Busse und Flugzeuge gibt es ebenso, je nachdem, welches Budget man zur Verfügung hat. Das Unternehmen arbeitet eng mit dem exzellenten Organisator West Oz Active Adventure Tours zusammen und hat seinen Sitz am Karijini Eco Retreat.

Schlafen & Essen

Dales Gorge Campground CAMPING $

(Stellplatz Erw./Kind 10/2,20 AU$) Dieser große, wenn auch etwas staubige Department-of-Parks-and-Wildlife-Campingplatz bietet schattige, große Stellplätze mit nahe gelegenen Toiletten, Gasgrills und Picknicktischen. Heringe braucht man hier nicht – die Zelte werden an Steinen befestigt. Hier wird auch nicht vorgebucht: Wer zuerst kommt, mahlt zuerst. Vom Ost-Eingang kommend, erreicht man den Campingplatz nach 17 km auf asphaltierter Straße.

★ Karijini Eco Retreat RESORT $$$

(☎08-9425 5591; www.karijiniecoretreat.com.au; Weano Rd, zugänglich über Banjima Dr West; Stellplatz 20 AU$/Pers., Luxuszelt DZ NS/HS 189/349 AU$) 🍃 Das Resort wird von Aborigines betrieben und steht für nachhaltigen Tourismus. Im angeschlossenen Restaurant (Hauptgerichte 18–39 AU$; ⏲7–20 Uhr) werden köstliche Speisen zubereitet. Häufig werden diese mit heimischen Produkten (sog. Buschessen wie Buschtomaten, wilde Kräuter, Wattleseeds) gereicht. Und da man sich hier weit weg von der „Zivilisation" befindet, ist es doch etwas ungwöhnlich, hier Dinge wie Lachs mit Soba-Nudeln oder ein Scotch Fillet Steak essen zu können. Es gibt auch Frühstück und Mittagessen.

Die luxuriösen Öko-Zelte haben angeschlossene Bäder. Es gibt auch günstigere Zelte und Hütten ohne Bad. Für Camper gibt's Warmwasserduschen; der Untergrund ist ähnlich steinig wie überall im Park. Die Lage nahe der Joffre Gorge ist sehr schön.

Praktische Informationen

Visitor Centre (☎08-9189 8121; https://parks.dpaw.wa.gov.au/park/karijini; Banjima Dr

North; ⏲ Mitte Feb.–Mitte Dez. 9–16 Uhr) Das von Aborigines betriebene Zentrum zeigt ausgezeichnete Exponate zur Kultur der Banyjima, Yinhawang ka und Kurrama sowie zur Tierwelt des Parks. Außerdem gibt es hier gute Karten, Infos zu Wanderungen, ein öffentliches Telefon, Kaltgetränke und Souvenirs sowie eine wirklich gute Klimaanlage. In einem separaten Gebäude findet man WCs und Duschen (4 AU$).

Man erreicht es über eine befestigte Straße, 10 km vom Ost-Eingang. Die Straße, die von hier nach Westen führt, ist dann nicht mehr befestigt.

An- & Weiterreise

Ohne den eigenen fahrbaren Untersatz kommt man hier nicht weit .Ein Blick auf die Angebote von **Flying Sandgroper** (S. 1087), und man kann den Besuch flexibler machen.

Die nächsten Flughäfen sind Paraburdoo (101 km entfernt) und Newman (201 km entfernt).

Integrity (☎1800 226 339; www.integritycoachlines.com.au) fährt wöchentlich entlang der Küste zwischen Perth und Port Hedland. Ab Exmouth fährt der Bus entlang der Route 136 in Richtung Landesinneres und hält in Paraburdoo und Tom Price, von wo aus man eine Tour zum Park starten kann.

KIMBERLEY

Broome

16 500 EW.

Wie ein künstliches Juwel in einer Krone aus natürlicher Schönheit grenzt Broome an einen schmalen Streifen roten Sandes am äußersten Westrand von Kimberley – und zwar dort, wo die ursprüngliche Dampier Peninsula ansetzt. Umgeben vom aquamarinblauen Indischen Ozean, von Mangroven und dem Watt der Roebuck Bay, liegt dieses Yawuru-Land gut 2000 km von der nächsten Hauptstadt entfernt.

Der Cable Beach lockt in der Trockenzeit (April–Okt.) mit seinen luxuriösen Resorts jede Menge Besucher an, die auf Kamelritte, Surfabenteuer und romantische Sonnenuntergänge aus sind. Broome ist jedoch viel mehr als nur eine tolle Postkartenkulisse. Viele sind überrascht, wenn sie in unmittelbarer Nähe das Pindan Country vorfinden.

Während der Trockenzeit kann man leicht Gelegenheitsjobs finden, wohingegen in der Regenzeit die Preise fallen.

Jeden Abend ist die ganze Stadt im Relax-Modus und genießt im Freien einen Drink, während sich die Sonne langsam in Richtung Madagaskar verabschiedet.

Sehenswertes

★ Cable Beach — STRAND

(Karte S. 1094; P) Das berühmteste Wahrzeichen von WA bietet türkisblaues Wasser und einen schönen weißen Sandstrand, der im Sonnenuntergang verschwindet. Nördlich der Felsen ist Nacktbaden erlaubt, während südlich von ihnen Wanderwege durch die roten Dünen des **Minyirr Park**, einen spirituellen Ort für die Yawuru, führen. Cable Beach ist in Australien ein Synonym für Kamele, und ein abendlicher Kamelritt über den Sand ist für viele Besucher ein Highlight. Einheimische schwärmen mit ihren Allradfahrzeugen gen Norden für einen Sundowner aus. Stechmücken sind hier in der Regensaison ein ständiger Begleiter.

Gantheaume Point & Dinosaurier Fußspuren — AUSSICHTSPUNKT

(P) Der friedliche Aussichtspunkt, der in der Morgen- oder Abenddämmerung, wenn sich die roten Klippen ins Scharlachrote verfärben, besonders schön ist, birgt ein 135 Mio. Jahre altes Geheimnis. Ganz in der Nähe befindet sich eine der vielfältigsten Ansammlungen von Dinosaurier-Fußspuren weltweit, die man nur bei Ebbe sehen kann. Also die Karte vom Visitor Centre (S. 1097) mitnehmen und losziehen – aber Vorsicht: Die Felsen können glitschig sein! Toll ist es auch, wenn man den Fischadler beobachten kann, wie er sich auf den Rückweg zu seinem Nest im Leuchtturm macht.

Sun Pictures — HISTORISCHES BAUWERK

(Karte S. 1092; ☎08-9192 1077; www.sunpictures.com.au; 27 Carnarvon St; Filme Erw./Kind 17/12 AU$, Geschichtstour 5 AU$; ⏲ Geschichtstour 10.30 & 13 Uhr;) Im ältesten (1916) noch betriebenen Open-Air-Kino der Welt kann man sich gemütlich in einen Liegestuhl setzen. Die Geschichte des Sun Building spiegelt die Geschichte der Stadt wider: Sie war Zeuge von Krieg, Überflutungen und tiefen Flugmanövern (was sie auch heute noch ist, denn das Kino liegt in der Einflugschneise) und Rassentrennung. Während der Trockenzeit gibt's eine 15-minütige Tour zum Thema Geschichte.

Bungalow — GALERIE

(Karte S. 1092; ☎08-9192 6118; www.shortstgallery.com; 3 Hopton St, Town Beach; ⏲ Mo–Sa 10–15 Uhr, in der Regensaison kürzer) Das Lager der

Short St Gallery in der Hopton St am Town Beach hat eine beeindruckende Sammlung an Werken indigener Kunst von Kimberley und anderswo.

Broome Bird Observatory NATURSCHUTZGEBIET
(☎08-9193 5600; www.broomebirdobservatory.com; Crab Creek Rd; Eintritt gegen Spende, Stellplatz 18 AU$/Pers., Zi. ohne eigenes Bad EZ/DZ/FZ 45/60/85 AU$, Chalets 165 AU$; ⏲8–16 Uhr; Ⓟ) Roebuck Bays Wattenmeer ist ein wichtiger Zwischenstopp für Zugvögel, die von weit her – einige sogar aus Sibirien – kommen. In ruhiger Lage, 25 km außerhalb von Broome, bietet diese Vogelbeobachtungsstation tolle Wanderwege, einsame Campingplätze im Busch und ein paar sehr günstige Zimmer. Es gibt Touren (70 AU$, 2½ Std.) und Kurse (1400 AU$, 5 Tage), aber auch die Möglichkeit, sich als Volunteer nützlich zu machen.

Broome Museum MUSEUM
(Karte S. 1092; ☎08-9192 2075; www.broomemuseum.org.au; 67 Robinson St; Erw./Kinder 6/1 AU$; ⏲Mo–Fr 10–16, Sa & So bis 13 Uhr, in der Regenzeit tgl. 10–13 Uhr; Ⓟ) In diesem skurrilen Museum im ehemaligen Zollhaus kann man sich anhand von Ausstellungsstücken, die der Perlenfischergeschichte der Gegend und der Bombardierung im Zweiten Weltkrieg gewidmet sind, über die Anfänge von Cable Beach und Chinatown informieren.

WWII Flying Boat Wrecks HISTORISCHE STÄTTE
(Karte S. 1092) Wenn die Ebbe sehr niedrig ist, kann man über das Watt beim **Town Beach** (Karte S. 1092; Ⓟ) bis zu den Wracks der Catalina- und Dornier-Flugboote waten, die im Zweiten Weltkrieg von japanischen Mitsubishi-A6M-Jagdflugzeugen attackiert wurden. Die Flugboote hatten Flüchtlinge aus Java abgeholt, und viele hatten noch Passagiere an Bord. Mehr als 60 Personen (hauptsächlich Niederländer und Briten) starben, und 15 Flugboote wurden zerstört. Nur sechs Wracks sind sichtbar, die anderen ruhen in tieferen Gewässern.

Nagula Jarndu Women's Resource Centre KUNSTZENTRUM
(☎0499 330 708; www.nagulajarndu.com.au; 3/12 Gregory St; ⏲ Mo–Fr 9.30–16 Uhr) Eine Galerie bzw. ein Studio, das von Yawuru-Frauen geführt wird. Es zeigt (und verkauft!) schöne Stoffe, die per Sieb- und Blockdruck bemalt wurden (sowie anderes Kunsthandwerk). Man erreicht das Studio über die Pembroke Rd.

ABSEITS DER ÜBLICHEN PFADE

ROWLEY SHOALS MARINE PARK

Diese drei Atolle liegen ca. 300 km von Broome entfernt im Indischen Ozean, am Ende des australischen Kontinentalschelfs. Nach Expertenmeinung sind sie einer der besten Tauchspots des Landes. Geschützt werden sie durch ein Meeresschutzgebiet. Es gibt mehr als 600 Fischarten und über 200 Korallenarten. Gut zwölf Stunden Bootsfahrt von der Küste entfernt, kommen nur wenige Taucher in den Genuss, diese Schönheiten bewundern zu können. Einige Touranbieter aus Broome bieten Trips für erfahrende Taucher an, bei denen man mehrere Tage und Nächte unterwegs ist.

Friedhöfe

Eine Reihe von Friedhöfen zeugt von der multikulturellen Vergangenheit Broomes. Der eindrucksvollste darunter ist der **Japanes Cemetery** (Port Dr) mit 919 Gräbern (vornehmlich von Perlentauchern). Gleich daneben befinden sich auf dem **Chinese Cemetary** (Frederick St) mehr als 90 Gräber und Monumente. Der kleine **Muslim Cemetery** (Frederick St) ehrt die malaiischen Perlentaucher sowie die afghanischen Kameltreiber.

Ein paar Kilometer südöstlich blickt der kleine **Pioneer Cemetery** (Karte S. 1092; Ⓟ) am Town Beach über die Roebuck Bay.

Aktivitäten

Odyssey Expeditions TAUCHEN
(www.odysseyexpeditions.com.au; achttägige-Tour ab 3495 AU$; ⏲Sept.–Okt.) Im Frühling starten mehrere 8-Tages-Tauchtrips ab Broome zum **Rowley Shoals Marine Park**. Geeignet für erfahrene Taucher mit eigener Ausrüstung (eventuell kann Taucherausrüstung aber auch in Broome ausgeliehen werden).

Turtle Monitoring TIERE
(☎08-9195 5500; Yawuru.Rangers@dpaw.wa.gov.au; Cable Beach; ⏲Nov.–Feb.; 👪) GRATIS In Broome während der Regenzeit? Freiwillige Helfer laufen morgens 4 km weit den Cable Beach entlang und registrieren die Schildkrötenaktivität der vergangenen Nacht. Ein kostenloses Training wird angeboten.

Broome Aviation PANORAMAFLUG
(☎08-9192 1369; www.broomeaviation.com.au; Halbtages-/Tagesflüge ab 640/1090 AU$)

Kimberley

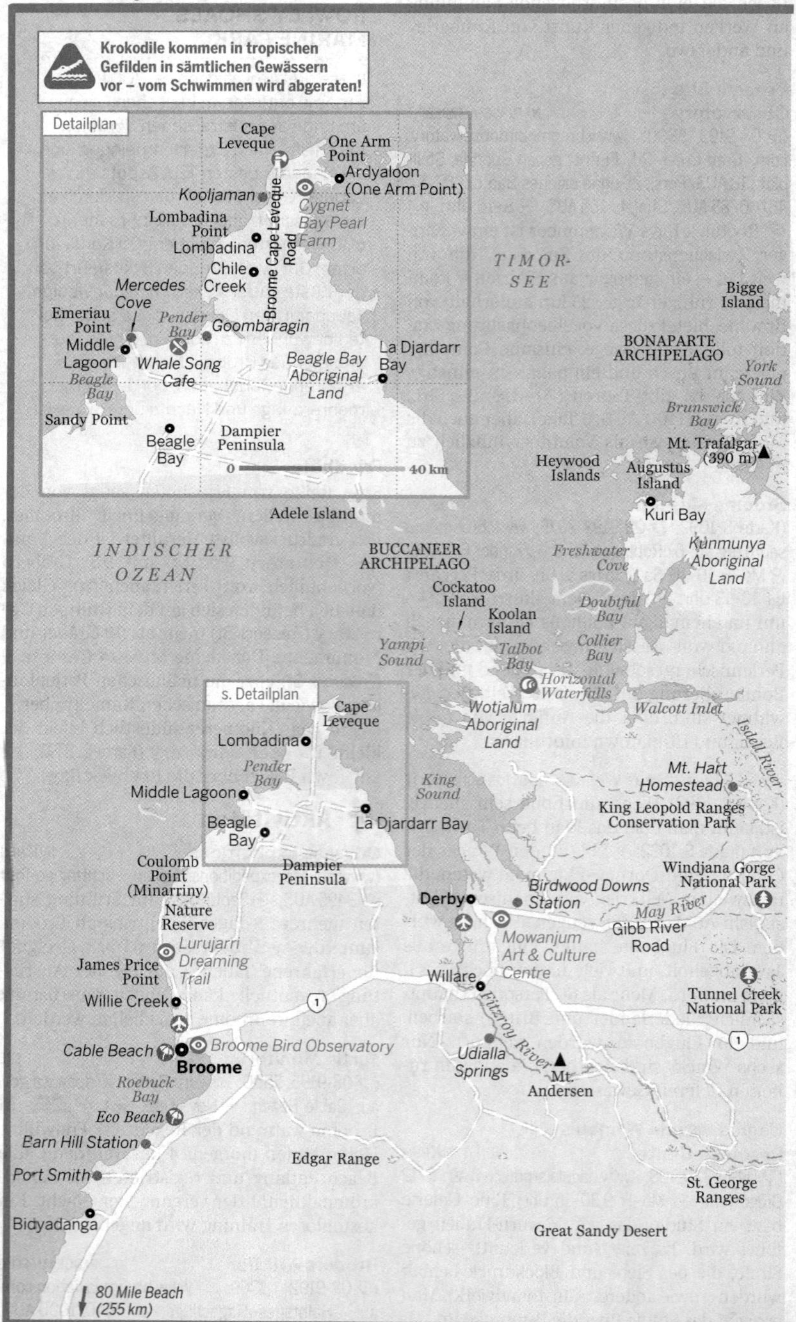
Krokodile kommen in tropischen Gefilden in sämtlichen Gewässern vor – vom Schwimmen wird abgeraten!
Detailplan
Cape Leveque
One Arm Point
Ardyaloon (One Arm Point)
Kooljaman
Cygnet Bay Pearl Farm
Lombadina Point
Lombadina
Broome Cape Leveque Road
Chile Creek
Mercedes Cove
Emeriau Point
Pender Bay
Goombaragin
Middle Lagoon
Whale Song Cafe
Beagle Bay Aboriginal Land
La Djardarr Bay
Beagle Bay
Sandy Point
Beagle Bay
Dampier Peninsula
0
40 km
Adele Island
TIMOR-SEE
Bigge Island
BONAPARTE ARCHIPELAGO
York Sound
Brunswick Bay
Mt. Trafalgar (390 m)
Heywood Islands
Augustus Island
Kuri Bay
INDISCHER OZEAN
BUCCANEER ARCHIPELAGO
Freshwater Cove
Kunmunya Aboriginal Land
Cockatoo Island
Koolan Island
Doubtful Bay
Yampi Sound
Talbot Bay
Collier Bay
Horizontal Waterfalls
Walcott Inlet
Wotjalum Aboriginal Land
Isdell River
s. Detailplan
Cape Leveque
Lombadina
Pender Bay
Middle Lagoon
King Sound
Mt. Hart Homestead
King Leopold Ranges Conservation Park
La Djardarr Bay
Beagle Bay
Coulomb Point (Minarriny)
Dampier Peninsula
Nature Reserve
Windjana Gorge National Park
Derby
Birdwood Downs Station
May River
Gibb River Road
Lurujarri Dreaming Trail
Mowanjum Art & Culture Centre
James Price Point
Willare
Willie Creek
1
Tunnel Creek National Park
Fitzroy River
Cable Beach
Broome Bird Observatory
Broome
1
Udialla Springs
Mt. Andersen
Roebuck Bay
Eco Beach
Barn Hill Station
Edgar Range
Port Smith
St. George Ranges
Bidyadanga
Great Sandy Desert
80 Mile Beach (255 km)

0
100 km
TIMOR-SEE
Cape Londonderry
Napier Broome Bay
Cape Bougainville
Faraway Bay
Honeymoon Bay
King George Falls
Cape Voltaire
Admiralty Gulf
Port Warrender
Cape Bougainville Aboriginal Land
Kalumburu Aboriginal Land
Kalumburu
Berkeley River Lodge
Joseph Bonaparte Gulf
Walsh Point
King George River
Oombulgurri Aboriginal Land
Kimberley Coastal Camp
Surveyor's Pool
Mitchell Falls
Ngauwudu (Mitchell Plateau)
Munurru
Cambridge Gulf
Berkeley River
Mitchell River National Park
Kalumburu Road
Carson River
Drysdale River National Park
Mitchell River
Cockburn Ranges
Parry Lagoons Nature Reserve
Prince Regent Nature Reserve
King Edward River
Pentecost River
Wyndham
Ord River
King Cascades
Miner's Pool
Home Valley Station
Mirima National Park
Prince Regent River
Drysdale River
Emma Gorge
Ellenbrae Station
Gibb River
Emma Gorge
Kununurra
Drysdale River Station
Chamberlain Gorge
Argyle Homestead
Wuggubun
El Questro Wilderness Park
Zebedee Springs
The Kimberley
Synnot Range
Mt. Elizabeth Station
Lake Argyle Tourist Village
Doon Doon
Lake Argyle
Durack River
Gibb River Road
Barnett River Gorge
1
Charnley River Station
Mt. Barnett Roadhouse & Manning River Gorge
Durack Range
Chamberlain River
Argyle Diamond Mine
Galvans Gorge
Wilson River
Bell Gorge
Adcock Gorge
Warmun
Imintji Store
Hann River
Violet Hill Aboriginal Land
Mt. Ord (937 m)
Adcock River
Bedford Downs
Purnululu National Park
Lennard River Gorge
King Leopold Range
Mornington Wilderness Camp
Fitzroy River
Ord River
Ord River
Leopold Downs
Fitzroy River
Oscar Range
Leopold River
Mueller Range
Elvire River
Geikie Gorge National Park
O'Donnell River
1
Fitzroy Crossing
Halls Creek
Mt. Amhurst
Duncan Rd
Margaret River
Sawpit Gorge
Mimbi Caves
Sturt Creek
Yackanarra
Yiyili
Tanami Rd
Kundat Djaru
Wangkatjungka
Larrawa Station
Christmas Creek
Billiluna (40 km); Canning Stock Route (40 km); Balgo (140 km); Yuendumu (NT; 620 km); Alice Springs (NT; 910 km)
Wolfe Creek Crater National Park

Broome

PERTH & WESTERN AUSTRALIA KIMBERLEY

Broome

Sehenswertes
1 Broome Museum ... B6
2 Bungalow ... A6
3 Pioneer Cemetery ... B7
4 Sun Pictures ... D2
5 Town Beach ... B7
6 WWII Flying Boat Wrecks ... C7

Aktivitäten, Kurse & Touren
7 Jetty to Jetty ... D1
8 Narlijia Cultural Tours ... D2

Schlafen
9 Broome Town B&B ... B3
10 McAlpine House ... A4

Essen
11 18 Degrees ... B6
12 Aarli ... C2
13 Good Cartel ... C2
14 Yuen Wing ... D1

Ausgehen & Nachtleben
15 Bay Club ... C4
16 Matso's Broome Brewery ... C4

Unterhaltung
17 Twin Cinema ... C2

Shoppen
18 Courthouse Markets ... C2
19 Magabala Books ... C1
20 Town Beach Markets ... A7

Halbtages-Flüge zum Cape Leveque und zu den Horizontal Falls (S. 1102). Zudem gibt's Ganztages-Trips mit den Zielen Devonian Reef National Park, Bell Gorge (S. 1105), Mt. Hart oder Mitchell Falls.

King Leopold Air PANORAMAFLUG
(☎ 08-9193 7155; www.kingleopoldair.com.au; Halbtages-/Tagestour ab 595/1060 AU$) Flüge über die Dampier Peninsula (halber Tag) und Richtung Mitchell Falls oder Devonian Reef National Parks (ganzer Tag). Ebenso wird ein 30-minütiger Flug über Broomes Strände angeboten (bei 2/3–5 Fluggästen 240/150 AU$ pro Pers.).

Geführte Touren

Kameltouren

Broome Camel Safaris OUTDOOR-AKTIVITÄTEN
(Karte S. 1094; ☎ 0419 916 101; www.broomecamelsafaris.com.au; Cable Beach; Erw./Kind morgens 65/45 AU$, nachmittags 45/30 AU$, bei Sonnenuntergang 85/65 AU$;) Das von Alison, der „Camel Lady", geführte Unternehmen (das mit den blauen Kameldecken) veranstaltet 45-minütige Ritte am Morgen, 30-minütige am Nachmittag (15 Uhr) sowie einstündige Ausritte bei Sonnenuntergang am Cable Beach (S. 1088).

Red Sun Camels OUTDOORS
(Karte S. 1094; ☎ 1800 184 488; www.redsuncamels.com.au; Cable Beach; Erw./Kind morgens 65/45 AU$, nachmittags 45/30 AU$, bei Sonnenuntergang 90/65 AU$) Angeboten werden Ausritte am Morgen (40 Min.), am Nachmittag (30 Min.) und bei Sonnenuntergang (1 Std.) am Cable Beach (Erkennungszeichen: rote Decken).

Sundowner Camel Tours OUTDOORS
(Karte S. 1094; ☎ 0477 774 297; www.sundownercameltours.com.au; Cable Beach; Erw./Kind nachmittags 40/30 AU$, bei Sonnenuntergang 90/60 AU$) Die „gelben" Kamele machen sich am Nachmittag (15 Uhr) und bei Sonnenuntergang zum Cable Beach auf (S. 1088).

Touren ohne Kamele

Zu den vielen Aktivitäten, an denen man rund um Broome außerdem teilnehmen kann, zählen Kajaktouren, Stern- oder Vogelbeobachtungen, Wanderungen mit Themenschwerpunkt auf der Geschichte des Landes, Beobachtungen von Delfinen und anderen Meerestieren sowie Luftkissenfahrten.

★ **Lurujarri Dreaming Trail** WANDERUNG
(☎ Frans 0423 817 925; www.goolarabooloo.org.au; Erw./Student 1600/900 AU$; ⏲ Mai–Juli, Termine können variieren;) Diese 82 km lange **Songline** folgt der Küste nach Norden von Gantheaume Point (S. 1088; Minyirr) bis Coulomb Point (Minarriny). Die Goolarabooloo organisieren jedes Jahr während der Trockenzeit neuntägige Touren (Erw./Student 1600/900 AU$) mit Übernachtung auf traditionellen Lagerplätzen. Großer Wert wird auf die Vermittlung traditioneller Lebensweise gelegt: so fertigt man beispielsweise Speere an, erfährt etwas über die Bush-Tucker-Jagd, angelt, begibt sich auf Schlammkrabbensuche und erfährt etwas über die traditionelle Herstellung von Schmuck.

★ **Jetty to Jetty** WANDERUNG
(Karte S. 1092; www.yawuru.com;) GRATIS Bei dieser Wanderung ist man sein eigener Rei-

Cable Beach

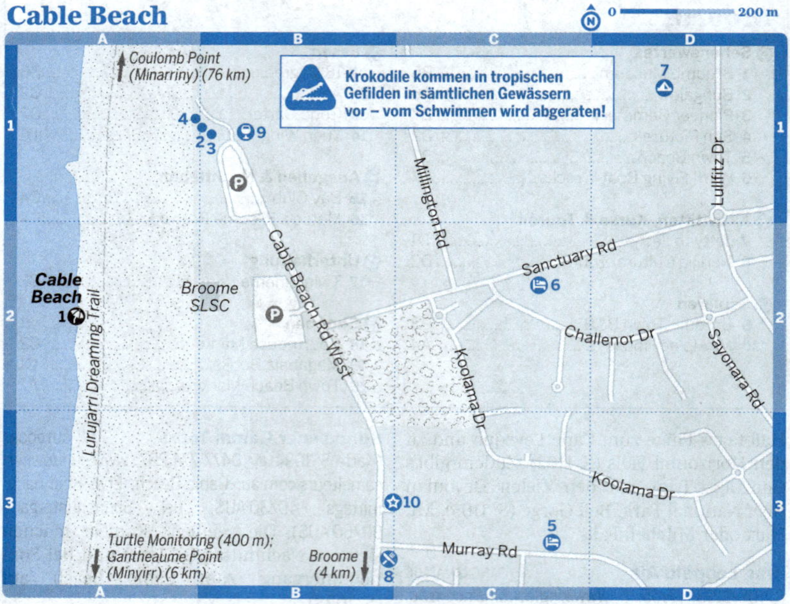

Cable Beach

Highlights
1 Cable Beach A2

Aktivitäten, Kurse & Touren
2 Broome Camel Safaris B1
3 Red Sun Camels B1
4 Sundowner Camel Tours A1

Schlafen
5 Bali Hai Resort & Spa C3
6 Beaches of Broome C2
7 Tarangau Caravan Park D1

Essen
8 Cable Beach General Store & Cafe B3

Ausgehen & Nachtleben
9 Sunset Bar & Grill B1

Unterhaltung
10 Diver's Tavern B3

seführer. Angeboten wird sie von Angehörigen des Yawuru-Volks. Ausgestattet wird man mit einem sehr guten Audio-Guide (am besten die kostenlose Jetty-to-Jetty-App aufs Smartphone herunterladen), die 13 Punkte mit Fokus auf der historischen und kulturellen Bedeutung des Bereichs zwischen Chinatown's Streeter's Jetty und Town Beach (S. 1089) beschreibt. Für die 2,8 km lange Strecke benötigt man etwa zwei Stunden (mit Zwischenstopps).

Narlijia Cultural Tours KULTUR
(Karte S. 1092; ☎08-9195 0232; www.narlijiaculturaltours.com.au; Chinatown; Mangroven-Tour Erw./Kind 75/35 AU$, historische Stadtführung 55/25 AU$; ⏲Mai–Mitte Okt.; 👪) Bart Pigram vom Stamm der Yawuru führt auf seinen zweistündigen Touren durch die Mangrovenwälder und die historischen Gebäude Chinatowns.

Feste & Events

Die Festivalzeiten sind von Jahr zu Jahr unterschiedlich, daher vorher im Visitor Centre (S. 1097) nachfragen.

Sea Grass Monitoring UMWELT
(☎08-9192 1922; www.facebook.com/broome.seagrass; Roebuck Bay; ⏲März, Juni, Aug. & Dez. Zeiten können variieren; 👪) GRATIS Circa alle drei Monate machen sich Freiwillige auf zum Watt der Roebuck Bay, um das Seegras, von dem Meeresbewohner wie Dugongs oder Schildkröten leben, zu kontrollieren. Jedermann ist herzlich willkommen, auch

ohne Erfahrung in diesem Bereich. Einen Hut, eine Flasche Wasser und geschlossene Schuhe sollte man mitbringen.

A Taste of Broome ESSEN & TRINKEN
(www.goolarri.com; Goolarri Amphitheatre, Blackman St, Old Broome) Indigene und multikulturelle Aromen, Tanz und Musik stehen bei diesem Event (nur mit Eintrittskarte), das in der Regensaison jeden Monat stattfindet, auf dem Programm.

Kullarri Naidoc Week KULTUR
(www.goolarri.com; ⌚Ende Juni–Mitte–Juli) Fest zu Ehren der Kultur der Aborigines und der Torres-Strait-Insulaner.

Corrugated Lines LITERATUR
(www.facebook.com/corrugatedlines; ⌚Aug.) Dreitägiges Literaturfestival mit verschiedenen Workshops und Diskussionen in der ganzen Stadt.

Shinju Matsuri Festival of the Pearl KULTUR
(www.shinjumatsuri.com.au; ⌚Aug./Sept.; 👪) Broomes Hommage an die Perlen ist eine Woche voller Umzüge, Essen, Kunst, Konzerte, Feuerwerk und Drachenbootrennen im August oder September.

Schlafen

Unterkünfte gibt es viele, man muss aber vorab buchen oder flexibel sein. Gruppenreisende sollten das Anmieten einer Ferienwohnung in Erwägung ziehen. Während der Regenzeit fallen die Preise.

★ **Beaches of Broome** HOSTEL $
(Karte S. 1094; ☎1300 881 031; www.beachesofbroome.com.au; 4 Sanctuary Rd, Cable Beach; B 32–45 AU$, Motel DZ ohne/mit Bad 140/180 AU$; P ❄ @ ≋ ≈) Dies ähnelt mehr einem Resort als einem Hostel, es gibt saubere Zimmer mit Klimaanlage, schattige Gemeinschaftsbereiche, eine Bar am Pool und eine moderne Küche für Selbstversorger. Schlafsäle gibt's in verschiedenen Größen (auch reine Frauen-Schlafsäle), und die motelartigen Zimmer sind gut ausgestattet. Ein kontinentales Frühstück und WLAN sind im Preis inbegriffen.

Tarangau Caravan Park CAMPING $
(Karte S. 1094; ☎08-9193 5084; www.tarangaucaravanpark.com; 16 Millington Rd, Cable Beach; Stellplätze ohne/mit Strom 38/48 AU$; 🐾 P) Ruhigere Alternative zu den Campingplätzen am Cable Beach. Tarangau verfügt über nette, grüne Stellplätze,1 km vom Strand entfernt.

★ **McAlpine House** B&B $$$
(Karte S. 1092; ☎08-9192 0588; http://mcalpinehouse.com.au; 55 Herbert St; DZ 185–420 AU$; P ❄ ≋ ≈) Lord McAlpine machte das 1910 erbaute, auffällige frühere Wohnhaus eines Aufsehers über die Perlenfischerei in den 1980er-Jahren zu seinem Wohnsitz in Broome und stellte es in seinem früheren Glanz wieder her. Es gibt wunderschön helle Zimmer, offene Gemeinschaftsbereiche, schattige Veranden und ein üppiges Blätterdach aus Mango-, Tamarind- und Frangipanibäumen. HIer kann man am Pool der Hitze entkommen oder in der Bibliothek auf Zeitreise gehen.

Bali Hai Resort & Spa SPA HOTEL $$$
(Karte S. 1094; ☎08-9191 3100; www.balihairesort.com; 6 Murray Rd, Cable Beach; Zi. ab 228 AU$, Hauptgerichte Café 29–42 AU$; ⌚ Café Mi–So 15.30 Uhr–open end; P ⊖ ❄ ≋ ≈) Ein feudales und ruhiges Resort mit wundervoll dekorierten Apartments und Villen, die jeweils über einen eigenen Außenbereich verfügen. Die Badezimmer sind offen. Das Hauptaugenmerk liegt hier auf Erholung, was einem durch das angeschlossene Spa mit seinen zahlreichen exotischen Therapieangeboten leicht gemacht wird. Ein auf asiatisch gemachtes Café serviert frische WA-Produkte. Die Preise in der Nebensaison sind ein Schnäppchen.

Broome Town B&B B&B $$$
(Karte S. 1092; ☎08-9192 2006; www.broometown.com.au; 15 Stewart St, Old Broome; Zi. 285 AU$; P ❄ ≋ ≈) Das nette Boutique-B&B ist typisch Broome: hohe Giebeldächer, Holzläden, Eukalyptusholzböden, geschmackvoll eingerichtete Zimmer, ein Gemeinschaftsbereich im Freien und viel Schatten.

Essen

Hier muss man auf „Broome-Preise" (exorbitant!), „Broome-Zeitrechnung" (das Lokal sollte geöffnet sein, ist aber zu) und alle möglichen Aufschläge (bei Kreditkartenzahlung, an Feiertagen, wegen schlechten Karmas) gefasst sein. Der Service kann sehr unterschiedlich ausfallen – mal ausgezeichnet, mal geradezu abweisend –, weil viele Beschäftigte eigentlich nur auf der Durchreise sind. Die meisten Restaurants sind in der Nebensaison geschlossen.

Cafés findet man an der Carnarvon St in Chinatown. Viele Resorts haben Restaurants, aber oft bezahlt man vor allem den Ausblick.

EINE TREPPE ZUM MOND

Die Spiegelung des aufgehenden Vollmonds über dem Watt schafft bei Ebbe die optische Illusion einer **goldenen Treppe** (Town Beach; März–Okt.) zum Mond („Staircase to the Moon"). Zwischen März und Oktober dreht sich in Broome alles um den Vollmond; jeder will das Schauspiel sehen. Am **Town Beach** (S. 1089) gibt's einen munteren **Abendmarkt** (Karte S. 1092; März–Okt.) mit Imbissständen, und die Leute rücken mit Faltstühlen an, obwohl man von der kleinen Landzunge am Ende der Hamersley St eine bessere Sicht hat. Während in Roebuck Bay gefeiert wird wie nirgendwo sonst, lässt sich das Phänomenon überall dort an der Küste der Regionen Kimberley und Pilbara beobachten, wo es nach Osten gerichtete Küsten mit Watt gibt. Weitere gute Aussichtspunkte sind **One Arm Point** bei Cape Leveque, der **Cooke Point** in Port Hedland, der **Sunrise Beach** in Onslow, die **Hearson Cove** nahe Dampier und der Aussichtspunkt bei **Cossack**. Die meisten Visitor Centres setzen den Vollmondtermin auf ihre Websites.

Cable Beach General Store & Cafe CAFÉ $
(Karte S. 1094; 08-9192 5572; www.cablebeachstore.com.au; Ecke Cable Beach & Murray Rd; Snacks 6–19 AU$; 6–20 Uhr; P) Cable Beach unplugged – ein typisch australisches Ecklokal mit Eierfrühstück, Barramundiburgern, Kuchen, Internet und ohne versteckte Kosten. Man kann hier sogar eine Runde Minigolf spielen (Erw./Kind/Fam. 12/8/20 AU$).

Yuen Wing MARKT $
(Karte S. 1092; 08-9192 1267; 19 Carnarvon St; Mo–Fr 8.30–17.30, Sa & So bis 14 Uhr) Sehr freundliches Geschäft und die beste Adresse für Gewürze, Nudeln und überhaupt alles Asiatische. Es gibt hier auch Strand- und Campingausstattung.

★ **18 Degrees** MODERN AUSTRALISCH $$
(Karte S. 1092; 08-9192 7915; www.18degrees.com.au; Shop 4, 63 Robinson St; Gerichte zum Teilen 8–34 AU$; Hauptgerichte Die–Sa 16–21, Snacks Do–Sa 21–23 Uhr; P) Broomes neues, topmodernes Restaurant serviert einige tolle Gerichte zum Teilen (ausreichend für 2 Pers.) und die besten Cocktails der Stadt. Wer mutig genug ist, kann Tinte und FArme des Tintenfischs oder Chorizo mit Rote-Bete-Aioli probieren. Die sicherere Wahl ist aber die Grapefruit-Hühnerbrust. Desserts sind hervorragend, die Karte an der Bar zählt neun Seiten.

★ **Good Cartel** CAFÉ $$
(Karte S. 1092; 0499 335 949; 3 Weld St; Frühstück 7–19 AU$, Burger 15–20 AU$; Mo–Fr 5–24, Sa & So bis 14 Uhr; P) Was einst ein improvisiertes Café war, ist heute *der* Ort für einen großartigen Kaffee, gesunde Fruchtsäfte und mexikanisch angehauchte Snacks. Burger gibt's am Wochenende zur Mittagszeit sowie an Freitagabenden (17–21 Uhr). Einfach hinter dem **Twin Cinema** (Karte S. 1092; 08-9192 3199; http://broomemovies.com.au; 3 Weld St; Erw./Kind/Fam. 17/12/55 AU$; 10–24 Uhr oder Ende des letzten Films;) der langen Reihe geparkter Autos in Richtung Business Park folgen. Hunde sind hier mehr als willkommen: Das Café setzt sich auch sehr für herrenlose Tiere ein.

★ **Aarli** TAPAS $$
(Karte S. 1092; 08-9192 5529; www.facebook.com/theaarli; Frederick St; Gerichte zum Teilen 11,50–21,50 AU$, Frühstück 5–17,50 AU$; 20 Uhr–open end; P) Bei Aarli findet man das, wofür Broome so bekannt ist: ein entspanntes Abendessen im Freien. Auch die mediterran-asiatisch angehauchten Tapas sind exzellent, falls man nicht so viel Zeit mitgebracht hat. Für Feinschmecker: Es ist ein Genuss, sich durch die Weinkarte zu kosten. Ab 8 Uhr bis mittags gibt's hier auch Frühstück.

Wharf Restaurant SEAFOOD $$$
(08-9192 5800; 401 Port Dr, Port; Hauptgerichte 31–120 AU$; 10 Uhr–open end; P) Hier kann man sich zu einem ausgiebigen Meeresfrüchte-Mittagessen mit Uferambiente niederlassen und hat die Chance, Wale dabei zu sichten. Der Laden ist teuer, aber der Wein ist kalt, das Meer hinreißend und die blaue Schwimmerkrabbe mit Chili sensationell. Mit Austern bis nach 14 Uhr warten, dann gibt es sie zum halben Preis!

Ausgehen & Unterhaltung

Zur Auswahl stehen Old Broome und Cable Beach. Alle beiden Pubs der Stadt präsentieren regelmäßig Live-Bands, wohingegen die Locations mit Außenbereich (Bay Club und Matso's) auf Familienfreundlichkeit setzen.

Matso's Broome Brewery PUB
(Karte S. 1092; ☎ 08-9193 5811; www.matsos.com.au; 60 Hamersley St; Gerichte zum Teilen 6–35 AU$, Hauptgerichte 20–39 AU$; ⏲ 7–24 Uhr; 👪) Hier bestellt man am besten das 50/50-Chili-/Ingwer-Bier und den Eimer Garnelen (0,5 kg). Danach kann man sich wieder bei Livemusik auf der schattigen Veranda des besten Brauhauses von Broome entspannen.

Bay Club BAR
(Mangrove Hotel; Karte S. 1092; ☎ 08-9192 1303; www.mangrovehotel.com.au; 47 Carnarvon St; Hauptgerichte 19–38 AU$; ⏲ 11–22 Uhr) Diese entspannte Outdoor-Bar gehört zum Mangrove Hotel und ist der perfekte Ort für ein paar Getränke beim Genießen der Aussicht auf die Roebuck Bay. Nettes Bistro-Essen und Livemusik passen perfekt zum Ausblick auf die „Staircase to the Moon" (S. 1096). Sonntags können Eltern ihre Kinder auf der Hüpfburg toben lassen.

Sunset Bar & Grill BAR
(Karte S. 1094; ☎ 08-9192 0470; www.cablebeachclub.com; Cable Beach Club Resort, Cable Beach Rd; ⏲ Frühstück 6.30–10.30, Bar 16–21, Abendessen 17.30–21 Uhr) Man kommt am besten gegen 16.45 Uhr, schnappt sich einen Platz in der ersten Reihe, bestellt einen Drink und genießt im Schatten importierter Kokospalmen den Blick auf Backpacker, Pauschaltouristen, Einheimische, Kamele und den Sonnenuntergang über dem Indischen Ozean.

Diver's Tavern LIVEMUSIK
(Karte S. 1094; ☎ 08-9193 6066; www.diverstavern.com.au; Cable Beach Rd; ⏲ 11–24 Uhr) Wer in der Nähe seine Zelte aufgeschlagen hat, wird es schon festgestellt haben: Hier ist an den meisten Abenden etwas los. Die „Sunday Session Jams" sind legendär.

Shoppen

Die alten Blechhüten an der Short St und der Dampier Tce sind voll mit indigener Kunst, Perlenschmuck und billigen Souvenirs.

Magabala Books BÜCHER
(Karte S. 1092; ☎ 08-9192 1991; www.magabala.com; 1 Bagot St; ⏲ Mo–Fr 9–16.30 Uhr; 👪) Hervorragende indigene Herausgeber erzählen die Geschichte Kimberleys mit einer Auswahl an Romanen, sozialgeschichtlichen Büchern, Biografien und Kinderbüchern.

Courthouse Markets MARKT
(Karte S. 1092; Hamersley St; ⏲ jeden Sa 8–13 Uhr, April–Okt. auch So; 👪) Lokale Kunst, Kunsthandwerk, Musik, Street Food und alles was die Hippiekultur sonst noch hergibt.

Kimberley Camping & Outback Supplies SPORT & OUTDOOR-AKTIVITÄTEN
(☎ 08-9193 5909; www.kimberleycamping.com.au; Ecke Frederick St & Cable Beach Rd; ⏲ Mo–Fr 8.30–17, Sa bis 13.30, So 9–13 Uhr) Hier findet man Benzinkanister, Akubra-Hüte, Heringe und alles, was man für eine erfolgreiche Kimberley-Expedition außerdem benötigt.

Praktische Informationen

Broome Visitor Centre (Karte S. 1092; ☎ 08-9195 2200; www.visitbroome.com.au; 1 Hamersley St; ⏲ Mo–Fr 8.30–17, Sa & So bis 16.30 Uhr, in der Nebensaison kürzer) Prima für Infos über den Straßenzustand, die Staircase to the Moon (S. 1096), Dinosaurier-Fußspuren (S. 1088), Wracks (S. 1089), den Gezeitenkalender oder einfach für Souvenirs. Bucht Unterkünfte und Touren und ist gleichzeitig Haltestelle für Fernbusse. Zu finden am Kreisverkehr in Richtung Zentrum, gegenüber Male Oval.

An- & Weiterreise

Der bequemste Weg, Broome zu erreichen, ist mit dem Flugzeug.Der **Broome Airport** (Karte S. 1092; ☎ 08-9194 0600; www.broomeair.com.au; Macpherson St) liegt recht nahe beim Zentrum und wird von den Fluggesellschaften **Qantas** (☎ 13 13 13; www.qantas.com.au), Skippers (www.skippers.com.au), **Virgin** (☎ 13 67 89; www.virginaustralia.com) und **Airnorth** (☎ 08-8920 4001; www.airnorth.com.au) angeflogen. Ein **Flughafen-Shuttle** (Airport Shuttle; ☎ 08-9192 5252; www.broometaxis.com; Broome/Cable Beach Hotels 7/11 AU$) bringt die Passagiere direkt nach Ankunft zu den meisten Hotels der Stadt sowie zu den Resorts von Cable Beach.

Integrity (Karte S. 1092; ☎ 08-9274 7464; www.integritycoachlines.com.au) fährt die Langstrecke nach Perth. **Greyhound** (☎ 1300 473 946; www.greyhound.com.au) verkehrt nach Darwin. Ein lokales **Busunternehmen** (S. 1103) kurvt nach Derby und es gibt einen **Shuttlebus** (S. 1100), der täglich nach Cape Leveque startet. Zudem gibt es den Postbus **Mail Run**, der dreimal die Woche fährt. (S. 1100).

Britz (☎ 08-9192 2647; www.britz.com; 10 Livingston St; Mindestmietdauer fünf Tage – Van/Geländewagen ab 1000/1600 AU$) Vermietet kleine und große Wohnmobile/Vans und robuste Geländewagen, die für die Gibb River Road unerlässlich sind.

Unterwegs vor Ort

Broome ist eine sehr zersiedelte Stadt, und die Entfernungen können täuschen und sollten ebenso wie die Hitze nicht unterschätzt werden. Die meisten Hotels vermieten Fahrräder und/oder Motorroller.

Der **Town Bus Service** (☎ 08-9193 6585; www.broomebus.com.au; Erw. 4 AU$, Tageskarte 10 AU$; ⊙ Hauptsaison 7.23–18.23 Uhr; Nebensaison Mo–Sa 8.53–17.53, So ab 10.53 Uhr; ♿) verbindet Town Beach, Chinatown und Cable Beach (in der Hauptsaison alle 30 Min. und stündl. in der Nebensaison).

Der lokale Anbieter **Broome Broome** (☎ 08-9192 2210; www.broomebroome.com.au; 3/15 Napier Tce; Autos/Geländewagen/Motorroller ab 65/155/35 AU$/Tag) bietet als einziges Unternehmen eine unbegrenzte Kilometerzahl. Der Verleih von Motorrollern kostet 35 AU$/Tag.

Broome Cycles (☎ 08-9192 1871; www.broomecycles.com.au; 2 Hamersley St; pro Tag/Woche 30/100 AU$, Kaution 150 AU$; ⊙ Mo–Fr 8.30–17, Sa bis 14 Uhr) verleiht Mountainbikes für einen Tag (30 AU$) oder eine Woche (100 AU$) in Chinatown und in der Hauptsaison auch am **Cable Beach** (☎ 0409 192 289; Ecke Cable Beach & Sanctuary Rds, Cable Beach; ⊙ Mai–Okt. 9–12 Uhr).

Taxiunternehmen: **Broome Taxis** (☎ 13 10 08), **Chinatown Taxis** (☎ 1800 811 772) oder **Pearl Town Taxis** (☎ 13 13 30).

Dampier Peninsula

Nördlich von Broome erstreckt sich die rote Erde der Dampier Peninsula nach Norden, bis sie abrupt an verlassenen Stränden, geschützten Mangrovenbuchten und Klippen, die in der untergehenden Sonne blutrot aufleuchten, endet. In dieser abgelegenen, erstaunlichen Landschaft finden sich blühende Siedlungen der indigen Ngumbarl, Jabirr Jabirr, Nyul Nyul, Nimanburu, Bardi Jawi und Goolarabooloo. Zugänglich ist die Halbinsel mit Geländewagen über die 215 km lange, weitgehend nicht asphaltierte Cape Leveque Rd.

Nach 15 km biegt man von der Cape Leveque Rd nach links auf die Manari Rd (S. 1101) ab und fährt an der spektakulären Küste entlang gen Norden zu den Stränden und Busch-Campingplätzen.

Wenn man Aborigine-Gemeinden besuchen will, die über die Cape Leveque Rd erreichbar sind, muss man immer im Voraus buchen (idealerweise direkt bei den Gastgebern in der Gemeinde. Aber auch das Broome Visitor Centre ist behilflich). Prüfen, inwieweit Genehmigungen und/oder Gebühren erforderlich sind! Zu empfehlen ist die ausgezeichnete Broschüre Ardi – Dampier Peninsula Travellers Guide (5 AU$). Man sollte möglichst alles für den eigenen Bedarf mitnehmen, auch wenn Vorräte in begrenztem Maße verfügbar sind.

Beagle Bay

Beagle Bay Church KIRCHE

(☎ 08-9192 4913; Eintritt gegen Spende) Beagle Bay, rund 110 km von Broome entfernt, ist bekannt für den außerordentlich schönen Perlmuttaltar in der Kirche der Gemeinde, die 1918 von Pallotiner-Mönchen errichtet wurde. Im örtlichen Laden gibt es (ausschließlich wochentags) Benzin zu kaufen.

Ngarlan Yarnin' GESCHICHTE

(☎ 0438 118 578; Beagle Bay; 2 Pers./Fam. 25/40 AU$; ⊙ Touren Mo–Sa 9, 10.30, 12, 13.50 & 17 Uhr) Mena Lewis, eine Frau aus dem Nyul-Nyul- bzw. Bardi-Stamm, zieht die Zuhörer in ihren Bann, indem sie eine Stunde lang über die Geschichte der Sacred Heart Cathedral, von Beagle Bay und der Gemeinde erzählt. Eintritt nur bei Barzahlung.

Pender Bay

In toller Abgeschiedenheit gelegen, ist diese **Bucht** (☎ 0429 845 707; Tageskarte Strand/Stellplatz 10/15 AU$/Pers.; ♿) bedeutsam als Geburtsplatz für Buckelwale. Man kann zwischen Mai und November einige von ihnen vor der Küste beobachten. Zugänglich ist die Bucht am einfachsten über das Whale Song Cafe (wenn geöffnet) oder über den kleinen Campingplatz von Pender Bay (zwischen Mercedes Cove und Whale Song), wo man auf den Klippen einen unvergleichlichen Blick genießen darf. Einfache Busch-Campingplätze verfügbar.

Goombaragin Eco Retreat CAMPING $$

(☎ 0429 505 347; www.goombaragin.com.au; Pender Bay; Stellplatz 18 AU$/Pers., Zelt mit/ohne Bad 175/80 AU$, Chalets 220 AU$; ⊙ April–Okt.; 📶) 🍃 Die Lage ist einfach herrlich: Von einem Felsvorsprung blickt man hinunter auf die charakteristischen roten Klippen und das türkisfarbene Wasser von Pender Bay. Dieser Ökotourismus-Anbieter hat zahlreiche Stellplätze (ohne Strom), Safarizelte und ein Chalet für Selbstversorger. Jede Nacht kann man am Lagerfeuer mit den anderen Gästen zusammenkommen.

★ **Whale Song Cafe** CAFÉ $$

(☎ 08-9192 4000; www.whalesongcafe.com.au; Munget, Pender Bay; kleine Gerichte 11–29 AU$; ⊙ Juni–Aug. 9–14 Uhr; 🌿) 🍃 Das Ökocafé liegt toll über der Pender Bay und serviert fabelhafte Bio-Mango-Smoothies, hausgemachte Gourmetpizza und den besten Kaffee auf der Halbinsel. Es gibt einen winzigen Campingplatz im Busch (Platz 20 AU$/Pers.) mit herrlichem Ausblick, eine abgefahrene Dusche im Freien und weit und breit kein Wohnmobil. Telstra-Handy-Empfang verfügbar.

Lombadina & Umgebung

Lombadina (☎08-9192 4936; www.lombadina.com; 10 AU$/Auto; ⏲Büro Mo–Fr 8–12 & 13–16 Uhr) liegt zwischen Middle Lagoon und Cape Leveque und ist 200 km von Broome entfernt. Die schöne, von Bäumen umsäumte indigene Gemeinde veranstaltet diverse Touren (mind. 3 Pers.), u. a. Angel-, Walbeobachtungs-, Geländewagen-, Krabben-, Kajak- und Wandertouren, die über das Büro gebucht werden können. Als Unterkunft dienen Zimmer im Backpacker-Stil sowie freistehende Hütten (220–280 AU$/4 Pers.), aber es gibt keine Stellplätze. Benzin ist (werktags) verfügbar; im ebenfalls werktags geöffneten Arts Centre werden außerdem hübsche kunsthandwerkliche Dinge verkauft. Auf keinen Fall die Kirche von Paperbark verpassen.

Ardi Festival KULTUR
(www.visitbroome.com.au; Lombadina; Erw. 20 AU$, unter 15 freier Eintritt; ⏲variabler Termin zwischen Juni und Sept.) Einmal pro Jahr feiert die Ardi-Kultur sich selbst. Bei Musik, Essen und Kunst kommt man in der Kommune Lombadinas zusammen. Die Termine über das Broome Visitor Centre (S. 1097) abgleichen, da diese jedes Jahr unterschiedlich sind. Das noch junge Fest findet ohne Drogen oder Alkohol statt.

Chile Creek CAMPING $
(☎08-9192 4141; www.chilecreek.com.au; Chile Creek, Lombadina; Stellplatz pro Erw./Kind 16,50/10 AU$, Bungalows 95 AU$, Safarizelt für Fam. 185 AU$) Das ungefähr 10 km von Lombadina entfernte Chile Creek ist von kleinen Mangroven umgeben. Es ist über eine sehr sandige Piste erreichbar und bietet einfache Stellplätze im Busch, Bungalows (Gemeinschaftsbad) und Safarizelte mit angeschlossenem Bad (mind. 2 Nächte). Eine gute Unterkunft für Vogelbeobachter und Krabbenfischer. Das Essen muss selbst mitgebracht werden, oder aber man fängt es sich vor Ort selbst.

Cape Leveque & Umgebung

An der obersten Spitze der Halbinsel gelegen, bietet **Cape Leveque** (Tagespass 5 AU$; 🚻) 🍃 mit seinen prächtigen weißen Stränden und den roten Klippen einen spektakulären Anblick. Wer Schwimmen und Schnorcheln liebt, ist hier genau richtig. Zugänglich über das Kooljaman Resort.

Brian Lee Tagalong Tours TOUREN
(☎08-9192 4970; www.brianleetagalong.com.au; Kooljaman; Erw./Kind 98 AU$/45 AU$) Einfach (im eigenen Geländewagen) an Brian Lee vom Bardi-Stamm dranhängen: Er erklärt einem die Kultur und Geschichte rund um Hunters Creek. Dort kann man sich dann auch ans Angeln und Krabbenfischen machen.

Bundy's Tours KULTUR
(☎09-9192 4970; www.bundysculturaltours.com.au; Kooljaman; Erw. 45–80 AU$, Kind 25–40 AU$) Der Bardi Bundy vermittelt bei seiner Tour mit den Augen eines Einheimischen wundervolle Einblicke in die traditionelle Lebensweise seines Volks. Man erfährt dabei u. a. etwas über Bush Tucker, das Fischen bei Nacht und die Anfertigung von Speeren.

Gumbanan CAMPING $
(☎0499 330 169; www.kimberleyoutbackxposure.com.au; nahe One Arm Point; Stellplatz 15 AU$/Erw., Kinder bis 10 Jahre frei, Safarizelt DZ/FZ 120/140 AU$) An einer unberührten Mangrovenküste bietet diese kleine Anlage zwischen Cape Leveque and **Ardyaloon** (Bardi; ☎08-9192 4930; http://ardyaloon.org.au; 15 AU$/Pers., Kinder frei; ⏲Büro Mo–Do 8–12 & 13.30–16, Fr 8–12 & 13.30–15 Uhr) äußerst ruhige Stellplätze ohne Strom sowie einfache Safarizelte. Hier kann man perfekt in diese ursprüngliche Kultur eintauchen, indem man Speere anfertigt (85 AU$), das Fischen von Mangrovenkrabben lernt (95 AU$) oder einen Quad-Ausflug an die Joowon-Sümpfe unternimmt (130 AU$).

Kooljaman RESORT $$
(☎08-9192 4970; www.kooljaman.com.au; Eintritt 5 AU$/Erw., Stellplätze ohne/mit Strom 45/50 AU$, Kuppelzelte 85 AU$, Strandmuscheln 120 AU$, Hütte mit/ohne Bad 200/155 AU$, Safarizelte ab 275 AU$; 🅿❄) Das mit Ökotourismuspreisen ausgezeichnete Kooljaman bietet grasbewachsene Stellplätze, Budget-Zelte, Strandunterkünfte aus Treibholz, Hütten mit oder ohne Bad und Safarizelte auf einem Hügel mit tollem Ausblick. Das resorteigene

Restaurant Raugis (S. 1100) überblickt Western Beach, wohingegen das kleine Dinkas Cafe (März–Sept. geöffnet) an der östlichen Seite liegt. Man kann auch Grillpakete bestellen.

Raugis MODERN-AUSTRALISCH **$$**
(☎ 08-9192 4970; Kooljaman Resort; Hauptgerichte 27–39 AU$, Grillpaket 25 AU$; ⏲ April–Okt. 7.30–10, 11.30–14 & 18–22, Nov.–März 11.30–14 Uhr; 👪) Dieses BYO-Restaurant (man kann seinen eigenen Wein mitbringen) im Kooljaman-Resort (S. 1099) ist von April bis Oktober für alle Mahlzeiten des Tages geöffnet und bietet einen tollen Blick über die roten Klippen der Westküste von Cape Leveque. Es werden leckere Gerichte zu guten Preisen gereicht – oder aber man bestellt ein Grillpaket zum Mitnehmen.

An- & Weiterreise

Der **Cape Leveque Shuttle** (Broome Transit; Karte S. 1092; ☎ 08-9192 5252; www.broometaxis.com; ⏲ einfach/Tageskarte hin & zurück 70/120 AU$) fährt täglich (je nach Zahl der Fahrgäste) von Broome nach Beagle Bay, Cape Leveque (Kooljaman) und Cygnet Bay und zurück.

Haltepunkte des Postbusses **Cape Leveque Mail Run** (☎ 08-9193 7650; http://ahoybuccaneers.com.au; einfach/ hin & zurück 70/140 AU$; ⏲ Mo, Mi & Fr 17 Uhr) sind jeweils Montag, Mittwoch und Freitag Beagle Bay, Lombadina, Djarindjin, Gambanan (nur Juni–Sept.), Cape Leveque (Kooljaman) und Cygnet Bay.

Da die Straßen nach langem Regen ausgewaschen und voller Bodenwellen sein können, ist ein Geländewagen mit hoher Bodenfreiheit wärmstens zu empfehlen.

Derby

4000 EW.

Spät nachts, wenn Derby schläft, erwachen die Affenbrotbäume zum Leben, ziehen marodierend durch die Stadt und recken bedrohlich ihre vielen Glieder gegen ein Heer riesiger Killerkrokodile, das aus den Untiefen auftaucht… Nunja, soweit der Traum.

Krokodile verstecken sich aber sehr wohl zwischen den Mangroven, wahrscheinlicher ist es jedoch, die über 200 Vogelarten zu Gesicht zu bekommen, während die Affenbrotbäume tief verwurzelt die beiden parallelen Hauptstraßen Loch St und Clarendon St säumen. Derby bildet den Ausgangspunkt für geführte Touren zu den Horizontal Waterfalls (S. 1102) und zum Buccaneer Archipelago und ist zudem die westliche Zufahrt zur Gibb River Road (GRR).

Derby ist das Verwaltungszentrum des Derby-West Kimberley Shire. Die Schließung des Aufnahmelagers für Asylbewerber auf der nahen Luftwaffenbasis Curtin führte zu einem Wegzug von Vertragsarbeitern und zu einer Entlastung des angespannten Wohnungsmarkts.

Sehenswertes

★ **Norval Gallery** GALERIE
(☎ 0458 110 816; www.facebook.com/norval-gallery-676996675735315; 1 Sutherland St ⏲ Öffnungszeiten variieren) Die berühmten Kimberley-Künstler Mark und Mary Norval haben am Stadtrand in einer alten Wellblechhütte ein entzückendes Café mit Galerie eingerichtet. Die verblüffenden Kunstwerke, exquisiten Schmuckstücke, der ordentliche Kaffee und die 5000 Schallplatten (die in Themennächten aufgelegt werden) machen dies zu einem Erlebnis für die Sinne.

Wharefinger Museum MUSEUM
(Ecke Elder & Loch St; gegen Spende) Den Schlüssel dazu gibt's im Visitor Centre (S. 1103); Besucher erhalten im nahen Museum dank der eindrücklichen Exponate einen Einblick in die Schiff- und Luftfahrt.

Jachthafen AREAL
Den mit 11,5 m gewaltigen Tidenhub des King Sound kann man besonders gut vom runden Jachthafen aus beobachten. Er liegt 1 km nördlich des Ortes und ist ein beliebter Platz, um zu angeln, Krabben zu suchen, Vögel zu beobachten oder einfach nur in die Ferne zu gucken. Und ja, es stimmt: In den Mangroven verstecken sich Krokodile.

Kimberley School of the Air SCHULE
(Marmion St; 10 AU$) Ein faszinierender Einblick, wie für die Kinder aus entlegenen Siedlungen Schulunterricht über Funk funktioniert. Die Uhrzeiten variieren, daher sollte man sich vorher im Visitor Centre (S. 1103) danach erkundigen.

Aktivitäten & Geführte Touren

Die Horizontal Waterfalls (S. 1102) sind Derbys Hauptattraktion und die meisten Bootsfahrten führen außerdem zu den Naturwundern des abgeschiedenen King Sound und des Buccaneer Archipelago. Man kann unter vielen Anbietern wählen; eine komplette Liste gibt's im Visitor Centre (S. 1103). Die

ABSTECHER

MANARI ROAD: BROOMES STRÄNDE IM NORDEN

Die Strände, Landzungen und roten Klippen längs der Manari Rd sind noch einer der letzten Geheimtipps rund um Broome. Hauptsächlich kommen Angler, Einheimische und Abenteurer, die etwas mehr als nur Broome sehen wollen. Wenn man die Cape Leveque Rd, gerade einmal 15 km vom Great Northern Highway, verlässt, so schlängelt sich die sandige und oft unebene Manari Rd durch das **Goolarabooloo Country**, parallel zu der an der Küste gelegenen **Lurujarri Songline** (mündliche Überlieferungen von Geschichten, Liedern und Tänzen, die die Landschaft beschreiben und von Generation zu Generation weitergegeben werden).

Nur 5 km weiter erreicht man die Abzweigung zu **Willie Creek** und damit eine **Pearl Farm** (Wirrkinymirri; ☎08-9192 0000; www.thebroomeexperience.com.au; Willie Creek Rd; Touren Erw./Kind/Fam. ab 65/35/165 AU$; ⏲Café April–Sept. 11–15 Uhr; P), die sich in einer atemberaubenden Gegend befindet. Auf einer von Mangroven geschmückten Bucht umfährt man auf einem 75 km langen und scheinbar abgelegenen Track einen großen Salzsee. Zahlreiche Touren werden angeboten und in einem Café kann man zu Mittag essen. Schwimmen ist nicht möglich, da in der kleinen Bucht sog. „Salties" (Salzwasserkrokodile) leben.

Wieder zurück auf der Manari Rd gibt es Busch-Campingplätze (keine Einrichtungen, Höchstverweildauer: 3 Nächte) am **Barred Creek** (Nuwirrar; Manari Rd; P) GRATIS, **Quandong Point** (Kardilakan; Manari Rd;) GRATIS, **James Price Point** (Walmadan; Manari Rd;) GRATIS und **Coulomb Point** (Minarinny; Manari Rd;) GRATIS, wo sich auch ein Naturschutzgebiet befindet. Man kann an den Stränden schwimmen und am Riff auf Fischfang gehen. Bei niedrigem Wasserstand laden die Felsplattformen zum Wandern ein. Dabei kann man sich auf die Suche nach Dinosaurierspuren und Fossilien machen. Nichts mitnehmen – außer natürlich dem eigenen Müll!

Mit herkömmlichen Fahrzeugen schafft man es normalerweise zum **James Price Point**, mitten auf dem Songline-Traumpfad. Dessen bröckelnde, purpurrote Klippen (einst die Heimat des stolzen Kriegers **Walmadan**) sind in der jüngeren Vergangenheit sowohl das Symbol als auch die vorderste Front der Umweltbewegung Kimberleys geworden. Ob man nun campen will oder nicht, diesen spektakulären Ort darf man sich nicht entgehen lassen. Ganz besonders schön bei Sonnenuntergang. Mehr Infos über dieses Gebiet gibt's auf www.goolarabooloo.org.au und www.environskimberley.org.au.

meisten Veranstalter bieten nur im Sommer Touren an.

★Horizontal Falls Seaplane Adventures PANORAMAFLUG
(☎08-9192 1172; www.horizontalfallsadventures.com.au; 6-stündige Flüge ab Derby/Broome 745/795 AU$) Wer eine Kimberley-Tour macht, sollte diese auswählen. Die Flüge zu den Horizontal Waterfalls landen in Talbot Bay, danach ist Adrenalin pur angesagt, wenn es mit dem Schnellboot durch die Wasserfälle geht. Man kann auch (ab Derby) eine Tour mit Übernachtung buchen (ab 895 AU$).

Abhängig vom Wasserstand führen einige Touren direkt durch die Wasserfälle, danach geht's dann auf der schwimmenden Plattform zum Mittagessen im Barramundi-Style. Eine ganz andere Perspektive bietet die zehnminütige Heli-Tour (100 AU$). Nach dem Essen ändert die Strömung die Richtung und ermöglicht so weitere Fahrten, anschließend geht's zurück über das Buccaneer Archipelago.

North West Bush Pilots PANORAMAFLUG
(☎08-9193 2680; www.northwestbushpilot.com.au; Flug ab 370 AU$) Auf dem Programm stehen bei diesem Veranstalter die Horizontal Waterfalls (S. 1102) und das Buccaneer Archipelago sowie Walcott Inlet; man überfliegt sie jedoch nur, in unmittelbare Nähe der Naturwunder kommt man auf diese Art und Weise nicht.

Kimberley Dreamtime Adventure Tours KULTUR
(☎08-9191 7280; www.kdat.com.au; Zweitagestour Erw./Kind 492/350 AU$, 3 Tage 710/565 AU$; ⏲April–Okt. Mo & Mi) Dieses von Einheimischen geführte Unternehmen hat seinen Sitz in Nyikina Mangala auf der Mt. Anderson Station, 126 km südöstlich von Derby. Sie zeigen den Touristen die Kultur der Einheimischen: Campen unterm Sternenhimmel,

HORIZONTAL WATERFALLS

Eine der faszinierendsten Attraktionen der Küste von Kimberley ist das Phänomen der „horizontalen Wasserfälle". Allerdings sind die Wasserfälle nur Gezeitenwellen, die im Buccaneer Archipelago nördlich von Derby in die engen Schluchten schwappen. Das Faszinierende hier ist der enorme Tidenhub von etwa 11 m. Das Wasser fließt mit einer Geschwindigkeit von ca. 30 Knoten, da es durch zwei schmale Schluchten von 20 bzw. 10 m Breite gepresst wird – das Resultat ist ein „Wasserfall" mit bis zu 4 m Höhe.

In der Trockenzeit führen Touren ab Derby (und teils ab Broome) mit dem Flugzeug oder Boot (oder beidem) zu den Horizontal Waterfalls. Besonderer Beliebtheit erfreuen sich „Gezeitenritte" durch die Schluchten auf einem leistungsstarken Schnellboot. Das ist jedoch sehr riskant – es kam bereits zu Unfällen! Die schnellste und günstigste Option sind Panoramaflüge. Manche der Seeflugzeuge bringen abenteuerlustige Passagiere zu Schnellbooten. Alternativ gibt es längere Bootsfahrten durch das Archipel mit Station bei den Wasserfällen. Die Touren bucht man in den Visitor Centres in Derby und Broome.

Kamelritte, Angeln und Jagen. Abgeholt wird man in Broome, Willare oder Derby.

Wandjina Tours KULTUR
(☎1800 111 163; www.wandjinatours.com.au; Freshwater Cove; 2-/4-Tagestour 2600/3800 AU$) 200 km nördlich von Derby befindet sich ein abgelegener Strandcampingplatz: Freshwater Cove. Hier, an der unberührten Küste, erlebt man die Worrorra-Kultur hautnah: Felsenkunst, heilige Strände, einheimische Künstler und leckeres Seafood. Auf der Rückreise kann man die Horizontal Waterfalls besuchen. Man erreicht Freshwater Cove per Flugzeug von Derby aus.

Uptuyu KULTUR
(☎0400 878 898; www.uptuyu.com.au; Oongkalkada Wilderness Camp, Udialla Springs; ab 450 AU$/Tag) Im Nyikina-Land am Fitzroy River, 50 km vom Great Northern Hwy entfernt, veranstalten Neville und Jo maßgeschneiderte Kulturtouren, bei denen Teilnehmer Feuchtgebiete und Felskunststätten besuchen, angeln und indigene Gemeinden am Fitzroy und weiter draußen kennenlernen.

Feste & Events

Boab Festival MUSIK, KULTUR
(www.derbyboabfestival.org.au; ⏲Juli) Auf dem Programm stehen Konzerte, Schlammfußball, Pferde- und Krabbenrennen, Lesungen, Kunstausstellungen und Umzüge. Man sollte versuchen, einen Platz beim Long-Table-Dinner draußen im Watt zu ergattern.

Schlafen & Essen

Kimberley Entrance Caravan Park CAMPING $
(☎08-9193 1055; www.kimberleyentrancecaravanpark.com; 2 Rowan St; Stellplatz ohne/mit Strom 34/40 AU$; 🐾 P) Nicht alle Stellplätze bieten Schatten, aber Platz ist immer genug vorhanden. Angesichts der Nähe zum Watt sind allerdings viele Insekten unterwegs.

Desert Rose B&B $$
(☎08-9193 2813; 4 Marmion St; DZ 225 AU$; ≋) Hier sollte man vorab buchen. Denn es ist die beste Unterkunft der Stadt: geräumige Zimmer mit individuellem Stil, ein netter Pool im Schatten, Bleiglasfenster und ein üppiges Frühstück. Die Gastgeberin Anne weiß wirklich alles über den Ort.

Spinifex Hotel RESORT $$
(☎08-9191 1233; www.spinifexhotel.com.au; 6 Clarendon St; Donga/Motelzi. 120/225 AU$, P ❄ @ 📶 ≋) Das wie ein Phönix aus der Asche des alten Spini auferstandene schicke Resort hat uniform eingerichtete Zimmer (einige mit Kochnischen) und ein Restaurant (Hauptgerichte 22–42 AU$). Während der Spitzensaison gibt's draußen Livemusik.

★ **Neaps Bistro** MODERN-AUSTRALISCH $$
(☎08-9193 2924; www.facebook.com/neapsbistro; Derby Lodge, 15-19 Clarendon St; Hauptgerichte 19–39 AU$; ⏲tgl. 7–11 Uhr, Mo–Sa 18–21 Uhr; ❄) Das ist die neue Nr. 1, wenn es nach der Meinung Einheimischer geht. Der Koch kommt direkt aus dem Barossa Valley. Das Abendessen ist saftig und lecker. Außerdem hat man eine riesige Auswahl. Frühstück (7–23 AU$) ist unvergleichlich gut und mit einer Finesse zubereitet, die man außerhalb der Großstädte selten erlebt.

Jila Gallery ITALIENISCH $$
(☎08-9193 2560; www.facebook.com/jilagallery; 18 Clarendon St; Pizzas 20–28 AU$, Hauptgerichte 24–34 AU$; ⏲ Di–Fr 10.30–14 & 18 Uhr–open end, Sa 18 Uhr–open end) Wie gut das Essen hier ist,

hängt ein wenig davon ab, welcher Koch gerade am Werk ist. Angeboten werden Pizza aus dem Holzofen, hausgemachte Pasta und tolle Kuchen. Am besten zu genießen im schattigen Innenhof des Cafés.

Praktische Informationen

Derby Visitor Centre (08-9191 1426; www.derbytourism.com.au; 30 Loch St; Trockenzeit Mo–Fr 8.30–16.30, Sa & So 9–15 Uhr) Die hilfreiche Touristeninformation hat Infos zum aktuellen Straßenzustand und bucht Unterkünfte, Verkehrsmittel und Touren.

An- & Weiterreise

Charter- und Panoramaflüge nutzen den Derby Airport (DRB), gleich hinter der Abzweigung der Gibb River Rd. Derzeit werden keine Passagierflüge angeboten, sollten Flüge nach Perth aber irgendwann wieder angeboten werden, so starten sie vom Curtin Airport (DCN) aus, der 40 km entfernt ist.

Alle Busse starten am **Visitor Centre**.

Derby Bus Service (08-9193 1550; www.derbybus.com.au; einfache Strecke/hin & zurück 50/90 AU$; Mo, Mi & Fr) Der Bus nach Broome (2½ Std.) fährt früh los, hält am Willare Roadhouse (und praktisch überall, wo man darum bittet), und kehrt am gleichen Tag zurück.

Greyhound (1300 473 946; www.greyhound.com.au) täglich nach Broome (52 AU$, 2½ Std.), Darwin (261 AU$, 23 Std.) und Kununurra (134 AU$, 11 Std.; außer sonntags).

Devonian Reef National Parks

Die drei Nationalparks mit den drei atemberaubenden Schluchten waren im Devon vor 350 Mio. Jahren Teil einer Art westlichem Great Barrier Reef. Der Zugang zu den Nationalparks Windjana Gorge und Tunnel Creek erfolgt über die unbefestigte Fairfield Leopold Downs Rd (die den Great Northern Hwy mit der Gibb River Rd verbindet), während der Geikie Gorge National Park 22 km nordöstlich von Fitzroy Crossing liegt.

Sehenswertes

★ Tunnel Creek NATIONALPARK

(712 AU$/Auto; Hauptsaison; P) Der Sonne überdrüssig? Dann kann man sich unter der Erde im Tunnel Creek abkühlen, der auf fast 1 km durch einen Sporn der Napier Ranges verläuft. Der Tunnel war das Versteck von Jandamarra, einem Aborigine-Freiheitskämpfer des 19. Jhs., der drei Jahre lang gegen Polizei und weiße Siedler kämpfte, bis er schließlich getötet wurde. In der Trockenzeit ist der Tunnel auf ganzer Strecke begehbar, wobei man aber teilweise durch knietiefes Wasser watet; Aufpassen muss man auf die Fledermäuse. Festes Schuhwerk und eine starke Taschenlampe mitbringen! Im Eingangsbereich gibt es auch Felsenkunst zu bewundern. Camping nicht gestattet.

Geikie Gorge NATIONALPARK

(Darngku; April–Dez.; P) Diese prächtige Schlucht in der Nähe von Fitzroy Crossing sollte man nicht verpassen. Auf den Wegen, die man auf eigene Faust begehen kann, ist es sandig und heiß. Besser schließt man sich daher einer der Bootstouren an, die vom **Department of Parks & Wildlife** (08-9191 5121; Tour 1 Std. Erw./Kind 45/12 AU$; Mai–Okt. Bootstouren ab 8 Uhr) sowie von Guides der örtlichen Bunuba angeboten werden.

Windjana Gorge NATIONALPARK

(12 AU$/Auto, Stellplätze Erw./Kind 12/2,20 AU$; Nebensaison;7 P) Die Wände der Schlucht ragen 100 m über den Lennard River in die Höhe, der in der Regenzeit anschwillt, sich in der Trockenzeit hingegen als eine Ansammlung von Schlammlöchern präsentiert. Große Scharen von Australien-Krokodilen lauern an den Ufern (daher wird auch vom Schwimmen abgeraten). Für die (hin & zurück) 7 km lange Wanderung vom Campingplatz aus unbedingt viel Wasser mitnehmen!

Geführte Touren

Darngku Heritage Tours BOOTSTOUREN

(0417 907 609; www.darngku.com.au; Touren Erw./Kind 2 Std. 70/60 AU$, 3 Std. 90/75 AU$, halber Tag 175/138 AU$; April–Dez.;) Führer der örtlichen Bunuba-Aborigines geben bei diesen informativen Bootstouren durch die Geikie (Darngku) Gorge (S. 1103) Einblicke in die indigene Kultur und Bush-Tucker-Kost. In der Zwischensaison (April & Okt.–Dez.) gibt's eine kürzere, einstündige Bootstour (Erw./Kind 35/7,50 AU$).

Bungoolee Tours KULTUR

(08-9191 5355; www.bungoolee.com.au; 2-stündige Tour Erw./Kind 60/20 AU$; Trockenzeit Mo, Mi & Fr 9 & 14 Uhr) Der Bunuba-Friedensrichter Dillon Andrews veranstaltet informative zweistündige Tunnel-Creek-Touren, bei denen die Geschichte Jandamarras erklärt wird. Buchen kann man über das Visitor Centre in Fitzroy Crossing (S. 1109).

An- & Weiterreise

Für die drei Parks braucht man einen eigenen Wagen. **Geikie Gorge** (S. 1103) ist über Fitzroy Crossing ganz einfach zu erreichen. Wenn man nur mit einem Zweiradantrieb unterwegs ist, sollte man vorab unbedingt die Straßenbedingungen der Fairfield-Leopold Downs Rd checken (für **Windjana Gorge**, S. 1103, und **Tunnel Creek**, S. 1103); normalerweise ist für einen funktionierenden Wasserablauf gesorgt. Sollte dies nicht der Fall sein, kann man eine **Tagestour** (☎ 0499 336 967; www.windjana.com.au; Erw./Kind 195/95 AU$; ⏲ Mai–Sept. Di, Do, & So, Juni–Aug. auch Fr) ab Derby wählen.

Gibb River Road

Die legendäre Gibb River Road (die „Gibb" oder GRR) bahnt sich wie eine Schneise durch das karge Innere Kimberleys und ist eine der eindrucksvollsten Outback-Straßen Australiens. Die größtenteils nicht asphaltierte Straße erstreckt sich über 660 km zwischen Derby und Kununurra und gibt den Blick auf schier endlose Landschaften und weiten Himmel frei. Holprige, teils verwitterte Nebenstraßen führen zu Schluchten und Wasserfällen, Wasserbecken und Rinderfarmen. Bei Niederschlägen kann die Gibb gesperrt werden, und in der Regenzeit ist sie dauerhaft geschlossen. Gute Planung und viele Vorräte sind Pflicht, denn Reisende erwartet echte Wildnis, gepaart mit minimaler Infrastruktur.

Zwingend erforderlich sind ein Geländewagen mit großer Bodenfreiheit (z.B. ein Toyota Land Cruiser) und – für den Fall einer Panne – zwei Ersatzreifen, Werkzeug sowie Wasser (mind. 20 l) und Verpflegung für mehrere Tage. Britz (S. 1097) in Broome ist ein renommierter Ausrüstungsverleih. Benzin ist nur begrenzt verfügbar und teuer, die meisten Handys haben keinen Empfang und die Hitze kann höllisch sein.

Geführte Touren

Adventure Tours GELÄNDEWAGENTOUR
(☎ 03-8102 7800; www.adventuretours.com.au; ab 1995 AU$) Neuntägige, auf ein jüngeres Publikum ausgerichtete Campingtouren auf der Gibb River Road.

Wundargoodie Aboriginal Safaris KULTURTOUR
(☎ 0429 928 088; www.wundargoodie.com.au; Tour mit eigenem Geländewagen pro Tag 250 AU$/Fahrzeug, 11-tägige Tour nur für Frauen 3500 AU$; ⏲ April–Sept. 👪) Bei diesen an Einblicken reichen, von Aborigines geführten *tag-along*-Geländewagentouren (d.h., man muss das Fahrzeug selbst mitbringen), stehen die örtliche Kultur und Felskunst im abgelegenen Derby-West Kimberley Shire im Zentrum. Bei der Frauen vorbehaltenen Tour ist alles inklusive; campiert wird auf besonderen Plätzen, und die Teilnehmerinnen lernen Aborigine-Frauen kennen.

Kimberley Adventure Tours GELÄNDEWAGENTOUR
(☎ 1800 171 616; www.kimberleyadventures.com.au; neuntägige Tour 1995 AU$) Campingtouren für kleine Gruppen von Broome die Gibb hinauf; die neuntägige Tour führt weiter nach Purnululu und Darwin. Das Ganze gibt's auch für die entgegengesetzte Richtung und beginnt in Darwin.

Kimberley Wild Expeditions GELÄNDEWAGENTOUR
(☎ 1300 738 870; www.kimberleywild.com.au) Das Unternehmen wird ständig ausgezeichnet. Es veranstaltet ein- (239 AU$) bis 14-tägige (3995 AU$) Touren auf der Gibb ab Broome.

Praktische Informationen

Infos gibt's unter www.kimberleyaustralia.com oder auf den Websites der Visitor Centres von **Derby** (S. 1103) und **Kununurra** (S. 1112). In den Visitor Centres ist der Gibb River & Kalumburu Road Guide (5 AU$) erhältlich.

Mainroads Western Australia (MRWA; ☎ 13 81 38; www.mainroads.wa.gov.au; ⏲ 24hr) Infos zum Straßenzustand auf dem Highway und der Gibb.

Parks & Wildlife (www.dpaw.wa.gov.au) Genehmigungen, Campinggebühren und Informationen zu den Parks. Der „Holiday Pass" (44 AU$) ist die günstigere Alternative, wenn man mehr als drei Parks in einem Monat besuchen will.

Shire of Derby/West Kimberley (☎ 08-9191 0999; www.sdwk.wa.gov.au) Infos zum Straßenzustand auf Nebenstraßen der Western und Central Gibb.

Shire of Wyndham/East Kimberley (☎ 08-9168 4100; www.swek.wa.gov.au) Infos zum Zustand der Kalumburu/Mitchell Falls Rd.

Von Derby nach Imintji

In Richtung Osten von Derby kommend sind die ersten 100 km der Gibb River Road inzwischen asphaltiert. Nur 4 km hinter Derby kommt das tolle **Mowanjum Art & Culture Centre** (☎ 08-9191 1008; www.mowanjumarts.com; Gibb River Rd, Derby; ⏲ Trockenzeit tgl. 9–17 Uhr, Regenzeit Sa & So geschl., Jan. geschl.; P) GRATIS.

Fährt man die Gibb River Rd weiter, hat man nach 119 km an der Abzweigung Windjana Gorge die letzte Möglichkeit, zum Great Northern Hwy zurückzufahren. Windjana liegt 22 km abseits der Gibb River Rd und ist bei Campern sehr beliebt. Die Landschaft wird eindrucksvoller, nachdem man den **Lennard River** überquert und das Gebiet der Napier Downs Station erreicht hat, weil nun die **King Leopold Ranges** direkt vor einem sichtbar werden. Gleich hinter **Inglis Gap** folgt die Abzweigung nach Mt. Hart: Nach weiteren 7 km ist man an der schmalen **Lennard River Gorge** angekommen.

Trotz seines weniger vielversprechenden Namens ist das 204 km von Derby entfernte **March Fly Glen** ein angenehmer, schattiger, von Schraubenbäumen umgebener Picknickbereich. Gesellschaft bekommt man vom Blauohr-Honigfresser-Vogel. Nicht übersehen sollte man die eindrucksvolle **Bell Gorge** (12 AU$/Auto; P) mit seinem Wasserfall und einem Becken zum Baden. Auftanken (nur Diesel), ein Eis essen und seine E-Mails checken kann man im **Imintji Store** (08-9191 7227; www.imintji.com; Trockenzeit 9–17 Uhr, in der Regenzeit kürzer;).

Mt. Hart Homestead CAMPING $

(08-9191 4645; www.kimberleyoutbacktours.com; Stellplatz 18 AU$/Pers., EZ/DZ mit Abendessen & Frühstück 430/590 AU$, Safarizelt 590 AU$; Trockenzeit) Unterhalb von Inglis Gap führt eine raue, 50 km lange Piste zum abgelegenen Mt. Hart Homestead mit grasbewachsenen Stellplätzen, schönen Schluchten und Bade- und Angellöchern.

In schön renovierten Zimmern oder modernen Safarizelten erhält man auf Wunsch auch Vollpension. Für die Camper gibt's ein Restaurant (Frühstück/Mittagessen/Abendessen 25/25/40 AU$). Diesel gibt's zu „Imintji-Preisen" (S. 1105). Eine Bar ist angeschlossen, Sunset Hill (gleich auf der anderen Seite der Landebahn) ist für einen Sundowner jedoch passender.

Birdwood Downs Station RANCH $

(08-9191 1275; www.birdwooddowns.com; Camping 14,50 AU$, Hütten 86 AU$/Pers.; P) Rund 20 km hinter Derby gibt es auf der 2000 ha großen Schaffarm rustikale Hütten, Schmetterlinge und schlichte Campingmöglichkeiten. Freiwilligenarbeiter von WWOOF sind willkommen. Auf der Ranch befindet sich auch die Kimberley School of Horsemanship mit Reitunterricht, Reitlagern und Ausritten (60 AU$/Pers.).

Ebenfalls erhältlich: Ein 90-minütiger Ritt in den Sonnenuntergang (105 AU$) mit Sekt, und, für Fortgeschrittene: ein dreistündiger Ritt durch die Sumpflandschaft von King Sound (180 AU$). Wer auf mehr Pferdestärken steht, bucht die Savannah-Ökotour (60 AU$): 90 lehrreiche Minuten im Geländewagen rund um die Anlage.

Von Imintji nach Mt. Elizabeth Station

In Richtung Osten von Imintji kommend sind es nur 25 km, bis man nach Mornington abbiegt und noch 5 km weiter ist man am Eingang **Charnley River Station** (08-9191 4646; www.australianwildlife.org; Stellplatz 20 AU$/Pers., Gebühr 25 AU$/Auto; P). Wer sich in der einsamen Savanne auf dem Weg zum ausgezeichneten Mornington Wilderness Camp befindet, sollte vorab anrufen und dafür eines der öffentlichen Funktelefone benutzen, die entlang der Gibb installiert wurden. Das Vieh an der Straße gehören zumeist zur Farm **Mount House Station**. Einmal den Fluss **Adcock** überquert, können Sie Nev und Leonie von der Werkstatt Over the Range Repairs grüßen und dann die **Galvans Gorge** (Gibb River Rd; P) an die 286-km-Marke hinunterspazieren.

Im Mt. Barnett Roadhouse, 300 km hinter Derby, kann man tanken und seine Campinggenehmigung holen, falls man auf dem nahen Campingplatz **Manning River Gorge** (7 km hinter Mt Barnett Roadhouse; Stellplatz 22,50 AU$/Pers.; P) übernachten will. Weiter Richtung Osten gibt es jedoch bessere Optionen. Kostenlos Campen kann man am **Barnett River** (29 km östlich des Mt Barnett Roadhouse) GRATIS an der Kilometermarke 329. Sollte es noch nicht dunkel sein, so lohnt es sich, bis zur historischen **Mt. Elizabeth Station** (08-9191 4644; Stellplätze 22 AU$, EZ/DZ mit Frühstück & Abendessen 195/390 AU$; Trockenzeit) an Kilometermarke 338 weiterzufahren.

Zwischen Adcock und der Galvans Gorge sind Nev und Leonie von **Over the Range Repairs** (08-9191 7887; Trockenzeit 8–17 Uhr) die beste – und einzige – Hilfe bei Autopannen auf der gesamten Gibb River Rd.

Im **Mt. Barnett Roadhouse** (08-9191 7007; Trockenzeit 8–17 Uhr, in der Regenzeit kürzer) kann man Verpflegung, Diesel und Bleifrei (das teuerste an der Gibb) tanken. Auch eine Campinggenehmigung für die Manning River Gorge gibt es.

★ Mornington Wilderness Camp WILDSCHUTZGEBIET
(☎ 08-9191 7406; www.awc.org.au; 25 AU$/Fahrzeug, Stellplatz Erw./Kind 20/10 AU$, Safarizelte EZ/DZ 335/600 AU$ inkl. VP; ⊙ Mai–Mitte Okt.; P 🚻) 🍃 Das herrliche Mornington Wilderness Camp gehört zur Australian Wildlife Conservancy und liegt völlig abgeschieden am Fitzroy River; von der Gibb River Rd führt bei Kilometer 247 eine unglaublich malerische, 95 km lange Piste durch die Savanne hierher. Fast 400 000 ha stehen hier für die bedrohte Tierwelt Kimberleys unter Schutz, und es gibt ausgezeichnete Möglichkeiten zum Kanufahren, Baden, Vögelbeobachten und Wandern.

Vorhanden sind schattige Stellplätze mit Grillplätzen (Gas) und geräumige, erhöht aufgebaute Zelte (mit VP) mit Veranda und Bad 320/570 AU$). Das Barrestaurant bietet Abendessen (60 AU$), Grill-Pakete (25 AU$) und die beste Käseplatte (25 AU$) diesseits des Margaret River. **Sir John Gorge** ist bei später Nachmittagssonne wundervoll. Vorab anrufen! An der Ausfahrt von der Gibb River Rd gibt es ein Telefon.

Von der Kalumburu Rd nach Wyndham/Kununurra

406 km hinter Derby erreicht man die Abzweigung nach Kalumburu. Auf der Gibb geht's weiter durch spektakuläre Landschaft. Die Straße überquert den mächtigen **Durack River** und klettert dann durch die **Pentecost Ranges**, wo sich dann ein Panoramablick auf die Cockburn Ranges, den Cambridge Gulf und den Pentecost River bietet. Kurz danach kommt schon die hinreißende Home Valley Station.

589 km hinter Derby überquert man den berüchtigten **Pentecost River**. Hier ist größte Vorsicht geboten, weil der Wasserstand unberechenbar ist und in der Nähe Leistenkrokodile lauern. Der letzte Abschnitt der Gibb ist asphaltiert. Die Abzweigung zur schönen **Emma Gorge** (⊙ April–Sept.; P) liegt 10 km hinter El Questro. 630 km nach Derby überquert man den **King River** und bei Kilometer 647 trifft man schließlich auf den Highway – links geht's nach Wyndham (48 km) und rechts nach Kununurra (53 km).

El Questro Wilderness Park PARK
(☎ 08-9169 1777; www.elquestro.com.au; Genehmigung Erw. pro Tag/Woche 12/20 AU$; ⊙ Trockenzeit; P 🚻) Die in ein internationales Resort umgewandelte, 400 000 ha große ehemalige Ranch umfasst malerische Schluchten (Amelia, El Questro) und die **Zebedee Springs** (⊙ 7–12 Uhr; P). Bootstouren erkunden die Chamberlain Gorge, man kann aber auch Boote ausleihen und auf eigene Faust fahren (100 AU$). Es gibt schattige Stellplät-

ABSEITS DER ÜBLICHEN PFADE

KALUMBURU

Kalumburu ist ein malerisch zwischen riesigen Mangobäumen und Kokospalmen gelegener Missionsort. Er hat zwei Läden sowie eine Tankstelle. In der Nähe gibt es interessante Felsenkunst sowie das Wrack eines Bombers aus dem Zweiten Weltkrieg. Übernachten kann man in der **Kalumburu Mission** (☎ 08-9161 4333; www.kalumburumission.org.au; Stellplatz 20/8 AU$/ Erw./Kind, Donga-EZ/DZ 125/175 AU$; P), die ein kleines **Museum** (Fr Thomas Gill Museum; ☎ 08-9161 4333; www.kalumburumission.org.au; 10 AU$; ⊙ 11–13 Uhr) hat. Oder aber man besorgt sich die Genehmigung im Kalumburu Aboriginal Community (KAC) und zeltet an der **Honeymoon Bay** (☎ 08-9161 4378; www.facebook.com/honeymoonbaywa; Stellplatz 20 AU$) oder 20 km weiter auf dem Zeltplatz **McGowan Island** (☎ 08-9161 4748; www.facebook.com/pages/McGowan-Island/194876760642959; Stellplatz 20 AU$) an der Küste am Ende der Straße.

Die Straße nach Kalumburu verschlechtert sich bald nach der Abzweigung zum Mitchell Plateau und wird schließlich sehr felsig. Tanken kann man im Lagerplatz neben dem **Mission Store** (⊙ Mo–Fr 7–11.30 & 13.30–16, Sa 9–11 Uhr).

Um Kalumburu zu besuchen, braucht man eine Genehmigung des **Department of Aboriginal Affairs** (DAA; ☎ 1300 651 077; www.daa.wa.gov.au) in Broome und bei Ankunft einen Besucherpass (50 AU$; 7 Tage gültig) von der Kalumburu Aboriginal Community (08-9161 4300, www.kalumburu.org), den man vom **Community Resource Centre** (CRC, Visitor Centre; ☎ 08-9161 4627; www.kalumburu.org; ⊙ unterschiedl.; 📶) ausgestellt bekommt. In Kalumburu besteht Alkoholverbot.

ze und Bungalows mit Klimaanlage in der **El Questro Station Township** (☎08-9169 1777; www.elquestro.com.au; Stellplatz 20–28 AU$/Pers., DZ-Zelt 164 AU$, Bungalows DZ ab 329 AU$;) und außerdem eine Freiluftbar und ein gehobenes Steakhouse (Hauptgerichte 28 AU$–44 AU$).

Chamberlain Gorge Boat Tours BOOTSFAHRT
(Erw./Kind 62/32 AU$; ⌚15 Uhr) Los geht's im El Questro Wilderness Park, erkundet wird dann die imponierende Chamberlain Gorge.

★ **Home Valley Station** RANCH $
(☎08-9161 4322; www.homevalley.com.au; Stellplatz Erw./Kind 19,50/5 AU$, Ökozelt-DZ ab 165 AU$, Gehöft-DZ ab 295 AU$; ⌚Mai–Okt.;) Die Entbehrungen der Gibb kann man in dieser hinreißenden Home Valley Station hinter sich lassen, einem Resort, in dem Aborigines im Gastgewerbe ausgebildet werden. Hier gibt's eine tolle Auswahl luxuriöser Unterkünfte, ausgezeichnete grasbewachsene Stellplätze, Zimmer im Motelstil, ein fantastisches offenes Bistro (Hauptgerichte 28–45 AU$), einen Reparaturdienst für Autoreifen und viele Aktivitäten, u.a. Ausritte, Wanderungen, Angelausflüge und Viehtrieb.

Great Northern Highway

Eines der bestgehüteten Geheimnisse Kimberleys ist das riesige unterirdische Höhlenlabyrinth Mimbi Caves, 90 km südöstlich von Fitzroy Crossing, mitten im Gebiet der Mt. Pierre Station und der Gooniyandi.
Die **Larrawa Station** (Bush Camp; ☎08-9191 7025; www.larrawabushcamp.com; Great Northern Hwy; Stellplätze 10 AU$/Pers.; ⌚April–Sept.;) auf halber Strecke zwischen Fitzroy Crossing und Halls Creek ist ein guter Übernachtungsstopp mit Warmwasserduschen, einfachen Stellplätzen und ein paar Schafschererzimmern. Fährt man auf dem Weg nach Halls Creek 30 km weiter, erreicht man das winzige Yiyili mit seiner Laarri Gallery.

Ab Halls wird die Umgebung immer interessanter. Direkt nach der Brücke über den Ord River kommt an Km 108 die Abzweigung zum Purnululu National Park (S. 1112). In Warmun (162 km) gibt es ein Roadhouse und eine ausgezeichnete Galerie (S. 1108) in der nahegelegenen Kommune. **Doon Doon Roadhouse** (☎08-9167 8004; Doon Doon; ⌚7–17.30 Uhr), 91 km von Warmun und 60 km von der Abzweigung zum Victoria Hwy entfernt, ist die letzte Chance zm Tanken bevor man Kununurra oder Wyndham erreicht. Wer **Wuggubun** (☎08-9161 4040; http://wuggubuntourism.com; ⌚April–Sept.;) ansteuern will: 4 km südlich der Verbindung zum Highway, kurz vor Card Creek (nördliche Fahrrichtung), geht's zu diesem Ort ab.

> **ABSTECHER**
>
> ### MITCHELL FALLS & DRYSDALE RIVER
>
> In der Trockenzeit ist die Kalumburu Rd meist bis zur 59 km von der Gibb entfernten **Drysdale River Station** (☎08-9161 4326; www.drysdaleriver.com.au; Stellplätze 12–16 AU$/Pers., DZ ab 150 AU$; ⌚April–Okt. 8–17 Uhr;) befahrbar.
>
> Die Abzweigung zum **Mitchell Plateau** (Ngauwudu) ist 160 km von der Gibb entfernt. Nach 6 km überquert eine tiefe, felsige Furt den **King Edward River**, der zu Beginn der Saison viel Wasser führt. Zum **Munurru Campground** (Erw./Kind 7,50/2,20 AU$) geht's auf der rechten Seite, recht bald nach der Kreuzung.
>
> Von der Kalumburu Rd sind es raue 87 km vorbei an Aussichtspunkten und Wäldern voller Australischer Schirmpalmen bis zum staubigen Campingplatz des **Mitchell River National Park** (12 AU$/Fahrzeug, Camping Erw./Kind 10/2,20 AU$; ⌚Trockenzeit;). Im Park sieht man den beeindruckenden Wasserfall **Mitchell Falls** (Punamii-unpuu), der sich über mehrere Fallstufen erstreckt. Für diesen Anblick begibt man sich auf eine dreistündige Wanderung vorbei an einladend schattigen Wasserlöchern und wunderschöner Aborigine-Felskunst.

Sehenswertes

★ **Mimbi Caves** HÖHLE
(Mt. Pierre Station) Eines der bestgehüteten Geheimnisse Kimberleys ist das riesige unterirdische Höhlenlabyrinth 90 km südöstlich von Fitzroy Crossing, mitten auf dem Gebiet der Gooniyandi. Es beherbergt eine bedeutende Ansammlung von Felsmalereien der Aborigines und einige der eindrucksvollsten Fischfossilien der südlichen Halbkugel. Girloorloo Tours bietet hier die Touren an.

Warmun Arts GALERIE
(☎08-9168 7496; www.warmunart.com; Great Northern Hwy, Warmun; ⏲ Mo-Fr 9-16 Uhr; Ⓟ) Zwischen Kununurra und Halls Creek schaffen Warmun-Künstler abstrakte Werke in Ockertönen, mit denen sie die Identität der Gija erkunden.

Laarri Gallery GALERIE
(☎08-9191 7195; www.laarrigallery.com; Yiyili; ⏲ an Schultagen 8-16 Uhr; Ⓟ 👪). Die winzige gemeinnützige Galerie hinten in der Gemeindeschule zeigt interessante Werke zur Ortsgeschichte sowohl im traditionellen als auch im zeitgenössischen Stil. Die Schule befindet sich 120 km westlich von Halls Creek. Vorher anrufen!

Geführte Touren

Girloorloo Tours KULTUR
(☎08-9191 5468; www.mimbicaves.com.au; 3-stündige Tour Erw./Kind 80/40 AU$; ⏲ April–Sept. Mo–Do & Sa 10 & 14 Uhr) Bei Girloorloo Tours bieten Einheimische Touren zu den bemerkenswerten Mimbi Caves an: ein riesiges unterirdisches Höhlenlabyrinth, das Felsmalereien der Aborigines und eindrucksvolle Fischfossilien beherbergt. Die Touren beinhalten die Einführung in lokale Dreaming-Geschichten, Bush Tucker und traditionelle Medizin. Die Touren kann man in den Visitor Centres in Fitzroy Crossing (S. 1108) oder Halls Creek (S. 1109) buchen.

Luridgii Tours GELÄNDEWAGENTOUR
(Junama; ☎0438 080 291; http://luridgiitours.com.au; Doon Doon; 150 AU$/Fahrzeug; ⏲ Sa & So; 👪) Hier wird man persönlich durch Miriuwung geführt. Einheimische zeigen einem auf diesen Wochenend-Geländewagentrips (so fährt man beispielsweise im eigenen Wagen dem Guide hinterher) Schluchten und Thermalpools und erählen Dreaming-Geschichten. Man kann auch eine Nacht campen. Essen selbst mitbringen! Die Touren starten am Doon Doon Roadhouse auf dem Great Northern Highway.

Fitzroy Crossing

1300 EW.

Aborigines der Gooniyandi-, Bunuba-, Walmatjarri- und Wangkajungka-Sprachgruppen bevölkern die kleine Siedlung Fitzroy Crossing – dort, wo der Great Northern Hwy den mächtigen Fitzroy River quert. Der Ort ist ein gutes Sprungbrett zu den Devonian Reef National Parks, außerdem lohnen hier einige Kunstgalerien einen Besuch.

Mangkaja Arts GALERIE
(☎08-9191 5833; www.mangkaja.com; 8 Bell Rd; ⏲ Mo–Fr 11–16 Uhr) Hier kommen die Stämme aus der Wüste und von den Flüssen zusammen und gestalten gemeinsam einmalige Acryl-Arbeiten, Kunstdrucke und Körbe.

Marnin Studio KUNSTZENTRUM
(Marninwarntikura Women's Resource Centre; ☎08-9191 5284; www.mwrc.com.au; Lot 284, Balanijangarri Rd; ⏲ Mo–Fr 8.30–16.30 Uhr) Marnin ist ein Wort der Walmajarri-Sprache und bedeutet Frau. Die Frauen, die aus verschiedenen lokalen Sprachgruppen stammen, bemalen Baobab-Früchte (Früchte des Affenbrotbaums), Stoffe oder stellen aus den Baobab-Früchten Schmuck her.

Crossing Inn CAMPING $
(☎08-9191 5080; www.crossinginn.com.au; Skuthorpe Rd; Stellplätze ohne/mit Strom 32/39 AU$, Zi. ab 179 AU$; ❄@) Die älteste Kneipe in Kimberley hat auch kleine Zimmer mit Ausblick (inkl. westliches Frühstück) und einem überschaubaren Campingbereich. Ein wahrhaftiges Outback-Bier-Erlebnis.

Fitzroy River Lodge RESORT $$
(☎08-9191 5141; www.fitzroyriverlodge.com.au; Great Northern Hwy; Stellplätze 17 AU$/Pers., DZ Zelt 180 AU$, DZ Motel 230 AU$, Wohnstudios 340–460 AU$; Ⓟ❄@📶🏊) Jenseits des Flusses, mit komfortablen Motelzimmern, Safarizelten, exklusiven Riverview-Studios und Campingplätzen auf Grasflächen. Die nette Bar (Hauptgerichte 22-42 AU$; ⏲12-14, 17-20.30 Uhr) bietet ordentliche Thekengerichte an.

Grungaja Shop BEKLEIDUNG
(☎08-9191 5316; 1 Emmanuel Way; ⏲ Mo–Fr 10–16.30 Uhr) Der perfekte Shop für Rodeo-Fans, die sich entsprechend einkleiden wollen. Es gibt alles, was das Herz begehrt, besonders Hüte und Stiefel. Vorher anrufen, denn die Öffnungszeiten können variieren.

Für Trips (auch zu den Mimbi Caves), Unterkünfte und Busfahrkarten steht das **Visitor Centre** (☎08-9191 5355; www.sdwk.wa.gov.au; ⏲ ganzjährig Mo–Fr 8.30–16.30, Trockenzeit Sa 9–13 Uhr) mit Rat und Tat zur Verfügung. Auch **Greyhound** (☎1300 473 946; www.greyhound.com.au) hält hier. Greyhound verkehrt nach Broome (92 AU$, 5 Std.), Derby (62 AU$, 2½ Std.), Halls Creek (78 AU$, 3 Std.), Kununurra (120 AU$, 7½ Std.) und Darwin (257 AU$, 20 Std.). Von Montag bis

Samstag fliegt **Skippers** (www.skippers.com.au) dreimal wöchentlich nach Broome und Halls Creek.

Halls Creek

1700 EW.

Am Rand der Great Sandy Desert gelegen, ist Halls Creek ein kleiner Ort, in dem Angehörige der Kija, Jaru und Gooniyandi leben. Das ausgezeichnete Visitor Centre kann Buchungen für geführte Touren zu den Bungles vornehmen und Tickets für die Mimbi Caves ausstellen. Gegenüber – auf der anderen Seite des Highways – befindet sich die **Yarliyil Gallery** (08-9168 6723; http://yarliyil.com.au; Great Northern Hwy; Mo–Fr 8–16 Uhr; P). Sie ist allemal einen Besuch wert. Die Stadt leidet immer wieder unter Wassermangel.

Sawpit Gorge SCHLUCHT

(Duncan Rd; P) GRATIS Wer sich auf den Weg macht, die felsige Albert Edward Range zu überqueren, den erwarten hier tolle Wanderungen durch den Busch, Bademöglichkeiten und Campingoptionen.

Palm Springs OASE

(Lugangarna; Duncan Rd;) GRATIS Idealer Badeplatz, um seinen geschundenen Körper wieder aufzupeppeln. 45 km von Halls Creek entfernt. Für 24 Stunden darf man hier zelten, ohne zu bezahlen.

Northwest Regional Airlines PANORAMAFLÜGE

(08-9168 5211; www.northwestregional.com.au; Halls Creek Airport; Flüge pro Pers. bei 2/3/4 Fluggästen ab 535/360/275 AU$) Panoramaflüge ab Halls Creek über den **Wolfe Creek Meteorite Crater** (Kandimalal; Tanami) GRATIS und die Bungle Bungles.

Kimberley Hotel HOTEL $$

(08-9168 6101; www.kimberleyhotel.com.au; Roberta Ave; Zi. ab 220 AU$; P) Der Komfort der gemütlichen Zimmer wird abgerundet von einem Pool, einer schattigen Terrasse mit Bar und einer Küche mit Frühstück, Mittagessen (14–20 AU$, 12–14 Uhr) und Abendessen (18–46 AU$, 17.30–20.30 Uhr).

Russian Jack's BISTRO $$$

(08-9168 9600; www.hallscreekmotel.com.au; Halls Creek Motel; Hauptgerichte 26–45 AU$; 5–20.30 Uhr) Wohl die beste Wahl in Halls Creek, wenn es ums Essen geht. Lokales Essen in riesen Portionen. Zu finden im **Halls Creek Motel** (08-9168 9600; www.hallscreekmotel.com.au; EZ/DZ 165/225 AU$;).

Praktische Informationen

Visitor Centre (08-9168 6262; www.hallscreektourism.com.au; Great Northern Hwy; 8–16 Uhr;) Hilft beim Buchen von Touren (z. B. Mimbi Caves) und bei Kunstgaleriebesuchen.

Greyhound fährt am Roadhouse ab. Busse fahren Sonntag bis Freitag nach Broome (120 AU$, 9 Std.), Derby (95 AU$, 9 Std.) und Fitzroy Crossing (80 AU$, 9 Std.) und Dienstag bis Sonntag nach Kununurra (104 AU$, 9 Std.), Katherine (198 AU$, 11 Std.) und Darwin (236 AU$, 16 Std.).

Skippers (1300 729 924; www.skippers.com.au) fliegt nach Broome und Fitzroy Crossing.

Aviair (08-9166 9300; www.aviair.com.au) fliegt dreimal wöchentlich nach Kununurra.

Kununurra

6000 EW.

Auf dem Land der Miriwoong gelegen, präsentiert sich Kununurra als ein entspannter Ort inmitten von üppigem Farmland und tropischen Obst- und Sandelholzplantagen, die dem Bewässerungssystem des Ord River zu verdanken sind. Das gute Transport- und Kommunikationsnetz, die sehr guten Serviceleistungen sowie die gut sortierten Supermärkte machen den Ort für Traveller zu einem willkommenen Stück Zivilisation zwischen Broome und Darwin.

Kununurra dient auch als Ausgangspunkt für die meisten geführten Touren ins östliche Kimberley, und aufgrund der vielen Plantagen gibt's hier jede Menge Saisonarbeit. Nicht vergessen: das NT liegt in der Australian Central Time Zone, die der Australian Western Standard Time 90 Minuten voraus ist.

Sehenswürdigkeiten

Waringarri Aboriginal Arts Centre GALERIE

(08-9168 2212; www.waringarriarts.com.au; 16 Speargrass Rd; Mo–Fr 8.30–16.30 Uhr, Sa während Trockenzeit 10–14 Uhr, wochentags nur in der Regenzeit; P) Nicht übersehen sollte man diese tolle Kunstgalerie, die die Werke hiesiger Künstler ausstellt, welche mit Ockerfarben abstrakte Kunst schaffem. Auch von Künstler aus Kalumburu werden Werke ausgestellt.

Kelly's Knob AUSSICHTSPUNKT

(Kelly Rd; P) GRATIS Den besten Blick in Kununurra hat man vom Felsvorsprung am

ABSEITS DER ÜBLICHEN PFADE

THE DUNCAN ROAD

Die ersten 50 km von Halls Creek kommend sind für gewöhnlich die schwierigsten: Man überquert die Albert Edward Range und den Caroline Pool bei Kilometermarke 15, Palm Springs nach 45 km und Sawpit Gorge bei Km 50 hat einige schöne Campingmöglichkeiten. Nicholson Station erlaubt mittlerweile kein Campen mehr am Morella Gorge. Man biegt Richtung At Nicholson (174 km) ab und folgt den Bergkämmen hinter Purnululu sowie Lake Argyle (271 km) bis zum Victoria Highway. Kununurra ist nochmal 56 km weiter.

Die aktuellen Straßenbedingungen kann man online auf www.hallscreek.wa.gov.au (WA) und www.ntlis.nt.gov.au/roadreport (NT) erfahren.

Die **Zebra Rock Mine** (Wetland Safaris; ☎0400 767 650; www.zebrarockmine.com.au; Stellplätze Erw. 10 AU$; ⌚April–Sept.; 🐾) ist die einzige offizielle Unterkunft an der Duncan Rd. Sie ist 10 km vom Victoria Hwy entfernt und liegt eigentlich im Northern Territory. Traveller lieben die rustikale Atmosphäre, und die Vogelbeobachtungstour (100 AU$) bei Sonnenuntergang sollte man sich nicht entgehen lassen.

nördlichen Ende der Stadt. Besonders bei Sonnenaufgang und Abenddämmerung zu genießen.

Lily Creek Lagoon SEE
Die jenseits des Highways gelegene Lily Creek Lagoon ist ein kleines Feuchtgebiet mit einer erstaunlichen Vogelwelt, Gelegenheiten zum Bootfahren und Australien-Krokodilen.

Kununurra Historical Society Museum MUSEUM
(www.kununurra.org.au; Coolibah Dr; Spende einer Goldmünze; ⌚10–15 Uhr; P) Alte Fotografien und Zeitungsartikel illustrieren die Geschichte Kununurras, darunter auch die Story vom Absturz einer Wirraway im Zweiten Weltkrieg und der folgenden Rettungsmission. Das Museum liegt gegenüber vom Ausgang des Country Club.

Mirima National Park NATIONALPARK
(12 AU$/Auto; P 👪) Eine eindrucksvolle Gegend mit schroffen Sedimentformationen, die an Mini-Bungle-Bungles erinnern. Die verwitterten Schluchten des Hidden Valley sind die Heimat scharfkantiger roter Gipfel, von Spinifexgräsern, Affenbrotbäumen und einer vielfältigen Tierwelt. Mehrere Wanderwege führen zu Aussichtspunkten und Morgengrauen oder Abenddämmerung sind die beste Zeit, die Tiere zu beobachten.

Aktivitäten

Helispirit PANORAMAFLÜGE
(☎1800 180 085; www.helispirit.com.au; 18/30/42-minütige Flüge ab Bellbird 269/379/499 AU$) Kimberleys größter Anbieter von Hubschraubertouren hat Panoramaflüge über die Bungles ab Bellbird (im Park) und Warmun (45 Min., 399 AU$). Es gibt auch Flüge über die Mitchell Falls, Kununurra, die King George Falls, den Lake Argyle und wo es einen sonst noch hinzieht in Kimberley.

Yeehaa Trail Rides REITEN
(☎0417 957 607; www.yeehaatrailrides.com; Boab Park; 1-/6½-stündige Ausritte 70/220 AU$) Wanderreiten und Reitunterricht für alle Niveaustufen, 8 km von Kununurra. Der Ritt zu Sonnenuntergang Richtung Elephant Rock (120 AU$, 2½ Std.) ist die perfekte Kimberley-Einführung.

Go Wild ABENTEUERSPORT
(☎1300 663 369; www.gowild.com.au; 3-tägige Kanutour 220 AU$) Mehrtägige Kanutouren von Lake Argyle aus auf dem Ord River mit Übernachtung auf Campingplätzen am Ufer. Kanus, Campingausrüstung und Transportmittel werden gestellt, Essen und Schlafsack muss man selber mitbringen. Angeboten werden auch Höhlenbegehungen, Abseilen und Buschwanderungen.

Feste & Events

Ord Valley Muster KULTUR
(☎08-9168 1177; www.ordvalleymuster.com.au; 👪) Zehn Tage im Mai dreht Kununurra mit einer Reihe von Sport-, Wohltätigkeits- und Kultur-Events richtig auf. Höhepunkt ist ein großes Freiluftkonzert unter dem Vollmond an den Ufern des Ord River.

Schlafen

★ **Wunan House** B&B $
(☎08-9168 2436; www.wunanhouse.com; 167 Coolibah Dr; Zi. ab 125 AU$; P ⊜ ❄ 📶) Das makellose B&B, das Aborigines gehört und von ihnen geführt wird, hat helle, luftige Zimmer mit angeschlossenem Bad und TV. Es gibt

kostenloses WLAN, Parkplätze abseits der Straße und ein großes kontinentales Frühstück.

Hidden Valley Tourist Park CAMPING **$**
(☎08-9168 1790; www.hiddenvalleytouristpark.com; 110 Weaber Plains Rd; Stellplatz ohne/mit Strom 30/40 AU$, Hütten-DZ 135 AU$; @ ≋ ❄) Unterhalb der schroffen Felsen des Mirima National Park gelegen, bietet dieser wunderbare, kleine Platz nette grasbewachsene Stellplätze; außerdem ist er bei Saisonarbeitern und Reisenden, die mit dem Auto unterwegs sind, beliebt. Die voll ausgestatteten Hütten haben ein gutes Preis-Leistungs-Verhältnis.

Freshwater APARTMENT **$$**
(☎08-9169 2010; www.freshwaterapartments.net.au; 19 Victoria Hwy; Studio 224 AU$, Apt. mit 1/2/3 Zi. 255/339/399 AU$; P ❄ ≋) Die schicken Quartiere haben ausgefallene Freiluftduschen.

Kimberley Croc Motel MOTEL **$$**
(☎08-9168 1411; www.kimberleycrocmotel.com.au; 2 River Fig Ave; Einfaches/Standard/Luxus-DZ ab 119/149/179 AU$; P ❄ ≋) Das ehemalige Croc Lodge hat sich selbst neu erfunden und ist nun ein schnittiges Motel mit einer Reihe von neu renovierten, preisgünstigen (Schlafsaal mit 4 Betten), Standard- und luxuriösen Zimmern. Alle haben ein Bad und

KIMBERLEYS KUNSTSZENE

Die indigene Kunst der Region Kimberley ist einmalig: Sie umfasst die ausdrucksstarken Geisterfiguren der Wandjina-Kunst, die häufig vorkommenden, geheimnisvollen Gwion Gwion-(Bradshaw-)Felskunststätten, aber auch Malereien im Röntgenstil an der tropischen Küste sowie Punktmalereien in düsteren Ockertönen aus der westlichen Wüste. All diese Werke erzählen ihre eigene Geschichte des Landes.

Um die Kunst aus erster Hand kennenzulernen, sollte man einige Aborigine-Kunstkooperativen besuchen; die meisten sind mit normalen Autos erreichbar.

Mowanjum Art & Culture Centre (S. 1104) Diese unglaubliche, wie ein Wandjina-Bild gestaltete Galerie zeigt Werke von Mowanjum-Künstlern. Einfach 4 km entlang der Gibb River Road aus Derby fahren.

Waringarri Aboriginal Arts Centre (S. 1109) Das ausgezeichnete Galerieatelier in Kununurra beherbergt örtliche Künstler, die mit Ockertönen in einem abstrakten Stil arbeiten. Die Galerie vertritt auch Künstler aus Kalumburu.

Warmun Arts (S. 1108) Zwischen Kununurra und Halls Creek schaffen Warmun-Künstler schöne Werke in Ockertönen, mit denen sie die Identität der Gija einfangen wollen.

Laarri Gallery (S. 1108) Die kleine, gemeinnützige Galerie hinten in der Gemeindeschule von Yiyili zeigt Werke, die die Lokalgeschichte in einem interessanten, modernen Stil reflektieren. Die Schule befindet sich 120 km westlich von Halls Creek und 5 km abseits des Great Northern Highway. Vorher anrufen.

Mangkaja Arts (S. 1108) In der angesehenen Galerie in Fitzroy Crossing interagieren Künstler, die verschiedenen Clans aus der Wüste und vom Fluss angehören. Sie produzieren einmalige Acrylbilder, Drucke und Körbe.

Warlayirti Artists Centre (☎08-9168 8960; www.balgoart.org.au; Balgo; ⌚Mo–Fr 9–16 Uhr) Das an der Tanami Rd bei Km 255 gelegene Balgo-Kunstzentrum ist eine Anlaufstelle für Künstler aus dem gesamten Gebiet und zeigt bunte Acrylbilder im Stil der Punktmalerei sowie Lithografien und Glasarbeiten. Ein Anruf vor dem Verlassen des Highways empfiehlt sich.

Bidyadanga Community Art Centre (☎08-9192 4885; http://desertriversea.com.au/art-centres/bidyadanga-community-art-centre; Bidyadanga Rd, Bidyadanga; ⌚ Mo–Do 9–13 Uhr) Südlich von Broome gibt's dieses faszinierende Kunstzentrum. Es verbindet all jene Einflüsse, die die Küstenregion und die Wüste auf die größte Kommune in Western Australia hatten.

Auf www.desertriversea.com.au gibt's noch mehr Infos und man kann die Karte *Kimberley Aboriginal Art Trail* herunterladen. Diese kann man aber auch in einem Visitor Centre mitnehmen.

eine Kochnische. Weitere Pluspunkte sind die zentrale Lage, der Pool, die Gästeküche und kostenloses WLAN. So sehen Sieger aus!

Lakeview Apartments APARTMENT $$
(☎08-9168 0000; www.lakeviewapartments.net; 31 Victoria Hwy; Apt. mit 1/2/3 Zi. 230/280/380 AU$;) Diese geräumigen, voll ausgestatteten Apartments gegenüber der Lily Creek Lagoon (S. 1110) verfügen über alles, was ein modernes Apartment ausmacht: voll ausgestattete Küchen, kostenloses WLAN und Kabel-TV. Am Wochenende beträgt der Mindestaufenthalt zwei Nächte.

Essen & Trinken

Wie in anderen Städten in Kimberley auch gibt es Gesetze, die bestimmen, wo und wann man Alkohol kaufen und konsumieren darf. Kununurra und Wyndham haben eine eigene Gesetzgebung, was den Vertrieb von Alkohol anbetrifft, daher unbedingt vorher informieren, bevor man sich auf die Gibb River Rd begibt.

★Wild Mango CAFÉ $$
(☎08-9169 2810; www.wildmangocafe.com.au; 20 Messmate Way; Frühstück 9–23 AU$, Mittagessen 15–19 AU$; ⏲Mo–Fr 7–16, Sa & So bis 13 Uhr;) Das angesagteste und gesündeste Essen vor Ort mit Frühstück-Burritos, saftigen Salaten, leckeren Pfannkuchen, Chai-Smoothies, echtem Kaffee und hausgemachtem Eis. Der Eingang befindet sich am Konkerberry Dr.

Ivanhoe Cafe CAFÉ $$
(☎0427 692 775; www.facebook.com/ivanhoe-cafe-549293358437140; Ivanhoe Rd; Frühstück 9–23 AU$, Mittagessen 11–22 AU$; ⏲April–Sept. Mi–Mo 8–14 Uhr;) Man schnappt sich einen Tisch unter den dicht belaubten Mangobäumen und stürzt sich auf leckere Wraps, Salate und Burger, die alle aus frischen, regionalen Produkten hergestellt sind. Das hiesige Markenzeichen, den Mango-Smoothie, darf man nicht verpassen.

★PumpHouse MODERN-AUSTRALISCH $$$
(☎08-9169 3222; www.thepumphouserestaurant.com; Lakeview Dr; Hauptgerichte Mittagessen 18–27 AU$, Abendessen 32–42 AU$; ⏲Di–Fr 16.30–open end, Sa & So 20 Uhr bis open end;) Das idyllisch am Lake Kununurra (Diversion Dam;) gelegene PumpHouse serviert köstliche Gerichte mit hochwertigen heimischen Zutaten. Und wenn einem etwas davon von der Veranda fällt, sind die Welse sofort zur Stelle. Es lohnt sich auch, hier bei einem Bier den Sonnenuntergang zu genießen. Zudem kann man sich über eine tolle Weinkarte und kostenloses Internet freuen.

Shoppen

Bush Camp Surplus SPORT & OUTDOORAUSRÜSTUNG
(☎08-9168 1476; www.facebook.com/bushcampsurplus; Ecke Papuana St & Konkerberry Dr; ⏲Mo–Fr 8.30–17, Sa bis 12 Uhr) Die größte Auswahl an Campingausrüstung zwischen Broome und Darwin.

Artlandish KUNST
(☎08-9168 1881; www.artlandish.com; Ecke Papuana St & Konkerberry Dr; ⏲Mo–Fr 9–16 Uhr, Sa bis 13 Uhr) Erstaunliche Sammlung von Western-Desert-Acrylbildern und Kimberley-Ocker in allen Preisklassen.

Praktische Informationen

Visitor Centre (☎1800 586 868; www.visitkununurra.com; Coolibah Dr; ⏲April–Sept. 8.30–16.30 Uhr, Okt.–März kürzer) Infos zu Unterkünften, Touren und zur Saisonarbeit.

Parks & Wildlife Office (DPAW; ☎08-9168 4200; www.dpaw.wa.gov.au; Lot 248, Ivanhoe Rd; ⏲Mo–Fr 8–16.30 Uhr) Hier gibt's Infos über Genehmigungen für die Parks sowie Publikationen.

An- & Weiterreise

Airnorth (TL; ☎1800 627 474; www.airnorth.com.au) fliegt täglich nach Broome und Darwin sowie samstags nach Perth. **Virgin Australia** (VA; ☎13 67 89; www.virginaustralia.com.au) fliegt viermal pro Woche nach Perth.

Greyhound (☎1300 473 946; www.greyhound.com.au) Greyhoundbusse halten am **BP Roadhouse** (☎08-9169 1188; 5 Messmate Way; ⏲24 Std.) und fahren Sonntag bis Freitag nach Broome (165 AU$, 13 Std.) via Halls Creek (AU$104, 4 Std.), Fitzroy Crossing (121 AU$, 8½ Std.) und Derby (141 AU$, 10 Std.). Busse nach Darwin (145 AU$, 12½ Std.) via Katherine (108 AU$, 7½ Std.) fahren dienstags bis sonntags.

Avis (☎08-9168 1999), **Budget** (☎08-9168 2033) und **Thrifty** (☎1800 626 515) haben alle Büros am Flughafen. Die örtliche Genossenschaft **Ordco** (Weaber Plains Rd; ⏲24 Std.) verkauft den billigsten Diesel in Kununurra.

Purnululu National Park & Bungle Bungle Range

Im zum Welterbe gehörenden **Purnululu National Park** (12 AU$/Auto; ⏲April–Nov.;

(P 👪) erheben sich die unglaublichen Kuppeln, die umgangssprachlich auch **Bungle Bungles** genannt werden. Die abgerundeten Felstürme bestehen aus Sandstein und Konglomeraten, die seit Jahrmillionen von Regenfällen abgetragen werden. Man hält sie für die ausgeprägtesten Exemplare kegelförmiger Sandsteine auf der ganzen Welt.

Die Streifen sind das Ergebnis von Eisenoxid-Einlagerungen und Algen. Für die örtlichen Kidja bedeutet *purnululu* einfach Sandstein, der Name „Bungle Bungle" hingegen ist möglicherweise eine Verballhornung von *bundle bundle*, der Bezeichnung für ein verbreitetes Grasgewächs. Der Park bietet eine wunderschöne Flora und Fauna. Einige leichte Wanderwege führen aus der heißen Sonne heraus zu schattigen, von Palmen gesäumten Schluchten. Die Sonnenuntergänge hier sind unvergesslich! Die Einrichtungen im Park sind auf ein Minimum beschränkt, und die Besucher müssen autark sein: Das heißt etwa, unbedingt genügend Verpflegung mitzubringen. Die Temperaturen können Extremwerte erreichen. Ranger sind hier in der Hochsaison stationiert, wenn auch das kleine Visitor Centre geöffnet ist. Zwei einfache, aber große Campingplätze findet man an beiden Enden des Parks.

Man erreicht den Park vom Great Northern Highway – nördlich von Halls Creek – kommend über eine raue, unbefestigte Piste, für die man unbedingt einen Geländewagen mit Allradantrieb und hoher Bodenfreiheit benötigt. Oder aber man wählt den Luftweg: mit einer gebuchten Tour von Kununurra oder Warmun.

Sehenswertes & Aktivitäten

Kungkalanayi Lookout AUSSICHTSPUNKT
(P 👪) Egal ob bei Sonnenaufgang oder Sonnenuntergang: Von diesem Hügel bei Three Ways hat man einen spektakulären Blick!

Piccaninny Gorge SCHLUCHT
Eine 30 km lange Wanderung (hin & zurück; 2–3 Tage) mit Übernachtung führt vom südlichen Parkplatz zu einer abgelegenen, urtümlichen Schlucht. Die Tour ist nur erfahrenen Wanderern zu empfehlen. Eine Menge weiterer Erkundungen kann man im oberen Teil der Schlucht machen. Viel Wasser mitnehmen und möglichst am Anfang der Saison gehen! Zuvor muss man sich jedoch im Visitor Centre registrieren.

Echidna Chasm SCHLUCHT
(P 👪) Hoch oben in den Wänden dieser sehr engen und mit Palmen gesäumten Schlucht kann man kleine Fledermäuse entdecken. Der Eingang der Schlucht, die sich im nördlichen Teil des Parks befindet, ist mit Livistona-Palmen geschmückt. Der zwei Kilometer lange Rückweg dauert etwa eine Stunde.

Cathedral Gorge SCHLUCHT
(P 👪) Die treffend benannte, riesige, runde Höhle ist einen leichten (hin & zurück 2 km) Spaziergang vom südlichen Parkplatz entfernt.

Bungle Bungle Guided Tours WANDERUNG
(☎1800 899 029; www.bunglebungleguidedtours.com.au; Bellburn Airstrip, Purnululu) Dieser von Einheimischen geführte Touranbieter hat Halbtageswanderungen zur Cathedral Gorge und Echidna Chasm im Angebot. Außerdem einen Tagestrip mit dem Hubschrauber

Purnululu National Park

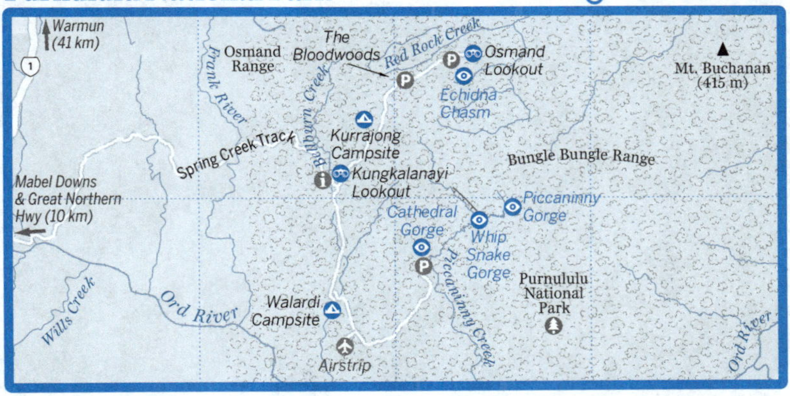

(799 AU$) gen Piccaninny Gorge. Abflug ist am Bellburn Flugplatz und das Event kann mit Panoramaflügen von Kununurra, Warmun oder Halls Creek verbunden werden.

Schlafen

Kurrajong Campsite CAMPING $
(Stellplätze AU$12/Person; April–Nov.; P) Am Nordende des Purnululu National Park findet man staubige Stellplätze, die über Wasser, Toiletten und schiefe Picknicktische verfügen und glücklicherweise keine Generatoren haben.

Walardi Campsite CAMPING $
(Stellplätze AU$12/Person; April–Nov.; P) Frisches Wasser, Toiletten und auch einige Bereiche ohne Generatoren gibt's im Südteil des Parks.

Praktische Informationen

Visitor Centre (08-9168 7300; April–Sept. 8–12 & 13–16 Uhr) Wer hier die Genehmigung bezahlt, sollte sich auch gleich eine Karte mitnehmen. Diese ist auch erhältlich, wenn das Centre geschlossen ist. Eine freiwillige Spende ist dann gern gesehen.

An- & Weiterreise

Wer nicht im Besitz eines Geländewagens mit passabler Bodenfreiheit ist, sollte sich besser für eine Tour entscheiden. Per Flugzeug anreisen kann mann über Kununurra, Warmun und Halls Creek.

Australien verstehen

Australien aktuell

Auch Australien scheint zwischen der populistischen Unzufriedenheit, wie sie momentan durch viele westliche Länder fegt, und dem angeborenen Optimismus seiner Menschen hin- und hergerissen zu sein. Welche Seite wird am Ende die Oberhand haben? Unterdessen stehen die üblichen Fragen und Sorgen im Mittelpunkt, die das Leben der Australier bestimmen: die Beziehung zwischen indigenen und nicht-indigenen Australiern, die Wirtschaft sowie die Zukunft des multikulturellen Australiens. Wenn doch die Politiker des Landes bloß die Kurve kriegen würden ...

Top-Filme

Crocodile Dundee (1986) Australiens Outback ist im Kino sehr erfolgreich und Kakadu wird berühmt.

Gallipoli (1981) Nationale Identität im Ersten Weltkrieg.

Mad Max (1979) Mel Gibson ist ganz schön sauer und schafft eine australische Legende.

The Hunter (2011) Willem Dafoe macht sich auf die Jagd nach dem letzten Tasmanischen Tiger.

Another Country (2015) Der bekannte Schauspieler David Gulpilil nimmt die Zuschauer mit zu seiner Community, die im abgelegenen Arnhem Land lebt.

Top-Bücher

Der schmale Grad durchs Hinterland (Richard Flanagan; 2014) Von Hobart zum Bau der „Todeseisenbahn" nach Siam.

Der singende Baum (Tim Winton; 2002) Roman mit Schauplatz WA.

Die wahre Geschichte von Ned Kelly und seiner Gang (Peter Carey; 2000) Fiktive Neuerschaffung von Australiens beliebtestem Bushranger.

Der verborgene Fluss (Kate Grenville; 2005) Roman über das Leben eines Sträflings im Sydney des 19 Jhs.

The Red Highway (Nicolas Rothwell; 2009) Eine lyrische Erkundung des australischen Hinterlands.

Indigene Australier

Australiens Umgang mit seiner indigenen Bevölkerung hat sich deutlich gewandelt seit den Tagen von *terra nullius* – jener juristischen Fiktion, die Australien für menschenleer und somit bereit für die Kolonisierung durch das britische Empire erklärte –, und als tatsächlich ein Referendum nötig war, um den ersten Bewohnern des Kontinents grundlegendste Staatsbürgerrechte zu gewähren. So besitzen Australiens Aboriginies heute etwa die Hälfte des Landes im Northern Territory, und viele Aborigines haben lukrative Verträge mit Bergbauunternehmen ausgehandelt, die auf deren Land tätig sind. Gleichzeitig leben viele Aborigines unter schlechten Bedingungen und werden von ihrer politischen Führung vernachlässigt. Außerdem leiden viele von ihnen an Alkoholproblemen oder schnüffeln Benzin. Hinzu kommen hohe Kriminalitätsraten und die damit verbundene hohe Häftlingsquote. Bislang ist es der australischen Politik nicht gelungen, das richtige Verhältnis zwischen Selbstbestimmung und staatlicher Intervention zu finden.

Unterdessen gab es Fortschritte in Richtung einer stärkeren rechtlichen Anerkennung. 2017 begannen sowohl in Victoria als auch im Süden Australiens formelle Vertragsverhandlungen mit den hiesigen indigenen Gemeinschaften. Es scheint eine breite politische Unterstützung für ein formelles Referendum zu geben. Dieses hat zum Ziel, indigene Australier als Australiens erste Bewohner mit Verfassungsstatus anzuerkennen. Doch in vielen Bereichen geht es Australiens indigener Bevölkerung im Vergleich zu nicht-indigenen Australiern überproportional schlechter: von der Lebenserwartung und wichtigen Gesundheitsindikatoren bis hin zu Arbeitslosigkeit und wirtschaftlicher Benachteiligung. Und solange sich dies nicht ändert, ist in Australien noch ein weiter Weg zurückzulegen.

Populismus im Aufwind?

Während die Welt versucht, sich vom Brexit-Schock und der Wahl Donald Trumps zum US-Präsidenten zu erholen, fragen sich viele Australier, wie wohl ihre eigene politische Zukunft aussieht. Zwar gibt es bislang keinen Trump-ähnlichen Kandidaten mit landesweiter Zustimmung, der sich den Mantel populistischer Wut umlegen könnte, doch es gibt Anzeichen dafür, dass die Unzufriedenheit mit der Mainstream-Politik zunimmt. Stimmen von außerhalb des klassischen politischen Spektrums gewinnen zunehmend in der australischen Politik an Gewicht. Pauline Hanson, Gründerin der One Nation Party, ist inzwischen wieder in die Politik zurückgekehrt. Sie fordert eine Einwanderungsbeschränkung aus muslimischen Ländern und sogar eine königliche Kommission, die sich mit dem Islam befassen soll. Weitere Politiker, die sich für eine ähnliche Linie einsetzen, sind der tasmanische unabhängige Senator Jacqui Lambie und der südaustralische Senator Cory Bernardi. Letzterer hatte Anfang 2017 die Labour Party verlassen, um seine eigene Partei, die Australian Conservatives, zu gründen. In Ermangelung eines Konjunkturabschwungs sind solche Ansichten noch lediglich Randerscheinungen (wenn auch mit vernehmbarer Präsenz im Parlament), werden aber mehr und mehr Bestandteil der nationalen Debatte.

Drehtür-Politik

Nach Jahrzehnten stabiler Regierungen und demokratischer Machtübergänge verlieren sich die beiden großen Parteien – die linksgerichtete australische Labour Party (ALP) und die Mitte-Rechts-Koalition der Liberalen und Nationalen Parteien – in innerparteilichen Machtkämpfen und einer Drehtür-Politik. Im Jahr 2010 stürzte die Labour-Abgeordnete Julia Gillard den amtierenden Premierminister Kevin Rudd, wovon sich die Labour-Regierung nie ganz erholt hat. Rudd hat sich dafür revanchiert und seinerseits Gillard im Jahr 2013 aus dem Amt gedrängt – um es anschließend nur drei Monate innezuhaben, bevor er seinen Posten erneut verlor. Zwar konnte die Koalition die Wahlen im selben Jahr für sich entscheiden, aus den Fehlern ihrer Opposition hatte sie allerdings nichts gelernt: 2015 tat es Malcolm Turnbull Gillard gleich und setzte Premierminister Tony Abbott ab.

Wie Gillard überlebte Turnbull die nächste Wahl nur knapp; bei Drucklegung ist seine Regierung für ihre Arbeit auf die dünnst mögliche Mehrheit angewiesen und scheint angezählt. Unterdessen bleiben angesichts anhaltender Auseinandersetzungen in den Reihen der Regierung wichtige Themen auf der Strecke. Dies sind zum Beispiel wirtschaftliche Reformen, die konstitutionelle Anerkennung der indigenen Australier, die gleichgeschlechtliche Ehe und die Frage, ob Australien eine Republik werden sollte.

BEVÖLKERUNG: **24127200**

FLÄCHE: **7693024 KM²**

BIP: **1,257 BILLIONEN US$**

BIP-WACHSTUMSRATE: **2,9%**

INFLATION: **1,4%**

ARBEITSLOSENQUOTE: **5,8%**

Gäbe es nur 100 Australier, würde(n)...

79 zu Hause Englisch sprechen
3 zu Hause Chinesisch sprechen
2 zu Hause Italienisch sprechen
1 zu Hause Vietnamesisch sprechen
1 zu Hause Griechisch sprechen
14 zu Hause andere Sprachen sprechen

Religion

(% der Bevölkerung)

Einwohner pro km²

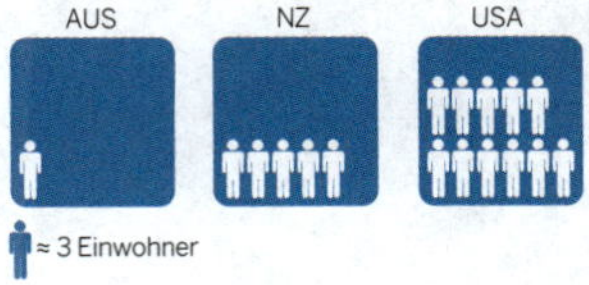

Wirtschaft & Umwelt

Die australische Wirtschaft hat die Große Finanzkrise, die seit 2007 die Welt in Atem hält, mehr oder weniger unbeschadet überstanden. Arbeitslosigkeit und Inflation sind weiterhin niedrig, und das Lohnniveau ist nach wie vor hoch. Allerdings sind die Lebenshaltungskosten so stark gestiegen, dass sich viele Australier schon bald kein eigenes Haus mehr leisten können. Obwohl der große Bergbauboom definitiv vorbei ist, brummt die Wirtschaft vorerst weiter.

Ökonomen sehen jedoch dunkle Wolken am Horizont, sollte die Regierung keine sinnvollen wirtschaftlichen Reformen durchführen. Umweltschützer befürchten wiederum, dass die Regierung den Umweltschutz weiterhin vernachlässigen wird, wie etwa die neuen Kohleminen in Queensland, die dem Great Barrier Reef schaden könnten, und dem Abbau der CO2-Steuer des Landes.

Geschichte

In der Geschichte Australiens prallen Neue und Alte Welt mit ihren beiden unterschiedlichen Geschichtsversionen aufeinander. Erst seit wenigen Jahren wird der Geschichte der indigenen Australier – die schon mehr als 50 000 Jahre vor der Ankunft der Briten hier lebten – ihr rechtmäßiger Platz zugestanden. Womöglich ist dies ein weiteres Zeichen dafür, dass dieses dynamische, manchmal progressive, aber entspannte Land tatsächlich erwachsen wird.

Erste Australier

Viele Forscher gehen davon aus, dass die Aborigines ursprünglich über Meerengen aus dem heutigen Indonesien und Papua-Neuguinea auf den australischen Kontinent kamen; man nimmt an, dass die Ureinwohner seit etwa 60 000 Jahren hier siedeln. Die Aborigines selbst glauben jedoch, sie hätten das Land schon immer bewohnt. Die Besiedlung Australiens war zweifellos der Beginn der längsten kontinuierlichen Kulturgeschichte der Welt.

Überall auf dem Kontinent tauschten die Ureinwohner untereinander Waren, Gegenstände von spiritueller Bedeutung, Lieder und Tänze aus und folgten den Traumzeit-Pfaden ihrer Vorfahren, jenem komplexen System des Landes, der Kultur und des Glaubens, das der Kern der hiesigen indigenen Spiritualität ist. Ein tiefes Verständnis für Ökologie und das Verhalten der Tiere sorgte dafür, dass Nahrungsmittel selten knapp waren. Selbst lebensfeindliche Wüsten im Landesinneren waren dank mehrerer permanenter Brunnen das ganze Jahr über besiedelt. In den bewaldeten Gebieten wurden beim sogenannten *fire-stick farming* Unterholz und abgestorbenes Gras verbrannt, um neues Wachstum zu fördern, Wild anzuziehen und die Gefahr von Buschbränden zu reduzieren.

Zur Zeit des ersten Kontakts mit den Europäern bestand die Aborigine-Bevölkerung aus 300 oder mehr unterschiedlichen Stämmen mit verschiedenen Sprachen und Landesgrenzen. Die meisten Ureinwohner hatten keine festen Siedlungen, sondern wanderten innerhalb ihres Territoriums umher und folgten dabei den jahreszeitlichen Vorgaben durch Tierwanderungen und die Verfügbarkeit von Pflanzen. Bedingt durch die

In abgelegenen Regionen Australiens, aber auch in Zentren wie Alice Springs und Darwin, sprechen viele Ureinwohner auch heute noch statt Englisch ihre traditionellen Sprachen. Viele Aborigines sind mehrsprachig. Einst gab es mehr als 300 Aborigine-Sprachgruppen auf dem australischen Kontinent.

ZEITLEISTE

vor 80 Mio. Jahren

Viele Jahrmillionen nach der Abtrennung Australiens vom prähistorischen Gondwana löst es sich vor rund 45 Mio. Jahren auch von Antarktika und bewegt sich nordwärts.

vor 50 000 Jahren

Erste Spuren von australischen Ureinwohnern auf dem Kontinent. Das Land ist Lebensraum riesiger Beuteltiere, darunter Wombats von Nashorngröße. Es gibt üppige Wälder und artenreiche Seen.

1606

Der niederländische Seemann Willem Janszoon „entdeckt" während eines Ausflugs von Niederländisch-Indien Cape York (das er für einen Teil Neuguineas hält).

sehr unterschiedlichen Landschaften Australiens unterschieden sich die Stämme in ihren Lebensstilen. Bei allen kulturellen Unterschieden gab es jedoch auch sehr viele gemeinsame Elemente. Jedes Volk hatte einige Clans oder Familienverbände, die für bestimmte Bereiche verantwortlich waren. Jahrtausendelang lebten die Aborigines mit diesem komplexen Verwandtschaftssystem, das sie mit ihrer natürlichen Umgebung verband. Von der Wüste bis zum Meer richteten die Ureinwohner ihr Leben nach ihrer Umwelt aus und entwickelten unterschiedliche Fähigkeiten und ein weitreichendes Wissen über ihr Territorium.

Einen Einblick in die Frühzeit der britischen Besiedlung Australiens und die ersten Begegnungen mit den Aborigines bieten die Tagebücher von William Dawes, Offizier bei der First Fleet (1787–1788). Die Tagebücher sind online zugänglich (www.williamdawes.org). Sie enthalten Wörter und Sätze aus der lokalen Aborigine-Sprache und erzählen aus dem traditionellen Leben. Dawes wichtigste Informantin war das Aborigine-Mädchen Patyegarang.

Eindringlinge

Im April des Jahres 1770 präsentierte sich einigen Aborigines, die an einem Strand im Südosten Australiens standen, ein erstaunliches Spektakel: Vor ihnen lag ein englisches Schiff, die *Endeavour*, unter dem Kommando von James Cook, in jenen Tagen im Range eines Leutnants. Unter seinen hochherrschaftlichen Passagieren befanden sich englische Wissenschaftler, die in den Pazifik gesegelt waren, um astronomische Beobachtungen durchzuführen und „neue Welten" zu erkunden. Als sie entlang der Küste dieses neu entdeckten Landes gen Norden segelten, begann Cook die erste britische Karte von der australischen Ostküste anzufertigen – der Auftakt für jede Menge Konflikte zwischen europäischen Siedlern und indigenen Völkern.

Als Cook einige Tage nach dieser ersten Sichtung mit ein paar Männern an Land ging, wurden sie von zwei Aborigines mit Speeren bedroht. Cook antwortete mit Musketenschüssen. Den Rest der Woche über beäugten Aborigines und Eindringlinge einander misstrauisch.

Cooks Schiff, die *Endeavour*, war als Außenstelle der Royal Society unterwegs, der führenden wissenschaftlichen Organisation in London. Zu den Passagieren gehörten Ingenieure, Naturwissenschaftler, ein Astronom und ein Botaniker namens Joseph Banks. Mit seinen Kollegen streifte Banks durch das Territorium der Ureinwohner – sie waren begeistert von der Vielzahl unbekannter Pflanzen (die prächtigen Banksien, Blumen, die wie rote, weiße oder goldene Flaschenbürsten aussehen, wurden nach Banks benannt).

Als die *Endeavour* die Nordspitze von Cape York erreichte, war nach Westen nur noch das Meer zu sehen, und Cook und seine Leute hatten den Seeweg in die Heimat vor Augen. Auf einer kleinen Insel („Possession Island") hisste Cook den Union Jack. Feierlich und mit Kanonendonner nahm er die Osthälfte des Kontinents für König George III. in Besitz.

Cook hatte nicht die Absicht, den Ureinwohnern das Land einfach wegzunehmen. Die Vorstellung, die er von ihnen hatte, war ziemlich verklärt: „Sie sind viel glücklicher als wir Europäer", schrieb er. „Sie glauben, alles Lebensnotwendige zu besitzen und haben nichts Überflüssi-

1616

Die Niederländer nutzen auf ihrer Handelsroute über den Indischen Ozean nach Indonesien die *Roaring Forties*-Winde, die auch den niederländischen Kapitän Dirk Hartog an die Westküste Australiens bringen.

1770

Captain James Cook kartografiert als erster Europäer die Ostküste Australiens, sein „New South Wales". Überzeugt, in der „Botany Bay" den idealen Siedlungsort gefunden zu haben, kehrt er nach England zurück.

1788

Die First Fleet bringt britische Gefangene und Offizielle ins Land des Eora-Volks, in dem Gouverneur Arthur Phillip eine Sträflingssiedlung gründet, die er Sydney nennt.

1789

Eine Pockenepidemie sucht die Aborigine-Völker – die keine Abwehrkräfte dagegen haben – rund um Sydney heim.

ges.“ Mit der patriotischen Zeremonie wollte er allenfalls den territorialen Ambitionen der Franzosen und Niederländer Grenzen setzen: Sie hatten in den zwei Jahrhunderten zuvor große Teile der West- und Südküste bereist und kartiert. Die Westhälfte Australiens war Cook sogar unter dem Namen „Neuholland“ bekannt.

Die Sträflingskolonie

1788, 18 Jahre nach Cooks Erkundungsfahrt, kehrten die Engländer zurück. Sie kamen mit einer Flotte von elf Schiffen, die beladen waren mit Vorräten, Waffen, Werkzeug, Baumaterial und Vieh. An Bord befanden sich 751 Sträflinge, 250 Soldaten, Beamte und deren Ehefrauen. Diese bunt gemischte „First Fleet“ stand unter dem Kommando des gewissenhaften Marinekapitäns Arthur Phillip. Befehlsgemäß ankerte er in der Botany Bay. Doch das Paradies, das Joseph Banks einst so begeistert hatte, fand Phillip eher frustrierend. Die Gegend war sumpfig, Trinkwasser gab es kaum, und der Ankerplatz war Wind und Sturm ausgesetzt. Ein Stück weiter nördlich fand er, was er suchte. Er segelte geradewegs in eine kleine Bucht, die einen natürlichen Hafen bildete. Dieses idyllische Gebiet gehörte den Eora. Hier gründete Phillip am 26. Januar 1788 eine britische Sträflingskolonie und benannte den Ort nach dem britischen Innenminister Lord Sydney.

Die Fremden rodeten, bauten Häuser und versuchten sich bald im Getreideanbau. Phillip hatte die Anweisung, den Ureinwohnern friedlich zu begegnen, doch die Aborigines rund um Sydney kamen über den Verlust ihres Landes und Wassers nicht hinweg. Etwa die Hälfte der indigenen Stämme, die hier lebten, starb an Pocken.

Eine Weile leisteten die Aborigines Widerstand und kämpften um ihr Land und ihre Lebensweise. Eine Welle der Gewalt rollte durch das Land, und viele Ureinwohner wurden aus ihrem angestammten Lebensraum vertrieben. Nach einem Jahrhundert war die Aborigine-Bevölkerung um 90 % dezimiert.

Eine zweite Sträflingskolonie errichteten englische Offiziere 1803 in Van Diemen's Land (heute Tasmanien). Schnell füllten Wiederholungstäter das üble Gefängnis von Port Arthur an der herrlich wilden Küste bei Hobart. In dieser Zeit litten andere Sträflinge Qualen im Gefängnis auf der abgelegenen Pazifikinsel Norfolk Island.

Die Zeit Australiens als Sträflingskolonie war so grauenvoll, dass die Australier sie lange als Ära der Schande empfunden haben. Heute ist das anders: Die meisten weißen Australier sind sogar ein wenig stolz, wenn sie im Stammbaum ihrer Familie einen Sträfling von damals entdecken. Mittlerweile werden sowohl bei indigenen als auch nicht-indigenen Australiern die Stimmen lauter, die den Australia Day, der seit 1994 am 26. Januar gefeiert wird, auf einen anderen Tag verschieben wollen. Sie

Die holländischen und britischen Seeleute waren nicht die ersten Nicht-Aborigines, die Australien besuchten. Die Makassaren aus dem heutigen Indonesien besuchten Jahrhunderte vor der Ankunft der Europäer das Arnhem Land (im Top End des Northern Territory). In diesem Zusammenhang lohnt sich Andrew McMillans exzellentes Buch *An Intruder's Guide to East Arnhem Land* (2001).

Historische Straflager

Port Arthur Historic Site (Tasmanien)

Parramatta (Sydney, NSW)

Rottnest Island (Perth, Western Australia)

Hyde Park Barracks (Sydney)

1804

In Van Diemen's Land (dem heutigen Tasmanien) verlegt David Collins die neue Sträflingskolonie von Risdon Cove an jene Stelle, an der heute Hobart liegt.

1820er-Jahre

In Van Diemen's Land kämpfen Aborigines und Siedler in den Black Wars gegeneinander. Der blutige Konflikt löscht die Aborigine-Bevölkerung fast aus, nur wenige überleben.

1829

Ein von Captain James Stirling geführtes Privatunternehmen gründet die Siedlung Perth an Australiens Westküste. Das Umland ist trocken, und die Entwicklung der Kolonie kommt nur schleppend voran.

1835

John Batman segelt von Van Diemen's Land nach Port Phillip, wo er ein Landabkommen mit den Ältesten des Kulin-Volkes erzielt. Die Siedlung Melbourne entsteht noch im selben Jahr.

BENNELONG

Bennelong war einer der Ureinwohner, die Gouverneur Phillip als Mittelsmänner einsetzte. Der einflussreiche Eora hatte sich viele der Sitten und Umgangsformen der Weißen abgeschaut. Nach seiner Gefangennahme lernte Bennelong, Englisch zu sprechen und zu schreiben, und diente sowohl in Australien als auch auf einer Reise nach Großbritannien 1792 als Vermittler zwischen seinem Volk und den Briten. Ein Brief, den er 1796 an Mr. und Mrs. Phillips schrieb, ist der erste bekannte von einem Aborigine auf Englisch verfasste Text.

Nach seiner Rückkehr nach Sydney lebte Bennelong viele Jahre lang in einer für ihn gebauten Hütte auf einem Stückchen Land, das als Bennelong Point bekannt und inzwischen Standort des Sydney Opera House ist. Er war Anführer eines 100-köpfigen Stammes und später als Berater von Gouverneur Hunter tätig. Er wurde als mutig, intelligent, beherzt, humorvoll und kinderlieb beschrieben, in seinen späteren Jahren hatte jedoch Alkohol negative Auswirkungen auf seinen Charakter und seine Gesundheit. Er starb 1813 und wurde im Obstgarten seines Freundes James Squire, eines Bierbrauers, zur letzten Ruhe gebettet.

erkennen damit die Tatsache an, dass dieses schicksalhafte Datum vielen indigenen Australiern als „Invasion Day" gilt.

Aus den Fesseln in die Freiheit

Anfangs waren Sydney und Port Arthur auf Schiffe angewiesen, die sie mit Nachschub aus der Alten Welt versorgten. Um eine leistungsfähige Landwirtschaft aufzubauen, teilte die Regierung Soldaten, Beamten und freigelassenen Sträflingen Land zu. Es vergingen 30 Jahre voller Anstrengungen und Fehlschläge – dann warfen die Farmen endlich akzeptable Erträge ab. Einer der skrupellosesten unter den frischgebackenen Grundbesitzern war John Macarthur. Gemeinsam mit seiner Ehefrau Elizabeth leistete er auf seinem grünen Land bei Sydney Pionierarbeit: Er züchtete Merinoschafe.

Die Website www.portarthur.org.au ist eine super Infoquelle über das tasmanische Weltkulturerbe Port Arthur Historic Site und seine grausame Geschichte – vom Leben der Häftlinge hier in den 1830er-Jahren bis zum Massaker im Jahr 1996.

Macarthur war außerdem führendes Mitglied des Rum Corps. Diese Clique mächtiger Offiziere schikanierte den jeweils amtierenden Gouverneur (darunter William Bligh, den berühmt-berüchtigten Kapitän der Bounty). Eine goldene Nase verdienten sie sich dadurch, dass sie den Handel in Sydney kontrollierten, vor allem die Geschäfte mit Rum. Erst 1810 machte ein neuer Gouverneur – Lachlan Macquarie – den Machenschaften des Corps ein Ende. Macquarie war es auch, der die Hauptstraßen des heutigen Sydney anlegen und herrliche öffentliche Bauwerke errichten ließ (viele entworfen vom talentierten Architekten und ehemaligen Sträfling Francis Greenway) und der dazu beitrug, die Basis für eine geordnetere Zivilgesellschaft zu schaffen.

1836
Colonel William Light wählt eine Stelle am Ufer des River Torrens auf dem Land der Kaurna für die Siedlung Adelaide aus. Anders als in Sydney und Hobart sind alle Siedler freie und optimistische Auswanderer.

1851
Goldsucher werden im Zentrum Victorias fündig und lösen einen Goldrausch aus, der Menschen aus aller Welt anlockt. In dieser Zeit wird der Gouverneur in den Ostkolonien durch eine demokratische Regierung ersetzt.

1854
Die Bergleute im Lager Eureka Stockade bei Ballarat protestieren gegen die teuren Goldgräberlizenzen. Es gibt Tote und Anklagen wegen Verrats. Die Öffentlichkeit ist auf der Seite der Aufständischen.

1861
Die Forscher Burke und Wills durchqueren Australien als erste Europäer von Süden nach Norden. Die Expedition endet als Katastrophe, die viele Menschenleben fordert, auch die der Forscher.

Inzwischen drang die Nachricht nach England vor, Australien biete günstiges Land an und habe viele Arbeitsplätze, woraufhin sich Abenteurer aufmachten, um am anderen Ende der Welt ihr Glück zu versuchen. Der britische Staat verschiffte weiterhin Sträflinge nach Australien.

1825 gründeten Soldaten und Sträflinge eine Strafkolonie auf Yuggera-Territorium in der Nähe der heutigen Stadt Brisbane. Bald danach zog diese warme, fruchtbare Region auch freie Siedler an, die mit Ackerbau, Viehzucht, Holzwirtschaft und Bergbau ihr Geld verdienten.

Zwei neue Siedlungen: Melbourne & Adelaide

Auch im kühleren Grasland Tasmaniens florierte die Schafzucht; bald suchten die Bauern neues Land. Im Jahr 1820 zettelten sie einen blutigen Kampf gegen die Ureinwohner der Insel an und löschten diese fast völlig aus. Fortan hungerten die Siedler nach mehr Land. 1835 segelte John Batman, ein ehrgeiziger junger Mann, nach Port Phillip Bay. Am Ufer des Flusses Yarra bestimmte er den Ort, an dem später Melbourne entstehen sollte, und sprach dort den legendären Satz: „Das ist der Platz für ein Dorf." Batman gelang es, die Ureinwohner zu überreden, ihr traditionelles Gebiet von 250 000 ha für eine Kiste Decken, Messer und Krimskrams zu „verkaufen". Auch wenn sich einige Historiker fragen, ob die Ureinwohner beim Unterzeichnen der Verträge überhaupt verstanden haben, dass sie dadurch das Land ihrer Vorfahren verlieren.

Zur selben Zeit legte eine private britische Gesellschaft den Grundstein für Adelaide in South Australia (SA). Stolz, mit Sträflingen nichts zu tun zu haben, verkaufte die Gesellschaft Land an reiche Siedler. Mit den Einnahmen sollten arme britische Arbeiter bei der Auswanderung unterstützt werden. Sobald diese genug Geld verdient hätten, um Land zu kaufen, sollte aus dem Erlös weiteren Arbeitern die Überfahrt finanziert werden. Das blieb jedoch nur eine nette Theorie; die South Australian Company ging bankrott und kam 1842 unter staatliche Verwaltung. Mittlerweile hatten Bergleute in Burra, Kapunda und Mt. Lofty Range große Silber-, Blei- und Kupfervorkommen entdeckt. Allmählich warf die neue Siedlung Gewinne ab.

Weitere Landnahme

Immer weiter drangen die Siedler (man nannte sie *squatters*) in das Land der Aborigines vor. Sie besetzten die Gebiete der Ureinwohner und verteidigten ihr neues Land oft mit Waffengewalt. Die Behörden, um Ruhe und Ordnung bemüht, erlaubten den *squatters* seit den 1830er-Jahren, gegen Zahlung einer Pacht auf dem *Crown Land* zu bleiben. Die Aborigines erlebten, wie weiße Männer als Vergeltung für getötete Scha-

In *Im Land der grünen Ameisen* (2010) erzählt Sarah Murgatroyd die tragische Geschichte der verhängnisvollen Expedition der Entdecker Robert O'Hara Burke und William John Wills in den 1860er-Jahren. *The Aboriginal Story of Burke and Wills: Forgotten Narratives* (2016) von Dr. Ian Clark und Fred Cahir ist eine weitere faszinierende Interpretation des Themas. Ein öffentlich zugängliches digitales Forschungsarchiv mit Aufzeichnungen der Expedition findet sich unter www.burkeandwills.net.au.

1880
Die Polizei nimmt in Glenrowan, Victoria, den berüchtigten, im Busch lebenden Gesetzlosen Ned Kelly fest. Er wird als Krimineller gehängt – und fortan als Volksheld verehrt.

1901
Die Kolonien schließen sich zu einer Staatenföderation zusammen. Das Bundesparlament erlässt den „Immigration Restriction Act" und verfolgt eine „Politik des weißen Australiens".

1915
Am 25. April unterstützen Truppen des Australian and New Zealand Army Corps (ANZAC) die Briten dabei, in die Türkei einzudringen – ein militärisches Desaster, das zur nationalen Legende wird.

1928
Anthony Martin Fernando, der erste Aboriginal-Aktivist, der gegen den Rassismus in Australien kämpft, wird wegen seiner Proteste vor dem Australia House in London verhaftet.

fe oder Siedler die Ureinwohner Australiens regelrecht niedermetzelten. Die Anführer ihres Widerstands wurden im ganzen Land zu Legenden: Yagan vom Swan River, Pemulwuy aus Sydney sowie Jandamarra, der Outlaw-Held der Kimberley.

Zum Ende des 19. Jhs. war der größte Teil des fruchtbaren Bodens besiedelt, und die meisten indigenen Australier lebten in Armut am Rand von Siedlungen oder auf für Siedlungen ungeeignetem Land. Die Ureinwohner mussten sich an die neue Kultur anpassen, hatten aber nur wenige Rechte. Beschäftigungsmöglichkeiten waren knapp, und die meisten Aborigines arbeiteten als gering bezahlte (oder unbezahlte) Arbeiter oder Hausangestellte, um auf dem Land ihrer Vorfahren bleiben zu können. Dieser Zustand sollte sich in den ländlichen Regionen des Outbacks bis in die Nachkriegszeit fortsetzen.

Vom ersten Tag an träumten die Neuankömmlinge von den Wundern, die sie entdecken würden. Ein paar ganz schlichte Seelen glaubten sogar, dass jenseits der Blue Mountains China liegen müsse – bis 1813 dann die ersten Entdecker das Gebirge überquerten. Landvermesser und Wissenschaftler spekulierten wild über das Landesinnere Australiens. Die meisten erwarteten einen australischen Mississippi, andere prognostizierten Wüste. Und der unerschütterliche Forscher Charles Sturt – eine schöne Statue auf dem Victoria Square in Adelaide zeigt ihn etwas verloren dreinblickend – glaubte an ein fast mystisches Binnenmeer.

Die Forschungsreisen ins Inland waren fast alle enttäuschend. Trotzdem machten die Australier Helden aus jenen Abenteurern, die in der Wildnis starben (etwa Ludwig Leichhardt, Robert O'Hara Burke oder William John Wills, um die berühmtesten zu nennen). In viktorianischer Zeit glaubte man wohl, eine Nation könne nicht geboren sein, bevor Männer ihr Blut im Kampf vergossen haben – und wenn es ein Kampf mit dem Land selbst war.

David Unaipon (Ngarrindjeri; 1872–1967), der „australische Leonardo da Vinci", war Anwalt für die Rechte der Aborigines, Schriftsteller und Erfinder. Er meldete 19 provisorische Patente an – seine Entwürfe für einen vom Bumerang inspirierten Hubschrauber entstanden noch vor dem Ersten Weltkrieg. Sein Antlitz schmückt die australische 50-Dollar-Note.

Goldrausch & Rebellion

Der Sträflingstransport nach Ostaustralien endete in den 1840er-Jahren. Kurz danach 1851 entdeckten Schürfer Gold in New South Wales und Victoria. Die Nachricht schlug ein wie eine Bombe. Junge Männer und abenteuerlustige Frauen aller Schichten begaben sich auf Schatzsuche, ein Strom von Goldgräbern, Unterhaltungskünstlern, Wirten, Schnapsschmugglern, Prostituierten und Gaunern folgte.

Der britische Gouverneur von Victoria war entsetzt. Nicht nur geriet die Standesgesellschaft durcheinander, er musste auch für Recht und Ordnung auf den Goldfeldern sorgen. Dafür fand er eine simple Lösung: Die Goldgräber sollten jeden Monat eine teure Schürflizenz kaufen. Er hoffte wohl, dass sich die ärmeren Goldgräber diese Lizenzen nicht leisten können und so zu ihrer Arbeit in die Stadt zurückkehren würden.

1929
Amerikas Weltwirtschaftskrise erreicht Australien und stößt viele Arbeiterfamilien in die Armut. Die Gewalt und das Leid dieser Zeit werden Teil der nationalen Identität.

1932
Francis de Groot aus dem rechten Flügel stiehlt Jack Lang, dem Premier von NSW, die Schau, indem er in Uniform und zu Pferd bei der Einweihung der Sydney Harbour Bridge das Band durchschneidet.

1936
Der letzte in Gefangenschaft lebende Beutelwolf (Tasmanische Tiger) stirbt im Zoo von Hobart. Vielleicht haben Beutelwölfe in freier Wildbahn noch die folgenden Jahrzehnte überlebt, doch Beweise gibt es nicht.

1938
Die Aborigines Progressive Association hält anlässlich des 150. Jahrestages der Ankunft der Briten am 26. Januar ein Treffen in der Australia Hall in Sydney ab: A Day of Mourning and Protest.

Aber der Reiz des Goldes war zu groß. Zuerst schreckte die Schürfer nicht einmal, dass berittene Polizei die staatlichen Schürfrechte brutal durchsetzte. Es rumorte erst, als in Ballarat nach drei Jahren das leicht zugängliche Gold erschöpft war. Die Goldgräber, die jetzt in tiefen, wassertriefenden Schächten schufteten, hassten das korrupte und brutale Rechtssystem, das sie mit Verachtung strafte. Unter der Führung des charismatischen Iren Peter Lalor hissten sie ihre eigene Flagge, das „Southern Cross"(zeigt eine Sternenkonstellation, die man am australischen Nachthimmel sehen kann). Sie schworen, ihre Rechte und Freiheiten zu verteidigen, bewaffneten sich, verschanzten sich in der Nähe von Eureka hinter Palisaden und warteten auf die Reaktion der Staatsmacht.

Am 3. Dezember 1854, einem Sonntag, stürmte eine britische Polizeitruppe im Morgengrauen die Befestigung. Innerhalb von 15 schrecklichen Minuten war alles vorbei. Die brutale und einseitige Schlacht forderte das Leben von 30 Goldgräbern und fünf eigenen Männern. Doch Demokratie lag bereits in der Luft – die Öffentlichkeit stand auf Seiten der Zivilisten. In Melbourne kam es zum Prozess gegen 13 der überlebenden Rebellen. Ihnen drohte die Todesstrafe, die Geschworenen aber sprachen sie frei. Viele Australier betrachten heute den Aufstand als Beispiel für den Kampf um nationale Unabhängigkeit und Demokratie – wieder um zu illustrieren, dass jede „echte" Nation blutig geboren werden muss. Dabei waren diese Opfer eigentlich völlig unnötig. In den Ostkolonien entstanden bereits die ersten demokratischen Parlamente, mit Unterstützung der britischen Behörden. 1880 wurde Peter Lalor selbst Sprecher des Parlaments von Victoria.

Der Goldrausch lockte auch schiffsladungsweise chinesische Goldgräber an. Manchmal bekamen sie die Feindseligkeit der Weißen zu spüren. Auf den Goldfeldern von Lambing Flat (heute Young) in New South Wales kam es 1860/61 zu schweren Rassenunruhen. Schnell entwickelten sich die „China Towns" in den Seitenstraßen Sydneys und Melbournes. In Büchern liest man die wildesten Geschichten über Opiumhöhlen, zwielichtige Spielhallen und Bordelle. Aber viele Chinesen fassten dort als Geschäftsleute und vor allem als Gemüsegärtner Fuß. Heute ist in den chinesischen Vierteln der Städte immer viel los; auch die Chinarestaurants in vielen Orten des Landes weisen auf die wichtige Rolle hin, die Chinesen seit den 1850er-Jahren in Australien spielen.

Gold und Wolle brachten Melbourne und Sydney Geld und Stil. Bereits in den 1880er-Jahren waren beide moderne Städte: Es gab Gaslaternen, Eisenbahn, Strom und eine geniale neue Erfindung: den Telegrafen. Die Hauptstadt von South Australia wurde von Zeitgenossen wegen ihrer prachtvollen Theater, Hotels, Kunstgalerien und Modegeschäfte „Marvellous Melbourne" (fabelhaftes Melbourne) genannt. Aber der Bogen des wirtschaftlichen Booms war überspannt. Viele Politiker und Spekulanten

Zwei sehr unterschiedliche, aber kluge Einführungen in die Geschichte Australiens sind Stuart Macintyres *A Concise History of Australia* (1999) und Geoffrey Blaineys *A Shorter History of Australia* (1994).

1939

Premierminister Robert Menzies verkündet, dass Großbritannien in den Krieg gegen Nazi-Deutschland gezogen sei und „Australien sich demzufolge ebenfalls im Krieg befindet".

1941

Die Japaner greifen Pearl Harbor an. Australien sieht sich von Großbritannien im Stich gelassen und schließt sich mit den USA zusammen, die in Australien Stützpunkte errichten.

1945

Der Zweite Weltkrieg endet. Australien ruft die Devise „Populate or Perish" (bevölkern oder untergehen) aus. In den folgenden 30 Jahren kommen über 2 Mio. Einwanderer ins Land, ein Drittel von ihnen sind Briten.

1948

Der Cricketspieler Don Bradman beendet mit einem Schnitt von 99,94 Runs seine Laufbahn. Der zweitbeste ist der Südafrikaner Graeme Pollock, der 1970 abtrat, aber nur den Schnitt von 60,97 Runs erreichte.

machten korrupte Grundstücksgeschäfte, Investoren steckten Geld in waghalsige Unternehmungen. Das konnte nicht von Dauer sein.

Zur selben Zeit im Westen ...

Western Australia hinkte den Ostkolonien um ca. 50 Jahre hinterher. Zwar gründeten Siedler vornehmer Herkunft 1829 Perth, die wirtschaftliche Entwicklung wurde aber durch Isolation, den Widerstand der Ureinwohner und das trockene Klima gebremst. Es dauerte jedenfalls bis in die 1880er-Jahre, bis die Entdeckung von Goldfeldern auch dieser entlegenen Kolonie eine rosige Zukunft bescherte.

Zu jener Zeit hatte der Westen gerade seine Selbstverwaltung verwirklicht. Der erste Premier war der energische, wettergegerbte Entdecker James Forrest. Ihm war klar, dass der Bergbau nur Erfolg haben konnte, wenn der Staat für einen erstklassigen Hafen, eine leistungsfähige Eisenbahn und eine zuverlässige Wasserversorgung sorgte. Den brillanten C.Y. O'Connor machte er zu seinem Chefingenieur, der für die Regierung alle drei Projekte planen und ausführen sollte.

Die erste australische Premierministerin, Julia Gillard von Labour, war von 2010 bis 2013 im Amt. 1895 war ihr Heimatstaat South Australia die erste Kolonie, die Frauen das Recht gab, für das Parlament zu kandidieren.

Wachsender Nationalismus

Gegen Ende des 19. Jhs. idealisierten australische Nationalisten den „Busch" und seine Bewohner. Extrem populär war damals die Zeitschrift *Bulletin* – Sprachrohr des *bush nationalism*. Sie vertrat eine egalitäre, demokratische und republikanische Politik und beschrieb den Alltag mit viel Humor und Gefühl. Ihre Artikel wurden von so namhaften Autoren wie Henry Lawson und A. B. „Banjo" Paterson verfasst.

Die 1890er-Jahre brachten schwere Zeiten. Der Spekulations-Boom ebbte ab. Vor allem die Arbeiterfamilien in den östlichen Kolonien litten unter Arbeitslosigkeit und Hunger. Doch mittlerweile forderten die Arbeiter einen gerechten Anteil am Wohlstand des Landes. Als die Wirtschaftskrise sich verschärfte, verteidigten die Gewerkschaften die Arbeiterrechte militant. Gleichzeitig gründeten Aktivisten die Australian Labor Party (ALP), um Gesetzesreformen durchzusetzen.

Der Australische Bund

Am 1. Januar 1901 wurden aus den sechs australischen Kolonien ein Verbund sich selbst verwaltender Staaten – der Commonwealth of Australia. Als die Abgeordneten des neuen Bundesparlaments in Melbourne zusammentraten, sahen sie es als ihr oberstes Ziel an, Identität und Werte eines europäisch geprägten Australiens gegen den Einfluss von Asiaten und Südseeinsulanern zu schützen. Ihre „White Australia Policy" galt für die folgenden 70 Jahre als rassistisches Glaubensbekenntnis.

Für die Weißen, die innerhalb der behüteten Bürgerschaft lebten, sollte unter dem schützenden Mantel des British Empire eine Gesellschaft

1956

In Melbourne werden die Olympischen Spiele ausgetragen. Das Olympische Feuer wird vom Weltklasseläufer Ron Clarke entzündet und Australien mit 13-mal Gold dritterfolgreichste Nation.

1965

Premierminister Menzies schickt australische Truppen in den Vietnamkrieg und spaltet so die Nation. 426 Australier werden während des Einsatzes getötet, 2940 verletzt.

1967

Die Mehrheit der Australier stimmt dafür, den Ureinwohnern die Staatsbürgerschaft zuzuerkennen. Die Worte „ausgenommen Angehörige der Aborigines jedes Staates" werden aus der Verfassung gestrichen.

1971

Die Aborigonal-Flagge weht zum ersten Mal am National Aborigines Day in Adelaide. Sie wurde von Harold Thomas entworfen und zum Symbol der Identität aller Aborigines.

mit Modellcharakter entstehen. Schon ein Jahr später bekamen weiße Frauen das Wahlrecht bei bundesweiten Wahlen (South Australia führte 1895 als erstes Territorium weltweit das Frauenwahlrecht ein). Im Rahmen radikaler Neuerungen führte die Regierung ein umfassendes Sozialsystem ein und schützte die australischen Löhne durch Zölle. Die Mischung aus kapitalistischer Dynamik und sozialistischer Fürsorge wurde als Australian Settlement bekannt.

Die meisten Australier lebten an der Küste des Kontinents. Das trockene Binnenland war so unwirtlich, dass der große Trockensee Lake Eyre „das tote Herz" des Landes genannt wurde. Vor allem Premier Alfred Deakin war fest entschlossen, es mit dem Klima aufzunehmen. Bereits in den 1880er-Jahren, also noch vor Gründung des Australischen Bundes, hatte Deakin sich in Mildura für eine Bewässerung der Felder am Murray River stark gemacht. Schon bald wuchsen in der Region Früchte und Weinreben.

Australien auf der Bühne der Weltpolitik

Die Australier lebten am Rand eines trockenen, unwirtlichen Landes. Vom Rest der Welt waren sie weitgehend isoliert. Dominion des British Empires zu sein, war daher höchst beruhigend. Und so folgten Tausende australische Männer dem Ruf des Empires, die Waffen zu ergreifen, als 1914 in Europa der Erste Weltkrieg ausbrach. Ihre erste Begegnung mit dem Tod in der Schlacht war am 25. April 1915: Das Australian and New Zealand Army Corps (ANZAC) kämpfte neben britischen und französischen Truppen auf der Halbinsel Gallipoli in der Türkei. Es dauerte acht Monate, bis die britischen Kommandeure das Scheitern ihrer Taktik eingestanden – doch da hatten schon 8141 junge Australier ihr Leben gelassen. Kurz darauf kämpfte die Australian Imperial Force an den Fronten in Europa. Bis Kriegsende starben 60 000 Australier in Ausübung ihrer Pflicht – zu ihren Ehren finden am Anzac Day (25. April) im ganzen Land Gedenkfeiern statt.

Die am einfachsten verständliche Version der ANZAC-Geschichte ist Peter Weirs australisches Epos *Gallipoli* (1981) mit dem jungen Mel Gibson.

Die 1920er-Jahre waren in Australien eine Zeit chaotischen Wandels: Autos verdrängten Pferde von den Straßen, in neuen Kinos sahen die jungen Australier amerikanische Filme und in einer Atmosphäre sexueller Freizügigkeit (vergleichbar mit den 1960er-Jahren) tanzten sie auf Partys zu amerikanischem Jazz. Zur selben Zeit wuchs die Begeisterung für das British Empire, als wäre imperialer Eifer ein Allheilmittel gegen den Kummer. Radikale und Reaktionäre prallten aufeinander und wirbelten Australien durch die wilden Zwanziger. Das dicke Ende kam 1929 mit der Weltwirtschaftskrise: Die Weltmarktpreise für Weizen und Wolle rutschten in den Keller, Arbeitslosigkeit brachte in jedem dritten Haushalt Not und Elend. Schon wieder bekamen die Arbeiter die Grausamkeit eines Systems zu spüren, das sie nicht mehr brauchte. Wer Geld (oder

1972
Aborigines errichten ein Zelt vor dem Parliament House in Canberra. Ihr Protest richtet sich gegen das Verhalten gegenüber ihrem Volk und gegen die Abweisung eines Vorschlags zu den Landrechten.

1973
Nach dem konfliktbeladenen Bau öffnet das Sydney Opera House seine Tore. Das Wahrzeichen Sydneys wird 2007 zum UNESCO-Weltkulturerbe erklärt.

1974
An Heiligabend fegt der Zyklon Tracy über Darwin hinweg, zerstört 70 % der Gebäude und tötet 71 Menschen. Der Großteil der Stadt wird innerhalb von vier Jahren wieder (und solider) aufgebaut.

1975
Wegen radikaler Reformen und einer unkontrollierten Inflation setzt Generalgouverneur Sir John Kerr die Whitlam-Labor-Regierung ab und ordnet Parlamentswahlen an, die die Konservativen gewinnen.

DIE GESTOHLENEN GENERATIONEN

Als Australien 1901 eine Föderation wurde, führte die Regierung die sogenannte „White Australia Policy" (Politik des weißen Australiens) ein. Eigentlich sollte damit die Einwanderung von Nicht-Weißen nach Australien verhindert werden, doch die Auswirkungen trafen auch die Ureinwohner des Landes. Alle Behörden „förderten" die Anpassung an die weiße Gesellschaft mit der Absicht, die Aborigines nach und nach verschwinden zu lassen. Zwischen 1909 und 1969 wurden Kinder von Aborigines und Torres-Strait-Insulanern – offiziell angeordnet – zwangsweise aus ihren Familien herausgenommen, auch davor und danach wurde diese Politik praktiziert. Genaue Zahlen wird es wohl niemals geben, aber man schätzt, dass etwa 100 000 Aborigine-Kinder ihren Familien entrissen wurden (eines von drei Kindern).

Eine Regierungsbehörde (das Aborigines Protection Board) war mit der Umsetzung dieser Politik beauftragt. Sie konnte die Kinder ohne Zustimmung der Eltern und ohne Gerichtsbeschluss aus den Familien holen. Viele Kinder sahen ihre Familien niemals wieder, und denjenigen, denen das doch gelang, hatten großen Schwierigkeiten, Beziehungen aufrechtzuerhalten. Diese Generationen von Kindern, die aus ihren Familien genommen wurden, werden als gestohlene Generationen (Stolen Generations) bezeichnet.

In den 1990er-Jahren untersuchte die Australian Human Rights Commission diese Praxis des Kindesentzugs. Der fast 700 Seiten lange Abschlussbericht *Bring Them Home* wurde dem Parlament im Mai 1997 vorgelegt. Er schilderte die zerstörerischen Auswirkungen dieser Politik auf die Kinder und ihre Familien. An der zwangsweisen Herausnahme der Kinder waren Regierungen, Kirchen und Wohlfahrtsorganisationen gleichermaßen beteiligt. Sexueller Missbrauch und Misshandlungen waren in vielen Institutionen, in die die Kinder gebracht wurden, an der Tagesordnung. Noch heute leiden viele aus den gestohlenen Generationen an Traumata aus ihrem frühen Leben.

Am 13. Februar 2008 entschuldigte sich der damalige Premierminister Australiens, Kevin Rudd, im Namen der ganzen Nation bei den gestohlenen Generationen. Für viele Aborigines war das der Beginn eines nationalen Heilungsprozesses, und heute gibt es viele Organisationen, die mit den gestohlenen Generationen arbeiten, in manchen Fällen auch hinsichtlich Entschädigungen.

Der Film *Long Walk Home* (2002) und Archie Roachs Lied *Took the Children Away* sind ein guter Einstieg für diejenigen, die mehr darüber erfahren wollen, welche Auswirkungen die Gestohlenen Generationen auf unzählige indigene Leben hatten und haben.

Arbeit) hatte, merkte von der Krise fast nichts. Durch die extreme Deflation nahm die Kaufkraft der Löhne sogar zu.

Vor dem Hintergrund der wirtschaftlichen Depression und Verzweiflung, die das Leben vieler gewöhnlicher Australier belastete, waren kleine Fluchten wie Cricket wichtiger denn je; The Ashes-Serie des Jahres 1932 vereinte eine Weile die Nation. Das englische Team unter seinem Mannschaftskapitän Douglas Jardine setzte eine brutale neue Wurftech-

1979 Trotz lauter Proteste von Umweltgruppen ermächtigt die Bundesregierung das Ranger-Konsortium, Uran im Northern Territory abzubauen.

1983 Die Pläne der tasmanischen Regierung für eine Wasserkraftanlage am Franklin River prägen den Wahlkampf. Der Labor-Kandidat Bob Hawke ist gegen den Bau der Dämme und wird Premierminister.

1987 Ein Untersuchungsausschuss beschäftigt sich mit der hohen Zahl von Todesfällen unter den Aborigines in Haft. Bis heute sind Aborigines in der Kriminalstatistik überrepräsentiert.

1992 Entgegen dem Rechtsbegriffs der „Terra Nullius" erkennt der Oberste Gerichtshof von Australien nach zehnjähriger Verhandlung im Mabo-Fall das Prinzip des „Native Title" (dauerhaftes Landrecht der Aborigines) an.

nik namens *bodyline* ein. Ziel war es, den umwerfend treffsicheren australischen Star-Schlagmann Donald Bradman aus der Fassung zu bringen. Am Ende stand eine handfeste diplomatische Krise. Bradman allerdings machte bis 1948 weiter – mit unübertroffenen 99,94 Runs im Durchschnitt.

Krieg mit Japan

Nach 1933 erholte sich die Wirtschaft. Doch kaum lief der Alltag wieder in ruhigeren Bahnen, stürzte Hitler Europa im Jahr 1939 wieder in einen Krieg. Die Australier hatten die Japaner schon lange gefürchtet. Aber sie verließen sich auf den Schutz durch die britische Marine. Im Dezember 1941 bombardierte Japan die US-Flotte in Pearl Harbor. Wenige Wochen später bröckelte auch der als unüberwindlich geltende britische Marinestützpunkt Singapur. Lange dauerte es nicht, bis Tausende Soldaten Australiens und der Alliierten in die japanischen Kriegsgefangenenlager interniert wurden.

Während des Zweiten Weltkriegs war Darwin, die Hauptstadt des Northern Territory, vorderste Front alliierter Aktionen gegen die Japaner im Pazifik. 1942 flogen die Japaner einen verheerenden Luftangriff auf die Stadt, der 243 Menschen das Leben kostete und den Hafen in Schutt und Asche legte. Darwin war die einzige australische Stadt, die jemals während eines Krieges bombardiert wurde. Offizielle Berichte spielten das Ausmaß der Schäden und die Opferzahlen herunter, um die Stimmung im Land nicht zu belasten.

Die Japaner drangen bis nach Papua Neuguinea vor – und die Briten erklärten, ihnen fehlten die Möglichkeiten, Australien zu verteidigen. Doch der legendäre US-Kommandeur General Douglas MacArthur sah in Australien den perfekten Stützpunkt für amerikanische Pazifikeinsätze. In einer Reihe heftiger Kämpfe schlugen alliierte Streitkräfte die japanische Offensive nach und nach zurück. Entscheidend war: Nicht das British Empire, sondern die USA retteten Australien. Die Tage des Bündnisses mit Großbritannien waren gezählt.

Top-Geschichtsmuseen

Rocks Discovery Museum (Sydney, NSW)

Mawson's Huts Replica Museum (Hobart, Tasmanien)

Museum of Sydney (Sydney, NSW)

Commissariat Store (Brisbane, Queensland)

Ein visionärer Friede

Nach dem Zweiten Weltkrieg kam ein neuer Slogan auf: *Populate or Perish* – bevölkern oder untergehen. Die australische Regierung hatte ehrgeizige Pläne. Tausende Einwanderer sollten ins Land geholt werden, und mit staatlicher Hilfe kamen sie auch – Briten und viele Menschen aus nicht englischsprachigen Ländern: Griechen, Italiener, Slawen, Serben, Kroaten, Holländer, Polen, Türken, Libanesen und viele weitere aus anderen Nationen. Von diesen „neuen Australiern" wurde erwartet, dass sie sich dem Vorortleben anpassen, eben dem, was australische Lebensart genannt wurde.

2000

Mehr als 300 000 Menschen laufen über die Sydney Harbour Bridge um zu zeigen, wie wichtig eine Versöhnung zwischen indigenen und nicht-indigenen Australiern ist.

2000

Die Olympischen Spiele von Sydney werden zu einem grandiosen Spektakel. Die Aborigine-Weltklasseläuferin Cathy Freeman entzündet die Flamme und gewinnt Gold über 400 m.

2007

Die Regierung setzt den Racial Discrimination Act aus, um gegen den mutmaßlichen Kindesmissbrauch in Aborigines-Gemeinschaften im NT zu intervenieren.

2007

Kevin Rudd wird Premierminister. Er verfolgt einen anderen Kurs als sein konservativer Vorgänger, entschuldigt sich bei den Ureinwohnern und ratifiziert das Kyoto-Protokoll.

PHAR LAPS LETZTE RUNDE

Mitten in der grauen Zeit der Großen Depression bot der Sport den Spiel- und Wett-begeisterten Australiern Abwechslung. Ein leistungsstarkes, kastanienbraunes Pferd namens Phar Lap gewann ein Rennen nach dem anderen. Mühelos holte es 1930 auch den Melbourne Cup – bis heute wird der jährliche Wettbewerb als *the race that stops a nation* bezeichnet. Das Wunderpferd sollte 1932 die amerikanischen Rennbahnen erobern, starb dort aber unter mysteriösen Umständen. In Australien hielten sich Gerüchte, neidische Amerikaner hätten das Tier vergiftet, womit die Legende eines Helden des Rennsports, der auf dem Höhepunkt seiner Karriere zu Fall gebracht wurde, geboren war.

Phar Lap wurde ausgestopft und ist heute im Melbourne Museum ausgestellt; sein Skelett wurde in sein Geburtsland Neuseeland gebracht, wo es im Nationalmuseum in Wellington bestaunt werden kann.

Viele Einwanderer fanden Arbeit in der wachsenden verarbeitenden Industrie. Großzügige Zollbestimmungen unterstützten produzierende Unternehmen wie General Motors und Ford. Der Staat investierte in kühne Bauprojekte wie das Wasserkraftwerk Snowy Mountains in den Bergen bei Canberra. Heute beklagen Umweltschützer die verheerenden Auswirkungen dieses riesigen Netzwerks aus Tunneln, Staudämmen und Kraftwerken. Andererseits war das Projekt ein Ausdruck von Optimismus. Und es bezeugt, dass hier Männer und Frauen aus vielen Ländern erfolgreich zusammengearbeitet haben.

Die Ära des wirtschaftlichen Wachstums und Wohlstands wurde von Robert Menzies geprägt, dem Gründer der modernen Liberal Party und jenem Premier Australiens, der es mit insgesamt 18 auf die meisten Dienstjahre brachte. Menzies war bis in die Haarspitzen von britischer Geschichte und Tradition durchdrungen und gab sich als sentimentaler Monarchist. Darüber hinaus war er ein scharfer Gegner des Kommunismus. Als der Kalte Krieg Asien erreichte, schlossen Australien und Neuseeland im Jahr 1951 ein Militärbündnis mit den USA, das ANZUS-Abkommen. Als sich die USA in den Vietnamkrieg stürzten, schickte Menzies australische Truppen in den Kampf und führte die Wehrpflicht für den Militäreinsatz im Ausland ein. Ein Jahr später trat er zurück und hinterließ seinen Nachfolgern ein schweres Erbe. Die Antikriegsbewegung spaltete Australien.

Viele Künstler, Intellektuelle und Jugendliche fanden Menzies Australien zu langweilig und arrogant – mehr mit amerikanischer und britischer Kultur verbunden als mit den eigenen Talenten und Geschichten. Jugendliche Rebellion und ein neues Nationalgefühl lagen in der Luft. Mit den Wahlen 1972 kam die Labor Party unter Führung des idealistischen Juristen Gough Whitlam an die Macht. Er regierte nur vier Jahre,

2009
Am 7. Februar sterben bei 400 Buschbränden in Victoria 173 Menschen – keine Naturkatastrophe in Australien kostete bisher mehr Menschenleben. Der Tag geht als „Black Saturday" in die Geschichte ein.

2010
Nach jahrzehntelangem Einsatz indigener Australier wird der 1833 ermordete Aborigine Yagan (dessen Kopf nach England geschickt worden war) in Perth in einem nach ihm benannten Park beerdigt.

2010
Australiens erste Premierministerin Julia Gillard leistet ihren Amtseid. Sie ist in Wales geboren, ihre Familie wanderte jedoch aus gesundheitlichen Gründen ins wärmere Australien aus.

2011
Der tropische Wirbelsturm Yasi (Kategorie 5) fegt über Mission Beach an der Nordküste Queenslands hinweg. Häuser, Infrastruktur und Ernten werden stark beschädigt.

krempelte in dieser Zeit aber das Land völlig um. Wehrpflicht und Studiengebühren schaffte er ab. Neu waren ein kostenloses Gesundheitssystem, ein Scheidungsrecht ohne Schuldfrage, Landrechte für Aborigines und die Lohnanpassung für Frauen. Die White Australia Policy spielte kaum noch eine Rolle; unter Whitlam wurde sie endgültig abgeschafft. Gut 1 Mio. Einwanderer waren inzwischen aus nicht englischsprachigen Ländern nach Australien gekommen und hatten neue Sprachen, Kulturen, Essgewohnheiten und Ideen im Gepäck. Unter Whitlam wurde das als „multikulturell" gefeiert.

Whitlams Regierung kam schon 1975 ins Schleudern. Der Grund waren Inflation und Skandale. Am Ende des Jahres 1975 entließ der Generalgouverneur, der Vertreter der Königin von England in Australien, die Regierung in einer umstrittenen Entscheidung. Aber Whitlams Nachfolger führten seine Sozialreformen weiter. Die Landrechte der Aborigines wurden ausgeweitet. Seit den 1970er-Jahren kamen zunehmend asiatische Einwanderer ins Land, und Multikulti wurde noch immer großgeschrieben. Als Handelspartner waren China und Japan wichtiger als Europa – Australiens wirtschaftliche Zukunft sah man nun in Asien.

Britische Wissenschaftler zündeten in den 1950er- und frühen 1960er-Jahren sieben Atombomben im abgelegenen Maralinga, South Australia, was verheerende Folgen für die örtlichen Maralinga-Tjarutja-Aborigines hatte. Weniger bekannt sind die drei Atombombenabwürfe der 1950er-Jahre auf die Montebello Islands, Western Australia. Mehr zu diesem Thema erfährt man in Robert Drewes Buch *Montebello* (2012).

Aktuelle Herausforderungen

Heute steht Australien vor neuen Herausforderungen. In den 1970er-Jahren begann das Land, sein protektionistisches Gerüst abzubauen. Mit neuer Effizienz kam auch neuer Wohlstand. Gleichzeitig wurden Löhne und Arbeitsbedingungen, die zuvor durch ein unabhängiges Gericht geschützt waren, angreifbarer, als das Gleichheitsprinzip dem Wettbewerb Platz machte. Nach zwei Jahrhunderten der Entwicklung wurden auch die negativen Auswirkungen auf die Umwelt sichtbar – Wasserversorgung, Wälder, Boden- und Luftqualität sowie die Meere waren und sind davon betroffen.

Unter dem konservativen John Howard, dessen Amtszeit als australischer Premierminister die zweitlängste in der Geschichte war (1996–2007), wuchs das Land enger als je zuvor mit den USA zusammen. Man zog sogar gemeinsam mit den Amerikanern in den Irakkrieg. Die harte Asylpolitik der Regierung, ihre Weigerung, die Realität des Klimawandels anzuerkennen, ihre Anti-Gewerkschaftsreformen und das mangelnde Einfühlungsvermögen des Premierministers in die Belange der indegenen Australier erschreckte viele liberal eingestellte Australier. Aber Howard regierte in einer Phase des Wirtschaftswachstums, in der Werte wie Eigenständigkeit betont wurden, was ihm die dauerhafte Unterstützung von Australiens Mitte sicherte.

Im Jahr 2007 wurde Howard von Kevin Rudd, dem Kandidaten der Labor Party geschlagen, einem ehemaligen Diplomaten, der sich sogleich offiziell bei den indigenen Australiern für das Unrecht entschuldigte, das

2012
Australien gewinnt bei den Olympischen Spielen in London nur sieben Goldmedaillen – nach 14 in Peking 2008, 17 in Athen 2004 und 16 in Sydney 2000. (Die Ausbeute von Rio 2016? Nur acht.)

2014
Der neue konservative Premierminister Tony Abbott beteiligt Australien mit Kampfflugzeugen der RAAF und Militärberatern an einer multinationalen Militäroperation gegen islamische Extremisten im Irak.

2015
Malcolm Turnbull besiegt Tony Abbott in einer parteiinternen Abstimmungl und wird Australiens 29. Premierminister. Er wird mit den Worten zitiert: „Es gab nie eine aufregendere Zeit, Australier zu sein."

2016
Premierminister Turnbull gewinnt knapp die Wahl und kehrt mit einer hauchdünnen Parlamentsmehrheit an die Macht zurück.

RECHTE & VERSÖHNUNG

Das Verhältnis der Aborigines zu den anderen Australiern war keineswegs immer einfach. Über die Jahre wurden einige systematische Verordnungen in Kraft gesetzt, die aber oft einen tieferen Zweck erfüllten, etwa Kontrolle über das Land, Dezimierung der Bevölkerung, Schutz, Anpassung, Selbstbestimmung und Selbstverwaltung.

Die Geschichte der erzwungenen Umsiedlung, die Wegnahme der Kinder und der Verlust von Land und Kultur können nicht ungeschehen gemacht werden, auch wenn unterschiedliche Regierungen manche Themen immer wieder angepackt haben. Die gegenwärtige Politik konzentriert sich darauf, „die Lücke zu schließen" und die Lebensbedingungen der Aborigines zu verbessern, indem ihnen notwendige Dienstleistungen zur Verfügung gestellt werden. Dennoch gibt es noch immer eine große Ungleichheit zwischen den Aborigines und den anderen Australiern, etwa geringere Bildung, höhere Arbeitslosigkeit, schlechtere Gesundheits- und Lebensbedingungen, hohe Inhaftierungs- und Selbstmordraten und eine niedrigere Lebenserwartung.

Trotz allem ist es den Aborigines gelungen, ihre Identität und ihre Verbindung zu Land und Kultur zu wahren. Es wird zunehmend anerkannt und akzeptiert, dass den Ureinwohnern ein Platz in diesem Land gebührt, aber es bleibt noch ein weiter Weg. Aborigines haben keine wirkliche politische oder wirtschaftliche Macht, aber ihre Kämpfe um Rechtsansprüche und Kulturrechte gehen weiter und stehen in der Politik im Vordergrund. Jeder Fortschritt für die Aborigines ist hart erkämpft und wurde von den Ureinwohnern selbst initiiert.

sie in den letzten 200 Jahren erlitten hatten. Die neue Regierung versprach umfassende Reformen im Umweltschutz und im Bildungswesen, kam aber angesichts der Weltfinanzkrise von 2008 in Schwierigkeiten. 2010 verlor Rudd sein Amt an die innerparteiliche Konkurrentin Julia Gillard, die sich nun, gemeinsam mit den anderen Führungspersönlichkeiten der Welt, vornehmlich mit drei zusammenhängenden Fragen beschäftigen musste: dem Klimawandel, dem zurückgehenden Erdölvorrat und einer schrumpfenden Wirtschaft. Die Premierministerin verlor an Popularität, und Rufe nach einer Rückkehr Rudds wurden laut. Rudd stürzte Gillard dann im Jahr 2013. Keine drei Monate später glückte Tony Abbott von der National-Liberalen Koalition der Sieg bei den Bundeswahlen 2013. Im Jahr 2015 verlor Abbott dann eine parteiinterne Abstimmung gegen seinen Parteikollegen Malcolm Turnbull.

Die Kultur der Aborigines

Die Kultur der Aborigines hat sich über Jahrtausende hinweg mit engen Verbindungen zwischen dem spirituellen, wirtschaftlichen und sozialen Leben der Menschen entwickelt. Dieses Erbe wurde von einer Generation zur nächsten lebendig gehalten, indem Wissen und Fähigkeiten mit Hilfe von Ritualen, Kunst, Bildung und Sprache vermittelt wurden. Es gibt in den Städten sowie auch im Busch zahlreiche Möglichkeiten, den australischen Ureinwohnern nahe zu kommen und eine Lebensweise kennenzulernen, die seit über 50 000 Jahren existiert.

Die Ureinwohner Australiens hatten ursprünglich eine mündliche Überlieferung und die Sprache spielte bei der Erhaltung der Kultur der Aborigines eine besonders große Rolle. Heute gibt es eine nationale Bewegung, um die Sprachen der Aborigines wieder aufleben zu lassen sowie einen großen Kunstsektor mit Werken der Ureinwohner. Das überlieferte Wissen ist Bestandteil von Wissenschaft, Umweltmanagement und Regierungsprogrammen. Die Kultur der Aborigines war niemals statisch und entwickelt sich mit dem Wandel der Zeiten und der Umwelt weiter. Die Geschichten der Ureinwohner werden heute mit neuen Technologien und Medien erzählt, und durch Kulturtourismus und Projekte können die Gäste das Leben der Ureinwohner Australiens aus deren Perspektive erleben. Man lernt an Naturdenkmälern etwas über die Ahnen, bewundert jahrtausendealte Felskunst, genießt traditionelle Gerichte oder besucht ein Festival oder eine Aufführung der Aborigines.

Die Regierung unterstützt die Kulturprogramme nur sporadisch, je nach der politischen Ausrichtung. Doch die Aborigines sind fest entschlossen, ihre Verbindungen mit der Vergangenheit zu bewahren und mit ihren kulturellen Kenntnissen eine bessere Zukunft zu formen.

Das Land

In der Kultur der Aborigines gilt der Mensch als Teil seiner Umwelt, denn außerhalb von ihr ist er nicht denkbar. Alles ist miteinander verbunden und wird nicht nur als Erde oder Felsen betrachtet, sondern als umgebende Welt, die das spirituelle, wirtschaftliche und kulturelle Leben der Menschen aufrechterhält. Die Aborigines ihrerseits unterstützen das Land durch Zeremonien, Rituale, Lieder und Geschichten. Diese wechselseitige Beziehung wurde über Tausende von Jahren entwickelt und

TORRES-STRAIT-INSULANER

Die Gesellschaften der Aborigines bilden keine homogene Gruppe, sondern einige hundert unterschiedliche, souveräne Nationen. Die Torres-Strait-Insulaner sind ein melanesisches Volk, dessen Kultur sich von der der australischen Aborigines unterscheidet. Gleichwohl teilen sie eine Geschichte und bilden mit den Aborigines zusammen die Ureinwohnerschaft Australiens.

gelebt. Für die Aborigines ist das Land essenziell mit ihrer Identität und Spiritualität verbunden. In den Überlieferungen der Aborigines spiegelt sich ganz Australien, wobei einige Orte von besonderer Bedeutung für Religion und Kultur sind. Zu diesen Stätten gehören die Felsformation der Three Sisters in den Blue Mountains und die Warreen Cave in Tasmanien mit rund 40000 Jahre alten Artefakten.

Tasmaniens Aborigines wurden vom australischen Festland getrennt, als der Meeresspiegel nach der letzten Eiszeit anstieg. Sie entwickelten danach ihre eigenen, völlig unterschiedlichen Sprachen und Kulturen.

Heilige Stätten können Felsen, Hügel, Bäume oder Gewässer sein, die mit einem Ahnen oder einem Ereignis, das dort stattgefunden hat, verbunden sind. Häufig sind diese Stätten Teil einer Traumzeit-Geschichte und verbinden Menschen über mehrere Kulturareale hinweg. Die Bergketten rund um Alice Springs sind Teil der Raupen-Traumzeit, zu der viele Stätten gehören, etwa der Akeyulerre (Billy Goat Hill), Atnelkentyarliweke (Anzac Hill) und die Felsmalereien am Emily Gap. Die bekanntesten Stätten sind der Uluru (Ayers Rock) und Kata Tjuta (Die Olgas), das Heim der Schlange Wanambi. Ihr Atem ist der Wind, der durch die Schlucht bläst. Pirla Warna Warna, eine für den Stamm der Warlpiri wichtige Stätte in der Tanami Wüste, liegt 435 km nordwestlich von Alice Springs (NT) und ist der Mittelpunkt mehrerer Traumzeit-Geschichten der Walpiri.

Auf kulturellen Touren kann man die Sehenswürdigkeiten der Aborigines besuchen, etwas über Buschnahrung, Tänze, Pflanzen und Tiere lernen, jagen und fischen.

Achtung: Viele Stätten der Ureinwohner sind gesetzlich geschützt und dürfen in keiner Weise gestört werden.

Kunst

Im Mittelpunkt der Aborigine-Kunst steht die australische Kulturlandschaft. Die Werke werden inzwischen auf nationalen und internationalen Ausstellungen gezeigt und als bedeutender Teil der australischen Kultur gefeiert. Diese Kunst hat immer noch die Aufgabe, Wissen weiterzugeben, ist aber heute auch aus ökonomischen, bildungsrelevanten und politischen Gründen wichtig. Durch die Kunst wurden Themen wie die Gesundheit ins Bewusstsein gerückt, und sie war das wichtigste Werkzeug des Aussöhnungsprozesses in Australien. In vielen Gemeinschaften der Ureinwohner wurde sie zu einer wichtigen Beschäftigungs- und Einkommensquelle.

Bildende Kunst

Obwohl es in den indigenen australischen Sprachen kein Wort für „Kunst" gibt, ist die Bildsprache ein wesentlicher Bestandteil der Kultur und des Lebens der Aborigines: eine Verbindung zwischen Vergangenheit, Gegenwart und Zukunft sowie zwischen den indigenen Völkern und ihrer jeweiligen traditionellen Heimat. Die frühesten Formen des indigenen visuell-kulturellen Ausdrucks waren in Stein gearbeitete Felsbilder (Petroglyphen), Gemälde auf Steinwänden, Körpermalerei und Bodenbilder, wobei die frühesten gravierten Darstellungen mindestens 40000 Jahre alt sind.

Felskunst

Die Felsmalerei ist die älteste menschliche Kunstform. Sie ist in jedem Bundesstaat zu finden. Für die Aborigines ist ihre Felskunst eine direkte Verbindung zu ihrem Leben vor der Ankunft der Europäer. Die Kunst und ihr Entstehungsprozess sind Teil von Liedern, Geschichten und Bräuchen, die eine Verbindung der Menschen mit dem Land erschaffen. Quer durch Australien gibt es eine ganze Reihe verschiedener Stile der Felskunst, etwa Gravuren in Sandstein, Schablonen, Drucke und Zeichnungen in Felsnischen. Die Felskunst war für die Aborigines Teil von Ritualen oder Zeremonien oder sie erinnerten damit an bestimmte Ereignisse.

Einige der ältesten Gravuren sind in der Pilbara-Region in Western Australia (WA) und in Olary in South Australia (SA) zu finden, wo man die Gravur eines Krokodils bewundern kann – ziemlich verblüffend, weil es in diesem Teil Australiens gar keine Krokodile gibt. Die Felskunst in den Kimberleys (WA) konzentriert sich auf die Wandjina, die alten Schöpfungsgeister. In allen Nationalparks rund um Sydney kann man leicht zugängliche Felsgravuren betrachten. Im Gariwerd (dem Grampians National Park) in Victoria gibt es Handdrucke und -schablonen und in der Nähe von Cooktown in Queensland die Felsmalereien von Wangaar-Wuri.

Im Northern Territory (NT) weisen viele der Felskunststätten Muster und Symbole auf, die in Bildern, Schnitzereien und anderen Kulturgegenständen ebenfalls auftauchen. Im Kakadu National Park sind mehr als 5000 Stätten bekannt und man nimmt an, dass es in Arnhem Land noch viel mehr gibt. Einige davon sind über 20 000 Jahre alt. Es gibt sogar die Darstellung eines Beutelwolfs (Tasmanischer Tiger). Der Nationalpark steht auf der Weltkulturerbe-Liste und wird weltweit wegen seiner kulturellen Bedeutung sehr geschätzt.

In Zentralaustralien haben Felszeichnungen noch immer eine religiöse Bedeutung. Für die Menschen hier ist die Kunst nach wie vor Teil eines Rituals und notwendig, um sie mit den Geschichten zu verbinden. In den meisten anderen Gegenden malen die Menschen keine Felsbilder mehr, sondern arbeiten auf Rinde, Papier und Leinwand.

Besucher der Felskunststätten sollten sorgsam darauf achten, die Kunstwerke nicht zu berühren oder zu beschädigen und die Stätten sowie ihre Umgebung zu respektieren.

Zeitgenössische Kunst der Ureinwohner

Die zeitgenössische Kunstindustrie der Ureinwohner begann in einer winzigen Kommune namens Papunya (NT) in Zentralaustralien. Der Ort wurde von Mitgliedern verschiedener Sprachgruppen bewohnt, die von ihrem angestammten Land vertrieben worden waren. 1971 förderte ein Kunstlehrer an der Schule Papunyas das Malen und einige der älteren Männer zeigten Interesse. Damit begann der Prozess, Sand- und Körperzeichnungen auf moderne Materialien zu übertragen, der Anfang des modernen „Dot-Painting"-Stils. Die Entstehung der „Punkt-Malerei" ist eine der bedeutendsten Bewegungen der australischen Kunst des 20. Jhs. und die Künstler von Papunya Tula wurden zum Vorbild für andere Aborigine-Gemeinschaften.

Die National Gallery of Australia (S. 276) in Canberra zeigt eine fantastische Sammlung, aber zeitgenössische Aborigine-Kunst wird auch in jeder öffentlichen Kunstgalerie oder den vielen unabhängigen Galerien ausgestellt, die mit den Werken der Aborigines handeln. Zeitgenössische Künstler arbeiten mit allen Medien, und die Kunst der Ureinwohner taucht auch in ungewöhnlichen Umgebungen auf, etwa auf einem BMW oder einem Qantas-Flugzeug. Im Gebiet der Central Desert schlägt immer noch das Herz der Aborigine-Kunst und Alice Springs ist einer der besten Orte, um die Kunstwerke zu sehen und zu kaufen. Auch in Cairns findet man viele innovative Kunstwerke der Ureinwohner.

Beim Kauf der Kunstwerke sollte man darauf achten, dass die Herkunft der Arbeiten angegeben ist. Dazu gehören die Namen der Künstler, ihre Gemeinde und Sprachgruppe aus der sie stammen sowie die Geschichten der Werke. Wenn es eine authentische Arbeit ist, erhält der Künstler alle Erlöse daraus. Australien hat ein System eingeführt, das auch bei Wiederverkäufen Lizenzgebühren vorsieht.

Musik

Die Musik war schon immer ein wesentlicher Teil der Aborigine-Kultur. Lieder waren wichtig, um Wissen weiterzugeben und Musikinstrumen-

DIE BEDEUTUNG DES GESCHICHTENERZÄHLENS

Da die Aborigine-Kultur auf mündlichen Überlieferungen beruht, war das Erzählen von Geschichten seit jeher wichtig, um zu lernen. Geschichten verliehen dem Leben Bedeutung, mit ihnen wurden die Botschaften der Ahnen gelehrt. Auch wenn Glaubensinhalte und kulturelle Praktiken je nach Region und Sprachgruppe variieren, gibt es die gemeinsame Überzeugung, dass diese Ahnen Land, Meer und alles Lebendige erschaffen haben. Diese spirituelle Vorstellung wird oft als Traumzeit bezeichnet.

Durch die Geschichten werden Wissen und Glaubensinhalte von Generation zu Generation weitergegeben und damit die moralischen Maßstäbe gesetzt, nach denen sich die Ureinwohner richten. Sie erinnern auch an vergangene Ereignisse. Zeitgenössische Künstler haben diese Tradition mit neuen Medien wie Film und Literatur fortgeführt. Davin Unaipon (1872–1967) vom Stamm der Ngarrindjeri aus South Australia (SA) war der erste Aborigine, dessen Bücher veröffentlicht wurden. Er war Autor, Wissenschaftler und ein Anwalt für sein Volk. 1927 erschienen sein Werk *Aboriginal Legends* und 1929 *Native Legends* – sein Porträt ziert die 50-Dollar-Note.

Weitere Aborigine-Autoren der ersten Stunde waren Oodgeroo Noonuccal, Kevin Gilbert und Jack Davis. Zu zeitgenössischen Schriftstellern von Bedeutung gehören Alexis Wright, Kim Scott, Anita Heiss und Ali Cobby Eckerman. Preisgekrönte Romane sind Kim Scotts *Deadman Dancing* (2010) und *Benang* (1999), Alexis Wrights *Carpentaria* (2006) sowie Ali Cobby Eckermans *Little Bit Long Time* (2009) und *Ruby Moonlight* (2012).

te wurden häufig für Heilungen, Zeremonien und Rituale verwendet. Das bekannteste Instrument ist das *Yidaki* (Didgeridoo), das traditionell nur von Männern im nördlichen Australien gespielt wird. Weitere Instrumente sind Clapsticks (Schlaghölzer), Rasseln und Bumerangs; in Südaustralien spannen Spieler Tierhäute über ihren Schoß und trommeln darauf.

Als die Europäer erstmals ein Corroboree sahen, bezeichneten sie es als „Buschoper". Diese festlichen gesellschaftlichen Veranstaltungen kombinierten Musik-, Tanz- und dramatische Darstellungen mit Körperkunst. Einer der ersten belegten Corroborees fand 1791 am Bennelong Point stand – heute, und mehr als angemessen, der Standort des Sydney Opera House.

Dieses reiche musikalische Erbe findet heute in einer starken Musikindustrie seine Fortsetzung. Ähnlich den anderen Kunstformen haben sich auch in der Musik der Aborigines neue Ideen und Stile mit der starken kulturellen Identität verbunden. Zeitgenössische Künstler wie Dan Sultan und Jessica Mauboy haben erfolgreich den Schritt in den Mainstream geschafft und gewinnen bedeutende Musikpreise. Sie tauchen regelmäßig in beliebten Programmen und auf den großen Musikfestivals auf. Das Aborigine-Radio (S. 1137) ist der beste und am leichtesten zugängliche Weg, die Musik der Ureinwohner zu hören.

Darstellende Künste

Tanz und Theater sind ein bedeutsamer Aspekt der Aborigine-Kultur. Die Stile variierten von Stamm zu Stamm und je nach Anlass. Die Nachahmung von Tieren, Vögeln und den Elementen war in ganz Australien üblich, aber die Abfolge der Bewegungen von Armen, Beinen und Körper unterschieden sich stark. Zeremonielle oder rituelle Tänze, in denen Wissen überliefert oder eine Geschichte erzählt wurde, waren überaus genau strukturiert und völlig anders als die Gesellschaftstänze bei den Corroborees (traditionelle Zeremonien). Wie die anderen Kunstformen der Ureinwohner hat sich auch der Tanz an die heutige Zeit angepasst, und aktuelle Tanzensembles und Gruppen haben die traditionellen Formen in eine moderne Interpretation umgewandelt. Das bekannteste Ensemble ist das international gefeierte Bangarra Dance Theatre (S. 144).

Auch das Theater knüpft an die Tradition des Geschichtenerzählens an. Traditionell vereinten sich Drama und Tanz in Zeremonien oder Corroborees, und zwar in vielen Inszenierungen auch heute noch. Australien verfügt über eine blühende Aborigine-Theaterindustrie und viele Schauspieler und Autoren der Ureinwohner arbeiten in und für Mainstream-Inszenierungen. Gegenwärtig gibt es zwei bedeutende Theaterensembles der Aborigines: **Ilbijerri** (www.ilbijerri.com.au) in Melbourne und **Yirra Yakin** (www.yirrayaakin.com.au) in Perth. Außerdem haben sich mehrere Mainstream-Ensembles auf Geschichten der Aborigines spezialisiert und konnten schon einige Erfolge im In- und Ausland feiern.

TV, Radio & Film

Die Aborigines haben ein ausgedehntes Mediennetzwerk aus Funk-, Print- und TV-Diensten entwickelt. Es gibt über 120 Radiostationen und Programme der Aborigines, deren Sendegebiet von den Städten über ländliche Gegenden bis in die entlegensten Gemeinden reicht. Die Programmformate unterscheiden sich von Ort zu Ort. Einige senden nur in den Sprachen der Ureinwohner oder bedienen einen speziellen Musikgeschmack. Der **National Indigenous Radio Service** (NIRS; www.nirs.org.au) sendet auf vier Kanälen von seinem Sitz in Brisbane aus Aborigine-Programme über Satellit und über das Internet. Es gibt auch noch **Radio Larrikia** (www.radiolarrakia.org) in Darwin (NT) und **Koori Radio** (www.kooriradio.com) in Sydney.

Die Aborigines haben eine florierende Filmindustrie, und in den vergangenen Jahren waren einige Filme auch beim breiten Publikum ein Erfolg, etwa *The Sapphires*, *Bran Nue Dae, Samson and Delilah* und *the Rainmakers*. 2007 ging der erste Fernsehkanal der Aborigines **NITV** (www.nitv.org.au) auf Sendung, was nun immer mehr Filmemacher dazu bringt, ihre Geschichten erzählen zu wollen.

Natur & Umwelt

von Tim Flannery

Australiens Tier- und Pflanzenwelt kommt außerirdischem Leben auf der Erde wohl am nächsten. Das liegt daran, dass Australien schon sehr lange von den anderen Kontinenten getrennt ist (ca. 80 Mio. Jahre). Anders als Lebewesen auf den Kontinenten, die durch Landbrücken verbunden sind, sind die hiesigen Vögel, Säugetiere, Reptilien und Pflanzen ihren ganz eigenen Evolutionsweg gegangen. Heute zeigt sich dies als eines der charakteristischsten und vielfältigsten Naturreiche der Welt.

Professor Tim Flannery ist Wissenschaftler, Forscher, Autor und Vorsitzender des Independent Climate Council. Er war bis 2013 Professor an der Macquarie University in Sydney und 2007 wurde er zum „Australian of the Year" ernannt. Zu seinen preisgekrönten Büchern gehören *The Future Eaters*, *Wir Wettermacher* und *Throwim Way Leg* (ein Bericht über seine Arbeit als Biologe in Papua-Neuguinea).

Eine einzigartige Natur

Die ersten Naturforscher, die Australien erkundeten, staunten nicht schlecht über ihre Funde. Hier waren die Schwäne schwarz – für Europäer paradox – und man entdeckte, dass manche Säugetiere, etwa Schnabeltiere und Ameisenigel, Eier legten. Hier stand die Welt wirklich Kopf: Größere Tiere bewegten sich hüpfend vorwärts und jedes Jahr ließen die meisten Bäume statt ihrer Blätter die Rinde fallen.

Wer Australien nur für kurze Zeit besucht, muss sich möglicherweise richtig Mühe geben, um wenigstens ein Stück seines Naturreichtums kennenzulernen. Das liegt daran, dass Australien unaufdringlich ist und ein Teil der Natur – besonders rund um die Städte – zerstört oder durch Pflanzen und Tiere aus Europa ersetzt wurde. Städte wie Sydney haben hingegen einige außergewöhnliche Elemente ihrer ursprünglichen Natur bewahrt, die auch relativ leicht zugänglich sind. Bevor man sie genießt, ist es jedoch sinnvoll, sich ein paar Grundlagen über die Besonderheiten der australischen Natur anzueignen. Denn dieses Land ist einzigartig, und nur wer seine Ursprünge und die natürlichen Rhythmen verstanden hat, wird es richtig würdigen können.

Zwei Dinge waren besonders wichtig für die Entwicklung von Australiens Natur: der Boden und das Klima. Beide sind etwas ausgesprochen Besonderes.

Klima

In den meisten Teilen der Welt außerhalb der feuchten Tropen richtet sich das Leben nach dem Rhythmus der Jahreszeiten – Sommer und Winter oder Regen- und Trockenzeit. Ein großer Teil Australiens erlebt zwar Jahreszeiten – manchmal sehr ausgeprägt –, aber das Leben richtet sich nicht nur nach ihnen. Dies ist sehr gut daran erkennbar, dass es hier trotz jeder Menge Schnee und kalter Gegenden fast keine Bäume gibt, die im Winter ihre Blätter verlieren, und fast kein Tier Winterschlaf hält. Stattdessen gehorcht das Leben einem viel stärkeren klimatischen Einfluss: El Niño.

El Niño ist ein komplexes Klimasystem, das rund um den Südpazifik starke Auswirkungen aufs Wetter hat. Der Kreislauf aus Flut- und Dürrephasen, den El Niño Australien beschert, beeinflusst unterschiedliche Bereiche. Die Flüsse – selbst der mächtige Murray River, der größte Fluss des Landes, der durch den Südosten fließt – können in einem Jahr noch mehrere Meilen breit sein, während man im nächsten beinahe drüberhüpfen kann. Hier zeigt sich die Macht von El Niño, und in Verbindung mit den schlechten Böden Australiens hat sie riesige Auswirkungen.

Bodenkunde & Geologie

Während jüngerer geologischer Zeitskalen schufen Prozesse wie Vulkanismus, Gebirgsbildung und Gletschertätigkeit auf anderen Kontinenten beständig frische Böden, bzw. haben sie fortwährend verjüngt und angereichert. In Nordamerika, Nordasien und Europa haben Gletscher die Böden bereitet. Die ertragsreiche Erde in Indien und Teilen Südamerikas wurde aus durch Gebirgsflüsse erodierten Bergen gebildet, während Java in Indonesien seinen außerordentlichen Bodenreichtum Vulkanen verdankt.

All diese bodenbildenden Prozesse gab es in Australien fast gar nicht, abgesehen von dem Beitrag den Vulkane geleistet haben – diese umfassen allerdings weniger als 2 % der Landfläche des Kontinents. Eigentlich lag Australien in den vergangenen 90 Mio. Jahren, also seit dem Zeitalter der Dinosaurier, geologisch gesehen im Koma. Der Kontinent war zu flach, zu warm und zu trocken, sodass eine Gletscherbildung nicht möglich war. Und seine Erdkruste war zu alt und zu dick, um von Vulkanen durchbohrt oder zu Bergen aufgefaltet zu werden. Uluru und Kata Tjuta sind hierfür gute Beispiele. Beides sind Stümpfe von Bergen, die vor 350 Mio. Jahren Teil der Anden waren und nun schon seit Hunderten von Millionen Jahren kaum mehr sind als Noppen.

Unter solchen Bedingungen wird kaum neuer Boden geschaffen, während der alte unaufhörlich erodiert, vom Wind weggeblasen, vom Regen ausgewaschen und weggespült wird. Selbst wenn nur 30 cm Regen pro Jahr fallen, summiert sich das über 100 Mio. Jahre hinweg zu einer Wassersäule von 30 Mio. Kilometern – was beständiger Bodenbildung zuwider läuft. Nahezu alle australischen Gebirgszüge sind älter als 90 Mio. Jahre. Das Land hier ist oft sandig, sein steiniger Untergrund ragt wie Gerippe in weiten Gebieten durch den Boden. Die Landschaft Australiens ist alt und unfruchtbar, doch das Leben hier hat sich im Laufe von Äonen an diese Bedingungen angepasst.

Im Jahr 2016 warnte die UNESCO, sie werde das Great Barrier Reef auf die Rote Liste des gefährdeten Welterbes setzen, sofern keine Maßnahmen zu seinem Schutz ergriffen werden. Die Korallenbleiche, verursacht durch eine Kombination aus Klimawandel und erhöhter menschlicher Aktivität in der Region, gilt als die ernsthafteste Bedrohung des Riffs. Mehr über seine Schönheit und Verletzlichkeit zeigt die BBC-Produktion *Great Barrier Reef* (kommentiert von Sir David Attenborough) oder ist auf www.attenboroughsreef.com zu entdecken.

Fauna & Flora

Säugetiere

Was die Ausrottung von Säugetierarten angeht, steht Australien an der Spitze aller Kontinente. Es wird angenommen, dass seit der europäischen Besiedlung im Jahr 1788 27 Säugetierarten ausgestorben sind. Und eine Entspannung ist nicht in Sicht. Der umfassende Aktionsplan für australische Säugetierarten aus dem Jahr 2014 ergab, dass 55 weitere australische Landsäugetierarten vom Aussterben bedroht sind.

Kängurus

Australien ist – natürlich – als Heimat des Kängurus (auch einfach nur „roo") und anderer Beuteltiere bekannt. Wenn man keinen Wildpark besucht, sind diese Tiere aber nur schwer zu finden, da die meisten nachtaktiv sind. Sie sind jedoch ausgezeichnet an die rauen australischen Bedingungen angepasst. Aber warum ist das Känguru das einzige größere Säugetier der Welt, das sich hüpfend fortbewegt? Mittlerweile weiß man, dass Hüpfen die effizienteste Fortbewegungsart bei mittlerer Geschwindigkeit ist. Das liegt daran, dass die Energie des Sprungs in den Beinsehnen gespeichert wird – fast wie bei einem Springstock. Die Eingeweide gehen dabei wie Kolben hoch und runter und leeren und füllen so die Lungen, ohne dass die Brustmuskulatur arbeiten müsste. Wenn für ein bisschen Nahrung lange Entfernungen zurückgelegt werden müssen, ist eine solche Effizienz ein Muss.

Welterbe

Great Barrier Reef (Queensland)

South West Wilderness (Tasmanien)

Uluru-Kata Tjuta National Park (NT)

Kakadu National Park (NT)

Koalas

Beuteltiere sind so energieeffizient, dass sie ein Fünftel weniger Nahrung brauchen als Plazentatiere ähnlicher Größe. Aber einige Beuteltiere haben die Sache noch weitergetrieben. Beim Besuch eines Wildparks oder Zoos fällt einem vielleicht der verträumte Blick eines Koalas auf. Das wirkt irgendwie so, als sei im Oberstübchen gerade keiner zuhause – und das kommt der Wahrheit sogar ziemlich nahe.

Vor einigen Jahren haben Biologen verkündet, Koalas seien die einzigen Lebewesen mit einem Gehirn, das ihren Schädel nicht ausfüllt. Stattdessen hätten sie eine Art verschrumpelte Walnuss als Hirn, die in ihrem Schädel herumklappert. Andere Forscher widersprechen dem jedoch und weisen darauf hin, dass die Hirne untersuchter Koalas möglicherweise geschrumpft seien, weil das Organ so weich ist. Ob er aber nun ein weiches oder ein kleines Hirn hat – der Koala ist nicht gerade der Einstein der Tierwelt. Mittlerweile glaubt man, dass sein Gehirn der Energieeffizienz zum Opfer gefallen ist. Sie fressen Eukalyptusblätter, die so giftig sind, dass die Tiere allein 20 % ihrer Energie dazu verwenden, ihre Nahrung zu entgiften – da bleibt für das Gehirn nicht viel übrig; aber da Koalas glücklicherweise in den Wipfeln leben, wo es keine Raubtiere gibt, kommen sie gut mit wenig Grips aus.

Offizielle Blumensymbole

- *Australheide (Victoria)*
- *Cooktown-Orchidee (Queensland)*
- *Rot-grüne Känguru-Pfote (WA)*
- *Royal Bluebell (ACT)*
- *Blauer Eukalyptus (Tasmanien)*
- *Sturts Wüstenerbse (SA)*
- *Sturts Wüstenrose (NT)*
- *Waratah (NSW)*

Wombats

Die Gegebenheiten der australischen Natur haben aber nicht alle zu Trotteln wie die Koalas gemacht. Der nächste Verwandte des Koalas, der Wombat (drei Arten), hat für Beuteltierverhältnisse ein großes Gehirn. Die Tiere leben in komplexen Bauen und können bis zu 35 kg schwer werden – sie sind die größten in einem Bau lebenden Pflanzenfresser der Welt. Da ihr Bau immer gut klimatisiert ist, wenden sie dort einen cleveren Trick an: Sie fahren ihren Stoffwechsel runter. Ein Physiologe, der ihre Schilddrüsenhormone untersucht hat, fand heraus, dass sich die biologische Aktivität bei schlafenden Wombats so weit absenkt, dass sie aus hormoneller Sicht quasi tot sind!

Wombats können bis zu einer Woche unter der Erde bleiben und mit nur einem Drittel der Nahrung auskommen, die ein Schaf von ähnlicher Größe braucht. Effizient denkende Farmer halten vielleicht eines Tages Wombats statt Schafe. Im Moment ist das jedoch (noch) nicht möglich, denn die größte Wombatart, der Haarnasenwombat, gehört zu den seltensten Lebewesen der Welt. In einem Naturschutzgebiet im Zentrum von Queensland leben nur noch ca. 196 Exemplare.

Andere Säugetiere

Zu den weniger seltenen Beuteltieren, die man in den Nationalparks – rund um die größeren Städte Australiens – vielleicht eher zu sehen bekommt, gehören die Angehörigen der Beutelmausfamilie. Die Männchen dieser nachtaktiven, rattengroßen Tiere leben nur elf Monate lang und in den ersten zehn konzentrieren sie sich ausschließlich aufs Fressen und Wachsen. Wie bei menschlichen Teenagern kommt auch bei ihnen der Zeitpunkt, an dem sie nur noch an Sex denken, aber bei den Beutelmäusen wird das zur Besessenheit. Wenn sie auf der Suche nach einem Weibchen sind, vergessen sie zu fressen und zu schlafen. Stattdessen warten sie zwischen Bäumen auf vorbeikommende Weibchen und quieken ihnen hinterher. Ende August – zwei Wochen nachdem sie die „Pubertät" erreicht haben – sind alle Männchen tot, völlig erschöpft vom Sex und dem Herumschleppen ihrer geschwollenen Männlichkeit.

In Australien leben zwei einzigartige Kloakentiere: der Ameisenigel, der einem Stacheltier ähnelt, und das Schnabeltier, das an einen Otter mit Schwimmfüßen und entenähnlichem Schnabel erinnert. Ameisenigel sieht man häufig entlang der Straßen im Busch, Schnabeltiere dagegen machen sich rar. Sie entdeckt man nur bei Tagesanbruch und in der Abenddämmerung an ruhigen Flüssen und Bächen.

Reptilien

In Australien bekommt man viele Reptilien zu Gesicht. Es gibt zahlreiche Schlangen – und darunter sind einige der giftigsten Arten: Wo die Möglichkeiten, Futter zu finden rar sind, darf die Beute möglichst keine Chance haben – daher das starke Gift. Schlangen greifen normalerweise nicht an, sofern sie nicht gestört oder gereizt werden. Wer sie still beobachtet und sich ruhig zurückzieht, dürfte keine Probleme bekommen.

Manche Traveller verwechseln Echsen mit Schlangen und tatsächlich sehen einige australische Echsen bizarr aus. Häufiger zu finden ist die Tannenzapfenechse. Diese Tiere, die in den südlichen Trockenregionen zu finden sind, sehen, wie der Name schon sagt, wie lebendige Tannenzapfen aus. Sie sind das australische Äquivalent zu Schildkröten und völlig harmlos. Andere Echsen sind viel größer: Außer auf der indonesischen Insel Komodo kann man nirgendwo größere Echsen sehen als die in der Wüste lebenden Riesenwarane. Diese Tiere tragen leopardenartige Flecken und können über 2 m lang werden. Sie sind sehr geschickt bei der Jagd nach Kaninchen, Wildkatzen und ähnlicher Beute.

Das Salzwasser- bzw. Leistenkrokodil fühlt sich im Kakadu National Park pudelwohl und ist das größte lebende Reptil der Welt: Alte Männchen können furchterregende 6 m lang sein.

Die Coastal Studies Unit der University of Sydney schätzt, dass Australien unglaubliche 10 685 Strände hat. Als Strand definiert sie dabei jeden Sandstreifen, der über 20 m lang ist und bei Flut trocken bleibt.

Pflanzenwelt

Australiens Pflanzen können unglaublich faszinierend sein. Wer im Frühling in Perth ist, sollte unbedingt eine Wildblumentour machen. Die schönsten Blumen wachsen auf den trockenen, monotonen Sandebenen, und das Farbenmeer, das die Känguru-Pfoten, Banksien und andere heimische Pflanzen zaubern, kann schwindelerregend schön sein. Schon die Vielfalt der Blumen ist unglaublich, allein im Südwesten wachsen 4000 Arten. Sie scheint ebenfalls auf Australiens kargen Boden zurückzuführen zu sein und fasziniert Botaniker seit Langem. Der Boden der Sandebenen – beinahe reiner Quarz – ist vermutlich der nährstoffärmste Australiens. So dominiert keine schnell wachsende Einzelart. Stattdessen haben Tausende spezialisierter Pflanzen ihre Nische gefunden und existieren friedlich nebeneinander. Manche leben am Fuß meterhoher Sanddünen, einige auf deren Gipfel, andere auf dem Ost- und wieder andere auf dem Westhang. Ihre Blüten müssen schon auffallend schön sein, um Insekten anzulocken, denn in dieser Sandwüste ist Nahrung so rar, dass selbst Bienen selten sind.

Wer durch die Wildblumen-Region des Südwestens wandert, sollte nach dem Sonnentau Ausschau halten. Nur in Australien findet sich eine solche Vielfalt dieser fleischfressenden Pflanzen. Sie holen die Nährstoffe nicht mehr aus dem Boden, sondern locken mit der süßen Flüssigkeit auf ihren Blättern Insekten an, die sie dann verdauen, um Stickstoff und Phosphor aufzunehmen.

Wenn man viel Glück hat, sieht man vielleicht einen Honigbeutler. Dieses winzige Beuteltier ist ein großes Rätsel: Es gewinnt alle Nährstoffe aus Nektar und Pollen und findet im Südwesten immer genügend Blumen, um zu überleben. Niemand weiß allerdings, wofür die Männchen Spermien brauchen, die größer sind als die des Blauwals, oder weshalb ihre Hoden so riesig sind. Wären Menschen so ausgestattet, müssten Männer mit einem 4 kg schweren Sack zwischen den Beinen herumlaufen!

In jüngster Zeit hat Australien einige verheerende Buschbrände erlebt: Der „Schwarze Samstag" in Victoria (2009) forderte 173 Todesopfer. 2013 wurden in Tasmanien ein Feuerwehrmann getötet und Hunderte Gebäude zerstört. Beim Feuer in den Adelaide Hills 2015 brannten 125 km² Land und Dutzende Häuser und Gebäude. Im selben Jahr zerstörten Buschfeuer entlang Victorias Great Ocean Road über 100 Häuser und Anfang 2017 wurde das kleine Dorf Uarbry (NSW) Opfer der Flammen.

Umweltprobleme

Die europäische Kolonisation Australiens begann 1788 und damit auch eine Ära katastrophaler Eingriffe in die Umwelt. So kämpfen Australier heute mit einigen der größten Umweltproblemen weltweit. Es mag seltsam erscheinen, dass eine Bevölkerung von 24 Mio., verteilt auf einen

Kontinent von der Größe der USA (ohne Alaska), ihrer Umwelt derart schaden kann, aber die lange Isolation Australiens, seine empfindlichen Böden und die schwierigen klimatischen Verhältnisse ließen das Land extrem anfällig werden.

Die Schäden sind auf mehrere Faktoren zurückzuführen. Einige der wichtigsten sind: eingeschleppte Schädlinge, Zerstörung der Wälder, Überweidung und Eingriffe in den Wasserhaushalt.

Kurz nach 1788 flohen die ersten Hauskatzen in den australischen Busch; bald liefen Horden von Schädlingen – von Füchsen über wilde Kamele bis hin zu Aga-Kröten – in der freien Natur herum und haben viele Arten der heimischen Fauna ausgerottet. Jede zehnte Säugetierart, die vor der europäischen Kolonisation in Australien lebte, ist inzwischen verschwunden, viele weitere sind stark bedroht. Ebenso sind zahlreiche heimische Pflanzen, Vögel und Amphibien ausgestorben.

Auch die Vernichtung der Wälder hatte Auswirkungen auf die Umwelt. Die meisten australischen Regenwälder wurden gerodet, und Umweltschützer kämpfen mit der Holzindustrie um das Schicksal der letzten ungeschützten Urwaldbestände.

Australiens Grasland wird seit mehr als einem Jahrhundert chronisch überweidet. Das Resultat: Die Böden der ländlichen Regionen reagieren empfindlichst auf den Wechsel von Dürre und Überschwemmung. Außerdem wurden so viele heimische Arten ausgerottet. Um neue Ackerflächen zu gewinnen, wurde Land gerodet und bewässert: Die Rodungen begannen vor knapp einem Jahrhundert in den artenreichen Gegenden des Weizengürtels von Westaustralien. Heute ist ein Drittel der Fläche versalzen.

Gerade einmal 1,5 % der Landfläche Australiens liefern über 95 % seiner landwirtschaftlichen Erträge; der größte Teil davon liegt in den bewässerten Gebieten des Murray-Darling-Beckens, dem landwirtschaftlichen Herz Australiens. Auch hier drohen die Böden und Flüsse zu versalzen. Das Wasser der Bewässerungsanlagen dringt in Sedimentschichten eines Urmeeres ein und trägt Salz in die Wasserreservoirs und Felder. Auch der Snowy River in NSW und Victoria kämpft ums Überleben.

Trotz der ungeheuerlichen Ausmaße des ökologischen Desasters, das Australien heimsucht, reagieren Staat und Gesellschaft nur langsam. In den 1980er-Jahren wurden erste Gegenmaßnahmen ergriffen, aber erst in den 1990er-Jahren wurden weitere Schritte in Angriff genommen. Mit

Uluru (Ayers Rock) wird oft als der größte Monolith der Welt bezeichnet, nimmt in Wahrheit allerdings „nur" den zweiten Platz ein: Der größte ist der Burringurrah (Mt. Augustus) in Western Australia, der 2½ mal so groß wie der Uluru ist.

Zwischen Riesen wandeln

- *Valley of the Giants (WA)*
- *Tahune Airwalk (Tasmanien)*
- *Otway Fly (Victoria)*
- *Illawarra Fly Tree Top Walk (NSW)*

UMWELT- & NATURSCHUTZGRUPPEN

- Die **Australian Conservation Foundation** (www.acf.org.au) ist Australiens größte NRO in Sachen Umweltschutz.
- Bei **Bush Heritage Australia** (www.bushheritage.org.au) oder der **Australian Wildlife Conservancy** (AWC; www.australianwildlife.org) kann man mit Geldspenden und persönlichem Einsatz zum Schutz heimischer Arten beitragen.
- Wer hat keine Probleme damit, sich auch mal die Hände schmutzig zu machen? **Conservation Volunteers Australia** (www.conservationvolunteers.com.au) ist eine nichtkommerzielle Organisation mit Schwerpunkt auf praktischem Umweltschutz (u.a. Bäumepflanzen, Anlegen von Wanderwegen, naturkundliche Bestandserhebungen).
- **Ecotourism Australia** (www.ecotourism.org.au) erteilt Ökosiegel an umweltfreundliche und nachhaltige Tourismusangebote. Das Online-Verzeichnis mit ökobewussten Touren, Unterkünften und Attraktionen ist nach Bundesstaaten sortiert.
- Die **Wilderness Society** (www.wilderness.org.au) widmet sich vor allem dem Wildnis- und Waldschutz.

VÖGEL ALS BRUTHELFER

In Australien gibt es 898 Vogelarten, obwohl geschätzte 165 davon als Wandervögel gelten, von denen wiederum lediglich eine Handvoll Sichtungen (gelegentlich sogar nur eine einzige!) bestätigt sind. Fast die Hälfte aller australischen Vogelarten findet man nirgendwo sonst auf der Erde. Eine Studie der Commonwealth Scientific and Industrial Research Organisation (CSIRO) aus dem Jahr 2014 warnte davor, dass bis zum Ende des Jahrhunderts bis zu 10 % der australischen Vögel ausgestorben sein könnten.

Nur relativ wenige der australischen Vogelarten zählen zu den saisonalen Brütern und nur wenige sind Zugvögel. Stattdessen werden hier die Nester bebrütet, sobald der Regen kommt. Ein großer Prozentsatz gilt als Nomaden, die dem Regen über den gesamten Kontinent hinweg folgen.

Die Bedingungen in Australien stellen die Vögel vor enorme Herausforderungen und viele legen ein außergewöhnliches Verhalten an den Tag. Kookaburras, Elstern und Staffelschwänze (um nur einige der häufigeren zu nennen) haben das Brutsystem „Nesthelfer" entwickelt. Die Helfer sind die jungen erwachsenen Vögel der vorangegangenen Brut, die ihren Eltern dabei helfen, die neuen Küken aufzuziehen. Weshalb sie das tun, blieb ein Rätsel, bis man verstand, dass bei den harten Bedingungen im Land mehr als zwei ausgewachsene Vögel nötig sind um die Kleinen durchzufüttern. Dieses Verhaltensmuster ist in Asien, Europa und Nordamerika nur sehr selten zu beobachten, in Australiens Vogelwelt aber weit verbreitet.

Landcare (www.landcareaustralia.com.au) schuf man eine Organisation, durch die Menschen auf lokale Umweltprobleme wirkungsvoller aufmerksam machen können. Außerdem investierte das staatliche Programm „Caring for our Country" mehr als 2 Mrd. AU$ (1,5 Mrd. €). Allerdings sind einige der Probleme so gewaltig, dass der Versuch, den Zerstörungsprozess zu stoppen, bislang nur wenig erfolgreich war.

Australiens Umweltprobleme sind so schwerwiegend, dass für ihre Bewältigung eine Art Revolution notwendig ist. Denn Nachhaltigkeit muss sich in jedem Lebensbereich durchsetzen, in der Landwirtschaft, in Wohngebieten und Städten. Im Zentrum der Veränderungen stehen erneuerbare Energien, nachhaltige Landwirtschaft und sorgsamer Umgang mit Wasser. Erst jetzt entwickeln Australier einen Fahrplan zur Nachhaltigkeit – und ohne die werden die Menschen langfristig keine Zukunft auf diesem Kontinent haben.

Birdlife Australia (www.birdlife.org.au) ist die wichtigste Anlaufstelle für die Ornithologen der Nation; sie organisiert Ausflüge zur Vogelbeobachtung und veröffentlicht einen regelmäßigen Newsletter. Ungewöhnliche Sichtungen werden auf der Website aufgeführt.

Aktuelle Umweltprobleme

Aktuell stehen auf der Liste der Umweltprobleme, die Australiens empfindliche Natur bedrohen, Klimawandel, Wasserknappheit, Atomenergie und Uranabbau ganz oben. Alle hängen miteinander zusammen. Für Australien bedeuten die wärmeren Temperaturen durch den Klimawandel eine weitere Katastrophe für eine ohnehin anfällige Umwelt. Ein durchschnittlicher Temperaturanstieg um 2 °C wird auf dem trockensten Kontinent der Erde zu einer noch trockeneren Südhälfte und zu noch größerer Wasserknappheit führen. Wissenschaftler sagen auch, dass heißeres und trockeneres Klima die Buschbrände verschlimmert und zu heftigeren Wirbelstürmen führen wird.

Australien ist ein großer Treibhausgasproduzent, weil es sich bei der Energieversorgung auf Kohle und andere fossile Brennstoffe stützt. Die häufigste und umstrittenste alternative Energiequelle ist die Atomenergie, die weniger Treibhausgase produziert und auf Uran basiert – und davon besitzt Australien jede Menge. Bis der radioaktive Müll, der in den Atomkraftwerken entsteht, jedoch harmlos ist, können bis zu 1000 Jahre vergehen. Darüber hinaus ist Uran eine endliche Energiequelle (im Gegensatz zu den saubereren erneuerbaren Energiequellen, etwa der Solar- und der Windenergie), und selbst wenn Australien jetzt genügend Kernkraftwerke baute, um weniger abhängig von der Kohle zu sein, würde es Jahre dauern, bevor sich die ersten positiven Auswirkungen für Umwelt und Wirtschaft zeigten.

Der Uranabbau polarisiert. Da sich auch andere Länder rund um den Erdball auf die Atomenergie verlassen, ist Australien in der Position, den Export seiner gewinnträchtigsten Ressource ausweiten zu können. Der Uranabbau hat im Land jedoch entschiedene Gegner, nicht nur, weil das Erzeugnis ein Schlüsselelement für den Bau von Atomwaffen ist, sondern auch, weil sich ein großer Teil der australischen Uranvorkommen unter heiligem Aborigine-Land befindet. Befürworter des verstärkten Uranabbaus und -exports argumentieren, der beste Weg, den Gebrauch von Uran zu kontrollieren, sei es, seinen gesamten Lebenskreislauf zu überwachen, d.h. das Roherzeugnis an internationale Abnehmer zu verkaufen und dann eine Gebühr für die Entsorgung des Mülls zu erheben. Beide großen politischen Parteien denken über eine Ausweitung der Uranexportindustrie nach, da sie aus wirtschaftlichen Gründen angeblich unumgänglich ist.

Nationalparks & Naturschutzgebiete

Die zahllosen Infos auf der Website des Australian Museum (www.australianmuseum.net.au) decken Australiens Tierwelt von der Kreidezeit bis heute ab. Zudem finden Kinder dort Online-Spiele, Filme und Fakten zu vielen Aspekten.

In Australien gibt es über 500 Nationalparks – geschützte Wildnis, die von großer Bedeutung für Natur und Umwelt ist. Jeder Bundesstaat ernennt und verwaltet seine Nationalparks selbst. Die Nationalparks umfassen Regenwälder, weite Flächen leeren Outbacks, Küstenstreifen mit Sanddünen und zerklüftete Gebirgsketten.

Die Öffentlichkeit kann Nationalparks besuchen, solange sie Sicherheits- und Umweltschutzmaßnahmen beachtet. Meist stehen den Besuchern Campingplätze (oft mit Toiletten und Duschen), Wanderwege und Informationszentren zur Verfügung. In den meisten Nationalparks gibt es Einschränkungen, was das Mitbringen von Haustieren betrifft.

Die State Parks und State Forests gehören der australischen Regierung, deshalb herrschen dort weniger strenge Regeln. Obwohl auch viele State Forests bewirtschaftet werden, sind sie oft Erholungsgebiete mit Campingplätzen, Wanderwegen und ausgeschilderten Straßen. In einigen sind sogar Pferde und Hunde erlaubt.

Wildtiere beobachten

Im Regenwald

Wer von der Vielfalt tropischer Regenwälder fasziniert ist, sollte auf jeden Fall den Weltnaturerbestätten in Queensland einen Besuch abstatten. Paradiesvögel, Kasuare und eine Vielzahl anderer Vögel sind tags-

WAL IN SICHT

Die Jagd auf Wale – seit dem Beginn der Kolonisation ein wichtiger Wirtschaftszweig im größten Teil Südaustraliens – wurde 1979 in Australien verboten. Hauptsächlich fanden sich Buckel-, Blau-, Südliche Glatt- und Pottwale am Ende der Harpunen. Dort, wo die Wale traditionell ihre Jungen zur Welt brachten, der Hafen von Sydney, die Küste um Albany in Westaustralien und die Mündung des Derwent River in Hobart, wurden sie in riesiger Zahl erlegt. Das Geschäft blieb bis Mitte des 19. Jhs. profitabel, doch dann machten sich langsam die drastisch sinkende Walpopulation, die Verlockung des Goldrausches im Landesinneren und das Aufkommen des Erdöls als Brennstoffalternative bemerkbar.

In den letzten Jahren (und zur Freude der Einheimischen) sind die Wale vorsichtig sowohl in den Hafen von Sydney als auch in den Derwent River zurückgekehrt. Ironischerweise erweist sich die Walbeobachtung als lukratives Touristenangebot entlang der Hauptstrecken der Walwanderung wie Head of Bight in Südaustralien, Warrnambool in Victoria, Hervey Bay in Queensland und auf dem Meer außerhalb des Hafens von Sydney.

HAIE

Keine Angst vor Haien! Trotz des Medienhypes, der durch fünf Todesfälle 2014 noch geschürt wurde, hat Australien seit 1791 nur durchschnittlich einen Haiangriff mit tödlichem Ausgang pro Jahr zu verzeichnen. In den Ozeanen der Welt schwimmen etwa 370 Haiarten – ungefähr 160 davon tummeln sich in australischen Gewässern. Nur wenige von ihnen sind für Menschen gefährlich: Die üblichen Verdächtigen sind Hochsee-Weißflossenhai, Weißer Hai, Tiger- und Bullenhai.

Wo mehr Menschen sind, gibt es, klar, auch mehr Haiangriffe. New South Wales und Sydney im Besonderen haben einen entsprechenden Ruf. Zwischen 1920 und 1940 gab es in Sydney besonders viele Angriffe, aber nachdem seit 1937 Hainetze angebracht wurden, gab es nur noch einen Todesfall (1963). Sichtungen der Rückenflosse sind selten genug, um es in die Abendnachrichten zu schaffen. Da ist es wahrscheinlicher, von einem Bus überfahren zu werden – also hinein ins kühle Nass und viel Spaß!

über zu beobachten, während man nachts nach Baumkängurus (ja, einige Känguruarten leben in Baumkronen) Ausschau halten kann. Auf einer Nachtwanderung sieht man außerdem mit großer Wahrscheinlichkeit neugierige Beutelratten – von denen einige wie Stinktiere aussehen – und andere Beuteltiere, die nur noch in einem kleinen Gebiet im Nordosten von Queensland anzutreffen sind.

In der Wüste

In Australiens Wüsten wilde Tiere zu erspähen, ist das reinste Glücksspiel. Wer in einem trockenen Jahr durch das Land reist, sieht vielleicht nur staubige Ebenen, hier und da ein Känguru oder ein Emu und ein paar unverwüstliche Bäume. Wer jedoch nach ergiebigen Regenfällen zu Besuch kommt, findet beinahe einen Garten Eden vor. Wiesen voller weißer und gelber Gänseblümchen erstrecken sich in der Ferne. Die Salzseen füllen sich mit Süßwasser und man kann Millionen von Wasservögeln – Pelikane, Stelzenläufer, Krähenscharben und Möwen – beobachten, die sich die im Überfluss vorhandenen Fische und Insekten schmecken lassen. Es ist wie eine Fata Morgana und wie eine solche verschwindet alles, sobald das Land wieder austrocknet, nur um nach ein paar Jahren oder einem Jahrzehnt wieder zum Leben zu erwachen.

Wer nach zuverlässigeren, aber ebenso spektakulären Möglichkeiten sucht, Vögel zu beobachten, sollte dem Kakadu National Park einen Besuch abstatten, am besten gegen Ende der Trockenzeit im November.

Es gibt zahlreiche Führer, die sich Australiens Säugetieren widmen, allerdings sind manche davon eher für die heimische Referenzbibliothek geeignet als für den Rucksack. Eine ausgezeichnete Ausnahme ist *A Field Guide to the Mammals of Australia* (3. Ausgabe; 2011) von Peter Menkhorst und Frank Knight mit genau der richtige Menge Details, Karten und schönen Illustrationen.

Im Meer

Die größten Lebewesen, die sich rund um Australien blicken lassen, sind Meeressäuger wie Wale und Seehunde. Nirgendwo sieht man sie häufiger als in Südaustralien. Während des Frühlings versammeln sich Südliche Glattwale in der Great Australian Bight, hier leben mehr Meeresbewohner als überall sonst auf der Erde. In der Nähe der abgeschiedenen Aborigine-Gemeinde Yalata kann man sie besonders gut beobachten, während sie sich paaren, herumtollen oder ihre Jungen säugen. Kangaroo Island, südlich von Adelaide gelegen, ist ein fantastischer Ort, um Seehunde und Seelöwen zu beobachten. Es gibt gut ausgestattete Besucherzentren, die solche Beobachtungen erleichtern. Und dort, wo erwachsene Zwergpinguine ihre Nester bauen, sind die Pinguine nachts in ganzen Pinguin-Paraden unterwegs. Die Strände auf Kangaroo Island sind magische Orte, wo man inmitten von Seetang wunderschöne Muscheln, Walknochen und sogar Fetzenfische findet.

Die fantastische Vielfalt am Great Barrier Reef vor Queensland ist legendär. Eine Bootsfahrt ab Cairns oder Port Douglas zum Riff ist ein unvergessliches Erlebnis.

In Tasmanien

In Australien gibt es eine ganze Reihe von Regionen, in denen sich Wildtiere beobachten lassen, doch Tasmanien nimmt eine wunderbare Sonderrolle ein. Die Insel ist vollgepackt mit Wallabys, Wombats und Opossums, da Füchse (die Beuteltiere auf dem Festland dezimiert haben) den Inselstaat erst sehr spät erreichten – in Tasmanien wurde erstmals 2001 ein Fuchs gesichtet.

Die Insel ist Heimat des im Englischen gleichnamigen Tasmanischen Teufels. In Tasmanien sind sie überall zu finden und in einigen Nationalparks kann man ihnen beim Auseinanderreißen von Wombats zuschauen, die bei der Überquerung einer Straße ums Leben gekommen sind. Auseinandersetzungen zwischen den Beuteltieren sind furchteinflößend, ihre Schreie ohrenbetäubend – ein Vergleich mit dem Spektakel eines Löwenangriffs in Kenias Maasai Mara ist auf jeden Fall gerechtfertigt. Leider werden die Populationen von der Devil Facial Tumour Disease (DFTD), einer Tumorerkrankung, bedroht. Naturschutzprojekte, darunter die Gründung einer krankheitsfreien Population auf Tasmaniens Maria Island, und wissenschaftliche Projekte, die auf die Entwicklung eines Impfstoffs abzielen, geben Hoffnung, dass die Teufel gerettet werden können. Trotzdem bleiben sie vom Aussterben bedroht.

Essen & Trinken

In einem noch nicht allzu lang zurückliegenden Jahrzehnt waren die Australier stolz darauf, mit der Ernährungsweise „Fleisch und dreimal Gemüse" zu überleben. Gutes Essen war ein Sonntagsbraten – Lasagne oder Croissants galten als exotisch. Doch das ist Vergangenheit. Heute lebt die australische Gastronomie davon, Regeln zu brechen, unterstützt von preisgekrönten Weinen, ausgezeichnetem Kaffee, einem vermehrten Einsatz von frischen Bio-Produkten und einer wachsenden Brauerei-Szene.

Modern Australian Cuisine

Der Begriff „Modern Australian" (oder Mod Oz) wurde geprägt, um die heutige australische Küche zu klassifizieren: eine Mischung aus Ost und West, ein Strudel aus Atlantik und pazifischem Raum, ein Schnörkel aus authentischer französischer und italienischer Küche.

Der Schlüssel für diese kulinarische Zubereitung heißt Immigration. Der Zustrom aus Europa, Asien, dem Nahen Osten und Afrika hat seit dem Zweiten Weltkrieg neue Zutaten gebracht sowie neue Wege, vorhandene Lebensmittel zu verwenden. Vietnam, Japan, Fidschi – woher das Nahrungsmittel auch kommt, es gibt Einwanderer und Einheimische, die wild darauf sind, es zu kochen und zu essen. Man findet Jamaikaner, die Scotch Bonnets („Schottenmützen", karibische Chilischoten) verwenden und Tunesier, die Tajine-Gerichte zubereiten.

Das hört sich überwältigend an? Keine Angst! Die Bandbreite des Angebots ist ein echter Gewinn. Die Gerichte sind von starken und interessanten Aromen sowie frischen Zutaten geprägt. Für alle Geschmäcker ist gesorgt: Das Chilimeter reicht von sanft bis extrem, Fisch und Meeresfrüchte gibt es massenhaft, alle Arten von Fleisch sind vollmundig, und auch vegetarische Bedürfnisse werden gestillt (vor allem in den größeren Städten).

ESSEN: WANN, WO & WIE

- Preiswerte Lokale bieten normalerweise Hauptgerichte für unter 15 AU$ an, Mittelklasserestaurants liegen in der Regel zwischen 15 und 30 AU$ und die teuren Adressen verlangen mehr als 30 AU$.
- Die Cafés servieren an den Wochenenden ab etwa 8 Uhr Frühstück, an den Wochentagen etwas früher, und schließen gegen 17 Uhr.
- Pubs und Bars öffnen gewöhnlich um die Mittagszeit und haben bis mindestens 22 Uhr geöffnet, von Donnerstag bis Samstag auch länger. In Pubs gibt es normalerweise zwischen 12 und 14 sowie zwischen 18 und 20 Uhr etwas zu essen.
- Die meisten Restaurants öffnen gegen 12 Uhr fürs Mittagessen und ab 18 Uhr fürs Abendessen. Die Australier essen meist kurz nach 12 Uhr zu Mittag. Reservierungen fürs Abendessen legt man auf die Zeit zwischen 19 und 20 Uhr, obwohl einige Restaurants in den Großstädten auch bis nach 22 Uhr geöffnet haben.
- In den großen Städten gibt es viele vegetarische Restaurants und bei den anderen vegetarische Gerichte (auch eine Auswahl für Veganer und bei Gluten-Unverträglichkeit ist vorhanden). Das ländliche Australien bleibt bei seiner Fleischvorliebe.

Frische Lebensmittel vor Ort

Australien ist riesig (etwa so groß wie die USA) und das Klima reicht vom tropischen Norden bis zum gemäßigten Süden. Deshalb ist das Angebot an frischen Lebensmitteln das ganze Jahr über extrem vielfältig. Man nehme z.B. Obst: Im Sommer biegen sich die Bäume vor Nektarinen, Pfirsichen und Kirschen. In Queensland werden so viele Mangos geerntet, dass die Leute sie irgendwann nicht mehr sehen können. Im Hinterland des Murray River erstrecken sich Obstplantagen mit Zitrusfrüchten, Trauben und Melonen. Tasmaniens kühleres Klima eignet sich hervorragend für Erdbeeren und Steinobst. Und die Tomaten und Oliven in South Australia (SA) sind die besten des Landes. Lokale Supermärkte verkaufen Topware.

WEINREGIONEN

Alle australischen Bundesstaaten (mit Ausnahme des Northern Territory mit seinen tropischen und trockenen Gebieten) hegen und pflegen inzwischen ihre Weinindustrie. Manche Weingüter sind schon fast 200 Jahre alt. Viele von ihnen bieten Verkostungen umsonst oder gegen geringes Entgelt an, das häufig zurückerstattet wird, wenn man eine Flasche kauft. Auch wenn viel guter Wein von den großen Herstellern kommt, die den mengenbedingten Kostenvorteil auf ihrer Seite haben, die interessantesten Weine werden von kleinen Winzern gekeltert. Hier folgt ein erster Überblick.

New South Wales & Australian Capital Territory

Das Hunter Valley ist Australiens älteste Weinregion, seit den 1820er-Jahren wird sie bewirtschaftet. Das untere Tal ist bekannt für Shiraz und nicht im Holzfass gereiften Semillon. Die Winzer im Upper Hunter haben sich auf Cabernet Sauvignon und Shiraz spezialisiert, mit Vorstößen Richtung Verdelho und Chardonnay. Weiter im Landesinneren liegen die preisgekrönten Weingüter Griffith, Mudgee und Orange. Canberra ist umgeben von einer wachsenden Zahl hervorragender Weingüter.

Queensland

Die hochgelegenen Orte Stanthorpe und Ballandean im Südosten sind die Zentren der Weinindustrie von Queensland, aber auch in Tamborine Mountain im Hinterland der Gold Coast finden sich einige Weinkeller.

South Australia

Die Weinindustrie in SA ist ein riesiger Global Player, was ein Besuch im National Wine Centre in Adelaide bestätigt. Genuss in der Flasche sind etwa der Cabernet Sauvignon aus Coonawarra, der Riesling aus dem Clare Valley, der Sauvignon Blanc aus den Adelaide Hills und der Shiraz aus dem Barossa Valley und McLaren Vale.

Tasmanien

Die Pipers River Region und das Tamar Valley im Norden lohnen sich, ebenso die wachsende Weinindustrie im Coal River Valley rund um Richmond (S. 714) in der Nähe von Hobart. Im kühlen Klima gedeihende Tropfen sind hier vor allem Pinot Noir, Sauvignon Blanc und Schaumweine (einer der besten ist der „Méthode Tasmanoise" von Jansz).

Victoria

In Victoria gibt es mehr als 500 Weingüter. Nur ein Tagesausflug von Melbourne entfernt wird im Yarra Valley ausgezeichneter Chardonnay und Pinot Noir gekeltert, genau wie auf der Mornington Peninsula. Die Weingüter rund um Rutherglen produzieren tolle Dessertweine sowie Shiraz und Durif.

Western Australia

Margaret River im Südwesten ist ein Synonym für unglaubliche Cabernets und Chardonnays. In alten Wäldern haben sich die Weingüter in Pemberton versteckt und keltern hier Cabernet Sauvignon, Merlot, Pinot Noir, Sauvignon Blanc und Shiraz. Mt. Barker an der Südküste ist eine weitere aufblühende Weinregion.

Meeresfrüchte sind natürlich in Meeresnähe am frischesten – und da Australien eine Insel ist, gibt es sie auch überall; vor allem Austern sind populär: Kenner schätzen die Sydney-Felsenauster, die an der gesamten Küste von New South Wales (NSW) zu finden ist. Exzellente Austern gibt es in sieben Regionen von South Australia, wie beispielsweise Coffin Bay, und dabei ist natürlich die tasmanische Pazifikauster nicht zu vergessen. Australiens südlichster Bundesstaat ist außerdem berühmt für seine Forellen, seine Seeohren und auch seinen Lachs.

Eine Spezialität mit komischem Namen sind *bugs* (Bärenkrebse). Sie sehen aus wie Hummer mit Schaufelnasen, sind aber nicht so teuer (vor allem die Arten an der Balmain und der Moreton Bay sind zu empfehlen). *Marrons* sind prähistorisch aussehende Flusswasserkrebse aus Western Australia (WA). Sie haben ein subtiles Aroma, das von den beliebten schweren Dressings nicht immer verbessert wird. Überaus köstlich sind auch Garnelen, besonders die School Prawns oder die Eastern King (Yamba) Prawns, die es an der Nordküste von New South Wales (NSW) gibt. Hinzu kommen unzählige wilde Fischarten wie der wunderbare Barramundi aus dem Northern Territory (NT). Und selbst solch unspektakuläre Arten wie Snapper, Stachelmakrele oder Weißfisch schmecken gegrillt fantastisch.

Es gibt immer mehr sehr exklusive, kleine Käsereien in den Milchwirtschaftsregionen des Landes. Allein Tasmanien produziert inzwischen 50 verschiedene Käsesorten.

Top-Schlemmerfestivals

- *Taste of Tasmania (Hobart, Tasmanien)*
- *Melbourne Food & Wine Festival (Melbourne, Victoria)*
- *Clare Valley Gourmet Weekend (Clare Valley, SA)*
- *Margaret River Gourmet Escape (WA)*
- *Oysterfest (Ceduna, SA)*
- *Tunarama Festival (Port Lincoln, SA)*

Essen im Restaurant

Ein Essen im Restaurant ist in Australien eine entspannte Angelegenheit. Innerhalb von 15 Minuten kann man bestellen und 15 Minuten später kommt der erste Gang (Starter oder Entrée genannt). Eine halbe Stunde danach wird der Hauptgang serviert. Selbst in den feinsten Restaurants ist das Sakko keine Pflicht.

Wenn ein Restaurant BYO anbietet, darf man seinen eigenen Alkohol mitbringen. Wird dort auch Alkohol verkauft, kann man gewöhnlich nur Flaschenweine in das Restaurant mitnehmen (kein Bier, keinen Weinschlauch) und die Rechnung enthält dann zusätzlich Korkengeld. Der Betrag gilt entweder pro Person oder pro Flasche und kann in schickeren Etablissements bis zu 20 AU$ betragen (vorher durchrechnen: Es rechnet sich oft eher, im Restaurant zu bestellen, trotz deren übertriebener Preise).

Trinkgeld wird in Australien nicht erwartet, ist aber gern gesehen, wenn das Essen gut war und der Service mit einem Lächeln daherkam. Etwa 10 % ist die Norm (oder vielleicht gibt man auch mehr, wenn die Kinder den Speisesaal aufgemischt haben).

Auf die Schnelle

In den großen Städten ist der Straßenverkauf auf dem Vormarsch – Kaffeestände haben inzwischen Gesellschaft durch Foodtrucks bekommen, die Tacos, Burritos, Bratkartoffeln, Kebabs, Burger und mehr verkaufen. Überall in den Städten gibt es Fast-Food-Ketten, Feinkost-Sandwichbars, FoodCourts in Einkaufszentren und Markthallen, Bäckereien sowie Sushi-, Nudel- und Salatbars. Anderswo sind die Möglichkeiten auf traditionelle Milchbars beschränkt (in SA und WA *delis* genannt), die altmodische Hamburger (mit Schinken, Ei, Ananas und roter Bete!) und andere Dinge zum Mitnehmen anbieten.

Da es mehr als eine Million Australier mit italienischen Wurzeln gibt, ist es nachvollziehbar, dass Pizza das wohl beliebteste Fast-Food-Gericht in Australien ist. Die meisten Pizzas, die nach Hause geliefert werden, sind aber eher amerikanisch (dick und mit viel Belag) als italienisch zubereitet. Aber in den Kleinstädten findet man immer öfter die dünne im Holzofen gebackene Pizza Napoli.

Fish & Chips sind immer noch schwer angesagt. Meist wird dazu eine Haifischart verwendet (oft als „Flake" bezeichnet; keine Angst: Das ist köstlich), gegrillt oder paniert.

ESSEN AUS DEM BUSCH (BUSH TUCKER): HEIMISCHE NAHRUNGSMITTEL

Es gibt im australischen Busch schätzungsweise 350 heimische Nahrungspflanzen. In den Nahrungsmitteln aus dem Busch schmeckt man die australischen Landschaften. Es gibt Trockenfrüchte und mageres Fleisch aus der Wüste, Schalentiere und Fisch von den Meeresküsten, alpine Beeren und Bergpaprika aus den Hochlagen sowie Zitrusfrüchte, Obst und Kräuter aus den Regenwäldern.

Diese Küche basiert auf dem tiefen Verständnis der Aborigines für ihre Umgebung, das sich auf von Generation zu Generation weitergegebenes Kulturwissen gründet. In langen Jahren des „Versuchs und Irrtums" haben sie gelernt, diese Nahrungsmittel richtig einzuschätzen und sie sind Meister der Zubereitung geworden.

Für kommerzielle Zwecke werden die Nahrungsmittel aus dem Busch erst seit etwa 30 Jahren geerntet. In Zentralaustralien sind dafür in erster Linie die älteren und alten Aborigine-Frauen zuständig. Hier und in anderen Regionen werden Buschfleisch (z. B. Känguru, Emu und Krokodil), Fisch (wie Barramundi) und Buschfrüchte (wie Wüstenrosinen, Quandongs, Riberrys und Kakadupflaumen) je nach Saison gesammelt bzw. gejagt – und zwar zur eigenen Freude wie auch zur Versorgung der örtlichen, nationalen und internationalen Märkte.

– Dr. Janelle White, Adjunct Research Fellow beim Nulungu Research Institute.

Bei einem Rugby- oder Footballmatch sind Bier und Fleischpasteten mindestens ebenso zwingend wie das passende Outfit in den Farben des Lieblingsvereins und lauter Jubel.

Essen mit den Einheimischen

Zum Frühstück gibt es bei den meisten Australiern Müsli, Toast und/oder Obst, am Wochenende oft auch Eier und Schinken, dazu Tee und Kaffee. Mittags verschlingen sie hauptsächlich Sandwiches, Salate und Sushi, abends ist alles möglich.

Das Barbecue (kurz BBQ oder *barbie*) hat Kultstatus und ist beinahe eine Pflicht. Im Sommer laden die Australier abends ihre Freunde ein und werfen den Grill an, um Burger, Würstchen (*snags*), Steaks, Meeresfrüchte oder Gemüse-, Fleisch- oder Meeresfrüchtespieße zuzubereiten. Wer zu einem BBQ eingeladen wird, bringt Fleisch und kaltes Bier mit. An Wochenenden wird der Grill das ganze Jahr über auch für gemütliche Mittagessen aufgebaut. In den Grünanlagen im ganzen Land findet man auch viele kostenlose Elektro- oder Gasgrills – eine tolle Option für Traveller.

Vegemite (ein Brotaufstrich aus konzentriertem Hefeextrakt): Man liebt es oder man hasst es. Barack Obama etwa nannte es ganz diplomatisch „schrecklich". Es ist sicherlich ein anerzogener Geschmack, aber die Australier verzehren davon jedes Jahr mehr als 22 Mio. Gläser. Und sie freuen sich besonders, dass das Eigentumsrecht ihres Wahrzeichens kürzlich zum ersten Mal seit 1928 wieder in australischer Hand ist.

Cafés & Kaffee

Kaffee hat sich mittlerweile zu einer australischen Sucht entwickelt. Praktisch jedes Café besitzt eine italienische Espressomaschine, Kaffeeröstereien mit Ausschank sind der letzte Schrei und in städtischen Gebieten ist der qualifizierte Barista allgegenwärtig (es gibt sogar Baristas in Cafés, die an Tankstellen angeschlossen sind).

In Sydney und Melbourne hat sich eine ganze Generation von Kaffee-Snobs herausgebildet, beide Städte rivalisieren um das Recht, mit dem Titel „Australiens Kaffeehauptstadt" angeben zu können. In die besonders hippe Café-Szene in Melbourne taucht man am besten ein, indem man durch die von Cafés gesäumten Seitenstraßen wandert. Aber auch in anderen größeren und kleineren Städten ist der Kaffee nicht zu verachten, und selbst auf dem Land stehen die Chancen auf eine gute Tasse inzwischen ziemlich gut.

Cafés in Australien servieren meistens recht gutes Essen: Es geht normalerweise ungezwungener zu als in den Restaurants und man bekommt eine anständige Mahlzeit für ca. 20 AU$, jedoch öffnen viele nur für Frühstück und Mittagessen. Kinder sind in der Regel mehr als willkommen.

Kneipen & Getränke

Wer Lust auf einen Drink hat, ist in Australien genau richtig. Australiens Weine gehören schon lange zu den besten der Welt und haben sich zum Exportschlager gemausert. Die australischen Biere haben sich den immer anspruchsvoller werdenden Biertrinkern angepasst: Heute gibt es eine große Bandbreite an unterschiedlichen Biersorten und Brauereien, die der tief verwurzelten Vorliebe für das massenhaft produzierte Lagerbier die Stirn bieten. Wer mehr auf Whisky steht, findet in Tasmanien inzwischen Dutzende Destillerien, die ausgezeichnete Single Malts abfüllen und dafür internationale Preise einheimsen.

Die meisten Biere haben einen Alkoholgehalt von 3,5 bis 5,5 %. Das ist weniger als bei vielen europäischen Bieren, aber mehr als bei den meisten nordamerikanischen Sorten. Light-Biere enthalten weniger als 3 % Alkohol – sie sind die bessere Wahl, wenn man noch Auto fahren muss (solange man dann nicht doppelt so viel trinkt).

Wie man ein Bier bestellt, variiert je nach Bundesstaat. In NSW ordern die ganz Durstigen einen „Schooner" (425 ml). Wer noch nicht völlig ausgetrocknet ist, nimmt einen „Middy" (285 ml). In Victoria hat der bestellte „Pot" 285 ml, in Tasmanien heißt die gleiche Menge „10-ounce". Pints haben je nach Region 425 oder 568 ml. Fast überall im Land kann man auch einfach nur ein Bier bestellen und abwarten, was kommt.

„Shouting" ist ein sehr beliebter Brauch, bei dem die Leute, die zusammen trinken, abwechselnd eine Runde ausgeben. Bei einem Toast müssen alle mit den Gläsern anstoßen und dabei jedem in die Augen schauen – wer es vergisst, dem drohen angeblich sieben Jahre schlechter Sex (ob man das glaubt oder nicht, warum nicht sicherheitshalber Augenkontakt suchen...?).

Mahlzeiten in Pubs (die oft als Thekengerichte bezeichnet werden) sind häufig eine deftige und preiswerte Sache: Standardessen wie Würstchen mit Kartoffelbrei oder Hühnchenschnitzel mit Salat gibt es für 15 bis 30 AU$.

Delicious ist eine monatlich erscheinende Zeitschrift der Australian Broadcasting Corporation (ABC) mit Rezepten, Restaurantkritiken, Essens- und Weintrends und Reiseartikel für Feinschmecker. *Australian Gourmet Traveller* (www.gourmettraveller.com.au) ist eine weitere gute Zeitschrift.

Sport

Australier investieren eine Menge in den Sport – Geld wie Emotionen –, ob sie nun in Stadien sitzen, in Kneipen vor der Leinwand kleben oder auf dem Sofa vor dem Fernseher. Die Regierung unterstützt den Sport jährlich mit über 300 Mio. AU$, damit die Nation mit der weltweiten Konkurrenz mithalten kann. Auch wenn zahlreiche internationale Erfolge natürlich ein Ansporn sind, ist es vor allem die tiefe Leidenschaft des gewöhnlichen Aussies für Wettkampf an sich, was das sportliche Herz des Landes zum Schlagen bringt.

Australian Rules Football

Der Sport mit den meisten Stadionbesuchern und eine der beiden Sportarten mit den höchsten Einschaltquoten ist Australian Rules Football („Aussie Rules"). Ursprünglich war die Sportart eng mit der Kultur und Identität Victorias verflochten, doch durch die Australian Football League (AFL; www.afl.com.au) hat sich ihre Popularität in alle Bundesstaaten ausgebreitet, selbst ins eigentlich vom Rugby dominierte New South Wales und nach Queensland; South Australia and Western Australia brauchten keine Ermutigung – diese Bundesstaaten waren schon seit Langem eingefleischte Footy-Fans. Lange Kicks, hohe Marks und brutale Zusammenstöße stacheln die Massen zum Mitfiebern an: Mehr als 50 000 Fans, die *Baaall!!!* brüllen, lassen die Hunde noch kilometerweit entfernt nervös anschlagen.

Die Saison läuft von Ende März bis September; Tickets können in der Regel online oder am Spielttag in den Stadien gekauft werden (außer bei den größten Matches). Höhepunkt ist dann im September das AFL Grand Final im MCG-Stadion von Melbourne, einem der Sportereignisse Australiens mit den höchsten Einschaltquoten. Footy ist eine Obsession im ganzen Land, und selbst in abgelegenen Gemeinden scheint es, als ob die Welt stehen bleibt, sobald es ein großes Spiel gibt – das Tiwi Grand Final (S. 890) im März auf den Tiwi Islands vor Darwin (und weiter entfernt von Melbourne geht's in Australien nicht), ist ein denkwürdiges Beispiel.

Cricket

Der Höhepunkt im Cricket sind die alle zwei Jahre stattfindenden *test series* gegen England, bekannt als „The Ashes". Die inoffizielle Trophäe ist

FRAUEN-FOOTY

Seit jeher erfreut sich Australian Rules Football auch unter weiblichen Sportfans großer Beliebtheit, offiziell aktiv mitmachen konnten sie allerdings nicht. Das änderte sich Anfang 2017 mit der Gründung der **Women's AFL** (www.afl.com.au/womens). Die Liga ging mit acht Teams und einem Spiel zwischen Carlton und Collingwood an den Start (das Carlton gewonnen hat). Das Stadium war mit 24 000 Zuschauern bis auf den letzten Platz ausverkauft, was dazu geführt hat, zukünftig bei der Auswahl des Austragungsortes womöglich größer zu denken. Die Spiele sind kürzer (die Viertel dauern 15 Minuten) und die beiden Teams haben 16 statt 18 Spieler. Viele fragen sich, wieso man so lange auf eine Frauenliga warten musste.

eine winzige Terrakotta-Urne mit den verbrannten Überresten eines Cricket-Bail (Querholz) von 1882 (die perfekte Gesprächseröffnung bei einem australischen Barbecue ist es, einen Einheimischen zu fragen, was ein *bail* ist). Niederlagen in den *test series* 2009, 2011 und 2013 gegen den Erzfeind ließen das ganze Land Trübsal blasen. Die Wiedergutmachung kam 2014, als Australien die Ashes mit 5-0 gewann – es war erst das dritte Zu-Null-Spiel der Geschichte. 2015 schlug das Pendel dann in die andere Richtung aus: England gewann mit 3:2 eine heftig umkämpfte *series*. Die nächste *series* sollte im australischen Sommer 2017–2018 stattfinden.

Auch wenn das australische Team einen schlechten Ruf hat, weil es seine Gegner auf dem Feld gern verbal niedermacht, ist Cricket immer noch das Spiel der Gentlemen. Wer noch nie ein Spiel gesehen hat, sollte sich die Zeit dafür nehmen – allein wegen der taktischen Nadelstiche, all der Nuancen und der Eleganz. Test-Cricket dauert bis zu fünf Tagen, während kürzere Versionen des Spiels – eintägige *internationals* oder *T20* – wahrscheinlich eine leichter zugänglichere (und weniger langweilige) Einführung sind.

Rugby

Die **National Rugby League** (NRL; www.nrl.com.au) ist die populärste Football-Variante nördlich des Murray River. Das Highlight der Saison ist jedes Jahr die State of Origin Series zwischen NSW und Queensland. Wer sich ein NRL-Spiel anschaut, bekommt die Newtonschen Gesetze sehr anschaulich demonstriert – da krachen die Knochen!

Die Nationalmannschaft im Rugby Union, die Wallabies, hat den Rugby World Cup 1991 und 1999 gewonnen und kam 2003 auf den zweiten Platz (hinter England), ebenso 2015 (hinter dem Erzrivalen Neuseeland).

Australien, Neuseeland, Südafrika, Japan und Argentinien bestreiten den überaus populären Clubwettbewerb **Super 15s** (www.superxv.com), an dem fünf australische Teams teilnehmen: die Waratahs (Sydney), die Reds (Brisbane), die Brumbies (Australian Capital Territory, ACT), die Force (Perth) und die Rebels (Melbourne).

„Footy" kann in Australien eine ganze Menge bedeuten: In NSW und Queensland ist gewöhnlich Rugby League Football gemeint, aber der Begriff wird auch für Australian Rules Football und Fußball verwendet. Der nationale Fußballverband heißt „Football Federation of Australia".

Fußball

Australiens Fußballnationalmannschaft, die Socceroos, qualifizierten sich nach einer langen Reihe gescheiterter Anläufe für die Weltmeisterschaften 2006, 2010 und 2014. Die Ergebnisse waren gemischt, aber der Stolz auf das Team bleibt ungeschmälert (und erreicht ungeahnte Höhen, nachdem die Socceroos den Asien-Cup 2015 gewonnen haben).

Die **A-League** (www.a-league.com.au) mit neun Mannschaften aus ganz Australien und einer aus Neuseeland kann in den letzten Jahren eine wachsende Popularität verzeichnen und hat auch Spieler aus dem Ausland geködert, die den heimischen Nachwuchstalenten zur Seite stehen.

Tennis

Jedes Jahr im Januar locken die **Australian Open** (www.australianopen.com; Melbourne Park, Olympic Blvd, Melbourne; ⏲Jan.) mehr Menschen nach Australien als jedes andere sportliche Ereignis. Sofern sich die Gelegenheit bietet, sollte man sich Karten besorgen.

Ein Australier (Mark Edmondson) gewann das Turnier letztmals 1976. Nach einer Epoche, die vom vornehmen Pat Rafter (der 1997 und 1998 die US Open gewann) und dem schneidigen Lleyton Hewitt (der 2001 die US Open gewann und ein Jahr später Wimbledon) bestimmt wurde, wissen die heutigen Vertreter des australischen Herrentennis nicht wirklich, was sie mit den launischen und talentierten Enfants Terribles Nick Kyrgios und Bernard Tomic anfangen sollen.

Die Australierin Sam Stosur gewann 2011 die US Open und hält sich seitdem hartnäckig unter den Top-20-Spielerinnen.

Schwimmen

Australien, von Meer umgeben und mit unzähligen Schwimmbädern ausgestattet, hat eine schwimmbegeisterte Bevölkerung. Die bekannteste Schwimmerin des Landes ist Dawn Fraser. „Our Dawn", wie sie allgemein genannt wird, gewann dreimal nacheinander die Goldmedaille über 100 m Freistil bei den Olympischen Spielen (1956–64) und 1956 auch Gold mit der 4x-100-m-Freistilstaffel. Ihr männliches Pendant ist Ian Thorpe (auch bekannt als Thorpie oder Thorpedo), der 2006 mit 24 Jahren und dekoriert mit fünf olympischen Goldmedaillen zurücktrat. Seitdem hat Australiens Ruf als Nation schwimmender Weltmeister dank enttäuschender Leistungen sowohl bei den Olympischen Spielen 2012 in London als auch im Jahr 2016 in Rio sehr gelitten.

Praktische Informationen

Tödlich & gefährlich

Die Liste von Tieren, die einen in Australien beißen, stechen oder sogar auffressen wollen, ist durchaus beeindruckend. Aber die Chancen stehen gut, dass die schlimmsten Begegnungen für Reisende die mit ein paar lästigen Fliegen und Moskitos sind (von Krokodilen abgesehen). Mit Insektenschutzmittel bewaffnet kann man sich mutig hinauswagen!

Tierwelt

Australiens Fülle an gefährlichen Kreaturen ist legendär. Schlangen, Spinnen, Haie, Krokodile, Quallen ... Traveller müssen sich trotzdem keine Sorgen machen – sie werden eher wenige solcher Tiere sehen, geschweige denn von ihnen angegriffen werden.

Haie

Trotz ausführlicher Berichte in den Medien ist das Risiko eines Haiangriffs in Australien nicht größer als in anderen Ländern mit einer vergleichbaren Küstenlänge. Surf-Life-Saving-Gruppen geben Auskunft über die Risiken vor Ort.

Krokodile

An der nordaustralischen Küste sind Salzwasserkrokodile (*salties*) eine echte Gefahr. Sie kommen auch in Mündungsgebieten, Bächen und Flüssen vor, manchmal weit landeinwärts. Man sollte die Warnschilder beachten und die Einheimischen fragen, ob jene einladende Wasserstelle oder der Fluss krokodilfrei ist, bevor man hineinspringt. Krokodile gehören zu den wenigen gefährlichen Tieren, die Menschen tatsächlich als Nahrung betrachten, anstatt aus Selbstverteidigung heraus zu handeln.

Quallen

Versehen mit bis zu 3 m langen Gifttentakeln treibt die Würfelqualle (auch Seewespe oder Stinger genannt) durch die tropischen Gewässer Australiens. Besonders häufig sind sie in der Regenzeit (Okt.–März), da sollte man das Meer an vielen Stellen meiden. Manche Strände sind mit Netzen vor den Quallen geschützt, aber bevor man das nicht überprüft hat, sollte man nicht schwimmen gehen. Sogenannte *stinger suits* (Ganzkörperanzüge aus Lycra) schützen ebenso wie Neoprenanzüge vor den Stichen. Wer gestochen wurde, sollte die Haut mit Essig abwaschen und unbedingt ein Krankenhaus aufsuchen.

Die Würfelqualle hat eine winzige, tödliche Verwandte, die Irukandji-Qualle, doch konnten ihr bis heute nur zwei Todesfälle an der Nordküste unmittelbar zugeschrieben werden.

Schlangen

In Australien gibt es einige der giftigsten Schlangen der Welt. Am häufigsten kommen Braunschlangen und Tigerottern vor, doch aggressiv sind nur wenige Arten. Solange man sie nicht ärgert oder aus Versehen auf eine tritt, ist es extrem unwahrscheinlich, von einer Schlange gebissen zu werden. Sollte es dennoch einmal dazu kommen, verhindert man die Ausbreitung des Giftes, indem man Druck auf die Wun-

KEIN GRUND ZUR PANIK

Im Schnitt endet eine Krokodilattacke im Jahr in Australien tödlich. 2016 gab es zwei tödliche Haiangriffe (beide in Western Australia), in weiteren 16 Fällen kam es zu Verletzungen. Tote durch den Blaugeringelten Kraken sind seltener – nur zwei im vergangenen Jahrhundert. Die Quote der Quallen ist höher – etwa zwei Tote im Jahr –, aber die Wahrscheinlichkeit, zu ertrinken, ist immer noch über hundertmal höher. Spinnen haben seit 1979 niemanden getötet. Durch Schlangenbisse sterben ein oder zwei Menschen im Jahr, ebenso viele wie durch Bienenstiche. Die Gefahr, auf den Straßen des Landes zu verunglücken, ist über tausendmal größer.

de ausübt und das Körperteil mit einem Stecken oder einer Schlinge ruhigstellt – und indem man vor allem selbst die Ruhe bewahrt und jemand anders medizinische Hilfe organisieren lässt.

Spinnen

In Australien gibt es einige Giftspinnen, deren Biss normalerweise mit einem Gegenserum behandelt werden kann. Die tödliche Trichternetzspinne kommt in New South Wales und Sydney vor – die Erste Hilfe bei einem Biss gleicht der nach einem Schlangenbiss (Druck und Ruhigstellung, dann Transport ins Krankenhaus). Die Rotrückenspinne kommt in ganz Australien vor; ihr Biss verursacht Schmerzen, Schweißausbrüche und Übelkeit. Eis oder Kühlpacks auf die Bissstelle legen, dann ab ins Krankenhaus. Der Biss einer White-Tail-Spinne soll unter Umständen eine langsam wachsende und schwer zu behandelnde Krebsart auslösen. Man sollte die Bisswunde reinigen und ärztliche Hilfe in Anspruch nehmen. Die verstörend große Huntsman- oder Riesenkrabbenspinne ist harmlos, doch schon ihr Anblick kann unangenehme Auswirkungen auf den Blutdruck haben.

Draußen unterwegs

Am Strand

Bevor man sich in die Wellen wirft, sollte man die Surfbedingungen genau inspizieren – und sich der Grenzen des eigenen Könnens deutlich bewusst sein. Die bewachten Strandabschnitte sind durch rotgelbe Fahnen markiert – nur im Abschnitt dazwischen sollte man schwimmen. Wer vom Sog hinausgetragen wird, sollte sich solange parallel zur Küste halten bis er aus der Strömung heraus ist und erst dann zurück zum Strand schwimmen.

Jedes Jahr tragen Menschen Lähmungen davon, weil sie ins seichte Wasser oder auf Sandbänke springen. Also vor einem Sprung unbedingt immer die Wassertiefe prüfen!

Buschfeuer

Überall in Australien kommt es alljährlich zu Buschbränden. Bei heißem, trockenem und windigem Wetter sowie an Tagen mit totalem Feuerverbot muss man mit offenem Feuer (auch Zigarettenkippen) extrem vorsichtig sein und man sollte keine Campingkocher, Lagerfeuer oder Grills benutzen. Buschwanderer sollten ihre Ausflüge auf kühlere Tage verschieben. Wer draußen im Busch ist und Rauch sieht, nimmt das besser ernst und sucht das nächste offene Gelände auf (wenn möglich hügelabwärts). Bewaldete Berggrate sind besonders gefährlich.

Kälte

In Australien sterben mehr Buschwanderer durch Kälte als durch Feuer. Selbst im Sommer kann das Wetter, besonders im tasmanischen Hochland sowie in Victoria und New South Wales (NSW), sehr schnell umschlagen, und die Temperaturen können unter den Gefrierpunkt fallen und Blizzards auslösen. Unterkühlung ist ein echtes Risiko. Zu den ersten Anzeichen gehören Schwierigkeiten bei feinmotorischen Bewegungen (z. B. Knöpfe schließen), Zittern und Probleme beim Gehen und Sprechen. Dann ist es Zeit, aus der Kälte zu kommen, sofort nasse Klamotten aus- und trockene anzuziehen und etwas zu essen und zu trinken, um sich aufzuwärmen.

Kriminalität

Australien ist für Besucher relativ sicher, dennoch sollte man vernünftige Vorkehrungen treffen. Dazu gehört, nachts nicht allein herumzulaufen, Hotelzimmer und Autos abzuschließen und Wertsachen nicht sichtbar im Auto liegen zu lassen.

Manche Kneipen in den Großstädten warnen vor mit Drogen versetzten (*spiked*) Getränken: Vorsicht ist angesagt, wenn einem jemand einen Drink spendieren will!

Infektionskrankheiten

Es wäre ausgesprochenes Pech, sich bei einem Aufenthalt eine der folgenden Krankheiten einzufangen, aber ein paar davon treten hin und wieder auch in Australien auf:

Australisches Zeckenbissfieber

Das Australische Zeckenbissfieber kommt überwiegend in Queensland und NSW vor. Dabei entwickelt sich eine dunkle Zone um einen Zeckenbiss herum, gefolgt von Ausschlag, Fieber, Kopfschmerzen und einer Entzündung der Lymphknoten. Die Krankheit kann mit Antibiotika (Doxycyclin) behandelt werden.

Denguefieber

Das Denguefieber tritt im nördlichen Queensland auf, besonders während der Regenzeit. Die Viruserkrankung verursacht heftige Muskelschmerzen und wird von einer tagaktiven Moskitoart verbreitet. Die meisten Kranken erholen sich nach einigen Tagen, doch es gibt auch schwere Verlaufsformen.

Giardiasis

Der Giardia-Erreger findet sich häufig in australischen Gewässern. Es ist nicht ratsam, unbehandeltes Wasser aus Flüssen und Seen zu trinken. Zum Schutz vor Giardiasis sollte man Wasserfilter und abgekochtes Wasser verwenden oder das Wasser mit Jod behandeln. Symptome der Krankheit sind unregelmäßiger Durchfall und Blähungen. Es gibt eine wirkungsvolle Behandlung (mit Tinidazol oder Metronidazol).

Hepatitis C

Hepatitis C ist ein zunehmendes Problem unter intravenösen Drogenkonsumenten. Bluttransfusionen werden vor ihrer Anwendung vollständig überprüft.

Meningokokken-Infektionen

Ein geringes Risiko besteht bei längeren Aufenthalten in Schlafsälen, wie beispielsweise solchen in Hostels. Für einige Serotypen dieser Krankheit existiert ein Impfstoff (Meningokokken A, C, Y und W), doch für virale Meningitis gibt es keinen.

Ross-River-Fieber

Das Ross-River-Virus ist in Australien weit verbreitet und wird von in Sümpfen lebenden Stechmücken übertragen. Es verursacht Fieber, Kopf-, Gelenk- und Muskelschmerzen sowie einen Ausschlag, der nach fünf bis sieben Tagen wieder verschwindet.

Virale Enzephalitis

Diese von Stechmücken übertragene Krankheit kommt in Nordaustralien sehr häufig vor (besonders während der Regenzeit), ist aber für Traveller kein besonders hohes Risiko. Zu den Symptomen können beispielsweise Kopf- und Muskelschmerzen sowie Lichtempfindlichkeit zählen. Es kann durch diese Krankheit zu bleibenden neurologischen Schäden kommen. Eine spezielle Behandlung gibt es nicht.

Weitere Infos zum Thema Gesundheit gibt es auf S. 1164.

Allgemeine Informationen

Arbeiten in Australien

Wer mit einem Touristenvisum nach Australien kommt, darf dort keine bezahlte Arbeit annehmen – dafür braucht man ein Working Holiday- (Kategorie 417) oder Work and Holiday- (Kategorie 462) Visum – weitere Informationen finden sich im Abschnitt „Visa".

Arbeit finden

In Backpacker-Magazinen, Zeitungen und an Schwarzen Brettern in Hostels können Traveller nach lokalen Arbeitsmöglichkeiten suchen. Während der Hauptsaison finden sich oft Gelegenheitsjobs in Touristenhochburgen (z. B. Alice Springs, Cairns, Ferienorte an Queenslands Küste, Skigebiete in Victoria oder NSW). Eventuell kann man auch als Fabrik- oder Bauarbeiter, Barkeeper, Kellner, Haushaltshilfe in Outback-Rasthäusern, als Kinderbetreuer, Farmhelfer und Spendensammler für wohltätige Zwecke vorübergehend Geld verdienen. Erfahrung in Bereichen wie IT, Sekretariat, Krankenpflege oder Lehrtätigkeit ermöglichen zudem die Registrierung bei entsprechenden Zeitarbeitsagenturen in Großstädten.

Informationen zu Jobs in Großstädten bieten diese Websites:

➡ **Career One** (www.careerone.com.au) Allgemeine Seite zu Beschäftigungsmöglichkeiten; gut für Metropolengebiete.

➡ **Gumtree** (www.gumtree.com.au) Seite mit diversen Kategorien wie Jobs, Unterkünfte und Verkauf von Sachgegenständen.

➡ **Job Active – Harvest** (www.jobsearch.gov.au/harvest) Spezialisiert auf Erntehelferjobs.

➡ **National Harvest Labour Information Service** (☎1800 062 332) Infos darüber, wann und wo mit Erntehelferjobs zu rechnen ist.

➡ **QITE** (www.qite.com) Gemeinnützige Arbeitsagentur in Queensland, die im Raum um Cairns, Innisfail und den Atherton Tablelands tätig ist.

➡ **Seek** (www.seek.com.au) Allgemeine Seite zu Beschäftigungsmöglichkeiten; gut für Metropolengebiete.

➡ **Travellers at Work** (www.taw.com.au) Ausgezeichnete Seite für Traveller, die in Australien arbeiten.

PRAKTISCH & KONKRET

DVDs Australische DVDs laufen auf Playern, die den PAL-Regionalcode 4 (Mexiko, Süd- und Mittelamerika, Neuseeland, Pazifikraum, Karibik) akzeptieren. Deutschland, Österreich und die Schweiz verwenden den PAL-Regionalcode 2.

Maße & Gewichte In Australien gilt das metrische System.

Radio Unter www.abc.net.au/radio informiert die ABC über ihr Radioprogramm.

Rauchen Verboten in öffentlichen Verkehrsmitteln, Kneipen, Bars, Restaurants und auf manchen öffentlichen Flächen im Freien.

TV Die wichtigsten frei empfänglichen Fernsehkanäle sind ABC (staatlich), SBS (multikulturell) und die drei Privatsender Seven, Nine und Ten. Daneben gibt es viele kostenlose Zusatzkanäle der Hauptanbieter sowie Lokalsender.

Zeitungen Zu den verbreiteten Tageszeitungen gehören der *Sydney Morning Herald* (www.smh.com.au), *Age* aus Melbourne (www.theage.com.au) und der landesweit im Großformat erscheinende *Australian* (www.theaustralian.com.au).

➡ **Workabout Australia** (www.workaboutaustralia.com.au) Gibt eine nach den Bundesstaaten aufgeschlüsselte Übersicht über saisonale Beschäftigungsmöglichkeiten.

Saisonarbeit

Beim Obstbau vertraut man in Australien auf Saisonarbeiter. Das ganze Jahr über muss hier irgendetwas gepflückt, beschnitten oder angepflanzt werden. Bei dieser definitiv anstrengenden Arbeit steht man sehr früh auf und wird in der Regel nach Pflückmenge (z. B. pro Eimer, Kübel oder Kilo) bezahlt. Anfänger kommen auf ca. 50 bis 60 AU$ pro Tag; mit wachsender Erfahrung steigen Tempo und Verdienst. Bei Tätigkeiten wie Beschnitt oder Sortieren gibt's einen Stundenlohn (ca. 15 AU$/Std.).

Wegen der komplexen Visabestimmungen verzichten viele Besucherzentren und Backpacker-Hostels darauf, Reisenden bei der Arbeitssuche zu helfen. Um Enttäuschungen zu vermeiden, sollte man keine Vorauszahlung zur Reservierung eines Jobs in der Obsternte leisten und keine Unterkünfte für Erntehelfer anzahlen.

BESTE REGIONEN FÜR SAISONARBEITER

➡ **New South Wales** In den Skigebieten sind Saisonkräfte vor allem rund um Thredbo gefragt. Zudem kann man in Narrabri und Moree bei der Ernte helfen oder Wein im Hunter Valley lesen. Rund um Tenterfield, Orange und Young wird Obst gepflückt.

➡ **Northern Territory** Die meisten Möglichkeiten für WHM-Backpacker bietet das NT in den Bereichen Obsternte, Farmarbeit, Produktion und Hotelgewerbe.

➡ **Queensland** Hier gibt's große Farmen und Obstplantagen: Rund um Stanthorpe, Childers, Bundaberg und Cairns warten Früchte auf Pflücker. Wer auf härtere Arbeit für deutlich mehr Geld aus ist, hört sich in Städten wie Weipa oder Cloncurry um.

➡ **South Australia** Gute Saisonjobs findet man auf der Fleurieu Peninsula, in Coonawarra, im Barossa Valley (Wein) und entlang des Murray bei Berri (Obst).

➡ **Tasmanien** Die Apfelplantagen im Süden (vor allem rund um Cygnet und Huonville) sind hier die besten Möglichkeiten.

➡ **Victoria** Erntejobs in Mildura und Shepparton.

➡ **Western Australia** Perth hat großen Aushilfsbedarf in Tourismus, Hotelgewerbe, Verwaltung, IT, Produktion, Bauwesen, Kinderbetreuung und Krankenpflege. Außerhalb der Stadt finden Traveller Stellen als Saisonkräfte oder in der Tourismus- und Hotelbranche. Die Weingüter rund um Margaret River brauchen Traubenpflücker.

Steuern

STEUERNUMMER

Wer in Australien arbeitet, sollte sich eine Steuernummer (Tax File Number; TFN) zulegen: Ohne TFN greift bei sämtlichen Löhnen der Höchstsatz. Die Nummer kann online beim australischen Finanzamt (**ATO**; www.ato.gov.au) beantragt werden; die Bearbeitung dauert bis zu vier Wochen.

STEUERZAHLUNGEN & -RÜCKERSTATTUNGEN

Wer kein Australier ist, bezahlt selbst mit TFN einen höheren Steuersatz als viele Einheimische (die zahlen für die ersten 18 200 AU$ keine Steuer). Jeder einzelne Dollar ist zu versteuern.

Wer Geld in Australien verdient hat, muss einen Antrag auf Steuerrückerstattung beim ATO stellen. Dessen Website erklärt u. a., wie man das erforderliche Payment Summary des Arbeitgebers (gibt offiziell Auskunft über den Gesamtverdienst und alle Steuerzahlungen) kriegt. Zudem erfährt man dort Fristen für die Antragsabgabe und die Vorgehensweise zum Erhalt des Steuerbescheids.

Ein Rückerstattungsanspruch besteht nur, wenn zu viel Steuer vom Lohn abgezogen wurde. Wer zu wenig entrichtet hat, muss nachzahlen. Alle entrichteten Rentenbeiträge sind erstattbar.

PREISKATEGORIEN ESSEN

Die folgenden Preiskategorien beziehen sich auf einen durchschnittlichen Hauptgang:

**$** unter 15 AU$

**$$** 15–30 AU$

**$$$** über 30 AU$

Ermäßigungen

Senioren über 60 erhalten mit Nachweis (z. B. einer staatlichen Seniorenkarte o. Ä.) Ermäßigungen für öffentliche Verkehrsmittel.

Der **Internationale Studentenausweis** (ISIC; www.isic.org) gilt für Vollzeitstudenten und Schüler ab zwölf Jahren. Inhaber erhalten Rabatt bei Unterkünften, Verkehrsmitteln und Attraktionen. Der Internationale Jugendreiseausweis (International Youth Travel Card, IYTC) derselben Organisation bringt ähnliche Rabatte für Traveller unter 26, die keine Studenten oder Schüler sind. Dasselbe gilt für die International Teacher Identity Card (ITIC) für Lehrer. Alle drei Ausweise sind online (über die ISIC-Website) und bei studentischen Reisebüros erhältlich.

Essen & Trinken

Siehe Kapitel Essen & Trinken, S. 1147.

Frauen unterwegs

Obwohl Frauen in Australien im Allgemeinen sehr sicher reisen, gelten die sonst üblichen Vorsichtsmaßnahmen auch hier.

Nachts Frauen sollten in größeren oder großen Städten nachts möglichst nie allein herumlaufen und stets genug Geld für ein Taxi zur Unterkunft dabeihaben.

Pubs Einfache Kneipenzimmer immer meiden, sofern Zweifel bezüglich der eigenen Sicherheit und der Vertrauenswürdigkeit des Managements bestehen.

Sexuelle Belästigung Sie kommt zwar selten vor, kann aber vonseiten echter (und insbesondere betrunkener) Aussie-Machos bis heute noch auftreten.

Ländliche Gegenden Generell gilt: Je weiter frau sich von den großen Städten entfernt, desto geringer ist des Durchschnittsaustraliers Bewusstsein für weibliche Rechte und Belange. Trotzdem berichten viele Touristinnen, dass sie gerade in den Kneipen und Rasthäusern des Outback die freundlichsten und bodenständigsten Typen getroffen haben.

Trampen Wie überall sonst auf der Welt ist dies auch in Australien nicht zu empfehlen; selbst zu zweit sollten Tramperinnen grundsätzlich auf der Hut sein.

Drogen in Getränken In Sydney und anderen Großstädten warnen manche Pubs vor gepanschten bzw. mit Drogen versetzten Getränken *(spiked drinks)*. Obwohl Paranoia nicht angebracht ist, sollten Frauen in Bars sicherheitshalber lieber keine Getränke von Fremden annehmen.

Feiertage & Ferien

Die genauen Termine von Feiertagen können von Bundesstaat zu Bundesstaat variieren und sollten daher direkt vor Ort erfragt werden. Manche Feiertage sind auf bestimmte Gebiete begrenzt.

Landesweit

Neujahr 1. Januar

Australia Day 26. Januar

Ostern (Karfreitag bis einschließlich Ostermontag) Ende März/Anfang April

Anzac Day 25. April

Geburtstag der Königin Zweiter Montag im Juni (letzter Montag im September in WA)

Weihnachten 25. Dezember

Boxing Day (Weihnachtsfeiertag) 26. Dezember

Australian Capital Territory

Canberra Day Zweiter Montag im März

Bank Holiday Erster Montag im August

Labour Day Erster Montag im Oktober

New South Wales

Bank Holiday Erster Montag im August

Labour Day Erster Montag im Oktober

Northern Territory

May Day Erster Montag im Mai

Show Day (Alice Springs) Erster Freitag im Juli; (Tennant Creek) zweiter Freitag im Juli; (Katherine) dritter Freitag im Juli; (Darwin) vierter Freitag im Juli

Picnic Day Erster Montag im August

Queensland

Labour Day Erster Montag im Mai

Royal Queensland Show Day (Brisbane) Zweiter oder dritter Mittwoch im August

South Australia

Adelaide Cup Day Dritter Montag im Mai

Labour Day Erster Montag im Oktober

Proclamation Day Letzter Montag oder Dienstag im Dezember

Tasmanien

Regatta Day (Hobart) 14. Februar

Launceston Cup Day (Launceston) Letzter Mittwoch im Februar

Eight Hours Day Erster Montag im März

Bank Holiday Dienstag nach Ostermontag

King Island Show (King Island) Erster Dienstag im März

Launceston Show Day (Launceston) Donnerstag vor dem zweiten Samstag im Oktober

Hobart Show Day (Hobart) Donnerstag vor dem vierten Samstag im Oktober

Recreation Day (nördliches Tasmanien) Erster Montag im November

Victoria

Labour Day Zweiter Montag im März

Melbourne Cup Day Erster Dienstag im November

Western Australia

Labour Day Erster Montag im März

Foundation Day Erster Montag im Juni

Schulferien

- Die Urlaubsperiode um Weihnachten fällt in die australischen Sommerferien (Mitte Dez.–Ende Jan.).
- Pro Jahr gibt's noch drei weitere, kürzere Schulferien (ca. Anfang–Mitte April, normalerweise zusammen mit den Osterferien; Ende Juni–Mitte Juli; Ende Sept.–Anfang Okt.), die je nach Bundesstaat sieben bis 14 Tage früher oder später beginnen.

Freiwilligenarbeit

Der englischsprachige Lonely Planet Führer *Volunteer: A Traveller's Guide to Making a Difference Around the World* liefert nützliche Informationen für freiwillige Helfer.

Nützlich sind auch folgende Websites:

GoVolunteer (www.govolunteer.com.au) Verzeichnet Tausende Freiwilligenjobs im ganzen Land.

Responsible Travel (www.responsibletravel.com) Vermittelt befristete Freiwilligenjobs für Australienbesucher.

Volunteering Australia (www.volunteeringaustralia.org) Gibt eine nach den Bundesstaaten aufgeschlüsselte Übersicht über Freiwilligenjobs in ganz Australien.

Australian Volunteers International (www.australianvolunteers.com) Vermittelt ehrenamtliche Fachkräfte an indigene Gemeinden in Nord- und Zentralaustralien (meist für längere Zeit). Gelegentlich können aber auch Freiwillige ohne Fachkenntnis kurzfristig in Rasthäusern unter Aborigine-Leitung aushelfen.

Conservation Volunteers Australia (www.conservationvolunteers.com.au) Gemeinnützige Organisation, die Bäume pflanzt, Wanderwege anlegt oder Bestandserhebungen von Flora und Fauna durchführt.

Earthwatch Institute Australia (www.earthwatch.org) Expeditionen von freiwilligen Helfern mit Schwerpunkt auf Natur- und Tierschutz.

STA (www.statravel.com.au) Organisiert Ferien mit Freiwilligenarbeit in Australien. Auf der Website auf „Planning" und dann auf „Volunteering" klicken!

Willing Workers on Organic Farms (WWOOF: www.wwoof.com.au) Beim „WWOOFing" arbeitet man für Kost und Logis mehrere Stunden am Tag auf einer Farm. Die meisten Gastgeber folgen in irgendeiner Form alternativen Lebensmodellen. Meist gibt es einen Mindestaufenthalt von zwei Nächten. Für die Online-Anmeldung zahlt man 70 AU$. Dafür erhält man eine Mitgliedsnummer und ein Handbuch, das teilnehmende Unternehmen aufführt (Postversand nach Übersee 5 AU$).

Gefahren & Ärgernisse

Australien ist gemessen an internationalen Standards ein relativ sicheres Reiseland; bezüglich Verbrechen oder gar Krieg braucht man sich keine großen Sorgen zu machen. Jedoch richten Naturkatastrophen regelmäßig größere Schäden an: Buschfeuer, Überschwemmungen und Zyklone treten in den meisten Bundesstaaten und Territorien auf, aber wenn man die Warnungen der örtlichen Behörden beachtet und sich von betroffenen Gebieten fernhält, dürfte man keine Probleme bekommen.

➡ Das Baden im äußersten Norden Australiens ist oft gefährlich wegen der Krokodile – diesbezüglich immer bei Einheimischen erkundigen!

➡ Wer nach Einbruch der Dunkelheit auf ländlichen Straßen unterwegs ist, sollte vorsichtig fahren und auf Wildtiere achten, die die Straße überqueren könnten.

➡ Weitere Hinweise rund um gefahren und Ärgernisse finden sich auf S. 1156.

Geld

Bankkarten

Ob am Geldautomaten, am Bankschalter oder am Eftpos-Terminal: Bei Abhebung per Bankkarte wird der jeweilige Betrag direkt vom heimischen Bankkonto abgebucht. Das funktioniert mit der eigenen PIN und praktisch allen Karten international vernetzter Anbieter (Cirrus, Maestro, Plus oder Eurocard). Allerdings ist dabei mit hohen Gebühren zu rechnen.

Zusätzlich gibt es Bankkarten mit festen Abbuchungsgebühren und einem Guthaben, das sich unterwegs direkt über das eigene Konto aufladen lässt. Dies gilt beispielsweise für die Cash-Passport-Karte von Travelex.

Ein Bankkonto eröffnen

Wer plant, einige Zeit in Australien zu bleiben (z. B. mit einem Working-Holiday-Visum), sollte ein Konto bei einer australischen Bank eröffnen. Für Besucher aus Übersee geht das problemlos, wenn sie das innerhalb der ersten sechs Wochen nach der Ankunft im Land tun. Man zeigt einfach seinen Pass vor und nennt der Bank eine gültige Postadresse, und schon hat man ein Konto und erhält die Karte für den Geldautomaten zugesendet.

Nach sechs Wochen wird die Sache viel komplizierter. Jetzt gilt ein Punktesystem, und man muss mindestens 100 Punkte zusammenbekommen, ehe man das Privileg erhält, dass die Bank einem sein Geld abnimmt. Pässe und Geburtsurkunden bringen die meisten Punkte, gefolgt von einem internationalen Führerschein mit Foto und nachgeordneten Identitätsnachweisen wie Kreditkarten. Erforderlich ist auf alle Fälle mindestens ein Identitätsnachweis mit Foto. Sobald das Konto eröffnet ist, sollte man in der Lage sein, sich Geld von seinem heimischen Konto zu überweisen (natürlich gegen eine Gebühr).

Vor der Reise Es ist auch möglich, vor Antritt der Reise ein australisches Bankkonto zu eröffnen. Der Antrag dafür kann online gestellt werden; Einzelheiten erfährt man auf den Websites der Banken:

STAATLICHE REISEINFORMATIONEN

Die Reisehinweise der Außenministerium enthalten u. a. Infos zur Ein- und Ausreise und aktuelle Sicherheitshinweise:

Deutschland (www.auswaertiges-amt.de)

Österreich (www.bmeia.gv.at)

Schweiz (www.eda.admin.ch)

ANZ (www.anz.com.au)

Commonwealth Bank (www.commbank.com.au)

National Australia Bank (NAB; www.nab.com.au)

Westpac (www.westpac.com.au)

Geldautomaten & Eftpos

Geldautomaten Die vier australischen Großbanken (ANZ, Commonwealth Bank, National Australia Bank und Westpac) und deren Tochtergesellschaften haben Filialen überall im Land sowie eine große Menge rund um die Uhr zugängliche Geldautomaten (ATMs), sogar auf einigen Raststätten im Outback. Die meisten Geldautomaten akzeptieren (gegen eine Gebühr) Karten anderer Kreditinstitute und sind international vernetzt.

Eftpos Die meisten Tankstellen, Supermärkte, Restaurants, Cafés und Läden haben Eftpos- (Electronic Funds Transfer at Point of Sale-)Geräte, an denen man mit seiner Debit- oder Kreditkarte den Einkauf bezahlen und teilweise sogar Bargeld abheben kann.

Gebühren Man sollte daran denken, dass die Abhebung von Bargeld am Geldautomaten oder per Eftpos mit beträchtlichen Kosten verbunden sein kann – daher checkt man die anfallenden Kosten besser zunächst über seine eigene Bank.

Geldwechsel

Fremdwährungen (oder Reiseschecks, wenn man denn noch welche nutzt) kann man problemlos in australischen Banken oder bei lizensierten Wechselstuben wie Travelex oder Amex in größeren Städten eintauschen.

Kredit- & Debitkarten

Mit Kreditkarten wie Visa und MasterCard kommt man eigentlich fast überall durch – ob in Hostels, Restaurants, auf Ausflügen oder bei Tourveranstaltern. Dementsprechend sind diese Karten anstelle einer hohen Kaution auch beim Mieten eines Wagens ziemlich unentbehrlich. Sie sind auch nützlich für sofortige Bargeldauszahlungen an Bankschaltern und Geldautomaten. Allerdings hängt das auch von der jeweiligen Karte ab, und es fallen Gebühren an. Diners Club und American Express werden seltener akzeptiert.

Kontaktdaten bei Verlust der Kreditkarte:

American Express (☎1300 132 639; www.americanexpress.com.au)

Diners Club (☎1300 360 060; www.dinersclub.com.au)

MasterCard (☎1800 120 113; www.mastercard.com.au)

Visa (☎1800 450 346; www.visa.com.au)

Reiseschecks

- Wie praktisch: In Australien kann nahezu überall per Kreditkarte oder Lastschrift bezahlt werden. Aufgrund der zahlreichen international vernetzten Einrichtungen spielen Reiseschecks hier eine untergeordnete Rolle.
- AmEx und Travelex nehmen Schecks von Partnerunternehmen an, und auch große Banken lösen problemlos Reiseschecks ein.
- Dazu muss jeweils der Reisepass vorgelegt werden.

Steuern & Erstattungen

Goods & Services Tax (GST)
Die GST ist eine Umsatzsteuer auf alle Waren und Dienstleistungen – z. B. Unterkunft, Restaurantrechnungen, Verkehrsmittel, Elektroartikel, Bücher, Möbel, Kleidung. Es gilt ein Pauschalsatz von 10 %, von dem nur wenige Waren, z. B. Grundnahrungsmittel wie Milch, Brot, Obst oder Gemüse ausgenommen sind. Gesetzlich ist vorgeschrieben, dass alle angegebenen Preise die GST bereits enthalten müssen. Internationale Flug- oder Schiffstickets von/nach Australien sind von der GST befreit, auch Tickets für australische Inlandsflüge, sofern sie von Nicht-Australiern im Ausland gebucht werden.

Zurückerstattung der GST
Wer innerhalb von 30 Tagen vor der Ausreise aus Australien Waren in einem Gesamtwert von mindestens 300 AU$ bei einem Händler gekauft hat, ist nach dem Tourist Refund Scheme (TRS) berechtigt, sich die GST zurückerstatten zu lassen. Diese Regelung gilt allerdings nur für Waren, die man bei der Ausreise mit Flugzeug oder Schiff als Handgepäck mitnimmt oder am Körper trägt. Rückerstattungen sind auch für Waren möglich, die bei verschiedenen Händlern für jeweils mindestens 300 AU$ gekauft wurden. Weitere Details erfährt man unter www.border.gov.au/Trav/Ente/Tour/Are-you-a-traveller.

Income Tax Besucher zahlen Steuern auf Einkünfte, die sie in Australien erzielt haben, und müssen dafür bei der Steuerbehörde (Australian Taxation Office; ATO) eine Steuererklärung abgeben. Wenn zu viel Einkommenssteuer einbehalten wurde, erhält man eine entsprechende Erstattung. Einzelheiten stehen auf der Website des Australian Taxation Office (www.ato.gov.au). Im Jahr 2016 führte die australische Regierung die sogenannte „Backpacker Tax" ein, nach der alle Inhaber von Visa der Kategorien 417 und 462 ab 2017 auf die ersten 37 000 AU$, die sie im Land verdient haben, einen Steuersatz von 15 % entrichten müssen.

Trinkgeld

Es ist üblich, aber keine Verpflichtung, in Restaurants und besseren Cafés ein Trinkgeld in Höhe von 5 bis 10 % des Rechnungsbetrags zu geben, wenn man mit dem Service zufrieden war. Taxifahrer haben auch nichts dagegen, wenn man den Fahrpreis großzügig aufrundet. In Hotels wird generell kein Trinkgeld erwartet.

Währung

Der australische Dollar hat 100 Cent. Es gibt Münzen in einem Wert von 5, 10, 20 und 50 Cent sowie von 1 und 2 AU$ und Geldscheine im Wert von 5, 10, 20, 50 und 100 AU$. Die Preise in Läden werden oft in einzelnen Cents angegeben, beim Bezahlen aber auf den nächsten 5-Cent-Betrag auf- oder abgerundet.

Gesundheit

Obwohl Australien zu großen Teilen in den Tropen liegt, ist es in puncto Gesundheit ein sehr sicheres Reiseland. Die meisten Touristen bekommen daher allerhöchstens eine Magenverstimmung oder einen üblen Kater. Bei ernsthaften Gesundheitsproblemen helfen Kliniken und medizinische Anlaufstellen auf hohem Niveau.

Vor der Reise

IMPFUNGEN

Vier bis acht Wochen vor der Abreise sollte man seinen Arzt aufsuchen und um einen Internationalen Impfpass (das „gelbe Büchlein") bitten, der alle erhaltenen Schutzimpfungen aufführt.

Bei der Einreise nach Australien muss man ein Formular zur Reisehistorie ausfüllen. Dabei müssen alle innerhalb der vergangenen 21 Tage erfolgten Besuche von Regionen, in denen Ebola aufgetreten ist, genau angegeben werden.

Wenn die Einreise nach Australien innerhalb von sechs Tagen nach dem Aufenthalt in einem Gelbfiebergebiet erfolgt, ist eine Gelbfieberimpfung nachzuweisen. Eine komplette Liste aller betreffenden Ländern liefern die **Centers for Disease Control & Prevention** (www.cdc.gov/travel).

Unabhängig vom jeweiligen Reiseziel empfiehlt die **Weltgesundheitsorganisation** (World Health Organisation; www.who.int) generell Impfungen gegen Diphterie, Tetanus, Masern, Mumps, Röteln, Windpocken, Polio (Kinderlähmung) und Hepatitis B. Diese Krankheiten treten auch in Australien gelegentlich auf, obwohl die meisten Einheimischen normalerweise schon im Kindesalter einen umfassenden Impfschutz erhalten haben.

INFOS IM INTERNET

Das Internet liefert eine Menge Gesundheitsratschläge für Traveller: **Lonely Planet** (www.lonelyplanet.com) ist ein guter Einstieg. Die **Weltgesundheitsorganisation (World Health Organization;** www.who.int/ith) veröffentlicht den Führer *International Travel and Health*, der jährlich aktualisiert wird und online kostenlos erhältlich ist. **MD Travel Health** (www.mdtravelhealth.com) liefert zu allen Ländern Gesundheitsempfehlungen für Traveller, die täglich aktualisiert werden. Lohnend sind auch die Gesundheitshinweise auf den Websites der Heimatländer sowie **Fit for travel** (www.fit-for-travel.de).

REISEAPOTHEKE

- Antibakterielle Salbe für Schnitt- und Schürfwunden
- Antibiotika
- Antihistaminika (gegen Heuschnupfen und allergische Reaktionen)
- Durchfallmittel (z.B. Loperamid in Form von Imodium akut)
- Entzündungshemmer (z.B. Ibuprofen-Präparate)
- Fieberthermometer
- Heftpflaster, medizinisches Klebeband (z.B. Leukoplast)
- Insektenschutzmittel mit DEET für die Haut
- Insektenschutzspray mit Permethrin zum Imprägnieren von Bekleidung, Zelten und Moskitonetze
- Jodtabletten oder Wasserfilter (Wasserentkeimung)
- Orales Rehydrationssalz
- Paracetamol (Acetaminophen) oder Aspirin
- Pinzette, Schere, Sicherheitsnadeln
- Sonnenschutzmittel
- Steroid- oder Kortisonsalbe (bei allergisch bedingten Hautausschlägen)
- Taschenmesser
- Verbandszeug, Mullbinden

REISEKRANKENVERSICHERUNG

Eine Reisekrankenversicherung ist für alle Traveller ein Muss. Achtung: Einige Versicherungspolicen schließen „gefährliche Aktivitäten" ausdrücklich aus, die einzeln in der Police angegeben sind. Dazu können Tauchen, Skifahren oder sogar das Wandern im Busch zählen. Also unbedingt darauf achten, dass die Krankenversicherung, die man abschließt, auch alle Aktivitäten abdeckt, die man ausüben möchte!.

In Australien

MEDIZINISCHE VERSORGUNG & KOSTEN

Einrichtungen Australiens hervorragendes Gesundheitssystem besteht aus Privatkliniken und öffentlichen, staatlich finanzierten Krankenhäusern. In Ballungszentren kommen sehr gute öffentliche Spezialeinrichtungen für Frauen und Kinder hinzu.

Medicare Dieses System ersetzt australischen Staatsangehörigen einen Teil ihrer medizinischen Behandlungskosten – ebenso Bürgern bestimmter Länder, die mit Australien wechselseitige Gesundheitsabkommen getroffen haben (s. www.humanservices.gov.au/customer/subjects/medicare-services). Da Deutsche, Österreicher und Schweizer nicht darunter fallen, benötigen sie eine eigene umfassende Krankenversicherung.

Medikamente Landesweit sind Schmerzmittel, Salben und Antihistaminika für Allergiker rezeptfrei bei Apotheken erhältlich. Arzneien, die man anderswo eventuell ohne Rezept bekommt, können in Australien verschreibungspflichtig sein (z.B. die Antibabypille, alle Antibiotika und manche Asthmamittel).

MEDIZINISCHE VERSORGUNG IN ABGELEGENEN GEBIETEN

Bei schweren Unfällen oder ernsten Erkrankungen in entlegenen Regionen Australiens kann es ziemlich lange dauern, bis ein Notarzt eintrifft: Die riesigen Entfernungen zwischen den meisten

Outback-Siedlungen sind nicht zu unterschätzen. Touren durch einsame Ecken erfordern daher unbedingt angemessene Vorbereitung, Vorsichtsmaßnahmen und Ausrüstung. Der **Royal Flying Doctor Service** (www.flyingdoctor.org.au) leistet wichtige Notfallhilfe für abgelegene Gemeinden.

Spezielle Erste-Hilfe-Kurse für Notfälle in der Wildnis werden z. B. von **Wilderness First Aid Consultants** (www.wfac.com.au) angeboten und sind äußerst sinnvoll. Zudem sollte man immer eine Erste-Hilfe-Ausrüstung mitnehmen, die auf die geplanten Aktivitäten abgestimmt ist!

Geeignete Kommunikationsmittel sind unerlässlich. Australien besitzt zwar ein gut ausgebautes Handynetz, aber in abgelegenen Gebieten braucht man eine zusätzliche Funkausrüstung (z. B. ein Satellitentelefon). Auch eine Leuchtfeuerpistole ist wesentlich, wenn man sich sehr weit draußen bewegt.

Hitzschlag & hitzebedingte Erschöpfung

Zu den Symptomen einer hitzebedingten Erschöpfung zählen Schwindel, Ohnmacht, Abgeschlagenheit, Übelkeit oder Erbrechen. Die Haut ist in der Regel fahl, kühl und klamm. Die Behandlung besteht in Ausruhen an einem kühlen schattigen Ort und im Ausgleich des Flüssigkeitsverlusts durch Wasser oder verdünnte Sportdrinks.

Der Hitzschlag ist eine schwere Form einer hitzebedingten Erschöpfung und ein ernster medizinischer Notfall. Die Aufheizung des Gehirns löst Orientierungsverlust, Halluzinationen und Krampfanfälle aus. Um Hitzschläge zu vermeiden, ist auf eine angemessene Flüssigkeitsaufnahme zu achten und zu beobachten, ob man in angemessenem Ausmaß klaren Urin ausscheidet. Das ist besonders wichtig, wenn man sich körperlich anstrengt.

Reisedurchfall

Abgesehen von Leitungswasser sollte alles Wasser in Australien abgekocht, gefiltert oder (mit Jod-Tabletten) chemisch desinfiziert werden, um Reisedurchfall und Giardiasis zu vermeiden.

Wer Durchfall entwickelt (mehr als vier oder fünf Stuhlgänge am Tag), sollte viel trinken, vorzugsweise eine orale Rehydrationslösung mit viel Salz und Zucker. Gegebenenfalls kann es ratsam sein, ein Antibiotikum (in der Regel ein Chinolon-Präparat) und ein Mittel gegen Durchfall (z. B. Loperamid) einzunehmen. Wenn der Stuhl blutig ist, der Durchfall länger als 72 Stunden anhält oder von Fieber, Schüttelfrost oder starken Bauchschmerzen begleitet wird, ist ärztliche Hilfe geboten.

Sonne & Surfen

Bevor man sich in die Brandung stürzt, solle man sich bei örtlichen Rettungsschwimmerorganisationen nach Gefahren erkundigen. Es ist außerdem ratsam, sich jederzeit über die Grenzen seines Könnens und seiner körperlichen Leistungsfähigkeit im Klaren zu sein.

Die Sonne ist in Australien deutlich stärker und brennt viel heftiger, als es die meisten Traveller aus ihren Heimatländern gewohnt sind. Man sollte stets eine Sonnencreme mit einem Lichtschutzfaktor von mindestens 50 verwenden und sie 30 Minuten, bevor man in die Sonne hinausgeht, auftragen sowie regelmäßig nachcremen.

Trinkwasser

Leitungswasser ist in Australien generell unbedenklich trinkbar.

Von Insekten übertragene Krankheiten

Verschiedene Insekten können in Australien spezifische Krankheiten übertragen (Denguefieber, Ross-River-Fieber, virale Enzephalitis, Buruli- (auch Bairsdale-)Ulkus. Zum Schutz sollte man lose sitzende, langärmelige Kleidung tragen und auf alle offenliegenden Hautpartien ein Insektenschutzmittel mit 30 % DEET auftragen.

Internetzugang

Internetcafés & Internetzugang

Wegen iPhones, iPads und WLAN gibt es heute weniger Internetcafés als noch vor

BUNDESSTAATLICHE QUARANTÄNE

Ob bei Inlandsreisen auf dem Land- oder Luftweg: Vor allem an Flughäfen, Fernbahnhöfen und Staatsgrenzen warnen Schilder vor potenziellen Gefahren durch die Mitnahme von Obst, Gemüse oder Pflanzen zwischen den Bundesstaaten. Bestimmte Schädlinge oder Krankheiten (z. B. Fruchtfliegen, Fransenflügler, Rebläuse) treten bisher nur in manchen australischen Regionen auf; die Regierung will der Verbreitung entgegenwirken.

Inspektionsposten der Quarantänebehörden gibt's an einigen Staatsgrenzen und ab und zu auch anderswo. Die Kontrolle baut oft auf die Ehrlichkeit der Reisenden. Viele Stationen sind aber mit mehreren Beamten besetzt, die Fahrzeuge nach nicht deklarierten Waren durchsuchen dürfen. Da frisches Obst und Gemüse meist komplett konfisziert wird, kauft man solche Produkte am besten erst im nächsten Ort hinter der Kontrollstelle.

fünf Jahren, aber abgesehen von den kleinsten Ortschaften findet man in meisten Orten noch welche. Die meisten Unterkünfte schaffen Computer mit Internetzugang und Internetkioske für die Gäste langsam zugunsten von WLAN ab, aber in den meisten Hostels gibt es immer noch öffentliche Computer.

Viele öffentliche Bibliotheken haben Internetzugang, der aber grundsätzlich für Forschungsrecherchen und nicht dafür zur Verfügung gestellt wird, dass Traveller bei Facebook reinschauen. Deswegen sollte man hier den Zugang vorab reservieren oder einfach ein Internetcafé aufsuchen.

WLAN

WLAN (für die Gäste oft kostenlos) ist in städtischen Unterkünften in Australien zunehmend die Regel. Auch in Cafés, Bars und sogar in einigen öffentlichen Parks und auf öffentlichen Plätzen gibt's WLAN. Die örtlichen Touristeninformation sollte einem sagen können, wo überall es öffentliche WLAN-Hotspots gibt.

Es existiert aber immer noch eine erstaunlich große Zahl schwarzer Löcher in der Handynetz- und Internet-Abdeckung, überwiegend in ländlichen und Outback-Gebieten. In solchen Gebieten kann das WLAN im Hotel die einzige Rettung sein.

Karten

Straßenkarten von guter Qualität und topografische Karten gibt es viele, und sie sind in Australien überall problemlos erhältlich. Die Automobilclubs der Bundesstaaten sind verlässliche Quellen für Straßenkarten, und die örtlichen Touristeninformationen haben in der Regel Gratis-Stadtpläne und Regionalkarten (von unterschiedlicher kartografischer Qualität).

Karten für Wanderungen im Busch Wer im Busch wandern oder andere Aktivitäten unternehmen will, wofür man Karten in großem Maßstab braucht, sollte in den topografischen Kartenblättern von **Geoscience Australia** (☎1800 800 173; www.ga.gov.au) stöbern. Die am stärksten nachgefragten Blätter sind in der Regel in Läden, die Spezialausrüstung fürs Buschwandern und Outdoor-Equipment verkaufen, vorrätig.

Straßenkarten fürs Outback Hema Maps (www.hemamaps.com) publiziert einige der besten Karten für Wüstenpiste und Wüstenregionen. Man bekommt die Karten online und in einigen Buchläden.

GPS Die meisten Autoverleiher vermieten auch GPS-Geräte (wenn vorrätig); diese sind aber, wenn man sich an die Hauptstraßen hält, durchaus verzichtbar.

Kinder

Wenn man die riesigen Entfernungen zwischen den Großstädten gut meistert, können Australientrips mit Kindern eine feine Sache sein. Drinnen und draußen warten jede Menge Attraktionen und Aktivitäten.

Der englischsprachige Lonely Planet *Travel with Children* enthält viel Nützliches zum Thema.

Praktisch & Konkret

Betreuung Vor Ort gibt's viele offiziell zugelassene Einrichtungen bzw. Agenturen für Babysitting und Kinderbetreuung, die staatlich kontrolliert werden und normalerweise sehr professionell arbeiten. Die Gelben Seiten *(Yellow Pages)* der Telefonbücher enthalten Kontaktadressen unter „Baby Sitters" und „Child Care Centres". Auch Stadtverwaltungen führen Verzeichnisse mit entsprechenden Optionen. Um Anbieter ohne Lizenz macht man am besten einen großen Bogen.

Ermäßigungen Bei Unterkünften, geführten Touren, Eintrittsgebühren und Verkehrsmitteln gibt's oft Kinder- oder Familienrabatte, die bis zu 50 % Ersparnis bringen können. Die obere Altersgrenze für „Kinder" kann dabei zwischen zwölf und 18 Jahren liegen. Unterkünfte gewähren üblicherweise Ermäßigungen, wenn Kinder unter zwölf Jahren im Zimmer ihrer Eltern übernachten.

Kindersitze Große Autovermieter stellen und montieren Kindersitze (einmalige Gebühr ca. 25 AU$ oder eine Gebühr pro Tag). Bei Taxiunternehmen sollten Kindersitze vorab telefonisch angefordert werden. Die gesetzlichen Bestimmungen für Taxitrips mit Kids variieren je nach Bundesstaat und schreiben meist keine Kindersitze vor. Wenn sie jedoch vorhanden sind, müssen sie auch benutzt werden.

Medizinische Versorgung Australien hat einen hohen medizinischen Versorgungsstandard. Babyartikel (z. B. Nahrung, Einwegwindeln) sind überall erhältlich.

Stillen & Wickeln Alle großen und die meisten größeren Städte haben öffentliche Räume in zentraler Lage, in denen Eltern ihre Babys füttern und wickeln können. Lokale Touristeninformationen oder Stadtverwaltungen liefern hierzu Details. Australier sehen Stillen und Wickeln in der Öffentlichkeit größtenteils relaxt.

Unterkunft Viele Motels und besser ausgestattete Campingplätze warten mit Spielplätzen, Pools, Kinderbetten und (manchmal) Babybadewannen auf. Manche Motels empfangen Kinder auch mit geeigneten Videos und hauseigener Betreuung. Spitzenklassehotels und viele (aber nicht alle) Mittelklassehotels sind bestens auf Gäste mit Nachwuchs eingerichtet. B & Bs vermarkten sich dagegen oft als „kinderfrei".

Mit Kindern essen gehen

Mit Kindern essen zu gehen, ist in Australien kein Problem. Abgesehen von den schicksten Restaurants sind Kinder nirgendwo ein seltener Anblick. In Cafés sind sie in der Regel immer willkommen, und in Bistros oder Clubs sieht man oft Familien, die dort früh zu Abend essen. In vielen feinen Restaurants sind kleine Kinder unerwünscht, weil man davon ausgeht, dass sie andere Gäste beim Essen stören könnten.

Die meisten Lokale, in denen Kinder willkommen sind, haben aber keine Kinderkarten – und wenn doch, kommt alles darauf direkt aus der Fritteuse (Hähnchenfleisch mit Pommes etc.). Am besten wählt man ein Gericht von der normalen Karte (z. B. ein Nudelgericht oder einen Salat) und bittet darum, dass die Küche das Gericht kindgerecht abwandelt.

Eine gute Nachricht für Familien auf Reisen ist, dass es in den Parks viele kostenlose Grills oder Grills mit Münzeneinwurf gibt. An Wochenenden und Feiertagen sind die Grills allerdings ausgesprochen begehrt.

Öffnungszeiten

Die Geschäfts- und Öffnungszeiten variieren von Bundesstaat zu Bundesstaat, insofern sind die folgenden Angaben nur eine grobe Richtlinie. Achtung: In Australien sind fast alle Attraktionen am 1. Weihnachtsfeiertag geschlossen und viele auch am Neujahrstag und am Karfreitag.

Banken Mo–Do 9.30–16; Fr bis 17 Uhr.

Cafés Tagsüber geöffnete Café öffnen gegen 7 Uhr und schließen gegen 17 Uhr, wenn sie nicht bis zum späten Abend offen bleiben.

Läden & Geschäfte Mo–Fr 9–17 oder 18, Sa bis 12 oder 17 Uhr. In größeren Städten haben Läden bis 21 Uhr geöffnet.

Postämter Mo–Fr 9–17 Uhr, manche zusätzlich Sa 9–12 Uhr. Briefmarken erhält man auch in Zeitungs- und Lebensmittelläden.

Pubs Essen gibt's in der Regel von 12 bis 14 und 18 bis 20 Uhr. Pubs und Bars öffnen den Ausschank oft mittags und schließen ihn spät in der Nacht (vor allem Do–Sa).

Restaurants Mittags ca. 12–14.30, abends 18–20 Uhr. Die Restaurants in Großstädten sind länger geöffnet.

Supermärkte Generell 7 bis mindestens 20 Uhr, manche sind auch rund um die Uhr geöffnet. Auch Delis und General Stores bleiben lange geöffnet.

Tankstellen & Raststätten In der Regel 8–22 Uhr. Manche Tankstellen in den Städten sind rund um die Uhr geöffnet.

Post

Die **Australia Post** (www.auspost.com.au) ist ein sehr verlässliches Postunternehmen für nationale und internationale Sendungen. Über Zonen und Preise für den internationalen Versand informiert die Website. Postfilialen bewahren Sendungen für Besucher auf; bei der Abholung muss man sich ausweisen (z. B. mit dem Reisepass oder Führerschein).

Rechtsfragen

Die meisten Traveller werden mit Australiens Polizei und Rechtssystem gar nicht in Berührung kommen – falls doch, dann wahrscheinlich als Verkehrsteilnehmer.

Drogen Wer erstmals mit einer kleinen Menge illegaler Drogen erwischt wird, kommt oft mit einer Geldstrafe davon. Allerdings kann jedes polizeilich registrierte Vergehen den Visumsstatus beeinträchtigen.

Rechtsberatung Vor einer Vernehmung hat man das Recht, einen Freund, Verwandten oder Anwalt anzurufen. Rechtshilfe wird nur bei schwerwiegenden Anschuldigungen bei Mittellosigkeit gewährt; dazu findet man Infos unter www.nationallegalaid.org. Viele Anwälte bieten aber eine kostenlose Erstberatung an.

Verkehrsdelikte Auf australischen Straßen ist die Polizeipräsenz recht hoch. Die Beamten können einen jederzeit anhalten, sich den Führerschein (stets mitzuführen!) zeigen lassen, das Fahrzeug auf Verkehrssicherheit überprüfen und einen Atemalkoholtest durchführen. Gelegentlich wird man auch auf illegale Drogen überprüft.

Visa Wer über die Gültigkeitsdauer hinaus im Land bleibt, gilt als *overstayer* und muss mit Festnahme plus Ausweisung rechnen. Zudem kann in diesem Fall ein Einreiseverbot von bis zu drei Jahren verhängt werden.

Reisen mit Behinderung

Der kostenlose Lonely Planet Führer *Accessible Travel* kann unter http://lptravel.to/AccessibleTravel heruntergeladen werden.

- Das Bewusstsein für die Bedürfnisse von Behinderten ist in Australien groß und wächst stetig weiter.
- Nach dem Gesetz müssen alle neuen Unterkünfte standardmäßig für Reisende mit eingeschränkter Mobilität geeignet sein. Außerdem verstößt deren Benachteiligung durch Tourismusanbieter gegen geltendes Recht.
- Viele australische Top-Attraktionen (beispielsweise zahlreiche Nationalparks) sind für Besucher mit Handicap zugänglich. Vielerorts wird auch auf die besonderen Bedürfnisse von Sehbehinderten oder Hörgeschädigten eingegangen. Dennoch sollte man sich rechtzeitig nach vorhandenen Einrichtungen an geplanten Zielen erkundigen.
- In Großstädten verfügen Tourveranstalter meist über spezielle Fahrzeuge für Kunden mit eingeschränkter Mobilität.
- Immer mehr Unterkünfte sind mittlerweile rollstuhlgerecht gestaltet, während der erforderliche Umbau vieler älterer Quartiere noch auf sich warten lässt.

Infos im Internet

AUSTRALIEN

Deaf Australia (www.deafaustralia.org.au)

e-Bility (www.ebility.com)

National Information Communication & Awareness Network (Nican; ☎1300 655 535, 02 6241 1220; www.nican.com.au) Verzeichnis mit australienweiten Infos zu Zugänglichkeit, behindertengerechten Unterkünften, Sport- und Freizeitaktivitäten, Verkehrsmitteln und spezialisierten Tourveranstaltern.

Vision Australia (☎1300 847 466; www.visionaustralia.org.au)

INTERNATIONAL

MyHandicap Deutschland (www.myhandicap.de)

MyHandicap Schweiz (www.myhandicap.ch)

Nationale Koordinierungsstelle Tourismus für Alle e. V. (Natko; www.natko.de)

Unterwegs vor Ort

FLUGREISEN

Qantas gewährt Passagieren mit Behinderung und deren Begleitung einen Rabatt auf Economy-Listenpreise; beim **National Information Communication & Awareness Network** (Nican; ☎1300 655 535, 02 6241 1220; www.nican.com.au) gibt's Antragsformulare und Infos zu den Berechtigungskriterien. Blindenhunde werden bei Qantas, Jetstar, Virgin Australia und deren Tochtergesellschaften kostenlos mitbefördert. Alle größeren australischen Flughäfen haben ausgewiesene Behindertenparktplätze, rollstuhlgerechte Zugänge zu den Terminals, Behindertentoiletten und Hebellifte, um Passagiere mit Handicap über die Fluggastbrücke an Bord zu bringen.

ZUGREISEN

In New South Wales haben alle XPT-Züge von CountryLink zumindest einen Waggon (meist den Speisewagen) mit Rollstuhlplatz und behindertengerechter Toilette. Auch der *Tilt Train* von Queensland Rail von Brisbane nach Cairns hat einen rollstuhlgerechten Waggon.

Alle Vorortzüge sind für Rollstuhlfahrer zugänglich. Blinden- und Gehörlosenhunde sind in allen öffentlichen Verkehrsmitteln zugelassen.

In Victoria bietet **PTV** (Public Transport Victoria; ☎1800 800 007; www.ptv.vic.gov.au) eine kostenlose Fahrkarte für Sehbehinderte und Rollstuhlfahrer, die in den Verkehrsmitteln rund um Melbourne gültig ist.

Schwule & Lesben

Australien ist ein beliebtes Reiseziel für LGBTIQ-Traveller. Der alljährliche hochkarätige und spektakuläre Sydney Gay & Lesbian Mardi Gras macht Sydney zu einem Zentrum des „Pink Tourism". Allgemein sind Australier Schwulen und Lesben gegenüber aufgeschlossen, aber je weiter man sich von den Städten entfernt, desto größer wird die Wahrscheinlichkeit, mit Homophobie konfrontiert zu werden.

Überall im Land, besonders aber an der Ostküste, gibt es Tourveranstalter, Reisebüros und Unterkünfte, die auf schwule und lesbische Traveller spezialisiert sind.

Gleichgeschlechtlicher Sex ist überall legal, das gesetzliche Mindestalter variiert aber in den einzelnen Bundesstaaten und Territorien.

Feste & Events

Midsumma Festival, Melbourne (www.midsumma.org.au; 🕑Jan.–Feb.)

Sydney Gay & Lesbian Mardi Gras, Sydney (www.mardigras.org.au; 🕑Feb.–März)

Feast Festival, Adelaide (www.feast.org.au; 🕑Okt./Nov.)

PrideFest, Perth (www.pridewa.com.au; 🕑Nov.)

Brisbane Pride Festival (www.brisbanepride.org.au; 🕑Sept.)

Infos im Internet

In den Großstädten gibt's Zeitschriften der schwulen Szene in Clubs, Cafés, Treffs und im Zeitungshandel. Zu den Lifestyle-Magazinen für Schwule und Lesben zählen *DNA*, *Lesbians on the Loose (LOTL)*, *SX* (Sydney), *MCV* (Melbourne), *Queensland Pride* (Queensland), *OutinPerth* (Perth, kostenlos) und Blaze (Adelaide).

Gay & Lesbian Tourism Australia (Galta; www.galta.com.au) Allgemeine Informationen zu schwulenfreundlichen Geschäften, Unterkünften und Nachtlokalen.

Gay Stay Australia (www.gaystayaustralia.com) Eine nützliche Quelle zu schwulenfreundlichen Unterkünften.

Same Same (www.samesame.com.au) News, Events & Lifestyle.

Strom

240 V Wechselstrom, 50 Hz. Man braucht einen Adapter mit drei Kontakten (der sich von den Adaptern für Großbritannien unterscheidet).

Typ I
230 V/50 Hz

Telefon

Australiens größte Telekommunikationsunternehmen:

Optus (☎1800 780 219; www.optus.com.au)

Telstra (☎13 22 00; www.telstra.com.au)

Virgin (☎1300 555 100; www.virginmobile.com.au)

Vodafone (☎1300 650 410; www.vodafone.com.au)

Auskunft & Gebührenfreie Nummern

➡ Von Anschlüssen im ganzen Land aus sind viele Firmen entweder gebührenfrei (die Nummern beginnen mit ☎1800) oder zum Ortstarif (die Nummern beginnen mit 13 od. 1300) erreichbar. In beiden Fällen kann jedoch nicht aus dem Ausland angerufen werden (und oft auch nicht von Handys innerhalb Australiens).

➡ Unter ☎1800 738 3773 oder 12 550 sind R-Gespräche von allen öffentlichen und privaten Anschlüssen aus möglich.

➡ Bei Nummern mit ☎190 am Anfang handelt es sich meist um Bandansagen bzw. elektronische Auskunftsdienste (ca. 0,35–5 AU$/Min., mehr bei Anrufen von Handys oder öffentlichen Telefonen).

Auslandsgespräche

Öffentliche Fernsprecher Von den meisten öffentlichen Fernsprechern sind Auslandsgespräche mit International Subscriber Dialling (ISD) möglich, bei denen Tarife und Vorwahlcodes je nach dem Anbieter der internationalen Telefonkarte variieren. ISD-Telefonkarten sind überall in Internetcafés und Gemischtwarenläden erhältlich.

Festnetzanschlüsse Auslandsgespräche von australischen Festnetzanschlüssen sind relativ günstig. Der Preis hängt davon ab, wohin man telefoniert, wofür es oft Sonderangebote gibt. Auch hier variieren die Preise je nach Anbieter.

Vorwahl Auslandsgespräche nach Übersee beginnen mit dem australischen Zugangscode für Auslandsgespräche (☎0011 oder 0018), anschließend folgt die jeweilige Landesvorwahl, dann die Ortsvorwahl (ohne die 0 am Anfang). Für Berlin beispielsweise wählt man also die ☎0011-49-30 und dann die gewünschte Rufnummer. Die Dienste bestimmter Anbieter erfordern zusätzliche Vorwahlen. Bei Telefongesprächen nach Australien wählt man den Ländercode ☎0061 und dann die Gebietsvorwahl des jeweiligen Bundesstaats oder Territoriums ohne die anfängliche 0.

Ferngespräche & Ortsvorwahlen

Ferngespräche (ab ca. 50 km) werden nach Zeit berechnet. Es gibt hier regionale Subscriber Trunk Dialling-(STD-) Gebietsvorwahlen. Ferngespräche können von allen öffentlichen Fernsprechern geführt werden und sind außerhalb der Spitzenzeiten (generell zwischen 19 und 7 Uhr sowie an Wochenenden) billiger. Es gibt folgende Gebietsvorwahlen:

BUNDESSTAAT/ TERRITORIUM	VORWAHL
Australian Capital Territory (ACT)	☎02
New South Wales (NSW)	☎02
Northern Territory (NT)	☎08
Queensland (QLD)	☎07
South Australia (SA)	☎08
Tasmanien (TAS)	☎03
Victoria (VIC)	☎03
Western Australia (WA)	☎08

Die Grenzen der Gebietsvorwahlen decken sich nicht immer mit den Bundesstaatsgrenzen; so gelten beispielsweise in manchen Teilen von New South Wales die Vorwahlen angrenzender Bundesstaaten.

Handys

Anbieter Besucher können problemlos für einen begrenzten Zeitraum das Mobilfunknetz nutzen: Die Hauptanbieter (Telstra, Optus, Virgin und Vodafone) verfügen alle über Prepaid-Angebote. Einfach ein Starter-Paket, eventuell mit Handy, oder – wenn man das eigene nutzen möchte – eine SIM- sowie eine Prepaid-Karte kaufen. Es lohnt sich, Angebote zu vergleichen!

Empfang Australiens Mobilfunknetze werden von über 90 % der Bevölkerung genutzt, decken aber weite Landesteile nicht ab.

Netze Australiens digitales Netzwerk ist mit GSM 900 und 1800 (in Europa üblich) kompatibel, jedoch nicht mit den Systemen, die in den USA und Japan üblich sind.

Nummern Australische Handynummern beginnen mit ☎04.

Ortsgespräche

Ortsgespräche kosten 50 Cent von öffentlichen Telefonen und 25 Cent von Privatanschlüssen aus (die Preise variieren je nach Anbieter). Eine zeitliche Begrenzung gibt es hierbei nicht. Anrufe zu/von einer Handynummer sind teurer und werden nach Gesprächsdauer berechnet.

Telefonkarten

Zeitungshändler, Hostels und Postfilialen verkaufen zu Fixpreisen (10 AU$, 20 AU$ usw.) diverse Telefonkarten, die man an allen privaten und öffentlichen Anschlüssen benutzen kann: einfach die gebührenfreie Zugangsnummer wählen, dann die auf der Karte stehende PIN eingeben, und los geht's!

Öffentliche Telefone Die meisten der wenigen öffentlichen Telefone, die es noch gibt, funktionieren mit Telefonkarten (manche auch mit Kreditkarten). Altmodische Münzfernsprecher werden immer seltener und sind – wo noch vorhanden – oft defekt (beispielsweise wegen Vandalismus oder Kaugummi im Einwurfschlitz).

Toiletten

➡ Sitztoiletten im westlichen Stil sind in Australien die Norm. In entlegenen Outback-Nestern sind die Hygienestandards teils nicht sonderlich hoch.

➡ Unter www.toiletmap.gov.au gibt es ein Verzeichnis öffentlicher Toiletten, darunter auch behindertengerechte.

Touristeninformation

Als staatliche Tourismusbehörde erleichtert die **Tourism Australia** (ATC; www.australia.com) die Reiseplanung mit einer hervorragenden Website. Neben verlässlichen Reisebüros in aller Welt sind dort auch Infos zu Visums-, Arbeits- und Zollbestimmungen aufgeführt.

Innerhalb Australiens werden Touristeninfos von verschiedenen Regional- und Lokalbüros erteilt. Jede größere Stadt unterhält eine Art von Besucherzentrum (Visitor Centre, Tourist Office usw.). Häufig arbeitet dort sehr kompetentes und auskunftsfreudiges Personal (oft freiwillige Pensionäre), das staatliche Büros in puncto konkrete Lokalinfos aussticht. Wer Unterkünfte oder Touren vor Ort bucht, sollte jedoch bedenken: In vielen Fällen werden nur Anbieter vermittelt, die zahlende Mitglieder des jeweiligen regionalen Tourismusverbands sind.

Unterkunft

Während der Hauptsaison im Sommer (Dez.–Feb.) und anderer Spitzenzeiten (vor allem Schulferien, Ostern) sind die Preise normalerweise am höchsten. Im übrigen Jahr gibt's willkommene Rabatte und niedrigere Last-Minute-Tarife. Bemerkenswerte Ausnahmen sind Central Australia, das Top End und die Skiorte: Dort ist jeweils der Sommer die Nachsaison und daher mit kräftigen Preisstürzen verbunden.

B & Bs (Pensionen)

Australiens B & B-Angebot umfasst restaurierte Bergmannshäuschen und umgebaute Scheunen, große alte Häuser, aber auch luxuriöse Landsitze und Strandbungalows. Die Preise liegen in der Regel im mittleren Segment, manchmal sind sie auch höher. In Gegenden, die bei Wochenendausflüglern beliebt sind – historische Städte, Weinregionen, gut zugängliche Waldgebiete wie die Blue Mountains in New South Wales und die Dandenongs in Victoria – zählen B & Bs oft zur Spitzenkategorie und verlangen in der Hauptsaison am Wochenende teils astronomisch anmutende Preise.

Bei manchen Unterkünften, die als B & Bs ausgewiesen sind, handelt es sich um Ferienhütten für Selbstversorger, die Frühstücksproviant zur Verfügung stellen. Nur in billigeren B & Bs müssen sich Gäste die Bäder teilen. Manche Betreiber servieren auch Abendessen (meist muss 24 Stunden im Voraus reserviert werden).

Infos im Internet:

Beautiful Accommodation (www.beautifulaccommodation.com) Eine Auswahl von Luxus-B & Bs und Ferienhäusern.

Bed & Breakfast Site (www.babs.com.au) B & Bs im ganzen Land.

Hosted Accommodation Australia (www.australianbedandbreakfast.com.au) Listet B & Bs, Farmstays, Cottages und Anwesen auf.

OZ Bed and Breakfast (www.ozbedandbreakfast.com) Landesweite Website.

Camping& Ferienparks

Camping im Busch gehört zu den Highlights einer Australienreise: Im Outback und im nördlichen Australien braucht man oft noch nicht einmal ein Zelt. Eine Nacht am Lagerfeuer unter den Sternen ist unvergesslich.

Jahreszeiten Um extrem heißes oder kaltes Wetter zu vermeiden, campt man im Norden Australiens am besten im Winter (der Trockenzeit), im Süden hingegen im Sommer.

Kosten Die Kosten für einen Stellplatz für 2 Personen auf einem privat geführten Campingplatz liegen in der Regel zwischen 22 und 35 AU$ pro Nacht. Ein Stellplatz mit Strom kostet etwas mehr, und Stellplätze in abgelegenen Gebieten können auch teurer sein. Wenn nicht anders angegeben, gelten die Stellplatzpreise für zwei Personen. Das Übernachten auf ausgewiesenen Plätzen in Nationalparks kostet normalerweise zwischen 3,50 und 15 AU$ pro Nase.

Einrichtungen Fast alle Campingplätze und Ferienparks verfügen über Warmwasserduschen, WCs, Waschküchen und oft auch einen Pool. Meist stehen Hütten sowie Stellplätze für Zelte und Wohnmobile mit Strom zur Auswahl. Größe und Ausstattung der Hütten variieren; für kleine Varianten mit Küchenzeile bezahlt man rund 80 bis 100 AU$, für Hütten mit zwei bis drei Schlafzimmern mit voll ausgestatteter Küche, Wohnraum, TV und Betten für bis zu sechs Personen bis zu 200 AU$.

Lage Für die meisten Campingplätze in Großstädten benötigt man ein Auto, da sie häufig mehrere Kilometer vom Zentrum des Geschehens entfernt liegen. Für die überaus beliebten Campingplätze der Küstenregionen empfiehlt es sich, lange im Voraus zu reservieren vor allem für den Sommer und für die Osterfeiertage.

UNTERKÜNFTE ONLINE BUCHEN

Weitere Unterkunftsbewertungen von Lonely Planet Autoren gibt's unter www.lonelyplanet.com/australia/hotels. Dort findet man unabhängig recherchierte Infos und Empfehlungen zu den besten Adressen. Zudem kann online gebucht werden.

Infos im Internet Empfehlenswert ist der praktische Führer (mit App) **Camps Australia Wide** (www.campsaustraliawide.com) mit Karten und Infos zu Campingplätzen in ganz Australien.

Genehmigungen Anträge für die Genehmigung zum Campen in Nationalparks werden von den Behörden oft online bearbeitet – beim örtlichen National Park Service in dem Bundesstaat erkundigen, den man besuchen möchte!

Große Ketten Wer plant, viele Wohnmobil- bzw. Campingplätze zu nutzen, für den lohnt sich eventuell eine Mitgliedschaft in einer der großen Organisationen, da dann Rabatte winken. Dazu gehören:

Big 4 Holiday Parks (www.big4.com.au)

Discovery Holiday Parks (www.discoveryholidayparks.com.au)

Top Tourist Parks (www.toptouristparks.com.au)

Farmstays

Auf ländlichen Farmen bekommt man manchmal ein Bett für die Nacht, und auf einigen abgelegenen Ranches im Outback kann man im Haus oder in den Schafschererquartieren übernachten und Aktivitäten, z. B. Ausritte unternehmen. Bei manchen spannt man einfach aus und schaut den Arbeiten zu, bei anderen kann oder muss man sich selbst an den täglichen Arbeiten beteiligen. Die meisten Unterkünfte sind sehr komfortabel: nach B&B-Art im Haupthaus (mit Abendessen auf Anfrage) oder in separaten Cottages. Auf manchen Farmen gibt's auch Budgetunterkünfte in Anbauten oder den Schafschererbaracken.

Es ist allerdings zu beachten, dass einige Farmstays ihre Unterkünfte für die Armee von Saisonarbeitern nutzen, die zur Obsternte kommen, und wir haben von einigen gehört, die an allen Ecken und Enden sparen, um die Übernachtungsgäste richtig zu schröpfen. Unbedingt sollte man darauf achten, dass die Preise und alle Extras (z. B. Waschküchennutzung) festgelegt sind, bevor man unterschreibt. Zuvor aber sollte man schauen, wie es um die Sicherheit bestellt ist (Feuermelder & Fluchtwege) und sich erst dann für eine Übernachtung entscheiden.

Empfehlenswerte Websites:

Farmstay Camping Australia (www.farmstaycampingaustralia.com.au)

Hosted Accommodation Australia (www.australianbedandbreakfast.com.au)

Stayz (www.stayz.com.au/farm-accommodation)

PREISKATEGORIEN: UNTERKÜNFTE

Die folgenden Preisspannen gelten jeweils für ein Doppelzimmer mit eigenem Bad in der Hauptsaison (Sommer):

**$** unter 130 AU$

**$$** 130–250 AU$

**$$$** über 250 AU$

Ferienapartments

Ferienwohnungen sind besonders in Küstengebieten verbreitet. Die Buchung erfolgt oft über örtliche Grundstücksmakler oder Online-Buchungsportale.

Preise Apartments mit zwei Schlafzimmern kosten durchschnittlich zwischen 150 und 250 AU$ pro Übernachtung. Spitzenzeiten oder Zimmerservice lassen die Preise aber kräftig steigen.

Angebot Ferienapartments eignen sich sehr gut für längere Aufenthalte. Das Angebot diesbezüglich reicht von einfachen, studioartigen Zimmern mit kleinen Kochnischen bis hin zu Varianten mit zwei Schlafzimmern, komplett ausgestatteten Waschküchen und topmodernen Unterhaltungssystemen. Solche Quartiere befinden sich oft in kleinen, einstöckigen Gebäudekomplexen. In Touristenhochburgen (z. B. an der Gold Coast) bilden sie ein ganzes Meer von Hochhäusern.

Hostels

Backpacker-Hostels sind in Australiens Großstädten und an der Küste schwer angesagt, in ländlichen Gegenden oder im Outback aber rar. Zahllose Gäste zwischen 18 und 30 Jahren sorgen dort normalerweise für Leben. Inzwischen zielen manche Hostels aber auch auf andere Traveller ab, nämlich auf alle, die einfach nur günstig übernachten möchten.

Preise Pro Übernachtung kosten Schlafsaalbetten üblicherweise 28 bis 40 AU$, Doppelzimmer (in der Regel ohne eigenes Bad) 80 bis 100 AU$.

Einrichtungen Das vielfältige Hostelspektrum reicht von spartanischen Varianten in der Wildnis bis hin zu Gebäuden in Großstadtzentren, die Cafébars und Zimmer mit eigenen Bädern besitzen. Übernachtet wird größtenteils aber in Schlafsälen mit vier bis zwölf Betten. Oft gibt's auch Zweibett- und Doppelzimmer. Generell sind Gäste- und Waschküchen sowie Gemeinschaftsbereiche mit TV vorhanden. Teils kommen noch Reisebüros und Jobbörsen hinzu.

Bettwäsche wird oft gestellt. Aus Hygienegründen sind Schlafsäcke nicht gern gesehen.

HOSTEL-ORGANISATIONEN & -KETTEN

Zur **Youth Hostels Association** (www.yha.com.au) gehören rund 60 australische Hostels mit Schlafsälen, Einzel- und Doppelzimmern, Kochgelegenheiten und Waschmaschinen. Die Atmosphäre ist meist etwas weniger partyorientiert als in unabhängigen Hostels.

Eine Übernachtung gibt's für Mitglieder ab 25 AU$, Nicht-Mitglieder zahlen 3 AU$ mehr.

Die YHA gehört zu **Hostelling International** (www.hihostels.com). Mitglieder nationaler Jugendherbergsverbände können in entsprechenden australischen Hostels zu YHA-Preisen übernachten. Am besten besorgt man sich schon in der Heimat einen internationalen Jugendherbergsausweis (HI Card). Er ist aber auch direkt vor Ort bei staatlichen Büros, großen Hostels der YHA oder online erhältlich.

Weitere internationale Organisationen mit australischen Hostels:

Base Backpackers (www.stayatbase.com)

Nomads (www.nomadsworld.com)

VIP Backpackers (www.vipbackpackers.com)

Hotels

Hotels in australischen Großstädten oder Touristenhochburgen gehören meist zu Business- oder Luxusketten – mehrstöckige Klötze mit gesichtslosen, komfortablen und modern ausgestatteten Mittel- oder Spitzenklassezimmern. Für solche Optionen nennt dieser Band stets die offiziell ausgewiesenen Listenpreise (*rack rates*; ab 160 AU$/Übernachtung). In ruhigen Perioden können aber kräftige Rabatte drin sein.

Lodges& Zeltcamps

Draußen in der Wildnis entstehen in einigen Nationalparks nach und nach Safari-Lodges. Ähnlich wie in afrikanischen Safari-Camps finden sie sich an sagenhaft einsamen Standorten, zu denen man manchmal geflogen werden muss, und sind eine Mischung aus recht luxuriösen Hütten und erhöht stehenden Leinwandzelten mit angeschlossenem Bad. Im Preis inbegriffen sind in der Regel alle Mahlzeiten und möglicherweise auch alle Aktivitäten und Exkursionen. Gegenwärtig entstehen solche Einrichtungen im Kakadu National Park, im Mary River National Park und in Arnhem Land, die alle im Northern Territory liegen.

Motels

Landesweit gibt's komfortable Mittelklassemotels mit Parkplätzen vor der Zimmertür, oft zu finden am Rand der großstädtischen Zentren. Da diese Bleiben fast nie Ermäßigung bei Einzelbelegung gewähren, eignen sie sich finanziell besser für Paare oder dreiköpfige Gruppen. Ein einfaches Zimmer mit Wasserkessel, Kühlschrank, TV, Klimaanlage und eigenem Bad kostet meist 120 bis 180 AU$.

Pubs

Australische Hotels bzw. Gasthäuser mit Bierausschank werden allgemein als Pubs (abgeleitet vom Begriff *public house*) bezeichnet und stammen aus wirtschaftlichen Blütezeiten. So gehören sie auch oft zu den größten und prächtigsten Gebäuden einer Stadt. Trotz der Renovierung mancher Pubs wirken die meisten Zimmer heute klein und abgenutzt, und das Bad befindet sich oft am Ende eines langen Flures. Dafür liegen sie meist zentral und sind günstig. Für ein Einzel-/Doppelzimmer mit Gemeinschaftsbad werden 60/100 AU$ aufwärts fällig, für Zimmer mit eigenem Bad mehr. Gäste mit leichtem Schlaf nehmen besser kein Quartier über der Bar und erkundigen sich, ob abends eine Live-Band auftritt.

Mietwohnungen

Wer ein entsprechendes Visum hat und länger an einem Ort in Australien bleiben möchte, kann mit Quartieren in Mietshäusern oder -wohnungen ordentlich sparen. Dazu durchforstet man am besten mittwochs und samstags die Wohnungsanzeigen der Tageszeitungen. Zudem lohnt sich ein Blick auf die Schwarzen Bretter von Universitäten, Hostels, Buchläden und Cafés. Bei Vermittlung durch einen Immobilienmakler beträgt die Mindestmietdauer normalerweise ein halbes Jahr. Zudem werden dann eine Kaution und die erste Monatsmiete im Voraus fällig.

City Hobo (www.cityhobo.com) Zeigt einem die den eigenen Bedürfnissen am besten entsprechende Vorstadt, ist aber eigentlich auf Langzeit-Mieter ausgerichtet.

Couch Surfing (www.couchsurfing.com) Beim Übernachten auf Gästesofas lernt man eventuell neue Freunde kennen.

Flatmate Finders (www.flatmatefinders.com.au) Verzeichnis mit Gemeinschaftsunterkünften für einen längeren Zeitraum.

Gumtree (www.gumtree.com.au) Nach Rubriken geordnete Seite mit Jobs, Unterkünften und Verkaufsartikeln.

Stayz (www.stayz.com.au) Vermittlung von Ferienwohnungen.

Versicherungen

Die weltweit gültige Reiseversicherung unter www.lonelyplanet.com/travel-insurance kann jederzeit online abgeschlossen, erweitert und in Anspruch genommen werden – selbst wenn die Reise schon begonnen hat.

Krankenversicherung Zu empfehlen ist eine Variante, die direkt mit den medizinischen Behandlungsstellen im Ausland abrechnet. Ansonsten muss man (bei späterer Rückerstattung) in Vorleistung gehen. In diesem Fall sollten sämtliche Dokumente unbedingt sorgfältig aufbewahrt werden. Zudem ist darauf zu achten, dass die jeweilige Police auch Krankenwagentransporte, Luftrettung und Notfallflüge in die Heimat abdeckt.

Versicherungsumfang Eine gute Reiseversicherung, die Diebstahl, Verlust und medizinische Behandlungskosten abdeckt, ist ein absolutes Muss. Manche Policen schließen „Risikosportarten" wie Tauchen, Skifahren oder sogar Bushwalking ausdrücklich aus. Somit ist es wichtig, dass die gewählte Versicherung auch wirklich vollen Schutz bei den geplanten Aktivitäten bietet.

Visa

- Alle Australienbesucher benötigen ein Visum. Ausgenommen sind nur Neuseeländer, aber auch sie erhalten ein „Special Category"-Visum direkt bei der Ankunft.
- Je nach Nationalität und der Art des geplanten Aufenthalts gibt es verschiedene Visumskategorien.
- Auf der Website des **Department of Immigration & Border Protection** (☎02-6275 6666, 1300 363 263; www.border.gov.au) findet man Infos und Visa-Antragsformulare (diese sind aber in den diplomatischen Auslandsvertretungen Australiens sowie bei vielen Reiseagenturen erhältlich).

eVisitor (Kategorie 651)

- Deutsche, Österreicher und Schweizer können kostenlose eVisitor-Visa beantragen, die innerhalb einer zwölfmonatigen Gültigkeitsdauer jeweils maximal dreimonatige Australienaufenthalte zu touristischen oder geschäftlichen Zwecken erlauben.
- Die entsprechenden Anträge müssen online (www.border.gov.au) gestellt werden.
- Dies sollte allerspätestens 14 Tage vor der geplanten Abreise geschehen. Da die elektronische Speicherung auch die Reisepassnummer erfasst, entfällt der herkömmliche Visumstempel.

Visitor (600)

- Visitor-Visa für kürzere Aufenthalte wurden mittlerweile größtenteils durch eVisitor- und ETA-Visa ersetzt. Wer jedoch aus einem Land stammt, das diese Visa nicht abdeckt oder einen Aufenthalt über drei Monate plant, muss ein Visitor-Visum beantragen.
- Herkömmliche Visitor-Visa gelten für die einmalige Einreise und einen Aufenthalt von bis zu drei, sechs oder zwölf Monaten. Sie sind für einen Zeitraum von zwölf Monaten nach Ausstellung gültig.
- Die Beantragung erfolgt online unter www.border.gov.au.

Working-Holiday-Visum (417)

Mit einem normalen Visum darf man in Australien keine Arbeit aufnehmen. Antragsteller aus 19 Ländern (darunter Deutschland) können aber ein zwölf Monate gültiges Working-Holiday-Visum beantragen, durch das sie ihre Reisekasse mit Gelegenheitsarbeit aufbessern können. Antragsteller müssen zum Zeitpunkt der Antragstellung zwischen 18 und 30 Jahren alt sein (zum Zeitpunkt der Recherche wurde erwogen, das Höchstalter auf 35 Jahre anzuheben, entschieden war aber darüber noch nicht).

Das Visum erlaubt Gelegenheitsarbeit, aber keine Vollzeitbeschäftigung, was praktisch heißt, dass man nur sechs Monate lang am Stück bei einem Arbeitgeber beschäftigt sein darf. Man kann aber innerhalb der zwölf Monate durchaus für verschiedene Arbeitgeber tätig sein. Die Zahl der Visa, die pro Jahr ausgestellt werden, ist limitiert, man sollte sich also vor der Anreise so früh wie möglich bei der australischen Botschaft in seinem Heimatland um solch ein Visum bewerben.

Man beantragt das Visum (bis zu einem Jahr im Voraus) vor der Einreise nach Australien – sobald man in Australien ist, ist der Wechsel von einem Touristen- auf das Working-Holiday-Visum nicht mehr möglich. Inhaber des Visums müssen ein Rückflugticket vorlegen oder ausreichende Mittel für ein Rückflug- oder Anschlussticket vorweisen.

Visaverlängerungen

Wer länger in Australien bleiben will, als es mit dem erhaltenen Visum erlaubt wäre, muss ein neues Visum unter www.border.gov.au beantragen. Der Antrag muss allerdings mindestens zwei oder drei Wochen vor Ablauf des bisherigen Visums gestellt werden.

Zeit

Zeitzonen Australien ist in drei Zeitzonen unterteilt: Die Western Standard Time (MEZ +7 Std.) gilt in Western Australia, die Central Standard Time (MEZ +8½ Std.) in South Australia und dem Northern Territory und die Eastern Standard Time (MEZ +9 Std.) in Tasmanien, Victoria, New South Wales, dem Australian Capital Territory und Queensland. Zu den wenigen Ausnahmen zählt Broken Hill in New South Wales, wo merkwürdigerweise die Central Standard Time gilt.

Sommerzeit In einigen Bundesstaaten werden in den Sommermonaten (Okt.–Anfang April) die Uhren um eine Stunde vorgestellt, aber Queensland, Western Australia und das Northern Territory bleiben bei der Standardzeit.

Zoll

Detaillierte Informationen zu Zoll- und Quarantänebestimmungen erteilt die **Zoll- & Grenzschutzbehörde** (Department of Immigration and Border Protection; ☎02-6275 6666, 1300 363 263; www.border.gov.au).

Einreisende können die meisten Artikel zollfrei einführen – vorausgesetzt, die Beamten lassen sich davon überzeugen, dass die Waren ausschließlich für den persönlichen Gebrauch bestimmt sind und bei der Ausreise wieder mitgenommen werden. Zollfreie Einfuhrmengen pro Person: (Achtung, sehr geringe Menge Zigaretten!):

Alkohol 2,25 l (ab 18 Jahren)

Tabak 50 Zigaretten (ab 18 Jahren)

Zollpflichtige Waren Bis zum Gesamtwert von 900 AU$ (bis 450 AU$ unter 18 Jahren)

Jegliche Drogen sind in Australien illegal! Australiens gewiefte Zöllner setzen bei der Suche danach u. a. hervorragend ausgebildete Spürhunde ein. Gemäß den strengen Quarantänevorschriften sind zudem alle Pflanzen- und Tierprodukte anzugeben (z. B. Holzlöffel oder Strohhüte). Der Import von Blumen und Frischwaren (beispielsweise Fleisch, Käse, Obst, Gemüse) ist strengstens untersagt. Wer keine Kontrolle über sich ergehen lassen möchte, kann alle zweifelhaften Artikel direkt am Flughafen in spezielle Entsorgungsbehälter werfen. Außerdem müssen ab einem Gesamtwert von 10 000 AU$ (Fremdwährungen werden eingerechnet) Barbeträge beim Zoll angemeldet werden.

Verkehrsmittel & -wege

AN- & WEITERREISE

Von fast überall her ist Australien weit weg – die Anreise bedeutet in aller Regel einen Langstreckenflug. Wer nur begrenzte Zeit zur Verfügung hat, sollte Inlandsflüge in Erwägung ziehen: Sie sind (verglichen mit Benzin- und Mietwagenkosten) günstig, werden in der Regel mit CO_2-Kompensation angeboten und ersparen einem auf jeden Fall sehr viel Zeit. Flüge, geführte Touren und Zugfahrkarten können online unter www.lonelyplanet.com/bookings gebucht werden.

Einreise

Die Einreise erfolgt normalerweise schnell und problemlos, nur die üblichen Zollformalitäten müssen erledigt werden – mit gültigem Reisepass und Visum sollte nichts schiefgehen.

Pass

Es gibt keine Einschränkungen für Bürger mit dem Pass eines bestimmten Landes bei der Einreise nach Australien. Wer einen gültigen Pass und ein gültiges Visum besitzt, sollte keine Probleme bekommen.

Flugzeug

Flughäfen & Fluglinien

Die meisten größeren internationalen Fluglinien fliegen von/nach Australien. Australiens internationale Fluggesellschaft ist **Qantas** (☎13 13 13; www.qantas.com.au).

Australien verfügt über zahlreiche internationale

REISEN & KLIMAWANDEL

Der Klimawandel stellt eine ernste Bedrohung für unsere Ökosysteme dar. Zu diesem Problem tragen Flugreisen immer stärker bei. Lonely Planet sieht im Reisen grundsätzlich einen Gewinn, ist sich aber der Tatsache bewusst, dass jeder seinen Teil dazu beitragen muss, die globale Erwärmung zu verringern.

Fast jede Art der motorisierten Fortbewegung erzeugt CO_2 (die Hauptursache für die globale Erwärmung), doch Flugzeuge sind mit Abstand die schlimmsten Klimakiller – nicht nur wegen der großen Entfernungen und der entsprechend großen CO_2-Mengen, sondern auch, weil sie diese Treibhausgase direkt in hohen Schichten der Atmosphäre freisetzen. Die Zahlen sind erschreckend: Zwei Personen, die von Europa in die USA und wieder zurück fliegen, erhöhen den Treibhauseffekt in demselben Maße wie ein durchschnittlicher Haushalt in einem ganzen Jahr.

Die englische Website www.climatecare.org und die deutsche Internetseite www.atmosfair.de bieten sogenannte CO_2-Rechner. Damit kann jeder ermitteln, wie viele Treibhausgase seine Reise produziert. Das Programm errechnet den zum Ausgleich erforderlichen Betrag, mit dem der Reisende nachhaltige Projekte zur Reduzierung der globalen Erwärmung unterstützen kann, beispielsweise Projekte in Indien, Honduras, Kasachstan und Uganda.

Lonely Planet unterstützt gemeinsam mit Rough Guides und anderen Partnern aus der Reisebranche das CO_2-Ausgleichs-Programm von climatecare.org. Alle Reisen von Mitarbeitern und Autoren von Lonely Planet werden ausgeglichen. Weitere Informationen gibt's auf www.lonelyplanet.com.

AUSREISESTEUER

Die australische Ausreisesteuer für Auslandsflüge (55 AU$) sollte im Preis des Flugtickets enthalten sein – bei der Buchung überprüfen!

Flughäfen, von denen der in Sydney und der in Melbourne am stärksten frequentiert sind.

Adelaide Airport (ADL; 08-8308 9211; www.adelaideairport.com.au; 1 James Schofield Dr)

Brisbane Airport (www.bne.com.au; Airport Dr)

Cairns Airport (07-4080 6703; www.cairnsairport.com; Airport Ave)

Darwin International Airport (08-8920 1811; www.darwinairport.com.au; Henry Wrigley Dr, Marrara)

Gold Coast Airport (www.goldcoastairport.com.au; Longa Ave, Bilinga)

Melbourne Airport (MEL; 03-9297 1600; www.melbourneairport.com.au; Departure Rd, Tullamarine)

Perth Airport (08-9478 8888; www.perthairport.com.au)

Sydney Airport (02-9667 9111; www.sydneyairport.com.au; Airport Dr, Mascot)

Übers Meer

Zwischen Australien und Ländern wie Papua-Neuguinea, Indonesien, Neuseeland und anderen Staaten im Pazifikraum sind Jachten unterwegs, auf denen man manchmal mitfahren oder anheuern kann. Diese Möglichkeit ist aber weder entspannt noch sicher und erfordert in der Regel zumindest eine Beteiligung an den Kosten für den Bordproviant. Interessierte können in den Jachthäfen und Segelclubs in Orten wie Coffs Harbour, Great Keppel Island, Airlie Beach, den Whitsunday Islands, Darwin oder Cairns herumfragen. Der April ist ein guter Monat, wenn man im Gebiet um Sydney nach einer Koje sucht.

Alternativ verbinden die Urlauber-Kreuzfahrtschiffe von **P&O Cruises** (www.pocruises.com.au) Brisbane, Melbourne und Sydney mit Zielen in Neuseeland und im Pazifikraum. Auch einige Frachtschiffe nehmen beim Gütertransport Passagiere mit – Optionen findet man auf Websites wie www.freighterexpeditions.com.au oder www.freightercruises.com.

UNTERWEGS VOR ORT

Australien ist das sechstgrößte Land der Welt, da erfordert es schon einige Überlegungen, wie man von A nach B kommt.

Auto Man reist in selbstbestimmter Geschwindigkeit und erreicht auch Regionen, in denen keine öffentlichen Verkehrsmittel fahren. Autos mietet man am besten in Großstädten. In Australien herrscht Linksverkehr.

Flugzeug Mit den günstigen, häufigen und schnellen Flügen zwischen größeren Zentren lässt sich Urlaubszeit gewinnen. Umweltbewusste denken dabei an den CO_2-Ausgleich des Flugs.

Bus Es gibt verlässliche und häufige Fernbusverbindungen im gesamten Land, die aber nicht immer billiger sind als ein Flug.

Zug Züge in Australien sind langsam, teuer und fahren nicht häufig, dafür ist der Ausblick in die Landschaft hervorragend. Bei langen Fahrten besser ein Bett im Schlafwagen nehmen als einen Liegeplatz.

Auto & Motorrad

Angesichts der weiten Entfernungen, der endlosen Straßen und der Sehenswürdigkeiten abseits ausgetretener Pfade ist eine Autotour durch Australien ein unvergleichliches Erlebnis.

Allradantrieb Geländewagen („4WDs") eignen sich sehr gut für Touren durch das Outback, da sie fast alle gewünschten Strecken meistern und eventuell sogar Schlafplätze im Heck haben. Von Nachteil sind der recht hohe Spritverbrauch, das schwierige Einparken und der höhere Anschaffungs- bzw. Mietpreis.

Motorrad Australiens Klima ist hervorragend für Biker geeignet (sie kommen zudem im Stadtverkehr schneller voran). Nachteile: Begrenzte Gepäckmitnahmekapazität, nicht vorhandener Schutz vor den Elementen und die Tatsache, dass Aussie-Autofahrer in der Regel nicht sonderlich auf Zweiräder achten.

Wohnmobil Diverse Annehmlichkeiten (z. B. Waschbecken, Kühlschrank, Küche, Schränke, Betten) und Raum zum Relaxen gibt's direkt an Bord. Leider sind Wohnmobile langsam, brauchen oft viel Sprit, sind wenig geländegängig und besitzen unpraktische Maße für Stadtfahrten.

Zweiradantrieb Je nach Reiseroute bzw. -ziel reicht eventuell auch ein normales Auto mit Zweiradantrieb aus. „2WDs" sind in puncto Anschaffung bzw. Mietpreis, Unterhalt und Spritverbrauch günstiger als Fahrzeuge mit Allradantrieb. Zudem lassen sie sich leichter auftreiben, reparieren und wieder verkaufen. Nachteile: keine Geländegängigkeit und kein Platz zum Übernachten!

Automobilclubs

Unter dem Dach der **Australian Automobile Association** (AAA; 02-6247 7311; www.aaa.asn.au) gibt es Automobilclubs in allen Bundesstaaten, die durchaus praktisch sind, wenn es um Versicherungen, Vorschriften, Karten und Pannenhilfe geht. Die Clubmitgliedschaft (ca. 100–150 AU$) kann einem bei technischen Problemen mit dem Auto eine Menge Ärger ersparen. Wer zu Hause Mitglied eines Automobilclubs ist, sollte prüfen, ob dieser eventuell eine Gegenseitigkeitsvereinbarung mit den australischen Clubs hat. Die größeren Automobilclubs in den einzelnen Bundesstaaten und Territorien gewähren ihren Mitgliedern generell wechselseitige Hilfe.

Automobile Association of the Northern Territory (AANT; ☎08 8925 5901; www.aant.com.au; 2/14 Knuckey St; ⏲Mo–Fr 9–17, Sa bis 12.30 Uhr)

National Roads & Motorists Association (NRMA; ☎13 11 22; www.mynrma.com.au) New South Wales und Australian Capital Territory.

Royal Automobile Club of Queensland (RACQ; ☎13 19 05; www.racq.com.au)

Royal Automobile Club of Tasmania (RACT; Karte S. 696; ☎03-6232 6300, Pannenhilfe 13 11 11; www.ract.com.au; Ecke Murray & Patrick St, Hobart; ⏲Mo–Fr 8.45–17 Uhr)

Royal Automobile Club of Victoria (RACV; ☎13 72 28; www.racv.com.au)

Royal Automobile Club of Western Australia (RAC; ☎13 17 03; www.rac.com.au)

Benzin

Treibstofftypen Die Tankstellen bekannter internationaler Marken haben immer unverbleites Benzin und Diesel. Flüssiggas (*liquefied petroleum gas*) ist an entlegeneren Tankstellen nicht immer vorrätig – ein Fahrzeug mit Zweistoffbetrieb ist da die sichere Wahl.

Preis Die Preise unterscheiden sich von Ort zu Ort. Zur Zeit der Recherche lag der Preis für 1 l unverbleites Benzin in den Städten zwischen 1,20 und 1,50 AU$. Draußen im Land sind die Preise höher – im Outback des Northern Territory, von South Australia, Western Australia und Queensland lagen sie bei bis zu 2 AU$ pro Liter.

Tankstellen In den Städten und Ortschaften herrscht kein Mangel an Tankstellen, aber im Outback können die Entfernungen zwischen den Tankstellen immens sein. Es gibt aber auch nur ein paar Strecken, auf denen man wirklich einen Benzintank für extra lange Distanzen bräuchte. An den Hauptstraßen findet sich eine kleine Ortschaft oder ein Rasthaus mit Benzin ungefähr alle 150 bis 200 km. Viele Tankstellen, wenn auch nicht alle, sind rund um die Uhr geöffnet.

Führerschein

In Australien braucht man einen gültigen Führerschein seines Landes. Falls dieser keine englischsprachigen Angaben enthält, ist zusätzlich eine im Heimatland ausgestellte internationale Fahrerlaubnis (International Driving Permit) erforderlich.

Gefahren & Vorsichtsmaßnahmen

GEFAHREN DURCH TIERE

➡ Wildunfälle sind in Australien ein großes Problem, vor allem im Northern Territory, in Queensland, New South Wales, South Australia und Tasmanien. Viele Australi-

Von Sydney nach Melbourne via Princes Hwy

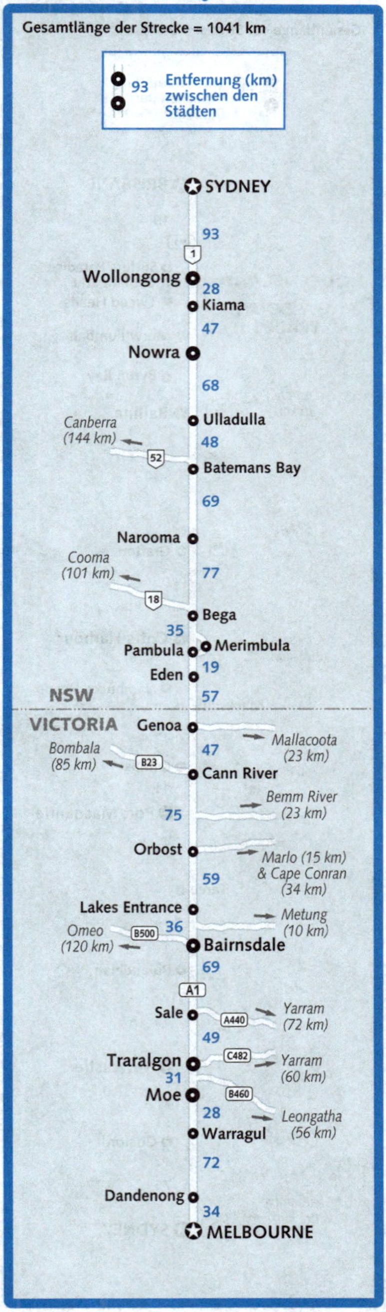

Von Sydney nach Brisbane via Pacific Hwy

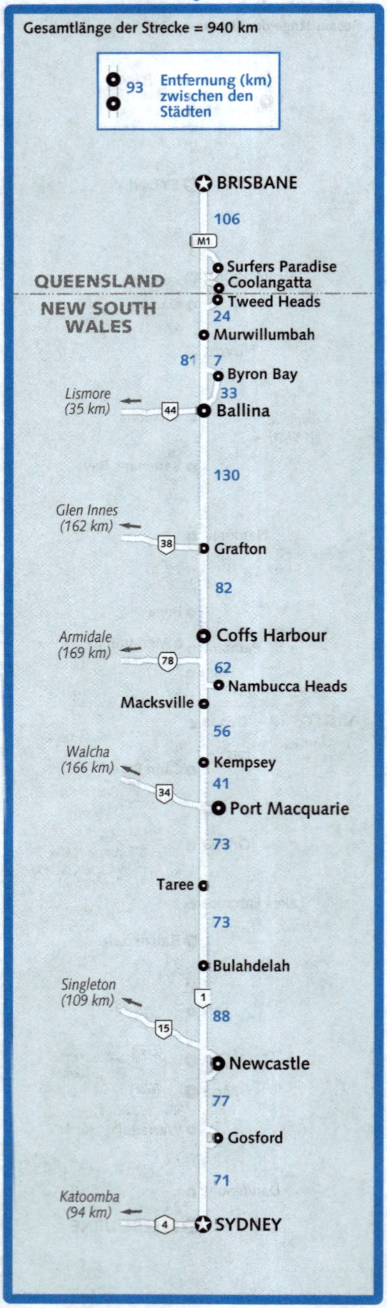

er in ländlichen Gebieten verzichten auf nächtliche Autofahrten wegen des erhöhten Unfallrisikos durch nachtaktive Tiere auf der Fahrbahn.

➡ Auf Landstraßen sind Kängurus eine so alltägliche Erscheinung wie Kühe und Schafe in nicht eingezäunten Outback-Gebieten. Kängurus sind in der Morgen- und Abenddämmerung besonders aktiv und oft in Gruppen unterwegs. Wenn also eines über die Straße hüpft, sofort langsam fahren, denn weitere könnten folgen!

➡ Wer ein Tier überfahren hat, sollte den Kadaver von der Straße entfernen, damit andere Verkehrsteilnehmer nicht gefährdet werden. Wenn das Tier verletzt und klein ist – wie beispielsweise ein Kängurubaby –, sollte man es in ein Tuch oder eine Decke wickeln und die zuständige Tierrettungsstelle kontaktieren:

Department of Environment & Heritage Protection (☎1300 264 625; www.ehp.qld.gov.au) Queensland.

Department of Parks & Wildlife (☎Wildcare Helpline 08-9474 9055; www.parks.dpaw.wa.gov.au) Western Australia.

Fauna Rescue of South Australia (☎08-8289 0896; www.faunarescue.org.au)

NSW Wildlife Information, Rescue & Education Service (WIRES; ☎1300 094 737; www.wires.org.au)

Parks & Wildlife Service (☎03-6165 4305; www.parks.tas.gov.au) Tasmanien.

Wildcare Inc NT (☎0408 885 341; www.wildcarent.org.au)

Wildlife Victoria (☎1300 094 535; www.wildlifevictoria.org.au)

HINTERM STEUER

Ermüdung Langstreckenfahrten können, zumal in großer Hitze, so anstrengend sein, dass man am Steuer einnickt. Bei einer langen Fahrt sollte man deshalb etwa alle zwei Stunden eine Pause einlegen, sich am Steuer abwechseln oder einen Kaffee trinken.

Road Trains Beim Überholen von Road Trains (Lastwagen mit zwei oder drei Anhängern, die eine Länge von 50 m erreichen können) sind Abstand und hohes Tempo gefragt. Auf einspurigen Straßen sollte man sich so weit wie möglich von der Fahrbahn entfernen, wenn einem ein solches Ungetüm entgegenkommt.

Unbefestigte Straßen Die Bedingungen auf unbefestigten Straßen können sehr unterschiedlich sein, und Autos verhalten sich anders als gewohnt, wenn man auf dem Schotter bremsen oder wenden will. Auf unbefestigten Pisten nie schneller als 80 km/h fahren, sonst bleibt keine Zeit mehr, um auf eine scharfe Kurve, Tiere auf der Fahrbahn, ein plötzlich auftauchende Gatter oder einen Viehzaun zu reagieren!

Kaufen

Ein eigenes Fahrzeug gewährt maximale Reisefreiheit und kann auf Dauer auch günstiger sein als ein Mietwagen. Zu den Nachteilen zählt u. a. das komplizierte und teure Prozedere, das Zulassung, TÜV und Versicherung mit sich bringen. Ein Auto muss außerdem gewartet bzw. repariert werden und lässt sich zuweilen schwerer wiederverkaufen als gedacht.

Gebrauchtwagenkäufer sollten unbedingt die Zusatzkosten für Stempelgebühr *(stamp duty)*, Zulassung, *(registration)*, Überschreibungsgebühr *(transfer fee)*, Versicherung *(insurance)* und Wartung mit einkalkulieren.

FORMALITÄTEN

Zulassung Wer in Australien ein Fahrzeug kauft, muss die Zulassung innerhalb von 14 Tagen auf seinen Namen umschreiben lassen. Die genauen Vorschriften und die zuständigen Stellen unterscheiden sich allerdings von Bundesstaat zu Bundesstaat. Auch beim Verkauf eines Fahrzeugs ist die zuständige bundesstaatliche/territoriale Straßenverkehrsbehörde über den Verkauf und Besitzerwechsel zu informieren.

In NSW, im Northern Territory, in Queensland, Tasmanien, Victoria und Western Australia müssen Käufer und Verkäufer ein Überschreibungsformular (Transfer of Registration Form) ausfüllen und unterzeichnen. Im ACT und in South Australia gibt es kein Überschreibungsformular, dort müssen Käufer und Verkäufer die Rückseite der Zulassung ausfüllen und unterzeichnen.

Verkehrssicherheitsbescheinigung (*roadworthy certificate*) Bei der Übertragung der Zulassung muss der Verkäufer eine Verkehrssicherheitsbescheinigung vorlegen:

- ACT – ab einem Fahrzeugalter von sechs Jahren
- NSW – ab einem Fahrzeugalter von fünf Jahren
- NT – ab einem Fahrzeugalter von drei Jahren
- Queensland – immer (dort: *safety certificate*)
- Victoria – immer (dort: *certificate of roadworthiness*)
- WA, SA & Tasmanien – Inspektionen/Sicherheitsbescheinigungen sind nur unter bestimmten Bedingungen erforderlich

Gas Certificate In Queensland ist für die Übertragung der Zulassung eines gasbetriebenen Autos ein vom Verkäufer vorzulegendes *gas certificate* erforderlich. Im ACT müssen gasbetriebene Fahrzeuge jährlich einer Inspektion unterzogen werden.

Wegfahrsperre (*immobiliser*) In Western Australia müssen die meisten Fahrzeuge (ausgenommen Motorräder) eine zugelassene Wegfahrsperre

Von Brisbane nach Cairns via Bruce Hwy

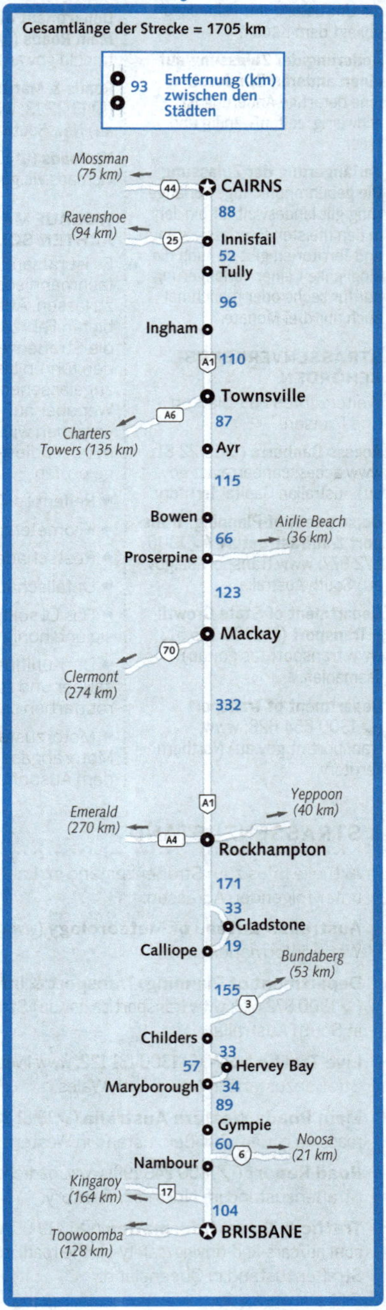

besitzen, damit die Zulassung umgeschrieben werden kann. Die Montage einer solchen bzw. die Umrüstung des Fahrzeugs obliegt dem Käufer.

Änderung der Zulassung auf einen anderen Bundesstaat Eine derartige Änderung ist schwierig, zeitaufwendig und teuer.

Verlängerung der Zulassung Die gebührenpflichtige Verlängerung gilt landesweit für ein Jahr; in den meisten Bundesstaaten und Territorien gibt es auch die Möglichkeit einer Verlängerung nur für sechs oder manchmal auch nur drei Monate.

STRASSENVERKEHRS-BEHÖRDEN

Weitere Infos zu Abläufen und Preisen:

Access Canberra (☎13 22 81; www.accesscanberra.act.gov.au) Australian Capital Territory.

Department of Planning, Transport & Infrastructure (☎1300 872 677; www.transport.sa.gov.au) South Australia.

Department of State Growth – Transport (☎1300 135 513; www.transport.tas.gov.au) Tasmanien.

Department of Transport (☎1300 654 628; www.transport.nt.gov.au) Northern Territory.

Department of Transport (☎13 11 56; www.transport.wa.gov.au) Western Australia.

Department of Transport & Main Roads (☎13 23 80; www.tmr.qld.gov.au) Queensland.

Roads & Maritime Services (☎13 22 13; www.rta.nsw.gov.au) New South Wales.

VicRoads (☎13 11 71; www.vicroads.vic.gov.au) Victoria.

WORAUF MAN ACHTEN SOLLTE

Es ist ratsam, das Auto von fachmännischer Seite prüfen zu lassen. Automobilclubs bieten Fahrzeugchecks, und die Straßenverkehrsbehörden führen Liste mit offiziell zugelassenen Werkstätten. Wer aber auf eigene Faust vorgehen will, sollte u. a. zumindest diese folgenden Dinge prüfen:

- Reifenprofil
- Kilometerzahl
- Rostschäden
- Unfallschäden
- Das Öl sollte lichtdurchlässig und honigfarben sein
- Die Kühlflüssigkeit sollte sauber und zudem nicht rostfarben sein
- Motorzustand überprüfen: Motorabgase, Rauch aus dem Auspuff bei laufendem Motor, ratternder oder stotternder Motor
- Die Auspuffanlage sollte bei laufendem Motor nicht übermäßig laut sein oder klappern
- Die Windschutzscheibe sollte klar sein und keine Sprünge oder Schadstellen aufweisen.

Bei der Testfahrt mit dem Auto sollte man u. a. auf Folgendes achten:

- Geräusche der Karosserie und der Aufhängung; Änderungen des Motorgeräuschs
- Auf Öl- oder Benzingeruch achten, auf Lecks oder Überhitzung prüfen
- Prüfen, ob alle Instrumente, Leuchten und Kontrollanzeigen funktionieren: Heizung, Klimaanlage, Bremslichter, Scheinwerfer, Anzeigen, Sicherheitsgurte und Scheibenwischer
- Die Bremsen sollten einwandfrei ohne Quietschen, Vibrationen oder Verreißen funktionieren
- Die Gangschaltung und das Steuerrad sollten leicht und ohne Geräusche bedienbar sein

VON BACKPACKERN KAUFEN

Die Schwarzen Bretter von Hostels und das Reiseforum Thorn Tree unter www.lonelyplanet.com sind gute Adressen, um angebotene Fahrzeuge zu finden. Schwarze Bretter gibt's oft auch bei Tourveranstaltern.

VON HÄNDLERN KAUFEN

Offizielle Autohändler müssen garantieren, dass das Fahrzeug nicht mit Altschulden belastet ist. Je nach Alter und Kilometerstand des Fahrzeugs gibt es auch eine gesetzlich vorgeschriebene Garantie. Vor dem Unterschreiben des Kaufvertrags sollte man diesen gründlich lesen und alles verstanden haben. Manche Händler verkaufen Autos mit der Zusage, sie später zu einem vereinbarten Preis zurückzukaufen.

STRASSENZUSTAND

Aktuelle Infos zum Straßenzustand im Land findet man unter folgenden Adressen:

Australian Bureau of Meteorology (www.bom.gov.au) Wetterinformationen.

Department of Planning, Transport & Infrastructure (☎1300 872 677; www.transport.sa.gov.au) Straßenzustand in South Australia.

Live Traffic NSW (☎1300 131 122; www.livetraffic.com) Straßenzustand in New South Wales.

Main Roads Western Australia (☎13 81 38; www.mainroads.wa.gov.au) Straßenzustand in Western Australia.

Road Report (☎1800 246 199; www.roadreport.nt.gov.au) Straßenzustand im Northern Territory.

Traffic & Travel Information (☎13 19 05; www.racq.com.au/cars-and-driving/safety-on-the-road/roadconditions) Straßenzustand in Queensland.

ENTFERNUNGEN (KM)

	Adelaide	Albany	Alice Springs	Birdsville	Brisbane	Broome	Cairns	Canberra	Cape York	Darwin	Kalgoorlie	Melbourne	Perth	Sydney	Townsville
Albany	2649														
Alice Springs	1512	3573													
Birdsville	1183	3244	1176												
Brisbane	1942	4178	1849	1573											
Broome	4043	2865	2571	3564	5065										
Cairns	3079	5601	2396	1919	1705	4111									
Canberra	1372	4021	2725	2038	1287	5296	2923								
Cape York	4444	6566	3361	2884	2601	5076	965	3888							
Darwin	3006	5067	1494	2273	3774	1844	2820	3948	3785						
Kalgoorlie	2168	885	3092	2763	3697	3052	5234	3540	6199	4896					
Melbourne	728	3377	2240	1911	1860	4811	3496	637	4461	3734	2896				
Perth	2624	411	3548	3219	4153	2454	6565	3996	7530	4298	598	3352			
Sydney	1597	4246	3109	2007	940	5208	2634	289	3599	3917	3765	862	3869		
Townsville	3237	5374	2055	1578	1295	3770	341	2582	1306	2479	4893	3155	5349	2293	
Uluru	1559	3620	441	1617	2290	3012	2837	2931	3802	1935	3139	2287	3595	2804	2496

	Bicheno	Cradle Mountain	Devonport	Hobart	Launceston
Cradle Mountain	383				
Devonport	283	100			
Hobart	186	296	334		
Launceston	178	205	105	209	
Queenstown	443	69	168	257	273

Die angegebenen Entfernungen sind die kürzesten über Straßen; andere Strecken können erheblich länger sein. Über Entfernungen mit dem Bus informieren die Broschüren der Unternehmen.

Dabei sollte man nicht auf mündliche Zusagen vertragen, sondern sich das schriftlich geben lassen.

ONLINE KAUFEN

Autoangebote von Privatleuten und Händlern findet man auf Websites wie **Car Sales** (www.carsales.com.au), **Trading Post** (www.tradingpost.com.au) oder **Gumtree** (www.gumtree.com.au).

VON PRIVATANBIETERN KAUFEN

Ein Auto von einem Privatanbieter zu kaufen, kann zeitaufwendig sein, und man sollte herumfahren, um die Angebote zu prüfen. Dafür kann der Kauf günstiger sein als bei einem Autohändler. Der Verkäufer sollte in der Lage sein, eine Verkehrssicherheitsbescheinigung (*roadworthy certificate*) vorzulegen (wenn sie in diesem Bundesstaat vorgeschrieben ist), man hat aber weder eine Kaufrücktrittsfrist (*cooling-off period*) noch einen gesetzlichen Gewährleistungsanspruch (*statutory warranty*).

Der Käufer muss sich selber davon überzeugen, dass das Fahrzeug nicht gestohlen und nicht mit Schulden belastet ist; die Einzelheiten über das Auto erfährt man vom **Personal Property Securities Register** (1300 007 777; www.ppsr.gov.au).

VON TRAVELLERMÄRKTEN KAUFEN

Viele Traveller beginnen oder beenden ihre Reise in Cairns, Sydney, Darwin oder Perth. Das sind die besten Orte, um ein Auto zu kaufen oder zu verkaufen, ganz besonders vor allem Cairns. Die dort angebotenen Autos können schon mehrfach kreuz und quer durchs Land gefahren sein; ein Kauf ist also nicht ohne Risiko.

Mieten

Die großen Autovermieter haben Filialen in den größeren Ortschaften und Städten. Bei den meisten Unternehmen müssen die Kunden mindestens 21 Jahre, bei manchen mindestens 18 oder 25 Jahre alt sein.

Hilfreiche Tipps für Fahrzeugmieter:

- Den Vertrag sorgsam und vollständig durchlesen, eventuell eine Kopie verlangen.
- Manchen Firmen genügt ein unterschriebener Kreditkartenbeleg als Kaution, andere belasten die Kreditkarte direkt; wenn Letzteres der Fall ist, sollte man unbedingt nach dem Zeitpunkt der Rückerstattung fragen.
- Erkundigen, ob der Mietpreis eine Kilometerbegrenzung enthält; falls ja, den Tarif pro Zusatzkilometer erfragen!
- Die Höhe der Selbstbeteiligung und deren eventuelle Minderung (z. B. durch Aufpreis/Tag) ermitteln; diese Option wird einem in der Regel auch ohne Nachfrage angeboten. Zudem feststel-

len, ob die eigene Reiseversicherung Unfälle mit Kraftfahrzeugen und die Selbstbeteiligung bei Mietwagen bzw. -motorrädern abdeckt!

➡ Nach Ausnahmen (z. B. Unfälle mit Kängurus, Schäden auf unbefestigten Straßen) fragen und herausfinden, ob unvermeidbare Fahrten auf unbefestigten Pisten (z. B. bei der Zufahrt zu Campingplätzen) abgedeckt sind! Manche Firmen schließen auch einzelne Fahrzeugteile wie Unterboden, Reifen oder die Windschutzscheibe von der Deckung aus.

➡ Beim Abholen das Fahrzeug sorgsam auf bereits vorhandene Schäden untersuchen und den Zustand vor dem Unterschreiben detailliert im Vertrag vermerken.

➡ Nach den notwendigen Maßnahmen bei Pannen und Unfällen fragen.

➡ Das Fahrzeug möglichst während der Geschäftszeiten zurückgeben und auf eine Inspektion in eigener Anwesenheit bestehen.

In Australien sind die üblichen internationalen Großvermieter (Avis, Budget, Europcar, Hertz, Thrifty) vertreten. Last-Minute-Angebote und Vergleichsmöglichkeiten gibt's z. B. hier:

➡ www.carhire.com.au

➡ www.drivenow.com.au

➡ www.webjet.com.au

➡ www.webjet.com.au

WOHNMOBILE

Zu den Unternehmen, die Wohnmobile – zu Preisen ab etwa 90 AU$ (mit 2 Schlafkojen) oder 150 AU$ (mit 4 Schlafkojen) pro Tag mit einer üblichen Mindestmietdauer von fünf Tagen und unbegrenzter Kilometerzahl – vermieten, gehören u. a.:

Apollo (☎1800 777 779; www.apollocamper.com) Hat auch einen Anbieter namens Hippie Camper, der ganz auf Backpacker ausgerichtet ist.

Britz (☎1300 738 087; www.britz.com.au)

Jucy (☎1800 150 850; www.jucy.com.au)

Maui (☎1800 827 821; www.maui.com.au)

Mighty Campers (☎1800 821 824; www.mightycampers.com.au)

Spaceships (☎1300 132 469; www.spaceshipsrentals.com.au)

Travelwheels (☎0412 766 616; www.travelwheels.com.au)

GELÄNDEWAGEN

Geländewagen sind für das Befahren von unbefestigten Pisten im Outback unverzichtbar. Die großen Autovermieter verleihen auch Geländewagen.

Einen Geländewagen zu mieten, ist erschwinglich, wenn sich ein paar Leute zusammentun – ein Fahrzeug von der Art eines Nissan X-Trail (der für die meisten Pisten durchaus ausreicht) kostet zwischen 100 und 150 AU$ pro Tag, ein Toyota Landcruiser zwischen 150 und 200 AU$ mit unbegrenzter Kilometerzahl.

Man sollte unbedingt die Versicherungsbedingungen prüfen, insbesondere den Selbstbehalt, der mit bis zu 5000 AU$ sehr happig ausfallen kann. Oft wird auch eine rückzahlbare Schuldverschreibung in Höhe von bis zu 7500 AU$ verlangt. Oft deckt die Versicherung auch keine Schäden ab, die bei Fahrten abseits der Straßen eintreten (und nicht immer wird man darüber beim Mieten des Fahrzeugs informiert). Manche Versicherungsbedingungen schließen auch ausdrücklich bestimmte Straßen und Pisten aus – wenn man diese befährt, ist man also unversichert.

FAHRZEUGÜBERFÜHRUNGEN

Fahrzeugüberführungen sind in der Regel günstig, sorgen jedoch für einen unflexiblen Reiseplan. Die meisten großen Autovermieter bieten diese Möglichkeit an, ansonsten kann man sich an die im Folgenden genannten Unternehmen wenden:

imoova (www.imoova.com)

Transfercar (www.transfercar.com.au)

Weitere Infos unter www.hippiecamper.com und www.drivenow.com.au.

Umweltfragen

Ein paar einfache Maßnahmen verringern die Auswirkungen der Autofahrt auf die Umwelt:

➡ Darauf achten, dass das Fahrzeug gut gewartet und richtig eingestellt ist!

➡ Unnötig aufs Gas zu treten, erhöht den Benzinverbrauch.

➡ Langsam fahren: Viele Fahrzeuge verbrauchen bei 110 km/h 25 % mehr Sprit als bei 90 km/h.

➡ Starke Beschleunigungen und Bremsaktionen vermeiden!

➡ Die Klimaanlage nur aufdrehen, wenn das unbedingt erforderlich ist.

➡ Mit dem Auto immer auf ausgewiesenen Straßen oder

CO_2-AUSGLEICH

Diverse Organisationen haben „CO_2-Rechner", mit denen Traveller ermitteln können, wie viel Treibhausgase ihre Reise produziert. Das Programm errechnet dann den Ausgleichsbetrag, mit dem Traveller nachhaltige Umweltprojekte unterstützen können.

Carbon Neutral (www.carbonneutral.com.au)

Climate Friendly (www.climatefriendly.com)

Greenfleet (www.greenfleet.com.au)

Fahrzeugpisten bleiben. Bei der Fahrt auf solchen Pisten in der Mitte der Spur fahren, um eine Verbreiterung der Piste und Beschädigungen am Rand zu vermeiden. Auf Wanderwegen haben Autos nichts zu suchen! Möglichst auch nicht auf Vegetation herumfahren!

- Bäche nur an ausgewiesenen Stellen durchqueren!
- Sich ein Fahrzeug teilen, wenn das möglich ist!

Weitere Infos gibt's unter www.greenvehicleguide.gov.au.

Verkehrsregeln

Da in Australien Linksverkehr herrscht, ist das Lenkrad stets auf der rechten Seite.

Alkohol- oder Drogeneinfluss Die Polizei ist berechtigt, jederzeit stichprobenartige Atem- oder Drogentests bei Fahrern vorzunehmen; sie macht von diesem Recht auch oft Gebrauch. Wer mit Drogen und/oder mehr als 0,5‰ im Blut erwischt wird, muss mit einer Geldstrafe und dem Führerscheinentzug rechnen.

Handys Die Benutzung am Steuer ist in Australien nur mit geeigneter Freisprecheinrichtung erlaubt.

Sicherheitsgurte & Sitze Gurtpflicht gilt auf allen Vorder- und Rücksitzen. Bei Verstößen gibt's höchstwahrscheinlich ein Bußgeld. Kleine Kinder sind korrekt in zugelassenen Kindersitzen zu sichern.

Tempolimit Das Tempolimit liegt innerhalb geschlossener Ortschaften allgemein bei 50 km/h, in der Nähe von Schulen bei 25 km/h (morgens & nachmittags) (manchmal auch 40 km/h); auf den Highways darf man normalerweise 100 oder 110 km/h fahren (im NT 110 oder 130 km/h). An strategisch günstigen Stellen benutzt die Polizei gern Radarpistolen und Kameras.

Vorfahrt Allgemein gilt „rechts vor links": An Kreisverkehren und unbeschilderten Kreuzungen (kommen eher selten vor) hat der von rechts kommende Verkehr Vorfahrt.

Versicherung

Unfallhaftpflichtversicherung Außer in NSW und Queensland ist eine Unfallhaftpflichtversicherung für Personenschäden *(third-party personal-injury insurance)* im Preis der Fahrzeugzulassung enthalten, um sicherzustellen, dass alle zugelassenen Fahrzeuge wenigstens diesen Versicherungsschutz haben (bei der Zulassung in NSW und Queensland muss man diese Versicherung privat abschließen). Wir empfehlen, den Versicherungsschutz zumindest um eine Haftpflichtversicherung für Sachschäden *(third-party property insurance)* zu erweitern, denn schon kleinere Zusammenstöße können sehr teuer werden.

Mietwagen Mietwagenkunden sollten sich ihrer Haftbarkeit bei einem Unfall bewusst sein. Wer nicht riskieren will, Tausende Dollar aus eigener Tasche berappen zu müssen, sollte eine umfassende Fahrzeugversicherung abschließen oder gegen einen Aufschlag auf die Tagesmietkosten den Selbstbehalt von 2000 bis 5000 AU$ auf einige Hundert Dollar drücken.

Versicherungsausschluss Schäden bei der Fahrt auf unbefestigten Straßen sind in der Regel von der Versicherung ausgeschlossen, wenn es sich nicht um einen Geländewagen handelt (das Kleingedruckte lesen!). Einige Vereinbarungen schließen sogar ausdrücklich bestimmte Straßen oder Pisten aus, die man dann also nicht befahren darf. Viele Versicherungen decken auch Glasbruch und Reifenschäden nicht ab.

Bus

Australiens umfangreiches Busnetz ist verlässlich, aber Busreisen sind nicht immer günstiger als Flüge und können über lange Strecken sehr ermüdend sein. Die meisten Busse sind mit Klimaanlage, Toilette und Bildschirmen ausgestattet, einige haben auch WLAN. Das Rauchen ist überall verboten. Klasseneinteilungen gibt es in australischen Bussen nicht, und die Fahrzeuge der verschiedenen Unternehmen sehen alle ähnlich aus.

Kleine Ortschaften haben keine förmlichen Busbahnhöfe, sondern einfach nur einen Haltepunkt (z. B. vor dem Postamt, dem Zeitungs- oder Eckladen).

Greyhound Australia (Karte S. 280; ☎02-6211 8545; www.greyhound.com.au; 65 Northbourne Ave; ⏲6–18 Uhr) Betreibt ein landesweites Busnetz (mit einigen Lücken, z. B. keine Verbindung über die Nullarbor Plain zwischen Adelaide und Perth sowie keine Strecke zwischen Perth und Broome). Die günstigsten Preise gibt's bei Online-Buchung.

Firefly Express (☎1300 730 740; www.fireflyexpress.com.au) Fährt zwischen Sydney, Canberra, Melbourne und Adelaide.

Integrity Coach Lines (Karte S. 972; ☎08-9274 7464; www.integritycoachlines.com.au; Wellington Street Bus Station) Der wichtigste Anbieter von Busverbindungen zwischen Perth und Broome in Western Australia.

Premier Motor Service (☎133 410; www.premierms.com.au) Greyhounds wichtigster Konkurrent an der Ostküste.

V/Line (☎1800 800 007; www.vline.com.au) Verbindet Victoria mit New South Wales, South Australia und dem Australian Capital Territory.

Buspässe

Wenn man in Australien weite Strecken mit dem Bus zurücklegen will, hilft der Buspass von Greyhound Australia, Geld zu sparen. Für Kinder unter 14 Jahren, Studenten und YHA-Mitglieder gibt's den Pass 10 % günstiger. Eine vollständige Liste der angebotenen Buspässe findet man unter www.greyhound.com.au/passes.

SHORT HOP PASS

Der Short Hop Pass von Greyhound gilt für die Fahrt zwischen zwei vorher ausgewählten Zielen, zwischen denen man die Fahrt so oft un-

Wichtige Bus- & Zugverbindungen

terbrechen kann, wie man will. Der Pass ist 30 Tage lang gültig. Angebotene Routen:

- Adelaide–Alice Springs (229 AU$)
- Alice Springs–Darwin (225 AU$)
- Melbourne–Brisbane (235 AU$)
- Sydney–Brisbane (139 AU$)
- Sydney–Byron Bay (115 AU$)
- Sydney–Melbourne (105 AU$)

HOP ON HOP OFF PASS

Mit Greyhounds 90 Tage gültigem Hop On Hop Off Pass kann man lange Reisen in verschiedene Etappen auf einer vorgeschriebenen Route aufteilen.

KILOMETRE PASS

Mit Greyhounds einfachstem Pass kauft man einfach eine bestimmte Zahl von Reisekilometern, mit mindestens 1000 km (189 AU$) und maximal 25 000 km (2675 AU$). Die Pässe gelten zwölf Monate für Fahrten in alle beliebigen Richtungen, und man kann die Fahrt unterbrechen, wann immer man will. Mit der online verfügbaren Kilometertabelle lässt sich berechnen, welcher Pass der richtige ist bzw. wie viele Kilometer man braucht. Mindestens einen Tag vorher anrufen, um den jeweiligen Platz zu reservieren!

Preise

Die folgende Tabelle nennt den Durchschnittspreis für Busfahrten auf einigen vielgenutzten Strecken (jeweils einfache Strecke; bei Online-Buchung).

STRECKE	PREIS
Adelaide–Alice Springs	155 AU$
Adelaide–Melbourne	60 AU$
Brisbane–Cairns	320 AU$
Cairns–Sydney	429 AU$
Sydney–Brisbane	109 AU$
Sydney–Melbourne	120 AU$

Bustouren

Backpacker- und auch normale Bustouren sind eine bequeme Weise, um von A nach B zu kommen und sich unterwegs die Sehenswürdigkeiten anzuschauen. Im Folgenden finden sich einige, in mehreren Bundesstaaten tätige Unternehmen; es gibt auch kleinere, die nur in einzelnen Bundesstaaten oder Territorien operieren.

AAT Kings (☎1300 556 100; www.aatkings.com) Große (bei älteren Leuten beliebte) Busgesellschaft mit unzähligen Touren überall in Australien.

Adventure Tours Australia (☎1300 654 604; www.adventuretours.com.au) Günstige, jugendbetonte Touren in allen Bundesstaaten.

Autopia Tours (☎03-9393 1333; www.autopiatours.com.au) Ein- bis dreitägige Trips ab Melbourne, Adelaide und Sydney.

Groovy Grape Tours (☎1800 661 177, 08-8440 1640; www.groovygrape.com.au) Eintägige bis einwöchige Bustouren in kleiner Gruppe ab Adelaide, Melbourne und Alice Springs.

Nullarbor Traveller (☎1800 816 858; www.thetraveller.net.au) Das kleine Unternehmen veranstaltet Minibus-Trips durch die Nullarbor Plain zwischen South Australia und Western Australia.

Oz Experience (☎1300 300 028; www.ozexperience.com) Backpackertour, die unter Nutzung von Greyhound-Bussen auf einer U-förmigen Route – Cairns, Brisbane, Sydney, Melbourne, Adelaide, Alice Springs, Darwin – das zentrale, nördliche und östliche Australien abklappert.

Fahrrad

Australien hat Radlern viel zu bieten: von Radwegen, die sich durch die meisten Großstädte winden, bis hin zu Tausenden Kilometern von guten Landstraßen, auf denen man sich richtig verausgaben kann. Es gibt viele flache Gebiete und leichtes Hügelland, die sich mit dem Rad erkunden lassen, und wenn Australien auch nicht so gebirgig ist wie beispielsweise die Schweiz oder Österreich kommen auch Mountainbiker mit vielen Wald- und Hochlandwegen auf ihre Kosten. Für besonders Abenteuerlustige sind auch Radtouren im Outback möglich.

Mieten In den Städten kann man leicht Räder mieten, aber wer länger als ein paar Stunden oder einen Tag radeln will, fährt günstiger damit, sich ein eigenes Rad zu kaufen.

Rechtsfragen In allen Bundesstaaten und Territorien Australiens herrscht Helmpflicht. Für Fahrten bei Nacht sind ebenfalls weiße Vorder- und rote Rücklichter vorgeschrieben.

Karten Man kann mit üblichen Straßenkarten zurechtkommen, aber um nicht auf schlechte, unbefestigte Pisten zu geraten, empfehlen sich die staatlichen Karten. Die Karten im Maßstab 1:250 000 sind gut geeignet, außer dass man bei langen Touren davon einen großen Satz brauchen würde. Der nächstkleinere Maßstab ist 1:1 000 000 – Karten dieses Formats sind in einschlägigen Läden weithin vorrätig.

Wetter Im Sommer sollte man viel Trinkwasser mitnehmen. Helm mit Schirm (oder Schirmmütze unter dem Helm) aufsetzen, Sonnencreme verwenden und nicht in der Mittagshitze radeln. Im Sommer können Nordwinde Radfahrern, die gen Norden unterwegs sind, das Leben zur Hölle machen. Im April wehen südöstliche Passatwinde, die einem (theoretisch) Unterstützung bis nach Darwin geben können. In Victoria, Tasmanien, dem südlichen Teil von South Australia und in den Bergen von New South Wales kann es sehr kalt werden, also angemessene Kleidung einpacken!

Transport Wer sein eigenes Rad mitbringen will, sollte sich bei seiner Fluglinie nach den Kosten für den Transport erkundigen und danach, inwieweit das Rad demontiert oder verpackt werden muss. Innerhalb Australiens befördern Busunternehmen Fahrräder nur im zerlegten Zustand, und einige garantieren nicht, dass das Rad mit demselben Bus transportiert wird, mit dem man fährt.

Ein Fahrrad kaufen

Neue, zuverlässige Straßenräder oder Mountainbikes sind ab ca. 600 AU$ zu haben. Nötige Zusatzausrüstung (Schutzhelm, Gepäcktaschen usw.) erhöht die Kosten schnell auf etwa 1750 AU$. In Großstädten lohnt sich die Suche nach Gebrauchtfahrrädern. Bei Schlussverkäufen (z. B. nach Weihnachten und um die Jahresmitte) gibt's neue Drahtesel teils zu echten Spottpreisen.

Für den Wiederverkauf oder den Gebrauchtbike-Erwerb empfehlen sich z. B. **Trading Post** (www.tradingpost.com.au), **Gumtree** (www.gumtree.com.au) oder die Schwarzen Bretter in den Hostels.

Infos im Internet

Alle Bundesstaaten und Territorien haben Radfahrerorganisationen, die weitere Infos liefern und Kontakte zu örtlichen Vereinen herstellen.

Bicycles Network Australia (www.bicycles.net.au) bietet Informationen, Neuigkeiten und Links.

Bicycle Network Tasmania (www.biketas.org.au)

Bicycle Network Victoria (www.bicyclenetwork.com.au)

Bicycle NSW (www.bicyclensw.org.au)

Bicycle Queensland (www.bq.org.au)

Bicycle Transportation Alliance (www.btawa.org.au) In Western Australia.

Bike SA (www.bikesa.asn.au)

Cycling Northern Territory (www.nt.cycling.org.au)

Pedal Power ACT (www.pedalpower.org.au)

Flugzeug

Der Zeitdruck und die Größe des Kontinents können Traveller veranlassen, zwischendurch einen Inlandsflug zu nehmen. **STA Travel** (☎134 782; www.statravel.com.au) und **Flight Centre** (☎133

133; www.flightcentre.com.au) haben Büros in ganz Australien, ansonsten kann man auch online buchen, z. B. bei:

- www.travel.com.au
- www.webjet.com.au

Fluglinien in Australien

Australiens größte inländische Fluglinien bedienen die großen Zentren mit regelmäßigen Flügen. Die wichtigsten Fluglinien sind:

Jetstar (☎131 538; www.jetstar.com)

Qantas (☎13 13 13; www.qantas.com.au)

Tigerair (☎1300 174 266; www.tigerair.com)

Virgin Australia (☎13 67 89; www.virginaustralia.com)

Eine Reihe kleinerer, regionaler Fluglinien decken Gebiete mit geringerer Größe ab und fliegen regionale Flughäfen an. Vor allem in Queensland gibt es mehrere solcher Fluglinien. Einige bekanntere Beispiele:

Airnorth (☎1800 627 474; www.airnorth.com.au) Fliegt im Northern Territory und im nordwestlichen Teil von West Australia.

Regional Express (REX; ☎13 17 13; www.rex.com.au) Fliegt im Osten und Südosten Australiens.

Air Pass

Qantas (☎13 13 13; www.qantas.com.au) bietet einen **Walkabout Air Pass** (www.qantas.com/travel/airlines/walkabout/us/en) mit Preisrabatt für Passagiere, die aus Übersee mit Qantas oder American Airlines nach Australien eingeflogen sind. Der Pass ermöglicht es, ca. 80 Flugziele in Australien miteinander zu verbinden und dafür weniger zu bezahlen als bei der einzelnen Buchung der jeweiligen Flüge.

Nahverkehr

Alle größeren Städte Australiens verfügen über ein verlässliches und preisgünstiges öffentliches Busnetz. In Sydney, Melbourne, Brisbane, Adelaide und Perth verkehren außerdem Vorortzüge. In Melbourne (und Adelaide) gibt es ein Straßenbahnnetz, in Sydney und Brisbane haben Hafenfähren und Sydney hat eine Stadtbahn. Taxis findet man überall in Australien.

Schiff/Fähre

Australien ist zwar rundum von Wasser umgeben, wer jedoch nicht über das nötige Glück, die nötigen Fähigkeiten oder die nötigen Beziehungen verfügt, um einen Platz auf einer Jacht zu ergattern, für den sind Reisen auf dem Wasserweg kaum möglich. Abgesehen von kurzen regionalen Fährverbindungen (z. B. zur Kangaroo Island in SA, zur Rottnest Island in WA, zur Bruny Island in Tasmanien und zur North Stradbroke Island in Queensland) gibt es nur eine Langstreckenverbindung: die Hochgeschwindigkeitsautofähre von **Spirit of Tasmania** (☎1800 634 906; www.spiritoftasmania.com.au; ⌚Kundeninformation Mo–Sa 8–20.30, So 9–20 Uhr) zwischen Melbourne und Devonport an der tasmanischen Nordwestküste.

Trampen & Mitfahrgelegenheiten

Trampen ist nirgendwo auf der Welt eine völlig sichere Option, und wir raten davon ab. Traveller, die sich fürs Trampen entscheiden, müssen wissen, dass sie ein kleines, aber im Ernstfall gefährliches Risiko eingehen. Leute, die auf diese Art unterwegs sind, sollten zumindest zu zweit unterwegs sein und andere wissen lassen, wohin sie fahren wollen.

Mitfahrgelegenheiten sind eine gute Möglichkeit, den eigenen Geldbeutel und die Umwelt zu schonen. Entsprechende Angebote findet man auf Schwarzen Brettern sowie online z. B. auf folgenden Websites:

Catch a Lift (www.catchalift.com)

Coseats (www.coseats.com)

Need a Ride (www.needaride.com.au)

Zug

Lange Zugfahrten unternimmt man in Australien, weil man das wirklich will und nicht, weil sie besonders günstig, bequem oder schnell wären. Andererseits sind Züge tatsächlich komfortabler als Busse, und hinzu kommt auch noch die ganz besondere Eisenbahnromantik. Die kürzeren Strecken werden in den meisten Bundesstaaten von eigenen Unternehmen unter staatlicher oder privater Regie betrieben.

Hier die wichtigsten Bahnunternehmen mit Fernzügen:

Great Southern Rail (☎08-8213 4401, 1800 703 357; www.greatsouthernrail.com.au) Betreibt den *Indian Pacific* zwischen Sydney und Perth, den *Overland* zwischen Melbourne und Adelaide sowie den *Ghan* zwischen Adelaide und Darwin über Alice Springs.

Queensland Rail (☎1300 131 722; www.queenslandrailtravel.com.au) Betreibt den Hochgeschwindigkeitszug *Spirit of Queensland* zwischen Brisbane und Cairns.

NSW TrainLink (☎13 22 32; www.nswtrainlink.info) Züge von Sydney nach Brisbane, Melbourne und Canberra.

V/Line (☎1800 800 007; www.vline.com.au) Züge innerhalb von Victoria sowie Anschlussbusse zu Zielen in New South Wales, South Australia und dem Australian Capital Territory.

Preise

Die folgende Liste nennt die Standardpreise bei Online-Buchung für die einfache Strecke in der Hauptsaison. Es gibt aber auch Rabatte für Backpacker.

Adelaide–Darwin Erw./Kind 2329/2089 AU$

Adelaide–Melbourne Erw./Kind ab 149/69 AU$

Adelaide–Perth Erw./Kind 1839/1649 AU$

Brisbane–Cairns Erw./Kind Sitzplatz ab 369/184 AU$; Sleeper Class ab 519/311 AU$

Sydney–Brisbane Erw./Kind Sitzplatz ab 66/66 AU$; Sleeper Class ab 216/179 AU$

Sydney–Canberra Erw./Kind Sitzplatz ab 40/28 AU$

Sydney–Melbourne Erw./Kind Sitzplatz ab 66/66 AU$; Sleeper Class ab 216/179 AU$

Sydney–Perth Erw./Kind 2599/2329 AU$

Zugpässe

Mit dem Queensland Coastal Pass von Queensland Rail kann man die Verbindungen zwischen Cairns und Brisbane in jeweils eine Richtung nutzen und dabei so oft ein- und aussteigen, wie man möchte. Ein Coastal Pass für einen Monat kostet 209 AU$, für zwei Monate 289 AU$. Der Queensland Explorer Pass funktioniert ähnlich, gilt jedoch für das gesamte Netz des Bundesstaats. Der Explorer Pass für einen Monat schlägt mit 299 AU$ zu Buche, für den zweimonatigen Pass muss man 389 AU$ zahlen.

Der Discovery Pass von NSW TrainLink für Ausländer und Australier berechtigt zu einer Fahrt in jeweils eine Richtung (Economy Class) in NSW mit beliebig vielen Zwischenstopps, zudem sind Verbindungen nach Brisbane, zur Gold Coast, nach Melbourne und Canberra abgedeckt. Ein Pass für 14 Tage/1/3/6 Monate kostet 232/275/298/420 AU$; wer will, bucht ein Upgrade für die Premium-Klasse dazu.

Sprache

Briten, Amerikaner, Australier und Neuseeländer, deutsche Geschäftsleute und norwegische Wissenschaftler, der indische Verwaltungsbeamte und die Hausfrau in Kapstadt – fast jeder scheint Englisch zu sprechen. Und wirklich: Englisch ist die am weitesten verbreitete Sprache der Welt (wenn's auch nur den zweiten Platz für die am meisten gesprochene Muttersprache gibt – Chinesisch ist die Nr. 1).

Logisch, dass es bei einer solchen Verbreitung nicht *das* Englische gibt, sondern vielmehr eine Unmenge von lokalen Eigenheiten in der Aussprache und im Wortschatz. Ein texanischer Ranger wird also wahrscheinlich seine Schwierigkeiten haben, einen australischen Jugendlichen aus Sydney zu verstehen.

Hier folgen nur die wichtigsten Begriffe und Wendungen, um sich in Australien durchschlagen zu können – Fortgeschrittene werfen für den letzten Schliff noch einen Blick ins Glossar auf S. 1194, wo typische Aussi-Ausdrücke aufgelistet sind.

Konversation & Nützliches

Hallo. *Hello.*
Guten ... *Good ...*
  Tag *day*
  Tag (nachmittags) *afternoon*
  Morgen *morning*
  Abend *evening*
Auf Wiedersehen. *Goodbye.*

NOCH MEHR GEFÄLLIG?

Noch besser kommt man mit dem *Sprachführer Englisch* von Lonely Planet durch Australien. Man findet den Titel unter **http://shop.lonelyplanet.de** und im Buchhandel.

Bis später. *See you later.*
Tschüss. *Bye.*
Wie geht es Ihnen/dir? *How are you?*
Danke, gut. *Fine. And you?*
Und Ihnen/dir? *... and you?*

Wie ist Ihr Name?/ Wie heißt du? *What's your name?*
Mein Name ist ... *My name is ...*
Wo kommen Sie her?/ Wo kommst du her? *Where do you come from?*
Ich komme aus ... *I'm from ...*
Wie lange bleiben Sie/ bleibst du hier? *How long do you stay here?*

Ja. *Yes.*
Nein. *No.*
Bitte. *Please.*
Danke/Vielen Dank. *Thank you (very much).*
Bitte (sehr). *You're welcome.*
Entschuldigen Sie, ... *Excuse me, ...*
Entschuldigung. *Sorry.*
Es tut mir leid. *I'm sorry.*

Verstehen Sie (mich)? *Do you understand (me)?*
Ich verstehe (nicht). *I (don't) understand.*
Könnten Sie ...? *Could you please ...?*
  bitte langsamer sprechen *speak more slowly*
  das bitte wiederholen *repeat that*
  es bitte aufschreiben *write it down*

Fragewörter

Wer? *Who?*
Was? *What?*

Wo?	*Where?*
Wann?	*When?*
Wie?	*How?*
Warum?	*Why?*
Welcher?	*Which?*
Wie viel/viele?	*How much/many?*

Gesundheit

Wo ist der/die/das nächste ...?
Where's the nearest ...?

Apotheke	*chemist*
Zahnarzt	*dentist*
Arzt	*doctor*
Krankenhaus	*hospital*

Ich brauche einen Arzt.
I need a doctor.

Gibt es in der Nähe eine (Nacht-)Apotheke?
Is there a (night) chemist nearby?

Ich bin krank.	*I'm sick.*
Es tut hier weh.	*It hurts here.*
Ich habe mich übergeben.	*I've been vomiting.*
Ich habe ...	*I have ...*
Durchfall	*diarrhoea*
Fieber	*fever*
Kopfschmerzen	*headache*
(Ich glaube,)	*(I think)*
Ich bin schwanger.	*I'm pregnant.*
Ich bin allergisch ...	*I'm allergic ...*
gegen Antibiotika	*to antibiotics*
gegen Aspirin	*to aspirin*
gegen Penizillin	*to penicillin*

Mit Kindern reisen

Ich brauche ...	*I need a/an ...*
Gibt es ...?	*Is there a/an ...?*
einen Wickelraum	*baby change room*
einen Babysitter	*babysitter*
einen Kindersitz	*booster seat*
eine Kinderkarte	*children's menu*
einen Kinderstuhl	*highchair*
(Einweg-)Windeln	*(disposable) nappies*
ein Töpfchen	*potty*
einen Kinderwagen	*stroller*

Stört es Sie, wenn ich mein Baby hier stille?
Do you mind if I breastfeed here?

NOTFALL

Hilfe!
Help!

Es ist ein Notfall!
It's an emergency!

Rufen Sie die Polizei!
Call the police!

Rufen Sie einen Arzt!
Call a doctor!

Rufen Sie einen Krankenwagen!
Call an ambulance!

Lassen Sie mich in Ruhe!
Leave me alone!

Gehen Sie weg!
Go away!

Sind Kinder zugelassen?
Are children allowed?

Papierkram

Name	*name*
Staatsangehörigkeit	*nationality*
Geburtsdatum	*date of birth*
Geburtsort	*place of birth*
Geschlecht	*sex/gender*
(Reise-)Pass	*passport*
Visum	*visa*

Shoppen & Service

Ich suche ...
I'm looking for ...

Wo ist der/die/das (nächste) ...?
Where's the (nearest) ...?

Wo kann ich ... kaufen?
Where can I buy ...?

Ich möchte ... kaufen.
I'd like to buy ...

Wie viel (kostet das)?
How much (is this)?

Das ist zu viel/zu teuer.
That's too much/too expensive.

Können Sie mit dem Preis herunter-gehen?
Can you lower the price?

Ich schaue mich nur um.
I'm just looking.

Haben Sie noch andere?
Do you have any others?

Können Sie ihn/sie/es mir zeigen?
Can I look at it?

mehr	*more*
weniger	*less*
kleiner	*smaller*
größer	*bigger*

Nehmen Sie ...?	*Do you accept ...?*
Kreditkarten	*credit cards*
Reiseschecks	*traveller's cheques*
Ich möchte ...	*I'd like to ...*
Geld umtauschen	*change money*
einen Scheck einlösen	*cash a cheque*
Reiseschecks einlösen	*change traveller's cheques*

Ich suche ...	*I'm looking for ...*
einen Arzt	*a doctor*
eine Bank	*a bank*
die ... Botschaft	*the ... embassy*
einen Geldautomaten	*an ATM*
das Krankenhaus	*the hospital*
den Markt	*the market*
ein öffentliches Telefon	*a public phone*
eine öffentliche Toilette	*a public toilet*
die Polizei	*the police*
das Postamt	*the post office*
die Touristeninformation	*the tourist information*
eine Wechselstube	*an exchange office*

Wann macht er/sie/es auf/zu?
What time does it open/close?

Ich möchte eine Telefonkarte kaufen.
I want to buy a phone card.

Wo ist hier ein Internetcafé?
Where's the local Internet cafe?

Ich möchte ...	*I'd like to ...*
ins Internet	*get Internet access*
meine E-Mails checken	*check my email*

Uhrzeit & Datum

Wie spät ist es?	*What time is it?*
Es ist (ein) Uhr.	*It's (one) o'clock.*
Zwanzig nach eins	*Twenty past one*
Halb zwei	*Half past one*
Viertel vor eins	*Quarter to one*

morgens/vormittags	*am*
nachmittags/abends	*pm*

jetzt	*now*
heute	*today*
heute Abend	*tonight*
morgen	*tomorrow*
gestern	*yesterday*
Morgen	*morning*
Nachmittag	*afternoon*
Abend	*evening*

Montag	*Monday*
Dienstag	*Tuesday*
Mittwoch	*Wednesday*
Donnerstag	*Thursday*
Freitag	*Friday*
Samstag	*Saturday*
Sonntag	*Sunday*

Januar	*January*
Februar	*February*
März	*March*
April	*April*
Mai	*May*
Juni	*June*
Juli	*July*
August	*August*
September	*September*
Oktober	*October*
November	*November*
Dezember	*December*

Unterkunft

Wo ist ...?	*Where's a ...?*
eine Pension	*bed and breakfast guesthouse*
ein Campingplatz	*camping ground*
ein Hotel/Gasthof	*hotel*
ein Privatzimmer	*room in a private home*
eine Jugendherberge	*youth hostel*

Wie ist die Adresse?
What's the address?

Ich möchte bitte ein Zimmer reservieren.
I'd like to book a room, please.

Für (drei) Nächte/Wochen.
For (three) nights/weeks.

EIN ZIMMER RESERVIEREN

(per Brief, Fax oder E-Mail)

An ... *To ...*
Vom ... *From ...*
Datum *Date*

Ich möchte reservieren ...
I'd like to book ...
auf den Namen ... *in the name of ...*
vom ... bis zum ... *from ... to ...*

(Bett-/Zimmeroptionen s. Liste Unterkunft)

Kreditkarte *credit card*
Nummer *number*
gültig bis *expiry date*

Bitte bestätigen Sie Verfügbarkeit und Preis.
Please confirm availability and price.

Haben Sie ein ...? *Do you have a ... room?*
Einzelzimmer *single*
Doppelzimmer *double*
Zweibettzimmer *twin*

Wieviel kostet es pro Nacht/Person?
How much is it per night/person?

Kann ich es sehen?
May I see it?

Kann ich ein anderes Zimmer bekommen?
Can I get another room?

Es ist gut, ich nehme es.
It's fine. I'll take it.

Ich reise jetzt ab.
I'm leaving now.

Verkehrsmittel & -Wege

Öffentliche Verkehrsmittel

Wann fährt ... ab?
What time does the ... leave?
das Boot/Schiff *boat/ship*
die Fähre *ferry*
der Bus *bus*
der Zug *train*

Wann fährt der ... Bus?
What time's the ... bus?
erste *first*
letzte *last*
nächste *next*

Wo ist der nächste U-Bahnhof?
Where's the nearest metro station?

Welcher Bus fährt nach ...?
Which bus goes to ...?

U-Bahn *metro*
(U-)Bahnhof *(metro) station*
Straßenbahn *tram*
Straßenbahnhaltestelle *tram stop*
S-Bahn *suburban (train) line*

Eine ... nach (Sydney).
A ... to (Sydney).
einfache Fahrkarte *one-way ticket*
Rückfahrkarte *return ticket*
Fahrkarte 1. Klasse *1st-class ticket*
Fahrkarte 2. Klasse *2nd-class ticket*

Der Zug wurde gestrichen.
The train is cancelled.

Der Zug hat Verspätung.
The train is delayed.

Ist dieser Platz frei?
Is this seat free?

Muss ich umsteigen?
Do I need to change trains?

Sind Sie frei?
Are you free?

Was kostet es bis ...?
How much is it to ...?

Bitte bringen Sie mich zu (dieser Adresse).
Please take me to (this address).

Private Transportmittel

Wo kann ich ein ... mieten?
Where can I hire a/an ...?

Ich möchte ein ... mieten.
I'd like to hire a/an ...
Allradfahrzeug *4WD*
Auto *car*
Fahrrad *bicycle*
Fahrzeug mit Automatik *automatic*
Fahrzeug mit Schaltung *manual*
Motorrad *motorbike*

VERKEHRSSCHILDER

Danger	*Gefahr*
No Entry	*Einfahrt verboten*
One-way	*Einbahnstraße*
Entrance	*Einfahrt*
Exit	*Ausfahrt*
Keep Clear	*Ausfahrt freihalten*
No Parking	*Parkverbot*
No Stopping	*Halteverbot*
Toll	*Mautstelle*
Cycle Path	*Radweg*
Detour	*Umleitung*
No Overtaking	*Überholverbot*

Wieviel kostet es pro Tag/Woche?
How much is it per day/week?

Wo ist eine Tankstelle?
Where's a petrol station?

Benzin	*petrol*
Diesel	*diesel*
Bleifreies Benzin	*unleaded*

Führt diese Straße nach ...?
Does this road go to ...?

Wo muss ich bezahlen?
Where do I pay?

Ich brauche einen Mechaniker.
I need a mechanic.

Das Auto hat eine Panne.
The car has broken down.

Ich habe einen Platten.
I have a flat tyre.

Das Auto/Motorrad springt nicht an.
The car/motorbike won't start.

Ich habe kein Benzin mehr.
I've run out of petrol.

Wegweiser

Können Sie mir bitte helfen?
Could you help me, please?

Ich habe mich verirrt.
I'm lost.

Wo ist (eine Bank)?
Where's (a bank)?

In welcher Richtung ist (eine öffentliche Toilette)?
Which way's (a public toilet)?

Wie kann ich da hinkommen?
How can I get there?

Wie weit ist es?
How far is it?

Können Sie es mir (auf der Karte) zeigen?
Can you show me (on the map)?

links	*left*
rechts	*right*
nahe	*near*
weit weg	*far away*
hier	*here*
dort	*there*
an der Ecke	*on the corner*
geradeaus	*straight ahead*
gegenüber ...	*opposite ...*
neben ...	*next to ...*
hinter ...	*behind ...*
vor ...	*in front of ...*

Norden	*north*
Süden	*south*
Osten	*east*
Westen	*west*

Biegen Sie ... ab.	*Turn ...*
links/rechts	*left/right*
an der nächsten Ecke	*at the next corner*
bei der Ampel	*at the traffic lights*

Zahlen

0	*zero*
1	*one*
2	*two*

SCHILDER

Police	*Polizei*
Police Station	*Polizeiwache*
Entrance	*Eingang*
Exit	*Ausgang*
Open	*Offen*
Closed	*Geschlossen*
No Entry	*Kein Zutritt*
No Smoking	*Rauchen verboten*
Prohibited	*Verboten*
Toilets	*Toiletten*
Men	*Herren*
Women	*Damen*

3	*three*	**20**	*twenty*
4	*four*	**21**	*twentyone*
5	*five*	**22**	*twentytwo*
6	*six*	**23**	*twentythree*
7	*seven*	**24**	*twentyfour*
8	*eight*	**25**	*twentyfive*
9	*nine*	**30**	*thirty*
10	*ten*	**40**	*fourty*
11	*eleven*	**50**	*fifty*
12	*twelve*	**60**	*sixty*
13	*thirteen*	**70**	*seventy*
14	*fourteen*	**80**	*eigthy*
15	*fifteen*	**90**	*ninety*
16	*sixteen*	**100**	*hundred*
17	*seventeen*	**1000**	*thousand*
18	*eighteen*	**2000**	*two thousand*
19	*nineteen*	**100 000**	*hundred thousand*

GLOSSAR

Jeder, der meint, Australisch *(Strine)* sei nur eine etwas seltsam klingende Variante des Englischen, wird überrascht sein: Die australische Umgangssprache ist ein merkwürdiges Labyrinth, in dem man schnell den Faden verliert. Einige Wörter haben eine völlig andere Bedeutung als in den übrigen englischsprachigen Ländern. Häufig benutzte Wörter werden zumeist bis zur Unkenntlichkeit abgekürzt, andere leiten sich aus der Sprache der Ureinwohner oder der frühen Siedler ab.

Wer als Aussie durchgehen will, sollte Folgendes versuchen: nasal sprechen, alle Wörter auf höchstens zwei Silben verkürzen, an jedes Wortende einen Vokal hängen, wo immer es geht Verniedlichungsformen verwenden und jeden Satz mit einem Kraftausdruck garnieren.

Der englischsprachige Lonely Planet Band *Australian Phrasebook* gibt eine Einführung ins australische Englisch und in einige Sprachen der Aborigines. Die folgende Liste könnte auch hilfreich sein.

4WD – Wagen mit Allradantrieb

ACT – Australian Capital Territory

Akubra hat – Hut der australischen Buschmänner; heute häufiger auf dem Kopf deutscher Rentner auf Urlaub zu sehen

ALP – Australian Labor Party

Anzac – Australian and New Zealand Army Corps

Aussie rules – Australian Rules Football; eine Variante des Rugby; das Team besteht aus 18 Spielern

award wage – Mindestlohn

Banana Bender – Einwohner Queenslands

bastard – allgemeine Form der Anrede mit unterschiedlicher Bedeutung: Sie drückt Lob oder Respekt aus (z. B. „He's the bravest bastard I know!" – „Er ist der tapferste Kerl, den ich kenne!"), kann aber auch beleidigend sein (z. B. „You bastard!" – „Du Idiot!"). Wer sich nicht sicher ist, ob der Ausdruck passt, sollte ihn eher vermeiden.

bathers – Badebekleidung (in Victoria)

B&B – Bed and Breakfast

BBQ – Barbecue

bêche-de-mer – Seegurke

bevan – s. *bogan* (in Queensland)

billabong – Wasserloch in einem Flussbett während der Trockenzeit

billy – Blechkessel zum Wasserkochen im *bush*

bitumen – Asphaltstraße

bogan – sehr einfach gestrickter Mensch

bombora – „bommie"; separates küstennahes Riff

boogie board – kleines Surfbrett

boom netting – Passagiere werden in einem Netz am Bug oder Heck eines Bootes durch die Brandung gezogen

boomerang – Bumerang

booner – s. *bogan* (im ACT)

bora ring – ein kreisförmiger, von aufgehäufter Erde begrenzter Bereich, dient den Aborigines zu zeremoniellen Zwecken; hauptsächlich in NSW und im Südosten Queenslands zu finden

bottle shop – Getränkeladen, Wein- und Spirituosenhandlung

box jellyfish – eine tödliche Quallenart; auch *sea wasp, box jelly, sea jelly, stinger*

brekky – Frühstück

budgie smuggler – kleine, enge Männerbadehose

bug – *Moreton Bay/Balmain bug*; essbarer, kleiner Krebs

bunyip – mythisches Tier oder Wesen im *bush*

bush, the – Land voller Bäume und Sträucher; alles, was sich außerhalb der Stadt befindet

bush tucker – einheimische Nahrung, die man im *outback* findet

bushranger – das australische Äquivalent zu den Gesetzlosen des amerikanischen Wilden Westens

BYO – „Bring your own"; Restaurant, bei dem Gäste ihren *grog* selbst mitbringen

camp-o-tel – ein Zelt mit Betten und Beleuchtung

chook – Huhn

Cockroaches – Australier in und um Sydney

counter meal – Essen in der Kneipe, wird meist an der Theke verspeist

cozzie – Badebekleidung (in NSW)

cuppa – „cup of"; eine Tasse Tee, Kaffee o. Ä.

dag – schmutziger Wollklumpen am Hintern eines Schafs; nett gemeintes Schimpfwort für jemanden, der sich nicht an gesellschaftliche Konventionen hält

damper – Buschbrot aus Wasser und Mehl, oft in einem *camp oven* gebacken

DEET – Permethrinhaltiges Insektenschutzmittel

didjeridu (didgeridoo), didj – Blasinstrument aus einem hohlen Holzstück; traditionelles Instrument der Aborigines

donga – kleine, mobile Hütte, oft im *outback* verwendet

Dreamtime – Traumzeit; Grundlage des Glaubens der Aborigines: Geisterwesen erschufen die Welt und leben als ewige Kräfte fort; der Begriff „Dreaming" wird alternativ benutzt, da er keine Verbindung zur „Zeit" herstellt

Dry, the – Trockenzeit im nördlichen Australien (April–Okt.)

dunny – Freilufttoilette

Eftpos – *Electronic Funds Transfer at Point of Sale* (Geldkarte, mit der man bargeldlos die Rechnungen für Einkäufe und Dienstleistungen begleichen kann)

EPA – *Environmental Protection Agency* (Umweltschutzbehörde; in QLD QPWS)

Esky – große Kühltasche für Essen und Getränke

flake – Haifleisch; oft in Fish-&-Chips-Läden erhältlich

freshie – Süßwasserkrokodil (harmlos, es sei denn, man provoziert es); neue Bier-*tinny*

galah – lauter Papagei; nerviger Idiot

grog – allgemein für alkoholische Getränke

gum tree – Eukalyptusbaum

jackaroo – männlicher Trainee in einer *outback station*

jillaroo – weiblicher Trainee in einer *outback station*

jumper – Sweatshirt; Pulli

Koorie – Aborigines aus Südostaustralien; in NSW *Koori*; s. auch *Murri*

lamington – quadratischer Biskuitkuchen mit Schokoguss und Kokosraspeln

larrikin – Rowdy, Jugendlicher mit Blödsinn im Kopf

lay-by – in einem Laden für einen Kunden Zurückgelegtes

live-aboard – Tauchsafari mit Übernachtungsoptionen

long black – doppelter Espresso

mal – Abkürzung für „Malibu surfboard"

mangrove – ein in Küstennähe zu findender Baum, der in Salzwasser wächst

mate – gebräuchliche familiäre Anrede

Mexicans – Leute aus Victoria

middy – kleines Glas Bier (285 ml), NSW; s. auch *pot*

milk bar – kleiner Laden, der Milch und andere Grundnahrungsmittel verkauft

Mod Oz – moderne australische Küche, die von vielen ausländischen Stilen beeinflusst wird, aber alles mit einer regionalen Note versetzt

mozzies – Mücken

Murri – Aborigines aus Australiens Nordosten; s. auch *Koorie*

NRMA – *National Roads and Motorists Association* (Automobilclub von NSW)

NSW – New South Wales

outback – einsame Gegend im *bush*

paddock – Viehweide

PADI – *Professional Association of Diving Instructors* (international anerkannte Organisation für Tauchkurse)

piss – Bier

pokies – Spielautomaten

pot – Glas Bier (in Victoria und Queensland); s. auch *middy*

QPWS – *Queensland Parks & Wildlife Service* (s. *EPA*)

Queenslander – Holzhaus auf Stelzen und mit großer Veranda

RACQ – *Royal Automobile Club of Queensland*

RACV – *Royal Automobile Club of Victoria*

rashie – *rash-vest* (UV-beständiges enges Oberteil für Surfer)

road train – Sattelschlepper mit mehreren Anhängern

RSL – *Returned Servicemen's League* (Bund australischer Veteranen) bzw. das Vereinshaus, das vom Bund betrieben wird

saltie – Salzwasserkrokodil; auch *estuarine crocodile*; s. auch *freshie*

scar tree – ein Baum, von dem die Rinde entfernt wurde, um daraus Kanus, Geschirr usw. herzustellen

schoolies – ein paar Wochen Ende November/Anfang Dezember, in denen australische Teenager ihren Abschluss in Massen am Strand feiern und sich hemmungslos betrinken

schooner – großes Glas Bier (in New South Wales)

scrub – *bush*; Bäume, Sträucher und andere Pflanzen, die in einem trockenen Gebiet wachsen

sea wasp – Seewespe; s. auch *box jellyfish*

sealed road – befestigte Straße; s. auch *bitumen*

Session – eine lange Zeitspanne intensiven Trinkens

shout – eine Runde Bier ausgeben („Your shout!")

SLSC – *Surf Life Saving Club*; ein Ableger der *Surf Life Saving Association*

station – große Farm

stinger – tödliche Qualle; s. auch *box jellyfish*

Stolen Generations – Kinder von Aborigines und Torres Straiters, die während der Assimilationspolitik der Regierung von ihren Familien getrennt wurden

stubby – 375-ml-Flasche Bier

Surf Life Saving Association – Organisation, die für den Wasserschutz und Rettung von Menschenleben zuständig ist und hauptsächlich von Freiwilligen betrieben wird

surf 'n' turf – ein Steak, das mit Meeresfrüchten garniert wird; meist in Kneipen zu bekommen

swag – Bettrolle zum Übernachten im *outback*; große Menge

swagman – Vagabund (veraltet); umherziehender Arbeiter

terra nullius – die britische Krone legte fest, dass Australien niemandem gehörte, und nahm es für sich selbst in Anspruch

thongs – Flip-Flops

tinny – 375-ml-Bierdose; kleines Beiboot aus Alu

tucker – Essen

veggie – Gemüse; Vegetarier

walkabout – lange, einsame Wanderung

wattle – australische Akazienart mit haarigen gelben Blüten

Wet, the – Regensaison im Norden (Nov.–März)

yabbie – kleiner Süßwasserkrebs

yum cha – klassisches chinesisches Festessen im Süden

Hinter den Kulissen

WIR FREUEN UNS ÜBER EIN FEEDBACK

Post von Travellern zu bekommen, ist für uns ungemein hilfreich – Kritik und Anregungen halten uns auf dem Laufenden und helfen, unsere Bücher zu verbessern. Unser reiseerfahrenes Team liest alle Zuschriften ganz genau, um zu erfahren, was an unseren Reiseführern gut und was schlecht ist. Wir können solche Post zwar nicht individuell beantworten, aber jedes Feedback wird garantiert schnurstracks an die jeweiligen Autoren weitergeleitet, rechtzeitig vor der nächsten Nachauflage.

Wer Ideen, Erfahrungen und Korrekturhinweise zum Reiseführer mitteilen möchte, hat die Möglichkeit dazu auf **www.lonelyplanet.com/contact/guidebook_feedback/new**. Anmerkungen speziell zur deutschen Ausgabe erreichen uns über **www.lonelyplanet.de/kontakt**.

Hinweis: Da wir Beiträge möglicherweise in Lonely Planet Produkten (Reiseführer, Websites, digitale Medien) veröffentlichen, ggf. auch in gekürzter Form, bitten wir um Mitteilung, falls ein Kommentar nicht veröffentlicht oder ein Name nicht genannt werden soll. Wer Näheres über unsere Datenschutzpolitik wissen will, erfährt das unter www.lonelyplanet.com/privacy.

DANK VON LONELY PLANET

Vielen Dank an alle Reisenden, die mit der letzten Auflage unterwegs waren und uns hilfreiche Tipps sowie interessante Anekdoten geschickt haben:

Alan Taylor, Anastasia Papaioannou, Andrea Edwards, Andrew Walter, Cathy Sohler, Daniel Richard, Jane Rushworth, Kathrin Schad, Kersti Esbjörnsson, Mary Munro, Patricia Aufderheide, Pauline Dejoux, Sain Alizada, Shelagh O'Brien

DANK DER AUTOREN

Brett Atkinson

Danke an Tourism WA und die Visitor Centres sowie die Parks-and-Wildlife-Büros im ganzen Bundesstaat. „Prost!" den talentierten Craft-Brauereien in West Australia, die unterwegs für Erfrischung gesorgt haben. Ein besonderes Dankeschön gilt Tasmin Waby von Lonely Planet für eine weitere Gelegenheit, mein spektakuläres Nachbarland zu erkunden. Ich danke zudem meinen Mitautoren Carolyn und Steve sowie den fleißigen Redakteuren und Kartografen hier im Haus. Abschließend möchte ich noch Carol danke sagen – dafür, dass sie mir nach meiner Rückkehr nach Hause dabei geholfen hat, den ausgezeichneten Hippocampus Gin und die Temper-Temper-Schokolade zu verschlingen.

Anthony Ham

Ein großes Dankeschön geht an Tasmin Waby dafür, dass sie mich in einige der schönsten Ecken Australiens geschickt hat und für ihren unermüdlichen Einsatz für gute Texte. Ich danke auch Liam, Sticks, Mandy Dwyer und so vielen andere, die meinen Aufenthalt im Northern Territory so unvergesslich gemacht haben – und meiner Familie, die zu Hause das Feuer bewacht hat. Ich kann es kaum erwarten, sie beim nächsten Mal mitzunehmen.

Paul Harding

Ich danke allen Travellern und Einheimischen, die mir auf meiner Reise durch die abgelegensten Winkel von Queensland mit Rat und Tat zur Seite gestanden haben, vor allem den hilfsbereiten Leuten, die mir in Eliot Falls bei dem Ärger mit meinem fahrbaren Untersatz geholfen haben. Danke an Tamara für Kaffee und einen Schwatz in Cairns und an Tasmin bei Lonely Planet. Aber am meisten möchte ich mich bei Hannah und Layla bedanken ... einfach dafür, dass es sie gibt.

Kate Morgan

Mein Dank gilt meiner Redakteurin Tasmin Waby für die Gelegenheit, mich durch die besten Viertel Melbournes zu futtern und zu trinken. Vielen Dank,

Caro Cooper, für tolle Anregungen und dafür, dass wir gelegentlich einen Drink zusammen nehmen. Schließlich gilt mein Dank meinem Partner Trent für all seine Hilfe und Unterstützung.

Charles Rawlings-Way

Dankschön für den Job, Tasmin! Vielen Dank auch all den hilfsbereiten Seelen, die ich unterwegs getroffen habe, und an meine Freunde, die ich in South Australia und Tasmanien endlich wiedersehen durfte und die all meine Fragen mit größter Leichtigkeit beantwortet haben. Mein größter Dank gilt Meg, die unser zunehmend chaotischeres Zuhause („Wo ist Papa?") zusammengehalten hat, während ich im Sonnenschein herumtollte, und die dafür sorgte, dass Ione, Remy Liv und Reuben geschult, gefüttert, gegossen und ins Bett gebracht wurden ... mitsamt Gute-Nacht-Geschichte!

Andy Symington

Als jemand, der als verlorener Sohn für dieses Projekt zurück nach Sydney kam, war ich auf den unschätzbaren Rat und die Hilfe so vieler Freunde angewiesen, um auf den aktuellen Stand dessen zu kommen, was in der Stadt vor sich geht. Dafür kann ich mich gar nicht genug bedanken! Auch die Touristenzentren in der Region waren eine unwahrscheinlich große Hilfe. Mein besonderer Dank gilt jedoch Stephen Freiberg, Kate McGuinness, Hugh O'Keefe, Ben Hamilton, Matthew Beech, Iain und Amanda Ashley, Tasmin Waby und dem Lonely Planet Team – sowie, wie immer, meiner Familie.

Kate Armstrong

Ein besonderes Dankeschön geht an Jacqui Loftus-Hills von Visit Victoria, Wendy Jones von Goulburn River Valley Tourism, Sue Couttie von Tourism Northeast, Marie Glasson, die Stadträtin von Greater Shepparton und Fran Martin vom Visitor Centre in Echuca. Schließlich danke ich meinen lieben Freunden Sue Mulligan, Lou Bull und Emmo.

Carolyn Bain

Es war eine Freude, so viel Landschaft und eine derart erstaunlich schöne Küste entdecken und darüber schreiben zu dürfen. Danke an Tasmin Waby für den Auftrag und danke an die WA-Kollegen Brett Atkinson und Steve Waters dafür, dass sie ihr Wissen mit mir geteilt haben! In Western Australia gilt mein aufrichtiger Dank all denjenigen, die mich zu alten Felsen, zu Mantarochen, an einsame Strände und zu atemberaubenden Ausblicken geführt haben, und auch denjenigen, die mit mir ein Bier, ihre Reisetipps, ihre Empfehlungen und ihre Zeit für einen Plausch geteilt haben.

Cristian Bonetto

Vor allem möchte ich mich bei Drew Westbrook für seine Gastfreundschaft und Großzügigkeit bedanken. Herzlichen Dank auch an Craig Bradbery, Tim Crabtree, Amy Ratcliffe, Leanne Layfield, Terese Finegan, Michael Flocke, Simon Betteridge, Annabel Sullivan, Garry Judd und all die vielen Einheimischen, die mich unterwegs an ihrem Wissen teilhaben ließen. Bei Lonely Planet gilt Tasmin Waby ein großes Dankeschön für ihre Unterstützung und Ermutigung.

Peter Dragicevich

Die Recherche zu diesem Reiseführer war ein absolutes Vergnügen, vor allem wegen der wunderbaren Gesellschaft, die ich unterwegs hatte. Mein besonderer Dank geht an Braith Bamkin, Peter van Gaalen, Marg Toohey und Jo Stafford für ihre hilfreiche Unterstützung in Melbourne sowie an David Mills und Barry Sawtell für die Canberra-Morrissey-Safari. Ein „Prost" all den lieben Menschen, die mit mir unterwegs Speis und Trank geteilt haben, vor allem Errol Hunt, Kim Shearman, Cristian Bonetto und Maryanne Netto!

Trent Holden

Zunächst ganz lieben Dank an Tasmin Waby für den Auftrag, den Großteil des Regionenkapitels zu Victoria zu aktualisieren. Es ist mir eine absolute Ehre, über meinen Heimatstaat berichten zu dürfen. Ich bin immer noch von den Socken, wie viel cooles Zeug es hier zu besuchen gibt. Vielen Dank an alle Visitor Centres des Staates, in denen fantastische Teams von Freiwilligen einen sensationellen Job machen. Danke auch an alle, die Zeit für eine Plauderei hatten und die mir dabei geholfen haben, diese neue Ausgabe zusammenzustellen. Wie immer gilt meine ganze Liebe meiner Familie, vor allem meiner Partnerin Kate, die mir dieses Mal die große Freude bereitete, mich auf dieser Reise zu begleiten.

Virginia Maxwell

Es gab eigentlich fast nichts, was die hilfsbereiten und freundlichen Mitarbeiter der Visitor Centres in Tasmanien nicht wussten. Ein besonderes Dankeschön gilt Jo in Wynyard, Bronwyn in Strahan und Michelle in Cradle Mountain. Danke auch an meine Reisebegleiter Peter Handsaker und Catherine Hannebery, an Janni Soltys, die mir von Pumphouse Point erzählt hat, und an Mandy Stroebel für ihr Wissen über ihre Heimat.

Tamara Sheward

Eine verschwitzte Cairns-Umarmung und ein herzliches Dankeschön meinen Freunden, meiner Familie, den Experten vor Ort und den Zufallsbekanntschaften, die mir geholfen haben, immer tiefer in die Wunder meiner Heimatstadt und ihrer Umgebung einzutauchen. Es immer ein Aha-Erlebnis, den eigenen Hinterhof mit den Augen eines Travellers/Reiseschriftstellers (neu) zu entdecken. Bei Lonely Planet möchte ich mich ganz besonders bei Tasmin Waby für den Auftrag und die unablässige Unterstützung bedanken; gleiches gilt für Paul Harding, meinen Co-Autoren bei dem Kapitel. Die größten Kokosnüsse gehen wie immer an meinen Lieblings-FNQler – meine verrückten Krokodile Dušan und Mascha.

Tom Spurling

Danke, Tasmin, dass Du Dich wieder für mich entschieden hast! Danke, Goose, weil Du auf dem Weg nach Rockhampton ein guter Beifahrer warst – und dafür, dass Du mich zum Joggen gebracht hast. Danke an Lucy dafür, dass Du auf dem Rücksitz geschlafen und kein Interesse an kryptischen Kreuzworträtseln gezeigt hast. Danke den Angestellten der Bar in Ravenswood, weil sie mich daran erinnert haben, warum ich diesen Job überhaupt wollte. Danke den Whitsundays dafür, dass es sie gibt. Danke an Town of 1770 für all die vielen Dinner-Partys (eine Zahl? Ernsthaft?). Danke an meine Kinder, weil sie mich nicht besonders vermisst haben (das werde ich euch nie vergessen, O. und P.!).

Benedict Walker

Vielen Dank an Tasmin Waby/Tamsin Maybe von Lonely Planet, dass Du mich auf diesen großartigen Roadtrip mitgenommen hast – und dafür, dass Du mir auch dann nicht von der Seite gewichen bist, als unterwegs ein paar Schlaglöcher Probleme bereitet haben. Vielen Dank an meine Gelegenheits- Co-Pilotin, die liebenswerte Sarah Sabell, die mir beigebracht hat, mit Gangschaltung zu fahren, und die nicht ein einziges Mal mit mir gestritten hat! Danke an meine schöne Mutter Trish und die Cooks, die mir gestatten haben, loszufahren und mein eigenes Ding zu machen trotz einer Zeit des Kummers in der Familie. Ich lebe ein seltsames und wunderbares Leben, aber ohne deine Liebe und Unterstützung hätte ich nichts – und wäre ich ein Niemand.

Steve Waters

Ich danke Trace und Heath, Brodie, Abbie, Meika und Kaeghan für Mitternachtsankünfte, James, Toby, John, Sam, Lauren, Dana und dem Rest von MC für die Canyon-Liebe, Di für eine Tasse Tee während des großen Finales, Unruly Ted für die Antwort auf jene Quizfrage, Roz und Megan fürs Aufpassen und vor allem Hamish und Kaz herzlich für all die gemeinsamen Sonnenuntergänge und Sonnenaufgänge, den Staub, die Hitze, die rauen Straßen, die Anmut, die gute Laune und jeder Menge Ingwer-Matsos.

Donna Wheeler

Meine Liebe und meine Dankbarkeit gilt Juliette Claire für ihre Inspiration und ihr unfassbares Wissen über ihre Heimat. Danke an die Ex-Einheimischen Peter Maclaine und Debbie Wheeler, vor allem für Petes Surf-Kenntnisse. Danke an Harry in Broadbeach, an die Fallschirmspringer von Byron und an Amanda und Simon in Brunswick Heads für ihre tollen Einblicke ins Gastgewerbe. Vielen Dank an Nic Wrathall für die Gesellschaft während einiger langer Recherchetage. Vielen Dank auch an Brigid Healy und Andrew King, Kate Dale, Darryn Devlin für den liebevollen Empfang in Sydney. Schließlich möchte ich mich noch bei Joe Guario bedanken. Für einfach alles.

QUELLENNACHWEIS

Die Daten für die Klimakarte stammen von Peel MC, Finlayson BL & McMahon TA (2007), *Updated World Map of the Köppen-Geiger Climate Classification*, Hydrology and Earth System Sciences, 11, 163344.

Karten zum Zug- und Fährennetz von Sydney © Transport for NSW 2017. Die Rechte für die Zug- und Fährkarten liegen bei Transport for NSW. Zum Zeitpunkt der Drucklegung waren die Fahrpläne aktuell.

Foto S. 12 unten: Bildrechte des MONA Museum of Old and New Art, Hobart, Tasmania, Australia.

Fotos S. 20 unten & S. 62 oben rechts: Bildrechte des Tourism NT, Australia.

Abbildung S. 74: Javier Zarracina.

Titelfoto: Luftaufnahme fotografiert in der Nähe von Broome in Western Australia, shannonstent/Getty.

ÜBER DIESES BUCH

Dies ist die 7. deutsche Auflage von *Australien*, basierend auf der 19. englischen Auflage von *Australia* – recherchiert und geschrieben von Brett Atkinson, Anthony Ham, Paul Harding, Kate Morgan, Charles Rawlings-Way, Andy Symington, Kate Armstrong, Carolyn Bain, Cristian Bonetto, Peter Dragicevich, Trent Holden, Virginia Maxwell, Tamara Sheward, Tom Spurling, Benedict Walker, Steve Waters und Donna Wheeler. Einen Dank auch an die folgenden Mitarbeiter für ihre Arbeit an diesem Band: Dr. Michael Cathcart, Cathy Craigie, Dr. Tim Flannery und Dr. Janelle White. Dieser Band wurde von folgenden Personen betreut:

Projektredakteurin Tasmin Waby

Redaktion Vicky Smith, Catherine Naghten

Leitende Kartografin Julie Sheridan

Layoutdesign Nicholas Colicchia

Redaktionsassistenz Sarah Bailey, Andrew Bain, Imogen Bannister, Michelle Bennett, Bridget Blair, Laura Crawford, Melanie Dankel, Andrea Dobbin, Bruce Evans, Victoria Harrison, Gabrielle Innes, Ali Lemer, Jodie Martire, Rosie Nicholson, Lauren O'Connell, Susan Paterson, Chris Pitts, Saralinda Turner, Simon Williamson

Kartografieassistenz Julie Dodkins, James Leversha

Umschlagrecherche Naomi Parker

Dank an William Allen, Jennifer Carey, Hannah Cartmel, Heather Champion, Daniel Corbett, Megan Eaves, Shona Gray, Sandie Kestell, Anne Mason, Kate Mathews, MaSovaida Morgan, Claire Naylor, Karyn Noble, Jessica Ryan, Ross Taylor, Amanda Williamson, Clifton Wilkinson

Register

Verweise auf Karten **000**
Verweise auf Fotos **000**

Verweise auf Karten **000**
Verweise auf Fotos **000**

C

Verweise auf Karten **000**
Verweise auf Fotos **000**

D

Verweise auf Karten **000**
Verweise auf Fotos **000**

L

M

Verweise auf Karten **000**
Verweise auf Fotos **000**

N

Verweise auf Karten **000**
Verweise auf Fotos **000**

Verweise auf Karten **000**
Verweise auf Fotos **000**

O

P

Q

R

S

Verweise auf Karten **000**
Verweise auf Fotos **000**

Verweise auf Karten **000**
Verweise auf Fotos **000**

Kartenlegende

Sehenswertes

- Strand
- Vogelschutzgebiet
- buddhistisch
- Schloss/Palast
- christlich
- konfuzianisch
- hinduistisch
- islamisch
- jainistisch
- jüdisch
- Denkmal
- Museum/Galerie/historisches Gebäude
- Ruine
- Sento-Bad/Onsen
- schintoistisch
- sikhistisch
- taoistisch
- Weingut/Weinberg
- Zoo/Tierschutzgebiet
- andere Sehenswürdigkeit

Aktivitäten, Kurse & Touren

- bodysurfen
- tauchen
- Kanu/Kajak fahren
- Kurs/Tour
- Ski fahren
- schnorcheln
- surfen
- Schwimmbecken
- wandern
- windsurfen
- andere Aktivität

Schlafen

- Unterkunft
- Camping

Essen

- Lokal

Ausgehen & Nachtleben

- Bar/Kneipe
- Café

Unterhaltung

- Unterhaltung

Shoppen

- Shoppen

Praktisches

- Bank
- Botschaft/Konsulat
- Krankenhaus/Arzt
- Internetzugang
- Polizei
- Post
- Telefon
- Toilette
- Touristeninformation
- andere Einrichtung

Geografisches

- Strand
- Hütte/Unterstand
- Leuchtturm
- Aussichtspunkt
- Berg/Vulkan
- Oase
- Park
- Pass
- Picknickplatz
- Wasserfall

Städte

- Hauptstadt (Staat)
- Hauptstadt (Bundesland/Provinz)
- Großstadt
- Kleinstadt/Ort

Verkehrsmittel

- Flughafen
- BART-Station
- Grenzübergang
- T-Station (Boston)
- Bus
- Seilbahn/Gondelbahn
- Fahrrad
- Fähre
- Metro/Muni-Station
- Einschienenbahn
- Parkplatz
- Tankstelle
- U-Bahn/SkyTrain-Station
- Taxi
- Bahnhof/Zug
- Straßenbahn
- U-Bahnhof
- anderes Verkehrsmittel

Achtung: Nicht alle der abgebildeten Symbole werden auf den Karten im Buch verwendet

Verkehrswege

- Mautstraße
- Autobahn
- Hauptstraße
- Landstraße
- Verbindungsstraße
- sonstige Straße
- unbefestigte Straße
- Straße im Bau
- Platz/Promenade
- Treppe
- Tunnel
- Fußgänger-Überführung
- Stadtspaziergang
- Abstecher (Stadtspaziergang)
- Pfad/Wanderweg

Grenzen

- Internationale Grenze
- Bundesstaat/Provinz
- umstrittene Grenze
- Region/Vorort
- Meerespark
- Klippen
- Mauer

Gewässer

- Fluss/Bach
- periodischer Fluss
- Kanal
- Wasser
- Trocken-/Salz-/periodischer See
- Riff

Gebietsformen

- Flughafen/Startbahn
- Strand/Wüste
- Friedhof (christlich)
- Friedhof
- Gletscher
- Watt
- Park/Wald
- Sehenswürdigkeit (Gebäude)
- Sportgelände
- Sumpf/Mangrove

DIE AUTOREN

Brett Atkinson
Perth & Umgebung, Margaret River & Southwest Coast, Südliches Western Australia Für diese Ausgabe stöberte Brett neue Restaurants, Bars und Destillerien in Perth und Fremantle auf. Anschließend ging es für ihn in Margaret River und im Südwesten vom Strand in den Wald und wieder zurück. Ein Höhepunkt in Albany war das National Anzac Centre, das den Geschichten mutiger Soldaten des Ersten Weltkrieges gewidmet ist. Brett hat zu Lonely Planet Reiseführern über Europa, Afrika, Asien, die USA und den Pazifik beigetragen und als Gastro-Kritiker und Reiseschriftsteller über 60 Länder bereist. Seine aktuellen Abenteuer sind unter www.brett-atkinson.net zu finden.

Anthony Ham
Central Australia, Northern Territory Anthony ist ein freiberuflicher Schriftsteller und Fotograf, der sich auf Spanien, das östliche und südliche Afrika, die Arktis und den Nahen Osten spezialisiert hat. Wenn er nicht für Lonely Planet unterwegs ist, schreibt und fotografiert Anthony in Spanien, Afrika und dem Nahen Osten für Zeitungen und Zeitschriften in Australien, Großbritannien und den USA.

Paul Harding
Cairns & Daintree Rainforest, Cape York Peninsula, Gulf Savannah, Queenslands Outback Paul hat als Schriftsteller und Fotograf im Großteil der vergangenen zwei Jahrzehnte die Welt bereist. Ihn interessieren besonders entlegene und ungewöhnliche Orte, Inseln und Kulturen. Als Autor hat er zu mehr als 50 Lonely Planet Bänden beigetragen, die sich mit so unterschiedlichen Ländern und Regionen wie Indien, Island, Belize, Vanuatu, Iran, Indonesien, Neuseeland, Finnland, den Philippinen und – seiner Heimat – Australien befassen.

Kate Morgan
Melbourne & Victoria In den inzwischen mehr als zehn Jahren, in denen Kate schon für Lonely Planet arbeitet, ging es für sie als Reiseschriftstellerin zu Zielen wie Schanghai, Japan, Indien, Simbabwe, den Philippinen und Phuket. Zwischendurch hat sie in London, Paris und Osaka gewohnt, lebt heute aber an einem ihrer Lieblingsorte – in Victoria, Australien. Wenn sie nicht gerade um die Welt reist und darüber schreibt, genießt Kate ihren heimatlichen Schreibtisch, an dem sie als freie Redakteurin arbeitet.

Charles Rawlings-Way
Queensland, Hobart & Tasmanien, Adelaide & South Australia Charles ist ein erfahrener Reiseschriftsteller, der für Lonely Planet rund 30 Titel geschrieben hat, darunter Reiseführer über Singapur, Toronto, Sydney, Tasmanien, Neuseeland, den Südpazifik und Australien, sowie zahlreiche Artikel. Nachdem er sich einige Jahre lang mit den dunklen Künsten der Architektur, der Kartografie, des Projektmanagements und der Straßenmusik beschäftigt hatte, zog es Charles 2005 in die weite Welt, die er seither unablässig durchstreift: „Was erwartet mich in der Richtung, in die ich nicht gehe?" (Kerouac).

Andy Symington
Sydney, South Coast NSW, Lord Howe Island Andy hat an mehr als 100 Bänden und anderen Updates für Lonely Planet (vor allem über Europa und Lateinamerika) und weitere Verlage geschrieben oder sie bearbeitet, sowie Artikel über zahlreiche Themen für eine Vielzahl von Zeitungen, Magazine und Websites veröffentlicht. Er ist Teilhaber einer Rock-Bar, die er auch betreibt, hat einen Roman geschrieben und arbeitet derzeit an mehreren Romanen und Sachbüchern. Ursprünglich gebürtiger Australier, verschlug es Andy vor vielen Jahren nach Nordspanien. Wenn er mit nicht mit seinem Rucksack durch irgendeinen abgelegenen Winkel der Welt zieht, fiebert er wahrscheinlich nach einem langen Spaziergang in den Bergen mit seiner bedauerlich wenig erfolgreichen lokalen Fußballmannschaft mit oder testet heimische Weine.

Kate Armstrong

Murray River Kate hat den Großteil ihres Erwachsenenlebens damit verbracht, um die Welt zu reisen und dabei auch gelegentlich ihre Zelte für einen längeren Zeitraum aufgeschlagen. Als freiberufliche Journalistin hat sie zu rund 40 Lonely Planet Reiseführern und Fachpublikationen beigetragen und veröffentlicht regelmäßig Beiträge in australischen und internationalen Publikationen. Sie ist Autorin mehrerer Bücher und Bildungstitel für Kinder. Im Laufe der Jahre arbeitete Kate in Mosambik, pflückte Trauben in Frankreich und tanzte in einer bolivianischen Folklore-Truppe. Als begeisterte Fotografin, unersättliche Feinschmeckerin und frenetische Festivalbesucherin erkundet sie gern abgelegene Orte, Restaurants und Theater. Mehr über sie gibt's auf www.katearmstrong travelwriter.com und unter @nomaditis.

Carolyn Bain

Monkey Mia & zentraler Westen, Ningaloo Coast & Pilbara, Outback Western Australias Carolyn arbeitet seit 16 Jahren als Reiseschriftstellerin und Redakteurin. Sie hat in den verschiedensten Ecken der Welt gelebt, gearbeitet und studiert, u. a. in London, Dänemark, St. Petersburg und Nantucket. Regelmäßig macht sie sich von ihrer Basis in Melbourne, Australien, auf gen Norden, um dort verschiedene Ziele für Lonely Planet zu erkunden – vom staubigen Outback Australiens bis hin zu leuchtenden griechischen Inseln, Maines Hummerbuden und Sloweniens Alpenseen. Die nordischen Regionen haben es ihr ganz besonders angetan, weswegen es sie immer wieder nach Island und Dänemark zieht, egal ob beruflich oder zum Vergnügen. Carolyn schreibt für eine Reihe von Verlegern über Reisen und Essen; unter carolynbain.com.au erfährt man mehr über sie.

Cristian Bonetto

Brisbane & Umgebung, Noosa & Sunshine Coast, Melbourne Cristian hat bislang zu mehr als 30 Lonely Planet Bänden beigetragen, die Städte, Regionen und Länder auf vier Kontinenten umfassen, einschließlich seiner Heimat Australien. Seine Gedanken zu Reisen, Essen, Kultur und Design sind in zahlreichen Publikationen und Medien auf der ganzen Welt erschienen. Sofern er nicht gerade den Erdball erkundet, schlürft der Dramatiker und TV-Drehbuchautor irgendwo in seiner geliebten Heimatstadt Melbourne einen Espresso. Cristians Abenteuer lassen sich auf Instagram (rexcat75) und Twitter (@CristianBonetto) verfolgen.

Peter Dragicevich

Canberra, ACT & Snowy Mountains, Melbourne & Victoria Nach einer erfolgreichen Karriere als Herausgeber kleinerer Zeitungen und Zeitschriften, sowohl in seiner Heimat Neuseeland als auch in Australien, gab Peter schließlich seinem Fernweh nach, kündigte sein altes Leben auf und beschloss, seine vielfältigen Wurzeln in weiten Teilen Europas zu ergründen. In den vergangenen zehn Jahren hat er an Dutzenden Reiseführern für Lonely Planet mitgeschrieben, die ihn in die unterschiedlichsten Länder geführt haben (die er alle liebgewonnen hat). Inzwischen nennt er Auckland, Neuseeland, erneut sein Zuhause – obwohl seine nomadischen Neigungen ihn die meiste Zeit woanders hin verschlagen.

Trent Holden

Rund um Melbourne, Mornington Peninsula & Phillip Island, Great Ocean Road, Goldfields & Grampians, Wilsons Promontory & Gippsland, Victorian High Country Der in Geelong, vor den Toren Melbourns, lebende Schriftsteller arbeitet seit 2005 für Lonely Planet. Er hat zu mehr als 30 Reiseführern über Asien, Afrika und Australien beigetragen. Wegen seiner Vorliebe für Megastädte ist Trent sofort am Start, wenn es darum geht, die Hauptstadt einer Nation zu erobern – je chaotischer, desto besser –, um dort coole Bars, Kunst, Streetfood und Underground-Subkultur zu entdecken. Andererseits schreibt er auch gerne Reiseführer über idyllische tropische Inseln in ganz Asien und geht zwischendurch auf Safari in afrikanischen und indischen Nationalparks. Sofern er nicht gerade auf Reisen ist, arbeitet Trent als freiberuflicher Redakteur und Rezensent und gibt sein ganzes Geld für Live-Auftritte aus. Auf Twitter schreibt er unter @hombreholden.

Virginia Maxwell

Launceston & Umgebung, Devonport & nordwestliches Tasmanien, Cradle Country & westliches Tasmanien Obwohl sie in Australien ansässig ist, verbringt Virginia mindestens die Hälfte des Jahres damit, die Lonely Planet-Bände über Europa und den Nahen Osten auf den neuesten Stand zu bringen. Ans Mittelmeer reist sie am liebsten. Dort hat sie für Lonely Planet Spanien, Italien, die Türkei, Syrien, den Libanon, Israel, Ägypten und Marokko bereist (es fehlen ihr lediglich noch acht weitere Länder, dann hat sie alle Mittelmeerstaaten bereist!) Außerdem schriebt Virginia über Armenien, Iran und Australien. Unter @maxwellvirginia ist sie sowohl auf Instagram als auch auf Twitter zu finden.

Tamara Sheward

Cairns & Umgebung Nach Jahren des freiberuflichen Reiseschreibens, des Rock 'n' Roll-Journalismus und des ungesunden Autorendaseins, ergriff Tamara 2009 die Chance, sich Lonely Planet anzuschließen. Seitdem arbeitete sie an Reiseführern zu einem unvereinbaren Durcheinander von Ländern wie Montenegro, Australien, Serbien, Russland, Samoa, Bulgarien und Fidschi. Sie hat eine Vielzahl von Reiseartikeln für die BBC, *The Independent*, *Sydney Morning Herald* usw. verfasst und zudem als Dokumentationsmoderatorin für Lonely Planet TV, Nat Geo und Al-Jazeera vor der Kamera gestanden. Tamara hat ihre Basis im fernen Norden Australiens, aber wahrscheinlich findet man sie eher anderswo, in der einen Hand ein zerfleddertes Notizbuch und an der anderen das wohl am weitesten gereiste Kleinkind der Welt.

Tom Spurling

Fraser Island & Fraser Coast, Capricorn Coast, Whitsunday Coast, Townsville & Mission Beach, Great Barrier Reef Für diese Ausgabe stolperte Tom Spurling von Mission Beach nach Fraser Island. Aufgewachsen ist er allerdings weiter südlich, dort wo einen weniger Viecher stechen wollen. Er hat an 14 Lonely Planet Titeln mitgearbeitet, darunter an Bänden über Mittelamerika, Indien, die Türkei, Japan, Südafrika und China. Wenn er nicht gerade vorgibt, ein ewig jugendlicher Backpacker zu sein, lebt er als wesentlich älterer und verheirateter Mann mit zwei kleinen Kindern, der in Hongkong sehr ernste Angelegenheiten mit seinen Schülern bespricht.

Benedict Walker

Südwesten, Zentrum & New South Wales Outback Ben wurde in Newcastle, Australien, geboren und wuchs in den Vororten auf, wo er die Wochenenden und lange Sommer am Strand verbrachte, wann immer dies möglich war. Obwohl es ihn geradezu magisch zu der Art Bergen hinzieht, die er in den kanadischen Rockies und den Japanischen und Schweizer Alpen lieben gelernt hat, ist er doch Strandfan. Japan war der erste Auftrag, den er 2008 von Lonely Planet erhielt, und er fühlt sich gesegnet, seitdem dreimal dorthin zurückreisen zu dürfen. Ben ist tatsächlich einer jener Menschen, die ihre Träume wahr machen, obwohl das Leben auf Achse durchaus seine Höhen und Tiefen haben kann. Er hat auch ein Stück geschrieben und inszeniert, ist durch Australien gereist, hat die Reiselogistik für hochkarätige Musikfestivals geleitet und befasst sich mit Fotografie und Filmemachen. Auf Instagram kann man ihn unter @wordsandjourneys auf seinen Reisen begleiten.

Steve Waters

Broome & Kimberley Reisen und Abenteuer waren schon immer Dreh- und Angelpunk in Steves Leben, eine Welt ohne kann er sich nicht vorstellen. Seit mehr als 30 Jahren benutzt er die Reiseführer von Lonely Planet, um damit so unterschiedliche Regionen und Länder wie Iran, Zentralasien, Kamtschatka, Tuwa, den Himalaja, Kanada, Patagonien, das Outback, den Nordosten Asiens, Myanmar und die Sahara zu bereisen. Kein Wunder, dass er einen Auftrag von dem Unternehmen bekam, das er derart unterstützt! Er hat zu den Reiseführern über den Iran und Indonesien sowie zu den letzten vier Ausgaben über Western Australia beigetragen. Im September findet man Steve in Kimberley in einer entlegenen Schlucht. Sein Reisemotto? „Reisen erlaubt einen einzigartigen Blick auf die Welt. Geduld, Akzeptanz, Einfallsreichtum und Flexibilität helfen dabei ungemein. Pläne ändern sich. Und wo manche Menschen Hindernisse sehen, sehen andere Möglichkeiten. Mach dich mit einem offenen Geist auf den Weg. Aber mach dich auf den Weg!"

DIE LONELY PLANET STORY

Ein ziemlich mitgenommenes, altes Auto, ein paar Dollar in der Tasche und eine Vorliebe für Abenteuer – 1972 war das alles, was Tony und Maureen Wheeler für die Reise ihres Lebens brauchten, die sie durch Europa und Asien bis nach Australien führte. Die Tour dauerte einige Monate, und am Ende saßen die beiden – pleite, aber voller Inspiration – an ihrem Küchentisch und schrieben ihren ersten Reiseführer *Across Asia on the Cheap*. Innerhalb einer Woche hatten sie 1500 Exemplare verkauft. Lonely Planet war geboren.

Heute hat der Verlag Büros in Melbourne, London und Oakland und mehr als 600 Mitarbeiter und Autoren. Und alle teilen Tonys Überzeugung: „Ein guter Reiseführer sollte drei Dinge tun: informieren, bilden und unterhalten."

Donna Wheeler

Central Coast New South Wales, Byron Bay & nördliches New South Wales, Gold Coast Donna schreibt seit 10 Jahren Reiseführer für Lonely Planet und hat an Bänden zu Italien, Norwegen, Belgien, Afrika, Tunesien, Algerien, Frankreich, Österreich und Melbourne mitgearbeitet. Sie ist die Autorin von *Paris Precincts*, einem kuratierten fotografischen Führer zu den besten Bars, Restaurants und Läden der Stadt, und ist Reporterin des italienischen Verlegers für zeitgenössische Kunst, My Art Guides. Donnas Arbeiten zu Kunst, Architektur und Design, zu Essen, Wein, Wildnis und Kulturgeschichte wurden in einer Vielzahl weiterer Publikationen veröffentlicht. Bevor sie Reiseautorin wurde, arbeitete sie als Redakteurin, Creative Director, Digital Producer und Content Strategin.

Lonely Planet Global Limited

Unit E, Digital Court,
The Digital Hub,
Rainsford Street,
Dublin 8,
Ireland

Verlag der deutschen Ausgabe:
MAIRDUMONT, Marco-Polo-Str. 1, 73760 Ostfildern,
www.lonelyplanet.de, www.mairdumont.com
lonelyplanet-online@mairdumont.com

Chefredakteurin deutsche Ausgabe: Birgit Borowski

Übersetzung: Berna Ercan, Tobias Ewert, Derek Frey, Marion Gref-Timm, Stefanie Gross, Gabriela Huber Martins, Christina Kagerer, Laura Leibold, Marion Matthäus, Christopher Purrer, Dr. Christian Rochow, Erwin Tivig, Christiane Zender

An früheren Auflagen haben außerdem mitgewirkt: Julie Bacher, Peter Beyer, Ulrike Bischoff, Trixi Bücker, Dorothee Büttgen, Imke Früh, Karen Gerwig, Joachim Henn, Birgit Herbst, Birgit Janka, Stephanie Kramer, Jürgen Kucklinski, Britt Maaß, Ute Perchtold, Annika Plank, Gabriele Räbiger, Claudia Riefert, Andrea Schleipen, Christina Schmidt, Dr. Frauke Sonnabend, Marc Staudacher, Erwin Tivig, Katja Weber

Redaktion: Annegret Gellweiler, Frank J. Müller, Olaf Rappold, Julia Wilhelm, Stephanie Ziegler (red.sign, Stuttgart)

Redaktionsassistenz: Helin Dag, Annika Häfner, Sara Kimmich, Sylvia Scheider-Schopf (red.sign, Stuttgart)

Satz: Gerhard Junker, Sylvia Scheider-Schopf (red.sign, Stuttgart)

Australien

7. deutsche Auflage Februar 2018, übersetzt von *Australia*, *19th edition*, November 2017, Lonely Planet Global Limited

Printed in Poland